CATALOGUE

DES

ACTES DE FRANÇOIS IER

BIBLIOTHÈQUE NATIONALE R.F. IMPRIMÉS

Salle de travail
D
7
(9)

4° F 490

ACADÉMIE DES SCIENCES MORALES ET POLITIQUES

COLLECTION DES ORDONNANCES DES ROIS DE FRANCE

CATALOGUE

DES

ACTES DE FRANÇOIS IER

BIBLIOTHÈQUE NATIONALE R.F. IMPRIMÉS

671

TOME NEUVIÈME

AMBASSADES ET MISSIONS. — LISTE DES PRINCIPAUX OFFICIERS ROYAUX
TABLE ALPHABÉTIQUE (A-D)

265

PARIS

IMPRIMERIE NATIONALE

DÉCEMBRE 1907

COLLECTION DES ORDONNANCES DES ROIS DE FRANCE.

CATALOGUE
DES
ACTES DE FRANÇOIS Iᴱᴿ.

1515-1547.

AMBASSADES ET MISSIONS.

LISTE DES AGENTS DIPLOMATIQUES DE LA FRANCE À L'ÉTRANGER ET DES PAYS ÉTRANGERS EN FRANCE.

NOTA. — Cette liste a été composée à l'aide de tous les éléments fournis par le Catalogue d'actes, complétés par d'autres renseignements. Ces derniers ont été extraits de divers documents inédits et des principales publications relatives au règne de François Iᵉʳ. Le temps et la place étant mesurés, on n'a pas pu viser à être complet. On a cherché surtout à déterminer les dates extrêmes marquant le début et la fin de chaque ambassade. On a voulu donner en même temps la preuve que ces deux dates ne se rapportaient pas à des ambassades différentes, la mission n'ayant pas été interrompue dans l'intervalle; c'est pourquoi on a dû indiquer diverses mentions ou lettres de dates intermédiaires. Il a fallu faire un choix : on ne s'est proposé que d'atteindre le but qui vient d'être indiqué, et nullement d'énumérer tous les documents existant au sujet de chaque ambassade. Seuls, les renseignements que donne le *Catalogue des actes* ont été notés intégralement.

Les expressions «cité», «payé», «écrit», etc., sous-entendent toujours «à raison de cette ambassade» ou «étant en charge».

Les chiffres non accompagnés d'une autre référence se rapportent aux renseignements tirés du Catalogue d'actes. Ainsi «I, 476, 2515» signifie : «Catalogue d'actes, tome I, page 476, numéro 2515».

Voici, d'autre part, les titres complets des publications et collections manuscrites les plus fréquemment consultées qui seront citées en abrégé comme références.

IMPRIMERIE NATIONALE.

TABLE DES RÉFÉRENCES USUELLES.

AFFAIRES ÉTRANGÈRES, *ou* ARCH. DES AFF[res] ÉTR. — *Archives du Ministère des affaires étrangères, à Paris.*

AMTLICHE SAMMLUNG. — *Amtliche Sammlung der ælteren eidgenossischen Abschiede*, Berne, 1856-1879, 4 vol. in-4°.

ARCH. DE BRUX. — *Archives du Royaume, à Bruxelles.*

ARCH. DE MARB., L. FR., LIASSE FRANKREICH, *ou* L. WÜRT. — *Archives de Marburg a. d. Lahne (Hesse).* Les documents consultés sont dans les liasses *France* ou *Wurtemberg*, non cotés, mais classés par ordre chronologique.

ARCH. NAT. — *Archives nationales, à Paris.*

ARCH. VAT. — *Archives secrètes du Vatican, à Rome.*

ARCH. DE WEIMAR. — *Archives de Weimar (Saxe-Weimar).*

BAPST, DEUX GENTILSH. — *Deux gentilshommes poètes de la Cour de Henri VIII*, par Edmond BAPST, Paris, 1891, in-8°.

BAPST, MARIAGES. — *Les mariages de Jacques V*, par Edmond BAPST, Paris, 1889, in-8°.

BARRILLON. — *Journal de Jean Barrillon...*, publié pour la Société de l'histoire de France, par Pierre DE VAISSIÈRE, 1899-1900, 2 vol. in-8°.

BASCHET, APP. À REUMONT. — Voir *Reumont.*

BASCHET, 39e RAPP. — *39e report of the deputy keeper* (année 1878). Annual reports of the deputy keeper of the public records, Londres, in-8°. List of despatches of french ambassadors to England, 1509-1714, dressée par A. BASCHET.

BIANCHI. — *Le materie politiche relativi all' estero de gli Archivi piemontesi*, par BIANCHI, Turin, 1864, in-8°.

B. N., FR., *ou* BIBL. NAT. MS. FR. — *Bibliothèque nationale, manuscrits français.*

B. N., DUP. — *Bibliothèque nationale, manuscrits Dupuy.*

BREWER. — *Calendar of letters and papers, foreign and domestic, of the reign of Henri VIII*, publié par J.-S. BREWER et James GAIRDNER, Londres, 1862 et suiv., in-4°.

BRIT. MUS. — *British Museum, à Londres.*

CAL. H. VIII. — Voir *Brewer.*

CAMUSAT *ou* CAMUZAT. — *Mélanges historiques*, de Nicolas CAMUZAT, Troyes, 1619, in-8°.

CHARRIÈRE. — *Négociations de la France dans le Levant* (1515-1589), par CHARRIÈRE (Collection des documents inédits), t. I, Paris, 1848, in-4°.

CORR. DE CASTILLON ET MARILLAC. — Voir *Kaulek.*

Corr. d'Odet de Selve. — *Correspondance politique d'Odet de Selve*, publiée par G. Lefèvre-Pontalis (Inventaire analytique des archives du Ministère des affaires étrangères), Paris, 1888, in-4°.

Decr. ou Decrue. — *Anne de Montmorency à la cour, aux armées et au conseil du roi François Ier*, par F. Decrue, Paris, 1885, in-8°.

Desjardins. — *Négociations diplomatiques de la France avec la Toscane*, par Desjardins (Collection des documents inédits), Paris, 1859-1886, 6 vol. in-4°.

Du Mont, Corps dipl. — *Corps universel diplomatique du droit des gens*, par Du Mont, t. IV, 1re et 2e part., Amsterdam et la Haye, 1726, 2 vol. in-f°.

Eidgen. Absch. — Voir *Amtliche Sammlung*.

Figeac. — *Captivité du roi François Ier*, par Champollion-Figeac (Coll. des documents inédits), Paris, 1847, in-4°.

Fleuranges. — *Mémoires du maréchal de Fleuranges* (formant le t. VII des *Mémoires de Du Bellay*, édités par l'abbé Lambert), Paris, 1753, in-12.

Fontana. — *Renata di Francia* (1510-1536), par B. Fontana, Rome, 1889, in-8°.

Friedmann. — *Anne Boleyn. A chapter of english History* (1527-1536), par Paul Friedmann, Londres, 1884, 2 vol. in-8° (accompagné d'un précis chronologique auquel se réfère la mention : « chronol. »).

Gachard, Les troubles de Gand. — *Relation des troubles de Gand*, publiée par Gachard (Coll. des chroniques belges), Bruxelles, 1846, in-4°.

Granvelle. — *Papiers d'État du cardinal de Granvelle*, publiés par Ch. Weiss, t. I-III (Coll. des documents inédits), Paris, 1841-1842, in-4°.

Henne. — *Histoire du règne de Charles-Quint en Belgique*, par Alexandre Henne, Bruxelles et Leipzig, 1858-1860, 10 vol. in-8°.

I man. Tor. — *I manoscritti Torrigiani donati al R. Archivio di Stato di Firenze, descrizione e saggio*, Florence, 1878, in-4°.

Jacqueton. — *La politique extérieure de Louise de Savoie*, par G. Jacqueton (Bibliothèque de l'École des hautes études), Paris, 1892, in-4°.

Kaulek. — *Correspondance politique de MM. de Castillon et de Marillac, ambassadeurs de France en Angleterre*, publiée par J. Kaulek (Inventaire analytique des archives du ministère des Affaires étrangères), Paris, 1885, in-8°.

Lalanne. — *Journal d'un bourgeois de Paris* (1515-1536), publié par Lalanne pour la Société de l'histoire de France, Paris, 1854, in-8°.

Lanz. — *Correspondenz des Kaisers Karl V*, publiée par Karl Lanz, Leipzig, 1844-1846, 3 vol. in-8°.

Lefèvre-Pontalis. — Voir *Corr. d'Odet de Selve*.

Le Glay. — *Négociations entre la France et l'Autriche* (1501-1530), par Le Glay (Coll. des doc. inédits), Paris, 1845, in-4°.

Leva. — *Storia documentata di Carlo V, in correlazione all' Italia*, par Giuseppe de Leva, Venise, Padoue, Bologne, 1863-1881, 4 vol. in-8°.

Mignet. — *Rivalité de François Ier et de Charles-Quint*, par Mignet, Paris, 1875, 2 vol. in-12.

Molini. — *Documenti di Storia italiana, copiati su gli originali... esistenti in Parigi*, par Giuseppe Molini, Florence, 1836, 2 vol. in-8°.

Neudecker. — *Urkunden aus der Reformationszeit*, par Neudecker, Cassel, 1836, in-8°.

Nuntiaturberichte. — *Nuntiaturberichte aus Deutschland.* Erste Abtheilung, 1533-1559, herausgegeben durch das K. Preussische historische Institut in Rom..., Gotha, 1892 et suiv., in-4°.

Odet de Selve. — Voir *Correspondance d'Odet de Selve.*

Pap. de Granvelle. — Voir *Granvelle.*

Pieper. — *Zur Entstehungsgeschichte der ständigen Nuntiaturen*, par Anton Pieper, Fribourg en Brisgau, 1894, in-8°.

Politische Korrespondenz. — *Politische Korrespondenz Strassburgs*, publiée par H. Virck, O. Winckelmann et J. Bernays, Strasbourg, 1882-1898, 3 vol. in-8°.

Raynald. — *Annales ecclesiastici* (partie rédigée par Rinaldi), Lucques, in-fol.

Reumont, La jeunesse... — *La jeunesse de Catherine de Médicis*, par A. de Reumont, trad. et augmenté par Armand Baschet, Paris, 1866, in-8°.

Ribier. — *Lettres et mémoires d'Estat des roys... et ministres* (1537-1559), par Ribier, Paris, 1666, in-f°.

Rommel. — *Philipp der Grossmüthige*, par Rommel, Giessen, 1830, 3 vol. in-8°.

Rott. — *Inventaire sommaire des documents relatifs à l'histoire de Suisse conservés dans les archives et bibliothèques de Paris*, par Édouard Rott, Berne, 1882-1894, 5 vol. in-8°.

Rott, Représ. — *Histoire de la Représentation diplomatique de la France auprès des Cantons suisses*, par Édouard Rott, t. I, Berne, Paris, 1900, in-8°.

Rymer. — *Fœdera, conventiones, litteræ... inter reges Angliæ et alios quosvis reges*, par Rymer, t. VI, La Haye, 1741, in-f°.

Salles, Un traître... — *Un traître au XVIe siècle, Clément Champion, valet de chambre de François Ier*, par G. Salles, dans la *Revue des questions historiques*, juillet 1900.

Sandoval. — *Historia de... Carlo V*, par Prudencio de Sandoval, Valladolid, 1604, in 4°.

Santarem. — *Quadro elementar de las relações politicas e diplomaticas de Portugal com diversas potencias do mundo*, par le vicomte de Santarem, t. III, Lisbonne, 1843, in-8°.

Sanuto, Diarii. — *Diarii* de Marino Sanuto, Venise, 1879-1902, 59 vol. in-4°.

Seckend. ou Seckendorf. — *Commentarius historicus... de Lutheranismo..., libri III* (1517-1546), par Seckendorf, Francfort, 1688, in-4°.

Span. Cal. — *Calendar of letters, despatches and State papers, relating to the negotiations between England and Spain, preserved in the Archives at Simancas and elsewhere*, publié par G. A. Bergenroth, Londres, 1862 et suiv., in-4°.

S. P. ou S. P. H. VIII. — Voir *State papers.*

State papers. — *State papers, during the reign of Henry the Eighth*, Londres, 1830-1852, 11 vol. in-4°.

Stumpf. — *Bayerns politische Geschichte*, par Stumpf, Munich, 1816, in-8°.

Teulet, Corr. fr. — *Relations politiques de la France et de l'Espagne avec l'Écosse au* XVI*e siècle. Correspondances françaises* (tomes I-IV), par Teulet, Bordeaux et Paris, 1862, in-8°.

Ven. Cal. — *Calendar of State papers and manuscripts relating to english affairs, preserved in the Archives of Venice*, publié par Rawdon Brown, Londres, 1864 et suiv., in-4°.

Wille. — *Philipp der Grossmüthige von Hessen und die Restitution Ulrichs von Würtemberg*, par J. Wille, Tubingue, 1882, in-8°.

Winckelmann. — Voir *Politische Korrespondenz.*

AMBASSADES DE FRANCE À L'ÉTRANGER.

1° À ALGER.

1535. **Février 1535**[1]. — Jean de La Forêt, chargé d'une mission auprès de Barberousse, vice-roi d'Alger. Instructions du 11 février 1535. *Aff. étrang., Turquie 2, fol. 47.* [1]

2° EN ALLEMAGNE.

a. PRÈS DES ÉLECTEURS, PRINCES ET CITÉS DE L'EMPIRE.

1515. **Mai-juin 1515.** — Pierre Buisson, maréchal des logis, envoyé secret près de l'électeur Louis V de *Bavière*, par Louise de Savoie. Part de Montargis vers le 8 mai 1515. *Barrillon, I, 60.* Rapporte une lettre de l'électeur, du 21 juin 1515, *Arch. nat., J. 995^A, n° 4.* [2]

Juin 1515. — Baudouin de Champagne, s^r de Bazoges, envoyé près du duc de *Gueldre.* Cité 8 juin 1515, *Arch. nat., J. 994, n° 5^7.* [3]

1516. **Novembre 1516.** — Claude de Baudoche, s^r de Moulins, envoyé près de l'électeur de *Trèves.* Cité 18 novembre 1516, *Arch. nat., J. 995^A, n° 8.* [4]

1517. **Juillet 1517.** — Jean de Sains, s^r de Marigny, bailli de Senlis, envoyé près le marquis de *Brandebourg.* Instructions du 2 juillet 1517[2], V, 337, 16426. Il est à Köln sur la Sprée le 17 août, et rentre en France en août, *Deutsche Reichstagsakten, I, p. 39, 40.* [5]

Octobre 1517. — Pierre Buisson, envoyé près de l'*électeur palatin*, cité dans une lettre dudit électeur, du 9 octobre 1517, *Arch. nat., J. 995^A, n° 10.* [6]

1518. **Janvier (?) 1518.**

a. Jean de Rochefort, bailli de Dijon;

b. François Le Rouge, conseiller au parlement de Paris, ambassadeurs secrets près du duc de *Gueldre.* Cités le 28 janvier 1518, sans précision, V, 368, 16577. [7]

Avril (?) 1518.

a. Jean de Surie;

b. Louis Du Buisson, envoyés pour « affaires secrètes ». Mentionnés le 7 mai 1518 comme envoyés précédemment, V, 396, 16711. [8]

Juin-octobre 1518. — Joachim de Moltzan, gentilhomme allemand, envoyé à la *diète d'Augsbourg.* Part d'Angers, juin ou juillet 1518, *Barrillon, II, 88.* La diète se termine fin septembre 1518, *ibid., note.* De retour en cour vers le 20 octobre 1518, *ibid., p. 110.* [9]

Octobre 1518-mars 1519. — Joachim de Moltzan. Envoyé de nouveau de Baugé. Instructions du 23 octobre 1518, *Arch. nat., J. 952.* Écrit, 12 mars 1519,

(1) Les dates extrêmes indiquées pour chaque ambassade sont non pas celles du séjour des ambassadeurs près du prince ou du gouvernement auxquels ils sont envoyés, mais, autant que possible, celles de la durée de la mission, depuis le moment où tel personnage en est investi jusqu'au retour de ce dernier près de celui qui l'a accrédité.

(2) Ces instructions s'adressaient également à Joachim de Moltzan qui était ambassadeur de Brandebourg et retournait vers son maître, en compagnie de Jean de Sains.

Le Glay, II, 329. (Est envoyé, à ce moment, spécialement à *Mayence* et près l'électeur de *Brandebourg*.) [10]

Décembre 1518. — ROBERT DE LA MARCK, s^gr DE FLEURANGES, chargé de mission secrète. Cité rétrospectivement, 27 décembre 1518, V, 427, 16863. *Cf. Mémoires de Fleuranges.* [11]

Décembre 1518-mars 1519. — JEAN DE SAINS, s^r DE MARIGNY, bailli de Senlis, envoyé près des électeurs. Part vers le 5 décembre 1518, *B. N., Dup., 486, fol. 114.* Cité, 9 mars 1519, *Le Glay, II, 325.* [12]

Janvier-juillet 1519.

1519.

a. JEAN D'ALBRET, s^gr d'ORVAL;

b. GUILLAUME GOUFFIER, s^gr DE BONNIVET;

c. CHARLES GUILLART, président au parlement de Paris. Chargés de diriger la négociation relative à l'élection à l'empire. Pouvoirs des : 29 janvier 1519, V, 444, 16958; 4 mars, V, 458, 17030; 1er avril, V, 464, 17064; 28 mai, I, 183, 1030. Ils se rendent à Lunéville, puis à Coblentz, *Barrillon, II, 121; Fleuranges, chap. LXI à LXIII.* Ils reviennent avec une escorte fournie par le duc de Lorraine, peu après l'élection à l'empire (du 28 juin), *Barrillon, II, 145.* Ils écrivent encore de Coblentz le 4 juillet, *Deutsche Reichstagsakten, I, p. 841, n. 2, 857, n. 3.* [13]

Février-mars 1519. — BAUDOUIN DE CHAMPAGNE, s^gr DE BAZOGES, envoyé secret près de l'archevêque de *Cologne.* Part vers le commencement de février 1519, *Barrillon, II, 118, note 4.* De retour en France vers le 1er mars, *ibid. 117, note 2.* Cité, V, 425, 16853. [14]

Février 1519. — PIERRE DE LA VERNADE, maître des requêtes, envoyé près de l'archevêque de *Trèves.* Indiqué (comme devant partir pour une mission) le 2 février 1519, *Brewer, III, 1, n° 57; cf. Mémoires de Fleuranges; édition de l'abbé Lambert, p. 298-301. B. N., fr., 5761, fol. 51.* [15]

Février 1519-? — LOUIS RUZÉ, s^gr DE LA HERPINIÈRE, lieutenant civil, envoyé vers les États du pays de *Liège.* Part vers février 1519, *Barrillon, II, 120.* [16]

Février 1519.

a. PIERRE CORDIER, conseiller au Grand Conseil;

b. MARC LE GROING, s^r DE LA MOTHE AU GROING, gentilhomme de la maison du roi. Envoyé près de l'électeur Louis, comte *palatin.* Instructions de février 1519, *B. N., ms. fr. 5761, fol. 46. Cf. sur cette mission, Barrillon, II, 116.* [17]

Février 1519. — PIERRE DE LA GUICHE, envoyé près du duc de *Gueldre.* Part peu avant le 20 février 1519, *Barrillon, II, 119, note 5.* [18]

Février 1519. — JEAN DE LA LOÈRE, conseiller au parlement de Paris, envoyé vers le duc de *Clèves* et *Juliers.* Instructions de février 1519, *Arch. nat., J. 952. Cf. Barrillon, II, 119 et s.* [19]

Février-avril 1519.

a. JEAN DE TAVANNES;

b. JEAN DE SURIE, envoyés près de l'électeur de Saxe. Instructions, s. d., *Deutsche Reichstagsakten, p. 288-294.* Créances du 24 février 1519, *ibid., p. 289, note.* De retour avant le 14 avril, *ibid., p. 552.* [20]

AMBASSADES EN ALLEMAGNE.

Mars-avril 1519.

a. FRANÇOIS DE BORDEAUX, s^r DE LA POUSSINIÈRE, conseiller au Parlement de Rouen;

b. PIETRO FRANCESCO DE NOCETO, COMTE DE PONTREMOLI;

c. BAUDOUIN DE CHAMPAGNE. Envoyés près des électeurs de *Mayence* et de *Brandebourg*. Partent vers le commencement de mars 1519, *Barrillon, II, 117; B. N., ms. fr. 5671, fol. 116* v°, sont le 8 avril près du marquis de Brandebourg. Projet de traité de cette date, *Arch. nat., J. 995.* [21]

1519. **Avril 1519.** — JEAN DE SAINS, s^r DE MARIGNY, bailli de Senlis, envoyé à *Strasbourg*. Créances, 7 avril 1519, *Winckelmann. Politische Korrespondenz, etc., I, n° 55.* Va ensuite en *Bavière*, et est revenu à Strasbourg le 9 mai, *Deutsche Reichstagsakten, p. 602, 619, 633, 691.* [22]

Juillet 1519. — DENIS POILLOT, conseiller au grand conseil, envoyé vers le duc de *Wurtemberg* et autres princes. Part vers le milieu de 1519, *Barrillon, II, 147.* [23]

1523. **Novembre 1523.** — HANS TEMPERAN [1]; écrit le 13 novembre 1523, *Winckelmann, Politische Korrespondenz, t. I, p. 84;* écrit de Berne, 30 novembre, *ibid., p. 86.* [24]

1528. **Octobre 1528.** — ANTOINE DE L'APOSTOLLE, s^r DE MARGENÇY, envoyé près du duc de *Gueldre*. Va partir pour y séjourner, 16 octobre 1528, VI, 151, 19668. [25]

1531. **Mai 1531.** — ANTOINE MACAULT, envoyé près du marquis de *Brandebourg*. Cité comme faisant présentement le voyage et payé, 27 mai 1531, II, 41, 4043; VIII, 776, 4043. [26]

Mai-août 1531. — GERVAIS WAÏN, docteur en théologie, ambassadeur en *Hesse, Bavière et Saxe*, pour trois mois. Créances du 25 mai 1531, *Arch. de Weimar, reg. H, p. 51, n° 7; Arch. de Marburg, liasse « Frankreich ».* Payé d'avance, le 27 mai 1531 jusqu'au 26 août, II, 40, 4042. Réponse, à l'occasion de cette ambassade : de l'électeur de Saxe, 14 juillet, *Arch. de Weimar, reg. H., p. 51, n° 7;* du landgrave de Hesse, 1er août, *Arch. de Marburg, liasse « Frankreich ».* Était de retour en France au plus tard le 31 août 1531, VI, 267, 20257. [27]

Août-novembre 1531. — GERVAIS WAÏN, résident en *Saxe, Bavière et Hesse.* Va partir de nouveau, 31 août 1531, pour résider, VI, 267, 20257; écrit de Weimar, le 4 octobre 1531, *Arch. de Marb., l. « Fr. ».* De retour en France et payé, le 29 novembre 1531, II, 95, 4320. [28]

Décembre 1531. — X, envoyé en *Saxe, Bavière et Hesse.* Créances du 23 décembre 1531 [2], *Arch. de Marb., Frankr.* [29]

1532. **Mars-juillet 1532.** — GUILLAUME DU BELLAY, ambassadeur en Allemagne. Créances du 11 mars 1532, *Arch. de Marb., liasse « Frankreich ».* Va partir, 12 mars 1532, II, 123, 4460 (cf. II, 633, 6850, date erronée). Ses instructions, *Mém. de Du Bellay, édit. de 1572, p. 300.* Arrive en Allemagne vers la mi-avril, *ibid., p. 302.* Cité, 22 mai, II, 145, 4572; pouvoirs pour traiter avec lui, 25 mai, *Arch.*

[1] Il n'est pas certain que cet envoyé n'ait pas été plutôt en Suisse. — [2] Le nom de l'envoyé n'est pas dans les lettres de créance.

des Affaires étr.; corr. d'Allemagne, t. IV, fol. 4. Conclut un traité le 26 mai, *Stumpf, § 22; Wille, p. 76.* Cité, juillet 1532, *Arch. de Marb., l. «Fr.».* Détails sur son ambassade, *Mém. de Du Bellay, l. c., p. 304.* Son retour à la fin de juillet, *Bourrilly, G. Du Bellay, p. 137.* [30] AMBASSADES EN ALLEMAGNE.

Mars-septembre 1532. — GERVAIS WAÏN, résident en Allemagne. Va partir (avec du Bellay et Marchin), 12 mars 1532, II, 123, 4460; cité, 22 mai, II, 145, 4572. Conclut un traité le 26 mai, *Stumpf, § 22; Wille, p. 76.* Cité, 4 juillet 1532 (comme résident en Allemagne), II, 173, 4698, 4699. Encore en Allemagne en septembre, *Aff. étr., Allemagne, III, fol. 109 et s.; Bourilly, Guill. Du Bellay, p. 138.* [31]

Mars-mai 1532. — GABRIEL MARCHIN, envoyé en Allemagne. Va partir (avec du Bellay et Waïn), le 12 mars 1532, II, 123, 4460; cité, 22 mai, II, 145, 4572; mai 1532, VII, 799, 29152. [32]

Mai-juillet 1532. — ANTOINE MACAULT, envoyé en *Hesse.* Cité le 16 mai 1532, II, 143, 4558. Projetait d'être à Nuremberg au moins jusqu'au 31 juillet 1532, II, 156, 4623; cf. II. 376, 5648. [33]

Septembre-novembre 1532. — GUILLAUME FÉAU, s^r D'IZERNAY, envoyé en Allemagne. Part vers le 9 septembre 1532. *Arch. nat., J. 960, n° 5^23.* Instructions du 9 septembre et lettres à lui adressées le 30 septembre, le 31 octobre, les 1, 6 et 16 novembre, *Bibl. nat., fr. 3004, fol. 3, 5, 7; 3155, fol. 14, 145; 3208, fol. 14, 143; 6637, fol. 276, 277; 20503, fol. 3.* Cité, *Wille, p. 261.* [34]

Décembre 1532. — AMAURY BOUCHARD, maître des requêtes de l'hôtel, envoyé secret en Allemagne. Va partir, 13 décembre 1532, II, 260, 5122. [35]

Janvier 1533. — JEAN DE TARDES, gentilhomme de l'hôtel du roi, envoyé auprès de «certains personnages» d'Allemagne. Va partir, 19 janvier, 1533, II, 604, 6710. [36] 1533.

Février-juin 1533. — GERVAIS WAÏN, envoyé en *Hesse,* en *Bavière* et en *Saxe.* Créances, 3 février 1533, *Arch. de Marb., «Frank.».* Sur le point de partir, 6 février, II, 309, 5343. Propositions, datées du 10 février, apportées par lui, *Wille, p. 96, 260.* Est à Munich en mars, *ibid., p. 95.* Réponse à lui faite par l'électeur de Saxe, le 20 mars, *ibid., p. 101, note 5.* Cité, 6 avril, II, 375, 5644. Payé et semble de retour en France, le 27 juin 1533, II, 460, 6027. [37]

Mars-novembre 1533 (?). — NICOLAS DE RUSTICI, dit LE BOSSU, envoyé «près certains princes» d'Allemagne. Envoyé le 20 mars 1533 tant en Danemark qu'en Allemagne, II, 358, 15564. Passe en Allemagne, II, 347, 5517; 358, 5565. Cité sans précision le 29 novembre 1533 (probablement passant au retour du Danemark), II, 569, 6534; était de retour avant le 15 janvier 1534, II, 599, 6689. [38]

Avril-octobre 1533. — JACQUES COLIN, abbé de Saint-Ambrois, aumônier du roi, résident près du duc de *Gueldre,* part de Montargis le 26 avril 1533; reste six mois et quatre jours, voyages aller et retour compris. De retour et payé le 11 décembre 1533, II, 584, 6609, *Bourrilly, Jacques Colin,* 72-73. [39]

Novembre 1533-mai 1534. — GUILLAUME DU BELLAY, s^r DE LANGEY, ambassadeur en Allemagne, spécialement en *Bavière,* et résident. Part le 16 novembre 1533, II, 562, 6497, 6498; arrive le 5 décembre, *Arch. de Marb. «Frank.»,* (lettre

IMPRIMERIE NATIONALE.

AMBASSADES EN ALLEMAGNE.

du 6 décembre)[1]. Écrit le 8 décembre, *Arch. du Ministère des Aff. étr., corr. d'Allemagne, III, fol. 8, et 12 v°*. Instructions à lui du 10 décembre 1533, *Arch. de Marb.*, « *Würtemberg* ». Cité, 1er janvier 1534, *Wille, 289*. Traité signé par lui le 28 janvier (date rectifiée), III, 8, 7484. Discours qu'il prononce le 31 janvier 1534, *Sattler, n° 163, p. 76-90; Mém. de Du Bellay, éd. de 1572, p. 374-413*. Cité et détails sur sa mission, *S. P. H. VIII, t. VII, p. 539*. Cité 3 février 1534, *Wille, p. 143*. Sa correspondance dure sans interruption appréciable jusqu'au 27 avril 1534 inclus, *Arch. des Aff. étr., corr. d'Allemagne, III, fol. 99*. Écrit notamment le 4 mars 1534, *ibid., fol. 75;* lettre à lui adressée de la même date, *ibid., fol. 72 v°*. Il est cité le 16 mars, II, 639, 6878. Écrit, 22 mars, *Wille, 165, note 2*. Part de Munich à la fin de mai ou au commencement de juin, et rentre en France par la Suisse, *Bourrilly, Guill. Du Bellay, p. 172*. Il écrit de Suisse le 3 mai et le 7 juin, *Arch. des Aff. étr., ibid., fol. 99 v°, 108 v°*. [40]

Novembre 1533-mars (?) 1534. — GERVAIS WAÏN, envoyé à la diète d'Augsbourg. Va partir, 16 novembre 1533, en même temps que Langey, II, 562, 6497. Dut séjourner plutôt auprès du landgrave, tandis que Langey restait davantage auprès des ducs de Bavière, *Arch. des Aff. étr., corr. d'Allemagne, t. III, fol. 86 v°*. Cité, à ce titre, le 15 mars 1534 (*ibid.*); est de retour en France avant le 21 mars, II, 651, 6937. [41]

1534. **Février (?) 1534.** — GUY FLEURY, receveur des tailles à Meaux. Cité vers février 1534, VII, 800, 29161. [42]

Mars-avril (?) 1534. — ANTOINE MACAULT, envoyé extraordinaire en Allemagne. Créances du 20 mars 1534, *Arch. de Marb., liasse* « *Würtemberg* ». Va partir, 21 mars, II, 652, 6939. Réponse du landgrave au milieu d'avril 1534, *Arch. de Marb., ibid.* Doit revenir alors en France. [43]

Mars-juillet (?) 1534. — GERVAIS WAÏN, abbé de Cuissy, résident en *Bavière*. Va partir pour une nouvelle mission (indiquée d'avance comme devant durer au moins deux mois), le 21 mars 1534, II, 651, 6937. Arrive en Bavière le 3 avril. *Arch. des Aff. étr., corr. d'Allemagne, t. III, fol. 88 v°*. Écrit, 12 avril, *ibid., fol. 95 v°*. Cité, comme étant en Bavière dans une lettre de François Ier du 8 juillet, *Arch. de Marb., liasse* « *Würtemberg* ». Cité rétrospectivement le 21 août 1534, II, 738, 7326. [44]

Juin-novembre (?) 1534. — NICOLAS DE RUSTICI, OU LE CAPITAINE BOSSU. Est en mission en Danemark en mars-juin 1534 (cf. n° 208). Doit revenir par l'Allemagne. Lettre à lui adressée en Allemagne, 4 juin [1534], VII, 765, 28907; lettre de lui reçue, juillet [1534], VII, 751, 28821; payé pour 6 mois [en 1534], soit probablement de juin à novembre, VII, 723, 28623; cité vers le 1er août 1534. *Arch. de Marb.*, « *Würtemberg* ». [45]

Juin-septembre 1534. — ANTOINE MACAULT, envoyé en *Wurtemberg*. Reçoit le 16 juin 1534 l'argent à payer au duc de Wurtemberg, VII, 764, 28902. Payé du 18 juin au 15 septembre [1534], pour aller porter cet argent, VII, 748, 28800. Communications qu'il a avec les princes allemands au commencement d'août 1534. *Arch. de Marb.*, « *Würt.* ». [46]

Juin 1534. — LOUIS DE RABODANGES, envoyé en *Bavière, Hesse*, etc. Va partir, 18 juin 1534, II, 701, 7162; VII, 748, 28802 et s. [47]

[1] C'est donc par erreur qu'il est cité au Catalogue d'actes le 3 ou le 11 mars 1534 comme «devant partir» pour résider en Allemagne, II, 633-6850. Cette mention doit se référer à mars 1532.

Août 1534-février 1536(?). — Gervais Waïn, abbé de Cuissy. Créance du 20 août 1534, *Arch. de Marb.*, « *Würtemberg* ». Part le 22 août 1534 (avec Étienne de Laigue), II, 738, 7328, et lettre de cette date de François Ier. *Arch. de Marb.*, « *Würt.* ». Reçoit des sommes à distribuer [fin août], VII, 795, 29122. Payé, 13 janvier 1535, III, 5, 7468; cité, 7 septembre 1535, *S. P. VII, 629;* en charge, payé, 7 février 1536, III, 173, 8295[(1)]. [48] Ambassades en Allemagne.

Août 1534-octobre 1535. — Étienne de Laigue, s^r de Beauvais. Créance du 20 août 1534, *Arch. de Marb.*, « *Würt.* ». Part le 22 août 1534, II, 738, 7328, et lettre de cette date de François Ier, *Arch. de Marb.* (*Würt.*); reçoit des sommes à distribuer [fin août], VII, 795, 29122; payé, 13 janvier 1535, III, 5, 7468; revient en cour de France le 3 octobre 1535 environ[(2)]. *Arch. Vat.*, *N. Gall. S. Paulo III, t. I, fol. 345.* [49]

Août-novembre 1534. — Jacques Colin, abbé de Saint-Ambrois, envoyé en *Frise*, *Gueldre* et autres lieux. Ses gages commencent à courir du 22 août 1534, date du jour où il doit partir de Fontainebleau. Il est payé d'avance jusqu'au 19 décembre 1534, VII, 795, 2912. Un traité est conclu le 14 novembre 1534, par son intermédiaire, II, 749, 7377. Il doit revenir peu après cette date (cf. la mission qui suit). [50]

Décembre 1534. — Jacques Colin, aumônier du roi, abbé de Saint-Ambrois, envoyé près du duc de *Gueldre*. Commission du 28 décembre 1534, VI, 379, 20843. Sur le point de partir, 29 décembre 1534, II, 762, 7440. Cité, II, 761, 7439. Passe un traité à Nimègue, le 8 février 1535, *Arch. nat.*, *J. 997, n° 34.* [51]

Mars 1535-? — Jacques Colin, abbé de Saint-Ambrois, envoyé près le duc de 1535.
Gueldres. Cité comme étant sur le point de partir, 1er mars 1535, *Arch. Vat.*, *N. Gall. S. P. III, vol. I, fol. 106.* Cité avant le 17 mars 1535, III, 36, 7623. [52]

Mars-avril 1535. — Jacques Gouran, conseiller au parlement de Dijon, plénipotentiaire en *Wurtemberg*. Pouvoir pour traiter, 18 mars 1535 (en cours d'ambassade peut-être), VI, 388, 20888. Traité signé en conséquence, à Stuttgart, 3 avril, VI, 388, 20889; nouveau pouvoir, 10 avril, VI, 389, 20893; nouveau traité en conséquence, 22 avril 1535, VI, 389, 20897. [53]

Avril 1535. — Paul, s^{gr} de Termes, plénipotentiaire en *Wurtemberg*. Pouvoir, 10 avril 1535, VI, 389, 20893. Traité signé, 22 avril 1535, VI, 389, 20897. [54]

Mars-Juin 1535. — Barnabé de Voré, s^r de la Fosse, gentilhomme de M. de 1535.
Langey, chargé d'une mission verbale. Va partir, 2 mars 1535, III, 27, 7576, 7577; id., 4 mars, *Arch. Vat.*, *N. Gall S. P. III, I, fol. 111;* repart pour la France vers le 27 juin 1535, *Seckendorf, III, p. 109, add. II, a et b*[(3)]. [55]

Juillet-novembre 1535. — Guillaume Du Bellay, s^r de Langey, « ambassadeur » en Allemagne. Va partir, 29 juillet 1535; gages du 29 juillet au 29 octobre 1535, payés d'avance, III, 115, 8016; cf. *Arch. Vat.*, *N. Gall. S. P.*, *III, I, fol. 295;* allusion faite à sa mission, *Arch. Ernest. de Weimar, reg. H, p. 99, n° 42;* détails

(1) Nous ne pouvons assurer qu'il n'y ait pas eu d'interruption entre ces diverses dates dans la mission de G. Waïn. Le contraire est plus probable. — (2) Peut-être à la suite d'une nouvelle mission (?). — (3) Peut-être y a-t-il là deux missions différentes.

AMBASSADES EN ALLEMAGNE. sur sa mission, 5 septembre 1535, *S. P. Henri VIII, VII, 625 à 627, 629 à 632.* Est de retour en France avant le milieu de novembre 1535, *Rome, Arch. Vat., N. Gall., etc., I, fol. 432, 445.* Cf. *Ven. Cal. V, n° 83.* [56]

Septembre 1540. — ANTOINE MACAULT, chargé d'une mission auprès du duc de *Gueldre*, à Bar-le-Duc, de retour dès le 28 septembre 1535, *Bibl. nat., Dupuy, 265, fol. 239.* [57]

Novembre 1535-février 1536.— GUILLAUME DU BELLAY, s[r] DE LANGEY, créance du 19 novembre 1535. *Corpus Reformatorum, t. II, p. 1010* (analyse : *Seckend., III, p. 106, C*). Son départ est ajourné, *Rome, Arch. Vat., N. Gall. I, fol. 432.* Part vers le 1er décembre, *ibid. fol. 445, 479.* Autre lettre sur sa mission, *Corpus, p. 1012; Seckend, p. 106, C.* Discours prononcé par lui le 19 décembre à Smalkalde, *ibid., p. 1012;* accord du 20 décembre, *ibid., 1018, Seckend., III, p. 105; Arch. de Weimar, reg. H, p. 98, n° 42.* Rejoint la cour, vers Lyon, au milieu de février 1536, après avoir visité les ducs de Bavière et de Wurtemberg, *Bourrilly, Guill. Du Bellay, p. 211-214.* [58]

1536. **Mars-Juin (?) 1536.** — ÉTIENNE DE LAIGUE, s[r] DE BEAUVAIS, ambassadeur. Part, de nouveau, 15 mars 1536, III, 187, 8357 (payé d'avance pour trois mois jusqu'au 15 juin 1536). [59]

Mai-Août 1536. — GUILLAUME DU BELLAY, s[r] DE LANGEY, ambassadeur près de la *ligue de Smalkalde.* Créance du 30 mai 1536, III, 209, 8474, 8475; part le 31 mai, III, 211, 8481. Rejoint la cour à Valence, le 25 août, *Bibl. nat., Clairambault, 335, fol. 271.* Cf. *Mémoires de Du Bellay, éd. de 1572, p. 575, 577-593.* [60]

1537. **Avril 1537 (?)** — JEAN DE PONTIGNY, docteur de Metz, chargé de missions en Allemagne. Donne des avertissements secrets. Cité, avril 1537, VIII, 2, 29271. [61]

1538. **Janvier-Mars (?) 1538.**— ÉTIENNE DE LAIGUE, s[r] DE BEAUVAIS, résident près du duc de *Gueldre.* Payé [en janvier 1538], pour trois mois d'avance, VIII, 65, 29834; cité, sans précision [fin mars 1538] comme devant rester six mois en Allemagne, VIII, 36, 29566. [62]

Février 1538-?— BARNABÉ DE VORÉ, s[r] DE FOSSÉ ou DE LA FOSSE. Courte mission [vers la fin de février 1538, semble-t-il], VIII, 36, 29567; 46, 29661. [63]

Avril 1538. — JEAN BERTRAND, président au Parlement de Toulouse, envoyé le 17 avril 1537, *Rommel, II, p. 392;* payé, VIII, 191, 31030; VIII, 228, 31375. [64]

Avril 1538. — BARNABÉ DE VORÉ, s[r] DE FOSSÉ, chargé d'une nouvelle mission vers avril 1538, écrit aux princes allemands pour expliquer quels obstacles l'empêchent de remplir celle-ci. *Seckend., III, 178.* [65]

Avril-Mai 1538.

a. LOUIS DAUGERANT, s[r] DE BOISRIGAULT;

b. GUILLAUME FÉAU, s[r] D'IZERNAY. Chargés d'une mission surtout financière en Bavière. Pouvoir du 23 avril 1538, III, 534, 9971. [66]

Juin-Juillet 1538.— BARNABÉ DE VORÉ, s[r] DE FOSSÉ. Créances du 1er juin 1538, *Arch. de Marb., « Frank. », liasse 16.* Part en juin de Villeneuve-de-Tende, VIII, 244,

31531; est à Strasbourg au plus tard le 25 juin; empêché par l'insécurité des chemins de gagner la Hesse. (*Lettre de cette date qu'il écrit au landgrave, Arch. de Marb.*, « *Frank.* ») Cité, 27 juin, *Winckelmann, II, p. 505;* 1er juillet, *ibid. p. 506;* dut quitter Strasbourg pour retourner en France vers le 10 juillet 1538, *ibid., p. 507;* cf. *lettre du landgrave à lui du 15 juillet, Arch. de Marb.*, « *Frank.* ». [67] AMBASSADES EN ALLEMAGNE.

Septembre (?) 1538. — GEORGES LUC ou LECH, COMTE DE « GLIC[1] », cité [septembre 1538] comme revenu, semble-t-il, VIII, 274, 31858. [68]

Mars 1539. — LE Sr DE VALLEPALDE, envoyé en *Wurtemberg*. Lettres du 1er mars 1539 qu'il porte, et créance jointe à la lettre, *Ribier I, 422.* [69] 1539.

Avril 1539. — GUILLAUME FÉAU, Sr D'IZERNAY, ambassadeur extraordinaire en *Bavière* pour obtenir le recouvrement d'un prêt de 100,000 écus. Instructions, 25 avril 1539, *Rott.*, inventaire, *I, 54.* [70]

Juin 1539. — JEAN, CARDINAL DU BELLAY, juin 1539, cité, *Span. Cal. VI, I, p. 159 et s.*[2]. [71]

Mars 1540. — LE Sr DE SAINT-JULIEN, conseiller ordinaire du roi, « envoyé » peut-être uniquement pour payer. Cité, 30 mars 1540, IV, 191, 11878. [72] 1540.

Avril 1540. — JEAN BERTRAND, président au parlement de Toulouse. Créances du 16 avril 1540, *Arch. de Weimar, reg. H, fol. 201, n° 92.* [73]

Mai-novembre 1540. — LAZARE DE BAÏF. Créances du 17 mai 1540, *Arch. de Marb.*, « *Frankreich* »; payé du 16 mai au 14 août, IV, 107, 11492; arrive à Strasbourg le 2 juin (*Winckelmann, III, p. 58*), y reste au moins jusqu'au 6 juin, *ibid., p. 60* et *Neudecker, Urkunden, p. 434.* Écrit le 7 juin, *B. N., fr. 3096, fol. 68;* instructions à lui du 15 juin, *B. N., ms. fr. 3020, fol. 77;* cité, 17 juin, *Ribier, I, 527.* Arrivé à la diète de Haguenau le 23 juin (*Neudecker, ibid., p. 501-502*), y prononce un discours le 24 juin, *Seckend., III, p. 259; Arch. de Weimar, reg. H, fol. 304, n° 141.* Lettre à lui du landgrave, juillet, *Arch. de Marb., l.* « *Frankreich* »; cité, 13 juillet, *Arch. Vat., arm. VIII, ord. I, vol. K, fol. 331.* Il revient le 21 août, *Arch. nat., K 1485, n° 20.* Remboursé le 12 novembre 1540, IV, 155, 11714. [74]

Juin 1540. — JEAN SLEIDAN (Allemand). Chargé par le roi d'une mission à la diète de *Haguenau*, 4 juin 1540, IV, 113, 11517; *id.*, 7 juin, IV, 115, 11524. Était envoyé à l'insu de Baïf, *Winckelmann, III, 125.* Cité rétrospectivement, après son retour, 17 novembre 1540, *Winckelmann, ibid.* [75]

Juillet 1540.

a. FRANÇOIS, CARDINAL DE TOURNON;

b. GUILLAUME POYET, chancelier de France, plénipotentiaires. Signent un traité avec le duc de *Gueldre* le 17 juillet 1540, *Du Mont, IV, 2e partie, p. 196.* [76]

Octobre 1540-mars (?) 1541. — BARNABÉ DE VORÉ, Sr DE FOSSÉ ou DE

[1] La désignation vague du « voyage » dont il est chargé ne permet pas d'être assuré qu'il s'agit d'une mission diplomatique.

[2] Mention d'une mission du cardinal DU BELLAY est faite très vaguement, pour une date inconnue, VIII, 104, 30197.

AMBASSADES EN ALLEMAGNE. LA FOSSE. Proposé par J. Du Bellay, son cousin, vers le 28 octobre 1540, *Winckelmann, ibid., III, p. 126;* déjà à Strasbourg (d'où il écrit) 14 novembre 1540, *ibid.;* le 16, il est arrivé (auprès d'Ulrich Geiger), *ibid.* Payé le 9 janvier 1541, IV, 174, 11800. Encore cité comme ambassadeur le 18 mars 1541, sans précision, IV, 189, 11869. [77]

1541. **Janvier-Juillet (?) 1541.** — MORELET DU MUSEAU, ambassadeur à la diète de *Ratisbonne*, etc. Créances du 5 janvier 1541, *Arch. de Marb. L. « Fr. », cf. Seckend., III, 260;* expose le but de sa venue à Strasbourg, 4 février 1541; réponses des 11 et 21 février du landgrave et de l'électeur de Saxe, *Arch. de Marb., ibid., Seckend., III, 260.* Nouvelles reçues de lui de Ratisbonne le 24 juin 1541, *Corr. de Castillon, 316.* Nouvelles de lui reçues le 26 juillet de Ratisbonne. Cf. *Corr. de Castillon, p. 323.* [78]

Février-Août (?) 1541. — PIERRE RÉMON, avocat du roi au Parlement de Paris, « ambassadeur » à la diète de *Ratisbonne*. Va partir et payé, 7 février 1541, IV, 179, 11823; doit arriver, semble-t-il, le 27 février (cf. *Winckelmann, Pol. Korr., p. 169*). Payé de dépenses, 6 juin 1541 (sans précision), IV, 210, 11968; écrit le 23 juillet 1541, *Corr. de Castillon, p. 325.* [79]

Août-novembre (?) 1541. — LOUIS DE LESTRANGE, panetier ordinaire du roi, envoyé vers le duc de *Clèves* et autres personnages d'Allemagne. Va partir, 4 août 1541, IV, 228, 12051; payé, 7 septembre 1541, IV, 239, 12106, et 10 novembre 1541, IV, 254, 12188. [80]

Août 1541. — RENÉ « DE GUEULFF », envoyé près du duc de *Gueldre*. Va partir, 5 août 1541, VI, 630, 22181. [81]

Août 1541. — ULRICH CHELIUS[1], chargé d'une mission du roi? Payé, 29 août 1541, IV, 234, 12081. [82]

Décembre 1541-mars (?) 1542. — FRANÇOIS OLIVIER, chancelier d'Alençon, ambassadeur à la diète de *Spire*. Créances du 19 décembre 1541, *Arch. de Weimar, reg. H, fol. 441, n° 157 D.* Cf. *Seckend., III, p. 384.* Sur le point de partir, 25 décembre, IV, 267, 12247. Arrivé avant le 8 février 1542, *Winckelm., Pol. Corr., p. 223.* Prononce un discours le 17 février 1542, *ibid., p. 225 (cf. Herminjard, VII, 390, n° 3).* Cité, peut-être rétrospectivement, 25 février, 8 mars et en mai 1542, *Span. Cal. VI, 1, p. 476; 2, p. 12; Arch. de Weimar, reg. H, fol. 441, n° 157 D.* [83]

Décembre 1541-février 1542. — HERMANN KRUSER OU DE LA CROIX, docteur en droit, maître d'hôtel, envoyé à la diète de *Spire*[2]. Créances du 19 décembre 1541, *Arch. de Weimar, reg. H, fol. 441, n° 157 D;* arrivé avant le 8 février 1542, *Winckelmann, Pol. Korr., III, p. 223;* allusion à lui, *Span. Cal. VI, 1, p. 476.* [84]

Décembre 1541-février (?) 1542. — MORELET DU MUSEAU, envoyé à la diète de *Spire*. Créances du 19 décembre 1541, *Arch. de Weimar, reg. H, fol. 441, n° 157 B.* Sur le point de partir, IV, 270, 12255. Arrivé avant le 8 février 1542, *Winckel-*

[1] Ancien médecin de la ville de Soleure.

[2] C'était un étranger, semble-t-il, résident du duc de Clèves en France, et que François Ier chargea ainsi d'une mission spéciale qui n'empêcha pourtant pas ce personnage de revenir ensuite occuper son poste : cf. *Ambassadeurs d'Allemagne en France.*

mann, Pol. Corr., III, p. 223. Allusions à lui, 25 février 1542, *Span. Cal. VI, 1, p. 476.* [85] AMBASSADES EN ALLEMAGNE.

Décembre 1541-février 1542 (?) — AFRICAIN DE MAILLY, s^r DE VILLERS-LES-POTS, bailli de Dijon, envoyé à la diète de *Spire*[2]. Créances du 19 décembre 1541, *Arch. de Weimar, reg. H, fol. 441, n° 157*[a]. Sur le point de partir, 25 décembre 1541, IV, 267, 12248. Dut arriver comme les autres députés un peu avant le 8 février 1542, *Winckelmann, Pol. Corr., III, p. 223.* Allusions à lui le 25 février 1542, *Span. Cal. VI, 1, p. 476.* [86]

Mai 1542. — LE s^r DE SERRANT, ambassadeur (?) près le duc de *Clèves*. Écrit le 25 mai 1542 de Düsseldorf, *Arch. de Bruxelles, Pap. d'État, vol. 51, fol. 125, 128.* [87] 1542.

Septembre 1542. — ULRICH CHÉLIUS[1], envoyé pour les « affaires secrètes du roi » à Aix-la-Chapelle spécialement. Cité, 10 septembre 1542, comme sur le point de partir, semble-t-il, VI, 681, 22468. [88]

Octobre-décembre 1542. — JEAN DES MONSTIERS, s^r DU FRAISSE, envoyé en *Saxe*. Créance du 8 octobre 1542, *Arch. de Weimar, reg. H, fol. 441, n° 157*[b]. Discours dudit ambassadeur sans date, *ibid.*, Réponse (minute s. d.) de l'électeur de Saxe *ibid.* (vers novembre 1542). Lettre à lui du 7 décembre 1542 (il devait être encore en charge), cf. *ibid.* [89]

Janvier-septembre (?) 1543. — DIEGO DE MENDOZA, ambassadeur. Va partir en mission secrète, 2 janvier 1543, IV, 396, 12858. Encore en charge, 6 septembre 1543. *S. P. H. VIII, t. IX, p. 498.* [90] 1543.

Juillet 1543. — NICOLAS DE LA CROIX, valet de chambre du roi. Créances du 12 juillet 1543[2]. *Arch. de Marb., l. « Frankr. »*. [91]

Septembre 1543. — ANTOINE MAILLET, secrétaire et valet de chambre du duc d'Orléans. Instructions du 8 septembre 1543, *Span. Cal. VI, 2, p. 479.* [92]

Novembre 1543-? — LE BARON DE FONTENOY[3], envoyé en *Saxe*. Créances, 30 novembre 1543, *Arch. de Weimar, reg. C, p. 276, n° 38.* [93]

Janvier-mars 1544. 1544.

a. LE CARDINAL JEAN DU BELLAY;

b. FRANÇOIS OLIVIER, chancelier d'Alençon;

c. AFRICAIN DE MAILLY, s^r DE VILLERS-LES-POTS, bailli de Dijon. Ambassadeurs à la diète de *Spire*. Partent, semble-t-il, un peu après le 6 janvier 1544, VII, 360, 25052. Cités le 7 janvier, IV, 542, 13537. Écrivent le 7 mars 1544, *Bibl. nat., latin 13926, fol. 281*; le cardinal du Bellay dut prononcer un discours à Spire en mars, cf. *Marq. Freher, III, p. 428; Arch. de Marb. (Frankr.), lettre du 24 juillet 1544 (relative aux obstacles opposés à cette mission.)* [94]

Juin-Juillet 1544. — JEAN DES MONSTIERS, s^r DU FRAISSE. Créances, 29 mai

[1] La version CHELUIS du Catalogue est erronée. — [2] Il n'est pas sûr qu'il soit arrivé à destination. — [3] Peut-être Jean de Fontenay, s^r de Bertheville.

AMBASSADES EN ALLEMAGNE. 1544, *Arch. de Marb., l.* « *Frankr.* ». Ne peut accomplir sa mission personnellement, semble-t-il. Écrit le 24 juillet 1544. *Arch. de Marb., ibid.* [95]

1545. **Mars-octobre (?) 1545.** — LOUIS ADHÉMAR, s^r^ DE GRIGNAN, ambassadeur à la diète de *Worms*. Créances du 15 mars 1545 (publiées, *Winckelmann, Pol. Korr., III, p. 567*). Arrive le 11 avril à Strasbourg, *ibid.* Cité le 13 avril, *ibid., p. 581*, le 22 avril, *S. P. H. VIII, t. X, p. 425; cf. ibid., p. 439;* le 11 juin, *ibid., p. 462.* Allusion probable à lui, le 14 août 1545, comme étant en route pour revenir, *ibid., p. 568;* cité, 7 octobre 1545, comme étant à Bruxelles et devant repartir pour la France le 8 octobre, *ibid., p. 615.* [96]

Juin-août 1545. — SÉBASTIEN DE L'AUBESPINE, ABBÉ DE BASSEFONTAINE, ambassadeur à la diète de *Worms*. Est à Worms en même temps que Grignan, 11 juin 1545, *St. Pap. Henri VIII, t. X, p. 462.* Allusion à lui le 14 août 1845, comme revenant, *ibid., p. 568.* [97]

Juin-octobre 1545. — JEAN DES MONSTIERS, s^r^ DU FRAISSE. Part vers la fin de juin 1545; est à Cologne au commencement d'août, *Jean Des Monstiers, par le marquis Des Monstiers, 1898, in-8°, p. 6.* Il montre ses créances au landgrave un peu avant septembre 1545 (*Winckelmann, Pol. Corr.*). Est en mission au moins jusqu'au 1er octobre 1545, *ibid., p. 127.* Il était de retour en France en novembre et prit part aux conférences pour la paix, *n° 194.* [98]

Décembre 1545-mai 1546. — SÉBASTIEN DE L'AUBESPINE, ABBÉ DE BASSEFONTAINE, envoyé en *Hesse*. Créances du 15 décembre 1545, *Arch. de Marb.,* « *Frankr.* ». Cité le 20 janvier 1546 (*dans une lettre de François Ier au landgrave*), *ibid.* Le roi lui écrit le 17 mai 1546, *B. N., franç. 6620, fol. 1.* [99]

1547. **Janvier-mars-1547** — NICOLAS DE LA CROIX, valet de chambre du roi, envoyé près du landgrave de *Hesse*. Créances du 13 janvier 1547, *Arch. de Marb.,* « *Frankr.* ». Réponse lui est faite le 10 février, *Ribier, I, 611;* cité, *ibid., 609;* écrit les 1er, 13, 17 mars 1547, *ibid., 619, 624, 631.* [100]

Janvier 1547. — HENRI HACFORT. Envoyé à *Berghen*. Écrit, 6 janvier 1547, *Bibl. nat., ms. fr. 6616, fol. 95.* [101]

Janvier 1547. — JEAN DES MONSTIERS, s^r^ DU FRAISSE, envoyé près du *comte palatin*. Écrit au commencement de 1547 (et était là depuis quelque temps), *Ribier, I, 603.* [102]

Février (?)-avril (?) 1547. — SÉBASTIEN DE L'AUBESPINE, ABBÉ DE BASSEFONTAINE. Envoyé à Strasbourg, le 26 août 1546, *B. N., fr. 17889, fol. 138;* résident près du landgrave de *Hesse* et de l'électeur de *Saxe* au début de 1547, *Ribier, I, 609, 613;* lettre, 17 février 1547, *ibid., p. 617;* 21 mars, *ibid., p. 628;* 26 mars, *ibid., p. 634;* le roi lui écrit le 26 mars, *ibid., p. 635.* [103]

Février-mars 1547. — DIEGO DE MENDOZA. Cité comme étant venu un mois à Strasbourg, 19 février 1547, *Ribier, I, 619,* et 17 mars 1547, *ibid. 627.* [104]

Mars 1547. — ÉTIENNE LORENS, s^r^ DE SAINT-AY, envoyé en Allemagne, à Strasbourg notamment. Lettres à lui adressées le 6 et le 17 mars 1547, *Bibl. nat., français 6553, fol. 17, Ribier, I, 627.* [105]

b. PRÈS DU ROI DES ROMAINS.

AMBASSADES EN ALLEMAGNE.

1520. **Janvier 1520-avril (?) 1521.** — J. BARROIS, maître d'hôtel du roi. Arrive en cour de Worms vers le 5 janvier 1520, *Le Glay, II, 456*. Est déjà reparti et auprès de Charles-Quint le 22 avril 1521, *ibid., 468*. [106]

1539. **Novembre 1539-mars 1540.** — CHARLES DE COSSÉ, s[r] DE BRISSAC, envoyé en Flandre près le roi des Romains qui s'y trouve (et vers l'empereur). Doit partir le 31 octobre 1539 (est-il dit le 30), *Arch. Vat., arm. VIII, ord. I, vol. K., fol. 210*. Détails sur sa mission, *S. P. Henr. VIII, t. VIII, p. 304*. Attend le roi des Romains qui n'arrive en Flandre qu'en 1540. Rentre à la cour de France le 25 mars 1840, *Arch. Vat., ibid., fol. 277; cf. S. P., ibid., p. 290*. [107]

3° EN ANGLETERRE.

TABLEAU DES AMBASSADEURS ORDINAIRES OU « RÉSIDENTS ».

Juin 1515-mars 1516. Robert de Bapaumes [109].
Février-décembre 1519. Olivier de La Vernade, s[r] de la Bastie [115].
Novembre 1519. Ant. Des Prés, s[r] de Montpezat [116].
Décembre 1519-juin 1521. Jean de Sains, s[r] de Marigny [117].
Mai-novembre 1521. O. de La Vernade, s[r] de la Bastie [123].
Novembre 1521-juin 1522[1]. Denis Poillot [126].
Juin 1525-mai 1526. Jean Brinon, s[r] de Villaines [133].
Avril 1526-juillet (?) 1527. Jean Joachim de Passano, s[r] de Vaux [135].
Novembre 1527-février 1529. Jean Du Bellay [142].
Mars 1529. Guillaume Du Bellay, s[r] de Langey [148].
Mai 1529-janvier 1530. Jean Du Bellay [149].
Novembre 1529-mars 1530. Guillaume Du Bellay [151].
Janvier 1530-janvier 1531. Jean Joachim de Passano, s[r] de Vaux [152].
Décembre 1530-avril 1531. Gabriel de La Guiche [154].
Mars 1531-janvier 1532. Jean Joachim de Passano, s[r] de Vaux [155].
Décembre 1531-octobre 1532. Gilles de La Pommeraye [158].
Octobre 1532-février 1533. Ant. Des Prés, s[r] de Montpezat [161].
Janvier-décembre 1533. Jean de Dinteville, bailli de Troyes [162].
Septembre 1533-avril 1534. Louis de Perreau, s[r] de Castillon [163].
Mars 1534-juillet 1535. Ch. Du Solier, s[r] de Morette [167].
Mai 1535-septembre 1537. Ant. de Castelnau, évêque de Tarbes [173].
Juin 1537-février 1539. L. de Perreau, s[r] de Castillon [180].
Mars 1539-avril 1543. Charles de Marillac [184].
Février-juillet 1543[2]. Rog. d'Aspremont, dit d'Orthe [191].
Juin 1546-fin du règne. Odet de Selve [197].

[1] Cette qualité de résident ressort d'un passage de Barrillon (I, 63). — [2] Ici se place une interruption motivée par la guerre.

IMPRIMERIE NATIONALE.

AMBASSADES EN ANGLETERRE.

1515. **Janvier-avril 1515.**

a. JEAN DE SELVE, premier président au parlement de Bordeaux;

b. PIERRE DE LA GUICHE, bailli de Lyon et Mâcon, plénipotentiaires. Envoyés dès 1514, le premier le 29 juillet, le second le 22 novembre, *Barrillon, I, 3, note 2.* Commission du 14 mars 1515 (n. st.), I, 24, 143. Traité signé par eux le 5 avril, I, 36, 204. J. de Selve devait être de retour avant le 22 avril. *Cf. I, 39, 226.* [108]

Juin 1515-mars 1516. — ROBERT DE BAPAUME, président au parlement de Rouen, résident. Envoyé vers la fin de juin 1515, *Barrillon*, I, 63. Cité 20 août, *Brewer, II, 1, p. 221 et s.*[1]. Rend compte de sa mission, 6 novembre, *Arch. nat., J. 966, n° 2.* Cf. *Baschet, 39e rapp., p. 575.* Cité 18 mars 1516, *Brewer, Cal. II, 1681.* [109]

1516. **Décembre 1516.** — CHARLES DU SOLIER, S^r^ DE MORETTE, est à Poissy, de retour d'Angleterre, le 20 décembre 1516, *Desjardins, II, 869.* [110]

1517. **Novembre-décembre 1517.**

a. PIERRE DE LA GUICHE;

b. ÉTIENNE DE PONCHER, évêque de Paris. Commission du 10 septembre 1517, VIII, 401, 23492 *bis.* Instructions, *Arch. aff. étr., Mém. et Doc., Angleterre 4, fol. 204.* Arrivent au commencement de novembre 1517, *Brewer, II, n° 3788.* Rentrant en France en décembre 1517, *Sanuto, Diarii, XXV, col. 197.* Cf. *Journal d'un bourgeois de Paris, p. 61; Baschet, 39e rapp. du dep. Keeper, 575.* [111]

1518. **Juin-juillet 1518.** — NICOLAS DE NEUFVILLE, audiencier de France. Part vers juin 1518, *Barrillon, II, 87;* revient avec des articles du 9 juillet, *ibid., p. 88 et ss.* [112]

Août-octobre 1518.

a. GUILLAUME GOUFFIER, S^r^ DE BONNIVET, amiral de France;

b. ÉTIENNE DE PONCHER, évêque de Paris;

c. FRANÇOIS DE ROCHECHOUART, sénéchal de Toulouse;

d. NICOLAS DE NEUFVILLE, S^r^ DE VILLEROY, plénipotentiaires. Pouvoirs du 31 juillet 1518, *Arch. nat., J. 920, n° 13, Rymer, VI, 1re part., 142.* Instructions, *B. N. ms. Dupuy, 745.* Poncher et Neufville partent en août et attendent, à Calais, Bonnivet (qui ne quitte Paris que le 31 août), *Lalanne,* 71, et sont à Londres le 3 septembre, *B. N. fr. 5761, fol. 7 v°.* Bonnivet cité (à Sandwich) avec Rochechouart, 18 septembre. Tous signent à Londres un traité, 2 et 4 octobre, *Rymer, ibid., p. 150-154.* Bonnivet et Rochechouart cités comme de retour à Montreuil le 17 octobre, *B. N. fr. 5761, fol. 16.* La mission semble de retour à Paris en son entier le 26 octobre, *Lalanne, 72.* Cf. encore sur cette mission, *Cal. H. VIII, II, 4409; Baschet, 39e rapp. 575, Bibl. nat., fr. 5761, fol. 5-18 v°.* [113]

1519. **Février 1519.** — Commissaires pour prendre livraison de Tournay:

a. LOUIS DE PERREAU, S^r^ DE CASTILLON,

b. HURAULT, général des finances. Arrivent le 8 février [1519] à une lieue de Tournay, *Brewer, I, n° 74.* [114]

[1] Nouvelle interruption motivée par la guerre.

Février-décembre 1519. — Olivier de La Vernade, s^r^ de la Bastie, première mission, résident? Créance du 23 février 1519, *Brewer, III, 1, n° 94*. Était encore là le 5 avril 1519, *ibid, n° 165*. Semble renvoyé en Angleterre le 5 décembre 1519, *Brewer, III, 1, n° 534*. Lettre du roi, s. d., *Bibl. nat., ms. fr. 5761, fol. 42 v°*. Rappelé par lettres du 10 décembre 1519, donnant créance à son successeur Marigny, *ibid., 543*. [115]

Novembre 1519. — Antoine de Lettes dit Des Prés, s^r^ de Montpezat, résident? Quitte la cour d'Angleterre quelques jours avant le 29 novembre 1519, *Brewer, III, 1, n° 526*. [116]

Décembre 1519-juin 1521. — Jean de Sains, s^r^ de Marigny, bailli de Senlis, « résident »[1]. Créances du 10 décembre 1519, *Brewer, III, n° 543*. Cité 13, 14 août 1520, *ibid., n°s 951, 953*; 18 août, *Cal. Ven. III, 84, 115*; 4 février 1521, *Brewer, ibid., n° 1156*; 19 avril, *Ven. Cal. III, n° 189*; 20 mai, *Brewer, ibid., n° 1293*. Remplacé vers cette date (un peu avant le 4 juin), par le s^r^ de la Bastie, *Ven. Cal. III, n° 230*. Sur le point de quitter son poste le 18 juin 1521, *ibid., n° 238*. [117]

Mars 1520. — Louis de Perreau, s^r^ de Castillon, plénipotentiaire pour régler, 1520.
avec les députés de Henri VIII, les détails de l'entrevue des rois de France et d'Angleterre. Pouvoirs s. d. VII, 438, 25519. Part d'Angoulême vers le milieu de mars 1520, *Barrillon, II, 164*. [118]

Mai-août 1520 (?). — Olivier de La Vernade, s^r^ de la Bastie, ambassadeur extraordinaire pour organiser l'entrevue des deux rois. Créances du 2 mai 1520, *Brewer, III, 786*. Arrivé avant le 24 mai, *ibid., 832*. Écrit 25 mai, *ibid, 836*; 7 juin [1520], *B. N. ms. fr. 2966, fol. 48*. Cité, 12 juillet, *Ven. Cal. III, n° 106*; cf. *Brewer, III, n°s 905, 913*. Écrit juin et juillet [1520], cf. *Baschet, 39e rapport, pp. 576 et suiv.* Doit retourner en France et revenir. De retour à Londres, le 13 août, *Brewer, ibid., 951*; cf. *ibid., n° 948*. Cité, peut-être rétrospectivement, le 1er décembre 1520, *Rymer, VI, p. 1, 190*. [119]

Août-septembre 1520. — François de Silly, bailli de Caen, envoyé extraordinaire pour demander des nouvelles de Henri VIII. Part vers le 1er août 1520, *Brewer, III, 937* (s. d.) et *960*. Son départ décidé le 6 septembre, *Ven. Cal. III, n° 117*, et *Sanuto, Diarii, t. 29, p. 276*. Écrit le 21 septembre, *Brewer, III, 987*. De retour en France le 23 septembre 1520, *Ven. Cal. III, n° 124*. [120]

Août 1520. — François de Montmorency, s^r^ de la Rochepot, ambassadeur extraordinaire. Cité le 18 août 1520 comme venant d'arriver à la cour anglaise, *Ven. Cal. III, n° 115*[2], *n° 125*, *Diarii 29, p. 292*. [121]

Janvier-juin 1521 (?). — Denis Poillot, ambassadeur extraordinaire, désigné 1521.
vers le 3 janvier 1521, *Ven. Cal. III, n° 150*. Arrivé le 7 janvier, *Bibl. nat., ms. fr. 20976, fol. 68*. Écrit, semble-t-il, les 14 et 18 janvier (si l'on doit attribuer à cette année-là des lettres non datées), *ms. fr. 2963, fol. 113 et 20976, fol. 68*. En tout cas était arrivé avant le 6 avril, *Ven. Cal. III, n° 185*. Cité le 19 avril, *ibid., n° 189*; le 1er mai, *ibid., n° 204*. Écrit le 3 juin [1521] *ms. fr. 2931, fol. 62*; écrit

[1] Ce titre lui est donné d'une façon certaine. Il semble qu'il ait succédé en cette qualité à La Bastie dont le titre de résident est toutefois incertain.

[2] L'ambassadeur vénitien en France parlait de cet envoi le 25 septembre, et comme il avait écrit la veille il faut croire qu'il était mal informé. D'après lui, c'était comme orateur, *Ven. Cal., n° 125*, et *Diarii, 29, p. 292*, que La Rochepot était envoyé.

AMBASSADES EN ANGLETERRE. (en collaboration avec La Vernade) les 13 et 15 juin 1521, *Baschet, 39e rapp., 576*, puis celui-ci signe seul, d'où on peut conjecturer que Poillot était parti. Il n'est pas à la conférence de Calais. [122]

Mai-novembre 1521. — OLIVIER DE LA VERNADE, sr DE LA BASTIE, résident, remplace Marigny vers la fin de mai 1521, *Ven. Cal. III, n° 230*. Instructions du 29 mai, *Brit. mus., Caligula, D. VIII, fol. 52 à 57*. Écrit de Londres le 7 juin et avec Poillot les 13 et 15 juin, *Baschet, 39e rapp., 576*, puis seul. Écrit le 23 juillet de Londres (Cf. *B. N., fr. 2967, fol. 48-66*), d'où il s'absente pour prendre part aux conférences de Calais en vertu de pouvoirs du 18 juillet, *Baschet, p. 577*. Arrivé le 2 août à Calais, *B. N. fr. 2967, fol. 133 et suiv.*, il y est encore le 15 octobre, *ibid., 85*. Mais est rappelé le 22 octobre, *Arch. nat., J. 655*. Remplacé le 26 novembre 1521 comme résident, *Ven. Cal. III, n° 371*. [123]

Mai-juillet 1521. — ANTOINE DE LETTES, dit DES PRÉS, sr DE MONTPEZAT. Arrivé entre les 1er et 6 juin 1521, *Ven. Cal. III, 233*. Revenu le 14 juin, *ibid., 237*. Instructions du 24 mai 1521, *Brit. mus., Caligula, D. VIII, 51*. Encore à Londres le 2 juillet, *B. N., fr. 2931, fol. 97*. Retourné en cour de France le 29 juillet 1521, *Brewer, III, n° 1456*. [124]

Juillet-novembre 1521. — Grande ambassade (conférences de Calais).

a. ANTOINE DU PRAT, chancelier de France;

b. JACQUES DE CHABANNES, maréchal de France;

c. ROBERT GÉDOYN;

d. JEAN DE SELVE. Pouvoirs du 18 juillet 1521; cf. *Baschet, 39e rapport, p. 577*[3]. Instructions publiées, *Barrillon, II, 192-200*. Du Prat part de Dijon, 20 juillet, *ibid. 203*. Écrivent en route, de Montreuil, le 3 août, *B. N. ms. fr. 2960, fol. 48*; de Calais, le 5 août, *ibid.* (ils y sont arrivés le 4, *Barrillon, II, 203*). Cf. sur ces conférences, *ibid., 204-232*[(1)]; *Baschet, p. 578*. Chabannes, encore à son poste le 19 août, *B. N., ms. fr. 2967, fol. 15*, l'a quitté avant le 30 septembre, *ibid., fol. 5*. Les trois autres partent de Calais le 22 novembre, *Barrillon, II, 332*. [125]

Novembre 1521-juin 1522. — DENIS POILLOT, résident. Cité comme devant remplacer La Bastie, le 26 novembre 1521, *Ven. Cal. III, n° 371*. Encore à Calais, d'où il écrit, le 27 novembre, *B. N., fr. 2966, fol. 151*. Cf. *Barrillon, II, 332*. Cité 3 décembre, *Ven. Cal. III, n° 373*. Lettre à lui, janvier 1522, *Brewer, III, n° 1994*. Cité 7 juin, *Ven. Cal. III, 467*. La guerre, déclarée le 29 mai, est cause de son départ pour la France qui a lieu le 11 juin, *ibid., n° 478*. [126]

Décembre 1521-janvier 1522. — OLIVIER DE LA VERNADE, sr DE LA BASTIE, envoyé extraordinaire, renvoyé vers le 3 décembre 1521, *Ven. Cal. III, n° 373*. Lettre à lui (commune à Poillot) janvier 1522 (dernière mention), *Brewer, III, n° 1994*. [127]

1522. **Janvier 1522.** — NICOLAS DE NEUFVILLE, sr DE VILLEROY, chargé d'une mission particulière en 1522, *Baschet, 39e rapport, p. 578*. [128]

(1) L'ambassadeur résident à Londres, Olivier de La Vernade, participa à ces conférences et reçut des pouvoirs, *cf. ibid.*

Juin 1524-mars 1525. — JEAN-JOACHIM DE PASSANO, s[r] DE VAUX, envoyé secret[1]. Arrive à Boulogne le 14 juin 1524, *Brewer, IV, 418*; à Londres le 22 juin, *Span. Cal. II, 672*. Séjourne en Angleterre; les impériaux se plaignent le 9 janvier 1525 de ce qu'il y est depuis longtemps, *Span. Cal. III, 1, p. 11*. Le 9 mars, il est dit qu'il y séjourne depuis 7 ou 8 mois, cf. *ibid., p. 75*. Quitte Londres le 21 mars 1525, *Jacqueton, p. 96*. [129] AMBASSADES EN ANGLETERRE.

Septembre 1524. — ALBERT PIO DE SAVOIE. Pouvoirs pour conclure une trêve avec Henri VIII et Charles Quint, 16 septembre 1524, I, 388, 2071. [130] 1524.

Décembre 1524-avril 1525. — JEAN BRINON, s[r] DE VILLAINES ET D'AUTEUIL, président du conseil de régence, président au parlement de Rouen et chancelier d'Alençon. Envoyé extraordinaire. Instructions de décembre 1524, *Jacqueton, pièces justif., n° 2*. Commission du 17 décembre 1524, V, 647, 17998. Arrive à Calais le 15 janvier 1525, à Londres le 22 janvier, *Jacqueton, p. 74*. Congédié, quitte Londres le 21 mars; de retour à Paris le 3 avril 1525, *Jacqueton, p. 96*. [131]

Juin-décembre 1525. — JEAN-JOACHIM DE PASSANO, s[r] DE VAUX, plénipotentiaire. Quitte Lyon vers le 7 juin 1525, *Jacqueton, 113*. Commission du 9 juin, I, 407, 2168. Arrivé à Londres, 22 juin, *Jacqueton, ibid.* Reste avec Brinon jusqu'en décembre, *Jacqueton, passim*. Commission du 6 août pour payer les sommes dues à l'Angleterre, I, 413, 2196. Quitte l'Angleterre et arrive à Paris le 23 décembre, et en cour vers le 27 décembre 1525, *Jacqueton, p. 193*. [132] 1525.

Juin 1525-mai 1526. — JEAN BRINON, S[r] DE VILLAINES, plénipotentiaire et résident. Commission du 9 juin 1525, I, 407, 2168. Part dans la première semaine de juillet. Arrive à Londres le 26 juillet, *Jacqueton, p. 118* (cf. *Span. Cal. III, 1, p. 23* [date erronée]). Nouveaux pouvoirs du 16 août, I, 414, 2202. Traité signé à Moore le 30 août, I, 416, 2210; ratifié, I, 420, 2227. Cité ou écrit : 30 octobre, *Jacqueton, p. 371*; 26 novembre, *ibid, p. 392*; 30 novembre, *ibid, p. 397*, etc. Payé le 6 avril 1526, V, 749, 18562. Repart pour la France dans la première semaine de mai 1526, *Jacqueton, p. 274*. Cité rétrospectivement, VI, 87, 19341. [133]

Novembre 1525. — PIERRE DE WARTY, chargé d'une mission. Parti dès le 15 novembre 1525, *Arch. nat., J. 966, n° 43[13]*. [134]

Avril 1526-juillet(?) 1527. — JEAN-JOACHIM DE PASSANO, s[r] DE VAUX, résident (probablement). Envoyé le 7 avril 1526, *Jacqueton, 197*. Arrive le 17 avril, *ibid.* Écrit le 17 mai, *Arch. nat., J. 966, n° 23*. Cité, 11 juin, V, 771, 18684. Commission, 20 juin, I, 451, 2388. Signe un traité le 8 août, *Rymer, VI, 2e part.*, 75. Écrit le 17 novembre 1526, *Arch. nat., J. 966, n° 23*. Cité : le 11 janvier 1527, *Ven. Cal. IV, n° 8*; le 2 mars, *Span. Cal. III, 2e part., p. 83*. Écrit le 20 mars, *Arch. nat., J. 967, n° 1*. Cité le 21 mars, *Ven. Cal. IV, n° 8*. Pouvoirs : du 23 avril, I, 503, 2653; du 19 mai, I, 506, 2668. Signe un traité le 30 avril, *Du Mont, IV, 1re partie, p. 472*, et un autre le 29 mai, I, 507, 2674. Dut quitter son poste à l'automne de 1527, *Jacqueton, 274*. [135] 1526.

Juin(?)-juillet(?) 1526. — CHARLES DU SOLIER, s[r] DE MORETTE, envoyé extraordinaire. Cité : 19 juin 1526, *Ven. Cal. IV, n° 1061*; 30 juillet 1526, V, 780, 18731; et, probablement rétrospectivement, 13 novembre 1526, V, 800, 18835. [136]

[1] Il était, *en apparence*, simplement chargé d'une mission particulière par Louise de Savoie, avant qu'elle n'eût la régence.

AMBASSADES EN ANGLETERRE. **Décembre 1526.** — GIRARD DE MONTMÉLIANT, envoyé secret? Doit partir, 31 décembre 1526, I, 476, 2515. [137]

1527. **Février-mai 1527.** — Grande ambassade extraordinaire :

a. GABRIEL DE GRAMONT, évêque de Tarbes. Part vers le 1er février 1527 (voir un reçu de cette date pour ses frais de voyage, *Bibl. nat., ms. fr. 20976, fol. 93*). Se trouve à Boulogne au plus tard le 11 février, *Ven. Cal. IV, n° 30*). Retenu par la tempête, *ibid, n° 37*. Arrive à Douvres le 26 février *Friedmann, Anne Boleyn, Chronologie; Ven. Cal. IV, n° 50; Span. Cal. III, 2, p. 83; Bibl. nat., fr. 7144, fol. 99*; cf. *Ven. Cal. IV, n° 57*. Écrit : le 20 mars, *Arch. nat., J. 967, n° 1*; le 6 avril, *Bibl. nat., ms. fr. 20994, fol. 206*; le 7, le 24 avril, *ibid., fol. 208, 210*. Pouvoir du 23 avril, I, 503, 2653. Signe un traité le 30 avril, I, 504, 2657; *Du Mont, IV, 1, p. 472*. Quitte Londres le 8 mai, *Ven. Cal. IV, n° 105 (pp. 57 et 61)*; *Friedmann, Chronologie*. Remboursé de ses dépenses à son retour en France, le 17 mai 1527, I, 506, 2667;

b. FRANÇOIS DE LA TOUR, VICOMTE DE TURENNE. Part vers le 1er février 1527, *Bibl. nat., ms. fr. 20976, fol. 109*. Suit exactement l'itinéraire de Gabriel de Gramont (*v. ci-dessus*); écrit, en commun avec lui, les lettres indiquées, reçoit les mêmes pouvoirs. Écrit le 16 avril 1527, *Teulet, Corr. françaises, I, 61*; 27 avril, *Arch. nat., J. 966, n° 47*; 1er mai, *ibid., n° 47²*, et *Teulet, ibid., 62*. Quitte, avec Gramont, le 8 mai, *Ven. Cal. IV, n° 105 (pp. 57 et 61)*. Remboursé de ses dépenses le 17 mai, I, 506, 2667. Écrit le 23 mai 1527, de Vincennes, qu'il arrive d'Angleterre, *Arch. nat., J. 966, n° 47²⁻¹*;

c. ANTOINE LE VISTE, Sr DE FRESNES, président au Parlement de Paris. Cité, le 2 mars 1527, comme récemment arrivé, *Span. Cal. III, 2, p. 83*. *Écrit le 20 mars, Arch. nat., J. 967, n° 1¹*. Pouvoir du 23 avril, I, 503, 2653. Signe le traité du 30 avril, I, 504, 2657; *Du Mont, IV, 1re part., p. 472*. Dut quitter Londres le 8 mai avec le reste de la mission, *Ven. Cal. IV, n° 105 (pp. 57 et 61)*. Cf. *Lalanne, Journal d'un bourgeois de Paris, p. 320*.

d. P. DE WARTY. Signataire d'une lettre commune aux autres membres de la mission, du 20 mars 1527. *Arch. nat., J. 967, n° 1¹*. [138]

Mai 1527. — GABRIEL DE GRAMONT, évêque de Tarbes, plénipotentiaire. Pouvoirs du 19 mai 1527, I, 506, 2668. Traité signé à Westminster le 29 mai 1527, I, 507, 2674. [139]

Septembre-novembre 1527. — ANNE DE MONTMORENCY, grand-maître de France, ambassadeur extraordinaire pour porter à Henri VIII le collier de Saint-Michel. Commission du 15 septembre 1527, I, 522, 2752. Débarque à Douvres le 14 octobre. — *Cette mission se confondant avec l'ambassade générale dont il faisait partie, cf., pour le reste, l'article suivant.* [140]

Septembre-novembre 1527. — Grande ambassade extraordinaire pour porter la ratification du traité du 29 mai. Pouvoirs communs du 25 septembre 1527, I, 523, 2758 et 2759. Instructions du 30 septembre, *Arch. nat., J. 965, n° 23, Span. Cal. III, 2, p. 406* :

a. ANNE DE MONTMORENCY. Débarque à Douvres le 14 octobre 1527, *Friedmann, Anne Boleyn, Chronologie*. Arrive à Londres le 20 octobre, *Ven.*

Cal. IV, n° 188. Sur le point de repartir le 11 novembre, *ibid., n° 208.* Arrive à Calais le 15 novembre 1527, *Friedmann, Chronologie.* Cité, rétrospectivement, comme parti d'Angleterre le 27 novembre, *Ven. Cal. IV, n° 210*;

b. JEAN BRINON, président de Rouen. *Mêmes références que pour Montmorency, du 20 octobre au 11 novembre.* Allusion rétrospective à son voyage le 8 décembre 1527, I, 534, 2814;

c. JEAN DU BELLAY. Dut arriver à Londres avec le reste de la mission le 20 octobre 1527. Pas de certitude à cet égard;

d. JEAN D'HUMIÈRES, chambellan du Roi. [141]

Novembre 1527-février 1529. — JEAN DU BELLAY, résident. Instructions, *B. N., ms. fr. 5499.* Arrivé à Londres le 14 novembre 1527, *Friedmann, Anne Boleyn, Chronologie; Bapst, Mariages, p. 116.* Lettres fréquentes de lui du 2 janvier au 26 mars 1528, *Baschet, 39e rapport, p. 580.* Cité en février, *S. Pap. Henri VIII, t. VIII, 73.* Pouvoirs à lui conférés le 10 mars pour conclure un traité, I, 551, 2899; 552, 2900, 2901. Lettres à lui écrites en avril, *Baschet, ibid.* Pouvoirs à lui conférés le 19 mai, I, 567, 2981. Écrit plusieurs fois du 24 mai au 18 juin, *Baschet, ibid.* Trêve signée par lui le 15 juin, I, 575, 3023. Cité 30 juin 1528, *Bibl. nat., ms. fr. 3078, folio 45.* Écrit plusieurs fois du 21 juillet au 8 août, *Baschet, ibid.* Commission à lui donnée le 8 août, I, 589, 3092. Lettres à lui du 10 au 22 août, *Baschet, ibid.* Écrit plusieurs fois du 3 septembre au 20 décembre, *ibid.* Commission du 22 décembre, I, 623, 3267. Cité 23 décembre 1528, VI, 159, 19704; 20 janvier 1529, I, 630, 3300; quitte le 4 février 1529, pour aller à Rome, *Friedmann, op. cit., Chronologie.* [142]

Décembre 1527-janvier 1528. — ADRIEN TIERCELIN, s^gr^ DE BROSSE, envoyé extraordinaire. Envoyé le 16 décembre 1527, I, 581, 3055. Arrivé vers le 30 décembre, *Bibl. nat., ms. fr. 5499, fol. 39.* Écrit le 2 et le 20 janvier 1528 en commun avec Du Bellay, qui écrit seul ensuite, de sorte qu'il est probable que le s^r^ de Brosse partit vers cette dernière date pour la France. Cf. *Baschet; 39e rapport, p. 580,* et *Bibl. nat., ms. fr. 5499, passim.* [143]

Mars-avril 1528. — CHARLES DU SOLIER, s^r^ DE MORETTE, plénipotentiaire. Sur le point de partir, le 9 mars 1528, I, 551, 2898. Pouvoirs du 10 mars 1528, I, 551, 2899, 552, 2900 et 2901. Arrive en Angleterre avant le 18 mars 1528, *Ven. Cal. IV, n° 254.* Écrit le 26 mars, *Baschet, 39e rapport, p. 580.* Lettre à lui le 3 avril, *ibid.* Quitte Londres, semble-t-il, le 18 avril 1528, *Bibl. nat., ms. fr. 5499, fol. 3.* [144] 1528.

Juin 1528. — JEAN-JOACHIM DE PASSANO, envoyé extraordinaire? cité le 4 juin 1528 (à moins d'erreur de date du ms. Clairambault d'où ce renseignement est tiré[1]), I, 571, 3006. [145]

Février 1529. — PIERRE DE WARTY, gentilhomme de la Chambre, envoyé extraordinaire. Va partir le 1er février 1529, I, 632, 3312. [146] 1529.

Février 1529. — LE CAPITAINE DE LA ROQUETTE, expédié le 4 février 1529 (ou du moins porteur de deux lettres de cette date avec créances de date inconnue. *Bapst,*

[1] Il ne pouvait guère y être que depuis le 1er juin, car il est cité ailleurs comme ayant voyagé en Italie jusqu'en juin 1528 (I, 580, 3050). Cette mission est donc douteuse.

 Mariages, 132 et suiv. Mention rétrospective sans date, *Brit. Mus., add. mss., n° 23108, fol. 2* (cité par *Bapst, Mariages, 139*). [147]

Mars 1529. — Guillaume Du Bellay, envoyé extraordinaire. Envoyé le 9 mars 1529, *Friedmann, Anne Boleyn, Chronologie.* Rentre en France en avril, *Brewer, IV, III, 5165.* [148]

Mai 1529-janvier 1530. — Jean Du Bellay, évêque de Bayonne, résident? 7 mai 1529, I, 645, 3377. De retour de Rome, retourne en Angleterre le 13 mai 1529, *Friedmann, Anne Boleyn, Chronologie; Bapst, Mariages, 149.* Écrit le 18 mai, le 15 juin, *Baschet, 39ᵉ rapport, 581.* Cité 25 juin, I, 650, 3408. Lettres entre juin et le 22 juillet 1529, *Baschet, ibid.* Lettre à lui 26 juillet, *ibid.* Pouvoirs à lui donnés, 16 août 1529, I, 659, 3447. Cité 18 septembre 1529, *Span. Cal. IV, 1, p. 215.* Écrit souvent du 1ᵉʳ septembre au 27 octobre, *Baschet, ibid.* Cité comme s'absentant en décembre 1529 et attendu le 31 décembre, *Span. Cal. IV, 1, p. 391.* Sur le point de repartir les 12 et 13 janvier 1530 pour la France, *Span. Cal. IV, 1, p. 420 et 435.* Passe de Douvres à Calais où il arrive le 17 janvier 1530, *Molini, II, p. 267.* Cité (rétrospectivement?) 12 mai 1530, I, 705, 3686. [149]

Août-septembre 1529. — Guillaume Du Bellay, sᵍʳ de Langey, ambassadeur extraordinaire. Pouvoirs du 16 août 1529, I, 659, 3447; sur le point de partir ce jour-là, I, 659, 3448; arrive à Londres le 22 août, *Bourrilly, Guill. Du Bellay,* p. 78. Cf., sur sa mission, *ibid, p. 215.* Il partirait le 10 septembre au dire de *Friedmann, Anne Boleyn, Chronologie* (erreur, car il écrit le 18 septembre 1530, *Bibl. nat., fr. 2986, fol. 87*). [150]

Novembre 1529-mars 1530. — Guillaume Du Bellay, sᵍʳ de Langey, résident. Sur le point de partir, 18 novembre 1529, I, 675, 3535. Détails sur son ambassade, *Mémoires de Du Bellay, éd. de 1573, p. 282.* Cité le 31 décembre 1529, *Span. Cal. IV, 1, p. 391*; 27 janvier 1530, *Bibl. nat., ms. fr. 3079, fol. 63.* Cf. *Span. Cal. IV, 1, p. 420.* Commission du 29 janvier 1530, I, 687, 3595, 688, 3596, 3597, 3598. Reçu le 5 février 1530 en audience, *Friedmann, loc. cit.* Écrit les 15 et 18 février 1530, *Molini II, n° 321.* Traité qu'il signe le 18 février 1530, I, 692, 3622. De retour en France avant le 26 mars 1530, I, 697, 3648. [151]

1530. **Janvier 1530-janvier 1531.** — Jean-Joachim de Passano, sʳ de Vaux, résident. Son envoi projeté, 31 décembre 1529, *Span. Cal. IV, 1, p. 391.* Nommé le 5 janvier 1530, *cf.* II, 11, 3891. Est à Calais, au moins du 13 au 19 janvier, avant de passer en Angleterre, *Molini, II, p. 268.* Commission à lui donnée le 29 janvier, I, 687, 3595; 688, 3596, 3597 et 3598. Était arrivé avant le 5 février, *Span. Cal. IV, 1, p. 391.* Est reçu à cette date par Henri VIII, *Friedmann, op. cit. Chronologie.* Écrit les 15 et 18 février, *Molini, II, n° 321.* Traités signés par lui le 18 février, *Rymer, VI, 2, p. 148, 151,* I, 692, 3620, 3621, 3622. Écrit le 5 mars, *cf. Baschet, 39ᵉ rapport, p. 581*; le 17 mars, *Molini II, n° 330*; le 22 mars, *ibid., n° 333.* Cité le 2 avril 1530, *B. N. fr. 3019, fol. 126.* Écrit le 12 mai, *Molini II, n° 339.* Pouvoirs du 16 juin qu'il reçoit, I, 711, 3716. Nouveaux pouvoirs du 8 août, I, 719, 3754. Cité (comme résident) entre le 21 août et le 3 septembre, *Span. Cal. IV, 1, p. 706.* Écrit le 18 septembre de Londres, *Bibl. nat., ms. fr. 2986, fol. 87.* Accompagne Jean Du Bellay à Douvres, puis revient en cour le 1ᵉʳ octobre, *Span. Cal. IV, 1, p. 737.* Écrit le 8, le 24 octobre, *Molini, II, pp. 335, 350*; les 8 et 10 novembre, *ibid., 350 et 352.* Signe une convention le 2 décembre, *Dumont IV, 2, p. 74*; I, 711, 3716. Cité 16 décembre 1530, I, 731, 3823. Part vers le 10 janvier 1531 pour la France; y arrive le 14 janvier, *Brewer, V, n° 56.* Cité comme étant en France le 19 janvier 1531, *Ven. Cal. V, n° 1001.* Son état d'ambassadeur court jusqu'à la fin de janvier 1531, II, 11, 3891. Mention de son ambassade: du 23 janvier 1531, *Brewer, V, n° 62*; du 14 février, *ibid.* Cité comme n'étant plus en Angleterre le 19 février 1531, *Ven. Cal. IV, n° 656, id.* (rétrospectif) du 28 février 1531, II, 5, 3859. N'était pas rentré en Angleterre le 22 mars 1531, *Brewer, V, 148.* [152] AMBASSADES EN ANGLETERRE.

Août-septembre 1530. — JEAN DU BELLAY, ambassadeur. Pouvoirs du 8 août 1530, I, 719, 3754. Instructions des 8 et 9 août, *Aff. étr., Mém. et doc., Angleterre 7, fol. 254 v°.* Arrive à Londres le 18 août 1530, *Span. Cal. IV, 1, p. 691.* Reste en cour (hors de Londres) du 21 août au 3 septembre, *ibid., p. 706.* Séjourne à Londres du 3 au 5 septembre. Repart, entre le 5 et le 22 septembre, précipitamment pour la France, *ibid., 720, 737.* [153]

Décembre 1530-avril 1531. — GABRIEL DE LA GUICHE, bailli de Mâcon, résident *par intérim* entre deux missions de Jean-Joachim. Part le 15 décembre [1530] de Fontainebleau, VII, 670, 28171 et s. Arrive le 25 décembre 1530 en Angleterre, *Friedmann, Anne Boleyn, Chronologie.* Cité 8 janvier 1531, II, 1, 3836; 23 janvier, *Span. Cal. IV, 2, p. 401.* Dîne avec Henri VIII, 14 février, *Friedmann, op. cit., Chronologie.* Cité 19 février, *Ven. Cal. IV, n° 656.* Audience de congé, 10 avril, *Span. Cal. IV, 2, p. 114.* Repart pour la France le 17 avril 1531, *Ven. Cal. IV, n° 664,* cf. *Brewer, V, n°s 187, 216.* [154]

Mars 1531-janvier 1532. — JEAN-JOACHIM DE PASSANO, résident (2e partie de son ambassade). Repart de France le 22 mars 1531 pour l'Angleterre, *Ven. Cal. V, n° 1007.* Cité le 17 avril 1531, *Ven. Cal. IV, n° 656*; le 23 mai, II, 40, 4041. Reçu en audience le 24 juin, *Span. Cal. IV, 2, p. 197*; le 25 novembre, *Brewer, Cal. V, n° 548.* Il est question de son prochain rappel le 14 décembre 1531, *Ven. Cal. IV, n° 711,* le 21 décembre, *Brewer, V, n° 593.* Quitte l'Angleterre définitivement le 21 janvier 1532. *Span. Cal. IV, 2, p. 368.* Cité le 30 janvier 1532, comme parti antérieurement, *Ven. Cal. IV, n° 726.* [155] 1531.

Octobre 1531. — JEAN DU BELLAY, évêque de Bayonne, ambassadeur extraordinaire. Sur le point de partir (payé), le 8 octobre 1531, II, 84, 4266. Arrive en Angleterre le 15 octobre, *Friedmann, op. cit, Chronologie.* Part pour la France le 25 octobre, *ibid.,* payé, VII, 797, 29132. [156]

Novembre 1531. — JEAN DU BELLAY, quitterait la cour de France pour retourner en Angleterre le 5 novembre 1531 (?), *Ven. Cal. IV, n° 701.* [157]

Décembre 1531-octobre 1532. — GILLES DE LA POMMERAYE, résident. Sur le point de partir le 10 décembre 1531, VI, 276, 20309, le 11 décembre, II, 100, 4340, le 12 décembre, II, 101, 4347 et suiv., cf. II, 146, 4573 et suiv.; VII, 641, 27909; 643, 27933. Lettre à lui du roi le 12 décembre, *Bibl. nat., ms. fr. 4126.* Arrive à Londres le 23 décembre 1531, *Span. Cal. IV, 1, p. 862,* ou le 24, *Brewer, V, n° 614.* Écrit 3 janvier 1532, *Bibl. nat., ms. fr. 20440, fol. 11.* Cité 11 janvier, *Brewer, V, n° 707.* Lettres à lui du roi 13 janvier, *Bibl. nat., ms. fr. 4126, passim.* Cité, janvier, *Ven. Cal. IV, n° 726.* Lettre à lui des 2, 10, 11, 18 février, *Bibl. nat., ibid.,* jusqu'au 30 avril, *ibid.* Cité 24 mars, VI, 287, 20366. Quitte momentanément son poste; part de la cour le 1er mai 1532, *Ven. Cal. IV, n° 765, 771*; s'embarque le 5 mai, *Span. Cal. IV, 2, p. 444.* Arrive en cour de France le 15 mai 1532, *Ven. Cal. V, n° 1028.* Commission du 21 mai 1532, II, 144, 4565.

IMPRIMERIE NATIONALE.

Payé (sur le point de partir) le 22 mai, II, 146, 4573. Cité même date, *ibid.*, 4574. De retour à son poste le 9 juin, *Ven. Cal. IV, n° 778*; le 10 juin, *Ven. Cal. V, n° 1029*; avant le 11 juin, *Span. Cal. IV, 2, pp. 463, 511*; le 17 juin (doit être erroné), *Brewer, V, n° 1110.* Écrit le 21 juin 1532, *Brewer, ibid.*, et *Baschet, 39e rapport, n° 582.* Traité signé par lui le 23 juin 1532, II, 167, 4670. Cité 9 juillet 1532, II, 174, 4704. Écrit souvent de juillet à septembre inclus, *Baschet, op. cit., p. 583,* et écrit encore le 10 octobre, *cf. Baschet, ibid.*, et *Bibl. nat., ms. fr. 4126, fol. 51.* Dut repartir pour la France un peu après le 12 octobre 1532, *Span. Cal. IV, 2, p. 550.* Mention de son départ le 10 novembre 1532, *Brewer, V, n° 1531*, cf. *Ven. Cal. IV, n° 834.* Payé plus tard de ses dépenses, II, 611, 6749. [158]

1532. **Août-septembre 1532.** — GUILLAUME DU BELLAY, ambassadeur extraordinaire. Devait, le 18 août 1532, partir de Nantes le jour même, II, 184, 4756. Ne part peut-être que le 22 août, *Ven. Cal. V, n° 1032.* Arrive en Angleterre le 4 septembre, *Friedmann, Chronologie.* Retourne en France le 11 septembre, *ibid.* Cf., sur cette ambassade, *Mém. de Du Bellay, édit. de 1573, p. 306.* [159]

Août-septembre 1532. — CLAUDE DE LONGWY, évêque de Langres, ambassadeur extraordinaire. Attendu le 26 août 1532, *Ven. Cal. IV, n° 799.* Arrive le 6 septembre, *ibid., n° 802.* Repart le 11 septembre 1532 pour la France (n'était resté qu'une nuit à Londres), *ibid., n° 806.* [160]

Octobre 1532-février 1533. — ANTOINE DE LETTES, dit DES PRÉS, sr DE MONTPEZAT, résident. Accompagne Henri VIII de Calais en son royaume (part donc vers le 30 octobre), II, 252, 5085. Cité 10 novembre, *Brewer, V, n° 645*; 14 novembre, II, 245, 5050, 5053; 26 novembre, *Brewer, ibid., n° 1579*; 6 décembre 1532, II, 273, 5179; *cf.* VII, 807, 29209; 13 décembre, *Ven. Cal. IV, n° 834.* Quitte son poste pour revenir en France le 13 février 1533, *Brewer, VI, n° 160*; *Ven. Cal. IV, n° 858.* [161]

1533. **Janvier-décembre 1533.** — JEAN DE DINTEVILLE, sr DE POLISY, maître d'hôtel ordinaire du roi, bailli de Troyes, résident. Son état d'ambassadeur court à partir du 18 janvier 1533, II, 294, 5273; sur le point de partir, 25 janvier, II, 305, 5322. Reçoit ses instructions le 27 janvier, *Baschet, 39e rapport, p. 584.* Arrive en cour le 6 février 1533, *Brewer, VI, nos 111, 160*, ou le 11 février, *Ven. Cal. IV, n° 858.* Cité le 26 février, *Baschet, ibid.*; 10 mars, *ibid.*; 17 mars, *Bibl. nat., ms. Dup. 547, fol. 214*; 20 mars, II, 357, 5562; 22 mars, II, 361, 5580; 6 mai, II, 413, 5812; 31 mai, II, 426, 5872; 15 juillet, *Bibl. nat., Dup. 547, fol. 250*; 16 août, II, 489, 6158. Rappelé le 6 septembre, *Brewer, VI, n° 1086*; cité 9 septembre, II, 507, 6243. Écrit le 11 septembre, *Arch. nat., K 84, n° 27²*, et plusieurs fois jusqu'au 14 octobre, *Baschet, op. cit., p. 584.* Son état court jusqu'au 14 septembre 1533, VII, 715, 28575; puis jusqu'au 15 octobre 1533, II, 506, 6240. Il part entre le 12 et le 20 novembre 1533 pour la France, *Span. Cal. IV, 2, p. 864*; d'une façon précise le 18 novembre 1533, *Corr. de Castillon, XV, note 2.* Rédige un mémoire en novembre, *Baschet, ibid., p. 584.* Retrouve le roi à Lyon le 10 décembre. Son état d'ambassadeur s'arrête à cette date, II, 626, 6817. Cité rétrospectivement, II, 590, 6639; 625, 6816. Sur cette ambassade, cf. aussi *P. Hamy, Entrevue de François Ier et de Henri VIII, p. just., passim.* [162]

Février-mars 1533. — GUILLAUME DU BELLAY, sgr DE LANGEY, ambassadeur extraordinaire. Sur le point de partir le 13 février 1533, II, 318, 5384. Arrive à Londres le 24 février, *Span. Cal. IV, 2, p. 613-615*; *Ven. Cal. IV, n° 860*; *Brewer, VI, n° 212.* Écrit le 26 février, *Baschet, 39e rapport, p. 584*; et *Brewer, VI,*

n^o *184*. Détails sur son ambassade, *Mémoires de Du Bellay, édit. de 1573, p. 338.* Repart vers le 8 ou 10 mars, *Brewer, VI, nos 212 et 230.* De retour en France avant le 19 mars 1533, *Ven. Cal. IV, no 865.* [163]

AMBASSADES EN ANGLETERRE.

Septembre 1533-avril 1534. — LOUIS DE PERREAU, Sr DE CASTILLON, résident. Créances du 6 ou 10 septembre 1533, *Span. Cal. IV, 2; Introd. de Kaulek à la Corr. pol. de Castillon et Marillac, p. xv; Baschet, p. 585.* Part d'Avignon le 9 septembre, VII, 763, 28898; II, 506, 6238; *cf.* VII, 760, 28877; *Kaulek, 3.* Les instructions et créances publiées à tort comme étant du 10 novembre 1537, alors qu'elles sont du 9 ou 10 septembre 1533. Arrive vers le 6 novembre à son poste, *Span. Cal. IV, 2, p. 857*; le 7 novembre, *Introd. à la Corr. de Castillon, xv.* Cité en février 1534, *Bibl. nat., ms. fr. 5499, fol. 191 v°*; cité le 3 mars, II, 624, 6808; le 5 mars, 630, 6833. Est de retour en cour de France exactement le 16 avril 1534, VII, 763, 28898. Cité rétrospectivement, II, 729, 7288. [164]

Novembre 1533 (?). — CLAUDE D'HUMIÈRES, ambassadeur extraordinaire. Sans date, mais après avoir accompagné le roi en Provence pour une entrevue avec le pape (soit vers novembre 1533 ou en juillet 1538), VII, 451, 25645 et 25646. [165]

Novembre 1533-janvier 1534. — JEAN DU BELLAY, ambassadeur extraordinaire. Instructions de novembre 1533, publ. *P. Hamy, L'Entrevue de François Ier et de Henri VIII, p. just., no 115.* Son état part du 29 novembre 1533, II, 601, 6696. Arrivé à son poste vers le 20 décembre, *Span. Cal. IV, 2, p. 889.* Cité 27 décembre 1533, *ibid., p. 902.* De retour le 10 janvier 1534 en cour de France, II, 601, 6696. [166]

1534.

Mars 1534-juillet 1535. — CHARLES DU SOLIER, Sr DE MORETTE, résident. Sur le point de partir, 16 mars 1534, II, 639, 6881. Arrive en cour 2 avril 1534, *Brewer, VII, no 434.* Cité 5 juin, II, 687, 7098; 2 août 1534, II, 724, 7267. Payé de son état du 28 août 1534 au 13 février 1535, III, 4, 7466. Écrit le 17 mars 1535, III, 38, 7636. Lettre à lui, 17 avril, III, 53, 7713. Son successeur est désigné le 12 mai, III, 77, 7834. Encore en charge le 19 juin. De retour en cour de France avant le 25 juillet, III, 176, 8309, ou plus exactement le 24 juillet 1535, *Bibl. nat., ms. Dupuy, 265, fol. 236.* [167]

Avril 1534. — GILLES DE LA POMMERAYE, envoyé extraordinaire. Cité le 2 avril 1534, II, 665, 6995, mais parti probablement un peu avant. Arrive à Londres le 3 avril, *Brewer, VII, no 587.* Repart le 7 avril pour la France, *ibid.* et *Bapst, Deux gentilshommes, p. 76.* De retour en cour de France le 12 avril 1534, exactement, II, 665, 6995. [168]

Mai 1534. — GABRIEL DE LA GUICHE, ambassadeur extraordinaire. Part le 25 mai 1534, II, 678, 7059. *Cf.* sur cette mission, *St. Pap. Henri VIII, t. VII, p. 559-564.* [169]

Octobre-décembre 1534. — Grande ambassade extraordinaire qui part le 20 octobre 1534 de la cour de France :

a. PHILIPPE CHABOT, Sr DE BRION, ambasssadeur extraordinaire. Doit partir le 20 octobre 1534, III, 752 et 753, 7890 à 7899. Quitte la cour de France le 20 octobre 1534, *Brewer, VII, no 1291.* Arrive à Douvres le 11 novembre, *ibid., no 1416.* Arrive à Londres le 16 novembre, *Brewer,*

VII, *n° 1437*, ou le 20 novembre, *Bapst*, *Deux gentilshommes poètes*, *p. 91*, d'après une lettre conservée au *Brit. Mus.* Quitte Londres le 2 décembre, *ibid.*, *p. 99*, d'après la *Chronicle of Calais*, publiée par la *Camden Society*. Cf. *Brewer*, *VII*, *n° 1507*. Est à Calais le 9 décembre 1534, *Bapst*, *ibid.*, même source. Cf. *Ven. Cal. V*, *n° 33*. Cité rétrospectivement comme ayant séjourné d'octobre à décembre en Angleterre, III, 78, 7837.

NOTA. — Une partie de ces renseignements doit s'appliquer au reste de l'ambassade :

b. GUILLAUME POYET, avocat du roi au parlement de Paris, III, 752, 7890. Cf. *l'art. précédent;*

c. AMAURY BOUCHART, maître des requêtes, III, 752, 7891. Cf. *l'art. précédent;*

d. PALAMÈDES GONTIER, secrétaire du roi, III, 752, 7892 (1). Cf. *l'art. précédent.* [170]

1535. **Janvier-mars 1535.** — PALAMÈDES GONTIER, secrétaire du roi, receveur général des finances de Bretagne. Part le 16 janvier 1535, III, 6, 7473. Cf. *Bapst, Deux gentilshommes poètes, 99*. Quitte l'Angleterre au commencement de mars et arrive à Paris le 11 mars 1535. Cf. Lettre du nonce, copiée au *Brit. Mus.*, citée par *Bapst, ibid., 105*. Cf. *Arch. Vat., N. Gall. S. P. III, I, fol. 136* (2). [171]

Mai-juillet 1535. — Plénipotentiaires envoyés aux conférences de Calais :

a. L'AMIRAL CHABOT. Va partir, 12 mai 1535, III, 77, 7831, 7832, 7833; 78, 7836, 7837. Arrive à Calais le 18 mai, *Chronicle of Calais*, citée par *Bapst, Deux gentilshommes poètes*. Cité 3 juin, III, 89, 7891. Reste douze jours à Calais (soit jusqu'au 30 mai au moins). Dut quitter Calais pour la France le 17 juin, et était en cour, au plus tard, le 22 juin 1535, *Bapst, Deux gentilshommes poètes, p. 118; Arch. Vat., N. Gall., I, fol. 191* et *193;*

b. GUILLAUME POYET. Va partir, 12 mai 1535, III, 77, 7833. Son état part du 5 mai, III, 122, 8050. Cité 3 juin, III, 89, 7891. Rentre le 20 juillet 1535, III, 122, 8050;

c. JACQUES GALYOT DE GENOUILLAC. Va partir, 12 mai 1535, III, 77, 7831. Cité 3 juin 1535, III, 89, 7891. Dut quitter Calais vers le 22 juin, *Bapst, Deux gentilshommes poètes, p. 118;*

d. GUILLAUME BOCHETEL. Va partir, 12 mai 1535, III, 77, 7832. Cité 3 juin 1535, III, 89, 7891. Dut quitter Calais vers le 22 juin, *Bapst, ibid.* [172]

Mai 1535-septembre 1537. — ANTOINE DE CASTELNAU, évêque de Tarbes (3), conseiller au grand conseil, résident. Doit partir, 12 mai 1535, payé pour 180 jours, soit jusqu'au 15 novembre 1535), III, 77, 7834. Part effectivement vers le 23 mai,

(1) L'escorte comprenait : André de MONTALEMBERT, panetier ordinaire du roi, III, 753, 7398; Antoine ROUSSET et Jean de BEAUJEU, gentilshommes de l'hôtel, III, 753, 7397 et 7399; Jean BELLANGER, capitaine des navires du roi, III, 753, 7396; Jean BOURDICH, porte-enseigne des archers écossais, III, 753, 7395; François DELAMARE, chevaucheur, III, 752, 7394.

(2) Une lettre du 19 mars annonçait qu'il allait être de nouveau envoyé en Angleterre (*Arch. Vat., Nunc. Gall. S. Paulo III, I, fol. 14*). Nous n'avons pas trouvé d'autre mention de cette nouvelle mission.

(3) Cet ambassadeur était le neveu du cardinal de Gramont.

Arch. Vat., N. Gall. S. P. III, I, fol. 164. Cité octobre, *Bibl. nat., ms. Dup. 547, fol. 200.* Payé pour 180 jours (sans précision), le 7 décembre 1535 [sans doute du 15 novembre au 15 mai 1536], III, 160, 8230. Cité le 13 février 1536, III, 176, 8307. Lettres à lui adressées le 23 avril, III, 199, 8421. Assisté vers cette date par Dinteville. Lettres à lui, 12 mai 1536, III, 203, 8444. Cité 19 mai 1536, *Span. Cal. V, 2, p. 128.* Mention sûre le 23 mai 1536, III, 206, 8459. Cité 31 mai 1536 comme maintenu en même temps que Dinteville, III, 211, 8482. De même, 6 juin, cf. *Span. Cal. V, 2, p. 140 et suiv.*; allusions à lui (?), 11 juin, III, 216, 8511; 30 juin, *Span. Cal. V, 2, 186*; juillet, *ibid., 171-180.* Payé, le 10 juillet, de son état allant du 6 mai jusqu'au 1er novembre, III, 225, 8555. Écrit 28 juillet, *Bibl. nat., fr. 2997, fol. 42.* Allusion à sa mission, 4 septembre, III, 241, 8629. Cité 14 octobre 1536, III, 249, 8669. Écrit 4 juillet 1537, *Ribier, I, 135.* Payé de son état pour une période commençant le 2 novembre 1536 jusqu'au 11 septembre 1537, date probable de son retour en cour de France après son ambassade, III, 421, 9456; *cf.* VIII, 228, 31379. [173]

AMBASSADES EN ANGLETERRE.

Juillet 1535. — Charles Du Solier, s[r] de Morette, envoyé extraordinaire. Pas d'autre détail sur sa mission qu'une mention concernant son retour, qui a lieu le 24 juillet 1535, *Bibl. nat., ms. Dupuy, 265, fol. 236.* [174]

Août-octobre 1535. — Jean de Dinteville, bailli de Troyes, ambassadeur extraordinaire. Sur le point de partir, 25 août 1535, III, 124, 8060. Cité en octobre 1535, *Bibl. nat., ms. Dupuy, 547, fol. 200.* Part le 9 octobre 1535 pour revenir en France, *Span. Cal. V, 1, 549.* [175]

1536.

Avril-juillet 1536. — Jean de Dinteville, bailli de Troyes, ambassadeur extraordinaire. Part le 23 avril 1536, III, 199, 8421. Instructions rédigées pour lui le 29 avril, *Kaulek, Corr., p. 1.* Arrive vers le 17 mai 1536, *Span. Cal. V, 2, p. 128, 129.* Cité 31 mai, III, 211, 8482. Allusion, 6 juin, *Span. Cal. V, 2, p. 140 et suiv.* Départ annoncé 1er juillet, *ibid., p. 170.* Revient en cour de France le 9 juillet 1536, *Arch. Vat., Borghèse, 18, d-3, fol. 24.* [176]

Octobre-novembre 1536. — Gilles de La Pommeraye, ambassadeur extraordinaire. Part le 15 octobre 1536, III, 249, 8670. Arrive en cour le 14 novembre (ou un peu avant), *Span. Cal. V, 2, p. 282.* [177]

1537.

Mars 1537 (?). — Jean de Dinteville, bailli de Troyes, ambassadeur extraordinaire. Va partir, 9 mars 1537 (à moins d'erreur de l'auteur du ms., Clairambault, qui fournit cette référence), III, 287, 8842. [178]

Avril 1537. — Jean Pot, panetier du roi, messager chargé d'annoncer la nouvelle de la reddition d'Hesdin. Part d'Hesdin le 17 avril 1537, III, 301, 8908, VII, 10, 29340. [179]

Juin 1537-février 1539. — Louis de Perreau, s[gr] de Castillon, résident. Le roi l'envoie le 16 juin 1537, et le paye du 16 juin au 12 décembre suivant, III, 345, 9106, VIII, 134, 30490. Correspondance conservée sans interruption à partir du 2 novembre 1537, *Kaulek, Corr. de Castillon, p. 4 et suiv.* Lettre à lui [en décembre 1537], VIII, 70, 29876. Cité 31 décembre 1537, III, 434, 9512. Payé du 13 décembre 1537 au 10 juin 1538, III, 468, 9662; VIII, 49, 29684. —**1538**: Cité 22 février, III, 472, 9683; 8 mars, III, 501, 9819; 21 avril, III, 529, 9952. Instructions à lui [fin avril], VIII, 229, 31391. Payé du 11 juin au 7 décembre, III,

 584, 10193 et VIII, 284, 31940. Payé de dépenses, 9 août, III, 581, 10180; VIII, 284, 31943. Cité 3 août, III, 579, 10170. Lettre à lui, août, VIII, 290, 32006. Écrit 4 et 5 novembre, *Ribier, I, 245-247*. Cité 24 novembre, III, 645, 10468; 21 décembre, III, 666 10561; (décembre) VIII, 212, 31225. — **1539** : cité 31 janvier, III, 706, 10740; vers ce moment, VIII, 187, 31009. Était payé le 31 décembre 1538, du 8 décembre 1538 au 7 mars 1539, III, 674. 10596; mais est rappelé brusquement et part sans attendre son successeur, entre le 6 et le 25 février 1539, *Kaulek, XVI*. Payé [rétrospectivement] le 29 mars 1539, III, 757, 10971. [180]

1538. **Février-mars 1538.** — ANTOINE DE CASTELNAU, évêque de Tarbes, ambassadeur extraordinaire. Sur le point de partir, 16 février 1538, III, 468, 9663; VIII, 49, 29685; *Arch. Vat., Borghèse, 18, d-3, fol. 101*. Porte des lettres du 18 février, *Kaulek, p. 25*. Cité le 22 février, III, 472, 9683. Arrive en cour vers le 26 février, *Kaulek, p. 27*. Audience d'arrivée le 1er mars, *ibid.*, cf. *Span. Cal. V, 2, p. 519*. Cité le 8 mars, III, 501, 9819. Prend congé du roi le 17 mars, *Kaulek, p. 31*. Doit porter des lettres du 22 mars, *Ribier, I, 135*; cf. *Kaulek, p. 32*. Sa mission citée comme prenant fin le 22 mars, VIII, 228, 31380. Est encore en cour, le 23 mars, cependant, *Span. Cal. V, 2, p. 519*. Mentionné comme retourné en France, *ibid.*, *p. 523, 527*. Cité (par erreur), en avril 1538, III, 529, 9952. [181]

Février-mars 1538. — JEAN DE MORVILLIERS, conseiller au grand conseil. Accompagne Castelnau, évêque de Tarbes, dans son ambassade, qui dure du 16 février au 22 mars 1538, VIII, 228, 31380. [182]

Juillet-août 1538. — CLAUDE D'HUMIÈRES, sr DE LASSIGNY, écuyer d'écurie, envoyé de Nîmes le 18 juillet 1538, *Kaulek, p. 70*. Arrivé en Angleterre le 31 juillet, *ibid.*, p. 78. Cité 31 août, *Sp. Cal. VI, 1, p. 15*; et sans date, VII, 451, 25645, 25646, VIII, 282, 31916. [183]

1539. **Mars 1539-avril 1543.** — CHARLES DE MARILLAC, résident. Désigné et payé à partir du 11 mars 1539, III, 745, 10920; VIII, 165, 30792 et suiv. Arrive à Londres le 28 mars, *Kaulek, 88*. Cf. *Span. Cal. VI, 2, Introd., p. 25*. Écrit le 2 avril, *Kaulek, 87*. Voir (*Kaulek, p. 87-465*) sa correspondance depuis cette date jusqu'au 19 septembre 1542. Payement de son état, 1539 : du 11 mars au 8 juin, III, 745, 10920; VIII, 165, 30792 et suiv; du 9 juin au 6 septembre, IV, 5, 11034; du 7 septembre au 5 décembre, IV, 32, 11150; du 6 décembre 1539 au 2 juin 1540, IV, 72, 11328; du 3 juin au 21 novembre 1540, IV, 133, 11610; du 30 novembre 1540 au 28 mai 1541, IV, 188, 11864; le 21 août 1541 (sans précision) « pour ce qu'il lui sera dû jusqu'au 31 décembre 1541 », IV, 232, 12072; du 1er janvier au 30 juin 1542, IV, 287, 12339; du 1er juillet au 31 décembre 1542, IV, 384, 12809. Don à lui, à son départ, 11 mars 1539, III, 745, 10921. Remboursement, 10 juillet 1539, IV, 22, 11107; *id.*, 15 août, IV, 31, 11148. Cité 23 septembre, IV, 46, 11213; 12 octobre, IV, 51, 11238. Remboursé 29 octobre, IV, 56, 11256. Lettre à lui 25 janvier 1540, IV, 73, 11336. Remboursé 15 février 1540, IV, 82, 11375. Don à lui, 31 mai 1540, IV, 109, 11501. Cité 17 septembre 1540, IV, 141, 11644; 27 septembre, IV, 143, 11654; remboursé 4 février 1541, IV, 179, 11821. Cité 2 juin 1541, IV, 209, 11965. Lettres 28 mars 1542, IV, 302, 12408. Cité 24 juin 1542, IV, 337, 12582. *Cf.* sur sa mission, *Span. Cal. VI, 2, passim*. Rappelé, ne peut regagner Calais que le 1er avril 1543, *Kaulek, p. 465*; *Span. Cal. VI, 2, Introd., p. 25 et 37*. [184]

Octobre 1539. — GUY KARUEL, commissaire ordinaire des guerres, envoyé extraordinaire. Part le 29 octobre 1539, IV, 55, 11255 [(1)]. [185]

Janvier-mars 1541. — Commissaires pour le règlement des frontières entre Ardres et Calais : 1541.

a. OUDART DU BIEZ;

b. IMBERT DE SAVEUSE, maître des requêtes. Pouvoirs du 15 janvier 1541, *Kaulek, Corr. de Castillon, p. 266.* Doivent quitter leur poste fin février ou commencement de mars 1541, *Kaulek, ibid., p. 272.* [186]

Mars 1541. — JEAN DE TAIX, chevalier. Envoyé pour «prendre des nouvelles» de Henri VIII, souffrant. Lettres l'accréditant, 14 mars 1541, *Kaulek, p. 277.* Repart le 25 mars ou après, *ibid., p. 278.* Est de retour en France avant le 1er avril, *ibid., 282.* Cf. *Span. Cal. VI, 1, p. 314.* [187]

Novembre 1541-mars 1542 (?). — JEAN DE MORVILLIERS. Va partir, 20 novembre 1541, IV, 257, 12198. Cité (semble revenu [?] et payé) 11 mars 1542, IV, 298, 12391. [188]

Avril-mai 1542. — GUILLAUME GELLIMARD, «receveur de Châteauneuf», secrétaire de l'amiral Chabot, ambassadeur extraordinaire. Instructions du 23 avril 1542, 1542.
Kaulek, Corr., p. 412. Départ annoncé 24 avril, *ibid., p. 410.* Arrive à Londres soit le 27 avril, soit le 2 mai 1542 (deux versions différentes), *Span. Cal. VI, 2, p. 9 et suiv.* Repart brusquement sans avoir vu le roi le 6 ou 7 mai 1542, *Kaulek, ibid., p. 417, 419, 420.* Cf. *Span. Cal. VI, 2, p. 39.* [189]

Juillet 1542. — CLAUDE DE L'AUBESPINE, chargé de mission. Instructions du 8 juillet 1542, *Kaulek, Corr., p. 431.* Cf. *Span. Cal. VI, 2, n° 23* (date du 9 juillet). Va partir 9 juillet, IV, 345, 12626. Arrive à Londres 16 juillet, *Span. Cal. 2, p. 65.* Arrive en cour le 20 juillet, *ibid., p. 79.* Première audience le 24 juillet, *ibid.* Diverses mentions, *ibid., p. 87 et suiv., Kaulek, op. cit., p. 436.* Repart le 25 juillet, *Kaulek, ibid., p. 435* et *436.* Cf. *Span. Cal. VI, 2, p. 89.* [190]

Février-juillet 1543. — ROGER D'ASPREMONT, dit D'ORTHE ou PROTONOTAIRE D'ORTHE, résident. Doit partir le 22 février 1543 (son état commence à cette date), 1543
IV, 403, 12886 (date rectifiée). Arrive à Londres vers le 2 mars, *Span. Cal. VI, 2, Introd., p. 30 et 38.* Cité 14 avril, *St. Pap. Henri VIII, t. IX, p. 352.* Écrit en mai, *ibid., p. 391.* Lettre à lui, juin, *ibid., p. 408.* Déclaration de guerre qui lui est remise le 22 juin, *Span. Cal. VI, 2, Introd., p. 39.* Cf. sur sa mission, *ibid., p. 367, 371, n., 372, 373, n., 420, 586, 431, n., 436 et la lettre n° 150.* Doit partir vers le 18 juillet 1543, *ibid., Introd., p. 37 et suiv., p. 40, note.* Bien que son état lui eût été payé d'avance, le 21 février 1543, du 22 février au 21 août, IV, 403, 12886 (date rectifiée). [191]

Septembre 1544. — Ambassade pour la paix : 1544.

a. JEAN, CARDINAL DU BELLAY;

b. OUDART DU BIEZ, maréchal de France;

c. PIERRE RÉMON, premier président du Parlement de Rouen;

(1) Un peu après cette époque, dans les derniers jours de décembre 1539, M. de Hangest, évêque de Noyon, fit à Londres un voyage *incognito,* mais nous ne savons s'il était envoyé par le roi. Il fut obligé de repartir aussitôt. Cf. *Kaulek, Corr., p. 149.*

AMBASSADES EN ANGLETERRE. *d.* CLAUDE DE L'AUBESPINE, secrétaire du roi, plénipotentiaires. Instructions, s. d., *Aff. étr., Angleterre 2, fol. 125.* Arrivent à Hardelot pour y négocier, le 9 septembre 1544, *Ribier, Lettres et Mém. d'Et., t. II, p. 575; S. P., t. X, p. 64.* Quittent, le 25 septembre, pour regagner la cour de France, *Ribier, ibid.;* Jean Du Bellay, cité sans précision, IV, 678, 14157. [192]

Octobre-novembre 1544. — Ambassade pour la paix :

a. JEAN, CARDINAL DU BELLAY;

b. PIERRE RÉMON, président de Rouen, plénipotentiaires. Instructions du 10 octobre 1544, *Bibl. nat., franç. 7078, fol. 24.* Arrivent à Calais, lieu des négociations, le 17 octobre, *S. P., X, p. 122.* Se retirent ensuite à Gravelines, d'où ils partent le 3 novembre pour la cour de France, *ibid., p. 164.* [193]

1545. **Octobre 1545.**

a. L'AMIRAL D'ANNEBAUT;

b. LE CHANCELIER OLIVIER;

c. GILBERT BAYARD, s^r de la Font, chargés de traiter avec les envoyés du roi d'Angleterre de la reddition de Boulogne et du Boulonnais. Instructions du 31 octobre 1545, *Catalogue d'une précieuse collection de lettres autographes,... dont la vente aura lieu le 28 mai 1904. Noël Charavay, expert.* [194]

Novembre-décembre 1545. Plénipotentiaires pour la paix :

a. PIERRE RÉMON, premier président du Parlement de Rouen;

b. MATHIEU DE LONGUEJOUE, évêque de Soissons;

c. PHILIBERT BABOU, s^r DE LA BOURDAISIÈRE. Arrivent à Ardres vers le 23 novembre 1545. Conférence à Balinghen le 26 novembre, *S. P., t. X, p. 723.* Rappelés 25 décembre, *Rec. Off., BB., 238,* et partent vers le 1er janvier pour la cour de France, *S. P., X, p. 815.* [195]

1546. **Avril-juin 1546.** — Ambassade pour la paix :

a. CLAUDE D'ANNEBAUT;

b. PIERRE RÉMON;

c. GUILLAUME BOCHETEL, plénipotentiaires. Pouvoirs du 21 avril 1546, V, 70, 15024. Instructions, *Bibl. nat., ms. Dup., 152, fol. 80.* Arrivée à Ardres vers le 27 avril, cf. *S. P., t. XI, p. 102 et suiv.* Première conférence à Balinghen le 6 mai, *ibid., p. 127 et suiv.* Traité conclu en conséquence, 7 juin 1546, V, 88, 15123. [196]

Juin 1546-fin du règne. — ODET DE SELVE, résident. Instructions, 22 juin 1546, cf. *Corr. pol. d'Odet de Selve, XV, note.* Arrive à son poste le 3 juillet, *ibid., p. 3.* Sa correspondance (publiée) est conservée jusqu'à la fin du règne, *ibid.* Il est cité le 15 février 1547, V, 175, 15565. [197]

Août-septembre 1546. — Grande ambassade extraordinaire pour recevoir la ratification du traité d'Ardres :

a. CLAUDE D'ANNEBAUT, amiral de France;

b. JEAN D'ANNEBAUT, fils du précédent;

c. HENRI DE LENONCOURT, c[te] DE NANTEUIL;

d. HENRI DE CRÉQUY, s[gr] DE CANAPLES;

e. JEAN DE TAIX, maître de l'artillerie;

f. GABRIEL LE VENEUR, évêque d'Évreux;

g. CHARLES DE MOUY, s[gr] DE LA MAILLERAYE;

h. GASPARD DE SAULX, s[gr] DE TAVANNES;

i. CHARLES DU SOLIER, s[gr] DE MORETTE. Arrivent un peu après le 4 août 1546 en cour d'Angleterre, cf. *Corr. d'Odet de Selve, p. 21-22, note; St. Pap. Henri VIII, t. XI, 251, 252 et 263.* Étaient repartis avant le 6 septembre 1546, *Corr. d'Odet de Selve, p. 22.* [198]

Août 1546. — Commissaires pour l'affaire du reliquat des 500,000 écus :

a. GILLES LE MAISTRE;

b. NICOLAS DU PRÉ. Instructions le 27 août 1546. Doivent arriver entre les 8 et 19 septembre, semble-t-il, *Od. de Selve, 31; S. P., XI, 285, note.* [199]

Septembre-octobre 1546. — ANTOINE ESCALIN DES AIMARS, BARON DE LA GARDE, chargé de mission. Est déjà à Londres le 27 septembre 1546, en repart vers le 4 octobre, cf. *Odet de Selve, p. 36, note.* [200]

Octobre 1546 (?). — Commissaires pour les frontières du Boulonnais :

a. LE MARÉCHAL DU BIEZ;

b. JEAN DE TAIX;

c. M. DE SAINT-GERMAIN, choisis avant le 10 octobre 1546, *S. P., t. XI, 327.* Se réunissent la première fois le 15 novembre, *ibid., 346.* [201]

Décembre 1546-mars 1547. — ANTOINE ESCALIN DES AIMARS, BARON DE LA GARDE, envoyé extraordinaire. Arrive le 9 décembre 1546. Repart le 14 mars 1547, *Corr. d'Odet de Selve, p. 115.* [202]

Février 1547. — Commissaires pour la délimitation du Boulonnais : 1547.

a. ODET DE SELVE;

b. ANTOINE ESCALIN DES AIMARS, BARON DE LA GARDE. Commission du 15 février 1547, V, 175, 15565. Signent un traité, à Londres, le 11 mars 1547, *Rymer, VI, p. 153.* [203]

3° EN BOHÊME.

Août 1521. — CLÉMENT CHAMPION. Revient de Prague par Inspruck, dans la 1re moitié d'août 1521, *Bibl. nat., ms. fr. 2971, fol. 96.* [204] 1521.

4° EN DANEMARK.

Novembre 1518. — FRANÇOIS DE BORDEAUX, conseiller au parlement de Rouen. Instructions du 18 avril 1518, *Arch. nat., J 995, n° 1.* Traité signé par lui le 20 novembre 1518, à Copenhague, *Du Mont, IV, 1re partie, 282.* [205] 1518.

IMPRIMERIE NATIONALE.

AMBASSADES EN DANEMARK. 1523. **Mai 1523.** — « LABLE » ou l'Abbé (Gautier) [?] secrétaire du duc d'Albany. Cité avant le 30 mai 1523, *Brewer, Cal. III, n° 3058.* [206]

1533. **Février 1533.** — NICOLAS DE RUSTICI, dit LE BOSSU. Allusion vague à son ambassade, II, 358, 5565. Était de retour un peu avant le 18 février 1533, II, 325, 5418. [207]

Mars 1533-janvier 1534. — NICOLAS DE RUSTICI, dit LE BOSSU, capitaine allemand. Sur le point de partir pour une nouvelle mission, le 20 mars 1533, II, 358, 5564. Doit être passé en Allemagne vers le 29 novembre 1533, II, 569, 6534. Était de retour avant le 7 janvier 1534, II, 599, 6689. [208]

1534. **Mars-juin 1534.** — NICOLAS DE RUSTICI, dit LE BOSSU. Sur le point, le 21 mars 1534, de partir pour une nouvelle mission qui durera *au moins* 80 jours, soit jusqu'au 10 juin, II, 652, 6941. Va en Allemagne en juin (cf. n° 45). [209]

1541. **Novembre 1541.**

a. FRANÇOIS, CARDINAL DE TOURNON ;

b. GUILLAUME POYET, chancelier ;

c. PHILIPPE CHABOT, amiral de France ;

d. CLAUDE D'ANNEBAUT, maréchal de France, plénipotentiaires. Pouvoirs du 2 novembre 1541, Richer, *Mémoires, p. 3.* Signent le traité de Fontainebleau, le 29 novembre, *ibid., p. 1, Du Mont, IV, 2ᵉ partie, p. 216.* [210]

Novembre 1541-janvier 1542. — CHRISTOPHE RICHER, ambassadeur en Danemark et en Suède. Commission du 22 novembre 1541, *Camusat, p. 404 (édition de 1619).* Cité comme récemment de retour en cour de France, 29 janvier 1542, *Span. Cal. VI, 1, p. 464.* Cité (rétrospectivement à raison de cette ambassade [?]) dans un traité du 1ᵉʳ juillet 1542, *Du Mont, IV, 2, p. 228.* [211]

1542. **Octobre 1542.** — X. . ., secrétaire du roi. Envoyé pour solliciter la coopération de ces royaumes, octobre 1542. *Span. Cal. VI, 2, p. 150.* Parti le 10 octobre de la cour de France, *S. P., IX, 199.* [212]

Novembre 1542-août 1543. — CHRISTOPHE RICHER, ambassadeur en Danemark et en Suède. Instructions, 21 novembre 1542, *Camusat, fol. 410.* Part probablement, 23 novembre, et payé d'avance jusqu'au 19 août 1543, IV, 385, 12810. Cité, 14 août 1543, *Ribier, I, 570;* cf. *B. N., ms. Brienne, 340, p. 14, 19, 21, 23 et suiv., 52, 59, 67.* [213]

1543. **Août 1543.** — JEAN DES MONSTIERS, Sʳ DU FRAISSE, ambassadeur en Danemark. Cité comme étant venu en août 1543, ou même auparavant, *S. P. Henry VIII, t. IX, p. 503.* [214]

1545. **Janvier 1545.** — CHRISTOPHE RICHER, ambassadeur en Danemark et en Suède. Instructions du 3 janvier 1545, *Camusat, fol. 411.* [215]

1546. **Novembre 1546-Fin du règne.** — CHRISTOPHE RICHER. Instructions du 6 novembre 1546, publ. *Camusat, fol. 416.* Écrit le 21 janvier 1547 comme étant là au moins depuis la fin de décembre précédent, *Ribier, I, 600*. Écrit le 6 mars 1547, *Camusat, fol. 417*. [216] **Ambassades en Danemark.**

5° EN ÉCOSSE.

1514-mars 1516 (?). — Jean de Plains. Désigné à la fin du règne de Louis XII comme négociateur pour amener la paix entre l'Angleterre et l'Écosse, *Brewer, t. II, n° 1*. Instructions de François Ier, 14 mars 1515 environ (s. d.), *ibid., n° 248, Teulet, Corresp. françaises, I, 1*. Signe une alliance (non ratifiée ensuite) le 2 janvier 1516, *Bapst., Mariages, p. 11*. Écrit le 20 février [1516], *Arch. nat., J. 966, n° 37[1] et 45[1]*. Encore en Écosse, 18 mars 1516, *Brewer, II, n° 1681*. [217] 1514.

Août-décembre 1516. — François de Bordeaux, conseiller au parlement de Rouen. Envoyé au commencement d'août 1516, *Barrillon, I, 245*. Ses instructions sont présentées le 3 novembre au conseil d'Écosse, *Brewer, II, 2504 et suiv.* Réponse à lui faite le 30 novembre 1516, *ibid., 2612*. [218] 1516.

Novembre 1516-septembre (?) 1517. — Antoine d'Arces, s[gr] de la Bâtie-sur-Meylan. Arrive vers le 3 novembre 1516, *Bapst, Mariages, p. 22, note 7; Brewer, Cal. II, 2504*. Assassiné en Écosse le 20 septembre 1517, n'étant plus positivement en charge, *Teulet, Corr. fr., t. I, 9, note*. [219]

Décembre 1519. — Denis Poillot, conseiller au grand conseil. Part vers décembre 1518; il doit passer d'abord par la cour anglaise, *Barrillon, II, 114*. [220] 1519.

Septembre 1519-février 1520.

a. [Philibert], s[r] de Saint-Romain;

b. Pierre Cordier. Créances (pour passer en Angleterre) du 24 septembre 1519, *Brewer, III, 1, n° 453; cf. Barrillon, II, 147*. De retour vers la fin de février 1520, *Barrillon, ibid., 163*. [221]

Septembre (?) 1520-mai 1521. 1520.

a. Robert Stuart d'Aubigny;

b. Jean de Plains, conseiller au grand conseil. Envoyés de Paris, septembre ou commencement d'octobre 1520, *Barrillon, II, 174*. Ne peuvent, par suite de tempêtes, arriver en Écosse que le 27 novembre, *Rymer, VI, 1, p. 190; Calendar Scotland, p. 8, n°s 67-70*. J. de Plains écrit, 6 décembre, *Rymer, ibid., Cal. Scotland, p. 8, n° 72*. Ils écrivent le 16 et le 20 février, *Arch. nat., J 966, n° 45[1-3]*. Cités, 29 mai 1521, I, 248, 1355. [222]

Décembre 1521. — Denis Poillot. Créances (pour son passage en Angleterre) le 1er décembre 1521, *Brewer, III, n° 1823*. Cité, s. d. (peut-être à raison de cette ambassade[?], VII, 466, 25768. [223] 1521.

Août 1522. — François Le Charron, conseiller du roi. Instructions du 13 août 1522, *Teulet, Corr. fr., I, 39*. C'est probablement à lui qu'il est fait allusion au Catalogue d'actes, I, 304, 1650. [224] 1522.

Mars-mai 1523. — Le s[r] de Langeac. Écrit mars, avril 11 mai 1523, *Teulet, Corr. fr., I, 43, Brewer, III, n° 3058*. Lettre à lui du 29 mai, *ibid.* Le roi écrit le 30 mai 1523.

 aux États d'Écosse pour les remercier de la réception à lui faite, *Arch. nat., J 965, n° 4*[13]; *Brewer, III, n° 3057.* [225]

1524. **Septembre 1524-janvier 1525.** — GONZOLLES. Créances du 15 septembre 1524, *Bapst, Mariages, 69.* Ne dut partir qu'en décembre 1524, et n'est reçu en audience d'arrivée que le 7 janvier 1525 par la reine régente, *ibid., 71.* Audience de congé le 21 janvier 1525, *ibid., 76.* [226]

1525. **Juin-novembre 1525.** — PIERRE DE LA GARDE, sgr DE SAGNES, conseiller au Parlement de Toulouse. Nommé en remplacement de Fr. de Bordeaux d'abord désigné, qui ne part pas et est relevé de sa mission. Instructions de juin 1525, *Teulet, Corr. fr., I, 54.* Arrivé à Édimbourg le 2 septembre, *Bapst, Mariages, 96.* Lettre à lui du 3 novembre 1525, *Jacqueton, 142.* [227]

1527. **Mars 1527-novembre 1528.** — WILLIAM STEWART, capitaine de la garde écossaise. Part vers le 23 mars 1527, *Bapst, Mariages, 118.* Pas reçu par la cour avant juillet 1527. Ne peut accomplir sa mission et quitter l'Écosse qu'en novembre 1528, *ibid., 119.* [228]

1531. **Mai 1531.** — ÉTIENNE DE LAIGUE, sr DE BEAUVAIS, résident(?). Cité comme « envoyé présentement » et payé, 26 mai 1531, II, 41, 4044. [229]

1532. **Novembre 1532-mars 1533.** — ÉTIENNE DE LAIGUE, sr DE BEAUVAIS, gentilhomme de la chambre, chargé de « mission secrète ». Sur le point de partir, 8 novembre 1532, II, 239, 5021. Arrive en janvier 1533 à Édimbourg, *Bapst, Mariages, 189.* Est congédié le 8 février, *Brit., Mus. Roy., ms. 18, B. VI, fol. 18, Bapst, ibid., 190.* En retournant en France, s'arrête quatre jours à Londres, où il arrive le 24 février, *S. P. Henry VIII, t. VII, n° 348; Ven. Cal. IV, n° 860.* Écrit en route le 8 mars, *Brewer, VI, n° 212.* Est en France un peu avant le 13 mars 1533, *Ven. Cal. IV, n° 863.* [230]

1533. **Mars-juillet 1533.** — ÉTIENNE DE LAIGUE, sr DE BEAUVAIS, gentilhomme de la Chambre. Chargé de porter des lettres du 28 mars 1533, *B. N., Dup., 547, fol. 226.* Cité sans précision, 31 mars, II, 368, 5614. Passe par l'Angleterre, où il est le 10 avril, *Camusat, p. 125.* Arrive à Édimbourg 22 avril, *Bapst, Mariages, 195.* Repasse par l'Angleterre à son retour d'Écosse, 20 juillet, *Ven. Cal. IV, n° 860*[(1)]. [231]

Avril 1533. — GUY DE FLEURY. Part, 30 avril 1533 (ou du moins porteur de lettre de cette date), *Bibl. nat., Dup., 726, fol. 93, Bapst, Mariages, 196, note 1.* [232]

Novembre 1533 (?). — CLAUDE D'HUMIÈRES, sgr DE LASSIGNY, envoyé en Écosse, après l'entrevue du Pape, de l'Empereur et du Roi (vers novembre 1533 ou juillet 1538), *VII, 451, 25645, 25646. Cf. n° 236.* [233]

1534. **Décembre 1534-janvier 1535.** — NICOLAS CANIVET, secrétaire du duc d'Albany. Instructions, semblant de décembre 1534, *Bibl. nat., ms. fr. 3020, fol. 89,* cf. *Bapst, Mariages, 232, note 1, 236.* Réponse, 27 janvier 1535, adressée par un messager écossais, *ibid., p. 237, note 2.* [234]

(1) Des mentions peu précises des 10 septembre et 10 octobre suivant, au sujet d'une mission de Beauvais, semblent s'appliquer à celle-ci. *Camusat, 10; Corr. de Castillon, p. 4.*

Mars-septembre 1537. — Jean de Langeac, évêque de Limoges. Part le 17 mars 1537 pour accompagner en Écosse le roi et la reine et revenir par la cour de Henri VIII, (90 jours de gages payés d'avance), III, 288, 8848. Écrit d'Écosse, 30 mai, *Arch. nat., J. 967, n° 3*[20]. Son retour par l'Angleterre, annoncé comme prochain, 8 juin, *Ribier, I, 32.* Son voyage dure du 17 mars au 6 septembre 1537. Il est payé le 18 février 1538 du reste de ce qui lui était dû, III, 469, 9669, VIII, 47, 29670. [235] AMBASSADES EN ÉCOSSE. 1537.

Juillet 1538. — Claude d'Humières, s[r] de Lassigny, écuyer d'écurie du dauphin. Lettres du roi l'annonçant, 18 juillet 1538, *Kaulek, p. 70.* Il a dû passer par Londres avant le 2 août, *ibid., p. 78. Cf. n° 233.* [236] 1538.

Décembre 1538. — Claude d'Humières, s[r] de Lassigny, écuyer d'écurie du dauphin. Le 24 décembre 1538, il part de Saint-Germain, VIII, 207, 31170. Cf. *Ribier, I, 396*, une lettre s. d. pouvant se référer à cette mission. [237]

Avril 1540. — Claude Dodieu, s[gr] d'Espercieu[1]. Va partir, 25 avril 1540, IV, 104, 11475. [238] 1540.

Décembre 1541-février 1542. — Jean de Morvilliers. Parti vers le 1er décembre 1541, *S. P. Henry VIII, t. VIII, p. 643.* Passé par Londres, où il arrive le 5 décembre, *Span. Cal., VI, 1, p. 412*, et qu'il quitte le 10 décembre, *ibid.* Mentions de sa mission, *ibid., 413, t. VI, 2, p. 192, 219, 296, 409.* Revient d'Écosse par Londres qu'il quitte vers le 15 février (avant le 22) pour passer en France, *ibid., VI, 1, p. 471, Corr. de Castillon, pp. 389 et suiv.* [239] 1541.

Juin-décembre 1543. 1543.

a. Le s[r] de La Brosse, échanson du roi;

b. Jacques Mesnage, conseiller au parlement de Paris. Pouvoirs du 25 juin 1543; traité du 15 décembre 1543, VII, 348, 24987. Sur cette ambassade, cf. *Span. Cal. VI, 2, p. 336.* [240]

6° PRÈS DE L'EMPEREUR.

TABLEAU DES RÉSIDENTS.

Juin-novembre 1515. Pierre Cordier [241].

Août-novembre 1518. Baudouin de Champagne, s[gr] de Bazoges [244].

Septembre 1518-janvier 1519. Jean de Sains, s[gr] de Marigny, bailli de Senlis [245].

Juin 1519-mai 1520. Jean de La Rochebeaucourt [247].

Janvier-avril 1521. Le Barrois des Barres [248].

Novembre 1529-août 1531. Charles Du Solier, chevalier, s[r] de Morette [260].

Juin 1531-juin 1536. Claude Dodieu, s[r] de Vély [264].

Août (?) 1537-janvier 1538 (?). Antoine de Castelnau, évêque de Tarbes, plénipotentiaire et résident [272].

Septembre 1537-juillet 1538 (?). Claude Dodieu, s[r] de Vély [273].

[1] Neveu de l'autre Claude Dodieu, s[r] de Vély.

AMBASSADES PRÈS DE L'EMPEREUR.

Août 1538-septembre 1539. Antoine de Castelnau, évêque de Tarbes [279].
Octobre 1539-novembre 1540. Georges de Selve, évêque de Lavaur [285].
Septembre 1540-décembre 1541. Claude Dodieu, s^r de Vély [288].
Septembre 1544-juin 1545 (?). Charles Du Solier, s^r de Morette [293].
Mars (?) 1545-fin du règne. Jacques Mesnage, conseiller au parlement de Paris [294].

1515. **Juin-novembre 1515.** — PIERRE CORDIER, docteur en décret, résident près de Maximilien. Envoyé vers la fin de juin 1515 pour séjourner tout au moins durant la campagne et donner des nouvelles, c'est-à-dire comme résident, *Barrillon, I, 63.* Apporte à Milan, au roi, des articles de l'empereur vers la seconde moitié de novembre 1515, *ibid., p. 164.* [241]

1517. **Janvier 1517.**

a. ÉTIENNE DE PONCHER, évêque de Paris;

b. LES S^r DE « BREUILLES » ambassadeurs près de Maximilien. Envoyés vers janvier 1517, *Barrillon, I, 262.* [242]

Mars 1517.

a. ARTUS GOUFFIER, s^r DE BOISY, grand-maître de France;

b. ÉTIENNE DE PONCHER, évêque de Paris;

c. JACQUES OLIVIER, président au parlement de Paris;

d. FLORIMOND ROBERTET, trésorier de France, plénipotentiaires. Signent un traité à Cambrai, le 11 mars 1517, *Du Mont, IV, 1re partie, p. 256.* [243]

1518. **Août-novembre 1518.** — BAUDOUIN DE CHAMPAGNE, S^gr DE BAZOGES, résident (?) près de Maximilien. Cité le 16 août 1518, *Mignet, I, 145-146,* et septembre, *Barrillon, I, p. 73, note 1; II, p. 116, note 3.* Encore en charge à la fin de novembre 1518, *Arch. nat., J. 952, pièce 45.* [244]

Septembre 1518-janvier 1519. — JEAN DE SAINS, s^r DE MARIGNY, conseiller du roi, bailli de Senlis, résident près de Maximilien. D'abord adjoint en septembre 1518 à Baudouin de Champagne. Celui-ci est encore là en novembre, *Arch. nat., 952, pièce 45.* Reste seul ensuite. Réside près de l'empereur lors de la mort de celui-ci, le 12 janvier 1519, *Barrillon II, 116.* [245]

1519. **Juin 1519.**

a. JEAN D'ALBRET, COMTE DE DREUX;

b. L'AMIRAL BONNIVET;

c. CHARLES GUILLART, qui étaient en Allemagne près les électeurs, maintenus comme plénipotentiaires près du nouvel empereur, quel qu'il soit, pour traiter avec lui. Pouvoirs du 26 juin 1519, I, 188, 1050. (L'élection du 28 juin rend ce pouvoir sans objet, le nouvel élu, Charles, étant en Espagne.) [246]

Juillet 1519-mai 1520. — JEAN DE LA ROCHE, s^r DE LA ROCHEBEAUCOURT, résident près de Charles-Quint. Reste près du nouvel empereur après l'élection du 28 juin 1519; cf. sur son séjour antérieur près de Charles, roi d'Espagne, *Ambassades en Espagne.* Écrit, 14 mai 1520, *Mignet, Rivalité, I, p. 231, note.* [247]

Janvier-avril 1521. — Le Barrois des Barres, résident (?). Cité 15 janvier 1521, *Arch. nat., J 1037, n° 10.* Lettre à lui, 14 avril 1521, *Le Glay, II, 468-469.* [248] Ambassades près de l'Empereur.

Août (?) 1521. — Le s^r de Lansac, ambassadeur. Cité antérieurement aux conférences de Calais (de septembre 1521), *Le Glay, II, 495-499.* [249]

Septembre 1524. — Alberto Pio de Savoie. Pouvoirs pour conclure une trêve avec l'Empereur et le roi d'Angleterre, 16 septembre 1524, I, 388, 2071. [250] 1524.

Avril 1525-janvier 1526. 1525.

a. François de Tournon, archevêque d'Embrun;

b. Jean de Selve, premier président du parlement de Paris;

c. Philippe Chabot, baron de Brion;

d. Marguerite d'Angoulême, plénipotentiaires. Instructions de la régente à Fr. de Tournon du 29 avril 1525, *Bibl. nat., ms. fr. 2980, fol. 2.* Pouvoirs (aux trois premiers) du 6 juin, I, 406, 2163; 407, 2164. Instructions, même date, *Bibl. nat., ms. fr. 3916, fol. 34.* Instructions spéciales à Chabot, juillet, *Captivité, 244.* Conférences commençant à Tolède le 20 juillet et interrompues à la fin d'août, *Decrue, 58; Mignet, II, 109; Captivité, p. 264 à 277.* Nouveaux pouvoirs du 7 septembre, I, 417, 2217. Marguerite d'Angoulême, embarquée le 27 août à Aigues-Mortes (*Mignet, 137*), arrive à Tolède près de l'empereur le 3 octobre. Elle a, ainsi que les autres négociateurs (Chabot excepté), une conférence le 5 avec le conseil de l'empereur, *Captivité, 343; Revue historique, 1878, p. 303.* Selve écrit de Tolède, 9 octobre, *Bibl. nat., ms. fr. 3039, fol. 100.* Marguerite rompt les négociations et quitte Tolède le 13 ou 14 octobre, *Revue historique, ibid., p. 305.* Ces négociations reprennent en novembre (du 11 au 21), *Decrue, 59;* Chabot porte à la régente, à la fin de novembre, un projet de traité. Instructions de la régente, *Captivité, 408;* du roi, *ibid., 425.* Ordre du roi de signer le traité, 19 décembre, *ibid., p. 441.* Les conférences ne se terminent définitivement que le 14 janvier 1526 par le traité de Madrid, *Decrue, 60,* cf. I, 431, 2284. [251]

Novembre 1525-janvier 1526. — Gabriel de Gramont, évêque de Tarbes, résident et plénipotentiaire. Arrive au commencement de novembre 1525. Reprend le 11 novembre les négociations, de concert avec Tournon, Selve et Chabot. Ces négociations durent jusqu'au 21 novembre sans résultat, *Decrue, 59; Mignet, II, 149 et s.; Le Glay, II, 642.* Nouvelles négociations en janvier 1526, terminées le 14 janvier par le traité de Madrid, *ibid., 60.* Cf. I, 431, 2284 et l'article précédent. [252]

Mai 1526-juin 1528. — Jean de Calvimont, deuxième président au parlement de Bordeaux, plénipotentiaire. Envoyé le 21 avril 1526, *Aff. étr., Espagne 4, fol. 329.* Cité 9 mai 1526, V, 762, 18634. Instructions s. d., *Bibl. nat., ms. fr. 2962, fol. 148.* Cité, 6 septembre 1526, *Ven. Cal. III, n° 1403;* 1er octobre, V, 797, 18823; 2 décembre, *Ven. Cal., n° 1450;* 30 janvier 1527, *Ven. Cal. IV, n° 29;* 12 février, *Span. Cal. III, 2, p. 62.* Pouvoirs du 2 juin 1527, VIII, 612, 32452. Cité 10 juin, VI, 61, 18212; 16 et 17 juillet, *Ven. Cal. IV, n° 136; Span. Cal. III, 2, p. 548.* Offres qu'il fait, 10 au 21 septembre, *Du Mont, IV, 1, p. 495.* Prend 1526.

congé le 21 janvier 1528, *Span. Cal. III, 2, p. 548; Ven. Cal. IV, n° 231.* Écrit le 18 février (1528), *Sandoval, I, 862.* Lettre à lui, de l'empereur, 18 mars, *Pap. de Granvelle, I, 349.* Regagne Bayonne seulement le 1er mai, *Ven. Cal. IV, n°s 290 et suiv.* Revenu en cour de France, 30 juin 1528, I, 580, 3051; cf. 3052. [253]

1527. **Janvier-mars 1527.** — GILBERT BAYARD, élu des finances, plénipotentiaire. Sur le point de partir, 31 décembre 1526, I, 476, 2515. Son départ annoncé, 3 janvier 1527, *Ven. Cal. IV, n° 2.* Arrive en cour un peu avant le 24 janvier, *ibid., n° 224;* cf. *Span. Cal. III, 2, p. 48.* Repart, furieux, pour la France, 17 février 1527, *Ven. Cal. IV, n°s 41 et suiv.* Mention s. d. de sa mission comme ayant duré deux mois et dix jours, de sorte qu'il ne serait rentré en cour que vers le 10 mars 1527, VII, 696, 28411. [254]

Juin 1527-juin 1528. — GABRIEL DE GRAMONT, évêque de Tarbes, plénipotentiaire. Pouvoirs 2 juin 1527, VIII, 612, 32452. Sur le point de partir, 10 juin 1527, VI, 61, 19212. Part le 20 juin, I, 591, 3101. Arrive un peu avant le 16 juillet en cour d'Espagne, *Ven. Cal. IV, n° 124; Span. Cal. III, 2, p. 282.* Cité, 6 août, *ibid., p. 321.* Offres qu'il fait les 10, 15, 20 et 21 septembre, *Du Mont, IV, 1, p. 495.* Instruction à lui donnée sur le défi à porter à l'empereur, le 11 novembre, *Du Mont, ibid., p. 502.* Écrit, 22 novembre (1527) [?], *Bibl. nat., ms. fr. 3019, fol. 86.* Prend congé de l'empereur le 21 janvier 1528, *Span. Cal. III, 2, p. 548.* Emprisonné presque aussitôt après, le lendemain de la déclaration de guerre, *Ven. Cal. VI, n°s 234, 290, 291.* Regagne Bayonne le 1er mai, *ibid., n°s 290, 291.* De retour en cour exactement 30 juin 1528, I, 591, 3101. [255]

Décembre 1527-mai 1528. — GILBERT BAYARD, élu des finances, plénipotentiaire. Semble en chemin le 16 décembre 1527, *Ven. Cal. IV, n° 220.* En cour vers le 1er janvier 1528, *ibid., n° 224.* Prend congé de l'empereur le 21 janvier, *Span. Cal. III, 2, p. 548.* Ne regagne Bayonne que le 1er mai 1528, *Ven. Cal. IV, n°s 290 et suiv.* [256]

1529. **Juin-août 1529.**

a. LOUISE DE SAVOIE, mère du roi, plénipotentiaire. Pouvoirs, 2 juin 1529, I, 648, 3397. Arrive à Cambrai, accompagnée des autres négociateurs, le 5 juillet, *Mignet, 440.* Traité de Cambrai, signé par elle le 5 août 1529, cf. I, 656, 3436;

b. LE CARDINAL DU PRAT, chancelier;

c. ANNE DE MONTMORENCY;

b et c. Partis comme plénipotentiaires, 6 et 8 août 1529, I, 657, 3438. [257]

Août-octobre 1529.

a. PHILIPPE CHABOT, s^r^ DE BRION;

b. MATHIEU DE LONGUEJOUE;

c. GILBERT BAYARD;

d. LE s^r^ DE BONVOIS. Pouvoirs du 18 août 1529, I, 659, 3451; 660, 3452; 673, 3525; 660, 3454 et suiv., 661, 3457. Créances du 22 août, VI, 187, 19843. Bayard écrit de Suze, 1er octobre, *Bibl. nat., fr. 3014, fol. 62.* Ils arrivent près de l'empereur, 16 octobre, *Span. Cal. IV, 1, p. 311.* Ils reçoivent le serment de l'empereur à Plaisance, 18 octobre, *Bibl. nat., fr. 3070, fol. 97; 20508, fol. 64.* Brion repart presque aussitôt pour la France, *Decrue, 135.* [258]

Novembre 1529.

a. BONAVENTURE DE SAINT-BARTHÉLEMY;

b. LÉONARD GAY;

c. PIERRE DE BELLEFORIÈRE;

d. JEAN LE NOIR, commissaires aux déprédations. Commission du 12 novembre 1529, I, 673, 3527. Pouvoirs du 20 novembre, VI, 200, 19910. Cf. autre commission (ou la même avec erreur de date), à la date du 21 novembre 1530. (Le s^r de Belleforière n'y est pas nommé), VI, 238, 20108. [259]

Novembre 1529-août 1531. — CHARLES DU SOLIER, s^r DE MORETTE, résident. Part probablement, 1er novembre 1529, II, 259, 5117. Lettre à lui, 24 mars 1530, *Bibl. nat., fr. 3019, fol. 100;* du 22 janvier au 11 avril 1530, *ibid., fr. 20504, passim.* Écrit le 11 avril (1530 [?]), *ibid., 3019, fol. 119;* du 20 octobre 1530 au 5 avril 1531, *ibid., fr. 20503, fol. 125; 20504, fol. 171.* Cité, 23 mars 1531, VII, 635, 27849. Payé, 22 mai, II, 39, 4034. Prend un congé en juin, VI, 259, 20217; II, 40, 4038. Rappelé par lettre du 22 juin, *Granvelle, I, 549.* Cité encore le 9 juillet, *Granvelle, I, 561.* Quitte Bruxelles le 29 juillet ou un ou deux jours après, porteur de lettres de cette date, *ibid., 564.* Rentré en cour de France le 15 août 1531 (payé jusqu'à cette date), II, 259, 5117. Payé rétrospectivement fin 1531, VII, 797, 29136 et suiv. [260]

Février 1530. 1530.

a. ANTOINE HELLIN, conseiller au parlement de Paris;

b. JEAN BILLON, maître des comptes à Paris. Commissaires chargés de demander l'entérinement, par le grand conseil de l'empereur, du traité de Cambrai. Pouvoirs, février 1530, I, 691, 3618. Cités le 17 février 1530, *Ribier, I, 353;* le 19 mars, *Arch. du Nord, B 384.* [261]

Août-septembre 1530. — LOUIS DE RABODANGES, ambassadeur extraordinaire. Instructions, 31 juillet 1530, *Pap. d'Ét. de Granvelle, I, 480,* et *Arch. des aff. étr., Espagne, V, fol. 295.* Reçoit une réponse de l'empereur à Augsbourg, le 28 août 1530, *ibid.,* et *Aff. étr., ibid., fol. 292.* Cité rétrospectivement le 8 septembre, *Ven. Cal., IV, n° 612.* [262]

Décembre 1530. — GILLES DE LA POMMERAYE, panetier du roi, chargé de mission extraordinaire. Part de Fontainebleau le 13 décembre [1530] pour aller trouver, en diligence, l'empereur en Allemagne, VII, 670, 28170. [263]

Juin 1531-juin 1536. — CLAUDE DODIEU, s^r DE VÉLY, résident. Accrédité par lettres du 22 juin 1531, VI, 259, 20217, *Granvelle, I, 549;* cf. II, 40, 4038, (date, probablement erronée, du 22 mai). Cité, 14 juillet, II, 63, 4156; [août 1531 ?] VII, 655, 28042; [septembre 1531] VII, 653, 28021. Peut être de retour en cour de France en décembre, semble cité comme repartant le 20 décembre, II, 101, 4350. Cité, sans précision, pour 1531 et 1532, VII, 708, 28517; comme ayant été ambassadeur au moins 700 jours, II, 400, 5754. Payé, 5 juin 1532, II, 153, 4610; 4 octobre, II, 224, 4947. Cité comme ambassadeur du 28 janvier au 14 avril 1533, II, 400, 5753. Payé, 4 mars, II, 346, 5514. Peut être revenu en cour de France en mai, semble cité, comme repartant, le 8 juin, II, 434, 5913. Payé depuis le 28 juin 1533 (jusqu'au 30 juin 1536), III, 230, 8578. Cité, 1531.

IMPRIMERIE NATIONALE.

24 octobre 1533, II, 532, 6353. Payé du 25 décembre 1533 au 24 avril 1534, II, 624, 6810. Lettres à lui [1er mai 1534], VII, 777, 28991. Payé, 7 mai 1534, II, 672, 7027; cité [vers le 14 juillet 1534], VII, 750, 28814. Articles rédigés par lui, juillet, *Granvelle, I, p. 191*. Payé, 13 janvier 1535, III, 4, 7464. Cité, 12 février, III, 20, 7542; 27 mars, III, 44, 7664. Payé, 14 juin, pour 180 jours, III, 94, 7916; payé, 29 septembre, III, 142, 8140. Instructions du 27 mars 1536, *Arch. nat., K. 1484, n° 94*. Payé, 14 avril, III, 196, 8405. Cité, 7 mai, *Pap. de Granvelle, I, 459*. Payé, 9 mai, III, 202, 8441. Annonce à l'empereur son départ, 17 juin, *Granvelle, I, 461*. Parti avant le 24 juin, *ibid., 467*. Rentré en cour de France le 30 juin 1536, III, 230, 8578. [264]

Juillet 1531. — ANTOINE HELLIN, envoyé à l'Empereur pour le recouvrement des terres de la duchesse de Vendômois et de Louis de Nevers. Lettres de créance du 18 juillet 1531, *Aff. étr., Espagne 5, fol. 287*. [265]

Novembre-décembre 1531. — GILLES DE LA POMMERAYE, échanson ordinaire du roi. Sur le point de partir, 16 novembre 1531, VI, 274, 20295; 20 novembre, II, 92, 4303. Quitte l'empereur à la fin de novembre, *Granvelle, I, 592*. Était de retour avant le 10 décembre en cour de France, VI, 276, 20309. [266]

1533. **Juin 1533.** — LE Sr DE LYREMONT, envoyé de *la reine* près l'empereur. Créances du 11 juin 1533, VI, 330, 20585. [267]

1536. **Février 1536.** — PHILIPPE CHABOT, Sr DE BRION, amiral de France, envoyé extraordinaire. Cité ou désigné, 20 février 1536, *Span. Cal. V, 2, p. 48, Granvelle, II, 429*. Ne remplit cependant pas cette mission et se rend en Italie pour se mettre à la tête d'une armée, *Decrue, 255*. [268]

Février 1536-? — GUILLAUME DE DINTEVILLE, écuyer d'écurie des fils du Roi. Envoyé près de l'empereur, qui est à Rome, et aussi près de divers personnages d'Italie. Va partir, 20 février 1536, III, 177, 8313. [269]

Avril-mai (?) 1536. — JEAN, CARDINAL DE LORRAINE. Sur le point de partir, 15 avril 1536, III, 196, 8407. Cité, 29 avril, *Kaulek, p. 2*. Pouvoir pour traiter, à lui adressé le 5 mai 1536, *Arch. Vat., Borghèse, 18, d. s., fol. 3*. Lettre reçue de lui le 6 mai, *ibid., fol. 8 v°*. Reparti de la cour impériale avant le 12 mai, *Lanz, Corr., II, p. 661*. Revient à la cour de France le 17 mai 1536, *Arch. Vat., ibid., fol. 9*. Cf. *Decrue, p. 257* (qui donne la date du 7 mai). [270]

1537. **Mars 1537.** — PHILIPPE CHABOT, Sr DE BRION, amiral de France, plénipotentiaire. Pouvoirs du 21 mars 1537, III, 289, 8853, *Ribier, I, 28*. [271]

Août (?) 1537-janvier (?) 1538. — ANTOINE DE CASTELNAU, évêque de Tarbes, plénipotentiaire et résident. En charge durant partie au moins du semestre allant d'avril à septembre 1537, VIII, 228, 31379. Pouvoir du 14 décembre 1537, III, 660, 10531, *Bibl. nat., fr. 3916, fol. 279; Arch. nat., K 1484, n° 103*. Signe le traité du 10 janvier 1538, à Tolède, *ibid., fol. 281; Du Mont, IV, 2, p. 160*. Cité, le 12 janvier, en qualité de résident, dans la ratification faite par Charles-Quint. cf. *ibid.* Lettre à lui envoyée le 24 janvier [1538], VIII, 160, 30730. Cité comme ayant été en charge au moins durant une partie de la période comprise entre le 30 septembre 1537 et le 31 mars 1538, VIII, 228, 31380. Payé en août, III, 586, 10202. [272]

AMBASSADES PRÈS DE L'EMPEREUR.

Septembre 1537-juillet(?) 1538. — CLAUDE DODIEU, s^r DE VÉLY, maître des requêtes de l'hôtel, plénipotentiaire et résident. Part de Lyon le 30 septembre 1537, III, 401, 9361. Payé depuis le 1er octobre, III, 559, 10081; VIII, 245, 31546. Revenu en cour demander une réponse. Commission à lui du 29 octobre, III, 405, 9380. Cité [fin octobre 1537], VIII, 32, 29516. Repart, 3 novembre, de Briançon pour l'Espagne, III, 411, 9405; VIII, 32, 29518. Trêve conclue par lui le 16 novembre, III, 414, 9422. Arrive de nouveau en cour de France le 24 novembre, apportant le texte de cette trêve, *Bibl. nat., Dup. 265, fol. 226.* Cf. *Span. Cal. V, 2, p. 382.* Repart peut-être (son neveu est envoyé vers lui), 2 décembre 1537, VIII, 87, 30038. Cité, *Decrue, 333.* Revenu, dans ce cas, en décembre ou janvier. Repart d'Aigues-Mortes vers le 10 janvier 1538 pour la ratification de la trêve, III, 446, 9565. Cité [janvier 1538], VIII, 63, 29809. Encore de retour en France, cf. VIII, 229, 31388. Repart de Moulins le 19 février [1538], VIII, 49, 29690; III, 470, 9676. Arrive en cour de l'empereur le 3 mars, *Span. Cal. V, 2, p. 449 et suiv.* Audience de l'empereur, cf. *Arch. nat., K 1484, n° 92.* Cité comme résident vers juin ou juillet, *ibid., p. 557.* Payé jusqu'au 30 juin (depuis le 1er octobre précédent), III, 559, 10081; VIII, 245, 31546. Payé de dépenses faites en juillet, III, 624, 10368; VIII, 271, 31827. Cité, 13 juillet 1538, *Span. Cal. V, 2, p. 557.* [273]

Octobre 1537. — CHARLES DE COSSÉ, s^r DE BRISSAC. Apporte des propositions, en octobre 1537, semble-t-il, *Decrue, 329.* [274]

Novembre 1537-janvier 1538.

a. JEAN, CARDINAL DE LORRAINE;
b. ANNE DE MONTMORENCY, grand-maître;
c. GUILLAUME POYET;
d. GILBERT BAYARD;
e. NICOLAS BERTHEREAU, plénipotentiaires pour traiter la paix à Leucate. Pouvoirs aux deux premiers du 27 novembre 1537, III, 417, 9437. Les deux premiers cités, 18 décembre [1537], VIII, 73, 29902. Articles contenant les conditions du roi, 25 ou 26 décembre, *Decrue, p. 335; Ribier, I, 336.* Remise des articles émanant de l'empereur, 28 décembre, *ibid.* Réponse du roi, 29 décembre, *ibid.* Les deux premiers cités [29 décembre 1537], VIII, 69, 29869; décembre, s. d., VIII, 70, 29877; VIII, 73, 29903; janvier 1538, VIII, 61, 29786. Les deux premiers partent, laissant les autres aux cabanes de Fitou. Ceux-ci signent là une trêve le 11 janvier, III, 446, 9566. Les deux premiers s'arrêtent à Narbonne le 13 janvier, au retour, *Decrue, p. 335.* Montmorency de retour près du roi, fin janvier, remboursé, 31 janvier 1538, *Bibl. nat., fr., 3044, fol. 99 à 103;* cf. VIII, 56, 29749. [275]

Mai-juin 1538. 1538.

a. LE CARDINAL JEAN DE LORRAINE;
b. ANNE DE MONTMORENCY, connétable, plénipotentiaires. Pouvoirs du 23 mai 1538, III, 555, 10065; cf. *Ribier, I, 163* (date du 24 mai). Commencement des conférences, à Nice, le 4 juin, *Decrue, 352.* Pouvoirs nouveaux qui leur sont portés le 5 juin, III, 573, 10143. Trêve signée par eux le 18 juin, III, 563, 10100. [276]

Juillet 1538. — CHRISTOPHE DE SIRESMES, élu d'Avranches. Part de Tarascon [5 ou 6 juillet 1538] vers l'empereur, qu'il trouve sur mer, avant l'entrevue d'Aigues-Mortes (qui eut lieu le 15 juillet 1538), VIII, 281, 31913. [277]

AMBASSADES PRÈS DE L'EMPEREUR.

Juillet(?)-août 1538. — CHARLES DE COSSÉ, s[r] DE BRISSAC, gentilhomme de la chambre. Part de Nîmes [vers juillet-août 1538], VIII, 281, 31914. Réponse de l'empereur à propos de cette mission, *Bibl. nat., fr., 3086, fol. 14*. Revient en France, et y arrive en cour le 23 août, *Arch. Vat., arm. VIII, ord. I, vol. K, fol. 77*. [278]

Août 1538-septembre 1539. — ANTOINE DE CASTELNAU, évêque de Tarbes, résident. Cité, le 22 août 1538, comme étant sur le point de partir, *Arch. Vat., arm. VIII, ord. I, vol. K, fol. 74*. Payé à cette date, d'avance, III, 586, 10203; VIII, 289, 31993; VIII, 262, 32026. Cité le 26 août comme non encore parti, III, 590, 10219. Instructions du 26 août, *Bibl. nat., fr. 3916, fol. 213*. Part le 28 août, *Arch. Vat., ibid., fol. 87*. Arrive vers le milieu de septembre et repart aussitôt pour la France, *Span. Cal. VI, 1, p. 45*. Cité de nouveau comme attendu en cour de l'empereur le 2 octobre, *Brewer, XIII, 2, n° 205*. Nouvelles instructions du 6 octobre, *Bibl. nat., fr. 3916, fol. 219*. Écrit, 20 novembre, *Ribier, 1, 263*. Correspondance continue depuis décembre, *ibid., passim; Arch. nat., K 1484, n°s 104, 110*. Pouvoirs du 14 décembre 1538, *Arch. nat., K 1484, n° 103*. Traité signé par lui, ratifié le 1er février 1539, III, 710, 10762. Lettre à lui [vers février 1539], VIII, 178, 30911. Payé jusqu'au 17 février (depuis le 22 août précédent), III, 586, 10203, et du 18 février au 16 août 1539, III, 714, 10778; VIII, 193, 31045. Réponse à lui, 14 et 18 mars 1539, *Arch. nat., K 1484, n°s 112 et 113*. Payé le 4 août d'avance et remboursé, IV, 29, 11141. Mort, septembre (?) 1539, en charge, cf. IV, 51, 11235, *Kaulek, p. 135*. [279]

Octobre 1538. — CHARLES DE COSSÉ, s[r] DE BRISSAC, gentilhomme de la chambre. Instructions à lui du 6 octobre 1538, *Bibl. nat., fr. 3916, fol. 219*. Part de la Fère-sur-Oise [en octobre 1538], VIII, 266, 31779. Réponse de l'empereur du 29 octobre, *ibid., fol. 230*. Rejoint le roi à Chantilly, le 17 novembre, *Arch. nat., K 1484, n° 100*. [280]

Décembre 1538-janvier 1539. — CHRISTOPHE DE SIRESMES, élu d'Avranches. Part de Paris, pour l'Espagne, le 17 décembre [1538], VIII, 211, 31214. Repart d'Espagne pour la France le 17 janvier 1539, *Bibl. nat., fr. 3916, fol. 234*. [281]

1539. **Février-mars 1539.** — CHRISTOPHE DE SIRESMES, élu d'Avranches. Chargé d'une nouvelle mission. Instructions du 7 février 1539, *Bibl. nat., fr., 3916, fol. 238*. Part de Fontainebleau, et payé, s. d., VIII, 193, 31047. Cf. VIII, 193, 31048. Mémoire contenant la réponse à faire à François Ier, daté de Tolède, 21 mars, *Bibl. nat., fr., 3916, fol. 242*. [282]

Mai-juin 1539. — CHARLES DE COSSÉ, s[r] DE BRISSAC, gentilhomme de la chambre. Envoyé pour porter les condoléances du roi à propos de la mort de l'impératrice. Instructions du 18 mai 1539, *Bibl. nat., fr. 3916*. De retour au plus tard le 28 juin, *Kaulek, p. 106*. [283]

Août-septembre 1539. — CHRISTOPHE DE SIRESMES, élu d'Avranches. Renvoyé de nouveau. Instructions du 5 août 1539, *Bibl. nat., fr. 3916, fol. 248; Ribier, 1, 467*. Repart de Madrid pour la France, porteur de mémoires, le 25 août 1539, *Bibl. nat., fr. 3916, fol. 250*. Fait, après son retour en septembre, une relation de sa mission, *Ribier, 1, 468*. [284]

Octobre 1539-novembre 1540. — GEORGES DE SELVE, évêque de Lavaur. Sur le point de partir[1], 9 octobre 1539, IV, 51, 11235 et suiv.; *Arch. Vat., Carte Farnesiane, fasc. I* (lettre de cette date annonçant son départ pour le lendemain). Lettre à lui, 15 novembre, *Bibl. nat., fr. 3021, fol. 6.* Payé, 5 janvier 1540, IV, 68, 11312. Écrit, 27 janvier, *Ribier, I, 494;* 2 février, *ibid.* S'absente et revient en cour de France vers mars. Instructions du 4 avril, avant son départ, VI, 593, 21992, *Bibl. nat., fr. 3916, fol. 289.* Cité le 5 avril comme devant regagner son poste incessamment, *Arch. Vat., Carte Farnesiane, fasc. I* (lettre de cette date). Payé depuis le 7 avril (jusqu'au 3 octobre), IV, 98, 11453; VI, 593, 21990. Est de retour en Flandres et écrit, 12 avril, *Ribier, I, 520.* Réponse à lui faite par l'empereur le 16 avril, *Bibl. nat., fr. 3916, fol. 293.* Instructions nouvelles à lui adressées, du 24 avril, VI, 596, 22003, *Bibl. nat., fr. 3916, fol. 297.* Autres, 2, 20 mai, VI, 598, 22014, *Bibl. nat., ibid., 302.* Lettre à lui du 22 mai, IV, 108, 11495. Cité, 1er juillet, *Ven. Cal. V, n° 219.* Corr. entre août et octobre 1540, *Arch. des Aff. étr., corr. politique, Rome, partie du vol. IV.* Cf. *Bibl. nat., fr. 3916, fol. 302; 3114, fol. 1.* Remboursé, 12 novembre, IV, 155, 11713. De retour en cour de France le 18 novembre 1540, IV, 158, 11726. [285]

AMBASSADES PRÈS DE L'EMPEREUR.

Novembre 1539-mars 1540. — CHARLES DE COSSÉ, sr DE BRISSAC. Doit partir le 31 octobre 1539, le 8 ou le 30, *Arch. Vat., arm. VIII, ord. I, vol. K.* Détails sur sa mission, *S. P., fol. 210; Henr. VIII, t. VIII, p. 304.* Rentre à la cour le 25 mars 1540, *Arch. Vat., ibid., fol. 277;* cf. *S. P., ibid., p. 290.* [286]

1540.

Janvier 1540. — CHARLES DU SOLIER, sr DE MORETTE. Cité, 27 janvier 1540, *Arch. Vat., arm. VIII, ord. I, vol. K, fol. 224.* [287]

Avril 1540. — ANTOINE HELLIN, conseiller au parlement de Paris. Instructions du 24 avril 1540, VI, 596, 22003. Écrit de Gand le 10 et le 13 mai, *Bibl. nat., fr. 6639, fol. 349, 357.* Instructions, 20 mai 1540, VI, 598, 22014.

Septembre 1540-fin 1541. — CLAUDE DODIEU, sr DE VÉLY, résident. Désigné vers le 10 septembre 1540, *Arch. Vat., arm. VIII, ord. I, vol. K, fol. 400.* Doit partir, 27 septembre, ou peu après, IV, 143, 11655. Lettre à lui, 15 novembre, IV, 157, 11723. Payé : jusqu'au 25 décembre, IV, 143, 11655; du 26 décembre 1540 au 23 juin 1541, IV, 173, 11797. Écrit, janvier 1541, *S. P., VIII, 515.* Lettre à lui, 10 juillet, IV, 220, 12015. Payé le 21 juillet, d'avance, du 24 juin au 30 décembre 1541, IV, 224, 12030. [288]

1541.

?-août 1541. — CHARLES DE COSSÉ, sr DE BRISSAC. De retour à la cour de France d'une mission, exactement le 14 août 1541, *Arch. Vatic., arm. VIII, ord. I, vol. IV, fol. 42.* [289]

Septembre 1541. — M. DE MOLINES (?) Envoyé avant le 26 septembre 1541, *Charrière, I, 518, n.* [290]

1544.

Juillet 1544. — GABRIEL DE GUZMAN, jacobin espagnol, chargé d'une mission secrète. Mentionné, juillet 1544, IV, 660, 14079. [291]

Août-septembre 1544.

a. CLAUDE D'ANNEBAUT, maréchal et amiral de France;

b. FRANÇOIS ERRAULT, sr DE CHEMANS, garde des sceaux;

[1] Il avait d'abord été désigné pour aller en Hongrie, le 16 septembre, IV, 45, 11206.

c. GILBERT BAYARD, contrôleur des guerres;

d. CHARLES DE NULLY, maître des requêtes, plénipotentiaires pour la paix, Arrivent au camp de l'empereur le 29 août 1544, *L'invasion allemande, par Charles Paillard (Paris, 1884, in-8°), p. 368.* Des conférences sont tenues les 29 août, 1er, 5 septembre, etc., et ainsi de suite jusqu'à la paix, *ibid., p. 362-376.* Errault meurt le 3 septembre à Châlons-sur-Marne, cf. *Port, Dictionn. de Maine-et-Loire, II, p. 119.* Pouvoirs, 10 septembre, IV, 673, 14141. Paix signée le 18 septembre à Crépy, IV, 674, 14146. L'amiral quitte le camp impérial le 20 septembre, *Paillard, ibid., 416.* [292]

Septembre 1544-juin (?) 1545. — CHARLES DU SOLIER, sr DE MORETTE, résident. Accrédité après la paix de Crépy (du 18 septembre 1544). Lettres à lui, du 10 octobre, IV, 680, 14169. Cité, 24 mars 1545, *S. P., X, 363.* Parti avant le 3 juin 1545, *S. P., X, 457.* [293]

1545. **Mars 1545-Fin du règne.** — JACQUES MESNAGE, conseiller au parlement de Paris, résident. Instructions du 10 décembre 1544. *Bibl. nat., fr. 17889, fol. 24.* Cité le 24 mars 1545, *S. P., X, 363;* le 27 avril, *ibid., 405;* le 3 juin, *ibid., 457.* Écrit, 16 janvier 1547, *Ribier, I, 591.* Lettre à lui, 17 février, *ibid., 616.* [294]

Octobre 1545.

a. CLAUDE D'ANNEBAUT, maréchal et amiral de France;

b. FRANÇOIS OLIVIER, chancelier de France;

c. GILBERT BAYARD, contrôleur général des guerres, chargés de conclure avec l'Empereur toutes alliances et mariages de ses enfants avec ceux du roi de France. Pouvoirs du mois d'octobre 1545. *Bibl. nat., fr. 6616, fol. 86, 88.* [295]

7° EN ESPAGNE.

1515. **Janvier 1515-Juin 1519.** — JEAN DE LA ROCHE, sr DE LA ROCHEBEAUCOURT, résident. Était peut-être, dès le règne de Louis XII, en Espagne, cf. *Cat. des mss. de la Bibl. nat., I, p. 576, col. II, 19.* Figure au traité de Bruxelles, signé avec Charles d'Espagne, *3 décembre 1516, Barrillon, I, 254.* Écrit, mars 1518, *Bibl. nat., fr. 2962, fol. 128 et suiv.;* 16, 20 novembre, *ibid., fr. 2961, fol. 81 et 63;* 8 janvier 1519, *Mignet, Charles-Quint, son abdication, etc., Paris, 1857, p. 21;* cf. fragments de sa correspondance, *Bibl. nat., fr. 2961, fol. 44 à 100.* Cités, 16 mars 1519, *Le Glay, II, 352.* Écrit, avril ou mai, *Mignet, Rivalité, I, p. 231, note;* après l'élection à l'empire du 28 juin, il reste près du nouvel empereur, cf. *Ambassadeurs près de l'Empereur, n° 247.* [296]

1516. **Mai-août 1516.**

a. ARTUS GOUFFIER, sgr DE BOISY, grand-maître de France;

b. ÉTIENNE DE PONCHER, évêque de Paris;

c. JACQUES OLIVIER, président au Parlement de Paris, plénipotentiaires. Instructions du 12 février 1516, *Barrillon, I, 263 à 272.* Cités, 3 mai, *Brewer II, n° 1848.* Premières conférences entre le 9 et le 13 mai 1516,

(1) Celui-ci ne figure pas dans les pouvoirs ni au traité.

Henne, le Règne de Charles-Quint en Belgique, II, 163 et suiv. On se sépare sans avoir pu s'entendre, cf. *ibid. et le texte du protocole du 13 mai, dans Lanz, Acktenstücke und Briefe (à la date).* Instructions s. d. publiées, *Barrillon, I, 220 et suiv.* Partent de nouveau de Lyon (juillet) et arrivent à Noyon, vers le 1er août, *ibid., p. 220; Henne, II, p. 164.* Lettres du roi à Boisy, du 4 au 11 août, *Bibl. nat., fr. 5761, fol. 205 et s.* Traité signé 13 août, I, 85, 503; sur ces négociations, cf. *Henne, ibid., p. 164.* [297] AMBASSADES EN ESPAGNE.

Juin 1516. — NICOLAS DE NEUFVILLE, secrétaire des finances. Envoyé vers le 20 juin 1516, *Barrillon I, p. 218.* [298]

Septembre-décembre 1516.

a. JEAN D'ALBRET, s[gr] D'ORVAL, gouverneur de Champagne;

b. FRANÇOIS DE ROCHECHOUART, s[gr] DE CHAMPDENIER;

c. JACQUES OLIVIER, président au parlement de Paris;

d. ROBERT GÉDOYN, secrétaire des finances. Ambassadeurs chargés de recevoir le serment de Charles d'Espagne (puis de négocier avec l'empereur). Pouvoirs du 15 septembre 1516, *Bibl. nat., Mél. de Colbert, vol. 363, n° 291.* Pouvoirs spéciaux pour recevoir le serment de Charles d'Espagne, 30 septembre, V, 299, 16219. Signent le traité de Bruxelles avec Charles, fondé de pouvoirs de l'empereur Maximilien, le 3 décembre, *Barrillon, I, p. 253, 260,* I, 95, 559. Reviennent vers le 26 décembre 1516 en cour de France, *Barrillon, I, 252.* Olivier cité comme revenu avant le 24 janvier 1517, V, 365, 16563. [299]

Mars 1517. 1517.

a. ARTUS GOUFFIER, s[r] DE BOISY;

b. ÉTIENNE DE PONCHER;

c. JACQUES OLIVIER;

d. FLORIMOND ROBERTET, plénipotentiaires. Signent un traité avec les plénipotentiaires de l'Empereur et de Charles d'Autriche, à Cambrai, le 11 mars 1517, I, 106, 617, *Arch. nat., J 664, n° 1.* [300]

Mai 1519. 1519.

a. ARTUS GOUFFIER, s[gr] DE BOISY, grand-maître de France;

b. JACQUES OLIVIER, premier président de Paris;

c. ÉTIENNE DE PONCHER, archevêque de Sens;

d. THOMAS DE FOIX, s[gr] DE LESCUN;

e. NICOLAS DE NEUFVILLE, s[gr] DE VILLEROY. Commissaires et plénipotentiaires envoyés à Montpellier pour se rencontrer avec les commissaires espagnols. Arrivent le 1er mai 1519. Se séparent presque aussitôt après la mort de Boisy, du 13 mai, *Barrillon, II, p. 141 et notes; cf. Le Glay, II, p. 450 et suiv.; Dom Vaissète, Histoire du Languedoc, t. XI, p. 200 et suiv.; Sandoval, I, p. 141.* [301]

Pour les autres ambassades près de la personne de Charles, roi d'Espagne, cf. Ambassades près de l'Empereur.

AMBASSADES EN ESPAGNE.

1520. **Juin 1520.**

a. JEAN DE CALVIMONT, président au parlement de Bordeaux;

b. FRANÇOIS CADENET, conseiller au même parlement. Commissaires à Bayonne pour le fait des déprédations, devant s'aboucher avec les envoyés du roi d'Espagne qui sont à Fontarabie[1]. Commission du 14 juin 1520, I, 217, 1197. [302]

1529. **Décembre 1529-juillet 1530.** — FRANÇOIS DE LA TOUR, v^te^ DE TURENNE. Commission du 14 décembre 1529, I, 681, 3562; VI, 204, 19948 et suiv.; cf. I, 682 3568 et suiv. Part en décembre 1529, I, 702, 3672. Écrit de Bordeaux au passage le 13 janvier [1530], *Bibl. nat., fr. 2999, fol. 137;* de Bayonne, 19 janvier [1530]; *ibid., fol. 19;* cité, 23 janvier, I, 687, 3591. Écrit de Valladolid, le 3 février 1530, *ibid., 2974, fol. 36 et 42;* de Madrid, le 14 février, *ibid., fr. 2999, fol. 161;* février, *ibid., fol. 155.* Mariage conclu par son entremise, le 25 février, I, 696, 3643. Pouvoirs nouveaux du 7 mars, I, 695, 3637. Instructions, même date, *Arch. nat., K 84, n°s 9 et 10.* Cité, 15 avril, VI, 221, 20015. Écrit, 21 avril, *Bibl. nat., Clair. 332, fol. 3979.* Accompagna la reine jusqu'à Bordeaux à son entrée en France [soit jusqu'en juillet 1530], 719, 3756. [303]

1530. **Février-juillet 1530.** — Grande ambassade extraordinaire pour la délivrance des enfants de France.

a. ANNE DE MONTMORENCY, grand-maître;

b. FRANÇOIS DE TOURNON, archevêque d'Embrun. Pouvoirs, 6 et 21 février 1530, I, 692, 3624; 693, 3625; VIII, 624, 32513. Partent le 22 février, *Decr., 139.* Arrive à Bayonne, 22 mars, *ibid., 140.* Quittent cette ville pour Saint-Jean-de-Luz le 7 juin, *ibid.* Pouvoirs nouveaux, 14 juin, I, 711, 3715. Le premier cité, I, 705, 3684. Échange opéré le 26 mai (délivrance des enfants de la France et remise de la personne de la reine), *Decr., 160 et suiv.* Arrivent à la cour le 6 juillet 1530., *ibid., 162.* [304]

Février 1530. — LOUIS, s^gr^ DE RABODANGES. Chargé de mission près d'Éléonore (et des princes). Instructions, février 1530, *Bibl. nat., ms. fr. 3010, fol. 7.* Part de Lussac le 2 mars; arrive à Madrid le 12 mars, *Decr., 140.* [305]

8° EN FLANDRE.

1515. **Février-mars 1515.**

a. ANTOINE DU PRAT, chancelier de France;

b. JEAN D'ALBRET, COMTE DE RETHEL, s^r^ D'ORVAL;

c. ODET DE FOIX, s^r^ DE LAUTREC;

d. RENÉ, BÂTARD DE SAVOIE;

e. IMBERT DE BATARNAY, s^r^ DU BOUCHAGE, plénipotentiaires. Pouvoirs du 5 février 1515, I, 13, 77. Signent un traité le 24 mars et un acte additionnel le 31 mars avec les plénipotentiaires du prince d'Espagne, I, 26, 152; 28, 161. [306]

[1] Un accord du 1er novembre 1516 avait institué cette commission, qui devait fonctionner à partir du 1er mars 1517. Cf. I, 97, 569.

Avril-juin 1515. Ambassades en Flandre.

a. Charles de Bourbon, duc de Vendôme;

b. Étienne de Poncher, évêque de Paris;

c. Louis Guillart, évêque de Tournai;

d. Jacques de Dinteville, s[gr] d'Échenay;

e. Adrien de Hangest, seigneur de Genlis, bailli d'Évreux. Ambassadeurs en Flandre, puis en Hollande, près de Charles, prince d'Espagne. Pouvoirs du 27 avril 1515, I, 40, 232. (Cités dès le 21 avril comme attendus déjà, *Brewer, II, 345.*) Encore là le 14 juin, *ibid., n°s 577, 581.* Sur la venue du duc de Vendôme, cf. *Journal de Vandenesse, dans Gachard, Voyages des souverains des Pays-Bas, II, 56.* [307]

Juin 1515-août 1516. — Adrien de Hangest, s[r] de Genlis, résident près l'archiduc Charles en Flandre. Envoyé vers la fin de juin 1515, *Barrillon, I, 63.* Devait rester au moins durant toute la campagne « pour renseigner le roi sur les événements importants » (c'est-à-dire comme résident), cf. *ibid.* Cité vers le 3 décembre 1515, *Correspondance de Maximilien Ier et de Marguerite (Société de l'histoire de France), I, p. 906.* Prend part aux négociations du traité de Noyon, mai-août 1516, cf. *Barrillon, I, 220;* cf. l'ambassade spéciale n° 297. [308]

Pour les ambassades suivantes près de Charles, cf. Ambassades en Espagne, et près de l'Empereur.

Les missions qui suivent sont toutes envoyées aux régentes des Pays-Bas, Marguerite et Marie.

Février-avril (?) 1519. — La Guiche, envoyé, semble-t-il, près de Marguerite, régente des Pays-Bas. Cité 22 février 1519, *Le Glay, II, 268;* lettre à lui, 16 mars, *ibid., 353;* 31 mars, *ibid., 396.* [309] 1519.

Juin-juillet 1522. 1522.

a. Georges de La Trémoïlle, s[gr] de Jonvelle, lieutenant du roi au duché de Bourgogne en l'absence de Louis de La Trémoïlle;

b. Jacques de Dinteville, s[gr] d'Échenay [(1)];

c. Girard de Vienne, s[gr] de Ruffey;

d. Hugues Fournier, s[gr] de Grivats. Plénipotentiaires pour traiter avec Marguerite d'Autriche. Pouvoirs du 14 juin 1522, *Du Mont, IV, 1, 378;* cf. I, 293, 1586; traité, 8 juillet 1522; *Du Mont, ibid.,* cf. V, 552, 17506 (sous la date du 15 juillet). [310]

Juin-juillet 1525. — Pierre de La Bretonnière, s[gr] de Warty. Pouvoirs du 18 juin 1525, I, 408, 2172; pouvoirs du 28 juin, V, 721, 18420. Traité signé le 14 juillet, *Du Mont, IV, 1re partie, p. 433.* Instructions du 28 juillet 1525, *Le Glay, II, 607.* [311] 1525.

Juillet-août 1528. — François de Raisse, s[gr] de la Hargerie, maître d'hôtel ordinaire du roi. Signe, à Malines, un acte, le 30 juillet 1528, *Du Mont, p. 517.* [312] 1528.

(1) Celui-ci ne prend pas part au traité.

IMPRIMERIE NATIONALE.

AMBASSADES EN FLANDRE. **Août (?) 1528.** — ANTOINE MACAULT, secrétaire du roi. Va partir, 16 août 1528, VI, 140, 19612. [313]

1529. **Mai 1529.** — GILBERT BAYARD, élu des finances. Envoyé en mai 1529, *Span. Cal. IV, 1, p. 37.* [314]

Août 1529-juin (?) 1530. — GILLES DE LA POMMERAYE, écuyer, échanson ordinaire du roi, résident. Écrit le 14 août [1529], *Bibl. nat., fr. 3094, fol. 103*, et plusieurs fois depuis le 17 septembre [1529], *Bibl. nat., ms fr. 3094, fol. 27;* écrit les 22-24 septembre [1529], *ibid., fol. 41, 49;* écrit le 4, le 6 octobre, *ibid., fol. 63, 187;* lettre à lui, du 6 octobre 1529, *Le Glay, II, 718;* écrit le 10, le 13, le 16 octobre, *Bibl. nat., ms. fr. 3094, fol. 123, 191, 107.* Semble indiqué comme devant partir (?) le 26 octobre 1529, I, 671, 3518. Écrit le 30 octobre, *Bibl. nat., ibid., fol. 163;* écrit le 18 novembre, *ibid., fol. 159.* Cité le 14 décembre 1529, I, 682, 3563; écrit le 17 décembre, *Bibl. nat., ibid., fol. 129;* écrit le 1er janvier [1530], *ibid., fol. 93;* écrit les 8, 18 janvier, *ibid., fol. 35 et 1.* Cité le 7 février 1530, I, 691, 3617. Reçoit à cette date de nouveaux pouvoirs, I, 691, 3616. Cité en un acte authentique du 17 février 1530, *Ribier, I, 353.* Écrit 28 février [1530], *Bibl. nat., ms. fr. 3094, fol. 87;* écrit, 8, 25 mars, *ibid., fol. 81, 75 et 3019, fol. 113;* écrit le 1er avril, *ibid., 3094, fol. 137;* écrit 3 et 9 mai, *ibid., fol. 5, 23;* écrit 9 juin 1530, *ibid., fol. 69.* Payé, le 25 juillet 1530, I, 715, 3737. [315]

1530. **Avril-mai 1530.** — GUILLAUME FÉAU, sgr D'IZERNAY, valet de chambre du roi, envoyé extraordinaire, chargé de rejoindre les ambassadeurs du roi. Instructions du 7 avril 1530, *Bibl. nat., ms. fr. 3001, fol. 9.* Cité 7 mai 1530, I, 704, 3683; *Arch. nat., K 84, n° 15.* [316]

Octobre 1530-janvier 1531. — GILBERT BAYARD, sgr DE LA FONT, général des finances de Bretagne et secrétaire du roi. Part 25 octobre 1530, II, 3, 3849. Réponse de l'empereur, le 6 janvier 1531, *Pap. d'Ét. de Granvelle, I, 495, Aff. Étr. Espagne, V, fol. 272.* Écrit le 14 janvier 1531, *Bibl. nat., fr. 3005, fol. 145.* De retour en cour de France, 2 février 1531, II, 3, 3849. [317]

1533. **Novembre 1533.** — LOUIS PRÉVOT, sgr DE SANSAC, chargé d'un présent et probablement d'une autre mission. Part « présentement » 9 novembre ou 13 novembre 1533, II, 550, 6442. [318]

1538. **Août 1538.** — JACQUES DE COUCY, sgr DE VERVINS. Vers le 14 août 1538, il devait être de retour, ou en fonctions, *Span. Cal., VI, 1, p. 9.* [319]

Août-septembre 1538. — LOUIS PRÉVOT, sgr DE SANSAC, écuyer d'écurie du dauphin. Part de Coutras [21 août 1538], VIII, 290, 32010. De retour en cour de France vers le 1er septembre 1538, *Arch. Vat., arm. VIII, ord. I, vol. K, fol. 86.* [320]

Octobre 1538-juillet 1540. — ANTOINE HELLIN, conseiller au Parlement de Paris, résident. Devait partir le 1er octobre 1538 (payé depuis cette date jusqu'au 16 juillet 1540), IV, 156, 11716. Créances du 20 novembre [1538], VII, 735, 28705. Porte personnellement des lettres du roi du 26 novembre, *Bibl. nat., fr. 3045, fol. 23.* Lettre à lui, 15 décembre, *Bibl. nat., fr. 3913, fol. 5.* Écrit, 18, 31 décembre, *Ribier, I, 352;* 19 janvier, 25 avril 1539, *Ribier, I, 448.* Lettre à lui [mars 1539], VIII, 198, 31086. Payé : 7 mai, IV, 2, 11023; 8 novembre,

IV, 61, 11281. Écrit, 12 avril 1540, *Ribier, I, 520*. Instructions à lui adressées du 24 avril, VI, 596, 22003. Lettre à lui du 22 mai, IV, 108, 11495. De retour en cour de France le 16 juillet 1540, IV, 156, 11716. [321] AMBASSADES EN FLANDRE.

Novembre-décembre 1538.— PHILIPPE CHABOT, S[gr] DE BRION. A une audience de la régente le 28 novembre 1538, *Span. Cal., VI, 1, p. 53 et suiv.* Cité en décembre, *ibid., p. 72-75.* [322]

Décembre 1538. — CLAUDE D'HUMIÈRES, S[r] DE LASSIGNY, écuyer d'écurie du dauphin. Porteur de créances pour la reine de Hongrie, doit partir, décembre 1538, VIII, 207, 31170. [323]

Juillet 1540. — CLAUDE DE BOMBELLES, valet de chambre ordinaire du roi, chargé de lettres. Va partir, 5 juillet 1540, IV, 126, 11577. [324] 1540.

Décembre 1546-fin du règne. — LIVIO CROTTO, maître d'hôtel du roi. Écrit, en charge, 18 et 28 janvier 1546, *Ribier, I, 593, 600*. Compte de ses dépenses du 1er décembre 1546 au 13 juin 1547, *Arch. nat., K 88, n° 21*. [325] 1546.

9° EN HONGRIE.

PRÈS DE JEAN ZAPOLYAI, VAÏVODE DE TRANSYLVANIE, ÉLU ROI DE HONGRIE, MAIS À QUI FERDINAND D'AUTRICHE DISPUTAIT SON ROYAUME.

Février 1527-juillet (?) 1528. — ANTOINE DE RINCON. Chargé le 24 février 1527, par François Ier, d'une lettre pour Jean, nouvellement élu roi de Hongrie, *Bibl. nat., fr. 23558, fol. 121 v°; Charrière, I, 155*. Passe d'abord par la Pologne, semble-t-il, où il est en septembre 1527 (*voir Pologne*). Est en Angleterre le 11 août 1528, après sa mission près de Jean Zapolyai, *Molini, II, n° 238 bis*. Revient à Paris conduire un ambassadeur du vaïvode, qui signe un traité le 28 octobre, *Decr., 108*. [326] 1527.

Mars 1529-février 1531. — ANTOINE DE RINCON, S[gr] DE GERMOLLES, chambellan du roi. Sur le point de partir pour porter de l'argent, notamment le 15 mars 1529, I, 639, 3344. Pouvoirs du 23 mars pour recevoir la ratification d'un traité, VI, 170, 19763. Payé à partir du 31 mars, jour probable de son départ, II, 30, 3989; parti seulement le 2 avril, au dire de *Friedmann, Chronologie*. Payé jusqu'au 28 février 1530 (ou plus probablement 1531), jour présumé de son retour, II, 30, 3989; cf. VII, 620, 27695. Reçoit une quittance du roi Jean, à Bude, le 8 septembre 1529, *Arch. nat., K 84, n° 8*. Cité rétrospectivement en mai, *Ven. Cal. V, n°s 1011 et suiv.*; en 1533, II, 392, 3716. [327] 1529.

Juillet 1538. — CHRISTOPHE DE SIRESMES, parti de Nîmes [vers le 18 juillet 1538]; payé rétrospectivement [octobre 1538], VIII, 266, 31780. [328] 1538.

Août 1538(?). — CHRISTOPHE DE SIRESMES, élu d'Avranches. Cité [vers août 1538], VIII, 282, 31920. [329] 1538.

AMBASSADES EN HONGRIE. **Septembre-novembre (?) 1538.** — GUILLAUME DE GEYS, valet de chambre du roi, « orateur » du roi. Envoi annoncé, 30 août 1538, *Span. Cal. VI, 1, n° 13.* Part d'Angerville [vers septembre 1538], VIII, 259, 31697. Cité, 1er novembre 1538, *Ribier, I, 241;* cf. sur cette ambassade, *Span. Cal. VI, 1, p. 102-103.* [330]

1539. **Novembre 1539.** — CLAUDE DODIEU. Va partir, 4 novembre 1539, IV, 61, 11280. [331]

10° EN ITALIE.

a. PRÈS DES PRINCIPAUTÉS ET RÉPUBLIQUES ITALIENNES EN GÉNÉRAL.

1518. **Janvier 1518.** — GALÉAS DE SAINT-SEVERIN, grand écuyer, chargé d'une mission secrète, 23 janvier 1518, V, 365, 16562. [332]

1524. **Janvier (?) 1524.**

a. LOUIS DE BOURBON, cardinal;

b. JEAN DE LORRAINE, cardinal;

c. FRANÇOIS DE CLERMONT, cardinal;

d. SCARAMOUCHE TRIVULCE, cardinal. Plénipotentiaires pour traiter avec les ambassadeurs de Charles-Quint et de Henri VIII (à Rome sans doute). Pouvoirs du 5 janvier 1524, I, 368, 1962. [333]

1526. **Août (?) 1526.** — JEAN-JACQUES DE CASTION, envoyé chargé de « traiter des affaires secrètes ». Va partir, 18 août 1526, V, 784, 18751. [334]

1528. **1528-1530 (?).** — LEONARDO PERUMBO, « agent » (secret?). Écrit de Lionessa (?) le 12 septembre 1528, *Molini, I, n° 221;* écrit de Venise le 20 avril 1529 et dit qu'il est parti de « Mercosi » et est au service du roi « depuis deux ans et demi », *ibid., n° 275.* Écrit de Casale (Montferrat) le 20 octobre 1530; *ibid., n° 393;* le 10 novembre, *ibid., n° 375.* [335]

Juin (?) 1528. — JEAN DE CRÉQUY, Sgr DE CANAPLES. Va partir le 25 juin 1528[(1)], I, 576, 3027. [336]

1529. **Mars 1529.** — LOUIS DE PERREAU, Sr DE CASTILLON, chargé de mission en Italie. Créances du 10 mars 1529, *Aff. étrang., Naples, suppl., 1, fol. 18 et s.;* du 28 mars 1529, *ibid., fol. 21.* Lettres à lui, du 27 mars, *ibid., fol. 31.* [337]

1539. **Mars (?) 1539.** — JACQUES COLET. Cité vers mars 1539 rétrospectivement[(2)], VIII, 176, 30897. [338]

S. D. — FRANÇOIS DE SIGNAC, héraut d'armes du titre de Dauphiné. Chargé d'affaires d'importance « près de divers seigneurs », s. d., VIII, 168, 30816. [339]

b. AU VAL D'AOSTE.

1537. **Octobre 1537.** — ANTOINE MAZERIS, envoyé vers les seigneurs du val d'Aoste. Est parti de Lyon le 18 octobre 1537. Cité octobre, III, 407, 9389. [340]

(1) Il n'est pas sûr que ce soit pour une mission diplomatique. — (2) Même remarque.

c. AU CONCILE.

Avril 1546.

a. Claude d'Urfé;

b. Pierre Danès;

c. Jacques Ligneri. Envoyés à Trente. Instructions du 30 mars 1546, *Bibl. nat., fr. 20099, fol. 71.* Créances d'avril 1546, *Ribier, I, 580.* Arrivent le 26 juin 1546, *Venetianische Depeschen von Kaiserhofe, I, 448, note.* D'Urfé écrit de Trente le 13 mars 1547, *Ribier, I, 623.* [341]

d. À FERRARE.

1521-1522. — Gabriel, b^on^ de Lecce. En 1521 et 1522, V, 771, 18686. [342] 1521.

Mai-juillet 1522. — Anne de Montmorency, s^gr^ de la Rochepot, ambassadeur extraordinaire. Part au commencement de mai 1522, *Decrue, Montmorency, 27;* quitte l'Italie à la fin de juillet, *ibid., p. 28.* [343] 1522.

Août 1526. — Guillaume Du Bellay, s^r^ de Langey, écrit de Ferrare, 12 août [1526], *Musée Condé, L VIII, fol. 328, Bourrilly, Guill. Du Bellay, p. 25.* [344] 1526.

Octobre 1526-février 1527. — Ugo Pepoli, envoyé secret, ou résident (?). Écrit le 31 octobre 1526, *Molini, I, 24 et suiv.;* cité, 7 février 1527, *ibid., 269.* [345]

Août 1527. — Gregorio Casale, « ambassadeur ». Pouvoirs, 19 août 1527 (même jour que les créances de Passano), VI, 86, 19331. [346] 1527.

Août-novembre (?) 1527. — Jean-Joachim de Passano, s^gr^ de Vaux, ambassadeur extraordinaire. Créances du roi, le 19 août 1527, VI, 85, 19330 (Lautrec est chargé de le diriger). Quitte Venise pour Ferrare, le 28 septembre 1527, *Span. Cal. III, 2, p. 450.* Instructions de Lautrec, de Plaisance, le 27 octobre 1527, VI, 65, note. [347]

Février 1528-(?). — Jean-Joachim de Passano, s^gr^ de Vaux. Arrivé vers le commencement de février 1528 en cour, *Spanish Cal. III, 2, p. 604.* (Il venait peut-être directement de Venise); cf. I, 580, 3050, au sujet de son séjour en Italie. [348] 1528.

Septembre-novembre 1528. — Thomas Du Prat, évêque de Clermont. Chargé d'accompagner la duchesse de Ferrare. Part le 27 septembre 1528 et meurt à Modène, en cours de mission, le 9 novembre 1528, VII, 721, 28606. [349]

Février (?)-avril 1529. — Jean-Joachim de Passano, s^gr^ de Vaux. Écrit de Ferrare, 23 février 1529, *Bibl. nat., ms. fr. 3096, fol. 119 et 121;* 27 février, *ibid., fol. 115;* 13 mars, *ibid., 3012, fol. 109.* Il avait quitté Ferrare, en avril, pour Venise, d'où il écrit le 23 avril, *Molini, II, p. 177.* [350] 1529.

Juillet 1529 ou **1530-mai 1531.** — Le s^gr^ de Saint-Bonnet, résident. Cité en juillet [1529], d'après *Fontana, I, 113;* 1530, d'après *Molini, I, n° 348.* Écrit 12 octobre s. d., *Bibl. nat., fr. 3070, fol. 129.* Cf. *Clair, 333, fol. 4681.* Payé, 22 mai 1531, II, 39, 4036. [351]

AMBASSADES EN ITALIE. **Décembre 1533-(?).** — GUIGUES GUIFFREY, S^gr^ DE BOUTIÈRES, fondé de pouvoirs pour tenir l'enfant de la duchesse sur les fonts au nom du roi. Part de Lyon le 9 décembre 1533, II, 579, 6583. [352]

Décembre 1533 (?). — LE S^r^ DE PONS. Créances pour lui, de décembre 1533, *Fontana, I, 180.* [353]

1535. **Janvier-février (?) 1535.** — LE S^r^ DE TAIX, gentilhomme de la Chambre, envoyé extraordinaire. Créances, 31 janvier 1535, *Fontana, I, 229;* dut revenir presque aussitôt. [354]

Mars-décembre 1535. — JEAN DE LANGEAC, évêque de Limoges, résident. Désigné dès le 23 février 1535, *Arch. Vat., Nunc. Gall. I, fol. 99;* cf. *Fontana, I, p. 209;* et le 27 ou 28 février, III, 25, 7566. Part le 4 mars, *Arch. Vat., ibid., fol. 111.* Cité : 26 juin, *Arch. des Aff. Étr., corr. de Rome, suppl., t. II, à la date;* 8 décembre, *Arch. Vat., ibid., fol. 464;* 9 septembre, *Fontana, I, p. 215 et suiv.* Quitte au commencement de décembre, *Fontana, I, 225.* Dut être de retour vers le 1er janvier 1536 en cour de France (la durée officielle de son ambassade étant de 308 jours), III, 164, 8255[1]. [355]

Juin-juillet 1535. — JEAN, CARDINAL DU BELLAY, ambassadeur extraordinaire. Quitte la cour le 27 juin 1535, *Arch. Vat., Nunc. Gall., I, fol. 221.* Arrive à Lyon, 15 juillet, *Bibl. nat., ms. fr. 5499, fol 203.* Écrit de Ferrare, 25 juillet, *ibid., 3000, fol. 20;* cité 26 juillet, *ibid., 5499, fol. 205; Molini, II, p. 382.* Quitte pour Rome, où il arrive le 1er août, *Arch. Vat., ibid., fol. 33.* Mission citée, *Fontana, I, p. 215 et suiv.* [356]

1537. **Mars-juin (?) 1537.** — PIERRE DE MAREUIL, dit MONTMOREAU résident. Son traitement part du 17 mars 1537, date du payement, et est payé pour 90 jours d'avance, III, 288, 8849. [357]

1538. **Avril 1538.** — JEAN DE LANGEAC, évêque de Limoges[2]. Cité 21 avril 1538, *Span. Cal., V, 2, p. 472.* [358]

Août (?) 1538. — CHRISTOPHE DE SIRESMES, élu d'Avranches. Cité [vers août 1538], VIII, 282, 31920. [359]

e. À FLORENCE.

1516. **Août-novembre 1516.** — GUILLAUME BRIÇONNET, évêque de Lodève. Envoyé près de la maison de Médicis, à Florence, Rome, Urbin. Sa mission dure à peu près d'août à novembre 1516. Cf. *Ambass. de France à Rome.* [360]

1517. **Février 1517.** — CLÉMENT CHAMPION, valet de chambre du roi, envoyé à la Seigneurie de Florence. Créances 15 février 1517, *Arch. d'État de Florence, Riformazione, Atti pubblici, Comune di Firenze col re di Francia.* [361]

[1] Il est douteux qu'il ait reçu immédiatement un successeur comme résident. Il n'y avait, du moins, pas de résident à Ferrare en avril 1536. Cf. *Fontana, I, 314.* — [2] Depuis 1533, auparavant évêque d'Avranches.

Octobre 1526. — GUILLAUME DU BELLAY, s[r] DE LANGEY, chargé d'une mission à Florence. Créances 5 octobre 1526, *Arch. d'État de Florence, Riformazione, Atti pubblici, Comune di Firenze col re di Francia; Desjardins, Négociations, II, 841.* [362] AMBASSADES EN ITALIE.

Mai 1527. — LE MARQUIS DE SALUCES, plénipotentiaire. Pouvoirs du 4 mai 1527, *Desjardins, II, 946.* [363] 1527.

Juillet 1527-août 1529. — CLAUDE DODIEU, s[gr] DE VÉLY, conseiller au parlement de Paris, résident. Envoi annoncé dès le 23 juin 1527, *Desjardins, II, 966;* signalé comme imminent le 28 juin, VI, 70, 19255; effectué le 1er juillet, I, 695, 3639, *Desjardins, II, 970.* Créances du 29 juin, *Arch. d'État de Florence, Riformazione, Atti pubblici, Comune di Firenze col re di Francia.* Écrit 16 mai [1528], *Bibl. nat., fr. 20994;* 29 novembre 1528, *ibid., fr. 3003, fol. 29;* 27 décembre, *ibid., fr. 3012, fol. 135;* 7 janvier 1529, *ibid., fr. 3003, fol. 36.* Payé de dépenses, 10 février, I, 634, 3320. Écrit 6 avril, *Bibl. nat., fr. 3020, fol. 103.* Signe un traité, 16 avril, VI, 175, 19785; écrit 15 mai, *Bibl. nat., fr. 3003, fol. 47;* 23 juin, *ibid., 3016, fol. 96;* 3 juillet, *ibid., 3003, fol. 52.* Autres lettres de lui, cf. *ibid., passim, et 3016, fol. 116.* Payé jusqu'au 31 août 1529, date probable de son retour en cour de France, I, 695, 3639. Cité rétrospectivement en mai et juin 1531, II, 89, 4037; 92, 4052. [364]

Septembre 1528-mars 1529. — LOUIS DE PERREAU, s[r] DE CASTILLON, envoyé à la Seigneurie de Florence. Créances du 22 septembre 1528, *Arch. d'État de Florence, Riformazione, Atti pubblici, Comune di Firenze col re di Francia.* Instructions du 17 mars 1529, *Aff. étrang., Naples, suppl., 1, fol. 29.* [365] 1528.

Octobre 1528. — JEAN D'ESTOUTEVILLE, bailli de Rouen, envoyé à la Seigneurie. Créances du 16 octobre 1528, *Arch. d'État de Florence, Riformazione, Atti pubblici, Comune di Firenze col re di Francia.* [366]

Juin 1529. — GABRIEL DE GRAMONT, évêque de Tarbes. Créances du 25 juin 1529, *Arch. d'État de Florence, Riformazione, Atti pubblici, Comune di Firenze col re di Francia.* [367] 1529.

Septembre 1529. — EMILIO FERRETTO, docteur ès droits, envoyé à la Seigneurie. Créances du 21 septembre 1529, *Arch. d'État de Florence, Riformazione, Atti pubblici, Comune di Firenze col re di Francia.* [368]

Janvier 1530. — LE s[gr] DE CLERMONT, du Dauphiné, chambellan ordinaire du roi, envoyé à Florence. Créances du 4 janvier 1530, *Arch. d'État de Florence, Riformazione, Atti pubblici, Comune di Firenze col re di Francia.* [369] 1530.

Juillet (?) 1530. — FRANCESCO DE NOCETO, c[te] DE PONTREMOLI, ou l'« écuyer François ». Il est question de son envoi les 8 et 13 juillet 1530 (simple « on-dit »), *Span. Cal. IV, 1, p. 635, 643.* Il est, en août, envoyé à Rome pour les affaires des Florentins, *ibid., p. 675.* [370]

Août 1533. — LE COMTE DE TONNERRE, envoyé pour visiter la duchesse Catherine de Médicis. Arrive, semble-t-il, le 28 août 1533. *Baschet, App. à Reumont, p. 294.* [371] 1533.

f. À MANTOUE.

AMBASSADES EN ITALIE. **Décembre 1527.** — ODET DE FOIX, s[gr] DE LAUTREC, capitaine général en Italie, plénipotentiaire pour conclure une ligue générale. Traité signé par lui le 7 décembre 1527, *Du Mont, IV, 1, p. 510.* [372]

Décembre 1527. — LORENZO TOSCANO, protonotaire apostolique, conseiller du roi. Signe un traité le 7 décembre 1527, *Du Mont, IV, 1, p. 511.* [373]

g. À MILAN.

1529. **Mars 1529 (?).** — GUILLAUME DODIEU, « envoyé ». Cité, sans précision, 4 mars 1529, VI, 169, 19753. [374]

1530. **Juillet (?) 1530-janvier 1531.** — ANTOINE CARLES, conseiller au Parlement de Dauphiné, résident. Ambassadeur au moins depuis juillet 1530 jusqu'au 18 janvier 1534, jour de son départ de Milan (*Molini, II, p. 360*), puisqu'il est cité le 12 mai, rétrospectivement pour un mois d'exercice, VI, 255, 20196. [375]

1532. **Septembre 1532-juillet 1533.** — ALBERT MERVEILLE, ou MARAVIGLIA, résident secret. Part le 19 septembre 1532, II, 211, 4887. Reçoit le 17 décembre un sauf-conduit pour résider à Milan, *Molini, II, n° 397.* Écrit 22 mars 1533, *Arch. nat., J 964, n° 44.* Tué en charge, vers le 10 juillet, *Brewer, VI, n°s 811, 846.* [376]

h. À MONTFERRAT.

1530. **Novembre 1530-mai 1531.** — LÉONARD DE ROMULO, ambassadeur auprès de la marquise de Montferrat. Lettres à lui du 9 novembre 1530 et du 29 mai 1531. *Arch. nat., K 1484, n° 16, K 1483, n° 79.* [377]

i. EN PIÉMONT.

1538. **Novembre 1538.** — GEORGES ANTIOCHIA, médecin ordinaire du roi, ambassadeur près de lui des états du Piémont, envoyé par François Ier près desdits états. Chargé d'une mission du roi en Piémont [novembre 1538], VIII, 305, 32164. [378]

j. À ROME ET PRÈS DE LA PERSONNE DU PAPE.

TABLEAU DES RÉSIDENTS.

1513-décembre 1515. Louis de Forbin, s[gr] de Soliers [379].
Novembre 1515-novembre 1516. Antoine-Marie, marquis Pallavicini [378].
Août 1516-août (?) 1519. Denis Briçonnet, évêque de Saint-Malo [384].
1519-mai 1520 (?). Alberto Pio de Savoie, comte de Carpi [395].
Mai 1520-février (?) 1521. Jean de Pins, évêque de Pamiers, intérimaire [397].
Novembre 1520-mars 1527. Alberto Pio de Savoie, comte de Carpi [400].

Juin 1529-novembre 1530. Gabriel de Gramont, évêque de Tarbes, puis cardinal [412]. AMBASSADES EN ITALIE.

Juillet 1531-février 1533. François II de Dinteville, évêque d'Auxerre [417].

Novembre 1532-(1° : juillet 1533), François, cardinal de Tournon; (2° : septembre 1533) Gabriel, cardinal de Gramont, résidents intérimaires [419].

Novembre 1533-juin 1538. Charles Hémard de Denonville, évêque de Mâcon [420].

Février 1537-juin 1538. Georges de Selve, évêque de Lavaur [425].

Juillet-novembre 1538. Jean de Monluc, protonotaire, résident intérimaire [430].

Novembre 1538-février 1540. Louis Adhémar de Monteil, s^gr de Grignan [432].

Septembre 1539-juin 1540. Jean de Langeac, évêque de Limoges [435].

Mars 1540-février 1546. Georges d'Armagnac, évêque de Rodez [437].

Mars 1546 (?)-fin du règne. Antoine Guillart du Mortier [440].

1513-décembre 1515. — LOUIS DE FORBIN, s^gr DE SOLIERS, résident. Arrive à Rome dès avril 1513 et cité notamment en décembre 1514, *Sanuto, Diarii, t. XIX, col. 338.* Cité 27 février 1515, *ibid., t. XX, 20*; 5 avril, *ibid., 110*; août, *ibid., 526.* Écrit au commencement d'octobre, *Barrillon, I, 141.* Cf. *Bibl. nat., ms. Dup., 452, fol. 44 et suiv.* Reste en charge jusqu'en décembre 1515, *Barrillon, I, 141, note.* [379] 1513.

Mars (?)-août (?) 1515. — LOUIS DE HANGEST, s^gr DE MONTMOR, conseiller et chambellan du roi. Envoyé vers mars 1515; *Barrillon, I, 35*; cf. *Bibl. nat., Dup. 452, fol. 44 et suiv.* Reste jusqu'au 10 août 1515 (?), *ibid.* [380] 1515.

Octobre 1515-novembre 1516. — ANTOINE-MARIE, MARQUIS PALLAVICINI, résident. Envoyé le 20 octobre 1515, *Bibl. univ. de Bologne, ms. 352, n° 58.* Présente au pape ses créances vers le 4 novembre 1515, *Brewer, II, n° 1111.* Cité 18 mars 1516, *ibid., n° 1686*; 6 avril, *ibid., n° 1741*, 3 novembre 1516 (comme allant être ou étant remplacé), *Sanuto, Diarii, XXII, col. 443.* Cf. *I man. Torrigiani, p. 463, n° 99.* [381]

Octobre 1515.

a. GUILLAUME GOUFFIER, s^gr DE BONNIVET;

b. JEAN DE PINS, conseiller au parlement de Toulouse. Lettre annonçant leur départ, 18 octobre 1515, *Desjardins, II, 743.* Cf. *Barrillon, I, 162.* [382]

Mars (?)-septembre (?) 1516. — ROGER BARME, avocat du roi au parlement de Paris; envoyé spécial pour régler les questions religieuses relatives au concordat. Part vers mars 1516, *Barrillon, I, 197*; cf. *Arch. nat., J. 942.* Créances du 13 août 1516, *I man. Torrig., p. 462, n°s 97 et 98*; cité, *Barrillon, I, 246*: écrit 12 septembre 1516, *Bibl. nat., ms. Dup. 179, fol. 112.* [383] 1516.

Août 1516-août (?) 1519. — DENIS BRIÇONNET, évêque de Saint-Malo, résident. Arrive à Rome au commencement d'août 1516, *Sanuto, Diarii, XXII, col. 443.* Créances du 3 novembre, V, 304, 16245; *I man. Torrig., p. 463, n° 99*; cité : 6 mars 1517, *Ven. Cal., n° 850*; 8 mars, *I man. Torrig., p. 456*; 16 août, *ibid., p. 456, n° 101.* Écrit 5 septembre, *Bibl. nat., ms. Dup. 538, fol. 269.* Son rappel demandé par le pape, 26 septembre. Écrit cependant, 15 décembre 1517, *Bibl. nat., Dup. 538, fol. 270.* Reste comme résident en 1518 et est encore à Rome le 18 juillet 1519, *Ven. Cal. III, n° 1257.* [384]

Août-novembre (?) 1516. — GUILLAUME BRIÇONNET, évêque de Lodève, envoyé extraordinaire. Arrivé à Rome au commencement d'août 1516, *Sanuto, Diarii, XXII*

AMBASSADES EN ITALIE. *col. 443*. Écrit le 12 septembre [1516], *Bibl. nat., ms. Dup. 179, fol. 112*. Créances du 3 novembre 1516 (communes avec Denis Briçonnet), V, 304, 16245; *I man. Torrig., p. 463, n° 99*. Payé le 4 novembre 1516, I, 92, 547; il semble qu'il n'était plus en charge en août 1517; cf. V, 343, 16456. [385]

Décembre 1516. — LE PRIEUR DE «BASSEAU», aumônier du Roi, envoyé au Pape pour traiter de la promesse du chapeau de cardinal faite à Maximilien Sforza. Envoyé le 13 décembre 1516, *Bibl. univers. de Bologne, ms. 352, n° 55*. [386]

1517. **Août 1517.** — MACÉ DE VILLEBRESME, cité 16 août 1517, V, 343, 16456. *I man. Torrig., p. 465, n° 107*. [387]

(?) 1517-janvier 1518. — MICHAU DE SAINT-MESME [*alias* Cadorat?], envoyé extraordinaire et secret. Remboursé le 28 janvier 1518 de dépenses faites, semble-t-il, dans une mission précédente, V, 368, 16575. [388]

1518. **Mars (?) 1518.** — MICHAU DE SAINT-MESME [*alias* Cadorat?], envoyé extraordinaire, deuxième mission? Créances du 11 mars 1518, *Reumont, La Jeunesse de Catherine, p. 21*. [389]

Juillet 1518. — FRÉDERIC CATAIGNE, lieutenant de la garde du roi[(1)]. Créances du 25 juillet 1518, *Arch. d'État de Florence, man. Torrig., n° 382*. [390]

1519. **Février-mars (?) 1519.** — M. DE PONS. Arrivé le 19 ou le 20 février 1519, *Ven. Cal. II, n° 1162, 1165*. Semble encore là le 10 mars, *ibid., n° 1173 et 1175*. [391]

Février (?)-avril (?) 1519. — [JACQUES LUCAS], doyen d'Orléans. Cité le 24 février 1519, *Venit. Cal. II, n° 1165*. Écrit 2 avril [1519], *Bibl. nat., ms. Dup. 261, fol. 140 à 143*. [392]

Juin 1519. — M. DE POITOU. Cité comme ambassadeur les 21 et 24 juin 1519, *Ven. Cal. II, n° 1239-1240*. [393]

Août-novembre (?) 1519. — FRANÇOIS DE SAINT-MARSAULT, sénéchal de Périgueux. Arrive à Rome vers le commencement d'août 1519, *Leva, II, p. 10*; le 18 août, *Barrillon, II, p. 148, note 1*. Cité 16 septembre, *Lettere di Principi, I, p. 58-60*. Conclut un traité en octobre, *Arch. d'État de Florence, man. Torrigiani, b. II, fasc. IV, Leva, ibid., p. 13 et suiv.*, et l'apporte en France, *Arch. des Aff. étrang., corr. d'Espagne, V, fol. 260 v°*. Cf. *Barrillon, II, 148, 152 et suiv.* [394]

1519-mai 1520. — ALBERTO PIO DE SAVOIE, COMTE DE CARPI, résident. En charge vers la fin de 1519, *Barrillon, II, 148*. Cf. *Arch. nat., J. 964, n° 9 et 10*. Écrit 7, 11, 12 janvier 1520, *Barrillon, II, p. 151*; lettre à lui du 31 janvier (publiée), *ibid., p. 151-162*. Le 18 février, le pape demande l'envoi d'un suppléant, lequel arrive le 16 mai, *Molini, I, 74*. [395]

Décembre 1519. — CLÉMENT CHAMPION. Envoyé décembre 1519, *Arch. des Aff. étrang., corr. d'Espagne, V, fol. 261 r°*; cf. *G. Salles, Un traître au XVIe siècle, Rev. des questions histor., juillet 1900, p. 58*. [396]

(1) Peut-être était-il seulement chargé de lever des troupes.

Mai 1520-février (?) 1521. — Jean de Pins, évêque de Pamiers[1], résident intérimaire. Son envoi demandé par le pape le 18 février 1520 pour suppléer le comte de Carpi malade, *Molini, I, 74*. Arrive à Rome le 16 mai, *ibid., 86; Reumont, la Jeunesse de Catherine, etc.; App. de Baschet, p. 264*; 1re audience, 18 mai, *Molini, I, 74*. Écrit 1er juin [1520?], *Bibl. nat., ms. fr. 3092, fol. 60*; 21 juin 1520, *ibid., fol. 58 et suiv.*; 22 juin [1520?], *ibid., fol. 54*; 7 août [1520?], *ibid., fol. 19*; 12 décembre [1520?], *ibid., 2968, fol. 58*; 7 janvier [1521?], *ibid., 2975, fol. 99*; 25 janvier 1521, *ibid., 3092, fol. 3*. Cité sans précision, VII, 419, 25369. N'était plus en fonctions le 7 juin 1521, *Pap. d'État de Granvelle, I, 116*. [397] Ambassades en Italie.

Septembre (?) 1520. — François de Saint-Marsault. Lettre à lui écrite par le roi, de Paris [vers septembre 1520], *Barrillon, II, 176*[2]. [398] 1520.

Octobre 1520-février 1521. — François de Saint-Marsault. Arrive à Rome le 17 octobre 1520, *I man. Torrig., p. 377*; cité, 14 novembre, *ibid. 379*; repart en janvier 1521 et est de retour en cour le 5 février, *Sanuto, Diarii, XXIX, col. 646*. [399]

Novembre 1520-mars 1527. — Alberto Pio de Savoie, comte de Carpi, résident. Rentre à Rome le 12 novembre 1520, *I man. Torrig., 379*. Écrit en 1521 : 2 février, *Bibl. nat., fr. 3092, fol. 5*; 2 mai, *ibid., fol. 8*; 8, 13, 14, 17, 29 mai, *ibid., fol. 33, 87, 12, 27, 6*. Cité 7 juin, *Pap. de Granvelle, I, 116*. Écrit : 14 juin, *Bibl. nat., fr. 2968, fol. 3*; 29 juin, *ibid., 2933, fol. 265*; 30 juin, *ibid., 3092, fol. 17*; 24 juillet, *ibid., 2963, fol. 165*; 29 juillet, *ibid., 3092, fol. 35*; 9 août 1521, *ibid., fol. 18 et 31*; 20 décembre 1523, *ibid., 3005, fol. 152*; pouvoirs à lui du 5 janvier 1524 pour traiter avec l'empereur, I, 368, 1962; écrit, 3 mars 1524, *Mignet, Rivalité, I, 482*. Pouvoirs 16 septembre 1524, I, 388, 2071. Signe un traité le 12 décembre 1524, V, 647, 17991. Écrit, 13 décembre 1524, *Arch. nat., J 964, n° 21*; écrit les 4 et 5 janvier 1525, *Bibl. nat., ms. fr. 3897, fol. 166, 170*. Cité le 9 février, le 7 mars, *Desjardins, II, 826 et 835*. Presque banni vers le 10 juin et réfugié à Viterbe, *Jacqueton, 208*. Suppléé par Nicolas Raince et Sigismondo Santo, chargés d'affaires, *ibid.*; revient, le 13 juillet 1525, à son poste, *ibid., p. 211*; cité 26 juillet, *ibid., 322*; pouvoirs à lui conférés par la régente le 28 octobre, VII, 130, 23859; cité 18 janvier 1526, *Jacqueton, p. 409*; écrit 24 juin, *Molini, I, 204*. Cité 29 juin, V, 776, 18708; écrit 8 juillet, *Bibl. nat., ms. fr. 3040, fol. 7*; 31 juillet, *Decrue, Montmorency, p. 86 et note*; 9-29, novembre 1526, *Bibl. nat., fr. 3003, fol. 7, 3012, fol. 98*. Cité, janvier 1527, *Desjardins, II, 803*; 20 mars 1527, *ibid., 919*; payé après sa mission, VII, 467, 25777[3]. [400]

Mai 1521. — Jean Breton, sr de Villandry, envoyé extraordinaire. Écrit, 7 mai 1521, *Bibl. nat., ms. fr. 3092, fol. 46*; 13 mai, *ibid., fol. 39*; 15, 17, 25 et 28 mai, *ibid., fol. 42, 48, 52, 54*. [401] 1521.

(1) Nouvellement promu après avoir été conseiller au parlement de Toulouse et au Sénat de Milan.

(2) Il semblerait qu'un traité ait été signé par lui, vers ce moment, avec le pape. Serait-ce le même que celui dont il est parlé à propos de son autre ambassade de 1519? Cf. *Barrillon, II, 176 et suiv.*

(3) Un secrétaire, Raince, résida dès cette époque en cour de Rome. On trouve des lettres de lui du 8 janvier 1522, *Bibl. nat., fr. 2975, fol. 86 et 95*; de 1524 [juin], *ibid., 2984, fol. 41*; de 1526, juin-décembre, *ibid., fol. 1 à 121, passim*; de 1527, janvier-avril, *ibid., fol. 127 bis à 155*; de 1528 à 1530, *ibid., fr. 3000, fol. 60, 63; 3009, fol. 1 à 86*; de 1531, février — 1er juillet, *ibid., 3040, fol. 30 à 62*. Il écrit le 22 février 1535, *ibid., 3000, fol. 62*, et est encore cité le 28 septembre 1535, comme secrétaire, *Bibl. nat., Dup. 265, fol. 239 v°*.

AMBASSADES EN ITALIE. **Octobre 1523.** — CLÉMENT CHAMPION. Envoyé en octobre 1523, *Sanuto, Diarii, t. XXXV, p. 164.* Prisonnier du 31 octobre 1523 (*ibid.*) jusque vers le 1er mars 1524, *ibid., p. 443;* cf. *Arch. des Aff. étr., corr. d'Espagne, t. V, fol. 263 v°.* Ne peut remplir sa mission, *ibid.*, cf. *G. Salles, Un traître au XVIe siècle, Rev. des quest. historiques, juillet 1900, p. 49, 59 et suiv.* [402]

1524. **Janvier-mars 1524.** — FRANÇOIS DE SAINT-MARSAULT, sénéchal de Périgord. Pouvoirs pour traiter avec les ambassadeurs de l'empereur et de Henri VIII à Rome, 5 janvier 1524, I, 368, 1962. Écrit 3 mars, *Bibl. nat., fr. 3897;* cf. *Mignet, I, 482.* [403]

Novembre 1524. — CLÉMENT CHAMPION. Part du camp du roi vers le 31 octobre 1524; arrive le 2 novembre; reste jusque vers le 16 novembre 1524; *Sanuto, Diarii, t. XXXVII, p. 147, 172; Span. Cal. II, 2, p. 676; Arch. des Aff. étr., Corr. d'Espagne, V, fol. 271 et suiv. Cf. Salles, Un traître, p. 65 et suiv.* [404]

1526. **Août-septembre 1526.** — GUILLAUME DU BELLAY, S[gr] DE LANGEY. Chargé d'une mission, arrive à Rome au milieu d'août 1526, *Bourrilly, Guill. Du Bellay, p. 26.* A une entrevue avec le Pape, 16 septembre, *Abrégé du voyage fait par le sieur de Langey en Ytalye, Bulletin italien, I, 220-221.* Cité rétrospectivement comme de retour de Rome et Florence avant le 5 octobre 1526, *Desjardins, II, 841 et suiv.* [405]

Novembre 1526-juillet 1527. — GUILLAUME DU BELLAY, S[gr] DE LANGEY. Écrit de Rome le 9 novembre [1526], *Bibl. nat., fr. 3080, fol. 5;* de Livourne, le 12 novembre [1526], *ibid., 3079, fol. 109.* Cité 13 novembre 1526, *Molini, I, 260; id.* même date (comme devant aller à Rome?), V, 800, 18835. Écrit de Rome, 29 novembre, *Bibl. nat., fr. 3079, fol. 113.* Cf. sur cette mission, *Decrue, 88.* Part de Rome pour la France, 29 janvier 1527, pour chercher une réponse, *Desjardins, II, 905.* Encore en France le 16 février, prêt à repartir, *ibid. 899.* Écrit de Florence, en route, 9 mars [1527], *Bibl. nat., fr. 3079, fol. 69.* Arrive à Rome, 10 mars, *Sanuto, Diarii, XLIV, 275, 277;* écrit de Rome, le 1er avril [1527], *ibid., 3080, fol. 1.* Cité 10 et 30 juin 1527, *Span. Cal. III, 2, p. 236, 259.* Part à ce moment. Est à Florence le 22 juin, on emporte une lettre de cette date. Arrive en cour de France le 4 juillet 1527, *Desjardins, II, 972.* [406]

1528 **Mars 1528-(?).** — BALTHASAR DE GÉRENTE. Cité, 4 mars 1528, VI, 169, 19753. [407]

Avril-décembre 1528. — FRANÇOIS DE LA TOUR, Vte DE TURENNE, chargé de mission (?). Écrit, en allant, de Marseille, 17 avril 1528, *Bibl. nat., fr. 2999, fol. 53.* Lettre à lui, 17 mai, *Bibl. nat., fr. 20639, fol. 44.* Cité, 23 mai 1528, *Ven. Cal. IV, n° 286.* Écrit d'Orvieto, 24 mai, *Bibl. nat., fr. 2999, fol. 77;* 29 mai, *ibid., fol. 107,* 1er juin, *ibid., fol. 13;* 3 juin, *ibid., fol. 77.* Cité, 7 juin, *Ven. Cal. IV, n° 293.* Part vers le 11 juin pour aller adresser une demande aux Vénitiens, *ibid., n°s 294, 299.* Écrit de Venise 31 juillet, *Bibl. nat., fr. 2999, fol. 91;* 22 août, *ibid., fol. 43; fr. 2020, fol. 91;* 28 août, *ibid., fol. 75.* Reçoit une réponse le 28 août, *Ven. Cal. IV, n° 341,* et retourne aussitôt auprès du pape, *ibid.* Lettres à lui, 28 octobre, *Molini, II, n° 236;* 30 octobre, *ibid., n° 237;* 31 octobre, *Bibl. nat., fr. 3096, fol. 99.* Écrit de Florence, peut-être en route pour la France, 30 novembre, *Bibl. nat., fr. 2999, fol. 63;* 12 décembre, *ibid., 2974, fol. 40.* Cf., sur cette ambassade, *Decrue, 107 et suiv.* [408]

Juillet 1528-février 1529 (?). — JEAN-JOACHIM DE PASSANO, S^gr DE VAUX. Envoyé extraordinaire et plénipotentiaire. Quitte la France, 17 juillet 1528. Arrive à Viterbe le 9 août, *Ven. Cal. IV, n° 333.* Écrit 16 août, *Bibl. nat., fr. 3013, fol. 105.* Cité : 28 septembre, 28 octobre, *Ven. Cal. IV, n°s 365 et suiv.* Écrit de Rome, 4, 7 novembre, *Molini, II, n° 241*; 13 novembre, *Bibl. nat., fr. 3096, fol. 78; Molini, ibid.*; 15 novembre, *Molini, ibid.*; cité, 1er février 1529, sans précision, *Ven. Cal. IV, n° 409.* [409] AMBASSADES EN ITALIE.

Août 1528-mars 1529. — BALTHASAR DE GÉRENTE, président des comptes de Provence, résident (?). Cité 16 août 1528, *Molini, II, n° 211.* Lettre à lui, 12 septembre, *ibid., n° 221.* Cité 4 mars 1529, *Kaulek, préface, XIV.* [410]

Octobre-novembre 1528. — M. DE VILLEBON. Envoyé extraordinaire. Créances du 16 octobre 1528, *Arch. Vat., Capsula 59, n° 72.* Arrive à Rome le 6 novembre 1528, a audience du pape le 7; doit partir, semble-t-il, le 14 novembre 1528, *Molini, II, n° 241.* [411]

Juin 1529-novembre 1530. — GABRIEL DE GRAMONT, évêque de Tarbes, promu cardinal durant sa mission, résident. Sur le point de partir, 22 juin 1529, *Span. Cal. IV, 1, p. 109*; 25 juin, I, 650, 3407; mais dut partir le 25 juin, II, 27, 3974. Arrive à Rome dans le courant d'août, *Span. Cal. IV, 1, p. 153, 193.* Cité 3 septembre, *Ven. Cal. IV, n° 505.* Écrit, 5 octobre, *Bibl. nat., ms. fr. 3040, fol. 16.* Quitte soudainement Rome (pour la France?) au commencement de décembre, *Span. Cal. IV, 1, p. 395.* Payé, 5 janvier 1530, I, 686, 3588. Nouveau pouvoir à lui donné le 6 janvier VI, 208, 19950. Écrit de Bologne, 19 février, *Bibl. nat., fr. 3083, fol. 15.* Lettre à lui adressée le 16 mars, *Cibrario, Lettere inedite, p. 177.* Écrit de Rome, 2 mai, *Bibl. nat., fr. 3053, fol. 11*; 20 mai, *ibid., 2980, fol. 29 et suiv.* Cité, 26 mai, *Span. Cal. IV, 1, p. 560*; 4 août, *Span. Cal. IV, 1, p. 675.* Écrit 31 août, *Bibl. nat., fr. 3019, fol. 20.* Cf. *Span. Cal. IV, 1, p. 701.* Sur le point de repartir, 10 octobre, *Span. Cal., ibid., p. 750.* De retour en cour de France exactement le 29 novembre 1530, II, 27, 3974. Cité s. d. VII, 668, 28152. Cf. lettres de sa mission, juin-octobre, s. d., *Bibl. nat., fr. 3071, fol. 29, 17, 27, 31, 21, 19; 3091, fol. 45.* [412] 1529.

Juillet 1530-juin 1534(?). — PIETRO-FRANCESCO, Cte DE PONTREMOLI, agent ou envoyé secret. Arrive à Rome vers le 1er août 1530, *Span. Cal. IV, 1, p. 664, 750.* Il y est encore le 10 octobre et doit, à ce que dit l'évêque de Tarbes aux Impériaux, y résider pour les affaires privées du roi, ce qui peut être un prétexte, *ibid., 750.* Cité juin 1531, *ibid., IV, 2, p. 185.* [413] 1530.

Août 1530-octobre 1531. — JEAN STUART, DUC D'ALBANY, sur le point de partir, 24 août 1530, I, 721, 3765. Arrive, 3 novembre, *Span. Cal. IV, 1, p. 791 et suiv.* Écrit : 3 décembre, *Bibl. nat., fr. 2968, fol. 81*; 5 décembre, *ibid., 3075, fol. 79 et 157.* Instructions à lui, du 15 décembre, VII, 670, 28173. Cité 10 janvier 1531, *Molini, II, p. 357.* Lettres de janvier à avril, *Bibl. nat., fr. 3075, passim.* Lettre à lui, 1er avril, VII, 610, 27582. Instructions du 24 avril, *Arch. nat., J. 964, n° 28.* Écrit 9 mai, *Bibl. nat., fr. 3075, fol. 121.* Cité s. d., VII, 610, 27576[1]. Cité 24 juin, II, 52, 4095; 10 juillet, II, 60, 4141; 23 août, *Baschet, Append. à Reumont, La Jeunesse de Catherine, p. 285*; août 1531, VII, 655, 2840. Repart pour la France le 27 septembre, y arrive le 15 octobre 1531. Baschet, *ibid., p. 289.* Cité rétrospectivement, VII, 786, 29059. [414]

[1] Il est assisté de Jean Coutel, docteur ès droits.

AMBASSADES EN ITALIE. **Avril-juillet 1531.** — GABRIEL, CARDINAL DE GRAMONT, évêque de Tarbes. Sur le point de partir, 22 avril 1531, pour une nouvelle mission, II, 27, 3975. Instructions du 24 avril, *Arch. nat., J. 964, n° 28.* Arrive à Rome le 10 mai, *Append. de Baschet à Reumont, La Jeunesse de Catherine, p. 285.* Cité, 14 juin, *ibid., p. 311.* Repart le 17 juin et arrive en France le 2 juillet 1531, *ibid., p. 285.* [415]

1531. **Avril 1531.** — FRANCESCO DE NOCETO, envoyé. Cité comme étant à Rome, 19 avril 1531, VI, 252, 20181. [416]

Juillet 1531-février 1533. — FRANÇOIS DE DINTEVILLE, évêque d'Auxerre, résident. Doit partir le 16 juillet 1531, II, 63, 4158; 454, 6002; ne part peut-être que le 26, II, 68, 4180, mais avant le 31, VII, 657, 28055. Arrive à Rome le 23 août. *App. de Baschet à Reumont, p. 285 et suiv.* Cf. *Brewer, V, 389.* Cité [août 1531], VII, 655, 28040. Lettre à lui du 5 septembre, *Bibl. nat., fr. 2947, fol. 16;* du 7 octobre, *Baschet, Rapport, p. 582.* Écrit 21 octobre, *ibid.;* lettre à lui du 28, *Bibl. nat., Dup. 547, f. 29;* écrit, 2, 15, 21 novembre, *Bibl. nat., fr. 2947, fol. 26, 41, 43;* cité, 20 novembre, II, 92, 4301. Lettre à lui de cette date, *Rott, I, 48.* Écrit: 17 décembre, *Charrière, I, 183;* 4 janvier au 17 juin 1532, *Bibl. nat., Dup. 437 et 537, passim;* cf. *Rott, II, 544, Baschet, Rapport, p. 582 et suiv.;* 17 janvier, *Bibl. nat., fr. 2947, fol. 60;* 7 février, *ibid., fol. 61.* Cité, 26 avril, VI, 293, 20394; lettre à lui, 27 avril, *Charrière, I, 199.* Écrit juillet, *Baschet, l. cit.* Lettre à lui, 24 août, *Bibl. nat., Dup. 547, fol. 118 v°.* Écrit septembre, *Baschet, l. cit.* Payé 4 octobre, II, 224, 4946; écrit 9, 19, 26 octobre, *Baschet, l. cit.;* lettre à lui 31 octobre, *Bibl. nat., fr. 2947, fol. 55.* Cité, 8 novembre, II, 240, 5026. Lettre à lui, 6 décembre, *Rott, II, 544.* Cité, 13 décembre, II, 260, 512. Écrit 22 décembre, *Rott, II, 544.* Correspondance jusqu'au 22 février 1533, *Baschet, l. cit.* Payé jusqu'à cette date, II, 454, 6002. [417]

1532. **Avril (?) 1532.** — CLAUDE D'ANCIENVILLE, dit Villiers, chevalier de Saint-Jean, commandeur d'Auxerre (capitaine de nef), envoyé en mission secrète auprès du pape. Va partir, 26 avril 1532, VI, 292, 20394. [418]

Novembre 1532-*a.* juillet, -*b.* septembre (ou après) **1533.**

a. FRANÇOIS, CARDINAL DE TOURNON;

b. GABRIEL, CARDINAL DE GRAMONT. Résidents intérimaires. Partent de la cour, à Amiens, le 6 novembre 1532, *Ven. Cal. IV, n° 826.* Instructions du 13 novembre, *Brewer, Cal. V, 1541; Camusat, 111 bis; P. Hamy, p. CCLXXXV (avec date du 10).* Cf. *Mém. de Du Bellay;* cités 14 novembre, II, 244, 5048. Attendus à Bologne le 3 décembre, *Brewer, V, n° 1631.* Sont encore à Lyon, d'où ils écrivent le 6 décembre [1532], *Bibl. nat., fr. 2980, fol. 83.* Cités, 13 décembre, II, 260, 5124. Encore attendus à Bologne où est le pape, le 24 décembre, *Brewer, V, n° 1657.* Y arrivent le 3 janvier 1533, *Decrue, 203;* ou le 4 janvier, *Baschet, Append. à Reumont, p. 290.* Cités : 8 janvier, VII, 701, 28468; 27 janvier, II, 306, 5323; 14 mars, II, 353, 5542; 6 avril, II, 375, 5643. Le cardinal de Gramont arrive à Rome le 29 avril, vingt-cinq jours après le pape, *Baschet, Append. à Reumont, p. 291.* Les deux cardinaux ont ensemble une audience, le 3 mai, *ibid.* Cités : 13 mai, II, 417, 5831; cf., III, 78, 7838 (date erronée de 1535); 22 mai, II, 424, 5861; 5 juin, II, 429, 5887; 21 juin, II, 446, 5966. Le cardinal de Gramont part pour la France le 7 juillet, *Baschet, op. cit., p. 291;* il est cité rétrospectivement en octobre, II, 515, 6284. Le cardinal de Tournon encore cité le 7 août, II, 486, 6148; en août, *Baschet, op. cit., p. 293*. Il écrit le 9 septembre 1533. *Arch. nat., K 84, n° 27²*. [419]

Novembre 1533-juin 1538. — Charles Hémart de Denonville, évêque de 1533.
Mâcon[1], résident. Part, 25 novembre 1533, II, 565, 6516. Cité [décembre 1533], VII, 789, 29083; cité, 19 mars 1534, II, 646, 6916. Lettre à lui, 24 juillet [1er mai 1534 environ], VII, 778, 28992. Écrit, 1er mai, *Bibl. nat., fr. 3000, fol. 30*. Payé, 12 juin, II, 693, 7130. Lettre à lui, 24 juillet [1534], VII, 752, 2885. Écrit, 25 juillet, *Arch. nat., J. 964, n° 45*. Cité vers le 1er août, VII, 762, 28892. Écrit, 4 août, *Bibl. nat., fr. 2968, fol. 86*. Écrit, 11 août, *ibid., 3020, fol. 87*. Payé du 20 novembre 1534 au 18 mai 1535, III, 4, 7463. Écrit, 27 janvier 1535, *Charrière, I, 254*. Cité, mars, III, 73, 7816. Payé du 19 mai au 14 novembre, III, 94, 7917. Écrit : 29 mai, *Charrière, I, 263;* 24 septembre, *Bibl. nat., fr. 3053, fol. 77 ; Clair., 335, f. 5091*. Payé du 15 septembre 1535 au 15 mai 1536, III, 159, 8228. Écrit : 22 février 1536, *Bibl. nat., fr. 3020, fol. 47;* 23 mars, *ibid., 3053, fol. 75;* 19 avril, *ibid., 2937, fol. 15*. Payé du 13 mai au 8 novembre, III, 225, 8554; de débours à partir du 21 juin, VIII, 47, 29669. Écrit : 13 septembre, *Bibl. nat., fr. 3053, fol. 81;* 16 septembre, *ibid., fol. 32;* octobre, novembre, *ibid., passim*. Cité [octobre et novembre 1536], *Molini, II, p. 392, 401*. Correspondance du 9 novembre 1536 au 9 octobre 1537, cf. *Bibl. nat., Clair. 335, fol. 5599; 336, fol. 5703*. Cité, 21 janvier, 1537, III, 267, 8751. Écrit, 6 mars, *Arch. nat., J. 967, n° 3⁸*. Lettres à lui, 5 avril, VIII, 6, 29303. Payé de débours jusqu'au 1er mai, VIII, 47, 29669. Payé du 8 mai au 31 octobre[2], VIII, 77, 29933. Écrit, 26 mai, *Bibl. nat., fr. 3062, fol. 137*. Instructions du 26 juin, *ibid., fol. 151*. Écrit 12 juillet, *Ribier, I, 41*. Lettre à lui, 31 octobre, VIII, 91, 30071. Payé du 1er novembre 1537 au 31 mai 1538, III, 556, 10067. Lettre à lui, 4 novembre, VIII, 92, 30075. Écrit 7 novembre, *Ribier, I, 66*. Lettre à lui [décembre 1537], VIII, 75, 29920. Écrit : décembre, *Ribier, passim;* janvier [1538], VIII, 55, 29737. Lettre à lui, même date, VIII, 63, 29813. Écrit janvier, février, mars 1538, cf. *Ribier, passim; Bibl. nat., fr. 3053, fol. 6, 16, 21*. Lettre à lui [avril 1538], VIII, 229, 31392. Écrit avril, *Bibl. nat., fr. 3053, fol. 26, 35, 29; 3071, fol. 9*. Lettre à lui, 14 mai, *Ribier, I, 158*. Cité [mai 1538], VIII, 295, 32071; 297, 32096. Payé jusqu'au 31 mai 1538, d'avance, le 24 mai 1538, III, 556, 10067; VIII, 300, 32122. [420]

Janvier-mai (?) 1534. — Jean Du Bellay, évêque de Paris. Sur le point de 1534.
partir, 12 janvier 1534, II, 601, 6696. Arrive à Rome avant le 8 février, *Bibl. nat., fr. 2499, fol. 189 v°*. Cité 24 mars, *ibid., fol. 201*. Cité vers cette date, VII, 724, 28626. Dut repartir de Rome le 1er avril? *Bibl. nat., ibid., fol. 201*. Payé rétrospectivement, sans date précise, vers juin, de son état, semblant s'étendre jusqu'à la fin de mai, VII, 747, 28793. [421]

Juin-août 1535. — Un gentilhomme envoyé pour remercier le pape de la pro- 1535.
motion de J. Du Bellay comme cardinal. Part au plus tard en juin 1535, cf. *Arch. Vat., N. Gall. S. Paulo III, I, fol. 29;* Repart de Rome le 15 août, *ibid., fol. 41*. [422]

Juin 1535-mars (?) 1536. — Jean, cardinal Du Bellay. Mémoires des 24 et 26 juin 1535, qui lui sont remis, *Arch. des Aff. étr., corresp. de Rome, suppl., t. II,*

[1] Promu cardinal en cours d'ambassade, janvier 1535. — [2] A ce moment, Georges de Selve, évêque de Lavaur, vient résider en même temps que lui.

AMBASSADES EN ITALIE. *fol. 1 et 7.* Quitte la cour le 27 juin, *Arch. Vat., N. Gall. I, fol. 221.* Arrive à Lyon, 15 juillet, *Bibl. nat., fr. 5499, fol. 203.* Passe à Ferrare fin juillet (cf. *ambassades à Ferrare*). Arrive à Rome, 1er août, *Arch. Vat., ibid., fol. 33;* reçu le 2 en consistoire, *ibid.;* lettre à lui, 1er août, *Bibl. nat., Dup. 265, fol. 2308.* Écrit : 22 août, *Dup. 265, fol. 233;* 29 août, 3, 13, septembre, *Bibl. nat., fr. 5499, fol. 220 et suiv.;* 15 novembre, *Kervyn de Lettenhove, Collection d'autographes de M. de Stassart, p. 11, 14.* Cité 26 novembre, *Arch. Vat., ibid., fol. 57.* Écrit : 27 novembre, *Bibl. nat., fr. 5499, fol. 247;* 31 décembre, *ibid., fol. 283 v°;* cf. *ibid., 3076, fol. 102;* 22 février 1536, *Bibl. nat., fr. 3020, fol. 47.* Cité, 2 mars 1536, III, 183, 8338. [423]

1536. **Avril 1536.** — JEAN, CARDINAL DE LORRAINE, archevêque de Narbonne. Va partir 15 avril 1536, III, 196, 8407. Cité, 29 avril, *Kaulek, p. 2.* [424]

1537. **Février 1537-juin 1538.** — GEORGES DE SELVE, évêque de Lavaur[(1)], résident. Parti de Venise pour Rome le 20 février 1537, III, 439, 9533; 623, 10365; 695, 10692; VIII, 30, 29499 et suiv.; 64, 29824. Écrit : 18 juin, *Bibl. nat., fr. 3083, fol. 23;* 12 juillet, *Ribier, I, 41;* 8 août, *Bibl. nat., fr. 2968, fol. 87.* Cité, 20 septembre, III, 409, 9396. Lettre à lui : 31 octobre, VIII, 91, 30071; 4 novembre, VIII, 92, 30075. Écrit : 7 novembre, *Ribier, I, 66;* en décembre, *ibid., passim.* Payé jusqu'au 31 décembre, III, 439, 9533; VIII, 64, 29824. Lettre à lui, [décembre 1537], VIII, 75, 29920; janvier [1538], VIII, 63, 29813. Écrit, janvier [1538], VIII, 55, 29737. Payé du 1er janvier au 31 mars 1538, III, 505 et suiv., 9840, 9841. Écrit, janvier, mars, *Ribier, I, passim.* Écrit, 23 mars, 8, 22 avril, VIII, 296, 32075. Lettre à lui, citée rétrospectivement [en avril 1538], VIII, 229, 31392. Payé du 30 mars au 30 juin [1538], VIII, 160, 30737 et suiv., Cité le 3 mai, III, 543, 10008. Lettre à lui, 14 mai, *Ribier, I, 158.* Cité 21 mai, III, 553, 10057; [mai 1538], VIII, 295, 32071; 297, 32096. Remboursé [en juin 1538], VIII, 245, 31545. Payé jusqu'au 30 juin 1538, jour de la fin de son ambassade, III, 695, 10688, 10692. Payé rétrospectivement en 1539, III, 710, 10763. [425]

Mars 1537. — PHILIPPE CHABOT, amiral, plénipotentiaire. Pouvoirs du 21 mars 1537, III, 289, 8853. [426]

Avril 1537. — JEAN DE MONLUC, protonotaire du Saint-Siège. Part du camp de Hesdin le 13 avril 1537, VIII, 6, 29313. [427]

1538. **Mai 1538.** — LE S[r] DE LA GUICHE. Part de Valence [10 ou 11 mai 1538] pour trouver le pape à Nice, VIII, 298, 32102. [428]

Juin 1538. — CHRISTOPHE DE SIRESMES, élu d'Avranches. Est parti d'Antibes [juin, août 1538], VIII, 251, 31615; VIII, 281, 31913. [429]

Juillet-novembre (?) 1538. — JEAN DE MONLUC, protonotaire, camérier du pape, intérimaire. Cité, 22 juillet, III, 570, 10131; juillet, VIII, 237, 31464.

(1) Réside en même temps que Ch. Hémart de Denonville, évêque de Mâcon.

Écrit, 8 août, *Bibl. nat., fr. 2996, fol. 52; Ribier, I, 189.* Payé [vers août 1538], VIII, 282, 31919. Dut résider jusqu'à l'arrivée de Grignan en novembre 1538[1]. [430]

Août 1538. — M. DE TAIX. Va de Montélimar à Rome, s. d. [1538], VIII, 282, 31917. Repart de Rome pour la France vers le 6 août 1538, *Molini, II, 420 et suiv.* Arrive en cour de France le 23 août 1538, *Arch. Vat., arm. VIII, ord. I, vol. K., fol. 77.* [431]

Novembre 1538-février 1540. — LOUIS ADHÉMAR DE MONTEIL, s[gr] DE GRIGNAN, chambellan du roi, résident. Désigné le 4 et le 21 août 1538 comme sur le point de partir[2], VIII, 289, 31991 et suiv.; III, 585, 10200; 586, 10201; *id.* le 22 août, *Arch. vat., arm. VIII, ord. I, vol. K, fol. 73.* Est à Florence le 27 octobre, *Ribier, I, 235.* Arrive à Rome le 3 novembre, *ibid., 250; Span. Cal. VI, 1, p. 56.* Lettre à lui [vers le 20 novembre 1538], VII, 736, 28712; 737, 28722. Cité 4 décembre, III, 653, 10502. Cité janvier 1539, *Span. Cal. VI, 1, p. 57, 91, 99, 105.* Payé du 17 février au 15 août, III, 713, 10774. Écrit janvier, avril, *Ribier, I, passim.* Payé à partir du 16 août, IV, 43, 11200. Écrit 21 octobre, *ibid., p. 479.* Payé du 1er décembre 1539 au 19 février 1540, date probable de son retour en France, IV, 95, 11437 et suiv. [432]

Janvier 1539. — CLAUDE DODIEU, s[r] D'ESPERCIEU. Envoyé extraordinaire. 1539.
Part de Paris 16 janvier [1539] pour porter au pape des créances sur d'importantes affaires, VIII, 204, 31146. [433]

Mai 1539. — CHRISTOPHE DE SIRESMES, élu d'Avranches. Arrivé à Rome mai 1539, *Span. Cal. VI, 1, p. 145, 151;* cf. sur ses négociations, *ibid., 157, 160.* [434]

Septembre 1539-juin 1540. — JEAN DE LANGEAC, évêque de Limoges, résident. Dut partir le 9 septembre 1539, IV, 43, 11200; 202, 11933. Cité comme étant rappelé le 6 mars 1540, *Arch. Vat., arm. VIII, ord. I, vol. 4, fol. 264.* Payé jusqu'au 11 mars (depuis le 9 septembre précédent), IV, 43, 11200. Écrit encore le 28 mars, *Ribier, I, 508.* Payé jusqu'au 30 juin 1540, date probable de son retour en cour de France, IV, 202, 11933. [435]

Novembre 1539. — FRANÇOIS DE ROHAN, s[gr] DE GIÉ, gentilhomme de la Chambre. Cité 3 novembre 1539, IV, 60, 11277. Arrive à Rome en novembre 1539, *Span. Cal., VI, 1, p. 203, 206.* Cité encore, novembre 1541? *ibid., 386-389.* Cf., *322, 520-1.* [436]

[1] Il resta ensuite à Rome, grâce à l'influence de Grignan, comme chargé d'affaires ou secrétaire, à la place de Raince, qui avait été révoqué. Cette situation ne lui était pas encore assurée, semble-t-il, le 29 décembre 1538; cf. *Ribier, I, 336;* et il devait résider alors à Rome à titre privé. Mais il est cité en janvier 1539, VIII, 222, 31312; le 12 janvier, III, 690, 10666, comme «chargé des affaires du roi» et payé du 1er janvier au 30 juin 1539 en cette qualité, VIII, 193, 31049. Il vient plusieurs fois en cour de France entretenir le roi et retourne à son poste. Le 8 septembre 1539, il est sur le point de repartir pour Rome, IV, 43, 11197. Il y est de retour le 20 octobre et écrit, *Ribier, I, 475.* Écrit le 22 février 1540, *ibid., 503.* Payé du 1er janvier au 30 juin, IV, 80, 11367. Écrit le 7 juillet, *Ribier, I, 503.* Était encore revenu en cour de France et sur le point de repartir le 4 novembre, IV, 153, 11704; le 6 novembre, *Arch. nat., Arm. VIII, ord. I, vol. K., fol. 425.* De retour à Rome, écrit le 21 décembre 1540, *Ribier, I, 550;* le 1er janvier 1541, *ibid., p. 557.*

[2] Il devait régler, en passant en Piémont, diverses affaires «de justice et de police», ce qui retarda son entrée en fonctions.

IMPRIMERIE NATIONALE.

AMBASSADES EN ITALIE. **Mars 1540-février 1546 (?).** — GEORGES D'ARMAGNAC, évêque de Rodez. Part, 8 mars 1540, IV, 91, 11417; *Arch. Vat., arm. VIII, ord. I, vol. K, fol. 268.* Payé du 8 avril au 4 octobre, IV, 109, 11500; du 5 octobre 1540 au 2 avril 1541, IV, 152, 11698; du 15 avril au 9 septembre 1541, IV, 197, 11906. Cité 1er septembre, *Arch. Vat., arm. VIII, ord. I, vol. IV, fol. 56.* Payé du 30 septembre 1541 au 31 mars 1542, IV, 266, 12241. Cité, 3 février 1542, *Arch. Vat., ibid., fol. 106.* Payé du 1er avril au 30 septembre, IV, 310, 12449. Payé le 20 novembre, IV, 384, 12808. Écrit, 8 juillet 1543, de Bologne, cf. *Lettre de Dandino du 18 juillet, Naples, Carte Farn., fasc. 728.* Cité, 11 novembre, cf. lettre de cette date, *ibid.* Écrit 5 mai 1544, *Bibl. nat., fr. 2991, fol. 57;* 31 janvier 1546, *ibid., fol. 59.* [437]

1543. **Janvier-août (?) 1543.** — M. DE SINÉ (Jean-Baptiste d'Oraison, évêque de Senez [?]). Arrive deuxième moitié de janvier 1543, *Span. Cal. VI, 2, p. 256-257.* Détails sur sa mission, *ibid., 259-261, 401.* Objet de sa mission, mars 1543, *ibid., 205.* Ouvertures de paix par lui faites en août 1543, *ibid., 452.* [438]

1544. **Avril-(?) 1544.** — GIOVANNI SALVIATI, CARDINAL DE FERRARE, ambassadeur près de la ligue composée du pape, de la république de Venise et du duc de Ferrare. Pouvoirs du 5 avril 1544, VI, 747, 22793. [439]

1546. **Mars 1546 (?)-fin du règne.** — ANTOINE GUILLART, s[r] DU MORTIER, résident? Écrit 5 mars 1546 (peut-être par erreur, pour 1547?), *Ribier, I, 581;* 29 janvier 1547, *ibid., 602.* Correspondance depuis cette date jusqu'à la fin du règne, cf. *ibid., 640 et passim.* Lettre du 15 février 1547, *Bibl. nat., fr. 2996, fol. 31.* [440]

j. À SALUCES.

1524. **Octobre 1524.** — CLÉMENT CHAMPION, valet de chambre du roi. Y est au commencement d'octobre 1524, *Champollion-Figeac, Captivité de François Ier, p. 17.* [441]

1528. **Décembre 1528.** — ALBERT GAST, vicaire d'Asti. Va partir, 15 décembre 1528, VI, 158, 16700. [442]

1539. **Avril 1539(?).** — LE S[r] DE SAINT-JULIEN, envoyé « au marquisat de Saluces ». Doit s'y rendre [semble-t-il, vers avril 1539], VIII, 177, 30898. [443]

k. EN SAVOIE.

1515. **Mars 1515.** — ALEXANDRE DE SAINT-GELAIS, S[gr] DE LANSAC, conseiller et chambellan ordinaire du roi. Envoyé vers mars 1515, *Barrillon, I, 35.* [444]

1519. **Février-(?) 1519.** — LE S[r] DE LA GUICHE. Indiqué le 2 février 1519 comme devant partir pour la Savoie, *Brewer, III, 1, n° 57.* [445]

1522. **Juin 1522.** — ANNE DE MONTMORENCY. Cité, 4 juin 1522, *Rott, p. 39.* [446]

1526. **Juin-août 1526.** — JACQUES COLIN. Écrit de Lyon 25 juin [1526], *Bibl. nat., fr. 6639, fol. 179;* de Chambéry, 29 juin [1526]. *Musée Condé, L, vol. XIV, fol. 227;*

du même lieu des 14, 24 et 27 juillet, *ibid., vol. XIV, fol. 48, vol. IX, fol. 128, vol. III, fol. 176;* de Belley le 19 juillet, *ibid., vol. VIII, fol. 324.* Repasse à Lyon au commencement d'août, *Bibl. nat., fr. 3082, fol. 15.* Reçoit un mandement de payement le 12 septembre 1526, V, 793, 18803; *Bourrilly, Jacques Colin,* p. 10-12. [447] AMBASSADES EN ITALIE.

Janvier 1527-août 1528. — LOUIS DES BARRES dit LE BARROIS DES BARRES, maître d'hôtel du roi, résident. Part le 1er janvier 1527, I, 651, 3411. Reçoit une commission le 29 septembre pour jurer un traité, VI, 92, 19363. Écrit : 21 août [1527], *Bibl. nat., fr. 3003, fol. 86;* 15 novembre [1527], *Bibl. nat., fr. 3003, fol. 73.* Cf. autres lettres s. d., *ibid., passim, et 3007, fol. 107.* Instructions du 3 janvier 1528, *Clarette, La Mission du s^gr^ de Barres, pièce 1.* Créances du 12 février, *ibid., pièce 7;* cité, 8 mars, *ibid., pièce 7.* De retour en cour de France, le 31 août et payé sans interruption depuis le 1er janvier 1527 jusqu'à cette date, I, 651, 3411. [448] 1527.

Avril 1529. 1529.

a. AIMAR RIVAIL;

b. EDMOND MULET, conseillers au Parlement de Grenoble. Ambassadeurs. Instructions, 16 avril 1529, VI, 175, 19787. [449]

Juin 1538-avril 1540. — CLAUDE LYEBARD, s^gr^ DE LATRA, panetier ordinaire du roi, résident. Cité juin 1538, VIII, 255, 31647; décembre, VIII, 211, 31216; 303, 32149. Payé du 11 juillet 1538 au 10 avril 1540, jour de son retour, IV, 129, 11590. [450] 1538.

Novembre 1538. — CHRISTOPHE DE SIRESMES, élu d'Avranches. Part de Villers-Cotterets le 6 novembre [1538] pour entretenir le duc Philippe de Savoie à Nice, VII, 732, 28683. [451]

1541. — M. DE BRISYN (ou Bresins), envoyé auprès du duc de Savoie, *Arch. nat., K 1485, n° 26.* [452] 1541.

l. À VENISE.

TABLEAU DES RÉSIDENTS.

Mars-septembre 1515. Antoine Trivulce, évêque d'Asti [453].
Septembre-décembre 1515. François de Rochechouart, s^gr^ de Champdenier [454].
Septembre 1515-février 1516. Pierre de La Vernade [455].
Janvier 1516. Jean de Pins, conseiller au Parlement de Toulouse [456].
Août 1523-août 1528. Luigi Canossa, évêque de Bayeux [463].
Avril 1528-juin 1529. Jean de Langeac, évêque d'Avranches [468].
Juin 1529-mars 1534. Lazare de Baïf [472].
Décembre 1533-février 1537. Georges de Selve, évêque de Lavaur [474].
Janvier 1537 janvier (?) 1539. Georges d'Armagnac, évêque de Rodez [475].
Octobre 1538-mai (?) 1539. Jean-Joachim de Passano, s^gr^ de Vaulx, intérimaire [478].
Février 1539-décembre (?) 1542. Guillaume Pellicier, évêque de Montpellier [479].
Octobre 1542-avril (?) 1543. Jean de Monluc, abbé de Hautefontaine [483].
Octobre 1546-fin du règne. Jean de Morvilliers [484].

AMBASSADES EN ITALIE. **Mars-septembre (?) 1515.** — ANTOINE TRIVULCE, évêque d'Asti, résident. Cité 4 mars 1515 et, souvent, jusqu'en août 1515, *Sanuto, Diarii, XX, passim, notamment 37, 585.* Remplacé, vers septembre 1515, par le s[gr] de Champdenier, *Barrillon, I, 142 et n.* [453]

1515. **Septembre-décembre 1515.** — FRANÇOIS DE ROCHECHOUART, S[GR] DE CHAMPDENIER, résident. Remplacé vers septembre 1515, Antoine Trivulze. Reste jusqu'à la fin de décembre 1515, *Barrillon, I, 142.* [454]

Septembre 1515-février 1516. — PIERRE DE LA VERNADE, résident. Remplace, vers septembre 1515, avec le s[gr] de Champdenier, Antoine Trivulce, *Barrillon, I, 142.* Prend congé le 29 février 1516, *Sanuto, Diarii, XXI, col. 543;* cf. *Barrillon, I, 203 et suiv.* [455]

1516. **Janvier-février 1516.** — JEAN DE PINS, conseiller au parlement de Toulouse, sénateur de Milan, résident. Créances du 20 janvier 1516, présentées le 20 février, *Sanuto, Diarii, XXI, 527.* [456]

1519. **Janvier-février 1519.** — LE S[r] DE TELIGNY, sénéchal de Rouergue. Envoyé vers le 8 janvier 1519, *Ven. Cal. III, 1142;* cf. *Barrillon, II, 120;* arrivé à Venise le 12 février, reçu en audience le 14, repart le 21, *Deutsche Reichstagsakten, I, p. 170, n° 1.* [457]

1521. **1521-1522.** — GABRIEL, BARON DE LECCE, en 1521 et 1522, V, 771, 18686. [458]

1522. **Mai-juillet 1522.** — ANNE DE MONTMORENCY, S[r] DE LA ROCHEPOT. Part au commencement de mai 1522, *Decrue, 27.* Encore à son poste le 22 juillet, *Rott, III, 636.* Part pour revenir en France à la fin de juillet, passant à travers la Suisse, *Decrue, 28.* [459]

Juin 1522. — CLÉMENT CHAMPION. Part de Lyon le 10 juin 1522. Arrive à Venise le 21 juin. Doit repartir aussitôt après. *Sanuto, Diarii, t. XXXIII, 316 et suiv., 319.* [460]

1523. **Janvier 1523-mars 1526.** — AMBROISE DE FLORENCE. Cité janvier 1523 (sans précision), V, 571, 17604. Accrédité comme chargé d'affaires en l'absence de Canossa et semble avoir été maintenu avec celui-ci le 9 juin 1525, *Jacqueton, Louise de Savoie, p. 204, note;* cité, novembre 1525, *ibid., 229;* 19 décembre 1525, *ibid., 236;* commencement de mars 1526, *ibid., 259;* cf. *Span. Cal., III, 2, p. 446.* [461]

Juin 1523-(?). — LE S[r] DE VILLIERS. Part porteur de lettre du 30 juin 1523, *Molini, I, 166.* Instructions s. d. se rapportant peut-être à cette ambassade, *Bibl. nat., fr. 2962, fol. 128.* [462]

Août 1523-août 1528. — LUIGI CANOSSA, évêque de Bayeux, résident. Lettre à lui, 8 août [1523], *Rott, III, 637.* Encore ambassadeur avant la bataille de Pavie. Se retire ensuite à Vérone, *Jacqueton, 203.* Pouvoirs du 9 juin 1525, VII, 128, 23852. Regagne Venise vers le 20 juin, *Jacqueton, 204.* Cité 24 juillet, *Span. Cal. III, 1, p. 257.* Cité, 18 janvier 1526, *Jacqueton, p. 110, note.* Nouveaux pouvoirs, 24 janvier, VII, 131, 23866. Écrit, 22 juillet,

Molini, I, 258, note. Cité, 12 septembre, *Span. Cal. III, 1, p. 892*; 14 février 1527, *Ven. Cal. IV, n° 40;* 3 mars, *ibid., n° 54.* Pouvoirs, 24 mai, VII, 56, 19188. Cité, 6 juin, *Desjardins, II, 961.* Remplacé en 1528 par Jean de Langeac. Encore à Venise, 19 février 1528, *Ven. Cal. IV, n° 244;* 9 mai, *Span. Cal. III, 2, p. 677;* 28 août 1528, *Ven. Cal. IV, p. 153, note.* [463] AMBASSADES EN ITALIE.

1525. **Juin-juillet 1525.** — LORENZO TOSCANO, milanais. Accrédité, 9 juin 1525, *Jacqueton, 204, note.* Arrive le 24 juin à Venise. Cité, deuxième semaine de juillet comme allant à Rome, *ibid., 210.* [464]

1526. **Août 1526.** — GUILLAUME DU BELLAY, S^r^ DE LANGEY. Est à Venise les 9 et 10 août 1526, *Abrégé du voiage fait par le sieur de Langey en Ytalye,* publié par V.-L. Bourrilly, dans *Bulletin italien, I, 218-224.* [465]

1527. **Février (?) 1527.** — LOUIS DE RABODANGES, chargé de mission (surtout pour porter de l'argent). Arrive à Venise un peu avant le 14 février 1527, *Ven. Cal. IV, n° 40.* [466]

Septembre 1527. — JEAN-JOACHIM DE PASSANO, S^gr^ DE VAUX (envoyé plutôt par Lautrec que par le roi). A une audience de la Seigneurie et quitte Venise le 28 septembre 1527 pour Ferrare, *Span. Cal. III, 2, p. 450.* [467]

1528. **Avril 1528-juin 1529.** — JEAN DE LANGEAC, évêque d'Avranches, résident. En route, écrit d'Ast, le 21 avril [1528], *Bibl. nat., fr. 3083, fol. 35.* Cité comme arrivé depuis peu, le 9 mai 1528, *Span. Cal. III, 2, p. 677;* cité 8 juin, *Ven. Cal. IV, n° 295.* Payé de dépenses, 2 juillet, I, 580, 3049. Cité 2 août, *Ven. Cal. IV, n° 329.* Écrit, 18 septembre, *Bibl. nat., fr. 3083, fol. 46;* 13 octobre, *ibid., fr. 3096, fol. 41.* Cité, 13 janvier 1529, *Ven. Cal. IV, n° 395.* Écrit 15 janvier [1529], *Bibl. nat., fr. 3083, fol. 20.* Cité, 17 mars, *Ven. Cal. IV, n° 434.* Écrit: 23 avril, *Molini, II, p. 177;* 6, 10 et 11 mai, *ibid., II, n° 279;* cf. lettres de lui, *Bibl. nat., fr. 3007, fol. 138; 3083, fol. 10, 64, 32, 55, 29, 61.* Part un peu avant le 14 juin 1529, *Molini, II, p. 206.* Au retour passe par Ferrare le 15 juin. Cf. *ibid., n° 286.* [468]

Juin-août 1528. — FRANÇOIS DE LA TOUR, VICOMTE DE TURENNE, chargé de mission. Part de Rome vers le 11 juin 1528 pour aller adresser une demande aux Vénitiens, *Ven. Cal., IV, n°s 294, 299.* Écrit de Venise 31 juillet, *Bibl. nat., fr. 2999, fol. 91;* 22 août, *ibid., fol. 43; fr. 2020, fol. 91;* 28 août, *ibid., fol. 75.* Reçoit une réponse le 28 août et retourne aussitôt près du pape, *Ven. Cal. IV, n° 340.* [469]

1529. **Mars-juin 1529.** — LOUIS DE PERREAU, S^gr^ DE CASTILLON. Commission du 4 mars 1529, VI, 168, 19753. Ne part guère qu'après le 15 mars, *St. Pap. Henri VIII, t. VIII, p. 154; Brewer, Cal. IV, III, n° 5380.* Écrit en chemin, d'Alexandrie, 31 mars, *Bibl. nat., fr. 3096, fol. 37;* cf. *Kaulek, pref. XIII.* Séjourne à Venise, qu'il quitte en hâte, retournant en cour, le 2 juin 1529, *Kaulek, ibid.* [470]

Avril-août (?) 1529. — JEAN-JOACHIM DE PASSANO, S^gr^ DE VAUX. Encore à Ferrare le 13 mars 1529, *Bibl. nat., fr. 3012, fol. 109.* Écrit de Venise, 23 avril 1529, *Molini, II, p. 177;* les 6, 10 et 11 mai, *ibid., n° 279;* les 23 juin, 8 et 15 juillet, *ibid., n° 290;* cf. *Bibl. nat., fr. 3013, fol. 154.* Ne devait plus être à

AMBASSADES EN ITALIE. Venise le 15 septembre 1529, cf. *Arch. des Aff. étr., corr. d'Espagne, t. V, fol. 552.* [471]

Juin 1529-mars 1534. — LAZARE DE BAÏF, résident. Part le 25 juin 1529, II, 430, 5894; I, 650, 3409. Correspondance continue depuis août 1529, *Bibl. nat., fr. 3941 et 20503, passim.* Payement à lui, le 15 janvier 1531, II, I, 3837; le 22 mai, II, 39, 4035; 20 novembre, II, 91, 4300. Écrit, 27 avril 1532, *Charrière, I, 199.* Payé, 5 juin, II, 153, 4609. Écrit 30 octobre, *Bibl. nat., fr. 3045, fol. 19.* Cité, 10 décembre, *Baschet, 583.* Payé, 4 mars 1533, II, 346, 5513; 30 juin, II, 430, 5894. Écrit encore jusqu'au 1er janvier 1534, cf. *Bibl. nat., fr. 3941 et 20503, passim.* Payé jusqu'au 7 mars 1534, date probable de son retour en cour de France, II, 701, 7163. Remboursé plus tard (le 6 mai 1540) de ses dépenses, IV, 107, 11490. [472]

Septembre 1529. — GUILLAUME FÉAU, sgr D'IZERNAY. Réponse qui lui est faite le 15 ou le 16 septembre 1529, *Arch. des Aff. étr., corr. d'Espagne, t. V, fol. 552;* cf. *Bibl. nat., fr. 2981, fol. 58.* [473]

1533. **Décembre 1533-février 1537.** — GEORGES DE SELVE, évêque de Lavaur, résident. Part le 12 décembre 1533, II, 587, 6624; cf., *Bibl. nat., nouv. d'Hozier, 7003.* Écrit : 17 février 1534, *Bibl. nat., fr. 3043, fol. 2;* 16 mai, *ibid., 3096, fol. 77;* 15 juillet, *ibid., 3096, fol. 33.* Cité, 11 août, II, 729, 7291. Écrit : 9 septembre, *Bibl. nat., fr. 3043, fol. 6;* 27 septembre, *ibid., fol. 10.* Payé du 25 décembre 1534 au 4 juin 1535, III, 4, 7465; du 1er juin au 1er décembre 1535, III, 94, 7919. Écrit, 18 juin, *Charrière, I, 266.* Remboursé de dépenses le 7 décembre, III, 160, 8229. Écrit : 12 février 1536, *Bibl. nat., fr. 3096, fol. 76;* 15 mars [1536], *ibid., fr. 3919, fol. 18.* Remboursé de dépenses jusqu'au 18 mars, III, 221, 8533, et de mars au 21 mai, III, 222, 8542. Lettre à lui du 18 avril, *Fontana, I, 314 et suiv.* Payé du 1er mai au 27 août, III, 225, 8553. Désigné (à tort) comme remplacé le 5 juin, III, 214, 8497. Écrit 5 juillet, *Bibl. nat., fr. 3045, fol. 42.* Payé du 28 août au 25 novembre, III, 244, 18667; écrit, 9 février [1537?], *Bibl. nat., fr. 3053, fol. 67.* Payé du 26 novembre 1536 au 19 ou 20 février 1537, jour de son départ pour Rome, VIII, 30, 29499; III, 623, 10364. Cité rétrospectivement, III, 620, 10350. [474]

1537. **Janvier 1537-janvier (?) 1539.** — GEORGES D'ARMAGNAC, évêque de Rodez[1], résident. Cité, 21 janvier 1537, III, 267, 8751. Écrit, 9 février, *Bibl. nat., fr. 3053, fol. 67.* Cité : [vers le 23 mai], VIII, 24, 29456; juillet [1537], VIII, 79, 29957. Écrit : 15 juillet, *Bibl. nat., fr. 3062, fol. 139; Ribier, I, 45;* 31 juillet, *Bibl. nat., fr. 3012, fol. 85.* Cité [juillet 1537], VIII, 135, 30505; [vers août 1537], VIII, 145, 30605; [août 1537], VIII, 129, 30451; [vers septembre 1537], VIII, 104, 30198. Cité 7 octobre 1537, III, 398, 9348. Lettre à lui, 7 octobre, VIII, 96, 30130. Cité [fin octobre 1537], VIII, 32, 29515. Écrit octobre, VIII, 98, 30141. Cité, 31 octobre, VIII, 91, 30071. Lettre à lui, 4 novembre, VIII, 92, 30075; un peu après le 9 novembre, III, 421, 9455. Cité [décembre 1537], VIII, 88, 30044. Lettre à lui, même date, VIII, 75, 29920. Écrit [vers janvier 1538], VIII, 55, 29736. Remboursé [janvier 1538], VIII, 58, 29761. Cité, mars 1538, VIII, 36, 29565; 38, 29591. Écrit : le 29 mars, *Ribier, I, 140;* 5 et 23 avril,

[1] Il avait été désigné dès le 5 juin 1536 pour remplacer l'évêque de Lavaur, III, 214, 8497, et *Charrière (p. 313)* attribue la date du 19 septembre 1536 à une lettre de lui. Néanmoins nous ne croyons pas qu'il ait été à Venise si tôt, cette année-là.

ibid., *142*, *145*; 10 mai, *ibid.*, *153*. Cité, mai, VIII, 298, 32110; lettres à lui [juin], VIII, 254, 31638; vers août, VIII, 285, 31955. Écrit, 13 octobre, *Bibl. nat.*, *fr. 3020*, *fol. 43*. Semble retourner en France ou être reparti vers le 10 janvier 1539, *Span. Cal.*, *VI*, *1*, *p. 105*. Payé en 1540, IV, 71, 11322; 89, 11411. Cité rétrospectivement, VI, 825, 23183. [475] AMBASSADES EN ITALIE.

Février 1538. — BERTRAND DE HARAMBURE, envoyé à Venise et en d'autres villes d'Italie. Part de Moulins le 20 février 1538, VIII, 49, 29691. [476] 1538.

Août (?) 1538. — CHRISTOPHE DE SIRESMES, élu d'Avranches [vers août 1538], cité, VIII, 282, 31920. [477]

Octobre 1538-mai (?) 1539. — JEAN-JOACHIM DE PASSANO, S^gr^ DE VAUX, résident par intérim. Dut partir le 1er octobre 1538 [payé depuis cette date], III, 747, 10928; VIII, 200, 31118 et suiv. Écrit : 17 février 1539, *Ribier*, *I*, *377*; 22 février, *ibid.*, *379*; 8 mars, *ibid.*, *406*. Payé jusqu'au 31 mars, III, 747, 10928; VIII, 200, 31118 et suiv. Écrit, 14 et 18 avril, *Ribier*, *I*, *439*. Payé le 20 avril, III, 767, 11012; 768, 11013. Remboursé le 3 août, IV, 29, 11140. [478]

Février 1539-décembre (?) 1542. — GUILLAUME PELLICIER, évêque de Montpellier, résident. Son traitement commence à dater du 3 février 1539, III, 712, 10772. Il arrive entre le 15 et le 30 juin 1539, *Span. Cal. VI*, *1*, *p. 166*. Son traitement payé jusqu'au 30 septembre, III, 712, 10772; du 1er octobre au 2 février 1540, IV, 55, 11254. Écrit, 18 octobre 1539, *Ribier*, *I*, *483*. Correspondance, cf. *Inventaire sommaire des Archives du ministère des Affaires étrangères*, *Correspondance de Pellicier, publiée par Tausserat; Ribier*, *I*, *passim*. (*depuis la p. 483*). Payé du 1er janvier ou plutôt du 3 février 1540 au 30 juin, IV, 112, 11513; IV, 91, 11419; du 1er juillet au 31 décembre, IV, 124, 11567. Achète des livres en novembre 1540, IV, 181, 11829. Fait faire des copies, IV, 186, 11854. Payé du 1er juillet au 31 décembre 1541, IV, 231, 12070. Envoie des manuscrits le 2 octobre 1541, IV, 246, 12147. Payé du 1er janvier au 30 juin 1542, IV, 278, 12289. Encore payé le 24 juin 1542 jusqu'au 31 décembre, IV, 336, 12581. Cf. *J. Zeller*, *La diplomatie française vers le milieu du XVIe siècle*, *d'après la correspondance de Guillaume Pellicier*. [479] 1539.

Décembre 1539. — CLAUDE D'ANNEBAUT, maréchal de France, lieutenant général en Piémont. Part de Turin, *Mém. de Du Bellay*, *édit. de 1572*, *p. 965*. Audience d'arrivée du 2 ou 3 décembre 1539, *Ribier*, *I*, *490*; cf. sur cette ambassade, *Kaulek*, *Corr. de Castillon*, *p. 135*, *note*. [480]

Février 1541-(?). — LUIGI ALAMANNI. Désigné, croit-on, le 23 février 1541, *Lettre de Dandino de cette date*, *Naples*, *cart. Farn.*, *fasc. 728*. [481] 1541.

Mai-juillet 1541.

a. CÉSARE FREGOSO;

b. ANTOINE DE RINCON. Envoyés ouvertement à Venise (d'où ils doivent secrètement gagner la Turquie). Le premier désigné dès le milieu de mars 1541, *Kaulek*, *p. 277*. Ils sont assassinés, près Pavie, le 3 juillet, en cours de route, *Charrière*, *I*, *498*; cf., *Kaulek*, *p. 322*; *Mémoires de Du Bellay*, *livre IX*. Cités rétrospectivement en juillet 1542, IV, 346, 12628. [482]

AMBASSADES EN ITALIE. **Octobre 1542-avril 1543.** — JEAN DE MONLUC, abbé de Hautefontaine, résident. Payé le 30 octobre 1542, pour 180 jours d'exercice de sa charge [soit jusqu'au 30 avril 1543], IV, 381, 12790. Sur sa harangue prononcée à Venise en 1543, cf. *Pap. de Granvelle, III, 1.* [483]

1546. **Octobre 1546-fin du règne.** — JEAN DE MORVILLIERS, résident. Arrive à Venise le 15 octobre 1546 et est reçu ce jour-là, *Baguenault de Puchesse, Jean de Morvillier, p. 27.* Sa correspondance du 21 octobre 1546 jusqu'au delà de la fin du règne, *Bibl. nat., fr. 2958.* Écrit, 24 janvier 1547, *Bibl. nat., fr. 2996, fol. 53.* [484]

11° EN NAVARRE.

1516. **Avril (?) 1516.** — LE SIEUR D'ESTISSAC, conseiller et chambellan ordinaire du roi, maire de Bordeaux, «ambassadeur». Instructions du 13 avril 1516 (de Lyon), *Arch. des Basses-Pyrénées, E. 11, fol. 348 à 352.* [485]

12° EN POLOGNE.

1518. **1518 (?).** — JOACHIM DE MOLTZAN, envoyé vers le roi de Pologne, oncle et tuteur du roi de Hongrie, pour traiter avec la Pologne et la Hongrie. Cité dans des instructions données par François Ier à Suffolk, s. d. v. 1518, *Bibl. nat., fr. 23558, fol. 173 v°.* [486]

1519. **Février (?)-mai (?) 1519.**

a. JEAN DE LANGEAC, conseiller au grand conseil;

b. ANTOINE DE BUSSY-LAMET, bailli de la Montagne en Bourgogne. Partent vers février-mars 1519, *Barrillon, II, p. 117 et suiv.* Langeac, cité le 2 mai, *Bibl. nat., fr. 5756, fol. 8 v°.* [487]

1524. **Mars 1524.** — ANTOINE DE RINCON. Cité le 13 mars 1524, *Lanz, I, 109.* [488]

1526. **Décembre 1526-?** — STANISLAS DE LASCO, polonais, gentilhomme de la chambre du roi de France. Va partir, 1er décembre 1526, V, 806, 18866. [489]

1527. **Septembre 1527-juillet (?) 1528.** — ANTOINE DE RINCON. Écrit de Cracovie le 23 septembre 1527, *Bibl. nat., fr., 3013, fol. 139; Molini, II, n° 238.* (*M. Decrue, p. 82 et suiv., indique la date de 1526.*) Il se rend en Hongrie (*Decrue, ibid.*) et retourne en France par l'Angleterre au milieu de 1528, *Molini, II, n° 238 bis.* [490]

13° EN PORTUGAL.

1516. **1516.** — LE S^r^ DE LANGEAC, ambassadeur extraordinaire. Sa mission a lieu en 1516, *Santarem, Quadro elementar, III, 183.* [491]

1518. **1518.** — HONORAT DE CAIX, ambassadeur extraordinaire. Cité en 1518, *Introduction de M. de Caix au Recueil des instructions aux ambassadeurs de Portugal, p. LII.* [492]

Janvier 1522-?. — Honorat de Caix. Cité, janvier 1522, *Santarem, III, 196.* Ambassades
Accrédité auprès de Jean III qui monte alors sur le trône, par lettres du 11 février 1522, *ibid., 204.* [493] en Portugal.

?-juillet 1526. — Honorat de Caix. Est revenu, le 18 juillet 1526, V, 780, 18728. [494] 1526.

?-septembre 1527. — Honorat de Caix. Cité, 27 septembre 1527, *Santarem, III, 228.* Il devait être rentré en France, d'où il écrit plusieurs fois, notamment au roi de Portugal, en août, octobre 1528, octobre 1529, et une fois en 1530, *Santarem, ibid., p. 230 et suiv., 234 et suiv., 237.* [495] 1527.

Octobre 1529-?. — Pierre de La Garde, conseiller au parlement de Toulouse. Doit être sur le point de partir, le 15 octobre 1529, I, 671, 3513. [496] 1529.

Mars 1532-avril(?) 1534. — Honorat de Caix, résident. Sur le point de partir (quatre mois d'absence prévus), 11 mars 1532, II, 123, 4457. Cité, 8 novembre, II, 234, 5025; 5 avril 1533 (sans précision), II, 374, 5639; 376, 5649, [fin avril 1534], VII, 724, 28630. [497] 1532.

Novembre 1532-?. — François Lombard, avocat au Parlement, chargé d'une «mission secrète». Va partir, 8 novembre 1532, II, 239, 5022. [498]

Avril 1535-fin du règne. — Honorat de Caix, résident. Va repartir, 3 avril 1535, III, 47, 7679. Payé depuis cette date (jusqu'au 31 août 1537), VII, 118, 30340. Réponse du roi pour lui, du 2 septembre 1535, *Bibl. nat., fr., 3000, fol. 79.* Payé, 12 mars 1536, III, 185, 8348. Cité, 14 mars, III, 186, 8355. Payé, 16 juillet, III, 228, 8568. Cité, 17 janvier 1537, *Brewer, XII, 1, 122* (*errata*); 7 février[1], *ibid., 366;* 17 février, *Span. Cal., V, 2, p. 318 et suiv.;* 3 mars, *Brewer, XII, 1, 565;* [avril 1537], VIII, 12, 29367. Payé [mai 1537], VIII, 19, 29408. Cité, 10 juillet, *Brewer, XII, 2, n° 240.* Payé, août, VII, 118, 30340. Payé de dépenses depuis le 1er septembre 1537 (jusqu'au 31 mars 1539), III, 691, 10669; VIII, 203, 31135. Cité, 15 mars 1538, III, 508, 9852. Écrit, 19 mars, *Arch. nat., J. 967, n° 51.* Cité, vers août 1538, *Span. Cal., V, 2, p. 495.* Payé de dépenses jusqu'au 31 mars 1539, VIII, 203, 31135; du 1er avril au 31 décembre 1540, IV, 158, 11727; du 1er janvier au 31 décembre 1541, IV, 280, 12300. Cité, 10 janvier 1542, *Santarem, III, 287.* Cité (1er semestre de 1545), *ibid., 309;* 1er juin 1545, *ibid., p. 310.* Écrit, 13 août, *ibid., p. 310.* Doit rester en charge jusqu'à sa mort, en 1559. *Introd. des Instructions aux ambassadeurs de Portugal* (*Coll. des Instructions*), *p. LII.* [499] 1535.

Juillet-décembre 1536. — Raymond Pelisson, résident? Créances du 12 juillet 1536, *Santarem, III, 253.* Part entre le 30 novembre et le 31 décembre 1536: sauf-conduit, *Archives privées du château de Colombiers* (*Isère*), *lettre de Pelisson.* [500] 1536.

Juin 1537-août 1538 (?). 1537.

a. Jean de Calvimont, président au parlement de Bordeaux;

b. Bertrand de Manicamp ou Montcamp, conseiller au Parlement de Bor-

[1] L'empereur demanda vainement son renvoi à cette époque.

AMBASSADES EN PORTUGAL.

deaux, commissaires [1]. Ils reçoivent commission, le 2 juin 1537, de se rendre à Bayonne, III, 330, 9041. Cf. avec n° 9042, *Santarem, III, p. 262*. Payés (et maintenus) [1er-4 janvier 1538], VIII, 58, 29762. Cf. *Arch. nat., J. 966, n° 14*. Cités [vers août 1538], VIII, 283, 31926. [501]

1538. **Août 1538-août 1539.** — M. DE LOURDES, gentilhomme de la chambre du roi, envoyé par la reine de France. Cité comme parti, le 30 août 1538, *Span. Cal., VI, 1, p. 12 et 13*. Cité comme de retour, le 2 août 1539, *ibid., p. 177-182*. Cf. sur cette mission, *Span. Cal., VI, 1, p. 37, 45, 48, 79, 99*. [502]

1542. **Janvier-mai (?) 1542.** — CLAUDE DE LA GUICHE, évêque d'Agde. Va partir, 7 novembre 1541, *Arch. nat., K 1485, n° 38 A*. Part vers le 1er janvier 1542, *S. P., VIII, 650; Span. Cal., VI, 1, p. 433*. Arrive à Lisbonne vers le 10 janvier, *Santarem, III, 287*. Cité, 15 avril, *ibid., p. 295*; 27 avril, *ibid., p. 297*; 11 mai, *ibid., p. 299*; [mai], *ibid., p. 300*. [503]

14° EN SCHLESWIG.

1522. **Juin-août 1522.** — THIERRY VAN REYDT, envoyé près du duc de Schleswig et de Holstein. Instructions du 23 juin 1522, *Arch. nat., J 995 B, Teulet, Corr. fr., I, p. 36*. Renvoyé à François Ier. Instructions du 19 août 1522, *ibid., p. 37*. [504]

15° EN SUÈDE.

1541. **Novembre 1541-janvier 1542.** — CHRISTOPHE RICHER, ambassadeur en Danemark et Suède. Commission du 22 novembre 1541, *Camusat, p. 404* (*édition de 1619*). Cité comme récemment de retour en cour de France, 29 janvier 1542, *Span. Cal., VI, 1, p. 464*. Cité rétrospectivement à raison de cette ambassade, dans un traité du 1er juillet 1542, *Du Mont, IV, 2, p. 228*. [505]

1542. **Juin-juillet 1542.**

a. GUILLAUME POYET, chancelier;

b. PHILIPPE CHABOT, amiral. Pouvoirs de plénipotentiaires, du 18 juin 1542, IV, 335, 12573. Traités signés les 1er et 10 juillet 1542, IV, 343, 12615, *Du Mont, IV, 2, 228-231*. [506]

Novembre 1542-août (?) 1543. — CHRISTOPHE RICHER, ambassadeur en Suède (et Danemark). Instructions, 21 novembre 1542, *Camusat, fol. 410*. Part probablement le 23 novembre et payé d'avance jusqu'au 19 août 1543, IV, 385, 12810. Cité, 14 août 1543, *Ribier, I, 570*; cf. *Bibl. nat., ms. Brienne, 340, p. 14, 19, 21, 22 et suiv., 52, 59, 67*. [507]

1545. **Janvier 1545-?.** — CHRISTOPHE RICHER, ambassadeur en Suède (et Danemark). Instructions du 3 janvier 1545, *Camusat, fol. 411*. [508]

[1] C'est en vertu de la déclaration du 22 mars 1536 que s'assemblèrent, entre Bayonne et Fontarabie, les quatre commissaires délégués moitié par chaque roi, III, 189, 8371.

16° EN SUISSE.

a. PRÈS DES CANTONS EN GÉNÉRAL.

TABLEAU DES RÉSIDENTS.

Octobre 1515-juillet 1516. André Le Roy [510].
Mars 1516-janvier 1517. Charles Du Plessis, s^r de Savonnières [514].
Janvier 1519-mars 1520. Louis Forbin, s^r de Soliers [518].
Octobre 1520-juillet 1522. Antoine de Lamet [522].
Octobre 1522-novembre 1528. Louis Daugerant, s^r de Boisrigault [531].
Mars 1529-octobre 1535. Louis Daugerant, s^r de Boisrigault [558].
Février-juillet 1536. Louis Daugerant, s^r de Boisrigault [567].
Mars-décembre 1537. Louis Daugerant, s^r de Boisrigault [573].
Mai-juillet 1538. Louis Daugerant, s^r de Boisrigault [577].
Novembre 1538-juin 1544. Louis Daugerant, s^r de Boisrigault [578].
Mars-septembre 1543. Antoine Morelet du Museau [581].
Avril-octobre 1544. Jean de Villars, s^r de Blancfossé (intérimaire) [585].
Février-mars 1545. Jean de Villars, s^r de Blancfossé (intérimaire) [587].
Février-mars 1547. Guillaume Du Plessis, s^r de Liancourt [590].

b. PRÈS DES LIGUES GRISES.

Mars 1525-janvier 1531. Geoffroy Tavel, s^r de Grangis [593].
Janvier(?) 1537-novembre 1538. Jean-Jacques de Castione [594].
Mars-octobre 1539. Jean-Jacques de Castione [595].
Février 1542-fin du règne. Jean-Jacques de Castione [596].

Août-Septembre 1515. 1515.

a. ODET DE FOIX, S^gr DE LAUTREC;

b. RENÉ, BÂTARD DE SAVOIE, plénipotentiaires. Pouvoirs du 25 août 1515, *Rott, Représ.*[1] Signent un traité le 8 septembre 1515, à Gallarate, I, 59, 351. [509]

Octobre 1515-juillet 1516. — ANDRÉ LE ROY, secrétaire du roi, résident. Envoyé vers septembre 1515, *Barrillon, I, 142.* Instructions, octobre 1515, *Rott, I, 23.* Signe le traité du 7 novembre 1515, *Arch. nat., J 724, n° 1.* Le sieur de Savonnières, son successeur, désigné en mai 1516, *Rott, I, 23.* Il écrit cependant encore les 29 et 31 mai [1516], *ibid., II, 543,* et est encore en charge le 17 juillet 1516, *ibid., p. 24.* [510]

[1] L'ordre suivi par M. Ed. Rott dans son *Histoire de la Représentation diplomatique de la France auprès des Cantons suisses,* étant rigoureusement chronologique, on n'a pas cru utile d'indiquer les pages de cet ouvrage.

AMBASSADES EN SUISSE. **Octobre 1515-mai 1516.**

a. PIERRE DE LA GUICHE;

b. ANTOINE LE VISTE, S[gr] DE FRESNES. Instructions, octobre 1515, *Rott., I, 23.* Le Viste écrit le 14 octobre, de Milan, pour annoncer son départ pour la Suisse, *ibid.* Ils signent avec Le Roy le traité du 7 novembre 1515, *Arch. nat., J 724, n° 1.* Le sieur de Savonnières leur succède, *Rott, I, 23.* [511]

Décembre 1515-janvier 1516. — CHARLES DU PLESSIS, S[r] DE SAVONNIÈRES. Créances, 29 novembre 1515, *Rott, Représ.* Cité, 14 janvier 1516, *ibid.* [512]

1516. **Janvier-février 1516.** — ANTOINE DE LAMET. Cf. *Rott, Représ., 221.* [513]

Mars 1516-janvier 1517. — CHARLES DU PLESSIS, S[r] DE SAVONNIÈRES, conseiller et maître d'hôtel du roi, résident. Succède à La Guiche, Le Viste et Le Roy, *Rott, I, 23.* Créances et instructions, 1516, *Rott, Représ.* Écrit les 29 et 31 mai [1516], *Rott, II, 543.* Écrit (avec Le Roy) le 17 juillet 1516, *ibid., 24.* Rentré en France vers la fin de janvier 1517, *Rott, Représ.* [514]

Juillet 1516-janvier 1517.

a. RENÉ, BÂTARD DE SAVOIE;

b. LOUIS FORBIN, S[r] DE SOLIERS, plénipotentiaires. Cités, juillet 1516, *Rott, I, 23;* cf. *Barrillon, I, p. 235 et suiv.* Traité signé par eux et le sieur de Savonnières le 29 novembre 1516, *Du Mont, IV, part. I, p. 249.* Encore janvier 1517, *Rott, Représ.* [515]

1517. **Juillet 1517.**

a. ALEXANDRE DE SAINT-GELAIS, S[r] DE LANSAC;

b. DENIS POILLOT, conseiller du roi en son Conseil, envoyés à Berne pour régler l'application du traité de Fribourg. Cités 27 juillet 1517, *Arch. nat., J 935, n° 23.* [516]

1518. **Août 1518-juillet 1520.** — CHARLES DU PLESSIS, S[r] DE SAVONNIÈRES. Créances, 10 juillet 1518, *Rott, Représ.* Cité, janvier et juillet 1520, *ibid., 202 et suiv.* [517]

1519. **Janvier 1519-mars 1520.** — LOUIS FORBIN, S[r] DE SOLIERS, résident(?). Créances du 4 janvier 1519, *Sanuto, Diarii, t. XXVI, col. 465.* Les présente le 14 février, *ibid.* Cité, 21 septembre 1519, *I man. Torrig., p. 407.* Encore en charge, mars 1520, *Rott, Représ.* [518]

1520. **Janvier 1520 (?).** — CLÉMENT CHAMPION. Envoyé vers janvier 1520, *Arch. des Aff. étr., corr. d'Espagne, V, fol. 262 r°.* [519]

Avril 1520. — ANTOINE DE LAMET, remplace temporairement les sieurs de Savonnières et de Soliers, *Rott, Représ.* [520

Avril-juillet 1520.

a. PIERRE DE LA GUICHE, bailli de Mâcon,

b. Pierre Anthoine, official de Luçon et conseiller au grand conseil; plénipotentiaires. Partent aussitôt après Pâques 1520 (vers le 10 avril), *Barrillon, II, 165*. Écrivent cependant le 12 juillet, *Sanuto, Diarii, t. XXIX, p. 106 et suiv.* Ne réussissent pas, *Barrillon, ibid.* [521]

Ambassades en Suisse.

Octobre 1520-juillet 1522. — Antoine de Lamet, résident. Créances, 25 octobre 1520, *Rott, Représ.* Écrit (de Berne) le 26 décembre [1520], *Rott, IV, 567;* le 25 janvier [1521], *ibid.;* le 7 et le 17 mars [1521], *ibid.* Écrit le 24 mars [1521], *Rott, II, 544;* le 8 avril [1521], *Rott, IV, 567;* le 14 avril [1521], *ibid., I, p. 25;* les 16 et 19 avril [1521], *ibid., IV, p. 567.* Signe un traité le 5 mai 1521, *Du Mont, IV, 1re part., 333.* 10 mai, *Rott, IV, 567.* Cité, 14 août, *Eidgenoss. Absch., IV, 1a, p. 80.* Écrit, 4 décembre, *Rott, I, p. 29;* 6 février [1522], *ibid., III, 636;* 10 avril [1522], *ibid.* (parle de quitter son poste). Cité, 9 juillet 1522, comme allant quitter son poste, *ibid.* Écrit cependant encore le 15 juillet 1522, de Berne, *ibid.* [522]

Avril-mai 1521. — Jean Paste. Écrit les 16, 19 avril [1521], 10 mai, *Rott, IV, 567.* [523]

1521.

Juillet 1521. — Albert de Stein, envoyé pour demander une levée d'hommes, en juillet 1521, *Rott, Représ.* [524]

Juillet-août 1521. — Étienne Des Ruyaux. Écrit, 26 juillet 1521, *Bibl. nat., fr., 3050, fol. 75.* Écrit le 21 août, *ibid., fr., 2931, fol. 83; Rott, I, 136.* [525]

Août 1521. — Geoffroy Tavel, sgr de Grangis, ambassadeur extraordinaire. Cité, 14 août 1521, *Amtliche Sammlung, IV, 1, p. 80.* Écrit le 19 août, *Bibl. nat., fr., 3050, fol. 106.* [526]

Septembre 1521. — Jean de Langeac. Instructions du 6 septembre 1521, *Bibl. nat., fr., 3092, original.* Arrive à Berne le 23 septembre et écrit le 30 septembre, *ibid., fr., 2977, fol. 57.* [527]

Décembre 1521-février 1522. — Grande ambassade extraordinaire :

a. Anne de Montmorency. Part vers le 10 décembre 1521. Arrive à Berne le 21 décembre, à Fribourg (où le rejoint le reste de l'ambassade) le 1er janvier 1522. Revient vers février 1522, *Bibl. nat., fr., 2975, fol. 79; Amtliche Sammlung, IV, part. 1, p. 150; Decrue, Anne de Montmorency, p. 20 et suiv.;*

b. René, bâtard de Savoie, grand-maître de France. Part de Saint-Germain-en-Laye le 17 décembre 1521. Est en Suisse le 23 décembre. Reçu à Fribourg le 1er janvier 1522. Écrit le 30 janvier, *Rott, I, p. 38 et 39; Bibl. nat., fr., 3030, fol. 29, fr. 2972, fol. 44; Amtliche Sammlung, IV, part. 1, p. 150;*

c. Jacques de Chabannes, sr de la Palisse;

d. Galéas de Saint-Séverin;

e. Jean Caluau, évêque de Senlis. Sont en Suisse le 29 décembre 1521. Reçus le 1er janvier 1522, *Bibl. de l'Institut, fonds Godefroy, 255, n° 6, cité par Rott, p. 38; Amtliche Sammlung, IV, part. I, p. 150;*

f. Galéas Visconti. Reçu le 1er janvier 1522. Cité le 30 janvier, *Amtliche Sammlung, IV, part. 1, p. 150; Rott, I, p. 39;*

Ambassades en Suisse. *g.* Jean Morelet du Museau. Reçu le 1er janvier 1522. Écrit le 30 janvier, *Rott, I, p. 39; Amtliche Sammlung, ibid.;*

h. Henri Bohier. Écrit le 30 janvier 1522, *Rott, ibid.* [528]

1522. **Juin-octobre 1522.** — Charles Du Solier, s[r] de Morette. Créances, 19 juillet 1522, *Rott, Représ.* Encore là en octobre, *ibid.* [529]

Juillet 1522. — Jean Morelet du Museau. Cité le 15 juillet [1522], *Rott, II, 544.* Juillet 1522, *Eidgen. Absch., IV, part. I[a], p. 218.* [530]

Octobre 1522-novembre 1528. — Louis Daugerant, s[r] de Boisrigault, résident. Créances, octobre et 23 novembre 1522, *Rott, Représ.* Cité, 15 juin 1523, *Amtliche Sammlung, IV, part. I, p. 296.* Cité, août 1523, *Decrue, Anne de Montmorency, p. 37.* Cité, 22 novembre 1523, *Brewer, III, n° 3550.* Cité 21 et 22 août 1524, *Bibl. nat., fr., 20503, fol. 179 et 147.* (Cf. fréquentes mentions, *Amtliche Sammlung, passim.*) Écrit, 5 novembre, 5 et 8 décembre [1524], *Rott, III, 637 et suiv.* Fait aux Suisses des communications, 26 juin et 11 août 1525, *Eidgen. Absch., IV, p. I[a], p. 696 et 751.* Cité, 13 novembre 1526, V, 800, 18835. Écrit, 19, 21, 24 janvier [1527], *Rott, III, 638; 4* et 16 février 1528, *Rott, I, 45 et suiv.* Cité : 28 juillet 1528, *Rott, III, 638;* 19 juillet, *ibid.;* 28 juillet, *ibid., I, 46;* 16 et 28 novembre 1528, VI, 155, 19686, *Bibl. nat., fr., 20503, fol. 139.* [531]

Novembre 1522-mars 1523. — André Le Roy. Créances du 23 novembre 1522, *Rott, Représ.* Encore en charge en mars 1523, *ibid.* [532]

1523. **Mars-mai 1523.** — Jean Morelet du Museau. Rappel de créances le 31 mars 1523, *Rott, Représ.* Assiste à la journée de Berne, 26 mars, *ibid.* [533]

Juillet-septembre 1523. — Jean Morelet du Museau. Va se rendre en Suisse, 28 juillet 1523, *Rott, I, p. 41.* Cité en 1523, *Eidgen Absch., IV, part. I[a], p. 278.* Encore en septembre, *Rott, Représ.* [534]

Juillet-août 1523. — Anne de Montmorency, maréchal de France. Instructions, fin juillet 1523, *Decrue, 37.* Lettre à lui, 28 juillet, *Rott, I, p. 41.* Gagne Genève au commencement d'août, Lucerne le 17 août, *Decrue, 38.* Fait des levées et, devenant chef de troupes, part avec celles-ci vers le 25 août, *ibid.* [535]

Juillet-septembre 1523. — Antoine de Lamet. Va se rendre en Suisse, 28 juillet 1523, *Bibl. nat., fr., 3034, fol. 23 (cité par Rott, I, p. 41).* Encore là en septembre, *Rott, Représ.* [536]

1524. **Avril 1524.**

a. Pierre de La Guiche;

b. Charles Du Plessis, s[r] de Savonnières. Instructions d'avril 1524, *Arch. nat., J 935, n° 44.* [537]

Avril 1524.

a. Antoine de Lamet;

b. François d'Orléans-Longueville, marquis de Rothelin. A la diète de Lucerne le 20 avril, *Rott, Représ.* [538]

Juin-novembre 1524. — Jean Morelet du Museau. Créances, 6 juin 1524, *Rott, Représ.* Rappel de créances, 12 novembre, *ibid.* [539]

Juillet-septembre 1524. — ANTOINE DE LAMET. Créances, 9 juillet 1524, *Rott, Représ.* Écrit de Lyon (avant de repartir), 18 juillet 1524, *Rott, III, 637.* Écrit, 21 et 22 août 1524, *Bibl. nat., fr., 20503, fol. 179 et 147;* 13 septembre, *Rott, III, 637.* Dut quitter, semble-t-il, peu après, car les nombreuses mentions de lui faites dans les *Eidgenoss. Abschiede (IV, part. I^a, passim)* prennent fin avec août 1524. [540] AMBASSADES EN SUISSE.

Janvier 1525. — DENIS POILLOT, s^r DE LAILLY. Créances, 10 janvier 1525, *Rott, Représ.* A la diète de Lucerne, le 27, *ibid.* [541] 1525.

Février 1525-octobre 1526. — JEAN MORELET DU MUSEAU. Rappel de créances, 13 février 1525, *Rott, Représ.* Gardé comme otage. Encore là au commencement de 1526, *ibid.* Rappel de créances, 18 juillet 1526, *ibid.* Écrit, 12 septembre [1526], *Rott, III, 638.* Rentré à Paris, 29 octobre, *Rott, Représ.* Cité, 13 novembre 1526, V, 800, 18835. Cité comme ancien ambassadeur le 20 mars 1527, VI, 34, 19083. [542]

Février-avril 1525. — GASPARE SORMANO. Créances, 28 février 1525, *Rott, Représ.* Encore en avril, *ibid.* [543]

Novembre 1525. — JEAN DE LANGEAC. Créances du 26 octobre 1525, *Rott, Représ.* [544]

Avril-juillet 1526. — GASPARE SORMANO. Instructions d'avril 1526, *Rott, Représ.* A la diète de Bade, 25 juin; de retour en juillet, *ibid.* [545] 1526.

Juillet 1526.

a. CHARLES DE COUCIS, s^r DE BURIE;

b. JEAN HÉDOUIN. Créances du 4 juillet 1526. A la diète de Lucerne, le 18, *Rott, Représ.* [546]

Juillet-août 1526. — GUILLAUME DU BELLAY, s^r DE LANGEY. Créances, 18 juillet. A la diète de Lucerne, le 1er août 1526, *Rott, Représ.* [547]

Septembre 1526. — M. DE MORETTE. Cité le 13 septembre 1526, *Ven. Cal., III, n° 1408.* [548]

Octobre 1526. — JACQUES COLIN, secrétaire et valet de chambre du roi, envoyé en Suisse. Créances, 4 octobre 1526, *Arch. nat., F. 86244 (Probst), n° 9.* [549]

Octobre-novembre 1526. — JACQUES COLIN. Envoyé de Beaugency le 4 octobre 1526, *Rott, Représ.* Est à Berne le 10 octobre. Mandement de payement, 13 novembre 1526, V, 800, 18835, *Bourrilly, Jacques Colin, p. 12-13.* [550]

Janvier 1527. — LE s^r D'ESTEIL, passe à Berne avant le 24 janvier 1527, *Rott, Représ.* [551] 1527.

Février 1527-mai 1529. — MORELET DU MUSEAU. Créances, 24 février 1527, *Rott, Représ.* En charge depuis mai 1527 et durant toute l'année, *ibid.* Cité, 4 février 1528, *Rott, I, 45.* Écrit, 16 février, *ibid., 47.* Cité, avril, *ibid., 46;* 28 juin, *ibid., III, 638.* Cité; 19 juillet, *ibid.;* 28 juillet, *ibid., I, 46.* Écrit, 29, 30 septembre, *ibid.* Cité, 16 novembre 1528, VI, 155, 19686. Cité, 14 mars [1529], *Rott, I, 291.* Écrit, 16 mars, 2 avril [1529], *ibid., III, 639.* Cité le 15 novembre 1529 comme décédé, VI, 199, 19905. Il était mort en mai, *Rott, Reprės.* [552]

Juin-juillet 1527. — LOUIS DE RABODANGES. Doit partir en hâte, 28 juin 1527, VI, 71, 19257. Écrit, 15 juillet, *Rott, II, 544, Reprės.* [553]

Décembre 1527-février 1528. — GUILLAUME DU PLESSIS, s[r] DE LIANCOURT ET DE SAVONNIÈRES, à la diète de Lucerne, 30 décembre 1527; regagne la cour au commencement de février 1528, *Rott, Reprės.* [554]

1528. **Mars-mai 1528.** — GUILLAUME DU PLESSIS, s[r] DE LIANCOURT. Pouvoirs, *Bibl. nat., fr., 3082, fol. 79.* Cité, *Rott, I, 47.* A Lucerne, à la fin de mars 1528; rentré à Saint-Germain en mai, *Rott, Reprės.* [555]

Mars-mai 1528. — CHRISTOPHE HENNEQUIN. Pouvoirs, *Bibl. nat., fr., 3082, fol. 79.* A Lucerne, 10 mars 1528. Cité, 29 avril, *Amtliche Sammlung, IV, 1, p. 1313.* Rentré à Saint-Germain en mai, *Rott, Reprės.* [556]

Novembre-décembre 1528. — CLAUDE DE BOMBELLES, s[r] DE LAVAU, à la diète de Bade le 14 décembre 1528, *Rott, Reprės.* [557]

1529. **Mars 1529-octobre 1535.** — LOUIS DAUGERANT, s[r] DE BOISRIGAULT. Cité comme venant d'arriver le 14 mars 1529, *Rott, I, p. 291.* Écrit le 16 mars, *ibid., III, 639;* 31 mars, *ibid., I, 46;* 2 avril, *ibid., III, 639;* 30 septembre, 2 octobre, *Bibl. nat., fr., 20503, fol. 153 et 151;* octobre, I, 672, 3522. Cité, 15 janvier, 21 mars, 20 mai, 27 juillet, 9 août 1530, *Rott, Reprės.* Écrit : 17 novembre 1530, *Rott, III, 639,* 1531; 1er avril, *ibid.;* 25 octobre, *Brewer, V, n° 495;* 11 décembre, *Rott, I, 47;* 15 décembre, *ibid., III, 639;* 1532, 16 mars, *Rott, I, 49;* 27 mai, *ibid., II, 544;* lettres à lui, 12, 14 et 17 juin, *ibid.;* écrit, 19, 28 juin, 12 juillet, *ibid., I, 49, III, 639;* 27 novembre, 6 décembre, *ibid., II, 544;* lettre à lui, 22 décembre, *ibid.,* 1533; écrit : 9 janvier, *Rott, I, 49;* 27 février, *ibid.;* 11 mars, *ibid., III, 639;* 30 août, *ibid.;* lettre à lui, 29 septembre, VII, 807, 29205. 1534 : écrit, 8 mars, *Rott, III, 640;* lettre à lui, commencement de mai, VII, 778, 28993; cité, 20 mai 1534, II, 677, 7050. Quitte la Suisse en vertu d'un congé, fin d'octobre 1535, *Rott, Reprės.* [558]

Novembre 1529-juin 1533. — LAMBERT MEIGRET. Créances, 18 novembre 1529, *Rott, Reprės.* Rappel de créances, 22 avril 1530, *ibid.* Écrit le 17 novembre 1530, *Rott, III, 639;* 11 avril [1531], *ibid.* Cité, 25 octobre [1531], *Brewer, V, n° 495.* Écrit, 15 décembre 1531, *Rott, III, 639;* 16 mars 1532, *Rott, I, 49;* 27 mai [1532], *Rott, II, 544.* Lettres à lui, 12, 14, 17 juin 1532, *ibid.;* 19 juin, *ibid., III, 639;* 28 juin, 12 juillet, 14 octobre, 2 novembre, *ibid., I, 49;* 27 novembre, *Rott, II, 544;* 6 décembre, *ibid.* Lettre à lui, 22 décembre 1532, *ibid.* Écrit, 9 janvier 1533, *Rott, I, 49;* 11 mars 1533, *ibid., III, 639.* Meurt en charge, 14 juin 1533, *Rott, Reprės.* [559]

1531. **Juin-juillet 1531.** — ANTOINE DE BRENIEU. Instructions du 26 juin 1531, *Rott, Reprės.* Cité, 22 juillet, *ibid.* [560]

Septembre-décembre 1531. — JEAN DE LANGEAC, évêque d'Avranches. Va partir, 12 septembre 1531, et payé, II, 81, 4251. Écrit, 11, 12 et 24 novembre 1531, *Rott, I, 48; III, 639.* Cité dans un rôle pouvant appartenir à la deuxième moitié de 1531 (s. d.), VII, 654, 28032. Son voyage doit durer peut-être deux mois, *ibid.*, *28033*. Cité rétrospectivement (s. d.), VIII, 157, 30712. [561]

Septembre-novembre 1532. — GUILLAUME FÉAU, s[r] D'IZERNAY. Lettres à lui, 30 septembre, 31 octobre, 6 novembre, 17 novembre 1532, *Rott, I, p. 49.* [562] 1532.

Avril 1533-janvier 1534. — JEAN RAVIER ou RAVIET. Créances, 23 avril, *Rott, Reprdefinitions.* Cité, 25 juin 1533, *Rott, III, 639.* Cité, 27 juin, II, 461, 6031. Écrit, 30 août, *Rott, III, 639.* Cité, 7 janvier 1534, II, 600, 6690. Cité comme étant resté en charge du 10 juin 1533 au 15 janvier 1534 et payé, VII, 810, 29231. [563] 1533.

Avril-décembre 1533. — ANTOINE DE LAMET. Créances 23 avril, *Rott, Représ.* Cité comme désigné, sinon en charge, le 10 juin 1533, VII, 811, 29231. Présente aux Ligues des propositions, le 25 juin, *Rott, III, 639.* Cité, 29 juin, II, 461, 6031. Écrit, 30 août, *Rott, III, 639.* Cité, 29 septembre 1533, VII, 807, 29205. Reste en charge (en 1533) 308 jours, VII, 810, 29229. Sa mission doit prendre fin vers le 1er janvier 1534. Cité rétrospectivement le 7 janvier 1534, II, 600, 6690. [564]

Mai-septembre 1534. — ANTOINE DE LAMET. Part le 12 mai [1534] de Paris pour la Suisse, VII, 810, 29230. Créances, 16 mai 1534, *Rott, Représ.* Fait des propositions le 21 juin 1534, *Rott, III, 640.* Payé du 12 mai au 30 septembre 1534, II, 747, 7372. [565] 1534.

Mai 1534. — GUILLAUME DU BELLAY, s[r] DE LANGEY. Lettres pour lui partant au commencement de mai 1534, de Nantouillet, VII, 778, 28993. A Bade, le 5 mai, *Rott, Représ.* Langey cité (comme devant diriger une distribution de deniers à Soleure), vers mai 1534, VII, 778, 28995-28996, 28998. [566]

Février-juillet 1536. — LOUIS DAUGERANT, s[r] DE BOISRIGAULT, résident. Créances, 1er février 1536, *Arch. nat., F 86244, n° 30.* Va partir pour une nouvelle ambassade, 2 février 1536, III, 171, 8288. Lettre à lui, 30 juin 1536, *Rott, I, 57*; 16 juillet, *ibid.* Payé, 10 juillet, III, 225, 8556. Attendu incessamment à Lyon le 26 juillet, *Rott, I, 57.* Payé, 2 août 1536, III, 234, 8597 [(1)]. [567] 1536.

Février 1536. — JEAN D'ESTOUTEVILLE, s[r] DE VILLEBON, envoyé aux chefs de l'armée bernoise, les rejoint à la Cluse en Bresse, le 12 février 1536, *Rott, Représ.* [568]

Avril-août 1536. — CLAUDE DE BOMBELLES, s[r] DE LAVAU. Créances du 28 avril 1536, *Rott, Représ.* Rejoint la cour à la fin d'août, *ibid.* [569]

[(1)] L'intérim fut exercé, en l'absence des résidents, successivement par plusieurs simples «chargés d'affaires» :

a. GEORGES DE RIVE, novembre 1535-février 1536.

b. GUILLAUME MAILLARD, secrétaire-interprète : novembre 1535-février 1536; fin septembre 1536-mai 1537; fin septembre 1542-fin février 1543.

c. JEAN MERVEILLEUX, secrétaire-interprète : fin septembre 1543-janvier 1544; octobre 1544-février 1545; mars-juin 1545; septembre 1545-mars 1546.

d. FRANÇOIS DE LA RIVIÈRE, novembre 1546-20 février 1547.

Cf. sur ces intérims, *Rott, Représ.*, *p. 285-301.*

AMBASSADES EN SUISSE.

Juin-septembre 1536.

a. GUILLAUME FÉAU, S[r] D'IZERNAY;

b. ÉTIENNE DE LAIGUE, S[r] DE BEAUVAIS. Négocient ensemble de la fin de juin à la fin de septembre 1536, *Rott, Représ.* Créances d'Izernay, des 22 et 23 juin, *ibid.* Première lettre à Izernay, 30 juin, *Rott, I, 51.* Écrivent encore, 17 septembre, *ibid., IV, 568.* [570]

Août-septembre 1536. — NICOLAS DE BOSSUT, S[r] DE LONGUEVAL. Créances, 18 août, *Rott, Représ.* Payé d'avance, part le 20 août 1536, III, 237, 8615. Rentre en France en septembre, *Rott, Représ.* [571]

Août-septembre 1536. — MARIN DE MONTCHENU. Créances du 18 août 1536. Rentre en France en septembre, *Rott, Représ.* [572]

1537. **Mars-décembre 1537.** — LOUIS DAUGERANT, S[r] DE BOISRIGAULT. Créances du 3 mars 1537, *Arch. nat., F. 86244 (Probst).* Se trouve à Lyon (avant de partir) le 20 avril 1537, *Arch. nat., J. 965, n° 8[12];* et encore le 30 avril, *Rott, I, p. 52 et suiv.* Le mois de mars compte cependant dans son traitement, VIII, 2, 29276, bien qu'il fût à Montargis le 16 mars, *Rott, ibid.* Cité, [avril 1537], VIII, 14, 29374 [avril ou mai], VIII, 146, 30611. Sur le point de partir, 28 avril, *Arch. nat., J. 965, n° 6[15].* Était arrivé à Lucerne avant le 24 mai, *Rott, ibid., p. 53.* Payé, mai, VIII, 16, 29396. Cité, juin, VIII, 154, 30682, 30688; *Rott, III, 640.* Écrit, 10 juin, *Arch. nat., J. 967, n° 30.* Payé de son traitement de mars à juin, VIII, 2, 29266. Fait une proposition, 31 juillet 1537, *Rott, III, 640.* Sa correspondance va sans interruption de mai au 31 octobre 1537, *Rott, I, p. 52-53.* Lettre de lui, fin octobre, VIII, 32, 29514. Cité, octobre, VIII, 97, 30131. Réponse à une lettre de lui, 9 décembre [1537], VIII, 74, 29910. Payé 29 décembre, III, 432, 9507. [573]

Juillet 1537.

a. RAYMOND PELLISSON;

b. PIERRE MONNIER, plénipotentiaires. Négocient en juillet 1537, *Rott, Représ.* [574]

1538. **Avril-mai 1538.** — GUILLAUME FÉAU, S[r] D'IZERNAY. Instructions, 25 avril 1535, *Rott, Représ.* Négocie en mai, *ibid.* [575]

Mai 1538-décembre 1541. — JEAN DE VILLARS, S[r] DE BLANCFOSSÉ, « chargé des affaires du roi ». Payé de mai à juillet 1538. Semble encore en charge en janvier 1539, VIII, 223, 31319. Cité le 7 décembre 1541, *St. Pap. Henri VIII, t. VIII, 643.* [576]

Mai-juillet 1538. — LOUIS DAUGERANT, S[r] DE BOISRIGAULT, maître d'hôtel du roi, résident. Nouveau pouvoir qu'il reçoit le 4 mai 1538, VI, 489, 21418. Payé pour mai-juillet 1538, VIII, 222, 31319. Écrit, 8 juillet, de Soleure, demandant à rentrer en France, *Arch. nat., J. 168, n° 156.* Cité [janvier 1539] rétrospectivement, VIII, 222, 31318. [577]

Novembre 1538-juin 1544. — LOUIS DAUGERANT, S[r] DE BOISRIGAULT, résident. Lettre à lui, novembre 1538, VIII, 278, 31891. Payé pour décembre 1538, janvier et février 1539, VIII, 178, 30915. Cité, 12 avril 1539, *Ribier, I,*

431. Écrit, 30 avril, *ibid.*, *456*; 31 mai, *ibid.*, *464*. Traité qu'il conclut, 11 juin 1539, VI, 562, 21823. Écrit 16 avril 1540, *Ribier*, *I*, *518*. Lettre à lui, 3 octobre 1540, *ibid.*, *542*; 4 janvier 1541, *ibid.*, *558*; remboursé, 31 mars, IV, 492, 11880. Écrit, 26 mai, *Bibl. nat.*, *fr.*, *6616*, *fol. 31*. Cité, 18 septembre 1541, IV, 239, 12111; septembre, *Corr. de Castillon*, *p. 340*; *Span. Cal.*, *VI*, *1*, *p. 359 et suiv.* Écrit, 3 octobre 1541, *Rott*, *I*, *p. 54*. Payé du 3 avril au 3 juillet 1542, IV, 347, 12633. Remboursé de dépenses, 21 janvier 1543, IV, 397, 12861. Créances, 1er décembre 1543, *Arch. nat.*, *F. 86244*, *n° 80* (*Probst*). Encore cité comme ambassadeur le 8 juin 1544, *Mélanges historiques* (*Collection des documents inédits*), *t. IV*, *p. 394*. [578] AMBASSADES EN SUISSE.

Décembre 1540-avril 1541. — JAMES DE SAINT-JULIEN. Cité, 13 décembre 1540, *Eid. Absch.*, *vol. IV*, *part. 1 c*, *p. 1281*; 10 janvier 1541, *ibid. 1 d*, *p. 5*. Encore en mission en avril, *Rott*, *Représ.* [579] 1540.

Octobre 1541. — BERTRAND DE LA BORDERIE. Créances, 17 octobre 1541, *Rott*, *Représ.* [580] 1541.

Mars-septembre 1543. — ANTOINE MORELET DU MUSEAU [fils, le jeune], sr DE LA MARCHEFERRIÈRE, secrétaire et valet de chambre ordinaire du roi, résident. Va partir, 6 mars 1543, IV, 408, 12910. Payé le 8 juillet 1543, du 4 juin au 1er septembre 1543, IV, 468, 13198. [581] 1543.

Juin-septembre 1543. — JEAN DE VILLARS, sr DE BLANCFOSSÉ. Cité de juin à septembre 1543, *Rott*, *Représ.* [582]

Juillet 1543.

a. RAYMOND PELLISSON;

b. JEAN DU BUISSON, plénipotentiaires. Signent un traité le 4 juillet, *Rott*, *Représ.* [583]

Août 1543. — LE sr DE LA ROCHE. Cité en août 1543, *Rott*, *Représ.* [584]

Avril-octobre 1544. — JEAN DE VILLARS, sr DE BLANCFOSSÉ. Créances du 20 avril 1544, *Rott*, *Représ.*; du 8 juin 1544, *Mélanges historiques*, *IV*, *p. 394* (*Collection des documents inédits*). Créances comme résident intérimaire, 14 juillet, *Rott. Représ.* Encore en charge fin octobre, *ibid.* [585] 1544.

Septembre-octobre 1544. — JEAN-JACQUES DE CASTIONE. Chargé d'annoncer aux Ligues la paix de Crépy. Créances, 19 septembre, *Rott*, *Représ.* Cité, octobre, *ibid.* [586]

Février-mars 1545. — JEAN DE VILLARS, sr DE BLANCFOSSÉ, résident intérimaire. Cité février et mars 1545, *Rott*, *Représ.* [587] 1545.

Juin-septembre 1545. — ANTOINE MORELET DU MUSEAU, le jeune. Cité, 16 juin 1545, *Rott*, *Représ.* Regagne la France au commencement de septembre, *ibid.* [588]

Novembre 1545-janvier 1546. — FRANÇOIS DE LA RIVIÈRE. Créances, 24 novembre 1545, *Rott*, *Représ.* Quitte en janvier 1546, *ibid.* [589]

Février-mars 1547. — GUILLAUME DU PLESSIS, s^r DE LIANCOURT, résident. Créances, février 1547, *Rott, Représ.* Encore en charge à la mort du roi, *ibid.* [590]

b. PRÈS DES LIGUES GRISES.

1523. **Janvier-février 1523.** — LOUIS DAUGERANT, s^r DE BOISRIGAULT, chargé d'une mission extraordinaire auprès des Ligues grises en janvier et février 1523, *Rott, Représ.* Passe un traité à Coire, le 5 février, *Arch. nat., J. 985, n° 9.* Lettre à lui adressée le 25, *ibid., n° 25.* [591]

Juillet-décembre 1523. — GEOFFROY TAVEL, s^r DE GRANGIS, chargé d'une mission extraordinaire auprès des Ligues grises. L'accomplit du milieu à la fin de 1523, *Rott, Représ.* [592]

1524. **Octobre 1524-janvier 1531.** — GEOFFROY TAVEL, s^r DE GRANGIS, résident près des Ligues grises. En mission dès octobre 1524 et résident au moins depuis mars 1525, *Rott, Représ.* Payé, 30 avril 1526, V, 756, 18600. Écrit, 24 juin [1526], *Rott, III, 657;* 15 septembre [1526], *ibid.;* 22 octobre [1526], *Bibl. nat., fr. 2988, fol. 100;* 12 janvier [1527], *Rott, I, p. 291;* avril [1528], *ibid., III, 657;* 6 août [1528], *ibid.* Cité, 25 novembre 1528, I, 618, 3242; 3 février 1529, VI, 165, 19735. Écrit, 14 mars 1529, *Rott, I, p. 291.* Son poste supprimé, janvier 1531, *Rott, Représ.* Cité comme n'étant plus en fonctions, en juillet 1531, II, 71, 4198. Cité rétrospectivement comme ayant été en charge six ans et quatre mois, II, 354, 5547; 453, 5997. [593]

1537. **Janvier (?) 1537-novembre 1538.** — JEAN-JACQUES DE CASTIONE, gentilhomme italien, résident. Était ambassadeur vers le commencement de 1537 au plus tard, *Rott, Représ.* Remboursé le 22 septembre 1537 de dépenses antérieures, VIII, 101, 30173. Repart le 22 septembre pour retourner à son poste. Payé depuis cette date, VIII, 101, 30174; cf. III, 393, 9318, dates erronées. Doit être de retour le 26, le 30 ou 31 novembre 1538. Payé seulement jusqu'au 30 novembre, le 4 février 1539, III, 713, 10763; VIII, 160, 30734; III, 646, 10471. [594]

1539. **Mars-octobre 1539.** — JEAN-JACQUES DE CASTIONE, résident. Sur le point de partir, 5 mars 1539, III, 739, 10890; VIII, 174, 30870. Payé du 6 mars au 7 octobre 1539, IV, 140, 11643. [595]

1542. **Février 1542-fin du règne.** — JEAN-JACQUES DE CASTIONE, résident. Devait être en charge depuis février 1542, probablement. Payé de six mois de son état le 9 août 1542, IV, 361, 12692. Payé le 12 octobre 1542, de son état entre le 8 août et le 31 octobre 1542, IV, 379, 12781. Encore en fonctions en 1547, *Rott, Représ.* [596]

17° EN TURQUIE.

1525. **Fin 1525-juillet 1526 (?).** — JEAN-FRANÇOIS FRANGIPANI [1]. Arrive à la fin de 1525, *Charrière, 116, note, 117.* Cité, 18 juillet 1526, peut-être par erreur, comme ambassadeur turc auprès du roi de France, V, 780, 18729. En

[1] Avant lui, un agent dont le nom est inconnu avait été envoyé par la régente, dans la 1re moitié de 1525. Il ne put parvenir jusqu'en Turquie. Cf. *Charrière, 116, note, 117.*

tout cas, il est envoyé en Turquie avec une mission de François Ier. Cf. *Charrière, 158, 160; Figeac, III, 661; Brewer, IV, 930-961, 1135, 1473.* [597] AMBASSADES EN TURQUIE.

Janvier 1535-septembre 1537. — JEAN DE LA FORÊT, notaire et secrétaire du roi, résident. Payé le 15 janvier 1535 (jusqu'en juillet 1536), III, 4, 7467. Instructions du 11 février 1535, *Charrière, I, 255.* Son envoi connu publiquement à Lyon, même date, *Arch. Vat., N. Gall, I, fol. 76.* Traité signé par lui, février 1536, III, 179, 8319. Cité [juin 1537], VIII, 153, 30678. Lettres à lui, août 1537, VIII, 117, 30335. Mort en charge, en septembre 1537, *P. de Vaissière, Marillac, p. 12,* VIII, 172, 30849. Cité rétrospectivement, en 1538, III, 574, 10148. [598] 1535.

Février-août 1535. — SERAFINO DEL GOSO ou DE GOZZE, gentilhomme de Raguse, envoyé près d'Ibrahim-Pacha. Va partir, 24 février 1535, et reviendra, III, 24, 7562. Arrêté par les Impériaux, à son retour, août 1535, *Bourrilly, L'ambassade de la Forest et de Marillac,* dans *Revue historique, mai-août 1901, p. 308.* [599]

Février 1535. — CESARE IMPERIALI, sicilien. Chargé d'une mission, d'abord près de Barberousse, puis près du sultan. Part le 19 février 1535; doit passer par la Sicile, *Arch. Vat., N. Gall., I, fol. 89.* [600]

Juin 1537-juin 1538. — CHARLES DE MARILLAC. Quitte la cour en juin 1537, VIII, 153, 30678. Subit des retards avant son départ de France, *Arch. nat., J. 966, n° 12.* Part de Marseille le 15 août, *Charrière, I, 340.* Première audience du sultan vers le 11 septembre, *ibid., 350.* Reste, à partir du 18 septembre, comme secrétaire ou intérimaire, le décès de l'ambassadeur La Forêt étant survenu à ce moment, *Vaissière, p. 12; Charrière, I, 351.* Payé [janvier 1538], VIII, 64, 29820. Repart le 15 ou 16 juin 1538 pour la France, *Charrière, I, 385.* [601] 1537.

Juin-septembre 1537. — BERTRAND D'ORNEZAN, BARON DE SAINT-BLANCARD. Pouvoirs préparés, mais non scellés, 27 juin 1537, *Arch. nat., J. 966, n° 12 r°.* Ne part que le 15 août de Marseille, *Charrière, I, 340.* Audience d'arrivée du sultan, le 10 ou 12 septembre, *ibid., 350.* Part vers le 18 septembre, *ibid., 351.* [602]

Août 1537-juin 1538. — BERTRAND DE LA BORDERIE. Doit partir en août 1537 et arriver en septembre. Il remplace La Forêt, décédé. Son absence, qui dure dix mois, semble prendre fin en juin 1538, VIII, 172, 30849; 252, 31621. [603]

Janvier 1538-mars 1541. — ANTOINE DE RINCON, résident. Part le 5 janvier 1538 (à peu près), IV, 106, 11485 et suiv.; VIII, 64, 29820; 65, 29826, 29827. Écrit, 15 juin, *Bibl. nat., fr. 2977, fol. 37; Charrière, I, 384.* Cité [vers août 1538], VIII, 283, 31932. Écrit, 28 octobre, *Ribier, I, 237;* novembre, VIII, 167, 30810; 26 décembre, *Ribier, I, 337.* Remboursé [en janvier-mars 1539], VIII, 187, 30993. Cité, s. d., VIII, 187, 30996. Écrit, 7 février 1539, *Ribier, I, 472.* Payé, 20 février, III, 727, 10834. Écrit, 27 mars, *Ribier, I, 472;* 20 septembre, *ibid.* Remboursé, 21 septembre, IV, 46, 11211. Écrit, 20 février 1540, *Ribier, I, 502.* Cité, 10 avril, VI, 594, 21996. Payé jusqu'au 16 août (depuis le 5 janvier 1538), IV, 106, 11485 et suiv. Cité, 16 novembre, *Charrière, I, 462.* Quitte la Turquie le 18 novembre, *ibid.* Arrive à Venise le 14 janvier 1541, *ibid., p. 464.* De retour en 1538.

cour de France, exactement le 5 mars 1541, IV, 198, 11914; *Charrière, I, 474.* Remboursé rétrospectivement en mai, IV, 203, 11935 [1]. [604]

Mars-juin (?) 1538. — Bertrand d'Ornezan, baron de Saint-Blancard. Revient en Turquie au commencement de mars 1538, *Charrière, I, 376.* Cité [en juin 1538] comme revenu du Levant, VIII, 250, 31604. Cité rétrospectivement (en 1539), VIII, 187, 30995. [605]

Avril 1538-?. — Serafino del Goso, envoyé spécial. Il traverse Venise, venant de France, vers le 20 avril 1538, *Span. Cal., V, 2, p. 472.* [606]

1540. **Avril (?) 1540-juillet (?) 1541.** — Vincent d'Imagy (Vincenzo Maggio ou Maggi). Doit attendre à la cour (le 19 avril 1540) d'être envoyé dans le Levant, IV, 103, 11472. Y était avant le milieu de novembre et reste après le départ de Rincon, le 18 novembre, *Charrière, I, 466.* Écrit janvier, février, mai 1541, *ibid., passim.* Cité encore juillet 1541, *ibid., 507 et suiv.* [607]

1541. **Mars-juillet 1541.** — Antoine de Rincon. Désigné dès le milieu de mars 1541 pour une seconde mission, *Kaulek, p. 277.* Part le 8 mai, *Bourrilly, G. Du Bellay, p. 329.* Assassiné le 3 juillet, en Italie, en cours de route, *Charrière, I, 498; Mémoires de Du Bellay, livre IX.* [608]

Juillet 1541-juillet 1543. — Antoine Escalin, baron de la Garde, dit le capitaine Polin. Arrivé à Venise le 28 juillet 1541, *Charrière, I, 507.* En part le 8 août, *ibid., 511.* Arrive en Turquie vers la fin d'octobre, *ibid., 522.* Cité, 24 décembre, IV, 267, 12246. Fait un rapide voyage en France; arrive à Venise vers le 15 février 1542, *Charrière, I, 531 à 533.* Pouvoir qui lui est donné de recevoir des subsides du sultan, 11 mars, VII, 313, 24789; de traiter avec le sultan, 16 mars, VII, 314, 24790. Cité à Venise le 10 avril, *Charrière, I, p. 539*; le 9 mai, *ibid.*, à Raguse, en mai, *Span. Cal. VI, 2, p. 12.* Cité, en Turquie, en septembre, *Charrière, I, 548.* Cité, 3 janvier 1543, *Span. Cal., VI, 2, p. 195 et suiv.* Écrit, 29 avril, de Constantinople, *Arch. de Naples, carte Farnesiane, fasc. 728,* lettre de Dandino, du 31 mai. De retour en cour de France au commencement de juillet 1543 (ou avant?), *ibid., lettre de Dandino, du 22 juillet.* [609]

1543. **Mai 1543.** — [Hémart de Denonville (?)], « le frère du cardinal de Mâcon ». Doit partir vers le 1er mars 1543, *Arch. Vat., N. Gall. S. P. III, t. IV, fol. 192.* [610]

1545. **Juin 1545.** — Jean de Monluc. Part de Venise pour la Turquie le 23 juin 1545, *S. P., Henri VIII, X, 491.* [611]

1546. **Juillet 1546-fin du règne.** — Jacques de Cambray, intérimaire. Écrit,

[1] Durant cette ambassade, Cesare Cantelmo fut envoyé à plusieurs reprises en Turquie pour remettre des lettres à Rincon et probablement aussi chargé de messages verbaux et peut-être même de négocier directement avec les Turcs. Il est en Turquie en novembre 1538, et Rincon le charge d'une lettre pour le roi, VIII, 167, 30810. Il est encore cité [entre janvier et mars] 1539, comme envoyé près de Rincon, VIII, 187, 30996. De nouveau il est envoyé dans la première semaine de juillet 1539 (*Kaulek, p. 109*), et revient exactement à Paris le 29 août, *Span. Cal. VI, 1, p. 176 et 177.* Cf. aussi, sur cette mission, *ibid., 166, 184 et suiv.* Il est encore chargé de missives et est de retour vers le 15 mars 1540, *Kaulek, p. 173.*

4 juillet 1546, *Ribier, I, 584*; cf. *Charrière, I, 622*; lettre à lui, 22 novembre, *Charrière, 628*; écrit encore février 1547, *ibid., 651*. [612] AMBASSADES EN TURQUIE.

Avant septembre 1546. — « MESTRE GÉRARD », envoyé de François Ier près des Turcs, a conclu une trêve à Buda. Cité dans une lettre de Charles-Quint, du 2 septembre 1546, *Arch. nat., K. 1486, n° 57.* [613]

...Janvier 1547. — GABRIEL DE LUELS, Sr D'ARAMONT. Déjà désigné en juillet 1546, *Charrière, I, 623.* Est en route pour Constantinople le 16 janvier 1547, cf. *Le voyage de M. d'Aramont par J. Chesneau, publié par Ch. Schefer, 1887, in-8°.* Arrivé avant le 6 mai 1547, *Molini, II, p. 423.* [614] 1547.

AMBASSADEURS EN FRANCE.

1° D'AFRIQUE.

a. DU ROYAUME D'ALGER.

1537. **1537.**

a. Le capitaine Caramany;

b. Sanz, son fils[1], ambassadeurs turcs du royaume d'Alger. Quittent Fontainebleau [20 juin ou un peu plus tard, 1537?], pour aller s'embarquer à Marseille, VIII, 153, 30672, 30674; cf. VIII, 139, 30549; 155, 30694. [615]

b. DU MAROC.

1536. **Mai 1536 (?).** — Velez de la Gomera. Vient peu avant le 26 mai 1536, *Span. Cal. V, 2, p. 133.* [616]

c. DU ROYAUME DU TUNIS.

1524. **Août-septembre 1524 (?).** — *Grande ambassade* (noms non indiqués) apportant des présents. Vient vers août-septembre 1524. Le 26 septembre 1524, François Ier écrit au roi de Tunis pour le remercier, *Span. Cal. II, p. 669.* [617]

1534. **Décembre 1534-avril 1535 (?).** — Ambassadeurs non nommés. Arrivent en décembre 1534, *Decrue, 232.* Partis avant le 7 mai 1535 (mentionnés rétrospectivement à cette date), III, 69, 7797. [618]

2° D'ALLEMAGNE.

1515. **Novembre 1514-juin 1515.** — Simon de Rieschache, chancelier de Frise, envoyé par Georges, duc de *Saxe*, gouverneur de Frise. Créances du 20 novembre 1514, *Barrillon, I, 18.* Arrive à Reims (vers le 25 juin 1515), *Barrillon, ibid.* [619]

1516. **Novembre 1516-(?).** — Henri Dungin de Vuitlich, plénipotentiaire de l'archevêque de *Trèves.* Créances du 18 novembre 1516, *Arch. nat., J. 995A, n° 8.* [620]

1517. **Juin-juillet 1517 (?).**

a. Le docteur Bernard de Zedwitz, vice-chancelier du marquis de Brandebourg;

[1] On citait aussi le lieutenant de ce capitaine, un secrétaire et quatre janissaires comme venus à leur suite.

b. MELCHIOR PFUL, bourgmestre de Zossen; AMBASSADES D'ALLEMAGNE.

c. JOACHIM DE MOLTZAN, conseiller du marquis de Brandebourg, ambassadeurs du marquis de *Brandebourg*. Arrivent en cour à Amiens entre le 10 et le 22 juin 1517, *Barrillon, I, 309*. Signent un traité le 26 juin, V, 336, 16420; cf. *Arch. nat., J. 952*. J. de Moltzan reçoit des instructions du roi et repart auprès de son maître, porteur de ce traité, le 2 juillet, V, 337, 16426. Est de retour près du marquis de Brandebourg avant le 17 août, date de ratification du traité, cf. *Arch. nat., ibid.* [621]

Septembre-octobre 1517. — ULRICH DE HUTTEN, conseiller de l'archevêque de Mayence. Créances du 20 septembre 1517, *Arch. nat., J. 965, n° 1; J. 995^A, n° 11*. Pouvoir du 12 octobre 1517 (de l'archevêque), *Arch. nat., J. 952*; cf. *Barrillon, I, 252*. [622]

Juin 1518. — JOACHIM DE MOLTZAN, conseiller et ambassadeur du marquis de *Brandebourg*. Renvoyé sans doute de nouveau. Cité le 8 juin 1518, *Brewer, vol. 2, n° 4218*. [623] 1518.

Juin 1518 (?). — GUILLAUME QUIGNON, commandeur de la commanderie d'Arnheim, ambassadeur du duc de *Gueldre*. Cité (rétrospectivement, semble-t-il), le 24 juin 1518, V, 403, 16743. [624]

Août-septembre 1521. — THOMAS BERDOT, ambassadeur d'Ulrich de Wurtemberg. Instructions d'août 1521, cf. *Sattler, Geschichte des Herzogthums Würtemberg, t. II, n° 87*. Réponse de François Ier, du 8 septembre 1521 (*ibid., n° 88*). [625] 1521.

?-Mars 1528. — SIGISMOND DE HOHENLOHE, envoyé de *Strasbourg*. Retourne à Strasbourg, 14 mars 1528, *Winckelmann, Polit. Korr., I, p. 287*. [626] 1528.

Mai 1528. — JEAN WALTER, conseiller du landgrave, envoyé de *Hesse*. Créance du 1er (?) mai 1528, *Arch. de Marb., l. « Frank »*. [627]

Juin 1528. — JEAN FISCHER, ambassadeur « extraordinaire » de *Hesse*. Sur le point de partir, le 1er juin 1528 (une lettre de cette date parle de sa mission), *Arch. de Marb., l. « Frank. »*. Don à lui le 5 juin 1528, I, 572, 3007. [628]

Août 1531. — COLLINUS (?). Instructions du 28 août 1531, *Wille, 59*. [629] 1531.

Août-septembre 1531. — LE DOCTEUR METZ. Instructions un peu postérieures au 24 août 1531. Part pour la France fin d'août. Revient par la Bavière vers fin septembre, *Wille, 58*. [630]

Novembre 1531. — BONACORSI GRINEUS (GRYN), envoyé des ducs de *Bavière*, cité 1er novembre 1531, *Bibl. nat., Clairambault 334, fol. 141*; reçoit 675 l. t. par mandement du 20 novembre, *Arch. nat., J. 960, 3^{28}*. [631]

Mai 1532. — JEAN FICINUS, chancelier du landgrave de *Hesse*, envoyé par ce prince. Commission du 17 mai 1532, *Arch. nat., J. 995^A, n° 29*. [632] 1532.

Mai 1532. — JEAN DE MINGWITZ, envoyé par l'électeur de *Saxe*. Commission du 17 mai 1532, *Arch. nat., J. 995^A, n° 30*. [633]

IMPRIMERIE NATIONALE.

AMBASSADES D'ALLEMAGNE. **Avril 1533.** — GUILLAUME VAN DER IMPEL, gentilhomme du pays de Gueldre, envoyé du duc de *Gueldre*, cité 23 avril 1533, *Bibl. nat., fr. 15629, n° 802; Arch. nat., J. 960⁵, n° 26, Bourrilly, J. Colin, p. 72.* [634]

1533. **Août 1533.** — BONACORSI GRINEUS, secrétaire des ducs de Bavière, envoyé de *Bavière*. Vient en 1533, le roi étant à Toulouse [commencement d'août]. Détails sur sa mission, *Mém. de Du Bellay, éd. de 1573, 349, 369 et suiv.* [635]

Septembre 1533. — CLAUDE WALHEY, ambassadeur des princes d'Allemagne, présent à la cour de France le 16 septembre 1533, *Bibl. nat., fr. 15629, n° 646, Winckelmann, Politische Korrespondenz, II, p. 199.* [636]

Décembre (?) 1533-mars (?) 1534.

a. LE COMTE GUILLAUME DE FURSTENBERG;

b. CLAUDE WALHEY, ambassadeurs de *Hesse*. Partent, fin 1533. Cités *Wille, 145.* Claude Walhey écrit encore de Langres, 17 mars [1534?], *Bibl. nat., fr. 3000, fol. 52.* [637]

1534. **Mars 1534.**

a. H. HARTMANN, docteur;

b. HUBERT THOMAS, secrétaire, représentants du *comte palatin* Frédéric. Semblent à Paris le 3 mars 1534, II, 623, 6807. [638]

Mars-septembre 1534. — JEAN WALTER. Arrive à Langres le 15 mars 1534 pour toucher une somme, *Wille, 156, note 1.* Cité, 20 mars, *Arch. de Marb., l. « Würt. », lettre de cette date de Brion au landgrave.* Le 3 mai il est à Langres, *lettre de lui de cette date au landgrave, Arch. de Marb., l. « Würt. »* Il a audience du roi le 16 juin, *Arch. de Marb., ibid., lettre de François au landgrave de cette date.* Cf. VII, 749, 28806. Instructions du 29 juillet, *Arch. de Marb., ibid., Arch. nat., J. 995ᴬ, n° 41.* Il écrit le 2 septembre, *Arch. de Marb., ibid.* Part peu avant le 25 septembre 1534, *ibid., l. « Frank », lettre du 27 septembre.* [639]

Mars 1534 (?). — HENRI DE LUTHER. Arrive à Langres le 15 mars 1534, avec Walter, *Wille, 156, note 1.* Cité, 20 mars, *Arch. de Marb., l. « Würt. », lettre de cette date.* [640]

Juin-août 1534. — CLAUDE WALHEY, envoyé du duc de *Wurtemberg*. A audience de François Iᵉʳ, le 16 juin 1534. Lettre du roi au landgrave de cette date, *Arch. de Marb., l. « Würt. »*. Présente ses créances en juin [1534], VII, 749, 28806. Instructions du 29 juillet 1534, au même, *texte latin, Arch. de Marb., l. « Würt. »; texte allemand, publié par Rommel, Urkunde, n° 17.* Réponses, juillet, *ibid.* [641]

Juillet 1534. — JEAN KADEILL, docteur, envoyé de *Hesse*. Vient en juillet [1534], VII, 718, 28590. [642]

Août 1534. — GEORGES DE WURTEMBERG, envoyé par son frère le duc Ulrich. Instructions 13 août 1534, *Arch. nat., J. 995ᴬ, n° 45.* [643]

1535. **(?)-Octobre 1535-(?).** — X..., secrétaire du duc de Gueldre (peut-être Herman Kruser). Semble résider en cour de France et cité comme tel, 6 octobre 1535, *Arch. Vat., N. Gall., S. P., III, t. I, fol. 347.* [644]

Octobre 1535. AMBASSADES D'ALLEMAGNE.

a. X..., envoyé du landgrave de *Hesse;*

b. X..., envoyé du duc de *Wurtemberg.* Arrivent vers le 25 octobre 1535, *Arch. Vat., N. Gall., S. P. III, t. I, fol. 349.* [645]

Septembre 1536. — ANDRÉ LUCHTENMAKER, envoyé de la *Hanse teutonique.* Cité dans une lettre du 26 septembre 1536, *Arch. nat., J. 995^{B}, n° 16.* [646] 1536.

Avril 1537 (?). — HERMAN KRUSER, secrétaire du duc de *Gueldre.* Cité comme repartant après sa mission [vers avril ou mai, peut-être même septembre 1537], VIII, 147, 30623; VIII, 105, 30205 [1]. [647] 1537.

Mai (?) 1537. — BERNARD DE GANS, serviteur du landgrave, envoyé « des princes ». Cité [vers 22 mai 1537], VIII, 24, 29453 [2]. [648]

Février-mars 1538. 1538.

a. ALEXANDRE VON DER TANN;

b. LOUIS DE BAUMBACH, conseiller du landgrave, ambassadeurs de *Hesse;*

c. LE DOCTEUR BASILE MONNER, secrétaire du duc de Saxe;

d. JACQUES D'HAYN, ambassadeurs de Saxe. Créances du 5 février 1538, *minute, Arch. de Weimar, reg. H., p. 163, n° 77.* Instructions vers cette date, *Arch. de Weimar, ibid.; Arch. de Marb.; « Frank », liasse 14, pièce 14.* Remettent leurs créances au plus tard le 14 février 1538, *Arch. de Weimar, ibid., (lettre de François Ier de cette date).* Louis de Baumbach cité seul [vers le 17 février 1538], VIII, 49, 29688. Tous prononcent un discours à Moulins, 6 mars 1538, *Arch. de Weimar, ibid.* Le premier et le troisième cités seuls [première moitié de mars 1538], VIII, 34, 29547 (Jacques d'Hayn n'est peut-être plus parmi eux). Les trois autres font une relation datée de Brunswick, le 30 mars 1538, *Arch. de Weimar, ibid.* [649]

Avril-août 1538.

a. JACQUES D'HAYN, gentilhomme du duc de Saxe;

b. BASILE MONNER, docteur, secrétaire dudit duc, ambassadeur de *Saxe;*

c. LOUIS DE BAUMBACH, conseiller du landgrave, ambassadeur de *Hesse.* Créances du 15 avril 1538. Instructions du 1er mai pour les ambassadeurs de Saxe, *Arch. de Weimar, reg. H., p. 163, n° 77.* Sont encore près de la frontière, à Langres, le 1er juin. François Ier les confie à Jean Bertrand, président du Parlement de Toulouse, et ils s'efforcent de rejoindre le roi, cf. *ibid.* Il semble qu'ils aient une audience le 1er juillet, cf. *ibid., lettre du 11 août et relation du 12; Seckendorf, III, 178 et suiv.* Le roi les fait conduire à Lyon où ils doivent l'attendre, III, 575, 10151. Cités [vers août 1538], VIII, 285, 31960; août, *Span. Cal. VI, 1, p. 7.* Don à eux [vers août 1538], VIII, 287, 31981. Congédiés le 11 août à Chevannes; ils partent le 12 août 1538, *Arch. de Weimar, reg. H., p. 163, n° 77; Seckendorf, III, p. 178 et suiv.* [650]

[1] Nous croyons devoir appliquer au même personnage les versions : « Hans Cruser », « Armand Crusar ». — [2] Peut-être est-ce un simple courrier.

AMBASSADES D'ALLEMAGNE. **Juillet (?) 1538.** — JEAN D'ORBAIS, envoyé du duc de *Clèves*. Cité un peu rétrospectivement [en juillet 1538][1], VIII, 237, 31472. [651]

Juillet (?) 1538. — JEAN DE « HUPERSTHEMEYER », maire de Hess, ambassadeur de *Clèves et Juliers*. Vient donner avis de l'accord de son maître avec l'empereur. Cité rétrospectivement (« naguères »), [vers novembre 1538], VII, 736, 28721. C'est peut-être à lui que s'applique une mention du séjour [en juillet 1538] d'un ambassadeur de Clèves, VIII, 237, 31466. [652]

1539. **Mars 1539.** — CHRISTOPHE, DUC DE WURTEMBERG, ambassadeur des ducs de *Bavière*. Créances du 30 mars 1539, *Ribier, I, 417.* [653]

Août 1539 ?

a. GUILLAUME, COMTE DE FURSTEMBERG;

b. CHRISTOPHE DE WENNINGEN;

c. MELCHIOR WOLNAR, docteur. Ambassadeurs d'Ulrich, duc de *Wurtemberg*. Leur envoi annoncé par lettre du 9 août 1539, *Ribier, I, 470.* [654]

1540. **Janvier 1540-mai 1542.** — HERMAN KRUSER, docteur en droit, résident du duc de *Clèves*. Part porteur de lettres du 19 janvier 1540, *Ribier, I, 494.* Cité, 8 avril 1540, *S. P., VIII, 309 et suiv.*, alors qu'il est absent de son poste et à Nimègue. Ne retourne peut-être à son poste que porteur de créances du 21 juin, *Ribier, I, 529.* Cité un peu avant le 5 juillet, *S. P., VIII, 376.* Sur sa mission, cf. *ibid., et p. 377-378, 380, 387 à 389, 391 à 393.* Traité signé le 17 juillet par lui, *Ribier, I, 538, Du Mont, IV, 2, p. 196.* Il revient après une absence vers la fin de novembre 1540, *S. P., VIII, 492.* Allusion à lui (non nommé), 26 janvier 1541, *ibid., 515.* Chargé d'une mission par le roi, en décembre 1541, cf. *Ambassades de France en Allemagne, n° 80.* Cité, comme résident, le 25 mai 1542, *Arch. de Bruxelles, Papiers d'État, vol. 51, fol. 125 et 128.* [655]

Juin-juillet 1540.

a. JEAN GHOGRAF, chancelier;

b. HERMANN WACHTENDONCK, maréchal. Ambassadeurs extraordinaires du duc de *Clèves*. Créances du 21 juin 1540, *Ribier, I, 529.* Cités, 6 juillet, comme arrivés, *S. P., VIII, 387 à 389, 391 à 393.* Traité signé par eux le 17 juillet 1540, *Ribier, I, 539; Du Mont, IV, 2, p. 196.* [656]

1541. **Septembre 1541-(?).** — GEORGE LUIBE ou TURBE, envoyé du marquis de *Brandebourg*. Créance du 5 septembre 1541, *Bibl. nat., franç. 6553, fol. 37; Ribier, I, 559.* [657]

Septembre 1541-janvier 1542. — JEAN STURM. Séjourne de septembre 1541 à janvier 1542 en France[2], *Winckelmann, Pol. Korr., III, p. 257.* [658]

1545. **Août 1545-janvier 1546.**

a. BRUNO DE NIEDBRUK;

b. JEAN STURM. Envoyés pour chercher un moyen d'accommodement entre la France et l'Angleterre. Instructions du 27 août 1545, *Winckelmann, Po-*

[1] C'était peut-être un simple messager. — [2] Peut-être était-ce à titre privé?

litische Korrespond. der Stadt Strassburg, III, 625. Arrivent vers le 7 septembre en cour et y restent jusqu'au 22 octobre, *G. Salles, Une médiation des protestants d'Allemagne, Revue d'histoire diplomatique, janvier 1899, p. 12 et suiv.* Vont ensuite à Calais et Ardres prendre part à des conférences de paix [1] et quittent pour regagner l'Allemagne au commencement de janvier 1546, *ibid., p. 22.* [659]

Octobre 1545. — ULRICH GEIGER, envoyé secret de *Hesse*, chargé d'excuser le landgrave à l'occasion de l'affaire du duc de Brunswick. Arrive en cour, 23 octobre 1545, cf. *sa relation, Arch. de Marb., l. « Frank. ».* [660] 1545.

Juin-juillet 1546. — GEORGES DE RECKENROTH, envoyé du landgrave de *Hesse*. Rend compte, le 27 juin, d'une audience d'arrivée de la veille, semble-t-il, 26 juin 1546. Écrit encore de la cour le 1er juillet; le landgrave lui répond le 10 juillet, et il devait être encore en cour probablement, *Marb. l. « Frank. », « Correspond. der Landgrafen mit Georg von Reckenroth », 1546, juni, juli.* [661] 1546.

3° D'ANGLETERRE.

TABLEAU DES RÉSIDENTS.

1518?-mars 1520. Thomas Boleyn [664].
Mars-juillet 1520. Richard Wingfield [668].
Juillet 1520-août 1521 (?). Richard Jernyngham [670].
Février 1521-janvier 1522. William Fitzwilliam [672].
Janvier-mai 1522. Thomas Cheyney [674] [2].
Septembre 1525-avril 1529. John Taylor [676].
Juillet-septembre 1529 (?). Francis Bryan [695].
Septembre 1529-février 1530. George Boleyn, vicomte de Rochford [696].
Mars-octobre 1530. John Wellysburne [701].
Octobre 1530-décembre 1531. Francis Bryan [703].
Mai-décembre 1531 (?). Edward Fox [705].
Janvier-mars 1532?. Étienne Gardyner, évêque de Winchester [709].
Avril 1532?-mars 1533. John Wallop [710].
Mai?-décembre 1533. Francis Bryan [712].
Octobre 1533-février 1537. John Wallop [715].
Octobre 1537-septembre 1538. Stephen Gardyner [723].
Août 1538-mars 1540. Edmond Bonner, évêque de Londres [727].
Février 1540-mars 1541. John Wallop [730].
Janvier-décembre 1541. William Howard [732].
Septembre 1541-avril 1543. William Paget [734] [3].
Juillet 1546-fin du règne. Nicolas Wotton [738].

— [1] Louis de Baumbach et Jean Sleidan prirent également part à ces conférences après une ambassade en Angleterre, *G. Salles, op. cit., p. 12, 14 et suiv.* — [2] La guerre interrompt les relations. — [3] Ici une interruption causée par la guerre.

Février-avril 1515.

a. CHARLES, DUC DE SUFFOLK;

b. NICOLAS WEST, doyen de Windsor;

c. RICHARD WINGFIELD. Créances du 14 janvier 1515, *Brewer, Calend., t. II, 1, n° 24.* Audience du roi, le 2 février, *ibid., p. 33.* West écrit, 21 avril, *Brewer, ibid., p. 107.* [662]

1515. **Avril-mai 1515.**

a. THOMAS WOLSEY, archevêque d'York;

b. THOMAS, DUC DE NORFOLK;

c. RICHARD FOX, évêque de Winchester;

d. JOHN YONGE, vice-chancelier d'Angleterre, plénipotentiaires. Pouvoirs du 4 avril 1515. Signent un traité le 8 mai, à Londres, *Du Mont, IV, 1re partie, p. 204 et suiv.* [663]

1518. **1518(?)-mars 1520.** — THOMAS BOLEYN, résident. Était là au moins depuis 1518, semble-t-il. Écrit, 2, 9, 22 février 1519, *Brewer, III, 1, nos 57, 70, 92;* 11 mars, *ibid., 118;* 7 juin, *ibid., 289;* 1er décembre, *ibid., 531.* Doit quitter vers le 8 mars 1520, *ibid., 661 à 666.* [664]

Octobre 1518.

a. THOMAS, DUC DE NORFOLK, grand trésorier et maréchal d'Angleterre;

b. THOMAS RUTHALE, évêque de Durham, garde du sceau secret;

c. CHARLES SOMERSET, COMTE DE WORCESTER;

d. NICOLAS WEST, évêque d'Ely, plénipotentiaires. Pouvoirs du 1er octobre et du 4 octobre 1518, *Arch. nat., J. 920, nos 14-16, Du Mont, IV, 1re part., p. 274.* Signent des traités le 2 et le 4 octobre 1518, *Du Mont, IV, 1re part., p. 266 et suiv.* [665]

Novembre 1518.

a. CHARLES SOMERSET, COMTE DE WORCESTER, chambrier du roi;

b. NICOLAS WEST, évêque d'Ely;

c. THOMAS DOKWRA, prieur de Saint-Jean-de-Jérusalem en Angleterre;

d. NICOLAS VAUX, capitaine de Guines, chargés d'aller recevoir le serment du roi de France au traité conclu, à Londres, le 18 octobre précédent. Pouvoirs du 9 novembre 1518, *Arch. nat., J. 920, nos 22-25.* [666]

Décembre 1518-janvier 1519. — Ambassade extraordinaire :

a. NICOLAS WEST, évêque d'Ely;

b. RICHARD WESTON;

c. WILLIAM FITZWILLIAM. Arrivent le 10 décembre 1518 à Paris. Première audience le 12 décembre, *Lalanne, Journal d'un bourgeois de Paris, p. 74; Barrillon, II, p. 112.* Écrivent le 28 décembre 1518; le 14 janvier 1519, *Brewer, III, 1, nos 22 et 24.* Quittent la cour le 15 janvier ou vers le 28 janvier 1519, V, 449, 16986, *Brewer, III, 1, n° 57;* cf. *Barrillon, II, 114.* Nicolas West se rend à Tournay, d'où il écrit le 12 février 1519, *Brewer, ibid., passim;* cf. *Lalanne, l. cit., p. 77; Barrillon, II, 115.* [667]

Mars-juillet 1520. — RICHARD WINGFIELD, résident. Arrive en cour de France le 7 mars 1520, *Brewer, III, nos 661 à 666.* Cité le 27 avril, *Ven. Cal., III, n° 40;* le 7 juin, *ibid., n° 67.* Écrit le 19 juillet 1520, *Brewer, III, n° 923.* Dut partir fin juillet 1520, *ibid., nos 934-935.* [668] AMBASSADES D'ANGLETERRE. 1520.

Avril 1520-(?). — CHARLES SOMERSET, COMTE DE WORCESTER. Commission du 10 avril 1520, *Brewer, III, n° 738.* Cité le 7 mai 1520 (d'une façon vague), comme partant, *Ven. Cal., III, n° 43.* [669]

Juillet 1520-août(?) 1521. — RICHARD JERNYNGHAN, résident.

1° Seul résident. Instructions semblant de juillet 1520, *Brewer, III, n° 936;* cf. *ibid., 937 et 948.* Entre en fonctions ce mois-là et y reste seul jusqu'en février 1521, cf. *ibid., nos 1157 et 1152;*

2° Reste avec Fitzwilliam. Sont ensemble 20 et 29 mai, *ibid., n° 1293, 1315;* 6 et 12 juin, *ibid., nos 1331 et 1344;* 13 juillet, *ibid., n° 1413;* vers le 29 juillet 1521, *ibid., n° 1442.* Après cette date, il semble que Fitzwilliam reste seul. [670]

Décembre 1520-janvier 1521. — NICOLAS CAREW. Part vers le 10 décembre 1520, *Ven. Cal., III, nos 43 et 145.* Arrivé en cour le 31 décembre 1520. Écrit le 8 janvier 1521, *Brewer, III, n° 1126;* cf. *Ven. Cal., III, n° 150.* [671]

Février 1521-janvier 1522. — WILLIAM FITZWILLIAM, résident. Instructions vers le 1er février 1521, *Brewer, III, 1152.* En charge (écrit) en même temps que son prédécesseur Jernyngham le 20 et le 29 mai 1521, *ibid., nos 1293 et 1315;* 6 et 12 juin, *ibid., nos 1331 et 1344;* 13 et 29 juillet, *ibid., nos 1413 et 1442;* cf. *Ven. Cal., III, p. 125, note, et n° 238;* semble seul le 2 août 1521, *Brewer, III, n° 1456.* Sa dernière lettre de son ambassade semble être du 18 janvier 1522, *ibid., n° 1971.* [672] 1521.

Juillet-novembre 1521. — Plénipotentiaires aux conférences de Calais :

a. THOMAS, CARDINAL WOLSEY, ARCHEVÊQUE D'YORK;

b. THOMAS RUTHALE, évêque de Durham, garde du premier sceau;

c. NICOLAS WEST, évêque d'Ely;

d. CHARLES SOMERSET, COMTE DE WORCESTER, grand chambellan;

e. THOMAS DOKWRA, grand prieur de l'ordre de Saint-Jean-de-Jérusalem;

f. CUTHBERT TUNSTALL, maître des rôles. Pouvoir du cardinal d'York du 29 juillet 1521, *Rymer, VI, 1, p. 197.* Débarquent à Calais le 2 août, *Barrillon, II, 204, note 2.* Deux d'entre eux, Nicolas West et Charles Somerset, quittent les conférences pour venir trouver François Ier et négocier une trêve. Ils rejoignent François le 26 octobre, *Barrillon, II, 289.* Audience le 30 octobre, *Ven. Cal., III, nos 352 et 355.* Mémoires donnés en réponse, *Barrillon, II, 290 à 308.* Les conférences se terminent à la fin de novembre 1521. Wolsey part de Calais le 26 novembre, *Barrillon, II, 332.* [673]

Janvier-mai 1522. — THOMAS CHEYNEY, résident. Instructions, s. d. (janvier 1522). Arrive à Rouen vers le 22 janvier 1522, *Brewer, III, n° 199.* Instructions qu'il reçoit en mai 1522, *Bibl. nat., mss. Moreau, 713, fol. 117,* 1522.

cité par Jacqueton, p. 33. Quitte la cour de France (au moment de la déclaration de guerre), vers le 25 mai 1522, *Ven. Cal., III, p. 235* (1). [674]

1525. **Août 1525.**

a. WILLIAM WARHAM, archevêque de Cantorbéry;

b. THOMAS, DUC DE NORFOLK;

c. HENRY, MARQUIS D'EXETER;

d. CHARLES SOMERSET, COMTE DE WORCESTER;

e. NICOLAS WEST, évêque d'Ely, plénipotentiaires. Pouvoirs du 28 août 1525. Signent un traité à Moore, le 30 août, *Du Mont, IV, 1re part., p. 436 et suiv.* [675]

Septembre 1525-avril 1529. — JOHN TAYLOR, maître des rôles, résident. Nommé le 3 septembre 1525, *Jacqueton, l. c., p. 152.* Quitte Calais avec Fitzwilliam le 28 octobre 1525, *ibid., p. 153.* Arrive à Lyon, en cour, le 24 novembre. Audience d'arrivée le 26 novembre. Traité juré le 27 novembre 1525, *ibid., 154, 251; Span. Cal., III, 1, p. 402, 483.* Chargé de féliciter le roi de son retour en son royaume. Mention du 19 mars 1526, *Jacqueton, p. 265.* Créances des 20 et 21 mars 1526, *Arch. nat., J. 966, n° 48* 1-2. Cité 4 mai, 10 juin, 19 juin, 12 juillet, *Jacqueton, l. c., 283; Span. Cal., III, 1, p. 738; St Pap., vol. VI, part. V, p. 542, note.* Cité, 27 septembre 1526, V, 796, 18817. Reçoit le serment du roi, 10 novembre 1527, *Rymer, VI, 2, p. 93.* Écrit, 19 décembre, *S. P., VII, 27,* 20 janvier 1528, *ibid., 48.* Cité, 7 février, comme suppléé par Browne, *Ven. Cal., IV, n° 234.* Écrit, 13 mars, *S. P., VII, 58;* 24 mai, *ibid., 69.* Figure dans un acte authentique du 16 septembre 1528, *Ven. Cal., IV, n° 345.* Écrit, 15 mars 1529, *S. P., VII, 153.* Don à lui, sans doute à son départ, 18 avril 1529, I, 641, 3359. Semble n'être plus là en juin 1529, cf. *S. P., VII, 179.* [676]

Septembre 1525-janvier 1526. — WILLIAM FITZWILLIAM, capitaine de Guines, trésorier de la maison du roi. Envoyé (avec le docteur Taylor) pour la ratification de la paix. Nommé le 3 septembre 1525, *Jacqueton, l. c., p. 152.* Quitte Calais, 28 octobre, *ibid., p. 153.* Arrive en cour le 24 novembre. Audience d'arrivée le 26 novembre. Traité juré le 27 novembre 1525, *ibid., 154, 251; Span. Cal., III, 1, p. 402, 483.* Quitte la cour pour retourner en Angleterre, le 13 janvier 1526, *ibid., p. 238.* [677]

1526. **Mars-mai 1526.** — THOMAS CHEYNEY, gentilhomme de la chambre. Envoyé pour féliciter François Ier de sa délivrance. Instructions, *Brewer, IV, 2039.* Créances des 20, 21 et 22 mars 1526, *Arch., nat., J. 922, n° 11bis; J. 966, n° 48* 1-3. Quitte Londres dans les premiers jours de mars 1526, *Jacqueton, 267.* Première audience du roi à son arrivée à Bordeaux, le 19 avril 1526, *ibid., 270.* Taylor l'accompagne. Cité, 4 mai, *ibid., 283;* 8 mai 1526, V, 762, 18633. [678]

Juin 1526. — WILLIAM FITZWILLIAM (?). Cité, 10 juin 1526, *Span. Cal., III, 1, p. 738.* [679]

Août 1526. — THOMAS MOORE, chancelier du duché de Lancastre, plénipotentiaire. Signe un traité le 8 août 1526, à Hamptoncourt, *Léonard, II, p. 256; Du Mont, IV, 1re part., p. 458.* [680]

(1) Les rapports diplomatiques entre la France et l'Angleterre se trouvent interrompus à ce moment.

Août 1526? — John Clerk, évêque de Bath. Arrive le 12 août 1526 (semble-t-il), ou peut-être un peu plus tard, en cour, à Amboise, *Ven. Cal., IV, n° 1065 et note*; cf. *S. P., VI, part. V, p. 542, note.* [681] AMBASSADES D'ANGLETERRE.

Décembre 1526. — Le chevalier de Casal [1]. Cité, 11 décembre 1526, *Desjardins, II, 850.* [682]

Décembre 1526. — William Fitzwilliam. Arrive le 20 décembre 1526, à Poissy, en cour (le roi absent), *Desjardins, II, 869.* [683]

Avril 1527. 1527.

a. Thomas, duc de Norfolk;

b. Charles, duc de Suffolk;

c. Thomas Boleyn, vicomte de Rochford;

d. William Fitzwilliam;

e. Thomas Moore, plénipotentiaires. Pouvoirs des 24 et 25 avril 1527. Signent un traité à Westminster le 30 avril, *Léonard, II, p. 261 et s.; Du Mont, IV, 1re part., p. 487 et suiv.* [684]

Mai 1527.

a. Thomas Moore, chancelier du duché de Lancastre;

b. Stephen Gardyner, plénipotentiaires. Pouvoirs du 26 mai 1527. Signent un traité le 29 mai, *Arch. nat., J. 922, n° 13; Du Mont, IV, 1re part., p. 483 et suiv.* [685]

Mai-juin (?) 1527. John Clerk, évêque de Bath. Cité, mai et juin 1527 (semble-t-il), *Ven. Cal., IV, nos 113, 135.* Cité rétrospectivement, 22 août 1527, I, 518, 2735. [686]

Mai-juin 1527.

a. George Boleyn, vicomte de Rochford;

b. Anthony Browne. Envoyés de Londres vers le 7 mai 1527, *Ven. Cal., IV, n° 112.* Arrivent à Paris le 15 mai 1527, VII, 730, 28688. C'est à cette ambassade, probablement, qu'il faut rapporter le traité signé le 9 juin 1527, *Lalanne, Journal d'un bourgeois de Paris, 320.* Banquet à eux offert le 12 juin 1527 par le roi, *ibid., 321.* [687]

Juin-septembre 1527. — Thomas Wolsey, cardinal d'York, légat. Cité, sans précision, 11 juin 1527, VI, 77, 19287. Pouvoir du 18 juin, *Rymer, VI, 2, p. 83; Du Mont, IV, 1, p. 493.* Débarque en France, 16 juillet, *Decrue, p. 94.* Opère à Amiens son entrée solennelle et arrive en cour le 4 août, *Lalanne, 322; Ven. Cal., IV, n° 148.* Signe un traité le 18 août, I, 518, 2733. Repart le 17 septembre, *Friedmann, Chronologie.* De retour près de Henri VIII, le 30 septembre, *ibid.* [688]

[1] Serait-ce ce «Ghinucci» indiqué dans la table des *Calendars* (Henri VIII) comme ayant été ambassadeur d'Angleterre en France en 1526?

IMPRIMERIE NATIONALE.

BIBLIOTHÈQUE NATIONALE R.F. IMPRIMÉS

AMBASSADES D'ANGLETERRE. **Septembre 1527.**

a. FRANCIS BRYAN ;

b. STEPHEN GARDYNER ;

c. FRANÇOIS DE DORTIS ;

d. THOMAS HENNEGIS ;

e. THOMAS RONDELL. Cités probablement au moment de leur départ, le 15 septembre 1527, I, 522, 2753 [1]. [689]

Novembre 1527. — Grande ambassade extraordinaire pour apporter l'ordre de la Jarretière à François Ier :

a. ARTHUR PLANTAGENET, VICOMTE LISLE ;

b. NICOLAS CAREW, grand écuyer d'Angleterre ;

c. ANTHONY BROWNE ;

d. THOMAS WRIOTESLEY. Reçoivent le serment de François Ier le 10 novembre 1527, *Rymer, VI, 2, p. 93.* Les trois premiers cités le 13 novembre, I, 530, 2794. De retour à Londres avant le 29 novembre, *Ven. Cal., IV, nos 212 et suiv.* [690]

1528. **Mars-septembre 1528.** — JOHN CLERK, évêque de Bath. Attendu à Paris le 18 mars 1528, *Ven. Cal., IV, n° 254.* Reçu le 4 avril, *ibid., p. 1830.* Cité, 5 juillet, *ibid., n° 315.* Figure dans un acte authentique, 16 septembre, *ibid., n° 345.* [691]

Août-septembre 1528. — FRANCIS BRYAN, envoyé spécial pour recevoir le légat Campeggio en France. Part le 21 août 1528, *Friedmann, Chronologie.* Don à lui, 16 septembre, I, 605, 3174. Figure dans un acte authentique, même date, *Ven. Cal., IV, n° 345.* [692]

1529. **Mai-juin 1529.**

a. CHARLES, DUC DE SUFFOLK ;

b. WILLIAM FITZWILLIAM ;

c. WILLIAM KNIGHTE ;

d. JOHN CLERCK, évêque de Bath. Les deux premiers cités comme envoyés le 18 mai 1529, *Friedmann Chronologie,* et comme arrivés en mai, VI, 191, 19861. Fitzwilliam quitte la France le 9 juin, *Friedmann, Chronologie.* Suffolk cité rétrospectivement, le 16 août, I, 659, 3450. Les deux derniers cités rétrospectivement, le 14 août, comme venus avec les premiers, I, 658, 3445. [693]

Juin-août 1529.

a. CUTHBERT TUNSTAL, évêque de Londres ;

b. THOMAS MOORE, chancelier ;

c. JEAN HALKET, plénipotentiaires pour traiter de l'emprunt à fournir à François Ier. Pouvoirs du 30 juin 1529. Arrangement signé à Cambrai, en conséquence, avec François Ier, le 6 août 1529, *Du Mont, IV, 2, p. 49; Brewer, IV, III, 5744.* Remettent les obligations de l'Empereur le 15 août, *Bibl. nat., franç. 23023, fol. 15.* [694]

(1) Thomas Touq, dit Morrey, roi d'armes d'Angleterre et Jean Narbon, dit Riseben, hérault d'armes, étaient à la suite de cette ambassade, *ibid.*

Juillet-septembre (?) 1529. — FRANCIS BRYAN, résident (?) Arrivé à la cour de France, 25 juillet 1529, *Friedmann, Chronologie.* Reste peut-être jusqu'à l'arrivée de Boleyn, en septembre (cf. article suivant). Cité (probablement rétrospectivement) le 7 novembre, I, 673, 3524. [695]

AMBASSADES D'ANGLETERRE.

Septembre 1529-février 1530. — GEORGE BOLEYN, VICOMTE DE ROCHFORD, résident (?). Nommé, 8 septembre 1529, *Friedmann, Chronologie.* Instructions, sans date, *State Papers, VII, p. 219.* Cité comme parti vers le 4 octobre, cf. *Bibl. nat., fr. 3077, fol. 125.* Semble parti de France, 29 janvier 1530, I, 687, I, 3594. De retour en Angleterre, 16 février, *Friedmann, ibid.* [696]

Octobre 1529-mars 1530. — JOHN STOKESLEY. Instructions, sans date, *State Papers, VII, p. 219.* Indiqué comme parti pour son ambassade vers le 4 octobre 1529, *Bibl. nat., fr. 3077, fol. 125.* Écrit de Paris 16 janvier 1530, *Bourrilly, Guill. Du Bellay, p. 95.* Rentré avant la fin de mars 1530, *ibid., p. 99.* [697]

Décembre 1529. — STEPHEN GARDYNER, évêque de Winchester. Part pour une mission en France, le 29 décembre 1529, *Span. Cal., IV, 1, 862.* [698]

Février 1530.

1530.

a. CUTHBERT TUNSTAL, évêque de Londres, élu de Durham;

b. WILLIAM FITZWILLIAM, plénipotentiaires chargés de traiter avec Guillaume Du Bellay et Jean-Joachim de Passano. Pouvoirs du 14 février 1530, *Arch. nat., J. 922, n° 24.* Concluent des conventions le 18 février, *Rymer, Fœdera, VI, II, p. 148-152; Bourrilly, Guill. Du Bellay, p. 87-88.* [699]

Février-juin 1530. — FRANCIS BRYAN. Accrédité, 21 février 1530, *Friedmann, Chronologie.* En charge, 3 juin, *Arch. nat., K. 1641, n° 22.* [700]

Mars-octobre 1530. — JOHN WELLYSBURNE, résident (?). Nommé, pour remplacer Boleyn, 14 mars 1530, *Brewer, Cal., V, p. 303 et suiv.* Cité, sans précision, I, 728, 3804; cf. *S. P., VII, p. 230, 238 et 250.* Rappelé, 5 octobre, *Friedmann, Chronologie.* [701]

Juin (?) 1530. — THOMAS BOLEYN, COMTE DE WILTSHIRE. Repart avant le 5 juillet 1530 pour l'Angleterre, *Ven. Cal., IV, n° 585.* [702]

Octobre 1530-décembre 1531. — FRANCIS BRYAN, résident. Accrédité, 5 octobre 1530, *Friedmann, Chronologie.* Écrit de Paris, 20 janvier 1531, *S. P., VII, 274.* Cité, 16 et 19 mai, *Ven. Cal., V, n° 1013.* Écrit, 30 septembre 1531, *ibid., p. 622; et S. P., VIII, p. 321-323.* Cité comme suivant la cour, fin novembre, *Brewer, Cal., V, n° 548.* Cité comme résident, *Ven. Cal., IV, n° 748.* Semble repartir pour l'Angleterre, fin décembre 1531, VII, 638, 27880 et suiv. De retour en Angleterre le 23 décembre, *Ven. Cal., IV, n° 714; cf. Brewer, Cal., 5, n° 593.* [703]

Décembre 1530. — THOMAS BOLEYN, COMTE DE WILTSHIRE, plénipotentiaire, signe une convention, à Hamptoncourt, le 2 décembre 1530. *Du Mont, IV, 2ᵉ part., p. 74.* [704]

AMBASSADES D'ANGLETERRE.

Mai-décembre 1531. — EDWARD FOX, résident (?). Désigné pour ce poste, le 5 mai 1531, *Friedmann, Chronologie*. Cité [vers août 1531], VII, 666, 28135. Écrit, 30 septembre, *S. P., VIII, p. 321-323*. Cité, fin novembre, comme accompagnant la reine, *Brewer, V, n° 548*. Revenu en Angleterre vers le 20 décembre, *Brewer, Cal., V, n° 593; Ven. Cal., IV, n° 714*. Cf. VII, 638, 27880 et suiv. [705]

1531. **Juillet 1531.** — STEPHEN GARDYNER. Chargé d'une mission spéciale. Repart de France peu avant le 22 juillet 1531, *Ven. Cal., V, n° 1017*. Cf. sur son ambassade, *ibid., p. 622, note*. [706]

Novembre 1531. — JOHN TAYLOR, maître des rôles. Lettre à lui adressée, novembre 1531, *Brewer, V, n° 548*. [707]

1531. — NICOLAS CAREW. Cité, sans précision, comme ambassadeur en 1531, *Bapst, Deux gentilsh., 126*. [708]

1532. **Janvier-mars 1532.** — STEPHEN GARDYNER, évêque de Winchester, résident (?). Partirait pour la France le 29 décembre 1531, *Friedmann, Chronologie*. Cité, cependant, semblant encore à Londres, le 9 janvier 1532, *Span. Cal., IV, 2, p. 359*. Arrive en cour le 25 janvier. Cité (semblant repartir), 27 février, II, 117, 4426. Repart pour l'Angleterre peu avant le 5 mars, *Ven. Cal., IV, n° 748*. De retour en Angleterre le 6 mars, *Friedmann, Chronologie*. [709]

Avril 1532-mars 1533. — JOHN WALLOP, résident (?). Envoyé en avril 1532, *Brewer, VI, table*. Cité, vers mars 1533, *Decrue, 204*. [710]

1533. **Mars 1533.** — GEORGE BOLEYN, LORD ROCHFORD. Instructions, *S. P., t. VII, n° 348*. Part, 13 mars 1533. Arrive en cour le 16 et la quitte vers le 20 mars, *Bibl. nat., mss. Dupuy, 547, fol. 214*. Cité rétrospectivement, 5 avril, II, 371, 5628. [711]

Mai (?)-décembre 1533. — FRANCIS BRYAN, résident. Cité comme ayant accompagné le roi en Auvergne, Languedoc, Provence, en 1533 (soit à peu près de mai à novembre), II, 607, 6728. Cité, juin-août, *Bapst, Deux gentilsh., 71*. Écrit de Marseille, 5 octobre, *Brewer, VI, n° 1218*. De retour en Angleterre au milieu de décembre, *Brewer, ibid., n° 1528*. [712]

Juin-août 1533. — Ambassade extraordinaire :

a. THOMAS, DUC DE NORFOLK ;

b. GEORGE BOLEYN, LORD ROCHFORD ;

c. WILLIAM PAULET ;

d. ANTHONY BROWNE. Part de Calais le 2 juin 1533. Arrive en cour le 10 juillet. Repart probablement le 18 août pour l'Angleterre où elle arrive le 30 août, *Bapst, Deux gentilsh., p. 71*, ou le 1er septembre, *cf. Span, Cal., IV, 2, p. 787*. Le duc de Norfolk cité particulièrement : 16 juin, II, 440, 5937; 28 juin, II, 463, 6039; rétrospectivement, en octobre, II, 531, 6347. George Boleyn, cité rétrospectivement, en octobre, II, 531, 6347. Antoine Browne, écrit de Paris, 12 juin, *Brewer, VI, n° 637*. De la cour, 24 juillet, *ibid., n° 891*. Cité rétrospectivement, II, 531, 6347. [713]

Septembre-octobre 1533. — Stephen Gardyner, évêque de Winchester. Part le 3 ou le 8 septembre 1533, *Span. Cal., IV, 2, p. 787, 800.* Écrit de Marseille, le 5 octobre, *Brewer, VI, n° 1218.* Cité, même date, *Span. Cal., IV, 2, p. 817.* [714] Ambassades d'Angleterre.

Octobre (?) 1533-février 1537. — John Wallop, résident. Écrit, 5 octobre 1533, *Brewer, VI, n° 1218.* Cité, 23 janvier 1534, *Span. Cal., V, 1, 18-19;* mai, *Bapst, Deux gentilsh., 81;* juin, *Span. Cal., IV, 2, p. 466, 992;* 30 décembre 1535, *Span. Cal., V, 1, 595;* le 27 février 1537, comme retournant dans son pays, III, 282, 8820. [715]

Avril-mai 1534. 1534.

a. George Boleyn, lord Rochford;

b. William Fitzwilliam. Venue annoncée, 14 avril 1534, II, 665, 6996. Arrivent en cour, 21 avril, *Bapst, Mariages, p. 210.* Réponse qui leur est faite le 24 avril, *Bibl. nat., fr. 3005, fol. 129.* Cités, même date, II, 670, 7019. Cités rétrospectivement vers le 11 mai, VII, 811, 29234; 18 juillet, II, 719, 7244; cf. VII, 792, 29106. [716]

Juillet 1534. — George Boleyn, lord Rochford. Instructions, *Bapst, Deux gentilsh., p. 83.* Part d'Angleterre, le 10 juillet, *ibid., 85.* Est de retour avant le 27 juillet, *ibid.* [717]

Mai-juin 1535. Commission extraordinaire envoyée à Calais : 1535.

a. Thomas, duc de Norfolk;

b. William Fitzwilliam;

c. George Boleyn, lord Rochford [1]. Leur envoi annoncé, 12 mai 1535, III, 771, 7833. Norfolk arrive à Calais le 19, Rochford le 20 mai 1535, *Chronicle of Calais.* Ils repartent le 24 juin et arrivent à Londres vers le 27 juin, *Bapst, Deux gentilsh., p. 118.* [718]

Novembre 1535. — Stephen Gardyner, évêque de Winchester. Sa venue annoncée en France dès le 6 octobre 1535, *Arch. Vat., N. Gall., 1, fol. 349.* Encore attendu le 27 octobre, *ibid., fol. 365.* Arrivé, semble-t-il, le 20 novembre exactement, *ibid., fol. 412, 428, 446.* Sur son envoi, cf. *Span. Cal., V, 1, 550.* [719]

Novembre 1535-janvier 1536. — Francis Bryan, chargé de féliciter François Ier de sa guérison. Doit partir vers le 22 novembre 1535, *Span. Cal., V, 1, 571.* Arrive vers le 5 décembre, *Arch. Vat., N. Gall. S. P. III, t. 1, fol. 463.* Cité, 13 décembre, comme étant encore là, *ibid., fol. 486.* De retour à Londres le 28 janvier 1536, *Span. Cal., V, 2, p. 28.* [720]

Mai 1537 (?). — Francis Bryan. Retourne en Angleterre, sa mission terminée, 22 mai 1537 (don à lui), III, 325, 9018. [721] 1537.

Août 1537. — Henry Knyvet [2], gentilhomme de la chambre. Vient après le 7 août 1537, et semble repartir le 14 ou peu après, III, 369, 9612. [722]

[1] Remplaçait Cromwell, qui avait été d'abord désigné. — [2] Nous supposons qu'il s'agit de Knyvet; le Catalogue porte les versions «Jean Knet», «Henry Kenet», «Henry Kurnet».

AMBASSADES D'ANGLETERRE. **Octobre 1537-septembre 1538.** — STEPHEN GARDYNER, évêque de Winchester, résident. Créances du 10 octobre 1537, *Bibl. nat., fr., 2962, fol. 101*. Cité 23 décembre, *Kaulek, p. 74;* le 24 février 1538, *Arch. Vat., Borghèse, 18 d. 3, fol. 104 v°*. Rappelé vers le 25 juillet, *S. P., VIII, 51; Kaulek, 74*. En cour de France le 28 août, pour prendre congé, *Arch. Vat., arm. VIII, ord. I, vol. K, fol. 81 et 87*. Cité, peut-être rétrospectivement, 16 septembre, III, 605, 10284; cf. VIII, 258, 31674. Était encore en route pour revenir en Angleterre, le 27 septembre, *S. P., VIII, 51*. [723]

Novembre-décembre 1537. — WILLIAM HOWARD. Cité, sans précision, 23 novembre 1537, III, 417, 9435. Présent qui lui est fait [décembre 1537], VIII, 76, 29929. [724]

1538. **Janvier-février 1538.** — FRANCIS BRYAN, premier gentilhomme de la chambre. Désigné à la fin de décembre 1537. Diffère son départ pour cause de maladie jusque vers le 21 janvier 1538, *Kaulek, 17*. Cité comme présent à la cour le 10 février, III, 464, 9644. De retour à Londres le 22 février, *Span. Cal., V, 2, p. 508*. Cité [février 1538], VIII, 52, 29712. [725]

Avril-août 1538. — FRANCIS BRYAN. Repart en mission, le 10 avril 1538, *Span. Cal., V, 2, p. 526*. Cité, 12 juillet, *Arch. Vat., arm. VIII, ord. I, vol. K, fol. 59*. Rappelé vers le 1er août, *S. P., VIII, 51; Kaulek, 74*. N'était pas encore de retour en cour de Henri VIII, le 12 août, *Kaulek, 83*. Relation de son ambassade, *Arch. nat., K. 1484, n° 97*. [726]

Août 1538-mars 1540. — EDMOND BONNER, évêque de Londres, résident. Désigné vers le 1er août 1538, *S. P., VIII, p. 51*. Écrit le 7 octobre, *ibid., p. 61*, le 6 décembre, *ibid., p. 107*. François Ier sollicite son rappel, 27 janvier 1540, *Kaulek, p. 153*. Son successeur désigné, 2 février, *S. P., VIII, p. 244*. Sur le point de partir, 1er mars, IV, 88, 11403. [727]

Septembre 1538. — THOMAS THIRLBY. Cité comme rappelé et en route pour revenir, sa mission terminée, le 27 septembre 1538, *S. P., VIII, 51*. Cadeau à lui [vers septembre 1538], VIII, 258, 31679. [728]

1539. **Décembre 1539.** — HENRY KNYVET. Cité, en décembre 1539, comme rappelé soudainement, *Span. Cal., VI, 1, p. 464*. [729]

1540. **Février 1540-mars 1541.** — JOHN WALLOP, résident. Désigné, 2 février 1540, *S. P., VIII, p. 244*. Est arrivé à Calais le 9. Arrive vers le 14 février en cour, *ibid., p. 276*. Cité, 10 mars, *Arch. Vat., arm. VIII, ord. I, vol. K, fol. 268*. Rappelé le 5 février 1541, *S. P., VIII, p. 510*. Cf. *Span. Cal., VI, 1, p. 307*. Son successeur arrive le 5 février, *S. P., VIII, p. 519*. Il est encore en cour le 11 février, *ibid., p. 521;* le 5 mars, IV, 186, 11855. Part vers ce moment, *S. P., VIII, p. 538*. [730]

Février 1540. — THOMAS HOWARD, DUC DE NORFOLK, trésorier d'Angleterre. Instructions du commencement de février 1540, *S. P., VIII, 245*. Part de Londres le 13 février, *Kaulek, p. 161*. Arrive en cour le 16 février, *Arch. Vat., arm. VIII, ord. I, vol. K, fol. 227; Kaulek, p. 163*. Repart vers le 24 février, *ibid., p. 166; S. P., VIII, 276*. De retour à Londres le 2 mars, *ibid., 276 à 279; Kaulek, p. 167*. [731]

Janvier-décembre 1541. — WILLIAM HOWARD, résident. Désigné le 5 janvier 1541, *S. P., VIII, 509;* cf. *Span. Cal., VI, 1, p. 307-308.* Instructions du 18 janvier, *S. P., VIII, 511.* Arrive, 5 février, *ibid., 519;* cf. *Span. Cal., VI, 1, p. 305, 308.* Cité, mai, *ibid., p. 323.* Rappelé, 24 septembre, *S. P., VIII, 610.* Encore en charge, 20 novembre, avec son successeur Paget, *ibid., p. 635.* Cité, le 26 novembre, comme étant sur le point de quitter, IV, 259, 12210. De retour à Londres vers le 3 décembre, *Span. Cal., VI, 1, p. 412.* [732] AMBASSADES D'ANGLETERRE.

Février 1541. — *Commissaire pour l'affaire du pont de la Cauchoire :* 1541.
EDWARD SEYMOUR, COMTE DE HERTFORD[1]. Arrive à Calais vers le 1er février 1541, *Kaulek, p. 266.* De retour en Angleterre le 28 février, *ibid., p. 272.* [733]

Septembre 1541-avril 1543. — WILLIAM PAGET, résident. Nommé le 24 septembre 1541, *S. P., VIII, p. 610.* Instructions, *ibid., p. 611.* Arrive à Paris vers le 30 octobre, *ibid., p. 632, note.* Ne peut trouver la cour et avoir audience que le 20 novembre, *ibid., p. 635.* Cité, août 1542, *Kaulek, p. 457.* Cf. sur son ambassade, *Span. Cal., VI, p. 2, passim.* Lettres de rappel du 20 février 1543, *S. P., IX, p. 316.* Retenu à Boulogne, y est encore le 14 avril et ne peut rentrer en Angleterre que vers le 20 avril, *S. P., IX, p. 353; Span. Cal., VI, p. 2, 277, 286, 296.* [734]

Juin 1546. 1546.

a. JOHN DUDLEY, VICOMTE LISLE;

b. WILLIAM PAGET;

c. NICOLAS WOTTON, plénipotentiaires. Signent un traité le 7 juin 1546. *Du Mont, 2e part., p. 305.* [735]

Juin-juillet 1546. — THOMAS CHEYNY. Créances du 15 juin 1546, *S. P., XI, 218, notes 2 et 3.* Arrivé au plus tard le 28 juin. Écrit, 2 juillet, *ibid., p. 227.* De retour à Londres le 18 juillet, *Corr. d'Odet de Selve, p. 3 et 14.* [736]

Juillet 1546.

a. JOHN DUDLEY, VICOMTE LISLE;

b. CUTHBERT TUSTALL, évêque de Durham;

c. NICOLAS WOTTON, ambassadeurs extraordinaires pour la ratification du traité d'Ardres. Accrédités, 7 juillet 1546, *S. P., XI, p. 246, note 1.* Leur mission paraît terminée au commencement d'août, *Corr. d'Odet de Selve, 4, note 1*, sauf pour Wotton qui reste comme résident. [737]

Juillet 1546-mars 1547. — NICOLAS WOTTON, résident. Présenté à François Ier, le 31 juillet 1546, comme résident, par les deux collègues qui l'avaient accompagné dans son ambassade extraordinaire. Entre immédiatement en fonctions, *S. P., XI, p. 262.* Écrit encore, 30 décembre 1546, *ibid., p. 398.* [738]

Juillet-(?) 1546 — HENRY KNYVET. Envoyé spécialement pour représenter Henri VIII au combat singulier entre deux capitaines espagnols au service de Henri VIII (à Fontainebleau). Créances du 11 juillet 1546 (*S. P., t. XI, p. 239, n° 2*). Tombe malade à Melun, en mission, semble-t-il, cf. *ibid.* [739]

[1] Il était assisté de William Howard, qui venait comme résident (*voir l'article 732*).

AMBASSADES D'ANGLETERRE.

Août-septembre 1546. — Commission pour l'affaire du reliquat des 500,000 écus :

a. WILLIAM PETRE, secrétaire d'État;

b. WILLIAM MAY, doyen de Saint-Paul. Arrivent vers le 20 août 1546, *S. P., XI, 285 et note.* Attendent vainement les commissaires français qui ne sont pas encore là le 8 septembre environ, *Corr. d'Odet de Selve, p. 25.* [740]

Octobre 1546. — Commissaires pour la délimitation du Boulonnais :

a. THOMAS SEYMOUR;

b. GEORGE BROOKE, LORD COBHAM;

c. EDWARD WOTTON, trésorier de Calais (frère de l'ambassadeur). Désignés vers le 28 octobre 1546, *Corr. d'Odet de Selve, 47, note.* [741]

1547. **Mars 1547.** — Commissaires pour la délimitation du Boulonnais :

a. JOHN, LORD RUSSEL;

b. JOHN DUDLEY, COMTE DE WARWICK;

c. THOMAS SEYMOUR, LORD SUDELEY;

d. WILLIAM PAGET. Signent un accord à Londres en [mars] 1547, *Léonard, II, p. 465.* [742]

4° DU DANEMARK.

1519. **Mars(?) 1519.** — DAVID DE CORAN. Cité, 5 avril 1519, peut-être un peu rétrospectivement, V, 389, 16677. Reste trente jours en cour (à Amboise), *ibid.*, 16678. [743]

1527. **1527.** — JACQUES RONNOU, envoyé de Frédéric, roi de Danemark, cité dans une lettre du 14 janvier 1528, comme ayant accompli sa mission dans l'été précédent, *Arch. nat., J. 995^B, n° 9.* [744]

1528. **Janvier 1528.** — FRÉDÉRIC SELANDT, héraut. Lettres de créance du 14 janvier 1528, *Arch. nat., J. 995^B, n° 8.* [745]

Juin 1528. — PIERRE SUAVENIUS ou SKAVE, secrétaire de la chambre du roi de Danemark. Don à lui fait à la suite de sa mission, 5 juin 1528, I, 572, 3007. [746]

1532. **Juin-septembre 1532.** — PIERRE SUAVENIUS, secrétaire du roi de Danemark. Créances du 26 mars 1531, *Arch. nat., J. 995^B, n° 11.* Cité le 28 juin 1532, II, 168, 4675; le 5 septembre, II, 225, 4951. [747]

Septembre 1532. — GEORGES BONGNE, secrétaire du roi de Danemark. Cité, 5 septembre, II, 225, 4951. [748]

1537. **Septembre-novembre 1537.** — PIERRE SUAVENIUS, secrétaire du roi de Danemark. Instructions, 24 septembre 1537, *Brewer, XII, 2, n° 745.* Cité, vers le 30 novembre, comme venu et repartant, VIII, 86, 30024. Mention rétrospective de sa mission, en avril 1538, *Arch. de Marb., « Frank. », liasse XIV, n° 12.* [749]

1538. **Avril-août 1538.**

a. ESKIL BILD ou BILLE, s^r D'« AICHE », gentilhomme de la maison du roi de Danemark;

b. Pierre Suavenius, secrétaire du roi de Danemark, ambassadeurs extraordinaires. Se joignent aux ambassadeurs de Saxe et de Hesse, dont les créances sont du 15 avril 1538 (cf. *Ambassadeurs d'Allemagne en France*). Sont encore à Langres, 1er juin; semblent avoir une audience du roi le 1er juillet, *Arch. de Weimar, reg. H, p. 163, n° 77; Seckendorf, III, 178 et suiv.* Attendent le roi à Lyon, III, 575, 10151. Cités, août, *Span. Cal., VI, 1, p. 7.* Don à eux [vers août], VIII, 287, 31981. Congédiés le 11 août, ils partent le 12 août 1538, *Arch. de Weimar, ibid.* [750] Ambassades du Danemark.

Décembre 1539. — Pierre Suavenius. Instructions du 18 décembre 1539, *Brewer, XIV, p. 20, n° 704.* [751] 1539.

Septembre-Novembre 1541. 1541.

a. Eskil Bild;

b. Pierre Suavenius;

c. Eric Krabben, plénipotentiaires pour signer une alliance. Pouvoirs du 12 septembre 1541, *VIII, 788, 12214.* Ils arrivent en cour le 15 novembre 1541, *S. P., VIII, 637 et suiv.;* cf. *ibid., 643.* Signent un traité le 29 novembre 1541, *Du Mont, IV, 2, p. 216.* [752]

5° D'ÉCOSSE.

Septembre (?) 1516-mai 1518. — Robert Cockburn, évêque de Ross, résident. Envoyé vers septembre 1516, *Bapst, Mariages, p. 12.* Encore en charge vers le 25 mai 1517, *Bapst, ibid., p. 18, note 2,* et le 31 mai 1518, *ibid., note 1;* cf. *Barrillon, I, 206.*] [753] 1516.

Mars-septembre (?) 1517. — Jean Stuart, duc d'Albany, tuteur du roi, plénipotentiaire. Muni de pouvoirs du Parlement du 1er mars 1517, *Bapst, Mariages, p. 17.* Ne part pas immédiatement; doit partir au plus tard fin juin, *ibid., p. 18.* Rejoint la cour à Dieppe [21-24 juillet], puis à Rouen [2 août 1517], *ibid., p. 19.* Traité signé à Rouen, le 26 août 1517, avec Charles d'Alençon, commis par le roi de France (non ratifié d'abord), *Teulet, Corr. fr., I, 4.* Ratifié par le Parlement écossais le 24 novembre 1523, *Bapst, Mariages, p. 36, note.* Séjourne ensuite en France, à la cour, *à titre privé, Bapst, Mariages, 23.* Ne rentre en Écosse que le 19 novembre 1521, cf. V, 383, 16649. [754] 1517.

Juin-juillet (?) 1517.

a. Gawin Douglas, évêque de Dunkel;

b. Patrick Paniter, abbé commendataire de Cambuskenneth et secrétaire d'État. Première audience (à Amiens), [milieu de juin] 1517, *Barrillon, I, 309;* cf. *Bapst, Mariages, p. 17 et 18.* Se préparent au retour. Écrivent d'Abbeville le 27 juin, pour avoir un sauf-conduit, *Bapst, ibid., p. 18, note 3.* [755]

Novembre 1523-décembre 1524. — David Beaton, abbé d'Aberbrothwick. Désigné dès le 29 novembre 1523, ou un peu avant, mais ne part pas dès ce moment, *Bapst, Mariages, p. 36.* S'embarque seulement le 24 mai 1524, en compagnie du duc d'Albany, lequel vient plutôt à titre privé, semble-t-il, *ibid., p. 43.* 1523.

Sa mission continue sans doute en juin. Les événements extérieurs empêchent François Ier de répondre durant plusieurs mois. Le roi répond le 15 septembre, *ibid., p. 68 et suiv.* Beaton ne rentre en Écosse qu'en décembre 1524, *ibid., p. 69.* [756]

1525. **Février-septembre (?) 1525.** — JOHN CANTLEY, archidiacre de Saint-André, chargé de porter une lettre à la régente. Part le 22 février 1525, *Bapst, Mariages, p. 84 et suiv.* Va d'abord auprès du duc d'Albany, revenu d'Italie en mai. Arrive seulement en juin 1525, *ibid., p. 94.* Reçoit une réponse (adressée à lui et à Wemyss), *Teulet, I, n° 13.* Pas encore de retour le 2 septembre 1525, *Bapst, ibid., p. 96; cf. Teulet, Corr. françaises, I, 51.* [757]

Mai-août 1525. — PATRICK WEMYSS, capitaine d'archers écossais au service de la France. Instructions s. d., *Teulet, Corr. françaises, I, 46; Bapst, Mariages, p. 93.* Part vers la fin de mai 1525, *Bapst, ibid., p. 94.* Reçoit une réponse (adressée à lui et à Cantley) en juin 1525, *Teulet, I, n° 13.* Cité, 27 juin 1525, V, 721, 18418. Revient vers fin août 1525, *Bapst, ibid., p. 96.* [758]

1528. **Janvier-octobre (?) 1528.** — WILLIAM HAMILTON DE MACKNAIRSTON. Désigné commencement de janvier 1528, *Bapst, Mariages, p. 120.* Retour en Angleterre jusqu'à la mi-mars, *ibid., p. 121.* Réponse écrite qui lui est faite, 4 septembre 1528, *British Museum, Royal Letters, ms. 18, B. VI, fol. 17.* Cité par *Bapst, ibid.* Dut quitter la cour le 5 septembre, ou peu après, I, 598, 3139. Rentré en Écosse avant le 14 novembre 1528, *Bapst, p. 126.* [759]

1532. **Février-novembre 1532.**

a. THOMAS ERSKINE;

b. JAMES HAY, évêque de Ross. Désignés vers février 1532, *Bapst, Mariages, p. 177.* Partent le 26 mars, *Bapst, ibid., p. 182.* Arrivent en France quand la cour est en Bretagne, mais le roi les fait attendre à Tours, puis à Angers. Ils ne sont reçus que lorsque le roi arrive à Paris. Ils attendent encore une réponse, de sorte qu'ils sont environ six mois en France. Doivent repartir vers octobre 1532, *ibid., p. 184 et suiv.* Cités encore sans précision le 8 novembre 1532 (au moins l'évêque de Ross, car avec lui on cite le seigneur de Barguin, dont l'identité est incertaine), II 238, 5018. [760]

1533. **Février-juin (?) 1533.** — DAVID BEATON, garde du sceau privé d'Écosse. Créances du 27 et 28 février 1533, *Brewer, Cal., VI, 187, 190 et suiv.* Cité, peut-être rétrospectivement, le 23 juin 1533, II, 451, 5988. [761]

1534. **Janvier-septembre 1534.**

a. DAVID BEATON;

b. THOMAS ERSKINE. Peut-être en route déjà le 28 janvier 1534 et séjournent alors en Angleterre, *Span. Cal., VI, 1, p. 22;* ou partent seulement le 19 février, *Bapst, Mariages, p. 204, 206, note 2.* Arrivent en cour de France vers le 15 avril, et ont une réponse vers le 1er mai, *ibid.; 212.* Cités [vers le 1er août], VII, 761, 28885. Lettre à l'un d'eux, du 15 septembre, *Aff. étr., Corr. d'Angleterre, suppl. I, fol. 54.* [762]

1535. **Juin-août 1535.** — JAMES AKINHEAD. Créances, 3 juin 1535, *Brit. Mus., Royal*

Letters, ms. 18, B. VI, fol. 40. Instructions (s. d.), *ibid., add. mss., n° 23108, fol. 7;* cf. *Bapst, Mariages, p. 243 et suiv.* Dut revenir vers le 6-11 août 1535, *Bapst, ibid., 254 et 257.* [763] AMBASSADES D'ÉCOSSE.

Juillet 1535-octobre(?) 1536.

a. LE COMTE DE MORAY, frère naturel de Jacques V;

b. WILLIAM STEWART, évêque d'Aberdeen;

c. JEAN, LORD ERSKINE;

d. THOMAS ERSKINE;

e. ROBERT REID, abbé de Kinloss. Créances, pour les quatre premiers, du 29 juillet 1535, *Brit. Mus., Royal Letters, ms. 18, B. VI, fol. 19;* cf. *Bapst, Mariages, p. 245;* pour le dernier, du 31 juillet, *Brewer, VIII, 1154,* et du 12 août, *Brit. Mus., Royal Letters, ms. 13, B. VI, fol. 20 b;* cf. *Bapst, Mariages, p. 254.* Les quatre premiers partent le 5 août, *Diurnal of remerkable occurrents, etc. Bannatique Club, Edimburg* (à la date). Robert Reid se joint à eux en route. Ils sont tous attendus encore en cour de France le 23 août, *Bapst, ibid., p. 257, note 2,* et le 2 septembre, *Arch. Vat., N. Gall. S. P. III, I, fol. 315.* Au commencement de novembre, l'abbé de Kinloss revient en Écosse, tandis que les autres vont à Paris, *Bapst, p. 263, 258.* Thomas Erskine retourne à son tour en Écosse au commencement de décembre; il arrive à Londres le 11 décembre, *ibid., p. 261 et suiv.,* et à Édimbourg vers le 25 décembre, *ibid., p. 263, note 2;* cf. *Brewer, IX, 1044; Span. Cal., vol. V, part. 1, p. 633.* Les deux ambassadeurs qui avaient quitté leur poste (Thomas Erskine et l'abbé de Kinloss) sont renvoyés de nouveau avec des créances du 30 décembre, *Brewer, VIII, 1154;* cf. *Bapst, p. 264-267,* tandis qu'une nouvelle commission avait été rédigée par tous les négociateurs dès le 12 décembre, *Brewer, IX, 960.* Ils rejoignent leurs collègues à Paris, et tous vont trouver le roi à Lyon. Le 6 mars 1536, un contrat de mariage est dressé à la suite de leurs négociations, *Bapst, p. 271 et suiv.* Ils ne quittent cependant pas la France dès ce moment et devaient probablement encore être en cour en octobre, lorsque le roi d'Écosse vient en France, *Bapst, p. 272 et passim.* [764]

Août 1537-mai 1538. — DAVID BEATON. Franchit le Pas-de-Calais le 23 août 1537, *Bapst, Mariages, p. 313.* Rejoint la cour à Fontainebleau la veille du départ du roi de cette ville (7 ou 8 septembre), *ibid., p. 213 et suiv.* Mariage arrangé par lui vers fin octobre 1537 au plus tôt, *ibid., p. 317.* Cité (est-ce au cours de la même mission?) comme ayant assisté, le 8 mai 1538, aux fiançailles, après de longues négociations, III, 549, 10035. [765] 1537.

Mai 1538. — LORD MAXWELL, ambassadeur extraordinaire chargé d'épouser, par procuration, la duchesse de Longueville. Vient en mai 1538 en France. Mariage conclu le 18 mai, *Bapst, Mariages, p. 326.* [766] 1538.

Juin(?) 1538. — DAVID BEATON, évêque de Mirepoix. Don à lui [juin 1538], VIII, 247, 31571. [767]

Mars 1539. — DAVID BEATON, cardinal de Saint-Andrews, arrive en mars 1539, VIII, 192, 31039. [768] 1539.

AMBASSADES D'ÉCOSSE. **Décembre 1540.** — JOHN CAMPBELL. Désigné, dit-on, pour venir en France, le 23 décembre 1540, et attendu pour le 25 décembre à Londres, étant en route pour cette mission, *Span. Cal., VI, 1, p. 302.* [769]

6° DE L'EMPEREUR.

TABLEAU DES RÉSIDENTS.

Juin 1519-avril 1521. Philibert Naturelli, prévôt d'Utrecht [774].
Octobre 1525-novembre 1526. Louis de Praët, bailli de Bruges [777].
Juillet 1527-mars 1528. Nicolas Perrenot de Granvelle [780].
Avril 1530-mars 1532. François Bonvalot, chanoine de Besançon [789].
Janvier 1532-juin 1536. Jean Hannart, vicomte de Lombeke et baron de Liedekerke [794].
Mars 1538-juillet 1539. Cornelius Duplicius Scepperus [805].
Juillet 1539 (?)-août 1541. François Bonvalot, abbé de Saint-Vincent [809].
Août 1541-juin 1543 (?). Nicolas de Gilley, s^{r} de Marnoz [812].
Novembre 1544-fin du règne. Jean de Saint-Maurice [818].

1515. **Mars (?) 1515.** — CONRAD RENNER, prévôt de la collégiale de Louvain, ambassadeur de Maximilien. Arrive vers mars 1515, *Barrillon, I, 37.* [770]

1517. **Février-mars 1517.**

a. GUILLAUME DE CROY, S^{gr} DE CHIÈVRES;
b. JEAN LE SAUVAIGE, S^{gr} D'ESCAMBECQUE;
c. JACQUES VILLINGER;
d. PHILIPPE HANETON, plénipotentiaires. Pouvoirs du 15 février 1517. Signent un traité à Cambrai, le 11 mars, *Arch. nat., J. 664, n°s 1 et 4; Du Mont, IV, 1re part., p. 256.* [771]

Mai 1517.

a. JEAN LE SAUVAIGE, S^{gr} D'ESCAMBECQUE;
b. CONRAD RENNER;
c. JACQUES VILLINGER;
d. JEAN JONGLET, envoyés pour recevoir le serment de François Ier, au traité de Cambrai. Proviseurs du 18 mai 1517, *Arch. nat., J. 664, n° 7 bis.* [772]

Juillet (?) 1517. — JACQUES VILLINGER, S^{gr} DE SAINTE-CROIX, trésorier général de l'empereur, ambassadeur extraordinaire de Maximilien pour recevoir le serment de François Ier. Arrive vers le 1er juillet 1517, *Barrillon, I, 313.* [773]

1519. **Juin 1519-avril 1521** — PHILIBERT NATURELLI, prévôt d'Utrecht, résident. Était résident d'Espagne en France dès août 1518 (Cf. *Ambassades d'Espagne*). Écrit notamment 16 mars 1519, *Le Glay, II, p. 348.* Doit rester après l'élection à l'empire du 28 juin 1519. Cité 14 avril 1520, V, 499, 17245; en avril 1521, *Le Glay, II, 468;* cf. *Barrillon, II, 180.* [774]

Mai-août 1524. — GÉRARD DE PLAINE, seigneur de la Roche et de Magny. Instructions du 25 mai 1524, *Arch. nat., K. 1639, D. 3.* L'Empereur lui écrit le 15 août, *ibid.* [775] AMBASSADES DE L'EMPEREUR.

Août 1525. 1525.

a. HENRI, COMTE DE NASSAU;

b. MERCURIN DE GATTINARA, grand chancelier;

c. LAURENT DE GORREVOD, maréchal de Bourgogne;

d. ADRIEN DE CROY, BARON DU ROEULX, chambellan de l'Empereur, plénipotentiaires. Signent une trêve, à Tolède, le 11 août 1525, *Du Mont, IV, 1re part., p. 435.* [776]

Octobre 1525-novembre 1526. — LOUIS DE FLANDRE, sgr de PRAËT, bailli de Bruges, résident(?). Arrive vers le 14 octobre 1525 près la régente, *Bradford, Correspondance of Charles V and his ambassadors in England and France, Londres, 1850, in-8°, p. 170; Le Glay, II, p. 613.* Cité le 16 février 1526, *Bradford, ibid., p. 206;* au commencement d'avril, *Decrue, Montmorency, p. 84;* le 22 juin, V, 774, 18699; le 21 novembre 1526, *Span. Cal., III, 1, p. 1015.* [777]

Décembre 1525.

a. CHARLES DE LANNOY, vice-roi de Naples;

b. HUGUES DE MONCADE;

c. JEAN LALLEMAND, seigneur de Bouclans et de Vaite, chargés de traiter de la paix avec les ambassadeurs de François Ier. Pouvoirs du 16 décembre 1525, *Bibl. nat. fr. 15834, fol. 351; Du Mont, IV, 1re part., p. 410.* Signent le traité de Madrid, le 14 janvier 1526, *Du Mont, op. cit., p. 400.* [778]

Avril-juin 1526. 1526.

a. CHARLES DE LANNOY, vice-roi de Naples;

b. ONORATO CAETANI D'ARAGON, DUC DE TRAETTO;

c. LE SIEUR LARCON (s. d. FERNANDO DE ALARCON) et autres. Arrivent en France le 29 avril [1526], *Arch. nat., J. 964, n° 59.* Sont à Cognac, près du roi, le 8 mai 1526, *Jacqueton, 277.* Le 23 juin, ils partent d'Angoulême pour retourner en Espagne, *Arch. nat., J. 964, n° 59.* Onorato Caetani, cité 22 juin, V, 774, 18700. Le vice-roi de Naples, cité 29 juin comme retournant en Espagne, V, 776, 18709. [779]

Juillet 1527-mars 1528. — NICOLAS PERRENOT DE GRANVELLE, résident. Cité, 12 juillet 1527, *Span. Cal., III, 2, p. 284.* Audience de congé, 28 mars 1528, *Pap. de Granvelle, I, 350; Du Bellay, Mémoires, éd. de 1573, p. 238 et suiv.* [780] 1527.

Août 1528. — LE SIEUR DE LA HARGERIE. Repart pour retrouver l'empereur, avec des instructions de Robertet, 12 août 1528, *Arch. des Aff. étr., corr. d'Espagne, t. V, fol. 243.* [781] 1528.

Septembre 1528. — JEAN BOUVOT, sgr DE CORMAILLON, envoyé pour porter la ratification de la trêve. Va partir, 10 septembre 1528, *Henne, Hist. du règne de Charles-Quint en Belgique, t. IV, p. 175, note.* [782]

AMBASSADES DE L'EMPEREUR.

Janvier-mars 1529.

a. LOUIS DE FLANDRE, S[r] DE PRAËT;

b. LE COMTE DE LALAING;

c. GUILLAUME DES BARRES, secrétaire de l'empereur. Créances de l'empereur du 26 janvier 1529, *Arch. des Aff. étr., corr. d'Espagne, V, fol. 148 v°.* Doivent recevoir un peu après, le 7 mars 1529, des instructions de la régente de Flandre, *ibid., 148.* Guillaume Des Barres est présent au serment prêté par le roi le 15 mars 1529, I, 696, 3643. [783]

1529. **Avril-août 1529.** — MARGUERITE D'AUTRICHE, plénipotentiaire. Pouvoirs du 8 avril 1529. Signe le traité de Cambrai, le 5 août, *Du Mont, IV, 2e part., p. 7 et suiv.* [784]

Août 1529.

a. JEAN CAULIER, président du Conseil privé;

b. JEAN DE FALETANS, chargés de recevoir les entérinements par les cours de France, du traité de Cambrai. Commission donnée, à Gênes, le 29 août 1529, *Bibl. nat., fr. 15837, fol. 130 v°.* [785]

Octobre-novembre 1529.

a. CHARLES DE POUPET, S[gr] DE LA CHAUX, chambellan de l'empereur;

b. GUILLAUME DES BARRES, secrétaire de l'empereur. Ambassadeurs extraordinaires chargés de recevoir le serment de François Ier. Reçus solennellement le 17 octobre 1529, à Paris. Première audience, le 18 octobre 1529, *Le Glay Nég., II, 712 et suiv.* Serment reçu le 20 octobre, I, 676, 3543. Écrivent 2, 18, 22 novembre [1529], *Arch. des Aff. étr., corr. d'Espagne, V, fol. 529.* [786]

1530. **1530.**

a. LÉONARD DE GRUYÈRES, chanoine et official de Besançon;

b. JACQUES DE LA TROILLIÈRE, chevalier de l'ordre de Saint-Jacques. Envoyés dans le courant de 1530. Font une relation de leur mission, *Bibl. nat., mss. Espagnols, 142-144.* [787]

Janvier 1530.

a. FERNANDO DE VELASCO, DUC DE FRIAS, connétable de Castille;

b. LOUIS DE FLANDRE, S[r] DE PRAËT, ambassadeurs, chargés de traiter de la reddition des fils de France. Pouvoirs du 21 janvier 1530, *Arch. nat., K. 1641, D 4. 33.* Signent une convention le 26 mai, *Du Mont, IV, 2e part., p. 63.* [788]

Avril 1530-mars 1532. — FRANÇOIS BONVALOT, chanoine de Besançon, résident. Écrit 26 avril 1530, *Arch. nat., K. 1483, n° 74.* Écrit 15 juillet 1530, *Pap. de Granvelle, I, 474, note.* Cité 29 juillet, *ibid.* Écrit de Paris, 21 mars 1531, *Arch. des Aff. étr., corr. d'Espagne, V, fol. 257.* Cité en mai et juin 1531, *Pap. de Granvelle, ibid., notamment p. 545-556;* le 18 septembre, *ibid., p. 573.* Rappelé, 8 janvier 1532, cf. *ibid., 598.* Attend néanmoins Hannart, son successeur. Prend congé du roi vers le 10 mars 1532, II, 134, 4514. Cf. encore, sur son ambassade, *Arch. des Aff. étr., corr. d'Espagne, V, fol. 313.* [789]

Juillet 1530. — M. DE NOIRCARMES[1], ambassadeur extraordinaire (?). Instructions du 29 juillet 1530, *Pap. d'État de Granvelle, I, 474.* [790] AMBASSADES DE L'EMPEREUR.

Février-mai 1531. — LOUIS DE FLANDRE, s^r DE PRAËT. Instructions du 1er février 1531, *Pap. d'État de Granvelle, 496.* Écrit de Paris le 21 mars, *Arch. des Aff. étr., corr. d'Espagne, V, fol. 257.* Semble rappelé par lettre du 2 mai 1531, *ibid., 535,* et être revenu dans le courant de mai en cour de l'empereur, *ibid., 538.* Cité le 12 juin comme venu «dernièrement», II, 50, 4089. [791] 1531.

Mai-juin 1531. — CLAUDE BOUTON, s^r DE CORBERON, chevalier, conseiller de l'empereur. Instructions en mai 1531, *Pap. d'État de Granvelle, I, 540.* Était arrivé vers le commencement de juin (l'empereur écrit le 15 juin en réponse à sa première lettre, cf. *ibid.*). Il n'y a plus d'autre lettre de lui dans les *Papiers* de Granvelle, ce qui semble montrer qu'il n'est pas resté plus longtemps. [792]

Septembre-octobre 1531. — LE SIEUR DE BALANÇON, gentilhomme de la chambre de l'empereur. Parti vers le 18 septembre 1531 avec des instructions de cette date l'adressant seulement officieusement à la reine de France Éléonore, *Pap. d'État de Granvelle, I, 573.* Chargé (probablement en cours de route, à la nouvelle de la mort de Louise de Savoie) de porter au roi les condoléances de l'empereur, *ibid., p. 578 et suiv.* Revient vers le commencement d'octobre, *ibid., p. 580.* Cité rétrospectivement [vers octobre-décembre 1531], VII, 797, 29133. [793]

Janvier 1532-juin 1536. — JEAN HANNART, VICOMTE DE LOMBEKE ET BARON DE LIEDEKERKE, résident. Nommé vers le 8 janvier 1532, *Granvelle, I, 601.* Est en charge le 3 avril, *ibid.* Encore en mars 1533, *Granvelle, II, 19.* S'absente vers le 21 mars 1534, pour se rendre à Bruxelles. L'empereur lui enjoint de regagner la France aussitôt, *ibid., p. 100.* Lettre à lui, 31 juillet, cf. *Bapst., Mariages, 218, note 2.* Écrit 31 janvier 1535, *Arch. nat., K. 1484, n° 20;* 30 mai, *ibid., n° 24;* 6 septembre, *n° 25;* 29 novembre, *n° 30;* 12 janvier 1536, *n° 40;* 14 février, *n° 43.* Cité 20 février, *Span. Cal., V, 2, p. 48;* mars 1536, *Granvelle, II, 437.* Congé à lui signifié le 11 juin. Il part le 17 juin 1536[2], *Decrue, 259;* cf. *Granvelle, II, 475.* [794] 1532.

Janvier 1532. — SIMON DE TISNACQ, gouverneur de Cambrai. Instructions du 6 janvier 1532, *Pap. d'État de Granvelle, I, 596.* [795]

Avril 1532. — LE SIEUR DE BALANÇON, chambellan de l'empereur, envoyé extraordinaire. Instructions du 3 avril 1532, *Pap. d'État de Granvelle, I, 601;* cf. *Mém. de Du Bellay, éd. de 1573, p. 302 et suiv.* [796]

Août-septembre 1534. — HENRI, COMTE DE NASSAU. Instructions 12 août 1534, *Pap. de Granvelle, II, p. 136;* autres (secrètes) 18 août, *ibid., p. 157,* et *Arch. des Aff. étr., corr. d'Espagne, supplément, t. I, fol. 212.* Arrive vers le 20 août, cf. *lettre du 21 ou 22 août du roi au sieur de Beauvais, Arch. de Marb., l. «Frank».* Pouvoir du 29 août, *Pap. de Granvelle, II, 172.* Semble retourner en Flandre presque aussitôt, *Arch. de Marb., ibid.* Adresse une relation de son ambassade le 4 septembre, *Arch. des Aff. étr., corr. d'Espagne, supplément, t. I., fol. 218.* [797] 1534.

[1] Il devait communiquer avec Bonvalot, ambassadeur ordinaire. — [2] La guerre interrompt les relations diplomatiques.

AMBASSADES DE L'EMPEREUR. **Septembre-décembre (?) 1534.** — HENRI, COMTE DE NASSAU. En voyage pour venir de nouveau, le 14 septembre 1534, *Granvelle, II, 194.* Arrive à Amboise en octobre, *Decrue, 230.* Repart en novembre ou décembre, *Decrue, 232; Granvelle, II, 253.* [798]

1535. **Avril-juin 1535.** — FRÉDÉRIC, COMTE PALATIN (1). Arrive fin avril 1535. Réponse faite à ses propositions, 2 juin 1535, *Decrue, 233.* [799]

1536. **Mars 1536.** — LE THILOYE (2). Instructions du 2 mars 1536, *Lanz, Corr. II, p. 569.* [800]

Août 1536. — JEAN HANNART, VICOMTE DE LOMBEKE, BARON DE LIEDEKERKE, plénipotentiaire. Revient à la cour de France vers le 2 août 1536, comme plénipotentiaire, *Granvelle, II, 475.* [801]

1537. **Septembre (?) 1537.** — CORNELIUS DUPLICIUS SCEPPERUS (DE SCHEPPER). Arrive à Jaligny [fin septembre 1537, semble-t-il], VIII, 103, 30186; ou à Moulins, *Decrue, 330;* cf. *Span. Cal., V, 2, p. 376.* [802]

Novembre 1537. — JEAN GALLEIGUE, contrôleur de la maison de l'empereur. Vient, 25-28 novembre 1537, apporter le traité de trêve, VIII, 86, 30025. [803]

Novembre 1537-janvier 1538.

a. FRANCISCO DE LOS COVOS, grand commandeur de Léon;

b. NICOLAS PERRENOT DE GRANVELLE, plénipotentiaires. Signent une trêve à Monçon, le 16 novembre 1537, *Du Mont, IV, 2e part., p. 157,* une autre à Fitou, le 11 janvier 1538, *ibid., p. 159.* [804]

1538. **Mars 1538-juillet 1539.** — CORNELIUS DUPLICIUS SCEPPERUS (DE SCHEPPER), résident. Instructions envoyées d'Espagne en Flandre, 17 mars 1538, *Span. Cal., V, 2, n° 191.* Arrive en cour, 4 juillet, *Arch. Vat., arm. VIII, ord. I, vol. 4, fol. 50.* Écrit 14-22 août, *Span. Cal., VI, 1, n° 4.* Quitte (momentanément) la cour, le 23 octobre, pour accompagner en Flandre la reine de Hongrie, III, 633, 10408. De retour, écrit, 14 décembre, *Span. Cal., VI, 1, n° 29;* 11 janvier 1539, *ibid, n° 35.* Part vers le 30 juillet 1539, *ibid., p. 176.* [805]

Juin 1538.

a. JUAN FERNANDEZ, MARQUIS D'AGUILLAR;

b. FRANCISCO DE LOS COVOS, grand commandeur de Léon;

c. NICOLAS PERRENOT DE GRANVELLE. Pouvoirs du 4 juin 1538, *Ribier, I, 165.* Les conférences commencent ce même jour, *Decrue, 352.* Trêve de dix ans signée par eux le 18 juin 1538, publiée par François Ier le 21, *Ribier, 167; Decrue, 353.* [806]

Septembre (?) 1538. — GABRIEL GUZMAN, jacobin, natif d'Espagne. Va repartir, semble-t-il, pour l'Espagne, après sa mission, vers septembre 1538, VIII, 261, 31716. [807]

(1) Frère de l'électeur palatin. — (2) C'est peut-être Jacques de La Troillière déjà envoyé en 1530.

Septembre-octobre 1538. AMBASSADES DE L'EMPEREUR.

a. LE S^r^ DE BOSSU, écuyer de l'empereur;

b. FRANÇOIS DE PELOUX, gentilhomme de la chambre de l'empereur. Instructions du 6(?) septembre 1538, *Lanz, Corr., II, 685;* cf. *Span. Cal., VI, 1, p. 35.* Le second, cité 27 septembre, *Arch. Vat., arm. VIII, ord. I, vol. K, fol. 91.* Cités comme venus en octobre, VIII, 267, 31781; 268, 31792. [808]

Juillet(?) 1539-août 1541. — FRANÇOIS BONVALOT, abbé de Saint-Vincent, résident. Son prédécesseur partait vers le 30 juillet; il était probablement déjà arrivé à cette date. Cité en septembre 1539, *Ribier, I, 471.* Écrit 2 août, *Span. Cal., VI, n°s 77 et suiv.* Cité 8 octobre, *Arch. nat., K 1484, n° 132.* Lettre à lui, 24 novembre, *Arch. de Bruxelles, pap. d'État, t. 418, fol. 153.* Cf. sur sa mission, *Span. Cal., VI, 1, p. 198, 201, 203, 276-277, 523, n°s 85, 95.* Lettre à lui, 27 décembre, *Gachard, Les troubles de Gand, p. 249.* S'absente au commencement de 1540. Nouvelles instructions du 24 mars 1540, *Pap. de Granvelle, II, 562.* Rentre le 26 mars en cour de France, *Arch. Vat., arm. VIII, ord. I, vol. K, fol. 277.* Nouvelles instructions, 15 mai, *Arch. nat., K 1642, n° 62, Span. Cal., VI, 1, n° 108;* 9 juin, *ibid., n° 259.* Cité, 26 octobre, comme attendant son successeur, *Arch. Vat., arm. VIII, ord. I, vol. K, fol. 420.* Ne part cependant pas, puisqu'il lui écrit encore le 23 juillet 1541, *Arch. de Bruxelles, Pap. d'État, 418, fol. 17.* Son successeur est toutefois déjà en charge le 13 août 1541, *Arch. de Bruxelles, cartul. et mss. 161, fol. 20.* [809] 1539.

Mars 1540. 1540.

a. FRANÇOIS DE PELOUX, gentilhomme de la chambre;

b. *Le grand écuyer du roi des Romains.* Arrivent le 13 mars 1540, *Arch. Vat., arm. VIII, ord. I, vol. K, fol. 273 et 274.* Repartent le 29 mars 1540, *ibid., fol. 278.* [810]

Mai 1540. — FRANÇOIS DE PELOUX, gentilhomme de la chambre. Instructions du 15 mai 1540, *Span. Cal., VI, 1, n° 108; Bibl. nat., fr. 3916, fol. 300.* Est en cour de France et a audience du roi le 19 mai, *Bibl. nat., ibid.* Cf., sur sa mission, *Span. Cal., VI, 1, p. 235, 239, 516, 520.* Repart le 22 mai 1540, *Arch. Vat., Carte Farnesiane, fasc. I (lettre du 24 mai).* Cité rétrospectivement en octobre, *ibid., arm. VIII, ord. I, vol. K, fol. 420.* [811]

Août 1541-juin (?) 1543. — NICOLAS DE GILLEY, S^r^ DE MARNOZ, résident. Déjà en charge, et écrit, le 12 août 1541, *Arch. de Bruxelles, cartul. et mss. 161, fol. 20;* le 29 août, *ibid., fol. 30;* 10 octobre, *Span. Cal., VI, 1, p. 368.* Lettres à lui, 5 et 29 décembre, *Arch. de Bruxelles, Pap. d'État, 418, fol. 175 et 178.* Peut-être remplacé temporairement vers ce moment par Francisco Manrique, *Span. Cal., VI, 2, intr., XLII.* Cité, en charge, 25 février 1542, *ibid., 1, p. 476.* Cf., sur son ambassade, *ibid., p. 369 et suiv., 388, 460.* Encore en charge en mai 1543, *ibid., 2, XLIII.* Dut partir vers le 15 juin 1543, *ibid., XLIV.* [812] 1541.

Septembre-novembre 1541. — FRANCISCO MANRIQUE. Arrive à Lyon au plus tard le 10 septembre 1541, *Span. Cal., VI, 1, p. 368 et suiv.* Lettres à l'empereur, *ibid., n°s 197, 202.* Mentionné, *ibid., p. 387.* Annonce le 11 octobre qu'il a pris congé du roi, et compte partir pour l'Espagne, *ibid., p. 371.* Il est, en effet, à Madrid le 4 novembre, *ibid., p. 383.* [813]

Septembre 1541. — Jean Bouvot, s^r de Cormaillon. Instructions du 4 septembre 1541, *Bruxelles, Pap. d'État, 419, fol. 6.* [814]

1544. **Août-septembre 1544.**

a. Nicolas Perrenot, s^r de Granvelle;

b. Ferdinand de Gonzague;

c. Antoine Perrenot, évêque d'Arras;

d. Alonso de Idiaquez, secrétaire; plénipotentiaires pour la paix. Pouvoirs du 29 août 1544, *Du Mont, IV, 2e part., p. 287.* Première conférence, 29 août, *Charles Paillard, L'Invasion allemande, Paris, 1884, in-8°, p. 369.* Paix signée à Crépy, 18 septembre, IV, 674, 14146. [815]

Septembre 1544. — Francesco d'Este. Part du camp de l'empereur vers le roi de France, le 19 septembre 1544, *Paillard, 416, note.* [816]

Septembre 1544. — Antoine Perrenot, évêque d'Arras. Instructions du 19 septembre 1544, *Paillard, p. 416, note.* [817]

Novembre 1544-fin du règne. — Jean de Saint-Maurice, résident. Nommé en novembre 1544, cf. *Pap. d'État de Granvelle, III, 30.* Arrivé en cour le 12 décembre 1544, *Arch. de Bruxelles, cartul. et mss. 176, fol. 2.* Reste jusqu'à la fin du règne, cf. sa correspondance, *Arch. nat., K 1484 et K 1485, passim.* [818]

Novembre 1544.

a. Le comte de Lalaing;

b. Guillaume Hangouart[1], commissaires à Cambrai. Instructions du 8 novembre 1544, *Arch. de Bruxelles, Pap. d'État, 419, fol. 14,* et du 1er février 1545, *ibid., fol. 35.* [819]

1545. **Janvier 1545.** — Jean d'Andelot, premier écuyer de l'empereur. Envoyé en janvier 1545 et revenu dans le même mois, *S. P., X., 259.* [820]

7° D'ESPAGNE.

1516. **Août 1516.**

a. Guillaume de Croy, s^gr de Chièvres, grand chambellan du roi d'Espagne;

b. Jean Le Sauvaige, s^gr d'Escambecque;

c. Philippe Haneton, audiencier, plénipotentiaires. Signent un traité à Noyon, le 13 août 1516, *Du Mont, IV, 1re part., p. 224.* [821]

Septembre 1516. — Ambassade extraordinaire pour prendre le serment de François Ier :

a. Philippe de Clèves et de La Mark, s^r de Ravenstein;

[1] A eux était joint, semble-t-il, l'ambassadeur ordinaire.

b. JEAN JOUGLET, s^gr^ DES MARETS, maître des requêtes ordinaires du roi d'Espagne aux Pays-Bas. Arrivent avec quelques autres vers la fin de septembre 1516, *Barrillon, 247;* cf. I, 93, 550. [822] AMBASSADES D'ESPAGNE.

Janvier 1517. — ADRIEN DE CROY, COMTE DU ROEULX, *et autres*, ambassadeurs extraordinaires pour recevoir le serment du roi. Arrivent le 28 janvier 1517, *Lalanne, Journal d'un bourgeois de Paris, p. 46-47.* [823] 1517.

Février-mars 1517.

a. GUILLAUME DE CROY, s^gr^ DE CHIÈVRES;

b. JEAN LE SAUVAIGE, s^gr^ d'ESCAMBECQUE;

c. JACQUES VILLINGER;

d. PHILIPPE HANETON, plénipotentiaires. Pouvoirs du 16 février 1517. Signent un traité, à Cambrai, le 11 mars, *Arch. nat., J. 664, n°s 1 et 5.* [824]

Juin 1517.

a. JEAN LE SAUVAIGE, s^gr^ D'ESCAMBECQUE;

b. CONRAD RENNER;

c. JACQUES VILLINGER;

d. JEAN JONGLET, envoyés pour recevoir le serment de François Ier. Pouvoirs du 18 juin 1517, *Arch. nat., J. 664, n° 8 bis.* [825]

Juillet 1517.

a. JEAN LE SAUVAIGE, chancelier de Flandre;

b. LE VICE-CHANCELIER D'ARAGON;

c. PHILIBERT NATURELLI, prévôt d'Utrecht, *et autres.* Arrivent aux environs du 1er juillet 1517, *Barrillon, I, 312 et suiv.* [826]

1518. — CHARLES DE POUPET, s^gr^ DE LA CHAUX, envoyé secret. Cité, 26 juin 1518, V, 404, 16747. [827] 1518.

Août 1518-juin 1519. — PHILIBERT NATURELLI, prévôt d'Utrecht, résident. Écrit le 23 août 1518 et sans interruption en 1518, *Le Glay, II, passim.* Écrit 16 mars 1519, *ibid., p. 348.* Reste après l'élection à l'empire du 28 juin 1519, cf. *Ambassades de l'Empereur.* [828]

Mai 1519. 1519.

a. GUILLAUME DE CROY, s^gr^ DE CHIÈVRES, premier chambellan du roi catholique;

b. DIEGO DE GHEVARA, s^gr^ DE JONVELLE, maître d'hôtel. Commissaires envoyés à Montpellier pour conférer avec les commissaires français. S'assemblent le 1er mai 1519; se séparent vers le 15 mai, *Barrillon, II, 141, notes 2 et 3; Le Glay, II, pp. 450 et suiv.; Dom Vaissete, Histoire du Languedoc, XI, p. 200 et suiv.; Decrue, 13.* Le sieur de Chièvres cité s. d., VII, 435, 25489. [829]

8° DE FLANDRE.

1515. **Janvier-avril 1515.** — Ambassade extraordinaire de l'archiduc Charles pour féliciter François Ier de son avènement.

a. Henri, comte de Nassau;
b. Michel de Croy, s[gr] de Sempy;
c. Michel Pavie, doyen de Cambrai;
d. Philippe Dallès (ou Dalys), maître d'hôtel;
e. Mercurin de Gattinara, président au Parlement de Dôle;
f. Jean Caulier, s[gr] d'Aigny, maître des requêtes;
g. Gilles van den Damme, secrétaire. Instructions du 19 janvier 1515, *Le Glay, II, 2.* Quittent Bruxelles vers le 22 janvier 1515, *Le Glay, II, 10.* Reçus solennellement le 3 février 1515, *ibid., 41*, et *Arch. nat., P 2303, fol. 934.* Cités dans les pouvoirs aux commissaires français, *Arch. nat., P 2303, p. 934.* Traité signé par eux le 24 mars, I, 26, 152. Acte additionnel du 31 mars, I, 28, 161. Cf. *Barrillon, I, p. 24 et suiv.; Lanz, Correspondenz, I, p. 11; Le Glay, II, p. 6; Henne, Règne de Charles-Quint, I, p. 101-123.* Acte du serment de François Ier prêté devant eux le 1er avril 1515, *Arch. nat., J. 661, n° 6.* [830]

Septembre 1515. — Jean Jouglet, ambassadeur de l'archiduc Charles. Apporte la ratification du traité du 24 mars 1515; cité sans grande précision le 10 septembre 1515, V, 259, 16007. [831]

1522. **Avril-juillet 1522.**

a. Philiberte de Luxembourg, princesse d'Orange;
b. Jean de La Palud, abbé de Luxeuil;
c. Hugues Marmier, président du Parlement de Dôle;
d. Simon de Quingey, s[gr] de Montboillon;
e. Antoine de Salives, s[gr] de Bethoncourt, conseiller au Parlement de Dôle;
f. Nicolas Perrenot;
g. Louis de Maranches, avocat fiscal au Parlement de Dôle;
h. Guillaume de Boisset, trésorier de Vesoul, plénipotentiaires. Pouvoirs du 22 avril 1522. Les 1er, 3e, 4e, 5e, 6e et 8e signent un traité à Saint-Jean-de-Losne, le 8 juillet, *Du Mont, IV, 1re part., p. 378 et suiv.* [832]

1526. **Mars (?) 1526.** — Nicolas Perrenot, s[r] de Granvelle, ambassadeur de la régente de Flandre. Cité sans précision, 3 mars 1526, V, 744, 18542. [833]

1528. **Juillet 1528.**

a. Jean Carondelet, archevêque de Palerme;
b. J. de Rosimboz;
c. Jean Caulier;
d. Guillaume de Boisset;
e. Ruffault;
f. Le Clerc;
g. Marnix;

h. Guillaume Des Barres, signent, au nom de Marguerite d'Autriche, un accord avec la France, le 30 juillet 1528, à Malines, *Du Mont, IV, 1re part., p. 517.* [834] Ambassades de Flandre.

2e semestre 1528. — Guillaume Des Barres. Porte à la fin de 1528 la ratification de la trêve par la régente, *Le Glay, II, 676.* [835]

Mars 1529. — Jean Le Sauch. Instructions de l'archiduchesse Marguerite, 7 mars 1529, *Arch. des Aff. étr., corr. d'Espagne, V, fol. 147.* [836] 1529.

Mai(?) 1529.

a. Le sgr de Rosimboz;

b. Guillaume Des Barres, secrétaire. Négocient en France vers la mi-mai 1529, semble-t-il; y étaient de passage venant de Flandre; n'avaient pas de créance, mais seulement des instructions secrètes, cf. *Span. Cal., IV, 1, p. 29, 37.* [837]

Décembre 1529-janvier 1530. — Lambert de Briarde, maître des requêtes de l'Empereur. Commission, donnée par l'archiduchesse Marguerite, le 11 décembre 1529, *Arch. du Nord, B 382;* écrit de Cambrai le 15 janvier 1530, *ibid., B 383.* [838]

Décembre 1535. — « Le sieur d'Ive » *ou* « Yve ». Chargé de prendre des nouvelles. Arrive le 7 décembre 1535, *Arch. de Bruxelles, Pap. d'Etat et de l'Audience, vol. 417, fol 218.* Cité, 17 décembre, *Arch. Vat., N. Gall. S. P. III, t. I, fol. 488.* [839] 1535.

Janvier 1537. — Jean de Northoud, envoyé près d'Éléonore, seule, peut-être. Instructions de janvier 1537, de Marie de Hongrie, *Arch. de Bruxelles, Pap. d'Etat, 418, fol. 115.* [840] 1537.

Novembre-décembre 1539. — Cornelius Duplicius Scepperus (De Schepper). Créances du 11 novembre 1539. Part de Bruxelles le 26 novembre. De retour le 16 décembre. *Th. Juste, Les Pays-Bas sous Charles-Quint, Vie de Marie de Hongrie, p. 60; Saint-Genois et Yssel de Schepper, Missions diplomatiques de Corneille Duplicius de Schepper, p. 73-74.* [841] 1539.

Août 1545. — Jean de Northoud, maître d'hôtel de la régente. Envoyé le 12 août 1545, *S. P., X, 568.* Arrive en cour le 26 août, *Arch. nat., K 1484.* [842] 1545.

9° DE HONGRIE.

a. DE LOUIS, ROI DE HONGRIE ET DE BOHÊME.

Mars 1518. — Jean-Amor de Tharnovo, ambassadeur de Louis, roi de Bohême et de Hongrie. Créance du 1er mars 1518, *Arch. nat., J. 933, n° 13.* [843] 1518.

b. DE JEAN ZAPOLYAI, VAÏVODE DE TRANSYLVANIE, ROI DE HONGRIE.

1527. **Juin 1527.** — Ambassadeurs. Cités en juin 1527, VII, 730, 28668. [844]

1528. **Août 1528-mars 1529.** — JOANNES STATILIUS, évêque d'Alba Julia, (Gyula-Fehervar ou Karlsburg) en Transylvanie[(1)], ambassadeur de Jean, roi de Hongrie. Pouvoirs du 16 mai 1528, *Arch. nat., J 995ª, n° 27*. Arrive en août 1528 à Paris, *Lalanne, 365*. Cité dans un instrument authentique du 16 septembre, *Ven. Cal., IV, n° 345*. Cité, 23 octobre, VI, 152, 19672. Traité du 28 octobre qu'il signe, VI, 153, 19676. Don à lui, 27 novembre, I, 619, 3244. Est sur le point de repartir, 15 mars 1529, I, 639, 3344. Cité rétrospectivement, 23 mars, VI, 170, 19762. [845]

1530. **Septembre-décembre 1530.** — ANDRÉ CORSINI, secrétaire de Jean, roi de Hongrie. Allusion à lui, semble-t-il, comme étant depuis quelque temps en cour de France, en septembre 1530, *Span. Cal., IV, 1, p. 727*. Cité en décembre 1530, étant en France de retour d'Angleterre, *ibid., 845*. [846]

1531. **1531.** — Ambassade. Séjourne en Bourgogne, avec seize chevaux et seize serviteurs, 6 mois et 12 jours; frais réglés [vers le 31 décembre 1531], VII, 643, 27927. [847]

1532. **Août-février 1532.** — ANDRÉ CORSINI, secrétaire de Jean, roi de Hongrie. Est en France, 9 février 1532, *Brewer, V, n° 791*. Cité le 12 mars comme étant venu en France, ayant été ensuite envoyé en Angleterre par François et étant de retour en France, *ibid., n° 864*. Cité, août 1532, *ibid., n° 1266*. [848]

Mars 1532. — JÉRÔME LASKO. Arrive vers mars 1532, au dire de Du Bellay, *Mémoires, éd. de 1573, p. 302*. Détails sur le but de son ambassade, *ibid.* [849]

Juillet (?) 1532. — NICOLAS «MYNEUYZ». Cité dans un rôle s. d. pouvant être attribué à juillet-août-septembre 1532, VII, 662, 2809. [850]

1534. **Août 1534-décembre 1535.** — ANDRÉ CORSINI, secrétaire de Jean de Hongrie. Quitte la Hongrie vers août ou septembre 1534, et réside ensuite en France. De passage à Londres le 17 décembre 1534, *Brewer, VII, 1554*. Quitte l'Angleterre pour la France en mars 1535, *Span. Cal., V, 1, p. 432*. Doit s'absenter en juin, *ibid., p. 504*, et revenir en décembre 1535, *ibid., p. 577*. Sur son séjour, cf. *S. P., VII, p. 599*. [851]

1538. **Août 1538.** — L'évêque d'«*Agria*», résident. Allusion (à lui probablement), 14 et 30 août 1538, *Span. Cal., VI, 1, p. 6 et 13*. Part le 24 août 1538 pour gagner l'Espagne, *Arch. Vat., arm. VIII, ord. I, vol. K, fol. 81*. [852]

Novembre 1538-juin 1539. — JOANNES STATILIUS, évêque d'Alba Julia Créances du 2 novembre 1538, *Ribier, I, 253*. Cité 20 juin 1539, IV, 13, 11067. [853]

[(1)] *Alias* Sturts Weissenberg.

Mai-juillet 1540. — JOANNES STATILIUS. Créances, 25 mai 1540, *Ribier, I, 531.* Est à Noyon, 28 juin, *ibid., 531.* Quitte la cour, 7 juillet 1540, *Arch. Vat., arm. VIII, ord. I, vol. K, fol. 323.* Cf. *S. P. Henr. VIII*, t. *VIII, 394.* [854] AMBASSADES DE HONGRIE.

10° D'ITALIE.

a. DE FERRARE.

Mai 1528. — GIOVANNI ZILIOLO. Écrit, 30 mai 1528, *Fontana, I, 35.* [855] 1528.

Mai-juillet 1528. — PROSPERI. Cité, 23, 27 mai 1528, *Fontana, I, 35;* 14 juillet, *ibid., 58.* [856]

Juin 1528. — GALEAZZO TASSONI. Écrit, 29 juin 1528, *Fontana, I, 46.* [857]

Décembre 1528. — PIO. Cité, 22, 29 décembre 1528, *Fontana, I, 58.* [858]

Février 1529. — FRANCESCO CANTELMO, DUC DE SORA, procureur du duc Alphonse de Ferrare au contrat de mariage de son fils avec Renée de France, à Saint-Germain-en-Laye, le 19 février 1528, *Arch. nat., J. 934, n° 15 bis.* [859] 1529.

Mars-mai 1529. — FRANCESCO CANTELMO. Dut être ambassadeur au moins du 19 mars au 26 mai 1529, cf. *Fontana, I, 125-126* (peut-être même mission que la précédente). [860]

Juillet 1529-mai 1530. — LODOVICO CATO, résident. Lettre à lui, juillet 1529, *Fontana, I, 123;* cf. *ibid., 46.* Remplacé, fin mai 1530, par Jean-Baptiste de Manfredi, *Molini, n° 344.* [861]

Juillet 1529. — « MISCOMINO. » Écrit, 5 juillet 1529, *Fontana, I, 110-112.* [862]

Mai 1530-juillet 1531. — LE COMTE GIAMBATTISTA MANFREDI, résident. Succède à Lodovico Cato, *cf. Molini, n° 344.* Créances du 20 mai 1530, *publ. Molini, n° 341.* Écrit, 13 juillet, *Span. Cal., IV, 1, p. 639;* 5 juillet 1531, *Fontana, I, 311.* [863] 1530.

Août-septembre 1530. — « QUAINO », gentilhomme de la chambre du duc. Créances du 1er août 1530, *Molini, II, p. 325.* Cité, 12 septembre 1530, *ibid., 331.* [864]

Octobre 1533-avril 1534. — ALBERTO SACRATO, résident. Écrit, 24 octobre 1533, *Fontana, I, 173-176;* 23 novembre, *ibid., p. 181 et suiv.;* 18 février 1534, *ibid., p. 276.* Part vers le 1er avril 1534, VII, 723, 28625. [865] 1533.

Avril 1534-mars 1537. — HIERONIMO FERUFFINO, résident. Lettre de lui, 9 avril 1534, *Fontana, I, 185-187;* 25 février 1535, *ibid., p. 211-212.* Instructions à lui, 4 juin, *ibid., p. 212-214.* Écrit, 8 juillet, 16 et 17 septembre, *ibid., p. 211-214.* Écrit, 9 octobre, *ibid., p. 218.* Lettre à lui, 23 octobre 1535, *ibid., p. 218-220.* Écrit, 25 février 1536, *ibid., p. 230 et suiv.* Lettre à lui, 5 mai, *ibid., 318-320.* 1534.

 Écrit, 7 mai, *ibid., p. 235;* 26 mai, *ibid., p. 342.* Lettre à lui, 4 juin, *ibid., p. 341.* Écrit à lui, 20, 30 juin, *ibid., p. 352, 356.* Écrit, 3 et 8 juillet, *ibid., p. 366 et suiv.* Lettres à lui, 19, 29 juillet, *ibid., p. 364 et suiv.* Écrit, 27 novembre 1536, *ibid., p. 411-414;* 17 janvier 1537, *ibid., p. 401;* 20 février, *ibid., p. 402;* 3 mars, *ibid.* [866]

1539. **Mars-août 1539.** — JEAN DE BRUSSILLET. Semble avoir été ambassadeur depuis mars; écrit le 16 juillet et le 30 août 1539, *Fontana, I, 234-236.* [867]

1541. **Avril 1541.** — LUIGI ALAMANNI. Part porteur de lettres du 20 avril 1541, *Ribier, I, 559.* [868]

1543. **Janvier 1543.** — LODOVICO DA THIENE. Cité, 21 janvier 1543, *Fontana, I, 404.* [869]

b. DE FLORENCE.

1514. **1514-janvier 1516.** — FRANCESCO PANDOLFINI, résident. Arrivé dès la fin d'avril 1514. Encore là le 3 mars 1515, *Desjardins, II, 690.* Instructions, à lui, à Vettori et à Strozzi, du 18 octobre 1515, *ibid., 755-781.* Reste encore là jusqu'en janvier 1516 (d'après *Pieper, 205*). [870]

1515. **Octobre 1515-?.** — FILIPPO STROZZI. Instructions, 18 octobre 1515, *Desjardins, II, 755-781.* [871]

Octobre 1515-janvier 1518. — FRANCESCO VETTORI, résident. Instructions, 18 octobre 1515, *Desjardins, II, 755-781.* Il reste après le départ de la légation. Correspondance depuis janvier 1516, *Desjardins, II, 758 et suiv.* Écrit, 30 avril 1516, *1 Man. Torrigiani, p. 117;* plusieurs fois en 1517, *ibid., passim;* encore en janvier 1518, *ibid., p. 212 et suiv.* [872]

1526. **Mai 1526-septembre 1527.** — ROBERTO ACCIAJUOLI (laïc), en même temps nonce tant que le pape est maître de Florence, puis simple ambassadeur résident. Cité, le 4 mai 1526, comme étant en route, *Pieper, 83, note 9;* arrivé le 10 juin, *ibid., 83 et note 1.* Cité, comme séjournant depuis quelque temps, le 4 décembre 1526, *Desjardins, II, 843.* Remplacé par lettres écrites vers le 17 juillet 1527, *ibid., 985.* Part le 15 septembre 1527, pour Florence, *Pieper, 83, note 4.* [873]

Décembre 1526. — PAOLO D'AREZZO, envoyé. Cité, 4 décembre 1526, *Desjardins, II, 844.* [874]

1527. **Août 1527.** — ANTONIO FRANCESCO DEGLI ALBIZZI, envoyé spécial auprès de Lautrec, commandant les forces françaises en Italie. Instructions du 2 août 1527, *Desjardins, II, 991.* [875]

1528. **Février-novembre 1528.** — GUILIANO SODERINI, résident. Désigné par lettres du 17 juillet 1527, *Desjardins, II, 994.* Écrit le 7 février 1528, *Ven. Cal., IV, n° 234.* Cité le 16 septembre 1528, *ibid., n° 345.* Remplacé vers le 11 novembre 1528 (date des instructions de son successeur), *Desjardins, II, 1029.* Encore en charge, 18 novembre 1528, *ibid., 1003.* [876]

Novembre 1528-juillet 1530. — BALDASSARE CARDUCCI, résident. Instructions du 11 novembre 1528, *Desjardins, II, 1029*. Créances du 30 novembre, *Bibl. nat., fr., 3010, fol. 96; Molini, II, n° 242*. Instructions du 2 décembre, *Molini, II, p. 128, note*. Encore en route le 17 décembre, à Gênes; le 4 janvier, à Lyon. Était arrivé en cour depuis quelque temps le 5 février 1529, *Desjardins, ibid., 1040*. Écrit encore de Paris le 2 septembre 1529, *ibid., 1117*. Écrit, 21 juillet 1530, *Span. Cal., IV, 1, p. 652 et suiv.* [877]

Octobre (?) 1544-septembre 1546[1]. — Bernard de Médicis, évêque de Forli, résident. Arrivé entre octobre et décembre 1544 (écrit le 22 décembre, *Desjardins, IV, p. 139*). Lettres de son ambassade, cf. *ibid., passim*. Rappelé fin août ou septembre 1546, *ibid., p. 169*. [878] 1544.

c. DE GÊNES.

1530. — X et Y (non nommés), envoyés extraordinaires à l'occasion du couronnement de la reine. Créances du 29 décembre 1530, *Molini, II, p. 356*. [879] 1530.

1542. — Z (ambassadeur non nommé). Arrive le 8 janvier 1542, *Arch. Vat., arm. VIII, ord. 1, vol. IV, fol. 78*. [880] 1542.

1544. — Luciano Spinola, ambassadeur de la Seigneurie de Gênes, en 1544, *Bibl. Ambrosienne à Milan, S 84, Sup., fol. 104*. [881] 1544.

d. DE MANTOUE.

1520. — Soardino, ambassadeur. Écrit le 8 et le 26 juin 1520, de France, *Ven. Cal., III, n°s 73 et 74*. [882] 1520.

Septembre 1520. — Statio, envoyé du marquis de Mantoue. Arrive à peu près le 28 septembre 1520, *Sanuto, Diarii, XXIX, p. 292*. [883]

Septembre 1540. — Fabritio Boba, envoyé de la duchesse de Mantoue. Cité comme arrivé depuis peu, 10 septembre 1540, *Arch. Vat., arm. VIII, ord. 1, vol. K, fol. 400*. [884] 1540.

e. DE MILAN.

Septembre 1515. — Girolamo Morone, plénipotentiaire. Envoyé en septembre 1515, *Barrillon, I, 147*. [885] 1515.

Novembre 1526-juillet 1529. — Giovan-Francesco Taverna, résident. Pouvoirs du 14 novembre 1526, *Arch. nat., J. 910, n° 11*. Créances du 17 novembre 1526, *Molini, I, 257*. Arrive en cour le 10 décembre et exhibe ses créances, *Desjardins, II, 850*. Première audience, 12 décembre, *ibid., 855*. Cité dans un acte authentique, 16 septembre 1528, *Ven. Cal., IV, n° 345*. Cité, 13 janvier 1529, *ibid., n° 395*. Écrit, 1er février, *ibid., n° 409*. Écrit souvent, cf. *ibid., passim*. Cité, 10 juillet 1529, *ibid., n° 487*. [886] 1526.

[1] De 1530 à 1544, il y a interruption complète des rapports diplomatiques entre la France et Florence, qui était du parti de l'empereur.

IMPRIMERIE NATIONALE.

Ambassades d'Italie. **Février 1528.** — Agostino Scapinelli, plénipotentiaire envoyé en France, en Angleterre et près de l'Empereur. Pouvoirs du 14 février 1528, *Rymer, VI, 2, p. 94.* [887]

1531. **Janvier 1531-?.** — « Robio », secrétaire du duc de Milan. Créances du 18 janvier 1531, *Molini, II, n° 385.* [888]

1533. **Octobre-novembre 1533.** — Giovan-Francesco Taverna, ambassadeur extraordinaire. Arrivé un peu avant le 10 octobre 1533 à Marseille, *Span. Cal., IV, 2, p. 829; cf. Mém. de Du Bellay, 360 et suiv.* Indiqué, le 9 novembre 1533, comme étant en route pour le retour ou sur le point de partir, *Span. Cal., p. 854.* [889]

f. DE MONTFERRAT.

1528. **Août 1528.** — Nicolò Scarampi, résident (?). Cité, août 1528, VI, 143, 19627. [890]

g. DU PAPE.

TABLEAU DES NONCES.

1514-août 1517. Luigi Canossa, évêque de Tricarico [891].
Août 1517-décembre 1520. Giovanni Staffileo, évêque de Sebenico [893].
Mai 1520-décembre 1521. Giovanni Rucellai [895].
Avril 1522-septembre 1523. Esteban-Gabriel Merino, archevêque de Bari [896].
Août 1524-février 1525. Jérome Aléandre, archevêque de Brindisi [899].
Avril 1526-mai 1527. Roberto Acciajuoli [906].
Mai 1527-août 1529. Giovanni Salviati (*intérimaire*) [915].
Septembre 1529-janvier 1535 (?). Cesare Trivulzio, évêque de Côme [926].
Janvier 1535-juillet 1537. Rodulfo Pio di Carpi, évêque de Faenza [938].
Juin 1537-décembre 1540. Filiberto Ferrerio, évêque d'Ivrée [944].
Décembre 1540-juin 1541. Hieronimo Dandino (*intérimaire*) [955].
Mai 1541-février 1543. Hieronimo Capodiferro ou Jérome Dataire [956].
Mai 1543-mai (?) 1544. Hieronimo Dandino, secrétaire du pape [963].
Avril 1544-juillet (?) 1546. Alessandro Guidiccione, évêque d'Ajaccio [965].
Juillet 1546-fin du règne. Hieronimo Dandino, évêque d'Imola [971].

1514. **1514-août 1517.** — Luigi Canossa, évêque de Tricarico, nonce ordinaire. Arrivé fin de mai 1514, *Desjardins, II, 624.* Bulle du 29 septembre 1514 acceptée du nouveau roi le 17 février 1515, I, 14, 85. Arrive au camp du roi vers le 19 septembre, *Barrillon, I, 137 et suiv.* Traité qu'il signe, ratifié 9 octobre, *I man. Torrigiani, p. 460, n° 85.* Lettre à lui, 27 octobre 1515, *I man. Torrigiani.* Diverses lettres à lui, février-mai 1516, *ibid., p. 90 et suiv.* Cité, 1er juin 1516, *Bembi, Epistolarum lib. XIII, n° 6.* Lettres à lui (devenu évêque de Bayeux), septembre 1516 à mai 1517, *I man. Torrigiani, p. 121 et suiv.* Cité fin avril 1517, *Barrillon, I, 306.* Part vers le 3 août 1517, *Pieper, 58; I man. Torrigiani, p. 385.* [891]

1516. **Novembre 1516-mars 1517.** — Latino Benassao. Dut partir vers le 25 novembre 1516, et l'était certainement le 4 décembre, *I man. Torrigiani, 136 et suiv.*

Nombreuses lettres à lui et à Canossa, jusqu'au 28 février 1517 inclus, *ibid.*, *p. 137 à 155.* Retourne à Rome, le 11 mars 1517, *Pieper, 57, note 4.* [892] AMBASSADES D'ITALIE.

Août 1517-décembre 1520. — GIOVANNI STAFFILEO, évêque de Sebenico, nonce ordinaire. Créances du 2 août 1517, *Arch. Vat., Arm. XLIV, Brevia ad Principes, t. V, fol. 104.* Instructions du 3 août 1517, *I man. Torrigiani, p. 384.* Arrive à Lyon, avant de rejoindre la cour, 1er septembre 1517, *I man. Torrigiani, p. 177.* Nombreuses lettres à lui, à partir du 16 septembre 1517, notamment en janvier, février, juin 1518, janvier, octobre 1520, *ibid., p. 177 et suiv., 386 et suiv.* Son successeur étant arrivé en septembre 1520, il reste cependant jusque vers le 23 décembre 1520, *Pieper, 59, note 1.* [893] 1517.

Mars 1518-février 1520. — BERNARDO DOVIZZI DA BIBBIENA, cardinal du titre de Sainte-Marie *in porticu*, légat en France. Désigné au consistoire du 3 mars 1518, *Raynald., ann. 1518, n° 37; I man. Torrigiani, 230.* Lettres à lui, 28 mai, 17 juin, etc., *I man. Torrigiani, 256, 260 et passim.* Entre à Amboise vers mai 1518, *Barrillon, II, 86;* à Angers, 9 juin, *Reumont, La Jeunesse de Catherine, p. 255.* Entre solennellement à Paris, 19 novembre, *Lalanne, 73.* Écrit, 27 novembre, *Lettere di principi, t. I, p. 52 v°.* De retour à Rome le 9 janvier 1520, *Pieper, 61;* y fait son entrée publique le 6 février et est reçu le 11 en consistoire public, *Reumont, loc. cit., p. 264.* [894] 1518.

Mai 1520-décembre 1521. — GIOVANNI RUCELLAI, nonce ordinaire. Instructions, s. d., *I mss. Torrigiani, 386.* Dut partir vers le 2 mai 1520, *Molini, I, 81.* Cité fréquemment à partir du 8 septembre 1520, jusqu'en décembre 1520, *I man. Torrigiani, 364 et suiv.* Rappelé le 10 novembre 1521. Arrive à Rome peu après la mort de Léon X (1er décembre 1521), *Richard, Origines de la Nonciature de France, p. 178-179.* [895] 1520.

Avril 1522-septembre 1523. — ESTEBAN-GABRIEL MERINO, archevêque de Bari, nonce ordinaire. Cité comme désigné, le 30 avril 1522, *Lettere di principi, II, 30.* En charge vers le 1er juin, *Pieper, 63, note 2.* Cité, 16 septembre, *ibid., 63, note 2.* Reste jusqu'en septembre 1523, *ibid., 63 et note 3.* Un mémoire signé du roi lui est remis par le pape à son départ. Rédaction du 8 septembre, avec post-scriptum du 29 septembre 1523, *Arch. des Aff. étr., corr. de Rome, supplément, t. I, fol. 60-64.* [896] 1522.

Septembre 1522-?. — THOMAS DE NIGRIS, évêque de Scardona. Envoyé en septembre 1522, *Pieper, 64, 206.* [897]

Mars-avril 1524. — NICOLAS SCHOMBERG, archevêque de Capoue. Instructions du 11 mars 1524, *Span. Cal., II, n° 626.* Arrive à Blois, 27 mars. Reste en cour jusqu'au 7 avril environ, *Mignet, I, 482;* cf. *Bibl. nat., mss. Brequigny, 90, fol. 114; Ven. Cal, III, n°s 819, 821, 823, 832, 836, 842.* [898] 1524.

Août 1524-février 1525. — JÉROME ALÉANDRE, archevêque de Brindisi, nonce ordinaire. Désigné dès août 1524, *Pieper, 82.* Créances du 14 octobre 1524, *Molini, I, n° 90.* Mission terminée à la bataille de Pavie (24 février 1525), *Pieper, l. c.* [899]

Mars 1525. — ANTONIO PUCCI, évêque de Pistoie. Créances, 12 mars 1525, *Pieper, 82, note 5.* [900] 1525.

AMBASSADES D'ITALIE. **Mars 1525.** — JEAN DU BELLAY, nonce extraordinaire. Nommé 24 mars 1525, *J. Fraikin, La nonciature de France de la bataille de Pavie à la mort de Clément VII*, dans les *Miscellanea di storia e cultura ecclesiastica, 3e année, n° 7, p. 411.* [901]

Juillet-août 1525. — SIGISMONDO SANTO, nonce extraordinaire, du 10 juillet à août 1525, *J. Fraikin, La nonciature de France, p. 411.* [902]

Août-octobre 1525. — LEONARDO SPINA, nonce extraordinaire, d'août en octobre 1525, *J. Fraikin, La nonciature de France, p. 411.* [903]

1526. **Février 1526.** — PAOLO VETTORI. Meurt en route pour venir en France (à Florence), en février 1526, *Span. Cal., III, 1, p. 949; Ven. Cal., III, n° 1226.* [904]

Mars-juin 1526. — CAPINO DA CAPO. Créances (pour remplacer Vettori), le 1er mars 1526, *Balan. Monum. sæc. XVI illustr., nos 169, 170.* Mention de son envoi, 16 mars, *Span. Cal., III, 2, p. 1001*; cf. *Desjardins, II, 926.* Arrive près du roi, à Bordeaux, le 4 avril 1526, *Brewer, IV, 2116*, ou le 6 avril, *Ven. Cal., III, nos 1243, 1245.* Signe le traité de Cognac, le 22 mai 1526, V, 774, 18702. Cf. sur sa mission, *Lettere di principi, II, 103-107.* Repart le 29 juin 1526 pour Rome, *Brewer, IV, n° 2288.* [905]

Avril 1526-mai 1527. — ROBERTO ACCIAJUOLI, nonce ordinaire, en même temps ambassadeur de Florence. Instructions du 21 avril, pouvoirs du 22, *J. Fraikin, La nonciature de France, p. 411.* Cité, dès le 26 avril 1526, comme nonce désigné, et le 4 mai comme en route, *Pieper, 83, note 2.* Arrivé le 10 juin 1526, *Pieper, 83 et note 1.* Cité, 17 juin, *Brewer, IV, n° 2254.* Ne reste à titre de nonce que jusqu'en juin 1527 (bien qu'il reste jusqu'au 15 septembre encore comme ambassadeur de Florence), *Pieper, 83 et note 3.* [906]

Mai 1526. — GIOVANNI RUCELLAI, nonce extraordinaire. Nomination de mai 1526. N'est probablement jamais parti, *J. Fraikin, La nonciature de France, p. 411.* [907]

Juillet-août 1526. — GIAMBATTISTA SANGA. Créances et départ, 19 juillet 1526, *Molini, I, 212.* Quitte la cour le 12 août 1526 (pour l'Angleterre), *S. P., VI, p. 543.* De retour à Amboise, 12 septembre 1526, *J. Fraikin, Nonciatures de Clément VII, t. I, p. 107.* Repart pour Rome, 29 septembre, *ibid., p. 137.* [908]

Septembre-octobre 1526. — GUILLAUME DU BELLAY, sr DE LANGEY, nonce extraordinaire. Créances du 18 septembre 1526, *J. Fraikin, Nonciatures de Clément VII, t. I, p. 119.* Renvoyé à Rome au début d'octobre, *ibid., p. 142.* [909]

Septembre-décembre 1526. — PAOLO D'AREZZO. Créances du 24 septembre 1526, *Molini, I, 235, 236*; cf. *Span. Cal., III, p. 949.* Quitte la cour le 8 décembre 1526 (pour l'Espagne), *Pieper, 70.* De retour à la cour, 9 février 1527, repart pour Rome le 14, *J. Fraikin, Nonciatures de Clément VII, t. I, p. 241, 251.* [910]

Septembre 1526-mai 1527. — LE CARDINAL GIOVANNI SALVIATI, légat (venant d'Espagne). Était de passage à Lyon, 24 septembre 1526; gagne la cour vers le 14 octobre 1526; légat jusqu'en mai 1527, *Pieper, 84 et note 2.* A partir de mai, remplit l'intérim de nonce ordinaire. [911]

Décembre 1526-janvier 1527. — JEAN DE LA FOREST, aumônier de Louise de Savoie. Créances du 6 décembre 1526, *J. Fraikin, Nonciatures de Clément VII, t. I, p. 178.* Encore à Poissy le 2 janvier 1527, *ibid., p. 193.* [912] AMBASSADES D'ITALIE.

Janvier-février 1527. — GUILLAUME DU BELLAY, nonce extraordinaire. Créances du 24 janvier 1527, *J. Fraikin. Nonciatures de Clément VII, t. I, p. 220.* Arrive en cour le 7 février, *ibid., p. 246.* Va repartir le 13 février 1527, *ibid., p. 254.* [913] 1527.

Avril-juin (?) 1527. — LORENZO TOSCANO, nonce extraordinaire, *J. Fraikin, Nonciatures de Clément VII, p. xxx.* [914]

Mai 1527-août 1529. — LE CARDINAL GIOVANNI SALVIATI, nonce intérimaire. Arrivé en cour dès octobre 1526, comme légat, y reste depuis mai 1527 comme nonce intérimaire, *Pieper, 84 et note 2.* Écrit, 20 juillet 1528, *Bibl. nat., fr. 3014, fol. 24;* 25 juin 1529, *ibid., fr. 3033, fol. 9.* Reste en fonctions jusque vers le 6 août 1529, *Pieper, 85 et note 3.* [915]

Décembre 1527-janvier 1528. — UBERTO GAMBARA. Créances des 14 et 17 décembre 1527, *Molini, I, p. 280-286.* Arrive en janvier 1528 et reste 8 jours. Parti avant le 29 janvier 1528, *Pieper, 84, note 3.* [916]

Janvier 1528. — ALBERTO MERAVIGLIA, envoyé en nonciature extraordinaire, le 19 janvier 1528, *J. Fraikin, La nonciature de France, p. 412.* [917] 1528.

Janvier-novembre 1528.

a. VILLIERS DE L'ISLE-ADAM;

b. ANTONIO BOSIO, nonces extraordinaires, envoyés le 12 janvier 1528, en fonctions jusqu'en novembre, *J. Fraikin, La nonciature de France, p. 412.* [918]

Février 1528. — BALTHAZAR PIAT, gentilhomme du comte de Carpi. Apporte des avis, 17 février 1528, I, 546, 2876. [919]

Février-mai 1528. — ANTONIO PUCCI, évêque de Pistoie. Envoyé en nonciature extraordinaire, 10 février 1528, *J. Fraikin, La nonciature de France, p. 413.* Don à lui fait, sans doute au moment de son départ, 4 mai 1528, I, 564, 2962. [920]

Septembre 1528. — LE CARDINAL LORENZO CAMPEGGI. De passage, allant en Angleterre comme légat. Arrivé le 14 septembre 1528; audience du roi et de Louise de Savoie, 15 septembre (ne séjourne pas), *Pieper, 84.* Repasse par Paris le 4 novembre, *J. Fraikin, La nonciature de France, p. 413.* [921]

Septembre 1528-avril 1529. — ANTONIO PUCCI, évêque de Pistoie. Son envoi semblait annoncé comme encore à faire, 11 septembre 1528, *Raynaldus, 1528, n° 11.* Était là avant le 29 octobre 1528, *Pieper, 73, note 1.* Cité 28 février 1529, *Desjardins, II, 1049.* De retour à Rome avant le 14 avril 1529, *Pieper, 73, note 2.* [922]

Novembre 1528. — JEAN D'ESTOUTEVILLE, bailli de Rouen, envoyé en nonciature extraordinaire, le 14 novembre 1528, *J. Fraikin, Nonciatures de Clément VII, p. XXXI.* [923]

Avril 1529(?). — JACOPO GIROLAMI, camérier du pape. Créances du 4 avril 1529, *Molini, II, p. 162.* [924]

1529. **Juin-septembre 1529.** — NICOLAS SCHOMBERG, envoyé extraordinaire représentant le pape près des négociateurs de Cambrai. Parti de Rome, 15 juin 1529, *Span. Cal., IV, 1, p. 83.* Arrivé à Cambrai, 8 ou 9 juillet, *Desjardins, II, 1080.* Était de retour à Rome le 12 septembre 1529, *Span. Cal., IV, 1, p. 208.* Cité rétrospectivement (en 1531), II, 44, 4062. [925]

Septembre 1529-janvier (?) 1535. — CESARE TRIVULZIO, évêque de Côme, nonce ordinaire. Envoi annoncé, 28 septembre 1529, *Pieper, 85, note 4.* Créance pour l'empereur, auprès duquel il doit d'abord aller, 3 octobre 1529, *ibid.* Arrive vers le 2 novembre [1529], *Arch. des Aff. étr., corr. d'Espagne, t. V, fol. 529.* Cité souvent comme nonce en 1530 et 1531, *Pieper, 85.* Écrit le 12 mai 1530, *Bibl. nat., ms. fr. 3013, fol. 147.* Cité, 17 janvier 1532, *Pieper, 85;* 19 juin 1533, *Ven. Cal., IV, n° 920,* et aussi, semble-t-il, 24 octobre 1533, *Span. Cal., IV, 2, p. 835.* Dut rester, probablement, jusqu'à janvier 1535, *Pieper, 211.* [926]

Novembre 1529. — HIERONIMO « ALEOTO », envoyé en nonciature extraordinaire, le 20 novembre 1529, *J. Fraikin, La nonciature de France, p. 414.* [927]

Décembre 1529. — GABRIEL DE GRAMONT, évêque de Tarbes, envoyé en nonciature extraordinaire, le 1er décembre 1529, *J. Fraikin, Nonciatures de Clément VII, p. XXXI.* [928]

1530. **Mars 1530.** — JACOPO GIROLAMI, envoyé en nonciature extraordinaire, le 30 mars 1530, *J. Fraikin, La nonciature de France, p. 414.* [929]

Avril-mai 1530. — LE CARDINAL AGOSTINO TRIVULZIO, nonce extraordinaire, d'avril à mai 1530, *J. Fraikin, La nonciature de France, p. 414.* [930]

Juillet-novembre 1530. — RODULFO PIO DI CARPI, évêque de Faenza. Créances du 26 juillet 1530, *Molini, II, p. 320.* Était de retour à Rome le 28 novembre 1530, *Span. Cal., IV, 1, p. 824.* [931]

Octobre 1530-avril 1531. — GABRIEL DE GRAMONT, cardinal de Sainte-Cécile, légat *a latere*, d'octobre 1530 à avril 1531, *J. Fraikin, La nonciature de France, p. 414.* [932]

1531. **Octobre 1531-janvier 1532.** — SISTO ZUCCHELLI, nonce extraordinaire, *J. Fraikin, La nonciature de France, p. 414.* [933]

Novembre 1531-janvier 1532. — NEGRO (FRANCESCO DEL NERO), camérier du pape. Créances, 29 novembre 1531. Part le 4 décembre 1531. Part de France le 27 décembre 1531, *Pieper, 87, note 1.* De retour à Rome un peu avant le 15 janvier 1532, *Span. Cal., IV, 2, p. 362.* [934]

1533. **Mai-juillet 1533.** — RODULFO PIO DI CARPI, évêque de Faenza. Départ vers le 30 mai 1533, *Brewer, VI, n° 548.* Cité, 16 juin, *Span. Cal., IV, 2, p. 707;* 18 juin, *Brewer, VI, n° 669;* 12 juillet 1533, *Ven. Cal., IV, n° 944.* [935]

Juin 1533. — UBALDINO UBALDINI. Arrivé à Londres le 3 mai 1533 au plus

tard, *Span. Cal., IV, 2, p. 682.* Revient par la France. Cité, revenant d'Angleterre, AMBASSADES
9 juin 1533, *Ven. Cal., IV, n° 920.* [936] D'ITALIE.

Septembre (?) 1533-septembre 1534. — FILIPPO STROZZI, nonce extraordinaire, *J. Fraikin, La nonciature de France, p. 414.* [937]

Janvier 1535-juillet 1537. — RODULFO PIO DI CARPI, évêque de Faenza, 1535.
nonce ordinaire. Créances du 9 janvier 1535, *Friedensburg, Nuntiaturberichte aus Deutschland, I, 1, p. 22, note 3.* Est le 4 février à Gênes, *Pieper, 99 et note 2.* Arrive le 17 en cour, *Rome, Arch. Vat., N. Gall. S. P. III, I, fol. 78;* cf. *Brewer, VIII, n° 246.* Rappelé par bref du 3 avril 1537, *Raynald., 1537, n° 20.* Audience de congé le 2 mai 1537, *Brewer, XII, part. 1, n° 1134.* Cité [mai 1537], VIII, 22, 29434. En route pour Rome; arrive à Lyon le 28 mai, *Arch. Vat., Borghèse, 18 d., 3, fol. 78.* Entré à Rome 7 juillet 1537, *Pieper, 101, note 1.* [938]

Avril-mai 1535. — LATINO JUVENALE. Instructions du 3 avril 1535, *Pieper, 110, note 1.* Cité 4 avril, comme désigné, *S. P., VII, p. 590.* Arrive, 17 avril, *Arch. Vat., N. Gall., I, fol. 16, 159.* A audience du roi le 25 avril, *ibid., fol. 16.* Cité, 2 mai, III, 61, 7754. Repart le 5 mai, *Arch. Vat., ibid., fol. 160.* Rentre à Rome le 16 mai, *ibid., fol. 20.* [939]

Juin-novembre 1536. — LE CARDINAL AGOSTINO TRIVULZIO, légat. Créances du 1536
14 juin 1536, *Friedensburg, Nuntiaturberichte, I, 1, p. 78, note 2.* A d'abord une entrevue, à Savigliano, avec l'empereur. Réponse de celui-ci du 9 juillet 1536, *Pap. d'État de Granvelle, II, p. 469; Span. Cal., V, 2, p. 200.* Arrive à Lyon, en cour, le 21 juillet 1536, *Pieper, 111, note 3.* Lettre à lui, 12 septembre, *Molini, II, 390.* Écrit encore le 6 octobre 1536, *Arch. Vat., Borghèse, 18 d., 3, fol. 31.* Dut partir le 16 octobre 1536, cf. *ibid., fol. 32 v°.* En route pour revenir, se trouve à Turin, 27 octobre, *Molini, II, 396.* Compte rendu au pape de sa légation, 4 novembre 1536, *Raynald., 1536, n° 20.* [940]

Août-octobre 1536. — LATINO JUVENALE. Sa mission dure d'août à octobre 1536, *Pieper, 111, 212.* Était de retour à Rome le 14 octobre 1536, *Raynald., 1536, n° 19;* cf. *Molini, II, p. 392.* [941]

Février-avril 1537. 1537.

a. LE CARDINAL REGINALD POLE, légat;

b. GIOVANNI-MATTEO GIBERTI, évêque de Vérone. Créances, 15 février 1537, *Pieper, 113 et suiv.* Pole passe à Lyon, 24 mars, *ibid.* Lettre adressée à Pole à Paris, 8 avril, VIII, 7, 29318. Pole arrive à Paris (en l'absence du roi, qui est à l'armée), le 10 avril, et y fait une entrée solennelle, *Arch. Vat., Carte Farnesiane, fasc. I, lettre du 10 avril, de Pole.* Giberti se rend près du roi, dont il a audience à Amiens, le 20 avril, *Pieper, ibid.*, tandis que Pole gagne Cambrai, d'où il écrit les 17 et 26 avril, *Pieper, ibid.; Arch. Vat., Borghèse, 18 d., 3, fol. 75 v°.* [942]

Février-août 1537. — CESARE DE NOBILI, sénateur de Rome. Créances du 15 février 1537, *Raynald., 1537, n° 2.* Cité comme désigné, 16 février, *Friedensburg, I, 2, p. 115.* Devait être en cour vers le 11 avril, *Pieper, 100.* Écrit le 16 juin, *ibid., 101, note 2.* Prend congé du roi à Fontainebleau, août 1537, VIII, 129, 30442. [943]

AMBASSADES D'ITALIE. **Juin 1537-décembre 1540.** — FILIBERTO FERRERIO, évêque d'Ivrée, nonce ordinaire. Encore à Lyon, 11 juin 1537. Audience d'arrivée (à Melun), 20 juin 1537, *Arch. Vat., arm. VIII, ord. I, vol. K, fol. 1.* Va partir pour Rome, 27 décembre 1540, IV, 168, 11773. [944]

Octobre 1537. — BALTHAZAR DE FLORENCE. Cité [fin octobre 1537] sans précision, VIII, 32, 29520; 9 octobre 1537, *Friedensburg, I, 2, p. 215.* [945]

Décembre 1537-avril 1538. — LE CARDINAL RODOLFO PIO DI CARPI, légat nommé au consistoire du 19 décembre 1537. Audience d'arrivée, 12 janvier 1538, *Pieper, 115, note 3.* Don et lettre à lui [en avril 1538], VIII, 227, 31369; 228, 31373. Rentrant en Italie, est, le 25 avril 1538, en route entre Lyon et Savone, III, 535, 9976 et 536, 9977. De retour près du pape, à Plaisance, en avril. Écrit de là, 1er mai 1538, *Ribier, I, 147.* [946]

1538. **Février 1538(?).** — « Mgr MATTHEO » (Giovanni Matteo Giberti?). Arrivé vers le 5 février 1538, *Arch. Vat., Borghèse, 18 d., 3, fol. 91.* [947]

Mai 1538. — PAUL DE RIMINI, « envoyé » du pape. Cité, mai 1538, VIII, 297, 32096. [948]

Mai 1538. — LATINO JUVENALE, secrétaire du pape. Nommé le 11 mai 1538 à Savone, *Venetianische Depeschen vom Kaiserhofe, I, 31.* Cité, 13 mai, *ibid., 39.* Est en cour, 18 mai 1538 (*lettre de cette date de François Ier au pape*), *Arch. Vat., Carte Farnesiane, fasc. I.* Vient de remplir sa mission et est encore à la cour, semble-t-il, le 21 mai 1538, III, 554, 10061. Cité, 23 mai 1538, *Venetianische Depeschen vom Kaiserhofe, I, 67.* [949]

Décembre 1538-mai(?) 1539. — LATINO JUVENALE. Instruction du 24 décembre 1538, *Pieper, 160.* Audience le 21 janvier 1539, *Friedensburg, I, 3, p. 378 et suiv., 4, p. 54.* Cité, 18 mars 1539, *Venetianische Depeschen vom Kaiserhofe, I, 305.* Était de retour à Rome le 13 mai 1539, *Span. Cal., VI, 1, nos 62, 63.* [950]

Décembre 1538-octobre 1539. — LE CARDINAL REGINALD POLE, légat. Nommé 25 décembre 1538, *Pieper, 117, 212.* Va d'abord près de l'empereur. Négocie ensuite de Carpentras, sans aller en cour, par l'intermédiaire du nonce ordinaire et de Vincenzo Parpaglia, abbé de San Saluto, de mars au commencement d'octobre 1539. Se trouve à Vérone le 15 octobre 1539, *ibid., 117, et note 2, 212.* [951]

1539. **Novembre 1539-juin 1540.** — LE CARDINAL ALESSANDRO FARNESE, légat. Nommé, 24 novembre 1539, *Raynald., ann. 1539, n° 32.* Part de Rome, 28 novembre, *Span. Cal., VI, 1, n° 93.* Entrée à Paris, 31 décembre 1539, *ibid., n° 96.* Cité (en cour), 5 janvier 1540, *Arch. Vat., arm. VIII, ord. I, vol. K, fol. 216.* Entrée solennelle à Rouen, 14 janvier, *ibid., fol. 219.* Va ensuite à Caen, d'où il rentre à Amiens le 4 février 1540, *ibid. et fol. 246.* Audience de congé et départ pour la Flandre le 12 février 1540, *ibid., fol. 250.* Au retour de Flandre, il passe par la cour de France : audience, 17 mai 1540, à Saint-Germain, *Leva, Storia documentata di Carlo V, III, p. 294.* Était de retour à Rome le 5 juin 1540, *Arch. Vat., arm. VIII, ord. I, vol. K, fol. 300.* [952]

1540. **Septembre 1540.** — MARCELLO CERVINI, cardinal, évêque de Nicastro. De passage seulement en France, mais séjourne à la cour (peut-être sans négocier), *Pieper, 120,*

121 et note 1. Non encore arrivé le 19 septembre 1540, *Arch. Vat., arm. VIII, ord. I, vol. K, fol. 404.* Était présent le 27 septembre, *ibid., fol. 406.* Part le 28 septembre, *ibid., fol. 408.* [953] AMBASSADES D'ITALIE.

Septembre(?)-octobre 1540. — LATINO JUVENALE. Présent à la cour le 19 septembre 1540, *Arch. Vat., arm. VIII, ord. I, vol. K, fol. 405*; dans la seconde quinzaine de septembre, *S. P., VIII, p. 441.* Quitte le 11 octobre 1540, *ibid., 450.* Était de retour à Rome le 4 novembre 1540, *Span. Cal., VI, 1, n° 139.* [954]

Décembre 1540-juin(?) 1541. — HIERONIMO DANDINO, nonce intérimaire. Arrive en cour dans la nuit du 24 au 25 décembre 1540, *Arch. Vat., Nunz. di F., II, fol. 126*; cf. *St. Pap., VIII, p. 509.* Écrit encore, 23 mai 1541, *Naples, Arch. Farnèse, fasc. 743 (d).* Dut partir vers le courant de juin 1541, quand arriva le nonce ordinaire, Capodiferro, *Pieper, 102.* [955]

Mai 1541-février 1543. — HIERONIMO CAPODIFERRO, ou JÉROME DATAIRE, nonce ordinaire. Instructions du 11 mai 1541 (texte), *Pieper, 172.* Arrive en cour le 1er juin 1541, *Arch. Vat., arm. VIII, ord. I, vol. IV* (lettre du 2 juin). Lettre à lui, 29 juin 1541, *Pieper, 102, note 5.* Écrit encore, 24 juillet 1542, *Arch. Vat., ibid., fol. 167*; 10 février 1543, *ibid., fol. 173.* [956] 1541.

Juillet-août(?) 1541. — CESARE DE NOBILI. Sa mission se place en juillet et août (semble-t-il), *Pieper, 212.* Cité, 18 juillet 1541, *Pieper, 122, note 2.* [957]

Septembre-novembre 1541. — HIERONIMO DANDINO. Créances, 19 septembre 1541, *Raynald., ann. 1541, n° 50*; cf. *ibid., n° 54.* Cité, 9 octobre VIII, 707, 32978. De retour au milieu de novembre 1541 (?), *Pieper, 123, 212.* Cité rétrospectivement, *Arch. Vat., N. Gall. S. P. III, IV, fol. 101.* [958]

Novembre-décembre 1541. — NICOLÒ ARDINGHELLO, évêque de Fossombrone, dataire et premier secrétaire du pape. Envoi annoncé, 14 novembre 1541, *Span. Cal., VI, n° 206.* Cité, 22 novembre, *ibid., n° 208.* Arrive à Lyon, 22 novembre. Est en cour, à Melun, du 1er au 9 décembre, *Pieper, 123 et note 1.* Cité, 7 décembre 1541, *S. P., H. VIII, t. VIII, p. 641.* Mémoire du 22 novembre sur son ambassade, cf. *Tommaseo, Relations des ambassadeurs vénitiens sur les affaires de France au XVIe siècle (Coll. des doc. inédits), I, 136.* Était en route, au milieu de décembre, pour l'Italie, cf. *Span. Cal., VI, 1, nos 217, 219.* [959]

Juin 1542. — GIOVANNI RICCIO DA MONTE-PULCIANO (de retour d'auprès de l'empereur qu'il quitte en mai 1542), *Span. Cal., VI, 2, p. 205.* Arrive le 7 juin 1542 en cour de France, cf. *S. P., H. VIII, t. IX, p. 46, 62,* ou le 8 juin, *Arch. Vat., N. Gall. S. P. III, t. IV, fol. 151.* Retourne le 16 juin 1542 auprès de l'empereur, *Pieper, 124, note 2.* [960] 1542.

Août-novembre(?) 1542. — LE CARDINAL GIACOPO SADOLETO, légat. Cité comme désigné, 16 août 1542, *Span. Cal., VI, 2, p. 111.* Créances du 17 août, *Raynald., ann. 1542, n° 27.* Cf. lettres de sa légation, *Lettere di XIII huomini illustri de Tomasseo Porcacchi, Venetia, 1572, p. 83-97.* Reste au moins jusqu'au 30 novembre 1542, *Pieper, 124, note 4.* Nouvelles rétrospectives sur sa légation, 5 mars 1543, *Span. Cal., VI, 2, p. 265.* [961]

Avril-septembre(?) 1543. — MARCO GRIMANI, patriarche d'Aquilée. De passage en France pour aller en Écosse. Atteint Lyon le 13 avril 1543, *Arch. Vat., N. Gall.* 1543.

 S. P. III, t. IV, fol. 182. Audience d'arrivée du roi, vers le 18 avril 1543, *ibid., fol. 184.* Audience de congé, 6 juillet 1543, *ibid., fol. 215.* Encore à Paris, 25 juillet 1543, *ibid., fol. 226.* Est arrivé en Écosse un peu avant le 9 octobre 1543, *ibid., fol. 228.* [962]

Mai 1543-mai (?) 1544. — HIERONIMO DANDINO, secrétaire du pape, nonce ordinaire. Arrive, 22 mai 1543, *Arch. di Napoli, Carte Farnesiane, fasc. 728* (*lettre de lui du 26 mai*). Écrit encore, 20 janvier 1544, *ibid., fasc. 706*; cf. *Pieper, 102 et suiv., 125 et note 1.* Reste peut-être jusqu'en mai 1544, *Pieper, ibid., 212.* [963]

Novembre 1543-janvier 1544. — LE CARDINAL ALESSANDRO FARNESE. Nommé, 21 novembre 1543. Créances, le 28 novembre 1543, *Pieper, 126, note 2.* Vient en décembre en cour de France. La quitte pour Bruxelles, où il arrive le 14 janvier 1544, *S. P., H. VIII, IX, p. 584.* [964]

1544. **Avril 1544-juillet (?) 1546.** — ALESSANDRO GUIDICCIONE, évêque d'Ajaccio, nonce ordinaire. Cité comme désigné vers le 24 avril 1544, *I man. Torrigiani, p. 424.* Écrit encore, 2 avril 1546, *Pieper, 103, note 2*; le 30 juin, *Arch. Vat., N. G. S. P. III, V, fol. 31.* Doit rester seulement jusqu'à l'arrivée de Dandino, qui arrive le 16 juillet 1546, *Pieper, ibid., note 3.* [965]

Juillet 1544. — MARCO GRIMANI, patriarche d'Aquilée, légat. Nommé, 30 juillet 1544, *Pieper, 128 et note 2.* [966]

Octobre 1544-janvier (?) 1545. — HIERONIMO DANDINO (devenu évêque de Caserta), envoyé pour féliciter le roi de la paix de Crépy. Nommé, 30 octobre 1544, *Pieper, 129, note 2.* Reste jusqu'en janvier 1545 (?), *ibid., p. 213.* [967]

1545. **Septembre 1545-février 1546.** — HIERONIMO DANDINO, évêque de Caserta. Vient une première fois en France et écrit du 22 au 30 septembre 1545, *Naples, Arch. Farn., 955.* Arrivé de nouveau en cour le 9 février 1546, de retour d'auprès de l'empereur. Reste quelques jours. Était à Bologne le 21 février 1546, *Pieper, 145 et 146, note 1*; cf. *Druffel, Karl V und die römische Curie, IV, p. 489*; *Pallavicino, V, 15, 5.* [968]

Septembre-octobre 1545. — HIERONIMO DA CORREGGIO. Envoyé en septembre 1545. Part le 26 octobre 1545, *Pieper, 130 et note 1.* [969]

1546. **Juin-juillet 1546.** — GURONE BERTANO. Arrivé vers le 8 ou 10 juin 1546. Écrit, 14, 15 juin, 25 juillet 1546, *Pieper, 130 et note 2.* [970]

Juillet 1546-fin du règne. — HIERONIMO DANDINO, évêque d'Imola, nonce ordinaire. En route, passe à Tortone, 7 juillet 1546, *Arch. Vat., N. Gall. S. P. III, V, fol. 77.* Arrivé le 15 juillet 1546, *ibid., fol. 85.* Écrit, 20 juillet 1546, *Naples, Archivio Farnesiano, fasc. 704.* Encore en charge le 17 septembre 1547, *Pieper, ibid., note 3.* [971]

h. DES ÉTATS DE PIÉMONT.

1538. **...-novembre 1538.** — GEORGES ANTIOCHIA, médecin ordinaire du roi. Repart [novembre 1538], VIII, 305, 32164. [972]

i. DE SALUCES.

Avril 1527. — CESARE SCOTTO, envoyé. Arrivé le 3 avril 1527 en cour, *Desjar-* 1527.
dins, II, 937. [973]

j. DE SAVOIE.

1510-1524(?). — RÉAN, résident. De 1510 à 1524, d'après Bianchi : *Le materie* 1510.
politiche, p. 554, 558. [974]

1520-1525(?). — JEAN-JACQUES DE BERNEX, s^r DE ROSSANE, résident. Réside de 1520.
1520 à 1525, d'après *Bianchi, loc. cit., p. 554, 558.* [975]

1523(?). — LE s^r DE LA CHAMBRE, ambassadeur extraordinaire. A une mission 1523.
en 1523, cf. *Bianchi, Le materie politiche, p. 554, 558.* [976]

1523-décembre 1528. — PIERRE LAMBERT, s^gr DE LA CROIX, président de la cour des comptes de Savoie, résident. Réside de 1523 à 1529, *Bianchi, op. cit., p. 554.* Dut partir le 8 décembre 1528, ou quelques jours après, I, 621, 3255. [977]

1526. — MORETTE. Sa mission a lieu en 1526, *Bianchi, op. cit., p. 554.* 1526.
[978]

Décembre 1526.

a. BERTOLLIN DE MONTBEL, COMTE DE FRUSASQUE;

b. PIERRE LAMBERT, s^gr DE LA CROIX, président des Comptes;

c. JEAN-JACQUES DE BERNEX, s^r DE ROSSANE, chargés par le duc de Savoie de demander pour son fils la main de Marguerite de France. Pouvoirs du 22 décembre 1526, *Arch. nat., J. 934, n° 13.* [979]

Avril 1528? — JEAN-JACQUES DE BERNEX, s^r DE ROSSANE. Envoyé le 6 avril 1528 1528.
comme ambassadeur extraordinaire à Paris, pour ratifier le mariage en cours, *Claretta, La mission du s^r de Barres, p. 12.* Cité rétrospectivement, le 11 août 1528, I, 589, 3094. [980]

1532-1535. — ENRICO PUGNETTI, résident. Réside de 1532 à 1535, *Bianchi, op.* 1532.
cit., p. 554. [981]

1534(?). — LE PROTONOTAIRE ANTOINE DU SAIX. Sa mission a lieu en 1534, *Bian-* 1534.
chi, op. cit., p. 554. [982]

1534-juin(?) 1536. — FRÉDÉRIC FORBIN, s^r DE POISSON, résident. Réside de 1534 à 1536, *Bianchi, loc. cit., p. 554*[1]. [983]

1536. — RENÉ DE CHALANT. Sa mission a lieu en 1536, *Bianchi, op. cit., p. 558.* 1536.
[984]

1537. — BELLEGARDE, agent (?) après la conquête. Cité, 17 février 1537 (sans 1537.
précision), *Span. Cal., V, 2, p. 318.* [985]

[1] Ce dut être lui, probablement, qui fut congédié vers mai ou juin 1536, comme le rapportent les *Span. Cal., V, 2, p. 200.*

AMBASSADES D'ITALIE.

Juillet 1538.

a. LE VICOMTE DE MARTIGUES;

b. M. DE LAUSANNE, envoyés du duc de Savoie. Cités, 16 juillet 1538, *Arch. Vat., arm. VIII, ord. 1, vol. K, fol. 66.* [986]

1539. **...-Août 1539.** — JEAN-JACQUES DE BERNEX, envoyé du duc de Savoie. Mort en charge, à Paris, fin août 1539. *Arch. Vat., Carte Farnesiane, fasc. I (lettre du 1er septembre 1539).* [987]

k. DE VENISE.

1515. **Janvier-mai 1515.** — MARCO DANDOLO, résident. Est en France dès le 3 janvier 1515, *Ven. Cal., n° 547.* Se trouve au moment du passage de Pasqualigo et Giustiniani, et encore au retour de Pasqualigo, le 15 mai 1515 (*ibid., n° 619*), mais doit quitter aussitôt après. [988]

Mars 1515-avril 1516. — PIETRO PASQUALIGO, résident. 1° Séjourne une première fois à la cour du 15 au 31 mars 1515, *Ven. Cal., I, p. 557, 559; Sanuto, Diarii, XX, 105; Romanin, V, p. 298-300; Baschet, La diplomatie vénitienne, Paris, 1862, in-8°, p. 373-376.* Créances du 2 février 1515, *Arch. nat., K 79, n° 18.* 2° Au retour d'une ambassade à Londres, avec Sébastiano Giustiniani (qui l'avait accompagné lors du précédent séjour), il revient comme résident en France. Il part de Londres le 4 mai 1515, *Ven. Cal., I, n° 616.* Pour sa correspondance, cf. *ibid., passim.* Il est encore cité le 29 avril 1516, *ibid., n° 724.* [989]

Novembre 1515. — Ambassade de félicitations. Désignée le 30 octobre 1515 :

a. GIORGIO CORNARO;

b. ANDREA GRITTI;

c. ANTONIO GRIMANI;

d. DOMENICO TREVISAN. Vont féliciter le roi à Milan, *Baschet, La diplomatie vénitienne, p. 377.* Reçus le 14 novembre 1515, *Diarii, t. XXI, col. 296 et suiv.* Le premier écrit, 25 novembre, *ibid., col. 327 et suiv.*; cf. *Barrillon, 163.* [990]

1516. **Janvier 1516-1517.** — GIOVANNI BADOER, résident. Commission du 14 janvier 1516, *Baschet, La diplomatie vénitienne, 378.* Signe un traité le 8 octobre 1517, *Du Mont, IV, 1re part., p. 263.* Remplacé en 1517 par Antonio Giustiniani. [991]

1517. **1517-septembre 1520.** — ANTONIO GIUSTINIANI, résident. Déjà en charge en 1517, *Baschet, La diplomatie vénitienne, p. 378.* La première lettre citée dans les *Cal. Ven., II, n° 998,* est du 1er janvier 1518. Cf. sa correspondance, *ibid., passim.* Écrit le 22 février 1520, *Ven. Cal., III, 17;* le 12 juillet 1520, *ibid., 80* (en collaboration avec Badoer). Semble parti vers le 15 juillet, *ibid.* Le 7 septembre 1520, il est de retour de France et fait sa relation à la seigneurie, *ibid., 86.* [992]

1520. **Juin 1520-juin 1524.** — GIOVANNI BADOER, résident. Arrive en cour le 4 juin 1520, *Ven. Cal., III, n° 70.* Giustiniani reste au moins jusqu'au 13 juillet avec lui, comme ambassadeur, et part entre le 13 et le 20, semble-t-il, *ibid., 80.* Il reste ensuite seul. Il est encore à son poste le 7 janvier 1524 (*ibid., n° 792*), mais fait son rapport le 19 juin 1524, à son retour de France (*n° 841*)[1]. [993]

[1] Il n'y a plus de représentant de Venise en 1525 et au commencement de 1526 (*Baschet, La Diplomatie vénitienne, p. 381*).

Mars-décembre 1526. — LE SECRÉTAIRE ANDREA ROSSO, résident intérimaire. Désigné vers le 2 mars 1526 pour aller féliciter François Ier à son retour en France, *Ven. Cal., III, n° 1226.* Était arrivé avant le 16 mai, *ibid., n° 1278.* Cité, 22 mai, V, 773, 18696; juin, V, 777, 18713; 11 décembre, *Desjardins, II, 846;* 24 décembre 1526, *Ven. Cal., III, n° 145.* (Peut-être était-il resté alors simplement comme secrétaire.) [994] AMBASSADES D'ITALIE.

Juillet 1526-mai 1529. — SEBASTIANO GIUSTINIANI, résident. Cité vers juillet 1526, *Brewer, III, 586.* Écrit le 9 février 1527, *Ven. Cal., IV, n° 28;* le 13 février, *ibid., n° 34.* Correspondance régulière à la suite, *ibid., passim.* Part vers le 1er mai 1529, *Baschet, La diplomatie vénitienne, p. 391.* [995] 1526.

Juillet 1526. — LORENZO BRAGADIN. Cité vers juillet 1526, *Brewer, III, 586.* [996]

Mars-mai 1529. — ANDREA NAVAGERO. Part de Venise le 2 mars 1529; arrive en cour le 13 avril, à Blois, et meurt durant sa mission, le 8 mai, *Baschet, La diplomatie vénitienne, p. 392.* [997] 1529.

Mai 1529-avril 1531. — SEBASTIANO GIUSTINIANI, résident intérimaire. Revient peu après le 8 mai 1529, à la nouvelle de la mort de son successeur, pour exercer l'intérim, *Baschet, La diplomatie vénitienne, p. 394.* Correspondance : cf. *Ven. Cal., IV, passim.* Écrit encore, le 7 janvier 1531, *ibid., n° 650.* Don à lui et au secrétaire, Jérome Canale, qui l'accompagne [vers avril 1531], VII, 626, 27751 et suiv. Part en avril 1531, *Baschet, ibid., p. 394.* [998]

Juillet 1530-?. 1530.

a. GIOVANNI PISANO;

b. GIOVANNI ANTONIO VENIER. Désignés vers le 20 juillet 1530, *Span. Cal., IV, 1, p. 653.* [999]

Janvier 1531-mars 1533. — GIOVANNI ANTONIO VENIER, résident. Écrit le 13 janvier 1531, *Ven. Cal., V, n° 1001;* et encore le 5 décembre 1532, *ibid., 1036.* De retour à Venise le 23 décembre 1532, II, 273, 5183. Fait sa relation le 11 mars 1533, *Baschet, La diplomatie vénitienne, p. 394.* [1000] 1531.

Octobre 1532-(?) 1535. — MARINO GIUSTINIANI [1], résident. Était là, semble-t-il, en même temps que Venier, le 28 octobre 1532, *Ven. Cal., IV, n° 820.* Présente ses créances au cardinal de Tournon, le 22 novembre 1532, *Ven. Cal., IV, n° 830.* Correspondance continue (cf. *ibid., passim*) jusqu'en 1533. Encore là le 11 septembre 1533, *ibid., n° 979.* Reste jusqu'en 1535 en charge, *Baschet, La diplomatie vénitienne, p. 394.* [1001] 1532.

1535 (?)-novembre 1537. — GIOVANNI BASSADONNA, résident. Arrive en 1535, *Baschet, op. cit., p. 395.* Quitte la cour avec le secrétaire François Rubert, pour retourner à Venise, en novembre 1537, VIII, 89, 30054 (sa relation manque). [1002] 1535.

[1] Fils de Sébastiano Giustiniani.

1537-1540. — CARLO CAPELLO, résident. Réside de 1537 à 1540, *Baschet, La diplomatie vénitienne, p. 395* (sa relation manque). [1003]

1538. **Mars 1538.** — FRANCESCO GIUSTINIANI, ambassadeur extraordinaire pour la paix. Cité, *Baschet, op. cit., p. 395*. Devait, disait-on le 23 février 1538, partir le 27 février pour retourner à Venise, *Arch. Vat., Borghèse, 18 d., 3, fol. 104*. Part en effet au commencement de mars, VIII, 34, 29545. [1004]

Juin 1538. — NICCOLO TIEPOLO. Assiste aux entrevues de juin 1538, cf. sa relation dans *Tommaseo, Relations des ambassadeurs vénitiens, I, 201 et suiv.* [1005]

1540. **Mars-juin 1540.** — VINCENZO GRIMANI, « procurateur et orateur » extraordinaire. Arrive le 5 mars 1540, *Arch. Vat., arm. VIII, ord. I, vol. K, fol. 259*. Attend encore une audience le 12 mars, *ibid., 269*. Part le 3 juin 1540, *ibid., fol. 283*. [1006]

Décembre 1540-1542. — MATTEO DANDOLO, résident. Écrit dès le 13 novembre 1540, *Bibl. nat., ms. ital. 1715*. Cité, le 31 décembre 1540, *Arch. Vat., Borghèse, 18 d., 3, fol. 144*. Dernière lettre, 25 juillet 1542, cf. *Bibl. nat., ms. ital. 1715*. Cf. sa relation dans *Alberi, t. XII*. [1007]

1542. **1542-1544.** — GIOVANNI ANTONIO VENIER, résident. Réside de 1542 à 1544, *Baschet, La diplomatie vénitienne, p. 395* (sa relation manque). [1008]

1544. **1544-1546.** — MARINO CAVALLI, résident. Réside de 1544 à 1546, *Baschet, La diplomatie vénitienne, p. 395*. Relation publiée par *Tommaseo, t. I, p. 249 et suiv.* [1009]

1547. **Janvier 1547-fin du règne(?).** — FRANCESCO GIUSTINIANI, résident. Était ambassadeur depuis peu, semble-t-il, le 17 janvier 1547, *Ven. Cal., IV, n° 448*. [1010]

11° DE NAVARRE.

1519. **Mars 1519.**

a. GASTON D'ANDOINS, sénéchal de Béarn;

b. PIERRE DE BIAIX, envoyés à Montpellier pour traiter avec le grand maître de France et le s^gr de Chièvres. Instructions du 12 mars 1519, *Bibl. nat., 500 Colbert, 481, fol. 76 v°*. [1011]

1523. **Août-septembre 1523.** — GASTON, BARON D'ANDOINS, sénéchal de Béarn. Pouvoir de Henri II de Navarre, pour renouveler les anciennes alliances, du 14 août 1523; traité qu'il signe avec François Ier, à Lyon, le 26 septembre 1523 (*copie du XVIIIe siècle*), *texte : Arch. des Basses-Pyrénées, E, 11, fol. 393 à 396; Du Mont, IV, 1, p. 392*. [1012]

12° DE PORTUGAL.

1515. **Janvier 1515.** — PEDRO CORREA DA ATONGUIA, ambassadeur extraordinaire au couronnement. Envoyé au commencement de 1515, *Instructions aux ambassadeurs en Portugal, par le Vicomte de Caix de Saint-Aymour* (*publication du Ministère des affaires étrangères*), *introduction, p. LVII*. [1013]

1521. — Jacome Monteiro. Cité pour 1521, semble-t-il, *Santarem, III, 195, 201, 202, 204*[1]. [1014] AMBASSADES DE PORTUGAL.

Janvier (?)-avril (?) 1522. — Diogo de Gouvea. Envoyé en 1522, semble-t-il, peut-être avant João da Silveira, *Santarem, III, 199.* Semble repartir, 23 avril 1522, *ibid., 206.* [1015] 1522.

Février 1522-avril 1523. — João da Silveira. Instructions, 5 février 1522, *traduction : Bibl. nat., mss. Margry; texte : Santarem, Quadro elementar, III, 199-203.* Cité encore, *Santarem, III, 195, 198, 199.* Secondes instructions du 18 février 1522, analysée, *Santarem, 204.* Écrit, le 23 avril, *ibid., 205 et suiv.* Écrit encore, le 25 avril 1523, *ibid., 208.* [1016]

Mars (?) 1522. — Pedro Gomes Teixeira. Envoyé en 1522, semble-t-il (après João da Silveira), *Santarem, III, 199.* [1017]

Mars 1526. — Pedro Mascarenhas. Sauf-conduit pour lui, au départ, 6 mars 1526, *Santarem, III, 221.* [1018] 1526.

Avril 1526-juin 1527. — Lourenço Garcez, résident (?). Pouvoirs du 15 avril 1526, *Santarem, III, 222.* Écrit, 23 juin 1527, *ibid., 226.* [1019]

Juin 1527-février 1530. — João da Silveira, résident. Écrit, 18 juin 1527, *Santarem, III, 225.* Cité, 27 septembre, 23 décembre 1527, *ibid., 228;* 16 mars 1528, *ibid., 229;* 24 juillet 1528, *ibid.* Lettre à lui, 26 janvier 1530, *ibid., 235.* [1020] 1527.

1530. — Lourenço Garcez, ambassadeur extraordinaire. Annonce de son envoi (en 1530, s. d. précise), *Santarem, III, 237.* [1021] 1530.

Mai-octobre 1531. — Gaspar Palha, résident. Cité, 1er mai 1531, *Santarem, III, 238;* 30 septembre, *ibid., 242.* Écrit, 3 octobre 1531, *ibid.* [1022] 1531.

Août 1531-août 1532. — Gaspar Vaz, résident. Cité, 18 août 1531, dans le passé, *Santarem, III, 239.* Lettre à lui, 1er septembre, *ibid., 241.* Écrit, 7 septembre, *Bibl. nat., mss. coll. Margry.* Cité, 14 septembre, *Santarem, ibid., 242.* Lettre à lui, 27 septembre, *Bibl. nat., ibid.* Écrit, 19 octobre 1531, *Santarem, ibid., 243.* Écrit, 6 août 1532, *ibid., 247.* [1023]

Août-novembre 1531. — Antonio de Atayde. Lettre de lui, 18 août 1531, *Bibl. nat., mss. coll. Margry.* Cité [31 août 1531], VII, 661, 28085. Cité, 7 septembre, 18 novembre 1531, *Bibl. nat., ibid.* [1024]

Novembre 1531. — Diogo de Gouvea, envoyé. Arrivé à Rouen, 17 novembre 1531. Écrit le 18, *Bibl. nat., mss. coll. Margry.* [1025]

Juillet (?) 1534. — Bernardino de Tavora, ambassadeur. Cité [extrême fin juillet ou commencement d'août 1534], VII, 762, 28886. [1026] 1534.

[1] D'après un texte, il semblerait que ce fût un envoyé de France en Portugal.

AMBASSADES DE PORTUGAL. **Novembre 1536-décembre 1540.** — RUY FERNANDES D'ALMEIDA, résident. Lettre à lui, 24 novembre 1536, *Santarem, III, 261.* Cité [mai 1537], VIII, 19, 29408. Écrit, 13 juin 1537, *Arch. nat., J. 965, n° 115.* Cité, août, VIII, 118, 30340. Écrit, 18 août, *Santarem, III, 268*; 1537, s. d., *ibid., 270.* Cité, 15 mars 1538, III, 508, 9852; VII, 734, 28702. Écrit, 16 mars, *Santarem, III, p. 272.* S'absente peut-être à ce moment. Créances nouvelles, 25 septembre 1538, *ibid., p. 276.* Cité [janvier 1539], VIII, 203, 31135. Cité, le 26 octobre 1540, comme étant là depuis le commencement de 1537 au moins, et ayant un successeur désigné; attend encore son successeur le 10 novembre, *Arch. Vat., arm. VIII, ord. I, vol. K, fol. 420.* Encore cité, 22 novembre, IV, 158, 11727. Écrit, 27 novembre 1540, *Santarem, III, p. 283.* [1027]

1538. **Septembre 1538.** — MANOEL DE MENEZES, résident. Instructions avant son départ, 25 septembre 1538, *Santarem, III, p. 276*[1]. [1028]

1543. **Novembre 1543.** — FRANCISCO DE NORONHA (depuis, comte de Linharès). Cité, novembre 1543, *Santarem, III, p. 303.* [1029]

1544. **Avril 1544-décembre 1545.** — GONÇALO PINHEIRO, évêque de Tanger. Lettre à lui, avril 1544, *Santarem, III, p. 304*; 28 juillet, *ibid.*; 2 août, *ibid.*; septembre 1545, *ibid., p. 311.* Cité, 23 décembre 1545, *ibid., p. 312.* [1030]

1545. **1545.** — ANDRÉ SOARÈS, secrétaire du roi. Chargé d'une mission spéciale. Sa mission doit se placer en 1545, *Vte de Caix, Introduction aux Instructions aux ambassadeurs en Portugal, p. LVIII.* [1031]

1545. — MANOEL DE MENDOÇA, ambassadeur extraordinaire chargé de condoléances pour la mort du duc d'Orléans. Instructions du 23 décembre 1545 environ, *Santarem, III, p. 312.* [1032]

1546. **1546-(?).** — BRAZ D'ALVIDE, résident. En charge depuis 1546. Cité (d'après un manuscrit de la bibliothèque de Saint-Vincent-de-Fora) par le vicomte de Santarem, *Quadro elementar (Introduction), t. I, p. 23 et 39*[2]. [1033]

13° DE SCHLESWIG.

1518. **Février-mai 1518.** — PAUL RANTZAU, envoyé pour négocier un traité qui fut signé le 19 mai 1518. Créances du 15 février 1518, *Arch. nat., J. 995^a, n° 15, J. 995^b, n° 2.* [1034]

[1] Peut-être est-ce au même personnage que s'applique une mention s. d. du catalogue sous le nom de don Emmanuel de Ramenez, gentilhomme de la chambre du roi, VII, 733, 28686.

[2] Citons également les commissaires *des prises* institués à Bayonne. Ces deux commissaires étaient :

a. BRAZ NETO, évêque de Santiago;

b. AFFONSO FERNANDEZ.

Ils reçoivent commission le 15 juillet 1537, *Santarem, III, 264*, et pouvoirs le 16 juillet, *ibid., 267 et suiv.*, pour se rendre à Bayonne, où ils devaient être le 16 août. Le premier meurt vers la fin de 1537.

c. GONÇALO PINHEIRO, évêque de «Saphim», semble envoyé, en vertu de procurations du 15 juillet 1537, comme commissaire suppléant (?), *Santarem, III, 267.* Il est nommé, le 9 février 1538, comme successeur de Braz Neto, *ibid., p. 271.* Cf. *Arch. nat., J. 966, n° 14^1.* Autre commission du 17 mai, *Santarem, III, p. 273.*

Août 1522.

a. THIERRY DE REYDT[1];

b. HENRI SCHULTEN, envoyés du duc de Schleswig-Holstein, Frédéric. Créances du 19 août 1522, *Arch. nat., J. 995^b, n° 7; Brewer, III, n° 2452.* [1035]

14° DE SUÈDE.

Juin-juillet 1541. — FRANÇOIS DE TREBAU, secrétaire du roi de Suède. Arrivé [vers le 15] juin 1541, à Châtellerault, au moment des noces de Jeanne d'Albret. Première audience, *Camusat, 404, v°.* Nouvelle audience au Blanc, en Berri [vers le 10 juillet], *Camusat, 409; Wrangel, Liste des diplomates français en Suède, p. 3.* [1036] 1541.

Juin-juillet 1542. 1542.

a. CONRAD DE PHY, chancelier de Suède;

b. STENO ERICKSON, conseiller suprême, frère de la reine de Suède;

c. CANUT ANDERSON;

d. GEORGE NORMAN, plénipotentiaires du roi de Suède. Pouvoirs du 25 janvier 1542, *Du Mont, IV, 2, p. 230.* Arrivent et sont reçus en audience solennelle vers le 10 juin, *S. P., IX, p. 46, 52 et suiv.; cf. ibid., sur cette mission, p. 58, 83 et suiv., 97.* Traité signé par eux le 2 juillet, VI, 676, 22437. [1037]

15° DE SUISSE.

Septembre 1515. 1515.

a. CONRAD ENGELHARD, envoyé de Zurich;

b. RUDOLF RAHN, *idem;*

c. CORNELIUS SCHULTHESS, *idem;*

d. HANS VON ERLACH, envoyé de Berne;

e. ANTON SPILLMANN, *idem;*

f. RUDOLF SENSER, *idem;*

g. MELCHIOR ZUR GILGEN, envoyé de Lucerne;

h. ANTON BILI, *idem;*

i. GASPARD BLATTMANN, *idem;*

j. HEINRICH EGLI, *idem;*

k. ULRICH ADACHER, envoyé d'Unterwalden;

l. MARQUARD ZELGER, *idem;*

m. HANS VON EINWILL, *idem;*

n. GASPARD ITTEN, envoyé de Zug;

o. THOMAS STOCKER, *idem;*

p. HANS MEYENBERG, *idem;*

q. HEMMANN OFFENBURG, envoyé de Bâle;

r. HANS GALLIZIAN, *idem;*

s. HANS SCHMID, envoyé de Fribourg;

t. PETER RAESCHI, *idem;*

u. ULRICH SCHNEWLY, *idem;*

[1] Il retournait, avec des créances du duc, auprès de François Ier, après s'être acquitté d'un message de celui-ci auprès de Frédéric.

IMPRIMERIE NATIONALE.

AMBASSADES DE SUISSE.

v. NICOLAS CUNRADT, envoyé de Soleure;
w. URS HUGI, *idem;*
x. HANS STOBLLI, *idem;*
y. HANS-JACOB MURBACH, envoyé de Schaffouse;
z. HANS SCHWARZ, *idem;*
aa. HANS TOBLER, envoyé d'Appenzell;
bb. HEINRICH BAUMANN, *idem;* plénipotentiaires. Signent le traité de Gallarate, le 8 septembre 1515, *I, 59, 351.* [1038]

Novembre 1515.
a. JACOB GREBEL, envoyé de Zurich;
b. CONRAD ENGELHARD, *idem;*
c. WILHELM VON DIESSBACH, envoyé de Berne;
d. JACOB VON WATTENWYLL, *idem;*
e. BARTHOLOMAEUS MAY, *idem;*
f. PETER ZUKAES, envoyé de Lucerne;
g. MELCHIOR ZUR GILGEN, *idem;*
h. WERNER VON MEGGEN, *idem;*
i. HANS ETTER, envoyé de Schwitz;
j. HANS-WERNLI BURY, *idem;*
k. PETER WIRTZ, envoyé d'Unterwalden-le-Haut;
l. HANS VON EINWILL, *idem;*
m. GASPARD ZELGER, envoyé d'Unterwalden-le-Bas;
n. THOMAS STOCKER, envoyé de Zug;
o. CONRAD NUSSBAUMER, *idem;*
p. HANS MICHEL, envoyé de Glaris;
q. LEONHARD GRIEB, envoyé de Bâle;
r. HANS GALLIZIAN, *idem;*
s. RODOLPHE DE PRAROMAN, envoyé de Fribourg;
t. JEAN TECHTERMANN, *idem;*
u. PIERRE BUGNIET, *idem;*
v. JEAN GODIUM (AMMANN), *idem;*
w. NICOLAS CUNRADT, envoyé de Soleure;
x. BENEDIKT HUGI, *idem;*
y. HANS STOBLLI, *idem;*
z. PETER HEBOLT, *idem;*
aa. HANS ZIEGLER, envoyé de Schaffouse;
bb. LAURENZ SUTER, envoyé d'Appenzell;
cc. ULRICH FAESSLER, *idem;*
dd. HANS KARLI, envoyé de la Ligue Grise;
ee. CHRISTIAN STUDER, envoyé de Saint-Gall;
ff. HANS SCHOBINGER, envoyé de l'abbaye de Saint-Gall;
gg. HANS WERRA, envoyé du Valais, plénipotentiaires. Signent le traité de Genève, le 7 novembre 1515, *I, 63, 373.* [1039]

1520. **Mai 1520.** — GIAMBATTISTA QUADRIO DE VALTELLINA (originaire de Valteline), ambassadeur de la communauté de Valteline. Créances, 6 mai 1520, *Arch. nat., J. 964, n° 12.* [1040]

Juin-juillet 1521.

a. Sebastian von Diesbach, envoyé de Berne;

b. Albrecht vom Stein, envoyé de Berne;

c. Anton Bili, envoyé de Lucerne;

d. Hans Gallizian, envoyé de Bâle;

e. Dietrich von Englisperg, avoyer, envoyé de Fribourg. Écrivent, le 18 juillet 1521, de Dijon, où ils viennent d'arriver, *Amtliche Sammlung, t. IV, 1, p. 59.* (Anton Bili avait reçu, à la fin de juin, une instruction comme envoyé au roi, *ibid., p. 61.*) [1041]

Juin-août 1525. — Ludwig von Diessbach, envoyé vers la régente. Lettres à lui, 11, 19, 20, 23 juin 1525, *Amtliche Sammlung, IV, 1re partie, p. 696 et suiv.* Cité comme étant à Lyon le 11 août 1525, *ibid., 751 et 754.* [1042] 1525.

Août 1526-février(?) 1527. — Gaspard von Mülinen, envoyé particulier de Berne. Nommé le 1er août 1526 à Lucerne, pour partir le 19 août, *Amtliche Sammlung, IV, 1re part., p. 976, 977.* Instructions du 23 août, *ibid.* Cité, 10 octobre, *ibid., p. 1000.* Écrit, 4 novembre, *ibid., p. 1014.* Lettre à lui, 20 novembre, *ibid., p. 1012.* Écrit, 5 janvier 1527, demandant à rester un mois en ambassade, *ibid., 1031 et suiv.* [1043] 1526.

Décembre 1529-janvier 1530. — Onuphrion Setzstab. Écrit des lettres qui arrivent au plus tard les 18 et 22 décembre 1529, *Amtliche Sammlung, t. IV, partie 1, p. 497*; le 4 janvier 1530, *ibid., p. 494.* [1044] 1529.

Août-septembre 1531. — Rudolf Ambuel (Collin), bourgeois de Zurich, envoyé de *Zurich* (du *landgrave* et du *duc de Wurtemberg*). Instructions du 26 août 1531. Créances, mêmes dates, *Amtliche Sammlung, t. IV, partie 1 b, p. 1117-1118.* Cités [vers septembre 1531], VII, 652, 28017. [1045] 1531.

Octobre 1532. — Hans Iunker (von Rapperswyl). Écrit de France une lettre reçue le 8 octobre 1532, ou auparavant, *Amtliche Sammlung, t. IV, partie 1 b, p. 1416.* [1046] 1532.

Avril 1535-octobre(?) 1537. — Wilhelm Arsent, envoyé particulièrement par *Lucerne* et *Fribourg*. Écrit une lettre, arrivée un peu avant le 16 avril 1535, dit qu'il est là depuis plus de 3 mois, *Amtliche Sammlung, IV, partie 1 c, p. 538, 541 (lettre f).* Cf. sur le même, *ibid., p. 558 (f).* Écrit, 12 octobre 1537, *ibid., p. 894 a (et cf. 891 a).* [1047] 1535.

Décembre 1536-1537(?). 1536.

a. Jost von Diessbach;

b. Hans-Franz Naegeli, envoyés par *Strasbourg, Bâle* et *Zurich*. Envoi décidé vers le 12 décembre 1536, *Winckelmann, II, p. 397.* Créances vers le 5 janvier 1537, *ibid., p. 402.* [1048]

Février 1538. — Jost von Diessbach. Créances du 25 février 1538, *Amtliche Sammlung, IV, partie I c, p. 939.* [1049] 1538.

AMBASSADES DE SUISSE. **Février 1546.** — WILHELM FRÖHLICH. Envoyé de Lucerne avec une lettre en date du 5 février 1546, *Amtliche Sammlung, t. IV, part. 1 d, p. 593.* [1050]

1546. **Décembre 1546-février 1547.**

a. WENDEL SONNENBERG;

b. PETERMANN CLERY. Créances du 11 décembre 1546, *Amtliche Sammlung, IV, part. 1 d, p. 729.* Rendent compte de leur mission le 28 février 1547, *ibid., p. 777.* [1051]

LISTE DES PRINCIPAUX OFFICIERS ROYAUX
MENTIONNÉS DANS LE CATALOGUE[1].

CHANCELIERS DE FRANCE.

GRANDS OFFICIERS.

ÉTIENNE DE PONCHER [garde des sceaux], 1515 (*Ordonn.*, t. I, p. 11, *n.* 1).

ANTOINE DU PRAT, n. 7 janvier 1515 (I, 2, 12); rempl. après décès, 16 juillet 1535 (III, 110, 7991).

ANTOINE DU BOURG, n. 16 juillet 1535 (III, 110, 7991); rempl. après décès, 10 novembre 1538 (III, 637, 14027).

GUILLAUME POYET, n. 12 novembre 1538 (III, 637, 14027); suspendu dès 9 août 1542 (IV, 359, 12688).

FRANÇOIS DE MONTHOLON [garde des sceaux], n. 9 août 1542 (IV, 359, 12688); mort avant 12 juin 1543 (IV, 360, 12689).

FRANÇOIS ERRAULT [garde des sceaux], n. 12 juin 1543 (IV, 458, 13149); c. 8 avril 1544 (VII, 366, 25080).

FRANÇOIS OLIVIER [garde des sceaux], c. 10 novembre 1544 (VI, 771, 22910); nommé chancelier, 28 avril 1545 (IV, 735, 14419).

FRANÇOIS OLIVIER, n. 28 avril 1545 (IV, 735, 14419); c. 28 décembre 1546 (V, 155, 15466)[2].

CONNÉTABLES DE FRANCE.

CHARLES, duc DE BOURBON, n. 12 janvier 1515 (I, 7, 43); c. 17 mai 1524 (V, 607, 17782).

ANNE DE MONTMORENCY, n. 10 février 1538 (III, 462, 9642); c. 2 janvier 1546 (VI, 800, 23056).

MARÉCHAUX DE FRANCE.

JEAN-JACQUES TRIVULCE, c. 3 janvier 1515 (V, 195, 15664); mort avant 6 décembre 1518 (I, 159, 904).

ODET, comte DE FOIX, s^r DE LAUTREC, c. 7 janvier 1515 (*Ordonn.*, I, 13); c. 17 juin 1516 (V, 289, 16165).

[1] Nous n'avons relevé, ici, que la plus ancienne et la plus récente des mentions du *Catalogue* et du premier volume des *Ordonnances*, où figure, joint au nom de chaque personnage, le titre de sa fonction.

Abréviations : c. = cité ; n. = nommé ; r. = reçu ; rempl. = remplacé ; s. d. = sans date.

[2] Voir plus loin (p. 210) la liste des officiers des chancelleries de France, de Milan et de Bretagne.

GRANDS OFFICIERS.

JACQUES DE CHABANNES, s[r] DE LA PALISSE, c. 12 mars 1515 (V, 224, 15827), mort avant 21 mars 1525 (V, 682, 18182).

GASPARD DE COLIGNY, n. 5 décembre 1516[1] (I, 95, 562); mort, 4 août 1522 (V, 557, 17533).

THOMAS DE FOIX, s[r] DE LESCUN, c. 15 mars 1520 (V, 499, 17241); c. 1er avril 1524 (V, 688, 18218).

ANNE DE MONTMORENCY, n. 6 août 1522 (I, 301, 1630); nommé connétable, 10 février 1538 (III, 462, 9642).

ROBERT DE LA MARCK, n. 23 mars 1526 (VII, 133, 23873); c. 12 juillet 1536 (III, 226, 8561).

THÉODORE TRIVULCE, c. 22 juin 1527 (VI, 68, 19246); mort en septembre 1532 (II, 756, 7413).

ROBERT STUART, s[r] D'AUBIGNY, c. 9 juillet 1534 (II, 712, 7216); c. 9 novembre 1543 (IV, 519, 13438).

RENÉ DE MONTEJEAN, n. 10 février 1538 (VII, 228, 24336); c. 27 décembre 1538 (III, 672, 10588).

CLAUDE D'ANNEBAUT, c. 26 août 1538 (III, 590, 10218); c. 22 janvier 1547 (V, 164, 15509).

OUDART DU BIEZ, c. 16 juillet 1542 (IV, 347, 12632); c. 8 avril 1546 (V, 60, 14970).

ANTOINE DES PREZ, s[r] DE MONTPEZAT, n. 13 mars 1544 (IV, 578, 13706), rempl. après décès, 14 décembre 1544 (IV, 700, 14256).

JEAN CARACCIOLI, prince DE MELPHE, n. 14 décembre 1544 (IV, 700, 14256).

AMIRAUX DE FRANCE.

LOUIS MALET DE GRAVILLE, c. s. d. (VII, 454, 25665), mort 30 octobre 1516 (*Ordonn.*, t. I, p. 240, *note* 6).

GUILLAUME GOUFFIER, s[r] DE BONNIVET, n. 31 décembre 1517 [ou 1516] (I, 132, 762); rempl. après décès, 23 mars 1526 (I, 436, 2305).

PHILIPPE CHABOT, n. 23 mars 1526 (I, 436, 2305); rempl. 5 février 1544 (IV, 555, 13594).

CLAUDE D'ANNEBAUT, n. 5 février 1544 (IV, 555, 13594); c. 22 janvier 1547 (V, 164, 15509).

VICE-AMIRAUX DE FRANCE.

GUYON LE ROY, s[r] DU CHILLOU, c. 25 juillet 1517 (V, 339, 16433); c. 29 juin 1534 (VI, 364, 20766).

CHARLES DE MOUY, s[r] de LA MAILLERAYE, c. s. d. [vers novembre 1532] (VII, 780, 29009); c. 1er mai 1538 (III, 541, 1001)[2].

[1] Déjà cité comme maréchal le 18 août 1516 (*Ordonn.*, I, 465). — [2] Voir plus loin la liste des amiraux et vice-amiraux de Bretagne, de Guyenne, de Provence et de Normandie (p. 212).

GRANDS AUMÔNIERS.

Adrien Gouffier, c. 18 février 1518 (V, 374, 16605).

François de Moulins, c. 2 novembre 1519 (V, 490, 17197); c. 1523 (VII, 422, 25395).

Jean Le Veneur, c. 13 juillet 1528 (I, 583, 3063); rempl. après décès, 8 août 1543 (IV, 481, 13259).

Antoine Sanguin, n. 8 août 1543 (IV, 481, 13259).

GRANDS CHAMBELLANS.

Louis Ier d'Orléans, duc de Longueville, rempl. après décès, 16 novembre 1519 (I, 199, 1109).

Claude d'Orléans, duc de Longueville, n. 16 novembre 1519 (I, 199, 1109).

Louis II d'Orléans, duc de Longueville, n. 12 novembre 1524 (I, 392, 2090); c. 5 janvier 1529 (VI, 161, 19716).

François d'Orléans, duc de Longueville, c. 6 octobre 1536 (VI, 432, 21125).

GRANDS CHAMBRIERS.

Charles, duc de Bourbon, rempl. 26 septembre 1527 (I, 524, 2760).

Henri, duc d'Orléans, n. 26 septembre 1527 (I, 524, 2760).

Charles, duc d'Orléans, c. juin 1544 (VI, 757, 22845); c. rétrospect. octobre 1545 (IV, 779, 14626).

GRAND ÉCHANSON.

Charles de Rohan, c. 7 janvier 1515 (I, 5, 26).

GRANDS ÉCUYERS.

Galéas de Saint-Séverin, c. 2 juillet 1515 (V, 251, 15970); rempl. après décès, 23 mars 1526 (V, 746, 18548).

Jacques de Genouilhac, n. 23 mars 1526 (V, 746, 18548); c. 23 février 1546 (V, 23, 14778).

GRAND FAUCONNIER.

René de Cossé, c. 20 mai 1518 (V, 399, 16723); c. juin 1522 (V, 551, 17502).

GRANDS LOUVETIERS.

Jean de La Boissière, rempl. après décès, 21 décembre 1526 (V, 812, 18895).

Jean de La Boissière, n. 21 décembre 1526 (V, 812, 18895); c. 16 septembre 1538 (VI, 495, 21453).

GRANDS MAÎTRES DE FRANCE.

GRANDS OFFICIERS.

ARTUS GOUFFIER, s[r] DE BOISY, n. 7 janvier 1515 (I, 3, 13); c. 3 avril 1518 (I, 175, 988).

RENÉ DE SAVOIE, c. 18 juillet 1523 (V, 588, 17685); mort avant 25 mai 1525 (V, 707, 18341).

ANNE DE MONTMORENCY, n. 23 mars 1526 (I, 437, 2308); c. 19 décembre 1538 (VI, 514, 21561).

GRANDS PANETIERS (OU PREMIERS PANETIERS).

RENÉ DE COSSÉ, c. 20 mai 1518 (V, 399, 16723); c. juin 1522 (V, 551, 17502).

CHARLES DE CRUSSOL, c. 4 juin 1528 (VI, 125, 19536); c. août 1533 (II, 502, 6219).

CHARLES DE COSSÉ, c. 29 novembre 1533 (II, 569, 6532).

GRANDS VENEURS.

LOUIS DE ROUVILLE, c. 27 mars 1515 (V, 231, 15865); rempl. après décès, 25 mai 1526 (V, 768, 18668).

LOUIS DE VENDÔME, n. 25 mai 1526 (V, 768, 18668); mort avant 19 avril 1527 (VI, 43, 19126).

CLAUDE DE LORRAINE, duc DE GUISE, c. 27 mars 1531 (II, 20, 3939); c. 22 juillet 1531 (II, 65, 4168).

CONSEILS DU ROI.

CONSEIL PRIVÉ.

Conseillers.

Antoine Du Bourg, c. 16 juillet 1535 (III, 110, 7991).

Guillaume Poyet, c. 17 juillet 1535 (III, 111, 7996); c. août 1537 (VI, 476, 21319).

Jean Bertrand, c. 2 novembre [1538] (VIII, 193, 31054); c. 12 novembre 1539 (VII, 497, 26079).

Mathieu de Longuejoue, c. 1er septembre 1540 (IV, 138, 11630).

Pierre Rémon, c. 2 août 1542 (IV, 358, 12685); c. 28 avril 1545 (IV, 735, 14420).

François Olivier, c. 12 juin 1543 (IV, 458, 13150).

Antoine Bohier, c. s. d. [1543-1544] (VII, 590, 27316).

Procureur général.

Jean Le Clerc, c. 8 mars 1545 (IV, 724, 14367).

SECRÉTAIRES DES FINANCES.

Nicolas de Neufville, n. 2 janvier 1515 (I, 2, 7); rempl. sur résign. 18 février 1542 (IV, 288, 12341).

Florimond Robertet, c. 7 janvier 1515 (V, 197, 15675); c. juin 1526 (VII, 135, 23886).

Robert Gédoin, c. 31 mars 1515 (V, 233, 15872); mort 4 juillet 1533 (II, 578, 6579).

Jean Robertet, c. 10 août 1521 (VII, 93, 23676); c. 6 août 1529 (I, 656, 3437).

Thierry Fouet, *dit* Dorne, n. septembre 1522 (V, 556, 17530); c. 8 décembre 1534 (II, 760, 7432).

François Robertet, n. 12 avril 1526 (I, 438, 2315); mort avant le 28 août 1532 (II, 192, 4790).

Gilbert Bayard, n. 11 juillet 1528 (I, 582, 3060); c. 18 juillet 1544 (VII, 373, 25118).

Jean Breton, c. 21 août 1528 (I, 592, 3107); rempl. après décès, 14 décembre 1543 (VIII, 728, 33098).

Guillaume Bochetel, n. 22 août 1530 (I, 720, 2762); c. 29 septembre 1542 (IV, 374, 12756).

IMPRIMERIE NATIONALE.

CONSEILS DU ROI.

PHILIBERT BABOU, n. 30 octobre 1531 (II, 86, 4272); n. s. d. [novembre-décembre 1538] (VIII, 278, 31888).

CLAUDE ROBERTET, n. s. d. [1538, avant 25 avril] (VII, 565, 25962); c. 12 février 1547 (VI, 825, 23185).

NICOLAS DE NEUFVILLE, le fils, n. 18 février 1542 (IV, 288, 12341).

CLAUDE DE LAUBESPINE, n. 14 décembre 1543 (VIII, 728, 33098).

CLAUDE BURGENSIS, n. s. d. [1545-1547] (VII, 601, 27470).

MAÎTRES DES REQUÊTES.

GUILLAUME DAUVET, c. 2 janvier 1515 (*Ordonn.*, I, 3); rempl. sur résign., dès 27 avril 1515 (VII, 485, 25932).

CHARLES DES POTOTS, c. 2 janvier 1515 (*Ordonn.*, I, 3); rempl. après décès, dès 28 août 1522 (VII, 490, 25997).

ADAM FUMÉE, c. 2 janvier 1515 (*Ordonn.*, I, 3); c. s. d. [1537] (VIII, 108, 30233).

JEAN HURAULT, c. 2 janvier 1515 (*Ordonn.*, I, 3); c. s. d. [1539] (VIII, 168, 30814).

PIERRE DE LA VERNADE, c. 2 janvier 1515 (*Ordonn.*, I, 3); rempl. après décès, 28 avril 1532 (II, 137, 4530).

ANTOINE LE VISTE, c. 2 janvier 1515 (*Ordonn.*, I, 3); n. président au parlement, 23 décembre 1523 (VII, 492, 26023).

JEAN SALLAT, c. 2 janvier 1515 (*Ordonn.*, I, 3); rempl. après décès, 17 octobre 1524 (V, 619, 17838).

CLAUDE DE SEYSSEL, c. 2 janvier 1515 (*Ordonn.*, I, 3); rempl. dès 16 janvier 1515 (VII, 485, 25927).

JEAN CALUAU, reçu 16 janvier 1515 (VII, 485, 25927); rempl. après décès, 21 août 1522 (VII, 490, 25994).

PIERRE DAUVET, reçu 27 avril 1515 (VII, 485, 25932); rempl. après décès, 17 septembre 1538 (III, 606, 10287).

JEAN DE LANGEAC, n. 19 novembre 1518 (I, 534, 2812); rempl. après décès, 2 septembre 1542 (IV, 368, 12725).

GÉRARD LE COQ, c. 3 février 1522 [(VIII, 195, 32269); rempl. après décès, 11 décembre 1540 (IV, 165, 11755).

DENIS POILLOT, n. 11 juin 1522 (I, 292, 1582); rempl. 8 août 1526 (I, 458, 2423).

GUILLAUME BUDÉ, reçu 21 août 1522 (VII, 490, 25994); rempl. après décès, 28 août 1540 (IV, 135, 11619).

FRANÇOIS JOUBERT, n. 7 juillet 1523 (I, 347, 1856); rempl. après destitution, dès 22 mars 1530 (VII, 495, 26053).

GUILLAUME LUILLIER, r. 20 juillet 1523 (VII, 492, 26020); c. 31 mai 1532 (VII, 298, 20423).

René Raguenrau, r. 14 août 1523 (VII, 492, 26021); c. 29 janvier 1536 (III 169, 8272).

Jean de Calvimont, n. 14 décembre 1523 (I, 364, 1945); rempl. 5 juillet 1525 (I, 409, 2179).

Mathieu de Longuejoue, r. 16 février 1524 (VII, 492, 26025); rempl. sur résign., 7 février 1533 (II, 310, 5345).

Jacques Babou, n. 17 octobre 1524 (V, 619, 17838); rempl. après décès, 20 décembre 1532 (II, 267, 5156).

Jean-Joachim de Passano, c. 9 juin 1525 (I, 407, 2168); c. 16 août 1525 (I, 414, 2202).

Pierre Antoine, n. 5 juillet 1525 (I, 409, 2179); rempl. après décès, 19 mai 1531 (II, 36, 4019).

Ambroise de Florence, n. 8 août 1526 (I, 458, 2423); rempl. 31 août 1528 (I, 596, 3127).

Gabriel de Gramont, n. 31 août 1528 (I, 596, 3127); rempl. 19 avril 1531 (II, 26, 3972).

Claude Dodieu, r. 22 mars 1530 (VII, 495, 26053); c. 3 août 1542 (IV, 358, 12686).

Pierre Du Faur, *alias* Fabri, n. 19 avril 1531 (II, 26, 3972); n. président au parlement de Toulouse, 26 mars 1539 (III, 757, 10966).

Amaury Bouchard, n. 19 mai 1531 (II, 36, 4019); c. 11 juin 1544 (IV, 628, 13940).

Antoine Du Bourg, n. 28 avril 1532 (II, 137, 4530); n. président au parlement et remplacé, 26 septembre 1534 (II, 745, 7538, 7539).

André Guillart, n. 20 décembre 1532 (II, 267, 5156); c. 14 septembre 1542 (VI, 682, 22472).

Thibaud de Longuejoue, n. 7 février 1533 (II, 310, 5345); c. 10 décembre 1541 (VII, 307, 24754).

Imbert de Saveuse, n. 26 septembre 1534 (II, 745, 7539); c. 6 septembre 1542 (VII, 333, 24903).

François Olivier, c. 13 octobre 1536 (III, 249, 8668); rempl. 2 juin 1543 (IV, 453, 13128).

François Du Bourg, n. 17 septembre 1538 (III, 606, 10287); c. 28 août 1542 (IV, 363, 12705).

Lazare de Baïf, c. janvier 1539 (VIII, 168, 30814); c. 24 août 1541 (IV, 668, 14120).

Martin Fumée, c. 12 février 1539 (III, 718, 10797); c. 24 août 1544 (IV, 668, 14120).

Jean Coutel, c. 8 janvier 1540 (IV, 70, 11320); c. 11 août 1544 (IV, 664, 14098).

François Errault, n. 28 août 1540 (IV, 135, 11619); n. garde des sceaux, 12 juin 1543 (IV, 458, 13149).

CONSEILS DU ROI.

RENÉ BOUVERY, n. 11 décembre 1540 (IV, 165, 11755); c. 18 mars 1541 (IV, 189, 11868).

CHARLES DE MARILLAC, n. avant 26 octobre 1541 (VII, 497, 26081); c. 17 juin 1543 (IV, 458, 13152).

NICOLAS ou FRANÇOIS DUPRÉ, n. 2 septembre 1542 (IV, 368, 12725); c. 20 avril 1546 (V, 69, 15022).

CHARLES DE NULLY, n. 2 juin 1543 (IV, 453, 13128); c. 10 septembre 1544 (IV, 674, 14146).

BALTHAZAR DE JARENTE, c. 12 août 1543 (VII, 351, 25002).

ÉTIENNE DE PONCHER, n. 21 mai 1544 (IV, 613, 13863).

NICOLAS DANGU, n. 28 mai 1544 (IV, 616, 13878); c. 10 juillet 1544 (IV, 648, 14027).

FRANÇOIS DE CONAN, n. 29 mai 1544 (IV, 617, 13882); c. 20 avril 1546 (V, 69, 15022).

JEAN-JACQUES DE MESMES, n. 31 mai 1544 (IV, 618, 13890).

GEOFFROY DE HAUTECLÈRE, n. 5 juin 1544 (IV, 626, 13925); c. août 1546 (V, 128, 15341).

GRAND CONSEIL.

Président.

GUY DE BRESLAY, n. octobre 1541 (VI, 644, 22260); c. 26 décembre 1544 (IV, 707, 14287).

Conseillers.

JEAN VAILLANT DE GUELLIS, c. 1er juin 1515 (V, 245, 15940); c. s. d. [1544-1545] (VII, 594, 27308).

JEAN GODON, c. 11 juillet 1516 (V, 292, 16180).

DENIS POILLOT, c. 4 janvier 1517 (V, 312, 16289); c. 20 mars 1518 (V, 384, 16653).

FRANÇOIS LE ROUGE, c. rétrospect. 16 février 1518 (VII, 487, 25957).

PIERRE ANTOINE, c. 2 avril 1518 (V, 389, 16676); c. 6 décembre 1524 (V, 640, 17951).

AUGUSTIN TRIVULCE, c. 2 avril 1518 (V, 389, 16675).

CHARLES QUINART, c. 29 mai 1519 (V, 472, 17108).

JEAN BURDELOT, c. janvier 1520 (V, 495, 17221).

LÉONARD GAY, c. 29 septembre 1521 (VI, 269, 20271); c. 18 octobre 1534 (VI, 375, 20823).

N. DE LA MARTHONIE, rempl. après décès, 11 juillet 1525 (V, 726, 18447).

PERRINET PARPAILLE, n. 11 juillet 1525 (V, 726, 18447).

GUY DE BRESLAY, n. 13 juillet 1525 (I, 410, 2182); n. président, octobre 1541, (VI, 644, 22260).

PIERRE CORDIER, c. octobre 1525 (I, 424, 2248); c. 22 octobre 1538 (III, 625, 10373).

JEAN DE LA MARTHONIE, rempl. après décès, 11 avril 1526 (V, 750, 18566).

LOUIS GORRA, n. 11 avril 1526 (V, 750, 18566).

ANTOINE DE BELVEZER, c. 12 avril 1526 (V, 751, 18570); c. 14 avril 1531 (VI, 251, 20177).

PIERRE DE BUSSY, c. 12 avril 1526 (V, 751, 18570).

NICOLE DE GANAY, c. 12 avril 1526 (V, 751, 18570); c. 3 mars 1540 (IV, 88, 11405).

ANTOINE DU BOURG, n. 12 avril 1526 (V, 750, 18569).

JACQUES GROSLOT, n. 12 avril 1526 (V, 750, 13569); c. 30 avril 1537 (VI, 454 21238).

JEAN DE LANGEAC, c. 23 novembre 1526 (V, 802, 18844).

JEAN DE MONTOLIEU, c. 23 novembre 1526 (V, 802, 18844); c. s. d. [vers 1538] (VIII, 171, 30836).

FRANÇOIS OLIVIER, c. 23 novembre 1526 (V, 802, 18844); c. s. d. [vers 1534] (VII, 744, 28773).

CHARLES DE LA MOTHE, c. 10 janvier 1527 (VI, 7, 18945); c. 28 août 1531 (VII, 495, 26063).

FRANÇOIS DE CAMBRAY, c. 27 janvier 1527 (VI, 12, 18969).

JEAN CHAUDERON, c. 1er juillet 1527 (VI, 73, 19270).

ANNET DE PLAINS, c. 10 décembre 1529 (I, 679, 3556).

CHARLES DE HÉMART, c. 29 septembre 1530 (I, 723, 3775).

JEAN BERTRAND ou BERTRANDI, c. 6 octobre 1532 (II, 225, 4953); c. 27 juin 1533 (II, 459, 6019).

JACQUES LECLERC, *dit* COITIER, c. 4 avril 1534 (VI, 355, 20719); c. 3 mars 1540 (IV, 88, 11405).

JEAN COTEL, c. 28 novembre 1534 (VI, 378, 20837); c. 22 octobre 1538 (VII, 625, 10373).

ANTOINE DE CASTELNAU, c. 12 mai 1535 (III, 77, 7834); c. 4 décembre 1538 (III, 650, 10486).

PARIS JACQUOT, c. 5 février 1536 (III, 172, 8292).

CHARLES THOMAS, c. 14 février 1536 (III, 176, 8308).

JEAN BELOT, c. octobre 1536-janvier 1537 (VIII, 223, 31327); n. conseiller au Parlement de Paris, 5 juillet 1540 (IV, 126, 11575).

JEAN DE MONTCALM, c. 25 février 1537 (III, 281, 8816); c. 26 juin 1538 (III, 567, 10115).

FRANÇOIS DUPRÉ, c. 2 juin 1537 (VI, 459, 21266); c. 23 août 1543 (IV, 486, 13283).

CONSEILS DU ROI.

JEAN DE BAGIS, c. 26 juin 1537 (III, 353, 9142); c. s. d. [novembre 1538] (VIII, 305, 32166).

FRANÇOIS DE SAINT-MESMIN, c. 22 novembre 1537 (III, 416, 9433).

JEAN DE MORVILLIERS, c. 1er janvier-31 mars 1538 (VIII, 228, 31380).

NICOLE CORBIN, c. 16 janvier 1538 (III, 451, 9587); c. 1er mai 1540 (VI, 597, 22010).

GEOFFROY COUILLAUD, c. 3 septembre 1538 (III, 594, 10236).

N. BACHELET, c. 29 janvier 1539 (VI, 526, 21630).

ODET DE SELVE, c. 8 mai 1542 (VII, 498, 26088); c. 15 février 1547 (V, 175, 15565).

GUILLAUME LE RAT, rempl. 13 avril 1543 (IV, 423, 12989).

JEAN DUMAY, n. 13 avril 1543 (IV, 423, 12988).

ÉTIENNE DE PONCHER, c. 21 mai 1544 (IV, 613, 13863).

GEOFFROY DE HAUTECLÈRE, c. rétrospect. 5 juin 1544 (IV, 626, 13925).

JEAN ESCORDET, c. 11 avril 1546 (V, 64, 14991).

JEAN LE TELLIER, c. septembre 1546 (VI, 817, 23145).

NICOLAS BOILEAU, rempl. après décès, s. d. (VII, 468, 25787).

GABRIEL DE GRAMONT, c. s. d. (VII, 414, 25323; VII, 419, 25365).

GILLES LE ROUGE, c. s. d. (VII, 426, 25421).

Avocats du Roi.

LOUIS DOUJAT, c. 12 avril 1526 (V, 751, 18570); c. 23 novembre 1526 (V, 802, 18844).

ANTOINE FUMÉE, c. 7 juin 1536 (III, 215, 8508).

CHARLES THOMAS, c. 4 novembre 1539 (IV, 60, 11278); c. 6 mars 1542 (IV, 297, 12387).

GUY DE CALVIMONT, c. s. d. [1543-1544] (VII, 591, 27338).

Procureur du Roi.

CHARLES BOUIN, c. 6 mars 1542 (IV, 297, 12387).

PARLEMENTS.

PARLEMENT DE PARIS.

Premiers Présidents.

Antoine Du Prat, c. 2 janvier 1515 (*Ordonn.*, I, 3); n. chancelier de France, 7 janvier 1515 (I, 2, 12).

Mondot de La Marthonie, r. 3 février 1515 (VII, 485, 25929); rempl. après décès, dès 29 mai 1517 (VII, 486, 25946).

Jacques Olivier, r. 29 mai 1517 (VII, 486, 25946); rempl. après décès, dès 17 décembre 1520 (VII, 488, 25973).

Jean de Selve, r. 17 décembre 1520 (VII, 488, 25973); mort en fonctions, 10 décembre 1529 (VII, 494, 26047).

Pierre Lizet, c. 16 décembre 1529 (I, 681, 3565); r. 20 décembre 1529 (VII, 494, 26047); c. 5 janvier 1540 (IV, 68, 11311).

Deuxièmes Présidents.

Thibaud Baillet, c. 2 janvier 1515 (*Ordonn.*, I, 3); rempl. 8 août 1526 (V, 782, 18743).

Denis Poillot, n. 8 août 1526 (V, 782, 18743); c. 21 décembre 1534 (VI, 378, 20841); rempl. après décès, 31 décembre 1534 (II, 763, 7445).

Guillaume Poyet, n. 31 décembre 1534 (II, 763, 7445); n. chancelier de France, 12 novembre 1538 (III, 637, 10427).

Jean Bertrand, r. 12 novembre 1539 (VII, 497, 26079); c. 9 septembre 1543 (IV, 495, 13329).

Troisièmes Présidents.

Jacques Olivier, c. 2 janvier 1515 (*Ordonn.*, I, 3); n. premier président, 29 mai 1517 (VII, 486, 25946).

Roger Barme, r. 29 mai 1517 (VII, 486, 25947); rempl. après décès, dès 23 décembre 1523 (VII, 492, 26023).

Antoine Le Viste, r. 23 décembre 1523 (VII, 492, 26023); c. 30 août 1534 (II, 741, 7340); rempl. après décès, 26 septembre 1534 (II, 745, 7358).

Antoine Du Bourg, n. 26 septembre 1534 (II, 745, 7358); n. chancelier de France, 16 juillet 1535 (III, 110, 7991).

François de Saint-André, n. 17 juillet 1535 (III, 111, 7997); c. 21 janvier 1546 (V, 6, 14691).

Quatrièmes Présidents.

Charles Guillart, c. 2 janvier 1515 (*Ordonn.*, I, 3); rempl. sur résign., 31 janvier 1535 (III, 10, 7491).

François de Montholon, n. 31 janvier 1535 (III, 10, 7491); rempl. après décès, 12 juin 1543 (IV, 458, 13150).

François Olivier, n. 12 juin 1543 (IV, 458, 13150); n. chancelier de France, 28 avril 1545 (IV, 735, 14419).

Pierre Rémon, n. 28 avril 1545 (IV, 735, 14420).

Antoine Minard, n. avant juillet 1545 (IV, 758, 14524); c. 19 août 1546 (VIII, 751, 32222).

Conseillers.

Falco d'Aurillac, c. 2 janvier 1515 (*Ordonn.*, I, 4); rempl. avant 24 janvier 1517 (VII, 486, 25943).

Guillaume Aymeret, c. 2 janvier 1515 (*Ordonn.*, I, 4).

Guillaume Barthélemy, c. 2 janvier 1515 (*Ordonn.*, I, 3); rempl. après décès, 10 juillet 1525 (V, 725, 18445).

Pierre de Bellessor, c. 2 janvier 1515 (*Ordonn.*, I, 3); rempl. dès 31 janvier 1519 (VII, 488, 25961).

Louis de Besançon, c. 2 janvier 1515 (*Ordonn.*, I, 4); rempl. après décès, 11 décembre 1537 (III, 419, 9448).

Nicole de Bèze, c. 2 janvier 1515 (*Ordonn.*, I, 3); rempl. 23 avril 1532 (II, 136, 4523).

Michel Bignet, c. 2 janvier 1515 (*Ordonn.*, I, 4); rempl. après décès, 20 mars 1515 (VII, 485, 25950).

Jean de Bony, c. 2 janvier 1515 (*Ordonn.*, I, 3); rempl. après décès, dès 11 août 1525 (VII, 493, 26033).

François Boucher, c. 2 janvier 1515 (*Ordonn.*, I, 4); rempl. après décès, 6 février 1518 (VII, 487, 25957).

Guillaume Bourgeois, c. 2 janvier 1515 (*Ordonn.*, I, 4); rempl. après décès, 6 septembre 1531 (II, 81, 4249).

Nicole Brachet, c. 2 janvier 1515 (*Ordonn.*, I, 3); rempl. après décès, 14 avril 1526 (V, 752, 18576).

Jean Briçonnet, c. 2 janvier 1515 (*Ordonn.*, I, 3); rempl. dès 26 août 1517 (VII, 487, 25953).

Jean Briçonnet, c. 2 janvier 1515 (*Ordonn.*, I, 3); rempl. après décès, dès 2 juillet 1524 (VII, 492, 26028).

Jean Brulart, c. 2 janvier 1515 (*Ordonn.*, I, 4); rempl. après décès, dès 10 décembre 1519 (VII, 488, 25965).

Yves Cantet, c. 2 janvier 1515 (*Ordonn.*, I, 3).

Germain Chartelier, c. 2 janvier 1515 (*Ordonn.*, I, 4); rempl. après décès, dès 15 avril 1521 (VII, 489, 25979).

Jean de Chavagnac, c. 2 janvier 1515 (*Ordonn.*, I, 3); rempl. après décès, dès 20 novembre 1517 (VII, 487, 25956).

Jacques Chevrier, c. 2 janvier 1515 (*Ordonn.*, I, 4); rempl. sur résign., dès 11 mars 1529 (VIII, 494, 26045).

Guillaume de Courthardy ou Couthardi, c. 2 janvier 1515 (*Ordonn.*, I, 3); rempl. sur résign., dès 13 novembre 1515 (VII, 486, 25936).

André Des Asses ou de Zasses, c. 2 janvier 1515 (*Ordonn.*, I, 4); rempl. après décès, dès 28 août 1522 (VII, 490, 25996).

François Disque, c. 2 janvier 1515 (*Ordonn.*, I, 3).

Louis Doreille, c. 2 janvier 1515 (*Ordonn.*, I, 3); rempl. après décès, 8 décembre 1523 (I, 364, 1941).

Jacques Doulcet, c. 2 janvier 1515 (*Ordonn.*, I, 4); rempl. après décès, 14 avril 1526 (V, 752, 18577).

Louis Du Bellay, c. 2 janvier 1515 (*Ordonn.*, I, 3).

Adrien Du Drac, c. 2 janvier 1515 (*Ordonn.*, I, 4); c. 24 février 1531 (II, 4, 3853); rempl. après décès, dès 28 novembre 1532 (VII, 496, 26066).

Jean Duret, c. 2 janvier 1515 (*Ordonn.*, I, 3).

Jean Gigault, c. 2 janvier 1515 (*Ordonn.*, I, 3); rempl. après décès, dès 16 mai 1526 (VII, 493, 26034).

Vincent Guichart, c. 2 janvier 1515 (*Ordonn.*, I, 3); rempl. après décès, dès 11 juillet 1516 (VII, 486, 25940).

Christophe Hennequin, c. 2 janvier 1515 (*Ordonn.*, I, 4); rempl. après décès, dès 24 mai 1531 (VII, 495, 26060).

Jean Hennequin, c. 2 janvier 1515 (*Ordonn.*, I, 4); c. s. d. [juillet 1537] (VIII, 136, 30514).

Louis Jouvenel des Ursins, c. 2 janvier 1515 (*Ordonn.*, I, 3); rempl. sur résign., 9 août 1519 (I, 192, 1070).

Jacques de La Barde, c. 2 janvier 1515 (*Ordonn.*, I, 3); rempl. après décès, dès 13 mai 1542 (VII, 498, 26089).

Blaise de La Forêt, c. 2 janvier 1515 (*Ordonn.*, I, 3); rempl. après décès, dès 10 juin 1523 (VII, 492, 26018).

Jean de La Haye, c. 2 janvier 1515 (*Ordonn.*, I, 4); rempl. après décès, dès 4 février 1520 (VII, 488, 25966).

Jean de La Place, c. 2 janvier 1515 (*Ordonn.*, I, 4); rempl. avant 8 mai 1531 (VII, 495, 26058).

Jacques Le Brail, c. 2 janvier 1515 (*Ordonn.*, I, 4); rempl. après décès, dès 29 août 1521 (VII, 489, 25982).

Pierre Le Clerc, c. 2 janvier 1515 (*Ordonn.*, I, 4).

Girard Le Coq, c. 2 janvier 1515 (*Ordonn.*, I, 4); c. 28 août 1522 (VII, 490, 25997).

Jean Le Coq, c. 2 janvier 1515 (*Ordonn.*, I, 4); rempl. après décès, dès 29 décembre 1515 (VII, 486, 25937).

Pierre Le Gendre, c. 2 janvier 1515 (*Ordonn.*, I, 3); rempl. après décès, 20 octobre 1528 (I, 613, 3212).

Nicole Le Maistre, c. 2 janvier 1515 (*Ordonn.*, I, 3); rempl. après décès, 14 juin 1535 (III, 93, 7912).

IMPRIMERIE NATIONALE.

PARLEMENT DE PARIS.

JACQUES LE ROUX, c. 2 janvier 1515 (*Ordonn.*, I, 4); c. 5 août 1545 (IV, 759, 14532).

JEAN LE VERRIER, c. 2 janvier 1515 (*Ordonn.*, I, 4); rempl. après décès, 15 avril 1525 (V, 691, 18241).

PIERRE LIZET, c. 2 janvier 1515 (*Ordonn.*, I, 4); r. avocat du roi, 29 juillet 1517 (VII, 487, 25949).

LOUIS DE LONGUEIL, c. 2 janvier 1515 (*Ordonn.*, I, 4); rempl. dès 12 avril 1522 (VII, 490, 25990).

FRANÇOIS DE LOYNES, c. 2 janvier 1515 (*Ordonn.*, I, 4); rempl. après décès, dès 27 juillet 1524 (VII, 493, 26029).

ARNAUD LUILLIER, c. 2 janvier 1515 (*Ordonn.*, I, 4); rempl. après décès, dès 18 août 1531 (VII, 495, 26061).

JACQUES MESNAGER, c. 2 janvier 1515 (*Ordonn.*, I, 3); rempl. après décès, 15 mai 1534 (II, 674, 7036).

FRANÇOIS DE MORVILLIERS, c. 2 janvier 1515 (*Ordonn.*, I, 4); rempl. après décès, dès 27 juin 1520 (VII, 488, 25970).

NICOLE D'ORIGNY, c. 2 janvier 1515 (*Ordonn.*, I, 3); rempl. après décès comme président des Enquêtes, 29 septembre 1534 (II, 746, 7362).

JEAN PAPILLON, c. 2 janvier 1515 (*Ordonn.*, I, 4); rempl. dès 3 mars 1528 (VII, 463, 25737).

THOMAS PASCAL, c. 2 janvier 1515 (*Ordonn.*, I, 3); rempl. après décès, 14 août 1526 (V, 783, 18746).

PIERRE PELLIEU, c. 2 janvier 1515 (*Ordonn.*, I, 4); rempl. après décès, dès 7 septembre 1520 (VII, 488, 25971).

FRANÇOIS DE PONCHER, c. 2 janvier 1515 (*Ordonn.*, I, 4); rempl. dès 2 avril 1519 (VII, 488, 25962).

ANDRÉ PORTE, c. 2 janvier 1515 (*Ordonn.*, I, 4); rempl. 2 octobre 1520 (I, 227, 1250).

PHILIPPE POT, c. 2 janvier 1515 (*Ordonn.*, I, 3); rempl. après décès, 19 juin 1525 (V, 718, 18402).

JEAN PRÉVOST, c. 2 janvier 1515 (*Ordonn.*, I, 4); rempl. sur résign., 12 juin 1534 (II, 693, 7129).

PIERRE PRUDHOMME, c. 2 janvier 1515 (*Ordonn.*, I, 4); rempl. après décès, dès 27 novembre 1518 (VII, 487, 25959).

PIERRE DE REFUGE, c. 2 janvier 1515 (*Ordonn.*, I, 3); rempl. après décès, dès 1er juin 1515 (VII, 485, 25933).

JEAN RUZÉ, c. 2 janvier 1515 (*Ordonn.*, I, 4); rempl. après décès, dès 14 novembre 1521 (VII, 489, 25985).

LOUIS RUZÉ, c. 2 janvier 1515 (*Ordonn.*, I, 4).

NICOLE SANGUIN, c. 2 janvier 1515 (*Ordonn.*, I, 4); rempl. après décès, dès 27 janvier 1546 (VII, 501, 26117).

LOUIS SÉGUIER, c. 2 janvier 1515 (*Ordonn.*, I, 3); c. 9 janvier 1525 (V, 657, 18044).

JEAN DE SELVE, c. 2 janvier 1515 (*Ordonn.*, I, 4); rempl. après décès, dès 14 novembre 1521 (VII, 489, 25984).

FRANÇOIS TAVEL, c. 2 janvier 1515 (*Ordonn.*, I, 4); c. 5 avril 1524 (I, 377, 2003).

LOUIS THIBOUST, c. 2 janvier 1515 (*Ordonn.*, I, 4); rempl. après décès, dès 13 décembre 1521 (VII, 490, 25987).

ROBERT THIBOUST, c. 2 janvier 1515 (*Ordonn.*, I, 4); rempl. après décès, 24 avril 1541 (IV, 199, 11917).

JEAN DE THUMERY, c. 2 janvier 1515 (*Ordonn.*, I, 4).

LOUIS TIERCELIN, c. 2 janvier 1515 (*Ordonn.*, I, 3); rempl. sur résign., dès 11 mai 1518 (VII, 487, 25958).

JEAN TRONSON, c. 2 janvier 1515 (*Ordonn.*, I, 4); rempl. sur résign., 1er mars 1544 (IV, 572, 13677).

PHILIPPE TURQUAN, c. 2 janvier 1515 (*Ordonn.*, I, 4); rempl. dès 30 janvier 1521 (VII, 489, 25978).

ROBERT TURQUAN, c. 2 janvier 1515 (*Ordonn.*, I, 4); rempl. après décès, dès 22 juin 1523 (VII, 492, 26019).

GUILLAUME DE VAUDÉTAR, c. 2 janvier 1515 (*Ordonn.*, I, 3); rempl. après décès, dès 11 août 1522 (VII, 490, 25992).

PIERRE DE VAUDÉTAR, c. 2 janvier 1515 (*Ordonn.*, I, 4); rempl. 14 juin 1521 (VII, 489, 25981).

ANDRÉ VERJUS, c. 2 janvier 1515 (*Ordonn.*, I, 3); rempl. sur résign., 24 avril 1543 (IV, 428, 13013).

JEAN DE WIGNACOURT, c. 2 janvier 1515 (*Ordonn.*, I, 4).

RAOUL AYMBRET, n. 17 janvier 1515 (V, 207, 15732); renonc. 15 février 1515 (*ibidem*); rempl. après décès, dès 18 février 1536 (VII, 496, 26070).

LOUIS COURTIN, r. 20 janvier 1515 (VII, 485, 25928); rempl. après décès, 17 novembre 1530 (VI, 236, 20099).

NICOLE LE COQ, n. 26 janvier 1515 (I, 9, 58); rempl. 16 septembre 1529 (I, 664, 3479).

MARTIN RUZÉ, c. 13 novembre 1515 (VII, 486, 25935); c. 20 juin 1546 (V, 90, 15234).

PIERRE CLUTIN, r. 13 novembre 1515 (VII, 486, 25935); rempl. après décès, comme président clerc des Enquêtes, 24 juillet 1533 (II, 475, 6097).

MATHIEU DE LONGUEJOUE, r. 29 décembre 1515 (VII, 486, 25937); r. maître des requêtes, 16 février 1524 (VII, 492, 26025).

ROBERT TIERCELIN, r. 26 avril 1516 (VII, 486, 25938); c. 9 septembre 1543 (IV, 495, 13329).

DÉODE CHAUVERON, r. 11 juillet 1516 (VII, 486, 25940).

JEAN VIOLE, r. 26 juillet 1516 (VII, 486, 25941); rempl. après décès, dès 17 mai 1536 (VII, 496, 26073).

GEOFFROY CHARLET, n. avant 24 janvier 1517 (VII, 486, 25943).

PARLEMENT DE PARIS.

LOUIS ROUILLART, r. 21 août 1517 (VII, 487, 25951); rempl. après décès, dès 22 novembre 1541 (VII, 498, 26084).

IMBERT DE SAVEUSE, n. avant 17 novembre 1517 (VII, 487, 25955); rempl. dès 12 août 1528 (VII, 493, 26038).

JEAN DE LA LOÈRE, le jeune, n. avant le 20 novembre 1517 (VII, 487, 25956).

FRANÇOIS LE ROUGE, r. 6 février 1518 (VII, 487, 25957); c. 28 janvier 1518 (V, 368, 16577).

JEAN BRACHET, c. 4 avril 1518 (I, 140, 805).

ARNOUL RUZÉ, r. 11 mai 1518 (VII, 487, 25958); rempl. après décès, dès 31 décembre 1540 (VII, 497, 26080).

PIERRE DELAPORTE, r. 27 novembre 1518 (VII, 487, 25959); rempl. dès 21 novembre 1543 (VII, 499, 26097).

NICOLE HENNEQUIN, r. 31 janvier 1519 (VII, 488, 25961).

FRANÇOIS CRESPIN, r. 2 avril 1519 (VII, 488, 25962); rempl. sur résign., dès 9 mai 1544 (VII, 500, 26105).

MARTIN FUMÉE, n. 10 mai 1519 (V, 470, 17096); c. 21 décembre 1534 (VI, 379, 20842).

FRANÇOIS DEMIER ou DIXMIER, n. 9 août 1519 (I, 192, 1070); c. 1er septembre 1543 (IV, 492, 13315).

ANDRÉ GUILLART, r. 10 décembre 1519 (VII, 488, 25965); rempl. 25 décembre 1532 (II, 274, 5185).

LOUIS ANJORRANT, r. 4 février 1520 (VII, 488, 25966); rempl. 7 février 1530 (VII, 494, 26051).

JACQUES ALLEGRIN, r. 27 juin 1520 (VII, 488, 25970); rempl. sur résign., 13 juin 1534 (II, 694, 7133).

JEAN ARBALESTE, r. 7 septembre 1520 (VII, 488, 25971); c. 26 novembre 1521 (I, 265, 1439).

PHILIBERT MAZUYER, r. 4 janvier 1521 (VII, 489, 25974); rempl. après décès, dès 2 mai 1542 (VII, 498, 26087).

BONAVENTURE THOMASSIN, *dit* DE SAINT-BARTHÉLEMY, r. 15 avril 1521 (VII, 489, 25979); rempl. 15 décembre 1533 (II, 588, 6628).

GUILLAUME DE VAUDÉTAR, r. 14 juin 1521 (VII, 489, 25981); rempl. 30 juin 1543 (IV, 463, 13173).

JACQUES OLIVIER, r. 29 août 1521 (VII, 489, 25982).

CHARLES DE LOUVIERS, r. 14 novembre 1521 (VII, 489, 25985); rempl. après décès, dès 7 avril 1546 (VII, 501, 26118).

JEAN MEIGRET, r. 14 novembre 1521 (VII, 489, 25984); c. 20 juin 1546 (V, 90, 15134).

ANDRÉ BAUDRY, r. 13 décembre 1521 (VII, 490, 25987); c. 18 mai 1544 (IV, 612, 13857).

NICOLAS HURAULT, r. 26 mars 1522 (VII, 490, 25989); c. 8 mars 1545 (IV, 724, 14367).

PARLEMENT DE PARIS.

MARTIN LE PICART, r. 12 avril 1522 (VII, 490, 25990); rempl. après décès, 7 septembre 1532 (II, 202, 4840).

PIERRE LAYDET, r. 18 juin 1522 (VII, 490, 25991); rempl. après révocation, dès 7 septembre 1531 (VII, 496, 26064).

AMBROISE DE FLORENCE, n. 20 juin 1522 (V, 549, 17494); c. 4 février 1523 (VII, 491, 26014).

JEAN DE SERRE, r. 11 août 1522 (VII, 490, 25992); rempl. sur résign., 11 septembre 1538 (III, 600, 10263).

PIERRE DE MONTMERLE, r. 18 août 1522 (VII, 490, 25993).

FRANÇOIS LE CHARRON, r. 23 août 1522 (VII, 490, 25995); c. 23 avril 1529 (I, 641, 3360); c. vers juillet 1534 (VII, 719, 28594).

CLAUDE DES ASSES *ou* DE ZASSES, r. 28 août 1522 (VII, 490, 25996); c. 5 août 1545 (IV, 759, 14531).

JEAN LE ROUGE, rempl. après décès, dès 5 septembre 1522 (VII, 490, 25998).

PIERRE DE BUSSY, r. 23 septembre 1522 (VII, 490, 25998); rempl. dès 7 novembre 1523 (VII, 492, 22620).

RENÉ GENTILS, r. 23 septembre 1522 (VII, 490, 25997); rempl. après destitution, 26 mai 1542 (IV, 327, 12533).

JACQUES BOULLANT, r. 13 novembre 1522 (VII, 490, 26000); rempl. après décès, 4 juin 1541 (IV, 210, 11966).

PIERRE BRULART, r. 14 novembre 1522 (VII, 491, 26001); rempl. 10 octobre 1541 (IV, 247, 12149).

FRANCISQUE DE MEDULLA, r. 28 novembre 1522 (VII, 491, 26002); rempl. après décès, dès 21 août 1531 (VII, 495, 26062).

JEAN LE CHARRON, r. 12 décembre 1522 (VII, 491, 26003); c. s. d. [août 1537] (VIII, 117, 30329).

LOUIS GAYANT, r. 17 décembre 1522 (VII, 491, 26005); c. 5 août 1545 (IV, 760, 14535).

JEAN LUILLIER, r. 17 décembre 1522 (VII, 491, 26004); rempl. après décès, dès 28 février 1536 (VII, 496, 26071).

GUILLAUME ALLARD, n. 23 décembre 1522 (I, 316, 1708); c. 12 août 1534 (II, 731, 7298).

GASSIOT DE LACOMBE, r. 5 janvier 1523 (VII, 491, 26008); rempl. 21 novembre 1529 (I, 676, 3539).

TRISTAN DE REILHAC, r. 8 janvier 1523 (VII, 491, 26009); rempl. dès 26 mai 1531 (VII, 495, 26057).

NICOLE BERRUYER, r. 31 janvier 1523 (VII, 491, 26012); c. 17 mars 1543 (VI, 695, 22535).

PIERRE GONTIER, r. 4 février 1523 (VII, 491, 26013); rempl. après décès, dès 13 avril 1524 (VII, 492, 26027).

JEAN DE VILLEMARE, r. 11 février 1523 (VII, 492, 26015); rempl. avant 14 décembre 1529 (VII, 494, 26046).

GUILLAUME BOURGOING, r. 28 février 1523 (VII, 492, 26016); c. 5 août 1545 (IV, 760, 14534).

NICOLE DE LA CHESNAYE, n. avant 17 mars 1523 (VII, 492, 26017); c. 12 octobre 1536 (VII, 497, 26074).

MICHEL GILBERT, r. 10 juin 1523 (VII, 492, 26018).

ROBERT BOUETTE, r. 22 juin 1523 (VII, 492, 26019); c. 14 juin 1546 (V, 89, 11527).

RENÉ RAGUENEAU, c. 14 août 1523 (VII, 492, 26021).

NICOLE GAUDIN, r. 7 novembre 1523 (VII, 492, 26022); rempl. après décès, 22 février 1529 (VII, 494, 26044).

FRANÇOIS DELAAGE, n. 8 décembre 1523 (I, 364, 1941); rempl. comme président des Enquêtes, dès 7 avril 1546 (VII, 501, 26118, 26119).

PIERRE ANGENOUST, r. 26 janvier 1524 (VII, 492, 26024); rempl. avant 7 septembre 1528 (VII, 493, 26039).

JULIEN DE BOURGNEUF, n. avant 19 février 1524; r. 8 avril 1524 (VII, 492, 26026); rempl. 31 janvier 1535 (III, 10, 7493).

NICOLE COTON, r. 13 avril 1524 (VII, 492, 26027); rempl. après décès, 8 octobre 1540 (IV, 146, 11669).

CLAUDE DODIEU, r. 2 juillet 1524 (VII, 492, 26028); c. 8 mars 1530 (I, 695, 3639).

ROBERT DAUVET, r. 27 juillet 1524 (VII, 493, 26029); c. 29 janvier 1536 (III, 168, 8272).

NICOLAS LE CLERC, c. 17 mai 1525 (I, 405, 2154).

RENÉ BRINON, n. 19 juin 1525 (V, 718, 18402); n. président au parlement de Bordeaux avant 21 juillet 1539 (VII, 497, 26078).

FRANÇOIS DE CAMBRAY, n. 10 juillet 1525 (V, 726, 18446); rempl. sur résign., 15 juin 1527 (VI, 63, 19222).

RENÉ DU BELLAY, n. 14 avril 1526 (V, 752, 18576); rempl. dès 20 mars 1536 (VII, 496, 26072).

NICOLE QUÉLAIN, n. 14 avril 1526 (V, 752, 18577); c. 24 novembre 1544 (IV, 692, 14219).

PIERRE MATHÉ, r. 16 mai 1526 (VII, 493, 26034); rempl. après décès, dès 5 décembre 1544 (VII, 500, 26111).

JEAN DE CORBIE, non reçu, c. rétrosp. 15 juin 1527 (VI, 63, 19222).

CHRISTOPHE DE MARLE, n. 15 juin 1527 (VI, 63, 19222).

ROBERT BERZIAU, r. 31 décembre 1527 (VII, 493, 26035); rempl. après décès, dès 2 mars 1545 (IV, 723, 14364).

NICOLAS MOLÉ, r. 3 mars 1528 (VII, 463, 25787); rempl. sur résign., dès 21 novembre 1545 (VII, 501, 26116).

JACQUES BARTHOMIER, r. 12 août 1528 (VII, 493, 26038).

JEAN DE LA HAYE, n. 24 août 1528 (I, 593, 3115); c. 9 janvier 1533 (VII, 496, 26068).

Jacques Le Clerc, dit de Coictier, r. 7 septembre 1528 (VII, 493, 26039).

Jean Ravier, n. 20 octobre 1528 (I, 613, 3212); rempl. après décès, dès 23 août 1538 (VII, 497, 26076).

Louis Fumée, rempl. sur résignation avant 23 décembre 1528 (VII, 494, 26041).

Louis Fumée, fils, r. 23 décembre 1528 (VII, 494, 26042); rempl. après décès, septembre ou octobre 1532 (II, 201, 4839).

Gabriel de Talente, *dit* de Florence, r. 22 février 1529 (VII, 494, 26044); rempl. sur résign., dès 13 août 1530 (VII, 495, 26054).

Léon Lescot, r. 11 mars 1529 (VII, 494, 26045); rempl. après décès, 28 octobre 1545 (IV, 777, 14618).

Guillaume Abot, n. 16 septembre 1529 (I, 664, 3479); c. 22 janvier 1539 (III, 700, 10712).

Charles de Chancey, rempl. après décès, 16 septembre 1529 (I, 665, 3480).

Jacques Spifame, n. 16 septembre 1529 (I, 665, 3480); c. 17 janvier 1545 (IV, 713, 14315).

Antoine Hélin, n. 21 novembre 1529 (I, 676, 3539); rempl. après décès, 25 mars 1544 (IV, 583, 13725).

Jean de Longueil, r. 14 décembre 1529 (VII, 494, 26046); c. 10 mai 1544 (IV, 607, 13835).

Nicole de Grandrue, n. avant 20 décembre 1529; c. 27 janvier et 5 mars 1530 (VII, 494, 26049).

Bertrand Soly, n. avant 20 décembre 1529 (VII, 494, 26049).

Jean Ruzé, r. 7 février 1530 (VII, 494, 26051); rempl. dès 12 novembre 1537 (VII, 450, 25631).

Maurice Bullioud, n. avant 13 août 1530; reçu 31 août 1530 (VII, 495, 26054); rempl. après décès, dès 1er février 1542 (IV, 285, 12327).

Lazare de Baïf, n. 17 novembre 1530 (VI, 236, 20099); c. 7 juin 1533 (IV, 430, 5894).

Jean Lescuyer, c. vers décembre 1530 (VI, 241, 20120).

Christophe de Harlay, n. avant 4 janvier 1531 (VII, 495, 26057); c. 27 septembre 1545 (IV, 770, 14585).

Nicole Brachet, c. 26 janvier 1531 (II, 2, 3839); rempl. après décès, 10 août 1541 (IV, 230, 12060).

François Doyneau, r. 30 janvier 1531 (VII, 489, 25978).

Jean de Gouy, c. 2 mai 1531 (VI, 253, 20188); c. 24 avril 1543 (IV, 428, 13014).

Nicole Thibault, n. avant 8 mai 1531 (VII, 495, 26058); r. 6 juin 1531 (*ibid.*); c. s. d. [août 1537] (VIII, 131, 30465).

Claude Anjorrant, c. 20 mai 1531 (VII, 495, 26059); 20 avril 1536 (III, 199, 8419).

Pierre de Hacqueville, r. 24 mai 1531 (VII, 495, 26060); c. 22 mai 1544 (VII, 368, 25091).

Léonard Guyonnet ou de La Guyonnie, n. avant 21 août 1531 (VII, 495, 26062), rempl. dès 1er février 1544 (VII, 500, 26103).

Charles de La Mothe, r. 28 août 1531 (VII, 495, 26063); rempl. après décès, dès 30 mars 1542 (VII, 498, 26086).

Antoine de Lyon, n. 6 septembre 1531 (II, 81, 4249); c. 22 janvier 1539 (III, 700, 10712).

Jean Bertrandi, r. 7 septembre 1531 (VII, 496, 26064), nommé conseiller au Grand conseil, avant 27 juin 1533 (II, 459, 6020).

Pierre de L'Estoile, r. 2 novembre 1531 (VII, 496, 26065); rempl. après décès, dès 18 février 1538 (VII, 497, 26075).

Claude Levoix, n. 23 avril 1532 (II, 136, 4523); c. 22 janvier 1539 (III, 700, 10712).

Ponce Brandon, n. 4 mai 1532 (II, 140, 4545); c. 22 janvier 1539 (III, 700, 10712).

François Errault, n. 7 septembre 1532 (II, 201, 4839); rempl. sur résign., 16 février 1539 (III, 721, 10809).

Jean Le Picart, n. 7 septembre 1532 (II, 202, 4840); c. 21 octobre 1539 (IV, 54, 11247).

Jean Samson, n. 6 octobre 1532 (II, 225, 4953); c. 21 décembre 1534 (VI, 379, 20842).

Barthélemy de Chasseneuz, rempl. après nomination de président au Parlement de Provence, 23 octobre 1532 (II, 230, 4978).

Jean Le Cirier, n. 23 octobre 1532 (II, 230, 4978); c. 7 mai 1539 (IV, 1, 11020).

Louis Caillaud, r. 28 novembre 1532 (VII, 496, 26066); c. 9 septembre 1543 (IV, 495, 13329); rempl. comme président aux Enquêtes, après décès, dès 26 janvier 1544 (IV, 549, 13566).

Claude Tudert, n. 15 décembre 1533 (II, 588, 6629); c. 30 juin 1544 (IV, 639, 13986).

Antoine Chabanier, n. 15 mai 1534 (II, 674, 7036); rempl. sur résign., 4 mai 1543 (V, 100, 15189).

Nicole Prévost, n. 12 juin 1534 (II, 693, 7129).

Gaston Grieu, n. 13 juin 1534 (II, 694, 7133).

Étienne de Montmirail, c. 18 juin 1534 (II, 703, 7172); c. 20 août 1546 (V, 124, 15322).

François de Saint-André, c. 21 décembre 1534 (VI, 378, 20841); nommé président, 17 juillet 1535 (III, 111, 7997).

Pierre Tournebulle, c. 21 décembre 1534 (VI, 379, 20841-20842).

Adrien Du Drac, n. 31 janvier 1535 (III, 10, 7493).

Augustin de Thou, n. 18 juillet 1535 (III, 111, 7999); mort avant juillet 1545 (IV, 758, 14524).

Pierre Bardin, n. 10 décembre 1535 (III, 161, 8235).

ANDRÉ SANGUIN, n. avant 17 janvier 1536 (III, 167, 8262); c. 22 janvier 1539 (III, 700, 10712).

JACQUES BRISART, r. 18 février 1536 (VII, 496, 26070); c. 19 juillet 1544 (IV, 650, 14037).

BERTRAND LE LIÈVRE, r. 28 février 1536 (VII, 496, 26071); rempl. sur résign., 28 février 1544 (IV, 566, 13650).

JACQUES DES LIGNERIS, r. 20 mars 1536 (VII, 496, 26072); c. 20 octobre 1544 (IV, 682, 14176).

NOËL BOURGOING, n. avant 17 mai 1536 (VII, 496, 26073).

ÉLIE DE CALVIMONT, c. 14 juin 1536 (III, 217, 8515); rempl. après décès, dès 30 mai 1539 (VII, 497, 26077).

EUSTACHE CHAMBON, lettres d'intermédiat, s. d. [1536-1538] (VII, 560, 27609).

CHARLES DE DORMANS, c. 19 mars 1537 (III, 289, 8850); c. 26 juin 1537 (III, 352, 9138).

ANTOINE ROUILLART, c. s. d. [mai 1537] (VIII, 15, 29387); rempl. après décès, dès 11 janvier 1544 (VII, 499, 26101).

NICOLE LESUEUR, n. 3 juin 1537 (III, 333, 9051); c. 22 janvier 1539 (III, 700, 10712).

EMILIO FERRETTO, c. août 1537 (VI, 470, 21318).

ENGILBERT CLAUSSE, r. 12 novembre 1537 (VII, 450, 25631).

RENÉ BAILLET, n. 11 décembre 1537 (III, 419, 9448).

LOUIS DE L'ESTOILE, n. avant 18 février 1538 (VII, 497, 26075); c. 30 mars 1538 (*ibid.*).

JEAN BERMONDET, r. 23 août 1538 (VII, 497, 26076).

AGNET CHABUT, n. 11 septembre 1538 (III, 600, 10263).

MICHEL DE L'HÔPITAL, c. 22 janvier 1539 (III, 700, 10712); c. 20 juin 1546 (V, 90, 15134).

JACQUES DESLOGES, n. 16 février 1539 (III, 721, 10809).

GUÉRIN D'ALZON, r. 30 mai 1539 (VII, 497, 26077); rempl. 5 juillet 1540 (IV, 126, 11575).

RENÉ BOUVERY, r. 21 juillet 1539 (VII, 497, 26078); nommé maître des requêtes de l'Hôtel, 11 décembre 1540 (IV, 165, 11755).

JEAN BELOT, n. 5 juillet 1540 (IV, 126, 11575).

CLAUDE LE FÈVRE, n. 8 octobre 1540 (IV, 146, 11669).

ODET DE SELVE, r. 31 décembre 1540 (VII, 497, 26080).

LOUIS ALLEGRIN, n. 1er février 1541 (IV, 285, 12327); c. 29 novembre 1542 (VII, 498, 26090).

RENÉ DE BIRAGUE, n. 18 mars 1541 (IV, 189, 11868).

ÉTIENNE FLEURY, n. 24 avril 1541 (IV, 199, 11917); c. 3 février 1547 (V, 168, 15529).

IMPRIMERIE NATIONALE.

CHARLES DE CHANTEMERLE, n. 4 juin 1541 (IV, 210, 11966); c. 30 avril 1545 (VI, 786, 22984).

JACQUES DE VARADE, r. 10 août 1541 (IV, 230, 12060); c. 10 juillet 1545 (IV, 755, 14509).

CHARLES *ou* JACQUES DE NULLY, n. 10 octobre 1541 (IV, 247, 12149); r. 12 novembre 1541 (VII, 498, 26082).

CHARLES DE MARILLAC, rempl. dès 26 octobre 1541 (VII, 497, 26081).

JACQUES MORIN, n. avant 26 octobre 1541 (VII, 497, 26081); r. 19 novembre 1541 (*ibid.*).

ANDRÉ TIRAQUEAU, r. 22 novembre 1541 (VII, 498, 26084); c. 14 juin 1546 (V, 89, 15127).

ÉTIENNE CHARLET, c. 25 novembre 1541 (IV, 259, 12209); c. mars 1544 (VI, 745, 22784).

ÉTIENNE TOURNEBULLE, rempl. 25 janvier 1542 (IV, 279, 12295).

BARTHÉLEMY FAYE, n. 25 janvier 1542 (IV, 279, 12295); c. 6 février 1542 (IV, 287, 12337).

JEAN BERTHELOT, reçu 30 mars 1542 (VII, 498, 26086).

NICOLAS DUVAL, r. 2 mai 1542 (VII, 498, 26087); c. 16 novembre 1543 (VII, 499, 26096).

RENÉ LE FÈVRE, r. 8 mai 1542 (VII, 498, 26088).

ALEXANDRE GREVROT, r. 13 mai 1542 (VII, 498, 26089).

ANTOINE MINARD, n. 26 mai 1542 (IV, 327, 12533); n. président, 30 juin 1544 (IV, 639, 13987).

THIERRY DUMONT, c. 9 décembre 1542 (VII, 718, 33040); c. juillet 1546 (V, 117, 15287).

MATHIEU CHARTIER, n. 22 avril 1543 (IV, 427, 13011).

JACQUES VERJUS, n. 24 avril 1543 (IV, 428, 13013).

LOUIS CHABANIER, n. 4 mai 1543 (V, 100, 15189); c. 1er juillet 1546 (*ibid.*).

FRANÇOIS THOMAS, n. 5 juin 1543 (IV, 455, 13136); c. 22 juillet 1543 (IV, 473, 13222).

ROBERT DE HARLAY, n. 10 juin 1543 (IV, 457, 13145).

JEAN DE LONGUEJOUE, n. 10 juin 1543 (IV, 456, 13143); rempl. après décès, 20 janvier 1547 (V, 164, 15505).

JEAN ODOARD, n. 11 juin 1543 (IV, 457, 13146); c. s. d. [1544-1545] (VII, 596, 27398).

JEAN CORBIN, c. 25 juin 1543 (IV, 462, 13167); c. 9 septembre 1543 (IV, 495, 13329).

JACQUES MESNAGER, c. 25 juin 1543 (VII, 348, 24987).

NICOLE CHEVALIER, n. avant 30 juin 1543 (IV, 638, 13984); c. 18 juillet 1544 (VII, 374, 25119).

ANDRÉ MAILLARD, n. 30 juin 1543 (IV, 463, 13174).

Roger de Vaudétar, n. 30 juin 1543 (IV, 463, 13173).

Jérôme Duval, r. 26 septembre 1543 (VII, 499, 26092).

Martin Le Camus, r. 26 septembre 1543 (VII, 499, 26092); c. 16 mars 1547 (V, 187, 15623, 15625).

Jean Picot, r. 26 septembre 1543 (VII, 499, 26092).

Denis Bodin, r. 2 octobre 1543 (VII, 499, 26093).

Guillaume Courtin, r. 2 octobre 1543 (VII, 499, 26093).

Antoine Le Coq, r. 2 octobre 1543 (VII, 499, 26093).

Oger Pinterel, r. 2 octobre 1543 (VII, 499, 26093).

Charles Quierlavoine, r. 2 octobre 1543 (VII, 499, 26093); rempl. après décès, 24 juin 1544 (IV, 637, 13977).

Jean Socier, r. 4 octobre 1543 (VII, 499, 26094).

Jean Barjot, n. 13 octobre 1543 (IV, 509, 13389).

Vaast Le Prévost, n. avant 22 octobre 1543 (VII, 499, 26095); rempl. après décès, 11 décembre 1544 (VII, 500, 26113).

Eustache Delaporte, r. 21 novembre 1543 (VII, 499, 26097).

Guillaume Luillier, r. 5 décembre 1543 (VII, 499, 26098).

Jean Texier, r. 5 décembre 1543 (VII, 499, 26099).

Michel Quélain, r. 19 décembre 1543 (VII, 499, 26100); c. 13 mai 1544 (IV, 608, 13840).

Jean Boilesve, r. 11 janvier 1544 (VII, 499, 26101).

Michel Boudet, rempl. dès 16 janvier 1544 (VII, 499, 26102).

Jean Turquan, n. avant 16 janvier 1544, r. 26 janvier 1544 (VII, 499, 26102).

Christophe de Roffignac, r. 1er février 1544 (VII, 499, 26103); c. 15 mars 1545 (IV, 725, 14374).

Jacques Le Clerc, n. 28 février 1544 (IV, 565, 13650), c. 8 septembre 1546 (V, 131, 15356).

Jean Anjorrant, r. 29 février 1544 (VII, 500, 26104).

Jean Duryant, n. 1er mars 1544 (IV, 572, 13677).

Guillaume Barthélemy, n. 2 avril 1544 (IV, 591, 13758).

Jean de Cormeilles, r. 9 mai 1544 (VII, 500, 26105).

François Alligret, n. 18 mai 1544 (VII, 368, 25089).

Jean Hennequin, n. 31 mai 1544 (VII, 370, 25098).

François Sedille, n. 24 juin 1544 (IV, 637, 13977).

Claude de Vulcob, n. 7 juillet 1544 (IV, 645, 14019).

Jean Bouchard, r. 21 juillet 1544 (VII, 500, 26106).

Jean Le Roy, r. 6 août 1544 (VII, 500, 26107).

Georges Ménard, r. 6 août 1544 (VII, 500, 26107).

Jean Brachet, r. 13 août 1544 (VII, 500, 26108).

Mathurin Vaillant, r. 13 août 1544 (VII, 500, 26108).

Jean Florette, n. avant 29 octobre 1544 (VII, 500, 26114); r. 20 avril 1545 (*ibid.*).

Arnoul Boucher, r. 22 novembre 1544 (VIII, 500, 26109); c. 12 août 1545 (IV, 762, 14544).

François Briçonnet, r. 3 décembre 1544 (VII, 500, 26110).

Nicolas Pellevé, r. 3 décembre 1544 (VII, 500, 26110).

François Aubert, r. 5 décembre 1544 (VII, 500, 26111).

Pierre Hotman, r. 5 décembre 1544 (VII, 500, 26111); c. 12 décembre 1544 (IV, 699, 14252).

Jean Brinon, r. 10 décembre 1544 (VII, 500, 26112).

Nicole Martineau, r. 11 décembre 1544 (VII, 500, 26113).

François Boilesve, c. 5 juin 1545 (IV, 747, 14474); c. 12 mai 1546 (VII, 501, 26119).

Guillaume Burgensis, r. 23 juillet 1545 (VII, 501, 26115).

Gabriel Le Sueur, rempl. sur résign., 15 octobre 1545 (IV, 776, 14610).

Thomas Thiboust, n. 15 octobre 1545 (IV, 775, 14610).

Michel Boudet, n. 28 octobre 1545 (IV, 777, 14618); r. 30 octobre 1545 (*ibid.*).

Charles Molé, r. 21 novembre 1545 (VII, 501, 26116).

Jean Lopin, r. 27 janvier 1546 (VII, 501, 26117); c. 8 avril 1548 (V, 59, 14968).

Jacques Du Faur, r. 7 avril 1546 (VII, 501, 26118).

Étienne Buynart, c. s. d. (VII, 446, 25609).

Avocats civils ou avocats généraux clercs.

Jean Le Lièvre, conf. 2 janvier 1515 (*Ordonn.*, I, 4); rempl. après décès, dès 14 novembre 1521 (VII, 489, 25983).

Jean Ruzé, r. 14 novembre 1521 (VII, 489, 25983); n. conseiller lai, 7 février 1530 (VII, 494, 26051).

Olivier Alligret, n. 5 mars 1530 (VII, 495, 26052); rempl. 28 septembre 1532 (II, 212, 4895).

François de Montholon, n. 28 septembre 1532 (II, 212, 4895); n. président, 31 janvier 1535 (III, 10, 7491).

Jacques Cappel, n. 31 janvier 1535 (III, 10, 7492); c. 31 décembre 1538 (VIII, 166, 30802).

Nicolas Cappel, c. 7 février 1540 (IV, 79, 11361); rempl. après décès, 18 août 1541 (IV, 231, 12068).

Gilles Le Maistre, n. 18 août 1541 (IV, 231, 12068).

Avocats criminels ou avocats généraux lais.

Roger Barme, conf. 2 janvier 1515 (*Ordonn.*, I, 4); r. président, 29 mai 1517 (VII, 486, 25947).

Pierre Lizet, r. 29 juillet 1517 (VII, 487, 25949); r. premier président, 20 décembre 1529 (VII, 494, 26047).

Guillaume Poyet, n. 4 janvier 1530 (I, 685, 3584); n. président, 31 décembre 1534 (II, 763, 7445).

Pierre Rémon, n. 5 janvier 1535 (III, 2, 7457); n. premier président au Parlement de Rouen et remplacé, 8 décembre 1543 (IV, 528, 13479).

Gabriel de Marillac, n. 8 décembre 1543 (IV, 528, 13479).

Avocat général extraordinaire.

Olivier Alligret, r. 12 janvier 1530 (VII, 494, 26048); n. avocat ordinaire, 5 mars 1530 (VII, 495, 26052).

Procureurs généraux.

Guillaume Roger, conf. 2 janvier 1515 (*Ordonn.*, I, 4); rempl. sur résign., dès 12 juillet 1523 (VII, 491, 26010).

François Roger, r. 12 janvier 1523 (VII, 491, 26010); rempl. après décès, 5 mai 1533 (II, 411, 5805).

Nicole Thibaut, n. 5 mai 1533 (II, 411, 5805); rempl. après décès, 18 août 1541 (IV, 231, 12067).

Guillaume Chastellier, c. 29 juillet 1537 (VI, 467, 21302).

Noël Brulart, n. 18 août 1541 (IV, 231, 12067).

PARLEMENT DE BORDEAUX.

Premiers présidents.

Mondot de La Marthonie, conf. 12 janvier 1515 (*Ordonn.*, I, 40).

Jean de Selve, c. 12 mars 1515 (I, 24, 143); r. premier président au Parlement de Paris, 17 décembre 1520 (VII, 488, 25973).

François de Belcier, c. 14 janvier 1520 (I, 237, 1298); rempl. après décès, 1er juin 1545 (IV, 747, 14472).

François de Laage, n. 1er juin 1545 (IV, 747, 14472).

Deuxièmes présidents.

Arnaud de Torrettes, c. 12 janvier 1515 (*Ordonn.*, I, 40).

Jean de Calvimont, c. 12 janvier 1515 (*Ordonn.*, I, 41); c. s. d. [août 1538] (VIII, 283, 31926).

Jacques Minuty, n. premier président à Toulouse, 28 mai 1525 (V, 709, 18352).

Troisième président.

Michel de Vallée, conf. 12 janvier 1515 (*Ordonn.*, I, 40).

Quatrièmes présidents.

François de Benquet, c. 25 juin 1534 (VI, 364, 20765); rempl. 6 octobre 1542 (IV, 378 [VIII, 790], 12778).

Geoffroy de La Chassaigne, n. 6 octobre 1542 (IV, 379, 12778).

Cinquième président.

Guillaume Le Comte, n. 2 août 1544 (IV, 660, 14082).

Présidents.

Nicolas Bohier, c. 17 janvier 1521 (I, 237, 1300); rempl. 9 juillet 1539 (IV, 22 [VIII, 785], 11104).

[Jean] d'Angliers, vivant 1521 (VII, 604, 27510).

René Brinon, n. 9 juillet 1539 (IV, 22, 11104); c. 9 juillet 1546 (V, 104, 15212).

Présidents des enquêtes.

Lancelot Du Fau, c. 12 janvier 1515 (*Ordonn.*, I, 41); c. 6 novembre 1516 (I, 92, 548).

François de Laage, n. premier président, 1er juin 1545 (IV, 747, 14472).

Conseillers.

Bertrand d'Agès, c. 12 janvier 1515 (*Ordonn.*, I, 41).

Compagnet d'Armendaritz, c. 12 janvier 1515 (*Ordonn.*, I, 41).

Marcial Audier, c. 12 janvier 1515 (*Ordonn.*, I, 41); c. 30 décembre 1523 (VIII, 602, 32405).

Jacques de Baussay, c. 12 janvier 1515 (*Ordonn.*, I, 41); rempl. 18 août 1533 (II, 489 [VIII, 778], 6160).

François de Belcier, c. 12 janvier 1515 (*Ordonn.*, I, 41).

Pierre Bonnevin, c. 12 janvier 1515 (*Ordonn.*, I, 41).

Bertrand de Chassaignes, c. 12 janvier 1515 (*Ordonn.*, I, 41).

Antoine Durand, c. 12 janvier 1515 (*Ordonn.*, I, 41).

Bertrand Goulard, *dit* de Brassac, c. 12 janvier 1515 (*Ordonn.*, I, 41).

Jean de Haulcourt, c. 12 janvier 1515 (*Ordonn.*, I, 41).

Bernard de Laborie, c. 12 janvier 1515 (*Ordonn.*, I, 41); c. 24 décembre 1515 (I, 66, 391).

Bertrand de La Chassaigne, c. 12 janvier 1515 (*Ordonn.*, I, 41).

Geoffroy de La Chassaigne, c. 12 janvier 1515 (*Ordonn.*, I, 41); n. président, 6 octobre 1542 (IV, 379 [VIII, 790], 12778).

Hélie de Lagear, c. 12 janvier 1515 (*Ordonn.*, I, 41); rempl. 17 mai 1542 (IV, 323 [VIII, 788], 12519).

Guillaume de Lavau, c. 12 janvier 1515 (*Ordonn.*, I, 41); rempl. après décès, 8 juillet 1525 (V, 725, 18440).

Aymar de Maleville, c. 12 janvier 1515 (*Ordonn.*, I, 41).

Pierre Palet, c. 12 janvier 1515 (*Ordonn.*, I, 41).

Jean Raphaël, c. 12 janvier 1515 (*Ordonn.*, I, 41).

Jean de Sireilh, c. 12 janvier 1515 (*Ordonn.*, I, 41).

Jacques Tastet, c. 12 janvier 1515 (*Ordonn.*, I, 41).

Bartholomé Tessier, c. 12 janvier 1515 (*Ordonn.*, I, 41).

Guy de Plains, c. 24 décembre 1515 (I, 66, 391).

Annet de Plains, n. conseiller clerc 9 mai 1521 (I, 247, 1350); rempl. 16 mai 1527 (VI, 52, 19168); n. conseiller, une 2e fois, 10 décembre 1529 (I, 679, 3556).

Clément Saulnier de La Barde, n. 6 décembre 1523 (I, 363, 1939); rempl. 16 juin 1544 (IV, 632 [VIII, 794], 13956).

Léonard Amelin, n. 16 mai 1527 (VI, 52, 19168).

Antoine de Prouilhac, rempl. après décès, 12 juin 1527 (VI, 61, 19213).

Pierre Bouchier, n. 12 juin 1527 (VI, 61, 19213).

Geoffroy de Pompadour, rempl. 16 novembre 1528 (IV, 616, 3232*).

Bertrand de Moncault, conseiller clerc, n. conseiller lai 16 novembre 1528 (I, 616, 3232); rempl. 18 novembre 1544 (IV, 690 [VIII, 794], 14210).

Gassiot de Lacombe, c. 21 novembre 1529 (I, 676, 3539); rempl. 7 mars 1538 (III, 496 [VIII, 783], 9795).

Charles de Cosnac, rempl. 18 août 1530 (I, 720 [VIII, 776], 3761).

Pierre de Beaune, n. 18 août 1530 (I, 720, 3761).

Jean Ferron, c. s. d. [1530] (VII, 635, 27857); rempl. 20 novembre 1535 (III, 153 [VIII, 780], 8195).

[Cybard] Couillaud, rempl. 22 avril 1532 (II, 135, 4519).

Geoffroy Couillaud, n. 22 avril 1532 (II, 135, 4519); rempl. 19 novembre 1539 (IV, 62 [VIII, 785], 11284).

Michel de Plas, *dit* de Valon, c. 6 novembre 1532 (II, 235, 5001); rempl. 1er janvier 1545 (IV, 711 [VIII, 794], 14302).

Jean Bages, n. 18 août 1533 (II, 489, 6160); rempl. 29 mai 1536 (III, 207 [VIII, 781], 8467).

Guy Goulard, *dit* de Brassac, n. 18 octobre 1533 (II, 526, 6327); c. 22 avril 1543 (IV, 427, 13009).

Jean de Lort, rempl. 4 février 1534 (II, 607 [VIII, 779], 6731).

PARLEMENT DE BORDEAUX.

HUGUES DE CASAUX, n. 4 février 1534 (II, 607, 6731); c. 14 août 1543 (IV, 484, 13275).

BERTRAND TUSTAL, rempl. 28 février 1534 (II, 619 [VIII, 779], 6784).

ÉTIENNE AYMAR, n. 28 février 1534 (II, 619, 6784).

JEAN DALESME *ou* ALESME, n. 18 mars 1534 (II, 641, 6890).

PIERRE DE CIRET, c. s. d. [vers juillet 1534] (VII, 719, 28592); rempl. 14 juin 1536 (III, 217 [VIII, 781], 8514).

RAYMOND DE FAYARD, rempl. 17 mars 1535 (III, 35 [VIII, 779], 7621).

PIERRE DE LAVERGNE, n. 17 mars 1535 (III, 35, 7621).

ARNAUD DE FERRON, n. 20 novembre 1535 (III, 153, 8195).

GUILLAUME BOHIER, n. 29 mai 1536 (III, 207, 8467).

JEAN DE CIRET, n. 14 juin 1536 (III, 217, 8514).

LANCELOT DE MOSNIER, n. 17 février 1537 (III, 277, 8800).

RAYMOND EYQUEM, n. 19 février 1537 (III, 278, 8803).

MATHURIN DE LA CHASSAGNE, c. 25 février 1537 (III, 281, 8815); c. s. d. [juin 1538] (VIII, 245, 31547).

GUY DE MAISONNEUVE, n. 25 février 1537 (III, 281, 8817).

PIERRE GAY, n. 17 mars 1537 (III, 288, 8847).

CHRISTOPHE DE ROFFIGNAC, n. 15 février 1538 (III, 467, 9661); rempl. 22 octobre 1543 (IV, 512 [VIII, 792], 13401).

GUILLAUME VERGOING, n. 7 mars 1538 (III, 496, 9795).

PIERRE DE VALIER, n. 19 novembre 1539 (IV, 62, 11284).

JEAN DE CAMAING, rempl. 5 juillet 1540 (IV, 126 [VIII, 786], 11576).

LOUIS CHAPELIER, n. 5 juillet 1540 (IV, 126, 11576); rempl. 2 décembre 1540 (IV, 162 [VIII, 787], 11742).

GAILLARD DE LA VIE, n. 2 décembre 1540 (IV, 162, 11742); c. 26 février 1542 (IV, 290, 12352).

LAURENT DE LAGEAR, n. 17 mai 1542 (IV, 323, 12519).

OGIER HUNAULT DE LANTA, rempl. 20 septembre 1542 (IV, 372 [VIII, 790], 12746).

CHARLES MALVYN, n. 20 septembre 1542 (IV, 372, 12746).

ARNAUD DE GUÉRIN, n. 6 octobre 1542 (IV, 379, 12779).

ANTOINE GAUTIER, n. 8 avril 1543 (IV, 419, 12966).

LÉONARD ALESME *ou* DALESME, n. 9 avril 1543 (IV, 420, 12970).

LOUIS DE PONTAC, n. 9 avril 1543 (IV, 420, 12969).

JEAN DE CALVIMONT, n. 10 avril 1543 (IV, 421, 12975).

PIERRE FERRAND, n. 10 avril 1543 (IV, 421, 12974).

JEAN DE MABRUN, n. 11 avril 1543 (IV, 421, 12976).

FRANÇOIS BAULON, n. 12 avril 1543 (IV, 423, 12985).

FRANÇOIS DE MONENCH, n. 12 avril 1543 (IV, 423, 12986).

DOMINIQUE RAM, n. 12 avril 1543 (IV, 422, 12984); rempl. 19 mars 1544 (IV, 580 [VIII, 793], 13715).

MÉRY GASQ, n. 16 avril 1543 (IV, 426, 13003).

JOSEPH DE LA CHASSAIGNE, n. 17 avril 1543 (IV, 426, 13005).

JEAN DE GUILLOCHE, n. 14 avril 1543 (IV, 424, 12994).

JEAN DUPONT, n. 31 août 1543 (IV, 489, 13296); c. 26 mai 1544 (IV, 615, 13870).

RAYMOND SARNY, n. 1er septembre 1543 (IV, 492, 13314).

JEAN GUITART, n. 19 septembre 1543 (IV, 500, 13352).

FRANÇOIS DE LA GUYONNIE, n. 22 octobre 1543 (IV, 512, 13401).

JEAN AUZANEAU, n. 31 octobre 1543 (IV, 515, 13415).

CHARLES DE LA GUANE, n. 22 novembre 1543 (IV, 522, 13451).

GABRIEL GENTILS, n. 19 mars 1544 (IV, 580, 13715).

BRIAND DE VALLÉE, rempl. 19 avril 1544 (IV, 599 [VIII, 793], 13796).

NICOLAS DE BLOIS, n. 19 avril 1544 (IV, 599, 13796).

JEAN LE BRETON, n. 16 juin 1544 (IV, 632, 13956).

CHARLES CALMEIL, n. 18 novembre 1544 (IV, 690, 14210).

ODET MATHIEU, n. 1er janvier 1545 (IV, 711, 14302).

GEOFFROY DE BALZAC, rempl. 18 janvier 1545 (IV, 714 [VIII, 795], 14316).

JACQUES MASSIOT, n. 18 janvier 1545 (IV, 714, 14316).

RAYMOND DE BALAVOYNE, rempl. 20 mars 1545 (IV, 727 [VIII, 795], 14383).

JACQUES ROBERT DE LIGNERAC, n. 20 mars 1545 (IV, 727, 14383).

GABRIEL DE HALIS *ou* ALIS, rempl. après décès, 8 avril 1546 (V, 60, 14973).

JACQUES BENOIST, n. 8 avril 1546 (V, 60, 14973).

Avocats généraux.

THOMAS COUSINIER *ou* DE CUSINIER, c. 12 janvier 1515 (*Ordonn.*, I, 41); c. 17 janvier 1521 (I, 237, 1300).

BERNARD DE LAHET, n. 22 août 1530 (I, 720, 3763).

FRONTON BÉRAUD, n. 27 octobre 1537 (III, 405, 9378).

Procureurs généraux.

GEOFFROY DE LA CHASSAIGNE, c. 12 janvier 1515 (*Ordonn.*, I, 41).

JEAN DE LA CHASSAIGNE, c. s. d. [1516-1519] (VII, 509, 26230).

PIERRE BOUCHER, c. s. d. [1522-1524] (VII, 519, 26359); rempl. juin 1527 (VI, 73, 19267).

IMPRIMERIE NATIONALE.

PARLEMENT DE BORDEAUX. GUILLAUME LE COMTE, n. juin 1527 (VI, 73, 19267); n. président 2 août 1544 (IV, 660, 14081).

ANTOINE DE LESCURE, n. 2 août 1544 (IV, 660, 14083).

PARLEMENT DE BOURGOGNE.

Premiers présidents.

IMBERT DE VILLENEUVE, c. 7 janvier 1515 (*Ordonn.*, I, 17); rempl. 15 juillet 1515 (I, 53, 312).

HUGUES FOURNIER, n. 15 juillet 1515 (I, 53, 312); rempl. après décès, 19 juillet 1525 (V, 727, 18453).

CLAUDE PATARIN, n. 19 juin 1525 (I, 408, 2173); c. 28 mai 1542 (IV, 727, 14386).

Deuxièmes présidents.

HUGUES FOURNIER, c. 7 janvier 1515 (*Ordonn.*, I, 17); n. premier président, 5 juillet 1515 (I, 53, 312).

CLAUDE PATARIN, n. juillet 1515 (V, 256, 15990); n. premier président, 19 juin 1525 (I, 408, 2173).

GUY DE MORBAU, n. 25 novembre 1526 (V, 802, 18847).

Troisième président.

JACQUES GODRAN, c. 6 juillet 1537 (III, 363, 9183); c. 5 juin 1542 (VI, 671, 22408).

Chevaliers d'honneur.

PHILIPPE BOUTON, c. 7 janvier 1515 (*Ordonn.*, I, 17); rempl. sur résignation, 5 mars 1515 (I, 23, 134).

CHARLES DE MYPONT, c. 7 janvier 1515 (*Ordonn.*, I, 17); rempl. 16 mars 1516 (V, 280, 16119).

CHARLES DE COURCELLES, s^r d'Auvillars, n. 5 mars 1515 (I, 23, 134); rempl. 4 septembre 1532 (VI, 305, 20457).

GÉRARD DE VIENNE, n. 13 mars 1516 (V, 280, 16119); rempl. après décès, 6 juin 1545 (IV, 748, 14477).

AFRICAIN DE MAILLY, n. 4 septembre 1532 (VI, 305, 20457); rempl. sur résignation, juin 1545 (IV, 753, 14503).

FRANÇOIS DE VIENNE, n. en survivance, 11 mars 1538 (III, 502, 9825).

GUILLAUME DE SAULX, n. 6 juin 1545 (IV, 748, 14477); c. 13 juillet 1545 (IV, 755, 14511).

HÉLION DE MAILLY, n. juin 1545 (IV, 753, 14503).

Conseillers.

LÉON BELLON, c. 7 janvier 1515 (*Ordonn.*, I, 17); rempl. 2 avril 1516 (V, 282 [VIII, 797], 16130).

Thomas Bouesseau, c. 7 janvier 1515 (*Ordonn.*, I, 17); rempl. après décès, 4 juillet 1521 (V, 528, 17389). Parlement de Bourgogne.

Jean Bouhier, c. 7 janvier 1515 (*Ordonn.*, I, 17); rempl. après décès, 2 janvier 1533 (II, 283, 5222).

Aubert de Carmonne, c. 7 janvier 1515 (*Ordonn.*, I, 17); rempl. sur résign., 23 octobre 1527 (VI, 94, 19373).

Guillaume Chambellan, c. 7 janvier 1515 (*Ordonn.*, I, 17); rempl. après décès, 21 juillet 1521 (V, 530, 17402).

Nicole de Châteaumartin, c. 7 janvier 1515 (*Ordonn.*, I, 17); rempl. après décès, 25 août 1528 (VI, 141, 19617).

Mongin Contault, c. 7 janvier 1515 (*Ordonn.*, I, 17).

Jacques Gallien, c. 7 janvier 1515 (*Ordonn.*, I, 17); rempl. 17 février 1515 (V, 214, 15769).

Jean Landrot, c. 7 janvier 1515 (*Ordonn.*, I, 17).

Jean Leblond, c. 7 janvier 1515 (*Ordonn.*, I, 17); rempl. après décès, 21 janvier 1524 (V, 600, 17746).

François Medulla, c. 7 janvier 1515 (*Ordonn.*, I, 17); rempl. 7 décembre 1518 (V, 423, 16840).

Claude Patarin, c. 7 janvier 1515 (*Ordonn.*, I, 17); n. président, juillet 1515 (V, 256, 15990).

Guy de Salins, c. 7 janvier 1515 (*Ordonn.*, I, 17); rempl. après décès, 2 août 1526 (V, 781, 18737).

Pierre de Xaintonge, c. 7 janvier 1515 (*Ordonn.*, I, 17); rempl. 26 avril 1542 (IV, 313, 12462).

Jean Péricard, n. 17 février 1515 (V, 214, 15769); c. 14 août 1515 (*Ordonn.*, I, 19).

Jean Ravier, c. 14 août 1515 (*Ordonn.*, I, 19); rempl. 9 août 1529 (VI, 185, 19837).

Claude de Tournon, n. 22 mars 1516 (V, 280, 16123); rempl. 11 mai 1535 (III, 75, 7823).

Edme Julien, n. 29 avril 1516 (V, 286, 16151); rempl. après décès, 1er septembre 1519 (V, 485, 17174).

Josse Charpentier, n. 7 décembre 1518 (V, 423, 16840).

André Brocard, n. 1er septembre 1519 (V, 485, 17174); c. 4 juillet 1521 (V, 528, 17389).

Jacques Godran, n. 21 juillet 1521 (V, 530, 17402); rempl. 6 décembre 1538 (III, 654, 10507).

Jean de Moreau, c. 23 août 1521 (V, 533, 17415).

Guy de Moreau, n. 23 août 1521 (VIII, 594, 32362); n. deuxième président et rempl. 25 novembre 1526 (V, 803, 18848).

Lazare de Montholon, n. 21 janvier 1524 (V, 600, 17746); rempl. après décès, 9 avril 1534 (II, 671, 7021).

PARLEMENT DE BOURGOGNE.

CHRÉTIEN MACHECO, n. 5 mars 1524 (V, 603, 17762); c. 7 juin 1538 (III, 559, 10082).

PIERRE BELRIENT, n. 14 mars 1524 (V, 604, 17766); rempl. 23 novembre 1535 (III, 155, 8204).

ANDRÉ DE LEVAL *ou* LAVAL, n. 19 janvier 1525 (V, 663, 18075); rempl. sur résignation, 2 novembre 1537 (III, 410, 9403).

ÉTIENNE JULIEN, c. 15 mars 1525 (V, 680, 18167); c. 29 décembre 1539 (III, 429, 9490).

PHILIBERT BERBIS, n. 6 août 1526 (V, 782, 18741); c. 21 octobre 1538 (III, 624, 10367).

JEAN FRÉMYOT, n. 25 novembre 1526 (V, 803, 18848); c. 24 mai 1527 (VI, 56, 19190).

ÉTIENNE SAYVE, n. 23 octobre 1527 (VI, 94, 19373); c. s. d. [1539] (VIII, 203, 31134).

JACQUES GIRARD, n. 25 août 1528 (VI, 141, 19617); rempl. après décès, 7 janvier 1533 (II, 288, 5247).

PHILIPPE MOISSON, n. 29 août 1529 (VI, 185, 19837); rempl. 2 novembre 1540 (IV, 152, 11696).

HUGUES BAULT, n. 19 janvier 1532 (VI, 280, 2325).

JEAN TISSERAND, n. 2 janvier 1533 (II, 283, 5222); c. 19 mars 1540 (IV, 94, 11435).

ANTOINE DE SALINS, n. 7 janvier 1533 (II, 288, 5247).

ÉTIENNE BERBISEY, n. 29 avril 1534 (II, 670, 7021).

BÉNIGNE LA VERNE, n. 11 mai 1535 (III, 75, 7823).

NICOLE LE ROY, n. 25 juin 1537 (III, 351, 9136); rempl. après décès, 10 avril 1541 (IV, 195, 11898).

FRANÇOIS DE LAVAL, n. 2 novembre 1537 (III, 410, 9403); c. s. d. [décembre 1537] (VIII, 78, 29943).

HUGUES BRIET, n. 8 novembre 1537 (III, 412, 9413); c. s. d. [décembre 1537] (VIII, 78, 29943).

PIERRE GIRARDOT, n. 8 novembre 1537 (III, 412, 9414); c. s. d. [décembre 1537] (VIII, 78, 29943).

JEAN BAILLET, n. 16 novembre 1537 (III, 414, 9423); c. s. d. [décembre 1537] (VIII, 73, 29904).

EDME JULIEN DE VERCHISY, n. 23 novembre 1537 (III, 417, 9434); c. 29 décembre 1539 (III, 429, 9490).

PHILIBERT COLIN, n. 1er décembre 1537 (III, 419, 9445).

PIERRE COUSSIN, n. 1er décembre 1537 (III, 419, 9444); c. s. d. [décembre 1537] (VIII, 70, 29875).

PHILIBERT POULAIN, c. s. d. [janvier 1538] (VIII, 67, 29846).

JEAN MACHECO, n. en survivance, 7 juin 1538 (III, 559, 10082).

Nicolas de Récourt, n. 7 juin 1538 (VIII, 676, 32804); c. 6 décembre 1538 (III, 654, 4507). Parlement de Bourgogne.

N. Bouhier, c. 8 mars 1540 (IV, 90, 11413).

Bénigne Baissey, n. 7 juillet 1540 (IV, 127, 11579).

Philippe Bataille, n. 2 novembre 1540 (IV, 152, 11696).

Guillaume Rémond, n. 10 avril 1541 (IV, 195, 11898).

Jean de Xaintonge, n. 26 avril 1542 (IV, 313, 12462).

Claude Brocard, n. 13 avril 1543 (IV, 424, 12990).

Edme Bégat, n. 14 avril 1543 (IV, 424, 12995).

Jean Catherine, n. 26 avril 1543 (IV, 429, 13017).

Jean de Maillerois, n. 2 février 1544 (IV, 554, 13591).

Claude Bourgeois, c. 4 juillet et 21 août 1545 (IV, 754, 14507).

Avocats généraux.

Jacques Arbaleste, c. 7 janvier 1515 (*Ordonn.*, I, 17).

Jean de Loisy, c. 7 janvier 1515 (*Ordonn.*, I, 17); rempl. 10 janvier 1523 (V, 568, 17587).

Jean Sayve, n. 10 janvier 1523 (V, 568, 17587); n. premier avocat général, avril 1526 (V, 759, 18618).

Guillaume de Montholon, n. 5 février 1536 (III, 172, 8292).

Élie Moisson, rempl. après décès, avril 1526 (V, 759, 18618).

Paris Jaquot, rempl. 5 février 1536 (III, 172, 8292).

Procureurs généraux.

Denis Poillot, c. 7 janvier 1515 (*Ordonn.*, I, 17); rempl. 4 janvier 1517 (V, 312, 16289).

Barthélemy Gagne, n. 4 janvier 1517 (V, 312, 16289); c. 4 juin 1545 (IV, 747, 14473).

Barthélemy Gagne, n. en survivance, 4 juin 1545 (IV, 747, 14473).

PARLEMENT DE BRETAGNE.

Premiers présidents.

Louis des Déserts, c. s. d. [vers 1533] (VII, 700, 28458); mort avant 31 mai 1538 (III, 557, 10072).

Guillaume Poyet, c. août 1537 (VI, 470, 21319); c. s. d. [janvier 1538] (VIII, 62, 29804); c. rétrospect. s. d. [vers novembre-décembre 1538] (VIII, 177, 31882).

Jean Bertrand, c. s. d. [1538-1540] (VII, 567, 26990).

PARLEMENT DE BRETAGNE.

Présidents.

ANTOINE LE VISTE, c. mai 1517 (I, 117, 678); c. 2 février 1539 (III, 711, 10764).

GILLES LE ROUGE, c. 28 septembre 1524 (I, 389, 2077); c. s. d. [vers juillet 1532] (VII, 688, 28338).

JULIEN DE BOURGNEUF, c. 31 janvier 1535 (III, 10, 7491); c. 15 janvier 1538 (III, 449, 9581).

FRANÇOIS CRESPIN, c. décembre 1538 (III, 674, 10598); c. 3 mars 1540 (IV, 88, 11405).

Conseillers.

CHARLES DE LA MOTHE, c. s. d. [v. mars 1531] (VII, 629, 27792).

MATHIEU DE LONGUEJOUE, c. s. d. [v. mars 1531] (VII, 629, 27792); c. s. d. [v. novembre 1533] (VII, 714, 28569).

FRANÇOIS TAVEL, c. s. d. [v. mars 1531] (VII, 629, 27792); c. s. d. [v. janvier 1539] (VIII, 204, 31142).

FRANÇOIS DE SAINT-ANDRÉ, c. s. d. [v. mars 1531] (VII, 629, 27792).

ANTOINE DU BOURG, c. s. d. [v. novembre 1533] (VII, 714, 28569).

CLAUDE DODIEU, c. s. d. [1533] (VII, 708, 28517); c. 10 mars 1539 (III, 745, 10917).

HERVÉ DE QUÉLENEC, c. 13 octobre 1536 (III, 249, 8668).

GUILLAUME LEDUC, c. août 1536 (III, 380, 9258).

PIERRE LE MARC'HEC ou MAREC, c. s. d. [v. octobre 1537] (VIII, 93, 30094); c. 15 janvier 1538 (III, 449, 9581).

PONCE BRANDON, c. s. d. [vers décembre 1537] (VIII, 77, 29938); c. s. d. [1538] (VIII, 277, 31882).

THIBAUD DE LONGUEJOUE, c. s. d. [v. février 1538] (VIII, 55, 29738).

JEAN COTEL, c. s. d. [v. décembre 1538] (VIII, 304, 32160); c. s. d. [v. 1539] (VIII, 170, 30833).

ANDRÉ GUILLARD, c. s. d. [1538] (VIII, 277, 31882).

FRANÇOIS CALLON, c. 20 décembre 1530 (VI, 613, 22090).

Avocat du Roi.

JEAN PRÉVOST, c. 28 mai 1543 (IV, 447, 13102).

PARLEMENT DE DAUPHINÉ.

Présidents.

JOFFREY ou CHAFFREY CARLES, c. 7 janvier 1515 (*Ordonn.*, I, 22).

FALCO D'AURILLAC, c. 24 janvier 1517 (VII, 486, 25943); c. s. d. [octobre 1537] VIII, 30, 29502).

BONAVENTURE THOMASSIN DE SAINT-BARTHÉLEMY, c. 10 décembre 1533 (II, 588, 6628); c. s. d. [décembre 1537] (VIII, 72, 29891).

JEAN SAMXON, c. s. d. [février 1538] (VIII, 44, 29648).

CLAUDE DE BELLIÈVRE, n. 24 mai 1541 (IV, 204, 11940); c. 24 août 1546 (VI, 816, 23138).

Conseillers.

PHILIPPE DECIUS, c. 7 janvier 1515 (*Ordonn.*, I, 22).

MARTIN GALLIEN, c. 7 janvier 1515 (*Ordonn.*, I, 22).

PIERRE LATTIER, c. 7 janvier 1515 (*Ordonn.*, I, 22).

FRANÇOIS MATERON, c. 7 janvier 1515 (*Ordonn.*, I, 22).

JEAN MORARD, c. 7 janvier 1515 (*Ordonn.*, I, 22).

FRANÇOIS MOREL, c. 7 janvier 1515 (*Ordonn.*, I, 22).

ÉTIENNE OLIVIER, c. 7 janvier 1515 (*Ordonn.*, I, 22).

ANTOINE PALMIER, c. 7 janvier 1515 (*Ordonn.*, I, 22).

BERTRAND RABOT, c. 7 janvier 1515 (*Ordonn.*, I, 22); c. 29 mai 1521 (I, 248, 1354).

FRANÇOIS MARC, c. rétrospectivement, 12 janvier 1523 (I, 319, 1723).

BERNARD DE NOCETO *ou* LEMARD DE LA NOIX, rempl. sur résignation, 4 avril 1525 (V, 689, 18227).

VALENTIN TARDIVON, n. 4 avril 1525 (V, 689, 18227).

ANTOINE CARLES, c. 12 mai 1531 (VI, 255, 20196); c. 20 août 1534 (II, 737, 7324).

HONORÉ DES HERBEYS *ou* D'HERBEYS, c. 8 décembre 1533 (VII, 193, 24162); rempl. 12 juin 1543 (VI, 713, 22631).

PERRINET PARPAILLE, c. 8 décembre 1533 (VII, 193, 24162).

GEORGES DE SAINT-MARCEL, c. 8 décembre 1533 (VII, 193, 24162).

FRANÇOIS FAISAN, c. 10 février 1536 (VI, 408, 20994); c. 24 février 1540 (VIII, 689, 32872).

AYMAR RIVAL, c. 27 août 1539 (VIII, 686, 32856); c. 24 février 1540 (VIII, 689, 32872).

CLAUDE PASCAL, n. 10 avril 1543 (VI, 699, 22558).

GUILLAUME DE LA COUR, n. 11 avril 1543 (VI, 700, 22560); c. 28 avril 1543 (VI, 706, 22597).

GUILLAUME DE PORTES, n. 23 avril 1543 (VI, 706, 22593).

GUY DUVACHE, n. 27 avril 1543 (VI, 706, 22596).

FÉLIX DE LA CROIX, *dit* GUERRE, n. 30 avril 1543 (VI, 707, 22600); c. 24 août 1546 (VI, 816, 23138).

FRANÇOIS MISTRAL, n. 30 avril 1543 (VI, 707, 22599).

PIERRE EYNAT, n. 12 juin 1543 (VI, 713, 22631).

Avocats du Roi.

JEAN MATERON, c. 7 janvier 1515 (*Ordonn.*, I, 22); c. s. d. [v. mai 1531] (VII, 619, 27678).

GEORGES DE SAINT-MARCEL, c. 7 janvier 1515 (*Ordonn.*, I, 22).

THÉODE MILLET *ou* MULET, c. s. d. [1538-1540].

Procureurs généraux.

FRANÇOIS FAISAN, rempl. 10 février 1536 (VI, 408, 20994).

CLAUDE DE BELLIÈVRE, n. 10 février 1536 (VI, 408, 20994); c. 27 février 1540 (IV, 85, 11392).

JEAN DE LAUTHIER *ou* LANTIER, n. 4 mai 1542 (VI, 668, 22396); c. s. d. [1543-1544] (VII, 584, 27235).

CONSEIL DE DOMBES.

Président.

ANTOINE DU BOURG, n. 3 février 1532 (II, 466, 6056); c. juin 1533 (*ibid.*).

Conseillers.

ANTOINE AUDOIN, n. 6 novembre 1524 (V, 624, 17867).

NICOLE DE LANGE, n. 6 novembre 1524 (V, 624, 17866).

MATHIEU ATHIAUD, c. s. d. [v. décembre 1538] (VIII, 304, 32161).

JEAN TIGNAC, c. 27 août 1539 (VIII, 686, 32856); c. 18 septembre 1543 (IV, 500, 13351).

Avocat fiscal.

CLAUDE BELLIÈVRE, n. 27 février 1533 (II, 338, 5475); c. 17 avril 1533 (II, 383, 5680).

SÉNAT DE MILAN.

Conseillers.

LÉON BELLON, c. 2 avril 1516 (V, 282 [VIII, 797], 6130), n. conseiller au Parlement de Toulouse, 24 août 1525 (I, 414, 2205).

GALÉAS VISCONTI, n. 8 mars 1517 (V, 320, 16331).

AMBROISE DE TALENTINI, n. 8 octobre 1517 (V, 351, 16495).

FRANÇOIS MEDULLA, c. 7 décembre 1518 (V, 423, 16840).

RAPHAËL TORNIELLI, c. 9 mars 1520 (V, 498, 17238).

FRANÇOIS LE CHARRON, c. 11 avril 1522 (I, 283, 1532).

RENÉ GENTILS, n. conseiller au Parlement de Provence, 22 juin 1522 (V, 549, 17496).

PIERRE DE MONTMERLE, c. rétrospect. 18 août 1522 (VII, 490, 25993).

SÉNAT DE MILAN.

PIERRE DE BUSSY, c. rétrospect. 5 septembre 1522 (VII, 490, 25998).

HUGUES FOURNIER, c. s. d. (VII, 450, 25632).

JEAN DE PINS, c. s. d. (VII, 419, 25369).

INNOCENT PYORE ou PIOLE, c. s. d. (VII, 414, 25326).

Procureurs généraux.

JEAN BURDELOT, rempl. janvier 1520 (V, 495, 17221).

OLIVIER DE LESCOËT, n. janvier 1520 (V, 495, 18211).

PARLEMENT DE NORMANDIE.

Premiers présidents.

JEAN BRINON, c. 17 décembre 1516 (I, 97, 570); c. 8 décembre 1527 (I, 534, 2814).

FRANÇOIS DE MARCILLAC, c. 15 septembre 1528 (V, 785, 18811); rempl. après décès, 8 décembre 1543 (VI, 730, 22709).

PIERRE RÉMON, n. 8 décembre 1543 (VI, 730, 22709); c. 17 avril 1545 (IV, 731, 14403).

Présidents.

ROBERT DE BAPAUME, c. 7 septembre 1516 (VII, 42, 23420); c. 30 juin 1525 (I, 251, 1370).

JACQUES BORDEL, c. 29 juillet 1517 (V, 339, 16435); rempl. après décès, 28 juillet 1525 (V, 728, 18463).

ROBERT DE VILLY, c. 1er mai 1525 (V, 698, 18283); c. 22 décembre 1538 (III, 666, 10562).

JEAN FEU, n. 28 juillet 1525 (V, 728, 18463); c. 27 septembre 1544 (VIII, 739, 33158).

PIERRE DE MONTFAULT, c. 20 janvier 1533 (II, 300, 5298); c. 6 juillet 1537 (VI, 463, 21286).

ÉTIENNE TOURNEBULLE, c. 25 janvier 1542 (IV, 279, 12295); c. 4 juillet 1542 (VI, 676, 22439).

JEAN VIALART, c. 4 juillet 1542 (VI, 676, 22439).

FRANÇOIS DE BORDEAUX, c. s. d. (VII, 467, 25769).

Conseillers.

FRANÇOIS DE BORDEAUX, n. 22 avril 1517 (VII, 51, 23469).

SIMON BOULLENC, c. 17 mai 1519 (V, 471, 17101); rempl. après décès, 1er mai 1525 (V, 698, 18282).

GUILLAUME ALLARD, n. 1er juillet 1521 (I, 252, 1376).

REGNAULT DU QUESNEL, c. 14 février 1522 (I, 275, 1491).

IMPRIMERIE NATIONALE.

JEAN NOBLET, c. 14 février 1522 (I, 275, 1491).

THOMAS POSTEL, c. 14 février 1522 (I, 275, 1491); c. 11 mai 1525 (V, 702, 18308).

JEAN GOMBAULT, c. 7 avril 1522 (VII, 99, 23701); mort avant 4 décembre 1522 (VII, 107, 23744).

GASSIOT DE LACOMBE, c. rétrospect. 5 janvier 1523 (VII, 491, 26008).

ROBERT SURREAU, c. 8 mars 1523 (VII, 111, 23759); rempl. après décès, 22 juilllet 1525 (V, 727, 18455).

CHRISTOPHE HÉROUARD, c. 20 septembre 1523 (VII, 116, 23790).

INNOCENT PIOLE, rempl. après décès, 26 juin 1524 (VII, 122, 23820).

JEAN QUESNEL, n. 26 juin 1524 (VII, 122, 22820).

JEAN LE SUEUR, c. 2 septembre 1524 (VII, 124, 23828); c. 16 janvier 1533 (VI, 319, 20528).

GUILLAUME MAIGNART, rempl. après décès, 8 janvier 1525 (V, 657, 18043).

GEOFFROY DU PUY, c. 8 janvier 1525 (V, 657, 18043); c. 16 janvier 1533 (VI, 319, 20528).

JEAN MORIN, n. 9 janvier 1525 (V, 657, 18046).

ROBERT DE VILLY, le jeune, n. 1er mai 1525 (V, 698, 18282).

NICOLAS PANIGAROLA, n. 22 juillet 1525 (V, 727, 18455); c. 4 juillet 1542 (VI, 676, 22439).

ANTOINE LE MARCHAND, n. 1er août 1525 (V, 730, 18474); rempl. après destitution, 25 janvier 1542 (VI, 652, 22302).

DENIS DE BRÈVEDENT, n. 4 août 1526 (V, 782, 18740); c. 18 décembre 1538 (VI, 513, 21553).

JACQUES MORISE, rempl. après décès, 2 avril 1527 (VI, 38, 19099).

JEAN ODOARD, n. 2 avril 1527 (VI, 38, 19099); n. conseiller au Parlement de Paris, 11 juin 1543 (IV, 457, 13146).

CHRISTOPHE DE MARLE, rempl. sur résignation, 15 juin 1527 (VI, 63, 19223).

JEAN DE CORBIE, n. 15 juin 1527 (VI, 63, 19223).

JEAN LE SIEUR, c. novembre 1527 (I, 532, 2803); c. 16 janvier 1533 (VI, 319, 20528).

ROBERT DE BOISLEVÊQUE, rempl. après décès, dès 18 octobre 1528 (VI, 152, 19670).

ÉTIENNE PATRICE, c. 18 octobre 1528 (VI, 152, 19670); c. s. d. [v. 1530] (VII, 638, 27885).

JACQUES DANIEL, n. 18 octobre 1528 (VI, 151, 19670); c. s. d. [1544-1545] (VII, 593, 27363).

JEAN DE CORMEILLES, c. 2 janvier 1529 (VI, 161, 19713).

RENÉ DE BECDELIÈVRE, c. 13 février 1531 (VIII, 396, 20227); c. septembre 1543 (V, 506, 13372).

Pierre Le Sieur, c. s. d. [v. décembre 1532] (VII, 800, 29158); c. 18 mars 1543 (VI, 695, 25236).

Guillaume Calenge, c. 16 janvier 1533 (VI, 319, 20528).

Nicole Fatin, c. 16 janvier 1533 (VI, 319, 20528).

Baptiste Le Chandelier, c. 16 janvier 1533 (VI, 319, 20528); c. 12 septembre 1540 (VI, 604, 22048).

Antoine Postel, c. 16 janvier 1533 (VI, 319, 20528); c. 16 juillet 1544 (VI, 760, 22860).

Étienne Mifant ou Minfant, c. 18 octobre 1534 (II, 751, 7386); c. 9 novembre 1542 (IV, 382, 12800).

Guillaume Auber, c. s. d. [v. avril 1537] (VIII, 3, 29279); c. 4 juillet 1542 (VI, 676, 22439).

Eustache Chambon, c. rétrosp. s. d. [v. juin 1537] (VIII, 154, 30689).

Nicole Harnois, c. s. d. [v. juin 1537] (VIII, 154, 30689); c. s. d. [v. août 1537] (VIII, 130, 30456).

Étienne Belot, c. 4 septembre 1537 (VI, 471, 21324); c. 29 mars 1543 (VI, 696, 22542).

Raoul Boullenc, c. 4 septembre 1537 (VI, 471, 21324); c. 12 septembre 1540 (VI, 604, 22048).

Martin Hennequin, c. 4 septembre 1537 (VI, 471, 21324); c. 4 juillet 1542 (VI, 676, 22439).

Geoffroy de Manneville, c. 4 septembre 1537 (VI, 471, 21324).

Guillaume Tulles, c. 4 septembre 1537 (VI, 471, 21324); c. 4 juillet 1542 (VI, 676, 22439).

Robert de La Masure, c. 22 octobre 1538 (III, 625, 10374).

Hugues Leloyer, c. rétrospect. s. d. [novembre 1538] (VII, 734, 28700).

Jean de Bauquemare, c. 12 septembre 1540 (VI, 604, 22048); rempl. après décès, 10 novembre 1542 (VI, 685, 22488).

Robert de Croismare, c. 12 septembre 1540 (VI, 604, 22048); c. 4 juillet 1542 (VI, 676, 22439).

Richard Mansel, c. 12 septembre 1540 (VI, 604, 22048).

Louis Pétremol, c. 12 septembre 1540 (VI, 604, 22048); c. s. d. [1544-1545] (VII, 598, 27426).

Isambert Busquet, n. 25 janvier 1542 (VI, 652, 22302).

Nicole Le Comte, c. 6 mai 1542 (VIII, 760, 33298); c. 4 octobre 1544 (VI, 768, 22896).

Jacques de Brèvedent, c. 4 juillet 1542 (VI, 676, 22439); c. 27 mars 1543 (VI, 696, 22540).

André Maillard, c. 4 juillet 1542 (VI, 676, 22439); n. conseiller au Parlement de Paris, 30 juin 1543 (IV, 463, 13174).

Jacques Mesnage, c. 26 juillet 1542 (IV, 351, 12649).

Parlement de Normandie.

Guy de Cailly, n. 10 novembre 1542 (VI, 685, 22488).

Christophe Ripault, n. 2 avril 1543 (VI, 697, 22548); c. 20 avril 1543 (VI, 705, 22592).

Jean de Bonsons, n. 4 avril 1543 (VI, 698, 22550); c. 27 décembre 1545 (VI, 799, 23050).

Jacques de Bauquemare, n. 8 avril 1543 (VI, 698, 22552).

Robert Briselet, n. 9 avril 1543 (VI, 699, 22554); c. 14 avril 1543 (VI, 702, 22573).

Louis Le Roux, n. 9 avril 1543 (VI, 698, 22553); c. 16 avril 1543 (VI, 704, 22585).

Jean de Quièvremont, n. 9 avril 1543 (VI, 699, 22555); c. 14 avril 1543 (VI, 703, 22580),

Jean Thorel, n. 9 avril 1543 (VI, 699, 22556); c. 16 avril 1543 (VI, 704, 22587).

Claude Le Georgelier, n. 10 avril 1543 (VI, 699, 22557); c. 14 avril 1543 (VI, 703, 22577).

Jacques Centsols, n. 11 avril 1543 (VI, 700, 22561); c. 14 avril 1543 (VI, 702, 22574).

Nicole de La Place, n. 11 avril 1543 (VI, 700, 22562); c. 14 avril 1543 (VI, 702, 22575).

Georges Le Brun, n. 11 avril 1543 (VI, 700, 22563); c. 14 avril 1543 (VI, 703, 22576).

Robert Le Roux, n. 11 avril 1543 (VI, 700, 22564); c. 14 avril 1543 (VI, 703, 22478).

Pierre de Médine, n. 11 avril 1543 (VI, 700, 22565); c. 14 avril 1543 (VI, 703, 22579).

François Sédille, n. 11 avril 1543 (VI, 701, 22566); n. conseiller au Parlement de Paris, 24 juin 1544 (IV, 637, 13977).

Jean Lalemant, n. 13 avril 1543 (VI, 701 22568); c. 16 avril 1543 (VI, 704, 22584).

Louis Bonenfant, c. 30 juin 1543 (IV, 464, 13175).

Claude Jubert, c. 1er juillet 1543 (VI, 715, 22640).

Constantin de Bures, n. avant 14 janvier 1544 (VIII, 729, 33107).

Nicolas Cavelier, n. avant 14 janvier 1544 (VIII, 730, 33107).

Nicolas Paixdecoeur, n. avant 14 janvier 1544 (VIII, 730, 33107).

Nicolas Blancbaston, c. 23 janvier 1544 (IV, 548, 13563).

Jacques Bellier, c. 4 avril 1544 (VI, 785, 22976).

Olivier Labey, mort avant 19 mai 1546 (VIII, 753, 33236).

Philippe Rémon, n. avant 1546 (VIII, 753, 33236).

Premier avocat du Roi.

Laurent Bigot, c. 10 février 1539 (III, 717, 10792); c. s. d. [1543-1544] (VII, 583, 27225).

Deuxièmes avocats du Roi.

Pierre de Montfault, c. rétrospectivement s. d. [v. août 1534] (VII, 764, 28900).

Jacques de Cormeilles, c. s. d. [1538-1540] (VII, 567, 26992).

Jean de Longuejoue, c. 4 juillet 1542 (VI, 676, 22439); c. s. d. [1543-1544] (VII, 583, 27225).

Procureurs généraux.

Robert de Villy, c. 13 août 1517 (V, 342, 16451); c. 4 juillet 1521 (V, 528, 17390).

François Morelon, n. 13 janvier 1542 (VIII, 710, 32992); c. s. d. [1543-1544] (VII, 583, 27225).

Substitut du procureur général.

Isambert Busquet, c. 12 septembre 1540 (VI, 605, 22048).

PARLEMENT DE PROVENCE.

Présidents uniques.

Gervais de Beaumont, c. 7 janvier 1515 (*Ordonn.*, I, 23); rempl. après décès, 15 juillet 1530 (VII, 170, 24057).

Thomas Cosinier ou Cusinier, n. 15 juillet 1530 (VII, 170, 24119); mort 25 juin 1531 (II, 258, 5114).

Barthélemy de Chasseneuz, n. 17 août 1532 (VII, 184, 24119); c. 6 mai 1538 (III, 544, 10014).

Premiers présidents.

Guillaume Garçonnet, n. 23 ou 24 mai 1541 (VII, 290, 24657; VIII, 704, 32964); rempl. après décès, 20 décembre 1543 (VII, 359, 25047).

Jean Maynier, n. 20 décembre 1543 (VII, 359, 25047); c. 24 décembre 1546 (VII, 407, 25287).

Deuxièmes présidents.

Jean Maynier, n. 12 novembre 1541 (VII, 305, 24741); n. premier président, 20 décembre 1543 (VII, 359, 25047).

François de La Font, n. 26 janvier 1544 (VII, 362, 35059); c. 3 août 1545 (VII, 392, 25212).

Conseillers.

Antoine d'Albis, c. 7 janvier 1515 (*Ordonn.*, I, 23); c. 30 octobre 1537 (VII, 225, 24320).

Toussaint de Coriolis, c. 7 janvier 1515 (*Ordonn.*, I, 23); rempl. après décès, 6 octobre 1518 (VII, 68, 23553).

Gaspard Du Périer, c. 7 janvier 1515 (*Ordonn.*, I, 23); rempl. sur résignation, 22 octobre 1530 (VII, 173, 24069).

PARLEMENT DE PROVENCE.

BERTRAND DURAND, c. 7 janvier 1515 (*Ordonn.*, I, 23); c. 1er novembre 1523 (VII, 117, 23793).

LOUIS FORBIN DE SOLIERS, c. 7 janvier 1515 (*Ordonn.*, I, 23).

MARCELIN GUIRAMAND, c. 7 janvier 1515 (*Ordonn.*, I, 23).

CLAUDE GÉRENTE ou JARENTE, c. 7 janvier 1515 (*Ordonn.*, I, 23); c. 24 novembre 1537 (VIII, 665, 32740).

ÉTIENNE PARISII, c. 7 janvier 1515 (*Ordonn.*, I, 23).

BERTRAND ROSTAING, c. 7 janvier 1515 (*Ordonn.*, I, 23); rempl. sur résignation, 11 octobre 1517 (VII, 57, 23497).

JEAN TORNATORIS, c. 7 janvier 1515 (*Ordonn.*, I, 23); rempl. après décès, 13 mars 1527 (VII, 147, 23935).

SIMON DE TRIBUTIIS, c. 7 janvier 1515 (*Ordonn.*, I, 23); rempl. sur résignation, 15 mars 1530 (VII, 166, 24039).

PIERRE MATHIEU ou MATHEI, c. 7 janvier 1515 (*Ordonn.*, I, 23); suspendu 12 novembre 1533 (VII, 192, 24157); rempl. après destitution, 9 décembre 1535 (III, 160, 8232).

FRANÇOIS GUÉRIN, n. avant 24 mars 1517 (VII, 49, 23461); rempl. après décès, 22 juin 1522 (V, 549, 17496).

AYMÉ IMBERT, n. 11 octobre 1517 (VII, 57, 23497); rempl. après décès, 23 décembre 1532 (VII, 185, 24126).

GEORGES DURAND, n. en survivance, 6 septembre 1520 (VII, 88, 23649); c. 1er novembre 1523 (VII, 117, 23793).

PIERRE DE BRANDIS, rempl. après décès, 29 avril 1522 (VII, 99, 23704).

GEFFROY SALA, n. 29 avril 1522 (VII, 99, 23704).

FRANÇOIS GARNIER, rempl. après décès, 1er juin 1522 (VII, 102, 28714).

LOUIS GARNIER, n. 1er juin 1522 (VII, 102, 28714); rempl. après décès, 21 mai 1535 (III, 82, 7856).

RENÉ GENTILS, n. 22 juin 1522 (V, 549, 17496).

JEAN MAYNIER, s[r] d'Oppède, n. 2 février 1523 (VII, 109, 23753); n. deuxième président, 12 novembre 1541 (VII, 305, 24741).

ARNAUD AUBE, n. 27 octobre 1523 (VII, 117, 23792); rempl. sur résignation, 30 septembre 1528 (VII, 152, 23965).

CHARLES DE GLANDEVÈS, n. 27 octobre 1523 (VII, 116, 23791).

FRANÇOIS SOMMATI, n. 13 mars 1528 (VII, 147, 23935); c. 1er février 1542 (VII, 311, 24777).

LOUIS MARTIN, n. 30 septembre 1528 (VII, 152, 23965); rempl. après décès, 10 septembre 1536 (III, 242, 8633).

HONORAT DE TRIBUTIIS, n. 15 mars 1530 (VII, 166, 24039); c. 12 novembre 1533 (VII, 192, 24156).

JOACHIM DE SADE, n. 22 octobre 1530 (VII, 173, 24069); c. s. d. [janvier 1538] (VIII, 63, 29812).

Foulques Fabri, n. 23 décembre 1532 (VII, 185, 24126).

Antoine Rolland, n. 15 novembre 1533 (II, 561, 6492); c. juin 1542 (VII, 277, 24581).

Nicolas Emenjaud, n. 21 mai 1535 (III, 82, 7856).

Jean Donault, n. 9 décembre 1535 (III, 160, 8232); rempl. après décès, 4 juin 1544 (VII, 371, 25103).

Antoine Rascas, n. 10 septembre 1536 (III, 242, 8633); c. 23 février 1539 (III, 730, 10850).

François de Génas, n. en survivance, 20 ou 30 octobre 1537 (VII, 225, 24320; VIII, 30, 29501); n. 11 juillet 1539 (VIII, 684, 32846).

Nicolas Fabri, c. 21 mai 1538 (VII, 232, 24352).

Bernard de Badet, n. 7 juillet 1539 (VII, 257, 24473); c. 25 novembre 1541 (VIII, 708, 32984).

Thomas de Becariis, c. 21 février 1541 (VIII, 702, 32950).

Gaspard d'Arcussia, n. 20 mai 1542 (VII, 316, 24808); c. 2 avril 1546 (VIII, 750, 33215).

Remy Ambrois, n. 12 avril 1543 (VIII, 719, 33046).

Jean de Beaumont, n. 20 avril 1543 (VII, 343, 24963).

Antoine Geoffroy ou Gaufridi, n. 24 avril 1543 (VII, 344, 24967).

Gaspard de Vins, n. 24 avril 1543 (VII, 344, 24968).

Jean-Augustin de Foresta, n. 15 août 1543 (VII, 352, 25005).

Pierre Bompar, n. 17 août 1543 (VIII, 724, 33077).

Accurse de Lerne, n. 17 août 1543 (VIII, 724, 33076); c. 19 août 1543 (VII 352, 25006).

François de Pérussis, n. 11 septembre 1543 (VII, 354, 25016); c. décembre 1546 (VII, 407, 25288).

Claude de Panisse, n. 26 septembre 1543 (VII, 354, 25019).

Antoine de Saint-Marc, n. 9 décembre 1543 (VII, 359, 25045).

Louis Puget, n. 4 juin 1544 (VII, 371, 25103).

Nicolas Fabri, n. 3 septembre 1545 (VIII, 747, 33200).

Avocats du Roi.

Honorat Laugier, c. 7 janvier 1515 (*Ordonn.*, I, 23); destitué 10 octobre 1535 (III, 147, 8161).

Guillaume Garçonnet, n. 23 novembre 1535 (VII, 204, 24217); n. président, 23 ou 24 mai 1541 (VII, 290, 24657; VIII, 704, 32964).

Fouquet Pignolli, réintégré 6 novembre 1537 (VII, 226, 24322); c. 12 mars 1539 (VII, 242, 24406).

Guillaume Guérin, n. 12 août 1541 (VII, 298, 24701); c. 27 mars 1545 (VII, 388, 25191).

Procureurs du Roi.

Jacques de Laugel ou de Lange, c. 7 janvier 1515 (*Ordonn.*, I, 23); rempl. sur résign., 3 mars 1519 (VII, 72, 23572).

François Guérin, rempl. 24 mars 1517 (VII, 49, 23461).

Antoine Donati, n. 24 mars 1517 (VII, 49, 23461); suspendu 10 novembre 1535 (III, 151, 8184); c. 14 mars 1540 (VIII, 690, 32879); c. 1er avril 1541 (VIII, 704, 32960).

François Sommati, n. 3 mars 1519 (VII, 72, 23572); n. conseiller, 13 mars 1528 (VII, 147, 23935).

Louis Thadei, n. 6 juin 1528 (VII, 149, 23946); rempl. après décès, 27 mai 1539 (VII, 246, 24425).

Thomas de Piolenc, intérimaire 26 novembre 1535 (VII, 204, 24220); n. 27 mai 1539 (VII, 246, 24425); c. 27 mars 1545 (VII, 388, 25191).

Avocats des pauvres.

Louis Benoist, c. 7 janvier 1515 (*Ordonn.*, I, 23); rempl. après décès, 30 janvier 1532 (VII, 181, 24106).

Remy Ambrois, n. 30 janvier 1532 (VII, 181, 24106); rempl. 22 avril 1543 (III, 130, 8089).

François de Sabateris, n. 22 avril 1543 (VII, 344, 24966).

Procureurs des pauvres.

Laurent Castellan, c. 7 janvier 1515 (*Ordonn.*, I, 23).

Antoine Garidel, rempl. après décès, 28 mars 1543 (VII, 342, 24956).

Antoine Fabri, n. 28 mars 1543 (VII, 342, 24956).

PARLEMENT DE SAVOIE.

Président.

Raymond Pélisson, n. février 1538 (VI, 482, 21383); c. 17 novembre 1541 (VI, 645, 22264).

Conseillers.

Celse Morin, n. 21 janvier 1543 (VI, 689, 22505).

Jean Boyer, n. 12 mai 1543 (VI, 708, 22604).

Avocat du Roi.

Jean Thiercé, n. 25 avril 1542 (VI, 664, 22368).

PARLEMENT DE TOULOUSE.

Premiers présidents.

Pierre de Saint-André, c. 7 janvier 1515 (*Ordonn.*, I, 27); rempl. après décès, 28 mai 1525 (V, 709, 18352).

JACQUES MINUT ou MINUTY, n. 28 mai 1525 (V, 709, 18352); c. 20 janvier 1533 (II, 300, 5297); mort avant 17 avril 1537 (III, 301, 8906).

JEAN BERTRANDI, c. 17 février 1537 (III, 277, 8799); c. 7 octobre 1538 (III, 617, 10337).

JEAN DE MANSANCAL, n. 26 mars 1539 (III, 757, 10966); c. 25 janvier 1547 (V, 165, 15513).

Deuxièmes présidents.

GUILLAUME DE TOURNOER, c. 7 janvier 1515 (*Ordonn.*, I, 27); c. 19 avril 1529 (VI, 175, 19788).

JEAN BERTRANDI, c. 17 janvier 1535 (III, 6, 7475); rempl. 17 février 1537 (III, 277, 8799).

DURAND DE SARTA, c. 17 février 1537 (III, 277, 8799); c. 22 juillet 1542 (IV, 349, 12640).

Troisièmes présidents.

ACCURSE MAYNIER, c. 7 janvier 1515 (*Ordonn.*, I, 27); rempl. sur démission, 14 juillet 1519 (V, 480, 17146).

BARTHÉLEMY ROBIN, n. 14 juillet 1519 (V, 480, 17146); c. 9 novembre 1524 (V, 626, 17875).

PANTALÉON JOUBERT, c. 12 juin 1528 (VI, 127, 19546); c. 19 juin 1540 (IV, 120, 11543).

Quatrièmes présidents.

JEAN SÉGUIER, c. 8 juillet 1519 (V, 479, 17143).

GEORGES D'OLMIÈRES, c. 18 octobre 1521 (V, 535, 17425); rempl. sur résignation, 30 mai 1529 (VI, 178, 19803).

JEAN DE ULMO, n. 30 mai 1529 (VI, 178, 19803); c. 9 octobre 1537 (III, 401, 9360).

BERTRAND SÉGUIER, c. rétrospect. 8 juin 1532 (VI, 299, 20428).

JEAN DE MANSANCAL, n. premier président 26 mars 1539 (III, 757, 10966).

PIERRE DU FAUR, n. 26 mars 1539 (III, 757, 10966); c. 14 mai 1543 (IV, 437, 13057).

Conseillers.

PIERRE DE ANDREA, c. 7 janvier 1515 (*Ordonn.*, I, 27).

JEAN DE BASILHAC, c. 7 janvier 1515 (*Ordonn.*, I, 27); c. 22 février 1521 (V, 496, 17228).

GUILLAUME BENOIST, c. 7 janvier 1515 (*Ordonn.*, I, 27); rempl. 29 septembre 1516 (V, 299, 16218).

RAYMOND BERAL, c. 7 janvier 1515 (*Ordonn.*, I, 27).

MATHIEU BOSQUET, c. 7 janvier 1515 (*Ordonn.*, I, 27); c. 28 mars 1519 (V, 463, 17058).

GUILLAUME BRIÇONNET, c. 7 janvier 1515 (*Ordonn.*, I, 27).

JEAN DE CLAUSA, c. 7 janvier 1515 (*Ordonn.*, I, 27); rempl. 2 février 1521 (I, 240, 1316).

IMPRIMERIE NATIONALE.

PARLEMENT DE TOULOUSE.

JACQUES DE DURFORT, c. 7 janvier 1515 (*Ordonn.*, I, 27).

ANTOINE DE FAYET, c. 7 janvier 1515 (*Ordonn.*, I, 27).

PIERRE DE LAPORTE, c. 7 janvier 1515 (*Ordonn.*, I, 27); rempl. 24 août 1525 (I, 414, 2205).

JEAN DE LANGHAC, c. 7 janvier 1515 (*Ordonn.*, I, 27).

ANNE DE LAUBESPIN, c. 7 janvier 1515 (*Ordonn.*, I, 27); mort 15 mars 1517 (V, 357, 16524).

JEAN DE LAVAUR, c. 7 janvier 1515 (*Ordonn.*, I, 27).

GEORGES DE MARSAN, c. 7 janvier 1515 (*Ordonn.*, I, 27); rempl. 21 février 1525 (V, 676, 18144).

JEAN DE MORLHON, c. 7 janvier 1515 (*Ordonn.*, I, 27).

JEAN DE NOGEROLLES, c. 7 janvier 1515 (*Ordonn.*, I, 27).

PIERRE DE NUPCES, c. 7 janvier 1515 (*Ordonn.*, I, 27).

GEORGES D'OLMIÈRES, c. 7 janvier 1515 (*Ordonn.*, I, 27); rempl. 18 octobre 1521 (V, 535, 17425).

JEAN D'ORIOLE, c. 7 janvier 1515 (*Ordonn.*, I, 27).

JEAN DE PINS, c. 7 janv. 1515 (*Ordonn.*, I, 27).

JEAN DE PLEUX, c. 7 janvier 1515 (*Ordonn.*, I, 27).

ÉTIENNE SACALEY, c. 7 janvier 1515 (*Ordonn.*, I, 27); c. s. d. [août 1537] (VIII, 132, 30476).

JEAN SÉGUIER, c. 7 janvier 1515 (*Ordonn.*, I, 27); rempl. 8 juillet 1519 (V, 479, 17143).

GUY DE SERMUR ou SERMIER, c. 7 janvier 1515 (*Ordonn.*, I, 27).

CLAUDE DE VABRES, c. 7 janvier 1515 (*Ordonn.*, I, 27).

JACQUES ROUVIER, n. 29 septembre 1516 (V, 299, 16218). Peut-être le même que :

JACQUES RIVIÈRE ou RIVERIE, s[r] de Tournefeuille, c. 9 octobre 1516 (VII, 43, 23425); c. 24 mai 1543 (IV, 445, 13092).

SÉBASTIEN DE LACOMBE, c. 10 août 1518 (V, 411, 16780).

VIDAL DE THÈBE, n. 10 août 1518 (V, 411, 16781).

SANCE HÉBRARD, n. 12 juin 1519 (V, 475, 17120); c. 9 novembre 1524 (V, 626, 17877).

JEAN ROBERT, n. 12 juin 1519 (V, 475, 17121); c. 21 novembre 1543 (IV, 522, 13450).

PANTALÉON JOUBERT, n. 21 juin 1519 (V, 476, 17128); rempl. 19 avril 1529 (VI, 175, 19788).

CLAUDE DE TANERIA ou LA TANNERIE, n. 21 juin 1519 (V, 476, 17127); c. 16 octobre 1533 (II, 524, 6319).

ÉLIE REYNIER, n. 21 juin 1519 (V, 476, 17126); c. 9 novembre 1524 (V, 626, 17877).

RAYMOND DE MERLANES ou MARLANES, n. 8 juillet 1519 (V, 479, 17143); c. 16 octobre 1533 (II, 524, 6317).

TRISTAN DU SOULTRE, n. 8 juillet 1519 (V, 479, 17144); c. 9 novembre 1524 (V, 626, 17877).

PHILIPPE DE LÉVIS, évêque de Mirepoix, n. 19 décembre 1520 (I, 234, 1286).

BERTRAND RESSÉGUIER, n. 2 février 1521 (I, 240, 1316); c. 22 juillet 1542 (IV, 349, 12640).

SIMON RAYNIER, n. 18 octobre 1521 (V, 535, 17425); c. 27 mai 1543 (VIII, 721, 33058).

ANTOINE DURAND, c. 14 février 1522 (I, 276, 1493); c. 29 octobre 1524 (V, 622, 17854).

JEAN DE BEAULAC, c. s. d. [1522-1524] (VII, 520, 26372).

MICHEL DE VABRES, c. 29 septembre 1524 (V, 616, 17826); c. 11 août 1542 (IV, 361, 12696).

JEAN DEYMIER, c. 15 janvier 1525 (V, 662, 18069).

ARNAUD DE CAZES, n. 21 février 1525 (V, 676, 18144); rempl. sur résignation, dès 11 juin 1537 (III, 337, 9071).

LÉON BELLON, n. 24 août 1525 (I, 414, 2205); rempl. 5 février 1534 (II, 608, 6732).

JEAN DE L'HÔPITAL, c. 15 juin 1527 (VI, 63, 19225); c. 28 juillet 1541 (IV, 225, 12033).

N. ROGUIER, rempl. 15 mai 1528 (I, 567, 2978).

JACQUES ROGUIER, n. 15 mai 1528 (I, 567, 2978); c. 3 février 1545 (IV, 718, 14338).

GABRIEL DE TOURNOER, n. 19 avril 1529 (VI, 175, 19788); rempl. après décès, 29 mars 1532 (VI, 287, 20368).

PIERRE DE LA GARDE, c. 15 octobre 1529 (I, 671, 3513); c. 25 novembre 1544 (IV, 693, 14223).

JEAN BARTHÉLEMY, c. 13 août 1530 (VI, 232, 20077); c. 6 mars 1546 (V, 31, 14817).

ÉTIENNE SAGALEY, le jeune, n. 17 novembre 1530 (VI, 236, 20100); c. 5 mai 1545 (IV, 738, 14434).

JEAN SABONNIÈRES, rempl. après décès, 7 novembre 1531 (VI, 273, 20292).

RAYMOND ARMENGAUD, n. 7 novembre 1531 (VI, 273, 20292); c. 4 août 1533 (II, 482, 6130).

GUILLAUME DE TOURNOER, le jeune, n. 29 mars 1532 (VI, 287, 20368).

DURAND DE SARTA, c. 7 avril 1532 (II, 132, 4504); c. 2 mars 1536 (III, 183, 8337).

FRANÇOIS DE NUPCES, c. 7 avril 1532 (II, 132, 4504); c. 12 décembre 1543 (IV, 530, 13485).

PIERRE DE SAINT-MARTIN, n. 5 février 1534 (II, 608, 6732); c. 22 juillet 1542 (IV, 349, 12640).

PARLEMENT DE TOULOUSE.

JEAN DE MANSANCAL, c. 24 décembre 1535 (III, 162, 8243).

ÉTIENNE DE PAULO ou PAULE, rempl. 2 juillet 1536 (III, 222, 8539).

GASPARD MOLINIER, n. 2 juillet 1536 (III, 222, 8539); c. 13 novembre 1545 (IV, 780, 14629).

AMAURY CAYSSIALS, rempl. 20 juillet 1536 (III, 229, 8574).

JEAN DAFFIS, n. 20 juillet 1536 (III, 229, 8574); c. 22 juillet 1542 (IV, 349, 12640).

JACQUES DU FAUR, c. 13 janvier 1537 (III, 236, 8609); c. 10 mai 1539 (VII, 246, 24421).

VINCENT MAIGNAN, c. s. d. [v. avril-juin 1537] (VIII, 140, 30551).

ODARD DARIES, c. 11 juin 1537 (III, 337, 9071); c. 21 juillet 1542 (IV, 225, 12033).

ANTOINE DE PAULO, c. s. d. [v. juin 1537] (VIII, 149, 30637); c. 28 juillet 1541 (IV, 225, 12033).

ANTOINE MALRAS, c. 21 juillet 1537 (III, 365, 9195); c. 22 juillet 1542 (IV, 349, 12640).

JEAN DE SARTA, c. s. d. [décembre 1537] (VIII, 72, 29891).

ANTOINE DU SOLLIER, c. 4 décembre 1538 (III, 648, 10481); c. mai 1546 (V, 84, 15100).

FRANÇOIS DE JARENTE, c. 14 juin 1539 (IV, 10, 11055); c. 22 novembre 1539 (IV, 63, 11291).

GUÉRIN D'ALZON, c. 5 juillet 1540 (IV, 126, 11575); c. 28 juillet 1541 (IV, 225, 12033).

JEAN D'AUSSONNE, c. 28 juillet 1541 (IV, 225, 12033); c. 25 novembre 1544 (IV, 692, 14222).

JEAN BOSQUET, c. 28 juillet 1541 (IV, 225, 12033); c. 22 juillet 1542 (IV, 349, 12640).

GUILLAUME DE DURFORT, c. 28 juillet 1541 (IV, 225, 12033).

GUILLAUME DE LAMAMIE, c. 28 juillet 1541 (IV, 225, 12033).

ARNAUD DE SAINT-PIERRE, c. 28 juillet 1541 (IV, 225, 12033).

FRANÇOIS DE LA FONT, c. 22 juillet 1542 (IV, 349, 12640); rempl. 26 janvier 1544 (IV, 549, 13568).

GUILLAUME DOUJAT, n. 8 avril 1543 (IV, 419, 12967).

JEAN DE TOURNOER, n. 8 avril 1543 (IV, 419, 12968); c. 30 août 1544 (IV, 667, 14114).

GEORGES DUGABRE, *alias* GABRILHARGUES, n. 10 avril 1543 (IV, 420, 12973); c. 4 décembre 1543 (IV, 526, 13468).

JEAN DE BONNEFOY, n. 14 avril 1543 (IV, 513, 13408); rempl. 25 octobre 1543 (*ibid.*).

JEAN CORNIARDI, n. 14 avril 1543 (IV, 425, 12996).

ANTOINE PROTY, n. 14 avril 1543 (IV, 425, 12997); rempl. après décès, 16 juin 1544 (IV, 633, 13963).

JACQUES SORTES, n. 14 avril 1543 (IV, 425, 12998); c. 7 août 1544 (IV, 663, 14093).

ARNAUD GALDO DE NÉGREPLISSE, n. 16 avril 1543 (IV, 426, 13004).

THOMAS DE FORES, n. 17 avril 1543 (IV, 426, 13006).

ANTOINE DE LAUTREC, n. 29 avril 1543 (IV, 431, 13025).

GUY BERBIGUIER, n. 15 mai 1543 (IV, 439, 13064); c. 7 août 1544 (IV, 662, 14092).

PIERRE ROBERT, n. 25 octobre 1543 (IV, 513, 13408).

ARNAUD DE FERRIER, n. 26 janvier 1534 (IV, 549, 13568).

JEAN DE BAGIS, c. 11 mai 1544 (VIII, 734, 33135).

LOUIS DE LAUSELERGIE, n. 26 mai 1544 (IV, 615, 13872).

MICHEL DE PIRA, rempl. après décès, 26 mai 1544 (IV, 615, 13872).

RAYMOND GOFFIN ou GOLFIN, n. 16 juin 1544 (IV, 633, 13963); c. 22 janvier 1546 (V, 7, 14695).

JEAN BONNAL, rempl. dès 1er octobre 1544 (IV, 677, 14156).

N. BONNAL, fils, c. 1er octobre 1544 (IV, 677, 14156).

Premiers avocats généraux.

JEAN DEYGUA ou D'AIGNA, n. 14 juillet 1519 (V, 480, 17147); rempl. sur résignation, 17 octobre 1538 (III, 623, 10361).

BERTRAND DEYGUA, n. 17 octobre 1538 (III, 623, 10361).

Deuxième avocat général.

JEAN DOHIN, c. 20 août 1533 (II, 490, 6164).

Avocats généraux.

BARTHÉLEMY ROBIN, c. 7 janvier 1515 (*Ordonn.*, I, 27); c. 13 juin 1518 (I, 146, 840).

JEAN DE ULMO, rempl. 30 mai 1529 (VI, 178, 19804).

JEAN D'OLIVE, n. 30 mai 1529 (VI, 178, 19804).

Procureurs généraux.

SÉBASTIEN DE LACOMBE, c. 7 janvier 1515 (*Ordonn.*, I, 27).

RAYMOND SABATIER ou SABATÉRI, c. 8 décembre 1523 (I, 364, 1942); rempl. sur résign., 1er mai 1538 (III, 541, 9999).

BERTRAND SABATIER ou SABATÉRI, n. 1er mai 1538 (III, 541, 9999); c. 20 décembre 1544 (IV, 703, 14270).

PARLEMENT DE TURIN.

Présidents.

Guérin d'Alzon, c. 27 avril 1537 (VI, 454, 21236); c. rétrospect. 30 mai 1539 (VII, 497, 26077).

François Errault, n. 16 février 1539 (VI, 530, 21650); c. 28 novembre 1543 (IV, 523, 13457).

René de Birague, c. 13 octobre 1543 (IV, 509, 13389).

Vice-président.

Guérin d'Alzon, c. 23 octobre 1536 (VIII, 755, 33249).

Maître des requêtes.

René de Birague, c. s. d. [septembre 1538] (VIII, 274, 31856).

Conseillers.

Antoine André ou de Andreis, c. 18 septembre 1538 (III, 607, 10293); n. 16 février 1539 (VI, 530, 21652).

Barthélemy Aymé, c. s. d. [septembre 1538] (VIII, 275, 31866); c. s. d. [février 1538] (VIII, 179, 30916).

Nicolas Caboret, n. 16 février 1539 (VI, 530, 21651).

Barthélemy Finé, n. 16 février 1539 (VI, 530, 21653).

Étienne de Forges, n. 16 février 1539 (VI, 531, 21656).

Marcial Guerry ou Garret, n. 16 février 1539 (VI, 531, 21657).

Jean Joussault, n. 16 février 1539 (VI, 530, 21655).

Jacques Morin ou Marin, n. 16 février 1539 (VI, 539, 21654); n. conseiller au Parlement de Paris avant 16 octobre 1541 (VII, 497, 26081).

François Andricy, c. s. d. [février 1539] (VIII, 179, 30917).

Antoine Corlier, c. s. d. [février 1539] (VIII, 179, 30916).

Antoine-Louis de Savoie, comte de Pancalieri, n. 10 août 1540 (VI, 602, 22309); c. 26 octobre 1540 (VI, 608, 22064).

Périnet de Revillast, c. novembre 1544 (VII, 381, 25158).

François Vidal, c. 10 avril 1546 (VII, 400, 25256).

Avocat fiscal.

Miffray Grasi ou Malfrey Grast, n. 16 février 1539 (VI, 531, 21658).

Procureur général.

Étienne Morin, c. s. d. [février 1539] (VIII, 179, 30917).

CHAMBRES DES COMPTES.

CHAMBRE DES COMPTES DE PARIS.

Premiers présidents.

JEAN NICOLAÏ, c. 2 janvier 1515 (*Ordonn.*, I, 8); rempl. sur résign., 8 août 1521 (I, 256, 1393).

AYMAR NICOLAÏ, n. en survivance, 23 février 1519 (I, 169, 960); c. 12 septembre 1539 (IV, 44, 11202).

DREUX HENNEQUIN, n. 30 juin 1537 (III, 357, 9162); c. 12 décembre 1543 (VI, 731, 22716).

Deuxièmes présidents.

JEAN BRIÇONNET, c. 2 janvier 1515 (*Ordonn.*, I, 8); c. 21 février 1542 (IV, 288, 12343).

ROBERT DAUVET, n. 23 février 1534 (II, 617, 6779); c. 12 décembre 1544 (IV, 699, 14251).

Troisièmes présidents.

GILLES BERTHELOT, n. 23 août 1521 (V, 509, 17292); rempl. après destitution, 2 juillet 1528 (VI, 131, 19569).

CHARLES DU SOLIER, n. 14 mai 1528 (I, 566, 2974); rempl. 6 novembre 1531 (II, 89, 4290).

JEAN LUILLIER, n. 6 novembre 1531 (II, 89, 4290); c. 14 décembre 1544 (VI, 776, 22932).

Quatrième président.

NICOLAS DE PONCHER, n. avril 1544 (IV, 603, 13816); c. 2 janvier 1545 (VI, 779, 22945).

Vice-présidents.

HÉLIE DU TILLET, n. 8 janvier 1515 (I, 6, 32); rempl. après décès, 28 juin 1526 (I, 453, 2396).

OCTAVIEN GRIMALDI, n. 28 juin 1526 (I, 453, 2396); rempl. 3 juillet 1542 (IV, 344, 12620).

NICOLAS DE PONCHER, n. 3 juillet 1542 (IV, 344, 12620); n. quatrième président, avril 1544 (IV, 594, 13774).

Maîtres.

JEAN DE BADONVILLIER, c. 2 janvier 1515 (*Ordonn.*, I, 8).

GILLES BERTHELOT, c. 2 janvier 1515 (*Ordonn.*, I, 8); rempl. sur démission, 21 janvier 1521 (I, 238, 1302).

CHAMBRE DES COMPTES DE PARIS.

CHARLES DE CANLERS, c. 2 janvier 1515 (*Ordonn.*, I, 8); rempl. après décès, 10 août 1520 (I, 220, 1213).

NICOLE DUPRÉ, c. 2 janvier 1515 (*Ordonn.*, I, 8); rempl. 23 octobre 1527 (I, 527, 2778).

NICOLE HERBELOT, c. 2 janvier 1515 (*Ordonn.*, I, 8).

BERTRAND L'ORFÈVRE, c. 2 janvier 1515 (*Ordonn.*, I, 8); rempl. 9 juillet 1518 (V, 406, 16760).

EUSTACHE LUILLIER, c. 2 janvier 1515 (*Ordonn.*, I, 8); c. 14 février 1522 (I, 276, 1494).

ÉTIENNE PETIT, c. 2 janvier 1515 (*Ordonn.*, I, 8); rempl. 15 mai 1522 (I, 287, 1553).

JEAN RICHER, c. 2 janvier 1515 (*Ordonn.*, I, 8); rempl. 17 décembre 1517 (V, 355, 16517).

JEAN VIVIEN, c. 2 janvier 1515 (*Ordonn.*, I, 8); rempl. 28 août 1520 (I, 223, 1228).

JEAN DE HARLUS, n. 21 février 1515 (I, 15, 87); rempl. 6 août 1529 (I, 657, 3437).

JEAN RAGUIER, rempl. 21 février 1515 (I, 15, 87).

JEAN LUILLIER, n. 11 octobre 1517 (I, 128, 743); rempl. 19 novembre 1531 (II, 90, 4295).

RENAUD DE REFUGE, n. 17 décembre 1517 (V, 355, 16517).

JEAN BRINON, n. 9 juillet 1518 (V, 406, 16760); rempl. après décès, 21 février 1541 (IV, 181, 11831).

JEAN SALLAT, n. 26 mai 1520 (I, 215, 1187); rempl. 7 mars 1534 (II, 632, 6846).

CLAUDE DE LACROIX, n. 10 août 1520 (I, 220, 1213); c. s. d. [vers 1538] (VIII, 306, 32179).

JEAN BILLON, n. 23 août 1520 (I, 222, 1222); rempl. après décès, 26 avril 1544 (IV, 601, 13804).

CLAUDE DE HACQUEVILLE, n. 28 août 1520 (I, 223, 1228); c. s. d. [vers 1538] (VIII, 170, 30834).

NICOLAS VIOLE, n. 21 janvier 1521 (I, 238, 1302); c. s. d. [1544-1545] (VII, 595, 27389).

JEAN RAGUIER, rempl. 15 octobre 1521 (I, 263, 1428).

GERMAIN TESTE, n. 15 mai 1522 (I, 287, 1553); c. 24 mai 1522 (I, 288, 1561).

JEAN POMMEREU, n. 2 juillet 1526 (I, 455, 2410); c. s. d. [décembre 1537] (VIII, 78, 29952).

NICOLE DUPRÉ, n. 23 octobre 1527 (I, 527, 2778); rempl. 21 juillet 1542 (IV, 348, 12638).

JEAN ROBERTET, n. 6 août 1529 (I, 656, 3437); rempl. 28 janvier 1531 (II, 2, 3842).

Jacques Boucher, n. 28 janvier 1531 (II, 2, 3842); rempl. après décès, 12 septembre 1538 (III, 600, 10264).

Dreux Hennequin, n. 19 novembre 1531 (II, 90, 4295); rempl. 1er juillet 1537 (III, 361, 9175).

Jean Courtin, n. 7 mars 1534 (II, 682, 6846); rempl. 14 septembre 1535 (III, 137, 8120).

Thomas Rapouel, n. 14 septembre 1535 (III, 137, 8120); rempl. 2 juillet 1536 (III, 222, 8540).

Michel de Champrond, *alias* Deschamps, n. 2 juillet 1536 (III, 222, 8540); rempl. 7 septembre 1539 (IV, 42, 11195).

Jean de Badonvillier, c. s. d. [avril-mai 1537] (VIII, 151, 30651); c. 18 juin 1540 (IV, 119, 11542); rempl. après décès, 10 juin 1544 (IV, 628, 13935).

Jean Teste, c. 23 juin 1537 (III, 351, 9133).

Jean Teste, le fils, n. 23 juin 1537 (III, 351, 9133); rempl. après décès, 5 décembre 1546 (V, 150, 15445).

Michel Tambonneau, n. 1er juillet 1537 (III, 361, 9175); c. 8 octobre 1546 (VII, 405, 25278).

Jean Viole, n. 16 juillet 1537 (VI, 465, 21292); c. 1er mars 1542 (IV, 295, 12378).

Antoine Pétremol, n. 12 septembre 1538 (III, 600, 10264); c. 14 décembre 1544 (VI, 776, 22932).

François de Conan, n. 7 septembre 1539 (IV, 42, 11195); rempl. sur résignation, 1er juin 1544 (IV, 624, 13919).

Tristan Duval, n. 21 juillet 1542 (IV, 348, 12638).

Pierre Fraguier, n. 21 février 1541 (IV, 181, 11831); c. 11 avril 1543 (IV, 421, 12979).

Guillaume Bohier, n. 26 avril 1544 (IV, 601, 13804); rempl. sur résignation, 16 juin 1545 (IV, 750, 14488).

Nicolas Hennequin, n. 1er juin 1544 (IV, 624, 13919); rempl. 28 mars 1545 (IV, 729, 14391).

Nicolas Séguier, n. 10 juin 1544 (IV, 627, 13935).

Geoffroy Luillier, n. 28 mars 1545 (IV, 729, 14391).

Guy Arbaleste, n. 16 juin 1545 (IV, 750, 14488).

Étienne Lallemant, n. 5 décembre 1546 (V, 150, 15445); c. 10 février 1547 (V, 173, 15555).

Correcteurs.

François de Montmirel, c. 2 janvier 1515 (*Ordonn.*, I, 8); rempl. 25 septembre 1528 (I, 607, 3181).

Nicolas Viole, c. 2 janvier 1515 (*Ordonn.*, I, 8); rempl. sur démission, 21 janvier 1521 (I, 238, 1301).

Christophe de Refuge, n. 26 janvier 1516 (I, 69, 405); rempl. 16 juillet 1523 (I, 348, 1861).

IMPRIMERIE NATIONALE.

CHAMBRE DES COMPTES DE PARIS.

SIMON TESTE, n. 23 août 1520 (I, 222, 1223); rempl. 2 août 1541 (IV, 227, 12048).

JEAN FOUCAULT, n. 21 janvier 1521 (I, 237, 1301); rempl. 23 septembre 1530 (I, 722, 3773).

GUILLAUME ALLEGRAIN, n. 16 janvier 1523 (I, 348, 1861); c. 22 février 1537 (III, 471, 9680).

JEAN COURTIN, n. 25 septembre 1528 (I, 607, 3181); rempl. 7 mars 1534 (II, 633, 6847).

GEOFFROY LE ROUX, n. 23 septembre 1530 (I, 722, 3773); rempl. après décès, 14 août 1532 (II, 180, 4734).

CLÉRAMBAULT LE CLERC, n. 14 août 1532 (II, 180, 4734); rempl. sur résignation, 7 février 1545 (IV, 719, 14343).

MICHEL DE CHAMPROND, *alias* DESCHAMPS, n. 7 mars 1534 (II, 633, 6847); rempl. 2 juillet 1536 (III, 222, 8541).

NICOLE BARTHÉLEMY, n. 2 juillet 1536 (III, 222, 8541).

EUSTACHE ALLEGRAIN, n. 22 février 1537 (III, 471, 9680).

JACQUES LELIEUR, n. 2 août 1541 (IV, 227, 12048).

JACQUES GOBELIN, n. 7 février 1545 (IV, 719, 14343).

Clercs auditeurs.

NICOLAS D'ALBIAC, c. 2 janvier 1515 (*Ordonn.*, I, 8); rempl. 14 janvier 1524 (V, 600, 17745).

LOUIS AMEIL, c. 2 janvier 1515 (*Ordonn.*, I, 8).

JACQUES ANDRAULT, c. 2 janvier 1515 (*Ordonn.*, I, 8); rempl. 2 novembre 1525 (I, 425, 2250).

PIERRE BERTHOMIER, c. 2 janvier 1515 (*Ordonn.*, I, 8); rempl. 23 avril 1518 (I, 141, 812).

JEAN BRINON, c. 2 janvier 1515 (*Ordonn.*, I, 8); rempl. 28 juillet 1518 (V, 409, 16773).

JOSSE CHARPENTIER, c. 2 janvier 1515 (*Ordonn.*, I, 8); rempl. s. d. [1516-1518] (VIII, 510, 26247).

JEAN DE FONTAINE, c. 2 janvier 1515 (*Ordonn.*, I, 8); rempl. 6 octobre 1531 (II, 84, 4265).

JEAN DE FONTENAY, c. 2 janvier 1515 (*Ordonn.*, I, 8); rempl. 22 novembre 1516 (I, 93, 553).

JEAN FRAGUIER, c. 2 janvier 1515 (*Ordonn.*, I, 8); rempl. 7 janvier 1539 (III, 683, 10635).

SIMON LEBÈGUE, c. 2 janvier 1515 (*Ordonn.*, I, 8); rempl. 27 juillet 1518 (V, 408, 16770).

JEAN LE CLERC, c. 2 janvier 1515 (*Ordonn.*, I, 8); rempl. 4 décembre 1533 (II, 573, 6552).

Pierre Michon, c. 2 janvier 1515 (*Ordonn.*, I, 8); c. 20 août 1535 (II, 120, 8040). Chambre des comptes de Paris.

Simon Teste, c. 2 janvier 1515 (*Ordonn.*, I, 8).

Antoine Vachot, c. 2 janvier 1515 (*Ordonn.*, I, 8).

Louis de Villebresme, c. 2 janvier 1515 (*Ordonn.*, I, 8); rempl. 27 août 1543 (IV, 488, 13292).

Germain Teste, n. 10 janvier 1515 (I, 7, 38); rempl. 24 mai 1522 (I, 288, 1561).

Jean Riveron, n. 22 novembre 1516 (I, 93, 553); c. 20 octobre 1536 (III, 250, 8674).

Nicolas Cotton, n. s. d. [1516-1518] (VII, 510, 26247); rempl. 15 mars 1524 (I, 873, 1985).

Guillaume Terterea, n. 23 avril 1518 (I, 141, 812); c. 28 février 1531 (II, 7, 3868).

Jean Aguenin, *dit* Le Duc, n. 27 juillet 1518 (V, 408, 16770); rempl. 16 octobre 1521 (I, 263, 1429).

Claude de La Cloche, n. 23 août 1520 (I, 222, 1224); rempl. 26 septembre 1530 (I, 723, 3774).

Guy Le Pellé, n. 23 août 1520 (I, 223, 1227); rempl. 24 juin 1540 (IV, 120, 11547).

Claude Pagevin, n. 16 octobre 1521 (I, 263, 1429).

Charles de Louviers, rempl. 22 octobre 1521 (I, 264, 1431).

Pierre Angenoust, n. 22 octobre 1521 (I, 264, 1431); rempl. 14 septembre 1523 (I, 356, 1903).

Denis Picot, n. 10 décembre 1521 (I, 267, 1446).

Jean Prestesbille, n. 24 mai 1522 (I, 288, 1561); rempl. 14 juillet 1534 (II, 713, 7219).

Pierre Regnault, n. 23 août 1522 (I, 222, 1225); rempl. sur résign., 23 décembre 1544 (IV, 706, 14280).

François Terterea, n. 18 juillet 1523 (I, 348, 1863); c. 24 janvier 1525 (V, 664, 18082).

Simon de Machault, n. 14 septembre 1523 (I, 356, 1903); rempl. 12 avril 1537 (III, 299, 8898).

Claude de Villemort, n. 6 février 1524 (I, 371, 1978) ou 14 janvier 1534 (V, 600, 17745); rempl. après décès, 1er décembre 1541 (IV, 262, 11223).

François Framberge, n. 15 mars 1524 (I, 373, 1985); rempl. 26 septembre 1540 (IV, 142, 11652).

Jean Bauliard, rempl. 19 mai 1525 (I, 405, 2156).

François Gayant, n. 19 mai 1525 (I, 405, 2156); rempl. 14 mai 1531 (II, 33, 4002).

Louis Duhamel, c. 20 avril 1527 (VI, 44, 19129); c. 21 mai 1532 (II, 144, 4566).

JEAN COURTIN, n. 23 juillet 1527 (I, 514, 2713).

PIERRE PARENT, n. 26 septembre 1530 (I, 723, 3774); c. 12 novembre 1530 (I, 727, 3800).

EUSTACHE PUISLOIS, n. 14 mai 1531 (VI, 224, 20033).

LOUIS ALLEGRAIN, n. 6 octobre 1531 (II, 84, 4265); rempl. 19 mai 1540 (IV, 108, 11494).

PIERRE DUHAMEL, n. 21 mai 1532 (II, 144, 4566).

ANTOINE DU LYON, n. 4 décembre 1533 (II, 573, 6552).

JEAN LE COMTE, n. 14 juillet 1534 (II, 713, 7219); c. 19 août 1534 (II, 735, 7317).

PIERRE MICHON, le jeune, n. 20 août 1535 (II, 120, 8040); rempl. 5 juin 1545 (IV, 747, 14475).

MELCHIOR DE MACHAULT, n. 21 février 1537 (III, 279, 8808); c. 26 février 1537 (VI, 449, 21210).

JACQUES LUILLIER, c. s. d. [vers 1538] (VIII, 169, 30828).

NICOLE PAPILLON, n. 7 janvier 1539 (III, 683, 10635); rempl. 12 mai 1545 (IV, 740, 14445).

ANTOINE POTARDE, n. 19 janvier 1539 (III, 695, 10693).

JEAN TERTEREAU, mort avant 24 janvier 1539 (III, 703, 10729).

JEAN COURTIN, c. février 1539 (VI, 539, 21700).

PARIS HESSELIN, n. 19 mai 1540 (IV, 108, 11494).

JEAN DE LA CHESNAYE, n. 26 septembre 1540 (IV, 142, 11652); rempl. 24 janvier 1542 (IV, 290, 12349).

CHARLES ANTHONIS, n. 1er décembre 1541 (IV, 262, 12223); rempl. 11 août 1544 (IV, 664, 14099).

NICOLAS BARTHÉLEMY, n. 24 février 1542 (IV, 290, 12349).

LOUIS BOURGEOIS, n. 18 mai 1543 (IV, 442, 13078).

SIMON HENNEQUIN, rempl. 18 mai 1543 (IV, 442, 13078).

RENÉ DE CANLERS, n. 27 août 1543 (IV, 488, 13292).

GUILLAUME LESUEUR, n. 11 août 1544 (IV, 664, 14099).

PIERRE PIGNART, n. 23 décembre 1544 (IV, 705, 14280).

PIERRE MARENTIN, n. 12 mai 1545 (IV, 740, 14445).

JACQUES LUILLIER, n. 5 juin 1545 (IV, 747, 14475); rempl. sur résign., 27 janvier 1546 (V, 9, 14703).

GUILLAUME DE MARSEILLE, n. 27 janvier 1546 (V, 9, 14703); c. 3 février 1546 (VI, 803, 23070).

Procureurs généraux.

GUILLAUME DU MOLINET, c. 2 janvier 1515 (*Ordonn.*, I, 8); c. 13 mars 1519 (I, 172, 973).

Gervais Du Molinet, n. 13 mars 1519 (I, 72, 973); c. s. d. [1544-1545] (VII, 596, 27403).

François Mallet, c. 20 février 1539 (VI, 532, 21666).

Avocats généraux.

Jean de Harlus, c. 2 janvier 1515 (*Ordonn.*, I, 8).

François Lefèvre, n. 14 janvier 1515 (I, 8, 51); rempl. 31 janvier 1539 (III, 706, 10739).

Antoine Minart, n. 31 janvier 1539 (III, 706, 10739); rempl. s. d. [1540-1543] (VII, 576, 27111).

Étienne Bouchart, n. s. d. [1540-1543] (VII, 576, 27111).

CHAMBRE DES COMPTES D'AIX.

Présidents.

Aimery d'Andréa, c. 7 janvier 1515 (*Ordonn.*, I, 29); rempl. après décès, 4 septembre 1515 (VII, 28, 23348).

François de Jarente, conf. 7 janvier 1515 (VII, 4, 23212); c. 4 septembre 1535 (III, 130, 8089).

Balthazar de Jarente, n. 4 septembre 1515 (VII, 28, 23348); c. 5 décembre 1536 (III, 258, 8708).

Maîtres rationaux.

Jean Arbaud, c. 7 janvier 1515 (*Ordonn.*, I, 29); c. 25 juillet 1523 (VIII, 115, 23784).

Michel Guiran, c. 7 janvier 1515 (*Ordonn.*, I, 29); rempl. après décès, 6 mars 1526 (VII, 133, 23872).

Honorat Arbaud, n. 25 juillet 1523 (VII, 115, 23784); c. 27 septembre 1544 (VII, 377, 25135).

Pierre Vitalis, n. 6 mars 1526 (VII, 133, 23872); c. 16 novembre 1540 (VII, 279, 24593).

Esprit Vitalis, n. 16 novembre 1540 (VII, 279, 24593); c. 9 août 1543 (VII, 351, 25000).

Jean François, n. 10 juin 1543 (VII, 347, 24983).

Antoine Pélicot, n. 10 juin 1543 (VII, 347, 24984).

Secrétaires rationaux et archivaires.

Pierre Albert, c. 7 janvier 1515 (*Ordonn.*, I, 29); c. 17 novembre 1522 (VII, 107, 23741).

Honorat Digne, c. 7 janvier 1515 (*Ordonn.*, I, 29); rempl. après décès, 4 février 1535 (VII, 196, 24179).

Jean de Julhianis, c. 7 janvier 1515 (*Ordonn.*, I, 29).

JACQUES SILVI, c. 7 janvier 1515 (*Ordonn.*, I, 29); rempl. sur résign., 8 novembre 1515 (VII, 30, 23358).

BERTRAND LAURENS, n. 8 novembre 1515 (VII, 30, 23358); rempl. sur résign., 1er juin 1517 (VII, 52, 23475).

LOUIS BORELLI, n. 1er juin 1517 (VII, 52, 23475); c. 4 mars 1539 (VII, 242, 24402).

BALTHAZAR ALBERT, n. 17 novembre 1522 (VII, 107, 23741); c. 2 juillet 1540 (VII, 274, 24505).

ANTOINE PÉLICOT, n. 3 février 1535 (III, 13, 7506); n. maître rational, 10 juin 1543 (VII, 347, 24984).

ARNAUD BORELLI, n. 4 mars 1539 (VII, 242, 24402), c. 1er septembre 1543 (VII, 353, 25011).

HONORAT CLARI, c. 26 juin 1540 (VII, 274, 24563).

MELCHIOR CLARI, n. 26 juin 1540 (VII, 274, 24563).

JEAN ALBERT, n. 2 juillet 1540 (VII, 274, 24505).

THOMAS BOISSON, n. 9 septembre 1543 (VII, 353, 25013).

Procureur du Roi.

JACQUES ARBAUD, l'aîné, n. 17 juin 1540 (VII, 273, 24558).

CHAMBRE DES COMPTES DE BLOIS.

Maîtres et auditeurs.

JEAN CHEVALIER, rempl. après décès, 10 janvier 1515 (V, 202, 15704).

JEAN DE JUSSAC, n. 10 janvier 1515 (V, 202, 15704); c. 10 mars 1516 (I, 73, 432).

JEAN VIGNERON, rempl. après décès, 18 février 1515 (V, 214, 15771).

MATHURIN VIART, n. 28 février 1515 (V, 214, 15771); rempl. après décès, dès 13 août 1522 (V, 554, 17520).

MATHURIN GAILLARD, c. 26 janvier 1516 (V, 276, 16097).

ÉTIENNE DE MORVILLIERS, c. 26 janvier 1516 (V, 276, 16097).

GEORGES LE BOUCHER, n. 7 septembre 1519 (V, 486, 17178).

MACÉ MARCHAND, c. 13 août 1522 (V, 554, 17520); rempl. sur résign., 4 juillet 1540 (IV, 125, 11569).

JEAN GRENAISIE, c. s. d. [v. 1531] (VII, 610, 27580); rempl. après décès, 9 mars 1546 (VI, 805, 23082).

CLAUDE MARCHAND, n. 4 juillet 1540 (IV, 125, 11569).

NICOLAS DUX, c. s. d. [1544] (IV, 614, 13866).

JEAN D'ALESSO, n. 9 mars 1546 (VI, 805, 23082).

CHAMBRE DES COMPTES DE BOURGOGNE.

Premier président.

Bénigne Serre, n. 6 avril 1536 (III, 194, 8394); c. 24 juillet 1543 (IV, 475, 13230).

Deuxième président.

Claude Régnier, n. 11 juin 1543 (IV, 457, 13147).

Présidents.

Nicolas Bouesseau, c. 16 mars 1520 (VII, 84, 23628).

Thierry Fouet de Dornes, c. 23 mai 1527 (VI, 55, 19186); rempl. 6 avril 1536 (III, 194, 8394).

Conseiller d'épée.

Girard de Vienne, n. 12 août 1522 (V, 554, 17519).

Maîtres.

Philibert Maignin, rempl. après décès, 11 avril 1516 (V, 284, 16141).

Claude Barjot, n. 11 avril 1516 (V, 284, 16141).

Bénigne Bouesseau, c. 4 septembre 1516 (VII, 42, 23418); c. 16 mars 1520 (VII, 84, 23629).

Jacques Thésut, rempl. après décès, 30 août 1521 (V, 533, 17416).

Guillaume Le Grand, n. 30 août 1521 (V, 533, 17416).

Pierre Godran, n. 24 novembre 1524 (V, 632, 17908); rempl. 26 juin 1532 (VI, 301, 20437).

Jacques Godran, c. 1er janvier 1525 (V, 654, 18024).

Edme ou Étienne Julien, rempl. 15 mars 1525 (V, 680, 18167).

Étienne de Frasans, n. 15 mars 1525 (V, 680, 18167).

Étienne Jacqueron, c. 8 mai 1525 (V, 700, 18294).

Bénigne Jacqueron, n. 8 mai 1525 (V, 700, 18294); c. 13 juillet 1543 (IV, 469, 13208).

Jean Barjot, c. 24 novembre 1526 (V, 802, 18845).

Jean Jacquot, n. 7 février 1530 (VI, 214, 19978).

Jacques Godran, n. 26 juin 1532 (VI, 301, 20437).

Claude Contault, n. 4 mai 1543 (IV, 435, 13046).

Guillaume Tabourot, n. 11 novembre 1544 (IV, 689, 14206).

Étienne Noblet, c. 23 octobre 1546 (VII, 405, 25281).

Clercs auditeurs.

René Frémyot, rempl. 4 février 1515 (V, 211, 15755).

Chambre des comptes de Bourgogne.

Jean Frémyot, n. 4 février 1515 (V, 211, 15755); c. 5 octobre 1518 (V, 416, 16804).

Nicolas Noblet, c. 1er mai 1519 (V, 469, 17088); rempl. sur résign., 20 octobre 1540 (IV, 149, 11682).

Étienne Milet, rempl. sur résign., 6 juin 1521 (V, 526, 17379).

Pierre Milet, n. 6 juin 1521 (V, 526, 17379).

Jean Noblet, n. 21 décembre 1524 (V, 650, 18002).

Pierre Tabourot, le père, rempl. sur résign., 7 janvier 1526 (V, 741, 18524).

Pierre ou Guy Tabourot, le fils, n. 7 janvier 1526 (V, 741, 18524).

Pierre Sayve, c. 24 novembre 1526 (V, 802, 18845); c. 4 juin 1535 (III, 89, 7892).

Edme Guyotat, n. 25 novembre 1526 (V, 803, 18849).

Antoine de Presle, rempl. 13 février 1530 (VI, 215, 18981).

Henri de Cirey, n. 13 février 1530 (VI, 215, 19981).

Thomas Le Pessu, rempl. sur résign., 4 mars 1534 (II, 628, 6828).

Jean de Loisie, n. 4 mars 1534 (II, 628, 6828).

Girard Sayve, n. 4 juin 1535 (III, 89, 7892).

Denis Pourcelet, rempl. 19 février 1539 (III, 722, 10815).

Antoine Brocard, n. 19 février 1539 (III, 722, 10815).

Étienne Noblet, n. 20 octobre 1540 (IV, 149, 11682); c. 30 juin 1543 (IV, 664, 13177).

Michel Ocquidem, n. 30 juin 1543 (IV, 464, 13178).

Claude Chaulnier ou Chaulvier, n. 28 novembre 1543 (IV, 523, 13456).

Correcteur.

Gauthier Brocard, n. 27 août 1543 (IV, 488, 13291).

Avocat du Roi.

Hugues Briet, c. 8 novembre 1537 (III, 412, 9413).

CHAMBRE DES COMPTES DE BRESSE.

Maitres et auditeurs.

Pierre Buatier, n. 30 mai 1536 (III, 209, 8473); rempl. sur résign., 28 avril 1543 (IV, 430, 13022).

Jean Buatier, c. 2 septembre 1536-1er avril 1538 (VIII, 250, 31598).

Ozias de Cadenet, n. 28 avril 1543 (IV, 430, 13022).

CHAMBRE DES COMPTES DE BRETAGNE.

Premiers présidents.

Jean François, c. 15 janvier 1515 (*Ordonn.*, I, 46).

Clérambault Le Clerc, n. 26 septembre 1526 (I, 464, 2457).

Jean Parajau, n. 15 décembre 1528 (I, 622, 3260).

Gilles de La Pommeraye, n. 18 avril 1537 (III, 301, 8909).

Deuxièmes présidents.

Alain Le Marec ou Le Marc'hec, c. 15 janvier 1515 (*Ordonn.*, I, 46).

Gilles de Commacre, n. 9 décembre 1526 (I, 473, 2500); rempl. s. d. [vers 1534] (VII, 772, 28957).

Guillaume Loaysel, le jeune, n. 23 mai 1534 (II, 677, 7052).

Jean de Plédran, c. 26 avril 1537 (III, 307, 8934).

François de Kermenguy, n. 26 janvier 1540 (IV, 74, 11338).

Maîtres auditeurs.

Renaud de Brignac, c. 15 janvier 1515 (*Ordonn.*, I, 46).

Jean Droillart, c. 15 janvier 1515 (*Ordonn.*, I, 46); rempl. après décès, 14 décembre 1524 (V, 645, 17980).

Olivier de Lanvaux, c. 15 janvier 1515 (*Ordonn.*, I, 46).

Yves Maydo, c. 15 janvier 1515 (*Ordonn.*, I, 46).

Gabriel Miro, c. 15 janvier 1515 (*Ordonn.*, I, 46).

Guillaume Loaysel, n. 18 avril 1519 (I, 177, 998); c. rétrospect., 16 septembre 1532 (III, 209, 4880).

Gilles de Commacre, n. 14 novembre 1521 (I, 264, 1435), ou 20 mai 1526 (I, 446, 2359).

Pierre Louore, n. 15 décembre 1521 (I, 267, 1450).

Alain Mandart, n. 11 décembre 1524 (I, 393, 2097).

Marc de La Rue, n. 10 décembre 1526 (I, 474, 2503).

Jacques Viart, n. 27 mai 1527 (I, 507, 2673).

Pierre Cosnoal, n. 24 mars 1532 (II, 126, 4473); c. 16 septembre 1532 (II, 209, 4880).

Jean Hux, n. 1er janvier 1534 (II, 594, 6657).

Jean Alesso, n. 27 octobre 1536 (III, 251, 8678).

Pierre Piraud, n. 12 janvier 1540 (IV, 71, 11321).

IMPRIMERIE NATIONALE.

CHAMBRE DES COMPTES DE BRETAGNE.

Clercs secrétaires.

MATHURIN BAUD, c. 15 janvier 1515 (*Ordonn.*, I, 46).

GILLES DE COMMACRE, c. 15 janvier 1515 (*Ordonn.*, I, 46); rempl. 9 décembre 1526 (V, 809, 18879).

GUILLAUME DAVY, c. 15 janvier 1515 (*Ordonn.*, I, 46); rempl. sur résign., 23 août 1532 (II, 186, 4766).

MICHEL LE BIGOT, c. 15 janvier 1515 (*Ordonn.*, I, 46).

JEAN DE L'ESPINAY, c. 15 janvier 1515 (*Ordonn.*, I, 46).

GUILLAUME LOAYSEL, c. 15 janvier 1515 (*Ordonn.*, I, 46); n. auditeur, 18 avril 1519 (I, 177, 998).

ROBERT MILLON, c. 15 janvier 1515 (*Ordonn.*, I, 46).

JEAN THOMELIN, c. 15 janvier 1515 (*Ordonn.*, I, 46); rempl. 7 juin 1525 (I, 407, 2166).

PIERRE DE CALLAC, n. 7 juin 1525 (I, 407, 2166).

FRANÇOIS GUILLART, rempl. 6 mai 1526 (I, 445, 2351).

GILLES BRICAUD, n. 6 mai 1526 (I, 445, 2351).

ANTOINE PÉTREMOL, n. 9 décembre 1526 (V, 809, 18879).

MARC DE LA RUE, n. maître auditeur 10 décembre 1526 (I, 474, 2503).

ANTOINE DESSEFORT, n. 22 février 1529 (I, 636, 3329).

JEAN BOULOMER, n. 4 février 1530 (I, 691, 3614).

FRANÇOIS DAVY, n. 23 août 1532 (II, 186, 4766).

FRANÇOIS BERTO, n. 24 octobre 1537 (III, 404, 9373).

Maître auditeur et procureur du Roi.

JEAN GIBON, c. 15 janvier 1515 (*Ordonn.*, I, 46); rempl. après décès, 14 novembre 1521 (I, 264, 1435).

Procureur du Roi.

ALAIN DE LA BOUEXIÈRE, n. 19 avril 1522 (I, 285, 1537).

CHAMBRE DES COMPTES DE DAUPHINÉ.

Présidents uniques.

JEAN [et non FRANÇOIS] DE CHAPONAY, c. 21 septembre 1521 (I, 261, 1420).

SOFFREY DE CHAPONAY, c. 8 mai 1522 (I, 286 [VIII, 768], 1544).

Premier président.

JEAN FLÉARD, c. 25 septembre 1545 (IV, 769, 14575).

Maîtres auditeurs.

JEAN SAUVAGE, rempl. 27 février 1516 (V, 278, 16109).

CLAUDE COQUIER, n. 27 février 1516 (V, 278, 16109).

JEAN GAUCHER, c. 8 mai 1522 (I, 286 [VIII, 768], 1544).

AYMAR FLÉARD, c. 18 juin 1522 (V, 549, 17493).

JEAN FLÉARD, n. 18 juin 1522 (V, 549, 17493).

PIERRE PLOUVIER, c. 4 novembre 1539 (VI, 578, 21914).

FRANÇOIS VENTOLET, n. 24 août 1544 (VI, 764, 22878); c. 23 décembre 1544 (VI, 777, 22938).

CHRISTOPHE JOUBERT, c. s. d. [1544-1545] (VII, 596, 27409).

Correcteur.

PIERRE CHAPELAIN, n. 9 septembre 1543 (VI, 719, 22662).

CHAMBRE DES COMPTES DE MONTPELLIER.

Présidents.

CHARLES D'ALBIAC, c. s. d. [v. 1531] (VII, 657, 28054).

JEAN DE CÉZELLI, n. 24 août 1533 (II, 493, 6178); c. 13 septembre 1543 (IV, 498, 13339).

PIERRE BERBIER, c. 29 décembre 1537 (III, 434, 9510).

Maîtres.

CHARLES D'ALBIAC, n. 23 mars 1523 (I, 332, 1786).

JACQUES SPIFAME, n. 14 février 1528 (I, 546, 2871).

BERNARD PAVÉE, n. 28 novembre 1528 (I, 619, 3245).

PIERRE DE LACROIX, n. 15 novembre 1532 (II, 246, 5055); rempl. après décès, 13 mai 1544 (IV, 608, 13839).

CLAUDE MARIOTTE, n. 13 mai 1544 (IV, 608, 13841).

LOUIS DE LAUSELERGIE, rempl. sur résign., 26 mai 1544 (IV, 615, 13871).

GUILLAUME DE BUCELLY, n. 26 mai 1544 (IV, 615, 13871).

Clercs auditeurs.

AUBERT RICARD, n. 1er mai 1529 (I, 644, 3375).

JACQUES GUILHEN, n. 6 octobre 1529 (I, 670, 3511); rempl. après décès, 2 mars 1538 (III, 491, 9772).

Guillaume Fortia, n. 8 juin 1533 (II, 434, 5908); mort avant 7 janvier 1538 (III, 441, 9543).

Guillaume Boirargues, n. 2 mars 1538 (III, 491, 9772).

Procureur général.

Jean de Penderia, n. 16 janvier 1538 (III, 450, 9584).

CHAMBRE DES COMPTES DE PIÉMONT.

Président.

Oronce Finé, n. 15 juin 1539 (VI, 564, 21831).

Maitres.

Jeannet Destra, n. 21 février 1537 (III, 279, 8807), ou 15 juin 1539 (VI, 564, 21832).

Simon Babou, n. 15 juin 1539 (VI, 564, 21835).

N. Coeffier, n. 15 juin 1539 (VI, 564, 21834).

Jean-André Du Boys, n. 15 juin 1539 (VI, 564, 21833).

Clerc auditeur.

Jean Michelet, c. 27 avril 1537 (VI, 453, 21236).

CHAMBRE DES COMPTES DE ROUEN.

Président.

Guillaume Bohier, c. rétrospect., 26 avril 1544 (IV, 601, 13804).

Maitre.

Guillaume Lesieur, c. s. d. (VIII, 759, 33286).

Procureur général.

Jean Du Bosc, c. s. d. (VIII, 758, 33277).

COURS DES AIDES.

COUR DES AIDES DE PARIS.

Premiers présidents.

Louis Picot, c. 29 juillet 1515 (I, 55, 327); c. 8 janvier 1536 (VI, 405, 20977).

Jacques Luillier, c. 1er février 1546 (V, 18, 14752); c. 9 avril 1546 (V, 63, 14987).

Deuxième président.

Nicole Lecoq, c. 16 septembre 1529 (I, 665, 3479).

Généraux.

Thomas Bohier, c. 15 avril 1515 (V, 238, 15900).

Pierre Clutin, rempl. sur démission, 16 novembre 1515 (V, 267, 16048).

Jean Arbaleste, n. 16 novembre 1515 (V, 257, 16048).

Pierre Bataille, c. 17 février 1522 (V, 541, 17456).

Jean Aguenin, c. 20 février 1522 (I, 278, 1502).

Robert Dauvet, c. rétrospect., 27 juillet 1524 (VII, 493, 26029).

Nicole Molé, c. s. d. [avant 3 mars 1528] (VII, 463, 25787).

Thierry Dumont, c. 16 mai 1543 (IV, 439, 13065).

Nicolas Mathieu, c. 16 mai 1543 (IV, 439, 13065).

Claude *ou* Charles Anthonis, c. 11 août 1544 (IV, 664, 14099).

Conseillers.

Gilles Anthonis, mort le 11 février 1519 (V, 529, 17396).

Pierre Hennequin, rempl. sur résign., 27 mars 1519 (V, 463, 17057).

Robert Lotin, n. 27 mars 1519 (V, 463, 17057); c. 16 juillet 1521 (V, 529, 17396).

Jean Hennequin, c. 23 juin 1542 (VI, 673, 22419).

Avocats du Roi.

Jean Gilbert, c. 8 janvier 1527 (I, 480, 2536).

Jean Séguier, c. s. d. [1536-1538] (VII, 557, 26869).

Procureur général.

Jean Le Clerc, c. s. d. [1532-1536] (VII, 554, 26830); c. 8 mars 1545 (IV, 724, 14367).

COUR DES AIDES DE MONTPELLIER.

Président.

Pierre Barbier ou Berbier, c. 29 décembre 1537 (III, 434, 9510); c. 22 février 1538 (III, 476, 9700).

Généraux.

N. de Petra, rempl. après décès, 8 novembre 1524 (V, 625, 17872).

Eustache Philippe ou Philippi, n. 8 novembre 1524 (V, 625, 17872); c. s. d. [décembre 1537] (VIII, 81, 29979).

Louis Gombault, c. s. d. [décembre 1537] (VIII, 71, 29885).

André Ricard, n. 8 janvier 1538 (III, 444, 9557); c. 15 janvier 1538 (III, 448, 9576).

COUR DES AIDES DE ROUEN.

Généraux.

Jean de Croismare, c. 28 février 1537 (III, 283, 8825); c. s. d. [octobre 1537] (VIII, 100, 30164).

Henri Imbert, c. 11 décembre 1538 (III, 658, 10524).

Pierre Valles, c. 11 juin 1543 (VI, 712, 22627).

Guillaume Aoustin, n. 22 juin 1543 (VI, 714, 22637).

Conseillers.

Nicole Hamelin, rempl. après décès, 19 novembre 1521 (VII, 95, 23683).

Pierre de Quièvremont, n. 19 novembre 1521 (VII, 95, 23683).

Robert Surreau, rempl. 8 mars 1523 (VII, 111, 23759).

Jean de La Perreuse, n. 8 mars 1523 (VII, 111, 23759); rempl. sur résign., 17 mai 1527 (VI, 53, 19175).

Thomas Maignart, n. 17 mai 1527 (VI, 53, 19175).

Pierre Valles, c. rétrospect., 11 juin 1543 (VI, 712, 22627).

Arnoul Le Goupil, n. 11 juin 1543 (VI, 712, 22627).

Avocats du Roi.

Jean Maignart, rempl. sur résign., 21 juillet 1520 (VII, 87, 23644).

Jean Quesnel, n. 21 juillet 1520 (VII, 87, 26644); rempl. 26 juin 1524 (VII, 122, 22820).

Jean Grandin, n. 26 juin 1524 (VII, 122, 23820); rempl. sur résign., 24 décembre 1546 (VI, 821, 23166).

Baptiste Le Chandellier, n. 24 décembre 1546 (VI, 821, 23166).

Procureurs du Roi.

Jean Thorel, c. 15 février 1526 (VII, 132, 23870); rempl. sur résign., 7 janvier 1534 (VI, 346, 20671).

Jean d'Irlande, n. 7 janvier 1534 (VI, 346, 20671).

COUR DES MONNAIES.

Présidents de la Cour des Monnaies.

Charles Le Coq, n. 26 mars 1523 (V, 576, 17625); c. 29 décembre 1530 (I, 732, 3828).

Louis Vachot, n. s. d. [1540-1543] (VII, 575, 27094).

Généraux des Monnaies.

Michel Hubert, n. s. d. [1516-1519] (VII, 509, 26225).

François de Nory, n. s. d. [1516-1519] (VII, 513, 26283).

Jacques Le Charron, n. 10 janvier 1517 (I, 101, 586); rempl. sur résign., 12 mars 1518 (V, 381, 16639).

Germain de Marle, c. 22 mai 1517 (V, 333, 16400); rempl. sur résign., 17 septembre 1529 (I, 665, 3481).

Méry Du Bois, n. 12 mars 1518 (V, 381, 16639).

René de Bonneil, n. s. d. [1519-1522] (VII, 514, 26295).

Nicolas Le Cointe, n. s. d. [1522-1524] (VII, 517, 26387); c. 29 décembre 1530 (I, 732, 3828).

Simon Caille, rempl. 30 juin 1524 (V, 610, 17798).

Gabriel Chicot, n. 30 juin 1524 (V, 610, 17798).

Germain Le Maçon, n. s. d. [1524-1529] (VII, 521, 26385).

Jacques Taranne, n. s. d. [1524-1529] (VII, 524, 26421); c. 19 février 1539 (III, 723, 10820).

François Cougnin, mort avant 12 juin 1527 (VI, 61, 19214).

Jean Bérard, n. 9 janvier 1528 (VI, 107, 19443); rempl. sur résign., 12 juin 1543 (VI, 713, 22630).

Claude Mauparlier ou Montparlier, n. 17 septembre 1529 (I, 665, 3481); c. 25 juillet 1543 (IV, 476, 13235).

Jean de Beux, n. s. d. [1529-1532] (VII, 539, 26625); mort avant 24 janvier 1539 (III, 702, 10725).

Jean Le Sueur, n. s. d. [1529-1532] (VII, 536, 26586).

Philippe de Lautier, n. s. d. [1536-1538] (VII, 556, 26857).

Côme Luillier ou Laultier, n. s. d. [1536-1538] (VII, 559, 26893).

Pierre Porte, c. 4 décembre 1537 (VI, 477, 21357); rempl. sur résign., 26 juin 1544 (IV, 637, 13979).

Guy de Bidault, n. s. d. [1538-1540] (VII, 566, 26978).

Alexandre de Faucon, n. 28 février 1539 (VI, 537, 21690). Cour des Monnaies.

Antoine de La Primaudaye, n. 9 janvier 1544 (VI, 735, 22737), *ou* 26 juin 1544 (IV, 637, 13979).

Regnault de La Bretêche, n. s. d. [1545-1547] (VII, 599, 27447).

Conseiller à la Cour des Monnaies.

Antoine Alesme, n. 12 juin 1543 (VI, 713, 22630).

Procureur du Roi sur le fait des Monnaies.

Pierre Hennequin, c. 21 novembre 1517 (V, 353, 16505).

IMPRIMERIE NATIONALE.

CHANCELLERIES [1].

CHANCELLERIE DE FRANCE.

Commis à la garde du sceau ordonné en l'absence du grand.

Mondot de La Marthonie, c. 25 et 26 septembre 1515 (V, 260-261, 16015-16016).

Grands correcteurs et rapporteurs des lettres.

Jean Bailly, c. 3 janvier 1515 (I, 2, 8); c. s. d. [1522-1524] (VII, 517, 26339).

Antoine Du Bourg, c. 28 mars 1532 (II, 129, 4490); n. maître des requêtes, 28 avril 1532 (II, 137, 4530).

Jacques Leclerc, *dit* Coictier, c. 4 mai 1532 (II, 140, 4545); c. 27 septembre 1538 (III, 611, 10310).

Louis de L'Estoile, c. 22 avril 1543 (IV, 427, 13011).

Rapporteurs.

François Mingault, c. 21 novembre 1524 (V, 631, 17902).

Jacques Viart, n. s. d. [VII, 414, 25324]; c. 27 mai 1527 (I, 507, 2673).

Charles Thomas, n. 1532 (VII, 431, 25462).

Antoine Bourlon, c. s. d. [vers 1534] (VII, 773, 28962).

Claude Le Berger, c. rétrospect., s. d. [vers 1534] (VII, 773, 28962).

Jean Villain, c. rétrospect., 12 juillet 1543 (IV, 468, 13202).

Audienciers.

Guillaume de Beaune, rempl. sur résign., 4 septembre 1516 (V, 298, 16212).

Nicolas de Neufville, n. 4 septembre 1516 (V, 298, 16212); c. 4 mars 1521 (V, 521, 17354).

Raoul Hurault, c. 23 novembre 1522 (V, 562, 17554); rempl. sur résign., s. d. (VII, 461, 25726).

Jacques Hurault, c. 6 mars 1527 (VI, 31, 19067); c. 27 juillet 1542 (IV, 352, 12653).

Contrôleurs de l'audience.

Raoul Guyot, c. 22 janvier 1518 (V, 364, 16560); rempl. sur résign., 14 novembre 1527 (VI, 97, 19392).

Claude Guyot, n. 14 novembre 1527 (VI, 97, 19392).

[1] Voir plus haut la liste des Chanceliers de France (p. 141).

CHANCELLERIE DU DUCHÉ DE MILAN.

Chanceliers.

Antoine Du Prat, c. 26 juin 1517 (V, 336, 16420).

Étienne de Poncher, c. s. d. (*Ordonn.*, t. I, p. 216, n. 2).

Vice-chanceliers.

Jean de Selve, c. 28 décembre 1515 (I, 66, 393); reçu premier président au Parlement de Paris, 17 décembre 1520 (VII, 488, 25973).

Claude Patarin, c. 31 juillet 1521 (V, 531, 17406); c. février 1529 (VII, 155, 23978).

CONSEIL ET CHANCELLERIE DE BRETAGNE.

Chanceliers.

Philippe de Montauban, rempl. 18 avril 1515 (I, 39, 221).

Antoine Du Prat, n. 18 avril 1515 (I, 39, 221).

Vice-chancelier.

Jean Briçonnet, c. 7 mars 1515 (I, 23, 137); c. 24 juin 1531 (II, 53, 4104).

Garde du sceau.

Julien de Bourgneuf, c. 22 octobre 1538 (III, 626, 10377).

Maitres des requêtes.

Jean Goyon, c. 20 mai 1527 (VI, 54, 19180).

Pierre Marec *ou* Le Marc'hec, c. 16 août 1539 (IV, 31, 11149); c. 1er mai 1540 (VI, 597, 22010).

Pierre de Kerguz, abbé de Quimperlé, c. s. d. (VII, 415, 25332).

Thomas Le Roy *ou* Regis, n. s. d. (VII, 415, 25332).

Conseillers.

Thomas Le Roy *ou* Regis, rempl. après décès, 22 novembre 1524 (V, 631, 17903).

Louis d'Acigné, n. 22 novembre 1524 (V, 631, 17903).

Notaires et secrétaires.

Guillaume Allane, rempl. 10 mai 1526 (V, 763, 18636).

Charles Blanchet, n. 10 mai 1526 (V, 763, 18636).

Pierre Piraud, c. 7 juillet 1535 (III, 106, 7974).

AMIRAUX PROVINCIAUX[1].

AMIRAUX DE BRETAGNE.

Amiraux.

LOUIS DE LA TRÉMOÏLLE, n. 7 janvier 1515 (I, 4, 19); rempl. après décès, 23 mars 1526 (I, 440, 2325).

PHILIPPE CHABOT, n. 23 mars 1526 (I, 436, 2306); c. juillet-septembre 1538 (VIII, 266, 31771).

Vice-amiraux.

PIERRE DE BIDOUX, s[r] DE LARTIGUE, c. 10 février 1525 (V, 672, 18122); c. 18 avril 1526 (V, 755, 18595).

MERRY DE CHEPOIX, c. 7 novembre 1533 (II, 549, 6436); c. 29 décembre 1535 (VI, 404, 20973).

AMIRAUX DE GUYENNE.

Amiraux.

LOUIS DE LA TRÉMOÏLLE, n. 7 janvier 1515 (I, 3, 18); rempl. après décès, 31 mars 1526 (I, 437, 2309).

ODET DE FOIX, seigneur DE LAUTREC, n. 31 mars 1526 (I, 437, 2309); mort avant 2 septembre 1528 (VI, 144, 7633).

MARC-ANTOINE, marquis DE SALUCES, c. 28 septembre 1528 (I, 608, 3186); rempl. 22 janvier 1529 (I, 630, 3301).

HENRI, roi DE NAVARRE, n. 22 janvier 1529 (I, 630, 3301); résign. 11 février 1532 (II, 236, 5508).

PHILIPPE CHABOT, n. 11 février 1532 (II, 113, 4407); rempl. après décès, 9 novembre 1543 (IV, 519, 13437).

HENRI, roi DE NAVARRE (pour la 2e fois), n. 9 novembre 1543 (IV, 519, 13437).

Vice-amiral.

FRANÇOIS DE CAUSSANS, n. 28 septembre 1528 (I, 608, 3186).

[1] Voir plus haut la liste des amiraux et vice-amiraux de France (p. 142).

AMIRAUX DES MERS DU LEVANT OU DE PROVENCE.

Amiral.

Claude de Savoie, comte de Tende, n. 3 juillet 1520 (V, 504, 17270); c. 6 novembre 1521 (VII, 95, 23682).

Vice-amiraux.

Bertrand d'Ornesan, baron de Saint-Blancard, c. 26 février 1523 (I, 328, 1766).

Jacques d'Ancienville, c. novembre 1541 (IV, 260, 12215); mort avant 5 novembre 1545 (VII, 395, 25230).

VICE-AMIRAUX DE NORMANDIE.

Guyon Le Roy, s[r] du Chillou, c. 22 septembre 1524 (V, 616, 17825).

Charles de Mouy, s[r] de la Mailleraye, c. 29 juin 1542 (IV, 338, 12590).

CONNÉTABLIE ET MARÉCHAUSSÉE.

Prévôts généraux de la connétablie et maréchaussée.

Jacques de Saint-Aubin, c. 27 décembre 1518 (V, 427, 16864).

Louis de Chandio, c. 3 avril 1526 (V, 748, 18558); c. 28 mai 1532 (II, 149, 4593).

Claude Genton, c. 29 et 31 mai 1540 (IV, 109, 11498, 11499).

Procureurs du Roi en la connétablie de France.

Étienne Ferron, c. s. d. [v. 1533] (VII, 793, 29114); rempl. après décès, 6 juin 1546 (VI, 811, 23111).

Pierre Fallaize, n. 6 juin 1546 (VI, 811, 23111).

Prévôt des maréchaux en Agenais.

Pierre Flote, c. 5 juillet 1540 (IV, 125, 11573).

Prévôts des maréchaux aux duché d'Angoulême, comté de Périgord, pays de Saintonge, gouvernement de La Rochelle.

Jacques de Barbezières, rempl. 12 décembre 1546 (VI, 820, 23160).

Philippe Horric, n. 12 décembre 1546 (VI, 820, 23160).

Prévôts des maréchaux en Anjou.

Simon de Messac, rempl. 12 octobre 1545 (IV, 775, 14607).

Simon Brichard, n. 12 octobre 1545 (IV, 775, 14607).

Prévôt des maréchaux en Auvergne.

Antoine de Montceaux, c. 12 novembre 1527 (VI, 97, 19389).

Prévôt des maréchaux en Berry.

Claude Genton, n. 3 janvier 1521 (I, 236, 1293); c. s. d. [1532-1536] (VII, 544, 26696).

Prévôts des maréchaux en Bourgogne.

Robert de Seurre, c. 1er mai 1533 (II, 407, 5787).

Postet d'Ailly, c. s. d. (VII, 437, 25510).

Prévôt des maréchaux en Champagne et Brie.

CLAUDE L'HOSTE, c. s. d. [1534] (VII, 727, 28644); c. 21 juin 1543 (VI, 714, 22635).

Prévôt des maréchaux au duché de Châtellerault.

JEAN CHEVALIER, n. 15 février 1538 (III, 467, 9660).

Prévôts des maréchaux dans la Marche et le pays de Combrailles.

JEAN DE DURAT, rempl. 11 décembre 1524 (V, 643, 17968).

FRANÇOIS DE DURAT, n. 11 décembre 1524 (V, 643, 17968).

CLAUDE GENTON, c. s. d. [1529-1530] (VII, 718, 28591).

Prévôt des maréchaux dans les élections de Meaux, Soissons, Reims, Château-Thierry, Provins, Melun, Laon et Rethelois.

GILLES BERTHELOT, n. 5 juin 1540 (IV, 113, 11518).

Prévôts des maréchaux en Nivernais, Donziais et à Gien.

JULIEN DELAPORTE, c. s. d. (VII, 645, 27956).

TOUSSAINT DE SERVANDEY, c. s. d. (VII, 645, 27956).

Prévôt des maréchaux en Normandie.

GUILLAUME COËSSOT, c. 23 août 1529 (I, 661, 3460).

Prévôt des maréchaux dans les élections d'Orléans, Chartres, Blois, Châteaudun, Vendôme.

PIERRE LE FRANÇOIS, c. s. d. (VII, 451, 25642).

Prévôts des maréchaux aux gouvernement et prévôté de Paris et en Picardie, en deçà de la Somme.

BERGERET LE LONG, n. 10 juin 1516 (VII, 40, 23411); rempl. après décès, 23 avril 1521 (VII, 91, 23663).

YVON ROUVRAY, n. 23 avril 1521 (VII, 91, 23663).

Prévôt des maréchaux en la prévôté de Paris et dans les élections de Senlis, Beauvais, Clermont, Mantes, Montfort-l'Amaury, Étampes.

CLAUDE GENTON, n. 31 août 1537 (III, 379, 9255); c. 18 avril 1544 (VI, 749, 22802).

Prévôt des maréchaux en Picardie.

LOUIS LAIGNEL, c. s. d. [mai 1538] (VIII, 298, 32109).

Prévôt des maréchaux en Picardie, Île-de-France, prévôté de Paris, Soissonnais, bailliages de Melun et de Senlis.

ÉTIENNE DE MERCASTEL, c. 21 février 1534 (II, 614, 6765); rempl. 26 juin 1546 (VII, 403, 25266.)

Prévôts des maréchaux en Picardie, au delà de la Somme.

ANTOINE DE SOISSONS, n. 10 mai 1526 (VII, 39, 23407).

ANTOINE CALLIPE, n. 26 juin 1546 (VII, 402, 25266).

Prévôt des maréchaux en Picardie, Ponthieu et Boulonnais.

ANTOINE ROY, c. 14 juillet 1534 (II, 714, 7226).

Prévôt des maréchaux en Poitou.

ANTOINE DE L'ÉCHELLE, c. 15 février 1538 (III, 467, 9660).

Prévôts des maréchaux en Touraine, Amboise et Loudunais.

CHRISTOPHE DE LA FORÊT, c. 2 septembre 1528 (I, 598, 3137); rempl. 6 mai 1544 (IV, 605, 13827).

PIERRE DE PAINPARÉ, n. 6 mai 1544 (IV, 605, 13827).

Prévôts des maréchaux.

ALABRE DE SAULE ou SOULLE, c. 14 janvier 1518 (V, 361, 16545); c. 30 mai 1522 (V, 547, 17482).

JEAN DU MONCEAU, c. 9 septembre 1526 (V, 792, 18795); c. 27 novembre 1532 (VI, 311, 20485).

JEAN BOYNIER, c. 12 septembre 1526 (V, 794, 18806); c. 27 novembre 1532 (VI, 311, 20485).

PIERRE LE COEUR, c. 6 octobre 1532 (II, 226, 4956); c. 27 novembre 1532 (VI, 311, 20485).

FRANÇOIS PATAULT, s[r] DE LA VOUTE, c. 6 octobre 1532 (II, 226, 4956); c. s. d. [juillet 1538] (VIII, 238, 31476).

JEAN DE POMMEREUL, c. 27 janvier 1537 (VIII, 82, 29987); c. 24 septembre 1541 (IV, 242, 12123).

LACROIX, c. s. d. (VII, 649, 27988).

EAUX ET FORÊTS.

GRANDS MAÎTRES ENQUÊTEURS ET GÉNÉRAUX RÉFORMATEURS DES EAUX ET FORÊTS.

François d'Allègre, c. 10 janvier 1515 (I, 6, 36); c. 18 janvier 1525 (V, 662, 18073).

Pierre de La Bretonnière, s[r] de Warty, c. 7 août 1527 (VI, 81, 19311); c. 27 août 1539 (IV, 35, 11163).

LIEUTENANTS-GÉNÉRAUX DU GRAND MAÎTRE DES EAUX ET FORÊTS.

Jean Morin, rempl. sur résignation, 3 juin 1523 (V, 582, 17656).

Pierre Hotman, n. 23 juin 1523 (V, 582, 17456); rempl. 12 décembre 1544 (IV, 699, 14246).

Jean de Thumery, n. 12 décembre 1544 (IV, 699, 14252).

LIEUTENANTS PARTICULIERS DU GRAND MAÎTRE DES EAUX ET FORÊTS.

André Sanguin, c. 3 janvier 1532 (VI, 278, 20319); rempl. 17 janvier 1536 (III, 167, 8262).

Jean Milet, n. 17 janvier 1536 (III, 167, 8262); c. 3 février 1545 (IV, 718, 14337).

CHAMBRE DES EAUX ET FORÊTS.

Conseillers.

Tristan Durant, n. 4 janvier 1544 (IV, 542, 13534); c. 26 janvier 1544 (IV, 549, 13567).

Paul de Villemor, n. 9 janvier 1544 (IV, 543, 13540).

Charles d'Argillières, n. 17 janvier 1544 (IV, 545, 13550).

Pierre Papillon, n. 27 janvier 1544 (IV, 549, 13569).

Procureurs généraux.

Emond Brosset, rempl. sur résign., 16 mars 1531 (VI, 245, 20147).

EAUX ET FORÊTS. VAAST LE PRÉVOST, n. 16 mars 1531 (VI, 245, 20147); rempl. 12 juillet 1543 (IV, 468, 13202).

JEAN VILLAIN, n. 12 juillet 1543 (IV, 468, 13202).

Substitut du procureur général.

JACQUES RICHER, c. s. d. [1534] (VII, 753, 28832).

MAÎTRES DES EAUX ET FORÊTS.

Maîtres particuliers des eaux et forêts d'Angoumois.

ROBERT DE LA MARTHONIE, rempl. 9 sept. 1535 (III, 134, 8108).

LAURENT JOURNAULT, n. 9 septembre 1535 (III, 134, 8108).

Maître des eaux et forêts d'Anjou.

ROBERT DE SANZAY, c. 28 mars 1542 (VI, 659, 22343).

Lieutenants du maître des eaux et forêts d'Anjou.

RENÉ CHEVALIER, rempl. après décès, 29 juin 1546 (V, 95, 15154).

GILBERT VERGÉ, n. 29 juin 1546 (V, 95, 15154).

Maître des eaux et forêts d'Amboise, Montrichard et Chaumontois.

LOUIS THIBAULT, *dit* BRESSEAU, c. 6 juillet 1523 (V, 586, 17677); c. 5 mai 1535 (III, 67, 7784).

Lieutenant du maître des eaux et forêts d'Amboise, Montrichard et Chaumontois.

RENÉ DE LA BRETONNIÈRE, c. 4 novembre 1544 (IV, 686, 14194).

Maîtres particuliers des eaux et forêts du comté de Bar-sur-Seine.

JEAN DE LENONCOURT, mort avant 2 décembre 1542 (IV, 390, 12828).

JEAN LAUSSERROIS, n. 6 juin 1543 (IV, 456, 13140).

Maîtres particuliers des eaux et forêts de la seigneurie de Baugé.

JEAN BINET, rempl. 7 novembre 1534 (II, 755, 7409).

LOUIS BERRUYER *ou* BARRUEL, n. 7 novembre 1534 (II, 755, 7409); rempl. après décès, 18 septembre 1538 (III, 606, 10289).

JEAN D'AVERTON, n. 18 septembre 1538 (III, 606, 10289).

Maîtres particuliers des eaux et forêts du comté de Beaumont-sur-Oise.

JEAN DE ROUVROY, *dit* DE SAINT-SIMON, rempl. sur résign., 5 décembre 1544 (IV, 697, 14243).

JACQUES DE MARCONVILLE, n. 5 décembre 1544 (IV, 697, 14243).

Maîtres des eaux et forêts du comté de Blois.

GUILLAUME MARÉCHAL, c. 12 janvier 1515 (V, 204, 15715).

LOUIS DE RACINE, c. 8 novembre 1530 (VI, 236, 20101); c. 18 novembre 1530 (VI, 237, 20102).

LE S[r] DE CENDREY, c. 14 septembre 1538 (III, 603, 10275).

GABRIEL DE LA CHÂTRE, c. 24 février 1541 (IV, 181, 11833).

CLAUDE DE LA CHÂTRE, c. 7 mai 1541 (IV, 203, 11934).

Lieutenants du maître des eaux et forêts du comté de Blois.

JEAN JOLIN ou JOULIN, c. 22 février 1538 (III, 475, 9697); rempl. 13 février 1544 (IV, 558, 13612).

FRANÇOIS DES OUCHES, n. 13 février 1544 (IV, 558, 13612).

Maîtres des eaux et forêts de Boulonnais.

N. DE BOURNONVILLE, rempl. après décès, 23 février 1516 (V, 278, 16107).

CHARLES DE BOURNONVILLE, n. 23 février 1516 (V, 278, 16107); c. 11 décembre 1517 (V, 354, 16512).

Maîtres des eaux et forêts du Bourbonnais.

N. DE LALOUE, rempl. après décès, 16 janvier 1536 (III, 165, 8256).

RENAUD DE LALOUE, n. 16 janvier 1536 (III, 165, 8256), mort 1er septembre 1537 (III, 591, 10223).

JEAN CHASTEIGNIER, n. 9 septembre 1537 (III, 388, 9297); rempl. sur résign., 14 juillet 1540 (IV, 127, 11582).

JEAN DUBOIS, n. 14 juillet 1540 (IV, 127, 11582).

Lieutenants du maître particulier des eaux et forêts du Bourbonnais.

FRANÇOIS DESCOURTILZ, rempl. 12 novembre 1545 (IV, 780, 14628).

GUILLAUME QUÉNART, n. 12 novembre 1545 (IV, 780, 14628); c. 5 juin 1546 (V, 88, 15121).

Gruyers de Bourgogne.

JEAN DE BAISSEY, c. 3 mars 1515 (VII, 13, 23269).

JEAN DE TAVANNES, rempl. après décès, 29 avril 1523 (V, 578, 17635).

Jean de Saulx, n. 26 ou 29 avril 1523 (I, 336, 1805; V, 578, 17635); mort avant 3 septembre 1538 (III, 594, 10235).

Maître des eaux et forêts de Bretagne.

Jean de Saint-Amadour, c. 27 janvier 1527 (VI, 12, 18970).

Général réformateur des eaux et forêts en Bretagne.

Louis Du Perreau, s[r] de Castillon, c. 30 mars 1545 (VI, 784, 22973).

Gruyers et maîtres des eaux et forêts du Chalonnais, Charolais et Autunois.

Antoine de Bressey, rempl. sur résign., 16 juillet 1543 (IV, 471, 13214).

Briant de Bressey, n. 16 juillet 1543 (IV, 471, 13214); rempl. après décès, 27 juin 1546 (V, 93, 15145).

Pierre Martenot *ou* Martinet, *dit* Du Moulin, n. 27 juin 1546 (V, 93, 15145).

Maître des eaux et forêts de Châtellerault.

Louis-Pierre de La Boulinière, c. s. d. [1523-1527] (VII, 529, 26499).

Maître particulier des eaux et forêts de la prévôté de Chauny.

Martin Langrangier, c. 12 janvier 1515 (V, 205, 15718).

Maître des eaux et forêts de Clermont, Beauvaisis et Picardie.

Guillaume Du Plessis, s[r] de Liancourt, n. s. d. [1523-1527] (VII, 531, 26527); c. s. d. [1532-1536] (VII, 543, 26685).

Maître des eaux et forêts de Dauphiné.

Guigues Guiffrey, c. 30 avril 1537 (III, 311, 8951).

Maîtres particuliers des eaux et forêts du comté de Gien.

Jean de Chavigny, rempl. après décès, 19 novembre 1543 (IV, 522, 13449).

François de Quinquampoix, n. 19 novembre 1543 (IV, 522, 13449).

Maîtres des eaux et forêts de la Ferté-Alais.

Guillaume de Marmos, rempl. après décès, 18 juillet 1544 (VI, 760, 22861).

Guillaume de Beauseffant, n. 18 juillet 1544 (VI, 760, 22861).

Maîtres particuliers des eaux et forêts de la seigneurie d'Épernay.

Étienne Cousin, rempl. après décès, 28 février 1544 (IV, 565, 13648).

Denis Rochereau, n. 28 février 1544 (IV, 565, 13648).

Maîtres des eaux et forêts de l'Île-de-France, Champagne et Brie.

DREUX RAGUIER, c. 2 janvier 1515 (I, 2, 6); c. 29 avril 1523 (V, 578, 17636).

CHARLES TIERCELIN, n. 5 avril 1525 (V, 695, 18264); rempl. sur résign., 26 décembre 1525 (V, 740, 18520).

JACQUES LELIEUR, n. 26 décembre 1525 (V, 740, 18520); c. 22 septembre 1540 VI, 605, 22051).

GUILLAUME DE MARLE, rempl. sur résign., 14 novembre 1529 (VI, 199, 19902).

CHRISTOPHE LUILLIER, n. 14 novembre 1529 (VI, 199, 19902); c. s. d. [vers 1538] (VIII, 160, 30733).

Lieutenants généraux du maître particulier des eaux et forêts de Brie et de Champagne.

CHRISTOPHE RIPAULT, c. 28 novembre 1536 (VI, 437, 21147); rempl. sur résign., 14 avril 1543 (IV, 424, 12993).

CLAUDE DE MAUGARNY, n. 14 avril 1543 (IV, 424, 12993).

Lieutenant du maître enquêteur des eaux et forêts de l'Île-de-France, Brie et Champagne.

NICOLE DE CARBONNAIS, n. 9 avril 1544 (VI, 748, 22797).

Maîtres des eaux et forêts du Languedoc.

JEAN NOLET, n. 1er janvier 1529 (I, 627, 3281).

GRÉGOIRE DE ROCHEFORT, c. 20 juin 1537 (VI, 461, 21274); rempl. 20 novembre 1541 (IV, 256, 12196).

JEAN DE BEAUVOIR, n. 20 novembre 1541 (IV, 256, 12196); rempl. 27 août 1545 (IV, 764, 14555).

PIERRE DE BERNERY, n. 27 août 1545 (IV, 764, 14555); c. 1er septembre 1545 (IV, 766, 14563).

Maîtres particuliers des eaux et forêts du Maine.

CHARLES DE LA BRETONNIÈRE, n. 29 mai 1533 (II, 425, 5868); rempl. après décès, 29 août 1538 (III, 592, 10229).

LOUIS DUBOIS, n. 29 août 1538 (III, 592, 10229); rempl. sur résign., 24 avril 1540 (IV, 103, 11473).

CHARLES BAILLET, *dit* DES HAYES, n. 24 avril 1540 (IV, 103, 11473).

Maîtres des eaux et forêts de Normandie.

LOUIS DE BRÉZÉ, c. 26 mars 1515 (V, 230, 15861); c. 15 novembre 1517 (VIII, 581, 32292).

Louis de Rouville, n. 9 mars 1520 (V, 498, 17237).

Le sr de Repère, c. 29 mars 1547 (V, 192, 15658).

Maître des eaux et forêts de Normandie et Picardie.

Robert de Pommereul, c. 3 août 1533 (II, 479, 6116); c. 3 avril 1542 (VI, 661, 22351).

Lieutenant général des eaux et forêts de Normandie.

Robert Denis, c. 4 juillet 1543 (VI, 715, 22642).

Maîtres des eaux et forêts du duché d'Orléans.

Le sr de Dampierre, rempl. dès 16 décembre 1537 (III, 423, 9466).

Joachim de La Châtre, sr de la Maisonfort, c. 16 décembre 1537 (III, 423, 9466).

Maîtres particuliers des eaux et forêts de Poitou.

Antoine Des Prez, sr de Montpezat, rempl. sur résign., 6 mai 1536 (III, 301, 8435).

Melchior Des Prez, n. 6 mai 1536 (III, 201, 8435); c. 24 décembre 1544 (IV, 707, 14285).

Maîtres des eaux et forêts de Touraine.

Jacques Dupuis, rempl. après décès, 19 janvier 1525 (V, 663, 18074).

Louis Le Roy, sr de Chavigny, n. 19 janvier 1525 (V, 663, 18074); c. 1er avril 1543 (IV, 417, 12957).

Maîtres particuliers des eaux et forêts de Valois.

François de Billy, rempl. après décès, 4 juin 1537 (III, 333, 9052).

Charles de La Bretonnière, n. 4 juin 1537 (III, 333, 9052).

Louis de Laseigne, rempl. sur résign., 22 mai 1543 (IV, 444, 13087).

Charles de Capendu, n. 22 mai 1543 (IV, 444, 13087); c. 6 juin 1543 (IV, 456, 13141).

Lieutenants du maître des eaux et forêts de Valois.

Pierre Barbe, rempl. sur résign., 28 janvier 1547 (V, 165, 15515).

Antoine de Saint-Yon, n. 28 janvier 1547 (V, 165, 15515).

GOUVERNEURS.

Gouverneur d'Anjou.

René de Cossé, c. 18 octobre 1534 (II, 751, 7387).

Gouverneurs du comté d'Asti.

Michel-Antoine, marquis de Saluces, n. 26 mars 1515 (V, 230, 15860); c. 6 avril 1528 (VI, 118, 19500).

François, marquis de Saluces, c. 23 novembre 1529 (VI, 202, 19915).

Lieutenant du gouverneur du comté d'Asti.

François de Saluces, n. 6 avril 1528 (VI, 118, 19500).

Gouverneurs de Bourgogne.

Louis de La Trémoïlle, c. 7 janvier 1515 (I, 4, 19); rempl. après décès, 5 mai 1526 (I, 444, 2349), ou 1er juillet 1526 (I, 455, 1408).

Philippe Chabot, n. 5 mai 1526 (I, 444, 2349) ou 1er juillet 1526 (I, 455, 2408); rempl. après décès, 3 juin 1543 (IV, 453, 13129).

Claude de Lorraine, duc de Guise, n. 3 juin 1543 (IV, 453, 13129); c. 31 août 1546 (VI, 816, 23139).

Lieutenants du gouverneur de Bourgogne.

Jean d'Aumont, c. 7 janvier 1515 (I, 4, 20); c. 3 novembre 1517 (I, 128, 744).

Georges de La Trémoïlle, n. 3 novembre 1517 (I, 128, 744); c. 9 mai 1525 (V, 701, 18300); mort avant 17 mai 1526 (V, 765, 18651).

Claude de Lorraine, comte de Guise, n. 27 août 1523 (I, 353, 1886).

Hugues de Loges, c. 8 décembre 1526 (VII, 138, 23901); c. 15 septembre 1529 (I, 664, 3476); mort avant 25 février 1530 (I, 693, 3627).

Jacques de Brisay, c. 2 août 1532 (VII, 184, 24118); c. 16 septembre 1543 (IV, 499, 13347).

Joachim de La Baume, c. 21 mars 1545 (IV, 727, 14386); c. septembre 1545 (IV, 771, 14591).

Lancelot Du Lac, c. s. d. (VII, 442, 25566 et 454, 25661).

GOUVERNEURS.

Gouverneurs de Bresse, Bugey et Valromey.

JEAN DE LA BAUME, comte DE MONTREVEL, n. 28 juin 1536 (VIII, 646, 32635); c. septembre 1546 (V, 134, 15375).

PHILIBERT DE LA BAUME, s[r] DE MONTFALCONNET, n. 20 août 1538 (III, 585, 10199); c. 6 mars 1539 (III, 741, 10900).

Gouverneurs de Bretagne.

CHARLES, duc D'ALENÇON, rempl. 27 août 1526 (I, 461, 2440).

GUY, comte DE LAVAL, n. 27 août 1526 (I, 461, 2440); mort 20 mai 1531 (VII, 726, 28641).

JEAN DE LAVAL, s[r] DE CHÂTEAUBRIANT, n. 9 juin 1531 (II, 50, 4088); rempl. après décès, 25 février 1543 (IV, 404, 12889).

JEAN DE BROSSE, n. 25 février 1543 (IV, 404, 12889); c. janvier 1546 (V, 10, 14708).

Lieutenants du gouverneur de Bretagne.

GUY, comte DE LAVAL, c. 11 août 1521 (I, 257, 1397); c. 28 septembre 1524 (I, 389, 2077).

LE VICOMTE DE ROHAN, n. 29 juin 1543 (IV, 463, 13171).

RENÉ DE MONTEJEAN, n. s. d. (VII, 447, 25614).

Gouverneurs de Champagne et de Brie.

JEAN D'ALBRET, s[r] D'ORVAL, c. 7 janvier 1515 (I, 5, 27); mort 10 mai 1524 (V, 724, 18434).

CLAUDE DE LORRAINE, comte, puis duc DE GUISE, c. 10 juillet 1525 (V, 725, 18442); c. 23 mai 1542 (IV, 325, note).

FRANÇOIS DE CLÈVES, duc DE NEVERS, n. 3 octobre 1545 (IV, 773, 14599); c. 11 octobre 1545 (IV, 775, 14606).

CHARLES, duc D'ORLÉANS, c. 4 mars 1545 (VI, 783, 22966); rempl. après décès, 3 octobre 1545 (IV, 773, 14599).

Lieutenants du gouverneur de Champagne.

PIERRE DE HARAUCOURT, s[r] DE PARROY, c. 16 avril 1538 (III, 527, 9944).

NICOLAS DE BOSSUT, c. 26 avril 1544 (IV, 601, 13805).

Gouverneurs du Dauphiné.

LOUIS D'ORLÉANS, duc DE LONGUEVILLE, c. 7 janvier 1515 (VII, 5, 23224).

ARTUS GOUFFIER, s[r] DE BOISY, n. 1er septembre 1516 (V, 277, 16206); c. 31 décembre 1518 (V, 429, 16872).

GUILLAUME GOUFFIER, s[r] DE BONNIVET, n. 22 octobre 1519 (I, 198, 1100); rempl. après décès, 8 mars 1525 (V, 679, 18160).

Michel-Antoine, marquis de Saluces, n. 7 mai 1525 (I, 404, 2151); c. 17 octobre 1525 (I, 422, 2239). Gouverneurs.

François de Bourbon, comte de Saint-Pol, duc d'Estouteville, n. 7 mai 1526 (V, 761, 18629); c. 23 mai 1542 (IV, 326, 12528).

François de Bourbon, duc d'Estouteville, c. 17 septembre 1544 (IV, 674, 14145).

Lieutenants généraux en Dauphiné.

Pierre Terrail, s[r] de Bayard, rempl. après décès, 14 juillet 1524 (V, 612, 17806).

Noël de Fay, n. 14 juillet 1524 (V, 612, 17806).

Charles Alleman, n. [provisoirement] 8 mars 1525 (V, 679, 18160); n. 23 mai 1526 (I, 447, 2361).

Guy de Maugiron, c. 19 mai 1529 (I, 646, 3384); c. 21 septembre 1545 (IV, 769, 14575).

Jean d'Albon, s[r] de Saint-André, n. 14 août 1544 (IV, 665, 14105).

Gouverneurs de Gênes.

François de La Tour, n. 18 avril 1528 (VI, 119, 19508).

Octavien Fregoso, n. s. d. (VII, 469, 25794).

Gouverneurs de Guyenne.

Odet de Foix, s[r] de Lautrec, n. 7 janvier 1515 (I, 3, 14; *Ordonn.*, I, 12); c. 28 juin 1527 (VI, 70, 19256).

Henri d'Albret, roi de Navarre, n. 29 août 1528 (I, 595, 3125); c. 27 février 1545 (IV, 722, 14358).

Lieutenants du gouverneur de Guyenne.

Bertrand d'Estissac, n. 8 mai 1520 (I, 214, 1182).

Jacques de Chabannes, s[r] de La Palisse, c. 1522, 1523 (III, 735, 10871).

Jean de Gramont, c. 18 mai 1526 (V, 765, 18653).

Charles de Gramont, c. 12 février 1528 (VIII, 616, 32474); c. 4 décembre 1538 (III, 652, 10498).

Jacques Galiot de Genouilhac, n. 12 août 1541 (IV, 230, 12061).

Charles de Coucys, s[r] de Burie, n. 1er mars 1542 (IV, 295, 12377); n. (2e fois) 27 février 1545 (IV, 722, 14358).

Gouverneurs de l'Île-de-France.

Charles de Bourbon, duc de Vendôme, n. 18 février 1515 (I, 14, 86; *Ordonn.*, I, 103); rempl. 16 décembre 1519 (I, 202, 1124); n. (2e fois) 24 octobre 1523 (I, 359, 1915).

GOUVERNEURS. FRANÇOIS DE BOURBON, comte DE SAINT-POL, n. 16 décembre 1519 (I, 202, 1124).

MICHEL-ANTOINE, marquis DE SALUCES, c. 27 juin 1526 (I, 453, 2394), rempl. après décès, 10 mars 1529 (I, 638, 3342).

FRANÇOIS DE LA TOUR, vicomte DE TURENNE, n. 10 mars 1529 (I, 638, 3342); rempl. après décès, 20 juillet 1532 (II, 176, 4715).

ANTOINE DE LA ROCHEFOUCAULD, s^r DE BARBÉZIEUX, n. 20 juillet 1532 (II, 176, 4715); rempl. après décès, 10 février 1538 (III, 463, 9643).

FRANÇOIS DE MONTMORENCY, n. 10 février 1538 (III, 463, 9643); c. s. d. [décembre 1538] (VIII, 210, 31213).

ANTOINE SANGUIN, n. 7 septembre 1544 (IV, 673, 14140).

Lieutenants du gouverneur de l'Île-de-France.

PIERRE FILLEUL *ou* FILHOL, n. 18 septembre 1522 (I, 306, 1657).

JEAN DE LA BARRE, n. 27 juin 1526 (I, 453, 2394).

PHILIPPE DE SUZE, mort avant 16 avril 1534 (VI, 356, 20723).

JEAN DU BELLAY, n. 21 juillet 1536 (III, 229, 8577).

Gouverneurs de Languedoc.

CHARLES DE BOURBON, c. 20 avril 1415 (V, 239, 15909); destitué dès 19 juin 1524 (I, 379, 2018).

ANNE DE MONTMORENCY, n. 23 mars 1526 (I, 437, 2307); c. 12 septembre 1539 (IV, 44, 11202).

FRANÇOIS DE BOURBON, comte D'ENGHIEN, n. 15 décembre 1544 (IV, 701, 14259); rempl. après décès, 23 février 1546 (V, 23, 14778).

JACQUES GALLIOT DE GENOUILHAC, n. 23 février 1546 (V, 23, 14778); rempl. 17 décembre 1546 (V, 152, 15454).

FRANÇOIS, fils aîné du Dauphin, n. 17 décembre 1546 (V, 152, 15454).

Lieutenants du gouverneur de Languedoc.

PIERRE FILHOL, c. 18 juin 1517 (V, 335, 16416).

JEAN DE LÉVIS, s^r DE MIREPOIX, c. 6 décembre 1523 (I, 363, 1940); c. 9 mars 1524 (I, 372, 1983).

PIERRE DE CLERMONT-LODÈVE, c. 8 janvier 1526 (I, 431, 2280); c. 16 mars 1535 (III, 35, 7618).

ANTOINE DE ROCHECHOUART, c. 20 décembre 1536 (III, 259, 8714); c. s. d. [février-mars 1538] (VIII, 41, 29612).

ANTOINE DES PREZ, s^r DE MONTPEZAT, c. 31 décembre 1540 (IV, 170, 11779); c. 5 mai 1544 (IV, 605, 13826).

CHARLES DE CRUSSOL, n. 19 décembre 1544 (IV, 702, 14263).

CHARLES DE COUCYS, s^r DE BURIE, n. 17 décembre 1546 (V, 152, 15455).

Gouverneurs du Lyonnais.

CHARLES DE CHABANNES, c. s. d. [1523-1527] (VII, 530, 26609).

THÉODORE TRIVULCE, c. décembre 1526 (I, 478, 2528); mort en septembre 1532 (II, 756, 7413).

POMPONIO TRIVULCE, n. en survivance, 1er août 1531 (II, 71, 4200); mort avant 11 octobre 1539 (IV, 51, 11237).

JEAN D'ALBON, sr DE SAINT-ANDRÉ, n. 11 octobre 1539 (IV, 51, 11237); c. 21 juin 1544 (IV, 636, 13975).

Gouverneurs du Milanais.

CHARLES, duc DE BOURBON, n. 8 janvier 1516 (V, 275, 16093); rempl. mai 1516 (VII, 40, 23409) ou 17 juin 1516 (V, 289, 16165).

ODET DE FOIX, sr DE LAUTREC, n. mai 1516 (VII, 40, 23409) ou 17 juin 1516 (V, 289, 16165).

MICHEL-ANTOINE, marquis DE SALUCES, n. 5 septembre 1524 (V, 616, 17822).

Gouverneur du comté de Montbéliard.

PHILIPPE CHABOT, n. 1er mai 1534 (II, 671, 7024).

Gouverneurs de Normandie.

CHARLES, duc D'ALENÇON, c. 6 février 1515 (V, 212, 15758); rempl. après décès, 6 mai 1526 (V, 761, 18627).

LOUIS DE BRÉZÉ, n. 6 mai 1526 (V, 761, 18627); c. 12 décembre 1530 (I, 731, 3821).

FRANÇOIS, dauphin, n. 8 août 1531 (VI, 265, 20249); rempl. après décès, 10 novembre 1536 (VI, 435, 21139).

HENRI, dauphin, n. 10 novembre 1536 (VI, 435, 21139); c. 23 août 1543 (IV, 486, 13283).

Lieutenants du gouverneur de Normandie.

GEORGES D'AMBOISE, n. 21 juillet 1515 (VII, 26, 23340); n. (2e fois) 12 juin 1537 (VI, 460, 21269); c. 1er mars 1538 (III, 490, 9770).

LOUIS DE BRÉZÉ, c. 16 juin 1522 (I, 294, 1590); c. 11 mai 1525 (V, 702, 18307).

JEAN D'ESTOUTEVILLE, c. 20 janvier 1527 (I, 483, 2549).

PHILIPPE CHABOT, n. 21 août 1531 (VI, 266, 20253); c. 23 mai 1542 (IV, 325, 12527).

CHARLES DE MOUY, n. 29 mai 1536 (VI, 420, 21063); c. 10 août 1536 (III, 235, 8604); n. 28 août 1542 (VIII, 715, 33023).

FRANÇOIS DE BOURBON, duc D'ESTOUTEVILLE, comte DE SAINT-POL, n. 6 mars 1543 (VI, 694, 22528).

GOUVERNEURS. JOACHIM DE MATIGNON, c. 12 août 1543 (IV, 483, 13269); c. 17 novembre 1546 (VI, 819, 13155).

CLAUDE D'ANNEBAUT, c. février 1544 (IV, 566, 13654); c. 22 janvier 1547 (V, 164, 15509).

Gouverneurs de Picardie.

LOUIS D'HALLWIN, s^r DE PIENNES, c. 16 janvier 1516 (V, 275, 16095); c. 1er mai 1519 (I, 179, 1010).

CHARLES DE BOURBON, duc DE VENDÔME, c. 16 décembre 1519 (I, 202, 1124); rempl. après décès, 3 ou 13 mai 1537 (III, 318, 8986).

FRANÇOIS DE MONTMORENCY, s^r DE LA ROCHEPOT, n. 3 ou 13 mai 1537 (III, 318, 8986).

ANTOINE DE BOURBON, duc DE VENDÔME, c. s. d. [août 1538] (VIII, 289, 31995); c. 3 avril 1544 (IV, 591, 13760).

Lieutenants du gouverneur de Picardie.

CHARLES DE LUXEMBOURG, c. 23 septembre 1528 (I, 606, 3180).

FRANÇOIS DE MONTMORENCY, s^r DE LA ROCHEPOT, c. 5 juin 1532 (II, 153, 4612); c. s. d. [septembre 1537] (VIII, 103, 30185).

OUDARD DU BIEZ, n. 27 décembre 1542 (VII, 337, 24927); c. 8 avril 1546 (V, 60, 14970).

JEAN DE TAIX, n. 5 mars 1546 (VII, 399, 25249).

Gouverneurs de Piémont.

JEAN D'HUMIÈRES, n. 8 mars 1537 (VI, 451, 21221); rempl. sur résignation, 29 novembre 1537 (VII, 227, 24326).

RENÉ DE MONTEJEAN, n. 29 novembre 1537 (VII, 226, 24326); rempl. après décès, 28 septembre 1539 (VII, 263, 24504).

CLAUDE D'ANNEBAUT, n. 20 septembre 1539 (IV, 45, 11209); c. 13 février 1543 (IV, 402, 12882).

FRANÇOIS DE BOURBON, comte D'ENGHIEN, n. 26 décembre 1543 (IV, 535, 13505); c. 10 août 1544 (IV, 663, 14096).

JEAN CARACCIOLI, prince DE MELPHE, n. 4 octobre 1545 (IV, 774, 14602); c. 11 décembre 1545 (IV, 782, 14643).

Lieutenants du gouverneur de Piémont.

PAUL DE TERMES, c. 5 novembre 1541 (IV, 253, 12183).

GUILLAUME DU BELLAY, c. 5 novembre 1541 (IV, 253, 12183); c. 9 janvier 1542 (VIII, 709, 32991).

GUIGUES GUIFFREY, c. 13 février 1543 (IV, 402, 12882).

Gouverneurs de Provence.

JEAN DE POITIERS, s[r] DE SAINT-VALLIER, rempl. sur résignation, dès 20 février 1515 (*Ordonn.*, I, 109).

RENÉ, bâtard DE SAVOIE, n. 26 janvier 1515 (VII, 7, 23230); c. 1er octobre 1520 (V, 513, 17314).

CLAUDE DE SAVOIE, n. en survivance, 1er octobre 1520 (VII, 89, 23654); c. 19 avril 1542 (IV, 310, 12453).

LOUIS D'ADHÉMAR, n. 15 août 1541 (IV, 230, 12064) ou 21 février (VIII, 702, 32949); c. 1546 (VIII, 309, 32210).

Lieutenants du gouverneur de Provence.

FRANÇOIS, cardinal DE CLERMONT, n. 27 mars 1525 (VII, 127, 23844).

CLAUDE D'URRE, s[r] DU PUY-SAINT-MARTIN, c. 5 octobre 1529 (I, 670, 3509); c. 30 mars 1534 (II, 656, 6959).

ANTOINE DE LA FAYETTE, c. 15 avril 1529 (VI, 174, 19784); c. s. d. [août 1537] (VIII, 132, 30472).

JEAN MAYNIER, n. 26 février 1545 (VII, 386, 25183).

Gouverneurs du marquisat de Saluces.

JEAN D'HUMIÈRES, c. 6 mars 1537 (VI, 450, 21218).

JEAN-JACQUES DE BARBE, c. s. d. [août 1538] (VIII, 291, 32015).

Gouverneurs de Savoie.

JEAN D'HUMIÈRES, c. 6 mars 1537 (VI, 450, 21218); n. 8 mars 1537 (VI, 451, 21221).

FRANÇOIS DE BOURBON, comte DE SAINT-POL, c. 14 août 1544 (IV, 665, 14105).

Lieutenant du gouverneur de Savoie.

JEAN D'ALBON, s[r] DE SAINT-ANDRÉ, n. 14 août 1544 (IV, 665, 14105).

BAILLIS ET SÉNÉCHAUX.

Bailli d'Abbeville.

PHILIPPE DE POIX, c. 12 février 1538 (III, 466, 9653).

Baillis d'Amboise.

RAYMOND DE DEZEST, rempl. sur résignation, 17 janvier 1515 (V, 207, 15733).

JEAN LOPIN, n. 17 janvier 1515 (V, 207, 15733).

Baillis d'Amiens.

ANTOINE DE CRÉQUY, rempl. après décès, 20 avril 1526 (V, 755, 18596).

JEAN DE CRÉQUY, n. 20 avril 1526 (V, 755, 18596) ou 26 avril 1526 (I, 441, 2333) ou 5 juin 1526 (V, 770, 18682); rempl. sur résignation, 6 août 1528 (VI, 137, 19598).

IMBERT DE SAVEUSE, n. 6 août 1528 (VI, 137, 19598); rempl. 26 septembre 1534 (II, 745, 7360) ou 5 mars 1535 (III, 28, 7582).

GUILLAUME DU BELLAY, n. 26 septembre 1534 (II, 745, 7360), ou 5 mars 1535 (III, 28, 7582), ou 29 avril 1535 (III, 57, 7734); rempl. 21 août 1537 (III, 371, 9220).

LOUIS BOURNEL, n. 21 août 1537 (III, 370, 9220); c. mars 1542 (IV, 302, 12411).

Baillis d'Ardres.

ANTOINE DE CALONNE, rempl. après décès, 24 janvier 1546 (V, 8, 14697).

PIERRE DOSTEREL, n. 24 janvier 1546 (V, 8, 14697).

Baillis d'Autun.

JEAN ROLIN, rempl. après décès, 10 mai 1527 (VI, 50, 19160).

HUGUES DE LOGES, n. 10 mai 1527 (VI, 50, 19160); rempl. après décès, 25 février 1530 (I, 693, 3627).

SIMON DE LOGES, n. 25 février 1530 (I, 693, 3627).

Baillis d'Auxerre.

ÉMARD DE CHANTEMERLE, bâtard DE LA CLAYETTE, rempl. après décès, 2 février 1527 (VI, 16, 18992).

Claude Gouffier, s^r de Boisy, n. 2 février 1527 (VI, 16, 18992); rempl. sur résignation, 30 mai 1528 (I, 569, 2991).

François de Courtenay, n. 30 mai 1528 (I, 569, 2991); c. 23 juillet 1528 (I, 584, 3069).

Baillis d'Auxois.

Georges de La Trémoïlle, s^r de Jonvelle, rempl. après décès, 17 mai 1526 (V, 765, 18651).

Anne de Montmorency, s^r de La Rochepot, n. 17 mai 1526 (V, 765, 18651).

Baillis de Bar-sur-Seine.

Philippe de Lenoncourt, rempl. dès 18 décembre 1516 (VII, 501, 26124).

Jean de Lenoncourt, c. 18 décembre 1516 (VII, 501, 26124); rempl. après décès, 2 décembre 1542 (IV, 390, 12828).

Guillaume de Dinteville, n. 2 décembre 1542 (IV, 389, 12828).

Jean Lausserrois, n. 6 juin 1543 (IV, 456, 13140); c. 18 mars 1544 (IV, 390, 12828).

Bailli de Beaujolais.

Jean d'Albon, s^r de Saint-André, c. s. d. [vers 1523-1527] (VII, 528, 26472); c. 16 février 1535 (VI, 386, 20877).

Baillis de Beaumont-sur-Oise.

Jean Le Grand, rempl. sur résignation, 25 juillet 1535 (III, 114, 8012).

Simon Le Grand, n. 25 juillet 1535 (III, 114, 8012); rempl. après décès, 4 novembre 1546 (V, 145, 15425).

Guy Karuel, n. 4 novembre 1546 (V, 145, 15425).

Baillis de Berry.

Pierre Dupuy, c. 16 janvier 1520 (V, 494, 17218).

Le s^r de Biron, rempl. après décès, 15 juin 1524 (V, 609, 17790).

Jean Poussart, n. 15 juin 1524 (V, 609, 17790); rempl. sur résignation, 12 novembre 1529 (VI, 198, 19900).

René de Batarnay, n. 12 novembre 1529 (VI, 198, 19900).

Baillis de Blois.

François de Pontbriant, c. 24 mars 1515 (V, 229, 15853).

Louis d'Étampes, s^r de Valençay, n. 26 octobre 1519 (V, 489, 17194); rempl. après décès, 30 mai 1530 (VIII, 343, 3597).

Claude de Beauvillier, n. 30 mai 1530 (I, 707, 3697); rempl. après décès, 21 août 1539 (IV, 33, 11156).

Jean Breton, n. 21 août 1539 (IV, 33, 11156).

Baillis de Bourbon-Lancy.

LAURENT LE BLANC, rempl. sur résignation, 2 juillet 1544 (IV, 643, 14009).

GATIEN DE BALLORE, n. 2 juillet 1544 (IV, 643, 14009).

Baillis de Bresse.

JEAN DE LA BAUME, comte DE MONTREVEL, c. rétrosp. s. d. [février 1539] (VIII, 176, 3892).

PHILIBERT DE LA BAUME, s[r] DE MONTFALCONNET, c. s. d. [février 1539] (VIII, 176, 3892).

CLAUDE DE CHÂTEAUVIEUX, n. 1er août 1542 (VI, 679, 22455); c. 1er avril 1543 (VI, 697, 22547).

Baillis de Bugey.

MARIN DE MONTCHENU, rempl. 1er mars 1546 (V, 29, 14808).

CLAUDE DE MONTCHENU, n. 1er mars 1546 (V, 29, 14808).

Baillis de Caen.

FRANÇOIS DE SILLY, c. 7 janvier 1515 (V, 197, 15677); c. 31 décembre 1523 (V, 599, 17739).

LOUIS DE BRÉZÉ, rempl. sur résignation, 17 avril 1526 (V, 754, 18586).

GABRIEL, baron D'ALLÈGRE, n. 17 avril 1526 (V, 754, 18586); c. 14 mai 1526 (V, 763, 18640).

JACQUES D'AUBERVILLE, n. s. d. [1538] (VII, 567, 26994); c. 14 septembre 1538 (III, 604, 10280).

Baillis de Chalon-sur-Saône.

JEAN DE LUGNY, c. février 1515 (I, 21, 119); c. 16 janvier 1534 (II, 601, 6697); rempl. après décès, 7 août 1540 (IV, 132, 11603).

PHILIBERT DE LUGNY, n. 2 avril 1522 (V, 544, 17470).

AIMÉ DE LUGNY, n. en survivance, 16 janvier 1534 (II, 601, 6697).

GEORGES DE LA GUICHE, n. 7 août 1540 (IV, 132, 11603).

Baillis de Charolais.

CLAUDE DE SALINS, c. 19 décembre 1518 (VII, 69, 23556); rempl. 10 octobre 1536 (VI, 434, 21132).

JEAN DE PLAISANCE, n. 10 octobre 1536 (VI, 434, 21132).

Baillis de Chartres.

JEAN BERZIAU, rempl. 22 octobre 1518 (V, 417, 16810).

JACQUES ACARIE, n. 22 octobre 1518 (V, 417, 16810); c. 27 décembre 1523 (V, 598, 17737).

GILLES ACARIE, n. en survivance, 27 décembre 1523 (V, 598, 17737).

JEAN L'ARCHEVÊQUE, baron DE SOUBISE, rempl. 6 mai 1543 (IV, 436, 13050).

MICHEL DE CHAMPROND, n. 6 mai 1543 (IV, 436, 13050).

Baillis de Chaumont-en-Bassigny.

JACQUES D'AMBOISE, n. 23 mai 1516 (V, 287 [VIII, 389], 16157); rempl. après décès, 4 avril 1525 (V, 689, 18226).

GABRIEL DE LIGNAC, n. 4 avril 1525 (V, 689, 18226); rempl. 3 avril 1533 (VI, 326, 20565).

CHARLES DE ROYE, comte DE ROUCY, n. 3 avril 1533 (VI, 326, 20565); rempl. sur résignation, 20 mars 1534 (II, 651, 6936).

JEAN SALART, n. 20 mars 1534 (II, 651, 6936).

ANTOINE DES ESSARTS, c. 27 avril 1539 (VI, 557, 21799).

Baillis de Chauny.

JEAN DE DINTEVILLE, s[r] D'ÉCHÉNAY, c. 4 août 1517 (V, 341, 16441).

GIRARD DE VIENNE, n. en survivance, 4 août 1517 (V, 340, 16441).

Bailli de Chinon.

ADRIEN QUINARD, n. mai 1544 (IV, 623, 13912).

Bailli de Clermont en Beauvoisis.

PIERRE DE LA BRETONNIÈRE, s[r] DE WARTY, c. 4 janvier 1529 (VI, 161, 19714); c. 9 janvier 1533 (VI, 318, 20523).

Baillis de Cotentin.

NICOLAS DE CERISAY, n. s. d. [1516-1519] (VII, 511, 26253).

ANTOINE BOHIER, n. 29 août 1520 (I, 223, 1230) *ou* 16 novembre 1520 (V, 515, 17327); c. s. d. [1538-1540] (VII, 566, 26985).

GUILLAUME BOHIER, c. 15 septembre 1532 (II, 208, 4875); c. 12 février 1539 (III, 718, 10797).

Baillis de Dijon.

JEAN DE ROCHEFORT, c. 6 février 1515 (I, 14, 81); rempl. après décès, 27 février 1537 (III, 282, 8821).

AFRICAIN DE MAILLY, n. 27 février 1537 (III, 282, 8821).

Bailli de Dombes.

JEAN D'ALBON, s[r] DE SAINT-ANDRÉ, c. 16 mai 1533 (II, 419, 5839).

BAILLIS.

Baillis de Dourdan.

ANTOINE D'AUBOURS, rempl. après décès, 6 août 1537 (III, 368, 9209).

TRISTAN LE CHARRON, n. 6 août 1537 (III, 368, 9209).

Bailli de Dunois.

JEAN VAILLANT DE GUELLIS, c. 1er juin 1515 (V, 245, 15940); c. 24 juin 1515 (I, 49, 290).

Bailli d'Épernay.

JEAN AUBELIN, rempl. après décès, 10 septembre 1536 (III, 242, 8632).

Baillis d'Étampes.

GUILLAUME BRACHET, n. 18 mars 1518 (V, 384, 16652) ou 18 mai 1518 (V, 398, 16721).

JACQUES BLONDEL, c. 1er octobre 1523 (I, 358, 1909); c. 7 novembre 1523 (I, 360, 1925).

CHARLES DE CASTILLON, rempl. après décès, 29 juin 1529 (VI, 181, 19819).

JEAN DE PONCHER, n. 29 juin 1529 (VI, 181, 19819); rempl. sur résignation, 23 avril 1534 (II, 670, 7018).

NICOLAS DE PONCHER, n. 23 avril 1534 (II, 670, 7018); rempl. sur résignation, 11 octobre 1538 (III, 621, 10352).

NICOLAS HERBELOT, n. 11 octobre 1538 (III, 621, 10352); c. 21 novembre 1538 (III, 644, 10462).

Baillis d'Évreux.

FRANÇOIS DE HANGEST, n. 21 mars 1533 [plutôt 1532] (II, 361, 5578); rempl. 13 octobre 1532 (II, 229, 4970; II, 336, 5469).

CLAUDE D'ANNEBAUT, n. 13 octobre 1532 (II, 229, 4970); c. 15 mai 1534 (II, 674, 7037).

Baillis de Forez.

GABRIEL DE LÉVIS, rempl. après décès, 12 novembre 1535 (III, 151, 8185).

CLAUDE D'URFÉ, n. 12 novembre 1535 (III, 151, 8185).

Baillis de Gévaudan.

JEAN D'ANGÉZUNE, c. 31 mai 1523 (V, 580, 17648).

GUY DE MAUGIRON, n. 19 mai 1529 (I, 646, 3384); c. 22 mars 1531 (II, 16, 3918).

Bailli de Gien.

JEAN BABOU, c. 15 juin 1537 (III, 341, 9097); c. 31 juillet 1537 (VI, 467, 21303).

Baillis de Gisors.

JEAN PICARD, n. 26 février 1523 (V, 573, 17613); rempl. après décès, 20 juillet 1523 (VIII, 330, 1865).

ADRIEN TIERCELIN, n. 20 juillet 1523 (I, 349, 1865); c. 21 août 1531 (VI, 266, 20254).

Baillis du pays de Labour.

LOUIS DE HURTEBYE, rempl. après décès, 7 décembre 1516 (I, 96, 564).

JEAN DE CHICON, s[r] DE SAINT-PÉ, n. 7 décembre 1516 (I, 96, 564); c. 14 avril 1536 (III, 196, 8404).

JEAN DAMOUR, n. en survivance, 14 avril 1536 (III, 196, 8404); c. 12 novembre 1537 (III, 414, 9420).

Bailli de La Ferté-Alais.

JACQUES LE ROUX, c. 18 septembre 1520 (VII, 88, 23650).

Bailli de Langres.

GUY PIGNARD, c. 5 mai 1519 (VIII, 588, 32325).

Baillis de Mâcon.

PIERRE DE LA GUICHE, c. 12 mars 1515 (I, 24, 143); rempl. après décès, 1er octobre 1543 (IV, 506, 13775).

PIERRE DE TARDES, rempl. après décès, 3 juin 1521 (V, 525, 17376).

LOUIS MITTE, n. 3 juin 1521 (V, 525, 17376); rempl. 16 novembre 1522 (V, 561, 17552).

HENRI BOHIER, n. 16 novembre 1522 (V, 561, 17552).

GABRIEL DE LA GUICHE, n. en survivance, 9 avril 1528 (VI, 118, 19503).

HARDY DE JAUCOURT, n. 1er octobre 1543 (IV, 506, 13775).

Baillis de Mantes.

GUILLAUME DE MORAINVILLIER, n. 20 novembre 1518 (I, 157 [VIII, 320], 897).

JEAN D'ASSIGNY, rempl. sur résignation, 22 février 1534 (II, 614, 6763).

ADRIEN DE MELUN, n. 22 février 1534 (II, 614, 6763); rempl. après décès, 18 novembre 1544 (IV, 690, 14211).

NICOLE BARON, n. 18 novembre 1544 (IV, 690, 14211).

Baillis de Meaux.

JACQUES ALLEGRAIN, rempl. 13 mai 1520 (V, 502, 17260).

JACQUES VIGNON, n. 13 mai 1520 (V, 502, 17260).

BAILLIS. GUIGNARDIN DE LANDIFAY, c. 19 février 1524 (V, 602, 17754); rempl. sur résign., 20 juillet 1542 (IV, 348, 12637).

ANTOINE DU BUZ, n. 20 juillet 1542 (IV, 348, 12637).

Baillis de Melun.

JEAN DU PUY DE BERMONT, rempl. dès 15 mars 1515 (VII, 501, 26121).

JACQUES ALLEGRAIN, reçu 15 mars 1515 (VII, 501, 26121).

Baillis de Meulan.

ADRIEN DE MELUN, rempl. après décès, 18 novembre 1544 (IV, 690, 14211).

NICOLE BARON, n. 18 novembre 1544 (IV, 690, 14211).

Baillis de la Montagne.

ANTOINE DE LAMET, n. 14 janvier 1515 (V, 205, 15723); rempl. sur résign., 26 avril 1523 (V, 578, 17634).

JEAN DE CUSANCE, n. 26 avril 1523 (V, 577, 17634); c. décembre 1526 (I, 478, 2526).

Baillis des Montagnes d'Auvergne.

JEAN DE TORCY, n. 9 janvier 1520 (V, 494, 17216); rempl. sur résign., 14 juin 1520 (V, 503, 17267).

GABRIEL DE NOZIÈRES, n. 14 juin 1520 (V, 503, 17267).

REGNAUD DE LANGEAC, c. s. d. [1523-1527] (VII, 533, 26547).

GABRIEL DE MONTAL, rempl. après décès, dès 9 janvier 1539 (VII, 502, 26129).

NECTAIRE DE SAINT-NECTAIRE (Senneterre), reçu 9 janvier 1539 (VII, 502, 26129); c. 26 septembre 1543 (VI, 721, 22672).

Baillis de Montfort-l'Amaury.

JEAN BERTHOMIER, c. 17 décembre 1538 (VI, 511, 21546); rempl. sur résignation, 31 octobre 1544 (IV, 684, 14186).

PIERRE DELAPORTE, n. 31 octobre 1544 (IV, 684, 14186).

Baillis d'Orléans.

LANCELOT DU LAC, n. 27 juin 1515 (V, 521, 15965); rempl. sur résign., 6 juin 1521 (V, 526, 17630).

JACQUES GROSLOT, n. 6 juin 1521 (V, 526, 17380); c. 14 juin 1541 (IV, 213, 11979).

JÉRÔME GROSLOT, c. 11 mars 1546 (V, 35, 14835).

Baillis de Paris.

JEAN DE LA BARRE, c. 29 mars 1526 (V, 746, 18552); mort le 28 février 1534 (II, 722, 7256).

ANTOINE DU PRAT, c. 11 mai 1542 (IV, 322, 12513).

Prévôts de Paris.

JEAN DE LA BARRE, n. 18 avril 1526 (V, 754, 18588); rempl. 1er mars 1534 (II, 619, 6786).

JEAN D'ESTOUTEVILLE, n. 1er mars 1534 (II, 619, 6786); rempl. 1er mars 1542 (IV, 295, 12376).

ANTOINE DU PRAT, n. 1er mars 1542 (IV, 295, 12376); c. 11 mai 1542 (IV, 322, 12513).

GABRIEL D'ALLÈGRE, n. 2 juillet 1516 (V, 290, 16171); rempl. 18 avril 1526 (V, 754, 18588).

Baillis du Palais.

FLORIMOND ROBERTET, c. 7 janvier 1515 (V, 197, 15674); rempl. après décès, 28 août 1532 (II, 192, 4790).

FRANÇOIS DE MONTMORENCY, sr DE LA ROCHEPOT, n. 28 août 1532 (II, 192, 4790); rempl. sur résign., 4 septembre 1537 (III, 387, 9290).

NICOLAS BERTHEREAU, n. 4 septembre 1537 (III, 387, 9290); c. 23 mars 1540 (VI, 592, 21984).

Bailli de Péronne, Montdidier et Roye.

LOUIS DE HALLWIN, n. 14 janvier 1515 (VII, 6, 23228) *ou* 10 juillet 1516 (V, 292, 16179); c. 19 décembre 1517 (V, 356, 16521).

Bailli de Provins.

PHILIPPE DURAND, n. 30 avril 1544 (IV, 602, 13810).

Baillis de Rouen.

CHARLES DE ROCHECHOUART, mort avant 31 décembre 1515 (VII, 31, 23364).

JEAN DE POITIERS, sr DE SAINT-VALLIER, rempl. sur résign., 31 décembre 1515 (VII, 31, 23364).

JEAN DE LA BARRE, n. 31 décembre 1515 (VII, 31, 23364); c. 10 février 1519 (V, 449, 16983).

JEAN D'ESTOUTEVILLE, n. 10 juin 1522 (V, 547, 17486); c. 5 mai 1544 (VI, 751, 22817).

Baillis de Saint-Pierre-le-Moutier.

GUILLAUME BOURGOING, c. s. d. [1519-1522] (VII, 514, 26298).

JEAN D'ÉBREUIL, c. 8 octobre 1520 (V, 514, 17317); rempl. sur résignation, 10 septembre 1526 (V, 793, 18001).

FRANÇOIS DE BEAUFORT, n. en survivance, 8 octobre 1520 (V, 514, 17317); n. 10 septembre 1526 (V, 793, 18001).

FRANÇOIS DE SAINT-QUENTIN, rempl. après décès, 21 février 1545 (IV, 722, 14354).

JACQUES DE GOUZOLLES, n. 21 février 1545 (IV, 721, 14354) *ou* 26 février 1545 (VI, 782, 22961).

Baillis de Savoie.

GUIGUES GUIFFREY, rempl. après décès, 17 avril 1545 (V, 68, 15014).

BONAVENTURE GUIFFREY, n. 17 avril 1545 (V, 68, 15014).

Baillis de Senlis.

JEAN DE SAINS, s^r^ DE MARIGNY, c. 2 juillet 1517 (V, 337, 16426); rempl. après décès, 30 avril 1543 (IV, 431, 13026).

FRANÇOIS DE BARBANÇON, n. 30 avril 1543 (IV, 431, 13026).

Baillis de Sens.

CHRISTOPHE DE PLAILLY, rempl. dès 22 janvier 1517 (VII, 502, 26125).

MICHEL DE POISIEUX, reçu 22 janvier 1517 (VII, 501, 26125); rempl. sur résign., 22 octobre 1522 (I, 310, 1676) *ou* 22 décembre 1522 (V, 565, 17569).

FRANÇOIS LE CLERC, n. 22 octobre 1522 (I, 310, 1676) *ou* 22 décembre 1522 (V, 565, 17569); c. 6 août 1524 (V, 614, 17816).

Baillis de Sézanne.

ANTOINE D'ANCIENVILLE, c. 31 août 1520 (V, 510, 17297); rempl. sur résign., 16 *ou* 18 avril 1537 (III, 300, 8902).

NICOLAS DE BALEINE, n. 16 *ou* 18 avril 1537 (III, 300, 8902).

Baillis de Touraine.

JACQUES DE BEAUNE, s^r^ DE SEMBLANÇAY, n. 3 novembre 1516 (V, 304, 16246); c. juin 1523 (V, 584, 17665).

GUILLAUME DE BEAUNE, n. en survivance, 2 décembre 1522 (VII, 502, 26126).

ROBERT DE LA MARTHONIE, s^r^ DE BONNES, n. 23 août 1527 (VI, 87, 19338); rempl. sur résign., 3 février 1530 (VI, 214, 19977).

JEAN DE VILLEMARE, n. 3 février 1530 (VI, 214, 19977).

Baillis de Troyes.

GAUCHER DE DINTEVILLE, c. 10 septembre 1519 (V, 486, 17179); rempl. 17 février 1526 (V, 743, 18537).

JEAN DE DINTEVILLE, n. en survivance, 10 septembre 1519 (V, 486, 17179) *ou* 28 novembre 1520 (I, 232, 1276); n. 17 février 1526 (V, 743, 18537); c. 9 mars 1537 (III, 287, 8842).

Baillis de Valois.

ARTUS GOUFFIER, s^r^ DE BOISY, c. 1515-1517 (V, 665, 18087); rempl. sur résign., 30 août 1517 (I, 124, 722).

JACQUES, bâtard DE VENDÔME, n. 30 août 1517 (I, 124, 722); rempl. après décès, 28 octobre 1524 (I, 391, 2086).

Philippe Chabot, n. 28 octobre 1524 (I, 391, 2086); rempl. sur résign., 20 décembre 1527 (VI, 103, 19420) *ou* 16 septembre 1528 (VI, 147, 19646). Baillis.

Henri de Lenoncourt, n. 20 décembre 1527 (VI, 103, 29420) *ou* 16 septembre 1528 (VI, 147, 19646); c. 14 février 1544 (IV, 559, 13614).

Robert de Lenoncourt, n. en survivance, 14 février 1544 (IV, 559, 13614).

Baillis de Vermandois.

Jacques, bâtard de Vendôme, c. 27 janvier 1519 (V, 443, 16952); rempl. après décès, 10 octobre 1524 (V, 619, 17836).

Claude Gouffier, n. 10 octobre 1524 (V, 619, 17836); rempl. sur résign., 16 juillet 1529 (VI, 182, 19824).

Jean de Bossut, n. 16 juillet 1529 (VI, 182, 19824).

Nicolas de Bossut, s[r] de Longueval, n. 7 juin 1530 (VI, 227, 20046); c. décembre 1540 (IV, 171, 11785).

Claude de Bossut, n. 17 avril 1538 (III, 528, 9945).

Baillis de Viennois.

Jean Sextre, rempl. après décès, 25 janvier 1528 (VI, 108, 19448).

Antoine de Clermont, n. 25 janvier 1528 (VI, 108, 19448).

Marin de Montchenu, rempl. sur résign., s. d. [vers 1534] (VII, 754, 28839).

Claude de Châteauvieux, n. s. d. [vers 1534] (VII, 754, 28839).

Baillis de Vitry.

Thierry de Lenoncourt, rempl. après décès, dès 29 février 1515 (VII, 501, 26120) *ou* 18 avril 1515 (V, 239, 15905).

Élie de Polignac, reçu 29 février 1515 (VII, 501, 26120).

Henri de Lenoncourt, n. 18 avril 1515 (V, 239, 15905); c. mai 1543 (IV, 452, 13126).

Sénéchaux d'Agenais.

Rigault d'Oreille, rempl. après décès, 26 septembre 1517 (I, 126, 730).

René de Puyguion, n. 26 septembre 1517 (I, 126, 730).

Antoine Raffin, *dit* Pothon, c. 8 octobre 1520 (V, 514, 17318); c. 27 août 1537 (III, 376, 9243).

Sénéchal d'Albigeois.

Antoine de Rochechouart, c. 4 janvier 1539 (V, 210, 15749).

Sénéchaux d'Angoumois.

François de La Roche, s[r] de la Rochebeaucourt, rempl. sur résign., 22 mai 1535 (III, 82, 7860).

SÉNÉCHAUX. JEAN DE LA ROCHE, s[r] DE LA ROCHEBEAUCOURT, n. 22 mai 1535 (III, 82, 7860); c. 2 novembre 1537 (VI, 476, 21347).

RENÉ DE LA ROCHE, c. 4 novembre 1546 (V, 145, 15426).

Sénéchaux d'Anjou.

JACQUES DE DAILLON, c. 5 octobre 1529 (VI, 193, 19874); rempl. après décès, 3 juillet 1533 (II, 466, 6059).

JEAN DE DAILLON, n. 3 juillet 1533 (II, 466, 6059); c. mai 1545 (IV, 747, 14471).

Sénéchal d'Armagnac.

JACQUES GALLIOT DE GENOUILHAC, c. mars 1516 (V, 281, 16124); c. 26 septembre 1526 (V, 796, 18816).

Sénéchaux d'Auray et d'Hennebont.

PIERRE DE QUENEVILIC, rempl. après décès, 6 mai 1527 (VI, 48, 19151, 19152).

PIERRE COSNOAL, n. 6 mai 1527 (VI, 48, 19151, 19152); c. s. d. [vers 1532] (VII, 688, 28338).

Sénéchaux d'Auvergne.

PHILIPPE DE BEAUJEU, rempl. sur résign., 4 juillet 1532 (VI, 302, 20440).

ANTOINE DE LA ROCHEFOUCAULD, n. 4 juillet 1532 (VI, 302, 20440); rempl. après décès, 24 janvier 1538 (III, 454, 9602) *ou* 19 février 1538 (VIII, 672, 32781).

JEAN DE LÉVIS, n. 24 janvier 1538 (III, 454, 9602); rempl. après décès, 6 juillet 1541 (IV, 220, 5075).

JUST DE TOURNON, n. 6 juillet 1541 (IV, 220, 12014).

Sénéchaux de Bazadais.

JEAN DE MONTPEZAT, *dit* CARBON, rempl. 24 juillet 1544 (IV, 652, 14046).

JEAN DE BOURBON, vicomte DE LAVEDAN, n. 24 juillet 1544 (IV, 652, 14046).

Sénéchaux de Beaucaire et Nîmes.

JACQUES DE CRUSSOL, rempl. sur résign., 5 juillet 1523 (I, 346, 1852).

CHARLES DE CRUSSOL, n. 5 juillet 1523 (I, 346, 1852); rempl. après décès, 8 mars 1546 (V, 32, 14820).

JEAN DE SENNETERRE, n. 8 mars 1546 (V, 32, 14820).

Sénéchaux de Boulonnais.

ANTOINE DE LA FAYETTE, n. 8 septembre 1518 (V, 414, 16797); rempl. 31 janvier 1523 (V, 571, 17601).

Oudart Du Biez, n. 31 janvier 1523 (V, 571, 17601); c. 7 décembre 1537 (VI, 478, 21358). Sénéchaux.

Jacques de Fouquesolles, rempl. 1er novembre 1544 (IV, 685, 14188).

Oudart Du Biez, n. (2e fois) 1er novembre 1544 (IV, 685, 14188).

Sénéchal de Bourbonnais.

François Des Cars, c. mai 1530 (I, 708, 3701); c. 27 septembre 1544 (IV, 676, 14151).

Sénéchaux de Carcassonne.

Jean de Lévis, n. 6 février 1522 (I, 274, 1483); rempl. sur résign., 6 mai 1525 (V, 699, 18289).

Jean de Lévis, n. 6 mai 1525 (V, 699, 18289); c. 14 septembre 1528 (I, 601, 3152).

Pierre de Clermont-Lodève, rempl. 15 mars 1545 (IV, 725, 14373).

Philippe de Lévis, n. 15 mars 1545 (IV, 725, 14373).

Sénéchal de Castres.

Gabriel de La Palu, n. 9 mars 1542 (IV, 298, 12390); c. 5 juillet 1543 (VII, 349, 24994).

Sénéchaux de Châtellerault.

Antoine Des Prez, sr de Montpezat, c. 6 mai 1536 (III, 201, 8435); mort dès 8 décembre 1544 (IV, 697, 14245).

Melchior Des Prez, n. en survivance, 6 mai 1536 (III, 201, 8435); c. 24 décembre 1544 (IV, 707, 14285).

Sénéchal de Civray.

Philippe Jay, c. mai 1530 (I, 709, 3706); c. s. d. [1532-1536] (VII, 546, 26723).

Sénéchal de Comminges.

François de Mauléon, c. 14 août 1529 (I, 658, 3443); c. 20 juin 1532 (II, 161, 4648).

Sénéchal de Fontenay-le-Comte.

Michel Tiraqueau, n. 27 novembre 1544 (IV, 693, 14224).

Grands sénéchaux de Guyenne.

Antoine de La Rochefoucauld, n. 2 février 1529 (I, 632, 3313); rempl. après décès, 18 février 1538 (III, 469, 9667).

Gilbert de La Rochefoucauld, n. 18 février 1538 (III, 469, 9667); c. 21 mars 1539 (III, 748, 10929).

IMPRIMERIE NATIONALE.

Sénéchal des Lannes.

JEAN DE PUJOLS, *dit* DE SAINT-CHAMANT, c. 3 août 1519 (VII, 77, 23593).

Sénéchaux de Limousin.

JEAN DE PROUHET (*ou* PONCHER), c. 14 décembre 1519 (V, 492, 17029).

MARIN DE MONTCHENU, n. 4 mars 1532 (II, 121, 4448); rempl. sur résign., 15 mai 1543 (IV, 439, 13063).

FRANÇOIS DE PONTBRIANT, n. 15 mai 1543 (IV, 439, 13063).

Sénéchaux de Lyon.

PIERRE DE LA GUICHE, c. 14 mars 1515 (I, 24, 143).

PIERRE DE TARDES, rempl. 3 juin 1521 (V, 525, 17376).

LOUIS MITTE, s^r DE CHEVRIÈRES, n. 3 juin 1521 (V, 525, 17376); rempl. 16 novembre 1522 (V, 561, 17552).

HENRI BOHIER, s^r DE LA CHAPELLE, n. 16 novembre 1522 (V, 561, 17552); rempl. 18 avril 1530 (I, 702, 3671).

JEAN D'ALBON, s^r DE SAINT-ANDRÉ, n. 18 avril 1530 (I, 702, 3671); c. 18 janvier 1535 (III, 6, 7476).

Sénéchaux du Maine.

RENÉ D'ANJOU, baron DE MÉZIÈRES, rempl. sur résign., 10 mars 1519 (V, 460, 17040).

CHRISTOPHE PÉROT, n. 10 mars 1519 (V, 460, 17040).

Sénéchal de la Marche.

JACQUES DE BRIZAY, s^r DE BEAUMONT, c. 19 juin 1543 (IV, 459, 13155); c. 5 septembre 1543 (IV, 495, 13327).

Sénéchal de la Basse-Marche.

MARIN DE MONTCHENU, c. s. d. [1523-1527] (VII, 531, 26518).

Sénéchaux de la Haute-Marche.

ANTOINE DES PREZ, s^r DE MONTPEZAT, n. s. d. [1523-1527] (VII, 525, 26437); c. rétrospect., 21 mars 1533 (II, 360, 5576).

FRANÇOIS DE MAUVOISIN, s^r DE LA FORÊT, c. 3 janvier 1527 (VI, 106, 19440); c. 12 février 1535 (III, 21, 7544).

LOUIS RACQUET, rempl. après décès, 15 novembre 1546 (V, 146, 15427).

FRANÇOIS DU FOU, s^r DU VIGEAN, n. 15 novembre 1546 (V, 145, 15427).

Sénéchal de Montmorillon

Louis Lebeau, n. 19 mai 1545 (IV, 741, 14450).

Sénéchal de Nantes.

Christophe Bresset, c. 20 mai 1527 (VI, 54, 19180); c. 13 octobre 1536 (III, 249, 8668).

Sénéchaux de Périgord.

Bertrand d'Estissac, rempl. après décès, 17 février 1517 (V, 317, 16314) *ou* 1518 (V, 374, 16604).

François de Green de Saint-Marsault, n. 17 février 1517 (V, 317, 16314) *ou* 1518 (V, 374, 16604); rempl. après décès, 17 août 1526 (I, 459, 2429).

Antoine Des Prez, s^r^ de Montpezat, n. 17 août 1526 (I, 459, 2429); c. 28 septembre 1532 (VI, 307, 20468).

Charles de Gaing, s^r^ de Linars, n. 10 décembre 1532 (II, 257, 5107); rempl. 3 septembre 1543 (IV, 494, 13322).

Jacques Des Cars, c. 3 septembre 1543 (IV, 494, 13322); c. 6 août 1544 (VIII, 403, 25129 *bis*).

Guy Chabot, s^r^ de Jarnac, n. 19 mars 1546 (V, 37, 14848).

Sénéchaux de Poitou.

André de Vivonne, c. rétrospect., 14 avril 1533 (II, 382, 5677).

Antoine Des Prez, s^r^ de Montpezat, n. 12 août 1532 (II, 179, 4732); rempl. après décès, 8 décembre 1544 (IV, 698, 14245).

Melchior Des Prez, n. en survivance, 20 mai 1537 (III, 324, 9014); c. 24 décembre 1544 (IV, 707, 14285).

Sénéchaux de Ponthieu.

Antoine de La Fayette, rempl. 8 septembre 1518 (V, 415, 16798).

Adrien Tiercelin, s^r^ de Brosse, n. 8 septembre 1518 (V, 415, 16798); rempl. 1er octobre 1523 (I, 358, 1909).

Jacques Blondel, n. 1er octobre 1523 (I, 358, 1909); c. 7 novembre 1523 (I, 360, 1925).

Antonin Blondel, n. 14 mai 1540 (VI, 598, 22013).

Sénéchaux de Quercy.

Jacques Galliot de Genouilhac, n. 25 février 1517 (V, 318, 16323); c. 9 mai 1538 (III, 546, 10022).

François de Genouilhac, n. en survivance, 12 août 1528 (I, 590, 3096).

Antoine de Crussol, n. 23 novembre 1544 (IV, 692, 14218).

Sénéchal de Rennes.

PIERRE D'ARGENTRÉ, c. 20 mai 1527 (VI, 54, 19180); c. 1er mai 1540 (VI, 597, 22010).

Sénéchaux de Rouergue.

FRANÇOIS DE THÉLIGNY, mort avant 17 juillet 1522 (I, 299, 1619).

FRANÇOIS LE VAVASSEUR, sr D'ESGUILLY, c. 23 novembre 1523 (V, 581, 17653); rempl. après décès, 26 janvier 1530 (II, 2, 3840).

FRANÇOIS DE VOISINS, sr D'AMBRES, n. 26 janvier 1530 (II, 2, 3840); rempl. 15 mars 1542 (IV, 298, 12393).

PAUL DE TERMES, n. 15 mars 1542 (IV, 298, 12393).

Sénéchaux de Saintonge.

JEAN DE LA ROCHE, sr DE LA ROCHEBEAUCOURT, rempl. 22 mai 1535 (III, 82, 7859).

FRANÇOIS DE LA ROCHE, sr DE LA ROCHEBEAUCOURT, n. 22 mai 1535 (III, 82, 7859).

Sénéchaux de Toulouse.

FRANÇOIS DE ROCHECHOUART, sr DE CHAMPDENIERS, c. 19 mars 1515 (V, 228, 15846); rempl. sur résign., 16 février 1522 (I, 277, 1498).

ANTOINE DE ROCHECHOUART, n. 14 mars 1516 (I, 74, 436) *ou* 16 février 1522 (I, 277, 1498); rempl. après décès, 18 mai 1545 (IV, 741, 14447).

JAMES DE SAINT-JULIEN, n. 18 mai 1545 (IV, 741, 14447).

FINANCES.

TRÉSORIERS DE FRANCE.

Trésoriers de France en Languedoc.

Jean Cottereau, 7 janvier 1515 (V, 197, 15678); rempl. sur résign., 10 avril 1528 (I, 560, 2945).

Charles de Pierrevive, n. 10 avril 1528 (I, 560, 2945); c. 28 février 1542 (IV, 291, 12356).

Trésoriers de France en Languedoïl.

Louis de Poncher, c. 7 janvier 1515 (V, 198, 15680); c. 7 août 1524 (V, 615, 17818).

Philibert Babou, n. 8 octobre 1521 (V, 534, 17424); c. 21 juin 1544 (IV, 635, 13971).

Léonard Babou, n. en survivance, s. d. [1545-1547] (VII, 603, 27500).

Trésoriers de France en Normandie.

Jacques Hurault, rempl. s. d. (VIII, 760, 33305).

Florimond Robertet, c. 28 février 1521 (I, 243, 1329); c. 7 août 1524 (V, 615, 17818).

Claude Robertet, c. 15 septembre 1526 (V, 795, 18811); c. 12 février 1547 (VI, 825, 23185).

Trésoriers de France outre Seine et Yonne.

Pierre Legendre, c. 7 janvier 1515 (V, 198, 15679); rempl. après décès, 16 février 1525 (I, 398, 2121).

Nicolas de Neufville, n. 16 février 1525 (I, 398, 2121); rempl. sur résign., 21 mai 1527 (VI, 55, 19183).

Pierre d'Apestigny, n. 21 mai 1527 (VI, 55, 19183); rempl. sur démission, s. d. [1528] (VII, 452, 25650).

Nicolas de Neufville, rétabli, s. d. [1528] (VII, 452, 25650); hors de charge dès 24 janvier 1533 (II, 305, 5321).

Jean Grolier, c. 7 juin 1532 (II, 154, 4616); c. 3 novembre 1540 (IV, 152, 11700).

CHANGEURS DU TRÉSOR.

Jacques Charmolue, c. 2 janvier 1515 (*Ordonn.*, I, 9); rempl. 12 juillet 1531 (II, 61, 4149).

FINANCES. NICOLAS LECOINTE, n. 12 juillet 1531 (II, 61, 4149); c. 3 février 1532 (VII, 746, 28785).

JEAN DUVAL, n. 4 février 1533 (II, 308, 5336); c. 6 mai 1542 (IV, 321, 12508).

CLERCS DU TRÉSOR.

GUILLAUME CHARLOT, c. 7 janvier 1515 (I, 5, 30).

JEAN LEGRAND, rempl., s. d. [1516-1519] (VII, 509, 26233).

JEAN BROSSET, n. s. d. [1516-1519] (VII, 509, 26233).

CONTRÔLEURS DU TRÉSOR.

GUILLAUME RIPPAULT, rempl. après décès, 1er septembre 1523 (I, 354, 1890).

ANTOINE LEMOYNE, n. 1er septembre 1523 (I, 354, 1890); c. 29 août 1539 (VI, 575, 21892).

GÉNÉRAUX DES FINANCES.

HENRI BOHIER, c. 7 janvier 1515 (V, 196, 15672); mort avant 30 juin 1540 (IV, 121, 11548).

THOMAS BOHIER, c. 27 janvier 1515 (V, 209, 15745); rempl. après décès, 1er juillet 1524 (V, 611, 17802).

JACQUES HURAULT, c. 6 février 1515 (V, 211, 15757); c. 18 août 1516 (V, 295, 16196.)

RAOUL HURAULT, c. avril 1515 (I, 44, 257); rempl. après décès, 18 septembre 1528 (VI, 147, 19647).

JACQUES DE BEAUNE, c. 23 juillet 1515 (I, 54, 317); c. 22 août 1516 (V, 296, 16200).

JEAN FRANÇOIS, c. 26 juillet 1515 (*Ordonn.*, I, 269).

GUILLAUME DE BEAUNE, c. 4 septembre 1516 (V, 298, 16212); rempl. 29 septembre 1529 (VI, 191, 19864).

PHILIBERT TISSART ou THIZART, c. septembre 1516 (VII, 43, 23423); destitué avant 16 février 1529 (I, 635, 3324).

ANTOINE BOHIER, sr DE SAINT-CIERGUE, c. 16 novembre 1520 (V, 515, 17327); c. 16 avril 1544 (IV, 598, 13793).

JEAN MORELET DU MUSEAU, c. 25 septembre 1522 (V, 556, 17526); mort avant 15 novembre 1529 (VI, 199, 19905).

JEAN DE PONCHER, c. 9 mars 1523 (I, 330, 1773); c. 23 avril 1534 (II, 670, 7018).

GUILLAUME PRUDHOMME, n. 1er juillet 1524 (V, 611, 17802); c. 23 août 1543 (IV, 486, 13283).

JEAN PRÉVOST, c. 23 novembre 1525 (V, 736, 18506); rempl. sur résign., 23 octobre 1532 (II, 230, 4980).

JEAN BRETON, n. 18 septembre 1528 (VI, 147, 19647); mort avant 29 septembre 1542 (IV, 374, 12756). FINANCES.

PIERRE D'APESTIGNY, c. 18 janvier 1529 (VI, 163, 19727); rempl. sur résign., 28 mai 1543 (IV, 446, 13101).

GAILLARD SPIFAME, c. 6 septembre 1529 (VI, 188, 19851); c. 3 juillet 1530 (VI, 214, note).

ANTOINE BULLIOUD, n. 29 octobre 1531 (II, 85, 4271); c. s. d. [septembre 1538] (VIII, 276, 31869).

PIERRE SECONDAT, n. 23 octobre 1532 (II, 230, 4980); c. 1er mai 1546 (VI, 808, 23097).

ANTOINE DE LAMETH, c. 30 mai 1535 (III, 85, 7873); rempl. après décès, 19 septembre 1541 (IV, 240, 12113).

CHARLES DU PLESSIS, c. 25 février 1537 (III, 281, 8816); c. 18 mai 1545 (VI, 789, 22998).

CLAUDE BRETON, n. en survivance, 3 novembre 1537 (VI, 476, 21348); c. 11 mars 1548 (VI, 805, 23083).

CLAUDE DE BOURGES, n. 13 juin 1538 (VI, 490, 21427); c. 27 avril 1542 (IV, 314, 12464).

JEAN D'ESTOURMEL, n. 19 septembre 1541 (IV, 240, 12113); c. décembre 1545 (IV, 787, 14667).

ANTOINE BOHIER, sr DE LA CHESNAYE, n. 1er avril 1543 (IV, 418, 12959); c. 16 mars 1547 (V, 188, 15628).

CLUGNY THUNOT, n. 28 mai 1543 (IV, 446, 13101); rempl. 12 février 1546 (V, 20, 14765).

LOUIS PRUDHOMME, c. 11 juin 1544 (IV, 629, 13942); c. 3 octobre 1545 (IV, 773, 14600).

PHILIPPE MERLAN ou MARLAIN, n. 12 février 1546 (V, 20, 14765); c. 16 mars 1547 (V, 187, 15624).

MICHEL GAILLARD, rempl. après décès, s. d. (VIII, 761, 33305).

RECEVEURS GÉNÉRAUX.

Receveurs généraux en Bourgogne.

JEAN SAPIN, c. 7 janvier 1515 (I, 4, 22); c. 28 septembre 1515 (VII, 29, 23353).

BÉNIGNE SERRE, n. 2 janvier 1516 (I, 100, 585); rempl. sur résign., 6 octobre 1528 (VI, 150, 19660).

GUY MILLETOT, n. 6 octobre 1528 (VI, 150, 19660); rempl. sur résign., 22 août 1531 (VII, 178, 24094).

ANTOINE LE MAÇON, n. 22 août 1531 (VII, 178, 24094); rempl. 13 août 1543 (IV, 484, 13273).

FINANCES. ETIENNE NOBLET, commis, n. 28 décembre 1532 (VII, 185, 24127); c. s. d. [octobre-décembre 1538] (VIII, 240, 31496).

GIRARD SAYVE, n. 13 août 1543 (IV, 484, 13273); c. 23 octobre 1546 (VII, 405, 25281).

Receveurs généraux en Bretagne.

JEAN DE LESPINAY, c. 26 juillet 1515 (*Ordonn.*, I, 269); mort avant 11 novembre 1524 (V, 629, 17888).

JEAN PARAJAU, n. 9 août 1524 (I, 385, 2056); c. 2 novembre 1527 (VI, 95, 19379).

OLIVIER HAROUYS, n. 13 avril 1528 (I, 561, 2948); c. 11 mai 1528 (I, 565, 2968).

PALAMÈDES GONTIER, n. 11 décembre 1528 (I, 622, 5258); c. 17 mars 1535 (III, 38, 7634).

NOËL BARBILLON, commis, n. 7 février 1532 (II, 113, 4404); c. 22 août 1532 (II, 186, 4763).

MICHEL COSSON, commis, c. 19 janvier 1534 (VI, 346, 20674); c. s. d. [décembre 1538] (VIII, 273, 31848).

Receveurs généraux en Dauphiné.

FRANÇOIS DE LA COLOMBIÈRE, c. 21 septembre 1521 (I, 261, 1420); c. 19 juin 1533 (II, 443, 5949).

ARTUS PRUNIER, commis, c. 19 juin 1533 (II, 442, 5949); c. s. d. [décembre 1538] (VIII, 211, 31217).

JEAN GAUCHER ou GAULTIER, commis, c. rétrospect., s. d. [vers 1533] (VII, 711, 28547).

JEAN GUYON, c. s. d. [1540-1543] (VII, 576, 27108).

Receveurs généraux en Guyenne.

JEAN SAPIN, 22 décembre 1517 (V, 356, 16522); c. 7 décembre 1519 (V, 491, 17206).

JACQUES ARNOUL, commis, c. 20 janvier 1533 (II, 300, 5299); c. 12 décembre 1543 (IV, 531, 13487).

HUGUES MALRAS, c. 18 février 1533 (II, 327, 5423); c. 28 février 1537 (III, 284, 8827).

FRANÇOIS FAURE, commis, c. 27 août 1534 (II, 740, 7337); mort avant, 28 février 1537 (III, 284, 8827).

N. COMBES, commis, c. 27 août 1534 (II, 740, 7337).

JEAN TASSIN, c. 15 juin 1543 (IV, 458, 13151); rempl. 12 décembre 1543 (IV, 531, 13487); réintégré, s. d. [1544-1545] (VII, 596, 27407).

Receveurs généraux en Languedoc.

JEAN LALLEMANT, le jeune, c. 12 janvier 1515 (V, 205, 15721); c. 27 avril 1521 (V, 523, 17364).

JEAN TESTU, c. 20 août 1521 (V, 532, 17414); c. s. d. [1532] (VII, 778, 29000). FINANCES.

MARTIN DE TROYES, commis, c. 20 janvier 1533 (II, 300, 5297); c. 22 juillet 1542 (IV, 349, 12642).

Receveurs généraux en Languedoïl.

JEAN SAPIN, c. 22 décembre 1517 (V, 356, 16522); rempl. avant février 1532 (VI, 285, 20356).

BÉNIGNE SERRE, c. février 1532 (VI, 285, 20356).

PIERRE TARTEREAU, commis, c. 3 juin 1532 (II, 152, 4605); c. 16 janvier 1533 (II, 290, 5255).

GUILLAUME DE MORAINES, commis, c. 19 janvier 1533 (VI, 347, 20676); c. 12 octobre 1538 (III, 621, 10354).

ÉTIENNE TROTEREAU, commis, c. 20 janvier 1533 (II, 279, 5296); c. rétrospect., 29 janvier 1539 (III, 704, 10734).

CLÉRAMBAULT LECLERC, commis, c. 12 février 1539 (III, 718, 10797); c. s. d. [1540-1543] (VII, 574, 27080).

Receveurs généraux en Normandie.

JEAN LALLEMAND, c. 11 avril 1515 (V, 237, 15894); c. 21 août 1517 (V, 346, 16468).

GUILLAUME PRUDHOMME, c. 13 décembre 1517 (V, 355, 16513); c. 22 décembre 1523 (I, 365, 1949).

GAILLARD SPIFAME, n. 1er juillet 1524 (V, 611, 17803); rempl. sur résign., 28 mai 1525 (V, 709, 18351).

JEAN CARRÉ, n. 28 mai 1525 (V, 709, 18351); c. 1er juillet 1536 (III, 222, 8537).

PIERRE LE VASSEUR ou LE VASSOR, commis, c. 21 janvier 1533 (II, 300, 5298); c. 26 février 1539 (III, 732, 10856).

Receveurs généraux outre Seine et Yonne.

JEAN RUZÉ, c. 7 juin 1515 (V, 246, 15943); rempl. après destitution, 20 mars 1530 (I, 697, 3646).

ÉTIENNE BESNIER, n. 20 mars 1530 (I, 697, 3646); mort avant 3 janvier 1533 (II, 286, 5238).

JACQUES MARCEL, commis, c. s. d. [1533] (VII, 713, 28559); c. s. d. [mars 1538] (VIII, 39, 29597).

PHILIPPE LE TIRANT, commis, n. 26 décembre 1538 (VI, 515, 21565); c. s. d. [1540-1543] (VII, 575, 27101).

Receveurs généraux en Picardie.

JEAN DE LA FORGE, c. 1er mai 1519 (VII, 75, 23586); c. 29 décembre 1533 (II, 592, 6651).

IMPRIMERIE NATIONALE.

FINANCES. JEAN ROBINEAU, commis, c. 27 janvier 1527 (VI, 11, 18967).

NICOLAS SAIMBAULT, commis, c. 20 janvier 1533 (II, 299, 5294); c. s. d. [décembre 1537] (VIII, 75, 29916).

GUILLAUME PRUDHOMME, n. s. d. (VII, 459, 25702).

Receveurs généraux en Provence.

OTTOBONE SPINOLA, c. 7 janvier 1515 (VII, 2, 23205); suspendu 23 avril 1517 (VII, 51, 23470); rempl. 24 octobre 1518 (VII, 68, 23554).

PIERRE DE MARÇAY ou DU MARQUAY, n. 23 avril 1517 (VII, 51, 23470).

PIERRE D'ARLES, n. 24 octobre 1518 (VII, 68, 23554); rempl. sur résignation, 2 septembre 1523 (VII, 115, 23785).

ANDRÉ LE ROY, c. 20 novembre 1521 (VII, 95, 23684).

JULIEN BONACORSI, n. 2 septembre 1523 (VII, 115, 23785); rempl. 1er décembre 1538 (VII, 236, 24374).

JEAN FRANÇOIS, commis, c. s. d. [v. 1533] (VII, 700, 28459); c. 12 décembre 1538 (VII, 237, 24378).

NICOLAS DE COCIL, *dit* AGAFFIN, n. 1er décembre 1538 (VII, 236, 24374); c. 22 janvier 1547 (VII, 407, 26290).

Receveur général en Savoie et Piémont.

FRANÇOIS DE LA COLOMBIÈRE, c. s. d. [février 1539] (VIII, 179, 30917); c. 6 juin 1540 (VI, 598, 22017).

CONTRÔLEURS GÉNÉRAUX DES FINANCES.

Contrôleurs généraux en Bourgogne.

JEAN LE PICARD, c. 6 février 1515 (*Ordonn.*, I, 88); c. s. d. [v. 1534] (VII, 766, 28916).

JEAN LE PICARD, c. 23 janvier 1547 (V, 165, 15511).

Contrôleur général en Bretagne.

GUILLAUME BARTHÉLEMY, c. 26 juillet 1515 (*Ordonn.*, I, 269); c. 10 février 1525 (V, 672, 18122).

Contrôleur général en Guyenne.

JEAN BINET, c. 5 février 1524 (V, 601, 17751); c. 28 décembre 1546 (V, 156, 15468).

Contrôleurs généraux en Languedoc.

JEAN CUEILLETTE, c. 7 janvier 1515 (V, 201, 15697); c. 27 décembre 1520 (V, 517, 17336).

GILBERT FILHOL, c. s. d. [1519-1522] (VII, 517, 26333); c. 28 décembre 1546 (V, 156, 15469).

Contrôleur général en Normandie.

GIRARD ACARIE, c. 23 avril 1545 (VI, 786, 22982); c. 7 septembre 1545 (IV, 767, 14569).

Contrôleur général en la charge d'Outre-Seine.

OUDART HENNEQUIN, c. 28 décembre 1521 (V, 537, 17437); c. 28 décembre 1546 (V, 156, 15467).

Contrôleur général.

JACQUES LE ROY, c. 18 avril 1518 (V, 392, 16690).

TRÉSORIERS DE L'ÉPARGNE.

PHILIBERT BABOU, n. 18 mars 1523 (I, 331, 1780); rempl. sur résign., 11 mai 1525 (V, 702, 18305).

GUILLAUME PRUDHOMME, n. 11 mai 1525 (V, 702, 18305); c. 26 novembre 1539 (IV, 65, 11296).

JEAN DUVAL, c. 6 janvier 1540 (IV, 70, 11318); c. 10 octobre 1544 (VIII, 740, 33162).

TRÉSORIERS DES FINANCES EXTRAORDINAIRES ET PARTIES CASUELLES.

PIERRE D'APESTIGNY, c. 9 août 1524 (VIII, 158, 30718); c. 4 décembre 1529 (I, 678, 3548).

PHILIPPE LE TIRANT, n. 21 mai 1527 (VI, 55, 19184).

JEAN LAGUETTE, c. 26 juin 1531 (II, 56, 4118); c. 8 juillet 1546 (VI, 813, 23126).

Commis à la recette générale des finances extraordinaires et parties casuelles.

JACQUES BERNARD, c. s. d. [1534] (VII, 745, 28782); déchargé dès 9 août 1538 (VIII, 239, 31493).

ADMINISTRATION DES GUERRES.

COMMISSAIRES DES GUERRES.

Laurent Du Mesnil, c. 15 mars 1515 (V, 225, 15833); c. 4 mars 1519 (V, 458, 17031).

Charles de Trogue, c. 15 novembre 1515 (V, 267, 16047).

Pierre-Marie d'Aseret, c. 10 janvier 1519 (V, 435, 16906).

Antoine de Thouzelles, c. 3 mars 1519 (V, 458, 17029).

Antoine Dusel, rempl. après décès, 25 mars 1525 (V, 683, 18190).

Jacques Des Champs, n. 25 mars 1525 (V, 683, 18190); c. s. d. [v. 1534] (VII, 756, 28847).

Jean de Périé, c. 2 septembre 1528 (VI, 144, 19635).

Louis de Lavardin, c. 24 novembre 1530 (I, 728, 3807); c. s. d. [v. 1534] (VII, 756, 28847).

André Le Roy, c. rétrosp. s. d. [v. 1532] (VII, 781, 29019).

Augustin Gal, c. s. d. [v. 1533] (VII, 705, 28499).

Hector d'Availloles, c. s. d. [v. 1534] (VII, 756, 28847).

Pierre de Bérard, s[r] de La Foucaudière, c. s. d. [v. 1534] (VII, 756, 28847); rempl. sur démission, 21 mars 1536 (III, 188, 8366).

François Chambellan, c. s. d. [v. 1534] (VII, 756, 28847); c. s. d. [novembre-décembre 1537] (VIII, 82, 29983).

Jean d'Estourmel, c. s. d. [v. 1534] (VII, 756, 28847).

Guy Karuel, c. s. d. [v. 1534] (VII, 756, 28847); c. 17 juillet 1544 (IV, 649, 14033).

Jean de La Perie, c. s. d. [v. 1534] (VII, 756, 28847), c. s. d. [mai 1538] (VIII, 298, 32105).

Roger d'Ossun, c. s. d. [v. 1534] (VII, 756, 28847); c. 27 décembre 1538 (III, 672, 10588).

Lantheaume d'Oursières, c. s. d. [vers 1534] (VII, 756, 28847).

Guichard de Thou, c. s. d. [v. 1534] (VII, 756, 28847).

Pierre de Troussebois, dit Champmaigre, c. s. d. [v. 1534] (VII, 756, 28847); rempl. après décès, 19 mars 1536 (III, 188, 8363).

Antoine de Bussy, *dit* Picquet, n. 19 mars 1536 (III, 188, 8363); mort avant 5 novembre 1538 (III, 633, 10407).

Jean d'Oiron, n. 21 mars 1536 (III, 138, 8366).

Marin de Pescheray, c. s. d. [mai 1538] (VIII, 298, 32106); c. 27 décembre 1538 (III, 672, 10588).

Livio Crotto, c. octobre 1539 (IV, 59, 11271).

Robert de Framezelles, c. août 1546 (V, 126, 15334).

TRÉSORIERS DES GUERRES.

Jean de Poncher, c. 27 février 1515 (I, 16, 96); c. 20 juillet 1522 (V, 552, 17508).

Morelet du Museau, c. 10 mars 1515 (V, 223, 15825); c. 20 juillet 1522 (V, 552, 17508).

Jean Grolier, c. 13 novembre 1523 (V, 596, 17723); c. 22 mai 1531 (II, 39, 4033).

René Thizart, c. 22 décembre 1523 (I, 365, 1949); c. 30 septembre 1528 (I, 609, 3191).

Georges Hervoët, c. 30 mai 1529 (VII, 157, 23989); c. 6 décembre 1533 (II, 573, 6555).

Guy de La Maladière, c. 6 octobre 1532 (II, 226, 4955); mort avant 10 février 1547 (VI, 825, 23182).

Nicolas de Troyes, c. 19 septembre 1544 (IV, 675, 14147).

Trésoriers des guerres en Bretagne.

Guy de Tours, c. 23 août 1526 (V, 786, 18762).

Robert Main, c. 26 mai 1532 (II, 148, 4589); c. 7 août 1535 (III, 118, 8034).

Trésorier des guerres à Milan.

Étienne Grolier, c. rétrospect., 3 novembre 1540 (IV, 152, 11700).

TRÉSORIERS DE L'EXTRAORDINAIRE DES GUERRES.

Philibert Babou, c. 26 mai 1515 (VII, 23, 23323); rempl. 30 septembre 1516 (I, 88, 522).

Jean Lallemant, l'aîné, c. 17 mai 1516 (I, 81, 481).

Lambert Meigret, n. 30 septembre 1516 (I, 88, 522); mort avant 18 juin 1533 (VII, 188, 24140).

Jean Carré, c. 28 avril 1524 (I, 377, 2006); rempl. 28 mai 1525 (V, 709, 18348).

Gaillard Spifame, n. 28 mai 1525 (V, 709, 18349); c. 1er juillet 1528 (VI, 130, 19566).

Pierre d'Apestigny, c. 25 avril 1527 (VIII, 336, 2654 *bis*).

Jean Laguette, n. 17 juillet 1528 (VI, 133, 19576); c. 20 mai 1531 (II, 38, 4027).

GUERRES. JEAN GODET, c. 19 janvier 1531 (II, 109, 4385); c. 6 décembre 1541 (IV, 263, 12229).

MARTIN DE TROYES, c. 30 août 1536 (III, 239, 8622); c. 18 décembre 1538 (III, 664, 10549).

JEAN PRÉVOST, c. 25 février 1522 (VIII, 596, 32372); c. 16 août 1527 (I, 517, 2730).

ANTOINE LE MAÇON, c. 18 mai 1537 (III, 323, 9007); c. 11 janvier 1544 (IV, 544, 13544).

JEAN ROSSELET, c. rétrospec. s. d. [décembre 1538] (VIII, 205, 31156).

PIERRE SANSON, c. 6 janvier 1544 (IV, 542, 13535); c. 16 juin 1545 (IV, 750, 14487).

ANTOINE PÉTREMOL, c. 17 février 1547 (V, 177, 15574).

ÉTIENNE GROLIER, rempl. s. d. (VII, 458, 25700).

MORELET DU MUSEAU, n. s. d. (VII, 458, 25700).

CONTRÔLEURS DES GUERRES.

LAMBERT MEIGRET, rempl. après décès, 18 juin 1533 (VII, 188, 24140).

JEAN BRETON, n. 18 juin 1533 (VII, 188, 24140); c. 12 janvier 1539 (III, 690, 10665).

ROBERT BIGOT, c. 17 janvier 1539 (III, 693, 10680).

JEAN VIGENERE, c. 2 mars 1540 (IV, 88, 11404).

GILBERT BAYARD, c. 23 octobre 1542 (VII, 334, 24912); c. 10 septembre 1544 (IV, 673, 14141).

ADRIEN SEVIN, c. 26 janvier 1546 (V, 8, 14701).

CHARLES LUILLIER, c. s. d. (VII, 479, 25885).

ARTILLERIE.

CAPITAINES GÉNÉRAUX DE L'ARTILLERIE.

JACQUES GALLIOT DE GENOUILHAC, c. mars 1516 (V, 281, 16124); rempl. 4 mars 1546 (VII, 399, 25247), ou 21 janvier 1547 (V, 164, 15506).

JEAN DE TAIX, n. 4 mars 1546 (VII, 399, 25247), ou 21 janvier 1547 (V, 164, 15506).

MAÎTRE DE L'ARTILLERIE EN ITALIE.

JEAN DE POMMEREU, n. 17 octobre 1515 (V, 264, 16030); c. 1er mars 1519 (V, 457, 17024).

BAILLIS DE L'ARTILLERIE AU LOUVRE.

JEAN MORIN, rempl. sur résign., 30 avril 1525 (V, 697, 18272).

CLAUDE SANGUIN, n. 30 avril 1525 (V, 697, 18272).

PROCUREUR DU ROI SUR LE FAIT DE L'ARTILLERIE AU LOUVRE.

PHILIPPE JOSSET, mort avant 17 mai 1531 (II, 34, 4007).

COMMISSAIRES DE L'ARTILLERIE.

GUÉRIN MAUGUIER, c. 17 juillet 1515 (V, 253, 15376).

PIERRE DE LIGNY, c. 21 mars 1522 (V, 543, 17467).

JACQUES DE MIRADEL, c. s. d. [1522-1524] (VII, 518, 26344).

GUILLAUME DE LA FONTAINE, c. septembre 1528 (I, 610, 3200).

JEAN MARCHANT, c. 7 août 1529 (VII, 159, 23995).

NICOLAS LEMPEREUR, c. 17 mars 1535 (III, 37, 7630).

GALLOIS MIDORGE, c. s. d. [v. 1535] (VII, 763, 28894).

ANDRÉ CHAPPERON, c. 30 mai 1536 (VI, 421, 21065); c. s. d. [novembre 1538] (VIII, 305, 32170).

JEAN DE SAINT-MARTIN, c. 18 avril 1537 (III, 303, 8916).

BLAISE MAUGUÉ, c. s. d. [juillet 1537] (VIII, 134, 30492).

JEAN DE HURTEBIE, c. 27 septembre 1538 (III, 610, 10306).

ÉTIENNE TANNEGUY, c. 23 décembre 1538 (III, 667, 10565).

ARTILLERIE. JEAN DE SAINT-REMY, c. 22 février 1538 (III, 477, 9705); c. 22 août 1544 (IV, 668, 14117).

NICOLAS DE LA ROCQUE, c. décembre 1546 (V, 157, 15474).

NICOLAS DE POMMEREUX, c. 8 janvier 1547 (VII, 822, 23169).

JEAN DE RAGONIS, c. s. d. (VII, 463, 25741).

TRÉSORIERS ET RECEVEURS GÉNÉRAUX DE L'ARTILLERIE.

GUILLAUME DE SEIGNE, DU SEIGNE ou LE SAYNE, c. 26 février 1518 (V, 375, 16610); rempl. sur résign., 2 mai 1526 (V, 760, 18621).

FLORIMOND FORTIER, n. 2 mai 1526 (V, 760, 18621); c. rétrospect., s. d. [v. 1532] (VII, 779, 29007).

JEAN DE MONTDOUCET, c. 11 avril 1532 (II, 132, 4506); c. septembre 1538 (III, 615, 10325).

COMMIS AU PAYEMENT DE L'EXTRAORDINAIRE DE L'ARTILLERIE.

FLORIMOND FORTIER, c. 26 avril 1518 (V, 393, 16697); c. rétrospect., s. d. [v. 1532] (VII, 779, 27006).

ÉTIENNE MARTINEAU, c. 15 mai 1527 (VI, 51, 19163); suspendu avant 25 octobre 1535 (VI, 402, 20961); c. s. d. [janvier 1539] (VIII, 220, 31295).

JEAN VYON, n. 25 octobre 1535 (VI, 402, 20961); c. 23 décembre 1538 (III, 667, 10565).

CONTRÔLEURS GÉNÉRAUX DE L'ARTILLERIE.

FRANÇOIS HARPIN, c. 30 mai 1515 (V, 245, 15935).

NICOLE BERZIAU, rempl. après décès, 8 janvier 1526 (V, 741, 18526).

AMBROISE LEMOYNE, n. 8 janvier 1526 (V, 741, 18526); n. en Milanais, 8 avril 1527 (VI, 40, 19108); c. s. d. [1538-1540] (VII, 569, 27020).

NICOLAS SÉGUIER, c. 10 juin 1544 (IV, 627, 13935).

Contrôleur général de l'artillerie en Bretagne.

FRANÇOIS TISSART, c. septembre 1516 (VII, 43, 23423); c. s. d. [1519-1522] (VII, 514, 26297).

Contrôleur général de l'artillerie en Italie.

JACQUES LE MAIGNAN, n. 17 octobre 1515 (V, 264, 16031).

Contrôleur général de l'artillerie en Milanais.

AMABLE DE SERIEZ, rempl. sur résign., 8 avril 1526 (VI, 40, 19108).

SOURCES
DU CATALOGUE DES ACTES DE FRANÇOIS Ier.

I
SOURCES MANUSCRITES.

1. DÉPÔTS DE PARIS.

Archives nationales.

B III 43. — 13830, 14476[1].
E 729. — 22943.
E 1472. — 13455 *bis*, 14302 *bis*.
E 1690. — 21871.
F^{7} 4399. — Voir ci-après T. 1501.
F^{11} 264. — 19761.
F^{12} 827. — 1894*.
F^{12} 1231. — 23608.
F^{12} 1838. — 20915.
F^{14} 142. — 20227*.
F^{14} 181. — 24285, 24294.
F^{16} 609. — 11243*.
F^{16} 1207. — 23533.
F 80235 (dossier Combet). — 32691.
F 89026^{2}. — 1552*.
F 89064. — 23539.
F 89080. — 17523, 17573, 17627.
F 89127. — 23032.
G^{1} 74. — 23077.
H 189. — 24218.
H 748^{11}. — 1221*, 2098*, 2280*, 2704*, 2909*, 19852*, 20275*.
H 748^{12}. — 7975*, 12080*, 13340*, 14284*, 14578*, 33137.
H 748$^{181-182}$. — 21074.
H 1778. — 86*, 437*, 15925.
H 1779. — 2881, 6851, 7826, 8577, 8580, 8587, 8702, 9255, 9643, 9783, 10100, 10286, 10731, 10777, 21138, 32829.
H 1780. — 4400, 13622, 13985.
H 1781. — 2471, 14346, 14396, 14483, 15433, 15460 à 15465, 15537, 15559.
H 1881. — 13370.
H 1961^{1}. — 13362.
H 2151. — 8694, 8721, 9180, 9187, 13719, 13721.
H 3612. — 1470*.
J 153. — 212.
J 206. — 7133.
J 246. — 1028, 4824, 17056.
J 507. — 3663*.
J 576. — 361.
J 609. — 20051.
J 619. — 1908.
J 650^{A}. — 204, 216.
J 650^{B}. — 882, 883, 931*.
J 651^{A}. — 1193, 2209, 2424, 2657, 2657*, 4565, 4670, 4991, 32447, 32448, 32449.
J 651^{B}. — 2674*, 2733, 3818*, 6888, 15024, 15123, 32459 à 32462.
J 661. — 152, 203.
J 662. — 503.
J 663. — 559, 32276.
J 664. — 617.
J 605. — 1962.
J 666. — 2284, 3436, 3757, 3758.
J 667. — 3436, 3625.
J 668. — 3467, 3506.
J 669. — 3561.
J 670. — 3684, 3692, 4242, 6322, 7878.

[1] Les chiffres qui suivent la cote du document sont les numéros du *Catalogue*, sans distinction par tome, ce qui n'est pas indispensable, puisque ces numéros sont compris dans une seule et même série. Les chiffres suivis d'un astérisque et les numéros *bis* se réfèrent aux *Additions et corrections*, qui font partie du tome VIII, p. 311 et suiv., 404 et suiv., 762 et suiv.

IMPRIMERIE NATIONALE.

ARCHIVES NATIONALES.

J 671. — 3587, 3651.
J 672. — 9194, 9200, 9380, 9422, 9437, 9566, 10065, 10100.
J 673. — 14146, 14268.
J 678. — 712, 720.
J 679. — 8339, 8379, 13490.
J 681. — 11017.
J 692ᴮ. — 20284.
J 724. — 373, 556.
J 725. — 1348.
J 736. — 530, 598, 3358, 3403.
J 737. — 2005, 2313*, 14593.
J 741. — 14000.
J 742. — 577*.
J 747. — 991, 2088.
J 749. — 249, 297*, 15867, 16087, 21339.
J 768. — 15777.
J 774. — 20431.
J 786. — 9428.
J 793. — 10716.
J 796. — 15236*, 22928, 22932.
J 805. — 14146.
J 806. — 2436.
J 809. — 22072, 22516.
J 821. — 1625*.
J 830. — 4324, 8429.
J 832. — 430, 6592, 16587, 20589.
J 833. — 7402, 10875.
J 842. — 7519 (imprimé par erreur JJ 842) 7519*.
J 846. — 4645, 8141*, 21440.
J 850. — 8829*.
J 851. — 5367.
J 864. — 15744.
J 866. — 752, 23501.
J 882. — 8142*.
J 884. — 8453.
J 885. — 723.
J 886. — 10636.
J 891. — 16636.
J 893. — 503.
J 894. — 723, 809, 1291.
J 905ᴮ. — 551*, 17429.
J 910. — 616, 2084.
J 916. — 1197*, 2259, 8371, 9041.
J 917. — 150.
J 920. — 143*, 864*, 885*, 1193*, 1424*, 16434.
J 921. — 2209, 2210.
J 922. — 2071*, 2168*, 2200*, 2209*, 2212*, 2733*, 2739*, 3438*, 3624*, 3754*, 19205, 19248, 19258, 19259, 19298, 19332, 32461.
J 923. — 3754*.
J 933. — 676.
J 934. — 2563*, 3649*, 4919*, 6370*, 17056, 19454.
J 935. — 556*, 1348*, 16080, 17607, 21418, 21823.
J 936. — 20927.
J 937. — 5801*, 16984.
J 939. — 3496*, 17589, 20629, 21066, 22176.
J 941. — 659, 22856, 23018, 23125, 23195.
J 942. — 807*, 4416*, 5541, 16782.
J 944. — 3002.
J 945. — 10247.
J 946. — 814, 5215.
J 947. — 20498, 20613.
J 948. — 17731.
J 952. — 1021, 1023, 1029, 1030, 1050, 8768, 17114, 17115.
J 954. — 2736, 2820, 2837, 3425, 4375, 4390, 9820, 10231, 11143, 12094, 19162.
J 955. — 75, 1244, 2736, 2820, 3425, 3920, 3957, 10231.
J 958. — 1730, 1750, 1999, 4403*, 4503, 4399, 18506.
J 959. — 9549, 9554, 9555, 9710, 9711, 9911, 10024, 14215.
**J 960*[1], *n° 1* : v. J 960, pl. 2, n° 9.
— *n° 2* : v. J 960, pl. 3, n° 40.
— *n° 5* : v. J 960, pl. 3, n° 18.
— *n° 7* : v. J 960, pl. 3, n° 37.
— *n° 8* : v. J 960, pl. 3, n° 17.
— *n° 9* : v. J 960, pl. 3, n° 16.
— *n° 10* : v. J 960, pl. 3, n° 38.
— *n° 14* : v. J 960, pl. 3, n° 15.
— *n° 15* : v. J 960, pl. 3, n° 14.
— *n° 18* : v. J 960, pl. 3, n° 8.
— *n° 19* : v. J 960, pl. 3, n° 12.
— *n° 22* : v. J 960, pl. 3, n° 11.
— *n° 23* : v. J 960, pl. 3, n° 10.
— *n° 26* : v. J 960, pl. 3, n° 9.
— *n° 30* : v. J 960, pl. 3, n° 36.
— *n° 32* : v. J 960, pl. 3, n° 35.

[1] Les cotes J 960 à J 962 sont attribuées aux trois cartons du supplément du Trésor des chartes qui contiennent les rôles d'acquits sur l'épargne, signés de la main de François Iᵉʳ. Le classement de ces rôles, qui laissait à désirer au point de vue de l'ordre chronologique, a été remanié et les rôles reliés en plaquettes, lesquelles ont été numérotées de 1 à 16, le n° 6 étant attribué au petit registre jadis coté J 960ᵉ. Cette opération ayant été faite alors que l'impression du *Catalogue des Actes de François Iᵉʳ* était assez avancée, il y a lieu de corriger les cotes données dans les deux premiers volumes de cet ouvrage. Pour faciliter les recherches, on a établi une concordance; les anciennes cotes sont indiquées avec renvoi aux nouvelles. Les anciennes sont imprimées en italique et précédées d'un astérisque; les nouvelles, imprimées en romain, sont suivies des anciennes, placées entre parenthèses, et des références aux numéros du *Catalogue*.

ARCHIVES NATIONALES.

**J 960*, *n° 33* : v. J 960, pl. 3, n° 7.
— *n°s 34-35* : v. J 960, pl. 3, n°s 5-6.
— *n° 38* : v. J 960, pl. 3, n° 4.
— *n° 40* : v. J 960, pl. 3, n° 34.
— *n° 42* : v. J 960, pl. 3, n° 3.
— *n° 45* : v. J 960, pl. 2, n° 6.
— *n° 48* : v. J 960, pl. 3, n° 1.
— *n° 49* : v. J 960, pl. 3, n° 2.
— *n° 50* : v. J 960, pl. 2, n° 1.
— *n° 52* : v. J 960, pl. 2, n° 3.
— *n° 55* : v. J 960, pl. 2, n° 5.
— *n° 56* : v. J 960, pl. 2, n° 7.
— *n° 58* : v. J 960, pl. 2, n° 4.
— *n° 69* : v. J 960, pl. 3, n° 39.
— *n° 71* : v. J 960, pl. 3, n° 32.
— *n° 72* : v. J 960, pl. 3, n° 31.
— *n° 77* : v. J 960, pl. 3, n° 25.
— *n° 79* : v. J 960, pl. 3, n° 30.
— *n° 81* : v. J 960, pl. 3, n° 28.
— *n° 82* : v. J 960, pl. 3, n° 29.
— *n° 84* : v. J 960, pl. 3, n° 27.
— *n° 90* : v. J 960, pl. 2, n° 8.
— *n° 93* : v. J 960, pl. 3, n° 24.
— *n° 118* : v. J 960, pl. 3, n° 23.
— *n° 122* : v. J 960, pl. 3, n° 22.
— *n° 123* : v. J 960, pl. 3, n° 21.
— *n° 124* : v. J 960, pl. 3, n° 42.
— *n°s 128-129* : v. J 960, pl. 3, n°s 19-20.

**J 960*[c] : voir J 960, pl. 6.

J 960, pl. 1, n°s 1 à 5. — 27504 à 27528.
J 960, pl. 1, n° 6 (**J 960, n° 16*). — 4928 à 4930, 27529 à 27564.
J 960, pl. 1, n° 7. — [4051, 4052, 4073][(1)], 27565 à 27570.
J 960, pl. 1, n° 8. — 27571 à 27585.
J 960, pl. 1, n° 10. — 4041*, 27586 à 27626.
J 960, pl. 1, n°s 11-12. — 27627 à 27640.
J 960, pl. 1, n° 13. — 4089*, 27641 à 27643.
J 960, pl. 1, n°s 14-17. — 27644 à 27660.
J 960, pl. 1, n° 18. — 4001*, 27661 à 27682.
J 960, pl. 1, n° 19. — 3974*, 3975*, 27683 à 27702.
J 960, pl. 1, n° 20. — 27703 à 27709.
J 960, pl. 1, n° 21. — 20180*, 27710 à 27713.
J 960, pl. 1, n° 22. — 27714, 27715.
J 960, pl. 1, n° 23. — 3959*, [3970], 27716 à 27746.
J 960, pl. 1, n°s 24 à 26. — 27747 à 27761.
J 960, pl. 1, n° 27. — 3890*, 20150*, 27762 à 27794.
J 960, pl. 1, n° 28. — 27795 à 27804.
J 960, pl. 1, n° 29. — 3852*, 3859*, 3891*, 27805 à 27813.
J 960, pl. 1, n°s 31 à 40. — 27814 à 27909.
J 960, pl. 1, n° 41. — 20306*, 20307*, 27910 à 27912.
J 960, pl. 1, n°s 42-43. — 27913 à 27924.
J 960, pl. 1, n° 44. — 20312*, 27925 à 27940.
J 960, pl. 1, n°s 45 à 49. — 27941 à 27988.
J 960, pl. 1, n° 50. — 20279*, 27989 à 27991.
J 960, pl. 1, n° 51. — 20276*, 27992 à 28002.
J 960, pl. 1, n° 52. — 28003 à 28006.
J 960, pl. 1, n° 53. — 4264*, 28007 à 28011.
J 960, pl. 1, n° 54. — 28012 à 28017.
J 960, pl. 1, n° 55. — 4262*, 28018 à 28027.
J 960, pl. 1, n° 56. — 4474*, 28028 à 28030.
J 960, pl. 1, n°s 57 à 59. — 28031 à 28045.
J 960, pl. 1, n° 60. — 20301*, 28046 à 28050.
J 960, pl. 1, n° 61. — 28051 à 28058.
J 960, pl. 1, n° 62. — [4251], 28059, 28060.
J 960, pl. 1, n° 63. — 4247*, 28061 à 28063.
J 960, pl. 1, n°s 64-65. — 28064 à 28084.
J 960, pl. 1, n° 66. — 20257*, 28085 à 28088.
J 960, pl. 1, n° 67. — 20256*, 28089 à 28092.
J 960, pl. 1, n°s 68 à 79. — 28093 à 28168.
J 960, pl. 2, n° 1 (**J 960, n° 50*). — 3806 à 3813.
J 960, pl. 2, n° 3 (**J 960, n° 52*). — 3860 à 3870.
J 960, pl. 2, n° 4 (**J 960, n° 58*). — 3878 à 3889.
J 960, pl. 2, n° 5 (**J 960, n° 55*). — 3897 à 3919.
J 960, pl. 2, n° 6 (**J 960, n° 45*). — 3924 à 3937.
J 960, pl. 2, n° 7 (**J 960, n° 56*). — 3941 à 3948.
J 960, pl. 2, n° 8 (**J 960, n° 90*). — 28169 à 28174.
J 960, pl. 2, n° 9 (**J 960, n° 1*). — 4156*, 4158*, 28175, 28176.

(1) Les numéros entre crochets indiquent ou des références omises ou des renvois portés au *Catalogue* parmi les mentions d'actes dépourvues de date (t. VII, p. 604 à 816; t. VIII, p. 1 à 307).

ARCHIVES NATIONALES.

J 960, pl. 3, n° 1 (*J 960, n° 48). — 3966 à 3969.

J 960, pl. 3, n° 2 (*J 960, n° 49). — 3962.

J 960, pl. 3, n° 3 (*J 960, n° 42). — 3977 à 3988.

J 960, pl. 3, n° 4 (*J 960, n° 38). — 3990 à 3994.

J 960, pl. 3, n° 5 (*J 960, n° 34). — 4004 à 4015.

J 960, pl. 3, n° 6 (*J 960, n° 35). — 4020 à 4031.

J 960, pl. 3, n° 7 (*J 960, n° 33). — 4034 à 4040.

J 960, pl. 3, n° 8 (*J 960, n° 18). — 4042 à 4048.

J 960, pl. 3, n° 9 (*J 960, n° 26). — 4053 à 4071.

J 960, pl. 3, n° 10 (*J 960, n° 23). — 4075 à 4078.

J 960, pl. 3, n° 11 (*J 960, n° 22). — 4080 à 4087.

J 960, pl. 3, n° 12 (*J 960, n° 19). — 4090 à 4097.

J 960, pl. 3, n° 14 (*J 960, n° 15). — 4099 à 4114.

J 960, pl. 3, n° 15 (*J 960, n° 14). — 4116 à 4123.

J 960, pl. 3, n° 16 (*J 960, n° 16). — 4128 à 4133.

J 960, pl. 3, n° 17 (*J 960, n° 8). — 4136 à 4140.

J 960, pl. 3, n° 18 (*J 960, n° 5). — 4144 à 4154.

J 960, pl. 3, n° 19 (*J 960, n° 128). — 4165 à 4172.

J 960, pl. 3, n° 20 (*J 960, n° 129). — 4173 à 4179, 4181.

J 960, pl. 3, n° 21 (*J 960, n° 123). — 4201 à 4207.

J 960, pl. 3, n° 22 (*J 960, n° 122). — 4210 à 4217.

J 960, pl. 3, n° 23 (*J 960, n° 118). — 4222 à 4224.

J 960, pl. 3, n° 24 (*J 960, n° 93). — 4279 à 4288, 20303 à 20307.

J 960, pl. 3, n° 25 (*J 960, n° 77). — 4296 à 4303.

J 960, pl. 3, n° 27 (*J 960, n° 84). — 4306 à 4319.

J 960, pl. 3, n° 28 (*J 960, n° 81). — 4320 à 4323.

J 960, pl. 3, n° 29 (*J 960, n° 82). — 4332 à 4338.

J 960, pl. 3, n° 30 (*J 960, n° 79). — 4340 à 4346.

J 960, pl. 3, n° 31 (*J 960, n° 72). — 4351 à 4361.

J 960, pl. 3, n° 34 (*J 960, n° 40). — 28177 à 28181.

J 960, pl. 3, n° 35 (*J 960, n° 35). — 28182 à 28186.

J 960, pl. 3, n° 36 (*J 960, n° 30). — 28187 à 28195.

J 960, pl. 3, n° 37 (*J 960, n° 7). — 28196 à 28198.

J 960, pl. 3, n° 38 (*J 960, n° 10). — 4136*, 28199 à 28212.

J 960, pl. 3, n° 39 (*J 960, n° 69). — 28213 à 28218.

J 960, pl. 3, n° 40 (*J 960, n° 2). — 28219 à 28225.

J 960, pl. 3, n° 41 (*J 962, n° 145). — 28226 à 28248.

J 960, pl. 3, n° 42 (*J 960, n° 124). — 28249 à 28254.

J 960, pl. 4. — 4671*, 4683* à 4700*, 4708*, 4717*, 4718*, 4765*, 20447*, 20454*, 20487*, 28255 à 28466.

J 960, pl. 5, n° 1 (*J 962, n° 1). — 4728.

J 960, pl. 5, n° 2 (*J 962, n° 2). — 4744, 4745.

J 960, pl. 5, n° 3 (*J 962, n° 55). — 4735 à 4739.

J 960, pl. 5, n° 4 (*J 962, n° 3). — 4746 à 4754.

J 960, pl. 5, n° 5 (*J 962, n° 4). — 4772 à 4784, 4787.

J 960, pl. 5, n° 6 (*J 962, n° 5). — 4789, 4792 à 4804.

J 960, pl. 5, n° 7 (*J 962, n° 6). — 4808 à 4816.

J 960, pl. 5, n° 8 (*J 962, n° 7). — 4819 à 4823.

J 960, pl. 5, n° 9 (*J 962, n° 8). — 4841 à 4849.

J 960, pl. 5, n° 10 (*J 962, n° 9). — 4851 à 4858.

J 960, pl. 5, n° 11 (*J 962, n° 10). — 4865, 4867 à 4873.

J 960, pl. 5, n° 12 (*J 962, n° 11). — 4876 à 4884.

J 960, pl. 5, n° 13 (*J 962, n° 12). — 4887 à 4891.

J 960, pl. 5, n° 14 (*J 962, n° 13). — 4893 à 4894.

J 960, pl. 5, n° 15 (*J 962, n° 14). — 4924 à 4926.

J 960, pl. 5, n° 17 (*J 962, n° 16). — 4930 à 4938.

J 960, pl. 5, n° 18 (*J 962, n° 17). — 4955 à 4958.

J 960, pl. 5, n° 19 (*J 962, n° 18). — 4960 à 4966.

J 960, pl. 5, n° 20 (*J 962, n° 19). — 4967 à 4969.

J 960, pl. 5, n° 21 (*J 962, n° 20). — 4987 à 4990.

Archives nationales.

J 960, pl. 5, n° 22 (*J 962, n° 21). — 4996 à 5000.

J 960, pl. 5, n° 23 (*J 962, n° 22). — 5013 à 5026, 5025*.

J 960, pl. 5, n° 24 (*J 962, n° 23). — 5032 à 5045.

J 960, pl. 5, n° 25 (*J 962, n° 24). — 5049 à 5053.

J 960, pl. 5, n° 26 (*J 962, n° 25). — 5047, 5048, 5054.

J 960, pl. 5, n° 27 (*J 962, n° 27). — 5057, 5058.

J 960, pl. 5, n° 28 (*J 962, n° 26). — 5060 à 5066.

J 960, pl. 5, n° 29 (*J 962, n° 28). — 5069 à 5074.

J 960, pl. 5, n° 30 (*J 962, n° 29). — 5077 à 5084.

J 960, pl. 5, n° 31 (*J 962, n° 30). — 5092 à 5099.

J 960, pl. 5, n° 32 (*J 962, n° 32). — 5108 à 5113.

J 960, pl. 5, n° 33 (*J 962, n° 31). — 5114 à 5116.

J 960, pl. 5, n° 34 (*J 962, n° 33). — 6595 à 6614.

J 960, pl. 5, n° 35 (*J 962, n° 34). — 5122 à 5124.

J 960, pl. 5, n° 36 (*J 962, n° 35). — 5125 à 5130, 5145.

J 960, pl. 5, n° 37 (*J 962, n° 36). — 5165 à 5176.

J 860, pl. 5, n° 38 (*J 962, n° 37). — 5187 à 5200.

J 960, pl. 6 (*J 960^c^). — 4606*[1], 5177 à 5182, 5219 à 5221, 5224 à 5244, 5248 à 5249, 5253 à 5290, 5292 à 5313, 5315 à 5319, 5322, 5324, 5327 à 5332, 5337 à 5339, 5344, 5348 à 5357, 5361 à 5365, 5370 à 5383, 5386 à 5398, 5406 à 5433, 5442, 5444 à 5464, 5466 à 5469, 5472 à 5474, 5477 à 5499, 5505, 5508 à 5514, 5521, 5524 à 5540, 5543 à 5545, 5555 à 5561, 5574 à 5577, 5582 à 5585, 5606 à 5610, 5615, 5616, 5621 à 5627, 5629 à 5641, 5645, 5646, 5653 à 5659, 5676 à 5680, 5684, 5706 à 5713, 5716, 5717, 5723 à 5749, 5751 à 5756, 5758 à 5760, 5787 à 5791, 5800, 5804, 5806 à 5819, 5821 à 5831, 5836, 5840 à 5843, 5845 à 5848, 5850, 5852 à 5859, 5863 à 5867, 5869 à 5872, 5880, 5882 à 5885, 5887, 5888, 5894 à 5906, 5911 à 5914, 5917 à 5934, 5937 à 5954, 5956, 5958 à 5961, 5966 à 5970, 5972, 5974 à 5989, 5993 à 6015, 6017 à 6034, 6036 à 6043, 6060, 6061, 6063 à 6069, 6072, 6073, 6075 à 6076, 6080 à 6087, 6089 à 6096, 6098, 6104, 6106 à 6124, 6126, 6127, 6131, 6132, 6134 à 6137, 6139, 6141, 6145 à 6155, 6157, 6158, 6161 à 6168, 6171, 6176, 6177, 6180 à 6190, 6217, 6220, 6227 à 6234, 6238 à 6244, 6246 à 6248, 6250, 6252 à 6261, 6263, 6275 à 6280, 6282 à 6298, 6300 à 6314, 6316 à 6321, 6323, 6329 à 6344, 6348 à 6369, 6372 à 6391, 6423 à 6426, 6428 à 6431, 6433 6439, 6441 à 6447, 6468 à 6469, 6493 à 6494, 6504 à 6507, 6518 à 6520, 20250, 20259*, 24140, 28447 à 28570.

J 961, pl. 7, n° 1. — 7244*, 28571 à 28574.

J 961, pl. 7, n° 2. — 6560* à 6562*, 6572* à 6579*.

J 961, pl. 7, n° 3. — 6804*, 6806* à 6810*, 6812* à 6827*, 6833*, 6850*, 6854*, 28575 à 28577.

J 961, pl. 7, n° 4. — 6669, 6671, 6673 à 6675, 6795, 28578 à 28580.

J 961, pl. 7, n° 5 (*J 962, n° 84). — 6680 à 6682.

J 961, pl. 8, n° 1 — 28581 à 28584.

J 961, pl. 8, n° 2. — 7215*, 7216*, 28585 à 28590.

J 961, pl. 8, n° 3. — 7205*, 7212*, 7214*, 28591 à 28596.

J 961, pl. 8, n° 4. — 7140*, 7163*, 7174* à 7176*, 7179*, 7187*, 28597 à 28598.

J 961, pl. 8, n° 5. — 7130*, 28599 à 28615.

J 961, pl. 8, n° 6. — 28616 à 28620.

J 961, pl. 8, n° 7. — 6946* à 6948*, 6950* à 6953*, 6995*, 28621 à 28628.

J 961, pl. 8, n° 8. — 6999*, 7000*, 28629.

J 961, pl. 8, n° 9. — 7014*, 7015*, 7019*, 28630 à 28632.

J 961, pl. 8, n° 10. — 28633.

J 961, pl. 8, n° 11. — 6878*, 6880* à 6883*, 6885* à 6887*, 6907*.

J 961, pl. 8, n° 12. — 28634 à 28637.

J 961, pl. 8, n° 13. — 6903*, 6904*, 6906*, 28634 à 28637.

J 961, pl. 8, n° 14. — 6884*, 6914*, 6916*, 6927* à 6933*, 6937*, 6939* à 6941*, 28638 à 28644.

J 961, pl. 8, n° 15. — 6945*, 28645 à 28649.

J 961, pl. 8, n° 16. — 6918* à 6921*, 6923* à 6925*, 28650.

[1] Afin de réduire l'étendue matérielle de l'énumération qui suit, on s'est abstenu d'y mettre en vedette les numéros des actes pour lesquels les *Additions et corrections* seules renvoient à J 960, pl. 6; tels sont, par exemple, les n°s 5253-5255, 5271-5275, etc. (Voir t. VIII, p. 349 et suiv.)

Archives nationales.

J 961, pl. 8, n° 17. — 6436*, 28651 à 28662.

J 961, pl. 8, n° 18. — 6585*, 28663 à 28669.

J 961, pl. 8, n° 19. — 28670 à 28675.

J 961, pl. 8, n° 20. — 10426*, 10460*, 10468*, 28676 à 28727.

J 961, pl. 8, n° 21. — [10408, 10409], 28728 à 28734.

J 961, pl. 8, n° 22. — 28735 à 28738.

J 961, pl. 8, n° 23. — 6737*, 6741*.

J 961, pl. 8, n° 24. — 6720*, 6727* à 6730*.

J 961, pl. 8, n° 25. — 6738*, 28739 à 28741.

J 961, pl. 8, n° 26. — 6740*, 6752*, 6758*, 6759*, 28742, 28743.

J 961, pl. 8, n°s 27-28. — 28744 à 28750.

J 961, pl. 8, n° 29. — 6757*, 6762*, 6777*, 6778*, 6781*, 28751 à 28754.

J 961, pl. 8, n° 30. — 28755 à 28763.

J 961, pl. 8, n° 31. — 6776*, 6781*, 28764 à 28766.

J 961, pl. 8, n° 32. — 28767 à 28778.

J 961, pl. 8, n° 33. — 6796*, 6797*, 6800* à 6803*, [6814], 28779 à 28787.

J 961, pl. 8, n°s 34-35. — 28788 à 28790.

J 961, pl. 8, n° 36. — 7162*, 7166*, 28791 à 28809.

J 961, pl. 8, n° 37. — 7164*, 7165*, 7167* à 7173*, 7177*, 7178*, 28810, 28811.

J 961, pl. 8, n° 38. — 28812.

J 961, pl. 8, n° 39. — 7220*, 28813 à 28817.

J 961, pl. 8, n° 40. — 28818 à 28825.

J 961, pl. 8, n° 41. — 7253*, 28826 à 28828.

J 961, pl. 8, n°s 42-45. — 28829 à 28848.

J 961, pl. 8, n° 46. — 7267*, 7291*, 28849 à 28859.

J 961, pl. 8, n° 47. — 28860 à 28866.

J 961, pl. 8, n° 48. — 7318*, 7319*, 28867 à 28879.

J 961, pl. 8, n° 50. — 28880 à 28884.

J 961, pl. 8, n° 52. — 7266*, 28885 à 28902.

J 961, pl. 8, n° 53. — 7100*, 7114* à 7116*, 7126*, 28903 à 28907.

J 961, pl. 8, n° 54. — 7310* à 7313*, 28908 à 28920.

J 961, pl. 8, n° 55. — 28921 à 28930.

J 961, pl. 8, n° 56. — 7089*, 28931 à 28933.

J 961, pl. 8, n° 57. — 7098*, 7101*, 28934 à 28936.

J 961, pl. 8, n°s 58-59. — 28937 à 28941.

J 961, pl. 8, n° 60. — 7034*, 7054* à 7057*, 28942.

J 961, pl. 8, n° 61. — 7042*, 7047* à 7049*, 28943 à 28955.

J 961, pl. 8, n° 62. — 28956 à 28964.

J 961, pl. 8, n° 63. — 7059*, 28965 à 28975.

J 961, pl. 8, n° 64. — 7060 à 7079.

J 961, pl. 8, n° 65. — 28977, 28978.

J 961, pl. 8, n° 66. — 7025*, 28979 à 28980.

J 961, pl. 8, n°s 67-68. — 28981 à 28987.

J 961, pl. 8, n° 69. — 7031*, 28988 à 28998.

J 961, pl. 8, n° 70. — 5131* à 5144*, 28999 à 29000.

J 961, pl. 8, n° 72. — 29001 à 29007.

J 961, pl. 8, n° 73. — 5002* à 5005*, 29008 à 29012.

J 961, pl. 8, n° 74. — 29013 à 29021.

J 961, pl. 8, n° 76. — 29022 à 29029.

J 961, pl. 8, n° 78. — 29030 à 29037.

J 961, pl. 8, n° 79. — 5085* à 5088*, 5362*, 29038.

J 961, pl. 8, n° 80. — 20497*, 29039 à 29044.

J 961, pl. 8, n° 81 (**J 962, n° 211*). — 7246 à 7251.

J 961, pl. 8, n° 82. — 7287*, 29045 à 29048.

J 961, pl. 8, n° 83. — 29049 à 29057.

J 961, pl. 8, n° 84. — 5203*, 5207*, 5212*, 5213*, 5217*, 5218*, 29058.

J 961, pl. 8, n° 85. — 5183*, 5186*, 5204*, 29059.

J 961, pl. 8, n° 86. — 6644* à 6646*, 6652*, 29060.

J 961, pl. 8, n° 87. — 6672*, 20666*, 29061 à 29066.

J 961, pl. 8, n° 88. — 6678*, 29067 à 29073.

J 961, pl. 8, n° 89. — 6586*, 6591*, 29074 à 29081.

J 961, p. 8, n° 90. — 6503*, 6511*.

J 961, pl. 8, n° 91. — 6583*, 29082 à 29090.

J 961, pl. 8, n° 92. — 6696*, 6698*, 6699*, 29091, 29092.

J 961, pl. 8, n°s 93-96. — 29093 à 29109.

J 961, pl. 8, n°s 98-99. — 29110 à 29119.

J 961, pl. 8, n° 100. — 7326*, 7328*, 29120 à 29123.

J 961, pl. 8, n°s 101-106. — 29124 à 29155.

J 961, pl. 8, n° 107. — 4614*, 4615*, 4619* à 4623*.

J 961, pl. 8, n° 108. — 5090*, 5157* à 5164*, 29156 à 29158.

J 961, pl. 8, n°s 109-111. — 29159 à 29176.

J 961, pl. 8, n° 112. — 6811*, 6863*, 6864*, 6868*, 29177 à 29187.

J 961, pl. 8, n° 113. — 6658* à 6663*, 6666*, 6667*, 6670*, 6676*, 6684* à 6692*, 6695*, 29188 à 29190.

J 961, pl. 8, n° 114 (*J 962, n° 244). — 6712 à 6714.

J 961, pl. 8, n° 115. — 6706*, 6707*, 6710*, 29191 à 29193.

J 961, pl. 8, n°s 116-117. — 29194 à 29200.

J 961, pl. 8, n° 118. — 6716* à 6719*, 29201.

J 961, pl. 8, n° 119. — 6421* à 6423*, 6440*, 6442*, 6448*, 6452* à 6464*, 6470*, 6486* à 6490*, 6495* à 6498*.

J 961, pl. 8, n° 120. — 6513*, 6514*, 6516*, 6517*, 29202.

J 961, pl. 8, n° 121. — 6523* à 6527*, 6565*, 6566*.

J 961, pl. 8, n°s 122-123. — 29203 à 29216.

J 961, pl. 8, n° 124. — 6521*, 6522*, 6534*, 6551*, 6563*, 6564*, 6567* à 6571*, 29217.

J 961, pl. 8, n° 126. — 6587* à 6589*, 6627*, 29218 à 29220.

J 961, pl. 8, n° 127. — 6617* à 6619*, 29221.

J 961, pl. 8, n° 128. — 6620* à 6622*, 6625*.

J 961, pl. 8, n° 129. — 6533*, 6580 à 6583, 6616, 6623, 6624, 6626, 29222.

J 961, pl. 8, n° 130. — 6701*, 29223 à 29228.

J 961, pl. 8, n° 131. — 7030*, 7032*, 7033*, 29229 à 29245.

J 961, pl. 8, n° 132. — 29246 à 29250.

J 961, pl. 8, n° 133. — 7008* à 7009*, 29251 à 29255.

J 961, pl. 8, n° 134. — 29256 à 29257.

J 961, pl. 8, n° 136. — 7028*, 29258 à 29265.

J 961, pl. 8, n° 137. — 29266 à 29268.

J 961, pl. 9, n° 1 (*J 962, n° 75). — 5832 à 5835.

J 961, pl. 9, n° 2 (*J 962, n° 79). — 6471 à 6479.

J 961, pl. 9, n° 3 (*J 962, n° 80). — 6480 à 6485.

J 961, pl. 9, n° 5 (*J 962, n° 82). — 6528 à 6532.

J 961, pl. 9, n° 6 (*J 962, n° 257). — 6631 à 6642.

J 961, pl. 9, n° 7 (*J 962, n° 83). — 6648 à 6650.

J 961, pl. 9, n° 8 (*J 962, n° 85). — 6698, 6701 à 6705.

J 961, pl. 9, n° 9 (*J 962, n° 87). — 6753 à 6756.

J 961, pl. 9, n° 10 (*J 962, n° 86). — 6743 à 6751.

Archives nationales.

J 961, pl. 9, n° 11 (*J 962, n° 88). — 6774, 6775.

J 961, pl. 9, n° 12 (*J 962, n° 89). — 6787 à 6794, 6797 à 6799.

J 961, pl. 9, n° 13 (*J 962, n° 90). — 6805.

J 961, pl. 9, n° 14 (*J 962, n° 91). — 6830 à 6832.

J 961, pl. 9, n° 15 (*J 962, n° 92). — 6834 à 6844.

J 961, pl. 9, n° 16 (*J 962, n° 93). — 6855.

J 961, pl. 9, n° 17 (*J 962, n° 94). — 6858, 6859, 6861, 6862.

J 961, pl. 9, n° 18 (*J 962, n° 95). — 6869 à 6875.

J 961, pl. 9, n° 19 (*J 962, n° 96). — 6892 à 6902, 6914.

J 961, pl. 9, n° 20 (*J 962, n° 97). — 6909 à 6913, 6931.

J 961, pl. 9, n° 21 (*J 962, n° 98). — 6942, 6944.

J 961, pl. 9, n° 22 (*J 962, n° 99). — 6956 à 6961.

J 961, pl. 10, n° 1 (*J 962, n° 100). — 6967 à 6972.

J 961, pl. 10, n° 2 (*J 962, n° 101). — 6974 à 6976, 6977*, 6978 à 6993.

J 961, pl. 10, n° 8 (*J 962, n° 102). — 7002, 7003, 7007.

J 961, pl. 10, n° 4 (*J 962, n° 103). — 7010 à 7013.

J 961, pl. 10, n° 5 (*J 962, n° 104). — 7016.

J 961, pl. 10, n° 8 (*J 962, n° 107). — 7046.

J 961, pl. 10, n° 9 (*J 962, n° 128). — 7051.

J 961, pl. 10, n° 10 (*J 962, n° 108). — 7084 à 7087.

J 961, pl. 10, n° 11 (*J 962, n° 109). — 7090 à 7097.

J 961, pl. 10, n° 12 (*J 962, n° 110). — 7102 à 7113.

J 961, pl. 10, n° 13 (*J 962, n° 111). — 7117 à 7125.

J 961, pl. 10, n° 14 (*J 962, n° 112). — 7134 à 7145.

J 961, pl. 10, n° 15 (*J 962, n° 113). — 7149 à 7155.

J 961, pl. 10, n° 16 (*J 962, n° 114). — 7158, 7160, 7161.

J 961, pl. 10, n° 17 (*J 962, n° 115). — 7183 à 7186, 7190.

J 961, pl. 10, n° 18 (*J 962, n° 116). — 7206 à 7211.

J 961, pl. 10, n° 19 (*J 962, n° 117). — 7221 à 7232.

J 961, pl. 10, n° 20 (*J 962, n° 118). — 7235 à 7243.

J 961, pl. 10, n° 21 (*J 962, n° 119). — 7254, 7255.
J 961, pl. 10, n° 22 (*J 962, n° 120). — 7256 à 7258.
J 961, pl. 10, n° 23 (*J 962, n° 120 bis). — 7260 à 7263.
J 961, pl. 10, n° 24 (*J 962, n° 121). — 7271 à 7280, 7284.
J 961, pl. 10, n° 25 (*J 962, n° 178). — 7292 à 7298.
J 961, pl. 10, n° 26 (*J 962, n° 122). — 7299 à 7302.
J 961, pl. 10, n° 27 (*J 962, n° 123). — 7303 à 7307.
J 961, pl. 10, n° 28 (*J 962, n° 124). — 7315 à 7317.
J 961, pl. 10, n° 29 (*J 962, n° 125). — 7321 à 7325.
J 961, pl. 10, n° 30 (*J 962, n° 126). — 7330 à 7334.
J 961, pl. 11 — 8857, 9491 à 9510, 9588 à 9600, 9819*, 9852*, 9916 à 9924, 9948, 29269 à 30668.
*J 962, n°s 1-2 : v. J 960, pl. 5, n°s 1-2.
— n°s 3-25 : v. J 960, pl. 5, n°s 4-26.
— n° 26 : v. J 960, pl. 5, n° 28.
— n° 27 : v. J 960, pl. 5, n° 27.
— n°s 28-30 : v. J 960, pl. 5, n° 29-31.
— n° 31 : v. J 960, pl. 5, n° 33.
— n° 32 : v. J 960, pl. 5, n° 32.
— n°s 33-37 : v. J 960, pl. 5, n°s 34-38.
— n° 55 : v. J 960, pl. 5, n° 33.
— n° 75 : v. J 961, pl. 9, n° 1.
— n°s 79-82 : v. J 961, pl. 9, n°s 2-5.
— n° 83 : v. J 961, pl. 9, n° 7.
— n° 84 : v. J 961, pl. 7, n° 5.
— n° 85 : v. J 961, pl. 9, n° 8.
— n° 86 : v. J 961, pl. 9, n° 10.
— n° 87 : v. J 961, pl. 9, n° 9.
— n°s 88-99 : v. J 961, pl. 9, n°s 11-22.
— n°s 100-107 : v. J 961, pl. 10, n°s 1-8.
— n°s 108-120 bis : v. J 961, pl. 10, n°s 10-23.
— n° 121 : v. J 961, pl. 10, n° 24.
— n°s 122-127 : v. J 961, pl. 10, n°s 26-31.
— n° 128 : v. J 961, pl. 10, n° 9.
— n° 145 : v. J 960, pl. 3, n° 41.
— n° 178 : v. J 961, pl. 10, n° 25.
— n° 211 : v. J 961, pl. 8, n° 211.
— n° 244 : v. J 961, pl. 8, n° 244.
— n° 257 : v. J 961, pl. 9, n° 257.
J 962, pl. 12. — 8451, 8576, 8612, 8641, 8642, 8732, 8868, 8870 à 8896, 8903 à 8907, 8911 à 8916, 8921 à 8933, 8935 à 8959, 8963 à 8983, 8988 à 8990, 8993 à 9013, 9020 à 9026, 9029, 9034, 9044 à 9046, 9049, 9050, 9052, 9056 à 9061, 9064 à 9077, 9086 à 9104, 9113 à 9131, 9135, 9139 à 9148, 9152 à 9161, 9213, 9218, 9221 à 9235, 9239 à 9246, 9255, 9266, 9268 à 9287, 9290, 9294, 9295, 9297, 9299 à 9305, 9309 à 9314, 9316, 9331, 9332, 9353 à 9355, 9358 à 9363, 9369, 9370, 9374 à 9377, 9386 à 9402, 9409 à 9411, 9415 à 9417, 9425, 9430 à 9433, 9452 à 9472, 9477 à 9488, 20388, 20607, 20716, 20725, 20777, 20804, 20807, 20835, 30669 à 30703.
J 962, pl. 13. — 9519 à 9522, 9524 à 9530, 9532, 9534 à 9548, 9558 à 9560, 9572 à 9582, 9601, 9603 à 9607, 9611, 9625 à 9639, 9647 à 9654, 9659, 9670 à 9675, 9678, 9684 à 9709, 9718 à 9757, 9768, 9772 à 9782, 9796 à 9818, 9825, 9827 à 9839, 9842, 9844 à 9849, 9856 à 9866, 9868 à 9878, 9881 à 9883, 9901, 9902, 9929, 9931 à 9944, 20335.
J 962, pl. 14. — 10596*, 10613*, 30704 à 32185.
J 962, pl. 15. — 9945, 9956 à 9958, 9961 à 9970, 9973 à 9985 9987 à 9991, 10004, 10005, 10010 à 10018, 10021, 10022, 10029 à 10032, 10037 à 10062, 10071 à 10073, 10085 à 10097, 10104 à 10114, 10119, 10127, 10132 à 10165, 10171 à 10176, 10179, 10182 à 10187, 10189 à 10192, 10195 à 10198, 10205 à 10215, 10220, 10222 à 10227, 10236 à 10244, 10255 à 10262, 10266 à 10283, 10290 à 10295, 10301, 10303 à 10317, 10320, 10326, 10329 à 10333, 10338 à 10349, 10354 à 10359, 10369 à 10385, 10388 à 10396, 10410 à 10424, 10428 à 10432, 10436 à 10459, 10464 à 10467, 10478, 10482 à 10504, 10509 à 10528, 10550 à 10559, 10565 à 10582, 10589 à 10594, 20572.
J 962, pl. 16. — 10612, 10614 à 10625, 10627 à 10634, 10640 à 10649, 10655 à 10665, 10674 à 10686, 10689, 10694, 10697 à 10711, 10725 à 10730, 10734 à 10738, 10758, 10764 à 10770, 10775, 10780 à 10806, 10812 à 10814, 10816 à 10832, 10836, 10838, 10839, 10841 10852, 10856 à 10863, 10865 à 10873, 10891 à 10906, 10908 à 10911, 10913 à 10918, 10922, 10930 à 10936, 10939 à 10964, 10972 à 10975, 10984 à 10992, 20840.
J 963. — 1205, 1299, 1594, 2737, 3584, 4600, 7017, 7445, 7992, 9317, 11357, 17205, 21202.

Archives nationales.

J 964. — 1056, 1529, 2367, 2969, 7347*, 15913.
J 970. — 9163.
J 972. — 4256*, 21347.
J 975. — 11528.
J 979. — 15884, 22042.
J 984. — 20679, 20680, 20888, 20889, 20893, 20897.
J 990. — 19785.
J 992. — 16776.
J 993. — 2455, 8807, 8809, 8829*, 8837, 10269, 21218 (imp. par erreur JJ 993), 21218*, 21236.
J 994. — 3527, 14146, 19549.
J 995^A. — 760, 989, 16420, 17099, 17100, 19672, 19676, 20679.
J 995^B. — 832*, 12214*, 16426.
J 997. — 20843.
J 1018. — 3616*.
J 1022. — 8598, 9019.
J 1024. — 874, 8900, 9954.
J 1025. — 3830.
J 1026. — 17274.
J 1027. — 16782.
J 1037. — 311, 2534*, 4991, 14021, 14120, 16215.
J 1044. — 261*, 3831, 7406.
J 1045. — 10299.
J 1100. — 2931*, 8480*, 18555, 19423.
J 1102. — 7424*.
J 1115. — 21443.
J 1124. — 16727.
J 1125. — 2806*.
J 1126. — 16715, 16794, 17019, 17020, 17122.
J 1128. — 17019*.
J 1141. — 7373*, 7384*, 7437*, 22534, 24143, 24193.
JJ 236. — 1715, 1741, 1742, 1797, 1807, 1846*, 1974, 1992, 17559, 17602, 17603, 17605, 17614.
JJ 237. — 1988, 1989, 2008, 2028, 2030 à 2037, 2048 à 2051, 2065*, 2066, 2080, 2087, 2094, 2095*, 2096, 2103 à 2106, 2112, 2113, 2125, 2136, 2137, 2148, 2160, 2161, 2176, 2177, 2191, 2192, 2194, 2205, 2215, 17748, 17760, 17799, 17800, 17812 à 17815, 17821, 17827 à 17834, 17861, 17929 à 17932, 18016, 18021 à 18023, 18105, 18154, 18209 à 18211, 18243, 18244, 18276, 18361 à 18363, 18427, 18428, 18471, 18485 à 18487.
JJ 239. — 1717, 1959, 2138, 2193, 2214, 2236, 2247, 2248, 2261, 2277, 2278, 2336, 2338, 2343, 2346, 2368 à 2379, 2380*, 2398, 2401 à 2405, 2407, 2444 à 2446, 2447*, 2448*, 2449, 2450, 2460, 2463, 2474, 2483, 2486 à 2490, 2493, 2517, 2520, 2529, 18493 à 18495, 18508 à 18514, 18613, 18674 à 18677, 18715 à 18725, 18733 à 18735, 18775 à 18779, 18781, 18782, 18860, 18863 à 18865, 18913, 18914.
JJ 240. — 2399, 2659, 2690 à 2692, 2695, 2803, 2805, 2806, 2808 à 2810, 19263, 19265, 19404, 19434 à 19435, 19437, 19438.
JJ 241. — 2802, 2804, 2825, 2827 à 2829, 2857, 2858, 2860, 2885 à 2889, 2928, 2934 à 2936, 2947, 2956, 2999, 3040, 3077*, 3130, 3198, 3218, 3247, 19403, 19436, 19450, 19466, 19467, 19489, 19490, 19493 à 19496, 19533, 19594, 19596, 19622 à 19677.
JJ 242. — 6411.
JJ 243. — 2078, 2079, 2260, 2275, 2276, 2291 à 2294, 2335, 2337 à 2342, 2344, 2400, 2443, 2464*, 2471, 2485, 2491, 2516, 2518, 2519, 2521, 2522, 2524-2528, 2564 à 2570, 2585*, 2588 à 2598, 2619 à 2622, 2624, 2625*, 2626 à 2635, 2638, 2639, 2650, 2651, 2693, 2694, 2717, 2719 à 2721, 2741 à 2745, 2765, 2767, 2768 à 2775, 2782, 2783, 2807, 2826, 2859, 2884, 2927, 2929 à 2932, 2933*, 2938, 2943, 2952, 2954, 2955, 2975, 3000, 3001, 3041, 3042, 3075, 3076, 3078 à 3085, 3128, 3129, 3131 à 3135, 3192 à 3194, 3199 à 3202, 3220 à 3222, 3246, 3248 à 3251, 3275 à 3277, 3307, 3349 à 3351, 3352*, 3368 à 3370, 3373, 18530, 18555, 18606 à 18612, 18614 à 18617, 18780, 18819*, 18861, 18909 à 18912, 18976 à 18987, 19053 à 19055, 19057, 19094, 19095, 19264*, 19266*, 19298*, 19303* à 19309*, 19343 à 19346, 19361, 19364 à 19370, 19376, 19464, 19465, 19488, 19491, 19492, 19511, 19527 à 19532, 19559 à 19563, 19591, 19595, 19621, 19623 à 19627, 19630, 19632, 19650 à 19656, 19678 à 19680, 19692 à 19694, 19696 à 19698, 19709 à 19711, 19732, 19767 à 19769, 19771, 19773, 19792.
JJ 244. — 3278, 3309, 3330, 3332, 3333*, 3334, 3396, 3415, 3431, 3489, 3491 à 3494, 3520 (imp. par erreur JJ 245), 3521, 3522, 18017, 19631, 19657, 19695, 19733, 19747 à 19751, 19831, 19867, 19868, 19893, 19894.
JJ 245^1. — 3202, 3371, 3412 à 3414, 3416, 3417, 3432, 3462 à 3466, 3520 (corr. JJ 244), 3577 à 3580, 3599, 3600, 3602 à 3610, 3628 à 3636, 3652 à 3654, 3656, 3657, 3665, 3679, 3680, 3701 à 3710, 3725 à 3730, 3738, 3740, 3741, 3743 à 3747, 3767 à 3769, 3776

Imprimerie nationale.

ARCHIVES NATIONALES.

à 3778, 3793 à 3796, 3817, 3833, 19593, 19629, 19770, 19772, 19808 à 19810, 19845 à 19847, 19921 à 19923, 19936 à 19939, 19968 à 19974, 19985 à 19994, 20009 à 20013, 20017, 20023 à 20026, 20039 à 20044, 20052 à 20057, 20063 à 20066, 20068 à 20070, 20080, 20083 à 20084, 20113, 20114, 20225.

JJ 246. — 3951, 3953 à 3955, 4049 à 4050, 4124 à 4126, 4185, 4187 à 4198, 4231 à 4241, 4261, 4263, 4264, 4274 à 4276, 4326 à 4331, 4364 à 4372, 4389*, 4392, 4393, 4395 à 4397, 4430 à 4433, 4436 à 4445, 4492, 4495, 4496, 4533, 4536 à 4540, 4596, 4598, 4599, 5501, 5867*, 5874 à 5878, 5979*, 6044 à 6055, 6057, 6101 à 6103, 6117*, 6143, 6144, 6195 à 6206, 6207*, 6208, 6210 à 6219, 6266 à 6274, 6277 à 6279, 6293 à 6404, 6406 à 6409, 6412 à 6420, 6538 à 6548, 6550, 20067, 20186, 20187, 20203, 20239 à 60244, 20258 à 20261, 20272, 20273, 20282, 20283, 20301 à 20307, 20316, 20317, 20329 à 20334, 20356 à 20360, 20370, 20395 à 20400, 20424, 20557 à 20559, 20567, 20575 à 20577, 20593 à 20598, 20603, 20615 à 20623, 20625, 20636 à 20637, 20645 à 20649, 20659.

JJ 247. — 7081, 7082, 7197 à 7201, 7202*, 7203, 7204*, 7208*, 7223*, 7426, 7447 à 7450, 20747 à 20752, 20767 à 20771, 20778, 20779, 20839.

JJ 248. — 7496 à 7500, 7570, 7571, 20866, 20867, 20880 à 20883.

JJ 249¹. — 8247, 8278*, 8279 à 8286, 8320, 8322 à 8329, 8330*, 8331*, 8333, 8334, 8383 à 8388, 8389*, 8390, 8408 à 8412, 8423 à 8424, 8592, 8593*, 8626*, 8649, 8650, 8681 à 8683, 8684*, 8703, 8704, 8722, 20943, 20965, 20983 à 20988, 21005 à 21019, 21030 à 21037, 21049, 21050, 21080, 21092, 21093, 21103 à 21106, 21120, 21122, 21136, 21148, 21149.

JJ 250. — 8723, 8772, 8776, 8778, 8828, 8830, 8832, 8833, 8859 à 8861, 8862*, 8863 à 8865, 8933*, 8960, 8961, 9035, 9036, 9038 à 9040, 9066*, 9094*, 9095*, 9126*, 9147*, 9163, 9164, 9173*, 9258, 9259, 9261 à 9263, 9265, 9321 à 9324, 9326 à 9329, 9381, 9382, 9384, 9441, 9513 à 9515, 9517, 21079, 21091, 21120, 21187, 21197, 21212 à 21216, 21229 à 21232, 21239 à 21244, 21261 à 21265, 21276 à 21281, 21315 à 21318 à 21320, 21322, 21335, 21346, 21362 à 21364.

JJ 251. — 10439*, 10440*, 10474 à 10476, 10477*, 10572, 10597 à 10607, 21350, 21355, 21356, 21503 à 21505, 21573 à 21585.

JJ 252. — 8771, 8773 à 8775, 8777, 8779, 8780, 8781*, 8782 à 8784, 8785* à 8787*, 21188 à 21195, 21198.

JJ 253¹. — 10614*, 10615*, 10671, 10677, 10710, 10741 à 10757, 10759, 10761, 10810, 10857*, 10864, 10875 à 10884, 10885*, 10892*, 10893*, 10950*, 10968*, 10978 à 10980, 10981*, 11015 à 11016, 11019, 11042, 11046, 11047, 11049 à 11052, 11085 à 11089, 11091, 11092, 21633 à 21639, 21697 à 21699, 21775, 21804, 21816 à 21819, 21855 à 21869.

JJ 253². — 21072.

JJ 254. — 8724, 9203, 9330, 9416*, 9516*, 9520*, 9614, 9616 à 9623, 9695*, 9758 à 9766, 9768*, 9815*, 9816*, 9837*, 9894 à 9902, 9948 à 9950, 9994 à 9997, 9998*, 10075 à 10078, 10117, 10118 à 10124, 10167 à 10170, 10232, 10233, 10234*, 10290*, 10320*, 10321 à 10325, 10327*, 10328, 10330*, 10332*, 10371*, 10398 à 10402, 10404, 11018, 11039 à 11041, 11048, 11084, 11093, 11094, 11131 à 11134, 11136, 11169, 11170, 11174 à 11190, 11220 à 11224, 11226 à 11229, 11231, 11232, 11263 à 11274, 11298, 11300, 11305, 11347, 11349, 11350, 11353 à 11355, 11394 à 11401, 11440 à 11447, 11450, 11479 à 11482, 11504 à 11506, 11508, 11555, 11557, 11560 à 11563, 11593, 11594, 11597, 11624 à 11629, 11655 à 11661, 11688 à 11689, 11692, 11694, 11695, 11785, 11787, 11788, 11790 à 11792, 11794, 11795, 12175, 12220, 12270, 12303, 12313, 12314, 12317, 12318, 12321, 21150, 21196, 21319, 21321, 21334, 21344, 21345, 21362, 21371, 21377, 21384 à 21388, 21399 à 21402, 21408, 21409, 21414, 21423, 21424, 21431, 21441, 21447, 21464 à 21469, 21475 à 21477, 21960 à 21962, 21974, 21975, 21987, 21988, 22005, 22006, 22008, 22015, 22025 à 22027, 22040, 22041, 22068, 22306, 22307, 22309, 22958.

JJ 255¹. — 11691, 11693, 11740, 11741, 11786, 11789, 11793, 11796, 11814 à 11817, 11834 à 11848, 11881 à 11886, 11888 à 11894, 11908 à 11913, 11928, 11929, 11954, 11956, 12004 à 12010, 12041 à 12043, 12085 à 12091, 12095 à 12099, 12101, 12102, 12130 à 12138, 12140 à 12143, 12151, 12168, 12170 à 12172, 12174, 12176 à 12178, 12216, 12219, 12264 à 12269, 12271 à 12273, 12309 à 12311, 12320, 12498, 12525,

ARCHIVES NATIONALES.

12526, 12547, 12549, 12724, 12761, 22094 à 22096, 22106, 22116 à 22119, 22133 à 22140, 22146, 22147, 22153, 22166 à 22169, 22177 à 22179, 22209 à 22224, 22235 à 22239, 22242 à 22244, 22250, 22251, 22285, 22287 à 22290.

JJ 256^1. — 11043, 12040, 12109, 12215, 12217, 12304 à 12308, 12312, 12315, 12316, 12319, 12321, 12355, 12359, 12360, 12364 à 12375, 12394, 12410 à 12414, 12416 à 12421, 12423 à 12426, 12429, 12437 à 12445, 12469, 12471 à 12497, 12499 à 12502, 12543, 12544 à 12546, 12548, 12550 à 12558, 12591 à 12594, 12596 à 12601, 12603, 12606 à 12612, 12662 à 12670, 12673 à 12679, 12681, 12682, 12713, 12715 à 12722, 12757, 12763 à 12766, 12768, 12791 à 12793, 12795, 12817 à 12819, 12821 à 12827, 12842 à 12846, 12848, 12850 à 12852, 12855, 22286, 22308, 22322 à 22325, 22327 à 22332, 22345 à 22350, 22358 à 22364, 22371 à 22394, 22401 à 22406, 22424 à 22434, 22446 à 22454, 22460 à 22463, 22492, 22493, 22499.

JJ 256^3. — 13910.

JJ 257^1. — 14501, 14502, 14706, 14708 à 14712, 14714 à 14718, 14720 à 14748, 14785 à 14804, 14851, 14905 à 14932, 14935, 14936, 14938 à 14944, 15025 à 15047, 15049 à 15058, 15062, 15063, 15066 à 15070, 15088 à 15111, 15113 à 15119, 15126, 15179 à 15187, 15284 à 15306, 15331 à 15350, 15374 à 15381, 15382 à 15387, 15408 à 15413, 15416 à 15418, 15420, 15441 à 15443, 15473 à 15493.

JJ 842 : corr. J 842.

JJ 993 : corr. J 993.

K 81. — 52, 100, 193, 194, 218, 303, 311, 368, 538, 547, 589*, 600, 664, 679, 688, 701, 773, 816, 828, 837, 843, 860, 957*, 969, 1041, 1073, 1092, 1155.

K 82. — 193*, 1265, 1289, 1313, 1323, 1355, 1358, 1416, 1590, 1732, 1838, 1859, 1920, 1969, 2111.

K 83. — 1907, 2116, 2256, 2288, 2289, 2297, 2300, 2310, 2331, 2384, 2397, 2433.

K 84. — 3074, 3136*, 3167*, 3177*, 3196*, 3273, 3676, 3683, 4018, 4270, 4390*, 4391, 4671, 4824, 5314, 7436, 14433, 19299, 19928, 19929, 20976.

K 85. — 3698.

K 87. — 8472, 8530, 9054, 9112, 9292, 10334, 10875, 11313, 11802, 12035, 12116, 12154, 12511, 12895, 13054, 13148, 13161, 13779, 22089, 22105, 22207, 22231, 22245, 22247, 22265, 22266, 22277.

K 88. — 109*, 13899, 13951, 13978, 14021*, 14120*, 14207, 14271, 14315, 14324, 14402, 14444*, 14702, 15127, 15358, 15502, 18083, 22934.

K 165. — 193*.

K 170. — 371, 373, 556, 649, 1258, 1647, 1769.

K 171. — 190, 608, 921, 1386*, 1513, 1682*, 1714, 1792, 1793, 1846, 2180, 2191, 2209, 2464, 3301, 3577, 3660, 3956, 4186, 6209, 6370, 7029, 7529, 8013, 8310, 8593, 8693, 8862, 10977, 13301, 13911, 11077*, 14599.

K 176. — 581*, 4186*, 15876, 15901, 15989, 17738, 22719.

K 178. — 15967, 16527, 22770.

K 180. — 240*, 489*, 837*, 1041*, 1513*, 8769*, 11294*, 11302*, 13900*, 14155, 15794, 16002, 17551, 21251, 22934.

K 184. — 330.

K 185. — 250*, 967*, 21567, 23094, 23169.

K 186. — 255*, 766*, 17558, 22751.

K 187. — 697*, 8828*.

K 188. — 16115.

K 189. — 15882, 16678.

K 190. — 363*, 603*, 16965.

K 191. — 8832*, 15796, 22822.

K 192. — 17517.

K 216. — 190*, 608*, 628*, 2890*.

K 502. — 15712, 20300.

K 538. — 2813*, 3483*, 19638.

K 541, ancienne cote du n° 2813, aujourd'hui cotée K 538.

K 546. — 10875, 13666.

K 551. — 9518*, 21402, 21413. 21905,

K 554, ancienne cote du n° 3483, aujourd'hui cotée K 538.

K 710. — 23138.

K 898. — 13821*, 20676.

K 905. — 22051.

K 952. — 219, 239, 419, 571.

K 953. — 1146, 1186, 1189, 1191, 1495, 1652, 1657, 1669, 2124, 2224*, 2295, 2785, 2881, 3213, 3214, 3306, 18501.

K 954. — 2982, 4398, 4400, 5718, 5719, 5783, 7005, 7382, 7383, 7511, 7888, 8350, 8354, 8365, 8680, 8694, 8702, 8805, 8852, 9191, 9783*, 10221, 10286, 10777.

K 955. — 10777, 11144, 11216, 11876, 12671, 12754, 12755, 12872, 12900, 13038, 13043, 13216, 13362, 13367, 13370, 13822, 13829, 14107, 14171, 14171, 14172, 14251, 14262, 14396 14561, 14989.

K 956. — 14352, 14427, 14498, 14510,

14561, 14566, 14865, 14989, 14991, 15059, 15461 à 15463, 22715.
K 1148. — 1386.
K 1149. — 18620, 21981.
K 1150. — 14907*.
K 1151. — 20674.
K 1152. — 20911.
K 1155. — 17060, 17061, 17065.
K 1157. — 7083, 7411, 7438, 9518, 15414. (*La cote K 1157 a été portée par un cahier coté aujourd'hui K 1200.*)
K 1158. — 17703.
K 1160. — 1453*.
K 1165. — 19327, 19499.
K 1170. — 20536.
K 1172. — 17969, 18018, 18019, 18153, 18840.
K 1199. — 20430, 20854.
K 1200. — 65*, 231*, 3217*, 17796.
K 1219. — 246*, 10811*, 19487, 21870.
K 1223. — 191*, 20134, 20926, 20929, 20931, 20974, 21065, 21131, 21155, 21899.
K 1232. — 11804, 11822, 12864.
K 1242. — 9264.
K 1377. — 2139, 3835, 3874, 4480, 4520, 5347, 5471, 5604, 7309, 7914, 8436, 17237, 17680.
K 1482. — 556*, 1348*, 22014.
K 1483. — 20879.
K 1484. — 10531*.
K 1640. — 2209, 2637*, 20000, 20015.
K 1641. — 3615*, 3643*, 20000, 20029, 24039 *bis* (t. VIII, p. 402).
K 1642. — 22003.
K 1643. — 3562*, 19950.
K 2379. — 5155, 12323, 13877, 14021, 14120, 14402, 14680, 17456.
KK 89. — 37, 222, 822.
KK 90. — 11030.
KK 91. — 6015, 8291, 8455, 8531, 8570, 8571, 8601, 8651.
KK 92. — 6016, 11751 à 11753, 12027, 12028, 12163, 12190.
KK 93. — 6585.
KK 94. — 78, 79, 519, 638, 934, 1461, 16764, 16986, 17249, 17303.
KK 95. — 6169, 6170, 7982.
KK 96. — 2606, 2637, 2666, 2680, 2682, 2698, 2793, 2818, 2823, 2831, 2832, 2834 à 2836, 2838, 2839, 2843 à 2847, 2853 à 2856, 2861 à 2863, 2865, 2867, 2869, 2870, 2874 à 2877, 2883, 2892, 2894, 2904, 2905, 2917, 2919, 2921, 2926, 2940, 2944, 2951, 2959, 2961, 2962, 2967, 2968, 2970, 2973, 2979, 2980, 2986, 2987, 2989, 2990, 2992 à 2996, 3005, 3007 à 3011, 3013 à 3015, 3017, 3022, 3027, 3028, 3032, 3033, 3045 à 3047, 3051, 3053, 3057, 3064 à 3066, 3068, 3087, 3089, 3094, 3097, 3100, 3102, 3104, 3106, 3107, 3112 à 3114, 3117, 3120 à 3124, 3126, 3138 à 3141, 3144, 3145, 3148 à 3151, 3153 à 3156, 3165, 3166, 3169 à 3176, 3179, 3180, 3182, 3188, 3204, 3205, 3210, 3211, 3225, 3227 à 3229, 3231, 3233 à 3235, 3242 à 3244, 3255, 3262 à 3264, 3326, 3851, 5069, 5209, 17682, 18479, 18498, 18529, 18827.
KK 97. — 796, 1121, 1137, 1667.
KK 98. — 17752.
KK 99. — 3427, 3474.
KK 100. — 3240, 3718, 3719.
KK 101. — 2983.
KK 103. — 3452, 3593, 6501, 9352, 10001, 15393.
KK 230. — 24071 *bis*, 24173 *bis* (t. VIII, p. 413).
KK 273. — 11528.
KK 285. — 14834.
KK 289. — 15954, 16006, 16046, 16263, 16304, 16382, 16386, 16406, 16449, 16467, 16509, 16522, 16530 à 16532, 16534 à 16541, 16545, 16546, 16551 à 16553, 16559, 16560, 16562 à 16564, 16569 à 16573, 16575 à 16579, 16581 à 16583, 16591, 16592, 16594 à 16601, 16603, 16607, 16609, 16610, 16612, 16613, 16615 à 16618, 16620 à 16623, 16627, 16632 à 16634, 16636, 16637, 16640 à 16644, 16646 à 16651, 16654, 16655, 16657, 16658, 16660, 16664, 16665, 16667, 16668, 16670 à 16673, 16677 à 16681, 16684 à 16686, 16688 à 16694, 16697 à 16699, 16703 à 16705, 16708 à 16711, 16713, 16714, 16717 à 16719, 16728, 16729, 16734 à 16741, 16743 à 16748, 16754, 16757, 16761, 16762, 16766, 16767, 16769, 16771, 16772, 16775, 16778, 16779, 16783, 16786, 16791, 16796, 16800 à 16803, 16805, 16808, 16809, 16816, 16817, 16820, 16826 à 16828, 16831, 16832, 16851, 16853, 16860, 16862 à 16865, 16872 à 16875, 17070, 17206, 17229, 17259.
KK 331. — 7439, 7440, 7623.
KK 334. — 7490, 8769.
KK 338. — 2895, 2908, 3203, 3260, 10318, 19419.
KK 349. — 80*, 216, 321*, 518, 1309, 15982, 15983, 16135, 16137 à 16139, 16235, 16408, 16438, 16561, 16790, 16846, 17033, 17182, 17204, 17453 à 17455, 17586.
KK 394. — 321 (*corr.* KK 349).

KK 595. — 988.
KK 889. — 1953*, 4403*.
KK 893. — 1333, 2169, 2330.
KK 896. — 19141, 20328, 20930, 21696.
KK 897. — 257, 258, 292, 308, 381, 450, 1116, 2406, 4159, 9266, 10325, 11124, 12040, 12418*, 15968, 16291, 21917.
KK 898. — 10885, 13075, 13187, 13417, 13757, 13929, 14126, 14361, 14426, 14521, 15441, 19130, 22811.
KK 902. — 3601*, 13200*, 14622*, 17157, 17178, 17198, 17520, 18079, 18080, 18197, 18250, 18393, 18394, 18528, 18571, 18711, 18917, 19464, 19636, 19647, 19715, 19754, 19780, 19965, 20690, 20775, 20808, 20827, 20860, 20924, 21089, 21175, 21326, 21348, 21470, 21624, 21827, 21888, 21917, 22031, 22102, 22144, 22145, 22180, 22268, 22334, 22365, 22416, 22456, 22489, 22524, 22590, 22605, 22659, 22887, 23017, 23034, 23044, 23082, 23084, 23095, 23096, 23118, 23120, 23123, 23150, 23172, 23190, 23196.
KK 906. — 2857*, 10369*, 11073*, 14821*, 16911, 17345, 19756, 20446, 20447, 21002, 21025, 21915, 21997, 22262, 22275, 22417, 22458, 22476, 22538, 22741, 23075.
KK 908. — 14821*, 15854, 15979, 17345, 21997, 22417, 22476, 23046.
KK 909. — 17433, 17506, 19051, 19457, 20103, 21114, 21183, 21946.
KK 939. — 8706*.
KK 1007. — 1186*, 11065*, 11736*, 15460*, 21153.
KK 1009. — 22472.
KK 1012. — 219, 1652, 3508, 8721*, 9187*, 11062*, 12900*, 13038*, 13043*, 13362*, 13719*, 13721*, 14332, 15460*, 22069.
KK 1070. — 8064.
KK 1111. — 11225.
KK 1181. — 11017.
KK 1227. — 7373*, 7384*, 20837.
KK 1230. — 4886, 6451.
KK 1344. — 13359.
KK 1407. — 232.
KK 1408. — 8319.
L 370. — 2357, 2391.
L 466. — 18690, 22143.
L 533. — 21982.
L 879. — 21234, 22474.
L 1018. — 8771*, 11986.
L 1019. — 15881.
L 1034. — 331*.
LL 11. — 13501*.
LL 41. — 1258*.
LL 175. — 2937.
LL 560. — 4261*, 15712*.
LL 624. — 23749, 23775.
LL 625. — 18658*, 23880, 23871, 23911, 24073, 24089.
LL 626. — 24631, 24997, 25064, 25270.
LL 1194. — 23412.
LL 1354. — 273, 1470.
LL 1575. — 22836.
LL 1614. — 245*.
M 8. — 109*, 1986*, 1989*, 2130*, 2329*, 2350*, 2916*, 7890, 8846, 17652.
M 9. — 1989*, 21222.
M 17. — 109*, 2882*, 7537*.
M 29. — 109*, 16419.
M 61. — 16186.
M 66^{B}. — 240*.
M 180. — 212*, 1505, 21304.
M 458 (dossier Longwy). — 10584*.
M 461. — 23698.
M 487. — 32246, 32608.
M 507 (dossier Pontac). — 4979*.
M 752. — 3923*, 20154.
MM 3. — 109*, 1986*, 1989*, 2130*, 2916*.
MM 8. — 448*, 19480.
MM 220. — 3063*.
MM 702. — 21776.
MM 711. — 19928*.
MM 759. — 2816, 2819, 3751, 8668, 13171, 16019.
MM 878. — 380.
MM 897. — 11081.
O^{1a} 345. — 1039*.
O^{1} 3700. — 1628*, 14006*.
P 2. — 15725 à 15727, 15762, 15763, 15815, 15820, 15922, 15923, 15976, 16222, 16294, 16400, 16401, 16440, 16662, 16758, 16822, 16835, 16836, 16972, 17041, 17052, 17077, 17078, 17140, 17535, 17561, 17564, 17598, 18813, 19218, 19384, 19424, 19425, 19426, 19475, 19476, 19538, 19757, 19859, 20212, 20313, 20450, 20688, 20718, 20950, 21048.
P 3. — 21266, 21272, 21483, 21489, 21949, 22314, 22502, 22844, 22967.
P 5. — 15776, 15866, 15875, 15921, 16274, 16397, 16659, 16663, 17075, 17166, 17273, 17476, 17689, 18578, 18839, 19081, 19202, 19227, 19350, 19351, 19355, 19360, 19418, 19856, 20138, 20213, 20946, 21291, 21411, 21740, 21751, 21798, 21824, 22909, 22983, 23072.
P 6. — 21247, 21258, 21282, 21294 à 21297, 21301, 21302, 21433, 21480, 21488, 21520, 21521, 21542 à 21544, 21609 à 21611, 21648, 21666, 21667,

21705, 21745, 21822, 21830, 21840, 21912, 21913, 21918.

P 7. — 15751 à 15753, 16340, 16380, 16414, 16929, 17630, 17754, 18670, 19085, 19815, 19942, 20475, 20546, 20691, 21112, 21541, 21643, 21676, 21741, 21878, 22129, 22267.

P 8. — 16209, 16275, 16379, 17154, 17155, 17591, 18540, 18812, 19428, 20127, 20684, 20706, 21742.

P 9. — 15821, 15874, 16254, 16391, 16814, 16844, 16957, 17163, 17484, 19919, 20162, 21047, 21308, 21626, 21668, 22559, 22613.

P 10. — 2915*, 15833, 16008, 16227, 16342, 16349, 16367, 16515, 16661, 16901, 16902, 17123, 17141, 17175, 17141, 17176, 17202, 17571, 17695, 18571, 18572, 18897, 19003, 19284, 19523, 19539, 19614, 20130, 20376, 21307, 21484, 21616, 21702, 21755, 21828, 21850, 21984, 23524.

P 11. — 15745, 15781, 15822, 15936, 15945, 15946, 15950, 15955, 15956, 16021, 16118, 16155, 16158, 16192, 16197, 16199, 16208, 16407, 16470, 16507, 16510, 21805, 21843, 21936, 23086, 23132, 23149, 23174, 23185.

P 12. — 16511, 16520, 16733, 16968, 17326, 17350, 17445, 17521, 17633, 17639, 17646, 17647, 17649, 17660 à 17663, 17672, 17673, 17677, 17683, 17684, 17697, 17706 à 17708, 17735, 17741, 17750, 17751, 17773, 17777, 17784 à 17787, 17797, 18664, 18760, 19013, 19014, 19031, 19077, 19171, 19462, 19502, 20462, 20490, 20643, 20695, 20720, 20772, 20825, 21142, 21162, 21223, 21235, 21537, 21707, 21708, 21814, 21837, 21957, 22115, 22149, 22491, 22503, 22506, 22843, 22863, 22977, 23039.

P 13. — 15779, 15780, 15817, 15890, 15895, 15952, 15966, 16056, 16159, 16200, 16202, 16371, 16611, 16785, 16854, 17083, 17261, 17368, 17637, 17638, 17684, 18329, 18573, 18873, 18894, 19050, 19076, 19228, 19275, 19296, 19381, 19550, 19699, 19791, 19800, 19805, 20059, 20350, 20569, 20819, 21173, 21250, 21620, 21687, 21851, 22024, 22108, 22130, 22148, 22253, 22530, 23028, 23157, 23175.

P 14. — 15736, 15816, 15848, 15850, 15870, 15935, 15944, 15972, 15973, 16187, 16231, 16233, 16347, 16402, 16453, 16516, 16518, 16565, 16630, 16732, 16876, 17272, 17572, 19104. 19444, 19453, 19463, 19684, 19687. 19721, 19851, 20608, 20703, 21159, 21288, 21311, 21422, 21528, 21623, 21669, 21684, 21713, 21722, 21796, 21810, 21811, 21815, 21844, 21845, 21978, 22066, 22084, 22101, 22125, 22126, 22183, 22193 à 22200, 22202 à 22206, 22225, 22227, 22284, 22318, 22667, 22738, 23142.

P 15. — 15722, 15740, 15920, 16116, 16292, 16423, 16493, 16494, 16952, 18213, 18491, 19722, 19723, 20692, 21087, 21284, 21412, 21461 à 21463, 21563, 21709, 21731, 22480, 22990, 22991, 23136.

P 16. — 15942, 15971, 16164, 16305, 16315, 16333, 16383, 16624, 16725, 16829, 16837, 16900, 17086, 17295, 17383, 17477, 17536, 17562, 17574, 17600, 18496, 19187, 19637, 19899, 20511, 20683, 21257, 21310, 21381, 21499, 21744, 21827, 21900, 21968, 22030, 22083, 22186, 22941, 23057.

P 147^{1}. — 16756.

P 147^{3}. — 20723.

P 161^{1}. — 16198, 17251, 18672, 21592, 21593, 21691, 21692, 21802, 21809.

P 161^{2}. — 15804, 15855, 21706.

P 162^{1}. — 15741, 15760, 15818, 16812, 17579, 17642, 17770, 18832, 20167, 20547, 21038, 21737, 21783, 22479.

P 162^{2}. — 15811, 15871, 16163, 16299, 16415, 16815, 17203, 17269, 17580, 17621, 17820, 19230, 20140, 20149, 20754, 20763, 21744,

P 163^{1}. — 15737, 15857, 15984, 16015, 16631, 16941, 17434, 18604, 19416, 19712, 19943, 20168, 20412, 21625, 21784, 22297.

P 163^{2}. — 15802, 15810, 15912, 16846, 16885, 16886, 16887, 16928, 17073, 17081, 17133, 17134, 17300, 17311, 17534, 19093, 19841, 19842, 19962, 20157, 20170, 20324, 20505, 21152, 21641, 21754, 21764, 21771, 21953, 22086, 22252, 22611, 23021, 23058, 23107, 23153.

P 164^{1}. — 15789, 15814, 15827, 15856, 15907, 16234, 16847, 16936, 17000, 17180, 17225, 17291, 17460, 17755, 18833, 19945, 19954, 20141, 20169, 21732, 21786, 21797.

P 164^{2}. — 15742, 15743, 15770, 15868, 16895, 17084, 17312, 20158, 20790, 21642, 21772.

P 165^{1}. — 17298, 17753, 21502, 21604, 21617, 21675, 21689, 22419, 23999.

P 165^{2}. — 15799, 15800, 15806, 16322, 16394, 16628, 16724, 17025, 17590, 21328, 21628, 21738, 21938.

P 166^{1}. — 15777, 16283, 16395, 17124, 17307, 17310, 17609, 18492, 18497, 18605, 18619, 18818, 18853, 19513, 20201, 21512, 22082, 22420, 22931, 23134, 23995.
P 166^{2}. — 15768, 15783, 15787, 15792, 15798, 15805, 15949, 16106, 16149, 16225, 16313, 16463, 16480, 16696, 16988, 17282, 17356, 18521, 18536, 19477, 19995, 20247, 20852, 20953, 21739, 22087, 23060.
P 167^{1}. — 19860.
P 170^{1}. — 20954; (*corr. P* 270^{1}, *à propos du n°* 16484).
P 170^{2}. — 17284; (*corr. P* 270^{2}, *à propos des n^{os}* 21564 *et* 21665).
P 172^{1}. — 19478.
P 179^{2}. — 21803.
P 264^{2}. — 15739, 15826, 16204, 16236, 16413, 16476, 16483, 16542, 16858, 16870, 16871, 16883, 16884, 16897, 16899, 16904, 16905, 16908, 16909, 16912, 16926, 16934, 16938, 16948, 16954, 16959, 16961, 16967, 16969, 16971, 16974, 16975, 16977, 16980, 16981, 17002, 17005, 17008, 17015, 17028, 17037, 17038, 17043, 17047, 17072, 17076, 17109, 17171, 17173, 17239, 17256, 17281, 17308, 17459, 18518, 18533, 18814, 19192, 19372, 19540, 19862, 19880 à 19882, 19898, 19952, 20089, 20156, 20221, 20254, 20343, 20483, 20571, 20696, 20697, 20701, 20909, 21501, 21569, 21806, 21825, 21977.
P 265^{1}. — 16058, 16188, 16889, 16898, 17763, 20363, 20364, 20850, 20894, 21125, 21252, 21481, 21486, 21516, 21519, 21525, 21526, 21559, 21560, 21562, 21621, 21645, 21694, 21701, 21711, 21942, 23009, 23061.
P 265^{2}. — 15774, 15830, 15837, 15862, 15865, 15869, 15987, 16150, 16214, 16277, 16296, 16336 à 16338, 16374, 16387, 16399, 16412, 16437, 16443, 16444, 16454, 16461, 16477, 16605, 16823, 16849, 16850, 16951, 17093, 17252, 17293, 17398, 17555, 17567, 17580, 17712, 20339, 20355, 20374, 20375, 20382, 20907, 21078, 21267, 21451, 21454, 21495 à 21499, 21507, 21508, 21510, 21529, 21532, 21533, 21548, 21553, 21561, 21568, 21601, 21606, 21607, 21618, 21622, 21632, 21663, 21670, 21940, 21945, 22043, 22085, 22093, 22111, 22258, 22260, 22298, 22301, 22304, 22336, 22540, 22640, 22917, 23008, 23050.
P 266^{2}. — 15861, 16191, 16330, 16350, 16447, 16450, 16491, 16554, 17191, 19553, 20151, 20337, 20507, 20512, 20525, 21485, 21490, 21500, 21509, 21511, 21530, 21554, 21555, 21558, 21572, 21600, 21614, 21615, 21664, 21671 à 21673, 21677, 21879, 21941, 22035, 22038, 22143, 22171, 22256, 22258, 22299, 22551, 22616-22618, 23012.
P 267^{1}. — 15764, 16205, 16433, 16436, 16464, 16470, 16824, 16888, 16962, 16989, 16997, 17001, 17006, 17018, 17039, 17135, 17153, 17161, 17162, 17219, 17257, 17290, 17358, 17594, 17596, 17761, 17769, 17805, 19313, 19383, 19497, 19613, 19716, 19724, 20135, 21727, 21757, 21788.
P 267^{2}. — 15775, 15843, 15898, 15903, 20323, 21125, 21253, 21268, 21293, 21513, 21632, 21728, 21733 à 21735.
P 268^{2}. — 15765, 15786, 15801, 15804, 15864, 15951, 16131, 16298, 16324, 16329, 16335, 16339, 16363, 16485, 16544, 16755, 16806, 16807, 16861, 16867, 16881, 16903, 16913, 16914, 16916 à 16918, 16932, 16937, 16944 à 16947, 16949, 16956, 16992 à 16994, 17046, 17097, 17255, 17316, 18888, 19411, 20419, 20425, 21527, 21752, 21767, 21768, 21922, 22311.
P 268^{3}. — 15902, 16325, 16580, 16581, 16706, 16774, 16843, 16925, 17184, 17294, 17323, 17525, 17593, 17630, 17731, 18796, 19233, 19274, 19300, 19807, 19855, 19857, 20020, 20131, 20365, 20392, 20393, 20402 à 20405, 20408 à 20410, 20553, 20710, 20735, 20757, 20855, 20898, 20899, 21586, 21602, 21604, 21605, 21674, 21683, 21704, 21715-21718, 21779, 21793, 21794, 21829, 21881, 21895, 22121.
P 269^{2}. — 15919, 20220, 20479, 20700, 21599, 21939, 22642, 22644, 22853.
P 270^{1}. — 15089, 16001, 16279, 16366, 16375, 16385, 16411, 16435, 16462, 16481, 16482, 16484, 16891 à 16893, 16923, 16927, 16939, 16955, 17003, 17010, 17049, 17050, 17054, 17092, 17101, 17136, 17250, 17458, 17578, 17644, 18830, 19120, 19170, 19395, 20138, 20214, 21494, 21515, 21517, 21518, 21535, 21539, 21549, 21570, 21571, 22037.
P 270^{2}. — 15778, 15808, 15819, 15841, 15842, 15995, 16669, 18896, 19479, 19499, 19743, 20451, 20533, 20555, 20699, 20857, 20858, 20901, 21492, 21514, 21524, 21536, 21557, 21564, 21612, 21665, 21678, 21679, 21719,

21720, 21736, 21749, 21750, 21758 à 21761, 21765, 21766, 21782, 21785, 21787, 21789, 21792, 21807, 21839, 21846, 23007.

P 272^{2}. — 17098, 17158, 20342, 20508, 20522, 20759, 20906, 20908, 21046, 21312, 21493, 21531, 21552, 21594, 21608, 21647, 21693, 21729, 21995, 22541, 22946.

P 273^{1}. — 15788, 15791, 15807, 15851, 15906, 15933, 16037, 16486, 16915, 16963, 19140, 19474, 20199, 20200, 20205, 20216, 20326, 20327, 20377, 20378, 20380, 20385, 20407, 20411, 20554, 20640, 20796, 20891, 20895, 21130, 21523, 21556, 21589, 21597, 21598, 21681, 21682, 21703, 21730, 21743, 21747, 21748, 21753, 21762, 21763, 21774, 21884, 22074, 22814, 23006.

P 273^{2}. — 15735, 15953, 15959, 16016, 16147, 16232, 16240, 16244, 16278, 16288, 16320, 16327, 16344, 16376, 16451, 16487, 16488, 16490, 16497, 16638, 16750, 16818, 16825, 16834, 16838, 16839, 16848, 16859, 16877, 16894, 16896, 16921, 16924, 16930, 16931, 16933, 16940, 16970, 16976, 17011, 17012, 17036, 17044, 17045, 17048, 17051, 17056, 17062, 17072, 17079, 17080, 17082, 17094, 17095, 17104, 17107, 17125, 17130 à 17132, 17137, 17138, 17145, 17149, 17212, 17236, 17258, 17296, 17319, 17390, 17444, 17584, 17781, 22303, 22910.

P 274^{1}. — 15793, 16183, 16236, 16237, 16276, 16297, 16321, 16388, 16442, 16445, 16478, 16619, 16819, 16841, 16907, 16942, 16960, 16998, 17013, 17305, 17651, 17654, 17733, 19229, 19409, 21842.

P 274^{2}. — 16207, 16842, 19507, 19516, 21587, 21613, 22756, 24368.

P 348^{4}. — 15759, 16210, 16167, 19144, 21382, 21395, 21414, 21459.

P 351. — 21813, 22081, 23452.

P 483. — 32415, 32438, 32444, 32446.

P 552^{2}. — 15997.

P 555^{2}. — 15977, 23198, 23238, 23241 à 23248, 23251 à 23257, 23261, 23262, 23264 à 23266, 23272, 23274 à 23276, 23278, 23280, 23281, 23286, 23296, 23298, 23301, 23303, 23304, 23309, 23313 à 23315, 23325, 23328, 23332, 23338, 23354, 23361, 23362, 23375, 23389, 23417, 23419, 23421, 23425, 23426, 23430, 23443, 23444, 23454, 23457, 23467, 23472, 23476, 23491, 23505, 23529, 23531, 23532, 23535, 23550, 23562, 23563, 23589, 23593, 23594, 23607, 23615, 23617, 23618, 23621, 23626, 23627, 23645, 23996.

P 556^{1}. — 2392, 3183, 19691, 19801, 19806, 19812, 20005, 20031, 20037, 20074, 20075, 20089, 20126, 20133, 20195, 20264, 20281, 20468, 20469, 20542, 20605, 20606, 20660, 20672, 20711, 20784, 23623, 23624, 23702, 23707, 23708, 23716, 23730, 23733, 23738, 23746, 23752, 23761, 23763 à 23766, 23773, 23782, 23787, 23812, 23813, 23834, 23840, 23857, 23875, 23876, 23883, 23888, 23893, 23895, 23899, 23913 à 23915, 23917, 23927, 23936, 23938, 23941 à 23944, 23949 à 23951, 23955, 23973, 23980, 23985, 23991, 24040, 24064, 24071, 24084, 24097, 24101, 24122, 24132, 24185 à 24187, 24202, 24229, 24238, 24269.

P 556^{2}. — 19701, 20509, 24244, 24271, 24393.

P 556^{3}. — 24301, 24302, 24335, 24337, 24343.

P 557^{1}. — 19554, 19720, 21590, 21595, 21596, 21644, 21649, 21661, 21662, 21687, 21723 à 21725, 21746, 21773, 21778, 23952, 24347, 24348, 24386, 24389, 24396, 24398 à 24400, 24403 à 24405, 24408, 24412, 24413.

P 557^{2}. — 24356, 24366, 24373, 24375 à 24377, 24381 à 24383, 24401, 24411, 24416, 24511, 24512, 24514, 24515, 24517, 24518, 24520 à 24525, 24529, 24531, 24534.

P 557^{3}. — 24049, 24417, 24418, 24420, 24421, 24423, 24424, 24426, 24429, 24431 à 24443, 24445, 24446.

P 558^{1}. — 23972, 24448, 24450 à 24461, 24463 à 24468, 24472, 24474, 24476, 24491, 24495, 24497, 24499, 24507.

P 558^{2}. — 24506, 24508, 24510, 24537, 24540, 24541, 24543, 24548, 24615, 24617, 24622, 24630, 24655, 24656.

P 558^{3}. — 24355, 24499, 24516, 24550 à 24552, 24554 à 24557, 24559 à 24562, 24567, 24570, 24571, 24578, 24582 à 24584, 24600, 24674, 24691, 24692, 24700, 24754, 24948.

P 559^{1}. — 24499, 24912, 24913, 24994, 24998, 25001, 25017, 25055, 25118, 25199, 25202, 25233, 25243, 25265, 25273, 25284, 25285, 25296.

P 570^{3}. — 20579, 21950.

P 716. — 15957, 16166, 17446, 17595, 17676, 19004, 19041, 19135, 19717 à 19719, 20188, 20347, 20611, 21283, 21434, 21780.

P 724. — 18096 à 18104, 18128, 18212, 18391, 18392.

P 725^{1}. — 16121, 16280, 16417, 16557, 16882, 17053, 17087, 17152, 17167, 17168, 17334, 17397, 17553, 17645, 17650, 17704, 17734, 18481, 18553, 18871, 19082, 19469, 19509, 19590, 19813, 19946, 19956, 19957, 19983, 20197, 20538.

P 725^{2}. — 15502*, 20471, 20682, 20702, 20979, 21088, 21163, 21201, 21438, 21452, 21849, 22022, 22067, 22077, 22915, 23112, 23117.

P 1155. — 24623 *bis* (t. VIII, p. 403).

P 1358^{2}. — 16286.

P 1361^{2}. — 16059, 16422, 16990, 17226, 17330.

P 1365^{2}. — 15886.

P 1370^{1}. — 15828, 17177.

P 1371^{1}. — 16472.

P 1372^{2}. — 16201.

P 1378^{2}. — 15835.

P 1379^{1}. — 16421, 16503.

P 1389^{3}. — 17705.

P 1403^{2}. — 74*, 974.

P 1410^{2}. — 975.

P 1452. — 32407.

P 1471. — 22623.

P 1472^{2}. — 20708, 22088, 22092, 22173, 22174.

P 1479. — 16334*, 19428 à 19430, 19442, 19715, 19741, 19765, 19766, 19778, 19780 à 19783, 19790, 19892, 19930 à 19932, 19953, 19966, 19999, 20001, 20002, 20004, 20008, 20086, 20215, 20245, 20246, 20299, 20346, 20465, 20482, 20545, 20653, 20793 à 20795, 20800 à 20803, 20805, 20806, 20808, 20810, 20827, 20853, 20860, 20885, 20941, 21126, 21146, 21270, 21429 21445, 21446, 21721, 21756, 21777, 21820, 21852, 21853, 21862, 21864, 21865, 21883, 21885, 21887, 21898, 21903, 21906, 21916, 21919 à 21921, 21924 à 21932, 21935, 21963 à 21965, 22018, 22032, 22033, 22053, 22088, 22092, 22113, 22114, 22122, 22123, 22131, 22151, 22162, 22173, 22174, 22180, 22190, 22261, 22268, 22356, 22443, 22446, 22581, 22591, 22609, 22643, 22745, 22892, 22960, 22971, 23049, 23096, 23123, 23130, 23240, 23259, 23260, 23277, 23287, 23319 à 23322, 23334, 23459, 23507, 23526, 23569, 23598, 23612, 23642, 23657, 23662, 23687, 23689, 23798, 23821, 23841, 23869.

P 1920^{2}. — 24781.

P 1920^{4}. — 25234.

P 2303-2307. — *Mémoriaux reconstitués de la Chambre des comptes de Paris correspondant au règne de François Ier : on s'abstient d'indiquer ici les numéros du Catalogue, ces registres ne contenant que des actes de ce roi, enregistrés à la Chambre des comptes, et qui tous figurent au Catalogue.*

P 2310. — 13443.

P 2313. — 13681.

P 2535-2538. — *Extraits des mémoriaux de la Chambre des comptes de Paris contemporains de François Ier : on s'abstient d'indiquer les numéros du* Catalogue, *tous les actes de ces registres émanant de la chancellerie royale et ayant été relevés.*

P 2551. — 43, 565, 739, 1508.

P 2552. — 1897, 1982, 2011, 2153, 2155, 2362, 2486, 2523, 2548 à 2550, 2552, 2601, 2617, 2764, 2945, 3030, 3060, 3103, 3616, 3623, 3637, 3663, 3872.

P 2553. — 3118, 3336, 3397, 3481, 3528, 3762, 4418, 7045, 7373, 7384, 7622, 8133, 8351, 8466, 8540, 8617, 8693, 9642, 10231, 10547, 10875, 10929, 11079, 11304, 11363, 11528, 11542, 11616.

P 2554. — 11118, 11143, 11411, 12336, 12340, 12361, 12363, 12382, 12409, 12428, 12700, 12860, 12899, 12903, 13193, 13260, 13329, 13331, 13335, 13369, 13475, 13496, 13525, 13595, 13649, 13665, 13681, 13682, 13727, 14015, 14402, 15024, 15123, 15208.

P 2562. — 11363, 11528, 12336, 12361, 12397, 12398, 12409, 12860, 13331, 13369, 13665.

P 2579. — 152, 212, 558, 1132.

P 2580. — 1263, 2011, 2129, 2315, 2333, 2395, 2435, 2453, 2486, 2531, 2538, 2562, 2583, 2643, 2712, 2728, 2764, 2787, 3060.

P 2867. — 23652.

P 2878^{1}. — 19198.

P 2881^{1}. — 20822.

P 2881^{2}. — 2406*, 11124*, 19130, 19555, 19575, 21329.

P 2881^{3}. — 3431*, 19796.

P 2883^{2}. — 16526.

P 2885^{2}. — 19886.

P 5588 : *corr.* P 15, n° 5588. — 21463.

PP 37^{a}. — 4462.

PP 39^{a}. — 4462.

PP 41. — 4462.

PP 44. — 21167.

PP 110. — 26130 à 26210.

PP 111. — 22656*, 26211 à 27503.

PP 118. — 26130 à 26210.

IMPRIMERIE NATIONALE.

ARCHIVES NATIONALES.

PP 119. — 22656*, 26211 à 27503.

PP 136. — *Toutes les mentions tirées de cet inventaire des mémoriaux de la Chambre des comptes de Paris, se rapportant à des actes de François Ier, on s'abstient d'indiquer les numéros du* Catalogue, *sauf ceux s'appliquant à des actes enregistrés postérieurement au règne de François Ier.* — 280, 936, 953.

Q^{1} 1. — 11087.

Q^{1} 390. — 2757*.

Q^{1} 450^{0}. — 22063.

Q^{1} 462. — 17779.

Q^{1} 482. — 20810.

Q^{1} 487. — 20811.

Q^{1} 934^{3}. — 23606.

Q^{1} 934^{5}. — 23606.

R^{1} 24. — 22688.

R^{1} 25. — 21892.

R^{1} 145. — 16169.

R^{1*} 165. — 22623.

R^{1} 187. — 23283 *bis* et 23348 *bis* (t. VIII, p. 401).

R^{1} 203. — 16499.

R^{1} 212. — 2107*, 4277*, 5972*, 11061*, 17687, 18637, 20406.

R^{1} 262. — 115*, 581*, 755*, 9904*.

R^{2} 29. — 1074.

R^{2} 47. — 4269*, 19508.

R^{2} 50. — 3074.

R^{2} 105. — 15962.

R^{2} 212. — 1802*, 7408*, 7478*.

R^{2} 256. — 14791*.

R^{2*} 302. — 1258*.

R^{2*} 303. — 1258*.

R^{2} 438. — 33228.

R^{2} 490. — 1797*.

R^{2} 491. — 1797*.

R^{3*} 133. — 16005, 21333, 21795.

R^{3} 138. — 22273.

R^{4} 8. — 1648*.

R^{4} 84. — 15703, 22822.

R^{4*} 479. — 21053.

R^{4*} 520. — 20182.

R^{4*} 525. — 20182.

R^{4*} 585. — 11528*.

R^{4*} 655. — 182*, 1233*, 9256*.

R^{4} 925. — 20662.

R^{4} 940. — 17538.

R^{4} 1023. — 2708.

R^{4} 1024. — 2531*.

R^{4} 1041. — 10875*, 13666*.

R^{4*} 1050. — 21982.

R^{4} 1183. — 17381.

S 77. — 13047.

S 79. — 13355, 13774.

S 80. — 1792*, 14367.

S 100. — 23570.

S 134^{b}. — 20418.

S 175. — 23056.

S 248. — 23294.

S 305-306. — 19747, 23958.

S 384. — 10779*.

S* 753. — 21157.

S* 972^{4}. — 1318*, 23312, 23429.

S 2092. — 1743, 1744.

S 2150. — 84, 1112, 1243.

S 2976^{8}. — 1258*.

S 3112. — 14705.

S 3472. — 943.

S* 4237. — 589*, 2451, 8472, 9112, 11550, 16973.

S 4240. — 23195.

S 4357. — 1258*.

S 4652. — 20740, 23446.

S 4724. — 12739.

S 6192. — 376*, 1998*.

S* 6757^{2}. — 189*, 23597, 23669.

T 135^{85}. — 2011.

T 142$^{4-5}$. — 23713.

T 144$^{42-43}$. — 19895.

T 152$^{3-4}$. — 12714*.

T 153^{67}. — 17108*.

T 153$^{70-75}$. — 24116, 24134, 24338, 24564, 24779, 24944, 25046, 25067, 25075, 25086.

T 159^{1}. — 2415*.

T 191^{10}. — 18097*, 19717*.

T 191^{121}. — 24342.

T 216^{1}. — 24056*.

T 353^{1}. — 964.

T 1051$^{67-68}$. — 17329, 22639.

T 1501 (*anc. F^{7} 4399*). — 17582.

U 446. — 237*, 295*, 1056*, 1907*, 2023*, 2708*, 3829*, 4494*, 7486*, 7495*, 8476*, 8562*, 9028*, 11025, 11026, 11068, 11509, 11552, 12428, 12709, 12811, 14536, 14551, 15307, 15980, 20121, 20435, 20438, 20841, 20842, 20847, 20861 à 20863, 20886.

U 665. — 32186. *On s'est abstenu de rapporter ici les nombreuses mentions empruntées à ce répertoire des registres de la Cour des Aides, dit «Recueil Cromo», tous les actes de François Ier qui y sont analysés se trouvant dans l'ordre chronologique de l'enregistrement et figurant au* Catalogue.

U 754. — 4534*, 7495*, 8562*, 11060, 11804, 11805, 11822, 11858, 16348, 16964, 17110, 18515, 20928, 21237, 21273, 21566, 21680, 21685.

U 757. — 443*, 8825*, 9163*, 9642*, 12575, 12590, 12616, 12709, 12939, 13060, 13061, 13228, 13974, 14506, 15231, 15670, 15756, 15940, 16162, 16726, 16964, 17007, 17110, 17473, 17732, 20208, 20249, 20253, 20288, 20527, 20528, 21139, 21313, 21324.

U 759. — 13001.

U 760. — 11635, 11761, 12525, 12574, 12628, 12649, 12704, 12800, 13499, 13565, 16455.

U 828. — 11826*.

V^2 3. — 1096, 1767, 2943, 8304, 9336, 9612, 11651, 15126.

V^2 4. — 13038, 13206, 13226, 14108, 14170, 14402, 14707.

V^2 32. — 9424, 10655, 11122, 11568, 15701, 15713, 15729, 15731, 16004.

V^2 33. — 15733.

V^5 1028. — 19912.

V^5 1045. — 1277, 1850*, 2411, 2516, 2553, 16446, 18499, 18534, 18901.

V^5 1046. — 1935, 1991, 2326, 2350, 2412, 2534, 2746, 2747, 2812, 2924, 2952*, 3063, 16102, 16282, 17658, 19214, 19299, 19348, 19473.

V^5 1047. — 2016*, 3088, 3519, 16086, 17417, 17699, 17743, 18008, 18483, 18488, 18945, 19203, 19260, 19315, 19515, 19543, 19546, 19664, 19736, 19737, 19758, 19760, 19777, 19795, 19816, 19817, 19830, 19875, 19887, 20073.

V^5 1048. — 3687, 3875, 3997, 4225, 4254*, 4388*, 4416, 17940, 18359, 18946, 19234, 19261, 19460, 19514, 19518, 19519, 19706, 19713, 19729, 19775, 19889, 19918, 19920, 19924, 19947, 19951, 19963, 20016, 20030, 20034, 20045, 20072, 20077, 20087, 20098, 20110, 20115, 20117, 20121, 20125, 20128, 20129, 20145, 20161, 20163, 20177, 20178, 20183, 20184, 20190, 20193, 20202, 20206, 20219, 20248, 20251, 20252, 20266, 20269, 20271, 20274, 20286, 20336.

V^5 1049. — 2684*, 2878, 4209*, 4256, 4388, 4511, 4535, 4591, 4707, 5335, 5500, 5541, 5553, 5680, 6328, 15748, 17315, 17778, 18277, 18936, 20003, 20148, 20160, 20185, 20207, 20229, 20235 à 20237, 20263, 20265, 20270, 20277, 20280, 20285, 20286, 20293, 20294, 20315, 20361, 20362, 20369, 20372, 20379, 20381, 20387, 20390, 20391, 20415, 20421, 20426, 20428, 20433, 20442, 20444, 20452, 20453, 20477, 20478, 20489, 20492-20496, 20499 à 20504, 20510, 20517, 20519, 20520, 20526, 20531, 20534, 20540, 20541, 20544, 20549, 20556, 20592, 20610, 20641, 20651.

V^5 1050. — 6973, 7022, 7346, 17483, 17694, 19603, 19740, 20210, 20285, 20308, 20386, 20417, 20423, 20466, 20470, 20496, 20506, 20532, 20535, 20563, 20570, 20580, 20584, 20590, 20612, 20628, 20634, 20639, 20651, 20659, 20678, 20694, 20713, 20719, 20724, 20727 à 20729, 20732, 20733, 20738, 20739, 20744, 20753, 20760, 20765, 20775, 20776, 20781, 20782, 20785, 20797, 20798, 20809, 20812 à 20818, 20823, 20826, 20829-20831.

V^5 1051. — 1843, 3019, 4268*, 6074* 6654, 7737*, 8393, 8486, 8534, 8656 17215, 17421, 19075, 19310, 19640 19794, 20082, 20198, 20267, 20441 20443, 20463, 20473, 20524, 20581 20627, 20693, 20758, 20786, 20787 20792, 20799, 20824, 20851, 20870 20903, 20937, 20959, 20967, 20970 20980, 20991 à 20993, 21000, 21004, 21023, 21039 à 21041, 21044, 21045, 21056 à 21058, 21062, 21064, 21071, 21095, 21096, 21101, 21133, 21134, 21140, 21151, 21204, 21220.

V^5 1052. — 14822, 14851, 14935, 15440, 15552, 17726, 21882, 22690, 22706, 22717, 22724, 22792, 22864, 22889, 23002, 23048, 23067, 23076, 23099, 23101, 23110, 23114, 23119 à 23124, 23127, 23144, 23158, 23159, 23165, 23170, 23192.

V^5 1053. — 13170, 13808, 14998, 15600.

X^{1a} 1517. — 58*, 281*, 15732, 25297 à 25934.

X^{1a} 1518. — 431, 432, 441, 442, 466, 496, 15732*, 25935 à 25941.

X^{1a} 1519. — 569, 645, 690, 707, 25942 à 25945.

X^{1a} 1520. — 745, 763, 786, 814, 818, 833, 863, 875, 25954 à 25958.

X^{1a} 1521. — 888, 935, 938, 968, 971, 1032, 1059, 1060, 1070, 17096*, 25959 à 25964.

X^{1a} 1522. — 1070, 1107, 1128, 1129, 1158, 1159, 1171, 1203, 1255, 25965 à 25971.

X^{1a} 1523. — 1250, 1254, 1261, 1263, 1276, 1307, 1325, 1353, 1363, 1377, 1407, 25972 à 25982.

X^{1a} 1524. — 1192, 1278, 1279, 1283, 1421, 1433, 1436, 1442, 1540, 1582, 1591, 1592, 1593, 1654, 1663, 25983 à 25999.

X^{1a} 1525. — 1676, 1708, 1729, 1734, 1764, 1833, 1856, 1862, 1879, 1892, 1914, 17494, 17604, 26000 à 26021.

X^{1a} 1526. — 1877, 1893, 1909, 1925, 1933, 1941, 1945, 1968, 1980, 1984, 2003, 2007, 2029, 26022 à 26029.

X^{1a} 1527. — 2089, 2110, 2135, 26030, 26031.

ARCHIVES NATIONALES.

X^{1a} 1528. — 2135, 2165, 2186, 18330, 18444 à 18446, 26032, 26033.

X^{1a} 1529. — 2466, 18576, 18577*, 18743, 26034.

X^{1a} 1530. — 2179, 2423, 2461, 2474, 2494, 2504, 2603, 17838, 18746, 19222.

X^{1a} 1531. — 2991, 3054, 3069, 3127, 3147, 3158, 26035 à 26039.

X^{1a} 1532. — 2949, 3115, 3254, 3343, 3475, 26040 à 26045.

X^{1a} 1533. — 3479, 3480, 3525, 3539, 3549, 3584*, 3647, 3770, 3771, 26046 à 26055.

X^{1a} 1534. — 3720, 3940, 3958, 3972, 3995, 4000, 4019, 4227, 17838, 26056 à 26064.

X^{1a} 1535. — 4249, 4523, 4545, 4790, 4942, 26065.

X^{1a} 1536. — 4530, 4838, 4840, 4895, 4953, 4978, 5075, 5156, 5185, 5345, 5798, 5805, 6097, 6175, 26066 à 26068.

X^{1a} 1537. — 5936, 6078, 6105, 6194, 6237, 6328, 6432, 6450, 6584, 6593, 6694, 6711, 6779, 6936, 6965, 7001, 7128, 7129, 7133, 7282, 7314*, 7341, 17096, 20099.

X^{1a} 1538. — 6628, 6629, 7036, 7345, 7357 à 7360, 7362, 7384, 7445, 7457, 7461, 7491 à 7493, 7559, 7561, 7912, 7997, 7999.

X^{1a} 1539. — 8171, 8172, 8235, 8272, 8300, 8352, 8373, 8375, 8472, 26069 à 26074.

X^{1a} 1540. — 9315, 9336, 9448, 9473, 9681, 9905, 26075.

X^{1a} 1541. — 8515, 9645, 9890, 9906, 10028, 10100, 10218, 26076.

X^{1a} 1542. — 8435, 9014, 10230, 10263, 10287, 10296, 10320, 10352, 10353, 10367, 10435, 10462, 10506, 10509, 10809, 10812, 10836, 10977.

X^{1a} 1543. — 11156, 11178, 26077, 26078.

X^{1a} 1544. — 9602, 10109, 10771, 11145, 11332, 11372, 11385, 11410, 11415, 26079.

X^{1a} 1545. — 11362, 11420, 11460, 11484, 11493, 11545, 11614, 14421.

X^{1a} 1546. — 10528, 11575, 11646, 11669, 11717, 11725, 11767, 11776, 11810, 11868, 11916, 11917, 26080.

X^{1a} 1547. — 10713, 11619, 11755, 11966, 12058, 12060, 12067 à 12069, 12149, 26081, 26082.

X^{1a} 1548. — 11810, 11959, 12186, 12209, 12248, 12284, 12287, 12295, 12296, 12327, 12337, 26083 à 26086.

X^{1a} 1549. — 12404, 12461, 12533, 12535, 12632, 12686, 12698, 12725, 12726, 12742, 26087 à 26089.

X^{1a} 1550. — 12725, 12767, 12780, 12789, 12802, 12839, 12869, 12879, 12888, 12915, 12948, 13011, 13013, 13015, 26090.

X^{1a} 1551. — 12690, 12802, 13023, 13073, 13077, 13088, 13099, 13106, 13111, 13135 à 13137, 13143 à 13146, 13150, 13155, 13172 à 13174, 13218, 13221, 13222, 13225, 13238, 13252, 13287, 13297, 13315, 13346, 13349, 13363, 13367, 13376, 13389, 13398, 26091 à 26095.

X^{1a} 1552. — 13122, 13157, 13181, 13320, 13335, 13402 à 13404, 13416, 13426, 13471, 13477 à 13479, 13493, 13501, 13509, 13546, 13566, 13583 à 13585, 13607, 13650, 13652, 13654, 13677, 13684, 13710, 13717, 13725, 13742, 13745, 13772, 26096 à 26104.

X^{1a} 1553. — 13173*, 13443, 13501, 13758, 13801, 13811, 13840, 13846, 13851, 13863, 13878, 13883, 13887 à 13890, 13897, 13921, 13925, 13950, 13976, 13977, 13983, 13986 à 13988, 14002, 14019, 14089, 14097, 14098, 14118, 14126, 14146, 14150, 14162, 25089, 25091, 25098, 25119, 25130, 26105 à 26108.

X^{1a} 1554. — 13493, 13965, 14066, 14176, 14193, 14219, 14221, 14234, 14260, 14294, 14306, 14331, 14333, 14346, 14364, 14374, 26109 à 26113.

X^{1a} 1555. — 14205, 14294, 14319, 14378, 14388, 14401, 14420, 14424, 14438, 14449, 14461, 14466, 14479, 14490, 14492 à 14494, 14499, 26114. 26115.

X^{1a} 1556. — 13675, 14216, 14376, 14449, 14450, 14474, 14497, 14507, 14509, 14529, 14542, 14544, 14549, 14552, 14561, 14572, 14585, 14599, 14610, 14618.

X^{1a} 1557. — 14530, 14610, 14624, 14646, 14668, 14669, 14682, 14688, 14690, 14694, 14707, 14809, 14816, 14901, 26116 à 26118.

X^{1a} 1558. — 14208, 14968, 14992, 15020, 15112, 15139, 15199, 15321, 15322, 15352, 26119.

X^{1a} 1559. — 15356, 15370, 15395, 15466, 15520, 15529, 15639, 15643.

X^{1a} 1636. — 14558.

X^{1a} 4858. — 36*, 52*, 74*, 75*, 86*, 100*, 102*, 106* à 108*, 115*, 15674, 15733*, 15845*, 26120 à 26122.

X^{1a} 4859. — 152*, 170*, 171*, 241*, 15754, 15905*.

X^{1a} 4860. — 357*, 379*, 561*, 16157*, 16246*, 16269, 26123 à 26125.

X^{1a} 4861. — 580*, 626*, 641*, 655*, 661*, 663*, 722*, 15885, 16471.

X^{1a} 4862. — 255*, 659*, 742*, 766*.

X^{1a} 4863. — 716*, 823*, 986*, 17697.

X^{1a} 4864. — 919*, 965*, 995*, 1005*, 1015*, 1035*, 1051*, 17021.

X^{1a} 4865. — 16798, 17179, 17194.

X^{1a} 4866. — 169*, 1185*, 17260, 17267.

X^{1a} 4867. — 1245*, 17278.

X^{1a} 4868. — 511*, 1324*, 1353*, 1396*, 17317, 17370.

X^{1a} 4869. — 1264*, 1426*, 1427*, 1458*, 1472*, 1479*, 1480*, 1527*, 17380.

X^{1a} 4870. — 1479*, 1480*, 1562*, 1584*, 1608*, 17380, 17471.

X^{1a} 4871. — 1657*, 1660*, 1670*, 1694*, 1721*, 1727*, 1756*, 1768*, 17552*, 26126.

X^{1a} 4872. — 1378*, 1606*, 1787*, 1789*, 1812*, 1815*, 1825*, 1840*, 1842*, 1864*, 17569, 17601, 17640.

X^{1a} 4873. — 1909*, 1915*, 1922*, 1935*, 17737.

X^{1a} 4874. — 1988*, 2004*, 17724, 17790.

X^{1a} 4875. — 2082*, 2085*, 17789, 17835.

X^{1a} 4876. — 2120*.

X^{1a} 4877. — 2204*.

X^{1a} 4878. — 2266*, 18008.

X^{1a} 4879. — 1259*, 2409*, 2419*, 18531, 18588, 18596, 18730.

X^{1a} 4880. — 19040.

X^{1a} 4881. — 18992, 19092.

X^{1a} 4882. — 2787*, 19421, 19422, 26127.

X^{1a} 4883. — 2740*, 2760*, 18226, 19377, 19471.

X^{1a} 4884. — 2857*, 2953*, 2958*, 2991*, 3029*, 3035*, 3038*, 3074*, 19520.

X^{1a} 4885. — 3147*, 3257*, 3259*, 3269*, 3270*.

X^{1a} 4886. — 3398*, 18522.

X^{1a} 4887. — 3436*, 3586*, 3651*, 19900, 19977.

X^{1a} 4888. — 3662*, 3666* à 3670*, 3689*, 3698*, 3699*, 20046.

X^{1a} 4889. — 3671*, 3697*, 19996, 26128.

X^{1a} 4890. — 20134.

X^{1a} 4891. — 4326*, 17040, 19440.

X^{1a} 4893. — 4732, 4790*, 4942*, 19714, 20440, 20523.

X^{1a} 4894. — 5851, 20548.

X^{1a} 4895. — 6059, 6221, 6392, 6535, 6763, 6786, 20565.

X^{1a} 4896. — 6715, 6851, 6936, 6962, 7018, 7132, 7197, 7268, 7290.

X^{1a} 4897. — 5839, 6677, 7384, 7476, 7502.

X^{1a} 4898. — 7711, 7865, 8012, 8055.

X^{1a} 4899. — 8086, 8135, 8138, 8139, 8142.

X^{1a} 4900. — 8185, 8260, 8261, 8303.

X^{1a} 4901. — 8277, 8293, 8299, 8376, 8381, 8477, 8495, 8501, 8577, 11521.

X^{1a} 4902. — 6079, 8525, 8632, 8643, 8658, 8680, 8702, 8705, 8706, 8730, 8746, 8768, 8769, 8828.

X^{1a} 4903. — 8525, 8810, 8899, 8902, 8910, 9053, 9054, 9163.

X^{1a} 4904. — 9176, 9180, 9220, 9247, 9290.

X^{1a} 4905. — 7860, 9209, 9587, 9665, 9771.

X^{1a} 4906. — 9908, 9986.

X^{1a} 4907. — 9788, 10126, 10231, 10288, 10352, 10427, 10547, 10650, 10875, 26129.

X^{1a} 4908. — 9844, 9945, 10983, 11032.

X^{1a} 4909. — 10003, 11002, 11010, 11045, 11053, 11058, 11077.

X^{1a} 4910. — 11289, 11293, 11302, 11313.

X^{1a} 4911. — 11363, 11491, 11574, 11581.

X^{1a} 4912. — 11703, 11710, 11725, 11736, 11757, 11807, 11811.

X^{1a} 4913. — 11946, 11964, 11981, 12001, 12002, 12011, 12014, 12057, 12094.

X^{1a} 4914. — 12025, 12169, 12181, 12200, 12218, 12227, 12228, 12249.

X^{1a} 4915. — 12360, 12376, 12384.

X^{1a} 4916. — 10548, 11526, 12446, 12505, 12525, 12574, 12595, 12637, 12639, 12701, 12723.

X^{1a} 4918. — 12714, 12832, 12837, 12840, 12898.

X^{1a} 4919. — 9357, 12776, 12815, 12860, 12885, 12892, 12941, 12952, 12981, 12988, 12989, 13020, 13026, 13050, 13076, 13106, 13107, 13121 à 13123, 13134, 13140, 13166, 13179, 13212, 13225, 13239, 13240, 13241, 13297.

X^{1a} 4920. — 13070, 13180, 13298, 13300, 13312, 13331, 13555, 13359, 13367 à 13369.

X^{1a} 4921. — 606*, 12379, 12828, 13126, 13309, 13310, 13319, 13404, 13425, 13458, 13474, 13484, 13510, 13514, 13516, 13517, 13554, 13575, 13579, 13583, 13594, 13595, 13599, 13614, 13621, 13654, 13655, 13651, 13666, 13668, 13745.

X^{1a} 4922. — 12604, 13305, 13427, 13695, 13722, 13724, 13727, 13774, 13786, 13788, 13810, 13815, 13818, 13858, 13867, 13895 à 13900, 13902, 13904, 13905, 13912, 13915, 13918, 13948, 13967, 13968, 13982, 13984, 13989, 13991 à 13994, 14007, 14021, 14030, 14031, 14064, 14068, 14069.

X^{1a} 4923. — 13756, 13990, 14048,

14061, 14073, 14101, 14125, 14130, 14171.
X^{1a} 4924. — 9014, 12868, 13996, 14131, 14132, 14137, 14167, 14175, 14178, 14185, 14186, 14196, 14211, 14224, 14231, 14235, 14239, 14245, 14252, 14272, 14285, 14292, 14293, 14297, 14298, 14314, 14317, 14319, 14324, 14331.
X^{1a} 4925. — 11979, 12945, 13966, 14294, 14319, 14355, 14365, 14414, 14419, 14428, 14460, 14462, 14465 à 14468, 14471, 14481, 14524.
X^{1a} 4926. — 13902, 14188, 14328, 14482, 14520, 14559, 14596, 14599, 14626, 14632, 14642, 14685, 14686, 14813, 14835, 14857, 14913, 14931, 14935, 14951.
X^{1a} 4927. — 14154, 14295, 14697, 15134, 15226, 15319.
X^{1a} 4928. — 15315, 15425 à 15427, 15436.
X^{1a} 4929. — 15584, 15618.
X^{1a} 4930. — 15520, 15649.
X^{1a} 4935. — 14709.
X^{1a} 4939. — 13670.
X^{1a} 8611-8615. — *Registres d'enregistrement du Parlement de Paris, correspondant au règne de François Ier. On s'abstient d'indiquer ici les n^{os} qui s'y réfèrent; ces registres ne donnant que des actes de ce roi, ils figurent tous au* Catalogue.
X^{1a} 8616. — 172, 177, 182, 186, 191, 581, 582, 755, 922, 3523, 8786, 9254, 9325, 9904, 13656, 13671, 14051, 14709, 15236, 15460, 15602, 15603, 15876.
X^{1a} 8617. — 1235, 7972, 9165, 9188, 13093, 14914, 15419.
X^{1a} 8618. — 371, 3801, 3825, 14154.
X^{1a} 8619. — 13639, 15416.
X^{1a} 8620. — 925, 1038, 12657, 13997.
X^{1a} 8621. — 166, 871, 1035, 3061, 6782, 11685, 12061, 12962, 13443.
X^{1a} 8623. — 104, 2120.
X^{1a} 8624. — 1067.
X^{1a} 8625. — 3495.
X^{1a} 8626. — 677, 7217.
X^{1a} 8628. — 2623.
X^{1a} 8629. — 114, 11094, 11439, 12896.
X^{1a} 8630. — 299, 1114, 14558.
X^{1a} 8633. — 524, 12003.
X^{1a} 8635. — 557.
X^{1a} 8638. — 253.
X^{1a} 8639. — 11298.
X^{1a} 8641. — 539, 1172, 13128.
X^{1a} 8642. — 539, 1172.
X^{1a} 8643. — 1958.
X^{1a} 8644. — 6371.
X^{1a} 8660. — 9568.
X^{1a} 8662. — 1931.
X^{1a} 8671. — 2625.
X^{1a} 8672. — 3787.
X^{1a} 8682. — 14558.
X^{1a} 8693. — 894.
X^{1a} 8732. — 243.
X^{1a} 9202. — 32536.
X^{1a} 9219. — 11058*, 32850, 32851, 32853.
X^{1a} 9222. — 15319*, 33222, 33223.
X^{1a} 9226. — 6172, 6222, 6223.
X^{1a} 9281. — 1334, 1520.
X^{1a} 9282. — 1765.
X^{1a} 9283. — 3760, 3853, 4098.
X^{1a} 9284. — 10965, 11311.
X^{1a} 9285. — 11105.
X^{1a} 9286. — 11149.
X^{1a} 9287. — 11152.
X^{2a} 81. — 32536.
X^{2a} 83. — 7285.
X^{2a} 86. — 8476, 20990.
X^{2a} 89. — 11212, 11333, 11634, 21948, 22021.
X^{2a} 90. — 11498.
X^{2a} 91. — 11822*.
X^{2a} 92. — 12011, 12260, 12286, 22152, 22280.
X^{2a} 94. — 12730, 12811.
X^{2a} 95. — 13186, 13246, 13361.
X^{2a} 96. — 12467, 13445, 13476.
X^{2a} 97. — 14085, 14237, 14248, 14291.
X^{2a} 99. — 14413, 14484, 14567.
X^{2a} 100. — 14621, 14635, 14776.
X^{2a} 102. — 15451, 15459, 15498, 15558.
X^{2a} 105. — 14644.
Y 4. — 4218.
Y 6^{3}. — 89, 357, 554, 605, 32277.
Y 6^{4}. — 220, 678, 696*, 731, 1000, 1056, 1110, 1207, 1237, 1253, 1455, 1465, 1479, 1560, 1741, 1831, 1832, 2040, 2041, 2043, 2127*, 2244, 2296*, 2571, 2613, 2615, 2644, 3498, 3592, 4142, 4261, 17437, 18162, 18163, 20144, 32354, 32413, 32445.
Y 6^{5}. — 540, 1207, 1377*, 2946, 4600, 7005, 9204, 9257, 10509, 10668, 11509, 11615, 11916, 11981, 12768, 13109, 14066, 14951, 15437, 15541, 22628.
Y 6^{6}. — 14626.
Y 8. — 71, 105, 174, 179, 187, 240, 242, 244, 252, 270, 273, 276, 282, 302, 329, 331, 348, 355, 356, 420, 446, 500, 501, 510, 527, 543, 606, 629, 635, 672, 675, 678, 696, 780, 819, 836, 837, 861, 918*, 920, 941, 942, 946, 959, 983, 984, 987, 1000, 1003, 1052, 1066, 1110, 1177, 1195, 1248, 1254, 1259, 1266, 1267, 1282,

1296, 1418, 1439, 1479, 1480, 1488, 1510, 1538, 1554, 1658*, 1677, 1741, 1751, 1752, 1756, 1823, 1864, 1936, 1961, 1988, 1990, 2012, 2023, 2040, 2041, 2214, 2534, 2650*, 2663, 2669, 2689, 2699, 2722, 2729, 2776, 2788, 2937, 2998, 3039, 3146, 3200, 3216, 3252, 3287, 3331, 3456, 3466*, 3470, 3550 à 3553, 3572, 3583, 3592, 3612, 3661, 3702, 3731, 3735, 3844, 3850, 4016, 4220, 4235, 4261, 4262, 4434, 16585, 16586, 16879, 18423, 19402, 19836, 19848, 32247, 32320, 32323, 32335, 32340, 32443, 32464, 32471, 32476, 32486, 32495, 32538.

Y 9. — 186, 241, 245, 287, 385*, 1463, 1524, 1736, 2367, 2800, 2946, 3426, 4269, 4435, 4494, 4600, 4733, 5360, 5366*, 5515, 5605, 6325, 7005, 7192, 7203, 7435, 7442, 7483, 7537, 7546, 7556, 7826, 7888, 7889, 8142, 8259, 8289, 8495, 8525, 8551, 8562, 8702, 8769, 8773, 9054, 9188, 9204, 9264, 9278, 9476, 9531, 9643, 9766, 9854, 9972, 10100, 10245, 10403, 10433, 10434, 10473, 10509, 10668, 10714, 10715, 11036, 11042, 11130, 11168, 11219, 11239, 11240, 11246, 11248, 11283, 11287, 11412, 11483, 11509, 11556, 11596, 11637, 11663, 11677, 11679, 11715, 11720, 11738, 11807, 11930, 11946, 11969, 11981, 12049, 12100, 12103, 12157, 12191, 12232, 12243, 12283, 12285, 12347, 12348, 12386, 12415, 21455, 21456, 21998, 22312*.

Y 10. — 983*, 13749*, 14559, 24184.

Y 11. — 2626*, 23912, 25239.

Y 12. — 120*, 14332.

Y 16. — 32890.

Y 85. — 22669.

Y 91. — 14593*.

Y 17071. — 16140.

Y 17072. — 655*.

Y 17075. — 11376*.

Y 17134. — 107*.

Y 17212. — 18423*.

Y 17213. — 9278*.

Y 17262. — 1864*.

Y 17263. — 22312.

Y 17264. — 13433*.

Y 17343. — 2800*.

Z 4573-4588 : voir Z^{1a} 316-331.

Z^{1a} 147. — 13752*.

Z^{1a} 205. — 8742, 11431, 11432, 11732, 12841, 12865.

Z^{1a} 526. — 4, 68, 135, 141, 163, 240, 250*, 318, 376*, 387, 471, 560, 590, 648, 681, 695, 733, 746, 915, 967, 991, 993, 1064, 1096, 1164, 1186, 1289, 1447, 1476*, 1502, 1512, 1524, 1616, 1736, 1749, 1780, 1868, 1873, 1953, 2088, 2536, 2624, 2730, 2896, 2897, 3136, 3226, 3508, 3957, 4199, 4370, 4403, 4516, 4548, 4549, 4625, 4635, 4828, 5089, 5217, 7147, 7501, 7551, 7827, 7841, 8021, 8027, 8058, 8061, 8063, 8064, 8240, 8259, 8525*, 8603, 8680, 8742, 9163, 10177, 10283, 11044, 11054, 11062, 11097, 11261, 11302, 11431, 11432, 11454, 11586, 11677, 11731, 11732, 11957, 11970, 12344, 13055, 13611, 16378, 23717.

Z^{1a} 527. — 12456, 12470, 12830, 12841, 12847, 12865, 12900, 12924, 12934, 13020, 13069, 13104, 13105, 13158, 13224, 13242, 13280, 13459, 13461, 13520, 13549, 13555, 13657, 13669, 13696, 13784, 13785, 13994, 14064, 14108, 14244, 14253, 14254, 14262, 14296, 14805, 14806, 15340, 15554, 15612, 15613.

Z^{1b} 8. — 24390, 24394.

Z^{1b} 9. — 24415, 24621.

Z^{1b} 10. — 24427, 24428, 25062, 25131.

Z^{1b} 61. — 5, 29*, 83*, 214*, 285, 286*, 492*, 532*, 554*, 614*, 618*, 623*, 624*, 725*, 729*, 750, 793*, 827*, 990*, 994*, 997*, 1027*, 1054*, 1060*, 1125*, 1201*, 1259*, 1303*, 1315*, 1362*, 1411*, 1452*, 1574*, 1638*, 1775*, 1790*, 2458*, 2571*, 2579*, 3355*, 3828*, 4134*, 8562*, 17841.

Z^{1b} 62. — 5, 29, 83, 214, 285, 286, 486, 492, 532, 554, 599, 614, 618, 623, 624, 725, 729, 750, 793, 827, 990, 994, 997, 1027, 1051, 1060, 1125, 1201, 1259, 1303, 1315, 1362, 1452, 1574, 1638, 1775, 1790, 2458, 2571, 2579, 3355, 3828, 3938, 4293, 4741, 5148, 5515, 5605, 8562, 8591, 9928, 10473, 10889, 11244, 11323, 11348, 11354, 11382, 11422, 11423, 11441, 11456, 11507, 11554, 11558, 11559, 11596, 11870, 17841.

Z^{1b} 63. — 12016 à 12020, 12083, 12150, 12152, 12191, 12263, 12342, 12386, 12392, 12532, 12539*, 12559, 12571, 12583, 12745, 12987, 13044, 13201, 13233 à 13235, 13247, 13264, 13357, 13359, 13405, 13488, 13577, 13601 à 13603, 13624, 13625, 13644, 13646, 13675, 13676, 13702, 13704, 13707 à 13709, 13712, 13718, 13806, 13831, 13834, 13850, 13852, 13880, 13885, 13922, 13946, 13957 à 13963, 14020, 14184, 14282, 14305, 14453, 14556, 14681, 14764, 14769, 14999, 15198,

15204, 15238, 15432, 15448, 15449, 15583, 22630, 22737.
Z[1b] 364. — 3792, 3819.
Z[1b] 366. — 12539, 12771, 12787, 13406, 13489.
Z[1b] 536. — 167, 285, 491, 554, 880, 1060, 1412, 2458, 2554, 2560, 2571, 2584, 3355, 3482, 3554, 3791, 5515, 5605, 10473, 11244, 11323, 11382, 12017.
Z[1b] 537. — 12018 à 12020, 12083, 12191, 12386, 12559, 13233, 13234, 13357, 13405, 13488, 13644, 13646, 13712, 13718, 13850, 13852, 13922, 13946, 14020, 14184, 14304, 14556, 14681, 14999, 15198, 15432, 15583.
Z[1b] 548. — 8762, 11258, 12245, 12524, 15702, 15731, 19776, 19802, 20155, 20513, 20561.
Z[1b] 639. — 3551, 12208.
Z[1c] 1. — 19535.
Z[1c] 3. — 8758, 9192.
Z[1c] 4. — 9660, 10855, 11364, 11518.
Z[1c] 5. — 12834*, 12880, 13562*, 13706, 22170, 22255, 22537.
Z[1c] 6. — 14256, 14607*.
Z[1c] 7. — 15503, 23111, 23160.
Z[1d] 1. — 13654.
Z[1e] 1. — 10612*, 15176*, 15543*, 22797, 22861, 22952, 22974, 23040, 23045, 23079, 23081, 23108, 23180, 23189.
Z[1e] 316 (*anc. Z 4573*). — 6, 15716 à 15718, 16107.
Z[1e] 317 (*anc. Z 4574*). — 443, 621, 939.
Z[1e] 318 (*anc. Z 4575*). — 1357, 17656.
Z[1e] 319 (*anc. Z 4576*). — 1108, 2437, 2486, 2649, 17837, 18074, 18185, 18503, 18520, 18892, 18895, 19393.
Z[1e] 320 (*anc. Z 4577*). — 19883, 19902.
Z[1e] 321 (*anc. Z 4578*). — 3772, 4377, 4379, 4500, 4535, 18894, 20095, 20096, 20147, 20171, 20319, 20345, 20348, 20432.
Z[1e] 322 (*anc. Z 4579*). — 4500*, 5216, 5335, 5500, 5868, 6281, 7035, 7193.
Z[1e] 323 (*anc. Z 4580*). — 4362, 7345, 7405, 7525, 7526, 7583, 7905, 7906, 8086, 8087, 8108, 8134, 8256, 8262, 8358.
Z[1e] 324 (*anc. Z 4581*). — 4292, 5506, 6142, 6963, 8139, 8460, 8462, 8543, 8561, 9052, 9054, 9177.
Z[1e] 325 (*anc. Z 4582*). — 8754, 9152, 9248, 9267, 9925, 10289, 10586.
Z[1e] 326 (*anc. Z 4583*). — 10229, 10336, 10505, 10712, 10779, 10923, 10937, 11020, 11033, 11325, 11335, 11393, 11473, 11513.
Z[1e] 327 (*anc. Z 4584*). — 1825*, 3601*, 11510, 11582, 11608, 11812, 11813, 11824, 11856, 11865, 11900, 11934, 11942, 11944, 11950, 11988, 11994, 12222, 12236, 12244, 12301, 12451, 12745.
Z[1e] 328 (*anc. Z 4585*). — 1108, 2437, 10855, 11833, 11885, 11945, 12003, 12092, 12447, 12450, 12585, 12743, 12887, 12957, 12993, 13042, 13087, 13138, 13140, 13141, 13180, 13202, 13203, 13250, 13365, 13472, 18711, 22655.
Z[1e] 329 (*anc. Z 4586*). — 9014, 12881, 13427, 13449, 13517, 13534, 13540, 13547, 13548, 13550, 13567, 13569, 13574, 13612, 13617, 13630, 13648, 13733, 13736, 13837, 13853, 13864, 13865, 13891, 13972, 14039, 14243, 14246, 14252.
Z[1e] 330 (*anc. Z 4587*). — 10612, 14337, 14398, 14452, 14509, 14545, 14546, 14614, 14628, 14645, 14648, 14651, 14678, 14691, 14700, 14771 à 14774, 14784, 15081, 15121, 15148, 15149, 15205, 15314, 15316, 15406.
Z[1e] 331 (*anc. 4588*). — 15310, 15311.
Z[1e] 869. — 9248*, 10712*, 11393*, 12450*, 20755, 20945, 21067, 21145, 21169, 21171, 21172, 21181, 21228, 21248, 21323, 21368, 21406, 21826, 21890, 21897, 21909, 21969, 21999, 22016, 22150, 22247, 22316, 22320, 22341, 22344, 22351 à 22354.
Z[1e] 870. — 15406*, 21147, 22485, 22510, 22518, 22908, 22916.
Z[1e] 1134. — 18711*, 18917*.
Z[2] 1305. — 17744, 20078, 22124.
Z[2] 3264. — 8134.
AA 55. — 20876.
AD ✱ (*anc. AD I*) 15 à 27; *cartons de la Collection Rondonneau correspondant au règne de François Ier. On s'est abstenu d'indiquer ici les numéros du* Catalogue *se référant à ces cotes, tous les actes qu'ils contiennent ayant été analysés* (1).
AD IX 1 *bis*. — 182*, 7147*, 8064*, 9256*, 11062*, 11097*, 13038*, 14155*, 20543, 21275, 22163, 23809.
AD IX 119. *Les actes contenus dans ce carton ayant tous été* analysés, *on s'est abstenu d'indiquer ici les nos du* Catalogue *qui s'y réfèrent.*

(1) Sauf quelques copies manuscrites, les documents réunis dans la Collection Rondonneau sont des pièces imprimées isolément, sans date ni nom d'imprimeur, et le plus souvent sans titre.

AD IX 120. — 580, 824, 919, 928, 937, 949, 960, 966, 973, 985, 993, 1011, 1017, 1035, 1096, 1164, 1168, 1227, 1231, 1234, 1258, 1262, 1283, 1289, 1303, 1304, 1338.
AD IX 121. — 565, 1349, 1377, 1392, 1393, 1425, 1484, 1499, 1523, 1653, 1661, 1663, 1670, 1688, 1728, 1736, 1749, 1751, 1778, 1780, 1788, 1789, 1792, 1840, 1868, 1881, 1882, 1926, 1953, 1963, 1967, 1988, 1989, 2004, 2043, 2072, 2084, 2115, 2133, 2137, 2153, 2286, 2295, 2333.
AD IX 122. — 2086, 2426, 2441, 2486, 2602, 2658, 2661, 2683, 2714, 2727, 2796, 2857, 2923, 2945, 3017, 3038, 3061, 3230, 3404, 3528, 3532, 3615, 3651, 3662, 3872, 3957, 19176.
AD IX 123. — 3960, 4127, 4162, 4254, 4277, 4390, 4391, 4403, 4462, 4516, 4548, 4549, 4625, 4635, 4646, 4824, 5076, 5091, 5121, 6785, 6964, 7347, 7371, 7444, 8055, 8133.
AD IX 124. — 1305, 8447, 8618, 8856, 9179, 9236, 10231, 10547, 10610, 10739, 10875, 11037, 11045, 11096, 11103, 11110, 11116, 11118, 11143, 11240, 11249, 11283, 11526, 11528, 11586, 11730, 11774, 11860, 11870, 11873, 15554.
AD IX 125. — 11943, 11992, 12044, 12132, 12249, 12387, 12397, 12399, 12409, 12428, 12456, 12623, 12723, 12751, 12753, 12808 à 12810, 12830, 12831, 12847, 12854, 12859, 12860, 12878, 12924, 12934, 12935, 12954, 13001, 13038, 13039, 13071, 13090, 13091, 13111, 13130, 13196, 13331, 13340, 13370, 13526, 13549, 13561, 13571, 13595, 13599, 13611, 13657, 13659, 13665, 13667, 13697, 13713, 13722, 13727, 13737, 13746, 13752, 13753, 13755.
AD IX 126. — 13816, 13818, 13876, 13879, 13892, 13897, 13900, 13904, 13907, 13934, 13973, 13979, 13980, 14001, 14021, 14039, 14072, 14074, 14076, 14077, 14130, 14132, 14170, 14225, 14235, 14402, 14426, 14463 à 14465, 14469, 14489, 14522, 14568, 14622, 14623, 14626, 14750, 14805, 14806, 14824, 14827, 14945, 14965, 14997, 15049, 15231, 15554, 15611.
AD IX 152 : *corr.* AD IX 125, *à propos de* 12044.
AD XVI 8. — 25082.

Fonds de la Marine.

A^1 1. — 66*, 707*, 1231*, 3586*, 4195*, 7563*, 13019*, 13289*, 13338*, 13654*, 14309*, 32793, 33167, 33201, 33220.
A^3 1. — 32862.
B^7 204. — 32366.
B^7 520. — 8319*.
C^4 173. — 13966*, 14438*, 14685*, 15134*, 15584*.
C^4 229. — 13654*.
D^2 7. — 1231*.
D^2 17. — 32365.
D^4 8. — 11738*.

Archives départementales de la Seine.

Lieutenance de police : prisons, 132. — 24535 *bis* (VIII, 403).
Papiers Gontier, 133. — 15393*, 23851 *bis* (VIII, 401).

Archives du Ministère des Affaires étrangères.

ALLEMAGNE. *Petites principautés*, 62. — 13285*.
ANGLETERRE 2. — 3716*, 32492.
ANGLETERRE 4. — 712*, 2733*.
ANGLETERRE, SUPPL. 1. — 15024*.
AUTRICHE 4. — 362*, 16427*, 32276.
AUTRICHE 5. — 1881*, 2163*, 2164*, 2217*, 2727*, 19484*.
AUTRICHE 6. — 3397*, 3451*, 9194*, 9380*, 9437*, 10065*, 14268*, 14292*.
AUTRICHE, SUPPL. 1. — 9561*.
DANEMARK 9 et SUPPL. 1. — 32983.
ESPAGNE 1. — 77*, 152*.
ESPAGNE 2. — 498*, 503*, 520*, 1908*, 2283*, 16219*, 32275.
ESPAGNE 4. — 32439, 32452.
ESPAGNE 5. — 2981*, 3500*, 3503*, 3514*, 3562*, 3624*, 3684*, 3713*, 19484*, 19950*, 32498, 32501, 32510, 32511, 32513, 32532, 32533.
ESPAGNE 6. — 1881*, 2163*, 2164*, 2217*, 3397*, 3451*, 3514*, 3525*, 3532*, 3538*,

IMPRIMERIE NATIONALE.

3546*, 3615*, 3624*, 3637*, 3692*, 9194*, 9380*, 9437*, 10065*, 19484*.
ESPAGNE 7. — 14141*, 14292*.
ESPAGNE 19. — 2284*, 16953.
ESPAGNE 20. — 2284*, 12628*.
ESPAGNE 216. — 1197*.
ESPAGNE 306. — 9194*, 10531*.
GRISONS 1. — 17607*.
HAMBOURG, SUPPL. 1. — 10548*.
LORRAINE 3. — 11017*.
LORRAINE, SUPPL. 4. — 22840*, 32478, 32490, 32636.
MALTE 25. — 32317.
MONACO, SUPPL. 1. — 15998, 15998*.
NEUFCHÂTEL, SUPPL. 1. — 32487.
PALATINAT, SUPPL. 1. — 32914.
ROME 6. — 6785*, 7365*.
ROME 11. — 807*.
ROME 14. — 659*, 807*.
SUÈDE, SUPPL. 1 *bis*. — 12573*.
SUISSE 5. — 16080*.
TOSCANE 1. — 1039*.
WURTEMBERG 1. — 32590.

Archives de la Préfecture de police.

Collection Lamoignon.

5. — 89, 187, 731, 814, 1191.
6. — 1961, 1988, 2946, 3551, 4261, 4269, 7203, 9204, 9257, 9476, 9854, 11042, 11071, 11097, 11168, 11345, 11356, 12232, 12243.
7. — 11483.

Archives de l'Administration générale de l'Assistance publique.

Fonds de l'Hôtel-Dieu.

LAYETTE 6, liasse 40. — 16120.
LAYETTE 11, liasse 74. — 17164, 17165, 19417.
LAYETTE 26, liasse 174. — 13515.
LAYETTE 170, liasse 900. — 915*.
LAYETTE 170, liasse 901. — 11294.
LAYETTE 171, liasse 903. — 14155.
LAYETTE 172, liasse 905. — 17529.
LAYETTE 187, liasse 964. — 14225.
COMPTES, XXXIV. — 17164, 17165, 32328.

Fonds des Enfants-Rouges.

7490*, 11946*, 20231.

Fonds de l'Hôpital du Saint-Esprit-en-Grève.

5718*.

Archives de l'Hospice national des Quinze-Vingts.

56. — 930.
483. — 942.
509. — 1814.
585. — 886.
863. — 15087.
1061. — 1150.
1068. — 3820.

Archives de l'Administration des Monnaies et Médailles.

14681*, 14764*, 14769*, 14999*, 15204*, 22191, 23681.

Bibliothèque nationale.

MANUSCRITS, FONDS FRANÇAIS.

953. — 4088*.
2702. — 131, 224, 228, 229, 238, 340, 435, 452, 479, 499, 591, 665, [695], 703, 710, 781, 841, 859, 956, 1090, 1098, 1204, 1218, 1287, 1326, 1381, 1383, 1402, 1415, 1464, 1481, 1500, 1535, 1541, 1549, 1589, 1602, 1604, 1605, 1610, 1624, 1702, 1733, 1837,

BIBLIOTHÈQUE NATIONALE.

1853, 1857, [1894], 1912, 1913, 1937, 1946, 2001, 2022, 2039, 2055, 2059, 2061, 2073, 2083, 2099, [2127], 2144, 2152, 2158, 2222, 2234, 2237, 2253, 2281, 2290, 2382, 2439, 2702, 2452, 2454, 2675, 2705, 2792, 2910, 2911, 2997, 3043, 3160, 3271, 3285, [3323], 3362, 3401, 3442, 3458, 3469, 3542, 3751, 3766*, 3786, 4017, 4229, 4267, 4837, 5346, 6179, 6225, 6427, 6500, 6554, 7080, 7329, 7385, 8165, 8267, 8346, 8397, 8500, 8509, 8529, 8536, 8548, 8655, 8661, 8683, 8730, 9031, 9137, 9317, 9341, 9347, 10252, 10722, 11203, 11261*, 11647, 11731, 11734, 11780, 12078, 12115, 12518, 12631, 12650, 12693, 12694, 12710, 12727, 12736, 13069, 13282, 13530, 13696, 13777, 13884, 13981, 14152, 14335, 14514, 14522, 14581, 14647, 15324, 15361, 15563, 17362, 17491, 17568, 17893, 18288, 19009, 19122, 19565, 20079, 21166, 21328, 21416.

2758. — 2857.

2782, *indiqué à tort pour* 2702 *à propos du numéro* 3766.

2811. — 11914.

2831. — 1075, 1675, 3352, 7677.

2832. — 708*, 882, 3649, 10508.

2846. — 362, 25907.

2892. — 712, 720, 1348, 2284, 8379, 16268.

2894. — 1376.

2932. — 2671.

2933. — 1485.

2935. — 152, 503, 559.

2936. — 373.

2938. — 712, 720, 2284.

2940. — 17461, 17679, 17681, 17686, 17718 à 17721.

2946. — 556.

2947. — 20340.

2948. — 2164, 2165, 2217, 2284.

2950. — 9380.

2952. — 2284, 2736, 3436, 3507.

2960. — 15813, 17068.

2963. — 1413*, 11977.

2964. — 1708.

2965. — 652, 1618, 2734, 9344, 12807, 12881, 16058, 25098.

2966. — 1366, 25909.

2967. — 17399, 17400, 17419.

2977. — 587, 3305.

2978. — 777.

2979. — 7377.

2981. — 2758*, 2759, 3091, 11503.

2982. — 3757.

2996. — 102.

2997. — 3136, 3715.

3002. — 3061*.

3005. — 12525, 12526.

3007. — 12628.

3012. — 32832.

3014. — 12740.

3019. — 9971.

3020. — 25910, 25911.

3021. — 2544.

3033. — 556, 2284, 3436, 15123.

3035. — 373, 9971.

3036. — 2815, 8366.

3039. — 2701.

3044. — 3425, 6326.

3050. — 11827.

3051. — 11151, 12807.

3057. — 1009.

3062. — 9200.

3086. — 9422.

3087. — 777.

3088. — 32630.

3091. — 25912.

3095. — 2671.

3096. — 3219.

3115. — 11209, 12577, 13021, 13505, 14029, 14602, 14643.

3175. — 2284.

3295. — 1770*.

3873. — 12039, 12164.

3876. — 2014, 11862, 17782, 25913.

3881. — 77*, 556*, 712*, 720*, 882*, 883*, 2284*, 2733*, 4670*, 32709.

3897. — 1548, 17056, 17115.

3900. — 2284, 9642*.

3901. — 2736*, 3507*, 19872*.

3908. — 8375*, 11233, 11234, 14124.

3911. — 1075, 3352, 17172.

3915. — 3270.

3916. — 2283, 2284, 10531, 10762, 25914.

3937. — 12684, 13152, 23688, 23852, 23859, 23866, 24757.

4052. — 11302.

4055. — 14590.

4390. — 19299.

4401. — 16071.

4402. — 3733, 4542, 5333, 7437, 8359, 8465, 8493, 8538, 8579, 8600, 8627, 8765, 9790, 10535, 11011, 11099, 11115, 11128, 11251, 11904, 11907, 11967, 11973, 12253, 17227, 17231, 17404, 17491, 19226.

4525. — 522, 17004.

4526. — 17818.

4574. — 9372, 10001, 10319.

4584. — 13369.

4586. — 14154.

4587. — 2191*, 3035*, 20461*.

4594. — 1736*, 25915.

4597. — 556*.

BIBLIOTHÈQUE NATIONALE.

4601. — 3452.

4604. — 21*, 2349*, 2408*, 16206, 24351.

4605. — 1181*, 5059.

4643. — 9907.

4658. — 221, 3296, 3297, 3496, 3548, 3682, 6235, 6908, 7996, 11502*, 12513*, 15975, 16387, 18563, 19128, 23559.

4786. — 16982.

4788. — 716*.

4792. — 17280.

4847. — 11017.

4883. — 22414.

4885. — 17367, 17531.

4905. — 4277, 7538, 7547, 8142, 8178, 16267, 16268.

5043. — 3270*.

5058. — 10314*.

5085. — 919*, 13796*, 25916.

5086. — 1300*, 1377*, 1541*, 1602*, 1608*, 1833*, 1872*, 1979*, 2746*, 3519*, 3704*, 16022, 16425, 16792, 16991, 17197, 17353, 17406, 17450, 17494 à 17496, 17537*, 17553, 17570, 17575, 17619, 17655, 17690, 25300 à 25449, 32188.

5089. — 17715.

5106. — 23892.

5109. — 1980*, 2014*, 17702, 17702*, 17736, 19193, 23786, 23802, 23806, 23808, 23815, 23855, 23885.

5112. — 2217*.

5122. — 12628.

5124. — 691, 813, 1336, 1597, 2053, 2182, 3519, 3627, 3961, 4183, 4200, 4230, 4256*, 4380, 4388, 4416, 4466, 4678, 4975, 4981, 5334, 5475, 5596, 5680, 5962, 5964, 5965, 6056, 6128, 6173, 6192, 6207*, 6708, 7494, 7722, 7724, 8347, 8450, 8919, 9446, 9951*, 10063, 10479, 10808, 11112, 11113, 11384, 11405, 12332, 12525, 13118, 13931, 14287, 14387, 19318, 20204, 20590*, 20638, 24299, 25023, 25450 à 25481.

5127. — 14574, 14775, 14779, 14780, 14783, 14815, 14825, 14830 à 14832, 14836 à 14838, 14840 à 14842, 14844, 14846, 14847, 14849, 14850, 14852, 14855, 14856, 14858, 14861, 14862, 14864, 14868 à 14900, 14903, 14904, 14946 à 14948, 14950, 14953, 14954, 14956, 15000 à 15006, 15009 à 15019, 15040, 15042, 15111, 15131, 15132, 15136 à 15138, 15140 à 15147, 15151, 15153 à 15171, 15176 à 15178, 15187, 15190 à 15197, 15200 à 15203, 15206, 15211, 15215 à 15225, 15227, 15229, 15232 à 15234, 15237, 15239 à 15241, 15243 à 15283, 15497, 15504, 15505, 15507, 15508, 15510, 15514 à 15518, 15522 à 15526, 15532 à 15535, 15539, 15540, 15543, 15545 à 15548, 15550, 15551, 15553, 15555, 15560, 15564, 15567 à 15575, 15577 à 15579, 15581, 15585 à 15589, 15592 à 15594, 15597 à 15599, 15601, 15604 à 15610, 15614 à 15616, 15619 à 15638, 15641, 15642, 15644 à 15661.

5134. — 25917.

5269. — 1953*, 22246.

5295. — 3732, 3788, 6326*, 18703.

5297. — 695*.

5451. — 16281*.

5500. — 14*, 43*, 160*, 486*, 561*, 620*, 1083*, 1204*, 1396*, 1770*, 15828*, 16165*, 16206* à 16550*, 17320*, 17433*, 17435*, 17462*, 17502*, 18136*, 18713*, 23409, 23470*, 23492 *bis* (t. VIII, p. 401), 23512*, 23513*, 25482 à 25597.

5501. — 1087*, 2613*, 3230*, 3241*, 16201*, 23660 *bis* (t. VIII, p. 401), 23799, 23959, 25598-25613.

5502. — 2327*, 2328*, 2347*, 2503*, 2518*, 18526, 18546 à 18552, 18555, 18556, 18558, 18560 à 18562, 18565 à 18570, 18574 à 18577, 18579, 18580, 18585 à 18598, 18600 à 18603, 18609, 18618, 18621 à 18631, 18635, 18636, 18638, 18640, 18643 à 18652, 18654 à 18659, 18661 à 18663, 18665 à 18669, 18672, 18673, 18678 à 18681, 18683, 18688, 18692, 18704 à 18707, 18710, 18714, 18715, 18726, 18736, 18738, 18739, 18742, 18743, 18746 à 18750, 18752 à 18754, 18758, 18761 à 18764, 18766 à 18774, 18783, 18786, 18788, 18789, 18791 à 18795, 18797 à 18802, 18804, 18810, 18820, 18838, 18841 à 18850, 18852, 18854 à 18857, 18859, 18862, 18867, 18869, 18872, 18877 à 18887, 18889 à 18891, 18898 à 18900, 18903 à 18908, 18918 à 18920, 18922 à 18930, 18933 à 18935, 18941 à 18944, 18947 à 18957, 18962, 18964 à 18966, 18968 à 18975, 18979, 18986, 18988 à 18991, 18993 à 19001, 19003, 19005, 19006, 19012, 19015 à 19030, 19032 à 19039, 19042, 19044 à 19049, 19052, 19058, 19060, 19062, 19063, 19065, 19068 à 19074, 19079, 19080, 19084 à 19089, 19096 à 19103, 19105, 19106, 19108, 19110 à 19117, 19119, 19121, 19123, 19124, 19126, 19131, 19136 à 19139, 19143, 19145 à 19159, 19163 à 19169, 19172, 19173, 19177, 19180 à 19184, 19189 à 19192, 19195 à 19197, 19200, 19202, 19204 à 19213, 19215,

BIBLIOTHÈQUE NATIONALE.

19216, 19223, 19224, 19226, 19232, 19235 à 19248, 19249, 19251 à 19257, 19267 à 19273, 19276 à 19283, 19287 à 19292, 19294, 19295, 19304, 19311, 19312, 19314, 19316, 19317, 19320, 19321, 19323 à 19325, 19327 à 19329, 19333 à 19336, 19346, 19378, 19379, 19382, 19385, 19388, 19389, 19392, 19395, 23662.
5503. — 398*, 1378*, 1414*, 1467*, 1663*, 2553*, 4231*, 5389*, 6531*, 6677*, 6711*, 7445*, 8758*, 9476*, 9642*, 10106*, 10358*, 10509*, 10583*, 11363*, 11405*, 11591*, 11679*, 11680*, 13494*, 17112, 19512, 20226*, 20373, 20461, 20551, 20552, 20655, 20668, 20677, 21407, 21473, 21540, 21565, 21619*, 21790, 21791, 21841, 21848, 21873, 21902, 21943, 21952, 21955, 21970, 21979, 21989, 22010, 22045, 22080, 22090, 22104, 22128, 22444, 23093, 25614 à 25659, 32876.
5660. — 13866.
5756. — 16958, 17030, 17064.
5770. — 2014*, 17701*, 17736*, 19193*, 23786*.
5779. — 2087*, 2090*, 2095*, 2096*, 2104*, 2105*, 2112*, 2121*, 2122*, 2125*, 2129*, 2133*, 2141*, 2155*, 2166*, 2179*, 2180*, 2182*, 2189*; 17839 à 17860, 17862, 17863, 17865 à 17881, 17884 à 17892, 17894 à 17900, 17902, 17903, 17905 à 17928, 17930, 17932 à 17934, 17936 à 17939, 17941 à 17968, 17970 à 17990, 17992 à 18807, 18809 à 18015, 18018 à 18047, 18049 à 18073, 18075 à 18078, 18081, 18084 à 18095, 18106 à 18143, 18145 à 18150, 18152, 18156 à 18159, 18161, 18164 à 18166, 18168 à 18196, 18198 à 18208, 18213 à 18242, 18245 à 18275, 18278 à 18287, 18289 à 18300, 18302 à 18327, 18330 à 18336, 18338 à 18341, 18343 à 18345, 18347 à 18358, 18360, 18363 à 18371, 18373 à 18386, 18388 à 18419, 18422 à 18440, 18443 à 18447, 18449 à 18461, 18463, 18465 à 18470, 18472 à 18476, 18478, 18480 à 18482.
5927. — 919*, 1096*, 9336*, 12955*.
6368. — 1426*, 1427*, 2191*, 2708*, 3035*, 10741*.
6411. — 14141*, 14292*.
6458, imprimé à tort pour 4658 *à propos de* 11502 *et de* 12513.
6536. — 21801.
6545. — 3561, 4242.
6546. — 12812.
6602, imprimé à tort pour 5502 *à propos de* 19099.
6637. — 12186*.
6760. — 1226*, 1234, 7218, 15542.
6762. — 23933 *bis*, $23934^{2°}$, 23939 *bis* (t. VIII, p. 401).
6838. — 11827*, 11862*.
6851. — 556*.
6869. — 77*, 152*, 161*, 503*, 1424*, 1881*, 16427*.
6873. — 17506*.
7016. — 659*, 807*.
7064. — 20295.
7075. — 712*, 720*.
7151. — 2727*, 3466*, 3532*, 3565*, 3615*, 3624*, 3637*, 3651*, 3662*, 3692*, 3698*, 19868*, 33248.
7492. — 8577*, 11209*, 13505*, 14140*, 21271*, 32647, 33250.
7493. — 311*, 1881*, 2084*, 2259*.
7544. — 10427, 12684, 12688, 13152, 14419.
7546. — 12*, 2943*, 3368*, 7017*, 7991*, 10427*, 11733*, 12684*, 12689*, 12723*, 13152*, 14419*.
8065. — 1455*, 2615*.
8076. — 13134*, 13458*.
8080. — 28*, 186*, 220*, 241*, 540*, 731*, 1207*, 1254*, 2699*, 3551*, 3552*, 3553*, 4733*, 7203*, 9204*, 9257*, 9854*, 9972*, 10434*, 10714*, 11071*, 11130*, 11168*, 11239*, 11412*, 11615*, 11677*, 11679*, 11715*, 11720*, 11807*, 11915*, 11946*, 12232*, 12243*, 12768, 13103*, 13109*, 14066*, 14317*, 22628*, 32344, 32355.
8084. — 13103*.
8086. — 22845*.
8122. — 14334.
8125. — 11036, 13528, 15437.
8126. — 13528*.
8131. — 12635*, 13482*.
8485. — 13.
8605. — 13985*.
10186. — 2117, 2131, 2306, 8793, 11897, 21769.
10189. — 3436*, 3616*.
10191. — 11551.
10206. — 2298*, 18811, 19644.
10375. — 15175.
10382. — 16846, 16868, 17024, 17025, 17028, 17031, 17033, 17034, 17035, 17106, 17181.
10383. — 1140, 11850.
10385. — 18559, 18560, 18736, 19326, 19341, 19342, 19552, 19572, 19933.
10386. — 19896, 20176.
10387. — 11108, 12231.
10388. — 4864*, 4954*, 20481.
10389. — 5072; *imprimé à tort pour* 10388 *à propos de* 4864 *et de* 4954.

BIBLIOTHÈQUE NATIONALE.

10390. — 5751, 8449, 8499, 8605, 8607, 10216, 10426, 19287, 19390, 20669.
10391. — 9824, 10254, 12982.
10406. — 3050*, 3052*, 3055*, 3058*, 3059*, 3072*, 3101*, 19439, 19521, 19522, 19524 à 19526, 19541, 19542, 19544, 19547, 19556 à 19558, 19566 à 19568, 19570, 19571, 19573, 19576, 19578 à 19587, 19589, 19599, 19601, 19602, 19604, 19606, 19607, 19610, 19612, 19614 à 19616, 19618 à 19620, 19635, 19638, 19648, 19658, 19659, 19667 à 19669, 19682, 19685, 19686, 19689 à 19691, 19700, 19703 à 19705.
10637. — 556*, 882* à 885*, 2209* à 2211*, 2284*, 2657*, 2674*, 2733*, 3436*, 3818*, 4670*, 14146*, 17607*.
10687. — 9200*, 10100*, 14146*, 32816.
10742. — 3507*, 19872*.
10746. — 498*, 503*.
10857. — 106*, 1426*, 1427*, 2191*, 2708*, 3035*, 3038*, 3070*, 3074*.
11158. — 1775*, 1831*.
11179. — 3071, 3086, 4643, 5344, 8266, 8274, 8622, 9215, 10587, 10912, 10924, 10925, 11295, 11711, 12024, 12254, 12274, 12403, 12573, 12619, 12930, 13008, 15309.
11688. — 219*, 3508*, 8721*, 9187*, 11062*, 12900*, 13038*, 13043*, 13362*, 13719*, 13721*, 15460*, 22069*, 32386.
11969. — 707*.
12158. — 2196, 2738, 19552.
14019. — 10638, 11728, 12253, 12643, 12955, 13462.
14020. — 10595.
14368. — 562*, 1043*, 1244*, 1278*, 1296*, 1327*, 1582*, 1663*, 1881*, 2478*, 2851*, 3480*, 4106*, 10509*, 17315*, 17353*, 17815*, 18243*, 18829*, 19576*, 19982*, 20093*, 20195*, 23331, 23546, 23676, 23849, 23854, 23858, 23861, 23894, 23906, 23923, 23925*, 23978, 23981, 23982, 24007, 24041, 24070, 25660 à 25806, 32420, 32429, 32442, 32493, 33252 à 33268.
15499. — 2736*, 4390*.
15519. — 1767*.
15520. — 561*.
15522. — 10716*, 12684*, 13152*, 23852*, 23859*, 23866*.
15526. — 1453*.
15530. — 237*, 5541*.
15585. — 1727*, 2259*, 2284*, 9642*, 11826*, 12577*, 19484*, 32430.
15589. — 32255.
15598. — 77*, 152*, 498*, 503*, 2852*, 3615*.
15599. — 77*, 152*, 503*, 2852*, 17056*, 32418.
15628. — 4376, 4381, 4385, 4401, 4403, 4406, 4409, 4411, 4415, 4420, 4421, 4427, 4446, 4447, 4449 à 4456, 4458 à 4461, 4463, 4464, 4467 à 4474, 4477 à 4479, 4482 à 4489, 4498, 4499, 4502, 4504, 4506 à 4509, 4513 à 4515, 4517, 4521, 4522, 4524 à 4529, 4532, 4542, 4543, 4546, 4547, 4550 à 4564, 4567, 4568, 4570 à 4590, 4593, 4595, 4602 à 4606, 4608 à 4624, 4627 à 4637, 4639 à 4642, 4649 à 4669, 4673 à 4676, 4680 à 4700, 4702 à 4706, 4710 à 4712, 4716 à 4719, 4723, 4724, 4726, 4727, 4729, 4740, 4756 à 4759, 4761 à 4763, 4768 à 4771, 4785, 4787, 4796, 4805, 4817, 4826, 4829 à 4835, 4850, 4859 à 4863, 4866, 4874, 4885, 4892, 4896 à 4918, 4920 à 4923, 4927, 4939, 4940, 4943 à 4952, 4955, 4956, 4959, 4967, 4971 à 4974, 4976, 4982, 4983, 4985, 4986, 4992 à 4995, 5002 à 5012, 5027 à 5030, 5048, 5067, 5077, 5085 à 5088, 5090, 5100 à 5106, 5114, 5131 à 5144, 5146, 5149 à 5153, 5157 à 5163, 5183, 5184, 5186, 5201 à 5205, 5207, 5211 à 5214, 5218, 5223, 5245, 5246, 5252, 5253, 5271 à 5275, 5291 à 5300, 5313, 5320 à 5326, 5337 à 5339, 5341 à 5343, 5358, 5359, 5368, 5384, 5385, 5397 à 5404, 5433 à 5443, 5461 à 5465, 5467, 5470, 5483, 5493 à 5499, 5507, 5511 à 5514, 5516 à 5518, 5521, 5542, 5546, 5547, 5549 à 5552, 5562 à 5565, 5579, 5580, 5591, 5611, 5612, 5614, 5617, 5620, 5621, 5628, 5643, 5644, 5648 à 5650, 5703 à 5705, 5737 à 5739, 5758, 5853, 5911, 6555, 6684, 6699, 6854, 19645.
15629. — 4378, 4490, 4510, 4636, 4875, 4984, 5117, 5118, 5254, 5285, 5286, 5301, 5327, 5466, 5472, 5519, 5520, 5522, 5548, 5566 à 5573, 5586 à 5590, 5592 à 5595, 5597, 5613, 5618, 5619, 5629, 5647, 5651, 5652, 5660 à 5672, 5681 à 5684, 5685 à 5702, 5713 à 5717, 5721 à 5723, 5740 à 5749, 5752 à 5756, 5759 à 5780, 5792 à 5796, 5799, 5800, 5803, 5804, 5806 à 5812, 5820 à 5823, 5827 à 5831, 5836, 5843, 5846 à 5848, 5850, 5852, 5854 à 5859, 5861, 5863, 5864, 5869, 5871 à 5873, 5879, 5880, 5882 à 5859, 5894 à 5905, 5912 à 5914, 5929 à 5935, 5937, 5943, 5954 à 5961, 5966 à 5970, 5984 à 5989, 5995 à 6012, 6025 à 6034, 6036 à 6043, 6060, 6061, 6071 à 6073, 6075, 6076, 6087, 6090 à 6096, 6098, 6104, 6106, 6119 à 6127, 6131, 6132, 6134 à 6141, 6145 à

6148, 6155, 6158, 6171, 6176, 6182 à 6190, 6220, 6234, 6238 à 6250, 6252 à 6257, 6263, 6280, 6282 à 6298, 6307 à 6314, 6316, 6321, 6323, 6324, 6329 à 6335, 6344, 6348 à 6356, 6363 à 6369, 6371 à 6381, 6390, 6391, 6421 à 6426, 6440, 6442, 6447 à 6449, 6452 à 6465, 6468 à 6470, 6487 à 6490, 6495 à 6499, 6502, 6503, 6508 à 6517, 6521 à 6527, 6533, 6534, 6551, 6560 à 6583, 6586 à 6591, 6609, 6615 à 6627, 6642, 6644 à 6646, 6652, 6658 à 6664, 6666, 6667, 6669 à 6676, 6681, 6682, 6685 à 6693, 6695, 6696, 6700, 6706, 6707, 6710, 6716 à 6720, 6727 à 6730, 6737 à 6741, 6752, 6757 à 6759, 6762, 6776, 6777, 6781, 6795, 6797 à 6804, 6806 à 6827, 6829, 6833, 6850, 6863, 6868, 6878 à 6886, 6903 à 6907, 6914 à 6917, 6927 à 6935, 6937, 6939 à 6941, 6945 à 6953, 6961, 6999, 7000, 7007, 7009, 7014, 7028, 7030, 7033, 7034, 7042, 7047 à 7049, 7054 à 7058, 7100, 7114 à 7116, 7164 à 7169, 7214, 7215, 7220, 7244, 7311, 7312.

***15630**, imprimé par erreur pour* 15632 *à propos de* 7917.

15632. — 6587, 6643, 6778, 6864, 6887, 6918 à 6925, 6954, 6994, 7015, 7031, 7032, 7060 à 7079, 7088, 7089, 7101, 7126, 7157, 7170 à 7179, 7187, 7205, 7216, 7233, 7253, 7284, 7314, 7318, 7319, 7336, 7338, 7342, 7348, 7350, 7353 à 7355, 7363, 7364, 7368, 7369, 7380 à 7383, 7387 à 7389, 7404, 7407, 7411 à 7415, 7419, 7420, 7422, 7427, 7428, 7431 à 7434, 7444, 7453 à 7455, 7458, 7460, 7462, 7469 à 7472, 7480, 7503, 7504, 7507 à 7510, 7513, 7515 à 7517, 7522 à 7524, 7527, 7531 à 7535, 7539 à 7545, 7549, 7552, 7556 à 7557, 7562, 7565 à 7569, 7575 à 7581, 7586, 7587, 7589 à 7593, 7595 à 7598, 7600 à 7620, 7624 à 7665, 7666 à 7676, 7679, 7684, 7687, 7689 à 7691, 7693 à 7707, 7709 à 7710, 7712 à 7718, 7720, 7721, 7728 à 7733, 7735, 7736, 7738 à 7793, 7795 à 7800, 7802 à 7816, 7819 à 7821, 7824, 7825, 7830 à 7837, 7840, 7843 à 7856, 7860 à 7863, 7867 à 7876, 7881 à 7887, 7894 à 7902, 7907 à 7909, 7916 à 7920, 7925 à 7937, 7939 à 7950, 7954 à 7970, 7977, 7979, 7982, 7983, 7987, 7988, 7995, 8000 à 8005, 8007, 8008, 8014 à 8019, 8024, 8026, 8032 à 8036, 8042 à 8053, 8057, 8062, 8065 à 8068, 8071 à 8085, 8091 à 8097, 8099 à 8107, 8111 à 8117, 8122 à 8132, 8147 à 8150, 8158 à 8160, 8163, 8166, 8168 à 8170, 8187, 8190, 8191, 8215, 8216, 8245.

15637. — 2259*, 3561*, 3624*, 4242*, 32500.

15638. — 2295*, 32515.

15715. — 454*, 16012*.

***15723**, imp. par erreur pour* 25723 *à propos de* 15495.

15725. — 1161*.

15758. — 3496*, 6224*, 7678*, 17589*, 32381.

15776. — 1075*, 32389.

15834. — 2163*, 2164*, 2217*, 2284*, 2727*, 32431.

15835. — 3436*.

15836. — 2203*, 2259*.

15837. — 3397*, 3436*, 3451*, 3466*, 3514*, 3525*, 3532*, 3565*, 3615*, 3616*, 3624*, 3637*, 3651*, 3662*, 3692*, 3698*, 9380*, 9437*, 10065*, 14141*, 14268*, 14292*, 19866*, 32514.

15966. — 32983.

16074. — 1039*.

16167. — 8319.

16216. — 3063, 8197, 13858.

16420. — 12714*.

16525. — 579.

16528. — 12834*.

16545. — 11826*, 32888.

16627. — 1780*, 14965*.

16661. — 104*, 33105.

16681. — 379*, 552*, 641*, 663*, 716*, 742*, 2004*, 2191*, 3269*, 3270*.

16685. — 3070*, 3074*, 3270*, 11038*, 11583*, 32466, 33092.

16690. — 15506.

16695. — 15554.

16811. — 10833, 17301.

16835. — 2695*.

16837. — 32398.

16871. — 32563.

16883. — 11017*.

16902. — 13970, 16833, 18599.

16907. — 19456.

17329. — 1135*, 2255*, 4252*, 13799*, 24098*, 24996*, 32433, 32436, 32451, 32465, 32569, 32591, 32708, 33166.

17330. — 556*, 1881*, 2163*, 2217*, 3397*, 9440*, 9714*, 14141*, 16427.

17524. — 77*, 227*, 498*, 503*, 520*, 559*, 617*, 1424*, 1881*, 16219*, 16427*.

17525. — 1881*, 2163*, 2284*, 3436*, 19484*, 19868*, 32467.

17698. — 12214*, 32983.

17973. — 77*, 152*, 556*, 712*, 2284*, 4670*.

18107. — 1953*, 4403*.

18111. — 8577*, 12815*, 12817*, 12835*

Bibliothèque nationale.

12924*, 12959*, 13169*, 13180*, 13310*, 13323*, 13355*, 13421*, 13424*, 13461*, 13465*, 13485*, 13894*, 13899*, 14261*, 14329*, 14615*, 20930*, 22810*, 25423*, 25479*, 25899* à 25901*, 25903*, 25905*, 25906*, 27279*, 32779, 33018, 33154, 33264 à 33297.

18113. — 380*.

18149. — 1953*, 4548*, 12847*.

18241. — 919*, 1096*, 8303*, 9336*, 9612*, 10595*, 11728*, 12253*.

18243. — 7*, 949*, 12700*, 33021, 33031, 33098, 33227.

18265. — 12688*.

18266. — 12*, 145*, 2943*, 3368*, 7017*, 7991*, 10427*, 11733*, 12684*, 12689*, 12723*, 13152*, 14419*.

18274. — 12*, 145*, 2943*, 3368*, 7017*, 7991*, 10427*, 11733*, 12684*, 12723*, 13152*, 14419*.

18275. — 2943*, 12688*.

18281. — 145*, 7991*, 10427*, 12689*, 12723*, 14419*.

18433. — 43*, 395*, 1980*, 2745*, 2929*, 9642*, 11862*, 12409*, 12428*, 32948.

18478. — 2943*, 8598*.

18542. — 43*, 395*, 9642*.

18550. — 1484*, 1640*, 2525*, 11143*, 11717*, 13331*, 21380*.

18551. — 11037*.

18552. — 1934*, 32516, 33132.

18572. — 1258*, 1682*, 1688*, 23194*, 32351.

18575. — 11528*.

18605. — 3063*, 8197*, 13497*, 13858*, 13966*, 14438*, 14685*, 15134*, 15584*.

18628, imprimé par erreur pour 15628 *à propos de* 5029.

18630. — 1283*, 3399*, 3425*, 4390*, 10231*.

18758. — 1258*.

18780. — 11356*.

18783. — 32267.

18874. — 16866*, 17208*.

19822. — 23750, 25807 à 25843.

20174. — 14594*.

20175. — 2259*.

20343. — 8028*.

20367. — 14758*.

20373. — 2385.

20383. — 705.

20409. — 15530.

20422. — 1117*, 32309.

20425. — 96, 215, 352, 360, 366, 651, 658, 721, 1401, 2219, 2223, 14758, 15531.

20433. — 2225, 3615.

20436. — 16479, 20633, 22052.

20502. — 1043.

20581. — 2093, 4638.

20593. — 159.

20597. — 1871.

20601. — 17414.

20615. — 16011, 16023, 16025.

20616. — 15838, 16029, 16432, 16468.

20624. — 16427.

20639. — 16213.

20856. — 1674, 3615*, 19980.

20873. — 2305*, 12961, 14435, 14472, 18627, 19744, 20249, 21139, 21219.

20874. — 15761.

20993. — 2733*, 15123*.

21015. — 9237*, 11262*, 12847*.

21016. — 2896*, 2897*, 12751*, 13714*, 14254*, 14623*, 32898.

21405. — 897*, 961*, 1236*, 1431*, 1653*, 1665*, 1794*, 1865*, 1975*, 2062*, 2473*, 2494*, 2580*, 2713*, 3773*, 3774*, 3842*, 4265*, 4290*, 4644*, 4728*, 4730*, 4731*, 4791*, 4827*, 5068*, 5251*, 5578*, 5642*, 5910*, 6070*, 6088*, 6665*, 6722*, 6877*, 7099*, 7213*, 7429*, 7582*, 7904*, 8025*, 8287*, 8311*, 8764*, 8898*, 8903*, 9079*, 9085*, 9149*, 9150*, 9220*, 9418*, 9443*, 9855*, 10247*, 10285*, 10472*, 10521*, 10542*, 10837*, 11099*, 11163*, 11246*, 11418*, 11566*, 11789*, 12200*, 12268*, 12341*, 12358*, 12832*, 12999*, 13259*, 13265*, 13310*, 13322*, 13327*, 13336*, 13372*, 13438*, 13476*, 13586*, 13590*, 13619*, 13774*, 13787*, 13795*, 13810*, 13826*, 13828*, 13916*, 13938*, 14026*, 14100*, 14104*, 14164*, 14311*, 14615*, 15444*, 15499*, 15668, 15673, 15675, 15677 à 15687, 15689 à 15696, 15705, 15734, 15738, 15784, 15785, 15825, 15847, 15867, 15887, 15892, 15893, 15896, 15897, 15899, 15905, 15911, 15927 à 15931, 15958, 15960, 15965, 15970, 16013, 16050, 16060, 16075, 16076, 16095, 16110, 16111, 16134, 16136, 16146, 16157, 16171, 16221, 16224, 16246, 16314, 16323, 16360, 16404, 16496, 16505, 16512, 16517, 16521, 16550, 16625, 16652, 16722, 16749, 16752, 16760, 16770, 16773, 16785, 16788, 16789, 16797, 16810, 16821, 16857, 16890, 16985, 16995, 17014, 17042, 17091, 17105, 17142, 17156, 17210, 17216, 17217, 17222, 17224, 17230, 17240, 17253, 17263, 17271, 17299, 17318, 17320, 17327, 17341, 17344, 17351, 17365, 17376, 17380, 17418, 17423, 17424, 17426, 17427, 17467, 17469, 17502, 17515, 17526, 17530, 17552, 17586, 17588, 17597, 17599,

17606, 17610, 17611, 17613, 17620, 17622, 17623, 17625, 17636, 17665, 17674, 17688, 17716, 17742, 17756, 17765, 17772, 17791, 17798, 17801, 17804, 17808, 17814, 17836, 17841, 18082, 18151, 18337, 18342, 18346, 18442, 18464, 18484, 18500, 18503, 18537, 18545, 18682, 18685, 18759, 18801, 18829, 18915, 18958 à 18960, 19043, 19083, 19109, 19125, 19129, 19161, 19185, 19195, 19217, 19220, 19319, 19337 à 19339, 19347, 19357, 19358, 19371, 19400, 19443, 19445, 19449, 19452, 19471, 19482, 19569, 19588, 19597, 19598, 19642, 19646, 19665, 19666, 19742, 19755, 19774, 19797, 19835, 19913, 19934, 19948, 19960, 19977, 19982, 20033, 20172, 20223, 20296, 20594, 20609, 20877, 20892, 20900, 20903, 20952, 20957, 20961, 20962, 20973, 20977, 20981, 21073, 21118, 21143, 21174, 21186, 21205, 21217, 21226, 21233, 21239, 21254, 21260, 21292, 21299, 21303, 21309, 21314, 21343, 21358, 21378, 21432, 21448, 21453, 21646, 21690, 21726, 21800, 21808, 21871, 21873, 21877, 22013, 22228, 22342, 22343, 22459, 22475, 22484, 22527, 22529, 22549, 22567, 22610, 22622, 22638, 22654, 22661, 22666, 22670, 22672, 22694, 22714, 22716, 22721, 22746, 22748, 22764, 22772, 22802, 22805, 22806, 22817, 22857, 22875, 22879, 22880, 22914, 22926, 22959, 22961, 22963, 22973, 22980, 22998, 23038, 23070, 23075, 23084, 23109, 23129, 23141, 23143, 23179, 23181, 23183.

21420. — 32669, 32787, 32790.

21425. — 32391, 32393, 32572.

21426. — 32482, 32558, 32573, 32595, 33159.

21427. — 32560, 33158, 33181.

21441. — 1018*.

21442. — 13461*, 13555*.

21443. — 7102, 7102*, 16626.

21448. — 19221.

21713. — 3456*, 3475*, 3498*, 3592*, 3612*, 4016.

21816. — 11239*, 13714*, 32656, 32840, 33055.

21817. — 533*.

21818. — 12257*, 12635*.

22061. — 533*, 13134*.

22071. — 9476*, 9854*.

22076. — 9476.

22110. — 13134*.

22113. — 533*, 13482*.

22115. — 13134*.

22237. — 2695*, 11444*, 12272*, 14979*, 15476*, 18911*, 19343*, 19630*, 19750*, 20398*, 20768*, 21975*, 32222, 32226, 32237, 32244, 32249, 32250, 32263, 32274, 32278, 32279, 32283, 32300, 32313, 32314, 32334, 32337, 32338, 32341, 32345, 32346, 32358, 32359, 32377, 32378, 32385, 32397, 32403, 32473, 32541, 32567, 32568, 32586, 32588, 32596, 32613, 32644, 32934, 32959, 33052, 33053, 33064, 33098, 33119, 33120, 33127, 33163, 33165, 33180, 33188, 33213, 33234, 33246.

22241. — 32527, 32925.

22243. — 18876, 19448.

22253. — 2638*, 3078*, 19131*, 21776*, 22068*, 22234*, 22704*, 22893*, 22895*, 22924*, 23106*, 23145*, 23234*, 23235*, 23360*, 23365*, 23423*, 23446*, 23451*, 23463*, 23489*, 23490*, 23495*, 23499*, 23500*, 23515*, 23519*, 23545*, 23555*, 23558*, 23565*, 23592*, 23613*, 23656*, 23696*, 24627*, 32236, 32406, 32580, 32822, 33106, 33171, 33172, 33237.

22254. — 74* à 76*, 100*, 106*, 108*, 311*, 379*, 578*, 580*, 742*, 1427*, 1787*, 1881*.

22293. — 16370.

22371. — 9, 44, 66, 163, 311, 388, 655, 1056, 1176, 1215, 1408, 1785, 1795, 1907, 1955.

22405. — 14760, 15911, 17336, 19852.

22407. — 25*, 32342.

22426. — 142.

22437. — 11073*, 22476*.

22441. — 142, 896.

22457. — 11635*, 11761*, 12525*, 12574*, 12575*, 12628*, 12649*, 12704*, 12800*, 12939*, 13108*, 16455*, 22438*, 22603*, 22626*, 32288, 32289, 32292, 32992, 33023, 33298.

22458. — 13536*, 13565*, 23043*, 33107, 33111, 33236, 33299.

23023. — 503*, 2736*, 3103*, 32469, 32503.

23028. — 17500, 17557.

23149. — 8986, 12964, 13211.

23165. — 1953*, 4403*.

23269. — 18938.

23271. — 22704*.

23290. — 3646.

23291. — 2259*, 3561*, 3624*, 4242*, 32517.

23399. — 11528*.

23591. — 32983.

23607. — 16080.

23638. — 7487*, 8320*, 8856*, 9054*, 11123*, 11651*, 11710*, 12186*, 32820.

23690. — 3038*.

IMPRIMERIE NATIONALE.

BIBLIOTHÈQUE NATIONALE.

BIBLIOTHÈQUE NATIONALE.

23895. — 141*, 11454*, 19486*.

23930. — 1331*, 1484*, 1640*, 2525*, 11143*, 11717*.

23940. — 43*, 395*, 2760*, 3301*, 3586*, 7563*, 8577*, 8986*, 9642*, 11209*, 12964*, 13211*, 13505*, 14140*, 14626*, 21271*, 32296, 32348, 32647, 33250.

23942. — 11209*, 32647, 33250.

23951. — 1008*, 13169*, 13267*, 23587, 24926, 25260.

24029. — 76* 271*, 779*, 32245, 32522, 33300 à 33309.

24058. — 13084, 13881, 15708, 15849, 15858.

24088. — 33195, 33202.

24206. — 16270, 16271, 17391.

24207. — 16272, 17391.

25710, imprimé par erreur pour 25720 *à propos de* 1680.

25720. — 31, 50, 55, 73, 80, 94, 128, 129, 217, 222, 226, 268, 289, 312, 322, 326, 335, 339, 372, 378, 393, 394, 429, 439, 461, 462, 468, 476, 477, 481, 493, 494, 512, 513, 521, 550, 555, 566, 568, 574, 594, 597, 604, 637, 639, 640, 644, 666, 673, 682, 701, 709, 719, 722, 758, 765, 775, 778, 787, 801, 817, 822, 825, 826, 831, 839, 854, 856, 858, 893, 895, 900, 916, 932, 948, 955, 1005*, 1024, 1080, 1082, 1083, 1091, 1113, 1127, 1151, 1173, 1183, 1202, 1212, 1214, 1220, 1269, 1271, 1272, 1288, 1328, 1329, 1331, 1339, 1368 à 1370, 1380, 1400, 1419, 1441, 1442, 1451, 1482, 1486, 1487, 1490, 1491, 1511, 1516, 1518, 1525, 1530, 1532, 1556, 1565, 1577, 1578, 1612, 1619, 1622, 1623, 1633, 1649, 1650, 1679, 1680, 1693, 1700, 1707, 1709, 1718, 1720, 1722, 1753 à 1755, 1761, 1771, 1774, 1781, 1801, 1824, 1839, 1850, 1858, 1870, 1874, 1876, 1910, 1951, 1957, 1986, 2000, 2006, 2026, 2052, 2054, 2074, 2076, 2100, 2108, 2327, 2328, 2365, 2480, 2498, 2501, 2534*, 15766, 15834, 15918, 15947, 15985, 15997, 16078, 16103, 16127, 16133, 16153, 16181, 16211, 16218, 16242, 16290, 16302, 16317, 16352, 16364, 16372, 16373, 16384, 16392, 16396, 16431, 16473, 16474, 16501, 16503, 16513, 16519, 16525, 16566 à 16568, 16590, 16593, 16606, 16608, 16645, 16656, 16687, 16701, 16793, 16830, 16906, 16950, 16979, 16999, 17016, 17017, 17029, 17074, 17183, 17186, 17193, 17264, 17346, 17371, 17382, 17413, 17422, 17449, 17452, 17465, 17508, 17527, 17577, 17632, 17722, 17723, 18937, 18967, 19008, 19060.

25721. — 2677, 2681, 2685, 2696, 2706, 2707, 2790, 2791, 2801, 2824, 2830, 2912, 2913, 2977, 3018, 3056, 3116, 3119, 3159, 3161 à 3163, 3187, 3190, 3191, 3237, 3241, 3279, 3292 à 3295, 3299, 3304, 3311, 3316, 3327, 3337, 3345, 3363 à 3365, 3381, 3394, 3400, 3402, 3406, 3418, 3421 à 3423, 3429, 3430, 3434, 3435, 3440, 3457, 3460, 3468, 3484, 3485, 3496, 3497, 3515 à 3517, 3582, 3646, 3659, 3675, 3685, 3736, 3752, 3775, 3786, 3821, 3822, 3876, 3877, 3921, 3939, 3964, 3970, 3998, 4032, 4033, 4051, 4073, 4135, 4141, 4156 à 4158, 4161, 4164, 4219, 4339, 4349, 4373, 4374, 4387, 4414, 4476, 4592, 4955, 5031, 5210, 5250, 5255, 5340, 5361, 5368, 5370, 5405, 5484, 5504, 5505, 5581, 5582, 5684, 5801, 5802, 5893, 5909, 5973, 6074, 6077, 6129, 6187, 6336, 6346, 6558, 6559, 6866, 6891, 6950, 7043, 7050, 7212, 7245, 7265, 7266, 7310, 7349, 7379, 7481, 7599, 7719, 7839, 7880, 7890, 7994, 8006, 8009, 8110, 8144, 8181, 8226, 8227, 8318, 8336, 8337, 8360, 8377, 8378, 8397, 8434, 8446, 8463, 8471, 8512, 8521, 8566, 8582, 8630, 8654, 8666, 8674, 8745, 8766, 8795, 8802, 8811, 8823 à 8825, 8838, 8846, 8984, 9110, 9163, 9193, 9195, 9205, 9217, 9238, 9289, 9293, 9297, 9348, 9365, 9367, 9408, 9421, 9557, 9564, 9601, 9770, 9826, 9879, 9892, 9914, 9927, 9930, 9993, 10008, 10034, 10066, 10098, 10129, 10178, 10188, 10253, 10335, 10387, 10405, 10407, 10539 à 10541, 10549, 10564, 10585, 10613, 10673, 10696, 10724, 10730, 10796, 10886, 10938, 11159, 16811, 17391, 19574.

25722. — 10696, 11101, 11120, 11021, 11027, 11028, 11045, 11055, 11063, 11259, 11282, 11296, 11317, 11320, 11327, 11334, 11339, 11340, 11359, 11361, 11368 à 11371, 11379, 11408, 11409, 11416, 11424, 11430, 11451, 11457, 11462 à 11464, 11474, 11478, 11486, 11489, 11499, 11500, 11533, 11534, 11543, 11544, 11546, 11565, 11567, 11577, 11578, 11589, 11601, 11605, 11609, 11611 à 11613, 11617, 11622, 11631, 11633, 11641, 11666, 11673, 11674, 11676, 11683, 11684, 11697, 11711, 11716, 11721 à 11723, 11726, 11727, 11735, 11740, 11745 à 11750, 11760, 11769, 11781 à 11783,

11799, 11828, 11830, 11849, 11852, 11853, 11866, 11872, 11878, 11879, 11895, 11918 à 11925, 11931, 11937 à 11939, 11951, 11952, 11975, 11976, 11978, 11997, 11998, 12013, 12015, 12021 à 12023, 12026, 12031, 12036 à 12038, 12046, 12047, 12051 à 12053, 12055, 12056, 12070, 12071, 12079, 12104 à 12108, 12110, 12111, 12117 à 12124, 12128, 12129, 12147, 12153, 12155, 12156, 12159, 12160, 12167, 12184, 12185, 12189, 12194, 12195, 12197, 12199, 12204, 12207, 12210, 12211, 12224, 12229, 12230, 12237, 12238, 12259, 12262, 12275, 12277, 12279, 12288, 12292, 12302, 12329, 12333, 12334, 12338, 12346, 12353, 12385, 12396, 12400, 12402, 12432, 12433, 12507, 12508, 12536, 12540, 12562, 12564, 12567 à 12570, 12616, 12630, 12642, 12648, 12653 à 12656, 12688, 12707, 12708, 12723, 12735, 12752, 12782, 12803, 12804, 12833, 12835, 12836, 12838, 12856, 12894, 12904, 12907, 12921, 12925, 19066, 21026.

25723. — 12958, 12978, 13012, 13034 à 13036, 13083, 13132, 13142, 13151, 13164, 13168, 13175, 13199, 13223, 13251, 13272, 13273, 13274, 13276, 13278, 13283, 13290, 13321, 13325, 13326, 13333, 13348, 13412, 13439, 13444, 13467 à 13469, 13487, 13505, 13508, 13529, 13535, 13537, 13544, 13552, 13608, 13615, 13639, 13685, 13686, 13732, 13760, 13761, 13780, 13782, 13788, 13793, 13797, 13798, 13805, 13806, 13823, 13841, 13849, 13860, 13932, 13936, 13937, 13949, 13969, 14010, 14021, 14029, 14033, 14040, 14041, 14048, 14053, 14054, 14055, 14079, 14086, 14088, 14091, 14092, 14094, 14096, 14106, 14112, 14113, 14119, 14120, 14123, 14157 à 14159, 14163, 14169, 14173, 14174, 14179 à 14182, 14189 à 14192, 14194, 14195, 14204, 14209, 14212, 14214, 14226, 14227, 14229, 14255, 14265, 14323, 14325, 14344, 14347 à 14349, 14366, 14369, 14395, 14397, 14412, 14432, 14437, 14448, 14457, 14458, 14487, 14518, 14519, 14527, 14528, 14540, 14553, 14565, 14570, 14571, 14584, 14600, 14604, 14611, 14612, 14627, 14630, 14631, 14633, 14634, 14636, 14638, 14640, 14641, 14650, 14652 à 14654, 14657 à 14661, 14663, 14664, 14670, 14674, 14675, 14684, 14687, 14689, 14692, 14693, 14719, 14753, 14757, 14759, 14761, 14763, 14766, 14768, 14770, 14810, 14850, 14853, 14863, 14902, 15022, 15060, 15061, 15073, 15075, 15125, 15130, 15133, 15150, 15152, 15189, 15217, 15242, 15323, 15327, 15330, 15351, 15353, 15362, 15363, 15366 à 15369, 15372, 15373, 15388, 15390, 15391, 15397, 15403, 15405, 15396, 15446, 15495, 20111, 20989, 21627, 21894, 32189.

26114. — 16074.

26119. — 17653, 17711, 26119.

26122. — 3585.

26127. — 2697, 11487.

26264. — 16028.

26266. — 16983.

26485 à 29545. — *Ces numéros ont été attribués aux* ***3061*** *volumes qui composent la collection dite des* Pièces originales. *On conserve ici, entre parenthèses, comme étant encore d'un usage courant, la numérotation spéciale de cette série.*

26491 (7). — 13067.

26504 (20). — 16362.

26510 (26). — 18712.

26515 (31). — 16341.

26516 (32). — 5509.

26527 (43). — 7801.

26539 (55). — 13551.

26558 (74). — 15509, 15538.

26565 (81). — 19825, 20143.

26580 (96). — 6130, 20292.

26588 (104). — 13792.

26590 (106). — 16716.

26616 (132). — 17246.

26647 (163). — 16405.

26650 (166). — 11492.

26679 (195). — 15700.

26693 (209). — 17228.

26718 (234). — 16247.

26724 (240). — 16326.

26732 (248). — 1434, 17118.

26737 (253). — 6058.

26744 (260). — 8618, 10907.

26755 (271). — 11301.

26778 (294). — 6430*, 6761*.

26779 (295). — 13064, 14092.

26788 (304). — 19865.

26791 (307). — 16460.

26792 (308). — 4293*.

26819 (335). — 18523.

26833 (349). — 16707.

26847 (363). — 13563.

26861 (377). — 16768.

26865 (381). — 13793, 16307, 16390, 16393, 16448, 16702, 17275, 17302, 17337.

26889 (405). — 14156, 16203.

BIBLIOTHÈQUE NATIONALE.

26900 (416). — 19904.
26905 (421). — 16787, 17059, 19918.
26910 (426). — 12863.
26941 (457). — 11316, 13505.
26948 (464). — 15831.
26952 (468). — 12464.
26966 (482). — 17187.
26970 (486). — 15698.
26988 (504). — 16459.
26992 (508). — 18740.
26993 (509). — 17809.
27003 (519). — 15724.
27046 (562). — 8145, 8363, 9015, 10705.
27048 (564). — 16418.
27059 (575). — 20601.
27082 (598). — 20196.
27085 (601). — 17474.
27087 (603). — 17901, 19759.
27092 (608). — 15711, 18144.
27117 (633). — 19510.
27118 (634). — 19799.
27127 (643). — 19199.
27138 (654). — 8586.
27153 (669). — 15758.
27166 (682). — 12146.
27183 (699). — 7879.
27195 (711). — 17541.
27199 (715). — 16524.
27265 (781). — 16556.
27271 (787). — 20591, 20656.
27297 (813). — 13209.
27308 (824). — 19431.
27310 (826). — 16780.
27318 (834). — 13882.
27324 (840). — 14970.
27336 (852). — 9587.
27346 (862). — 12996.
27351 (867). — 16034.
27356 (872). — 14267, 15728.
27393 (909). — 13930.
27398 (914). — 16813.
27414 (930). — 19838.
27432 (948). — 13364.
27434 (950). — 15697.
27455 (971). — 15719.
27464 (980). — 16148.
27471 (987). — 17147, 19396.
27474 (990). — 11360.
27505 (1021). — 12967.
27518 (1034). — 13192.
27521 (1037). — 10634.
27532 (1048). — 13200.
27540 (1056). — 14238.
27588 (1104). — 16063.
27591 (1107). — 16465.
27595 (1111). — 11425.
27603 (1119). — 19784.
27613 (1129). — 13568.
27638 (1154). — 9368, 12902.
27664 (1180). — 19049.
27679 (1195). — 13006.
27692 (1208). — 758*, 11319.
27704 (1220). — 17089.
27717 (1233). — 5554, 18525, 21271.
27723 (1239). — 12225.
27741 (1257). — 14021, 14120.
27743 (1259). — 10463.
27745 (1261). — 12973.
27746 (1262). — 16253.
27749 (1265). — [651].
27751 (1267). — 13004, 20047.
27762 (1278). — 20076.
27789 (1305). — 19731.
27793 (1309). — 20416.
27814 (1330). — 14377.
27822 (1338). — 13163.
27835 (1351). — 11712.
27866 (1382). — 11965.
27869 (1385). — 16346.
27872 (1388). — 19820.
27878 (1394). — 11670, 11671.
27881 (1397). — 19735.
27889 (1405). — 13539.
27893 (1409). — 12064.
27900 (1416). — 16403.
27905 (1421). — 19826.
27918 (1434). — 13410.
27924 (1440). — 12882.
27937 (1453). — 19901.
27944 (1460). — 13393.
27948 (1464). — 18507.
27952 (1468). — 16230.
27962 (1478). — 7028*.
27974 (1490). — 15721.
27975 (1491). — 13383.
27985 (1501). — 17120.
27987 (1503). — 11495.
27988 (1504). — 13711.
27990 (1506). — 19863.
27991 (1507). — 17057.
28021 (1537). — 15720.
28026 (1542). — 15824, 20731.
28027 (1543). — 9218.
28035 (1551). — 16353.
28040 (1556). — 11472.
28072 (1588). — 17128.
28085 (1601). — 15704, 15941.
28123 (1639). — 9669.
28134 (1650). — 18831.
28150 (1666). — 13025, 13870, 19387.
28232 (1748). — 19803.
28259 (1775). — 15710.
28270 (1786). — 1903*.
28271 (1787). — 12863.
28272 (1788). — 13466.
28278 (1794). — 16031.
28314 (1830). — 13056, 15431.

Bibliothèque nationale.

28322 (1838). — 11569.
28325 (1841). — 11342.
28330 (1846). — 15715.
28373 (1889). — 13065.
28380 (1896). — 13411.
28396 (1912). — 7485, 16239, 20859.
28419 (1935). — 17143.
28433 (1949). — 15996.
28452 (1968). — 18504, 19410.
28463 (1979). — 20600.
28478 (1994). — 15676.
28480 (1996). — 20523, 20783.
28492 (2008). — 16452.
28493 (2009). — 32810.
28495 (2011). — 10115.
28507 (2023). — 12688.
28512 (2028). — 11366.
28515 (2031). — 7259, 18564, 21224.
28521 (2037). — 18931.
28568 (2084). — 16026, 20743.
28573 (2089). — 14573.
28574 (2090). — 20279.
28585 (2101). — 20159.
28591 (2107). — 15582.
28593 (2109). — 20564.
28601 (2117). — 20181.
28624 (2140). — 19804.
28627 (2143). — 14446.
28633 (2149). — 21799.
28654 (2170). — 14213.
28657 (2173). — 10588.
28658 (2174). — 11163.
28675 (2191). — 12971.
28697 (2213). — 19670.
28722 (2238). — 19753.
28707 (2313). — 2872.
28801 (2317). — 16258.
28807 (2323). — 16029.
28810 (2326). — 13454, 14023, 17395.
28818 (2334). — 15709, 15853, 15992.
28823 (2339). — 15832.
28827 (2343). — 12193.
28836 (2352). — 14199, 18828.
28855 (2371). — 20234.
28858 (2374). — 15839, 16943.
28860 (2376). — 1561'.
28869 (2385). — 10533.
28874 (2390). — 12997.
28876 (2392). — 17333, 17802, 19914.
28883 (2399). — 13266, 13297.
28885 (2401). — 20721.
28895 (2411). — 10298.
28905 (2421). — 20094, 20101, 20102.
28938 (2454). — 14143, 17377.
28954 (2470). — 17126, 17425.
28962 (2478). — 17119.
28974 (2490). — 8594.
28978 (2494). — 9296.
28983 (2499). — 12857, 12909, 13408, 17121.
28985 (2501). — 17195.
28987 (2503). — 17146, 17875.
29067 (2583). — 17823.
29080 (2596). — 8151.
29081 (2597). — 16365.
29083 (2599). — 13270, 18916.
29086 (2602). — 20100.
29102 (2618). — 10981.
29115 (2631). — 21208.
29146 (2662). — 19905.
29155 (2671). — 8013.
29169 (2685). — 15714, 16176.
29178 (2694). — 7973.
29185 (2701). — 14042.
29195 (2711). — 14046.
29201 (2717). — 12998, 14093.
29205 (2721). — 17144.
29208 (2724). — 17803.
29215 (2731). — 16588.
29222 (2738). — 20353.
29235 (2751). — 20107, 20233, 20310.
29257 (2773). — 19827.
29260 (2776). — 20132.
29264 (2780). — 15823.
29270 (2786). — 13033.
29277 (2793). — 17127.
29279 (2795). — 13294.
29301 (2817). — 16781, 17492.
29326 (2842). — 7418.
29329 (2845). — 17904.
29338 (2854). — 12968, 13052, 14114, 19788, 20368.
29369 (2885). — 16675, 16856.
29389 (2905). — 17826.
29395 (2911). — 15900.
29396 (2912). — 14111.
29409 (2925). — 20192, 20312.
29443 (2959). — 13955.
29465 (2981). — 11106, 20300.
29476 (2992). — 11404.
29495 (3011). — 16062.
29514 (3030). — 20109.
29519 (3035). — 13458.
29527 (3043). — 20257.
29791 (Dossier bleu 6372). — 16132.
30116 (Dossier bleu 15110). — 15846, 17481, 17488.
30117 (Dossier bleu 15111). — 15845.
31377 (Nouveau d'Hozier 152; dossier Gédoin, n° 3343). — 802.

195. — 7462, 7531, 8191, 8611, 13457, 13570, 14281.

1087. — 32312, 32332.

1117. — 32496.

1482. — 11708.

1483. — 3496*, 6859, 7234, 9553, 10926, 11318, 11421, 11461, 11471, 11598, 12063, 12081, 12183, 12188, 12226, 12240, 12278, 12435, 12522, 12747, 13066, 13463, 13545, 13848, 14103, 14811, 15317, 15355, 15934, 16108, 16168, 16466, 16475, 16504, 16723, 16988, 17248, 17364, 17396, 17631, 17776, 18707, 19726, 19840, 19897, 20180, 20485, 21274.

2610. — 11804*, 11805*, 12864*.

3102. — 32425, 32428.

3450. — 1149.

3547. — 18757.

3548. — 11570, 11639.

3550. — 14537.

3624. — 16368.

3644. — 730.

3651. — 1768*, 12866*, 12872*, 12981*, 13100*, 13233*, 13297*, 13331*, 13359*, 13458*, 13480*, 13514*, 13611*, 13622*, 13739*, 13745*, 13745*, 13815*, 13887* à 13889*, 13893*, 14066*, 14196*, 14197*, 14215*, 14221*, 14626*, 14794*, 14865*, 15228*, 15437*, 15560*, 15618*, 22321, 22367, 22473, 22494, 22535, 22612, 22620, 22689, 22695, 22696, 22706, 22711 à 22713, 22720, 22726, 22765, 22784, 22821, 22823, 22831, 22832, 22841, 22846, 22862, 22865, 22922, 22923, 22936, 22937, 22954, 22955, 22972, 23014, 23019, 23031, 23052, 23053, 23070, 23089, 23167, 23173, 33067, 33070, 33087, 33094, 33097, 33173, 33183.

5260. — 19675.

6595. — 32371.

6977 (*Brienne 6*). — 23477.

7007 (*Brienne 36*). — 216.

7049 (*Brienne 78*). — 141*.

7065 (*Brienne 94*). — 19672, 19676, 19764.

7115 (*Brienne 144*). — 1901*, 2259*.

7176. — 5849*, 7486*, 7990*, 8472*, 11509*, 12709*.

7206. — 106*, 1426*, 1427*, 2191*, 2708*, 3035*, 3038*, 3070*, 3074*.

7228 (*Brienne 259*). — 1159.

7232 (*Brienne 263*). — 2154.

7397. — 11017*.

7649 (*Fontanieu 162*). — 12, 13.

7652 (*Fontanieu 167-168*). — 773, 840, 843, 949, 970, 982, 1009, 1020.

7655 (*Fontanieu 174*). — 1366.

7659 (*Fontanieu 181*). — 1413.

7664 (*Fontanieu 192*). — 1618.

7665 (*Fontanieu 193*). — 1708, 1860.

7666 (*Fontanieu 195-196*). — 2046, 2171.

7667 (*Fontanieu 197*). — 2221, 2240, 2259.

7668 (*Fontanieu 200*). — 2259, 2282, 2311.

7669 (*Fontanieu 201-202*). — 2323, 2433, 2491.

7670 (*Fontanieu 203*). — 2544.

7671 (*Fontanieu 205*). — 2760.

7673 (*Fontanieu 210*). — 2984, 3034.

7674 (*Fontanieu 211*). — 3136.

7675 (*Fontanieu 213*). — 3061.

7676 (*Fontanieu 214*). — 3136, 3291.

7677 (*Fontanieu 216-217*). — 3425, 3507.

7680 (*Fontanieu 222*). — 3623*, 19979.

7681 (*Fontanieu 224-225*). — 20021, 20027, 20028, 20030.

7682 (*Fontanieu 226*). — 20035, 20048, 20071.

7683 (*Fontanieu 229*). — 3959.

7684 (*Fontanieu 230-231*). — 4504, 4790.

7690 (*Fontanieu 243*). — 9179, 20578.

7691 (*Fontanieu 245*). — 9326.

7692 (*Fontanieu 246*). — 9440, 9642.

7693 (*Fontanieu 248*). — 11071, 11151, 11209, 14602.

7694 (*Fontanieu 250-251*). — 11208, 11374, 11392, 11419, 11503, 11768, 11977, 12177.

7695 (*Fontanieu 252-253*). — 12409, 12428, 12525, 12526, 12577, 12628, 12723, 12880, 13021, 13505, 14507.

7696 (*Fontanieu 254-255*). — 14105, 14419, 14643, 14843, 14913.

7697 (*Fontanieu 256*). — 14851, 15562.

7740 (*Fontanieu 346*), *indiqué à tort au lieu de* 7692 *à propos de* 9642.

7952. — 2059*, 32506.

8298 (*Parlement 320*). — 1071*, 1077*, 12032*, 12057*, 17159, 17160, 22187, 22230.

8431 (*Parlement 453*). — 12*, 15437*, 15829, 18875, 21060.

8851 (*Joursanvault 207*). — 22606, 22606*, 22649.

8852 (*Joursanvault 208*). — 19779.

9382. — 4195*, 33167, 33179, 33201, 33220.

9388. — 32643, 32696.

20029. — 1696*, 5801*, 6077*, 8825*,

14456*, 32251, 32372, 32373, 32390*, 32400, 32411, 32412, 32435, 32571, 33109.
20145. — 5145*.
20146. — 32242, 32848.
20256. — 398*, 2943*, 10583*, 19928*, 21565*, 25615*, 25763*, 25766*, 33310, 33311.

COLLECTION BALUZE.

18. — 6207, 8389, 8626, 8786, 9516, 9520, 9998, 10327, 15301, 20332, 20333, 20395, 20577, 20646.
25. — 789, 15937.
26. — 17102.
76 (*Armoire III, paquet 2, n° 2*). — 754.
389. — 13778.

COLLECTION DE BOURGOGNE.

100. — 23352, 23356, 23402, 23405, 23466, 23635.

COLLECTION CLAIRAMBAULT.

27. — 22300.
92. — 17223.
116. — 15994, 16920.
131. — 17499.
132. — 15699.
134. — 15767.
135. — 16844.
144. — 32354.
202. — 17817.
225. — 16079, 16345, 16369, 16508, 16855.
226. — 7424.
235. — 19422.
307. — 8028.
308. — 19508.
326. — 2657*.
728. — 4827.
732. — 11566.
782. — 834*, 1653*, 1861*, 2134*, 3842*, 4265*, 4290*, 4644, 4730, 4731, 4734, 4755, 4790, 4791, 4942, 5068, 5147, 5251, 5336, 5578, 5642, 5910, 6070, 6088, 6665, 6722, 6846, 6877, 6936, 7099, 7195, 7213, 7429, 7582, 7734, 7486, 8025, 8120, 8287, 8311, 8675, 8764, 8898, 8903, 8936, 9079, 9085, 9149, 9150, 9162, 9221, 9244, 9443, 9542, 9667, 9815, 9998, 10247, 10264, 10284, 10472, 10542, 10837, 10841, 11163, 11418, 11494, 11652, 11819, 12187, 12200, 12268, 12341, 12349, 12358, 12378, 12301, 12620, 12638, 12908, 12999, 13078, 13265, 13284, 13292, 13293, 13316, 13322, 13327, 13336, 13343, 13372, 13438, 13476, 13586, 13587, 13620, 13681, 13787, 13795, 13810, 13828, 13919, 13927, 13935, 13938, 14013, 14099, 14100, 14104, 14164, 14281, 14311, 14343, 14355, 14360, 14445, 14475, 14560, 14616, 14697, 15040, 15064, 15065, 15219, 15444, 15445, 15499, 15509, 15673, 15675, 15677 à 15681, 15683, 15684, 15689, 15691, 15692, 15696, 15734, 15785, 15825, 15892, 15893, 15896, 15905, 15911, 15927 à 15931, 15958, 15960, 15970, 16060, 16075, 16076, 16095, 16110, 16111, 16124, 16134, 16136, 16146, 16157, 16179, 16221, 16224, 16360, 16404, 16496, 16505, 16517, 16550, 16604, 16721, 16722, 16749, 16752, 16760, 16773, 16785, 16788, 16789, 16797, 16810, 16821, 16857, 16890, 16985, 16995, 17042, 17091, 17105, 17142, 17156, 17222, 17230, 17234, 17240, 17253, 17263, 17271, 17299, 17318, 17320, 17341, 17344, 17365, 17375, 17380, 17423, 17424, 17426, 17427, 17467, 17502, 17515, 17530, 17552, 17588, 17610, 17611, 17622, 17665, 17668, 17716, 17727, 17742, 17798, 17801, 17804, 17808, 17814, 17836, 17841, 18151, 18342, 18346, 18442, 18464, 18484, 18500, 18503, 18537, 18682, 18685, 18759, 18801, 18829, 18932, 18958 à 18960, 19043, 19083, 19161, 19195, 19217, 19220, 19319, 19327, 19339, 19347, 19357, 19358, 19445, 19449, 19452, 19458, 19471, 19482, 19598, 19642, 19646, 19665, 19666, 19742, 19755, 19774, 19835, 19913, 19960, 19977, 19982, 20900.
784. — 1289, 1749.
825. — 13799*, 32225, 32433, 32451, 32465, 32480, 32484, 32569, 32591, 32889, 33124.
950. — 12525, 12526.

952. — 20*, 1886*, 2349*, 10461*, 11987, 13129.
953. — 2440*, 12889, 14599, 21123.
954. — 2151*, 18160, 18629.
955. — 13385, 18653, 20864.
957. — 8714*, 14259, 14778, 15454, 15455.
958. — 4200*, 11237, 16093, 16165.
959. — 10611, 13596, 16156, 17664, 18627, 20249.
960. — 8577.
962. — 12964, 13211, 15894, 17314.
963. — 17348.
966. — 12964, 13211, 14140.
1114. — 17432.
1215. — 2397*, 2499, 2515, 2539, 2667, 2688, 2736, 2753, 2762, 2794, 2795, 2797, 2814, 2898, 2962, 2976, 3006, 3048 à 3050, 3052, 3055, 3058, 3059, 3072, 3101, 3300, 3312, 3320, 3344, 3359, 3377, 3407 à 3409, 3411, 3444, 3445, 3448, 3450, 3454, 3455, 3484, 3510, 3513, 3518, 3524, 3534, 3540 à 3542, 3560, 3563, 3568, 3569, 3588, 3589, 3591, 3594, 3617, 3639, 3648, 3672, 3686, 3737, 3755, 3756, 3765, 3804, 3816, 3823, 3836, 3837, 3849, 3852, 3859, 3891, 3922, 3973 à 3975, 3989, 4041, 4051, 4052, 4089, 4180, 4251, 4266, 4347, 4348, 4350, 4420, 4426, 4457, 4514, 4572, 4573, 4609, 4610, 4704, 4756, 4946, 4947, 4985, 4993, 4994, 5048, 5087, 5384, 5513, 5514, 5542, 5547, 5549, 5551, 5563, 5580, 5614, 5628, 5812, 5830, 5887, 5894, 5913, 5937, 5966, 6002, 6038, 6039, 6148, 6158, 6238 à 6240, 6243, 6284, 6330, 6498, 6515, 6516, 6533, 6583, 6624, 6696, 6728, 6796, 6808, 6810, 6816, 6817, 6833, 6850, 6881, 6995, 6996, 7019, 7027, 7059, 7098, 7130, 7162, 7163, 7244, 7267, 7287, 7288, 7291, 7326, 7328, 7356, 7372, 7390 à 7399, 7423, 7463 à 7468, 7473, 7566, 7634, 7679, 7713, 7832 à 7834, 7838, 7891, 7916 à 7917, 7919, 7938, 8016, 8060, 8140, 8228 à 8230, 8250, 8255, 8288, 8295, 8307, 8309, 8313, 8338, 8348, 8355, 8357, 8405, 8407, 8420, 8421, 8441, 8444, 8459, 8480, 8481, 8497, 8511, 8533, 8542, 8552 à 8556, 8568, 8578, 8597, 8615, 8624, 8629, 8667, 8669, 8670, 8751, 8820, 8842, 8848, 8849, 8908, 9018, 9051, 9106, 9212, 9318, 9405, 9435, 9512, 9565, 9644, 9662, 9663, 9676, 9683, 9819, 9840, 9841, 9852, 9952, 10008, 10009, 10035, 10066, 10081, 10084, 10131, 10170, 10180, 10193, 10200 à 10203, 10219, 10284, 10350, 10364, 10365, 10368, 10408, 10409, 10459, 10468, 10471, 10561, 10596, 10666, 10669, 10670, 10688, 10692, 10740, 10763, 10772 à 10774, 10778, 10834, 10890, 10920, 10921, 10928, 10971, 11013, 11023, 11034, 11067, 11102, 11107, 11139 à 11142, 11148, 11150, 11191, 11197, 11199, 11200, 11206, 11211, 11213, 11235, 11236, 11238, 11254 à 11256, 11277, 11280, 11281, 11288, 11312, 11328, 11336, 11375, 11403, 11417, 11419, 11437, 11438, 11453, 11485, 11486, 11490, 11492, 11500, 11501, 11513, 11517, 11524, 11567, 11590, 11610, 11643, 11644, 11654, 11655, 11698, 11704, 11713, 11714, 11726, 11727, 11773, 11797, 11800, 11821, 11823, 11830, 11854, 11855, 11864, 11869, 11880, 11906, 11914, 11933, 11935, 11968, 12030, 12070, 12072, 12198, 12210, 12241, 12246 à 12248, 12255, 12289, 12300, 12339, 12391, 12408, 12449, 12581, 12582, 12626, 12633, 12692, 12781, 12790, 12858, 12861, 12886, 12910, 13198, 17739, 18527, 18532, 18535, 18538, 18539, 18541, 18542, 18544, 18546, 18547, 18550, 18557, 18581, 18584, 18597, 18632 à 18634, 18639, 18642, 18673, 18684, 18686, 18687, 18698 à 18700, 18702, 18708, 18709, 18727 à 18729, 18731, 18732, 18751, 18803, 18804, 18815 à 18817, 18819, 18823, 18825, 18835, 18837, 18850, 18866, 18868.
1216. — 3543.
1242. — 12756.
1314. — 16144, 16457.

CINQ-CENTS DE COLBERT.

4. — 437.
51. — 648*, 1005*, 1353*, 1379*, 1384*, 1394*, 1472*, 1543*, 1544*, 1573*, 1584*, 1599*, 1640*, 1662*, 4277*, 4410*, 8812*, 9080*, 9082*, 9180*, 9187*, 11774*, 13297*, 13331*, 13719*, 13746*, 13874*, 14357*, 15112*, 21290*, 32380, 32383.
52. — 8851*, 9202*, 9715*.
53. — 676*, 855*, 1787*, 3136*, 3196*, 6392*.
54. — 11630.

78. — 11017*.
136. — 12*, 43*, 145*, 7563*, 7991*, 9642*, 10427*, 12689*, 14419*, 15836*, 32789.
203. — 2893.
292. — 12889*, 32928, 33199, 33206, 33207.
317. — 23460.
493. — 13331*, 20528*, 23680.
500. — 10397.

MÉLANGES COLBERT.

362. — [161, 227, 498, 503], 15873, 15888, 15916, 16003, 16007, 16953.
363. — [617], 16194, 16216, 16219, 16226, 16301, 16427, 16919, 17103, 18420.
364. — [1881, 2217], 17192, 17419, 17420, 18582, 18583, 19608, 19649.
365. — 3436*, [3451], 19834, 19884, 19885.
366. — [3615, 14141], 19967, 20014.
367. — 14148, 14269, 14270.
368. — 3500.
370. — 19925, 19926, 20050.

COLLECTION DOAT.

1. — 8707, 17540, 17728.
2. — 19949.
5. — 14078, 14153.
6. — 10234.
54. — 16584, 18660.
56. — 16083.
68. — 17339.
82. — 17691.
90. — 17819.
92. — 15749.
104. — 8590.
113. — 17788.
116. — 8238, 16665.
127. — 17242.
229. — 15852.
230. — 15962, 15963, 16085.
233. — 17711, 18477, 18836.
234. — 7452, 17504, 19997, 20106, 20436.
235. — 12192, 12250, 13766.
246. — 16614, 17209.
248. — 15964.

COLLECTION DUCHESNE.

96. — 16751, 17566.
117. — 21854, 21854*.

COLLECTION DUPUY.

7. — 11154, 11233, 11234, 14124.
34. — 6888.
85. — 7678.
380. — 150.
435. — 17060.
452. — 16082, 17696, 19461.
466. — [1472], 17448, 19885*.
468. — 7377, 17244.
486. — 1039, 8620, 14767.
494. — 19302.
500. — 7560, 8563, 8598, 8604.
541. — 2758*.
562. — 7128.
570. — 8402, 8719.
646. — 6888.
846. — 14560, 14682.

CABINET D'HOZIER.

152 (dossier Gédoin). — 802.
159 (Carrés d'Hozier 291). — 23365*, 25082 *bis* (t. VIII, p. 403).
171 (dossier Lévis). — 32565.

COLLECTION DE LORRAINE.

50. — 21907.
201. — 20614.
202. — 4491*, 19869, 19871, 23131, 23156.

IMPRIMERIE NATIONALE.

218. — 3398*, 3920*, 20383.
219. — 3425*, 3920*, 4384*, 4512*, 8118*, 20384, 20454, 20869, 21330.
232. — 8527*, 17462, 17624, 17678, 21076, 22750.
233. — 22840.
253. — 17678, 22750.
469¹. — 8527*, 20940, 21082, 21083, 22336, 22414, 22486, 22629, 22685, 22840.

COLLECTION MOREAU.

261. — 35*, 15797, 15974, 16070, 16161.
262. — 1252, 1743, 1867, 2469.
263. — 3439, 3824, 8806, 8826, 8828.
264. — 13892, 14371.
302. — 1219*.
405. — 15978, 20174, 20175, 23336, 24082, 24520.
406. — 2923*, 15707, 16097, 23231.
418. — 23428.
433. — 23424.
486. — 16574.
494. — 23496.
497. — 25201.
529. — 1453*.
562. — 25278.
576. — 24194, 24196.
577. — 24742.
735. — 362.
736 (*portefeuille Fontette 2*). — 3513*, 16489, 17313.
770. — 2416.
778. — 8162*, 24789, 24790, 25154, 25171, 25172, 25190, 25232.
790. — 20912.
796. — 7024*, 18834, 20291.
802. — 24060.
1048. — 1206*, 13098*, 14142*, 24100.
1114. — 8985.
1115. — 13613, 14160.
1141. — 14685.
1284. — 1012.
1302. — 10638, 12643, 13462, 14444.
1310. — 1934.
1311. — 13425.
1325. — 7479.
1340. — 2353, 4088, 7563, 13594, 14065.
1359. — 1467.
1386. — 383, 11777.
1387. — 8064, 8240, 8518, 13785, 14155.
1389. — 1613.
1390. — 4594.
1391. — 14175, 14187.
1392. — 11996.
1394. — 8303, 12643, 13714, 13749, 14444.
1395. — 333, 1579, 1864, 4646, 5076.
1396. — 8064.
1397. — 1209, 1258, 5121, 14424, 14965, 19545.
1398. — 8320, 8662.
1399. — 435.
1401. — 443, 1191, 1763, 1803, 1827, 7190, 14058, 14065, 14416, 14965.
1402. — 2896, 8320, 14244, 14254, 15612.
1404. — 13160.
1405. — 14115, 14155.
1406. — 13609.
1408. — 14065.
1409. — 120.
1410. — 13497.
1411. — 1989, 15134, 15584.
1412. — 4594, 14955.
1414. — 14006.
1417. — 5056.
1418. — 12949.
1419. — 1258, 1671, 2652, 3923, 4941, 7180, 8741, 14605.
1420. — 14308.

COLLECTION DE PÉRIGORD.

10. — 24779.
14. — 24624.
15. — 23920, 24928.
24. — 18477*.
25. — 1685.
35. — 32284.
48. — 210.

COLLECTION DE PICARDIE.

1. — 14624.
4. — 169*, 12867*, 13984*, 23835, 24931, 25014, 25119, 25126, 25129, 25228.
11. — 23856, 24934.
28. — 4269*, 16318.
89. — 4428*, 11984*.

95. — 23406, 23671, 23678, 23711, 23768, 24542, 24568, 24857, 24894, 24901, 24947, 25056, 25224, 25299,
100. — 11243*, 23655, 23807, 24333, 24928, 25254.
112 *bis*. — 1394*, 15516*, 19598*, 23335, 23407, 23411, 23465, 23494, 23536, 23586, 23591, 23659, 23663, 23715, 23735, 23817, 23825, 23937, 23947, 23948, 24307, 24530, 24538, 24545, 24658, 24903, 24905, 24914, 24930, 24931, 25014, 25015, 25024 à 25026, 25028, 25057, 25079, 25097, 25105, 25124, 25126, 25129, 25133, 25136, 25137, 25149, 25159, 25178, 25194, 25206, 25219, 25222, 25228, 25248, 25250, 25264, 25266, 25276, 25279, 25294.
132. — 23228, 24181, 25200.
159. — 9030*.
247. — 8986, 17757.
267. — 1506*, 2092*, 23525, 24265.
308. — 17431.
343. — 15596.

COLLECTION DE TOURAINE.

9. — 779, 1210, 1406, 1501, 2011, 8483, 11999, 13397, 14560, 19874.
13. — 2302, 2303.

COLLECTION DU VEXIN.

16. — 10323*, 14051*, 15236*, 22273*, 23579, 23762, 25004, 25237.
26. — 14051*, 25004.
60. — 10323*, 23579.

FONDS LATIN.

5424. — 783.
5940. — 23692, 23783.
5981. — 15669, 15836, 16212, 16602, 17199, 17200, 17324, 17331, 17332, 17354, 17393, 17447, 17497, 17498, 17592, 19067.
9041. — 11275.
9180. — 955, 1240, 1818, 2044, 2220, 2241, 2573.
9241. — 8581, 12182, 12525, 13573, 13913.
9242. — 7519*, 8581*, 9337, 12064*, 22182*, 13700*, 22189*, 32190 à 32210.
9262. — 24816.
9748. — 109*.
9849. — 1289.
9868. — 12517.
10010. — 7252.
10057. — 13108*, 16162*, 17069*, 21054*, 22743*, 23344, 23596, 23614.
10066. — 23236, 23296.
10638. — 24200.
10963. — 2538*, 7410*, 7438*, 23176*, 23244, 23351, 23622, 24142, 24226.
11850. — 24277.
12802. — 361*, 362*, 16332*, 23350.
12810. — 19392, 20338.
17059. — 10064, 10300, 10626, 12114, 20394.

FONDS LATIN. — NOUVELLES ACQUISITIONS.

1277. — 23384, 23842.
1790. — 32256, 32481.
2268. — 11257.
2292. — 17090, 17090*.
2315. — 21479.
2559. — 3308.

Bibliothèque de l'Arsenal.

2436. — 11710*, 23509.
2462. — 1289*, 1953*, 3957*, 4162*.
2482. — 24369, 25068, 25089, 25091, 25092, 25098, 25130.
3721. — 14140*, 21271.
3722. — 43*, 12964*, 13211*.
3732. — 19484, 19600.
3838. — 362*.
3895. — 16162*, 22619, 22743, 23343.
4040. — 1313*.
4084. — 19872.
4536. — 24502.

Paris. Bibliothèques.

4725. — 16080*, 21823.
4730. — 141*, 528*.
4731. — 141*, 21823.
4767. — 8319*.
4903. — 14749*, 16378*, 19131, 19591, 21776, 22038, 22234, 22705, 22893, 22895, 22924, 22944, 23106, 23145, 23234, 23235, 23360, 23365, 23423, 23436 à 23441, 23446, 23451, 23463, 23489, 23490, 23495, 23499, 23500, 23515, 23519, 23545, 23555, 23558, 23565, 23578, 23592, 23613, 23656, 23696, 23904.
4939. — 16880, 17023, 17254, 17325, 17366, 17543 à 17550, 17560, 17615 à 17618, 17666 à 17669, 17692, 17693, 20726, 20736, 20737, 20741, 20742, 20745, 20764, 20789, 20832 à 20834, 20844, 20845, 20848, 20856, 20878, 22621, 22675, 22677 à 22683, 22697 à 22699, 22701, 22705, 22729, 22747, 22757, 22761, 22788 à 22790, 22818, 22833, 22834, 22850, 22869, 22870, 22872 à 22874, 22885, 22894, 22925, 22956, 22964, 22965.
4940. — 8603*, 16378, 16799.
4989 : imprimé par erreur au lieu de 4939, *à propos de* 17693.
5169. — 919*, 8303*, 9336*, 9612*, 10638*, 11651*, 11728*, 12253*, 12643*, 12955*, 13226*, 13462*, 14170*, 14402*, 14444*, 20604, 20921.
5752. — 22866.
6028. — 7499*.
6029. — 3074*.
6771. — 11804*, 11822*.
6937. — 89*, 22517, 22752.
7209. — 20971.
7210. — 21156, 21211.
7211. — 21349.
7327. — 20971.
7329. — 21394.
H 764[c]. — 1911.

Bibliothèque de la Chambre des députés.

Ms. B[11] 89, t. I. — 20019, 22615.

Bibliothèque du Dépôt des cartes et plans de la Marine.

Ms. 87*. — 16457*, 23747*, 24174*.

Bibliothèque de l'Institut de France.

24324, 24328.

Collection Godefroy.

73. — 9562*, 15998, 21992, 22003.
94. — 17811.
137. — 11630*.

Bibliothèque Sainte-Geneviève.

Ms. 537. — 32807.

Paris. — Collections particulières.

Maison Bachelin, boulevard Haussmann.

13068.

Bibliothèque de M. Bazin.

12767.

Papiers de la famille des Cars.

8987, 25088 *bis*, 25129 *bis* (t. VIII, p. 403).

Maison Eug. Charavay, puis Vve Charavay.

934*, 8958*, 11422*, 16303, 16676, 17518, 19483, 19674, 20277, 20467, 21990, 22274, 23054, 23127.

Cabinet de M. Jules Desnoyers.

2029.

Paris.
Collections particulières.

Étude de Mᵉ Delafon, notaire.

23462, 23516.

Collection de M. le comte de Montalivet.

8198, 9956.

Librairie Alex. Moré.

19168.

Archives de M. le duc de La Trémoille.

18, 19, 369, 578, 593, 661, 754*, 794, 2941*, 8154, 13869, 15977, 18421, 19708, 19739, 24133, 24771, 25084, 25225, 25924.

2. DÉPÔTS DES DÉPARTEMENTS.

Ain.

BOURG.

Archives départementales.

E 145. — 32491, 32635, 32935, 32999, 33146.
E 170. — 32957, 33091.
E 291. — 15375*.

Archives communales.

AA 10. — 11087.
CC 4. — 13637.

Bibliothèque de la ville.

Ms. 4. — 23422*.
Ms. 5. — 22547.
Mss. DE GUICHENON, II. — 23422.

CROTTET.

Chartrier du château de l'Aumusse.

7952, 12767.

Aisne.

GUISE.

Archives communales.

18870, 20925.

LAON.

Archives départementales.

H 692. — 15521.

Archives communales.

AA 1. — 1506*.
AA 19. — 140, 2390, 4419, 10563.
AA 20. — 13380, 15457.
CC 421. — 1506.
CC 657. — 704.
EE 5. — 2578.
HH 14. — 1506*.
HH 15. — 7497.
II 10. — 9169*.
(*Sans indication de cote*). — 19340.

Archives de l'Hôtel-Dieu.

B 46[4]. — 1257.
C 13. — 341.

Bibliothèque de la Ville.

Documents divers, carton 1. — 32329.

SAINT-QUENTIN.

Archives communales.

Liasse 4. — 2700, 14022, 14276, 16852.

SOISSONS.

Archives de l'Hôtel-Dieu.

Liasse 192. — 1648.

Bibliothèque de la ville.

Ms. PÉRIN 1803. — 11620.
Ms. PÉRIN 2874. — 1432.
Ms. PÉRIN 2875. — 14971.

Allier.

LA PALISSE.

Archives du château.

18331, 23686.

LURCY-LÉVY.

Archives communales.

24694, 24814.

MONTLUÇON.

Archives communales.

11070.

MOULINS.

Archives départementales.

A 6. — 1211*, 1520*.
A 7. — 4390*.

Archives communales.

Liasse 241. — 23998, 24006.

Basses-Alpes.

COLMARS.

Archives communales.

AA 10. — 10122*.

DIGNE.

Archives départementales.

E 455. — 13855.

Archives communales.

AA 6. — 13072.
DD 17. — 13190.
(*Sans cote*). — 7344.

ENTREVAUX.

Archives communales.

AA 3. — 13191.

MANOSQUE.

Archives communales.

AA 2. — 12762.
AA 14. — 6467.
AA 16. — 9298.
AA 40. — 12299.
AA 66. — 14400.

RIEZ.

Archives communales.

AA 32. — 409.
AA 33. — 410.

SEYNE.

Archives communales.

AA 41. — 13664.

SISTERON.

Archives communales.

AA 33. — 412.
FF 23. — 13678.

Alpes-Maritimes.

GRASSE.

Archives communales.

AA 3. — 10123*.

GUILLAUME.

Archives communales.

AA 1. — 944.

NICE.

Archives départementales.

H 39. — 12239, 12905.
H 63. — 375, 873.
H 64. — 2197, 5915*, 12799.
H 678. — 11279.
H 1256. — 4544.
H 1272. — 12579.
H 1275. — 5916.
H 1290. — 8688.

Ardèche.

BOURG-SAINT-ANDÉOL.

Archives communales.

Sac 16. — 2067.

PRIVAS.

Archives départementales.

A 1. — 11537.

A 6. — 12683.
C 265 *bis*. — 7922, 8020, 8653, 9850, 10251, 11907.
C 266. — 2322, 2496.
C 329. — 1693 *bis*.
Inventaire des archives communales de Bourg-Saint-Andéol. — 2067.

Ardennes.

MÉZIÈRES.

Archives départementales.

A 2., A 19., A 20. } 8064*.

A 23. — 32376.
E 704. — 32224.
H 38. — 20902.
H 127. — 1258*.
H 277. — 1264*, 20938, 20944.
H 392. — 10977*.

ARDENNES. - AUBE. H Suppl. 210. — 33074.
H Suppl. 291. — 13497*.

Archives communales.

AA 5. — 1449, 17807, 20322, 20685, 21184, 22065, 22835.
AA 6. — 20780.
EE 6. — 33116.

RETHEL.

Archives hospitalières.

A 5. — 13497*.

SEDAN.

Archives communales.

AA 2. — 8064*.
AA 3. — 8064*.

Ariège.

LÉRAN.

Archives du château
(appartenant au duc de Lévis-Mirepoix).

269 *bis*, 833 *bis*, 976 *bis*, 1158 *bis*, 1471 *bis*, 2654 *bis*[1], 9602*, 10109*, 10771*, 11281 *bis*, 11379 *bis*, 12928*, 13388 *bis*, 25086 *bis*, 32303, 32307, 32321, 32421, 32423, 32566, 32594, 32781, 32818, 33048, 33072, 33134.

MIREPOIX.

Archives communales.

(*Sans cote indiquée.*) — 32504, 32521.

Aube.

BAR-SUR-AUBE.

Archives communales.

CC 2. — 16128, 17355, 19944, 21403.

CHAOURCE.

Archives communales.

CC 4. — 20698, 22370.

DAMPIERRE.

Archives communales.

327.

DIENVILLE.

Archives communales.

20165.

TROYES.

Archives départementales.

D 80 (ms. 3). — 3397*, 1881*, 2163*, 2217*, 3436*.
G 11. — 20968.
G 151. — 1713, 13162, 23004, 23939.
G 162. — 14350.
G 235. — 1423.
G 464. — 1423.
G 1022. — 6345.
G 1026. — 1423.
G 1282. — 2114, 2235.
G 2594. — 632.
G 2605. — 1423,
G 2614. — 1875, 7548.
G 2618. — 88, 1067, 1410, 23962, 23964.
G 2761. — 236, 711.
G 2802. — 20717.
G 3480. — 2420.
6 G 11. — 1837.
10 G 6. — 1423.
16 G 1. — 1423.
3 H 289. — 20875, 20920.
6 H 3. — 1423.
22 H (Vitrine). — 2588.
22 H 2 *bis*. — 1423.
H. *Hôtel-Dieu le Comte, lay. 7, cote F*[1]. — 1423.
H. *Hôtel-Dieu Saint-Abraham.* — 1055, 22905.
H. *Hôtel-Dieu Saint-Abraham, lay.* **113**, *cote CC 3.* — 609.
H. *Hôtel-Dieu Saint-Esprit, lay.* **67**, *cote B*[1]. — 1423.
H. *Hôtel-Dieu Saint-Lazare, lay.* **37**, *cote G 1.* — 1423.

[1] Les numéros *bis* se trouvent dans le tome VIII, pages 315, 320, 321, 323, 326, 336, 372, 380, 403.

H. *Hôtel-Dieu Saint-Lazare, lay. 125, cote A 1.* — 23137.
H. *Hôtel-Dieu Saint-Nicolas, lay. 37, cote G 9.* — 288.
H. *Hôpital Saint-Jean, lay. 5, cote E 7.* — 1423.
Ancien cabinet Harmand, liasse 19. — 1798, 1872, 1918, 1950.
Ancien cabinet Harmand, liasse 35. — 2262.

Archives communales.

B 112. — 24009.
D 45. — 99.
D 53. — 377.
D 63. — 810, 917, 1123.
D 75. — 1536.
D 94. — 23931, 23957.
D 101. — 24009.
D 103. — 24009.
D 105. — 24009.
D 113. — 20935.
D 157. — 21154, 22735.
D 170. — 21973.
F 230. — 21154, 21973.
G 30. — 1356.
Q I. — 27, 235, 563.
AA IX, *9ᵉ carton, 3ᵉ liasse.* — 22826.
AA X, *9ᵉ carton, 2ᵉ liasse.* — 20935.
AA X, *16ᵉ carton, 2ᵉ liasse.* — 21144, 22635.
AA X, *17ᵉ carton, 2ᵉ liasse.* — 647, 1409, 1849.
AA X, *19ᵉ carton, 2ᵉ liasse.* — 21923.
AA X, *21ᵉ carton, 1ʳᵉ liasse.* — 21098.
AA XVIII, *41ᵉ carton, 3ᵉ liasse.* — 1358.
AA XVIII, *42ᵉ carton, 4ᵉ liasse.* — 262.
BB I, *2ᵉ carton, 1ʳᵉ liasse.* — 1218, 1256.
BB V, *18ᵉ carton, 4ᵉ liasse.* — 22804.
BB V, *18ᵉ carton, 6ᵉ liasse.* — 22732.
BB V, *18ᵉ carton, 7ᵉ liasse.* — 1071.
GG XI, *1ʳᵉ liasse.* — 2301.
2ᵉ boîte, 10ᵉ liasse. — 24344.
2ᵉ boîte, 11ᵉ liasse. — 2021, 22317, 23422, 22780.
2ᵉ boîte, 14ᵉ liasse. — 22733.
3ᵉ boîte, 1ʳᵉ liasse. — 21305, 24346.
7ᵉ boîte, 2ᵉ liasse. — 23193.
13ᵉ boîte, 1ʳᵉ liasse. — 1358.
23ᵉ boîte, 1ʳᵉ liasse. — 1423.
33ᵉ boîte, 1ʳᵉ liasse. — 293, 365, 1458.
38ᵉ boîte, 1ʳᵉ liasse. — 2507.
51ᵉ boîte, 1ʳᵉ liasse. — 93, 810, 917, 24192, 24288.
62ᵉ boîte, 1ʳᵉ liasse. — 1478, 1643, 1691.
63ᵉ boîte, 1ʳᵉ liasse. — 22801.
65ᵉ boîte. — 22635.
77ᵉ boîte, 4ᵉ liasse. — 23975, 24273.
Vitrine. — 22158.

Bibliothèque.

Ms. 333, t. II. — 23271, 23352, 23356, 23402, 23405, 23466, 23635.
Ms. 1290. — 1056, 1110, 1356, 1457, 1948.
Ms. 1291. — 8525*, 11637*.

Aude.

CUXAC-D'AUDE.

Archives communales.

AA 1. — 6401*.

NARBONNE.

Archives communales.

AA 65. — 16584.
AA 105. — 4160, 4181*, 5844, 6156, 8296, 12062, 18517, 19752, 20439.
AA 106. — 16285.
AA 112. — 5871, 6518, 8343, 11530, 13016, 13498, 13947, 14407, 14437, 14859, 14866, 32233, 32479, 33117.
AA 182. — 10976, 11011, 11071*, 11072*, 11202.
CC (*sans nº indiqué*). — 4256*, 4836*.

Bibliothèque.

Ms. 7. — 2114*, 2168*, 2202*, 2210*, 2211*, 2227*, 2228*, 2241*, 2573* à 2578, 3536*, 4256*, 4257*, 4836*, 19907*, 20460.

Aveyron.

ESPALION.

Archives communales.

903.

RODEZ.

Archives départementales.

C 977. — 21108.
C 1013. — 17213.

IMPRIMERIE NATIONALE.

AVEYRON. C 1014. — 17286.
C 1211. — 15910.
C 1212. — 16143.
C 1213. — 16429.
C 1214. — 16766.
C 1216. — 17725.
C 1218. — 18489.
C 1219. — 18756.
C 1220. — 12993.
C 1221. — 19853.
C 1222. — 20091.
C 1223. — 20458, 20476.
C 1224. — 20630.
C 1225. — 20958.
C 1226. — 20820.
C 1227. — 21338.
C 1228. — 21449.
E 638. — 19536, 19537.
G 32. — 19814.
G 54. — 4277*.
G 68. — 20960.
G 389. — 17510, 17513.
G. *Chambre ecclésiastique du diocèse de Rodez.* — 17510.
H. *Abbaye de Bonnecombe.* — 1258*.

Archives communales.

Fonds de la Cité. CC 361. — 6191*, 23097.
Fonds du Bourg. BB 8. — 21389.
— EE 2. — 21410.
— EE 5. — 22070.
— FF 16. — 22398, 22589, 22768.

Bouches-du-Rhône.

AIX.

Archives du Parlement de Provence[(1)].

B 3313. — 32543.
B 3314 (*registre de 60 feuillets*). — 8175, 8175*.
B 3315 (*registre de 16 feuillets*). — 11171.
B 3320 (*registre de 1026 feuillets*). — 473, 1040, 3644, 3896, 4155, 4253, 4305, 4714 et 4714*, 4977, 5208, 5797, 5916, 6194, 6226, 6264, 6299, 6315, 6450, 6492, 6553, 6556, 6630, 6735, 7148, 7339, 7344, 7431, 7506, 7692, 7725, 7727, 7794, 7856, 7904, 7911, 7923, 7990, 8070, 8089, 8090, 8121, 8138, 8141, 8142, 8143, 8156, 8161, 8162, 8164, 8184, 8192, 8193, 8199 à 8201, 8205 à 8214, 8232, 8234, 8236, 8239, 8252, 8253, 8258, 8259, 8273, 8297, 8306, 8314 et 8314*, 8316, 8322, 8332, 8344, 8367, 8369, 8372, 8399, 8403, 8406, 8413, 8414, 8417, 8418, 8430 à 8432, 8437 à 8440, 8443, 8454, 8456, 8458, 8462, 8464, 8477, 8487, 8488, 8491, 8496, 8513, 8522, 8523, 8525, 8546, 8547, 8567, 8575, 8584, 8585, 8633, 8635, 8645, 8646, 8648, 8663, 8664, 8671, 8677, 8691, 8695, 8696, 8708, 8710, 8712, 8717, 8738, 8739, 8746, 8747, 8757, 8760, 8789, 8798, 8818, 8822, 8835, 8836, 8858, 9035, 9042, 9062, 9078, 9081, 9083, 9164, 9166 à 9172, 9199, 9333, 9342, 9352, 9523, 9585, 9613, 9646, 9926, 10027, 10084*, 24188, 32537, 32543, 32639, 32646, 32650, 32653, 32675, 32698.
B 3321. — 8415*, 8704*, 8738*, 9263*, 9292*, 9337*, 9338*, 9356*, 9532*, 9569*, 9760*, 9885*, 10595*, 10850*, 10880*, 11162*, 11167*, 21575*, 23395*, 24043*, 24260*, 24261*, 24272*, 24275*, 24291*, 24303*, 24306*, 24321*, 24323*, 24329*, 24374*, 24425*, 24430*, 24473*, 24498*, 24500*, 32470, 32520, 32543, 32546, 32587, 32615, 32616, 32624, 32627 à 32629, 32631 à 32635, 32638, 32640, 32641, 32645, 32652, 32657 à 32668, 32670 à 32674, 32676 à 32682, 32684 à 32690, 32693, 32695, 32697, 32699 à 32707, 32710 à 32715, 32717 à 32721, 32723 à 32725, 32727, 32728, 32730 à 32737, 32739, 32740, 32742 à 32747, 32749 à 32761, 32763 à 32769, 32771 à 32778, 32780, 32783, 32784, 32786, 32788, 32791, 32794 à 32797, 32800, 32801, 32805, 32813 à 32815, 32817, 32821, 32823, 32826, 32827, 32830, 32831, 32833, 32834, 32837, 32838, 32844 à 32847, 32849, 32854, 32857, 32859, 32860, 32862 à 32864, 32866.
B 3322 (*registre de 253 feuillets*). — 8248, 8788, 9666, 9677, 10366, 11516, 11955, 12215, 12221, 12251, 12395, 12441, 12444, 12504, 12785, 13592, 13722, 13764, 14372.
B 3323. — 107*, 8320*, 8525*, 8547*, 11260*, 11285*, 11293*, 11303*, 11331*,

(1) La numérotation des articles ci-après désignés fait suite à celle de la série B des archives départementales des Bouches-du-Rhône (voir MARSEILLE).

11351*, 11428*, 11434*, 11571*, 11660*, 11733*, 11775*, 12045*, 12064*, 12267*, 12457*, 12461*, 12525*, 12554*, 12566*, 12596*, 12618*, 12664*, 24414*, 24503*, 24535*, 24547*, 24553*, 24563*, 24565*, 24579*, 24581*, 24585*, 24593*, 24596*, 24619*, 24672*, 24676*, 24701*, 24741*, 24752*, 24758*, 24772*, 24796*, 24808*, 24815*, 24880*, 24882*, 32555, 32738, 32785, 32803, 32805, 32824, 32852, 32861, 32865, 32867, 32869 à 32871, 32874, 32875, 32877, 32879, 32882, 32885 à 32887, 32891 à 32896, 32899 à 32902, 32904 à 32907, 32909 à 32911, 32913, 32918, 32919, 32921 à 32924, 32926, 32927, 32929 à 32931, 32936 à 32944, 32946, 32947, 32949 à 32951, 32954, 32956, 32958, 32960 à 32962, 32964, 32966 à 32971, 32973, 32974, 32976, 32984, 32987, 32990, 32995 à 32998, 33003, 33006, 33007, 33010, 33015, 33022, 33024 à 33026, 33028 à 33030, 33037, 33041, 33065.

B 3324. — 3382*, 3679*, 8810*, 12860*, 12924*, 12964*, 13020*, 13072*, 13120*, 13211*, 13219*, 13262*, 13297*, 13374*, 13478*, 13575*, 13664*, 13703*, 13772*, 14004*, 14207*, 14241*, 14309*, 14935*, 15228*, 15307*, 15340*, 15480*, 21249*, 21281*, 21430*, 23930*, 23933*, 23949*, 24963*, 24965*, 24966*, 24967*, 24968*, 24974*, 24975*, 24986*, 24989*, 25005*, 25011*, 25016*, 25018*, 25019*, 25022*, 25043*, 25045*, 25047*, 25054*, 25059*, 25093*, 25096*, 25099*, 25103*, 25109*, 25110*, 25125*, 25145*, 25157*, 25162*, 25177*, 25183*, 25185*, 25186*, 25188*, 25217*, 25259*, 25274*, 32809, 32880, 32908, 32995, 33002, 33012, 33019, 33020, 33036, 33044 à 33047, 33054, 33060 à 33062, 33066, 33069, 33071, 33073, 33076 à 33084, 33088 à 33090, 33095, 33099 à 33102, 33104, 33114, 33121, 33125, 33126, 33128, 33129, 33133, 33139, 33140, 33145, 33147 à 33151, 33156, 33160, 33164, 33169, 33174 à 33178, 33184 à 33187, 33190, 33192 à 33194, 33196 à 33198, 33200, 33203 à 33205, 33214, 33215, 33217, 33218, 33226, 33229 à 33233, 33238.

B 3325. — 25220*, 32625, 32858.

B 3443. — 10121*.

Bibliothèque Méjanes.

Ms. 752. — 246*.

Ms. 774. — 11826*.

Ms. 775. — 11826*.

Ms. 830. — 8141*.

Ms. 952. — 3382*, 8138*, 8200*, 8414*, 9356*, 9523*, 9569*, 11260*, 11293*, 11331*, 11347*, 11351*, 11733*, 11991*, 12461*, 13262*, 13263*, 13297*, 13478*, 14805*, 14931*, 14935*, 15228*, 15307*, 15319*, 15340*, 24949*, 24975*, 25018*, 25096*, 25274*, 32729, 32748, 32755, 32770, 32814, 32815, 32831, 32833, 32887, 32891, 32952, 32971, 32975, 32986, 33010, 33013, 33015, 33022, 33041, 33065, 33071, 33073, 33079, 33080, 33081, 33082, 33083, 33108, 33121, 33133, 33145, 33147, 33148 à 33151, 33185, 33186, 33190, 33196, 33197, 33214, 33229, 33230, 33233.

ARLES.

Bibliothèque.

Ms. 111. — 2322*.

Ms. 247. — 8141*.

BERRE.

Archives communales.

AA 1. — 407*.

CASSIS.

Archives communales.

AA 1. — 32577.

MARSEILLE.

Archives départementales.

B 21, imprimé à tort pour B 26 à propos de 23359.

B 22 (*Griffonis*). — 23203 à 23205, 23748. *Cette cote est indiquée à tort pour B 32 à propos de* 23523 *et de* 23538.

B 24 (*Draconis*). — 23369.

B 25 (*Cygnus*). — 245*, 345, 392, 399, 400, 402, 403, 404, 406, 408, 410, 416, 418, 422, 427, 15748*, 23206 à 23609, 232142 à 3223, 23225, 23230, 23233, 23237, 23258, 23267, 23282, 23291, 23305, 23306, 23319, 23324, 23329, 23345, 23347, 23348, 23356, 23371, 23372, 23374, 23376, 23377, 23379, 23382, 23387, 23388, 23390, 23392, 23393, 23395, 23399.

B 26 (*Magdalena*). — 149, 247, 269, 343, 374, 407, 411, 413 à 415, 423 à 426, 455, 470, 473, 667, 668, 684, 686, 715, 726, 764, 944, 952, 1005*, 1047, 1062, 23211 à 23213, 23226, 23227, 23284, 23290, 23291, 23299, 23329, 23346, 23358, 23359, 23363, 23367, 23368, 23370, 23373, 23378, 23380,

BOUCHES-DU-RHÔNE.

23386, 23394, 23396 à 23398, 23414 à 23416, 23442, 23453, 23456, 23461, 23464, 23470, 23473, 23475, 23480, 23492, 23497, 23498, 23507, 23510, 23512, 23513, 23517, 23518, 23522, 23527, 23547, 23552 à 23554, 23571 à 23573, 23576, 23577, 23580, 23583, 23585, 23590, 23604, 23611.

B 27 (*Turtur*). — 113, 630, 830, 1087, 1306, 1398, 1399, 1437, 1596, 1661, 17315*, 17531*, 23383, 23609, 23632, 23633, 23636, 23638, 23640, 23641, 23646, 23649, 23653, 23654, 23660, 23682, 23685, 23697, 23704, 23706, 23710, 23714, 23720, 23722 à 23724, 23726, 23734, 23736, 23739 à 23741, 23743, 23745, 23748, 23753, 23756, 23771, 23784, 23785, 23792, 23793, 23800, 23803.

B 28 (*Pacis*). — 1251, 2081, 2263, 2272, 2364, 2422, 2428, 2587, 2622, 2709 à 2711, 2878, 2879, 2934, 2938, 3268, 3347, 3367, 3740, 3779, 18277*, 19487*, 19773*, 23268, 23317, 23333, 23381, 23474, 23544, 23575, 23760, 23791, 23814, 23816, 23818, 23827, 23843, 23844, 23853, 23862, 23863, 23867, 23872, 23878, 23879, 23881, 23889, 23890, 23896, 23908, 23922, 23925, 23930, 23933, 23935, 23940, 23945, 23946, 23953, 23954, 23965 à 23967, 23977, 23990.

B 29 (*Sagittarius*). — 400*, 2878, 3697, 3789, 3802*, 3963, 4195*, 4209*, 4289, 4394, 4645*, 23337, 23907, 23961, 23974, 24004, 24014, 24015, 24042, 24056, 24057, 24063, 24068, 24069, 24075, 24080, 24082, 24090, 24092, 24109, 24110, 24112 à 24114, 24119, 24120, 24123, 24124, 24126, 24128, 24131, 24137. *Cette cote est indiquée à tort pour B 32, à propos de 24043.*

B 30 (*Homagiorum*). — 23330, 23385, 23479, 23719, 23830, 23833, 23970, 24093, 24121, 24146, 24150, 24153, 24180, 24353.

B 31 (*Salamandra*). — 1989, 3128, 3644, 4277, 5915, 6262, 6399, 6405, 6409 à 6411, 6537, 6538, 6544, 6736, 7182, 7339, 23831, 24039, 24079, 24099, 24115, 24125, 24144, 24151, 24154 à 24158, 24161, 24162, 24165, 24166, 24168, 24173, 24179, 24182, 24190.

B 32 (*Scorpionis*). — 2130*, 2878, 3383, 3619, 3802, 4209, 4806, 7512, 7856*, 7858, 7985, 8142, 8201*, 8207*, 8214*, 8232, 8239*, 8258, 8368*, 8413*, 8415*, 8496*, 8513*, 8523*, 8567*, 8738*, 8739*, 20023*, 20285*, 23210, 23225, 23523, 23538, 23946, 23968, 24001, 24004, 24011, 24016 à 24038, 24043, 24044, 24047, 24048, 24050, 24051, 24106, 24139, 24167, 24170, 24171, 24176, 24178, 24188, 24189, 24191, 24197 à 24201, 24206, 24207, 24209, 24210, 24212 à 24217, 24219, 24220, 24222, 24223, 24228, 24230, 24233, 24240, 24241, 24245, 24249, 24251, 24256, 24268, 24275, 24276, 24280.

B 33 (*Arictis*). — 6536, 6545*, 8173, 8205*, 8213*, 8332, 8464, 8534, 8659, 8717, 8720, 9055*, 9063, 9164, 9253*, 9263, 9334, 9337 à 9339, 9342*, 9351, 9356, 9379, 9418*, 9429, 9436, 9449, 9517*, 9532, 9569, 9642, 9885*, 10027*, 10080, 10116, 10118, 10123, 10124, 10217, 11936, 24148, 24211, 24221, 24232, 24246, 24257, 24260, 24261, 24264, 24272, 24283, 24291, 24303, 24306, 24310, 24311, 24316, 24321, 24323, 24325, 24327, 24330, 24332, 24340, 24352, 24354, 24358, 24362, 24364, 24374, 32745.

B 34 (*Fenix*). — 2130*, 8156*, 8431*, 10020, 10026, 10121, 10122, 10721, 10780*, 10811, 10840, 10850*, 10853, 10880, 11077, 11080, 11100, 11161, 11162, 11164, 11165, 11167*, 11193, 11311*, 11351, 11352, 11377, 11427 à 11429, 11433, 11434, 11571, 11724, 11758, 12064*, 21575*, 21905*, 22136*, 24149, 24152, 24174, 24262, 24278, 24290, 24320, 24322, 24350, 24357, 24379, 24402, 24406, 24407, 24425, 24430, 24444, 24469, 24473, 24492, 24498, 24500, 24503, 24526, 24527, 24535, 24539, 24547, 24549, 24553, 24558, 24563, 24565, 24566, 24569, 24579, 24581, 24585, 24587, 24591 à 24594, 24598, 24599, 24602, 24603, 24613, 24619, 24625.

B 35 (*Solis*). — 8252*, 11261, 11516*, 11733, 11766, 11792*, 11817*, 11825, 11845*, 11847*, 11892*, 11894*, 11910*, 11911*, 11929*, 11953, 11954*, 11955*, 11990, 11991, 12007*, 12009*, 12010*, 12042*, 12045, 12064*, 12090*, 12131*, 12134*, 12136*, 12158, 12168*, 12175*, 12206, 12221*, 12258, 12267*, 22094*, 22096*, 22106*, 22116*, 22117*, 22118*, 22134*, 22135*, 22137* à 22139*, 22153*, 22166* à 22168*, 22170*, 22178*, 22179*, 22212*, 22213*, 22218*, 22223*, 22237* à 22239*, 22250*, 22251*, 22285*, 22289*, 22290*, 22307*, 23449, 24242, 24365, 24397, 24588 à 24590, 24596, 24604 à 24612, 24614, 24616, 24620, 24623, 24626 à 24629, 24635 à 24638,

24640 à 24642, 24645 à 24657, 24659 à 24668, 24670 à 24673, 24676 à 24689, 24695 à 24669, 24701, 24703, 24706 à 24712, 24714 à 24716, 24719, 24721 à 24723, 24729 à 24734, 24736 à 24739, 24741, 24743, 24744, 24746, 24750, 24752, 24756, 24759 à 24761, 24764, 24765, 24774 à 24777, 24787, 24797, 25195.

B 36 (*Luna*). — 11705, 11775, 12095*, 12097*, 12125, 12212, 12213, 12215*, 12269*, 12271*, 12304, 12330, 12366 à 12368*, 12375*, 12405, 12414*, 12423*, 12440*, 12441*, 12444*, 12448, 12452 à 12454, 12456, 12457, 12481*, 12486*, 12489*, 12494*, 12510, 12523, 12538, 12554*, 12560, 12600*, 12618, 22216*, 22220*, 22221*, 22286* à 22288*, 22322*, 22328* à 22331*, 22346* à 22350*, 22361* à 22363*, 22381*, 22388 à 22390*, 22412*, 22429* (*impr. par erreur* 22449*), 22447*, 22450*, 24091, 24235, 24236, 24329, 24367, 24414, 24475, 24536, 24544, 24595, 24618, 24633, 24634, 24669, 24677, 24689, 24693, 24702, 24713, 24717, 24718, 24720, 24740, 24745, 24747 à 24749, 24753, 24768, 24772 24773, 24778, 24785, 24786, 24788, 24791 à 24794, 24798 à 24800, 24802 à 24805, 24807 à 24810, 24815, 24816, 24820, 24821, 24824, 24831, 24833, 24844, 24851 à 24853, 24856, 24858 à 24864, 24868, 24876, 24880, 24881, 24883, 24887, 24888, 24898, 24924.

B 37 (*Stella*). — 4252*, 12318*, 12374*, 12443*, 12488*, 12493*, 12556*, 12560, 12566, 12599*, 12612*, 12623, 12667*, 12673*, 12677* à 12679*, 12721*, 12762*, 12795*, 12897*, 12964*, 13021*, 13190*, 13211*, 13219*, 13245*, 13263*, 13774*, 18818, 18859, 21281*, 22224*, 22325*, 22359*, 22401*, 22402*, 22427*, 22430*, 22433*, 22434*, 22452*, 22453*, 22462*, 24098, 24351, 24470, 24639, 24725, 24730, 24755, 24763, 24766, 24767, 24782 à 24784, 24795, 24801, 24806, 24817 à 24819, 24822, 24823, 24825 à 24829, 24832, 24834 à 24841, 24843, 24846 à 24850, 24854, 24869, 24871, 24873, 24874, 24886, 24892, 24893, 24895 à 24897, 24899, 24906 à 24909, 24911, 24915, 24917 à 24923, 24925 à 24935 à 24943, 24946, 24949 à 24955, 24957 à 24960, 24962, 24964, 24967 à 24971, 24973 à 24978, 24980, 24982, 24984 à 24986, 24990 à 24992, 24996, 24999, 25002, 25005, 25009, 25013, 25016, 25018, 25021.

BOUCHES-DU-RHÔNE.

B 38 (*Serena*). — 9621*, 12617, 13371*, 13481*, 13787*, 14049*, 24174, 24385, 24643, 24644, 24758, 24916, 24929, 24956, 24961, 24963, 24966, 24983, 24989, 25006, 25011, 25019, 25022, 25027, 25038 à 25041, 25043, 25045, 25047, 25049, 25050, 25053, 25054, 25056 à 25061, 25065, 25066, 25069, 25070, 25073, 25074, 25076, 25078, 25080, 25085, 25087, 25088, 25093 à 25096, 25099, 25101 à 25103, 25106, 25107, 25109 à 25112, 25114, 25117, 25120, 25122 à 25123, 25128, 25132, 25134, 25135, 25138 à 25143, 25151, 25152, 25155, 25162, 25167, 25180, 25182, 25183, 25188, 25189, 25221.

B 39 (*Virgo*). — 10167*, 13754*, 14746*, 14747*, 14959*, 15046*, 15228*, 15534*, 22958*, 24354, 24395, 24422, 24496, 24532, 24573 à 24577, 24580, 24632, 24877, 24900, 24965, 25037, 25100, 25145, 25148, 25150, 25156 à 25158, 25160, 25162 à 25165, 25168, 25169, 25175, 25177, 25179, 25181, 25185, 25186, 25191 à 25193, 25198, 25204, 25205, 25207 à 25212, 25214, 25217, 25218, 25220, 25223, 25227, 25229 à 25231, 25235, 25236, 25240, 25241, 25246, 25251 à 25253, 25255 à 25257, 25259, 25262, 25263, 25265, 25267, 25272, 25274, 25286, 25287, 25290, 25291.

B 40 (*Corvus*). — 14400*, 24159, 24334, 24796, 24830, 24875, 24876, 24995, 25008, 25029, 25030, 25125, 25213, 25215, 25216, 25268, 25269, 25271, 25288, 25289, 25293, 25297.

B 41 (*Hyrundo*). — 113*, 3963*, 11540*, 22177*, 24083, 24230, 24703, 24728, 24870, 24983, 25045, 25115, 25127.

B 44 (*Dromedarius*). — 25283.

B 186. — 8184*, 8192*, 8193*, 8234*, 8418*, 24190, 24204, 24227.

B 187. — 1411*, 1412*.

B 223. — 11164*, 24267.

B 231. — 1289*, 8141*, 8175*, 23203.

B 720. — 2428.

B 721. — 8201.

B 723. — 8415, 8665*, 11083, 11520, 24304, 24449.

B 728. — 11705, 11719, 24950, 24973.

B 729. — 24976, 25010, 25065, 25244.

B 730. — 14806*.

B 1230. — 23302.

B 1233. — 23551.

B 1235. — 1661*.

B 1243. — 24092.

B 1246. — 6262*, 23211, 23506, 24145.

B 1247. — 1398*, 1399*, 23684.

BOUCHES-DU-RHÔNE.

B 1249. — 11422*, 24052.
B 1252. — 11161*.
B 1256. — 24690, 25161.
B 1260. — 32825.
B 1266. — 8258*.
B 1271. — 12456*, 13193*, 13245*, 13374*, 13386*, 23979, 24842, 24981, 24993, 25077, 25144, 25166, 25261.
B 1414. — 23300.
B 1450. — 23839.
B 1451. — 24378.
B 1531. — 12566*.
B 3292. — 23839, 24147, 24528, 25262.
B 3294. — 1285*, 1289*, 17401*.
B 3295. — 25096.
B 3296. — 684*, 1353*, 2709*, 2711*, 4394*, 8259*, 23523.
C 1. — 8708*, 10840*, 24239*, 24247*, 24252, 24258, 24313, 24380, 24501, 24704, 24726, 24902, 24904, 24974, 25007.
C 166. — 25000.
C 256. — 24975.
C 273. — 2973, 8416, 11571.
C 568. — 25018.
C 1385. — 24305, 24319.
C 1390. — 25177, 33113.
C 1398. — 25030 à 25036, 23173, 25174, 25184.
C 1425. — 12617*, 13311*, 24882, 25170.
C 1438. — 32745.
C 1797. — 6545*, 24160.
C 1823. — 667*.
C 1897. — 24986*.
C 1901. — 13072*, 24864 à 24866, 24868, 24871, 24872, 24875, 24878, 24879, 33009.
C 1964. — 4289*.
C 1965. — 24860*, 24861*, 24876*, 25040*, 25041*, 25076*.
C 1966. — 24870, 24874, 32977.
C 2007. — 8142.
C 2045. — 246*, 33133.
C 2046. — 24975*.
C 2053. — 246*.
C 2056. — 246*, 686*.
C 2128. — 2364*.
C 2130. — 3268*, 13371*.
C 2155. — 21249*, 22723*, 32808.
C (*sans indication de numéro*). — 9419.
H *Ordre de Malte*, liasse 43. — 109*, 2329*.

Archives de la Chambre de commerce.

HH. 58. — 13722.

Bibliothèque.

Ms. 1597. — 24225.

MOLLÈGES.

Archives communales.

AA 2. — 13391.

Calvados.

CAEN.

Archives départementales.

A 224. — 12853.
C 1501. — 636.
C 2104. — 3581.
D 35. — 23296*.
D 64. — 23296*, 32310.
D 148. — 3386*, 23984.
D 150. — 3386*, 23918, 23960, 23984.
D (*sans cote*). — 3386.
D *Prieuré de Sainte-Barbe-en-Auge.* — 3339.
E 644. — 22612*, 25020.
F *Fonds Danquin.* — 1949.
H *Abbaye de Barbery.* — 8254.
H *Abbaye de Saint-Étienne de Caen.* — 107*, 655*, 11405*.
H (*Registre non classé*). — 24505.
Couverture d'un registre de 1809. — 14136.

Archives communales.

AA 7. — 23289.
BB. *Premier registre des délibérations.* — 24342.
CC 2. — 24932.
CC. *Subsistances.* — 25153.
EE 7. — 24933, 25063, 25242.
(*Sans cote*). — 4505*.

Musée de la Société des Antiquaires de Normandie.

168*.

Collection de M. Benet, archiviste départemental.

4481.

CAUMONT.

Archives communales.

4540*.

LISIEUX.

Archives communales.

CC 268. — 3299*, 32262, 32356, 32357, 32485, 32642, 32649, 32915.

Charente.

ANGOULÊME.

Archives départementales.

H. *Abbaye de Saint-Cybard d'Angoulême.* — 1641, 1645, 5801.

Archives communales.

AA 1. — 581*, 582*, 755*, 9904*, 23288.
AA 4. — 172*, 2619*.
AA 5. — } 581*, 582*, 755*.
AA 6. — }

COGNAC.

Archives communales.

Extraits du Livre rouge. — 115*, 2619*, 14423*, 16250*.
Comptes des fortifications, III. — 23772.

Bibliothèque.

Ms. 28. — 115*, 2619*, 14423*.
Ms. 32. — 23630.
Ms. 33. — 115*.
Ms. 72. — 115*.

Charente-Inférieure.

LA ROCHELLE.

Bibliothèque.

Ms. 84 (3116). — 612*.
Ms. 545. — 17232.
Ms. 557. (B 84). — 1147*, 17102, 17232.
Ms. 609. — 12235.

SAINT-JEAN-D'ANGÉLY.

Archives communales.

AA 1 (*imprimé par erreur* AA 20 *à propos du numéro* 23880). — 197*, 1147, 15845*, 23880, 32336, 32610.
CC 57. — 32350, 32387.
CC (EE suppl. 1298). — 163*.

SAINTES.

Archives communales.

(*Sans cote.*) — 1636.

Cher.

BOURGES.

Archives départementales.

C 14. — 33251.
C 813. — 1095.
D 33. — 2002.
D 34. — 2002.
E 1018. — 2167.
G. *Archevêché de Bourges, cart.* 196. — 15986.
G. *Chapitre métropolitain de Saint-Étienne de Bourges, liasse* 56. — 1118, 1621.
G. *Chapitre métropolitain de Saint-Étienne de Bourges, liasse* 216. — 17218, 17359.
G. *Sainte-Chapelle.* — 1682*, 20664.
G. *Collégiale Saint-Martin de Léré.* — 209.
H. *Abbaye de Saint-Sulpice-lès-Bourges; privilèges royaux.* — 922*, 1531.
H. *Abbaye de Saint-Sulpice-lès-Bourges; prieuré de Saint-Aignan.* — 1142.
H. *Abbaye de Saint-Sulpice-lès-Bourges; prieuré de Saint-Léopardin.* — 1682.
H. *Abbaye de Saint-Sulpice-lès-Bourges; arts et métiers.* — 11626*.
H. *Hôtel-Dieu et hôpital général de Bourges; privilèges, liasse* 1. — 21354.

Archives communales.

AA 3. — 20673, 21059.
AA 13. — 2274, 16287, 20582, 21086,
AA 26. — 5874*.
AA 87. — 15924, 19192, 21285.
AA 209. — 2514*, 19349.
CC 8. — 21367.
CC 87. — 21390, 21391.
CC 126. — 18902, 21102, 23085.
CC 206. — 231, 25114.
CC 210. — 2417.
CC (*sans numéro*). — 17810.
GG 10. — 21227.
HH 24. — 11626*.
HH 27. — 1081, 2600.
HH 28. — 21398.

Corrèze.

BRIVE.

Archives communales.

AA 3. — 11600*.
(*Sans cote.*) — 32618.

TULLE.

Archives départementales.

E (*sans numéro*). — 11600.

Côte-d'Or.

AUXONNE.

Archives communales.

(*Sans cote.*) — 112, 1374.

BEAUNE.

Archives communales.

AA (*Privilèges de la commune*). — 23539.
Contributions. — 14754.
Emprunts et dettes. — 8638, 9183, 9340, 12636.
Étapes. — 13080.
Fortifications. — 8183, 14672, 16009, 17235, 17440, 17982, 20256, 20262, 21392.
Halles. — 20666.
Patrimoine. — 16122, 16742, 17698.
(*Sans titre.*) — 1404, 17563, 22263.

DIJON.

Archives départementales.

B 1. — 17372.
B 2. — 8382.
B 3. — 10074.
B 12. — 2043.
B 18. — 16, 17, 20 à 22, 164, 434, 560, 585, 586, 620, 744, 1018, 1019, 1163, 1181, 1289, 1367, 1374, 1377, 1384, 1468, 1489, 1625, 1658, 1736, 1810, 1886, 1927, 1953, 2013, 2284, 2349, 2408, 2644, 2870, 3436, 3628, 3677, 3688, 3693, 5837, 5838, 6828, 7024, 7892, 8259, 8382, 8394, 8473, 8812, 8834, 9345, 9610, 10461, 10815, 11682, 11731, 13030, 13046, 13178, 13183, 15755, 15981, 16094, 16141, 16533, 16639, 16804, 13379, 17416, 17519, 17528, 17908, 18002, 18024, 18167, 18294, 18524, 18849, 19451, 19660, 19978, 19982, 20437.
B. 19. — 1807, 5907, 6265, 6653, 6683, 6697, 6845, 6849, 6943, 7006, 7021, 7053, 7191, 7521, 7553, 7558, 7573, 7593, 8039, 8174, 8180, 8182, 8196, 8233, 8257, 8352, 8364, 8508, 8595, 8713, 8725, 8726, 9105, 9407, 9853, 9957, 9958, 10854, 10887, 10919, 11466, 11803, 12297, 12345, 12512, 12806, 12932, 13017, 13022, 13090, 13101, 13110, 13253, 13254, 13288, 13291, 13297, 13331, 13337, 13375, 13387, 13388, 13456, 13470, 13500, 13507, 13511, 13662, 13692, 13693, 13768, 14009, 14149, 14165, 14206, 14244, 14247, 14307, 14417, 14477, 14511, 14765, 14812, 15000, 15122, 15129, 15519, 20218, 20456.
B. 20. — 768, 1289, 2686, 3090, 5119, 5615, 6668, 6678, 7008, 7044, 7158, 7459, 7554, 7665, 8189, 8225, 8268, 8291, 8433, 8672, 9353, 9542, 9567, 9947, 10000, 10583, 10584, 10694, 10838, 11073, 11207, 11337, 11346, 11365, 11426, 11431, 11435, 11466, 11470, 11522, 11675, 11762 à 11764, 11867, 11896, 11953, 11983, 12084, 12171, 12180, 12201 à 12203, 12233, 12234, 12298, 12470, 12510, 12634, 12652, 12660, 12661, 12671, 12695,

12744, 12751, 12797, 12815, 13020, 13027, 13059, 13119, 13120, 13147, 13176, 13177, 13197, 13227, 13230, 13237, 13243, 13248, 13249, 13273, 13286, 13378, 13392, 13395, 13396, 13399, 13434, 13446, 13448, 13460, 13492, 13521, 13533, 13538, 13581, 13598, 13643, 13741, 13769, 13781, 13824, 13843, 13848, 13943, 14018, 14203, 14290, 14341, 14380, 14385, 14392, 14495, 14539, 14557, 14591, 14672, 14755, 14806, 14821, 15137, 15145, 15326, 15392, 15404.

B 72. — 119, 164, 398, 417, 835, 1005, 1190, 1247, 1345, 1353, 1372, 1373, 1385, 1386, 1388, 1389, 1390* 1404, 1471, 1533, 1611, 1716, 1826, 1847, 1848, 1993, 2278, 2279, 2585, 2935*, 2938*, 6724, 6725, 7202, 7536, 7952, 8221 à 8224, 8278, 8331, 8361, 8362, 8485, 9163, 9173, 10760, 11963, 12089, 12138, 12139, 12216, 12413, 12580, 12769, 12775, 13328, 14597, 15383, 16040, 16126, 16674, 16731, 16753, 16966, 17066, 17279, 17375, 17384 à 17387, 17408, 17409, 17438, 17472, 17503, 17628, 17657, 17670, 17749, 17783, 17814, 18554, 18779, 19056, 19401, 19466, 19697, 19751, 19972, 19993, 20024, 20054, 20112, 20122, 20487, 20518.

B 84. — 1018, 1289, 1367, 1810, 14409.

B 339. — 8264, 11290, 11665, 14057.

B 405. — 13208.

B 416. — 13101.

B 458. — 541*.

B 491 *bis*. — 24349.

B 941. — 16343.

B 1088. — 19683, 19728.

B 1266. — 17523.

B 1279. — 790.

B 1302. — 18834.

B 1331. — 16273, 17671, 20420.

B 1332. — 19823.

B 1828. — 22*, 23229, 23250, 23269, 23273, 23307, 23308, 23310, 23311, 23323, 23341, 23353.

B 1829. — 23403, 23413, 23418, 23504, 23508, 23528, 23530, 23543, 23556, 23557, 23567, 23581, 23582, 23588, 23603, 23664, 23712.

B 1830. — 23403.

B 1831. — 23568, 23602, 23629, 23643, 23658, 23665, 23666, 23668, 23675, 23677, 23679, 23693, 23819, 23822.

B 1833. — 17908*, 18224*, 23781, 23823, 23829.

B 1834. — 18305*, 18398*, 23832, 23845 à 23847, 24054.

B 1835. — 18726*, 18797*, 18808*, 18934*, 23882, 23887, 23901, 23909, 24085 à 24088.

B 1836. — 23836, 23884, 23905, 23916, 23919, 23921, 23926, 23928, 23929, 23932, 23934.

B 1837. — 3235*, 19660*, 23969, 23971, 23976, 23986 à 23989, 23993, 23994, 24005.

B 1838. — 3736*, 23969, 23971, 24010, 24045, 24053, 24055, 24058, 24059, 24061, 24062, 24065 à 24067, 24072, 24074.

B 1839. — 4739*, 23418, 24076 à 24078.

B 1840. — 4409*, 23969, 24094, 24103 à 24105.

B 1841. — 23401, 23418, 24095, 24107, 24108, 24118, 24138, 25290.

B 1843. — 5155*, 24127, 24135, 24136, 24142, 24244, 24274.

B 1844. — 24164, 24203, 24300, 24308.

B 1845. — 24177, 24206, 24308.

B 1847. — 24163.

B 1848. — 24224, 24231, 24248, 24250, 24253, 24255, 24281, 24282, 24293.

B 1849. — 8812*, 8834*, 9183*, 9340*, 9907*, 24234, 24266, 24270, 24286, 24287, 24289, 24292, 24295 à 24298, 24309, 24312, 24317, 24318, 24331, 24339, 24361.

B 1850. — 10106*, 24345, 24360, 24370, 24409.

B 1851. — 11290*, 24372, 24384, 24395, 24410, 24447, 24462, 24493, 24494, 24533, 24597.

B 1853. — 11470*, 24509, 24572.

B 1854. — 24601, 24705, 24727, 24751, 24770, 25176.

B 1855. — 11731*, 24546, 24724, 25277.

B 1856. — 13273*.

B 1857. — 25090, 25121.

B 1858. — 24979.

B 1859. — 25245, 25280.

B 1860. — 15404 *bis* (VIII, 388), 25281.

B 1861. — 15404 *ter* (VIII, 388), 25282.

B 1862. — 14095*, 15404 *ter* (VIII, 388), 25275.

B 11158. — 19958.

B 11217. — 18017.

B 11415. — 19959.

B 11473. — 20256.

B 11603. — 19927.

B 11855. — 17443.

B 11198. — 15494, 17814.

B 11603. — 17206, 18893.

B 11610. — 12065.

B 11942. — 20290.

B. *Chambre des comptes de Dijon, Recueil Poincedé, II.* — 11809.

CÔTE-D'OR. B. *Chambre des comptes de Dijon, Recueil Peincedé, XXV.* — 19673.

B 12074 (*Parlement, reg. I*). — 15*, 17*, 20, 21, 92*, 107*, 134*, 163, 164, 311, 312, 395, 458, 549, 569, 620, 744, 891, 1005, 1018, 1163, 1181, 1345, 1353, 1367, 1377, 1384, 1489, 1575, 1644, 1703, 1727, 1805, 1810, 1841, 1848, 1886, 1907, 1932, 1979, 15723, 15769, 15990, 16024, 16073, 16119, 16123, 16130, 16151, 16264, 16289, 16428, 16514, 16653, 16840, 17088*, 17174, 17196, 17265, 17389, 17401, 17402, 17415, 17470, 17587, 17634, 17641, 17746, 17762, 17766, 18741, 32326, 32362.

B 12075 (*Parlement, reg. II*). — 1625, 2120, 2173, 2181, 2284, 2349, 2408, 2640, 2726, 2848, 2914, 2924, 3436, 3627*, 3895, 4390, 4494, 5208, 5222, 5247, 5892, 6697, 6721, 6856, 7006, 7021, 7289, 7495, 7564, 7823, 8138, 8142, 8157, 8178, 8204, 8246, 8249, 8292, 8382, 8422, 8425 à 8428, 8502 à 8507, 8524, 8685, 8821, 9107, 9136, 9163*, 9345, 9403, 9413, 9414, 9423, 9434, 9442, 9444, 9445, 9490, 9609, 9624, 9679, 9825, 9947, 10199, 10082, 10235, 10461*, 10507, 10650, 10667, 10690, 10691, 10888, 11072, 11346, 11579, 11603, 11696, 11898, 17746, 17768, 18001, 18075, 18618, 18737, 18847, 19036, 19160, 19373, 19399, 19617, 19837, 19959, 19961, 20325, 20351, 20457, 32722, 32804, 32828.

B 12076 (*Parlement, reg. III*). — 11077, 11122, 11260, 11293, 11306*, 11381, 11553, 11632, 11672, 12409, 12428, 12456, 12457, 12461, 12462, 12470, 12517, 12587, 12657, 12703, 12709, 12713, 12775*, 12777, 12811, 12919, 12937, 12995, 13017, 13018, 13020, 13029, 13081, 13094, 13096, 13104, 13112, 13119, 13129*, 13214, 13237, 13244, 13297, 13304, 13307, 13308, 13323, 13324, 13331, 13342, 13347, 13377, 13429, 13448*, 13478, 13521, 13581, 13643, 13741, 13781, 13908, 13943, 14009, 14012, 14025, 14032, 14044, 14064, 14095, 14146, 14161, 14207, 14370, 14516.

B 12077 (*Parlement, reg. IV*). — 92, 92*, 320, 1289, 9084, 12249, 12990, 13154, 13591, 14409, 14473, 14473, 14477, 14495, 14496, 14503, 14583, 14637, 14656, 14737, 14805, 14808, 14823, 14829, 14931, 14934, 14935, 14951, 14952, 14966, 15307, 15328, 15340, 15379, 15380, 15404*, 15438, 15512, 22500*, 32982, 33136, 33209, 33219, 33224.

C 2971. — 164, 1166, 1386, 1533, 1848, 8621, 13933, 14303, 14426.

C 2978. — 1163*, 1851, 8589, 11455, 11476, 12517, 14043, 15389.

C 2988. — 2348.

C 5297. — 8589, 8621.

C 5297 *ter.* — 17360.

C 5348. — 14305.

C 5349. — 1851*.

C 5380. — 17443.

C 7476. — 15048.

C 7482. — 17675, 19868.

C 7484. — 5906, 8528, 11036, 12537, 14386, 15758, 15812, 17357, 17378, 17626, 20060.

C 7500. — 12645.

C 7535. — 14666.

E *Cartulaire de Talant.* — 749.

E 741. — 8196*.

E 906. — 3258*, 32607, 33016.

E 3476. — 24008, 24769.

F (*sans numéro*). — 22437.

G 1126. — 1345*.

G 1132. — 1363 *bis* (VIII, 325).

G 1142. — 1318 *bis* (VIII, 325).

G 1153 — 6734 *bis* (VIII, 354).

G 1155. — 8314 *bis* (VIII, 361).

G 1161. — 1386*.

G 1164. — 9879*, 11234 *bis* (VIII, 371), 12168 *bis* (VIII, 375).

G 1218. — 10976 *bis* (VIII, 370).

G 1510. — 15395 *bis* (VIII, 388).

G 2569. — 32582, 33144.

G 2570. — 33075, 33130.

G 2572. — 12636*. 32692, 33115, 33122.

G 2575. — 16115*.

MUSÉE (Traité de Montiers-sur-Saulx). — 12615.

Archives communales.

TRÉSOR DES CHARTES, 6. — 627*, 1344*, 1361*.

TRÉSOR DES CHARTES, 21. — 2511*, 6668*, 11522*, 12661*, 14696*.

TRÉSOR DES CHARTES, 25. — 4723*, 8689*, 12658*, 13052*, 17479, 19730*.

TRÉSOR DES CHARTES, 26. — 7976*.

A 7 *bis.* — 8422*, 33004.

A (*sans indication de numéro*). — 2183, 8490, 9200, 11465, 11687, 12066, 12516, 14440.

B 6 *bis.* — 15326*.

B 56. — 1932*.

B 179. — 7989*.

B (*sans indication de numéro*). — 627, 1344, 1361, 11242.

G 233. — 3717*, 11248*, 11677*, 11970*, 10250, 11586.
G 256. — 8155*, 11194, 11285, 11303, 11413, 11414, 11496*, 12920, 20956.
H 124. — 9551, 11738, 14580.
H 128. — 163*, 7826*, 20515.
H 129. — 15326.
H 157. — 6679, 12672, 14696.
H 159. — 11522.
H 279. — 3341.
I 105. — 11026*.
J 127. — 32282.
K 3. — 32437.
K 157. — 2511*, 7976.
K 159. — 11522*.
K 160. — 32293.
K 228. — 32282.
K 230. — 2511*.
K (*sans indication de numéro*). — 6668, 12661.
L 7. — 19730*, 32228.
L 13. — 13052*, 13228*, 13974*, 17479*, 22953*, 33049, 33050, 33168, 33208.
L 25. — 11982*, 32232.
L 30. — 130*, 6723*.
L 48. — 320*, 14656*.
L 71. — 13081*.
L 97. — 12658*.
L 637. — 9954*.
L 712. — 13081*.
L (*sans indication de numéro*). — 6668, 6723, 8639, 8689, 11982, 12205, 12658, 19730.
M 2. — 33042.
M 11. — 8689*.
M 30. — 7976* et 7976*.

Archives de l'hôpital général.

A 12. — 1552*.

Bibliothèque de la ville.

Ms. 915 (*fonds Baudot*, 6). — 11071*, 11455*.
Ms. 1013 (*fonds Baudot*, 86). — 1404*, 23539*.

MONTBARD.

Archives communales.

(*Sans cote.*) — 32301.

NUITS-SAINT-GEORGES.

Archives communales.

(*Sans cote.*) — 1371.

SAINT-JEAN-DE-LOSNE.

Archives communales.

CC 14. — 15401, 17373, 19955.

SEMUR-EN-AUXOIS.

Archives communales.

(*Sans cote.*) — 791.

SEURRE.

Archives communales.

(*Sans cote.*) — 808.
B 1. — 16695.

Côtes-du-Nord.

SAINT-BRIEUC.

Archives départementales.

E 2. — 2131.
E 36. — 1148.
E 2497. — 32235, 32264.

Dordogne.

BERGERAC.

Archives communales.

B 2, *liasse 13*. — 19322.
Boîte 1. — 21116.
Boîte E. — 19090.

PÉRIGUEUX.

Archives départementales.

(*Sans cote.*) — 17738.

Archives communales.

AA 15. — 69, 1966.
CC 18. — 1342.
DD 17. — 32392.
EE 20. — 1956.
EE 21. — 9553, 12918, 22931.
FF 19. — 11523.
FF 59. — 20919, 20955.
FF 60. — 20922, 20964, 21129, 32405.
FF 116. — 3209*, 32472.
HH 9. — 12933*.
II 2. — 3209*.

Doubs.

BESANÇON.

Archives départementales.

B 64. — 1586*.

B 218. — 15915.
B 284. — 15914.

Drôme.

BOURG-DE-PÉAGE.

Archives communales.

AA 2. — 16185*, 21477*.

GRIGNAN.

Archives communales.

FF 2. — 7519*, 32626.

MARSANNE.

Archives communales.

(*Sans cote.*) — 25918.

MONTÉLIMAR.

Archives communales.

(*Sans cote.*) — 3303, 8400.

NYONS.

Archives communales.

HH 1. — 12093.

ROMANS.

Archives communales.

GG 39 (Dép. suppl. E 11742). — 14619*.
HH 3 (*Idem*, E 11757). — 15437*.

VALENCE.

Archives départementales.

A (*Collection d'édits*). — 4767, 11961.
B 2. — 107.
B 1767. — 10077.
C 229. — 447.
D (*sans n°*). — 24885.
E 3026. — 879, 2199.
E 3614. — 12795.
E 3666. — 774.
E 3715. — 160*, 3732*, 4269*, 8155*, 8259*.
E 3720. — 4767*.
E 3727. — 445*.
E 3729. — 32856, 32872, 33001.
E 3731. — 13220.
E 3745. — 447.
E 4926. — 12093.
E 6467. — 25918.

Archives communales.

CC 74. — 4767*.
CC 79. — 12956.
FF 10. — 19551.
FF 12. — 10337.
GG 60. — 10079.
GG 61. — 13351.

Eure.

EVREUX.

Archives départementales.

E 662. — 32619.
E 666. — 32257, 32272.
E 797. — 32395.
E 935. — 21491*, 32553, 32597.
E 975. — 22002*.
E (*fonds Jubert de Bouville*). — 33059.
E (*fonds Lombelon des Essarts*). — 32547, 32574, 32583.
E (*fonds du marquisat de Neubourg*). — 32502, 32512.
H 1188. — 32290.
(*Sans cote.*) — 23197.

Archives communales.

(*Sans cote.*) — 642, 1115.

Archives hospitalières.

(*Sans cote.*) — 3063, 14685.

LOUVIERS.

Archives communales.

AA 1. — 67, 32299.
CC 2. — 32787, 32790.
CC 3. — 32981.
CC 4. — 32965.

NONANCOURT.

Archives communales.

AA 1. — 32269.

PONT-AUDEMER.

Archives communales.

(*Sans cote.*) — 955*, 22514, 32223, 32243, 32297, 32370, 32787, 32980, 33118, 33162, 33182, 33211, 33240.

Archives de l'hospice.

A 1. — 32620.

QUILLEBEUF.

Archives communales.

AA 1. — 32270.

VERNEUIL.

Archives communales.

AA 1. — 202, 202*.
CC 2. — 32229, 32388, 32457, 32622.
CC 3. — 32230, 32311, 32458, 32623.

VERNON.

Archives de l'Hôtel-Dieu.

N° 94. — 1608*.
N° 116. — 13966*.

Eure-et-Loir.

CHARTRES.

Archives départementales.

G 72. — 21522, 23105.
G 533. — 3038*.
G 538. — 14036, 14037.
G 714. — 15878.
G 715. — 17792.
G 718. — 15863, 21203, 23002.
G 1084. — 20062.
G 2089. — 16351.
G 2957. — 17512.
G 3387. — 17514.
H 612. — 32315.
H 1400. — 15967*.
H 2723. — 32360.

Archives de l'Hôtel-Dieu.

(*Sans cote.*) — 8010.

Bibliothèque.

Ms. 400 (*412*). — 19007.

LE GUÉ-DE-LONGROI.

Archives communales.

(*Sans cote.*) — 14713.

SAINVILLE.

Étude du notaire.

14598.

Finistère.

QUIMPER.

Archives départementales.

Collection du manoir de Keriolet. — 3568*, 32281, 32507, 32548, 32550, 32655, 32802, 32812, 32920, 33034, 33038, 33039.

Gard.

AIGUESMORTES.

Archives communales.

DD 22. — 25920, 25921.
N° 14. — 20268.

ALAIS.

Archives communales.

Liasse 3. — 16795, 17775, 18048, 20635, 22657, 22795, 22902, 23140.

GALLARGUES.

Archives communales.

AA 1. — 20624.

NÎMES.

Archives départementales.

E 1. — 11056*.
E 138. — 13267*.
G 433. — 11985.
G 829. — 20514.
G 1238. — 17935.
G 1239. — 16061, 16113.
H 2. — 10103, 13767.
H 107. — 13414.
H 124. — 13414.
H 337. — 11057.

Archives communales.

AA 1. — 117.
AA 4. — 7951*.
BB 2. — 474, 9570.
DD 6. — 14351*.
FF 13. — 2249.
JJ 4. — 1241*, 18784, 20448, 21436, 22157, 22249.
JJ 8. — 9913.
MM 2. — 17129, 17268.
MM 3. — 18785, 20449, 21437.
NN 4. — 1818*, 4257*, 4259*, 5603*, 9791*, 9794, 11011*, 12873*, 19908, 20657, 22020, 22607, 22658, 22664.

Bibliothèque.

Ms. 3041. — 1963*.

SOMMIÈRES.

Archives communales.

AA 11. — 15750.

LE VIGAN.

Archives communales.

AA (*sans n°*). — 2293.

SAINT-HIPPOLYTE-DU-FORT.

Archives communales.

AA (*sans n°*). — 13751.

Haute-Garonne.

GRENADE.

Archives communales.

II 1. — 7922*, 11535*, 32903.
(*Sans cote.*) — 21566 *bis*.

TOULOUSE.

Archives départementales.

B 1900. *Parlement de Toulouse* (*édits, reg. 2*). — 25, 46, 101, 163, 311, 364, 451, 451*, 497, 32253.
B 1901. (*Édits, reg. 3.*) — 889* à 891*, 2512, 2573, 2574, 2736, 2820, 2964, 2978, 3073, 3096, 3146, 3152, 3281, 3283, 3374, 3376, 3382, 3384, 3410, 3547, 3557, 3721, 3733, 3759, 3805, 3814, 3827, 3834, 3840, 3848, 4072, 4226, 4294, 4542, 4647, 17058, 17227, 17231, 17277*, 17393*, 17404, 17491, 19226, 32304, 32519, 32545.
B 1902. (*Édits, reg. 4.*) — 1036, 2766, 3125, 3443, 4325, 4648, 4764, 5208, 5215, 5333, 5598 à 5603, 5703, 5860, 6142, 6732, 6760, 6997, 7384, 7437, 7452, 7487, 7488, 7518, 7681, 7921, 7978, 8020, 8138, 8142, 8259, 8271, 8293, 8320, 8322, 8359, 8465, 8477, 8493, 8498, 8517, 8538, 8539, 8562, 8574, 8579, 8599, 8600, 8627, 8686, 8714, 8716, 8736, 8761, 8765, 8799, 8812, 9037, 9047, 9206, 9207, 9306, 9308, 9385, 9583, 9642, 9657, 9664, 9789, 9790, 9850, 9893, 9946, 9951, 9999, 10025, 10117, 10128, 10205, 10361, 10473, 10478, 10481, 10534, 10535, 10543 à 10545, 10609, 10650, 10927, 10966, 10969, 10977, 11011, 11025, 11026, 11049, 11064, 11071, 11072, 11077, 11099, 11103, 11115, 11128, 11135, 11143, 11160, 11171, 11196, 11248, 11251, 11293, 11314, 11460, 11469, 11645, 11702, 11743, 11759, 11870, 11901 à 11904, 11907, 11967, 11973, 11978, 11981, 12033, 12075, 12196, 12227, 12294, 12326, 12468, 12525, 12529, 20916, 32562, 32601, 32605, 32917.
B 1903. (*Édits, reg. 5.*) — 8299*, 11078, 12228, 12253, 12261, 12390, 12456, 12461, 12526, 12565, 12586, 12640, 12659, 12706, 12738*, 12741, 12798,

12815, 12860, 12868, 12929, 12940, 13020, 13051, 13092, 13097, 13115, 13116, 13185, 13256, 13295, 13297, 13311, 13323, 13353, 13354, 13408, 13409, 13422*, 13423, 13450, 13478, 13485, 13553, 13562, 13651, 13660, 13661, 13703, 13722, 13729 à 13731, 13535, 13748, 13772, 13790, 13844, 13856, 13944, 13945, 14026, 14027, 14035, 14050, 14059, 14060, 14080, 14128, 14146, 14177, 14207, 14218, 14222, 14223, 14257, 14259, 14263, 14277, 14338, 14373, 14404, 14415, 14434, 14447, 14454, 14469, 14504, 14555, 14563, 14603, 14608, 14613, 14625, 14629, 14695, 14777, 14793, 14805, 14820, 14993, 15076, 15084 à 15086, 15240, 15340, 15359, 15402, 15428 à 15430, 15447, 15454, 15455, 22464, 22773, 22999, 32988, 33058.

B 1904. (*Édits, reg. 6.*) — 14233, 14955.

C 2277. — 1221*, 2098*, 2280*, 2704*, 2909*, 19852*.

C 2278. — 7975*, 12080*, 13340*, 14284*, 14578*, 33137.

C 2280. — 5601*.

H. *Abbaye de Saint-Sernin, sac G., liasse 1.* — 2383.

H. *Ordre de Malte.* — 109*, 1987*, 1989*, 2350*, 2916*, 7890*, 12895*, 16416, 17516, 17767.

H 144. — 32317.

H 144 *bis.* — 2127*.

H 145. — 2350*, 7890*, 33043.

Archives communales.

AA 3 (*anc. ms. 185*). — 4494, 4494*, 7489, 7489*, 7572, 7572*.

AA 5 (*anc. ms. 220*). — 5208, 5208*, 5598*, 5600, 5600*, 6133, 7131, 8388, 8549, 11072.

AA 6 (*anc. ms. 222*). — 2242, 2296, 3567, 32499.

AA 8. — 32551.

AA 13 (*anc. ms. 153 et non 157*). — 152, 200, 283, 290, 337, 358, 469, 669, 803, 877, 950, 958, 1110, 1687, 1704, 1766, 1806, 1808, 1885, 1900, 1924, 2662, 2725, 2864, 3146, 3348, 5208, 7989, 8022, 8197, 8202, 8243, 8330, 8371, 8609, 8624, 8733, 8746, 9181, 11877, 11981, 12586, 13131.

AA 17 (*anc. ms. 8508*). — 2242, 3843, 4134, 4494, 5598, 5600, 6997, 11071, 11072, 11260, 11483, 13730, 13731, 14626, 15429.

AA 40 (*anc. cartons 70 et 71*). — 101, 200, 233, 480, 485, 1088, 1110, 4163, 4256, 7131, 7150*, 7159, 7726, 8492, 8549, 8624, 9111, 9249, 9556, 11458, 11861, 11974, 11980, 12166, 13606, 13861, 14408, 32353, 32585.

AA 50 (*anc. ms. 4116*). — 200, 535, 7131, 8142, 8388, 11483, 11535, 13213, 14625.

Carton 67. — 12381.

Ms. 195. — 1817 à 1820, 1822, 1927, 1940, 2018, 2098, 2168, 2220, 2226 à 2228, 2241, 2280.

Ms. 439. — 2242, 3567, 5598, 6133, 7131, 8549, 8624, 8709, 9439, 9556, 10639, 11059, 11974, 11980, 12166, 12628, 12630, 12788, 12860.

Ms. 440. — 13729 à 13731, 15063.

Ms. 2550. — 200, 7572.

Archives du moulin de Bazacle.

15132 *bis*, 32897.

Collection de M. Fonteix.

32651, 33249.

Gers.

AUCH.

Bibliothèque de la ville.

Ms. 73 (*anc. 86*). — 20488, 20488*.

CONDOM.

Archives communales.

AA. — 3590, 8448, 13195.

FLEURANCE.

Archives communales.

AA 1. — 25922.

LECTOURE.

Archives communales.

AA 7. — 488.

AA (*sans n°*). — 271, 1036.

PAUILHAC.

Archives communales.

AA 3. — 1959.

BLAYE.

Archives communales.

AA 3. — 14439.
AA 4. — 61, 16100*.
AA 5. — 8692*.
AA 6. — 487, 16100.
AA 11 (*corr.* AA 5). — 8692.

BORDEAUX.

Archives départementales.

B 30. — 9, 14, 44, 66, 98, 107, 163, 197, 225, 259, 311, 367, 391, 393, 395, 472, 488, 502, 506, 509, 547, 564, 569, 611, 648, 655, 659, 708, 800, 889, 890, 891, 926, 977, 1032, 1056, 1058, 1079, 1122, 1145, 1175, 1176, 1178, 1182, 1205, 1215, 1295, 1350, 1351, 1353, 1377, 1384, 1408, 1472, 1517, 1526, 1543, 1558, 1573, 1599, 1609, 1644, 1658, 1677, 1752, 1782, 1785, 1796, 1823, 1880, 1907, 1922, 1997, 2047, 2069, 2150.
B 30 *bis.* — 517, 747, 1175, 1939, 2209, 2210, 2211, 2226, 2243, 2270, 2309, 2314, 2429, 2475, 2495, 2530, 2669, 2723, 2724, 2748, 2750, 2779, 2914, 2952, 3125, 3186, 3232, 3287, 3313, 3338, 3382, 3436, 3500, 3547, 3556, 3570, 3735, 3739, 3761, 3763, 4226, 4250, 4386, 4407, 4448, 4519, 4534, 4743, 5001, 5107, 6160, 6193, 6194, 6224, 6236, 6327, 6731, 6784, 6890, 7194, 7416, 7441, 7452, 7495, 7518, 7520, 7550, 7621, 7859, 8030, 8138, 8142, 8179, 8195, 8259, 8290, 8299, 8404, 8467, 8476, 8514, 8562, 8746, 8755, 8800, 8803, 8815, 8817, 8831, 8847, 8901, 9047, 9163, 9174, 9206, 9288, 9336, 9364, 9371, 9378, 9383, 9420, 9426, 9474, 9489, 9642, 9661, 9667, 9668, 9795, 10025, 10068.
B 31. — 1314, 2347, 3700, 8299, 8525, 8631, 8656, 8810, 10474, 10650, 10652, 10717, 10719, 11025, 11026, 11029, 11071, 11072, 11077, 11104, 11109, 11143, 11166, 11248, 11260, 11284, 11289, 11293, 11381, 11436, 11468, 11469, 11496, 11572, 11573, 11575, 11638, 11707, 11742, 11804, 11822, 11857, 11858, 11870, 11872 à 11875, 11949, 11981, 11989, 12061, 12127, 12162, 12227, 12256, 12261, 12352, 12377, 12389, 12427, 12461, 12470, 12519, 12525, 12526, 12529, 12541, 12542, 12586, 12588, 12622, 12659, 12671, 12696, 12702, 12709, 12731, 12737, 12746, 12770, 12778, 12779, 12805, 12811, 12815, 12829, 12860, 12890, 12936, 12966, 12969, 12970, 12974 à 12977, 12984 à 12986, 12994, 13002, 13003, 13005, 13009, 13010, 13058, 13063, 13082, 13085, 13232, 13255, 13275, 13277, 13296, 13297, 13299, 13302, 13306, 13314, 13323, 13331, 13332, 13352, 13401, 13407, 13413, 13415, 13419, 13428, 13435, 13437, 13451 à 13453, 13478, 13483, 13503, 13523, 13564, 13576, 13715, 13734, 13740, 13796, 13800, 13803, 13814, 13868, 13870, 13906, 13923, 13941, 13953, 13956, 13968, 13998, 13999, 14027, 14034, 14046, 14067, 14070, 14082, 14083, 14109, 14166, 14207, 14302, 14316.
B 32. — 2787, 12431, 13002, 13224, 13407; 13801, 13907, 14064, 14090, 14146, 14183, 14210, 14241, 14309, 14313, 14318, 14321, 14329, 14358, 14362, 14383, 14384, 14393, 14394, 14429, 14469, 14472, 14500, 14512, 14537, 14575, 14592, 14655, 14805, 14828, 15851, 14931, 14933, 14969, 15072, 15083.
B 33. — 12563, 12738, 13182, 14232, 14822, 14848, 15021, 15207, 15209, 15210, 15212, 15307, 15340, 15354, 15439, 15544, 15557.
E. *Notaires. Charier.* — 3713.
G 3. — 2245.
G 47. — 14537.
G 268. — 1335.
G 271. — 162, 11260, 14517*.
G 286. — 1456.
G 479. — 7546*, 32654, 32994.
G 921. — 32273.
G 922. — 3496*, 23774.
Inventaire des archives de Libourne, coté QQQQ, dit Livre velu. — 4499.
(*Sans cote.*) — 14517.

Archives communales.

LIVRE DES PRIVILÈGES. — 162, 3739*, 11468, 13419.

Collection de M. le comte de Marcellus.

13626.

CADILLAC-SUR-GARONNE.

Archives communales.

(*Sans cote.*) — 2703.

LIBOURNE.

Archives communales.

AA 1 (*Livre velu*). — 66, 10982, 11014.
AA 3 (*Arch. dép., Suppl.* E 2337). — 32339, 32524, 32589.
AA 5 (*Arch. dép., Suppl.* E 3972). — 66*, 32836.
AA 7. — 32552.
AA (*sans n°*). — 472*.

EE 1 (*Arch. dép., E Suppl.* 4210). — 32782.
FF 1 (*Arch. départ., E Suppl.* 4232). — 13998*.
II 1. — 13998.
(*Sans cote.*) — 20515*, 32518.

LA RÉOLE.

Archives communales.

(*Sans cote*). — 3274.

SAUVETERRE-DE-GUYENNE.

Archives communales.

(*Sans cote.*) — 1053.

Hérault.

BÉZIERS.

Archives communales.

(*Sans cote.*) — 2573*, 23868, 24263.
Registri de omnibus. — 11071.

MONTPELLIER.

Archives départementales.

B 5. — 10714, 13531, 32211 à 32216.
B 341. — 346, 1002, 1168, 1748, 1760, 1776, 1777, 1783, 1786, 1788, 1953, 2009, 2842, 2872, 2933, 2985, 3195, 3245, 3318, 3375, 3511, 4482, 5055, 5155, 5862, 5908, 5990, 6177, 6178, 6856, 7308, 7475, 7482, 8023, 8055, 8188, 8684, 8787, 8812, 8816, 8841, 9033, 9163, 9251, 9253, 9307, 9511, 9563, 9584, 9614, 9615, 9772, 10002, 10732, 10970, 11056, 11064, 11103, 11215, 11291, 11293, 11588, 13886.
B 342. — 3077, 3223, 3999, 4245, 5366, 5844, 5870, 6099, 6174, 6276, 6780, 7599, 8031, 8098, 10538, 10585, 11529, 11686, 11863, 11887, 11953, 12151, 12173, 12759, 12928.
B 343. — 3328, 9571, 11806, 12356, 12515, 12849, 12943, 12953, 13120, 13267, 13297, 13360, 13575, 13661, 13839, 13871, 14026, 14135, 14139, 14201, 14220, 14442, 14523, 14550, 14609, 14623, 14665, 14805, 14806, 15078, 15079.
B 445. — 12786, 17730, 19975.
B 455. — 4115*, 8796, 9475, 11153, 11307, 11588, 14116, 14355, 14564, 15188, 15671, 19459, 20038, 20194, 20530, 20539, 20650, 20707, 20865, 32217.
C. *États de Languedoc : procès-verbaux.* — 7975, 9850, 10248, 11204, 11205, 11308, 11537, 11538, 11541, 11648, 12080, 12733, 12734, 12741, 13048, 13049, 13281, 13340, 13763, 13771, 13776, 14150, 14285, 14336, 14579, 14609, 16129, 16172, 17411, 19870, 19942, 20560.
C. *États de Languedoc : commissions pour la tenue des États.* — 702, 15908, 15993, 16783, 17287, 17335, 17411, 17511, 17774.
C. *États de Languedoc : recueil des lettres et actes des commissaires du roi aux États.* — 2018*, 2098*, 2280*, 2704*, 8146, 8651, 8652, 14146, 14678, 15360, 15399, 15561, 15908, 15993, 16763, 17185, 17287, 17335, 17412, 17457, 17511, 17565, 17659, 17774, 17823, 17824, 18765, 19010, 19386, 19643, 20092, 20093, 20275, 20459, 20631, 20632, 20821.
C. *États de Languedoc : cahiers des doléances.* — 1816, 2109, 4255, 11011.
C. *États de Languedoc : ordonnances et arrêts.* — 163, 456, 464, 815, 1241, 1570, 1672, 1817 à 1822, 2241, 2573 à 2576, 3088, 4325, 5598, 5599, 5601 à 5603, 7921, 7971, 8020, 8623, 9197, 9198, 10976, 11535, 11538.
C. *Etats de Languedoc : collection Dom Pacotte, VI.* — 3536, 4259, 4836, 11011, 12873, 14351.
C. *États de Languedoc : collection Dom Pacotte, VII.* — 4258, 4722, 11539, 11541, 13339, 13743, 14038, 15456.

IMPRIMERIE NATIONALE.

C. *États de Languedoc : collection Dom Pacotte, IX.* — 2044, 4256, 11066, 15662.
C. *États de Languedoc : collection Dom Pacotte, XI.* — 10036.
C. 2949. — 32368.
C. 2961. — 6273*.
Privilèges de l'Université, cartul. x. — 13317*, 13360*, 16104*, 32497.
Archives de la Faculté de médecine, reg. XI. — 346*, 11686*, 13317*, 32294, 32497, 32554, 32557, 32621.

Archives communales.

AA. *Assiettes.* — 1927, 1940, 2704.
AA. *États de Languedoc.* — 955, 1930, 2220, 2909, 3108, 3159, 3185, 4838, 19286, 19481.
BB. *Grand thalamus.* — 181, 215, 1152, 2147, 3318, 11529, 11532, 13728, 13730, 13762, 14356.
CC. *Francs fiefs.* — 465, 1240.
CC. *Leudes et péages.* — 1241.
CC. *Tailles.* — 4257.
EE. — 9791.

Bibliothèque de la ville.

Ms. 104. — 346*, 6177*, 11686*, 13317*, 13360*, 16104*, 32294, 32497, 32554, 32557, 32570, 32621.

Ille-et-Vilaine.

MONTFORT.

Archives communales.

EE 2. — 11138*.

RENNES.

Archives départementales.

B I (*anc.* B 224). — 22161, 22292, 22339, 22366, 22435, 22487, 22523, 22686, 22725, 22775, 22829, 22830, 22948, 22950, 22951, 22968, 22984, 22985, 22988, 23010, 23016, 23023, 23116, 23163.
B. Parlement : registre des enregistrements des édits, etc., VII. — 23963.
C. 2712. — 11169*.
C. 3125. — 3649*, 4824*, 4919*.
C. 3132. — 4824*, 4825*, 4919*.
C 3266. — 20910.
C 3301. — 13785*.
C 3325. — 16357, 16628, 22357.
C 3722. — 9656*.
F. *Fonds P. Hévin.* — 20910, 21022, 21115.
1 H 5. — 2451*, 14160*, 16520.
2 H 2. — 18156.
Document à classer. — 16682.

Archives communales.

(*Sans cote.*) — 1477, 1639.

SAINT-MALO.

Archives communales.

AA 4. — 2850, 7040.
AA 5. — 2850.
EE 1. — 7040, 8569, 10129.
EE 4. — 7998, 9784, 9843.
HH 1. — 11680, 11756, 13759.

Indre.

CHÂTEAUROUX.

Archives départementales.

A 1. — 32509, 32637, 32989.
A 4. — 32316.

GARGILESSE.

Terrier de Gargilesse, appartenant à M. L. Imhoff.

33152.

Indre-et-Loire.

AMBOISE.

Archives communales.

AA 17. — 15747.
AA 20. — 2271.
AA 22. — 7477.
AA 23. — 12520.
CC 14. — 15706.
CC 15. — 8679.
CC 36. — 21180.
CC 47. — 3387.
CC 143. — 22508, 22515.
II 4. — 15733.

TOURS.

Archives départementales.

F. Fonds de Sassay. — 32525.
H 593. — 32409.

Archives communales.

BB 25. — 17523, 17627.
BB 26. — 17573.

Bibliothèque.

Ms. 1294. — 206.
Ms. 1295. — 206, 753, 1438, 1697, 3302, 7023, 7204, 7264.
Ms. intitulé : *Concilia provinciæ Turonensis.* — 2866.
Fonds Salmon. — 4413.

Isère.

GRENOBLE.

Archives départementales.

B 2333. — 23, 163, 421, 554, 659, 757, 1100, 1101, 1102, 1563, 1773, 1800, 1831, 1883, 1906, 1907, 2084, 2240, 4429, 8442, 8869, 8870, 16180.
B 2334. — 588, 11380, 11390, 11496, 11531, 11667, 11679, 11926, 11940, 11960, 11961, 12034, 12126, 12142, 12249, 12383, 12525, 12528, 12641, 12771 à 12774, 12946, 12980, 13025, 13114, 13679, 13687, 13688, 14134, 14141, 14145, 14146, 14525, 14619, 15025, 15549, 20966, 22109, 22396, 22558, 22560, 22593, 22596, 22597, 22599 à 22601, 22631, 22878, 22938, 22939, 23022.
B 2374. — 22809, 22912.
B 2830. — 483, 1060, 1340.
B 2831. — 1411, 3544.
B 2832. — 3555, 3694, 3790, 5515, 7020, 19903, 20828, 20999, 21256, 21325, 21352, 21353.
B 2833. — 21357, 21369, 21370, 21396.
B 2907. — 56, 291*, 311, 353, 390, 433, 605, 1237, 1359, 1459, 1567, 1576, 1723, 1724, 1758, 1759, 1762, 1866, 1927, 1953, 2355, 2414, 2577, 2731, 12459, 12460, 12498, 15672, 16000, 22369.
B 2908. — 567, 1377, 1881, 2010, 2042, 2128, 2159, 2178, 2207, 2246, 2253, 2264, 2361, 2415, 2437, 2506, 2540, 2558, 2614, 2645, 2656, 2755, 2757, 2763, 3111, 3499, 3780, 4528, 11642, 11668, 17608, 18745, 19787, 19873, 22201.
B 2909. — 1259, 1748, 2540, 4304, 4403, 4465, 4494, 4531, 4597, 4600, 4733, 4764, 4767, 4865, 5155, 5720, 5750, 5991, 6466, 6491, 6557, 6734, 6848, 6852, 6944, 7127, 7866, 8056, 8188, 20484, 20574, 20603, 20676, 20942.
B 2910. — 940, 1046, 1631, 2184, 2186, 3717, 3856, 3949, 4225, 4269, 4491, 4600, 5208, 7495, 7585, 7817, 7989, 7990, 8011, 8138, 8142, 8153, 8155, 8217, 8245, 8259, 8267, 8301, 8335, 8349, 8393, 8401, 8476, 8608, 8613, 8614, 8665, 8729, 8797, 9019, 9055, 9216, 9252, 9344, 9349, 9418, 9642, 9956, 10099, 10473, 10776, 10839, 11025, 11026, 11071, 11072, 11125, 11143, 11152, 11242, 11285, 11310, 11970, 11972, 11993, 12458, 12646, 12647, 13689, 20761, 21821, 22044.
B 2911. — 919, 1096, 2540, 2557, 2559, 2561, 8303, 9336, 9992, 10076, 11260, 11293, 11386 à 11389, 11391, 11449, 11584, 11729, 11730, 11731, 11744, 11860, 12093, 12252, 12430, 12576, 12602, 12613, 12614, 12709, 12732, 12750, 12811, 12816, 12938, 12946, 12947, 13031, 13032, 13041, 13124, 13216, 13219, 13245, 13263, 13285, 13331, 13422, 13531, 13557, 13633 à 13636, 13647, 13672, 13673, 13699, 13772, 14016, 14071, 14081, 14105, 14273, 14430, 14601, 14805, 14806, 14937, 15228, 15307, 15340, 22650, 22651, 23013.
B 2912. — 7084, 12148, 13323, 14207, 14390, 14443, 14620, 14659, 15414, 15435, 15437.
B 2920. — 10480.
B 2948. — 1551.
B 2951. — 619, 674.
B 2952. — 20864, 22141.
B 2960. — 444.
B 2968. — 1001, 11179, 13495, 15772, 16439.
B 2969. — 20006, 21021, 21177, 22233.
B 2971. — 15453, 23148, 23182.
B 2977. — 10077.
B 2980. — 6048, 9996, 16185, 17410, 22477, 22482.
B 2982. — 10536, 22668.
B 2983. — 180.

Isère. B 2986. — 15991.
Loir-et-Cher. B 2987. — 10079, 21425.
B 2992. — 19359.
B 2993. — 457, 460, 2064.
B 2994. — 3655, 10869*, 10876*, 12991, 16170, 19734, 21366.
B 2996. — 14743*.
B 3001. — 17864.
B 3003. — 116.
B 3049. — 1144, 16090, 16167, 17063, 17189, 17388, 17394.
B 3057. — 1353, 1354, 1377, 1394, 1395, 1420, 1662.
B 3059. — 1445, 1542, 1642, 2413, 2646.
B 3064. — 8661, 8667.
B 3067. — 13297, 13400, 13440.
B 3141. — 8445.
B 3186. — 459, 757*, 1006, 1405, 1724*, 1748*, 1757, 16409, 17393.
B 3187. — 1844, 2358, 2645*, 3533, 3626, 3681, 3949*, 4143, 4269*, 4278, 8401*, 18961.
B 3188. — 4600*, 5208*, 5503, 5991, 7156*, 7826*, 7989, 7990, 8011, 8142, 8153, 8259, 8393, 8476*, 8613*, 8665.
B 3189. — 9343*, 9349*, 11026*, 11043*, 11171*, 11260*, 11293*, 11380*, 11388*, 11520, 11584*, 11729*, 11731*, 11860*.
B 3190. — 12034*, 12347, 12576*, 12938*, 13028*, 13032*, 13114, 13184, 13216*, 13330*, 13557*, 14016*, 14207*, 14575, 15500, 22662.
B 3226. — 20586, 20871, 20947, 20963, 21097, 21397, 21420, 21439, 21450, 21477, 21910, 22057, 22058, 22466, 22671, 22673.
B 3278. — 687.
B 3281. — 20626.
B 3287. — 11774.
B 3293. — 1168, 13373, 16109, 17493.
B 3296. — 20994.
B. *Chambre des comptes de Grenoble : fonds de Savoie.* — 22079.
B. *Chambre des comptes de Grenoble : inventaire des titres du marquisat de Saluces.* — 8985*, 15860, 16036, 17822, 18874, 19633, 19634, 19811, 19876 à 19878, 19915, 19917, 19997, 20097, 20116, 20599, 21055, 23176.
B. *Chambre des comptes. Liber informationum super alienationibus domanii Dalphinatus.* — 3832.
B. *Chambre des comptes de Grenoble : inventaire.* — 887, 1999, 2151, 2546, 16206, 17343, 17450, 17806, 18160, 18301, 18372, 18629, 19501, 20232, 20995, 21029, 21109, 21245, 21298, 21383, 21914, 22436, 22958, 23146, 23147.
C. *Bureau des finances de Grenoble : registre des aliénations.* — 2757.
G. *Archevêché de Vienne : inventaire de 1774.* — 20123, 23177.
Pièce non cotée. — 14931.

Archives communales.

AA 2. — 12142*.
AA 4. — 1800*.
BB 13. — 22920.
Registres consulaires. — 11179*, 32762, 32835, 32842, 32979, 33221, 33241 à 33244.

Bibliothèque.

Ms. 576. — 12915*.
Ms. 1392. — 23977, 24129.
Ms. 1426 (*anc. R 80, t. VIII*). — 16023, 16023*.
Ms. 1429. — 13636*, 23186.
Ms. 2412. — 32402.
Ms. 2417. — 33131.

Landes.

DAX.

Archives communales.

AA 5. — 15880, 15937*, 32576.
BB 15. — 15880.
CC 1. — 21985, 32575.
CC 2. — 5120*, 19301.
DD 2. — 33085.

Loir-et-Cher.

BLOIS.

Archives départementales.

Registre de la prévôté. — 187*, 14626*, 17747, 19433, 22845.
E. *Rostaing* (non classé). — 19429*, 19430*, 23886.
G. 1505. — 32298.

Archives communales.

Inventaire. — 32599.

Bibliothèque.

Ms. 56. — 1765*.
Fonds Joursanvault, 1596. — 15771.
— 1597. — 15943.
— 1631. — 3784*, 16196.
— 1649. — 3697.
— 1652. — 3798.
— 1673. — 7269.
— 1675. — 7361.
— 1676. — 9823.

MONTEAUX.

Chartrier du château.

23924.

ROMORANTIN.

Archives communales.

BB 2. — 163*.
CC 8. — 653.
CC 47. — 127, 192*, 2299 *bis* (VIII, 334), 8801, 11655 *bis* (VIII, 374), 15227*.
EE 1. — 1037.
EE 2. — 13074.

Loire.

MONTBRISON.

Bibliothèque.

Ms. 5. — 24284.

SAINT-MARTIN-D'ESTREAUX.

Chartrier du château de Châteaumorand.

11400.

Haute-Loire.

LE PUY.

Archives communales.

AA 60. — 347.

Archives hospitalières.

A 17. — 147.

Loire-Inférieure.

LE CROISIC.

Archives communales.

AA 2. — 32401.

NANTES.

Archives départementales.

B 51. (*Chambre des Comptes, Mandements, I*). — 137, 265, 294, 304, 307, 309, 313, 316, 482, 484, 576, 595, 615, 633, 634, 466, 656, 683, 685, 772, 799, 829, 842, 862, 881, 914, 929, 947, 954, 962, 998, 1048, 1049, 1068, 1093, 1094, 1103, 1105, 1111, 1119, 1131, 1139, 1174, 1312, 1386, 1411, 1435, 1443, 1450, 1509, 1515, 1537, 1566, 1571, 1572, 1601, 1667, 1673, 1725, 1745, 1747, 1802, 1887, 1937, 1964, 1995, 2056, 2075, 2077, 2097, 2107, 2117, 2131, 2145, 2146, 2166, 2306, 2325, 2351, 2359, 2380, 2381, 2386, 2425, 2430, 2440, 2456, 2457, 2465, 2470, 2481, 2493, 2500, 2503, 2510, 2551, 2582, 2608, 2616, 2664, 2672, 2673, 2761, 2821, 2881, 2920, 2948, 2960, 2966, 3164, 3215, 3236, 3239, 3253, 3258, 3260, 3317, 3324, 3325, 3329, 3333, 3340, 3361, 3366, 3388, 3395, 3405, 3441, 3498, 3574, 3576, 3614, 3640, 3658, 3664, 3714, 3722, 3783, 3799, 3805, 4088.
B 52. (*Mandements, II.*) — 1377*, 2556, 2647, 2648, 3290, 3649, 4271, 4404, 4405, 4475, 4569, 4680, 4701, 4708, 4709, 4717, 4721, 4725, 4743, 4754, 4765, 4766, 4786, 4788, 4789, 4807, 4815, 5047, 5164, 5165, 5917, 5972, 6100, 6657, 6966, 7025, 7039, 7040, 7052, 7367, 7405, 7408, 7446, 7448, 7456, 7478, 7505, 7913, 7953, 7974, 8055, 8188, 8241, 8259, 8265, 8375, 8535, 8545, 8558, 8559, 8569, 8602, 8660, 8678, 8711, 8737, 8812, 8814, 8833, 8834, 8844, 8863, 8909, 8934, 9134, 9188, 9214, 9258, 9373, 9377, 9768, 9909, 10194, 10220, 10228, 10261, 10477, 10510, 10625, 11031, 11061, 11137, 11138, 11268, 11322, 11338, 11363, 11444, 11591, 11650, 12082, 12322, 12422, 12889, 12942,

13102, 13117, 13390, 14058, 14418, 14927, 17430.
B 53. (*Mandements, III.*) — 14949, 15423, 15663.
B 116. (*Recueil des chartes.*) — 1285, 8489, 8752.
C 62. — 32248.
C 788. (*Chambre de Commerce de Nantes.*) — 2552*.
E 19. — 1025.
E 85. — 1049.
E 237. — 1148.
E 505. — 1598.
G 29. — 4713.
G 555. — 2462.
H 296. — 878.
H 299. — 2185.
H 320. — 33.
H 381. — 294.

Archives communales.

AA 5. — 592, 2552.
AA 19. — 323, 717, 1084, 1397, 1637.
AA 23. — 1888, 2038.
AA 24. — 573, 595.
BB 113. — 2077.
CC 19. — 2572.
CC 38. — 1615.
EE 27. (*Carton Connétable.*) — 876, 876*.
EE 39. — 7953*, 32526.
EE 175. — 32798.
FF 144. — 32953.

Bibliothèque de la ville.

Ms. 1696. — 32799.
Ms. 1710. — 33068.

Musée Dobrée.

N° 373. — 758*.

Loiret.

GIEN.

Collection de M. Simon, président du tribunal.

14751.

MONTARGIS.

Archives communales.

AA 2. — 68, 2517.
AA 4. — 95.
CC 11. — 138, 992, 2497, 6857, 12059.
CC 12. — 15120.
DD 6. — 7181.
FF 1. — 14072.

ORLÉANS.

Archives départementales.

A 181. — 2915.
A 666. — 1233.
A 709. — 13335, 14441.
A 921. — 12911.
A 1298. — 2082.
A 1624. — 108.
B 2826. — 155*.
B 2927. — 33170.
D. *Université d'Orléans.* — 1332, 3446, 3618, 3996, 6207, 9208, 9867, 13054.
H. *Abbaye de Saint-Benoît-sur-Loire : inventaire.* — 1972.
H. *Célestins d'Ambert.* — 349, 577.
H. *Prieuré de la Madeleine d'Orléans.* — 1292, 2545, 3357.
H. *Clarisses de Gien.* — 4412.

Archives communales.

AA 2. — 182, 428, 9256.
BB 6. — 21591.
BB 62. — 315, 22656, 22663, 22693.

Bibliothèque.

Ms. 698. — 25923.

Collection de M. Jarry.

7484, 11022, 12748.

Lot.

CAHORS.

Archives départementales.

F 231. — 4371*.
F 359. — 6199*.

Archives communales.

AA 5. — 63.
CC 18. — 48, 1835.
Liasse 5. — 9912.

Liasse 12. — 3356.
Liasse 13. — 2334.
Liasse 15. — 12165.
Liasse 20. — 11602.
Liasse 30. — 8263.
Liasse 38. — 3280.
Livre noir. — 63.
Livre nouveau, III. — 63, 2340.

FIGEAC.

Archives communales.

CC 1. — 1647*.

CC 3. — 32603.
CC 5. — 32295, 32374, 32539, 32617.

GOURDON.

Archives communales.

AA 1. — 32239.
CC 3. — 1089, 13599*.
CC 40. — 32843.
FF 2. — 32456.
FF 36. — 32477.

Lot-et-Garonne.

AGEN.

Archives départementales.

B 5. — 2952.
E. *Suppl.* 691 (c[ne] de Laroque-Timbaut, AA 2). — 32531.
E. *Suppl.* 755 (c[ne] d'Aiguillon, CC 2). — 32286.

Archives communales.

AA 16. — 60, 23232.
BB 23. — 706, 1260, 2025.
BB 25. — 8142, 9792, 12699.
BB 26. — 4208, 14229, 14673.
CC 47. — 706.
CC 49. — 2952, 3044, 3168, 7723, 8636.
FF 199. — 2950, 2952, 7425.

FRANCESCAS.

Archives communales.

EE 1. — 7826.

Lozère.

MENDE.

Archives départementales.

E. *Fonds de Corsac.* — 2781, 12758.
E. *Titres relatifs à Châteauneuf-de-Randon.* — 12500.
G 39. — 14639.
G 56. — 205.
G 96. — 20917.
G 713. — 3467.
G 749. — 272.
G. *Supplément.* — 14480.

Archives communales.

EE 7. — 9791.

Maine-et-Loire.

ANGERS.

Archives départementales.

G. *Chapitre d'Angers.* — 279.
G 400. — 1406.
H 2. — 32559.

Archives communales.

AA 1. — 170.
BB 16. — 1, 291, 310, 314, 467, 516, 756.
BB 17. — 811, 811*, 901, 906, 1347.
BB 18. — 811 (*corr.* BB 17), 2175, 2618, 2654, 2799, 2833, 2918.
BB 19. — 2925, 3256, 3512, 3564.
BB 20. — 7346, 8312, 8564, 9412, 9786.
BB 21. — 11069.
BB 22. — 12906, 12917, 13628.
BB 28. — 2296.
BB 29. — 9550.
E 1. — 8564.

Archives hospitalières, déposées à la Préfecture.

Hôtel-Dieu, A 1. — 305, 1689.
—— A 3. — 354.

Bibliothèque de la ville.

Ms. 950. — 3270*.
Ms. 978. — 32726.

BAUGÉ.

Archives communales.

DD 2. — 11174*.

BEAUFORT-EN-VALLÉE.

Archives communales.

(*Sans cote.*) — 14724*, 23191.

Manche.

CHERBOURG.

Archives communales.

AA 1. — 1219*.
AA 11. — 1069*, 23647, 24129.
AA 15. — 23647.
DD 31. — 23997.

Bibliothèque.

Ms. 104 *ter.* — 1069*, 1219*, 1269*.

SAINT-LÔ.

Archives départementales.

H 2050. — 13269*, 13297*.
H 2284. — 20982.

Archives de l'hospice.

A 3. — 17190, 17342.

VALOGNES.

Bibliothèque.

Ms. 17. — 13501*.

Marne.

CHÂLONS-SUR-MARNE.

Archives départementales.

D 43. — 17583.
D 90. — 1698*.
E 160. — 17363.
E 271. — 16146*.
E 940. — 11298*.
E 1009. — 32611.
E 1012. — 23514, 25196.
E 1013. — 14422*, 14463*, 14464*.
G 163. — 13512*.
G 462. — 32602, 33142.
G 463. — 32606.
G 475. — 32331.
G 1526. — 33191.
H 18. *Abbaye de Saint-Memmie.* — 741.
H 525. *Abbaye de Saint-Pierre-au-Mont.* — 19408.
H. *Abbaye de Saint-Thierry, liasse 1.* — 628*.
H. *Abbaye de Saint-Jacques-de-Vitry.* — 20166.
H. *Prieuré de Longueau, botte 1, liasse 1.* — 8771, 11986, 12463, 12465.

Terrier de Sainte-Menehould. — 8532, 9108, 10812, 12712, 13366, 13533, 13541, 14470, 14616, 18521, 20480.

Archives communales.

AA 3. — 17468.
CC 12. — 22441, 22594.
CC 56. — 20562, 20933.
CC 60. — 16043, 17352, 18824, 19702, 20934, 21168.
CC 61. — 15782, 18441, 20846, 22099.
CC. *Octrois.* — 19091.
EE 7. — 16500.
FF 2. — 13512*.
HH 6. — 22986.

Bibliothèque de la ville.

Collection du comte de Villemont, ms. 17. — 33032.

ÉPERNAY.

Archives communales.

HH 1. — 1794*.

Bibliothèque.

Ms. 55. — 1794.

Collection Deullin.

22208, 22271.

REIMS.

Archives départementales.
Fonds déposés à l'Hôtel-de-Ville.

G. *Chapitre métropolitain, lay. 40, liasse 101.* — 698, 12891.
G. *Chapitre métropolitain, lay. 41, liasse 103.* — 1026.
G. *Chapitre métropolitain, lay. 63, liasse 187.* — 1258.
G 8. — 2740*.
G 161. — 2914*.
G. *Fabrique, liasse 17, n° 5.* — 1585.
H. *Abbaye de Saint-Remi, liasse 15.* — 2890.
H. *Abbaye de Saint-Remi, liasse 20.* — 11264.
H. *Abbaye de Saint-Remi, liasse 392.* — 14782.

Archives communales.

Octrois, liasse 1. — 57, 2679.
Octrois, liasse 6. — 1904, 4260, 8791, 10177, 12972.
Fortifications. — 11984.
Matières diverses, liasse 25. — 208, 1346, 8054.
Matières diverses, liasse 35. — 1842*.

Archives hospitalières.

A 1. *Hôtel-Dieu.* — 1258*, 1688*, 17758.
A 2. *Hôtel-Dieu.* — 59, 21991.

Haute-Marne.

CHAUMONT.

Archives départementales.

G 12. (Provisoire). Décimes. — 33161.
G 15. — 1238, 1607, 1636, 9879, 11477.
G 24. — 3289.
G 107. — 32325, 32352, 32454.
G 114. — 1270.
G. *Chapitre de Langres, chapelle des Pignards.* — 32593.
H. *Abbaye de Montierender.* — 7911.
H. *Commanderie de Braux, liasse 8.* — 20491.

Mayenne.

LASSAY.

Archives du château.

33141.

LAVAL.

Archives départementales.

B 2622. — 279.
H 230. — 1994.
Indications fournies par l'archiviste. — 13819, 14431.

Meurthe-et-Moselle.

NANCY.

Archives départementales.

B 364. — 16866, 17208, 23065.
B 402. — 14541*.
B 402 *bis*. — 2226*, 11265*.
B 404. — 22636.
B 406. — 3436*.
B 410. — 3399*, 3425*, 3920*, 4384*, 8118*, 20383, 20384, 20454, 20869, 21954.
B 416. — 351*, 19484, 23025.
B 532. — 25083.
B 611. — 16220.
B 618. — 17435.
B 682. — 24419.
B 720. — 17435.
B 823. — 11265*.
B 850. — 17277, 17347, 17403.
B 886. — 23357.
H 663. — 1264*.

Bibliothèque.

Ms. 848. — 8527*.

Meuse.

BAR-LE-DUC.

Archives départementales.

B 2931. — 8257*, 11017*, 22414.

F 1. — 22983.

Morbihan.

LA CROIX-HELLÉAN.

Chartrier du château de Penhoët.

1802*, 2107*, 18328, 18637.

VANNES.

Archives départementales.

E. *Inventaire des titres de la principauté de Guémené.* — 21158.

G. *Chapitre cathédral de Vannes.* — 22665, 22854.

Archives communales.

AA 1. — 20838.
(*Sans cote.*) — 10261*.

Nièvre.

NEVERS.

Archives départementales.

B 2. — 40, 1343.
B. *Chambre des comptes de Nevers.* — 16145, 16293*, 17361, 17480, 18516, 19504, 21028, 21068, 21972, 21983, 22484, 22742, 22835, 23000.
B. *Grenier à sel de Nevers.* — 1550.
G 2. — 1462.

Archives communales.

BB 14. — 32612.
CC 351. — 32426.
CC 353. — 32305.
CC 363. — 32741.
HH 7. — 12918*.

TANNAY.

Archives communales, déposées aux archives départementales, à Nevers.

CC 1. — 32561, 32819.
HH 1. — 9897*.

Nord.

LILLE.

Archives départementales.

B 376. — 503*.
B 377. (*Trésor des chartes*, carton 579, n° 16826.) — 16359, 16427, 16427*.
B 378. — 882*.
B 379. (*Documents diplomatiques.*) — 16953, 16953*.
B 380. — 2284*, 25919.
B 381. — 19548*, 19608, 19608*.
B 382. — 19890, 19890*, 19910, 19910*, 19911.
B 383. — 3587*, 19967, 32523.
B 384. — 3692*, 20108, 20108*.
B 385. — 20278, 20278*, 32528.
B 386. (*Trésor des chartes* [1538], n° 18329.) — 32816.
B 387. — 14146*.
B 440. (*Trésor des chartes*, carton 556, n° 16823.) — 152*, 520*, 15916, 15916*, 16003, 16217, 32268.
B 442. — 3960*.
B 664. (*Trésor des chartes*, carton 706, n° 17314.) — 14541*.
B 747. (*Trésor des chartes*, carton 566, n° 16788.) — 15917, 16252.
B 847. (*Documents diplomatiques*, n° 18206.) — 20049.
B 911. (*Trésor des chartes*, carton 555, n° 16757.) — 443*.
B 942. (*Trésor des chartes*, carton 566, n° 16812.) — 16228.

B 978. (*Trésor des chartes*, carton 555, n° 16752.) — 16105.
B 994. (*Trésor des chartes*, carton 603, n° 17048.) — 17245.
B 1477. (*Trésor des chartes*, carton 555, n° 16756.) — 15932.
B 1513. (*Trésor des chartes*, cartons 550, 566, n°s 16713, 16806.) — 15746, 16193.
B 2341. — 19285.
B 2364. — 20224.
B 2367. — 20255.
B 2411. — 21986.

Archives hospitalières.

Hôpital Comtesse, n° 897. — 32287.

Bibliothèque de la ville.

Collection Godefroy, portefeuille 247. — 77*, 152*, 15916*.
—— portefeuille 248. — 3692*, 19484*, 20049*, 25919*, 32287, 32306.
—— portefeuille 249. — 14541*.
—— portefeuille 256. — 20224*.

Oise.

BEAUVAIS.

Archives départementales.

G 1596. — 17321.
G 1771. — 15407.
G 1808. — 14242.
G 2284. — 16257.
G 2339. — 35, 385, 713, 1492, 1744, 1867, 2508.
G 2403. — 8854, 14399, 14819.
H 523. — 544.
H 746. — 680.
H 838. — 650.
H 2143. — 1648*, 8859*.
H. *Abbaye de Froidmont.* — 15999.
H. *Prieuré de Saint-Pierre-en-Chastres.* — 14234, 14260.
H. *Prieuré de Wariville.* — 8845.

Archives communales.

AA 3. — 21886, 21889, 21891.
AA 5. — 114*.
AA 6. — 15790, 18787, 21061.
BB 12. — 16152, 16249, 16354.
BB 13. — 908, 17717, 17780, 20007, 20918.
BB 15. — 22827, 22858, 22891, 22992.
EE 13. — 1522.

Collection de M. Halinbourg, vice-président du Conseil général de l'Oise.

33040.

CHANTILLY.

Archives du Musée Condé.

Ms. 750. — 1882*, 2671*, 3732*, 3788*, 6326*, 18703, 19194, 19219, 20670, 20686, 20730, 20773, 21179.
Inventaire des titres de Montmorency. — 17535, 19468, 20978, 21003.
B 93. — 24012.
K 1. — 19854, 20298.
K 16. — 20849.
K 34. — 17289.
K 39. — 22966.
K 57. — 2531*, 20422, 23139.
AD 1. — 17539.

COMPIÈGNE.

Archives communales.

CC 1. — 18448.
DD 21. — 15883.

Collection de M. le comte de Marsy.

18713, 20314.

Orne.

ALENÇON.

Archives départementales.

E. *Ville d'Alençon.* — 168.
H 13. — 4433*.
H 2014. — 9879*, 9892*.
H 3463. — 32410.
H 4005. — 32468.
H 4147. — 10416*.
H 4209. — 1608*.
H. 4214. — 32414.
H 4215. — 33056.

Bibliothèque.

Ms. 101. — 17542.

FLERS-DE-L'ORNE.

Chartrier du château.

23795, 24175, 25108, 25295.

Puy-de-Dôme.

CLERMONT-FERRAND.

Archives départementales.

G. *Évêché de Clermont, liasse 21.* — 13089.
—— *liasse 22.* — 12950, 17501.
—— *liasse 25.* — 13638.
—— *1er supplément, liasse 16.* — 16548.
G. *Chapitre de la cathédrale de Clermont, armoire 9, sac C.* — 2612.
G. *Chapitre de Saint-Genès, l. 18, c. 7.* — 8794.
H. *Abbaye de Saint-Alyre de Clermont.* — 6159, 8380, 12901, 13504, 14011, 14538.
H. *Carmes de Clermont, l. 1, c. 6.* — 1466.
(*Sans cote.*) — 12621, 23848.

Archives communales.

19534, 21024, 21379.

Bibliothèque.

Ms. 772. — 21880.
Papiers Crouzet. — 12437*.

RIOM.

Archives communales.

AA 4. — 32841.

Greffe de la Cour.

24513, 24586.

THIERS.

Archives communales.

CC 9. — 20583, 20583*.

Basses-Pyrénées.

BAYONNE.

Archives communales.

AA 6. — 12061*, 12377*.
AA 15. — 13810, 15877, 15891, 15904, 16284, 16355, 16410, 17463, 19262, 20951, 21506, 22270, 22272, 22828.
AA 17. — 15877, 17464, 20427.
BB 5. — 14*, 658*, 16284*, 32210, 32221, 32241, 32266, 32280, 32291.
BB 6. — 1182*, 19200*, 19250*, 32319, 32324, 32333, 32367, 32369, 32375, 32379, 32394, 32474, 32475, 32489.

PAU.

Archives départementales.

A 1. — 1056*, 13331.
B 455. — 13159.
B 924. — 12659.
B 2076. — 7352, 7375.
E 103. — 100*, 15962.
E 107. — 648.
E 113. — 17700, 17710, 18836.
E 114. — 10302, 12192, 13674, 14389, 19374.
E 119. — 1989*.
E 133. — 1178*, 17740.
E 147. — 15963.
E 257. — 19997.
E 260. — 12250.
E 268. — 8359.
E 275. — 579*.
E 453. — 17728, 17794.
E 455. — 12398, 13350, 14035, 14548, 15320.
E 462. — 32361.
E 463. — 32361.
E 503. — 15667.
E 555. — 150*.
E 556. — 520*.
E 557. — 498*, 503.
E 565. — 1908*.
E 570. — 2857*, 3301*, 3586*, 19935.
E 571. — 6191, 7452, 9260, 10545, 20389, 32218.
E 572. — 11832, 12 92.
E 573. — 3125*, 8261, 9308, 12526, 12860, 13007, 13766.
E 574. — 15528.
E 670. — 17209, 17215, 17328, 17795.
E 672. — 19786.
E 673. — 20106.
E 778. — 16398.
E 882. — 15859.
E 887. — 108*.
G 2. — 17793.
G 89. — 17475.
H 2. — 19200, 19250.
H 73. — 18543.
H 74. — 11564, 11580, 11662.
H 75. — 14288.

LYON.

Archives départementales.

B. *Sénéchaussée : livre du Roi.* — 267*, 397*, 2393*, 8259*, 8429*, 8479*, 8665*, 8746*, 9854*, 10608*, 11237*, 12650*, 13069*, 15228*, 15357, 15364, 15365, 15400, 15450, 15452, 15496, 15938, 20486, 20588, 20661, 20663, 20665, 20667, 20802, 20874, 20884, 20932, 20998, 21001, 21341, 21342, 21404, 21700, 21931, 22165, 22185, 22397, 22523, 22608, 22645, 22755, 22771, 22786, 22791, 22847 à 22849, 22969 à 22979, 22987, 22996, 23006, 23037, 23051, 23087, 23088, 23098, 23122.
E. *Papiers de la famille Bourbon.* — 18851.
G 47. — 11149.
G 63. — 11119.
G 97. — 8069.
G. *Chapitre métropolitain, arm. Abel*, vol. 22.
G. *Chapitre métropolitain, arm. Abram, vol. 3* bis. — 4273.
G. *Chapitre métropolitain, arm. Abram, vol. 6.* — 131, 631, 1562, 3323, 13079, 13952, 14406, 14526, 15080, 15230.
G. *Chapitre métropolitain, arm. Abram, vol. 10.* — 1289, 15640.
G. *Chapitre métropolitain, arm. Abram, vol. 30.* — 2174.
G. *Chapitre métropolitain, arm. Abram, vol. 42.* — 11111.
G. *Chapitre métropolitain, arm. Cham, vol. 12.* — 892, 2676.
G. *Chapitre métropolitain, arm. Cham, vol. 17.* — 1902, 8341, 8356.
G. *Chapitre métropolitain, arm. Cham, vol. 25.* — 1382.
G. *Chapitre métropolitain, arm. Elias, vol. 8.* — 1627.
G. *Chapitre métropolitain, arm. Elias, vol. 30.* — 14538.
G. *Chapitre métropolitain, arm. Elias, vol. 36.* — 14084.
H. *Grands Augustins de Lyon.* — 18462.
H. *Ordre de Malte.* — 1989, 12895, 14619.
H 21. — 109*.
H 38. — 12895*
H 51. — 14619*.
H 54. — 12895*, 32972.

Archives communales.

AA 5. — 3566, 4818, 13610.
AA 6. — 103, 14331.
AA 20. — 3419, 3459, 8610.
AA 24. — 1634, 3385, 11117.
AA 151. — 103, 342, 1539, 1557, 1970, 2189, 2208, 2482, 3674, 4079, 5476, 6654, 8429, 8479, 8644, 8661, 8683, 8730, 8735, 9137, 9427, 9682, 10023, 10166, 10363, 10470, 10608, 10723, 11098, 11155, 11218, 12115, 12729.
BB 380. — 1194.
BB 393. — 12671, 13111.
BB 394. — 178, 1539, 9427, 14200.
CC 126. — 283.
CC 128. — 283.
CC 136. — 3488.
CC 290. — 13928.
CC 314. — 10695.
CC 316. — 7682, 7686, 8661, 9716, 10023, 10654, 11117, 11247, 12876, 13627, 13854, 14330, 14345, 14450, 15326, 15536.
CC 335. — 9682, 12503, 13207, 13605, 14228, 14577.
CC 361. — 12951.
CC 372. — 234, 1364, 1474, 1569, 1917, 2058.
CC 862. — 7401.
CC 879. — 8735.
CC 914. — 10560.
CC (*non classé*). — 82, 131, 631, 386, 1326, 1562, 1568, 1620, 1733, 1926, 2143, 2189, 2208, 2432, 2482, 2542, 2891, 3298, 3323, 3458, 3717, 4079, 4836, 5476, 5881, 6427, 6654, 7826, 8340, 8429, 8479, 8707, 8727, 8730, 10687, 11062, 11286, 11519, 11820, 11963, 12112, 12728, 13020, 13079, 13790, 13838, 15230.
DD (*sans n°*). — 267, 2393.
EE (*sans n°*). — 1923, 1971, 2142, 8119, 8735, 11098, 11983, 14299.
FF (*sans n°*). — 3717, 7857, 8275, 8320, 8734, 15017.
GG (*sans n°*). — 2642, 2798, 2868, 2872, 2873, 2882, 2902, 2903, 2907, 2921, 3378 à 3380, 3389 à 3393, 3471 à 3473, 3476 à 3478, 3530, 3531, 3558, 3846, 3855, 3857, 3873, 4228, 4243, 8572, 8573, 8735, 11217, 11253, 11309, 11324, 11378, 11406, 11754, 13975, 14617, 14859.
HH (*sans n°*). — 3847, 7737, 8683, 11252, 11525, 12694, 13285.
II (*sans n°*). — 10.
Inventaire Chappe. — 2122, 3841, 5963, 6656, 8297, 11640, 13127, 13621, 13873, 13926, 14017, 14845.
Recueil imprimé. — 8069.

Bibliothèque de la ville.

Ms. 264. — 22240*, 32384, 32648.
Fonds Coste, ms. 973. — 4273*.

Collection de M. Morin-Pons.

13700*.

VILLEFRANCHE-DE-BEAUJOLAIS.

Archives communales.

AA 1. — 32424.

Haute-Saône.

VESOUL.

Archives départementales.

E 818. — 15392*.

Saône-et-Loire.

AUTUN.

Archives communales.

Livre noir. — 1386*, 15381, 22796, 22799.

CHALON-SUR-SAÔNE.

Archives communales.

AA 18. — 445.
AA 19. — 445.
CC 15. — 508.
CC 16. — 2661.
CC 17. — 5971.
CC 18. — 3854.
EE 1. — 2665, 14117.
FF 56. — 1386.
GG 56. — 3633.

MÂCON.

Archives départementales.

C 546. — 81.
E. *Suppl.* (Tournus, HH 1). — 332*, 13205.
G. *Évêché de Chalon.* — 2285, 5992.
G. *Collégiale de Saint-Georges de Chalon-sur-Saône.* — 1072.
G. *Paroisse de Gueugnon.* — 9608.
H 155. — 2057, 2070, 2101, 2269.
H 378. — 671.
H 392. — 3461.
H 681. — 32364, 32399.
H. *Abbaye de la Ferté-sur-Grosne.* — 1311
H. *Abbaye de Saint-Rigaud.* — 8510.
H 2476. — 8276, 10977, 12466, 12895, 12912.
(*Sans cote.*) — 7952, 13189, 13714.

Archives communales.

BB 27. — 2348*.
BB 29. — 33239.
BB 231. — 12671*, 33096, 33216.
CC 12. — 81*.
CC 53. — 32231, 32404, 32530, 32839.
CC 78. — 33216.
DD 5. — 32811, 32884, 32912.
DD 6. — 33051.
DD 25. — 8812*, 24287*.
FF 10. — 32404, 32530.
GG 111. — 32259.
GG 183. — 14025*.
HH 2. — 7952*.
HH 7. — 32210, 32564, 32839, 33225.

Bibliothèque de M. Lacroix, pharmacien.

12766.

TOURNUS.

Archives communales.

HH 1. — 332*, 13205.

Sarthe.

LE MANS.

Archives départementales.

B 501. — 11474.
E 234. — 336, 389.
E 260. — 4501, 32219.
G 110. — 9640.

Archives communales.

N° 393. — 3412*.

Bibliothèque.

Livre blanc de la cathédrale. — 1684.
Ms. 239. — 1079*.

SAINT-JEAN-DE-LA-MOTTE.

Chartrier du château de la Roche-Mailly.

23616, 23698, 23910, 23956, 24279.

Savoie.

CHAMBÉRY.

Archives communales.

AA 25. — 22232.
AA 26. — 15174.
AA 27. — 15173.
AA 28. — 13691.
AA 34. — 21405.

Greffe de la Cour d'appel.

Sénat de Savoie; reg. des édits, etc., I. — 11926*, 12171*, 12201* à 12203*, 12461*, 12641*, 12674*, 21994, 22078, 22240, 22241, 22264, 22295, 22310, 22315, 22319, 22338, 22340, 22355, 22368, 22399, 22408, 22467, 22469, 22471, 22478, 22496, 22497, 22500, 22505, 22511, 22519, 22521, 22525, 22532, 22534, 22588, 22604, 22632, 22646.
Sénat de Savoie; reg. des arrêts, IV. — 12674*.
Sénat de Savoie; reg. des arrêts criminels, VII. — 22023, 22326.
Sénat de Savoie; registre des audiences civiles et criminelles, I. — 22310, 22455, 22483, 22501.

Seine. Voir Paris.

LE PRÉ-SAINT-GERVAIS.

Librairie Saffroy.

21380, 23673.

Seine-et-Marne.

GRETZ.

Chartrier du château de M. Pereire, à Armainvilliers.

41*, 17077, 22056, 22941.

LARCHANT.

Collection de M. E. Thoison.

14217, 14410.

MEAUX.

Archives du Grand Hôtel-Dieu.

8270.

MELUN.

Archives départementales.

E 1587. — 12944.
F 4. — 25052.
H 425. — 3577.

NEMOURS.

Archives de l'hospice civil.

17309.

PROVINS.

Bibliothèque.

Ms. 103. — 213.

VOULX.

Étude du notaire.

13519.

Seine-et-Oise.

PONTOISE.

Archives communales.

HH 1. — 22919.

Archives de l'Hôtel-Dieu.

B 117. — 1692.
B 135. — 23316.
E 1. — 24013.
H 12. — 2531.

SAINT-ARNOULT.

Archives de l'hospice, à la Mairie.

20791, 23026, 23026*.

VERSAILLES.

Archives départementales.

A 898. — 15727*, 22132.
A 1129. — 15727*.

SEINE-ET-OISE. A 1272. — 23468.

SEINE-INFÉRIEURE. A 1432. — 21824.

B. *Bailliage d'Étampes.* — 1626*.

B. *Prévôté de Saint-Germain-en-Laye.* — 8460*, 20232, 21207.

D. *Saint-Cyr. Mense abbatiale de Saint-Denis : inventaire de Locquet.* — 1358*, 14254*.

D. *Saint-Cyr. Mense abbatiale de Saint-Denis : Belle-Assise, 1er carton.* — 20681.

D. *Saint-Cyr. Duché de Chevreuse, 18e carton.* — 17535*, 19764, 19818, 19821, 19830, 19839, 19964, 20018, 20718, 22075.

D. *Saint-Cyr. Duché de Chevreuse, 26e carton.* — 19798, 19849.

D. *Saint-Cyr. Prieuré de la Saussaye.* — 254, 22410, 23297.

D. *Saint-Cyr. Comté de Charny, 3e liasse.* — 22400.

D. *Saint-Cyr. Comté de Charny, 13e liasse.* — 13331*, 13500*, 22687.

D. *Saint-Cyr. Comté de Charny, 40e liasse.* — 8326.

D. *Saint-Cyr. La grande Aulne, 7e carton.* — 379*.

D. *Augustins de Versailles.* — 17041*.

E 2047. — 19757.

E 2668. — 14278*.

E 3246. — 584.

E 3249. — 23542.

E 3261. — 22975.

G 372. — 33086.

G 479. — 32483.

H. *Abbaye de Clairefontaine.* — 21546.

H. *Abbaye de Livry, 6e carton.* — 446*.

H. *Abbaye de Saint-Martin-de-Pontoise.* — 672*, 959*.

H. *Abbaye de Royaumont : inventaire de la mense.* — 23171.

H. *Abbaye des Vaux-de-Cernay, 39e carton.* — 19128, 23877.

H. *Prieuré d'Argenteuil.* — 22923.

H. *Célestins de Limay.* — 165*, 1608, 23721.

H. *Cordeliers de Pontoise.* — 589*, 22647, 23651, 23804.

H. *Abbaye d'Yerres.* — 126, 10779*.

H. *Abbaye d'Yerres, chap. I, art. 8.* — 91.

H. *Abbaye d'Yerres, chap. II, art. 25.* — 987*.

H. *Abbaye d'Yerres, chap. XXVI, art. 38.* — 17551*.

H. *Abbaye d'Yerres, le Plessis, I, art. 23.* — 22865, 22913.

H. *Abbaye d'Yerres, le Ménil-Racouin, chap. V, art. 7.* — 19380.

H. *Abbaye de Gif, 9e carton.* — 8772*.

H. *Abbaye de Jarcy.* — 1258*.

H. *Abbaye de la Joie-Villers, liasse 9.* — 1626*.

H. *Abbaye de la Joie-Villers, liasse 164.* — 23650.

H. *Abbaye de Maubuisson.* — 72, 22822, 23079.

H. *Abbaye de Poissy; inventaire des titres de rentes sur le domaine.* — 19078, 21457, 23521.

Bibliothèque.

Ms. 412 F. — 12*, 146*, 221*, 380*, 3296*, 3297*, 3548*, 3570*, 3682*, 6235*, 6888*, 6908*, 7996*, 11977*, 12513*, 18387*, 18563*, 19127.

Ms. 414 F. — 11977.

Collection d'autographes, 136. — 21085.

Seine-Inférieure.

LE HAVRE.

Archives communales.

EE 1. — 596*, 32327.

(*Sans cote.*) — 596*, 1231*, 1705*, 3217*, 3845*, 4537*, 11506*, 12875*, 13916*, 21812*, 22293, 22544, 22782, 22994, 23068, 23102, 23184.

Bibliothèque.

Ms. 211. — 20227.

ROUEN.

Archives départementales.

B. *Parlement; reg. pour avril-mai 1517.* — 23448, 23469, 23471, 23481, 23487.

B. *Parlement; reg. pour novembre-décembre 1517.* — 23503.

B. *Parlement; reg. pour février-avril 1522 n. s.* — 1472*.

B. *Parlement; reg. pour juin-juillet 1522.* — 1322*, 1608*.

B. *Parlement; reg. pour mars-avril 1525 n. s.* — 18043*, 18046*.

B. *Parlement; reg. pour août-septembre 1525.* — 18463*.

B. *Parlement; reg. pour avril-septembre 1526.* — 2356*, 18627*.

B. *Parlement; reg. pour février-mars 1542 n. s.* — 12350*.

B. *Parlement; reg. pour juin-juillet 1542.* — 12456*, 12457*, 22439.

B. *Parlement; reg. pour février-mars 1543 n. s.* — 22488, 22526.

B. *Parlement; reg. pour mars-avril* ***1543*** *n. s.* — 22545, 22571.

B. *Parlement; reg. pour avril-mai* ***1543.*** — 12939*, 22528, 22536, 22542, 22543, 22548, 22550, 22552 à 22557, 22561 à 22566, 22568, 22569, 22572 à 22580, 22584 à 22587, 22592.

B. *Parlement; reg. pour novembre-décembre* ***1543.*** — 13224*, 13225*, 13478*, 13522*, 22709.

B. *Parlement; reg. pour août-septembre* ***1546.*** — 13609*, 15284*, 15307*, 15340*, 23055, 23092, 23115, 23128.

B. *Parlement; registre secret pour* ***1518.*** — 725*, 23502.

B. *Parlement; Tournelle : livre rouge.* — 4534*, 7495*, 8562*, 11060*, 11804*, 11805*, 11822*, 11858*, 16348*, 16964*, 17110*, 18515*, 20928, 21237, 21273, 21566, 21680, 21685.

B. *Parlement; registre criminel pour* ***1539-1558.*** — 13060*, 14621*, 15558*, 21896, 21958, 21959, 22000, 22001, 22049, 22050, 22071, 22279, 22281, 22337, 22465, 22860, 22896, 22929, 23041, 23043, 23047, 23135.

B. *Parlement; registre des Grands jours de* ***1540.*** — 22029, 22047, 22048.

B. *Cour des Aides; expéditions, reg. de* ***1515.*** — 65*, 136*, 23199, 23201, 23279, 23295, 23339, 23349.

B. *Cour des Aides; expéditions, reg. de* ***1516.*** — 560*, 23202, 23265, 23296, 23391, 23408, 23427, 23431, 23435.

B. *Cour des Aides; expéditions, reg. de* ***1517.*** — 695*, 23447, 23455, 23483, 23486.

B. *Cour des Aides; expéditions, reg. de* ***1518.*** — 738*, 23289, 23296, 23488, 23520, 23537.

B. *Cour des Aides; expéditions, reg. de* ***1519.*** — 1005*, 23495, 23519, 23566, 23584.

B. *Cour des Aides; expéditions, reg. de* ***1520.*** — 767*, 23541, 23599 à 23601, 23619, 23620, 23628, 23631, 23634, 23639, 23644.

B. *Cour des Aides; mémoriaux, reg.* ***1.*** — 1231, 1284*, 1353, 1472, 1484, 1545, 1546, 1588, 1705, 1711, 1731, 1736, 1746, 1748, 1813, 1830, 1869, 1929, 1952, 1977, 2115, 2188, 2218, 3004, 3490, 17023*, 17325*, 17366*, 17543* à 17550*, 17560*, 17615* à 17618*, 17666* à 17669*, 17693, 19175, 19375, 19397, 19398, 19405 à 19407, 19412 à 19415, 19441, 19470, 19472, 19505, 19506, 23200, 23612, 23671, 23684, 23694, 23703, 23718, 23755, 23759, 23778, 23779, 23788, 23796, 23797, 23801, 23805, 23810, 23811, 23820, 23837, 23864, 23865, 23870, 23874, 23891, 23902.

B. *Cour des Aides; mémoriaux, reg.* ***2.*** — 3137, 3197*, 3217*, 4537*, 7828, 7877, 8058, 8299, 8565, 8812, 8824*, 8825*, 8992, 9163, 11082, 11201, 11293, 11506, 11623, 11651, 11681, 11701, 11777, 11927, 11970, 12407, 12436, 12561, 13104, 13108, 13158, 13169, 13229, 13236, 13261, 13372, 13424, 13461*, 13465, 13772, 13793, 13909, 13916, 13942, 13973, 14023, 14056, 14244, 14296, 14301, 14308, 14310, 14311*, 14586, 14706, 19174, 19394, 19745, 19850, 19858, 19888, 19909, 19916, 19976, 20086, 20088, 20136, 20139, 20146, 20152, 20153, 20179, 20230, 20289, 20344, 20352, 20413, 20429, 20455, 20472, 20474, 20587, 20671, 20689, 20709, 20715, 20762, 20788, 20887, 20903, 20904, 20923, 20948, 20969, 21027, 21052, 21084, 21099, 21110, 21135, 21137, 21141, 21161, 21165, 21178, 21182, 21185, 21206, 21209, 21225, 21246, 21306, 21365, 21415, 21426, 21471, 21474, 21491, 21550, 21640, 21660, 21710, 21901, 21908, 21947, 21966, 22003, 22011, 22012, 22036, 22054, 22060 à 22062, 22091, 22110, 22112, 22154, 22160, 22189, 22192, 22226, 22276, 22337, 22409, 22418, 22490, 22509, 22595, 22624, 22627, 22634, 22637, 22641, 22653, 22674 à 22681, 22691, 22697 à 22701, 22703, 22718, 22722, 22735, 22744, 22754, 22757 à 22760, 22767, 22769, 22774, 22776, 22794, 22798, 22803, 22806, 22807, 22813, 22818, 22819, 22833, 22834, 22837, 22868 à 22870, 22873, 22874, 22877, 22882 à 22885, 22887, 22894, 22897, 22898, 22900, 22901, 22903, 22907, 22918, 22930, 22933, 22935, 22945, 22957, 22976, 22983, 22993, 22997, 23020, 23027, 23029, 23030, 23033, 23062, 23063, 23064, 23073, 23078, 23670.

B. *Cour des Aides; mémoriaux, reg.* ***3.*** — 13069*, 14857*, 15008, 15067, 15124, 15424, 15611, 15612, 20948, 22423, 22504, 22633, 22777, 22781, 22886, 22899, 22906, 23020, 23024, 23035, 23104, 23121, 23133, 23154, 23162, 23164, 23166, 23187, 23188, 23540, 23561.

B. *Cour des Aides; mémoriaux, reg.* ***4.*** — 22702, 22728 à 22730, 22747, 22748, 22788, 22808, 22812, 22893, 22727.

B. *Cour des Aides; mémoriaux, reg.* ***5.*** —

SEINE-INFÉRIEURE. 67*, 22872, 22881, 23703, 23728, 23757.
B. *Cour des Aides; mémoriaux, reg. 6.* — 1096*, 23758.
B. *Cour des Aides; mémoriaux, reg. 7.* — 18940.
B. *Cour des Aides; mémoriaux, reg. 8.* — 22705.
G 934. — 22731, 23059.
G 1142. — 22652, 23340.
G 1170. — 21419.
G 1748. — 21838, 22164.
G 1903. — 8380*.
G 1918. — 23754.
G 1920. — 1608*.
G 2092. — 20164.
G 3620. — 21020.
G 3664. — 22995.
G 3682. — 22851, 22947, 23015.
G 3689. — 1608*, 23705.
G 3690. — 13900*.
G 3696. — 22940, 23484.
G 3699. — 21054, 22440, 22852.
G 3700. — 22851.
G 3701. — 1472*, 1490*, 22699.
G 3703. — 22911, 22949.
G 3715. — 20414.
G 3716. — 22073.
G 4421. — 16458.
G 4450. — 16458.
G 5490. — 5801*, 13966*, 21289, 23113.
G 5492. — 13966*.
G 5658. — 23420.
G 5663. — 13780*, 22736, 22867.
G 5689. — 19671.
G 6840. — 1472*, 1490*, 8824*, 8825*.
G 7751. — 1608*.
H. *Hospice général : cartulaire.* — 13793*.

ROUEN.

Archives communales.

A 10. — 1*.
A 13. — 19822, 20211.
A 14. — 10562.
A 15. — 13793*, 22283.
A 38. — 1460, 2063.
U 1. — 1507*, 20208, 20209, 20401, 23432.
V 1. — 23897.
Tiroir 1. — 23343.
Tiroir 2. — 15939, 16162*.
Tiroir 5. — 15940*, 15969, 16162*, 16424, 16730, 17069, 23648.
Tiroir 6. — 7005*, 12575*, 13108*, 21054.
Tiroir 9. — 13108*, 22046, 22710, 22743, 22981, 23343.
Tiroir 27. — 23700.
Tiroir 31. — 23701, 23744, 23777, 23790, 23828, 23899.
Tiroir 34. — 23304.
Tiroir 91. — 20521.
Tiroir 93. — 1507*, 22743.
Tiroir 98. — 22904.
Tiroir 121. — 23690.
Tiroir 131. — 322*, 2063*, 13038*, 23691.
Tiroir 140. — 23691.
Tiroir 144. — 19241, 21286, 21340, 21360, 21421, 21971, 22603, 22514, 22626, 22660.
Tiroir 145. — 22603, 23826.
Tiroir 147. — 322*, 19241.
Tiroir 148. — 322*, 1212*, 7880*, 19828, 23825.
Tiroir 149. — 19240, 19241, 21286, 21287, 23342.
Tiroir 150 *bis*. — 23342.
Tiroir 159 *bis*. — 21287.
Tiroir 163. — 21117.
Tiroir 168. — 11483.
Tiroir 173. — 20401, 21460, 21551.
Tiroir 174. — 20936.
Tiroir 245. — 23493, 23511.
Tiroir 264. — 14685*.
Tiroir 297. — 22800.
Tiroir 440. — 22302.

Bibliothèque.

Ms. 820-849 (Y 214). — 15941*, 20249, 21063.
Ms. 851 (E 57). — 13104*, 14065*, 15670*, 20836, 21081, 21170, 21351, 21428, 21487, 21893, 21911, 22120, 22305, 22583, 22727, 22763, 22825, 22838, 22953, 22962, 23090, 23103, 23151, 23155, 23729, 23751, 23776, 23794, 23850, 23851.
Ms. 859 (Y 172). — 12436*.
Ms. 860-866 (Y 32). — 21435, 21630, 21688, 22438.
Ms. 907-914 (Y 33). — 22692, 22810.
Ms. 1236 (Y 29). — 13793*.
Ms. 2021 (*Montbret* 108). — 8242*, 21132.
Ms. 2907 (*Martainville*, Y 107). — 22002.
Ms. 2984 (*Martainville*, Y 102). — 17108.
Ms. 3204 (*anc. ms. Leber 5719*). — 19833, 19833*, 22181, 22181*.
Ms. Leber 5840, *indiqué à tort au lieu de 5870, à propos de* 23091.
Ms. 3408 (*anc. ms. Leber 5870*). — 558*, 578*, 11649, 11649*, 12074*, 16788*, 19485, 19611, 19830, 19879, 19906, 20318, 20464, 20550, 20734, 20978,

21094, 21107, 21113, 21176, 21255, 21290, 21300, 21332, 21337, 21393, 21629, 21700, 21800, 21934, 21944, 21967, 22260, 22282, 22546, 22570, 22766, 22787, 22824, 22875, 23091, 23270, 23285, 23400, 23404, 23450, 23458, 23548, 23564, 23605, 23625, 23695, 23767, 23828, 23903, 25051.

Bibliothèque de la Cour d'appel.

Collection du Parlement, reg. 13. — 13565*, 33103.

Deux-Sèvres.

NIORT.

Archives départementales.

E 205. — 7584*.

Archives communales.

B 42. — 118.
B 86. — 7584.
B 87. — 8544.

Bibliothèque de la ville.

Carton 144. — 32434.

Somme.

AMIENS.

Archives départementales.

E 926. — 33112.
G 788. (*Chapitre cathédral, arm. 1, liasse 19, n° 6*). — 1143, 1143*.
G 1214. (*Chapitre cathédral, arm. 2, liasse 6, n° 7*). — 999.
G. *Chapitre cathédral, arm. 2, liasse 15, n° 11.* — 22498.
G. *Chapitre cathédral, arm. 2, liasse 15, n° 13.* — 22582.
G. *Chapitre cathédral, arm. 2, liasse 51, n° 3.* — 6651.
H. *Abbaye de Corbie, arm. 1, liasse 1.* — 689.
H. *Abbaye du Gard, cartulaire.* — 13096*.

Archives communales.

AA 5. (*Registre aux chartes, coté E*). — 169*, 692, 10288*, 11243, 11243*, 11366, 11366*, 14624, 14624*, 17322, 23807, 24333*, 32343, 33005.
AA 12. (*Registre aux chartes, coté M*). — 9030, 9030*, 11483*, 24903*, 33017.
AA 15. (*Registre aux chartes, coté P.*) — 169*, 11243, 11243*, 12867, 12867*, 14624, 14624*.
AA 38. — 169*.
BB 134. — 17322*.
BB 135. — 33033.

CRÉCY-EN-PONTHIEU.

Archives communales.

AA 1. — 15879.

HAM.

Archives communales.

CC 1. — 32238, 32347, 32427, 32540, 32694, 32143.

Archives hospitalières.

(*Sans cote.*) — 17369.

SAINT-RIQUIER.

Archives communales.

(*Sans cote.*) — 16759.

Tarn.

ALBI.

Archives départementales.

A 2. — 1894.
C 217. — 7971.
C 219. — 9198, 10976, 11011.
E 2200. — 2716.
H. *Dominicains d'Albi.* — 14455.

Archives communales.

AA 10. — 8478.
AA 23. — 8590.
AA 46. — 1564.
CC 19. — 15063.
CC 117. — 2241, 2575, 3109, 5206, 7922.

TARN. CC 118. — 10530.
VAUCLUSE. CC 119. — 11536, 12629, 12630, 12651, 12874, 12877, 12992, 13015.
DD 32. — 12788.
EE 20. — 7826.
EE 21. — 2018.
EE 24. — 2574.
EE 28. — 9910, 11778.
EE 29. — 9447.
EE 37. — 14249.
EE 38. — 14649, 14673.
FF 90. — 8478.
FF 93. — 10297.
HH 8. — 9850.
(*Sans cote.*) — 877, 1241, 1570.

Tarn-et-Garonne.

CAYLUS.

Archives communales.

AA 5. — 820.

MONTAUBAN.

Archives départementales.

E. *Seigneurie de Caussade.* — 1063.
G 594. — 1647.
G 1073. — 32258.
G. *Chapitre de Moissac.* — 11536.
Inventaire de 1662. — 12820, 13914.

Archives communales.

Liasse A. — 300.
Série R, *inventaires.* — 2206.
(*Sans cote.*) — 384.

Bibliothèque.

Inventaire des archives de Montech, par Dumas de Rauly. — 3012.

MONTECH.

Archives communales.

(*Sans cote.*) — 3012.

Var.

AUPS.

Archives communales.

AA 1. (*Numéro provisoire : cartulaire.*) — 16112, 20642.

DRAGUIGNAN.

Archives départementales.

EE 15. — 8822.

SAINT-MAXIMIN.

Archives communales.

(*Sans indication de cote.*) — 149, 830.

SAINT-TROPEZ.

Archives communales.

(*Sans indication de cote.*) — 12897.

TOULON.

Archives communales.

AA 2. — 10167*, 21249.
AA 96. — 20058, 22723.
CC 454. — 15926, 21361.
CC 454 *bis.* — 21249, 21359, 21430.
EE 9. — 21331.
EE 18. — 22723.
FF 4. — 4289*.
HH 2. — 9035*.
Reg. B 10. — 13481.

Vaucluse.

AVIGNON.

Bibliothèque de la ville.

Ms. 655. — 32609.
Ms. 1489. — 11990*.
Ms. 1862. — 206*, 32408, 33110.
Ms. 1866. — 383*.
Ms. 2097. — 14803*.
Ms. 2755. — 32806.
Ms. 2847. — 32240.
Ms. 3382. — 101*, 24975*.
Ms. 3565. — 32885.

CARPENTRAS.

Bibliothèque.

Ms. 1744. — 32240.
Ms. 1768. — 75*, 100*, 108*, 2191*.
Ms. 1777. — 8319*.
Ms. 1787. — 6735*, 8472*.
Ms. 1797. — 85*, 551*, 1079*, 1677*, 1752*, 1823*, 7026*, 7365*, 10469*, 11313*, 12801*.
Ms. 1798. — 362*.
Ms. 1812. — 10077*.
Ms. 1813. — 11585*, 12214*.
Ms. 1820. — 8477*.
Ms. 1822. — 1348*, 21823*.
Ms. 1824 (*fonds de Peiresc*, 57, t. II). — 43*, 379*, 552*, 1657*, 2525*, 2736*, 2929*, 12428*, 15398*, 32579, 32855.
Ms. 1837. — 1677*, 1752*, 1823*, 11079*.
Ms. 1840. — 4645*, 7430*.
Ms. 1850. — 32284, 32285.
Ms. 1858. — 33063.
Ms. 1861. — 32265.
Ms. 1863 (*Fonds de Peiresc*, 78). — 14058*.
Ms. 1866. — 12331*.

CAVAILLON.

Archives communales.

FF 2. 9449*.

Vienne.

POITIERS.

Archives départementales.

B 117. (*Maîtrise des eaux et forêts de Poitiers, liasse 1.*) — 3207, 3207*.
C 557. — 8628.
D 2. — 10006.
D 81. — 785, 1614.
E 6³. — 1845.
G 104. — 3815.
G 156. — 188.
G 183. — 188.
G 395. — 1617.
G 503. — 727.
G 504. — 3178.
G 1015. — 1249.
G 1089. — 1133.
H. *Abbaye de Notre-Dame de Fontaine-le-Comte.* — 3261.
H. *Abbaye de Notre-Dame de la Merci-Dieu, liasse 2.* — 3712.
H. *Abbaye de Sainte-Croix de Poitiers, liasse 2.* — 330.
H. *Abbaye de Sainte-Croix de Poitiers, liasse 3.* — 2509.
H. *Abbaye de Sainte-Croix de Poitiers, reg. 279.* — 2162.
H. *Abbaye de la Trinité de Poitiers, liasse 2.* — 1690, 2431, 8484.
H. *Abbaye de la Trinité de Poitiers, liasse 4.* — 2201.
H. *Abbaye de Saint-Jean de Bonneval, liasse 1.* — 5523, 13441.
H. *Prieurés, liasse 33.* — 8715.
H. *Prieurés, liasse 81.* — 1834.
H. *Grand prieuré d'Aquitaine, liasse 2.* — 1989, 2130, 12895.
H. *Grand prieuré d'Aquitaine, liasse 6.* — 1706.
H. *Grand prieuré d'Aquitaine, liasse 29.* — 1320.
H. *Grand prieuré d'Aquitaine, liasse 152.* — 3036.
H. *Grand prieuré d'Aquitaine, liasse 234.* — 7890.
H. *Grand prieuré d'Aquitaine, liasse 622.* — 1320.
H. *Grand prieuré d'Aquitaine, liasse 660.* — 1099.
H. *Grand prieuré d'Aquitaine, liasse 721.* — 9366.
H. *Grand prieuré d'Aquitaine, liasse 984.* — 788.
H. *Grand prieuré d'Aquitaine, liasse 1006.* — 3346.
H. *Grand prieuré d'Aquitaine, liasse 1007.* — 396, 448.

Archives communales.

A 35. — 277.
A 37. — 7146.
C 25. — 572.
C 27. — 2419.
C 28. — 6392.
C 29. — 14295.
D 38. — 11315.
D 39. — 11330.
D 41. — 11618.
D 43. — 12434.
E 31. — 2389.
E 45. — 14958.
G 43. — 18744.
G 44. — 3892.
G 47. — 6938.
G 49. — 11329.
G 50. — 14854.
H 34. — 8855.
H 35. — 9959, 12357.
H 36. — 14683.

I 7. — 9955.
I 18. — 12624, 12625, 12644.
I 20. — 13775.
I 21. — 13789.
Délibérations, reg. 15. — 1719, 1854.
Délibérations, reg. 22. — 11276.
Délibérations, reg. 23. — 11937*.

Bibliothèque.

Ms. *Fonteneau*, 2. — 14353.
Ms. *Fonteneau*, 4. — 3747*.
Ms. *Fonteneau*, 12. — 11995.
Ms. *Fonteneau*, 18. — 11549.
Ms. *Fonteneau*, 19. — 148.
Ms. *Fonteneau*, 20. — 118, 2192, 7584, 8544, 9043.
Ms. *Fonteneau*, 23. — 10006.
Ms. *Fonteneau*, 24. — 2268, 14467.
Ms. *Fonteneau*, 26. — 13384.
Ms. *Fonteneau*, 27. — 2095, 8484, 9960.
Ms. *Fonteneau*, 27 *bis*. — 14762.
Ms. *Fonteneau*, 40. — 2941, 3354, 4291, 12280.
Ms. 200. — 32419.
Pièces du XVIe siècle non cotées. — 2609, 11948.

Haute-Vienne.

LIMOGES.

Archives départementales.

H. *Abbaye de Saint-Martial de Limoges.* — 21070, 22855.

Archives communales.

Registres consulaires, 1. — 12866, 13045.

Vosges.

ÉPINAL.

Archives départementales.

G 871. } 12177*.
G 877. }

FRÉBECOURT.

Chartrier du château de Bourlémont.

6726, 17460.

Yonne.

AUXERRE.

Archives départementales.

B 1. — 111.
E 115. — 11089.
E 527. — 13663.
E 543. — 8917.
E 571. — 3003.
E 587. — 3607.
E 617. — 14359.
G 720 (*impr. par erreur* E. 720). — 1626.
G 1256. — 3871.
G 1282. — 3314.
G 1474. — 7320.
G 1790. — 11198.
G 1824. — 15213.
H 149. — 14003.
H 678. — 769, 923.
H 1045. — 12578.
H 1148. — 9769.
H 1419. — 3321.
H 1425. — 3428.
H 1567. — 1387.
H 2066. — 11127.
H 2309. — 32382.

Archives communales.

(*Sans cote.*) — 111, 1686, 3428*, 3589, 8634, 8637, 9783, 9793, 15048.

AVALLON.

Archives communales.

BB 1 — 9340*, 22512, 22513.
CC 33. — 16077, 18826, 19727, 19738.
CC 40. — 22156, 22254, 22820.
DD 25. — 22442.
DD 42. — 12506.
EE 34. — 22598, 22614, 22684, 22753, 23071.
GG 71. — 22269, 22296.
HH 17. — 22783.

JOIGNY.

Archives communales.

(*Sans cote.*) — 924, 3336, 3781, 3890, 10637, 14368.

SENS.

Archives départementales en dépôt à la mairie.

G 143. — 17512.

Archives communales.

AA 1. — 199*.
DD 4. — 33245.

SERGINES.

Archives communales.

AA 2. — 14359.

TONNERRE.

Archives communales.

(*Sans cote.*) — 16328.

Archives de l'hospice.

A 3. — 13966*, 14402*, 14438*.

Bibliothèque.

Ms. 27-34 (*anc. C 5, 8 vol. Cartulaire de Saint-Michel de Tonnerre*). — 1258*, 1688*, 17306, 19133.

3° DÉPÔTS ÉTRANGERS.

Alsace-Lorraine.

METZ.

Archives départementales.

B 41. — 24046*.
B 42. — 11017*, 22415*.
G 13. — 33008.
H 4. — 12605*.

Archives communales.

Carton 85. — 21100, 22421.

Autriche-Hongrie.

VIENNE.

Archives impériales et royales.

Rep. P, a. 22. — 19843.
Rep. P, a. 41. — 11862*, 22278.
Rep. P, a. 55. — 22842.
Rep. P, a. 71. — 23100.
Pièces non cotées. — 3397*, 20217, 20585, 23044.

Bibliothèque impériale.

Ms. 6979. — 1953*, 1981*, 2023*, 6677*, 6711*, 7380*, 7445*, 8317*, 9264*, 9642*, 10109*, 10356*, 10668*, 10760*, 11528*, 11591*, 13310*, 13494*, 14329*, 14709*, 19512, 19928, 19984, 20226, 20461, 20655, 20668, 20677, 20722, 20975, 21069, 21077, 21164, 21258, 21348*, 21619, 21790, 21841, 21848, 21943, 21993, 22009, 22648, 25479, 25614 à 25621, 25624, 25625, 25627, 25628, 25631, 25640, 25641, 25643, 25645 à 25652, 25844 à 25906.

Bade.

CARLSRUHE.

Archives grand-ducales.

381*.

Belgique.

BEAUMONT.

Archives du château.

21160.

BRUXELLES.

Archives générales du Royaume.

Conseil de Malines, 860. — 23574, 23637.

GAND.

Archives de l'État.

Collection van Steenberghe, F. — 1237*, 2669, 5515, 16017, 17245.

Registre aux ordonnances du Conseil de Flandre (1511-1558). — 19661.

Archives de la ville.

Reg. A. — 2183*.

TOURNAI.

Archives de la ville.

(*Sans cote.*) — 1013, 1014, 1097, 1184, 1453.

Grande-Bretagne.

LONDRES.

Musée britannique.

Ms. Cotton. *Caligula* D VII. — 16683, 16777.
Ms. Cotton, *Nero* B I. — 32696, 32716.
Additional Charters 163. — 19861.
—— 165. — 14054.
—— 3187. — 8305.
—— 3271. — 20321.
—— 3272. — 20354.
—— 3273. — 12073.
—— 4097. — 20309.
—— 4099. — 20349.
—— 4101. — 20366.
—— 6689. — 16374.
—— 12469. — 17482.
—— 12712. — 9915.
—— 13332. — 16910.
—— 13943. — 20119.
—— 13951. — 3974*.
Plaquettes imprimées. — 7495, 8525, 8620, 11171, 11260, 11293, 11784. 11870.

Hesse.

MARBOURG.

Archives grand-ducales.

32529, 32549, 32556, 32578, 32592.

Italie.

ASTI.

Archives de la ville.

Re di Francia. — 16248, 17198, 19178, 19179.

BRÀ.

Archives de la ville.

16038.

BUTTIGLIERA-D'ASTI.

Archives de la ville.

16039.

CHERASCO.

Archives de la ville.

19446.

FLORENCE.

Archives de l'État.

Atti publici; Commune col re di Francia. — 32450.
Lettere esterne alla Signoria (1517-1522). — 1594*, 17485, 17505.
Lettere esterne ai VIII. *di Balia, da aprile a decembre 1527, classe* X, *distinzione 4.* — 19231, 19331.
Manoscritti, 677. — 3425*, 3920*, 4512*, 11265*.
Riformagioni, atti publici. — 20644.
Costantini. — 21119, 21444, 23011, 23152, 23178.
Rinuccini. — 16088.
Soldani. — 16549, 17214.
Strozzioni Uguccioni. — 17151, 22101, 25925.
Torrigiani. — 16033, 16189, 16190, 16245, 16356, 16456, 32271, 32330, 33247.

Bibliotheca nazionale.

II IV, 310. — 33011.

GÊNES.

Archives de l'État.

Lettere dei principi; mazzo 4, Francia. — 17170, 20191.
Materie politiche; mazzo 15. — 16067, 17487.
Materie politiche; mazzo 18. — 19447, 19565.

LUCQUES.

Archives de la ville.

19354.

MANTOUE.

Archives historiques.

Gonzaga D IX. — 21904.

ITALIE.

MILAN.

Archives de l'État.

Archivio ducale secreto. Stato. — 18519.
Diplomi e dispacci sovrani, 35. — 16054, 16160, 17022, 17243, 18963, 20104.
Gride. — 16177, 16555, 17117, 17139, 17276.
Panigarola K. — 416 *bis* (VIII, 316), 16027.
Panigarola L. — 17139.
Panigarola O. — 16045, 16066, 16098, 16175, 16177, 16184, 16251, 16555, 17116, 17117, 17139.
Panigarola P. — 16160.
Materie politiche; mazzo 15. — 16055.
Lettere ducali (1503-1523). — 16020, 16035, 16045, 16177, 16178, 16555, 17139.
Registri del antico Senato. — 616*, 15666, 16014, 16018, 16041, 16049, 16051, 16053, 16064, 16065, 16068, 16069, 16072, 16081, 16084, 16089, 16091, 16092, 16114, 16182, 16241, 16255, 16261, 16262, 16331, 16332, 16358, 16377, 16381, 16495, 16547, 16558, 16589, 16712, 16935, 16996, 17188, 17211, 17233, 17238, 17247.
Antico senato, lib. D. — 592 *bis*, 737 *bis* (VIII, 318, 319).

Archives du prince Trivulzio.

15616, 16101, 16243, 16260.

Bibliothèque Brera.

Ms. Morbio 69. — 16045*, 32416.

Bibliothèque Trivulcienne.

Ms. 1130. — 15664, 16052, 17113.
Ms. 1568. — 16045, 16255, 16262, 16523, 17111, 17116.
Ms. 2252. — 23066.

Collection Carlo Morbio, aujourd'hui dispersée.

18713.

MODÈNE.

Archives de l'État.

Archivio ducale secreto. Casa. — 2852*, 3038*, 3042 *bis* (VIII, 339), 3074*, 3136*, 3167*, 3177*, 3196*, 4410*, 19639, 19663, 19746.
Archivio ducale secreto. Stato. — 2822*, 17428, 19231, 19432, 19609, 22793.
Biblioteca. — 22507.
Camera ducale; cassa secreta. — 21200.
Cancellaria ducale. Documenti di stati esteri. — 3832*, 3832 *bis* (VIII, 344), 13120*, 13575*, 19398*, 22762, 25926.

PIGNEROL.

Archives de la ville.

21951.

SAVONE.

Archives de la ville.

23366, 23560.

SIENNE.

Archives de la ville.

Registre A dello Pergamene. — 22160, 22184.

TURIN.

Archives de l'État.

Sezione III. — 11083*, 11520*, 22496, 22531, 23145.
Alba; mazzo 2. — 17066.
Bridiers, Maleval, Maulévrier; mazzo 4. — 2137*.
Cariche e comandi conferti da principi stranieri a quelli della casa di Savoia; mazzo 1. — 19107.
Citta i contado di Nizza; mazzo 21. — 15948.
—— *dritto di Villafranca; mazzo 1.* — 442 *bis* (VIII, 316).
Citta e provincia di Saluzzo; conti di tesorieri del re di Francia. — 10834 *bis* (VIII, 369), 11083*, 11520*, 21427, 21442, 21538, 21547, 21650 à 21659, 21695, 21831 à 21836, 22017, 22039, 22064.
Corti esteri; Francia. — 1039*, 16010, 16142, 17150.
Genova, Republica e Riviera; Savona, mazzo 1. — 16099.
Marchesato di Saluzzo; categoria IV, mazzo 9. — 16036, 21051.
—— *categoria IX, mazzo 1.* — 17822.
—— *categoria IX, mazzo 2.* — 10633*, 10634*, 18871, 19500, 19811*.
Materie economiche. — 1883*, 22520.
Matrimoni; mazzo 19. — 19061, 19356, 19363, 19605.
Monaco; mazzo 9. — 17713.
Negoziazioni: Francia, mazzo 1. — 1899*, 16223, 16300, 17883, 20568.
Ordini militari; mazzo 1. — 19362.
Pinerolo. — 4597*, 22039.

Principi di Genevois e Nemours; cat. v, mazzo 3. — 20705, 20714, 21128, 22471.
Principi di Genevois e Nemours; cat. v, mazzo 24. — 2082*, 3038*, 3070*, 3074*, 3270*.
Principi di Genevois e Nemours; cat. VII, mazzo 2. — 22740.
Protocolli, 168. — 12656 *bis*, 12744 *bis* (VIII, 377).
—— 210. — 2602 *bis* (VIII, 336).
Provincia di Asti; mazzo 5. — 16259.
Provincia di Saluzzo; conti di tesorieri. — 21221.
Racolta Balbo. — 1366*, 1618*, 1708*.
Torino; mazzo 20. — 22107, 22175, 22333.
Torino; mazzo 28. — 22707.
Trattati col le Svizzeri; mazzo 4. — 15844.
Trattati; mazzo 6. — 1899*, 2284*, 16117, 16316, 17882.
Materie varie. — 3436*, 20654.

VENISE.

Archives de l'État.

Commemoriali 20. — 15961, 16319, 16361, 16430, 16498.
Commemoriali 21. — 2391*, 18694, 19118, 19188, 19231, 19330, 20022.
Commemoriali 22. — 13432.
Patti, seria I. — 737*, 2357*, 2360*, 15961, 16319, 16430, 16498, 16776, 17991, 18693 à 18695, 18697 à 18701, 19118, 19132, 19134, 19188, 19517, 22539.
—— *seria I, n° 816.* — 32432.
—— *seria I, n° 828.* — 32453.
Pièce non cotée. — 12394.

VILLANUOVA D'ASTI.

Archives de la ville.

19628.

Monaco.

Archives secrètes du Palais.

A 24. — 3529*, 17713.

II

SOURCES IMPRIMÉES.

Adriani (G.). *Indice analitico e cronologico di alcuni documenti per servire alla storia della città di Cherasco...* Torino, 1857, in-8°. — 19446 [1].

Albisson (J.). Voir *Lois municipales et économiques du Languedoc.*

Album paléographique ou recueil de documents importants relatifs à l'histoire et à la littérature nationales... [édité] par la Société de l'École des Chartes. Paris, Quantin, 1887, in-fol. — 4824.

Amateur d'autographes (L'). Année 1866. Paris, in-8°. — 338 *bis.*

Ampliation sur les ordonnances de la police de la ville de Paris... Paris, Jacques Nyverd, s. d., 4 ff. petit in-4° goth. (*Bibl. nat.*, rés. F 1874). — 11345.

Annales des Alpes, Recueil périodique des archives des Hautes-Alpes. 3e année, 4e livraison, janvier-février 1902. Gap, 1902, in-8°. — 32260.

Annales des Basses-Alpes, nouvelle série. Bulletin de la Société scientifique et littéraire des Basses-Alpes, t. II (1884-1886). Digne, 1886, in-8°. — 10122*.

Annales de la Société historique de Château-Thierry, t. V (année 1869). Château-Thierry, 1869, in-8°. — 22785.

Annuaire administratif, statistique et commercial de l'Aube, pour 1850. Troyes, s. d., in-12. (Publié sous les auspices et la direction de la Société d'agriculture, sciences, arts et belles-lettres du département.) — 22942.

—— (année 1888). Troyes, s. d., in-8°. — 12525*.

Annuaire départemental de la Société d'émulation de la Vendée. XIVe année (1868). Napoléon-Vendée, 1869, in-8°. — 746*.

Annuaire de la Société française de numismatique, t. XV (1891). Voir Vallentin (Roger).

Annuaire-bulletin de la Société de l'histoire de France, t. XVIII (1881). Voir Boislisle (A. de). *Semblançay.*

Anselme de Sainte-Marie (Le P.). *Histoire généalogique et chronologique de la maison royale de France...* 3e édition. Paris, 1726-1733, 9 vol. in-fol. — 76*, 100*, 108*, 379*, 988, 1396*, 1426*, 1427*, 2017*, 2191*, 2459*, 2857, 3038*, 3074*, 4390, 7189, 7347, 7529, 8768, 10231, 10741, 10875, 11192, 13259*, 13369*, 13438*, 13666, 14708, 15970, 16124, 17374, 17588, 17791, 18464, 18858, 20223, 20537, 21299, 21808.

Arbellot (L'abbé François). *Vie de saint Léonard, solitaire en Limousin; ses miracles et son culte.* Paris, [Limoges], 1863, in-8°. — 16125.

[1] Les chiffres placés à la suite de chaque description bibliographie sont les renvois aux numéros du *Catalogue*; il n'a pas semblé utile d'y joindre l'indication du tome.

Arbois de Jubainville (H. d'). *Voyage paléographique dans le département de l'Aube*... Troyes et Paris, 1855, in-8°. — 22370.

Arbois de Jubainville (P. d'). *Une ville déchue : Villefranche-sur-Meuse*, dans le *Bulletin mensuel de la Société des lettres, sciences et arts de Bar-le-Duc (année 1907)*. Bar-le-Duc, 1907, in-8°, p. vi. — [23077]. Publié d'après une copie notariée du xviiie siècle. (*Arch. départ. de la Meuse*, C. 175.)

Arcère (Le P.). *Histoire de La Rochelle et du pays d'Aunis*... La Rochelle, 1756-1757, 2 vol. in-4°. — 3748, 12687.

Archives de l'Art français, recueil de documents inédits relatifs à l'histoire des arts en France, t. Ier. Paris, 1851-1852, in-8°. — 7421.

—— t. III. Paris, 1853-1855, in-8°. — 4270, 4599, 12220, 19711.

—— *2e série*, t. II. Paris, 1862, in-8°. — 22859.

(Voir aussi : *Nouvelles archives de l'Art français*.)

Archives de Bretagne, t. I. Voir *Privilèges de la ville de Nantes*.

Archives historiques du département de la Gironde, t. Ier. Paris, Bordeaux, 1859, in-4°. — 3274, 8480.

—— t. III. 1861, 1862, in-4°. — 15962.

—— t. VII. 1865, in-4°. — 12192.

—— t. VIII. 1866, in-4°. — 3713.

—— t. X. 1868, in-4°. — 1053, 15595.

—— t. XII. 1870, in-4°. — 61, 487, 16100.

—— t. XIII. Bordeaux, 1871-1872, in-4°. — 13626.

—— t. XV. Bordeaux, 1874, in-4°. — 1636.

—— t. XXVIII. Bordeaux, 1893, in-4°. — 3496*, 14241*, 23774.

—— t. XXXI. Bordeaux, 1896, in-4°. — 32339, 32524.

—— t. XXXII. Bordeaux, 1897, in-4°. — 472*, 8525*, 20515*, 32518, 32552, 32589.

—— t. XLI. Paris, Bordeaux, 1906, in-4°. — [2378, 2562, 2610, 8786, 18617, 20067.]

Archives historiques du Poitou. Poitiers, 35 vol. in-8°, t. VIII (1879). — 1845.

—— t. XX (1889). — 17108.

Archives municipales de Bayonne. Délibérations du corps de ville. Registres gascons. Bayonne, 1898, in-4°, t. II. — 14*, 658*, 1182*, 16284*, 19200*, 19250*, 32220, 32221, 32241, 32266, 32280, 32291, 32319, 32324, 32333, 32367, 32369, 32375, 32379, 32394, 32474, 32475, 32489.

Archives municipales de Bordeaux, t. II. *Livre des privilèges*. Bordeaux, 1878, in-4°. — 11468*, 13419*.

Archivio storico italiano, ossia raccolta diopere e documenti finora inediti o divenuti rarissimi risguardanti la storia d'Italia, 1re série, t. II. Florence, 1842, in-8°. — 16098, 16173, 16174, 16184, 16256, 16262.

SOURCES IMPRIMÉES.

Archivio storico lombardo, giornale della Societa storica lombarda, 18e année, 2e série, t. VIII. Milan, 1891, in-8°. — 16032.

ARGENTRÉ (D'). *Commentaire sur la coutume de Bretagne.* Paris, 1608, in-fol. — 4919.

Arrest par lequel est prohibé et defendu à tous prelatz... de ne faire aulcunes exactions... S. l. n. d., 4 ff. in-4° goth. (*Bibl. nat.*, rés. F. 618, 6e partie). — 11260.

AUBERY. *Histoire générale des cardinaux, dédiée à Mgr l'Éminentissime cardinal Mazarin.* Paris, 1645, 4 vol. in-4°. — 1677 (*au lieu de* t. VIII, *corr.* t. III).

Auditeur (L') des comptes [par FRANÇOIS HUBERT, d'après le P. Lelong]. S. l. n. d., in-8° (*Bibl. nat.*, Lf27 3). — 2316.

AUGIER DE LA TERRAUDIÈRE (C.). *Trésor des titres justificatifs des privilèges de la ville de Niort.* Niort, 1675, in-12. — [118], 7584, 8545.

Autres ordonnances nouvelles du roy nostre sire sur l'estat des trésoriers et manyment des finances, publiées en la Chambre des comptes et au Conseil de la Tour carrée. Paris, Geoffroy Tory, 1532, 6 ff. petit in-4°. (*Bibl. nat.*, rés. F 1894, 2e partie.) — 4516, 4548, 4549, 4635.

BACQUET (Jean). *Œuvres.* Paris, 1664, in-fol. — [1789], 4941, 12927, 13502, 13669, 14605, 17532, 19707.

BACQUET (Jean). *Quatre traités des droits du domaine de la Couronne et de l'établissement et juridiction de la Chambre du Trésor.* Paris, 1577, in-4°. (Autre édition, Paris, 1580-1582, 2 vol. in-4°.) — 14626*.

BALUZE (Étienne). *Petri Castellani, magni Franciæ eleemosynarii, vita, auctore Petro Gallandio, edita a St. Baluzio.* Paris, 1674, in-8°. (*Bibl. nat.*, Ln27 6416.) — 11208, 14913.

BALUZE (Étienne). *Histoire généalogique de la maison d'Auvergne.* Paris, 1708, 2 vol. in-fol. — 1039, 2102, 3562, 3637, 6370, 7373, 7384.

BAPST (Germain). *Histoire des joyaux de la couronne de France.* Paris, 1889, in-8°. — 9236.

BARBIER (A.). *La baronnie de la Touche-d'Avrigny*, dans les *Mémoires de la Société des Antiquaires de l'Ouest.* Poitiers, 2e série, t. IX, année 1886, in-8°. — 106*, 17729, 18431, 20497, 20766.

BARCKHAUSEN. *Statuts et règlements de l'ancienne Université de Bordeaux (1441-1793).* Bordeaux, 1886, in-4°. — 14822.

BARRILLON (*Journal de Jean*), *secrétaire du chancelier Du Prat*, publ. pour la Société de l'Hist. de France, par P. de Vaissière. Paris, 1897, 1899, 2 vol. in-8°. — 16984.

BARTHÉLEMY (E. DE). *Recueil des chartes de l'abbaye de Montmartre.* Paris, 1883, in-8°. — 2045.

BEAUCHESNE (Comte DE). *Essai historique sur le château de Lassay.* Paris, Le Mans, 1876, in-8°. — 33141.

BEAUCOUSIN (L.-A.). *Histoire de la principauté d'Yvetot.* Rouen, Yvetot, 1884, in-8°. — 13117*, 22871.

Beauvillé (Victor de). *Documents inédits concernant la Picardie.* — Paris, 1877, 4 vol. in-4°. — 1712, 4363, 5145, 11358, 11592, 11599, 11620, 11636, 11664. Sources imprimées.

Beauvillé (Victor de). *Histoire de la ville de Montdidier,* 2e éd. Paris, 1875, 3 vol. in-4°. — 10746.

Bellami. *Traité de la perfection et confection des papiers terriers du Roy.* Paris, 1746, in-4°. — 11077, 11376.

Belleforest (Fr. de). *Les grandes annales de l'histoire de France.* Paris, 1579, 2 vol. in-fol. — 2163, 2218.

Bérault (Josias). *La coustume réformée du pays et duché de Normandie, etc.* Rouen, 1660, in-fol. — 13522, 13582.

Bernard (Aug.). *Geoffroy Tory, peintre et graveur, premier imprimeur du Roi.* Paris, 1857, in-8°. — 10672, 12983, 17709, 18790.

Bernard (Aug.). *Les Estienne et les types grecs de François Ier.* Paris, 1856, in-8°. — 10671, 10672, 12145.

Bernard (J.). *Recueil des traités de paix...* La Haye, 1700, 4 vol. in-fol. — 12214.

Berthelot du Ferrier. *Traité de la connaissance des droits et domaines du Roi...* Paris, 1725, in-8°. — 11077, 11240, 11376, 11876, 12283.

Berty (A.). *Topographie historique du vieux Paris.* Paris, 1885, 2 vol. gr. in-4°. — 949*, 15309.

Beurrier (P.-Louis). *Antiquitez et privilèges du couvent des Célestins de Paris.* Paris, 1634, in-4°. — 767.

Bibliothèque de l'École des Chartes, revue d'érudition consacrée spécialement à l'étude du moyen âge. Paris, 1839-1906, 67 vol. in-8°. Tome V (année 1843-1844). — 16295.

—— t. XIII (année 1852). — 12145.

—— t. XXVII (année 1866). — 13036, 13168.

—— t. XXIX (année 1868). — 12177.

Blanchard (François). *Les généalogies des maistres des requestes de l'hostel.* Paris, 1670, in-fol. — 1582, 2423, 3127, 3720, 3972, 4019, 4530, 5156, 5345, 7359, 10287, 11755, 12686, 13128, 17838.

Blanchard (Guill.). *Compilation chronologique, contenant un recueil abrégé des ordonnances, édits, déclarations,...* (987-1714). Paris, 1715, 2 vol. in-fol. — 344, 1179, 1318, 1763, 1772, 1803, 1804, 1827, 1942, 2015, 2043, 2255, 2438, 2893, 2939, 2988, 3143, 3284, 3310, 3433, 3601, 3641, 3749, 4127, 6856, 6926, 7038, 7998, 8136, 8176, 8218, 8468, 8470, 8516, 8731, 8763, 8920, 8962, 9211, 9320, 11121, 11297, 11718, 11765, 11798, 11971, 12029, 12074, 12126, 12711, 12760, 13039, 13062, 13091, 13125, 13128, 13130, 13149, 13196, 13259, 13341, 13518, 13524, 13659, 13934, 14045, 14237, 14279, 14557.

Blondeau (Claude). Voir Bouchel (Laurent).

Blondeau du Charnage (Le Chevalier). Voir *Dictionnaire des titres originaux pour les fiefs.*

SOURCES IMPRIMÉES.

BOISLISLE (A. DE). *Chambre des comptes de Paris. Pièces justificatives pour servir à l'histoire des premiers présidents.* Nogent-le-Rotrou, 1873, in-4°. — 960, 1393, 1911, 8447*, 9162, 17014.

BOISLISLE (A. DE). *Semblançay et la surintendance des finances*, dans l'*Annuaire bulletin de la Société de l'Histoire de France*, t. XVIII. Paris, 1881, in-8°. — 779*, 1434, 1780.

BONAVENTURE (LE R. P.) DE SISTERON. *Histoire de la ville et principauté d'Orange.* Avignon, 1741, in-4°. — 15580.

BONNARDOT (F.). Voir *Registres des délibérations du Bureau de la Ville de Paris.*

BONNIN (Th.). *Cartulaire de Louviers.* Évreux, Paris, 1870-1878, 3 vol. in-4°. Fasc. III. — 67, 21522, 23105, 23197, 32299, 32965, 32981, 33235.

BORÉLY (A.-E.). *Histoire de la ville du Havre et de son ancien gouvernement.* Le Havre, 1880-1881, 3 vol. in-8°. — 596, 738*, 1231*, 1417, 3217, 3845, 4537*, 11506*, 12875, 13916*.

BOUCHE (H.). *Histoire chronologique de Provence.* Aix, 1664, 2 vol. in-fol. — 10100, 23239.

BOUCHEL (Laurent). La *Bibliothèque canonique, contenant par ordre alphabétique toutes les matières ecclésiastiques et bénéficiales qui ont été traitées par L. Bouchel, dans la* Somme beneficiale, *à laquelle ont été ajoutés dans le même ordre plusieurs traités, arrêts, règlemens, déclarations, ordonnances, etc.*, par Claude Blondeau, avocat au Parlement. Paris, 1689, 2 vol. in-fol. — 7417, 13482.

BOUCHET (J.). *Annales d'Aquitaine*... Poitiers, 1644, in-fol. — 13531, 13559, 32535.

BOUISSY (J.-J.-Oscar). *Notice historique sur la ville de Castillonnès.* Villeneuve-sur-Lot, 1875, in-8°. — 782.

BOURDOT DE RICHEBOURG. *Nouveau coutumier général*... Paris, 1724, 4 vol. in-fol. — 776, 1211, 1298, 1300, 1520, 1764, 3853, 4098, 4244, 7340, 7343, 7400, 10965, 11105, 11149, 11311.

BOURGEOIS (A.). *Les métiers de Blois. Documents.* Blois, 1892, 1897, 2 vol. in-8°. — 187*, 14626*, 17747, 19433, 22845.

BOURGUEVILLE (Ch. DE). *Les recherches et antiquités de la province de Neustrie, à présent duché de Normandie, comme des villes remarquables d'icelle, mais plus spécialement de la ville et Université de Caen*... Caen, 1588, in-4°. (*Bibl. nat.*, Lk[2] 1180.) Autres édit., 1705, 1740. — 11459.

BOYER (Hippolyte). *La forêt de Haute-Brune et le château de la Salle-le-Roi.* (Mémoires de la Société historique du Cher, 4e série, 2e vol. Bourges, 1885-1886, in-8°. — Tirage à part, 1885.) — 33251.

Bref recueil de plusieurs titres et actes touchant l'ancienneté et pouvoir de l'office de capitaine de la ville de Lyon... Lyon, 1623, in-8°. — 490, 1784, 12870.

BRIÈLE (L.). *Collection de documents pour servir à l'histoire des hôpitaux de Paris.* Paris, 1883, 3 vol. in-4°. — 1073*, 17164, 17165, 19417, 19417*, 32328.

BROSSARD (J.). *Cartulaire de Bourg-en-Bresse.* Bourg, 1882, in-4°. — 11087, 13637.

Bulletin de la Société archéologique de Béziers. 2e série, t. XII (année 1883). Béziers, 1883-1884, in-8°. — 6998. SOURCES IMPRIMÉES.

Bulletin de la Société archéologique du Limousin, t. X. Limoges, 1860, in-8°. — 3734.

Bulletin de la Société d'émulation de l'Allier, t. XI, 1868-1869. Moulins, 1870, in-8°. — 24694, 24814.

Bulletin de la Société des Antiquaires de l'Ouest, 2e série, t. VIII (1896). Poitiers, 1896, in-8°. — 277*, 7146*, 11937 *bis.*

Bulletin de la Société de l'histoire de Normandie, année 1899. Rouen, 1900, in-8°. — 32916.

Bulletin de la Société de l'histoire de Paris et de l'Île-de-France, t. XVI, 1889. Paris, 1889, in-8°. — 11063.

Bulletin de la Société de l'histoire du protestantisme français, t. XXXIII, 3e série, 3e année. (Paul Guérin, *Poursuites contre les réformés d'Alençon,* 1533-1534), Paris, 1884, in-8°. — 7285.

—— t. XXXIV, 3e série, 4e année. (N. Weiss, *Documents inédits pour servir à l'histoire de la réforme sous François Ier*). Paris, 1885, in-8°. — 8476*.

—— t. XXXVIII, 3e série, 8e année (*Id.*, suite). Paris, 1889, in-8°. — 10534, 11073*.

Bulletin du Comité historique des monuments écrits de l'histoire de France, t. I. Paris, 1849, in-8°. — 2389.

Bulletin historique et philologique du Comité des travaux historiques et scientifiques, t. III, année 1885. Paris, 1885, in-8°. — 6194, 6450, 6556, 7990, 8121, 8414, 8576.

—— t. V, année 1887. Paris, 1887, in-8°. — 2573*, 2574*, 3536*, 3537*, 11907.

Bulletin historique et scientifique de l'Auvergne, t. III, année 1883. S. l. n. d., in-8°. — 23848.

Bulletin mensuel de la Société des lettres, sciences et arts de Bar-le-Duc. Voir ARBOIS DE JUBAINVILLE (P. D').

BURIDAN. *Le coutumier de Vermandois. Coutume de Chaulny.* Paris, 1728, in-fol. — 18490.

Cabinet historique (Le). Paris, 1855-1883, 29 vol. in-8°. T. V (1859). — 20341.

—— t. XVII (1871). — 20341.

—— t. XX (1874). — 1943, 6779.

CAIX DE PIERLAS. *Documents inédits sur les Grimaldi de Monaco.* Turin, 1884, in-8°. — 17713.

CALMET (DOM). *Histoire ecclésiastique et civile de Lorraine,* 1re édit. Nancy, 1728, 4 vol. in-fol. — 14334, 14365.

CAMUZAT (Nicolas). *Meslanges historiques ou recueil de plusieurs actes, traitez, lettres missives...* Troyes, 1619, in-8°. — 3716, 3818, 4565, 4670, 12214.

SOURCES IMPRIMÉES.

CAMUZAT (N.). *Promptuarium sacrarum antiquitatum Tricassinæ diocesis.* Augustæ Trecarum, 1610, in-8°. (*Bibl. nat.*, Lk[3] 691.) — 12589.

CANEL (M. A.). *Les archives communales de Pont-Audemer (Eure).* Mémoires de la Société des Antiquaires de Normandie, t. XIX, 1851, in-8°. — 955*, 22514*, 32223, 32243, 32297, 32370, 32787, 32980, 33118, 33162, 33182, 33211, 33240.

CARRÉ DE BUSSEROLLE. *Dictionnaire géographique, historique et biographique d'Indre-et-Loire.* Tours, 1878-1884, 6 vol. in-8°. T. II. — 14560*.

Cartulaire de la ville de Louviers. Voir BONNIN (Th.).

CASENEUVE (Pierre DE). *Le franc alleu de la province de Languedoc*, 2e éd. Toulouse, 1645, in-fol. — 1817, 1818, 1820, 2573, 2574, 7921, 7922, 11541.

CASENEUVE (Pierre DE). *Traité de l'origine, antiquités et privilèges des États de Languedoc.* Toulouse, 1645, in-fol. — 1570.

CASTELNAU (Michel DE), sr de Mauvissière. *Mémoires.* Voir Le Laboureur (J.).

Catalogue des archives du Collège héraldique... Vente 3-10 juillet 1866, par J.-L. Techener fils, in-8°. — 19577, 19681, 19940, 22533, 32417.

Catalogue analytique des archives de M. le baron de Joursanvault. Paris, 1838, 2 vol. in-8°. — 2365, 6655, 7451, 7514, 7826, 9109, 10249, 11306, 13132, 14813, 19231, 20297.

Catalogue d'autographes de M. Baylé. Vente du 22 avril 1882, par Étienne Charavay. — 22189.

Catalogue des autographes composant le cabinet de feu M. Lefebvre, ancien libraire. Vente le 29 mars 1889. Ét. Charavay, in-8°. — 32534, 32544.

Catalogue de la collection d'autographes composant le cabinet de M. D. L.-C. Vente du 13 mars 1903. Paris, Noël Charavay, in-8°. — 32881.

Catalogue de la collection Benjamin Fillon, publié par Ét. Charavay, 1877, in-4°. — 4287*.

Catalogue d'autographes de M. A.-P. Dubrunfaut. Vente des 29 et 30 janvier 1883, par Ét. Charavay. — 23034.

Catalogue de la collection d'autographes d'Ant. Nolli. Vente des 13-14 décembre 1869. Paris, Gabriel Charavay, in-8°. — 22182*.

Catalogue d'une collection d'autographes, vendue le 15 février 1864. Paris, Charavay, in-8°. — 32252.

Catalogue d'une collection d'autographes provenant de deux cabinets connus... Vente du 27 mars 1874. Paris, J. Charavay, in-8°. — 32985.

Catalogue d'une belle collection de lettres autographes... Vente du 31 janvier 1854. Laverdet, expert, in-8°. — 33123.

Catalogue d'une collection de lettres autographes. Vendue le 21 janvier 1856. Auguste Laverdet, expert, in-8°. — 32614.

—— Vendue le 18 mai 1857. Laverdet, expert, in-8°. — 33138.

—— Novembre 1857. A. Laverdet, expert. — 12064.

—— Mars-avril 1858. A. Laverdet, expert. — 19455.

—— Janvier-mars 1860. A. Laverdet, expert. — 22055.

—— Vendue le 11 mai 1861. Paris, Laverdet, in-8°. — 33135.

Catalogue d'une importante collection d'autographes, provenant d'un cabinet connu... Vente du 17 mai 1889. Ét. Charavay, in-8°. — 32505.

Catalogue d'une importante collection d'autographes, chartes et documents historiques... Vente du 6 février 1889. Paris, Ét. Charavay, in-8°. — 32494.

Catalogue d'une intéressante collection d'autographes et de documents historiques... Vente du 10 mars 1893. Paris, Ét. Charavay, in-8°. — 32978.

Catalogue du cabinet de M. le comte de G... Paris, Gabriel Charavay, 1889, in-8°. — 11932.

Catalogue des chartes du cabinet de M. de Magny. Vente des 18-22 mars 1867, par Jacques Charavay aîné. — 8958*, 13561*, 17518, 19621, 19725, 20119, 20367, 20516, 21075, 21472, 21588, 21770, 22019, 22097, 22098, 22159, 22172, 22182, 22230, 22395, 22411, 22457, 22495, 22708.

Catalogue de chartes et titres nobiliaires. Vente des 8-9 avril 1868. Paris, J. Charavay, in-8°. — 16096.

Catalogue des curiosités autographiques de feu le Dr J... Vente le 20 novembre 1876, par Gabriel Charavay. — 4287*.

Catalogue d'une importante collection, vendue le 11 décembre 1891, par Eug. Charavay. — 20189.

Catalogue d'une collection de lettres autographes et documents manuscrits, vendue le 30 avril 1897. Paris, Louis Bihn, in-8°. — 32916.

Catalogue d'une précieuse collection de lettres autographes de souverains français et étrangers... Vente des 15-16 avril 1885. Paris, Ét. Charavay, in-8°. — 32945.

Catalogue d'une importante collection de lettres autographes, formée par un amateur du Nord de la France. Vente du 13 mai 1886. Paris, Ét. Charavay, in-8°. — 32683.

Catalogue de lettres. Vente du 28 mars 1882, par Eugène Charavay. — 21090.

Catalogue de lettres autographes. Vente du 2 mars 1883, par Eug. Charavay. — 20059, 22876.

Catalogue de lettres autographes. Vente du 31 janvier 1884, par Eug. Charavay. — 22779.

Catalogue de lettres autographes de M. le baron C. de M... Vente du 8 mars 1884, par Eugène Charavay. — 22468.

Catalogue de lettres autographes, chartes et documents sur les provinces, provenant du cabinet de M. Charles Kesmeir. Vente du 12 mars 1889, par Gabriel Charavay. — 20320.

Catalogue de lettres, etc. de M. Georges Leyste. Vente du 8 décembre 1888, par Eug. Charavay. — 17405.

Catalogue de la librairie Ernest Dumont, rue Barbey-de-Jouy, 42. Paris, 1902, in-8°. — 32308, 33035.

Catalogue de la librairie Hermann L. Ettinghausen, Cannon street, 52, Londres. — 32318.

SOURCES IMPRIMÉES.

Catalogue de livres, pièces historiques, etc., vendus le 31 mars 1884, par A. Voisin, à Paris. — 10434*, 17466, 20228.

Catalogue de livres, etc. Vente du 10 avril 1885, par A. Voisin. — 6161*, 17436.

Catalogue de livres rares et curieux. Paris, Claudin, 1892. Vente du lundi 20 juin 1892. — 21956.

Catalogue des livres et documents historiques de M. de Courcelles. Vente du 21 mai 1834, par Fournel-Leblanc, libraire, in-8°. — 1981*, 2534*, 3496*, 5605*, 8812*, 16195, 16306, 16353, 16529, 17441, 17442, 17556, 18691, 19832, 19833*, 20189*, 22890, 32440, 32488, 32542, 32868, 32883.

Catalogue de la vente de feu le capitaine d'Hervilly. Vente des 14-16 avril 1872, par J. Charavay aîné. — 21458.

CHABANNES (Cte H. DE). *Preuves pour servir à l'histoire de la maison de Chabannes.* Dijon, 1892-1897, 4 vol. in-4°. — 2010*, 3277*, 12437*, 15852, 17399, 18338, 23686.

—— Supplément. Dijon, 1901. — 1611*.

CHAMPOLLION (A.). *Captivité de François Ier.* Paris, 1847, in-4°. (Collection des Documents inédits.) — 1881*, 2172, 2196, 2198, 2200, 2203, 2219, 2225, 2259, 2283, 2296*, 2298.

CHAMPOLLION-FIGEAC. *Documents historiques inédits tirés des collections de la Bibliothèque nationale ou des Archives.* Paris, 1841-1848, 5 vol. in-4°. — 1809, 11551, 13481, 24363, 25012, 25048.

CHARRIÈRE (E.). *Négociations de la France dans le Levant.* Paris, 1848, in-4°. (Collection des Documents inédits.) — 2544, 3742, 8319, 11914, 13481*, 16984, 19127, 19672, 19676, 19763, 20340, 24503.

Charte du roy Louis XII, d'heureuse mémoire, portant donation de deux muids de sel aux doyen, chanoines et chapitre de l'église de Rouen pour la fondation d'un obit solennel, avec les vérifications d'icelle. S. l. n. d., 16 p. in-fol. (*Arch. de la Seine-Inférieure*, G 3696.) — 22940, 23484.

Chartrier de Thouars, publié par M. le duc de La Trémoïlle, 1877, in-fol. — 264, 12280*, 17537.

CHAVERONDIER (Aug.). *Inventaire des titres du comté de Forez, fait en 1532, par Jacques Luillier.* Roanne, 1880, in-8°. — 4462*.

CHENU (Jean). *Livre des offices de France, ou continuation du recueil d'édits faits sur création d'états et offices de judicature.* Paris, 1620, in-4°. (*Bibl. nat.*, F 12140.) — 13069, 13420, 13461.

CHENU (Jean). *Recueil des antiquitez et privilèges de la ville de Bourges.* Paris, 1621, in-4°. — 742, 11626.

CHENU (Jean). *Recueil des règlemens concernant les offices de France...* Paris, 1631, in-fol. — 1293, 1868.

CHENU (Jean). *Recueil de règlemens notables, tant généraux que particuliers, donnés entre ecclésiastiques pour la célébration du service divin, juges, magistrats, etc., le tout extrait des ordonnances royaux...* 4e édit. Paris, R. Fouet, 1611, in-4°. (*Bibl. nat.*, F 2720^2^.) — 8810, 13555.

Sources imprimés.

Chevalier (L'abbé C.). *Archives royales de Chenonceaux. Pièces relatives à la châtellenie de Chenonceaux.* Paris, 1864, in-8°. — 7842*, 8137*, 16528.

Chevalier (L'abbé C.). *Histoire de Chenonceaux.* Lyon, 1868, in-8°. — 1980, 16528.

Chevalier (L'abbé C.). *Diane de Poitiers au Conseil du Roi.* Paris, 1866, in-8°. — 7842, 8137.

Chevalier (L'abbé C.). *Inventaire des archives communales d'Amboise.* Tours, 1874, in-8°. — 15747.

Chevalier (L'abbé C.-U.-J.). *Cartulaire municipal de la ville de Montélimar.* Montélimar, 1871, in 8°. — 1896, 3303, 8400, 9851, 11210.

Chevalier (L'abbé C.-U.-J.). *Ordonnances des rois de France et autres princes souverains, relatives au Dauphiné...* Colmar, 1871, in-8°. — 1403, 1444, 1544, 1735, 2123, 2265, 2611, 3749, 3825, 12324, 12325, 12885, 13028, 13156, 13257, 13330, 13524, 13593, 14121, 14279, 15414, 15453.

Chevillier (André). *L'origine de l'imprimerie de Paris.* Paris, 1694, in-4°. — 805.

Choppin (R.). *De domanio Franciæ libri III.* Paris, 1605, in-fol. — 263, 297, 670, 804, 1327, 1698, 2893, 3433, 4497, 4760, 12680.

Choppin (R.). *Des droits des religieux et monastères.* Paris, 1634, in-fol. (t. Ier des Œuvres de Choppin). — 250, 251, 275, 306.

Cimber (L.) et F. Danjou. *Archives curieuses de l'histoire de France*, 1re série, t. III. Paris, 1835, in-8°. — 12687, 12841, 21417.

Clément (P.). *Trois drames historiques : Enguerrand de Marigny, Semblançay, le chevalier de Rohan.* Paris, 1857, in-8°. — 3368.

Clouzot (Étienne). *Les marais de la Sèvre Niortaise et du Lay.* Paris, Niort, 1904, in-8°. — 32434.

Code du Roi Henri III. 4e édit. augmentée par G.-M. de La Roche-Maillet. Paris, 1622, in-fol. — 533, 991, 2088, 13134, 13224, 14004.

Code (Le) de Louis XIII. Voir Corbin (Jacques).

Code Mathieu. Privilèges des mines et minières de France. Paris, an XII, in-12. Autre édit., 1810. — 397.

Collection de manuscrits contenant lettres, mémoires et autres documents relatifs à la Nouvelle-France. Québec, 1883, 4 vol. in-4°. — 11804*.

Colliette (L'abbé L.-P.). *Mémoires pour servir à l'histoire ecclésiastique, civile et militaire de la province du Vermandois.* Cambray, 1771-1772, 3 vol. in-4°. — 697.

Collin (J.). *Tablettes historiques de Joinville.* Chaumont, 1857, in-8°. — 3604.

Comptes rendus et mémoires du comité archéologique de Noyon, t. VI. Noyon, 1880, in-8°. — 24675, 24735.

—— t. VII. Noyon, 1885, in-8°. — 25003.

Concordata inter sanctissimum dominum nostrum papam Leonem decimum et christianissimum dominum nostrum regem Franciscum... Impressa Parisius, 1518[1],

[1] On trouvera, dans le tome VIII, p. 318-319, l'indication d'autres éditions du Concordat.

SOURCES IMPRIMÉES. pro Durando Gerlier, librario in vico Mathurinorum commorante, in-4° (1re édit. du Concordat, 1518). — 659*, 807*, 16683*, 32302.

Concordata inter Leonem X, Pont. max., et Franciscum I... Paris, 1551, in-8°. — 807*, 889*, 890*, 891*.

CONSTANS (Germain). *Traité de la Cour des Monnaies et de l'étendue de sa juridiction....* Paris, C. Cramoisy, 1658, in-fol. (*Bibl. nat.*, Lf[29] 1). — 1790, 12083.

CORBIN (Jacques). *Le code de Louis XIII, roy de France et de Navarre, contenant ses ordonnances et arrêts de ses cours souveraines...* Paris, J. Quesnel, 1628, in-fol. — 891, 2088, 11731, 11876, 12347, 12470, 12811, 13224, 14931, 14935.

CORBIN (Jacques). *Nouveau recueil des édits, ordonnances et arrests de l'auctorité, juridiction et cognoissance des cours des aydes de Paris, Rouen, Montferrand et Montpellier...* Paris, 1623, in-4°. (*Bibl. nat.*, F 2745[3].) — [163, 991, 1737], 2088*, 2576, 2896, 2897, 5502, 6326, 7147, 7922, 8058, 9237, 10976, 11126, 11171, 11240, 11261, 11262, 11454, 11536, 11586, 11677, 11721, 11731, 11957, 11970, 12283, 12847, 13069, 13104, 13105, 13461, 13555, 13651, 13696, 13728, 14064, 14244, 14253, 14254, 14623, 15611 à 15613.

CORLIEU (Fr.). *Recueil en forme d'Histoire de tout ce qui se trouve par écrit de la Ville et des Comtes d'Engoulême...* 2e édit. Angoulême, 1629, in-4°. — 581*, 582*.

COSTE (Hilarion DE). *Le portrait de S. François de Paule.* Paris, 1655, in-4°. — 1161.

COURTAUD. *Monspeliensis medicorum universitas. Oratio pronunciata a Curtaudo.* Montpellier, 1645, in-4°. — 346*, 6177, 11230, 11686, 13317, 16104.

Courtisan (Le), nouvellement traduict de langue italicque en vulgaire françois. Paris, 1537, in-18. — 8897.

Coustumes (Les) des duchez, contez et chastellenies du bailliage de Senlis, anciens ressors et autres chastellenies particulieres et subalternes de chascune desdictes duchez, contez et chastellenies, ensemble des prevostez royalles. Paris, Galliot du Pré et Jean André, 1540, in-4° goth., 2, 82 et 16 ff. (*Bibl. nat.*, rés. F 268.) — 11105 [1re partie, fol. 20 et v°], 11152 [2e partie, fol. 14 v°-15], 11152*, 21886, 21889.

Coustumes (Les) du pays et duché de Bourbonnoys... Paris, Galliot Du Pré, 1521, petit in-4° goth. — 1211, 1520.

Coustumes générales du pays et conté de Blois, ensemble les coustumes locales des baronnies et chastellenies subjectes du ressort dudit bailliage... Imp. à Paris, par Anthoine et Nicolas les Couteaulx, 1524, in-4°. — 23824.

Coustumes generalles des pays et duché de Bretaigne, nouvellement réformées et publiées en la ville de Nantes, en la congregation et assemblée des troys Estatz dudict pays, au moys d'octobre l'an mil cinq cent trente neuf... Rennes et Nantes, 1540, [18 et] 66 ff., petit in-4°. (*Bibl. nat.*, rés. F 867, 1re partie.) — 11149, 11292.

COUSTUREAU (Nicolas). *La vie de Louis de Bourbon, surnommé le Bon, premier duc de Montpensier.* Rouen, 1642, in-4°. (*Bibl. nat.*, Ln[27] 14720.) — 13666.

COUSTUREAU (Nicolas). *Histoire de la vie et faits de Louis de Bourbon, surnommé le Bon, premier duc de Montpensier,... mise au jour et augmentée par le s[r] du Bouchet.* Rouen, 1645, in-4°. (*Bibl. nat.*, Ln[27] 14721.) — 10231, 13666.

COYECQUE (E.). *Inventaire sommaire d'un minutier parisien pendant le cours du xvie siècle.* (Bulletin de la Société de l'histoire de Paris et de l'Île-de-France, t. XX.) Paris, 1893, in-8°. — 2009 *bis*, 2283 *bis* et *ter*, 16778 *bis*.

Crapelet. *Des progrès de l'imprimerie. Études sur la typographie*... Paris, 1836, in-8°. — 10671*, 10672.

Crespin (Jehan). *Histoire des martyrs persécutés et mis à mort pour la vérité de l'Évangile*... Paris, 1608, in-fol. — 11826.

Cronique du roy Françoys, premier de ce nom, publiée par Georges Guiffrey. Paris, 1860, in-8°. — 12628, 12687, 12842.

Croy (Joseph de). *Nouveaux documents pour l'histoire de la création des résidences royales des bords de la Loire*. Paris et Blois, 1894, in-8°. — 2830*, 16290*, 24392.

Dablin (Paul). *Collection d'autographes*; catalogue par Noël Charavay. Paris, mars 1903, in-8°. — 32363, 32508.

Decrue (Francis). *De consilio regis Francisci I*... Paris, 1885, in-8°. — 8598.

Delamare. *Traité de la police*. Paris, 1710, 4 vol. in-fol. — 160, 420*, 1191*, 1741*, 1742, 1961, 2023*, 2626, 2740, 2946, 4262, 4269, 7555, 7888*, 8142, 8177, 8289, 8525*, 8625, 11036, 11042, 11065, 11097, 11260, 11285*, 11299, 11345, 11376, 11412, 11784*, 12348, 12455, 13318*, 13654*, 13739, 14058*, 14197, 14543*.

Delisle (Léopold). *Mélanges de paléographie et de bibliographie*. Paris, Champion, 1880, in-8°. — 11639.

Des Cilleuls (Alfred) et Hubert (Jules). — *Le Domaine de la ville de Paris dans le passé et dans le présent*, 2e fascicule : *L'Hôtel de ville*. Paris, 1891, in-4°, p. 206. — [5719].

Des Clozeaulx, *aliàs* d'Escluseaux. *Privilèges des papes, empereurs, rois et princes de la chrétienté en faveur de l'ordre de Saint-Jean de Hiérusalem*... 2e édition. Paris, 1649, in-4° (*Bibl. nat.*, Ll^{11} 8). Autres édit., 1619 et 1700. — 109*, 1987, 1989, 2916, 2350, 12895.

Descorbiac (Samuel). *Recueil général des édicts, déclarations, arrests et règlemens notables entre les baillifs, sénéchaux*... *et autres officiers du Parlement de Toulouse*. Paris, R. Foüet, 1638, in-fol. (*Bibl. nat.*, F. inv. 2156). — 8109, 8699, 9201, 13095, 13125, 13417, 13580.

Deseille (Ernest). *Le pays boulonnais. Études historiques*. Paris, Didier, 1879, in-8°. — 139.

Desponts (Claude) et Rossignol (Jean-Étienne). *Transactions d'Imbert, dauphin de Viennois, prince de Briançonnois, avec les Syndics et Communantés du Briançonnois*... Grenoble, 1644, in-fol. 89 pages. — 6045.

Dictionnaire des ennoblissemens. Paris, 1788, 2 vol. in-8°. — 17543 à 17549, 17560, 17615, 17666 à 17668, 17692, 20726, 20736, 20737, 20741, 20742, 20745, 20764, 20789, 20832 à 20834, 20845, 20848, 20856, 20878, 22602, 22603, 22621, 22675, 22680 à 22683, 22747, 22757, 22761, 22789, 22790, 22850, 22894, 22925, 22956, 22965.

Dictionnaire des titres originaux pour les fiefs, le domaine du Roi, etc., ou inventaire du cabinet du chevalier Blondeau de Charnage, ci-devant lieutenant d'infanterie. Paris, 1774, in-12. — 1206, 13098, 14142.

SOURCES IMPRIMÉES.

Diplomata pontificia et regia... Voir TOUSART (Jean-Antoine).

Documents rares ou inédits de l'histoire des Vosges. Épinal, Paris, 1868-1896, 12 vol. in-8°. Tome VII, 1882. — 6726, 17460.

DOUBLET (J.). *Histoire de l'abbaye de Saint-Denis*. Paris, 1625, 2 vol. in-4°. — 41, 196, 1838.

DROUART (Fr.). *Recueil des chartes, créations, confirmations des colonels, capitaines, officiers et trois cens archers de la ville de Paris*... Paris, 1658, in-4°. — 1988.

DU BELLAY (Martin). *Les mémoires de messire Martin du Bellay, s^r de Langey, contenant le Discours de plusieurs choses advenues au Royaume de France depuis l'an 1513 jusqu'au trespas de François Ier*... Paris, P. L'Huillier, 1569, in-fol. (*Bibl. nat.*, Lb[30] 15, Réserve.) — 9438.

DU BELLAY (Martin et Guillaume). Mémoires, voir LAMBERT (L'abbé).

DU BOUCHET. Voir COUSTUREAU (Nicolas).

DU BOUCHET. *Preuves de l'histoire généalogique de l'illustre maison de Coligny*... Paris, 1662, in-fol. (*Bibl. nat.*, Lm[3] 226.) — 45, 562, 759, 904, 905, 1696, 8743, 12073.

DU BOULAY (César-Egasse). *Historia Universitatis Parisiensis*... Paris, 1673, 6 vol. in-fol. — 805, 814, 1505, 1998, 2702, 10019, 10967, 13103, 13482, 13701, 14221, 14379.
(Voir aussi *Recueil des privilèges de l'Université de Paris*.)

DU BREUIL. *Le théâtre des antiquitez de Paris*. Paris, 1612, in-4°. — 8781.

DU CHESNE (André). *Histoire généalogique de la maison de Montmorency*. Paris, 1624, in-fol. — 536, 537, 1170, 1242, 1630, 2018, 2157, 2308, 2324, 9642.

DU CHESNE (François). *Histoire des chanceliers et gardes des sceaux de France*... Paris, chez l'auteur, 1680, in-fol. — 7991, 12688, 12689, 13149.

DU LURBE (Gabriel), *aliàs* DE LURBE. *Les anciens et nouveaux statuts de Bordeaux*, continués par Tillet. Bordeaux, 1700, in-4°. — 2336, 11468.

DU LYS (Charles). *Recueil des ordonnances, édits, etc., concernant l'origine et création des élus*. Paris, 1635, in-8°. — 14296.

DU MONT (J.). *Corps universel diplomatique du droit des gens, contenant un Recueil des traitez d'alliance, de paix, etc.* Amsterdam et La Haye, 1726-1731, 8 tomes en 16 vol. et Suppl. 5 vol. in-fol. Tome IV. — 152, 246, 361, 737, 864, 882, 1193, 1424, 1586, 1881, 1908, 2163, 2164, 2168, 2183, 2198, 2209, 2217, 2283, 2284, 2360, 2653, 2657, 2657*, 2668, 2674, 2733, 2822, 3023, 3436, 3451, 3500 à 3505, 3526, 3533, 3534, 3545, 3546, 3616, 3693, 3818, 4670, 4991, 6370, 8527, 8693, 8749, 9200, 9404, 9406, 9422, 9451, 9561, 9562, 9566, 10100, 10386, 11585, 12214, 12573, 12615, 12627, 14141, 14146, 14312, 15123, 15617, 32447, 32449, 32459, 32461, 32462.

DUMOULIN (Ch.). *Le grand coutumier contenant les coutumes générales et particulières du royaume de France, avec les annotations de Charles Du Moulin*. Paris, 1567, 2 vol. in-fol. — 1520*.

DUMOULIN (Charles). *Caroli Molinæi, in supremo Parisiorum senatu advocati, omnia opera*. Paris, 1681, 5 vol. in-fol. (*Bibl. nat.*, F 676-680.) — 11171.

DU PLESSIS (Dom Toussaint). *Histoire de l'église de Meaux*... Paris, 1731, 2 vol. in-4°. — 2238, 7980, 13204, 18505.

Du Prat (Le marquis). *Vie d'Antoine du Prat, seigneur de Nantouillet, etc.* Paris, Techener, 1857, in-8°. — 380.

Dupré-Lasale (L.). *Michel de l'Hôpital avant son élévation au poste de chancelier.* Paris, 1875, in-8°. — 6221.

Dupuis (Ernest). *La seigneurie et le village de Pontarmé.* Senlis, 1895, in-8°. — 24012.

Dupuy (Pierre). *Commentaire sur le traité des libertez de l'église gallicane de Mre Pierre Pithou...* Édit. Lenglet du Fresnoy. Paris, 1715, 2 vol. in-4°. — 890, 5541*, 11171.

Dupuy (Pierre). *Preuves des libertez de l'Église gallicane*, 3e édition. Paris, 1651, 2 vol. in-fol. — 421, 1078, 1658*, 1677, 1752, 1823, 1829, 4155, 8293, 8477, 8750, 9450, 10246, 10469, 10650, 10733, 11313, 12801, 12926, 13225, 32462.

Dupuy (Pierre). *Traité de la majorité des rois, avec les Preuves et autres traités.* Paris, 1655, in-4°. — 1881, 2084, 2259.

Dupuy (Pierre). *Traité des droits et libertés de l'église gallicane, avec les Preuves.* Nouv. édit. Paris, 1731-1751, 4 vol. in-fol. — 7026, 7537, 12331.

[Durant]. *Édits et ordonnances des Eaues et forest...* [par Durant]. Paris, C. Cramoisy, 1621, in-8°. (*Bibl. nat.*, F 4452). — 1825*, 9054, 11033, 11526, 13517, 14058.

Du Rousseaud de la Combe (Guy). *Recueil de jurisprudence canonique et bénéficiale, par ordre alphabétique.* Paris, 1748, in-fol. (*Bibl. nat.*, E. 2603A). — 5541, 11171, 12285.

Édict et ordonnance du Roy faict sur la forme et manière de livrer son droict de gabelle du sel... Autres ordonnances faictes par le Roy sur ce qu'il veult et entend prendre sur les poissons de mer sallez.. Paris, Et. Roffet, [1543], 36 ff. petit in-4°. (*Bibl. nat.*, rés. F 1211). — 12470, 13104*, 13105*, 33057.

Édict du roy nostre sire sur les draps d'or, d'argent et de soye... Paris, Jacques Nyverd, s. d., petit in-4° goth. (*Bibl. nat.*, rés. F 1908). — 11586.

Édict du roy François sur les draps d'or, d'argent et de soye... Valence, 1687, in-8°. (*Bibl. nat.*, rés. F 1529, 1re partie). — 11586.

Édict du roy nostre sire, par lequel est deffendu à tous gentilshommes et gens d'ordonnances de tenir et prandre aucunes fermes ou censes... Paris, Jacques Nyverd, 1540, 4 ff. petit in-4° goth. (*Bibl. nat.*, rés. F 1905). — 11454.

Édict du roy nostre sire, par lequel est deffendu à tous hostelliers de exiger plus grand somme de deniers qu'il est cy contenu... Paris, Jacques Nyverd, 1540, petit in-4° goth. (*Bibl. nat.*, rés. F 1910). — 11679.

Édict du roy nostre sire par lequel est deffendu à toutes personnes vendre ne porter salpestre ailleurs que aux greniers du roy nostredict seigneur à Paris... Paris, Jacques Nyverd, 1540, 4 ff. petit in-4° goth. (*Bibl. nat.*, rés. F. 1913). — 11738.

Édict du roy nostre sire par lequel est deffendu à toutes personnes de ne tirer ou transporter hors du royaulme or, argent ne billon monnoyé ou non monnoyé... Paris, Jacques Nyverd, 1540, 4 ff. petit in-4° goth. (*Bibl. nat.*, rés. F. 1909). — 11637.

Édict du roy nostre sire par lequel est dict que les juges royaulx procederont jusques à

IMPRIMERIE NATIONALE.

SOURCES IMPRIMÉES. *sentence diffinitive contre les heretiques*... Paris, Jacques Nyverd, 1540, 4 ff. petit in-4° goth. (*Bibl. nat.*, rés. F. 1906). — [11509].

Édict du roy nostre sire par lequel est dit que tous juges et officiers royaux se tiendront en leurs jurisdictions et offices... Paris, Jean André, 1540, 4 ff. petit in-4° goth. (*Bibl. nat.*, rés. F 1901). — 11293.

Édict du roy nostre sire par lequel est ordonné que tous fardeaulx... de marchandises qui entreront en ce royaulme ou sortiront d'iceluy seront visitez... Paris, Jacques Nyverd, 1540, 4 ff. petit in-4° goth. (*Bibl. nat.*, rés. F. 1911). — 11720.

Édict du roy nostre sire par lequel il a donné cours aux escuz soleil... Paris, Jacques Nyverd, 1541, 2 ff. in-4° goth. (*Bibl. nat.*, rés. F 1921). — 12386.

Édict du roy nostre sire sur la révocation des résignations de survivance... Paris, Jean André, s. d., 2 ff. petit in-4° goth. (*Bibl. nat.*, rés. F 1920). — 12249.

Édict du roy nostre sire sur le faict de toutes sortes de espiceries... Paris, Jacques Nyverd, s. d., 4 ff. in-4° goth. (*Bibl. nat.*, rés. F 1899). — 11248.

Édict du roy nostre sire sur les aulnes et aulnaiges... Paris, Jacques Nyverd, 1540, 4 ff. petit in-4° goth. (*Bibl. nat.*, rés. F 1904). — 11483.

Édict du roy nostre sire touchant la jurisdiction des prevostz des mareschaulx... Paris, Vincent Sertenas, 1544, 6 ff. in-8° goth. (*Bibl. nat.*, rés. F 1927). — 14005.

Édict du roy sur la traicte et yssue des bledz, vins et autres marchandises hors du royaume... Paris, Jacques Niverd, s. d., 4 ff. petit in-4° goth. (*Bibl. nat.*, rés. F 1903). — 11412.

Édict du roy touchant les jurisdictions des baillifs, seneschaulx et autres juges presidiaulx, et les prevostz, chastellains et autres juges inferieurs. Paris, Drouet de l'Eaue, 1538, 12 ff. in-8° goth. (*Bibl. nat.*, rés. F 1897 et 1898). — 8525, [8810, 9641].

Édict et ampliation faict par le roy nostre sire, par lequel est ordonné que toutes sortes de espiceries... Paris, Jacques Nyverd, s. d., 4 ff. petit in-4°. (*Bibl. nat.*, rés. F 1876). — 12347.

Édict et declaration faict par le roy nostre sire du debvoir que luy seront tenuz faire tous nobles... Paris, Jacques Nyverd, 1541, 4 ff. petit in-4° goth. (*Bibl. nat.*, rés. F 1916). — 11876.

Édict faict par le roy nostre sire, par lequel est ordonné que le sel qui est ès greniers et chambres à sel sera vendu... Paris, J. Nyverd, s. d., 4 ff. petit in-4° goth. (*Bibl. nat.*, rés. F 1925). — [12751].

Édict faict par le roy nostre sire sur le service que luy doivent les subgetz au ban et arriere ban... Paris, Jacques Nyverd, 1542, 4 ff. petit in-4° goth. (*Bibl. nat.*, rés. F 1924). — 12749.

Édict fait par le roy nostre sire sur l'imposition foraine... Paris, Jacques Nyverd, 1540, 4 ff. petit in-4° goth. (*Bibl. nat.*, rés. F 1912). — 11731.

Édict faict par le roy nostre sire sur l'imposition foraine, droict de resve, etc. Paris, Jacques Nyverd, 1542, [4 et] 22 ff. petit in-4° goth. (*Bibl. nat.*, rés. F 1923). — 12456, [12457].

Édict par lequel la jurisdiction des forfaictz ès boys et forestz de Normandie, contiguz des contez du Perche, Alençon, le Maine et autres, est attribuée aux maistres des eaues et forestz et verdiers... Paris, Jean André, s. d., 4 ff. in-8° goth. (*Bibl. nat.*, rés. F 1907). — 11526.

Édits et ordonnances... Voir Corbin, Fontanon, Néron, Rebuffi. Sources imprimées.

Édits et ordonnances concernant la juridiction de la Cour des Aides de Montpellier. Voir Philippi (Jean).

Édits et ordonnances des Eaues et forests. Voir Durant.

Édits (Les), ordonnances et règlements sur l'administration des revenus des hôpitaux... Paris, 1585, in-8°. — 8197, 13966, 14438, 14685.

Ensuyvent les ordonnances faictes par le roy nostre sire sur le faict des guerres et payement de la gendarmerie... Paris, J. André et Ch. Langelier, 1540, [4 et] 64 ff. in-8° goth. (*Bibl. nat.*, rés. F 1537, 1re partie). — 56, 1907, 3732, 6326, 6734, 7528, 8135, 8758, 9028, 10528, 11033, 11077, 11151.

Esclaircissement des différends meus en la faculté de théologie de l'Université de Paris, touchant le nombre des bacheliers que les quatre ordres des mendians peuvent mettre en chaque licence, et celui des docteurs. Paris, 1649, in-4°. (*Bibl. nat.*, Ld[13] 18). — 10967.

Escluseaulx (Dr). Voir Des Clozeaulx.

Établissement du bailliage et siège royal de Chinon. Paris, 1755, 23 p. in-4°. — 13240, 13905.

Examen des nouveaux écrits de la Provence sur la propriété du Rhône. Paris, 1763, in-4°. — 2322, 2496.

Expilly (L'abbé). *Dictionnaire géographique, historique... des Gaules et de la France.* Amsterdam et Paris, 1770, 6 vol. in-fol. — 22076.

Explanatio supremi juris in ducatum Bullionensem, pro Maximiliano Henrico, Baveriæ duce, episcopo Leodiensi. Leodii, 1681, in-4°. — 12179.

Favyn (A.). *Le théâtre d'honneur et de chevalerie.* Paris, 1620, in-4°. — 1348.

Félibien (André). *Mémoires pour servir à l'histoire des maisons royales et bâtiments de France.* Paris, 1874, in-8°. — 18822, 19549, 21781, 21937, 22155, 22778, 23001.

Félibien (Dom). *Histoire de la ville de Paris.* Paris, 1725, 5 vol. in-fol. — 1313, 1670, 2295, 2367, 2466, 2599, 2727, 6889, 8577, 8769, 11300, 11356, 13355, 13705, 13788, 14155, 14198.

Fenier (Pierre). *Relation du siège mémorable de la ville de Péronne.* Paris, F. Muguet, 1682, in-12. (*Bibl. nat.*, Lb[36] 75). — 8828.

Fleureau (Dom B.). *Les antiquités d'Estampes*... Paris, 1683, in-4°. — 2313, 7189, 8768, 11811.

Fleury (Ch.). *Histoire du cardinal de Tournon*... Paris, 1728, in-8°. — 8665*.

Fontanon (A.). *Les édicts et ordonnances des rois de France depuis Louys VI*... Paris, 1611, 4 vol. in-fol. — 156, 161, 707*, 807, 844, 889 à 891, 1110, 1237, 1727, 1736, 1792, 1907, 2088, 2576, 2800*, 2896, 3382, 3732, 3997, 4269, 4494, 4516, 4548, 4549, 4600, 4625, 4635, 5502, 5515, 6142, 6281, 6734, 7147, 7196, 7252, 7486, 7495, 7528, 7922, 8058, 8090, 8135, 8141, 8175, 8200, 8289, 8320, 8525, 8562, 8662, 8758, 8810, 9028, 9237, 9642, 9891, 10102, 10473, 10528, 10653, 10976, 11025, 11026, 11033, 11065, 11077, 11095, 11123, 11129, 11151, 11171, 11172, 11240, 11248, 11260, 11293, 11299, 11345, 11356, 11376, 11410, 11454, 11467, 11483, 11509,

SOURCES IMPRIMÉES.

11526, 11536, 11586, 11637, 11679, 11720, 11731, 11738, 11774, 11784, 11870, 11876, 11957, 11970, 12249, 12257, 12283, 12347, 12386, 12456, 12470, 12543, 12559, 12635, 12709, 12811, 12815, 12830, 12847, 12949, 13020, 13069, 13104, 13105, 13120, 13134, 13153, 13158, 13160, 13212, 13218, 13224, 13225, 13233, 13280, 13357, 13359, 13369, 13461, 13478, 13480, 13497, 13517, 13531, 13555, 13556, 13558, 13575, 13651, 13654, 13669, 13728, 13749, 13858, 13966, 13994, 13995, 14028, 14058, 14064, 14161, 14175, 14187, 14197, 14244, 14254, 14456, 14486, 14543, 14623, 14673, 14685, 14805, 14806, 14807, 14931, 14935, 14999, 15172, 15228, 15340, 15398, 15434, 15437, 15584, 15611, 15612, 15613.

FORMENTINI (Marco). *Il ducato di Milano, studi storici documentati.* Milano, 1877, in-8°. — 16098, 16184.

FOURNIER (J.). *L'entrée de Léon Strozzi au service de la France.* (Bulletin de géographie historique et descriptive du Comité des travaux historiques, année 1902.) Paris, 1902, in-8°. — 32825.

FOURNIVAL (S.). *Recueil général des titres concernant les fonctions, rangs ou descharges des Presidens, trésoriers de France, généraux des finances et grands voyers des généralitez du Royaume.* Paris, 1655, in-fol. (*Bibl. nat.*, Lf[31] 3). — 1484, 1736, 1780, 1953, 4516, 4548, 4549, 4625, 4635, 12830, 12847, 13069, 14805.

FRADIN (Pierre). *Ordonnances et privilèges des foires de Lyon et leur antiquité, avec celles de Brie et de Champagne.* Lyon, 1560, in-fol. (*Bibl. nat.*, F 4565). — 8320.

Fragments historiques sur Dinan et ses environs, extraits des manuscrits de M. Mahéo. Dinan, 1854, in-12. — 3245 *bis.*

Francia ed Italia, ossia i manoscriti francesi delle nostre biblioteche... di Carlo Morbio. Milano, 1873, in-4°. — 16389, 18713.

FRANKLIN (A.). *La vie privée d'autrefois. Arts et métiers, modes, mœurs, usages des Parisiens...* Paris, 1887-1901, 27 vol. in-12. T. IV, 1888. — 14066.

FREHER (Marquard). *Germanicarum rerum scriptores aliquot insignes, hactenus incogniti, qui gesta sub regibus et imperatoribus teutonicis jam inde a Karolo magno ad Fridericum III...* Francofurti, 1624, 3 vol. in-fol. (*Bibl. nat.*, inv. M 440). — 8474, 8475.

FRÉVILLE (E. DE). *Mémoire sur le commerce maritime de Rouen.* Paris et Rouen, 1857, in-8°. — 10562.

GACHARD. *Les archives de Dijon.* Bruxelles, 1843, in-8°. — 14342.

GAILHARD (Noël). *Remontrances de la noblesse de Provence au Roi pour la révocation des arrêts de son Conseil portant réunion à son Domaine des terres aliénées et inféodées par les comtes de Provence.* Aix, 1669, in-fol. — 246.

GALABERT (Fr.). *Les foires et marchés de Mirepoix depuis le XVIe siècle.* (Bulletin périodique de la Société ariégeoise des sciences, lettres et arts. Tome IX, 1904.) Foix, 1904, in-8°. — 32504, 32521.

GALANTINO (Francesco). *Gouffier de Boysy. Supplemento all' appendice del volume terzo della storia di Soncino.* Milan, 1881, in-8°. — 16018, 16081, 16241, 16265.

GALLAND (Pierre). *Petri Castellani... vita.* Voir BALUZE (E.).

Gallia christiana in provincias ecclesiasticas distributa... Paris, 1716-1865, 16 vol. in-fol. — 2547, 3539, 17220.

Garnier (J.). *Chartes de communes et d'affranchissement en Bourgogne.* Dijon, 1867-1877, 3 vol. in-4°. — 112, 130, 627, 749, 790, 791, 808, 1190, 1344, 1361, 1371, 1373, 1374, 1404, 1471, 13307, 13741, 14341, 23539*, 32301. Sources imprimées.

Garnier (J.). *Correspondance de la mairie de Dijon.* Dijon, 2 vol. in-8°; t. I, 1863. — 1932*.

Gentil. Voir Le Gentil.

Germanicarum rerum scriptores... Voir Freher (Marquard).

Ghelleinck d'Elseghem (Le comte). *Chartrier de la maison de Diesbach.* Gand, S. Leliaert, 1889, in-fol. — 23748 *bis*, 23838 *bis* (t. VIII, p. 410).

Girard et Joly. *Troisiesme livre des offices de France*... Paris, 1646-1647, 2 vol. in-fol. — 606*, 675*, 891, 986, 1110, 1283, 1293, 1377*, 1467, 1479, 1559, 1644, 1727, 1756, 1767, 1768, 1840, 1864, 2367, 2516, 2800, 3997, 4494, 5154, 8090, 8141, 8175, 8200, 8304, 8320, 8620, 8676, 8810, 9641, 9986, 10101, 10102, 10528, 11095, 11129, 11167, 11172, 11173, 11214, 11245, 11293, 11784, 12249, 12285, 12815, 13120, 13160, 13212, 13458, 13480, 13514, 13575, 13683, 13744, 13745, 13749, 13815, 13903, 13990, 14006, 14161, 14175, 14187, 14258, 14515, 14931, 14935, 15126, 15340.

Godefroy (Denys). *Histoire de Charles VII, roy de France, par Jean Chartier,... Jacques Le Bouvier dit Berry,... Mathieu de Coucy, etc.* Paris, 1661, in-fol. — 1109, 2090.

Goldast (Melchior). *Politica imperialia sive discursus politici, acta publica et tractatus generales DD. NN. imperatoris et regis Romanorum, Pontificis romani, electorum principum*... Francfort, 1614, in-fol. (*Bibl. nat.*, E inv. 213, Réserve). — 2467, 8475.

Gosselin (E.). *Documents authentiques et inédits pour servir à l'histoire de la marine normande.* Rouen, 1876, in-8°. — 20061, 20081, 22739.

Grand Coutumier (Le). Voir Du Moulin (Ch.).

Grandes coustumes (Les) generalles et particulières du royaulme de France... Paris, Fr. Regnault, s. d., gr. in-4° goth. — 613.

Grandmaison (Ch.-L. de). *Documents pour servir à l'histoire des arts en Touraine.* Paris, 1870, in-8°. — 20297.

Grassoreille (Georges). Voir *Revue bourbonnaise*

Guénois. *La grande conférence des ordonnances des édits royaux.* Paris, in-fol., t. II, 1678. — 13318*.

Guérin (Paul). Voir *Bulletin de la Société de l'histoire du protestantisme français* et *Registres des délibérations du Bureau de la ville de Paris.*

Guichenon (S.). *Histoire de Bresse et de Bugey*... Lyon, 1650, in-fol. — 8302, 8395, 8396, 13486.

Guichenon (S.). *Histoire de la principauté de Dombes*... publié par C. Guigue. Lyon, 1874, 2 vol. in-8°. — 1934.

Guichenon (S.). *Histoire généalogique de la maison royale de Savoie*... Lyon, 1660, 2 vol. in-fol. — 1899.

Guiffrey (Georges). Voir *Cronique du roy François.*

SOURCES IMPRIMÉES.

GUIFFREY (G.). *Procès criminel de Jehan de Poitiers, s^r de Saint-Vallier...* Paris, 1867, in-8°. — 1980*, 2745*, 17702, 17736.

GUIRAN (Gaillard). *Explicatio duorum vetustorum numismatum Nemausiensium ex ære.* Arausioni, 1655, in-4°. — 7951.

GUYOT (J.). *Chronique d'une ancienne ville royale, Dourdan, capitale du Hurepoix.* Paris, 1869, in-8°. — 1699.

HAAG (Eug. et Em.). *La France protestante,* t. X. Paris, 1858, in-8°. — 7486, 11509.

HARDOUIN (J.). *Collectio maxima Conciliorum generalium et provincialium, etc., studio et opera Joannis Harduini, e societate Jesu.* Paris, 1700-1716, 12 vol. in-fol. — 891.

HARRISSE (H.). *Notes pour servir à l'histoire, à la bibliographie et à la cartographie de la Nouvelle-France et des pays adjacents.* Paris, 1872, in-8°. — 11804, 11822.

HAY (M.). *Recueil des chartes, créations et confirmations des arbalétriers, archers... de la ville de Paris.* Paris, 1770, in-4°. — 1988, 13994.

HEULLANT (L'abbé). *Monographie de Houlbec.* Évreux, 1902, in-8°. — 32553, 32597.

Histoire générale des cardinaux. Voir AUBERY.

Historiæ patriæ monumenta. Tome XIV (*Comitiorum pars prior*). Turin, Bocca, 1879, in-fol. — 21951.

Hôpital général de Paris (L')... Paris, 1745, in-4°. — 11946.

HOZIER (D'). *Armorial général de la France.* Paris, 1738-1768, 6 tomes en 10 vol. in-fol. — 6549, 10404.

HUSSON (J.-C.-A.). *Étude sur les hôpitaux considérés sous le rapport de leur construction, etc.* Paris, 1863, in-4°. — 16120.

IMBERT (H.). *Les grands jours de Poitou, registres criminels.* (Mémoires de la Société de statistique des Deux-Sèvres, 2e série, t. XVI.) Niort, 1878, in-8°. — 32535, 32536.

IMHOFF (L.). *Lettres de François Ier pour faire le terrier de Gargilesse.* (Revue du Centre, année 1891, in-8°.) — 33152.

Instructions et lettres des rois de France très chrestiens et de leurs ambassadeurs, et autres actes concernant le concile de Trente... 4e édit. Paris, 1654, in-4°. — 14867.

Inventaire de François de La Trémoille, publié par Louis de La Trémoïlle. Nantes, 1887, in-4°. — 8154, 17537, 18421, 19708, 19739.

Inventaire des titres et documents de l'hôtel de ville de la cité royale de Montauban. Montauban, 1662, in-4°. — 2312, 3372, 3611, 3724, 7685.

Inventaire sommaire des archives hospitalières de Paris antérieures à 1790. Paris, 1882-1888, 4 vol. in-4°. — 5718*, 17288, 17529.

Inventaire sommaire des archives départementales du Loiret, série B, t. III. Orléans, 1900, in-4°. — 33170.

Inventaire sommaire des archives départementales antérieures à 1790... Seine-et-Marne, t. IV. Fontainebleau, 1880, in-4°. — 25052.

Sources imprimées.

Isambert. *Recueil général des anciennes lois françaises depuis l'an 420 jusqu'à la Révolution de 1789*. Paris, 29 vol. in-8°. Tome XII, 1827. — 613, 762, 807, 889 à 891, 1110, 1424, 1736, 2014, 2284, 2360, 2418, 3282, 3382, 3519, 3546, 3698, 3732, 3829, 3957, 3997, 4269, 4494, 4548, 4600, 4625, 4635, 4825, 6734, 7252, 7486, 7495, 7555, 7922, 7990, 8058, 8141, 8142, 8175, 8289, 8303, 8320, 8472, 8525, 8562, 8620, 8625, 8662, 8758, 8810, 9028, 9237, 9642, 10473, 10528, 10650, 10653, 10976, 11025, 11026, 11033, 11037, 11042, 11071, 11077, 11123, 11129, 11143, 11171, 11172, 11173, 11214, 11240, 11248, 11260, 11293, 11299, 11345, 11356, 11376, 11410, 11454, 11483, 11496, 11509, 11552, 11584, 11586, 11720, 11731, 11738, 11774, 11784, 11827, 11946, 11957, 12249, 12257, 12285, 12347, 12428, 12525, 12527, 12543, 12559, 12709, 12811, 12815, 12830, 12841, 12847, 13069, 13070, 13120, 13224, 13225, 13359, 13478, 13480, 13482, 13497, 13517, 13531, 13555, 13558, 13654, 13683, 13696, 13749, 13995, 14175, 14187, 14197, 14435, 14543, 14685, 14686, 14805, 14807, 14931, 14967, 15228, 15340, 15398, 15434, 15584.

Jacqueton (Hubert). *Étude sur la ville de Thiers*. Paris, Picard, 1894, in-8°. — 20583*.

Jal. *Dictionnaire critique de biographie et d'histoire*. Paris, 1867, in-8°; 2e édit., 1872. — 17752.

Jarry (L.). *Le château de Chambord. Documents inédits...* Orléans, 1889, in-8°. (Extr. des Mémoires de la Société archéologique de l'Orléanais.) — [1083, 2685, 2830].

Jobin (L'abbé J.-B.). *Histoire du prieuré de Jully-les-Nonnains...* Paris, 1881, in-8°. — 3341, 11127.

Joly (Hector). *Traité de la Chambre des comptes de Dijon...* 2e édit. Dijon, Palliot, 1653, in-fol. — 1367, 2670*.

Jourdain (C.). *Index chronologicus chartarum Universitatis Parisiensis*. Paris, 1862, in-fol. — 120, 376, 805, 1341, 1505, 1998, 8770, 13482, 13701, 14332.

Journal de l'amateur de livres, année 1839. Paris, 1839, in-8°. — 12145.

Julliot (G.). *Cartulaire sénonais de Balthazar Taveau*. Sens, 1884, in-4°. — 1497, 1795, 2251.

Justel (C.). *Histoire généalogique de la maison d'Auvergne*. Paris, 1645, in-fol. — 1891, 3562, 3637, 3643, 19221*, 19508*, 19928*, 19929*.

Labeyrie (E.). *Étude historique sur le mariage de François Ier avec Éléonore d'Antriche*. Paris, 1873, in-8°. — 24039 *bis* (t. VIII, p. 402).

Laborde (L. de). *Les comptes des bâtiments du Roi*. Paris, 1877-1880, 2 vol. in-8°. — 3071, 3086, 4643, 5344, 8266, 8274, 8622, 9215, 10587, 10912, 10924, 10925, 11295, 11771, 12024, 12254, 12274, 12403, 12573, 12619, 12930, 13008, 14835, 15309.

Lacomblet (Dr). *Urkundenbuch für die Geschichte des Niederrheins*. Dusseldorf, 1840-1858, 4 vol. in-4°. — 24578 *bis* (t. VIII, p. 403).

La Faille (Germain de). *Annales de la ville de Toulouse...* Toulouse, 1687-1701, 2 vol. in-fol. (*Bibl. nat.*, Lk7 9735.) — 6207, 12784, 14264.

SOURCES IMPRIMÉES.

LA FERRIÈRE (Comte Hector DE). *Histoire de Flers.* Paris, 1855, in-8°. — 23795, 24175, 25108, 25295.

LA GIBONAYS (J.-A. DE). *Recueil des édits, ordonnances et règlemens concernant les fonctions ordinaires de la Chambre des comptes de Bretagne... divisé en quatre parties...* Nantes, 1721, 2 vol. in-fol. — 53, 748, 1164, [1168], 1887, [3649], 4825*, 4919*, 8088, 8489, 8690, 8752, 9655, 10351, 10546, 11341, 13390, 14839, 15422, 16506.

LA GIBONAYS (M. DE). *Succession chronologique des ducs de Bretagne, avec quelques observations et faits principaux.* Nantes, 1723, in-8°. — 2556.

LAGUILLE (L.). *Histoire de la province d'Alsace depuis Jules César jusqu'au mariage de Louis XV...* Strasbourg, 1727, 2 vol. in-fol. (Autre édit., 7 vol. in-8°, sans les *Preuves.*) — 1167.

LALANNE (L.). *Journal d'un bourgeois de Paris sous le règne de François Ier.* Paris, 1854, in-8°. (Publ. de la Société de l'histoire de France.) — 32464.

LA MARTINIÈRE. Voir PINSON DE LA MARTINIÈRE.

LAMBERT (L'abbé). *Mémoires de Martin et Guillaume du Bellai-Langei, mis en nouveau style, auxquels on a joint les mémoires du maréchal de Fleuranges et le Journal de Louise de Savoye...* Paris, 1753, 7 vol. in-12. (*Bibl. nat.*, Lb[30] 17). — 11208, 13799, 14913.

LANGLOIX (Simon-François). *Traité des droits, privilèges et fonctions des conseillers du Roi, notaires, gardes-notes et gardes-scel de Sa Majesté au Châtelet de Paris.* Paris, 1738, in-4°. (*Bibl. nat.*, Lf[41] 26). — 1248, 8744, 12103, 12281, 12815, 13212, 13480.

LA PISE (Joseph DE). *Tableau de l'histoire des princes et principauté d'Orange...* La Haye, 1639, in-fol. — 1057.

LA POPELINIÈRE. *L'histoire de France, enrichie des plus notables occurances survenues ez provinces de l'Europe et pays voisins, depuis l'an 1550 jusques à ces temps.* Paris, 1581, 2 vol. in-fol. — 11826.

LA ROCHE-MAILLET (G.-M. DE). Voir *Code du Roi Henri III.*

LA ROCQUE (Gilles-André DE). *Histoire généalogique de la maison de Harcourt.* Paris, 1662, 4 vol. in-fol. — 2604, 7347, 7529.

LA SAUSSAYE (L. DE). *Histoire du château de Blois.* 1re édit. Paris, 1840, in-8°. — 5e édit., revue et augmentée, 1863, in-12. — 16154.

LA THAUMASSIÈRE (Gaspard THAUMAS DE). *Histoire de Berry...* Paris, 1689, in-fol. — 249, 9953.

LA THAUMASSIÈRE (Gaspard THAUMAS DE). *Nouveau commentaire sur les coutumes de Berry...* Bourges, 1700-1701, 2 tomes en 1 vol. in-fol. — 3853, 4244, 6865, 7588, 10965.

LA TRÉMOÏLLE (M. le duc Louis DE). Voir *Chartrier de Thouars, Inventaire de François de La Trémoïlle* et l'article qui suit.

La Trémoïlle pendant cinq siècles (Les), publ. par M. le duc de La Trémoïlle. Nantes, 1890-1896, 5 vol. in-4°. — 2941*, 12280*, 24133, 24771, 25084, 25225.

LAUNOY (Jean). *Joannis Launoii opera omnia ad selectum ordinem revocata...*

Coloniæ Allobrogorum, 1731, 5 tomes en 10 vol. in-fol. (*Bibl. nat.*, Z inv. 717-726). — 1505, 10967, 13103. **Sources imprimées.**

Lebeuf (L'abbé). *Histoire de la ville et de tout le diocèse de Paris*. Nouvelle édition. Paris, 1883-1893, 6 vol. in-8°. — 22923.

Lebeuf (L'abbé). *Mémoires concernant l'histoire civile et ecclésiastique d'Auxerre et de son ancien diocèse*. Paris, Durand, 1753, 2 vol. in-4°. [Nouv. édit. continuée jusqu'à nos jours..., par Challe et Quantin. Auxerre, Paris, 1848-1855, 4 vol. in-8°.] — 1668, 1681.

Ledru (L'abbé A.). *Histoire de la maison de Mailly*. Paris, Le Mans, Laval, 1893, 2 vol. gr. in-8°. — 23616, 23910, 24279.

Le Féron (Jean). *Histoire des connétables, chanceliers et gardes des sceaux, maréchaux, amiraux, etc., depuis leur origine jusqu'en 1555... continuée jusqu'à présent* par Claude Collier, et *augmentée des recherches et pièces curieuses...* par Denys Godefroy. Paris, 1658, in-fol.* — 562, 904, 7991, 9642, 12688, 14256.

Lefèvre (Ed.). *Documents historiques et statistiques sur les communes du canton d'Auneau*. Chartres, 1868, in-8°. — 14713.

Lefranc (Abel). *Histoire du Collège de France*. Paris, 1893, in-8°. — 21214.

Le Gentil (Jean). *Recueil des actes, titres et mémoires concernant les affaires du Clergé de France...* Paris, 1675, 6 vol. in-fol. — 7486, 11509, 11515, 12709, 13497, 13859, 14807, 14814.

Le Glay. *Négociations diplomatiques entre la France et l'Autriche, durant les trente premières années du* xvi*e* *siècle*. Paris, 1845, 2 vol. in-4°. (Coll. des documents inédits). — 2727*.

Le Grand (Joachim). *Histoire du divorce d'Henri VIII et de Catherine d'Aragon*. Paris, 1688, 3 vol. in-12. — 2758*, 5849, 6194, 6450, 6584.

Leibnitz. *Codex juris gentium diplomaticus, in quo tabulæ authenticæ actorum publicorum, tractatuum aliarumque rerum majoris momenti per Europam gestarum... continentur...* Hanovre, 1693, in-fol. — 2657*.

Le Laboureur (J.). *Les mémoires de messire Michel de Castelnau, s*r *de Mauvissière, illustrez et augmentez de plusieurs commentaires et manuscrits...* Bruxelles, 1731, 3 vol. in-fol. — 12756, 13799.

Le Long (Dom Nicolas). *Histoire ecclésiastique et civile du diocèse de Laon*. Châlons, 1733, in-4°. — 25238.

[Le Mere (Pierre).] *Recueil des actes, titres et mémoires concernant les affaires du Clergé de France...* Paris, 1716-1750, 12 vol. in-fol. — 4597, 5541, 7026, 7486, 8293, 8477, 8750, 10102, 10733, 11157, 11509, 12285, 12691, 12709, 12926.

Lenglet du Fresnoy (Nicolas). *Commentaire de M. Du Puy sur le traité des libertés de l'Église gallicane de Pierre Pithou...* Nouvelle édition. Paris, 1715, 2 vol. in-4°. — 890, 5541*, 11171.

Léonard (Frédéric). *Recueil des traitez de paix, de trêves, de neutralité...* Paris, 1693, 6 vol. in-4°. — 152, 162, 737, 1586, 1908, 2183, 2198, 2209, 2283, 2284, 2360, 2657, 2657*, 2674, 3436, 3546, 3693, 4670, 4991, 8693, 8749, 9200, 9451, 9562, 9566, 12214, 12573, 12615, 14146, 14312, 15123, 15617, 32447, 32449, 32461, 32462.

IMPRIMERIE NATIONALE.

Lépinois (E. de). *Histoire de Chartres*. Chartres, 1854-1858, 2 vol. gr. in-8°. — 8010.

Lescarbot (Marc). *Histoire de la Nouvelle-France, contenant les navigations, découvertes et habitations faites par les François ès Indes occidentales...* Paris, Millot, 1609, 1612, 1617, in-8°. 3 édit. — 11680*.

Lespinasse (R. de). *Les métiers et corporations de la ville de Paris*. Paris, Impr. nat., 1886-1897, 3 vol. in-4°. — 861*, 1427*, 2626*, 2946*, 2998*, 9204*, 11915*, 12768*, 13109*, 14066*, 14332*, 22628*.

Lettres patentes du roy nostre sire, par lesquelles il est ordonné que tous gentilzhommes... bailleront dedans troys moys la declaration et valleur de leurs fiefz... Paris, Jacques Nyverd, s. d., 4 ff. petit in-4°. (*Bibl. nat.*, rés. F 1879). — 12283.

Lettres patentes du roy nostre sire publiées à son de trompe par les quarrefours de la ville de Paris, le dixiesme jour de mars mil cinq cens trente neuf, touchant la reunion des justices de la ville, faulxbourgs et banlieue d'icelle. Paris, Jean André, s. d., 4 ff. petit in-4° goth. (*Bibl. nat.*, rés. F 1875). — 11376.

Lévesque (Guillaume). *Chartres, lettres, titres et arrests de l'antiquité, chappelle, droicts, fonctions, pouvoirs... des notaires et garde-nottes du Roy au Chastelet de Paris*. Paris, 1663, in-4°. (*Bibl. nat.*, Lf^{44} 25). — 8744, 12103, 12281, 13212, 13480.

Liber privilegiorum ordini Cisterciensi per summos pontifices concessorum et reges Franciæ et Navarræ. Parisiis, 1666, in-4°. (*Bibl. nat.*, Ld^{17} 4). — 12657.

Liber quorumdam privilegiorum sacro ordini Cisterciensi per summos pontifices concessorum et per quosdam Galliae reges. Parisiis, 1620, in-12. (*Bibl. nat.*, Ld^{17} 3). — 12657.

Libertez et franchises du vicomté de Turenne. Paris, Pellé, 1658, in-4°. — 1797.

Livre (Le) des privilèges, franchises, libertez, exemptions et immunitez de l'Université de Paris, aux recteurs, docteurs, etc., donnez par les Roys de France... Paris, 1630, in-8°. — 13482.

Lois municipales et économiques du Languedoc, ou Recueil des ordonnances, édits, déclarations, lettres patentes, arrêts du Conseil, du Parlement de Toulouse, etc. [par J. Albisson, avocat et archiviste des États de Languedoc]. Montpellier (Avignon), 1780 et années suiv., 7 vol. in-4°. — 1221, 1821, 13770, 14059.

Loix (Les), ordonnances et edictz des très chrestiens rois de France... depuis le roy S. Loïs jusques au roy Henry deuxiesme... Paris, 1559, in-fol. (*Bibl. nat.*, F. inv. 2010). — 8155, 9641, 11025, 11026, 11033, 11065, 11077, 11095, 11123, 11151, 11171, 11172, 11240, 11248, 11260, 11293, 11299, 11376, 11410, 11412, 11454, 11456, 11467, 11483, 11509, 11526, 11586, 11637, 11679, 11720, 11731, 11738, 11774, 11784, 11811, 11876, 11957, 11970, 12249, 12283, 12347, 12456, 12470, 12559, 12709, 12811, 12815, 13134, 13212, 13233, 13359, 13478, 13497, 13517, 13575, 13669, 13966, 13994, 14064, 14161, 14175, 14187, 14244, 13253, 14254, 14278, 14438, 14456, 14486, 14491, 14685, 14806, 14931, 14935, 15134, 15228, 15398, 15434, 15611 à 15613.

Loix (Les), statuts et ordonnances royaux faictes par les feus rois de France... Paris, Poncet le Preux, 1542, in-fol. — 4635, 4741, 11454, 11456, 11467,

11483, 11509, 11526, 11586, 11637, 11677, 11679, 11720, 11731, 11738, 11774, 11784, 11811, 11876, 11957, 11971, 12249, 12347, 12456, 12457, 12470, 12559.

LOUVET (Pierre). *Remarques sur l'histoire de Languedoc, de ses princes sous la 2e et 3e lignée de nos rois jusqu'à la réunion à la couronne (1271)*... Toulouse, 1657, in-4°. — 1821, 5601, 5603.

LOUVET (Pierre). *Histoire de la ville et cité de Beauvais et des antiquitez du pays de Beauvaisis.* Beauvais, 1631 et 1635, in-8°. — 12657.

LÜNIG (J.-Ch.). *Codex Italiæ diplomaticus.* Francfort et Leipzig, 1725-1732, 3 vol. in-fol. — 2822*.

LÜNIG (J.-Ch.). *Das deutsche Reichsarchiv.* Leipzig, 1710-1722, 24 vol. in-fol. — 8749*.

LURBE (Gabriel DE). Voir DU LURBE (Gabriel).

MABILLE (E.). *Catalogue analytique des diplômes, des chartes et actes relatifs à l'histoire de Touraine, contenus dans la collection de dom Housseau.* Tours, Paris, 1863-1864, in-8°. (T. XIV des *Mémoires de la Société archéologique de Touraine.*) — 8483, 14560.

MALINGRE (Cl.). *Les antiquitez de la ville de Paris.* Paris, 1640, in-fol. — 3839, 8781.

Manoscritti torrigiani (I) del R. Archivio in Firenze. Firenze, 1878, in-8°. (Extrait du t. XXVI, terza serie, de l'*Archivio storico italiano.*) — 16033, 16189, 16190, 16245, 16356, 16456.

MARCEL (Guillaume). *Histoire de la monarchie françoise.* Paris, 1683-1686, 4 vol. in-12. — 1980, 11025, 11077, 13224.

MARLIER (Dom M.). *Martiniana.* Paris, 1606, in-12. — 3952.

MARLIER (Dom M.). *Monasterii regalis S. Martini de Campis Parisiensis historia.* Paris, 1636, in-4°. — 3952.

MARLOT (Dom Guillaume). *Histoire de la ville, cité et université de Reims*... Reims, 1843-1846, 4 vol. in-4°. — 575.

MAROLLES (L'abbé DE). Voir SOULTRAIT (Comte DE).

MASSIOU (D.). *Histoire politique, civile et religieuse de la Saintonge et de l'Aunis*... Paris, 1838-1840, 6 vol. in-8°. — 583.

MASSIP (Maurice). *Le Collège de Tournon en Vivarais*... Paris, 1890, gr. in-8°. — 24885.

MATHIEU (C.-L.). *Code des mines.* Voir *Code Mathieu.*

Mémoire pour les officiers de la Chambre des comptes de Blois... contre les officiers du présidial de la même ville. S. l. n. d., in-4°. (*Bibl. nat.*, fol. F 3, t. 36). — 15707.

Mémoires (Les) de M. le duc de Nevers, prince de Mantoue, gouverneur et lieutenant général pour les rois Charles IX, Henry III et Henry IV en diverses provinces de ce royaume. Paris, 1665, 2 vol. in-fol. — 11225.

Mémoires de la Société des Antiquaires de l'Ouest. Voir BARBIER (A.).

Mémoires de la Société archéologique de Touraine, t. XIV. Tours, 1863, in-8°. — 1210. — Voir MABILE (E.).

—— t. XVII, Tours, 1865, in-8°. — 17201, 17207, 19064, 19891, 20972.

Mémoires de la Société de l'histoire de Paris et de l'Île-de-France, t. VI. Paris, 1879, in-8°. — 943.

MÉNARD. *Histoire civile, ecclésiastique et littéraire de la ville de Nîmes*... Paris, 1750-1755, 6 vol. in-4°. — 117, 474, 1580, 7951, 9570, 9794, 9913, 11049, 11075, 11779, 13289, 14250.

MENESTRIER (Le P. Cl.-Fr.). *Éloge historique de la ville de Lyon*... Lyon, 1669, in-4°. (*Bibl. nat.*, Réserve Lk⁷ 4299). — 12335.

MERLET (Lucien). *Cartulaire de l'abbaye de la Sainte-Trinité de Tiron*. Chartres, 1883, 2 vol. in-4°. — 515.

MERLET (Lucien). *Lettres des rois de France, des reines, princes, etc.*, extraites des Archives d'Eure-et-Loir ou de Chartres. Orléans, 1855, in-8°. (*Mémoires* de la Société archéologique de l'Orléanais, t. III.) — 33027.

MERVAL (St. DE). *Documents relatifs à la fondation du Havre*. Rouen, 1875, in-8°. (Publication de la Société de l'hist. de Normandie.) — 596*, 738, 828, 981, 1231, 1874*, 20431, 32327, 32349.

MESCHET (Le P. Louis). *Privilèges de l'ordre de Cîteaux*. Paris, 1713, in-4°. — 12657.

MICHAUD. *Histoire des Croisades*. Paris, 1825-1829, 6 vol. in-8°. — 16281.

MICHEL (Francisque). *Les Écossais en France et les Français en Écosse*. Paris, 1862, 2 vol. in-8°. — 16869.

MILANESI. *Documenti per la storia dell' arte Senese*. Sienne, 1854-1856, 3 vol. in-8°. — 22160.

MIRAULMONT (P. DE). *La justice de la maison du Roy, qui est juridiction de la prevosté de l'hostel*. Paris, 1615, in-4°. — 1628.

MIRAULMONT (P. DE). *Le Prévôt de l'hôtel et grand prévôt de Paris*. Paris, 1610, in-8°. — 3797, 8616, 14006, 15398.

MIRAULMONT (P. DE). *Traicté de la Chancellerie, avec un recueil des chanceliers*... Paris, 1610, in-8°. — 11690, 14127.

Miscellanea di Storia italiana, edita per cura della regia deputazione di Storia patria, 1ª seria, t. III (et non II). *Documenti che concernono la vita publica di Girolamo Morone*. Torino, Stamperia reale, 1865 (et non 1845). — 16066 (Marone, corr. Morone).

Missale Claromontense atque Sancti Flori... Lyon, 1525, in-4° goth. — 1595.

MONE (Franz-Joseph). *Zeitschrift für die Geschichte des Oberrheins*. Karlsruhe, 1851-1870, 21 vol. in-8°. Tome XVII. — 381*.

MONSNYER (Raoul). *Celeberrimae S. Martini Turonensis ecclesiæ jura propugnata contra Launoium*. Paris, 1663, in-8°. — 951.

MONTANBON (Dom), imp. par erreur MONTAUBAN. *Éclaircissement sur le livre intitulé : Recueil des privilèges de Cîteaux*. Liège, 1714, in-4°. — 12657.

MONTROND (MAX. DE). *Essais historiques sur la ville d'Étampes.* Étampes et Paris, 1836-1837, 2 vol. in-8°. — 7189, 8768. SOURCES IMPRIMÉES.

Monumenta historiæ patriæ. Voir *Historiae patriae monumenta.*

MORAND (S.-J.). *Histoire de la Sainte-Chapelle royale du Palais.* Paris, 1790, in-4°. — 6889, 17612.

MOREAU DE VORMES. Voir *Recueil de titres... de la ville et cité de Périgueux.*

MORICE (Dom P.-H.). *Histoire ecclésiastique et civile de Bretagne...* Paris, 1750-1760, in-folio, et *Mémoires pour servir de preuves à l'Histoire ecclésiastique et civile de Bretagne.* Paris, 1742-1746, 3 vol. in-fol. — 26, 152*, 504, 829*, 1174, 2077, 2091, 2092, 2117, 2131*, 2306, 2440, 2850, 3074, 3571, 3649, 4088, 4824, 4825, 4919, 7196, 8375, 8793, 11114, 11363, 11897, 12889, 12916, 13171, 14486*, 20996, 22127.

MORIN (Dom G.). *Histoire générale du pays de Gâtinois, Senonois et Hurepois...* Paris, Chevalier, 1630, in-4°. — 3270*, 17374, 23991, 24000.

MOULENQ (F.). *Documents historiques sur le Tarn-et-Garonne.* Montauban, 1879-1881, 2 vol. in-8°. — 384.

MOUYNÈS (G.). *Inventaire des archives de la ville de Narbonne antérieures à 1790.* Narbonne, 1871-1877, 4 vol. in-4°. — 4160.

Musée des Archives départementales. Recueil de fac-similé... Textes. Paris, Imp. nat., 1878, in-4°. — 12615*, 22437.

Musée des Archives nationales. Documents originaux de l'histoire de France exposés dans l'hôtel Soubise. Paris, Plon, 1872, in 4°. — 1021.

NÉRON (Pierre) et GIRARD (Ét.). *Les édits et ordonnances des très chrestiens Roys Françoys Ier, Henry II, etc., et Louis XIV sur le fait de la justice...* Paris, 1647, 1656, 2 vol. in-4°; 1666, 1685, 1 vol. in-fol.; et 1720, 2 vol. in-fol. — 8175, 8525, 8810, 11171, 12811, 14931, 14935.

NEVERS (Le duc DE). Voir *Mémoires (Les) de M. le duc de Nevers.*

NICERON (Le P.). *Mémoires pour servir à l'histoire des hommes illustres dans la république des lettres...* Paris, 1729-1745, 44 vol. in-12. Tome XIII. — 13103.

Nobiliaire de Champagne. Recherches de la noblesse de Champagne, par M. de Caumartin (réimpr. de l'éd. de 1673). Paris, Didot, 1868, in-fol. — 20311.

Nouvelles archives de l'art français. Recueil de documents inédits publiés par la Société de l'histoire de l'Art français. Paris, Baur, 1872-1906, in-8°. Année 1876. — 441[illegible].
— Année 1888. — 11374.

Voir aussi *Archives de l'art français.*

OLLIVIER (J.). *Essais historiques sur la ville de Valence.* Valence, 1831, in-12. — 2118.

Ordonnance de Louis XIV, roy de France... concernant la jurisdiction des Prevost des marchans et Eschevins de la ville de Paris... Paris, 1676, in-fol. — 13370.

Ordonnance faicte par le roy Françoys premier de ce nom sus l'auctorité, justice et preeminence des gens des comptes... S. l. n. d., 28 ff. in-4° goth. (*Bibl. nat.*, rés. F 930). — 1289, 32455.

SOURCES IMPRIMÉES.

Ordonnance faicte par le Roy nostre sire sur l'ordre qu'il veult et entend estre d'oresenavant tenu, gardé et observé pour le soulagement et descharge de son peuple en la distribution des vivres de sa gendarmerie... S. l. n. d., 6 ff. in-8°. (*Bibl. nat.*, rés. F 1537, 2e partie). — 14673.

Ordonnance novelle du Roy sur le faict des notaires, tabellions et faulx tesmoings. « On les vend au Mont Sainct Hylaire, devant la *Chiche face*, à Paris. » S. d., 4 ff. petit in-4°. (*Bibl. nat.*, rés. F 1892 et 2039). — 4494.

Ordonnances du très chrestien roy de France Françoys premier de ce nom... ordonnées estre gardées et observées en ces pays de Provence, Forcalquier et terres adjacentes... Avignon, impr. Jean de Channey, 1536, petit in-fol. goth. (*Bibl. nat.*, rés. F 618, 1re partie). — 707, 3732, 4269, 4494, 7252, 7725, [8090, fol. 75], 8141, 8142, 8155, 8175, 8200, 8259, 8332 (et non 8334), 8413.

Ordonnances du très chrestien roy de France Françoys premier de ce nom, reduictes par tiltres et articles et selon les matières, ordonnées estre gardées et observées en ses pays de Provence, Forcalquier et terres adjacentes[1]... Lyon, impr. Denys de Harsy, mars 1535 a. s., 125 [et 11] ff. in-4° goth. (*Bibl.*, *nat.*, rés. F 850). — 707, 3732, 4269, 4494, 7252, [8090, fol. 90], 8141, 8142, 8155, 8200, 8259.

Ordonnances du roy nostre sire sur l'estat des Tresoriers et manyment des finances, nouvellement publiées au conseil de la Tour carrée. Paris, Geoffroy Tory, 1532, 12 ff. petit in-4° (*Bibl. nat.*, rés. F 1894, 1re partie). — 4625.

Ordonnances, édits, déclarations, arrêts et lettres patentes concernant l'autorité et la jurisdiction de la Chambre des comptes de Paris... Paris, 1728, 2 vol. in-4°. — 1234, 1289, 1305, 1953.

Ordonnances et edict du roy pour les cas royaulx... S. l. n. d., 4 p. in-4°. (*Bibl. nat.*, rés. F 618, 4e partie). — 8525.

Ordonnances et edictz dernierement faictz par le roy nostre sire, mis par ordre selon la dacte du temps... Paris, J. Nyverd, 1541, petit in-4°. (*Bibl. nat.*, rés. F 1642, 2e partie). — 160, 4269, 4494, 8289, 8562, 11248, 11299, 11345, 11356, 11412, 11454, 11456, 11467, 11483, [11509], 11586, 11637, 11677, 11679, 11720, 11731, 11738, 11784.

Ordonnances et instructions faictes par feux de bonne memoire les roys Charles VIIe, Loys XIe, Charles VIIIe, Loys XIIe et Françoys premier du nom... Adjousté en la fin d'icelles les ordonnances faictes par le roy Françoys jusques en l'an mil cinq cens XXXIX. Paris, impr. Étienne Caveilier, s. d., in-8° goth.[2] (*Bibl. nat.*, rés. F 1822, 1re partie). — 56, 160, 443, 622, 695, 707, 939, 1056, 1110, 1237, 1907, 2800, 3282, 4269, 4494, 4516, 4548 [*add.* fol. 272], 4549, 4600, 4625, 4635, 7495, 8525, 8810, 9891, 11171, 21891.

Ordonnances et privileges des foires de Lyon et leur antiquité... Lyon, 1560, in-8°. (Autres éditions: Lyon, 1574, 1649, in-4°; Paris, 1676, in-12.) — 13020.

Ordonnances (Les) faictes par le Roy et ses predecesseurs sur le faict de la Chambre des comptes de Bretagne... Tours, 1556, in-4°. (*Bibl. nat.*, F 2907².) — 9655, 10718, 11327, 11341.

[1] Au fol. 1 v° est imprimé un «Privilège de trois ans à Antoine Vincent, libraire à Lyon, pour faire imprimer les dernières ordonnances sur la réformation de la justice en Provence. Lyon, 19 janvier 1535», qui ne figure pas dans le *Catalogue* ni dans ses suppléments.

[2] L'ordonnance de Villers-Cotterets, annoncée dans le titre, forme une plaquette imprimée en caractères romains, avec signature spéciale, par Galyot Du Pré et Jean André.

SOURCES IMPRIMÉES.

Ordonnances faictes par le roy nostre sire, par lesquelles est ordonné que tous marchans, artisans et gens des mestiers de la ville de Paris feront le guet... Paris, Jacques Nyverd, s. d., 4 ff. in-4°. (*Bibl. nat.*, rés. F 1902). — 11356.

Ordonnances faictes par le roy nostre sire sur la police de la ville de Paris... Paris, Jacques Nyverd, s. d., 6 ff. in-4° goth. (*Bibl. nat.*, rés. F 1900). — 11299.

Ordonnances faictes par le roy nostre sire sur la refformation des justices et abbreviation des procès au pays de Normandie... Paris, Jacques Nyverd et Alain Lotrian, 1541 n. s., 16 ff. petit in-4° goth. (*Bibl. nat.*, rés. F 1914). — 11784.

Ordonnances (Les) faictes par le roy nostre sire sur le faict des hostelliers, taverniers et denrées qu'ilz vendent... Paris, Jacques Nyverd, 1532, 4 ff. in-8°. (*Bibl. nat.*, rés. F 1893). — 4600.

Ordonnances nouvelles faictes par le Roy nostre sire touchant les legyons des gens de pied... Paris, Galliot du Pré, 1535 n. s., 12 ff. petit in-4°, non cotés, goth. (*Bibl. nat.*, rés. F 2037). — 7252, 32598.

Ordonnances royaulx faictes sur l'abbreviation des causes et procès du bailliaige de Touraine... Tours, 1536, in-8°. (*Bibl. nat.*, rés. F 1882, 2e partie). — 1136.

Ordonnances royaulx nouvellement faictes sur le faict du sel, marais et sallines... Paris, Galliot du Pré, 1541, [4 et] 16 ff. petit in-4° goth. (*Bibl. nat.*, rés. F 1917 et 1918). — 11957.

Ordonnances royaulx nouvellement leues, publiées et enregistrées en la court de Parlement à Rouen... Rouen, Cl. Le Roy, 1541 n. s., 4 et 15 ff. in-8° goth. (*Bibl. nat.*, rés. F 1915). — 11784.

Ordonnances royaulx sur le faict de la foraine... Paris, Galliot du Pré, 1541, 4 ff. petit in-4° goth. (*Bibl. nat.*, rés. F 1919). — 11970.

Ordonnances royaulx sur le faict de la justice et abbreviation des procès par tout le royaulme de France... Paris, Galliot du Pré et Jean André, 1539, 6 et 19 ff. in-4°. (*Bibl. nat.*, rés. F 268, 2e partie). — 11171, 21891.

Ordonnances royaulx sur le faict de la justice et abbreviation des procès par tout le royaulme de France... Paris, Galliot du Pré et Jean André, 1539, 8 et 36 ff. petit in-4°. (*Bibl. nat.*, rés. F 844; *Arch. nat.*, rés. S 1303). — 11171, 21891.

Ordonnances royaulx sur le faict de la justice et abbreviation des procès par tout le royaume de France... publiées en la court de Parlement de Rouen... Rouen, [1540], [8 et] 32 ff. in-8° goth. (*Bibl. nat.*, rés. F 1533). — 11171.

Ordonnances royaulx sur le faict de la justice et abbreviation des procès par tout le royaulme de France... S. l. n. d., 40 ff. petit in-4° non cotés. (*Bibl. nat.*, rés. F 846, 2e partie). — 11171, 21891.

Ordonnances royaulx sur le faict de la justice et abbreviation des procès... Adjouxté ung edict sur la reformation de tous officiers royaulx... Lyon, Thibaut Payen, s. d., 28 ff. in-4° goth. (*Bibl. nat.*, rés. F 618). — 8525, 11171, 11260, 11293.

Ordonnances (Les) royaux sur le fait de la justice et abbreviation des procès, faictes par les roys François Ier, Henri II et Charles IX... Paris, V. Norment, 1580, in-8°. — 8810.

Ordonnances royaux sur le faict de la justice, abbreviation des procez... Lyon, 1612, 2 vol. in-16. — 12811, 14931, 14935, 15340.

SOURCES IMPRIMÉES.

Ordonnances royaulx sur le faict de la justice et abbreviation des procès... Paris, Poncet le Preux et Arnoul Langelier, 1541, petit in-4°. (*Bibl. nat.*, rés. F 1642, 1re partie). — 7486, 7495, 8525, 8810, 9028, [9641], 11025, [11026], 11065, 11171, 11240, 11260, 11293, 11376.

Ordonnances royaulx sur le faict de la justice et abbreviation des procès en ce pays et duché de Bretaigne... Rennes, s. d., 32 ff. petit in-4° goth. (*Bibl. nat.*, rés. F. 867, 2e partie). — 11171, 11173, 11214.

Ordonnances royaulx sur le faict de la justice et abbreviation des procès ou pays de Daulphiné... Lyon, Romain Morin, 1540, [16 et] 80 ff. petit in-4° goth. (*Bibl. nat.*, rés. F 846, 1re partie). — 11380, 32873.

Ordonnances (Les) royaux sur le faict et juridiction de la prevosté des marchands et echevinage de la ville de Paris... Paris, 1556, in-4°. Autre édit., Paris, 1644, in-fol. (*Bibl. nat.*, F 2194). — 2740, 15460.

Ordonnances royaux sur le faict des traites, impositions foraines d'Anjou, viconté de Thouars et de Beaumont, avec nouvelles ordonnances royaux et articles interprétatifs des premières... Angers, 1601, in-12. — 12456.

Ordonnances sur le fait des guerres et payement de la gendarmerie. Paris, 1540, in-12 goth. — 7528, 8135.

Ordonnances (Les) sur le faict du droict de la gabelle du sel de nouvel faictes..., Paris, Galliot du Pré, 1535, 6 ff. petit in-4° goth. (*Bibl. nat.*, rés. F 1895). — 8058.

PADIOLEAU (ALBERT), S^r^ DE LAUNAY. — *Traicté de la jurisdiction de la Chambre des comptes de Bretagne sur le faict de la régale...*[1] Nantes, 1631, in-4°. — 7456, 7505, 9656, 10546, 11407, 11706.

PAGÉZY. *Mémoires sur le port d'Aigues-Mortes.* Paris, 1886, in-8°. — 20268.

PALLIOT (Pierre). *Histoire généalogique des comtes de Chamilly de la maison de Bouton.* Lyon, 1671, in-fol. — 15, 134, 797, 1528, 10262, 12769, 13631, 14990.

PALLIOT (Pierre). *Le Parlement de Bourgogne, son origine, son établissement et son progrès.* Dijon, 1649, in-fol. — 9442, 9947, 12937, 13029, 13521, 15340, 15380.

PAPON (Le P.), de l'Oratoire. *Histoire générale de Provence, dédiée aux États.* Paris, 1777-1786, 4 vol. in-4°. — 2024, 7374, 11826.

PARIS (Paulin). *Études sur François Ier*, publ. avec une préface par Gaston Paris. Paris, 1885, 2 vol. in-8°. — 7189*, 17764.

PARIS (Paulin). *Louise de Savoie et Semblançay*, dans la *Revue historique*, t. XVIII. Paris, 1882, in-8°. — 17764.

PÉRARD (Étienne). *Recueil de plusieurs pièces curieuses servant à l'histoire de Bourgogne...* Paris, Cramoisy, 1664, in-fol. — 1552.

Permission du cours donnée par le roy aus testons pour unze solz tournois piece. Paris, Ét. Roffet, s. d., 4 ff. in-8° goth. (*Bibl. nat.*, rés. F 1926). — 13233.

[1] Autre titre de cet ouvrage : *Belle et curieuse Recherche traictant de la jurisdiction souveraine de la Chambre des Comptes de Bretagne sur le faict de la Régale*, etc., par Albert Padioleau, etc. (*Bibl. nat.*, Ld^2^ 5, in-4°).

Petit (Ernest). *Histoire d'Avallon et de l'Avallonnais.* Auxerre, 1867, in-8°. — 12506.

Philippi (Jean). *Édits et ordonnances du Roy concernant l'autorité et la jurisdiction des Cours des Aydes de France, sous le nom de celle de Montpellier...* Lyon, T. Payen, 1567, in-fol. (*Bibl. nat.*, F 1059*). — 2576, 2896, 2897, 7922, 9237, 10976, 11536, 13651, 13723.

Picot (Georges). *Le dépôt légal et nos collections nationales.* Paris, 1883, in-8°. (Extrait du compte rendu de l'Académie des sciences morales et politiques.) — 9476.

Piganiol de la Force (J.-A.). *Description historique de la ville de Paris et de ses environs.* Paris, 1765, 10 vol. in-12. — 8781.

Pinard. *Chronologie historique militaire.* Paris, 1760-1778, 9 vol. in-4°. — 23410, 23674, 23873, 24102, 24169, 24237, 24254, 24314, 24315, 24326, 24336, 24504, 24811 à 24813, 24845, 24889 à 24891, 24910, 24945, 24972, 25042, 25044, 25104, 25113, 25116, 25146, 25197, 25203, 25226, 25247, 25249.

Pinson de la Martinière (J.). *La connestablie et mareschaussée de France ou recueil de tous les édits, déclarations et arrêts sur le pouvoir et la jurisdiction des connestables et mareschaux...* Paris, Rocolet, 1661, in-fol. — 1983, 8758, 11518, 12834, 13562, 13828, 14004, 14161, 14301, 14320, 14326, 14607, 15503.

Pinsson (François). *Notes sommaires sur les indults accordés au Roi et à d'autres, à sa recommandation, par Alexandre VII et Clément IX...* Paris, 1673, 2 vol. in-12. (*Bibl. nat.*, Ld[8] 2.) — 10101, 11515, 12285, 12691.

Pinsson (François). *Traité singulier des régales ou des droits du Roi sur les bénéfices ecclésiastiques...* Paris, 1688, [1701], 2 vol. in-4°. — 1120, 5541, 11157, 11208, 12285, 12691, 12711, 14913.

Plancher (Dom Urbain). *Histoire générale et particulière de Bourgogne...* Dijon, 1739-1781, 4 vol. in-fol. — 164*, 17635, 19662.

Pocquet de Livonière. *Privilèges de l'Université d'Angers, tirés du livre de la fondation et des statuts et règlemens de ladite Université, appellé communément le « Livre du Recteur ».* Angers, 1736, in-4°. — 110, 110*, 1898.

Police générale du bureau des pauvres valides, hôpital général de la ville de Rouen. Rouen, [2 édit. 1667 et] 1701, in-4°. — 14685*.

Politica imperialia... Voir Goldast (Melchior).

Port (Célestin). *Inventaire analytique des archives anciennes de la mairie d'Angers...* Paris et Angers, 1861, in-8°. — 901, 1347.

Preuves des libertés de l'église gallicane. Voir Dupuy (Pierre).

Privilège et exemption pour le droit du sol à MM. les vingt-six conseillers de la ville, en payant le droit de marchand seulement, et autres privilèges à eux octroyés. Paris, P. Rocolet, 1628, in-4°. (*Bibl. nat.*, Lf[87] 18.) — 8702.

Privilèges concédés et octroyés tant à Saint François de Paule, instituteur des Minimes, qu'aux convents de son ordre par les roys de France. S. l. n. d., in-4°. (*Bibl. nat.*, Ld[25] 1.) — 10977.

Privilèges concedez par les roys très-chrestiens de France et de Navarre et autres

IMPRIMERIE NATIONALE.

SOURCES IMPRIMÉES.

princes souverains à l'ordre de Saint-Jean de Hiérusalem... Paris, 1619, in-4°. (Voir DES CLOZEAULX.) — 1989*.

Privilèges de l'ordre de Cîteaux. Voir MESCHET (Louis).

Privilèges des officiers du Grand Conseil. S. l. n. d., in-4°. — 12148.

Privilèges de l'Université d'Angers. Voir POCQUET DE LIVONIÈRE.

Privilèges (Les), franchises, libertés, immunités et statuts de la ville et banlieue d'Angoulesme... Angoulesme, 1627, in-4°. (*Bibl. nat.*, Lk⁷ 312.) — 9904.

Privilèges de la ville de Bourges, et confirmation d'iceux, avec la liste chronologique des maires et échevins... Bourges, 1661, in-4°. (*Bibl. nat.*, Lk⁷ 1331ᴮ.) — 9953, 11626.

Privilèges des foires de Lyon octroyez par les rois très chrétiens aux marchans françois et etrangers y négocians... Lyon, par Guillaume Barbier, 1649, in-4°[1]. — 8320, 13021, 15017.

Privilèges de la ville de Nantes. (Tome Iᵉʳ du recueil intitulé *Archives de Bretagne*, publ. par la Société des Bibliophiles bretons.) Nantes, 1883, in-4°. — 592.

Privilèges de la souveraineté de Sedan, 3ᵉ édit. Sedan, 1724, in-4°. — 8064*.

QUESNAY (François). Voir *Recherches historiques sur l'origine de la chirurgie en France.*

REBUFFI (Pierre). *Commentaria in constitutiones seu ordinationes regias...* Lyon, 1613, 2 vol. in-fol. (Autres édit., Lyon, 1560 et 1580, 1 vol. in-fol.[2]) — 1110*, 3382*, 3997*, 4600*, 10653*, 11026*, 11260*, 11586*, 11679*, 12543*, 13478*, 14935*, 15437*.

REBUFFI (Pierre). *Les édits et ordonnances des Rois de France, depuis l'an 1226 jusqu'à présent... avec des annotations.* Lyon, à la Salamandre, 1573, in-fol. — [621], 707*, [939], 1110, 1907, 2800*, 3732, 3997*, 6281, 6326, 6734, 7252, 7486, 7495, 7528, 8058, 8135, 8289, 8320, 8525, 8562, 8663, 8758, 8810, 9028, 9642, 9891, 10473, 10528, 10653, 11025, 11026, 11033, 11065, 11077, 11095, 11123, 11129, 11151, 11172, 11248, 11260, 11293, 11299, 11345, 11356, 11410, 11454, 11467, 11483, 11509, 11526, 11586, 11637, 11677, 11720, 11731, 11738, 11774, 11784, 11876, 11957, 11970, 12249, 12257, 12283, 12347, 12386, 12456, 12470, 12543, 12559, 12635, 12709, 12811, 12815, 13020, 13104, 13105, 13120, 13134, 13153, 13160, 13212, 13218, 13233, 13357, 13359, 13478, 13497, 13517, 13556, 13575, 13654, 13669, 13728, 13749, 13966, 13994, 13995, 14064, 14161, 14175, 14187, 14197, 14244, 14254, 14486, 14673, 14685, 14805, 14806, 14931, 14935, 14999, 15172, 15228, 15340, 15398, 15434, 15437, 15611 à 15613, 16140.

Recherches historiques et chronologiques sur la ville de Beaucaire; avec le recueil des privilèges... Avignon, 1718, in-8°. — 382.

Recherches historiques (Les) sur l'origine de la chirurgie en France. Paris, Osmont, 1744, in-4°. (Ouvrage ayant pour principal auteur François Quesnay.) — 120 et 120*.

Recueil d'édits, déclarations... du Roy, portant création et confirmation de privilèges

[1] C'est une nouvelle édition du livre intitulé : *Edits et ordonnances contenant les privilèges octroyez par les Rois très chrestiens aux foires de Lyon.* Lyon, 1574, in-4°. (*Bibl. nat.*, V inv. 16814.)

[2] La *Bibl. nat.* possède du même ouvrage une édition d'Amsterdam, 1668. (Rés. F 1875.)

accordés aux douze et vingt-cinq marchands de vin privilégiés suivant la cour... Paris, 1667, in-4°. (*Bibl. nat.*, F 13292.) — 13714.

Recueil de plusieurs édits, lettres patentes, déclarations, arrêts et autres pièces et titres concernant le pouvoir et la juridiction de la Chambre du Thrésor. Paris, P. Métayer, 1641, in-fol. (*Bibl. nat.*, Lf[31] 2.) — 8741, 12927, 13502, 13669, 13737, 14605.

Recueil de quelques édits, déclarations et arrêts pour la juridiction des Connétables et maréchaux de France ou leurs lieutenans au siège de la Table de marbre... Paris, Collet, 1635, in-4°. — 14300.

Recueil des droits et privilèges du Parlement de Dombes. 1741, in-4°. — 1934.

Recueil des édits, déclarations, arrêts du Conseil et du Parlement de Grenoble concernant les provinces du Dauphiné. Grenoble, A. Giroud, 1690-1720, 19 vol. in-4°. — 11380.

Recueil des édits, déclarations... concernant la Chambre des requêtes du Parlement de Normandie. Rouen, 1708, in-12. — 14102, 14405.

Recueil des édits et déclarations concernant les hospitaux et maladreries de France, ensemble divers arrests rendus en la Chambre royale... Paris, Cramoisy, 1675, in-fol. (*Bibl. nat.*, F 2028.) — 8197, 13497, 13858, 13966, 14438, 14685, 15134.

Recueil des édits et déclarations des roys, depuis François Ier jusques à présent, pour la juridiction et fonctions des capitaines des chasses... Paris, 1654, in-12. — 14416.

Recueil des édits, declarations, lettres patentes, arrêts du Conseil et ordonnances et autres reglemens émanés du Roi et de son Conseil, concernant l'administration des États de Bourgogne. Dijon, A.-M. Defay, 1784-1787, 2 vol. in-4°. (*Bibl. nat.*, F 21761, 21762.) Tome I. — 164, 1163, 1166, 1386, 1533, 1848, 1851, 2348, 8589, 8621, 9345, 11455, 12084, 12456, 12457, 12517, 13119, 13521, 14043, 14283, 14290, 14966, 15379, 15380.

Recueil des privilèges de la ville et mairie d'Angers, par M. Robert. Angers, 1748, in-4°. — 170.

Recueil des privilèges des prévôts des marchans, échevins et habitans de la ville de Lyon. Lyon, Barbier, 1649, in-4°. — 103, 104, 2119, 14331.

Recueil des privilèges de l'Université de Paris accordés par les Rois de France, depuis sa fondation jusqu'à présent, par César-Egasse Du Boulay. Paris, Thiboust, 1674, in-4°. (*Bibl. nat.*, R inv. 8368.) — 376, 1998, 11302, 13134, 13482, 14221, 14289.

Recueil des règlemens rendus jusqu'à présent concernant les droits d'amortissemens, francs-fiefs, nouveaux acquêts et usages... Paris, Vve Saugrain et Pierre Prault, 1729-1740, 5 tomes en 6 vol. in-4°. — 1237, 1239, 1258, 1792.

Recueil des statuts, arrêts et sentences servant de règlement à la communauté des maîtres chandeliers et des maîtres huiliers de la ville et fauxbourgs de Paris. Paris, Chardon, 1760, in-4°. (*Bibl. nat.*, F 12922.) — 15795.

Recueil des statuts, ordonnances, reglemens et privilèges accordés en faveur des marchans orfèvres et jouailliers de la ville de Paris, depuis 1345 jusqu'en 1688... Paris, Roulland, 1688, in-4°. (*Bibl. nat.*, F 13101.) — 12208, 13359, 14066.

SOURCES IMPRIMÉES.

Recueil de titres et autres pièces justificatives employés dans le « Mémoire sur la constitution politique de la ville et cité de Périgueux ». Imprimé à la suite dudit *Mémoire*, signé MOREAU DE VORMES. Paris, imp. de Quillan, 1775, le tout en 1 vol. in-4°. — 3209, 8494.

Recueil des titres concernant les privilèges et franchises du Franc Lyonnais. Voir SAINT-DIDIER (Hubert DE).

Recueil paléographique... de la Société de l'École des Chartes. Voir *Album paléographique.*

Réformation de l'Université de Paris. (Notification à l'Université et exécution de l'arrêt de réformation donné par le Parlement, le 3 septembre 1598.) Paris, Claude Thiboust, 1667-1669, in-12, 2e partie. — 13134, 13482.

Registres consulaires de la ville de Limoges, publiés sous la direction de M. Émile Ruben. Limoges, 1867-1897, 6 vol. in-8°. Tome Ier, années 1504-1552. — 2127, 2224, 6709, 7826, 8029, 8583, 9182, 9335, 9552, 9785, 9787, 10033, 11076.

Registres des délibérations du Bureau de la ville de Paris, t. I à III, édités et annotés par MM. F. Bonnardot, A. Tuetey, et Paul Guérin. Paris, Impr. nat., 1883, 1886, in-4°. — 86*, 437*, 2295*, 2471, 2881, 3258, 4400, 6851, 7826, 8350, 8577, 8580, 8587, 8680, 8702, 9255, 9643, 9783, 10286, 10731, 10777, 13622, 13784, 13985, 14346, 14396, 14483, 15433, 15460 à 15465, 15537, 15559, 15925, 17524, 21138, 32829.

Règlement (Le) du sort, contenant la forme et la manière de procéder à l'élection des officiers de la ville de Marseille... Marseille, 1654, in-fol. (*Bibl. nat.*, Lk^7 4715.) — 3509, 3696, 13371.

Remontrances du Parlement de Provence pour la réunion de la vallée de Barcelonnette à son ressort. S. l. n. d., 16 p. in-4°. (*Arch. nat.*, K 551.) — 9518*, 21905, 22412, 22413.

Revue bourbonnaise, historique, artistique, archéologique, publiée sous la direction de Georges Grassoreille. Tome II (année 1885). Moulins, imp. de E. Auclaire, 1885, in-8°. — 23900, 23998, 24006.

Revue de l'Anjou et de Maine-et-Loire, 1re série, année 1854. Angers, 1854, in-8°. — 1809*.

—— 4e série, sous le titre de *Revue historique, littéraire et archéologique de l'Anjou*, t. XVIII (1877). Angers, 1877, in-8°. — 171 *bis*.

—— 4e série, t. XXII (1879). Angers, 1879, in-8°. — 11630 *bis*.

—— Nouvelle série, sous le titre : *Revue de l'Anjou*, t. XIX (1889). Angers, 1889, in-8°. — 14724*, 23191.

Revue de Champagne et de Brie, t. XVIII. Arcis-sur-Aube, L. Frémont, 1885, in-8°. — 14350.

Revue de Loir-et-Cher. Journal historique, archéologique, scientifique et littéraire du département de Loir-et-Cher et de ses anciennes régions, sous la direction de plusieurs membres de sociétés savantes. 2e année, n° 10, 15 octobre 1889. Blois, 1889, in-8°. — 23886.

Revue des autographes. Paris, Vve Charavay, rue du Faubourg-Poissonnière, 34. — 16543, 17576, 19483, 20189, 20467, 21588*, 21990, 21996, 22274, 22291.

Revue des Sociétés savantes des départements, publiée sous les auspices du Ministère de l'Instruction publique, 3ᵉ série, t. IV. Paris, 1864 (2ᵉ semestre), in-8°. — 327. SOURCES IMPRIMÉES.

—— 4ᵉ série, t. III. Paris, 1866 (1ᵉʳ semestre), in-8°. — 20583.

Revue historique. Voir PARIS (Paulin).

Revue historique et archéologique du Maine, t. XLIII, année 1898. Le Mans et Mamers, 1898, in-8°. — 3412*.

Revue rétrospective ou bibliothèque historique, contenant des mémoires et documents authentiques, inédits et originaux. Paris, 1833-1838, 20 vol. in-8°. 1ʳᵉ série, t. IV, 1834. — 4218.

RIBIER (G.). *Lettres et mémoires d'Estat des Roys, princes, ambassadeurs et autres ministres sous les règnes de François Iᵉʳ, Henri II et François II...* Paris, Clouzier, 1666, 2 vol. in-fol. — 8853, 9150, 9200, 9404, 9406, 9422, 9437, 10065, 11585, 12685, 14867.

RIEDEL (A.-F.). *Codex diplomaticus Brandenburgensis...* 2 séries. Berlin, 1838-1848, 14 volumes in-4°. — 17056, 23482.

ROBERT (M.). Voir *Recueil des privilèges de la ville d'Angers.*

ROLLE (F.). *Inventaire sommaire des archives hospitalières de Lyon.* Lyon, 1874-1880, 4 vol. in-4°. — 20890.

ROMMEL (D.-C.). *Geschichte von Hessen (Histoire de la Hesse).* T. IV. *Anmerk.* Hambourg et Gotha, 1820-1843, 8 vol. in-8°. Suite inachevée : *Geschichte von Hessen seit dem Westfalischen Frieden.* Kassel, 1853-1858, 2 vol. — 32549.

ROSMINI. *Dell' istoria intorno alle militari impresi e alla vita di Gian-Giacopo de' Trivulzi.* Milan, 1815, 2 vol. in-4°. — 15664.

ROSTAN (L.). *Cartulaire municipal de Saint-Maximin, suivi de documents puisés dans les archives de cette ville.* Paris, Plon, 1862, in-4°. — 149, 414, 726, 830, 1268.

ROUGET. *Recherches historiques sur la ville et le comté de Bar-sur-Seine.* Dijon, 1772, in-8°. — 17085.

ROUSSEAU (C.). *Édits et ordonnances des Eaux et forêts.* Paris, 1649, in-4°. — [443, 621, 939, 1191], 1825*, 6281, 7196, 8135, 9054, 11033, 11526, 13517, 14058, 14544.

ROUSSET. *Supplément au Corps diplomatique du droit des gens de Du Mont.* A Amsterdam, la Haye, 1739, 5 vol. in-fol. — 6194, 6450, 6584.

ROY (Maurice). *Le ban et l'arrière-ban du bailliage de Sens au XVIᵉ siècle.* Sens, 1885, in-8°. — 14456.

ROZOI (DE). *Annales de la ville de Toulouse*, dédiées à Mgr le Dauphin. Paris, 1771-1776, 4 vol. in-4°. — 12706.

RUBYS (Cl DE). *Les privilèges, franchises et immunitez des consuls de Lyon.* Lyon, 1574, in-fol. — 14331.

RYMER (Thomas). *Foedera, conventiones, literae et cujuscumque generis acta publica, inter reges Angliae et alios quosvis imperatores, reges, pontifices... ab anno 1101 ad nostra usque tempora, habita aut tractata...* 3ᵉ édit. Hagae Comitis, 1739-1745, 10 vol. in-fol. — 143, 204, 260, 261, 284, 864 à 870, 882 à 885, 907, 911 à 913, 931, 1130, 1141, 1162, 1193, 1319, 1375, 1424, 1504, 1881,

SOURCES IMPRIMÉES. 2168, 2202, 2209 à 2213, 2226 à 2233, 2254, 2257, 2273, 2304, 2317 à 2321, 2354, 2388, 2424, 2434, 2653, 2715, 2733, 2751, 2752, 2754, 2758, 2759, 2789, 2811, 2899 à 2901, 2981, 3023, 3092, 3266, 3267, 3397, 3436, 3447, 3595 à 3598, 3620 à 3622, 4670, 15123, 15308, 15565, 15617, 32459 à 32463.

SAIGE (G.). *Documents historiques relatifs à la principauté de Monaco depuis le XVe siècle.* Monaco, 1888-1891, 3 vol. in-4°. — 3529*, 15998, 17713.

SAINT-DIDIER (Hubert DE). *Recueil des titres et autres pièces authentiques concernant les privilèges et franchises du Franc-Lyonnois, extrait sur les originaux qui sont dans les archives à Neufville.* Lyon, 1716, in-4°. — 13773, 25082.

SAINTYON (Le s[r]). *Les edicts et ordonnances des Roys, coustumes des provinces, reglemens, arrêts et jugemens notables des Eaues et forets...* Paris, 1610, in-fol. — 3284*.

SALLÉ (Claude). *Abrégé des choses les plus remarquables de l'abbaye de Saint-André-aux-Bois.* Paris, 1634, in-8°. — 17262.

SAUGRAIN (G.). *La maréchaussée de France ou recueil des ordonnances, édits, déclarations, lettres patentes, etc., et privilèges de tous les officiers et archers des maréchaussées...* Paris, 1697, in-4°. — 1293, 10528, 11095, 11518, 13562, 13827, 14004, 14161, 14320, 14607, 15228, 15503.

SAULCY (F. DE). *Histoire numismatique du règne de François Ier, roi de France.* Paris, 1876, in-4°. — 12017.

SAULCY (F. DE). *Recueil de documents relatifs à l'histoire des monnaies frappées depuis Philippe II jusqu'à François Ier.* T. I. Paris, Impr. nat., 1877; t. II à IV, Mâcon, 1892, 4 vol. in-4°. (Le t. Ier fait partie de la Collection des Documents inédits.) — 11323*, 11382*, 12559*, 24111, 24117, 24172, 24183, 24884, 24988, 25071, 25072, 25147, 25187, 25298.

SÉGUIN (J.). *Hæma-Christo-latri, ou Traité du culte et vénération du précieux sang de Jésus-Christ...* Nantes, 1619, in-8°. — 42.

SÉNÉQUIER (P.). *Notice sur Saint-Vallier.* Grasse, 1891, in-8°. — 10124*.

S'ensuyvent les nounouvelles (sic) *ordonnances faictes par le Roy nostre sire Françoys premier de ce nom sur le faict des eaues, forestz, chasses, gabelles, tailles, guerres et aultres bonnes ordonnances nouvellement publiez en la court de Parlement.* S. l. n. d., 63 ff. petit in-4° goth. (*Bibl. nat.*, rés. F 851, 2e partie.) — 56, 443, 621, 695, 939, 1056, 1110.

S'ensuyvent les nouvelles ordonnances faictes par le roy nostre sire Françoys premier de ce nom sur le faict des eaues, forestz, chasses, gabelles, tailles, guerres et autres bonnes ordonnances nouvellement publiées en la court de Parlement. Paris, Alain Lotrian et Denis Janot, s. d., 58 ff. petit in-4°. (*Bibl. nat.*, rés. F 913.) — 56, 443, 621 [fol. 17], 695, 939, 1056, 1110.

S'ensuyvent les taux, modérations, sallaires et emolumens des greffiers du Parlement... Lyon, 1540, 18 ff. in-4° goth. (*Bibl. nat.*, rés. F 618, 3e partie.) — 11167, [11245].

Série de traités et d'actes conclus contenant les stipulations faites en faveur du commerce et de la navigation entre la France et la ville libre et ansédatique de Lubeck, depuis 1293. Lubeck, 1837, in-8°. — 8759.

SERRURE (C.-A.). *Histoire de la souveraineté de S'Heerenberg.* La Haye et Paris, 1860, in-4°. — 17349, 19793.

Soulier (Pierre), prêtre [du diocèse de Viviers]. *Histoire du calvinisme.* Paris, 1686, in-4°. — 13224. Sources imprimées.

Soultrait (Cte de). *Inventaire des titres de Nevers de l'abbé de Marolles...* Nevers, 1873, in-4°. — 2216, 3699*, 4613, 8792, 10741, 11125, 14459, 17148, 17285, 17340, 17478, 18438, 21199, 21976, 22007, 23000.

Statuts anciens et nouveaux, ordonnances et règlemens de la communauté des marchands merciers drapiers de Rouen... Rouen, 1732 et 1749, in-4°. (*Bibl. nat.*, F 13097.) — 14554, 14590, 14671, 14781.

Statuts (Les) de l'ordre de Saint-Michel, avec diverses pièces pour servir de preuves et une notice des officiers et chevaliers depuis Louis XI jusqu'en 1725. Paris, Impr. royale, 1725, gr. in-4°. (*Bibl. nat.*, Ld[13] 7.) — 12756.

Statuts, privilèges et règlemens du collège de chirurgie de la ville de Paris... Paris, 1743, in-4°. — 14332.

Succession chronologique des ducs de Bretagne. Voir La Gibonais (M. de).

Taillandier. *Le procès d'Étienne Dolet.* Paris, 1836, 38 p. in-12. — 13186.

Tamizey de Larroque (Ph.). *Notice historique sur la ville de Marmande.* Villeneuve-sur-Lot, 1872, in-8°. — 789.

Tarbé (Prosper). *Trésors des églises de Reims.* Reims, Assy, 1844, in-4°. — 17489, 17507.

Terrien (Guillaume). *Commentaires du droit civil, tant public que privé, observé au duché de Normandie...* 3e édit. Rouen, F. Vaultier, 1654, in-fol. (*Bibl. nat.*, F inv. 2470.) — 11240.

Tessereau (A.). *Histoire chronologique de la grande chancellerie de France.* Paris, 1710, 2 vol. in-fol. — 10, 8303, 8304, 8413, 9336, 9612, 11733, 12253, 12688, 13039, 13728, 13920, 14202, 14402, 14525.

Teulet (A.). *Papiers d'État, pièces et documents inédits ou peu connus relatifs à l'histoire d'Écosse au xvie siècle...* Paris, [1847-1852], 3 vol. in-4°. — 720*, 8339*, 8379*, 13490*, 24987.

Thibaudeau (A.-R.-H.). *Abrégé de l'histoire du Poitou.* 1re édit. Paris, Demonville, 1788, 6 vol. in-12. Nouv. édit. par H. de Sainte-Hermine. Niort, 1839-1840, 3 vol. in-8°. — 1216, 2419, 6392, 11315, 11618, 12002, 12077, 12434, 14594, 14958.

Thierry (Augustin). *Recueil des monuments inédits de l'histoire du Tiers État.* 1re série. Région du Nord. Paris, 1850-1858, 3 vol. in-4° (Coll. des Documents inédits). — 1199*, 2732*, 4269, 9030, 11243, 11347, 11366, 12867, 14624, 16318, 16922, 17322.

Titres, chartres, lettres patentes et autres enseignemens concernant l'établissement et érection, privilèges et exemptions de l'Université de Reims. Reims, de Foigny, 1620, in-4°. (Autre édit. 1718.) — 14221.

Titres du comté de Laval et de ses privilèges. Paris, Des Hayes, 1657, in-4°. (*Bibl. nat.*, Lk[7] 3598.) — 5891, 14998.

Tousart (Jean-Antoine). *Diplomata pontificia et regia ordini regio et hospitali Sancti Spiritus Monspeliensis concessa.* Paris, 1723, 2 vol. in-fol. (*Bibl. nat.*, Ld[12] 10.) — 10650.

Transactions d'Imbert, dauphin de Viennois. Voir Desponts.

Travaux de l'Académie de Reims, t. LXXI (années 1881-1882). Reims, 1883, in-8°. — 14749.

TUETEY (A.). Voir *Registres des délibérations du Bureau de la ville de Paris.*

TURPIN (Thomas). *Comitum Tervanensium seu Ternensium, modo Sancti Pauli ad Thenam, a primo ad postremum annales historici...* Duaci, 1731, in-8°. (*Bibl. nat.*, Lk⁷ 9619.) — 8918.

VAISSÈTE (Dom J.). *Histoire générale de Languedoc, avec des notes et les pièces justificatives...* par deux bénédictins de la Congrégation de S. Maur (Dom Claude de Vic et Joseph Vaissète). Paris, 1730-1745, 5 vol. in-fol. — 25*, 1788*, 2307*, 5601, 11049, 11967, 11978, 12033, 12640, 12706, 12741, 13944, 14259, 14778, 15454, 15455.

VAISSIÈRE (P. DE) et BOURRILLY (L.). *Ambassades en Angleterre de Jean Du Bellay*. Paris, 1905, t. I, in-8°. — 2758*.

VALLADIER (André), abbé de Saint-Arnoul. *L'auguste basilique de l'abbaye royale de Saint-Arnoul [de Metz]...* Paris, P. Chevalier, 1615, in-4°. (*Bibl. nat.*, Lk⁷ 4815.) — 12605.

VALLENTIN (Roger). *Pierre de « Coucils » et la maîtrise de l'atelier de Villeneuve (1531-1533)*, dans l'*Annuaire de la Société française de numismatique*, t. XV. Paris, 1891, in-8°. — 20566, 20687.

VALLET DE VIRIVILLE. *Catalogue des archives de la maison de Grignan*. Paris, 1844, in-8°. — 12406, 13019, 13289, 13338, 13700, 14144.

VARIN (Pierre). *Archives administratives et législatives de la ville de Reims...* Paris, 1839-1853, 10 vol. in-4°. (Collection des Documents inédits.) — 1346.

Vente de chartes et titres nobiliaires, 8-9 avril 1868. Catalogue par Charavay, in-8°. — 16096.

Ventes d'autographes et collections diverses. Voir *Catalogues.*

VOERZIO. *Historia compendiosa de Cherasco*. Mondovi, 1618, in-4°. — 19446.

Voyage (Le) du Roy F. I [François Ier] en sa ville de la Rochelle en l'an 1542, avec l'arrest et jugement par luy donné pour la desobeissance et rebellion que luy feirent les habitans d'icelle. Paris, G. Nyverd, [1543], in-8°. (*Bibl. nat.*, Lb³⁰ 88.) — 12841.

WADDINGTON (Ch.). *Ramus (Pierre de la Ramée), sa vie, ses écrits et ses opinions.* Paris, 1855, in-8°. — 13701.

WEISS (Ch.). *Papiers d'État du cardinal de Granvelle...* Paris, 1841-1852, 9 vol. in-4°. (Collection des Documents inédits.) — 14334*, 14541, 22415*, 24064 *bis* (t. VIII, p. 408), 25169 *bis* (*ibid.*, p. 404).

WEISS (N.). *Documents inédits pour servir à l'histoire de la Réforme sous François Ier.* (*Bulletin de la Société de l'hist. de Protestantisme français*, t. XXXIV, et t. XXXVIII.) Paris, 1885 et 1889, in-8°. — 8476*, 10534, 11073*.

N. B. Les imprimés dont la liste suit font partie de la réserve à la Bibliothèque nationale. Les titres en étant fort développés et peu susceptibles d'abréviation, ils ont été indiqués, parmi les références des actes du *Catalogue* uniquement par leur cote. C'est pourquoi l'on a cru devoir faire figurer ici, dans un ordre numérique, la série de ces cotes, avec renvoi aux intitulés des ouvrages, intitulés qui sont reproduits *in extenso* dans l'état alphabétique ci-dessus. SOURCES IMPRIMÉES.

BIBLIOTHÈQUE NATIONALE, DÉPARTEMENT DES IMPRIMÉS, RÉSERVE.

F 268, 1re partie. Voir *Coustumes (Les) des duchez... du bailliage de Senlis.*
— 2e partie. Voir *Ordonnances royaulx sur le faict de la justice... France* (1539, 19 ff.).
F 618, 1re partie. Voir *Ordonnances du très chrestien roy* (Avignon).
— 2e partie. Voir *Ordonnances royaulx sur le faict de la justice... France* (Lyon).
— 3e partie. Voir *S'ensuyvent les taux...*
— 4e partie. Voir *Ordonnances et edict du roy pour les cas royaulx.*
— 6e partie. Voir *Arrest par lequel est prohibé...*
F 844. Voir *Ordonnances royaulx sur le faict de la justice... France* (1539, 36 ff.).
F 846, 1re partie. Voir *Ordonnances royaulx sur le faict de la justice... Daulphiné.*
— 2e partie. Voir *Ordonnances royaulx sur le faict de la justice... France* (s. l. n. d., 40 ff.).
F 850. Voir *Ordonnances du très chrestien roy* (Lyon).
F 851, 2e partie. Voir *S'ensuyvent les nounouvelles (sic).*
F 867, 1re partie. Voir *Coustumes generalles... de Bretagne.*
— 2e partie. Voir *Ordonnances royaulx sur le faict de la justice... Bretagne.*
F 913. Voir *S'ensuyvent les nouvelles...*
F 930. Voir *Ordonnance faicte par le roy Françoys.*
F 1211. Voir *Edict et ordonnance... sur... son droict de gabelle.*
F 1529, 1re partie. Voir *Edict du roy François sur les draps d'or.*
F 1533. Voir *Ordonnances royaulx sur le faict de la justice... France* (Rouen).
F 1537, 1re partie. Voir *Ensuyvent les ordonnances...*
— 2e partie. Voir *Ordonnance faicte par le roy nostre sire...*
F 1642, 1re partie. Voir *Ordonnances royaulx sur le faict de la justice... France* (1641).
— 2e partie. Voir *Ordonnances et edictz... mis par ordre selon la dacte du temps.*
F 1822. Voir *Ordonnances et instructions.*
F 1874. Voir *Ampliation sur les ordonnances de la police...*
F 1875. Voir *Lettres patentes du roy nostre sire publiées...*
F 1876. Voir *Edict et ampliation... toutes sortes de espiceries.*
F 1879. Voir *Lettres patentes du roy nostre sire, par lesquelles.*
F 1882. Voir *Ordonnances royaulx faictes...*
F 1892. Voir *Ordonnance novelle... sur le faict des notaires.*
F 1893. Voir *Ordonnances (Les) faictes par le roy nostre sire sur le faict...*
F 1894, 1re partie. Voir *Ordonnances du roy... sur l'estat des Trésoriers.*
— 2e partie. Voir *Autres ordonnances nouvelles... sur l'estat des Trésoriers.*
F 1895. Voir *Ordonnances (Les) sur le faict du droict de la gabelle.*
F 1897 et 1898. Voir *Edict du roy touchant les jurisdictions des baillifs...*
F 1899. Voir *Edict du roy nostre sire sur le faict de toutes sortes de espiceries.*
F 1900. Voir *Ordonnances faictes par le roy nostre sire sur la police.*
F 1901. Voir *Edict du roy nostre sire, par lequel il est dit que tous juges...*

SOURCES IMPRIMÉES.

F 1902. Voir *Ordonnances faictes par le roy nostre sire, par lesquelles...*
F 1903. Voir *Edict du roy sur la traicte.*
F 1904. Voir *Edict du roy nostre sire sur les aulnes.*
F 1905. Voir *Edict du roy nostre sire, par lequel est deffendu à tous gentils hommes...*
F 1906. Voir *Edict du roy nostre sire, par lequel est dict que les juges...*
F 1907. Voir *Edict par lequel la jurisdiction des forfaictz...*
F 1908. Voir *Edict du roy notre sire sur les draps.*
F 1909. Voir *Edict du roy nostre sire, par lequel il est deffendu à toutes personnes de ne tirer...*
F 1910. Voir *Edict du roy nostre sire, par lequel est deffendu à tous hostelliers...*
F 1911. Voir *Edict du roy nostre sire, par lequel est ordonné...*
F 1912. Voir *Edict faict par le roy nostre sire sur l'imposition* (1540).
F 1913. Voir *Edict du roy nostre sire, par lequel est deffendu à toutes personnes vendre...*
F 1914. Voir *Ordonnances faictes par le roy nostre sire sur la refformation...*
F 1915. Voir *Ordonnances royaulx nouvelles...*
F 1916. Voir *Edict et declaration... du debvoir que luy seront tenuz faire...*
F 1917 et 1918. Voir *Ordonnances royaulx nouvellement...*
F 1919. Voir *Ordonnances royaulx sur le faict de la foraine.*
F 1920. Voir *Edict du roy nostre sire sur la revocation...*
F 1921. Voir *Edict du roy nostre sire, par lequel il a donné...*
F 1923. Voir *Edict faict par le roy nostre sire sur l'imposition* (1542).
F 1924. Voir *Edict faict par le roy nostre sire sur le service...*
F 1925. Voir *Edict faict par le roy nostre sire, par lequel est ordonné que le sel...*
F 1926. Voir *Permission du cours donné par le roy aus testons...*
F 1927. Voir *Edict du roy nostre sire touchant la jurisdiction...*
F 2037. Voir *Ordonnances nouvelles... touchant les legyons des gens de pied.*
F 2039. Voir *Ordonnance novelle... sur le faict des notaires...*

AUTRES IMPRIMÉS INDIQUÉS DANS LE *CATALOGUE* PAR LA SIMPLE COTE QU'ILS PORTAIENT À LA BIBLIOTHÈQUE NATIONALE, EN 1885.

8° F Actes royaux (cartons), aujourd'hui cotés : F 46801 (11 à 21), F 46802 (1 à 8), F 46803 (1 à 16) et 46804 (1 à 9) : —

655, 991, 1507, 1727, 1736, 2088, 8525, 11171, 11380, 11586, 12815, 12830, 13224, 13369, 13575, 13654, 13749, 13815, 13858, 14065, 14187, 14416, 14685, 14806, 14965, 15134, 15584, 15611.

Fol. F Actes royaux (cartons), aujourd'hui cotés : 5001 (13 à 16) : —

1168, 1767, 11376, 13355, 13740, 13858, 14006.

4° F Paquets, aujourd'hui cotés : F 23610 (94 à 154) et F 23740 (131 à 179) : —

3, 919, 1168, 1289, 1479, 1579, 1628, 1749, 1780, 1864, 2352, 3519, 3797, 3957, 4494, 4594, 7147, 8525, 11876, 11946, 12347, 12456, 12847, 13120, 13904, 14068, 14104, 14402, 14424, 14805, 14806, 15398, 15554, 15611, 15795.

Pour compléter l'état des Sources imprimées, il convient de rappeler que la plupart des renvois aux cotes AD ✠ 15 à 27 et AD IX des Archives nationales, c'est-à-dire au recueil connu sous le nom de *Collection Rondonneau* se réfèrent à des pièces imprimées à part. Sauf de très rares exceptions, ces pièces n'ont ni titre, ni mention d'imprimeur ou d'éditeur, ni date de lieu ou d'année, de sorte qu'elles échappent à toute description bibliographique. D'autre part, quelques copies manuscrites y sont mélangées. C'est pourquoi on les a considérées plutôt comme pièces d'archives, et elles ont été classées avec les *Sources manuscrites*. (Voir ci-dessus, p. 280-281.)

SOURCES IMPRIMÉES.

TABLE ALPHABÉTIQUE

DES MATIÈRES ET DES NOMS DE PERSONNES ET DE LIEUX

DU CATALOGUE DES ACTES DE FRANÇOIS Ier.

Dans la table qui suit on a voulu, d'une part, en renvoyant aux numéros du *Catalogue*, réaliser la plus grande précision possible, et d'autre part, en faisant précéder chacun de ces numéros de l'indication correspondante de tome et de page, fournir aux travailleurs un moyen de contrôle grâce auquel ils corrigeront aisément les quelques erreurs qui se sont inévitablement glissées dans la reproduction d'un nombre considérable de chiffres.

Cette indication de tome et de page est parfois accompagnée, entre parenthèses, d'un renvoi aux pages du tome VIII qui sont occupées par les *Additions et corrections*[1]. On a procédé ainsi dans le cas où cette partie de la présente publication, à propos d'un acte donné, modifie notablement l'analyse figurant au *Catalogue* ou complète les références de ce dernier en indiquant, soit l'original, soit un texte et non plus de simples mentions, soit un imprimé et non plus seulement des textes manuscrits, soit enfin un texte conservé à Paris.

On a cru devoir incorporer à la table tous les éléments de l'*Index alphabétique des noms de lieux de l'Itinéraire*, en renvoyant aux pages du tome VIII qui sont occupées par cet index. Il est à remarquer qu'un grand nombre des localités dont il s'agit figurent à la table indépendamment de cette circonstance, parfois même précisément à propos de séjours du roi.

Enfin un certain nombre de renvois de la table s'appliquent aux pages 1 à 256 du tome IX. Les listes que ces pages occupent ont été en effet dépouillées, mais dans une mesure restreinte. Dans celles qui figurent sous la rubrique *Ambassades et missions* on n'a pris en considération que les indications puisées en dehors du *Catalogue*. Et dans la *Liste des principaux officiers royaux mentionnés dans le Catalogue* qui vient ensuite, on n'a relevé que les noms, en petit nombre, qui ont été tirés, non pas du *Catalogue*, mais du premier volume des *Ordonnances* de François Ier.

[1] Ces pages étant à deux colonnes, on a fait usage, pour désigner les secondes colonnes, de l'exposant a mis à la suite des cotes de pages.

Il ne faut pas perdre de vue que les énumérations qui constituent cette première partie du tome IX sont le complément nécessaire des articles de la table qui se rapportent aux grands officiers de la couronne, aux grands corps de l'État, aux cours souveraines et autres juridictions et administrations, ainsi qu'aux puissances avec lesquelles François Ier fut en relations : c'est pourquoi l'on a pris soin d'insérer dans ces articles l'indication des pages du tome IX où se trouvent les éléments propres à les compléter.

En règle générale, les mots de recherche par lesquels débutent les articles sont imprimés en capitales. Exceptionnellement ils sont en italique quand les articles correspondants, au lieu d'indiquer directement les tomes, pages et numéros du *Catalogue* auxquels il faut se reporter, ne font que renvoyer, au moyen du mot « voir » ou des abréviations « cf. » et « corr. », c'est-à-dire « comparer » et « corriger », à d'autres articles de la table.

EXEMPLES.

VI, 680, 22460 signifie : tome VI du *Catalogue*, page 680, n° 22460.

II, 53 (VIII, 345), 4106 signifie : tome II du *Catalogue*, page 53 (et, aux *Additions et corrections*, tome VIII, page 345), n° 4106. — L'acte n° 4106 n'est indiqué, à la page 53 du tome II, que d'après une simple mention, tandis qu'à la page 345 du tome VIII on en a signalé une copie, qui sera consultée plus utilement.

Alard : cf. ALLARD, c'est-à-dire *Alard*, comparer ALLARD, ce nom propre pouvant avoir été écrit indifféremment de l'une ou de l'autre façon, comme il apparaît dans l'article ALARD (Antoine).

Doublendon : corr. OLENDON, c'est-à-dire *Doublendon :* corriger OLENDON. Toutes les leçons erronées ont fait l'objet d'articles de ce genre renvoyant aux mots rectifiés.

A

A..., notaire à Compiègne, contrôleur des deniers communs de cette ville, VII, 432, 25471.

A.... (Colas-Marie D'), gentilhomme napolitain, IV, 117, 11534.

AARAU (Suisse, Argovie), VIII, 222, 31318.

ABADIE (Le cadet D'), VII, 576, 27115.

« ABANDONNEMENT » (LETTRES D') pour les habitants du plat pays de l'élection de Doullens, VII, 546, 26730.

ABATTOIRS : à Chartres, VII, 520, 26377; à Langres, VIII, 402, 25732; VIII, 756, 33262; à Lyon, III, 623, 10362; IV, 20, 11098; IV, 115, 11525. Cf. TUERIES.

ABBAYE (Marie D'), V, 50, 14926.

Abbaye-aux-Bois (L'), c^ne de Bièvres (Seine-et-Oise) : voir VALPROFOND.

ABBÉ (Pierre), natif de Courtrai, dispensé de lettres de naturalité, VII, 597, 27418.

ABBEVILLE (Somme), IX, 105. Arrivées et départs de messages royaux, IV, 678, 14157; V, 238, 15900; VII, 638, 27884; VIII, 103, 30185; VIII, 245, 31549. Séjours du roi, VIII, 548.

—— *Affaires militaires.* Artillerie, VII, 632, 27822. Capitaine : voir HAUCOURT (Jean DE). Garnison : mortes-payes, VII, 633, 27825; VIII, 102, 30182; VIII, 111, 30276. Munitions, VIII, 263, 31738. Séjour de troupes, IV, 107, 11489. Service de l'armée royale : construction d'échelles, VIII, 4, 29284; construction de ponts de bateaux, VIII, 13, 29371; envois d'argent, VIII, 122, 30374, 30375; VIII, 139, 30546; envoi de pionniers, VIII, 49, 29683; envois de vivres, VIII, 4, 29284; VIII, 13, 29371; VIII, 14, 29403; VIII, 20, 29426.

—— *Bailliage.* Bailli : voir POIX (Philippe DE).

—— *Domaine.* Aliénation d'immeubles, IV, 787, 14667-14668. Mouvance : voir FONTAINE-SUR-SOMME.

—— *Élection, grenier à sel* : voir PONTHIEU.

—— *Vicomté*, V, 293, 16188; V, 666, 18094; V, 669, 18104; VI, 163, 19723.

—— *Ville.* Corporations : des arbalétriers, I, 120, 694; V, 34, 14827; des archers et arquebusiers, V, 34, 14827; des coulevriniers, I, 119, 693. Deniers communs, I, 269, 1458. Église Saint-Vulfran, V, 655, 18030. Frères mineurs, VII, 523, 26409. Hôtel de l'élection, II, 278, 5199. Maire : voir MAUPIN (Jean DE). Marchés, V, 438, 16922. Octroi sur le vin, VII, 574, 27082. Privilèges, I, 21, 121.

ABBEVILLE (Marie D'), IV, 205, 11947.

ABBIATEGRASSO (Italie, province de Milan), V, 275, 16091. Séjours du roi, VIII, 548.

ABEILLE (Pierre), notaire au Luc, partisan du connétable de Bourbon. Lettres d'abolition, VII, 175-176, 24081.

ABELIN (Antonie), femme de Pierre de Beauvais, V, 815, 18911.

ABELLY (Antoine), fermier du huitième du vin vendu en détail au quartier de Grève, à Paris, IV, 30, 11144.

ABEND (Sébastien), III, 465, 9648.

Abenon : voir FOLLETIÈRE-ABENON (LA).

Aberbrothwick : voir ARBROATH.

Aberdeen (Écosse, chef-lieu de comté). Évêque : voir STEWART (William).

ABERGEMENT-CLÉMENCIAT [L'] (Ain). Séjours du roi, VIII, 548.

ABLANCOURT (Marne). Seigneurie, III, 557, 10071; VI, 519, 21592.

ABLOIS-SAINT-MARTIN (Marne). Foires, I, 477, 2519.

ABLON (Seine-et-Oise). Moulin à blé, IV, 719, 14339. Séjours du roi, VIII, 548.

Abloux, c^ne de Saint-Gilles (Indre). Seigneur : voir GRASSAY (Charles DE).

ABOLITION (LETTRES D') : voir AUMALLE (Louis D'), BARIALIS (Pascal), BASILICA PETRI (Baptistin DE), BILLY (Louis DE), BREDA (Hans DE), CAGATOSICO (François), CASTELLANE (Melchior DE), CHABOT (Philippe), CHAPELAIN (Zacharie), DRUGEAT (Antoine et Gabriel DE), GONTIER (Palamèdes), Lussé (Jean de), Mengeot (Nicolas), Sapin (Jean), Sormano (Gaspard), Spifame (Pierre), Teste (Germain), Visconti (Galéas), Visturino (Alexandre et Jean-Clément de); — en faveur de ceux qui ont pris les armes contre le roi, VIII, 604, 32416; des complices du connétable de Bourbon : voir Abeille (Pierre), Angeray (Hector d'), Besançon (Thibaut de), Des Escures (Philippe), Des Guerres (Barthélemy), Hurault (Jacques), Jozieu (Antoine et Pierre), Le Brun (Charles), L'Hôpital (Jean de), Petit (René), Pinac (Pierre de), Poitiers (Jean de), Robelin (Jacques), Séguiran (Boniface), Verclé (Nicolas de); de divers faussaires et suborneurs de témoins, IV, 490, 13303; du fils et des serviteurs de Semblançay, I, 643, 3368; I, 694, 3632; VI, 179, 19808; VI, 216, 19987; des Génois rebelles, V, 270, 16067; de divers habitants du comté de Provence, III, 221, 8534; des habitants de la Bourgogne ayant usé du sel de contrebande, III, 232, 8589; des Luthériens, III, 209, 8476; VI, 423, 21077; des Milanais rebelles, V, 266, 16045; V, 306, 16255-16256; V, 307, 16262; V, 320, 16332; des propriétaires de divers marais salants, IV, 398, 12865; VII, 584, 27238-37240. — Cf. Rémission (Lettres de).

Abon (Guillaume d'), s^r^ de Reynier, de Gap, VIII, 575, 32260.

Abonnements de tailles, I, 271, 1471; I, 509, 2684; V, 34, 14833.

Abortie (Charles), archer de la garde écossaise, V, 357, 16526.

Abot (Guillaume), VIII, 75, 29916.

Abot (Guillaume), conseiller lai au parlement de Paris, I, 665, 3479; commis au jugement des procès de réformation de la forêt de Jouy, III, 700, 10712.

Abraham (Bernard), franciscain, II, 339, 5479.

Abraham (Jacques), V, 452, 17001.

Abraham (Jean), élu à Mortain, VI, 576, 21901.

Abraham (Nicolas), s^r^ du Bois-Gobey, VI, 508, 21527.

Abriez : voir Albret.

Absac (Jean d'). Légitimation de sa fille Jeanne, VIII, 571, 32237. Cf., touchant celle-ci, Abzac (Jeanne d').

Absolution : voir Excommuniés; — des officiers du roi, II, 540, 6390; — sollicitée du Saint-Siège par le roi, VI, 195, 19885; VIII, 623, 32511.

Abus : à réformer en Provence, IV, 674, 14144; VII, 813, 29248; VIII, 72, 29891; VIII, 658, 32701; VIII, 679, 32817; des prévôts des maréchaux, IV, 711, 14300. Voir Appels.

Abzac (Jeanne d'), femme de François d'Aubusson, VII, 242, 24401. Cf. Absac (Jean d').

Acarie (Gilles), bailli de Chartres, V, 598, 17737.

Acarie (Girard), s^r^ de Fontenay-sur-Oise, contrôleur général des finances en Normandie, IV, 767, 14569; VI, 786, 22982.

Acarie (Jacques) ou Acquarye, trésorier des offrandes et aumônes du roi, I, 567, 2983; V, 787, 18767; V, 813, 18904; bailli de Chartres, V, 417, 16810; V, 598, 17837.

Acarie (Louis), élu d'Orléans, III, 641, 10445; V, 660, 18060.

Acarie (Louis), trésorier des offrandes et aumônes du roi, III, 64, 7769; III, 103, 7963; III, 152, 8190; VII, 543, 26680; VII, 802, 29177; VIII, 52, 29710; VIII, 97, 30133; VIII, 143, 30586; VIII, 249, 31589; VIII, 264, 31752.

Acathin (Pierre), étranger décédé à Orléans. Aubaine, VI, 206, 19936.

Acciaioli : voir Neri Acciajuoli (Donat de).

Acciajuoli (Bernard), marchand florentin demeurant à Rouen. Lettres de naturalité, IV, 19, 11093.

Acciajuoli (Ottomanni), marchand florentin, VII, 629, 27787.

Acciajuoli (Robert). Mission diplomatique, IX, 120, 124.

Accidents d'artillerie survenus lors de l'entrée du roi à Brest, V, 415, 16800.

Accises levées à Montreuil-sur-Mer, VI, 592, 21986.

Accolay (Yonne). Foires, V, 86, 15113.

Accoucheuses appelées à la cour lors de la naissance du dauphin François, V, 402, 16741.

Accursi (Francisque), prévôt de Chardavon, originaire de Milan, III, 471, 9677.

«Achalus», pré en Agenais, VII, 253, 24455.

Achard (Jean), notaire au bailliage d'Autun, IV, 741, 14448.

Achard (La Mothe-) : voir Mothe-Achard (La).

Achart (Jean), sergent royal au bailliage de Blois, IV, 256, 12197.

Aché (Charles d') : voir Achey (Charles d').

Acher (Guillaume). Anoblissement, VI, 379, 20844. Cf. Achise (Guillaume).

Achères (Seine-et-Marne). Exemption de tailles, II, 14, 3907.

Achey (Charles d') ou d'Aché, s^r de Serquigny, panetier ordinaire du roi, III, 636, 10424; VI, 502, 21495-21496.

Achey (Laurent d'), s^r de Bliquetuit, VI, 502, 21495.

Achiaud (Mathieu), conseiller de Dombes, VIII, 304, 32161.

Achiessi (Pernelle), VI, 407, 20986.

Achillée (Saint). Représentation de son histoire, I, 397, 2118.

Achise (Guillaume), s^r du «Mesnil-Vite». Anoblissement, VIII, 602, 32406. Cf. Acher (Guillaume).

Achy (Marguerite d'). Mariage, II, 144, 4563.

Acier. Défense d'en faire sortir du Dauphiné, III, 27, 7574. Marchands d'acier d'Évreux, III, 394, 9324.

Acier (Le s^r d') : voir Genouilhac (Jacques de).

Acigné (Ille-et-Vilaine). Foires, III, 273, 8774.

Acigné (Jean VI, s^r d'), baron de Coëtmeu, vicomte de Tonquédec et de Loyat, concessionnaire viager de la châtellenie de Saint-Aubin-du-Cormier, I, 98, 576; I, 118, 685; I, 139, 799; I, 280, 1515.

Acigné (Jean VII, s^r d'), concessionnaire de la châtellenie de Saint-Aubin-du-Cormier, I, 638, 3340; III, 226, 8558; VII, 689, 28339; VII, 715, 28573. Dons à lui faits, II, 521, 6304; III, 311, 8954; VII, 545, 26713. Foires créées en sa faveur, III, 273, 8774. Traites de vin à lui accordées, II, 242, 5040; III, 405, 9376; III, 622, 10359.

Acigné (Louis d'), aumônier du roi, conseiller en la chancellerie de Bretagne, V, 631, 17903.

Acigné (Marie d') ou d'Assigny, femme de chambre de la reine Claude, I, 443, 2345; III, 620, 10349; V, 589, 17687; VI, 110, 19458; VII, 589, 27301. Mariage avec Jean de Créquy, s^r de Canaples, I, 497, 2617; V, 744, 18541.

Acigné (Robert d'), s^r de la Grésillonnais, concessionnaire du revenu des greffes de la cour de Rennes, I, 82, 484; II, 476, 6100; nonobstant la réunion du domaine, II, 182, 4783; II, 479, 6114.

Acqs : voir Dax.

Aqua : voir Dell'Acqua.

Acquarye (Jacques) : voir Acarie (Jacques).

Acquaviva (André d'), duc d'Atri, chevalier de l'ordre, concessionnaire des seigneuries : d'Amorgues et Dracé, VI, 571, 21871; de Belleville en Beaujolais, III, 728, 10841; VI, 543, 21726. Lettres de chevalerie accordées à sa recommandation, IV, 10, 11052. Pension, VIII, 34, 29540; VIII, 124, 30400; VIII, 136, 30515; VIII, 157, 30709; VIII, 226, 31359; VIII, 258, 31683; VIII, 283, 31928.

Acquaviva (Jean-François d') d'Aragon, marquis de Bitonto, puis duc d'Atri, gentilhomme de la chambre, VI, 182, 19825; VI, 816, 23141; VII, 571, 27050; VIII, 63, 29808; VIII, 109, 30246; maintenu en possession de la châtellenie de Rougny, nonobstant la révocation des aliénations du domaine, IV, 525, 13464.

Acquaviva (Jules-Antoine d') ou Hacquevie, marquis de Bellante ou de «Betonde», I, 623, 3264; VIII, 620, 32494.

Acquêts (Nouveaux) : voir Francs-fiefs.

Acquigny (Eure). Baronnie, II, 194, 4801; V, 473, 17109; VI, 643, 22257; VI, 644, 22259.

Acquino (Antoine d'), marquis de Corato ou Quarata, gendre du prince de Melfi. Pension, III, 729, 10843; IV, 440, 13067; VIII, 124, 30388.

Acte faux, VI, 419-420, 21058.

Actéon, sujet de tapisserie, VII, 748, 28804.

Actes des apôtres (Les), sujet de tapisserie, VII, 731, 28674.

IMPRIMERIE NATIONALE.

ACTINO (Christophe D'), garde du grenier à sel de Saintes-Maries-de-la-Mer, VII, 6, 23227.

ACTIVITÉ DE SERVICE. Dispense de cet état pour droit de séance, IV, 455, 13137; IV, 473, 13222.

ACTON (Christophe), commandeur du Temple, III, 402, 9366.

Acy, sans doute *Acy-Romance* (Ardennes). Seigneur : voir BOUTILLAC (Jean DE).

ACY-EN-MULTIEN (Oise), V, 117, 15287; VII, 508, 26210. Fortifications, VIII, 718, 33040. Seigneurie, V, 513, 17312; VI, 369, 20790; VI, 528, 21642; VII, 546, 26729.

ADACHER (Ulrich), envoyé d'Unterwalden, IX, 137.

Adam, barbier du roi : voir DESHAYES (Adam).

ADAM (Édouard), contrôleur du grenier à sel de Gisors, VII, 40, 23408.

ADAM (François), VI, 390, 20898-20899.

ADAM (Jacques), valet de chambre de Louise de Savoie, VII, 685, 28309; VII, 783, 29034; élu à Saumur, II, 436, 5921; VII, 637, 27877. Cf. IV, 249, 12159, où il peut s'agir de deux personnages nommés Jacques Adam et Pierre du Juglart, plutôt que de trois personnages appartenant à la famille du Juglart et prénommés respectivement Jacques, Adam et Pierre.

ADAM (Macé). Aubaine, VII, 508, 26212.

ADELINE (Jean), abbé de Torigni, V, 303, 16240.

ADES (Palamèdes D'), III, 305, 8927.

ADHÉMAR (Louis D') DE MONTEIL, baron de Grignan, chambellan du roi, III, 15, 7519; III, 181, 8327; IV, 272, 12267; VI, 781 (VIII, 400*), 22958; VII, 385, 25175; VIII, 645, 32636; — chevalier d'honneur de Mesdames, III, 230, 8581; III, 377, 9245; VII, 790, 29088; VIII, 293, 32041; — commissaire pour l'aliénation du domaine en Provence, III, 397, 9337; III, 453, 9597; VII, 351, 25002; VII, 355, 25021; VIII, 60, 29782; VIII, 727, 33090; — gouverneur de Marseille, VI, 632, 22189; VII, 278, 24585; VIII, 308, 32194; autorisé à cumuler cet office avec celui de lieutenant général en Provence, VII, 284, 24619; — lieutenant général en Provence, surintendant général de la marine du Levant, IV, 230 (VIII, 407*), 12064; IV, 325, note; VII, 317, 24815; VII, 365, 25074; VIII, 702, 32949; exercice de ses fonctions administratives, IV, 253, 12182; VIII, 309, 32202-32203; financières, VII, 349, 24995; VII, 351, 25000; VII, 377, 25135; VIII, 309, 32206, 32208; VIII, 661, 32720; judiciaires, IV, 419, 12964; IV, 470, 13211; maritimes, IV, 429 (VIII, 790*), 13019; IV, 487 (VIII, 791*), 13289; IV, 497 (VIII, 792), 13338; IV, 590, 13755; VII, 356, 25027; VII, 481, 25899; VIII, 308, 32193, 32197; VIII, 309, 32199-32200; militaires, IV, 577 (VIII, 382*), 13700; VII, 353, 25012; VIII, 308, 32192, 32194-32196, 32198; VIII, 309, 32204, 32207, 32210; ses lieutenants au gouvernement : voir MAYNIER (Jean); à la surintendance des mers : voir ANCIENVILLE (Claude et Jacques D'). Ambassade en Piémont et à Rome, III, 585-586, 10200-10201; III, 713, 10774; IV, 43, 11199; IV, 95, 11438; VII, 736, 28712; VII, 737, 28722; VIII, 289, 31991, 31992. Approvisionnement de sa maison, III, 653, 10502; VIII, 308, 32190. Mission administrative en Bresse, III, 308-609, 10299; cf. VI, 493, 21443. Missions en Allemagne, VII, 388, 25189; IX, 16. Pension, VIII, 309, 32201. Vassaux, VIII, 691, 32882.

ADHÉMAR (Philippe D') DE GRIGNAN, VIII, 309, 32209.

ADJUDICATION des terres mises à l'encan faute de payement des droits seigneuriaux dus au roi, III, 195, 8401. Ratification d'une ferme accordée sans la formalité de l'adjudication, VII, 374, 25120.

ADMÉE (Michel), s[r] de Mary, procureur du roi au bailliage de Cotentin, V, 437, 16916.

ADMINISTRATION MUNICIPALE. Permission aux officiers royaux d'exercer les charges consulaires, IV, 722, 14356. Voir DENIERS COMMUNS et aux noms des villes.

ADMINISTRATION PROVINCIALE. Institution des lieutenants généraux restreinte aux provinces frontières, IV, 738, 14435. Maintien en fonctions des officiers des seigneuries ayant appartenu à Louise de Savoie, II, 85, 4268. Statistique des offices du bailliage d'Amiens, VII, 268, 24530. Voir aux noms des provinces.

Adonville, c^{ne} de Denonville (Eure-et-Loir). Seigneurie, V, 320, 16333.

Adour (L'), fleuve, II, 79, 4240; VIII, 572, 32241; VIII, 726, 33085.

Adresse des lettres d'affranchissement, de rabais, de surséance, VII, 560, 26910.

Adrets (Le baron des). Identification proposée avec le baron de «Jardrets», VII, 430, 25451.

Adrien VI, pape, I, 306 (VIII, 769), 1658. Relations avec la France, IX, 59, 123.

Adultère commis par François Dubreuil, VI, 212, 19968.

Aerschot (Belgique, Brabant). Marquis : voir Croy (Charles, Guillaume et Philippe de).

Affaires ecclésiastiques. Projet d'érection d'un évêché à Bourg-en-Bresse, III, 183, 8341; III, 187, 8356. Voir Clergé.

Affichage de libelles diffamatoires prohibé, IV, 422, 12981.

Affineur d'or et d'argent : voir Baillet (Jean).

Afflette (Isabelle), VI, 100, 19436.

Afflicte (Francisque), podestat d'Asti, V, 295, 16195. Cf. le suivant.

Afflicto (François-Antoine d'), capitaine, III, 216, 8509.

«Afforage» (Droit d'), III, 584, 10191.

Affouagement des communautés de Provence, VII, 267, 24528.

Affranchissements : d'une famille de serfs de la Villeneuve (Saône-et-Loire), I, 559, 2938; pour les lieux de la Chassagne et des Radis érigés en fief noble, II, 88, 4283; VII, 548, 26753. Adresse des lettres d'affranchissement, VII, 560, 26910. — Voir Amirault (Michel), Berthonier (Gilbert), Bolu (Guillaume), La Plaine (François de), Le Mercier (Olivier), Vernas (Jean). — Voir aussi Exemption et les articles consacrés aux divers droits et servitudes ayant pu donner lieu à des affranchissements.

Affûts pour pièces d'artillerie, VIII, 7, 29316.

Africain (Quentin l') : voir Le More (Quentin).

Afrique, IX, 88.

Agaffin : voir Cocil (Nicolas et Pierre de).

Agard (François d') : voir Du Gard (François).

Agasse (Jacques). Affaire criminelle, IV, 714, 14320.

Agasse (Jean), greffier de la prévôté de l'hôtel, VII, 596, 27408.

Agate, II, 595, 6666; VII, 642, 27922; VII, 726, 28642; VII, 749, 28805; VII, 804, 29193; VII, 812, 29242-29243. Imitation, IV, 74, 11339.

Agde (Hérault). Diocèse : dons gratuits, VIII, 64, 29979. Évêché, I, 626, 3278; VII, 409, 25296. Fortifications, I, 626, 3278.

Âge (Dispenses d') : pour administration de biens, I, 511, 2696; II, 14, 3904; VII, 413, 25317; VII, 430, 25455; VII, 477, 25862; cf. Émancipation (Lettres d'); pour exercice d'offices, I, 379, 2019; II, 720, 7248; III, 469, 9668; V, 550, 17498; V, 569, 17592; VI, 499, 21478; VI, 607, 22058; VII, 448, 25615, 25618; VII, 462, 25726; pour perception des gages d'un office, VII, 547, 26735; pour possession d'un canonicat, VII, 108, 23749.

«*Agée*» : voir Alger.

Agen (Lot-et-Garonne), III, 512, 9873. Session des Grands jours, IV, 125, 11572-11573.

—— *Diocèse.* Décimes, III, 560, 10088; IV, 19, 14757; V, 79, 15072; V, 181, 15595; VI, 421, 21066. Exemption de décimes accordée à certains ordres religieux, IV, 678, 14159.

—— *Domaine.* Droit de salin, IV, 410, 12923.

—— *Évêché-comté.* Deniers de la ferme, II, 81, 4250. Évêque : voir La Rovere (Antoine de). Privilèges, VI, 230, 20063. Temporel, VII, 99, 23702.

—— *Recette générale* créée par édit de décembre 1542, IV, 394, 12847; IV, 601, 13802; VI, 808, 23097. Receveurs généraux : voir Arnoul (Jacques), Tassin (Jean).

—— *Recette générale de Guyenne* : voir Guyenne.

—— *Recette ordinaire* : voir Agenais.

—— *Sénéchaussée* : voir Agenais.

—— *Siège de justice (Sénéchaussée d'Agenais)*, I, 561, 2950. Création de six offices de conseillers, I, 297, 1609. Lieutenant criminel : voir ESTRADES (François D'). Ressort, I, 561, 2952; II, 759, 7425.

—— *Ville*. Église Saint-Caprais; chanoine : voir DELSOL (Bernard). Église Saint-Étienne; chanoine : voir GONNAULT (Berthomieu). Emprunts faits par le roi, III, 242, 8536; III, 362, 9182; III, 495, 9792. Habitants, I, 380, 2025 : voir LESCALLE (Jules-César DE). Pont, I, 16, 98. Privilèges, I, 10, 60; VII, 7, 23232.

AGENAIS, sénéchaussée. Mandements adressés au sénéchal, I, 561, 2960; III, 55, 7723; IV, 571, 13674; IV, 678, 14159; IV, 728, 14389; V, 7, 14692; V, 604, 17767.

—— *Personnel*. Exercice de la charge de greffier, I, 521, 2748. Greffier criminel : voir GENTILZ (Jérôme). Juges mages : voir ESTRADES (Jean D'), SEVIN (Armand). Lieutenants : voir CORTELLE (Martial), MATUYN (Charles). Sénéchaux : liste, IX, 239.

—— *Ressort domanial* : voir AIGUILLON (FORÊT D'), BEAUVILLE, BEZOMBES, BIRAC, BOURG (LE), BRÉSUGUET, CABOUZE (LA), CANCON, CASSENEUIL, CASTELLA, CASTILLONÈS, CAUMONT, CLERMONT-DESSOUS, «COCABANNE», CONDOM, DOLMAYRAC, DUSSAC, FOUSSAC, GALAPIAN, «GARDE (LA)», GENSAC, GONTAUT, HAUTERIVE, HAUTES-VIGNES, LUSIGNAN, MALROMET, MARMANDE, MAZIÈRES, MONBAHUS, MONCLAR, MONFLANQUIN, MONGUILHEM, MONTBRETON, MONTLUC, MONTPEZAT, MONTRAVEL, MOTHE (LA), PARDAILLAN, PENNE, PRAYSSAS, PUJOLS, PUYMIROL, ROMIEU (LA), ROUZET, SAINTE-FOY, SAINTE-FOY-LA-GRANDE, SAINT-MAURIN, SAINT-PASTOUR, SAINT-PÉ, SAUVETERRE, SEYCHES, TOURNON, VILLERÉAL. Biens acquis au roi, VII, 424, 25410; VII, 633, 27829. Biens de François de Cazenac, VII, 254, 24457; de Bernard de Courts, VII, 260, 24489; de Bertrand de Courts, VII, 258, 24482; de Léonard de Courts, VII, 259, 24484; d'Alain de Durfort, VII, 245, 24417; d'Armand de Durfort, VII, 258, 24481; de Jean de «Guoulz», VII, 259, 24487; de Guinot de Lauzières, VII, 265, 24515; de Bertrand de Lustrac, VII, 15, 23278; d'Antoine de Montpezat, VII, 258, 24480; de Jean de Montpezat, VII, 255, 24486; de Pierre de Paranchières, VII, 253, 24455; de Charles de Sorbier, VII, 259, 24488; de Pierre-François de Thievras, VII, 259, 24485; d'Amanieu de Timbrune, VII, 259, 24483; de Louis Vidal, VII, 253, 24454. Contrôleur du domaine : voir LACOMBE (Jean-Bernard DE). Privilèges des habitants, III, 74, 7819; VIII, 641, 32603. Sujets du roi de Navarre, V, 730, 18477. — Voir AYDIE (Jean D'), BORDES (Jean DE), CANAROQUI (Jean), ESCUDYÉ (Jacques), VÉDEL (Jean et Antoine).

—— *Ressort financier*. Assignation de la dot de la reine Éléonore, I, 691, 3615; II, 24, 3960. Corvées pour la fortification de Lectoure, I, 380, 2025. Élus établis et supprimés, I, 196, 1089; I, 229, 1260; IV, 746, 14469. États, I, 121, 706; I, 604, 3168; VII, 443, 25576. Exécution de lettres patentes du roi, VIII, 167, 30806. Impôt pour la bienvenue du nouveau sénéchal, VII, 443, 25576; pour l'achèvement du pont de Toulouse, IV, 557, 13606; pour la rançon du roi, V, 730, 18477; VII, 547, 26735; VII, 690, 28351. Recette ordinaire, II, 349, 5524; II, 437, 5926; II, 490, 6163; II, 525, 6341; V, 729, 18466. Réquisition de salpêtre, III, 48, 7685; Tailles, III, 48, 7685; III, 55, 7723; IV, 362, 12699; VIII, 760, 33304.

—— *Ressort judiciaire*. Création de notaires, V, 644, 17973; de procureurs du roi aux sièges particuliers, VII, 414, 25323. Forçats, VIII, 396*, 21566 *bis*. Prévôt des maréchaux : voir FLOTE (Pierre). Sièges particuliers : voir AGEN, CONDOM.

AGÈS (Bertrand D'), conseiller au Parlement de Bordeaux, IX, 166.

AGES (PIERRE D'), D'AGETS, D'AGEY ou DELAGE, seigneur de Saint-Magne, maître d'hôtel du roi, III, 52, 7707; IV, 132 (VIII, 373), 11604; V, 680, 18173; VII, 549, 26769. Missions en Guyenne, II, 318 (VIII, 350), 5381; III, 281, 8815; III, 362, 9182; III, 396, 9335; VII, 722, 28614; VII, 740, 28745; VIII, 154, 30686.

ÂGES DU MONDE (LES CINQ), sujet de tapisserie, VIII, 183, 30950.

Agets (Pierre d'), *d'Agey* : voir AGES (PIERRE D').

AGNAC (Lot-et-Garonne), VI, 60, 19207.

AGNAN, valet de chambre du prince de la Roche-sur-Yon, VII, 119, 23806.

Agnetz (Oise) : voir GICOURT.

AGNICOURT, c^ne^ de Méru (Oise). Fief, VI, 90, 19355.

Agon (Manche) : voir COUTAINVILLE.

AGONAC (Dordogne). Foires, II, 118, 4431.

AGORETTE (Louis D'), homme d'armes, II, 488, 6157.

AGOULT (Balthazar D'), VIII, 745, 33192.

AGOULT (Fouquet D'), s[r] de Sault, III, 69, 7794.

AGOULT (François D'), s[r] de Sault, VI, 610, 22076.

AGOULT (Louis D'), s[r] de Sault, III, 242, 8635; VIII, 653, 32671, 32674. Sa veuve : voir LÉVIS (Anne-Blanche DE).

AGOULT (Pierre D'), VIII, 745, 33192.

AGRICULTURE. Défrichement de bois de la châtellenie d'Aisey-le-Duc, IV, 569, 13663. Extension à la Bourgogne de l'interdiction de mener paître le bétail dans les prairies, depuis le 25 mars jusqu'après la rentrée des foins, VII, 428, 25438.

« AGRIA » (L'ÉVÊQUE D'), ambassadeur de Hongrie, IX, 118.

AGRIN (Bonaccorsi D'), gentilhomme de la maison du duc de Bavière, II, 486, 6147.

AGRIPPA (Chrétien), médecin, natif de Cologne, demeurant à Périgueux. Lettres de naturalité, V, 119, 15301.

« AGUENET » (La dîme d'), dans la châtellenie de Romorantin, III, 589, 10214.

AGUENIN (Jean), dit LE DUC, auditeur des comptes à Paris, I, 263, 1429; V, 408, 16770; général des aides à Paris, I, 277, 1502.

Aguerre (D') : voir DAGUERRE.

AGUESSEAU (Olivier), élu en Saintonge et au gouvernement de La Rochelle, V, 573, 17611.

Aguillar (Marquis d') : voir FERNANDEZ (Juan).

AGUILLENC (Thomas) ou AGULHUNE, châtelain et capitaine du Lauzet, V, 37, 14850; V, 42, 14877; VII, 375, 25123; VII, 400, 25253; receveur ordinaire et particulier du siège de Digne, VII, 362, 25058; VII, 399, 25251.

AGUILLENT (Jean), juge de Digne, III, 126, 8070.

AGUILLIER (Guillaume), lieutenant civil du juge des appels de la sénéchaussée de Toulouse, VI, 239, 20115.

Agulhune : voir AGUILLENC.

« AGURÉ », sans doute CURÉ, c[ne] de Saint-Georges-du-Bois (Charente-Inférieure). Séjour du roi, VIII, 548.

AHUN (Creuse). Capitainerie, V, 662, 18068.

Aiche (Le s[r] d') : voir BILD (Eskil).

AIDE (PETIT), à Reims, I, 356, 1904.

AIDES. Aliénation, III, 361, 9178; IV, 462 (VIII, 791[a]), 13169; VI, 433, 21127; VII, 557, 26873; en Normandie, IV, 506, 13372; IV, 636, 13973; à Paris, VII, 559, 26901-26902; à Troyes, III, 264, 8740. Assiette et recouvrement : en Dauphiné, IV, 574, 13687; en Languedoc, V, 77, 15062-15063; en Lyonnais, I, 197, 1098; IV, 563, 13637; en Normandie, IV, 142, 11649; en Poitou, III, 531, 9959; en Provence, I, 547, 2878. Établissement dans les pays précédemment soumis à l'imposition foraine, sauf option des habitants pour celle-ci, IV, 704, 14274; IV, 773, 14601. Voir COUR DES AIDES, ÉLECTIONS.

Aides : de la cuisine de bouche : voir LEUDIÈRE (François); de l'échansonnerie : voir : ANJOU (Jean D'), NEUFVILLE (Marin DE).

AIGALIERS (Gard). Seigneurie, VII, 148, 23942.

Aigle (L'), c[ne] de Caisnes (Oise) : voir LAIGUE (FORÊT DE).

AIGLES offerts au roi, IV, 240, 12111.

AIGNAY-LE-DUC (Côte-d'Or); voir PUITS D'ORBE. Paroisse; curé : voir DUFOUR (Jean); remise de tailles, II, 667, 7008. Seigneurie, VII, 13, 23269; seigneur : voir VYON (Gérard).

AIGNEAULX (D'), V, 454, 17011.

AIGNEL (Claude), canonnier, I, 253, 1381.

AIGNELET (Jacques), chevaucheur d'écurie, maître de la poste de Saint-Symphorien-de-Lay, natif de Savoie. Lettres de naturalité, V, 730, 18471.

AIGNERVILLE (Calvados). Seigneurie, VI, 315, 20508.

Aigny (S[r] d') : voir CAULIER (Jean).

Aigrefin : voir ÉGREFFINS (Les).

AIGREFONT (Jacques D'). Procès criminel, II, 479, 6117.

Aigremont (Haute-Marne). Baron : voir CHOISEUL (Philibert DE). Capitaines : voir CHOISEUL (Pierre DE), LAMBERT (Jean).

Aigreville : voir ÉGREVILLE.

AIGUEBELLE (Olivier D'), habitant de Marseille, II, 475, 6096.

AIGUEBLANCHE (François D'), VIII, 24, 29448.

AIGUEMARINE (TÊTE DE DIEU), sujet de bijou, VIII, 272, 31840.

AIGUEPERSE (Puy-de-Dôme) : voir DAUGIER (Michel). Clarisses, V, 691, 18236; VII, 770, 28941. Collégiale Notre-Dame, III, 523, 9923. Privilèges, III, 488, 9758. Tabellionnage, V, 132, 15363.

AIGUESMORTES (Gard), IX, 39; voir PECCAIS, PSALMODI, TOUR-CARBONNIÈRE (LA); voir aussi DUFAULX (Guillaume), VISIAN (Étienne) Achats de marée pour la table du roi, VIII, 31, 29508; VIII, 59, 29767; VIII, 86, 30026; VIII, 89, 30056; VIII, 250, 31595. Départ de M. d'Espercieu, envoyé en Espagne, VIII, 41, 29618. Dépôt de marchandises prises en mer sur les Espagnols, VIII, 248, 31574. Entrevue de François Ier et de Charles-Quint en juillet 1538, III, 575, 10152; III, 576, 10154; III, 677, 10613; VII, 738, 28733; VIII, 87, 30037; VIII, 158, 30719; VIII, 236, 31463; VIII, 237, 31467; VIII, 238, 31476; VIII, 239, 31488-31490; VIII, 259, 31694; VIII, 269, 31799-31800, 31805; VIII, 280, 31902, 31904; VIII, 281, 31905, 31907, 31908-31910, 31913; VIII, 282, 31917; VIII, 286, 31970; VIII, 287, 31978-31979; VIII, 290, 32007. Séjour du roi, III, 426, 9478; III, 433, 9505; III, 476, 9701; VIII, 548.

—— *Affaires militaires*. Capitaines et châtelains : voir CLERMONT-LODÈVE (Pierre DE), DU SOLIER (Charles), ORNEZAN (Bertrand et Renaud-Guillaume D'). Défense, VI, 316, 20514. Garnison, V, 699-700, 18291-18293; mortes-payes, IV, 651-652, 14041-14042; IV, 659, 14077. Mission de Guy de la Maladière, trésorier des guerres, VIII, 210, 31293.

—— *Port*, VIII, 670, 32772. Mouvement, IV, 651, 14038; VII, 709, 28523; VII, 789, 29085. Travaux de réparations, I, 339, 1819; II, 83, 4258; II, 178, 4722; II, 204, 4853; II, 207, 4868; II, 276, 5192, 5195; II, 281, 5215; VI, 269, 20268; VI, 305, 20460; voir CONSEIL (Franc).

—— *Ville*. Approvisionnement en sel, IV, 587, 13743; VII, 483, 25921. Collégiale Notre-Dame, VII, 247, 24426. Contribution réclamée des habitants par ceux de Beaucaire pour la réfection des chaussées du Rhône, VII, 483, 25920. Prieuré de Sainte-Marie, VIII, 668, 32756.

AIGUEVIVE (Gaspard D'), originaire de Catalogne. Lettres de naturalité, IV, 136, 11625.

AIGUES-VIVES (Les), c[ne] de Cabrerolles (Hérault), VII, 9-10, 23245-23246.

AIGUES-VIVES, c[ne] de Faverolles (Loir-et-Cher). Abbaye, V, 621, 17851. Séjour du roi, VIII, 548.

AIGUILLETTIERS : voir SACHET (Philippe); de Bordeaux, V, 788, 18775.

AIGUILLON, fief de chevalier sis à Blonville (Calvados), VI, 514, 21562.

AIGUILLON (Lot-et-Garonne). Forêt, V, 537, 17436. Syndic des marchands, VIII, 580, 32286.

AILLEFOL ou AILLEFOU, auj. GÉRAUDOT (Aube). Seigneurie, II, 727, 7278; III, 351, 9135; V, 572, 17609; V, 757, 18605; VI, 815, 23134; VII, 560, 26912.

AILLIANVILLE (Haute-Marne). Seigneurie, V, 217, 15789; VI, 209, 19954; VI, 554, 21786; VI, 557, 21797.

AILLON (Savoie), VI, 343, 20654.

AILLY (Le s[r] D'), V, 61, 14978.

AILLY (Antoine D'), vidame d'Amiens, III, 309, 8942; III, 743, 10908; capitaine de 200 chevau-légers, VIII, 140, 30552.

AILLY (Charles D'), III, 743, 10908.

AILLY (Guillaume D'), homme d'armes des ordonnances, lieutenant de la compagnie du duc de Lorraine, V, 207, 15734; VII, 520, 26369.

AILLY (Jean D'), III, 743, 10908.

AILLY (Marguerite D'), dame de Thiembronne, II, 272, 5176; II, 337, 5472; II, 630, 6834; III, 14, 7515.

AILLY (Postel D'), prévôt des maréchaux en Bourgogne, Mâconnais, Auxerrois et pays adjacents, VII, 437, 25510.

AIMARGUES (Gard). Baronnie, VII, 148, 23942.

AIME (Barthélemy), natif de Carpentras. Lettres de naturalité, VIII, 676, 32803.

AIMERET (Jean), clerc. Légitimation de sa fille Andrée, VIII, 704, 32959.

AIMERY (Claude), garde du port de Marseille, VII, 24, 23329.

AIN (L'), rivière, III, 338, 9076.

AINAY (Mme D'), III, 620, 10349.

AINAY (SAINT-MARTIN-D'), abbaye à Lyon, V, 540, 17450; V, 670, 18109; VII, 209, 24244; VII, 240, 24393; VII, 436, 25499.

AINAY-LE-CHÂTEAU (Allier). Châtellenie, I, 376, 2002; VII, 17, 18994; VII, 533, 26544; voir BRUYÈRES, ORVAL, RAYMOND. Séjour du roi, VIII, 548.

AINCOURT (Pierre D'), pauvre homme de guerre, pourvu d'une place de religieux lai, V, 670, 18112.

AIRAGARRY (Melchior), originaire du comté de Nice, demeurant à Draguignan. Lettres de naturalité, IV, 376, 12765.

AIRAINES (Somme). Seigneurie, I, 465, 2459; II, 394, 5728; V, 575, 17622; V, 799, 18829; VI, 478, 21358; VII, 523, 26413; VIII, 394, 18829.

AIRE (Landes). Diocèse : voir BESSAUT, PIMBO; don gratuit, VII, 113, 23774. Évêché, VI, 234, 20089; VI, 519, 21590; VII, 172, 24064; VII, 239, 24386. Évêques : voir AYDIE (Armand-Guillaume D'), GRAMONT (Charles DE), SAINT-JULIEN (Jacques DE), SALUCES (Gabriel DE).

Aire (L') : corr. AISNE (L').

Airennes : corr. AIRAINES.

Airon-Saint-Vaast (Pas-de-Calais) : voir SAINT-VAAST.

Airoux (Aude) : voir GINELLE.

AIRVAULT (Deux-Sèvres) : voir AZAY (Madeleine D'). Abbaye, V, 39, 14861; V, 621, 17851.

Aisey (Haute-Saône) : voir RICHECOURT.

AISEY-LE-DUC ou AISEY-SUR-SEINE (Côte-d'Or). Châtellenie, IV, 569, 13662; concession viagère à Mme de Givry, II, 303, 5312; II, 457, 6013; III, 728, 10838; IV, 509, 13387; VIII, 209, 31197; réformation du domaine, V, 30, 14812.

AISNE (L'), rivière, VII, 478, 25867; VIII, 277, 31880.

AIX (Bouches-du-Rhône), II, 318, 5382; III, 575, 10149; VIII, 171, 30836; VIII, 209, 31196; VIII, 245, 31547; VIII, 662, 32725 : voir CHAMBRE DES COMPTES D'AIX, MONNAIE D'AIX, PARLEMENT D'AIX, PROVENCE. Arrivée et départs de messages royaux, III, 555, 10062; VII, 754, 28836; VIII, 254, 31641, 31644; VIII, 299, 33110, 32113, 32115. Poste, vers Nice, VIII, 243, 31523. Séjours du roi, III, 554, 10058; III, 572, 10139; VIII, 548.

—— *Archevêché*, VII, 296, 24693. Archevêques : voir FILLEUL (Pierre et Antoine).

—— *Clergé*. Archidiacre : voir BRANDIS (Pierre DE). Augustins, VII, 32, 23368; VII, 383, 25165. Carmes, VII, 32, 23368. Clerc : voir ARBAUD (Jean). Dominicains, VII, 32, 23368; VII, 36, 23388; VII, 375, 25127; amortissement, IV, 660, 14078. Église métropolitaine Saint-Sauveur, III, 307, 9342; VIII, 669, 32766; VIII, 679, 32821; archidiacres : voir GLANDÈVES (Gaspard DE), RAINERI (François DE); chanoine : voir ARBAUD (Mathieu); chapitre, II, 570, 6538; prévôt : voir CORIOLIS (Jean). Franciscains, VII, 32, 23368. Monastère de Notre-Dame-de Nazareth, dit Saint-Barthélemy, I, 69, 406; IV, 676, 14153; VII, 377, 25134; VIII, 658, 32702.

—— *Diocèse*, II, 573, 6553; voir CUCURON, SAINT-MAXIMIN. Répression de l'hérésie, II, 573, 6556; VIII, 642, 32609.

—— *Domaine*. Jardin du roi, II, 53, 4105, 4107; II, 590, 6640, 6641; III, 411, 9409; VII, 41, 23415; VII, 65, 23538; VII, 92, 23667; VII, 178, 24090; VII, 184, 24120; VII, 194, 24166; VII, 358, 25038; VII, 810, 29227; concierge : voir BRION (Jean DE). Palais : chapelles, VI, 154, 23974; VII, 367, 25087; réparations, VII, 215, 24276; VII, 349, 24991; VIII, 60, 29780; tabliers, VII, 30, 23359; trésoriers, VII, 262, 24500.

—— *Province ecclésiastique*. Publication de bulles pontificales, VII, 711, 28543; VII, 805, 29194; VIII, 642, 32609.

—— *Recette générale* créée en 1542, VIII, 378, 12847.

—— *Recette particulière*, III, 155, 8201; III, 264, 8739; VIII, 90, 30065. Receveurs particuliers : voir BARTHÉLEMY (François), HONORAT (Gaspard).

—— *Siège de justice* (*Sénéchaussée de Provence*), VIII, 675, 32796. Création de six offices de conseillers, VIII, 723, 33071. Avocat du roi : voir PIGNOLLI (Fouquet). Conseillers : voir AUFRED (Monet), MARGALET (Claude), PUGET (Jean), RAYNAUD (Pierre). Droits de late ou latte,

III, 303, 8914; VII, 391, 25028; VIII, 655, 32686. Frais de justice, III, 415, 9429. Gages du personnel, III, 155, 8201. Greffier : voir FRANÇOIS (Jean). Juge : voir MAYRAN (Antoine). Lieutenants : voir JOHANNIS (Pierre), DESDIER (Bertrand), GARIN (François et Jacques). Procureur du roi : voir THADEÏ (Louis). Tablier : voir CITRANO (Nicolas DE). Ressort : création de deux offices d'enquêteurs-examinateurs, VIII, 706, 32970.

—— *Viguerie*, VIII, 710, 32996. Gages du viguier, VII, 391, 25208. Viguiers : voir BORDON (Jacques), BOTECARI (Bernard).

—— *Ville*. Apothicaires : voir BASTIN (Thomas), BONIN (Paul). Cardeurs de laine, VII, 34, 23380. Consuls : rôle dans le règlement des affaires provinciales, VII, 345, 24974. Contrôleur des deniers communs : voir MALESPINE (Laurent). Foires et marchés, III, 737, 10880; VIII, 703, 32954. Fortifications, III, 196, 8403; VIII, 744, 33184. Habitants : voir ALBE (Jean), BOMPAR (Hugon), BORRILLY (Bernardin), DIGNE (Jean), GREULX (Rostaing DE), LANDE (Didier DE), LA ROCHE (Jacques DE), LÉVÊQUE (Jean), PENCHINART (Honorat), PINCHINAT (Honorat), SÉGUIRAN (Boniface), TIOUX (Nicolas); d'origine étrangère naturalisés français : voir BECARIS (Camille DE), BENE (Antoinette DE), BOURG (Jean DE), BRANDIS (Pierre DE), COUSTE (Antoine), DARE (Antoine), DELACROIX (Pierre), DESCHAMPS (Jean), ESELDRANT (Lucain), GENEVOIX (Manuel), GERÊME (Geneviève), LOQUE (Jacques), LUPPI (Nicolas), MALVÉTIS (François), MARQUIN (Eusèbe et Jean-Pierre), MAYNIER (Raymond), MELBESQUI (Claude), NOGUET (Accurse), PONTY (Jean), PRÉVOST (Catherine), RIVIÈRE (Blaise), ROLANDI (Antoine). Impôts, I, 70, 415; I, 618, 3238. Notaires : voir BAUDON (Antoine), LAUGIER (Antoine), RAYNAUD (Emmanuel). Peseurs, VIII, 725, 33082. Privilèges, I, 596, 3128. Remerciements du roi aux habitants pour leur fidélité, I, 380, 2024. Tisserands, VII, 34, 23380.

Aix (*Dame d'*) : voir VOISINS (Françoise DE).

AIX (Nicolas D'). Biens confisqués, II, 100, 4343.

AIX (Raphaël D'), greffier criminel de Marseille, III, 251, 8677; notaire à Marseille, VIII, 651, 32661.

Aix-en-Forez (*Sr d'*) : voir ALLIGRE (François, bâtard D').

AIX-EN-OTHE (Aube). Séjour du roi, VIII, 548.

AIXE-SUR-VIENNE (Haute Vienne). Foires, III, 539, 9994.

AIX-LA-CHAPELLE (Prusse rhénane). Mission secrète d'Ulrich Cheluis, VI, 681 (VIII, 801[a]), 22468. Originaire naturalisé français : voir SCROP (Jacques).

Aix-les-Bains (Savoie). Dame : voir LA CHAMBRE (Françoise DE).

AIX-VIEUX (LES), étang de la forêt de Villiers-le-Duc (Côte-d'Or), II, 457, 6013.

AIZENAY (Vendée). Seigneurie, VI, 56, 19189.

Ajaccio (Corse). Évêque : voir GUIDICCIONE (Alessandro).

AJONC (L'). Seigneurie, VII, 109, 23752. Il s'agit vraisemblablement des deux écarts appelés LES GRANDS-AJONCS et LE PETIT-AJONC, dans la commune de Chalais (Indre).

Ajou (Eure) : voir SAINT-AUBIN-SUR-RISLE.

AJOURNEMENT (LETTRES D'), VIII, 653, 32671; VIII, 690, 32877.

AKINHEAD (James), envoyé d'Écosse, IX, 106.

ALABAT (Guillaume), V, 475, 17123.

ALAD (Jean). Biens confisqués, VII, 520, 26369.

ALAIGNE (Aude). Foires, II, 512, 6266.

Alaines (*D'*) : voir DALAINES.

ALAIS (Gard). Convocations adressées aux consuls pour les États du Languedoc, V, 414, 16795; V, 658, 18048; VI, 330, 20635; VI, 718, 22657; VI, 747, 22795; VI, 770, 22902; VI, 810, 23140.

—— *Comté*, VI, 329, 20579. Comte : voir BEAUFORT (Jacques DE).

Alaix (*Henri*) : voir ALLAIS (Henri).

ALAMANNI (Louis) ou ALLEMANI, gentilhomme florentin, II, 211, 4888; III, 449, 9577; VI, 307, 20467; VII, 592, 27346; — auteur d'ouvrages en toscan, II, 567, 6520; VII, 650, 27999; — concessionnaire du jardin du roi à Aix, II, 53, 4107; II, 590, 6640-6641; III, 411, 9409; VII, 178, 24090; VII, 184, 24120; VII, 194, 24166; VII, 358, 25038; VII, 810, 29227; de la seigneurie de Castellane, VII, 284, 24618; VII, 358, 25038; de la seigneurie de Tullins,

II, 53 (VIII, 345), 4106; II, 504, 6229; IV, 665, 14104; VII, 184, 24120; nonobstant la réunion du domaine, II, 243, 5042; — gentilhomme de la maison de la dauphine, IV, 665, 14104. — Mission à Venise, IX, 71.

ALAMANT (François) ou ALLAMAND, seigneur du Châtelet, contrôleur général des gabelles, III, 124, 8061; III, 125, 8063; III, 518, 9903; III, 586, 10204; VI, 585, 21947; cf. ALLAMANT (François).

ALAMANT (Marc), laboureur, natif de Saint-Pons, près Barcelonnette, résidant en Provence. Lettres de naturalité, VI, 680, 22460.

ALAMY (Jean), fermier du péage par eau de Trévoux, VII, 711, 28545.

Alard : cf. ALLARD.

ALARD (Antoine) ou ALLARD, natif de Barcelonnette, demeurant à Salon. Lettres de naturalité, VI, 664, 22374; VII, 321, 24834.

ALARD (Antoine), natif de Barcelonnette, demeurant à Viens. Lettres de naturalité, VI, 665, 22371.

ALARD (Honoré), natif de Barcelonnette, demeurant à Apt. Lettres de naturalité, VI, 665, 22372.

ALARD (Honoré), de Barcelonnette, établi en Provence. Lettres de naturalité, VI, 670 (VIII, 400), 22402.

ALARD (Jean), natif de Barcelonnette, demeurant à Viens. Lettres de naturalité, VI, 665, 22373.

ALARD (Martin), natif de Barcelonnette, demeurant à Salon. Lettres de naturalité, VI, 665, 22374; VII, 321, 24835.

ALARD (Paul), natif de Barcelonnette, demeurant à Saint-Savournin. Lettres de naturalité, VI, 665, 22375.

Alart (*Guillaume*) : voir ALLARD (Guillaume).

ALASARD (André), médecin, visiteur des drogues et médicaments en Provence, I, 68, 403.

ALBA (Pierre de), natif de Vitoria, établi à Rouen. Lettres de naturalité, V, 142, 15410.

Alba Julia : voir TRANSYLVANIE.

ALBANAIS au service du roi, V, 771, 18683; VI, 70, 19254; voir BOUÉ (Jean), DARIO (Cosme ou Thomas), MAMETZ (Théode).

ALBANY (Éléonore D'), demoiselle de la maison de la Dauphine, VIII, 260, 31708; cf. BONNOIE (Léonore).

Albany (*Duc d'*) : voir STUART (Jean).

Albarès : corr. ALVAREZ.

ALBARON, c^ne d'Arles (Bouches-du-Rhône). Seigneurie, VII, 402, 25263.

ALBARS (Christophe D'). Légitimation de son fils Guy, du diocèse de Limoges, VI, 79, 19298.

ALBE (Arnaud), conseiller au Parlement d'Aix, VII, 117, 23792; VII, 152, 23965.

ALBE (Catherine) ou HABE, femme d'Étienne Charlot, IV, 193, 11886; IV, 201, 11928.

ALBE (Francisque D'), napolitain, IV, 83, 11379.

ALBE (Jean), fabricant d'horloges, demeurant à Aix, VIII, 253, 31632.

« *Albe* », diocèse : voir COLLACCIO (Emmanuel).

Alben : voir TRANSYLVANIE.

ALBENC (L') [Isère]. Étangs et moulins, III, 761, 10984.

Albenga (Italie, province de Gênes). Diocèse : voir PORTO-MAURIZIO, SAN REMO; originaires naturalisés français : voir ARDESSON (Jean et Aignan), MARENE (Baptiste), PISSAREL (Pierre), RIX (Étienne).

Alberoth : voir ARBROATH.

Albert, archevêque de Mayence : voir BRANDEBOURG (Albert DE).

Albert (Somme) : voir ANCRE.

ALBERT (Balthazar), greffier de la chambre des comptes d'Aix, VII, 107, 23741. Survivance de cet office accordée à son fils Jean, VII, 274, 24565.

ALBERT (Bernard), prieur de Saint-Pierre de la Réole, VII, 419, 25364.

ALBERT (Catherine), V, 16, 14743.

Albert (*Claude*) : voir ALBERT (Pierre).

Albert (*Jean*) : voir ALBERT (Balthazar).

Albert (Marguerite) : voir ALBERT (Pierre).

ALBERT (Mathurin), enfant de cuisine de bouche, II, 589, 6635.

Albert (*Michel d'*), receveur des deniers communs de Poitiers. Sa veuve : voir PILHOUET (Catherine DE).

IMPRIMERIE NATIONALE.

Albert (Nicolas), mesureur de sel aux salins de Saintes-Maries-de-la-Mer, VII, 239, 24385.

Albert (Pierre), chevalier de l'ordre de Saint-Jean-de-Jérusalem. Légitimation de ses enfants Claude et Marguerite, VI, 123, 19528.

Albert (Pierre) ou Alberti, greffier de la chambre des comptes d'Aix, VII, 4, 23214; VII, 107, 23741; greffier et tablier royal de la Seyne-sur-Mer, VII, 4, 23215.

Albertinelli (François), garde du tercenal de Marseille, VII, 33, 23373.

Albertis (Barthélemy de), envoyé de l'ambassadeur en Portugal, III, 186, 8355.

Albespeyres, c[ne] de Saint-Félix-de-Lunel (Aveyron). Juridiction royale, VII, 248, 24431.

Albeyne : voir Elbene.

Albi (Tarn) : voir Sauvaës (Jean); voir aussi Castelvieil. Blé, VIII, 761, 33606. Sessions des Etats de Languedoc : en 1521, V, 532, 17411; en 1538, III, 597, 10248; VIII, 307, 32184. Troubles lors de l'avènement de l'évêque Jacques Robertet, VII, 441, 25558. Vins, I, 218, 1202; VII, 665, 28129.
—— *Clergé*. Clarisses, V, 202, 16022; VII, 417, 25354; VII, 714, 28567. Dominicains, IV, 742, 14455. Église cathédrale; chanoine : voir Regni (Anne). Église Saint-Salvi, V, 608, 17788. Évêques : voir Du Prat (Antoine), Robertet (Charles et Jacques).
—— *Diocèse ecclésiastique* : voir Gaillac; voir aussi Balot (Jean). Don gratuit, VIII, 81, 29979. Officialité, VI, 80, 19304.
—— *Diocèse financier*, III, 608, 10297; VI, 789, 22998.
—— *Évêché*. Régales, VI, 395, 20927. Revenus, VII, 461, 25723. Temporel, I, 630, 3297; II, 505, 6235.
—— *Sénéchaussée* : voir Albigeois.
—— *Ville*. Approvisionnements de salpêtre, III, 520, 9909; IV, 169, 11778; IV, 698, 14249. Contribution de guerre, III, 659, 10530. Emprunt royal sur les habitants aisés, IV, 346, 12629. Foires franches, III, 233, 8590. Privilèges, III, 210, 8478; III, 233, 8590. Procès contre le syndic de Gaillac, VI, 358, 20732.

Albi (Auger de), procureur au Parlement d'Aix, originaire des environs de Barcelonnette. Lettres de naturalité, IV, 219, 12005.

Albiac (Charles d'), auditeur des comptes à Paris, V, 600, 17745; maître des comptes à Montpellier, I, 333, 1786; président des comptes à Montpellier, VII, 657, 28054.

Albiac (Nicolas d'), clerc des comptes à Paris, I, 371, 1978.

Albias (Tarn-et-Garonne). Seigneurie, VII, 100, 23707.

Albière (Jean d'), VIII, 365, 9443.

Albières (Aude). Demande en exemption de tailles, VI, 238, 20110.

Albigeois, sénéchaussée.
—— *Domaine* : voir Cordes, Labessière-Candeil, Massaguel, Penne, Puigelcy, Rabasteins, Salvagnac, Verdalle. Assiette de la rente de 10,000 livres assignée à Laurent de Médicis, V, 414, 16794; V, 456, 17019.
—— *Personnel*. Création d'un office d'enquêteur, VIII, 798, 17227. Enquêteur-examinateur : voir Bermond (Jean). Juges : voir Auriole (Jean d'), Blanchardi (Pierre), Molinier (Gaspard). Sénéchaux : liste, IX, 239.

Albigeois (Terres basses d'), dans la sénéchaussée de Toulouse, VII, 51, 23467.

Albis (Antoine d'), conseiller au Parlement d'Aix, VII, 225, 24320.

Albis (Pélegrin d'), résigne en faveur de son fils Barnabé son office de secrétaire au Parlement d'Aix, VII, 160, 24002.

Albisse : cf. Degli Albizzi.

Albisse frères, banquiers, créanciers du roi, I, 283, 1529.

Albisse (Robert), de Florence, banquier à Lyon; créancier du roi, I, 359, 1919; I, 420, 2256; V, 369, 16583; V, 404, 16746; VIII, 21, 29422; VIII, 45, 29657; VIII, 243, 31526; VIII, 247, 31566; créancier de divers généraux des finances, IV, 120, 11548; fermier pour huit ans des impositions foraines de Lyon, I, 570, 3043; I, 661, 3458; trésorier de l'hôtel du duc de Longueville, VI, 264, 20242. Procès, I, 505, 2663; II, 382, 5678; II, 449, 5980; VI, 183, 19826; VII, 747, 28794. Son beau-fils : voir Altovitti (Bernard d').

Albon (Drôme). Comté, VI, 736, 22740. Forêts, II, 529, 6832.

Albon (Jacques d'), écuyer tranchant des fils du roi, II, 274, 5187; cessionnaire d'une partie des biens d'Étienne et Marion Duval et de Nicolas Moges, IV, 95, 11440.

Albon (Jean d'), s^r de Saint-André, chevalier de l'ordre, II, 585, 6611; IV, 28, 11132; IV, 492, 13310; V, 546, 17481; bailli et gouverneur de Beaujolais et de Dombes, II, 367, 5607; II, 419, 5839; II, 471, 6078; VI, 386, 20877; VII, 528, 26472; VII, 544, 26694; VII, 547, 26743; gouverneur de Lyon, IV, 51, 11237; IV, 636, 13975; lieutenant du comte de Saint-Pol au gouvernement de Dauphiné et de Savoie, IV, 665, 14105; maître d'hôtel des fils du roi, II, 296, 5282; II, 324, 5411; II, 564, 6566; VII, 690, 28353; VIII, 403, 24071 *bis*; négociateur de la trêve de Bomy, III, 365, 9194; sénéchal de Lyon, I, 702, 3671; II, 366, 5606; II, 567, 6581; III, 6, 7476; VI, 335, 20609. Compagnie des ordonnances, VII, 722, 28613; VII, 758, 28858; VII, 615, 27637; archer : voir Daugier (Michel); homme d'armes : voir Meuilles (Jean de); lieutenant : voir Saint-Germain (Artaud de); payeurs : voir Du Lyon (Claude), Petidé (Jean); séjour en Nivernais, II, 153, 4613; en Saintonge, VIII, 92, 30076. Pension, II, 208, 4873; II, 507, 6244; III, 14, 7510; VI, 252, 20180; VIII, 95, 30106; VIII, 143, 30585; VIII, 283, 31936.

Albrancque (Galliot d') : voir Alebranc (Galiot d').

Albrescue (Mahicque), femme de chambre de la reine Éléonore, III, 30, 7593.

Albret, aujourd'hui Labrit (Landes).
—— *Maison seigneuriale* : voir les articles ci-après. Droits sur le comté de Dreux, I, 219, 1206.
—— *Seigneurie*. Domaine, IV, 572, 13674. Forêts, IV, 255, 12192. Hommages, V, 250, 15962; V, 800, 18836. Impositions, V, 591, 17700. Nomination des notaires et sergents, V, 168, 15528. Receveur : voir Sevin (G.).

Albret (Alain, sire d'), créancier du roi, V, 506, 17280; VII, 812, 29244. Hommages, V, 250-251, 15962-15964. Succession, V, 593, 17710; V, 800, 18836; VI, 94, 19374.

Albret (Le s^r d') [Corr. *d'Arbroath*] : voir Beatoun (David).

Albret (Amanieu d'), seigneur d'Orval, baron de Lesparre et de Carcans, I, 329, 1770.

Albret (Amanieu, cardinal d'), abbé de Lezat, VII, 437, 25516; évêque de Bazas, VII, 438, 25523; de Pamiers, VII, 419, 25369.

Albret (Charles, s^r d'), connétable de France, V, 506, 17280.

Albret (Charlotte d'), comtesse de Lautrec, I, 329, 1770; V, 671, 18113; V, 734, 18492; V, 742, 18531.

Albret (Étienne d') : voir Albret (Gilles d').

Albret (Françoise d'), comtesse douairière de Nevers, V, 724, 18435.

Albret (Gilles d'). Légitimation de son fils Etienne, sénéchal de Foix, I, 511 (VIII, 772), 2695.

Albret (Henri d') : voir Henri II, roi de Navarre.

Albret (Jacques d'), évêque de Nevers, abbé de Saint-Basle, fils naturel de Jean d'Albret, seigneur d'Orval, I, 269, 1462; IV, 105, 11482; V, 468, 17087. Légitimation, VI, 596, 22007.

Albret (Jean d') : voir Jean d'Albret, roi de Navarre.

Albret (Jean d'), II, 222, 4937.

Albret (Jean d'), comte de Dreux et de Rethelois, seigneur d'Orval, chevalier de l'ordre, I, 267, 1449; I, 279, 1508; V, 205, 15722; V, 236, 15892; V, 506, 17280; capitaine de Montéclaire, V, 546, 17478; gouverneur de Champagne, I, 5, 27; V, 505, 17277; V, 510, 17347; V, 530, 17403; V, 537, 17435; VII, 437, 25513; lieutenant général en Dauphiné, V, 257, 16000; tuteur de François de Clèves, comte d'Eu, I, 263, 1426; VII, 94, 23680. Compagnie : voir Livron (Nicolas de). Missions diplomatiques : à la suite du traité de Noyon, V, 299, 16219; auprès de Charles-Quint, I, 288, 1050; en vue du mariage de Renée de France avec Charles d'Autriche, I, 26, 252; lors de la candidature de François Ier à l'Empire, I, 183, 1030; V, 444, 16958; V, 458, 17030; V, 464, 17064. Son fils naturel : voir Albret (Jacques d'). Succession, V, 671, 18113; V, 714, 18378-18379; V, 724, 18434, 18437.

Albret (Jean d'), neveu du roi, I, 715, 3735; II, 20, 3938; II, 757, 7416.

Albret (Jeanne d') : voir Jeanne d'Albret

Albret (Marie d'), femme de Charles de Clèves, comte de Nevers, I, 329, 1770; II, 37, 4024; II, 222, 4937; II, 325, 5416-5417; II, 717, 7238; IV, 105, 11482; V, 714, 18379; V, 724, 18436; VI, 22, 19018; VII, 94, 23680; VII, 588, 27290; VII, 773, 28966; — autorisée à faire gouverner le comté de Nevers par ses officiers, I, 263 (VIII, 768), 1426; ordres qu'elle reçoit en conséquence : pour la publication du ban et de l'arrière-ban, III, 276, 8792; VI, 736, 22742; VI, 789, 23000; pour la recherche des fiefs et arrière-fiefs, VI, 589, 21972; pour la rédaction des coutumes, II, 741, 7343; — cessionnaire de la garde noble de son fils François de Clèves, I, 263 (VIII, 768), 1427; VI, 121, 19515; obtient remise du montant de la composition de ladite garde, II, 49, 4086; II, 458, 6017; II, 557, 6472-6473; III, 473, 9686; III, 723, 10819; V, 662, 18071; V, 810, 18883; VI, 331, 20591; VI, 343, 20656; VII, 544, 26693; VII, 552, 28611; VII, 624, 27731; VII, 728, 28653; — concessionnaire des greniers à sel du Nivernais et des comtés de Dreux et d'Eu, I, 245, 1343; I, 696, 3642; II, 22, 3950; II, 220, 4926; II, 441-442, 5945-5946; II, 490, 6165; II, 557, 6474; III, 472, 9684-9685; III, 720, 10805-10806; IV, 285, 12328; V, 285, 16145; V, 522, 17361; V, 714, 18378; V, 724, 18437; V, 809, 18882; VI, 32, 19072; VI, 115, 19483; VI, 119, 19504; VI, 172, 19774; VI, 414, 21038; VI, 590, 21976; VI, 592, 21983; VI, 654, 22313; VII, 544, 26701; VII, 728, 28651-28652. Érection en sa faveur du comté de Nevers en duché-pairie, III, 706, 10741. Hommages, I, 409, 2180; V, 671, 18113; V, 724, 18438-18439; V, 734, 18497; V, 795, 18812-18814. Pension, II, 372, 5630; II, 375, 5645; II, 757, 7419; III, 347, 9118; III, 510, 9862; VII, 673, 28189; VIII, 207, 31171.

Alby : voir **Albi**.

Alciat (André), lecteur en droit à l'Université de Bourges, II, 411, 5803-5804; VI, 452, 21227; VII, 785, 29049.

Alcolea de Cinca (Espagne, province de Huesca) : voir **Falco** (Jean).

Alcoynes (Louis), viguier de Narbonne, VI, 363, 20758.

Aldeguier (Bernard), titulaire d'une chapelle de la viguerie de Toulouse, V, 38, 14855.

Aldermans de la Hanse teutonique, III, 206, 8749.

Aléandre (Jérôme), archevêque de Brindisi, nonce, IX, 123.

Aleaume (Jean), sergent royal en la prévôté d'Orléans, III, 385, 9281.

Aleaume (Nicolas), contrôleur des deniers de Rozoy-en-Brie, V, 43, 14880; V, 56, 14948.

Alebranc (Galiot d'), d'**Albrancque** ou **Dallebranque**, marchand florentin établi à Lyon, III, 677, 10613; IV, 164, 11751; VIII, 37, 29584.

Alegonna (Antoine et Jean d'), VII, 149, 23945.

Alègre (Maurice), natif de la Rivière de Gênes, demeurant en Provence. Lettres de naturalité, VI, 666, 22376; VII, 322, 24841.

Alègre : voir **Allègre**.

Alemaigne (*D'*) : voir **Almaigne** (d').

Alemani (Alonygi), ambassadeur de Ferrare, IX, 120.

Alembon (Pas-de-Calais). Baronnie, III, 629, 10371; VI, 328, 20572; VI, 498, 21473; baron: voir **Calonne** (Philippe de).

Alençon (Orne). Répression des erreurs religieuses, II, 467, 6061; II, 728, 7285 III, 113, 8008; VII, 719, 28594.

—— *Bailliage*, VIII, 393*, 17667; VIII, 721, 33056. Forçats, V, 151, 15451.

—— *Domaine*. Revenus divers échus au roi, IV, 321, 12509.

—— *Duché*, V, 297, 16207; VI, 766 22886. Chanceliers : voir **Brinon** (Jean) **Olivier** (François); donné à Marguerite de France, I, 441, 2330; I, 456, 2421 Échiquier, I, 203, 1128-1129; I, 294 1592; I, 295, 1593; VII, 744, 28773 conseiller : voir **Quierlavoine** (Charles). Exécution de l'édit sur les notaires, IV, 650, 14037. Forêts, IV, 115, 11526 Garde des sceaux : voir **Groslot** (Jacques) Greniers à sel, VII, 567, 26997. Juridiction du Parlement de Rouen, I, 297 1606. Lieutenant général : voir **Desfossés** (Jean). Maître des requêtes : voir **Groslot** (Jacques). Offices royaux à la nomination du roi de Navarre, IV, 158, 11725. Poursuite des faux-monnayeurs, VII, 423, 25403. Recherche des biens de main-morte, VII, 507, 26193.

—— *Ducs* : voir **Charles III**, **Henri II**, roi de **Navarre**. Duchesse : voir **Marguerite de France**.

—— *Élection*, I, 311, 1680; VII, 707, 28511; VIII, 391, 17366; comprise dans le ressort de la recette générale de Rouen, VI, 690, 22509. Avocats du roi : Le Cornu (Guillaume), Thibault (Georges et Robert). Élus : voir Courdemanche (Charles de), Ferré (Jean), Godet (Pierre), Heudey (Jean), Launoy (Adrien de). Fermier du quatrième : voir Cochon (Michel). Lieutenant en la vicomté d'Argentan et Exmes : voir Le François (Noël). Receveur : voir Gaultier (Pierre). Sièges particuliers : voir Brezolles, Domfront, Nogent-le-Rotrou.

—— *Grenier à sel*, I, 408, 2169; II, 393, 5725; V, 650, 18006; VII, 728, 28656; VIII, 190, 31022.

—— *Maison ducale*, IV, 49, 11225.

—— *Ville*. Approvisionnement de salpêtre, III, 520, 9411. Clarisses, III, 635, (VIII, 783*), 10416. Exemption de tailles, I, 30 (VIII, 314 et 763*), 168. Ferme des menus boires, I, 311, 1680.

Alençon (Anne d'), femme de Nicolas de Bernay, VI, 616, 22102.

Alençon (Anne d'), marquise de Montferrat, I, 412, 2194; VI, 236, 20097; concessionnaire des terres de Cany et Caniel, II, 307, 5332; des terres de Pacy, Ézy et Nonancourt, III, 307, 8936; VII, 47, 23450; VII, 510, 26237.

Alençon (Charles, bâtard d'), I, 397, 2116.

Alençon (Baptiste d'), natif de «Quarlat», en Lombardie. Lettres de naturalité, V, 85, 15108.

Alençon (Christophe d'). Anoblissement, VII, 57, 23499.

Alençon (François d'), VIII, 619, 32488.

Alençon (Françoise d'), duchesse de Vendôme et de Beaumont-au-Maine, II, 345, 5509; IV, 81, 11371; IV, 334, 12569; IV, 505, 13369; IV, 573, 13684; IV, 746, 14471; IV, 766, 14562; V, 710, 18354-18355; VII, 706, 28502; VII, 768, 28932; VIII, 109, 30252; VIII, 244, 31532; VII, 565, 26971; concessionnaire des greniers à sel de la Flèche et de Château-Gontier, III, 316, 8975; III, 564, 10105; des terres de Cany et de Caniel, II, 307, 5332. Pension, II, 452, 5995; II, 550, 6469; III, 107, 7977; IV, 81, 11371; VII, 640, 27904; VII, 762, 28891; VIII, 27, 29479; VIII, 126, 30419; VIII, 156, 30704; VIII, 206, 31165; VIII, 265, 31765.

Alençon (Jacques et Jean d'). Anoblissement, VII, 57, 23499.

Aleoto (Hieronimo), nonce extraordinaire, XI, 126.

Alebret (Charles-François et Rostaing) ou Abriez, archers de la compagnie du comte de Nanteuil, natifs du Comtat-Venaissin. Lettres de naturalité, V, 73, 15042.

Alerguy (Jean), gentilhomme de la maison du roi, VIII, 259, 31688.

Alès (François d'), d'Allais, Dalles, Dalès, Dallais ou Dallez, s[r] de la Roche, premier médecin du roi, I, 28, 159; V, 421, 16831; V, 451, 16991; VII, 517, 26335; créancier du roi, II, 208, 4875; VII 671, 28176. Succession, III, 718, 10797; VII, 412, 25312.

Alès (Françoise d'), III, 718, 10797.

Alès (Marie d'), femme de Guillaume Bohier, II, 208, 4875; III, 718, 10797.

Alès (Martin d'), femme de Martin Fumée, III, 718, 10797.

Ales (Philippe d'), négociateur du mariage projeté de Renée de France avec Charles d'Autriche, I, 26, 152.

Alesme (Antoine), conseiller à la Cour des monnaies, VI, 713, 22630.

Alesme (Léonard), conseiller au Parlement de Bordeaux, IV, 420, 12970.

Alesme : voir Dalesme.

Alesso (Jean d'), auditeur des comptes en Bretagne, III, 251, 8678.

Alesso (Jean d'), maître des comptes à Blois, VI, 805 (VIII, 400*), 23082.

Alet (Aude). Diocèse, IV, 631, 13947; VIII, 731, 33117. Foires, III, 193, 8390.

Alexandre VI, pape, V, 813, 18901; VIII, 401, 23894.

Alexandre (Charles), sommelier de paneterie du dauphin. Sa femme, Louise Cossé, I, 510, 3047.

Alexandre (Denis), de Saint-Gilles. Anoblissement, V, 560 (VIII, 392), 17546.

Alexandre (Guillaume), VI, 522, 21609.

Alexandre (Guillaume), fermier de la paisson et glandée de la forêt de Bellepoule, IV, 720, 14344.

Alexandre (Jean), élu à Villenauxe, V, 36, 14841; V, 139, 15396.

Alexandre (Jourdain), huissier au Parlement de Rouen, VI, 676, 22439.

Alexandre (Nicolas), élu à Villenauxe, V, 34, 14831; V, 36, 14841.

Alexandrie (Égypte), II, 231, 4981; VII, 466, 25761. Consuls français : voir Labia (Raphaël), Pomare (Pierre). Patriarche : voir Humbert, dauphin de Viennois.

Alexandrie (Italie), VI, 168, 19753; voir Frascare (Gérard), Trotti (Antoine). Évêque : voir Visconti (Pallavicino). Garnison, I, 284, 1532. Gouverneur : voir Montferrat (Guillaume, marquis de). Mission de Francisque de Noceto, VI, 132, 19571.

Alezan. Haquenée de ce genre de robe vendue au roi, VII, 724, 28628.

Alger (Algérie). Royaume, VIII, 139, 30549; VIII, 153, 30672, 30674; IX, 6, 88; cf. VIII, 155, 30694.

Algouse, c^ne de Villeneuve (Aveyron). Seigneurie, VII, 270, 24543.

Alienaguyn (Domingo de), maître charpentier, natif de Toloseta, établi à Caumont en Condomois. Lettres de naturalité, VI, 325, 20559.

Aliénation de ses biens interdite au duc de Clèves, VII, 394, 25224.

Aliénations : voir Aides, Domaine.

Aliermont (Forêt d') ou de Croixdalle, comprise dans les cantons actuels de Londinières et d'Envermeu (Seine-Inférieure), VI, 655, 22320; VI, 734, 22731.

Alignement des rues de Paris, II, 407, 5785.

Aligre (Claude), Alligre, Haligre ou Halligre, secrétaire de Louise de Savoie, valet de chambre du roi, I, 540, 2847; III, 715, 10781; VI, 149, 19657; VIII, 194, 31059; — commis à la gestion des finances envoyées en Espagne à François Ier, V, 737, 18507; au compte du tournoi donné à l'occasion de l'entrée de la reine Éléonore, II, 316, 5375; IV, 23, 11108; IV, 264, 12231; — trésorier des menus plaisirs du roi, I, 018, 3240; I, 712, 3718-3719; II, 108, 4381; II, 144, 4564; II, 148, 4584; II, 210, 4885; II, 222, 4939; II, 278, 5201; II, 495, 6187; VI, 286, 20357; VII, 610, 27572; VII, 631, 27807; VII, 643, 27931; VII, 709, 29150; après avoir été commis à cet office, V, 756, 18602; VII, 461, 25718; — vicomte de Châteauneuf, II, 290, 5253.

Aligre (René), lieutenant particulier au bailliage de Montfort-l'Amaury, VI, 322, 20544.

Aligret : voir Alligret.

Alincourt (S^r d') : voir Legendre (Pierre).

Aliod (Georges), Alyot ou Hélyot, trésorier de Bresse, Bugey et Valromey, III, 350, 9129; VIII, 48, 29677; VIII, 176, 30892; VIII, 48, 29677.

Alizay (Eure) : voir Fief de Rouville (Le).

Allain (S^r d') : voir Reynaud (Jacques).

Allaines (Somme) : voir Mont-Saint-Quentin.

Allaines (D') : voir Dalaines.

Allaire (Robert), examinateur au Châtelet de Paris, VII, 411, 25301; VII, 414, 25325.

Allais (François d') : voir Alès (François d').

Allais (Henri), Alaix, Allaix, Allez ou Halais, sommelier d'armes du roi, II, 117, 4427; II, 728, 7284; VII, 688, 28336; VII, 745, 28782; VIII, 294, 32054.

Allais (Jean), sommelier d'armes du roi, VIII, 263, 31738.

Allaix (Henri) : voir Allais (Henri).

Allamand (François) : voir Alamant (François).

Allamant (François), s^r du Gué-Péan et de Choussy, IV, 433, 13087.

Allane (Guillaume), secrétaire du conseil et chancellerie de Bretagne, V, 763, 18636.

Allard : cf. Alard.

Allard (Guillaume) ou Alard, conseiller au Châtelet de Paris, V, 448, 16982; au Parlement de Rouen, I, 252, 1376; au Parlement de Paris, I, 316, 1708; — créancier du roi, II, 731, 7298; VII, 547, 26736.

Allard (Guillaume), Alart ou Allart, tapissier du roi, II, 612, 6754; III, 322, 9005; IV, 290, 12351; V, 116, 15380; VIII, 655, 28039; VIII, 114, 30298.

Allard (Jean), garde à pied des forêts d'Amboise, VII, 675, 28212.

Allard (Martin), ou Alard, natif de Barcelonnette, demeurant à Salon. Lettres de naturalité, VI, 665, 12373; VII, 321, 24835.

Allart (Guillaume) : voir Allard (Guillaume).

Allart (Jean), huissier au Parlement de Paris. Décès, I, 392, 2089.

Allas, sans doute *Allas-de-Berbiguières* (Dordogne). Damoiselle : voir Saint-Aubin (Catherine de).

Alleaume, c^ne de Valognes (Manche). Paroisse Notre-Dame, VI, 542, 21717.

Alleaume (Michel), élu à Paris, V, 812, 18899.

Allego de Soubremont (Jean), s^r de Bertheaux, lieutenant général du bailliage de Dunois, VI, 430, 21112.

Allegrain (Ambroise), veuve de Tristan de Fontaines, I, 165, 935.

Allegrain (Eustache), correcteur des comptes à Paris, III, 471 (VIII, 366), 9680.

Allegrain (Guillaume), correcteur des comptes à Paris, I, 348, 1861; I, 355, 1897; I, 356, 1905; I, 369, 1967; III, 471, 9680.

Allegrain (Jacques), bailli de Meaux, V, 502, 17260; de Melun, VII, 501, 26121; — commis à la rédaction des coutumes du bailliage de Montargis, II, 51, 4098; — conseiller au Parlement de Paris, II, 694, 7133; V, 502, 17260; VII, 488, 25970.

Allegrain (Louis), auditeur des comptes à Paris, II, 84 (VIII, 346), 4265; IV, 108, 11494; conseiller clerc au Parlement de Paris, IV, 285, 12327; VII, 498, 26090.

Allègre (Haute-Loire). Séjour du roi, VIII, 548.

Allègre (Anne d'), IV, 755, 14508.

Allègre (Catherine), VI, 480, 21371.

Allègre (Christophe d'), s^r de Viverols, VI, 105, 19434.

Allègre (François d'), seigneur de Précy, chambellan du roi, grand-maître des eaux et forêts, I, 6, 36; I, 135, 778; I, 366, 1951; V, 226, 15838; V, 227, 15839; V, 322, 16341; V, 441, 16943; V, 662, 18073; VII, 430, 25504; récompensé de sa conduite à la bataille de Marignan, V, 314, 16302. Sa veuve : voir Chalon (Charlotte de).

Allègre (François, bâtard d'), s^r d'Ars ou d'Aix en Forez et du Pécher, guidon de la compagnie de Gabriel, baron d'Allègre, son frère, natif de Naples. Légitimation, VIII, 648, 32644. Lettres de naturalité, III, 240 (VIII, 363), 8626.

Allègre (Gabriel, baron d') ou d'Alègre, bailli de Caen, V, 754, 18586; capitaine de Granville, V, 754, 18587; VII, 612, 27608; chambellan du roi, V, 763, 18640; déchargé d'une somme employée par ordre, III, 83, 7864; prévôt de Paris, V, 290, 16171; V, 754, 18588; VIII, 591, 32344. Compagnie, I, 473, 2498; I, 671, 3515; guidon : voir Allègre (François, bâtard d'); VII, 615, 27635; VII, 722, 28613; hommes d'armes : voir Longblon (Jean); lieutenants : voir Saint-Nectaire (Nectaire de), Saint-Priest (Jean de); payeur : voir Hérouët (Nicolas). Hommage pour Oissery et Blainville, V, 378, 16624. Pension, II, 532, 6356; VII, 612, 27607. Traite de blé, V, 665, 18085.

Allègre (Gilbert d'), s^r d'Obsonville, V, 14, 14731.

Allègre (Yves, baron d'). Services en Italie sous Charles VIII, III, 240, 8626.

Allegret : voir Alligret.

Allegret (Clément), premier huissier au Parlement de Bordeaux, IV, 443, 13085.

Alleins (Bouches-du-Rhône). Seigneurie, VII, 74, 23580; seigneur : voir Raynaud (Jacques).

Allemagne. Acquisitions du roi vers la frontière de ce pays : voir Montbéliard. Séjour de la compagnie de François de Silly « es parties et marches des Allemaignes », V, 477, 17132. Voir Bavière, Clèves, Francfort, Frise, Gueldres, Hesse, Saxe, Villes impériales, Wurtemberg.

—— *Affaires diplomatiques* : voir aux noms des ambassadeurs, indiqués au tome IX, p. 6-16 et 88-93. Communications envoyées par le roi, II, 240, 8624; VI, 386, 20879; VII, 672, 28184; VII, 799, 29148; reçues par le roi, II, 245, 5051; II, 272, 5177; II, 273, 5180; II, 509, 6252; III, 62, 7760; III, 407, 9387; III, 575, 10151; V, 798, 18825; VIII, 24, 29453; VIII, 285, 31960. Deniers envoyés par le roi pour dons, pensions, etc., II, 342, 5492; II, 546, 6422; II, 552, 6449; II, 572, 6551; II, 625, 6815; VII, 657, 28051; VIII, 104, 30197; VIII, 131, 30469. Missions pour le service du roi : voir ADHÉMAR (Louis D'), BAÏF (Lazare DE), BERTRAND (Jean), BOISBAUDRY (Jean DE), BOUCHARD (Amaury), CHAMPAIGNE (Baudouin DE), CHELIUS (Ulrich), DESURIE (Jean), DODIEU (Claude), s^r^ d'Espercieu, DU BELLAY (Guillaume), DUBOIS (Alexandre), DU BUISSON (Louis), FÉAU (Guillaume), FLEURY (Guy), GLIC (le comte DE), GRAMONT (Gabriel, cardinal DE), GRINEUS (Bonacorsi), GUELFF (René DE), LAIGUE (Étienne DE), LA MARCK (Robert III DE), LANGEAC (Jean DE), LECH (Georges), LESTRANGE (Louis DE), MACAULT (Antoine), MAILLY (Africain DE), MARCELIN (Gabriel), MENDOZA (Diego DE), MORELET DU MUSEAU (Antoine), PONTIGNY (Jean DE), RABODANGES (Louis DE), RAYMOND (Pierre), RITELIN (Jean DE), RUSTICI (Nicolas DE), SAINT-JULIEN (James, s^r^ DE), SIMON (Jacques), SIRESMES (Christophe DE), SLEIDAN (Jean), TARDES (Jean DE), TORCHON (Jean), URRE (Barnabé D'), VILLARS (Jean DE), s^r^ de Blancfossé, WAÏN (Gervais). Service des paquets du roi, II, 650, 6932.

—— *Gens de guerre* au service du roi, VII, 733-734, 28691-28692; VIII, 15, 29382; voir LANSQUENETS.

—— *Ligue supérieure*, dite aussi Haute-Allemagne ou Hautes-Allemagnes : voir SUISSE.

—— *Produits*. Argent destiné au monnayage, V, 179, 15583; VI, 336, 20614. Armures, III, 73, 7814. Couteaux, IV, 204, 11939. Orfèvrerie, VIII, 206, 31160. Pistolets, VI, 780, 22951.

ALLEMAGNE (Basses-Alpes). Seigneurie, VII, 403, 25271. Seigneur : voir CASTELLANE (Melchior DE).

Allemagne (d') : voir ALMAIGNE (D').

ALLEMAN (Laurent Ier), évêque de Grenoble, I, 155, 887; I, 261, 1420; VIII, 708, 1544.

ALLEMAN (Laurent II), évêque de Grenoble, IV, 350-351, 12646-12647.

Allemand, page de l'écurie : voir ALLEMANT (Balthazar).

ALLEMAND (Charles), s^r^ de Laval et de Séchilienne, capitaine de 50 hommes d'armes des ordonnances, I, 411, 2186; lieutenant général en Dauphiné, I, 447, 2361; puis gouverneur dudit pays, V, 079, 18160.

ALLEMAND (Jacques), seigneur de Mirabel et de Pompignan, IV, 235, 12088.

Allemand (Le bon) : voir CLÉBERGER (Jean).

ALLEMANDS : voir AMBROIS, BEAUVIGNE (André), BEMBACH (Louis DE), BETHLING (Hubert, comte DE), CLÈVES (Charles DE), DAMOURS (Jean), DANGLEIN (Adam DE), FAUCONNIER (Michel), FICHEFEIR (Jean), FOLGSBERGER (Jacob), HOFFMANN (Georges), KALBERMATER (Josse), KOENIG (Stephan), LA TOUCHE (Joachim DE), LOUP (Guillaume), LUMBRE (Jean), PLANMETZ (Georges), ROBERT, SAINT-LOUP (Fierabras DE), STEINFURT (Wolfgang), TIRMANN (Jean), VANLOEN (Peter), VANSCHEYDEN (Engelbert), et plusieurs des personnages indiqués ci-dessus, à l'article ALLEMAGNE, *Affaires diplomatiques*, comme ayant été chargés de missions pour le service du roi; — employés à découvrir des mines en Normandie, VIII, 125, 30405; étudiant aux universités françaises, IV, 771, 14589; naturalisés français : voir CLÉSIS (Bénédict), COLAN (Balthazar DE), FICHEFEIR (Jean), PONCHELLER (Gaspard), PONTGRAH (Hans DE), RESCH (Conrad), VAUDEBOURG (Pierre DE); non naturalisés ou réputés tels : voir PONTGRAH (Hans DE), WOLMERSHAUSER (Georges DE).

Allemani (Louis) : voir ALAMANNI (Louis).

ALLEMANT (Marne). Fortifications, V, 46, 14905.

ALLEMANT (Balthazar) ou ALLEMAND, page de l'écurie du roi, VII, 647, 27975; VIII, 23, 29437.

ALLEMANT (Claude), s^r^ de Champs, II, 29, 3984.

ALLEMANT (Simon), mis hors de pages, VII, 758, 28859.

ALLEMETZ (Guillaume D'), D'ARMAIS, D'ARMETZ, DALLEMES ou DALMES, héraut d'armes du titre de Valois, I, 605, 3173; I, 721, 3765; III, 588, 10211; VI, 30, 19060; VII, 671, 28173; VIII, 275, 31864.

ALLENET (Jean), notaire à Saint-Jean-d'Angély, V, 57, 14953.

Alleu : voir FRANC-ALLEU.

Alleyras (Haute-Loire). Prieur : voir PALADUC (Antoine DE).

ALLEZ (Claude) dit RIBEYRIER, natif du diocèse de Belley, habitant Arles. Lettres de naturalité, IV, 219, 12006.

Allez (Henri) : voir ALLAIS (Henri).

Alliance : voir PARENTÉ.

Alliances. Les nouveaux conseillers créés au Parlement de Toulouse sont examinés pour les clauses y relatives, IV, 440, 13115.

Allianville : corr. Allianville.

Alliaudi (Donat), procureur du roi à Grasse, VII, 343, 24960.

Allibaudières (Aube). Château, V, 219, 15798.

Allier (L'), rivière. Forêts comprises entre cette rivière et la Loire, VIII, 161, 30750; VIII, 262, 31730. Navigation, V, 370, 16587.

Allier (D') : voir Dallier.

Alligre : voir Aligre.

Alligret (François), conseiller lai aux requêtes du palais à Paris, VII, 368, 25089.

Alligret (Jean), prétendant droit à l'archidiaconé de Laval, V, 535, 17429.

Alligret (Olivier), avocat du roi au Parlement de Paris, II, 213, 4895; VII, 404, 26048; VII, 495, 26052; VII, 639, 27897. Sa veuve : voir Legendre (Claire).

Allincourt (Nicolas d'), palefrenier de l'écurie, V, 44, 14888.

Allonne : voir Moitiers-d'Allone (Les).

Allonne (Oise) : voir Saint-Lazare.

Allonne (Jacques d'), VII, 773, 28968.

Allonville (Florentin d') : voir Allouville (Florentin d').

Allonville (Françoise d'), veuve d'Alain de Courcelles, III, 70, 7801.

Allonville (Le s^r^ d'), gentilhomme de la maison du comte de Saint-Pol, IV, 145, 11666.

Allor (Michel), fauconnier de M. de la Trémoïlle, VIII, 90, 30066.

Allot (Antoine). Sa veuve : voir Charipaud (Antonie).

Allot (Jean), valet de chambre du dauphin, V, 625, 17871.

Allotivi (Robert d'), natif de Florence. Lettres de naturalité, VI, 264, 20242.

Allou (Geoffroy), sergent à cheval au bailliage de Clermont en Beauvaisis. Décès, III, 455, 9604.

Allouats (Les) : voir Alluets (Les).

Allouville-Bellefosse (Seine-Inférieure), V, 227, 15843; voir Canouville, Tournai.

Allouville (Florentin d'), curé de Bielleville, VI, 70, 19253; d'Equinbosc, V, 713, 18374; VI, 35, 19084.

Alluets (Les) ou les Allouats, lieu dit en la forêt d'Orléans, V, 588, 17682; VII, 478, 25870.

Alluets-le-Roi (Les) [Seine-et-Oise]. Privilèges, I, 21, 122.

Alluyes (Eure-et-Loir). Barons : voir Robertet (Claude et Florimond).

Almaigne (César d'), gentilhomme napolitain. Pension, VIII, 123, 30388.

Almaigne (Georges d') ou d'Allemagne, gentilhomme napolitain. Pension, II, 401, 5756; VIII, 123, 30338.

Almaigne (Jean-François d') ou d'Allemagne, prince de Stigliano. Pension, II, 401, 5756; VIII, 123, 30338.

Almaigne (Louis d') ou d'Allemagne, comte de Buccino. Pension, II, 401, 5757; VIII, 123, 30388.

Almaigne (Marie d'), ou d'Alemaigne, gentilhomme napolitain, IV, 117, 11534.

Alman (Don Juan d'), gentilhomme espagnol. Tours de cartes dont il amuse le roi, VIII, 267, 31783; VIII, 303, 32153.

Almaury (Guillaume), gruyer de Neauphle-le-Château, VII, 552, 26810.

Almeida (Louis-Fernando ou Ruiz-Fernandez d'), ambassadeur de Portugal en France, III, 508, 9852; IV, 158, 11727; VII, 734, 28702; VIII, 19, 29408; VIII, 118, 30340; VIII, 203, 31135.

Almeida (Innocent d'), officier de la maison de la reine Éléonore. Lettres de naturalité, VII, 614, 27631.

Almendoz (Philippe), sergent fieffé de l'accroissement de Magny, V, 484, 17166.

Almenèches (Orne). Abbaye, VIII, 603, 32410; réformation, I, 120, 745.

Almeyda : voir Almeida.

Alnassar (Mathé d') : voir Dal Nassaro (Matteo).

Alnet (André), marchand à Cognac, VI, 368, 20787.

Alochon (Antoine), procureur du couvent des Minimes d'Amboise, IV, 98, 11451.

Aloière (Jean d'). Biens confisqués, VI, 477, 21356.

IMPRIMERIE NATIONALE.

ALONCE (Martin). Aubaine, V, 283, 16136.

Alonne : voir MOITIERS D'ALLONNE (LES).

ALONZIER (Claude), curé de la Roque-de-Fa, natif du Comtat-Venaissin. Lettres de naturalité, IV, 304, 12421.

ALONZIER (Guillaume D'), chanoine de l'église collégiale de Roquemaure, natif du Comtat-Venaissin. Lettres de naturalité, IV, 304, 12420.

ALONZIER (Pierre D'), natif de Bollène, demeurant à Valence. Lettres de naturalité, IV, 306, 12429.

ALOUEZ (LES), fief sis à Châtres (Seine-et-Marne), V, 300, 16222.

ALPHABET. Lettres désignant les divers ateliers monétaires, IV, 71 (VIII, 406*), 11323.

ALPHANTIS (Jean), notaire à Marseille, VIII, 651, 32663.

ALPHONSE (Jean), habitant d'Avignon. Lettres de naturalité et de noblesse, en récompense de ses services sur mer, VII, 286, 24627; VIII, 703, 32958.

ALPHONSINE (L'), nef, VI, 447, 21200.

ALSACE (Jean D'), échanson du roi. Pension, V, 769, 18672; VII, 621, 27698.

ALTOVITTI (Bernard D'), florentin, beau-fils de Robert Albisse. Lettres de naturalité, VII, 676, 28224.

ALUN. Importation dans le royaume, IV, 480, 13255.

ALUZE (Saône-et-Loire). Châtellenie : engagement, V, 128, 15341.

ALVAREZ DE TOLEDO (Inès), de la maison de la reine Éléonore. Lettres de naturalité, VII, 614, 27631.

ALVAREZ DE TOLEDO (Messye), de la maison de la reine Eléonore. Lettres de naturalité, VII, 614, 27630.

ALVERGNE (Baptiste ou Baptistin D'), D'AUVERGNE ou DALVERGNE, tireur d'or du roi, natif de Florence, établi à Tours, II, 675, 7042; II, 705, 7179; II, 736, 7318; III, 276, 8795; VI, 615, 22098; VII, 702, 28477; VII, 756, 28851; VIII, 172, 30848; VIII, 304, 32162. Lettres de naturalité, II, 730, 7293.

ALVIDE (Braz D'), ambassadeur de Portugal, IX, 136.

Alvimare (Seine-Inférieure) : voir BELLANGUES.

Alyot (Georges) : voir ALIOD (Georges).

ALYS (Laurent), natif de Piémont, demeurant à Marseille. Lettres de naturalité, VI, 621, 22134.

ALZAN (Jean D'), archer de la garde, V, 153, 15459.

ALZON (Guérin D'), président au Parlement de Turin, VI, 454, 21236; VIII, 649, 32651; VIII, 755, 33249; nommé conseiller clerc à Paris, VII, 497, 26077; VIII, 686, 32856; transféré à Toulouse, IV, 126, 11575; délégué aux Grands jours de Nîmes, IV, 225, 12033.

AMADOUR, homme d'église de la suite de la reine Éléonore. Lettres de naturalité, VII, 614, 27627.

AMALRIC (Jean) ou AMAUBRY, grènetier de Mireval, II, 32, 3999; II, 547, 6429.

AMANDES fournies à l'armée de mer, I, 408, 2171.

AMANLIS (Ille-et-Vilaine). Juridiction, III, 245, 8649.

AMAT (Honorat), natif de Piémont, demeurant à Martigues. Lettres de naturalité, IV, 330, 12553.

AMAT (Michel), suppléant du maître de la monnaie de Villefranche, VII, 376, 25131.

Amaubry (Jean) : voir AMALRIC (Jean).

«*Amazan*» : corr. DAMAZAN.

Amazy (Nièvre) : voir SALIGNY.

AMBARESTIN (Raphélan), natif de la Rivière de Gênes, demeurant à Toulon. Lettres de naturalité, VI, 637, 22224.

AMBASSADES : expédiées à la chancellerie, VII, 625, 27739; sous les feus rois, VII, 56, 23495 : voir au tome IX la liste des ambassadeurs, et dans la présente table aux noms de ceux-ci, des princes et des États.

AMBÉRIEUX (Rhône). Seigneurie, I, 626, 3279; VII, 530, 26502.

AMBERT ou NOTRE-DAME D'AMBERT, c^ne de Chanteau (Loiret). Célestins, I, 59, 349; I, 99 (VIII, 317*), 577; VII, 507, 26205.

AMBERT (Puy-de-Dôme). Église paroissiale, VI, 365, 20771.

AMBERT (Antoine D'), archer de la compagnie du s^r de Bonnivet, V, 550, 17499.

AMBERT (François), conseiller au Parlement de Paris, commis au jugement des fraudes des fournisseurs du camp d'Ardres, V, 89, 15127.

Amberville (Jacques d') : voir AUBERVILLE (Jacques D').

AMBÈS (Gironde). Seigneurie, VI, 156, 19691.

Amblaincourt : voir ABLANCOURT.

Amblainville : corr. DAMBLAINVILLE.

AMBLAINVILLE (Oise) : voir SANDRICOURT. Fief, VI, 90, 19355.

Amblavèse : voir EMBLAVÈS.

AMBLIE (Calvados). Fief, V, 328, 16376.

AMBOISE (Indre-et-Loire). Exécution capitale de Florimond Le Bel, V, 376, 16616–16617. Missions pour le service du roi, I, 231, 1269; III, 54, 7718. Naissance du dauphin François, V, 402-403, 16740-16741. Prisonniers amenés de Picardie, V, 372, 16597. Réception par le roi d'un envoyé du canton de Berne, V, 386, 16665; des envoyés de Charles d'Autriche, I, 93, 550; d'Henri VIII, IX, 97; du duc d'Urbin, VII, 484, 25925; du Pape, IX, 123-124. Séjours : de Charles VII, IV, 709, 14295; de Charles VIII, VIII, 392, 17544; de la reine Claude, V, 357, 16526; V, 486, 17178; de François Ier, III, 667, 10565; IV, 185, 11852; IV, 217, 11997; V, 307, 16242; V, 378, 16622; V, 380, 16633; V, 382, 16641; VII, 66, 23543; VIII, 15, 29380; VIII, 267, 31781; VIII, 548; VIII, 576, 32266; de Louis XI, I, 59, 347. Vente de meubles de Semblançay, VII, 637, 27875.

— *Bailliage*, III, 462, 9641. Avocat du roi : voir CHAILLON (Charles). Baillis : liste, IX, 231; juridiction, VI, 95, 19377. Conseillers, IV, 656, 14061. Enquêteur, IV, 710, 14297. Ferme du greffe, VII, 714, 28565. Juridiction des Grands Jours de Tours, II, 492, 6173. Lieutenants généraux : voir FROMONT (François), MONTS (Louis DE). Procès soutenu par le secrétaire René Juvineau, VI, 320, 20532. Ressort : notaires, III, 522, 9921; VIII, 170, 30833; réparation des turcies et levées de la Loire, VII, 449, 25625. Sergents royaux : voir BÉDASSIER (Jean), DASTOULLET (Guillaume), GAUTIER (Vincent).

— *Chambre à sel*. Ressort, VI, 443, 21180. Revenu concédé à Louise de Savoie, VII, 70, 23564; puis à Jacques de Genouilhac, II, 460, 6023; VII, 549, 26767; VII, 725, 7272–7273.

— *Château*. Approvisionnement, VII, 441, 25560. Bâtiments : réparations de la Tour-Bureau, III, 319, 8990; VIII, 20, 29418 : voir BLANDIN (Hugues). Capitaine : voir GOUFFIER (Claude). Concierge : voir MONTJOIE (Jean DE). Dépendances : logis de Charles, duc d'Alençon, V, 401, 16734; maison donnée à Jean Le Monnoyer, VI, 233, 20083. Jeu de paume, III, 638, 10431. Ménagerie : civettes, II, 331, 5445–5446; IV, 250, 12167; lions, V, 378, 16623. Mobilier transporté : à Boulogne, II, 218, 4921; à Cambrai, VI, 198, 19896; VI, 251, 20176; à Fontainebleau, III, 680, 10623; III, 746, 10924; VIII, 114, 30300; à Nantes, II, 197, 4817; II, 249, 5072; VI, 310, 20481; en Provence, II, 399, 5749, 5751. Portier : voir DU MONCEAU (Nicolas).

— *Clergé*. Collégiale Saint-Florentin, III, 243, 8641. Minimes ou Bonshommes, I, 642, 3364; II, 142, 4555; II, 423, 5857; III, 74, 7819; IV, 98, 11451; V, 641, 17956; VI, 40, 19110; VII, 625, 27745; VII, 811, 29233; VIII, 5, 29293; VIII, 59, 29771; VIII, 169, 30822; VIII, 227, 31363.

— *Commanderie*, I, 316, 1706.

— *Domaine*. Aliénation, IV, 530, 13484. Autorisation de construire un moulin à vent, VII, 513, 26286. Contrôleur : voir DUSERANT (Nicolas). Don de la baronnie à Louise de Savoie, VII, 70, 23564. Dons et baux d'immeubles domaniaux, V, 707, 18819; VI, 267, 20258; VII, 514, 26297; VII, 518, 26343; VII, 521, 26387; VII, 523, 26414. Droits fonciers dus au roi, II, 287, 5241; II, 311, 5349; II, 487, 6152; III, 243, 8641; III, 354, 9145; III, 376, 9240; III, 377, 9246; III, 595, 10241; III, 692, 10676; III, 733, 10859; III, 734, 10866; III, 741, 10896; III, 751, 10941; VII, 553, 26824; VII, 767, 28924. Immeubles échus au roi par droit : d'aubaine, VI, 332, 20594; de bâtardise, II, 590, 6637; VI, 361, 20748; de déshérence, IV, 28, 11133. Péage, II, 643, 6899. Recette ordinaire, II, 212, 4894; II, 228, 4968; III, 355, 9153; VII, 576, 27105, 27117. Ressort : voir ARGY, ARPENTIS (LES), AULNAIS (LES), BARDOUILLÈRE (LA), BLÉRÉ, BODÉ, BOIS (LE), BOIS-GRENIER, BOIS-ROGER, BONNINIÈRE (LA), BORDES (LES), BOURDE-

LIÈRE (LA), CANGÉ, c^ne de Neuillé-Pont-Pierre, CHAMPDOISEAU, CHANÇAY, CHÂTELLIER (LE), CHENONCEAUX, CHEVALERIE (LA), CIVRAY-SUR-CHER, CLOS (LE), COULAINES (LES), COUR-CHEVERNY, COUSTARD, CROIX (LA), CROIX-DE-BLÉRÉ (LA), DRAGEONNIÈRE (LA), DURDENT, ERVAU, FEUILLET (LE), FIEF-RALLU, FONTENELLE (LA), FOSSE-BESSE, FRANCUEIL, FUYE (LA), GRANGES (LES), GUÉPIÈRE (LA), GUILLONNIÈRE (LA), HAYES D'AMBOISE (LES), JALLANGES, LAUNAY, LAVAU, LIMERAY, LINIÈRE, LUCÉ, MAULAVILLE, MÉNAUDIÈRE (LA), MESDRE, MESVRES, MICHELINIÈRE (LA), MILLERIEUX, MONCÉ, MONNERIE (LA), MONTLOUIS, MOSNES, MOULIN-DE-LA-ROCHETTE (LE), NARBONNE, NÉGRON, NOUES-BONNEFILLE (LES), PENERIE (LA), PERRAY (LE), PERRÉE (LA), PETIT-MAUNY (LE), PLESSIS-LIMOUSINE (LE), POMMERAYE (LA), PONTLEVOY, PRAY, ROCHE-SOLUS (LA), ROSNAY, SAINT-DENIS-HORS, SAINT-LUBIN, SAINT-MARTIN-LE-BEAU, SERVANS (LES), SOUCHAY (LE), TAILLEAU (LE), TERTRE-HUSSEAU (LE), THOMASSERIE (LA), THOMMEAUX, THORÉ, THUISSEAU, TOUCHE (LA), VALLETTES, VALLIÈRES-LES-GRANDES, VALLINIÈRE (LA), VARENNE (LA), VERNOU, VIEILLES-CARTES (LES), VILLENAUT, VILLIÈRE (LA), VILMEREAU.

— *Eaux et forêts. Maîtrise dite d'Amboise, Montrichard et Chaumontois.* Création d'un office de garde pour la garenne de la Varenne, II, 107, 4370. Personnel, IX, 218; voir DUMONCEAU (Élie), FROMONT (Étienne), LAULNE (Jean DE), MENANT (Mathurin); gages, II, 343, 5495; II, 644, 6907; III, 67, 7784; V, 221, 15813; VII, 675, 28212; VII, 694, 28384; VIII, 203, 31137. Réformation, II, 221, 4931; VIII, 169, 30822.

— *Maréchaussée* : voir TOURAINE, *Élection.*

— *Ville.* Boucherie, VII, 679, 28258. Contrôleur : voir FROMONT (Étienne). Exemption de tailles, I, 429, 2271. Grande rue, III, 595, 10241. Habitants: voir CLABAULT (Pierre), ÉTIENNE (Jean), HARDOIN (Florentin), VAUHARDY (Martin). Imposition de 500 livres, I, 646, 3387. Marché, II, 311, 5349. Octrois sur les boissons, III, 251, 8679; V, 202, 15706; VI, 680, 22508. Ponts, III, 354, 9145; III, 376, 9240; III, 377, 9246; III, 733, 10859. Porte Saint-Denis, VII, 518, 26343. Pressoir, sis à Souvigny, II, 228, 4968. Privilèges, III, 7, 7477; IV, 323, 12520; V, 210, 15747. Receveur des deniers communs : voir CAUX (Pierre DE). Rue de la Porte Hurtault, III, 751, 10941.

AMBOISE (Antoinette D'), femme d'Antoine de La Rochefoucauld, seigneur de Barbezieux, IV, 120, 11545.

AMBOISE (Catherine D'), femme de Philibert de Beaujeu, V, 622, 17876; cessionnaire des seigneuries de Chamelet et de Lay, VI, 452, 21226; de Perreux, III, 479, 9712; héritière de Georges d'Amboise, seigneur de Chaumont, son neveu, III, 184, 8345; V, 716-717, 18391-18395; remariée à Louis de Clèves, comte d'Auxerre, VI, 679, 22456; VI, 693, 22524.

Amboise (Charles d'), s^r de Chaumont, grand-maître de France. Sa veuve: voir GRAVILLE (Jeanne DE).

AMBOISE (Charlotte D'), veuve de Pierre de Beaufremont, V, 757, 18605.

AMBOISE (Françoise D'), femme de Pierre II, duc de Bretagne, VII, 685, 28314.

AMBOISE (Françoise D'), femme de René de Clermont, s^r de Saint-Georges, VI, 209, 19954; remariée à Charles de Croy, III, 724, 10825; V, 398, 16722.

AMBOISE (Geoffroy D'), abbé de Cluny, I, 48, 281.

AMBOISE (Georges Ier D'), cardinal, archevêque de Rouen. Succession, III, 184, 8345.

AMBOISE (Georges II D'), cardinal, archevêque de Rouen, V, 149, 15440; V, 172, 15552; VI, 463, 21286; VII, 457, 25693; VIII, 633, 32560; commissaire pour levées de deniers, III, 235, 8604; IV, 338, 12590; VIII, 334, 2298; créancier du roi, II, 173, 4702; garde des sceaux de la chancellerie royale de Rouen, VI, 717, 22652; lieutenant général en Normandie, III, 490, 9770; VI, 460, 21269; VII, 26, 23340. Seigneuries, V, 740, 18521; VI, 655, 22320; VI, 659, 22341. Serments de fidélité, V, 348, 16477; VI, 801, 23061.

AMBOISE (Georges D'), s^r de Chaumont, capitaine de Dieppe, V, 307, 16258. Minorité, V, 272, 16075; VII, 456, 25679; émancipation, VII, 440, 25544. Succession, III, 184, 8345; V, 716-717, 18391-18395; V, 759, 18619; VI, 10, 18958.

AMBOISE (Jacques D'), abbé de Cluny, VIII, 759, 33291.

AMBOISE (Jacques D'), s[r] de Bussy et de Reynel, capitaine de cinquante lances des ordonnances, tué à Marignan, V, 247, 15948. Succession, V, 298, 16213; VI, 209, 19954.

AMBOISE (Jacques D'), s[r] de Bussy et de Reynel, [tué à Pavie]; bailli de Chaumont, V, 689, 18226; V, 287 (VIII, 389e), 16157; capitaine de gens de pied, V, 544, 17468; V, 690, 18230; capitaine de Montéclaire, V, 540, 17478. Hommages, V, 575, 17621. Succession, II, 9, 3879; V, 740, 18521; sa veuve : voir VIENNE (Françoise DE).

AMBOISE (Jean D'), s[r] de Bussy, chambellan du roi, chevalier de l'ordre, capitaine et gouverneur de Saint-Dizier, V, 495, 17224. Hommages, V, 229, 15855; V, 230, 15856. Lettres de terrier, VII, 462, 25730. Sa veuve : voir SAINT-BLIN (Catherine DE).

AMBOISE (Marie D'), veuve de Robert de Sarrebrück, comte de Braisne et de Roucy, V, 311, 16283; VII, 472, 25817. Décès, V, 512, 17307.

AMBOISE (Marie D'), abbesse de la Trinité de Poitiers, I, 413, 2201.

AMBOISE (Renée D'), femme de Louis de Clermont, V, 757, 18604.

Ambon (D'), imprimé à tort pour *Ambres (D')* : voir VOISINS (François DE).

AMBRAYE (L'), lieudit sis à Tour-en-Sologne et Neuvy (Loir-et-Cher), VI, 2 (VIII, 394), 18917.

AMBRE fourni au roi, III, 5, 7471.

Ambres (Tarn). Seigneur : voir VOISINS (François DE).

Ambrières (Marne) : voir HAUTEFONTAINE.

AMBROIS, marchand allemand, III, 469, 9671.

AMBROIS (Remy) ou AMBROYS, avocat des pauvres en Provence, III, 130, 8089; VII, 181, 24106; conseiller au parlement d'Aix, VII, 344, 24966; VIII, 719, 33046.

AMBROIX (Jean), de Turin, sculpteur et ingénieur. Lettres de naturalité, III, 448, 9572.

Ambroys (Remy) : voir AMBROIS (Remy).

Amécourt (Eure) : voir RIVIÈRE (La).

AMBUEL (Rudolf), envoyé de Zurich, du landgrave et du duc de Wurtemberg, IX, 139.

AMEIL (Ciret), sergent royal en la sénéchaussée de Poitou, IV, 461, 13164.

AMEIL (Louis), clerc auditeur des comptes à Paris, IX, 195.

AMELIN (Jacques), évêque de Tulle, créancier du roi, VIII, 111, 30263.

AMELINE (Pierre), enfant de cuisine des enfants de France, II, 534, 6360.

AMELLON (Déode), VI, 270, 20274.

AMÉNARD (René), homme d'armes, II, 661, 6981.

AMENDES : pour délits de chasse, IV, 19, 11095; pour faux commis au fait du sceau, IV, 367, 12723; pour frivoles appellations, IV, 99, 11455; pour infractions à l'édit somptuaire de 1543, IV, 528, 13478; prononcées par les juges subalternes, III, 662, 10544; VI, 454, 21237; VI, 575, 21893; prononcée par le roi, mais déclarée non infamante, III, 130, 8089; remise contrairement aux ordonnances en vigueur en Bretagne, III, 312, 8954. Dons d'amendes suspendus par édit du 26 juillet 1539, IV, 26, 11123; révocation dudit édit, IV, 254, 12186. Produit des amendes appliqué aux frais de justice, IV, 340, 12602; aux fortifications, IV, 546, 13553; VII, 387, 27185. Répartition des amendes en Provence, IV, 72 (VIII, 786), 11331; VIII, 698, 32927. Valeur d'une amende ordinaire du Parlement de Paris : 60 livres, VI, 26, 19039.

AMENON (Antoine), archer de la garde de la compagnie de M. de Chavigny, VII, 697, 28417.

AMENZAY (Guillaume D'), page des fils de France, VIII, 97, 30138.

Amérique : voir BRÉSIL, CANADA, INDES, PÉROU.

AMERSFOORT (Pays-Bas, prov. d'Utrecht). Traité conclu le 14 octobre 1534 entre François Ier et le duc de Gueldres, II, 749, 7377.

AMERVAL (S[r] D'), lieutenant du s[r] de Sarcus, III, 310, 8946.

AMFERNET (Julien D'), VI, 295, 20407.

AMFREVILLE-LA-CAMPAGNE (Eure). Cure, V, 674, 18133.

AMFREVILLE-SUR-ITON (Eure). Seigneurie, VI, 533, 21670.

AMIC (Louis), bailli et capitaine de Barjols, VII, 168, 24051.

AMIEL (Antoine), sous-viguier de Limoux, V, 741, 18523.

AMIENS (Somme). Arrivée et départ de messages concernant le service du roi, II, 245, 5050; III, 98, 7938; III, 535, 9974; V, 238, 15900; VIII, 7, 29320; VIII, 8, 29323; VIII, 9, 29329; VIII, 12, 29362; VIII, 15, 29380; VIII, 20, 29419; VIII, 175, 29918; VIII, 120, 30355; VIII, 136, 30519; VIII, 143, 30578; VIII, 145, 30600; VIII, 146, 30612-30613; VIII, 147, 30615-30619, 30622; VIII, 229, 31384; cf. IX, 89, 105, 127, 128. Dépôt de deniers pour le service du roi, VIII, 16, 29397; VIII, 130, 30453. Poste, II, 96, 4323. Prisonniers transférés à Amboise, V, 372, 16597. Séjours : de la cour, III, 318, 8983; VII, 441, 25553; VIII, 548; du Conseil privé, III, 302-303, 8914; VIII, 148, 30625. Siège de la commission établie pour entendre les réclamations de ceux dont les biens ont été saisis par Charles-Quint, VII, 333 (VIII, 805[a]), 24903. Traités entre François Ier et Henri VIII contre Charles-Quint (18 août 1527), I, 518 (VIII, 772[a]), 2733; I, 523 (VIII, 773), 2758; VIII, 613-615, 32459-32464.

—— *Affaires militaires*. Approvisionnement en armes, poudre, salpêtre, III, 95, 7920; III, 444, *note*; VII, 228, 24333; VIII, 134, 20487; VIII, 263, 31738. Capitaine : voir LAUNAY (François DE). Convocations du ban et de l'arrière-ban : de divers bailliages et sénéchaussées, IV, 743, 14456; du bailliage de Blois, VI, 708, 22606; de la prévôté de Paris, VI, 682, 22473. Fortifications, VII, 119, 23807; VIII, 591, 32343. Revue de la légion de Picardie, III, 70, 7802. Séjour de l'armée royale, III, 318, 8983. Service de l'armée royale; envois : d'avoine, VIII, 18, 29403; d'ouvriers et de matériel de guerre, VIII, 4, 29284; VIII, 17, 29400; de vivres, VIII, 4, 29284; VIII, 8, 29323; VIII, 9, 29337; VIII, 13, 29371; VIII, 14, 29376; IX, 17, 29400; VIII, 18, 29401, 29402; VIII, 26, 29469; VIII, 138, 30542; VIII, 138, 30541, 30542.

—— *Bailliage ; personnel*. Avocats du roi : voir DU GARD (Pierre), LE BRUN (Nicole), ROHAUT (Jean). Baillis : liste, VIII, 230. Conseillers : voir AUX-COUTEAUX (Jean), CANTELEU (Adrien DE), CASTELET (François), DAINVAL (Pierre), GRIFFON (Jean), HANIQUE (François), NIBAT (Nicole DE), SCOURION (François), THÉROUANNE (Jean DE), VACQUETTE (Jacques); création de nouveaux offices, IV, 491, 13305; IV, 658, 14069. Enquêteurs-examinateurs : voir AUX-COUTEAUX (François), DU BOIS (Jean), DU GARD (Jean), LA RUE (Hugues DE), PECQUET (Jérôme), RÉLY (Jean DE), SACQUESPÉE (Pierre); troisième office créé, VII, 356, 25028; supprimé, IV, 557, 13607; IV, 566, 13653. Fermier : voir BROSSARD (Antoine). Lieutenants généraux : voir CANTELEU (Adrien DE), CHEVALIER (Nicole), LIGNERIS (Jacques DE). Receveurs ordinaires du côté d'Artois : voir DU CLOY (Nicolas), LOUVENCOURT (Charles DE), RAINCHEVAL (Salmon DE). Sergents royaux : voir BEAUQUESNE et BEAUVAISIS.

—— *Bailliage : ressort*. Arrestation des sujets de Charles-Quint et d'Henri VIII, VII, 102, 23715. Ban et arrière-ban, VII, 25, 23335; VII, 93, 23671; VII, 101, 23711; VII, 112, 23768; VII, 121, 23817; VII, 369, 25097; VII, 377, 25136; VIII, 712, 33005. Biens de l'abbaye de Saint-Jean-au-Mont, VI, 609, 22072. Biens et résidence de Jean de Ramelot, étranger naturalisé, V, 738, 18514; V, 805, 18865. Cotisation, VII, 385, 25178; VII, 408, 25294. Enquêtes contre le s[r] de Saint-Ouen, VII, 447, 25613; pour l'évaluation du comté de Saint-Pol, VII, 351, 25004; VII, 405, 25278; sur les biens de mainmorte, VII, 506, 26190; sur les fiefs et arrière-fiefs tenus du roi, VII, 260, 24538; sur les offices et leur valeur, VII, 268, 24530. Juridiction des prévôts et châtelains, III, 606, 10288. Notaires, I, 58, 344 : voir BAILLY (Antoine DE), DU BOYS (Philippe), DU PILLE (Nicolas), MAS (Jean). Prévôtés : voir BEAUQUESNE, BEAUVAISIS, DOULLENS, SAINT-RIQUIER. Ratification et exécution des traités de Cambrai et de Madrid, I, 669, 3505; VIII, 446, 25616. Répression des blasphèmes et des jeux de hasard, VII, 50, 23465. Revision des privilèges des villes et communautés et des provisions d'offices, VII, 56, 23494. Saisie des biens des sujets de Charles-Quint, VII, 94, 23678; VII, 332 (VIII, 805), 24903. Sénéchaussée du ressort : voir PONTHIEU. Siège particulier : voir MONTREUIL-SUR-MER. — Voir BLANGY, FERTÉ-

en-Ponthieu (La), Grandvilliers, Poix, Saint-Josse-sur-Mer, Saint-Germer-de-Fly, Tréport (Le).
—— *Clergé.* Abbayes : de Saint-Jean, VII, 275, 24568; de Saint-Martin-aux-Jumeaux, I, 206, 1143. Chapitre de la cathédrale Notre-Dame, I, 177, 999; I, 206, 1143; II, 592, 6651; VI, 687, 22498; VI, 704, 22582; écolâtre : voir Des Margeris (Jean). Cordeliers, VII, 527, 26468.
—— *Diocèse* : voir Cambron, Cercamp, Saint-Sulpice; voir aussi Lebel (Jacques). Communauté des pauvres clercs, VI, 757, 22842; VII, 503, 26139. Décimes, I, 317, 1712; VII, 331, 24894.
—— *Domaine.* Ferme du huitième et du vingtième du vin, VII, 699, 28449. Recette ordinaire, VII, 550, 26778; VII, 551, 26793; VII, 603, 27502. Receveurs : voir Ducloy (Nicolas), Louvencourt (Charles de), Rainchéval (Salmon de).
—— *Élection.* Contrôleur : voir Langlois (René). Élu : voir Saquespée (Pierre). Levée de pionniers pour le camp du roi, VIII, 13, 29371.
—— *Évêché.* VI, 492, 21438; VI, 609, 22067; VI, 811, 23112. Vidame : voir Ailly (Antoine d').
—— *Prévôté.* Gardes du sceau : voir Fontaines (Nicolas de), Saisseval (Nicolas de).
—— *Recette générale,* créée par édit de décembre 1542, IV, 394, 12847.
—— *Ville.* Arbalétriers, archers et coulevriniers, I, 12, 70; I, 28, 157; I, 43, 248; I, 518 (VIII, 237), 2732; VII, 504, 26179; VII, 591, 27329; VIII, 730, 33112. Élections pour le renouvellement de la *loi* ou corps municipal, V, 515, 17322; VII, 89, 23655. Exemption du ban et de l'arrière-ban, VIII, 712, 33005. Greffier : voir Saisseval (Nicolas de). Impôts, IV, 350, 12643; VII, 63, 23525. Octrois, IV, 53, 11243; VIII, 591, 52343. Police, IV, 399, 12867. Privilèges, I, 30, 169; I, 217 (VIII, 323ⁿ), 1199; IV, 778, 14624. Procès contre le chapitre, VI, 687, 22498; VII, 704, 22582. Ravitaillement, VIII, 137, 30529. Rente sur la commune, II, 733, 7303; VII, 545, 26717. Rue des Trois-Cailloux, II, 593, 6651. Sayettiers, III, 328 (VIII, 364), 9030; IV, 641, 13996. Sceau aux contrats, III, 376, 9244. Sergents municipaux, IV, 80, 11366. Suppression de l'office de contrôleur des deniers communs, I, 119, 692. Taverniers, III, 317, 8983. Vente du sel, VII, 324, 24855.

Amilly (Eure-et-Loir). Prébende, VI, 230, 20062.

Amilly (Loiret). Privilèges, III, 359, 9165.

Amiot (Jean) ou Amyot, sommelier de l'échansonnerie du commun, IV, 545, 13551; IV, 715, 14323.

Amiral : voir aux noms des amirautés.

Amiral de France : voir Annebault (Claude d'), Bourbon (Louis, bâtard de), Chabot (Philippe), Gouffier (Guillaume), Graville (Louis de). Droits, III, 24, 7563; IV, 566, 13654.

Amiral (Vice-) : voir Vice-amiral.

Amiral (Grand), titre interdit au comte de Tende, IV, 310, 12452.

Amiral (Marguerite), VI, 488, 21414.

Amirale (Mme l') : voir Jeanne, bâtarde de France et Longwy (Françoise de).

Amirault (Michel), de Bourgueil. Affranchissement, VII, 592, 27343.

Amirauté de France, VI, 343, 20655. Attributions et juridiction, I, 445, 2353; IV, 657, 14065; VII, 470, 25805. Police, I, 122 (VIII, 765ⁿ-766), 707. Greffier : voir Gontier (Palamèdes). Lieutenants : voir Eustache (Georges et Jean), Legoupil (Robert).

Amirautés : voir Bretagne, Guyenne, Normandie, Provence.

Amiray (Martin). Anoblissement, VI, 379, *note.*

Amoncourt (Jacques d'), chanoine et chantre de l'église de Lyon. Légitimation de son fils Jacques, VIII, 576, 32263.

Amodiation, impôt sur le vin dans la vicomté de Rouen, VI, 296, 20414; VI, 610, 22073.

Amont (D') : voir Damont.

Amorgues, cne de Saint-Jean-d'Ardières (Rhône). Prévôté : voir Belleville-en-Beaujolais. Seigneurie, VI, 571, 21871.

Amortissement des biens du clergé, I, 300 (VIII, 328), 1626; VIII, 594, 32363; des rentes constituées sur les maisons de villes, IV, 56, 11260; IV, 535, 13503; VIII, 708, 32982; d'une fondation pieuse, VII, 420, 25379.

AMORTISSEMENT (DROITS D'). Exemptions : en Bourgogne, I, 254, 1386; I, 286, 1547; en Languedoc, I, 298, 1613; en Normandie, V, 288, 16161; pour l'abbaye de la Chaise-Dieu, VII, 421, 25382; pour le chapitre de Reims, I, 34, 190; pour les hôpitaux du diocèse d'Angers, I, 313, 1689. Receveur général : voir RAGUENEAU (Jacques). Recherche et recouvrement, I, 229, 1258; I, 241, 1320; I, 297, 1607; I, 313, 1688; I, 330, 1774; VII, 512, 26272; en Anjou, VII, 508, 26216; en Auxerrois, V, 250, 16005; V, 270, 16115; VII, 506, 26192; en Bazadais, VII, 511, 26262; à Bergerac, VII, 511, 26264; en Bordelais, VII, 511, 26262; en Bourgogne, V, 279, 16115; dans la vicomté de Cany, VII, 514, 26299; en Condomois, VII, 511, 26262; en Dauphiné, I, 301, 1631; à Épernay, VII, 511, 26263; dans la sénéchaussée des Lannes, V, 545, 17475; dans la sénéchaussée de Libourne, VII, 511, 26262; en Loudunais, VII, 508, 26215; dans le Maine, VII, 508, 26216; dans le comté de Montfort, VII, 511, 26259; en Normandie, V, 245, 15940; V, 488, 17190; V, 518, 17342; en Périgord, VII, 511, 26264; VII, 519, 26359; en Provence, VII, 351, 25000; en Quercy, VII, 511, 26262; dans le gouvernement de Roucy, VII, 511, 26263; dans le bailliage de Saint-Pierre-le-Moutier, VII, 514, 26298; à Sarlat, VII, 513, 26264; dans le bailliage de Senlis, VII, 512, 26275; en Touraine, VII, 508, 26216; dans le bailliage de Tournai, VII, 513, 26276; dans le duché de Valois, VII, 511, 26263. Saisies sur les débiteurs, V, 514, 17321; VII, 40, 23412; VII, 100, 23705; non maintenues, I, 343, 1838; V, 554, 17516-17517; VII, 438, 25518.

AMORTISSEMENT (LETTRES D') : pour le collège des Coquerets à Paris, VIII, 592, 32251; pour les communautés de Champagne, VII, 450, 25633; pour François Lamy, VII, 622, 27706; assignation sur les compositions faites par les gens des comptes sur ces lettres, II, 295, 5277.
—— *Clergé en général*, par diocèses : voir ANGERS, ANGOULÊME, AUXERRE, BAYONNE, BEAUVAIS, BOURGES, CAHORS, CHARTRES, CLERMONT, LANGRES, LUÇON, LYON, MAILLEZAIS, MANS (LE), MEAUX, ORLÉANS, PARIS, PÉRIGUEUX, POITIERS, RODEZ, ROUEN (*Province ecclésiastique*), SAINT-FLOUR, SENLIS, SOISSONS, TOURS, TROYES.
—— *Clergé régulier*. Augustins de Provence, VII, 382, 25165. Frères mineurs de Provence, VII, 372, 25112. Ordre de Saint-Jean-de-Jérusalem, I, 374, 1989; I, 400, 2130; V, 336, 16419; V, 604, 17767. Voir AIX (Dominicains), CERCAMP, CROISSET, DÉOLS, ESSONNES, FÈRE (LA) [Clarisses], GIF, JARCY, LOUDUN (Carmes), MARMOUTIERS, MONTAUBERON, MONT-SAINT-LOUIS, NONENQUE, PARIS (Célestins, Chartreux, Prieuré de la Charité), POITIERS (Trinité), RODEZ (Annonciades), ROUEN (Religieuses de Saint-François), SAINT-PIERRE-EN-CHASTRE, SAVIGNY, TONNERRE (Abbaye de Saint-Michel), TOULOUSE (Carmes, Filles-Repenties), VALSECRET (LE).
—— *Clergé séculier*, VIII, 756, 33261; voir BAYONNE (Collégiale du Saint-Esprit), CHÂTEAUDUN (Sainte-Chapelle), COUTANCES (Chapitre), GIPY, LANGRES (Chapitre), LYON, MEAUX (Chapitre), MÉNIGOUTTE, PARIS (Chapitre, Innocents, Sainte-Chapelle, Saint-Eustache), REIMS (Chapitre), SAINT-AULAIRE, TOURS (Collégiale Saint-Martin), TROYES (Église Saint-Jacques).
—— *Communautés laïques* : voir ANSOUIS, CUCURON, DIGNE, PARIS (Grande confrérie aux bourgeois).
—— *Établissements hospitaliers* : voir aux Hôtels-Dieu de HAM, ORLÉANS, PARIS, REIMS et TROYES (Commanderie de Saint-Antoine).

AMPÉRIAN (Catherine), VI, 437, 21150.

Amponville (Seine-et-Marne) : voir JACQUEVILLE.

Ampuis (Rhône). Seigneur : voir MAUGIRON (Guy DE).

AMY (Amable), II, 744, 7356.

AMY (Honoré), contrôleur des deniers communs d'Hyères, VII, 327, 24875.

AMY (Jean), orfèvre à Paris, V, 373, 16602.

AMYART (Jacques), capitaine d'infanterie, V, 365, 16562.

AMYENNE (Jacques), écolier suisse, III, 101, 7950.

AMYEU (Philippe), originaire de Savoie, demeurant à Apt. Lettres de naturalité, VII, 316, 24805.

AMYOT (Jacques), abbé de Bellozanne, V, 188, 15631.

Amyot (Jean) : voir Amiot (Jean).

Amyrault (Jean d'), seigneur de l'Épine et de Courcelles, VI, 529, 21648.

Amys (Girard), natif de Toul, demeurant à Arles. Lettres de naturalité, IV, 366, 12719.

Ancel (Pierre), commis au payement des meubles du roi portés à Nice et à Aigues-mortes, IV, 422, 12982; VIII, 280, 31904; contrôleur de l'élection de Mantes, IV, 412, 12931; VII, 580, 27180.

Anceline (François d') : voir Anselme (François d').

Ancelle (Hautes-Alpes). Privilèges, II, 541, 6393.

Ancelon (François), dit Fontbaudry, homme d'armes de la compagnie de M. de la Roche-du-Maine, VII, 780, 29015.

Ancenis (Loire-Inférieure). Baron : voir Rieux (Claude Ier, seigneur de). Cordeliers, I, 469, 2481; II, 662, 6983; VIII, 81, 29976. Séjours du roi, VIII, 549.

Ancerville (Meuse). Prévôté, VI, 312, 20491. Séjour du roi, VIII, 549.

Ancézune (Aymar d'), seigneur de Caderousse, natif du Comtat-Venaissin, visiteur des gabelles en Languedoc, Auvergne, Rouergue, Quercy, Guyenne. Gages, II, 534, 6362; VII, 646, 27966. Lettres de naturalité, VII, 750, 28812.

Ancézune (Jean d'), abbé de Sainte-Colombe de Sens, IV, 642, 14002; de Saint-Ruf, IV, 728, 14390; VI, 283, 20865.

Ancézune (Jean d') dit Caderousse, page des fils du roi, VIII, 97, 30138.

Ancézune (Jean d'), s[r] de Codolet, bailli de Gévaudan, V, 580, 17648; visiteur des gabelles en Languedoc, V, 753, 18584.

Ancézune (Jeanne d'), VI, 331, 20592.

Anché (Vienne) : voir Morinière (La).

Ancheron (Thibaut), s[r] de Durdant, V, 592, 17706. Ses frères et sœurs puînés, IV, 686, 14194.

Ancheron (Thomas), fruitier du roi, VII, 699, 28453.

Anchin, c[ne] de Pecquencourt (Nord). Abbaye, III, 309, 8942.

Ancien Testament : voir Mystères.

Anciens de la Hanse teutonique, III, 266, 8749.

Ancienville (Aisne). Haute justice, VII, 35, 19085.

Ancienville (Antoine d'), s[r] de Villiers, bailli de Sézanne, écuyer tranchant du roi, I, 463, 2449; II, 624, 6811; III, 300, 8902; V, 510, 17297; VII, 471, 25810; VII, 768, 28926; VIII, 280, 31902; capitaine d'Épernay, VI, 277, 20311. Sa veuve : voir Autry (Luce d').

Ancienville (Claude d'), chevalier de l'ordre de Saint-Jean-de-Jérusalem, commandeur d'Auxerre, puis de Launoy, écuyer tranchant du roi, I, 636, 3332; II, 350, 5529; VI, 545, 21737; capitaine de la nef *la Grande-Maîtresse*, II, 136, 4528; VI, 141, 19615; VII, 449, 25624; VII, 644, 27943; dont il obtient bail, II, 350, 5528; grand-prieur de France, V, 163 (VIII, 388[n]), 15502; lieutenant général pour les mers du Levant, VII, 395, 25320. Mission secrète à Rome, VI, 292, 30394.

Ancienville (Jacques d'), frère du précédent, seigneur de Révillon, capitaine des galères, vice-amiral du Levant, échanson du roi, II, 350, 5529-5530; III, 352, 9139; IV, 101, 11463; VI, 536, 21685; VII, 395, 25230; VIII, 602, 28367-28368; cessionnaire de la seigneurie de la Bastide de Beaumont, à Marseille, IV, 260, 12215; concessionnaire par bail de la nef *la Grande-Maîtresse*, II, 350, 5528; lieutenant général des vaisseaux du roi à Marseille, VII, 387, 25188.

Ancône (Italie, cap. de prov.), I, 580, 3050. Marche : voir Camerano.

Ancourt (Seine-Inférieure) : voir Gueutheville, Pontrancart.

Ancre, aujourd'hui Albert (Somme). Exemptions de tailles, II, 413, 5814; III, 711, 10767. Fortifications, IV, 139, 11636. Garnison, VIII, 144, 30596.

Ancres destinées à la grande nef *la Française*, III, 343, 9098.

Ancretiéville-Saint-Victor (Seine-Inférieure) : voir Saint-Victor-la-Campagne.

Ancretteville (Seine-Inférieure). Fief, VI, 595, 20001. Huitième de fief, V, 350, 16491 (et non Écretteville).

Andainville (Somme), VII, 55, 23488.

IMPRIMERIE NATIONALE.

Andalousie, pays d'Espagne : voir BEYNE (Alphonse).

ANDANCE (Ardèche). Foire, I, 526, 2768.

Andé (Eure) : voir TROPELLE (LA).

ANDEL (Jean D'), chevalier, V, 349, 16484.

ANDELOT (Haute-Marne), V, 302, 16234; voir MONTÉCLAIRE. Prévôté, IV, 610, 13849; VI, 250, 20168.

ANDELOT (Jean D'), premier écuyer de Charles-Quint. Mission diplomatique, IX, 114.

Andelot-lès-Saint-Amour (Jura). Seigneur : voir COLIGNY (François DE).

ANDELYS (LES) [Eure] : voir PETIT-ANDELY, VIVIER D'ANDELY (LE). Collégiale; chanoine : voir GIRARD (Jean). Couvent du tiers ordre de Saint-François, VIII, 581, 32290.

—— *Domaine*. Ferme du minage, VII, 460, 25710. Réformation, II, 749, 7379. Ressort de la châtellenie : voir ANDÉ, BACQUEVILLE, CHÂTEAU-GAILLARD, MARCOUVILLE, MESNIL-LES-BLANCHES, MUIDS, NOYERS, RADEVAL, VEXIN.

—— *Forêt*. Capitainerie, VI, 785, 22975. Réformation, VI, 257, 20208; VIII, 631, 32547.

—— *Siège judiciaire*. Création d'un prévôt, VI, 782, 22962. Enquêteur : voir LE BONNIER (Louis).

Andernach (Prusse rhénane, régence de Coblenz) : voir GUNTHER (Jean).

ANDERSON (Canut), négociateur pour Gustave Wasa du traité conclu à Montiers-sur-Saulx, VI, 676, 22437.

Andeure : voir ANDUZE.

Andezeno (Italie, province de Turin) : voir CHOIN (Jean).

ANDILLY (Haute-Marne), VI, 528, 21641.

ANDILLY (Charente-Inférieure), VII, 238, 24381; voir ANNEAU (L'). Seigneurie, VII, 116, 23787; VII, 129, 23857.

ANDOCHES (LES) ou EMBÛCHES, terroir sis à Samoreau (Seine-et-Marne). Vignes du roi, III, 26, 7569; III, 339, 9077; III, 713, 10775. Cf. CHAMPAGNE.

ANDOINS (Gaston, baron D'), sénéchal de Béarn. Mission diplomatique, IX, 134.

ANDOINS (Jean, baron D'), VI, 571, 21873; VI, 586, 21952.

ANDOINS (Jehannot D'), D'ANDOUINS ou D'ANDOYNS, capitaine et gouverneur de Bayonne, VI, 646, 22270; lieutenant à la capitainerie de Saint-Malo sous Anne de Montmorency, VIII, 134, 30493; VIII, 259, 31687.

ANDON (Alpes-Maritimes), III, 730 (VIII, 406°), 10850; voir THORRENC.

ANDONECA (Philippe D'), V, 566, 17579.

Andora (Italie, province de Gênes). Originaires naturalisés français : voir BARBILLAT (Georges), ROBECO (Antoine), SINGAS (Antoine).

Andosso, c^ne de Vagna (Italie). Comte : voir LA SILVE (Paul DE).

Andouins, *Andoyns* : voir ANDOINS (Jehannot D').

ANDRAULT (Jacques), auditeur des comptes, I, 425, 2250.

ANDREA (Pierre DE), conseiller du Parlement de Toulouse, IX, 185.

ANDRÉ (Antoine ou Antonin D') ou DE ANDREIS, collatéral ou conseiller indigène au Parlement de Turin, III, 607, 10293; VI, 530, 21652; VIII, 38, 29587; VIII, 179, 30917.

ANDRÉ (Charles D'), III, 436, 9522.

ANDRÉ (Jacques), ANDRÉE ou SANDRE DES ISNARDS, juge à Moustiers-Sainte-Marie, III, 205, 8456; VII, 209, 24245; VII, 324, 24854.

ANDRÉ (Jacques), lieutenant général en la sénéchaussée de Bazadais, IV, 377, 12770.

ANDRÉ (Jacques), natif de Barcelonnette, demeurant à Sisteron. Lettres de naturalité, IV, 316, 12475.

ANDRÉ (Jean), de Plaisance, VIII, 175, 30875.

ANDRÉ (Jean), habitant du Vigan, II, 618, 6780.

ANDRÉ (Jean), commissaire sur le fait des amortissements, francs-fiefs et nouveaux acquêts en l'élection de Loudun, VII, 442, 25567; VII, 508, 26215.

ANDRÉ (Jean), panetier de la Dauphine, VIII, 294, 32056.

ANDRÉ (Louis), valet de fourrière de la reine Claude, VI, 14, 18978.

ANDRÉ (Pierre), d'Avranches. Anoblissement, VI, 380, 20845.

ANDRÉ (Pierre), lieutenant général au bailliage de Caux, né à Valognes. Anoblissement, VI, 765, 22882.

ANDRÉA (Aimery D'), président et maître rational de la Chambre des comptes d'Aix, garde des sceaux du roi en Provence, VII, 28, 23347-23348.

ANDRÉA (André D'), homme d'armes de la compagnie du maréchal de Chabannes, puis capitaine de 500 hommes de pied lors de l'expédition de Naples, VII, 22-23, 23318.

ANDREA (Bellote DE), femme de Jean Amalric, II, 547, 6429.

Andrée (Jacques) : voir ANDRÉ (Jacques).

Andreis (Antoine de) : voir ANDRÉ (Antoine D').

ANDRESI (Jean-André D'), natif de Sienne, demeurant à Toulouse. Lettres de naturalité, VI, 570, 21864.

Andreu (Fief de messire) : voir JOINVILLE.

ANDRIGY (François), conseiller français au Parlement de Turin, VIII, 179, 30917.

ANDRIR (Jean, fils de Jean), coseigneur de Savignac, VII, 261, 24495.

ANDRIEU (Jean), monnayeur à Aix, IV, 572, 13675.

ANDRIEU (Jean-Martial), receveur ordinaire du Limousin, VII, 506, 26186.

ANDRIEU (Monet), habitant de Marseille, VII, 86, 23641.

Androuet (Durand) : voir ANDROUET (Michel).

ANDROUET (Jacques) dit DU CERCEAU. Monopole pour la gravure et la vente des ouvrages d'architecture, IV, 752, 14497.

ANDROUET (Michel). Légitimation de ses enfants Durand et Marie, IV, 294, 12371.

ANDUZE (Gard). Baronnie, VI, 320, 20579. Notaire : voir PALET (Pierre).

Anduze, près du Piémont : voir ANDORA.

ANES donnés au roi, II, 587, 6622.

ANET (Eure-et-Loir), VIII, 21, 29423. Séjours du roi, II, 390, 5708; VII, 620, 27692; VII, 672, 28183; VII, 675, 28215; VIII, 548.

—— *Seigneurie*, concédée à Françoise et Louise de Brezé, VII, 452, 25647.

ANFROY (Marin) ou ONFROY, s^r de Saint-Laurent et de Véret. Anoblissement, VI, 737, 22747.

Angailo : voir MENA (Sancho DE).

ANGE (Jean), massier royal à Arles, VIII, 686, 32854.

ANGENNERIE (L'), c^ne de Chanceaux-sur-Croisille (Indre-et-Loire); séjour du roi, VIII, 549.

ANGENNES (Reynaud D'), s^r de la Loupe, ancien gentilhomme de l'hôtel du roi, III, 96, 19385; VIII, 732, 33120.

ANGENOUST (Denis), bailli de Pont-sur-Seine, V, 191, 15650; lieutenant à Nogent-sur-Seine, VII, 423, 25400.

ANGENOUST (Pierre), auditeur des comptes à Paris, I, 264 (VIII, 326^a), 1431; I, 356, 1903; conseiller lai au parlement de Paris, VII, 492, 26024; VII, 493, 26039.

Angerant : corr. AUGERANT.

ANGERAY (Hector D'), dit DE SAINT-BONNET, seigneur de Brizon, complice du connétable de Bourbon, V, 598, 17736. Lettres d'abolition, VII, 118, 23802.

« ANGERS », imprimé à tort pour ANGRIE, V, 639, 17946.

ANGERS (Maine-et-Loire), IX, 106; voir CHEMINART (Jean), CHEVRIER (Jacques), LEBAILLY; voir aussi GRANDS JOURS D'ANGERS, UNIVERSITÉ D'ANGERS. Arrivée de dépêches pour le service du roi, VII, 753, 28832. Coup de main tenté par des aventuriers, V, 559, 17541. Enquête sur un livre publié sous le nom de Jacob de Wilbrod, VII, 422, 25396. Séjours du roi, V, 309, 16723; VIII, 549. Travaux faits par ordre de Charles VIII en 1491, VII, 770, 29005.

—— *Clergé*. Abbayes : du Ronceray, I, 201, 1114; de Saint-Aubin, VIII, 633, 32559; de Saint-Serge, I, 193, 1078. Église cathédrale Saint-Maurice : lettres de garde-gardienne, I, 47, 279; prébende donnée à Antoine Turpin, V, 35, 14837; privilèges, I, 31, 171; propriété des murs de la cité, I, 246, 1347; I, 258, 1406; I, 277, 1501; restauration de l'édifice, IV, 217, 11999; tombe de François de Rohan, VIII, 373^a, 11630 *bis*. Églises : Saint-Laud, V, 68, 15015; Saint-Martin, V, 639, 17946.

—— *Diocèse* : voir CUNAULT, NYOISEAU, ROË (LA); voir aussi POULAIN (Pierre). Amortissement des biens d'église, I, 312,

1689; V, 562, 17557. Décimes, emprunts, octrois caritatifs, I, 168, 951; III, 403, 9368; IV, 391, 12835.
—— *Élection*, VII, 779, 29005. Assignation sur les émoluments du greffe, VII, 694, 28391. Fixation du droit de gabelle, I, 232, 1274. Personnel : contrôleur : voir PHÉLYPEAUX (Florimond); élus : voir BERNOUVILLE (Jacques DE), MILLET (Guillaume), RICHER Nicolas DE); receveur : voir VOUSY (Charles); sergent : voir BOULLON (François). Règlement pour les greniers à sel, I, 131, 756. Répression du faux-saunage, I, 538, 2833; I, 598, 3137; II, 253, 5089; III, 227, 8565; VII, 458, 25701.
—— *Évêché*. Droits de régale, I, 372, 1682; I, 386, 2060; I, 388, 2068.
—— *Grenier à sel*. Chambres à sel du ressort : voir BEAUFORT-EN-VALLÉE, CHAMPTOCÉ, CHEMILLÉ.
—— *Prévôté*. Érection en titre d'office de la garde des sceaux de la ville et du ressort, VII, 600, 27459. Greffe, VII, 513, 26278; sentence contre Jacques du Fay et Blanche de la Barre, II, 548, 6434.
—— *Siège de justice* (*sénéchaussée d'Anjou*), II, 150, 4594; greffe, III, 689, 10662; VI, 416, 21040. Personnel : avocat du roi : voir POYET (Pierre); lieutenants criminels : voir PINCÉ (Jean et Christophe DE); sergents, III, 527, 9943.
—— *Ville*. Approvisionnement de salpêtre, III, 443, 9550; IV, 409, 12917. Bâtiments des juridictions royales, III, 337, 9069. Budget, IV, 13, 11069. Capitaine du château : voir COSSÉ (René DE). Charpentiers et menuisiers, VIII, 314, 171 *bis*. Création d'un office de commissaire-priseur, V, 13, 14722. Délibération touchant la gabelle, I, 141 (VIII, 404), 811. Deniers communs; receveurs : voir BOURGOIGNON (Philippe), DODINET (Pierre); suppression de cet office, IV, 465, 13181; usage permis aux habitants, III, 177, 8312. Fortifications, III, 227, 8564. Garantie du traité de Noyon, VIII, 578, *note*. Halles, III, 337, 9069. Hôtel-Dieu Saint-Jean-l'Évangéliste, I, 51, 305; I, 60, 354; I, 313, 1689; VII, 550, 26783. Impôts et emprunts, I, 53, 314; I, 79, 467; I, 497, 2618; I, 503, 2654; III, 412, 9412; pour frais de guerre, I, 531, 2799; I, 555, 2918; III, 494, 9786; IV, 407, 12906; IV, 561, 13628; pour la rançon du roi et de ses fils, I, 556, 2925; I, 621, 3256; I, 670, 3512; I, 681, 3564. Lormiers, III, 406, 3982. Mesures contre les faux sauniers, I, 538, 2833. Octroi pour la réparation des Ponts-de-Cé, II, 298, 5289. Péage dit du droit de cloison, II, 742, 7346. Privilèges, I, 31, 170. Sergents de la mairie, I, 549, 2888. Travaux, I, 409, 2175.

Angerville : voir HOUGERVILLE.

ANGERVILLE (Seine-et-Oise). Séjour du roi, VIII, 259, 31696-31697; VIII, 549.

ANGERVILLE (Jean D'), vicomte de Coutances, I, 331 (VIII, 404ª), 1779; V, 575, 17623; VII, 429, 25447; VII, 444, 25589-25590.

Angerville-la-Martel (Seine-Inférieure) : voir DAUBEUF-LE-SEC, OUAINVILLE.

Angerville-l'Orcher (Seine-Inférieure) : voir AUSONVILLÉ-L'ORCHER.

ANGIBAULT (Mariet D'), dit CHABANIS, VIII, 638, 32585.

ANGILBERT, ANGIBERT (Jean) ou ENGILBERT, chevaucheur d'écurie tenant la poste à la suite de la cour, VII, 740, 28744; VII, 741, 28746; VIII, 2, 29275; VIII, 66, 29841; VIII, 166, 30800; VIII, 269, 31804; VIII, 279, 31898.

ANGILBOUL (Jean) ou ANGILBEUL, italien, V, 365, 16562.

ANGLADE, c^ne de Villeneuve-sur-Lot (Lot-et-Garonne). Seigneurie, VII, 270, 24541.

Anglais : voir ANGLETERRE.

Anglars (Aveyron). Seigneur : voir SÉGUIN (Antoine).

ANGLARS (Antoine D'). Lettres de rémission, IV, 716, 14326.

ANGLARS (Jacques D'), s^r de Croix, V, 531, 17405.

ANGLETERRE. Achat de milans pour François Ier, III, 125, 8062. Carte du pays offerte à François Ier, VII, 758, 28863. Originaires : voir FOSTER (Guillaume), SANDIS (Jean); naturalisés français : voir BROMBELAY (Guillaume), CORBE (Thomas), DUPAIN (Anne), PINEL (Jean et Hélène); non naturalisé : voir LE MAIRE (Jean),
—— *Affaires commerciales*, I, 524, 2759; VI, 36, 19088; VI, 724, 22686. Amende prononcée contre un marchand anglais; II, 37, 4024. Drap, II, 730, 7294; VII, 702, 29103. Importation des marchandises anglaises autorisée seulement par navires français, VIII, 638, 32588.

Monnaies : cours du gros d'Angleterre interdit à la foire de Guibray, V, 147, 15432. Naturalisation anglaise du marchand français Roger Deprat, V, 160, 15487. Privilèges des marchands anglais trafiquant en France, I, 260, 1413; I, 552, 2901; VIII, 614, 32461. Relations avec Venise, VI, 223, 20022. Saisie des biens de sujets anglais pour indemniser un marchand français de ce qu'il n'a pas été payé d'une livraison faite à Londres, VII, 426, 25423. Sauf-conduit pour un marchand anglais, VII, 469, 25795. Trafic pendant la guerre, VII, 474, 25832; VII, 481, 25901.

—— *Affaires diplomatiques*, IX, 35, 37, 51, 72, 92, 106, 118, 122, 124, 125, 127; voir aux noms des ambassadeurs, énumérés dans les listes qui figurent au tome IX, pages 17-33 et 93-104. Contestations relatives aux marais de Wlep, VI, 279, 20320. Dépêches envoyées à François Ier, II, 744, 7356; III, 423, 9464; IV, 143, 11654. Missions anglaises : en Espagne, III, 423, 9465; en France, I, 524 (VIII, 337[a]), 2762; II, 175, 4710; III, 543, 10009; V, 449, 16986; V, 797, 18823; VII, 730, 28668; VIII, 258, 31679; VIII, 297, 32095; voir Bryan (François), Wellysburn (Jean de). Missions françaises en Angleterre, I, 506, 2667-2668; III, 241, 8629; III, 249, 8670-8671; III, 559, 10083; V, 779, 18727; V, 781, 18736; VIII, 166, 30800; voir Bouzot (Laurent), Brinon (Jean), Carles (Lancelot de), Caron (Colin), Caron (Jean), Chabot (Philippe), Chantonnet (Michel), Coulloingne (Guillaume), Dodieu (Claude), s[r] de Vély, Du Bellay (Jean), Du Lô (François), Fessart (Jean), Gontier (Palamède), Guinchier (Jean), Harauldе (Jean de), Hardy (Pierre), Heu (Antoine de), Humières (Claude d'), Karuel (Guy), La Bretonnière (Pierre de), La Chambre (Richard de), Langeac (Jean de), Laperque (Toussaint de), L'Aubespine (Claude de), Laurencin (Mathurin), Le Forestier (Gabriel), Montmélиant (Girard de), Morvilliers (Jean de), Poillot (Denis), Posques (Philippe), Pot (Jean), Proust (Jean), Ra (Girard), Rostaing (Antoine de), Secrétain (Jean), Sicard (Mathieu), Tiercelin (Adrien), Valette (Guillaume), Venis (Richard), Vercourt (Henri de), Vyon (Gérard). Négociations diverses, I, 368, 1962; I, 388, 2071; I, 519, 2739; I, 551-552, 2899-2901; II, 641, 6888; III, 77, 7833; III, 78, 7837; VI, 392, 20912. Otages, I, 241, 1319; V, 745, 18547. Pensions assignées par François Ier au roi et à divers grands seigneurs d'Angleterre : voir aux noms des trésoriers commis au paiement desdites pensions, savoir : Ansaldo (Luc d'), Bohier (Antoine), Bonacorsi (Antoine), Faure (Austremoine), Passano (Jean-Joachim de). Réparation des dommages causés par les Anglais, V, 387, 16667. Service des paquets du roi de France, II, 650, 6932. Traités, I, 278, 1504; voir Sainte-Ligue et aux noms des traités d'Amiens, Ardres, Calais, Hampton-Court, Londres, Mantoue, Moore, Tolède, Westminster.

—— *Affaires militaires et navales*. Alliance contre l'Angleterre entre François Ier et le duc de Schleswig-Holstein, I, 145, 832. Armée de mer contre l'Angleterre, VII, 390, 25203. Arrestation d'Anglais, VII, 102, 23715. Conspiration de François de Fontenay avec l'Angleterre, V, 73, 15041. Course autorisée contre les Anglais, VII, 470, 25805. Descentes des Anglais, VII, 440, 25546; en Bretagne, I, 300, 1623; I, 302, 1634; I, 467, 2470; III, 584, 10194; V, 569, 17589; en Normandie, V, 21, 14767; en Picardie, V, 615, 17817; V, 733, 18488; VII, 22, 23312. Expédition de Richard de Suffolk contre l'Angleterre, I, 347, 1858. Levées de troupes et d'impôts, IV, 489, 13297; IV, 654, 14054; IV, 749, 14480; V, 18, 14754; V, 566, 17575; VI, 736, 22742; VII, 418, 25360; VII, 420, 25370. Mercenaires anglais à l'armée d'Italie, VI, 135, 19587. Prisonnier anglais, appartenant à M. de La Fayette, VII, 651, 28004. Saisie sous pavillon portugais d'huile appartenant aux Anglais, VII, 396, 25232. Vaisseaux anglais, IV, 409, 12916; voir *Tous-les-Saints*. Voir Cent ans (Guerre de).

—— *Royaume*. Chambre des comptes (?), VII, 540, 26646-26648 [1]. Hérauts : voir Clerancius, Narbon (Jean), Warichelan (Thomas). Reines : voir Anne Boleyn, Catherine d'Aragon, Jeanne Seymour. Rois : voir Édouard Ier, Édouard III et surtout Henri VIII. Trésoriers : voir Fitz-William (William), Héron (Jean), Norfolk (Thomas, duc de). Voir les membres de la famille royale à leurs prénoms ou à

[1] Il doit s'agir, en réalité, de la Chambre des comptes d'Angoulême.

leurs titres. Divers officiers du royaume d'Angleterre, ayant été chargés de missions diplomatiques, sont indiqués au t. IX, p. 93-104.

Angliers (Charente-Inférieure) : voir ci-après les seigneurs de ce fief.

ANGLIERS (Claude D'), chanoine de la cathédrale de Saintes, VI, 438, 21151.

ANGLIERS (Claude, s^r^ D') et de la Sauzaie, VII, 296, 24691, 24692.

ANGLIERS (Guy D'), époux de Jacquette de la Halle, II, 473, 6086; VII, 569, 27016; VII, 616, 27644; VII, 668, 28155.

ANGLIERS (Jean D'), remboursé d'un prêt fait au roi, en 1521, par feu son père, président au Parlement de Bordeaux, VII, 604, 27510.

ANGLIERS (Pierre, s^r^ D'), chevalier, conseiller du roi, VII, 41, 23417.

ANGLIERS (Pierre, s^r^ D'), écuyer, VII, 137, 23893.

ANGLIES (Isabeau ou Isabelle D'), femme de Guillaume Denyot ou Denyau. Anoblissement, III, 752, 10947; VI, 553, 21776.

ANGLURE (Marne). Droits d'usage des seigneurs dans la forêt de la Traconne, I, 248, 1357; V, 523, 17363. Fortifications, VI, 75, 15051.

ANGLURE (Antoine D'), VI, 528, 21641.

ANGLURE (Claude D'), s^r^ de Reccy-sur-Ource, I, 695, 3635.

ANGLURE (François D'), vicomte d'Étoges, baron de Givry-en-Argonne, capitaine de la porte du roi et des 1000 hommes à pied de la légion de Champagne; habillé aux frais de l'argenterie, II, 458, 6015; héritier de Geoffroy et Michel, frères de Marie de Vers, sa femme, III, 124, 8059; VI, 108, 19449; VI, 400, 20952; remplacé comme capitaine de Mouzon, IV, 482, 13265. Compagnie : voir au nom du payeur SAIMBAULT (Nicolas DE). Don de 1,800 livres à lui fait, I, 341, 1828; I, 474, 2505; I, 523, 2756. Hommages pour Bournonville, VI, 363, 20763; pour Boursault, V, 579, 17642; VI, 323, 20547.

ANGLURE (Françoise D'), femme de Girard d'Haraucourt, sénéchal de Lorraine, VI, 246, 20149.

ANGLURE (Françoise D'), femme de René du Plessis, V, 393, 16696.

ANGLURE (Jacques, baron D'), s^r^ de Longeville, VI, 148, 19652.

ANGLURE (Jean D'), s^r^ de Coublanc, I, 684, 3578.

ANGLURE (Jean-Saladin D'), VII, 476, 25855.

ANGLURE (Marguerite D'), femme de Guillaume de Chaumont, V, 332, 18395.

ANGLURE (René D'), chambellan ordinaire du roi, vicomte d'Étoges, V, 227, 15840; usufruitier de la châtellenie de Pont-Sainte-Maxence, V, 717, 18397; VI, 18, 19003.

ANGLURE (Saladin D'), s^r^ de Bourlémont, capitaine de Montigny-le-Roi, I, 102, 594; IV, 243, 12129; V, 495, 17225.

Angluzelles-et-Courcelles (Marne) : voir COURCELLES.

ANGO (Jean), VI, 545, 21733.

ANGO (Jean), s^r^ de la Rivière, capitaine et vicomte de Dieppe, III, 700, 10713; commis à l'avitaillement de l'armée de mer, VI, 735, 22739; titulaire de lettres de marque contre les Portugais, IV, 554, 13592; VI, 229, 20061; ensuite annulées, VI, 233, 20081. Prise par lui faite, VI, 736, *note*.

ANGO (Richard), bourgeois de Rouen. Légitimation de sa fille Marthe, VI, 497, 21469.

ANGOSTE (Guillaume D'), lieutenant en la chancellerie d'Autun, nommé avocat au bailliage d'Autun, III, 668, 10570.

ANGOT (Nicole), prieur commendataire de Saint-Étienne, près Arques, V, 570, 17596.

ANGOULÊME (Charente). Arrestation de Bernard du Mortier, dominicain, VI, 54, 19181. Départ d'un envoyé du roi, V, 780, 18732. Enquête sur la comptabilité du douaire de la reine Marie, VII, 794, 29115. Poste en 1515, V, 255, *note* 2. Séjours du roi, V, 511, 17303; V, 796, 18815; VIII, 549.

—— *Archidiaconé*, V, 144, 15421.

—— *Chambre des comptes* : voir CHAMBRE DES COMPTES D'ANGOULÊME.

—— *Clergé*. Cordeliers, V, 62, 14982; VII, 691, 28358. Dominicains, II, 349, 5527; II, 637, 6871.

—— *Diocèse*. Amortissements, I, 303, 1641, 1645; VII, 419, 25362. Biens de l'abbaye de Ronsenac, VII, 418, 25362.

Dîmes, V, 134, 15370. Juridiction ecclésiastique, IV, 411, 12926.
—— *Évêché*, VI, 322, 20542; VII, 121, 23812; VII, 186, 24132; voir ESTAING (Antoine D'). Évêques : voir BABOU (Jean et Philibert).
—— *Magasin à sel*. Receveur : voir LE BLOIS (Louis).
—— *Université* : voir UNIVERSITÉ D'ANGOULÊME.
—— *Ville*. Barbiers et chirurgiens, III, 674, 10597. Commerce du sel, I, 497 (VIII, 772), 2619. Foires, I, 31, 172. Privilèges municipaux, I, 100, (VIII, 317 et 765), 582; I, 131 (VIII, 320), 755; III, 519 (VIII, 367), 9904; V, 233, 15876; VII, 17, 23288 : voir ANGOUMOIS.

ANGOULÊME (ÉDIT D'), sur les notaires et tabellions, IV, 386, 12815; IV, 650, 14036.

Angoulême (Duc d') : voir CHARLES DE FRANCE.

Angoulême (Duchesse d') : voir LOUISE DE SAVOIE.

Angoulême (Famille d') : voir MADELEINE, JEANNE.

ANGOULÊME (Souveraine, bâtarde D'), sœur naturelle du roi, I, 111, 651. Légitimation, V, 525, 17374.

Angoulême, hérault d'armes : voir BOISSET (Charles), LATOUR (Constantin DE).

ANGOULÊME (HÔTEL D'), à Paris, II, 398, 5745; VII, 695, 28401.

ANGOUMOIS.
—— *Domaine*. Bâtiments, VII, 465, 25757; VII, 641, 27912. Biens de Guy Jaubert, VII, 251, 24445; d'Antoine Viault, III, 425, 9470. Garenne d'Angoulême, VII, 691, 28358. Recette ordinaire, II, 271, 5173; II, 409, 5796; V, 395, 16705; VII, 706, 28506; pension du receveur, VIII, 221, 31305. Temporel de l'évêché d'Angoulême, VII, 186, 24132; voir BASSAC, BIRAC, BONNES, BORIE (LA), BRACONNE (LA), CHÂTEAUNEUF-SUR-CHARENTE, CHIZÉ, COGNAC, CONFOLENS, MAILLOTS (LES), MERPINS, PENDRIX, SAINT-CHRISTOPHE-DE-CHALAIS.
—— *Duché*. Érection, I, 17 (VIII, 312ᵃ), 100. Exécution de l'ordonnance de création des enquêteurs-examinateurs, II, 420, 5890. Gouverneur : voir LA ROCHE (Jean DE). Grands jours, supprimés, I, 563, 2958; cf. ci-après *Sénéchaussée, personnel*. Jouissance concédée à Charles de France, IV, 116, 21528; VII, 571, 27043, 27045; à la reine Claude, V, 240, 15913; à Louise de Savoie, I, 12, 75; I, 256 (VIII, 325ᵃ-326), 1396; VII, 809, 29223. Justice des exempts, VII, 416, 25345; VII, 417, 25347; VII, 418, 25362; VII, 420, 25377; juges : voir BENOIST (Jacques), COUILLAUD (Cybard). Maîtrise des eaux et forêts, III, 134, 8108; III, 141, 8139. Maréchaussée, VI, 820, 23160. Suppression des juridictions privilégiées, lors de l'extinction du duché, V, 64, 14994.
—— *Élection*, I, 121, 701; I, 603, 3163; IV, 345, 12624-12625; VII, 513, 26277. Contrôleurs : voir GÉLINART (Guillaume et Jean).
—— *Sénéchaussée, juridiction*. Extension des attributions du sénéchal à l'extinction du duché, V, 64, 14994. Procès de faux-monnayeurs, III, 616, 10330; III, 758, 10972. Sentence contre Hugues de Mozé, II, 318, 5380.
—— *Sénéchaussée, personnel*. Conseillers : voir CHOLLET (Simon); création de quatre offices en faveur des quatre conseillers des Grands jours supprimés, I, 564, 2965; VI, 121, 19520. Lieutenant particulier et assesseur : voir BAR (François DE). Qualité de juge royal conférée au sénéchal, I, 455, 2409. Sénéchaux; liste, IX, 239-240. Sergents royaux : voir GIRARDIN (Jean), MONNOIER (Antoine), MORPAIN (Thomas), PICHART (Jean), ROMANEX (Guillaume DE).
—— *Sénéchaussée, ressort* : compris dans celui des Grands jours d'Angers, IV, 11, 11058; de Poitiers en 1519, I, 193, 1077; en 1531, VIII, 628, 32525; en 1541, IV, 224, 12032; de Tours, II, 402, 6172. Création d'un siège à Cognac, II, 97, 4326. Poursuite des usuriers, I, 332, 1782. Voir BARBEZIÈRES (Pierre DE), DU CHÈVRE (Olivier), LA BROSSE (Pierre DE), ROCHEFORT (Guillaume DE), VIGIER (Guillaume), VILLARS (Jean DE), en ce qui concerne leurs enfants.

Angoulessan : voir ENGOUDSENT.

ANGOVILLE, cⁿᵉ de Cricqueville (Calvados, cant. de Dozulé). Fiéferme, V, 447, 16971; VI, 525, 21621.

ANGRIE (Maine-et-Loire). Église paroissiale : chapelle du Colombeau, V, 639, 17946.

ANGUELLIN (Pierre), maître du pont de Creil, IV, 784, 14652.

Anguillara (*Comte dell'*) : voir Orsini (Virgilio).

Anguilles fournies à l'armée de mer, I, 408, 2171.

Anguilles, sorte d'embarcation, VII, 470, 25805.

Angy (Oise). Prévôt : voir Hottin (Nicolas).

Aniane (Hérault). Abbaye, III, 193, 8386. Foires, II, 512, 6267.

Anièrb, quart de fief sis à Boisney, Berthouville, Plasnes (Eure), et environs, VI, 506, 12518.

Anima (Johannes de), auteur de lectures sur le cinquième livre des Décrétales, V, 92, 15139.

Animadversiones (*Aristotelicæ*), de Ramus, IV, 447, 13103; IV, 577, 13701; VIII, 721, 33055.

Anisy (Calvados). Seigneurie, V, 229, 15851.

Anizy (Aisne). Château construit par le cardinal de Bourbon, II, 725, 7270.

Anjorrant (Claude), conseiller au Parlement de Paris, VII, 495, 26059; créancier du roi, III, 35, 7622; III, 185, 8351; III, 190, 8419.

Anjorrant (Jean), conseiller clerc au Parlement de Paris, VII, 500, 26104.

Anjorrant (Louis), conseiller lai et président aux requêtes du palais au Parlement de Paris, VII, 488, 25966; VII, 515, 26309; VII, 494-495, 26050-26051.

Anjou. Disette de blé, VII, 456, 25680; VII, 470, 25803. Vignobles, II, 243, 5040; II, 662, 6982-6983; III, 101, 7953; III, 400, 9355; III, 404, 9375; III, 428, 9484; III, 622, 10358-10359; III, 730, 10849; III, 736, 10872; III, 761, 10985; VI, 604, 22045; VII, 649, 27987; VII, 651, 28003; VII, 684, 28296-28297; VII, 695, 28400; VII, 744, 28770; VIII, 81, 29976; VIII, 89, 30059; VIII, 125, 30408.

—— *Domaine.* Aliénation du greffe d'Angers, III, 569, 10126; de pièces de bois taillés sises à Faye, V, 551, 17502. Baux de maisons sises dans le pourpris des anciennes halles d'Angers, pour la réfection des auditoires des juridictions, III, 337, 9069. Biens du chapitre de Saint-Hilaire-le-Grand de Poitiers, I, 125, 727. Contrôleurs : voir Deslandes (Guillaume), Jameron (Louis). Contribution de la noblesse à la rançon du roi et de ses fils, I, 534, 2816; VI, 193, 19874. Entretien des châteaux, VII, 465, 25757. Maîtrise des eaux et forêts, II, 356, 5557; personnel, IX, 218. Recette ordinaire, II, 300, 5296; II, 301, 5302; II, 349, 5526; III, 409, 9399; VII, 513, 26278; VII, 542, 26666; VII, 575, 27092; receveur : voir Thibault (Thomas). Recherche des biens nobles des gens d'église, communautés et mainmortables, VII, 505, 26169; VII, 508, 26216. Réparation des chaussées, turcies et levées de la Loire, VII, 449, 25625. Saisie partielle du temporel du clergé, III, 46, 7678. Traite foraine, V, 672, 18121; assignations sur ce revenu, II, 298, 5289; III, 184, 8342; III, 584, 10192; III, 696, 10697; VII, 553, 26820; VII, 567, 26990; VII, 568, 27007; VIII, 193, 31054; comptabilité, II, 713, 7221; VIII, 304, 32158; juges : voir Poyet (Pierre), Vergé (Gilbert); personnel, IV, 396, 12854; recette, VII, 682, 28277; receveurs : voir Barguin (Victor), Roger (Michel); ressort, I, 172, 974; I, 187, 1044; I, 308, 1960; VII, 533, 26553; règlement, I, 175, 991; I, 392, 2088. Voir Baracé, Bellepoule, Chalonge (Le), Châtelais, Cunault, Linières, Longuenée, Mauges, Moullière (La), Mesnil (Le), Montfaucon, Mucellière (La), Puy-Notre-Dame (Le), Ramefort.

—— *Duché.* Gouverneur : voir Cossé (René de). Jouissance concédée à la reine Claude, V, 240, 15913; à Louise de Savoie, I, 13 (VIII, 312), 76; I, 256 (VIII, 325ᵉ-326), 1396; VII, 809, 29223.

—— *Ducs* : voir Charles, Louis, René.

—— *Grands jours* : voir Grands jours d'Anjou.

—— *Sénéchaussée, juridiction*, VIII, 582, 32298. Amendes, III, 409, 9399. Attributions du sénéchal, IV, 574, 13684; du lieutenant général, IV, 660, 14107. Procès criminel de Jean Le Comte, VI, 677, 22444. Protocole des actes des lieutenants du sénéchal, I, 174, 986. Sentence contre Enguerrand de la Porosaye, II, 219, 4925.

—— *Sénéchaussée, personnel.* Avocat du roi : voir Poyet (Pierre). Enquêteurs : voir Le Camus (Jacques), Le Deven (Jean); création d'offices, II, 429, 5890; III, 406, 9381; IV, 671, 14131; IV, 680, 14167; IV, 683, 14178. Création d'un office de sergent général, IV, 659, 14073.

Lieutenants généraux : voir Cadu (Jean et René), Dumay (Jean), Le Rat (Guillaume), Poyet (Pierre). Sénéchaux : liste, IX, 240; — sous Louis XII : voir La Gruthuse (Jean de). Sergent royal : voir Le Couturier (Guillaume). Vente de la survivance de l'office de lieutenant criminel à Angers, VIII, 93, 30084.

—— *Sénéchaussée, ressort*, VI, 258, 21637; voir Fresneau (Claude de); compris dans celui des Grands jours d'Angers, IV, 11, 11058; de Poitiers en 1519, I, 193, 1077; en 1531, VIII, 628, 32535; en 1541, IV, 224, 12032; de Tours, II, 492, 6172. Distraction du siège de Baugé, IV, 670, 14129. Maréchaussée, IV, 775, 14607. Notaires, I, 57, 336; I, 81, 478. Poursuite des aventuriers, I, 149, 854; V, 559, 17541; des hérétiques, IV, 752, 14494; IV, 759, 14531. Répression des abus commis sur le fait des monnaies, IV, 482, 13264. Réunion en une seule juridiction du siège du sénéchal et de celui du juge ordinaire, II, 150, 4594. Sièges : voir Angers, Baugé, Saumur. Visite des poids et mesures, VIII, 703, 32953.

Anjou (Chambre d'), près la Chambre des comptes de Paris, IV, 419, 12963; IV, 518, 13431.

Anjou (Charles d') : voir Charles d'Anjou.

Anjou (Françoise d'), comtesse de Dammartin, femme de Jean de Rambures, III, 625, 10370.

Anjou (Jean) ou Aujon, garde de la forêt de Moulière, II, 627, 6822; III, 102, 7957.

Anjou (Jean d'), aide en l'échansonnerie du commun, V, 63, 14988.

Anjou (Jean d'), pourvu d'un office de garde des ponts, ports et passages de Lyon, VI, 340, 20639.

Anjou (Madeleine d'), femme de M. de Bellenave, V, 228, 15847.

Anjou (Nicolas d'), baron de Mézières-en-Brenne et de Saint-Fargeau, comte de Roussillon, III, 215, 8501; VI, 210, 19960; VII, 521, 20393; VII, 552, 26805; VII, 277, 24578. Érection en sa faveur du comté de Saint-Fargeau, IV, 292, 12360.

Anjou (René d') : voir René.

Anjou (René d'), baron de Mézières, gentilhomme de la chambre, capitaine de cent lances des ordonnances, prisonnier des Suisses après le siège de Dijon, VII, 6, 23229; résigne l'office de sénéchal du Maine, V, 460, 17040. Testament, VIII, 604, 32417.

Anjou (Le prévôt d'), chantre de la chapelle du roi, V, 411, 16783.

Anlézy (Pierre d'), s[r] de Boisbuart, V, 228, 15850; commis à l'office de capitaine et châtelain de Nonette, VI, 16, 18993; concessionnaire de l'étang de Saint-Bonnet et d'une rente de 30 livres sur la châtellenie d'Ainay-le-Château, VI, 17, 18994; VII, 533, 26544.

Anlézy (Pierre d'), [s[r] de Montapas], V, 734, 18497.

Annate dans le Milanais, V, 291, 16177; V, 363, 16555.

Annay-la-Côte (Yonne). Fortifications, IV, 18, 11088.

Anne (Sainte), représentée sur un tableau de marbre, VIII, 114, 30305.

Anne Boleyn, femme d'Henri VIII, roi d'Angleterre, II, 393, 5721; II, 590, 6639; II, 417, note.

Anne, duchesse de Bretagne, reine de France, I, 51, 303; I, 52, 307, 309; V, 336, 16420; V, 380, 16636; VII, 15, 23279; VIII, 127, 30425; créancière de Philippe de Montauban, II, 751, 7388. Dons aux religieuses des Couëts, I, 490, 25802; VI, 36, 19089; aux dominicains de Guérande, I, 153, 878; au couvent de Malnoue, I, 116, 673; aux carmes de Nantes, II, 758, 7421. Fondations à Saint-Denis, I, 51, 304. Franchises pour les foires de Dinan, VIII, 340[a], 3245 *bis*; par Pierre de Rouvres, II, 199, 4826. Tombeau, V, 418, 16816; VI, 274, 20297.

Anne de France, duchesse du Bourbonnais et d'Auvergne, comtesse de Clermont, I, 58, 343; I, 377, 2002; V, 296, 16201; V, 347, 16472; V, 625, 17873; V, 646, 17984; VI, 17, 18994; VI, 106, 19440; VII, 530, 26503; VII, 533, 26544; VII, 647, 26971; VII, 707, 28515; VIII, 221, 31304; — autorisée à nommer aux offices royaux des seigneuries de Creil et de Vierzon, V, 226, 15835; — concessionnaire de divers greniers et chambres à sel, V, 260, 16059; V, 337, 16422; V, 450, 16990; V, 486, 17177; V, 495, 17226; V, 516, 17330; des huitièmes dans l'élection de Gien, V, 224,

15828. Son maître d'hôtel : voir Maréchal (Pierre). Succession, I, 314, 1694; II, 320, 5392; II, 360, 5574; V, 415, 5825; V, 718, 18043.

Anneau (L'), c^ne d'Andilly (Charente-Inférieure), anciennement l'Annère. Seigneurie, VII, 14, 23272; VII, 258, 24479.

Annebaut (Le s^r d'), capitaine des toiles, VII, 782, 29031.

Annebaut (Barbe d'), demoiselle de la marquise de Saluces, VI, 824, 23176.

Annebaut (Claude d'), s^r de Saint-Pierre, baron de Retz et de la Hunaudaye, maréchal de France, gentilhomme de la chambre, III, 246, 8657; IV, 526, 13467; V, 810, 18888; VIII, 172, 30852; — amiral de France, IV, 555, 13594; IV, 566, 13654; — bailli et capitaine d'Évreux, II, 229, 4970; II, 337, 5469; II, 610, 6772; II, 674, 7037; — capitaine des toiles de chasse du roi, III, 346, 9114; — capitaine général des chevau-légers, VIII, 3, 29284; VIII, 12, 29366; VIII, 247, 31565; — cessionnaire des seigneuries de Compiègne, V, 164, 15509; V, 170, 15538; VI, 824, 22179; VII, 603, 27493; de Dinan, III, 264, 8737; de Guingamp, I, 505, 2664; II, 175, 4708; — commissaire : auprès des États de Normandie, VIII, 633, 32560; VIII, 739, 33158; VIII, 743, 33181; pour l'approvisionnement des magasins à sel et ports de Normandie et de Picardie, V, 39, 14857; pour faire des emprunts à Lyon, IV, 722, 14357; IV, 748, 14479; V, 4, 14682; V, 46, 14961; VI, 701, 22570; — gouverneur de Normandie, III, 323, 9006; VI, 272, 20288; VI, 450, 21219; VII, 359, 25044; VIII, 163, 30764-30766; son lieutenant : voir Matignon (Joachim de); — gouverneur de Piémont, IV, 45, 11209; IV, 92, 11421; IV, 103, 11471; IV, 107, 11488; IV, 325, note; IV, 402, 12882; VI, 630 (VIII, 801), 22182; VII, 263, 24504; VIII, 755, 33250; — lieutenant au bailliage de Caen, VII, 180, 24102; — lieutenant général à l'armée de mer contre l'Angleterre, VII, 390, 25203; — négociateur des traités : d'Ardres, V, 70, 15024; V, 88, 15123; de Crépy, IV, 673, 14141; IV, 674, 14146; de Fontainebleau, VIII, 708, 32983; IX, 34; — surintendant des forêts d'Évreux, Conches, Breteuil et Beaumont, II, 511, 5261; II, 671, 7022; est soumis à son autorité le capitaine des forêts d'Andely et Vernon, VI, 785, 22975. Compagnie de 50 lances, II, 635, 6859; VII, 722, 28612; VIII, 151, 20665; voir Fortin (François), Lelong (Pierre), et au nom du payeur, Pajonnet (Jérôme). Foires établies en sa faveur à la Hunaudaye, I, 492, 2594. Maison, VI, 568, 21856; approvisionnement, VII, 651, 28003; secrétaire : voir Maréchal (Henri); valet de chambre : voir Lecaron (Balthasar). Missions diplomatiques, IX, 32, 46, 71. Pension, II, 561, 6493; II, 564, 6509; II, 760, 7434; III, 307, 8935; VII, 700, 28454; VIII, 50, 29696; VIII, 306, 32176. Procès contre François de la Trémoille, III, 519, 9906; III, 590, 10218. Rançon, VIII, 75, 29914. Sa nièce : voir Vieuxpont (Marie de).

Annebaut (Jacques d'), aumônier ordinaire du roi, VI, 255, 20197; cardinal, évêque de Lisieux, IV, 486, 13283; V, 106, 15226.

Annebaut (Jean d'). Légitimation de son fils Jean, V, 61 (VIII, 796), 14979.

Annebaut (Jean d'), capitaine de Conches, IV, 410, 12921.

Annebaut (Jean d'), fils de l'amiral. Mission en Angleterre, IX, 32.

Annebaut (Marie d'), abbesse de Maubuisson, V, 167, 15526; VI, 805 23079.

Annebecq (Calvados). Baronnie, V, 351, 16497; V, 441, 16940.

Annecy (Haute-Savoie), II, 565, 6515.

Année commençant au 1er janvier 1528, n. s., VI, 115, 19483.

Annère (L') : voir Anneau (L').

Anneron : voir Anneyron.

Annéville (Haute-Marne). Seigneurie, V, 575, 17621; V, 740, 18521; V, 757, 18604; VI, 218, 19995.

Anneville-sur-Mer (Manche). Seigneurie, VI, 295, 20405.

Anneyron (Drôme). Foires et marché, II, 541, 6394.

Annonay (Ardèche). Bailliage, VII, 528, 26476. Commis à la recette : voir Giraud (Jean). Privilèges et coutumes de la ville et de la baronnie, III, 245, 8650. Session des États de Languedoc en 1515, V, 230, 15908.

Annonciades : voir Bourges, Rodez.

Annot (Basses-Alpes). Inondation, VII, 178, 24092. Siège judiciaire, dépendant de Castellane, III, 224, 8547; baile, capitaine, clavaire et notaire : voir Clari (Melchior); procureur du roi : voir Constaure (Antoine).

Annouville-Vilmesnil (Seine-Inférieure) : voir Vinemesnil.

Annualité de certains offices rétablie, II, 89, 4289; VIII, 646, 32632.

Anoblissements accordés : par le dernier duc de Bretagne, VI, 120, 19510; par le duc de Savoie, IV, 573, 13682; par François Ier, VI, 379-380, note; VII, 741, 28750; voir Acher (Guillaume); Achise (Guillaume), Alençon (Christophe, Jacques et Jean d'), Alexandre (Denis), Alphonse (Jean), André (Pierre)[1], Anfroy (Marin), Argentan (Gratien d'), Arles (Jean d'), Aubert (Jean et Oudin), Auvray (Marin), Avoine (Pierre et Robert), Bacquet (Thomas), Baillet (Nicolas), Bailleul (Guillaume de), Bargeton (Mathieu de), Baudouin (Jacques, Olivier et Pierre), Berthomier (Pierre), Bertrand (Guillaume), Billes (Sylvestre), Blanchard (Étienne), Bonnet (Louis), Bonshons (Jean de), Boucher (Guillaume), Bouguier (Jean et Pierre), Boyer (Étienne), Brachet (Jean), Bredan (Jean et Remy), Brie (Simon de), Briolin (Girard), Burgensis (Louis), Canivet (Guillaume), Caron (Jean), Chambon (Jacques), Civille (Alonce de), Colin (Fleury), Collardin (Robert), Deffais (Pierre), Denyau (Guillaume), Des Hayes (Geoffroy), Desmarets (Nicolas), Des Persons (Jean), Dubois (Simon), Dubosc (Jean), Du Boullay (Émond), Duboys (Claude), Duhamel (Olivier), Du Monchel (Jean et Pierre), Du Perron (Nicolas), Dupuis (Louis), Durevie (Guillaume), Durvie (Jean), Du Val (Roger), Du Valpontrel (François), Eustache (Georges et Jean), Faye (Antoine de), Fillastre (Philippe), Filleul (Guillaume et Henri), Foucques (Guillaume et Nicole), Fresnel (Pierre), Frollet (Alain et Pierre, dits), Frontin (Jacques), Gambier (Jean), Gargaste (Thomas), Gaulterét (Benoît), Gentil (Poncet), Gentils (Élie), Godart (Simon), Gosselin (Jean et Robert), Grevrot (Jean), Guillot (Jacques), Guillotte (Robert et Thomas), Guitard (Jean), Hauchemal (Charles), Hébert (Renaud), Hemar-Harent (Aymé), Henry (François), Hurel (Robert), Irlande (Guillaume d'), Jariel (Guibert), Joubert (Blaise), Jourdain (Louis), Labbé (Guillaume), La Chassagne (Jean de), La Faye (Antoine de), La Flèche (Jean de), La Fosse (Jacques de), La Gouge (Pierre), La Haye (Abraham de), Lalougny (Philippe), Lamy (François), Langlois (Pierre), La Serre (Louis de), Le Bignetier (Jacques), Le Boucher (Raoul), Le Chevalier (Pierre), Le Clerc (Pierre), Le Comte (Laurent), Le Coq (Jacques), Leduc (Guillaume), Le Fèvre (Jean), Le Fillastre (Philippe), Le Forestier (Gabriel), Le François (Jean), Le Jay (Jacques), Le Large (Richard), Le Loué (Simon), Leloup (Michel), Le Mercier (Jean, Roland et Thibaut), Le Neveu (Jean), Le Poitevin (Nicolas), Le Prévost (Thomas), Le Riche (Aubry), Le Roux (Guillaume), Le Roy (Jacques, Pierre et Raoul), Le Tellier (Jean), Le Valois (Jean), Le Verrier (Hugues), Loubert (Blaise), Lyon (Jean de), Maillet (Jean), Mallet (Nicolas), Marc (Guillaume et Louis), Marguerite (Philippe), Martinbos (Nicolas de), Martiné (Louis), Mathieu, dit Le Capitaine, Mercade (Robert), Mesnage (Jean), Meyran (Louis), Michel (Louis), Montailles (Nicolas de), Morant (Jean de), Morelet (Jean), Motte (Suffren), Ortigue (Jean), Penchinart (Honorat), Perceval (Guillaume), Pillon (Pierre), Porte (André), Potin (Michel), Prudhomme (Guillaume), Puich (Guillaume), Pyat (Jean), Queuret (Jean), Rabutin (Claude et Sébastien de), Raoult (Pierre), Regis (Thomas), Rigoult (Richard), Romain (André), Rosette (Jacques), Rousset (Antoine), Rouvray (N. de), Roux (Michel), Rozette (Jacques), Sacha (Bertrand), Saldaigne (Pierre), Salvage (Pierre), Scot (Auguste et Claude), Seliers (Charles de), Siconneau (Simon), Spada (Dominique, François et Michel), Tabernier (Philibert), Thirel (Robert), Thurin (Jean de), Tiremois (Jean), Tissart (François et Philibert), Trémolet (Pierre), Valence (Pierre de),

[1] Le *Catalogue* mentionne deux anoblis nommés Pierre André; il a paru sans intérêt, dans cette série de renvois, de signaler les particularités analogues qui peuvent se présenter, et même de répéter les noms de famille portés par des personnages différemment prénommés, quand bien même ces personnages n'auraient entre eux aucune parenté.

YLLES (Jean D'), YVELIN (Georges, Henri et Jacques). Assignation sur les deniers à provenir des lettres d'anoblissement, I, 538, 2834; II, 14, 3906; VI, 86, 19335-19336. Cf. NOBLESSE.

ANQUECHIN (Mathieu D'), V, 679, 18165.

Anquetierville (Seine-Inférieure) : voir FIEF-DE-BEAUMESNIL (LE).

ANQUETIL (Robert), écuyer, s^r de Baudienville, VI, 551, 21767.

ANSACQ (Oise), VII, 533, 26543; voir FIEF-LE-MOIGNE. Seigneur : voir POPILLON (Nicolas).

ANSALDO (Luca D'), DANSALDO, ou d'ENSALDE, natif de la Rivière de Gênes, commis au payement des pensions d'Angleterre, II, 35, 4013; II, 116, 4420; VII, 633, 27823; VIII, 129, 30451. Lettres de naturalité, VI, 88, 19346.

Anse (Rhône) : voir BRIENNE; voir aussi CHAPPUIS (Pierre), UNGLYS (Lazare DE).

ANSE (Pierre D'), commandeur de Saint-Jacques de l'Épée d'Étampes, V, 683, 18191.

ANSELAY (Claude D'), VIII, 638, 32588.

ANSELME (Antoine), clerc de chapelle des fils du roi, destitué à cause d'un meurtre qu'il a commis, VIII, 182, 30944.

ANSELME (François), concessionnaire de la seigneurie de Saignon, VII, 19, 23302.

ANSELME (François D') ou D'ANCELINE, natif d'Avignon. Lettres de naturalité, VII, 307, 24753; VIII, 700, 32938.

ANSELME (Louis D'), d'Avignon. Lettres de naturalité, VIII, 700, 32938.

ANSELMI (Pierre), chanoine de Thérouanne, natif d'Avignon. Lettres de naturalité, VI, 570, 21865.

Ansonville (S^r d') : voir MINERAY (Merry DE).

ANSOUIS (Vaucluse). Amortissement des biens des habitants et de la confrérie du Saint-Esprit, VII, 382, 25163.

ANSOULX (Guillaume), AUZOULX ou HOUSDU, garde de forêt, III, 66, 7779; IV, 206, 11952; VIII, 158, 30720.

ANSTOUDER (David), archer de la garde écossaise, III, 321, 8998.

ANTELMY (Hector), notaire à Marseille, VIII, 651, 32665.

Antessan : voir ANDEZENO.

ANTHEAUME (Jean), VI, 120, 19511.

Anthoine : voir ANTOINE.

ANTIBES (Alpes-Maritimes). Départ et envoi de missions pour le service du roi, III, 573, 10143; VIII, 236, 31461; VIII, 252, 31615; VIII, 254, 31643; VIII, 255, 31646; VIII, 281, 31913. Habitants d'origine étrangère, naturalisés français : voir ARAYSSO (Girard), AUBERT (Barthélemy), CALVI (Jean et Pierre-Jean), CANASSO (Honoré), DURBERT (Nicolas), LANSSE (François), MASSE (Étienne), PÈNE (Barthélemy), ROBECO (Antoine), ROBIN (Jean-Antoine), TULON (Baptiste et Nicolas), VALETO (Pierre). Justice, III, 205, 8454. Privilèges de la ville, I, 58, 345; III, 568, 10121. Seigneurs : voir GRIMALDI (Antoine et Gaspard). Seigneurie, pillée par l'ennemi, III, 268, 8757. Séjour du roi, VIII, 549.

ANTIBOUL (Geoffroy), garde du droit de foraine à Saint-Tropez, VII, 365, 25077.

ANTIGNANO, c^{ne} de Livourne (Italie), VI, 133, 19578.

Antigneul, c^{ne} de Bours (Pas-de-Calais). Seigneur : voir BOURS (Charles DE).

Antigny-le-Château (Côte-d'Or). Seigneur : voir VIENNE (Gérard DE).

ANTIN (Arnaud D'), VII, 269, 24537.

ANTIN (Bertrand D'), baron de Ferrals, VII, 270, 24540.

ANTIOCHIA (Georges), médecin du roi, ambassadeur des États de Piémont, VIII, 305, 32164.

ANTIQUITÉS. Achats faits pour le roi à Rome, IV, 82, 11374; à Venise, IV, 181, 11829; VIII, 200, 31119. Médaille d'or à remettre annuellement à la recette de Beaucaire par le seigneur de Saint-Roman, VII, 247, 24426.

Antoigné (D') : voir BONSHONS (Jean DE).

ANTOINE, duc de Calabre, de LORRAINE et de Bar, V, 801, 18843; VI, 134, 19581; VI, 756, 22840; VII, 245, 24419; VII, 619, 27680-27681; VII, 649, 27992; VIII, 161, 30743; IX, 7; — admis dans la Sainte-Ligue, V, 773, 18694; — autorisé à posséder des biens dans le royaume, IV, 58 (VIII, 372), 11265; — cède Stenay à François Ier, IV, 292, 12361; VIII, 305, 24742; qui lui restitue ensuite cette place, IV, 717, 14334; IV, 718, 14334; IV, 724, 14365; IV, 761, 14541; VIII, 404, 25169 *bis*; — cessionnaire des régales du Barrois, III, 768, 11017; VII, 308, 24757; des seigneuries de Mercœur, Fromental, Blesle et Gerzat, en vertu d'une transaction avec le roi touchant la dot de Renée de Bourbon, sa femme, et les droits de celle-ci sur les biens de la maison de Bourbon, I, 648 (VIII, 341), 3399; I, 653, 3425; II, 17, 3920; II, 133 (VIII, 347^{a}), 4512; III, 137, 8118; VI, 304, 20454; VI, 398, 20940; VI, 424, 21082; VI, 586, 21954; nonobstant la réunion du domaine, VI, 290, 20383; — déchargé de l'hommage de Châtel-sur-Moselle, I, 117, 676; I, 149, 855; V, 300, 16220; — vassal du roi pour Gondrecourt, V, 492, 17208; V, 428, 16866; VI, 724, 22065. Compagnie de cent lances, VI, 185, 19838; VII, 615, 27640; VII, 721, 28609; VII, 764, 28903; VIII, 11, 29349; VIII, 95, 29349; VIII, 116, 30318; voir Canjon (Antoine de), La Fontaine (Amy de), Mazin (Gaspard de); lieutenants : voir Du Fay (Jean, bâtard), Lenoncourt (Henri de). Payeur : voir Moireau (Bonnet de). Contestations entre ses officiers et ceux de France, V, 505, 15077; VII, 437, 25513; VIII, 303, 32148. Correspondance avec Charles-Quint, VII, 156, 23983; avec François Ier, II, 649, 6930; III, 49, 7693; III, 62, 1760; VII, 732, 28682; VII, 772, 28954; VIII, 291, 32019. Hommages, V, 506-507, 17282-17284. Lettres de neutralité pour ses seigneuries, III, 219, 8527; V, 543 (VIII, 391^{a}), 17462; V, 576, 17623; VI, 672, 22414-(VIII, 400), 22415; VI, 423, 21076; VI, 738, 22750; pour les marchands des villes impériales se rendant dans ses États, V, 587, 17678. Maison; chevaucheurs : voir Bourguignon (Nicolas), Person (Jean); gentilhommes : voir Bouysic (Saxe de), Fresneau (Claude de); laquais : voir Aron (Bertrand); maîtres d'hôtel : voir Beauvau (Claude de), Chahanay (Jacques de); médecins : Bartholomé (Jean), Geoffroy (Jean), secrétaire; voir Mengin (Nicole). Pensions, II, 347-348, 5518-5519; VII, 634, 27834-27835. Seigneurie de Brieulles, indivise entre Antoine et François Ier, II, 712, 7217. Traites de vin, V, 621, 17847; V, 671, 18116.

Antoine (Alain), gentilhomme de la vénerie, VIII, 695, 28402.

Antoine (Francisque-) : voir Francisque-Antoine.

Antoine (Jean), italien, gouverneur des lions d'Amboise, V, 378, 16623.

Antoine (Marc) : voir Marc-Antoine.

Antoine (Michel), augustin, I, 732, 3827.

Antoine (Pierre) ou Anthoine, conseiller au Grand Conseil, V, 389, 16676; V, 466, 17074; V, 640, 17951; maître des requêtes, I, 409, 2179; I, 468, 2474; VIII, 333^{a}, 2182; official de Luçon, envoyé en Suisse, IV, 77. Décès, II, 36, 4019.

Antoine (Pierre), joueur de hautbois du duc de Mantoue, VIII, 244, 31541.

Antoine (Pierre), s^{r} du Bois, VI, 205, 19932.

Antoine (Simon), sergent royal en la prévôté de Wassy, IV, 514, 13412.

Antonne (Laurent d'), natif de Navarre, maître chirurgien à «Bourg»[1]. Lettres de naturalité, VI, 228, 20056.

Antony (Seine). Foire, V, 26, 14794.

Antran (Vienne) : voir Corbery.

Antras (Nicolas d'), chanoine de Vic-Fezensac, VI, 354, 20713.

Antully (Saône-et-Loire). Seigneurs : voir Montjeu (Hugues et Philippe de).

Anvers (Belgique) : voir Laugrand (Jean), Riccio (Emmanuel), Vezeler (Georges). Banque, V, 404, 16746. Commerce, IV, 582, 13722. Originaires naturalisés français : voir Fenestreau (Nicolas de), Foullon (Pierre), Leroy (Corneille), Reny (Goullifart), Sauvaës (Jean). Port : voir *Petit-Coq (Le)*.

Anville, c^{ne} de Rouillac (Charente). Séjour du roi, VIII, 549.

Any (Aisne). Seigneurie, V, 436, 16911.

Anzau, c^{ne} de Noizay (Indre-et-Loire). Seigneur : voir Mons (François de).

Aoste (Italie, province de Turin). Paroisse Saint-Nicolas : voir Couryet (Louis).

—— *Diocèse*. Originaires naturalisés français : voir Caprilis (Fantin et Jacques de), Mazelin (Jean), Ménart (Jacques).

[1] On a laissé en blanc, dans le registre JJ 245^{1}, le nom de la sénéchaussée à laquelle ce lieu appartenait.

—— *Val.* Missions : d'Antoine Mazeris, III, 407, 9389; du comte de Saint-Pol et du héraut Angoulême, VIII, 155, 30690. Traité entre les députés des habitants et François Ier, VIII, 377[a], 12635 *bis*, 12744 *bis*.

Aoust (François d'), III, 610, 10304.

Aoust (François d'), VII, 683, 28290.

Aoust (Louis), procureur général du roi à l'effet de poursuivre les infractions des règlements de la traite du sel, VI, 18, 19000.

Aoustin (Guillaume), général des aides à Rouen, VI, 714, 22636.

Aoustin (Jean), contrôleur du grenier à sel de Dieppe, VII, 131, 23864.

Aoustin (Nicolas), VI, 282, 20337.

Aoustin (Nicolas), contrôleur du grenier à sel de Dieppe, VII, 131, 23864.

Apanages : de Charles III, comte d'Alençon, I, 99, 580; de Charles de France, IV, 126, 11528; IV, 583, 13727; IV, 625, 13921; VI, 716, 23648.

Aparré (Guillaume), archer de la garde, V, 498, 17239.

Apcher (François d'), V, 419, 21057.

Apcher (François d'), V, 554, 21786.

Apcher (François d'), s[r] de Chaliers, III, 760, 10978.

Apcher (Gabrielle d'), VI, 557, 21797.

Apchon (Cantal). Notaire : voir Palat (Pierre). Seigneur : voir Saint-Germain (Artaud de).

Apestigny (Pierre d'), V, 170, 15539.
—— *Général des finances en Bourgogne*, du 13 janvier 1529, n. s., au 28 mai 1543, III, 350, 9129; III, 535, 9975; III, 539, 9993; IV, 446, 13101; VI, 163, 19727; VII, 251, 24447; VII, 403, 25735; VII, 385, 25176; VIII, 712, 33004; — commissaire des vivres, IV, 433, 13036; IV, 462, 13168; VIII, 13, 29371; — commissaire du roi aux États du comté d'Auxonne, en 1530, VI, 220, 20060; en 1533, II, 433, 5906; en 1536, III, 220, 8528; en 1539, IV, 5, 11035; en 1542, IV, 327, 12537; — créancier du roi, II, 125, 4472. Gages, II, 598, 6684; III, 71, 7805; IV, 279, 12297; VII, 234, 24361; VIII 253, 31634.
—— *Receveur des finances extraordinaires et parties casuelles* : la plus ancienne mention qui lui donne ce titre est du 16 septembre 1524, VII, 124, 23829, et la plus récente du 4 décembre 1529, I, 678, 3548; entre ces deux dates, on trouve de très nombreuses mentions concernant sa comptabilité, et qu'il a paru inutile d'indiquer ici; — commis au recouvrement des quatre décimes imposées pour la rançon des fils du roi, I, 678, 3548; au recouvrement d'une somme imposée sur Amboise, I, 646, 3387; à la réformation des approvisionnements et munitions de la sénéchaussée d'Agenais, V, 644, 17973. Liquidation de sa comptabilité, VII, 448, 25617; VII, 538, 26616, et tomes VII et VIII, *passim*.
—— *Secrétaire du roi*, autorisé à résigner cet office, III, 655, 10511.
—— *Trésorier de France en la généralité d'Outre-Seine et Yonne*, VI, 55, 19183-19184; VI, 58, 19199; VII, 452, 25650.
—— *Vicomte de Pont-de-l'Arche*, VII, 463, 25738.

Apetissement du vin : voir Châteauroux, Croisic (Le), Poitiers, Tannay.

Apigné, c[ne] du Rhau (Ille-et-Vilaine). Seigneur : voir Bothbrel (Jean).

Aplaincourt (Jean d'), I, 212, 1173.

Apostats. Poursuite, IV, 344, 12621.

Apothicaires : voir Balcis (Thomas de), Bastin (Thomas), Belon (Jean), Bonin (Paul), Chaysse (Jean), La Grange (Jean de), Lecat (Jean), Roux (Jean), Tercier (Jean), Vallete (Raphaël); attachés à l'armée de Picardie, VIII, 134, 30488; d'Évreux, III, 394, 9324; de Paris, I, 91, 539; I, 150 (VIII, 766[a]), 861; I, 212, 1172; IV, 264, 12232; de Troyes, IV, 65, 11298; du roi, II, 443, 5951; V, 32, 14818; V, 133, 15368; voir Daigne (Pierre), Gaulteret (Benoît).

Appâts pour les loups dans la forêt de Bière, VIII, 307, 32181.

Appeaux : voir Appels.

Appel (Fol) : en Bourgogne, IV, 99, 11455; en Dauphiné, IV, 335, 12576.

Appellations : Voir Appel (Fol), Appels.

Appelles : voir Saint-André et Appelles.

Appels, II, 365, 5600; II, 683, 7083; V, 143, 15414; VI, 72, 19265; VIII, 786, 11331; comme d'abus, III, 419, 9446;

VI, 688, 22500; de la juridiction des maire et échevins de Bayonne, VI, 754, 22828; des sentences de François Alamant, III, 518, 9903; III, 586, 10204; des sentences des Grands jours de Bretagne, IV, 669, 14124; en matière criminelle : interprétation de l'ordonnance de Villers-Cotterets, IV, 385, 12811; VIII, 713, 33010. Dispositions propres à la Provence, VIII, 684, 32844; VIII, 689, 32871; VIII, 744, 33186; VIII, 752, 33229. Juges d'appel, I, 99 (VIII, 765), 579; VI, 323, 20548; VIII, 638, 32585; VIII, 653, 32674; VIII, 707, 32957; VIII, 727, 33091. Poursuites nonobstant appel, VIII, 759, 33295. Reliefs d'appel, VIII, 588, 32326.

Appelvoisin (François d'), V, 78, 15069.

Appelvoisin (Hardi d'), VII, 11, 23254.

Appelvoisin (Hélène d'), VII, 11, 23254.

Appentis (Les) : voir Arpentis (Les).

Appenzell (Suisse), IX, 138.

Appeville (Manche) : voir Grosparmy.

Appigné : corr. Apigné.

Appinac (Antoine d'), capitaine de Varennes-sur-Allier, VI, 46, 19143.

Approvisionnement : voir Subsistances; des greniers à sel : voir Greniers à sel.

Apremont : cf. Aspremont.

Apremont, c^ne de la Guerche (Cher). Séjour du roi, VIII, 549.

Apremont, c^ne de Souvigny (Indre-et-Loire). Seigneur : voir Aymer (Antoine).

Apremont (Meuse). Baron : voir Linange (Hesse, comte de).

Apremont (Savoie) : voir Thomas (Imbert et Jean).

Apremont (Vendée). Seigneur : voir Chabot (Philippe).

Apremont (Claude d'). Compagnie, VI, 422, 21072; voir Quinault (Pierre).

Apremont (Claude d'), garde de la forêt de Bière, II, 628, 6826.

Apremont (Jean d'), s^r de Buzancy, V, 314, 16299.

Apremont (Pierre d'), seigneur de Saint-Bausel ou Saint-Bauzeil, homme d'armes des ordonnances sous Jacques de Genouilhac, puis gentilhomme de l'hôtel. Relèvements de montres, II, 6, 3863; VI, 245, 20143. Remise d'amende, III, 711, 10766.

Aprevoir (Guillaume d'), s^r de Vandy, I, 493, 2597.

Aprey (Haute-Marne). Foires, I, 625, 3275.

Apt (Vaucluse) : voir Alard (Honoré), Amyeu (Philippe), Bontemps (Pierre), Douend (Julien), Du Bois (Michel et Louis), Dupotet (Pierre), Fabre (Louis), Fabresse (Catherine), Giraud (Jeannette), Grossel (Mérimet), Guigonis (Lazare), Lanfrin (Balthazar), Ortigue (Jean), Perceval (André), Rossillon (Albert), Salvator (Jean), Voison (Honoré). Bailliage : voir Saignon. Diocèse : voir Lacoste. Évêché : voir Villars (Barthélemy). Évêques : voir Forli (Pierre de), Nicolai (Jean), Trivuce (César). Juges : voir Artigue (Pierre), Grossi (Jean), Bernus (Claude). Notaire : voir Pugnet (Robert). Viguerie, VIII, 710, 32996.

Aqua (Jean de) : voir Delbau (Jean).

Aquaviva : voir Acquaviva.

Aqueducs : à Acy-en-Multien, V, 117, 15287; à Cavaillon, III, 420 (VIII, 406), 9449; VIII, 665, 32745.

Aquenet (Jacques), gentilhomme de la maison du roi d'Écosse, III, 58, 7736.

Aquin (Sébastien), prieur de Saint-Martin-de-Miseré, III, 419, 9446.

Aquitée (Autriche-Hongrie, Littoral illyrien). Patriarche : voir Grimani (Marco).

Aquino : voir Acquino.

Arabe (Langue), VIII, 196, 31073. Cf. Postel (Guillaume).

Aragon, royaume. Monnaies, IV, 358, 12683. Originaires naturalisés français : voir Falco (Jean), Ferrier (Antoine), Gaillardi (Jean), Grenoillas (Raymond de), La Salle (Jean de), Saliadour (Jérôme), Senedo (Noffre de). Reine douairière : voir Germaine de Foix. Vice-chancelier, envoyé en France, IX, 115.

Aragon (D') : voir Acquaviva (Jean-François d'), Cajetano (Honorat).

Aragon (Catherine d') : voir Catherine d'Aragon.

Aragon (Gilles d'), garde de la forêt de Rets, II, 027, 6823.

Arailly : corr. Arcilly.

Arambule : voir Harambure.

Aramon (Gard), V, 675, 18142. Foires, II, 514, 6277. Péage, IV, 11, 11057.

Aramont (*S^r d'*) : voir Luels (Gabriel de).

Arancou (Hautes-Pyrénées). Seigneur : voir Tardes (Jean de).

Aranda (Alonso), marchand, natif de Burgos, établi à Rouen. Lettres de naturalité, IV, 294, 12373.

Aranda de Duero (Espagne, prov. de Burgos) : voir Couriel (Jacques de).

Arandon : voir Brosses d'Arandon (Les).

Araysso (Girard), natif du pays de Gênes, demeurant à Antibes. Lettres de naturalité, VI, 636, 22211.

Arbaleste (Guy), s^r de La Borde, secrétaire du roi, clerc des comptes à Paris, IV, 750, 14488.

Arbaleste (Jacques), avocat général au Parlement de Dijon, IX, 173.

Arbaleste (Jean), conseiller lai au Parlement de Paris, I, 265, 1439; VII, 488, 25971.

Arbaleste (Jean), juge de la prévôté de Montréal-en-Auxois, II, 598, 6683.

Arbaleste (Jean), secrétaire du roi, V, 233, 15874; général des aides à Paris, V, 257, 16048.

Arbalète (Jeu de l'). Privilèges des vainqueurs ou rois : au Conquet, I, 101, 1068; à Dijon, VII, 458, 25695; à Guérande, I, 620, 3248; à Hennebont, V, 781, 18733; à Landerneau, III, 285, 8833; à Meaux, II, 407, 5782; à Nantes, III, 101, 7953; à Paris, I, 38, 220; à Pontivy, III, 291, 8863; à Saint-Malo, II, 674, 7040; III, 228, 8569; à Tours, I, 380, 2036.

Arbalètes données ou fournies au roi, II, 18, 3929; VIII, 38, 29592; VIII, 196, 31071-31072.

Arbalétrière (*L'*), galère pour le Havre, VI, 396, 20928; VIII, 91, 30067; VIII, 113, 30296; VIII, 292, 32024; VIII, 296, 32081.

Arbalétriers : voir Driart (Guillaume), Durand (Pierre), Labbé (Jacques), Laube (Jean), Sanson (Jean); du roi : voir Dumesnil (Robert), Dupont (Guillaume). Corporations : voir Abbeville, Amiens, Beauvais, Paris.

Arbalétriers de la garde, V, 264, 16034.

Arbalétriers (*Grand maître des*) : voir Gouffier (Claude).

Arbaud (Gombaud), notaire à Saint-Maximin en Provence, III, 164, 8253.

Arbaud (Honorat), juge ordinaire d'Hyères, VII, 287, 24632; de Toulon, VII, 287, 24633.

Arbaud (Honorat) ou Arbaudi, maître rational à Aix, VII, 115, 23784; VII, 377, 25135.

Arbaud (Honorat), titulaire de la chapelle de Saint-Mitre au palais d'Aix, VII, 367, 25087.

Arbaud (Jacques), l'aîné, procureur du roi à Forcalquier, puis en la Chambre des comptes d'Aix, VII, 273, 24558.

Arbaud (Jacques), natif d'« Arbigno » en la rivière de Gênes, demeurant à Martigues. Lettres de naturalité, VI, 670, 22403.

Arbaud (Jean), clerc d'Aix, pauvre de la chapellenie de Sainte-Catherine, à Brignoles.

Arbaud (Jean) ou Arbaudi, maître rational à Aix, VII, 66, 23544; VII, 115, 23784.

Arbaud (Jean), procureur du roi à Aups, III, 201, 8431.

Arbaud (Mathieu), titulaire de la chapelle Saint-Mitre du palais d'Aix, VII, 367, 25087; chanoine d'Aix, III, 397, 9342; VIII, 679, 32821.

Arbaude (Honorat, Mathieu et Louis), frères, s^rs de Bargemon et Callas, VII, 232, 24353.

Arbaudi : voir Arbaud.

Arbent (Ain), VI, 384, 20867.

Arberou, pays compris dans le département actuel des Basses-Pyrénées, VI, 504, 21506; voir Saint-Martin.

« Arbigno », en la Rivière de Gênes, VI, 670, 22403.

Arbingue (Jean), patron de frégate, VIII, 254, 31640.

Arbischon (Jean d'), chevaucheur d'écurie, VI, 140, 19610.

Arbois (Jura). Cru viticole : ceps plantés à Champagne, près Fontainebleau, II, 607, 6730 ; vins achetés pour la table du roi, II, 415, 5822 ; II, 527, 6332 ; VII, 234, 24360 ; VII, 243, 24409 ; VII, 310, 24770 ; VIII, 51, 29704 ; VIII, 183, 30958.

Arbonière (Séraphin) : voir Corbonnière (Séraphin).

«*Arboriste*», c'est-à-dire arboriculteur : voir Geoffroy (Jean).

Arbouville (Étienne d'), IV, 664, 14100.

Arbouville (Jacques d'), I, 606, 3176.

Arbouville (Jean ou Jeannet d'), s^r de Buno, capitaine de Crémone, puis d'Yèvre-le-Châtel, V, 514 (VIII, 391), 17320. Décès, VI, 27, 19043.

Arbouville (Jeanne d'), I, 606, 3176.

Arbouville (Nicolas d') ou d'Herbouville, archer de la garde, IV, 223, 12026 ; IV, 664, 14100 ; VII, 744, 28771.

Arbre-Sec (Rue de l'), à Paris, III, 232, 8587.

Arbresle (L') [Rhône], II, 424, 5864 ; VIII, 55, 29743 ; voir Munard (Pierre). Séjour du roi, VIII, 549.

Arbroath ou *Aberbrothwick* (Écosse, comté de Forfar). Abbé : voir Beatoun (David).

Arc (Jeu de l'). Privilèges des vainqueurs ou rois : à Dijon, VII, 458, 25695 ; à Hennebont, V, 781, 18733 ; à Landerneau, III, 285, 8833 ; à Saint-Malo, II, 674, 7040 ; III, 228, 8569.

Arcagnac, c^ne de la Fouillade (Aveyron). Seigneurie, VII, 257, 24476.

Arcent (Thibaut), V, 794, 18805.

Arces (Charente-Inférieure) : voir Brézillas.

Arces (Yonne). Foires, IV, 314, 12469.

Arces (Antoine d'), s^r de la Bâtie-sur-Meylan. Ambassade en Écosse, IX, 35.

Arces (François et Isabelle, enfants de feu Philibert, fils de Jean d'), VII, 414, 25322.

Arces (Jeanne d'), I, 387 (VIII, 332), 2005.

Archambault (Jean), curé de Courlandon, administrateur de l'Hôtel-Dieu et de l'hôpital Saint-Julien de Moulins, VII, 526, 26458.

Archambault (Jean, père de Maurice), VII, 742, 28755.

Archangé, c^ne de Neuvy (Loir-et-Cher). Justice, VI, 323, 20546 ; VII, 23, 23319.

Archers : à la solde de la ville de Tours, V, 565, 17573 ; V, 576, 17627 ; entretenus pendant le premier quartier de 1527, VII, 143, 23919. Corporations : voir Abbeville, Amiens, Beauvais, Orléans, Paris, Saint-Quentin.

Archers de la garde : voir Garde du roi.

Archers de la porte : voir Desgranges (Jean), Filon (Hector). Cf. Portiers.

Archers (Francs) : voir Francs-Archers.

Archiac (Charente-Inférieure). Baronnie, VII, 36, 23368. Seigneur : voir Montberon (Adrien de). Séjour du roi, VIII, 549.

Archiac (Jacques d'), seigneur d'Availles, III, 610, 10303.

Archiac (Odile d'). Légitimation de son fils Jean, VIII, 638, 32588.

Archier (Guillaume), élu de Coutances et Carentan, VII, 116, 23788.

Archier (Jean), marchand de Marseille, III, 544, 10015.

Architectes : voir Androuet (Jacques), Courtonne (Dominique de), Serlio (Bastianet). Cf. Maçons.

Architecture : voir Bâtiments, Fortifications.

Archives. Conservation des papiers et registres des greffes, I, 252 (VIII, 768), 1377 ; III, 116, 8020 ; des protocoles des notaires, II, 364, 5598 ; IV, 528, 13480 ; IV, 585, 13731. Papiers des chanceliers de France et gardes des sceaux, III, 111, 7996 ; IV, 358, 12684-12685 ; IV, 458, 13152 ; IV, 724, 14367 ; d'Alberto Maraviglia, II, 511, 6259 ; de Jean de Pins, évêque de Rieux, III, 454, 9559. Titres de l'ancienne maison d'Armagnac, I, 191, 1063.

—— *Aix : Chambre des comptes*. Clefs, VIII, 741, 33169. Dépôt : des états de condamnations et amendes du Parlement d'Aix, I, 427, 2263 ; des registres des greffiers des cours, VII, 131, 23863.

—— *Autun : Bailliage et chancellerie*. Dépôt des actes des notaires, VII, 431, 25465.

IMPRIMERIE NATIONALE.

—— *Blois : Chambre des comptes.* Remise de titres : à la Chambre des comptes de Paris, V, 367, 16574; à Anne de Montmorency, VI, 145, 19636; au Parlement de Paris, VI, 685, 22489; au roi, I, 665, 3483.
—— *Blois : Ville,* VIII, 640, 32599.
—— *Chambéry : Chambre des comptes.* Remise de titres à celles : de Dijon, IV, 258, 12203; IV, 479, 13249; de Grenoble, VI, 611, 22079.
—— *Chauny.* Construction d'un local pour le dépôt des papiers, lettres et dénombrements des lieux de la châtellenie, VII, 755, 28841.
—— *Dijon : Chambre des comptes.* Communications aux commissaires du roi, IV, 384, 12806. Dépôt des titres de la Bresse, du Bugey et du Valromey, IV, 258, 12203; IV, 479, 13249. Recherche des titres concernant le comté de Bourgogne, IV, 719, 14342.
—— *Dijon : Greffe des États de Bourgogne.* Papiers communiqués au roi, VII, 255, 24462.
—— *Grenoble : Chambre des comptes.* Dépôt des registres des commissaires des aliénations du domaine, IV, 704, 14273; d'une partie des titres des archives de Chambéry, VI, 661, 22079. Recherche des titres relatifs à l'autorité des gouverneurs de Dauphiné, VII, 232, 24351; aux lods et ventes dus au roi dans cette province, VI, 328, 20574.
—— *Guise : Chapitre.* Cartulaires détruits par les guerres, VII, 397, 25238.
—— *Lyon : Élection.* Construction d'une chambre pour les archives, VII, 436, 25506.
—— *Montbus : Vicomté.* Titres détruits par un incendie, VII, 433, 25479.
—— *Montpellier : Palais.* Nomination d'un contrôleur et garde des archives, II, 321, 5395.
—— *Moulins.* Dépôt des titres de la maison de Bourbon, II, ~~134~~, 4462; VI, 50, 19162.
—— *Nantes.* Trésor des chartes de Bretagne, I, 207, 148.
—— *Nîmes : Sénéchaussée.* Archives, IV, 656, 14060; VIII, 309, 32213; garde : voir Leblanc (François).
—— *Paris : Chambre des comptes :* voir ci-dessus *Blois : Chambre des comptes.* Création d'un office de garde des comptes et registres, I, 224, 1234 : voir les noms des titulaires de cet office indiqués ci-après à l'article Chambre des comptes de Paris. Dépôt des titres de la maison de Bourbon, II, 124, 4462; des titres de la rançon des fils du roi, II, 8, 3872; d'une des trois expéditions des comptes des terres de la maison d'Armagnac, I, 191, 1063. Remises de titres : à Charles-Quint, I, 700, 3663; au duc et à la duchesse de Lorraine, VI, 304, 20454; à Anne de Montmorency, VI, 441, 21165. Voir ci-après *Paris : Trésor des chartes.*
—— *Paris : Chambre du Conseil des finances,* V, 629, 17889.
—— *Paris : Chancellerie de France.* Reconstitution de lettres de provisions perdues, au moyen du registre du secrétaire qui les avait expédiées, VII, 458, 25697.
—— *Paris : Chapitre métropolitain,* IV, 724, 14367.
—— *Paris : Notaires.* Registres, IV, 238, 12103.
—— *Paris : Parlement :* voir ci-dessus *Blois : Chambre des comptes.* Dépôt des papiers de la légation du cardinal de Boisy, I, 369, 1968; des pièces du procès de l'amiral Chabot, IV, 501, 13356; IV, 664, 14098. Remise de pièces, IV, 754, 14507.
—— *Paris : Trésor des chartes.* Dépôt des papiers concernant la rançon du roi et de ses fils, II, 8, 3872; VII, 477, 25865; des registres des commissaires des aliénations du domaine, IV, 704, 14273; des titres de la maison de Bourbon, II, 124 (VIII, 347), 4462. Gardes et trésoriers des chartes : voir Budé (Dreux et Jean), Le Roullié (Sébastien). Remises de titres : à Antoine, duc de Lorraine, I, 718, 14314; à Charles-Quint, I, 692, 3623; I, 700 (VIII, 343), 3663; I, 705, 3684. Transcription des titres sur registres, VII, 453, 25659.
—— *Saint-Flour : Bailliage des Montagnes d'Auvergne.* Dépôt des registres et protocoles des notaires décédés, VII, 412, 25306.
—— *Saint-Maurice-en-Gourgois.* Conservation des minutes du notaire Jean Faure, VII, 468, 25785.

« *Arcilly* ». Seigneur : voir Bongard (Guillaume).

Arcis-le-Ponsart (Marne). Foires, I, 532, 2802.

Arcis-sur-Aube (Aube).
—— *Grenier à sel* concédé à Henri de Foix, II, 487, 6149; II, 642, 6892; III, 547, 10029; III, 688, 10656; au même et à son frère Gaston, II, 5, 3860; VII, 539, 26631; à Odet de Foix, V, 724,

18435; au même et à Marie d'Albret, V, 714, 18378. Octroi de 4 livres par muid aux habitants de Troyes, I, 17, 99; I, 284, 1536. Offices royaux, V, 723, 18433.
—— *Seigneurie* confisquée sur M. de Saint-Vallier, VII, 423, 25397.
—— *Ville.* Fortifications, V, 26, 14795. Réduction de tailles à l'occasion de la peste, II, 271, 5172; VI, 292, 20390.

Arclais (Nicolas d'), écuyer, VI, 256, 20205.

Arçon (Jacques d') : voir Arson (Jacques d').

Arconate (Italie, province de Milan). Seigneurie, V, 440, 16935.

Arconnat (Jean-Baptiste d') ou d'Arconna, écuyer d'écurie, VIII, 50, 29698; VIII, 285, 31954.

Arcons (Marie d'), femme de Guillaume Joubert, VII, 238, 24381-24382.

Arcs offerts par le roi à la reine de Hongrie, VIII, 196, 31071.

Arc-sur-Tille (Côte-d'Or). Seigneurie ravagée par les Suisses lors du siège de Dijon, VI, 157, 19697.

Arcussia (Anne d'), VI, 707, 22889.

Arcussia (Gaspard d'), s^r d'Esparron, conseiller clerc au Parlement de Provence, VII, 316, 24808; autorisé à se marier, VIII, 749, 33215.

Arcy, c^{ne} de Chaumes (Seine-et-Marne). Seigneurie, V, 563, 17562.

Arcy-le-Ponsart : corr. Arcis-le-Ponsart.

Arcy-Sainte-Restitue (Aisne). Garnison : arquebusiers, VIII, 136, 30516. Seigneurie, VI, 398, 20941.

Ardaine (D') : voir Jal.

Ardaña : voir Herduña.

Ardennes, pays. Originaire naturalisé français : voir Hermynes (Arnoul d').

Ardennes, c^{ne} de Saint-Germain-la-Blanche-Herbe (Calvados). Abbaye de Notre-Dame, de l'ordre de Prémontré, VI, 696, 22541.

Ardesson (Jean et Aignan), natifs du diocèse d'Albenga, demeurant à Fréjus. Lettres de naturalité, IV, 219 (VIII, 407), 12007.

Ardilly : corr. Argilly.

Ardinghello (Nicolò), évêque de Fossombrone, envoyé du pape, IX, 129.

Ardisson (Julien), natif de la Rivière de Gênes, demeurant à Cannes. Lettres de naturalité, IV, 316, 12477; VII, 321, 24837.

Ardres (Pas-de-Calais), VI, 122, 19524; IX, 31, 32, 93. Entrevue entre François Ier et Henri VIII, désignée le plus souvent par les mots *camp d'Ardres*, *voyage d'Ardres*, VIII, 549; voir Camp du Drap d'or. Traité entre la France et l'Angleterre, le 7 juin 1546, V, 70, 15024; V, 98, 15175; V, 88, 15123; V, 103, 15208; V, 121, 15308; IX, 32, 104.
—— *Affaires militaires.* Fortifications, IV, 129 (VIII, 406*), 11589; IV, 145, 11664; IV, 146, 11671; IV, 157, 11721; IV, 217, 11998. Garnison, IV, 124, 11565; IV, 195, 11895; IV, 263, 12229; IV, 407, 12904. Plan en relief exécuté par Dominique de Courtonne, VII, 676, 28216.
—— *Haut bailliage*, V, 8, 14697.
—— *Ville.* Contrôle des deniers communs, V, 101, 15195. Foires, II, 69, 4187.

Arembert (Joachim et Philippe), père et fils, procureurs du roi à Poitiers, II, 529, 6342.

Arena Po (Italie, province de Pavie). Seigneurie donnée à Louis d'Ars, V, 328, 16377.

Arena (Antoine) de Soliers, juge ordinaire de Saint-Remy en Provence, III, 203, 8443.

Arenda : voir Aranda de Duero.

Arenes (Marie d'), espagnole de la suite de la reine Éléonore. Lettres de naturalité, VII, 614, 27630.

Arennes : corr. Airaines.

Aresse (D') : voir Daresse.

Arezzo (Paolo d'). Missions diplomatiques, IX, 120, 124.

Arfeuilles (Allier). Foires, I, 698, 3652.

Argence (Renée d'), femme de Léonard de Renty, V, 240, 15911; V, 283, 16136; VII, 508, 26207.

Argences (Calvados). Quart de fief de chevalier, VI, 547, 21743. Sergents royaux : voir : Coustel (André), Le Masurier (Guillaume).

ARGENCES (Eustache D'), VI, 7, 18945.

ARGENCES (Louis D'), VI, 548, 21750.

ARGENT, IV, 185, 11849; VIII, 136, 30510. Commerce et industrie des tissus d'argent, II, 444, 5955; IV, 128, 11586; VII, 671, 28177; VII, 706, 28502; VII, 721, 28604; à Lyon, III, 252, 8683; III, 351, 9137; à Paris, III, 106, 7972; à Tours, I, 35, 201; — exportation interdite, IV, 139, 11637; IV, 156, 11720; VI, 611, 22080; — ferme de l'entrée des draps d'argent à Lyon, I, 358, 1910; III, 597, 10250; étendue à tout le royaume, II, 525, 6325; — importation interdite, I, 104, 605. Interdiction semblable pour l'argent en général, IV, 147, 11677; VIII, 679, 32820; exception en faveur du roi de Navarre, IV, 336, 20614. Marque et titre des ouvrages d'argent, IV, 502, 13359. Mines, I, 5, 29; I, 105, 614; I, 125, 725; dans la seigneurie de Capdenac, I, 202, 1125; en Dauphiné, VII, 226, 24324; VII, 227, 24328; en Guyenne, IV, 181, 11832; VII, 312, 24779; en Nivernais, I, 106, 618; V, 48, 14914; en Normandie, VIII, 125, 30405; en Provence, IV, 35, 11162. Monnayage, I, 82, 486; I, 259, 1411; II, 238, 8617; III, 238, 8617; III, 332, 9048; IV, 371, 12745; IV, 423, 12987; IV, 565, 13646; IV, 579, 13712; IV, 607, 13834; IV, 611, 13852; IV, 13880, 13885; IV, 625, 13922; IV, 630, 13946; IV, 646, 14020; IV, 684, 14184; VII, 562, 26931-26933. Objets divers : chaînes, VII, 757, 28851; chandeliers, VIII, 136, 30510; «fer» à gaufres, IV, 185, 11849. Prohibitions somptuaires, I, 260, 1412; I, 670, 3551; IV, 528, 13478; exceptions, I, 670, 3553; VII, 457, 25689. Règlement sur les poids, aloi et valeur des espèces, IV, 83, 11381. Tissus fournis à la cour, II, 444, 5955; III, 23, 7556; IV, 249, 12163; VII, 671, 28177; VII, 706, 28502; VII, 721, 28604; VII, 757, 28853. Vaisselle fournie à la cour, I, 189, 1054; II, 218, 4921; III, 265, 8744; VII, 603, 27496; VII, 632, 27817; VIII, 173, 30858; VIII, 303, 32157; offerte par le roi, VIII, 114, 30299; VIII, 247, 31571; VIII, 258, 31679; prêtée au roi, VI, 214, 19976; VII, 632, 27817; VII, 743, 28764; VII, 749, 28810; VII, 771, 28951-28952; VIII, 45, 29651; saisie sur Semblançay, VIII, 610, 32443. Voir CENDRÉES.

Argentaie (*L'*), c^ne^ de Saint-Lormel (Côtes-du-Nord). Seigneur. voir MONTBOURCHER (Antoine DE).

ARGENTAL, c^ne^ de Bourg-Argental (Loire). Bailliage, VII, 528, 26476. Baronnie cédée à Jean de Jussac, III, 597, 10247; VII, 564, 26953. Cf. BOURG-ARGENTAL.

ARGENTAN (Orne). Clarisses, VIII, 604, 32414; VIII, 721, 33056. Séjours du roi, V, 364, 16560; V, 376, 16616; VI, 287, 20366; VIII, 549.

—— *Domaine*. Chambre à sel, V, 650, 18006; VIII, 190, 31022. Droits échus au roi, IV, 321, 12509. Vicomté, comprise dans la recette générale de Rouen, VI, 690, 22509; lieutenant des élus d'Alençon : voir LE FRANÇOIS (Noël).

—— *Ville*. Indemnité aux fermiers du quatrième du vin, à la suite de la peste, I, 94, 555.

ARGENTAN (Gratien D'), s^r^ de Pacy. Anoblissement, VI, 783, 22965.

ARGENTE (Nicolas D'), natif du comté d'Asti, habitant Paris. Lettres de naturalité, VI, 99, 19402.

ARGENTERIE du roi, I, 6, 37; I, 143, 822; II, 579, 6585; voir ce qui concerne les achats d'HABILLEMENTS et de FOURRURES, et l'HÔTEL du roi. Argentiers et contrôleurs : voir BABOU (Philibert), LA RUE (Marc DE), MORELET DU MUSEAU (Jean), PIERREVIVE (Charles DE), TESTE (Jean), TROYES (Nicolas DE). Fournisseurs : voir DODIEU (Louis), TARDIF (René).

ARGENTEUIL (Seine-et-Oise). Fortifications pour la protection du reliquaire de la Sainte-Tunique, VI, 774, 22923. Séjour du roi, VIII, 549.

ARGENTEUIL (Yonne). Foires, I, 381, 2030.

ARGENTIÈRE (L') [Hautes-Alpes]. Communauté, V, 292, 16180.

ARGENTIÈRE, c^ne^ de Saint-Martin-la-Sauveté (Loire). Séjour du roi, VIII, 549.

Argenton-Château (Deux-Sèvres). Seigneurs : voir CHÂTILLON (Jean DE), COMINES (Philippe DE).

ARGENTRÉ (Pierre D'), sénéchal de Rennes, IV, 31, 11149; VI, 54, 19180; VI, 597, 22010.

Argies en Picardie : corr. DARGIES.

ARGIGNY, c^ne^ de Bizeneuille (Allier). Haute, moyenne et basse justice aliénées au profit de Pierre et Claude de Vinols, seigneurs du lieu, VII, 567, 27001.

ARGILLIÈRES (Charles D'), conseiller en la chambre des eaux et forêts, IV, 545, 13550; VII, 598, 27427.

ARGILLIÈRES (François D'), s^r de Valescourt, lieutenant général et garde du sceau du comté de Clermont en Beauvaisis, IV, 696, 14239. Hommage pour Breuil-le-Vert, VI, 540, 21705. Procès contre René Ragueneau, III, 149, 8172; III, 169, 8272.

ARGILLIÈRES (Jean D'), élu de Clermont en Beauvaisis, V, 642, 17958.

Argilly (Sr de la Motte d') : voir JACQUERON (Étienne).

ARGILLY (Côte-d'Or).
—— *Château royal.* Chapelain : voir DUFORT (Claude). Réparations, II, 428, 5884. Revenu du parc et du colombier concédé au châtelain, III, 168, 8269. Séjours du roi, VIII, 549.
—— *Domaine.* Capitaines, châtelains et receveurs : voir CIVRY (Antoine DE), GLENESSE (Charles DE), LEMAIRE (Barthélemy), LOISIÉ (Jean DE), RICHARD (Claude), SAVOIGNEY (Arnolet), VIARD (Simon). Concession de la seigneurie au duc de Guise, VI, 609, 13843; VI, 798, 23046; à Jules de Saint-Séverin, V, 717, 18398; V, 779, 18726. Ressort, IV, 378, 12775.
—— *Gruerie.* Gages des mortes-payes, II, 164, 4658; IV, 101, 11462; IV, 147, 11674; VII, 176, 24085. Personnel : voir CADOT (Nicolas), CIVRY (Antoine DE), COLOT (Humbert), DES BRUYÈRES (Jean), LUQUET (Denis), VERTAMBAULT (Mathieu DE). Vente de bois, VII, 815, 29260-27261.
—— *Ville.* Privilèges, I, 251, 1373.

ARGOUGES (Charlotte D'), veuve de Philippe de Moulin, I, 643, 3369; VI, 18, 19002; VI, 90, 19353.

ARGOUGES (Gilles D'), s^r de Gratot et de Brainville, VI, 179, 19807.

ARGOUGES (Jacques D'), panetier du roi, cessionnaire de la seigneurie de Gavray, I, 379, 2016; V, 611, 17801; VI, 48, 19149; nonobstant la révocation des aliénations de domaine, II, 116, 4423.

ARGOUGES (Jean D'), commis à la recherche des biens nobles des gens d'église, communautés et mainmortables des bailliages d'Étampes et de Mantes, VII, 506, 26180.

ARGOUGES (Jean D'), conseiller clerc au Parlement de Rouen, VII, 58, 23503.

ARGUEL (Somme). Seigneurie, II, 394, 5728; V, 575, 17622; VI, 478, 21358.

ARGUENON (L'). Concession des ports et havres compris entre cette rivière et le Couesnon au duc d'Étampes, III, 351, 9134; au duc de Guise, I, 613, 3215; I, 650, 3405; II, 113, 4405; II, 186, 4765; à Louis de Lorraine, I, 400 (VIII, 333), 2131; I, 459, 2430.

Argy (Indre). Seigneur : voir BRILLAC (Jacques DE).

ARGY, c^nes de Bléré et Civray-sur-Cher (Indre-et-Loire). Seigneurie, V, 347, 16469.

ARGY (François D'), seigneur de Mesvres et de Baigneux, sommelier du gobelet, puis de la paneterie de bouche, III, 426, 9478; V, 346, 16469; VI, 587, 21957.

ARGY (Guillaume D'), sommelier ordinaire de l'échansonnerie de bouche du roi, V, 585, 17673.

Argyle, comté en Écosse. Comte : voir CAMPBELL (Archibald).

Ariano di Puglia (Italie, province d'Avellino). Duc : voir CARAFFA (Alberic).

ARIGAULT (François D'), II, 624, 6811.

Arienne : voir ARIANO DI PUGLIA.

Ariés (Hautes-Pyrénées). Seigneur : voir LA MOTTE (Jean DE).

ARIES (Odard ou Odet D') ou DARIES, conseiller au Parlement de Toulouse, IV, 225, 12033; IV, 349, 12640; créancier du roi, III, 337, 9071.

Ariez-en-Mauriac : corr. ARIÉS.

Arignan : voir BORD D'ARIGNAN (LE).

ARISTOTELICÆ ANIMADVERSIONES de Ramus, IV, 447, 13103; IV, 577, 13701; VIII, 721, 33055.

Arlay (Jura) : voir FATON (Viateur).

Arleri : voir ARLIER.

ARLES (Bouches-du-Rhône). Arrivée et départ de messages pour le service du roi, VII, 806-807, 29203-29204; VIII, 255, 31646. Lieutenant général du roi : voir CARACCIOLI (Jean). Maladie de Pierre du Châtel, lecteur du roi, VIII, 281, 31911. Massier royal : voir ANGE (Jean). Séjours du roi, II, 508, 6248; II, 509,

6253; III, 476, 9702; VIII, 158, 30719; VIII, 549. Voir ALBARON, MONTMAJOUR, TRINQUETAILLE.

—— *Clergé.* Archevêque et chapitre, VII, 768, 28927. Augustins, VII, 383, 25165. Mense capitulaire, VIII, 751, 33226.

—— *Diocèse.* Archevêques : voir FERRIER (Jean VIII et Jean IX). Impôts sur le clergé, IV, 503, 13364; V, 566, 17575; dans la partie du diocèse sise en Languedoc, VII, 418, 25358.

—— *Province ecclésiastique.* Publication de bulles pontificales, VII, 711, 28541; VII, 805, 29194.

—— *Recette particulière*, III, 155, 8201; VIII, 90, 30065. Receveurs et clavaires : voir AUBERT (Simon), CABANIS (Thomas), CHAUVET (Jean), ROMIEU (Nicolas), RUSPO (Louis DE).

—— *Siège (Maîtrise des ports de Provence).* Greffier : voir DON (Honorat DE).

—— *Siège (Sénéchaussée de Provence)*, VIII, 665, 32740; VIII, 736, 33145. Avocat du roi : voir MEAUX (Boniface DE). Création de quatre nouveaux offices de conseillers, VIII, 723, 33071. Examen d'un candidat à l'office de procureur du roi, VII, 481, 25902. Frais de justice, III, 415, 9429. Gages des lieutenant, avocat et procureur du roi, III, 155, 8201. Juges : voir ISOARD (Antoine), RENOARD (Antoine). Lieutenants : voir ARLIER (Antoine), BIORD (François), LA GARDE (Guy DE). Procureur du roi : voir RIVIÈRE (Aymar DE). Ressort : création d'un office d'enquêteur-examinateur, VIII, 706, 32970.

—— *Viguerie*, I, 439, 2322; III, 189, 8367; VII, 26, 23337; VIII, 710, 32996; viguiers : voir BRUNET (Guillaume), MATHERON (René), REYNAUD (Jacques), STAINVILLE (Louis DE).

—— *Ville.* Commerce du blé, I, 68, 400; I, 566, 2973. Consuls, VIII, 667, 32752. Défense contre les Impériaux, III, 676, 10606. Droit de pêche dans le Rhône, I, 439, 2322. Fortifications, III, 438, 9532. Franchises d'impôts, I, 228 (VIII, 404), 1251; I, 498, 2622; II, 25, 3963; VII, 383, 25169. Habitants : voir JANYS (Balthazar), JEHANNIN (Nicolas), QUIQUERAN (Ardoin DE); anobli : voir MEYRAN (Louis); d'origine étrangère, naturalisés français : voir ALLEZ (Claude), AMYS (Girard), AUMANEL (Simon), BERNARDET (Étienne), CARRIER (Pierre), CENEPOLLE (Anne DE), CONTE (Antoine), DAMANE (Simon), DELPUECH (Douce), DUCOERT (Antoine), DU CREST (Imbert), DUFOUR (Thomas), GIANNIS (Nicolas), GRILLET (Antoine), GUEDON (Antoine et Clément), HADROSY (Jacques), LAUGIER (Jacques), LIGNO (Ponce), NOTRE-DAME (Pierre DE), PAYEN (Pierre), PÉGUIÈRE (Louis DE), PELLIER (Aimé), RODULFI (François), ROUX (Jean), SAPORTA (Louis), SERRIER (Annet et Jean), TRANCHAU (Antoine et Jean), VINCENT (Germain et Pierre). Impôts, I, 447, 2364; I, 618, 3238. Maison commune; conseiller : voir OLIVIER (Fouquet). Originaire anobli : voir GUILLOT (Jacques). Police, VIII, 688, 32869. Privilèges, I, 20, 115; VII, 32, 23369; VII, 35, 23383; VII, 175, 24080. Réquisition de blé pour le Piémont, VIII, 688, 32867.

ARLES (Jean D'), de Salon, III, 277, 8798; VI, 375, 20824; VIII, 647, 32638; VIII, 656, 32689. Anoblissement, III, 212, 8488; VII, 213, 24264; VIII, 647, 32640.

ARLES (Pierre D'), s[r] de Beaumont, III, 190, 8372; receveur général de Provence, VII, 68, 23554; VII, 115, 23785; VII, 428, 25442.

ARLET (Haute-Loire), V, 40, 14811.

ARLIER (Antoine) ou ARLERI, conseiller au Parlement de Turin, VI, 510, 21538; lieutenant du sénéchal de Provence à Arles, VII, 203, 24214; VII, 401, 25259; VIII, 239, 31490.

ARMAGNAC, sénéchaussée.

—— *Personnel*, IX, 240.

—— *Ressort domanial.* Approvisionnement en blé des habitants de Bordeaux, VII, 447, 25610. Don du comté à Charles, duc d'Alençon, I, 17, 102; V, 274, 16085; à Henri II, roi de Navarre, VI, 301, 20436; voir au nom de ces deux personnages. Hommage d'Alain, seigneur d'Albret, pour le comté, V, 250, 15962. Réformation des eaux et forêts, IV, 268, 12250. Temporel de l'évêché de Lectoure, VII, 173, 24071. Voir DELAREA (Bernard); voir aussi LAVIT-DE-LOMAGNE, ROMIGUIÈRE (LA), TAJAN, VILLEMUR.

—— *Ressort financier.* Élus établis et supprimés, I, 196, 1089; IV, 746, 14469. États, VII, 465, 25751. Impôts, IV, 626, 13928; V, 131, 15358; V, 541, 17456; V, 730, 18477; V, 741, 18525; VII, 179, 24100; VIII, 600, 32391, 32393; VIII, 635, 32572. Offices royaux à la nomination du duc d'Alençon, I, 243, 1333. Receveur des tailles : voir SECONDAT (Pierre). Recouvrement des droits de francs-fiefs et nouveaux acquêts, V, 551, 17504. Sommes levées pour le ravitaillement des troupes, V, 720, 18466.

—— *Ressort judiciaire.* Abolition en faveur du duc d'Alençon, de la juridiction royale, I, 99 (VIII, 765), 579. Attribution au ressort du Parlement, IV, 320, 12530; de celui de Toulouse, I, 76, 451.

Armagnac (Maison d'), I, 191, 1063; IV, 268, 12250; VIII, 584, 32303.

Armagnac (Georges d'), cardinal, abbé de Saint-Ambroise de Bourges, évêque de Rodez et de Vabres, puis archevêque de Tours, IV, 731, 14404; V, 181, 15593; VI, 219, 20005; VI, 530, 21649; VII, 166, 24040; VII, 241, 24398. Ambassade à Rome, IV, 91, 11417; IV, 109, 11500; IV, 152, 11698; IV, 197, 11906; IV, 266, 12241; IV, 310, 12449; IV, 384, 12808; à Venise, III, 214, 8497; III, 267, 8751; III, 398, 9348; III, 421, 9455; IV, 71, 11322; IV, 89, 11411; VI, 825, 23183; VIII, 32, 29515; VIII, 38, 29591; VIII, 55, 29736; VIII, 58, 29761; VIII, 75, 29920; VIII, 79, 29957; VIII, 88, 30044; VIII, 91, 30071; VIII, 92, 30075; VIII, 96, 30130; VIII, 98, 30141; VIII, 104, 30198; VIII, 129, 30451; VIII, 145, 30605; VIII, 254, 31638; VIII, 285, 31955. Ses serviteurs : voir Berthelot (Jean), Bordeaux (Guillaume de), Sentinelle (Martin).

Armagnac (Les deux Jean d'), frères, dits Camygans, IV, 644, 14013; VI, 759, 22857.

Armaguin (Antoine), originaire de Rapallo, habitant en Provence. Lettres de naturalité, VII, 311, 24775.

Armais (Guillaume d') : voir Allemetz (Guillaume d').

Armance (L'), rivière. Inondation à Chaource, VI, 664, 22370.

Armancourt (Oise). Seigneurie, VI, 542, 21714.

Armand (Catherine). Légitimation de son fils Mathieu Cusin, VI, 221, 20011.

Armand (Catherine), veuve de Gilles de Vallade, VII, 25, 23332.

Armée. Cumuls de commandements en faveur : du duc de Guise, VII, 224, 24314; du duc d'Orléans, VII, 224, 24315. Dépenses, IV, 525, 13466; VIII, 18, 29403. Retraite des hommes d'armes et archers sous leurs enseignes et en leurs garnisons, VI, 360, 20743. Troupes étrangères au service du roi, I, 175, 989; I, 385, 2052; VIII, 733-734, 28691-28692, voir Reckenrot (Georges). Voir Armes (Hommes d'), Arquebusiers, Artillerie, Aventuriers, Ban et arrière-ban, Chevau-légers, Désertion, Francs-archers, Garde du roi, Garnisons, Gendarmerie, Gens de guerre, Gens de pied, Lansquenets, Légions, Légionnaires, Maréchaussée, Montres militaires, Mortes-payes, Ordonnances, Remplacement, Sergents d'armes, Subsistances militaires.

Armée de Champagne, IV, 472, 13215; V, 555, 17524; VI, 760, 22862; VII, 224, 24314; VII, 373, 25116. Approvisionnement, IV, 676, 14152; IV, 679, 14163; IV, 743, 14457. Cf. Champagne et Brie, *Affaires militaires.*

Armée de Guyenne, V, 555, 17524; VII, 428, 25444; VII, 443, 25577; VII, 466, 25764. Approvisionnement, VII, 425, 25413; VII, 428, 25444. Cf. Guyenne, *Affaires militaires et navales.*

Armée de Hainaut, en 1521, I, 301, 1633; en 1543 : approvisionnement, IV, 433, 13036; IV, 462, 13168.

Armée d'Italie, I, 360, 1969; I, 507, 2674; I, 566, 2977; I, 652, 3419; V, 638, 17936; VI, 121, 19517; VI, 123, 19525; VI, 126, 19544; VI, 131, 19568; VI, 135, 19587; VI, 141, 19618; VI, 145, 19638; VI, 151, 19669; VI, 182, 19825. Approvisionnement, V, 719, 18407; VI, 129, 19556; VI, 134, 19583; VI, 138, 19601. Cf. Italie, *Affaires militaires.*

Armée du Luxembourg, VII, 322, 24845; VII, 359, 25042. Approvisionnement, IV, 575, 13694. Cf. Luxembourg.

Armée de mer : voir Marine.

Armée de Naples, V, 715, 18382; V, 772, 18691; VI, 122, 19522; VI, 123, 19526; VI, 126, 19544; VI, 129, 19557-19558; VI, 134, 19580; VI, 141, 19616; VII, 189, 24143; VII, 665, 28128; VII, 459, note. Cf. Naples.

Armée de Navarre. Approvisionnement, VIII, 108, 30240.

Armée de Picardie et d'Artois, I, 354, 1891; II, 318, 8983; VII, 332, 24901;

VII, 440, 25538; VIII, 10, 29338; VIII, 102, 30175; VIII, 128, 30437; VIII, 139, 30543; VIII, 148, 30623; VIII, 151, 30661; VIII, 152, 30667; VIII, 219, 31293. Approvisionnement, III, 289, 8852; IV, 472, 13215; IV, 752, 14498; V, 39, 14859; V, 40, 14685; VI, 760, 22862; VIII, 2, 29277; VIII, 8, 29323; VIII, 13, 29371; VIII, 14, 29376; VIII, 18, 29401-29402; VIII, 20, 29416; VIII, 117, 30334; VIII, 121-122, 30372-30375; VIII, 331, 30486; VIII, 136, 30516; VIII, 138, 30542; VIII, 257, 31673. Artillerie, VIII, 134, 30487-30489. Dépenses, V, 555, 17524; VIII, 3-4, 29284; VIII, 9-10, 29337; VIII, 17, 29400; VIII, 104, 30200; VIII, 106, 30210; VIII, 121, 30369-30371; VIII, 121-122, 30372-30375, 30377-30379; VIII, 127, 30427, 30429; VIII, 128, 30430; VIII, 136, 30511; VIII, 140, 30554; VIII, 300, 32120. Lieutenants généraux : voir Du Biez (Oudard), Henri II, Montmorency (Anne de). Matériel : bateaux, VIII, 478, 25868; chariots, VII, 470, 25799; ponts de bateaux, III, 341, 9086; poudre, VIII, 130, 30459. Cf. Artois et Picardie, *Affaires militaires*.

Armée de Piémont et de Dauphiné, III, 236, 8608; VII, 208, 24237; VII, 211, 24254; VII, 317, 24812; VII, 621, 27701; VIII, 32, 29519; VIII, 82, 29985; VIII, 90, 30063; VIII, 93, 30090; VIII, 101, 30172; VIII, 110, 30254; VIII, 128, 30429; VIII, 219, 31293. Approvisionnement, III, 178, 8318; III, 397, 9341; III, 407, 9390; III, 420, 9452; III, 421, 9454; III, 452, 9591; III, 750, 10936; VIII, 56, 29748; VIII, 88, 30029; VIII, 91, 30070; VIII, 92, 30079; VIII, 160, 30736; VIII, 294, 31046, 32052; VIII, 306, 32173; VIII, 674, 32791. Artillerie, III, 409, 9398; III, 431, 9500; VIII, 80, 29972; VIII, 93, 30092. Chevau-légers, III, 408, 9391. Dépenses, III, 420, 9453; IV, 92, 11421; IV, 104, 11750; VIII, 27-28, 29480-29483; VIII, 76, 29923; VIII, 83, 29992-29994; VIII, 84, 30006-30010; VIII, 92, 30078; VIII, 109, 30249; VIII, 121, 30368-30370; VIII, 127, 30426; VIII, 189, 31010. Mulets de bât, VIII, 93, 30088. Munitions, III, 409, 9397. Suisses, VII, 317, 24811; VIII, 94, 30099. Cf. Dauphiné et Piémont, *Affaires militaires*.

Armée de Provence, V, 710, 18358; VII, 760, 28870; VIII, 67, 29848; VIII, 219, 31293. Approvisionnement, I, 385, 2055; V, 625, 17870; VII, 457, 25693. Cf. Provence, *Affaires militaires et navales*.

Armée du Roussillon, IV, 498, 13339; VI, 719, 22664; VII, 330, 24890-24891. Approvisionnement, IV, 631, 13947.

Armées : dirigée sur Mouzon, VII, 437, 25508; — envoyée en Angleterre sous Richard de Suffolk, I, 347, 1858; — levées en 1523, VII, 418, 25358; en 1543, IV, 453, 13131; en 1546, V, 154, 15461; — mises sur pied contre Charles-Quint et Henri VIII, V, 566, 17575; VII, 418, 25360; VII, 420, 25370; VII, 440, 25546.

Armée (Forêt de l'), ainsi nommée d'un fief sis à Esternay (Marne), VI, 526, 21628.

Armellis (Gaspard d'), VIII, 671, 32778.

Armement des habitants de Normandie ayant au moins 150# de revenu, pour défendre les côtes contre les Anglais, V, 21, 14767.

Armements. Attributions de l'amiral de France, I, 445, 2353.

Armendaris (Compagnet d'), V, 377, 16622.

Armendaritz (Compagnet d'), conseiller au Parlement de Bordeaux, IX, 166.

Armengaud (Raymond), avocat au Grand Conseil, puis conseiller au Parlement de Toulouse, II, 482, 6130; VI, 273, 20292.

Armentières (Nord) : voir La Montagne (Philippe de).

Armes fournies au roi, VIII, 129, 30448; VIII, 162, 30753; VIII, 197, 31081; VIII, 281, 31906. Achat d'armes par la ville de Paris, III, 591, 10221 Fabrication, VII, 457, 25692. Port prohibé ou réglementé, I, 479, 2530; II, 279 (VIII, 349ª), 5208; II, 760, 7435; IV, 2, 11025; V, 107, 15228; V, 120, 15307; VI, 780, 22951; VI, 804, 23074; VII, 270, 24544. Voir aux noms des différentes sortes d'armes. Voir aussi Armoiries, Armuriers, Chariot d'armes, Cottes d'armes, Hérauts d'armes.

Armes (Homme d'), dont la seigneurie de Clairac est chargée envers le roi, VII, 741, 28750.

Armes (Augustin d'). Sa veuve : voir Pina (Perrette).

Armes (Charles d'), s^r des Vergers et de Champcelée, V, 87, 15118.

Armetz (Guillaume d') : voir Allemetz (Guillaume d').

Armilly, c^ne de Neuillé-Pont-Pierre (Indre-et-Loire), anc. Ermille. Seigneurie, V, 248, 15952; V, 375, 16611.

Armoiries de Jacques d'Arles, VII, 213, 24264; VIII, 047, 23640; de Bretagne, VII, 798, 29141; d'Emilio Cavriano, V, 16, 14740; de l'amiral Chabot, VII, 778, 28994; de France, VII, 778, 28994; VII, 778, 29141; de la ville de Nîmes, I, 80, 474; III, 101, 7951; de la ville de Salon, VIII, 656, 32689; de la famille de Rochefort, II, 407, 5786; de la famille Rosso, V, 777 (VIII, 394*), 18713; du marquisat de Saluces, VII, 95, 19378; de Simon Teste, I, 370, 1974. Défense de prendre des armoiries sans autorisation du roi, VI, 409, 20996. Graveur en armoiries : voir Gouy (Guillaume de).

Armoyen (Guillaume d'), VII, 731, 28674.

Armuriers : voir *Allais (Henri et Jean)[1], Bresse (Ludovic de), *Champdamour (René de), *Clésis (Bénédict), *Delacque (Jean), *Lacque (Louis de), Malaspina (Jean-Antoine), Merveille (Louis), *Pontorah (Hans de), Russy (Gabriel de), Senet (Laurent), Tours (Alain de); de Paris, VI, 720, 22669.

Arnand, c^ne de Doussard (Haute-Savoie), IV, 308, 12441.

Arnaud, banqueroutier frauduleux, V, 08, 15017.

Arnaud (François), viguier de Pertuis, VII, 404, 25272.

Arnaud (Guillaume) ou Arnauld, natif de Barcelonnette, demeurant à Pertuis. Lettres de naturalité, IV, 316, 12476.

Arnaud (Pierre), dit Saint-Pardou, archer de la garde, III, 404, 9787. Cf. Arnault (Pierre).

Arnaud (Raymond), juge de Périgueux, V, 681, 18177. Cf. Arnault (Raymond).

Arnaudeau (Louis), VII, 221, 24301.

Arnauld (Guillaume) : voir Arnaud (Guillaume).

Arnauld (Marie) ou Arnault. Aubaine, IV, 143, 11656; VII, 574, 27077.

Arnauldet (Jean), le jeune, receveur des deniers communs de Niort, VII, 585, 27250.

Arnault (Antoine). Révocation dès ses provisions en qualité de conseiller au bailliage de Sens, VIII, 757, 33271.

Arnault (Antoine), notaire à Châtellerault, procureur au magasin à sel dudit lieu, V, 192, 15654.

Arnault (François), chevaucheur d'écurie, VIII, 119, 30353-30354.

Arnault (Gilles) : voir Arnault (Raymond).

Arnault (Guillaume), maître queux de la cuisine de bouche, VIII, 237, 31470.

Arnault (Jean), exproprié d'une maison qu'il possède à Moulins, VII, 706, 28505.

Arnault (Jean). Hommage pour la prévôté féodale de Champagne, en Saintonge, VII, 136, 23888.

Arnault (Jean), juge des exempts et cas royaux du comté de Civray, IV, 220, 12012.

Arnault (Jeannot), II, 730, 7294.

Arnault (Marie) : voir Arnauld (Marie).

Arnault (Pierre), archer du prévôt de l'hôtel, VIII, 269, 31805. Cf. Arnaud (Pierre).

Arnault (Raymond), de Montpellier. Légitimation de son fils Gilles, IV, 41, 11187. Cf. Arnaud (Raymond) et les suivants.

Arnault (Raymond), juge de la part antique de Montpellier, VIII, 172, 30847.

Arnault (Raymond), juge ordinaire de la vicomté de Narbonne, V, 534, 17421.

Arnault (Simon d'), de la Ligue grise, III, 513, 9877.

Arnay-le-Duc (Côte-d'Or) : voir Factet (Antoine), Mengeot (Nicolas), Merlant (Philippe).

—— *Grenier à sel*. Regrattier : voir Thunot (Clugny). Revenu concédé au duc de Guise, IV, 15 (VIII, 784), 11073; VI,

[1] L'astérisque désigne les armuriers du roi, appelés parfois sommeliers d'armes.

IMPRIMERIE NATIONALE.

595, 21997; à la princesse d'Orange, I, 81, 482; III, 3, 7459; III, 447, 9567; III, 470, 9672.
—— *Prévôté.* Contribution à l'entretien de la garnison de Beaune, V, 698, 18278.
—— *Seigneurie* concédée à Françoise de Longwy, VI, 715, 22687.
—— *Siège de justice (Bailliage d'Auxois).* Lieutenant de bailli : voir COSSARD (Hugues). Procureur : voir BOLEUR (Philibert).

ARNAY-SOUS-VITTEAUX (Côte-d'Or). Séjour du roi, VIII, 549.

Arnhem (Pays-Bas, Gueldre). Commandeur : voir QUIGNON (Guillaume).

ARNIÈRES (Eure) : voir BÉRENGEVILLE-LA-RIVIÈRE. Prés et moulins, II, 316, 5373.

ARNISON (Jacquette D'), VI, 497, 21467.

ARNOLFINI (Vincent) ou ARNOULFIN, VIII, 173, 30858.

ARNONCOURT (Haute-Marne). Seigneurie, VI, 819, 23153.

ARNOUL (François), capitaine d'Épernay, VI, 277, 20311.

ARNOUL (Jacques), commis au payement de la compagnie du roi de Navarre, III, 27, 7575; III, 84, 7870; III, 135, 8112; III, 480, 9719; VIII, 232, 31417; au recouvrement des deniers de la charge de Guyenne, II, 300, 5299; III, 422, 9459, 9461; VIII, 94, 30095; VIII, 245, 31547; délégué aux montres des gens de guerre en Italie, V, 712, 18366; receveur général des finances à Agen, IV, 531, 13487.

ARNOUL (Jean), consul de Riom, IV, 459, 13157.

ARNOUL (Martin), VII, 442, 25567.

Arnoulfin : voir ARNOLFINI.

ARNOULX (Roffet), mercier, natif de Saint-Paul-sur-Ubaye, demeurant au château de Figanières. Lettres de naturalité, VII, 324, 24853.

ARNOUX (Honorat), bailli, capitaine, clavaire et notaire de Saint-Paul de Vence, VII, 167, 24043; VIII, 653, 32673.

ARNULPHIN (Paulin), serviteur du cardinal de Lorraine, VII, 662, 28101.

ARON (Bertrand), laquais du duc de Lorraine, III, 45, 7671.

ARPAILLARGUES (Gard). Seigneurie, VII, 148, 23942.

Arpajon (Seine-et-Oise) : voir CHÂTRES.

ARPAJON (René D'), premier maître d'hôtel de la reine Éléonore. Foires établies en sa faveur au Pont-de-Camarès, II, 382, 5675. Hommages, VII, 254, 24460.

ARPAJON (René, s[r] D'). Lettres de marque contre les Florentins, V, 547, 17483.

Arpenteur : voir DUVAL (François).

Arpentis (L') : voir HERPENTY (L').

ARPENTIS (Les), c[ne] de Saint-Règle (Indre-et-Loire). Seigneurie, VI, 686, 22491; VII, 558, 26890; VII, 796, 29125; seigneur : voir DU BOIS (Louis).

ARQUEBUSE (JEU DE L'). Privilèges des vainqueurs ou rois à Dinan, VII, 687, 28328; à Lamballe, II, 84, 4264; VII, 687, 28328; à Landerneau, III, 285, 8833; à Moncontour, VII, 687, 28329; à Nantes, III, 101, 7953; à Pontivy, III, 291, 8863; à Quimper-Corentin, III, 520, 9909; à Rennes, II, 23, 3953; à Saint-Brieuc, IV, 58, 11268; VII, 687, 28328; à Saint-Malo, II, 675, 7040; à Vannes, III, 559, 10261.

ARQUEBUSES : acquises par le roi, III, 31, 7597; VIII, 24, 29448; VIII, 210, 31207; à fournir par la ville de Saint-Léonard, VII, 424, 25412; portées à Amiens, VIII, 133, 30487; prêtées par la ville de Paris, II, 112, 4401. Prohibition du port de cette arme, VI, 780, 22951.

ARQUEBUSIERS : des sept légions créées en 1534, II, 721, 7252; du roi : voir DUPONT (Guillaume). — Voir ABBEVILLE, ARCY-SAINTE-RESTITUE, BOURG-EN-BRESSE, DIJON, MONTCORNET, PARIS, SAINT-QUENTIN.

ARQUEMBOURG (Jean D') ou D'ERQUEMBOURG, homme d'armes de la compagnie du duc d'Estouteville, IV, 598, 13792; VI, 791, 23008.

ARQUES (Seine-Inférieure), V, 570, 17596. Séjour du roi, VIII, 549.
—— *Château.* Capitaines : voir VENDÔME (Jacques, bâtard DE), WARTY (Perrot DE). Chapelle Sainte-Audeberte, V, 469 (VIII, 798), 17090. Munitions, VIII, 130, 30459. Portiers de la première porte : voir LE CONTE (Regnault). Prisons, VII, 600, 27454; VIII, 197, 31084.
—— *Eaux et forêts.* Contrôleur : voir JEHAN (François). Verdier : voir DES MARAIS (Charles).

— *Élection.* Achat de farines à destination d'Hesdin, VIII, 113, 30291. Personnel; contrôleur : voir CANIVET (Nicolas); — élus : voir BOULLON (Robert), DUVAL (Jean), LE COMTE (Étienne et Jourdain); création d'un office, VI, 94, 19375; — receveur : voir DUVAL (Salmon); — règlement d'attributions entre le receveur des aides et le receveur des tailles, VIII, 759, 33293; — sergent : voir RENSE (Valery). Ressort : voir ASSIGNY, BACQUEVILLE, QUIÉVRECOURT, TRÉPORT (Le); siège particulier : voir NEUFCHÂTEL-EN-BRAY. Vérification d'anoblissement, VII, 15, 23279.

— *Sergenterie héréditaire,* VI, 280, 20323.

— *Siège de justice (Bailliage de Caux).* Sentence adjugeant au roi, par droit d'aubaine, les biens de Robert Rynd, IV, 238, 12102.

— *Vicomté,* comprise dans le ressort de la recette générale de Rouen, VI, 689, 22509. Création de l'office de contrôleur du domaine, II, 135, 4520. Deniers des droits et devoirs seigneuriaux, I, 588, 3089; de la garde du comte d'Eu, III, 473, 9686; III, 723, 10819; V, 810, 18883; VII, 544, 26693; VII, 552, 26811; VII, 728, 28653; de la garde des enfants de Longueville, V, 810, 18886. Élection des députés aux États de Normandie, I, 512, 2697. Personnel; contrôleurs du domaine : voir ESTIENNE (Hugues), JEAN (François); vicomtes et receveurs : voir CAILLY (Aignan), CHARBONNIER (François), DESLANDES (Guillaume), VILLIERS (Jacques DE). Ressort, V, 564, 17568; VI, 457, 21253; VI, 460, 21268; VI, 533-534, 21671-21672; VI, 545, 21734-21735; VI, 765, 22883; voir ALIERMONT (FORÊT D'), AUQUEMESNIL, BAILLY-EN-RIVIÈRE, BELLENCOMBRE, BOSC-LE-COMTE, DAMPIERRE, FEUQUEREY (LE), GRAINCOURT, GRÈGES, GRUCHET, HAMEAUX (FIEF DE), HEUZE (LA), IBERVILLE, MAUCOMBLE, MESLE (LE), NÉVILLE, SAUCHAY, SAULROY. Temporel de la collégiale de Blainville, V, 330, 16387. Ventes extraordinaires de la forêt d'Eawy, II, 688, 7104.

Arques (Aude). Seigneur : voir JOYEUSE (Vicomte DE).

ARQUINIGO (Jean D'), espagnol. Sauf-conduit commercial, VII, 156, 23982.

Arrabut : voir COUDRAY-RABUT.

ARRAGON (Robert), V, 444, 1695

ARRANCY (Meuse), VI, 423, 21076.

ARRAS (Pas-de-Calais), VII, 483, 25919; voir GONTIER (Louis). Abbaye de Saint-Waast, V, 244, 15932; voir FORMÉ (Jean). Diocèse : voir THIEULOYE (LA). Évêque : voir PERRENT (Antoine). Séjour du roi Philippe de Valois, juillet 1340, II, 407, 5785.

ARRAULT (Christophe), serviteur du s[r] de Saint-Moris. Lettres de naturalité, V, 111, 15248.

ARRENTIÈRES (Aube). Seigneurie, VI, 315, 20505; VI, 709, 22611.

ARRICOTO (Jean DE), navarrais. Sauf-conduit commercial, VI, 36, 19088.

ARRIÈRE-BAN, IV, 372, 12748; VI, 591, 21980. Abus, VIII, 309, 32210. État pour le baillage de Troyes, VI, 646, 22271. Exemption accordée aux officiers du Parlement de Bordeaux, I, 282, 1526. Passage en Languedoc, III, 365, 9197. Service des nobles, VII, 335, 24914; VIII, 737, 33146; voir BAN ET ARRIÈRE-BAN.

ARROS (Pedro), navarrais. Sauf-conduit commercial, VI, 36, 19088.

Arrou (Eure-et-Loir) : voir BROSSE (LA).

Arry (Thomas d') : voir DARIO (Cosme).

ARS, c[ne] de Cambronne-lès-Clermont (Oise). Fief, VI, 511, 21544.

ARS (Jean, bâtard D'), V, 397, 16716.

ARS (Louis, s[r] D'), duc de Terme, chambellan du roi; cessionnaire de diverses seigneuries, I, 47, 278; V, 292, 16162; V, 328, 16377; V, 396, 16712; gouverneur de Pavie et capitaine de Torretta, VII, 441, 25561; lieutenant général du bailli de Rouen, V, 610, 17796. Compagnie, V, 397, 16716; voir DU VAL (Bernard). Pension, V, 803, 18852; VI, 40, 19111.

ARS (Pierre D'), capitaine. Légitimation de son fils Jean, VIII, 601, 32397.

Ars en Forez (S[r] d') : voir ALLÈGRE (François, bâtard D').

ARSAGO (Jérôme D'), natif du duché de Milan, évêque de Nice, grand aumônier de la reine Éléonore, VIII, 14, 29644. Lettres de naturalité, VI, 276, 20307.

ARSAN (Guillaume), VII, 813, 29250.

Arschot, Arscot : voir AERSCHOT.

56.

ARSENAUX de Marseille, VII, 8, 23237.

ARSENT (Wilhelm), envoyé de Lucerne et Fribourg, IX, 139.

ARSES (François et Isabelle D'), VI, 551, 21765.

ARSES (Nicolas D'), s[r] de la Bâtie, VI, 52, 19170; VI, 57, 19192.

ARSON (Jacques D') ou D'ARÇON, gentilhomme de la vénerie, II, 30, 3988; II, 739, 7335; II, 749, 7376; III, 518, 9901; VII, 544, 26703; VII, 695, 28399; VII, 704, 28499; VII, 795, 29124.

ARSON (Marguerite D'), II, 511, 6258.

ARSONVAL (François D'), lieutenant général du bailli et gouverneur de Chauny, IV, 320, 12505.

Arstrin (Thomas) : voir ERSKINE (Thomas).

ARSUQUIN (Jean D') ou DARSUQUIN, garde de la forêt de Saint-Germain-en-Laye, II, 285, 5230; II, 329, 5436; II, 628, 6825; III, 67, 7783; VIII, 208, 31191.

Art : voir ARCHITECTES, ARCHITECTURE, ORFÈVRERIE, ORFÈVRES, PEINTRES, SCULPTEURS, TABLEAUX.

ARTAS (Isère). Séjour du roi, VIII, 549.

ARTAUD (Jeanne, fille naturelle de Louis), femme de René Pupin, demeurant à Saint-Jean-d'Angely. Lettres de légitimation, IV, 393, 12842.

ARTENAY (Loiret), VIII, 259, 31695. Séjour du roi, VIII, 549.

ARTHEL (Nièvre). Foires, I, 620, 3250.

Arthies (Seine-et-Oise). Seigneur : voir LANTILLAC (Jean DE).

ARTHIES (FORÊT D'), comprise actuellement dans le département de Seine-et-Oise. Réformation, IV, 177, 11812; IV, 204, 11942; VI, 771, 22908; VI, 772, 22910.

Arthois : voir ARTOIS, c[ne] de Mordelles.

ARTHUR (Charles), élu de Bayeux, VI, 804, 23078.

ARTHUR (Jean), procureur général à la Cour des Aides de Rouen, VI, 826, 23187.

ARTHUR (Thomas), élu à Caen, VI, 101, 19412; VI, 715, 22641.

ARTICHAUTS destinés à la table du roi, III, 61, 7755; VIII, 60, 29778; VIII, 129, 30446; VIII, 285, 31950.

ARTIGNY, c[ne] de Souvigny (Indre-et-Loire). Seigneurie, V, 422, 16837.

ARTIGUE (Pierre), viguier d'Apt, VII, 327, 24874.

ARTILLERIE. Armements navals, III, 37, 7630; III, 43, 7663; III, 53, 7712; III, 352, 9139; VII, 388, 25190; VII, 647, 27968; VIII, 280, 31900. Autorité du grand-maître sur les salpêtriers, IV, 642, 14001. Bailli : recouvrement des amendes par lui prononcées, IV, 395, 12848. Commissaires, II, 740, 7336; cf. VII, 813, 29246. Commissaires et canonniers suivant le roi, VIII, 250, 31600; VIII, 300, 32129. Comptabilité, III, 562, 10098; III, 602, 10272; IV, 705, 14278; VI, 66, 19236; VII, 606, 27529; pour l'armée de Picardie, VIII, 4, 29284; VIII, 121-122, 30372-30375; VIII, 138, 30511; pour l'armée de Piémont, IV, 92, 11421; VIII, 28, 29481; VIII, 206, 31166; VIII, 231, 31406; de l'armée de M. de Saint-Pol, VI, 123, 19525; Dépôts : de Bayonne, VIII, 402[n], 23934[s]; de l'abbaye de Beaulieu, VII, 646, 27967; de Bourg-en-Bresse, VIII, 42, 29625; VIII, 107, 30222; de la Bourgogne, VII, 406, 25281; de Chalon-sur-Saône, IV, 668, 14117; de Cherbourg, VIII, 128, 30432; de Dax, VIII, 402[n], 23934[s]; de Dijon, II, 428, 5884; de Lyon, VII, 554, 26841; VIII, 26, 29471; de la Picardie, VII, 763, 28894; VIII, 247, 31572; du Piémont, IV, 161, 11737; de Poitiers, I, 452, 2389; de Rouen, VIII, 15, 29385; de Thérouanne, VIII, 268, 31794; de Toulouse, I, 360, 1924; III, 240, 8623; de Tours, VII, 647, 27968. Emplois à titre de parade, IV, 78, 11358; V, 415, 16800; VIII, 280, 31970; VIII, 287, 31979. Fonderies : de Breteuil, IV, 139, 11639; IV, 147, 11676; VIII, 696, 32916; de Lyon, II, 584, 6606; de Paris, VIII, 280, 31901. Fontes, VIII, 113, 30293; en Languedoc, II, 481, 6125; VII, 711, 28548; à Lyon, I, 652, 31418; à Paris, II, 495, 6185; II, 552, 6447; II, 653, 6945; III, 591, 10221; III, 667, 10565; VII, 727, 28645; VIII, 112, 30283; VIII, 220, 31295. Juridiction de la Cour des Aides, III, 108, 7984; IV, 461, 13165. Matériel : voir AFFÛTS, BOULETS, CANONNIERS, CANONS, COULEVRINES, COULEVRINIERS, POUDRE À CANON, SALPÊTRES, SOUFRE. Personnel, IX, 255-256; voir BAGOT (Guillaume), BIENVENU (Claude), BINET (Martin), CASTELLAN

(Girardin), Chappart (Nicolas), Dato (Jean-Jacques), Du Seigne (Guillaume), Fortier (Florimond), Gandoyn (Philippe), Hervieu (Jean), Le Seure (Guillaume), Maciot (Jean), Moudain (Julien), Nicolin (Pierre), Ouville (Pierre d'), Petit (Jacques), Pons (Jean de), Sable (Pierre), Suryau (François de). Privilèges des officiers, I, 16, 97; III, 605, 10283; VII, 451, 25640; VII, 569, 27015; VIII, 605, 32419. Procureur : vente de l'office, II, 34, 4007. Réformation, I, 300, 1623. Règlements généraux, IV, 713, 14310; V, 172, 15554. Transports, I, 646, 3385; VIII, 15, 29381; VIII, 134, 30487-30489; réquisitions à cette fin, III, 409, 9398; VIII, 93, 30092; en Lyonnais, I, 40, 228; I, 253, 1381; I, 284, 1535; I, 286, 1549; I, 346, 1853; I, 380, 3022; I, 570, 2999; I, 642, 3362; V, 523, 17362; dans l'élection de Nemours, VII, 443, 25577; à Romorantin, I, 185, 1037.

Artisans : voir Confréries, ainsi qu'aux noms des métiers et des villes; — suivant la cour, IV, 580, 13714.

Artistes : voir Architectes, Orfèvres, Peintres, Sculpteurs.

Artois, III, 742, 10903; V, 166, 15516; V, 190, 15642; VII, 646, 27964; voir Souâtre, Tournehem. Affaires militaires, I, 300, 1623; IV, 322, 12512; campagne de 1537, VIII, 41, 29610; VIII, 51, 29706; VIII, 62, 29801; VIII, 80, 29971; VIII, 102, 30181; VIII, 107, 30228; VIII, 137, 30521; VIII, 145, 30607; VIII, 177, 30902; VIII, 229, 31383; voir Armée de Picardie et d'Artois; fortifications : voir La Grange (Pierre de). Composition et aide ordinaire, I, 371, 1976; V, 241, 15916; V, 301, 16228; VII, 43, 23424; VII, 44, 23428; VII, 483, 25919; VIII, 626, 32523. Dispense de lettres de naturalité à un originaire du pays, VII, 594, 27375. Envoi de messages pour le service du roi, VII, 441, 25553; VIII, 143, 30578. Exécution des traités : de Madrid, VIII, 609, 32439; de Cambrai, I, 683, 3575; I, 698, 3651; I, 701, 3667; I, 702, 3668-3669; I, 708, 3701. Habitants : déclaration touchant leur condition, IV, 627, 13931; VII, 425, 25415; VII, 451, 25639. Procureur pensionnaire : voir Le Riche (Pierre). Route de Paris par Senlis, VII, 162, 24012. Saisies opérées par Charles-Quint, I, 568, 2989; VI, 310, 22072; VI, 691, 25516; VII, 436, 25507; par François Ier, III, 314, 8964.

Artois, c^{ne} de Mordelles (Ille-et-Vilaine). Seigneur : voir Goujon (Jean).

Artois (Barbanson d'), élu de Clermont, V, 642, 17958.

Artois (Hôtel d'), à Paris, III, 698, 10703; IV, 501, 13355; IV, 532, 13493; V, 78, 15065.

Artois (Robert d'). Biens confisqués, III, 415, 9428.

Artois (Rue d'), à Paris. Maison du *Coq*, V, 497, 17234. Cf. Autriche (Rue d').

Arto (*Mairo*) : voir Maïs.

Artonnes (Puy-de-Dôme). Foires, II, 513, 6268.

Artres (Nord) : voir Des Oches (Lucas).

Arts (Écoles des) créées à Nîmes, IV, 9, 11049.

Arts (Facultés des). Privilèges, VII, 329, 24885.

Artus (Charles), VI, 616, 22103.

Arumet (Martin), dit de Bonrepos, II, 442, 5949.

Arupel (Gaspard d'), marchand à Turin, créancier du roi, VIII, 79, 29954.

Arvert (Charente-Inférieure). Ile, I, 92, 542; I, 244, 1337; V, 246, 15942; VII, 57, 23501; VII, 100, 23708.

Arzacq (Basses-Pyrénées). Curé : voir La Font (Vidal de). Pays, VI, 504, 21506.

Arzant (Guillaume), coupable de machinations contre le royaume, VII, 245, 24419.

Arzen (*Louis d'*) : voir Denzein (Louis).

Arzillières (Marne), Baronnie, V, 501, 17251; V, 537, 17434; V, 615, 17820; VII, 522, 26398.

Asac (*Fief d'*), mouvant de Château-Landon, V, 322, 16342.

Ascensement (*Le Viel-*) : voir Viel-Ascensement (Le).

Ascoux (Loiret). Seigneurie, V, 479, 17141.

Aseret (Pierre-Marie d'), s^{r} de Saraval, commissaire ordinaire des guerres, V, 435, 16906.

Asey : voir Aisey-le-Duc.

Asile (Droit d'). Dérogation en faveur des créanciers des marchands forains de la foire de Lyon, III, 248, 8664.

« *Asles* » en la rivière de Gênes : voir Ambarestin (Raphaël).

Asnières (Eure). Fief de haubert sis en la paroisse Saint-Gervais, VI, 390, 20901; VII, 545, 21736.

Asnières (*S^r d'*) : voir Desniren (Hugues de).

Asnières (Le s^r d'), VI, 482, 21380.

Asnières (Claude d'), commis au contrôle des réparations et ravitaillement des places de Picardie, VIII, 117, 30333; VIII, 120, 30363. Mission de Moulins à Sens, III, 511, 9868.

Asnières (Jacques d'), clerc des offices du roi, III, 437, 9526; III, 588, 10213.

Asnières-en-Montagne (Côte-d'Or) : voir Rochefort-sur-Armançon.

Asnières-sur-Oise (Seine-et-Oise) : voir Royaumont.

Asperges destinées à la table du roi, III, 61, 7755; VIII, 129, 30446.

Aspet (Haute-Garonne). Baronnie, V, 345, 16463; VII, 281, 24600; VIII, 605, 32422.

Aspinellis (Laurent d'), V, 547, 17483.

Aspiran (Hérault). Foires, III, 192, 8386.

Aspremont : cf. Apremont.

Aspremont (Adrien d'), page de l'écurie, I, 583, 3065.

Aspremont (Roger d') dit d'Orthe ou le protonotaire d'Orthez, ambassadeur en Angleterre, IV, 403 (VIII, 790), 12886.

Aspres : corr. Haspres.

Aspres (Guyonne d'), VI, 216, 19988.

Asprières (Aveyron). Prieuré, VII, 278, 24583. Seigneur : voir Morlion (Pons de).

« Asquiem » en Bourbonnais. Fortifications, IV, 28, 11136.

Asquier (Barthélemy), natif du comté de Nice, demeurant à Vallauris. Lettres de naturalité, IV, 236 (VIII, 407*), 12095.

Assars, c^{ne} de Vitry-Laché (Nièvre) : voir « Sarre (La) ».

Assaut d'Hesdin, VIII, 10, 29342; VIII, 12, 29361.

Asselin (Jacques), marchand d'Orléans, V, 565, 17571.

Asselin (Jacques), palefrenier de l'écurie du roi, VII, 761, 28883.

Asseline (Claude), notaire au bailliage de Chaumont, V, 188, 15632.

Assemblées générales à Troyes, VII, 231, 24346.

Assemblées publiques interdites, VII, 117, 23794.

Assenart (Jacques), mesureur de sel de la ville de Rouen, IV, 776, 14612.

Assérac (*Madeleine d'*) : voir Astarac (Madeleine d').

Assevillers (Somme). Remise de tailles, III, 348, 9123.

Assier (Lot). Dame : voir Genouilhac (Jeanne Galyot de). Seigneur : voir Genouilhac (Jacques de).

Assigny (Seine-Inférieure), VII, 110, 23757.

Assigny (*S^{rs} d'*) : voir Acigné (Jean VII, s^r d'), Balleynes (Nicolas de).

Assigny (Jacques d'), étudiant à Paris, II, 723, 7262.

Assigny (Jean d'), II, 739, 7331.

Assigny (Jean d'), bailli de Mantes, II, 614, 6763.

Assigny (Louis d'), archer de la garde sous le s^r de Nançay, II, 723, 7262.

Assigny (*Marie d'*) : voir Acigné (Marie d').

Assis (Thomas d'), veneur du roi, VII, 479, 25881.

Assise (Droit d'). Les habitants de Saint-Jean-de-Luz en sont exempts, I, 62, 367; III, 118, 8030; IV, 600, 13801.

Assises : de la sénéchaussée du Maine, IV, 491, 13309; de la sénéchaussée de Périgord, VII, 143, 23920.

Assistance publique : voir Charité (Travaux de), Hôpitaux, Ladres, Orphelins, Pauvres, Pestiférés, Quêtes, ainsi qu'aux noms des villes et des établissements hospitaliers.

Assy (François d'), s^r d'Ervau, V, 583, 17663.

Assy (Jacques d'), s^r^ de Tourny, I, 493, 2596. Cf. Dassy (Jacques d').

Assy (Jeanne d'), veuve de Jean Pasquier, VI, 565, 21837.

Ast (D') : voir Boynier (Pierre).

Ast (Jean d'), prévôt des maréchaux. Missions en Picardie, au Maine et en Anjou, I, 149, 854.

Astarac, pays compris dans le département actuel du Gers, I, 419, 2221; VII, 587, 27282; VIII, 635, 32571. Comté, VII, 51, 23467.

Astarac (Jacqueline d'), veuve d'Antoine de Mailly, VII, 82, 23616; VII, 141, 23910; VII, 482, 25910.

Astarac (Jacques d') ou d'Estrac, s^r^ de Fontrailles, VI, 624, 22152.

Astarac (Jean, comte d'), V, 343, 16452.

Astarac (Madeleine d'), d'Assérac, d'Estrac ou de Lestrac, veuve de François de Bretagne, comte de Vertus et d'Avaugour; — concessionnaire de la seigneurie de Fontenay-le-Comte, I, 145, 834; VII, 519, 26362; de la seigneurie de Touffou, I, 711, 3714; I, 728, 3805; VII, 687, 28324. Mariage avec Charles de Montbel, comte d'Entremont, V, 343, 16452.

Astarac (Marthe, comtesse d'), veuve de Gaston de Foix, I, 459, 2427; VI, 568, 21854.

Astée (Claude) ou Astre, natif de Rimplas, demeurant à Ollioules. Lettres de naturalité, VI, 656, 22324; VII, 313, 24786.

Aster (Le vicomte d') : voir Gramont (Roger de).

Aster (Françoise d') : voir Aure (Françoise d').

Aster (Menault d'), lieutenant de la compagnie du marquis de Saluces, VI, 68, 19242.

Asti (Italie, province d'Alexandrie), VI, 68, 19245; IX, 69. Séjour du marquis del Guast, VIII, 86, 30031.

—— *Comté*, VI, 107, 19446; cédé à Charles-Quint, I, 705, 3684; I, 677, 3546; I, 705, 3684; II, 12, 3894; VI, 202, 19915, 19917; VI, 218, 19998; VII, 482, 25907; VIII, 622, 32503; VIII, 623, 32506; VIII, 755, 33248; compris dans le ressort de la Chambre des comptes de Blois, I, 556, 2923. Domaine, VI, 510, 21540. Exemption des logements militaires, VI, 54, 19179. Gouverneur : voir Saluces (Michel-Antoine et François, marquis de). Monnaies, I, 665, 3482. Mouvance : voir Baldichieri, Brà, Buttigliera d'Asti, Castelnuovo d'Asti, Ceva, Cherasco, Villanova d'Asti. Originaires naturalisés français : voir Argente (Antoine d'), Médicis (Louis de), (Rennes (Jean de), Tavel Geoffroy). Privilèges de diverses villes, III, 737, 10876. Recette, IV, 26, 11124. Trésorier : voir Turpin (Antoine).

—— *Évêché*. Évêque : voir Trivulce (Antoine). Part des vassaux dans la contribution du comté, V, 316, 16311.

—— *Ville*. Droit de dace, V, 305, 16248; V, 490, 17198; VI, 54, 19178. Fortifications et ravitaillement, VI, 118, 19501. Marchands, II, 740, 7336. Originaires naturalisés français : voir Gabiano (Luxembourg de), Henriotis (Perpetuo de). Podestat : voir Afflicte (Francisque). Privilèges, I, 597, 3131; II, 307, 16259. Vicaire : voir Gatto (Albert).

Asti (D') : voir Boynier (Jean), Daast (Stvenin).

Astier (Christophe), originaire du Comtat Venaissin, possédant des biens en Provence. Lettres de naturalité, VII, 339, 24939.

Astier (Jean, fils naturel de François), natif de Pont-du-Château en Auvergne. Légitimation, V, 142, 15412.

Astilliano : voir Stigliano.

Astonville (Ferrando ou Fernand d') ou d'Astoville, marchand espagnol, natif de Burgos, domicilié à la Fosse de Nantes. Lettres de naturalité, II, 168, 4679; II, 189, 4777.

Astorc (Guillaume), marchand de Narbonne, III, 551, 10047.

Astoville (Fernand d') : voir Astonville (Ferrando d').

Astre (Claude) : voir Astée (Claude).

Astronomie (Docteur en) : voir Wilbrod (Jacob de).

Atayde (Antoine de), envoyé de Portugal, IX, 135.

Atgier (Gérard), barbier, VI, 270, 20274.

Athée (Indre-et-Loire) : voir Vallettes.

Athies (Somme). Baronnie, VII, 722, 28616.

Athis (*D'*) : voir Guibert (Pierre).

Athyes (Louis d'), s[r] de Moimont, II, 568, 6528.

Atri (Italie, province de Teramo) ou *Àtria*. Ducs : voir Acquaviva (André et Jean-François d').

Attichy (Oise), VI, 100, 19408.

Attigny (Ardennes). Foires, V, 24, 14785. Sacre du roi y retrouvé, VIII, 185, 30977.

Attilly, c[ne] de Férolles-Attilly (Seine-et-Marne). Seigneurie, V, 242, 15923.

Attin (Pas-de-Calais). Passage de la Canche pour le service de la poste de Paris à Boulogne, VII, 721, 28605; VIII, 13, 29372; VIII, 110, 30255; VIII, 242, 31513.

Aubagne (Bouches-du-Rhône) : voir Coste (Jean). Séjour du roi, VIII, 549.

Aubuine (Côte-d'Or). Seigneur : voir Mipont (Alain de).

Aubaine (Droit d'), II, 469, 6068; VI, 333, 20600; en Bresse et Bugey, VI, 257, 12201; en Milanais, VI, 741, 22762; en Provence, IV, 76, 11351; IV, 216, 11991; VII, 317, 25185; VIII, 705, 32926; VIII, 730, 33108; VIII, 742, 33174; cf. VIII, 721, 33060. Biens acquis au roi en vertu de ce droit, VII, 66, 23544; voir Dercy, Puisieux, Saint-Bris. Exemptions, III, 260, 8718; III, 530, 9956; — en faveur du duc de Lorraine et de ses enfants, IV, 58, 11265; des originaires d'Avignon, III, 181, 8322; des Dauphinois, IV, 563, 13636; des Francs-Comtois, I, 501, 2640; I, 666, 3487; I, 683, 3573; IV, 67, 11304; VII, 140, 23906; des originaires de Mouzon, III, 359, 9168; des étrangers établis en Provence, VII, 346, 24975; des originaires de Tournai, III, 224, 8551, IV, 497, 13335; VII, 590, 27314; — voir Beatoun (David), Crabbe (Laurent), Croy (Philippe de), en ce qui concerne ses enfants, Delabroy (Urbain), Du Coquiel (Hubert), Duriez (Jean), Galand (Pierre), La Roche (Jacques de), Leleu (Guillaume), Médicis (Laurent de), Médine (Jacques et Jean de), Mendoça (Agnès de), Rocquart (Jacques de), Strazel (Jean), Velzer (Jacques et Sébastien). Possesseurs de biens soumis à ce droit : voir Acathin (Pierre), Adam (Macé), Alonce (Martin), Arnauld (Marie), Bec (Bernardin), Bernier (Jean), Berton (Laurent), Bethisy (Jean de), Borste (Benoît), Bombert (Briant de), Boticari (Bernard), Boyners (Raphaël), Brizay (Thomas), Bulcye (Thomas de), Bullainville (Jean de), Canossa (Louis de), Carrel (Michel), Charpentier (Clément), Chausset (Claude), Clabault (André), Cléophille (Sebille), Clouet (Jeannet), Cockborn (Thomas), Colin (Laurent), Cottereau (Michel), Courcelles (Jean de), Croix (Jean), Cusance (Claude et Marc de), Damours (Guillaume), Dasso (Baptiste-Marie), Daussert (Étienne), Delacque (Jean), Delafond (Gabriel), Desbarres (Jean), Des Baux (Bernardin), Desrombaux (Gervais), Duhac (Martial), Du Mas (Étienne), Enchemens (Jean et Guyonne), Ferrand (Catherine), Fontaine (Jean), Fontaines (Jean de), Gaillard (Claude et Jean), Gaudot (Thiénot), Gigau (Guillaume), Girard (Jean), Guidacerius (Agathius), Guillot (Martin), Harelle (Simon), Jourdain (Jean), La Barre (Jean de), Landussier (Louis), Languiesel (Guillaume), Lardy (Simon), La Rovere (François de), La Silve (Paul de), Le Maire (Jean), Le Pas (Guillaume et Henri), Liébault (Claude), Liège (Jean de), Lubiano (Christophe de), Maraviglia (Albert), Mellin (Antoine), Mesnard (Julien), Michault (Jean), Milan (Paul de), Montanaris (Antoine de), More (Charles de), Moreau (Jean), Mosnier (Jean), Mulnier (Marin), Myre (Robinet de), Navas (Pierre de), Oisillon (Jeanne d'), Pagan (Pierre), Paspergaire (Andrieu), Picard (Lubin), Plaisance (Simon de), Pochet (Isabelle), Pontgrah (Haus de), Poulayne (Andrieu), Ratela (Marie de), Roquadelle (Thomas), Rougeot (Simon), Rynd (Robert), Salles (Georges de), Servoise (Pierre), Sournay (Jacques de), Spinola (Augustin, cardinal), Spinosa (Alonso de), Stuart (Guillaume), Varengle (Richard), Vaudré (Claude de), Vaudrey (Claude de), Vérone (Marc de), Vinbronde (Perrichon de), Vitalis (Georges), Woldbram, Wolmershauser (Georges de). Stipulations du traité de Cambrai, VII, 364, 25068. Le mot *aubaine* est employé parfois à propos de biens échus au roi par déshérence ou par droit de bâtardise : voir ces articles.

Aubaux (Guillemette), sœur de Claude de Mortagne, VI, 154, 19679.

Aubazine (Corrèze). Abbaye, V, 768, 18667.

Aube (L'), rivière, VI, 37, 19093.

Aube (Germain), serviteur du s[r] de Sourdis, V, 115, 15277.

Aube de Roquemartine (Pierre), capitaine de La Motte-lès-Albaron, V, 109, 15240.

Aubelin (Jean), bailli d'Épernay, III, 242, 8632.

Aubelin (Pierre), V, 323, 16349.

Aubenas (Ardèche), III, 552, 10051. Session des États de Languedoc, V, 291, 16172.

Aubenas (Jean d'), VII, 193, 24162.

Aubenton (Aisne). Chambre à sel, III, 674, 10594; VII, 446, 25608. Doyenné, III, 367, 9205. Seigneurie, V, 218, 15792; V, 436, 16911; V, 508, 17289; incorporée au duché de Guise, VIII, 338, 2857.

Aubépin (L'), c[ne] de Saint-Gervais (Loir-et-Cher). Métairie, VI, 580, 21920; VII, 112, 23769.

Auber (Guillaume) ou Aubert, conseiller lai au Parlement de Rouen, délégué aux Grands jours de Bayeux, VI, 605, 22048; de Lisieux, VI, 670, 22439; — remboursé d'un prêt fait au roi, VIII, 3, 29279.

Auber (Guillaume), s[r] de Daubeuf-le-Sec, secrétaire du roi, VI, 710, 22616.

Auber (Jacques), conseiller référendaire des requêtes de l'hôtel, VII, 472, 25815.

Auber (Pierre), prieur de Saint-Lô de Rouen, V, 269, 16058.

Auber (Thomas), présenté à la cure de Saint-Vaast de Farceaux, V, 37, 14847.

Aubergenville (Seine-et-Oise). Terrier, VI, 430, 21157.

Auberges : voir Hôteliers.

Auberives (Isère). Séjour d'Anne de Montmorency, III, 477, 9706; de la reine, II, 586, 6616; du roi, VIII, 549.

—— *Baronnie*. Érection, IV, 110, 11503.

Aubert ou Du Broc, chevalier de Saint-Jean-de-Jérusalem, commandeur de Renneville, VII, 449, 25627.

Aubert (André), huissier du Grand Conseil, VII, 519, 26360.

Aubert (Barthélemy), natif du pays de Gênes, demeurant à Antibes. Lettres de naturalité, VI, 636, 22212.

Aubert (Claude), enquêteur en la sénéchaussée de Bourbonnais, IV, 664, 14097.

Aubert (François), conseiller clerc au Parlement de Paris, VII, 500, 26111.

Aubert (Guillaume) : voir Auber (Guillaume).

Aubert (Jacques), s[r] de Biéville, VI, 652, 22303.

Aubert (Jean), V, 438, 16921.

Aubert (Jean), demeurant à Fontenay-le-Marmion. Anoblissement, VI, 725, 22691.

Aubert (Jean), gaînier, IV, 140, 11641.

Aubert (Jean), garde de la porte du château de Moulins, III, 644, 10459.

Aubert (Jean), de Biéville, V, 239, 15906.

Aubert (Jean), s[r] de Viéville. Anoblissement, V, 560 (VIII, 392), 17547.

Aubert (Louise), veuve de Bertrand de Culant, VI, 242, 20130.

Aubert (Mathieu), vicomte d'Évreux, IV, 55, 11250; V, 708, 18346.

Aubert (Nicolas), contrôleur du grenier à sel du Havre, VI, 435, 21137.

Aubert (Oudin), dit Le Rat, colonel de gens de guerre en Piémont. Anoblissement, IV, 182, 11836.

Aubert (Simon), receveur particulier au siège d'Arles, VII, 334, 24911.

Aubert (Thomas), payeur de la compagnie du duc de Montpensier, IV, 241, 12118.

Aubert-Hermite (Fief) : voir Fief Aubert-Hermite.

Auberville (Calvados). Seigneurie, V, 564, 17567.

Auberville (Jacques d') ou d'Amberville, baron de Canteleu, V, 564, 17567; bailli de Caen, III, 604, 10280; VII, 567, 26994.

Auberville-la-Manuel (Seine-Inférieure). Seigneur : voir Toustain (Jean).

Aubervilliers (Seine). Privilèges, V, 218, 15794.

Aubervilliers, c[ne] de Férolles (Seine-et-Marne). Seigneurie, V, 333, 16400.

Aubery (Guillaume), homme d'armes, II, 635, 6859.

Aubeterre-sur-Dronne (Charente-Inférieure). Abbaye de Saint-Sauveur, V, 624, 17863. Abbé : voir Bouchard (Guy). Châtellenie, VII, 251, 24445.

AUBETERRE (Blanche D'), dame de Courpignac, veuve de Robert de la Rochandry, III, 707, 10743; III, 738, 10881-10882.

AUBETERRE (Françoise D'), mère de François de Mortemer, VII, 11, 23253.

AUBETERRE (Michel D'), s[r] de Montchaude, valet tranchant du roi, maître d'hôtel de Louise de Savoie, capitaine de Talmont-sur-Gironde, V, 766, 18656.

Aubevoye (Eure) : voir CAMIN.

AUBIÈRE (Puy-de-Dôme). Bailliage : vente d'un office de notaire, V, 90, 15130.

Aubigné (Sarthe) : voir BAUSSONNIÈRE (LA).

AUBIGNY, c[ne] de Tauxigny (Indre-et-Loire). Chapelle Saint-Laurent-des-Chasseurs, V, 562, 17558.

AUBIGNY, c[ne] de Montereau-sur-Jard (Seine-et-Marne). Mairie et haute-justice, VII, 515, 26313.

Aubigny (*Le S[r] d'*) de Bourgogne : voir DU MEX (Jean).

AUBIGNY-SUR-NÈRE (Cher). Exemption de tailles et octroi sur le vin pour la réfection des fortifications, II, 413, 5813. Mission de Claude de Bombelles, VIII, 220, 31298. Recherche de faux monnayeurs, II, 401, 5759. Seigneur : voir STUART (Robert); dame : voir STUART (Anne). Séjour du roi, VIII, 549.

AUBIN (Aveyron) : voir BESSE-NOITS (LA). Seigneurie, VII, 112, 23765.

AUBIN (Jean), huissier à la Chambre des comptes de Bretagne, I, 502, 2647.

Aubin-Saint-Vaast (Pas-de-Calais) : voir SAINT-VAAST.

AUBOURS (Antoine D'), bailli de Dourdan, III, 368, 9209.

AUBOUST (Jean), VII, 773, 28964.

AUBRAC, c[ne] de Saint-Chély-d'Aubrac (Aveyron). Abbaye ou hôpital, II, 513, 6272; VIII, 60, 29783. Séjour du roi, VIII, 549.

AUBRAY (François D'), VI, 296, 20415.

AUBRY (Jean), monnayeur à la monnaie de Bourges, I, 490, 2579.

Aubry (*Jean*). Sa veuve : voir PEHU (Jeanne DE).

AUBRY (Thomas), receveur de l'élection de Montivilliers, III, 603, 10276; III, 622, 10355.

AUBUSSON (Creuse). Baronnie, VI, 329, 20579. Châtellenie; fermier et receveur : voir ROY (Jean). Foires, I, 462, 2444.

AUBUSSON (Charles D'), seigneur et baron de la Borne et du Dognon, III, 117, 8025; III, 569, 10125; VI, 567, 21847; VI, 572, 21876; VII, 802, 29173.

AUBUSSON (François D'), VII, 242, 24401.

AUBUSSON (Jean D'), prieur de Blessac, VII, 775, 28979.

AUCAS (Colas), jardinier du château du Plessis-lès-Tours, II, 438, 5930; II, 702, 7166.

AUCH (Gers).
—— *Clergé*. Archevêques : voir CLERMONT (François-Guillaume DE), TOURNON (François, cardinal DE). Chapitre cathédral, VII, 428, 25444. Église métropolitaine, VI, 354, 20713.
—— *Diocèse ecclésiastique*. Impôts levés sur le clergé, IV, 327, 12536; VI, 421, 21066.
—— *Diocèse financier*. Héritages sujets à la dîme, IV, 734, 14415. Impôt pour l'achèvement du pont de pierre de Toulouse, IV, 212, 11974.
—— *Province ecclésiastique*. Publication de bulles pontificales, VII, 711, 28539; VII, 805, 29194.
—— *Ville*. Imposition pour la défense du royaume, III, 362, 9182. Marché, III, 187, 8359-8360; III, 213, 8493.

«AUCHY», VII, 447, 25613.

Auchy (*S[r] d'*) : voir MAILLY (Antoine DE).

AUCHY (Jacques D'), VII, 463, 25735.

Auchy-les-Hesdin (Pas-de-Calais). Abbaye : voir THIERRY (Girard).

AUCLERC (Jacques), fermier de la paisson de la forêt de Tronsay, VII, 794, 29116.

AUCOIN (Henri), notaire, III, 724, 10823.

Auctenier : voir AUTHONNIER.

«*Audarnacuer*», corr. *Andernach* : voir GUNTHER (Jean).

AUDE (L'), rivière. Bac de Montrabech, I, 105, 610. Chaussée de Narbonne : réparations, II, 420, 5844; II, 425, 5870; II, 488, 6156; III, 174, 8296; VII, 660, 28083; VIII, 570, 32233; VIII, 618, 32479. Péage de Narbonne, IV, 117, 11530.

«AUDE», dans la sénéchaussée de Beaucaire. Sceau, V, 111, 15252.

Aude (*S^r d'*) : voir Malberg (Robert, s^r de).

Aude (Guillaume), commis, sous Jacques de Beaune le jeune, à la trésorerie des fils du roi, II, 480, 6121; V, 673, 18126.

Aude (Jeanne), veuve de Maurice Briand, V, 811, 18894.

Audebert (Jean), natif de Puget-Théniers, demeurant à Régusse. Lettres de naturalité, VI, 656, 22325.

Audeloncourt (Haute-Marne). Seigneurie, V, 219, 15802.

Audes (Allier). Seigneurie, VI, 335, 20608.

Audibert (Jean), dit du Buisson, châtelain de Saint-Symphorien-d'Ozon, VI, 330, 20586.

Audibert (Joachim), s^r de Lussan, II, 285, 5231.

Audiencier de France : voir Hurault (Raoul); exempt de l'apport de sa recette au Trésor de l'épargne, V, 89, 15128; paye les gages des officiers, III, 141, 8136.

Audier (François), marchand de Limoges, maître particulier de la monnaie de Poitiers, VII, 364, 25072.

Audignicourt (Aisne). Ladres, V, 642, 17960.

Audiguier (Belle), damoiselle, veuve de Jean Ozoer, VII, 248, 24431.

Audincthun (Pas-de-Calais). Seigneurie, III, 309, 8944.

Audineau (Jean), Haudineau ou Houdineau dit de la Chambre, fauconnier et valet de garde-robe du roi, III, 314, 8967; III, 464, 9647; IV, 182, 11838; V, 30, 14858; VIII, 295, 32068; VIII, 304, 32159; gentilhomme de la vénerie, III, 314, 8967.

Auditoire construit à Chauny, VII, 557, 26877.

Audonnet (Jean), fermier de la prévôté de Saumur, VII, 577, 27121.

Audouin (Antoine), conseiller au Conseil de Dombes, V, 624, 17867.

Audouin (Jean), chevaucheur d'écurie, VI, 68, 19245.

Audricq (François), conseiller au Parlement de Piémont, VI, 500, 21482.

Audrieu (Calvados). Seigneur : voir Estampes (Gilles d').

Audry (Sibille), VI, 216, 19986.

Auffargis (Seine-et-Oise) : voir Vaux-de-Cernay (Les).

Auffay (Seine-Inférieure). Prieuré, VI, 320, 20534.

Auffreville (Jacques d'). Légitimation de son fils Robert, VI, 325, 20557.

Auffreville-sur-Iton : voir Amfreville-sur-Iton.

Auffrion, capitaine suisse, VI, 199, 19905.

Auffroy (Jean), garde de la forêt de Bord, III, 67, 7785.

Auforre (Macée), V, 805, 18860.

Aufred (Monet), conseiller à la sénéchaussée d'Aix, VII, 357, 25031.

Aufréri (Jean), juge ordinaire à Fréjus, VII, 216, 24278.

Aufrie (Julien), VI, 363, 20759.

Augan (Morbihan) : voir Boisduloup (Le).

Augé : voir Saint-Martin-d'Augé.

Augé (Deux-Sèvres) : voir « Aujan ».

Auge (Vicomté d'), comprise dans les départements actuels du Calvados et de l'Eure; donnée à Louise de Bourbon, I, 703, 3678. Avocat du roi : voir Pinain (Pierre). Ressort, V, 303, 16236; compris dans celui de la recette générale de Rouen, VI, 690, 22509; voir Auberville, Authieux-sur-Corbon (Les), Blonville, Bonnebosq, Bonneville-sur-Touques, Bourgeauville, Branville, Brévedent, Cambremer, Coquainvilliers, Damp, Douville, Épine (L'), Fourneville, Glanville, Heudreville-en-Lieuvin, Honfleur, Launay, Lysembardière, Manneville-la-Pipard, Mesnil-Mauger (Le), Monteille, Plessis-Ermangart, Putot, Roncheville, Saint-Arnoult, Surville, Torquesne, Touques, Tourville, Val (Le), Val-Richer (Le), Vasouy. Suppression de l'office de second enquêteur, V, 116, 15284. Terres vagues du domaine affermées, VII, 468, 25779. Vicomtes : voir Lécuyer (Raoul), Le Marchand (Thomas), Medon (Jean), Teste (Simon), Thibaut (Laurent).

Auger (Adrien), commis au payement des réparations de Guise et de Bray-sur-Somme, III, 385, 9280; VII, 519, 26356.

Auger (Adrien) ou Oger, payeur des Grands jours de Bretagne, II, 200, 4830; II, 524,

6316; III, 526, 9939; III, 711, 10764; VII, 664, 28121; VII, 706, 28498; VII, 719, 28597; VIII, 77, 29938; VIII, 128, 30439; VIII, 204, 31142; VIII, 257, 31666-31667.

AUGERANT (Antoine D'), abbé d'Issoire, V, 623, 17860; V, 654, 18026-18028.

AUGERANT (Louis D') ou DAUGERANT, seigneur de Boisrigault, chambellan et maître d'hôtel du roi, cessionnaire de la terre d'Usson, I, 468 (VIII, 771), 2478; VI, 151, 19666. Ambassades en Suisse, II, 677, 7050; III, 171, 8288; III, 225, 8556; III, 234, 8597; III, 432, 9503-9504; III, 534, 9971; IV, 192, 11880; IV, 240, 12111; IV, 347, 12633; IV, 397, 12861; IV, 544, 13544; V, 800, 18835; VI, 155, 19686; VI, 489, 21418; VI, 562, 21823; VII, 771, 28944; VII, 778, 28993; VII, 807, 29205; VIII, 2, 29276; VIII, 14, 29374; VIII, 16, 29396; VIII, 32, 29514; VIII, 74, 29910; VIII, 97, 30131; VIII, 146, 30611; VIII, 154, 30682; VIII, 154, 30688; VIII, 178, 30915; VIII, 222, 31318-31319; VIII, 278, 31891; VIII, 287, 31977; IX, 78, 80, 81, 82, 84. Déclaration de naturalité en faveur de son fils, né en Suisse, I, 672, 3522.

AUGERART (Florent et Guillaume), III, 748, 10731.

Augère (L'), c^ne de Charenton-du-Cher (Cher). Seigneur : voir POINTET (Jean).

AUGEROLLES (Puy-de-Dôme). Foires, III, 197, 8408.

AUGERS (Seine-et-Marne). Seigneurie, VI, 524, 21617.

AUGERY (Étienne), conseiller à la sénéchaussée de Draguignan, VII, 357, 25034.

AUGIER (Louise), V, 129, 15346.

AUGIER (Thomas), sergent royal au bailliage de Touraine, III, 762, 10990.

AUGIRARD (Jean), huissier au Parlement de Paris, VII, 485, 25934; VII, 491, 26011.

AUGOUGÉ (Jean D'), V, 231, 15864.

AUGRANNET (Pierre), valet de chiens, VII, 736, 28713.

AUGSBOURG (Bavière, Souabe). Marchands, IV, 357, 12680; voir DIEFSTOTTER (Christophe). Diète, IX, 6. Traité entre François Ier et divers princes allemands, III, 8 (VIII, 779e), 7484; VIII, 637, 32581.

AUGUIER (Jean), V, 489, 17193.

AUGUSTE (Laurent) de Lucerne, capitaine de Suisses, III, 422, 9462; VIII, 305, 32165.

AUGUSTIN (Antoine), bâtard du Corbat, archer de la compagnie de M. de Nançay, VII, 742, 28757.

Augustines : voir ESSAI, TOULOUSE.

AUGUSTINS, I, 732, 3287; VII, 109, 23750; VIII, 672, 32779. Visite des couvents de l'ordre par le général, IV, 153, 11702. Voir ANTOINE (Michel), BEAULE (Jean), BESSONS (Jacques DE), CHANTEREAU (Louis), FERVACQUES (Jacques DE), FLEURY (Charles), FOUESSE (Girard), GAUCHER (Jean), SAINT-GERMAIN (Nicolas DE), SCOT (Gosselin). Voir aussi BAYONNE, CASTELLANE, CHALARD, CHÂLONS-SUR-MARNE (*abbaye de Saint-Pierre*), ÉTATS DE PROVENCE, LESTERPS, LYON, MONTMOREL, ORLÉANS (prieuré de Saint-Samson), PIGNANS, ROUHEY, SAINT-MARTIN-DE-MISERÉ, SÉES.

« AUJAN », seigneurie mouvant de Saint-Maixent, peut-être AUGÉ (Deux-Sèvres), II, 382, 5677.

Aujon (Jean) : voir ANJOU (Jean).

AULAGE, c^ne de Saint-Martin-l'Hortier (Seine-Inférieure). Cure, V, 639, 17944-17945.

AULDRIÈRE (Mathieu), maître de la monnaie de La Rochelle, II, 45, 4064.

AULERS, c^ne de Bassoles-Aulers (Aisne), VII, 439, 25528.

Auleu : voir PLESSIER-HULEU (LE).

Aulhac (S^r d') : voir FONTAINE (Jean DE).

AULIAC (Pierre D'), s^r de Canterac. Légitimation de son fils Augustin, VIII, 755, 33246.

AULNAIS (LES) ou LES AUNAYES, c^ne de Montlouis (Indre-et-Loire), V, 520, 17350.

Aulnay (Baron d') : voir DES ESSARTS (Jean).

AULNAY (Charente-Inférieure) : voir MONTDEVIS. Séjour du roi, VIII, 549.
—— *Forêt*. Gages du capitaine et des gardes, II, 626, 6820; III, 65, 7777; VIII, 214, 31244.
—— *Vicomté* : acquise par le roi, II, 713, 7221; comprise dans l'apanage du duc d'Orléans, IV, 116, 11528; IV, 772,

14595. Recette, II, 89, 4291; VI, 276, 20308; VII, 571, 27043. Receveurs : voir Delaplace (Pierre), Isambert (Christophe). Ressort : voir Vervant.

Aulnay, c^ne de Courchamp (Seine-et-Marne). Minimes, VI, 755, 22836.

Aulnay-l'Aître (Marne). Seigneurie, III, 557, 10071.

Aulnay-la-Rivière (Loiret), VII, 450, 25637-25638; voir Grèves (Les).

Aulnay-le-Château, c^ne d'Aulnay-l'Aître (Marne). Seigneurie, III, 557, 10071; VI, 519, 21592.

Aulnay-sous-Bois (Seine-et-Oise), précédemment Aulnay-lès-Bondy. Séjour du roi, VIII, 549.

Aulnay-sur-Marne (Marne), VI, 540, 21706.

Aulnay-sur-Odon : voir Aunay-sur-Odon.

Aulnois-en-Perthois (Meuse). Séjour du roi, VIII, 549.

Aulnoy (Seine-et-Marne). Seigneurie, V, 433, 16895.

Aulon (Jean d') de Mazerville. Biens confisqués, VII, 510, 26245.

Ault (Somme), VII, 742, 28756.

Aultier (Auberant), s^r de Villemontée, III, 618, 10339. Sa veuve : voir Ussel (Catherine d').

Aultruy (Jean d'), juge et garde du sceau des foires de Champagne, III, 192, 8381.

Aultry (Jean d') : voir Autry (Jean d').

Aulx (Le chevalier d') : voir Aux (Pierre d').

Aumale (Seine-Inférieure). Comté, V, 508, 17290; V, 739, 18518. Comtes : voir Lorraine (Claude et François de). Séjour du roi, VIII, 549.

Aumalle (Louis d'), vicomte de Mont-Notre-Dame. Lettres d'abolition, IV, 220, 12011.

Aumanel (Simon), originaire du Comtat-Venaissin, demeurant à Arles. Lettres de naturalité, VII, 320, 24833.

Aumans (Pierre et Michel), condamnés à mort pour homicide, VI, 149, 19657.

Aumelas (Hérault). Vicomté, VII, 184, 24122; voir Motte-de-Saint-Amans (La), Pouget (Le), Pouzols, Saint-Bauzille.

Aumessas (Gard). Seigneurie, VI, 307, 20468; VII, 184, 24122.

Aumône générale à Lyon, IV, 62, 11286.

Aumône (L'), c^ne de Saint-Laurent-la-Gatine (Eure-et-Loir). Abbé : voir Du Bellay (Jean).

Aumôneries. Exemption de décimes et emprunts, IV, 739, 14438. Police et réforme, V, 81, 15084.

Aumônes : voir Quêtes.

Aumônes et offrandes du roi, VII, 636, 27864; VIII, 203, 31136; voir aux noms des trésoriers et commis à la trésorerie, Agarie (Jacques et Louis), Charbonnier (François), Fontenay (Jacques de), Seigneuret (Jean).

Aumônier (Grand). Juridiction en ce qui concerne la réforme des maladreries, IV, 612, 13858. Voir Gouffier (Adrien), Le Veneur (Jean), Moulins (François de), Sanguin (Antoine).

Aumonières, c^ne de Pierrecourt (Haute-Saône). Commanderie de l'ordre de Saint Antoine, VI, 109, 19453; VI, 817, 23142.

Aumôniers du roi : voir Acigné (Louis d'), Annebaut (Jacques d'), « Basseau » (Le prieur de), Bohier (Gilles), Breneringuen (Bertrand de), Burgensis (Jérôme), Canossa (Louis de), Cipel (Jean-Jacques), Colin (Jacques), Cretin (Guillaume), Dampierre (Jean de), Des Ursins (Charles), Emard (Charles), Guillart (Louis), Hamelin (Jacques) [premier aumônier], La Barre (Antoine de), Laseigne (François de), Mareuil (Pierre de), Papillon (Jean), Payot (Charles), Rocquart (Rostaing de), Saint-Gelais (Mellin de), Thesnaud (Jean), Toscan (Laurent), Vallery (Guillaume).

Aumont (Ferry, s^r d'), de Méru et de Chars, V, 441, 16938. Sa veuve : voir Ferrières (Françoise de).

Aumont (Jean d'), seigneur de Couches et de Châteauroux; lieutenant général en Bourgogne, I, 4 (VIII, 310), 20; I, 128, 744; VII, 442, 25566; maréchal de Bourgogne, I, 4 (VIII, 310), 21.

Aumont (Nicolas d'), gentilhomme de la maison du cardinal de Lorraine. Mission secrète, IV, 662, 14091.

Aumont (Nicolas), notaire en Saintonge, V, 41, 14871.

Aumont (Pierre d'), VI, 166, 19741.

Aumosnières : voir Aumonières.

Aunage des étoffes : à Caudebec-en-Caux, V, 11, 14710; à Crépy-en-Valois, V, 45, 14898; à Étampes, V, 35, 14838; à la Ferté-Milon, VI, 435, 21140; au Havre, VI, 560, 21812; à Lyon, IV, 472, 13218; à Rouen, II, 51, 4093; IV, 558 (VIII, 382), 13609; dans la châtellenie de Nogent-le-Roi, III, 619-620, 10347. Cf. Auneurs.

Aunay : voir Aulnay; imprimé à tort pour Arvert, I, 92, 542.

Aunay, c^ne^ de Mer (Loir-et-Cher), VI, 205, 19931; VI, 219, 20002; VI, 581, 21927-21928; VI, 582, 21932; voir Échelles, Landes (Les).

Aunay-sous-Auneau (Eure-et-Loir). Seigneurie, V, 309, 16275; V, 320, 16333; V, 546, 17477; VI, 546, 21742.

Aunay-sur-Odon (Calvados). Abbaye, V, 539, 17444.

Aunayes (Les) : voir Aulnais (Les).

Aune du roi, IV, 105 (VIII, 373), 11483; IV, 150, 11687; exemption de l'obligation de cette mesure en faveur des drapiers, IV, 472, 13218.

Auneau (Eure-et-Loir). Fortifications, V, 13, 14723. Seigneurie, V, 309, 16275; V, 320, 16333; V, 539, 17446; V, 546, 17477; V, 553, 17515.

Aunelle (Antoine), saucier à la cuisine du commun, V, 113, 15262.

Aunes. Visite dans le Maine : voir Richet (Balthazar de); en Anjou, VIII, 703, 32953.

Auneurs : voir Barbot (Jean et Nicolas). Cf. Aunage.

Aunis, pays compris dans le département de la Charente-Inférieure. Rattachement à l'amirauté de Guyenne, I, 686, 3586; au gouvernement de Guyenne, I, 595, 3125; III, 166, 8261; III, 390, 9308. Juridiction des Grands jours de Poitiers en 1531, VIII, 628, 32535. Voir Fronsac, Rochelle (La), Yves.

—— *Bailliage du grand fief.* Recette, VI, 243, 20133; VII, 10, 23251; VII, 11, 23254; VII, 41, 23417; VII, 296, 24692. Ressort : voir Salle (La). [illegible];

Aunoy (Artus d'), chanoine de la Sainte-Chapelle de Paris, créancier du roi, VII, 771, 28952.

Aups (Var). Baile et capitaine : voir Clapier (Jean). Juge ordinaire : voir Fabri (Alexis). Procureur du roi : voir Arbaud (Jean).

—— *Domaine*, IV, 623, 13913.

—— *Viguerie*, VIII, 712, 33003. Viguier : voir Compagnon (Jean).

—— *Ville*, distraite du ressort de la viguerie de Barjols, VI, 341, 20642. Privilèges, V, 279, 16112. Voir Bertrand (Claude), Fabri (Louis), Girard (Jacques).

Auquemesnil (Seine-Inférieure). Fief, V, 564, 17567; VI, 544, 21727; V, 564, 17567.

Aurang (Falcon), doyen électif de l'église de Burlats, V, 90, 15132.

Auray (Morbihan); voir Saint-Goustant. Capitaine : voir Carné (Tristan de). Seigneurie, concédée temporairement : à Antoine de Brigneux, I, 617, 3236; I, 701, 3664; I, 712, 3722; I, 724, 3783; II, 755, 7408; à sa femme Gillette du Guiny, I, 336 (VIII, 329*), 1802; I, 395 (VIII, 332*), 2107; I, 617, 3236; V, 589, 17687; V, 763, 18637; VI, 295, 20406; à Bertrand Le Voyer, I, 212, 1174; I, 240, 1312; à Anne de Vernon, I, 658, 6966; II, 448, 5972; III, 7, 7478; IV, 11, 11061. Séjour du roi, VIII, 549. Sénéchaux; liste, IX, 240.

Aure, pays compris dans le département des Hautes-Pyrénées, I, 80, 525; V, 131, 15358.

Aure (Dame d') : voir Lion (Louise de).

Aure (Françoise d') dite d'Aster, femme d'Antoine de Négrepelisse, dame d'honneur de Louise de Savoie, V, 371, 16592; V, 700, 18623.

Aureillet (Claude), originaire de Franche-Comté, habitant Marseille. Lettres de naturalité, VII, 313, 24787.

Auriac (Aveyron). Château et juridiction, VII, 240, 24437.

Auriac (Haute-Garonne). Baronnie, VII, 260, 24491.

Auribeau (Alpes-Maritimes), VII, 318, 24817-24819.

Aurilhac (Falco ou Fouques, *alias* François d') ou d'Aurillac, conseiller lai aux requêtes du Palais de Paris, puis président au Parlement de Grenoble, VII, 486, 25943; — commis à l'aliénation du domaine en Dauphiné, I, 248, 1354; au recouvrement des deniers de la recette de Dauphiné, II, 300, 5300; II, 399, 5750; III, 311, 8953; VI, 333, 20602; VIII, 30, 29502. Pension, VII, 609, 27570; VII, 697, 28419. Succession, VII, 716, 28576.

Aurillac (Cantal). Abbaye de Saint-Géraud, VII, 150, 23951; abbé : voir Cardaillac (Jean de). Détention d'Hugues de Malras, II, 327, 5423. Foires, IV, 58, 11263. Lieutenant général du bailliage des Montagnes d'Auvergne; ses fonctions, IV, 576, 13695. Prévôt : voir Camolet (Pierre). Notaire : voir Barat (Annet).

Aurillac (Falco d') : voir Aurilhac (Falco d').

Aurillot : voir Avrillot.

Auriot (Bouches-du-Rhône); voir Martin (Jean). Incendie de la maison de l'abbé de Saint-Victor de Marseille, III, 143, 8143.

Auriole (Jean d'), évêque de Montauban, conseiller clerc au parlement de Toulouse, I, 90, 529.

Auriolle (Anne d'), VI, 416, 21042.

Aurival (Guillaume d'), s^r de « Malicificque », lieutenant du sénéchal de Toulouse, I, 82, 485; V, 286, 16148.

Auron (L'), rivière. Pont de Dun-le-Roi, V, 252, 15972.

Auron (Maximin d'), criminel de lèse-majesté. Biens confisqués donnés au prince de Melphe, IV, 319, 12498.

Auroy (Jacques d'), V, 349, 16485.

Aury (Pierre), conseiller du roi en la sénéchaussée de Limoges, autorisé à plaider comme avocat dans les affaires intéressant le roi ou le domaine, VII, 429, 25450.

Ausize (Frédéric, marquis d'), écuyer d'écurie du marquis de Montferrat, I, 572, 3010.

Ausonville l'Orcher, seigneurie sise à Angerville l'Orcher (Seine-Inférieure), VI, 352, 20701.

Aussenart (Guillaume), sergent au Châtelet de Paris, V, 66, 15005.

Aussènes (S^r d') : voir Monchy (Hugues de).

Ausseville, seigneurie sise à Normanville (Seine-Inférieure), VI, 385, 20873.

Aussonne (Haute-Garonne). Seigneurie, VII, 274, 24561; seigneur : voir Voisins (Henri de).

Aussonne (Jean d'), conseiller au Parlement de Toulouse, autorisé à avoir un secrétaire, IV, 692, 14222; délégué aux Grands jours de Nîmes, IV, 225, 12033.

Aussonvilliers (Louis d'), baron de Courcy, VI, 751, 22814. Cf. Herbert (Jean), dit d'Orsonvilliers.

Aussy (Antoine d') : voir Auxy (Antoine d').

Aussy (Isabeau), veuve de Bernard Milhau, V, 722, 18426.

Aussy (Peyronne), VII, 345, 24971.

Autel donné aux Carmes de Nantes par les reines Anne et Claude, II, 758, 7421.

Autérive (Haute-Garonne). Baronnie, V, 345, 16463; VIII, 594, 32361; VIII, 605, 32422.

Auteuil, localité annexée à Paris. Terres communes encloses dans le parc de Boulogne, VII, 601, 27471.

Auteuil (Seine-et-Oise). Seigneurie, V, 439, 16929.

Autheuil (Eure). Seigneurie, VII, 510, 26242. Mouvance : voir Heudreville-sur-Eure.

Authevernes (Eure) : voir Bois-d'Ennemets.

Authieux (Les), c^{ne} des Yveteaux (Orne). Extension du fief de la Fresnaye-au-Sauvage, V, 481, 17149.

Authieux-sur-Corbon (Les), c^{ne} de Victot-Pontfol (Calvados), V, 446, 16969.

Authon : corr. Saint-Denis-d'Authou.

Authon (D') : voir Oston (François d').

Authon (Baron d') : voir Batarnay (Imbert de).

Authon-la-Plaine (Seine-et-Oise), VI, 517, 21577.

—— *Élection* : voir Dourdan, Rochefort et Authon.

Authonnier (Guillaume), Auctenier ou Hottenier, dit La Trimoïlle, lapidaire et joaillier italien demeurant à Paris, II, 222, 4938, 4939; II, 535, 6366; II, 538, 6378; II, 595, 6663; II, 746, 7363.

Authouis (Charles), auditeur des comptes à Paris, IV, 262, 12223; général des aides à Paris, IV, 664, 14099.

Authouis (Gilles), conseiller à la Cour des aides de Paris, décédé le 11 février 1519, n. s., avant d'entrer en fonctions, V, 463, 17057; V, 529, 17396.

AUTHOUIS (Robert), receveur ordinaire de Senlis, V, 231, 15866; VII, 503, 26142.

Autichamp (Drôme). Seigneur : voir BEAUMONT (Imbert DE).

AUTOGRAPHES : signatures de François Ier, IV, 628, *notes*.

AUTOIS (Laugier) ou AUTRIX, juge ordinaire de Toulon, III, 202, 8439; VII, 287, 24633; puis d'Hyères, VII, 287, 24632.

Auton (François d') : voir DANTON (François) et OSTON (François D').

AUTON (Guigue, fils naturel de Louis D'). Légitimation, V, 788, 18778.

AUTOURS destinés au roi et volés, VII, 605, 27513. Cf. TIERCELETS.

Autrèche (Indre-et-Loire) : voir FONTAINES-LES-BLANCHES.

AUTRETOT (Seine-Inférieure). Fief de haubert, VI, 508, 21530. Voir MARE (La).

AUTREVILLE (Haute-Marne) : voir MAGNUS. Foires, I, 510, 2690. Justice, VI, 296, 20412. Seigneurie, V, 432, 16887; VI, 207, 19945.

Autrey (Jean d') : voir AUTRY (Jean D').

Autriche : voir aux noms des princes de cette maison : CHARLES, ÉLÉONORE, MADELEINE, MARGUERITE.

AUTRICHE (RUE D'), à Paris. Maison du *Coq*, VII, 83, 23625. Cf. ARTOIS (RUE D').

Autricourt (Côte-d'Or) : voir CHAMPIGNY.

Autrix (Laugier) : voir AUTOIS (Laugier).

AUTROCHE, cne de Saint-Viâtre (Loir-et-Cher). Seigneurie et justice, VI, 371, 20805.

Autruy (Loiret). Seigneur : voir ÉTAMPES (Jean D').

AUTRY (Jean D'), AUTREY ou AULTRY, dit DE NEVERS, VII, 589, 27304; contrôleur de l'élection de Nivernais, VII, 574, 27087; grènetier de Saint-Pierre-le-Moutier, V, 718, 18404.

AUTRY (Jean D'), gentilhomme de la maison du roi, V, 685, 18205.

AUTRY (Luce D'), veuve d'Antoine d'Ancienville, VI, 545, 21737.

AUTUN (Saône-et-Loire) : voir MONTJEU. Exécution du capitaine Roussin, I, 412, 2193. Séjours du roi, VIII, 519.
—— *Bailliage, dit d'Autun et Montcenis*, VI, 304, 20452. Avocats, III, 668, 10570. Baillis : liste, IX, 230. Contribution de blé pour la flotte du Levant, VI, 724, 22684; de deniers pour la garnison de Beaune, V, 698, 18278. Enquêteurs : voir BERTHAULT (Charles), PUPELIN (Guillaume); création d'un office, IV, 517, 13429. Lieutenants généraux : voir LADOUE (Lazare), MONTHOLON (Nicolas DE). Notaires : voir ACHARD (Jean), BONNET (Jean); dépôt des minutes, VII, 431, 25465. Procureur du roi : voir CHAPPET (ANTOINE). Ressort : voir ROSSILLON, SENAVELLE, SULLY. Saisie des biens du clergé, III, 20, 7538; III, 21, 7547. Sergents royaux : voir BALARD (Gilbert), CAMBRAY (Nicolas), MAGROTEL (Étienne et Jean).
—— *Clergé*. Abbaye de Saint-Andoche; procès contre l'évêque, VIII, 594, 32364; VIII, 601, 32399. Église cathédrale; chanoine : voir LOMBART (Jean); engagement au chapitre de la seigneurie de Roussillon, VII, 93, 23675; prébendes des sous-chantres, III, 252, 8681. Église Notre-Dame-du-Château; chanoine : voir ROBIN (François). Évêques : voir ESTE (Hippolyte D'), HURAULT (Jacques).
—— *Diocèse*. Bénéfice demandé pour Jean Péricart, VII, 466, 25759. Décimes, VIII, 656, 32692; VIII, 724, 33075; VIII, 733, 33130. Juridiction ecclésiastique, V, 139, 15395. Obligations du clergé en matière d'impôts de guerre, VI, 710, 22614. Voir CHALMOUX, PÉAGE (Le).
—— *Évêché*. Temporel, V, 727, 18452.
—— *Grenier, puis magasin à sel*. Fixation du nombre des regrattiers y ressortissant, V, 166, 15519. Receveur : voir JOFFRIOT (Lazare).
—— *Gruerie*, comprenant Chalon-sur-Saône, Charolles et Montcenis, IV, 286, 12332; IV, 471, 13214; V, 93, 15145.
—— *Recette ordinaire*, V, 658, 18047; VII, 651, 28006. Attributions du receveur, IV, 627, 13933.
—— *Ville*, V, 794, 18808. Fortifications, I, 136, 15381. Mairie ou vierie, VI, 517 (VIII, 792*), 13429; VI, 748, 22796; VII, 153, 23969.

AUTUN (François D'), officier de la paneterie du roi, I, 729, 3813; VII, 743, 28762.

Autunois : voir AUTUN, *Bailliage* et *Gruerie*.

AUVERGNE, II, 607, 6728; IV, 359, 12687. Voyage de la cour, II, 714, 7225; VII, 804, 29188, 29191.

—— *Administration*, II, 597, 6677.
—— *Aides*, I, 13, 80. Gabelles, III, 118, 8031; VII, 646, 27966. Répartitions d'impôts, I, 120, 700; V, 296, 16201; voir Basse-Auvergne, Haute-Auvergne.
—— *Commerce*. Cherté des vivres, VII, 757, 28857. Exportations de blé, V, 632, 17906; V, 636, 17927; V, 648, 17993; V, 663, 18077; V, 665, 18085; pour l'approvisionnement de Gênes, I, 531, 2798; de Lyon, I, 664, 3473, 3478; IV, 55, 11253; IV, 62, 11285; IV, 67, 11303; IV, 636, 13975; IV, 777, 14617; VII, 475, 25841; de Marseille, II, 539, 6386.
—— *Comté*. Châtelain : voir Du Bourg (Étienne). Comtes : voir Henri II, roi de France, La Tour (Jean de). Comtesse : voir Catherine de Médicis. Pensionnaires, VII, 569, 27018. Receveur général : voir Chambon (Jean).
—— *Dauphiné*, III, 566, 10113; VII, 794, 29117; cédé à la princesse de la Roche-sur-Yon, III, 593, 10231; réuni à la recette générale d'Auvergne, II, 667, 7004. Revenus assignés à la duchesse de Lorraine, II, 108, 4384; VI, 290, 20384; VI, 384, 20869.
—— *Domaine*. Biens de Jacques de Beaufort, VI, 329, 20579; de la maison de Boulogne : voir plus haut l'alinéa consacré au *comté*; d'Antoine de la Rochefoucauld, V, 624, 17865; de Marguerite de Pendérices, VII, 248, 24434. Conservation des droits du roi, VII, 526, 26451. Contrôleur du domaine, IV, 581, 13717; voir Forget (Jean). Exemption en faveur du clergé des droits de francs-fiefs et nouveaux acquêts, V, 551, 17501. Recette générale, IV, 581, 13717; VI, 424, 21082; VII, 530, 26506; VII, 533, 26550; VIII, 31, 29505. Recettes particulières, II, 299, 5295; VI, 786, 22980; VII, 794, 29117; VIII, 164, 30770.
—— *Duché* : donné à Louise de Savoie, I, 624, 3269; VII, 106, 23738; réuni au domaine, II, 109, 4390. Duchesse : voir Anne de France.
—— *États* : voir États d'Auvergne.
—— *Gouvernement*. Approvisionnements de salpêtre, III, 554, 10059. Garnisons, V, 40, 14866; VII, 722, 28613. Gouverneurs : voir Brosse (Jean de), Stuart (Jean). Lieutenant général : voir Tournon (François de). Cf. Bourbonnais.
—— *Maréchaussée*, VI, 97, 19390.
—— *Sénéchaussée, juridiction*. Affaires diverses, II, 331, 5444; II, 489, 6159; II, 616, 6773; VI, 685, 22486. Greffe, VII, 530, 26510; VII, 651, 28004.
—— *Sénéchaussée, personnel*. Avocat général : voir Brandon (Michel). Création d'offices : de conseillers, IV, 416, 12952; IV, 448, 13106; d'enquêteurs, II, 429, 5890; IV, 451, 13122. Lieutenants généraux : voir Brandon (Michel et Ponce). Lieutenants particuliers et assesseurs : voir Gollefer (Mathieu), Reynaud (Jean). Procureur : voir Du Bourg (Antoine et Étienne), Vogüé (Antoine de). Sénéchaux : liste, IX, 240.
—— *Sénéchaussée, ressort* : voir Aigueperse, Blot, Arlet, Chaliers, Latour-d'Auvergne, Mareuil, Marsac, Mathat, Mercoeur, Montaigut-en-Combraille, Montpensier, Riom, Romagnat, Saint-Flour, Thiers, Vodables. Juridiction des Grands jours de Montferrand, I, 215, 1185; — de Moulins en 1534, II, 706, 7188; en 1540, IV, 114, 11521; — de Riom en 1542, IV, 348, 12639; en 1546, V, 123, 15319. Notaires, III, 311, 8950; IV, 294, 12369; V, 90, 15130; V, 124, 15323; VI, 377, 20835. Transfert d'un siège du bailliage des Montagnes d'Auvergne de Chaudesaigues à Murat, IV, 261, 12218. Voir Lastic (Hector de), Martel (Jean), Pinedon (Guillaume), Rochedragon (Jean de).

Auvergne (*Montagnes d'*) : voir Montagnes d'Auvergne.

Auvergne (*D'*) : voir Dauvergne.

Auvergne (*Baptistin d'*) : voir Alvergne (Baptiste d').

Auvergny (Eure). Seigneurie, VI, 559, 21807.

Auvergny (Jean d'), VI, 559, 21807.

Auvers, c^ne^ de Sainte-Anne (Ille-et-Vilaine). Seigneurie aliénée au profit d'Anne de Rohan, I, 535, 2821; I, 563, 2960.

Auvers (Manche). Seigneurie, V, 792, 18796; VII, 572, 27054.

Auvers-Saint-Georges (Seine-et-Oise) : voir Janville.

Auvillars (Tarn-et-Garonne). Vicomté, VII, 51, 53467; réformation des eaux et forêts, IV, 268, 12250.

Auvillars-sur-Saône (Côte-d'Or). Seigneur : voir Courcelles (Charles de).

Auvillers, c^ne^ de Neuilly-sous-Clermont (Oise). Seigneurie, VI, 466, 21301.

IMPRIMERIE NATIONALE.

Auvillier : voir Hautvillers.

Auvillier (*Claude d'*) : corr. Beauvillier (Claude de).

Auvilliers (Seine-Inférieure). Seigneurie, V, 225, 15830; seigneur : voir Harcourt (Jean d').

Auvray (Marguerite), V, 478, 17136.

Auvray (Marin), seigneur de Villy, avocat en cour laie, demeurant à Biéville. Anoblissement, VI, 733, 22729.

Aux (Antoine d'), Datz ou Dax, bénédictin, prévôt de Dampierre, VI, 520, 21596; VI, 521, 21600; VII, 239, 24389.

Aux (*Antoine d'*) : voir Auxy (Antoine d').

Aux (Pierre d'), chevalier de Saint-Jean-de-Jérusalem, III, 669, 10576; capitaine général des galères en Normandie, IV, 698, 14248; VIII, 760, 33299. Missions pour le service du roi, VIII, 152, 30669; VIII, 211, 31216.

Auxais (Jean d'), seigneur de Méautis, V, 515, 17323.

Auxboeufs (François), plombier, VII, 769, 28939.

Auxcouteaux (François), enquêteur au bailliage d'Amiens, IV, 557, 13607; VII, 291, 24658.

Aux-Couteaux (Jean), prévôt de Beauquesne, puis conseiller ordinaire au bailliage d'Amiens, VII, 338, 24930-24931.

Aux-Épaules (Jacques), seigneur de Pisy, I, 699, 3656.

Auxerre (Yonne) : voir Colin (Jacques). Officiers royaux, VII, 723, 28618. Peste, VII, 723, 28618. Séjour du roi, VIII, 549.

—— *Affaires militaires*. Approvisionnement de salpêtre, III, 444, *note*. Gouverneurs : voir aux noms des baillis.

—— *Bailliage*, I, 19, 111; III, 648, 10479; VII, 437, 25510. Baillis : liste, IX, 230-231. Biens du chapitre de Saint-Hilaire-le-Grand de Poitiers, I, 125, 727; de l'abbaye de Saint-Michel de Tonnerre, V, 512, 17306; de Vincent du Puy, VI, 711, 22623. Contribution de blé pour la flotte du Levant, VI, 724, 22684. Enquêteur : voir Boucher (Philibert). Greffiers : voir Habert (Jacques), Le Picart (Étienne), Robot (Nicolas). Juridiction domaniale et financière de la Chambre des comptes de Dijon, I, 250, 1367. Lieutenant criminel : voir La Fontaine (François de). Recherche des amortissements, francs-fiefs et nouveaux acquêts, V, 259, 16005; V, 279, 16115; VII, 506, 26192. Ressort : voir Accolay, Beine, Brosses, Chitry, Fontenailles, Givry, Joux, Lucy-le-Bois, Montillot, Neuvy, Précy-le-Sec, Sacy, Saint-Bris, Saint-Cyr-les-Colons, Talcy, Test-Milon (Le), Vézelay, Villy, Voutenay. Sergents, IV, 456, 13142; voir Brouillon (François), Coiffy (Bernard de), Couste (Jean), Potière (Edmond).

—— *Châtellenie* : voir Bassou, Beaumont, Brosse (La), Champ-de-Vaux, Cheny, Corvol d'Embernard, Coulanges-sur-Yonne, Courson, Festigny, Merry-sur-Yonne, Nailly, Seignelay, Tour-Laurent (La), Val-de-Mercy, Vermenton, Vincelottes.

—— *Clergé*. Abbaye de Saint-Germain, IV, 293, 12362; IV, 336, 12579; VI, 579, 21915; sauvegarde, IV, 293, 12362. Chapitre cathédral de Saint-Étienne; sauvegarde, III, 488, 9759; IV, 272, 12264. Commandeur : voir Ancienville (Claude d'). Évêque : voir Dinteville (François de).

—— *Comté*. Comte : voir Clèves (Louis de). Fermier du minage des grains : voir Béchet (Pierre). Union à la couronne, I, 19, 111.

—— *Diocèse*. Amortissement, I, 311, 1681. Voir Courgis.

—— *Élection*. Élu de nouvelle création : voir Cochon (Gilles). Vente de l'office de receveur, II, 182, 4744.

—— *Évêché*, séquestré en conséquence de la fuite de François de Dinteville, VI, 656, 21790-21791.

—— *Grenier, puis magasin à sel*. Greffier : voir Ferroul (Claude). Grèneliers, VI, 305, 20456. Mesureur : voir Bertault (Germain).

—— *Ville*. Deniers communs; receveur : voir Gerbault (Étienne); suppression de l'office, V, 74, 15048. Emprunts royaux, III, 242, 8634; III, 243, 8637; IV, 575, 13694; VII, 231, 24349. Fermiers du droit de minage : voir Marchant (Jean), Vincent (Jean); de l'imposition de 12 deniers pour livre du vin : voir Béguin (Pierre). Impositions militaires, III, 493, note 3; III, 495, 9794. Prisons, IV, 418, 12958. Procès contre Odet de Foix, V, 742, 18531. Tailleurs et couturiers, III, 359, 9166. Vins : voir Auxerrois.

Auxerre (Pierre d'), hautbois et violon du roi, III, 62, 7758; V, 113, 15265; VII, 550, 26776.

Auxerrois : voir Auxerre, *bailliage*. Cru viticole, I, 309, 1668; I, 312, 1686; VIII, 156, 30703.

Auxey : voir Auxy-le-Château.

Auxigny : voir Saint-Martin d'Auxigny.

Auxilia (Jean-Vincent), charpentier, III, 54, 7715.

Auxillyan (Baptiste), maître de la galéasse *le Saint-Pierre*, II, 605, 6720.

Auxois (Bailliage d'), compris dans les départements actuels de la Côte-d'Or et de l'Yonne, VI, 163, 19727. Attributions du receveur ordinaire, IV, 027, 13933. Bail à ferme du greffe du siège de Semur, VII, 435, 25496. Baillis : liste, IX, 231. Biens d'Étienne Jacqueron, VI, 473, 21333; VI, 557, 21795. Contributions : de blé pour la flotte du Levant, VI, 724, 22684; de deniers pour la solde des gens de guerre, VI, 690, 22512; VI, 700, 22598; VI, 739, 22753; VI, 803, 23071. Enquêteur : voir Champinot (Edme). Ressort : voir Annay-la-Côte, Châtel-Gérard, Cussy-les-Forges, Fontaines-les-Sèches, Montbard, Montréal, Pontaubert, Tharoiseau, Vieux-Château. Sergents : voir Coëffé (Jean), Jarberon (Pierre). Sièges particuliers : voir Arnay-le-Duc, Avallon, Semur-en-Auxois.

Auxon (Aube) : voir Moulin-du-Bois (Le), Vert. Seigneurie, I, 478, 2526; V, 796, 18818.

Auxonne (Côte-d'Or) : voir Parisot (Jean). Château : prisons, V, 792, 18797; réparations : voir Saumaire (Jean). Séjour du roi, VIII, 549.

—— *Affaires militaires*. Capitaines du château, VII, 142, 23916; VII, 146, 23934; voir Chazerat (Pierre de), Du Wault (Nicolas), Glenesses (Charles de). Capitaines de la ville, VII, 142, 23916; voir Godefroy (Antoine), Rouvray (Claude de), Urre (Germain d'). Fortifications, III, 657, 10520; VII, 787, 29068. Guet, VII, 780, 29013; voir Mallassis (Jean). Mortes-payes, II, 164, 4658; IV, 101, 11462; IV, 147, 11674; VII, 157, 23986; VII, 176, 24085; VII, 190, 24055; voir Rigault (Pierre).

—— *Comté et vicomté*. États : voir États du comté d'Auxonne. Levée d'un subside, IV, 350, 12645. Privilèges, V, 586, 17675. Prohibition de l'usage du sel de Salins, IV, 147, 11675. Recherche des amortissements, francs-fiefs et nouveaux acquêts, V, 279, 16115; VII, 506, 26192. Voir Bouton (Jean); voir aussi Barre (La), Bosjean.

—— *Ville*. Approvisionnement, VII, 786, 29063. Chaussée, VII, 787, 29067. Concession aux habitants d'une partie de la Saône et des moulins, IV, 511, 13396. Cure, V, 749, 18561. Décharge de taille, IV, 166, 11762. Droit de banvin, IV, 166, 11763; IV, 511, 13395; V, 503, 17266; V, 811, 18893; VI, 204, 19927. Entrée du roi, IV, 254, 12185. Exemption d'impositions foraines, I, 705, 3688. Greffe, V, 633, 17911. Halles, VII, 663, 28109. Maire, VII, 142, 23916; VII, 146, 23934 : voir Camus (Perrinet). Octrois sur le péage, III, 657, 10520; IV, 264, 12233; IV, 511, 13395; VII, 787, 29068; sur la prévôté, IV, 166, 11764; IV, 264, 12234; IV, 511, 13395. Privilèges, I, 19, 112; I, 251, 1374; IV, 507, 13378.

Aux Sauges, nom donné par la carte de l'État-major à Saulzes, c^ne de Dettey (Saône-et-Loire), III, 170, note.

Auxy (Loiret). Haute-justice, V, 330, 16383.

Auxy (Le seigneur d'), III, 486, 9746. Il faut, semble-t-il, corriger, et écrire seigneur de Saulcy ou de Sancy, ce qui désigne Jean de La Marck.

Auxy (Antoine d'), d'Aux ou d'Aussy, seigneur de la Tour, III, 3, 7460; III, 86, 7878; V, 61, 14980; cessionnaire des seigneuries de Boiscommun et de Lorris, I, 701, 3666; VI, 318, 20524 et note.

Auxy-le-Château (Pas-de-Calais). Baronnie, III, 305, 8928; VII, 232, 24901. Camp, VIII, 148, 30625.

Auxy-le-Château (Jean, baron d'), VI, 757, 22842.

« Auxy-le-Château », imprimé à tort pour Oulchy-le-Château, VII, 736, 28714.

Auzaneau (Jean), conseiller lai au Parlement de Bordeaux, IV, 515, 13415.

Auzits (Aveyron). Seigneurie, VII, 112, 23765.

Auzolles (Honnorat d'), VIII, 647, 32639.

Auzoulx (*Guillaume*) : voir Ansoulx (Guillaume).

Auzouville-Auberbosc (Seine-Inférieure), VI, 385, 20873 (ne correspond pas à Ausseville, comme l'hypothèse en a été émise à cet endroit). Seigneurie (appelée Souville), V, 460, 17039.

Availles[-Limousine] (Vienne). Seigneurie, III, 610, 10303.

Availloles (Hector d'), commissaire des guerres, VII, 756, 28847.

Avaises (Les), c^ne de Saint-Maurice-lès-Châteauneuf (Saône-et-Loire). Forêt, I, 394, 2101; I, 429, 2269.

Avallon, c^ne de Saint-Marcellin (Isère). Seigneurie concédée à Geoffroy Tavel, II, 190, 4782; III, 386, 9285; VII, 564, 26958.

Avallon (Yonne). Séjour du roi, VIII, 549.
—— *Chapitre.* Exemption du logement des gens de guerre, VI, 646, 22269. Révocation de la dite exemption, VI, 651, 22296.
—— *Grenier à sel.* Concédé à Philippe Chabot, II, 533, 6357; VI, 273, 20291; à Frédéric de Gonzague et à sa femme, VI, 273, 20290; VII, 124, 23832; VII, 128, 23847; VII, 776, 28985; VII, 789, 29085.
—— *Ville.* Bois communaux, IV, 321, 12506. Contribution à la solde des gens de guerre, VI, 706, 22598. Deniers communs affectés au logement des gens de guerre et à la construction d'un Hôtel-Dieu, VI, 752, 22820; versés aux parties casuelles pour la fortification des frontières, VI, 625, 22156. Octrois sur le vin et le sel, V, 272, 16077; V, 798, 18826; VI, 164, 19727; VI, 166, 19738; VI, 643, 22254.
—— *Siège de justice (Bailliage d'Auxois).* Avocat du roi : voir Legoux (Pierre). Ressort : voir Talcy. Sergent : voir Dubourg (Pierre).

Avalos (Alphonse d'), marquis del Vasto ou del Guasto, capitaine général des forces impériales en Italie, VIII, 86, 30031; VIII, 244, 31537; VIII, 081, 23832. Son secrétaire : voir Rocca (Matteo).

Avant-bras, armures, VII, 424, 25412.

« Avant de Dusoir » (Michel), chirurgien à Paris, natif de Tirlemont. Lettres de naturalité, VIII, 587, 32320.

Avaray (Loir-et-Cher) : voir Tertre (Le).

Avaugour, fief sis à Burcy, Presles et Viessoix (Calvados), VI, 295, 20407.

Avaugour, c^ne de Saint-Péver (Côtes-du-Nord). Baron : voir Bretagne (François de).

Avaugour (Jacques d'), s^r de Courtalain, V, 158, 15477; VI, 549, 21754.

Avaugour (Julien d'), seigneur de Saint-Laurent, II, 192, 4794.

Ave Maria : voir Paris, *clergé régulier*, Clarisses.

Avenages des terres de Santilly et Ruan, VII, 511, 26251.

Avenart (Pierre), sergent à cheval au Châtelet de Paris, III, 533, 9966.

Avenay (Marne), siège d'une abbaye sous le vocable de Saint-Pierre. Foires établies en faveur de l'abbesse, IV, 171, 11785. Séjour du roi, VIII, 549.

Avène (Antoine), natif de la Rivière de Gênes, demeurant en Provence. Lettres de naturalité, VII, 333, 24907.

Avènement du roi, I, *1*, 1; I, 91, 585.

Avenières (Les) [Isère]. Terre, VIII, 602, 32402.

Aventois (Jean d'), archer des toiles de chasse du roi, III, 753, 10949.

Aventuriers : commandés par Louis de Blanchefort, III, 406-407, 9387; — dirigés sur Mézières et Mouzon, VIII, 142, 30569; — en garnison à Antignano, VI, 133, 19578; à Cherbourg, VIII, 128, 30432; à Doullens, VIII, 133, 30483; à Gênes, VI, 139, 19604; à Hesdin, VIII, 21, 29424; VIII, 133, 30484; à Lucques, VI, 133, 19578; à Marseille, VIII, 70, 29878; VIII, 78, 29945; VIII, 224, 31332; à Mézières, VIII, 307, 32182; à Savone, VI, 139, 19604; à Turin, III, 608, 10298; VIII, 263, 31735; — levés en Piémont, VIII, 10, 29343; — servant en Italie, VI, 121, 19517; VI, 138, 19601; en Picardie, III, 431, 9497; VIII, 10, 29342; VIII, 14, 29375, 29376; VIII, 18, 24901; VIII, 122, 30373, 30375; VIII, 136, 30511; VIII, 140, 30555; en Piémont, VIII, 28, 29481-29482; VIII, 279, 31896; — tenant les champs aux environs de Gien; VIII, 174, 30869; VIII, 197, 31085. Mesures de police contre eux, I, 316 (VIII, 769^a), 1710; I, 337, 1809; I, 357, 1907; I, 362 (VIII, 770), 1932; III, 328, 9028; V, 361, 16545; V, 427-428, 16864-16865; V, 558, 17539; VII, 130, 23861; VII, 423,

25402. Règlement touchant la levée de cette catégorie de gens de guerre, IV, 546, 13556; VI, 780, 22950. Voir DUCHEMIN (Richard), LA GUERNERIE (Philippe DE).

Averdon (Loir-et-Cher) : voir TRESSEAUX (LES).

AVERNES [-SAINT-GOURGON] (Orne) : voir SAINT-CYR-D'ESTRAMONT. Seigneurie, VI, 715, 22642; VII, 617, 27653.

AVERTON (André D'), chancelier de l'église de Tours, commis à la levée, dans le diocèse de Tours, des deniers de la croisade, V, 309, 16272.

AVERTON (Jean D'), s^r de la Haye, maître particulier des eaux et forêts de la seigneurie de Baugé, III, 606, 10289.

AVERTON (Payen D'), s^r de Tollevast, VI, 619, 22121.

AVERTON (Payen D') s^r de Vienne, près Blois, VI, 573, 21887.

AVESNES (Nord), IV, 534, 13499.

AVEUGLES : voir VINCENT (Germain); secourus par le roi, VII, 469, 25791; voir DU REEL (Pierre), MAURAIN (Jacques DE), PERRIN (François).

AVEUX de Bretagne, III, 623, 10363; III, 663, 10546; de Dauphiné, IV, 159, 11730; de Poitou, III, 663, 10547; reçus par Pierre Boyer, juge mage de la sénéchaussée de Carcassonne et Béziers, IV, 510, 13394. Aveu à recevoir «par main souveraine» pour cause de refus du suzerain, VIII, 760, 33302.

AVIGLIANA au diocèse de Turin, VIII, 709, 32987.

AVIGNON (Vaucluse), II, 314, 5367; VII, 428, 25441; VII, 457, 25693; VIII, 662, 32725. Arrivée et départ de messages pour le service du roi, II, 562, 6498; III, 554, 10059; V, 652, 18014; VII, 763, 28898; VIII, 252, 31618; VIII, 299, 32115; IX, 27. Courriers d'Italie, III, 73, 7817. Cru viticole, VIII, 98, 30140. Réunion de cardinaux à l'occasion de la captivité de Clément VII, I, 519, 2737. Séjours : du roi, II, 496, 6189; II, 507, 6243; II, 508, 6248; II, 509, 6253; II, 531, 6349; III, 554, 10058; II, 563, 6503; III, 432, 9502; III, 433, 9505; III, 434, 9509; III, 476, 9702; VIII, 75, 29918; VIII, 300, 32123; VIII, 549; des ambassadeurs des ducs de Clèves et de Gueldres, VIII, 237, 31466; du cardinal de Lorraine et du grand-maître, III, 430, 9496; de M. de Vély, VIII, 296, 32072.

—— *Affaires militaires*. Camp du roi, III, 419, 9447; III, 433, 9506; III, 454, 9598; III, 547, 10026; VII, 396, 25231; VIII, 118, 30342. Passages de gens de guerre, I, 386, 2059; III, 553, 10052; V, 633, 17910; VIII, 279, 31896.

—— *Archevêché*. Membres du temporel mouvant du roi, VII, 362, 25060.

—— *Clergé*. Archevêque : voir FARNÈSE (Alexandre). Archevêques : privilèges, II, 572, 6550. Archidiacre : voir BOHIER (Gilles). Commandeur : voir BARRAS (Antoine DE). Célestins, V, 210 (VIII, 410^a), 15748; V, 641, 17952. Église cathédrale, V, 641, 17953; VII, 336, 24923. Église collégiale Notre-Dame-des-Doms, VIII, 717, 33036. Légat du pape : voir CLERMONT (François-Guillaume DE). Religieuses de Saint-Véran, III, 433, 9506; III, 547, 10026.

—— *Justice*. Notaires : voir JEAN (Edme et Honorat). Tribunal apostolique, III, 721 (VIII, 369^a), 10811; VIII, 679, 32821.

—— *Ville*. Droits des habitants touchant la possession des biens et bénéfices au royaume, III, 180, 8322. Exemption du droit de traite foraine, IV, 467 (VIII, 379), 13193; IV, 472, 13219; IV, 481, 13260; IV, 506, 13374; IV, 509 (VIII, 380^a), 13386; VII, 155, 23979; VII, 379, 25144; VII, 401, 25261. Habitants : voir LABIA (Raphaël); naturalisés français : voir ALPHONSE (Jean), ANSELME (François D'), BERMOND (Antoine), CHABERT (François), FORTIA (Jean), GRILLET (Claude-Philippe et Julien), HEURQUES (Georges), JUVÉNEL (Thomas), LOPIS (Jérôme), LUBIA (Jacques DE), MARTINI (Jean), NOVARIN (Antoine DE), RAPPALLO (Rodrigue DE), REVILLAST (Henri DE), ROSTRELLE (Antonio), SADO (Jean DE). Imprimerie, III, 249, 8671. Industrie de la soie, IV, 240, 12115. Juifs, III, 449, 9577; IV, 332, 12560; VIII, 712, 33007. Maison du légat, VIII, 88, 30047. Marchand : voir GALHET (Claude). Monnaies, V, 3, 14681. Originaires; légitimée : voir LASCARIS (Jeanne DE); naturalisés français : voir ANSELME (Louis D'), ANSELMI (Pierre), AYMONET (Anne, Delphine et Philise D'), BON (François et Pierre), BRANCAS (Nicolas DE), BRETON (Gilles), CABASSOLLE (Jean), CAMBIS (Catherine), CAMBIS (Pierre-Victor DE), COCIL (Nicolas), Comunat (Jeanne), Costa (Jean et Louis de), Dabay (Madeleine), Dayenne (Gillette), Deloys (Jean), Delpuech (Douce), Demonnet (François), Dorin (Gabriel), Droyn (Marguerite), Dù Fren (Jeanne), Félix (Philippe), Forli (Pierre de), Gerême (Geneviève), Girard (Jean), Guillon (Jean), Impérat (François), Jehan (Bastien et Étienne), Lartissut (Madeleine), La Salle (François de), Luquin (Alaman), Malaspina (Colette), Marilles (Jean de), Mayault (Françoise), Maynier (Raymond), Notre-Dame (Pierre de), Panisse (Jean de), Pérussis (Françoise et Julien de), Rigault (Pierre), Rolandi (Antoine), Roux (Antoine), Saze (Guillaume de), Serrier (Annet et Jean), Spoletane (Anne), Tartelle (Nicolas), Tulle (Antoine), Vidal (Raymond), Vitalis (Jacques), Voison (Honoré); déclaration générale à cet égard, IV, 185, 11851.

Avignon (D') : voir Davignon.

Avignon (Le légat d') : voir Clermont (François-Guillaume de), Farnèse (Alexandre).

Avignonet, c^ne^ de Mandelieu (Alpes-Maritimes). Prieuré de Notre-Dame, IV, 336, 12579.

Avignonet (Haute-Garonne) : voir Fabri (André). Privilèges des habitants, I, 408, 2620.

Avignonet (Isère), VI, 622, 22141.

Avillé (Louis d'), gentilhomme de la chambre de l'empereur, VIII, 287, 31978.

Avirey-Lingey (Aube). Seigneurie, I, 140, 835.

Avisay (Pierre d'), archer de la garde sous M. de Chavigny, VIII, 288, 31974.

Avisé, c^ne^ de Limeray (Indre-et-Loire). Seigneur : voir Forget (Pierre).

Avitaillement : voir Subsistances.

Avize (Marne). Fortifications, V, 24, 14786.

Avocat : voir Mathieu (Martial). Exercice de cette profession déclaré compatible avec la noblesse d'Anne de Terrières, IV, 528, 13478; permis à un conseiller de la sénéchaussée de Poitiers, à l'instar de ceux du Châtelet de Paris, VII, 412, 25309. Voir aux noms des cours souveraines et autres juridictions.

Avocat des pauvres en Provence : voir Ambroys (Remy).

Avocat du roi : voir aux noms des cours souveraines et autres juridictions.

Avoine : donnée à l'abbaye de Maubuisson, VII, 573, 27073; — due par les habitants de Rouvres, IV, 521, 13446; par Valentine Luillier, VII, 541, 26659; — levée dans l'élection d'Orléans pour l'approvisionnement des troupes, IV, 441, 13074. Approvisionnement de Bayonne, VIII, 598, 32379; et de Dax, VIII, 617, 32475. Approvisionnements réunis dans l'élection de Langres, VIII, 588, 32325. Fermier de la coutume des blés et avoines de Paris : voir Delacoste (Marceau). Cf. Avenages.

Avoine (Alain), de Bayeux. Anoblissement de son fils Pierre, VII, 61, 23519.

Avoine (Pierre). Anoblissement de ses fils Robert et Pierre, VII, 61, 23519.

Avon (Seine-et-Marne) : voir Changis, Monceau (Le).
—— *Communauté*. Exemption de tailles, II, 14, 3907.
—— *Seigneurie* : cédée par François de Monceau en échange de celle d'Yèvre-le-Châtel, pour l'accroissement du domaine de Fontainebleau, III, 289, 8851; III, 367, 9202; III, 479, 9715. Justice unie au bailliage de Moret, III, 308, 9210.

Avrain (Mathurin), VII, 24, 23326.

Avrainville (Haute-Marne), VI, 209, 19954.

Avranches (Manche), II, 409, 5795; VI, 380, 20845; VI, 742, 22769; VI, 746-747, 22789-22790. Séjour du roi, VIII, 549.
—— *Diocèse*, VII, 429, 25449; voir Thorores (Antoine de). Évêques : voir Cénalis (Robert), Herbert (Louis), Langeac (Jean de).
—— *Élection*. Élus : voir Beulet (Gilles), La Fresnaye (Hervé de), Le Marchant (Thomas), Le Mercier (Thibaut), Martin (Gauvain), Siresmes (Christophe de). Greffiers : voir Gillart (Gilles), Gosselin (Lancelot), Péret (François). Receveurs, III, 106, 7973.
—— *Évêché*. Régales, I, 490, 2581. Temporel, VI, 2, 18921; VI, 297, 20419.
—— *Vicomté*. Procureur du roi : voir Gaudin (Gilles). Ressort : voir Champeaux, Chavoy, Corbière (La), Ducey, Griffon,

Marcey, Montmorel, Picace, Poilley, Saint-James-de-Beuvron, Saint-Martin-des-Champs, Saint-Nicolas-du-Bois-Bauduin, Saint-Senier, Sergenterie Hérouet. Vicomtes, V, 196, 15668; V, 243; 15929; vente de l'office, II, 391, 5712.

Avranches (François d'), religieux bénédictin, VII, 534, 26568.

Avranville : corr. Avrainville.

Avrecourt (Haute-Marne). Seigneurie, V, 478, 17134; V, 513, 17311; V, 557, 17534; VI, 528, 21641; voir Forfillières.

Avrehoust (Robert d'), s^{r} de Tourteron, III, 380, 9259.

Avrel (Louise), V, 770, 18677.

Avrigny : voir Touche-d'Avrigny (La).

Avrigny (Gaspard d'), mis hors de pages, II, 391, 5715.

Avrigny (Mlle d'), VII, 631, 27809.

Avril (Antoine d'), archer de la garde, III, 58, 7739.

Avril (Jean), III, 605, 10282.

Avril (Jean), demeurant à Rouen, VII, 442, 25569.

Avril (Jean), huissier de la Chambre des comptes d'Angleterre (*sic*, vraisemblablement pour Angoulême), VII, 540, 26646.

Avril (Jean), receveur et payeur des gages de la Chambre des comptes de Bretagne, III, 364, 9189.

Avril (Simon), III, 605, 10282.

Avrillé (Pierre d'), natif de Savoie, archer de la garde sous M. de Chavigny. Lettres de naturalité, V, 737, 18510.

Avrillet (Philippe), chevaucheur d'écurie du roi tenant la poste de Marseille, VIII, 254, 31645.

Avrillot (Gilbert), chevaucheur d'écurie, VII, 73, 29902; VIII, 75, 29917; VIII, 90, 30063.

Avrillot (Nicolas), secrétaire du roi, greffier des présentations du Parlement de Paris, I, 570, 2996; VI, 533, 21668; VII, 489, 25980; VIII, 21, 29427; VIII, 685, 32850.

Avrilly (Jean d'), VIII, 387, 14791.

Avriot (Guillaume), hâteur en la cuisine de bouche, III, 438, 9529.

Avrolles (Yonne). Fortifications, IV, 509, 13663. Seigneurie, V, 441, 16941.

Avroul (Odet d'), fils du s^{r} de Cormettes, V, 101, 15192.

Ay (Marne). Cru, VIII, 257, 31674. Foires, IV, 76, 11349.

Aydie (Arnaud-Guillaume d'), évêque d'Aire, VIII, 587, 32319.

Aydie (Pierre d'), panetier ordinaire du roi, V, 263, 16028.

Aydie (Raymond d'). Légitimation de son fils Jean, de la sénéchaussée d'Agenais, V, 758, 18609.

Ayen (Pierre et Jacques d'), II, 338, 5478.

Aymar (Étienne), avocat en la maréchaussée de Guyenne, puis conseiller lai au Parlement de Bordeaux, II, 619, 6784.

Aymar (François d'), V, 58, 14961.

Aymar (Jean), natif de « Celle », au marquisat de Saluces, demeurant en Provence. Lettres de naturalité, VII, 340, 24943.

Aymar (Laurent d'), VIII, 151, 30656.

Aymar (Pierre d') ou d'Aymer, dit le Basque, archer de la garde du corps, capitaine de Corbeil, sergent de la garenne de Glandas, III, 679, 10621; capitaine et garde de la forêt de Bière et du château de Fontainebleau, V, 121, 15310; concierge du château de Saint-Germain-en-Laye, VII, 669, 28164; VII, 680, 28265; VII, 752, 28828; VIII, 163, 30763; garde de la forêt de Saint-Germain, II, 258, 5113; II, 329, 5436; II, 628, 6825; grand forestier de la forêt de Bière, V, 121, 15311; VII, 599, 27439.

Aymard (François), originaire de Piémont, demeurant à Saint-Martin de Castellane, en Provence. Lettres de naturalité, IV, 316, 12478.

Aymart (Pierre), I, 271, 1469.

Aymé (Barthélemy), conseiller au Parlement de Turin, VIII, 179, 30916; VIII, 275, 31866. Cf. Finé (Barthélemy).

Aymer (Andrée) : voir Aymer (Jean).

Aymer (Antoine), s^{r} d'Apremont et de Launay, II, 472, 6084; V, 515, 17326.

AYMER (Jean), clerc. Légitimation de sa fille Andrée, IV, 192, 11883.

AYMER (Louise), II, 472, 6084.

Aymer (Pierre d') : voir AYMAR (Pierre D').

AYMERET (Guillaume), conseiller au Parlement de Paris, IX, 152.

AYMERET (Raoul), conseiller lai au Parlement de Paris, V, 207, 15732. Décès, VII, 496, 26071.

AYMINI (Philippe) ou EMINI, capitaine de Tarascon, VII, 5, 23218; VII, 160, 24004.

AYMONET (Néry D'), d'Avignon. Lettres de naturalité pour ses filles Anne, Delphine et Philise, VII, 382, 25164.

AYNAULD (Geoffroy), juge mage et vice-bailli de Savoie à Chambéry, remplacé par son fils François, VI, 693, 22525.

AYNAULD (Pierre), V, 98, 15178.

AYNER (Antoine), natif de Puget-Théniers, demeurant à Grasse. Lettres de naturalité, VI, 635, 22209.

AYNESI (Honorat), juge ordinaire à Seillans, VII, 225 (VIII, 804), 24321.

AYRAUD (Martial), VII, 247, 24429.

Ayrault (François) : voir ERRAULT (François).

AYRAULT (Pierre), sergent à cheval au Châtelet de Paris. Forfaiture, IV, 274, 12275.

Aytré (Charente-Inférieure) : voir SALLE (LA).

AZAL (Le chevalier Balthazar), capitaine italien, VIII, 288, 31982.

AZAY (Madeleine D'), d'Airvault, VII, 572, 27053.

Azay-le-Brûlé, Azay-le-Chétif : voir AZAY-SUR-INDRE.

Azay-le-Duc : voir AISEY-LE-DUC.

AZAY-LE-FERRON (Indre). Seigneurie, VI, 178, 19805.

Azay-sur-Cher (Indre-et-Loire) : voir BEAUVAIS, BONNINIÈRE (La), MICHELINIÈRE (La).

AZAY-SUR-INDRE (Indre-et-Loire), appelé aussi AZAY-LE-BRÛLÉ ou LE-CHÉTIF, II, 685, 7091; V, 288, 16159; V, 807, 18873.

AZAY-LE-RIDEAU (Indre-et-Loire), VII, 512, 26270. Seigneurie, II, 550, 6437; III, 376, 9243. Seigneur : voir BERTHELOT (Gilles). Séjour du roi, VIII, 549.

AZÉAR (Jean, fils naturel de Guillaume), de Bagnols-sur-Cèze. Lettres de légitimation, VI, 487, 21408.

AZELBERT (Giraud), huissier de salle, II, 560, 6485.

AZERET (Jean-Baptiste) ou AZÉART, s[r] de Saint-Ranal ou de Sarreval, écuyer d'écurie du roi, VIII, 85, 30014; VIII, 259, 31689; VIII, 697, 32920.

B

BABAU (Simon) ou BABOU, greffier des eaux et forêts du duché d'Orléans, III, 444, 9558; III, 473, 8690.

BABÉE (Nicolas), valet de chambre du roi, III, 628, 10385.

Babou : voir LA BOURDAISIÈRE (M. DE), le jeune.

BABOU (Jean), bailli de Gien, maître de la garde-robe des fils du roi, III, 341, 9087; VI, 467, 21303; VIII, 97, 30134.

BABOU (Jacques), doyen de Saint-Martin de Tours, évêque d'Angoulême, maître des requêtes, I, 712, 3720; V, 602, 17756; V, 619, 17838; V, 783, 18750. Décès, II, 207, 5156.

BABOU (Léonard), trésorier de France, VII, 603, 27500-27501.

BABOU (Philibert), s[r] de la Bourdaisière et de Thuisseau; cessionnaire de biens saisis sur le connétable de Bourbon, V, 795, 18810; VII, 526, 26448; — commissaire pour un emprunt, IV, 599, 13797; pour les fêtes des noces du roi d'Écosse, VIII, 147, 30621; pour la prise de possession de la châtellenie de Chenonceaux, III, 141, 8137; — concessionnaire de biens sis en la baronnie d'Amboise, I, 371, 1975; III, 583, 10190; III, 584, 10191; V, 520,

17350; V, 539, 17445; V, 588, 17683-17684; V, 608, 17784; V, 677, 18151; V, 767, 18664; VII, 518, 26349; VII, 563, 26951; — créancier du roi, II, 123, 4461; III, 30, 7596; VIII, 111, 30266; — obtient remise des condamnations prononcées contre lui, VII, 548, 26751; plénipotentiaire pour la paix avec l'Angleterre, IX, 32. Don qu'il obtient pour faire bâtir à la Bourdaisière un pavillon destiné au roi, III, 603, 10274. Séjour à Chevagnes, VIII, 285, 31953; VIII, 286, 31965. Servante : voir MANGEAT (Blanche). Vaisselle d'argent et d'or, III, 238, 8617. Voyage en Espagne auprès des fils du roi, I, 680, 3560.

—— *Contrôleur de l'argenterie*, I, 57, 339; VII, 654, 28028.

—— *Payeur de la compagnie de M. de Crussol*, VII, 465, 25756.

—— *Secrétaire des finances*, II, 86, 4272; II, 329, 5434; II, 577, 6572; III, 2, 7455; VIII, 72, 29894; VIII, 278, 31888.

—— *Surintendant des bâtiments du roi*, III, 167, 8266; III, 169, 8274; III, 369, 9215; III, 680, 10624; III, 744, 10912; III, 746, 10924; VII, 748, 28798; VIII, 20, 29418; VIII, 48, 29675; VIII, 56, 29743; VIII, 149, 30638; VIII, 165, 30790-30791; VIII, 174, 30865.

—— *Trésorier de France en Languedoïl*, depuis le 8 octobre 1521, III, 37 7629; IV, 635, 13971; V, 534, 17424; VII, 517, 26332; VII, 603, 25700-25701. Chevauchées, gages et pension, II, 319, 5385; II, 396, 5737; III, 23, 7557; IV, 203, 11937; VIII, 15, 29386; VIII, 15, 29386; VIII, 239, 31492. Commissaire général aux vivres, IV, 433, 13036; IV, 462, 13168; VIII, 108, 30211. Paiements ordonnancés par lui, III, 319, 8990; III, 373, 9229; III, 502, 9824; VIII, 163, 30769; VIII, 239, 31488-31489.

—— *Trésorier de l'épargne* du 18 mars 1523, n. s., au 11 mai 1525, I, 331, 1780; V, 702, 18305; VII, 455, 25672; VIII, 181, 30936; VIII, 211, 31221, et *passim* entre les deux dates sus-indiquées; cf. ÉPARGNE.

—— *Trésorier de l'extraordinaire des guerres* jusqu'au 30 septembre 1516, I, 40, 233; I, 89, 522; VII, 23, 23323; VII, 29, 23353; VII, 461, 25723; VIII, 603, 32411-32412; VIII, 604, 32414, et *passim* dans le *Catalogue* et le *Supplément*.

—— *Trésorier de la vénerie et fauconnerie*, VII, 465, 25956.

BABOU (Philibert), fils du précédent, évêque d'Angoulême, VI, 322, 20542; VII, 186, 24132; — trésorier des menus plaisirs du roi, I, 618, 3240; V, 756, 18602; VII, 460, 25718; de la Sainte-Chapelle de Paris, VII, 174, 24073; VII, 363, 25064.

BABOU (René), sergent au bailliage de Chartres, V, 115, 15276.

BABOU (Simon), maître des comptes de Piémont, VI, 564, 21835; cf. BABAU (Simon).

BABOUR (Jean), fermier de l'imposition du bois et merrain entrant à Chartres, II, 643, 6900.

Baccon (Loiret). Seigneur : voir DU MESNIL (Laurent).

BACHELET, conseiller au grand Conseil, VI, 526, 21630.

BACHELIER (François), notaire à Beauvais, III, 385, 9282.

BACHELIER (Jacques), sergent des forêts de Cruye et Fresnes, VI, 822, 23168.

BACHELIER (Jean), VIII, 760, 33302.

BACHELIER (Jean), père et fils, huissiers au Parlement de Paris, III, 148, 8171.

Bachelier (Le) : voir BONAVENTURE (Jean).

BACHELIERS nommés par la faculté de décret de l'Université de Paris, III, 545, 10019.

BACHELLERIE (LA) [Dordogne]. Foire et marché, III, 632, 10402.

«*Bacheviller*» : voir BACHIVILLERS.

BACHIR (Françoise de), veuve d'Egis d'Agoult, VIII, 746, 33192.

Bachivillers (Oise). Seigneur : voir GODECHART (Antoine DE).

BACHOUD (Guillaume), greffier civil au Parlement de Grenoble, V, 675, 18137.

BACOUEL (Philippe DE), receveur de l'élection de Ponthieu, II, 277, 5199.

BACQUES (Jeanne DE), dame de Castres, habitant Toulouse, VII, 273, 24559.

BACQUET (Guillaume), sergent des requêtes du Palais à Rouen, V, 167, 15524; V, 191, 15651.

BACQUET (Thomas) ou BOUQUET, s^r de Surville, demeurant à Valognes, VI, 542, 21715, 21718. Anoblissement, VI, 727, 22697.

IMPRIMERIE NATIONALE.

BACQUEVILLE (Eure). Seigneurie, V, 318, 16321; seigneur : voir LE ROY (Pierre).

BACQUEVILLE (Seine-Inférieure), VI, 763, 22873. Cure de Saint-Pierre ou Saint-Léonard, V, 671, 18114. Seigneurs : voir MARTEL (Antoine? et Charles). Séjour du roi, VIII, 549.

BACQUEVILLE (DE), capitaine d'une bande de la légion de Normandie, VIII, 17, 29399.

BACS. Autorisations et concessions, I, 105, 610; I, 549, 2887; V, 677, 18151. Moulins à bac à Saint-Dyé, I, 201, 1116; III, 744, 10913.

BADAT (Mathieu), habitant de Senez, originaire de Nice. Lettres de naturalité, VII, 286, 24628.

BADAT (Perrinette), veuve, née à Nice, demeurant à Hyères. Lettres de naturalité, VII, 344, 24969.

Bade : voir BADEN.

BADEFOLS [-D'ANS] (Dordogne). Foires et marchés, VI, 72, 19263. Seigneurie, V, 493, 17215. Voir LA FAURIE (Léonard DE).

BADEFOLS (Gautier DE), VI, 72, 19263.

BADEN (Suisse, Argovie), VIII, 224, 31334; IX, 79, 80, 81.

BADET (Bernard DE), conseiller au Parlement d'Aix, VII, 257, 24473.

BADIER (Martin), notaire à Breteuil, IV, 787, 14663.

BADIN (Jacques), s^r de Vaucelles, descendant par les femmes d'Enguerrand de Vaucelles. Autorisation à ses enfants pour reprendre le nom de Vaucelles, II, 446, 5962; VI, 293, 20396.

BADOER (Zuam), envoyé vénitien, IX, 132.

BADONVILLER (Guillaume DE), ancien greffier de la Chambre des comptes de Paris, I, 114, 660.

BADONVILLER (Jean DE), BADONVILLIER ou BADONVILLIERS, clerc des comptes à Paris, IV, 119, 11542; IV, 627, 13935; IX, 191; commis à l'examen des comptes de Semblançay, V, 604, 17764; créancier du roi, VIII, 151, 30651; seigneur d'Aulnay-la-Rivière, VIII, 450, 25637-25638.

BADOUX (Simon), contrôleur de l'élection de Bayeux, IV, 467, 13194; IV, 502, 13358; greffier au bailliage du Palais, III, 10, 7494; VI, 340, 20638.

BAERSRODE (Belgique, Flandre orientale). Seigneurie, VI, 152, 19673.

BAFFART (Adam), BUFFART ou VAFFART, capitaine de la forêt de Brioudan, II, 654, 6949; III, 85, 7874; VII, 778, 28997.

BAFFART (Robert). Procès contre Jean de Jussac au sujet d'un office d'auditeur des comptes à Blois, I, 73, 432.

BAFFORD (Béatrice), VI, 428, 21103.

BAGARD (Jean), auneur et peseur à Caudebec-en-Caux, V, 11, 14710.

Bagarris (*S^r de*) : voir RASCAS (François DE).

BAGARRIS (Guillaume et Jean, fils de Guilhem DE). Légitimation, VII, 365, 25078.

BAGÉ (Canino, marquis DE), *aliàs* CANYN DE BAUGÉ ou GAGUIN DE BAUGY, chevalier de l'ordre, VII, 759, 28865. Pension, II, 588, 6627; II, 744, 7555.

Bagé (*Marquis de*) : voir GONZAGUE (Frédéric DE).

Bagé (*Marquise de*) : voir DES URSINS (Jeanne).

BAGÉ (BOIS DE), en litige entre les habitants de Mâcon et ceux de Replonges, VIII, 677, 32811; VIII, 691, 32884; VIII, 696, 32912; VIII, 720, 33051.

BAGÉ-LE-CHÂTEL (Ain). Châtellenie : concession à Guillaume de Furstenberg, III, 399, 9353; à Théode Mametz, IV, 610, 13847; réunion au domaine, IV, 76, 11346. Cf. l'article précédent.

BAGIS (Jean DE), conseiller lai au Parlement de Bordeaux, II, 489, 6160; VIII, 781, 8467. Cf. les suivants.

BAGIS (Jean DE), conseiller au Grand Conseil, commis à l'instruction du procès de René Gentils, III, 453, 9594; III, 607, 10295; VIII, 305, 32166; commissaire ordonné pour les affaires de Provence, III, 353, 9142. Mission auprès des villes franches de Languedoc, VIII, 93, 30087.

BAGIS (Jean DE), président en la nouvelle chambre des requêtes du parlement de Toulouse, VIII, 734, 33135.

BAGNEAUX (Yonne). Foires, V, 74, 15047.

Bagneux (Allier) : voir BELLEPERCHE.

BAGNEUX (Rémonnet DE), valet de chambre du connétable de Montmorency, III, 689, 10659.

Bagnizeau (Charente-Inférieure). Foires et marché, III, 614, 10321.

Bagnolet (Forêt de), dans le département actuel de l'Allier, III, 580, 10176.

Bagnols : voir Baigneux-les-Juifs.

Bagnols (Var) : voir Cavalier (Benoît), Mirasca (François).

Bagnols-sur-Cèze (Gard). Foires, III, 457, 9616. Seigneurie, VI, 329, 20579. Traverse pour la poste de Lyon en Languedoc, VIII, 250, 31659. Voir Azéar (Jean).

Bagot (Guillaume), artilleur du Roi, III, 699, 10709; VIII, 119, 30352; VIII, 190, 31071; VIII, 281, 31912.

Bagot (Jean), IV, 433, 13035.

Bagues de la couronne, III, 110, 7993; III, 109, 8274; III, 374, 9236; IV, 275, 12281; VII, 500, 26911; voir Fleur de lis, Maison du roi; de l'empereur, VIII, 297, 31978.

Baguetiers de Bordeaux, V, 788, 18775.

Baguette, insigne des baillis et viguiers royaux de Provence, VII, 103, 23722.

Bahuet (Jean), sergent royal au siège d'Angers, III, 527, 9943.

Baïf (Lazare de), III, 452, 9593; commissaire pour l'aliénation du domaine, IV, 668, 14120; pour la revision des titres des usagers du comté de Blois, IV, 181, 11833; IV, 203, 11934; — conseiller clerc au Parlement de Paris, VI, 230, 20099; — maître des requêtes : chevauchées, VIII, 168, 30814. Ambassades : en Allemagne et en Roumanie, IV, 107, 11492; IV, 155, 11714; à Venise, I, 650, 3409; II, 1, 3837; II, 39, 4035; II, 94, 4300; II, 153, 4609; II, 346, 5513; II, 430, 5894; II, 701, 7163; IV, 107, 11490; VII, 650, 27997.

Baignard (Jean), VI, 521, 21599.

Baignard (Pierre), VI, 516, 21570.

Baigneaux (Eure-et-Loir), V, 125, 15327.

Baigneux, c^ne de Civray-sur-Cher (Indre-et-Loire). Seigneurie, VI, 587, 21957.

Baigneux-les-Juifs (Côte-d'Or). Fortifications, V, 142, 15411. Tabellionnage, V, 37, 14849.

Baigneville, c^ne du Bec-de-Mortagne (Seine-Inférieure). Fief, VI, 505, 21513; VI, 513, 21555.

Bail : voir Baux.

Bailhon (Michel de) : voir Baillon (Michel de).

Baillard (Étienne), fifre de la compagnie du s^r de Ricarville. Exemption des tailles, IV, 557, 13604.

Baillarge : redevance des religieux de la Maison-Dieu de Montmorillon, VII, 559, 26905.

Baille (Hugues), s^r de Saint-Julien-en-Champsaur. Légitimation de sa fille Catherine, V, 135, 15376.

Baille (Jacques de), notaire à Amiens, VIII, 146, 30613.

Baille (Jean), chantre de Saint-Quiriace de Provins, V, 664, 18081.

Baille (Jean). Procès contre Pierre Marie au sujet de l'abbaye de Joyenval, I, 212, 1171.

Baillet (Charles), dit Des Hayes, gentilhomme de la vénerie, maître particulier des eaux et forêts du comté du Maine, IV, 103, 11473.

Baillet (Guilhem de), V, 50, 14925.

Baillet (Jean), maître affineur d'or et d'argent, II, 20, 3938; II, 266, 5148.

Baillet (Jean), conseiller lai au Parlement de Dijon, III, 414, 9423; moyennant un prêt au roi, VIII, 73, 29904.

Baillet (Jean), pourvu d'une prébende à Saint-Quentin, V, 663, 18076.

Baillet (Jean), prêtre, chapelain de Louise de Savoie, V, 601, 18239; cf. le précédent.

Baillet (Louis), VII, 110, 23757.

Baillet (Nicolas), demeurant à Assigny. Anoblissement, VI, 379, note; VII, 110, 23757.

Baillet (René), conseiller lai au Parlement de Paris, III, 419, 9448; moyennant un prêt au roi, VIII, 74, 29912.

Baillet (Robert), contrôleur et examinateur au bailliage de Chalon-sur-Saône et en la chancellerie de Bourgogne audit siège, VI, 80, 19333.

Baillet (Thibaut), second président au Parlement de Paris, commissaire pour l'aliénation du domaine, I, 305, 1652; V, 555, 17524; VIII, 599, 32386. Décès, V, 782, 18743.

Bailleul : voir Bailleur.

Bailleul (Nord), VII, 594, 27373.

Bailleul (Bertrand de), valet de chambre ordinaire du roi, VI, 623, 22142.

Bailleul (Gallois de), s^r^ de Longpont, baron de Chevreuse, IV, 297, 12388. Procès contre Gilles de Fay, IV, 399, 12871.

Bailleul (Guillaume de). Anoblissement, VI, 377, 20832.

Bailleul-aux-Cornailles (Pas-de-Calais), autrement dit Saint-Martin-de-Bailleul. Seigneurie, III, 309, 8941. Séjour du roi, VIII, 21, 29423; VIII, 549; cf. VIII, 563, v° Saint-Martin.

Bailleul-lès-Pernes (Pas-de-Calais). Confiscations opérées sur le seigneur, III, 309, 8941; III, 310, 8948.

Bailleul [-Neuville] (Seine-Inférieure). Fief, V, 345, 16464.

Bailleul-sur-Esches, auj. Fosseuse (Oise). Seigneurie, VI, 562, 21824.

Bailleul-sur-Thérain (Oise). Seigneurie, VI, 467, 21302; receveur ordinaire : voir Blois (François de).

Bailleur (Antoine de), archer de la garde, VIII, 286, 31973.

Bailleur (Bertrand de) ou Le Bailleul, valet de chambre ordinaire du roi, s^r^ de Sainte-Marie et de Vattetot, VI, 710, 22617; VIII, 160, 30732.

Bailleur (Jacques de) ou de Bailleux, payeur de la compagnie du comte de Saint-Pol, III, 89, 7894; III, 135, 8113.

Bailleur (Jean de) ou Le Bailleul, valet de chambre du roi, VIII, 160, 30732.

Bailleur (Pierre), receveur du bailliage de la Montagne, II, 87, 4280.

Bailleu-sur-Thérain : voir Bailleul-sur-Thérain.

Bailleux (Jacques de), receveur des aides en Lyonnais, I, 296, 1602.

Bailleux (Jacques de) : voir Bailleur (Jacques de).

Bailli (Jean), s^r^ de Pierrefiques, V, 632, 17905.

Bailli (*Le*) : voir Martin (Maître).

Bailli de l'artillerie : voir Artillerie.

Bailliage de Paris, juridiction créée aux dépens du Châtelet pour la conservation des privilèges de l'Université de Paris, I, 328, 1764; I, 329, 1768; I, 338, 1815; I, 353, 1889; I, 359, 1916; I, 448, 2367; I, 614, 3216; I, 683, 3572; I, 685, 3583; II, 267, 5154; IV, 451, 13121; V, 578, 1740; VII, 640, 27902. Baillis : liste, IX, 236. Lieutenant particulier et premier conseiller : voir Boylève (François).

Bailliage du Palais à Paris, I, 99, 530; I, 102, 598; II, 528, 6337; III, 538, 9986. Baillis : liste, IX, 237. Greffiers : voir Badoux (Simon), Beauvisage (Robert), Guillot (Simon). Lieutenant : voir Raymon (Pierre).

Bailliages. Greffes érigés en offices, V, 529, 17393.

Baillis de Provence : portent à la main une baguette, VII, 103, 23722.

Baillie (*La petite*) *de Rochefort* : voir Fronsac.

Baillon (Honorat), originaire de la Terre Neuve, habitant Brignoles. Lettres de naturalité, VII, 303, 24731.

Baillon (Michel de) ou Bailhon, vicomte de Caudebec, V, 321, 16340; V, 469, 17091.

Baillon (Odet de), vicomte de Caudebec, III, 474, 9693; VI, 697, 22545; VI, 702, 22571.

Baillon (Pierre de), vicomte de Caudebec, III, 474, 9693; V, 469, 17091.

Baillon (Triais), natif de Beuil, habitant Brignoles. Lettres de naturalité, VII, 303, 24731; VII, 312, 24782.

Baillot : voir Faure (Dauphin).

Bailly (Antoine de), notaire au bailliage d'Amiens, VII, 655, 28038.

Bailly (Benoît), garde des forêts de Bourbon-Lancy, VIII, 204, 31138.

Bailly (Edme de), archer de la garde, II, 75, 4216; III, 764, 11000.

Bailly (François), fermier des grands greffes de Beaujolais, II, 478, 6113.

Bailly (Gatien), potager de la cuisine du Dauphin, III, 763, 10990.

Bailly (Gonnin), garde des forêts de Bourbon-Lancy, VIII, 204, 31138.

Bailly (Jacqueline de), veuve de Jean Budé, VI, 621, 22132.

Bailly (Jean), rapporteur et correcteur des lettres de la chancellerie, I, 2, 8; II, 189, 4779. Franc-salé, VII, 413, 25313; VII, 517, 26339.

Bailly (Jean), s^r de Pierrefiques, V, 632, 17905.

Bailly (Richard) : voir Fief de Richard Bailly (Le).

Bailly (Tiphaine), VI, 216, 19989.

Bailly-en-Rivière (Seine-Inférieure), V, 208, 13740; voir Brétigny, Étrimont, Graverie (La), Pelvert.

Baise (De), II, 408, 5790.

Bailly-Romainvilliers (Seine-et-Marne). Séjour du roi, VIII, 549.

Bain-de-Bretagne (Ille-et-Vilaine). Séjour du roi, VIII, 549.

Baines (S^r de) : voir La Rivière (François de).

Baissey (Bénigne), conseiller lai au Parlement de Dijon, IV, 127, 11579.

Baissey (Jean de), gruyer de Bourgogne, concessionnaire de la seigneurie d'Aignay-le-Duc, VII, 13, 23269.

Baix (Ardèche). Exemption de droits, II, 67, 4177. Foires, I, 520, 2741. Péage, I, 482, 2546; VII, 558, 26888. Seigneurie, VII, 598, 27428.

Bajamont (Lot-et-Garonne). Baronnie, VII, 245, 24417; baron : voir Durfort (Arnaud de).

Balagny (S^r de) : voir Saint-Simon (Merry de).

Balaguiers (Jean de), s^r de Montsallès, porte-enseigne du Grand-Écuyer, I, 454, 2404.

Balahan (François de) ou de Balehan, greffier des requêtes du Palais, III, 341, 9090; VI, 380, 20892.

Balaignes (Jean de), Balaines, Balangans ou Balleynes, seigneur de la Queue-au-Bois, II, 71, 4197; V, 209, 15742; V, 332, 16394-16395.

Balanges. Visite : en Anjou, VIII, 703, 32953; au comté du Maine, III, 501, 9818; III, 527, 9942.

Balançon (Le s^r de), gentilhomme de la chambre de l'Empereur, VII, 797, 29133; IX, 111.

Balangans : voir Balaignes.

Balanzac, c^ne de Corme-Royal (Charente-Inférieure), VI, 543, 21724; VII, 12, 23262; VII, 242, 24404. Seigneur : voir Brémont (Charles de).

Balard (Gilbert), sergent royal au bailliage d'Autun et Montcenis, VII, 431, 25463.

Balart (Jacques), tapissier du roi, III, 448, 9575; cf. Vaillart (Jacques).

Balavoine (Jean) ou Bellavoine, receveur de Chaumont-en-Bassigny, II, 690, 7114; VIII, 225, 31339; VIII, 257, 31671; cf. Ballavoine (Jean).

Balavoyne (Raymond de), conseiller lai au Parlement de Bordeaux, VIII, 795, 14383.

Balbani (Jean et Philippe), remboursés de prêts faits au roi, VIII, 54, 29730.

Balbi (Lucrèce de), native de Pavie, femme d'un médecin établi à Poitiers. Lettres de naturalité, VI, 116, 19491.

Balcus (Thomas de), natif de San Nazzaro près Milan, établi à Paris, apothicaire de Maximilien Sforza. Lettres de naturalité, VI, 129, 19560.

Balderange, c^ne de Lançon (Ardennes). Seigneurie, VI, 547, 21744.

Baldi (Marchio ou Melchior), facteur de Marc Coëte de Bruxelles, II, 174, 4706; VII, 731, 28673; VIII, 183, 30950.

Baldi (Philippe), prêtre, natif du comté de Nice, demeurant à Mougins. Lettres de naturalité, IV, 340, 12599.

Baldichieri (Italie, province d'Alexandrie). Exemption de cens, VI, 826, 23190. Fortifications, VI, 796, 23034.

Baldrange : voir Balderange.

Bâle (Suisse), IX, 137, 138, 139; voir David (Jacob). Achat de cuirasses, III, 73, 7814.

Balehan (François de) : voir Balahan (François de).

Balènes (Jean de), page de l'écurie des princes, VII, 738, 28731.

Balennes (Nicolas de) : voir Balleynes (Nicolas de).

Baleure : voir Balleure.

Balhens (Jean de), huissier au Parlement de Toulouse, V, 109, 15329.

Balinghem (Pas-de-Calais), IX, 32. Seigneurie, VI, 498, 21473.

Baliquin (Michel), natif de Savoie, établi à Villefranche en Beaujolais. Lettres de naturalité, V, 615, 17821.

Baliveaux. Réserve dans les forêts de Normandie, I, 341, 1827.

Ballan (Indre-et-Loire) : voir Carte (La).

Ballan (Michel de), sr de Maulévrier, V, 468, 17083.

Ballarini (Dominique), marchand vénitien, VII, 759, 28868.

Ballavoine (Jean), grènetier de Chaumont. Résignation en faveur de son fils Anselme, II, 26, 3969; cf. Balavoine (Jean).

Ballayer (Ponce de), dit Savognac, chevalier de l'ordre de Saint-Jean-de-Jérusalem, VIII, 220, 31297.

Balleduc (Jacques), natif du comté de Nice, demeurant à Trets. Lettres de naturalité, IV, 331, 12554.

Ballengard (Charles de), page de l'écurie, VIII, 23, 29437.

Balles (*Fabricant de*) du roi : voir Le Boulanger (Jean).

Balleure, cne d'Étrigny (Saône-et-Loire). Seigneur : voir Saint-Julien (Claude de).

Balleynes (Jean de) : voir Balaignes (Jean de).

Balleynes (Nicolas de) ou Balennes, sr d'Assigny, bailli et capitaine de Sézanne, III, 300, 8902.

Ballin (Guillaume) : voir Vallin (Guillaume).

Ballivy (Nicole), natif du diocèse de Toul, autorisé à tenir des bénéfices en France, IV, 130, 11593.

Ballon (Sarthe). Chambre à sel, I, 148, 847.

Ballon (Julien de), sr de Neuillé, II, 550, 6438.

Ballore : voir Balorre.

Ballue (Jean), sr de Goix, VI, 250, 20172. Cf. Balue (Jean).

Ballus (Noël de), II, 14, 3908.

Balma (Haute-Garonne). Séjour du roi, VIII, 549.

Balme (La) [Isère]. Départ d'envoyés royaux, VIII, 228, 31374; VIII, 249, 31595. Seigneurie, II, 722, 7258; V, 275, 16090; V, 290, 16167; VII, 545, 26714. Séjour du roi, VIII, 549; cf. VIII, 565, ve Vallière (La).

Balorre (Gatien de), Ballore ou Valorre, gentilhomme de la vénerie, bailli et capitaine de Bourbon-Lancy, capitaine de Chevagnes, garde des forêts desdits lieux, III, 473, 8690; III, 673, 10592; III, 681, 10629; IV, 412, 12932; IV, 643, 14009; VII, 590-591, 27326-27327; VIII, 204, 31138.

Balot (Déodat), prêtre. Légitimation de son fils Jean, du diocèse d'Albi, VI, 269, 20272.

Balot (Côte-d'Or). Fortifications, V, 126, 15332.

Balsac (Thomas de), capitaine de Castelculier, VII, 547, 26735. Cf. Balzac (Thomas de).

Balue (Jean), fermier des moulins de Cognac, II, 687, 7099. Cf. Ballue (Jean).

Balzac (Geoffroy de), conseiller clerc au Parlement de Bordeaux, VIII, 795, 14316.

Balzac (Guillaume de), sr d'Entraygues, gentilhomme de la maison du dauphin, IV, 682, 14176; IV, 733, 14410; IV, 751, 14490; VIII, 273, 31846.

Balzac (Pierre de), seigneur d'Entraygues, I, 151, 863; commis à faire les marchés des bâtiments royaux, I, 585, 3071; I, 588, 3086. Garde noble de ses enfants, VII, 683, 28291.

Balzac (Thomas de), IV, 751, 14490.

Balzergues (Louis de), page de l'écurie, I, 611, 3204.

Ban (Lettres de rappel de), VII, 581, 27195; voir Bertrand (Zacharie), Bohier (Henri), Chardon (Nicolas de).

Ban et arrière-ban : voir Berry, Bourgogne, Bretagne, Champagne et Brie, Dauphiné, Guyenne, Languedoc, Nivernais, Normandie, Picardie, Provence, ainsi qu'aux noms des bailliages d'Amiens, Blois, Caen, Caux, Chalon-sur-Saône, Chartres, Dijon, Orléans, Troyes, Vitry-en-Perthois, du gouvernement de La Rochelle, du comté de Laval, du ressort du Châtelet de Paris, des sénéchaussées de Limousin, Poitou, Rouergue, Toulouse. Convocations,

VIII, 605, 32420; après la prise de François Ier à Pavie, VII, 445, 25597; en 1534, II, 603, 6708; en 1536, III, 175, 8301; en 1537, III, 276, 8792; en 1538, III, 502, 9823; en 1543, VI, 716, 22649; en 1545, IV, 743, 14456; contre les aventuriers et vagabonds, VII, 130, 23861; VII, 444, 25588. Dénombrement des fiefs et arrière-fiefs sujets au ban et à l'arrière-ban, IV, 276, 11283. Exemptions : pour Charles de Boulainvilliers, V, 719, 18406; pour les capitaines des villes et les officiers des légions, VI, 709 (VIII, 400*), 22612; VI, 203, 23069; pour le chapitre de Lyon, IV, 661, 14084; pour le clergé de Normandie, VI, 677, 22440; pour les habitants de Paris, II, 667, 7005; de Poitiers, II, 697 (VIII, 365*), 7146; de Rouen, IV, 449, 13108; VI, 419 (VIII, 396*), 21054; de Toulouse, III, 224, 8549; pour les nobles de Troyes, I, 380, 2021; du bailliage de Vermandois, IV, 704, 14276; pour les officiers des cours souveraines, II, 635, 6856; III, 400, 9356; IV, 217, 11996; IV, 247, 12148; IV, 335, 12575; IV, 482, 13263; VI, 353, 20707; pour les officiers de la maison du roi, II, 635, 6856; de celle de la reine de Navarre, IV, 263, 12228; pour les officiers municipaux de Niort, III, 28, 7584; pour la prévôté de Gondrecourt, VI, 724, 22685. Expédition de commissions concernant le ban et l'arrière-ban, V, 741, 18527. Règlements, IV, 372, 12749; IV, 541, 13531; VI, 745, 22780. Saisies pour manquement au ban et à l'arrière-ban, IV, 470, 13209; IV, 777, 14616; VII, 22, 23312; VII, 426, 25428; VII, 441, 25552. Cf. ARRIÈRE-BAN.

BANCELIN (Sulpice), prieur commendataire de Montlhéry, VI, 552, 21773; VII, 244, 24412.

BANC-DROULIN, demi-fief de haubert sis à Beautot, Houssaye-Béranger et Varnéville-Bretteville (Seine-Inférieure), V, 485, 17171.

BANCHERON (Antoine DE), page de l'écurie mis hors de page, VII, 647, 27975.

BANDEROLLES destinées à des tentes pour le roi, VII, 751, 28822.

BAN DE SAINT-REMY, à Reims. Foires et marché, IV, 58, 11264.

BANDEVILLE, cne de Saint-Cyr-sous-Dourdan (Seine-et-Oise). Seigneurie : mouvance, VII, 556, 26864; seigneur : voir RAPOUEL (Thomas).

BANDINELLI (Jérôme), natif de Sienne, établi à Toulouse. Lettres de naturalité, III, 116, 8022.

BANDOYS, fief dont l'emplacement paraît devoir être cherché aux environs de la Réole (Gironde), VII, 398, 25243.

BANIÈRES (Bertrand), espagnol, VI, 149, 19659.

BANIQUET (Adam DE), sr de Parjotz, VI, 364, 20763.

BANIQUET (François DE) ou BONNEQUET, président au Parlement de Bordeaux, VI, 364, 20765.

BANLIEUE de Périgueux. Privilèges, VIII, 616, 32472.

BANNE, mesure pour le sel à Chalon-sur-Saône, II, 5, 3854.

Bannebach (Ludovic de) : voir BEMBACH (Louis DE).

BANNIERS. Punition de ceux qui ne remplissent pas exactement leurs charges, III, 135, 8110.

BANNISSEMENT pour billonnage, II, 748, 10930; — pour recel de bannis, V, 144, 15420; — pour religion, VI, 407, 20990; — prononcé contre les comptables qui jouent avec l'argent de leurs recettes, II, 159, 4635; contre les membres de l'Université s'ingérant dans les affaires de l'État, I, 141, 814; contre Jean Delebron, III, 220, 8576; contre Catherine du Verger, VII, 451, 25643; contre Arnaud de Gout, IV, 197, 11908; contre Guillaume Joncheret, V, 99-100, 15186; contre la femme d'Antoine de Marans, VI, 567, 21848; contre Pomarède, III, 534, 9970; contre Claude de Villiers, IV, 112, 11514.

BANON (Basses-Alpes) : voir MARTIN (Jean). Sauvegarde en faveur de la ville contre le seigneur, I, 70, 416; VII, 36, 23390.

Banque : voir BANQUIERS. Courrier de banque : voir MARMOULIN (Bastien).

Banquemare : voir BAUQUEMARE.

BANQUEROUTE : répression, III, 247, 8662. Juridiction du conservateur des privilèges des foires de Lyon en cette matière, V, 68, 15017.

BANQUETS, V, 500, 17246, 17249; cf. FESTINS. Dispense de l'obligation d'en donner accordée aux titulaires des maîtrises créés à l'occasion de la naissance d'Élisabeth de France, V, 186, 15618.

Banquiers, I, 81, 481; I, 517, 2729; VI, 52, 19169; voir Albisse, Bartolini, Bonvisi (Antoine et Louis), Capponi (Neri), Cleberg (Jean et François), Corbinelli (Maraboutin), Elbene (Richard d'), Gadagne (Olivier), Mellin (Antoine), Patoillet (Antoine), Saumaye (Baptiste de), Sauvaige (François), Spina (Pierre), Strozzi (Laurent et Philippe).

Banville (Calvados). Seigneurie, VI, 547, 21747.

Banvin (Droit de), à Auxonne, IV, 166, 11763; IV, 511, 13395; V, 509, 17266; V, 811, 18893; VI, 204, 19927.

Banyreaux : voir Bagnizeau.

Baons-le-Comte (Seine-Inférieure). Sergenterie, V, 238, 15903.

Baourdières (Simon de), prêtre. Légitimation de son fils Antoine, V, 805, 18860.

Bapaume (Pas-de-Calais). Péage, V, 499, 17245.

Bapaume (Robert de), président au parlement de Rouen, I, 251, 1370; VII, 42, 23420; VII, 75, 23587. Mission en Angleterre, IX, 18.

Bapte (Jean) : voir Seguysse (Jean-Baptiste).

Baptêmes : d'Alphonse d'Este, fils de la duchesse de Ferrare, II, 579, 6583; du dauphin François, VI, 692, 22521; de deux sujets originaires de Turquie, V, 177, 15572.

Baptendier, courrier à Saint-Jean-de-Maurienne, VI, 692, 22521.

Baptisse (Mlle de), gouvernante des filles de Mesdames, III, 534, 9970; III, 549, 10038.

Baqueler (Robert), V, 483, 17162.

Bar : voir Bar-le-Duc.

Bar (De) : voir Narbonne (Aimery de).

Bar (Antoine), garde des ponts, ports et passages de Lyon, VI, 338, 20628; VI, 340, note 1.

Bar (Antoine de), s^r de Villemade, II, 501, 6218.

Bar (Antoinette de), femme de chambre de la reine Claude, V, 784, 18753.

Bar (Charles de), IV, 759, 14530.

Bar (François de), lieutenant particulier et assesseur d'Angoumois, III, 681, 10626.

Bar (François de). Procès contre Robert Leloup, IV, 759, 14530.

Bar (Gabriel de) : voir Bar (Jean de).

Bar (Jacques de). Légitimation de son fils Pierre, VI, 341, 20646.

Bar (Jean de), s^r de Saint-Michel. Biens confisqués, VII, 515, 26306.

Bar (Jean de), prêtre, demeurant à Saint-Robert en Limousin. Légitimation de ses fils Jean et Gabriel, VI, 445, 21189.

Bar (Louis de) ou Dubar, enquêteur à Sens, II, 448, 5974; VII, 642, 27923.

Bar (Pierre de) : voir Bar (Jacques de).

Baracé (Maine-et-Loire). Foires, III, 674, 10598.

Baradat (Jean), receveur des deniers communs de Condom, Mézin et Montréal, VI, 806, 23084.

Barade (Jacques) : voir Varade (Jacques de).

Baradin (Emmanuel), clerc des offices de la maison du dauphin, élu à Loches. Anoblissement, IV, 573, 13682. Cf. le suivant.

Barandin (Emmanuel) ou Béraudin, registrateur au Parlement d'Aix, VII, 68, 23552; VII, 107, 23743. Cf. le précédent et Baraudin.

Barangeon (Jean), s^r de Morges. Procès criminel, II, 664, 6990.

Barangier (Louis), Barrangier ou Bérengier, receveur de la crue du sel passant aux Ponts-de-Cé et à Ingrande, III, 372, 9228; VII, 567, 26989; démissionne en faveur de son fils Jacques, III, 567, 10114.

Barantin, III, 338, 9073; cf. Barentin (Jean).

Baras (Sainte de), femme de Gabriel de Careygues, VII, 266, 24522.

Barassoan (Charles de), VI, 36, 17988.

Barat (Annet), notaire à Aurillac, V, 96, 15167.

Barat (Michel), orfèvre à Paris, III, 136, 8117.

Barate : voir Baratte.

Baraton (Jean), notaire à Montpellier, greffier criminel de la cour royale ordinaire de la ville, IV, 672, 14139; greffier au greffe civil des juridictions des baile, sous-baile et viguier de Montpellier, IV, 692, 14220.

Baraton (Louis), s^r de Montgauguier, II, 272, 12268.

Baraton (Madeleine de), veuve du s^r de Champroux, II, 490, 6166.

Baraton (Olivier), maître d'hôtel du roi. Sa veuve : voir Casault (Jeanne de).

Baratte (Robert), receveur et payeur de la Cour des Aides de Rouen, II, 147, 4578; II, 264, 5143; II, 294, 5271; II, 388, 5701; II, 680, 7069; II, 712, 7212; V, 705, 18326; VI, 6, 18941; VII, 53, 23481; VI, 391, 20905; VII, 609, 27562; VII, 635, 27846; VII, 706, 28497.

Baraudin (Emmanuel), originaire du Piémont. Lettres de naturalité, I, 406, 2464; VII, 585, 27246. Cf. Baradin et Barandin.

Barauld (Bernard), s^r de Campolières, coseigneur de Murasson, VII, 249, 24438.

Barault (René), prieur de la Chapelle-Vicomtesse, IV, 749, 14484.

Barba (Giacomo), gentilhomme italien. Mission en Italie, VIII, 6, 29303.

Barbacho (Claude) : voir Barbathon (Claude).

Barbançois (Charles de), VI, 571, 21872.

Barbançois (François de), président de la Chambre des comptes de Moulins, VII, 526, 26457.

Barbançois (Isabelle de), dame de Conon, V, 320, 16334.

Barabnçois (Lion de), s^r de Sarzay, VIII, 49, 29692.

Barbançon (Charles de) ou Barbençon, garde de la forêt de Brioudan, II, 654, 6949; III, 85, 7874.

Barbançon (François de), bailli de Senlis, IV, 431, 13026.

Barbançon (François de), s^r de Canny, V, 106, 15222.

Barbançon (Jean de), évêque de Pamiers. Serment de fidélité, VII, 406, 25284.

Barbançon (Michel de), s^r de Canny, commis à l'inspection des fortifications d'Ardres, IV, 217, 11998. Mission en Flandre auprès de la reine de Hongrie, VIII, 282, 31915.

Barbançon (S^r de). Sa veuve : voir Bossut (Gabrielle de).

Barbarat (Germain), contrôleur des deniers communs de Troyes, VII, 591, 27335.

Barbarie ou Pays Barbaresques (Afrique). Animaux achetés par le roi, II, 369, 5619. Corsaires, I, 716, 3742. Flotte y envoyée par le roi, II, 329, 5435. Ouvrages fabriqués à la façon de Barbarie, VIII, 281, 31907. Peau de chèvre, II, 640, 6883. Cf. Fez.

Barbarin (François), VI, 381, 20854.

Barbarin (Jean), huissier de salle du roi, II, 661, 6979; III, 639, 10437; VIII, 48, 29683.

Barbarin (Vincent), originaire de Piémont, demeurant à Estoublon. Lettres de naturalité, IV, 376, 12766.

Barbarre (Guillaume de), VI, 576, 21903.

Barbathon (Claude) ou Barbacho, contrôleur du grenier à sel d'Hyères, VII, 5, 23221; VII, 134, 23878.

Barbe (La), nef, V, 632, 17904. Cf. *Barbe-de-Pampre (La)*.

Barbe (Barthélemy), greffier des appellations et causes de première instance de la sénéchaussée de Provence, au siège de Draguignan, VII, 380, 25150.

Barbe (Claudine), II, 711, 7209.

Barbe (Jean-Jacques de), gouverneur du marquisat de Saluces, VIII, 88, 30045; VIII, 291, 32015; maître d'hôtel du roi, VIII, 289, 31998. Son beau-frère : voir Bardolle (Raymond).

Barbe (Pierre), lieutenant des eaux et forêts du duché de Valois, V, 106, 15515.

Barbe-de-Pampre (La), navire, VII, 436, 25502. Cf. *Barbe (La)*.

Barbeau (Henri), avocat en Parlement, VI, 278, 20319.

Barbeaux ou Seine-Port, c^ne de Fontaine-le-Port (Seine-et-Marne). Abbaye, I, 46, 270; IV, 66, 11301. Séjours du roi, VIII, 549.

Barbedor (Jean), commis au payement des cent gentilshommes de l'hôtel de la compagnie de Louis de Clèves, II,

757, 7415; III, 85, 7872; III, 105, 7969; III, 139, 8128; VII, 756, 28848; VII, 811, 29238; VIII, 16, 29395; VIII, 68, 29853-29854; VIII, 74, 29905; VIII, 207, 31174; VIII, 246, 31559.

Barbedor (Simon), garde de la Monnaie de Paris, autorisé à se faire suppléer, VII, 601, 27468.

Barbençon (Charles de) : voir Barbançon (Charles de).

Barbentane (Bouches-du-Rhône). Bail emphytéotique aux habitants de l'île du Mouton, VII, 186, 24130. Membre du temporel d'Avignon mouvant du roi, VII, 362, 25060. Seigneur : voir Cabassolle (Jean). Voir Bejodi (Pierre et Jean), Bermond (Antoine), Bon (François), Rostrelle (Antoine).

Barbereau (N.), VI, 497, 21465.

« *Barberie* » : voir Barbiers.

Barberie : corr. Barbery.

Barberousse : voir Frédéric Barberousse.

Barberousse (Khair-Eddyn, dit). Hostilités contre la France, II, 307, 5330; VII, 674, 28200. Négociations avec le roi, II, 475, 6096; III, 69, 7797; IX, 6, 85. Séjour à Toulon, IV, 529, 13481; VII, 353, 25012.

Barbery (Calvados) : voir Mesnil-Toufray (Le). Abbaye : décimes, III, 164, 8254. Séjour du roi, VIII, 549.

Barbes (Chapelle) : voir Tours, en ce qui concerne l'église cathédrale.

Barbes, fief sis à Chissay (Loir-et-Cher), VI, 335, 20611.

Barbes (Élie), VI, 538, 21694.

Barbes (Raymond), fermier du droit de septrage à Blois, VII, 782, 29082.

Barbes (Robin), fermier du tonlieu de Blois, III, 321, 9001. Cf. le suivant.

Barbes (Rolin), VI, 573, 21883.

Barbet (Antoine), chantre et chanoine de la chapelle du roi, I, 299, 1621.

Barbezières (Jacques de), prévôt des maréchaux aux duchés d'Angoulême, comté de Périgord, pays de Saintonge, gouvernement de la Rochelle, VI, 820, 23160.

Barbezières (Pierre de). Légitimation de son fils Lyonnet, de la sénéchaussée d'Angoumois, VI, 478, 21362.

Barbezieux (Charente). Seigneurie, VI, 114, 19478; seigneurs : voir La Rochefoucauld (Antoine et Gilbert de). Séjour du roi, VIII, 549.

Barbezieux (Mme *de)* : voir Amboise (Antoinette d').

Barbier (Cap), à l'extrémité occidentale de l'île Saint-Honorat, c[ne] de Cannes (Alpes-Maritimes), IV, 265, 12239.

Barbier (Antoine) : voir Barbier (Jean).

Barbier (Enemond), ouvrier à la Monnaie de Chambéry, IV, 578, 13704.

Barbier (Guillaume), sergent à cheval au Châtelet de Paris, III, 657, 10518; III, 658, 10526.

Barbier (Jean). Légitimation de son fils Antoine, IV, 330, 12551.

Barbier (Jean) ou Bordier, sergent de la forêt de Brioudan, II, 654, 6949; III, 85, 7874.

Barbier (Jeanne), V, 789, 18778.

Barbier (Louis), huissier à la Connétablie de France, IV, 80, 11364; VI, 643, 22255.

Barbier (Nicolas), contrôleur général des finances de Louise de Savoie, VIII, 201, 31126.

Barbier (Nicolas), propriétaire d'un immeuble cédé à Louise de Savoie, V, 641, 17956. Cf. le suivant.

Barbier (Nicole), contrôleur de la chambre aux deniers du roi, I, 13, 79; I, 109, 638; I, 269, 1461; commis au payement des Cent Suisses, V, 384, 16654.

Barbier (Philippe), commis à l'office de lieutenant et châtelain de Chantelle, VII, 530, 26512.

Barbier (Pierre), écuyer de la cuisine du commun, IV, 700, 14355.

Barbier (Pierre) ou Berbier, président de la Cour des Aides de Montpellier. Vacations touchant le fait des salines du Languedoc, III, 434, 9510; III, 476, 9700; VIII, 172, 30847.

Barbier (Pierre), sergent à cheval au bailliage et prévôté d'Orléans, privé de son office pour n'en avoir pas demandé confirmation, VII, 456, 25683.

Barbier (Pierre), sergent à cheval au Châtelet de Paris, III, 703, 10728.

BARBIERS : voir ATGIER (Gérard), CHARNIER (Jean), FAVILHAN (Benoît), MAZELIN (Jean); cf. CHIRURGIENS; du commun : voir DANTART (Jean); du roi, pour la plupart valets de chambre : voir BONNAULT, BOUHAULT (Jean), BOURY (Étienne), DESHAYES (Adam), GIRARD (Nicolas), LA MOTTE (Jacques DE), LE PRESTRE (Jean), MONTDOUCET (Oudin DE) [premier barbier de Louis XII], PAINTERET (René); d'Angoulême, III, 674, 10597; de Béziers, II, 501, 6213; de Blois, III, 542, 6398; de Bordeaux, I, 448, 2369; de Carcassonne, II, 514, 6278; de Gien, III, 395, 9327; de Harfleur, VIII, 334, 2283 *ter*; de Mâcon, III, 170, 8280; de Nantes, II, 194, 4804 (le «barbier des postes»); de Narbonne, I, 548, 2884; d'Orléans, I, 471, 2488; de Paris, I, 42, 242; I, 556, 2927; IV, 134, 11615.

BARBILLON (Noël), commis à la recette générale de Bretagne, II, 113, 4404; II, 186, 4763.

BARBILLON (Noël), contrôleur de l'élection de Rouen, VII, 587, 27273.

BARBILLON (Noël). Résignation à son profit de la recette des impôts et péages de l'évêché de Tréguier, II, 661, 6978.

BARBIN (Jean), aide de l'échansonnerie, V, 133, 15369.

BARBIN (Jean), commis au gouvernement du prieuré de Tence, VII, 420, 25372.

BARBISEY (Thomas), grènetier de Beaune, autorisé à résigner au profit de son fils Jean, II, 314, 5365. Cf. BERBISEY.

BARBON (Étienne), receveur de la Basse-Marche, II, 724, 7263.

BARBONNE (Marne). Fortifications, III, 674, 10599. Réduction de tailles, à la suite d'une peste, II, 271, 5172; VI, 292, 20390.

BARBOSSE (Guillaume), BARBOSSII ou BARBOSSY, docteur ès-droits, juge de Draguignan, III, 202, 8438; VI, 476, 21350; VII, 105, 24034.

Barbot (*Jean*). Sa veuve : voir RESNES (Jeanne DE).

BARBOT (Jean et Nicolas), père et fils, auneurs de toiles et canevas, V, 190, 15648.

Barbotin (*Jean*). Sa veuve : voir VAUX (Catherine DE).

BARBYON (Nicolas). Lettres de naturalité, VII, 614, 27627.

BARCELONE (Espagne). Missions : de M. de Brissac, VIII, 282, 31914; de M. d'Espercieu et du docteur Cornély, VIII, 41, 29618 : voir FALLIONE (Jeanne), LUBIA (Jacques). Séjour du roi, VIII, 549.

Barcelone, *Barcelonne* : voir BARCELONNETTE.

BARCELONNETTE (Basses-Alpes), VIII, 56, 29746; VIII, 89, 30055; VIII, 236, 31461. Capitaine, châtelain et receveur : voir PONTIS (Esprit DE). Originaires naturalisés français : voir ALARD (Antoine, Honoré, Jean, Martin et Paul), ANDRÉ (Jacques), ARNAUD (Guillaume), ESCHANTIER (Antoine, Bernard et Jean), LESDIER (Jean), RICHAULT (Antoine), SALVATOR (Jean). Privilèges de la ville, VI, 672, 22413.

—— *Mandement*. Assimilation des habitants aux autres sujets de Provence, VIII, 712, 33006. Gouvernement, III, 546, 10020; VI, 492, 21440; VII, 270, 24539. Juges : voir CORIOLIS (Léger), DY (Simon). Originaires naturalisés français : voir ALBI (Auger DE), BERTRAND (Claude). Procureur du roi : voir PASCALIS (Honoré). Seigneurie donnée à M. de Santal, III, 500, 9812. Troubles, VI, 492, 21440; VIII, 274, 31851. Union au Dauphiné, III, 435 (VIII, 366), 9518. Voir FOURS, LAUZET (LE), MEYRONNES, SAINT-PAUL-SUR-L'UBAYE.

Barcy (*Antoine de*) : corr. VAREY (Antoine DE).

BARDAT (Claude DE), porte-guidon de la compagnie de M. de Montpezat, IV, 197, 11908.

BARDET (Claude), notaire au bailliage de Cusset, V, 41, 14870.

BARDILLON (Claude), procureur du roi en la gruerie de l'Autunois, IV, 286, 12332.

BARDIN (Jean), lieutenant du juge de Villelongue à Puilaurens, VI, 286, 20362.

BARDIN (Jean), sergent royal à Saintes, IV, 265, 12235.

BARDIN (Pierre), conseiller clerc au Parlement de Paris, III, 161, 8235.

BARD-LE-RÉGULIER (Côte-d'Or). Foires, I, 699, 3653.

BARDOLLE (Raymond), beau-frère de Jean-Jacques de Barbe, VIII, 88, 30046.

BARDON (Raymond), capitaine de Revel. Pension, III, 454, 9600.

BARDONNÈCHE ou BARDONNECCHIA (Italie, pr. de Turin). Seigneurie concédée à Bernard du Conte, II, 25, 3968; II, 584, 6607-6608; II, 638, 6875; VII, 561, 26918.

Bardonville : corr. BARDOUVILLE.

BARDOT (Jacques), sergent en l'élection du Lyonnais, III, 167, 8267.

BARDOUILLÈRE (LA), c^ne de Nayelles (Indre-et-Loire). Métairie, V, 592, 17707; VII, 679, 28258.

BARDOUVILLE (Seine-Inférieure). Seigneurie, V, 466, 17076.

BARDY (Pierre DE), conservateur du droit de l'équivalent à Toulouse, V, 201, 15700.

BAREIL, c^ne de Chalonnes-sous-le-Lude (Maine-et-Loire). Seigneurie unie à la baronnie du Lude, IV, 746, 14471.

Barenson (François de). Sa veuve : voir MONTBERON (Renée DE).

BARENTIN (Jean) l'aîné, marchand à Blois, adjudicataire des greniers à sel pour dix ans, I, 80, 475.

Bargamin : voir PIETRE (Jean).

BARGE (LA), nom donné, à Amiens, au local de la justice du chapitre, I, 177, 999.

BARGEMON (Var). Bail domanial fait aux habitants, III, 567, 10118. Seigneurie, VII, 232, 24353.

BARGETON (Mathieu DE), demeurant à Uzès. Anoblissement, II, 572, 6549.

«BARGIÈRES», métairie, VII, 588, 27295.

BARGUES (Simon DE). Résignation en sa faveur de l'office de garennier au bailliage de Troyes, IV, 333, 12564.

Barguin (M. de) : voir ERSKINE (Thomas).

BARGUIN (François) ou BERQUIN, trésorier de la maison de Marguerite de France, greffier du bailliage et de la prévôté de Senlis, VII, 355, 25023; autorisé temporairement à cumuler ces deux derniers offices, VII, 432, 25470; VIII, 757, 33270. Cf. le suivant.

BARGUIN (Victor) ou BARGUYN, curateur des enfants de François d'Orléans, premier mari de sa femme, V, 640, 17984; — receveur des tailles et imposition foraine d'Anjou, II, 206, 5284; — secrétaire du roi, VII, 428, 25443; — seigneur de Bois-Grenier, VI, 311, 20490; — trésorier de Louise de Savoie, I, 731, 2822; II, 99, 4339; II, 109, 4387; II, 251, 5080; IV, 286, 12334; VII, 637, 27872; des filles du roi, II, III, VII et surtout VIII, *passim*.

BARIALIS (Pascal), docteur ès-droits, juge de Parlatges en 1513. Lettres d'abolition, VI, 72, 19265.

Bari delle Puglie (Italie). Archevêque : voir MERINO (Étienne-Gabriel).

BARILLET (René), sergent royal au bailliage de Sens, VII, 754, 28838.

BARILLIER (Claude), natif de «Fontenay» en Savoie, habitant Tarascon. Lettres de naturalité, V, 17, 14746.

BARILLON (Jean) ou BARRILLON, clerc du cardinal Du Prat, II, 311, 5352; II, 632, 6844; VII, 625, 27739; secrétaire du roi, II, 390, 5708; greffier intérimaire du Grand Conseil, II, 175, 4707. Contrefaçon de sa signature, VI, 420, note. Cf. BARRILLON (Jean).

BARILLY (Girard) le jeune. Biens confisqués, VII, 602, 27480.

BARIN (Toussaint) ou BARRIN, ancien enfant de la chapelle du roi. Pension aux écoles de Paris, II, 201, 4835; III, 2, 7454; VIII, 78, 29951.

BARISE (Jean), verdier de «Montdelancie», III, 699, 10707.

BARISIS (Aisne) : voir PAVILLON (LE). Prévôté, IV, 725, 14371; prévôt : voir DU MEZ (Jean).

BARITEAU (Jacques), valet des pages de l'écurie des fils du roi, VII, 747, 28797.

BARJOLS (Var) : voir EISSAUTIER (André), LEVESCE (Étienne), SÉGUIRAN (Jean). Augustins, VII, 383, 25165. Baile et capitaine : voir AMIC (Louis). Foire et marché, III, 488, 9760. Juges : voir CHARTRASSI (Claude), PORTANIER (Jean-Antoine). Procureur du roi : voir GRAFFEL (Fouquet). Viguerie, VIII, 710, 32996; ressort, VI, 341, 20642. Viguier : voir LAYDET (Guillaume).

Barjon (Côte-d'Or). Seigneurs : voir BOUESSEAU (Nicole et Bénigne).

BARJOT (Guillaume), s^r de la Palu, acquéreur de portions du domaine, VII, 593, 27365; VII, 594, 27376, 27377; garde du passage et du tirage du sel en Lyonnais et Beaujolais, II, 42, 4050; trésorier de Beaujolais, remboursé d'un prêt fait au roi, V, 625, 17869.

Barjot (Jean), avocat au Parlement de Paris, remboursé d'un prêt fait au roi, VIII, 117, 30328.

Barjot (Jean), conseiller lai au Parlement de Paris, IV, 509, 13389.

Barjot (Jean), maître des comptes à Dijon, V, 802, 18845.

Bar-le-Duc (Meuse). Départs d'envoyés du roi, VII, 741, 28746; IX, 12. Séjours : du duc de Lorraine, II, 649, 6930; III, 49, 7693; du roi, VIII, 549.
— *Châtellenie*, V, 506, 17282.
— *Duché*. Duchesse : voir Philippe de Gueldres. Ducs : voir aux noms des ducs de Lorraine. Terres de Robert de Malberghe, VI, 76, 19285. Voir Barrois mouvant, La Barre (Vincent de). Cf. Lorraine.
— *Ville*. Exemption de la solde des 50,000 hommes de pied, VII, 366, 25083.

Barlemon (Nicolas de) : voir Bourlemont (Nicolas).

Barletta (Italie, province de Bari), VI, 154, 19682; VI, 156, 19689; VII, 605, 27517.

Barleux (Somme). Remise de tailles, III, 348, 9123.

Barlues (de) : voir Colny (Bernardin de).

Barmant (Hans), marchand lorrain. Fournitures d'armures, III, 119, 8035-8036.

Barme (La) en Savoie : voir Dupotet (Pierre).

Barme (Roger), avocat du roi, puis président au Parlement de Paris, VII, 486, 25947; VII, 487, 25949; VII, 492, 26023; VII, 492, 26023; VII, 761, 28879. Commissions à lui décernées : pour les amortissements, I, 229, 1258; I, 313, 1688; I, 330, 1774; — pour l'examen des comptes d'Antoine Demay, I, 209, 1158; — pour les Grands Jours de Poitiers en 1519, V, 482, 15159; — pour la rédaction des coutumes du comté de Blois, I, 328, 1765; de celles de la Marche et de Bourbonnais, I, 220, 1211; I, 243, 1334; I, 281, 1520; — pour la vente du sceau du Châtelet, I, 265, 1439. Mission auprès du Pape, V, 294, 16190; IX, 57.

Barmont (S^r de) : voir Saint-Merry (Philippe de).

Barnabé (Pierre), notaire de la châtellenie du Louroux, IV, 739, 14437.

Barnay (Nicolas de), archer de la compagnie d'Antoine Raffin, II, 613, 6756.

Barnoin (Henri), prêtre de «la Rochette» en Dauphiné. Légitimation de ses fils Pierre et Philibert, VI, 489, 21423.

Barnon (Pierre), acquéreur d'une portion aliénée du domaine, VII, 561, 26929.

Barnonville, c^{ne} de Beaumont-du-Gâtinais (Seine-et-Marne). Seigneurie, VI, 524, 21616.

Baron, surnom : voir Roger (François).

Baron (Le), en Camargue : voir Albaron.

Baron, valet de garde-robe du dauphin, III, 642, 10450.

Baron (Aymar), sergent de la maréchaussée de Périgord, VI, 359, 20739.

Baron (Georges), sergent au Châtelet de Paris, V, 181, 15598.

Baron (Guillaume), receveur des exploits, amendes et condamnations des gabelles en Languedoc, Guyenne, Auvergne, Rouergue, Quercy et leurs ressorts, III, 118, 8031.

Baron (Jean), VII, 603, 27495.

Baron (Jean), gouverneur des lévriers de la chambre du roi, IV, 296, 12385; IV, 333, 12567.

Baron (Nicole), s^r de Boissy, bailli de Mantes et Meulan, IV, 690, 14211.

Baron (S^{rs} du) : voir Orsières (Lantelme et Théaume d').

Baroncellis (Agnis de), VIII, 747, 33198.

Baroncini (Jacques), florentin, demeurant à Lyon. Lettres de naturalité, VI, 662, 22356.

Baronnies : voir Premières baronnies. Érections : Auberives, IV, 110, 11503; Jons, IV, 539, 13518; Lucé, IV, 39, 11178; Nogent-sur-Loir (projet), II, 131, 4501; Le Plessis-aux-Brébans, IV, 671, 14132; Saint-Alban, II, 501, 6216; Veretz, II, 514, 6275; Villelaure, III, 150, 8176; VII, 190, 24150.

Baronnies du Dauphiné. La chambre des comptes de Grenoble n'en peut recevoir les hommages, IV, 434, 13041.

Barousse, pays compris dans le département des Hautes-Pyrénées. Privilèges des seigneurs, I, 89, 525. Répartition d'une imposition, V, 131, 15358.

Barrage (Droit de) : à Châteaudun, VII, 474, 25831, à Lyon, I, 635, 3323; V, 107, 15230; à Montferrand, VI, 124, 19534; à Muret, I, 167, 950; à Paris, VII, 580, 27259; voir Kaerquifinen (Bertrand de), Ménisson (Jean), Petit (Guillaume); à Poitiers, III, 290, 8855; V, 4, 14683; V, 783, 18748; à Romans, IV, 382, 12794.

Barral (Blaise), habitant du Vigan, II, 618, 6780.

Barral (Constant), originaire du marquisat de Saluces, habitant en Provence. Lettres de naturalité, VII, 300, 24714.

Barrangier : voir Barangier.

Barras (Antoine de), chevalier de Saint-Jean-de-Jérusalem, commandeur d'Avignon, VIII, 668, 32760.

Barrassonne (Jean) : voir Verrazano (Jean de).

Barrat (Jean de), capitaine de mer, III, 172, 8290.

Barrau (Roger de), IV, 784, 14649.

Barraud (Olivier) ou Barrault, trésorier général des finances de Bretagne sous Charles VIII, IV, 142, 11650; VII, 779, 29005.

Barrault (Olivier) : voir Barraud (Olivier).

Barrault (Odinet de), VII, 273, 24557.

Barraut (Pierre), garde de forêt, VIII, 161, 30750.

Barray (Pierre), archer du prévôt de l'hôtel, VIII, 269, 31805.

Barraye (Pedro), officier de la maison de la reine Éléonore. Lettres de naturalité, VII, 614, 27631.

Barré (Germain), porteur en la cuisine de Renée de France, V, 770, 18681.

Barré (Gilles), natif de Bouillon, homme d'armes des ordonnances de la compagnie du s[r] de Jametz. Lettres de naturalité. VI, 518, 21581.

Barré (Guillaume), contrôleur des deniers communs de Condom, Montréal et Mézin, V, 600, 17743.

Barré (Léon), de la Roche-Solus, V, 288, 16158. Sa veuve : voir Tuffier (Gabrielle).

Barre (S[r] de la) : voir Wicardel (Ferry de).

Barre (La), c[ne] de Château-Thierry (Aisne). Abbaye; abbesse : voir Courtemont (Isabeau).

Barre (La) [Jura]. Seigneurie exceptée de la réunion du domaine, VII, 427, 25435.

Barreau (Jean), pourvoyeur de boucherie du roi, II, 372, 5631; II, 432, 5902; VII, 725, 28633; des fils de France, VIII, 45, 29654.

Barre-en-Ouche (La) [Eure]. Seigneurie, V, 402, 17050.

Barremi (Jean de), natif d'Espagne, demeurant à Tarascon. Lettres de naturalité. VI, 603, 22040. Cf. Barrennes (Jean de).

Barreneuve, surnom : voir Forges (Fiacre ou Jacques de).

Barrennes (Jean de), originaire de Navarre, habitant Tarascon. Lettres de naturalité. VII, 297, 24696. Cf. Barremi (Jean de).

Barres (Les), seigneurie sise à Brannay (Yonne), V, 355, 16516; V, 611, 17804; acquise par la duchesse d'Étampes, III, 765, 11004.

Barres (Rue des), à Paris, IV, 202, 11930.

Barres (Mathurin), valet de fourrière du roi, III, 470, 9673; VIII, 227, 31366; VIII, 290, 32008. Cf. Des Barres (Mathurin).

Barres (S[r] des) : voir Serre (Bénigne).

Barres (Le s[r] des) : voir Des Barres (Louis).

Barrier (René), sergent des eaux et forêts en Touraine, V, 93, note 2.

Barrière (Étienne), originaire du comté de Nice, demeurant à Vence. Lettres de naturalité, VII, 311, 24778.

Barrière (Jean), V, 55, 14946.

Barrillat (Georges), originaire d'Andora, habitant Marseille. Lettres de naturalité, VII, 308, 24759.

Barrillier (Guillemin), marchand de Tours. Fourniture de satin broché et drap de soie, II, 19, 3935.

Barrillon (Jean), V, 583, 17663. Cf. Barillon (Jean).

Barrin (Odile), III, 545, 10018.

Barrin (Toussaint) : voir Barin (Toussaint).

Barrois (J.), maître d'hôtel du roi. Mission à Worms, IX, 17.

Barrois : voir Bar-le-Duc, *Duché*, et Barrois mouvant.

Barrois (*Le*), surnom : voir Des Barres (Antoine et Louis).

Barrois mouvant. Bénéfices, VII, 168, 24046. Exemption de la solde des 50,000 hommes de pied, VI, 714, 22636. Hommages dus par les ducs, V, 506-507, 17282-17283; VI, 802, 23065. Légitimation d'un habitant, V, 127, 15337. Régales, III, 768, 11017; VII, 308, 24757. Ressort du bailliage de Sens, IV, 619, 13894.

Barruel (Louis) ou Berruyer, s[r] de la Mimerolle, maître particulier des forêts de la seigneurie de Baugé, II, 755, 7409; III, 606, 10289.

Barry (Nicolas de), archer de la garde, VII, 721, 28607.

Barry : voir Saint-Pierre-de-Barry.

Bars (Richard de), chantre de la chapelle du roi, pourvu de la cure de Roncey, V, 171, 15548.

Barsa (Antoine), prêtre. Légitimation de son fils Marsault Goursault, IV, 252, 12178.

Barre (La), rivière. Pont de Courteranges, VII, 218, 24288.

Barsicquet (Virgile), écuyer d'écurie du dauphin, VII, 632, 27818.

Bar-sur-Aube (Aube).

—— *Domaine*. Octroi en faveur des habitants de Troyes sur le sel vendu dans la ville, I, 248, 1356. Recette, V, 424, 16845; VII, 584, 27241. Receveur : voir David (Laurent). Ressort du château : voir Arrentières, Blumerey, Colombé-la-Fosse, Colombé-les-Deux-Églises, Couvignon, Fontaines, Lignol, Nully, Rizaucourt, Rouvres, Villeneuve-aux-Frênes (La). Seigneurie et grenier à sel concédés à Charles de Croy, V, 799 (VIII, 394), 18829; VII, 523, 26413; à Philippe de Croy, I, 465, 2459; V, 208, 15737; V, 244, 15931; à Jacqueline d'Estouteville, I, 138, 795; I, 233, 1281; V, 230, 15857; V, 244, 15931; VII, 548, 26760; au duc de Guise, V, 804, 18854; VI, 303, 20446-20447; VI, 696, 22538; VII, 518, 26345; VII, 519, 26368; VII, 522, 26395; VII, 549, 26760; VII, 584, 27241; à la comtesse de Villars, VII, 530, 26589.

—— *Péage*. Hommages rendus pour ce fief, V, 217, 15789; V, 575, 17621; V, 740, 18521; VI, 209, 19954; VI, 555, 21786; VI, 557, 21797.

—— *Ville*. Fortifications, V, 282, 16128; V, 521, 17355; VI, 207, 19944; VI, 486, 21403. Notaires, au nombre de dix, IV, 375, 12761. Octroi sur le sel, V, 181, 16128.

Bar-sur-Seine (Aube). Séjour du roi, VIII, 549.

—— *Bailliage*. Baillis; liste, IX, 231. Biens de l'abbaye de Saint-Michel de Tonnerre, V, 512, 17306. Contribution de blé pour la flotte du Levant, VI, 724, 22684. Destruction des loups, VII, 473, 25822. Lieutenants : voir Massier (Jean), Sancey (Jean de). Recherche des biens de mainmorte, V, 279, 16115; VII, 506, 26192. Saisie opérée sur Saladin d'Anglure, VII, 470, 25855. Voir Bidan, Fralignes, Ricey.

—— *Comté*, I, 67 (VIII, 764), 398. Maîtres des eaux et forêts : liste, IX, 218. Revenus concédés à Jacques de Dinteville, VII, 27, 23341; à Jeanne d'Orléans, sœur naturelle du roi, à Jacquette de Longwy, sa fille et à Louis de Bourbon, mari de cette dernière, I, 333, 1787; II, 305, 5312; II, 457, 6013; III, 671, 10584; III, 727, 10838; IV, 509, 13387; VIII, 209, 31197.

—— *Élection*, VII, 648, 27985.

—— *Grenier, puis magasin à sel*. Concédé à Jeanne d'Orléans, VII, 693, 28377; la plupart des concessions du comté, indiquées ci-dessus, comprenaient le grenier à sel. Création d'un office de contrôleur, V, 58, 14960. Grènetier : voir Travaillot (Jean).

—— *Ville*. Capitaines et gouverneurs : voir Dinteville (Gaucher et Jean de). Chapelle Saint-Mathurin, en l'église paroissiale, V, 567, 18041. Chapelle Saint-Georges, au château, V, 657, 18041. Exemption de tailles, II, 259, 5119. Logement des gens de guerre, VII, 782, 29025. Fermier du vingtième des vins : voir Rasle (Jean). Navigation de la Seine, I, 64, 377. Privilèges, V, 468, 17085.

Bart (Simon de), VII, 702, 28475.

Barteau (*Pierre*) : voir Berteau (Pierre).

Bartelon (Hector), contrôleur des deniers communs de Luzy, I, 417, 2216.

Barthe (*La*) : voir Labarthe.

Barthe-de-Neste (La) [Hautes-Pyrénées]. Baronnie, I, 89, 525.

Barthélemy (François), receveur particulier au siège d'Aix, VII, 203, 24215; VII, 262, 24498.

BARTHÉLEMY (François), secrétaire du roi, III, 246, 8654.

BARTHÉLEMY (Guillaume), conseiller-clerc, puis lai au Parlement de Paris, décédé en 1525, I, 411, 2187; V, 691, 18241; V, 726, 18445-18446; VII, 493, 26032.

BARTHÉLEMY (Guillaume), conseiller clerc au Parlement de Paris, nommé en 1544, IV, 591, 13758.

BARTHÉLEMY (Guillaume), contrôleur des finances en Bretagne, V, 628, 17887-17888; V, 629, 17891; V, 672, 18122.

BARTHÉLEMY (Guillaume), payé de transports de meubles effectués pour fêtes royales, V, 402, 16739.

BARTHÉLEMY (Jean), commis à l'instruction du procès de François de Poncher, II, 132, 4504; paraît être le même que celui mentionné plus bas, qui fut depuis nommé président des enquêtes au Parlement de Toulouse, et que Jean BARTHELOMEY, aussi mentionné ci-après.

BARTHÉLEMY (Jean), déchargé de condamnations encourues à cause du trafic du sel, VII, 588, 27291.

BARTHÉLEMY (Jean), président des enquêtes au Parlement de Toulouse, IV, 56, 11259; V, 31, 14817.

BARTHÉLEMY (Jean), secrétaire du roi, V, 515, 17324; V, 540, 17447.

BARTHÉLEMY (Nicolas), auditeur des comptes à Paris, IV, 290 (VIII, 376), 12349.

BARTHÉLEMY (Nicole), correcteur des comptes à Paris, III, 222 (VIII, 362ᵃ), 8541.

BARTHELOMEY (Jean), conseiller au Parlement de Toulouse, VI, 232, 20077; cf. BARTHÉLEMY (Jean).

Barthole : voir BARTOLE.

BARTHOLOMÉ (Jean), natif du diocèse de Côme, médecin ordinaire du duc de Lorraine. Lettres de naturalité, VI, 452, 21229.

BARTHOMIER (Jacques), conseiller clerc au Parlement de Paris, VII, 493, 26038.

BARTHOMIER (Jean) ou BERTHOMIER, bailli de Montfort-l'Amaury, VI, 684, 14186; VI, 511, 21546.

BARTHOMIER (Jean), conseiller clerc au Parlement de Paris, VII, 499, 26100.

BARTHONDRE (Pierre), sergent au bailliage de Sens, IV, 334, 12570.

BARTOLE, jurisconsulte du XIVᵉ siècle. Publication de ses *Lectures*, IV, 783, 14646.

BARTOLINI (LES), banquiers à Lyon, VI, 183, 19826.

BARTOLINI (Gérard ou Girard) ou BERTHOLINI, trésorier de Laurent de Médicis, V, 481, 17151; V, 484, 25925.

BARTOLINI (Zanobi), banquier, I, 283 (VIII, 768ᵃ), 1529.

BARTON (Guillaume), évêque de Lectoure. Serment de fidélité, VI, 242, 20126; VII, 173, 24071.

BARTON (Jean), vicomte de Montbas, gentilhomme de la chambre du dauphin, VII, 433, 25479.

« BARVILLE », sergenterie héréditaire au bailliage de Caen, V, 302, 16232.

BARVILLE (Gilles DE), prêtre. Légitimation de sa fille Marie, V, 119, 15298.

BARVILLE (Gilles DE), sʳ du Coudray, V, 259, 16008.

BARVILLE (Isaac DE), fourrier du roi, IV, 265, 12237.

BARVILLE (Jean), clerc de Gilbert Bayard, III, 511, 9869; VIII, 167, 30807.

BARVILLE (Jean), contrôleur de l'élection de Senlis, IV, 401, 12878; VII, 578, 27147.

Barville (*Marie de*) : voir BARVILLE (Gilles DE).

BARVILLE (Suzanne DE), II, 477, 6107.

BARZY (Aisne). Église Saint-Pierre : cure, V, 68, 15016.

BASADONE (Jean), ambassadeur de la seigneurie de Venise, VIII, 89, 30054.

BASANIER (Jean), BASANNIER, BAZANIER ou BAZANNIER, VII, 559, 26904; VII, 810, 29229; — commis au gouvernement des successions : d'Étienne Besnier, II, 675, 7041; III, 323, 9008; VII, 763, 28897; VIII, 169, 30828; de Morelet du Museau, II, 372, 5630; III, 301, 8906; VII, 687, 28323; VII, 774, 28969; VII, 803, 29186; VII, 811, 29231-29232; VIII, 183, 30959.

BASCHET (Pierre), lieutenant général du bailli de Bresse, VI, 695, 22534.

Basco (*Le*) : voir Guerre (Christophe).

Bas-en-Basset (Haute-Loire). Foires et marché, I, 430, 2277. C'est par erreur que l'on a indiqué Rochebaron comme siège de ces foires et de ce marché.

Basilica Petri (Baptistin de). Lettres d'abolition, V, 271, 16069; V, 329, 16381.

Basille (Guillaume) ou Bazille, chevaucheur d'écurie, IV, 157, 11723; VIII, 187, 30998.

Basin (Guillaume), s^r de Lanquetot, V, 323, 16350.

Basin (Jean) ou Bazin, marchand, VIII, 13, 29371; VIII, 257, 31613.

Basiret (Michel), fermier des menus boires de l'élection de Bayeux, I, 318, 1718.

Baslieux-les-Fismes (Marne). Seigneurie, VI, 425, 21087.

Baslieux-sous-Châtillon (Marne) : voir Longaut.

Bas-Limousin. Élection, II, 45, 4066; VI, 96, 19387; VIII, 572, 32242; VIII, 573, 32251; cf. Limousin. Personnel; contrôleur : voir Chabannier (Marc); receveurs : voir Brachet (Jean), Cottereau (Guillaume et Michel).

Bas-Moulins (*Les*) : voir Changis.

Basoches : voir Bazoches-en-Houlme.

Basoches (*S^r de*) : voir Montmorillon (Saladin de).

Basque (Pays), II, 744, 7352; VIII, 568, 32220; voir Castello (Martin de).

Basque (*Le*), surnom : voir Aymar (Pierre d'), Marco (Barthélemy de), Tardes (François de). Cf. Le Basque.

Bassac (Charente). Abbaye de Saint-Étienne, VII, 244, 24412; dépôt du cordon ayant lié Jésus-Christ en sa Passion, V, 402, 16740. Châtellenie unie au duché d'Angoulême, I, 17, 100.

Bassac (Ogier de), huissier et messager de la Chambre des comptes et du Trésor, VII, 548, 26759.

Bassadonna (Giovanni), envoyé vénitien, IX, 133.

Bassanne (Gironde). Maison seigneuriale, VII, 398, 25243.

Basse : voir Vassens.

Bassé (Charles de), dit Saint-Georges, gentilhomme de la vénerie, II, 221, 4934.

Bassé (Denis), V, 330, 16387.

Basse (Robert) ou de la Basse, chevaucheur d'écurie, VII, 754, 28834; VII, 778, 28993; VII, 805, 29194.

«Basseau» (Le prieur de), aumônier du du roi. Mission auprès du pape, IX, 57.

Basse-Auvergne. Élection, II, 110, 4393; II, 427, 5879; II, 597, 6677; IV, 284, 12323; VIII, 609, 32441; VIII, 739, 33159; contrôleur : voir Bourg (Étienne); élus : voir Pelisson (Raymond), Pierrefitte (Jean de), Redon (François de); receveurs : voir Du Prat (Anne), Gressin (Jean), Mauzay (Hector de), Thierry (Pierre).

Basse-Beauce, prévôté dont le siége, établi d'abord à Mesland (Loir-et-Cher), fut transféré à Blois. Ferme, I, 727, 3798.

Bassefontaine, c^ne de Brienne-la-Ville (Aube). Abbé : voir L'Aubespine (Sébastien de).

Basse-Indre (*La*) [Loire-Inférieure] : voir Indret.

Basse-Marche, IV, 236, 12094; voir Massignac, Pierrefite, Thioverat. Domaine, III, 610, 10303; VI, 300, 20430; recette, II, 723, 7261; VII, 530, 26507; terrier, VI, 382, 20854. Sénéchaux : liste, IX, 242.

Basse-Normandie, V, 403, 16741; VII, 481, 25901; VIII, 110, 30353; VIII, 244, 31532.

Bassereau (Jourdain), procureur au Châtelet de Paris, III, 719, 10801.

Bassereau (Laurent), sergent à verge au Châtelet de Paris, II, 733, 7304.

Basserode : corr. Baesrode.

Basset (Jean de), seigneur de Normanville, capitaine des nobles du bailliage de Caux. Gages, I, 158, 900; vicomte de Gisors, V, 200, 15690.

Bassignana (Italie, province d'Alexandrie). Maître de la poste : voir Hardy (Pierre).

Bassigny, pays compris dans le département de la Haute-Marne. Achat de grains pour l'approvisionnement de la cour, VII, 421, 25387.

Bassillac (Dordogne), VII, 201, 24202.

Bassoles-Aulers (Aisne) : voir Aulers.

IMPRIMERIE NATIONALE.

BASSOMPIERRE (Jean DE), archer de la garde, VIII, 197, 31084.

BASSOU (Yonne). Seigneurie, V, 400, 16732; VII, 652, 28014.

BASTANOUS, c^{ne} de Manas (Gers). Seigneurie, VII, 269, 24537.

Bastarde (Jeanne) de Guyenne : voir GUYENNE (Jeanne, bâtarde DE).

BASTARDELLE (LA), galère, V, 174, 15558.

Bastel (Collesson) : voir VASTEL (Collesson).

BASTIANET, peintre. Travaux au château de Fontainebleau, IV, 270, 12554.

BASTICE (Hugonne), dite Jeanne LA PÂTISSIÈRE. Légitimation de son fils Jean Astier, V, 142, 15412.

BASTIDE (Gaspard), huissier et concierge en la Chambre des Comptes de Montpellier, III, 541, 10002; IV, 787, 14665.

Bastide (La) : voir LABASTIDE-BEAUVOIR.

Bastide (S^{rs} de la) : voir BÉARN (Menault DE), BELVEZER (Denis DE), LE ROY (André).

BASTIDE DE BEAUMONT (LA), à Marseille, II, 705, 7182; IV, 260, 12215. Seigneur : voir BOTECARI (Bernard).

Bastide de Colomat (S^{r} de la) : voir SAINTE-COLOMBE (Antoine DE).

Bastide-de Lordat (La) [Ariège]. Seigneurie : voir LORDAT (Corbeyran DE).

BASTIDE DE MONTFAUCON (LA), auj. LA BASTIDE-MURAT (Lot). Foire, IV, 338, 13591.

BASTIDE-GABAUSSE (LA) [Tarn]. Juridiction, VII, 251, 24443.

Bastide-Saint-Jean-de Molières (La) : voir MOLIÈRES.

Bastide-Saint-Michel-de-Lomagne (La) : voir SAINT-MICHEL (Tarn-et-Garonne).

Bastie (S^{r} de la) : voir LA VERNADE (Olivier DE).

BASTIER (Étienne), s^{r} de Magny ou Maigny, II, 651, 6934-6935; III, 35, 7617; VII, 142, 23916; VII, 146, 23934; VII, 613, 27619; VII, 678, 28243; VII, 699, 28442; VIII, 141, 30560.

BASTILLE SAINT-ANTOINE (LA), à Paris, I, 666, 3485; III, 628, 10387. Détention de Bernard de Lordat, III, 420, 9450; du chancelier Poyet, IV, 731, note; du marquis de Saluces, VI, 246, 20150; VII, 658, 28063; de Semblançay, I, 569, 2994. Garde : capitaine : voir MONTMORENCY (Anne DE); lieutenants : voir CARGORY (Christophe DE), PARENT (Jacques); mortes-payes, au nombre de douze, III, 661, 10539; IV, 321, 12508; VI, 607, 20059; VIII, 209, 31198; VIII, 224, 31335; VIII, 273, 31847; VIII, 403^{n}, 24535 *bis*.

« BASTILLONS », à Fontainebleau, VIII, 173, 30860; près de Reims, VIII, 216, 31252.

BASTIN (Thomas), apothicaire à Aix, natif de Novi. Lettres de naturalité, VIII, 702, 32947.

BASTIN (Thomas), contregarde de la Monnaie d'Aix, VII, 230, 24371.

BASTONNEAU (François), notaire au Châtelet de Paris, VI, 802, 22034.

BAS-VIENNOIS. Bailliage, III, 661, 10536.

BATAILLE représentée sur un émail, VIII, 272, 31840.

BATAILLE de Marignan ou de Sainte-Brigitte, V, 314, 16302; VI, 518, 21583; V, 298, 16213.

BATAILLE (LA), lieu-dit au comté de Blois, VI, 2 (VIII, 394), 18917.

BATAILLE (LA), c^{ne} de Bourneville (Eure). Fief, VI, 514, 21559.

BATAILLE (Guillaume), prêtre, IV, 372, 12748.

BATAILLE (Marc-Antoine, dit), page de l'écurie, VIII, 56, 29744.

BATAILLE (Philippe), conseiller au Parlement de Dijon, IV, 152, 11696.

BATAILLE (Pierre), général des aides, V, 541, 17456.

BATAILLE (Renaud), prêtre, chanoine de Sainte-Marthe de Tarascon, natif du royaume de Navarre, au diocèse de Tarbes. Lettres de naturalité, VII, 390, 25204.

Bâtard (Grand) de Savoie : voir SAVOIE (René DE).

BÂTARDISE (Droit de) : en Bresse et Bugey, IV, 257, 12201. Confiscations et revendications du fisc en vertu de ce droit, I, 317, 1715; I, 471, 2487; II, 378, 5657; II, 590, 6637; II, 255, 5096;

II, 271, 5171; II, 378, 5657; II, 630, 6836; II, 704, 7449-7450; III, 12, 7500; III, 375, 9239; III, 435, 9516; III, 460, 9629; III, 518, 9902; III, 550, 10041; III, 595, 10239; III, 616, 10332; IV, 664, 14100; V, 566, 17576; V, 623, 17856; V, 637, 17935; V, 641, 17952-17953; V, 805, 18859; VI, 13, 18976; VI, 96, 19385; VI, 220, 20009; VI, 361, 20748; VI, 424, 21080; VI, 426, 21091; VI, 659, 22340; VII, 424, 25410; VII, 430, 25452; VII, 641, 27910; VII, 696, 28413; VII, 699, 28451.

Bâtards : voir Chambonnet (Georges de), Mathieu, dit le Capitaine. Voir aussi Légitimation (Lettres de).

Batarnay : voir Baternay.

Batarnay (Anne de), IV, 444, 13086.

Batarnay (Imbert de), baron d'Authon, s^r du Bouchage, chevalier de l'ordre, chambellan du roi, I, 26, 152; II, 280, 5249; V, 236, 15890; V, 247, 15944; V, 268-269, 16056-16057; VIII, 756, 33261. Dérogation en sa faveur à la réunion du domaine, I, 112, 652.

Batarnay (Marguerite de), VI, 289, 29377.

Batarnay (René de), gentilhomme de la chambre, II, 520, 6301; III, 474, 9691; — bailli et gouverneur de Berry, VI, 198, 19900; — capitaine du Mont-Saint-Michel, IV, 110, 11502; — enfant d'honneur du roi et du dauphin, obtient répit pour faire hommage, V, 586, 17676; engagiste du grenier à sel de Loches à l'occasion de ses créances sur le roi, VII, 568, 27011; — seigneur de Dargies, VIII, 403e, 24623 *bis*; de Montrésor, IV, 9, 11048. Érections en sa faveur : de la baronnie d'Auberive, IV, 110, 11503; du comté du Bouchage, IV, 110, 11502. Lettres de committimus, VII, 69, 23559.

Bateaux : pour le voyage du roi et de la reine d'Écosse de Compiègne à Rouen, VIII, 6, 29306; — réquisitionnés pour l'armée, III, 341, 9086; VII, 478, 25867; VIII, 66, 29838; VIII, 278, 31893; VIII, 279, 31896; — utilisés par la cour, II, 225, 4952; VII, 631, 27813; VII, 701, 28461; sur les étangs de la Méditerranée, III, 432-433, 9505; III, 433, 9509; III, 476, 9701-9702; sur la Loire, II, 199, 4829; IV, 217, 11997; VIII, 37, 29583; sur l'Oise, II, 91, 4298; sur le Rhône, II, 508, 6248; II, 509, 6253; III, 432-433, 9505; III, 433, 9509; III, 476, 9702; VIII, 158, 30719; VIII, 190, 31023; VIII, 280, 31899; sur la Saône, II, 591, 6646; VIII, 190, 31023; sur la Seine, I, 572, 3011; I, 577, 3032; I, 590, 3097; II, 625, 6814; II, 676, 7047; IV, 185, 11853; VII, 667, 28143; VIII, 120, 30361; VIII, 300, 32123; voir Moulins montés sur bateaux, Ponts de bateaux.

Bateliers : voir Bateaux.

Baterel (Jean), commissaire sur le fait des amortissements aux bailliages d'Amiens et de Vermandois, VII, 506, 26190.

Baterel (Jean), lieutenant général du bailli de Péronne, Montdidier et Roye, VII, 197, 24181.

Baternay (Drôme). Seigneurie unie au comté du Bouchage, IV, 110, 11503.

Bateste (Regnaut), V, 438, 16921.

Bath (Grande-Bretagne, comté de Somerset). Évêque : voir Clerk (Jean).

Bathellon (Aubertin), originaire de la Terre-Neuve, habitant du Luc en Provence. Lettres de naturalité, VII, 304, 24738.

Bathières (*S^r de*) : voir Chantoin (Jacques de).

Bâtie (*Mlle de La*) : voir Rotz (Isabeau de).

Bâtie (*S^{rs} de La*) : voir Arses (Nicolas d'), Ferrières (Nicolas de), Rogier (Guigue).

Bâtie (La), c^{ne} de Champis (Ardèche). Seigneurie, VII, 148, 23941.

Bâtie-Montgascon (La) [Isère]. Seigneurie acquise par Louis de Clèves, VI, 413, 21021; VI, 443, 21177; donnée à vie à Galéas Visconti, I, 285, 1542; I, 292, 1581; I, 303, 1642; I, 349, 1866; VI, 85, 19328.

Bâtie-sur-Meylan (*S^r de la*) : voir Arces (Antoine de).

Bâtiments : voir Voirie; construits par Henri VIII, VII, 783, 29038.

Bâtiments civils : voir Œuvres.

—— *Abbeville*. Auditoire des élus, II, 278, 5199.

—— *Aix*. Palais, VII, 215, 24276; VII, 349, 24991; VIII, 60, 29780.

—— *Angers*. Auditoires des juridictions royales, III, 337, 9069.

—— *Blois.* Auditoire du bailli et prisons, VII, 739, 28739.
—— *Châtillon-sur-Seine.* Hôtel de ville, III, 212, 8485.
—— *Chauny.* Construction d'une maison comprenant auditoire, chambre de conseil, prisons, archives et greniers à grains, VII, 755, 28841.
—— *Dijon.* Restauration du palais de justice, III, 531, 9957.
—— *Havre (Le)* : voir à l'article HAVRE (LE) ce qui se rapporte à la construction de la ville.
—— *Loches.* Hôtel de ville, V, 490, 17201; VII, 439, 25530.
—— *Lyon.* Maison dite *Roanne*, III, 132, 8098; prisons, VIII, 55, 29739.
—— *Montreuil-sur-Mer.* Hôtel de ville, prisons, beffroi, VI, 592, 21986.
—— *Paris.* Châtelet, I, 625, 3273. Collège des Trois-Langues, VI, 576, 21902. Hôtel de Bourbon, III, 129, 8084. Hôtel de Nesle, VII, 875, 27102-27103. Hôtel de ville, II, 392 (VIII, 350°), 5718; II, 396, 5734; II, 715, 7227; III, 88, 7888; III, 251, 8680; IV, 161, 11736; Hôtel-Dieu, V, 280, 16120. Palais du Parlement, VIII, 117, 30330; VIII, 137, 30528. Palais épiscopal, IV, 202, 11930.
—— *Rouen.* Locaux de la chambre des requêtes du Parlement, V, 90, 15133; de la Cour des Aides et de l'élection, VI, 607, 22062; VI, 647, 22276; VII, 706, 28497.
—— *Soissons.* Château, VIII, 650, 32655.
—— *Toulouse.* Palais du Parlement, III, 586, 10205; III, 747, 10927.
—— *Villefranche-sur-Saône.* Auditoire des élus de Beaujolais, VII, 716, 28580.

Bâtiments du roi : voir ANGOUMOIS, BECOISEAU, BLOIS, BOURDAISIÈRE (LA), BRIE-COMTE-ROBERT, CHAMBORD, CHEVAGNES, CÔTE-SAINT-ANDRÉ (LA), COUCY-LE-CHÂTEAU, DIJON, FOLEMBRAY, FONTAINEBLEAU, LIVRY, LOCHES, LOUVRE (LE), MADRID, MONTCEAUX, NANTES, PLESSIS-LÈS-TOURS (LE), ROMORANTIN, SAINT-GERMAIN-EN-LAYE, VILLERS-COTTERETS, VINCENNES, YERRES. Surintendant : voir BABOU (Philibert).

BÂTIMENTS RELIGIEUX, IV, 514-515, 13414; en Provence, II, 503, 6226; IV, 269, 22251; VIII, 705, 32967.
—— *Angers.* Cathédrale, IV, 217, 11999.
—— *Avignon.* Église des religieuses de Saint-Véran, III, 433, 9506.
—— *Bayonne.* Couvent des Jacobins, IV, 707, 14288. Église des Augustins, VI, 69 (VIII, 799), 19250.
—— *Beauvais.* Cathédrale, II, 21, 3946; II, 265, 5145.
—— *Bordeaux.* Cathédrale, I, 29, 162.
—— *Bourges.* Cathédrale, I, 12, 73.
—— *Conques.* Collégiale, III, 596-597, 10246.
—— *Dax.* Palais épiscopal et maisons canoniales, III, 382, 9269.
—— *Gaillac.* Collégiale, III, 596-597, 10246.
—— *Havre (Le).* Église, III, 516, 9888.
—— *Loches.* Hôtel de ville, V, 490, 17201; VII, 233, 25530.
—— *Lyon.* Cathédrale et palais archiépiscopal, I, 424, 2245.
—— *Marseille.* Abbaye de Saint-Victor, V, 764, 18646.
—— *Molosme.* Abbaye, III, 480, 9717.
—— *Moulins.* Église, II, 320, 5390; VII, 684, 28294.
—— *Nemours.* Église, V, 512, 17309.
—— *Nîmes.* Couvent des clarisses, VII, 692, 28367.
—— *Paris.* Cathédrale, II, 696, 7143; V, 772, 18690. Chapelle du collège de Boncourt, V, 31, 14816. Hôpital de la Charité, V, 483, 17164; VI, 102, 19417; VIII, 588, 32328.
—— *Port-Royal.* Abbaye, IV, 763, 14549.
—— *Rouen.* Abbaye de Saint-Ouen, III, 334, 9057; cathédrale, V, 344, 16458.
—— *Saint-Lizier.* Cathédrale, VIII, 759, 32288.
—— *Senlis.* Cathédrale, I, 349, 1867; I, 732, 2824; II, 727, 7279; III, 279, 8806; VII, 763, 28899.
—— *Sens.* Cathédrale, IV, 43, 11198; V, 104, 15213.
—— *Thérouanne.* Cathédrale, VIII, 156, 30702.
—— *Troyes.* Cathédrale, I, 7, 39; I, 108, 632; I, 319, 1726; V, 486, 17177.
—— *Vannes.* Couvent de Nazareth, VI, 36, 19089.
—— *Vincennes.* Sainte-Chapelle, II, 43, 4056; II, 60, 4140.
—— *Yerres.* Abbaye, V, 358, 16530.

BÂTONNIERS de l'église de Tours, VII, 466, 25760; de Saint-Martin de Tours, II, 724, 7264.

BATRINO (André). Compagnie de chevau-légers, V, 689, 18225.

« BATTUS ET DISCIPLINÉS » en Provence, VIII, 692, 32887.

BATZ (ÎLE DE) [Finistère], VII, 436, 25502.

Batz (Loire-Inférieure) : voir Croisic (Le).

Baudigné (René de), homme d'armes de la compagnie du marquis de Rothelin. Solde, VIII, 67, 29847.

Baubigny (S^r de) : voir Du Pré (Philippe).

Baubigny (Manche). Vavassorie, VI, 542, 21716.

Baubrun (S^r de) : voir Lassay (Roger de).

Bauchart (Martin), fermier des terres et seigneuries de Briost et Omiécourt, III, 337, 9068.

Bauchen : corr. Beauchamps.

Baucher (Le s^r de), V, 511, 17301.

Bauchy (Pierre), bâtard légitimé, pendu pour brigandages, VI, 179, 19809.

Bauçon (Edme), maître tondeur et presseur de draps, natif de Genève. Lettres de naturalité, IV, 309, 12446.

Baud (Mathurin), clerc secrétaire des comptes de Bretagne, IX, 202.

Baud (Olivier), s^r de La Boullaie, I, 524, 2761.

Baud (Olivier), trésorier de l'église de l'église de Vannes, I, 524, 2761.

Baudaire (Nicolas), de Dieppe, VII, 562, 26932; VII, 563, 26941.

Baudemont : voir Beaudemont.

Baudet (Guillaume), valet de chambre du duc de Lorraine, V, 801, 18843.

Baudet (Jacquette), VI, 452, 21230.

Baudet (Jean), s^r des Cartes, V, 354, 16510.

Baudet (Porte), à Paris, III, 664, 10551.

Baudichon (Martin). Sa veuve : voir Delacroix (Denise).

Baudienville, c^ne de Sainte-Mère-Église (Manche). Seigneurie, VI, 551, 21767.

Baudoche (Claude), s^r de Moulins. Mission auprès de l'électeur de Trèves, IX, 6.

Baudoin : voir Baudouin.

Baudon (Antoine), notaire d'Aix, VII, 75, 23583.

Baudonat (Anne), prêtre. Légitimation de son fils Blaise, V, 85, 15105.

Baudot : voir Brunaulieu (Jean de).

Baudot (Jean), receveur du domaine du comté de Gisors, V, 172, 15553.

Baudouin (Jacques) : voir Baudoin (Thomassin).

Baudouin (Jacques), vicomte d'Orbec, VI, 422, 21069; VI, 458, 21258; VI, 458, 21258.

Baudouin (Olivier), s^r de la Mothe en Normandie. Anoblissement, V, 524 (VIII, 391), 17366.

Baudouin (Pierre). Anoblissement, VI, 379, note.

Baudouin (Thomas), licencié ès lois, avocat au Parlement de Rouen, puis avocat du roi à l'élection de Rouen, VI, 440, 21165.

Baudouin (Thomassin), s^r de la Quesne, vicomte de la Ferté-en-Bray, demeurant à Nolleval. Anoblissement de son fils Jacques, VI, 751, 22813.

Baudran (Michel de) : corr. Vaudray (Michel de).

Baudre (Jean de), VI, 502, 21493.

Baudriet (Jean) : voir Baudry (Jean).

Baudron. Autorisation à Jean Couillaud de prendre ce nom en échange du sien, I, 570, 3000.

Baudroyeurs de Rouen, IV, 315, 12473.

Baudry (André), conseiller lai au Parlement de Paris, VII, 490, 25987; président de la chambre du domaine, IV, 454, 13133. Pension, IV, 607, 13836; IV, 612, 13857.

Baudry (Étienne), VI, 677, 22442.

Baudry (Jean), Baudriet ou Vaudry, dit La Morlaye, garde la forêt de Cuise. Gages, II, 389, 5705; II, 654, 6951; III, 112, 8000; IV, 206, 11951; VIII, 220, 31301.

Baudry (Michel), V, 710, 18356.

Baudu (Mathurin), chauffe-cire de la chancellerie, V, 521, 17354.

Baudu (Mathurin), huissier au Parlement de Paris, VII, 488, 25969.

Baudy (François), fermier de la prévôté de Châtellerault, III, 618, 10341.

Baufrais (Pierre), clerc de chapelle des fils du roi, VIII, 182, 30944.

Baufremont (Claude de), s^r de Sombernon, VI, 438, 21156; VI, 476, 21349.

Baufremont (Nicolas de), IV, 167, 11767 IV, 199, 11916.

BAUFREMONT (Pierre DE), V, 757, 18605.

BAUFREMONT (Pierre DE), s^r de Senneçey. Légitimation de sa fille Catherine, VI, 410, 21005.

BAUGÉ (Maine-et-Loire). Baronnie, I, 99, 580; VII, 470, 25800; VII, 508, 26208. Chambre à sel, I, 148, 848. Eaux et forêts, II, 755, 7409; maîtres particuliers : liste, IX, 218 ; procureur du roi : voir OLIVIER (Guillaume). Élection, IV, 659, 14075; élu : voir RICHOMME (Jean). Fortifications, IV, 38 (VIII, 371°), 11174. Séjour du roi, VIII, 549; IX, 6. Sénéchaussée, IV, 670, 14129; voir BEAUFORT-EN-VALLÉE.

Baugé (corr. *Bagé*) : voir GONZAGUE (Frédéric DE).

Baugé (*Canyn de*) : voir BAGÉ (Canino, marquis DE).

BAUGÉ (Jacques), secrétaire du feu capitaine Albert Maraviglia, sauve les papiers de son maître, II, 511, 6259.

BAUGÉ (Julien), apothicaire de la reine Claude, puis des fils du roi, IV, 149, 11684; V, 786, 18764; VIII, 170, 30831.

BAUGÉ (Mathurin DE), payé pour le radoub de la nef *la Cordelière*, I, 103, 604.

Baugency : voir BEAUGENCY.

Baugeois du Vignier : voir DU VIGNIER (Beaugeois).

BAUGY (Cher). Marché, II, 344, 5501.

Baugy : voir BEAUGIES.

Baugy (*S^r de*) : voir VENISSE (Jacques DE).

Baugy (*Gaguin de*) : voir BAGÉ (Canino, marquis DE).

BAULAC (Jean), écolier de l'Université de Toulouse, pourvu d'un bénéfice dépendant de l'abbaye de Saint-Sernin, I, 55, 324. Cf. BEAULAC (Jean DE).

BAULART (Jean), marchand. Légitimation de son fils Jean, V, 732, 18487.

BAULIARD (Jean), clerc des comptes à Paris, I, 405, 2156.

BAULNY (Meuse). Fief confisqué sur les s^rs de Maillebert et donné à Claude de Fresnel, IV, 504, 13366.

Baulon : voir BEAULON.

BAULON (François), conseiller au Parlement de Bordeaux, IV, 423, 12985.

BAULON (Jacques), conseiller à la sénéchaussée de Guyenne, s^r de Saint-Fort, I, 578, 3041.

BAULOT (Hubert), V, 621, 17852.

BAULT (François), VII, 428, 25443.

BAULT (François), receveur de l'élection de Berry, VI, 311, 20489; VI, 524, 21620.

BAULT (Hugues), conseiller clerc au Parlement de Dijon, VI, 280, 20325.

BAULT (Jacques), s^r de Tonneville, VI, 545, 21734.

BAUMANN (Henrich), envoyé d'Appenzell, IX, 138.

Baume (*La*) : voir BEAUME (LA).

« BAUME (LA) », ancienne seigneurie de Jean de Poitiers, V, 056, 18039.

Baume-des-Arnauds (*La*) : voir BEAUME-DES-ARNAUDS (LA).

BAUQUEMARE (Jacques DE), conseiller lai au Parlement de Rouen, VI, 698, 22552; VI, 702, 22572.

BAUQUEMARE (Jean DE), conseiller lai au Parlement de Rouen, délégué aux Grands jours de Bayeux, VI, 605, 22048. Décès, VI, 685, 22488.

BAUQUEMARE (Jean DE), chanoine de Saint-Quiriace de Provins, V, 232, 15868; V, 622, 17852.

BAUQUET (François DE), VI, 408, 20993.

BAUQUET (Thomas), receveur de l'élection de Valognes, II, 257, 5108. Procès, II, 241, 5033.

BAUQUIER (Adrien), receveur des deniers communs de Caudebec, VII, 583, 28216.

BAUSSAY (Jacques DE), conseiller lai au Parlement de Bordeaux, VIII, 778*, 6160.

BAUSSONNIÈRE (LA), c^ne d'Aubigné (Sarthe), IV, 103, 11474.

Bautot (*S^r de*) : voir DU QUESNE (Guillaume), LE FÈVRE (Jean).

BAUTOT (Jean DE), archer de la garde, V, 498, 17236.

Bauvert (*Briant de*) : voir BOMBERT (Briant DE).

Baux (*Bernardin de*) : voir DES BAUX (Bernardin).

BAUX (LES) (Bouches-du-Rhône). Baronnie donnée à Anne de Montmorency, VII,

145, 23930; réunie au domaine, VIII, 654, 32677. Château royal; privilèges, I, 72, 424. Communauté : droit d'appel direct au Parlement d'Aix, VIII, 683-684, 32844. Foires et marchés, VIII, 684, 32849. Ressort, VII, 3, 23211.

Baux passés au nom du roi, I, 594, 3117; I, 595, 3121; III, 245, 8652; III, 530, 9956; IV, 560, 13662; VII, 200, 24196, etc. Bail de trois fois cinquante-neuf ans, II, 415, 5825.

Bavent (Calvados). Seigneurie, V, 220, 15807.

Bavent, c[ne] de Montchaton (Manche). Seigneurie, VI, 563, 21829.

Bavent (Jean de), s[r] de Pierreville, VII, 66, 23541.

Bavière, duché. Originaires naturalisés français : voir Grasset (Thomas), Helizuer (Ulrich), Riegre (Jean). Relations diplomatiques avec la France, II, 486, 6147; II, 701, 7162; III, 534, 9971; III, 551, 10044; VI, 267, 20257; VII, 748, 28802; VIII, 632, 32556; VIII, 637, 32581; VIII, 677, 32807; IX, 6, 8, 9, 10, 12, 13, 89, 90, 92; voir aux noms des ducs Frédéric, Guillaume, Louis, Philippe et de leurs serviteurs, Fauconnier (Michel) et Permain (Hans).

Bavons (Forêt de), en Dauphiné, II, 629, 6860.

Bayard (Gilbert), s[r] de la Font, secrétaire des finances, contrôleur général des guerres, I, 582, 3060; créancier du roi, II, 135, 4521; VII, 664, 28114; notaire au Parlement de Paris, VII, 494, 26043; VII, 495, 26056; vicomte de Mortain, I, 239, 1308. Captivité en Espagne, VI, 151, 19667. Expéditions faites par ses clercs, II, 325, 5415; III, 511, 9869; V, 387, 16667; VII, 798, 29140; VIII, 107, 30807. Gages, pension et droits de manteaux, I, 543, 2856; II, 255, 5101; II, 326, 5419; II, 330, 5440; II, 577, 6573-6574; II, 760, 7431-7432; VII, 580, 27165; VIII, 72, 29893; VIII, 278, 31886. Hommages, VI, 482, 21381; VII, 221, 24302; VII, 334, 24912; VII, 373, 25118. Mission financière à Lyon, IV, 722, 14357. Missions diplomatiques, I, 476, 2515; I, 660, 3451, 3454; II, 3, 3849; III, 576, 10155; VII, 696, 28411; VIII, 59, 29749; IX, 32, 40, 46, 50; en vue du traité de Crépy, IV, 673, 14141; IV, 674, 14146.

Bayard (Gilbert), secrétaire ordinaire du roi. Gages, VIII, 278, 31889. Il y a bien eu deux personnages du nom de Gilbert Bayard, mentionnés dans un même rôle (n°s 31885 et 31889), l'un comme secrétaire des finances, l'autre comme secrétaire ordinaire.

Bayard (Louise), veuve de Jean Bourdin, V, 468, 17083.

Bayard (Philippe du Terrail de), évêque de Glandèves, VII, 103, 23719.

Bayard (Pierre du Terrail, s[r] de), lieutenant général en Dauphiné, I, 243, 1331; V, 305, 16247; V, 612, 17806.

Bayard (Cheval) offert au duc de Lorraine, VII, 649, 27992.

Bayasson (Laurence). Légitimation de sa fille Marie Bayasson, dite Sabine, du bailliage de Forez, VI, 569, 21858.

Baye (Marne). Baron : voir Béthune (Alpin de).

Bayencourt (Antoine de) ou Boyencourt, s[r] de Bouchavesnes, capitaine de Doullens; cessionnaire de terres saisies sur les partisans de Charles-Quint, III, 304, 8924; concessionnaire de la châtellenie de Doullens, III, 339, 9079; VII, 476, 25853; VII, 552, 26813; VII, 558, 26887; VII, 596, 27401. Pension, III, 34, 7615; III, 307, 8935; VIII, 5, 29298; VIII, 11, 29355; VIII, 118, 30344; VIII, 296, 32085.

Bayencourt (Jean de), prieur de Saint-Sulpice, près Doullens, V, 181, 15594.

Bayet (Jean). Légitimation de son fils Pierre, V, 758, 18610.

Bayeux (Calvados), VI, 469, 21315; VI, 765, 22882. Séjour du roi, le 18 avril 1532, II, 142, 4557; VIII, 549. Sergenterie fieffée de l'Épée, VI, 538, 21693. Tenue de Grands jours en 1539, VI, 604, 22047.

—— *Chambre, puis grenier à sel*, II, 132 (VIII, 777*), 4505; IV, 136, 11623; VII, 73, 28600. Contrôleurs, III, 467, 9659. Grènetier : voir Le Seurin (Raymond).

—— *Clergé*. Cordeliers de Saint-Loup, I, 109, 636. Doyenné, V, 92, 15141. Église cathédrale; chapelle Saint-André, V, 768, 18666; chapelle Saint-Vincent, V, 683, 18193. Évêques : voir Canossa (Louis de), Trivulce (Augustin).

—— *Diocèse.* Décimes et octroi de 120,000 livres, en 1523, I, 625, 3272; voir Ardennes, Aunay, Caen, Fontenay, abbaye, Géfosse, Montfiquet, Notre-Dame-du-Val, Trois-Monts, Val-Richer (Le).

—— *Élection.* Contrôleurs : voir Badoux (Simon). Élus : voir Arthur (Charles), Du Buisson (Jean), Duhamel (Guillaume), Escrennetot (Raphaël d'), Le Sens (Olivier), Malherbe (Jean), Regnault (Jean). Ferme des menus boires, I, 318, 1718. Greffe, VII, 131, 23865. Receveur des tailles : voir Contreville (Artus de).

—— *Évêché.* Temporel, V, 312, 16288; VI, 255, 20200; VII, 340, 20640; forêts, VI, 489, 21419.

—— *Vicomté.* Biens du prieuré de Saint-Vigor-le-Grand, V, 261, 16016. Création de l'office de contrôleur du domaine, II, 366, 56041. Domaine vendu au duc de Ferrare, I, 604, 3167; I, 606, 3177; I, 610, 3196; II, 114, 4410. Forêts et buissons du roi, V, 630, 17897. Personnel : avocat du roi : voir Richard (Pierre); contrôleur du domaine : voir Noël (Thomas); vicomtes : voir Daneau (Hervé), Delleau (Emery), Des Aubiez (Antoine), Dupré (François), Faure (Austremoine), Siresmes (Chistophe de). Recette ordinaire, III, 498, 9806; VII, 551, 26800; VII, 690, 28350. Ressort, V, 328, 16376; V, 433, 16894; VI, 548, 21748; VI, 552, 21774; voir Aignerville, Banville, Bernay, Biéville, Castilly, Clouay, Cormolain, Damigny, Esglesqueville, Essarts (Les), Formigny, Géfosse, Isigny, Luzerne (La), Méautis, Mesnil-Rabel (Le), Morigny, Motte (La), Ramée (La), Saint-Jean-des-Baisants, Semilly, Vacquerie (La), Verderie (Forêt de la), Véret, Vernay (Le), Vierville, Villers-Bocage.

—— *Ville.* Capitaine : voir Doarcy (Perrin). Cotisation pour l'imposition sur les villes closes, VII, 380, 25153.

Bayeux (*Collège de*) : voir Collège de Bayeux.

Baynast (Jean de), V, 690, 18232.

Bayon (Gironde) : voir Roque-de-Thau (La).

Bayonne (Basses Pyrénées), II, 40, 4040; VIII, 151, 30656; IX, 40, 48; voir Marracq, Saint-Esprit. Mission de Claude de Bombelles, VII, 259, 28869. Négociations pour la délivrance des fils du roi, I, 692, 3624; I, 719, 3757; II, 192, 4792. Postes : de Narbonne, VIII, 33, 29527; VIII, 256, 31660; de Toulouse, VIII, 7, 29315; VIII, 110, 30255. Projet de voyage de la Cour, VIII, 589, 32333. Séjours : du chancelier d'Espagne, V, 377, 16622; de François Ier, VIII, 549; du comte palatin Frédéric, III, 28, 7581; du roi et de la reine de Navarre, III, 20, 7541. Sessions de commissions d'arbitrage : franco-espagnole, I, 217, 1197; franco-portugaise, III, 189, 8371; III, 330-331, 9041-9042; VIII, 58, 29762; VIII, 283, 31926; IX, 136, note. Voir Monnaie de Bayonne.

—— *Affaires militaires.* Artillerie, VIII, 402^a^, 23934^8^. Capitaines : voir Gastineau (Louis de), Gramont (Roger de), Ruthie (Perrot de); cf. Châteauchalon (Antoine de), La Grézille (Jacques de). Fortifications, I, 136, 784; I, 292, 1577; II, 551, 6446; III, 327, 9025; IV, 443, 13084; IV, 707, 14288; VI, 400, 20951; VIII, 185, 30974; VIII, 402^a^, 23934^8^. Garnison, II, 414, 5817; VII, 439, 25536; VII, 663, 28103; VII, 745, 28779; VIII, 150, 30643; VIII, 359^a^, 7603; VIII, 402^a^, 23934^8^. Matériel de guerre envoyé à Brest, III, 343, 9098. Mortes-payes, IV, 147, 11673; V, 334, 16410; VIII, 568, 32220. Ravitaillement, VIII, 402, 23934^4^; VIII, 579, 32280; VIII, 317, 32475. Séjour de Galyot de Genouilhac pour la défense de la ville, III, 613, 10316; VIII, 76, 29931; du canonnier Pierre Sable, VII, 464, 25746. Sommes apportées pour la solde des troupes, III, 39, 7640; IV, 458, 13151.

—— *Clergé.* Augustins, VI, 59 (VIII, 799), 19200; VI, 69 (VIII, 799), 19250. Église cathédrale; chanoine : voir Marrum (Louis de). Évêques : voir Du Bellay (Jean), Poncher (Étienne et Nicolas de). Jacobins, IV, 707, 14288; V, 744, 18543. Procès entre l'évêque et les Jacobins, Carmes, Augustins et Bernardines, IV, 123, 11564; IV, 127, 11580; IV, 144, 11662.

—— *Diocèse.* Amortissements, V, 609, 17793. Décimes et dons gratuits, VI, 421, 21066; VII, 113, 23774. Voir Saint-Martin d'Arberoue.

—— *Siège de justice.* Règlement de la juridiction des causes civiles et criminelles, IV, 617, 13881. Suppression de l'office de lieutenant criminel, III, 556, 10068.

—— *Ville.* Approvisionnement, V, 236, 15891; VII, 435, 25492; VII, 470, 25804; VIII, 597, 32379. Contribution de guerre, VIII, 596, 32369. Deniers communs : contrôle, VIII, 595, 32367. Enquête de commodo et incommodo sur le «boucault», VI, 646, 22270. Étape du bétail, VI, 72, 19262. Exportation des vins, VII, 503, 26146. Garantie du traité de Noyon, V, 311 (VIII, 797), 16284; cf. VIII, 578, note. Habitants : voir Daguerre (Pierre); d'origine étrangère, naturalisés français : voir Benoist (François), Engise (François), Oste (Jean d'). Justice des maire et échevins, VI, 754, 22828. Maire : voir Gramont (Roger de). Mairie, II, 720, 7248; V, 203, 15708. Octrois sur la grande coutume, I, 130, 751; I, 136, 786; II, 551, 6446; IV, 443, 13084; V, 230, 15858; V, 543, 17463-17464; VI, 299, 20427; VI, 400, 20951; VI, 504, 21506; VII, 503, 26143; VII, 593, 27362. Originaires : voir Dupin (Martin), Lestoile (Pierre de). Pont, III, 730, 10873; VI, 646, 22272. Privilèges, I, 31, 173; IV, 625, 13923; V, 228, 15849; V, 233, 15877; V, 324, 16355. Suppression du trésorier des deniers communs, IV, 622, 13906.

Bayons (Basses-Alpes). Affranchissement de trois feux et demi, I, 71 (VIII, 764*), 422.

Bazacle (Moulin du), sur la Garonne à Toulouse, VIII, 387* et 796, 15132 *bis*; VIII, 693, 32897.

Bazadais, sénéchaussée.

—— *Personnel*. Création d'offices au siège de Bazas, IV, 491, 13306; suppression desdits offices, IV, 772, 14592. Lieutenants généraux : voir André (Jacques), Lavergne (Pierre). Rabais accordé aux fermiers du greffe, II, 114, 4414. Sénéchaux : liste, IX, 240.

—— *Ressort domanial*. Biens du roi de Navarre, IV, 571, 13674; V, 730, 18477. Recherche des amortissements, francs-fiefs et nouveaux acquêts, VII, 511, 26262. Voir Bazas, Réole (La), Saint-Ferme, Saint-Loubert.

—— *Ressort financier*. Cotisation des villes closes pour la solde des gens de guerre, IV, 561, 13626. Recette ordinaire, V, 729, 18466. Taille, I, 419, 2221; VIII, 635, 32571. Voir Condomois.

—— *Ressort judiciaire*. Coutumes, I, 237, 1300. Enquête sur les offices à la nomination du roi de Navarre, IV, 728, 14389.

Bazanier, Bazannier : voir Basanier.

Bazas (Gironde). Séjour du roi, VIII, 549.

—— *Diocèse*. Dîmes, V, 149, 15439. Dons gratuits, VI, 421, 21066; VII, 113, 23774. Évêques : voir Albret (Amanieu, cardinal d'), Bonneval (Foucaud de), Plas (Jean de), Rochefort (Hugues de). Juridiction de l'évêque, VII, 453, 25652. Nomination de l'évêque, VII, 438, 25523. Voir Uzeste, Villandraut. Voir aussi Grangier (Jean), Lanissans (Bernard de), Ysaulté (Arnaud).

—— *Sénéchaussée* : voir Bazadais.

Baziège (Haute-Garonne). Privilèges, II, 486, 6143.

Bazillac (Émery de), maréchal des logis du roi, capitaine de Narbonne, II, 67, 4175; II, 68, 4181; III, 79, 7843; V, 479, 17142.

Bazillac (Jean de), évêque élu de Carcassonne, conseiller clerc au Parlement de Toulouse, V, 496, 17228.

Bazille (*Guillaume*) : voir Basille (Guillaume).

Bazin (Guillaume), courtier de vins à Troyes, VIII, 92, 30081.

Bazin (*Jean*) : voir Basin (Jean).

Bazin (Jean), sergent au bailliage de Blois, IV, 428, 13012.

Bazincourt, c^ne^ de Biaches (Somme). Remise de tailles, III, 348, 9123.

Bazoches : voir Beton-Bazoches.

Bazoches (*S^r^ de*) : voir Montmorillon (Saladin de).

Bazoches-en-Houlme (Orne) : voir Mesnil-Hermier (Le), Motte (La). Baronnie, I, 92, 546; I, 101, 1065; I, 204, 1134; V, 422, 16838.

Bazoches-lès-Bray (Seine-et-Marne). Fortifications, V, 126, 15331.

Bazoches-les-Gallerandes (Loiret), V, 323, 16349.

Bazoches-sur-le-Betz (Loiret). Fief, IV, 691, 14217.

Bazoge (La) (Manche). Seigneurie, V, 569, 17593.

Bazoges (*S^rs^ de*) : voir Champaigne (Baudouin de), Du Fay (Antoine).

Bazoges (Le Capitaine), III, 693, 10674; VII, 665, 28140.

Bazoges (La dame de), IV, 511, 13397.

Bazoque (*La*) (Calvados) : voir Essarts (Les).

IMPRIMERIE NATIONALE.

BAZOUGES-LA-PÉROUSE (Ille-et-Vilaine). Seigneurie incorporée au duché de Bretagne, II, 751, 7388.

BEAQUIS (Jérôme), remboursé d'un prêt fait au roi, IV, 757, 14519.

BEARDI (Roger, baron DE), capitaine de 100 lances, V, 270, 16065.

BÉARN. Importation d'argent destiné à être monnayé, VI, 336, 20614. Invasion du pays par le roi catholique, V, 591, 17700. Mission de Claude de Bombelles auprès du roi de Navarre, VIII, 227, 31372. Monnaies, III, 227, 8562; III, 649, 10473; IV, 253, 12659; IV, 635, 13968. Sénéchal : voir ANDOINS (Gaston, baron D').

Béarn (de) : voir CADILHAC (Adrien DE).

BÉARN (DE), VIII, 573, 32246.

BÉARN (Le baron DE) ou BÉHART, lieutenant de la compagnie du Grand-Maître, VII, 604, 27508.

Béarn (Bertrand et François de) : voir JARDRESS (Le baron DE).

BÉARN (Menault DE), s[r] de la Bastide, gentilhomme de la maison du roi, VI, 68, 19247.

BÉARN (Pierre DE), I, 439, 2323.

BEAROU (Jean DE) ou BEARU. Légitimation de son fils Menaud, capitaine de Mauléon, VIII, 590, 32338.

BEATON (David et Jacques), étudiants de l'Université de Paris, natifs d'Écosse. Lettres de naturalité, IV, 355, 12665.

BEATOUN (David), BEATON, BETHONNE ou BETON, cardinal, abbé d'Arbroath, VIII, 47, 29670; archevêque de Saint-Andrews, VIII, 192, 31039; autorisé à tenir bénéfices en France, III, 418, 9441; évêque de Mirepoix, VII, 228, 24335. Ambassades en France, II, 451, 5988; II, 554, 6458; III, 549, 10035; VII, 761, 28885; VIII, 247, 31571; IX, 105. Dérogation au droit d'aubaine en sa faveur, IV, 16, 11079.

BÉATRIX DE PORTUGAL, duchesse de Savoie, VI, 28, 19051; VI, 327, 20568.

BEAU (Thomas), natif du Piémont, habitant Marseille. Lettres de naturalité, VII, 309, 24765.

BEAU PORTAIL NOTRE DAME, à Troyes, I, 537, 2828.

BEAUBEC (Seine-Inférieure). Abbaye de Notre-Dame, V, 453, 17005; VI, 432, 21124.

Beaubigny : voir BAUBIGNY.

Beaubray (Eure) : voir MINIÈRES (LES).

BEAUBUISSON, c[ne] de Thierville (Eure). Seigneurie, VI, 548, 21750.

BEAUCAIRE, c[ne] de Saint-Amant-de-Nouère (Charente). Installation de la Chambre des comptes d'Angoulême pendant la peste de 1515, V, 255, note 2.

BEAUCAIRE (Gard). Boulets de canon transportés à Marseille, VI, 51, 19164. Juge royal : voir GUYART (Guillaume). Séjour de troupes, VIII, 97, 30132; VIII, 252, 31618. Séjour du roi, VIII, 549.

—— *Domaine*. Château : chapelle Saint-Louis, II, 32, 3998; VI, 132, 19574; morte-paye : voir DUPORT (François); garde et sergent : voir PORCELLET (Honoré et Jean). Fermes et traites foraines, VII, 640, 27906. Grenier à sel : assignation de rentes, V, 269, 16061; VII, 587, 27269; vente de l'office de mesureur, IV, 785, 14653. Péage, IV, 788, 14669. Recette ordinaire, VII, 247, 24426; VII, 788, 29081.

—— *Ville*. Marché, V, 193, 15662. Octroi sur le sel, VII, 788, 29079. Privilèges, I, 65, 382. Réparation des chaussées du Rhône, I, 558, 2934; VII, 483, 2592; VII, 788, 29079.

BEAUCAIRE ET NÎMES, sénéchaussée.

—— *Personnel*. Créations d'offices, I, 184, 1034; III, 528, 9946; III, 570, 10128; V, 622, 17854; VIII, 172, 30846. Garde des archives, IV, 656, 14060; IV, 786, 14659. Juges mages : voir MONTCALM (Gaillard et Jean DE). Sénéchaux : liste, IX, 240.

—— *Ressort administratif*. Exécution de la bulle de sécularisation du chapitre de Nîmes, IV, 214, 11985. Maître des œuvres de maçonnerie : voir PAUSSY. Subsistances, III, 255, 8699. Tenue des États de Languedoc, II, 366, 5603. Travaux publics, II, 178, 4722; IV, 322, 12515; VI, 269, 20268.

—— *Ressort domanial*. VI, 268, 20265; VI, 307, 20468; VII, 102, 23716; VII, 105, 23730; VII, 247, 24426; voir «AUDE», BOSAS, COLOMBIER-LE-CARDINAL, MOTTE-LÈS-ALBARON (LA), POMPIGNAN, SERRIÈRES, UZÈS, VALLABRÈGUES. Amortissement des biens de l'ordre de Saint-Jean-de-Jérusalem, V, 605, 17767. Biens de Jean de Châteaupers, VII, 245, 24418. Maîtres des ports, I, 730, 3814; IV, 43, 11196.

Poursuites des débiteurs du domaine, II, 314, 5366. Voir Leyris (Jean), Petit (Jean).
—— *Ressort financier*. Enquête confiée au sénéchal, V, 659, 18055. Imposition foraine, IV, 481, 13260. Impôts : sur le clergé de la partie du diocèse d'Arles sise en Languedoc, VII, 418, 25358; sur les habitants de Nîmes, III, 447, 9570; VI, 642, 22249; sur la sénéchaussée en général, IV, 400, 12873; VII, 424, 25408. Passage des gens de guerre, III, 549, 10036. Receveurs : voir Boileau (Antoine, Guillaume et Jean).
—— *Ressort judiciaire*, VIII, 671, 32775. Ban et arrière-ban, IV, 566, 13651; VII, 426, 25428. Conflits de juridiction avec l'autorité ecclésiastique, II, 63, 4155; VI, 303, 20917. Forçats, I, 352, 1885. Instruction confiée au sénéchal, VI, 211, 19963.

Beauce : voir Authon, Coudray (Le), Outarville.

Beauce (Basse) : voir Basse-Beauce.

Beauce (Garde de), au comté de Blois, V, 253, 15978; VII, 26, 23336.

Beaugé (Briand de) ou de Beaussay, gentilhomme de la vénerie, VI, 609, 27567; VII, 743, 28763.

Beauchamp (S^r de) ou *Beauchamps* : voir Lelouë (Simon), Rolin (Jean).

Beauchamps (Manche). Vavassorie et seigneurie, VI, 292, 20392.

Beauchamps (Somme). Foires, IV, 302, 12411.

Beauchastel (Ardèche). Voir Froment (Marguerite). Péage, II, 553, 6451.

Beauchastel (Ennemond de), homme d'armes à la petite paye du dauphin. Relèvement de montres, V, 108, 15232.

Beaucherin (Jean), notaire à Lyon, VI, 789, 22996.

Beauclaire (Place de), à Auch, III, 187, 8359.

Beauclerc (Aubert), receveur de Meaux, V, 300, 16221.

Beaucourt (Florimond de), gentilhomme de la maison du duc de Guise, II, 98, 4383.

Beaucourt (Nicolas de), s^r de Saint-Martin lieutenant du capitaine de la Bastille, I, 569, 2994.

Beaucousin (Lucas), marchand de Dieppe, VII, 562, 26932.

Beaudemont, c^ne de Bus-Saint-Rémy (Eure), II, 688, 7104. Seigneurie, V, 445, 16960.

Beaudisné (S^r de) ou *Beaudisner* : voir Crussol (François de).

Beaufort (S^rs de) : voir Châteaubriant (Jean de), Vabres (Michel de).

Beaufort (Isère). Privilèges, III, 738, 10884.

Beaufort (François de), chevalier, s^r de Blet, bailli et capitaine de Saint-Pierre-le-Moutier, V, 514, 17317; V, 793, 18001.

Beaufort (Jacques de), de Montboissier, comte d'Alais, vicomte de Valernes, gendre du maréchal de Chabannes, V, 319, 16326; VI, 329, 20579; VI, 585, 21950.

Beaufort (Louis de). Sa veuve : voir Le Prévost (Anne).

Beaufort-Blavincourt (Pas-de-Calais). Seigneurie, III, 309, 8942.

Beaufort-en-Champagne, aujourd'hui Montmorency (Aube).
—— *Comté*. Comte : voir Foix (Odet de). Droits seigneuriaux, II, 721, 7254; VII, 509, 26232; VII, 548, 26755. Hommages, V, 345, 16463; V, 492, 17210; VI, 197, 19895; VIII, 589, 32332. Offices royaux, I, 123, 716. Voir Closes (Les), Soulaines.
—— *Grenier à sel* : concédé à Henri de Foix, II, 487, 6149; II, 642, 6892; III, 547, 10029; III, 688, 10656; et à son frère Gaston, II, 5, 3860; VII, 539, 26632. Octroi sur la vente de chaque muid aux habitants de Troyes, I, 17, 99; I, 284, 1536.

Beaufort-en-Vallée (Maine-et-Loire). Séjour du roi, VIII, 549.
—— *Chambre à sel*, I, 147, 845; II, 242, 5036; III, 382, 9271.
—— *Comté* donné à la reine Claude, V, 240, 15913; à Louise de Savoie, I, 13 (VIII, 312), 76; à René, bâtard de Savoie, I, 68, 402; I, 84, 495; I, 184, 1035; I, 188, 1051; VII, 405, 25754; VII, 507, 26200-26201. Bâtiments, VII, 465, 25757. Comtesse : voir Lascaris (Anne). Notaires, I, 57, 336. Sergenterie des bois, V, 46, 14904.
—— *Ville*. Fortifications, V, 13 (VIII, 387), 14724; VI, 827, 23191.

Beaufou (*Baron de*) : corr. BEAUFOUR.

BEAUFOUR (Calvados). Baronnie, V, 575, 17620. Barons : voir HARCOURT (François et Jacques D').

BEAUFREMONT (Pierre DE), V, 572, 17609. Cf. BAUFREMONT (Pierre DE).

Beaugé : corr. BAUGÉ.

BEAUGENCY (Loiret), V, 403, 16741; V, 798, 18825. Séjour du roi, VIII, 549; IX, 79.
—— *Domaine*. Recette, V, 75, 15049 : voir CHAUMONT-SUR-THARONNE, ÉPIEDS, SAINTRY, VILLEMARS.
—— *Prévôté*, II, 261, 5127.
—— *Seigneurie*. Contestation entre le marquis de Rothelin et le procureur du roi, IV, 383, 12802; IV, 477, 13238; VI, 085, 22489. Union au duché-pairie de Dunois, I, 412, 2191; à l'apanage du duc d'Orléans, IV, 583, 13726.
—— *Ville*. Fortifications, V, 24, 14787.

Beaugenlieu (*S^r de*) : voir BOUBERT (Jean DE).

BEAUGIES (Oise). Seigneurie, III, 542, 10004; VI, 487, 21411; VII, 814, 29256.

BEAUGRANT (Antoine DE), grènetier de Saint-Quentin, II, 254, 5092; VII, 595, 27387.

BEAUGRANT (Jean DE), grènetier de Saint-Quentin, II, 254, 5092.

BEAUHARNAIS (Guillaume), VI, 559, 21805.

Beauharnais (*Olivier*) : voir HAROUYS (Olivier).

BEAUJEU (Rhône), VIII, 283, 31933; voir MALVAL. Garnison, VII, 480, 25888. Prévôté : prévalues de la haute-justice, VII, 539, 27365. Seigneurie : voir BEAUJOLAIS.

Beaujeu (*Baron de*) : voir QUIQUERANT (Gaucher DE).

BEAUJEU (Jean DE), gentilhomme de l'hôtel. Mission en Angleterre, II, 753, 7399.

BEAUJEU (Philibert DE), religieux bénédictin, V, 639, 17941.

BEAUJEU (Philibert, Philippe ou Philippot DE), baron de Trainel, seigneur de Lignières ou Linières, V, 622, 17856; acquéreur de la terre de Perreux, III, 479 (VIII, 366*), 9712; cessionnaire des terres de Chamelet et de Lay, VI, 452, 21226; sénéchal d'Auvergne, VI, 302, 20440. Hommages, V, 219, 15798-15800; VI, 601, 22031-22032. Pension, II, 423, 5858. Sa femme : voir AMBOISE (Catherine D').

BEAUJOLAIS, pays compris dans le département du Rhône, II, 350, 5529; VI, 75, 19278.
—— *Bailliage* comprenant le pays de Dombes, VIII, 606, 32424. Amendes, mainmortes et protocoles, III, 766, 11006. Baillis : liste, IX, 231. Création d'offices d'enquêteurs, II, 429, 5890; IV, 538, 13516. Enquête contre des hommes d'armes de la compagnie de Jean-Paul de' Orsini, III, 430, 9493. Fermier du sceau aux contrats : voir BOURDON (Philibert). Juridiction des Grands jours de Montferrand, I, 215, 1185; de Moulins en 1534, II, 706, 7188; en 1540, IV, 114, 11521; de Riom, en 1542, IV, 348, 12639; en 1546, V, 123, 15319; des prévôts et châtelains, III, 490, 9771. Maréchaussée : V, 549, 17492. Notaires : voir BRISSON (Benoît), CHAPPUIS (Huguenin), CHASTELET (Pierre), DUMAS (Philibert), FÉLINES (Antoine DE), LE VISTE (Benoît), THOMAS (Benoît); vente des protocoles, II, 293, 5267; III, 724, 10823; III, 732, 10858. Procureur du roi : voir PONCETON (Philippe). Qualité de juges royaux conférée aux baillis et aux juges ordinaires, II, 150, 4596. Sentence contre Jean Dauvergne, II, 312, 5356. Sergents royaux, VIII, 104, 15211.
—— *Domaine*. Aliénation, III, 363, 9186; IV, 483, 13268; VIII, 684, 32848. Biens de Philibert et Ponthus de Saint-Romain, II, 716, 7235. Chambre des comptes : voir CHAMBRE DES COMPTES DE VILLEFRANCHE. Clergé : don caritatif de 1537, VIII, 202, 31132. Lods et ventes, II, 585, 6612; VII, 542, 26675. Recette ordinaire, II, 604, 6712-6713; III, 308, 8938; VII, 527, 26464; VII, 528, 26472, 26479; VII, 560, 26915; VII, 564, 26959; VIII, 164, 30770; VIII, 368*, 10472; création d'un office de contrôleur, I, 323, 1738; trésoriers, voir BARJOT (Guillaume), CHARETON (Hugues). Réparation des places, I, 360, 1923. Ressort, VI, 452, 21226; VI, 571, 21871; voir BELLEVILLE-EN-BEAUJOLAIS, CHÂTELARD (LE), JOUX-SUR-TARARE, PERREUX, VILLEFRANCHE-SUR-SAÔNE. Le Beaujolais était rattaché, avec le FOREZ et le LYONNAIS, à la recette générale de LANGUEDOC : voir à ces mots.

—— *Élection.* Achats de blé pour la flotte, I, 552, 2902-2903. Bâtiments de l'auditoire, VII, 716, 28580. Fermiers des grands greffes : voir Bailly (François), Charreton (Antoine). Gardes du tirage du sel : voir Barjot (Guillaume), Geoffroy (Fleury), Grolier (Antoine). Impôts, IV, 630, 13944; V, 633, 17915; V, 640, 17948. Réquisitions, VII, 443, 25579; de chevaux et charrettes, I, 642, 3362; III, 421, 9454; VII, 720, 28598; de pain et blé, IV, 636, 3975; de pionniers, I, 286, 1549. Tailles, II, 410, 5800; IV, 676, 14152; VII, 735, 28706. Vacance de l'office d'élu, III, 712, 10769.

—— *Province.* Gouverneur : voir Albon (Jean d'). Interdiction de la traite des blés, IV, 92, 11285; IV, 67, 11303. Lieutenant du roi : voir Tournon (François, cardinal de). Voir Lyonnais.

—— *Seigneurie,* I, 706, 3689; II, 468, 6067; V, 592, 17705; VII, 106, 23738; VII, 479, 25582; VIII, 609, 32438.

Beaulac (Jean de), conseiller au Parlement de Toulouse, VII, 520, 26372. Cf. Baulac (Jean).

Beaule (Jean), augustin. Procès contre Michel Antoine au sujet du prieuré de Saint-Denis-des-Conquerets, I, 732, 3827.

« Beaulieu ». Mission secrète de Nicolas d'Aumont, IV, 662, 4091.

Beaulieu, cne de Préguillac (Charente-Inférieure). Prieuré, V, 144, 15421.

Beaulieu (Corrèze). Privilèges, foires et marchés, VIII, 575, 32261.

Beaulieu (Indre-et-Loire) : voir Branques (Dominique de). Abbaye, I, 89, 523. Foires, I, 636, 3330.

Beaulieu (Meuse). Abbaye, VI, 134, 10584; VI, 137, 19599; VII, 646, 27967.

Beaulieu, cne de Bois-l'Évêque (Seine-Inférieure). Prieuré de Notre-Dame, V, 442, 16948.

Beaulieu, cne de Pécy (Seine-et-Marne). Séjour du roi, VIII, 549.

Beaulieu, cne de Vilennes (Seine-et-Oise). Haute justice, I, 97, 570.

Beaulieu (Antoine de), trésorier de Périgord, III, 609, 10302.

Beaulieu (Guillaume de), greffier des conservateurs de Montpellier, III, 577, 10162.

Beaulieu (Jean de), VIII, 111, 30275.

Beaulieu (Jean de), receveur des amendes au Parlement de Bordeaux, VI, 811, 23114.

Beaulieu (Pierre de). Légitimation de son fils Jean, VI, 598, 22015.

Beaulne [-et-Chivy] (Aisne). Terre de la Mairie, VII, 598, 27425.

Beaulon (Allier). Foires, I, 492, 2590.

Beaumais, terre en Normandie, VI, 584, 21945. Il s'agit peut-être d'un écart ainsi nommé dans la cne de Manthelon (Eure).

Beaumanoir, seigneurie sise à Sainte-Marie-Laumont (Calvados), VI, 779, 22946.

Beaumanoir, cne d'Evran (Côtes-du-Nord). Seigneurie, III, 557, 10072.

Beaumanoir (Charles de), vicomte du Besso, seigneur de la Mothe-du-Parc, III, 394, 9323.

Beaumanoir (François de), II, 284, 5228.

Beaume-des-Arnauds (La) [Hautes-Alpes], III, 69, 7794. Prieuré, I, 287, 1551.

Beaumesnil (Le Fief de) : voir Fief de Beaumesnil (Le).

Beaumoncel, cne de Beuzeville (Eure). Demi-fief noble, V, 433, 16897.

Beaumont, cne de Bourneville (Eure). Fief de haubert, VI, 514, 21559.

Beaumont (Haute-Loire). Seigneurie, I, 193, 1074.

Beaumont, cne de Rocquemont (Seine-Inférieure). Huitième de fief, V, 444, 16954.

Beaumont (Yonne). Seigneurie, V, 400, 16732; VII, 521, 27703; VII, 652, 28014.

Beaumont (Le sr de), lieutenant des cent gentilshommes de l'hôtel. Décès, I, 266, 1440; I, 289, 1565.

Beaumont (Srs de) : voir Arles (Pierre d'), Botecari (Bernard), Brizay (Jacques de), Harlay (Jacques de), Le Normant (Jean).

Beaumont (La Bastide de) : voir Bastide de Beaumont (La).

Beaumont (Adrienne de), baronne de Burloy, se rend auprès du roi pour être guérie des écrouelles, III, 40, 7644.

Beaumont (Antoine de), II, 699, 7152.

Beaumont (Antoine de), homme d'armes de la compagnie du s^r de Burie, III 271, 8766.

Beaumont (Béraud de), s^r de Beauregard, gentilhomme de la maison du roi, III, 560, 10086.

Beaumont (François de), s^r du Bois-de-Sanzay. Procès criminel, II, 592, 6649; II, 620, 6789; VII, 810, 29228.

Beaumont (Gervais de), président au Parlement d'Aix, VII, 170, 24057.

Beaumont (Imbert de), s^r d'Autichamp, VI, 13, 18976.

Beaumont (Jacques de), complice du connétable de Bourbon, I, 533, 2807.

Beaumont (Jean de), II, 699, 7152.

Beaumont (Jean de). Mission à Bruxelles, V, 365, 16563.

Beaumont (Jean de), commis à faire les montres des gens de guerre en Provence, I, 83, 494.

Beaumont (Jean de), conseiller lai au Parlement d'Aix, VII, 343, 24963.

Beaumont (Jean de), prêtre. Légitimation, V, 85, 15106.

Beaumont (Jeannot de), II, 699, 7152.

Beaumont-au-Maine : voir Beaumont-le-Vicomte.

Beaumont-de-Lomagne (Tarn-et-Garonne). Châtellenie, V, 397, 16715. Notaire: voir Vastine (Pierre).

Beaumont-du-Gâtinais (Seine-et-Marne). Seigneurie, VI, 524, 21616; seigneur: voir Harlay (Jacques de).

Beaumont-du-Périgord (Dordogne). Privilèges, II, 498, 6195-6196. Sénéchaussée, VII, 21, 23309. Siège (bailliage de Bergerac); lieutenants: voir Chanilhac (Jean), Monstrual (Bertrand).

Beaumontel (Eure). Seigneurie, VI, 548, 21749.

Beaumont-en-Argonne (Ardennes), VII, 523, 26417. La mention qu'on trouve de cette localité sous le n° 22009 concerne en réalité Montiers, c^ne de Possesse (Marne) : cf. *Gall. chr.*, IX, 970 b.

« Beaumont en Bourbonnais ». Seigneurie, I, 533, 2807.

Beaumont en Rouergue : corr. Belmont.

Beaumont-le-Bois : voir Beaumont-du-Gâtinais.

Beaumont-le-Roger (Eure). Séjours du roi, VIII, 549.
—— *Comté*, concédé à vie à Robert Stuart, s^r d'Aubigny, et à Jacqueline de Longueville, sa femme, I, 508, 2678; I, 612, 3208; I, 631, 3305; II, 232, 4987; IV, 519, 3438; VI, 84, 19323.
—— *Forêt*. Création de deux offices de gardes, II, 671, 7022. Gages des gardes, III, 66, 7779; IV, 206, 11952; VIII, 158, 30720. Cf. Évreux, *Forêt*.
—— *Vicomté*, VI, 605, 22052; comprise dans le ressort de la recette générale de Rouen, VI, 689, 22502. Biens de Claude de Rieux, II, 416, 5826; II, 609, 6742. Personnel : création d'un office de sergent à cheval, VIII, 387, 14791; suppression d'un office de sergent à cheval, V, 117, 15285; vicomtes : voir Bellenger (Jacques), Boislévêque (Guillaume et Robert de), La Mare (Guillaume de). Ressort, V, 462, 17051; VI, 548, 21749; voir Bois-aux-Corneilles (Le), Feuguerolles, Glassonnière (La), Goupillières, Graveron, Jardins (Les), Landes (Les), c^ne de Canappeville (Eure), Marmorin, Neubourg (Le), Origny, Ressancourt, Saint-Aubin-le-Guichard, Saint-Aubin-sur-Risle, Serquigny, Thevray, Thuit-Signol (Le), Tremblay (Le), Villettes.

Beaumont-lès-Pertuis (Vaucluse). Foires, I, 72, 425. Privilèges, I, 72, 423. Seigneurie, III, 190, 8372.

Beaumont-le-Vicomte (Sarthe), autrement ment dit Beaumont-au-Maine ou Beaumont-sur-Sarthe, VIII, 594, 32360, voir Pontneuf (Le).
—— *Duché*. Érection en faveur de Françoise d'Alençon, duchesse de Vendôme, IV, 505, 13369. Forêts, IV, 766, 14562. Juridiction du sénéchal du Maine, IV, 568, 13658.
—— *Élection*. Impositions foraines, I, 187, 1044; VII, 533, 26552-26553. Office à la présentation de la duchesse de Vendôme, IV, 334, 12569.
—— *Sénéchaussée*. Prérogatives du sénéchal, IV, 573, 13684. Ressort, IV, 757, 14520. Translation du siège, IV, 635, 13970.

Beaumont-Monteux (Drôme). Seigneurie, V, 256, 15991.

BEAUMONT-SUR-OISE (Seine-et-Oise). Baillis : liste, IX, 231. Comté donné à Anne de Montmorency, I, 479 (VIII, 336), 2531; VI, 298, 20422; VII, 539, 26629. Doyenné; sergent royal y exerçant : voir PAJOT (Laurent). Maîtres particuliers des eaux et forêts : liste, IX, 219. Mouvance, VI, 253, 20188; voir AGNICOURT, BAILLEUL-SUR-ESCHES, BELLOY, BOULONVILLE, FIEF DE JEAN LE FRESNAY, JOUY-LE-COMTE, MÉRU, NOISY-SUR-OISE. Prieuré, VIII, 618, 32483. Recherche des biens de mainmorte du pays, VII, 505, 26174.

Beaumont-sur-Sarthe : voir BEAUMONT-LE-VICOMTE.

BEAUNAY (FIEF DE), sis à Pelvert, c^ne de Bailly-en-Rivière (Seine-Inférieure), VI, 534, 21672.

BEAUNE (Côte-d'Or), VIII, 65, 29835. Château : capitaines : voir DUPUIS (Huguet), VIENNE (François et Girard DE); réparations : voir SAUMAIRE (Jean). Église Notre-Dame, VIII, 731, 33115; VIII, 732, 33122. Garnison, mortes-payes, II, 164, 4658; III, 504, 9832; IV, 101, 11462; IV, 147, 11674; V, 698, 18278; VII, 176, 24085. Maison du roi; concierges : voir VIENNE (François et Girard DE). Recette ordinaire : voir l'article qui suit. Séjour du roi, VIII, 549.

— *Bailliage*. Création d'offices de conseillers, IV, 491, 13304. Notaires, VIII, 414, 25327; voir CHENANSOT (Jean).

— *Cru viticole*, II, 662, 6983; III, 428, 9484; III, 736, 10872; V, 511, 17303; VIII, 310, 24770; VIII, 81, 29976; VIII, 284, 31942. Closier du roi : voir DROUOT (Jean). Vignes transportées à Romorantin, V, 385, 16658. Vignobles du roi, IV, 103, 11470; VII, 229, 24339; VII, 281, 24601; VII, 298, 24705; VIII, 47, 29672; VIII, 240, 31496.

— *Grenier, puis magasin à sel*. Contrôleur : voir GENÈVE (Louis DE). Grènetier : voir BARBISEY (Thomas). Regrattier : voir RICHARD (Mathieu).

— *Ville*. Bouchers, VII, 164, 24008; VII, 310, 24769. Capitaines : voir VIENNE (François et Girard DE). Contrôleur des deniers communs : voir DUMAY (Guichard). Fortifications, I, 284, 1533; III, 151, 8183; V, 522, 17360; V, 539, 17443; VII, 14, 23273; VII, 21, 23311; VII, 94, 23677; VII, 426, 25427; cf. ci-après ce qui concerne les octrois. Guet, VII, 426, 25427. Halles, VI, 345, 20666. Maires : voir BELIN (Jean), L'ARBALESTE (Jacques); pensions, VII, 142, 23916; VII, 146, 23934; VIII, 141, 30560. Octrois, VII, 39, 23403; sur les amendes, V, 538, 17440; sur la ferme du portage, V, 1, 14672; V, 403, 16742; VI, 266, 20256; V, 280, 16122; V, 591, 17698; VI, 484, 21392; sur le sel, V, 259, 16009; V, 498, 17235; V, 538, 17439; V, 646, 17982; VI, 267, 20262; VII, 468, 25788. Prêt au roi, III, 243, 8638. Privilège des francs-fiefs concédé aux habitants, I, 258, 1404; V, 564, 17563. Privilèges, VII, 65 (VIII, 803), 23539.

BEAUNE, POMMARD ET VOLNAY. Recette ordinaire, II, 512, 6265.

BEAUNE (Guillaume DE), s^r de Semblançay, de la Carte et de la Charmaye, V, 361, 16546; V, 584, 17665; audiencier de la Chancellerie, V, 298, 16212; bailli de Touraine, en survivance de son père, VII, 502, 26126; créancier du roi, I, 608, 3497; V, 392, 16692; V, 394, 16699, 16703; V, 401, 16737; général des finances en Languedoc, I, 612, 3206; VI, 191, 19864; VIII, 701, 33309; en Languedoïl, I, 668, 3497 (à cet endroit il est dit à tort receveur général); maître de la chambre aux deniers de Louise et Charlotte de France, V, 410, 16778; receveur des tailles en Poitou, commis au paiement des travaux de la sépulture de Louis XII et d'Anne de Bretagne, V, 418, 16816. Lettres d'abolition, I, 643, 3368; I, 694, 3632; VI, 179, 19808. Succession, II, 713, 7221; IV, 121, 11548.

BEAUNE (Jacques DE), s^r de Semblançay et de la Carte, chambellan ordinaire du roi, VII, 446, 25603; VII, 470, 25801; VII, 570, 27028; bailli de Touraine, VII, 502, 26126; créancier du roi, V, 474, 17118; V, 520, 17348; V, 542, 17461; V, 587, 17679, 17681; V, 595, 17718-17721; VII, 435, 25490; VII, 436, 25500; gouverneur de Touraine, V, 304, 16246; surintendant général des finances, I, 135, 779; I, 270 (cf. VIII, 326*), 1463; vicomte de Tours, I, 204, 1132; I, 220, 1210; V, 584, 17665. Commissions financières, I, 54, 317; I, 187 (VIII, 404), 1046-1047; I, 264, 1434; III, 731, 10852; V, 748, 18559; VI, 183, 19826; VII, 80, 23610; VIII, 132, 30471. Comptabilité, I, 103,

604; V, 604, 17364. Concessions domaniales faites en sa faveur, I, 233, 1279; VII, 507, 26198; VII, 515, 26310. Hommage pour Semblançay, V, 296, 16200. Procès criminel, I, 505, 2663; I, 510, 2689; I, 553, 2908; VIII, 610, 32443; détention à la Bastille, I, 569, 2994; exécution, I, 516, 2722; lettres d'abolition en faveur de son fils et de ses serviteurs, I, 643, 3368; I, 694, 3632; VI, 179, 19808; VI, 216, 19987. Sépulture, VI, 216, 19987. Succession, I, 518, 2734; I, 534, 2815; I, 550, 2895; I, 577, 3034; II, 286, 5238; II, 333, 5457; II, 700, 7160; IV, 651, 14040; VI, 54, 19177; VI, 373, 20812; VII, 595, 27391; VII, 637, 27874-27875; VII, 646, 27967; VII, 686, 28322; VII, 780, 29011; VIII, 42, 29620; voir Martin (Jean). Transaction avec Louise de Savoie touchant la prévôté de Neuvy, I, 87, 514; I, 89, 526.

Beaune (Jacques de), le jeune, trésorier des fils du roi, I, 280, 1516; V, 673, 18126.

Beaune (Jacques de), s[r] de Semblançay et vicomte de Tours, VI, 600, 22024.

Beaune (Jean de) : voir Laulne (Jean de).

Beaune (Marie de), veuve de Raoul Hurault, III, 270, 8764; III, 389, 9299; IV, 121, 11548; VI, 484, 21393; VII, 555, 26846; VIII, 112, 30283; VIII, 121, 30368.

Beaune (Martin de), abbé de Saint-Pierre de la Couture, au Mans, VII, 416, 25340; archevêque de Tours, V, 517, 17334.

Beaune (Pierre de), conseiller à la sénéchaussée de Guyenne, VI, 231, 20073; nommé conseiller au Parlement de Bordeaux, I, 720, 3761.

Beaupez (François), sergent royal à Saint-Yrieix-la-Perche, IV, 759, 14528.

Beaupoil (Jean de) de Saint-Aulaire. Légitimation de son fils Pierre, IV, 192, 11882.

Beaupré (Dame de) : voir Saint-Amadour (Anne de).

Beauquesne (Somme). Foires, I, 486, 2564. Forêt, II, 102, 4352; VII, 98, 23698. Prévôté dépendant du bailliage d'Amiens, V, 190, 15642; fermier des exploits et amendes : voir Maillart (Pierre); greffier : voir Fournel (François); prévôts : voir Aux-Couteaux (Pierre), Gorin (Adrien), Le Roy (Jean); sergents, V, 106, 15227; V, 190, 15642. Seigneurie, III, 340, 9085; VI, 63, 19220; VII, 274, 24564; VII, 359, 25046; VII, 537, 26609-26610; VII, 544, 26695; VII, 728, 28655.

Beaurain (Nicolas de), VIII, 271, 31820.

Beauregard (Ain). Péage, III, 728, 10841. Seigneurie concédée au duc André d'Atria, III, 728, 10841; à Camille de' Orsini, I, 495, 2606; I, 508, 2677; V, 731, 18479; VII, 528, 26479; VII, 532, 26537-26538; à Guido Rangone, III, 524, 9929; à Albert de Rippe, VII, 557, 26876; VII, 591, 27333.

Beauregard (Dordogne). Châtellenie, VII, 242, 24401. Notaire : voir Bordier (François). Cf. « Beaurepaire ».

Beauregard, c[ne] de Cellettes (Loir-et-Cher). Séjour du roi, VIII, 550.

Beauregard (S[rs] de) : voir Beaumont (Béraud de), Gadagne (Thomas).

Beauregard (Jacqueline de), religieuse au couvent de Malnoue, I, 116, 673.

« Beauregard-en-Auvergne ». Séjour du roi, VIII, 550.

Beaurepaire (Isère). Forêt, II, 629, 6832. Notaire : voir Laurencin (Catherine). Péage, I, 285, 1542; I, 292, 1581; I, 303, 1642; I, 349, 1866. Privilèges de la ville, I, 75, 444. Seigneurie, I, 285, 1542; I, 303, 1642.

Beaurepaire (S[r] de) : voir Estouteville (Jean d').

« Beaurepaire », V, 116, 15281; il s'agit peut-être de Beauregard (Dordogne).

Beaurevoir (Aisne) : voir Beauvoir (Dame de). Exemption de tailles, VII, 442, 25571. Garnison, VIII, 14, 29375. Seigneurie, VI, 585, 21946. Séjour du roi, VIII, 550.

Beaurieux (Aisne) ou Beauru-en-Laonnais. Foires, I, 662, 3465.

Beausefait (Guillaume de) ou de Beaussefer, dit La Roche, valet de garde-robe du roi, gentilhomme de la fauconnerie, II, 269, 5166; VIII, 150, 30640; VIII, 295, 32068; VIII, 304, 32159. Cf. le suivant.

Beauseffant (Guillaume de), capitaine, garde des sceaux et maître des eaux et forêts de la Ferté-Alais, VI, 760, 22861.

Beausoleil (Simon de), évêque de Lavaur. VII, 16, 23283; VII, 55, 23491.

Beaussault (Seine-Inférieure), II, 118, 4432.

Beaussay (Briand de) : voir Beaucé (Briand de).

Beausse (Garde de) : voir Beauce (Garde de).

Beausse (Sr de la) : voir Guérin (Olivier).

Beaussefer (Guillaume de) : voir Beausefait (Guillaume de).

Beauté-sur-Marne, cne de Nogent-sur-Marne (Seine). Tour; concierges et gardes : voir La Tour (François de), Montmorency (Anne et Guillaume de).

Beauteville (Haute-Garonne). Seigneurie, VII, 274, 24561.

Beauthomas, sergent à verge au Châtelet de Paris, III, 587, 10208.

Beautot (Seine-Inférieure) : voir Banc-Droulin.

Beauvais, cne d'Azay-sur-Cher (Indre-et-Loire). Séjour du roi, VIII, 341, 3387; VIII, 550.

Beauvais (Oise). Grenier, puis magasin à sel, VI, 22, 19091; VII, 597, 27415. Notaire : voir Bachelier (François). Séjours : de Louis XII, le 27 octobre 1514, VII, 7, 23229; de François Ier, VIII, 550.
—— *Clergé*. Abbaye de Saint-Lucien; abbés : voir Coligny (Odet de), Du Bois (Antoine). Abbaye de Saint-Symphorien, V, 581, 17650. Église cathédrale : amortissement, en faveur du chapitre, du fief de Camin, V, 430, 16878; chanoines : voir Lalemant (Raoul), Martin (Charles); édifice, II, 21, 3946; II, 205, 5145; II, 664, 6993; lettres de garde en faveur du chapitre, I, 12, 71. Évêques : voir Coligny (Odet de), Lascaris (Antoine), Villiers (Charles et Louis de) de l'Isle-Adam.
—— *Diocèse*. Amortissement, I, 317, 1714. Décimes, IV, 256, 12195. Exemptions accordées au clergé, III, 288, 8845. Voir Aulage, Gerberoy, Persan, Saint-Germer-de-Fly; voir aussi Villers (Florent de).
—— *Élection*. Personnel : contrôleur : voir Boileau (Claude); greffier : voir Le Roy (André); receveurs : voir Bezançon (Jacques), Countin (Jean); sergent royal : voir Pajot (Laurent). Rattachement pour la maréchaussée à la vicomté de Paris, III, 379, 9255; V, 163, 15503. Service de l'armée royale; levée de pionniers, VIII, 13, 29371; réquisitions de chevaux pour le charroi des vivres, VIII, 18, 29402.
—— *Évêché*. Coupes de bois, III, 471, 9681. Régales, I, 293, 1587; VII, 471, 25808. Temporel, V, 579, 17645; VI, 215, 19983.
—— *Ville*. Approvisionnement de salpêtre, III, 444, note. Archers et arbalétriers, I, 43, 248; I, 50, 296. Capitaine : voir Thoré (Le sr de). Contrôleur des deniers communs : voir Boileau (Nicolas). Fortifications, I, 159 (VIII, 320*-321), 908; I, 281, 1521; V, 594, 17717; VI, 753, 22827; VII, 420, 25424; VII, 767, 22891. Garnison, VI, 220, 20007; VI, 394, 20918. Gens de pied demandés à la ville, VII, 464, 25750. Impôts sur la ville, IV, 350, 12643; V, 286, 16152; V, 324, 16354; VI, 759, 12858; VII, 63, 23525. Menuisiers, IV, 39, 11175. Octrois sur le vin et les marchandises, V, 217, 15790; V, 790, 18787; V, 420, 21061. Prêt au roi, V, 286-287, 16152. Privilèges, I, 20, 114. Subsistances, V, 607, 17780; VII, 426, 25425; VII, 816, 29264.

Beauvais (Boucherie de) : voir Paris.

Beauvais (Le sr de), II, 87, 4280. Cf. Laigue (Étienne de), Maugiron (Antoine de).

Beauvais (François de), garde de la forêt de Sénart. Gages, III, 66, 7778. Cf. Boisbryon (François de).

Beauvais (François de), gentilhomme de la vénerie, VII, 101, 30167.

Beauvais (Perrette), V, 78, 15066.

Beauvais (Pierre de). Sa femme : voir Abelin (Antonie).

Beauvais (Robert de), procureur à la Chambre des comptes de Paris, III, 9, 7490.

Beauvaisis. Biens de Pierre de la Bretonnière, III, 330, 9039 : voir Bonneuil, Clermont, Hérelle (La). Prévôté, dépendant du bailliage d'Amiens; juges-gardes : voir Le Caron (Guillaume), Du Gard (Pierre); maître des eaux et forêts : voir Du Plessis-Liancourt (Guillaume); sergent royal : voir Dholau (Jean). Sergent royal au bailliage d'Amiens sur les limites du Beauvaisis : voir Le Mauguier (Antoine).

BEAUVAIS-SOUS-MATHA (Charente-Inférieure). Modération de taille, VII, 630, 27800.

BEAUVAL (Somme). Fief, III, 304, 8924.

BEAUVAL (Pierre DE). Légitimation de son fils Jean, du diocèse de Tours, VIII, 597, 32378.

BEAUVAU (Antoine DE), s[r] de Saint-Cassien, II, 466, 6058.

BEAUVAU (Claude DE), écuyer, natif de Lorraine. Lettres de naturalité, IV, 246, 12143.

BEAUVAU (Claude DE), s[r] de Sandaucourt, maître d'hôtel du duc de Lorraine, marié en Normandie. Hommage pour la seigneurie de Meuse, VI, 586, 21953; qu'il aliène ensuite, VI, 643, 22252. Lettres de naturalité, VI, 487, 21409.

BEAUVAU (Isabeau DE), femme de Jean du Puy-du-Fou, native de Lorraine. Lettres de naturalité, V, 119, 15302.

BEAUVAU (Jean DE), natif du bailliage de Saint-Mihiel. Lettres de naturalité, IV, 246, 12144.

BEAUVAU (Pierre DE), s[r] de Rorthey, V, 452, 17000.

BEAUVAU (René DE), chevalier, s[r] de Rorthey. II, 606, 6726; V, 542, 17460.

BEAUVAU (René DE), écuyer, s[r] de Craménil, VI, 790, 23005.

Beauverger (S[r] de) ou *Vaubergé* : voir FERRANT (Robert).

BEAUVIGNE (André), capitaine allemand, III, 41, 7652.

BEAUVILLAIN (Mauricette), VI, 365, 20769.

BEAUVILLE (Haute-Garonne). Baronnie, VII, 260, 24491.

BEAUVILLE (Lot-et-Garonne). Baronnie, la première de l'Agenais, VII, 252, 24452.

BEAUVILLE (François DE), père et fils, VII, 252, 24452.

BEAUVILLIER (Alexandre DE), comte de Saint-Aignan. Missions en Italie, VIII, 275, 31868.

BEAUVILLIER (Claude DE), s[r] de la Ferté-aux-Oignons, gentilhomme de la chambre, II, 195, 4809; II, 261, 5127; III, 312, 8957; III, 317, 8981; III, 474, 9693; IV, 36, 11170; VII, 549, 26774; bailli et gouverneur de Blois, I, 707 (VIII, 343), 3697; I, 724, 3784; IV, 33, 11156. Compagnie; payeur : voir HÉROUET (Nicolas). Érection en sa faveur du comté de Saint-Aignan, III, 529, 9950. Mariage, III, 515, 9887. Pension, VIII, 53, 29720; VIII, 95, 30109; VIII, 162, 30758.

BEAUVILLIER (René DE), VI, 209, 19953.

BEAUVISAGE (Robert), greffier au bailliage du palais à Paris, III, 10, 7494.

« BEAUVOIR ». Terre, V, 378, 16625.

BEAUVOIR, c[ne] de Marmagne (Cher). Abbaye de Notre-Dame, IV, 671, 14133; V, 79, 15071.

BEAUVOIR, c[ne] de Saint-Hilaire (Hérault). Chartreux, III, 192, 8383.

Beauvoir, c[ne] de la Chapelle-du-Bard (Isère) : voir BEAUVOIR-DE-MARC.

BEAUVOIR (Seine-et-Marne). Seigneurie, V, 563, 17562.

Beauvoir (Dame de) : voir LÂTRE (Jeanne DE). Cette personne étant qualifiée dame de Beauvoir et de Tombes, il est possible que le premier de ces noms doive être corrigé en Beaurevoir; ainsi s'appelle en effet, dans le département de l'Aisne, une commune sur le territoire de laquelle figure un écart appelé les Tombes.

Beauvoir (S[r] de) : voir DU BREUIL (Robert).

BEAUVOIR (Jean DE), s[r] de Labastide, maître des eaux et forêts de Languedoc, IV, 256, 12196; IV, 704, 14555; maître des ports dans les sénéchaussées de Toulouse et de Bigorre, IV, 165, 11759; IV, 271, 12262; IV, 285, 12326.

BEAUVOIR (Louis DE), dit LE LOUP, gentilhomme de l'hôtel du roi sous le vidame de Chartres, V, 755, 18593.

BEAUVOIR (Pierre DE), III, 659, 10527.

BEAUVOIR (Pierre DE), sergent ordinaire au bailliage de Gâtine, III, 751, 10940.

BEAUVOIR-DE-MARC (Isère). Seigneurie, I, 206, 1144; V, 464, 17063; V, 528, 17388. Séjour d'Humbert, dauphin de Viennois, le 12 avril 1348, I, 75, 447; il n'est pas impossible que cette dernière indication se rapporte à Beauvoir, c[ne] de la Chapelle-du-Bard (Isère).

BEAUVOIR-EN-LYONS (Seine-Inférieure). Foires et marché, II, 105, 4365.

BEAUVOIR-RIVIÈRE (Somme). Seigneurie, II, 503, 6228.

Beauvoir-sur-Matha : corr. Beauvais-sous-Matha.

Beauvois (Le sr de), capitaine de Falaise, VII, 631, 27810; VII, 675, 28205.

Beauvois (Valentin de), fauconnier de M. de Châteaubriant, VIII, 295, 32067.

Beauvoisin (Augustin), natif du diocèse de Coni, serviteur du cardinal Trivulce. Lettres de naturalité, VIII, 676, 32805.

Beauvoisin (Jean), III, 553, 10053.

«Bec (Le)». Séjour du roi, VIII, 550.

Bec (Bernardin). Aubaine, III, 729, 10844.

Bec (Renée de), VII, 782, 29024.

Becanis (Vidal de) ou Beccanis, jacobin, docteur en théologie, VIII, 193, 31052; inquisiteur de la foi dans le diocèse de Toulouse, III, 185, 8347.

Becane (Étienne), muletier, VII, 637, 27871.

Becariis (Thomas de), conseiller au Parlement d'Aix, natif de Levens. Lettres de naturalité, VIII, 702, 32950.

Beccanis (Vidal de) : voir Becanis (Vidal de).

Becaris (Camille de), natif de Pavie, demeurant à Aix. Lettres de naturalité, IV, 204, 12374.

Beçay : voir Bessay-sur-Allier.

Bec-Crespin (Le), auj. Saint-Martin-du-Bec (Seine-Inférieure). Baronnie, V, 230, 15861.

Bec d'Ambès, VIII, 632, 32552.

Becdelièvre (Charles de), receveur des tailles en Limousin, I, 419, 2221.

Becdelièvre (Charles), secrétaire du roi, V, 342, 16449.

Becdelièvre (François), troisième élu de Touraine, V, 573, 17610.

Becdelièvre (Jacques de), chanoine de Notre-Dame-la-Ronde de Rouen, VII, 417, 25350.

Becdelièvre (René), conseiller au Parlement de Rouen, VIII, 396, 20227; — commis à l'aliénation des aides du roi en Normandie, IV, 506, 13372; à l'aliénation du domaine en Normandie, IV, 483, 13269; à la comptabilité des ventes extraordinaires de bois en Normandie, III, 238, 8618; à l'estimation des terrains sur lesquels a été bâti le Havre, VI, 300, 20431; VII, 700, 28460; au jugement des procès des habitants du comté d'Eu, VI, 319, 20528; à la recette générale de Normandie, VIII, 85, 30015; VIII, 202, 31128, 31131; — créancier du roi, VIII, 734, 28700; — délégué aux Grands Jours de Bayeux, VI, 604, 22048. Missions pour le service du roi, III, 54, 7718.

Bec de Mortagne (Le) [Seine-Inférieure], VII, 99, 23703; voir Baignevillle.

Bécelœuf (Deux-Sèvres). Seigneurie, III, 241, 8628; V, 249, 15957; V, 293, 16188; V, 668, 18101; VI, 162, 19720; VII, 504, 26152; VII, 507, 26202.

Bec-Hellouin (Le) [Eure]. Abbaye, III, 49, 7690; V, 512, 17308; V, 730, 17398; V, 593, 17712; abbé : voir Gouffier (Adrien). Séjour du roi, VIII, 550.

Béchereau, moulin sis à Mer (Loir-et-Cher), VII, 105, 23732.

Bécherel (Philippe de), veuve de Jacques de Château-Chalon, VI, 630, 22180.

Béchet (Antoine) ou Péchet, commis au paiement de la compagnie du duc d'Albany, VIII, 223, 31320; de celles de MM. de la Fayette et de Curton, III, 487, 9753; III, 749, 10933; IV, 163, 11748; VIII, 152, 30664; VIII, 218, 31271; VIII, 235, 31455-31456.

Béchet (Pierre), fermier du minage des grains du comté d'Auxerre, II, 250, 5531.

«*Béchonye (La)*» : corr. Bessonié (La).

Béchot (Marc), tailleur d'images, IV, 74, 11339.

Becoiseau, cne de Mortcerf (Seine-et-Marne). Château, VIII, 126, 30413; séjours d'Anne de Montmorency, VII, 753, 22832; du roi, VIII, 550. Voir Fourcière de Becoiseau (La).

Becquas (Jean), enquêteur en la sénéchaussée de Bourbonnais, IV, 663, 14097.

Becquet (Lambert), notaire à Amiens, VII, 391, 25206.

Becquincourt (Somme). Remise de tailles, III, 348, 9123.

Bec-Thomas (Le) (Eure). Seigneurie, VI, 285, 20355.

Béda (Le s[r]), II, 612, 6752.

Béda (Noël), docteur en théologie, I, 512, 2702; III, 207, 8466; III, 232, 8588.

Bedarrides (Jean de), habitant de Marseille, originaire de Bédarrides (Vaucluse). Lettres de naturalité, VII, 292, 24655.

Bédassier (Jean), sergent royal au bailliage d'Amboise, III, 650, 10489.

Bedel (Philibert), bourgeois de Mâcon, V, 538, 17438.

Bédoin (Vaucluse) : voir Dorléans (Claude).

Bedosse (Maurine), IV, 183, 11839.

Béduer (Déodat), religieux de l'ordre de Saint-Antoine. Légitimation de ses enfants Charles et Jeanne, VI, 216, 19988.

Beffroi de Troyes, VI, 734, 22732-22733.

Bégat (Claude), receveur ordinaire de Châtillon-sur-Seine, III, 233, 8595.

Bégat (Edme), conseiller clerc au Parlement de Dijon, IV, 424, 12995.

Begin (Jacques), marchand à Toulon. Légitimation de son fils Jacques, VI, 509, 21859. Cf. Begni (Jacques de).

Beglier : voir Le Bignetier.

« Begnay », maison noble à Bordeaux, VI, 156, 19691.

Begni (Jacques de), natif de Renaix, habitant Toulon. Lettres de naturalité, VI, 639, 22235; VII, 301, 24722. Cf. Begin (Jacques).

Begnière (François), V, 6, 14689.

Begnoux (Jean), VI, 581, 21931.

Bégonhès : voir Cassagnes-Begonhès.

Begthling (Hubert, comte de). Pension, VIII, 199, 31098; VIII, 262, 31729.

Bègue (Bertrand), greffier criminel de la cour ordinaire de Marseille, III, 457, 9613; VII, 228, 24334.

Bègue (Raoulet), charpentier, natif du diocèse de Genève, demeurant à Saint-Cannat. Lettres de naturalité, VI, 678, 22449.

Béguin (Didier), lieutenant particulier du maître des eaux et forêts de France au siège de Châtillon-sur-Marne, III, 750, 10937; IV, 71, 11325. Cf. Le Béguin (Didier).

Béguin (Joseph), III, 679, 10618.

Béguin (Pierre), fermier de l'imposition de 12 d. pour livre du vin vendu en gros à Auxerre, VII, 647, 27973.

Béguines de l'Ave Maria à Paris, VI, 359, 20740; cf. Paris, *Clergé régulier*, Clarisses.

Behant (Thomas de), s[r] de Villegaultier, II, 420, 5847.

Béhart (Le baron de) ou Béarn, lieutenant de la compagnie du Grand-Maître, VII, 604, 27508.

Beheu (Mathurin), payeur de la compagnie du s[r] de Burie, VIII, 235, 31446.

Béhu (Étienne). Légitimation de son fils Mathurin, V, 805, 18862.

Beine (Yonne). Foires, III, 675, 10600.

Beinguen (Andreas de), de Salzbourg, capitaine, II, 428, 5885.

Beja (Portugal) : voir Gouvea (André de).

Béjart (François), IV, 495, 13326.

Bejault (Mathurin), receveur de la gabelle du duché de Bretagne, V, 175, 15564.

Bejodi (Jean et Pierre), ce dernier notaire, originaires du diocèse de Belley, demeurant à Barbentane. Lettres de naturalité, VII, 342, 24952.

Belain (Raoul), V, 483, 17162.

Belarmato (Jérôme) : voir Bellarmato (Jérôme).

Belboeuf (Seine-Inférieure), V, 321, 16337.

Belcastel, VIII, 617, 32477.

Belcier (François de), conseiller au Parlement de Bordeaux, IX, 166.

Belcier (François de), premier président du Parlement de Bordeaux, I, 237, 1298; VI, 476, 21347; V, 764, 18643; VII, 740, 28745; VII, 753, 28832; VII, 800, 29159. Décès, IV, 747, 14472.

Belcier (Jean de), juge mage et lieutenant général de la sénéchaussée de Périgord, IV, 715, 14321.

Belcodeins (Georges, Honoré et Paul de), titulaires de l'un des quatre offices de tabliers de la cour des premières appellations de Provence, VII, 4, 23213.

Belcodeins (Guillaume et Bertrand de), père et fils, pourvus à la survivance l'un de l'autre de l'un des quatre offices de tabliers de la cour des premières appellations de Provence, VII, 182, 24110.

Beldon (Jean), notaire au Parlement de Paris, VII, 487, 25952; greffier des présentations à ladite cour, VII, 486, 25944; VII, 488, 25968.

Belesson (Pierre de), conseiller clerc au Parlement de Paris, VII, 488, 25961.

Belébat, c^ne^ de Marcoussis (Seine-et-Oise). Seigneurie, I, 260, 1416; V, 684, 18197.

Belestat : voir Varanges (Gaillard de).

Belestat (Le bâtard de), archer, II, 662, 6981.

Belfortès : voir Brassac.

Belfourte : voir Bez-de-Belfourte (Le).

Belgiojoso (Le comte Ludovic de). Trahison, V, 799, 18834.

Belhade (Landes). Seigneurie, VII, 10, 23247.

Belhomert (Eure-et-Loir). Couvent de Notre-Dame, I, 227, 1246; V, 2, 14677.

Belhomme (Jean), le jeune, receveur des deniers communs de Saumur, VII, 578, 27141.

Béliard (Guillaume) ou Belliard, commis au paiement des Cent-Suisses de la garde, VIII, 23, 29436; VIII, 52, 29711; VIII, 83, 29995; VIII, 123, 30386; VIII, 159, 30728; VIII, 185, 30978-30979; VIII, 220, 31349; VIII, 264, 31751; VIII, 283, 31927.

Béliard (Jean), Béliart ou Belliard, receveur des aides, traites et tailles de Clermont en Beauvaisis, VII, 541, 26654. Procès criminel, IV, 352, 12654; IV, 379, 12780.

Belin (Gironde). Seigneurie, VII, 334, 24913.

Belin (Christophe de), administrateur de l'Hôtel-Dieu de Gonesse, VI, 268, note.

Belin (Jean) ou Bellin, maire de Beaune. Pension, II, 650-651, 6934-6935; III, 34, 7617; VII, 677, 28227; VII, 698, 28423.

Belineau (Jean), sergent à Saint-Lubin-en-Vergonois, V, 166, 15517.

Bélîtres, II, 351, 5532.

Bellac (Haute-Vienne) : voir Thiovbrat. Châtellenie, I, 18, 106; II, 723, 7261; II, 762, 7441; III, 10, 7520; IV, 236, 12094; IV, 785, 14655.

Bellac (Jean de), joueur de hautbois du roi, II, 580, 6591; II, 730, 7295; IV, 428, 13012; V, 113, 15265. Cf. Veillac (Jean).

Bellance (Michel), fruitier du château de Plessis-lès-Tours, II, 438, 5930.

Bellancourt (Somme), V, 363, 16552.

Bellanger (Alexandre, fils de Jean), VII, 768, 28929.

Bellanger (Jean), s^r^ de Biserets, dit le capitaine Biserets, capitaine de mer, II, 133, 4508; II, 752, 7396; III, 723, 10817; VII, 768, 28929; VII, 773, 28965; VII, 793, 29108.

Bellanger (Jacques) ou Bellenger, vicomte de Beaumont-le-Roger, V, 216, 15784; VI, 693, 22526.

Bellanger (Richard) ou de Bellengier, receveur ordinaire du Maine, II, 685, 7092; II, 710, 7206.

Bellangues, seigneurie sise à Alvimare (Seine-Inférieure), VI, 465, 21293.

Bellano (Italie, province de Côme). Seigneurie, V, 328, 16377.

Bellante (Italie, province de Terano). Marquis : voir Acquaviva (Jules-Antoine d').

Bellarmato (Jérôme) ou Belamarto, ingénieur génois, surintendant des bâtiments du Havre, IV, 104, 11478; IV, 167, 11768; IV, 275, 12279; VI, 626, 22160; VI, 631, 22184; VI, 650, 22293.

Bellassise : voir Belle-Assise.

Bellavoine (Jean) : voir Balavoine (Jean).

Bellay : corr. Belley, Belloy.

Belle (François), s^r^ de Saint-Julien. Légitimation de Charles, fils de son enfant naturel François, V, 135, 15377.

Belle (Gaspard de), dit Saint-Didier, gentilhomme condamné à mort par arrêt du Grand Conseil. Commutation de peine, V, 711, 18361.

Belle-Assise, seigneurie sise à Villemeneux, c^ne^ de Brie-Comte-Robert (Seine-et-Marne), VI, 348, 20681; VII, 40, 23412.

Belleau (Jean de), V, 349, 16482.

Bellébat : voir Belébat.

Bellechambre (*S*r *de*) : voir Béranger (Guyon de).

Bellecombe, cne de Chapareillan (Isère). Châtellenie, VI, 494, 21450; VI, 499, 21478. Commanderie, V, 028, 17884. Seigneurie concédée à Geoffroy Tavel, II, 190, 4782; III, 386, 9285; VII, 564, 26958.

Bellecombe (Georges de), sr de Cauillargues, et Théodore, son frère, VI, 268, 20266.

Bellefontaine (Yvon-Pierre de), VII, 542, 26670.

Bellefourière, cne de Roost-Warendin (Nord). Seigneurie, III, 345, 9104.

Bellefourière (Michel de). Sa veuve : voir Neufville (Jeanne de).

Bellefourière (Pierre de), ou Bellefourrière, maître d'hôtel ordinaire du roi, acquéreur de la seigneurie de Mailly, V, 686, 18208; V, 687, 18213; V, 771, 18685; VII, 141, 23910; VII, 482, 25910; commissaire sur le fait des prises opérées depuis le traité de Madrid par les sujets du roi sur ceux de l'empereur et réciproquement, I, 694, 3527; VI, 200, 19910.

Bellegambe (Nicolas de), receveur du grenier à sel de Montdidier, VII, 390, 25200.

« Bellegarde ». Abbaye, VIII, 759, 33294. Il faut très vraisemblablement lire Belleperche.

Bellegarde, cne de Nonancourt (Eure). Seigneurs : voir Mainemares (Georges et René de).

Bellegarde (Gard). Seigneurie, VII, 148, 23942.

Bellegarde, agent (?) de Savoie après la conquête de ce pays, IX, 131.

Bellegarde-du-Loiret (Loiret) : voir Brosses (Les). Ce lieu s'appelait jadis Choisy-aux-Loges : voir ce nom.

Bellegarde-en-Marche (Creuse). Seigneurie, VII, 525, 26440.

Bellegrève : voir Chevlieu (Jean).

Bellehaye (Parisis). Garde de ses enfants mineurs, V, 071, 18118.

« Belle-Isle ». Foires, I, 449, 2371.

Belle-Isle (Morbihan). Ordre donné aux habitants de se retirer sur la terre ferme, III, 276, 8793.

Bellemare (Étienne de), V, 500, 17250.

Bellême (Orne). Grenier, puis magasin à sel, II, 393, 5724; II, 655, 6955; IV, 321, 12509; V, 177, 15557; V, 650, 18006; VII, 728, 28656; VIII, 190, 31022; chambre à sel y ressortissant : voir Mortagne. Octroi sur le sel pour les fortifications de la ville, II, 655, 6955. Séjour du roi, VIII, 550.

Bellême (*S*r *de*) : voir Juvigny (Pierre).

Bellenave (Le sr de), V, 228, 15847.

Bellenaves (Allier). Châtellenie, VI, 632, 22193. Foires, III, 517, 9895.

Bellencombre (Seine-Inférieure). Garde, comprise en la forêt d'Eawy, VII, 773, 28963. Seigneurie, V, 208, 15739.

Bellenger, *Bellengier* : voir Bellanger.

Bellengreville (Seine-Inférieure) : voir Saulroy.

Bellenot-sous-Origny (Côte-d'Or). Affranchissement de la mainmorte accordé aux habitants, I, 216, 1190.

Belleperche, cne de Bagneux (Allier). Seigneurie, III, 300, 8904; III, 303, 9184; III, 305, 9196; VII, 559, 26896; VIII, 122, 30377; receveur : voir Bourcier (Odras).

Belleperche, cne de Cordes-Tolosannes (Tarn-et-Garonne). Abbaye; abbé : voir Cardaillac (Jean de).

Bellepoule, cne des Ponts-de-Cé (Maine-et-Loire). Forêt, II, 290, 5257; II, 338, 5474; IV, 720, 14344.

Bellessine (Marc), natif de la Rivière de Gênes, demeurant à Saint-Paul en Provence. Lettres de naturalité, VI, 660, 22347.

Bellet (Jean), sergent de l'eau en la vicomté de Rouen, III, 635, 10415; III, 641, 10446.

Belleteste (Jean), valet de limiers, II, 94, 4312.

Belletête (Jean), sergent en la brèche du château de Moulineaux et forêt de la Londe, V, 31, 14815.

Belleville (Deux-Sèvres). Seigneurie, VII, 14, 23275.

BELLEVILLE (CHAMPARTS DE), dans la paroisse de Saint-Péravy-la-Colombe (Loiret), V, 565, 17571.

BELLEVILLE (Catherine DE), VIII, 749, 33213.

BELLEVILLE (Claude DE), VII, 264, 24510.

BELLEVILLE (Guy DE), s[r] de Mirambeau. Légitimation de son fils Guy, IV, 87, 11398.

BELLEVILLE (Jean, s[r] DE), gentilhomme de la chambre, I, 640, 3354; VII, 264, 24510. Pension, II, 38, 4031; II, 55, 4112; II, 429, 5889.

BELLEVILLE (Jean, s[r] DE) et de Morcamp, VI, 533, 21671.

BELLEVILLE (Renée DE), héritière du cardinal de Luxembourg, V, 602, 17755.

BELLEVILLE (Suzanne DE), usufruitière des seigneuries de Saint-Macaire et de Puymirol, I, 695, 3638.

BELLEVILLE-EN-BEAUJOLAIS ou BELLEVILLE-SUR-SAÔNE (Rhône). Abbaye, I, 119, 690. Garnison, VII, 480, 25888. Péage, V, 638, 17940; fermier : voir BUSSY (Antoine DE). Prévôt de Belleville, Dracé et Amorgues : voir CHEVÈNECHON (Guillaume). Privilèges, II, 541, 6397. Seigneurie concédée : au duc d'Atria, III, 728, 10841; VI, 544, 21726; VI, 571, 21871; à Guido Rangone, III, 524, 9929; à Pierre Strozzi, IV, 526, 13471; IV, 560, 13619. Séjour de lansquenets, V, 640, 17948.

Belleville-sur-Mer (Seine-Inférieure). Seigneur : voir BELLEVILLE (Jean, s[r] DE) et de Morcamp.

BELLEY (Ain), IX, 67.
—— *Diocèse* : voir ALLEZ (Claude), BEJODI (Jean et Pierre). Évêque : voir LA CHAMBRE (Philippe DE). Privilèges des évêques, VI, 778, 22943.

Belliard : voir BÉLIARD.

Bellient : voir NOTRE-DAME-DE-BELLIENT.

BELLIER (Jacques), procureur du roi près l'élection et le magasin à sel de Rouen, VII, 132, 23870; conseiller au Parlement de Rouen, VI, 785, 22976.

Bellieres (*S[r] de*) : voir LO (Bernard DE).

BELLIEU (Gabriel), capitaine de Saint-Rémy en Provence, VII, 163, 24020.

BELLIÈVRE (Claude), avocat du roi en la sénéchaussée de Lyon et bailliage de Mâcon, II, 108, 4380; avocat fiscal au Conseil de Dombes, II, 338, 5475; II, 383, 5680; premier président au Parlement de Grenoble, IV, 204, 11940; IV, 702, 14264; IV, 769, 14575; VI, 816, 23138; procureur général au Parlement de Grenoble, III, 236, 8608; IV, 85, 11392; VI, 408, 20994; VIII, 171, 30838.

BELLIÈVRE (Guillaume). Légitimation de son fils Jean, VIII, 597, 32377.

Bellin (*Jean*) : voir BELIN (Jean).

BELLISME (Jacques), natif de la Rivière de Gênes, demeurant à Saint-Paul en Provence. Lettres de naturalité, VI, 660, 22347.

BELLISME (Pierre), natif de la Rivière de Gênes, demeurant à Saint-Paul en Provence. Lettres de naturalité, VI, 660, 22348.

BELLISSANT (Pierre DE), viguier de Carcassonne, VIII, 281, 31909.

BELLO (Camille DE), secrétaire du cardinal de Trani, VIII, 251, 31605.

BELLO (Mathieu), chevaucheur d'écurie du Dauphin, natif de Sicile, marié à Valence en Dauphiné. Lettres de naturalité, IV, 734, 18494.

Bello : voir PAFFY (Jean).

BELLOC (Jean DE), VII, 193, 24162.

Bellomer : voir BELHOMERT.

BELLON (François), conseiller au Parlement de Dijon, V, 282 (VIII, 797*), 16130.

BELLON (Léon), docteur ès droits, natif du Comtat-Venaissin, successivement conseiller au Parlement de Bourgogne, sénateur au Sénat de Milan et conseiller au Parlement de Toulouse, I, 414, 2205; II, 608, 6732. Lettres de naturalité, V, 732, 18485.

BELLON (Poncet), viguier de Brignoles, VII, 325, 24863.

BELLONNIÈRES, sommelier d'échansonnerie de bouche, II, 739, 7334.

BELLOT (Étienne) ou BELOT, conseiller au Parlement de Rouen, III, 611, 10311; VI, 471, 21324; VI, 696, 22542.

BELLOT (Jean), commis à la surveillance des ventes de bois en Champagne, III, 512, 9872. Cf. BELOT (Jean).

Bellot (René), V, 92, 15143.

Bellou (Calvados). Seigneurie, V, 351, 16497; V, 441, 16940.

Bellοy, c^ne d'Écueil (Marne). Seigneurie appartenant au chapitre de Reims : amortissement, I, 104, 608.

Belloy, c^ne de Saint-Omer-en-Chaussée (Oise). Fief, VI, 466, 21297.

Belloy (Seine-et-Oise). Biens de Gilbert de Lévis, V, 215, 15776.

Belloy-en-Santerre (Somme). Remise de tailles, III, 348, 9123.

Bellozanne, c^ne de Brémontier-Merval (Seine-Inférieure). Abbaye, V, 188, 15631.

Bellucheau (Jean), III, 762, 10988; VII, 791, 29097.

Belluno : corr. Bellano.

Belme (Arnaud de), VI, 232, 20077.

Belmissere (Paul), de Pontremoli, expert en diverses sciences. Entretien à la suite de la Cour, VII, 760, 28871; VII, 792, 29101.

Belmont (Aveyron). Foires et marché, VI, 192, 19866. Privilèges, IV, 695, 14233.

Belmont (*S^r de*) ou *de Bermont* : voir Varey (Antoine de).

Belomaine (Jean), notaire à Beaumont-de-Lomagne, V, 113, 15264.

Belon (Jean), apothicaire de la duchesse de Ferrare, VI, 177, 19796.

« Belonnière » (La), seigneurie confisquée sur René de Brosse, VI, 56, 19189.

Belosse (Jacques), VI, 301, 20435.

Belot (Bernard), maître de poste en Piémont, IV, 222, 12021.

Belot (*Étienne*) : voir Bellot (Étienne).

Belot (Jean), conseiller au Grand Conseil, IV, 88, 11405; VIII, 223, 31327; conseiller clerc au Parlement de Paris, IV, 126, 11575. Cf. Bellot (Jean).

Belot (Pierre), ségrayer des bois de Bellepoule, II, 338, 5474.

Belriant (Pierre) ou Belrient, conseiller au Parlement de Dijon, III, 155, 8204; V, 604, 17766; VI, 25, 19036; VI, 56, 19190.

Beluche (Pierre), IV, 90, 11414.

Belut (Pierre), procureur au Parlement de Paris, autorisé à rebâtir une maison rasée par sentence du prévôt de Paris, III, 274 (VIII, 363*), 8781.

Belvèze (Antoine de) ou Belvezer, conseiller au Grand Conseil, V, 751, 18570; VI, 251, 20177.

Belvezer (Denis de), s^r de La Bastide, I, 57, 335; fermier de la traite et grande coutume de Bordeaux, VIII, 756, 33260.

Belvezet (Gard). Seigneurie, VII, 148, 23942.

Bemubach (Louis ou Ludovic de), ou de Bannebach, allemand, envoyé du landgrave de Hesse, VIII, 49, 29688; VIII, 287, 31981.

Benais (Indre-et-Loire); voir Moulin-Boutard (Le). Prieuré, II, 406, 6058. Séjour du roi, VIII, 550.

Benaix (Ariège). Seigneur : voir Carmain (Guillaume de).

Bénard : voir Bernard.

Bénard (Jacques), titulaire de la sergenterie héréditaire de Conches, VI, 550, 21759.

Bénard (Jean), commis à la recette des offices et parties casuelles, VII, 723, 28617; cf. Bernard (Jacques).

Bénard (Jean), dit de Bordeaux, sommelier de paneterie, II, 248, 5066.

Bénard (Jean), secrétaire du roi, II, 563, 6501.

Bénard (Petitjean), gentilhomme de la fauconnerie, II, 209, 5166.

Bénard (Simon), sergent extraordinaire à Tours, IV, 301, 12402.

Benassao (Latino), envoyé du Pape, IX, 122.

Benâte (*La*) [Charente-Inférieure]. Dame : voir Maillé (Françoise de).

Benauge, c^ne des Églisottes (Gironde). Comté, VII, 51, 23467. Privilèges des habitants, IV, 86, 11394.

Benci (Thadée), marchand florentin demeurant à Rouen. Lettres de naturalité, IV, 19, 11093.

Bende (Christophe), V, 252, 15972.

Bène (Antoinette de), femme de Pierre de Brandès, originaire de Nice, habitant Aix. Lettres de naturalité, IV, 192, 11884; VII, 288, 24639.

BENECHER (Quinque ou Quinquet) ou BENECHERE, sert-de-l'eau du roi, II, 62, 4150; II, 437, 5925; VII, 659, 28068.

BENEDET (Louis), avocat des pauvres en Provence, VII, 181, 24106.

BENEDICT (Jean-Marie, dit), de Sienne, capitaine de navire, expert en cosmographie, III, 537, 9983; VIII, 189, 31013.

BENEDICTI (Guillaume), conseiller lai au Parlement de Toulouse, V, 299, 16218.

Bénédictins, Bénédictines : voir BENOÎT (ORDRE DE SAINT-), et aux noms des monastères.

BÉNÉFICES : voir DÉCIMES, RÉGALE.

—— *Affaires particulières.* Autorisation de sortir du royaume accordée aux titulaires de bénéfices étrangers, IV, 128, 11584. Autorisation de tenir des bénéfices : en Bretagne : voir BRETAGNE *Domaine;* en Provence : voir CATAIN (Christophe), FOREST (Augustin et François DE), PERRETI (Antoine), SADOLET (Paul); dans le royaume : voir BALLIVY (Nicole), BEATOUN (David), BERNARDIS (Jean-Baptiste DE), CAPPONI (Jean-Baptiste), CIBO (Jean-Baptiste), COLLACIO (Emmanuel), DANDINI (Jérôme), DORLÉANS (Claude), DOXIO (Nicolas DE), DU SOLIER (Jean), ESTE (Hippolyte D'), GARUFFO (LÉLIO), GRILLY (Charles DE), GRIMALDI (Jérôme, cardinal), HERBEUFVILLE (Nicolas DE), MALVANDA (Pierre DE), TOGUINI (Camille de), VEYRUN (Guillaume); cf. NATURALITÉ (LETTRES DE). Bénéfices des pays conquis sur le duc de Savoie, VI, 562, 21823. Bénéfices du diocèse de Nîmes passés à celui d'Arles, IV, 503, 13364. Conflit entre les juridictions ecclésiastique et séculière, II, 63, 4155. Contestations entre les facultés de l'Université de Paris touchant le mode de présentation, III, 272, 8770. Contestations touchant les bénéfices du chapitre de Saint-Gilles, IV, 593, 13767. Évaluation des bénéfices en Bourgogne, en vue des décimes, VIII, 724, 33075; VIII, 736, 33075. Indults pour la collation des bénéfices dépendant de leurs évêchés et abbayes accordés : au cardinal d'Armagnac, IV, 732, 14404; à Jean-Pierre Caraffa, IV, 399, 12867; au cardinal de Châtillon, VIII, 641, 32601; au cardinal de Clermont, VI, 393, 20916; VIII, 641, 32605; au cardinal de Gramont, II, 77, 4226; au cardinal de la Baume, IV, 249, 12161; au cardinal de Lenoncourt, IV, 204, 11941; au cardinal de Lorraine, II, 672, 7026; II, 186, 4764; VI, 652, 22305; au cardinal Salviati, IV, 141, 11645; à Antoine Sanguin, IV, 133, 11606; au cardinal de Tournon, IV, 190, 11871; IV, 378, 12776. Négociations avec le canton de Berne, VI, 489, 21418. Privilèges de Jean de la Barre touchant la collation des bénéfices vacants du comté d'Étampes, I, 483, 2548. Prohibition des réserves et expectatives exercées par des étrangers en Provence, II, 608, 6735. Réserves de fruits dans les résignations de bénéfices en Dauphiné, IV, 562, 13634. Saisie des biens des étrangers tenant bénéfices en France, VIII, 663, 32731; VIII, 666, 32749-32750.

—— *Règlements généraux.* Collation, I, 140, 807; I, 156, 891; I, 371 (VIII, 331), 1979; IV, 476, 13232; IV, 578, 13705; VIII, 755, 33247; dispositions du Concordat, I, 206, 1145; I, 556, 2924. Connaissance des matières bénéficiales attribuée au Grand Conseil, I, 521, 2746; II, 31, 3997; II, 80, 4246; aux Parlements et autres juridictions royales, V, 51, 14931; V, 81, 15084. Expéditions soumises à l'intermédiaire du cardinal Trivulce, II, 75, 4220. Hôpitaux non érigés en titres de bénéfices, IV, 634, 13966. Juridiction du conservateur des privilèges de l'Université, IV, 529, 13482. Prise de possession : procédure du Parlement de Paris imposée à celui d'Aix, VIII, 732, 33121. Procès relatifs aux impétrations faites en cours de Rome des bénéfices des vivants, IV, 485, 13277.

BENEST (Nicolas), V, 419, 16818.

BENET (Vendée). Seigneurie, VII, 351, 25001.

BENET (Antoine), V, 769, 18674.

BENET (Hugonin), teinturier, originaire de Savoie, habitant Toulon. Lettres de naturalité, VII, 299, 24711.

BÉNEVANT (Pierre et Antoine), marchands de Saint-Galmier, V, 665, 18086.

Bénévent (Italie, cap. de prov.). Archevêque : voir RAINERI (François DE).

Bénévent (Creuse). Abbaye; abbé : voir BONNEVAL (Foucaud DE).

BÉNÉVENT (Cole DE), chevalier napolitain, VI, 154, 19682.

Benez : voir BENAIS.

IMPRIMERIE NATIONALE.

Benguetier : voir Le Bignetier.

Bénigne : voir Serre (Bénigne).

Benisodo (Espagne, prov. de Valence). Séjour du roi, VIII, 565, v° Venyssolo.

Bénissons-Dieu (La) [Loire]. Abbaye, I, 116, 671.

Benjamin, fils de Jacob, figuré sur un joyau, VIII, 56, 29747.

Bennerel (Jean), contrôleur, VIII, 218, 31286.

Bennechaud (André), VIII, 590, 32337.

Bennerey (Le), c^ne de la Chapelle-Yvon (Calvados). Fief de Saint-Étienne, V, 215, 15778.

Benoist (Antoine), garde de la Monnaie de Tours, IV, 56, 11258.

Benoist (François), habitant de Bayonne, natif de Navarre. Lettres de naturalité, VI, 587, 21961. Cf. Encise (François).

Benoist (François de), dit Raigny, gentilhomme de la maison du roi sous le grand sénéchal, V, 685, 18204.

Benoist (Jacques), juge des exempts et cas royaux du duché d'Angoumois, IV, 165, 11757; conseiller au Parlement de Bordeaux, V, 60, 14969, 14973.

Benoist (Louis), VI, 580, 21924.

Benoist (Pierre), fermier du poisson de mer à Paris, V, 147, 15433.

Benoist (Rolin), VI, 580, 21921.

Benoît (Ordre de Saint-), IV, 360, 12691; IV, 365, 12711; voir Avranches (François d'), Beaujeu (Philibert de), Bohier (Amable et Antoine), Droin (Nicolas), Du Chièvre (Olivier), Horne (Gaspard de), La Tour (Robert de), Mauriac (Jean de); voir aussi Triennalité et aux noms des monastères bénédictins.

Benoît (Huguenin), II, 407, 5787.

Benoît (Marie), III, 742, 10901.

Benoît (Raymond), licencié ès-droits, VI, 531, 21661-21662; VII, 241, 24399-24400.

Benoîte. Femme ainsi prénommée, VIII, 594, 32359.

Benon (Charente-Inférieure). Comté, I, 401, 2133; V, 253, 15977; VII, 26, 23338; VII, 49, 23457; VII, 133, 23875.

Benousse (De) : voir Santarel (Pierre).

Benquet (François), président au Parlement de Bordeaux, VIII, 790, 12778.

Benso (Dominique), natif de la Rivière de Gênes, habitant Auribeau. Lettres de naturalité, VII, 318, 24818.

Bèquet (Le), c^ne de Belbœuf (Seine-Inférieure). Fief, V, 321, 16337.

Ber (Hans), suisse de la garde, VIII, 184, 30964.

Berail (Jean), prieur de Saint-Sauveur, VI, 309, 20478.

Béral (Antoine), Béraldi ou Bérail, lieutenant principal du juge d'appels des causes civiles de la sénéchaussée de Toulouse, VI, 306, 20463.

Béral (Pierre de) : voir Bérard (Pierre de).

Béral (Raymond), conseiller au Parlement de Toulouse, IX, 185.

Beraldi : voir Béral.

Béranger (Guyon de), Bérangier ou Bérenger, s^r de Bellechambre, capitaine et châtelain de Talant, II, 6, 3861; II, 10, 3883; VII, 613, 27614; VII, 680, 28263. Sa veuve : voir Maillot (Barbe de).

Béranguier (Antoine), secrétaire du roi, VI, 334, 20604.

Bérard (François), s^r de Bléré et de Chissay, VI, 335, 20611.

Bérard (Jacques), s^r de Chissay, V, 419, 16820.

Bérard (Jean de), général des monnaies, commissaire en Guyenne et en Languedoc, III, 701, 10717; IV, 4, 11029; VI, 107, 19443; VI, 713, 22630.

Bérard (Martin de), receveur des tailles de Carentan, III, 354, 9148.

Bérard (Pierre), s^r de la Croix-de-Bléré, V, 419, 16820.

Bérard (Pierre de), s^r de la Foucaudière, commissaire des guerres, II, 692, 7123; III, 188, 8366; VII, 756, 28847.

Bérard (Pierre de) ou Béral, prieur de Monnaie, VI, 327, 20570.

Bérat (Haute-Garonne). Baron : voir Corase (Jean de). Privilèges, I, 381, 2032; I, 385, 2051. Foires, I, 385, 2051.

Beraud (Fronton), avocat général au Parlement de Bordeaux, III, 405, 9378.

Béraud : voir FAVRE (Claude).

BÉRAUD (Jean), BÉRAUDI ou BÉRAULT, sommelier d'échansonnerie du roi, III, 729, 10847; III, 749, 10934; VII, 651, 28005.

Béraudière (*S^r de la*) : voir RATAUT (François).

BÉRAUDIN (Antoine), prêtre, natif du Piémont, habitant la Provence. Lettres de naturalité, VII, 320, 24830.

Béraudin (*Emmanuel*) : voir BARANDIN (Emmanuel).

BÉRAULT (Adrien), élu d'Alençon à Brézolles, VI, 789, 22997.

BÉRAULT (Étienne), enquêteur à Romorantin. Cassation de ses provisions, IV, 694, 14231.

BÉRAULT (Jean). Légitimation de son fils Jean, VIII, 594, 32359.

Bérault (*Jean*) : voir BÉRAUD (Jean).

BÉRAUX (Guillaume), VI, 468, 21308.

Berbier (*Pierre*) : voir BARBIER (Pierre).

BERBIGUIER (Guy), conseiller clerc au Parlement de Toulouse, IV, 439, 13064; IV, 662, 14092.

Berbiguières : voir CASTELNAUD-DE-BERBIGUIÈRES.

BERBIS (Philibert ou Philippe), conseiller clerc au parlement de Dijon, V, 782, 18741; conseiller lai à ladite cour, III, 532, 9962; III, 624, 10367; VI, 211, 19961; VI, 280, 20325; VI, 403, 20967; VII, 230, 24345; VIII, 203, 31134; VIII, 227, 31362.

BERBISEY (Bénigne), écuyer ordinaire de Louis XII, VII, 30, 23356. Cf. BARBISEY.

BERBISEY (Étienne), avocat postulant, puis conseiller au parlement de Dijon, II, 670, 7021.

Berceau : voir THIBAULT (Jean).

BERCENAY-EN-OTHE (Aube). Réduction de tailles, à la suite de la peste, II, 271, 5172; VI, 292, 20390.

BERCHETIÈRE (LA), seigneurie mouvant de Combreux (Loiret), V, 486, 17175.

BERCLE (Georges DE), maître, gouverneur et visiteur général des mines, VII, 511, 26260. Cf. BERLE (Georges DE), VERCLE (Georges DE).

BERDOT (Thomas), ambassadeur d'Ulrich de Wurtemberg, IX, 89.

Berein : voir MOIROT (Étienne).

Bérenger (*Guyon*) : voir BÉRANGER (Guyon DE).

Bérengeville-la-Rivière, c^ne d'Arnières (Eure). Seigneur : voir MONTENAY (Jacques DE).

Bérengier (*Louis*) : voir BARANGIER (Louis).

Berg (*S^r de*) : voir MONTBEL (François DE).

BERGAME (Italie, cap. de province) : voir ROTTE (Simon). Séjour du roi, VIII, 550.

Bergamin : voir PIETRE (Jean).

BERGAMO (Giacomo DI), archer, III, 445, 9560.

BERGEART (François DE) le jeune, natif de Burgos, établi à Rouen. Lettres de naturalité, IV, 330, 12549. Cf. BEYART (François).

BERGER (Antoine-Jean), natif du comté de Nice, habitant Marignane. Lettres de naturalité, VII, 335, 24915.

BERGER (Marguerite), VIII, 755, 33246.

Berger (*Fief du*) : voir FIEF DU BERGER (LE).

BERGERAC (Dordogne), VIII, 632, 32552. Bailliage, VI, 326, 10563; VI, 351, 20694. Domaine, VII, 58, 23501; VII, 389, 25199 : voir PONCYE (LA). Biens de François de Serdaca, VII, 268, 24531. Recherche des amortissements, francs-fiefs et nouveaux acquêts, VII, 511, 25264.
—— *Siège de justice* (*Sénéchaussée de Périgord*). Lieutenant général : voir LAVERGNE (Jean de). Notaire : voir PINEL (Pierre). Suppressions d'offices, IV, 694, 14332; VIII, 758, 33279.
—— *Ville*. Emprunt royal, VI, 430, 21116. Impôt, III, 362, 9182. Octrois, VI, 36, 19090. Privilèges, I, 37, 210; VI, 84, 19332. Procès contre les consuls de Lalinde, VII, 472, 25816. Voir THOUMERAIGNES (Émery et Gaillard DE).

BERGÈRES-SOUS-MONTMIRAIL (Marne). Fortifications, V, 86, 15114.

BERGERESSE, fief sis à Chisseaux (Indre-et-Loire), VI, 335, 20611.

BERGERET (Benoît), notaire en la sénéchaussée de Lyon, VI, 787, 22987.

BERGEROT (Martin), VI, 610, 22032.

Berges : voir BERGÈRES-SOUS-MONTMIRAIL.

« BERGHEN », IX, 16.

BERGIER (Simon), chevaucheur d'écurie, VI, 158, 19703.

BERGIER (Thomas), juge des appeaux des pays de Bresse, Bugey et Gex, III, 456, 9609.

BERJON (François DE), VIII, 109, 30250.

BERJONNEAU (Adam), lieutenant particulier de la ville et principauté de Cognac et de la châtellenie de Merpins, V, 305, 16250.

BERJOT (Claude), s^r d'Orval, receveur et grènetier de Chalon-sur-Saône, puis maître des comptes à Dijon, V, 284, 16141.

BERLAND (Louis) ou BERLANT, dit LA GASTIÈRE, marchand lapidaire et joaillier, II, 189, 4780; II, 491, 6171; II, 613, 6758; VII, 682, 28278.

BERLANDIÈRE (LA), c^ne de Naintré (Vienne), II, 195, 4808. Dame : voir MARCONNAY (Hilaire DE). Séjour du roi, VIII, 550.

BERLANT (Guillaume), huissier et messager de la Chambre des comptes de Paris et du Trésor, VII, 522, 26404.

Berlant (Louis) : voir BERLAND (Louis).

BERLANT (Marin), III, 513, 9875; III, 535, 9974.

BERLANT (Michel), chevaucheur d'écurie, IV, 229, 12056.

BERLE (Georges DE), secrétaire du roi, VII, 428, 25439. Cf. BERGLE (Georges DE), VERGLE (Georges DE).

Berlin : voir KOELN SUR LA SPRÉE.

BERLINGER (Hans), capitaine suisse, VIII, 210, 31210.

BERLONGNE (Antoine), laboureur, natif du marquisat de Saluces, établi en Provence. Lettres de naturalité, VI, 627, 22166.

BERLUE (Bernard), fermier en la sénéchaussée de Forcalquier, VII, 216, 24280.

BERMICOURT (Pas-de-Calais). Seigneurie, III, 312, 8956.

BERMOND (Antoine), citoyen d'Avignon, habitant parfois Barbentane. Lettres de naturalité, VII, 391, 25210.

BERMOND (Jean), enquêteur-examinateur de la judicature d'Albigeois, IV, 471, 13213.

BERMONDET (Gautier), lieutenant général en la sénéchaussée de Limousin, III, 361, 9174.

BERMONDET (Jean), conseiller lai au parlement de Paris, VII, 497, 26076.

Bermont (S^r de) ou *de Belmont* : voir VAREY (Antoine DE).

Bermont (De) : voir DU PUY DE BERMONT.

BERNAC (Le s^r DE), archer de la garde, V, 153, 15459.

BERNAC (Léonard DE), procureur du roi en la prévôté de l'hôtel, IV, 599, 13794.

BERNADETS-DEBAT (Hautes-Pyrénées). Seigneurie, VII, 269, 24537.

Bernard : voir BÉNARD.

BERNARD (Adam), maître de la garde du milieu en la forêt d'Orléans, III, 410, 9432.

BERNARD (Bertrand), huissier ordinaire au parlement de Toulouse, VI, 191, 19865.

BERNARD (Charles), secrétaire du feu duc de Nemours, II, 564, 6511.

BERNARD (Claude), greffier de la prévôté de Provins, clerc du trésorier des guerres, VII, 737, 28726.

BERNARD (Étienne), sergent royal en la sénéchaussée de Lyon, VI, 799, 23051.

BERNARD (Étienne) ou BÉNARD, dit CHANPIOU, chevaucheur d'écurie, II, 238, 5015; VII, 805, 29194; VIII, 88, 30050.

BERNARD (Francisque). Compagnie, VIII, 241, 31511.

BERNARD (François), III, 524, 9931.

BERNARD (Gaspard), garde du parc du bois de Vincennes, VII, 773, 28964.

BERNARD (Jacques), garde du sceau de Saintes-Maries-de-la-Mer, V, 157, 14957.

BERNARD (Jacques), BÉNARD ou BESNARD, maître de la chambre aux deniers du roi, mentionné en cette qualité pour la première fois le 11 mars 1532, n. s, II, 122, 4456; pour la dernière, le 5 mars 1541, n. s, IV, 185, 11852; entre ces deux dates, son nom figure fréquemment dans les tomes II à IV, ainsi que dans les tomes VII (depuis la page 483 et surtout depuis la page 725) et VIII; commis à la recette des finances extraordinaires et parties casuelles, III, 283, 8823; VII, 729-731, 28663-28669; VII, 745, 28782;

VII, 740, 28788-28789; VII, 800-801, 29159-29162; VII, 805, 29194-29196; VII, 812-813, 29246-29250; VIII, 15, 29387; VIII, 84, 30003; VIII, 239, 31493. Cf. Bénard (Jean).

Bernard (Jacques), marchand suivant la cour, VII, 662, 28097.

Bernard (Jean). Anoblissement, VI, 379, note.

Bernard (Jean), clerc au greffe du parlement de Bourgogne, VI, 403, 20967.

Bernard (Jean), garde du château de Nîmes, IV, 138, 11631.

Bernard (Jean), s^r de Saintry, V, 422, 16836.

Bernard (Jean-Baptiste, Bernardin et Louis), remboursés de prêts fait au roi, VIII, 54, 29730.

Bernard (Jeanne), VI, 231, 20069.

Bernard (Louis), lieutenant particulier du bailliage de Caen au siège de Vire, VI, 253, 20184.

Bernard (Louis), capitaine et châtelain de la tour de Saint-Vincent, près la Seyne, VII, 233, 24358.

Bernard (Marguerite), native de Lucques, demeurant à Lyon. Lettres de naturalité, IV, 172, 11791.

Bernard (Nicole), lieutenant particulier du gouverneur et bailli d'Orléans, VII, 454, 25662.

Bernard (Pierre), pourvoyeur de boucherie des fils de France, VIII, 45, 29654.

Bernard (Vincent), dit Tourault, fauconnier du roi, VIII, 150, 30640; sergent à cheval à «Chaumont en Beauvaisis», III, 301, 8907.

Bernard (Zacharie), pourvu par erreur d'un office non vacant, VII, 730, 28665.

Bernardet (Étienne), originaire de Savoie, habitant Arles. Lettres de naturalité, VII, 304, 24737.

Bernardi (Honorat), procureur du roi au siège de Saint-Paul-de-Vence, VII, 212, 24261.

Bernardière (*S^r de la*) : voir Chambereau (Charles de).

Bernardin (Diamante de), native de Toscane. Lettres de naturalité, IV, 623, 13911.

Bernardin (Francisque ou François), capitaine de chevau-légers, VIII, 3, 29284; VIII, 117, 30336.

Bernardin (Nicolas), maître des ports à Mâcon, III, 120, 8039.

Bernardines de Bayonne, IV, 123, 11564; IV, 144, 11662.

Bernardini (Jean), remboursé d'un prêt fait au roi, VIII, 54, 29730.

Bernardini (Jean-Baptiste) de Lucques, marchand de Lyon; dépossédé du privilège d'importer des soies en France, IV, 624, 13918; remboursé d'un prêt fait au roi, IV, 635, 13969.

Bernardis (Jean-Baptiste de), camérier secret du pape, natif de Lucques, autorisé à tenir des bénéfices en France, V, 6, 14690.

Bernart (Robert), capitaine et châtelain du Lauzet, VII, 400, 25253.

Bernart (Robert), receveur particulier de Dijon, VII, 399, 25251.

Bernault (Antoine de), s^r de Fougerette, V, 477, 17133.

Bernault (Charles et Louis de), V, 477, 17133.

Bernault (Pierre), chanoine de Poitiers, commis à la levée des deux décimes de la croisade dans le diocèse de Poitiers, V, 508, 16271.

Bernay (Charente-Infér.) : voir Breuilles.

Bernay (Eure). Abbaye de Notre-Dame, VI, 42, 19120; VII, 420, 25378; abbé : voir Bohier (François). Cure de Saint-Pierre, V, 627, 17880. Ferme des menus boires, I, 327, 1761; du quatrième du vin, V, 577, 17631. Élection : élu : voir Desportes (Christophe); greffiers : voir Pipperey (Austremoine et Jean); ressort : voir Chambrais. Grenier, puis magasin à sel; grènetier : voir Escorchart (Gabriel), Vallette (Jean), Landre (Louis de); mesureur : voir Binet (Guillaume). Recette, VII, 456, 25677; comprise dans la recette générale de Rouen, VI, 689, 22509. Séjour du roi, VIII, 550. Sergenterie, V, 349, 16486; V, 445, 16963. Voir Moulin-Noël (Le); voir aussi Irlande (Guillaume d'), Le François (Jean).

Bernay (*S^r de*) : voir Ognies (Antoine d').

Bernay (L'Écuyer), II, 296, 5283.

BERNAY (Nicolas DE), maître d'hôtel de Marguerite de France. Missions auprès de la reine Éléonore, VI, 767, 22890; VIII, 740, 33162.

BERNAY (Nicolas DE), usufruitier de la maison seigneuriale de Tremblevif, VI, 616, 22102.

BERNAZAIS, c^ne des Trois-Moutiers (Vienne). Foire, VI, 47, 19144.

BERNE (Suisse), I, 96, 565 : voir CLEBERG (Jean). Canton : voir LA PIERRE (Sébastien DE); négociations avec le roi, V, 386, 16665; VI, 489, 21418; VI, 562, 21823; VIII, 137, 30523; IX, 8, 76, 77, 79, 137, 138, 139.

BERNE (Claude DE), portier de la maison du roi, VI, 9, 18955.

BERNE (Jean DE), archer de la compagnie de M. d'Annebault, II, 635, 6859.

BERNE (Jean DE), portier de la maison du roi, VI, 9, 18955.

BERNEIX (Bernard DE), huissier au parlement de Bordeaux, IV, 755, 14512.

BERNERY (Pierre DE), s^r de Saint-Liaix, maître des Eaux et forêts de Languedoc, IV, 764, 14555; IV, 766, 14563.

Bernes (S^r de) : voir BOUELLES (Charles DE).

Berneuil (Somme) : voir VERNEUIL.

BERNEUX (Claude) ou BERNUCI, receveur particulier de Forcalquier, VII, 203, 24213; VII, 329, 24881. Cf. BERNUS (Claude).

BERNEVAL (Seine-Inférieure). Baronnie, II, 743, 7347; baron : voir ESTOUTEVILLE (Jean, s^r D').

BERNEVILLE (Pas-de-Calais), V, 244, 15932.

BERNEX (Jean-Jacques DE), s^r de Rossane, ambassadeur de Savoie, IX, 131, 132.

Bernezay ; voir BERNAZAIS.

BERNIER (Jean), fourrier du pape. Aubaine, V, 39, 14858.

« *Bernières* » : ce nom paraît être le résultat d'une mauvaise lecture de celui de Bruyères-le-Châtel (Seine-et-Oise). Prieur : voir JACQUELOT (Jean).

Bernières (Seine-Inférieure) : voir BEUZEMONCHEL.

Bernières (S^r de) : voir MAIGNART (Thomas).

Bernieulles (Pas-de-Calais). Seigneur : voir CRÉQUY (Philippe DE).

BERNOD (Pierre), chargé d'approvisionnements de blé et de vin à Lyon, I, 358, 1912.

BERNOD (Pierre), de Lyon, fermier du huitième du vin dans le plat pays du Lyonnais, VI, 130, 19565; VI, 472, 21328; VI, 488, 21416.

BERNOUVILLE (Jacques DE), acquéreur d'une maison à Amboise, III, 741, 10896.

BERNOUVILLE (Jacques DE), élu ancien à Angers, III, 294, 8874; VI, 356, 20725.

BERNOUVILLE (Jacques DE), sommelier de l'échansonnerie de Louise de Savoie, V, 688, 18223.

BERNOY (Le s^r DE), II, 258, 5115.

BERNOY (Jean DE), V, 639, 17942-17943.

Bernuci (Claude) : voir BERNEUX (Claude).

BERNUS (Claude), juriste, capitaine et juge d'Apt, VII, 164, 24024. Cf. BERNEUX (Claude).

BERNUS (Nicolas), natif de Lorraine, habitant Sault en Provence. Lettres de naturalité, IV, 394, 12845; VII, 336, 24924.

BERNY (Jean), VIII, 652, 32670.

BERNY-EN-SANTERRE (Somme). Remise de tailles, III, 348, 9123.

Berolla (Jean de) : voir YBEROLLA (Jean DE).

BÉROUVILLE (Ursin DE), VI, 292, 20392.

BERQUETOT (Rigault DE), V, 344, 16460.

Berquin (François) : voir BARGUIN (François).

BERQUIN (Louis DE). Procès en hérésie, I, 351, 1879.

BERRE (Bouches-du-Rhône) ou BERRE-EN-MARTIGUES. Baronnie, II, 72, 4205; VI, 744, 22779; greffier : voir LEPORIS (André). Étangs et marais, VII, 368, 25095; VII, 370, 25100; VII, 408, 25291. Foires, IV, 244, 12133. Judicature, VIII, 668, 32758. Grenier à sel, VI, 75, 19280; fermier : voir BESSON (Philippe); grènetier : voir RÉMON (Nicolas). Poursuites contre certains habitants, VIII, 171, 30836; cf. VIII, 685, 32852. Privilèges de la ville, I, 69 (VIII, 764), 407. Voir BOSSO (Guillaume), BRETON (Mariano), SAUVAIRE (Jean).

Berré, c^ne de Dolomieu (Isère) : voir SAINT-MAURICE (César DE).

BERRE (Honorée DE), femme de Louis de Villeneuve, marquis de Trans, VII, 7, 23233.

BERRE (Jean DE), s^r de Gilette, IV, 623, 13913; VIII, 720, 33101.

BERRIC (Morbihan) : voir COUIGNAC, TRÉMOHUR. Foires, VI, 378, 20839.

Berrie: corr. BERRY.

BERRIER (Michel), notaire en la prévôté de Chaumont-en-Bassigny, IV, 700, 14255.

BERRODON (Pierre DE), prêtre, V, 759, 18614.

BERRUYER (Claude), s^r des Gardes, VI, 623, 22148.

BERRUYER (Jean), VI, 553, 21779.

Berruyer (*Louis*) : voir BARRUEL (Louis).

BERRUYER (Martin), secrétaire du roi, II, 90 (VIII, 346e), 4293; III, 226, 8557.

BERRUYER (Martin), notaire au Parlement de Paris, VII, 495, 26056.

BERRUYER (Nicole) ou LE BERRUYER, conseiller lai au parlement de Paris, II, 691, 7121; VI, 695, 22535; VII, 491, 26012; créancier du roi, VII, 552, 26809.

BERRY, pays, V, 686, 18211. Séjour de M. de Vatan, VIII, 147, 30619. Troupes, VII, 722, 28613.
— *Bailliage : personnel*. Baillis; liste, IX, 231. Création d'offices de conseillers, IV, 596, 13783; d'un office de lieutenant criminel à Issoudun, IV, 723, 14363; ensuite supprimé, IV, 744, 14460.
— *Bailliage : ressort administratif*. Destruction des loups, VII, 473, 25822. Entérinement des privilèges de l'abbaye de Saint-Sulpice, I, 283, 1531. Enquête sur les statuts des teinturiers de Bourges, I, 493, 2600.
— *Bailliage : ressort domanial* : voir ABLOUX, AUBIGNY-SUR-NÈRE, BAUGY, BLANC (LE), CONCRESSAULT, FOËCY, ISSOUDUN, SAINT-AIGNAN, SAVIGNY, SELLES-SUR-CHER, VEUIL. Administration de temporels, V, 706, 18336; VII, 418, 25357. Ban et arrière-ban : montre du 15 mai 1534, VI, 346, 20673; du 6 juillet 1536, VI, 420, 21059. Biens du chapitre de Saint-Hilaire-le-Grand de Poitiers, I, 125, 727; de Vincent du Puy, VI, 711, 22623; de Charles de Varie, VIII, 626, 32525. Forêts, I, 468, 2473; appartenant à Claude d'Urfé, V, 24, 14784. Recette, VII, 516, 26324; contrôleur : voir PAJONNET (François). Recouvrement des deniers, II, 299, 5295; VII, 482, 25912.
— *Bailliage : ressort judiciaire*, compris dans le ressort des Grands Jours : d'Angers, IV, 11, 11058; — de Moulins en 1534, II, 706, 7188; en 1540, IV, 114, 11521; — de Poitiers, IV, 224, 12032; — de Riom en 1542, IV, 348, 12639; en 1546, V, 123, 15319; — de Tours, II, 492, 6172. Coutumes, II, 637, 6865; III, 29, 7588; III, 756, 10965; IV, 68, 11311. Forçats, VII, 443, 25581. Juridiction d'appel du Parlement de Paris substituée à celle des Grands jours supprimés de Berry, II, 724, 7268. Notaires, V, 192, 15660. Poursuite des faux-sauniers, VII, 458, 25701; des hérétiques, IV, 751, 14492; IV, 760, 14534. Prévôt des maréchaux : voir GENTON (Claude). Sièges : voir BOURGES, DUN-LE-ROI, ISSOUDUN.
— *Duché*, I, 256 (VIII, 325e-326), 1396; VII, 512, 26268. Duc : voir JEAN. Duchesses : voir JEANNE DE FRANCE, MARGUERITE DE VALOIS. Grands jours, I, 197, 1095; I, 296, 1603; II, 724, 7268. Greniers à sel, VII, 567, 26997.
— *Élection*. Contrôleur : voir LE MARÉCHAL (Henri). Élus : VIII, 299, 32119; voir BRODEAU (Guillaume). Greffiers : voir BOCHETEL (Guillaume), père et fils. Receveur : voir BAULT (François).

BERRY, c^ne de Nueil-sur-Dive (Vienne). Seigneurie, V, 696, 18265.

BERRY (Geoffroy), V, 144, 15421.

BERRY (Guillaume), IV, 83, 11378.

BERSAC (François DE), prêtre. Légitimation de ses enfants Étienne et Marguerite, VI, 449, 21213.

« *Bersac* », corr. Brassac (Tarn). Seigneur : voir LA PALU (Jean DE).

BERSERELLES (Pierre), contrôleur des aides et traites de Sens, VII, 578, 27131.

BERTAL (Pierre), commandeur général de Saint-Antoine de Gap, VI, 109, 19453.

BERTANO (Jurone) envoyé du Pape, IX, 130.

BERTAULT, comptable, IV, 596, 13782.

BERTAULT (Germain), mesureur du grenier à sel d'Auxerre, VII, 680, 28266.

Bertault (Jean) ou Bertaut, contrôleur du grenier à sel de Gisors et de la chambre à sel de Gournay, VII, 39, 28408; VII, 712, 28551.

Bertault (René) ou Berthault, dit Lagoise, greffier civil des plaids et assises de Saumur, III, 329, 9034; III, 464, 9647; III, 618, 10340.

Bertaut (Jean) : voir Bertault (Jean).

Berteau (Pierre), Bertheau, Barteau ou Breteau, fourrier ordinaire du roi, II, 28, 3979; II, 563, 6505; IV, 265, 12237; VII, 540, 26639; VII, 553, 26822; VII, 649, 27991; VII, 693, 28378; VII, 695, 28398.

Berthaudière (Jean), sergent royal en Poitou, V, 116, 15280.

Berthault (Charles), enquêteur au bailliage et chancellerie d'Autun, IV, 84, 11384; procureur du roi en la gruerie de l'Autunois, IV, 286, 12332.

Berthault (Jacques), payeur de la compagnie de César Frégoso, IV, 241, 12119.

Berthault (Pierre), de la vénerie royale, II, 20, 3939.

Berthault (René) : voir Bertault (René).

Berthe (Aimon, Aymard, Edme ou Edmond), Brethe, Brethé ou Brette, receveur et payeur de l'écurie du roi, II, 701, 7165; V, 543, 17465; VII, 654, 28030; VII, 668, 28158; VII, 676, 28223; remboursé d'un prêt fait au roi, VII, 676, 28223.

Berthe (Raymond), III, 451, 9586.

Bertheau (Pierre) : voir Berteau (Pierre).

Bertheaux (Sr de) : voir Allego (Jean).

Berthelin (Thibaut), sergent à verge du Châtelet de Paris, IV, 779, 14627.

Berthelon (André), garde des salines de Peccais, II, 439, 5935.

Berthelon (André), servant et garde de la garnison d'Aigues-Mortes, V, 699, 18291.

Berthelot (Gilles), sr d'Azay, maître clerc des comptes à Paris, I, 238, 1302; président des comptes à Paris, I, 660, 3453; V, 509, 17292; VI, 131, 19569. Commissions : pour l'examen de diverses comptabilités, I, 320, 1730; I, 376, 1999; pour la recherche des francs-fiefs et nouveaux acquêts en la prévôté de Paris, VII, 509, 26235. Échange avec le roi, VII, 512, 26270. Procès criminel, I, 570, 2999; I, 573, 3016; I, 576, 3030; I, 578, 3037; I, 591, 3105; I, 594, 3118; II, 549, 6437; II, 731, 7297; VII, 535, 26570. Sa femme : voir Lesbay (Philippe).

Berthelot (Gilles), prévôt des maréchaux dans les élections de Meaux, Soissons, Reims, Château-Thierry, Provins, Melun, Laon et Rethelois, IV, 113, 11518; VIII, 759, 33296.

Berthelot (Jean), chevaucheur d'écurie, VIII, 92, 30075; VIII, 94, 30096.

Berthelot (Jean), concierge du château de Nantes, I, 106, 615.

Berthelot (Jean), serviteur de l'évêque de Rodez. Missions à Venise, VIII, 135, 30505; VIII, 298, 32110.

Berthelot (Martin), lieutenant du prévôt de l'hôtel, V, 301, 16545; V, 376, 16616.

Berthelot (René), acquéreur de la seigneurie de Malaquet, V, 764, 18645.

Berthelot (René), conseiller clerc au Parlement de Paris, VII, 498, 26086.

Berthereau, élu, VII, 684, 28302.

Berthereau (Nicolas), receveur des fouages à Saint-Malo, II, 147, 4583.

Berthereau (Nicolas), sr de Villiers-le-Sec, secrétaire du roi, II, 441, 5944; bailli et concierge du Palais à Paris, III, 387, 9290; III, 604, 10282; VI, 472, 21332; VI, 549, 21755; VI, 592, 21984; négociateur de la trêve de Bomy, III, 365, 9194; VIII, 56, 29749.

Bertheville (Sr de) : voir Fontenay (Jean de).

Berthier (Artus), enquêteur aux bailliage, chancellerie et vierie d'Autun, VI, 748, 22796; VIII, 792[c], 13429.

Berthier (Simon), secrétaire du roi. Commissions financières, I, 169, 958; I, 431, 2282; I, 513, 2707; I, 529, 2790; I, 554, 2913; VIII, 600, 32393. Cf. Bertier (Simon).

Bertho (Julien), commis à la recette des reliquats des receveurs particuliers de Bretagne, III, 371, 9221. Cf. Berthon (Jean).

Bertholini (Girard) : voir Bartolini (Gérard).

Berthomé (Jean), prêtre, Légitimation de son fils François, IV, 395, 12851.

Berthomier (Jean) : voir Barthomier (Jean).

Berthomier (Pierre), clerc des comptes à Paris, I, 141, 812. Anoblissement rapporté à tort à l'année 1515, I, 44, 256; V, 415 (VIII, 390^a), 16799.

Berthon (Jean), receveur des restes des comptables en Bretagne, VIII, 186, 30984. Cf. Bertho (Julien).

«*Berthon-en-Bourbonnais*» : corr. Brethon (Le).

Berthonier (Gilbert), du Brethon. Affranchissement, I, 471, 2491.

Berthonier (Pierre) ou *Berthonnier* : corr. Berthomier (Pierre).

Berthouville (Eure) : voir Anière, Ressencourt.

Bertier (Louis), secrétaire de la chancellerie de Toulouse, III, 712, 10768.

Bertier (Simon), secrétaire de la chancellerie de Toulouse, III, 712, 10768; cf. Berthier (Simon).

Bertin (Jean), élu irrégulièrement abbé de Saint-Ferme, VII, 420, 25376.

Bertin (Pierre), lieutenant général du bailli de Péronne, Montdidier et Roye, VII, 197, 24181.

«Bertincourt», VII, 589, 27309.

Bertinelli (Madeleine), femme de Raymond Vento, florentin, habitant Marseille. Lettres de naturalité, VII, 289, 24646.

Berto (François), notaire en la Chambre des comptes de Bretagne, III, 404, 9373.

Berton (Laurent) ou Breton, italien, marchand à Lyon. Aubaine, II, 393, 5725; II, 621, 6794; VI, 328, 20575; VII, 570, 27027.

Bertonnier (Pierre) : corr. Berthomier (Pierre).

Bertrand (Claude), ouvrier à la Monnaie de Grenoble, IV, 578, 13702.

Bertrand (Claude), originaire du bailliage de Barcelonnette, demeurant à Aups. Lettres de naturalité, VII, 312, 24783.

Bertrand (Giraud), muletier du roi, VIII, 249, 31594.

Bertrand (Guillaume), juge du Puy. Anoblissement, I, 501, 2638; VII, 139, 23904.

Bertrand (Hilaire), receveur des deniers communs de Riom, VII, 585, 27255.

Bertrand (Jacques), dit d'Orléans, contrôleur des deniers communs de Pithiviers, VII, 680, 28262.

Bertrand (Jacquette), VI, 232, 20075.

Bertrand (Jean) ou Bertrandi, conseiller au Conseil privé, VIII, 193, 31054; au Grand Conseil, II, 225, 4953; II, 459, 6019; — conseiller lai au Parlement de Paris, II, 459, 6020; VII, 496, 26064; — premier président du Parlement de tagne, VII, 567, 26990; du Parlement de Toulouse, III, 277, 8799; III, 501, 9820; III, 617, 10337; VII, 216, 24277; VIII, 250, 31598; — président au Parlement de Paris, IV, 70, 11320; IV, 461, 13167; IV, 495, 13329; IV, 647, 14024; IV, 706, 14281; VII, 497, 26079; VIII, 170, 30833; VIII, 197, 31083; VIII, 304, 32160-32161; VIII, 702, 32948; — au Parlement de Toulouse, III, 6, 7475; III, 7, 7482. Missions en Lorraine et en Allemagne, VIII, 191, 31030; VIII, 228, 31375; IX, 13, 91. Cf. VIII, 243, 31529.

Bertrand (Jean), prêtre, V, 451, 16992.

Bertrand (Zacharie), avocat en Parlement. Lettres de rappel de ban, VI, 407, 20990.

Bertrand (Fief) : voir Fief Bertrand (Le).

Bertrandi : voir Bertrand (Jean).

Bertrandi (François), conseiller au Parlement de Toulouse, IV, 349, 12640.

Bertrange (Forêt de la), comprise dans les c^nes de Murlin et de Narcy (Nièvre), III, 654, 10506.

Béruges (Vienne) : voir Bois-Herbert (Le).

Bérulles (Aube) : voir Séant-en-Othe.

Berville (Seine-Inférieure). Fief, VI, 3, 19372; VI, 584, 21945.

Berville-la-Campagne (Eure) : voir Sotteville. Seigneurie, II, 260, 5125.

Berzeau (Robert) : voir Berziau (Robert).

Berziau (Françoise), V, 609, 17791.

Berziau (Jean), bailli de Chartres, V, 417, 16810; V, 609, 17791.

Berziau (Nicole), contrôleur général de l'artillerie, V, 741, 18526; VI, 66, 19236.

IMPRIMERIE NATIONALE.

Berziau (Pierre), conseiller au Parlement de Paris, VI, 84, 19321.

Berziau (Robert), conseiller lai au Parlement de Paris, IV, 723, 14364; VIII, 685, 32850.

Berzillet (Jean de), sergent de la haye de la Fontaine en la forêt de Roumare, III, 403, 9369.

Berzy-le-Sec (Aisne). Vicomté, VI, 646, 22268.

Bès (Le) : voir Bez-de-Belfourte (Le).

Besançon (Doubs). Abbaye de Saint-Vincent; abbé : voir Bonvalot (François). Chanoine et official : voir Gruyères (Léonard de). Diocèse : voir Plaisance (Guillaume de); bénéfices compris dans les limites du royaume, VII, 168, 24046. Église métropolitaine; trésorier : voir Bonvalot (François). Monnaie: cours des *carolus* en France, IV, 727, 14385; V, 66, 14999.

Besançon (Guillaume). Procès criminel, III, 343, 9099; VI, 334, 20607.

Besançon (Jean de), commis au payement des bâtiments du Hâvre, V, 701, 18299.

Besançon (Louis de), conseiller lai au Parlement de Paris, III, 419, 9448.

Besançon (Marie), pauvre folle, VIII, 271, 31824.

Besançon (Thibaut de), protonotaire apostolique, complice du connétable de Bourbon. Lettres d'abolition, I, 557, 2932.

« Bésigny ». Haute justice, VII, 507, 26194.

Beslon (Manche) : voir Ménardière (La).

Besmes (Étang de), sis à Mortcerf (Seine-et-Marne), II, 62, 4153; II, 394, 5727.

Besnard (Jacques) : voir Bernard (Jacques).

Besnard (Jean), Hénard ou Hesnard, payeur de la compagnie de M. de Vendôme, III, 71, 7807; III, 120, 8043; VII, 751, 28818.

Besnier (Étienne), créancier du roi, VII, 636, 27859; VII, 758, 28861; receveur général d'Outre-Seine et Yonne, I, 697, 3646; II, 154, 4617; II, 156, 4624; II, 199, 4828; II, 286, 5238; II, 371, 5626; II, 675, 7041; II, 691, 7120; III, 323, 9008; VII, 595, 27391; VII, 630, 27802; commis au payement des archers de la garde de la compagnie de M. de Chavigny, II, 103, 4358; VI, 225, 20036; VII, 608, 27548; VII, 628, 27769; VIII, 169, 30828. Sa veuve, VII, 763, 28897.

Besnier (Étienne et Guillaume), père et fils, boulangers suivant la cour, V, 372, 16596.

Bessan (Hérault) : voir Touroulle. Foire, II, 501, 6219. Seigneurie, VI, 125, 19537; VII, 148, 23944.

Bessant (Jean), sergent du guet à pied de Paris, V, 188, 15634.

Bessaut (Landes, c^{ne} de Lencouacq). Hôpital et commanderie de Sainte-Marie-Madeleine, VIII, 573, 32246; VIII, 642, 32608.

Bessay-sur-Allier (Allier). Recette ordinaire, II, 577, 5654; VII, 791, 29094; VIII, 24, 29445; VIII, 47, 29674. Siège de justice, VII, 529, 26486.

« *Besse* » : corr. Vassens.

Bessenay (Rhône). Foires, III, 395, 9329.

Besse-Noits (la), c^{ne} d'Aubin (Aveyron), VII, 266, 24520.

Bessé-sur-Braye (Sarthe) : voir Courtanvaux.

Besset (Pierre), notaire au bailliage de Montferrand, V, 96, 15165.

Bessey (Le s^{r} de), VI, 182, 19823.

Bessière-Bécède-Lauraguais (La) : voir Labécède-Lauraguais.

Bessière-Candeil (La) : voir Labessière-Candeil.

Besso (Le), c^{ne} de Saint-André-des-Eaux (Côtes-du-Nord). Vicomte : voir Beaumanoir (Charles de).

Besson (Catherine), VIII, 653, 32676.

Besson (Marcellin), maître de la Monnaie d'Aix, IV, 380, 12787.

Besson (Philippe), maître de la Monnaie d'Aix, VII, 57, 33498.

Besson (Philippe), fermier des greniers de Berre, VII, 153, 23968; VII, 195, 24171; VII, 212, 24256.

Bessonié (la), c^{ne} de Montredon (Tarn). Marché, IV, 320, 12501.

Bessons (Jacques de), chanoine régulier de l'ordre de Saint-Augustin. Légitimation de son fils Antoine, prêtre, de la sénéchaussée de Lyon, V, 636, 17930.

Bestagno (Auguste), natif de la Rivière de Gênes, demeurant à Saint-Tropez. Lettres de naturalité, VI, 649, 22286.

Bétail. Exemptions de droits d'aide pour le bétail acheté par l'Hôtel-Dieu de Paris, IV, 64, 11294; de traite foraine pour le bétail entrant à Avignon, IV, 467, 13193. Commerce du bétail : entraîne, pour qui l'exerce, la sujétion à la taille, VII, 447, 25611. Exportation permise en Bourgogne, VI, 816, 23139. Imposition sur le bétail aux marchés de Paris, Poissy, Pontoise et Houdan, IV, 20, 11097. Interdiction de la pâture du bétail dans la forêt de Bière, IV, 112, 11510; dans les prairies, du 25 mars jusqu'après la rentrée des foins, VII, 428, 25438. Octrois sur le bétail : à Chartres, VII, 522, 26403; à Dijon, II, 598, 6679; à Lyon, I, 288, 1562; I, 299, 1620; IV, 442, 13079; à Montferrand, VI, 124, 19534; à Paris, I, 391, 2085; I, 399, 2124; I, 517, 2627; IV, 12, 11062; IV, 66, 11302; IV, 433, 13038; IV, 435, 13043; V, 63, 14989; VI, 609, 22069; à Rouen, VI, 712, 22626; à Troyes, I, 303, 1643; à Verneuil, VIII, 569, 32230. Règlement du sénéchal de Beaucaire sur le prix du bétail, III, 255, 8699. Réquisitions de bétail, VII, 416, 25341. Vendeurs de bétail à Rouen, I, 705, 3687; II, 221, 4932; VI, 245, 20145. Cf. **Pied fourché.**

Bêtes du royaume de Fez, II, 697, 7145.

Bêtes noires et rousses : voir **Chasse.**

Bêtes vives : voir **Bétail.**

Bèthe (Scholastique), abbesse de Sainte-Marthe et Saint-Honorat de Tarascon, VIII, 709, 32990.

Béthinie (Guy **de**). Biens confisqués, VII, 521, 26380.

Béthisy (Antoinette **de**), veuve de Jean de Conteville, VI, 532, 21667.

Béthisy (**Charles de**), de la compagnie du duc d'Estouteville. Relèvement de montre, IV, 383, 12803.

Béthisy (Jean **de**). Aubaine, V, 333, 16404.

Béthisy-Saint-Pierre (Oise). Châtellenie : coutumes, IV, 33 (VIII, 785), 11152. Gruerie en la forêt de Cuise, V, 231, 15866.

Bethléem, c^ne^ de Clamecy (Nièvre). Hôpital et évêché, V, 639, 17941. Pèlerinage, VII, 159, 24000.

Bethling (Hubert, comte **de**), allemand, VIII, 151, 30659.

Bethoncourt (*S^r^ de*) : voir **Salives** (Antoine **de**).

Béthune (Alpin **de**), baron de Baye, seigneur de Mareuil, commissaire pour le ravitaillement de Saint-Quentin, VIII, 170, 30834; indemnisé des engagements qu'il a consentis pour la rançon du roi, I, 702, 3669; III, 315, 8973; VII, 558, 26891. Fonte d'artillerie de fer, VIII, 113, 30293. Hommage, VI, 582, 21938. Procès contre le roi touchant la forêt du Gault, VIII, 23, 29441; VIII, 160, 30733.

Beton : voir **Beatoun.**

Béton : voir **Betton.**

Beton-Bazoches (Seine-et-Marne). Foires et marchés, I, 614, 3218. Seigneur : voir **Fretel** (Louis).

Betonde (*Marquis de*) : voir **Acquaviva** (Jules-Antoine **d'**) : cf. **Bitonto.**

Betoun : voir **Beatoun.**

Bettancourt (Marne). Forêt, V, 802, 18843.

Betton (Ille-et-Vilaine). Seigneur : voir **Saint-Gilles** (Pierre **de**).

Betz (Oise) : voir **Macquelines.** Fief, V, 513, 17312.

Beufves (René), sergent à cheval au Châtelet de Paris, III, 322, 9003.

Beugneux (Aisne) : voir **Mothe-Buigneux** (**La**).

Beugnon, c^ne^ de Maison-Rouge (Seine-et-Marne). Seigneur : voir **Melun** (Louis **de**).

Beugnot (Simon), II, 407, 5787.

Beuil (Alpes-Maritimes) : voir **Baillon** (Triais).

Beulet (Gilles), s^r^ de la Godefroy, élu d'Avranches, V, 369, 16581.

Beurriot (Jean **de**), V, 56, 14950.

Beus (Dominique **de**) dit **Pontizet**, natif de Chieri, gentilhomme de la maison du cardinal de Tournon. Lettres de naturalité, V, 100, 15187.

Beussent (Pas-de-Calais) : voir **Engoudsent.**

Beux (Jean **de**), général des monnaies à Paris, III, 702, 10725.

Beuxes (Vienne). Création d'un office de notaire, III, 440, 9539.

Beuvron-en-Auge (Calvados). Baronnie, V, 575, 17620; baron : voir Harcourt (François et Jacques d').

Beuzemouchel, aujourd'hui Bernières (Seine-Inférieure). Seigneurie, V, 208, 15739.

Beuzeval (Calvados) : voir Launay.

Beuzeville (Eure) : voir Beaumoncel, Lachy. Quart de fief, V, 429, 16871.

Beuzeville (Noël), huissier et messager de la Chambre des comptes et du Trésor, VII, 598, 27437.

« *Bevère* » : corr. Bennerey (Le).

Beyern (Le s^r de), V, 277, 16105.

Beyès (Jean), prieur et seigneur de Saint-Crépin, VII, 249, 24436.

Beyart (François de), natif de Burgos, demeurant à Rouen. Lettres de naturalité, VI, 160, 19709. — Cf. Bergeart (François de).

Beynac (Arnaud de). Légitimation de son fils Antoine-Jean, dit Poton, V, 12, 14718.

Beynast (Jean de), V, 693, 18248.

Beyne (Alphonse ou Alonse) ou Vayne, natif d'Andalousie, habitant Draguignan. Lettres de naturalité, IV, 341, 12608; VII, 323, 24850.

Beynes (Seine-et-Oise). Baronnie, IV, 772, 14593; VI, 797, 23038; baron : voir Poyet (Guillaume). Séjours du roi, VIII, 550.

Bez : voir Bez-de-Belfourte (Le).

Bezans : voir Saint-Jean-des-Baisants.

Bezançon (Jean), receveur de l'élection de Beauvais, VIII, 758, 33283.

Bézard (Jean et Guillemin), père et fils, huissiers au Parlement de Dijon, V, 489, 17196.

Bezaure, c^ne de Lioux (Vaucluse), VII, 153, 23970.

Bezay, fief sis à Tours, I, 204, 1132.

Bez-de-Belfourte (le) (Tarn). Seigneurie, VII, 12, 23264; VII, 64, 23532; VII, 70, 23562; VII, 245, 24418; VII, 349, 24994; VII, 580, 27173.

Bèze (Côte-d'Or), VI, 497, 21467. Séjour du roi, VIII, 550.

Bèze (Geoffroy et Michel de), I, 230, 1261.

Bèze (Jean de), garde des mines d'argent du Nivernais, I, 37, 214.

Bèze (Nicole de), conseiller clerc au Parlement de Paris, II, 136, 4523.

Bèze (Pierre de), élu de Vézelay. Autorisé à exploiter des mines en Nivernais, V, 48, 14914.

Bezellet (*Georges*), d'Anvers : corr. Vezeler (Georges).

Béziers (Hérault). Assemblée des consuls des villes capitales de Languedoc, VII, 594, 13771. Sessions des États de Languedoc : en 1534, VI, 375, 20821; en 1539, IV, 44, 11204; en 1542, IV, 369, 12733; en juin 1544, IV, 595, 13776; VI, 747, 22795; en novembre 1544, IV, 676, 14150; VI, 770, 22902. Mission de Pierre Fougeret, III, 407, 9388. Séjours du roi, VIII, 550.

—— *Diocèse ecclésiastique* : voir Clairac, Roquebrun, Saint-Martin-de, Villemagne, Saint-Nazaire-de-Ladarez. Évêques : voir Du Bois (Antoine), Gouffier (François), Lettes (Jean de), Narbonne (Jean de). Recouvrement des dons gratuits, VIII, 81, 29979.

—— *Diocèse financier*. Contribution du blé pour l'approvisionnement de Narbonne, IV, 533, 13498. Receveur des aides : voir Plantavit (Pierre).

—— *Siège* (*sénéchaussée de Carcassonne*), I, 644, 3374. Conservation de l'équivalent, V, 503, 17264. Procureurs du roi : voir Mercier (Amaury), Pondéros (Pierre).

—— *Viguerie*. Biens de Guillaume de Lévis, VIII, 323, 1158 *bis*; d'Étienne Petit, VII, 9-10, 23241-23246. Établissement de six conseillers, I, 198, 1104. Greffe, III, 465, 9650.

—— *Ville*. Aide mage et menue, III, 649, 10482. Barbiers et chirurgiens, II, 501, 6213. Fortifications, VII, 213, 24263; VIII, 19, 29409. Mesures contre la peste, II, 464, 6044. Moulins, III, 649, 10482. Procès contre le chapitre, VI, 170, 19758; contre le châtelain de Pézenas, VI, 269, 20269. Subvention de guerre, VII, 132, 23868. Travaux des pauvres valides, II, 665, 6998.

Bezombes, c^ne de Monsempron (Lot-et-Garonne), VII, 77, 23593.

Bézu-la-Forêt (*Eure*) : voir Maurepas.

BÉZU-LE-LONG ou BÉZU-SAINT-ÉLOY (Eure). Seigneurie, V, 387, 16669.

Biaches (Somme) : voir BAZINCOURT.

BIAGRAS (François DE), natif de Piémont. Lettres de naturalité et de légitimation, III, 740 (VIII, 370), 10893.

BIAIX (Pierre DE), envoyé de Navarre, IX, 134.

BIANDRA (Guillaume DE), VIII, 185, 30971.

BIART (Bernard DE), sous-viguier de Limoux, V, 740, 18523.

BIAS (François DE). Légitimation de son fils Jean, IV, 245, 12141.

BIAYE (Huguette DE), VI, 231, 20068.

BIBIENA (Bernard DOVIZI, dit), cardinal de titre de Sainte-Marie in Porticu, légat en France, IX, 123; concessionnaire du péage du Pô, V, 305, 16251; évêque de Coutances, I, 235, 1288; V, 487, 17184; VII, 421, 25380.

BIBLE : glose éditée par Antoine Vincent de Lyon, IV, 725, 14388.

BIBLIOTHÈQUE de Jean de Pins, évêque de Rieux. Inventaire, III, 454, 9599.

BIBLIOTHÈQUE DU ROI. Acquisitions : à Milan, VIII, 276, 31873; à Paris, VII, 736, 28718; à Turin, VIII, 171, 30840; à Venise, IV, 181, 11829; IV, 186, 11854; IV, 247, 12147; VIII, 200, 31119. Inventaire, IV, 614, 13866. Personnel : voir CHAPPUIS (Claude), VERDIER (Jean), SAINT-GELAIS (Mellin de). Restauration, reliure et dorure de livres par le libraire Le Faucheur, VIII, 104, 30199. Transfert de Blois à Fontainebleau, IV, 614, 13866. Voir LIVRES.

«BIBLIS (RONDEAU DE)», joyau, VIII, 282, 31924.

Bibos (*S^r de*) : voir ORBEC (Jean D').

BICHENAGE (DROIT DE), à Chalon, V, 126, 15335.

BICHES élevées au château de l'Hermine, à Vannes, II, 191, 4786.

BICHOT (Michel), prêtre, prieur de Saint-Pierre du Ham, V, 509, 17294.

Bidache (Basses-Pyrénées) : voir MIXE.

BIDAN (FORÊT DE), comprise dans la commune de Chauffour-lès-Bailly (Aube), V, 332, 16395.

Bidart : voir SAUX (Arnaud).

BIDASSOA (LA), rivière, VIII, 550.

BIDAULT (Guy DE), général des monnaies, VII, 566, 26978.

BIDAULT (Robert), VIII, 56, 29745.

BIDAUT (Charles DE), greffier de la Cour des Aides de Paris, VII, 440, 25548.

BIDOULX (Pierre DE) ou BIDOUX, s^r de Lartigue, vice-amiral de Bretagne, III, 131, 4502; III, 306, 8930; V, 543, 17466; V, 672, 18122; V, 755, 18595; VII, 426, 25421; VII, 436, 25502; VII, 455, 25669; VII, 459, 25703; VII, 466, 25767.

BIDOUX (Prégent DE), prieur de Saint-Gilles, capitaine général des galères en l'armée de mer du Levant, I, 134, 773; V, 343 (VIII, 343), 16457; VII, 54, 23485; VIII, 569, 32225.

Bièce : voir BIESSE.

BIELLEVILLE, c^ne de Rouville (Seine-Inférieure). Cure, VI, 70, 19253.

BIENAIMÉ (Edmond, Louis et Nicolas), les deux derniers neveux du premier, VI, 673, 22420.

BIENAIMÉ (Guillaume), contrôleur des deniers communs de Troyes, I, 50, 293; I, 62, 365; V, 544, 17471.

Biencourt (Meuse). Seigneur : voir GUERMANGE (Warri DE).

BIENFAITES, seigneurie sise à Villemeneux, c^ne de Brie-Comte-Robert (Seine-et-Marne), VI, 348, 20681.

BIENS. Autorisation d'en tenir dans le royaume, VIII, 696, 32913. Cf. NATURALITÉ (LETTRES DE).

BIENS RURAUX en Languedoc, V, 77, 15063; VIII, 644, 32621.

Bienval : corr. BEAUVAL.

BIENVENU (Claude), natif de Savoie, canonnier ordinaire du roi. Lettres de naturalité, VI, 123, 19530.

BIENVENU (Jacques), écuyer ou maître-queux de la cuisine de bouche, II, 15, 3910; VI, 171, 19767; VII, 627, 27760.

BIENVENU (Jean), sergent en l'élection de Meaux, IV, 334, 12567.

BIENVENU (Michel), chanoine de Saint-Hilaire de Poitiers, commis à la levée, dans le diocèse de Maillezais, des décimes de la Croisade, V, 308, 16270.

Bienvenu (Pierre), sommelier de paneterie, VII, 645, 27952.

Bienvenue offerte en Agenais au nouveau sénéchal, VII, 443, 25576.

Bienville (Haute-Marne). Seigneurie, V, 393, 16696.

Bière destinée à l'avitaillement de l'armée de Piémont, VIII, 230, 31403; VIII, 271, 31816. Octroi sur cette boisson à Eu, II, 70, 4192; à Rouen, VI, 67, 19240. Voir Brasseurs, Cervoise.

Bière (Forêt de) ou de Fontainebleau. Dépôt des vieilles toiles de chasse, VIII, 111, 30273; VIII, 164, 30776. Destruction des animaux nuisibles, VII, 724, 28267; VIII, 177, 30900; VIII, 307, 32181. Droit d'usage, V, 252, 15971. Paisson du bétail interdite, IV, 111, 11510. Vente de bois, VIII, 159, 30729. Voir Bas-Moulins (les).
—— *Communautés voisines.* Droits d'usage IV, 215, 11988; IV, 403, 12887. Exemptions du logement des gens de guerre, IV, 415, 12944; de tailles, I, 276, 1496; II, 14, 3907.
—— *Conservation.* Autorité du grand-maître des eaux et forêts de Brie et de Champagne, II, 742, 7345. Forestiers : voir Fouquet (Louis), Villiers (Claude de). Gouverneurs ou grands forestiers, II, 130, 4535; voir Aymar (Pierre d'), L'Hôpital (Alof de). Gages des capitaine et gardes II, 320, 5437; II, 628, 6826; III, 101, 7954; VIII, 159, 30726. Greffier : voir Sauldin (Louis). Juridiction établie à Fontainebleau, II, 343, 5500.

Biesles (Haute-Marne). Seigneurie, VI, 244, 20141.

Biesse (Prés de) ou Bièce, à Nantes, II, 191, 4789; II, 435, 5917; II, 652, 6942. Île de ce nom, II, 269, 5164.

Biéville-en-Auge (Calvados), V, 239, 15906.

Biéville (Manche), paroisse située dans la vicomté de Bayeux, et non dans celle de Coutances, VI, 750, 22808. Voir Auvray (Marin), Hébert (Renaud).

Bièvre (Forêt de), en Dauphiné, II, 620, 6830.

Bièvres (Seine-et-Oise) : voir Valprofond.

Bièvres (La demoiselle de), III, 525, 9935.

Bièvres (Charles de): corr. Vieure (Charles, s^r de).

Bièvres (Pierre de), V, 639, 17946.

Biez (Le s^r du) : voir Du Biez (Oudart).

Bigame : voir Bordier (Jean).

Bigaud (Louis de), page de l'écurie, I, 611, 3204.

Bigards, c^ne de Nassandres (Eure) : voir Rouvres.

Bigards c^ne de Saint-Martin-Saint-Firmin (Eure). Fief, V, 231, 15862; VI, 522, 21607.

Bigars (Louis de), chevalier, s^r de la Londe, V, 455, 17015.

Bigas (Louis de), écuyer, s^r de la Londe, VI, 247, 20156.

Bigault (François). Confiscation après condamnation à mort, V, 159, 15482.

Bigier (Jean), sergent en la garde de Vitry, dans la forêt d'Orléans, III, 316, 8977.

Biglatoribus (Guillaume de), de la maison de Lucerne, VI, 824, 23176.

Bigna : voir Del Bigna.

Bignet (Michel), conseiller au Parlement de Paris, commis aux requêtes du Palais, VII, 485, 25930; VIII, 311^a, 58.

Bignon (Jean), procureur du roi en la gruerie de Montfort-l'Amaury, III, 17, 7526.

Bignon (Le) [Loire-Inférieure] : voir Touffou.

Bignot (Jean), VI, 387, 20885.

Bigonnet, seigneurie en Dauphiné, IV, 728, 14390.

Bigorre, comté et sénéchaussée compris dans le département actuel des Hautes-Pyrénées. Clergé, V, 597, 17728. Comte : voir Henri II, roi de Navarre. Exemptions d'impôts, IV, 611, 13855; IV, 650, 14035; IV, 762, 14548; VII, 693, 28383. Impôts, I, 581, 3056; III, 240, 8654; III, 597, 10249; IV, 28, 11135. Maître des ports et passages : voir Beauvoir (Jean de). Voyages du roi de Navarre, VI, 383, 20864.

Bigot (Guillaume), III, 453, 9596.

Bigot (Jean), VI, 510, 21541.

Bigot (Laurent), premier avocat au Parlement de Rouen, III, 717, 10792; délégué aux Grands Jours de Bayeux, VI, 605, 22048. Pension, III, 725, 10828; VII, 583, 27225.

Bigot (Martin), sergent royal de la prévôté de Chinon, révoqué pour forfaiture, III, 651, 10490.

Bigot (Nicolas), conseiller ordinaire des Grands Jours de Berry. Commissions sur le fait des francs-fiefs à Bourges, I, 197, 1095.

Bigot (Robert), contrôleur ordinaire de la guerre, III, 693, 10680.

Bigreux (Mathurin), VII, 637, 27870.

Bihorel (Adam), courtier de vins à Rouen, V, 163, 15504.

Bijoux; du roi : voir Maison du roi; du trésor de Saint-Denis vendus sous Charles VI, I, 34, 194.

Bilbao (Espagne, cap. de province) : voir Darriagne (Jean).

Bild (Eskil ou Esche), Bille ou de Vylde, s[r] d'« Aiche », gentilhomme de la maison du roi de Danemark. Missions en France, VIII, 287, 31981; IX, 104, 105.

Bilhet : voir Demay (Antoine).

Bili (Anton), envoyé de Lucerne, IX, 137, 139.

Bilion (Aliette), VI, 527, 21634.

Biliotti (Jean), VIII, 428, 25441.

Billard (Jacques) ou Billart, huissier de salle ordinaire du roi, I, 568, 2990; II, 37, 4025; V, 395, 16707; VII, 510, 26249; VII, 660, 28078.

Billard (Jean), huissier et messager de la Chambre des comptes de Paris, VII, 568, 27010.

Billard (Jean), receveur des deniers communs de Tonnerre, V, 310, 16328.

Billard (Louis) ou Billart, valet de la garde-robe, II, 360, 5577; III, 426, 9477; III, 577, 10161; III, 682, 10630; IV, 275, 12278; IV, 289, 12346; VI, 437, 21149; VII, 691, 28365; créancier du roi, VIII, 74, 29913; VIII, 85, 30023.

Billard (N.), sergent royal en la sénéchaussée de Lyon, VI, 783, 22969.

Billart : voir Billard.

Billart (Gilbert), huissier au Parlement de Paris, IV, 416, 12948.

Billart (Jacques), VI, 254, 20193.

Billart (Philippe), fermier du quatrième des vins et menus boires de Falaise, II, 298, 5288.

Billebeuf (Jean). Biens confisqués, VII, 557, 26874.

Billes (Sylvestre), capitaine de la marine. Anoblissement, IV, 131, 11597.

Billet : voir Demay (Antoine).

Billioti (Dominique), florentin, habitant Marseille. Lettres de naturalité, VII, 297, 24695.

Billocque (Guillaume et Macé), étudiants à l'Université de Poitiers, enfants naturels de Pierre Gourjault. Légitimation, V, 742, 18530.

Billom (Puy-de-Dôme). Église de Saint-Cerneuf, I, 7, 42.

Billon. Exportation, I, 291, 1573; interdite, IV, 139, 11637; IV, 156, 11720; VI, 611, 22080; VIII, 679, 32820. Monnayage, IV, 631, 13946. Saisies par le maître des ports de Lyon, III, 464, 9648; VIII, 304, 32160. Trafic, I, 154, 880.

Billon : corr. Bellou.

Billon, sergent de bande en Piémont, VIII, 301, 32133.

Billon (André), natif de Cordon en Savoie, demeurant à Saint-Pourçain. Lettres de naturalité, V, 637, 17931.

Billon (Catherine), veuve de Claude de Tournon, VIII, 205, 31134.

Billon (Claude), notaire à Lyon, VI, 796, 23037.

Billon (Jean), garde de forêt. Gages, VIII, 204, 31140.

Billon (Jean), secrétaire du roi, greffier des présentations au Parlement de Paris, puis maître clerc des comptes à Paris, I, 222, 1222; III, 107, 7979; IV, 601, 13804; V, 395, 16704; VII, 488, 25968; VII, 489, 25980; VII, 794, 29115. Enquête sur l'érection projetée de la châtellenie de Chantilly, VI, 274, 20298; sur la valeur des comtés de Saint-Pol et de Montfort-l'Amaury, III, 477, 9707; VII, 654, 28034; VIII, 104, 30196; VIII, 148, 30626; VIII, 210, 31212. Mission en Flandre au sujet des terres engagées à l'empereur pour la rançon du roi, II, 517, 6290; II, 525, 6322; III, 3, 7460; VII, 669, 28160; VIII, 621, 32501. Mission pour requérir l'enregistrement aux cours impériales des traités de Madrid et de Cambrai, I, 691, 3616; VI, 212, 19967.

Billon (Jean), valet de limiers, II, 94, 4312.

Billonnement des monnaies, I, 238, 1304.

Billonneurs poursuivis, III, 748, 10930; IV, 353, 12659.

Billot (Droit de), sur les vins en Bretagne, I, 298, 1615; I, 488, 2572; II, 197, 4819; VII, 793, 29110-29111. Exemptions en faveur des rois du papegaut, I, 699, 3658; II, 23, 3953; III, 101, 7953; III, 520, 9908.

Billot (Jacques), valet de chambre de la duchesse de Ferrare. Échange avec le roi, IV, 149, 11685.

Billotes (Marguerite de), VI, 470, 21362.

Billotti (Louis), florentin, établi en Bretagne. Lettres de naturalité, IV, 414, 12942.

Billouard ou *Billouart* : voir Limage (Aymar ou Emond de).

Billouet (Henri), contrôleur du domaine et de la recette ordinaire de Valois, VII, 582, 27197.

Billouet (Simon), V, 649, 17999-18000.

Billourd (Claude), receveur ordinaire du comté de Clermont en Beauvaisis, III, 455, 9606.

Billy (Allier). Capitaine : voir Des Aages (Jean). Commis à la garde des prisons et de la basse-cour : voir Friant (Gilbert).

—— *Châtellenie*. Mouvance, VI, 482, 21381; voir Sanssat. Procureur du roi : voir Quénard (Jacques).

Billy (Loir-et-Cher). Seigneurie, I, 242 (VIII, 404*), 1327; I, 367, 1958.

Billy, c^ne^ de Saint-Vrain (Seine-et-Oise). Fief, VI, 198, 19899.

Billy (Anne de), II, 288, 5247.

Billy (Charles de), des cent gentilshommes de l'hôtel, VI, 34, 19081.

Billy (François de), seigneur de Courville, maître des eaux et forêts de Valois, III, 333, 9052; VI, 55, 19185. Hommages, V, 320, 16379-16380.

Billy (Louis de) dit Courville, seigneur de Prunay, capitaine de Guise. Lettres d'abolition, III, 318, 8987; V, 758, 18608.

Billy (Louis de), époux de Marie de Brichanteau, II, 57, 4128.

Billy (Louis de), s^r^ de Mello et d'Offémont, VI, 34, 19081.

Billy (Robert de), président au Parlement de Rouen, V, 698, 18283.

Billy (Robert de), fils du précédent, conseiller lai au Parlement de Rouen, V, 698, 18282-18283.

Billy-le-Petit, c^ne^ de Vaudemenges (Marne). Seigneurie, VIII, 601, 32396.

Billy-lès-Chanceaux (Côte-d'Or). Seigneurie échue au roi par droit d'aubaine, I, 337, 1807.

Bimont : voir Vimont.

Bimont (Edme de), s^r^ de la Lande, maître d'hôtel ordinaire du roi, VII, 433, 25480.

Binas (Jean), sergent en la forêt d'Eawy, III, 372, 9217.

Binasco (Italie, province de Milan). Seigneurie, V, 473 (VIII, 390*-391), 17113. Séjour du roi, VIII, 550.

Binet (François), receveur des deniers communs, d'octrois et patrimoniaux de l'Île-Bouchard, VII, 583, 27215.

Binet (Gilles), jacobin, docteur en théologie, prédicateur de la reine Éléonore, pourvu de l'abbaye de Saint-Jean d'Amiens, VII, 275, 24568.

Binet (Guillaume), mesureur du magasin à sel de Bernay, V, 95, 15159.

Binet (Jean), avocat fiscal au bailliage de Touraine, I, 338, 1812; I, 360, 1922.

Binet (Jean), contrôleur général de Guyenne, trésorier du duc d'Alençon, V, 156, 65468; V, 601, 17751; remplacé dans l'office de maître des eaux et forêts de Baugé, II, 755, 7409.

Binet (Jean), valet de limiers de la vénerie, IV, 78, 11359.

Binet (Martin), canonnier ordinaire de l'artillerie, I, 642, 3362.

Binhet (Huguette), VI, 99, 19401.

Bini (Jean-François) ou Vini, natif de Florence, marchand à Lyon. Lettres de naturalité, VI, 172, 19772. Prêt fait au roi, IV, 635, 13969. Privilège pour l'importation des soies, révoqué, IV, 624, 13918.

BIORD (François), lieutenant du sénéchal de Provence au siège d'Arles, VII, 401, 25259.

BIRAC (Charente). Seigneurie, VII, 257, 24474.

BIRAC (Lot-et-Garonne). Seigneurie, I, 527, 2779.

BIRAGO (Bastien), trompette de l'empereur, VIII, 86, 30031.

BIRAGO (François ou Francisque DE), BIRAGUE ou VIRAGO, hautbois du roi, II, 580, 6591; II, 730, 7295; VII, 670, 28167.

BIRAGO (Jérôme DE), capitaine de gens de pied, VIII, 295, 32061.

BIRAGO (Ludovic DE), capitaine de gens de pied, VIII, 295, 32060-32061.

Birague : voir BIRAGO.

BIRAGUE (Grandoyne DE), page de l'écurie, VIII, 126, 30416.

BIRAGUE (René DE), conseiller lai au Parlement de Paris, IV, 189, 11868; VII, 577, 27123; maître des requêtes en Piémont, VIII, 274, 31856; président au Parlement de Turin, IV, 509, 13389.

BISASEL (Jean DE), prêtre. Légitimation de ses fils Jean et François, V, 758, 18611.

BIRON (Dordogne). Foires et marché, I, 492, 2591; IV, 387, 12818; VII, 337, 24928.

BIRON (Le baron DE), VII, 264, 24511.

«BIRON» (Le s^r DE), bailli de Berry, remplacé par Jean Poussart, V, 609, 17790 (1).

BIRON (Catherine DE), dame de Mirambeau, VI, 426, 21095.

Biron (Tasquin) : voir VIRON (Tasquin).

Biscaye, contrée d'Espagne. Originaires : voir CAZAL (Martin); naturalisés français, DOUCETE (Jean), GUERRE (Christophe), TARAMONE (François DE).

BISCUIT pour l'approvisionnement de l'armée de mer, IV, 429, 13016; IV, 487 (VIII, 791^a), 13289; VIII, 747, 33201.

Biserets (Le capitaine ou le s^r de) : voir BELLANGER (Jean).

BISSON (Jacques), V, 461, 17045.

BISSOT (Jean), V, 436, 16912.

Bissy (S^r de) : voir THIARD (Jean DE).

BISTRE (Jean DE), compagnon de guerre, II, 40, 4040.

Bitonto (Italie, province de Bari). Marquis : voir ACQUAVIVA (Jean-François D').

BIVILLE, seigneurie sise à Bourguébus (Calvados) et aux environs, VI, 513, 21556.

BIZANET (Aude). Foires, I, 442, 2340. Seigneurie, VII, 64, 23531.

BIZARD (François), notaire à Marseille, VIII, 652, 32665.

BIZE (Aude). Séjour du roi, VIII, 650.

BIZE, c^ne de Piépape (Haute-Marne). Seigneurie, V, 799, 18833.

Bizeneuille (Allier) : voir ARGIGNY.

Bizerets (Le capitaine ou le s^r DE) : voir BELLANGER (Jean).

BLACY (Marne), VI, 558, 21803. Seigneur : voir TORRETTES (Mathieu DE).

Blagnac (Haute-Garonne). Seigneurs : voir VOISINS (Henri et Pierre DE).

Blagny : voir BLIGNY.

BLAIN (Loire-Inférieure), I, 460, 2465. Séjour du roi, VIII, 850.

BLAINCOURT (Aube). Réduction de tailles à la suite d'une peste, II, 271, 5172; VI, 292, 20390.

BLAINVILLE (Calvados), VI, 519, 21589.

Blainville (Manche) : voir GONNEVILLE, GROUCHY.

BLAINVILLE-CREVON (Seine-Inférieure) : voir MAUDÉTOUR. Collégiale de Saint-Michel, V, 330, 16387. Fief, V, 378, 16624.

BLAISE (Haute-Marne). Seigneurie, V, 230, 15856; dame : voir SAINT-BLIN (Catherine DE).

(1) Le mot «Biron», ou plutôt «Viron», a été ajouté après coup sur le registre X^1a 4874 des Arch. nat. à une place d'abord laissée en blanc. Il paraît être l'effet d'une mauvaise lecture, pour «Vatan»; en effet, le prédécesseur de Jean Poussart, dans les fonctions de bailli du Berry, était Pierre du Puy, s^r de Vatan.

IMPRIMERIE NATIONALE.

Blaise-sous-Hauteville (Marne). Seigneurie, V, 501, 17251; V, 537, 17434; V, 615, 17820.

Blaisy (Haute-Marne). Seigneurie, V, 432, 16887; VI, 296, 20412.

Blamont (Doubs). Seigneurie acquise du duc de Wurtemberg, IV, 250, 12164; VI, 348, 20679; VII, 764, 28902; rétrocédée à ce prince, VI, 388, 20888; VI, 389, 20893; VI, 390, 20897. Cf. Montbéliard.

Blâmont (Meurthe-et-Moselle). Comtes titulaires d'une rente de 300 l. sur la recette de Provins, V, 508, 17284.

Blanc, c^ne de Peux-et-Couffouleux (Aveyron). Château, juridiction et justice haute, moyenne et basse, VII, 250, 24442.

Blanc (Le) [Indre]. Séjours du roi, VIII, 550; IX, 137.

Blanc (Le chevalier), frère de Jeanne d'Arces, VIII, 332, 2065.

Blanc (Jean et Antoine, fils naturels de Jean). Légitimation, VI, 29, 19053.

Blanc (Raymond), s^r de la Montagne. Saisie opérée sur lui et ses fils, Gabriel, Guillaume, Pierre et Tristan, V, 159, 15481.

Blanc (Thibaut), commis à la recherche des amortissements, francs-fiefs et nouveaux acquêts en Bazadais, Bordelais, Condomois, Quercy, sénéchaussée de Libourne, VII, 511, 26262.

Blancbaston (Nicolas), conseiller de nouvelle création au Parlement de Rouen, IV, 548, 13563.

Blancfossé (S^r de) : voir Villars (Jean de).

Blanchard (André), officier de l'artillerie, I, 40, 228, 229.

Blanchard (Étienne) ou Blanchart, s^r de Coigny. Anoblissement, VI, 377, 20833; VI, 721, 22674.

Blanchard (François), lieutenant particulier en Saintonge, VII, 401, 25260.

Blanchard (Jean), garde de la forêt de Bord. Gages, III, 67, 7785; VIII, 178, 30912.

Blanchard (Jean), gentilhomme ordinaire de la fauconnerie du roi, VII, 246, 24424.

Blanchard (Justin), clavaire et receveur de Montélimart, VI, 681, 22466.

Blanchard (Justin), natif de Valréas, demeurant à Montélimart. Lettres de naturalité, VI, 674, 22424.

Blanchardi (Pierre), avocat au Parlement de Toulouse, puis juge d'Albigeois, IV, 279, 12294.

Blanchart (Étienne) : voir Blanchard (Étienne).

Blanchart (Macé), palefrenier à l'écurie du roi, III, 466, 9654.

Blanchart (Michel), VI, 373, 20812.

Blanche (Pierre), capitaine de gens de guerre. Mission en Piémont, VIII, 10, 29343.

Blanche-Couronne, c^ne de Prinquian (Loire-Inférieure). Abbé : voir Lorraine (Jean, cardinal de).

Blanche de Castille, reine de France, VI, 753, 22822.

Blanche du Sel à Narbonne, II, 420, 5844; III, 173, 8295.

Blanchefort : corr. Blanquefort.

Blanchefort (François de), chevalier, baron de Sainte-Sévère, s^r de Saint-Jeanvrain, chambellan ordinaire du roi, VI, 103, 19422.

Blanchefort (Louis de), capitaine de gens de pied, III, 407, 9386; VIII, 136, 30516; VIII, 101, 30175.

Blanchet (Charles), secrétaire du conseil et chancellerie de Bretagne, V, 763, 18636.

Blanchet (Jeanne), VI, 187, 19846.

Blanchet (Pierre), fermier du péage du grand port de Blois, VI, 828, 23196.

Blanchet (Quentin), receveur ordinaire du domaine de la vicomté de Saint-Sauveur-Landelin, VII, 534, 26562.

Blanchier (Pierre), juge-mage à Sarlat, IV, 650, 14034.

Blancs-Manteaux de Paris, VII, 95, 23673; VII, 505, 26163; VIII, 594, 32363.

Blandin (Hugues), commis au payement des travaux d'Amboise, V, 367, 16571.

Blandin (Jean), garde des hérons de la héronnière de Romorantin, II, 596, 6671.

Blandin (Jeanne), veuve de Gillet Danet, II, 73, 4211.

Blandin (Robert), valet de chambre du dauphin, V, 625, 17871.

Blandins (Jacques de), s[r] de Renesson, V, 487, 17180.

Blandy (Seine-et-Marne). Seigneurie, V, 666, 18094; V, 668, 18098.

Blangy-en-Auge ou Blangy-le-Château (Calvados). Baronnie, I, 628, 3286; VI, 161, 19716.

Blangy-sur-Ternoise (Pas-de-Calais). Abbaye de Sainte-Berthe, V, 807, 18871.

Blanquefort (Lot-et-Garonne). Seigneurie, VI, 307, 20468.

Blanques, IV, 7, 11042; de Paris, IV, 290, 12348.

Blanzac (Charente). Châtellenie unie au comté de la Rochefoucauld, I, 562, 2953.

Blanzac : corr. Blauzac.

Blanzay (Vienne) : voir Breuillac.

Blanzy : corr. Blangy-en-Auge.

Blaru (Seine-et-Oise). Seigneurie, V, 412, 16789; VII, 66, 23542; fief de Blaru, mouvant de Neauphle-le-Château, VI, 309, 20475; seigneurs : voir Tilly (Charles et Jean de).

Blas (David), natif d'Écosse, établi à Paris. Lettres de naturalité, VI, 124, 19533.

Blasphèmes. Répression, I, 28, 160; I, 357, 1907; I, 398, 2120; I, 554, 2914; III, 151, 8177; VII, 50, 23465; VII, 719, 28594; VII, 755, 28044.

Blassy : corr. Blacy.

Blattmann (Gaspar), envoyé de Lucerne, IX, 137.

Blauf (Jean), marchand à Issoire, changeur des monnaies dans les sénéchaussées de Lyonnais, Bourbonnais, Forez, etc., II, 308, 5334.

Blauzac (Gard). Seigneurie, VII, 148, 23942.

Blaye (Gironde). Château; capitaines : voir Montberon (Adrien et François de); lieutenant : voir Davère (Pascaut); mortes-payes, IV, 147, 11633. Châtellenie : voir Clérac. Prévôté, VII, 569, 27022; Privilèges de la ville, I, 82, 487; III, 254, 8692; IV, 739, 14439; V, 276, 16100; VIII, 312, 61. Seigneurie, VII, 58, 23501. Séjour du roi, VIII, 550. Visite des navires passant devant le port pour se rendre à Bordeaux, III, 459, 9626.

Blé. Dîme du blé à Cour-Cheverny, V, 580, 17647; à Gleizé, VII, 528, 26475. Octroi sur la mouture du blé à Eu, VI, 190, 19858. Redevance en blé des habitants de Rouvres, IV, 521, 13446; VII, 644, 27946. Rentes de blé assignées : aux frères prêcheurs d'Albi, IV, 742, 14455; à l'abbaye de Maubuisson, VII, 573, 27073; aux clarisses de Montbrison, VII, 789, 29084; aux clarisses de Moulins, VII, 791, 29094. Réquisitions de blé, VII, 416, 25341; VIII, 170, 30834; VIII, 588, 32325; VIII, 688, 32867.

—— *Commerce.* Approvisionnement : de Bayonne, V, 236, 15891; VII, 470, 25804; VIII, 598, 32379; VIII, 617, 32475; de Beauvais, V, 607, 17780; VII, 426, 25425; de Bordeaux, VII, 447, 25610; de Dax, VIII, 617, 32475; de Gênes, I, 531, 2798; I, 546, 2872; de Lucques, I, 555, 2921; de Lyon, I, 645, 3378-3380; I, 647, 3389-3393; I, 663-664, 3469, 3471-3473, 3476-3478; I, 674, 3531; I, 680, 3558; II, 3, 3846; II, 5, 3857-3858; II, 8, 3873; II, 80, 4243; III, 229-230, 8572-8573; IV, 55, 11253; IV, 636, 13975; IV, 662, 11286; IV, 777, 14617; de la marine, I, 552, 2902-2903; IV, 71, 11324; IV, 178, 11820; IV, 428, 13016; IV, 487 (VIII, 791*), 13289; IV, 533, 13498; IV, 775, 14609; VIII, 741, 33167; de Marseille, II, 551, 6444; IV, 83, 11378; VIII, 309, 32202; de Paris, IV, 701, 14261; du Piémont, IV, 55, 11252; IV, 68, 11309-11310; IV, 165, 11754; de Pignerol, VIII, 293, 32043; de la Provence, I, 546, 2873; de Rhodes, VII, 442, 25570; VIII, 654, 32678; VIII, 659, 32705; VIII, 637, 32862; de Saint-Quentin, VII, 441, 13074; VIII, 170, 30834. Fermier de la coutume des blés et avoines à Paris : voir Delacoste (Marceau). Mesureurs de blé : à Chartres, IV, 552, 13579; au Havre, VI, 560, 21812; à Rouen, IV, 758, 14527. Pesage du blé à Valence, IV, 417, 12956; à Vienne, IV, 50, 11229. Privilèges d'Arles en ce qui concerne la vente du blé, I, 68, 400. Règlements généraux, II, 85 (VIII, 340), 4269; III, 145, 8155; III, 172, 8289; III, 186, 8354; IV, 328, 12541; IV, 687, 14197; VII, 422, 25388; VIII, 629, 32538; dérogation en faveur des officiers de justice en Provence, VIII,

655, 32684. Traite des blés : en Bourgogne, IV, 90, 11413-11414; IV, 410, 12920; VI, 401, 20956; en Bretagne, Normandie et Picardie, IV, 620, 13896; en Lyonnais, I, 674, 3530; en Milanais, V, 474, 17117; en Provence, IV, 227, 12045. Traites autorisées, II, 77, 4228; III, 23, 7555; III, 96, 7923; III, 198, 8416; IV, 108, 11496; IV, 253, 12182; IV, 687, 14197; V, 632, 17906-17907; V, 636, 17927; V, 637, 17934; V, 644, 17977-17978; VII, 401, 25261; VII, 435, 25492; VII, 456, 25680; VII, 470, 25803; VII, 475, 25841; VIII, 739, 33157; VIII, 748, 33206-33207; VIII, 761, 33306; en faveur de Louis d'Adhémar, VIII, 308, 32190; de M. d'Allègre, V, 665, 18085; d'Arnaud-Guillaume d'Aydie, VIII, 587, 32319; de Pierre et Antoine Bénévant, V, 665, 18086; de Jean Carré, V, 694, 18255; d'Antoine de Croset, V, 663, 18077; de Martin Dupin, VIII, 572, 32241; VIII, 581, 32291; de Charles de Hémart, VII, 789, 29083; d'Antoine de la Rochefoucauld, V, 625, 17865; de Mme de Montpezat, III, 500, 9813; de Jean de Pierrefitte, V, 632, 17906; de Jean de Rubilly, II, 663, 6988; des chevaliers de Saint-Jean-de-Jérusalem, I, 548, 2882; d'Antoine de Semur, V, 632, 17907; de Simon Sister, V, 648, 17993; de Jean Texier, V, 662, 18070; d'Alexandre Thibaut, V, 654, 18025; de François de Tournon, V, 683, 18187; de la comtesse de Villars, I, 545, 2868; I, 553, 2907; IV, 47, 11217; IV, 88, 11406. Traites frauduleuses, I, 566, 2973; I, 639, 3347; II, 78, 4230; III, 221, 8534; IV, 78, 11357. Traites interdites, I, 2.9; I, 71 (VIII, 764*), 420; I, 113 (VIII, 765*), 658; I, 130, 800; II, 60, 4143; III, 145, 8153-8154; III, 145 (VIII, 360*), 8155; IV, 42, 11194; IV, 62, 11285; IV, 67, 11303; VII, 303, 24734; VII, 393, 25219; VII, 422, 25388; VII, 435, 25495; VII, 439, 25535; VII, 786, 29063.

—— *Moulins*. Amortissement de ceux possédés par la communauté de Cucuron, VII, 363, 25066. Autorisations de construction, II, 79, 4240; IV, 719, 14339; VII, 513, 26286; VIII, 754, 33245. Concessions d'emplacements, II, 301, 5302; II, 501, 6218; VII, 513, 26279; VII, 515, 26310.

Blé (Léonard ou Bernard de) ou Le Blé, garde de la forêt de Brioudan, II, 654, 6949; III, 85, 7874.

Blémars, seigneurie qui s'étendait sur les paroisses de Mesland, Santenay (Loir-et-Cher), Dame-Marie et Saint-Nicolas-des-Motets (Indre-et-Loire), I, 455, 2406; VI, 104, 19428.

Bléneau (Yonne). Seigneurs : voir Courtenay (Edme et François de), désignés parfois par le seul nom de ladite seigneurie.

Blérancourt (Aisne). Foire, I, 526, 2769.

Bleré (Indre-et-Loire), V, 376, 16616; V, 402, 16741; voir Argy, Croix-de-Bléré (La), Fontenay, Fosse-Besse, Herpenty (L'), Varenne (La). Fortifications, VII, 443, 25573. Seigneurie, VI, 335, 20611. Séjours du roi, VIII, 550. Sergent royal : voir Gandouin (Jean).

Blérencourt (Le s^r de), VIII, 139, 30548.

Bléron, prieuré sis à Saint-Martin-d'Aubigny (Cher), VIII, 755, 33251.

Bléry (*S^r de*) : voir Crécy (Jean de).

Blesle (Haute-Loire). Seigneurie cédée au duc de Lorraine, I, 653, 3425; II, 16, 3920; III, 137, 8118; VI, 424, 21082. Abbaye, V, 621, 17850.

Blessac (Creuse). Prieur : voir Aubusson (Jean d').

Blessures, V, 224, 15827; VIII, 35, 29551; VIII, 115, 30314; VIII, 653, 32675.

Blet (Cher). Seigneur : voir Beaufort (François de).

Blet (Thadée de), fauconnier de M. de Châteaubriant, VIII, 295, 32067.

Bléville (Seine-Inférieure), V, 342, 16447; VII, 504, 26157. Seigneur : voir Toustain (Jean).

Blévy (Eure-et-Loir). Seigneurie : union à celle de Maillebois et établissement de foire et marché, IV, 570, 13667; VI, 782, 22963. Seigneur : voir O (Jean d').

Blézy : corr. Blaisy.

Bligny (Aube). Dame : voir Girard (Jeanne).

Bligny (Marne). Vicomté, I, 104, 608.

Bliquetuit, seigneurie dont le nom est porté actuellement par les communes de Notre-Dame-de-Bliquetuit et de Saint-Nicolas-de-Bliquetuit (Seine-Inférieure), VI, 502, 21495. Voir Colombier, Plessis (Le), Vipoignant.

Blois (Loir-et-Cher), VII, 470, 25803; voir Bourgneuf (Le), Vienne. Arrivée et départ d'envoyés royaux, III, 54, 7718; V, 111, 19464; V, 427, 16862; V, 652, 18014; V, 748, 18557; VII, 610, 27580; VIII, 215, 31251; VIII, 272, 31828; VIII, 275, 31865. Audience royale du Perron, V, 607, 17779. Centralisation du produit des recettes du royaume pour le quartier d'octobre 1523, I, 361, 1927. Couches de la reine Claude, V, 402, 16471; de Marguerite de France, reine de Navarre, I, 715, 3735. Cru viticole, VII, 684, 28296. Décès de la reine Claude, I, 460, 2433. Détention de dom Louis de Burgya, VIII, 275, 31860; de Bénigne Serre, VIII, 172, 30844. Entrevue du roi et de l'archevêque de Capoue, II, 45, 4062. Fiançailles du roi d'Écosse et de Madeleine de France, VIII, 8, 29328. Meurtre commis par Jean Cadiou, VI, 111, 19464. Séjours : de la reine Claude, II, 280, 5210; V, 251, 15968; du cardinal Du Prat, II, 273, 5180; de François Ier, III, 374, 9223; IV, 185, 11852; IV, 306, 12430; V, 511, 17303; VIII, 550; IX, 123; de François II, en janvier 1560, n. s., I, 94, 557; de Louis XII, I, 31, 170; I, 59, 347; I, 90, 533; III, 759, 10977; V, 89, 15126; V, 195, 15666; V, 265, 16039; VI, 67, note; VII, 15, 23279; VII, 27, 23342; VII, 98, 23700; VIII, 315^{a}, 322; VIII, 591, 32340; de Marguerite de France, reine de Navarre, VII, 448, 25618; de Renée de France, V, 750, 18565.

—— *Bailliage, juridiction.* Sentences : adjugeant au roi les biens d'Antoine Bourdet, V, 120, 15305; de François Mercier, II, 255, 5096; de Paul de Milan, IV, 329, 12544; d'Henriette Regnault, IV, 226, 12040; — contre Jacques Drujon, VII, 679, 28257; François Dubreuil, VI, 212, 19968; La Roche-Herpin, VII, 664, 28115; le s^{r} de Menou, I, 17, 3921; II, 636, 6860.

—— *Bailliage personnel.* Avocat du roi : voir Sénéchal (Jean). Baillis; liste, IX, 231. Conseillers, IV, 477, 13239. Enquêteur, III, 466, 9654. Lieutenants : voir Musset (Claude et Denis). Procureurs : voir Musset (Denis), Poisson (Guillaume). Sergents : voir Achart (Jean), Bazin Jean), Delahaye (Pierre), Dupuy (Étienne), Herny (Michel), Mayenne (Philippe de); offices créés, III, 412, 9411; vendus, IV, 608, 13841; V, 45, 14897.

—— *Bailliage, ressort administratif.* Enquête sur un projet d'établissement de colombier, VI, 406, 20980. Mesures contre la peste, V, 291, 16176. Réparation des chaussées, turcies et levées de la Loire, VII, 449, 25625.

—— *Bailliage, ressort domanial.* Ban et arrière-ban, VI, 708, 22606. Temporel du clergé, III, 46, 7678. Voir *Comté* et *Domaine.*

—— *Bailliage, ressort judiciaire,* compris dans le ressort des Grands jours d'Angers, IV, 11, 11058; de Poitiers, IV, 224, 12032; de Tours, II, 492, 6172; — voir Descartes (François). Siège particulier : voir Romorantin.

—— *Chambre des comptes* : voir Chambre des comptes de Blois.

—— *Château.* Bâtiments, V, 246, 15943; voir Phélipeaux (Raymond). Bibliothèque, IV, 614, 13866; voir Saint-Gelais (Mellin de). Cabinet, VII, 439, 25532. Concierges : voir Coterеau (Jean), Lhommedieu (Simon), Montdoucet (Antoine et Oudin de). Jardin; jardiniers : voir Le More (Guillaume et Quentin), Mercoliano (Denis et Pacello de), Naples (Jérôme de); produits envoyés au roi, VIII, 119, 30351; VIII, 129, 30446; VIII, 130, 30452. Mobilier, IV, 510, 13393; transporté à Boulogne, II, 218, 4921; à Cambrai, VI, 198, 19896; VI, 251, 20176; à Fontainebleau, III, 746, 10924; VII, 114, 30300; à Nantes, II, 197, 4817; II, 249, 5072; en Provence, II, 399, 5749, 5751. Portiers : voir Châteaufort (Pierre de), Corbin (Denis), Lefebvre (Simon), Le Roy (Michel). Tapisserie, III, 370, 9218; III, 673, 10593.

—— *Clergé.* Abbaye de Saint-Laumer, VIII, 760, 33300. Dominicains, V, 356, 16520. Église collégiale Saint-Sauveur, II, 415, 5825; V, 619, 17839; VII, 167, 24041; chanoine : voir Sorenea (Jean-Barthélemy de); sous-doyen : voir Viviers (Christophe de). Églises paroissiales : Saint-Martin, IV, 48 (VIII, 371^{a}), 11220; Saint-Nicolas, I, 606, 3175; III, 381, 9265; VI, 14, 18978; Saint-Victor, II, 437, 5924.

—— *Comté.* Administration de la reine Claude, V, 312, 16291. Dérogation aux édits d'érection en offices des tabellionnages et d'aliénation du domaine, VI, 719, 22659. Comtes : lettres en faveur de l'abbaye de la Guiche, I, 655, 3431; service commémoratif, VI, 263, 20238; voir Thibaut, VI. Coutumes, I, 328, 1765; VII, 123, 23824. Domaine, VI,

719, 22659; censier : voir Cheste (Simon); contrôleur : voir Davignon (François); réunion des portions aliénées, II, 706, 7184; de la seigneurie de Tremblevif, II, 706, 7184; III, 392, 9314; VI, 471, 21326; voir ci-après *Domaine.* Droits royaux, I, 613, 3210; III, 738, 10885; V, 225, 15829; VI, 608, 22063; VII, 678, 28252. Fermes, VII, 176, 24082; VII, 251, 20174. Finances, VI, 30, 19059; généraux : voir Hurault (Jacques et Raoul). Forêts : assignation sur le produit de la vente des bois, III, 392, 9314; concession de bois, II, 316, 5372; réformation, IV, 181, 11833; IV, 434, 13042; règlement pour la distribution du bois aux usagers, I, 688 (VIII, 342*), 3601; VII, 266, 24519; voir ci-après *Domaine*, en ce qui concerne la forêt de Blois, et aux noms des forêts de Boulogne et de Russy. Gouverneur : voir Beauvillier (Claude de). Jardin de Saint-Nicolas, II, 261, 5126. Levée des droits de francs-fiefs et nouveaux acquêts, V, 236, 15889; V, 808, 18875. Maître des eaux mortes : voir Mareschal (Denis). Maîtres des œuvres : voir Guichart (Simonnet), Sourdeau (Jacques). Maîtrise des eaux et forêts; juridiction, III, 140, 8135; personnel; liste, IX, 219. Mesure, VI, 580, 21925. Poursuite des faux sauniers, VII, 458, 25701; des hérétiques, IV, 760, 14535; IV, 770, 14585. Recette ordinaire, II, 261, 5126; II, 458, 6014; II, 558, 6475; III, 233, 8594; III, 475, 9697; III, 527, 9941; III, 603, 10275; III, 617, 10333; III, 673, 10593; III, 740, 10894; III, 743, 10910; V, 807, 18869; VI, 235, 20094; VI, 486, 21407; VI, 623, 22144; VII, 652, 28015; receveurs : voir Cordon (François), Viart (François et Jacques). Recherche des biens de mainmorte, VII, 505, 26172. Remise de tailles aux hommes de corps, I, 253, 15978; VII, 26, 23336. On trouvera, dans les premier et deuxième suppléments, un très grand nombre d'actes relatifs à des fiefs du comté de Blois.

—— *Domaine.* Aliénation d'immeubles, I, 50, 292; en la basse-cour du château, II, 415, 5825; rue du Marché, VI, 350, 20690; rue du Puy-Chastel, III, 614, 10320; VI, 568, 21855; près Saint-Nicolas, III, 381, 9265. Fief du Quartier, VII, 45, 23434; VII, 90, 23657; VII, 118, 23798. Don de droits seigneuriaux, IV, 398, 12863; IV, 468, 13200; IV, 545, 13551; IV, 726, 14377; sur des immeubles sis : au faubourg de la Bretonnière, III, 616, 10331; au faubourg du Foix, III, 263, 8732; aux faubourgs, I, 76, 450; II, 437, 5923; VII, 606, 27520; Grande rue, V, 807, 18869; près Saint-Jacques, VII, 709, 28527; rue de la Foullerie, II, 620, 6791; — sur la maison du Sercle, V, 798, 18828. Fermes : des deux brayes à pêcher le poisson sous le pont, VI, 707, 22605; du droit de septrage, VII, 782, 29032; du grand pont, V, 743, 18534; VI, 828, 23196; du grand port et tonlieu, II, 725, 7269; II, 727, 7280; III, 321, 9001; VII, 632, 27820; des greffes et tabellionnages, II, 95, 4317-4318; IV, 638, 13982; IV, 670, 14126; V, 742, 18528; VI, 275, 30300; VII, 684, 28295. Forêt : conservation, III, 743, 10910; droits d'usage, III, 436, 9519; IV, 203, 11934; IV, 730, 14398; VI, 177, 19796; garde : voir Mestais (Pierre); sergent : voir Guyot; vente de bois, III, 475, 9697. Hommages de René Clotier pour une maison sise aux faubourgs de Saint-Laumer, en la prévôté de la rue Bourreau, VII, 107, 23742.

—— *Élection.* Comptabilité, II, 719, 7246; VII, 554, 26838. Personnel; contrôleur : voir Turquet (Mathieu); élus : voir Phélipeaux (Raymond), Viart (François et Jacques); receveur : voir Ribier (Guillaume). Prévôt des maréchaux, III, 381, 9266; voir Le François (Pierre).

—— *Grenier à sel*, III, 682, 10630; VII, 557, 26878. Contrôleurs, VII, 462-463, 25734.

—— *Prévôté.* Juridiction, III, 333, 9053. Sentence contre le s[r] Barantin, III, 338, 9073.

—— *Ville.* Apothicaire : voir La Grange (Jean de). Approvisionnement en blé, V, 624, 17865; V, 663, 18077; V, 665, 18085; V, 683, 18187; en salpêtre, III, 444, note. Archives, VIII, 640, 32599. Barbiers et chirurgiens, II, 542, 6398. Capitaine : voir Pontbriant (François de). Cordiers, I, 385, 2050. Corroyeurs, VI, 105, 19433. Deniers communs : contrôleur : voir Féret (Jacques); receveur : voir Dutheil (Jean). Échevins, VII, 123, 23824. Exemption de tailles, I, 10, 62. Habitants : voir Barentin (Jean), Dreullon (Jacques); d'origine étrangère, naturalisés français : voir Girard (Jean), Piré (François), Vérat (Romain). Horloger : voir Couldray (Julien). Langayeur de porcs : voir Chouart (Amel). Lingère : voir Cauchon (Jeanne).

Orfèvres : voir Dolent (Jean), Duluc (Louis). Palais de justice, VII, 739, 28739. Peste, V, 263, 16026; V, 291, 16176. Taillandiers pourpointiers, V, 601, 17747. Voirie : alignements, VI, 251, 20175; autorisation de bâtir sur le pont, IV, 626, 13929; démolition de la muraille située devant les halles, VI, 350, 20690.

Blois (François de), receveur ordinaire de la châtellenie de Bulles et de la seigneurie de Bailleul-sur-Thérain, VII, 556, 26859.

Blois (Nicolas de), conseiller lai au parlement de Bordeaux, IV, 599 (VIII, 410), 13796.

Blois (Olivier de), comte de Penthièvre, et son frère, I, 620, 3253.

Blon (Christophe de), pitancier de l'abbaye de Fontgombault, VII, 418, 25357.

Blonde (Africain), fourrier ordinaire du roi, III, 699, 10711.

Blondeau (Jacques), sergent au bailliage de Sens, VII, 754, 28838.

Blondel (André) ou Blondet, commis au payement de la compagnie du dauphin, III, 72, 7811; III, 120, 8041; III, 294, 8877; III, 480, 9718; III, 753, 10953; VII, 751, 28818; VIII, 232, 34416.

Blondel (Antoine), fils de Jacques, sénéchal de Ponthieu, VI, 598, 22013.

Blondel (Guy), mesureur au magasin à sel de Meaux, V, 90, 15131.

Blondel (Hugues). Confiscation, V, 62, 14981.

Blondel (Jacques), bailli d'Étampes, puis sénéchal de Ponthieu, I, 358, 1909; I, 360, 1925.

Blondel (Jacques), valet tranchant du roi, I, 619, 3243.

Blondelet (Gatien), écuyer, s^r de Taillé, V, 524, 17368.

Blondet (Adrien), tailleur à Honfleur, III, 62, 7759.

Blondet (André) : voir Blondel (André).

Blondeterie (La), pièce de terre, VII, 515, 26312.

Blonville (Calvados) : voir Aiguillon, Crèvecœur.

Blosset (Christine), veuve de Perrot des Ulmes, V, 527, 17383.

Blosset (Jean), s^r de Torcy, II, 631, 6840; II, 666, 7002; VII, 543, 26688; cf. Torcy (Le s^r de).

Blosville (Manche) : voir Fontaines.

Blot-l'Église (Puy-de-Dôme). Seigneurie, II, 616, 7771; seigneur : voir Chauvigny (Gilbert de).

Blouet (Le Fief) : voir Fief Blouet (Le).

Bloutière (La) [Manche]. Prieuré conventuel de Saint-Thomas, V, 417, 16807.

Blumeray (Haute-Marne). Seigneurie, V, 510, 17300; VI, 209, 19954.

Boba (Fabritio), envoyé de la duchesse de Mantoue, IX, 121.

Bobbio (Italie, province de Pavie). Comté, VII, 35, 23384; VII, 127, 23842.

Bobigny (Seine). Seigneur : voir Perdrier (Pierre).

«Boc» (Le). Séjours du roi, VIII, 550.

Bocachart (Thomas), II, 659, 6968.

Boccarino (Bernardin), II, 548, 6432.

Bochant : corr. Bréhan-Loudéac.

Bochart (Hugues). Légitimation de son fils Bérenger, VI, 278, 20317.

Bocherini (Nicolin ou Nicolas) ou Buchdoni, originaire de Corse, habitant Marseille. Lettres de naturalité, VII, 287, 24637.

Bochetel (Guillaume), III, 237, 8612; III, 373, 9231; III, 375, 9238; III, 550, 10041; greffier de l'élection de Berry, VII, 448, 25615; de l'ordre de Saint-Michel, IV, 374, 12756; négociateur du traité d'Ardres, V, 70, 15024; V, 88, 15123; secrétaire ordinaire du roi, V, 408, 16768; V, 538, 17441; VIII, 401^a, 23851 *bis*; VIII, 596, 32372; secrétaire signant en finances, I, 720, 3762; II, 192, 4791; II, 256, 5104-5105; II, 577, 6576; II, 760, 7433; VII, 736, 23718; VIII, 72, 29823; VIII, 278, 31887; voir Gadoux (Simon), L'Aubespine (Claude de); avec survivance pour son fils Jacques, III, 416, 9431; pour son gendre Claude de l'Aubespine, VII, 580, 27167; VIII, 716, 33031. Hommages, VI, 568, 21853; VI, 709, 22609. Mariage d'une de ses filles, VIII, 260, 31709. Mission à Calais, III, 77, 7832; VI, 392, 20912; en Espagne, auprès des enfants de France, I, 682, 3569; à Leucate, VIII, 70, 29877; en Piémont, III, 451, 9588.

Bochetel (Guillaume), fils du précédent, greffier de l'élection de Berry, VII, 448, 25615; VIII, 300, 32119.

Bochetel (Jacques), VII, 559, 26897; maître particulier des forêts de Mehun-sur-Yèvre, IV, 776, 14614; payeur des officiers domestiques du roi, IV, 300, 12400; IV, 306, 12432; IV, 407, 12907; IV, 421, 12978; IV, 432, 13034-13035; IV, 494, 13325; IV, 536, 13508; IV, 557, 13608; V, 108, 15234; secrétaire du roi, II, 328, 5429. Survivance consentie à son profit de l'office de secrétaire des finances exercé par son père, III, 416, 9431.

Bochoni (Melchior), capitaine du château de Tarascon, VII, 160, 24004.

Bocqueaux (François de), capitaine de Roye, IV, 669, 14123.

Bocquillon (Claude), abbé de Saint-Prix, V, 169, 15533.

Bodé, c^ne de Montlouis (Indre-et-Loire). Seigneurie, V, 216, 15781; V, 578, 17639; V, 588, 17684.

Bodel (Simon), capitaine de Saint-Victor-sur-Loire, VI, 286, 20361.

Bodélio, c^ne de Malansac (Morbihan). Couvent franciscain de Saint-Thomas, VII, 685, 28312.

Bodin : voir Boudin.

Bodin (Denis), conseiller lai en la chambre du domaine, VII, 499, 26093.

Bodin (Jean), prêtre, VI, 365, 20771.

Boerstk (Benoît). Aubaine, VII, 598, 27434.

Bœufs levés pour l'approvisionnement des troupes, IV, 443, 13080; VII, 469, 25793.

Bog (Guillaume), maître ès-arts, régent de l'Université de Paris, natif d'Écosse. Lettres de naturalité, VI, 570, 21866.

Bogat (Jean de), s^r de Trévran, V, 705, 18328.

Bohain-en-Vermandois (Aisne). Château menacé par les Hennuyers et Anglais; approvisionnement, V, 614, 17817. Exemption de tailles et subsides, VII, 442, 25571. Garnison, VIII, 14, 29375.

Bohan (Jean de), seigneur de Clamecy, V, 209, 15741.

Bohême. Ambassade française, IX, 33. Roi : voir Louis II.

Bohémiens. Expulsion, IV, 14, 11071.

Bohier (Amable), bénédictin, autorisé à permuter la cure de Saint-André de Montbrison contre le prieuré de Rouhey, V, 40, 14864.

Bohier (Antoine) ou Boyer, cardinal, archevêque de Bourges, abbé de Fécamp, garde du sceau de la chancellerie du parlement de Rouen, I, 201, 1118; V, 255, 15986; V, 297, 16205; V, 490, 17200; V, 494, 17218. Cf. l'article Bohier (Nicolas).

Bohier (Antoine), chambellan ordinaire du roi, déchargé de pièces de vaisselle d'argent doré remises au roi, VII, 603, 27496.

Bohier (Antoine), secrétaire et valet de chambre du roi, commis au payement des pensions d'Angleterre, I, 88, 518; I, 109, 640; I, 209, 1160; I, 239, 1309; V, 334, 16408; V, 340, 16438; V, 364, 16561; V, 366, 16567-16569; V, 413, 16790; V, 424, 16846; V, 443, 16950; V, 457, 17024, 17026-17027; V, 458-459, 17031-17035; V, 472, 17106; V, 487, 17181-17182; V, 491, 17204; V, 527, 17382; V, 541, 17453-17455; V, 568, 17585.

Bohier (Antoine), s^r de la Chesnaye, général des finances en Languedoïl, IV, 418 (VIII, 790^a), 12959; commissaire pour l'aliénation du domaine, IV, 599, 13793; IV, 628, 13939; IV, 646, 14021; IV, 668, 14120; V, 183, 15606; V, 185, 15616; V, 187, 15622-15623; V, 187-188, 15625-15628; pour l'exécution de l'édit sur les gabelles, IV, 439, 13065.

Bohier (Antoine), s^r de Saint-Ciergues ou Saint-Cyr, de Chenonceaux et de la Tour-Bohier; bailli de Cotentin, I, 223, 1230; V, 515, 17327; VII, 566, 26985; — conseiller au Conseil privé, VII, 590, 27316; — créancier du roi, VII, 671, 28175-28176; — engagiste des greffes de Meaux, Provins et Montereau, VI, 115, 19485; — général des finances en Languedoc, I, 612, 3206; VI, 191, 19864; — général des finances de Languedoïl; gages, pension et chevauchées, III, 83, 7861; III, 301, 8905; III, 681, 10627; résignation, IV, 418 (VIII, 790^a), 12959; — gouverneur de Touraine, IV, 513, 13404; IV, 550, 13570; — héritier de Thomas Bohier, son père, III, 117, 8027; III, 184, 8345; voir Bohier (Thomas); — secrétaire du roi, IV, 666, 14140.

Commissions financières, III, 281, 8813; III, 300, 8904; III, 339, 9080; III, 340, 9082; III, 363, 9184; III, 429, 9491; III, 569, 10126; III, 704, 10734; IV, 531, 13491; IV, 554, 13589; IV, 581, 13719; IV, 598, 13793; IV, 638, 13982; IV, 643, 14008; IV, 722, 14357; V, 4, 14682; V, 39, 14857; V, 46, 14901; V, 155, 15466; VI, 405, 20977; VII, 366, 25080. Hommages, V, 557-558, 17535-17586; VI, 20-21, 19012-19014. Transaction avec Anne de Montmorency pour la vente de Chenonceaux au roi, III, 79, 7842.

Bohier (Arnaud) ou Boyer, juge-mage de la sénéchaussée de Carcassonne, II, 47, 4072.

Bohier (François), abbé de Bernay, I, 435, 2298; VI, 42, 19119; évêque de Saint-Malo, II, 763, 7446; III, 2, 7456.

Bohier (François) ou Boyer, dit Macaud, Macart ou Macquart, enfant de la cuisine de bouche, III, 652, 10500; hâteur de ladite cuisine, IV, 654, 14052; IV, 780, 14661; V, 18, 14753. Cf. Macquart (Le petit).

Bohier (G.), receveur des finances en Poitou, III, 721, 10808. Cf. Boyer (Guillaume).

Bohier (Gervais) ou Le Bohier, dit Macart ou Macquart, maître queux de la cuisine de bouche, II, 15, 3910; II, 284, 5228; VII, 627, 27760; VII, 658, 28065.

Bohier (Gilles), doyen de Sainte-Marthe de Tarascon, grand archidiacre d'Avignon et de Reims, prieur de Frigolet, aumônier du roi, VII, 368, 25093; VII, 370, 25099, 25101; évêque d'Agde, VII, 409, 25296.

Bohier (Guillaume), avocat au parlement de Toulouse, puis conseiller lai à Bordeaux, III, 208, 8467.

Bohier (Guillaume), bailli de Cotentin, II, 208, 4875; III, 718, 10797. C'est probablement à lui que s'applique, avec erreur de prénom, la mention de *Thomas* Bohier, VII, 566, 26985.

Bohier (Guillaume), secrétaire du roi, VI, 85, 19329.

Bohier (Guillaume), s^r de Panchien, président des comptes à Rouen, des comptes à Paris, IV, 601, 13804; IV, 750, 14488. Missions financières, IV, 628, 13939; IV, 646, 14021; IV, 668, 14120.

Bohier (Henri) ou Boyer, s^r de la Chapelle-Bellouin et de la Chesnaye, maître d'hôtel du roi, autorisé à racheter des écus à perte de finance, VII, 446, 25604; — capitaine de Lyon, I, 332, 1784; — cessionnaire du droit de châtellenie à la Chapelle-Bellouin, I, 152, 871; de la seigneurie confisquée de Castelnau, I, 143, 821; V, 243, 15927; de la seigneurie de Villeneuve en Bourbonnais, VII, 527, 26461; — concessionnaire de la seigneurie du Plessis-lès-Tours, V, 237, 15897; VII, 503, 26138; — créancier du roi, I, 142, 817; I, 167, 948; V, 292, 16181; V, 315, 16307; V, 324, 16352; V, 331, 16390, 16393; V, 339, 16431; V, 394, 16702; V, 448, 16979; V, 505, 17275; V, 511, 17302; V, 517, 17337; — général des finances en Dauphiné, I, 73, 433; V, 196, 15672; V, 334, 16409; en Languedoc, V, 239, 15909; V, 517, 17336; en Provence, V, 449, 16983; VII, 34, 23376; VII, 41, 23414; VII, 59, 23510; — sénéchal de Lyon et bailli de Mâcon, I, 702, 3671; V, 561, 17552; V, 766, 18654-18655. Hommages, V, 610, 17797; VI, 24, 19031; VI, 176, 19791. Mission en Suisse, IX, 78. Procès à la Tour carrée, II, 181, 4738; II, 540, 6389; II, 695, 7136; II, 700, 7160; III, 22, 7552; III, 79, 7841; VI, 358, 20734; VII, 724, 28629. Rappel de ban et réhabilitation, III, 14, 7514. Succession, IV, 121, 11548; IV, 357, 12682; IV, 602, 13809.

Bohier (Isnard), originaire de Piémont, demeurant à Caseneuve. Lettres de naturalité, IV, 316, 12479.

Bohier (Jacques), commis à la conservation des droits du roi sur les duchés d'Auvergne et de Bourbonnais, comtés de Clermont, Forez, la Marche, Gien, etc., VII, 526, 26450.

Bohier (Jacques), contrôleur des deniers communs d'Orléans, I, 53, 315.

Bohier (Jacques), lieutenant général au bailliage de Dijon, VIII, 751, 33224.

Bohier (Jacques), payeur des gages et menues nécessités de la Chambre des comptes de Paris, V, 656, 18037; VI, 77, 19290; VII, 517, 26331. Succession, VII, 541, 26654.

Bohier (Jean), VI, 201, 19912.

Bohier (Jean) ou Boyer, juge-mage de la sénéchaussée de Carcassonne, V, 140, 15402.

IMPRIMERIE NATIONALE.

Bohier (Jean), Boyer ou Loyer, dit Cognac, Coignac ou Cougnat, enfant de la cuisine de bouche, II, 589, 6635; VII, 656, 28050; hâteur de la cuisine du commun, III, 498, 9802; III, 636, 10423. Cf. le suivant.

Bohier (Jean), porteur menant les broches de la cuisine du commun, VIII, 718, 33038.

Bohier (Léger ou Ligier) ou Boyer, dit Macquart, maître queux en la cuisine de bouche, III, 641, 10446; III, 664, 10552; III, 678, 10628; V, 116, 15283.

Bohier (Nicolas ou Nicole), président au parlement de Bordeaux, VIII, 785, 11104. Commission pour la publication des coutumes de Saintonge et Bazadais, I, 237, 1300; pour la réformation des frères conventuels de l'ordre de Saint-François, I, 335, 1801. Foires établies en sa faveur à Pommiers, II, 119, 4438.

Bohier (Nicolas), fils naturel d'Antoine Bohier, abbé de l'ordre de Saint-Benoît. Légitimation, VI, 148, 19653.

Bohier (Pierre) ou Boyer, conservateur de l'équivalent à Carcassonne, V, 201, 25698; juge-mage de la sénéchaussée de Carcassonne, II, 46, 4072; IV, 510, 13394; remboursé d'un prêt fait au roi, II, 147, 4580.

Bohier (Thomas), seigneur de Saint-Ciergues ou Saint-Cyr et de Chenonceaux, général des finances en Normandie, I, 88, 521; I, 318, 1720; V, 238, 15900; V, 266, 16046; V, 330, 16386; V, 611, 17802; V, 748, 18559; VII, 2, 23201; autorisé à construire un pont à Chenonceaux, V, 357, 16528; commissaire pour l'aliénation du domaine en Milanais, VII, 520, 26375; créancier du roi, I, 63, 372; I, 181, 1020; I, 250, 1368; I, 326, 1754; V, 241, 15918; V, 342, 16448; V, 500, 17248. Hommages, V, 209, 15745; V, 280, 16118. Sa veuve : voir Briçonnet (Catherine). Succession, I, 521, 2747; III, 76, 7827; III, 694, 10685; IV, 154, 11709; V, 175, 15566; VI, 526, 21629; VI, 393, 20914; VII, 527, 26471; voir Bohier (Antoine).

Bohier (Thomas) : voir Bohier (Guillaume), bailli de Cotentin.

Bohu (Étienne). Légitimation de son fils Mathurin, V, 723, 18428.

Boicelli (Antoine), pourvu de l'office d'un des quatre tabliers de la cour des premières appellations en Provence sur la résignation de Jean, son père, VII, 50, 23464.

Boigne (La) en Terreneuve : corr. Briga Marittima.

Boileau (Antoine) ou Boylesve, receveur de la sénéchaussée de Beaucaire et Nîmes, II, 738, 7327; VII, 38, 23400; VII, 503, 26145.

Boileau (Claude), contrôleur de l'élection de Beauvais, VII, 588, 27287; grènetier du grenier à sel de Beauvais, VI, 22, 19021; receveur du magasin à sel de Beauvais, VII, 597, 27415.

Boileau (Guillaume), receveur de la sénéchaussée de Beaucaire et Nîmes, VII, 38, 23400.

Boileau (Jean) ou Boylesve, receveur de la sénéchaussée de Beaucaire et Nîmes, II, 738, 7327; VII, 546, 26721.

Boileau (Nicolas), conseiller au Grand Conseil, VII, 468, 25787.

Boileau (Nicolas), contrôleur des deniers communs de Beauvais, V, 305, 16249; grènetier du grenier à sel de Beauvais, VI, 22, 19021.

Boileau, surnom : voir Caillet (Jean), Du Moulin (Jean).

Boilève (François) ou Boylève, conseiller clerc au Parlement de Paris, VII, 501, 26119; autorisé à tenir cet office, bien que laïque, IV, 747, 14474; IV, 761, 14542; lieutenant particulier et premier conseiller au bailliage de Paris, VII, 538, 26619.

Boilève (Jean), conseiller lai au parlement de Paris, VII, 499, 26101.

Boillet (Guillaume), sergent à verge au Châtelet de Paris, III, 577, 10159.

Boines (François de) : voir Brives (François de).

Boingale : voir Bonigale.

Boires (Menus) : voir Boissons.

Bois. Commerce à Paris, VI, 438, 21153. Droits sur cette marchandise, III, 217, 8518; à Chartres, II, 643, 6900; VII, 422, 25392; en Lauraguais, V, 64, 14993; à Paris, II, 697, 7147. Traites, IV, 255, 12192; V, 675, 18142; VII, 471, 25806; VII, 699, 28447.
—— à brûler. Commerce à Dieppe et dans le bailliage de Caux, VI, 397, 20936; à

Paris, III, 14, 7511; à Pontoise, IV, 768, 14571; à Rouen, VI, 512, 21551. Distribution dans le comté de Blois, I, 688 (VIII, 342ª), 3601; VII, 266, 24519. Voir Bois mort, Bûche, Chauffage.
—— à réduire en charbon pour le service de l'artillerie, VII, 464, 25741; VIII, 655, 32683.
—— de construction pour fabrication d'armes, VII, 457, 25692; pour fabrication de tonneaux, VIII, 590, 32339; pour le service de l'artillerie, VII, 473, 25827; pour le service de la marine, IV, 429 (VIII, 790ª), 13019; IV, 497 (VIII, 792), 13338; VII, 381, 25154; VII, 449, 25624; VIII, 285, 31949; VIII, 309, 32199, 32205; VIII, 715, 33024. Traites, I, 474, 2506; VII, 471, 25806; VII, 692, 28366.
—— du Brésil, VII, 773, 28965.
Bois des forêts domaniales. Concessions, VII, 716, 28577; VII, 782, 29031. Ventes: en Bourbonnais, VIII, 31, 29507; VIII, 105, 30208; en Bourgogne, VII, 213, 24266; VII, 219, 24292; VII, 223, 24309; VII, 815, 29260, 29261; dans l'Île de France, VI, 605, 22051; VI, 671, 22410; en Languedoc, III, 350, 9131; VI, 461, 21127; en Lauraguais; VIII, 134, 30497; en Normandie, III, 238, 8618; VI, 496, 21460; VII, 767, 28925; VII, 779, 29001; VII, 785, 29047; dans la forêt d'Orléans, V, 588, 17682; VII, 478, 25870. Cf. Eaux et forêts.
—— du clergé. Autorisations de ventes, III, 512, 9869, 9872; VI, 695, 23535; en faveur: de René Barault, prieur de la Chapelle-Vicomtesse, IV, 749, 14484; du cardinal de Bourbon, III, 392, 9315; du cardinal de Châtillon, III, 471, 9681; III, 587, 10206, 10207; de Louis de Crevant, IV, 759, 14529; du cardinal du Bellay, III, 523, 9925; de Pierre Galland, prieur de Saint-Nicolas-de-Nevers, V, 31, 14816; du cardinal de Lorraine, IV, 595, 13778; de l'abbesse de Port-Royal, IV, 763, 14549; de Jacques de Silly, III, 589, 10215; du cardinal de Tournon, VII, 449, 25622-24623. Conservation, III, 333, 9054; Coupes mises à la disposition du roi, III, 490, 9769. Droits du roi sur les ventes des bois de l'évêché de Senlis, VII, 442, 25562; VII, 475, 25843.
—— communaux d'Avallon, IV, 321, 12506.
—— seigneuriaux de René, vicomte de Rohan, VIII, 723, 33068.

Bois (Le), c^ne^ de Fresnes (Loir-et-Cher). Seigneur: voir Antoine (Pierre).

Bois (S^r^ du): voir Douault (François de).

Bois (Le), c^ne^ de Neuvy-le-Roi (Indre-et-Loire). Fief, VI, 33, 19077.

Boisart (Jean) ou Brisart, sommelier de paneterie de la reine Éléonore, natif du Cambrésis. Lettres de naturalité, III, 500 (VIII, 306ª), 9815. Cf. Brisardes (Jean).

Bois-aux-Corneilles (Le), fief sis à Épreville-près-le-Neufbourg et au Tremblay (Eure), V, 444, 16955.

Bois-aux-Dames-lès-Malnoue: voir Malnoue.

Bois-Baudouin (Le): voir Saint-Nicolas-du-Bois-Baudouin.

Boisbaudry (Jean de), serviteur du duc de Wurtemberg. Mission en Allemagne, IV, 228, 12053.

Bois-Bellefemme (S^r^ du): voir Goulard (Baptiste).

Bois-Borasse (Le), seigneurie mouvant du Mans, II, 602, 6703; VII, 808, 29212.

Boisbriant (François de), valet de chiens de la vénerie du roi, III, 46, 7674.

Boisbryon (François de), garde de la forêt de Sénart, II, 627, 6821. Cf. Beauvais (François de).

Boisbuart, c^ne^ de Parnay (Cher). Seigneurie, V, 228, 15850; seigneur: voir Anlézy (Pierre d').

Boiscommun (Loiret). Chambre à sel, V, 17, 14750. Notaire: voir Poissonnet (Guillaume). Péage, V, 17, 14751. Ressort: voir Chemault, Gaudbertin, Motte (La), Nesle. Seigneurie cédée à Antoine d'Auxy, I, 701, 3666. Séjour du roi, VIII, 550. Ville: octrois pour l'entretien des murs, V, 18, 14751.

Boisdauphin (Le s^r^ de). Mission à Nancy, VIII, 291, 32019.

Bois-Dauphin (Claude de), page de l'écurie mis hors de page, VII, 647, 27975.

Bois de Bagé en litige entre les habitants de Mâcon et ceux de Replonges, VIII, 677, 32811; VIII, 691, 32884; VIII, 696, 32912; VIII, 720, 33051.

Bois-de-la Bruyère (Le), fief sis au Mesnil-sur-l'Estrée (Eure), V, 439, 16927.

Bois de la Roche (Dame du): voir Montauban (Catherine de).

Bois d'Ennemets, c^ne^ d'Authevernes (Eure). Fief, V, 581, 17651.

Bois-d'Éron (Les) : voir Éron.

Bois-de-Sanzay : voir Beaumont (François de).

Bois des Moulins (S^r^ du) : voir Glénesses (Charles de).

Bois d'Herli (Le) ou Dherli, c^ne^ de Vaudesson (Aisne), anc. Forêt de Reilly, II, 715, 7229.

Bois-d'Illiers (Le s^r^ du) : voir Du Bec (Amaury).

Bois d'Oingt (Le) [Rhône]. Seigneurie confisquée sur Jean de Vitry, complice du connétable de Bourbon, VIII, 332, 2065.

Boisduloup (Le), c^ne^ d'Augan (Morbihan). Seigneur : voir Espinay (Jean d').

Bois d'Yèvre, c^ne^ de Vierzon-Village (Cher). Forêt, VI, 155, 19684; VII, 534, 26560.

Boiselet (Robert), licencié ès lois, conseiller lai de nouvelle création au parlement de Rouen, VI, 699, 22554; VI, 702, 22573. Cf. Briselet (Robert).

Boisferrand (Le), c^ne^ de Moulines (Manche). Seigneur : voir Du Hamel (Olivier).

Bois-Galiget (Le), c^nes^ de Rolleboise et Freneuse (Seine-et-Oise), IV, 180, 11856.

Boisgarnier (Louis de), III, 700, 10713.

Boisgaudry (Jean de), VIII, 243, 31529.

Bois-Geoffray (Le), c^ne^ des Touches (Loire-Inférieure). Fourches patibulaires, I, 526, 2774.

Bois-Gobey (Le), c^ne^ de Chèvreville (Manche). Seigneurie, VI, 508, 21527.

Bois-Grenier (Le), fief mouvant de Meaux, III, 724, 10822.

Bois-Grenier, seigneurie sise à Neuvy-le-Roi (Indre-et-Loire), VI, 311, 20490. Cf. Petit-Bois-Garnier (Le).

Boisguéméné (Gilles, s^r^ de), procureur des États de Bretagne, VI, 613, 22090.

Boisguyon (Anne de), VII, 554, 26840.

Bois-Hardelier, fermier du péage d'Amboise, II, 643, 6899.

Bois-Hellain (Le) [Eure] : voir Boshion (Le).

Bois-Héroult (Le), seigneurie sise à Écaquelon (Eure), V, 395, 16707; V, 509, 17293; VI, 351, 20696; VII, 510, 26249; VII, 511, 26252; voir Quesne (La).

Bois-Hibou, quart de fief sis à Maizières et Rouvres (Calvados), V, 498, 17236.

Boishorcant (S^r^ de) : voir Thierry (François).

Bois-Hulin (Le), c^ne^ de la Chaussée (Seine-Inférieure). Cure de la Sainte-Trinité, V, 686, 18206.

Boisicourt, c^ne^ de Bury (Oise) : voir Gamache (Fief de).

Bois-Jourdain (Guillaume de), archer de la garde, VI, 567, 21851.

Bois-le-Duc (Pays-Bas) : voir Canaye (Mathis).

Bois-le-Roi (Seine-et-Marne). Habitants, II, 14, 3907; IV, 215, 11988.

Bois-l'Évêque (Seine-Inférieure) : voir Beaulieu.

Boislévêque (Guillaume de), vicomte de Beaumont-le-Roger, VII, 595, 2738.

Boislevêque (Robert), conseiller lai au Parlement de Rouen, VI, 152, 19670.

Boislevêque (Robert de), greffier criminel du Parlement de Rouen, VI, 460, 21273; VI, 605, 22048.

Boislévêque (Robert de), vicomte de Beaumont-le-Roger, VI, 693, 22526.

Bois-l'Évêque (Robert de), père et fils, VI, 512, 21549.

Boislichausse (Jacques de), contrôleur du magasin à sel de Falaise, VI, 779, 22945.

Boislichausse (Jacques de), receveur du magasin à sel de Falaise, VI, 776, 22933.

Boismeaux, c^ne^ de Saintes-Maries-de-la-Mer (Bouches-du-Rhône). Seigneurie, VII, 402, 25263.

Bois mort. Concessions dans les forêts : de Blois, III, 436, 9519; de Boulogne, V, 776 (VIII, 394^a^), 18711; de l'Échelle, VI, 389, 20896; de Fagerolles, VII, 714, 28567; de Retz, III, 334, 9056; de Ris, III, 331, 9044. Déclaration touchant le sens de ce mot, II, 515, 6281. Usage dans la forêt d'Yèvre, VI, 155, 19684.

Bois-Nerbert (Le), c^ne^ de Béruges (Vienne). Seigneurie, VII, 246, 24424.

Boisney (*Eure*) : voir Anière.

Bois-Normand, seigneurie mouvant de Pont-Authou (Eure), V, 340, 16437.

Bois-Nouvel, c^ne de la Haye-Saint-Sylvestre (Eure). Seigneurie, VI, 532, 21665.

Bois-Olivier (*S^r du*) : voir Collardin (Robert).

Bois-Patart (Le), sis à Chauny (Aisne), VII, 523, 26419.

Boispateau (*S^r de*) : voir Seigne (Guillaume de).

Bois-Perron (Le), buisson mouvant de Vierzon, VI, 155, 19684; VII, 534, 26560.

Bois-Petit, sergenterie de la forêt de Pacy-sur-Eure, III, 578; 10165; VII, 521, 26379; VII, 782, 29031.

Bois-Potreau (*S^r du*) ou *Bois-Pouvreau* : voir Du Bois-Pouvreau.

Bois-René (*Le s^r de*) : voir Puiguyon (René de).

Boisrigault (*Le s^r de*) : voir Augerant (Louis d').

Boisrobin (Jean de), maréchal des logis des fils du roi, VIII, 182, 30944.

Bois-Roger, c^ne de Cléville (Calvados). Fief, VI, 280, 20327.

Bois-Roger, c^ne de Pontlevoy (Loir-et-Cher). Seigneurie, V, 509, 17741.

Bois-Rouvray (*S^r du*) : voir Rouvray (N. de).

Bois-Sainte-Marie (Saône-et-Loire). Châtellenie, I, 429, 2269. Recette VII, 74, 23582.

Boissay (Suzanne de), veuve de Louis de Gouvy, VI, 523, 21613.

Boisse, c^ne de Viviez (Aveyron). Seigneurie, VII, 277, 24582.

«*Boisse*». Curé : voir Thomas (Guillaume).

Boisse (Bertrand de) ou de Boysse, des cent gentilshommes de l'hôtel, concessionnaire de la juridiction du roi à Roquépine, en échange du péage de Molières, V, 235, 15887; VII, 21, 23309.

Boisse (Jean de), homme d'armes de la compagnie de M. de la Trémoille, V, 687, 18215.

Boisseau (Jean), sergent de la sixaine des bailliage et prévôté d'Orléans, VI, 196, 19889.

Boissède (Haute-Garonne). Seigneurie, VII, 16, 23286.

Boisséguin (*S^r de*) : voir Jay (Philippe).

Boisseleau, c^ne de Rhodon (Loir-et-Cher) : voir Chevigné.

Boisselly (Jean), greffier au Parlement d'Aix. Ses filles Marguerite, Madeleine et Hugonne, VI, 317, 20519.

«Bois-Senart», seigneurie cédée à Antoine Dubois, I, 702, 3670.

Boissebolles, c^ne de Saint-Martin d'Augé (Deux-Sèvres). Seigneurie, VII, 14, 23275.

Boisset (Charles), hérault d'armes du titre d'Angoulême. Mission en Savoie et Piémont, VIII, 155, 30690.

Boisset (Guillaume de), trésorier de Vesoul. Missions diplomatiques, IX, 116.

Boisset-Hennequin (*Le*), c^ne de Saint-Vincent-du-Bois (Eure) : voir Rosné.

Boissettes (Seine-et-Marne) : voir «Boissy-sur-Seine».

Boissey-le-Châtel (Eure) : voir Tilly.

Boissey (*S^r de*) : voir Martainville (Philippe de).

Boissier (Marguerite), VI, 445, 21189.

Boissière (La), c^ne d'Elven (Morbihan). Seigneurie, V, 695, 18262.

Boissise-la-Bertrand et Boissise-le-Roi (Seine-et-Marne) : voir «Boissy-sur-Seine». Cf. VIII, 550.

Boisson (Honorat), greffier criminel au Parlement de Provence, VII, 247-248, 24430.

Boisson (Jean), VII, 274, 24561.

Boissonnay, seigneurie mouvant de Châteauneuf-sur-Loire, VI, 549, 1753.

Boissons. Établissement de mesureurs de tonneaux et futailles dans les villes de la Seine, de la Marne et de l'Oise, IV, 541, 13528. Grains moulus pour les boissons à Tournai, I, 180, 1013. Impôts sur les boissons affermés : à Alençon, I, 311, 1680; à Bayeux, I, 318, 1718; à Bernay, I, 327, 1761; à Châlons, IV, 554, 13589; à Doullens, II, 102, 4352; à Lisieux, I, 298, 1612; I, 326, 1755; à Rouen, VI, 461, 21275; VII, 61, 23520; à Verneuil au Perche, VII, 707, 28511; à Vire, V, 606, 17776. Octrois sur les boissons : à Ham, VIII, 571, 32328; VIII, 592, 32347; VIII, 606, 32427; VIII, 629, 32540; VIII, 657, 32694; VIII, 736, 35143; à Harfleur, V, 770, 18678; au Havre, VI, 713, 22633; à Mézières, VI, 367, 20780; à Nevers, VIII, 606, 32426; à Rouen, VII, 27, 23342; au Tréport, VI, 795, 23033; à Verneuil, VIII, 569, 32230; VIII, 585, 32311; VIII, 613, 32458.

Boissoulier (Jeanne), VI, 157, 19696.

Boissy, imprimé par erreur pour Boisy, VII, 572, 27053.

Boissy : voir Saint-Martin-de-Boissy.

Boissy (Seigneurs de) : voir Baron (Nicole), Brye (Jean de).

Boissy-Lamberville (Eure) : voir Lamberville.

Boissy-sous-Saint-Yon (Seine-et-Oise). Seigneurie, V, 509, 17295.

« Boissy-sur-Seine » près de Fontainebleau, I, 577, 3032. Il peut s'agir d'une des localités appelées Boissettes, Boissise-la-Bertrand et Boissise-le-Roi, situées sur la Seine en aval de Melun.

« Boisvert », seigneurie en Bourbonnais, VI, 335, 20608.

Boisville, fief de Morival, c^ne de Vismes (Somme), VII, 555, 26842.

Boisville (Jacques), clerc de Chartres, VI, 7, 18947.

Boisville-en-Beauce ou Boisville-la-Saint-Père (Eure-et-Loir). Prieuré, IV, 686, 14193.

Boisy, c^ne de Pouilly-les-Nonnains (Loire). Seigneurie, VII, 183, 24116; dame : voir Genlis (Hélène de); seigneurs : voir Gouffier (Arthur et Claude).

Boisy (Anne de), gouvernante du duc d'Angoulême et de ses sœurs, V, 793, 18804.

Boisy (Marguerite de), fille du cardinal de Boisy. Légitimation, VIII, 732, 33119.

Boisy (Le bâtard de) : voir Gouffier (Tristan).

Boisy (Le cardinal de) : voir Gouffier (Adrien).

Boisy (La dame de). Détention à Cherbourg, III, 136, 8115.

Boîtes conduites de Bayonne à Brest, III, 343, 9098.

Boîtes des monnaies, IV, 234, 12083; VIII, 679, 32817.

Boîteux (Le) : voir Virecoup (Jean).

Boivin (Jean), potager de la cuisine de bouche, II, 28, 3981; VII, 481, 25896; VII, 709, 28526.

Boivin (Jean), sergent et garde en la forêt de Longuenée, III, 692, 10499.

Bojuhan : corr. Bosjean.

Bolbec (Seine-Inférieure). Sergenterie : création d'offices de notaires, V, 56, 14950; sergent héréditai : voir Le Pouchin (Adrien).

Boldonne ou Boulbonne, c^ne de Cintegabelle (Haute-Garonne). Abbaye, II, 539, 6385.

Boleur (Philibert), procureur d'Arnay-le-Duc, II, 602, 6704.

Boleyn (Anne) : voir Anne Boleyn.

Boleyn (Georges), frère de la précédente, vicomte de Rochford, gentilhomme de la maison d'Henri VIII, ambassadeur d'Angleterre, I, 687, 3594; II, 371, 5628; II, 531, 6347; II, 665, 6996; II, 670, 7019; II, 719, 7244; VII, 792, 29106; VII, 811, 29234; IX, 99, 100, 101.

Boleyn (Thomas), vicomte de Rochford, puis comte de Wiltshire et d'Ormond. Missions diplomatiques, II, 107, 4670; IX, 94, 97, 99.

Bolioud (Pierre), greffier du Parlement de Turin, VIII, 173, 30862.

Bollène (Vaucluse). Originaires naturalisés français : voir Alonzier (Pierre), Pons (Jean de).

Bologne (Haute-Marne). Seigneurie, V, 757, 18604.

Bologne (Italie). Gouverneur : voir Guichardin (François). Mission du cardinal de Gramont, II, 27, 3974. Monnaies, IV, 358, 12683. Séjours : de Clément VII, I, 673, 3523; VIII, 350*, 5801; des cardinaux de Tournon et de Gramont, II, 305, 5323; IX, 61, 62, 130. Originaires : voir Ercolano (Agostino), Marin (Jérôme), Primatice (Le), Serlio (Bastianet); naturalisés français : voir Girard (Jean), Razal (Jacques), Thiolles (Ludovic de), Thomas (Jean). Séjour du roi, VIII, 550.

Bologne (De) : voir Bouscone (Francisque de).

Bologne (Le cardinal de) : voir La Chambre (Philippe de).

Bologne (Anchise de), cessionnaire de la seigneurie de Saint-Macaire, I, 460, 2435; I, 485, 2562; I, 496, 2610.

Bologne (Ange de), trompette du pape, II, 531, 6351.

Bologne (Francisque de) : voir Primatice.

Bologne (Louis), originaire de la Rivière de Gênes, habitant en Provence. Lettres de naturalité, VII, 319, 24822.

Bolu (Guillaume). Affranchissement accordé à sa veuve et à ses enfants, I, 471, 2492.

«Bolys-lès-Toulouse». Seigneurie, VI, 299, 20428.

Bomba (Fabrice), gentilhomme de Mantoue, VIII, 69, 32883.

Bombel (Jean de), VI, 198, 19899.

Bombelles (Claude de), s^r de Lavau, secrétaire et valet de chambre du roi; attaché au service du comte palatin Frédéric durant son séjour à Paris, VII, 733, 28689. Gages comme valet de chambre, I, 654, 3427. Hommages, V, 583, 17662; VI, 588, 21963-21964. Missions : en Angleterre, I, 585, 3072; à Aubigny-sur-Nère, VIII, 220, 31298; à Bayonne, VII, 759, 28869; au pays des Grisons, VII, 672, 28186; en Béarn, VIII, 227, 31372; en Flandre, IV, 126, 11577; à Marseille, II, 565, 6514-6515; à Moulins, II, 463, 6038; en Piémont, VIII, 23, 29439; en Suisse, VI, 155, 19686; IX, 80, 81.

Bombelles (René de), VI, 588, 21964.

Bomberg (Antoine et Daniel de), VII, 731, 28674.

Bombert (Briant de) ou Bauvert. Aubaine, VII, 545, 26707; VII, 658, 28064.

Bommiers (Indre). Seigneur : voir La Trémoille (Jacques de).

Bompar (Hugon ou Hugues) ou Bompart, bourgeois d'Aix en Provence, s^r de Maugain, VI, 328, 20576; VI, 617, 22109; VII, 188, 24137; VIII, 672, 32783.

Bompar (Hugues de), trésorier des États de Provence, III, 56, 7727; VIII, 659, 32706.

Bompar (Pierre), conseiller au Parlement d'Aix, VIII, 724, 33077.

Bomy (Pas-de-Calais). Seigneurie, III, 309, 8944. Trêve de dix mois y conclue entre les députés français et impériaux, le 30 juillet 1537, III, 365, 9194; III, 366, 9200; III, 410, 9404; III, 411, 9406; III, 446, 9566; III, 628, 10386.

Bon (François), protonotaire apostolique, natif d'Avignon, habitant Barbentane. Lettres de naturalité, VII, 331, 24898.

Bon (Michel), aide de la fruiterie du roi, IV, 484, 13272.

Bon, seigneurie sise à Montchamp, Vassy et Estry (Calvados), VI, 433, 21130.

Bon (Pierre), originaire d'Avignon; — capitaine des galères *La Perle* et *La Salamandre*, IV, 378, 12777; VII, 361, 25053; de Notre-Dame de la Garde à Marseille, VI, 632, 22189; VII, 279, 24592; — concessionnaire de seigneuries, IV, 713, 14311; VII, 573, 27069; VII, 597, 27413; VIII, 255, 31651; — retenu pour l'un des cent gentilshommes de l'hôtel sous M. de Canaples, VII, 235, 24367. Lettres de naturalité, VII, 288, 24611. Sa femme : voir Droyn (Marguerite).

Bonacorsi (Antoine) ou Bonacoursy, secrétaire du roi, III, 448, 9573; III, 715, 10786; VII, 228, 24332; VIII, 198, 31091; commis au payement des pensions stipulées par le traité d'Ardres, V, 98, 15175.

Bonacorsi (Julien) ou Bonacoursy, commis au payement des cent gentilshommes de l'hôtel commandés par Louis de Brézé, I, 705, 3685; I, 724, 3785; V, 753, 18585; VI, 69, 19251; VII, 608, 27551; VII, 627, 27765; puis, par M. de Canaples, II, 162, 4654; II, 215, 4908; II, 384, 5685; II, 673, 7031; III, 84, 7869; III, 105, 7970; III, 139, 8129; IV, 61, 11282; IV, 655, 14057; VIII, 16, 29394; VIII, 59, 29776; VIII, 68, 29855-29856; VIII, 74, 29906; VIII, 125, 30404; VIII, 207, 31175; VIII, 240, 31560; — secrétaire du roi, III, 715, 10786; — trésorier général de Provence, III, 653, 10501; VII, 115, 23785; VII, 236, 24374; VII, 400, 25255; VII, 693, 28382; chargé de la levée des deniers octroyés par les États de Provence, VII, 134, 23881; payements assignés sur sa recette : à divers artistes, VII, 678, 28250; à la comtesse de Villars, VII, 75, 19280; à la garnison de la Garde, près Marseille, VIII, 83, 29991; à celle de la tour de Toulon, II, 172, 4697; II, 216, 4909; II, 455, 6005; II, 682, 7079; III, 118, 8032; III, 446, 9564; VIII, 60, 29785. Lettres de naturalité en faveur de son fils Pierre, VI, 518, 21582. Procès contre Jean Prévost, VI, 59, 19203; contre la succession de Pierre du Marquay, VII, 345, 24973. Son gendre : voir ELBENE (Barthélemy D').

BONACORSI (Pierre), né à Florence. Lettres de naturalité, VI, 518, 21582.

BONACORSY (Laurent), chanoine de Digne, VIII, 652, 32666.

BONACOURSI (Julien), VI, 183, 19826.

BONAFOS (Guy DE), VI, 257, 20207.

Bonal (François de). Sa veuve : voir SÉGUR (Marthe DE).

Bon Allemand (Le) : voir CLEBERG (Jean).

BONARIC (Antoine), juge de Périgueux, V, 681, 18177.

BONAUD (Jeanne), originaire de Perpignan, habitant Narbonne. Lettres de naturalité, IV, 375, 12759.

BONAVENTURE (Jean), dit LE BACHELIER, VI, 312, 20495.

Bonaventure (La) : voir *BONNE-AVENTURE (LA)*.

BONAVENTURE, maison sise en la forêt de Chinon donnée à M. de Boisy pour en jouir pendant dix ans au même titre que feu Francisque-Antoine, III, 386, 9226.

BONBLÉ (Alexandre), V, 489, 17193.

BONCOEUR (Jean DE), V, 780, 18731.

Boncourt (Collège de) : voir COLLÈGE DE BONCOURT.

« *Bonde* » *(Forêt de la)* : corr. LONDE (FORÊT DE LA).

BONDELMONTE (Philippe DE). Lettres de naturalité en récompense des services rendus par Benoît, son père, au roi et à Laurent de Médicis, V, 274, 16088.

Bondeville : voir NOTRE-DAME DE BONDEVILLE.

BONDON (LE) ou NOTRE-DAME-DU-BONDON, c^ne de Vannes (Morbihan). Carmes, I, 50, 294; I, 469, 2481; VII, 684, 28300.

BONDURELLE (Catherine), VI, 73, 19268.

Bondy (Seine). Forêt : voir LIVRY et BONDY.

BONENFANT (Louis), reçu clerc au Parlement de Rouen nonobstant un prêt fait au roi, IV, 464, 13175.

BONESSAY, quart et fief compris dans la mouvance de la Fresnaie-au-Sauvage (Orne), V, 480, 17149.

Bonfons (Jean) : voir BOUZONS (Jean).

Bonfossé : voir SAINT-MARTIN-DE-BONFOSSÉ.

BONGARD (Guillaume), s^r d'Arcilly et de Thurey, IV, 336, 12580.

BONGARS (Claude), lieutenant général au bailliage d'Orléans, IV, 536, 13510.

BONGARS (Guillaume), VI, 571, 21874.

BONGARS (Jean), abbé de Saint-Léonard, le même peut-être que le *Gallia Christiana* appelle Jean Vincendeau. Légitimation de son fils Hilaire, archer des ordonnances sous le gouverneur d'Orléans, VI, 217, 19989.

BONGARS (Regnault), grènetier du grenier à sel de Gisors, VII, 457, 25687; VIII, 756, 33258.

BONGER (Claude), père, VI, 634, 22200.

BONGNE (Georges), secrétaire du roi de Danemark, II, 225, 4951.

BONGUILLAUME (Jean), marchand florentin, demeurant à Lyon, remboursé d'un prêt fait au roi, VIII, 294, 32053.

BONGUIREAU (François), charretier de l'écurie du roi, III, 503, 9827.

BONHOMME (Jean), sergent au Puy, V, 183, 15605.

BONHONS, bourgeois et marchand de Rouen, VII, 425, 25416.

BONI (Madeleine DE), native de Florence, demoiselle de la dauphine. Lettres de naturalité, VI, 454, 21240.

BONIER (François), commis à la recherche des biens nobles des gens d'église, communautés et mainmortables dans le haut et le bas Rouergue, VII, 505, 26177.

BONIFACE (Balthazar), procureur du roi à Forcalquier, VII, 277, 24579.

BONIFACE (Étienne). Légitimation de son fils Étienne, de Marseille, VII, 282, 2460.

BONIFACE (Jacques DE), s^r de la Molle, VII, 395, 25231.

BONIFACE (Jean), VI, 764, 22879.

Boniface (Joseph de), capitaine de gens de pied. Mission en Provence, IV, 224, 10231.

Bonifacio (Corse) : voir Fosse (Octavien), Sasso (Jacques).

Bonigale (Charles de), Boingale ou Bourgale, licencié ès lois, V, 400, 16733. Cf. Bournigalle (Charles).

Bonin (Jean), receveur des deniers royaux en la sénéchaussée de Draguignan, VIII, 665, 32744.

Bonin (Paul), apothicaire d'Aix, natif de «Villaux», en Piémont. Lettres de naturalité, VIII, 697, 32923.

Bonivet : voir Bonnivet.

Bonjan (De) : voir Debonjan.

Bonjan (François de), secrétaire de Louise de Savoie, V, 296, 16203.

Bonjan (François de) ou Bonjean, secrétaire du roi, V, 327, 16371; V, 391, 16688.

Bonjean (François), contrôleur des aides, traites et équivalent d'Orléans, VII, 579, 27163.

Bonjeu (Jean), curé de la Feuillée, VI, 565, 21838.

Bonloc : corr. Bouloc.

Bonnaire (Denis de) ou Débonnaire, orfèvre et joaillier à Paris, VI, 641, 22245; VIII, 161, 30751; VIII, 258, 31677.

Bonnaire (Étienne de), s[r] de Castella et de Penne, VII, 263, 24507.

Bonnaire (Nicolas de), archer du prévôt de l'hôtel, natif de Rhodes. Lettres de naturalité, IV, 6, 11039.

Bonnaire (Nicolas de) ou de Bonnamie, garde de la forêt de Brioudan, II, 654, 6949; III, 85, 7874.

Bonnal (Jean), juge d'appel au comté de Rodez, remboursé d'un prêt fait au roi, IV, 677, 14156.

Bonnamie (Nicolas de) : voir Bonnaire (Nicolas de).

Bonnat (Pierre), huissier des requêtes de l'hôtel, II, 327, 5425.

Bonnault, barbier du roi, VII, 656, 28046.

Bonnault (Gabriel), fermier ordinaire du roi, VI, 21, 19015.

Bonnault (Jean), valet de chambre ordinaire du roi, VII, 513, 26279. Cf. Bouhault (Jean).

Bonne (Antoine de), abbé de Montolieu, V, 178, 15581.

Bonne (Honorat ou Honoré de), s[r] de la Rochette, gouverneur de Casteldelfino, I, 60, 353; VII, 29, 23351.

Bonne : corr. Bonnut.

Bonneau (Jean), receveur de l'inspection foraine en Bourgogne, VII, 302, 24724; VII, 404, 25277. Cf. Bonneaut (Jean).

Bonneau (Maugin), maître charpentier du château de Chambord, III, 595, 10241.

Bonneau (Michel), enfant de cuisine du commun, V, 45, 14896; V, 132, 15362.

Bonneau (Michel), greffier aux marais salants d'Hyères, V, 183, 15606.

Bonneau (Verdun), enfant, puis servant et potager à la cuisine du commun, officier domestique de la reine, III, 439, 9535; III, 542, 10005; IV, 28, 11133; IV, 418, 12958; V, 77, 15061.

Bonneaut (Jean), receveur du bailliage de Dijon et des châtellenies de Chenôve et Talant, III, 250, 8713. Cf. Bonneau (Jean).

Bonne-Aventure (La) ou *Bonaventure*, navire, VII, 459, 25703; VII, 460, 25767; VII, 474, 25835.

Bonnebault (Le s[r] de) ou *Bonnebosc* : voir Mahiel (Robert de).

Bonnebosc, c[ne] de Manneville-sur-Risle (Eure). Fief, VI, 522, 21607.

Bonnebosq (Calvados). Seigneurie, V, 448, 16980.

Bonnebosq (Nicolas de), V, 448, 16980.

Bonnecombe, c[ne] de Comps-la-Grandville (Aveyron). Abbaye de Notre-Dame, VII, 154, 23980.

Bonnecourt (Haute-Marne). Dîmes, V, 513, 17311. Fief de la tour, VI, 528, 21641. Seigneurie, V, 478, 17134.

Bonnefamille (Isère) : voir Ponas.

Bonnefons (Guy de), de Roquelaure, VII, 263, 24506.

Bonnefont (Hautes-Pyrénées). Seigneurie, VII, 269, 24537.

IMPRIMERIE NATIONALE.

BONNEFONT (François), tailleur du prince d'Orange. Biens confisqués pour crime de lèse-majesté, VI, 143, 19629. Sauvegarde, V, 647, 17990.

BONNEFOY (Jean DE), conseiller lai au Parlement de Toulouse, remplacé pour cause de parenté avec un autre membre de la même cour, IV, 513, 13408.

BONNEGARDE (Landes). Baronnie, VII, 51, 23467.

BONNEIL (René DE), général maître des monnaies à Paris, VII, 514, 26295.

BONNEL (Jacques), usurier, VIII, 759, 33295.

BONNEL (Robert), III, 73, 7814.

BONNELLE (Hatin, Haultain, Hotin, Hottin ou Hutin), dit LABBÉ, concierge du Plessis-lès-Tours, II, 438, 5930; II, 702, 7166; VIII, 10, 29339; VIII, 237, 31474; garde de la forêt d'Amboise, II, 645, 6907; III, 67, 7784; VIII, 203, 31137.

BONNELLES (Seine-et-Oise). Foires, II, 683, 7081. Séjour du roi, VIII, 550.

Bonnelles (S^r de) : voir LA VILLENEUVE (Regnaud DE).

BONNEMAIN (Étienne), procureur à la cour laie de Bourges, VII, 412, 25308.

BONNEMAISON (Calvados), V, 502, 17258.

Bonne-Nouvelle : voir NOTRE-DAME-DE-BONNE-NOUVELLE.

Bonnequet : voir BANIQUET.

BONNER (Edmond), évêque de Londres, ambassadeur du roi d'Angleterre, IV, 88, 11403; IX, 102.

BONNES (Charente). Foires, III, 192, 8384. Seigneur : voir LA MARTHONIE (Robert DE).

« BONNES », seigneurie dans la jugerie de Verdun, VII, 267, 24529.

BONNES (François DE), huissier de la chambre du roi, I, 567, 2980.

Bonnes-Nouvelles : voir NOTRE-DAME-DE-BONNE-NOUVELLE.

BONNET, commissaire des réparations de Marseille, III, 576, 10156.

BONNET (Annet), notaire. Légitimation de son fils Jean, du bailliage de Forez, VI, 410, 21006.

BONNET (Claude et Robert) ou BOURET, frères, natifs de Rumilly-l'Arbannois, établis à Dyé. Lettres de naturalité, VI, 192, 19867.

BONNET (François), commis à la recette des impôts de l'évêché de Dol, III, 308, 8939.

BONNET (Jacques), de Rouillac. Procès à la sénéchaussée de Poitou, II, 547, 6430; II, 614, 6761; VII, 743, 28761.

Bonnet (Jean) : voir BONNET (Annet).

BONNET (Jean), contrôleur de l'élection de Château-Thierry, VII, 587, 27260.

BONNET (Jean), natif de Savoie, demeurant à Orliénas. Lettres de naturalité, VI, 411, 21013.

BONNET (Jean), notaire au bailliage d'Autun et Montcenis, V, 113, 15259; V, 123, 15317.

BONNET (Louis), de Caen, s^r de Cantebrun. Anoblissement, VI, 781, 22956.

BONNET (Nicolas), VI, 89, 19348.

Bonnet (Robert) : voir BONNET (Claude et Robert).

BONNETIERS : de Bourges, II, 426, 5874; de Paris : voir BOULLENGER (Gilles).

BONNETON (Antoine), dit MAUGRAS, concierge et garde de la maison du chenil de Fontainebleau, VII, 547, 26741.

BONNETON (Jean), valet de limiers, II, 438, 5931; III, 57, 7731; VII, 642, 27918; concierge et garde de la maison du chenil de Fontainebleau, VII, 565, 26964.

BONNEUIL (Oise). Chambre à sel, II, 8, 3875. Seigneurie, VII, 544, 26698; VII, 571, 27045; VII, 775, 28980.

Bonneuil-en-Valois (Oise) : voir LIEU-RESTAURÉ (LE).

BONNEUIL-MATOURS (Vienne), VII, 532, 26541-26542; VII, 687, 28326.

BONNEUVRE (Jeanne), VIII, 599, 32385.

Bonneval : voir SAINT-AUBIN-DE-BONNEVAL, SAINT-JEAN-DE-BONNEVAL.

Bonneval, surnom : voir RUBEMPRÉ (André DE).

Bonneval (S^r de) : voir VENDÔME (Jacques, bâtard DE).

BONNEVAL, c^ne du Cayrol (Aveyron). Abbaye, III, 197, 8409.

BONNEVAL (Eure-et-Loir). Abbaye de Saint-Florentin, I, 588, 3085; dépositaire des clefs de la ville, VIII, 586, 32315. Élection : voir CHÂTEAUDUN ET BONNEVAL. Séjour du roi, VIII, 550.

BONNEVAL (Ambroise ou Antoine et Jean DE), frères. Confiscation, II, 616, 6773; VI, 393, 20913.

BONNEVAL (Charles DE), page de l'écurie, I, 611, 3204.

BONNEVAL (Foucaud DE), abbé de Bénévent et successivement évêque de Soissons, de Bazas et de Périgueux, VI, 268, 20264; VII, 112, 23766; VII, 179, 24097. Remboursé d'un prêt fait au roi, II, 218, 4920.

Bonneval (Jean de) : voir BONNEVAL (Ambroise DE).

BONNEVAL (Jean DE), capitaine de 50 lances des ordonnances, II, 616, 6773; III, 308, 8939; III, 328, 9029; III, 391, 9309; V, 805, 18859; VI, 393, 20913. Compagnie, VII, 722, 28614; VII, 760, 28873; VIII, 82, 29989; voir DUBOYS (Jean), et au nom du payeur de ladite compagnie, TROTEREAU (Étienne). Pension II, 691, 7120; III, 307, 8935; VIII, 11, 29353; VIII, 95, 30110; VIII, 183, 30951; VIII, 272, 31839.

BONNEVAL (Jean DE), dit RAGACHE, VII, 472, 25817.

BONNEVAL (Jean DE), gentilhomme de la chambre, acquéreur des biens de Charles d'Aubusson, III, 569, 10125; VI, 572, 21876.

BONNEVAL (Jean DE), homme d'armes de la compagnie du duc de Vendôme, VII, 770, 28940.

BONNEVAL (Maurice DE), page du roi, V, 398, 16718.

BONNEVAL (Renée DE), III, 670, 10579.

BONNEVAU ET CHARMEBLANC, bois en la forêt d'Orléans, VII, 534, 26567.

BONNEVAUX, c^ne de Lieudieu (Isère). Abbaye, III, 320, 9019.

BONNEVAUX, c^ne de Marçay (Vienne). Abbaye de Notre-Dame, V, 178, 15578.

BONNEVAUX, métairie sise à Brigueil-le-Chantre (Vienne), VI, 449, 21212; VII, 560, 26914.

BONNEVIE (Louis) ou BONNEVIN, huissier au Parlement de Paris, IV, 134, 11614; VII, 488, 25967.

BONNEVILLE (Guillaume), sommelier du duc d'Étampes, III, 698, 10704; III, 715, 10784.

BONNEVILLE (Jean DE), concierge du château de Rouen, I, 158, 900.

BONNEVILLE (LA) (Eure). Sergenterie fieffée, II, 316, 5373; VII, 512, 26267; VII, 573, 27072.

BONNEVILLE (LA), nom donné à la seigneurie de Thilly, sise à Tourlaville (Manche), VI, 556, 21793.

Bonneville-la-Louvet (Calvados). Seigneur : voir LE VALLOIS (Nicolas).

BONNEVILLE-SUR-TOUQUES (Calvados). Fief, V, 460, 17038; V, 502, 17256.

BONNEVIN (Pierre), conseiller au Parlement de Bordeaux, IX, 166.

Bonnevin (Louis) : voir BONNEVIE (Louis).

BONNI (Barthélemy), natif de Porto Maurizio, habitant Marseille. Lettres de naturalité, VII, 283, 24611. Cf. BRUN (Barthélemy).

BONNIER (Catherine), IV, 357, 12676.

BONNIER (Étienne), receveur de l'élection de Périgord, II, 563, 6504; II, 590, 6639.

BONNIÈRES (Pas-de-Calais). Seigneurie, III, 309, 8942.

BONNIN (Guillaume), boucher, fournisseur du roi, II, 303, 5313.

BONNIN (Jean), s^r de Messignac. Légitimation de son fils Jeannot, VI, 230, 20068.

BONNILLY, c^ne de Chavin (Indre). Seigneurie, VI, 711, 22623.

BONNINIÈRE (LA), c^ne d'Azay-sur-Cher (Indre-et-Loire). Fief aussi appelé le Petit-Bois, V, 247, 15945; V, 554, 17521.

Bonnivet (S^r de) : voir GOUFFIER (Guillaume).

BONNOEUVRE (Loire-Inférieure). Foire, IV, 281, 12306.

BONNOIE (Léonore), demoiselle de la Dauphine, VI, 516, 21573; cf. ALBANY (Éléonore D').

Bonnolo : corr. BONVALOT.

BONNUT (Basses-Pyrénées). Baronnie, VII, 260, 24490.

Bonny-sur-Loire (Loiret). Séjour du roi, VIII, 550.

Bonot (Benoît), chapelain de la chapelle Saint-Louis au château de Mâcon, IV, 231, 12065.

Bonport, c^ne^ de Pont-de-l'Arche (Eure). Abbaye, VIII, 644, 32619; séjours du roi, III, 40, 7676; IV, 103, 11471; IV, 140, 11639; cf. VIII, 550.

Bon-Repos, c^ne^ de Saint-Gelven (Côtes-du-Nord). Abbé : voir Lateranne (Guillaume).

«Bonrepos», seigneurie en la sénéchaussée de Toulouse, VII, 269, 24537.

Bonrepos (de) : voir Arumet (Martin).

Bonshons (Jean de), seigneur d'Antoigné. Anoblissement, VII, 55, 23489.

Bonshommes : voir Minimes.

Bontemps (Pierre), serrurier établi à Apt, natif du diocèse de Genève. Lettres de naturalité, VI, 641, 22244.

Bonvalot (François), abbé de Saint-Vincent de Besançon, envoyé de Charles-Quint, IX, 113.

Bonvalot (François), trésorier de l'église de Besançon, ambassadeur de l'empereur, II, 134, 4514.

Bonvicino (Italie, prov. de Coni), III, 356, 9158; voir Celle.

Bonvillard (Savoie) : voir Dufour (Thomas).

Bonvisi (Antoine), banquier lucquois, I, 555, 2921; I, 629, 3293; V, 644, 17972; VIII, 54, 29730; VI, 85, 19326.

Bonvisi (Louis), banquier lucquois, I, 555, 2921; I, 629, 8293; V, 644, 17972.

Bonvois (Le s^r^ de). Mission en Italie, I, 661, 3457.

Bonvoisin : voir Bonvicino.

Bonvoisin (André), neveu de Jean-Joachim de Passano, II, 100, 4344.

Bonvoisin (Jean), commis à la recherche des biens nobles des gens d'église, communautés et mainmortes dans le Soissonnais et le pays de Beaumont, VII, 505, 26174. Missions : à Chevagnes et à Coutras, VIII, 275, 31862; à Marseille, III, 574, 10149.

Bony (Jean), conseiller clerc et président des enquêtes au Parlement de Paris, I, 593, 3115; VII, 493, 26033.

Bonzens (Nicolas), prêtre, VI, 583, 21942.

Boran (*Oise*). Seigneur : voir Karuel (Guy).

Borchenu (*Le s^r^ de*) : voir Bourchenu (Aymar de).

Bord (Forêt de) ou Bort, actuellement forêt de Pont-de-l'Arche, comprise dans le département de l'Eure, II, 688, 7105; VII, 642, 27921. Création de quatre offices de gardes, II, 308, 5335. Gages des gardes, III, 67, 7785; VIII, 178, 30912.

Borda (Pierre de), VII, 420, 25374.

Bord d'Arignan (Le), c^ne^ de Ligny-le-Ribault (Loiret). Seigneurie, VI, 563, 21827.

Borde (La), seigneurie sise au comté de Blois, VI, 601, 22031; VI, 632, 22190; VI, 679, 22456; VI, 693, 22534; VII, 560, 26908.

Borde (La), seigneurie sise à Cour-Cheverny et à Tour-en-Sologne (Loir-et-Cher), VI, 387, 20885.

Borde (La), lieu sis à Saint-Denis-sur-Loire (Loir-et-Cher), VII, 90, 23657.

Borde (S^r^ de la) : voir Arbaleste (Guy), Gonneau (Hugues).

Bordeaux (Gironde). Arrivée et départ de messages pour le service du roi, V, 391, 16685; V, 762, 18634; V, 781, 18736; VII, 740, 28745; VII, 800, 29159; VIII, 154, 30686; IX, 48. Assemblée des États de Guyenne, VI, 476, 21347. Château : mortes-payes, IV, 147, 11673. Connétablie, I, 628, 3288. Cru viticole, I, 200, 1113; IV, 714, 14318; VII, 466, 25765 : voir Bordelais. Dépôt des salpêtres provenant de la succession de Michel Jacob, II, 675, 7043. Péage de Pépolin, VII, 51, 23467. Poursuite des luthériens, IV, 338, 12588; des usuriers, V, 104, 15212. Rébellion des habitants à l'occasion des gabelles, IV, 393, 12841. Recouvrement des espèces d'or décriées, I, 679, 3554; des sommes destinées à la rançon du roi et de ses fils, II, 318, 5381. Résidence obligatoire du payeur du Parlement, VII, 425, 25418. Séjours : du chancelier d'Espagne, V, 377, 16622; de Charles VIII, I, 442, 2336; d'Édouard III, roi d'Angleterre, I, 120, 747; de la reine Éléonore, I, 719, 3756; de François Ier, VIII, 550. Voir les articles consacrés à la Monnaie, au Parlement, à l'Université

de Bordeaux et à la sénéchaussée de Guyenne; voir aussi Begnay et Ha (Château du).
—— *Archevêché*. Temporel, VII, 404, 25273.
—— *Clergé*, VI, 760 (VIII, 795), 14537. Archevêque : voir Gramont (Charles de). Clarisses : démolition de leurs immeubles, VII, 417, 25355. Église cathédrale Saint-André : bâtiments, I, 29, 162; don gratuit du chapitre, VIII, 710, 32994; privilèges du chapitre, I, 31, 175; I, 244, 1335; I, 268, 1456; IV, 122, 11555; procès soutenu par le chapitre contre l'archevêque, I, 424, 2245. Palais archiépiscopal, I, 28, 162.
—— *Comptablerie*, VI, 275, 20310; VII, 690, 28351. Comptable : voir Leblanc (Laurent). Contrôleur : voir Pontac (Jean de).
—— *Domaine*. Maison concédée aux officiers de la monnaie, III, 473, 13680. Traite et grande coutume, II, 708, 7194; III, 382, 9269; IV, 255, 12192; VII, 463, 25736; VII, 665, 28129; VIII, 756, 33260: fermier : voir Custans (Arnaud).
—— *Diocèse*. Décimes, VI, 421, 21066; VIII, 650, 32654.
—— *Province ecclésiastique*. Juridiction de l'archevêque, I, 341, 1829; IV, 411, 12926; IV, 490, 13332. Publication de bulles pontificales, VII, 710, 28534; VII, 805, 29194.
—— *Ville*. Abus commis dans plusieurs corporations, I, 237, 1299. Approvisionnement, II, 94, 4315; VII, 447, 25610. Barbiers et chirurgiens, I, 448, 2369. Bâtiments de la tournelle du Palais, V, 531, 17405. Bouchers, I, 441, 2335; I, 448, 2369. Boulangers, III, 631, 10398. Chaussetiers, III, 631, 10399. Collège de Guyenne; principal : voir Gouvea (André de). Commerce, I, 105, 611; I, 488, 2573; II, 708, 7194. Deniers communs, III, 327, 9025; création puis suppression de l'office de trésorier, I, 708, 3700; I, 716 (VIII, 343[a]), 3739; IV, 515 (VIII, 381), 13419; résignation à survivance de l'office de contrôleur, VII, 634, 27831. Enseignement des langues grecque et latine, VIII, 758, 33275. Fortifications, I, 332, 1785; V, 599, 17740; VII, 417, 25355. Gantiers, boursiers, baguetiers et aiguilletiers, V, 788, 18775. Garantie du traité de Noyon, VIII, 578, note. Garde du sceau aux contrats : voir Maisonneuve (Guy de). Habitants : voir Coustault (Arnaud), Du Brena (Johannot), Gaymeur (Arnaud de), La Fontaine (Jean de), Pichon (Richard); d'origine étrangère, naturalisés français : voir Bretsinger (Paul), Castello (Martin de), Comitibus (Léonard de), Corrège (Jean-Jacques de), Creuzeau (François), Debroz (Michel), Salvi (Jean), Souldat (Jean). Imposition sur la ville, III, 362, 9182. Maires : voir Chabot (Philippe), Estissac (Le s[r] d'). Menuisiers, III, 11, 7496. Notaires, I, 218, 1205. Pintiers et étaniers, I, 442, 2336. Port, III, 459, 9626. Pouvoirs des capitaines et lieutenants du guet, IV, 102, 11468. Privilèges, I, 716, 3738; relativement au commerce des vins, I, 200, 1113; I, 213, 1178; IV, 714, 14318; VII, 665, 28129. Tondeurs de drap, III, 615, 10328. Vente de l'office de visiteur des draps et autres marchandises venant de l'étranger, VII, 641, 27916.

Bordeaux (de) : voir Bénard (Jean).

Bordeaux (François de), s[r] de la Poussinière, conseiller lai au Parlement de Rouen, VII, 51, 23469; président à ladite Cour, VII, 467, 25769. Missions diplomatiques, IX, 8, 33, 35, 36.

Bordeaux (François de), baron de Coulonces, I, 40, 230; V, 476, 17125.

Bordeaux (Guillaume de) ou de Bourdeaux, serviteur de l'évêque de Rodez. Missions à Venise et à Rome, VIII, 36, 29565; VIII, 75, 29920; VIII, 96, 30130; VIII, 254, 31638.

Bordeaux (Jean), VI, 505, 21514.

Borde-Blanche (La), seigneurie sise au comté de Blois, VI, 610, 22122; VII, 9, 23240.

Borde-Fournier (La), c[ne] de Brie-Comte-Robert (Seine-et-Marne). Seigneurie, V, 253, 15976.

Bordel : voir Bourdel.

Bordel (Florence), VI, 259, 20220.

Bordelais. Recherche des amortissements francs-fiefs et nouveaux acquêts, VII, 511, 26262. Sel, VI, 257, 20210. Vin, I, 204, 2150; logement, VIII, 590, 32339; voir Bordeaux.

Borde-le-Vicomte (la), c[ne] de Châtillon-la-Borde (Seine-et-Marne). Seigneurie, V, 233, 15874.

Bordelles (Blanchet de), V, 674, 18132.

Bordes (Jean de), prêtre. Légitimation de son fils Jean de la sénéchaussée d'Agenais, V, 617, 17830.

Bordes (Jean), secrétaire du roi, I, 112, 654. Cf. Bourdel (Jean).

Bordes (Jean de) le jeune, receveur de l'élection de Périgord, autorisé à résigner à survivance en faveur de Jean de Bordes l'aîné, son oncle, III, 322, 9004.

Bordes (Les), c^ne^ de Pontlevoy (Loir-et-Cher), V, 245, 15936; V, 316, 16310; V, 580, 17466.

Bordes (Les), fief sis au-dessous de Collégien (Seine-et-Marne), V, 467, 17078.

Bordes (Les), c^ne^ de la Celle-les-Bordes (Seine-et-Oise). Seigneur : voir Pont-bryant (Louis de).

Bordes (Les), c^ne^ de Naintré (Vienne). Seigneurie, VII, 206, 24229.

Bordes (Les) en Lauraguais, VII, 230, 24343.

Bordes (S^r^ des) : voir La Platière (Philippe de).

Bordes-Guenant (Les), c^ne^ du Petit-Pressigny (Indre-et-Loire). Châtellenie, VI, 28, 19050.

Bordier (Jean) : voir Barbier (Jean).

Bordier (Jean), bigame. Légitimation de son fils François, notaire à Beauregard en Périgord, VI, 407, 21464.

Bordieux (Jeanne de), V, 617, 17830.

Bordighera (Italie, prov. de Porto Maurizio), III, 710, 10789.

Bordigny, c^ne^ de Breteuil-sur-Iton (Eure). Seigneurie, VI, 118, 19498.

Bordoin (Antoine), VI, 14, 18983.

Bordon (Jacques), receveur ordinaire et particulier du siège de Digne, VII, 362, 25058.

Bordon (Jacques), viguier d'Aix, VII, 324, 24856.

Bordures, garnies de pierreries, VII, 732, 28676.

Borel (Guillaume), VII, 463, 25735.

Borel (Jean), s^r^ de Boutemont, archer de la garde française, V, 469, 17093.

Borelli (Antoine), receveur particulier au siège de Draguignan, VII, 202, 24209.

Borelli (Arnaud, secrétaire rational et archivaire en la Chambre des comptes de Provence, à la survivance de Louis, son père, VII, 242, 24402; VII, 353, 25011.

Borelli (Bernardin), Borrelli ou Borrilly, pourvu d'une pension en compensation de l'office supprimé de greffier des appellations de la Chambre rigoureuse d'Aix, III, 383, 9272; VII, 222 (VIII, 804), 24306. Cf. Borelly (Bernardin), Borrilly (Bernardin) et Bourrilly (Bernardin).

Borelli (Louis), scelleur au Parlement d'Aix, VII, 6, 23225; puis à la nouvelle chancellerie du roi en Provence, VII, 201-202, 24205. Cf. le suivant et Borrilly (Louis).

Borelli (Louis), secrétaire rational et archivaire de la Chambre des comptes et des archives d'Aix, VII, 52, 23475; voir Borelli (Arnaud).

Borelly (Bernardin), commis à la recette des amendes sur le transport des blés, III, 353, 9142. Cf. Borelli (Bernardin), Borrilly (Bernardin) et Bourrilly (Bernardin).

Borgarel (Raymond), de Brignoles, VIII, 673, 32788.

Borgarelli (Marchion), natif de Chieri, fermier du domaine de Piémont, Asti et Montferrat, VI, 510, 21540; garde des munitions de Turin et Moncalieri, VI, 511, 21547. Cf. Bourgarel (L'abbé).

Borgia : cf. Burgya.

Borgia (César), VIII, 401^a^, 23894.

Borgia (Louise), duchesse de Valentinois, dame douairière de la Trémoïlle, I, 601, 3155.

Borgoin (Moudine), VI, 387, 20882.

Borie (Jean), huissier au Parlement de Bordeaux, III, 21, 7550.

Borie (La), c^ne^ de Saint-Christophe de Chalais (Charente). Seigneurie, VII, 208, 24238; justice patibulaire et sceau aux contrats, III, 192, 8385.

Borison (Guichard), chirurgien de Montpellier, I, 595, 3123.

Bormes (Var) : voir Brégançon.

Born (S^r^ de) : voir Durfort (Armand de).

Borna (André), VIII, 146, 30614.

BORNAGE du territoire de Dijon, VIII, 609, 32437.

Bornambusc (Seine-Inférieure) : voir CLERCY.

BORNE (Charles DE), tuteur des enfants de M. de Beaumont, I, 289, 1565.

BORNE (Louis DE), seigneur de Loubaresse, IV, 58, 11266.

Borne (*Baron de la*) : voir AUBUSSON (Charles D').

« *Borne* ». Bailliage : bailli et clavaire : voir PIOLENC (Jean DE).

Borneaux : corr. VOUMEAUX (LES).

BORQUET (Nicolas), clerc, VIII, 717, 33034.

Borran : voir KARUEL (Guy).

Borrassol : voir BOURRASSOL.

Borrelli : voir BORELLI.

BORRILLY (Bernardin), d'Aix, VIII, 654, 32680; cf. BORELLI (Bernardin), BORELLY (Bernardin) et BOURRILLY (Bernardin).

BORRILLY (Louis), chauffecire à la chancellerie de Provence, puis auditeur archivaire à la Chambre des comptes d'Aix, VIII, 663, 32728. Cf. BORELLI (Louis).

BORT (Antoine DE), prieur de Rouhey, V, 40, 14864.

Bort (*Forêt de*) : voir BORD (FORÊT DE).

Bort (*S^r de*) : voir DU PESCHIN (François).

BORTEREAU (Olivier), notaire en la châtellenie de Jonzac, V, 188, 15635.

Borthine, *Borthayk*, *Borticq*, *Bortuilz* : voir BOURDICH.

BORY (Pierre), fabricant d'arquebuses à Saint-Étienne, VIII, 210, 31207.

BORZONI (Dominique), originaire de Gênes, habitant de Marseille. Lettres de naturalité, VII, 287, 24636.

BOSAS (Ardèche). Foires et marché établis en faveur de Jean, s^r du lieu, VI, 176, 19792.

BOSBECAN (LE), seigneurie unie à celle de Grouchy, I, 375, 1992.

BOSC (LE), fief sis à Valletot (Eure), VI, 502, 21497.

Boscaulton, corr. *Boscaultru* : voir BOSCOTRU (LE).

BOSC-DROUET, fief sis à Drucourt (Eure), VI, 535, 21679.

Bosc-Guérard-Saint-Adrien (Seine-Inférieure) : voir GOUY, MOTHE (LA).

BOSCHAUX (Bertrand DE), autorisé à ajouter un pilier à ses justices patibulaires, I, 619, 3246.

BOSCHIER (Martin), abbé de Saint-Jean-lès-Chartres, II, 683, 7081.

Bosc-Hyon (*Le*) [Seine-Inférieure] : voir BUS (LE).

BOSC-LE-COMTE, c^nes de la Gaillarde et de Saint-Pierre-le-Vieux (Seine-Inférieure). Seigneurie, VI, 710, 22618.

BOSCO (Denis DE), V, 674, 18132.

BOSCODON, c^ne des Crottes (Hautes-Alpes). Abbaye, VI, 796, 23036; VIII, 576, 32265.

BOSCOTRU (LE), c^ne de Meulles (Calvados). Quart de fief, VI, 554, 21785.

BOSCQ (LE), fief mouvant de Valognes, VI, 189, 19855.

Bosc-Roger (*S^r du*) : voir CAMBO (Hugues DE).

BOSC-ROHART, seigneurie en la sergenterie de Saint-Victor, VI, 389, 20894.

BOSEGIO (Jean), trompette de l'empereur, VIII, 86, 30031.

BOSGOUET (LE) (Eure) : voir SAINT-GILLES. Fief, II, 691, 7118.

BOSGUÉRARD, fief sis à Bretteville, c^ne de Varneville (Seine-Inférieure), V, 208, 15739.

BOSHION (LE), seigneurie sise au Bois-Hellain (Eure), VI, 522, 21606.

BOSIO (Antonio), nonce extraordinaire, IX, 125.

BOSJEAN (Saône-et-Loire). Seigneurie, I, 138, 797; III, 600, 10262; IV, 562, 13631; seigneur : voir BOUTON (Jean).

Bosnormand (*Eure*) : voir QUESNAY (LE).

Bosolens : voir BUSSOLENO.

BOSQUET (Jean), conseiller au Parlement de Toulouse, délégué aux Grands jours de Fleurance, IV, 349, 12640; de Nîmes, IV, 225, 12033.

BOSQUET (Mathieu) ou DU BOUSQUET, conseiller au Parlement de Toulouse, autorisé à se servir d'un secrétaire, I, 173, 979; V, 463, 17058.

BOSQUIER (Pierre), archidiacre de Marseille, III, 464, 9646.

Bossavin (Guillaume de), seigneur de Pignan, III, 329, 9033.

Bosse (Octavien), milanais, III, 63, 7763.

Bossenay : voir Saint-Georges et Saint-Martin-de-Bossenay.

Bosserant (Martin), I, 171, 970.

Bosseval (Bernard), VIII, 56, 29745.

Bosso (Guillaume), originaire de la Rivière de Gênes, habitant Berre. Lettres de naturalité, VII, 346, 24977.

Bossonval (Guillaume de), s[r] de Chaussy, lieutenant lai du prévôt de l'hôtel, II, 645, 6911.

Bossu (Le), le capitaine Bossu ou le petit Bossu : voir Rustici (Nicolas de).

Bossu (Le s[r] de), envoyé de Charles-Quint, IX, 113.

Bossut (Claude de), s[r] de Cavron, bailli de Vermandois, III, 527, 9943.

Bossut (Gabrielle de), veuve du s[r] de Barbançon, VII, 507, 26197.

Bossut (Jacqueline de), abbesse d'Avenay, IV, 171, 11785.

Bossut (Jean de), s[r] de Lierval, bailli de Vermandois, VI, 182, 19824.

Bossut (Nicolas de) ou Le Bossu, s[r] de Longueval, maître d'hôtel du roi, chambellan du duc d'Orléans; bailli de Vermandois, III, 528, 9945; VI, 227, 20046; commissaire des réparations de Guise et de Bray-sur-Somme, III, 385, 9280; gouverneur de Stenay, VII, 305, 24742; lieutenant du roi en Champagne en l'absence du duc d'Orléans, IV, 601, 13805; VII, 433, 25480; VIII, 150, 30697. Ambassade en Suisse, III, 237, 8615. Compagnie : voir au nom du payeur Prévost (Jean). Dépenses ordonnancées par lui, VIII, 8, 29328; VIII, 144, 30596; VIII, 179, 30919. Foires établies en sa faveur à Avenay, IV, 171, 11785. Pension, VI, 4, 18928; VII, 735, 28708; VIII, 74, 29909.

Bost (Le), seigneurie sise à Souvigny-le-Thion, c[ne] de Neuilly-le-Réal (Allier), VI, 464, 21288; VI, 589, 21968.

Bostenney, c[ne] de Torpt (Eure). Fief, V, 335, 16412.

Botaric (Jean), notaire à Marseille, VIII, 652, 32669.

Botecari (Bernard), Boticari, Bouticary ou Boutegarii, seigneur de la Bastide de Beaumont, fils naturel de Côme Botecari, florentin; viguier et capitaine d'Aix, VII, 165, 24031. Légitimation, VI, 233, 20084. Succession échue au roi par droit d'aubaine, IV, 260, 12215; IV, 273, 12269; VII, 180, 24145.

Botelle (François), viguier de Moustiers Sainte-Marie, VII, 324, 24857.

Botequari (Jean), marchand à Montpellier. Légitimation, I, 558 (VIII, 338), 2933.

Botequari (Pierre-Jean), natif de Florence. Lettres de naturalité, I, 609, 3195.

Botherel (Jean), s[r] d'Apigné, IV, 314, 12467.

Boticari : voir Botecari.

Botin (Marguerite), veuve de Jean Girard, VII, 574, 27085.

Botley (Yvon de), s[r] de Plegommeur, III, 381, 9261.

Bouault (Guillemin), charretier des chariots branlants de Mesdames, III, 376, 9240.

Boubaud (Jeanne), VIII, 704, 32959.

Boubers (Le s[r] de), V, 61, 14978.

Boubers (Jean de), s[r] de Beaugenlieu, I, 317, 1717.

Boubon (Baptiste), commis de galères, natif de San Remo, habitant Marseille. Lettres de naturalité, IV, 183, 11842.

Bouc (Bouches-du-Rhône), dans l'île de Martigues. Garnison, VIII, 654, 32678; VIII, 659, 32705. Tour, II, 512, 6263; III, 455, 9607; VII, 3, 23209. Ville : privilèges, exemptions et coutumes, III, 558, 10078.

Boucarien (Jean de), dit Macacellin, archer de la garde, natif d'Écosse, fils de Bonastre de Boucarien. Lettres de naturalité et de légitimation, VII, 469, 25790.

Boucart (Antoine), gentilhomme de l'hôtel, V, 787, 18768.

Boucart (François de), échanson des fils du roi, VIII, 263, 31739.

Boucart (Jean), chanoine de Poitiers, autorisé à fonder une église à Ménigoute, I, 520, 2744; trésorier de ladite église, II, 190, 4781.

Boucart (Mme de), III, 643, 10457. Cf. L'Hôpital (Jeanne de).

Boucart (Pierre), notaire à Tours, V, 35, 14836.

Boucault (Jean), de la maison de la reine Éléonore. Lettres de naturalité, VII, 614, 27628.

Boucault (Jeanne), femme de Jeannet Clouet, VIII, 137, 30520.

Boucé (Allier). Foire, I, 526, 2770.

«Boucault», à Bayonne. Enquête de commodo et incommodo y relative, VI, 646, 22270.

Bouchage (Le) (Isère). Seigneurie, I, 112, 652; érection en comté, IV, 110, 11502; seigneurs : voir Batarnay (Imbert et René de).

Bouchain (Nord) : voir La Plume (Jean de). Séjour du roi, VIII, 550.

Bouchard, écuyer d'écurie des fils du roi, VIII, 27, 29475.

Bouchard (Amaury) ou Bouchart, lieutenant du sénéchal de Saintonge, puis maître des requêtes, II, 36, 4019; VII, 741, 28753. Commission pour la saisie des papiers et meubles du chancelier Poyet, IV, 358, 12684. Commissions financières en Outre-Seine et Picardie, IV, 628, 13940; VIII, 156, 30697; VIII, 179, 30519. Gages et chevauchées, II, 602, 6700; III, 50, 7696; VIII, 108, 30233; VIII, 168, 30814. Missions: en Saintonge et à La Rochelle, VIII, 275, 31865; en Allemagne pour affaires secrètes, II, 260, 5122; VII, 704, 28494; en Angleterre, II, 752, 7391.

Bouchard (Antoine), greffier des requêtes de l'hôtel, IV, 353, 12656.

Bouchard (Gabriel), lieutenant du maître particulier des Eaux et forêts du bailliage de Sens, VI, 98, 19393.

Bouchard (Georges), VI, 80, 19304.

Bouchard (Guy) ou Bouchart, abbé d'Auberre, protonotaire du Saint-Siège, archiprêtre de Champagnac, V, 624, 17863; VI, 323, 20549.

Bouchard (Jean), conseiller en la conservation des privilèges royaux de l'Université de Paris, greffier des requêtes de l'hôtel, puis conseiller lai au Parlement de Paris, VII, 500, 26106.

Bouchard (Jean), lieutenant du maître particulier des Eaux et forêts au bailliage de Sens, VI, 98, 19393.

Bouchart : voir Bouchard.

Bouchart (Étienne), avocat du roi en la Chambre des comptes de Paris, VII, 576, 27111.

Bouchart (Jean), VIII, 193, 31052.

Bouchart (Melchior), homme d'armes, V, 704, 18317.

Bouchaute (Belgique, Flandre orientale): voir Cradbe (Laurent).

«Bouchaux» sous les ponts de Châtellerault, II, 277, 5198; VI, 314, 20501.

Bouchavesnes (Somme). Seigneur : voir Bayencourt (Antoine de).

Bouche (*Haissier de*) : voir Guespin (Jean).

Bouche (Bernardin), peintre d'Henri VIII, II, 348, 5521.

Bouche (Jeanne), VI, 445, 21192.

Bouche (Thierry de), écuyer tranchant, VII, 471, 25810.

Bouchefort (Jeannet de), chantre de la chambre et valet de garde-robe du roi, III, 475, 9696; III, 658, 10524; VII, 663, 28110. Gages, VII, 702, 28481; VIII, 136, 30518; VIII, 175, 30875.

Bouchemaine (Maine-et-Loire) : voir Ruzebourg.

«Bouchemenil», seigneurie sise en la vicomté de Breteuil, au bailliage d'Évreux. Privilèges, III, 26, 7570.

Boucher (Arnoul), conseiller clerc au Parlement de Paris, VIII, 500, 26109; autorisé à se marier, IV, 741, 14449; IV, 762, 14544.

Boucher (Charles), abbé de Montebourg, VI, 79, 19300; de Saint-Magloire de Paris, créancier du roi, II, 704, 7178.

Boucher (Fernand), canonnier ordinaire du roi, VII, 748, 28802.

Boucher (Frambert), procureur du roi à Pont-sur-Seine, V, 191, 15650.

Boucher (François), commis à la recherche des francs-fiefs et nouveaux acquêts dans la prévôté de Paris, VII, 67, 23549; VII, 510, 26235.

Boucher (François), conseiller lai, puis clerc, au Parlement de Paris, VII, 487, 25951, 25953, 25957.

Boucher (François), lieutenant général du bailli de Sens, VI, 43, 19123.

IMPRIMERIE NATIONALE.

BOUCHER (Guillaume), élu à Sens, VI, 43, 19124; VI, 107, 19444; VII, 102, 23717; lieutenant général du bailli de Sens, IV, 127, 11581; VI, 43, 19123. Anoblissement, I, 298, 1616.

BOUCHER (Guillaume), joueur de hautbois à Montpellier, VIII, 70, 29872.

BOUCHER (Guillaume), lieutenant du prévôt d'Orléans, VI, 413, 21023.

BOUCHER (Jacques), élu, puis maître lai des comptes à Paris, II, 2 (VIII, 344), 3842; III, 600, 10264; III, 627, 10379; VIII, 275, 31868.

BOUCHER (Jean), marchand boucher de la maison du roi, II, 714, 7225.

BOUCHER (Louis), élu à Sens, VI, 43, 19124.

BOUCHER (Michel), contrôleur du domaine d'Orléans, I, 402, 2139; III, 202, 8436.

BOUCHER (Michel), receveur ordinaire d'Orléans en 1524, II, 49, 4083.

BOUCHER (Nicolas), procureur du roi au bailliage de Troyes, remboursé d'un prêt fait au roi, II, 630, 6837.

BOUCHER (Nicole), VII, 423, 25400.

BOUCHER (Noël), clerc de Jean Breton, I, 592, 3107; de Jean Gédoyn, V, 741, 18527.

BOUCHER (Noël), garde de la Monnaie de Tours, VI, 316, 20513.

BOUCHER (Philibert), enquêteur près le bailliage et la prévôté d'Auxerre, V, 650, 18008.

BOUCHER (Pierre), prévôt de Lorris, VI, 318, 20524.

BOUCHER (Pierre) ou DE BOUCHIER, procureur du roi, puis conseiller lai au Parlement de Bordeaux, VI, 61, 19213; VI, 73, 19267; commis à la recherche des amortissements, francs-fiefs et nouveaux acquêts, VII, 519, 26359.

BOUCHER (Rodrigue), VII, 59, 23507.

BOUCHERAT (Simonette), veuve de Guillaume Molé, I, 537, 2828.

BOUCHEREAU (Gilles), fourrier ordinaire du roi, VII, 693, 28378.

BOUCHERIE : service de la table royale, II, 303, 5313; II, 372, 5631; VII, 725, 28633; VII, 757, 28857; VIII, 51, 29704; VIII, 150, 30650; VIII, 198, 31097. Fournisseurs : voir BARREAU (Jean), BONNIN (Guillaume), BOUCHER (Jean), ROYER (Alexandre et Jean).

Boucherie (Viande de) : voir VIANDE.

BOUCHERIES. Amboise, VII, 679, 28258. Blois, VI, 44, 19130. Condom, I, 686, 3590; III, 204, 8448; IV, 467, 13195. Moulins, III, 474, 9694; VII, 699, 28450. Paris, I, 304, 1651; VI, 691, 22517; VI, 726, 22696; boucherie de Beauvais, I, 34, 194; I, 309, 1670; II, 7, 3869; II, 43, 4055; II, 324, 5412; V, 555, 17524; VI, 568, 21857; VII, 573, 27074; VIII, 599, 32386. Lyon : boucherie Saint-Nizier, III, 623, 10362; IV, 20, 11098; nouvelle boucherie, IV, 115, 11525. Troyes, I, 303, 1643. Cf. ABATTOIRS.

BOUCHERON (Nicole), receveur du grenier à sel de Fécamp, puis contrôleur du magasin à sel de Dreux, VI, 788, 22993.

BOUCHERON (Thibaut), gouverneur de l'hôpital de la Ferté-Milon, VII, 419, 25367.

BOUCHERS : de Beaune, VII, 161, 24008; VII, 310, 24769; de Bordeaux, I, 441, 2335; I, 448, 2368; de Boulogne-sur-Mer, II, 69, 4185; de Bourges, III, 367, 9203; de Châteaudun, I, 725, 3787; de Cognac, VII, 84, 23630; de Lyon, IV, 115, 11525; de Moulins, III, 395, 9328; d'Orléans, IV, 765, 14558; de Paris, I, 323, 1741; VI, 691, 22517; de Poissy, I, 492, 2589; de Saumur, VI, 527, 21633.

BOUCHERY (Raoul), s[r] de la Motte, VI, 563, 21825.

BOUCHET (Jean), VI, 169, 19754.

BOUCHET (Robert), garde des prisons de Coutances, IV, 762, 14547; V, 79, 15074; V, 80, 15077.

BOUCHET (Le), c[ne] de Vouvray (Indre-et-Loire), VI, 374, 20819.

BOUCHET (Le), c[ne] de Dry (Loiret), II, 261, 5127.

BOUCHET (LE) (Vienne) : voir GRIGNY, LANDE (LA), PUY-SABOUREAU (LE), ROCHE-RIGAULT (LA). Justice, I, 152, 871; IV, 418, 12962; VI, 572, 21877.

BOUCHETAULT (Louis), VII, 78, 23598.

BOUCHET-EN-BRENNE (LE), c[ne] de Rosnay (Indre). Séjour du roi, VIII, 550.

Bouchez (Vincent de), lapidaire de Lyon, I, 615, 3227.

Bouchier (Pierre de) : voir Boucher (Pierre).

Bouchs (Antoine et Jeannot de), archers de la garde, V, 382, 16642.

Bouchy : voir La Chesnaye (Jean de).

Boucicaut : voir Le Meingre (Jean).

Boucieu-le-Roi (Ardèche). Foires, V, 134, 15374.

Bouclans (S^r de) : voir Lallemand (Jean).

Boucquelon (François), sergent au Neufbourg, VI, 677, 22444.

Boucquet (Jacques), marchand de Saint-Pol, III, 317, 8980.

Boucquet (Nicole), V, 10, 14742.

Boucs d'étrange pelage offerts au roi, VIII, 303, 32151.

Boudart (Jean), sergent à cheval au Châtelet de Paris, V, 648, 17994.

Boudaud (Jeanne), IV, 192, 11883.

Boudet (Antoine). Légitimation de sa fille Jeanne, IV, 304, 12418.

Boudet (Jean). Sa veuve : voir Gaillard (Anne).

Boudet (Jean), commis à recevoir le douaire de la reine Marie, V, 577, 17632.

Boudet (Jean), greffier des requêtes du Palais, VII, 503, 26141.

Boudet (Jean), secrétaire du roi, II, 328, 5429.

Boudet (Jeanne) : voir Boudet (Antoine).

Boudet (Jeanneton), V, 797, 18819; VII, 523, 26414.

Boudet (Louise), femme de Denis Hurault, VI, 580, 21920; VII, 112, 23769.

Boudet (Michel), conseiller à la chambre du domaine au Parlement de Paris, remplacé comme incapable, VII, 499, 26102.

Boudet (Michel), conseiller lai au Parlement de Paris, IV, 777, 14618.

Boudet (Michel), évêque de Langres, commissaire du roi à l'assemblée des États du comté d'Auxonne, V, 211, 15757.

Boudet (Michelet), VII, 112, 23770.

Boudet (Pierre), sergent royal au bailliage de Dourdan, V, 97, 15171.

Boudet (La veuve), III, 125, 8063.

Boudeville (Jean de), receveur et voyer ordinaire de Mantes et Meulan, VII, 504, 26153.

Boudier (J.), enquêteur au bailliage de Dijon, puis contrôleur en chef des baux et aliénation du domaine, IV, 431, 13027.

Boudier (Jean), receveur du Parlement de Dijon, VIII, 748, 33209.

Boudin (Jacques), verdier d'Évreux, la Haye-le-Comte et la Haye-Richer, V, 176, 15567.

Boudin (Jean) ou de Bodin, huissier de chambre de Louise de Savoie, VI, 142, 19625; VI, 286, 20357. Sa veuve : voir Jupiter (Jeanne).

Boudin (Louis) ou Bodin, receveur de l'élection d'Harfleur. Permutation avec Pierre de Créteville, receveur de l'élection de Montivilliers, III, 599, 10256; III, 603, 10276; III, 622, 10355.

Boué (Jean), capitaine de chevau-légers albanais, VIII, 192, 31043.

Bouelle (Seine-Inférieure). Fief, V, 424, 16849.

Bouelles (Charles de), s^r de Bernes, VI, 803, 23072.

Bouër (Guillaume), VII, 505, 26165.

Bouesseau (Bénigne), s^r de Barjon, maître des comptes de Dijon, commissaire pour l'aliénation du domaine, V, 469, 17088; VII, 84, 23629; pour l'évaluation et délivrance des plans appartenant à la duchesse de Longueville, VII, 42, 23418.

Bouesseau (Charles), prêtre. Légitimation de sa fille naturelle Claudine, V, 582, 17657.

Bouesseau (Jacquette), veuve de Pierre de la Vernade, VI, 360, 20744.

Bouesseau (Nicolas), président des comptes à Dijon, VII, 84, 23628.

Bouesseau (Nicole), s^r de Barjon, commissaire pour l'aliénation du domaine, V, 469, 17088.

Bouesseau (Thomas), conseiller lai au Parlement de Dijon, V, 528, 17390.

Bouet (Jean), couturier, natif du marquisat de Saluces, établi à Noyers en Provence. Lettres de naturalité, VI, 662, 22359.

Bouëte (Robert), conseiller lai au Parlement de Paris, VII, 492, 26019; commis au jugement des fraudes des fournitures du camp d'Ardres, V, 89, 15527. 15127

Bouexière (François de), chevalier de Rhodes, VII, 695, 28397.

Bouffart (Jean), garde de la porte du pont du Rhône, à Lyon, V, 67, 15010.

Boufflers (Adrien de). Sa femme : voir Oyron (Louise d').

Boufflers, auj. Caillon (Oise). Seigneurie, VI, 532, 21666-21667.

Bouffon du cardinal de Médicis : voir Raoul.

Bougainville (Somme). Foires, II, 105, 4368.

Bouger (Raoulet), sergent à verge au Châtelet de Paris, condamné aux galères, III, 748, 10932.

Bougiau (François) : voir Bougrault (François).

Bouglainval, VII, 787, 29066. Cf. Bougrainval (Florentin de).

Bouclier (Jean), religieux de la Couture au Mans. Procès contre l'abbé, I, 155, 888; I, 165, 938.

Bougrainval (Florentin de) ou Bougrinval, gentilhomme de la fauconnerie, VIII, 180, 30925; VIII, 184, 30962. Cf. Bouglainval.

Bougrault (Charles), sergent royal ordinaire au bailliage de Loches, V, 731, 18478.

Bougrault (François) Bougiau ou Bourgault, garde de la forêt d'Amboise, II, 66, 4171; II, 645, 6907; III, 67, 7784; VII, 693, 28375; VIII, 203, 31137.

Bougreau (Louis), écuyer de cuisine, VII, 648, 27984.

Bougrinval (Florentin de) : voir Bougrainval (Florentin de).

Bouguenais (Loire-Inférieure), I, 465, 2462; voir Couets (Les).

Bouguerreau (Louis), procureur commis à recevoir les droits de francs-fiefs et nouveaux acquêts dans l'élection de Loudun, VIII, 443, 35572.

Bouguier (Jean). Anoblissement, VI, 774, 22924.

Bouguier (Pierre), s^r de Villaines, d'Écharcon et du fief de Seneville, avocat en Parlement. Anoblissement, VI, 728, 22704.

Bougy, c^ne de Romilly-la-Puthenaye (Eure). Seigneurie, II, 200, 5125.

Bougy (Gabriel, fils de Christophe de), V, 479, 17141.

Bouhault (Jean), barbier du roi, I, 338, 1814. Cf. Bonnault.

Bouhier, conseiller au Parlement de Dijon, IV, 90, 11413.

Bouhier (Jean), conseiller clerc au Parlement de Dijon, II, 283, 5222.

Bouhot (Laurent) : voir Bouzot (Laurent).

Bouilh (Le), c^ne de Saint-André-de-Cubzac (Gironde). Maison noble, VII, 284, 24615.

Bouillac : corr. Breuillac.

Bouillac (Aveyron) : voir Malaret.

Bouillac (Tarn-et-Garonne) : voir Grand-selve.

Bouillancy (Oise). Seigneurie, VI, 552, 21772; VII, 574, 27090.

Bouillon (Belgique, Luxembourg); voir Barré (Gilles). Bois, V, 465, 17065.

Bouilly (Aube). Foires, III, 647, 10474. Réduction de tailles à la suite d'une peste, II, 271, 5172; VI, 202, 20390.

Bouilly (S^r de) : voir La Chesnaye (Jean de).

Bouin (Pas-de-Calais), III, 305, 8926.

Bouin (Vendée). Marais salants, VII, 584, 27238; garde de la gabelle : voir Règne (René de).

Bouin (Charles), procureur du roi au Grand Conseil, IV, 297, 12387.

Bouisse (Aude). Demande en exemption de tailles, VI, 238, 20110.

Boujon (Guillaume), VI, 548, 21753.

Bouju (Jean), panetier ordinaire de Mesdames, valet de chambre du duc d'Angoulême, II, 190, 4781.

Bouju (Nicolas), s^r de la Croix. Légitimation de son fils Alexandre, V, 98, 15180.

Bouju (Thibaud), II, 52, 4101.

Boulainvilliers (Antoine de), s^r de Nesle, VI, 253, 20188.

Boulainvilliers (Charles de), comte de Roussillon, V, 719, 18406.

BOULAINVILLIERS (Jeanne DE), femme de Pierre Maréchal, V, 292, 16183.

BOULAINVILLIERS (Philippe DE), comte de Dammartin, I, 270, 1465; II, 334, 5459; III, 355, 9149; III, 460, 9631; V, 317, 16315. Compagnie, VI, 28, 19049.

Boulancourt (Sr de) : voir LUILLIER (Jean), MAGNY (Charles, sr DE).

BOULANGER (Geneviève) ou BOULENGER, veuve de François de Loynes, I, 550, 2894; VI, 26, 19039.

BOULANGERS : voir GELLIER (Jean); de Bordeaux, II, 631, 10399; envoyés au camp, III, 421, 9454; suivant la cour : voir BESNIER (Étienne et Guillaume), ROMAIN (Jean). Commissaires des boulangeries à Étampes, IV, 753, 14502.

Boulant (Jacques) : voir BOULLENT (Jacques).

Boulay (Le) : voir SAINT-VINCENT-DU-BOULAY.

BOULAY (LE), cne de Saint-Pierre-de-Cormeilles (Eure). Fief, V, 447, 16905.

BOULAY (Jean) ou BOULLAY, musicien du roi, II, 730, 7295; III, 729, 10846.

BOULAY (Pierre), BOULLAY ou BOULLÉ, dit MORICAUD, MORICAULT ou MORICAUT, huissier de salle des chambellans, III, 448, 9576; III, 512, 9871; III, 604, 18281; III, 664, 10551; III, 761, 10986; IV, 484, 13276; V, 124, 15323; VII, 101, 30170; VII, 598, 27434.

Boulaye (Sr de la) : voir LOGES (Hugues DE).

BOULBON (Bouches-du-Rhône). Seigneurie, III, 206, 8747; VI, 35, 19086-19087; VII, 53, 23479; VII, 371, 25106-25107.

Boulbonne : voir BOLBONNE.

BOULEAU (Richard). Légitimation de son fils Jean, VIII, 638, 32586.

Boulen : voir BOLEYN.

Boulenger (Geneviève) : voir BOULANGER (Geneviève).

BOULENGER (Jean), prêtre, originaire du diocèse de Toul, demeurant au Luc-en-Provence. Lettres de naturalité, IV, 310, 12480.

Boulent (Jacques) : voir BOULLENT (Jacques).

BOULET (Pierre), V, 799, 18832.

BOULETS achetés pour l'artillerie royale, III, 144, 8149; VIII, 146, 30614; portés en Picardie, VIII, 134, 30492; en Piémont, VIII, 84, 30005.

BOULEVARDS : de Chalon-sur-Saône, VII, 791, 29093; de Narbonne, VIII, 19, 29409.

BOULIER (Philippe), veuve de Jean Le Roux, V, 807, 18869.

BOULIERS (André DE), vicomte de Reilanne. Privilèges accordés à ses prédécesseurs, VII, 193, 24161.

BOULIERS (Antoine DE), sr de Centallo, Demonte et Roccasparvera, II, 206, 4865; III, 83, 7866; V, 672, 18120; VI, 398, 20942; VII, 124, 23830; VIII, 653, 32671; usufruitier du mandement de Barcelonnette, III, 500, 9812.

BOULIERS (Louis DE), sr de Centallo. Succession, V, 613, 17843.

BOULIERS (Philibert DE), concessionnaire du revenu de la terre de Granne, VII, 564, 26954.

Boullaie (sr de la) : voir BAUD (Olivier).

Boulland (Nicole) : voir BOULLENT (Nicole).

BOULLANGER (Frère Jean). Procès contre Jérôme Fondut touchant le prieuré de Suresnes, III, 464, 9645.

Boulland (Guillaume) : voir BOULLENT (Guillaume).

BOULLAY (Jacques). Sa veuve, III, 460, 9630.

BOULLAY (Jean DE), archer de la compagnie du comte de Dammartin. Relèvement de montre, VI, 28, 19049.

Boullay : voir BOULAY.

Boullaye (Sr de la) : voir LOGES (Hugues DE).

Boullé (Jean) : voir BOULLET (Jean).

BOULLE (Michel), notaire au Châtelet de Paris, V, 788, 18773.

Boullé (Pierre) : voir BOULAY (Pierre).

Boulleduc : corr. BOIS-LE-DUC.

BOULLÉE (Léger), V, 749, 18561.

BOULLÉE (Renaud), prêtre. Légitimation de ses fils, Jean, Étienne et Guillaume, clercs du diocèse de Langres, VI, 213, 19972.

Boullée (Simon) : voir BOULLENC (Simon).

Boullenc (Raoul), conseiller clerc au Parlement de Rouen, VI, 471, 21324; VI, 604, 22048.

Boullenc (Simon), Boullent ou Boullée, conseiller lai au Parlement de Rouen, V, 471, 17101; V, 698, 18282; V, 730, 18474.

Boullenger (Gilles), natif de Hainaut, bonnetier à Paris. Lettres de naturalité, VI, 528, 21638.

Boullent (Guillaume) ou Boullant, élu de Rouen, VI, 631, 22188; VI, 735, 22735.

Boullent (Guillaume), notaire du roi au Parlement de Rouen, IV, 542, 13536.

Boullent (Jacques), Boulant ou Boulent, conseiller lai au Parlement de Paris, I, 641, 3360; III, 168, 8272; IV, 210, 11966; VII, 490, 26000.

Boullent (Jean), Boulleyve ou Voullent, élu d'Évreux, II, 66, 4169; VI, 271, 20230; VII, 86, 23639.

Boullent (Nicolas ou Nicole), Boulland, Boulleyve ou Voullent, fils du précédent, élu d'Évreux, II, 66, 4169; VI, 261, 20230; VI, 801, 23062.

Boullet (Jean), Boullé ou Boutet, sommelier d'échansonnerie, II, 26, 3969; II, 205, 4858; III, 641, 10444; VII, 606, 27523; VII, 679, 28261; VIII, 290, 32003; VIII, 301, 32131.

«*Boulley*» : corr. Brulhois.

Boulleyve (*Jean et Nicole*) : voir Boullent (Jean et Nicole).

Boulliers : voir Bouliers.

Boulligny : voir Boussigny.

Boullon (François) ou Brouillon, sergent de l'élection d'Angers, V, 95, 15156; V, 112, 15254.

Boullon (Nicolas), fourrier de Mesdames, III, 320, 8997.

Boullon (Nicolas), fourrier du roi, IV, 215, 12237.

Boullon (Robert), élu d'Arques, VI, 618, 22112.

Boully (le s^r de), grand fauconnier de la maison du Dauphin, VII, 752, 28824.

Bouloc (Haute-Garonne). Seigneurie, VII, 31, 23362.

Bouloc (Tarn-et-Garonne). Foires, V, 157, 15474.

Boulogne, c^ne de Tour-en-Sologne (Loir-et-Cher). Forêt, III, 475, 9697; V, 776, (VIII, 394^a), 18711; VI, 2, (VIII, 395) 18917; VI, 204, 17930; VI, 782, 22960. Prieuré de l'ordre de Grandmont, VII, 410, 25368; prieur : voir Soronea (Jean-Barthélemy de).

Boulogne (Anne de), femme du duc d'Albany. V, 673, 18128-18129.

Boulogne (Antoine de), orfèvre à Paris, II, 266, 5152; VIII, 258, 31678.

Boulogne (Bertrand II, comte de). Succession, I, 533 (VIII, 773), 2806.

Boulogne (Bertrand III, comte de). Succession, V, 747, 18555.

Boulogne (Jean de), VII, 64, 23534.

Boulogne (Jeanne de), femme d'Émard de Poitiers, V, 747, 18555.

Boulogne (*Madeleine de*) : voir La Tour (Madeleine de).

Boulogne (*Maison de*) : voir Boulogne-sur-Mer, *famille comtale*.

Boulogne (Pernelle de), VI, 88, 19343.

Boulogne-sur-Mer (Pas-de-Calais). Approvisionnement, I, 315, 1702; I, 400, 2132; VI, 760, 22858; VIII, 113, 30291. Arrivée et départ de messages pour le service du roi, II, 240 (VIII, 778), 5025; VII, 703, 28598; VII, 147, 30622; IX, 21, 22. Bouchers, II, 69, 4185. Capitaine : voir Du Biez (Oudart, S^r), La Fayette (Antoine de). Détention de deux personnages, IV, 62, 11288. Entrevue de François Ier avec Henri VIII en 1532, II, 195, 4810; II, 218, 4921; II, 219, 4923; II, 220, 4928; II, 223, 4940, 4944; II, 224, 4945; II, 225, 4950, 4954; II, 229, 4974; II, 231, 4982, 4985; II, 238, 5015, 5019; II, 249, 5072; II, 262, 5131; II, 295, 5279; II, 302, 5306; II, 335, 5463; II, 348, 5522; II, 477, 6104; VII, 730, 28666. Église Notre-Dame, VII, 504, 26148. Fonte d'artillerie, V, 418, 16817. Fortifications, II, 677, 7048; IV, 129 (VIII, 406^a), 11589; V, 175, 15565; VIII, 191, 31028; VIII, 222, 31317. Garnison, VIII, 102, 30182. Occupation anglaise, IV, 721, 14350; V, 168, 15530-15531; IX, 32. Port, II, 241; 5032. Poste, II, 421, 5850; II, 626, 6816; II, 654, 6948;

VIII, 13, 29372; VIII, 110, 30255; VIII, 242, 31513; VIII, 256, 31661. Privilèges de la ville, I, 24, 139. Religieuses hospitalières de Saint-François, II, 234, 4998. Séjours : d'ambassadeurs anglais, I, 552, 2904; II, 665, 6996; II, 670, 7019; VII, 793, 29106; IX, 103; du cardinal Du Bellay, IV, 698, 14157; de François Ier, VIII, 550; d'Anne de Montmorency, II, 206, 4864; du roi et de la reine d'Angleterre en juin 1520, I, 218, 1202; V, 511, 17304.

—— *Comté* : voir Boulonnais.

—— *Famille comtale : patrimoine* : voir Catherine de Médicis. Commis à l'administration : voir La Guesle (François de). Droits du duc d'Albany, VII, 199, 24193. Gouvernement dudit duc, II, 754, 7402. Pensions assignées sur les revenus, III, 724, 10824; VII, 560, 27018. Trésorier : voir Chambon (Jean).

Boulogne-sur-Seine (Seine), VII, 586, 27268. Séjours du roi, VIII, 550. Les actes de François Ier désignent généralement, sous les noms de «bâtiments» ou «édifices de Boulogne», le château de Madrid : voir ce mot.

—— *Bois*, I, 167, 949. Capitaine et gruyer : voir Pierrevive (Charles de). Droits des religieuses de Longchamp, IV, 715, 14324. Réformation, IV, 614, 13864-13865. Sergents et gardes : voir Potois (Geoffroy), Vacquette (Nicolas). Cf. Rouvray (Forêt de).

Boulois (Pierre), prieur de Montauberon, VI, 80, 19203.

Bouloment (Jean), notaire à la chambre des comptes de Bretagne, I, 691, 3614.

Boulonnais, comté et sénéchaussée. Approvisionnement du camp du roi, IV, 752, 14498; V, 40, 14865. Biens de l'abbaye de Saint-Jean-au-Mont, près Thérouanne, VI, 609, 22072. Collation des chapelles, VII, 503, 26148. Comtesse : voir Catherine de Médicis. Droits échus au roi, I, 619, 3243. Forêts, VII, 509, 26221; personnel de la maîtrise des eaux et forêts : IX, 219; voir Courteville (François de), Le Marchant (Charles). Gouverneurs et sénéchaux : voir Du Biez (Oudart, s^r^), Fouquesolles (Jacques de), La Fayette (Antoine de). Limites vers le Calaisis, V, 186, 15617; IX, 33, 104. Prévôt des maréchaux : voir Roy (Antoine). Recette ordinaire, II, 246, 5057; VII, 543, 26688; VII, 645, 27952; VII, 664, 28123; VIII, 253, 31635; receveur : voir Godefroy (Pierre). Ressort : voir Chocques, Desvres, Doudeauville, Engoudsent, Hesdigneul, Hucqueliers, Tingry, Verchocq. Saisie des biens des partisans de Charles-Quint, VII, 332 (VIII, 805*), 24903. Sénéchaux; liste, IX, 240-241. Souveraineté abandonnée par Charles-Quint, VII, 483, 25919.

Boulonville, c^ne^ de Parmain (Seine-et-Oise). Seigneurie, VI, 102, 19418; VI, 190, 19856.

Bouquelon (Eure) : voir Plessis (Le).

Bouques (Fillette de), VIII, 722, 33064.

Bouquet (Jean), procureur de l'élection de Sens, VII, 679, 28261.

Bouquet (Thomas) : voir Bacquet (Thomas).

Bouquetot (François de), VI, 259, 20221.

Bouquetot (Guillaume de), s^r^ de Coquainvilliers, VI, 500, 21481.

Bouquets (Fief aux) : voir Fief-aux-Bouquets (Le).

Bouquin (Denis), commis à l'administration des terres saisies sur Claude de Villiers, III, 735, 10870.

Bourande (La) : voir Bouverande (La).

Bourbene (Forêt de), en Dauphiné, II, 629, 6830.

Bourbenon (Étienne), greffier de la justice du prévôt de l'hôtel, V, 370, 16617.

Bourbilly, c^ne^ de Vic-de-Chassenay (Côte-d'Or). Seigneur : voir Rabutin (Christophe de).

Bourbon : voir Bourbon-l'Archambault.

«Bourbon (La prairie de)», lieudit au comté de Blois, VI, 2 (VIII, 394), 18917.

Bourbon (Mme l'amirale de) : voir Jeanne, bâtarde de France.

Bourbon (Le commandeur de), II, 710, 7206. Cf. Bourbon (Jacques de).

Bourbon (Anne de), dame de Mirebeau, I, 343, 1834.

Bourbon (Antoine de), duc de Vendôme, III, 460, 9633; VI, 585, 21946; VIII, 48, 29681; — cessionnaire de la seigneurie d'Auxy-le-Château, III, 305, 8928; VII, 332, 24901; — concessionnaire du grenier à sel de Vendôme, III, 316, 8975; III, 564, 10104; gouverneur de Picardie, III, 723, 10818; IV, 69, 11316; IV, 325, note; IV, 559, 13615; IV, 574, 13685; IV, 591, 13760-13761; VII, 337, 24927; VII, 339, 25249; VII, 350, 25025; VIII, 148, 30625. Compagnie de cinquante lances : voir aux noms des payeurs BOURGET (Macé) et MOREAU (Raoul). Maison : fauconnier : voir MAIGNY (Monbelot). Pension, VIII, 48 29680; VIII, 57, 29752; VIII, 74, 29908; VIII, 114, 30302; VIII, 157, 30705; VIII, 157, 30705; VIII, 289, 31995.

BOURBON (Antoinette DE), duchesse de Guise, VII, 772, 28954; VIII, 137, 30524.

BOURBON (Charles DE), évêque de Nevers, VI, 611, 22077.

BOURBON (Charles DE), s^r de Champigny-sur-Veude. Pension, VII, 224, 24312; VII, 235-230, 24370; VIII, 95, 30102; VIII, 266, 31773.

BOURBON (Charles DE), comte, puis duc de Vendôme, comte de Combrailles et de Marle, I, 301, 1633; II, 307, 5332; V, 756, 18599; VI, 218, 19997; VII, 145, 23928; VII, 762, 28888; VII, 768, 28932; VIII, 607, 32432; — autorisé à nommer aux offices royaux du duché de Vendôme, I, 55, 325; — cède à Charles-Quint ses terres de Flandre, I, 703, 3673; VI, 222, 20021; — concessionnaire de greniers à sel de Vendôme, Château-Gontier et la Flèche, I, 553, 2906; II, 307, 5331; II, 646, 6912; III, 316, 8975; V, 661, 18064; V, 811, 18889-18890, VI, 32, 19068; VI, 64, 19226; des revenus d'Hesdin, dont il est gouverneur, I, 280, 1514; I, 371, 1976; VII, 427, 25429; — créancier du roi, VII, 459, 25705; — gouverneur de Paris et de l'Ile de France, en 1515, I, 14 (VIII, 312), 86; I, 95, 561; en 1523, I, 359, 1915; — gouverneur de Picardie, I, 202, 1124; II, 153, 4612; II, 422, 5855; III, 238, 8619; III, 260, 8719; III, 318, 8986; V, 588, 17686; V, 753, 18582; VI, 159, 19705; VII, 467, 25771, 25775; VIII, 14, 29976; VIII, 170, 30834; — héritier : du duc d'Alençon, V, 710, 18354-18355; du connétable de Bourbon, I, 513, 2708; I, 534, 2813; — négociateur : du mariage de Renée de France, I, 40, 232; de traités : avec le Pape et Henri VIII, I, 446, 2357; V, 773, 18697; avec Venise, VI, 41, 19118. — Compagnie, I, 623, 3262; II, 672, 7028; VII, 721, 28608; VIII, 151, 30655; hommes d'armes : voir BONNEVAL (Jean DE), COLAN (Balthazar DE), HERLAN (Hector DE); lieutenants : voir MOUY (Nicolas DE), TORCY (Jean DE); payeur : voir BESNAUD (Jean). Érection en sa faveur du comté de Vendôme en duché, I, 19, 108. Foires créées en sa faveur à Cornus, I, 499, 2629; à Saint-Sulpice, près Ham, I, 526, 2773. Maison : gentilhomme : voir CHEPOIX (Pierre DE); écuyer d'écurie : voir RIVE (Ludovic DE); lutteur : voir COUILLYON (Yvon). Pension, II, 281, 5212; II, 483, 6134; II, 531, 6348; II, 678, 7056; III, 14, 7513; V, 814, 18905; VII, 217, 24282, VII, 640, 27903; VIII, 114, 30302; Procès contre Jean de Roquelaure, VI, 271, 20280; VI, 292, 20391. Sa veuve : voir ALENÇON (Françoise D').

BOURBON (Charles, duc DE), comte de la Marche, connétable de France, I, 7, 43; I, 134, 774; II, 374, 5641; V, 235, 15885; V, 296, 16201; V, 311, 16286; V, 347, 16472; V, 516, 17329; VI, 161, 19714; VI, 318, 20523; VII, 707, 28515; — grand chambrier de France : remplacé, I, 524, 2760; — lieutenant général en Languedoc, I, 379, 2018; I, 437, 2307; V, 239, 15909; V, 517, 17336; V, 337, 10416; VII, 438, 25526; — lieutenant général en Milanais, V, 275, 16093; V, 289, 16165; VII, 40, 23409. Hommage, V, 352, 16502. Maison : aumônier : voir LANGUETOT (Jean DE); chambellans : voir LÉVIS (Gabriel et Gilbert DE); panetier : voir L'HÔPITAL (Alof DE). Maîtrises qu'il est autorisé à créer, I, 67, 395. Procès contre Louise de Savoie, VII, 461, 25719. Procès criminel, I, 355, 1900; I, 379, 2014; I, 708, 3698; V, 591, 17702; V, 607, 17782; VII, 120, 23808; VII, 121, 23815. Rébellion, I, 453, 2398; VII, 457, 25693; VII, 651, 28006; VIII, 805^n, 24903; complices, I, 390, 2081; VII, 116, 23786; VII, 456, 25676 : voir ABEILLE (Pierre), ANGERAY (Hector D'), BEAUMONT (Jacques DE), BESANÇON (Thibaut DE), BROSSE (René DE), CHABANNES (Antoine DE), DES ESCURES (Philippe), DES GUERRES (Barthélemy), HURAULT (Jacques), JUZIEU (Antoine et Pierre), LARIÈRE (Jacques DE), LE BRUN (Charles), L'HÔPITAL (Jean DE), PETIT (René), PINAC (Pierre DE), POITIERS (Jean DE), ROBELIN (Jacques), SAINT-ROMAIN (Philibert ou Pierre et Ponthus DE), SÉGUIRAN (Boniface), TAUSANNES (François DE), VACHIER (Jean et Pierre),

VERCLE (Nicolas DE), VILLARS (Antoine DE), VITRY (Jean et Louis DE). Saisie de ses biens, I, 379, 2017; II, 293, 5266; V, 592, 17705; V, 594, 17715; V, 703, 18314; V, 713, 18370; VI, 16, 18993; VII, 138, 23900; VII, 455, 25674; VII, 478, 25874-28575; VII, 479, 25882; VII, 525-533, 26434-26550; VIII, 410*, 23838 *bis*; VIII, 606, 32425. Succession, I, 513, 2708; I, 519, 2736; I, 533 (VIII, 773), 2806; I, 534, 2813; I, 535, 2820; I, 539, 2837; I, 585, 3073; I, 653, 3425; II, 107, 4375; II, 109, 4390; III, 501, 9820; III, 519, 9907; III, 593, 10231; VII, 150, 23953-23954; VII, 809, 29223; cf. BOURBON-L'ARCHAMBAULT, *Maison ducale*.

BOURBON (François DE). Érection en sa faveur de la vicomté de Châtellerault en duché-pairie, I, 18, 106.

BOURBON (François DE), comte d'Enghien, gouverneur de Languedoc, IV, 701, 14259; IV, 705, 14277; V, 23, 14778; lieutenant général en la marine du Levant, IV, 430, 13021; lieutenant général en Piémont et en Italie, IV, 535, 13505; IV, 663, 14096. Compagnie, V, 23, 14779. Pension, IV, 248, 12153; VIII, 157, 30706; VIII, 230, 31399; VIII, 289, 31996.

BOURBON (François DE), duc d'Estouteville, comte de Saint-Pol, I, 271 (VIII, 326*), 1469; I, 703, 3673; II, 17, 3924; II, 20, 3941; II, 395, 5731; III, 29, 7585; III, 246, 8657; III, 323, 9009; III, 373, 9232; III, 425, 9471; III, 467, 9659; III, 635, 10419; III, 636, 10422; IV, 63, 11290; IV, 395, 12853; VII, 429, 25449; VII, 563, 26947; VII, 597, 27414; VII, 790, 29129; V, 396, 16714; VI, 222, 20021; VII, 145, 23928; VII, 546, 26722; VII, 549, 26761; VIII, 39, 29596; VIII, 738, 33154; — cessionnaire des actions du roi contre les maîtres bouchers jurés de la grande boucherie de Paris, VI, 691, 22517; VI, 739, 22752; de la châtellenie de Melun, nonobstant la réunion du domaine, IV, 511, 13398; de la châtellenie de Mortagne, I, 171, 965; du comté de Charolais, nonobstant la révocation des aliénations du domaine, IV, 511, 13399; du comté de Chaumont-en-Vexin et de la seigneurie de Sézanne en échange du comté de Saint-Pol, IV, 520, 13443; IV, 654, 14051; VII, 307, 24754; VIII, 210, 31252; — chevalier de l'ordre, VI, 49, 19514; VII, 759, 28865; VIII, 270, 31814; — commis à l'administration de terres précédemment possédées par le connétable de Bourbon, V, 720, 18414; VII, 526, 26454; — au gouvernement de la Normandie en l'absence du Dauphin, VI, 694, 22528; concessionnaire du domaine et du grenier à sel de Melun et de la chambre à sel de Brie-Comte-Robert, II, 208, 4876; II, 261, 5129; II, 698, 7149; II, 732, 7302; IV, 168, 11772; VI, 109, 19452; nonobstant la révocation des aliénations du domaine, IV, 511, 13398; — créancier du roi, II, 38, 4027; VIII, 52, 29714; — gouverneur de Dauphiné et Savoie, I, 447, 2361; I, 536, 2823; II, 223, 4943; II, 556, 6468; IV, 117, 11531; IV, 320, 12528; V, 761, 18629; VI, 408, 20995; VI, 419, 21055; VII, 232, 24351; VIII, 79, 29960; avec concession de la composition du Briançonnais, II, 206, 4863; II, 310, 5348; II, 445, 5961; II, 522, 6307; II, 556, 6466; II, 653, 6944; III, 262, 8729; V, 762, 18630; VIII, 140, 30558; VIII, 306, 32174; ses lieutenants : voir MAUGIRON (Guy, s[r] DE), ALBON (Jacques D'); gouverneur de l'Île de France, I, 202, 1124; son lieutenant : voir FILHOL (Pierre); — lieutenant général de l'armée d'Italie, I, 566, 2977; II, 148, 4587; II, 740, 7336; II, 758, 7420; III, 413, 9417; VI, 121, 19517; VI, 123, 19525; VI, 126, 19544; VI, 129, 19556; VI, 131, 19568, 19570; VI, 134, 19583; VI, 138, 19601; VI, 141, 19618-19619; VI, 145, 19638; VI, 147, 19648; VI, 149, 19658; VI, 151, 19669; VI, 155, 19685; VI, 168-169, 19753; VI, 179, 19811; VI, 182, 19825; VI, 183, 19827; VI, 187, 19844; VII, 621, 27701; VII, 720, 28598; VII, 781, 29017-29018; — lieutenant général en Picardie, VIII, 144, 30596. Compagnie, VII, 722, 28615; guidon : voir DU SAULT (Ozias); hommes d'armes : voir ARQUEMBOURG (Jean D'), DU MAINE (Nicolas), GARGASTE (Thomas), LE GRAND (Élie), MONSURES (Louis DE), MOUSSY (Guillaume DE); payeurs : voir BAILLEUR (Jacques DE), GRANDIN (Claude), PERSONNE (Hector). Hommages, II, 608, 6733; III, 17, 7530; VI, 536, 21686-21687. Maison : argentier : voir DROUART (Jacques); barbier : voir CORVÉE (Jean); écuyers d'écurie : voir : DU GOUST (Guyon), DU REFUGE (Christophe), VIMONT (Pierre DE); maîtres d'hôtel : voir SAINT-ANDRÉ (André DE), SOISSONS (Antoine DE); gentilshommes de sa maison : voir ALLONVILLE (Le s^r D'), DELACROIX (Thomas), FOLLIGNY (Jean DE), LEURIEN, PÉLISSON (Louis DE), PETIT (Nicolas); panetier : voir FERRANT (Hector); valets de chambre : voir DELACROIX (Pierre), FICHELLE (Henri DE). Mariage avec Adrienne d'Estouteville, II, 743, 7347; III, 17, 7529; III, 19, 7535; III, 36, 7626; III, 38, 7633; IV, 42, 11192; VII, 782, 29030. Mission en Savoie et Piémont, VIII, 155, 30690. Pension, V, 814, 18906; VIII, 62, 29713; VIII, 57, 29753; VIII, 62, 29802; VIII, 79, 29960; VIII, 119, 30348; VIII, 125, 30402. Procès contre Catherine de Silly et consorts, IV, 392, 12839; IV, 404, 12893; V, 3, 14680; VII, 784, 29045. Séjour en Basse-Normandie, VIII, 244, 31532. Succesion, IV, 688, 14203; V, 109, 15236; VI, 775, 22928; VI, 776, 22932.

BOURBON (François DE), duc d'Estouteville, fils du précédent, suppléé au gouvernement de Dauphiné sa minorité durant, IV, 674, 14145.

BOURBON (Gabrielle DE), femme de Louis II, s^r de La Trémoïlle, concessionnaire du grenier à sel de Sully-sur-Loire, I, 45, 264.

BOURBON (Gilbert DE), comte de Montpensier, I, 533 (VIII, 773), 2806.

BOURBON (Isabeau DE), dame de Carency, V, 279, 16116; VI, 27, 19042; VII, 510, 26238.

BOURBON (Isabeau DE), dame de la Vauguyon, I, 701, 3668.

BOURBON (Isabelle DE), abbesse de la Trinité de Caen, V, 244, 15933.

BOURBON (Jacques DE), chevalier de Saint-Jean-de-Jérusalem, grand prieur de France, III, 273, 8775-8776; VI, 440, 21162. Cf. BOURBON (LE COMMANDEUR DE).

Bourbon (Jacques, bâtard de) : voir VENDÔME (Jacques, bâtard DE).

BOURBON (Jean DE), capitaine de cinquante lances, V, 23, 14779.

BOURBON (Jean DE), vicomte de Lavedan, sénéchal de Bazadais, IV, 652, 14046.

BOURBON (Jeanne DE), VII, 64, 23534.

BOURBON (Louis Ier DE), prince de la Roche-sur-Yon, I, 703, 3678. Sa femme : voir BOURBON (Louise DE).

BOURBON (Louis II DE), prince de la Roche-sur-Yon, comte, puis duc de Montpensier, III, 501, 9820; III, 537, 9985; VIII, 624, 32516; concessionnaire du comté de Bar-sur-Seine, III, 728, 10338; IV, 456, 13140; IV, 509, 13387; gentilhomme de la chambre, VIII, 188, 31005; lieutenant général du roi à l'armée de Champagne, conjointement avec le prince de Melphe, VII, 371, 25104; VII, 373, 21116; mis en possession d'une partie des biens du connétable de Bourbon, I, 706, 3689. Compagnie : homme d'armes : voir COMPANS (Le s^r DE); lieutenant : voir ESSAY (Le s^r D'); payeurs : voir AUBERT (Thomas), LE ROY (Jacques). Érection en sa faveur du duché de Montpensier, III, 736, 10875. Hommages, V, 237, 15895; VII, 19, 23298. Maison; secrétaire : voir LE ROY (Jacques); valet de chambre: voir AGNAN. Mariage avec Jacqueline de Longwy, III, 721, 10810. Pension, VII, 217, 24281; VII, 224, 24312; VII, 235, 24370; VIII, 94, 30132; VIII, 266, 31773.

BOURBON (Louis DE), comte de Vendôme, VI, 300, 20431.

BOURBON (Louis, bâtard DE), comte de Roussillon, amiral de France, VII, 679, note.

BOURBON (Louis, cardinal DE), III, 15, 7518; — abbé : de Saint-Cierge, I, 193, 1078; de Saint-Denis, III, 392, 9315; V, 15, 14734-14735; VI, 180, 19813; de Saint-Valery-sur-Somme, III, 94, 4314; V, 484, 17169; VII, 65, 23536; VIII, 18, 29402; — archevêque de Sens, I, 713, 3723; III, 178 (VIII, 361°), 8317; V, 19, 14761; VI, 409, 20997; — concessionnaire des revenus de l'abbaye d'Ainay, en dédommagement de ceux de l'abbaye de Saint-Amand-en-Pévèle, V, 540, 17450; VII, 435, 25499; de la terre de Crépy-en-Laonnais, I, 514, 2712; VII, 514, 2712; VII, 534, 26565; curateur du duc de Vendôme, VIII, 114, 30302; — évêque de Laon, II, 725, 7270; V, 484, 17166; du Mans, V, 484, 17167; V, 661, 18066-18067; — remboursé d'un prêt fait au roi, V, 699, 18286; VIII, 119, 30347. Missions: diplomatique, I, 368, 1962; financières, III, 362, 9180; IV, 350, 12643; IV,

351, 12648. Voyage à Rome, V, 791, 18793.

BOURBON (Louise DE), abbesse de Fontevrault, III, 272, 8771; VI, 695, 22533.

BOURBON (Louise DE), duchesse de Châtellerault et de Montpensier, princesse de la Roche-sur-Yon, III, 501, 9820; III, 537, 9985; III, 736, 10875; IV, 313, 12464; IV, 543, 13538; IV, 569, 13666; IV, 615, 13869; — cessionnaire de biens domaniaux, I, 703, 3678; I, 700, 3689; III, 593, 10231; nonobstant la révocation des aliénations du domaine, IV, 543, 13538.

BOURBON (Marguerite DE). Mariage avec François de Clèves, duc de Nevers, VI, 524 (VIII, 397), 21619; VIII, 158, 30722; VIII, 180, 30928; VIII, 204, 31141.

BOURBON (Marie DE). Mariage avec Jacques V, roi d'Écosse, III, 191, 8379.

BOURBON (Pierre II, duc DE), VII, 775, 28980; VII, 814, 29255.

BOURBON (Renée DE), abbesse de Fontevrault, I, 107, 626.

Bourbon (Renée de) : voir RENÉE DE BOURBON.

BOURBON (Suzanne DE), dame de Rieux, comtesse d'Harcourt, II, 203, 4846; II, 401, 5757; II, 416, 5826; II, 595, 6665; II, 609-610, 6742-6744; III, 538, 9987; III, 643, 10456; V, 77, 15064; VII, 690, 28352.

BOURBON (Suzanne, duchesse DE), V, 235, 15885; V, 347, 16472. Succession, V, 652, 18018.

Bourbon en Provence : corr. BOULBON.

BOURBON-LANCY (Saône-et-Loire) : voir PRAYE (LA), SAINT-NAZAIRE-DU-BOURG. Baillis : voir BALORRE (Gatien DE), LE BLANC (Laurent). Baronnie, VII, 532, 26531. Capitaines : voir BALORRE (Gatien DE), TORCY (Jean DE). Commis à l'office de garde des sceaux : voir LE PESSU (Thomas). Forêts, VIII, 204, 31138; gruyer : voir DU TONNIN (Claude). Grands jours, abolis, IV, 622, 13908. Grenier à sel, V, 269, 16059; V, 337, 16422; V, 450, 16990; V, 496, 17226; V, 516, 17330; V, 649, 17998. Justice, VII, 529, 26489. Mission du chevaucheur Pierre Tessier auprès des ambassadeurs d'Allemagne, VIII, 285, 31960. Séjours du roi, VIII, 37, 29583; VIII,

BOURBON-L'ARCHAMBAULT (Allier). Mesure VI, 620, 22126. Séjours du roi, VIII, 550. Voir BOURBONNAIS.

— *Maison ducale.* Archives, II, 123, 4462; VI, 50, 19162. Dettes, VII, 637, 27878. Terres, VII, 707, 28515; recette, V, 718, 18403; VI, 21, 19016; VII, 528, 26477; VII, 530, 26500; VII, 637, 27872; VII, 706, 28507; receveur : voir JUGE (Antoine). Cf. dans l'article BOURBON (Charles DE), connétable, ce qui a trait à sa succession.

BOURBONNAIS, VII, 456, 25682; voir CERNAY (Claude DE). Affaires du roi, VII, 816, 29266. Autorisations d'exportation de blé, I, 531, 2798; IV, 55, 11253; V, 645, 17978; V, 654, 18025.

— *Domaine.* Biens du comte de Penthièvre, I, 389, 2078; du secrétaire Thierry Fouet, VII, 529, 26489. Commis à l'office de lieutenant du domaine : voir TANCARD (François); maintien dudit office, II, 129, 4493. Conservation des droits du roi, VII, 526, 26450. Contrôleur : voir LA MOLLE (Pierre DE). Deniers des mortailles, successions et échoites affectés à la construction de la collégiale Notre-Dame de Moulins, II, 320, 5390; VII, 545, 26719; VII, 684, 28294. Hommages pour divers fiefs, VI, 335, 20608; VI, 542, 21713; VI, 634, 22200; VII, 720, 22667. Meubles et ustensiles des places et maisons données au duc d'Orléans, VII, 593, 27361. Mouvance : voir AINAY-LE-CHÂTEAU, BILLY, BOURG-LE-COMTE, BRUYÈRE-LAUBESPIN (LA), CHAMPROUX, CHAMPS, CHANTELLE, CHASSAGNE (LA), CHÂTEL-MONTAGNE, COULEUVRE, FONTIGNOUX, GENNETINES, LANDES (ÉTANG DES), LONZAT, MONTCENOUX, MURAT, PARAY-SOUS-BRIAILLES, RADIS (LES), ROCHEFORT, SAINT-AMAND-MONTROND, SAINT-AUBIN, SAINT-GERMAIN-D'ENTREVAUX, SOUVIGNY, TISON, TRONÇAIS, VERNEUIL, VERPILLIÈRE (LA), VICHY, VILLEBRET, VILLEFRANCHE-D'ALLIER, YGRANDE. Recette ordinaire ou trésorerie, II, 188, 4775; II, 332, 5448; II, 352, 5539; II, 360, 5576; II, 375, 5646; II, 427, 5879; III, 21, 7544; V, 709, 18347; VII, 542, 26668; VII, 543, 26691; VII, 550, 26781; VII, 565, 26965, 26970; VII, 591, 27327; VII, 706, 28504-28505, 28507; VIII, 163, 30770; VIII, 241, 31509; receveurs : voir CADIER (Jean), JUGE (Antoine), MORAINES (Guillaume DE). Recettes particulières, VII, 794, 29117; VIII, 163,

30770. Recherche des droits dus au roi, II, 761, 7436. Recouvrement des deniers, II, 299, 5295. Saisie par le roi, VII, 529, 26489. Union de la terre de la Bruyère-Laubespin, II, 293, 5267.

—— *Duché* : donné à Charles de France, IV, 555, 13595. Chambre des comptes : voir CHAMBRE DES COMPTES DE MOULINS. Duchesse : voir ANNE DE FRANCE, BOURBON (Suzanne, duchesse DE). Ducs : voir BOURBON (Charles, duc DE), BOURBON (Pierre, duc DE). Hommage de Louise de Savoie, VII, 106, 23738. Union au domaine, II, 109, 4390.

—— *Élection*, V, 646, 17984. Contrôleur : voir LA GOUTTE (Jean DE). Procureur : DU CHOLLET (Nicolas). Recette, VII, 808, 29215.

—— *Gouvernement*. Garnisons, V, 40, 14866; VII, 722, 28613. Gouverneurs : voir BROSSE (Jean III DE), CHABANNES (Charles DE), STUART (Jean). Cf. AUVERGNE, COMBRAILLES, MARCHE.

—— *Grands jours* : voir GRANDS JOURS DE BOURBONNAIS.

—— *Maîtrise des eaux et forêts*. Cerfs des buissons rechassés, VIII, 285, 31951. Forêts d'entre Allier et Loire, VIII, 161, 30750; VIII, 262, 31730. Personnel, IX, 219; création d'offices : de gardes, IV, 236, 12092; de verdier général, IV, 218, 12003; réduction des gages du maître, VII, 566, 26980; vacance de l'office de contrôleur et garde de la forêt de Bagnolet, III, 580, 10176. Vente de bois de haute futaie, VIII, 31, 29507.

—— *Maréchaussée*, VI, 179, 19809.

—— *Sénéchaussée : juridiction*. Poursuite des hérétiques, IV, 760, 14534. Sentences : contre Madeleine de Baraton et N. de Lévis, II, 490, 6166; contre Jacques de Druillé, II, 522, 9922; contre huit personnes coupables de monopole, III, 656, 10514.

—— *Sénéchaussée : personnel*, VII, 528, 26474. Avocat fiscal : voir DURET (Jean). Garde du sceau : voir CHANTEAU (Jean). Lieutenants généraux, IV, 442, 13076. Offices de conseillers créés, IV, 464, 13179. Office d'enquêteur examinateur créé, II, 429, 5890; second office d'enquêteur créé, IV, 515, 13428; supprimé, IV, 621, 13902; rétabli, IV, 663, 14097; IV, 668, 14118. Offices de tabellions créés, V, 38, 14853; supprimés, IV, 763, 14552. Qualité de juge royal attribuée au sénéchal, II, 129, 4493. Sénéchaux; liste, IX, 241. Sergents royaux : voir CHANDON (Jean), DEFRUIES (Jean). Suppression du commissaire nommé par le sénéchal pour la conservation des privilèges royaux du prieuré de Souvigny, IV, 552, 13583.

—— *Sénéchaussée : ressort*, VII, 529, 26486, 26493. Change des monnaies, II, 308, 5334. Coutumes, I, 281, 1520. Juridiction des Grands jours : de Montferrand, I, 215, 1185; de Moulins en 1534, II, 706, 7188; en 1540, IV, 114, 11521; de Riom en 1542, IV, 348, 12639; en 1546, V, 123, 15319. Réduction du nombre des juridictions foraines, IV, 251, 12169.

BOURBONNE-LES-BAINS (Haute-Marne). Seigneurie, VI, 250, 20170.

Bourbriac (Côtes-du-Nord) : voir MINIBRIAC.

BOURCELOT (Jean) ou COURCELOT, archer des toiles de la vénerie, II, 130, 4498; III, 38, 7635.

Bourcelot : voir BOURSEROT (Jean).

BOURCHENU (Aymar DE), BORCHENU ou BROCHENU, gouverneur des pays de Terre-Neuve et Barcelonnette; — chargé d'une enquête sur la rebellion des gens desdits pays, VI, 492, 21440; VIII, 274, 31851. Mission en Savoie et en Piémont, VIII, 177, 30901.

BOURCIER (François), gouverneur de Triboulet, V, 601, 17752; V, 794, 18809.

BOURCIER (Jacques), huissier et messager de la Chambre des comptes de Paris, VII, 537, 26602.

BOURCIER (Odras), receveur de Belleperche, fermier du huitième du vin à Moulins, VII, 699, 28452. Sa veuve : voir CARREL (Jeanne).

BOURCIER (Thomas), fermier du huitième du vin à Moulins, VII, 699, 28452.

BOURDAISIÈRE (LA), c^ne de Montlouis (Indre-et-Loire). Château : le roi y fait construire, pour son usage, un second pavillon carré, III, 603, 10274. Seigneur : voir BABOU (Philibert). Séjours du roi, VIII, 550.

BOURDAISIÈRE (ÉDIT DE LA) sur les évocations (18 mai 1529), I, 645, 3382; VIII, 678, 32814.

Bourdat : corr. LORDAT.

BOURDAY (Olivier), boucher de la reine, II, 502, 6220.

Bourdeaux (Guillaume de) : voir Bourdeaux (Guillaume de).

Bourdeaux (Marc de), page de l'écurie, VIII, 56, 29744.

Bourdeaux, c^ne de Chaumont (Yonne). Seigneurie, VIII, 760, 33302.

Bourdeille (Le s^r de), I, 302, 1636.

Bourdeille (Jean de), abbé de Beaulieu, I, 636, 3330.

Bourdeilles (André de). Relèvement de montre, V, 108, 15232.

Bourdel (Jacques) ou Bordel, président au Parlement de Rouen, V, 339, 16435; V, 728 (VIII, 394e), 18463; VII, 75, 23587.

Bourdel (Jean) ou Bordel, secrétaire du roi, II, 534, 6361; greffier du Grand Conseil, V, 661, 18062; de la Tour carrée, VII, 662, 28094; VII, 662, 28094; VII, 672, 28185. Cf. Bordes (Jean).

«Bourdelière» (La), lieu en la châtellenie d'Amboise, VII, 712, 28553.

Bourdelin (Jean), dit Lespée, chevaucheur d'écurie, II, 440, 5937; II, 489, 6158; III, 31, 7601; III, 61, 7755; VII, 183, 29246.

Bourdenay (Aube). Fortifications, V, 117, 15288.

Bourdenove (Marie de) ou Bourdenève, VIII, 590, 32338.

Bourdet (Antoine). Succession, V, 120, 15305.

Bourdet (N.), VI, 509, 21859.

Bourdic (Pierre de), s^r de Villeneuve, valet de chambre ordinaire du roi, II, 183, 4751; III, 033, 10410; VII, 570, 27034; capitaine de la tour de Villeneuve-lès-Avignon, et maître des ports de la sénéchaussée de Beaucaire, I, 730, 3814; cessionnaire du péage de Beaucaire, IV, 788, 14669; commissaire à la montre des légionnaires en Languedoc, IV, 230, 12063; gouverneur de Montpellier, III, 259, 8716; VIII, 286, 31970.

Bourdich (Alexandre), archer de la garde écossaise, VIII, 168, 30820.

Bourdich (David) ou Borticq, porte-enseigne de la garde écossaise. Lettres de naturalité et de légitimation en faveur de son fils Georges, archer de ladite garde, V, 777, 18715.

Bourdich (Jean), Borthine, Borthuyk, Borticq, Bortuilz ou Bourdrich, porte-enseigne de la garde écossaise; concessionnaire du revenu de la terre de Civray, VII, 548, 26749. Mission en Angleterre, II, 753, 7395. Pension, II, 485, 6141; III, 132, 8097; VII, 795, 29120; VIII, 72, 29887; VIII, 123, 30387; VIII, 184, 30967.

Bourdichon (Jean), VII, 513, 26287.

Bourdichon (Jean), peintre, enlumine un grand livre d'heures destiné au roi, V, 377, 16620.

Bourdie (Pierre de) : corr. Bourdic (Pierre de).

Bourdillac. Maison noble en Agenais, VII, 253, 24457.

Bourdillon : voir Des Bordes (Imbert).

Bourdin (Guillemine), VI, 428, 21104.

Bourdin (Honoré), s^r de Theuil, demeurant à Nice, VII, 800, 29160.

Bourdin (Jean), secrétaire du roi. Sa veuve : voir Bayard (Louise).

Bourdin (Jérôme), maître de la monnaie de Villeneuve-lès-Avignon, VI, 349, 20687.

Bourdin (Nicolas), sergent royal en la châtellenie de Château-Renaud, VIII, 727, 33092.

Bourdineau (Jacques), concierge de la maison dite la Cour-le-Roi à Orléans, II, 720, 7250; II, 733, 7305.

Bourdineau (Jean), clerc des offices de l'hôtel; concierge de la maison dite la Cour-le-Roi à Orléans, II, 720, 7250; II, 733, 7305. Comptabilité, II, 44, 4062. Transports de meubles effectués par ses soins, II, 197, 4817; II, 218, 4921; II, 249, 5072; II, 399, 5749, 5751; II, 576, 6569; VI, 198, 19896; VI, 251, 20176; VI, 310, 20481.

Bourdineau (Jean), contrôleur du grenier à sel d'Évreux et de la chambre à sel de Conches, puis secrétaire de Louise de Savoie, V, 225, 15831; VII, 683, 28292.

Bourdon (Jean), procureur du roi en l'élection de Melun, V, 22, 14775.

Bourdon (Robert), chantre de la chambre du roi, IV, 724, 14369.

Bourdonis (Jules-César de Lescalle de), dit Scaliger, médecin, natif de Vérone, demeurant à Agen. Lettres de naturalité, I, 640, 3352.

Bourdoun (Antoine), cordonnier, originaire du Comtat-Venaissin, demeurant à Pertuis en Provence. Lettres de naturalité, VII, 314, 24791.

Bourdrich : voir Bourdicu.

Bouréau (Guillaume), notaire au bailliage d'Amboise, VIII, 170, 30833.

Bourée (Tiburce), de Parme, VII, 362, 25060.

Bouresse (Vienne) : voir Laleu.

Bouret : voir Bonnet.

Bouret (François), chapelain ordinaire du roi, VIII, 100, 30161.

Bouret (Gilles), notaire à Vire, V, 44, 14892.

Bouret (Jean de), VII, 550, 26775.

Boureuilles (Meuse). Seigneurie, IV, 504, 13366; V, 232, 15871; VI, 547, 21744.

« Bourg » (Le), seigneurie en Agenais, VII, 252, 24452.

« *Bourg* » : voir Antonne (Laurent d').

Bourg (*Le*) : voir Ombres (Île des).

Bourg (Aimonnet de), garde de la porte du pont du Rhône, à Lyon, V, 67, 15010.

Bourg (Étienne), contrôleur des aides et traites du bas pays d'Auvergne, VII, 601, 27477. Cf. Du Bourg (Étienne).

Bourg (*Jean de*) : voir Le Bourg (Jean).

Bourg (Jean, fils de Gallus de), marchand natif de Carpentras, habitant Aix. Lettres de naturalité, IV, 226, 12041; VII, 300, 24712.

Bourg (Pierre), s[r] de Villars, VII, 722, 28613.

Bourg-Achart (Thomas de), gentilhomme de la vénerie, verdier des bois de Pacy, VII, 805, 29198.

Bourgale : voir Bonigale.

Bourgallé (Jean de), jardinier du roi, VII, 580, 27174.

Bourganeuf (Creuse). Création d'un office de receveur des tailles, IV, 413, 12934.

Bourgarel (L'abbé) ou de Bourgarel, commis au ravitaillement des villes de Piémont, III, 537, 9981; VIII, 160, 30736; VIII, 206, 31162; VIII, 224, 31331; VII, 294, 32052. Cf. Borgarelli (Marchion).

Bourg-Argental (Loire) : voir Argental. Foires, III, 434, 9513. Recette, VII, 527, 26460.

Bourgaudière (La), censive près Chémery (Loir-et-Cher), VI, 371, 20803.

Bourgault (*François*) : voir Bougrault (François).

Bourgbarré (Ille-et-Vilaine). Seigneurie, III, 684, 10640.

Bourg-Baudouin (Le), seigneurie sise à Nesles-la-Gilberde (Seine-et-Marne), VI, 417, 21047.

Bourg-Beaudoin (Eure). Baronnie, I, 260, 1416; V, 345, 16463; V, 684, 18197; VI, 612, 22085; VII, 548, 26755.

Bourg-Charente (Charente). Seigneurie, V, 255, 15989; VII, 231, 24348; VII, 548, 26747.

Bourg-Dieu : voir Déols.

Bourg-d'Oisans (Le) (Isère). Seigneurie, II, 344, 5583; VIII, 381, 13455 *bis*.

Bourg-Dun (Le) [Seine-Inférieure] : voir Halletemare. Seigneur : voir Raoult (Pierre). Seigneurie, VI, 698, 22551.

Bourgeau (René), lieutenant criminel au bailliage de Touraine, IV, 714, 14319.

Bourgeauville (Calvados) : voir Val (Le).

Bourg-en-Bresse (Ain), III, 477, 9706; IV, 183, 11840; VIII, 106, 30211. Originaires naturalisés français : voir Garin (François), Plombost (Guillaume). Réunion du ban et arrière-ban du Nivernais, VI, 422, 21068. Séjours du roi, VIII, 550.

—— *Affaires militaires*. Artillerie, VIII, 107, 30222. Fortifications, III, 350, 9129; III, 581, 10179; III, 753, 10951; VIII, 42, 29625; VIII, 250, 31598; voir Lescorcerie (Jean de). Garnison, arquebusiers, IV, 627, 13932; VII, 737, 28727; VIII, 224, 31333; VIII, 289, 31893.

—— *Châtellenie et capitainerie*, III, 734, 10865. Capitaine et châtelain : voir Châteauvieux (Claude de).

—— *Clergé*, II, 24, 3961. Clarisses, VIII, 99, 30149. Opposition du roi à l'érection d'un évêché, III, 183, 8341; III, 187, 8356.

—— *Diocèse*, VI, 178, 19751. Titre épiscopal pris par l'évêque de Maurienne, I, 356, 1902.

—— *Ville*. Privilèges, IV, 18, 11087. Serment de fidélité des habitants, III, 188, 8361-8362.

Bourgeois : voir BURGENSIS.

BOURGEOIS (Benoîte), VIII, 573, 32250.

BOURGEOIS (Claude), président des enquêtes au Parlement de Dijon, dépositaire des pièces du procès de l'amiral Chabot et du chancelier Poyet, IV, 754, 14507.

BOURGEOIS (François), sr de Molleron, capitaine de Saint-Gengoux, IV, 322, 12512.

BOURGEOIS (Guillaume) ou BURGENSIS, conseiller clerc au Parlement de Paris, II, 81, 4249; VII, 501, 26115.

BOURGEOIS (Jean), VII, 535, 26581.

BOURGEOIS (Jean), huissier au Parlement de Paris, VII, 486, 25939; VII, 488, 25964.

BOURGEOIS (Jeanne), dame de Maisoncelles, V, 54, 14939.

BOURGEOIS (Laurent), VIII, 129, 30448.

BOURGEOIS (Louis), huissier au Parlement de Paris, VII, 486, 25939.

BOURGEOIS (Louis), auditeur des comptes à Paris, IV, 442, 13078.

BOURGEOIS (Martin), garde des forêts d'Évreux, Beaumont-le-Roger, Conches et Breteuil, III, 60, 7779; VIII, 158, 30720.

BOURGEOIS (Pierre), grènetier de Semur-en-Auxois, III, 151, 8182.

BOURGEOIS (GRANDE CONFRÉRIE AUX) de Paris, I, 358, 1911.

BOURGEOISIE (DROIT DE) de Glaire et Torcy, près Sedan, VIII, 752, 33228.

BOURGES (Cher), V, 620, 17875; VII, 753, 28832. Pragmatique sanction, V, 294, 16189-16190. Satin, II, 425, 5869. Séjour de la reine Éléonore, VIII, 75, 29918; des rois : Charles VIII, I, 104 (VIII, 765n), 606; François Ier, VIII, 550; Louis XII, I, 44, 256; V, 415, 16799. Voir TARQUEX (Gervais).

—— *Archevêché*, V, 494, 14518; V, 707, 18336; V, 709, 18350; V, 747, 18553.

—— *Clergé*. Annonciades, II, 152, 4607; V, 664, 18083. Archevêques, VII, 441, 25554; voir BOHIER (Antoine), BUEIL (François DE), TOURNON (François, cardinal DE). Église cathédrale Saint-Étienne; chapitre, I, 63, 371; I, 201, 1118; I, 299, 1621; édifice, I, 12, 73; II, 581, 6594-6595; VIII, 340, 32217. Église collégiale Saint-Ursin, I, 673, 3523. Sainte-Chapelle, V, 476, 17123; VI, 344, 20664; trésorier : voir BUEIL (François DE). Voir SAINT AMBROISE, SAINT-LAURENT, SAINT-OÛTRILLE, SAINT-SULPICE.

—— *Diocèse*. Amortissement, I, 312 (VIII, 769), 1682. Décimes, II, 692, 7124; VI, 645, 22265. Subside, V, 648, 17992. Voir BEAUVOIR, CHÉZAL-BENOÎT, FONTGOMBAULT, LÉRÉ.

—— *Domaine*. Francs-fiefs, I, 197, 1095. Grosse tour; capitaine : voir LA CHÂTRE (Joachim DE).

—— *Élection*. Greniers à sel, II, 581, 6594. Réquisition de chevaux, VII, 720, 28598.

—— *Monnaie* : voir MONNAIE DE BOURGES.

—— *Province ecclésiastique*. Publication de bulles, VII, 716, 28536; VII, 805, 29194.

—— *Recette générale*, créée par édit de décembre 1542, IV, 394, 12847; VIII, 750, 33284.

—— *Siège de justice* (*Sénéchaussée de Berry*). Procureurs : voir BONNEMAIN (Étienne), CHAMBELLAN (Martin), PRÉVOST (Jean).

—— *Université* : voir UNIVERSITÉ DE BOURGES.

—— *Ville*. Bonnetiers, II, 426 (VIII, 250°), 5874. Bouchers, III, 307, 9203. Collège Sainte-Marie, I, 376, 2002. Deniers communs; comptabilité, VI, 354, 20716; VI, 428, 21102; contrôle, V, 613, 17810; contrôleur : voir MARÉCHAL (Henri); receveur : voir PASTOUREAU (Jacques). Députés associés au travail des affaires de l'État, I, 439, 2274; V, 311, 16287. Fortifications, VI, 425, 21086. Fantassins fournis par la ville, I, 284, 1534. Grenier à salpêtre, VI, 479, 21367. Habitants : voir SAUZAY (Philippe DE); d'origine étrangère, naturalisés français : voir BOYSOT (Étienne et Louis), CALUZE (Antoine DE). Hôtel-Dieu, VI, 477, 21354. Impôts et emprunts royaux, II, 35, 4012; III, 478, 9708; V, 242, 15924; VI, 46, 19142; VI, 263, 21285; VI, 483, 21390; VII, 445, 25598. Octrois, VI, 89, 19349; VII, 429, 25448; sur le sel, I, 40, 231; I, 476 (VIII, 336), 2514; VI, 250, 20173; VI, 484, 21391; sur le vin, dit *treizain*, I, 457, 2417; V, 813, 18902; VI, 511, 21545; VI, 806, 23085. Privilèges, I,

43, 249; III, 529, 9952. Teinturiers, I, 194, 1081; I, 493, 2600; IV, 137, 11626. Tisserands, II, 78, 4232; VI, 485, 21398. Traitement des professeurs de l'Université, VI, 329, 20582; VI, 452, 21227.

Bourges (Claude de), général des finances de Savoie et Piémont, commissaire des vivres et munitions en Piémont, visiteur du Lyonnais, IV, 314, 12464; VI, 490, 21427; VI, 608, 22064; VIII, 231, 31407; VIII, 276, 31869.

Bourges (Jacques de), clerc du diocèse de Beauvais, V, 639, 17944-17945; V, 649, 17999-18000.

Bourget (Louis), sergent royal à Lyon, II, 437, 5925.

Bourget (Macé), commis au payement des 50 lances du duc de Vendôme, III, 298, 8892; III, 482, 9728; III, 754, 10955; VIII, 233, 31425.

Bourg-Fontaine, c^ne^ de Pisseleux (Aisne), Chartreux, I, 43 (VIII, 314[a]), 250; I, 171, 967; VI, 575, 21897; VI, 577, 21908; VI, 598, 22016.

Bourg-la-Reine (Seine), VI, 745, 22784.

Bourg-le-Comte (Saône-et-Loire). Marché, IV, 305, 12425.

Bourgmoyen : voir Usseau.

Bourgneuf (Le), quartier de Blois, IV, 226, 12040.

Bourgneuf (Le) [Mayenne]. Tabellionnage et sceau, VI, 738, 22751.

Bourgneuf-en-Retz (Loire-Inférieure). Franciscains, VII, 684, 28299; VIII, 89, 30059-30600. Marais salants, VII, 584, 27238.

Bourgneuf (Julien de), conseiller lai au Parlement de Paris, VII, 492, 26026; VIII, 212, 31221; président des Grands Jours ou Parlement de Bretagne, III, 10, 7493; III, 449, 9581. Cf. le suivant.

Bourgneuf (Julien de), garde du sceau de Bretagne, III, 626, 10377.

Bourgogne, VIII, 280, 31901. Monnaies, VII, 280, 24597. Séjours : de l'ambassade de Hongrie, VII, 643, 27927; de la cour en 1535, VIII, 151, 30650. Vénerie du roi, V, 309, 16273; VIII, 260, 31698. Voir Du Mex (Jean), Florence (Louis de), Montrouge (Charles de), Sully (Jean de), Vesvres (Jean et Charles de).

—— *Administration.* Établissement des poids et mesures selon l'usage de Paris, VIII, 712, 33004. Interdiction de mener paître le bétail dans les prairies depuis le 25 mars jusqu'après la rentrée des foins, VII, 428, 25438. Routes, VIII, 580, 32282. Voir Chambre des Comptes de Dijon et Parlement de Dijon.

—— *Affaires militaires.* Armée, V, 555, 17524; VII, 224, 24314. Ban et arrière-ban, II, 606, 6721; IV, 372, 12749. Invasion par les Suisses, VII, 22, 23312. Invasion préparée par Charles-Quint, IV, 668, 14117. Légion, III, 119, 8036; VII, 205, 24224. Maréchaussée, VI, 804, 23074; VII, 39, 23405; prévôts : voir Ailly (Postel d'), Seurre (Robert de). Montres des compagnies d'archers et de gens d'armes, V, 40, 14866. Mortes-payes : voir aux noms des villes d'Auxonne et de Beaune, du commissaire Plaisance (Jean de), et des payeurs Durand (Jean) et Saumaire (François). Places fortes : approvisionnement, IV, 475, 13227; commis au compte des réparations : voir Chapelain (Zacharie), Drouinot (Bénigne), Saumaire (Jean), Serre (Bénigne); contrôleur : voir Castellan (Damien); gages des capitaines, VII, 171, 24060; munitions, IV, 279, 11298; VII, 709, 28516; visite, VII, 307, 24751; VII, 406, 25281. Troupes stationnées : aventuriers, VII, 130, 23861; chevau-légers, VIII, 129, 30450; VIII, 260, 31699; VIII, 286, 31974; compagnies des ordonnances, II, 654, 6950; IV, 223, 12026; VII, 480, 25887; VII, 722, 28610; VIII, 511, 30274; lansquenets, III, 477, 9705; IV, 372, 12747.

—— *Aides.* Approvisionnement des greniers à sel, I, 54, 318; I, 321, 1731; IV, 176, 11809; IV, 708, 14290; IV, 739, 14440; VII, 167, 24045; VIII, 307, 32186. Gabelles, I, 73, 434; I, 284, 1533; V, 539, 17443; VIII, 186, 30989; VIII, 388, 15404 *bis*. Juridiction de la Chambre des comptes de Dijon relativement aux magasins à sel, IV, 679, 14165; du Parlement de Dijon en matière de gabelles, III, 239, 8621. Magasins à sel, VIII, 748, 33209. Trafic du sel, IV, 147, 11675; IV, 160, 11732; IV, 497, 13337; V, 241, 15914.

—— *Charge ou généralité.* Commissions financières : de Geoffroy de Hauteclère et de Clugny Thunot, IV, 629, 13943; IV, 647, 14025; de Claude Patarin, d'Africain de Mailly et d'Étienne Noblet, II, 299, 5293; VII, 209, 24243. Contrôleurs généraux des finances : liste, IX, 250. Emprunts royaux, I, 345, 1848; IV, 348, 12636; III, 363, 9183; III, 397, 9340; III, 430, 9494; IV, 647, 14025; VI, 677, 22442; VII, 223, 24309. Épargne du roi, VII, 193, 24163; VII, 346, 24979. Généraux des finances : voir Hurault (Raoul), Maulain (Philippe), Thunot (Clugny). Gestion irrégulière de Bénigne Serre, IV, 279, 11298. Maître des ports : voir Vyon (Gérard). Mandements adressés en vertu de leurs attributions : aux baillis, VIII, 720, 33049; VIII, 741, 33168; au commis receveur, II, 482, 6129; au général des finances, I, 81, 482; III, 456, 9609; III, 564, 10106; VI, 26, 19038; VII, 640, 27905; VII, 652, 28018; VII, 691, 28364; VIII, 57, 29755. Pensionnaires, II, 650-651, 6934-6935; III, 34, 7617; VII, 677-678, 28226-28248; VII, 697-699, 28421-28426; VIII, 141, 30560. Recette de l'inspection foraine, VII, 302, 24724; VII, 404, 26277. Recette des restes des officiers comptables, III, 508, 9853; V, 635, 17924; VII, 446, 25607. Recette générale : assignation de payements, II, 368, 5615; III, 730, 10851; V, 683, 18188; V, 689, 18224; V, 779, 18726; VII, 803, 29185; VIII, 95, 30102; VIII, 99, 30152; VIII, 141, 30566; VIII, 157, 30713; VIII, 253, 31634; VIII, 266, 31773, et *passim* dans le second supplément, occupant la première partie du t. VII; voir ci-dessus, aux *Affaires militaires*, ce qui concerne les mortes-payes, et aux articles Chambre des comptes et Parlement de Dijon, ce qui concerne les gages de ces deux cours; dépenses ordonnées par le gouverneur, VII, 21, 23311; VII, 158, 23993; VII, 171, 24062; VII, 183, 24118. Receveurs généraux : liste IX, 247-248. Recouvrement des deniers, II, 409, 5793; VII, 398, 25245; VII, 565, 26968; commissions décernées à cette fin, le receveur général étant suspendu, III, 422, 9458; VII, 187, 24136; VII, 189, 24142; VII, 193, 24164; VII, 196, 24177; VII, 207, 24231; VII, 211, 24253; VII, 218, 24286; VII, 223, 24309; VII, 230, 24345. Reliefs d'appel relatifs aux comptes, VIII, 588, 32326. Voir Outre-Seine.

—— *Commerce.* Achats : de bois pour la marine, IV, 429, 13019 (VIII, 790*); VIII, 285, 31949; de vivres pour l'approvisionnement de la cour, VII, 421, 25387. Interdiction de la traite des blés, IV, 42, 11194; IV, 62, 11285; IV, 67, 11303; IV, 90, 11413-11414; IV, 410, 12920; V, 307, 16264; VI, 401, 20956; VI, 816, 23139. Licences dérogatoires à ladite interdiction : en faveur des chevaliers de Saint-Jean-de-Jérusalem, I, 548, 2882; de la comtesse de Villars, I, 545, 2868; IV, 47, 11217; IV, 88, 11406; pour l'approvisionnement du Dauphiné, I, 501, 2642; de la seigneurie de Gênes, I, 531, 2798; I, 546, 2872; de Lyon, I, 664, 3476-3477; IV, 55, 11253; IV, 777, 14617; de la marine du Levant, I, 552, 2902-2903; I, 553, 2907; IV, 71, 11324; VI, 718, 22658; VI, 724, 22684; de Marseille, IV, 83, 11378; du Piémont, IV, 55, 11252; de la Provence, I, 546, 2873. Traites de matériaux : pour les travaux du port d'Aigues-Mortes, II, 276, 5194-5195; II, 452, 5994. Vins, I, 520, 2740; V, 621, 17847; VIII, 20, 29416; VIII, 88, 30047.

—— *Domaine.* Acquisition ancienne de la moitié de la terre de Verdun-sur-le-Doubs, IV, 534, 13500. Affranchissement des mainmortables, IV, 587, 13741; IV, 645, 14018; révocation dudit affranchissement, IV, 719, 14341. Aliénations, I, 275, 1489; III, 541, 10000; IV, 511, 13395; IV, 521, 13448; V, 126, 15335; V, 128, 15341; V, 469, 17088; VII, 84, 23629; VII, 218, 24287; VII, 223, 24309; VII, 427, 25435; VII, 440, 25545; révocations d'aliénations, I, 106, 620; II, 87, 4277; IV, 521, 13448; VII, 446, 25607. Bénéfice de la surséance accordé au village de Chaumes, VII, 204, 24218. Biens : de Mme de Givry, III, 303, 5312; de la duchesse de Longueville, I, 214, 1181; de Jean de Tavannes, VII, 479, 25884. Comptabilité des terres saisies, II, 419, 5838. Confiscations, III, 145, 8151. Contrôleur en chef des baux et aliénations : voir Boudier (J.). Enclaves cédées par le duc de Wurtemberg, VII, 728, 28625; VII, 792, 29105; VII, 813, 29246. Évaluation des bénéfices, VIII, 736, 32326. Juridiction de la Chambre des comptes de Dijon, I, 250, 1367; V, 530, 17400. Rachat de la seigneurie de Lantenay, VII, 446 25607. Recherche des amortissements, francs-fiefs et nouveaux acquêts, V, 259, 16005; V, 279, 16115; VII, 506, 26192. Réunion des terres engagées sans permission du roi, IV, 409, 13208. Saisies faute d'hommage VI, 210, 19958; VII, 427, 25432; pour

IMPRIMERIE NATIONALE.

refus de prêt au roi, IV, 354, 11660. Vignes du roi, IV, 103, 11470, VII, 229, 24339; VII, 281, 24601; VII, 298, 24705; VIII, 47, 29672; VIII, 240, 31496. Usufruits échangés entre François de Longwy et le duc de Guise, V, 32, 14821. Voir Arnay-le-Duc, Bragny, Charny, Châteauneuf, Châtillon-sur-Seine, Chaumont-le-Bois, Cruzy-le-Châtel, Larrey, Montbard, Poinçon-lès-Larrey, Pontaubert, Saulieu, Saunières, Villiers-la-Grange.

—— *Duché*. Chancellerie : assignations sur les émoluments à la Sainte-Chapelle de Dijon, III, 19, 7536; VII, 744, 28769; VIII, 354, 6734 *bis*; VIII, 361, 8314 *bis*; attributions du garde des sceaux, IV, 459, 13154. Coutume, I, 471, 2487. Ducs : voir Charles le Téméraire, Philippe le Bon; actes confirmés, IV, 252, 12177; VII, 744, 28769. Gages des officiers, VIII, 401ᵃ, 23660 *bis*. Neutralité, I, 293, 1586; I, 300, 1625; I, 410, 2181; I, 541, 2848; V, 552 (VIII, 798ᵃ). 17506. Sénéchal héréditaI : voir Longwy (Jean de).

—— *Eaux et forêts*. Juridiction des gruyers, IV, 596, 13781. Personnel, VII, 170, 24055; IX, 219. Ventes de bois, VII, 213, 24266; VII, 219, 24292; VII, 815, 29260.

—— *États* : voir États de Bourgogne.

—— *Gouvernement*, VIII, 570, 32232. Affaires du roi, III, 573, 10144; IV, 70, 11320; V, 393, 16698; VII, 276, 24572; VIII, 116, 30321; VIII, 162, 30759. Frontières, IV, 349, 12641. Maintien de l'office de lieutenant général, IV, 738, 14435. Personnel des gouverneurs et lieutenants généraux; liste, IX, 223.

—— *Justice*. Création d'offices dans chaque bailliage, VIII, 757, 33269. Limites de juridictions et attributions des baillis, lieutenants, greffiers et du gouverneur de la chancellerie, VIII, 735, 33136. Notaire : voir Camus (Perrenet). Procureur général, V, 361, 16546. Vente d'un office de sergent, IV, 585, 13732. Voir Chambre des comptes et Parlement de Dijon.

—— *Monnaies*, I, 49, 286; VII, 280, 24597. Généraux : voir Du Bois (Merry), Le Charron (Jacques). Voir Monnaie de Dijon.

Bourgogne, héraut impérial : voir Fuzil.

Bourgogne (*Maréchal de*) : voir Gorrevod (Laurent de).

Bourgogne (*Comté de*) : voir Franche-Comté.

Bourgogne (*Hôtel de*) : voir Paris.

Bourgogne (Françoise de), veuve de Philippe de Hallwin, VI, 152, 19673; VI, 284, 20347; VI, 547, 21745.

Bourgogne (Jean de), comte de Nevers, I, 471, 2492; VI, 204, 19926.

Bourgogne (Pierre de), tenant la poste du roi à Lyon, VIII, 30, 29504. Son serviteur : voir Camus (Marc).

Bourgognerie (la), cⁿᵉ de Tournan (Seine-et-Marne). Seigneurie, IV, 228, 12049.

Bourgoignon (Philippe), libraire de l'Université d'Angers. Privilège pour l'impression des Coutumes de Bretagne, IV, 63, 11292.

Bourgoignon (Philippe), receveur des deniers communs d'Angers, VII, 583, 27221.

Bourgoin (Isère). Séjour du roi, VIII, 550.

Bourgoing (Guillaume), bailli de Saint-Pierre-le-Moutier, commissaire pour la recherche des amortissements, francs-fiefs et nouveaux acquêts dans ledit bailliage, VII, 514, 26298.

Bourgoing (Guillaume), conseiller lai au Parlement de Paris, VII, 492, 26016; — commissaire pour informer contre les hérétiques, IV, 752, 14494; IV, 760, 14534; pour juger les procès de la réformation de la forêt de Jouy, III, 700, 10712; pour la rédaction des coutumes du Nivernais, II, 741, 7340; — créancier du roi, engagiste de la terre de Belleperche, III, 300, 8904; III, 305, 9196; VII, 559, 26896; VIII, 122, 30377; — délégué aux Grands jours d'Angers, VIII, 685, 32850.

Bourgoing (Guyon), grènetier de Saint-Pierre-le-Moutier, V, 718, 18404.

Bourgoing (Noël), doyen de Nevers, conseiller clerc au Parlement de Paris, VII, 496, 26073.

Bourgoing (Pierre de), conseiller en la sénéchaussée de Périgord, V, 634, 17917.

Bourgongne (Jeannette de), femme de Robert Thibault, II, 116, 4421.

Bourgonnière (*La*), cⁿᵉ de Bouzillé (Maine-et-Loire). Seigneur : voir Du Plessis (Jean).

Bourgougnague (Lot-et-Garonne). Maison noble, VII, 253, 24457.

Bourg-Saint-Andéol (Ardèche). Exemption du logement des gens de guerre, I, 387, 2067.

Bourg-sur-Gironde (Gironde). Capitainerie, III, 220, 8530; VII, 437, 25515; contrôle des deniers communs, VIII, 625, 32518. Privilèges, VIII, 626, 32524; et marché, I, 80 (VIII, 764), 472. Rébellion des habitants à l'occasion des gabelles, IV, 393, 12841. Seigneurie, VI, 156, 19691. Séjours du roi, VIII, 550.

Bourgthéroulde (Eure), III, 58, 7738. Seigneurie, V, 224, 15826. Séjour du roi, VIII, 550.

Bourgtibourg (Rue) : voir Paris.

Bourguébus (Calvados). Seigneurie, VI, 513, 21556.

Bourgueil (Indre-et-Loire). Abbaye, I, 342, 1834. Séjour de Louis XI en août 1469, VII, 61, 23519. Voir Amirault (Michel).

Bourguet (Aimery et Guillaume), frères, VII, 252, 24451.

Bourgueville (Charles de), avocat du roi en l'élection de Caen, VI, 439, 21661.

Bourgueville (Charles de) renonce à la survivance de l'office d'élu de Bayeux, VI, 810, 23104.

Bourgueville (Guillaume de), avocat du roi en l'élection de Caen, VI, 812, 23121.

Bourguignon : voir Quincy (Jean de).

Bourguignon (Le) : voir Drouot (Jean).

Bourguignon (Jean), messager de la Chambre des comptes de Paris et du Trésor, VII, 511, 26257.

Bourguignon (Louis), contrôleur du grenier à sel de Sainte-Menehould, VI, 447, 21204; VII, 570, 27031.

Bourguignon (Nicolas) ou Le Bourguignon, chevaucheur du duc de Lorraine, II, 121, 4447; III, 62, 7760.

Bourguignon (Pierre), receveur de l'élection d'Évreux, VI, 406, 20980.

Bourguignon (Roch), notaire à Compiègne, V, 141, 15405.

Bourguignons. Engagements contre l'armée royale, VIII, 10, 29344; VIII, 12, 29363.

Bourguival (Le s^r de), commissaire des vivres, VIII, 14, 29376; VIII, 26, 29469.

Bourichard, c^ne du Plessis-l'Échelle (Loir-et-Cher). Moulin à vent, IV, 737, 14426.

Bourieu (Jean), V, 524, 17368.

Bourlande (S^r de) : voir Le Bas (Geoffroy).

Bourlay (Gilles), VI, 595, 22000.

Bourlémont, c^ne de Frebécourt (Vosges). Seigneurie, V, 495, 17225; seigneur : Anglure (Saladin d').

Bourlemont (Nicolas) ou de Barlemon, archer des toiles de chasse, III, 764, 10998; IV, 610, 13849.

Bourlon (Antoine), rapporteur en la Chancellerie, VII, 773, 28962.

Bourlon (Philibert), ex-fermier des sceaux aux contrats en Beaujolais, II, 491, 6168.

Bournat (Laurent), prêtre. Légitimation de ses enfants naturels Jean et Péronnelle, V, 129, 15346.

«Bournat». Fourches patibulaires, V, 235, 15886.

Bournay, c^ne de Saint-Jean-de-Bournay (Isère). Séjour du roi, le 20 juillet 1522, III, 685, 10644.

Bournel (Jean de), mis hors de page, VI, 75, 19281.

Bournel (Lancelot de), s^r de Mardickhoucke, garde du marteau des forêts de Compiègne et de Cuise, V, 682, 18185; V, 736, 18503; VII, 445, 25591. Cf. Bournet (Lancelot de).

Bournel (Louis), s^r de Thiembronne, bailli d'Amiens, III, 370, 9220. Foires créées en sa faveur à Beauchamps, IV, 302, 12411.

Bournet (Lancelot de). Foires établies en sa faveur à Demuin, I, 443, 2342. Cf. Bournel (Lancelot de).

Bourneville (Eure), VI, 514, 21559-21560.

Bourneville : voir Cour de Bourneville (la).

Bournigalle (Charles), avocat à Tours, II, 675, 7043. Cf. Bonigale (Charles de).

Bournonville, c^ne du Vieil-Dampierre Marne). Seigneurie, VI, 363, 20763.

BOURNONVILLE (Charles DE), s^r de Capres, capitaine du châtelet d'Hardelot, maître des eaux et forêts du Boulonnais, V, 278, 16107; V, 354, 16512.

BOURNONVILLE (Claude DE), page de l'écurie, VIII, 273, 31843.

BOURNONVILLE (Jean DE), s^r d'Ovringhen, homme d'armes de la compagnie d'Oudart Du Biez, III, 320, 8996.

BOUROT (Chrétien), V, 760, 18622.

BOURPEUIL, c^ne du Vigean (Vienne). Foire, I, 393 (VIII, 332*), 2095.

BOURRAIN (Richard, fils de Geoffroy DE), VI, 318, 20522.

Bourran : corr. BORAN.

BOURRAN (Guillaume DE), archer de la compagnie du Grand-Écuyer, VII, 781, 29016.

BOURRASSOL (Guillaume DE) ou BORRASSOL, secrétaire du roi, greffier civil au Parlement de Toulouse, V, 412, 16787; V, 403, 17059; VI, 202, 19918; VII, 477, 25861; autorisé à se faire suppléer, VII, 411, 25312.

BOURRASSOL (Jean DE), greffier civil au Parlement de Toulouse, III, 234, 8599; VI, 202, 19918; avec dispense de la qualité de secrétaire du roi, VII, 477, 25861.

BOURRÉ (Loir-et-Cher). Colombier, I, 533, 2810.

Bourré : corr. BOUCÉ.

BOURRÉ (Charles), trésorier de France en 1496, VII, 441, 25559.

BOURRÉ (René), s^r de Cheviré. Procès criminel, IV, 46, 11212; VI, 585, 21948.

BOURREAU (François), III, 455, 9605.

BOURREAU (RUE), à Blois, VII, 107, 23742.

BOURREL (Louis), natif de Revel en Terre-Neuve, demeurant en Provence. Lettres de naturalité, VII, 341, 24951.

BOURRET (Étienne), canonnier, VIII, 287, 32979.

BOURRET (M. DE), guidon de M. du Fresnoy, III, 755, 10960; VIII, 219, 31290.

BOURRETTE (Roustan), fourrier de la compagnie de M. de Canaples, concessionnaire d'un office de sergent royal à Rouen, III, 202, 8868; III, 203, 8872.

BOURRIASSE, fief sis à Genillé et au Liège (Indre-et-Loire), V, 586, 17676.

BOURRILLY (Bernardin), greffier des États de Provence, VIII, 178, 30908. Cf. BORELLI (Bernardin), BORELLY (Bernardin) et BORRILLY (Bernardin).

Bourris (S^r de) : voir DU BEC (Charles).

BOURRON (Seine-et-Marne). Exemption de tailles, II, 14, 3907.

Bourron (S^r de) : voir SALART (Jean).

Bours (Pas-de-Calais) : voir ANTIGNEUL. Dame voir ROUAULT (Anne).

BOURS (Charles DE), s^r d'Antigneul, III, 309, 8943.

BOURSAULT (Marne). Baronnie, V, 579, 17642; VI, 323, 20547; baron : voir ANGLURE (François D').

BOURSAULT (Jacques), payeur de la compagnie de M. de la Roche-du-Maine, III, 290, 8857; III, 207, 8889; III, 487, 9752; III, 755, 10961; VIII, 235, 31447.

BOURSAULT (Jean), marchand de Dijon, concessionnaire de la fourniture des vivres et munitions nécessaires aux villes de Montreuil-sur-Mer, Boulogne, Thérouanne et Hesdin, I, 315, 1702; I, 400, 2132.

BOURSE COMMUNE des marchands fréquentant les rivières de Garonne, Gironde, Dordogne, Lot, Tarn, etc. Établissement d'un contrôleur, IV, 302, 12410; suppression dudit office, IV, 729, 14393.

BOURSEROT (Jean) ou BOURCELOT, dit MELUN, porteur en la cuisine du roi, VII, 680, 28318.

BOURSES : appartenant au roi dans les chancelleries, I, 2, 10; dans celle d'Aix en particulier, III, 500, 10090; VII, 232, 24354; VII, 360, 25050; VII, 396, 25236; provenant de l'émolument du sceau du duché de Milan, VII, 429, 25445.

BOURSES d'études, IV, 74, 11340; VIII, 78, 29951 : voir COLLÈGE DES LOMBARDS, COLLÈGE DE NAVARRE.

BOURSES de velours achetées par le roi, VIII, 116, 30326; VIII, 129, 30444; VIII, 168, 30813.

BOURSES (OFFICE DE SECRÉTAIRE DU ROI AU NOMBRES DES), VIII, 90, 30064; voir HURAULT (Raoul et Jacques), PROHET (Philippe de).

Boursier (Jacques), marchand de Paris, VII, 629, 27794.

Boursier (Jean), marchand à Paris, IV, 653, 14048.

Boursier (Pierre), VII, 555, 25672.

Boursiers, artisans : de Bordeaux, V, 788, 18775.

Boursiers, étudiants : voir Bourses d'études.

Boursines (Louise de), femme de Joachim du Mestayer, VII, 83, 23621.

Boursonne (Oise). Vicomte : voir Capendu (Charles de).

Boury (Étienne), barbier à la cour, IV, 334, 12570.

Bouschet (Anne de), native de Tunisie, demeurant à Pressigny-en-Touraine. Lettres de naturalité, IV, 283, 12319.

Bouscone (Francisque de), dit de Bologne, vénitien, VII, 642, 27722.

Bouson (Loire) : voir Lurieux.

Bousquet (Philibert de), page de l'écurie, I, 611, 3204.

Boussac (Creuse). Seigneurie, I, 394, 2103; V, 356, 16518.

Bousseau (Jean), balayeur du château de Plessis-lès-Tours, II, 438, 5930.

Boussereau (Moulins de), sur l'Auron, V, 252, 15972.

Boussigny, c^ne de Sallen (Calvados) ou Boulligny. Seigneurie, VI, 552, 21774.

Boussonval (Guillaume de), s^r de Chaussy, lieutenant lai de la prévôté à l'hôtel, II, 408, 5791.

Boutault (Jean), maître de la garde de Chaumontois, III, 579, 10172.

Boute (Nicolas) ou Boutte, conducteur du sommier portant les broches de la cuisine de bouche, IV, 608, 13841; VIII, 66, 29839.

Boutefeux. Répression, IV, 138, 11632.

Boutegarii : voir Botegari.

Bouteglières : voir Buttigliera d'Asti.

« Boutehors » ou ferme du sel distribué extraordinairement en Bourbonnais, VI, 331, 20589; VII, 525, 26443.

Bouteiller : voir Vassourie-au-Bouteiller (La).

Bouteiller et priseur de vin en la ville et vicomté de Rouen : voir Pommier (Jean).

Bouteiller (Jean), VII, 468, 25785.

Bouteiller (Jeannot), Boutillier, Le Bouteiller ou Le Boutillier, sommelier d'échansonnerie, II, 28, 3980; II, 71-72, 4202-4203; II, 73, 4208; VI, 130, 19593; VI, 206, 19936; chargé de l'entien des vignes du roi près Fontainebleau, II, 268, 5160; II, 347, 5516; II, 607, 6730; II, 653, 6947; III, 26, 7569; III, 339, 9077; III, 713, 10775; VIII, 43, 29637.

Bouteilles : voir Échansonnerie du roi.

Bouteilles, c^ne de Rouxmesnil-Bouteilles, (Seine-Inférieure). Clerc des salines : voir Soullas (Antoine).

Boutemont (*S^r de*) : voir Borel (Jean).

Boutenotte (Denis), II, 520, 6300.

Boutenay (Raymond de), II, 221, 4931; II, 459, 6022; V, 785, 18760.

Boutenay (Roland de) ou Bouthenay, garde de la forêt d'Amboise, II, 645, 6907; III, 67, 7784; VIII, 208, 31137.

Boutenay (Savary de), V, 223, 15822.

Bouterviliers (Seine-et-Oise). Fief vulgairement appelé Malicorne, VI, 242, 20127.

Boutes (Jean) dit Lagrée, natif de Rhodes, demeurant à Toulon. Lettres de naturalité, IV, 317, 12481.

Boutet (Claude), chargé de la dépense des pages et chevaux de l'écurie du roi, VIII, 51, 29706.

Boutet (Étienne), marchand à Tours; payé de fournitures d'étoffes, II, 444, 5955; VII, 671, 28177; VII, 721, 28604; remboursé de prêts faits au roi, VII, 671, 28178-28179.

Boutet (Jean), notaire au Châtelet de Paris. Biens confisqués, III, 348, 9120.

Boutet (*Jean*) : voir Boullet (Jean).

Boutet (Odet de), VII, 513, 26282.

Boutevillain (Jean), sergent à verge au Châtelet de Paris, III, 386, 9284.

Bouteville (Charente). Châtellenie, VI, 543, 21723; VII, 242, 24403. Prieuré de Saint-Paul, VII, 420, 25377. Seigneurie, III, 302, 8913.

Bouteville (Thibaut de), s[r] de Kerjean, VII, 688, 28331.

Bouthenay (Roland de) : voir Boutenay (Roland de).

Bouticary : voir Botecari.

Bouticq (Arnaud), garde de la Monnaie de Toulouse, II, 48, 4078.

Boutières (s[r] de) : voir Guiffrey (Guigues).

Boutigny (Seine-et-Oise). Seigneurie, V, 812, 18897.

Boutigny, terre sise à Maule (Seine-et-Oise), V, 222, 15815.

Boutigny (Gilles de), archer de la garde, II, 450, 5981; VII, 688, 28334-28335; VII, 721, 28607.

Boutillat (Jean de), seigneur d'Acy et de Poix, I, 640, 3350.

Boutiller (Vassourie au) : voir Vassourie au Boutiller (La).

Boutiller (Jehannot) : voir Bouteiller (Jeannot).

Boutin (Jean), enfant de cuisine des fils du roi, VI, 77, 19292.

Boutin (Marguerite), II, 562, 6496.

Boutin (Nicolas ou Nicole), commis à la recherche des francs-fiefs, nouveaux acquêts et amortissements dans le comté de Montfort, VII, 511, 26259; dans le duché de Valois, le gouvernement de Roucy et Épernay, VII, 511, 26263.

Boutin (Pierre), sergent dangereux de la maîtrise des Eaux et forêts de France au siège de la Conciergerie du Palais, VI, 784, 22974; VI, 810, 23108.

Bouton (Le fils de). Lettres de naturalité, VII, 664, 28117.

Bouton (Charles), s[r] du Fay, et Christophe son fils, I, 138, 797.

Bouton (Claude), s[r] de Corberon, envoyé de Charles-Quint, IX, 110.

Bouton (Jacqueline) : corr. : Boutou (Jacqueline).

Bouton (Jacques), s[r] du Fay, III, 600, 10262; V, 64, 15990.

Bouton (Jean), coseigneur du Fay et de Bosjean, natif de Poligny, résidant au comté d'Auxonne, III, 600, 10262; IV, 562, 13631. Lettres de naturalité, IV, 377, 12769.

Bouton (Philippe), chevalier d'honneur du Parlement de Dijon, I, 3, 15; I, 23, 134.

Bouton (Pierre). Procès contre Nicolas Prévost, I, 348, 1862.

Boutou (Jacqueline) ou Boutoul, dame d'Oulmes, II, 139 (VIII, 347*), 4538.

Boutre (Géraud), VI, 232, 20077.

Boutte (Nicolas) : voir Boute (Nicolas).

Bouttemont, c[ne] d'Ouilly-le-Vicomte (Calvados). Seigneurie, VI, 549, 21758.

Bouvans (Jean, s[r] de), chevalier. Pension, VI, 39, 19103.

Bouvant (Jean de), V, 488, 17187.

Bouvantes (Drôme) : voir Val-Sainte-Marie (Le).

Bouvelinghem (Pas-de-Calais). Seigneurie, III, 629, 10391; VI, 328, 20572.

Bouverande (La) ou La Bourande, fief sis à Neufchelles (Oise), VI, 323, 20546; VI, 572, 21878.

Bouvery (René), conseiller lai au Parlement de Paris, VII, 497, 26078; délégué aux Grands Jours d'Angers, VIII, 685, 32850; nommé maître des requêtes, IV, 165, 11755; IV, 189, 11868.

Bouvesse-Quirieu (Isère) : voir Quirieu.

Bouvet (Jean), ou Bouvot, s[r] de Cormaillon, envoyé de Charles-Quint, IX, 109, 114.

Bouville (Seine-Inférieure). Seigneurie, III, 266, 8748; VI, 602, 22038; VII, 575, 27093.

Bouvot (Léonard) : voir Brenot (Léonard).

Boux : corr. : Brux.

Boux-sous-Salmaise (Côte-d'Or). Notaire : voir Vallon (Jean).

Bouyer (Claude), de Charroux, condamné à mort, III, 518, 9901.

Bouyer (Louis), VII, 41, 23417.

Bouyn (Antoine), natif de « Cestego » en la Rivière de Gênes, demeurant à Tourves. Lettres de naturalité, IV, 250, 12168.

Bouyn (Antoine) : corr. Bruni (Antoine).

Bouyn (Merry), VI, 536, 21684.

Bouyn (Pierre), III, 629, 10389.

Bouyn (Pierre), procureur du roi au Grand Conseil, V, 493, 17213.

Bouysic (Saxe de), gentilhomme de la maison du duc de Bar, VII, 797, 29135.

Bouzan le cadet. Procès contre Étienne d'Humières, V, 149, 15438.

Bouzancourt (Haute-Marne). Seigneurie, V, 213, 15768; VI, 381, 20852.

Bouzebac, prisonnier en Bourgogne, V, 792, 18797.

Bouzens (Jean), avocat du roi en l'élection de Caen, VI, 439, 21161.

Bouzens (Pierre), V, 426, 16858.

Bouzigues (Pierre de), I, 487, 2570.

Bouzillé (Maine-et-Loire) : voir Bourgonnière (La).

Bouzillon (Nicolas), enfant de cuisine, puis potager du dauphin, II, 533, 6360.

Bouzon (Girard ou Guyard), chirurgien ordinaire du roi, II, 210, 4882; VII, 753, 28831; VII, 773, 28961.

Bouzon (Marguerite), femme d'Hugues Leloyer, puis de René Becdelièvre, VII, 734, 28700.

Bouzons (Jean) ou Bonfons, s^r de Couronne, avocat, puis conseiller lai au parlement de Rouen, VI, 698, 22550; VI, 701, 22569; VI, 799, 23050.

Bouzot (Laurent), Bouhot, Bozot ou Bauzot, chevaucheur d'écurie, VIII, 250, 31604. Missions : en Angleterre, III, 550, 10083; VIII, 248, 31580; à Calais, III, 89, 7891; à Lyon et Yzeron, VIII, 228, 31373; à Rome, II, 601, 6695; II, 646, 6916; VII, 752, 28825; VII, 777, 28992; à Venise, VIII, 104, 30198.

Boves (Somme). Foires, I, 393, 2094. Séjour du roi, VIII, 550.

Boves (Françoise de), veuve de Guillaume de Morainvillier, VII, 728, 28657.

Boves (Laurent de), VI, 456, 21248.

Boyen (Marcel de), VI, 256, 20205.

Boyencourt : voir Bayencourt.

Boyer : voir Bohier.

Boyer (Étienne). Anoblissement, VII, 8, 23234.

Boyer (Gaspard), notaire à Marseille, VIII, 651, 32664.

Boyer (Guillaume), receveur des tailles en Poitou, IV, 345, 12624. Cf. Bohier (G.).

Boyer (Jean), lieutenant général au bailliage de Mâconnais, IV, 684, 14185.

Boyer (Jean), conseiller au Sénat de Savoie, VI, 708, 22604.

Boyer (Jean), juge-mage de la sénéchaussée de Carcassonne, V, 140, 15402.

Boyer (Mariotte), IV, 393, 12843.

Boyer (Mathieu), notaire à Marseille, VIII, 651, 32665.

Boyet (*Hugues*) : voir Briet (Hugues).

Boylesve (*Antoine*) : voir Boileau (Antoine).

Boylesve (Étienne), garde de la Monnaie de Tours, IV, 267, 12245.

Boylesve (*Guillaume*) : voir Boileau (Guillaume).

Boylesve (Jean), conseiller à la sénéchaussée de Poitou, VI, 265, 20248, 20251.

Boylesve (*Jean*) : voir Boileau (Jean).

Boylève (*François*) : voir Boilève (François).

Boyners (Raphael), médecin étranger non naturalisé, décédé à Poitiers. Aubaine, III, 461, 9635; VI, 568, 21856.

Boynes (*François de*) : voir Brives (François de).

Boynes (Loiret). Fortifications, I, 610, 3199.

Boynier (Jean) dit d'Ast, prévôt des maréchaux, cessionnaire de la châtellenie de Villanuova d'Asti, I, 464, 2455. Gages, II, 226, 4956; V, 794, 18806-18807; VI, 311, 20485; VIII, 194, 31056.

Boyrargues : voir Breirargues.

Boyronnet (Pierre), enquêteur en la sénéchaussée de Lyon, VI, 345, 20665; VI, 693, 22523.

Boys (*S^r du*) : voir Douault (François de).

Boys (Guillaume et Siffrein), originaires d'Entraunes. Lettres de naturalité, VI, 630, 22179.

Boysot (Étienne et Louis), natifs de Lorraine, poêliers à Bourges. Lettres de naturalité, VI, 415, 21033.

Boysse (*Bertrand de*) : voir Boisse (Bertrand de).

Boysset (Jacques), huissier et concierge en la Chambre des Comptes de Montpellier, IV, 787, 14665.

Boyssiers (Antoine), bourgeois de Rodez, VII, 275, 24571.

Boytet (Noël), marchand, VIII, 13, 29371.

Boytouset (Claude) ou Boytouzet, prieur de Vaux-le-Duc, V, 98, 15177; V, 111, 15246.

Boytouset (Nicolas), religieux de l'ordre du Val-des-Choux, V, 98, 15177.

Boyvin (Henri), natif de Carpentras, habitant Marseille. Lettres de naturalité, IV, 293, 12366.

Bozancieux, c^ne de Montseveroux (Isère). Seigneurie, VI, 639, 22233.

Bozot (Laurent): voir Bouzot (Laurent).

Brà (Italie, prov. de Coni). Exemption de cens, VI, 826, 23190. Fortifications, VI, 796, 23034. Privilèges, V, 265, 16038. Revenus concédés à Jean Roero, V, 465, 17067.

Brabant, duché, I, 706, 3691; VI, 517, 21579; VII, 451, 25639; voir Anvers, Bois-le-Duc, Genappe, Herenthals, Tirlemont. Voir aussi Bréda (Geoffroy et Hans de), Byre (Auriens), Cembres (Girard), Cottereau (Michel), Jongker (Hans), La Bistrade (Geoffroy de), Lâtre (Jeanne de).

Brac (François de), receveur des deniers communs de la Charité, VII, 581, 27182.

Brachet (Claude), baron de Magnac, VI, 442, 21173.

Brachet (Claude), commis au payement de la garde écossaise, V, 213, 15767; V, 282, 16133; V, 354, 16508; VIII, 579, 32281.

Brachet (Claude), secrétaire du roi, V, 715, 18384.

Brachet (Guillaume), bailli et gouverneur d'Étampes, V, 384, 16652; V, 398, 16721.

Brachet (Jean), conseiller lai au Parlement de Paris, I, 140, 805; VII, 500, 26108.

Brachet (Jean), maître des eaux et forêts de Romorantin. Anoblissement, VIII, 570, 32236.

Brachet (Jean), receveur général du Bas-Limousin, VII, 80, 23610.

Brachet (Nicole), conseiller au Parlement de Paris, V, 752, 18576; commis à la rédaction des coutumes du Bourbonnais et de la Marche, I, 220, 1211; I, 243, 1334; I, 281, 1520.

Brachet (Nicole), conseiller clerc au Parlement de Paris, IV, 230, 12060; commis à la réformation de la collégiale Saint-Spire de Corbeil, II, 2, 3839; créancier du roi, VII, 675, 28206; VII, 743, 28764; VIII, 136, 20513; président des enquêtes, II, 745, 7362; IV, 276, 12284.

Bracieux (Loir-et-Cher), VI, 2 (VIII, 394), 18917; voir Moides.

Braconnage. Répression, II, 281, 5216; III, 201, 8432.

Braconne (La), c^ne d'Yvrac (Charente). Sergent des Eaux et forêts: voir Redon (Jean).

Braconnet (Pierre), courrier, VI, 68, 19246.

Bracque, échanson des fils du roi, VIII, 27, 29475.

Bracques (François de) dit Le Luat, VII, 773, 28962.

Bradé (Denis), receveur ordinaire de Valois, I, 536, 2823; VII, 517, 26338.

Bragadin (Lorenzo), ambassadeur vénitien, IX, 132.

Bragelogne (Aube). Seigneurie, V, 796, 18818.

Bragelongne (Martin de), lieutenant particulier civil et criminel au Châtelet de Paris, VI, 752, 22821.

Bragny (Saône-et-Loire). Châtelain et receveur: voir Branne (Jean de). Seigneurie, VII, 782, 29028.

Brai. Impôt sur cette denrée à Tournai, I, 180, 1013.

Braies établies sous le pont de Blois, VI, 708, 22605.

Braillon (Louis), médecin du roi, VIII, 119, 30354; VIII, 174, 30872; concessionnaire d'un petit bras de la Marne, II, 695, 7141; VI, 302, 20756. Gages, VII, 539, 26623. Procès contre le cardinal du Bellay, IV, 152, 11699. Visites aux prisonniers de la Conciergerie à Paris, II, 44, 4060; II, 54, 4111.

Brain (Maine-et-Loire): voir Longuenée (Forêt de).

Braine: voir Braisne.

Brainville (Manche). Seigneurie, VI, 179, 19807.

Braisne (Aisne). Comté, V, 230, 15804; V, 768, 18670; comtes et comtesses : voir Amboise (Marie d'), La Marck (Robert III de), Sarrebruck (Amé, Guillemette et Robert de). Doyenné, III, 36, 9205. Foires, I, 717, 3744. Séjours du roi, VIII, 550.

Bran (Charente-Inférieure), VII, 82, 23615.

Branaria (Auguste), génois, II, 596, 6673.

Branas, c^ne de Saint-André-de-Vésines (Aveyron), VII, 265, 24515.

Branc (Jean de), receveur de Frontenard-sur-le-Doubs, VI, 420, 21058.

Brancas (Baptiste de). Légitimation de son fils Nicolas, III, 244, 8645.

Brancas (Gaucher de), s^r de Céreste, autorisé ainsi que Gaspar et Jean, ses fils et petit-fils, natifs comme lui du Comtat Venaissin, à résider en France et à y posséder des biens, IV, 207, 11955.

Brancas (Marguerite de), native du Comtat-Venaissin, femme du baron de Tartas, capitaine de galères. Lettres de naturalité, VII, 394, 25223.

Brancas (Nicolas de), d'Avignon. Lettres de naturalité, VIII, 694, 32902. Cf. Brancas (Baptiste de).

Brancollo (Nicole de), marchand à Marseille, natif de Lucques. Lettres de naturalité, VII, 278, 24588.

Brancourt (S^r de): voir Le Comte (Jean).

Branda (Sever de) ou Brandas, capitaine d'aventuriers, VIII, 10, 29342; VIII, 115, 30315; VIII, 276, 31872.

Brandebourg, marquisat. Relations diplomatiques avec la France, IX, 7, 8, 88, 89. Marquis : voir Joachim Ier.

Brandebourg (Albert de), archevêque de Mayence, électeur de l'Empire, I, 182, 1022; V, 471, 17100; IX, 8, 89.

Brandech (Le capitaine): voir Brandes (Jean de).

Brandègue (François). Sa veuve, II, 232, 4989.

Brandenghien (Tyrion de), de la maison de la reine. Lettres de naturalité, VII, 614, 27631.

Brandes (Jean de) ou Brandech, capitaine de lansquenets, acquéreur de la châtellenie de Vaudreuil, I, 128, 739; VIII, 575, 32257; VIII, 578, 32272. Hommage pour la châtellenie de Vire, V, 332, 16399. Sa veuve, II, 227, 4962.

Brandès (Pierre de) ou Brandis, originaire de Nice, habitant Aix. Lettres de naturalité, IV, 192, 11884; VII, 288, 24639.

Brandis (Pierre de), archidiacre d'Aix, conseiller au Parlement de Provence, VII, 99, 23704.

Brandon (Michel), avocat du roi, châtelain, puis lieutenant général en la sénéchaussée d'Auvergne, IV, 631, 13950; VII, 794, 29117; VIII, 31, 29505; commis à la recherche des biens de mainmorte en Limousin, VII, 505, 26175.

Brandon (Ponce), conseiller lai au Parlement de Paris, II, 140, 4545; VI, 378-579, 20841-20842. Commissions pour l'aliénation du domaine en Languedoïl, III, 281, 8813; III, 300, 8904; III, 339, 9080; III, 340, 9082; III, 422, 9491; III, 569, 10126; pour le jugement des procès de la réformation de la forêt de Jouy, III, 700, 10712; au recouvrement des deniers de partie de la charge de Languedoïl, VIII, 77, 29936-29937; VIII, 245, 31547; VIII, 200, 32011; conseiller au Parlement de Bretagne, VIII, 77, 29938; VIII, 277, 31882; lieutenant général de la sénéchaussée d'Auvergne en survivance de son père, IV, 631, 13950.

Brandonvillers (Marne), IV, 283, 12321.

Branges (Le s^r de), III, 650, 10487. Cf. Lugny (Jean de).

Branginot (Antoine), V, 641, 17954.

Brannay (Yonne). Seigneurie, III, 765, 11004; V, 355, 16516; V, 611, 17804.

Branne (Jean de), châtelain et receveur de Verdun-sur-le-Doubs, Saunières et Bragny, V, 638, 17937.

Branques (Dominique de), natif de Milan, trompette ordinaire du roi, retiré à Beaulieu, près Loches. Lettres de naturalité, VI, 446, 21195.

Brantôme (Dordogne). Abbaye, I, 244, 1335; abbé : voir Mareuil (Pierre de). Marché, IV, 39, 11176. Voir Simond (François).

Branville (Calvados): voir Montagne (La).

Bras (Var). Seigneurie, VII, 86, 23636.

IMPRIMERIE NATIONALE.

Bras (Philippe de), I, 572, 3008.

Brasay : voir Franchet (Jean).

Braschi (Silvius), notaire rural de Milan. Destitution, V, 267, 16047.

Brasdefer (Renée), V, 58, 14964.

Brasey : voir Brazey.

Brasles (Aisne) : voir Valsecret.

Brassac (Tarn) ou Brassac-de-Belfortès. Seigneurie, VII, 70, 23562; VII, 232, 24355; VII, 298, 24700; VII, 349, 24994. Seigneur : voir La Palu (Gabriel et Jean de).

Brassac (*De*) : voir Goulard (Bertrand et Guy de).

Brasset (Antoine), clerc, VIII, 717, 33034.

Brasseurs : de Paris, I, 15 (VIII, 312), 89; de Rouen envoyés à Turin, VIII, 230, 31403, 31404; de Tournai, I, 180, 1013.

Braux (Basses-Alpes). Réduction de fouage à la suite d'inondations et autres calamités, VII, 178, 24092.

Braux, c^ne^ d'Ancerville (Meuse). Commanderie, VI, 312, 20491.

Braux, c^ne^ de Naives-en-Blois (Meuse). Seigneurie, V, 222, 15814.

Braux-Sainte-Cohière (Marne). Seigneurie, V, 216, 15783.

Bravement (Marin), VI, 595, 22000.

Bray : voir Braux, c^ne^ de Naives-en-Blois.

Braye, c^ne^ de la Croix (Indre-et-Loire). Seigneurie, V, 400, 16733.

Bray (Pierre), huissier des requêtes du Palais à Rouen, V, 167, 15524.

Brayer (Marie), V, 469, 17092.

Brayer (Pierre) ou Broyer, de Romont en Savoie, prisonnier au château de Dijon, VII, 759, 28864; VII, 815, 29262.

Brayes : voir Braies.

Braye-sous-Faye (Indre-et-Loire). Foires I, 597, 3134.

Brayes Saint-Victor (*Les*) : voir Chaussée-Saint-Victor (La).

Bray-sur-Seine (Seine-et-Marne). Création d'un office de sergent, IV, 737, 14428. Grenier à sel, II, 37, 4026. Receveur des deniers communs : voir Coulombe (Jacques de). Seigneurie, V, 687, 18212. Séjour du roi, VIII, 550.

Bray-sur-Somme (Somme). Affranchissement d'impositions, II, 413, 5814; III, 711, 10767. Fortifications : voir Auger (Adrien). Seigneurie, V, 242, 15921.

Brazay (*Jean*) : voir Franchet (Jean).

Brazey-en-Plaine (Côte-d'Or). Châtelains : voir Morelot (Nicolas et Viénot).

Bréauté (Adrien de), s^r^ de Neuville, V, 566, 17478; VI, 684, 22484.

Bréauté (Roger de), VI, 684, 22484.

Bredan (Jean et Remy). Anoblissement, VI, 779, 22944.

Breceau : voir Thibault.

Brecey (Manche). Seigneurie, VI, 295, 20407.

Brechin (Écosse, comté de Forfar). Seigneur : voir Arstrin (Thomas).

Breconnyer (Toussaint), VIII, 188, 31008.

Bréda (Pays-Bas, Brabant septentrional). Trève conclue le 14 juillet 1525 entre Louise de Savoie et Marguerite d'Autriche, I, 408, 2172; I, 410, 2183; V, 721, 18420.

Bréda (Claude), marchand de Paris, I, 604, 3169.

Bréda (Corneille de), natif de Bruges. Lettres de naturalité, IV, 527, 13475.

Bréda (Geoffroy de), originaire du Brabant. Lettres de naturalité, VIII, 590, 32335.

Bréda (Hans de), brabançon. Lettres d'abolition touchant un meurtre commis lors du siège de Pavie, VI, 176, 19793. Lettres de chevalerie, V, 520, 17349. Lettres de naturalité, VIII, 590, 32335.

Brédebel (Jean), sergent royal de Civray, III, 726, 10832.

Brée (Étienne de), dit le capitaine Granine, gentilhomme napolitain, VIII, 124, 30388.

Bréhan-Loudéac (Morbihan). Foires, I, 449, 2371.

Brégançon, c^ne^ de Bormes (Var). Garnison, VII, 269 (VIII, 804), 24535; VIII, 654, 32678; VIII, 659, 32705.

Bréhémont (Indre-et-Loire). Demande en affranchissement de tailles, VI, 320, 20531.

«Brégon» en Piémont, VIII, 695, 32906.

Breil (Alpes-Maritimes) : voir Pène (Barthélemy), Peyronet (Gaspard).

Breirargues (Guillaume) ou Boyrargues, auditeur à la Chambre des comptes de Montpellier, II, 491, 9772.

Brelon (Jacques), originaire du diocèse de Genève, habitant Forcalquier. Lettres de naturalité, IV, 367, 12722.

Bréments (*Francs*) : voir Francs-Bréments.

Brémont (Charles), sr de Balanzac et de la Magdeleine, panetier ordinaire des enfants de France, VI, 543, 21723; VII, 242, 24403-24404.

Brémont (Jean), sr de Balanzac, maître d'hôtel ordinaire du roi, VII, 12, 23262.

Breneringuen (Bertrand de), aumônier ordinaire du roi, V, 783, 18747.

Brémontier-Merval (Seine-Inférieure) : voir Bellozanne.

Breneux (Le sr de), IV, 372, 12747.

Brenieu (*Antoine de*) : voir Brigneulx (Antoine de).

Brenot (Léonard) ou Bouvot, procureur du roi à Brignoles, III, 219, 8526; VII, 219, 24291.

Brenouville (Jacques de), capitaine de Châlons, I, 214, 1183.

Brescia (Italie, capitale de province) : voir Imagy (Vincent d'), Malvezi (Jean). Diocèse : voir Paul (Mathieu). Siège en 1513, V, 346, 16468; V, 425, 16855.

Brésil. Défense faite, à la requête du roi de Portugal, aux sujets français de s'y rendre. III, 666, 10562; III, 704, 10731; VIII, 657, 32696; VIII, 661, 32716; VIII, 681, 32829; levée de ladite défense, VIII, 698, 32928. Voyage de Jean Bellanger, III, 723, 10817; VII, 773, 28965; VII, 793, 29108.

Bresins : voir Brisyn.

Breslay (Guy), conseiller au Grand Conseil, I, 410 (VIII, 333e), 2182; II, 101, 4346; VII, 193, 24162; — chargé d'informer *de commodo et incommodo* sur l'impôt de 2 d. par livre frappant les marchandises entrant à Lyon, II, 482, 6128; de procéder contre les financiers accusés de malversation, I, 611, 3203; président au Grand Conseil, IV, 707, 14287; VI, 644, 22260. Gages, II, 241, 5034; II, 634, 10414; VII, 788, 29076. Lettres de committimus, IV, 24, 11113.

Breslay (Guy de), VIII, 779, 7150. Cf. le précédent.

Bresle (Jacques). Légitimation de son fils Jacques, VI, 656, 22327.

Bresle (*La*) : voir Byn (François de).

Bresnes (Jean), sr du Marchais et de Boutigny, V, 812, 18897.

«Bresneau», seigneurie au bailliage de Champagne en Saintonge, VII, 247, 24429.

Bressac : voir Brassac.

Bressano (Battista), syndic et procureur des habitants de Savone, VII, 32, 23366.

Bressart (Antoine), notaire à Amiens, VII, 377, 25137.

Bressart (Pierre) dit Brisanbourg, page de l'écurie, I, 611, 3204. Cf. Poussart (Pierre).

Bresse (Prairie de), en litige entre les habitants de Mâcon et ceux de Replonges, VIII, 677, 32811; VIII, 691, 32884; VIII, 696, 32912; VIII, 720, 33051.

Bresse (Ludovic de), armurier, VII, 799, 29153.

Bresse, Bugey et Valromey.

—— *Affaires militaires.* Arrière-ban, VIII, 737, 33146. Garnisons, VIII, 288, 31984. Méfaits des hommes d'armes, VIII, 275, 31864. Montre des compagnies d'archers, V, 40, 14866. Places fortes : voir Pérelles (Claude de). Séjour de lansquenets, III, 451, 9590; VIII, 250, 31602.

—— *Bailliage.* Assises, IV, 257, 12202. Baillis; liste, IX, 232; voir aussi Chabanes Antoine de). Création d'un office d'enquêteur, IV, 356, 12674. Juge des appels : voir Du Puget (François). Lieutenants généraux : voir Baschet (Pierre), Lombard (François). Notaires, III, 194, 8395; VI, 645, 22264. Procureur du roi : voir Gruet (Claude). Ressort du Parlement de Dijon, III, 192, 8382; VII, 210, 24248. Usage du français dans les actes et réformation des styles et coutumes, III, 194, 8396.

—— *Commerce.* Autorisations d'exporter du blé : pour Lyon, III, 229, 8572; IV, 55, 11253; pour le Piémont, IV, 55, 11252.

—— *Comtesse* : voir MARGUERITE, archiduchesse d'AUTRICHE.
—— *Domaine*. Archives, IV, 258, 12203; IV, 479, 13249. Bail sur enchères du domaine des Echets, V, 133, 15365. Confiscations sur les partisans de l'empereur et du duc de Savoie, III, 313, 8959; IV, 479, 13248. Droits à échoir au roi, IV, 257, 12201. Droits sur les biens des bâtards conférés aux archevêques de Lyon par la charte dite *Philippine*, VI, 659, 22349; VI, 692, 22519; VI, 695, 22532. Exemptions accordées aux biens des Lyonnais, IV, 563, 13637; IV, 661, 14084. Originaires naturalisés français : voir CHAMBERT (Adrien), DARE (Antoine), GRILLET (Antoine et Claude-Philippe), LA BAUME (Etienne DE), MALVÉTIS (Jean-Paul DE), MONTJOUAN (Antoine DE), PERRA (André), RAPOY (Antoine), VILLAIN (Benoît). Réduction du pays à l'obéissance du roi, III, 175, 8302. Ressort de la Chambre des comptes de Dijon, VII, 210, 24248. Voir BAGÉ, MIRIBEL, PONT-DE-VAUX, PONT-DE-VEYLE, REPLONGES, SERMOYER.
—— *Province* : Cf. LYONNAIS. Maintien de l'office de lieutenant général, IV, 738, 14435. Mission administrative de Gaillard de Montcamp et de M. de Grignan, III, 609, 10299; VI, 493, 21443. Privilèges des habitants, IV, 530, 13486. Personnel des gouverneurs et lieutenants généraux; liste, IX, 224.
—— *Trésorerie*. Assignations, III, 581, 10179; III, 718, 10798; III, 734, 10865; III, 741, 10900; III, 753, 10951; V, 105, 15218; VIII, 99, 30149. Trésorier : voir ALION (Georges). Maîtres et auditeurs des comptes de Bresse; liste, XI, 200.

Bresse Chalonnaise : voir CUISERY.

Bresseau ou *Breceau* : voir THIBAULT.

BRESSEAU (Louis), capitaine des archers et gardes des forêts d'Amboise et de Montrichard, II, 323, 5406.

BRESSEAU (Marguerite), femme de Raymond de Boutenay, II, 221, 4931; II, 459, 6022.

BRESSEL (Christophe), BRESSET ou BRICEL, sénéchal de Nantes, III, 249, 8668; VI, 54, 19180; VII, 415, 25331.

BRESSEY (Antoine DE), s^r de Saint-Germain-du-Bois, IV, 471, 13214.

BRESSEY (Briant DE), s^r de la Coudre et de Ponneau, successeur du précédent en l'office de maître des eaux et forêts d'Autun, Chalon, Charolles et Montcenis, IV, 471, 13214; V, 93, 15145.

BRESSIÈRES (Le s^r DE), mis hors de page de la maison de Louise de Savoie, VII, 638, 27879.

Bressieu (s^r de) : voir DODIEU (Claude).

BRESSIEU (Louis DE), V, 646, 17985.

BRESSIEUX (Isère), III, 543, 10009; VIII, 297, 32095. Séjour du roi, VIII, 551.

Bressolles (S^r de) : voir GADIFER (Jean).

BRESSOL (Tarn-et-Garonne) : voir CASCARET. Seigneurie, VII, 266, 24523.

Bressuire (Mme de) : voir BRETAGNE (Jeanne DE).

BREST (Finistère) : Voir LE MERCIER (Olivier). Chantiers : construction de deux galions, II, 131, 4502; du *Saint-Jean*, II, 187, 4771; II, 281, 5214. Château : approvisionnement, III, 505, 9839; VII, 649, 27987; capitaines : voir CHABOT (Philippe), GOUFFIER (Guillaume), GUENGAT (Alain, s^r DE), LE VOYER (Bernard); mortes-payes, VII, 649, 27987. Entrée du roi en 1518, V, 415, 16800. Juridiction, III, 619, 10343. Port, I, 72, 429; VII, 426, 25421; équipement de *la Françoise*, III, 343, 9098; réunion d'une armée à destination de l'Écosse, II, 233, 4990. Seigneurie concédée à Alain de Guengat, I, 548, 2880; I, 555, 2920. Séjour du roi, VIII, 551.

BREST (François DE), s^r de Moran, VIII, 136, 30516.

BRESUGUET, c^ne de Castelsagrat (Tarn-et-Garonne), VII, 252, 24448.

« BRET », maison appartenant à François d'Escars, VII, 129, 23855.

BRETAGNE, II, 421, 5847; IV, 423, 12987; V, 652, 18014; VIII, 273, 31850. Voyages du roi : en 1518, I, 170, 962; V, 416, 16802; en 1532, II, 685, 7090; IX, 106. Voir BILLOTTI (Louis), DANQUELEU (Michel), GAUDERÉ (Jean), PINOT (Guillaume), ROPPERZ (Jean).
—— *Affaires militaires et navales*. Achèvement du port de Vannes, II, 183, 4752. Amiraux; liste, IX, 212. Approvisionnements de salpêtre, VIII, 675, 32798. Artillerie; prévôt : voir CAUX (François DE); contrôleur général : voir TISSART (François). Ban et arrière-ban, VI, 620, 22127; VII, 440, 25550. Compagnies en garnison : voir LAVAL (Jean

de) et Montjean (René de). Conduite d'aventuriers, VIII, 174, 30869. Défense et ravitaillement des ports, V, 569, 17589. Descente des Anglais, I, 300, 1623. Devoirs des ports et havres, II, 246, 5056. Impositions militaires, I, 403, 2145-2146; VI, 743, 22775; VI, 754, 22829; VI, 786, 22984; VI, 821, 23163. Marine, V, 543, 17466; VII, 257, 24475; VII, 459, 25703; VII, 466, 25767; VII, 474, 25835; VIII, 750, 33220; voir Cartier (Jacques). Montre des compagnies d'archers, V, 40, 14866. Mortes-payes, III, 317, 8942; voir aux noms des villes de Brest et de Nantes et des trésoriers, Gobin (Jean) et Main (Robert). Ravitaillement des places fortes, I, 403, 2145. Réparation des places fortes, I, 403, 2146; VII, 658, 28060. Répression de la piraterie, VII, 484, 25924. Salpêtres, IV, 409, 12916; trésorier : voir Oudin (François). Trésoriers des guerres : voir Main (Robert), Tours (Guy de). Vaisseaux anglais prisonniers, IV, 409, 12916.

—— *Aides.* Exemptions accordées aux habitants de Dinan, II, 196, 4814-4815; de Dol, II, 196, 4812. Création d'un office de contrôleur général des traites, IV, 620, 13896. Droits de billot, I, 298, 1615; I, 488, 2572; II, 197, 4819; VII, 793, 29110-29111. Exportation du sel, VII, 446, 25602. Gabelles, IV, 234, 12082; VI, 664, 22366; VI, 675, 22435; receveurs : voir Bejault (Mathurin), Rageau (André). Privilèges de salaisons reconnus aux mariniers et pêcheurs, IV, 448, 13105. Répression du faux-saunage, I, 598, 3137; II, 253, 5089; III, 227, 8565.

—— *Amirauté.* Commissions décernées au vice-amiral, V, 628-629, 17888-17889. Droits et prérogatives, I, 122 (VIII, 766), 708; I, 302, 1639; V, 629, 17890. Mandement adressé à l'amiral, VI, 343, 20655. Personnel : IX, 212.

—— *Clergé* : voir États de Bretagne.

—— *Commerce.* Autorisations accordées à des étrangers, I, 196, 1093-1094; I, 290, 1572. Exportations, V, 628, 17887; V, 656, 18038; VI, 604, 22045; VII, 630, 27799. Importations, I, 175, 991; I, 567, 2982; VII, 435, 25492. Permission de trafiquer avec Jersey et Guernesey, VII, 474, 25832. Traites de vin en franchise accordées pour l'approvisionnement de diverses maisons seigneuriales du pays, II, 194, 4802; II, 203, 4846; II, 207, 4870; II, 227, 4964; II, 242, 5040; II, 610, 6744; III, 400, 9355; III, 428, 9484; III, 622, 10358; III, 658, 10523; III, 761, 10985; VII, 651, 28003; VII, 682, 28277; VII, 684, 28296.

—— *Domaine.* III, 247, 8660; III, 466, 9655; III, 654, 10508; V, 35, 14839; VII, 462, 25728. Aliénations, II, 173, 4701; III, 281, 8814; IV, 647, 14024; révoquées, I, 353, 1887; II, 87, 4277; II, 145, 4569. Autorisation de tenir des bénéfices à des personnes nées hors du pays, II, 548, 6432; III, 383, 9273; V, 635, 17920; VII, 445, 25594; VII, 451, 25644; VII, 471, 25812; VII, 640, 27900. Biens : de Jean Chauvin, III, 391, 9310; de Claude du Châtel, III, 444-445, 9559; de René de Goulaines, VII, 788, 29073; du comte de Laval, II, 74, 4212; de Péronnelle de Leversault et de François Le Ronge, III, 515, 9884; du s[r] de Rieux, I, 451, 2386; VII, 690, 28352; de la famille Tournemine, III, 697, 10700; de Marguerite Toutevoultre et du s[r] de Mezerons, VII, 688, 28331. Concessions temporaires : voir Auray. Découverte de joyaux, VIII, 305, 32170. Droits féodaux, I, 535, 2818; II, 659, 6969; III, 701, 10718; III, 766, 11008; IV, 130 (VIII, 373[*]), 11591; VII, 806, 29202; VIII, 180, 30460. Épaves, I, 168, 954; I, 170, 962; I, 204, 1131; III, 510, 9863; IV, 565, 13646; VI, 285, 20354. Hommages, III, 466, 9656; III, 654, 10508; III, 663, 10546. Incorporations, II, 751, 7388. Recette des amendes : voir Cosnoal (Pierre), Robert (Denis). Renouvellement de la constitution du duc Pierre, interdisant aux roturiers de tenir des terres nobles, V, 390, 16682; dérogations à ladite interdiction, I, 45, 265; III, 106, 7974; III, 223, 8545; IV, 4, 11031; droits de francs-fiefs échus au roi en conséquence, VI, 392, 20910-20911; VI, 413, 21022; VIII, 22, 29430. Saisies : sur le clergé, III, 117, 8028; VI, 386, 20876; sur les partisans de l'empereur, VII, 421, 25386.

—— *Duché.* Ducs et duchesses : voir Anne, François II, François, dauphin, Henri II, roi de France, Jean IV, Pierre II; actes confirmés, I, 469, 2481; II, 151, 4598; II, 755, 7405; III, 372, 9224; III, 647, 10477. Entrées du dauphin, VII, 798, 29141. Revendications du comte et de la comtesse de Penthièvre, III, 190, 8375; V, 796, 18814. Roi d'armes : voir Guéguen (René). Trésor des chartes, I, 207,

1148. Union à la couronne, II, 198, 4824.

—— *Eaux et forêts.* Personnel, IX, 220 ; création d'un office de maître général réformateur, II, 708, 7196. Réformation, IV, 649, 14028; IV, 655, 14058; IV, 762, 14543.

—— *États* : voir ÉTATS DE BRETAGNE.

—— *Généralité.* Administration des finances, VIII, 756, 33259. Commissaires des finances, II, 232, 4990; II, 316, 5374. Emprunts royaux, III, 450, 9581; IV, 509, 13390; IV, 647, 14024. Général des finances : gages, III, 285, 8834; mandement qu'il reçoit en vertu de ses attributions, II, 476, 6100; II, 658, 6966; II, 755, 7408; III, 162, 8241; III, 351, 9134; III, 353, 9141; VI, 295, 20406; suppression momentanée de l'office, I, 626, 3324, 3326. Pensionnaires, VII, 658, 28059; VII, 731, 28675; VIII, 145, 30606. Personnel, IX, 248, 250. Recette des deniers revenant bons, III, 371, 9221; V, 672, 18121, 18122; VIII, 186, 30984 : voir LUILLIER (Charles), Recette générale, II, 482, 6129; VII, 426, 25422; VIII, 200, 31108. Assignations, I, 236, 1292; II, 251, 5081; III, 372, 9224; VII, 685, 28312, 28314; VII, 726, 28641; VIII, 89, 30060; VIII, 128, 30439. Recettes diverses, I, 150, 862. Recouvrement des deniers, II, 290, 5255; II, 409, 5794; VI, 346, 20674; VII, 565, 26968; VII, 700, 28458; VII, 741, 28746; VIII, 94, 30094; VIII, 171, 30839; de l'impôt de guerre et des décimes, VI, 779, 22948. Réformation des abus du fait des finances, III, 130, 8088; VII, 688, 28338. Révocation des dons et pensions viagères non inscrits sur l'état général des finances, I, 118, 683.

—— *Justice.* Érection des greffes royaux en offices, IV, 735, 14418. Exécution d'un arrêt du Parlement de Paris, VII, 422, 25394. Maréchaussée : création d'un office de prévôt, II, 648, 6926; installation d'un lieutenant du connétable, III, 762, 10989; procès de Julien de Malestroit, VI, 599, 22021. Notaires et tabellions, VI, 597, 22010; VI, 614, 21090; VI, 620, 22128. Révocation des sergents généraux et sergents d'armes, VI, 650, 22292. Réformes projetées, VII, 453, 25655. Style, I, 536, 2825; III, 239, 8620; IV, 38, 11173; IV, 46, 11214. Voir CHAMBRE DES COMPTES, GRANDS JOURS et CONSEIL ET CHANCELLERIE DE BRETAGNE.

—— *Monnaies.* I, 113, 656; I, 296, 1601; III, 515, 9884; III, 657, 10519; V, 635, 17920. Généraux : voir COSNOAL (Pierre), LOISEL (Guillaume); gages, I, 113, 656. Voir MONNAIE DE NANTES, MONNAIE DE RENNES.

—— *Province.* Autorisation de quêter accordée aux religieux de Saint-Antoine de Viennois, I, 67, 396. Coutumes, IV, 32, 11149; IV, 65, 11292. Entretien des chaussées des marais et salines, III, 749, 10935. Gouverneurs, IX, 224. Maintien de l'office de lieutenant général, IV, 738, 14435. Réformes administratives, judiciaires et financières, I, 698, 3649. Remise d'amende contraire aux ordonnances en vigueur, III, 312, 8954. Service du guet, III, 111, 7998.

BRETAGNE, héraut, II, 203, 4848.

BRETAGNE (MARCHE COMMUNE DE), I, 149, 853.

BRETAGNE (LA SALLE DE), maison au Mans, I, 651, 3412; VII, 537, 26605.

BRETAGNE (François Ier DE), baron d'Avaugour; concessionnaire de la seigneurie de Hédé, I, 430, 2275. Hommage pour le comté de Vertus, V, 217, 15787. Sa veuve : voir ASTARAC (Madeleine D').

BRETAGNE (François II DE), baron d'Avaugour, V, 536, 17430; concessionnaire de la seigneurie de Hédé, II, 176, 4717. Hommage pour le comté de Vertus, V, 476, 17124. Pension, II, 743, 7348; VIII, 34, 29538; VIII, 165, 30783; VIII, 283, 31929. Procès contre le procureur général touchant la seigneurie de Saint-Étienne, IV, 301, 12404.

BRETAGNE (François DE), comte de Vertus. Mariage avec Charlotte de Pisseleu, VIII, 231, 31414.

Bretagne (Jean de) : voir BROSSE (Jean DE).

BRETAGNE (Jeanne DE), veuve du feu s[r] de Bressuire. Gages au service de la reine, VIII, 53, 29724; VIII, 107, 30230; VIII, 175, 30884.

BRETAGNE (Marie DE), abbesse de Fontevrault, I, 482, 2545.

BRETAGNE (Nicole DE), comtesse de Penthièvre, V, 706, 18814.

Bretagne (René de) : voir BROSSE (René DE).

BRÉTANCOURT, c[ne] de Saint-Martin-de-Brétancourt (Seine-et-Oise). Seigneurie, III, 562, 10095.

Bretay (*Guy de*). Corr. : BRESLAY (Guy).

Breteau (*Pierre*) : voir BERTEAU (Pierre).

BRETÈCHE (LA), seigneurie mouvant de Neauphle-le-Château, VI, 458 21257; VII, 476, 25852. Il s'agit vraisemblablement de la Bretechelle, cne de Plaisir (Seine-et-Oise).

Brétencourt : voir BRÉTANCOURT.

BRETEUIL (Denis), sergent des eaux et forêts au bailliage de Senlis, III, 629, 10390.

BRETEUIL-SUR-ITON (Eure) : voir BORDIGNY. Fonderie d'artillerie, IV, 139, 11639; IV, 147, 11676; VIII, 696, 32916. Forêt, II, 071, 7022; III, 253, 8686 : gages des gardes, III, 66, 7779; IV, 206, 11952; VIII, 158, 30720; réformation, VIII, 636, 32574; VIII, 637, 32583; surintendant : voir ANNEBAULT (Claude D'). Franc-fief, V, 467, 17076. Parc, VII, 551, 26794. Privilèges de la ville, II, 78, 4233. Seigneurie concédée : au comte de Carpi, I, 542, 2851; VII, 464, 25745; au comte de la Mirandole, III, 471, 9678; à la duchesse douairière de Vendôme, VI, 237, 20103. Sergenterie héréditale, VII, 617, 27653. Vicomté, I, 565, 2959 : voir CONCHES ET BRETEUIL.

BRETEUIL-SUR-NOYE (Oise). Abbaye de Notre-Dame, IV, 303, 12415; V, 699, 18290. Séjour des lansquenets du comte de Furstenberg, VIII, 119, 30355. Vente d'un office de notaire, IV, 787, 14663.

Brethe, Brethé : voir BERTHE.

BRETHE (Françoise), veuve de René Juvineau, VI, 797, 23039.

Brethon (*Le*) (Allier) : voir BERTHONIER (Gilbert).

BRÉTIGNY, cne de Bailly-en-Rivière (Seine-Inférieure), VI, 534, 21672.

BRETIN (Antoine), payeur des gages des officiers de la chancellerie de Bretagne, autorisé à acquérir des fiefs en Bretagne, III, 223, 8545.

BRETINAUD (Gilles), praticien en cour laie, pair et bourgeois de la Rochelle. Hommage pour la seigneurie de Fronsac en Aunis, VII, 52, 23476. Cf. le suivant.

BRETINAULT (Gilles), sr de la Bruchardière. Hommages pour la seigneurie de Fronsac en Aunis, VII, 135, 23883.

BRETON (Claude), secrétaire de la chambre, général des finances des comtés de Blois et seigneurie de Coucy, VI, 476, 21348; VI, 657, 22334; VI, 805, 23083.

BRETON (Gilles), natif d'Avignon. Lettres de naturalité, VI, 621, 22135.

BRETON (Jean), receveur de l'élection de Gisors, V, 344, 16459.

BRETON (Jean), seigneur de Villandry et de Villesavin, I, 710, 3711; II, 322, 5401; III, 237, 8612; III, 373, 9231; — bailli et gouverneur de Blois, IV, 33, 11156; — contrôleur des guerres, II, 530, 6346; VI, 423, 21075; VII, 188, 24140; VII, 756, 28847; VII, 776, 28981; VIII, 57, 29750; VIII, 218, 31281; VIII, 267, 31781; — créancier du roi, II, 136, 4525; VIII, 111, 30267; — général des finances des comtés de Blois et Soissons et seigneurie de Coucy, IV, 22, 11106; VI, 147, 19647; VI, 275, 20300; VI, 476, 21348; dépenses ordonnancées par lui pour l'entretien des châteaux : de Blois, III, 370, 9218; de Couc, III, 241, 8630; — grand chambrier de France pendant la minorité des ducs d'Orléans, VII, 502, 26128; VIII, 1, 29269; — greffier de l'ordre de Saint-Michel, IV, 374, 12756; — héritier de Robert Gédoyn, II, 575, 6562; voir GÉDOYN (Anne); — secrétaire du roi, I, 128, 740; I, 542, 2855; VII, 645, 27957; — secrétaire du roi signant en finances, II, 255, 5101; II, 578, 6579; II, 760, 7433; VII, 452, 25649; VII, 461, 25724-25725; VIII, 72, 29893; VIII, 728, 33098; communications qu'il reçoit du chancelier, VII, 730, 28664; VII, 813, 29246; VIII, 155, 30693; expéditions faites par ses clercs, I, 592, 3107; II, 292, 5262; II, 328, 5432; II, 410, 5800; VII, 625, 27740; VII, 735, 28706; VIII, 72, 29896; son commis : voir CALABRE (Pierre); — usufruitier de biens domaniaux, VI, 1-2 (VIII, 394), 18917. Hommage, VI, 327, 20569. Mission auprès du Pape, IX, 59. Pension, II, 578, 6578; III, 690, 10665; VII, 565, 26973; VIII, 278, 31886. Voyage en Piémont, III, 451, 9588.

Breton (*Laurent*) : voir BERTON (Laurent).

BRETON (Louis), I, 546, 2873.

BRETON (Mariano), natif du diocèse de Saluces, habitant Berre en Martigues. Lettres de naturalité, VII, 329, 24887.

BRETON (Rose), VIII, 634, 32568.

Breton (Le) : voir Foyon (François), Perrot (Guillaume).

Breton (Fief de Jean Le Fresnay, dit le) : voir Fief de Jean Le Fresnay.

Breton (Sergenterie héréditaire au), dans la vicomté de Falaise, VI, 535, 21682.

Bretonnerie (La) : corr. Brevonnière (La).

Bretonnière (S^r de la) : voir La Bretonnière (Charles de).

Bretonnière (La), faubourg de Blois, III, 616, 10331.

Bretout (Michel de), notaire et secrétaire du roi, vicomte d'Avranches, V, 196, 15668; V, 243, 15929.

Bretsinger (Paul), originaire de Flandre, établi à Bordeaux. Lettres de naturalité, IV, 395, 12851.

Brette : voir Berthe.

Brette (Pierre), V, 222, 15817.

Brettemare, c^ne de Sacquenville (Eure), fief noble, V, 471, 17101.

Brettes (Jean), consul de Béziers pour 1526, VI, 170, 19758.

Bretteville (Manche). Champars, VII, 159, 23997.

Bretteville, c^ne de Varneville-Bretteville (Seine-Inférieure) : voir Bosguérard.

Bretteville-sur-Laize (Calvados), VI, 289, 20377.

Breugnier (Antoine), VII, 275, 24570.

Breugnier (Gaillard), VII, 290, 24656.

Breuil (S^r du) : voir Pillon (Pierre).

Breuil, c^ne de Lusigny (Allier). Séjour du roi, VIII, 551.

Breuil (Le), c^ne de Mézidon (Calvados). Seigneurie, VI, 535, 21681.

Breuil (Le), seigneurie sise aux Moitiers-d'Allonne (Manche), V, 437, 16913; VI, 580, 21922.

Breuil (Le), c^ne de Commercy (Meuse). Seigneurie, V, 220, 15805; VI, 546, 21739.

Breuil (Le), faubourg de Chantilly (Oise), II, 245, 5054.

Breuil, c^ne de Trosly-Breuil (Oise). Habitants : droit de pâturage en la forêt de Cuise, V, 141, 15407.

Breuil (Le), c^ne de Condé-sur-Vègre (Seine-et-Oise) : voir Montpinson.

Breuil-des-Moulins (Le), seigneurie sise à Chambourg (Indre-et-Loire), V, 811, 18894; VI, 178, 19800.

Breuillac, c^ne de Blanzay (Vienne). Seigneurie, III, 320, 8995; III, 522, 9919; VII, 685, 28311.

Breuilles, c^ne de Bernay (Charente-Inférieure). Prieuré de Saint-Léger, VII, 76, 23589.

Breuilles (Le s^r de), ambassadeur auprès de l'empereur Maximilien, IX, 38.

Breuil-le-Vert (Oise). Seigneurie, VI, 540, 21705.

Breuil-Poignard (Le), fief, sis à Burey (Eure), V, 461, 17043; V, 501, 17252.

«Bréulle» ou «Breulhe», seigneurie, sise vraisemblablement en Berry, donnée à Philibert Babou, V, 705, 18810; VII, 526, 26448.

Breulles (Jean de), concessionnaire de la capitainerie de Cusset, V, 683, 18189.

«Breussent», seigneurie en Bretagne. Justice patibulaire, I, 587, 3080.

Breuvages : voir Boissons.

Breuvannes (Haute-Marne), VI, 209, 19954; VI, 555, 21786; VI, 557, 21797. Seigneurie, V, 217, 15789.

Breux (Seine-et-Oise) : voir Chantropin.

Bréval (Seine-et-Oise). Seigneurie, VII, 452, 25647.

Brévedent (Le) (Calvados). Cure de Saint-Michel et chapelle Saint-Gabriel y annexée, V, 671, 18117. Seigneurie, VI, 652, 22304.

Brévedent (Denis de), conseiller clerc au Parlement de Rouen, aumônier ordinaire du roi de Navarre, V, 782, 18740; VI, 203, 19920; VI, 513, 21553.

Brévedent (Jacques de), conseiller lai au Parlement de Rouen, VI, 676, 22439; VI, 696, 22540.

Brèves (Nièvre). Seigneur : voir Damas (François de).

Brevet, forme provisoire d'un don, VII, 695, 28401.

«Bréviande», c^ne de Crouy (Loir-et-Cher). Seigneurie, VI, 630, 22180.

Bréviandes (Aube) : voir Deux-Eaux.

Brevieu (Antoine de), chargé de conduire dans le Lyonnais des gens de guerre réunis à la Charité-sur-Loire, I, 649, 3400.

Brevieu (Antoine de) : voir Brigneulx (Antoine de).

Bréville (Calvados). Fief, VI, 388, 20891.

Brevonnière (La), c^ne^ de Seuilly (Indre-et-Loire). Terre, IV, 765 (VIII, 795e), 14560.

Brezé (Françoise de), dame de Maulévrier, femme de Robert IV de la Marck, VII, 452, 25648; maintenue, nonobstant la réunion du domaine, en possession des terres données par Charles VII à son bisaïeul, VII, 452, 25647.

Brézé (Guillaume, bâtard de), commissaire des mortes-payes de Normandie, V, 364, 16556.

Brézé (Louis de) reçoit de Charles VII les terres de Nogent-le-Roi, Anet, Bréval et Montchauvet, VII, 452, 25647.

Brézé (Louis de), comte de Maulévrier, grand sénéchal de Normandie, chevalier de l'ordre, I, 565, 2970; I, 645, 3381; II, 295, 5276; III, 619, 10347; V, 345, 16465; V, 401, 16737; V, 420, 16873; VI, 83, 19320; VI, 248, 20159; VII, 619, 27677; VIII, 572, 32243; VIII, 622, 32502; VIII, 758, 33280; — bailli de Caen V, 754, 18586; — capitaine de Honfleur et de Montivilliers, VI, 96, 19382; de Rouen, VI, 258, 20211; — créancier du roi, VII, 459, 27705; — gouverneur de Normandie, V, 761, 18627; V, 795, 18811; VI, 146, 19644; VI, 265, 20249; — grand veneur de France, II, 8, 3876; — lieutenant général en Normandie en l'absence du duc d'Alençon, I, 294, 1590; V, 583, 17664; V, 612, 17809; V, 702, 18307; — maître enquêteur et réformateur des eaux et forêts, V, 353, 16504; — maître particulier des eaux et forêts de Normandie, VIII, 581, 32292; — premier chambellan du roi, V, 761, 18628. Compagnie de cent gentilshommes de l'hôtel : voir Autry (Jean d'), Benoist (François de), Cossé (Hardouin de), Haubourdin (François de), Houdetot (Guillaume de), Le Groing (Ludovic), Lignery (Michel de), Mauregart. Palacio (Jean), Ronsart (Jacques), Rouvroy (François de), et aux noms des payeurs, Bonacorsi (Julien) et Laurencin (Barthélemy). Compagnie des ordonnances, I, 731, 3821; VI, 187, 19844; voir Carbonnel (Gilles). Hommage, V, 230, 15861. Pension, I, 632, 3311; V, 793, 18802; VII, 667, 28148; VII, 668, 21853. Sa veuve : voir Poitiers (Diane de). Succession, II, 71, 4201.

Brézé (Le prince de), frère du précédent, VII, 619, 27677.

Brézé (Louise de), maintenue, nonobstant la réunion du domaine aliéné, en possession des terres données par Charles VII à son bisaïeul, VII, 452, 25647.

Brézillas, c^ne^ d'Arces (Charente-Inférieure). Seigneurie, VI, 232, 20074.

Brézolles (Eure-et-Loir). Dame : voir Jaucourt (Béraude de), Prieuré. VII, 470, 25798. Siège de l'élection d'Alençon, III, 162, 8240; VI, 789, 22997.

Briance (Jacques de), milanais, demeurant à Lyon. Lettres de naturalité, III, 676, 10608.

Briançon (Hautes-Alpes). Arrivée et départ de messages pour le service du roi, III, 490, 9810; VIII, 32, 29518, 29519; VIII, 87, 30038; VIII, 89, 30056; VIII, 92, 30080, 30082; VIII, 102, 30183. Bailliage : voir Briançonnais. Consuls, V, 638, 17936. Étape militaire, I, 311, 1679; VIII, 76, 29924-29925; VIII, 86, 30029; VIII, 92, 30079. Foires, IV, 424, 12991. Juge : voir Finé (Oronce). Séjours du roi, VIII, 550.

Briançon en Provence : corr. Brégançon.

Briançonnais. Exemption de tailles, I, 78, 460. Ferme des grandes gabelles, VII, 561, 26920; VII, 665, 28128. Privilèges, II, 464, 6045. Redevance annuelle de 4,000 ducats payée à la Chandeleur par les habitants et désignée sous le nom de *composition du Briançonnais*, II, 206, 4863; II, 310, 5348; II, 445, 5961; II, 522, 6307; II, 556, 6466; II, 561, 6491; II, 653, 6944; III, 68, 7789; III, 262, 8729; V, 488, 17189; V, 762, 18630; V, 798, 18827; VII, 5, 32224; VII, 434, 25486; VII, 717, 28583; VII, 734, 28695; VIII, 6, 29308; VIII, 52, 29713; VIII, 106, 30216; VIII, 140, 30558; VIII, 181, 30933; VIII, 226, 31353; VIII, 247, 31570; VIII, 266, 31769; VIII, 306, 32174. Voir Bardonnèche, Cesana Torinese, Chiomonte, Mont-Genèvre.

IMPRIMERIE NATIONALE.

Briand (François) : voir BRYAN (Francis).

BRIAND (Jean), V, 683, 18192.

BRIAND (Maurice), V, 811, 18894.

BRIANDAS, fou, VIII, 280, 31902; concessionnaire de l'office de boutefeu et buvetier de la Cour des Aides de Paris, III, 741, 10899. Cf. BRIENDAS (Pierre).

BRIANT (Jean) ou BRYANT, chevaucheur d'écurie, III, 512, 9873; VII, 640, 27905; VII, 798, 29146; VIII, 146-147, 30615.

BRIANT (Jean); greffier du magasin à sel de Saint-Saulge, V, 185, 15616.

BRIANT (Maurice), archiprêtre de Saint-Maixent, VI, 177, 19800.

BRIANTE, fief sis au Bourg-Dun (Seine-Inférieure), V, 231, 15865.

BRIARDE (Lambert DE), maître des requêtes de Charles-Quint. Mission diplomatique, IX, 117.

BRIARE (Loiret). Foires, II, 7, 3871. Fortifications, IV, 396, 12855. Séjour du roi, VIII, 551.

BRIARE (François DE), page de l'écurie, mis hors de page, VII, 647, 27975.

BRIARE (Jeanne), VI, 271, 20282.

BRIARRES (Loiret) : voir FRANCONVILLE. Séjour du roi, VIII, 551.

BRIAULD (Antoine DE), chanoine de Laon, VII, 433, 25480.

BRICAUD (Gilles), contrôleur ordinaire de Nantes, puis secrétaire de la Chambre des comptes de Bretagne, I, 445, 2351.

BRICEAU (Jean), prêtre poursuivi pour fausse monnaie, III, 758, 10972.

Bricel (Christophe) : voir BRESSEL (Christophe).

BRICET (Charles), héraut d'armes au titre de Champagne, III, 682, 10632.

Brichanteau (Louis de), s[r] de la Mothe-de-Gurcy. Sa veuve : voir VERS (Marie DE).

BRICHANTEAU (Marie DE), femme de Louis de Billy. Douaire, II, 57, 4128.

BRICHARD (Simon), s[r] de la Verdelaye, Prévôt des maréchaux en Anjou, IV, 775, 14607.

BRIÇONNET (Anne), femme de Claude Robertet, III, 583, 10188; VI, 825, 23185.

BRIÇONNET (Catherine), veuve de Thomas Bohier, V, 608, 17785-17787.

Briçonnet (Claude) : voir BRIÇONNET (Jean).

BRIÇONNET (Denis), évêque de Saint-Malo et de Lodève, II, 763, 7446; V, 304, 16245. Mission auprès du Pape et des Médicis, V, 304, 16245; V, 343, 16456.

BRIÇONNET (François), conseiller clerc au Parlement de Paris, VII, 500, 26110.

BRIÇONNET (François), maître de la Chambre aux deniers sous Louis XII, III, 583, 10188; V, 325, 16360; VIII, 117, 30337.

BRIÇONNET (Guillaume), conseiller au Parlement de Toulouse, IX, 187.

BRIÇONNET (Guillaume), évêque de Lodève, de Meaux, de Nîmes et de Saint-Malo, I, 40, 233; I, 394, 2098; I, 548, 2881; V, 239, 15909; commis à l'examen des réclamations des États de Normandie contre les commissaires sur le fait des francs-fiefs et nouveaux acquêts, VII, 56, 23493; créancier du roi, II, 162, 4650; légat en France, V, 268, 16054. Mission auprès du Pape et des Médicis, I, 92, 547; V, 304, 16245. Serment de fidélité pour le temporel de l'évêché de Meaux, V, 277, 16106. Survivance de sa charge de garde du sceau de la chancellerie de Languedoc, I, 244, 1336; I, 680, 3557. Traite de vin, VII, 681, 28277.

BRIÇONNET (Guillaume), secrétaire du roi, commis au payement de la compagnie de cent gentilshommes de l'hôtel commandée successivement par : le duc de Longueville, V, 204, 15712; le s[r] de Saint-Vallier, V, 374, 16609; le vidame de Chartres, V, 753, 18585; le vicomte de Turenne, II, 162, 4653; VII, 608, 27550; VII, 627, 27764; Louis de Clèves, II, 216, 4910; II, 384, 5686.

BRIÇONNET (Jean). Légitimation de ses enfants Claude, Jeanne et Madeleine, VIII, 599, 32385.

BRIÇONNET (Jean), chanoine de Tours, I, 435, 2302.

BRIÇONNET (Jean), conseiller clerc du parlement de Paris, VII, 487, 25953; VII, 492, 26028.

BRIÇONNET (Jean), président des comptes à Paris. Commissions financières, III, 136, 352; III, 203, 8447; III, 238, 88617;

III, 361, 9179; VI, 326, 20564; VII, 638, 27884; domaniales, I, 205, 1439; I, 681, 3565; II, 86, 4277; VII, 536, 26597; VIII, 344, 3832 *bis;* VIII, 626, 32522; hospitalières, I, 208, 1150; I, 258, 1407; I, 573, 3014; VI, 261, 20231. Créance sur le roi, VIII, 7, 29317. Gages, III, 123, 8057. Hommage pour Aulnoy, V, 433, 16895. Résignation à survivance, II, 617, 6779; IV, 288, 12343.

Briçonnet (Jean), vice-chancelier de Bretagne, I, 23, 137; I, 123, 717; I, 207, 1148; I, 389, 2077; II, 53, 4104; V, 628, 17887; V, 629, 17889, 17891; V, 672, 18122.

Briçonnet (Jeanne et Madeleine) : voir Briçonnet (Jean).

Briçonnet (Marie), veuve de Morel et du Museau, IV, 278, 12290.

Briçonnet (Michel), évêque de Nîmes, abbé de Saint-Guilhem-du-Désert, conseiller clerc au Parlement de Toulouse, I, 90, 529; créancier du roi, IV, 682, 14174; nommé à survivance garde du sceau de la chancellerie de Languedoc, I, 244, 1336. Serment de fidélité, VII, 18, 23293.

Bricot-la-Ville, c^ne^ de Châtillon-sur-Morin (Marne). Abbaye de Bricot-les-Nonnains, VI, 74, 19273. Seigneurie, VI, 526, 21628.

Bricquebec (Manche) : voir Gargaste (Thomas). Baronnie, VI, 353, 20710; baron : voir : Estouteville (Jean, s^r^ d'); dame : voir Estouteville (Jacqueline d'). Capitaine : voir Ursue (Guillaume d'). Séjour du roi, VIII, 551.

Briquebosq (Manche), fief, VI, 189, 19855.

Bricqueville (François de), s^r^ de Laulne, capitaine de Saint-Lô, V, 46, 14903.

Bricqueville-la-Blouette (Manche). Seigneurie, V, 470, 17098.

« *Bride* » en Terre-Neuve : voir Ligno (Ponce).

Bridiers, c^ne^ de la Souterraine (Creuse). Vicomté : VII, 63, 23529; vicomte : voir La Barre (Jean de).

Bridot (Denis), valet de pied du roi, III, 525, 9936.

Bridou (Adrien), vicomte de Neufchâtel-en-Bray, VII, 595, 27392.

Brie : voir Champagne et Brie, Eaux et forêts de France, Champagne et Brie, et aux noms des localités du pays : Cossigny, Faremoutiers, Féricy, Flaix, Hayes de Brie, Lesches, Tournan, Vauchamps.

Brie (Félix de), abbé commendataire de Saint-Évroult, V, 454, 17008.

Brie (Hugues de), V, 720, 18415.

Brie (Jean de) ou Brye, s^r^ de Sablonnières et de Boissy, V, 447, 16972; V, 801, 18839.

Brie (Léon ou Lyon de), s^r^ de Coudun, V, 266, 16044; VII, 515, 26308.

Brie (Péan de), s^r^ de Saveunières, I, 716, 3741.

Brie (Simon de), s^r^ de Neuville. Anoblissement, VI, 723, 22682.

Briec-de-l'Odet (Finistère) : voir Briziac.

Brie-Comte-Robert (Seine-et-Marne) : voir Borde-Fournier (La), Villemeneux. Bailliage, VIII, 598, 32381. Chambre à sel, II, 82 (VIII, 345^a^), 4254; concédée au comte de Saint-Pol, II, 208, 4876; II, 261, 5129. Château : chapelle, VII, 811, 29235; parc, VI, 389, 20896; réparations, VII, 676, 28220. Châtellenie : voir Courquetaine, Fief d'Orléans (Le), Saint-Gobert, Tancarville; biens de l'abbaye de Saint-Denis, VII, 40, 23412; terres domaniales, VI, 701, 22865. Foires, I, 7, 41. Seigneurie, I, 589, 3095; V, 558, 17538; VI, 817, *note;* concédée à l'amiral Chabot, VII, 534, 26569; à sa veuve, IV, 467, 13197. Publication de la modification des dates des foires d'Yerres, VIII, 321^a^, 987. Receveur : voir Rousseau (Jean). Séjours du roi, VIII, 551.

Briel (Varin), de Bertincourt, VII, 589, 27309.

Briendas (Pierre), sommelier du Dauphin, V, 80, 15075.

Brienne, abbaye bénédictine sise à Anse (Rhône), V, 162, 15497.

Brienne-la-Ville ou la-Vieille (Aube) : voir Bassefontaine. Réduction à la suite de la peste, II, 271, 5172; VI, 292, 20390.

Brienne-le-Château (Aube). Comté, V; 286, 16149; VI, 250, 20168; comtes : voir Luxembourg (Antoine et Charles de), Réduction de tailles à la suite de la peste,

II, 271, 5172; VI, 592, 20390. Séjour du roi, VIII, 551.

Briennon (Loire) : voir MALTAVERNE.

BRIENON-SUR-ARMANÇON (Yonne). Séjour du roi, VIII, 551.

BRIÈRE (Catherine), V, 574, 17614.

Brierre : voir BRIARE.

«BRIÈS», peut-être BRIOLS, c^ne de Montlaur (Aveyron). Seigneurie, VII, 250, 24443.

Briet : voir MARQUE (Philippe).

BRIET (Hugues) ou BOYET, avocat du roi à la Chambre des comptes, puis conseiller lai au Parlement de Dijon, III, 412, 9413; remboursé d'un prêt fait au roi lors de sa nomination, VIII, 78, 29943.

BRIEULLES-SUR-MEUSE (Meuse). Seigneurie indivise entre le roi et le duc de Lorraine, II, 712, 7217.

Brieux (*S^r de*) : voir LE TELLIER (Jean).

BRIFFAULT (Jean et Robert), père et fils, successivement sergents à cheval en la forêt de Roumare, V, 167, 15522.

BRIGALLIER (Nicolas), messager de la Chambre des comptes de Paris, V, 570, 17597.

Briga Marittima (Italie, province de Coni) : voir DOLE (Marc), SAPY (François).

BRIGANDAGE. Répression, III, 269, 8758; V, 171, 15544.

BRIGANTIN employé au service du roi en 1524, VII, 770, 28943.

BRIGNAC (Jean DE), archer de la garde IV, 170, 11781.

BRIGNAC (Renaud DE), maître auditeur des comptes en Bretagne, IX, 201.

Brignano Gera d'Adda (Italie, province de Bergame). Marquis : voir VISCONTI (Palavicino).

Brigne (*La*) *en Terre-Neuve* : voir BRIGA MARITTIMA.

BRIGNEULX (Antoine DE), BRENIEU, BRÉVIEU, BRIGNEUX ou BRIGNEN, écuyer d'écurie, concessionnaire des seigneuries d'Auray et de Quiberon, I, 617, 3236; I, 701, 3664; I, 712, 3722; I, 724, 2783. Mission secrète en Suisse, VII, 669, 28163; IX, 80. Sa veuve : voir GUINY (Gillette DE).

BRIGNOLES (Var). Augustins, VII, 383, 25165. Capitaine : voir PUGET (Honorat). Chapellenie de Sainte-Catherine, VIII, 704, 32961. Contrôleur des deniers communs : voir LAURENCIN (Honoré). Foires, V, 82, 15090. Habitants : voir BORGAREL (Raymond); d'origine étrangère, naturalisés français : voir BAILLON (Honorat et Triais), GUERRE (Christophe). Marché, I, 713, 3726. Judicature, VIII, 722, 33062; juges ordinaires : voir MONTI (Poncet DE), PAULET (Laurent), PORTANIER (Jean-Antoine; procureur, du roi : voir BRENOT (Léonard), CLAVIER (Pierre DE). Rémission accordée aux habitants complices du connétable de Bourbon, I, 390, 2081. Séjour du roi, VIII, 551. Territoire réuni au domaine, II, 702, 10720-10721; vendu à Jean de Pontevès, VII, 373, 25114. Viguerie, VIII, 710, 32996; viguier : voir BELLON (Poncet),

Brigne en Terre-Neuve : voir BRIGA MARITTIMA.

Brigueuil (Charente). Seigneur : voir REILHAC (François DE).

Brigueil-le-Chantre (Vienne) : voir BONNEVAUX.

BRIIS-SOUS-FORGES (Seine-et-Oise), VI, 96, 19384.

BRILLAC (Charles DE), maître d'hôtel ordinaire de Louis XII, VII, 413, 25318.

BRILLAC (Christophe DE), archevêque de Tours, V, 405, 17070.

BRILLAC (Jacques DE), s^r d'Argy, homme d'armes de la compagnie de François des Cars. Émancipation, VII, 413, 25318.

BRILLANNE (La) [Basses-Alpes]. Seigneurie, VII, 76, 23590.

Brilly : voir BUGLISE.

BRIMBACH (Hans), capitaine de lansquenets, I, 653, 3423.

BRIMBERCH (Michel VAN), capitaine de lansquenets, VIII, 295, 32062.

BRIMEU (Adrien DE), s^r d'Humbercourt, V, 206, 15724. Cf. HUMBERCOURT (Le s^r DE).

BRIMEUX (Cyprien DE), écuyer d'écurie de la reine Éléonore, III, 569, 10127.

BRIMORO (Le s^r DE), capitaine de Crémone, VII, 437, 25514.

Brinchgnolle : voir BRIGNOLES.

Brindisi (Italie, province de Lecce). Archevêque : voir ALÉANDRE (Jérôme).

BRINGUIER (Albert), de la sénéchaussée de Carcassonne, I, 311, 1678.

Brinholle : voir Brignolès.

« Brinon », seigneurie au comté de Blois, VI, 799, 23049.

Brinon : Cf. Brisson.

Brinon (Guillaume), V, 422, 16835; VIII, 390, 16778 *bis*.

Brinon (Jean), conseiller lai de nouvelle création au Parlement de Paris en 1544, VII, 500, 26112.

Brinon (Jean), maître des comptes à Paris, de 1518 à 1541, I, 320, 1730; I, 376, 1999; I, 548, 2881; II, 383, 5681; II, 675, 7041; III, 136, 8116; IV, 181, 11831; V, 406, 16760; VII, 745, 28784; VII, 796, 29130; VII, 803, 29187; VIII, 169, 30828.

Brinon (Jean), mineur en 1537, VI, 463, 21283.

Brinon (Jean), premier président au Parlement de Rouen, chancelier d'Alençon, président du conseil de Louise de Savoie, décédé dès 1537; cessionnaire des droits de haute justice sur les terres de Villennes, Beaulieu, Marolles, Villiers et Migneaux, I, 97, 570; I, 134, 770; I, 159, 910; des seigneuries de Remy, Gournay et Moyenneville, V, 643, 17969; V, 652-653, 18018-18019; V, 677, 18153; V, 801, 18840; — commissaire pour l'aliénation du domaine, I, 251, 1370; I, 275, 1490; VII, 75, 23587; pour informer sur les propos tenus aux États de Normandie par Artus Fillon, V, 491, 17205; pour l'interrogatoire des complices du connétable de Bourbon, VII, 116, 23786; de M. de Saint-Vallier et de ses complices, V, 591, 17701; pour prononcer sur les réclamations des États de Normandie à l'encontre des commissaires sur le fait des francs-fiefs et nouveaux acquêts, VII, 56, 23493; — créancier du roi, VII, 459, 25705; — négociateur des traités de Moore, I, 407, 2168; I, 414, 2202; I, 416, 2210; I, 420, 2227; du traité de mariage du prince de Piémont avec Marguerite de France, VI, 30, 19061. Ambassades et missions en Angleterre, I, 523 (VIII, 773), 2758, 2759; I, 534, 2814; V, 647, 17988; V, 749, 18562; VI, 87, 19341. Dons à lui faits, I, 317, 1715; V, 566, 17576; V, 652, 18018; VI, 8, 18950. Hommages, V, 422, 16835; V, 439, 16929. Pension, VI, 10, 19006. Sa veuve : voir Perdriel (Pernelle).

Brinon (Jean), s^r de la Bussière, VII, 537, 26599.

Brinon (Jeanne), femme de René de Luré, IV, 671, 14132; VI, 541, 21713.

Brinon (Marguerite), VI, 463, 21283.

Brinon (*Pierre*) : corr. Brinon (Jean), maître des comptes.

Brinon (René), conseiller clerc au Parlement de Paris, V, 718, 18402; conseiller lai à ladite Cour, III, 168, 8272; V, 725, 18445; président au Parlement de Bordeaux, IV, 22, 11104; IV, 154, 11707; IV, 215, 11989; IV, 482, 13266; V, 104, 15212; VII, 407, 26078; VIII, 758, 33275.

Brinon (Yves), procureur en Parlement, VIII, 390, 16778 *bis*.

Briolin (Girard) ou Briotin. Anoblissement, VI, 377, 20834.

Briolles (*Seigneur de*) : voir Clamon (Alexandre de).

Briols, c^ne de Montlaur (Aveyron) : voir « Briès ».

Brion : voir Simon (Bertrand).

Brion (Indre). Seigneurie, II, 570, 6535. Seigneur : voir Chabot (Philippe).

Brion (*Le s^r de*). Sa veuve : voir Pompet (Anne de).

Brion (Adrien de), gentilhomme de la fauconnerie, II, 257, 5110.

Brion (Jean de), concierge du jardin du roi à Aix, VII, 6, 23226; VII, 92, 23667.

Brionne (Eure). Séjour du roi, VIII, 551.

Briost, c^ne de Saint-Christ-Briost (Somme). Remise de tailles, III, 348, 9123. Voir l'article suivant.

Briost, Omiécourt et Ressons-sur-Matz. Seigneurie, III, 335, 9060; III, 724, 10824; V, 673-674, 18128-18129; fermier : voir Bauchart (Martin); receveur : voir Vyon (Jean).

Briotin : voir Briolin.

Brioudan (Forêt de) ou Bruadan, près Romorantin (Loir-et-Cher). Gages des capitaine et gardes, II, 330, 5483; II, 654, 6949; III, 85, 7874; VII, 778, 28997. Garde : voir Des Roches (Nicolas).

Brioude (Haute-Loire) : voir Feu (Jacques). Chapitre, III, 370, 9217. Notaire : voir Sauvagant (Guillaume).

Brioude (*Vieille-*) : voir VIEILLE-BRIOUDE.

BRIOUX-SUR-BOUTONNE (Deux-Sèvres). Séjour du roi, VIII, 551.

BRIOUZE (Orne). Baronnie, VI, 388, 20891; baron : voir HARCOURT (Jean D'). Foires, II, 118 (VIII, 347), 4433. Sergenterie héréditaire, VI, 594, 21995.

BRIOYS (Vaast), doyen de Saint-Martin de Tours, V, 251, 15966.

Briquebec : corr. BRICQUEBEC.

BRIQUET (Simon), VIII, 145, 30597.

BRIS (DROIT DE) : en Bretagne, I, 204, 1131; en Provence, VII, 22, 23317.

Brisambourg (Charente-Inférieure). Seigneurs : voir POUSSART (Pierre et N...).

Brisanbourg : voir BRESSART (Pierre).

Brisard (*Jacques*) : voir BRISART (Jacques).

BRISARDES (Jean), de la maison de la reine. Lettres de naturalité, VII, 614, 27631. Cf. BOISART (Jean).

BRISART (Guillaume), homme d'armes. Relèvement de montres, I, 649, 3402.

BRISART (Jacques) ou BRISARD, conseiller lai au Parlement de Paris, IV, 650, 14037; VII, 496, 26070.

Brisart (*Jean*) : voir BOISART (Jean).

Brisay (*Jacques de*) : voir BRIZAY (Jacques DE).

BRISEAU (Robert), conseiller lai au Parlement de Paris, VII, 493, 26035.

BRISELET (Robert), licencié ès lois, VI, 617, 22110. Cf. BOISELET (Robert).

BRISELLIER (Regnaut), notaire au bailliage d'Évreux, V, 7, 14693.

BRISON (René DE), garde des forêts d'Évreux, Breteuil, Conches et Beaumont-le-Roger, IV, 206, 11952.

Brissac : voir LA PALU (Jean DE).

Brissac (Maine-et-Loire). Dame : voir GOUFFIER (Charlotte). Seigneurs : voir COSSÉ (Charles et René DE).

Brissarthe (Maine-et-Loire) : voir COUTARDIÈRE (LA).

BRISSET (Antoine), doyen de Gaillac, VIII, 190, 31026.

BRISSET (Charles), commis au payement de la légion de Dauphiné et Provence, III, 31 (VIII, 359), 7602; III, 39, 7640; III, 39, 7641; III, 40, 7646; III, 69, 7797; de la compagnie du comte de Tende, III, 69, 7796; III, 90, 7900.

BRISSET (Gervais DE), archer de la compagnie du roi de Navarre, II, 488, 6157.

BRISSET (Roland), contrôleur des aides et équivalent en la haute et basse Marche, VII, 590, 27318.

BRISSON (Benoît), notaire en Beaujolais, VII, 783, 29035.

BRISSON (Jean), auditeur des comptes à Paris, V, 409, 16773.

BRISSON (Thomas), rational et archivaire en la Chambre des comptes de Provence, VII, 353, 25013.

BRIZYN (M. DE) ou BRESINS. Mission auprès du duc de Savoie, IX, 67.

BRIVE (Corrèze). Octroi sur le sel pour l'entretien des fortifications, IV, 131 (VIII, 787), 11600; VIII, 644, 32618.

BRIVES (Claude DE), valet de garde-robe du roi, VII, 511, 26251.

BRIVES (François DE) ou DE BOINES, valet de chambre ordinaire du roi, III, 426, 9477; III, 559, 10085; III, 655, 10512; VIII, 280, 31902. Cf. le suivant.

BRIVES (François DE) ou DE BOYNES, lieutenant du capitaine de Plessis-lès-Tours, II, 438, 5930; II, 702, 7166; VIII, 10, 29339; VIII, 71, 29884.

BRIVES (Jean DE), dit MONADIER, V, 94, 15151.

BRIX (Manche) : voir LUTHUMIÈRE (LA). Forêt : gages des gardes, VIII, 204, 31140.

BRIXON (Pierre), chevaucheur d'écurie, VII, 740, 28744.

BRIZAY (Jacques DE), s^r de Beaumont, lieutenant au gouvernement de Bourgogne, IV, 495, 13327; VII, 184, 24118; VII, 552, 26805; VIII, 30, 29504; VIII, 116, 30321; VIII, 141, 30566; VIII, 271, 31825; commissaire du roi aux États du comté d'Auxonne, IV, 327, 12537; concessionnaire de la châtellenie de Courtenay, II, 334, 5459; sénéchal de la Marche, IV, 459, 13155; VII, 587, 27277; VIII, 380, 13327. Compagnie de 50 lances : voir au nom du payeur DULYON (Claude). Pensions, I, 400, 2128; I, 502, 2646; II, 436, 5922; II, 651, 6934-6935; III, 34, 7617; III,

501, 9822; VI, 201, 19913; VII, 617, 27652; VII, 678, 28245; VII, 679, 28260; VII, 698, 28424; VIII, 95, 30113; VIII, 141, 30560. Procès contre Claude Largain, qu'il avait fait incarcérer de sa propre autorité, IV, 409, 13347.

Brizay (Thomas), serrurier aux faubourgs d'Orléans. Aubaine, VI, 171, 19767.

Briziac, peut-être Briec-de-l'Odet (Finistère), I, 308, 1667; I, 621, 3253.

Brizon (S^r de) : voir Angeray (Hector d').

Brocard (André), conseiller lai au Parlement de Dijon, V, 485, 17174; V, 528, 17390.

Brocard (Christophe) ou Brocart, clerc du diocèse de Rouen, V, 632, 17905; V, 684, 18199.

Brocard (Claude), conseiller clerc au Parlement de Dijon, IV, 424, 12990.

Brocard (Gauthier), premier correcteur des comptes à Dijon, IV, 488, 13291.

Brocart (Christophe) : voir Brocard (Christophe).

Brocent : voir Bryan (Francis).

Brochard (Pierre), VII, 813, 29249.

Brochenu (Aymard de) : voir Bourchenu (Aymar de).

Broche (André), official de Vabres, VI, 417, 21045.

Broche (Pierre), grenetier de Villeneuve-lès-Maguelonne, III, 733, 10862.

Brochets destinés à être élevés à Fontainebleau, VIII, 196, 31074.

Brochu (François), commis à la recherche des amortissements, francs-fiefs et nouacquits au bailliage de Tournai, VII, 512, 26276.

Brocq (René de), fourrier ordinaire de l'écurie du roi, VI, 8, 18951.

Brocquet (Siméon), lieutenant général au comté de Saint-Pol, VIII, 115, 30312.

Brodache : voir Pinchaud (Quentin).

Brodeau (Jean), pelletier de la reine Claude, VIII, 708, 32985.

Brodeau (Victor), élu en Berry, VII, 808, 29214.

Brodeau (Victor), secrétaire de la reine de Navarre. Mission secrète en Flandre, I, 604, 3165; I, 635, 3326; II, 280, 5209; II, 284, 5229.

Broderies : fournies au roi, III, 23, 7556; VII, 654, 28028-28030; VII, 757, 28853. Prohibition somptuaire, IV, 528, 13478.

Brodeurs : voir Duluz (Robert), Le Paige (Jean), Oudin (Girard et Philippe), Reny (Goulliffart); condamnés aux galères, VII, 622, 27707.

Brodeuses : voir Brunet (Charlotte), Gaillard (Vincente), Matelière (Jeanne), Pillot (Jeanne).

Brodier (Jean), V, 392, 16693.

Broglie (Eure) : voir Chambrais.

Brombelay (Guillaume), marchand à Pontorson, natif d'Angleterre. Lettres de naturalité, VI, 298, 20424.

Bromeilles (Loiret). Seigneurie, V, 491, 17202.

Bron : voir Broons.

Bron (Rhône) : voir Saint-Denis.

Bron : voir Browne.

Bron : voir Saint-Denis-de-Bron.

Bron (La demoiselle de), II, 301, 5304. Cf. Vernon (Anne de).

Bron (Jean), sergent royal en la juridiction de Loudunais, VII, 741, 28747.

Brodello (Italie, province de Coni), VIII, 192, 31044.

Bronze. «Verses» perdues sur la galère *la Perle*, VII, 361, 25053.

Brooke (George), lord Cobham. Mission diplomatique, IX, 104.

Broons (S^r et dame de) : voir Desmiers (Hugues de), Vernon (Anne de).

Broquart (Jacques), V, 402, 16740.

Broquiès (Aveyron). Baronnie, VII, 254, 24460.

Brossard (Antoine), fermier du bailliage d'Amiens, VII, 587, 27262.

Brossart (Jean et Étienne), maîtres de la verrerie de Charlefontaine, II, 96, 4322; VII, 648, 27978.

Brossasco (Italie, province de Coni), VIII, 192, 31044.

Brosse (Jean Ier de), comte de Penthièvre, V, 796, 18814.

Brosse (Jean III de), dit de Bretagne, comte de Penthièvre, chevalier de l'ordre; — cessionnaire de biens confisqués sur Bernard de Marcilhac, III, 409, 9807; sur le chancelier Poyet, VI, 797, 23038; du comté d'Étampes, II, 707, 7189; — colonel général des 48 nouvelles enseignes suisses, VII, 373, 25113; — concessionnaire du grenier à sel d'Étampes, II, 722, 7256; II, 730, 7296; III, 52, 7705; de divers revenus en Bretagne, III, 351, 9134; III, 353, 9141; — gouverneur du Bourbonnais et d'Auvergne, III, 765, 11003; VII, 738, 28730; de Bretagne, IV, 404, 12889; IV, 409, 12916; IV, 463, 13171; VIII, 747, 33199; — réintégré dans les biens confisqués sur René, son père, I, 710, 3713; VI, 301, 20438; dans le comté de Penthièvre, III, 190, 8375; IV, 447, 13102; — seigneur d'Eschilleuses, IV, 8, 11046. Compagnie; lieutenant : voir Estrées (Jean d'); payeur : voir Fontenay (René de). Érections en sa faveur: du duché de Chevreuse, V, 10, 14708; du duché d'Étampes, III, 271, 8768. Maison, gentilhomme : voir Le Bacle (François); sommelier : voir Bonneville (Guillaume de). Office du bailli d'Étampes à sa présentation, III, 621, 10352; III, 644, 10462. Son neveu : voir Luxembourg (Sébastien de).

Brosse (Pierre), chevaucheur d'écurie. Mission secrète à Bordeaux, VIII, 154, 30686.

Brosse (René de), dit de Bretagne, comte de Penthièvre. Hommages, V, 350, 16158; VII, 58, 23505. Maison : écuyer d'écurie: voir Petit (René). Procès contre Jean de Châtillon, V, 351, 16492. Saisies opérées sur lui, comme complice du connétable de Bourbon, I, 389, 2078; I, 394, 2103; I, 470, 2484; I, 478, 2525; V, 597, 17731; VI, 56, 19189. Sa veuve : voir Gruffy (Jeanne de).

Brosse (Samson), sous-viguier de Toulouse, II, 229, 8576.

Brosse : voir Brosses.

Brosse (La), c^ne d'Arrou (Eure-et-Loir). Baronnie, V, 289 (VIII, 410"), 16166; V, 667, 18094; V, 668, 18099; VI, 162, 19718.

Brosse (La), c^ne de Venoy (Yonne). Seigneurie, I, 333, 16402.

Brosse (La), fiefs au comté de Blois, VI, 588, 21963.

Brosse (S^r de la) : voir Chantelou (Guy de).

Brosse (La), en Saintonge. Seigneur : voir La Brosse (Eustache de). Cf. Brosse (la).

Brosseau (Jean), balayeur au Plessis-lès-Tours, II, 702, 7166.

Brosse-Montceaux (La) [Seine-et-Marne] : voir Montceaux.

Brosses (Antoine de), archer de la garde, V, 430, 16875.

Brosses, c^ne de Luzillé (Indre-et-Loire). Seigneur : voir Tiercelin (Adrien).

Brosses (de), panetier de la dauphine, VIII, 27, 29476.

Brosses (S^r de ou des) : voir Genton (Claude).

Brosses (Les), V, 434, 16901. Il s'agit peut-être de l'écart ainsi nommé dans la c^ne de Bellegarde-du-Loiret.

Brosses (Yonne). Fortifications, I, 49, 14915.

Brosses d'Arandon, forêt, en Dauphiné, II, 629, 6830.

Brosset (Edmond), procureur du roi aux Eaux et forêts, VI, 245, 20147.

Brosset (Guillaume), V, 478, 17137.

Brosset (Jean), clerc ordinaire du Trésor, VII, 509, 26233.

Brosset (Pierre), dit Pétrarque, VII, 230, 24343.

Brossin (Claude), V, 678, 18154.

Brossin (Louis), écuyer, s^r du Plessis-Savary et de la Fontaine, V, 74, 19275.

Brotonne ou Brothonne, c^ne de Bourneville (Eure).
—— *Forêt*, actuellement comprise en majeure partie dans le département de la Seine-Inférieure, I, 447, 2363; II, 689, 7107; III, 335, 9059. Gages du capitaine et des gardes, II, 343, 5498; II, 690, 7115; III, 64, 7773; VIII, 204, 31139. Réformation, V, 368, 16578. Verdier : voir Hardieu (Antoine).
—— *Seigneurie*, V, 435, 16905.

Brotteaux du Rhône et de la Saône, IV, 25, 11119.

Brou : corr. Brouage.

Brou (Seine-et-Marne) : voir Villeneuve-aux-Aunes (La).

Brou (Jean), prêtre. Légitimation de son fils Jean, V, 159, 15483.

Brou (Laurent de) ou du Brou, sommelier de paneterie, III, 343, 9096; VI, 291, 20388; VI, 426, 21091; VII, 781, 29024.

Brouage, c^ne de Hiers-Brouage (Charente-Inférieure). Marais salants, I, 429, 2270; IV, 773, 14600; VI, 240, 20118. Recette ordinaire, III, 374, 9235; VI, 9, 18957. Seigneurie, V, 246, 15942.

Broue : corr. Brouage.

Brouetier en la vicomté de l'eau de Rouen : voir Falaise (Jean de).

Brouillamnon, c^ne de Plou (Cher). Seigneurie, V, 252, 15973.

Brouillet (Guillaume), sergent à cheval au Châtelet de Paris, III, 656, 10515.

Brouillier (Michel) ou Broullier, chirurgien du roi et chirurgien juré au Châtelet de Paris, I, 593, 3114; VI, 66, 19238.

Brouillon (François) : voir Bouillon (François).

Brouilly (Le s^r de), grand fauconnier de la maison du Dauphin, VII, 752, 28824.

Brouilly (Robert de), VII, 570, 27030.

Broullart (Charles de), VI, 778, 22941.

Broullart (François de), s^r de Coursan. Biens confisqués, VII, 561, 26927. Procès, II, 645, 6909.

Broullart (Louis de), s^r de Montjay, guidon de la compagnie des ordonnances de M. de Montmorency, VI, 778, 22941.

Broulle (Barthélemy), musicien du roi, II, 730, 7295.

Broullé (Jean), musicien du roi, III, 720, 10846.

Broullier (Michel) : voir Brouillier (Michel).

Broussac (Antoine de) : voir Proussac (Antoine de).

Broussan, c^ne de Bellegarde (Gard). Seigneurie, VII, 148, 23942.

Broussard (Catherine). Légitimation de sa fille Jeanne Artaud, IV, 393, 12842.

Brousse (Aveyron), VII, 254, 24460.

Brousse (La) [Charente-Inférieure]. Seigneurie, III, 598, 10255; VII, 237, 24377. Cf. Brosse (La).

Brousse (Guillaume), notaire à Saint-Flour, V, 115, 15272.

Brousset (Guy), s^r du Parc, gentilhomme de la maison du duc de Nevers, III, 733, 10861.

Broussey-en-Blois (Meuse). Seigneurie, V, 222, 15814; V, 721, 18422.

Brout-Vernet (Allier) : voir École.

Browne, gentilhomme d'Henri VIII, II, 531, 6347.

Broye (Anne de), II, 133, 4511.

Broyer (Pierre) : voir Brayer (Pierre).

Bruadan : voir Brioudan.

Bruant (Vincent), s^r de Chalonge, V, 127, 15336.

Brucey : voir Broussey-en-Blois.

Bruchardière (S^r de la) : voir Bretinault (Gilles).

Bruchier (Nicolas), marchand, IV, 284, 12321.

Brucois (Pierre), sergent au bailliage de Rouen, III, 322, 9005.

Brueil (Le). Fief, VII, 538, 26612.

Brueil (Artus de) : voir Du Breuil (Arthur).

Brueil (Nicole), chanoine de Dol, V, 402, 16740.

Bruère [-Allichamps] (Cher). Châtellenie, I, 377, 2002. Seigneurie, VI, 612, 22083.

Bruges (Belgique) : voir Bréda (Corneille de). Bailli : voir Flandre (Louis de).

Bruges (Jean de) : voir Gruthuse (Le s^r de la).

Bruckler Mandegry (Hans), capitaine général de 22 enseignes suisses, VII, 330, 24889.

Bruguière (La) [Gard]. Seigneurie, VII, 148, 23942.

Bruilhois : voir Brulhois.

Bruillac (Jean de), écuyer, VII, 255, 24463.

Bruillart (Jean de), V, 534, 17423.

Bruiset (Forêt de), en Dauphiné, II, 629, 6830.

IMPRIMERIE NATIONALE.

Brulart (Jacques), secrétaire du roi, V, 33, 14826.

Brulart (Jean), conseiller au Parlement de Paris, VII, 488, 25965.

Brulart (Noël), avocat au Parlement de Paris, puis procureur général du roi à ladite cour, IV, 231, 12067.

Brulart (Pierre), conseiller lai au Parlement de Paris, II, 729, 7286; II, 759, 7429; VII, 491, 26001; commis au jugement de l'amiral Chabot, IV, 300, 12399; des financiers accusés de malversations, I, 641, 3360; créancier du roi, II, 707, 7190. Décès, IV, 247, 12149; VII, 498, 26082.

Brulhois, région comprise dans le département actuel de Lot-et-Garonne. Archiprêtré, VIII, 137, 30516 (le titulaire, Jean Terreny, est appelé à tort « archidiacre de Boulley »). Vicomté : réformation des eaux et forêts, IV, 268, 12250.

Brulles (Gilles de), habitant de Tournai, autorisé à s'établir en France, III, 224, 8551.

Brun (S^r de) : voir Babacq (Jean de).

Brun (Barthélemy), natif du comté de Nice, habitant Marseille. Lettres de naturalité, IV, 184, 11844. Cf. Bonni (Barthélemy).

Brun (Jean) ou Lebrun, portier du Plessis-lès-Tours, II, 438, 5930; II, 702, 7166; VIII, 10, 29339.

Brun (Richard), laboureur, natif de Pignerol, établi en Provence. Lettres de naturalité, VI, 627, 22167.

Brun (Romain), VII, 569, 27022.

Brunaulieu (Jean de), dit Baudot, écuyer, VI, 624, 22150.

Bruneau (Guillaume), commis au payement des fortifications de Languedoc, III, 132, 8098.

Bruneau (Jean), fermier du greffe du bailliage de Dijon au siège de Nuits, II, 663, 6987.

Bruneau (Jean), monnayeur en la Monnaie de Bayonne, IV, 298, 12392.

Bruneau (Jean), vicomte de Vire, V, 224, 15930.

Bruneaux (Denis de), procureur du roi en l'élection de Melun, V, 22, 14775.

Brunet (Adam et Étienne), père et fils, sergents du guet du Châtelet de Paris. Procès criminel, III, 606, 10291-10292.

Brunet (Bertrand), prêtre, fils naturel de Philibert, prêtre. Légitimation, V, 570, 17628.

Brunet (Charlotte), dite la Durande, brodeuse, III, 23, 7556.

Brunet (Gillot), châtelain et receveur ordinaire de Beaune, Pomard et Volnay, remplacé par Hugues, son fils, II, 512, 6265.

Brunet (Guillaume), viguier d'Arles, VII, 325, 24859.

Brunet (Jean), V, 144, 15417.

Brunet (Michel), procureur du roi à Saint-Maximin, VII, 372, 25109.

Brunet (Philibert), garde du chariot de la garde-robe du roi, V, 112, 15255.

Brunet (Fief) : voir Fief Brunet (Le).

Bruneton (Jean), sergent à cheval aux bailliage et prévôté d'Orléans, III, 634, 10412.

Bruni (Antoine), natif de Testico, demeurant à Tourves. Lettre de naturalité, IV, 250, 12168.

Bruni (Pierre), docteur, I, 82, 485.

Brunoy (Seine-et-Oise), VIII, 321^a, 987; VIII, 369^a, 10779. Fief, VI, 500, 21483.

Brunswick, duché, IX, 91.

Bruslé (Catherine), VI, 569, 21862.

« *Brusley* » : voir Broussey-en-Blois.

Brussac (Nicolas de), ex-page de l'écurie, VIII, 273, 31843.

Brussieu (Rhône). Séjour du roi, VIII, 551.

Brussillet (Jean de), ambassadeur de Ferrare, IX, 120.

Brux (Vienne). Hôtel noble et seigneurie, II, 311, 5350.

Bruxelles (Belgique), IX, 16, 111, 116, 117, 130. Achat de tapisseries pour le roi, II, 174, 4703, 4706; II, 353, 5543, VII, 701, 28467; VII, 731, 28673; VII, 732, 28677; VII, 799, 29150; VIII, 183, 30950. Mission d'André de Nambu, IV, 683, 14180. Mission secrète de Jacques Olivier, V, 365, 19563. Originaires naturalisés : voir Champdamour (René de), Échs (Jean), Leblanc (Laurent), Vaumalle (Jean). Séjours : de

Charles-Quint, I, 85, 503; I, 684, 3575; de M. de Morette, VII, 635, 27849; de M. de Vély, VII, 653, 28021. Traité conclu entre François Ier et l'empereur, le 3 décembre 1516, I, 95, 559; I, 122, 709; V, 295, 16194; V, 315, 16307; V, 316, 16312; V, 318, 16319; V, 348, 16475; V, 369, 16579, 16583; VIII, 578-579, 32276-32277; IX, 46.

Bruxelles (Halle de), dite de Louvain, à Paris, III, 710, 10759.

Bruyas (Barthélemy), notaire en la sénéchaussée de Lyon, VI, 739, 22755.

Bruyer (Guillaume), prévôt de Troyes, V, 684, 18198.

Bruyère (La) : voir Labruyère.

Bruyère (S^r de la) : voir Rubain (Guillaume).

Bruyère (La), c^ne d'Octeville (Seine-Inférieure). Seigneurie, II, 610, 6746.

Bruyère (Pierre), III, 205, 8454.

Bruyère (Pierre) ou Bruyères, marchand de Lyon. Lettres de marque contre les Génois, III, 231, 8584; VI, 255, 20198; VI, 350, 20693.

Bruyère-Laubespin (La), c^ne de Cérilly (Allier). Capitaines : voir Dubois (Jean et Louis), Laloue (Jean et Regnaut de). Receveur : voir Moutonnet (Guy). Seigneurie, II, 93, 4308; II, 293, 5266; VII, 531, 26522; VII, 532, 26536.

Bruyères [-et-Montbérault] (Aisne). Capitainerie, V, 700, 18295. Doyenné : rabais de tailles accordé aux habitants, III 306, 8931.

Bruyères : corr. Bruère.

Bruyères (Les), seigneurie sise à Châteauneuf-sur-Loire (Loiret), V, 399, 16725.

Bruyères (Les), c^ne de Lépine (Pas-de-Calais). Seigneurie, V, 667, 18096.

Bruyères (Jean), procureur à la cour de Lyon. Légitimation de son fils Jean, IV, 356, 12676.

Bruyères (Pierre) : voir Bruyère (Pierre).

Bruyères-le-Châtel (Seine-et-Oise) : voir « Bernières ».

Bruzac, c^ne de Gilhac (Ardèche). Baronnie et châtellenie, II, 440, 5939.

Bruzot : voir Bouzot.

Bry : voir Du Moulin (Charlotte).

Bryan (Francis, François ou Francisque), Briand, Brocent ou de Bryene, gentilhomme de la maison du roi d'Angleterre et son ambassadeur en France, I, 522, 2753; I, 530, 2794; I, 605, 3174; I, 673, 3524; II, 607, 6728; III, 325, 9018; III, 464, 9644; VII, 638, 27880; VIII, 25, 29468; VIII, 52, 29712; IX, 99, 101, 102.

Bryant (Jean) : voir Briant (Jean).

Brye (Charlotte de) ou de la Rochandry, vicomtesse de Lauzun, demoiselle de la maison de la reine et de Mesdames, II, 590, 6644; II, 684, 7088; II, 692, 7125; VIII, 20, 29415; VIII, 215, 31251. Cf. Du Moulin (Charlotte).

Brye (Jean de) : voir Brie (Jean de).

Bryene (François de) : voir Bryan (Francis).

Brymbal (Pierre de), imagier, II, 611, 6751.

Bryois (Michau), sergent royal au bailliage de Touraine, V, 633, 17913.

Bryois (Pierre), prêtre, demeurant à Dijon. Légitimation de son fils Pierre, V, 585, 17670.

Bryonneau (Jacques), I, 564, 2967.

Bry-sur-Marne (Seine). Privilèges, III, 364, 9188.

Bû (Eure-et-Loir). Seigneurie, VI, 349, 20684.

Buart (André), sergent à verge au Châtelet de Paris, III, 686, 10647.

Buatier (Benoît), official de Lyon, III, 183, 8341; III, 186, 8356.

Buatier (Jean), maître des comptes en Bresse, VIII, 250, 31598.

Buatier (Pierre), maître des comptes en Bresse, III, 209, 8473; III, 456, 9610; IV, 430, 13022.

Buaud (Anne), dame de Mauzac et de Lafitte-Vigordanne, VII, 271, 24548.

Budry (Morbihan). Justice, I, 479, 2529.

Buc (Georges de), le jeune, s^r de Fontaines, VII, 642, 27923.

Buc (Jean de), archer de la garde, IV, 170, 11781.

Buccino (Italie, prov. de Salerne). Comte : voir Almaigne (Louis d').

BUCELLY (Antoine), maître des comptes à Montpellier, I, 332, 1783; IV, 188, 11863.

BUCELLY (Guillaume DE), sr de Saint-Hilaire, maître des comptes à Montpellier, IV, 615, 13871.

BUCEY-EN-OTHE (Aube). Réduction de tailles à la suite d'une peste, II, 271, 5172; VI, 292, 20390.

BUCH, pays compris dans le département actuel de la Gironde. Captalat, VII, 51, 23467; VII, 406, 25285; voir SALLES.

Buchdoni (Nicolas) : voir BOCHERINI (Nicolin).

BÛCHE, mesure pour le bois, en usage au pays de Caux, VI, 397, 20936.

BÛCHE ou bois à brûler. Impositions à Chaumont-en-Bassigny, VII, 585, 27249; à Paris, III, 278, 8805; IV, 582, 13723; IV, 596, 13784; VIII, 20, 29416. Cf. BOIS à brûler.

BÛCHE (DROIT DE) des officiers : de la Chambre des comptes de Paris, II, 747, 7371; IV, 54, 11249; IV, 390, 12831; IV, 441, 13071; des eaux et forêts, IV, 35, 11163. Cf. CHAUFFAGE (DROIT DE).

BUCHERON (Renée), veuve de Jean Paluau, VI, 171, 19766.

Bucino : voir BUCCINO.

BUCQUET (Isaac), garde de la forêt de Cuise, II, 389, 5706; II, 654, 6951.

BUCQUET (Jean), garde de la forêt de Cuise, II, 389, 5705; II, 654, 6951; III, 112, 8000; IV, 206, 11951; VIII, 220, 31301.

BUCY (PORTE DE), à Paris, III, 714, 10777; IV, 47, 11216.

BUDAPEST (Hongrie), IX, 51, 87.

BUDÉ (Dreux), sr d'Yerres, secrétaire du roi, VI, 621, 23132; VII, 51, 23468; VII, 459, 25709; créancier du roi, II, 703, 7171; VII, 675, 28211; trésorier et garde des chartes du roi, V, 196, 15673. Hommages, V, 206, 15725-(VIII, 389) 15727.

BUDÉ (Guillaume), maître des requêtes, IV, 135, 11619; VII, 490, 25994. Gages et chevauchées, II, 602, 6700; III, 50, 7696; VIII, 108, 30233; VIII, 168, 30814. Hommage pour Marly-la-Ville, V, 223, 15820.

BUDÉ (Guy), secrétaire du roi, III, 448, 9573.

BUDÉ (Jacques), VI, 621, 23132.

BUDÉ (Jean), trésorier des chartes, I, 387, 2062; III, 599, 10259; créancier du roi, VIII, 248, 31575. Sa veuve : voir BAILLY (Jacqueline DE).

« *Buderwald* » : corr. : UNTERWALDEN.

BUDGETS communaux, IV, 13-14, 11069-11070; IV, 15, 11075-11076; VIII, 683, 32842-32843.

BUDIN (Durand), VII, 527, 26470.

Bueil : voir *Veuil*.

BUEIL (Charles DE), comte de Sancerre. Pension, VIII, 574, 32544.

BUEIL (François DE), archevêque de Bourges, V, 709, 18350; précédemment trésorier de la Sainte-Chapelle de Bourges, V, 290, 16169.

BUEIL (Isabeau DE), VI, 800, 23057.

BUEIL (Jean, baron DE), comte de Sancerre, II, 547, 6428; III, 324, 9010; VIII, 574, 32254.

BUEIL (Jean DE) ou DUBREUIL, sr de Fontaines et de la Roche-Buard, échanson du roi, II, 67, 4178; VII, 439, 25536. Hommages, VI, 33, 19076-19077; VI, 643, 22253. Missions : auprès du Dauphin, VIII, 284, 31946; du duc de Lorraine, II, 649, 6930; de la reine Éléonore, VIII, 86, 30027; VIII, 101, 30221; du roi et de la reine de Navarre, VIII, 19, 29411.

BUEIL (Louis, baron DE), comte de Sancerre, sr de Courcillon, lieutenant de la compagnie du duc d'Orléans, III, 324, 9010; V, 177, 15574; V, 709, 18350. Légitimation de son fils Louis, IV, 172, 11793. Pension, VIII, 95, 30112; VIII, 262, 31725.

BUEIL (Louis DE), sr de Marmande, II, 312, 5354; II, 585, 6610.

BUFALORA (Italie, prov. de Milan). Séjour du roi, VIII, 551.

Buffart (Adam) : voir BAFFART (Adam).

BUFFEREAU (Claude), sergent à cheval au Châtelet de Paris, III, 627, 10381.

BUFFEVENT (Jean DE), sr de Bozancieux, VI, 639, 22233.

Buffigny : voir SAINT-LOUP-DE-BUFFIGNY.

BUGARACH (Aude). Pays, VIII, 731, 33117.

Bugey, pays compris dans le département actuel de l'Ain. Bailliage : juridiction du Parlement de Dijon, III, 458, 9624. Baillis, liste, IX, 232. Méfaits des hommes d'armes, VIII, 274, 31853. Voir Bresse, Bugey et Valromey, Rossillon.

Buglise, c^ne de Cauville (Seine-Inférieure), ou Brilly. Fief, V, 340, 16436; VI, 792, 23012.

« Bugneur » (Le s^r de), gouverneur de Péronne, VII, 439, 25527.

Bugnicourt (Le s^r de), VI, 809, 23100.

Bugniet (Pierre), envoyé de Fribourg, IX, 138.

Buhet (Huguette), V, 805, 18861.

Buigny (Antoine de), prévôt de Saint-Riquier, VII, 147, 23937.

Buigny (Jean de), prévôt de Saint-Riquier, VII, 404, 25276.

Buiry (Mathurin), charretier de l'écurie du roi, III, 503, 9827.

Buissard (Hautes-Alpes), V, 135, 15377.

Buissière (La) [Isère]. Châtellenie, VI, 494, 21450; VI, 499, 21478. Seigneurie, II, 190, 4782; III, 386, 9285; VII, 564, 26958.

Buisson, surnom : voir Gaspard (Philibert), Le Velu (Jacques).

Buisson (Le), seigneurie sise à Condé-sur-Risle et à Saint-Christophe-sur-Condé (Eure), V, 446, 16967.

Buisson (Le), seigneurie sise à Mobecq (Manche), V, 437, 16914.

Buisson (Le), seigneurie sise à Cisai-Saint-Aubin (Orne), VI, 551, 21766.

Buisson (Le), c^ne de Guercheville (Seine-et-Marne). Fief, V, 491, 17202.

Buisson (S^r du) : voir Marette (François).

Buisson (Jean), VII, 112, 23765.

Buisson (Jean), neveu du précédent, s^r de Mirabel, VII, 111-112, 23764-23765.

Buisson (Pierre). Missions diplomatiques, IX, 6.

Buissot (Jean), prêtre. Légitimation de Jean, son fils, VI, 213, 19974.

Bulcye (Thomas de), natif d'Italie, habitant Poissy. Aubaine, IV, 305, 12424.

Bulleston (Henry), V, 801, 18838.

Bulio (Bernardin de), podestat de Chieri, III, 553, 10055.

Bulioud : voir Bullioud.

Bullainville (Jean de). Aubaine, III, 622, 10356.

Bullenaye (S^r de la) : voir Leduc (Guillaume).

Bulles (Oise) : voir Monceaux. Châtellenie, VI, 458, 21259; VI, 465, 21294; VI, 466, 21301; VI, 580, 21955; voir Catillon, Monceaux, Thieux; receveur ordinaire : voir Blois (François de). Foires, I, 609, 3194.

Bulles. Publications, VIII, 190, 31026-31027.

Bulletot (Alexis), V, 345, 16462.

Bulliand (Amé), échevin de Lyon, I, 217, 1194.

Bullioud, secrétaire du roi. Légitimation de sa fille Geneviève, VI, 781, 22955.

Bullioud (Antoine), ou Bulioud, général des finances en Bretagne, II, 85, 4271; II, 734, 7312; III, 103, 7959; III, 493, 9784; III, 504, 9834; III, 506, 9843; VIII, 107, 30224; VIII, 116, 30320; VIII, 276, 31869.

Bullioud (Maurice), ou Bulioud, conseiller clerc au Parlement de Paris, VII, 495, 26054. Décès, IV, 285, 12327.

Bullioud (Symphorien), maître de l'oratoire du roi, évêque de Soissons, VI, 135, 19590.

Bullioud (Thomas), contrôleur des réparations de Marseille, III, 570, 10156; contrôleur de la marine du Levant, VII, 178, 24091.

Bunay (Côte-d'Or). Seigneurie concédée viagèrement à Louis de Bourbon, III, 727, 10838.

Bunets (Jean), garde de forêt, VIII, 204, 31140.

Buno [-Bonnevaux] (Seine-et-Oise). Seigneur : voir Ardouville (Jean d').

Bunot (François). Biens confisqués, VII, 508, 26217.

Bunot (François), serviteur du jardinier de Blois, VIII, 130, 30452.

Burat (Dominique), natif du diocèse de Milan, hôtelier à Paris, ancien serviteur de Nicolas de Neufville. Lettres de naturalité, VI, 144, 19632.

BURCAMP (Louis DE), V, 332, 16397.

Burcy (Calvados) : voir AVAUGOUR.

BURDELOT (Étienne), garde des mines d'argent du Nivernais, I, 37, 214.

BURDELOT (Gaillard), notaire au Parlement de Paris, II, 661, 6977; II, 666, 7001; VII, 487, 25952.

BURDELOT (Jean), procureur du roi au Sénat de Milan, puis au Grand Conseil, V, 495, 17221.

BURDELOT (Renée), veuve de Jean Fournier, V, 273, 16079.

BURDIC (Honorat), II, 363, 5591.

BUREAU (Françoise), V, 477, 17132.

BUREAU (Simon), VII, 516, 26318.

Bureau (Huissier du) : voir DENIS (Salomon).

BUREAU (TOUR) du château d'Amboise. Réparations, III, 319, 8990; VIII, 20, 29418.

BUREAUX (Étienne), garde de forêt, VIII, 161, 30750.

BUREAUX : de perception de droit de foraine en Dauphiné et en Provence, VII, 322, 24842; de la trésorerie de Toulouse, IV, 162, 11743; établis au Parlement de Grenoble, IV, 472, 13216.

BUREL (Jacques), homme «méchanique», natif de Sermoyer, demeurant à Chalon. Lettres de naturalité, VI, 239, 20112.

BURES (Le s^{r} DE), VI, 797, 23042; VIII, 273, 31841.

BURES (Constantin DE), conseiller lai au Parlement de Rouen, VIII, 730, 33107.

BURETEL (Simon), sergent royal en la prévôté de Grand, IV, 776, 14611.

Burcy (Eure) : voir BREUIL-POIGNARD (LE).

BURGENSIS (Claude), clerc, administrateur de la léproserie Saint-Lazare, près Beauvais, VII, 471, 25808.

BURGENSIS (Claude), secrétaire des finances, VII, 601, 27470.

BURGENSIS (François), sommelier d'échansonnerie de bouche, VI, 111, 19464; cessionnaire de l'Ile-aux-Bœufs, à Orléans, VII, 533, 26551.

BURGENSIS (Jérôme), conseiller clerc au Parlement de Paris, IV, 755, 14509.

BURGENSIS (Jérôme), aumônier du roi, abbé de Saint-Pierre-de-Châlons et de Montiers, VI, 597, 22009.

BURGENSIS (Louis). Anoblissement, VII, 69, 23558.

BURGENSIS (Louis) ou BOURGEOIS, premier médecin du roi, II, 352, 5536; III, 373, 9230; III, 388, 9294; III, 461, 9634; III, 567, 10114; III, 612, 10312; VI, 34, 19079; VI, 486, 21407; VIII, 199, 31102; acquéreur de la seigneurie du Perray, II, 177, 4718; II, 315, 5371; VII, 680, 28264; capitaine d'Épernay, II, 93, 4309; créancier du roi, I, 437, 2310; IV, 755, 14509. Hommage, VI, 694, 22530. Pension, III, 526, 9941.

BURGENSIS (Roland), greffier de la Chambre des comptes de Blois, VI, 211, 19965; VI, 395, 20924.

BURGENSIS (Roland ou Raoul), sommelier d'échansonnerie et de paneterie de bouche, II, 88, 4285; II, 730, 7292; II, 747, 7361; III, 395, 9331; III, 543, 10010; VII, 633, 27831; VII, 646, 27961; VII, 679, 28259; VII, 692, 28373; VII, 695, 28395; VII, 786, 29060; VIII, 186, 30991; cessionnaire de l'Ile-aux-Bœufs à Orléans, VII, 533, 26551.

BURGENSIS (Simon), greffier de la Chambre des comptes de Blois, VI, 395, 20924.

BURGOS (Espagne). Originaires naturalisés : voir ARANDA (Alonso), ASTONVILLE (Ferrando D'), BERGEART (François DE), BEYART (François DE), GONNEL (Louis DE), LA TORRE (Olivier DE), MALVANDA (Pierre DE), MELGOSSA (Hortega DE), MONCHIEN (Melchior DE), PARDO (Diego DE), ROA (Jacques DE). Séjours : de Charles-Quint, I, 541, 2848; de François Ier, VIII, 551.

BURGOS (Jean-Baptiste DE), natif d'Espagne, demeurant à Nantes. Lettres de naturalité, V, 51, 14927.

BURGUETY (Jean), baile et sergent de Roquebrun et de Saint-Nazaire-de-Ladarez, IV, 391, 12833.

BURGYA (Dom Louis DE), mené prisonnier de Cusset à Moulins, puis à Blois, VIII, 274, 31860.

Burie (Charente-Inférieure). Seigneur : voir COUCYS (Charles DE).

BURLAMACHI (François); remboursé d'un prêt fait au roi, VIII, 54, 29730.

Burlats (Tarn), VII, 70, 23562. Église collégiale, V, 90, 15132. Seigneurie, VII, 12, 23264; VII, 64, 23532; VII, 245, 24418; VII, 580, 27173.

Burlé (Guillaume de), le jeune, s^r de la Mothe. Hommage pour la prévôté de Saint-Sulpice, VII, 29, 23354; VII, 159, 23996.

Bur-le-Roi, c^ne de Noron (Calvados). Maîtrise, V, 328, 16376.

« *Burloy* » en Navarre. Baronne : voir Beaumont (Adrienne de).

Burnet (Jean), greffier civil au Parlement de Toulouse, III, 234, 8599-8600.

Burot (Léonard), canonnier, VIII, 287, 31979.

Burtin, c^ne de Nouan-le-Fuzelier (Loir-et-Cher). Seigneurie, VI, 799, 23049.

Bury : voir Burie.

Bury, c^ne de Chambon (Loir-et-Cher). Château, VII, 135, 23886. Foires, VII, 86, 23608. Seigneurie, VI, 104 (VIII, 779), 19429; seigneur et dame : voir Robertet (Florimond) et Gaillard (Michelle). Séjours du roi, VIII, 551.

Bury (Oise) : voir Boisicourt.

Bury (Hans-Wernli), envoyé de Schwytz, IX, 138.

Bury (Simon), chirurgien du dauphin, II, 247, 5064.

Bury (Simon de), contrôleur du grenier à sel de Senlis, valet de chambre de M. de Montmorency, V, 599, 17742.

Bury (Simon de), garde de la forêt de Halatte, II, 389, 5704; II, 655, 6953; III, 112, 8002; VIII, 220, 31300.

Burye : voir Burie.

Bus (*Le*), seigneurie sise à Bosc-Hyon (Seine-Inférieure). Seigneur : voir Martinbos (Nicolas de).

Bus (Guy de), chevalier, V, 441, 16942.

Bus (*Jean de*) : voir Buz (Jean de).

Bus (Jean de), général maître des monnaies, VII, 539, 26625.

Busançais : voir Buzançais.

Busancy : voir Buzancy.

« Buscadières » (Les), seigneurie au comté de Blois, VI, 258, 20215.

Buscourt, c^ne de Feuillères (Somme). Remise de tailles, III, 348, 9123.

Buse blanche offerte au roi, IV, 255, 12189.

Busquet (Isambert), licencié ès lois, substitut du procureur général, puis conseiller lai au Parlement de Rouen, VI, 605, 22048; VI, 652, 22302.

Bussac (Le s^r de), IV, 507, 13377.

Bussac (Jean de), s^r de Bourg-Argental, III, 434, 9513.

Bus-Saint-Remy (Eure) : voir Beaudemont.

Bussan (Nicolas) de Gordes. Procès criminel, VI, 13, 18977.

Busseuil (Marguerite de), prieure de Lancharre, I, 662, 3461.

Bussière (*La*) : corr. Buissière (La).

Bussière (*La*) : voir Bussières-et-Pruns.

Bussière (*S^r de la*) : voir Marry (Guillaume de).

Bussière (La) [Loiret]. Foires, III, 252, 8682. Sceau à contrats et tabellionnage, VII, 537, 26599.

Bussière (François de), s^r de la Couture, VI, 638, 22225.

Bussières [-et-Pruns] (Puy-de-Dôme). Seigneurie, III, 593, 10231; V, 720, 18414; VII, 525, 26440.

Bussières-lès-Belmont (Haute-Marne). Seigneurie, VI, 109, 19453; VI, 817, 23142.

Bussoleno (Italie, prov. de Turin). Seigneur : voir La Chaîne (Balthazar de). Séjour du roi, VIII, 550, v^o « Bossolin ».

Bussy (Antoine de), dit Piquet ou Picquet, s^r de Lamorlaye, commissaire ordinaire des guerres, l'un des cent gentilshommes de l'hôtel sous M. de Canaples, III, 144, 8145; III, 188, 8363; III, 325, 9015; VII, 235, 24367; VIII, 142, 30572; VIII, 151, 30662; VIII, 228, 31374. Succession, III, 633, 10407; III, 698, 10705-10706; VIII, 218, 31276.

Bussy (Antoine de), fermier du péage par eau de Belleville-sur-Saône, VII, 711, 28545.

Bussy (Henri de), garde du marteau de la forêt de Compiègne, V, 682, 18185.

Bussy (Philibert de), s^r de Montjay, maintenu en possession de la seigneurie de la

Barre, nonobstant la révocation des aliénations du domaine, VII, 427, 25435.

Bussy (Pierre de) conseiller au Grand Conseil, V, 751, 18570.

Bussy (Pierre de), sénateur au Sénat de Milan, puis conseiller clerc au Parlement de Paris, VII, 490, 25998; VII, 492, 26022.

Bussy-Lamet (Antoine de) : voir Lamet (Antoine de).

Bussy-le-Château (Marne). Baronnie, V, 229, 15855; V, 575, 17621; V, 740, 18521; VI, 218, 19995; VII, 606, 27525. Seigneurs : voir Amboise (Jacques et Jean d').

Butement, fauconnier ordinaire du roi, VII, 770, 28942.

Butement (Jean de), archer de la garde de la compagnie de M. de Chavigny, VII, 697, 28416.

Buteux (Artus), greffier de la prévôté de Beauquesne, III, 321, 8999.

Buttement (Marc de), archer de la garde, VII, 647, 27969.

Buttes des archers d'Orléans, VII, 524, 26429.

Buttigella (Augustin), V, 260, 16014.

Buttigliera d'Asti (Italie, prov. d'Alexandrie). Foires, III, 737, 10877. Fortifications, VI, 796, 23034. Privilèges, V, 265, 16039. Remises de cens, III, 716, 10789; VI, 826, 23190.

Buxeuil (Aube). Seigneurie, érigée en châtellenie, I, 67 (VIII, 316 et 764), 398.

«Buxeuil», seigneurie au comté de Blois, VII, 122, 23821.

Buxière (La) : corr. Buissière (La).

«Buxières». Exemption de tailles, I, 165, 936.

Buxières-lès-Clefmont (Haute-Marne). Seigneurie, V, 219, 15802.

Buxières-les-Mines (Allier) : voir Fontignoux.

Buxy (Saône-et-Loire). Prévôté, IV, 521, 13448; V, 666, 18093; recette, III, 23, 7558; tabellion : voir Soufflet (François).

Buyer (Nicole), secrétaire du roi, III, 692, 10675.

Buynart (Étienne), conseiller au Parlement de Paris, VII, 446, 25609.

Buyret (J.), contrôleur du grenier à sel de Chalon, III, 186, 8353.

Buysson (Pierre), homme d'armes des ordonnances, né en Provence au temps du roi René. Lettres de naturalité, I, 111, 649.

Buz (Antoine de), Du Bus ou Dubuz, s[r] de Villemareuil, III, 514, 9883; III, 544, 10012; III, 705, 10738; bailli et capitaine de Meaux, IV, 348, 12637; VII, 577, 27120.

Buz (Jean de) ou de Bus, abbé de Saint-Faron, évêque de Meaux, III, 107, 7980; III, 178, 8315; IV, 469, 13204; VI, 401, 20953.

Buz (Le s[r] du), partisan de Charles-Quint, VII, 476, 25855.

Buzançais (Indre). Baronnie, VI, 284, 20350; VII, 631, 27804; érigée en comté, II, 570, 6535. Comte : voir Chabot (Philippe).

Buzancy (Ardennes). Seigneurie, VI, 683, 22476; seigneur : voir Apremont (Jean d').

Buzart (Pierre), sergent royal au bailliage de Montargis, destitué pour homicide, III, 764, 11000.

Buzet (Lot-et-Garonne). Seigneur : voir Grossolles (Antoine de).

Buzet (Haute-Garonne). Château; capitainerie, IV, 741, 14447. Seigneurie, V, 397, 16715; V, 414, 16794.

Buzon (Jean), fermier des moulins du pont de Blois, III, 626, 10378.

Buzy (Le chevalier). Compagnie de chevau-légers, V, 689, 18225.

Buzy, c[ne] de Massiges (Marne). Seigneurie, V, 335, 16415.

Byais (Jean), acquéreur du greffe et du sceau de la sénéchaussée de Limousin, IV, 720, 14394.

Byn (François de), dit La Bresle. Mission en Angleterre, VIII, 290, 32006.

Byre (Auriens), marchand d'oiseaux du pays de Brabant, VII, 605, 27513.

C

Cabain (Thomas) : voir Cabanis (Thomas).

Cabanes (Les), c^ne de Fitou (Aude). Signature de la prorogation des trêves de Bomy et de Monçon, III, 446, 9566; IX, 112.

Cabanès (Tarn) : voir « Cabaretz ».

Cabanès (Antoine de), coseigneur de Murasson. Sa veuve : voir Pendérices (Marguerite de).

Cabanis (Thomas), grènetier de Tarascon, VII, 237, 24379.

Cabanis (Thomas) ou Cabain, procureur et clavaire d'Arles, natif de Tende, VII, 166, 24038; remboursé, après la suppression de son office, de la somme qu'il avait versée lors de sa nomination, VII, 217, 24283. Lettres de naturalité, IV, 273, 12271.

Cabardès, pays compris dans le département actuel de l'Aude : voir Carcassonne, Castans.

Cabarelli (Guillaume et Roger), père et fils, VI, 782, 22959.

Cabaretiers. Police, II, 180, 4733; cf. II, 151, 4600.

« Cabaretz », peut-être Cabanès (Tarn). Tour V, 728, 18461.

Cabassolle (Jean), VIII, 310, 32214.

Cabassolle (Jean) ou Cabasselle de Réal, s^r de Barbentane, natif d'Avignon, établi en Provence. Lettres de naturalité, IV, 308, 12439; VIII, 315, 24797; VII, 346, 24978.

Cabasson (Jean), greffier à la lieutenance du maître des ports de Toulon, VII, 347, 24981.

Cabella Ligure (Italie, prov. d'Alexandrie) : voir « Caselle ».

Cabert (Michel), homme de la compagnie du s^r de Boisy, V, 336, 16418.

Cabillet (Aymar), notaire en la sénéchaussée de Lyon, VI, 806, 23088.

Cabinet de Blois, VII, 439, 25532.

Caboche (Jean), plombier, VII, 769, 28939.

Caboret (Nicolas), conseiller italien au Parlement de Turin, VIII, 179, 30917.

Cabouze (La), lieu sis à Saint-André-et-Appelles (Gironde), VII, 252, 24451.

Cabrerets (Lot). Seigneur : voir Gontaut (Raymond de).

Cabrerolles (Hérault) : voir Aigues-Vives (Les).

Cabriac (Jacquette de), V, 369, 16580.

Cabriane (La) : corr. Cavriano.

Cabrières (Vaucluse), VIII, 787*, 11826; voir Gros (Raoulet).

Cacé (Bertrand, s^r de), autorisé à ajouter un pilier à ses justices patibulaires, I, 619, 3246.

Cachard (Marc), natif de Piémont, habitant Saint-Zacharie en Provence. Lettres de naturalité, VII, 294, 24679.

Cacherat (Jean), grènetier de Fécamp, VI, 299, 20429; VII, 695, 28402.

Cacherat (Renaud), greffier du magasin à sel de Fécamp, VI, 776, 22935.

Cachet du roi, VII, 631, 27812; VIII, 168, 30813.

Cachinart (Guillaume), sommelier du gobelet, III, 426, 9478.

Cacqueran (Pierre), de Tours. Aubaine, II, 764, 7449.

Cadart (Jean), sergent et prévôt forain de Reims, IV, 289, 12346.

Cadenet (Elzéar), marchand à Salon, VIII, 665, 32740.

Cadenet (François), conseiller au Parlement de Bordeaux, I, 217, 1197.

Cadenet (Vaucluse). Privilèges des vicomtes, I, 710, 3710. Vicomte : voir Oraison (Antoine-Honoré d').

Cadenet (François de), médecin du comte Guillaume de Furstenberg, IV, 227, 12046; VIII, 34, 29548.

Cadenet (Ozias de), maître des comptes de Bresse et Bugey, IV, 430, 13022; V, 132-133, 15364-15365.

Caderousse (Vaucluse), VII, 750, 28812; voir Ancézune (Aymar et Jean d'). Séjours du roi, VIII, 550.

IMPRIMERIE NATIONALE.

Cadet (*Le*) *de Paulac* : voir PUIBUSQUE (Jean DE).

CADIER (Jean) ou CAGIER, garde de la forêt de Bière, II, 628, 6826; III, 102, 7954.

CADIER (Jean), trésorier de Bourbonnais, V, 696, 18269; VIII, 611, 32446.

CADILHAC (Adrien DE), dit DE BÉARN, VI, 795, 23028.

CADILLAC-SUR-GARONNE (Gironde). Exactions commises par les consuls, VII, 471, 25809. Privilèges de la ville, I, 513, 2703. Seigneurie, VII, 51, 23467.

CADIOU (Jacquin). Procès criminel, VI, 111, 19464.

CADORAT (Michau), V, 368, note.

CADOT (Michel), s^r de Gerville, V, 437, 16916-16918.

CADOT (Nicolas), forestier et garde des bois, haies et panneaux de la châtellenie d'Argilly, VI, 259, 20218.

CADOUEN (Jean), prieur de N.-D. de Juniguargues, I, 528, 2781.

CADOUET (François), VII, 420, 25374.

Cadranière (*La*) : voir GAYANT (Catherine).

CADRE (Jean), pourvoyeur de poisson des fils du roi, VIII, 45, 29654; VIII, 143, 30582.

CADRIOU (Jean DE), page de l'écurie, I, 611, 3204.

CADU (Jean), lieutenant général du sénéchal d'Anjou, conservateur des privilèges de l'Université d'Angers, VIII, 685, 32851. Résignation en faveur de son fils René, III, 361, 9176.

CAEN (Calvados), III, 49, 7689; VIII, 197, 31084; VIII, 585, 32310; IX, 128. Château; chapelle Saint-Gabriel, V, 700, 18296. Séjours : de François Ier, VIII, 551; de Jérôme Laszki, II, 483, 6131.
—— *Bailliage*. Baillis; liste, IX, 232. Ban et arrière-ban, I, 253, 1380. Biens : de Jean du Quélenec, V, 220, 15851; de Jacques Tournemine, V, 304, 16244. Conseillers : offices supprimés, VI, 741, 22763. Forçats, V, 738, 18515. Impositions, VII, 338, 24933; VII, 363, 25063; VII, 397, 25242; sur le clergé, VII, 103, 23721; VII, 419, 25370. Lieutenants : voir ANNEBAUT (Claude D'), LE BOURGEOIS (Pierre), MALHERBE (Jean). Procureur du roi : voir MOGES (Nicole). Recette du domaine, III, 503, 9829. Ressort : voir ARGENCES, CHAPELLE-EN-GERBOLD (LA), FONTAINES-LES-ROUGES, HAYE-D'AIGUILLON (LA), HÉNONVILLE, MARTRAGNY, MERRI, MESNIL-PATRY (LE), MESNIL-MAUGER (LE), MEZERESTS (LES), MONTFORT, THEIL (LE), THURY, TROARN, VARAVILLE, VAUCELLES, VAUPALIÈRE, VIÉVILLE, et aux vicomtés de CAEN, BAYEUX, FALAISE et VIRE; voir aussi LOSSELLE (René DE), PIERREPONT (Jean DE), SILLY (Jacques DE).
—— *Clergé*. Abbaye de Saint-Étienne, V, 218, 15791; VII, 255, 20199; franc-salé, VII, 440, 25542. Abbaye de la Trinité, V, 244, 15933; VI, 290, 20380; VI, 370, 20796; VI, 393, 20915.
—— *Élection*. Avocats du roi, VI, 439, 21161. Contrôleurs : voir DELALANDE (Josse), FARCY (Jean). Élus : voir ARTHUR (Thomas), LESENS (André). Greffiers, V, 674, 18134. Receveurs : voir FOURNIER (Nicolas et Robert).
—— *Grenier à sel*. Chambre à sel en dépendant : voir BAYEUX. Personnel; contrôleurs : voir RICHARD (Jean et Louis); greffiers : voir GODES (Olivier), OUARDEL (Pierre); grènetier : voir DU VAL (Étienne et Pierre), MÉLISSANT (Germain); mesureur : voir RUELLE (Pierre); receveurs : voir DEBREY (Pierre), FAULCON (Jacques).
—— *Recette générale*, créée par édit de décembre 1542, IV, 394, 12847; IV, 480, 13251. Receveur général : voir DELALAIN (Guillaume).
—— *Université* : voir UNIVERSITÉ DE CAEN.
—— *Vicomté*. Biens d'Étienne Cotard, VI, 508, 21531; de Jean d'Harcourt, VI, 289, 20377; d'Henri de Mannoury, V, 303, 16236; du prieuré de Saint-Vigor-le-Grand, V, 201, 16016. Crieurs et audienciers des causes : voir FOUCOT (Jean et Pierre). Enquêteur-examinateur : voir FRESNEL (Jean). Fermier du tabellionnage : voir DUCONTE (Bernard). Garde des sceaux aux obligations : voir LE VALLOIS (Nicolas). Recette, III, 498, 9806; III, 632, 10406. Ressort, V, 477, 17132; V, 502, 17258; V, 547, 21743; voir BARVILLE, BAVENT, BLAINVILLE, BRÉVILLE, CAGNY, CLÉVILLE, COULOMBS, COURSEULLES, CRÉPON, CREULLY, CURCY-LA-MALFILLÂTRE, FONTENAY-LE-PESNEL, LION-SUR-MER, MALHERBE, MÉAUTIS, MONTROSCQ, MOULINEAUX (LES), NEUILLY-LE-MALHERBE, PLESSIS-RAOUL (LE), SECQUEVILLE-EN-BESSIN, TROARN. Seigneurie vendue au duc de Fer-

rare, I, 606, 3177; I, 610, 3196; II, 114, 4410. Vicomte : voir HARCOURT (François D').
— *Ville*. Approvisionnement de salpêtre, III, 444, note. Canalisation de l'Orne, VI, 261 (VIII, 396), 20227. Fortifications, II, 132 (VIII, 777^{a}), 4505; VIII, 163, 30764, 30767; VIII, 197, 31078. Francs-bréments, I, 685, 3581. Habitants anoblis : voir BONNET (Louis), FRESNEL (Pierre). Imposition, VII, 230, 24342. Privilèges, VI, 722, 22677; VII, 17, 23289. Procès contre les habitants de Bayeux et de Vire, VII, 380, 25153. Sergenterie, V, 229, 15851.

CAEN (Jean DE), valet de pied du roi, IV, 781, 14636.

CAËR, c^{ne} de Normanville (Eure). Seigneurie, VI, 167, 19743; VI, 759, 22853.

Caetani : voir CAJETANO.

CAGATOSICO (François), d'Abbiategrosso. Lettres d'abolition, V, 275, 16091.

Cagier (Jean) : voir CADIER (Jean).

CAGNAULT (Henri), V, 312, 16292.

CAGNY (Calvados). Terre, VII, 567, 26995.

Cagny (S^{r} de) : voir MESNAGE (Jean).

Cahaignes (Eure) : voir SENANCOURT.

CAHIDEUC (Raoul DE), écuyer tranchant de la reine Éléonore, III, 391, 9310; IV, 195, 11897; VI, 551, 21769.

CAHORS (Lot) : voir PRINCE (Jean).
— *Clergé*. Chapitre cathédral, IV, 315, 12471; échange avec l'évêque, IV, 151, 11692. Évêque : voir CARRETTO (Paul DE). Privilèges des évêques, II, 571, 6539. Vicaire : voir TOSCAN (Laurent).
— *Cru viticole*, II, 268, 5158-5159; VIII, 58, 29760; VIII, 290, 32003.
— *Diocèse*, I, 320, 1729; IV, 282, 12313. Amortissement des biens du clergé, I, 304, 16471. Décimes, VI, 407, 20989.
— *Domaine*, IV, 151, 11692.
— *Siège de justice (sénéchaussée de Quercy)*, I, 626, 3280; I, 652, 3420; III, 529 (VIII, 406), 9951; VIII, 708, 17227. Cf. QUERCY.
— *Université* : voir UNIVERSITÉ DE CAHORS.
— *Ville*. Approvisionnement de salpêtre, III, 520, 9912. Consuls, I, 441, 2334; I, 641, 3356. Impôts et emprunts, III, 362, 9182; IV, 250, 12165; IV, 346, 12629. Octroi du droit de souchet et autres pour les fortifications, I, 8, 48; I, 343, 1835; III, 167, 8263; IV, 132, 11602. Privilèges, I, 10, 63.

Cahours : voir CAORSO.

Cahuac, c^{ne} de Decazeville (Aveyron). Seigneur : voir SÉGUIN (Pierre).

CAHUSAC (Adhémar DE), VII, 512, 26273.

CAHUSAC (Arnaud DE), VII, 249, 24435.

CAHUZAC (Lot-et-Garonne). Foires, II, 84, 4263.

CAIGNARD (Jean), gouverneur de l'hôpital de la Ferté-Milon, VII, 419, 25367.

CAIGNIART (Pierre), serviteur d'Honorat de Caix, II, 239 (VIII, 778), 5025.

CAILLART (Jean), sergent au Châtelet. Procès criminel, V, 153, 15459.

CAILLAUD (Louis), CAILLAUT, CAILLEAU ou CAILLART, conseiller clerc et président des enquêtes au Parlement de Paris, III, 425, 9473; III, 582, 10183; IV, 549, 13566; IV, 651, 14040; VII, 496, 26066; VII, 500, 26104; VIII, 169, 30828; — commis au règlement des comptes des décimes, III, 203, 8446; III, 250, 8674; VIII, 759, 33284; au remboursement en sel de certains créanciers du roi, IV, 461, 13167; IV, 495, 13329; — solliciteur des affaires de Louise de Savoie, II, 192, 4793; des affaires du roi, II, 283, 5225-5226; VI, 317, 20516; VII, 793, 29113; VII, 807, 29204. Pension, VII, 564, 26955.

CAILLAULT (Jacques) ou CAILLOT, écuyer de cuisine de la reine Éléonore, II, 205, 4859; III, 665, 10557.

Caillant (Louis) : voir CAILLAUD (Louis).

CAILLE (Alpes-Maritimes), VI, 767, 22889. Réunion au domaine, VII, 317, 24809.

CAILLE (Simon), général maître des monnaies, V, 610, 17798.

CAILLE (Simon), receveur des aides du Bourbonnais, VII, 808, 29215.

Cailleau (Louis) : voir CAILLAUD (Louis).

CAILLÈRE (LE CLOS DE LA), aux Montils (Loir-et-Cher), VI, 171, 19766.

CAILLET (Jean) dit BOILEAU, de Semur-en-Brionnais. Confiscation de ses biens, III, 497, 9801.

CAILLON (Agnès), VI, 342, 20647.

Caillon (Jacques) ou Calhon, procureur du roi au siège d'Hyères, VII, 212, 24259; VIII, 646, 32634.

Caillon (Marguerite), dame de la Guerche, VI, 24, 19032.

Caillon (Pierre), huissier et messager de la Chambre des comptes de Paris et du Trésor, VII, 534, 26556; VII, 562, 26935.

Caillot (Jacques) : voir Caillault (Jacques).

Caillouet, fief sis à Bourneville (Eure), VI, 514, 21560.

Caillué (Pons et Charles de), II, 395, 5731.

Cailly (Seine-Inférieure). Baronnie, V, 452, 16998. Châtellenie : voir Beaumont, Bosc-Guérard-Saint-Adrien, Glatigny, Jouy, Rue-Saint-Pierre (La). Sergenterie, V, 232, 15869; VI, 538, 21694.

Cailly (Aignan), vicomte d'Arques, V, 198, 15681; V, 498, 17240; de Carentan, I, 208, 1153; III, 510, 9859; IV, 124, 11566.

Cailly (Guy de), avocat au Parlement de Paris, puis conseiller lai au Parlement de Rouen, VI, 685, 22488.

Cailly (Jean de), garde de la forêt de Saint-Germain-en-Laye. II, 329, 5436, II, 628, 6825; III, 67, 7783; VIII, 208, 31191.

Cailly (Mennet de), ouvrier à la Monnaie de Marseille, VII, 277, 24576.

Cainguillebert (Pierre de), joueur d'instruments du roi, II, 448, 5975.

Caisnes (Oise) : voir Aigle (L').

Caisses de cuir damasquiné vendues au roi, VII, 642, 27922; VII, 726, 28642.

Cuissiels (Amaury) : voir Cayssials (Amaury).

Caix (François de), notaire en la prévôté de Montdidier, V, 190, 15645.

Caix (Honorat de), Gays, Quais, Quaix, Quays, Queis, Quetz ou Queys, gentilhomme de la maison du roi, ambassadeur en Portugal, II, 123, 4457; II, 374, 5639; II, 376, 5649; III, 47, 7679; III, 185, 8348; III, 186, 8352; III, 228, 8568; III, 508, 9852; III, 691, 10669; IV, 41, 11191; IV, 158, 11727; IV, 280, 12300; V, 780, 18728; VII, 661, 28085; VII, 724, 28630; VII, 735, 28702; VIII, 12, 29367; VIII, 19, 29408; VIII, 118, 30340; VIII, 203, 31135; IX, 72-73. Son serviteur: voir Caigniart (Pierre).

Cajare (Paul de), porte-enseigne de la compagnie de M. de Montpezat, III, 418 (VIII, 365e), 9443; VI, 477, 21356.

Cajetano (Honorat) ou Caetani, d'Aragon, duc de Trajetto, envoyé de l'empereur, V, 774, 18700.

Calabre, région de l'Italie. Originaires : naturalisé français : voir Dato (Jean Jacques de); non naturalisé : voir Guidagerius (Agathius).

Calabre (Duc de) : voir Antoine, duc de Lorraine.

Calabre (Pierre), commis de Jean Breton, VI, 72, 19264.

Caladou (Le), c[ne] d'Aumessas (Gard). Seigneurie, VI, 307, 20468; VII, 184, 24122.

Calahorra (Espagne, prov. de Logroño) ou Calahorra de Boedo (Espagne, prov. de Palencia), V, 465, 17066.

Calais (Pas-de-Calais), I, 152, 870; II, 231, 4985; II, 269, 5163; V, 387, 16667; V, 436, 16910; VII, 120, 23810; VII, 413, 25315; VII, 460, 25765; VIII, 178, 30910; IX, 18, 21, 23, 24, 26, 28, 32, 93, 96, 100, 101, 103. Entrevue entre François Ier et Henri VIII en 1532, II, 233-234, 4992-4995; II, 252, 5085, 5087; II, 297, 5285; II, 348, 5522; II, 575, 6565; cf. VIII, 480. Traités : entre François Ier et Henri VIII, en 1532, II, 233, 4991; II, 244, 5053; entre François Ier, Henri VIII et Charles-Quint, en 1521, I, 262, 1426; V, 530, 17399-17400; V, 533-534, 17419-17420; IX, 20, 39, 95. Missions: de Jean Brisson, I, 534, 2814; de l'amiral Chabot, III, 77, 7831-7832; III, 78, 7836; III, 89, 7891; VI, 393, 20912; du chancelier Du Prat, VIII, 307, 32187; du président Poyet, III, 122, 8050.

Calais, château détruit à l'Isle-Jourdain (Vienne), VII, 214, 24269.

Calais (Hutin de), sergent à cheval à Chaumont-en-Vexin, III, 301, 8907.

Calais (Jacques), VI, 507, 21526.

Calamane (Lot). Terre, VI, 291, 20387.

Calbrienne (Guillaume de), gentilhomme italien, III, 108, 7982.

Calderon (Anne de), native de Tolède. Lettres de naturalité, III, 678, 10614.

Calderon (Isabelle de), native de Tolède. Lettres de naturalité, III, 678 (VIII, 369), 10614.

Caldroy (Berguinlière de), capitaine italien, VIII, 288, 31982.

Calenge (Guillaume), conseiller au Parlement de Rouen, VI, 319, 20528.

Calfat (Maître) de navires : voir Dupin (Pierre).

Calhon (Jacques) : voir Caillon (Jacques).

Calipe (Antoine), prévôt des maréchaux en Picardie en deçà de la Somme, VII, 402, 25266.

Callac (Pierre de), clerc des comptes de Bretagne, I, 407, 2166.

Callac (Pierre de), huissier de la chambre des comptes de Bretagne, I, 502, 2647. Cf. Callat (Pierre de).

Callas (Var). Seigneurie, VII, 232, 24353.

Callat (Pierre de), receveur des fouages et impôts au diocèse de Dol, V, 713, 18375. Cf. Callac (Pierre de).

Callogies (Michel de), marchand véronais, VIII, 79, 29953.

Callon (François), s[r] de la Porte, conseiller au Parlement de Bretagne, VI, 613, 22090.

Callouel (Jeanne), VI, 204, 20399.

Calluau (Jean) : voir Caluau (Jean).

Calluo Corressy (Georges), grec, résidant à Péra. Lettres de naturalité accordées à lui et à ses fils Antoine, Démétrius et Nicolas, IV, 40, 11181-11182.

Calmia (Georges de), ouvrier à la Monnaie de Grenoble, IV, 579, 13709.

Calmeil (Charles), conseiller lai au Parlement de Bordeaux, IV, 690, 14210.

Calmes : voir Chauve (Jean).

Calmet (Antoine et Paul), originaires de Perpignan, demeurant à Narbonne. Lettres de naturalité, IV, 377, 12759.

Calmon (Marc de), protonotaire du Saint-Siège, VII, 248-250, 24431-24443.

Calmont-d'Olt, c[ne] d'Espalion (Aveyron). Baron : voir Castelnau (Jean de).

Calonne (Antoine de), III, 629, 10391; VI, 328, 20572.

Calonne (Antoine de), haut bailli d'Ardres, V, 8, 14697.

Calonne (Baudran de). Foires créées à sa requête à Ardres, II, 69, 4187.

Calonne (Philippe de), baron d'Alembon, guidon de la compagnie du Dauphin, III, 629, 10391; VI, 327, 20572; VI, 498, 21473.

Calouet (François), greffier de la prévôté de Pontoise, VI, 167, 15523.

Calquier (Jean), natif du comté de Nice, demeurant à Pressigny-le-Grand. Lettres de naturalité, VI, 206, 19937.

Caluau (André), maître des comptes d'Angleterre (*sic*, vraisemblablement pour Angoulême), VII, 540, 26648; VII, 794, 29115.

Caluau (Jean) ou Calluau, abbé de la Couronne, VII, 416-417, 25345-25347; de la Couture, I, 155, 888; I, 165, 938; VII, 416, 25340; créancier du roi, II, 727, 7279; évêque de Senlis, V, 280, 16121; VII, 441, 25562; VII, 763, 28899; maître des requêtes, I, 71, 418; I, 74 (VIII, 704), 441; V, 483, 17160; VII, 485 (VIII, 807*), 25927; VII, 490, 25994. Mission en Suisse, IX, 77.

Caluau (Pierre), présenté par le roi pour l'abbaye de la Couronne, VII, 416, 25346.

Caluo Corressy : voir Calluo Corressy (Antoine, Démétrius et Nicolas).

Caluze (Antoine de), natif du Piémont, établi à Bourges. Lettres de naturalité, IV, 193, 11885.

Caluze (Pierre de), fourrier de Mesdames, natif du Piémont. Lettres de naturalité, IV, 49, 11226.

Calvatone (Italie, prov. de Crémone). Seigneurie, V, 457, 17022.

Calvau (Jean) : corr. Caluau (Jean).

Calvesin (Vespasien) : voir Carvoisin (Vespasien de).

Calvi (Adrien), natif de la Rivière de Gênes, demeurant à Cannes. Lettres de naturalité, VI, 675, 22432.

CALVI (André, fils d'Augustin), originaire de la Rivière de Gênes, demeurant à Cannes. Lettres de naturalité, VII, 323, 24851.

CALVI (Bastien), originaire de la Rivière de Gênes, demeurant à Fréjus. Lettres de naturalité, VII, 309, 24769.

CALVI (François), natif de la Rivière de Gênes, demeurant à Cannes. Lettres de naturalité, VI, 666, 22377; VII, 321, 24837.

CALVI (Jean), originaire du pays de Gênes, demeurant à Antibes. Lettres de naturalité, IV, 184, 11848.

CALVI (Pierre), natif de la Rivière de Gênes, demeurant à Cannes, VI, 675, 22432.

CALVI (Pierre-Jean), originaire de la Rivière de Gênes, demeurant en Provence. Lettres de naturalité, VII, 285, 24625.

CALVI (Pierron), natif de la Rivière de Gênes, demeurant à Cannes. Lettres de naturalité, VI, 674, 22428.

CALVI (Polo), natif de la Rivière de Gênes, demeurant à Cannes. Lettres de naturalité, VI, 674, 22427.

CALVIMONT (Élie DE), conseiller clerc au Parlement de Paris, autorisé à se marier, III, 217, 8515; VII, 497, 26077.

CALVIMONT (Guillaume, fils naturel de Jean DE), clerc, demeurant à Saint-Priest en Limousin. Légitimation, V, 142, 15413.

CALVIMONT (Guy DE), avocat du roi au grand Conseil, VII, 591, 27338.

CALVIMONT (Jean DE), conseiller au Parlement de Bordeaux, en fonctions au début du règne de François Ier, I, 217, 1197; garde intérimaire du sceau de la chancellerie de Bordeaux, V, 705, 18324; VII, 413, 25316.

CALVIMONT (Jean DE), conseiller de nouvelle création au Parlement de Bordeaux, IV, 451, 12975.

CALVIMONT (Jean DE), maître des requêtes, puis président au Parlement de Bordeaux, I, 364, 1945; I, 409, 2179; I, 468, 2474; commis au recouvrement des deniers de la généralité de Guyenne, II, 300, 5299; VI, 333, 20601; au règlement des différends franco-portugais touchant les prises sur mer, III, 330, 9041; VIII, 58, 29762; VIII, 283, 31926; concessionnaire de la prévôté de Blaye, VII, 569, 27022. Ambassade en Espagne, I, 580, 3051-3052; V, 762, 18634; V, 797, 18823; VI, 61, 19212; VIII, 612, 32452. Procès contre Léonard Gay, VI, 269, 20271.

CALVIN (Gaucien), garde du sceau de la ville d'«Aude», V, 112, 15252.

CALVINET (Cantal). Seigneurie, VII, 528, 26484.

CALVISSON (Gard). Grenier à sel demandé par les habitants, VI, 227, 20045. Seigneurie, VI, 308, 20469.

CALVISSON (Jean DE), baron de Saint-Auban, II, 501, 6216.

Calvus : voir CHAUVE (Jean).

CAMAHIEU (Gaspard), truchement en langue germanique, VI, 630, 22181.

CAMAÏEU d'agate, représentant la Nativité de Jésus-Christ, VII, 812, 29243.

Camarès : voir PONT-DE-CAMARÈS (LE).

CAMARGUE (LA), île comprise dans le département des Bouches-du-Rhône, VII, 402, 25263. Réunion au domaine, IV, 93, 11429.

CAMART (Jean), successeur de feu Étienne, son père, en l'office de sergent et garennier de la forêt de Crécy-en-Brie, III, 386, 9287.

Camart : voir LEBLANC (Laurent).

CAMBE (Jean), procureur du roi à Hyères, VII, 386, 25181.

CAMBE (LA) [Calvados] : voir MAILLOC, TELLE. Fiéferme, VI, 552, 21774.

CAMBEFORT (Guy DE), viguier et juge de Figeac, résigne à survivance en faveur de Jacques, son fils, III, 688, 10658.

CAMBEFORT (Jean DE), receveur ordinaire en la sénéchaussée de Quercy, III, 546, 10022.

Cambel : voir CAMPBELL.

CAMBERNON (Jean DE), s[r] dudit lieu (Manche) et de Montpinchon, II, 270, 5167.

CAMBES (Lot-et-Garonne). Foires, I, 443, 2341.

CAMBI (Prieur), marchand florentin de Lyon, VI, 792, 23011; VI, 819, 23152; VI, 824, 23178.

CAMBIS (Catherine), d'Avignon. Lettres de naturalité, VIII, 700, 32938.

CAMBIS (Antoine et Marguerite DE). Lettres de naturalité, VIII, 747, 33198.

CAMBIS (Joseph DE), capitaine de la tour Saint-Honorat et des mortes-payes dudit lieu, VII, 336, 24921.

CAMBIS (Pierre DE), natif de Sarrians au Comtat-Venaissin. Lettres de naturalité avec permission de tenir des bénéfices en France, V, 108, 15233; VII, 603, 27497.

CAMBIS (Pierre-Victor DE), natif d'Avignon. Lettres de naturalité, VIII, 697, 32919.

CAMBIS (Le s^r DE), IV, 372, 12747.

CAMBO (Hugues DE), s^r du Bosc-Roger. Garde-noble de ses enfants, II, 722, 7257.

CAMBON (Jeanne), VI, 479, 21363.

CAMBON (Tarn), VII, 70, 23562.

Cambonnet : corr. CAMBOUNÈS.

CAMBOUNÈS (Tarn). Seigneurie, VII, 64, 23532; VII, 245, 24418; VII, 580, 27173.

CAMBOUT (René), gentilhomme de M. de Châteaubriand, III, 619, 10343.

CAMBRAI (Nord), VII, 670, 28169; IX, 98, 114, 127. Abbaye de Saint-Aubert, III, 428, 9488. Conférences franco-impériales, III, 410, 9404; III, 411, 9406; VIII, 215, 31248. Demande de lettres de marque contre les habitants, VI, 367, 20781. Doyen : voir PAVIE (Michel). Établissement d'une commission pour le règlement des dommages subis par les sujets français et impériaux depuis le traité de Madrid jusqu'à celui de Cambrai, I, 663, 3466; I, 686, 3587; VI, 188, 19848; VI, 201, 19910; VI, 238, 20108. Gouverneur : voir TISNACQ (Simon DE). Huissier de paix : voir RUBILLY (Jean DE). Mission secrète de Jacques Olivier, V, 365, 16563. Missions : de Bonaventure de Saint-Barthélemy et de Nicole Charmolue, VII, 611, 27583; de Christophe de Siresmes, VIII, 272, 31830. Neutralité accordée aux habitants, III, 196 (VIII, 362), 8402; III, 260, 8719; VIII, 714, 33017. Originaire naturalisé français : voir LECLERC (Jacques). Prévôt et échevins, VI, 356, 20724. Séjour du roi, VIII, 551. Traités conclus : le 16 août 1516, entre François Ier, Maximilien et Charles d'Autriche, V, 295, 16194; le 11 mars 1517 entre les mêmes, I, 106, 617; V, 325, 16359; V, 337, 16427; IX, 38, 47, 108; le 5 août 1529 : voir l'article suivant. Transit, V, 627, 17881. Voyages : de la reine, III, 135, 8110; III, 139, 8130; du roi, VIII, 215, 31251.

CAMBRAI (TRAITÉ DE), conclu le 5 août 1529 entre François Ier et Charles-Quint, par l'entremise de Louise de Savoie et de Marguerite d'Autriche, I, 656 (VIII, 341^a), 3436; VIII, 623, 32510; IX, 40, 110, 125. Enregistrement aux cours souveraines et autres juridictions royales, I, 668-669, 3500-3507; I, 673, 3525-3526; I, 675, 3532-3534; I, 676 (VIII, 775), 3538; VI, 185, 19836; VI, 192, 19868-19869; VI, 212, 19967; VII, 110, 24003; VIII, 621, 32498; VIII, 622, 32505. Exécution des clauses relatives aux matières suivantes : cessions à Charles-Quint, VIII, 623, 32511; de la composition d'Artois, VI, 201, 19911; VIII, 626, 32523; du comté d'Asti, II, 12, 3894; VI, 202, 19915; VIII, 622, 32503; VIII, 623, 32506; de Hesdin, VI, 196, 19890; — commerce du sel, VII, 167, 24045; droits de quint et de requint, VI, 227, 20048; — échanges de terres, I, 681, 3565; I, 700, 3660, 3662; I, 701-702, 3666-3670; I, 704, 3683; I, 706, 3692; I, 708, 3699, 3701; IV, 457, 13148; VI, 197, 19895; VI, 222, 20021; VI, 223, 20027; VII, 537, 26597; VIII, 191, 31037; VIII, 624, 32515; — procès relatifs aux fiefs d'Artois et de Flandres, I, 678, 3549; I, 684, 3575; — mariage du roi avec Éléonore d'Autriche, I, 691, 3615; VI, 204 (VIII, 799^a), 19928; VI, 215, 19984 : cf. ÉLÉONORE; — rançon du roi et de ses fils : voir RANÇON DES FILS DU ROI, RANÇON DU ROI; — règlement des dommages éprouvés par les particuliers, I, 663, 3466; I, 686, 3587; VI, 188, 19848; VI, 201, 19910; VI, 238, 20108; — réhabilitation de sujets condamnés ou punis pour intelligence avec l'ennemi, I, 706, 3689; I, 708, 3698; I, 710, 3713; VI, 203, 19925; VII, 175, 24081; VII, 448, 25616; VIII, 629, 32537; — remboursement des sommes avancées par Henri VIII à Charles-Quint, I, 659, 3447-3448; VII, 618, 27661; — remise de titres à Charles Quint, I, 692, 3623; I, 700, 3663; — revenus du grenier à sel de Noyers, VII, 629, 27790; et de celui de Château-Chinon, VIII, 628, 32532. Négociations préliminaires, I, 648, 3397; VI, 198, 19896; VI, 199, 19904; VI, 251,

20176; IX, 126. Notification, I, 657, 3439. Ratification par Charles-Quint, I, 660, 3451-3452, 3454; I, 661, 3455, 3457; I, 673, 3525; I, 691, 3616; V, 325, 16359; par les États de Bourbonnais, I, 677, 3545; par les États de Languedoc, I, 675, 3537; VI, 192, 19870; VI, 200, 19907-19908; par François Ier, I, 657, 3438; I, 671, 3514; I, 677, 3543; I, 692-693, 3624-3625; VI, 228, 30050; sous réserves, I, 677, 3540; VI, 185, 19834; VI, 195, 19884-19885; VII, 364, 25068; VII, 482, 25907.

Cambray (François de), conseiller clerc au Parlement de Paris, V, 726, 18446; VI, 63, 19222; nonobstant sa qualité de lai, I, 411, 2187; — conseiller au Grand Conseil, VI, 12, 18969.

Cambray (Jacques de). Mission en Turquie, IX, 86.

Cambray (Pierre de), V, 690, 18231.

Cambray («Fusée» de), V, 690, 18232.

Cambremer (Calvados). Seigneurie, V, 226, 15837.

Cambrésis, VII, 646, 27964. Bailli : voir Tourrote (Claude de). Camp du roi, IV, 544, 13544. Neutralité, VIII, 714, 33017. Originaire naturalisé français : voir Boisart (Jean).

Cambriane : voir Cavriano.

Cambron (Somme). Paroisse, V, 643, 17964.

Cambronne-lès-Clermont (Oise) : voir Ars. Fief, VI, 578, 21913.

Came (Basses-Pyrénées). Baronnie; haute justice, I, 86, 509.

Camel : corr. Caniel.

Camelin (Jean), commis à l'administration des terres saisies sur Claude de Villiers, III, 735, 10870.

Camelots apportés aux foires de Lyon, IV, 368, 12729.

Camerano (Italie, province d'Ancône), VI, 142, 19623.

Cameriano (Italie, prov. d'Alexandrie). Séjour du roi, VIII, 551.

Camescasse (Jean de), VII, 255, 24464.

Camille (Jules), gentilhomme italien, savant, II, 463, 6041; II, 644, 6903; VII, 719, 28593.

Camin, fief sis à Aubevoye (Eure), V, 430, 16878.

Camolet (Pierre), juge et garde du sceau aux contrats dans les prévôtés de Mauriac, Aurillac et Maurs, dans les Montagnes d'Auvergne et la Marche, VII, 530, 26501.

Camosi (Jean-Paul), docteur en médecine, originaire du diocèse de Turin. Lettres de naturalité, VII, 294-295, 24682.

Camp, nom du lieu près duquel fut conclu le traité d'Ardres, V, 88, 15123.

Camp des ennemis en Artois, VIII, 137, 30521.

Camp (Lits de) : voir Lits de camp.

«Campagne» (La). Terre : vente, VII, 600, 27523.

Campagne (S^{r} de) : voir Montlezun (Louis de).

Campagnes : voir aux noms des divers pays où ont eu lieu les opérations militaires du règne.

Campbell (Archibald), comte d'Argyle, chevalier de l'ordre, VI, 226, 20042.

Campbell (Donat), clerc natif d'Écosse. Lettres de naturalité, VI, 226, 20042.

Campbell (John), ambassadeur d'Écosse, IX, 108.

Campbell (Philippe de), archer de la garde écossaise, concessionnaire de terres domaniales, VII, 665, 28127.

Camp du Drap d'or (Entrevue du), entre François Ier et Henri VIII, le 7 juin 1520, entre Guines et Ardres, I, 204, 1130; I, 205, 1140-1141; I, 210, 1162; I, 218, 1202; I, 242, 1324; II, 165, 4758; II, 702, 7167, 7169; V, 89, 15127; V, 511, 17304; V, 539, 17442; VI, 34, 19080; VII, 438, 25519; VII, 620, 27688; VII, 662, 28097; VII, 668, 28158; VIII, 163, 30769.

Campeggi (Lorenzo), cardinal, légat en France, IX, 125.

Campestre (Gard) : voir Luc (Le).

Campigny (Eure). Fief, V, 435, 16908; VI, 283, 20343.

Campion (Nicolas de), prêtre, V, 604, 17763.

Camplong (Guillaume), de Moussan. Procès criminel, II, 620, 6790.

CAMPODAS (François DE), s[r] de la Pensarde, VI, 53, 19177.

Campobasso (Italie, cap. de prov.). Comte : voir MONTFORT (Angelo DE).

CAMPO FREGOSO (Catherine et Gentille DE), usufruitières de la seigneurie de Peyrolles, VII, 95, 23685; VII, 103, 23720; VII, 106, 23740; VII, 108, 23748.

CAMPOIS (ÉTANG DE), à Saint-Viâtre (Loir-et-Cher), VI, 219, 20001.

Campolières, peut-être *Campoulieux*, c[ne] de Poustbomy (Aveyron). Seigneur : voir BARAULD (Bernard).

CAMPORNHACO (Monaco DI), clerc, natif de Milan, serviteur du cardinal Trivulce. Lettres de naturalité, VIII, 705, 32969.

Camps de l'armée royale : voir AUXY-LE-CHÂTEAU, AVIGNON, CAMBRÉSIS, CONTES, EQUIRE, FILLIÈVRES, HESDIN, LANDRECIES, MESNIL (LE), PAVIE, PERNES-EN-ARTOIS, PERPIGNAN, THÉROUANNE et les divers articles répondant au mot ARMÉE.

CAMUS (Bernardin), canonnier, I, 253, 1381.

CAMUS (Marc), serviteur de Pierre de Bourgogne, III, 431, 9499.

CAMUS (Perrenet), notaire du duché de Bourgogne, V, 582, 17657.

CAMUS (Perrinet ou Pierre), maire d'Auxonne. Pension, II, 650-651, 6934-6935; III, 34, 7617; VII, 613, 27624; VII, 677, 28233; VII, 698, 28433; VIII, 141, 30560.

CAMUS (Pierre), sergent à verge au Châtelet de Paris. Destitution, III, 720, 10804.

CAMY (François et Jean), VI, 89, 19348.

Camycans : voir ARMAGNAC (Jean D').

CAN (Baptiste), natif de Pietrabruna, demeurant à Tourves. Lettres de naturalité, VI, 642, 22250.

CANADA. Expédition de Jacques Cartier et de Jean-François de la Rocque, II, 634, 6854; III, 42, 7655; III, 315, 8969; III, 601, 10267; IV, 67 (VIII, 785e), 11306; IV, 148, 11680; IV, 165, 11756; IV, 175, 11804-11805; IV, 179, 11822; IV, 187, 11858; IV, 398, 12864; IV, 591, 13759; VI, 609, 22071. Sauvages de ce pays entretenus à Saint-Malo, III, 609, 10300; VIII, 305, 32167.

CANAL projeté de Toulouse à Narbonne, IV, 68, 11308.

CANALE (Baptiste). Mission en Italie, VIII, 135, 30506.

CANALE (Jérôme), secrétaire de la seigneurie de Venise, VII, 626, 27752; IX, 133.

CANALISATION de l'Allier, V, 370, 16587; du Clain, IV, 69, 11315; IV, 72, 11330; IV, 135, 11618; IV, 307, 12434; de l'Eure, VI, 507, 21522; VI, 810, 23105; VI, 828, 23197; VIII, 753, 33235; de la Mayenne, VII, 217, 24285; VII, 219, 24294; du Morin et d'autres rivières en amont et en aval de Paris, I, 216, 1189; de l'Orne, VI, 261 (VIII, 396), 20227; de l'Ouche, II, 12, 3895; de l'Ourcq, I, 216, 1189; I, 622, 3259; IV, 681, 14172; du Rhône, I, 558, 2934; de la Risle, VII, 64, 23533; de la Sauldre, V, 413, 16791; de la Vilaine, IV, 36, 11169; IV, 50, 11233. Voir AQUEDUCS.

Canaples (Somme). Seigneurs et dame : voir CRÉQUY (Henri et Jean DE) et ACIGNÉ (Marie D').

Canappeville (Eure) : voir LANDES (LES).

CANAROQUI (Astorg), prêtre. Légitimation de son fils Jean, de la sénéchaussée d'Agenais, V, 769, 18674.

CANASSO (Honoré) ou CANASSE originaire de la Rivière de Gênes, habitant Antibes. Lettres de naturalité, VI, 660, 22378; VII, 320, 24832.

Canaux : voir AQUEDUCS, CANALISATION.

CANAYE (Mathis), natif de Bois-le-Duc, marchand établi à Rouen. Lettres de naturalité, V, 738, 18511.

Cancellara (Italie, province de Potenza). Baron : voir ZURLUZ (Gaspard).

Canche (*La*), rivière : voir ATTIN.

CANCHE (Charles), maréchal des logis de la duchesse de Bourbon, concessionnaire viager des sceau et greffe de Montluçon, V, 621, 17848.

CANCHE (Georges), garde des sceaux de la baronnie de Coucy, IV, 515, 13416; receveur du grenier à sel dudit lieu, VII, 597, 27411.

CANCON (Lot-et-Garonne). Seigneurie, VII, 77, 23593; VII, 270, 24541.

« CANCRES PARÉZ », V, 656, 18038.

Candulle, c[ne] de Doazit (Landes). Comte : voir FOIX (Gaston DE).

CANDÉ (Loir-et-Cher). Foires, V, 117, 15289.

CANDEL (Étienne), V, 701, 18303.

CANDIE (Nicole et Thomas DE), VIII, 191, 31029.

CANDOLLE (Jean), juge des secondes appellations de Marseille, VII, 164-165, 24028.

CANES (Tassin DE). Mission à Venise, V, 780, 18732.

Canet (Le), c^ne^ de Marseille (Bouches-du-Rhône) : voir PISSERAT (Barthélemy).

Canevas (*Auneurs de*) : voir BARBOT (Jean et Nicolas).

CANGÉ, c^ne^ de Neuillé-Pont-Pierre (Indre-et-Loire). Seigneurie, VI, 33, 19076.

Cangé, c^ne^ de Saint-Avertin (Indre-et-Loire). Seigneur : voir CONIGHAM (Pierre DE).

CANGEY ou CANGY (Indre-et-Loire), V, 586, 17673; voir GRANGES (LES).

CANIAC (Lot), compris dans le ressort du siège de Cahors, I, 652, 3420.

CANIEL, c^ne^ de Cany (Seine-Inférieure). Terre, II, 307, 5332. Voir CANY.

CANIGROLIS (Jean-Baptiste DE), médecin, originaire de Casal, établi à Poitiers, VI, 116, 19491.

CANILHAC (Lozère). Marquisat, VI, 320, 20579.

Canillargues (*S^r^ de*) : voir BELLECOMBE (Georges DE).

CANINO (Frédéric DE), gentilhomme de la maison du duc de Ferrare, II, 578, 6582.

CANIVET, seigneurie dont le nom se retrouve dans les communes contiguës de Saint-Pierre-Canivet et de Villiers-Canivet (Calvados), V, 461, 17048. Seigneur : voir MAILLOT (Christophe DE).

CANIVET (Guillaume), demeurant à Englesqueville. Anoblissement, VI, 746, 22788.

CANIVET (Nicolas), charpentier de bateaux, VII, 701, 28461.

CANIVET (Nicolas), contrôleur de l'élection d'Arques, IV, 398, 12862; VI, 688, 22504.

CANIVET (Nicolas), secrétaire du duc d'Albany. Mission en Écosse, IX, 36.

CANJON (Antoine DE), s^r^ d'Orgerus, homme d'armes des ordonnances du roi sous le commandement du duc de Lorraine, V, 602, 17754.

CANLERS (Charles DE), maître des comptes à Paris, I, 220, 1213.

CANLERS (Lancelot DE), archer de la compagnie du s^r^ du Biez, V, 30, 14810.

Canlers (*Nicolas de*), morte-paye du château de Hesdin. Sa femme : voir HOUELLE (Jeanne).

CANLERS (René DE), clerc auditeur des comptes à Paris, IV, 488, 13292.

CANNART (Charles), écuyer, lieutenant général du vicomte de Falaise, VI, 392, 20908.

CANNE, mesure, VIII, 701, 32942.

CANNES (Alpes-Maritimes) : voir LÉRINS. Communauté, IV, 407, 12905. Garde de l'imposition foraine : voir ROSTAING (Charles). Habitants d'origine étrangère naturalisés français : voir ARDISSON (Julien), CALVI (Adrien, André, François, Pierre, Pierron, Polo), CARUSSI (Aubert), CORBONNIÈRE (Séraphin). Séjour du roi, VIII, 249, 31595.

CANNIER (Thierry), fermier du greffe de la châtellenie de Hérisson, III, 507, 9846.

Canny-sur-Matz (Oise). Seigneurs : voir BARBANÇON (François et Michel DE).

CANOBIA (Pelagio DE), grènetier de Fréjus, VII, 33, 23372, 23376; VII, 41, 23416.

CANONICAT accordé à un clerc de 10 ans, VII, 109, 23749.

CANONISATION de saint François de Paule, I, 210, 1162.

CANONNA (François DE), joueur de luth du Pape, VIII, 246, 31552.

CANONNIERS : allant en Piémont, VIII, 113, 30293; de Doullens : voir DUCHEMIN (Honoré); de Guyenne, VIII, 402*, 23934^8^; de la tour d'If, VII, 720, 28599; VIII, 54, 29733; VIII, 252, 31624; de Saint-Quentin, VII, 537, 26603; VII, 577, 27118; VII, 782, 29033; ordinaires du roi : voir BIENVENU (Claude), BOUCHER (Fernand), CHOILLIER (Claude), DUCHER (Jean), LEMOYNE (Jean), MOREAU (Gilles), PINARD (Jacques).

CANONS conduits de Bayonne à Brest, III, 343, 9098.

Canossa (Barthélemy de), originaire d'Italie. Lettres de naturalité, I, 667, 3494.

Canossa (Louis de), aumônier du roi; abbé de Ferrières, VI, 255, 20197; de Lezat, VII, 421, 25381; concessionnaire de la terre de Montereau-faut-Yonne, VII, 535, 26572, 26577; VII, 680, 28267; évêque de Bayeux, V, 312, 16288; de Tricarico et légat en France, I, 14, 85; VIII, 577, 32271; IX, 122. Aubaine, II, 319, 5388; VI, 390, 20900; VII, 690, 28350. Lettres de naturalité, I, 667, 3494. Missions auprès du Pape, I, 96, 566; à Venise, VI, 50, 19188; VII, 128, 23852; VII, 131, 23866.

Canossa (Paul) ou Canosse, dit Paradis, natif de Venise, lecteur en hébreu à l'Université de Paris. Lettres de naturalité, VI, 449, 21214. Pension, II, 240, 5030; II, 676, 7046; III, 15, 7516; III, 18, 7532; VII, 785, 29054; VIII, 34, 29543; VIII, 60, 29777; VIII, 241, 31506.

Canouville, cinquième de fief sis à Allouville, Louvetot et environs (Seine-Inférieure), V, 483, 17162.

Canselere : voir Cancellara.

Cantabole (Hugues), prêtre. Légitimation de son fils Blaise, V, 16, 14741.

Cantal (A. de), veuve, VI, 79, 19298.

Cantarana (Italie, province d'Alexandrie). Remise de droits, III, 716, 10789.

Cantarel (Pierre), notaire au Parlement de Bordeaux, IV, 206, 11949.

Cantebrun (*Sr de*) : voir Bonnet (Louis).

Cantel (Andry de), boursier du collège de Lisieux, V, 502, 17257.

Canteleu (Seine-Inférieure) ou Saint-Martin-de-Canteleu : voir Croisset. Seigneurie dite le fief de Pressigny, V, 432, 16889; V, 564, 17567; seigneur : voir Auberville (Jacques d').

Canteleu (Adrien de), conseiller, puis lieutenant général du bailliage d'Amiens, IV, 638, 13984; VII, 375, 25124.

Canteleu (Claude de), femme de Gallois du Bailleul, IV, 297, 12388.

Canteleu (François de), VIII, 145, 30597.

Cantelme (César), natif du royaume de Naples, un des cent gentilshommes de l'hôtel commandés par M. de Canaples, III, 696, 10694; IV, 45, 11207; IV, 526, 13470; VII, 701, 28465. Gages, VII, 59, 29776; VIII, 125, 30404. Lettres de naturalité, IV, 40, 11183. Mission à Constantinople, VIII, 167, 30810; VIII, 187, 30996; IX, 86.

Cantelmo (Francesco), duc de Sora, envoyé de Ferrare, IX, 119.

Cantelou (Richard et Pierre de), VI, 523, 21612.

Canteloup : voir Canteleu.

Canterac (*Sr de*) : voir Auliac (Pierre d').

Canterel (Pierre), privé de son prieuré de Brezolles comme partisan de Charles-Quint, VII, 470, 25798.

Cantet (Yves), conseiller au Parlement de Paris, IX, 152.

Canteteau (Simon), accusé de fausse monnaie, III, 491, 9775.

Cantinière (*La*), seigneurie sise à Saint-Denis-Hors (Indre-et-Loire). Seigneur : voir Pensson (Guillaume).

Cantley (John), archidiacre de Saint-André, ambassadeur d'Écosse, IX, 106.

Canto (Étienne), huissier au Parlement de Paris, VII, 487, 25954.

Cantobre, cne de Nant (Aveyron). Seigneurie, VI, 307, 20468.

Cantorbéry (Grande-Bretagne, comté de Kent). Archevêque : voir Warham (William).

Cantreau (Nicolas), garde de la forêt de Loches, VIII, 183, 31051.

Cantù (Italie, province de Côme). Seigneurie, V, 307, 16260.

Canu (Jean), garde de la forêt de Carnelle. Gages, II, 389, 5703; II, 655, 6952; III, 112, 8001; VIII, 220, 31302.

Cany : voir Canny-sur-Matz.

Cany (Seine-Inférieure) : voir Commanville. Seigneurie de Cany et Caniel, II, 307, 5332. Sergenterie héréditale, VI, 319, 20525. Vicomté de Cany-Caniel, VII, 514, 26299.

Cany (Mme de), III, 620, 10349.

Canyn : voir Canino.

Canyn de Baugé : voir Bagé (Canino, marquis de).

Caorso (Italie, province de Plaisance), place cédée à François Ier moyennant échange,

IV, 18, 11089; VI, 570, 21869; VIII, 264, 31748.

Cap (Cappin de) : voir Capo (Jean-Francisque da).

Capaccio (Italie, province de Salerne). Comte : voir San Severino (François de).

Caparaçons pour un tournoi, VII, 759, 28867.

Capasa («Nangutreppes» de), officier de la maison de la reine Éléonore. Lettres de naturalité, VII, 614, 27631.

Cap Barbier, à l'extrémité occidentale de l'île Saint-Honorat, c^ne^ de Cannes (Alpes-Maritimes), IV, 265, 12239.

Capbreton (Landes). Baronnie, V, 186, 15620. Coutume de 12 deniers par livre sur les marchandises vendues, I, 130, 751, I, 130, 784. Privilèges, II, 513, 6269.

Capdenac (Lot). Seigneurie, I, 168 (VIII, 321), 953; I, 202, 1125.

Capdeville (Arnaud de), VI, 72, 19260.

Capdorat : voir Poisieu (Michel de).

Capel (Barthélemy), de Marseille, VII, 52, 23473.

Capelle (La) [Gard] : voir Masmolène.

Capelle (Pas-de-Calais). Terre, III, 310, 8947.

Capelle (Guillaume), bâtard, III, 12, 7500.

Capelle-en-Thiérache (La) [Aisne]. Garnison, IV, 407, 12904.

Capelles (Étang de), nom donné à l'une des baies formées par l'étang de Sijean sur le territoire de Narbonne, IV, 117, 11530.

Capello (Carlo), ambassadeur vénitien, IX, 134.

Capendu (Charles de), vicomte de Boursonne, maître particulier des Eaux et forêts du duché de Valois, IV, 444, 13087; IV, 456, 13141.

Capestang (Hérault). Grenier à sel, II, 420, 5844; grènetier : voir Vernet (Bernard).

Capinis (Capino) : voir Cappe (Jean-Francisque de).

Capitaine (Le) : voir Mathieu.

Capitaines de la porte de l'hôtel du roi : voir Anglure (François d'), Chandio (Louis de), Magny (Charles de).

Capite Ferreo (Hieronymus de) : voir Recenas (Jérôme).

Capiton (Hildevert), garde de la porte du pont de Rhône, à Lyon, V, 67, 15010.

Capluc (Pierre de), s^r^ de Montoussie, VI, 312, 20493.

Capodiferro : voir Recenas (Jérôme).

Capo (Jean-Francisque da), dit Cappine, gentilhomme italien, ambassadeur du Pape, V, 774, 18702. Pension, VIII, 239, 31487; VIII, 254, 31636.

Capoue (Italie, province de Caserta). Archevêque : voir Schomberg (Nicolas).

Capoue (Le prieur de) : voir Strozzi (Léon).

Cappel (Jacques), avocat du roi au Parlement de Paris, III, 10, 7492; VII, 552, 26814-26815; VIII, 685, 32850. Pension, VIII, 44, 29649; VIII, 166, 30802.

Cappel (Nicolas ou Nicole), avocat général clerc du roi au Parlement de Paris, IV, 79, 11361; IV, 231, 12068.

Cappel (Pierre), tenant la poste à Narbonne, VIII, 91, 30072.

Cappelle (La) : voir Capelle-en-Thiérache (La).

Cappes (Adrien de), compagnon de guerre, VIII, 107, 30227.

Cappine : voir Cappe (Jean-Francisque de).

Cappon : voir Capponi.

Capponi (J.-B), neveu de Philippe Strozzi, VIII, 668, 32756.

Capponi (Jean-Baptiste), de Florence, autorisé à tenir bénéfices en France, VIII, 733, 33125.

Capponi (Louis et Jean-Marie), marchands milanais, VII, 425, 25414.

Capponi (Néri), banquier à Lyon, facteur de Jules et Laurent Strozzi, créancier du roi, III, 408, 9396; VIII, 76, 29926; VIII, 79, 29957.

Cappy (Somme). Remise de tailles, III, 348, 9123. Seigneurie, VII, 722, 28616.

Capres (S^r^ de) : voir Bournonville (Charles de).

Caprilis (André de). Lettres de naturalité, VIII, 677, 32809; VIII, 714, 33020.

Caprilis (Antoine de), originaire du duché de Milan, habitant Fréjus. Lettres de naturalité, VII, 292, 24668.

Caprilis (Baptiste de), natif de Savignone, habitant Fréjus. Lettres de naturalité, VII, 397, 25240.

Caprilis (Fantin et Jacques de), enfants du précédent, natifs de Savignone, demeurant à Fréjus. Lettres de naturalité, V, 74, 15046.

Caprilis (Macé de), sacristain de l'église de Fréjus, natif du duché de Milan. Lettres de naturalité, IV, 235, (VIII, 407ᵃ), 12090.

Caphis (François de), châtelain d'Upaix, VI, 578, 21910.

Capron (Jean), sergent royal au bailliage de Ponthieu, V, 138, 15391.

Cap-Saint-Ferréol, à l'extrémité orientale de l'île Saint-Honorat, cⁿᵉ de Cannes (Alpes-Maritimes), IV, 265, 12239.

Captifs détenus aux mains des infidèles. Rachat, VIII, 616, 32470.

Captieux (Gironde). Séjour du roi, VIII, 551.

Captivité de Clément VII, I, 519, 2737; de François Iᵉʳ, I, 413, 2198; I, 418, 2219; I, 432, 2288; II, 4, 3851; II, 107, 4375; II, 258, 5115; II, 698, 7151; V, 737, 18507; V, 744, 18542; V, 748, 18557; V, 749, 18560; V, 774, 18700; VI, 84, 19325; VI, 171, 19767; VII, 445, 29597; VII, 475, 25844; VIII, 607, 32430-32431; VIII, 614, 32462; VIII, 616, 32471; IX, 39.

Capuci (Louis), procureur de Provence, VII, 24, 23324; VII, 41, 23414.

Capucimant (Georges), Capucymant ou Capussymant, capitaine de chevau-légers, VIII, 3, 29284; concessionnaire d'une partie du revenu de la seigneurie du Châtelard, III, 308, 8938. Lettres de naturalité, III, 317, 8979; VI, 458, 21261.

Capval, cⁿᵉ de Wanchy-Capval (Seine-Inférieure). Cure, VI, 272, 20286.

Caque, mesure pour la cervoise à Ham, VIII, 571, 32238.

Caqueton (Louis), huissier au Parlement de Bretagne. II, 726, 7275.

Caraccioli (Jean), appelé quelquefois Caraffa, prince de Melphe, grand sénéchal de Naples, chevalier de l'ordre, II, 580, note; IV, 312-313, 12459-12460; IV, 319, 12498; VI, 664, 22369; concessionnaire des seigneuries : de Châteauneuf-sur-Loire; IV, 527, 13476; VI, 744, 22779; nonobstant la réunion du domaine aliéné, II, 736, 7321; de Martigues, III, 149, 8173; III, 417, 9436; VI, 744, 22779; VII, 102, 24014; VII, 382, 25160; VIII, 86, 30028; — gouverneur de Piémont, IV, 774, 14602; IV, 782, 14643; — lieutenant général du roi à Arles, VII, 298, 24703; à l'armée de Champagne et Luxembourg, VII, 358, 25042; VII, 371, 25104; VII, 373, 25116; — maréchal de France, IV, 700, 14256. Compagnie, III, 496, 9797; IV 784, 14649; VIII, 94, 30098; VIII, 115, 30309; lieutenant : voir Caraccioli (Trajan); payeur : voir Le Prince (Denis). Pension, II, 59, 4135; II, 580, 6588; III, 307, 8935; VII, 809, 29220; VIII, 9, 29335; VIII, 124, 30396; VIII, 157, 30708; VIII, 226, 31357; VIII, 268, 31774. Séjour à Marseille, VIII, 105, 30207. Son gendre : voir Acquino (Antoine d'). Voyage au royaume de Naples, VIII, 87, 30033.

Caraccioli (Jules ou Antoine), II, 238, 5016; II, 586, 6619; IV, 228, 12052; VI, 184, 19833; VIII, 124, 30397; VIII, 41, 29616.

Caraccioli (Trajan ou Trojan), lieutenant de la compagnie du prince de Melphe, VIII, 96, 30121, et mêmes cotes que pour le précédent.

Caracciolo (César), comte de Nicastro, VIII, 124, 30388.

Caracciolo (Annibal), II, 401, 5756.

Caracciolo (Antoine), abbé de Saint-Victor de Paris, IV, 713, 14315; IV, 770, 14582; VIII, 746, 33195; VIII, 747, 33202.

Caracciolo (Jacques) ou Carassiola, gentilhomme napolitain. Pension, II, 401, 5756; VIII, 123, 30388.

Caradas (Antoine), monnayeur à la Monnaie de Saint-Lô, IV, 110, 11507.

Caradas (Jean), fermier du quatrième des boissons à Verneuil-au-Perche, VII, 707, 28511.

Caraffa : corr. Caraccioli.

Caraffa (Alberic), duc d'Ariano, II, 400, 5756; III, 750, 10939; VIII, 34, 29542; VIII, 244, 31536; VIII, 123, 30388; VIII, 157, 30710.

CARAFFA (Ferrente), comte de Montesarchio. Pension, II, 401, 5756.

CARAFFA (Jean-Pierre, cardinal), abbé de Figeac, IV, 399, 12868; IV, 719, 14340.

Caraie : voir CORRÈZE.

CARAMAGNA PIEMONTE (Italie, province de Coni). Seigneurie, III, 305, 3927.

CARAMAN (Haute-Garonne) ou CARMAING. Collégiale Saint-Félix : voir MONTELZ (Dominique DE). Comté, VII, 260, 24491; détaché, au point de vue des impôts, de la Guyenne, et rattaché au Languedoc, II, 83, 4259. Comte : voir FOIX (Jean DE). Privilèges des comtes, I, 637, 3334.

CARAMAN (Antoine DE) ou DE CARMAIN, chevalier, baron de Larnac, seigneur de Négrepelisse, V, 760, 18623-18624; VII, 100, 23707. Compagnie, V, 703, 18315. Mariage, V, 371, 16592.

CARAMAN (Antoine DE) ou DE CRAMAIL, fils du précédent, II, 74, 4214.

CARAMANI (Jérôme) ou CARAMARINO, gentilhomme napolitain, IV, 117, 11534; VIII, 124, 30388.

CARAMANY, capitaine turc, VIII, 155, 30694.

Caramarino : voir CARAMANI.

Caramos : voir CARMAUX.

CARANTILLY (Manche). Seigneurie, V, 213 15765; V, 501, 17255; V, 555, 17525.

Caraque : voir *SAINTE-CATHERINE* (*LA*).

CARASSE, officier de la maison de la reine. Lettres de naturalité, VII, 614, 27631.

Carrassiola (Jacques) : voir CARACCIOLO (Jacques).

CARAT (Léonard), chevaucheur d'écurie, III, 432, 9502.

CARAT (Nicolas), huissier au Parlement de Paris, VII, 488, 25964; VIII, 108, 30240. Légitimation de son fils Nicolas, étudiant à l'Université de Paris, VI, 171, 19768.

CARAVAGGIO (Italie), province de Bergame : voir CARRIÈRE (Antoine et Jean-Jacques).

Caravaz en Gera d'Adda : voir l'article précédent.

CARAVELLE (Laurencio), officier de la maison de la reine. Lettres de naturalité, VII, 614, 27631.

CARAVELLES : espagnole, VI, 647, 22278; portugaises, VII, 426, 25421. Voir *SAINT-MICHEL* (*LE*).

Carbon : voir MONTPEZAT (Jean DE).

CARBON (Moran), capitaine italien, II, 25, 3962; VIII, 288, 31982; châtelain et receveur de Jasseron et Treffort en Bresse, III, 188, 8364.

CARBONEL (Chaffre), originaire de Piémont, demeurant en Provence. Lettres de naturalité, VII, 335, 24917.

CARBONET (Guillaume), natif de Cavaillon, établi en Provence. Lettres de naturalité, VI, 663, 22360.

CARBONNAIS (Nicole DE), avocat au Parlement de Paris, maître enquêteur des eaux et forêts de France, Champagne et Brie, VI, 746, 22797.

CARBONNEL; fief sis à Coquainvilliers (Calvados), VI, 327, 20571.

CARBONNEL (C.), natif de Piémont, résidant en Provence. Lettres de naturalité, VI, 680, 22492.

CARBONNEL (Gilles), s^r de Chasseguey, V, 569, 17593; homme d'armes de la compagnie de Louis de Brezé : relèvement de montre, VI, 38, 19097. Sa veuve : voir SULLY (Suzanne DE).

CARBONNEL (Jacques), s^r de Serans, VII, 688, 28330.

CARBONNEL (Robert), chapelain de Saint-Nicaise et Saint-Éloi à Saint-Denis en France, VII, 594, 27380.

CARBONNET, greffier du juge de Béziers, III, 465, 9650.

Carbonnière (*Tour*) : voir TOUR CARBONNIÈRE (LA).

CARCANS (Gironde). Baronnie, I, 279, 1508; I, 329, 1770.

Carcas : corr. CARCÈS.

CARCASSONNE (Aude) : voir ROUX (Girard et Jean). Conservateur de l'équivalent : voir BOHIERE (Pierre). Décès d'un étranger non naturalisé, VI, 333, 20600. Drap, III, 609, 10301. Geôlier des prisons : voir LUPIAC (Geoffroy DE). Séjour du roi, VIII, 551.

—— *Diocèse ecclésiastique* : voir LAGRASSE, SAINT-HILAIRE.

—— *Diocèse financier*, IV, 533, 13498; IV, 631, 13947.

—— *Évêché*, VII, 111, 23763; VII, 118, 23799; VII, 441, 25553; VII, 447,

25612. Évêques : voir Bazillac (Jean de), Saint-André (Martin de).

—— *Juridiction ordinaire, dite de Carcassonne, Cabardès et Minervois.* Juge : voir Tornus (Antoine de). Lieutenants généraux : voir Cathalami (Jean), Foulcaudi (Guillaume), Urgeac (Jacques).

—— *Sénéchaussée dite de Carcassonne et Béziers : personnel.* Création de douze conseillers, I, 184, 1034. Juges mages : voir Bohier (Arnaud, Jean et Pierre); lieutenants à Gignac : voir Sobrier (Jean). Sénéchaux : liste, IX, 241.

—— *Sénéchaussée : ressort,* II, 494, 6180; VI, 125, 19537; VII, 148, 23944; VII, 257-258, 24477; voir Alaigne, Aspiran, Aumelas, Conques, Fajac-la-Relengue, Florensac, Castres, Mirepoix, Montrabech, Montréal, Montredon, Murat, Narbonne, Pradelles-Cabardès, Sault, Sérignan. Amortissement des biens de l'ordre de Saint-Jean-de-Jérusalem, V, 605, 17767. Biens : de la reine Marie, II, 470, 6074; II, 583, 6604; VII, 806, 29203; de Gabriel de la Palu, VII, 349, 24994; de Guinot de Lauzières, VII, 205, 24515; de Guillaume de Lévis, VIII, 323, 1158 *bis*. Dominicains, IV, 742, 14455. Droits de leude majeure, V, 64, 14993; de rêve, III, 649, 10482. Enquête sur les sécularisations, III, 683, 10636; III, 704, 10733. Établissement : d'enquêteurs, VIII, 798, 17227; d'un lieutenant du sénéchal à Béziers, I, 644, 3374; cf. Béziers. États, VII, 442, 25565. Exécution des lettres accordant aux habitants des pays de Foix, Bigorre et Nébouzan l'exemption de la traite foraine, IV, 702, 14548. Forçats, I, 352, 1885. Impositions, I, 289, 1564; IV, 400, 12874. Maîtrise des ports, III, 503-504, 9831; III, 588, 10210. Réduction du nombre des offices de notaires et de sergents, IV, 120, 11546. Sessions des États de Languedoc, II, 366, 5603. Temporel des évêchés : de Castres, VII, 176, 24084; de Pamiers, VII, 419, 25369. Traite de bois permise au grand-maître de Rhodes, II, 9, 3880. Voir Bringuier (Albert).

—— *Trésorerie ou recette ordinaire,* III, 588, 10210; III, 697, 10699; III, 763, 10992; V, 348, 16479; VII, 711, 28548. Aide-mage, III, 649, 10482. Trésoriers : voir Luillier (François et Gabriel).

—— *Ville.* Artillerie de la cité, V, 681, 18179. Barbiers, II, 514, 6278. Drapiers : voir Sapte (François et Étienne). Emprunts royaux, IV, 346, 12629. Exemptions, IV, 34, 11160. Mortes-payes, IV, 34, 11160. Privilèges, V, 277, 16102.

Carcassonne, c^ne de Beynes (Seine-et-Oise). Fief, IV, 772, 14593; VI, 797, 23038.

Carcassonne (Inquisiteur de), titre porté par l'inquisiteur des Dominicains de la rue Saint-Jacques, à Paris, IV, 121, 11550.

Carcès (Var). Seigneur : voir Pontevès (Jean de).

Cardaillac (Gilbert de), VI, 227, 20047.

Cardaillac (Jean de), abbé de Belleperche, VI, 373, 20814; cf. VIII, 759, 32294; de Saint-Géraud d'Aurillac, VII, 150, 23951.

Cardaillac (Jean de), du diocèse de Cahors. Légitimation de son fils Arnaud, prêtre, IV, 282, 12313.

Cardaillac (Lot). Foires, II, 498, 6199.

Cardaillac (Gabriel de), serviteur du Grand Écuyer, I, 670, 3510.

Cardelan (Jeanne de), demoiselle de la reine, II, 297, 5286; III, 515, 9884.

Cardeurs de laine d'Aix en Provence. Privilèges, VII, 34, 23380.

Cardi (Thomas de) ou Des Cardes, dit le Chevalier, italien, écuyer d'écurie, I, 555, 2919; I, 655, 3435; II, 44, 4058; II, 191, 4787; II, 275, 5189; II, 308, 5745; II, 434, 5914; III, 294, 8874; III, 627, 10383; VI, 356, 20725; VII, 644, 27942; VII, 649, 27992; VII, 752, 28829; VIII, 129, 30443; VIII, 195, 31063; usufruitier de l'hôtel d'Angoulême à Paris, VII, 695, 28401.

Cardilhac (Antoine, baron de), s^r de Saint-Cyr, VI, 272, 20287.

Cardin (Francisque), officier de la maison de la reine. Lettres de naturalité, VII, 614, 27631.

Cardin (Jacques), archer de la garde, III, 58, 7739.

Cardinalat. Bénéfices dont les titulaires sont promus à cette dignité, réputés vacants, VI, 425, 21088; VI, 599, 22022; VI, 801, 23061.

Cardinal-Lemoine (Collège du) : voir Collège du Cardinal Lemoine.

Cardinaux chargés des négociations de la paix de Nice, VIII, 246, 31554.

Cardon (*François*) : voir Cordon (François).

Cardon (Nicolas, Pierre et Thomas), VI, 521, 21599.

Cardonne (François de); général des finances de Bretagne, I, 635, 3324.

Cardonne (Don Henri de), fils du gouverneur de Catalogne, V, 787, 18772.

Cardonne (Jean-François de), chevalier, V, 808, 18873.

Cardonville, demi-fief de chevalier sis à Coulombs (Calvados), V, 350, 16490.

Cardouys (*Dame de*) : voir Picart (Madeleine).

Carducci (Baldassare), envoyé florentin, IX, 120.

Carel (Pierre), du diocèse de Paris. Légitimation de son fils Adrien, IV, 294, 12372.

Carême. Approvisionnement de Digne pendant ce temps, II, 742, 7344. Prédications de Jean-Baptiste Pallavicini à la cour en 1534, II, 644, 6904.

Carême-prenant : voir Mardi-gras.

Carency (Pas-de-Calais). Dame : voir Bourbon (Isabeau de).

Careno (Italie, province de Côme). Seigneurie, V, 328, 16377.

Carentan (Manche), VI, 723, 22679 : voir Gié; voir aussi Guillotte (Thomas). Mouvance : voir Buisson (Le), Clais, Couraye, Fontaine, Gerville, Gros-parmy, Grouchy, Haye-du-Puits (La), Hommet-d'Artenay (Le), Méautis, Sainte-Marie-du-Mont, Tilly.

—— *Élection* : voir Coutances.

—— *Vicomté*. Biens de Jean de la Luthumière, V, 451, 16993; des enfants de Longueville, V, 810, 18886; de François d'Orglandes, V, 792, 18796. Domaine engagé, VII, 126, 23838; VII, 539, 26635. Garde des sceaux : voir Louvet (Jacques). Siège particulier : voir Saint-Lô. Vicomtes : voir Cailly (Aignan), Guillotte (Robert), La Chesnaye (Jean de), Picart (Nicolas), Pontbriant (Pierre de), Saint-Germain (Jean de).

Caresme (Pierre), VII, 428, 25441.

Caresquances (Marcel et Pierre de), peseurs et gardes des poids de Montpellier, V, 709, 18353.

Carel : voir Carretto (Constance de).

Carew (Nicolas), ambassadeur d'Angleterre, I, 530, 2794; IX, 95, 100.

Careygues (Gabriel de), VII, 266, 24522.

Cargory (Christophe de), lieutenant de la Bastille de Paris, VI, 247, 20150; VII, 619, 27673.

Carhaix (Finistère). Antonistes, I, 67, 396.

Carie (Jean), orfèvre de Rouen, VII, 749, 28808.

Carignan ou Carignano (Italie, province de Turin), VIII, 56, 29748; VIII, 86, 30026. Marché, III, 047, 10475. Mission de Pierre Schwaben, secrétaire du roi de Danemark, VIII, 86, 30024. Séjours du roi, VIII, 551.

Carignan (Ardennes) : voir Ivoy.

Cariolis : voir Coriolis.

Cariolo (Marino), gentilhomme napolitain. Pension, VIII, 124, 30388.

Carisel (Antoine et Jean), père et fils, notaires à Amiens, VII, 402, 25264.

Carisey (Yonne). Seigneurie, II, 533, 6357.

Carlat (Cantal). Château, II, 374, 5641.

—— *Vicomté* dite aussi Carladais, Carladès, Carladez, I, 318, 1721; V, 594, 17715; VII, 520, 26453; VII, 106, 23738. Contrôleur du domaine : voir Forget (Jean). Gouverneur : voir Péricard (Arnaud de). Juridiction d'appel, III, 191, 8375. Recette, IV, 581, 13717; VI, 786, 22980; VII, 528, 26473; VII, 794, 29117; commis : voir Quétier (Pierre); rattachement à la recette générale d'Auvergne, II, 667, 7004. Réduction du nombre des notaires et sergents, III, 250, 8673. Voir Calvinet, Lavinzelle.

Carlazzo (Italie, province de Côme) : voir « Quarlat ».

Carles (Antoine), conseiller au Parlement de Grenoble, II, 36, 4021; II, 737, 7324. Missions : auprès du duc de Bar, VII, 619, 27680, 27681; auprès du duc de Milan, VI, 255, 20196.

Carles (Joffrey ou Chaffrey), président du Parlement de Grenoble, IX, 174.

Carles (Lancelot de), secrétaire d'Antoine de Castelnau. Mission en Angleterre, III, 249, 8669.

Carlier (Marie), VI, 364, 20768.

Carloman, roi de France. Lettres en faveur de l'abbaye de Sainte-Croix de Poitiers (884), I, 56, 330.

Carlucet (Lot), III, 613, 10316.

Carlucet (Antoine de), concessionnaire du revenu de la justice du bailliage de Mont-Sainte-Marie, V, 768, 18667.

Carmagnola (Italie, province de Turin), VIII, 86, 30025, 30027; VIII, 86, 30025, 30031; VIII, 277, 31875. Trêve entre François Ier et Charles-Quint, III, 417, 9438; VIII, 682, 32832. Séjours du roi, VIII, 551.

Carmain : voir Caraman.

Carmain (Arnaud de), VII, 260, 24491.

Carmain (Guillaume de), sr de Benaix, V, 639, 17942-17943.

Carmain (Hugues de), VII, 260, 24491.

Carmain (Jean de), VII, 260, 24490-24491.

Carmaing : voir Caraman.

Carmaing (Jean de), conseiller au Parlement de Bordeaux, VIII, 786[2], 11576.

Carmaux (Tarn). Foires, I, 492, 2592.

Carmélites des Couets, près Nantes, I, 50, 294.

Carmentrand (Jean de), greffier des présentations au Parlement de Bordeaux, I, 516, 2723; nonobstant qu'il ne fasse pas partie du collège des notaires et secrétaires du roi, I, 516, 2724.

Carmenyon (*Sr de*) : voir Toupin (François).

Carmes : voir Garie (Antoine), Pallavicini (J.-B.); d'Aix, VII, 32, 23368; de Bayonne, IV, 123, 11564; de Clermont-Ferrand, I, 270, 1466; de Loudun, VII, 450, 25634; de Nantes et du Bondon, I, 469, 2481; de Toulouse, I, 384, 2048; de Tournon, IV, 294, 12370.

Carmeure (Marie de), religieuse de Saint-Georges de Rennes, V, 677, 18150.

Carmonne (Aubert de), conseiller lai au Parlement de Dijon, VI, 94, 19373.

Carnavals : de 1533, II, 330, 5443; II, 336, 5465; II, 337, 5470; II, 609, 6739; de 1535, III, 41, 7649; de 1539, VIII, 180, 30926.

Carnazet (Antoinette de), VI, 198, 19899.

Carné, cne de Noyal-Muzillac (Morbihan). Justice patibulaire, I, 602, 3464.

Carné (Macé de), chevalier, maître d'hôtel de la reine Claude, V, 801, 18842.

Carné (Tristan de), capitaine d'Auray, puis maître d'hôtel de la reine Claude, I, 467, 2470; I, 602, 3464; I, 730, 3817; II, 178, 4725; II, 193, 4797; II, 195, 4807; II, 204, 4854; II, 671, 7025; cessionnaire des marais de Guérande, I, 507, 2672.

Carnelle (Forêt de), comprise dans le département actuel de Seine-et-Oise, I, 226, 1242; III, 382, 9267. Gages des gardes, II, 389, 5703; II, 655, 6952; III, 121, 8001; VIII, 220, 31302.

Carnot (Christophe). Procès contre Pierre Bosquier au sujet de l'archidiaconé de Marseille, III, 464, 9646.

Caroli (Pierre), V, 736, 18505.

Carolus, monnaie de Besançon, IV, 727, 4385; V, 66, 14999.

Caron (Antoine), sommelier d'échansonnerie, valet de chauffecire de la chancellerie, III, 763, 10991; V, 113, 15261.

Caron (Colin), maître de la poste à Boulogne-sur-Mer, VII, 667, 28144. Voyages en Angleterre, II, 355, 5549; IV, 141, 11644; V, 779, 18727; VII, 667, 28144.

Caron (Colin), le jeune, chevaucheur. Missions en Angleterre, III, 203, 8444; III, 216, 8511.

Caron (Jean), grènetier du grenier à sel de Roye. Anoblissement, VII, 71, 23565.

Caron (Jean). Mission en Angleterre, V, 800, 18835.

Caron (Jean), natif d'Espagne, demeurant à Rouen. Lettres de naturalité, VI, 619, 22119.

Caron (Jean), valet de chauffecire en la chancellerie, III, 763, 10991.

Caron (Pierre), VII, 771, 28952.

Caron (Richard), fourrier du roi, IV, 265, 12237.

Carondelet (Jean), archevêque de Palerme, ambassadeur de Marguerite d'Autriche, IX, 116.

Carosi, serviteur du Dauphin, II, 204, 4852.

Carousi (Quirio), archer de la garde, VIII, 197, 31084.

Carpentier (Huguet), archer du prévôt de l'hôtel, III, 401, 9360.

Carpentier (Mariette), IV, 273, 12272.

Carpentier (Thibaut), greffier de la prévôté de Saint-Riquier. Rabais de ferme, III, 321, 8999.

Carpentin (Philibert), lieutenant général de la sénéchaussée de Ponthieu, IV, 780, 14632.

Carpentras (Vaucluse), IX, 128. Église cathédrale, VII, 153, 23970. Évêque : voir Sadolet (Jacques). Originaires : autorisé à tenir bénéfices en France : voir Toguini (Camille de); naturalisés français : voir Aime (Barthélemy), Bound (Jean de), Boyvin (Henri), Dalmas (Claude), Rostaing (Jean).

Carpes destinées à être élevées à Fontainebleau, VIII, 198, 31074.

Carpi (Italie, province de Modène) : voir Piat (Balthazar), Ragusio (Jacques), Sibecco (Francisque de). Comte : voir Pio (Albert).

Carpi (*Le cardinal de*) : voir Pio (Rodolphe).

Carquain (Christophe). Légitimation de son fils Jean-Louis, né en Piémont, IV, 208, 12438.

«*Carquarès*» en Frioul : voir Servet (Louis).

Carquebut (Manche) : voir Fontaines.

Carrache : voir Caraccioli.

Carranois (Jeanne de), VII, 185, 24125.

Carré, commissaire au Châtelet de Paris, III, 596, 10244.

Carré, élu de Mâcon, II, 361, 5582.

Carré (Gilles), payeur des gages des officiers du Conseil de Bretagne, I, 134, 772.

Carré (Gilles), receveur des fouages de l'évêché de Saint-Malo, I, 199, 1106.

Carré (Jean), II, 286, 5235; II, 521, 6303; VII, 519, 26367.

Carré (Jean), commis au payement de l'extraordinaire des guerres, I, 377, 2006; V, 709, 18349; V, 631, 17901; VII, 588, 27293; VII, 595, 27391; des officiers domestiques du roi, II, 9, 3878; II, 136, 4524, 4527; II, 153, 4614; II, 170, 4688; II, 204, 4855; II, 364, 5597; V, 577, 17632; V, 700, 18297; V, 746, 18552; V, 766, 18657; VI, 9, 18955; VI, 12, 18968; VI, 21, 19015; VI, 31, 19062; VII, 607, 27541; VII, 622, 27710; VII, 642, 27925; VII, 686, 28317-28318. Décès, avant le 15 mai 1535, III, 78, 7839.

Carré (Jean), commis au payement des officiers domestiques du roi, en fonction dès le 27 juillet 1536, III, 231, 8582; III, 248, 8666; III, 581, 10178; III, 591, 10223; III, 667, 10566; III, 651, 10491-10492; III, 667, 10564; III, 699, 10711; III, 725, 10826; IV, 494, 13325; VII, 480, 25896; VII, 588, 27294; VIII, 4, 29286; VIII, 5, 29299; VIII, 21, 29429; VIII, 25, 29461; VIII, 29, 29494; VIII, 32, 29521; VIII, 33, 29531-29532; VIII, 72, 29888; VIII, 85, 30022; VIII, 92, 30083; VIII, 94, 30101; VIII, 98, 30146; VIII, 100, 30161; VIII, 109, 30245; VIII, 138, 30532; VIII, 160, 30732; VIII, 165, 30786; VIII, 169, 30829; VIII, 175, 30876; VIII, 185, 30980; VIII, 188, 31005; VIII, 200, 31110-31112; VIII, 205-206, 31157-31158; VIII, 225, 31340; VIII, 246, 31555-31556; VIII, 267, 31787-31788; VIII, 284, 31941, VIII, 289, 31998; VIII, 292, 32032-32033.

Carré (Jean), marchand à Paris, V, 694, 18255.

Carré (Jean), marchand de chevaux, VIII, 135, 30504.

Carré (Jean), notaire à Baigneaux, Santilly et Lumeau, V, 125, 15327.

Carré (Jean), secrétaire à bourse, V, 709, 18348; receveur général de Normandie, II, 294, 5276; III, 222, 8537; V, 709, 18351; VI, 120, 19514; VI, 133, 19577; VI, 170, 19759; VI, 205 19933.

Carré (Martin), VI, 316, 20511.

Carré (Pierre), VIII, 244, 31544.

Carré (Robert), commis à la recette des amendes adjugées au roi pendant vingt ans par le Parlement et autres juges de Normandie, et demeurées en non-valeur, VII, 567, 26996.

Carré (Le Fief), près Houdan (Seine-et-Oise), VI, 316, 20511.

Carré en Limousin : voir Corrèze.

Carretto (Fabrice), grand-maître de Rhodes, V, 397, 16717.

Carreau (François), abbé de Vaas, IV, 103, 11474.

Carrel (Étienne), notaire en la sénéchaussée de Lyon, VI, 785, 22979.

Carrel (Jean), prédécesseur du précédent, VI, 785, 22979.

Carrel (Jeanne), veuve d'Odras Bourcier VIII, 290, 32012.

Carrel (Michel), bâtard du pays de Bresse. Aubaine, VI, 659, 22340; VI, 695, 22532. Cf. VI, 692, 22519.

Carrel (Pierre), examinateur au Châtelet de Paris, chargé de la garde des biens de Gaillard Spifame, III, 159, 8226.

Carrel (Pierre), notaire au Châtelet de Paris, V, 258, 16004.

Carreleurs de Chartres, I, 498, 2625.

Carrelière, surnom : voir La Bosselière (Pierre de).

Carrere (Nicolas) : corr. Carew (Nicolas).

Carreto (Anna-Benedetta de), sœur du marquis de Final, VIII, 758, 33276.

Carretto (Constance de) ou Caret, veuve de Galéas de San Severino, I, 406, 2159; II, 49, 4085; V, 713, 18376; VII, 711, 28547.

Carretto (Paul de), évêque de Cahors, IV, 192, 11881; V, 712, 18367; VI, 143, 19627; abbé de Bonnecombe, VII, 155, 23980.

Carrichet (Jean), sommelier du Légat d'Avignon, VIII, 98, 30140.

Carrier (François), prêtre. Légitimation de son fils Jean, V, 76, 15055.

Carrier (Pierre), dit Poncier, laboureur, natif de Savoie, habitant Arles. Lettres de naturalité, VI, 620 (VIII, 398), 22178.

Carrière (Antoine), natif de Caravaggio. Lettres de naturalité, V, 51, 14928.

Carrière (Jean-Jacques), natif de Caravaggio. Lettres de naturalité, V, 51, 14929.

Carrière (Philibert de), dame de Verreysous-Salmaise, IV, 336, 12580.

Carrières : de Jaulges, VII, 748, 28799; de Saint-Leu d'Esserent, VII, 783, 29038; des environs de Narbonne, V, 760, 18660. Art de découvrir les carrières, VII, 811, 29236.

Carrières-sous-Poissy (Seine-et-Oise). Séjours du roi, VIII, 551.

Carroi-Barré (Le) ou Le Souchay, lieudit, à Limeray (Indre-et-Loire), V, 606, 17777; VI, 689, 22506.

Carrois, c^ne de Bailly-Carrois (Seine-et-Marne). Seigneurie, V, 223, 15821; V, 423, 16844.

Carrosse (Jean de), enquêteur en la sénéchaussée de Guyenne, III, 426, 9478.

Carrouer (Le), lieudit à Amboise (Indre-et-Loire), VII, 767, 28924.

Carruel (Guy) : voir Karuel (Guy).

Carte (La), c^ne de Ballan (Indre-et-Loire). Seigneurie, VIII, 42, 29620; seigneurs : voir Beaune (Guillaume et Jacques de). Séjour du roi, VIII, 472.

Carte d'Angleterre offerte à François Ier par un peintre de Flandre, VII, 758, 28863. Cartes appartenant au navigateur portugais Jean Pochet, VIII, 189, 31012.

Cartel de François Ier à Charles-Quint, I, 589, 3091; VI, 115, 19484; VI, 138, 19600; VIII, 615, 32467.

Cartel (Jean), sergent à verge au Châtelet de Paris, V, 770, 18680.

Cartes (S^r des) : voir Baudet (Jean).

Cartes à jouer : passe-temps donné au roi par don Juan d'Alman, VIII, 207, 31783; VIII, 303, 32153.

Carteville (Nicolas de), receveur de l'élection de Montivilliers, II, 315, 5370.

Cartier (Guillaume), clerc de Jean de Poncher, V, 352, 16501.

Cartier (Jacques), pilote du roi en la marine du Ponant, demeurant à Saint-Malo, VIII, 8, 29321. Voyages au Canada, II, 634, 6854; III, 42, 7655; III, 315, 8969; III, 601, 10267; IV, 148 (VIII, 374), 11680; IV, 165, 11756; IV, 591, 13759; VI, 609, 22071; sauvages amenés par lui de ce pays, III, 609, 10300; VIII, 305, 32167.

Carton (Morran), gentilhomme, II, 401, 5756.

Cartulaires : du chapitre de Guise, VII 397, 25238; des cordeliers de Pontoise. VI, 716, 22647.

Caruel (*Guy*) : voir Karuel (Guy).

Carussi (Aubert ou Aubier) ou Quarinsi, natif de la Rivière de Gênes, demeurant à Cannes. Lettres de naturalité, VI, 660, 22379; VII, 321, 24840.

Carvès (Dordogne?). Fief, VII, 349, 24994.

Carvesin : voir Carvoisin (Vespasien de).

Carville, c^ne de Darnetal (Seine-Inférieure), VII, 81, 23614.

Carvillier (S^r de) : voir Le Chevalier (Pierre).

Carvoisin (Vespasien de), Calvesin ou Carvesin, natif de Milan, écuyer d'écurie du roi, II, 51, 4096; III, 388, 9295; III, 511, 9865; IV, 89, 11409; IV, 170, 11783; VIII, 51, 29705; créancier du roi, VIII, 209, 31196. Gages et pension, II, 45, 4063; III, 525, 9934; VII, 274, 31859. Lettres de naturalité, II, 521, 6306; III, 769, 11018. Mariage, II, 144, 4563. Mission auprès du duc de Mantoue, V, 793, 18803.

Casa (Arnaud de), conseiller au Parlement de Toulouse, V, 076, 18144.

Casal ou Casale Monferrato (Italie, province d'Alexandrie), IX, 52. Originaires naturalisés français : voir Canigrolis (Jean-Baptiste de), Dominique (Jean), Sac (Raymond).

Casal (Le chevalier de), gentilhomme anglais, II, 163, 4657. Ambassade en France, IX, 97.

Casal (Galéas de), capitaine italien, VIII, 288, 31982.

Casal (Jean-Ambroise), Casale ou Cassul, marchand de lingerie de Milan, III, 93, 7915; VII, 757, 28854; VIII, 34, 29549; VIII, 162, 30753.

Casale (Antoine), marchand milanais, VIII, 37, 29585.

Casale (Grégoire), ambassadeur à Ferrare, VI, 86, 19331.

Casale Monferrato : voir Casal.

Casalmajor (Bertrand de), homme d'armes de la compagnie du feu s^r d'Esguilly, VII, 621, 27702.

Casault (Jeanne de) ou Cazault, dame de Champiré, femme d'Olivier Baraton, I, 633, 3317; I, 642, 3361; II, 145, 4569; II, 191, 4789; II, 269, 5164-5165; II, 435, 5917; II, 652, 6942; III, 766, 11008; concessionnaire de l'île d'Indret, III, 162, 8241.

Casaux (Bertrand de), prévôt de Saint-Sever, V, 203, 15711.

Casaux (Hugues de) ou Cazaulx, conseiller clerc au Parlement de Bordeaux, II, 607, 6731; second président en l'ancienne chambre des enquêtes de ladite cour, IV, 484, 13275.

Cascaret, c^ne de Bressols (Tarn-et-Garonne). Seigneurie, VII, 270, 24540.

Casei Gerola (Italie, province de Pavie) : voir Gerola.

« Caselle » en Piémont, peut-être Casella, c^ne de Cabella Ligure (Italie, prov. d'Alexandrie), III, 600, 10265.

Caseneuve (Vaucluse) : voir Bohier (Isnard).

Casenove (S^r de) : voir Lordat (Corbeyran de).

Casenove (Giraude de), VI, 374, 20816.

Casenove (Jean de), s^r de Gaillarbois. Garde-noble de ses enfants mineurs, VII, 413, 25321.

Casenove (Pierre de), juge ordinaire de la vicomté de Narbonne, V, 533, 17421.

Caserits (Palome de), VIII, 743, 33180.

Caserta (Italie). Évêque : voir Dandino (Hieronimo).

Casery : voir Carisey.

Casin, surnom : voir Paris (Jean de).

Casperc (Jean), bailli de Montbéliard, I, 102, 597.

Cas royaux, I, 722, 3770; IV, 213, 11979; IV, 220, 12012; IV, 223, 12025; IV, 309, 12446; IV, 740, 14443; IV, 749, 14481; IV, 777, 14620; VIII, 738, 33154; VIII, 759, 33290.

Cassagne (Louis de) : corr. Lasaigne (Louis de).

Cassagnes-Bégonhez (Aveyron). Foire, I, 652, 3417.

Cassanea (Jean de), juge d'appeaux des causes civiles en la sénéchaussée de Toulouse, III, 269-270, 8761.

Cassation d'un gentilhomme de l'hôtel, VIII, 596, 32371.

CASSEL (Cornelius VAN), capitaine sous Nicolas de Rustici, VIII, 181, 30930.

CASSENEUIL (Lot-et-Garonne), VII, 77, 23593.

CASSINIS (Jean-Baptiste DE), teinturier en garance, natif de Savone, établi à Rouen. Lettres de naturalité, VI, 288, 20370.

CASSIS (Bouches-du-Rhône). Exemption de subsides en considération du guet, VIII, 636, 32577.

CASSONEL (Claude), notaire à Lyon, VI, 669, 22397.

Cassul (Jean-Ambroise) : voir CASAL (Jean-Ambroise).

CASTANET (Haute-Garonne). Autorisation aux consuls de porter des chaperons de drap mi-partie rouge et noir, II, 513, 6270. Foires, II, 571, 6540.

CASTANET (Eutrope DE), VII, 272, 24555.

CASTANS (Aude), II, 494, 6180; cf. IV, 171, 11786.

CASTÉJAC (Gabriel DE), CASTIGEAC ou CASTILLAC, page de l'écurie, puis portemanteau du roi, I, 583, 3065; II, 16, 3916; II, 209, 4881; VII, 713, 28562.

Castel (Antoine de) : voir CASTELLO (Antoine DE).

CASTEL (Jean), de Tancarville, faux monnayeur, condamné à être bouilli vif. Confiscation de ses biens, III, 689, 10661; VI, 516, 21574; VII, 572, 27058.

CASTEL (Pierre), essayeur de la Monnaie de Tours, VI, 325, 20561.

Castel (Raymond de) : voir CASTELPERS (Raymond DE).

Castelbajac (Hautes-Pyrénées). Baron : voir TRESPART (Gaston).

CASTELBAJAC (Jean, dit DE), fils naturel de Gaston Trespart. Légitimation, VI, 263, 20240.

CASTELBAJAC (Menault DE) ou CASTELBAYARD, gentilhomme de la maison du roi de Navarre, III, 43, 7662.

Castelculier (Lot-et-Garonne). Capitaine : voir BALSAC (Thomas DE).

Casteldelfino (Italie, prov. de Coni). Capitaine : voir ESCALIN (Antoine). Garnison, VIII, 186, 30986. Gouverneur : voir BONNE (Honorat DE).

CASTELET (François), avocat au bailliage d'Amiens, nommé à l'un des deux nouveaux offices de conseillers audit bailliage, VII, 353, 25014.

CASTELLA (Lot-et-Garonne). Seigneurie, VII, 263, 24507.

CASTELLAN (Damien), originaire du comté de Nice, demeurant à Dijon, contrôleur des fortifications de Bourgogne, II, 639, 6876. Lettres de naturalité, VI, 241, 20121.

CASTELLAN (Girardin), officier ordinaire de l'artillerie, I, 507, 2675.

CASTILLAN (Laurent), procureur des pauvres au Parlement d'Aix, IX, 184.

CASTELLANE (Basses-Alpes).
—— *Domaine.* Droits cédés à Jean de Berre, IV, 623, 13913. Jardin du roi, VII, 358, 25038. Revenus concédés à Louis Alamanni, VII, 284, 24618; à Ottobone Spinola et à Baptime de Larca, sa femme, II, 659, 6970; III, 412, 9410; VII, 60 (VIII, 401), 23512; VII, 90, 23660; VII, 194, 24170; VII, 200, 24197, 24199; VII, 275, 24566; VIII, 657, 32695.
—— *Judicature.* Juges, capitaines et bailes : voir CONVENIS (Jean DE); LION (Accurse DE). Procureur : voir MONTANIER (Jean). Ressort, III, 244, 8646.
—— *Viguerie*, VIII, 710, 32996; viguier : voir VILLENEUVE (Gaspard DE).
—— *Ville.* Augustins, II, 542, 6399. Contrôleur des deniers communs : voir RICHIEUD (Balthazar). Fermier des droits, profits et émoluments : voir TOUSSAINT (Jean). Habitant d'origine étrangère, naturalisé français : voir GALLESIA (Bernard DE).

CASTELLANE (François DE). Procès contre Jeanne de Glandèves, VII, 175, 24079.

CASTELLANE (Gasparde DE). Succession, III, 730 (VIII, 406*), 10850.

CASTELLANE (Jean-Baptiste et Louis DE). Procès criminel, IV, 782, 14644.

CASTELLANE (Melchior DE), s^r d'Allemagne, VI, 373, 20815; VII, 403, 25271. Lettres d'abolition, VIII, 640, 32650.

Castellanus : voir DU CHÂTEL (Pierre).

CASTELLAR (Italie, prov. de Coni), VII, 192, 31044.

CASTELLANO (Nicolas DE), marchand à Lyon, natif de Savone. Lettres de naturalité, VI, 264, 20243.

CASTELLET-LÈS-SAUSSES (Basses-Alpes). Privilèges de la ville, I, 72, 426. Seigneurie, VII, 403, 25271.

CASTELLO (Antoine DE), DE CASTEL ou DU CASTEL, gentilhomme italien, VIII, 81, 29974; VIII, 220, 31296. Mission pour la visite des places de Picardie, VIII, 24, 29449; VIII, 40, 29608.

CASTELLO (Bernardin DE), marchand espagnol, I, 204, 1131.

CASTELLO (Martin DE), natif du pays basque, en Castille, habitant Bordeaux. Lettres de naturalité, VI, 99, 19403.

« CASTELLUCHA » au royaume de Naples, VII, 149, 23945. Il s'agit évidemment d'une des communes du nom de CASTELLUCCIO, sises dans les limites de l'ancien royaume de Naples, savoir : C. DE' SAURI et C. VALMAGGIORE (prov. de Foggia), C. INFERIORE et C. SUPERIORE (prov. de Potenza), et C. IN VERRINO, auj. Verrino (prov. de Campobasso).

CASTELMAURE, c^ne d'Embres-et-Castelmaure (Aude). Demande d'exemption, VI, 422, 21071.

Castelmoran : corr. CASTELMORON.

CASTELMORON-SUR-LOT (Lot-et-Garonne) : voir SERMET. Châtellenie, VII, 256, 24467.

CASTELNAU, seigneurie confisquée sur Jean Isalguier et donnée à Henri Boyer, I, 143, 821; V, 243, 15927.

Castelnau (*S^r de*) : voir GUERRES (Pierre DE).

CASTELNAU (Antoine DE), évêque de Tarbes; conseiller au Grand Conseil, III, 594, 10236; III, 650, 10486. Ambassades, VIII, 162, 30754; en Angleterre, III, 77, 7834; III, 160, 8230; III, 176, 8307; III, 199, 8421; III, 203, 8444; III, 206, 8459; III, 211, 8482; III, 216, 8511; III, 225, 8555; III, 249, 8669; III, 421, 9456; III, 468, 9663; III, 472, 9683; III, 501, 9819; III, 529, 9952; III, 586, 10203; VIII, 40, 29685; VIII, 228, 31379-31380; en Espagne, III, 586, 10202; III, 590, 10219; III, 660, 10531; III, 710, 10762; III, 714, 10778; IV, 29-30, 11141-11142; IV, 51, 11235; VIII, 160, 30730; VIII, 178, 30911; VIII, 193, 31045; VIII, 289, 31993-31994; VIII, 292, 32026. Son serviteur : voir HARAULDE (Jean DE).

CASTELNAU (Jean DE), baron de Calmont-d'Olt, I, 158, 903.

CASTELNAU (Jean DE), portier de la maison du roi, II, 47, 4077.

CASTELNAU (Jean, s^r DE), V, 217, 15789.

CASTELNAU (Louis DE), évêque de Tarbes, V, 7, 14693.

CASTELNAU (Marie DE), VI, 419, 21057.

Castelnau (*Pierre de*) *de Clermont* : voir CLERMONT-LODÈVE (Pierre DE).

CASTELNAU-CHALOSSE (Landes). Baronnie, VII, 260, 24490.

CASTELNAUDARY (Aude). Foires, I, 462, 2446; I, 499, 2627. Habitant d'origine étrangère, naturalisé français : voir DYAC (Grégoire). Séjours du roi, VIII, 551.

Castelnaud-de-Berbiguières auj. *Castelnaud-et-Fayrac* (Dordogne). Seigneur : voir CAUMONT (Charles DE).

CASTELNAUD-DE-GRATTECAMBE (Lot-et-Garonne). Foires, I, 685, 3580.

CASTELNAU-DE-MÉDOC (Gironde). Seigneurie, VII, 51, 23467.

CASTELNAU-D'ESTRETEFONDS (Haute-Garonne). Baronnie, VII, 245, 24416; VIII, 292, 32031.

CASTELNAU-PÉGAYROLS (Aveyron). Seigneurie, VII, 254, 24459.

CASTELNAU-PICAMPEAU (Haute-Garonne). Seigneurie, VII, 16, 23286.

CASTELNEUF (Guillaume DE), VII, 253, 24455.

CASTELNUOVO (Autriche-Hongrie, Tyrol). Seigneurie, V, 277, 16101; V, 357, 16523.

CASTELNUOVO D'ASTI (Italie, prov. d'Alexandrie). Foires, III, 737, 10878. Fortifications, VI, 796, 23034. Remises de droits, III, 716, 10789; VI, 820, 23190.

CASTELPERS (Annet DE), III, 653, 10504.

CASTELPERS (Guyon DE), prieur de Saint-Léons. Serment de fidélité, VII, 275, 24567.

CASTELPERS (Jean DE) ou CHÂTEAUPERS, protonotaire du Saint-Siège, VII, 245, 24418.

CASTELPERS (Jean DE) ou CHÂTEAUPERS, s^r de Panat, VII, 245, 24418.

Castelpers (Raymond de), Castel ou Châteaupers, baron de Panat, vicomte de Peyrebrune, l'un des cent gentilhommes de l'hôtel, III, 533, 9968; VII, 12, 23264; VII, 64, 23532; VII, 64, 23532; VII, 580, 27173. Sa veuve : voir Oignies (Madeleine d').

Castelsagrat (Tarn-et-Garonne) : voir Bresuguet.

Castelsarrasin (Tarn-et-Garonne). Domaine, V, 397, 16715. Péage, III, 207, 8463. Privilèges de la ville, V, 210, 15749. Siège particulier de la jugerie de Villelongue, VI, 288, 20372; voir « Ellecassier ».

Castelsarrazin (Landes). Baronnie, VII, 260, 24490.

Castelspina (Italie, province d'Alexandrie) ou Castrospina, VIII, 318, 592 *bis*.

Castelvieil, c^{ne} d'Albi (Tarn). Seigneurie, V, 533, 17418.

Castera (Le) [Haute-Garonne] : voir Pradère. Privilèges, IV, 171, 11786 (il est possible que cette pièce concerne en réalité Castans [Aude]). Seigneurie, VII, 540, 26637; VII, 676, 28225; VIII, 685, 32309.

Castera (Gabriel de), VII, 654, 28034.

Castéras : voir Castera (Le) ou peut-être plutôt Castans.

Casteras (*De*) : voir Du Bouzet (Jean).

Castera-Verduzan (Gers). Foires, I, 557, 2928.

Castets (*S*[r] *de*) : voir « Guoulz » (Jean de).

Castigeac (*Gabriel de*) ou *Castillac* : voir Castéjac (Gabriel de).

Castille, royaume : voir Aranda, Calahora, « Falvarière », Motina, Rioseco, Vitoria. Connétable : voir Velasco (Pedro-Fernandez de). Monnaies, IV, 358, 12683; IV, 581, 13718; V, 65, 14999. Originaires naturalisés français : voir Castello (Martin de), Docaris (Jean), Paréja (Martin de). Roi : voir Philippe le Beau. Trésorier : voir Vargas (François de).

Castille, surnom : voir Lemère (Jean).

Castille (*Blanche de*) : voir Blanche de Castille.

Castillon (*Commandeur de*) ou *Châtillon* : voir Spifame (Pierre).

Castillon (*S*[r] *de*) : voir Parent (François). Perreau (Louis de).

Castillon (*Le jeune*) : voir Perreau (Jacques de).

Castillon (Charles de), s[r] de Luppé, bailli d'Étampes, VI, 181, 19819.

Castillon (Jean de), V, 305, 16251; VIII, 316, 416 *bis*.

Castillon (Jean-Antoine de), originaire de Milan, médecin ordinaire de François Ier. Lettres de naturalité, I, 427, 2261.

Castillon (*Jean-Jacques de*) : voir Castion (Jean-Jacques de).

Castillon (Jean-Louis de). Pension, V, 809, 18881.

Castillon-de-Castets (Gironde), VII, 406, 25285.

Castillonnès (Lot-et-Garonne). Privilèges, I, 136, 782. Seigneurie, VII, 21, 23309.

Castillon-sur-Dordogne (Gironde). Vicomté, VII, 51, 23467; VII, 281, 24600.

Castilly (Calvados). Seigneurie, VI, 318, 20522.

Castion (Jean-Jacques de), Castione ou Castillon, un des cent gentilhommes de l'hôtel, natif de Milan, III, 669 (VIII, 368*), 10572. Ambassades au pays des Grisons, III, 393, 9318; III, 646, 10471; III, 713, 10773; III, 739, 10890; IV, 140, 11643; IV, 361, 12692; IV, 379, 12781; VII, 101, 30173-30174; VIII, 92, 30077; VIII, 160, 30734; VIII, 174, 30870; en Suisse, IX, 83. Lettres de naturalité, IV, 137, 11629. Mission secrète en Italie, V, 784, 18751. Pension, II, 401, 5756; III, 33, 7614; VII, 658, 28061.

« *Castrefaz* », maison écossaise. Descendant : voir Le Forestier (Gabriel).

Castres (Tarn). Auditoire du juge, VIII, 798*, 17227. Session des États de Languedoc, V, 658, 18048 : voir Castrois.

—— *Comté* : concédé au duc d'Albany, VII, 109, 24193; à la marquise de Saluces, I, 402, 2141; I, 480, 2538; I, 495, 2605; IV, 95, 19378; VII, 125, 23858; VII, 521, 26390; à la duchesse douairière de Vendôme, I, 698, 3651; VI, 237, 20103; VII, 565, 26971. Hommage d'Alain, seigneur d'Albret, V, 250, 15963.

—— *Diocèse* : voir Manas (Dominique et François de). Recouvrement des deniers des dons gratuits, VIII, 81, 29979.

—— *Évêché*. VI, 255, 20195; VII, 176, 24084. Évêques : voir Martigny (Pierre de), Tournon (Jacques de).

—— *Recette ordinaire*, VI, 51, 19166.

—— *Sénéchaussée*. Juridiction du sénéchal, III, 107, 7978. Ressort : biens de Gabriel de La Palu, VIII, 349, 24994; de Guillaume de Lévis, VIII, 323, 1158 *bis* : voir Bez (Le), Brassac, Burlats, Cambounès. Sénéchal : voir La Palu (Gabriel de).

—— *Ville*. Habitant d'origine étrangère naturalisé français : voir Foglerini (Jean-Marie). Emprunt de guerre, IV, 346, 12629.

Castres (Dame de) : voir Bacques (Jeanne de).

Castrevau (Pierre de), page de l'écurie, I, 583, 3065.

Castries, seigneurie en Rouergue, VII, 249, 24435.

Castrois. Terres basses, VII, 51, 23467.

Castron (J.-J. de) : corr. Castion (Jean-Jacques de).

Castrospina : voir Castelspina.

Cat (Antoine), s[r] de Cocural, I, 549, 2885; I, 667, 3492.

Cataigne (Frédéric) ou Cathaigne, archer de la garde, V, 363, 16552. Missions à Rome, I, 196, 1091; V, 382, 16644; IX, 58.

Catain (Christophe). Lettres de naturalité avec autorisation de tenir des bénéfices en Provence, VII, 20, 23306.

Catain (François), maître d'hôtel de Louis XII, VII, 20, 23306.

Catalde (Antoine de), natif du royaume de Naples. Lettres de naturalité, VI, 518, 21583.

Catalogne, province d'Espagne. Draps : importation interdite, I, 142, 815. Gouvernement, V, 787, 18772. Originaires naturalisés français : voir Aiguevive (Gaspard d'), Ferrier (Jean IX), Gaures (Pierre-Louis de), Péguière (Louis de), Res (Pierre de), Saporta (Louis), Villela (Jean et Michel de).

Câteau-Cambrésis (Le) [Nord]. Séjours : de Charles-Quint, 22 septembre 1544, IV, 675, 14146; du roi, VIII, 551; de la reine, III, 116, 8024.

Catelet (Le) [Aisne]. Garnison, IV, 407, 12904. Séjour du roi, VIII, 551.

Catenoy (Oise) : voir Villers.

Cathaigne (Frédéric) : voir Cataigne (Frédéric).

Cathalami (Jean), lieutenant général du juge ordinaire de Carcassonne, VI, 246, 20148.

Cathelot, folle de la reine et de Mesdames, II, 614, 6762; III, 203, 8455; III, 336, 9064.

Catherine (Sainte) : figure en or, VII, 804, 29192.

Catherine. Légitimation de sa fille Michelle Louau, VI, 56, 19141.

Catherine, grecque, VIII, 635, 32568.

Catherine, veuve de Jean de Trignac, III, 347, 9116.

Catherine (Jean), conseiller au Parlement de Dijon, IV, 429, 13017-13018.

Catherine d'Aragon, reine d'Angleterre, V, 511, 17304.

Catherine de Foix, reine de Navarre, I, 26, 150; VIII, 331, 1908.

Catherine de Médicis, duchesse d'Urbin; héritière de la maison de Boulogne, II, 748, 7373; II, 750, 7384; II, 754, 7402; III, 305, 9060; III, 618, 10339; III, 656, 10513; V, 475, 17122; VI, 658, 22336; VII, 476, 25851; VII, 477, 25863; VII, 569, 27017; VII, 569, 27024; cf. Boulogne-sur-Mer, *Famille comtale*. Biens, VI, 658, 22336. Conseil : voir Valence (François de). Dons qu'elle reçoit du roi, II, 76, 4222; II, 433, 5905; II, 525, 6321; II, 595, 6664; II, 623, 6806; III, 609, 10301; III, 649, 10482; V, 481, 27150. Lettres de naturalité, I, 185 (VIII, 322), 1039; II, 582, 6596; II, 619, 6785; VIII, 637, 32579. Majorité, VI, 591, 21979; VI, 593, 21989. Mariage avec le duc d'Orléans, depuis dauphin, II, 530 (VIII, 351[a]), 6370; II, 536, 6373; II, 587, 6623; VI, 341, 20644; IX, 55. Sauvegarde, V, 493, 17214. Séjour à Fréjus, VIII, 254, 31642; à Villeneuve-de-Tende et à Aiguesmortes, III, 677, 10613; VIII, 280, 31902; VIII, 281, 31905. Soins qu'elle reçoit après s'être démis le bras, VIII, 119, 30354. Tutelle, I, 433, 2292; VII, 474, 25834.

—— *Maison*, II, 599, 6686-6687; II, 618, 6781; III, 173, 8294; III, 276, 8795; IV, 164, 11751; IV, 665, 14104; VII, 809, 29222; VIII, 27, 29476. Argenterie, II, 508, 6249. Argentier : voir Rossi (Robert de). Demoiselles : voir Albany (Éléonore d'), Boni (Madeleine de), Bonnoie (Léonore), Lyonnette, Rodulphe (Lucrèce de). Écuyers d'écurie : voir La Borée, La Staphe (Pandolphe de). Femme de chambre : voir Levant (Marguerite de). Fille de chambre : voir Haston (Hélène de). Fruitier : voir Girard (Jean). Gentilhomme : voir Alamanni (Louis). Maître d'hôtel : voir Seguysse (Jean-Baptiste). Panetiers : voir André (Jean), Brosses (de). Secrétaire et clerc d'office : voir Odeau (Élie). Sommelier de l'échansonnerie : voir Marguerie (Jean). Tapissier : voir Herbannes (Salomon de). Valet de chambre : voir Spanyolle (Blaise de). Valet de fourrière : voir Thomas (Jean). Valet de pied : voir Mare (Georges-Antoine de). Cf. Maison de Mesdames.

Catheux (Oise). Seigneurie, V, 351, 16494.

Cathin (Audebert) : voir Catin (Audebert).

Catillon (Nord). Séjour du roi, VIII, 551.

Catholique (Le roi) : voir Charles-Quint.

Catillon (Oise), VI, 405, 21296.

Catin (Audebert) ou Cathin, commis au payement : de la compagnie d'Anne de Montmorency, III, 71, 7806; III, 120, 8042; III, 295, 8881; III, 409-410, 9400-9401; III, 480, 9720; VII, 715, 28572; VII, 751, 28818; VIII, 29, 29489; VIII, 102, 31043; VIII, 232, 31418; VIII, 285, 31961; des bâtiments du collège des Trois-Langues, VI, 576, 21902.

Cato (Lodovico), envoyé de Ferrare, IX, 119.

Catti (Jean), prieur du couvent des frères prêcheurs de Saint-Maximin et de la Sainte-Baume, VIII, 733, 33126, 33129; VIII, 746, 33194.

Caubiac (Haute-Garonne). Justice, VII, 100, 23707.

Cauchoire (Pont de la), près Ardres, IX, 103.

Cauchois (Guillaume), sergent à verge au Châtelet de Paris, III, 618, 10342.

Cauchon (Jean), premier huissier du Parlement de Rouen, I, 166, 945.

Cauchon (Jeanne), lingère à Blois, II, 480, 6120-6121.

Cauchon (Nicolas), s[r] de Maupas, II, 613, 6757.

Cauchon (Regnaut), contrôleur de l'élection de Reims, III, 177, 8311.

Caudebec-en-Caux (Seine-Inférieure), III, 43, 7663; III, 53, 7712; voir Le Tellier (Pierre), Luguet (Hugues). Mouvance, V, 564, 17567; VI, 282, 20337; VI, 316, 20512; VI, 643, 22256; VI, 644, 22258 : voir Ancretteville, Autretot, Beuzemouchel, Bouville, Commanville, Doudeville, Épinay-sur-Duclair, Fief-aux-Maillots (Le), Grand-Camp, Lanquetot, Lintot, Theuville-aux-Maillots. Séjour du roi, VIII, 551.

—— *Élection.* Contrôleur : voir Piart (Jean). Élus : voir Doucher (Pierre), Houel (Jean), Maromme (Jean de), Nepveu (Jean et Martin), Pinel (Michel). Greffe, VI, 804, 23073. Procureurs du roi : voir Desmares (Adam et Guillaume), Guéroult (Guillaume), Houel (Pierre).

—— *Grenier, puis magasin à sel.* Contrôleur : voir Le Preux (Guillaume). Grènetiers, VIII, 36, 23397. Procureurs du roi, VII, 139, 23902.

—— *Sergenterie*, V, 320, 16330.

—— *Vicomté* : comprise dans le ressort de la recette générale de Rouen, VI, 680, 22509. Création d'un office de contrôleur du domaine, II, 127, 4480. Recette ordinaire, II, 416, 5826; II, 609, 6742; V, 810, 18886. Ressort : voir Allouville-Bellefosse, Ausseville, Auzouville-Auberbosc, Baons-le-Comte (Les), Bellangues, Bolbec, Fiéferme-au-Menuet (La), Gruchet (Le), Ricarville, Villequier. Vicomtes : voir Baillon (Michel, Odet et Pierre de), Le Bacquelier (Michel).

—— *Ville.* Capitaine : voir La Perdelière (François de). Création d'un office d'auneur de draps, V, 11, 14710. Deniers communs recelés, VII, 663, 28104. Receveur des deniers communs : voir Bauquier (Adrien).

Caudebert (Jeannot de) : voir Gaudebert (Jeannot de).

Caufépée (Raymonet de), contrôleur du grenier à sel de Blois, VII, 463, 25735.

IMPRIMERIE NATIONALE.

CAULARD (Jacques), receveur des deniers communs de Lyon, VI, 709, 22608.

Caule-Sainte-Beuve (Seine-Inférieure) : voir SAINTE-BEUVE.

CAUTIER (Jean), Missions diplomatiques, IX, 110, 116.

CAULIER (Pierre), V, 642, 17990.

Caulland (De) : voir HAUTECLÈRE (Geoffroy DE).

CAUMARTIN, c^ne de Crécy-en-Ponthieu (Somme). Fief, II, 102, 4353.

Caumont (Calvados) : voir FERRIÈRE (LA).

CAUMONT (Gironde), VI, 325, 20559.

CAUMONT (LA SAUVETAT DE), I, 57, 334.

CAUMONT (Charles, s^r DE) et de Castelnaud-de-Berbiguières, I, 472, 2495; V, 518, 17338.

CAUMONT (François DE), VII, 256, 24467.

CAUMONT (François DE), vicomte de Lauzun, gentilhomme de la chambre, II, 684, 7088; II, 692, 7125; VI, 686, 22495; VIII, 20, 29415; VIII, 215, 31251. Compagnie : voir DU RÉEL (Pierre).

CAUMONT (François), s^r de Rouffignac, III, 393, 9321.

CAUMONT (Guillemette DE), VI, 361, 20749.

CAUMONT (Henri DE), VI, 504, 21508.

CAUMONT (Jean DE). Pension, VIII, 150, 30647.

CAUMONT (Nicolas DE), VII, 653, 28025.

CAUMONT (Pierre DE), s^r de Froberville, VI, 513, 21554.

CAUMONT-SUR-GARONNE (Lot-et-Garonne). Baronnie, VII, 256, 24467. Foires et marchés, V, 653, 18020.

CAUNA (Bertrand DE), chanoine, VII, 419, 25366.

Caune : corr. TANNAY.

CAUPÈNE (François DE), s^r de Gaujac, homme d'armes de la compagnie de M. de Lautrec. Relèvement de montre, VI, 20, 19011.

Caupenne : voir COPPENS.

CAUQUELIN (René DE), maître d'hôtel ordinaire du roi, III, 278, 8804. Cf. QUANQUELIN (René DE).

CAURRON, c^ne de Nanteuil-la-Fosse (Aisne). Fief, II, 715, 7229.

CAUSSADE (Tarn-et-Garonne). Seigneurie, VII, 266, 24523.

« CAUSSADE ». Baronnie, VII, 489, 25976.

CAUSSANS (François DE), vice-amiral de Guyenne en l'absence du marquis de Saluces, I, 608, 3186.

« CAUSSEUX ». Haute justice, VII, 513, 26282.

Cautelou : voir CANTELOU.

CAUTION exigée de ceux armant en course contre les Anglais et les Espagnols, VII, 470, 25805.

CAUVERVILLE, c^ne de Fresne-Cauverville (Eure). Seigneurie, VI, 791, 23007.

CAUVICOURT (Calvados), VI, 289, 20377.

Cauville (Seine-Inférieure) : voir BUGLISE, RAIMBERTOT.

Cauvinière-Launay (S^r de la) : voir DES HAYES (Geoffroy).

CAUX (Hérault). Foire, II, 542, 6400.

CAUX, fief sis à la Folletière (Seine-Inférieure), V, 564, 17567.

CAUX (BAILLIAGE DE), compris dans le département actuel de la Seine-Inférieure. Aliénation du domaine, I, 275, 1490; VII, 76, 23587. Ban et arrière-ban, I, 158, 900. Forçats, V, 738, 18515. Impôts, IV, 400 (VIII, 378), 12875; VI, 803, 23068; VI, 825, 23184; sur le clergé, VII, 103, 23721; VII, 419, 25370. Lieutenant général : voir ANDRÉ (Pierre). Mesures pour le bois, VI, 397, 20936. Procès de Jean Castel, faux monnayeur, III, 689, 10661. Recettes, VII, 439, 25529. Ressort, I, 480, 6118; VI, 545, 21733; VI, 800, 23102; VII, 110, 23757-23758; VII, 514, note; VIII, 798, 17090; voir BERVILLE, MAULÉVRIER; biens de Louis de Fretel, II, 10, 3884; du prieuré de Saint-Lô de Rouen, VI, 457, 21252; ne comprend pas le comté d'Eu, IV, 606, 13830; IV, 748, 14476; VII, 94, 23680; vicomtés : voir ARQUES, CAUDEBEC-EN-CAUX, MONTIVILLIERS et NEUFCHÂTEL-EN-BRAY; voir aussi MONSURES (Louis DE), RIGOULT (Richard).

Caux (Chef-de-) : voir CHEF-DE-CAUX.

CAUX (Antoine DE), écuyer en la cuisine de bouche, II, 15, 3910; III, 645, 10466; V, 43, 14886; VII, 662, 28100.

CAUX (François DE), VII, 441, 25560.

CAUX (François DE), prévôt de l'artillerie de Bretagne, VIII, 576, 32266.

CAUX (Gaspard), procureur d'office en la châtellenie d'Ussel, VI, 632, 22193.

CAUX (Jacques DE), écuyer en la cuisine de bouche, II, 205, 4859; IV, 741, 14448; V, 20, 14766; V, 41, 14872; VII, 662, 28100; cf. V, 46, 14902.

CAUX (Pierre DE), fourrier de la reine Éléonore, III, 748, 10931.

CAUX (Pierre DE), receveur des deniers communs d'Amboise, VI, 691, 22515; VII, 580, 27179.

CAUX (Robert DE), écuyer de cuisine de bouche, III, 424, 9468; VII, 548, 26758; VII, 683, 28290.

Cauzac (Lot-et-Garonne). Seigneur : voir THIEVRAS (Pierre-François DE).

CAVAILLON (Vaucluse). Originaires naturalisés français: voir CARBONET (Guillaume), NOGUET (Accurse), PERRETI (Nicolas), PRÉVOST (Catherine). Permission à la ville d'amener sur son territoire l'eau de la Durance, III, 420 (VIII, 406), 9449; VIII, 665, 32745. Séjours du roi, VIII, 551. Viguerie, VIII, 662, 32721.

Cavalerie albanaise : voir ALBANAIS.

CAVALIER (Benoît), natif de «Mirasca» au comté de Tende, habitant Bagnols. Lettres de naturalité, VII, 342, 24953.

CAVALIER (Jean), juge de Millau, VI, 370, 20799.

Cavalière-major : voir CAVALLERMAGGIORE.

CAVALIERI (Antoine et Jean), marchands de Lucques, I, 522, 2754.

CAVALLERMAGGIORE (Italie, prov. de Coni). Seigneurie, VI, 445, 21187.

CAVALLI (Marino), ambassadeur vénitien, IX, 134.

CAVALLIER (Pierre), espagnol habitant Marseille. Lettres de naturalité, VII, 282-283, 24609.

CAVAUX (Marie DE), VI, 462, 21277.

CAVE (LA), c^ne^ de Bois-le-Roi (Seine-et-Marne), IV, 262, 12224.

CAVEIRAC (Gard). Seigneurie, VI, 308, 20469.

CAVELIER (Nicolas), conseiller lai au Parlement de Rouen, VIII, 730, 33107.

CAVELIER (Robert), secrétaire du roi, V, 182, 15601.

«CAVES» de vin, à Amiens, VII, 591, 27329.

CAVES (LES), c^ne^ de Lurey (Marne), seigneurie en la paroisse de Conflans, VII, 159, 23999.

CAVRIANO (Italie, prov. de Mantoue), CAMBRIANO ou LA CAVRIANE. Seigneur : voir FORLANE (Emilio).

Cavron : corr. CAURON.

Cavron (S^r^ de) : voir BOSSUT (Claude DE).

ÇAYAS (Diego DE), VIII, 281, 31906.

Cayeux (Somme). Comte : voir CLÈVES (Louis DE).

Caylus (baron de) : voir LÉVIS (Antoine DE).

CAYLUX (Tarn-et-Garonne), I, 143, 820.

Cayras : voir CHERASCO.

CAYRAST (Laurent), natif de Finale Pia, établi à Marseille. Lettres de naturalité, VI, 649, 22285.

Cayrol (Le) (Aveyron) : voir BONNEVAL.

CAYROLIS (Gaillard DE), prêtre. Légitimation de son fils Gaillard, V, 680, 18210.

Cays (Honorat de) : voir CAIX (Honorat DE).

CAYSSIALS (Amaury) ou CAISSIELS, juge-mage de Rouergue, I, 627, 3283; II, 613, 6760; conseiller lai au Parlement de Toulouse, III, 229, 8574.

CAYSSOTI (Antoine), greffier au Parlement d'Aix, VII, 73, 23575.

CAZAL (Jean DE), payé de fournitures à l'armée de mer, I, 408, 2171.

CAZAL (Martin), natif de Biscaye, maître-facteur et conducteur du navire espagnol *Sainte-Marie*, VII, 440, 25551.

Cazault (Jeanne de) : voir CASAULT (Jeanne DE).

CAZAULX (Guillaume DE), VIII, 694, 32900.

Cazaulx (Hugues de) : voir CASAUX (Hugues DE).

CAZAULX (Philippe DE), marchand de Marseille, VIII, 687, 32862.

CAZELLES (Jehannot DE), marchand, II, 113, 4406.

CAZENAC (François DE), VII, 252, 24452; VII, 253, 24457.

Cazenac (Jacques de), VII, 254, 24457.

Cazenac (Marguerite de), femme d'Antoine de Crantelle, VII, 252, 24450.

Cazes (Arnaud de), conseiller au Parlement de Toulouse, III, 337, 9071.

Céaux (Vienne) : voir Chavagne.

Cecilian (Colle), gentilhomme vénitien, VIII, 119, 30346.

Cecilian (Fabrice), gentilhomme et ingénieur du royaume de Naples. Mission à Boulogne pour la visite des fortifications, VIII, 222, 31317; en Guyenne pour pareil objet, VIII, 185, 30974.

Ceciliano (Valentino), VII, 776, 28913.

Cèdes des notaires décédés, IV, 585, 13731.

«*Ceinture de la Reine*». Fermier : voir Desmarquets (Jean).

Célestins, I, 133, 767; IV, 576, 13698; d'Ambert, I, 59, 349; I, 99, 577; VII, 507, 26205; d'Avignon, V, 210 (VIII, 410"), 15748; V, 641, 17952; de Colombier-le-Cardinal, V, 631, 17898; de Lyon, II, 279, 5204; II, 591, 6645; IV, 163, 11746; V, 657, 18045; V, 803, 18851; VI, 640 (VIII, 801"), 22240-22241; VII, 528, 26475; VII, 649, 32648; VIII, 57, 29758; d'Offémont, II, 98, 4332; de Paris, I, 30, 165; I, 303, 1646; I, 302, 1931; de Saint-Pierre-au-Mont, IV, 695, 14234; IV, 701, 14260; de Vichy, III, 518, 9899.

Célestins (Rue des), à Paris, II, 98, 4331.

Célibat. Dispense de cet état pour l'exercice d'offices de conseillers clercs, I, 285, 1540; I, 351, 1877; I, 372, 1984; I, 378, 2007; I, 411, 2187; I, 459, 2426; I, 621, 3254; II, 235, 5001; II, 477, 6105; III, 217, 8515; IV, 231, 12069; IV, 287, 12337; IV, 327, 12534; IV, 362, 12698; IV, 430, 13023; IV, 608, 13840; IV, 725, 14374; IV, 741, 14449; V, 702, 14544; V, 59, 14968; V, 662, [illegible]069; VII, 243, 24407; VII, 489, [illegible]974; VII, 489, 25977; VII, 495, 26058; VII, 496, 26072; VII, 497, 26075; VII, 498, 26090; VIII, 750, 33215.

Celland, c^ne^ de Brecey (Manche). Seigneurie, V, 361, 16544.

«*Celle*» au marquisat de Saluces, peut-être *Celle*, c^ne^ de Bonvicino (Italie, prov. de Coni) : voir Aymar (Jean).

Celle (La), abbaye à Poitiers, I, 452, 2389.

Celle-Bruère (*La*) [Cher] : voir Bruère.

Cellefrouin (Charente). Châtellenie, I, 562, 2953.

Celle-Guenaud (La) [Indre-et-Loire] : voir Razilly. Fortifications, V, 75, 15052.

Celles (*S^r^ de*) : voir Ferulli (Antoine de).

Celle-Saint-Cloud (La) [Seine-et-Oise], III, 272, 8772.

Celles-sur-Belle (Deux-Sèvres). Séjour du roi, VIII, 551.

Cellettes (Loir-et-Cher) : voir Conon, Marpaudière (la), Russy (Buisson de). Résidence d'un sergent du bailliage de Blois, V, 45, 14897.

Cellier (le), c^ne^ de Laval-Roquecezière (Aveyron). Terre et juridiction, VII, 249, 24436.

Cellini (Benvenuto), orfèvre, natif de Florence, V, 35, 14834; VII, 575, 27101, 27103; cessionnaire du Petit-Nesle, VI, 760, 22859. Lettres de naturalité, IV, 357, 12681.

Cely (Seine-et-Marne). Foires, VI, 437, 21148.

Cembres (Girard), natif de Brabant, serviteur du cardinal de Châtillon. Lettres de naturalité, III, 349 (VIII, 364"), 9126.

Cénalis (Robert), évêque d'Avranches, VI, 297, 20419; de Vence, chanoine de la Sainte-Chapelle de Paris, V, 698, 18280.

Cename (Geoffroy de), natif de Venise. Lettres de naturalité, VII, 595, 27390.

Cenan, c^ne^ de Lappuie (Vienne). Seigneurie, VIII, 610, 32444.

Cenaret (Maffre de), VII, 665, 28124.

Cendrées : des mines du Nivernais, I, 106, 618; déposées à la Monnaie de Villefranche-de-Rouergue, I, 154, 880.

Cendrey (Le s^r^ de), maître des eaux et forêts de Blois, III, 603, 10275.

Cène représentée sur une tapisserie, II, 568, 6525.

Cenepolle (Anne de), originaire du Comtat-Venaissin, demeurant à Arles. Lettres de naturalité, VI, 666, 22380.

CENS perpétuels imposés à prix d'argent par les gens de mainmorte. Annulation, VIII, 689, 32870.

CENSE (DROIT DE) COMMUNE dû par les habitants de Fismes, VII, 606, 27521.

CENSIF (DROITS DE), I, 52, 308; I, 76, 450.

CENSIVES. Tenure interdite aux gentilhommes, IV, 98, 11454.

CENSURE de la librairie, III, 426, 9476; III, 509, 9854; VIII, 650, 32656.

CENTAL ou CENTALLO (Italie, prov. de Coni). Seigneurie, VII, 124, 23830. Seigneurs : voir BOULIERS (Antoine et Louis DE).

CENT ANS (GUERRE DE), en Normandie, VIII, 391, 17325.

Cent gentilshommes de l'hôtel : voir GENTILSHOMMES DE L'HÔTEL.

Centômes (Jean de) : voir CHANTOSME (Jean DE).

Centrès (Aveyron) : voir TAYAC.

CENTSOLS (Jacques), conseiller clerc de nouvelle création au Parlement de Rouen, VI, 700, 22561; VI, 702, 22574.

CENT-SUISSES de la garde, II, 101, 4785; II, 507, 6245; II, 515, 6286; III, 110, 7994; III, 148, 8169; III, 620, 10348; V, 384, 16654; VI, 248, 20159; VII, 681, 28275; VII, 720, 28600; VII, 760, 28600; VIII, 151, 30654; VIII, 184, 30964. Capitaines : voir LA MARCK (Guillaume et Robert III DE). Lieutenant : voir JUNCKER (Hans). Payeurs : voir BÉLIARD (Guillaume), COLIN (Laurent), CORDON (François), DUVAL (Jean). Porte-enseigne : voir CLAUS (Félix).

CEP de justice, I, 478, 2529.

CERANO (Italie, prov. de Novare). Séjour du roi, VIII, 551.

Cérans-Foulletourte (Sarthe) : voir FOULLETOURTE.

CERCAMP, c^ne de Frévent (Pas-de-Calais). Abbaye; amortissement, I, 614, 3220. Séjour du roi, VIII, 551.

Cercy (Le s^r de) : voir SERCY (Claude, s^r DE).

CERDAGNE. Draps : importation prohibée, I, 142, 815.

CERE (Jean-Paul DE) DE' ORSINI, gentilhomme de la chambre, chevalier de l'ordre, VIII, 116, 30317; VIII, 153, 30673; colonel général de 6,000 Italiens, VII, 317, 24813; concessionnaire de la seigneurie de Pontoise, III, 189, 8370; III, 205, 8457. Compagnie, III, 430, 9493; III, 445, 9560; voir aux noms des payeurs PRUNIER (Artus) et SERVANT (Jacques). Pension, VIII, 65, 29825; VIII, 195, 31066; VIII, 231, 31413.

CERE (Renzo DE) DE' ORSINI, père du précédent, chevalier de l'ordre; chargé d'une distribution secrète, II, 500, 6486; — concessionnaire du grenier à sel de Chambly, II, 744, 7351; de la seigneurie et du grenier à sel de Pontoise et de divers droits à percevoir audit lieu, I, 451, 2387; I, 573, 3015; I, 659, 3449; II, 47, 4074; II, 108, 4385; III, 189, 8370; III, 205, 8457; V, 435, 18500; VII, 628, 27785; nonobstant la réunion du domaine aliéné, II, 470, 6073; de la seigneurie de Tarascon, V, 728, 18459; — lieutenant général au royaume de Naples, VI, 108, 19753; VI, 177, 19799; VII, 605, 27517. Compagnie, VI, 220, 20007; VII, 674, 28202; VII, 722, 28615; VII, 816, 29264; voir RAINCE (Bénédict) et au nom du payeur PRUNIER (Artus). Maison : voir RUSTICQUET (François). Pension, II, 521, 6303; III, 100, 7946; VII, 710, 28596. Voyages de Venise à Saint-Germain-en-Laye, V, 710, 18408.

Cérémonial : voir PRÉSÉANCES.

CÉRENCES (Manche). Séjour du roi, VIII, 551.

CÉRÈS. Figure en or de cette déesse, III, 136, 8117.

« CÉRÉSAT » en Bourbonnais, IV, 401, 13310.

Cereseto (Italie, prov. d'Alexandrie) : voir SEREZADIO.

Ceresola d'Alba (Italie, prov. de Coni) : voir CERISOLES.

Céreste (Basses-Alpes). Seigneur : voir BRANCAS (Gaucher DE).

CERESTORIS (Jacques), florentin. Biens confisqués, VIII, 721, 33060.

CERFAYE (Guillaume), serrurier, IV, 202, 11932.

CERF D'OR (MAISON DU), à Paris, II, 520, 6300.

CERFS. Chasses, VII, 749, 28809; VIII, 285, 31951; VIII, 292, 32030. Entretien de cerfs dans le parc du château de l'Hermine, à Vannes, II, 191, 4786; II, 193, 4799.

Gérier (*Le*) : voir CERISIER (LE).

CÉRIERS (Antoine DE), commis à l'office de trésorier d'Auvergne, VII, 533, 26550.

CERIEZ (Amable DE), commis à l'office de trésorier du duché d'Auvergne, VII, 530, 26506. Cf. le précédent.

Cérigo, île (Grèce) : voir GABRIAC (Louis DE).

CÉRILLY (Allier) : voir BRUYÈRE-LAUBÉPIN (LA). Séjours du roi, VIII, 551.

CÉRILLY (Côte-d'Or). Fortifications, V, 26, 14796.

CÉRILLY, c^ne d'Étigny (Yonne). Fortifications, V, 126, 15333.

CÉRIPHE-RAYS, gentilhomme de la maison du capitaine Barberousse, II, 475, 6096.

Céris (*Saint-Laurent-de-*) : voir SAINT-LAURENT-DE-CÉRIS.

CERISAY (Jean DE), V, 213, 15766.

CERISAY (Marie DE), VI, 549, 21758.

CERISAY (Nicolas DE), baron de la Rivière et du Hommet, V, 238, 15902; bailli de Cotentin, VII, 511, 26253.

CERISIER (LE), fief dans la Basse-Marche, III, 610, 10303. Il s'agit vraisemblablement du CÉRIER, c^ne d'Availles-Limousine (Vienne).

CERISIERS (Yonne), II, 24, 3958; V, 22, 14776. Fortifications, III, 594, 10233.

CERISOLES ou CERESOLA D'ALBA (Italie, prov. de Coni). Bataille, VII, 376, 25132; VII, 395, 25231.

CERISY-LA-FORÊT (Manche). Abbaye de Saint-Vigor, V, 285, 16147. Abbé : voir SILLY (Jacques DE).

CERLANGUE (LA) [Seine-Inférieure]. Cure de Saint-Léonard, V, 720, 18413.

CERNAY (Claude DE), originaire du Bourbonnais, écuyer d'écurie de la duchesse de Lorraine. Lettres de naturalité pour ses enfants Claude et Anne, nés en Lorraine, et pour ceux à naître, IV, 77, 11355.

CERNAY-LA-VILLE (Seine-et-Oise) : voir VAUX-DE-CERNAY (LES). Seigneurie, V, 576, 17629.

CERNE, montagne en Diois (Drôme), VIII, 58, 29766.

CERNÉANT, c^ne de Saint-Viâtre (Loir-et-Cher), VII, 78, 23598 et note.

Cerneux (Seine-et-Marne) : voir MONTGLAS.

Cerny (Seine-et-Oise) : voir VILLIERS.

CERNY-EN-LAONNAIS (Aisne). Foire et marché, II, 105, 4369.

CERQUEUX, c^ne de Nesles (Seine-et-Marne). Terre, VI, 108, 19449.

CERTAIN (Pierre), avocat habitant Marvéjols. Légitimation de son fils Jean, IV, 375, 12758.

CERTEAU (Jean), prêtre, chantre de Saint-Quiriace de Provins. Hommage lige pour les écoles de grammaire de la châtellenie dudit Provins, V, 540, 17451.

CERTIFICATS de temps d'études délivrés par les facultés, IV, 63, 11289.

Certini (*Thomas*) : voir SERTINI (Thomas).

CERTON (Pierre), chapelain de Saint-François en la basse Sainte-Chapelle, VII, 602, 27488.

Cervelingue : voir CERLANGUE (LA).

CERVIÈRES (Loire). Privilèges des habitants, II, 464, 6046. Seigneurie vendue à Claude Gouffier, VII, 596, 27405.

CERVINO (Marcello), cardinal de Nicastro, envoyé du Pape, IX, 128.

CERVOISE. Octrois sur cette boisson : à Ham, VIII, 571, 32238; à Montivilliers, VII, 653, 28023; à Rouen, VI, 67, 19240. Rente en cervoise assignée aux religieuses de Saint-François de Doullens, II, 102, 4352. Cf. BIÈRE, BRASSEURS.

CESANA TORINESE (Italie, prov. de Turin). Incendie lors du passage de l'armée du comte de Villars, V, 624, 17864. Séjour du roi en novembre 1537, VIII, 90, 30063-30064; VIII, 551.

CÉSAR (Grégoire DE), maître d'hôtel du roi de Navarre, VII, 558, 26884; VII, 620, 27691; autorisé à prendre le nom et les armes de sa femme Antoinette de Rochefort, II, 407, 5786. Cf. ROCHEFORT (Grégoire DE).

Céselly (*S^r de*) : voir CÉZELLY (Jean DE).

CESNE (Baptiste et François DE), peut-être CESVE, CEVA, natifs de Gênes, établis à Lyon. Lettres de naturalité, VI, 148, 19654. Cf. GRIMALDI (Lazare).

CESNE (Jacques DE), VII, 712, 28554.

Cessac, seigneurie située vraisemblablement en Rouergue ou en Quercy, VII, 273, 24556.

Cesset (Allier) : voir **Chemillat**.

Cesson (Ille-et-Vilaine), V, 127, 15336.

Cestego : corr. **Testico**.

Cesve, *Ceva* : voir **Cesne**.

Ceva (Italie, prov. de Coni), marquisat, VI, 107, 19442. Exemption de logement des troupes, VI, 54, 19179. Gouverneur intérimaire : voir **Saluces** (François, marquis **de**).

Ceva (Nicolas, marquis **de**), VI, 13, 18977, conseiller au Parlement d'Aix, VII, 68, 23553; VII, 79, 23604.

Ceve : voir **Ceva**.

Ceyrat (Puy-de-Dôme). Fortifications, IV, 136, 11624.

Ceyreste (Bouches-du-Rhône), VIII, 667, 32754.

Ceysset (Jean). Procès contre le prieuré de Saint-Martin-des-Champs, V, 179, 15582.

Cézelly (Jean **de**) ou **Césélly**, président des Comptes à Montpellier, II, 403, 6178; IV, 119, 11539; IV, 498, 13339; VI, 342, 20650.

Cézy (Yonne). Receveur des deniers communs : voir **Prince** (Étienne).

Chaaler (Hans), joueur de flûte et de tambourin du roi, VI, 366, 20778; VII, 783, 29040; VII, 796, 29129.

Chaalis, c^ne^ de Fontaine-les-Corps-Nuds (Oise). Abbaye, I, 43, 251.

Chabanais (Charente). Foires, IV, 355, 12670 (1). Prince : voir **Vendôme** (Louis **de**).

Chabanes : voir **Chabannes**.

Chabanes (Antoine **de**), seigneur de Saint-Nizier et bailli de Bresse, natif de Savoie. Lettres de naturalité, I, 298 (VIII, 760), 1611.

Chabanier : voir **Chabannier**.

Chabanier (Antoine), prieur d'Augerolles, III, 197, 8408.

Chabanis : voir **Angibault** (Mariet **d'**).

Chabannes : voir **Chabanais**.

Chabanne (Antoine) ou **de Chabannes**, **Chabane**, **Chabanes**, dit **Chevreau**, enfant de la cuisine de bouche, II, 249, 5073; II, 312, 5356; II, 589, 6635; III, 39, 7639; VII, 639, 27890; VII, 722, 28617; VIII, 255, 31648; — hâteur en ladite cuisine, VIII, 191, 31033; VIII, 273, 31844; — maître-queux en ladite cuisine, V, 95, 15159; — potager en ladite cuisine, VIII, 127, 30423; en la cuisine du commun, III, 577, 10162; — saucier en la cuisine de bouche, VIII, 66, 29839.

Chabannes (Antoine **de**), autorisé à racheter le revenu des sceaux de la ville et du ressort d'Angers, VII, 600, 27459.

Chabannes (Antoine **de**), évêque du Puy, VII, 13, 23265; complice du connétable de Bourbon, V, 591-592, 17701-17702.

Chabannes (Avoye **de**), comtesse de Dammartin, veuve de Jacques de la Tremoïlle, V, 289, 16164; femme de Jacques de Brizay, II, 334, 5459.

Chabannes (Charles **de**), s^r^ de Lapalisse, IV, 296, 12382; IV, 682, 14176; V, 707, 18338; VII, 528, 26481; VII, 528, 26481; VII, 532, 26540; VIII, 107, 30229; gouverneur du Bourbonnais et du Lyonnais, VII, 530, 26509. Émancipation, VII, 96, 23686.

Chabannes (Charlotte **de**). Mariage avec Antoine, baron de Mouy, III, 678, 10617.

Chabannes (Jacques **de**), s^r^ de Lapalisse, maréchal de France, gentilhomme de la chambre, chevalier de l'ordre, I, 149, 854; I, 302, 1636; I, 355, 1900; V, 224, 15827; V, 229, 15852; V, 346, 16467; VI, 24, 19029; VI, 459, 21265; VIII, 248, 31574; VIII, 604, 32417; VIII, 681, 32826; — capitaine de Chantelle, V, 775, 18705; — commis à la levée de la gendarmerie en Champagne, VII, 434, 25485; — concessionnaire de la châtellenie de Compiègne, V, 300, 16224; de la seigneurie de Mercœur, V, 707, 18338; VII, 478, 25874; — gouverneur du Bourbonnais, V, 775, 18704; — lieutenant général en Dauphiné, I, 378 (VIII, 332), 2010; en Guyenne, III, 735, 10871; — négociateur du traité de Calais en 1521,

(1) L'analyse du *Catalogue* porte «Chabannes» conformément au texte de l'acte, mais ce dernier porte mandement aux sénéchaux de Limousin et de Poitou, et fixe la date d'une des foires au 17 janvier qui est, actuellement encore, jour de foire à Chabanais.

V, 530, 17399; IX, 20. Compagnie, I, 144, 826; I, 487, 2570; V, 682, 18182, 18184; homme d'armes: voir Andréa (André d'); lieutenant : voir Torcy (Jean de). Missions en Beaujolais, Forez et Dombes, VII, 479, 25882; en Suisse, IX, 77. Sa veuve : voir Melun (Marie de). Son gendre : voir Beaufort (Jacques de). Succession, VII, 528, 25482; VII, 809, 29223.

Chabannes (Jean de), baron de Curton, I, 626 (VIII, 340[a]), 3277.

Chabannes (Jean de), s[r] de Vandenesse, chambellan ordinaire du roi. Compagnie, VII, 473, 25825.

Chabannes (Joachim de), baron de Curton, I, 626 (VIII, 340[a]), 3277; II, 479, 6115; IV, 307 (VIII, 376[a]), 12437. Compagnie, III, 218, 8521; VIII, 223, 31320 : voir au nom du payeur Béchet (Antoine).

Chabannier (Antoine) ou Chabanier, conseiller clerc au Parlement de Paris, II, 674, 7036; V, 100, 15189; VII, 499, 26091.

Chabannier (Louis) ou Chabanier, conseiller clerc au Parlement de Paris, VII, 498, 26091; remboursé d'un prêt fait au roi, V, 100, 15189.

Chabannier (Marc), contrôleur des aides et traites du Bas-Limousin, VII, 602, 27486.

Chabart (François), archer du prévôt de l'hôtel, VIII, 269, 31805.

Chabert (François), citoyen d'Avignon. Lettres de naturalité, VII, 309, 24764.

Chabert (François), procureur du roi à Pertuis, VII, 373, 26115.

Chablis (Yonne), I, 654, 3428. Receveur des deniers communs : voir Decloix (François).

Chabois (Florentin) : voir Tabois (Florentin).

Chabot (Charles), baron de Jarnac, chevalier de l'ordre, II, 623, 6804; capitaine du château du Ha, II, 678, 7054-7055; VIII, 52, 29719; VIII, 108, 30236; créancier de Semblançay, VII, 687, 28322; gouverneur de la Rochelle, II, 73, 4210; II, 743, 7349; IV, 350, 12687; VI, 243, 20134; VI, 395, 20926; VI, 404, 20974; maire de la Rochelle, I, 718, 3748; VI, 396, 20929; VI, 438, 21155. Maison : fauconnier : voir Vaudebourg (Pierre de). Pension, II, 63, 4157; II, 332, 5451; V, 720, 18450; VII, 604, 27507; VIII, 52, 29718; VIII, 108, 30235.

Chabot (Guy), héritier du cardinal de Luxembourg, V, 602, 17755.

Chabot (Guy), s[r] de Jarnac et de Montlieu, V, 153, 15458; VIII, 140, 30554; — capitaine de Coucy, IV, 454, 13132; du château du Ha, VIII, 52, 29719; — sénéchal de Périgord, V, 37, 14848. Compagnie : voir Fontenay (Louis de). Pension, VIII, 52, 29718.

Chabot (Léonor), VI, 669, 22400.

Chabot (Martin), huissier à la Chambre des comptes de Montpellier, II, 424, 5862.

Chabot (Paul), s[r] de Clairvaux, IV, 442, 5947; II, 459, 6021; VII, 588, 27295.

Chabot (Philippe), comte de Buzançais et de Charny, baron de Pagny, s[r] d'Apremont et de Brion, chevalier de l'ordre, I, 500, 2637; I, 617, 3235; II, 10, 3884; II, 124, 4464; II, 647, 6917; IV, 215, 11987; IV, 346, 12628; V, 704, 18319; VI, 57, 19191; VII, 630, 27804; VII, 730, 28664; VII, 744, 28774; VII, 765, 28907; VII, 792, 29105; VII, 813, 29246; VIII, 66, 29835; VIII, 130, 30459; VIII, 184, 30960; VIII, 102, 31127; IX, 90; — amiral : de Bretagne, I, 436, 2306; I, 440, 2325; de France, I, 436, 2305; II, 550, 6439; IV, 555, 13594; IV, 567, 13654; VIII, 714, 33016; de Guyenne, II, 113, 4407; IV, 510, 13437; attributions, III, 24, 7563; gages, II, 157, 4630; II, 237, 5009, 5012; II, 432, 5901; II, 516, 6287; III, 42, 7658; VI, 3, 18926; VI, 651-652, 22300; VII, 225, 24317; VII, 815, 29259; VIII, 6, 29311; VIII, 52, 29716; VIII, 99, 30153; VIII, 141, 30564; VIII, 253, 31627; VIII, 266, 31771; — bailli et gouverneur de Valois, I, 391, 2086; I, 472, 2494; VI, 103, 19420; VI, 147, 19646; VII, 522, 26399; — capitaine de Brest, II, 158, 4633; II, 237, 5011; II, 432, 5900; II, 517, 6288; III, 42, 7656; V, 754, 18589; VIII, 623, 27725; VII, 815, 29259; VIII, 6, 29312; VIII, 52, 29717; VIII, 99, 30154; VIII, 141, 30565; VIII, 253, 31628; VIII, 266, 31772; son lieutenant: voir Château-Chalon (Antoine de); — capitaine de

Concarneau, V, 754, 18591; VII, 744, 28770; de Coucy, IV, 454, 13132; de Dieppe, V, 754, 18590; de Dijon, V, 767, 18661; du château du Ha, II, 158, 4632; VII, 623, 27725; de Honfleur, V, 755, 18592; — cède au roi la seigneurie de Gandelu, VI, 745, 22785; — cessionnaire des biens de René de Brosse, I, 470, 2484; VI, 56, 19189; des biens de François de Broullart, VII, 561, 26927; des navires *la Péronnelle* et *le Faucon*, III, 334, 9058; de la seigneurie de Villemaheu, VII, 729, 28662; — chargé de faire publier la déclaration de guerre contre l'Empereur, VIII, 713, 33011; de prendre possession des pays de Bresse, Bugey et Valromey, III, 175, 8302; — chevalier de l'ordre, I, 544, 2861; II, 369 5617; VII, 687, 28324; — commissaire du roi aux États du comté d'Auxonne, II, 433, 5906; III, 220, 8528; IV, 327, 12537; V, 760, 18620; VI, 55, 19186; VI, 229, 20060; aux États de Normandie, VIII, 633, 32560; — concessionnaire des droits seigneuriaux de la baronnie de Preuilly, VII, 538, 26617; VII, 669, 28162; des deniers des places des foires de Niort, Fontenay-le-Comte et Montmorillon, VII, 549, 26763; VII, 744, 28772; du grenier à sel de Coucy, VII, 523, 26412; de la principauté de Châtelaillon et de la seigneurie de Salles, VII, 576, 27106; du quint de Jarnac et de Bourg-Charente, VII, 547, 26747; VII, 791, 29095; de la seigneurie de Brie-Comte-Robert, VII, 534, 26569; des quatre cinquièmes de la seigneurie de Châteauneuf-sur-Charente, I, 226, 1244; nonobstant la réunion du domaine aliéné, II, 115, 4418; des seigneuries de Montréal, Châtelgérard, etc., II, 533, 6357; VI, 273, 20291; VII, 789, 29085; de la seigneurie de Rouvres, II, 533, 6358; V, 799, 18834; — créancier du roi, I, 680, 3561; II, 125, 4473; VIII, 76, 29928; — dépositaire d'une des quatre clefs du trésor du Louvre, III, 76, 7830; gouverneur de Bourgogne, I, 455 (VIII, 335), 2408; II, 158 (VIII, 777), 4631; II, 340, 5511; III, 106, 7976; IV, 325, 12527; IV, 453, 13129; VII, 787, 29063; VII, 814, 29258; VII, 815, 29260; dépenses extraordinaires ordonnancées par lui, VII, 138, 23901; VII, 158, 23993; VII, 171, 24062; VII, 183, 24118; VII, 708, 28516; VIII, 141, 30566; gages, II, 158, 4631; II, 237, 5010; II, 432, 5899; II, 516, 6286; III, 42, 7657; VI, 3, 18925; VII, 225, 24317; VII, 623, 27724; VII, 815, 29259; VIII, 6, 29310; VIII, 52, 29915; VIII, 99, 30152; VIII, 141, 30563; VIII, 253, 31626; VIII, 266, 31770; ses lieutenants: voir Brizay (Jacques de), Loges (Hugues de); lieutenant général au comté de Montbéliard, II, 671 (VIII, 356), 7024; lieutenant général au delà des Monts, VII, 308, 24237; — lieutenant général du dauphin en Normandie, IV, 325, 12527; VI, 266, 20253; VII, 811, 29237; ses lieutenants voir Annebaut (Claude d'), Moy (Charles de); — maire de Bordeaux, VIII, 607, 32430; — négociateur de l'acquisition du comté de Montbéliard, VII, 724, 28625; VII, 764, 28902; VII, 792, 29105; de traités: avec le pape et l'empereur, III, 289, 8853; avec Christian III, roi de Danemark, VIII, 708, 32983; IX, 34; avec Henri VIII II, 641, 6888; avec Jacques V, roi d'Écosse, III, 183, 8339; des traités de Madrid, I, 407, 2164; I, 417, 2217; de Montiers-sur-Saulx, avec Gustave Wasa, IV, 335, 12573; VI, 676, 22437. Armoiries, VII, 778, 28994. Compagnie, I, 440, 2328; IV, 223, 12026; VII, 722, 28610; hommes d'armes: voir Rousset (Antoine de), Termes (Paul de); lieutenant: voir La Tour (Charles de); payeur: voir Sayve (Girard); porte-enseigne: voir La Chapelle (René de). Dons faits à sa requête, II, 56, 4119; II, 317, 5379-5380; III, 470, 9672; III, 527, 9942. Érection en sa faveur de la baronnie de Buzançais en comté, II, 570, 6535. Hommages, VI, 284, 20350; VII, 122, 23819. Maison: apothicaire: voir Rouen (Antoine de); barbier: voir Violet (Gilbert); chirurgien: voir Collesson (Michel); gentilshommes: voir Du Rousset (Antoine), Frémary (Pierre de); secrétaire: voir Gellinard (Guillaume); serviteur: voir Lestoile (Jean de); valet de chambre: voir Franchet (Jean); valet de pied: voir Saint-Martin (Martin de). Mariage, VI, 58, 19199; VII, 169, 24053. Missions: en Angleterre et à Calais, II, 752-753, 7390-7399; III, 77, 7831-7833; III, 78, 7836-7837; III, 89, 7891; III, 122, 8050; VI, 392, 20912; auprès de Charles-Quint, I, 660, 3451-3452; I, 673, 3525; VIII, 606, 32430-32431; cf. IX, 42, 51; auprès des États de Bourgogne, I, 444 (VIII, 334ᵃ), 2349. Procès contre René de Chalon, VI, 669, 22400. Procès en lèse-majesté, IV, 180, 11827; IV, 187, 11862; IV, 225, 12039; IV, 287,

IMPRIMERIE NATIONALE.

12336; IV, 299, 12397; IV, 300, 12399; IV, 305, 12428; IV, 307, 12435; IV, 501, 13356; IV, 754, 14507; VIII, 702, 32948; lettres d'abolition, IV, 302, 12409; IV, 305, 12428. Sa veuve : voir Longwy (Françoise de). Séjour au Havre, VIII, 6, 29305; à Rouen, III, 58, 7738. Surséance accordée aux habitants de son village de Chaumes, VII, 204, 24218. Transaction au nom des duc et duchesse d'Orléans avec le duc d'Albany, II, 748, 7373; II, 750, 7384; III, 758, 7424; VI, 378, 20837. Voyage à Fez, II, 346, 5510.

Chabourla (Étienne), compagnon de guerre, II, 40, 4040.

Chabris (Indre). Seigneurie, V, 245, 15935; V, 316, 16310. Seigneur : voir Harpin (François).

Chabut (Agnet), conseiller clerc au Parlement de Paris, III, 600, 10263.

Chacé (Maine-et-Loire) : voir Saumoussay.

Chaffault (*S^r du*) : voir Leydier (Claude).

Chaffaut (Le) [Basses-Alpes]. Terre, IV, 466, 13190.

Chagerais (Jean de), sellier de l'écurie du roi, VIII, 6, 29304.

Chagny (Saône-et-Loire). Seigneurie, I, 214 (VIII, 323), 1181.

Chahanay (Antoine de), né en Lorraine, fils de Jacques de Chahanay, s^r de Saint-Marc de la Bruyère, maître d'hôtel du duc de Lorraine. Lettres de naturalité, VI, 157, 19693.

Chaignes (Barthélemy de), archer de la garde, V, 382, 16642.

Chailhol (Luc). Légitimation de son fils Barthélemy, IV, 340, 12598.

Chaillé-les-Marais (Vendée), VIII, 608, 32434.

Chailles (Loir-et-Cher) : voir Villelouet.

Chaillot, localité comprise dans l'enceinte actuelle de Paris, VI, 688, 22502. Concession faite aux habitants de la dépouille des vignes et terres de Boulogne, VII, 587, 27268.

Chaillou (Charles), avocat du roi au bailliage d'Amboise, III, 741, 10897.

Chaillou (Gabrielle), VI, 808, 23096.

Chaillou (René), garde de la monnaie de Tours, VI, 316, 20513.

Chaillou (Samson), fauconnier du roi, porteur des ducs, II, 422, 5852.

Chailly : voir Chilly.

Chailly (Côte-d'Or) ou Chailly-en-Auxois. Foires, I, 430, 2276; I, 639, 3349. Seigneur : voir Loges (Hugues de).

Chailly-en-Bière (Seine-et-Marne), VIII, 119, 30354; VIII, 155, 30693; cf. « Sailly ». Habitants, IV, 215, 11988. Seigneurie, III, 735, 10870; seigneurs : voir Villiers (Claude et Jean de). Séjours du roi, VIII, 551.

Chaîne (Petite tour de la), à la Rochelle, III, 302, 8911.

Chaîne du sceau de la chancellerie, V, 521, 17353.

Chaînes établies sur la Maine pour empêcher le passage des faux-sauniers, I, 159, 906.

Chaînes d'argent achetées par le roi, VII, 756, 28851.

Chaînes d'or achetées et offertes par le roi, II, 322, 5401; III, 633, 10408-10409; VII, 609, 27568; VII, 620, 27693; VII, 626, 27751; VII, 626, 27752; VII, 681, 28270; VII, 681, 28271; VII, 733, 28686; VII, 756, 28850; VII, 758, 28728-28729; VII, 797, 29133; VIII, 76, 29929; VIII, 215, 31251; VIII, 267, 31781; VIII, 268, 31792; VIII, 281, 31905; VIII, 290, 32007.

Chair salée. Achats en Provence et Languedoc à destination de Rhodes, VII, 442, 25570. Inspection, IV, 93, 11431.

Chais (Jean), contregarde de la Monnaie d'Aix, VII, 236, 24371.

Chaise d'affaires du roi, VIII, 264, 31747.

Chaise-Dieu (La) [Haute-Loire]. Notaire : voir Combraille (Guillaume).

—— *Abbaye*, III, 276, 8794; VII, 24, 23325. Abbé : voir Tournon (François, cardinal de). Exemption des droits d'amortissement, VII, 421, 25382. Hôtelier mage : voir Marcher (Jean). Réformation, I, 667, 3495. Voir Sainte-Gemme.

Chaissy (Antoine), notaire à Marseille, VIII, 652, 32665.

Chaix (Bernardin), juge à Sisteron, VII, 383, 25168.

Chaize-le-Vicomte (La) [Vendée]. Seigneurie, I, 401, 2133.

CHALAIN, auj. LA POTHERIE (Maine-et-Loire). Foires, I, 448, 2370.

CHALAIS (Indre). Seigneurie de l'Ajonc et bois de la Luzeraise, VII, 109, 23752.

CHALAMONT (Ain). Seigneurie, II, 197, 4818; III, 539, 9990; IV, 558, 13610.

CHALANÇON (Drôme). Capitainerie, VII, 478, 25873.

CHALANÇON (Claude DE) ou CHALENÇON, s^r de Rochebaron, I, 430, 2277; I, 492, 2593; VI, 272, 20287; VII, 424, 25407; VII, 531, 26523. Compagnie, VII, 427, 25428.

CHALANGE (Jacques), CHALANGES ou CHALLENGE, élu à Pont-de-l'Arche, VI, 764, 22877; vicomte de Pont-de-l'Arche, I, 446 (VIII, 335), 2356; V, 200, 15693; V, 785, 18759.

CHALANT (René, comte DE), gentilhomme de la chambre, II, 568, 6530; VI, 279, 20391; VIII, 155, 30690. Compagnie, 698, 18284; V, 782, 18738. Pension, II, 102, 4354; III, 96, 7925.

CHALANT (René, comte DE), envoyé de Savoie, IX, 131.

CHALARD (Haute-Vienne). Prieuré augustin, V, 101, 15196-15197.

CHALEMEAU (Guillaume), CHALLEMEAU ou CHALUMEAU, veneur en la vénerie du roi, III, 506, 9842; III, 550, 10042; III, 679, 10619; verdier de la forêt de Loches, III, 679, 10622.

CHALÉON (Mathieu), lieutenant particulier du bailli de Grésivaudan à Grenoble, VI, 416, 21039.

CHALET (Anne DE), VIII, 568, 32222.

CHALET (Charles DE), gentilhomme de la vénerie, VIII, 137, 30524.

CHALET (Michel), VII, 545, 26713.

CHALIERS (Cantal). Foires, III, 760, 10978.

CHALIGNY (Henri DE), serviteur du landgrave de Hesse, VII, 793, 29109.

Chalis : voir CHAALIS.

Challant : voir CHALANT.

CHALLAP (Jacques), conseiller à la sénéchaussée de Périgord, V, 684, 17917.

CHALLEAU, c^ne de Dormelles (Seine-et-Marne). Haute justice, V, 666, 18091. Seigneurie, VII, 798, 29145; acquise par la duchesse d'Étampes, III, 352, 9140; III, 562, 10096; III, 652, 10497. Séjour du roi, VIII, 551.

Challemeau (Guillaume) : voir CHALEMEAU (Guillaume).

Challenge (Jacques) : voir CHALANGE (Jacques).

CHALLES (Philibert DE), évêque de Maurienne, VI, 681, 22467.

CHALLINOT (Guillaume), VII, 29, 23354.

Chalo-Saint-Mars (de) : voir LE MAIRE (Eudes).

Challuau : corr. CHAILLOT.

CHALMAZEL (Louis DE) ou CHARMAZEL, lieutenant de la garde sous Antoine Raffin, III, 384, 9279; IV, 272, 12266; VI, 372, 20807. Pension, II, 485, 6141; III, 132, 8097; VII, 611, 27597; VII, 795, 29120; VIII, 123, 30387; VIII, 184, 30967; VIII, 228, 31376.

CHALMOT (Jean), I, 298, 1614.

CHALMOUX (Saône-et-Loire). Église paroissiale : chapelle Sainte-Croix, V, 674, 18132.

Chalo (Charles de Comps-) : corr. COUCYS (Charles DE).

CHALON (Charles DE), III, 710, 10760.

CHALON (Charlotte DE), veuve de François d'Allègre, V, 735, 18502; V, 743, 18536; VI, 120, 19513.

CHALON (Claude DE), femme du comte de Nassau, V, 380, 16636.

CHALON (Jean DE), contrôleur du grenier à sel de Falaise, III, 461-462, 9637-9639.

CHALON (Philibert DE), prince d'Orange, I, 81, 482; I, 189, 1057; II, 4, 3850; VI, 262, 20232. Maison : voir BONNEFONT (François), JULLIAN (Bertrand). Saisies opérées sur lui, comme partisan de Charles-Quint, V, 178, 15580; V, 536, 17433; V, 562, 17556; VII, 436, 25507; VIII, 600, 32390.

Chalon (René de) : voir NASSAU (René, comte DE).

Chalonge (S^r de) : voir BRUANT (Vincent).

CHALONGE (LE), c^ne de de Châtelais (Maine-et-Loire). Seigneurie, II, 657, 6960.

CHALONNAIS, ou bailliage de Chalon-sur-Saône.

—— *Gruerie.* Droits d'usage concédés à Jean de Lugny, I, 430, 2278. Personnel : forestiers, II, 633, 6849; garde-marteau : voir Du Buisson (Claude); gruyers : liste, IX, 220; procureurs, II, 707, 7191; receveurs, III, 23, 7558.
—— *Personnel.* Avocat du roi; voir Montholon (Lazare de). Baillis : liste, IX, 232. Conseillers : création d'offices, IV, 478, 13244. Érection du greffe en office, VI, 101, 19410. Enquêteurs-examinateurs : voir Baillet (Robert), Guyotat (Aimé). Greffier : voir Gontier (Palamèdes). Sergents : voir Componey (Claude), Dominé (Claude), La Cuisine (Pierre de), La Noue (Savigny de); vente d'un office, IV, 782, 14640.
—— *Ressort.* Ban et arrière-ban, VIII, 716, 33032. Clergé contraint au logement des gens de guerre et au guet, I, 506, 2665; exempt de contribuer à la levée de 50,000 hommes en 1543, VIII, 719, 33049; imposé, V, 581, 17652; VII, 415, 25336. Contribution de blé pour la flotte du Levant, VI, 724, 22684. Dépendances de la seigneurie de Comblanchien, VI, 473, 21333; VI, 557, 21795. Notaires : voir Coste (Lazare), Perrin (Samson). Transit du blé destiné au Lyonnais, I, 645, 3379. Voir Aluze, Bosjean, Buxy, Chamilly, Charnay-sur-Saône, Verdun-sur-Saône.

Chalonnes-sous-le-Lude (Maine-et-Loire) : voir Bareil.

Châlons-sur-Marne (Marne).
—— *Affaires militaires.* Approvisionnement de salpêtre, III, 444, note. Capitaine : voir Brenouville (Jacques de). Fortifications, I, 86, 508; V, 216, 15782; V, 352, 16500; VI, 326, 20562; VI, 380, 20846; VI, 397, 20933; VI, 615, 22099; VI, 677, 22440; VI, 706, 22594. Garnison, V, 544, 17468. Menaces de l'ennemi, VI, 755, 22835; cf. VIII, 736, 33142. Transport d'argent, II, 143, 4560.
—— *Clergé.* Abbaye de Saint-Pierre-aux-Monts, VI, 59, 19201; VI, 100, 19408; abbé : voir Burgensis (Jérôme). Chapitre cathédral : privilèges, VIII, 641, 32602; de committimus, VIII, 642, 32606; d'exemption du logement des gens de guerre, VIII, 589, 32331; — temporel, VIII, 601, 32396.
—— *Diocèse,* compris dans le ressort du siège du bailliage de Vermandois à Reims, I, 344, 1842. Clergé exempt de contribuer aux munitions et ravitaillements des places de Champagne, VIII, 736, 33142. Décime levée sur le clergé, IV, 225, 12037. Évêques : voir Lenoncourt (Robert de), Luxembourg (Gilles de).
—— *Élection,* VIII, 736, 33142. Contrôleur : voir Le Gendre (Pierre). Création d'offices : d'avocat du roi, IV, 516, 13420; de contrôleur, III, 578, 10164.
—— *Évêché.* Vidame : voir Le Folmarié (Jacques).
—— *Recette générale,* créée par édit de décembre 1542, IV, 394, 12847; transférée à Reims, IV, 453, 13130.
—— *Siège de justice* (*bailliage de Vermandois*), IV, 527, 13474; IV, 537, 13512. Création d'un office de sergent, IV, 484, 13372. Lieutenant particulier : voir Du Raoullet (Claude). Sergent : voir Germain (Jean).
—— *Ville.* Deniers communs : contrôleur : voir Fallon (Jean); receveurs : voir Champagne (Hugues de), Thibault (Hugues). Fermes : des aides, III, 325, 9016; du douzième sur les boissons, IV, 554, 13589. Foires, III, 208, 8469; VI, 787, 22986. Octrois, VI, 36, 19091; sur le sel, V, 266, 16043; V, 521, 17352; V, 798, 18824; VI, 158, 19702; VI, 397, 20934; VI, 441, 21168; sur le vin, V, 216, 15782; V, 725, 18441.

Chalon-sur-Saône (Saône-et-Loire), VII, 446, 25606; VII, 679, 28255. Séjours du roi, II, 591, 6646; VIII, 551. Vignoble, V, 634, 17918.
—— *Affaires militaires.* Approvisionnement de salpêtre, III, 444, note. Capitaine : voir Damas (Georges de). Fortifications, I, 86, 508; I, 505, 2661; I, 694, 3633; IV, 668, 14117; VII, 171, 24059; VII, 479, 25878; VII, 790, 29093. Menaces de l'ennemi, IV, 668, 14117. Munitions, IV, 668, 14117.
—— *Bailliage* : voir Chalonnais.
—— *Clergé.* Église cathédrale, V, 747, 18554; chanoine : voir Janly (Jean de). Églises collégiales : Saint-Georges, I, 192, 1072; Saint-Vincent, V, 747, 18554; VI, 92, 19364. Évêque : voir Poupet (Jean de).
—— *Diocèse.* Biens de l'abbaye de Remiremont, IV, 252, 12177. Impositions sur le clergé, I, 505, 2661; I, 506, 2665; V, 56, 14952; V, 581, 17652; VII, 415, 25336. Juridiction ecclésiastique, I, 432, 2285; II, 452, 5992.
—— *Grenier à sel,* II, 676, 7044; III, 696, 10694. Contrôleurs, III, 186, 8353. Grènetier : voir Berjot (Claude).

—— *Recette ordinaire*, V, 284, 16141; V, 666, 18093; V, 711, 18360; VII, 94, 23677.
—— *Ville*. Approvisionnement, IV, 668, 14117. Couturiers, I, 611, 3202. Deniers communs; contrôleur : voir Lambert (Denis). Droits de bichenage des grains, V, 126, 15335. Droits de péages et revenus de la châtellenie concédés aux habitants, IV, 188, 11867. Établissements hospitaliers, I, 694, 3633; VII, 790, 29093. Habitants : voir Foucault (Jean), Guyot (André); d'origine étrangère, naturalisés français : voir Borel (Jacques), Faton (Viateur), Le Noble (Claude), Thomas (Julien), ce dernier en ce qui concerne sa veuve Marguerite. Maîtres des foires : voir Lugny (Jean et Philibert de). Octroi sur le sel, II, 5, 3854. Privilèges, I, 75, 445; I, 92 (VIII, 317 et 404), 541.

Chalopin (Étienne), contrôleur de l'élection de Paris, VII, 582, 27210.

Chalosse, pays compris dans le département actuel des Landes. Cru viticole, VII, 441, 25560; VIII, 576, 32266. Vignes destinées à la plantation de Thomery, II, 268, 5158-5159.

Chalouet (Le), ruisseau. Moulin à foulon, IV, 48, 11224.

Chaluau : voir Challeau.

Chalumeau (Guillaume) : voir Challemeau (Guillaume).

Chalus (Antoine de), bâtard, prêtre. Succession, III, 595, 10239.

Chalusset, c^ne^ de Jumilhac-le-Grand (Dordogne), V, 159, 15483.

Chalvet (Louis), couturier, natif du marquisat de Saluces, établi à Sisteron. Lettres de naturalité, IV, 308, 12440.

Chalvraines (Haute-Marne). Seigneurie, V, 217, 15789; V, 230, 15856; VI, 209, 19954; VI, 554, 21786; VI, 557 21797.

Chamagnieu (Isère). Seigneur : voir Dupré (François).

Chamaigre, commissaire des guerres, VIII, 218, 31273.

Chamalières (Puy-de-Dôme). Seigneurie, III, 717, 10793.

Chamant (Oise) : voir Plessier-Choisel (Le).

Chamarandes (Haute-Vienne). Seigneurie, VI, 207, 19945; VI, 244, 20141.

Chambaud (Étienne), dit Legotat, sergent à Condrieu, VI, 813, 23122.

Chambaudoin, c^ne^ d'Erceville (Loiret). Seigneur : voir Groslot (Jacques).

Chambellan (David), élu à Tonnerre, II, 666, 7003.

Chambellan (François), commissaire ordinaire des guerres, VII, 756, 28547; VIII, 82, 29983; chargé des montres des légionnaires du Dauphiné, III, 231, 8586.

Chambellan (François), élu de Berry, VIII, 299, 32119.

Chambellan (Guillaume), conseiller lai au Parlement de Bourgogne, V, 530, 17402.

Chambellan (Guillaume), garde des sceaux de la chancellerie de Bourgogne, VIII, 588, 32325. Cf. le précédent.

Chambellan (Isaac), greffier de l'élection de Compiègne, V, 193, 15661.

Chambellan (Martin), procureur du roi au siège de Bourges, I, 197, 1095; III, 478, 9708.

Chambellan (Grand). Titulaires de cet office : liste, IX, p. 143.

Chambellans du roi : voir Adhémar (Louis d'), Allègre (François d'), Allègre (Gabriel, baron d'), Amboise (Jean d'), Anglure (René d'), Ars (Louis d'), Augerant (Louis d'), Batarnay (Imbert de), Bayard (Pierre du Terrail, s^r^ de), Beaune (Jacques de), Blanchefort (François de), Bohier (Antoine), Brezé (Louis de) [premier chambellan], Chabannes (Jacques et Jean de), Culant (Gabriel de), Dinteville (Jacques de), Du Fay (Noël), Du Fou (François), Du Lac (Lancelot), Escalin (Antoine), Estissac (Bertrand d'), Foix (Thomas de), Genouilhac (Jacques de), Gouffier (Guillaume), Gramont (Roger de), Green (François), Grimaldi (Honorat de), Hallwin (Louis de), Hangest (Adrien de), Humières (Jean d'), La Fayette (Antoine de), Landifay (Guignardin de), La Rivière (François de), La Roche (Jean de), La Rochefoucauld (François II de), La Tour (François II de), La Trémoïlle (Louis de) [premier chambellan], Laurencin (Barthélemy), Laval (Gilles de), Lugny (Jean de), Malberg (Robert, s^r^ de), Malet (Louis), Maubec (Le s^r^ de),

MICHAU (François), MONTLOR (Le s^r DE), MONTMORENCY (Anne et Guillaume, barons DE), MONTPEZAT (Jean DE), MOY (Jacques DE), PIO (Albert), POITIERS (Jean DE), QUELENEC (Charles DE), RINCON (Antoine DE), SAINT-GELAIS (Alexandre DE), SAINT-NECTAIRE (Nectaire DE), STROZZI (Pierre), TORCY (Jean DE), TOURNON (Just, s^r DE), VENDÔME (Jacques, bâtard DE), VIENNE (Gérard DE), VILLENEUVE (Louis DE), VISCONTI (Galéas); cf. GENTILSHOMMES DE LA CHAMBRE. Huissiers des chambellans : voir HUISSIERS.

CHAMBERAN (FORÊT DE), en Dauphiné, II, 629, 6832.

CHAMBEREAU (Charles DE) ou DE CHAMBIRAN, s^r de la Bernardière, archer de la garde, V, 381, 16640; VIII, 329, 1693 *bis*.

CHAMBERT (Adrien), charpentier, natif de Bresse, demeurant à Salon. Lettres de naturalité, VII, 311, 24773.

CHAMBERT (Antoine DE), s^r de Rustiques, VI, 376, 20831.

CHAMBERT (Jean DE), s^r de Rustiques, VII, 64, 23531.

CHAMBÉRY (Savoie), VII, 709, 28524; IX, 67. Poste, VIII, 80, 29966; VIII, 243, 31523. Résidence pendant une partie de l'année obligatoire pour les gens des comptes de Savoie et Piémont, VI, 600, 22023. Séjour de lansquenets, III, 576, 10157; VIII, 243, 31527; de Suisses, VIII, 28, 29483; VIII, 31, 29509; VIII, 79, 29955. Voyage du roi, V, 407, 16764; VIII, 551.
—— *Bailliage*, VI, 414, 21029. Juges mages et vice-baillis de Savoie : voir AYNAULD (François et Geoffroy).
—— *Domaine*. Archives, VI, 611, 22079. Saisie de la place au nom du roi, VI, 408, 20995.
—— *Monnaie*, IV, 334, 12571; IV, 476, 13235; IV, 578, 13704.
—— *Ville*. Exemption du logement des gens de guerre, IV, 575, 13691. Originaires naturalisés français : voir COCHE (Jean), DELACHAUX (Jean), ROUX (Jean), SAVOYE (Edmond). Privilèges, VI, 486, 21405.

CHAMBES (Hélène DE), veuve de Philippe de Comines, V, 313, 16295; V, 351, 16492; V, 597, 17731.

CHAMBES (Philippe DE), baron de Montsoreau, I, 448, 2370; I, 449, 2372.

Chambezon (Haute-Loire) : voir MAURIAC (Jean et Pierre).

Chambiran (*Charles de*) : voir CHAMBEREAU (Charles DE).

Chambles (Loire) : voir CHÂTELET.

CHAMBLY (Oise). Église Notre-Dame : chapelain de Saint-Michel : voir REGNAULT (Louis). Grenier à sel, II, 744, 7351. Notaire : voir POLLÉ (Nicolas).

CHAMBON (Loir-et-Cher), VIII, 135, 23886; voir BURY.

CHAMBON (Charente-Inférieure). Demande en remise de tailles, VI, 180, 19816.

Chambon (Antoine) : voir CHAMBON (Nicolas).

CHAMBON (Eustache), conseiller clerc au Parlement de Paris. Lettres d'intermédiat, VII, 560, 26909.

CHAMBON (Eustache), conseiller lai au Parlement de Rouen, VIII, 154, 30689.

CHAMBON (Jacques), général des Monnaies en Guyenne et Languedoc, V, 109, 15238.

CHAMBON (Jacques), licencié ès lois, juge du Vivarais. Anoblissement, VII, 48, 23451.

CHAMBON (Jacques), maître de la monnaie de Toulouse, VII, 363, 25062.

CHAMBON (Jean), payeur de la compagnie du duc d'Albany, III, 90, 7899; III, 145, 8150; III, 218, 8521; VIII, 223, 31320; trésorier de la maison de Boulogne, III, 383, 9274; III, 618, 10339; VIII, 116, 30319; VIII, 299, 32116; valet de chambre du dauphin, III, 717, 10793.

CHAMBON (Nicolas), examinateur de nouvelle création au Châtelet de Paris, VII, 441, 25301; VII, 414, 35325.

CHAMBON (Nicolas). Légitimation de son fils Antoine, homme d'armes des ordonnances de la compagnie du connétable de Montmorency, VIII, 722, 33064.

CHAMBON (Thomas), abbé de Saint-Victor-en-Caux, V, 432, 16888.

CHAMBONNET (Georges DE), bâtard du chevalier de CHAMBONNET, natif de Rhodes, demeurant à Solliès. Lettres de naturalité, IV, 178, 11816.

Chamborant (*Gabriel de*). Sa veuve : voir SAINT-MAUR (Louise DE).

CHAMBORD (Loir-et-Cher) : voir PINAY (LE), MONTFRAUT, RIAUDUN. Bâtiments royaux, III, 167, 8266; VI, 744, 22778; VI, 790, 23001; VII, 634, 27832-27833; VII, 769, 28939 : voir BONNEAU (Maugin), CHAUVIGNY (Charles, bâtard DE), CLOTET (René), FORGET (Raymond), FOYAL (Nicolas), GROSSIER (Jean), NEPVEU (Pierre), PELLOQUIN (Nicolas), PONTBRIANT (François DE), TROYES (Antoine DE), VIART (Mathurin). Parc, II, 44, 4061; IV, 149, 11685; IV, 611, 13851; VI, 558, 21800; VII, 240, 24392; VII, 579, 27157; VII, 595, 27389. Plan en relief, VII, 676, 28216. Séjours du roi, VIII, 255, 31653; VIII, 551.

Chambouc : voir SAMBOURG.

Chambourcy (Seine-et-Oise) : voir JOYENVAL.

Chambourg (Indre-et-Loire) : voir BREUIL-DES-MOULINS (LE), ILE-AUGER (L').

CHAMBRAIS, auj. BROGLIE (Eure), VI, 52, 19170. Destruction de la ville en 1534, VI, 374, 20818.

Chambre (*Le comte de la*) : voir LA CHAMBRE (Jean, comte DE).

Chambre apostolique. Clerc : voir RÉGIS (Thomas).

Chambre aux deniers : voir MAISON DE MESDAMES, MAISON DE MESSEIGNEURS, MAISON DE LA REINE ELÉONORE.

CHAMBRE AUX DENIERS DU ROI, II, 24, 3959; II, 341, 5491; II, 714, 7224; VII, 616, 27665; VII, 622, 27711; VII, 636, 27867; VII, 643, 27926; VII, 678, 28253; VII, 730, 28666-28667; VII, 730, 28669; VII, 740, 28743; VIII, 88, 30048-30049; VIII, 100, 30162; VIII, 147, 30621; VIII, 267, 31785-31786. Contrôle, I, 109, 638; voir BARBIER (Nicole). Maîtres : voir BERNARD (Jacques), BRIÇONNET (François), MAREAU (Sébastien DE); les très nombreux numéros qui concernent la gestion du maître Jacques BERNARD sont indiqués à l'article relatif à ce personnage. Voir aussi HÔTEL DU ROI.

Chambre d'Anjou : voir ANJOU (CHAMBRE D').

Chambre des comptes... : voir CHAMBRES DES COMPTES.

CHAMBRE DES COMPTES D'AIX OU DE PROVENCE, dite aussi CHAMBRE DES RAISONS.
—— *Archives.* Clefs, VIII, 741, 33169. Dépôt : des actes intéressant le domaine en Provence, I, 420, 2272; des états de condamnations et amendes du Parlement d'Aix, I, 427, 2263; des registres des greffiers des cours, VII, 131, 23863.
—— *Cour rigoureuse.* Juridiction, I, 716, 3740; I, 723, 3779; VII, 5, 23222; VII, 184-185, 24123-24124; VII, 190, 24148; VII, 191, 24154. Sceau, VII, 144, 23925; VII, 196, 24176; VII, 210, 24251. Statuts et styles, VII, 52, 23474. Suppression, III, 142, 8141; III, 217, 8513; III, 383, 9272.
—— *Juridiction et exercice de ses attributions*, II, 73, 4209; III, 264, 8739; III, 335, 9062; III, 396, 9333; III, 434, 9511; IV, 158, 11724; VII, 222, 24305; VII, 754, 28836; VIII, 158, 30717. Arrêts frappés d'appel, VII, 190, 24147. Avis sur la mainmorte requis d'elle par le roi, I, 239, 1306. Baux de portions du domaine, III, 567, 10118; VI, 113, 19473; VI, 455, 21243; VII, 101, 23710; VII, 186, 24130; VII, 207, 24233; VII, 227, 24327; de tabliers au palais d'Aix, VII, 30, 23359. Commissions reçues du roi : pour une adjudication, VII, 369, 25095; pour l'affouagement des communautés, VII, 267, 24528; pour diverses enquêtes intéressant le domaine, VII, 204, 24221; VII, 296, 24690; VII, 382, 25160; pour l'établissement des obligations des habitants de la Provence touchant le ban et l'arrière-ban, VII, 387, 25186; pour le rétablissement d'Augustin Grimaldi à l'évêché de Grasse, I, 674, 3529; pour la saisie des terres non amorties tenues par le clergé, II, 176, 4714; pour une vente de sel, VII, 362, 25061. Conflits avec le Parlement d'Aix, I, 514 (VIII, 337), 2711; I, 547, 2878; I, 646, 3383; I, 727, 3802; II, 195, 4806; VIII, 667, 32755. Connaissance : du contentieux des greniers à sel, I, 514, 2710; du contrôle des munitions de guerre, I, 547, 2879; des matières domaniales, I, 514 (VIII, 337), 2709; III, 165, 8258; IV, 82, 11377; en appel, des matières relatives aux droits de foraine, rêve, etc., VII, 402, 25262. Déclaration touchant les greffes de Martigues attaquée en nullité, III, 184, 8344. Entérinement de lettres, I, 63, 374; III, 396, 9334; VII, 394, 25227; de don, VII, 100, 23706; VII, 103, 23720; VII, 148, 23940; VII, 195, 24173; VII, 200, 24197; VIII, 86, 30028; d'exemption, VII, 370, 25099; de naturalité, VII, 312, 24782; de rabais de fermes, VII, 195, 24171; VII, 211, 24256. Exécution des décisions

de justice portant adjudication au roi, VIII, 705, 32966. Mandement reçu du roi pour un payement, VII, 391, 25208. Perception de don gratuit, VII, 626, 23839. Réception des actes intéressant le domaine, I, 429, 2272. Suspension du fermier de la monnaie d'Aix, VII, 409, 25297. Taxation de vacations et indemnités, VII, 231, 24350; VII, 391, 25209; VII, 407, 25290; VIII, 14, 29377. Vérification de la comptabilité : des États de Provence, IV, 333, 12566; des greniers et tirages de sel, VII, 397, 25241; des maîtres particuliers des monnaies, VII, 404, 25274; des recettes ordinaires, VII, 398, 25244; VIII, 90, 30065; de la trésorerie générale de Provence, III, 544, 10013-10014; VIII, 72, 29890. Vérification : de la gestion des comptables, VIII, 652, 32668; VIII, 730, 33113; des titres de franchises et privilèges des détenteurs de maisons et héritages à Marseille, IV, 248, 12158.

—— *Personnel* : aliénations faites indûment par certains officiers, IV, 674, 14144; — offices confirmés, VII, 2, 23203; créés, IV, 119, 11540; VII, 212, 24257; VII, 346, 24976; créés, VIII, 725, 33080-33081; VIII, 737, 33148; supprimés, VII, 369, 25096; — remplacement des maîtres rationaux en cas d'absence ou de maladie, III, 589, 10217; — résistance de plusieurs officiers aux commissaires royaux, III, 130, 8089. Greffiers et notaires : voir Albert (Pierre), Julliani (Jean de), Laugier (Antoine et Esprit), Olivier (Christophe, Jean et Michel), Silvi (Antoine et Honorat). Huissiers, VII, 46, 23442. Pour le personnel de juridiction, voir t. IX, p. 197-198.

« Chambre des comptes d'Angleterre », VII, 540, 26646-26648. Il doit s'agir en réalité de la Chambre des comptes d'Angoulême : voir Gélinard (Jean).

Chambre des comptes d'Angoulême, I, 6, 32; I, 172, 974; II, 110, 4391; V, 255, note 2; VII, 523, 26416; VII, 550, 26788; VII, 706, 28506; VII, 782, 29026; VIII, 304, 32158.

Chambre des comptes de Blois.

—— *Archives*. Titres retirés, I, 665, 3483; V, 367, 16574; VI, 145, 19636; VI, 685, 22489.

—— *Juridiction et exercice de ses attributions*, I, 556, 2923; VII, 678, 28252. Commissions décernées à la Chambre, IV, 614, 13866; VI, 350, 20690; VI, 472, 21329; VI, 608, 22063. Entérinement de lettres : de provisions d'offices, VII, 793, 23017; de rabais de ferme, II, 725, 7269; VI, 708, 22605; VI, 828, 23196. Magasins à sel du ressort, IV, 778 (VIII, 386*), 14622. Mandements de payements décernés à la Chambre, II, 745, 7361; VI, 579, 21917; VIII, 650, 32655. Réception du serment du bailli de Blois, I, 724, 3784. Vérification : d'aveu, VI, 549, 21756; des comptes des comtés de Blois, Soissons, Asti, etc., I, 556, 2923; IV, 26, 11124; V, 807, 18869; d'hommage, VI, 196, 19892; de lettres touchant les droits du général du comté de Blois, VI, 805, 23083.

—— *Personnel* : contribution à la solde des gens de guerre, VIII, 748, 32208; gages, V, 276, 16097; VII, 7, 23231; privilèges, V, 203, 15707; procès touchant un office d'auditeur évoqué au Grand Conseil, I, 73, 432. Greffiers : voir Burgensis (Roland et Simon). Pour le personnel de juridiction, voir t. IX, p. 198.

Chambre des comptes de Bourbonnais : voir Chambre des comptes de Moulins.

Chambre des comptes de Bourgogne : voir Chambre des comptes de Dijon.

Chambre des comptes de Bresse. Personnel : voir t. IX, p. 200.

Chambre des comptes de Bretagne.

—— *Bâtiments*, à Vannes, II, 763, 7448.

—— *Juridiction et exercice de ses attributions*. Commissions décernées à la Chambre, I, 53, 316; I, 296, 1601; I, 646, 3388; III, 123, 8055. Compétence, IV, 74, 11341; V, 35, 14839; V, 145, 15422. Entérinement : d'un édit pour l'aliénation du domaine, III, 287, 8844; de lettres de dons et de cessions, I, 118, 685; I, 139, 799; I, 147, 842; I, 167, 947; I, 168, 954; I, 200, 1111; I, 240, 1312; I, 270, 1509; I, 280, 1515; I, 430, 2275; I, 475, 2510; I, 490, 2582; I, 505, 2664; I, 507, 2672; I, 555, 2920; I, 563, 2960; I, 628, 3290; I, 638, 3340; I, 642, 3361; I, 650, 3405; I, 657, 3441; I, 646, 3640; I, 701, 3664; I, 712, 3722; I, 724, 3783; I, 728, 3805; II, 113, 4405; III, 175, 4708-4709; II, 176, 4717; II, 186, 4765; II, 195, 4807; II, 269, 5164-5165; II, 476, 6100; II, 658, 6966; II, 755, 7408; III, 162, 8241; III, 226, 8558-8559; III, 351, 9134; IV, 11, 11061; VIII, 698, 32925;

de lettres d'octroi, VIII, 582, 32293; de lettres pour établissement de jeux de papegaut, II, 675, 7040; III, 228, 8569. Jugements ne concernant pas le fait des comptes, attaquables devant le Parlement, VIII, 767, 1018. Mandements adressés à la Chambre : pour payements, I, 524, 2761; pour remises de temporels, III, 2, 7456; IV, 88, 11407; IV, 153, 11706. Sessions annuelles : nombre réduit à deux, III, 212, 8489; III, 267, 8752. Vérification : de la comptabilité, I, 353, 1887; II, 232, 4990; III, 253, 8690; III, 343, 9098; III, 711, 10764; IV, 72, 11327; IV, 509, 13390; V, 628, 17888; VIII, 127, 30425; VIII, 623, 32508; des hommages et aveux, III, 466, 9656; III, 623, 10363; III, 663, 10546; III, 701, 10718; V, 536, 17430.

—— *Personnel :* confirmation des offices, I, 9, 53; droits de robes, III, 620, 10351; III, 657, 10519; gages, III, 364, 9189; III, 626, 10377; V, 353, 16506; obligations des officiers quant à la résidence, I, 484, 2556; privilèges, I, 120, 748. Garde et concierge : voir MENEUST (Guillaume). Greffier : voir LA RIVIÈRE (Jean DE). Huissiers, I, 502, 2647-2648. Pour le personnel de juridiction, voir t. IX, p. 201-203.

Chambre des comptes de Chambéry : voir CHAMBRE DES COMPTES DE SAVOIE ET PIÉMONT.

Chambre des comptes de Dauphiné : voir CHAMBRE DES COMPTES DE GRENOBLE.

CHAMBRE DES COMPTES DE DIJON OU DE BOURGOGNE, IV, 733, 14409; IV, 781, 14637; V, 322, 16343; VI, 425, 21084; VII, 479, 25884. Messe quotidienne chantée par les frères mineurs, VII, 810, 29226.

—— *Archives.* Communications aux commissaires du roi, IV, 384, 12806. Dépôt des titres de la Bresse, du Bugey et du Valromey, IV, 258, 12203; IV, 479, 13249. Recherche des titres concernant le comté de Bourgogne, IV, 719, 14342.

—— *Juridiction et exercice de ses attributions,* I, 181, 1018; sur les baillis de la Bourgogne, I, 250, 1367; V, 530, 17401; sur les magasins à sel, IV, 679, 14165; sur les pays de Bresse, Bugey et Valromey, VII, 210, 24248; y échappent les comptes des octrois votés par les États du comté d'Auxonne, VI, 591, 21981; par les États de Bourgogne, IV, 93, 11426. Bail à cens des étaux aux bouchers de Beaune, VII, 161, 24008. Commissions décernées à la Chambre, I, 144, 827; IV, 479, 13248; VI, 273, 20290; VII, 281, 24601; VII, 769, 28938. Enregistrement de l'édit d'affranchissement des mainmortables, IV, 645, 14018; des privilèges des foires de Troyes, VII, 154, 23975; du serment de fidélité des habitants de Bourg, III, 188, 8362. Entérinement de lettres : d'augmentation de gages, IV, 270, 11297; de cession, VII, 691, 28364; d'hommage, IV, 562, 13631; d'octrois, IV, 264, 12234; V, 646, 17982; de privilèges, V, 563, 17563; de provisions d'offices, IV, 477, 13237; V, 359, 16533; VII, 188, 24138. Fournissement des greniers à sel, I, 211, 1166; IV, 708, 14290; IV, 711, 14303. Mandements exécutoires sans *pareatis,* II, 418, 5837. Rang de cour souveraine, IV, 593, 13769. Réception du serment du receveur général de Bourgogne, VII, 179, 24095. Taxation faite par la Chambre, VII, 686, 28321. Vérification de comptabilités diverses, II, 419, 5838; VI, 677, 22442; VI, 752, 22820; VII, 122, 23823; VII, 651, 28006; des comptes du Parlement de Dijon, VI, 26, 19038; des comptes de la recette générale de Bourgogne, VII, 97, 23693; VII, 101, 23712; VII, 140, 23909; VII, 146, 23932; VII, 181, 24108; VII, 209, 24243; VII, 214, 24270; VII, 215, 24274; VII, 216-217, 24281-24282; VII, 219, 24293; VII, 221, 24300; VII, 229, 24339; VII, 233, 24360; VII, 234, 24361; VII, 243, 24409-24410; VII, 255, 24462; VII, 268, 24533; VII, 276, 24572; VII, 280, 24597; VII, 298, 24705; VII, 302, 24727; VII, 306, 24751; VII, 310, 24770; VII, 368, 25090; VII, 374, 25121; VII, 385, 26176; VII, 405, 25280; VII, 408, 25292; VII, 707, 28516; des comptes de la recette générale de Bresse, VIII, 48, 29677.

—— *Personnel :* entrées : de Nicolas Noblet, ancien auditeur, père d'un maître des comptes, IV, 464, 13177; de Guillaume de Saulx, chevalier d'honneur au Parlement de Dijon, IV, 752, 14495; — épices, I, 693, 3628; I, 703, 3677; II, 12, 3895; VII, 633, 27826; — exemptions, IV, 765, 14557; du logement des gens de guerre, I, 181, 1019; — franc-salé, V, 525, 17372; — gages, I, 715, 3736; II, 166, 4668; II, 263, 5139; II, 383, 5682; II, 387, 5697; II, 680, 7065; III, 116, 8019; III, 745, 10919; IV,

IMPRIMERIE NATIONALE.

101, 11466; IV, 289, 12345; IV, 444, 13090; VI, 5, 18934; VII, 127, 23846; VII, 136, 23887; VII, 157, 23987; VII, 161, 24010; VII, 172, 24066; VII, 175, 24077; VII, 177, 24087; VII, 181, 24105; VII, 608, 27559; VIII, 388, 15404 *bis* et *ter*; — privilèges, I, 3, 16; I, 507 (VIII, 337), 2670; IV, 785, 14656. Avocat du roi : pension à défaut de gages, VII, 787, 29071. Auditeur; création d'un office, IV, 449, 13110. Concierges et portiers, III, 543, 10011; V, 254, 15981. Correcteur : création d'un office, IV, 478, 13243. Greffier : voir LEROY (Jacques); création d'un office, III, 557, 10074. Maîtres : créations d'offices, I, 379, 2013; III, 513, 9876; IV, 432, 13030; vacance d'un office, VII, 94, 23679. Présidents : création d'offices, I, 255, 1392; I, 271, 1468; IV, 465, 13183. Voir l'énumération des officiers de juridiction, t. IX, p. 197-200.

CHAMBRE DES COMPTES DE GRENOBLE OU DE DAUPHINÉ.

—— *Archives.* Dépôt des registres des commissaires des aliénations du domaine, IV, 704, 14273; d'une partie des titres des archives de Chambéry, VI, 661, 22079. Recherche des titres relatifs à l'autorité des gouverneurs de Dauphiné, VII, 232, 24351; aux lods et ventes dus au roi dans cette province, VI, 328, 20574.

—— *Juridiction et exercice de ses attributions.* Commissions décernées à la Chambre, I, 301, 1631; III, 123, 8056; V, 783, 18745; VI, 91, 19359; VI, 730, 22740; VI, 781 (VIII, 400*a*), 22958; VI, 825, 23182; VII, 460, 25712. Enregistrement ou entérinement d'actes royaux, I, 349, 1866; IV, 243, 12126; IV, 269, 12252; VII, 227, 24238; VIII, 385*a*, 14302 *bis*. Frais de justice, VII, 721, 28603. Réception : de la caution des maîtres de la monnaie de Romans, VI, 477, 21353; du dénombrement des fiefs, IV, 85, 11391; des hommages, IV, 187, 11860; IV, 434, 13041. Procès relatifs aux lods et ventes, IV, 284, 13325. Vérification des comptes : du don gratuit de 1545, IV, 577, 13699; des lods et ventes, VI, 412, 21021; de la recette générale du Dauphiné, II, 520, 6301; III, 311, 8952; VII, 564, 26958; VII, 696, 28409-28410.

—— *Personnel :* entrée permise à Jean de Chaponay, VII, 434, 25487; — franc-salé, 572, 17608; — gages, I, 326, 1757; I, 481, 2541; I, 496, 2614; II, 452, 5991; — menues nécessités, III, 162-163, 8244; IV, 85, 11387; IV, 645, 14016; VI, 792, 23013; — offices confirmés, I, 4, 24; supprimés, I, 319, 1723. Auditeurs : création d'offices, I, 258, 1403; III, 368, 9211; IV, 450, 13114; IV, 465, 13184; création d'un office extraordinaire, III, 270, 8763; gage de cet office, IV, 498, 13341. Correcteur : création de l'office, IV, 495 (VIII, 380), 13330; IV, 506, 13373; IV, 554, 15393; fonctions, IV, 627, 13934. Maîtres : création d'offices, IV, 669, 14121; IV, 671, 14134; IV, 705, 14279. Secrétaires : création d'un quatrième office, I, 704, 3681; I, 718 (VIII, 343*a*), 3749. Voir l'énumération des officiers de juridiction, t. IX, p. 202-203.

Chambre des comptes de Languedoc : voir CHAMBRE DES COMPTES DE MONTPELLIER.

CHAMBRE DES COMPTES DE MONTBRISON, II, 124, 4462.

CHAMBRE DES COMPTES DE MONTPELLIER OU DE LANGUEDOC. Création, I, 333 (VIII, 329), 1788). Locaux, III, 442, 9548. Suppression demandée par les États de Languedoc, III, 767, 11011.

—— *Juridiction et exercice de ses attributions,* II, 618, 6780; IV, 33, 11153; IV, 688, 14201. Arrêt contre Billotte de Andrea, II, 547, 6429. Compétence, IV, 33, 11153. Conflits : avec la Chambre des comptes de Paris, I, 388, 2072; II, 64, 4162; VII, 657, 28054; avec le Parlement de Toulouse, IV, 67, 11307; VI, 110, 19459. Entérinement d'actes royaux, II, 420, 5844; III, 123, 8055; III, 287, 8841; III, 446, 9563. Réception des hommages, III, 277, 8796. Vérification : des comptes, I, 368, 1963; II, 663, 6989; III, 434, 9511; III, 526, 9938; III, 704, 10732; IV, 129, 11587-11588; IV, 763, 14550; V, 597, 17730; VI, 213, 19975; VIII, 307, 32184; d'hommage, II, 492, 6174; de serment de fidélité, IV, 618, 13886.

—— *Personnel :* exemption du ban et de l'arrière-ban, VI, 353, 20707; franc-salé, IV, 47, 11275; IV, 457, 9615; VIII, 67, 29845; gages, II, 173, 4700; II, 264, 5140; II, 387, 5698; II, 680, 7066; III, 378, 9251; III, 390, 9307; VI, 48, 19150; VII, 609, 27560; VII, 635, 27844; VIII, 118, 30339; menues nécessités, III, 442, 9548; privilèges, les mêmes que ceux de la Chambre des comptes de Paris, III, 457, 9614. Greffiers : voir FAUCON (Alexandre), LE BLETIER (Jean), LEIGNADIER (Jean), PETIT (Gabriel). Huissière : voir MAUPEL (Catherine). Huissiers : voir BASTIDE (Gaspard), BOYSSET (Jacques), CHABOT (Martin), GODART (Olivier), PHILIPPE (Martin). Maîtres : création de deux nouveaux offices, IV, 766, 14564. Procureur du roi : office encore sans titulaire en 1538, III, 507, 9848. Receveurs et payeurs : voir DEMAY (Antoine), PENDERTA (Guillaume DE). Voir l'énumération des officiers de juridiction, t. IX, p. 203-204.

CHAMBRE DES COMPTES DE MOULINS OU DE BOURBONNAIS. Création, I, 648, 3398. Suppression, II, 370, 5623.

—— *Archives*, II, 124, 4462; VI, 50, 19162.

—— *Juridiction et exercice de ses attributions.* Commission pour dresser un état des comptables de la maison de Bourbon, VII, 530, 26500. Notification adressée à la Chambre, VII, 138, 23900. Vérification des comptes, I, 370, 1971; V, 664, 18083; V, 691, 18236; V, 696, 18269-18270; V, 708, 18347; VI, 17, 18997; VI, 21, 19016; VI, 24, 19028; VIII, 241, 31509; VIII, 606, 32425.

—— *Personnel*, II, 188, 4775; V, 718, 18403; VI, 6, 18942; VII, 526, 26457; VII, 520, 26490, 26497; VII, 705, 28500. Greffe, VII, 529, 26487. Offices auxquels il est pourvu en 1546, nonobstant la suppression de la Chambre, V, 66, 15003-15004. Pensions à d'anciens officiers, VII, 706, 28500-28501. Substitution de Jean d'Esbreulhe à Antoine de Mortillon, VII, 531, 26529.

Chambre des comptes de Normandie : voir CHAMBRE DES COMPTES DE ROUEN.

CHAMBRE DES COMPTES DE PARIS.

—— *Archives.* Dépôt : des titres de la maison de Bourbon, II, 124, 4462; des titres de la rançon des fils du roi, II, 8, 3872; d'une des trois expéditions des comptes des terres de la maison d'Armagnac, I, 191, 1063. Remise de titres : à Charles-Quint, I, 700, 3663; au duc de Lorraine, VI, 304, 20454; à Anne de Montmorency, VI, 441, 21167.

— *Exercice de ses attributions*, I, 193, 1076; I, 372, 1982; I, 531, 2796; I, 696, 3641; III, 283, 8824; III, 290, 8856; III, 719, 10799; IV, 511, 13399; V, 651, 18012; VI, 210, 19957; VI, 488, 21416; VI, 606, 22056; VII, 524, 26432; VII, 560, 26910; VII, 585, 27253; VII, 588, 27293; VII, 619, 27677; VII, 628, 27783; VIII, 21, 29425. Baux de gardes nobles, III, 440, 9541; III, 634, 10412. Commissions reçues du roi sur divers objets intéressant le domaine, I, 167, 949; I, 493, 2599; II, 131, 4501; IV, 174, 11801; IV, 275, 12281; IV, 280 (VIII, 781a), 8812; IV, 370, 12739; IV, 715, 14324; V, 280, 16120; V, 543, 17467; VI, 344, 20658. Enregistrement du traité de Crépy, IV, 703, 14268; VII, 596, 27402; des traités de Madrid et de Cambrai, I, 675, 3532. Entérinement de lettres : d'anoblissement, III, 235, 8603; VI, 756, 22837; VII, 630, 27797; VII, 657, 28057; VII, 663, 28112; de dons et cessions, parfois avec réduction de moitié, *passim*; d'échanges, VII, 432, 25473; VII, 811, 29235; d'émancipation, I, 527, 2780; d'exemption, II, 632, 6843; IV, 509, 13386; d'hommage, I, 377, 2005; I, 685, 3585; III, 663, 10547; VII, 293, 24674; VII, 297, 24700, et *passim*, t. V et VI; de naturalité, VII, 479, 25884; VII, 617, 27655; VII, 660, 28075; d'octroi, II, 6, 3685; IV, 434, 13043; VI, 196, 19891; de privilèges, I, 61, 359; I, 90, 528; I, 126, 733; I, 178, 1004; I, 214, 1180; II, 671, 7023; de provisions d'offices, II, 36, 5606; III, 748, 10929; IV, 427, 13007; V, 79, 15074; V, 80, 15077; V, 138, 15393; VI, 53, 19176; VI, 477, 21353; VII, 363, 25067; VII, 511, 26253; VII, 544, 26694; VII, 563, 26952; VII, 586, 27267; VII, 587, 27277; VIII, 253, 31635; de rabais de fermes, IV, 719, 14344; de sauvegarde, VI, 776, 22934; de règlement d'attributions, III, 123, 895; V, 165, 15513; de remises d'amendes, II, 635, 6860; III, 271, 8766; III, 694, 10685; III, 735, 10870; de serment de fidélité, I, 607, 3183. Expéditions, I, 238, 1305; finances en provenant, I, 573, 3013; I, 583, 3064; I, 584, 3066; I, 592, 3106; II, 295, 5277; VII, 463, 25739; VII, 783, 29037. Mandements reçus du roi pour payements à effectuer, I, 269, 1641; III, 287, 8838; III, 352, 9138; III, 690, 10665; IV, 564, 13641; VI, 262, 20233; VI, 277, 20310; VI, 822, 23171; VIII, 761, 33307. Prêt fait au roi, I, 46, 266. Réception d'aveu, VII,

354, 25017. Taxation de gages et vacations, I, 637, 3335; IV, 468, 13201; VII, 552, 26810; VII, 600, 27452; VII, 658, 28064; VII, 708, 28522. Vérification de comptes divers, I, 504, 2658; II, 4, 3851; III, 385, 9280; III, 613, 10318; III, 673, 18126; III, 723, 10818; V, 727, 18456; VI, 97, 19390; VI, 456, 21248; VI, 465, 25756; VII, 627, 27758; VIII, 2, 29278. Vérification des comptes : de l'artillerie, VI, 66, 19235; VII, 646, 27967; des bâtiments du roi, VII, 465, 25753; de la Chancellerie de France, II, 189, 4779; IV, 12, 11063; IV, 352, 12653-12656; du changeur du Trésor, V, 579, 17643; V, 670, 18108; VI, 147, 19645; VII, 625, 27746; VII, 681, 28373; des cours souveraines, I, 331, 1778; I, 350, 1873; II, 282, 5217; II, 643, 6901; II, 696, 7142; IV, 21, 11101; V, 31, 14817; VI, 200, 19909; VI, 382, 20859; VI, 792, 23013; VII, 628, 27784, 27786; VII, 705, 28497; VII, 785, 29058; de l'épargne, I, 635, 3326; I, 544, 2862; V, 702, 18306; V, 756, 18606; V, 787, 18769; V, 788, 18773; et *passim*, t. II à IV et VI à VIII; des élections, I, 145, 831; II, 277, 5199; II, 377, 5655; VI, 349, 20685; VII, 655, 28043; VII, 782, 29027; VII, 806, 29200; VII, 808, 29214; des finances extraordinaires et parties casuelles, VII, 483, 25916; VII, 758, 28861; VIII, 31, 29501; des greniers à sel, II, 277, 5199; II, 490, 6165; II, 557, 6474; II, 558, 6477; II, 656, 6957; II, 732, 7301; III, 434, 9511; V, 633, 17914; VI, 64, 19226; VI, 201, 19913; VII, 462, 25729; VII, 542, 26672; VII, 571, 27041; VII, 584, 27241; des guerres, II, 341, 5489; III, 413, 9417; III, 496, 9797-9798; III, 565, 10107-10108; III, 637, 10426; III, 693, 10680; III, 731, 10852; IV, 535, 13466-13467; IV, 544, 13544; IV, 596, 13782; IV, 605, 13823; IV, 627, 13932; IV, 668, 14119; IV, 738, 14432; V, 550, 17499; VI, 729, 22708; VII, 776, 28981; de la maison des enfants de France, VII, 661, 28088; de la maison de Louise de Savoie, II, 4, 11030; de la maison de la reine, VII, 694, 28393; de la maison du roi, I, 712, 3718-3719, 3722; II, 804, 4855; II, 221, 4935; II, 249, 5072; II, 491, 6169-6170; III, 686, 10648; IV, 23, 11108; IV, 131, 11598; IV, 263, 12231; V, 449, 16986; VI, 198, 19896; VI, 251, 20176; VI, 310, 20481; VII, 730-731, 28666-28669; VIII, 6, 29306; VIII, 8, 29328; VIII, 42, 29697; de la marine, VII, 716, 28578; des pensions d'Angleterre, V, 487, 17181; V, 768, 17585; VI, 128, 19552; VII, 633, 27823; VII, 681, 28273; VII, 708, 28521; du prévôt de l'hôtel, II, 408, 5791; des recettes générales, I, 137, 787; II, 128, 4488; II, 471, 6082; II, 686, 7094; III, 621, 10354; III, 743, 10907; V, 67, 15007; V, 156, 15467-15469; V, 165, 15511; V, 302, 16230; V, 425, 16855; VII, 446, 25604; VII, 632, 27821; VII, 663, 28113; VII, 664, 28122; VII, 716, 28579; VII, 763, 28896; VIII, 30, 29502; des recettes ordinaires, II, 212, 4894; II, 462, 6035; II, 662, 6985; III, 571, 10135; III, 591, 10224-10225; III, 632, 10406; III, 637, 10425; III, 638, 10430; III, 677, 10611; III, 685, 10646; III, 698, 10706; III, 726, 10830; IV, 663, 14094; V, 374, 16606; VI, 48, 19153; VI, 205, 19934; VI, 313, 20497; VI, 364, 20766; VII, 80, 23610; VII, 441, 25559; VII, 458, 25697; VII, 536, 26595; VII, 546, 26724; VII, 576, 27117; VII, 674, 28198; VII, 676, 28225; VIII, 31, 29505; VIII, 588, 32329; des traites d'Anjou, II, 296, 5284; III, 696, 10697; de Blois, VII, 554, 26838; d'Ingrandes, II, 182, 4746; VII, 567, 26989; des villes, I, 71, 419; III, 290, 8855; IV, 758, 14526; V, 155, 15465; V, 189, 15640; VI, 428, 21102; VI, 719, 22663; VI, 726, 22693.

—— *Juridiction.* Arrêts frappés d'appel, I, 209, 1157; I, 219, 1209; I, 234, 1285. Conflits : avec la Chambre des comptes de Montpellier, I, 388, 2072; II, 64, 4162; VII, 657, 28054; avec la Cour des Monnaies, I, 333, 1790; avec le Parlement de Paris, I, 228, 1255. Connaissance des subventions du clergé, IV, 569, 13665. Défense de connaître de fait des bagues et joyaux du roi, III, 374, 9236; VII, 560, 26911. Extension d'attributions à l'occasion de la suppression des chambres de comptes : d'Angoulême, II, 110, 4391; de Moulins, II, 370, 5622-5623. Procès, I, 615, 3226; de Michel de Goursault, III, 683, 10633; de Jean Loppin, V, 6, 14668; de François de Suryau, III, 583, 10187; de Germain Teste, VI, 253, 20186; entre le procureur du roi et Antoine du Prat, VIII, 78, 29899. Voir ANJOU (CHAMBRE D'). Procureur : voir BEAUVAIS (Robert

DE), CHAUVET (Eustache), PERDINEL (Antoine).

—— *Personnel :* confirmation des officiers, I, I, 3; I, 62, 370; droits de jetons d'argent, I, 191, 1064; droits de robe, de bûche, etc., II, 115, 4415; IV, 54, 11249; IV, 390, 12831; droits sur les amendes, I, 176, 993; exemption de tutelle, VI, 818, 23151; franc-salé, I, 209, 1156; I, 210, 1164; VIII, 67, 29845; gages, IV, 425, 13000; VII, 636, 27860 : voir aux noms des payeurs BOHIER (Jacques), DAMONT (François), MORELET DU MUSEAU (Jean), TALON (Pierre). Privilèges étendus à la Chambre des comptes de Montpellier, III, 457, 9614. Auditeurs : attribution de cette qualité aux clercs de la chambre, I, 243, 13330; création de quatre offices, I, 224, 1234; valeur de l'office supérieure à celle de l'office de secrétaire du roi, III, 703, 10729. Avocat du roi : don de l'office à Martin du Bellay, III, 686, 10649. Correcteurs, I, 509, 2683; II, 747, 7371; IV, 441, 13071; création d'un office, I, 224, 1234; vacance d'un office, VII, 704, 28492. Gardes des livres : création de l'office, I, 224, 1234; voir : GODART (François), LECOMTE (Jean), MESTEREAU (Jean). Greffiers : voir BADONVILLER (Guillaume DE), CHEVALIER (Pierre), LE BLANC (Étienne), LE MAISTRE (Pierre), SPIFAME (Jean), VAUX (Jean DE); non atteints par la révocation des deniers payés ailleurs qu'en l'épargne, IV, 455, 13139. Huissiers-messagers, IV, 586, 13737; IV, 590, 13754; voir BASSAC (Ogier DE), BERLANT (Guillaume), BRUZEVILLE (Noël), BILLARD (Jean), BOURCIER (Jacques), BOURGUIGNON (Jean), BRIGALLIER (Nicolas), CAILLON (Pierre), CORNE (Jean), DANÈS (Guillaume), DELALONDE (Cardin), DUVAL (Jean), GAIGNEUR (Gilbert), GANDOUIN (Sébastien), GILBERT (Antoine), GODARD (Jean), GUILLART (Robert), HUBERT (Jean), LAMOUREUX (Jean), LE CHARRON (Cosme), LE COMTE (Jean), LE GRAS (Étienne), MAREILLE (Michel), MESLIER (Louis), MESTEREAU (Jean), NIVERT (Jacques), PETEL (Adrien), PINGUET (Eustache), PRÉVOST (Raoulin), REGNAULT (Antoine), REIMS (Didier DE), SAVART (Jean), YON (Claude); justiciables, en cas de prévarication dans l'exécution des jugements et commissions, des cours dont seraient émanées lesdits jugements et commissions. Maîtres : création d'offices, I, 224, 1234; I, 255, 1391; officiers délégués : pour la réformation des finances en Bretagne, VII, 689, 28338; pour juger, avec les généraux des aides, un procès pendant entre Catherine d'Amboise et Antoine Bohier, III, 184, 8345; pour la transcription sur registres des titres du Trésor des Chartes, VII, 453, 25639; procès touchant un office, évoqué au Grand Conseil, I, 73, 431. Présidents : création d'offices, I, 224, 1234; IV, 603, 13816. Voir l'énumération des officiers de juridiction, t. IX, p. 191-197.

Chambre des comptes de Piémont : voir CHAMBRE DES COMPTES DE SAVOIE ET PIÉMONT.

Chambre des comptes de Provence : voir CHAMBRE DES COMPTES D'AIX.

CHAMBRE DES COMPTES DE ROUEN OU DE NORMANDIE, créée par édit d'octobre 1543, supprimée par édit d'avril 1544, IV, 516, 13424; IV, 525 (VIII, 792"), 13465; IV, 636, 13973; IV, 655, 14056; VI, 726, 22692; VI, 747, 22794; VI, 750, (VIII, 802), 22810; VI, 756, 22839; VII, 481, 25904; VIII, 758, 33277-33278; VIII, 759, 33286; IX, 204.

CHAMBRE DES COMPTES DE SAVOIE ET PIÉMONT. Création, IV, 17, 11083.

—— *Archives.* Titres transférés à Dijon, IV, 258, 12203; IV, 479, 13249; à Grenoble, VI, 611, 22079.

—— *Juridiction,* IV, 114, 11520; VI, 690, 22511; VI, 705, 22588. Commissions décernées à la Chambre, IV, 560, 13621; VI, 676, 22436; VI, 817, 23145; VI, 818, 23147. Enregistrement de lettres du roi, VI, 657, 22333.

—— *Personnel,* IX, 204. Gages, VII, 252, 24449. Résidence à Chambéry obligatoire pendant une partie de l'année, VI, 600, 22023.

Chambre des comptes de Turin : voir CHAMBRE DES COMPTES DE SAVOIE ET PIÉMONT.

CHAMBRE DES COMPTES DE VILLEFRANCHE, II, 124, 4462.

Chambre des généraux maîtres des monnaies : voir COUR DES MONNAIES.

Chambre des raisons d'Aix : voir CHAMBRE DES COMPTES D'AIX.

Chambre des vacations : voir les articles relatifs aux divers Parlements.

CHAMBRE DE VILLE de Beaune, VII, 310, 24769.

CHAMBRE DU CONSEIL en la Chambre des comptes de Paris, I, 325, 1750; I, 531, 2796; V, 656, 18037; V, 736, 18506; VII, 546, 26745. Archives, V, 629, 17889.

CHAMBRE DU CONSEIL au Parlement de Paris, IV, 634, 13967; IV, 639, 13989. Local, VIII, 117, 30330; VIII, 137, 30528.

CHAMBRE DU DOMAINE établie au Parlement de Paris, IV, 451, 13120; IV, 480, 13252; IV, 503, 13363; IV, 551, 13575; V, 52-53, 14932-14934; V, 54, 14937; VI, 773, 22916; VIII, 746, 33193. Greffier : voir GONTIER (Palamèdes).

Chambre du roi : voir CHANTRES, GENTILSHOMMES, HUISSIERS, ORGANISTE, SECRÉTAIRES.

Chambre du Trésor : voir TRÉSOR (CHAMBRE DU).

CHAMBRE NEUTRE, séant à Dijon, IV, 732, 14409.

Chambre rigoureuse : voir PARLEMENT D'AIX.

CHAMBRE ROYALE, en Milanais, V, 304, 16241.

Chambre souveraine de Dombes : voir CONSEIL DE DOMBES.

Chambrerie (Grande) : voir CHAMBRIER (GRAND) de France.

Chambres (Les) [Manche] : voir GRIPPON.

CHAMBRES À SEL. Approvisionnement suspendu, VII 26, 23339. Créations à : Ballon, I, 148, 847; Baugé, I, 148, 848; Beaufort-en-Vallée, I, 147, 845; Boiscommun, IV, 17, 14750; Bonneuil, II, 8, 3875; Brie-Comte-Robert, II, 82, 4254; Champtocé, I, 147, 845; Château-du-Loir, I, 148, 847; la Châtre, III, 467, 9658; Chemillé, I, 147, 845; Fère-en-Tardenois, I, 305, 1653; Gorron, I, 148, 849; Lassay, I, 148, 849; Loué, I, 148, 847; le Lude, I, 148, 848; le May, I, 149, 852; Monseure, I, 149, 851; Mortagne, I, 233, 1280; V, 596, 17727; VII, 520, 26375; Neuville, I, 232, 1275; Nogent-le-Rotrou, I, 148, 850; Parcé, I, 148, 848; Pithiviers, III, 350, 9132; Pouancé, I, 147, 846; Quillebeuf, IV, 17, 11082; Saint-Denis-d'Anjou, I, 147, 846; Sillé-le-Guillaume, I, 148, 847.

CHAMBRES DES COMPTES. Exemption du ban et de l'arrière-ban, II, 635, 6856. Privilèges, I, 211, 1168. Pensions accordées aux présidents par Louis XII, VIII, 756, 33257.

CHAMBRES DES ENQUÊTES du Parlement de Paris, IV, 446, 13099; IV, 759, 14530 : voir CHAMBRE DU DOMAINE. Grande chambre, III, 547, 10028; IV, 73, 11332; IV, 120, 11548; IV, 121, 11552; IV, 152, 11699; IV, 208, 11959; IV, 383, 12802; IV, 403, 12888; IV, 437, 13057; IV, 444, 13086; IV, 766, 14562; V, 3, 14680; V, 57, 14955; V, 189, 15639; V, 190, 13643; VI, 318, 20521; VI, 324, 20652. Petite chambre, III, 519, 9903; IV, 84, 11385; IV, 301, 12404. Troisième chambre, I, 270, 1467; IV, 523, 13455; IV, 579, 13710; IV, 662, 14089.

CHAMBRES RIGOUREUSES établies aux six sièges du sénéchal de Provence, VII, 224, 24311.

CHAMBRET (Le s[r] DE), panetier du roi, VIII, 188, 31005.

CHAMBRET (Jacques), procureur du roi au Châtelet de Paris, VI, 655, 22321.

CHAMBRIER (GRAND) de France : voir BOURBON (Charles, duc DE), CHARLES DE FRANCE et HENRI II, roi de France. Droits et prérogatives, II, 149, 4591; VI, 757, 22845. Exercice de l'office, pendant la minorité des titulaires, par Jean Robertet et Jean Breton, I, 525, 2764; VII, 502, 26128; VIII, 1, 29269. Suppression de l'office, IV, 779 (VIII, 386e et 779[a]), 14626.

Chamel (S[r] de) : voir PIERRE (André DE).

CHAMELET (Rhône). Terre, VI, 452, 21226.

CHAMEROLLES, c[ne] de Chilleurs-aux-Bois (Loiret). Seigneur : voir DU LAC (Lancelot). Séjours du roi, VIII, 551.

CHAMERY (Marne). Amortissement partiel de cette terre en faveur du chapitre de Reims, I, 104, 608. Notaire : voir GUILMER (Jean). Séjour du roi, VIII, 556.

CHAMIEU (Olivier), prêtre, V, 699, 18287.

CHAMILLY (Saône-et-Loire). Seigneurie, V, 64, 14990.

CHAMOUILLAC (Charente-Inférieure). Seigneurie, VII, 81, 23615; seigneur : voir COUÉ (Claude DE).

CHAMOUSSET, c[ne] de Saint-Laurent-de-Chamousset (Rhône). Seigneur : voir SAINT-SYMPHORIEN (Zacharie DE). Séjour du roi, VIII, 551.

Chamousset (*Saint-Laurent-de-*) : voir Saint-Laurent-de-Chamousset.

Chamoy (Aube). Foires, I, 566, 2975.

Champ, c^ne de Champneuville (Meuse), V, 563, 17559.

Champagnac (Haute-Vienne). Châtellenie, II, 762, 7441; III, 16, 7520; IV, 239, 12094; IV, 785, 14655.

Champagnac-de-Bel-Air (Dordogne). Archiprêtré, VI, 323, 20549.

Champagnac-le-Vieux (Haute-Loire). Foires et marchés, VI, 197, 19893.

Champagne, surnom : voir Briget (Charles), Desplants (Simon), Gilles (Michel), Montbeton (Jean de).

Champagne, héraut, II, 203, 4848.

Champagne (Charente-Inférieure), V, 170, 15539; VII, 136, 23888; VII, 247, 24429.

Champagne (La), c^ne de Saint-Sauveur-Lendelin (Manche). Seigneurie, VI, 522, 21603.

Champagne (Seine-et-Marne). Vignes du roi, II, 268, 5159; II, 347, 5516; II, 607, 6730; II, 653, 6947. Cf. Andoches (Les).

Champagne (Le s^r de), VII, 438, 25522.

Champagne (*S^r de*) : voir Ferrières (Julien de).

Champagne (*Baudouin de*) : voir Champaigne (Baudouin de).

Champagne (Hugues de), receveur des deniers communs de Châlons-sur-Marne, VI, 709, 22610; VI, 804, 23075; VII, 584, 27229.

Champagne (Jean), sergent à cheval au Châtelet de Paris, III, 533, 9966.

Champagne et Brie. Mission de frère André de Corsio, II, 369, 5620. Séjour du duc de Guise, IV, 222, 12023; VIII, 296, 32074.

—— *Affaires militaires.* Voir Armée de Champagne. Ban et arrière-ban, IV, 372, 12749; VII, 441, 25552; VII, 740, 28744. Campagne de 1544, IV, 461, 13163; IV, 654, 14054; V, 25, 14790; VI, 729, 22708. Défense des places frontières, VIII, 736, 33142. Dommages causés aux frontières par les guerres, II, 352, 5540. Entreprises du protonotaire de Beaulieu, VI, 134, 19584; VI, 137, 19599. Exemption du logement des gens de guerre en faveur de l'hôpital du Saint-Esprit de Troyes, VII, 474, 25833. Garnisons, IV, 601, 13805; VII, 722, 28609; VIII, 39, 29598. Légion, III, 99, 7941; VI, 400, 20952; VIII, 3, 29284. Levée de corsaires, V, 752, 18574; de la gendarmerie, VII, 434, 25485. Maintien de l'office de lieutenant général, IV, 738, 14435. Mission de Jean de la Personne à la frontière, VIII, 142, 30577. Mortes-payes, VI, 134, 19582; voir au nom du payeur Godet (Jean). Ravitaillement des troupes, IV, 472, 13215; IV, 676, 14152; IV, 679, 14163; V, 9, 14704. Réparation des places fortes, II, 690, 7114; IV, 132, 11601; V, 326, 16365; VIII, 225, 31339; VIII, 276, 31870. Séjour de troupes, VI, 137, 19599; aventuriers, VII, 130, 23861; chevau-légers, VIII, 286, 31973; lansquenets, VI, 145, 19638; VIII, 135, 30499; VIII, 229, 31389.

—— *Commerce.* Crus viticoles, V, 621, 17847. Interdiction de la traite des blés, IV, 42, 11194; IV, 62, 11285; IV, 67, 11303. Licences dérogatoires à ladite interdiction, en faveur de Jean d'Aguerre, I, 567, 2982; des chevaliers de Saint-Jean-de-Jérusalem, I, 548, 2882; pour l'approvisionnement de Marseille, III, 551, 6444; du Piémont, IV, 55, 11252 : voir ci-après *Foires.*

—— *Comté.* Comte : voir Thibaut IV. Union du comté de Luxeuil par Charles VIII, I, 666, 3487.

—— *Domaine.* Amortissement pour les communautés, VII, 450, 25633. Décimes levées sur le clergé, IV, 461, 13163. Droits de francs-fiefs et nouveaux acquêts, VII, 424, 25407. Empiétements des officiers lorrains sur l'autorité royale, VIII, 303, 32148. Fiefs de René d'Anglure, V, 227, 15840. Première baronnie : voir Trainel. Recherche de biens de mainmorte, VII, 505, 26167. Ventes de bois faites par les évêques, III, 512, 9872.

—— *Eaux et forêts* : voir Eaux et forêts de France, Champagne et Brie.

—— *Foires.* Chanceliers : voir Aultruy (Jean d'), Jacquinot (Jean), Perrotin (Jean), Roffey (Jacques de). Privilèges, I, 688, 3599; IV, 735, 14375. Sergents : création de nouveaux offices, IV, 570, 13668; IV, 716, 14328.

—— *Gouvernement* : voir ci-dessus aux *Affaires militaires*, et, pour le personnel des gouverneurs et lieutenants généraux, t. IX, p. 224.

—— *Maréchaussée*. Prévôt des maréchaux : voir L'Hoste (Claude).

Champagné-les-Marais (Charente-Inférieure), VIII, 608, 32434.

Champaigne (Augustin), natif de Vérone, joueur de cornet du roi. Lettres de naturalité, V, 789, 18780.

Champaigne (Baudouin de) ou de Champagne, s^r de Bazoges. Missions diplomatiques, V, 425, 16853; IX, 6, 7, 8, 38.

Champaigne (La demoiselle de). Mariage, II, 341, 5488.

Champaigne (Jean), sergent du magasin à sel de Harfleur, V, 77, 15060.

Champaigne (Jean de) : voir Charpaignes (Jean de).

Champaigre, c^ne de Souvigny (Allier). Frères mineurs, II, 331, 5448; V, 620, 17843.

Champbaudouin : voir Chambaudoin.

Champcelée, c^ne de Suilly-la-Tour (Nièvre). Foires, V, 87, 15118.

Champcerie (Orne) : voir Selle (La), Tremblay (Le).

Champchanoux, c^ne de Saint-Eugène (Saône-et-Loire). Prieuré, III, 169, 8276.

Champchévrier, c^ne de Cléré (Indre-et-Loire). Dame : voir Maillé (Françoise de). Seigneur : voir Daillon (Jean de).

Champcourt (Haute-Marne). Affranchissement de tailles, II, 716, 7232.

Champdamour (René de), natif de Bruxelles, armurier du roi et du dauphin, VIII, 198, 31092. Lettres de naturalité, IV, 342, 12609.

Champdeniers (Deux-Sèvres). Seigneur : voir Rochechouart (François de).

Champ-de-Vaux, c^ne de Courson (Yonne). Seigneurie, VI, 612, 22084.

Champdieu (Guillaume de), acquéreur de la terre de Torvéon-en-Beaujolais, VII, 503, 26945.

Champdion (Hugues de), bénédictin, I, 79, 466.

Champdoiseau, c^ne de Luzillé (Indre-et-Loire), VI, 341, 20643.

Champdoiseau, c^ne des Trois-Moutiers (Vienne), I, 622, 3261.

Champdolent (Eure). Fief, V, 222, 15819.

Champeaux (Manche). Seigneurie, V, 321, 16339.

Champeaux (Robert et Périne, enfants naturels de Robert de). Légitimation, V, 573, 17614.

Champelais (François de), segreyer de la forêt de Longuenée, III, 630, 10420.

Champerambault, c^ne de Sainte-Soline (Deux-Sèvres). Terre, VII, 544, 26699; VII, 772, 28956.

Champeroux : voir Grassay (Jean de).

Champery (Jacques), natif de Savoie, établi à Clermont-Ferrand. Lettres de naturalité, VI, 337, 20623.

Champeverne (Florimond de), secrétaire et valet de chambre du roi; concessionnaire du revenu des greffes et sceaux de la châtellenie de Verneuil en Bourbonnais, VII, 532, 26530; concierge de Fontainebleau, II, 160, 4644; VI, 137, 19597; VII, 537, 26604; contrôleur des bâtiments de Fontainebleau, Boulogne, Livry et de la fontaine de Saint-Germain-en-Laye, I, 585, 3071; I, 588, 3086; II, 582-583, 6599-6603; II, 616, 6770; VII, 694, 28392.

Champfagos (Pierre de), archer de la garde, V, 382, 16642.

Champ Fleury (Le), ouvrage imprimé par Geoffroy Tory, V, 791, 18790.

Champgrand (Seigneur de) : voir La Loue (Étienne de).

Champgueffier, c^ne de la Chapelle-Iger (Seine-et-Marne); VI, 408, 21308. Seigneurie, V, 214, 15770.

Champicpus : corr. Champrepus.

Champier (Christophe), médecin ordinaire de Louise de Savoie, VII, 513, 26277.

Champigné (Maine-et-Loire) : voir Mauny.

Champignelles (Yonne). Baronnie, V, 289, 16164; V, 317, 16315.

Champignolles (Eure). Seigneurie, II, 260, 5125.

Champigny : voir Morigny-Champigny.

Champigny, c^ne d'Autricourt (Côte-d'Or). Foires, II, 69, 4188.

Champigny, c^ne de Morigny-Champigny (Seine-et-Oise) : voir Grange-des-Noyers (La), Murs-Neufs (Les).

Champigny, sommelier d'échansonnerie : voir JOUSSERANT (Nicolas).

Champigny (M. de) : voir BOURBON (Charles DE).

CHAMPIGNY-EN-BEAUCE (Loir-et-Cher), VI, 171, 19765. Demande d'autorisation pour y établir un colombier, VI, 406, 20980. Sergents : voir LHOMMEDIEU (Simon), MARCADE (Balthazar).

CHAMPIGNY-SUR-MARNE (Seine). Marché et fortifications, VII, 397, 25239.

CHAMPIGNY-SUR-VEUDE (Indre-et-Loire). Seigneurie, V, 237, 15895; VI, 536, 21687; seigneur : voir BOURBON (Charles DE). Séjours : de Charles VII, IV, 577, 13698; de François Ier, VIII, 551.

CHAMPIN (Nicolas), notaire et procureur postulant au Châtelet de Paris, autorisé au cumul de ces offices, III, 8, 7383.

CHAMPINOT (Edme), enquêteur au bailliage d'Auxois, V, 308, 16266.

CHAMPION (Clément), valet de chambre du roi. Missions diplomatiques, IX, 33, 54, 58, 60, 66, 68, 76.

CHAMPION (Clément), abbé commendataire de Redon, I, 392, 2091.

CHAMPION (Guillaume), V, 395, 16707.

CHAMPION (Jean), valet de chambre d'Anne de Montmorency, II, 100, 4343; III, 343, 9099.

CHAMPION (Jean), valet de garde-robe du roi, III, 426, 9477; III, 455, 9606; III, 525, 9937; III, 566, 10111; III, 577, 10161; III, 639, 10437; III, 657, 10518; VIII, 115, 30310; VIII, 237, 31469.

Champiré, c[ne] de Grugé-l'Hôpital (Maine-et-Loire). Dame : voir CASAULT (Jeanne DE).

Champis (Ardèche) : voir BÂTIE (LA).

CHAMPJAR, seigneurie dont l'emplacement se trouve dans la c[ne] de la Chapelle-Iger (Seine-et-Marne), au confluent du rû de la Vallière et de l'Yvron, VI, 468, 21308.

Champlemy (Nièvre). Seigneur : voir LA RIVIÈRE (François DE).

Champlitte (Haute-Saône). Seigneur : voir VERGY (Claude DE).

CHAMPLUISANT (Artus DE), écuyer, VI, 555, 21788.

Champmaigre : corr. CHAMPAIGRE.

Champmaigre, surnom : voir TROUSSEBOIS (Pierre DE).

Champmoreau : voir SAMOREAU.

CHAMP-MOTTEUX (Seine-et-Oise). Seigneurie, VI, 348, 20683.

Champneuville (Meuse) : voir CHAMP.

CHAMPOULAIN, c[ne] de Cuys (Marne). Seigneurie, VI, 540, 21706.

CHAMPREPUS (Manche). Fief du Livet, V, 220, 15803.

Champrond (S[r] de) ou *Champront* : voir VICHY (Philibert DE).

CHAMPROND-EN-GÂTINE (Eure-et-Loir). Baronnie, V, 58, 14962.

CHAMPROND (Michel DE), CHAMPRONT ou DESCHAMPS, I, 165, 935; bailli de Chartres, IV, 436, 13050; correcteur, puis clerc des comptes à Paris, II, 633 (VIII, 355), 6847; III, 222 (VIII, 362e), 8540; III, 222, 8541; IV, 42, 11195.

CHAMPRONT (Étienne DE), avocat au bailliage de Chartres, commis à la recherche des biens de mainmorte dans les comtés et bailliages de Chartres, Blois et Janville, V, 236, 15889; VII, 505, 26172.

CHAMPROUX, c[ne] de Pouzy-Mezangy (Allier). Seigneurie, VI, 631, 22183.

Champroux (Le s[r] de). Sa veuve : voir BARATON (Madeleine DE).

CHAMPS, seigneurie dont l'emplacement paraît être dans la c[ne] de Neuilly-le-Réal (Allier), VI, 589, 21968.

Champs (S[r] de) : voir ALLEMANT (Claude).

CHAMPTOCÉ (Maine-et-Loire). Chambre à sel, I, 147, 845.

CHAMPTOCEAUX (Maine-et-Loire). Bailliage : création d'un nouvel office de sergent, IV, 709, 14294; IV, 750, 14485. Privilèges, I, 462, 2443. Seigneurie, VI, 56, 19189.

CHAMPVERNE (Jérôme DE), V, 620, 17842.

Champvierge : corr. CHAMPAIGRE.

Champvoux (Nièvre). Capitaine : voir DU LYS (Guillaume).

CHANAL (François), dit VILLEFRANCHE, VIII, 254, 31641.

Chanan (Val de) en Provence. Capitaine, clavaire et notaire : voir CLARI (Melchior).

Chançay (Indre-et-Loire), V, 334, 16407.

Chanceaux (Indre-et-Loire). Seigneurie, V, 246, 15942; VII, 100, 23708.

Chanceaux-sur-Croisille (Indre-et-Loire) : voir Angennerie (L').

Chancelée, c^ne^ de Ligré (Indre-et-Loire). Seigneurie, VIII, 626, 32525.

Chancel (Louis), Chausset ou Clausel, huissier de salle et trompette du roi, III, 383, 9273; IV, 280, 12302; V, 90, 15130; V, 96, 15167; V, 105, 15221; V, 114, 15272; VIII, 135, 30503; VIII, 137, 30521; VIII, 143, 30578; VIII, 222, 31316.

Chanceliers : du duché d'Alençon : voir Olivier (François); des foires de Champagne : voir Champagne et Brie; de France : liste, IX, 141; de Frise : voir Rieschache (Simon de); de Hesse : voir Ficinus (Jean); de Suède : voir Piry (Conrad); de l'Université de Paris : voir Spifame (Jacques).

Chanceliers (*Vice-*), d'Angleterre : voir Taylor (John); du duché de Milan : voir ci-après : Chancellerie du duché de Milan.

Chancellerie (La), masure sise à Fontainebleau, IV, 138, 11630; VI, 140, 19611.

Chancellerie de France. Droits de sceau, III, 202, 8437; assignations sur le revenu, V, 196, 15669; V, 515, 17324; V, 540, 17447; V, 562, 17554; VII, 429, 25445; VII, 503, 26140; VIII, 21, 29427; exemption accordée à l'abbaye de Saint-Denis, I, 35, 196. Expéditions, III, 674, 10595; IV, 25, 11122; IV, 154, 11710; VI, 291, 20389; VII, 560, 26910; VII, 625, 27739. Juridiction, II, 670, 7017; IV, 701, 14238. Sceaux, V, 78, 15067; V, 521, 17374; VII, 156, 23981; contrefaçon, VI, 731, 22715. Tapisserie du local, III, 280, 8811; VIII, 221, 31308.

—— *Personnel* : gages, III, 140, 8133; III, 141, 8136. Chancelier : appointements, I, 25, 145; attributions restreintes, IV, 367, 12723; indults obtenus du Saint-Siège, III, 563-564, 10101-10102; IV, 27, 11126; IV, 33, 11157; IV, 113, 11515; IV, 578, 13705; lieutenants : institution autorisée, I, 315, 1703; présidence du grand conseil permise en son absence aux maîtres des requêtes, IV, 587, 13744. Chauffe-cire, IV, 625, 13920; IV, 688, 14202; voir Baudu (Mathurin), Desbancs (Jean), Vincent (Michel); valets : voir Caron (Antoine et Jean). Correcteurs et rapporteurs : création de douze offices, I, 328, 1767. Premiers huissiers : voir Féret (Jacques), Subleau (Martin). Voir t. IX, p. 141 et 211.

Chancellerie du duché de Milan, VII, 429, 25445. Chanceliers : voir Du Prat (Antoine), Poncher (Étienne de). Lieutenant royal : voir Panigarola (Christophe). Vice-chanceliers : voir Patarin (Claude), Selve (Jean de).

Chancellerie romaine. Droits d'expédition de la bulle des clercs tonsurés, II, 184, 4753.

Chancelleries royales, I, 2, 10; IV, 142, 11651; V, 89, 15126; VIII, 737, 33149. Voir Conseil et chancellerie de Bretagne et les articles concernant les divers Parlements et les bailliages d'Autun, Beaune, Chalon-sur-Saône et Dijon.

Chancey (Charles de), conseiller au Parlement, I, 605, 3480.

Chandeliers d'Évreux, III, 394, 9324; de Paris, V, 218, 15795.

Chandeliers d'argent donnés au chapitre de Notre-Dame-du-Puy, VIII, 136, 30510.

Chandelle (Mainfroy), marchand de Moncalieri, VIII, 276, 31869.

Chandellier (Jacques), VI, 96, 19384.

Chandenier : corr. Champdeniers.

Chandieu (Louis de), capitaine de 300 hommes de pied, I, 283, 1530.

Chandieu (Louis, s^r^ de), créancier du roi, acquéreur de la seigneurie de Saint-Georges-d'Espéranche, I, 289, 1567. Cf. Chandio (Louis de).

Chandio (Antoine et François de), I, 216, 1190.

Chandio (Louis de), capitaine de la porte : gages, VII, 653, 28019; — concessionnaire de la seigneurie de Saint-Georges-en-Dauphiné, V, 438, 16920; cf. Chandieu (Louis, s^r^ de); — grand prévôt des maréchaux, I, 729, 3809; VIII, 628, 32536; compagnie de 100 archers, I, 718, 3752; II, 149, 4593; V, 748, 18558; VI, 129, 19558; VI, 231, 20071; VII, 618, 27664; VII, 653, 28027; VII, 667, 28141; son lieutenant général : voir

DIZIMIEU (Charles DE). Pension, II, 75, 4219; VII, 667, 28142; VII, 697, 28416.

Chandion : voir BERNARD (Étienne).

CHANDIOU (Mathieu et Pierre), merciers, natifs de Genève, établis à Corbigny. Lettre de naturalité, V, 738, 18513.

CHANDON (Jean), sergent royal du duché de Bourbonnais, VIII, 274, 31860.

CHANEVACIERS de Paris, IV, 28, 11130.

Chanfreau, c^ne de Nueil-sur-Dive (Vienne). Seigneur : voir PONCHER (Nicolas DE).

CHANGE, VII, 446, 25604; de l'argent des pensions d'Angleterre, II, 127 (VIII, 777), 4479; II, 253, 5088. Exercice illégal, I, 201, 1574. Exercice permis à Jacques et Sébastien Velzer, V, 86 (VIII, 796), 15112; réglementé pendant la guerre, IV, 454, 13131. Voir CHANGEURS.

CHANGE (PONT AU), à Paris, VI, 403, 20965.

Changeur du Trésor : voir TRÉSOR.

CHANGEURS : voir BLAUF (Jean), DOUBLET (Nicolas), GRANCHIER (Jean), PINATEL (Jacques). Don d'un office, VIII, 694, 32900.

CHANGEY, c^ne d'Échevronne (Côte-d'Or). Privilèges, I, 689, 3606.

CHANGIS, c^ne d'Avon (Seine-et-Marne). Fief dit les Bas-Moulins : amortissement, V, 258, 16002.

CHANGY (Marne). Seigneurie, V, 209, 15743; V, 521, 17356; VI, 381, 20852.

CHANGY (Saône-et-Loire). Séjour du roi, VIII, 552.

CHANGY (Georges et Michel DE), VIII, 627, 32527; VIII, 698, 32925.

CHANIERS (Charente-Inférieure). Cure, V, 144, 15421.

CHANILHAC (Jean), lieutenant du bailli de Bergerac à Beaumont et à Molières, VI, 326, 20563.

Chanlegrant : corr. CHANTEGRUE.

Chanoy (Christophe de) : voir LE MIGNON (Christophe).

Chanteau (Loiret) : voir AMBERT.

CHANTEAU (Jean), garde des sceaux de Bourbonnais, VII, 554, 26833; VII, 816, 29266; maître des comptes à Moulins, V, 718, 18403; VII, 706, 28500.

CHANTEAU (Pierre), V, 554, 17521.

CHANTECLER (Charles DE), lieutenant général du bailliage de Touraine, puis conseiller lai au Parlement de Paris, IV, 210, 11966; IV, 218, 12001; IV, 647, 14024; VI, 786-787, 22984-22985.

CHANTEGRUE, c^ne de Foëcy (Cher). Seigneurie, VI, 536, 21684.

CHANTELLE (Allier), VII, 701, 28462. Château; capitainerie, V, 775, 18705; lieutenant et châtelain : voir BARBIER (Philippe); mortes-payes, V, 709, 18347. Châtellenie, VI, 632, 22193; VI, 633, 22197, 22199; VI, 635, 22205-22206; voir CHENILLAT, LARZAT. Greffe et sceau, VII, 529, 26491. Recette ordinaire, II, 377, 5654; VII, 791, 29094; VII, 24, 29445; VIII, 47, 29674.

CHANTELOU (Guy DE), s^r de la Brosse, VII, 600, 27458; porte-enseigne de la compagnie de M. de Nevers, VIII, 19, 29412.

CHANTELOU (Jean DE), V, 422, 16834.

CHANTELOUP, c^ne de Saint-Germain-lès-Arpajon (Seine-et-Oise). Hôpital et religion, VII, 627, 27759. Seigneurie domaniale cédée à Nicolas de Neuville en échange des Tuileries, I, 167, 949; I, 174, 985. Séjour du roi, VIII, 552.

CHANTELOUP (ÎLE DE) sur la Loire, VI, 319, 20526.

CHANTELOUP (Jean DE), I, 560, 2947.

CHANTEMERLE (Marne). Châtellenie, IV, 520, 13443; VII, 159, 23999. Maître des Eaux et forêts : voir COLART (Jean).

CHANTEMERLE, c^ne de Lagny-le-Sec (Oise). Terre : droits seigneuriaux, VII, 574, 27090.

CHANTEMERLE-LÈS-GRIGNAN (Drôme), III, 231, 8581.

Chantemerle (de) : voir MOLLES (Philippe DE).

CHANTEMERLE (Aymar, Émard ou Marc DE), bâtard de la Clayette, gouverneur, capitaine et bailli d'Auxerre, V, 696, 18269-18270; VI, 16, 18992; VII, 74, 23581-23582; capitaine de 50 lances des ordonnances, I, 412, 2193; VII, 134, 23882; VIII, 602, 32403; page de l'écurie, VIII, 56, 29744.

CHANTEMERLE (Humbert ou Imbert DE), s[r] de la Clayette, maître d'hôtel ordinaire du roi, II, 497, 6192; II, 709, 7199; VI, 21, 19017; VIII, 8, 29328.

CHANTEPIGNOT (Edme), enquêteur au bailliage d'Auxois, V, 308, 16267.

CHANTEPRIME, fief sis à Melun (Seine-et-Marne), VI, 533, 21668.

CHANTEREAU (Louis), docteur en théologie, religieux augustin, confesseur du roi, I, 395, 2108; I, 591, 3104; évêque de Mâcon, VI, 208, 19946.

CHANTEREL (Nicolas), serviteur du roi d'Angleterre, II, 751, 4710.

CHANTIER, fief en Saintonge, VII, 198, 25187.

CHANTILLY (Oise), IV, 229, 12056; VII, 654, 28034; VII, 735, 28705; VII, 736, 28717-28719; VII, 737, 28722; VII, 792, 28105; VIII, 142, 30570; VIII, 174, 30872; VIII, 184, 30963; VIII, 270, 31809; VIII, 271, 31820; 272, 31831; VIII, 278, 31891; VIII, 302, 32143; VIII, 305, 32170. Forêt, VI, 356, 20724; VI, 601, 22030. Prieur : voir COLIN (Jacques). Seigneurie, VI, 258, 20213; projet d'érection en châtellenie, VI, 189, 19854; VI, 274, 20298; seigneur : voir MONTMORENCY (Guillaume DE). Séjours du roi, VIII, 552.

Chantoceaux : voir CHAMPTOCEAUX.

CHANTOIN (Jacques DE), s[r] de Bathières, bailli et capitaine de Pertuis en Provence, VII, 163, 24018.

CHANTÔMES (Jean DE), II, 18, 3931; cf. CHANTOSMES (Jean DE).

CHANTÔMES (Jean DE), greffier du bailliage de Saint-Pierre-le-Moutier, II, 25, 3965.

CHANTONNAY (Vendée). Seigneurie, I, 640, 3354.

CHANTONNET (Michel). Mission en Angleterre, V, 800, 18835.

CHANTOSME (Jean DE) ou CENTÔMES, élu à Gisors, VI, 98, 19397; VI, 247, 20153.

CHANTOSMES (Jean DE), I, 568, 2987; cf. CHANTÔME (Jean DE).

CHANTRES du roi, II, 228, 4965 : voir ANJOU (LE PRÉVÔT D'), BARS (Richard DE), BOUCHEFORT (Jeannet DE), BOURDON (Robert), COLOMBEAU (Jacques), DELAHAYE (Antoine), DELAISTRE (Gabriel), DEVAULX (Jean), DUFRESNE (Guillaume), LIMOUSIN (Pierre), MAÇON (Jean), MANUEL (Jean), REINGER (Conrad), WATELIN (André). Cf. CHAPELLE DE MUSIQUE, CHAPELLE DE PLAIN-CHANT.

CHANTROPIN, bois sis à Saint-Cheron et à Breux (Seine-et-Oise), V, 671, 22410.

CHAOURCE (Aube). Fortifications, I, 422 (VIII, 334), 2236; VI, 604, 22370. Octroi sur le vin, VI, 351, 20698. Seigneurie, V, 733, 18492; V, 745, 18545.

Chapaize (Saône-et-Loire) : voir LANCHARRE.

Chapareillan (Isère) : voir BELLECOMBE.

CHAPEAU de feutre brodé offert au roi, III, 63, 7763.

CHAPEAU ROUGE (MAISON DU), à Romorantin, II, 711, 7209.

CHAPELAIN (François), contrôleur du grenier à sel de Troyes, VII, 688, 28333.

CHAPELAIN (Jean), médecin ordinaire de Louise de Savoie, V, 797, 18820; du roi, II, 302, 5307; II, 320, 5392; IV, 557, 13608; VII, 712, 28551; VII, 746, 28787; VII, 804, 29191.

CHAPELAIN (Michel), V, 771, 18684.

CHAPELAIN (Pierre), correcteur des Comptes à Grenoble, VI, 719, 22662.

CHAPELAIN (Zacharie) ou CHAPPELAIN, greffier de la Chambre des requêtes du Parlement de Dijon, IV, 532, 13492; V, 137, 15389; dudit Parlement, III, 471, 9679; VI, 210, 19959; — commis au compte des réparations des places fortes de Bourgogne, II, 346, 5511; II, 356, 5555; II, 428, 5884; II, 668, 7009; VII, 814, 29258. Lettres d'abolition, IV, 250, 12164.

CHAPELAINS ordinaires du roi, VII, 616, 27647; voir BOURET (François DE), WATELIN (André).

CHAPELETS achetés par le roi, VII, 804, 29192; VII, 812, 29242.

CHAPELIER (Louis), conseiller lai au Parlement de Bordeaux, VIII, 787e, 11742.

Chapelle du roi. Clerc : voir ROBERT (Jean). Enfant : voir BARIN (Toussaint). Sommeliers : voir SOMMELIERS DE CHAPELLE. — Cf. CHANTRES, CHAPELAINS, CHAPELLE DE MUSIQUE, CHAPELLE DE PLAIN-CHANT.

Chapelle (*Edmond et Jean*) : voir LA CHAPELLE (Edmond et Jean DE).

CHAPELLE (Sébastien), III, 554, 10059.

CHAPELLE volée lors du séjour du roi à Argentan, V, 376, 16616.

CHAPELLE (LA), terre sise à Méry-Corbon (Calvados), VI, 509, 21531.

CHAPELLE (LA), c^ne de Clémence-d'Ambel, (Hautes-Alpes). Seigneurie, III, 424, 9467.

CHAPELLE (LA), c^ne de Neulise (Loire). Séjour du roi, VIII, 552.

CHAPELLE (LA) en Quercy, VII, 285, 24515.

Chapelle (S^rs de la) : voir DES HAYES (Geoffroy), HENNEQUIN (Jean).

CHAPELLE-AU-DUC (LA), chapelle fondée près le château de Châteaubriant, en l'honneur de Saint-Sébastien, I, 620, 3249.

Chapelle Barbes en l'église de Tours. Chapelains : voir GOURLÉ (Adam), VERGEAYS (Joseph).

CHAPELLE-BAYVEL (LA) [Eure-et-Loir]. Seigneurie, VI, 521, 21599.

Chapelle-Becquet (La) [Eure] : voir LAUNAY.

CHAPELLE-BELLOUIN (LA), c^ne de Claunay (Vienne). Seigneurie et châtellenie, I, 152, 871; IV, 418, 12962; VI, 572, 21877; VII, 553, 26825; seigneurs : voir BOHIER (Henri), ESCOUBLEAU (Jean D').

CHAPELLE-D'ANGILLON (LA) [Cher]. Prévôté, II, 292, 5265; III, 582, 10186.

CHAPELLE DE MUSIQUE du roi, II, 522-523, 6311; VII, 717, 28584. Comptabilité de Bénigne Serre, II, 137, 4532; II, 220, 4927; II, 309, 5339; II, 447, 5968; III, 54, 7716; III, 97, 7927; III, 134, 8105; VII, 717, 28584; VIII, 33, 29529; VIII, 81, 29977; VIII, 99, 30157; VIII, 200, 31116; VIII, 256, 31662; VIII, 277, 31878; VIII, 300, 32124. Maître : voir TOURNON (François, cardinal DE).

CHAPELLE DE PLAIN-CHANT du roi. Comptabilité de Jean Laguette, II, 91, 4299; de Jean Sapin, VII, 610, 27579; VII, 676, 28317; de Bénigne Serre, II, 168, 4676; II, 370, 5621; II, 447, 5967; II, 673, 7032; III, 96, 7926; VII, 681, 28276; VIII, 33, 29530; VIII, 81, 29978; VIII, 99, 30158; VIII, 200, 31117; VIII, 256, 31663; VIII, 277, 31879; VIII, 300, 32125.

Chapelle-du-Bard (La) [Isère] : voir BEAUVOIR.

CHAPELLE-DU-NOYER (LA) [Eure-et-Loir]. Octroi sur le vin pour les fortifications de Châteaudun, VI, 743, 22770.

CHAPELLE-ENGERBOLD (LA) [Calvados] : voir FIEF-POTIER (LE). Seigneurie, V, 477, 17130.

CHAPELLE [-GAUTHIER] (LA) [Seine-et-Marne]. Seigneurie, V, 421, 16829.

CHAPELLE-IGER (LA) [Seine-et-Marne] : voir CHAMPGUEFFIER. Cure, VII, 350, 24997.

CHAPELLE-LA-REINE (LA) [Seine-et-Marne]. Baronnie, V, 527, 17383; V, 547, 17484.

Chapelle-Molière (La) : voir MOULIÈRE (LA).

Chapelle-Saint-Hippolyte (La), aujourd'hui *Saint-Hippolyte* (Indre-et-Loire) : voir ROCHE (LA).

Chapelle-Saint-Laurian (La) [Indre] : voir PUY-SAINT-LAURIEN (LE).

Chapelle-Saint-Martin (La) [Loir-et-Cher] : voir VILLIERS-SAINT-MARTIN (LE).

CHAPELLE-SAINT-SULPICE (LA) [Seine-et-Marne]. Seigneurie, incorporée à la baronnie du Plessis-aux-Brebans, IV, 671, 14132.

Chapelle-Souquet (La), c^ne du Marais-la-Chapelle (Calvados) : voir MONTAIGU.

CHAPELLE-SUR-DUN (LA) [Seine-Inférieure], VI, 765, 22883.

CHAPELLE-VENDÔMOISE (LA) [Loir-et-Cher] : voir PETIT-TOISY (LE). Séjour du roi, VIII, 552.

Chapelle-Vicomtesse (La) [Loir-et-Cher]. Prieur : voir BARAULT (René).

Chapelle-Yvon (La) [Calvados] : voir BENNERRY (LE).

CHAPERONS : des consuls de Belmont en Rouergue, IV, 695, 14223; des consuls de Castanet, II, 513, 6270.

CHAPETTES (Gilbert, s^r DE), VI, 635, 22205.

CHAPONAY (Jean DE), grènetier de Pont-Saint-Esprit, VII, 256, 24470.

CHAPONAY (Jean DE), président des comptes à Grenoble, I, 261, 1420; IX, 202; autorisé, bien qu'il ait résigné son office, à assister aux séances, VII, 434, 25487.

CHAPONAY (Soffrey ou Soffroy DE), CHAPONNAY ou CHOPONAY, I, 248, 1354; I,

319, 1724; président des comptes à Grenoble, VII, 434, 25487; VIII, 768*, 1544.

Chapone (Philibert de), V, 551, 17503.

Chaponnay (Nicole de), juge et conservateur des privilèges et foires de Lyon, III, 12, 7502.

Chappart (Nicolas), artilleur en la cité de Carcassonne, V, 681, 18179.

Chappeau (Jean), procureur du roi en l'élection de Nivernais, V, 361, 16546.

Chappel (Vidal), prieur commendataire de Meursac, VII, 24, 23325.

Chappelain (Zacharie) : voir Chapelain (Zacharie).

Chappelier (Louis), conseiller lai au Parlement de Bordeaux, IV, 126, 11576.

Chapperon (André), VI, 576, 21899.

Chapperon (André), commissaire ordinaire de l'artillerie, VIII, 305, 32170; VIII, 696, 32916; capitaine de la petite tour ou tour de la chaîne à la Rochelle, III, 302, 8911; VI, 421, 21065; VI, 433, 21131; VI, 438, 21155.

Chapperon (Charlotte), de la maison de Mesdames, II, 254, 5093.

Chapperon (Colin), pourvoyeur des pages et chevaux de la petite écurie, III, 293, 8873.

Chapperon (Jean), capitaine de la tour de la chaîne à la Rochelle, III, 302, 8911.

Chappes (S^r de) : voir Terrières (Anne de).

Chappet (Antoine), procureur du roi aux bailliages d'Autun et de Montcenis, I, 251, 1372; V, 527, 17384.

Chappon (Jacques), procureur du roi à Condom, III, 437, 9525.

Chappon (Pierre), grènetier de Joigny, V, 692, 18245.

Chappuis (Claude), clerc et sommelier de la chapelle du roi, VII, 641, 27915.

Chappuis (Claude) ou Chapuis, libraire du roi, II, 360, 5575; VIII, 104, 30199; VIII, 106, 30212; VIII, 171, 30840.

Chappuis (Henry), prêtre, natif de Gruyère, résidant à Seurre. Lettres de naturalité, III, 360 (VIII, 365), 9173.

Chappuis (Huguenin), notaire en Beaujolais, VII, 783, 29034.

Chappuis (Michel) ou Chapuis, capitaine en la mer de Ponant, II, 664, 6990; VIII, 198, 31093; VIII, 243, 31530; auneur au Havre, VI, 560, 21812; contrôleur de l'élection de Montivilliers, VI, 786, 22983; VII, 580, 27169.

Chappuis (Pierre), natif de Savoie, établi à Anse. Lettres de naturalité, VI, 260, 20225.

Chapton, c^ne de la Villeneuve-lès-Charleville (Marne). Seigneurie, V, 426, 16857; V, 457, 17025; V, 569, 17590; VI, 583, 21938.

Chapuis : voir Chappuis.

Charais (Catherine de), dame de Matha, VIII, 168, 30818.

Charaman, Charamon ou Charamont, seigneurie au comté de Blois, I, 44, 258; I, 52, 308. Ferme des étangs, III, 403, 9370; III, 625, 10372.

Charanges, seigneurie sise à Châteauneuf-sur-Loire (Loiret), V, 399, 16725.

Charançonnay : voir Charençonnay.

Charassé, c^ne de Montamisé (Vienne). Étang et terrages, VII, 687, 28326.

Charasson (Jean de), écuyer tranchant du cardinal de Lorraine, III, 709, 10758; VI, 431, 21120.

Charbon. Commerce à Chaumont-en-Bassigny, VII, 585, 27249; au Havre, VI, 560, 21812; à Paris, III, 14, 7511; IV, 737, 14427; à Troyes, VII, 415, 25330.

Charbon de bois pour l'artillerie, VII, 164, 25741.

Charbonneau, seigneurie sise à Fougères (Loir-et-Cher), VI, 370, 20800.

Charbonnier (François), III, 671, 10581.

Charbonnier (François), secrétaire du roi, trésorier des offrandes et aumônes, I, 567, 2983; II, 128, 4486; II, 169, 4684; II, 214, 4902; II, 359, 5573; II, 405, 5775; VII, 607, 27539; VII, 627, 27762; vicomte d'Arques, V, 498, 17240; VI, 146, 19642.

Charbonnier (Pierre), fermier du huitième du vin à Moulins, VII, 699, 28452.

Charchigné (Mayenne), VII, 600, 27453.

Chardavon, c^ne de Seyne-les-Alpes (Basses-Alpes). Prévôté, III, 471, 9677.

Chardin (Guillaume), VII, 568, 27002.

Chardon (Jean), fermier de l'imposition foraine en la généralité d'Outre-Seine et Yonne, II, 99, 4336.

Chardon (Madeleine), femme de Jean de Bohan, V, 209, 15741; V, 799, 18832.

Chardon (Nicolas de), s^r de Richebourg. Lettres de rappel de ban, VI, 648, 22280.

Chardon (Pierre de), des 100 gentilshommes de la maison du roi, VII, 537, 26608.

Charençonnay (Georges de), Charançonnay ou Charensonnay, écuyer tranchant du dauphin, natif du diocèse de Genève, VII, 736, 28716. Lettres de naturalité, III, 650, 10485; VI, 503, 21503.

Charençonnay (Georges, Jean et Jacques de), ou Charensonnay, natifs du diocèse de Genève. Lettres de naturalité, III, 650, 10485; VI, 504, 21504.

Charentais, c^ne de Saint-Cyr (Indre-et-Loire). Seigneurie, I, 126, 732; III, 461, 9434; V, 584, 17665; VI, 525, 21620.

Charente (La), rivière, VIII, 572, 32241; voir dans l'article Saintes ce qui concerne le pont.

Charentilly (Indre-et-Loire) : voir Roche-Buard (La).

Charentois : voir Charentais.

Charenton-du-Cher (Cher) : voir Augère (L').

« Charenton ». Grosse tour, V, 675, 18141.

Charenton-le-Pont (Seine), VIII, 321*, 987.

Charentonneau, c^ne de Maisons-Alfort (Seine). Séjour du roi, VIII, 552.

Chareton (Hugues), trésorier de Beaujolais et Dombes, VI, 720, 22670.

Charey (Blaise de), VIII, 604, 32415.

Chargé (Indre-et-Loire) : voir Pray.

Chargé (Philippe de). Légitimation de son fils Charles, VI, 231, 20069.

Chariot d'armes, VIII, 173, 30860.

Chariot des offices du roi, VII, 774, 28971.

Chariots : pour le service de la cour, VII, 751, 28823; réquisitionnés pour l'artillerie, VII, 470, 25799. Cf. Charrettes.

Charipaud (Antonie), veuve d'Antoine Allot, VI, 332, 20596.

Charité (Hôpital de la) : voir Hôpital de la Charité.

Charité (Notre-Dame de la), vocable désignant l'abbaye du Ronceray, à Angers : voir Angers, *Clergé*.

Charité (Travaux de) : à Béziers, II, 665, 6998; à Paris, V, 5, 14686.

Charité (La) [Nièvre], I, 649, 3400; voir Quinault (Pierre). Forges, VI, 51, 19164. Fortifications, VI, 731, 22719. Grenier à sel; contrôleur : voir Marchant (Louis); mesureur : voir Joubert (Pierre). Prieuré, III, 654, 10506; IV, 595, 13778; VI, 695, 22535. Receveur des deniers communs : voir Brac (François de). Séjour du roi, VIII, 552.

Charle (Laurent), de Florence. Lettres de naturalité, VI, 387, 20884. Cf. Charli (Laurent).

Charlefontaine, c^ne de Saint-Nicolas-aux-Bois (Aisne). Verrerie, II, 88, 4322; VII, 648, 27978.

Charlemagne (Anne), veuve de Guillaume Gadon, VI, 233, 20085.

Charlemagne (Artus), valet de chambre d'Anne de Montmorency, II, 194, 4800; III, 343, 9099; VI, 344, 20607.

Charles III, duc d'Alençon, I, 397, 2116; VIII, 601, 32398; — autorisé à créer des maîtrises, I, 9, 52; à tenir un échiquier à Alençon, I, 74-75, 441-442; — cessionnaire de la baronnie de Baugé, I, 100, 580; VII, 470, 25800; — fondateur à Essai d'un couvent d'Augustines, V, 494, 17220; — gouverneur de Bretagne, I, 461, 2440; — gouverneur de Normandie, V, 212, 15758; V, 761, 18627; VII, 96, 23691; VII, 423, 25403; VII, 444, 25583; son lieutenant : voir Brezé (Louis de); — héritier de la maison d'Armagnac, I, 17, 102; I, 191, 1063; V, 274, 16085; VIII, 584, 32303; lieutenant général en l'armée dirigée sur Mouzon, VII, 436, 25508. Compagnie, V, 692, 18246; V, 698, 18284; V, 707, 18341; voir Fédebrie (Moriet de). Hommages, V, 297-298, 16207-16210; VII, 508, 26208. Logement au château d'Amboise, V, 401, 16734. Mission diplomatique auprès de Jacques V, roi d'Écosse, I, 123, 712; I, 124, 720; IX, 105. Offices à sa nomination dans le comté d'Armagnac, I, 99 (VIII, 765), 579; I, 243, 1333. Pension, V, 360, 16541. Procès par lui soutenu pour la baronnie de Caussade, VII, 489, 25976. Son trésorier : voir Binet (Jean). Succession, V, 710, 18354-18355.

Charles d'Orléans, comte d'Angoulême, père de François Ier, V, 525, 17374.

Charles II d'Anjou, roi de Sicile et de Jérusalem, comte de Provence, VI, 610, 22076.

Charles III d'Anjou, roi de Sicile et de Jérusalem, comte du Maine et de Provence, VI, 153, 19677; VII, 36, 23388; VII, 153, 23967.

Charles *le Téméraire*, duc de Bourgogne, III, 170, 8280.

Charles II, *le Chauve*, roi de France, I, 35, 195.

Charles IV, roi de France, VIII, 683, 32841.

Charles V, roi de France, I, 10, 60; I, 11, 69; I, 19, 109; I, 32, 176; I, 56, 330; I, 59, 347; I, 89, 523; I, 104 (VIII, 765[a]), 606; I, 109, 635; I, 162, 921; I, 173, 976; I, 207 (VIII, 767), 1147; IV, 376, 12767; IV, 577, 13698; IV, 709, 14295; V, 448, 16978; V, 523, 17363; VI, 19, 19005; VII, 7, 23232; VII, 54, 23484; VIII, 312, 91; VIII, 754, 33245.

Charles VI, roi de France, I, 19, 109; I, 33, 187; I, 34, 194; I, 43, 252; I, 67, 397; I, 89, 523; I, 104 (VIII, 765[a]), 606; I, 116 (VIII, 765[a]), 675; I, 166, 943; I, 173, 976; I, 231, 1264; I, 493, 2596; I, 609, note; I, 610, 3197; II, 78, 4233; IV, 577, 13698; IV, 709, 14295; V, 234, 15882; V, 506, 17280; VIII, 312, 91.

Charles VII, roi de France, I, 19, 109; I, 21, 120; I, 32, 176, I, 33, 187; I, 56, 330; I, 59, 347; I, 87, 511; I, 89, 523; I, 101, 588; I, 104 (VIII, 765[a]), 606; I, 131, 757; I, 146, 837; I, 155, 886; I, 162, 922; I, 173, 976; I, 186, 1041; I, 207 (VIII, 767), 1147; I, 231, 1264; I, 236, 1294; I, 320, 1770; I, 354, 1894; I, 610, 3197; II, 710, 7204; III, 379, 9256; IV, 572, 13679; IV, 577, 13698; IV, 709, 14295; V, 234, 15832; V, 260, 16061; VI, 302, 20442; VI, 9, 18954; VI, 344, 20664; VI, 485, 21398; VI, 684, 22484; VI, 742, 22769; VII, 452, 25647; VIII, 577, 32270; VIII, 583, 32299; VIII, 626, 32524; VIII, 636, 32576.

Charles VIII, roi de France, I, 6, 33; I, 11 (VIII, 762), 66; I, 15, 88; I, 16, 94; I, 19, 111; I, 21, 120; I, 31, 170-171; I, 32, 176; I, 33, 187; I, 34, 191; I, 41, 239; I, 42, 242; I, 44, 255; I, 56, 330; I, 59, 347; I, 72, 428; I, 76, 448; I, 83, 489; I, 87, 511; I, 89, 523; I, 94, 557; I, 104 (VIII, 765[a]), 606; I, 112, 652; I, 129, 747; I, 130, 753; I, 132, 763; I, 173, 976; I, 186, 1041; I, 207 (VIII, 767), 1147; I, 210, 1163; I, 231, 1264; I, 236, 1294; I, 244, 1337; I, 282, 1526; I, 254, 1894; I, 442, 2336; I, 442, 2339; I, 610, 3197; I, 611, 3202; I, 635, 3324; I, 637, 3336; II, 111, 4397; II, 344, 5502, II, 381, 5674; II, 710, 7204; III, 171, 8286; III, 240, 8626; III, 517, 9894; IV, 9, 11048; IV, 142, 11650; IV, 146, 11668; IV, 269, note; IV, 577, 13698; IV, 709, 14295; V, 201, 15697; V, 210, 15749-15750; V, 234, 15882; V, 325, 16375; V, 336, 16419; V, 347, 16472; V, 357, 16527; V, 393, 16695; V, 757, 18606; VI, 26, 19039; VI, 160, 19711; VI, 325, 20560; VI, 338, 20626; VI, 354, 20712; VI, 419 (VIII, 396[a]), 21054; VI, 607, 22060; VI, 711, 22619; VII, 7, 23233; VII, 17, 23291; VII, 35, 23386; VII, 56, 23495; VII, 74, 23580; VII, 87, 23643; VII, 154, 23971; VII, 791, 29096; VIII, 312[a], 91; VIII, 315, 269 *bis*; VIII, 392, 17544; VIII, 577, 32270; VIII, 626, 32524; VIII, 632, 32554; VIII, 706, 32971.

Charles IX, roi de France, IV, 717, 14332.

Charles, duc de Gueldres et de Juliers, comte de Zutphen, s[r] de Groningue, III, 36, 7623; V, 417, 16809; VI, 134, 19581; compris dans le traité de Noyon, V, 314, 16301; VII, 460, 25713. Pension, II, 761, 7439; III, 421, 9457. Relations avec Charles-Quint, VII, 57, 23496; VII, 465, 25752; avec François Ier, II, 749, 7377; III, 53, 7710; V, 368, 16577; VI, 379, 20843; VIII, 65, 29833-29834; VIII, 147, 30623; VIII, 237, 31466.

Charles, duc de Guyenne, I, 448, 2369.

Charles III, duc de Lorraine, VI, 802, 23065.

CHARLES, duc d'ORLÉANS, bisaïeul de François Ier, VI, 195, 19886.

CHARLES, duc d'Angoulême, puis d'ORLÉANS, troisième fils du roi, IV, 650, 14033; V, 38, 14853; VII, 114, 23779; VII, 799, 29154; VIII, 129, 30445; IX, 136; — grand chambrier de France, IV, 779 (VIII, 795[a]), 14626; VI, 757, 22845; VIII, 1, 29269; — lieutenant général en Champagne et Brie, IV, 773, 14599; VI, 783, 22966; VII, 433, 25480; en deçà de la Loire, IV, 336, 12577; VII, 481, 25898; en Luxembourg, IV, 406, 12899; VII, 322, 24845; en Picardie, Normandie, Ile-de-France et à Paris, VII, 224, 24315; VIII, 42, 29621; VIII, 84, 30001. Apanage, IV, 116, 11528; IV, 218, 12002; IV, 236, 12094; IV, 408, 12911; IV, 555, 13595; IV, 583, 13726-13727; IV, 625, 13921; IV, 670, 14125; IV, 763, 14552; IV, 765, 14558; IV, 772, 14595; IV, 785, 14655; V, 30, 14813; V, 64, 14994; V, 145, 15426; VI, 594, 21993; VI, 715, 22639; VI, 716, 22648; VII, 571, 27043, 27045; VII, 574, 27083; VII, 593, 27361. Compagnie, IV, 751, 14491; archer : voir LA BARRE (Jacques DE); homme d'armes : voir DU SAULSOY (Pierre); lieutenant : voir BUEIL (Louis, baron DE); payeur : voir GAULTIER (Jean); porte-enseigne : voir MOUCHY (Charles DE). Dons par lui faits, IV, 217, 11200; V, 159, 15482; VII, 590, 27325; VII, 600, 27458, 27461, 27464. Maison, I, 512, 2701; VI, 28, 19048; VIII, 84, 30000-30002; VIII, 103, 30188; aumônier : voir DU MAINE (Guillaume); chambellan : voir BOSSUT (Nicolas DE); chantres de la chambre : voir DELAPIERRE (Antoine), MARCHELERBE (Toussaint); gouvernante : voir BOISY (Anne DE); huissier de salle : voir LEGEAU (René); lavandière : voir GRANVILLE (Jeanne DE); secrétaire : voir PRÉVOST (Jean); valets de chambre : voir CHARPAL (Innocent DE), CORBIE (Antoine DE), LA GRAVERIE (Philippe DE), LA MOTHE (Abraham DE), MAILLET (Antoine); cf. MAISON DE MESSEIGNEURS. Mariage, VI, 594, 21992. Naissance, I, 279, 1510. Offices à sa présentation, IV, 165, 11757; IV, 213, 11979; IV, 220, 12012; IV, 223, 12025; IV, 536, 13510; IV, 676, 14151; V, 55, 14946. Voyages, I, 572, 3011; VII, 746, 28787; VIII, 48, 29682; VIII, 75, 29918; VIII, 103, 30186; VIII, 238, 31482; VIII, 286, 31967.

CHARLES III, duc de SAVOIE, II, 24, 3961; III, 336, 9065; III, 649, 10484; IV, 9, 11051; IV, 366, 12718; IV, 573, 13682; V, 314, 16300; V, 627, 17883; VI, 40, 19114; VI, 563, 21823. Contestations avec François Ier, II, 549, 6435; IV, 479, 13248; VI, 408, 20995; VII, 754, 28836. Héritier de Philiberte de Savoie, I, 402, 2137; V, 635, 17921. Mariage de son fils, VI, 30, 19061. Pension, I, 396, 2111; V, 627, 17882; V, 718, 18401; VI, 40, 19112; VII, 625, 27748; Relations diplomatiques avec la France, I, 59, 351; I, 589, 3094; I, 621, 3255; IV, 129, 11590; V, 227, 15844; V, 317, 16316; V, 773, 18694; V, 793, 18803; VIII, 336[a]; 2602 *bis;* VIII, 577, 32271. Séjour à Nice, VIII, 211, 31216; VIII, 303, 32149.

CHARLES (François), contrôleur des aides et traites de Touraine, VII, 563, 26948; receveur des deniers communs de Tours, VII, 579, 27152.

CHARLES (Jean, fils de Pasquier), II, 539, 6383.

CHARLES (Jean), grènetier d'Auxerre, VI, 205, 20456.

CHARLES-QUINT (Charles, archiduc d'Autriche, roi d'Espagne, puis empereur, connu sous le nom de), III, 240, 8624; III, 585, 10199; IV, 534, 13499; V, 277, 16105; VI, 330, 20585; VII, 618 (VIII, 807[a]), 27661; comte de Charolais, V, 241, 15917; VII, 21, 23310. Cartels échangés avec François Ier, I, 589, 3091; VI, 115, 19484; VI, 137-138, 19600; VIII, 615, 32467. Élection à l'Empire, I, 188, 1050. Postes en France pour le service de ses dépêches de Flandre en Espagne, V, 438, 16919. Projets de mariage : avec Louise de France, I, 84, 498; I, 85, 503; I, 88, 520; I, 102, 595; V, 301, 16228; V, 311, 16284-16286; VII, 43, 23424; VII, 44, 23428; VIII, 578, 32275; avec Renée de France, I, 13, 77; I, 26, 152; I, 36, 203; I, 39, 227; I, 40, 232; V, 233, 15873; V, 235, 15888; V, 241 (VIII, 797), 15916; V, 258 (VIII, 797), 16003. Séjour à Gênes, VIII, 281, 31913. Sujets, I, 683, 3575; III, 188, 8365; IV, 627, 13931; VIII, 215, 31247; VIII, 595, 32366. Voyage à travers la France, IV, 60, 11276; IV, 78, 11358; IV, 83, 11379; IV, 223, 12027; lettres de rémission qu'il accorde à cette occasion, VI, 628, 22170.

—— *Maison*. Chambellans : voir CROY (Guillaume DE), POMPET (Charles DE).

IMPRIMERIE NATIONALE.

Contrôleur : voir GALLEIGUE (Jean). Courriers, V, 394, 16700. Garde des joyaux, VIII, 287, 31978. Gentilshommes, V, 393, 16694 : voir AVILLÉ (Louis D'), BALANÇON (Le s^r DE), GROSPIN (Étienne), MENDOÇA (Diégo DE), PELLOU (Le s^r DE), SILLY (Le s^r DE). Hérault d'armes : voir FUZIL. Maître de la chambre aux deniers : voir STERCH (Henri). Maître d'hôtel : voir MONTFALCONET (Le s^r DE). Plaisant : voir PERRICQUOU. Sommelier : voir MARIE (Outrellet). Trompettes, VIII, 86, 30031.

—— *Politique extérieure*. Angleterre, VIII, 617, 32476. Bavière, VIII, 272, 31832. Clèves, VII, 737, 28721. France, I, 28, 161; I, 93, 550; I, 97, 569; I, 188, 1050; I, 252, 1375; I, 262, 1424; I, 368, 1962; I, 388, 2071; I, 551, 2899; I, 567, 2981; I, 705, 3684; I, 706, 3692; II, 125, 4472; II, 478, 6108; III, 420, 9451; III, 431, 9496; III, 445, 9560; IV, 108, 11495; V, 316, 16312; V, 318, 16319; V, 346, 16468; V, 721, 18420; V, 737, 18507; VI, 140, 19612; VI, 266, 20255; VI, 439, 21160; VII, 42, 23418; VII, 693, 28381; VIII, 53, 29722; VIII, 56, 29749; VIII, 63, 29809; VIII, 69, 29869; VIII, 70, 29877; VIII, 73, 29902-29903; VIII, 86, 30025; VIII, 87, 30037; VIII, 103, 30186; VIII, 193, 31050; VIII, 215, 31248; VIII, 297, 32094; VIII, 747, 33199; IX, 17, 98, 122, 127, 128, 129, 130; traité pour la neutralité des deux Bourgognes, I, 300, 1625; I, 410, 2181; I, 541, 2848 : voir GUERRES AVEC CHARLES-QUINT, RANÇON DES FILS DU ROI, RANÇON DU ROI; dans les articles AIGUES-MORTES et NICE, ce qui concerne les entrevues qui y eurent lieu; dans les articles BOMY, CALAIS, CAMBRAI, CARMAGNOLA, CRÉPY, DORDRECHT, HAMPTONCOURT, LONDRES, MADRID, MONZON, NICE, NOYON, TOLÈDE, ce qui concerne les trêves et traités conclus en ces divers lieux; voir aussi aux noms des personnes envoyées auprès de Charles-Quint, savoir : BAYARD (Gilbert), BOMBELLES (Claude DE), CHABOT (Philippe), COSSÉ (Charles DE), DODIEU (Claude), GRAMONT (Gabriel, cardinal DE), LA POMMERAYE (Gilles DE), SIRESMES (Christophe DE), et au t. IX, p. 38-46 et 109-117, les noms des ambassadeurs de Charles-Quint et près de Charles-Quint. Gueldres, VII, 57, 23496; VII, 465, 25752. Lorraine, VI, 423, 21056; VII, 156, 23983. Saint-Siège, IV, 42, 19118; VI, 45, 19132; VI, 83, 19318.

CHARLET (Étienne), conseiller au Parlement de Paris, IV, 259, 12209; VI, 745, 22784.

CHARLET (Étienne), fermier des étangs de la seigneurie de Charanion, III, 403, 9370; III, 625, 10372.

CHARLET (Geoffroy), conseiller lai au parlement de Paris et aux requêtes du palais, VII, 486, 25943.

CHARLI (Laurent), marchand florentin, domicilié à Lyon. Lettres de naturalité, IV, 59, 11270. Cf. CHARLE (Laurent).

Charlier : voir CHARLY.

CHARLIEU (Loire) : voir PAPOT (Pierre). Maison du roi et châtellenie, IV, 307, 12433; VII, 516, 26323; VII, 518, 26346.

CHARLOT (Antoine), natif du pays de Gênes, demeurant en Provence. Lettres de naturalité, IV, 193, 11886.

CHARLOT (Étienne), IV, 193, 11886; IV, 201, 11928.

CHARLOT (François), contrôleur des deniers communs à Rozoy-en-Brie, V, 56, 14948.

CHARLOT (Guillaume), clerc du Trésor, I, 5, 30.

CHARLOT (Jean), natif du pays de Gênes, demeurant en Provence. Lettres de naturalité, IV, 201, 11928.

CHARLOTTE DE FRANCE, fille du roi, I, 383, 2041; V, 406, 16757; V, 410, 16778.

CHARLY (Aisne). Fortifications, VI, 757, 22846.

CHARLY (Rhône), II, 261, 5128.

CHARMARGNES (Le bâtard DE) dit DU MONTEIL. Procès criminel, II, 331, 5444.

Charmaye (S^r de la) : voir BEAUNE (Guillaume DE).

Charmazel (Louis de) : corr. CHALMAZEL (Louis DE).

CHARME (LE), c^ne de Grisolles (Aisne). Prieuré de Notre-Dame, VI, 695, 22533; lettres de terrier, IV, 314, 12465.

CHARMEBLANC (BONNEVAU ET), bois en la forêt d'Orléans, VII, 554, 26567.

CHARMEIL (Allier). Justice unie à la châtellenie de Saint-Germain-des-Fossés, IV, 491, 13310.

Charmes (Ardèche). Seigneurie, VII, 148, 23391. Session des États de Vivarais, IV, 118, 11537.

Charmoilles (Haute-Marne). Seigneurie, V, 477, 17133.

Charmolue (Jacques), changeur du Trésor, I, 196, 1091; I, 542, 2853; I, 573, 3014; II, 62, 4149; II, 338, 5478; V, 453, 17004; V, 481, 17150-17151; V, 579, 17643; V, 588, 17686; V, 670, 18108; V, 714, 18381; VI, 38, 19101; VI, 40, 19110; VI, 42, 19121; VI, 61, 19211; VI, 78, 19294; VI, 86, 19335, 19336; VI, 250, 20172; VII, 463, 25739; VII, 464, 25746; VII, 484, 25925; VII, 509, 26224; VII, 617, 27656; VII, 656, 28046; VII, 778, 28999; VIII, 73, 29899; créancier du roi, VII, 636, 27863.

Charmolue (Nicole), avocat au Parlement de Paris, VI, 278, 20319. Mission à Cambrai, VII, 610, 27583.

Charmolue (Simon), greffier de l'élection et du magasin à sel de Compiègne, V, 192, 15656; V, 193, 15661.

Charmont (Marne). Forêt, V, 352, 16500.

Charnay (Saône-et-Loire), IV, 261, 12219.

« Charnier (Le) », au comté de Blois, VI, 580, 21924.

Charnier (Jean), barbier à Lyon, communique des nouvelles d'Allemagne au roi, III, 407, 9387.

Charnoy (*Christophe de*) : voir Le Mignon (Christophe).

Charny, surnom : voir Dantart (Jean).

Charny (Côte-d'Or). Comté, VI, 609, 22400; comte : voir Chabot (Philippe).

Charny (Yonne). Octroi sur le vin pour l'entretien des fortifications, III, 303, 8917. Union de la seigneurie à celle de Saint-Fargeau érigée en comté, IV, 292, 12360.

Charny (Louis de), premier aumônier du Dauphin, VII, 751, 28820.

Charolais, bailliage et comté. Baillis : liste, IX, 232. Contributions : en blé pour la flotte du Levant, VI, 724, 22684; en deniers pour l'entretien de la garnison de Beaune, V, 698, 18278. Eaux et forêts, IX, 220. Exemption d'aides, V, 689, 18224; VII, 21, 23310; VII, 125, 23836. Grains, V, 654, 18025. Greniers à sel, V, 305, 16252. Offices à la nomination de Charles d'Autriche, V, 241, 15917. Recherche des biens de main-morte, VII, 506, 26192; des francs-fiefs, V, 259, 16005; V, 279, 16115. Réduction du pays, III, 430, 9494. Revenus donnés : au duc d'Estouteville, IV, 511, 13399; à ses enfants, IV, 688, 14203; à Marie de Luxembourg, V, 536, 17433; VII, 145, 23928. Voir Mont-Saint-Vincent, Paray-le-Monial.

Charolles (Saône-et-Loire), VII, 42, 23418. Grenier à sel, V, 661, 18065; VII, 479, 25883. Gruyers et maîtres des eaux et forêts : voir Bressey (Briant de), Martinet (Pierre).

Charonne, localité annexée à Paris. Séjour du roi, VIII, 552.

Charpaigne (Girard de), curé de Saint-Martin de Neuville, V, 37, 14846.

Charpaignes (Jean de) ou de Champaigne, trésorier de Rodez, V, 781, 18736; VI, 249, 20163.

Charpal (Innocent de), valet de chambre du duc d'Orléans, VI, 793, 23021.

Charpentier (Alexandre), VIII, 19, 29414.

Charpentier (Clément). Aubaine, V, 207, 15734.

Charpentier (Girasien), sergent des Eaux et forêts de Chinon, III, 764, 10998.

Charpentier (Hubert), dit Popo, fourrier du roi, IV, 265, 12237; V, 137, 15388.

Charpentier (Jean), chapelain du duc d'Albany, VIII, 5, 29302; VIII, 19, 29414.

Charpentier (Jean), conseiller lai au Parlement de Rouen, VII, 51, 23469.

Charpentier (Josse), auditeur des comptes à Paris, VII, 510, 26247; conseiller au Parlement de Dijon, V, 423, 16840.

Charpentier (Louis), sergent à verge au Châtelet de Paris, III, 725, 10827.

Charpentiers, I, 30, 166; voir Alibnaguyn (Domingo de), Auxilia (Jean-Vincent), Bègue (Raoulet), Canivet (Nicolas), Chambert (Adrien), Dasse (Malon), Gohoret (Guyon et Hébert), Larchier (Barthélemy), Leutard (Louis), Piretoux (Jean), Rigault (Étienne); d'Angers, VIII, 314, 171 *bis*.

Charpy (Geoffroy), lieutenant particulier et assesseur au bailliage de Mâcon, autorisé à résider à Cluny, IV, 679, 14162.

Charrault ou *Charraud*, c^ne^ de Lavoux (Vienne). Seigneur : voir FAVEREAU (André).

CHARRAULT (Catherine), VI, 230, 20065.

Charretier (*Jean*) : voir CHARTIER (Jean).

CHARRETIERS qui ont conduit des chevaux en Italie, VII, 720, 28598.

CHARRETON (Antoine), fermier des grands greffes de Beaujolais, II, 479, 6113.

CHARRETON (Pierre), contrôleur de la mer du Levant, I, 503, 2655.

CHARRETTES : pour l'usage du Conseil privé, III, 475, 9699. Réquisitions, IV, 441, 13074 ; en Lyonnais, Forez et Beaujolais, I, 40, 228-229 ; I, 507, 2675 ; I, 570, 2997 ; I, 642, 3362 ; III, 224, 8548 ; III, 397, 9341 ; IV, 323, 12518 ; V, 523, 17362. Cf. CHARIOTS.

CHARROIS : des bêtes vives, à Dijon, II, 598, 6679 ; — de l'artillerie, I, 646, 3385 ; voir OUVILLE (Pierre D') ; — exécutés pour les fortifications de Narbonne, IV, 732, 14407.

Charron : voir LE CHARRON.

CHARRON (Françoise), V, 603, 17760.

CHARRON (Samson), fauconnier du roi, VIII, 150, 30640.

Charron (*S^r^ de*) : voir VICHY (Philibert DE).

Charroux (Allier) : voir BOUYER (Claude).

CHARROUX (Allier). Mesure, VI, 633, 22197.

CHARROUX (Vienne). Abbé : voir CHASTEIGNIER (Pierre). Châtellenie unie au duché de Châtellerault, I, 18, 106. Foires et marché, I, 717, 3747. Séjour du roi, VIII, 552.

CHARRUAU (Alexandre), huissier du conseil privé, ayant la garde et conduite des meubles dudit conseil ; II, 94, 4316 ; II, 389, 5706 ; II, 450, 5984 ; III, 347, 9119 ; VII, 647, 27974 ; VII, 703, 28484 ; VII, 784, 29042 ; VII, 805, 29196 ; VIII, 12, 29368.

CHARRUAU (Geoffroy), CHARUAU ou CHÉRUAU, enfant, puis saucier de la cuisine du commun, III, 439, 9535 ; III, 542, 10005 ; III, 638, 10432 ; IV, 484, 13276 ; IV, 694, 14230.

CHARRUAULT, lieutenant des gens de pied de Piémont, VIII, 301, 32133.

Chars (Seine-et-Oise). Seigneur : voir AUMONT (Ferry, s^r^ D').

CHARTE AUX NORMANDS, VII, 56, 23493.

CHARTE PHILIPPINE, conférant aux archevêques de Lyon des droits sur les bâtards de Bresse, VI, 659, 22340 ; VI, 692, 22519 ; VI, 694, 22532.

CHARTELIER (Germain), conseiller lai au parlement de Paris, VII, 489, 25979.

Chartes (*Trésor des*) : voir TRÉSOR DES CHARTES.

Chartèves (Aisne) : voir GRANGE-MARIE (LA).

CHARTIER (Jean) ou CHARRETIER, commis au payement des archers français de la garde commandés par le sénéchal d'Agenais, II, 103, 4359 ; II, 134, 4515 ; II, 163, 4655 ; II, 215, 4906-4907 ; II, 384, 5687 ; II, 647, 6919 ; III, 61, 7752 ; III, 104, 7965 ; III, 131, 8094 ; IV, 92, 11424 ; IV, 109, 11497 ; VII, 608, 27547 ; VII, 627, 27767 ; VIII, 9, 29332 ; VIII, 36, 29573-29574 ; VIII, 60, 29861-29862 ; VIII, 80, 29969 ; VIII, 94, 30100 ; VIII, 123, 30383 ; VIII, 165, 30796 ; VIII, 207, 31178 ; VIII, 225, 31346 ; VIII, 251, 31611 ; VIII 256, 31656.

CHARTIER (Jean), huissier et concierge de la chambre des comptes de Moulins, V 66, 15003.

CHARTIER (Mathieu), pensionnaire de la maison de Boulogne, VII, 569, 27018.

CHARTIER (Mathieu), avocat au Parlement de Paris, puis conseiller clerc à ladite cour, IV, 427, 13011.

CHARTIER (Michel), commissaire et examinateur au Châtelet de Paris, V, 722, 18423.

CHARTIER (Nicolas), trésorier des archers de la garde sous M. de Crussol, I, 139, 801 ; VII, 456, 25677.

CHARTIER (Philippe), garde de la forêt de Livry, II, 627, 6824.

CHARTRAIN (PAYS). Maréchaussée, VII, 713, 28559. Montre des compagnies d'archers et gens d'armes, V, 40, 14866.

CHARTRASSI (Claude), juge ordinaire à Barjols, VII, 215, 24275.

CHARTRES (Eure-et-Loir). Grains, VIII, 9, 29337. Peste en 1520-1521, VII, 422,

25392. Séjours : des enfants de France, VII, 746, 28787; de François Ier, VIII, 552; de Louis XI en juin 1467, I, 30, 166.

— *Bailliage : personnel.* Avocat : voir Champront (Étienne de). Avocat du roi : voir Sénéchal (Jean). Baillis : liste, IX, 232-233. Création d'offices : de conseillers, IV, 448, 13107; IV, 664, 14101; d'enquêteur, IV, 640; 13993. Lieutenant commis à la rédaction des coutumes du Perche, VII, 423, 25404. Lieutenant général et juge des cas royaux; voir Hérouart (Christophe). Préséances, VII, 412, 25310. Sergent royal : voir Babou (René).

— *Bailliage : ressort,* V, 298, 16209; V, 320, 16333; V, 814, 18909; VI, 325, 20557; VI, 445, 21192; VI, 546, 21742; VII, 452, 25647; voir Auneau, Brezolles, Brosse (La), Courville, Gallardon, Pierre-Coupe. Ban et arrière-ban, VIII, 715, 33027. Biens de l'abbaye de Saint-Germain-des-Prés, V, 9, 14705. Enquête sur les abus touchant les monnaies, IV, 482, 13264. Changeur des monnaies; exercice de cette charge, V, 505, 17570. Contribution des villes closes à la solde des gens de pied, VIII, 759, 33285. Exportation des blés interdite, I, 71 (VIII, 764e), 420. Ratification par les États des traités de Cambrai et de Madrid, I, 669, 3503. Recherche des amortissements, francs-fiefs et nouveaux acquêts, I, 225, 1239; V, 225, 15829; V, 236, 15889; VII, 505, 26171.

— *Clergé.* Abbaye de Saint-Jean; abbé : voir Boschier (Martin). Abbaye de Saint-Père-en-Vallée, V, 509, 17294. Chapitre cathédral de Notre-Dame; chanoine : voir Spifame (Jean). Droits de justice à Authon, V, 323, 16351; exemption de contributions pour les gens de guerre, V, 231, 15863; VI, 447, 11203; VI, 790, 23002; lettres de committimus, V, 233, 15878; V, 609, 17792; lettres de terrier, VI, 230, 20062; prébendes, V, 679, 18165; VI, 7, 18947; privilèges, I, 32, 176. Décimes, III, 46, 7677; VIII, 122, 30376. Évêques : voir Guillart (Louis), Illiers (Miles d').

— *Diocèse,* VI, 517, 21577; voir Colombs, Thiron; voir aussi Hébert (Jean). Amortissement des biens d'église, I, 312, 1683; V, 553 (VIII, 391e), 17512; cf. I, 300, 1626. Décimes, II, 716, 7234; II, 720, 7247; V, 29, 14807.

— *Duché,* antérieurement comté, I, 584, 3070; I, 585 (VIII, 339e), 3074; VI, 145, 19637, 19639; VII, 554, 26837. Duc : voir Este (Hercule d'). Duchesse : Renée de France. Érection, I, 578 (VIII, 339), 3038. Exécution de l'édit sur les notaires, IV, 650, 14037. Non-application de l'édit de création des contrôleurs du domaine, VII, 587 (VIII, 807e), 27279. Offices royaux, IV, 461, 13166.

— *Élection.* Contrôleur : voir Olivier (Claude); création de l'office, III, 556, 10070. Crue de tailles, VI, 19, 19007. Greffe, II, 275, 5189. Prévôt des maréchaux : voir Le François (Pierre). Revenus, VII, 443, 26681; VII, 667, 28146; VIII, 194, 31059. Cf. Chartrain (Pays).

— *Évêché.* Mouvance : voir Loigny.

— *Grenier à sel,* IV, 380, 12783; V, 168, 15527.

— *Prévôté,* VII, 428, 25440. Adjonction d'un lieutenant au prévôt, IV, 490, 13300.

— *Recette ordinaire,* V, 609, 17791; VI, 354, 20714.

— *Vidames :* voir Vendôme (François et Louis de).

— *Ville.* Canalisation de l'Eure, VI, 507, 21522; VI, 828, 23197; VIII, 753, 33235. Création d'un office de mesureur de blé, IV, 552, 13579. Deniers communs : contrôleurs, VII, 428, 25440; receveur : Robert (Jean). Épiciers et merciers, IV, 17, 11086. Fermiers : du huitième du vin : voir Guillart (Thibaut); des bois de chauffage et de construction : voir Babou (Jean), Lestourneau (Jean). Hôtel-Dieu : rente sur la poissonnerie, III, 114, 8010. Impôts, IV, 350, 12643; du sou pour livre, aboli, I, 23, 135; sur le bétail, VII, 522, 26403. Octroi sur le sel, VII, 528, 26418. Orfèvres, IV, 173, 11796. Savetiers et carreleurs, I, 498, 2625. Tuerie établie au lieu dit le Château, VII, 520, 26377.

Chartres (Mathurin de), homme d'armes, I, 650, 3406.

Chartre-sur-le-Loir (La) [Sarthe]. Séjour du roi, VIII, 552.

Chartrettes (Seine-et-Marne). Gruerie : création de deux offices de gardes-sergents, V, 87, 15119.

Chartreux : de Beauvoir, III, 192, 8383; de Bourgfontaine, I, 43 (VIII, 314e), 250; I, 171, 967; VI, 575, 21897; VI, 577, 21908; VI, 598, 22016; de la Grande-Chartreuse, III, 180, 8323; VII,

227, 24328; du Mont-Dieu, II, 111, 4395; VI, 398, 20938; VI, 398, 20944; du Mont-Saint-Louis, I, 9, 54; I, 345, 1846; de Nantes, II, 198, 4822; de Paris ou de Vauvert, I, 82, 489; I, 195, 1085-1086; I, 280, 1513; I, 334, 1793; IV, 638, 13985; IV, 707, 14286; VII, 513, 26281; de Pavie, V, 499, 17243; cf. VIII, 552; du Val-Sainte-Marie, III, 558, 10077; de Villeneuve-lès-Avignon, IV, 10-11, 11056-11057. Privilèges généraux, I, 173, 976; I, 230, 1264; I, 268, 1454.

CHARUAU (François), serviteur de Semblançay, VI, 216, 19987.

Charuau (Geoffroy) : voir CHARRUAU (Geoffroy).

Charue (La grant), à Rouen. Titulaire de l'office : voir LE CRESTEUR (Guillaume).

«CHARVOT», III, 662, 10540 : supprimer ce mot.

CHASNÉ (Ille-et-Vilaine) : voir SAINT-SULPICE-DES-BOIS.

CHASOT (Honorat), laboureur, natif du comté de Nice, demeurant à Marseille. Lettres de naturalité, VI, 640, 22236.

Chassagne (Le s^r de la) : voir POTIN (Michel).

CHASSAGNE (LA) ou LA CHASSAIGNE, lieu et métairie à Chevagnes (Allier), II, 88, 4283; II, 370, 5623; VI, 648, 22284; VII, 548, 26753.

CHASSAIGNE (Bertrand DE), conseiller au Parlement de Bordeaux, IX, 166.

CHASSAIGNE (François DE), prêtre. Légitimation de sa fille Anne, VI, 445, 21190.

CHASSAIGNE (Louis), compagnon de guerre, II, 40, 4040.

CHASSE. Autorisations : contre les loups, VII, 440, 25547; en Languedoc, III, 95, 7921. Défenses : aux roturiers, II, 485, 6142; dans les forêts de Guise et de Retz, VII, 445, 25591; en Dauphiné, sur les terres de M. de Grignan, III, 15, 7519; dans le buisson de Fouillarges, I, 461, 2438; dans les forêts dépendant de la baronnie de la Hunaudaye, VI, 812, 23116; en Provence, dans diverses seigneuries, VIII, 625, 32520; VIII, 645, 32626; VIII, 666, 32746; VIII, 668, 32760, 32761; VIII, 670, 32768. Délits, II, 281, 5216; III, 659, 10528; IV, 19, 11095; IV, 614, 13864-13865; IV, 643, 14005; V, 62, 14983; VI 491, 21435; VI, 575, 21896; VI, 587, 21958-21959; VIII, 668, 32759. Droits de chasse : appartenant au monastère de Lérins, IV, 407, 12905; unis au fief de Vauperreux, V, 251, 15968. Règlements, I, 75, 443; II, 5, 3856; III, 201, 8432; V, 478, 17139; V, 505, 17276; VI, 490, 21428. Surveillance des chasses aux environs de Marignane, II, 548, 6433. Toiles de chasse : voir TOILES DE CHASSE. Voir ci-après CHASSES DU ROI.

CHASSE (MAISON DE LA), à Loches, III, 461, 9637.

CHASSEGAY (Jacques) ou DE CHASSEIGNE, porteur en la cuisine de bouche, V, 12, 14719 (il est dit à cet endroit sommelier du garde-manger); VII, 605, 27520.

CHASSEGUEY (Manche). Seigneurie, V, 569, 17593. Seigneur : voir CARBONNEL (Gilles).

Chasseigne (Jacques de) : voir CHASSEGAY (Jacques).

CHASSELAY (Rhône). Foires et marché, III, 517, 9896.

CHASSENEUX (Barthélemy DE) ou CHASSENEUZ, conseiller lai au Parlement de Paris, puis président au Parlement d'Aix, II, 230, 4978; II, 258, 5114; II, 318, 5381; III, 554, 10014; VII, 184, 24119; VIII, 98, 30143; VIII, 645, 32628. Commission pour un emprunt, III, 258, 8708. Fausses accusations portées contre lui, III, 147, 8162.

CHASSEPORT (Mathieu), sommelier d'échansonnerie du roi, III, 652, 10499.

CHASSEREAU (Jacques), notaire en la châtellenie de Jonzac, V, 189, 15635.

CHASSES DU ROI, II, 275, 5190; III, 438, 9527; IV, 262, 12224-12225; VII, 674, 28201; VII, 736, 28714; à Coucy, VIII, 16, 29390; VIII, 21, 29423; VIII, 23, 29438; dans la forêt de Sénart, VII, 749, 28809; données en l'honneur de la reine de Hongrie, VIII, 270, 31810, 31812-31813; VIII, 273, 31842.

CHÂSSES de la Sainte-Chapelle à Paris, III, 12, 7503.

Chassigny : corr. CHASSEGUEY.

CHASSINGRIMONT, c^ne de Saint-Civran (Indre). Seigneur : voir POT (François).

CHASSONS (Charente). Île, V, 246, 15942.

CHASTAIN ou CHATAIN, seigneurie en Auvergne, II, 616, 6773; VI, 393, 20913.

CHASTAING (Catherine DE), VI, 123, 19528.

CHASTEIGNER (Jacques), s^r du Verger, I, 298, 1614.

CHASTEIGNER (Jean) ou CHASTEIGNIER, s^r de la Rochepozay, VII, 791, 27097; III, 766, 11009; commissaire des vivres en Piémont, VIII, 14, 29376; VIII, 26, 29469; VIII, 231, 31407; VIII, 252, 31618; VIII, 300, 32128; commissaire du roi pour un emprunt, IV, 345, 12624; IV, 350, 12644; maître des eaux et forêts du Bourbonnais, III, 388, 9297; III, 509, 9855, 9856; IV, 127, 11582; maître d'hôtel ordinaire du roi, III, 761-762, 10986-10988.

CHASTEIGNER (Jean), s^r de la Salle, VII, 46, 23440; VII, 149, 23949.

CHASTEIGNER (Léon), abbé de Saint-Hilaire, VI, 353, 20711.

CHASTEIGNER (Louise DE), abbesse de Bonneval, II, 349, 5523.

CHASTEIGNER (Marguerite), dame de Réaumur, II, 56, 4121; II, 327, 5425.

CHASTEIGNER (Philippe DE), abbesse de Bonneval, IV, 520, 13441.

CHASTEIGNERS (Jacques DE), II, 530, 6343.

CHASTEIGNIER (Pierre), abbé de Charroux, I, 717, 3717.

Chastel (Le) : voir CHÂTEL (LE).

Chastel (François, s^r du) : voir DU CHASTEL (François).

CHASTEL (Jeanne), VI, 226, 20039.

CHASTELAIN (Étienne), receveur de la châtellenie de Semur-en-Auxois, III, 149, 8174.

CHASTELAIN (Jacques), sergent royal au gouvernement et prévôté foraine de Roye, III, 436, 9522.

CHASTELET (Pierre), notaire au bailliage de Beaujolais et Dombes, V, 131, 15355.

CHASTELLIER (Charles et Jean), VIII, 726, 33084.

CHASTELLIER (Guillaume), procureur du roi au Parlement de Paris, VI, 467, 21302.

Chastenay (De) : voir LANTY (Hélène DE).

Chastière (La), c^ne de Villévêque (Maine-et-Loire). Seigneur : voir GABOURY (Jean DE).

CHAT (Jean), s^r du Pouget et de Rastignac, III, 632, 10404.

Châtaigneraie (S^r de la) : voir VIVONNE (François DE).

Chatain : voir CHASTAIN.

CHATARD (Olivier, fils naturel de Jean). Légitimation, VI, 332, 20595.

CHÂTEAU (LE), lieu au-dessus de Chartres (Eure-et-Loir), VII, 520, 26377.

Chateau (Le) : voir CHÂTEAU D'OLONNE.

CHÂTEAU (MOULIN DU), à Évreux, I, 563, 2957; III, 70, 7801.

CHÂTEAUBARDON (Jean DE), VI, 225, 20037.

Châteaubon (S^r de) : voir VERNIER (Antoine DE).

CHÂTEAUBRIANT (Loire-Inférieure). Château : chapelle Saint-Sébastien, I, 620, 3249. Dames : voir FOIX (Françoise DE), RIEUX (Françoise DE). Seigneur : voir LAVAL (Jean DE). Séjours : de Charles VIII en août 1487, I, 282, 1526; de François Ier en 1532, II, 182, 4746; II, 188, 4774; II, 327, 5426; VII, 697, 28417; VII, 789, 29085; VII, 799, 29148-29149, 29155; VIII, 552; (ordonnance du 20 juin 1532) II, 161, 4646; II, 250, 5076.

CHÂTEAUBRIANT (Jean DE), s^r de Beaufort, VII, 430, 25457.

CHÂTEAU-CHALON (Anne DE), III, 620, 10348; VI, 381, 20853; VI, 549, 21756.

CHÂTEAU-CHALON (Antoine DE), s^r de la Chatière, lieutenant de l'amiral Chabot au château de Brest, II, 317, 5380; III, 510, 9863; III, 730, 10849; VII, 786, 29061; VIII, 199, 31108; de M. de Saint-Bonnet à Bayonne, II, 52, 4102.

Château-Chalon (Jacques de). Sa veuve : voir BECHEREL (Philippe DE).

CHÂTEAU-CHALON (Marguerite DE), VI, 493, 21445.

CHÂTEAU-CHALON (René DE), s^r de la Chattière, VI, 807, 23093.

CHÂTEAU-CHINON (Nièvre). Élection : élu : voir SIMONET (Gabriel); remise de tailles aux habitants du ressort, VII, 469, 25789. Grenier à sel, V, 305, 16252; VI, 152, 19673; VII, 609, 27566; VIII, 627-628, 32532-32533. Seigneurie, V, 667, 18097; VI, 162, 19717; VI, 751, 22815.

Château-Dauphin (Le) : voir CASTELDELFINO.

CHÂTEAU-D'OLONNE (Vendée), VII, 646, 27965.

CHÂTEAUDOUBLE (Drôme). Seigneurie, II, 56, 4122.

CHÂTEAUDOUBLE (Var). Château, II, 549, 6435.

CHÂTEAU-DU-LOIR (Sarthe). Bailliage supprimé, II, 421, 5851. Chambre à sel, I, 148, 847. Eaux et forêts, VI, 31, 19065. Siège de justice (sénéchaussée du Maine) : procureur du roi sur le fait des eaux et forêts : voir LELARGE (Jean); sergents royaux : voir LUDAY (Léger et Philippe).

CHÂTEAUDUN (Eure-et-Loir), III, 549, 10035; V, 403, 16741. Élection : voir l'article suivant. Grenier à sel, II, 319, 5387; II, 644, 6902; III, 473, 9687; III, 764, 10995; V, 810, 18885. Sainte-Chapelle de Dunois : amortissement de biens, V, 553, 17514; maître des enfants de chœur : voir GUYON (Dominique). Séjours du roi, VIII, 552. Vicomté, V, 664, 18080; VI, 432, 21126. Ville : bouchers, I, 725, 3787; octrois pour les fortifications, VI, 743, 23770; VII, 474, 25831; receveur des deniers communs : voir TALVAS (François).

CHÂTEAUDUN ET BONNEVAL, élection; contrôleur : voir LE PRÊTRE (Jean); élus : voir ISAMBERT (Claude et Jean), LEPRINCE (Denis), RAYMOND (Pierre). Création d'un office de contrôleur des aides et tailles, III, 670, 10580. Office d'élu mis en vente, VII, 658, 28022. Prévôt des maréchaux : voir LE FRANÇOIS (Pierre). Recette, VI, 719, 22666; VII, 503, 27355; VII, 782, 29027.

CHÂTEAU-FÉTU (MAISON DU), rue Saint-Honoré, à Paris, II, 204, 8876.

CHÂTEAUFORT (Seine-et-Oise). Châtellenie, III, 391, 9312; VI, 177, 19798; VI, 181, 19818; VI, 184, 19830; VI, 186, 19839; VI, 188, 19849; VI, 194, 19879; VI, 211, 19964; VI, 222, 20018; VI, 355, 20718; VI, 610, 22075. Prévôté, VIII, 359, 7537, 7546; ressort : voir GUYANCOURT, MINIÈRE (LA).

CHÂTEAUFORT (Le s^r DE), II, 31, 3994.

CHÂTEAUFORT (Pierre DE) ou CHAUFFORT, portier du château de Blois, IV, 299, 12396; V, 133, 15366.

Château-Gaillac : corr. GAILLAC.

Château-Gaillard, aux Andelys (Eure). Capitaines : voir DAMPONT (Thomas DE), FEURIÈRES (Quentin DE). Mouvance : voir FLIPON, MESNIL-DES-PLANCHES (LE).

CHÂTEAU-GAILLARD, c^ne de Saint-Denis-Hors (Indre-et-Loire). Maison, jardin et pourpris, VII, 511, 26257.

Châteaugal (S^r de) : voir DU CHASTEL (Jean).

CHÂTEAUGIRON (Ille-et-Vilaine). Justice, III, 245, 8649. Octroi sur le vin pour les fortifications, III, 349, 9127.

CHÂTEAU-GONTIER (Mayenne). Canalisation de la Mayenne, VII, 217, 24285; VII, 219, 24294. Création d'un siège de justice aux dépens du ressort de La Flèche, IV, 757, 14520. Duché : érection, IV, 505, 13369. Grenier à sel, I, 553, 2906; II, 307, 5331; II, 646, 6912; III, 316, 8975; III, 564, 10105; V, 360, 16541; V, 650, 18006; V, 811, 18889; VI, 32, 19068; chambres à sel du ressort, I, 647, 846.

CHÂTEAU-GONTIER-SUR-ORNE, seigneurie sise à la Courbe (Orne), V, 438, 16924.

CHÂTEAU-LANDON (Seine-et-Marne). Bailliage et prévôté; fiefs, IV, 691, 14217; VI, 591, 21980; Châtellenie, IV, 733, 14410; V, 322, 16342; V, 491, 17202; VI, 524, 21616; voir AUXY, ÉGREVILLE, MONDREVILLE. Fortifications des faubourgs, V, 49, 14917. Minage, V, 322, 16342. Seigneurie donnée au comte et à la comtesse de Genevois, I, 624, 3270; II, 340, 5485; II, 442, 5948; VI, 433, 21128; VII, 703, 28488; à Louise de Savoie, I, 377, 2004.

CHÂTEAULIN (Finistère). Seigneurie, I, 548, 2880.

« CHÂTEAULOCHER », en Bretagne. Justice, III, 245, 8649.

CHÂTEAUMARTIN (Nicolas ou Nicole DE), natif de Seyssel, conseiller au Parlement de Dijon, VI, 141, 19617. Lettres de naturalité, I, 341 (VIII, 330), 1826.

CHÂTEAUMEILLANT (Cher). Seigneurie, VI, 612, 22083.

CHÂTEAU-MORAND, c^ne de Saint-Martin d'Estreaux (Loire). Permission d'ériger des fourches patibulaires donnée à Jacques, baron du lieu, V, 235, 15886.

Châteaumorant (S^r de) : voir LÉVIS (Jean DE).

CHÂTEAUMORANT (Catherine DE), VII, 513, 26302.

CHÂTEAUMUR, c^ne de Châtellier-Châteaumur (Vendée). Seigneurie, VI, 56, 19189.

CHÂTEAU NARBONNAIS à Toulouse, I, 195, 1088.

Châteauneuf : voir CASTELNUOVO D'ASTI.

Châteauneuf (*Seigneurs, barons ou vicomtes de*) : voir ALIGRE (Claude), DU CHÂTELET (Antoine), HERBEYS (Honoré D'), MANON (Jacques), VABRES (Michel DE).

« *Châteauneuf* ». Receveur : voir GELLINARD (Guillaume).

CHÂTEAUNEUF, seigneurie sise à Tours, V, 408, 17086; V, 571, 17600.

CHÂTEAUNEUF (Côte-d'Or) : voir MARLANT (Charles). Séjours du roi, VIII, 552.

CHÂTEAUNEUF (LE), à Montauban, VI, 81, 19310; VII, 601, 27474.

CHÂTEAUNEUF (Antoine DE), seigneur de La Rouvraye, I, 593, 3113.

CHÂTEAUNEUF (Antoinette DE), veuve de Jean de Rochefort, VIII, 738, 33152.

CHÂTEAUNEUF (Claude DE), dit DE VAUDENAY, IV, 759, 14530.

CHÂTEAUNEUF (Gaillard de), VII, 277, 24582.

CHÂTEAUNEUF (Louis DE) dit DE PIERRE-BUFFIÈRE, seigneur de Chabannes, IV, 355, 12670.

CHÂTEAUNEUF (Le s^r DE), gentilhomme de la chambre. Pension de 600 livres, II, 361, 5581.

CHÂTEAUNEUF (Le s^r DE). Procès contre le s^r de Pompadour, III, 516, 9890.

CHÂTEAUNEUF-DE-RANDON (Lozère). Foires, IV, 320, 12500.

« CHÂTEAUNEUF-DES-VAUX », seigneurie en Quercy, VI, 307, 20468.

CHÂTEAUNEUF-DU-FAOU (Finistère). Juridiction, III, 619, 10343.

CHÂTEAUNEUF-DU-RHÔNE (Drôme). Foires, IV, 319, 12499.

CHÂTEAUNEUF-EN-BRETAGNE (Ille-et-Vilaine). Exemption de tailles à la suite d'un incendie, I, 683, 3574; VI, 183, 19829.

CHÂTEAUNEUF-EN-THIMERAIS (Eure-et-Loir). —— *Baronnie*, I, 404, 2153; IV, 570, 13667. Coutumes, VII, 423, 25404. Eaux et forêts, III, 659, 10529; V, 58, 14982; V, 103, 15205. Poursuite des faux-monnayeurs, VII, 423, 25403. Recherche des biens de mainmorte, VII, 506, 26188. Ressort : voir BREZOLLES. —— *Vicomté*, IV, 408, 12909.

CHÂTEAUNEUF-SUR-CHARENTE (Charente), VII, 794, 29115. Bâtiments, VII, 641, 27912. Châtellenie, I, 17, 100; I, 220, 1244; V, 748, 18557; VII, 122, 23819.

Châteauneuf-sur-Cher (Cher). Seigneurs : voir CULANT (Bertrand et François DE).

CHÂTEAUNEUF-SUR-LOIRE (Loiret), V, 399, 16725. Péage, I, 643, 3369. Ressort : voir BOISSONNAY, MOTHE D'OSSONVILLE (LA), SIGLOY. Seigneurie, I, 708, 3699; II, 736, 7321; VI, 744, 22779. Séjour du roi, VIII, 552.

Châteaupers : voir CASTELPERS.

CHÂTEAUPERS (Pierre DE), écolâtre de Coutances, V, 710, 18356.

CHÂTEAU-PORCIEN (Ardennes). Grenier à sel, V, 285, 16146; VII, 523, 26413; grènetier : voir GOBIN (Nicolas). Seigneurie, I, 405, 2459. Séjour du roi, VII, 552.

CHÂTEAURENARD (Loiret). Châtellenie; sergents royaux, IV, 6, 11038; IV, 128, 11583; VIII, 727, 33092. Seigneurie, V, 547, 17482 : voir LOUATIÈRE (LA), MOTHE DE CHÂTEAURENARD (LE). Séjour du roi, VIII, 552.

CHÂTEAURENARD-PROVENCE (Bouches-du-Rhône). Baronnie, VII, 53, 23479.

Château-Renaud : corr. CHÂTEAURENARD.

CHÂTEAURENAULT (Indre-et-Loire). Baronnie, I, 412, 2191; V, 289 (VIII, 410*), 16166; V, 664, 18080; VI, 161, 19715; VII, 504, 26158. Forêt : réformation, VI, 421, 21067; VI, 436, 21145.

Châteaurouge (*S^r de*) : voir FAY (Gilles DE).

CHÂTEAUROUX (Indre), IV, 223, 12026. Fief de la rue d'Indre, VI, 166, 19741. Octroi de l'apetissement ou sixième du vin accordé aux habitants pour leurs fortifications, VIII, 623, 32509; VIII, 647, 32637; VIII, 709, 32989. Seigneur : voir AUMONT (Jean D'). Séjour du roi, VIII, 552.

CHÂTEAU SAINT-ANGE, à Rome. Captivité de Clément VII, VIII, 616, 32471.

CHÂTEAU-SOHIER (LE), fief sis à Montivilliers (Seine-Inférieure), VI, 651, 22299.

IMPRIMERIE NATIONALE.

Château-Thierry (Aisne), VIII, 139, 30545; voir Jamin (Nicolas). Abbaye de la Barre, V, 122, 15312. Poursuite des mauvais garçons, V, 428, 16865. Séjours : de François Ier, VIII, 552; du maréchal de La Marck, II, 470, 6075. Siège de justice (bailliage de Vitry), VI, 69, 19249.

—— *Domaine.* Eaux et forêts, III, 268, 8754. Grenier à sel, II, 655-656, 6956-6957; II, 13, 3900; III, 672, 10589; III, 697, 10698; V, 672, 18124; VII, 452, 25648; VII, 534, 26554; VII, 555, 26851; chambre à sel du ressort : voir Fère-en-Tardenois. Haute justice, IV, 40, 11180. Mouvance : voir Montdauphin, Montthiers, Montmirail, Nesle, Trosnay. Offices, VI, 83, 19319. Receveur ordinaire : voir Petit (Robert). Seigneurie donnée au maréchal de La Marck, I, 470, 2486; I, 701, 3667; II, 90, 4292; II, 92, 4306; II, 207, 4869; II, 345, 5506; II, 663, 6985-6986; III, 226, 8561; VI, 49, 19153; VI, 200, 19906; VII, 539, 26627; VII, 555, 26852; à son fils, III, 261, 8723; VII, 452, 25648; VII, 588, 27288.

—— *Élection*, VII, 412, 25304. Contrôleur : voir Bonnet (Jean). Élu : voir Lecointe (René). Maréchaussée, IV, 113, 11518; VIII, 760, 33296. Receveur : voir Moreau (Antoine).

—— *Ville.* Approvisionnement de salpêtre, III, 444, note. Hôtel-Dieu, VI, 515, 21567. Privilèges, VII, 514, 26291.

Châteauvieux : voir Vieux-Château.

Châteauvieux (Var). Chapellenie, VIII, 661, 32717.

Châteauvieux (Claude de), sr de Froment, bailli de Bresse, capitaine et châtelain de Bourg et de Châtillon en Dombes, VI, 679, 22455; VI, 697, 22547; bailli de Viennois, VII, 754, 28839; commissaire pour l'aliénation du domaine, IV, 483, 13268; maître d'hôtel du roi, IV, 553, 13587.

Châteauvieux (Fabien de), marchand de la Basse-Normandie. Procès, VII, 481, 25901.

Châteauvillain (Haute-Marne). Baronnie, V, 254, 15984; V, 261, 16015; V, 439, 16928; barons : voir La Baume (Joachim et Marc de).

Châteauvillain (Anne de), comtesse de Montrevel, V, 255, 15984; V, 260, 16015; VI, 213, 19971.

Châteaux : voir Bâtiments.

Châteaux forts : cf. Fortifications. Édification autorisée à Neuvillette, I, 574, 3019.

Châtel (Le) ou Le Chastel, seigneurie sise à la Houblonnière (Calvados), V, 401, 17043; V, 501, 17252.

Châtelaillon (Charente-Inférieure). Principauté, V, 293, 16188; V, 666, 18094; V, 669, 18103; VI, 163, 19724; VII, 265, 24516; VII, 293, 24674; VII, 576, 27106. Voir Connillière (La).

Châtelain (Girard) et Jean, son fils. Mesureurs des greniers à sel de Senlis, II, 247, 5064.

Châtelain (Mathurin), marchand à Nantes, VI, 604, 22045.

Châtelains chargés de la recette des amendes et droits appartenant au roi, là où il n'y a pas de receveur particulier, IV, 452, 13124.

Châtelais (Maine-et-Loire). Seigneurie, VI, 299, 20425 : voir Chalonge (La).

Châtelard, cne de la Chapelle-du-Châtelard (Ain). Privilèges, III, 170, 8279. Seigneurie, III, 308, 8938; III, 601, 10266; IV, 727, 14381; VII, 588, 27297.

Châtelart (Jean de), homme d'armes, II, 7, 3870.

Châtel-Censoir (Yonne), VIII, 643, 32612.

Châtel-de-Neuvre (Allier) : voir Mas-de-la-Jarrie (Le).

Châtelet (Sr du) : voir Alamant (François).

Châtelet (Sr du) : voir Du Châtelet (Claude).

Châtelet cne de Chambles (Loire). Prieuré, IV, 450, 13115.

Châtelet de Gênes, IV, 79, 11362.

Châtelet de Melun : voir Melun, *Bailliage*.

Châtelet d'Orléans : voir Orléans.

Châtelet de Paris, siège de la prévôté de Paris. Bâtiments, I, 625, 3273; III, 671, 10581. Sceau, VII, 516, 26329. Treillis, III, 265, 8743; VIII, 596, 32373. Voir Petit Châtelet.

—— *Juridiction.* Affaires civiles, I, 299, 1618; I, 528, 2781; I, 534, 2815; I, 683, 3575; II, 726, 7276; III, 276, 8702; IV, 297, 12388; VI, 312, 20491;

criminelles, I, 435, 2352; I, 516, 2722; II, 75, 4218; II, 479, 6117; II, 723, 7260; III, 748, 10932; IV, 23, 11110; IV, 182, 11838; VI, 407, 20990; VII, 754, 28838; VII, 784, 29043; domaniales, II, 357, 5561; II, 378, 5657; III, 274, 8781; III, 699, 10710; III, 729, 10844. Amendes, I, 544, 2865; II, 290, 5256; II, 307, 5329; III, 347, 9115; VII, 725, 28635. Audiences, V, 579, 17641. Avis sur les statuts des tireurs d'or et d'argent, III, 106, 7972. Conservation des privilèges de l'Université de Paris, VI, 755, 23866; voir BAILLIAGE DE PARIS. Deniers consignés, IV, 518, 13433. Entérinement d'actes royaux, I, 142, 819; I, 200, 1112; IV, 751, 14491; VI, 799, 23052; VIII, 590, 32335; VIII, 615, 32464; VIII, 629, 32538. Exemptions de cette juridiction, I, 195, 1085; V, 271, 16071. Forçats, IV, 527, 13473. Homologation des statuts des layetiers, I, 497, 2615. Style, I, 531, 2800.

—— *Personnel :* exemption d'aides, IV, 8, 11044; franc-salé, I, 282, 1524; lettres de committimus, IV, 8, 11044; privilèges, I, 104 (VIII, 765ᵉ), 606; IV, 556, 13600; VI, 313, 20499. Auditeurs, III, 451, 9586; IV, 405, 12898; IV, 589, 13749. Auditeurs au siège d'en haut : voir DANIEL (Claude et Jean). Avocats du roi : voir GOYET (François), PIÉDEFER (Jacques, Michel et Robert). Chirurgiens jurés : voir BROUILLIER (Michel), VERRIER (Jean). Commissaires : voir CARRÉ, CHARTIER (Michel), DROUET (Robert), LORMIER (Adam), MARTINEAU (Nicolas et Romain), VARENNES (Guillaume DE). Conseillers : voir ALLARD (Guillaume), CLAUSSE (Engilbert), FLEURY (Étienne), LE ROUILLIÉ (Sébastien), LE ROYER (Jean), MIETE (Jean), RICHER (Jean), SÉGUIER (Pierre). Conservateurs des privilèges de l'Université de Paris : voir MORIN (Jean), SOLI (Bertrand); autorisés à exercer l'état d'avocat, VII, 412, 25309; création d'offices nouveaux, I, 184, 1031; privilèges, III, 393, 9320. Examinateurs : voir ALLAIRE (Robert), CARREL (Pierre), CHAMBON (Nicolas), COUSTAU (Pierre), DU MARHAULT (Simon), LECLERC (Jacques), MALINGRE (Jean), POUSSART (Jean); création d'offices nouveaux, I, 273, 1479; I, 292, 1579; I, 326, 1756; I, 348, 1864. Geôles des prisons, VII, 572, 27057; VII, 662, 28102. Greffes et sceau, I, 265, 1436; I, 266, 1442; I, 307, 1663; I, 338, 1815; III, 654, 10509; VI, 324, 20551; VII, 510, 26329. Greffiers civils et criminels : voir NEUFVILLE (Nicolas DE) père et fils. Lieutenants civils : voir DU BOURG (Antoine), MESMES (Jean-Jacques DE), MORIN (Jean), RUZÉ (Louis). Lieutenants criminels : voir MORIN (Jean), SÉGUIER (Pierre). Lieutenant particulier civil et criminel : voir BRAGELONGUE (Martin DE); création de cet office, IV, 619, 13893. Notaires : voir BASTONNEAU (Jacques), BOULLE (Michel), BOUTET (Jean), CARREL (Pierre), CHAMPION (Nicolas), COLLAS (Michel), COURTIN (Nicolas), DELAUNAY (Pierre), DESMOULINS (Pierre), ESGRET (Gilbert), FAVART (Jean), FREMELLE (François), GIRAUT (Jean), GOUPIL (René), LECLERC (Pierre), LEFÈVRE (Gabriel), LE SÉNÉCHAL (Jean), LIMOSIN (Jean), LORMIER (Adam), MARIN (Jean), MÉRAULT (Pierre), PICHON (Aignan et Pierre), POULLAIN (Jacques), RANVILLE (Charles DE), RAT (Nicole), RICHART (Roger), ROBERT, ROUVILLE (Achille DE), SAINT-YON (Jacques DE), THAMENAY (Nicolas); actes, IV, 238, 12103; création de nouveaux offices, I, 273, 1480; II, 711, 7210; III, 314, 8967; III, 388, 9294; III, 401, 9362; privilèges, I, 227, 1248. Prévôts de Paris : liste, IX, 237. Procureurs : voir BASSEREAU (Jourdain), CHAMBRET (Jacques), CLAUSSE (Engilbert), MARTINE (Louis), RÉGNIER (Jean). Sergents, IV, 295, 12379; IV, 639, 13990; IV, 667, 14115; VI, 263, 20236; voir CAILLART (Jean), DESTRUMEL (Jean), GILLIER (Antoine). Sergents à cheval, II, 288, 5244; III, 611, 10309; IV, 537, 13514; IV, 603, 13815; IV, 687, 14196; V, 25 (VIII, 387), 14791; voir AUSSENART (Guillaume), AVENART (Pierre), AYRAULT (Pierre), BARBIER (Guillaume et Pierre), BARON (Georges), BEUFVES (René), BOUDART (Jean), BROUILLET (Guillaume), BUFFERAU (Claude), CHAMPAGNE (Jean), CHAULNE (H. DE), CHAUMONT (Étienne), CHEMINAL (Mathurin), DARGELLIÈRE (Claude), DUBOYS (Claude), DU GALLET (Evrart), FERRAGU (Louis), FOURNIER (Mathurin), GIRONNET (Jean), GIROUL (Claude), GODARD (Léonard), HANNET (Claude), HOUZÉ (Nicolas), JACQUETET (Claude), LA FORÊT (Pierre DE), LA HOGUE (Jacques DE), LANDET (René), LANGLOIS (Nicolas), LEBEL (Antoine), LEBOITEUX (Pierre), LE PELLETIER (Nicolas), LE TESSIER (Léon), MARCEAU (Pierre), MARCEL (Jean), MARTIN (Bertrand), MEUSNIER (Jean), MOreau (Alain), Moussot (Jean), Néel (Denis), Robinet (Isaac), Roteluge (Balthazar de), Taillebois (Joachim), Tessier (Lyon), Thibaut (Gratien). Sergents à verge, I, 116 (VIII, 765*), 675; II, 94, 4315; IV, 62, 11287; IV, 507, 13379; IV, 523, 13458; IV, 588, 13745; VII, 622, 27707; voir Bassereau (Laurent), Beauthomas, Berthelin (Thibaut), Boillet (Guillaume), Bouget (Raoulet), Boutevillain (Jean), Buart (André), Camus (Pierre), Cartel (Jean), Cauchois (Guillaume), Charpentier (Louis), Courtois (Nicolas), Dassy (Jacques), Demay (Antoine), Dupont (Fiacre), Fauconnier (Pierre), Guillet (Pasquier), Hervy (Étienne), Lanuit (Jean), Launay (Jean de), Leclerc (Louis), Ligny (Jean), Luzy (Nicolas de), Naverre (Michel), Ogier (François), Picot (Nicolas), Provence (Pierre de), Ragnot (Étienne), Trois-et-Demi (Lorinet), Veneteau (Pierre), Verchot (Jacques), Vignau (Jean), Vignot (Jean); valeur de l'office : 30 écus, VII, 660, 28078. Sergents du guet : voir Brunet (Adam et Étienne). Sergent fieffé : voir Thomas (Jean).

—— *Ressort* compris dans le gouvernement de l'Île de France, I, 202, 1124; VIII, 760, 33302. Ban et arrière-ban, I, 288, 1560; I, 663, 3470; IV, 191, 11876; IV, 547, 13558; V, 406, 16758; V, 479, 17140; V, 679, 18163; VI, 682, 22473; VIII, 704, 32963; VIII, 710, 32993; voir Antony, Coye, Croissy-en-Brie, Dammartin-en-Goële, Lévy-Saint-Nom, Magny-les-Hameaux, Montmorency, Montreuil-sous-Bois, Noues (Les), Orly, Palaiseau, Saintry, Sarcelles, Thiais, Trye, Viarmes, Villemomble, Villiers-sur-Marne. Bénéfices, IV, 210, 11969; IV, 248, 12157; VI, 653, 22312. Biens du collège de Montaigu, VIII, 602, 32407. Domaine, VI, 701, 22865; aliénations, I, 275, 1488; II, 35, 4012; contrôleurs, II, 313, 5360; IV, 446, 13100: voir Du Torchon (Léon), Gencien (Jacques), Orgemont (Pierre d'). Droits de relief, lods et ventes, I, 586, 2987. Fiefs, IV, 52, 11240; V, 9, 14705; V, 526, 17381; VI, 247, 20154; VI, 800, 23056; VIII, 703, 32955. Impositions, I, 501, 2644; I, 690, 3612; IV, 400, 12872; IV, 436, 13053; IV, 604, 13821; IV, 606, 13829; IV, 720, 14346; IV, 730, 14396; IV, 749, 14483; V, 169, 15537; VI, 193, 19874; VIII, 610, 32445; VIII, 744, 33183; sur le clergé, III, 46, 7678; IV, 263, 12230; VIII, 620, 32495; VIII, 699, 32933. Interdiction de l'exportation des blés, I, 71 (VIII, 764), 420; du salpêtre, VIII, 699, 32932. Interdiction des danses, VIII, 593, 32355. Maréchaussée, II, 668, 7010; III, 379, 9255; V, 679, 18162 : voir Genton (Claude), Lelong (Bergeret), Mercatel (Étienne de), Rouvray (Yvon). Mise en liberté des sujets des villes impériales d'Allemagne, VIII, 617, 32476. Offices, VIII, 690, 32878. Police des gens de guerre, VI, 725, 22689. Receveur des barrages et chaussées: voir Kaerquifinen (Bertrand de), Menisson (Jean), Petit (Guillaume). Receveurs ordinaires et voyers : voir Séguier (Nicole), Teste (Germain), Turquant (Jean). Recherches des francs-fiefs, VII, 510, 26235; des quints et requints, I, 687, 3592. Réjouissances à l'occasion de la délivrance de Clément VII, VIII, 616, 32471. Vente du sel, VIII, 723, 33070.

Châtel-Gérard (Yonne). Seigneurie, I, 624, 3270; II, 533, 6357; IV, 480, 13253; IV, 467, 13197; IV, 509, 13388; VI, 273, 20290; VII, 124, 23832; VII, 128, 23847; VII, 776, 28985; VII, 789, 29085. Séjour du roi, VIII, 515; cf. Vausse.

Châtelier (Le), c^ne de Saint-Florent-sur-Cher (Cher)? Seigneurie mouvant de Dun-le-Roi, V, 316, 16310.

Châtellenie (Droit de) possédé par le roi à la Chapelle-Bellouin, I, 152, 871.

Châtellenies (Érection en) des terres de : Chantilly (projet), VI, 189, 19854; VI, 274, 20298; Chavigny, I, 224, 1236; VII, 524, 26432; Fresnes-les-Rungis, I, 117, 678; Le Gué-Péan, IV, 433, 13037; Polisy, Polisot et Buxeuil, I, 67 (VIII, 764), 398; I, 70, 417; Tuisseau, I, 370, 1975; Véretz, II, 514, 6275; Veuil, VII, 446, 25600.

Châtellerault (Vienne), III, 31, 7598; III, 578, 10163; IV, 253, 12180; IX, 137; voir Perrières (Les). Château; conciergerie, VII, 530, 26499. Doyenné de Notre-Dame, V, 110, 15245. Magasin à sel; procureur : voir Arnault (Antoine). Séjour du roi, VIII, 552.

—— *Duché*, antérieurement vicomté, I, 706, 3689; II, 109, 4390; IV, 116, 11528; IV, 772, 14594; V, 347, 16472; VII, 527, 26462; VII, 571, 27045; voir Bordes (Les), Corbery, Gironde, Moulière (La), Saint-Cyr, Touche-

d'Avrigny (La). Érection, I, 18 (VIII, 312*), 106. Gouvernement, III, 201, 8435; III, 593, 10230; VI, 2, 18918. Imposition sur les villes closes, IV, 595, 13775.
—— *Eaux et forêts*, VII, 529-530, 26499. Création d'un quatrième garde, VII, 550, 26787.
—— *Élection* : création, V, 516, 17329; VI, 715, 22639. Contrôleur : voir Jousset (Jean). Prévôt des maréchaux : voir Chevalier (Jean).
—— *Prevôté*. Fermiers : voir Baudy (François), Nepveu (Pothon).
—— *Recette ordinaire*, II, 442, 5947; III, 602, 10269; III, 638, 10430; III, 643, 10455; III, 743, 10906; V, 650, 18036; VI, 313, 20497; VI, 364, 20766; VI, 378, 20840; VII, 571, 27043; VII, 572, 27056.
—— *Sénéchaussée*. Création de deux offices de conseillers, IV, 518, 13430; d'un office d'enquêteur-examinateur, II, 429, 5890. Greffe, II, 646, 6913; VI, 2, 18919; VII, 532, 26539. Juges : voir Dupuis (Louis), Pastoureau (Jean). Lieutenant général : voir La Mothe (Charles de). Notaires : voir Arnault (Antoine), Migon (Jean), Pingault (Laurent). Ressort : biens de l'abbaye de Saint-Germain-des-Prés, V, 9, 14705; distraction des châtellenies de Bellac, Rançon et Champagnac, II, 762, 7441; IV, 236, 12094; IV, 785, 14655. Sénéchaux : liste, IX, 241. Sentence contre Charles Garnier, II, 441, 5942.
—— *Ville*. Fermes : des « bouchaulx » établis sous le pont, II, 277, 5198; VI, 314, 20501; du four banal de la paroisse Saint-Jacques, I, 277, 5197; VI, 314, 20502; des moulins, II, 202, 4844; du pontonage, II, 227, 5196; VI, 314, 20503. Hôpital, II, 194, 4803; III, 638, 10430. Pont, III, 746, 10932. Receveur des deniers communs : voir Pingault (Laurent).

Châtellier (Le), c^ne de Paulmy (Indre-et-Loire). Seigneurie, VI, 64, 19228.

Châtellier (Le), seigneurie sise à Saint-Denis-Hors (Indre-et-Loire), V, 223, 15823; V, 248, 15950; V, 785, 18760; VI, 440, 21162; VI, 797, 23039.

Châtelliers (Les), seigneurie sise à Neuvy (Loir-et-Cher), VI, 204, 19930; VI, 782, 22960; VII, 23, 23322.

Châtelliers-Châteaumur (Les) (Vendée). voir Châteaumur.

Châtel-Montagne (Allier). Foires, V, 118, 15292. C'est bien de Ch.-M. qu'il s'agit, et non pas de Montaignet ni de Montaiguet.

Châtel-sur-Moselle (Vosges). Abandon par le roi de l'hommage, I, 117, 676; I, 149, 855; V, 300, 16220.

Châtelûs (S^r de) : voir La Chassagne (Jean de).

Châtelus (Allier). Foires, IV, 87 (VIII, 372*), 11400. Fourches patibulaires, V, 235, 15886.

Châtelus, c^ne de Lentigny (Loire). Seigneurie en Forez, VII, 285, 24622.

Châtelus, c^ne de Pionsat (Puy-de-Dôme). Seigneurie, V, 670, 18107.

Châtelus-le-Marcheix (Creuse). Droits seigneuriaux, VII, 509, 26230. Seigneur : voir La Chassagne (Jean de).

Châtenet (Jeanne de), veuve de Jean Moreau, V, 422, 16837.

Châtenoy (Seine-et-Marne). Fortifications, V, 13, 14725.

Chatière (S^r de la) : voir Château-Chalon (Antoine de).

Châtillon : voir Viry-Châtillon.

Châtillon (Commandeur de) ou *Castillon* : voir Spifame (Pierre).

Châtillon (Loir-et-Cher), VI, 173, 19778; VI, 581, 21926; VI, 606, 22053.

Châtillon, c^ne de Troësnes (Aisne). Seigneurie, VI, 645, 22267.

Châtillon (Le cardinal de) : voir Coligny (Odet de).

Châtillon (Le maréchal de) : voir Coligny (Gaspard de).

Châtillon (La maréchale de) : voir Montmorency (Louise de).

Châtillon (Claude de), V, 313, 16295.

Châtillon (Jean de), s^r de la Grève et d'Argenton, V, 351, 16492; VII, 88, 23650.

Châtillon (Marguerite de), femme de Jean de Soissons, VIII, 591, 32341.

Châtillon-en-Bazois (Nièvre), VIII, 643, 32612.

Châtillon (Tristan de), V, 313, 16295; V, 88, 23650.

Châtillon en Bourgogne : voir Châtillon-sur-Seine.

Châtillon en Bresse, Châtillon en Dombes : voir Châtillon-sur-Chalaronne.

Châtillon-en-Vendelais (Ille-et-Vilaine). Foires, V, 70, 15027.

Châtillon-la-Borde (Seine-et-Marne) : voir Borde-le-Vicomte (La).

Châtillon-le-Roi (Loiret). Seigneurie, VI, 140, 19614.

Châtillon-sur-Chalaronne (Ain). Capitainerie et châtellenie, III, 734, 10865; VI, 697, 22547; capitaine : voir Châteauvieux (Claude de). Séjours : de François Ier, VIII, 552; des lansquenets du comte Guillaume de Furstenberg, VIII, 35, 29558; VIII, 38, 29590; VIII, 40, 29605; VIII, 45, 29656; VIII, 46, 29662; VIII, 228, 31373.

Châtillon-sur-Cher : voir Châtillon (Loir-et-Cher).

Châtillon-sur-Indre (Indre), I, 161, 916. Forêt, I, 783, 14645. Seigneurie concédée à Charles du Solier, I, 401, 2134; II, 373, 5636; II, 374, 5637; III, 335, 9061; V, 905, 17772 : voir Palluau-sur-Indre, Pressigny.

Châtillon-sur-Loing (Loiret), compris dans le ressort de la coutume d'Orléans, II, 80, 4244. Dames : voir Montmorency (Louise de), Tournon (Blanche de). Seigneurs : voir Coligny (Gaspard et Jacques de). Séjours : de la reine, VIII, 86, 30027; du roi, VIII, 552.

Châtillon-sur-Loire (Loiret). Fortifications, I, 486, 2565. Séjour du roi, VIII, 107, 30221, 30223, 30229; VIII, 552.

« Châtillon-sur-Loire », VI, 56, 19187; il faut lire Châtillon-sur-Seine.

Châtillon-sur-Marne (Marne). Maîtrise des eaux et forêts, III, 750, 10937; IV, 71, 11325; IV, 188, 11865. Mouvance : voir Boursault, Courtagnon, Festigny, Lagery, Nanteuil-la-Fosse, Nonnelle (La), Reuil, Rognac, Roncy, Treslon, Trotte, Vandières, Venteuil. Offices, VI, 83, 19319. Receveur ordinaire : voir Petit (Robert). Seigneurie, V, 431, 16884; VI, 256, 20201; concédée au maréchal de la Marck, I, 470, 2486; I, 701, 3667; II, 90, 4292; II, 93, 4306; II, 207, 4869; II, 345, 5506; II, 603, 6985-6986; III, 226, 8561; VI, 200, 19906; VII, 539, 26626; VII, 555, 26852; à son fils, III, 261, 8723; VII, 452, 25648; VII, 588, 27288.

Châtillon-sur-Morin (Marne) : voir Bricot-la-Ville.

Châtillon-sur-Saône (Vosges). Châtellenie, V, 507, 17282.

Châtillon-sur-Seine (Côte-d'Or), VI, 56, 19186; voir Courtet (Louis). Hôtel-de-Ville, III, 212, 8485. Magasin à sel; receveur : voir Darc (Jacob). Marché, V, 54, 14936. Modération de tailles, III, 159, 8225. Octrois, III, 22, 7554. Prévôté : voir Dupuy (Jean). Receveur ordinaire : voir Bégat (Claude). Séjour du roi, VIII, 552.

Châtillon-sur-Sèvre (Deux-Sèvres), nom actuel de Mauléon : voir ce mot.

Chaton (Étienne), originaire du comté de Nice, habitant Marseille. Lettres de naturalité, VII, 303, 24728.

Chaton (Jeanne), veuve d'Étienne Prégent, VII, 761, 28879.

Châtre (La) [Indre]. Chambre à sel, III, 407, 9658. Doyenné ou prieuré, V, 104, 15216. Octroi sur le vin, VIII, 586, 32316.

Châtres, auj. Arpajon (Seine-et-Oise), I, 167, 949; I, 174, 985. Fortifications, I, 709, 3703.

Châtres (Seine-et-Marne), V, 300, 16222.

Chats sauvages de la forêt de Bière, VII, 724, 28627.

Chatuzange (Drôme) : voir Pisançon.

Chaugée (Jacques), génois, V, 373, 16600.

Chauconnet (Claude), docteur ès-droits, envoyé du duc de Lorraine en Espagne, VII, 156, 23983.

Chaudrier (Jean), VII, 43, 23426.

Chauderon (Antoine), administrateur de l'Hôtel-Dieu de Gonesse, VI, 5, 18936.

Chauderon (Guillaume), chevaucheur d'écurie, VIII, 23, 29438.

Chauderon (Jean), VI, 240, 20120; conseiller au Grand Conseil, VI, 73, 19270.

Chaudesaigues (Cantal). Siège du bailliage des Montagnes d'Auvergne, IV, 261, 12218.

Chaudrier (René), VII, 512, 26271.

CHAUFFAGE de la chambre des requêtes du Palais de Rouen, V, 173, 15556.

CHAUFFAGE (DROIT DE), II, 282, 5216; II, 718, 7239; IV, 25, 11121; V, 225, 15833; VII, 507, 26204; VII, 520, 26373; VII, 520, 26379; VII, 533, 26543. Cf. BÛCHE (DROIT DE).

CHAUFFE-CIRE de la chancellerie de France, au nombre de quatre, IV, 625, 13920; IV, 688, 14202; voir BAUDU (Mathurin), DESDANS (Jean), VINCENT (Jean); valets : voir CARON (Antoine et Jean); de la chancellerie de Provence : voir BORRILLY (Louis).

Chauffort (*Pierre de*) : voir CHÂTEAUFORT (Pierre DE).

CHAUFFOUR, c^ne d'Estivareilles (Loire). Greffe : aliénation, VII, 563, 26946.

CHAUFOURNEAU (Charles), receveur des deniers communs de Montargis, VI, 694, 22528. Cf. GEUFRONNEAU (Charles).

CHAULET (Michau), natif de la Moute, près Chambéry, établi à Tarascon. Lettres de naturalité, VI, 603, 22041.

CHAULIEU (Drouin), maître «après Dieu» de la galéasse *la Réole*, III, 54, 7715.

CHAULIEU (Jacques DE), père et fils, V, 433, 16891.

CHAULME (Méry), chevaucheur d'écurie, VII, 800, 29159.

CHAULNE (H. DE), sergent à cheval au Châtelet de Paris, VI, 600, 22055.

Chaulne : voir CHAUME (LA).

Chaulnes (Somme). Seigneur : voir OIGNIES (Louis D').

CHAULNIER (Claude), auditeur des comptes à Dijon, IV, 523, 13456.

CHAUME (LA), c^ne des Sables-d'Olonne (Vendée), VII, 646, 27965.

CHAUMEL (Jacques) ou CHAUMEIL, conseiller lai au Parlement de Toulouse, V, 357, 16524; V, 411, 16780.

Chaumes (Côte-d'Or?), VII, 204, 24218.

CHAUMES (Seine-et-Marne) : voir ARCY. Séjours du roi, VIII, 552.

Chaumes (*De*) : voir DECHAUMES.

CHAUMI (Domergue), natif du comté de Nice, habitant Sisteron. Lettres de naturalité, VII, 392, 24899.

CHAUMONDEL-SUR-AMANCE, c^ne de Pisseloup (Haute-Marne). Seigneurie, V, 424, 16847.

Chaumont (Yonne) : voir BOURDEAUX.

Chaumont (*S^rs de*) : voir AMBOISE (Charles et Georges D').

CHAUMONT (Étienne), sergent à cheval au Châtelet de Paris, V, 171, 15545.

CHAUMONT (Gilles DE), V, 466, 17075-17076.

CHAUMONT (Guillaume DE), V, 332, 16395.

CHAUMONT (Guillaume DE), s^r de Saint-Martin, V, 220, 15808.

CHAUMONT (Nicole), notaire en la sénéchaussée de Lyon, III, 55, 7724.

CHAUMONT-EN-BASSIGNY (Haute-Marne). Séjour du roi, VIII, 552.

—— *Bailliage*, VIII, 756, 33262. Baillis : liste, IX, 233. Ban et arrière-ban, VI, 724, 22685. Bénéfices des diocèses de Toul et de Besançon, duché de Bar et comté de Ligny, VII, 168, 24046. Biens : des Chartreux du Mont-Dieu, VI, 398, 20938; de Philibert du Châtelet, V, 213, 15768; de Jean de Liège, IV, 7, 11043; de Robinet de Myre, IV, 341, 12607; de Mme de Saint-Georges, III, 724, 10821. Destruction des loups, VII, 473, 25822. Enquête touchant la construction d'un abattoir à Langres, VII, 462, 25732. Ferme des ports et hauts passages, VI, 427, 21096; VII, 606, 27524. Juridiction, II, 605, 6715. Greffier : voir SIMONNOT (Nicolas). Notaires : voir ASSELINE (Claude), BERRIER (Michel), ESCOUELLE (Louis). Officiers royaux : contestations avec les officiers lorrains de Gondrecourt, V, 505, 17277; V, 519, 17347; V, 530, 17403; V, 537, 17435; VII, 437, 25513. Ressort : voir ANDELOT, BAR-SUR-AUBE, BEAUFORT, COIFFY, DEUILLY, GONDRECOURT, GRAND, LESMONT, LOUVEMONT, MONTÉCLAIRE, MONTIGNY-LE-ROI, NEUILLY-SUR-SUIZE, NOGENT-LE-ROI, SOMSOIS, SOULAINES, VASSY, VAUCOULEURS; cf. le paragraphe suivant. Sergent à cheval : voir NOËL (Jean).

—— *Châtellenie* : voir ANNÉVILLE, AUTREVILLE, AVROLLES, BLAISE, BLAISY, BOLOGNE, BRIENNE-LE-CHÂTEAU, CHAMARANDES, COLOMBEY-LES-DEUX-ÉGLISES, GENEVROYE (LA), GILLANCOURT, JONCHERY, MAGNUS, MANCINE (LA), MARAULT, MAREILLES, MEURES, MIRBEL, MONTANGON, NOYERS, PINEY, PREZ-SUR-MARNE, RAME-

RUPT, RIAUCOURT, ROOCOURT, SAINT-MARDS, SARCICOURT, SEXFONTAINES, TRÉVERAY, VIÉVILLE, VIGNORY, VILLENEUVE-AU-CHEMIN, VILLENEUVE-AUX-FRÊNES (LA).
—— *Domaine.* Contrôleur : voir SIMON (Jacques). Hallage : V, 301, 16225. Recette ordinaire, III, 47, 7683; V, 432, 16887; VII, 550, 26786; VII, 577, 27122; V, 688, 18222; receveur : voir BALAVOINE (Jean).
—— *Grenier à sel,* II, 26, 3969; II, 54, 4110.
—— *Prévôté,* IV, 285, 12329; VII, 462, 25732.
—— *Ville.* Fermes, VI, 357, 20729; VII, 585, 27249. Privilèges et octrois, III, 763, 10993.

« CHAUMONT-EN-BEAUVAISIS », III, 301, 8907. Il s'agit peut-être de Chaumont-en-Vexin.

Chaumont en Dauphiné : voir CHIOMONTE.

Chaumont en Porcien : voir CHAUMONT-PORCIEN.

CHAUMONT-EN-VEXIN (Oise). Garnison, VI, 394, 20918. Cf. CHAUMONT-EN-BEAUVAISIS.
—— *Comté,* III, 314, 8964; IV, 520, 13443; V, 509, 15236; VI, 646, 22273; VI, 775, 22928; VII, 307, 24754; VII, 352, 25004. Biens de Gilles de Chaumont, V, 466, 17075; de Jacques de Mareuil, VI, 463, 21284. Cas royaux, VIII, 738, 33154; VIII, 759, 33290. Eaux et forêts, IV, 133, 11608. Suppression d'un office d'enquêteur, IV, 653, 14051. Voir FRESNES-L'ÉGUILLON, ROCHE-GUYON (LA), ROMESNIL, SAINT-CYR, SÉRIFONTAINE, TALMONTIER, TRYE-CHÂTEAU, TRYE-LA-VILLE, VÉTHEUIL.
—— *Élection* : voir l'article suivant.

CHAUMONT ET MAGNY. Élection, précédemment siège particulier de l'élection de Gisors, IV, 589, 13752; VIII, 383, 13752; contrôleur : voir LE CLERC (Nicolas); élu : voir LE MAISTRE (Jean).

CHAUMONT-LE-BOIS (Côte-d'Or). Marché, V, 53, 14936.

Chaumontois : voir AMBOISE, *Eaux et forêts.*

CHAUMONTOIS, nom d'une des gardes de la forêt d'Orléans, III, 579, 10172. Sergent : voir REGNART (Claude).

CHAUMONTOIS, quartier et doyenné de l'élection de Langres, V, 180, 15592.

CHAUMONT-PORCIEN (Ardennes). Seigneurie, III, 221, 8532; III, 636, 10422; III, 721, 10812; IV, 543, 13541. Seigneur : voir ÉTAULES (Philippe D').

CHAUMONT-SUR-LOIRE (Loir-et-Cher), V, 403, 16741. Seigneurie, V, 716-717, 18393-18394; VI, 601, 22031-22032; VI, 632, 22190; VI, 679, 22456; VI, 693, 22524. Seigneurs : voir AMBOISE (Charles et Georges D'). Séjour du roi, VIII, 552.

CHAUMONT-SUR-THARONNE (Loir-et-Cher), VI, 806, 23086. Four banal, VI, 815, 23132.

CHAUMOT (Nièvre). Mines, III, 22, 7553.

CHAUNAY, fourrier du roi, V, 95, 15158.

CHAUNAY (Hervé DE), VII, 663, 28108.

CHAUNES (Madeleine DE), demoiselle de Mesdames, II, 591, 6644.

CHAUNY (Aisne) : voir SALURES (Louis DE). Chasses du roi, VIII, 144, 30590; VIII, 215, 31251. Sergent : voir MOROT (Gérard).
—— *Bailliage et gouvernement,* IV, 320-321, 12505. Baillis et gouverneurs; liste, IX, 233.
—— *Domaine,* II, 333, 5456; III, 415, 9428; VII, 606, 27526; voir BEAUGIES, BOIS-PATART (LE), ESMERY, FLAVY-LE-MARTEL, GUIVRY, MANICAMP, OGNES. Biens de Madeleine de Créquy, V, 733, 18490. Eaux et forêts, II, 257, 5112; III, 361, 9177; III, 506, 9842; V, 205, 15718. Maison du roi, III, 400, 9354. Recette ordinaire, VII, 570, 27037; VII, 581, 27193; VII, 589, 27300; receveur : voir TESTART (Jean). Seigneurie donnée à Marie de Luxembourg, I, 698, 3651; VI, 237, 20103.
—— *Ville.* Construction d'un auditoire, VII, 557, 26877; VII, 755, 28841. Deniers communs, VII, 351, 29503; VII, 582, 27200. Suppression de l'office de receveur, V, 75, 15050. Fortifications, IV, 133, 11609; IV, 136, 11620; VII, 816, 29264; VIII, 293, 32045. Imposition pour la fortification des places frontières, VII, 293, 24675; VII, 304, 24735. Subsistances, VII, 816, 29264.

CHAURAIS (Martin DE), VIII, 675, 32799.

CHAUROY, capitaine de mer, VII, 474, 25835; cf. LE MIGNON (Christophe).

« CHAUSSAC », vraisemblablement CHAUSSET, c^ne de Cherves-de-Cognac (Charente). Fief, VII, 255, 24464.

CHAUSSADE (Balthazar), VI, 89, 19348.

CHAUSSADE (Jacques), s[r] de Colonge, VI, 374, 20817.

CHAUSSADE (Léonard), VI, 89, 19348.

CHAUSSEBLANCHE (Michel), patron de la caraque *la Sainte-Catherine*, VII, 122, 23823.

CHAUSSÉE (LA), lieu mouvant d'Orléans, VI, 559, 21805.

Chaussée (La) [Marne] : voir COULMIERS.

CHAUSSÉE (LA) [Seine-Inférieure]. Seigneurie, VI, 508, 21529. Voir BOIS-HULIN (LE).

CHAUSSÉES : de l'Aude à Narbonne, II, 420, 5844; II, 425, 5870; II, 488, 6156; III, 174, 8296; VII, 660, 28683; de la Loire, VII, 449, 25625; du Rhône, I, 66 (VIII, 764), 392; VII, 483, 25920; VIII, 788, 29079; de la Saône, IV, 448, 5971; VII, 787, 29067. Voir PONTS ET CHAUSSÉES, TURCIES ET LEVÉES.

CHAUSSÉE-SAINT-VICTOR (LA) [Loir-et-Cher], II, 270, 5169.

Chausset, c[ne] de Cherves-de-Cognac (Charente) : voir CHAUSSAC.

CHAUSSET (Claude), mercier. Aubaine, VII, 651, 28010.

Chausset (Pierre) : voir CHANCEL (Pierre).

CHAUSSETIERS : d'Arles : voir RODULFI (François); de Bordeaux, III, 631, 10399; de Montpellier, I, 454, 2399; de Paris, VIII, 591, 32344; de Rouen, VIII, 334, 2283 *bis*.

CHAUSSIÈRE (LA), c[ne] de Vieure (Allier), IV, 229, 12056. Château, VII, 600, 27461; concierge et garde des meubles : voir VIBURE (Charles DE). Séjours du roi, VIII, 552.

CHAUSSIN (Jura). Seigneurie, IV, 521, 13448.

« CHAUSSOY », seigneurie appartenant au chancelier Poyet, VII, 574, 27084.

Chaussy (S[r] de) : voir BOSSONVAL (Guillaume DE).

CHAUVE (Jean), CALVUS ou CALMES, ministre général de l'ordre de Saint-François, IV, 534 (VIII, 793), 13501.

CHAUVEAU (Antoine), lieutenant général de la sénéchaussée de Bourbonnais, IV, 442, 13076.

CHAUVEAU (Benoît), garde de la forêt de Chizé, II, 330, 5442; II, 626, 6820; III, 65, 7777.

CHAUVEAU (François), fermier du four banal de la paroisse Saint-Jacques à Châtellerault, VI, 314, 20502.

CHAUVEAU (Jean), dit NICOT, garde de la forêt de Chizé, II, 330, 5442; II, 626, 6820; III, 65, 7777.

CHAUVEL (Nicolas), neveu de l'apothicaire du roi, V, 32, 14818; V, 43, 14885.

CHAUVELET (Barthélemy), receveur des restes en Bourgogne, III, 508, 9853.

CHAUVERON (Déode), conseiller clerc au Parlement de Paris, VII, 486, 25940.

CHAUVET (Eustache), procureur à la Chambre des comptes de Paris, V, 500, 17296.

CHAUVET (Guillaume), fermier du grand port et péage de la vicomté de Blois, III, 321, 9001; VII, 632, 27820.

CHAUVET (Jean), clavaire d'Arles, VII, 5, 23219.

CHAUNET (Jean), élu en Forez, I, 121, 706; I, 530, 2791; V, 285, 16143; V, 338, 16429; V, 407, 16765; V, 493, 17213; V, 507, 17286; V, 784, 18756; VI, 77, 19293.

Chauvigné (Charles, bâtard de) : voir CHAUVIGNY (Charles, bâtard DE).

Chauvigny : corr. CHAVIGNY.

CHAUVIGNY (Vienne). Séjours du roi, VIII, 552.

CHAUVIGNY (André DE), s[r] de Rais ou Retz. Succession, VII, 422, 25394; VII, 438, 25522, 25525.

CHAUVIGNY (Charles, bâtard DE), CHAUVIGNÉ ou CHAVIGNY, seigneur de Murat, contrôleur des bâtiments de Chambord, I, 473, 2501; I, 688, 3602; II, 356, 5554; V, 797, 18821; VII, 634, 27833; VII, 718, 28589.

CHAUVIGNY (Gilbert DE), baron de Blot, bailli, capitaine et maître des Eaux et forêts de Montaigut-en-Combrailles, II, 471, 6070.

CHAUVIGNY (Jean DE), s[r] de Blot, II, 616, 6771.

CHAUVIGNY (Pierre DE), bailli, capitaine et maître des Eaux et forêts de Montaigut-en-Combrailles, II, 471, 6079.

CHAUVIN (Grégoire), II, 408, 5790.

CHAUVIN (Jean), III, 391, 9310.

IMPRIMERIE NATIONALE.

CHAUVIN (Jean), lieutenant particulier du bailli de Caen, à Vire, VI, 290, 20381.

CHAUVIN (Jean), s^r de Vermenton, V, 232, 15870.

CHAUVIN (Philippe), sergent du guet à pied Paris, V, 42, 14878.

CHAUVIN (Pierre), III, 692, 10676.

CHAUVINIÈRE (LA), c^ne de Neuvy (Loir-et-Cher), VII, 25, 23334.

CHAUX (FOURS À) employés à la réparation de la tour de Notre-Dame de la Garde, VIII, 238, 31483.

CHAVAGNAC (Charles DE), juge-mage de la sénéchaussée de Toulouse, I, 475, 2512.

CHAVAGNAC (Jean DE) ou CHAVANHAC, conseiller clerc au Parlement de Paris, VII, 440, 25543; VII, 487, 25956.

CHAVAGNAC (Madeleine DE), veuve de Jean de Ulmo, IV, 97, 11448; VI, 719, 22661.

CHAVAGNE, c^ne de Céaux (Vienne). Forêt, I, 717, 3746. Seigneurie, III, 460, 9632; dame : voir FAYE (Louise DE).

Chavanhac (Jean de) : voir CHAVAGNAC (Jean DE).

CHAVANNES (Pierre DE), gentilhomme de la fauconnerie, demeurant en Suisse, VIII, 164, 30778.

CHAVANOZ (Isère), I, 356, 1902.

CHAVIGNON (Aisne). Seigneurie, II, 715, 7229.

CHAVIGNY, c^ne de Lervé (Indre-et-Loire). Péage, VII, 525, 26432. Seigneurie, VII, 48, 23452; érection en châtellenie, I, 224, 1236; VII, 525, 26432; seigneur : voir LE ROY (Louis).

Chavigny (Le bâtard de) : voir CHAUVIGNY (Charles, bâtard DE).

CHAVIGNY (Le s^r DE), panetier ordinaire du roi, II, 528, 6336.

CHAVIGNY (Antoine DE), II, 438, 5931.

CHAVIGNY (Antoine DE) ou SAVIGNY, garde de la forêt de Retz, II, 627, 6823; III, 112, 8003; V, 170, 15540; VIII, 164, 30773.

CHAVIGNY (Claude DE), sergent en la forêt de Rets, V, 170, 15540.

CHAVIGNY (Jean DE), maître particulier des Eaux et forêts du comté de Gien, IV, 522, 13449.

CHAVIN (Indre) : voir BONNILLY. Terre, VIII, 738, 33152.

CHAVIN (Durant), II, 714, 7223.

CHAVOY (Manche). Seigneurie, II, 754, 7403; VI, 519, 21586.

CHAVROCHE (Allier). Terre, VI, 431, 21118.

CHAY (LE) [Charente-Inférieure]. Paroisse Saint-Martin, VI, 453, 21232.

CHAYLARE (Denise), IV, 375, 12758.

CHAYNE (Philippe DE), de la maison de la reine Éléonore. Lettres de naturalité, VII, 614, 27631.

CHAYS (André), originaire du diocèse de Nice, habitant Salon. Lettres de naturalité, VII, 311, 24776.

CHAYSSE (Jean), apothicaire, visiteur des drogues et médicaments en Provence, I, 68, 403.

CHAZAY (Rhône), III, 649, 10484. Séjour du roi, VIII, 552.

Chazeaux (S^r de) : voir DURAT (François DE).

CHAZELLES. Séjour du roi, VIII, 228, 31373.

Chazelles (S^r de) : voir SAINT-TRIVIER (Pierre DE).

CHAZERAT (Pierre DE), capitaine du château d'Auxonne, VII, 79, 23608.

CHÉDIGNY (Indre-et-Loire), V, 807, 18873; VII, 512, 25274; voir TOUCHE (LA).

CHEFBOUTONNE (Deux-Sèvres). Séjour du roi, VIII, 552.

CHEFDEBIEN (François), payeur des compagnies de M. de Clermont-Lodève, du sénéchal de Toulouse et du comte de Tende, III, 99, 7939-7940; III, 138, 8124-8125; III, 484, 9737; VII, 615, 22097; VIII, 98, 30145; VIII, 217, 31259; VIII, 234, 31433; VIII, 235, 31445.

CHEFDEBOIS (Maurice DE), II, 338, 5477.

CHEF-DE-CAUX, auj. SAINTE-ADRESSE (Seine-Inférieure), VII, 504, 26157. Séjour du roi, VIII, 552.

CHEFDEVILLE (Claude), garde de la forêt de Saint-Germain, VIII, 208, 31191.

CHEF-D'ŒUVRE. Dispense de cette épreuve en faveur des titulaires des maîtrises créées à l'occasion de la naissance d'Élisabeth de France, V, 186, 15618.

Chefdubrays (Charles de), I, 587, 3080.

Chef-du-Pont (*Le*) [Manche] : voir Fontaines.

Chefnen (Le baron de), capitaine général de six enseignes de lansquenets, VIII, 61, 29788.

Chefnoir (Jean). Légitimation de son fils Charles, de Reims, IV, 41, 11188.

Cheilieu (*Jean*) : voir Cheylieu (Jean).

Cheillé (Indre-et-Loire), VII, 512, 26270; voir Islette (L'), Plessis-Alais (Le).

Chelius (Ulrich) ou Cheluis, docteur en médecine, demeurant à Strasbourg, III, 27, 7577. Missions en Allemagne, IV, 234, 12081; VI, 681 (VIII, 801*), 22468.

Chellay (Gervais), VII, 513, 26278.

Chelles (Seine-et-Marne). Abbaye, I, 109, 635; I, 422, 2238.

Cheluis (*Ulrich*) : voir Chelius (Ulrich).

Chemans, c^ne de Durtal (Maine-et-Loire). Seigneur : voir Erhault (François).

Chemault (Loiret). Seigneurie, I, 554, 2915; seigneur : voir Pot (Jean).

Chémeré (Loire-Inférieure) : voir Princé.

Chemery (Loir-et-Cher) : voir Bourgaudière (La), Villaines.

Chemillé (Maine-et-Loire). Chambre à sel, I, 147, 845.

Chemillé-sur-Indrois (Indre-et-Loire). Voir Liget (Le).

Chemilly-près-Seignelay (Yonne). Fortifications, IV, 315, 12472.

Chemin (Huguet), valet de chiens, III, 46, 7675.

Cheminage du cours de la Seine, I, 5, 28; VII, 525, 26433.

Cheminal (Mathurin), sergent à cheval au Châtelet de Paris, IV, 278, 12292.

Cheminarde (*La*) : voir Ferrand (Catherine).

Cheminart (Jean), originaire d'Angers, Lettres de naturalité pour ses fils Philippe et Jean ou René, nés à Rome, II, 684, 7085; VI, 361, 20752.

Cheminées (*S^r des*) : voir Marin (Jean).

Chemins : voir Ponts et Chaussées.

Chemisy (Étienne de), contrôleur du domaine de Meaux, II, 310, 5347.

Chenac (Charente-Inférieure). Châtellenie : notaire : voir Sermau (Nicolas).

Chenansot (Jean), notaire à Beaune, IV, 715, 14323.

Chenaumoine (Le Puy de), c^ne de Sémussac (Charente-Inférieure), VIII, 198, 24187.

Chênaye (*La*) : voir Chesnaye (La).

Chêne. Usage de ce bois, VII, 479, 25881; pour le matériel de guerre, IV, 5, 11033; VII, 473, 25827.

Chêne (Le), c^ne de Lessard-et-le-Chêne (Calvados). Fief, V, 478, 17136.

Chéneché (Vienne). Seigneurie, VII, 277, 24578.

Chênedouit (Orne) : voir Repas (Le).

Chêne-Rogneux (Le), c^ne de Grosrouvre (Seine-et-Oise). Seigneurie, VI, 191, 19860; VI, 620, 22129.

Cheneteau (Godefroy), VII, 637, 27876.

Chênets (*S^rs des*) [il faut lire *d'Échenay*] : voir Dinteville (Gaucher, Guillaume, Jacques et Jean de).

Chenevart (Barbe) ou Chesnard, garde de la forêt de Sénart, II, 627, 6821; III, 66, 7778.

Chênevechon : voir Chevénechon.

Chenevelles (François de), s^r de Grosmesnil et de Bouelle, V, 424, 16849.

Cheney (Philippe), serviteur de la lavandière du corps de Sa Majesté, III, 679, 10620.

Chenil (Le), logis à Fontainebleau, III, 373, 9229. Concierge et garde : voir Bonneton (Jean).

Chenillac, surnom : voir Le Long (Pierre).

Chenillat, c^ne de Cesset (Allier). Seigneurie, VI, 560, 21811; seigneur : voir Le Long (Pierre).

Chenillé (Maine-et-Loire) : voir Ramefort.

Chenoise (Seine-et-Marne) : voir Jouy-l'Abbaye.

Chenonceaux (Indre-et-Loire), II, 238, 5015; III, 667, 10565; VIII, 291, 32019. Bâtiments du roi, III, 167, 8266. Capitaine : voir Malignac (Pierre de). Pont, V, 357, 16528. Seigneurie, V, 209, 15745; V, 608, 17785; VI, 20, 19012;

acquisition par le roi, III, 79, 7842; III, 141, 8137; III, 694, 10685; seigneurs : voir Bohier (Antoine et Thomas). Séjours du roi, VIII, 552.

Chenôve (Côte-d'Or). Châtellenie : recette, III, 259, 8713. Vignes du roi, IV, 103, 11470; IV, 781, 14637; VII, 229, 24339; VII, 281, 24601; VII, 298, 24705; VII, 310, 24770; VIII, 47, 29672; VIII, 240, 31496.

Chénoy (Le), c^ne de May-en-Multien (Seine-et-Marne). Fief, VI, 778, 22941.

Chenu (Isabelle), VI, 762, 22871.

Chenu (Louis), canonnier, VIII, 287, 31979.

Chenu (Louis), dit Entendement, chevaucheur d'écurie, III, 553, 10053; VII, 710, 28538; VII, 805, 29194; VIII, 98, 30148.

Chenu (Nicolas) père et fils, préteurs de Milan, V, 265, 16035.

Cheny (Yonne). Seigneurie, V, 400, 16732; VII, 621, 27703; VII, 652, 28014.

Chepoix (Fief de Jean de) : voir Fief de Jean de Chepoix.

Chepoix (Pierre de) ou de Sepoix, gentilhomme de la maison du duc de Vendôme, II, 638, 6873; VII, 606, 27528.

Chépoy (Merry de), Sepoix ou Poix, vice-amiral de Bretagne, II, 549, 6436; VI, 404, 20973. Cf. Espoy (Merry d').

Cheptainville (Seine-et-Oise), V, 509, 17295; VI, 460, 21272.

Cher (Le), rivière, V, 413, 16791. Pont de Chenonceaux, V, 357, 16528. Turcies et levées, IV, 284, 12323; V, 385, 16660.

Cherasco (Italie, prov. de Coni), VI, 107, 19446; VI, 117, 19494. Garnison, VIII, 79, 29953. Podestats et châtelains, VI, 128, 19555; VI, 132, 19575.

Cherbeyr (Michel de) ou Cherbie, prévôt et receveur ordinaire de Saintonge et de la Rochelle, VII, 337, 24926; VII, 401, 25260; VII, 503, 26133.

Cherbourg (Manche) : voir Dubosc (Jean). Abbaye de Notre-Dame-du-Vœu, VI, 406, 20982; abbé : voir Le Fillastre (Léobin). Arsenal, VIII, 134, 30492. Capitaines : voir Puiguyon (René de), Raffin (Antoine); lieutenant : voir Delasne (Jeannot). Champars, VII, 159, 23997. Château, I, 104, 1082; détention de la dame de Boisy, III, 130, 8115. Domaine, V, 514, 17318. Fortifications, III, 354, 9146; VIII, 163, 30765, 30767; VIII, 202, 31129; VIII, 735, 33138. Garnison et défense, VIII, 79, 29960; VIII, 119, 30353; VIII, 128, 30432; VIII, 160, 30735; archer : voir Thiéville (François de); morte-paye : voir Hermynes (Arnoul d'). Ponts, III, 354, 9146. Privilèges, I, 192 (VIII, 322^a), 1069; I, 221 (VIII, 323^a), 1219; VII, 88, 23647; VII, 186, 24129. Séjour du roi, VIII, 552. Verderie, III, 354, 9146; V, 110, 9146.

Cherchenay (S^r de) : voir Maricourt (Jean de).

Cherdeboeuf (Guillaume), homme d'armes, V, 523, 17365.

Chériennes (Pas-de-Calais). Seigneurie, III, 310, 8945. Séjour du roi, VIII, 552.

Chérigné (Jacques de), VII, 534, 26566.

Chérisy, c^ne de Montréal (Yonne). Séjour du roi, VIII, 552.

Chermeneuil, c^ne de Vaudré (Charente-Inférieure). Seigneurie, VI, 531, 21661; VII, 241, 24399.

Chéruau (Geoffroy) : voir Charruau (Geoffroy).

Cherves-de-Cognac (Charente) : voir « Chaussac ».

Cherveux (Deux-Sèvres). Seigneur : voir Puiguyon (René de).

Chéry, moulin à Choussy (Loir-et-Cher), V, 251, 15968.

Chésaux (Jacques de), V, 424, 16847.

Chesmes (Pierre de), sergent royal en Limousin, IV, 644, 14010.

Chesnard (Barbe) : voir Chenevart (Barbe).

Chesnaye (S^r de la) : voir Bohier (Antoine).

Chesnaye (La), c^ne de Foëcy (Cher). Fief, VI, 536, 21684.

Chesneau (André), clerc, V, 361, 16545.

Chesneau (Denis), I, 555, 2922; I, 594, 3117.

Chesneau (Denis), conservateur de l'équivalent au siège de Béziers, V, 503, 17264.

Chesneau (Jean), visiteur des draps au bailliage de Rouen, II, 210, 4881.

Chesneau (Olivier), maître de fourrière, V, 696, 18268; VII, 648, 27984.

Chesneau (René), VIII, 171, 30836.

Chesneau (René), archer des toiles du roi, V, 97, 15168.

Chesnon (Jean), sergent royal à Rouen, V, 101, 15651.

Chessy (Aube). Seigneur : voir Haraucourt (Girard d').

Cheurs ou Choeurs, c^ne^ de Saint-Août (Indre). Forêt, I, 27, 154; V, 232, 15867; V, 274, 16087.

Chevagnes (Allier), VII, 707, 28508; VIII, 172, 30844; VIII, 260, 31708; VIII, 275, 31862; VIII, 285, 31953; VIII, 286, 31965, 31969; voir Chassagne (La). Bâtiments du roi, VI, 635, 22207; VIII, 44, 29638; VIII, 48, 29675; VIII, 253, 31631. Concierge et capitaine du château et garde des forêts : voir Balorre (Gatien de). Séjours du roi, III, 681, 10626; IV, 246, 12147; VIII, 48, 29682; VIII, 55, 29743; VIII, 96, 30125; VIII, 97, 30137; VIII, 102, 30183; VIII, 103, 30186; VIII, 552; IX, 91.

Cheval : voir Chevaux.

Chevaleau (Claude), II, 10, 3883; VII, 557, 26872.

Chevalerie (La), c^ne^ de la Croix (Indre-et-Loire). Fief, V, 584, 17672.

Chevalerie (*Lettres de*) : voir Breda (Hans de'), Ercolano (Agostino), Fournier (Hugues), La Grenaisie (Philippe de), Legendre (Pierre), Marin (Jérôme), Patarin (Claude), Provene (François, Léonard et Thibert de), Rosso (André), Rotte (Simon), Stuffa (Pandolphe). Villeneuve (Jean-Martin de).

Chevalerie (Ordre de) conféré aux étudiants et docteurs de l'Université de Toulouse, II, 499, 6207.

Chevalier (*Le*), surnom : voir Cardi (Thomas de'), Dautrec (Bernard), Lesbat Étienne de), Lestoile (Pierre).

Chevalier (Antoine), condamné à mort. Confiscation de ses biens, II, 47, 4077.

Chevalier (Guillaume), grènetier de Clermont-en-Beauvaisis, V, 628, 17885.

Chevalier (Jean), fermier du pontonnage de Châtellerault, II, 277, 5196; VI, 314, 20503.

Chevalier (Jean), maître des comptes à Blois, V, 202, 15704.

Chevalier (Jean), prévôt des maréchaux au duché de Châtellerault, III, 467, 9660.

Chevalier (Louis), receveur des deniers communs du Mans, VII, 580, 27176.

Chevalier (Marie), VI, 26, 19039.

Chevalier (Michel), VI, 355, 20719.

Chevalier (Nicole), s^r^ de Vignault, lieutenant général civil et criminel au bailliage d'Amiens, puis conseiller lai au Parlement de Paris, IV, 638, 13984; VII, 374, 25119.

Chevalier (Pierre). Procès, V, 365, 16564.

Chevalier (Pierre), greffier de la Chambre des comptes de Paris, I, 113, 660; I, 173, 978; autorisé à fortifier sa maison d'Éprune, V, 777, 18714.

Chevalier (René), lieutenant des eaux et forêts d'Anjou, V, 95, 15154.

Chevalier du guet à Paris : voir Vaudray (Michel de).

Chevaliers de l'arc : voir Arc (Jeu de l').

Chevaliers de l'ordre : voir Ordre de Saint-Michel.

Chevaliers d'honneur : voir Parlement de Dijon.

Chevallier, écuyer d'écurie : voir Cardi (Thomas de').

Chevallier (Antoine), titulaire de la sergenterie de Caudebec, V, 320, 16330.

Chevallier (Regnaut), grènetier d'Auxerre, VI, 305, 20456.

Chevannes : corr. Chevagnes.

Chevauchées : de Claude Robertet, trésorier de France, III, 732, 10856; des généraux des Monnaies, IV, 234, 12083; IV, 468, 13201.

Chevaucheurs : voir James (Richard); suivant l'armée, IV, 525, 13466. Cf. Courriers.

Chevaucheurs de l'écurie du roi, VIII, 646, 32629; voir Aignelet (Jacques), Angilbert (Jean), Aubischon (Jean d'), Arnault (François), Audouin (Jean), Avrillet (Philippe), Avrillot (Gilbert), Basille (Guillaume), Basse (Robert), Berlant (Michel), Bernard (Étienne), Berthelot (Jean), Bourdelin (Jean), Bouzot (Laurent), Briant (Jean), Brixon (Pierre), Brosse (Pierre), Carat (Léonard), Chauderon (Guillaume), Chaulme

(Méry), CHENU (Louis), CRÉQUIER (Jean), DAVID (Thomas), DECAZE (Jean), DELAMARE (François), DENAZES (Jérôme), DEVANT (Gabriel DE), DORLÉANS (Jean), DU LUDE (Jean), DUMAS (Jean), DUMOULIN (Louis), DUNOYER (Gencien), DURAND (Jean), FÉLIAULT (Hercule), FESSART (Jean), FORMANT (Claude), FOUGERAY (Pierre), FOUGÈRES (Adam DE), GASTÉ (Jean), GONNET (Jean), GOUYN (Denis), GUÉRIN (Pierre), GUINCHIER (Blaise et Jean), HARDELAY (Roland DE), HARDY (Pierre), HÉRAULT (Vincent), HEU (Antoine DE), HUET (Antoine), HURET (Oudin DE), JABIN (Mesmin), JEHAN (Catherin), LA CHOQUE (Jacques DE), LA GRILLE (Claude DE), LAPERQUE (Jean et Toussaint DE), LA PLANCQUE (Étienne DE), LARAQUIN (Pierre), LAUNAY (Pierre DE), LAURENCIN (Mathurin), LECOINTE (Nicolas), LECONTE (Philippe), LECOUVREUR (Jean), LELONG (Pierre), LE MINEUR (Louis), LE PORC (Raoul), LÉVESQUE (Philippe), LUCQUES (Antoine DE), MARCEL (François), MARCHANT (Guillaume), MARTIN (Jacques), MASCARON (Bourgoing), MIETTE (Philippe), MIGNON (Noël), MILLET (Jean), MORINET (Jean), PARIS (Jean DE), PICARDET (Jean), PICART (Guillaume), PROUST (Jean), RATIN (René), ROBIN (Antoine), ROIART (Antoine), ROSSIGNOL (René), SANSREFUS (Jean), SAVOUREAU (Thomas), SECRÉTAIN (Jean), TESSIER (Pierre), TISSART (René), TORCHON (Jean), TURPIN (Pierre), VALETTE (Guillaume), VENIS (Richard), VERDET (Jean), VIGER (Hugues), VIGIER (Jean), VIGNAULT (Jean), VILLIERS (Claude, Étienne et Eustache DE). Comptabilité : de Jean Sapin, VI, 60, 19204; VI, 73, 19269; VII, 620, 27694; VII, 667, 28144-28145; de Bénigne Serre, II, 120, 4446; II, 153, 4611; II, 174, 4705; II, 244, 5046; II, 294, 5274; II, 305, 5322; II, 342, 5495; II, 358, 5563; II, 368, 5612; II, 421, 5850; II, 469, 6072; II, 509, 6254; II, 528, 6335; II 644, 6905; II, 650, 6932; II, 654, 6948; III, 7, 7480; III, 67, 7786; III, 78, 7836; III, 423, 9463; III, 453, 9565; III, 575, 10153; IV, 191, 11879; IV, 232, 12071; VII, 101, 30169; VII, 719, 28595; VII, 721, 28605; VII, 737, 28724; VIII, 2, 29275; VIII, 7, 29315; VIII, 13, 29372; VIII, 18, 29404; VIII, 29, 29490; VIII, 38, 29528; VIII, 63, 29816; VIII, 66, 29840-29841; VIII, 80, 29966; VIII, 89, 30053; VIII, 90, 30062; VIII, 91, 30072; VIII, 110, 30255; VIII, 135, 30502, 30508; VIII, 130, 30517; VIII, 151, 30660; VIII, 160, 30731; VIII, 166, 30800; VIII, 187, 30998; VIII, 197, 31082; VIII, 209, 31154; VIII, 215, 31251; VIII, 225, 31343; VIII, 242, 31513; VIII, 243, 31523; VIII, 269, 31804; VIII, 272, 31838; VIII, 279-280, 31898-31899. Contrôleurs : voir POINTET (Gilbert et Jean). Privilèges, I, 101, 591; III, 153, 8194; IV, 493, (VIII, 792), 13318. Cf. POSTES.

CHEVAU-LÉGERS au service du roi, VIII, 151, 30652; VIII, 154, 30681; en Picardie, VIII, 14, 29375; VIII, 17, 22399; VIII, 26, 29469; VIII, 121-122, 30372-30373, 30375; VIII, 129, 30450; VIII, 139, 30548; VIII, 140, 30552; VIII, 142, 30569; en Piémont et en Italie, II, 758, 7421; III, 408, 7391; VI, 121, 19517; VII, 738, 28727; VIII, 27, 29480; VIII, 28, 29482; VIII, 90, 30063; VIII, 195, 31062. Voir ALBANAIS; voir aussi aux noms du capitaine général ANNEBAUT (Claude D'); des capitaines BERNARDIN (Francisque), BUZY (LE CHEVALIER), CAPUCIMANT, COSSÉ (Charles DE), CROY (Charles DE), CUSAN (Marc-Antoine DE), MONNIN (Tristan DE), MORRE (Le s[r] DE), OSSUN (Pierre D'), PARDAILLAN (Blaise DE), ROMAIN (Michel-Ange), SANSAC (Le s[r] DE), SAN SEVERINO (Galéas DE), TAIX (Jean DE), TARQUEX (Gervais), TERMES (Paul DE); du lieutenant THIERLES (Ludovic DE), et du payeur MARÉCHAL (Henri).

CHEVAUX : achetés pour le roi, V, 368, 16576; VII, 781, 29022; VII, *782, 29028; VIII, 135, 30504; appartenant au roi, VIII, 6, 29304; offerts au roi, II, 418, 5836; II, 455, 6004; II, 597, 6675; III, 24, 7562; VII, 738, 28728; VIII, 227, 31363; cf. COURSIERS, COURTAUDS, HAQUENÉES, ROUCINS, TRAQUENARDS; au duc de Lorraine, VII, 649, 27992; destinés à l'artillerie, VIII, 84, 30005; au transport de l'arbalète du roi, VIII, 38, 29592; à l'usage du Conseil privé, III, 475, 9699. Courtiers de chevaux : à Lyon, IV, 17, 11084; à Paris, I, 120, 696. Droit à Nevers sur les chevaux de trait menant des denrées dans la ville, VIII, 606, 32526. Marchands de chevaux : voir CARRÉ (Jean), PESSE (Guillaume). Réquisitions de chevaux, III, 431, 9500; IV, 441, 13074; VII, 720, 28598; VIII, 18, 29402; VIII, 60, 29972; VIII, 81, 29972; VIII, 93,

30092; VIII, 294, 32046; en Dombes, III, 187, 8359; en Lyonnais, I, 40, 228-229; I, 58, 340; I, 507, 2675; I, 570, 2997; I, 642, 3362; III, 185, 8346; III, 220, 8529; III, 224, 8548; III, 397, 9341; III, 421, 9451; IV, 323, 12518; V, 523, 17362; dans l'élection de Paris, VII, 470, 25799; dans l'élection de Péronne, VIII, 8, 29323; en Piémont, III, 215, 8500.

Chevénechon (Guillaume) ou Chênevechon, prévôt de Belleville, Dracé et Hamorges, VI, 408, 20992.

Cheverel (Pierre), prévôt et sous-bailli de Poissy, Triel, Saint-Germain-en-Laye, Sainte-Jame, VI, 784, 22972.

Cheverny (Loir-et-Cher) : voir Pressoir (Le). Justice, I, 44, 257. Seigneurs : Hurault (Jacques et Raoul). Seigneurie, VII, 555, 26846; VIII, 109, 30247, 30249; acquise par Perrot de Ruthie, III, 389, 9299; III, 436, 9519; VIII, 126, 30422. Séjour du roi, VIII, 552.

Chevestre (Florent et Françoise), VI, 555, 21787.

Chevestre (Jean), archer de la garde du corps, VII, 688, 28334.

Cheviéville (Philippe de), de Chevillé ou de Theneville, garde de forêt, III, 60, 7779; IV, 206, 11952; VIII, 158, 30720.

Chevigné, auj. Boisseleau, c^{on} de Rhodon (Loir-et-Cher). Seigneurie, VI, 574, 21887.

Chevigné (Le s^r de) [corr. *Chavigny*] : voir Le Roy (Louis).

Chevillé (Philippe de) : voir Chieviéville (Philippe de).

Chevilly (Seine) : voir Saussaye (La).

Cheviré (S^r de) : voir Bourré (René).

Chevrainvilliers (Seine-et-Marne) : voir Verteau. Fortifications, V, 71, 15028.

Chevreau : voir Chabanne (Antoine).

Chevreau (Denis), V, 247, 15945.

Chevreau (Jeanne), veuve du chapelier du roi, VIII, 260, 31704.

Chevrel (Jean), procureur du roi en la gruerie de Saint-Germain-en-Laye, III, 206, 8460.

Chevreul (Étienne), sergent à cheval en la forêt de Loches, IV, 768, 14574.

Chevreuse (Seine-et-Oise). Baronnie, IV, 297, 12388; IV, 399, 12871; IV, 490, 13303; baron : voir Bailleul (Gallois de). Érection en duché, V, 10, 14708.

Chèvreville (Manche) : voir Bois-Gobey (Le).

Chevrier (Bertrand), s^r de Pandy, gentilhomme de la fauconnerie, VII, 740, 28742.

Chevrier (Désiré), chevalier de l'ordre de Saint-Jean-de-Jérusalem. Légitimation de son fils Denis, étudiant à Bourges, natif de Rhodes, VIII, 634-635, 32568.

Chevrier (Germain), VII, 504, 26160.

Chevrier (Jacques), bourgeois d'Angers, VI, 677, 22444.

Chevrier (Jacques), conseiller lai au Parlement de Paris, VII, 494, 26045.

Chevrier (Jean), III, 408, 9392; VIII, 92, 30081.

Chevrières (S^r de) : voir Mitte (Louis).

Chevrières (Antoine de), VII, 773, 28968.

Chevrières (Louis de), commis à l'office de sénéchal de Bourbonnais, VII, 528, 26474.

Chevru (Seine-et-Marne), VII, 673, 28195.

Chevry (Jean de), VI, 142, 19625.

Chevry-Cossigny (Seine-et-Marne) : voir Cossigny.

Chevry-en-Sereine (Seine-et-Marne). Foires, V, 81, 15030. Fortifications, V, 71, 15029.

Cheylade (Cantal). Seigneurie : terrier, VI, 572, 21880.

Cheylanc (Vicomtesse de) : voir Voisins (Françoise de).

Cheylieu (Jean) ou Cheileu, dit Bellegrève, garde de la monnaie de Lyon, III, 627, 10380; III, 630, 10393; III, 641, 10443; payeur des gages de la prévôté de l'hôtel, II, 140, 4547; II, 162, 4652; II, 214, 4901; II, 386, 5692; II, 408, 5791; III, 60, 7748; III, 104, 7967; III, 138, 8127; III, 635, 10418; VII, 608, 27549; VII, 628, 27770; VII, 727-728, 28650; VIII, 40, 29607; VIII, 69, 29865; VIII, 123, 30385; VIII, 266, 31776; VIII, 269, 31805; VIII, 291, 32023.

Cheynes, métairie mouvant du Châtelet d'Orléans, VI, 566, 21843.

CHEYNEY ou CHEYNY (Thomas), ambassadeur d'Angleterre, V, 762, 18633; IX, 95, 95, 103.

CHEZA (Jean DE), de Toulouse, lègue au roi, par testament, 300 livres, VII, 708, 28519.

CHÉZAL-BENOÎT (Cher). Congrégation, I, 116, 670; I, 396, 2113; IV, 406, 12901; IV, 535, 13504; IV, 641, 13997; IV, 644, 14011; V, 622, 17855.

CHÉZEAUX (Haute-Marne). Seigneurie, VI, 250, 20170.

Chèze-le-Vicomte (La) : corr. CHAIZE-LE-VICOMTE (LA).

CHÉZELLES, seigneurie riveraine de la Loire, dont l'emplacement paraît devoir être cherché à proximité de Diou (Allier), VI, 633, 22195.

CHEZELLES (N. DE), page des fils du roi, VIII, 295, 32070.

CHÉZELLES (Indre-et-Loire). Seigneurie, I, 242, 1325.

CHIARAVALLE (Italie, prov. de Milan). Séjour du roi, VIII, 552.

Chiaromonte (Francisque de) : voir CLERMONT (Francisque DE).

Chiavari (Italie, prov. de Gênes). Capitaine : voir FIESQUE (Sinibaldi DE).

CHIBOST (Nicole), curé de Nogentel, VI, 154, 19681.

CHICON (Jean DE), seigneur de Saint-Pé, bailli de Labour, I, 96, 564; III, 106, 8404.

CHICOT (Gabriel), général maître des monnaies, V, 610, 17798.

CHIDEBERG (Adolpha, Jean et Raoulin), VII, 568, 27006.

CHIENNET (Jean), II, 733, 7306.

CHIENS du roi, II, 93, 4308; II, 418, 5836; III, 41, 7651; IV, 238, 12104; IV, 246, 12146; V, 800, 18837; VII, 736, 28713; VIII, 75, 29919; VIII, 273, 31850; VII, 736, 28720; VIII, 16, 29390; VIII, 21, 29423; VIII, 23, 29438; VIII, 97, 30137; VIII, 113, 30295; VIII, 115, 30310; VIII, 137, 30524; VIII, 292, 32037; voir LÉVRIERS, LIMIERS, VAUTRAIT. Valets de chiens : voir AUGRANNET (Pierre), BOISBRIANT (François DE), COCHON (Antoine), CORTIA (Renaud DE).

Chierasco : voir CHERASCO.

CHIERI (Italie, prov. de Turin), QUIER ou QUIERS, VIII, 305, 32172. Originaires : voir BORGARELLI (Marchion); naturalisés français : voir BEUS (Dominique DE), DUPUIS (Jean), ESELDRANT (Lucain), FERRIER (Bastien), LA SALLE (Jacques DE). Podestat : voir BULIO (Bernardin DE). Privilèges, III, 291, 8861.

CHIERS (LA), rivière, V, 464, 17061; V, 465, 17065.

Chièvres (Belgique, Hainaut). Seigneurs, voir CROY (Charles et Guillaume DE).

CHIFFES (Thierry), auneur de toile à Rouen, II, 51, 4093.

CHIFFRES. Usage interdit pour la correspondance, V, 139, 15398; VII, 484, 25926; VIII, 751, 33227.

CHIGY (Yonne). Fortifications, III, 359, 9167. Seigneurie, I, 41, 236; I, 122, 711.

CHILLEURS-AUX-BOIS (Loiret) : voir CHAMBEROLLES. Séjour du roi, VIII, 552.

CHILLON (Allonet), natif de Cordoue, demeurant à Marseille. Lettres de naturalité, IV, 178, 11817.

Chillou (S^r du) : voir LE ROY (Guyon).

CHILLY, auj. CHILLY-MAZARIN (Seine-et-Oise). Seigneurie, VI, 542, 21714.

Chimai (Belgique, Hainaut). Prince : voir CROY (Charles DE). Princesse : voir LORRAINE (Louise DE).

« CHIMERY », dans la Rivière de Gênes, IV, 193, 11890.

CHIN, c^ne de Ramegnies-Chin (Belgique, Hainaut). Baronnie, V, 208, 15740; baron : voir MOY (Nicolas DE).

CHINIÈRE, c^ne de Saulcet (Allier). Terre, VI, 335, 20608.

CHINON (Indre-et-Loire), V, 403, 16741. Chapitre de Sainte-Mesme, III, 768, 11015. Bailli : voir QUINARD (Adrien). Château, V, 472 (VIII, 390*), 17108. Mouvance, VI, 158, 19699; voir CHAMPIGNY-SUR-VEUDE, CHÉZELLES, FERRIÈRES-LARÇON, FORGES (LES), ISLE-BOUCHARD (L'), ISLETTE (L'), MARMANDE, PLESSIS-ALAIS (LE), PRESSIGNY, SAINTE-MAURE, SAINT-MICHEL-SUR-LOIRE, USSÉ-SUR-INDRE, Séjours du roi, VIII, 552.
—— *Élection*, VII, 779, 29005.

—— *Forêt,* V, 465, 17070; voir Bonaventure. Concessions de bois, II, 685, 7091; III, 376, 9243; III, 692, 10679; VII, 479, 25881. Coupes de bois, II, 107, 4377; VI, 279, 20319. Gages des capitaine et garde, II, 602, 6699; II, 640, 6886; III, 66, 7782; VII, 632, 27816; VIII, 186, 30990. Réformation, II, 91, 7905; IV, 417, 12957; IV, 783, 14644; VI, 441, 21169; VI, 471, 21323. Sergents : voir Charpentier (Girasien), Joly (Jean).

—— *Grenier à sel,* II, 732, 7300.

—— *Prévôté.* Création d'un office d'enquêteur, IV, 671, 14131; IV, 680, 14167; IV, 683, 14178. Juges ordinaires : voir Philbert (Charles et Guillaume). Sergent royal : voir Bigot (Martin).

—— *Siège de justice (bailliage de Touraine).* Création de quatre offices de conseillers, IV, 477, 13240. Érection en bailliage, IV, 622, 13905. Sergents : voir Dufour (Jean), Fougerez (Guillaume).

—— *Ville.* Receveur des deniers communs : voir Rolland (Guillaume). Suppression de cet office, V, 75, 15053.

Ciiolle (Sylvestre), marchand florentin, établi à Lyon. Lettres de naturalité, V, 778, 18718.

Chiomonte (Italie, prov. de Turin), III, 735 (VIII, 370), 10869; VI, 479, 21366.

Chiourme de Provence, III, 172, 8290.

Chioze (Bernardin), de Milan, V, 392, 16693.

Chiquet (Droit de) à Mirebeau, en Poitou, IV, 121, 11549.

Chirat-l'Église (Allier) : voir Cluzat (Le), Larzat.

Chiron (Bertrand de), s^r du Mont, indemnisé d'un prêt fait au roi, VI, 143, 19629.

Chirurgiens, I, 21, 120; voir Barbiers et Antonne (Laurent d'), « Avant de Dusoir » (Michel), Borison (Guichard), Collesson (Michel), Doucete (Jean), Le Cauchois, Mazelin (Jean), Medici (Claude-Nicolas), Perdrix (Jean), Remirez (Jean); attachés à l'armée, IV, 525, 13466; VIII, 134, 30488; à la cour : voir Bouzon (Girard), Brouillier (Michel), Delamaison (Pierre), Poissy (Jean de), Verrier (Jean) [premier chirurgien du roi]; voir aussi Maison de Messeigneurs; de Montpellier, VIII, 635, 32570; de Paris, IV, 717, 14332; VIII, 759, 33291.

Chiry-Ourscamps (Oise) : voir Ourscamps.

Chissay (Loir-et-Cher), VI, 443, 21180. Seigneurie, VI, 335, 20611; seigneur : voir Bérard (Jacques).

Chissé : corr. Chissay.

Chissé (Le s^r de), capitaine de Coucy, VII, 440, 25540.

Chisseaux (Indre-et-Loire), VI, 443, 21180.

Chitry (Yonne). Fortifications, III, 488, 9761.

Chitry-les-Mines (Nièvre). Mines, I, 188, 1054; III, 22, 7553.

Chivasso (Italie, prov. de Turin). Séjour du roi, VIII, 552.

Chiverny : corr. Cheverny.

Chizé (Deux-Sèvres), IV, 177, 11814. Forêt, II, 330, 5442; II, 626, 6820; III, 65, 7777; VIII, 214, 31244. Mouvance : voir Étampes (Forêt d'). Seigneurie, I, 457, 2419; II, 318, 5383; II, 540, 6392; IV, 116, 11528; IV, 218, 12002; IV, 772, 14595; V, 176, 15570; VII, 541, 26650; VII, 571, 27043; VII, 807, 29210. Séjour du roi, VIII, 552.

Chocques (Pas-de-Calais). Mouvance : voir Condette.

Chocquier (Guillaume). Procès contre Étienne Robert, I, 171, 968.

Chœurs : voir Cheurs.

Chograf (Jean), ambassadeur de Clèves, IX, 92.

Choillier (Claude), canonnier ordinaire du roi, VII, 748, 28802.

Choin (Jean), laboureur, natif d'Andezeno, demeurant en Provence. Lettres de naturalité, VI, 628, 22168.

Choiseau (Barbe), VI, 643, 22252.

Choisel (Pierre de), homme d'armes, II, 661, 6981.

Choiseul (Haute-Marne). Seigneurie, V, 217, 15789; V, 230, 15856; VI, 209, 19954; VI, 554, 21786; VI, 557, 21797. Voir Pennetières (Bois des).

Choiseul (Antoine de), s^r de Lanques et d'Autreville, I, 520, 2690; VI, 207, 19945; VI, 244, 20141.

Choiseul (François de), V, 219, 15802.

Choiseul (Jean de), s^r de Franois, II, 543, 6406.

IMPRIMERIE NATIONALE.

CHOISEUL (Philibert DE), baron d'Aigremont, VI, 819, 23153.

CHOISEUL (Pierre DE), père du précédent, VI, 819, 23153. Sa veuve : voir SAINT-AMADOUR (Anne DE).

Choisy (Le s^r de) : voir L'HÔPITAL (Alof DE).

CHOISY (Guillaume), VI, 368, 20787; VI, 547, 21746; VII, 243, 24408.

CHOISY (Jacques DE), V, 301, 16225.

CHOISY (Jean DE), aide de fourrière du roi, VII, 621, 27704.

CHOISY-AU-BAC (Oise), VII, 511, 26265. Établissement d'un pont de bateaux pour le passage de la reine de Hongrie, VIII, 277, 31880. Vicomté, V, 801, 18839.

CHOISY-AUX-LOGES ou SOISY, auj. BELLEGARDE-DU-LOIRET (Loiret). Foires, V, 99, 15184. Seigneurie, V, 434, 16900; seigneur : voir L'HÔPITAL (Alof DE).

CHOLER (André), de Fribourg, capitaine, VIII, 33, 29524.

CHOLET (Pierre) ou CHOLLET, élu en Lyonnais, I, 365, 1946; IV, 617, 13884; V, 629, 17893.

CHOLET (Pierre) ou CHOLLET, garde et contrôleur général des mines d'or et d'argent, I, 5, 29; VII, 503, 26147.

Cholets (Collège des) : voir COLLÈGE DES CHOLETS.

CHOLLERIE (RUE DE LA), à Orléans, II, 75, 4217.

CHOLLET (André), sergent royal en la sénéchaussée de Lyonnais, IV, 787, 14664.

CHOLLET (Philippe DE), archer de la garde, VI, 808, 23095; VI, 813, 23123.

Chollet (Pierre) : voir CHOLET (Pierre).

CHOLLET (Simon), conseiller en la sénéchaussée d'Angoumois, IV, 286, 12333.

CHOMEDEY (Jean), remboursé d'un prêt fait au roi, VIII, 131, 30468.

CHOPILLARD ou CHOPILLART, fief sis à la Haye-Aubrée (Eure), V, 459, 17037; VI, 527, 21632.

CHOPIN (Jean). Procès contre les habitants de Condom, IV, 23, 11112.

Choponay (Soffrey de) : voir CHAPONAY (Soffrey DE).

CHORGES (Hautes-Alpes). Séjours du roi, VIII, 51, 29704; VIII, 552.

CHOSMES (Le s^r DE), VIII, 255, 31649.

CHOTARD (Guiraud), VIII, 653, 32675.

CHOTART (Marguerite), VII, 592, 27352.

CHOUART (Amel), langueyeur de porcs à Blois, IV, 526, 13469.

CHOUART (Charles), prévôt vicomtal de la châtellenie de Pontoise, VII, 579, 27160.

CHOURSES (Félix DE), s^r de Malicorne, VI, 243, 20133.

CHOURSES (Jacques DE), protonotaire du Saint-Siège, VII, 10, 23251-23252.

CHOURSES (Pierre DE), s^r de Malicorne, VI, 243, 20133; VII, 10, 23251-23252.

Choussy (Loir-et-Cher) : voir CHÉRY. Seigneur : voir ALLAMANT (François).

CHOUX (Jacques DE), VII, 96, 23687.

CHOUY (Aisne) : voir HARTWISON. Seigneurie, VI, 645, 22267.

CHOUZY (Loir-et-Cher), VI, 767, 22892; voir GUICHE (LA).

CHRESTIEN (Philippot), fermier des prévôté, coutume et moulins de la Ferrière, VI, 282, 20336.

CHRÉTIEN (Jean), prêtre, natif de la Roche-en-Faucigny, demeurant à Pressigny. Lettres de naturalité, IV, 283, 12317.

CHRÉTIENNE DE DANEMARK, duchesse de Lorraine, VI, 794, 23025.

CHRÉTIENS de Grèce : rançon, I, 87, 512.

CHRÉTIENTÉ. Défense contre les infidèles, I, 96, 566; I, 123, 715.

CHRISTIAN III, roi de Danemark, VIII, 588, 32327. Traité de Fontainebleau avec François Ier, IV, 260 (VIII, 375*), 12214; VIII, 708, 32983.

CHUISNES (Eure-et-Loir). Séjour du roi, VIII, 552.

CHUPPE (Michel), grènetier de Caudebec, VII, 30, 23391.

CHYN (LE CAPITAINE), V, 316, 16309.

CHYPRE, île d'Asie. Or, II, 594, 6662; II, 704, 7175; VII, 757, 28853.

Cibec (Francisque) : voir SIBECCO (Francisque).

CIBO (David), IV, 354, 12663.

CIBO (Innocent), cardinal, abbé de Saint-Ouen de Rouen, V, 297, 16204; son vicaire général : DOMILUCE (Marien); — évêque de Marseille, IV, 354, 12663.

CIBO (Jean-Baptiste), clerc tonsuré de Gênes, autorisé à posséder dans le royaume des pensions et bénéfices, IV, 354, 12664.

CIBO (Laurent), II, 553, 6453; V, 297, 16204.

Cicero : voir GILBERT (Geoffroy).

CICON (Antoine DE), VI, 552, 21771.

CICON (François DE), V, 508, 17291.

CICON (Nicolas DE), s[r] de Rançonnières, V, 467, 17081; VI, 247, 20157; VI, 552, 21771.

CIDRE du cru du couvent de Saint-Corantin, près Mantes, IV, 754, 14505. Octroi sur cette boisson en Bretagne, I, 319, 1725; à Dinan, II, 197, 4816; à Rouen, VI, 67, 19240.

CIERGE ardent placé à la tête du cercueil du Dauphin, VIII, 65, 29830.

CIERGES (Aisne), VI, 574, 21890.

CIGNÉ (Mayenne), VII, 602, 27479.

CIGOGNE, c[ne] de Thou (Charente-Inférieure). Seigneurie, VII, 245, 24420.

CIGOGNE (La), c[ne] de Saint-Étienne-la-Cigogne (Deux-Sèvres). Seigneurie, VII, 14, 23275.

CILLY (Étienne DE), premier écuyer de la reine. Lettres de naturalité, VII, 614, 27628.

CIMETIÈRE des Innocents à Paris. Profanation d'un crucifix, V, 162, 15498.

CIMETIÈRE Saint-Nicolas à Blois, III, 203, 8732.

Cinbre : voir GIMBRE (James).

CINQ ÂGES DU MONDE (*LES*), sujet de tapisserie, VIII, 183, 30950.

CINQ ESPÈCES (IMPOSITION DES), à Lyon, IV, 758, 14526.

CINQ-MARS-LA-PILE (Indre-et-Loire). Seigneurie, V, 693, 18251; V, 694, 18253; VI, 56, 19187; VI, 456, 21250; VI, 457, 21254.

CINQUANVAL (TOUR DE), près Bergerac, VII, 389, 25199.

Cintegabelle (Haute-Garonne) : voir BOLBONNE. Château; capitainerie, IV, 741, 14447.

CINTHEAUX (Calvados), VI, 289, 20377; voir FIEF-BLOUET.

Ciotat (La) [Bouches-du-Rhône]. Garde de l'imposition foraine : voir MORRE (Arnaud).

CIPEL (Jean-Jacques), aumônier du roi, VIII, 658, 32703.

CIPELLE (Jean-Jacques), natif de Pizzighettone, archidiacre de Lodi. Lettres de naturalité, VI, 275, 20303.

CIPIÈRES (Alpes-Maritimes). Baronnie, VII, 25, 2330.

CIPIERRE (Philibert DE), page de l'écurie du roi, VIII, 23, 29437.

CIRCONSCRIPTIONS JUDICIAIRES, I, 344, 1842; I, 363, 1935; I, 644, 3374; I, 561, 2950, 2952; II, 97, 4326; II, 150; 4594; II, 541, 6392; II, 748, 7374; II, 759, 7425; II, 762, 7441; III, 15, 7520; III, 368, 9210; III, 567, 10117; III, 661, 10536; III, 701, 10716; IV, 55, 11250; IV, 100, 11459; IV, 236, 12094; IV, 261, 12218; IV, 326, 12530; IV, 491-492, 13310; IV, 527, 13474; IV, 606, 13829; IV, 619, 13894; IV, 621, 13904; IV, 670, 14129; IV, 745, 14467; IV, 748, 14476; IV, 757, 14520; IV, 785, 14655; V, 166, 15520; V, 235, 15885; V, 456, 17020; VI, 319, 20527-20528; VI, 341, 20642; VI, 572, 21877; VI, 748, 22801; VI, 782, 22962; VIII, 613, 32456.

CIRE. Matière plastique imitant ce produit, IV, 74, 11339. Usage extraordinaire par la Chancellerie de la cire verte, VII, 73, 23577.

Ciresme (Christophe de) : voir SIRESMES (Christophe DE).

CIRET (Jean DE), conseiller lai au Parlement de Bordeaux, III, 217, 8514.

CIRET (Pierre DE) ou CYRET, conseiller lai au Parlement de Bordeaux, VIII, 781, 8514; remboursé d'un prêt fait au roi, VII, 719, 23592.

CIREY (Bénigne DE), VII, 50, 23466.

CIREY (Henri DE), clerc et auditeur des comptes à Dijon, VI, 215, 19981.

CIREY-SUR-BLAISE ou CIREY-LE-CHÂTEAU (Haute-Marne). Seigneurie, V, 213, 15768; VI, 381, 20852.

CIRIERS d'Évreux, III, 304, 9324.

Giron (Indre) : voir ROMEFORT.

CIROT (Jean), contrôleur du domaine et de la recette ordinaire de Senlis, VII, 587, 27276.

Cisai-Saint-Aubin (Orne) : voir BUISSON (LE).

CISERY (Yonne), II, 709, 7202. Séjour du roi, VIII, 552.

Cisse (La), rivière : voir LIMERAY.

CISSÉ (René DE), s[r] de Lourouer, VI, 140, 19614.

CISSY (Théodore DE), V, 68, 15016.

CISTEL (Simon), marchand demeurant à Clermont en Auvergne, VI, 484, 21394.

Cisterciens : voir CÎTEAUX (Ordre de).

CISTERNE (Guillaume), procureur du roi en la sénéchaussée de Marseille, III, 218, 8523.

Cité : voir PARIS.

CITÉ de Carcassonne, IV, 34, 11160.

CÎTEAUX, c[ne] de Saint-Nicolas-lès-Cîteaux (Côte-d'Or). Ordre monastique, I, 201, 1120; I, 202, 1423; IV, 353, 12657; IV, 446, 13096 : voir BONNEVAUX, HAUTECOMBE, MAUBUISSON, THORONET (LE), TORIGNY, VAL RICHER : voir aussi GAUDIN (Gilles). Séjours du roi, VIII, 552.

CÎTEAUX (LE PETIT) ou NOTRE-DAME-DE-L'AUMÔNE, c[ne] de Saint-Laurent-la-Gâtine (Eure-et-Loir). Abbaye, IV, 66, 11301.

CITRANO (Nicolas DE), confirmé en l'office de tablier de la cour royale ordinaire d'Aix, VII, 3, 23210.

CITRONS, IV, 83, 11379. Commerce à Rouen, IV, 292, 12359.

CITTADINI (Évangéliste), natif de Milan. Lettres de naturalité, VI, 80, 19305.

Civaux (Vienne) : voir TOUR-AUX-COGNONS (LA).

CIVETTES du roi à Amboise, II, 331, 5445-5446; IV, 250, 12167; cf. V, 43, 14883.

CIVILLE (Alonce DE), vicomte de Rouen, V, 457, note; VI, 602, 22038; VII, 575, 27093; VII, 744, 28777-28778; VIII, 241, 31508. Anoblissement, V, 457, 17023.

CIVILLE (Michel DE), notaire et secrétaire du roi, V, 179, 15585.

Civitella del Tronto (Italie, prov. de Teramo) : voir FAVALE.

CIVOLLY (Hippolyte DE), I, 267, 1451.

CIVRAY (Vienne).
—— *Comté, antérieurement baronnie*, I, 12, 75; IV, 116, 11528; VII, 541, 26650; VII, 548, 26749. Capitaine, verdier et garde des eaux et forêts : voir VERNON (Adrien). Érection, I, 457, 2419; IV, 218, 12002. Imposition pour la solde des troupes, IV, 595, 13775. Juge des exempts et cas royaux : voir ARNAULT (Jean). Mesure, III, 682, 10631. Recette, III, 522, 9919; VII, 571, 27043. Sceau aux contrats et sentences au siège de Saint-Maixent, V, 107, 15229. Sénéchal : voir JAY (Philipe). Sergent royal : voir BRÉDEREL (Jean). Suppression, II, 540, 6392; IV, 772, 14595. Voir BOIS-NERBERT (LE), BOUX, BREUILLAC, CHAMPEREMBAULT.

Civray-sur-Cher (Indre-et-Loire) : voir ARGY, BAIGNEUX, MESVRES, THORÉ, VIEILLES-CARTES (LES).

CIVRY (Antoine DE) ou SIVRY, capitaine, châtelain et garde des forêts d'Argilly et du bailliage de Dijon, II, 651, 6934-6935; III, 35, 7617; III, 172, 8291; III, 411, 9407; IV, 575, 13692; VII, 677, 28240; VII, 698, 28439; VII, 730, 28720; VII, 761, 28881; VII, 815, 29261; VIII, 141, 30560; VIII, 260, 31698; VIII, 273, 31482; concessionnaire du parc et du colombier du château dudit lieu, III, 108, 8269.

CIZANCOURT (Somme). Remise de tailles, III, 348, 9123.

CLABAULT (André). Aubaine, VI, 475, 21343.

CLABAULT (Pierre), orfèvre à Amboise, V, 367, 16572.

CLABAULT (Simon), contrôleur des deniers communs d'Amiens, I, 110, 692.

Clafanatis (*Des*) : voir DES CLAFANATIS.

Clagny (*S[r] de*) : voir LESCOT (Pierre).

CLAIN (LE), rivière. Canalisation, IV, 69, 11315; IV, 72, 11330; IV, 135, 11618; IV, 307, 12434. Ponts de Poitiers, III, 290, 8855; IV, 291, 12357.

CLAIRAC, c[ne] de Boussagues (Hérault). Seigneurie, VII, 741, 28750; seigneur : voir PLANTADE (Vital DE).

Claire (Religieuses de Sainte-) : voir Clarisses.

Clairefontaine (Seine-et-Oise) : voir Saint-Remy-des-Landes. Abbaye, VI, 511, 21546.

Clairet (Vin), VII, 310, 24770 : voir Beaune, Talant, Chenôve et Germolles.

Clairvaux, c^ne^ de Ville-sous-la-Ferté (Aube). Abbaye, I, 162, 921; I, 202, 1120; II, 69, 4188; III, 177, 8310.

Clairvaux (Aveyron). Foires, I, 499, 2628.

Clairvaux, c^ne^ de Scorbé-Clairvaux (Vienne). Dame : voir Illiers (Antoinette d'). Seigneur : voir Chabot (Paul).

Clairy (Charles de) : voir Clercy (Charles de).

Clais, seigneurie sise à Orval (Manche), V, 437, 16918; V, 442, 16944.

Claix (Forêt des), en Dauphiné, II, 629, 6832.

Clamecy (Aisne). Seigneur : voir Bohan (Jean de).

Clamecy (Nièvre) : voir Bethléem. Comptabilité communale, VIII, 643, 32612. Contrôleur des deniers communs : voir Gresle (Vincent). Garnison, II, 153, 4613. Grenier à sel, I, 7, 40; I, 245, 1343; I, 696, 3642; II, 220, 4926; II, 441, 5945; II, 557, 6474; III, 472, 9684; III, 720, 10805; IV, 285, 12328; V, 285, 16145; V, 313, 16293; V, 522, 17361; V, 714, 18378; V, 724, 18437; V, 809, 18882; VI, 115, 19483; VI, 119, 19504; VI, 414, 21028; VI, 590, 21976; VI, 590, 21976; VI, 592, 21982; VI, 654, 22313; VII, 528, 28651.

Clamon (Alexandre de), s^r^ de Briolles, I, 507, 2979.

Clapier (Jean), baile et capitaine d'Aups, VII, 168, 24050.

Clapiers (Jean-François de), viguier et capitaine d'Hyères, VII, 165, 24030.

Clapier (Bois de), à la Côte-Saint-André (Isère), I, 523 (VIII, 773), 2757; V, 783, 18745.

Clarens (Haute-Pyrénées). Seigneurie, VII, 269, 24537.

Claret (Pierre), VI, 323, 20546.

Claré (Melchior), père et fils, secrétaires rationaux et archivaires en la Chambre des comptes d'Aix, VII, 274, 24563.

Clari (Melchior) ou Clary, s^r^ d'Ubraye, capitaine, clavaire et notaire de Guillaumes, Annot, Saint-Benoît et du Val de Chanan, III, 337, 9071; VII, 164, 24026.

Clarisses, I, 101, 589; d'Aigueperse, V, 691, 18236; VII, 770, 28941; d'Albi, V, 262, 16022; VII, 417, 25354; VII, 714, 28567; d'Alençon, III, 635 (VIII, 783^a^), 10416; d'Argentan, VIII, 604, 32414; VIII, 721, 33056; de Bordeaux, VII, 417, 25355; de Bourg-en-Bresse, VIII, 99, 30149; de Brienne, près Anse, V, 162, 15497; de Dinan, VII, 685, 28312; de la Fère, I, 476, 2518; de Gien, II, 114, 4412; II, 321, 5396; III, 37, 7631-7632; VIII, 191, 31032; voir Vaupargne (Marguerite de); de Grenoble, VIII, 188, 31006; VIII, 229, 31380; du Moncel, II, 378, 3659; de Montbrison, VII, 529, 26492; VII, 707, 28510; VII, 725, 28637; VII, 789, 29084; VIII, 45, 29653; VIII, 184, 30961; du Mont-Sainte-Catherine, près Provins, III, 268, 8753; de Moulins, I, 370, 1971; II, 377, 5654; VII, 707, 28509; VII, 791, 29094; VIII, 23, 29445; VIII, 47, 29674; VIII, 199, 31106; de Nantes, III, 492, 9780; III, 516, 9889; de Nîmes, VII, 691, 28366; de Paris : voir Paris, *Clergé régulier*; de Rouen, IV, 138, 11633; de Tarascon, III, 266, 8747.

Clary (Melchior) : voir Clari (Melchior).

Clarques (Pas-de-Calais) : voir Saint-Jean-au-Mont.

Claude de France, première femme de François Ier. Actes confirmés par l'autorité royale, I, 50, 292; I, 52, 308; I, 76, 450; I, 201, 1116; V, 251, 15968; V, 357, 16526; V, 480, 17178; V, 554, 17520; V, 743, 18534; VI, 750, 22811; VIII, 756, 33259. Actes relatifs à ses biens patrimoniaux, I, 102, 595; V, 312, 16291; V, 489, 17194; VII, 429, 25446; VIII, 316, 381. Autel par elle donné aux Carmes de Nantes, II, 758, 7421. Concessionnaire : du comté d'Étampes, I, 182, 1025; du grenier à sel de Montfort, VII, 503, 26144; éventuellement des duchés d'Anjou et d'Angoumois, comtés de Beaufort et du Maine, V, 240, 15913. Entrée à Blois, II, 280, 5210. Funérailles, I, 460, 2433; II, 7,

3868; V, 809, 18878; VI, 82, 19312. Joyeux avènement, VII, 32, 23371. Maison : voir Maison de la reine Claude. Grossesse, V, 383, 16648; V, 402, 16740. Sa nourrice : voir Pelé (Charlotte). Secrétaire : voir Commacre (Gilles de). Serments par elle prêtés d'observer les traités conclus avec Charles d'Autriche, V, 235, 15888; V, 299, 16216. Succession, I, 389, 2077; VI, 39, 19106; VI, 805, 24083. Testament, II, 95, 4317; VI, 275, 20300; VIII, 127, 30425.

Claude (Saint). Reliques, VII, 154, 23971.

Claude ..., administrateur de l'Hôtel-Dieu de Montlouis, VII, 109, 23750.

Claudin : voir Coutant (Claudin).

Claudine. Femmes portant ce prénom, le nom de famille étant inconnu, V, 446, 16966; V, 527, 17386.

Claunay (Vienne), VI, 572, 21877 : voir Chapelle-Bellouin (La), Roche-Rigault (La). Justice, I, 152, 871; IV, 418, 12962.

Claus (Félix), porte-enseigne des Suisses de la garde, IV, 468, 13200.

Clausa (Jean de), conseiller au Parlement de Toulouse, I, 240, 1316; autorisé à se servir d'un secrétaire, I, 173, 979; V, 463, 17058.

Clausanne : corr. Clausonne.

Clausel (*Pierre*) : voir Chancel (Pierre).

Clausonne (Hautes-Alpes). Abbé : voir Gruel (Jean).

Clausse (Côme), secrétaire du roi, II, 441, 5944; VI, 654, 22314; VIII, 103, 30186.

Clausse (Engilbert), conseiller au Châtelet de Paris, procureur général du roi près l'Inquisition, III, 340, 9112; conseiller lai au Parlement de Paris, VII, 450, 25631.

Clautet (*René*) : voir Clotet (René).

Claux (Le), peut-être Clauzet, c^ne^ d'Asprières (Aveyron), VII, 278, 24584.

Clavaires. Dispositions appliquées en Languedoc, I, 368, 1963; I, 636, 3328, VIII, 735, 33137. Suppression de cet office à Arles, VII, 217, 24283.

Clavaison (Pierre de), II, 620, 6832.

Claveau (René), joaillier de Paris, VII, 757, 28855.

Claveau (René), marchand de Tours, VII, 812, 29243.

Clavel (Jacques). Légitimation de son fils Jacques, VI, 230, 20064.

Clavelier, c^ne^ de Saint-Sauveur (Puy-de-Dôme). Baron : voir Senneterre (Jean de).

« Clavellerie (La) », fief, VII, 538, 26611.

Claverie (Antoine). Légitimation de deux enfants de sa femme, V, 142, 15409.

Claveris (Guy de). Procès criminel, III, 561, 10092.

Claveson (Louise de), veuve de Louis de la Roue, cessionnaire de portions aliénées de domaine, VII, 563, 26946.

Clavier (Pierre), procureur du roi à Brignoles, VII, 219, 24291; VIII, 607, 32753.

Claviers (Var) : voir Courtez (Alban).

Claville (Eure) : voir Salle (La). Fief, V 420, 16824.

Claye : voir Claye-Souilly.

Clayes (Les) [Seine-et-Oise]. Seigneurie, IV, 48, 11223; VI, 470, 21319.

Claye-Souilly (Seine-et-Marne). Foires, I, 60, 355. Justice et mairie engagées, IV, 446 (VIII, 379), 13098.

Clayette (La) [Saône-et-Loire], VIII, 285, 31953. Foires, II, 709, 7199. Seigneur : voir Chantemerle (Imbert de). Séjour du roi, VIII, 552.

Cléberg (François), banquier, créancier du roi, I, 283, 1529.

Cleberg (Jean), Cleberger ou Elleberg, dit le bon Allemand, bourgeois de Berne, banquier à Lyon, VI, 453, 21231; acquéreur des seigneuries du Châtelard et de Villeneuve, IV, 727, 14381; VII, 588-589, 27297-27298; créancier du roi, II, 431, 5898; IV, 175, 14466; VI, 11, 18965; valet de chambre du roi, IV, 416, 12951. Lettres de naturalité, III, 181, 8329.

Clefmont (Claude de), s^r^ de Sainte-Livière, Curel, Narcy, Maizières, Ognes, V, 348, 16480; V, 567, 17583.

Clefmont (Jeanne de), V, 301, 16225.

Clefmont (Marguerite de), femme d'Artus Le Blanc, VI, 102, 19416; VI, 525, 21625; VI, 613, 22086.

Clefmont (Haute-Marne). Seigneurie, V, 219, 15802.

Clefs : des coffres du roi, III, 77, 7830; III, 147, 8163; III, 203, 8447; de Bonneval, VIII, 586, 32315; de Narbonne, VI, 301, 20439; de la Rochelle, VI, 395, 20926; de Tournai, Saint-Amand et Mortagne, I, 164, 931.

Clémence-d'Ambel (Hautes-Alpes) : voir Chapelle (La).

Clément VII, pape, IX, 120.

—— *Actes spirituels.* Absolution demandée par François Ier, VI, 195, 19885; VIII, 623, 32511. Autorisations de décimes, I, 482, 2544; I, 667, 3496; II, 503 (VIII, 778e), 6224; VI, 6, 18939; VI, 43, 19127; VI, 283, 20340; VI, 338, 20629; VII, 710-711, 28532-28543; VII, 712, 28550; VIII, 350a, 5801; de poursuites séculières contre des clercs, I, 521, 2749; I, 733, 3829. Déclaration d'incompétence de la cour de Rome en matière d'appels des juridictions temporelles des gens d'église de Savoie, VI, 611, 22078. Dispense de parenté accordée à François Ier pour son mariage, VI, 208, 19950. Induits accordés à divers prélats, I, 713, 3723; I, 718, 3750; I, 721, 3764; II, 77, 4226; II, 186, 4764; II, 526, 6328; II, 671, 7026; II, 746, 7365-7366; III, 15, 7518; III, 47, 7681; III, 53, 7711; III, 300, 8901; VIII, 641, 32601. Nominations aux dignités ecclésiastiques, I, 479, 2532; II, 573, 6553; V, 715, 18387; VI, 221, 20016. Pouvoirs accordés au confesseur des officiers du roi, II, 740, 6390. Privilèges accordés à des ordres et établissements religieux, I, 362, 1931; I, 444, 2350; I, 673, 3523; I, 732, 3826; II, 581, 6593; III, 126, 8069; VI, 222, 20019. Réformation de l'abbaye de la Chaise-Dieu, I, 667, 3495. Répression de l'hérésie, I, 405, 2154; I, 408, 2170; II, 497, 6194; II, 552, 6450; II, 573, 6556; II, 579, 6584; VII, 805, 29194. Suspension des élections ecclésiastiques, II, 115 (VIII, 777), 4416; II, 353, 5541.

—— *Actes temporels.* Captivité, I, 529, 2737; VI, 83, 19318; VIII, 614, 32462; VIII, 616, 32471. Relations avec Charles-Quint, VI, 42, 19118; VI, 45, 19132; avec François Ier, I, 397 (VIII, 770e), 2114; I, 546, 2876; V, 647, 17991; VI, 133, 19580; VI, 195, 19884; II, 45, 4062; II, 601, 6695; VII, 130, 23859; voir Du Bellay (Jean), Du Prat (Antoine), Gramont (Gabriel, cardinal de), Monestay (Gervais de), Pio (Albert), Stuart (Jean) et les agents diplomatiques énumérés t. IX, p. 60-63 et 123-127, ainsi que les articles relatifs au traité de Mantoue, à l'entrevue de Marseille et à la Sainte-Ligue.

—— *Famille.* Sa nièce : voir Catherine de Médicis.

—— *Maison.* Camériers : voir Jehan (Pierre), Sangue (Jean-Baptiste). Médecin : voir Corte (Mateo de). — Voir à l'article Médicis (Jules, cardinal de), ce qui concerne Clément VII antérieurement à son élévation à la papauté.

Cléon (Seine-Inférieure). Seigneurie, V, 508, 17290; V, 739, 18518.

Cléophille (Sébille), femme de Jean de Villiers. Aubaine, VII, 603, 27498.

Cleppé (Loire). Châtellenie, V, 638, 17938. Seigneurie : aliénation, IV, 553, 13584.

Clérac (Charente-Inférieure). Maison noble, VI, 150, 19691.

Clérambault : voir Le Clerc (Clérambault).

Clérambault (Charles de), VII, 703, 28484.

Clérambault (François et Jean), VI, 62, 19214.

Clérambault (Guérin), II, 101, 4346.

Clerancius, roi d'armes d'Angleterre. Missions en France, V, 374, 16007; VI, 191, 19861.

Cleral : voir Clerac.

Clerc (Claude), châtelain et receveur de Verdun-sur-le-Doubs, Saunières et Bragny, V, 638, 17937.

Clerc (François), greffier de la Cour des aides de Montpellier. Résignation à survivance en faveur de son fils Paul, III, 448, 9574.

Clerc (Jean), originaire de Savoie, habitant de Noves. Lettres de naturalité, VII, 323, 24847.

Clercs : justiciables du roi, I, 88, 517; I, 521, 2749; I, 733, 3829; IV, 313, 12461; VI, 669, 22399; tonsurés, II, 184, 4753.

Clercs (Conseillers) du Parlement de Paris : doivent être revêtus des ordres sacrés, V, 59, 14967. Même disposition pour ceux du Parlement de Rouen, VI, 807, 23090. Voir Célibat.

Clercs des offices de l'hôtel du roi : voir Asnières (Jacques d'), Bourdineau (Jean), Lainé (Gilles), Le Pessu (Thomas), Nevers (Jean de), Seurre (Jacques de).

Clercy, c^ne de Bornambusc (Seine-Inférieure). Seigneurie, V, 363, 16554 ; VI, 513, 21558.

Clercy (Charles de), V, 363, 16554 ; VI, 513, 21558.

Clercy (Charles de) ou Clairy, V, 378, 16625.

Clercy (Charles de), commissaire des mortes-payes de Normandie, V, 363, 16556 ; V, 475, 17119.

Cléré (Indre-et-Loire) : voir Champchévrier.

Clères (Seine-Inférieure) : voir Montlandry. Baronnie, IV, 39, 11177 ; VI, 584, 21945. Garenne, V, 765, 18649. Séjour du roi, VIII, 550.

Clères (Jean, fils de Georges de), VI, 584, 21945.

Cléret (Henri de). Légitimation de son fils Jean, V, 525, 17375.

« Clergé » de la sénéchaussée de Ponthieu érigé en titre d'office, V, 104, 15215.

Clergé. Accès des chambres du Parlement de Paris non permis aux prélats, V, 124, 15321. Biens et joyaux des églises pris par le roi, VII, 517, 26336. Défense au Parlement de connaître des affaires ecclésiastiques, VIII, 613, 32455. Droit du roi de disposer d'une place de religieux lai en chaque abbaye de fondation royale, VII, 430, 25453. Fermes prises par les ecclésiastiques en Provence, VIII, 700, 32936. Ordre de la prêtrise exigible des titulaires des prébendes, VII, 416, 25339. Prêtre breton habile à lutter, II, 179, 4727. Privilèges des gens d'église non applicables à leurs fermiers, IV, 98, 11454. Procès des ecclésiastiques, IV, 121, 11552. Recherche des biens nobles des gens d'église, VI, 505-507, 26167-26183, 26188, 26190, 26192-26193. Saisies de temporel, III, 21 (VIII, 779[a]), 7546 ; III, 117 (VIII, 780), 8028. Usurpation par plusieurs abbés du droit de nomination à certaines abbayes de femmes, I, 202, 1120. Voir Amortissement, Bois du clergé, Bénéfices, Clercs, Décimes, Élections ecclésiastiques, Emprunts, Indulgences, Indults, Pragmatique sanction, Réformations, Saisies, Triennalité, ainsi qu'aux noms des papes, diocèses, états provinciaux, villes, ordres et établissements religieux, etc.

Cleriani (Blaise), lieutenant du sénéchal de Provence au siège de Digne, VII, 203, 24216.

Cléricature. Dispenses de cet état pour l'exercice d'offices de conseillers clercs, I, 411, 2187 ; I, 621, 3254 ; II, 430, 5892 ; IV, 428, 13011 ; IV, 747, 14474 ; IV, 761, 14542 ; VI, 63, 19224 ; VI, 151, 19670 ; VII, 440, 25543 ; VII, 488, 25963 ; VII, 489, 25982 ; VII, 490, 25989 ; VII, 498, 26086.

Clérigy (Nicolas), IV, 487, 13290. Cf. Le Clerc (Nicolas).

Clérieux (Drôme). Châtellenie, V, 675, 18140.

Clérisseau (Pierre), V, 719, 18411.

Clerk (Jean), évêque de Bath, ambassadeur d'Angleterre, I, 519, 2735 ; IX, 97, 98.

Clermont (Sarthe). Foires, I, 382, 2036.

Clermont (Comté de), I, 513, 2708 ; II, 109, 4390 ; III, 416, 9430 ; III, 265, 8741 ; VII, 166, 23738 ; VII, 520, 26450. Cf. Clermont-en-Beauvaisis et Clermont-Ferrand.

Clermont (M. de) : voir Clermont-Lodève (Pierre de).

Clermont (Le s^r de), maître d'hôtel, VIII, 42, 29623 ; Clermont (Louis de).

Clermont (Antoine de), premier baron du Dauphiné, échanson et gentilhomme de la chambre du roi, lieutenant des cent gentilshommes de l'hôtel, I, 689, 3603 ; V, 808, 18876 ; VI, 219, 20006 ; ambassadeur auprès du pape et de l'empereur, I, 686, 3589 ; bailli de Viennois, VI, 108, 19448. Mission à Florence, IX, 55.

Clermont (Antoine de), dit l'Écuyer Dampierre, s^r de Saint-Seine-sur-Vingeanne, maintenu en possession de cette seigneurie, nonobstant la réunion du domaine aliéné, IV, 556, 13598 ; VII, 696, 28408.

CLERMONT (Antoinette DE), femme de Charles de Vese, II, 410, 5798; V, 340, 16440; VI, 35, 19086-19087; VII, 53, 23479; cf. VIII, 694, 32901.

CLERMONT (Avoie DE), veuve de Jacques de Pellevé, VII, 689, 28348.

CLERMONT (Charlotte DE), fille naturelle d'un évêque. Légitimation, VI, 364, 20767.

CLERMONT (Claude DE), s[r] de Montoison et de Dampierre, gentilhomme de la chambre du dauphin, II, 100, 4345; IV, 95, 11440; V, 130, 15349; VI, 253, 20187; VI, 384, 20868; VI, 645, 22267-22268; VII, 554, 26836; VIII, 38, 29593; colonel général des Grisons, VII, 373, 25113.

CLERMONT (Francisque DE), capitaine italien, VIII, 125, 30407; VIII, 288, 31982.

CLERMONT (François DE), gentilhomme ordinaire de la chambre, VI, 185 19835.

CLERMONT (François DE), s[r] de Trèves, I, 509, 2682.

CLERMONT (François-Guillaume, cardinal DE), archevêque d'Auch, VII, 428, 25444; évêque de Valence et de Die, VII, 456, 25684; légat du pape à Avignon et dans les provinces de Vienne et d'Embrun, I, 71, 421; I, 191, 1101; I, 289, 1563; II, 314, 5367; VII, 173, 24068; lieutenant général en Provence en l'absence du comte de Tende, VII, 127, 23844; négociateur auprès des ambassadeurs de Charles-Quint et d'Henri VIII, I, 368, 1962. Correspondance avec le roi, VIII, 75, 29917. Induits du pape en sa faveur, II, 424, 5860; VI, 393, 20916; VIII, 641, 32605. Légitimation et naturalisation de son fils Tristan, I, 515, 2717. Maison, VIII, 70, 29874; VIII, 88, 30047; VIII, 98, 30140; VIII, 298, 32108; VIII, 673, 32785. Mission à Rome, V, 791, 18793. Succession, VII, 586, 27269.

CLERMONT (Gabriel DE), évêque de Gap, VIII, 734, 33131.

CLERMONT (Guyon DE), s[r] de Sainte-Lanne, envoyé à Narbonne, VI, 61, 19210.

CLERMONT (Jacques DE), s[r] de Dampierre, écuyer d'écurie, gentilhomme de la chambre, II, 182, 4745; II, 196, 4811; II, 241, 5033; II, 257, 5108; II, 289, 5250; III, 338, 9073; VII, 696, 28408; VIII, 100, 30161.

CLERMONT (Jean DE), III, 231, 8585.

CLERMONT (Jeanne DE), abbesse de la Trinité de Poitiers, III, 532, 9960.

CLERMONT (Julien DE), dit TALART, V, 124, 15322.

CLERMONT (Louis DE), VI, 725, 22688.

CLERMONT (Louis DE), chevalier, s[r] du Blanc en Berry, VII, 158, 23991.

CLERMONT (Louis DE), chevalier, vicomte de Gallerande, baron de Sexfontaines et de Preuilly, conseiller et maître d'hôtel du roi, I, 714, 3729; V, 572, 17609; V, 692, 18245; V, 757, 18604-18605; VI, 178, 19805-19806; VII, 606, 27525; cf. VIII, 42, 29623.

CLERMONT (Louise DE), dite TALLARD, demoiselle de la maison de Mesdames, femme de François du Bellay, VI, 599, 22018; VIII, 188, 31004.

CLERMONT (Marguerite DE), abbesse de Saint-Honorat-de-Lérins de Tarascon, V, 188, 15630.

CLERMONT (Marguerite DE), dame de Rochefort, VI, 268, 20265.

CLERMONT (René DE), s[r] de Saint-Georges, V, 398, 16722; V, 399, 16724; VI, 209, 19954. Sa veuve : voir AMBOISE (Françoise D').

CLERMONT (Tristan DE), fils naturel du cardinal, né à Rome, étudiant à l'Université de Paris. Lettres de légitimation et de naturalité, I, 515, 2717.

Clermont-Dampierre (*Baron de*) : voir CLERMONT (Claude DE).

CLERMONT-DE-BEAUREGARD (Dordogne). Justice, II, 79, 4238; VII, 508, 26209. Seigneurs : voir ESTISSAC (Bertrand et Louis D').

Clermont-de-l'Hérault (Hérault) : voir CLERMONT-LODÈVE.

CLERMONT-EN-BEAUVAISIS ou CLERMONT-DE-L'OISE (Oise), V, 639, 17944.

—— *Bailliage*. Bailli : voir LA BRETONNIÈRE (Pierre DE). Coutumes, VI, 573, 21886; VI, 574, 21889. Juridiction du bailli-gouverneur, II, 117, 4428. Lieutenants généraux et gardes des sceaux : voir ARGILLIÈRES (François D'), DU VERGER (Gabriel. Sergents : voir ALLOU (Geoffroy), DU FRESNOY (Pierre).

—— *Collégiale Notre-Dame*, V, 639, 17945; V, 649, 17999-18000; VI, 562, 21822.

IMPRIMERIE NATIONALE.

—— *Comté*, donné à Charles de France, II, 116, 11528; VII, 571, 27043, 27045. Achats de blé par les habitants de Beauvais, VII, 426, 25425. Biens de Pierre Lhôte et de Philippot Florimond, VII, 700, 28453. Corvées pour l'achèvement des fortifications de Roye, IV, 669, 14123. Eaux et forêts; maître : voir Du Plessis (Guillaume); veneur et louvetier : voir Poullen (Louis). Mouvance, II, 133, 5456; III, 388, 9295; V, 734, 18496; VI, 465, 21297; VI, 467, 21302; VI, 542, 21714; VI, 547, 21745; VII, 706, 28503; voir Abbecourt, Ansacq, Boisicourt, Breuil-le-Vert, Bulles, Cambronne-lès-Clermont, Conty, Coutances, Francières, Gournay-sur-Aronde, Hannaches, Hez (Forêt de), Jonquières, Léglantiers, Milly, Montmartin, Moyenneville, Neuville-en-Hez (La), Plessier-Billebault (Le), Quesne (Fief du), Remy, Troussures, Vaux, Warnanvilliers. Cf. Clermont (Comté de).

—— *Élection*. Maréchaussée, III, 379, 9255; V, 163, 15503; cf. IX, 215; contrôleur : voir Prévost (Claude); élus, V, 642, 17958; receveur des tailles : voir Béliard (Jean). Réquisitions de chevaux, VIII, 18, 29402.

—— *Grenier à sel*, concédé à Anne de France, V, 269, 16059; V, 337, 16422; V, 450, 16990; V, 516, 17330; V, 628, 17885. Ressort : création d'une chambre à sel à Bonneuil, II, 8, 3875.

—— *Recette ordinaire*, II, 271, 5174; VII, 527, 26467; VII, 565, 26972. Receveurs : voir Cuvelier (Jean), Tueleu (Guillaume).

—— *Ville*. Exemption de logement des gens de guerre, VII, 476, 25856. Garnison, VI, 394, 20918. Impôt pour la fortification des places frontières, V, 324, 16354.

Clermont-Dessous (Lot-et-Garonne). Seigneurie, VII, 269, 24534.

Clermont-Ferrand (Puy-de-Dôme), III, 429, 9491; voir Montferrand, Saint-Alyre, Saint-André; voir aussi Champery (Jacques), Cistel (Simon), Maître (Antoine). Gouverneur : voir Du Prat (Anne). Grands jours : voir Grands jours de Bourbonnais. Notaires, IV, 366, 12716; voir Varat (Guillaume). Séjour du roi, VIII, 552.

—— *Clergé*. Carmes, I, 270, 1466. Collégiale Saint-Genès, III, 276, 8794. Évêques : voir Du Prat (Guillaume et Thomas).

—— *Comté*, II, 113, 4408; II, 667, 7004; III, 717, 10793; V, 720, 18414; VII, 794, 29117. Cf. Clermont (Comté de).

—— *Diocèse*. Amortissement des biens d'église, VII, 416, 25343-25344. Décimes, IV, 444, 13089; IV, 562, 13630; IV, 563, 13638; VII, 421, 25385; VIII, 730, 33109. Impression des bréviaires, I, 295, 1595. Voir Champagne-le-Vieil, Moissat, Pailhès, Rouet, Vic-le-Comte.

—— *Élection* : voir Basse-Auvergne.

—— *Évêché*, IV, 416, 12950. Temporel, VI, 178, 19801; VII, 156, 23985.

—— *Ville*. Approvisionnement de salpêtre, III, 444, note. Différend entre les habitants, l'évêque et l'abbaye de Saint-Alyre, II, 489, 6159.

Clermont-Lodève, aujourd'hui Clermont-de-l'Hérault (Hérault). Convocation des États de Languedoc pour le 21 décembre 1527, VI, 96, 19386.

Clermont-Lodève (Pierre de) ou de Castelnau, chevalier de l'ordre, vicomte de Nébouzan, II, 513, 6273; capitaine d'Aigues-Mortes et de la Tour Carbonnière, IV, 690, 14213; VII, 713, 28558; lieutenant d'Anne de Montmorency au gouvernement de Languedoc, I, 431, 2280; I, 441, 2332; III, 526, 9938; VI, 131, 19567; VI, 189, 19852; VIII, 402[a], 23934[b]; sénéchal de Carcassonne et capitaine du château de Giroussens, IV, 725, 14373. Compagnie, V, 682, 18181; VII, 722, 28615 : voir Chefdebien (François), Laval de Mez (Jean de), Montfaucon (Jean de). Maison : gentilhomme : voir La Parvillière; maître d'hôtel : voir Cressanville. Pension, II, 444, 5957; III, 35, 7618, VII, 624, 27732.

Clermont-Lodève (Les enfants de), VII; 586, 27269.

Clermont-Tonnerre (*Claude de*) : voir Clermont (Claude de).

Clerty (Antoine de), garde-noble de ses enfants, IV, 609, 13845.

Clerty (Guillaume de) de Goussevillle, IV, 609, 13845.

Clerval (Doubs) ou Clervaux. Seigneurie acquise par François Ier, puis rétrocédée, VI, 348, 20679; VI, 388, 20888; VI, 389, 20893; VI, 390, 20897.

Cléry (Loiret). Collégiale Notre-Dame, I,

25, 144; VI, 509, 21534; VIII, 578, 32272; aumônier du roi : voir ROCQUART (Rostaing DE); franc-salé, VII, 510, 26244; privilèges, V, 357, 16527; sauvegarde, II, 138, 4533. Séjours du roi, VIII, 552. Voir SALLE-LÈS-CLÉRY (LA).

CLÉRY (Charles DE). Tutelle, II, 504, 6228.

CLERY (Petermann), envoyé suisse, IX, 140.

CLÉSIS (Bénédict), CLESYS ou CLESZE, dit TUSQUIN, armurier du roi, originaire d'Allemagne. Lettres de naturalité, IV, 329 (VIII, 377), 12545.

CLÉTY (Pas-de-Calais). Terre, III, 309, 8944.

CLEURGNAULT (Louis DE), porte-enseigne de la compagnie de M. de Nançay, VIII, 184, 30967.

CLÈVES (Prusse, régence de Düsseldorf). —— *Duché*, IX, 7, 15, 92. Ducs : voir GUILLAUME et JEAN II. Lanier du roi retrouvé en ce pays, IV, 262, 12226. Monnaies dites *diables*, II, 58, 4134.

CLÈVES (Le bâtard DE), capitaine de Cusset, V, 683, 18189.

CLÈVES (LE MARÉCHAL DE), VIII, 113, 30290.

CLÈVES (Charles DE), comte de Nevers et d'Eu; autorisé à nommer aux offices royaux de ses seigneuries, V, 507, 17285; concessionnaire de divers greniers à sel, I, 7, 40; V, 313, 16293. Sa veuve : voir ALBRET (Marie D').

CLÈVES (Charles DE), natif d'Allemagne, étudiant en l'Université de Paris. Lettres de naturalité, VIII, 591, 32340.

CLÈVES (Engilbert DE), II, 222, 4937.

CLÈVES (Engilbert DE), comte de Nevers, VI, 204, 19926.

CLÈVES (François DE), comte d'Eu et de Nevers, s[r] de Saint-Valery-sur-Somme, II, 37, 4024; II, 335, 5461; IV, 743, 14459; IV, 748, 14476; VI, 22, 19018; VII, 94, 23680; VII, 394, 25224; concessionnaire des greniers à sel de son comté d'Eu, I, 696, 3642; II, 22, 3950; II, 442, 5946; II, 557, 6474; gouverneur de Champagne et Brie, IV, 773, 14599; IV, 775, 14606, VI, 755, 22835. Compagnie; lieutenant : voir DAMPIERRE (Le s[r] DE); payeurs : voir DESCHAMPS (Jean), GUYOT (Guillaume); porte-enseigne : voir CHANTELOU (Guy DE). Érection en sa faveur du comté de Nevers en duché-pairie, III, 706, 10741. Garde-noble, I, 262 (VIII, 326), 1426; II, 49, 4086; II, 220, 4926; II, 458, 6017; II, 557, 6472-6473; III, 472, 9685; III, 473, 9686; III, 720, 10806; III, 723, 10819; IV, 285, 12328; III, 472, 9685; VI, 32, 19072; VI, 121, 19515; VI, 331, 20591; VI, 590, 21976; VI, 654, 22313; VII, 544, 26693; VII, 552, 26811; VII, 728, 28652-28653. Maison, I, 223, 1229; voir BROUSSET (Guy). Mariage avec Marguerite de Bourbon, VI, 524 (VIII, 397), 21619; VIII, 158, 30722; VIII, 180, 30928; VIII, 204, 31141. Pension, III, 307, 8935; VIII, 44, 29639; VIII, 95, 30103; VIII, 207, 31172.

CLÈVES (Louis DE), ou DE NEVERS, comte d'Auxerre et de Cayeux, chevalier de l'ordre, I, 706, 3692; I, 708, 3699; VII, 754, 28834; VII, 813, 29247; — chevalier de l'ordre, VI, 50, 19158; — concessionnaire des loges des foires de Guibray, III, 250, 8675; VII, 436, 21143; nonobstant la réunion du domaine aliéné, IV, 521, 13447. Compagnie de cent gentilshommes de l'hôtel, VIII, 74, 29905; VIII, 246, 31559 : voir DAMPONT (Thomas DE), URRE (Louis D'); lieutenant : voir RUFFEY (Le s[r] DE); payeurs : voir BARBEDOR (Jean), BRIÇONNET (Guillaume). Dons à lui faits par le roi, III, 48, 7688; III, 313, 8959; III, 539, 9990; IV, 274, 12276; VI, 402, 20962; VI, 412, 21021; VI, 443, 21177. Maison, III, 310, 8950. Maîtrises créées à son profit, I, 176, 995; I, 270, 1510; III, 257, 8705. Mariage avec Catherine d'Amboise, VI, 679, 22456; VI, 693, 22524. Pension, II, 412, 5807; II, 596, 6669; VII, 617, 27651; VIII, 3, 29280; VIII, 30, 29497; VIII, 44, 29640; VIII, 207, 31173; VIII, 268, 31793; VIII, 285, 31963. Rachat de ses terres de Flandre, III, 431, 9498; VII, 617, 27650; IX, 41. Rançon, V, 755, 18597.

CLÈVES (Philippe DE) et DE LA MARK, s[r] de Ravenstein, ambassadeur du roi catholique, I, 93, 550; IX, 114.

CLÉVILLE (Calvados) : voir FIEF-AU-FRANÇAIS (LE), HAUT-PERREUX (LE). Baronnie, III, 614, 10322; VI, 280, 20327.

Cléville (Baron de) : voir ESTOUTEVILLE (Jean, s[r] D').

Clévilliers (Eure-et-Loir). Prébende, VI, 230, 20062.

Clinchamp, c^ne d'Epaux-Bézu (Aisne). Cense, VI, 695, 22533.

Clinchamp (Haute-Marne). Seigneurie : fourches patibulaires, II, 79, 4239.

Clinchamp (Jean de), père et fils, V, 477, 17130-17131.

Clion (Charente-Inférieure). Foires, III, 737, 10881. Seigneurie, VII, 125, 25834.

Clion (Indre) : voir Ile-Savary (L').

Clisson (Loire-Inférieure). Antonistes, I, 67, 396. Cordeliers, I, 469, 2481; VII, 684, 28297.

Clivier (Jacques), fermier des ports et hauts passages des bailliages de Sens et de Chaumont, VI, 427, 21096.

Cloche du château de Fontainebleau, II, 582, 6599.

Clomot (Côte-d'Or). Seigneur : voir Rossillon (Gérard de).

Clos (*Le*) : voir Clos-Lucé (Le).

Clos (*S^r du*) : voir Perceval (Guillaume).

Clos-Bruneau (Rue du), à Paris, IV, 28, 11134.

Clos-Cornu (Le), fief mouvant de Château-Landon, V, 322, 16342.

Clos des Gallées, à Rouen, II, 281, 5214.

Clos du Palais : voir Palais (Clos du).

Closes (Les), peut-être Éclance (Aube), V, 604, 17748.

Closier du roi, à Beaune : voir Drouot (Jean).

Clos-le-Roi (Le), fief mouvant de Lorris, V, 590, 17695.

Clos-le-Roi (Le), fief mouvant d'Orléans, VI, 826, 23185.

Clos-Lucé (Le), c^ne de Saint-Denis-Hors (Indre-et-Loire). Seigneurie, V, 297, 16208; V, 588, 17683; VII, 563, 26951.

Clos-Michau (*Le*) : voir Penerie (La).

Clos-Patin (Le), lieu sis à Saint-Denis-Hors (Indre-et-Loire), VI, 565, 21837.

Clos-Saint-Ambroise, à Melun (Seine-et-Marne), VII, 443, 25574.

Clos-Saint-Ladre (Le), censive sise à Nouan-sur-Loire (Loir-et-Cher), VII, 24, 23326.

Clotet (René) ou Clautet, secrétaire de Louise de Savoie, commis au payement des bâtiments de Chambord sous la direction de François de Pontbriant, V, 589, 17690; VII, 438, 25521. Décès, VII, 779, 29003.

Clotier (René), VII, 107, 23742.

Clotte (La), c^nes de Sommières et de Salinelles (Gard). Seigneurie, V, 80, 15079.

Clouaison (Droit de), à Angers et aux Ponts-de-Cé, II, 742, 7346.

Clouay, c^ne de Saint-Jean-de-Savigny (Manche). Fief, VI, 550, 21762.

Cloué (Vienne). Seigneurie, IV, 239, 12110.

Clouesse (*Charles de*) : voir Glenesses (Charles de).

Clouet (François), peintre et valet de chambre du roi, IV, 261, 12220.

Clouet (Guy), prêtre. Légitimation de ses fils Jean et Thomas, VI, 469, 21317.

Clouet (Jeannet ou Jamet), peintre du roi. Aubaine, IV, 261, 12220. Gages, VIII, 109, 30244-30245. Sa femme : voir Boucault (Jeanne).

Cloux (*Le*) : voir Clos (Le).

Clouy (*Nicolas de*) : voir Ducloy (Nicolas).

Cloye (La), terre, à Ligny-le-Ribault (Loiret), VI, 563, 21827.

Cloyes (Eure-et-Loir) : voir Rocheverte (La). Péage établi aux ponts en faveur de Guillaume Du Bellay qui s'engage à les reconstruire, II, 118, 4430. Séjour du roi, VIII, 553.

Cloys (Marguerite de), III, 498, 9803.

Cluny (Saône-et-Loire), IV, 679, 14162. Foires, IV, 260, 12216. Séjour du roi, VIII, 553.

—— *Abbaye*, VI, 222, 20019; VI, 710, 22615; VII, 419, 25363. Abbés : voir Amboise (Geoffroy et Jacques d'), Lorraine (Jean, cardinal de). Congrégation : voir Daneau (Jean). Dépendances, IV, 416, 12950 : voir Rix, Saint-Martin-des-Champs, Salles, Valensolle; au diocèse de Troyes, I, 262, 1423. Dîmes, VIII, 750, 33219.

Cluny (*De*) : voir Courcelles (Jean de).

Cluny (Gabriel de), sergent royal au bailliage de la Montagne, VII, 473, 25821.

Cluseau (Le), auj. Le Cluzat, c^ne de Chirat-l'Église (Allier). Seigneurie, VI, 635, 22205.

Clusel (Luc). Légitimation de son fils Jean, VI, 600, 22025.

Cluses (Haute-Savoie) : voir Gouhal (Pierre).

Cluset (Jean), dit Colombières, archer du prévôt de l'hôtel, VIII, 269, 31805.

Clusset (Henri), veneur du s^r de Saint-Chaumont, III, 41, 7651.

Clutin (Charles), V, 92, 15141.

Clutin (Henri), abbé commendataire de Troarn, II, 494, 6181; VII, 742, 28758-28759; VII, 802, 29175.

Clutin (Henri), V, 660, 18059.

Clutin (Henri), doyen de Bayeux, V, 92, 15141.

Clutin (Louis), fils, ancien secrétaire du roi et l'un des quatre notaires du Parlement de Paris, puis conseiller lai à ladite cour, VII, 494, 26042.

Clutin (Pierre), conseiller à la Cour des aides de Paris, V, 267, 16048; conseiller clerc au Parlement de Paris, II, 477, 6105; VII, 494, 26041; conseiller lai à ladite cour, VII, 486, 25935; VII, 494, 26042; président de la nouvelle chambre des enquêtes en ladite Cour, II, 475, 6097; VII, 493, 26030; VII, 726, 28643.

Cluys (Pierre de), grand prieur de France, I, 395, 2104; V, 592, 17704.

Cluzat (Le), c^ne de Chirat-l'Église (Allier). Seigneurie, VI, 635, 22205.

Cluzet (Jean), archer du prévôt de l'hôtel, III, 573, 10145.

Coadout (Côtes-du-Nord) : voir Minibriac.

Cobham (*Lord*) : voir Brooke (Jean).

Coblenz (Prusse rhénane, ch.-l. de régence) IX, 17.

« Cocabanne », seigneurie en Agenais, VII, 265, 24514.

Cogault (Jean), notaire à La Ferté-Milon, V, 41, 14868.

Cochart (Jacques), commis à la recherche des amortissements, francs-fiefs et nouveaux acquêts au bailliage de Tournai, VII, 513, 26276.

Cochepin : voir Guyot (Macé).

Cochet (Claude), VII, 799, 29154.

Cochet (Georges), huissier-sergent en la Chambre des Eaux et forêts, IV, 762, 14545.

Cochet (Louis), archer de la compagnie de M. le Grand-Maître, II, 92, 4302.

Cochie (Jean), natif de Chambéry, établi en Provence. Lettres de naturalité, VI, 656, 22328.

Cochon (Antoine), valet de chiens, VII, 642, 27918.

Cochon (Blaise), administrateur de l'Hôtel-Dieu de Gonesse, VI, 268, 20263.

Cochon (Denis), receveur de la prévôté de Sainte-Menehould, V, 202, 15705; V, 612, 17808.

Cochon (Gilles), huissier à la Cour des Aides de Paris, V, 625, 17868; au Parlement de Paris, I, 392, 2089; sergent fieffé à Paris, V, 625, 17868.

Cochon (Jean), écuyer de cuisine du commun, V, 333, 16404.

Cochon (Jean), élu d'Auxerre, V, 650, 18004.

Cochon (Michel), fermier du quatrième en l'élection d'Alençon, II, 313, 5361.

Cocil (Nicolas de), Coscil, Cosil ou Delœil, dit Agaffin, trésorier et receveur général de Provence, natif d'Avignon, III, 653, 10501; III, 662, 10541; IV, 3, 11028; IV, 199, 11918; VII, 236, 24374; VII, 237, 24378; VII, 305, 24744; VII, 306, 24746; VII, 349, 24990-24991; VII, 377, 25135; VII, 391, 25209; VII, 400, 25255; VII, 407, 26290. Lettres de naturalité, VIII, 695, 32907.

Cocil (Nicolas de), Cosil, Cossil ou Coucils, dit Agaffin, maître de la monnaie de Villeneuve-lès-Avignon, VI, 326, 20566.

Cockborn (*Alexandre*) : voir Cockborn (Thomas).

Cockborn (James), archer de la garde écossaise, VI, 424, 21079.

Cockborn (*Jean*), archer de la garde écossaise. Sa veuve : voir Duguetry (Étiennette).

COCKBORN (Robert), COCKBURN ou QUOQUEBORNE, écossais, évêque de Ross en Écosse, conseiller du roi, aumônier de la trésorerie de la Sainte-Chapelle, à Paris, abbé de Quarante, VII, 46, 23443. Lettres de naturalité, VII, 457, 25690. Mission en France, IX, 105.

COCKBORN (Thomas), archer de la garde écossaise, fils naturel d'Alexandre Cockborn. Aubaine, III, 709, 10758; VI, 424, 21079; VI, 431, 21120. Légitimation, VI, 105, 19436.

COCOUL (Ambroise), muletier, VII, 637, 27871.

COCQUART (Germain), courtier et essayeur de vins à Irancy, III, 762, 10987.

COCQUE (VOIE DE LA), aux Ponts-de-Cé, II, 301, 5302.

Cocqueborne, Cocquebourne : voir COCKBORN.

COCQUIER (Claude), commis au rachat du domaine en Dauphiné, I, 319, 1724.

COCQUIN (Antoine), dit de SAINT-ARAGON, prieur de Saint-Sulpice, près Doullens, V, 181, 15594.

COCQUIN (Philippe), dit de SAINT-RAGON, prêtre, religieux profès de l'abbaye de Corbie, VI, 82, 19313.

COCTARD (Jérôme), ou COTTARD, orfèvre, II, 268, 5161.

COCURAL, c^ne^ d'Huparlac (Aveyron). Foires, I, 549, 2885; I, 667, 3492.

CODICILLE de l'amiral de Graville portant quittance au roi d'une dette de 80,000#, V, 378, 16623.

Codolet (Gard). Seigneur : voir ANGÉZUNE (Jean D').

CODOLLE (Jean), ou CONDOLLE, avocat du roi au siège de Forcalquier, III, 156, 8211; VII, 343, 24961.

CODOLLE (Jean), lieutenant du sénéchal de Provence au siège de Forcalquier, III, 164, 8252.

CODUR (Jean), viguier de Seyne-les-Alpes, VII, 328, 24877.

COEFFÉ (Jean), sergent royal au bailliage d'Auxois, V, 134, 15373.

COËFFIER, maître des comptes de Piémont, VI, 564, 21834.

COËFFIER (Antoine), VI, 634, 22203.

COËFFIER (Charlotte), veuve d'Antoine Minard, VII, 550, 26781.

COËFFIER (Gilbert), secrétaire de René de Montejean, VIII, 283, 31933.

COËFFIER (Jean), secrétaire du roi, VI, 806, 23086; VII, 798, 29142.

COËFFIER (Raoulet), VIII, 300, 32130.

COËSSOT (Guillaume), prévôt des maréchaux, I, 661, 3460.

COËTE (Marc), ou COËTIF, marchand de Bruxelles, II, 174, 4706; VII, 731, 28603; VIII, 183, 30950.

COËTIVY (Gillette DE), veuve de Jacques d'Estouteville, VII, 510, 26240.

COËTIVY (Louise DE), comtesse de Taillebourg, veuve de Charles de la Trémoïlle, IV, 508, 13384; V, 81, 15081; V, 558, 17537; VII, 45, 23436-23439; VII, 310, 24771.

COËTMALOUEN, c^ne^ de Kerpert (Côtes-du-Nord). Abbaye, VI, 787, 22988. Abbé : voir VIMERCATI (Francesco).

Coëtmen, c^ne^ de Lézardrieux (Côtes-du-Nord). Baron : voir ACIGNÉ (Jean D').

COËTMEN (Gillette DE), dame d'honneur de la reine Claude, I, 98, 576.

Coëton (Nicole) : voir COTTON (Nicolas).

COEUR (Germaine), VI, 524, 21617.

Cœuret : voir CURET.

COEURET (Martin, clerc de Gilbert Bayart, secrétaire des finances, VIII, 167, 30807.

Cœurlu-sur-Somme : corr. CURLU.

COFFOU (Nicole DE). Légitimation de son fils François, teinturier à Paris, V, 25, 14788.

COFFRES : acheté par le roi, VII, 762, 28887; destiné à la reine d'Ecosse, VIII, 114, 30298; pour le cachet du roi, VII, 631, 27812; VIII, 168, 30812; pour les sceaux, IV, 202, 11932; secret du Louvre, III, 238, 8617; transportés d'Aix à Pont-Saint-Esprit, VIII, 662, 32725. Transport des coffres de la maison du roi, II, 507, 6242.

Coffres du Louvre : voir ÉPARGNE (TRÉSORERIE DE L').

COGNAC (Charente), I, 200, 1113; III, 743, 10909; VII, 710, 28530; voir ALNET (André). Château, III, 470, 9675.

Séjours du roi, II, 701, 7164; V, 500, 17246, 17249; V, 511, 17303; VIII, 553. Travaux : voir Richer (Élie, François et Guillaume). Voir Sainte-Ligue.

—— *Châtellenie* : voir Bourg-Charente. Biens de Charles Brémont, VI, 543, 21723; VII, 242, 24403; de Jean de Camescasse, VII, 255, 24464. Notaires, V, 165, 15514. Receveurs : voir La Mothe (Bertrand de), Richer (Élie et François).

—— *Magasin à sel*, IV, 736, 14423. Contrôleurs : voir Gayon (Edmond), Richer (Élie).

—— *Siège de justice* (*Sénéchaussée d'Angoumois*), II, 97, 4326. Lieutenant particulier : voir Berjonneau (Adam).

—— *Ville*. Bouchers, VII, 84, 23630. Commerce, I, 497 (VIII, 772), 2619. Cordeliers, V, 62, 14982; VII, 691, 28358. Fermes ; des moulins : voir Balue (Jean); du quart et quint du sel, VII, 753, 28832; VII, 800, 29159. Octroi pour les fortifications, V, 259, 16006; V, 395, 16705; VII, 113, 23772. Privilèges, I, 20, 115. Receveur des deniers communs : voir Gayon (Edmond).

Cognac, surnom : voir Bohier (Jean).

Cogneu (Hubert), sergent royal en la prévôté de Doullens, V, 44, 14887.

Cognier (Claude), auditeur des comptes en Dauphiné, V, 278, 16109.

Cogrillac, fief sis à Meschers (Charente-Inférieure), VII, 198, 24187.

Cohardy (Pierre), juge du Maine, V, 618, 17835.

Cohignac, c^ne de Berric (Morbihan). Foires, I, 730, 3817.

Goictier (*De*) : voir Leclerc (Jacques).

Coiffart (Nicole), commis à la recherche des amortissements, francs-fiefs et nouveaux acquêts au bailliage de Tournai, VII, 512, 26276.

Coiffier (*Claude*). Son fils : voir Ravail (Gabriel).

Coiffy (Benoît de), notaire au bailliage d'Auxerre, V, 95, 15155.

Coignac : voir Bohier (Jean).

Coignac ou Cugnac, c^ne de Sainte-Sabine (Dordogne). Seigneurie, VII, 21, 23309.

Coigny (Manche) : voir Grosparmy. Seigneur : voir Blanchard (Étienne).

Coillaud (*Geoffroy*) : voir Couillaud (Geoffroy).

Coillebault (Philippon), III, 375, 9239.

Coillebault (Pierre), marchand de Rouen, bâtard. Biens échus au roi, III, 375, 9239.

Coin (Le), c^ne du Mesnil-Mauger (Calvados). Seigneurie, VI, 291, 20385.

Coincy-l'Abbaye (Aisne). Séjours du roi, VIII, 553.

Coing (Pierre), ou Couyn, joaillier et lapidaire à Lyon, II, 463, 6037; II, 535, 6367; II, 586, 6621; II, 594, 6659; VII, 762, 28887; à Paris, III, 5, 7470.

Coire (Suisse), VII, 758, 28861. Traité conclu le 5 février 1523 entre François Ier et les Grisons, V, 572, 17607; IX, 84.

Coitier : voir Leclerc (Jacques).

Colaco (Antoine de), natif de la Rivière de Gênes, demeurant à Marseille. Lettres de naturalité, IV, 197, 11910.

Colambert (Le s^r de). Meurtre, III, 318, 8987. Cf. V, 758, 18608.

Colan (Balthazar de), s^r de la Haye, natif d'Allemagne, homme d'armes de la compagnie des ordonnances du duc de Vendôme. Lettres de naturalité, V, 770, 18725.

Colart (Jean), maître particulier des eaux et forêts de Sézanne et Chantemerle, V, 204, 15716.

Colas (François), II, 438, 5931; sergent en la garde de Vitry, dans la forêt d'Orléans, III, 204, 8451; veneur de la vénerie, III, 57, 7731; III, 316, 8977.

Colas (Guillaume), charretier du chariot des offices de l'hôtel du roi, VII, 774, 28971.

Colas (Jean), capitaine des forêts de Rouvray, Roumare, Brotonne, la Londe et Mauny. II, 690, 7115; III, 64, 7773; VIII, 204, 31139. Cf. Collas (Jean).

Colas (Jean), homme d'armes de la compagnie de Lancelot du Lac, II, 317, 5377.

Colas (Lévy), II, 438, 5931.

Colas (Philippe), receveur des aides de la prévôté et vicomté de Falaise, II, 367, 5609.

Colasson (Michel), VII, 543, 26679.

COLEMBERT (Pas-de-Calais). Seigneurie, VI, 541, 21709.

COLET (Jacques). Missions secrètes en Italie, VIII, 178, 30893.

COLIGNY (Anne DE), II, 727, 7278.

COLIGNY (François DE), seigneur d'Andelot; enfant d'honneur, puis échanson des fils du roi, II, 660, 6972; IV, 470, 15209.

COLIGNY (Gaspard DE), chevalier de l'ordre, gentilhomme de la chambre; cessionnaire de la principauté d'Orange, V, 562, 17556; créancier du roi, engagiste de la terre de Château-Renard, V, 547, 17482; indemnisé des saisies sur lui faites par Charles-Quint, VIII, 596, 32373; maréchal de France, I, 95, 562; I, 159, 904; VII, 420, 25541; VII, 442, 25568. Compagnie, I, 8; 45; I, 131, 759; V, 557, 17533; VII, 418, 25361. Missions relatives : à l'acquisition de Tournai par le roi, I, 159, 905; I, 164, 931; V, 428, 16868; V, 457, 17024, 17027; V, 458, 17031; à l'entrevue du Camp du drap d'or, VII, 438, 25519. Sa femme : voir MONTMORENCY (Louise DE).

COLIGNY (Gaspard DE), seigneur de Châtillon-sur-Loing, fils du précédent, IV, 470, 15209; enfant d'honneur des fils du roi, II, 660, 6972.

Coligny (Jacques, s^r de) et de Châtillon-sur-Loing. Sa veuve : TOURNON (Blanche DE).

COLIGNY (Odet DE), dit LE CARDINAL DE CHÂTILLON, III, 47, 7681; III, 471, 9681; III, 587, 10206-10207; — abbé de Fontenay, V, 40, 14862; de Saint-Euverte d'Orléans, III, 172, 8293; de Saint-Lucien de Beauvais, III, 707, 10745; — archevêque de Toulouse; son vicaire général : voir DU FAUR (Jacques); — créancier du roi, VIII, 110, 30260; — évêque de Beauvais, II, 746, 7366; III, 224, 8550; III, 288, 8845; III, 675, 10603; IV, 256, 12195. Indult du Pape en sa faveur, VIII, 641, 32601. Son serviteur : voir CEMBRES (Girard).

COLIGNY (Prégente DE), femme de Pierre d'Égreville, II, 727, 7278; II, 732, 7299; V, 611, 17804.

COLIN (Amblard), monnayeur en la Monnaie de Chambéry, IV, 501, 13624.

COLIN (Claude), chevalier de Saint-Jean-de-Jérusalem. Légitimation de ses enfants Claude, Catherine et Thibaut, II, 606, 6725.

COLIN (Flour ou Fleury) ou COLOMB, seigneur de La Rivière ou de la Rivoire. Anoblissement, I, 515 (VIII, 337), 2719; I, 592, 3106; ce dernier acte mentionne ses fils Fleury et Gaspard.

COLIN (Guillaume), maître des œuvres de maçonnerie en Bourgogne, III, 16, 7521.

COLIN (Jacques) ou COLLIN, d'Auxerre, secrétaire, valet de chambre et aumônier du roi, VI, 354, 20716; VII, 663, 28106; VII, 701, 28462; abbé de Saint-Ambroise de Bourges, II, 29, 3987; concessionnaire des greffe et sceau de Chantelle, VII, 529, 26491; correcteur des comptes à Moulins, VII, 529, 26490; créancier du roi, II, 178, 4724; prieur de Chantilly, II, 245, 5054; traducteur du *Courtisan*, III, 299, 8897. Missions : au pays de Gueldres, II, 398, 5748; II, 584, 6609; II, 749, 7377; II, 761, 7439; II, 762, 7440; III, 36, 7623; VI, 379, 20843; VII, 795, 29121; à Lyon, V, 714, 18382; auprès du duc de Savoie, V, 793, 18803; en Suisse, V, 800, 18835; IX, 79. Privilège pour la publication des traductions françaises laissées par Claude de Seyssel, I, 527, 2776.

COLIN (Jean), sergent royal à Villeneuve-le-Roi, IV, 494, 13322.

COLIN (Laurent), ou COLLIN, natif du pays de Liège, commis au payement des Cent Suisses de la garde, VI, 74, 19271; VII, 619, 27674; VII, 632, 27819; VII, 662, 28098, 28101; VII, 800, 29157. Aubaine, VII, 602, 28101.

COLIN (Philibert), conseiller lai au Parlement de Dijon, III, 419, 9445.

COLIN (Rodolphe), bourgeois de Zurich, envoyé de ladite ville vers le roi, VII, 652, 28017.

COLINE (Georges DE), DE COLYNE, DE COLINS ou DE COLME, archer de la garde sous M. de Nançay, concierge du Louvre, II, 321, 5398; II, 623, 6803; III, 50, 7695; VIII, 129, 30445.

COLLACCIO (Emmanuel), clerc du diocèse d'Albe. Autorisé à tenir des bénéfices en France, II, 193, 4798.

COLLANDRES (Eure) : voir QUINCARNON. Seigneurie, VI, 535, 21678.

COLLARDIN (Pierre), garde des sceaux aux obligations en la vicomté de Vire, V, 97, 15170.

Collardin (Robert), s[r] du Bois-Olivier, demeurant à Sept-Frères. Anoblissement, VI, 765, 22884.

Colla (Antoine), II, 438, 5931.

Collas (Jean), VII, 568, 27002. Cf. Colas (Jean).

Colas (Michel), notaire au Châtelet de Paris, II, 638, 6872.

Collatéral. Explication de ce mot, VIII, 38, note.

Collation (Lettres de), IV, 585, 13731.

Collault (Étienne), enlumineur à Paris, I, 600, 3148.

Colle (Pierre) ou Collo, avocat du roi au siège de Marseille, III, 228, 8567; VII, 271, 24547.

Collège de Bayeux, à Paris, VII, 601, 27465.

Collège de Boncourt, à Paris, V, 31, 14816.

Collège du Cardinal Lemoine, à Paris. Réformation, IV, 634, 13965; IV, 692, 14219.

Collège des Cholets, à Paris, VIII, 592, 32351.

Collège de Lisieux, à Paris, V, 502, 17257.

Collège des Lombards, à Paris. Boursiers, I, 641, 3358; I, 649, 3403.

Collège de Luxembourg, à Paris, I, 338, 1815.

Collège de Montaigu, à Paris, I, 274, 1482; V, 541, 17452; legs de Noël Béda, III, 207, 8466; III, 232, 8588; VIII, 602, 3240.

Collège de Navarre, à Paris, I, 278, 1505; VI, 150, 19664. Boursiers, I, 37, 212; VI, 467, 21304.

Collège de Tournai, à Paris, IV, 565, 13649.

Collège des Trois Langues, établi à Paris en l'hôtel de Nesle, IV, 45, 11208; II, 240, 5030; II, 639, 6879; VI, 576, 21902; VIII, 60, 29777; cf. Lecteurs royaux.

Collèges : voir Bordeaux, Bourges, Limoges, Nimes, Toulouse, Tournon-sur-Rhône.

Collégiale fondée par Imbert de Batarnay, VIII, 756, 33261.

Collégien (Seine-et-Marne). Fief, V, 467, 17078.

Collegon (Jacques de), V, 419, 16819.

Collendel (Thomine), VI, 212, 19969.

Colles (Jacques), joueur de flûte et de tambourin du roi, VI, 366, 20778; VII, 783, 29040; VII, 796, 29129.

Collesson (Michel), chirurgien de l'amiral Chabot, II, 357, 5561.

Collet (Jean). Lettres de légitimation, II, 606, 6724.

Collet (Noël), receveur des aides à Montfort-l'Amaury, II, 714, 7222.

Collet (Pierre), II, 606, 6724.

Collet (Pierre), laquais du Dauphin, III, 668, 10571.

Collette (Jacques), valet de chambre du s[r] de Sourdis, IV, 456, 13142; IV, 784, 14652; IV, 785, 14658.

Colleville (Seine-Inférieure) : voir Houguerville.

Collias (Gard). Seigneurie, VII, 148, 23942.

Collichon (Jean), serviteur d'Honorat de Caix, VII, 724, 28630.

Collier de justice, I, 478, 2529.

Colliers : acquis par le roi, VII, 750, 28817; donné par le roi, II, 18, 3931. Voir Ordre de Saint-Michel.

Colligny (*S[r] de*) : voir Restault (Pierre).

Collin : voir Colin.

Collin (Jacques), trésorier de la marine du Levant, VII, 178, 24091.

Collinet (Marie), native du diocèse de Liége. Lettres de naturalité, IV, 746, 14470.

Collinus, envoyé allemand, IX, 89.

Collo (*Pierre*) : voir Colle (Pierre).

Collobrières (Var), VIII, 711, 32998. Seigneurie, VII, 53, 23479; VII, 144, 23923. Voir Laverne.

Collombet : voir La Place (Robert de).

Colmars (Basses-Alpes) : voir Mancin (Fouquet). Privilèges, III, 568 (VIII, 367), 10122. Viguerie, VIII, 710, 32996.

Colme (*Georges de*) : voir Coline (Georges de).

Colny (Bernardin de) de Barlues, VIII, 664, 32732.

Cologne (Prusse rhénane), IX, 7, 16 : voir Agrippa (Chrétien), Wolff (Augustin). Diocèse : voir « Kempisvorst ».

Coloigne (Guillaume) ou de Coulongne, commis au payement de la compagnie du marquis de Saluces, II, 478, 6109; II, 530, 6346. Cf. Coulloingne (Guillaume).

Colomat (Sr de la Bastide de) : voir Sainte-Colombe (Antoine de).

Colomb (Fleury et Gaspard) : voir Colin (Flour).

Colomb (Pierre), augustin. Légitimation de son fils Pierre, VI, 499, 21476.

Colombat (Jean), V, 510, 17300.

Colombe (La) [Manche] : voir Rochetesson (La).

Colombe (Roman), avocat du roi au siège de Forcalquier, VII, 343, 24961.

Colombeau (Jacques), ex-chantre de la chambre du roi. Entretien à l'Université de Paris, VIII, 107, 30225; VIII, 166, 30805; VIII, 223, 31328; VIII, 259, 31691.

Colombeau (Chapelle du) : voir Angrie.

Colombé-la-Fosse (Aube). Seigneurie, V, 575, 17621; V, 740, 18521; VI, 218, 19995.

Colombey-les-Deux-Églises (Haute-Marne). Seigneurie, V, 217, 15789; VI, 209, 19954; VI, 555, 21786; VI, 557, 21797; VI, 801, 23058.

Colombier (Sr de) : voir Rozet (Jean de).

Colombier (Isère). Séjours du roi, VIII, 553.

Colombier, fief transféré de la seigneurie de Bandeville à celle de Loges, VII, 556, 26864.

Colombier (Le), seigneurie sise à Bliquetuit et Guerbaville (Seine-Inférieure), VI, 501, 21486.

Colombier du château d'Argilly, III, 168, 8269.

Colombier-le-Cardinal (Ardèche). Célestins, V, 631, 17898.

Colombière (Le sr de la) : voir La Colombière (François de).

Colombières : voir Cluset (Jean).

Colombiers. Autorisations, I, 533, 2810; III, 615, 10325; IV, 387, 12817; VI, 171, 19765; VII, 432, 25468.

Colombiers ou Coulombiers, seigneurie sise à Villandry (Indre-et-Loire), VI, 327, 20569. Séjour du roi, VIII, 553[2]. Turcies et levées, III, 449, 9579.

Colombiers (Claude de), VIII, 23, 29443.

Colombs : voir Coulombs.

Colonat (Charles de), maître d'armes de la compagnie du sr des Roches d'Étampes. Relèvement de montre, VI, 39, 19105.

Colonels : des gens de guerre à pied : voir Torino (Jean); de la légion de Languedoc : voir Rochechouart (Antoine de).

Colonge (Sr de) : voir Chaussade (Jacques).

Colonia (de) : voir François (Godefroy).

Colonna (Marc-Antoine) ou Colonne, V, 402, 16738; VII, 101, 23709.

Colonna (Prosper). Rançon, I, 157, 893.

Colonna (Stefano ou Étienne), Colonne ou Coulongne, II, 204, 4851; II, 328, 5429. Pension, II, 412, 5809; II, 660, 6975; II, 678, 7058; III, 100, 7948; VII, 622, 27713; VII, 798, 29143.

Colonne : voir Colonna.

Colonne (La), cne de Gigny (Saône-et-Loire), IV, 45, 11207. Châtellenie, IV, 526, 13470. Seigneur : voir Tavanes (Jean de).

Colons (Pierre de), sergent royal au bailliage de Sens, VII, 754, 28838.

Colot (Humbert), maître et garde du marteau des forêts d'Argilly, III, 345, 9105.

Colyne (Georges de) : voir Coline (Georges de).

Comarquin (Félix), page de l'écurie. Mis hors de page, VII, 647, 27975.

Combats singuliers : à Moulins, devant le roi, entre Lion de Barbançois et François de Saint-Julien, VII, 49, 29692; entre deux capitaines espagnols au service d'Henri VIII, IX, 103.

Combault (Jean de), V, 245, 15940.

Combe (Léonard de), dit Piédeville, V, 111, 15249.

Combefa (Tarn). Juridiction, VII, 251, 24443.

COMBES, commis à la recette générale de Guyenne, II, 740, 7337.

COMBES (Achille DE), V, 659, 18053.

COMBES (Claude), bailli seigneurial de Soubise, VI, 368, 20787.

COMBES (Gaillard), lieutenant général du juge de Sommières, VI, 302, 20444.

COMBETES (Antoine DE), s^r du Plaix, VI, 635, 22206.

COMBETTES (Jean DE), médecin à Saintes, III, 640, 10438.

COMBLANCHIEN (Côte-d'Or). Seigneurie, VI, 557, 21795; terrier, VI, 473, 21333.

COMBLES (Somme). Seigneurie, V, 279, 16116; VII, 510, 26238.

COMBON (Eure). Seigneurie, I, 378, 2008.

COMBRAILLE (Guillaume), notaire à La Chaise-Dieu, V, 106, 15223.

COMBRAILLES, pays compris dans le département de la Creuse. Bailliage, II, 308, 5334; compris dans le ressort des grands jours de Montferrand, I, 215, 1185; de Moulins en 1534, II, 706, 7188; en 1540, IV, 114, 11521; de Riom en 1542, IV, 349, 12639. Comté, I, 513, 2708; comte: voir BOURBON (Charles DE), duc de Vendôme; incorporation au duché de Montpensier, IV, 509, 13666; voir CROZANT. Le pays de Combrailles ressortissait, au point de vue des aides et de la maréchaussée, à la MARCHE et au point de vue du gouvernement, au BOURBONNAIS.

COMBRET (Aveyron). Seigneurie, VI, 307, 20468.

Combret (S^r de) : voir FAURE (Austremoine).

COMBREUX (Loiret), V, 486, 17176.

COMBS-LA-VILLE (Seine-et-Marne), VIII, 321*, 987. Curé : voir DUMOULIN (Jacques).

CÔME (Italie). Diocèse : BARTHOLOMÉ (Jean), TORNACO (Jean DE). Évêques : voir TRIVULCE (César et Scaramouche). Lac, VII, 300, 24715. Privilèges de la ville, V, 273, 16082.

Côme (Alexandre de) : voir COURT (Alexandre DE).

Comines (Philippe de), s^r d'Argenton. Sa veuve : voir CHAMBES (Hélène DE).

COMINGES ou COMMINGES, pays compris dans le département de la Haute-Garonne.

—— *Comté*, VII, 694, 28387. Biens d'Anne Buaud, VII, 271, 24548. Comte : voir FOIX (Odet, comte DE). Privilèges des habitants, I, 498, 2621. Receveur ordinaire : voir DAULHON (Armand). Réunion à la couronne, II, 253, 5091. Voir BOISSÈDE, CASTELNAU, MIRAMBEAU, ROQUETTES, SAINT-MARTORY, SAINT-THOMAS : voir aussi GUY (Pierre).

—— *Diocèse ecclésiastique*, ayant son siège à Saint-Bertrand, I, 170, 964; VI, 421, 21066; voir OREILLE (Louis D').

—— *Diocèse financier*, IV, 631, 13947. Élus établis, I, 196, 1089; V, 473, 17112; supprimés, IV, 176, 14469. Impositions, III, 246, 8654; III, 597, 10249, pour l'achèvement du pont de Toulouse, IV, 212, 11974; IV, 557, 13606.

—— *Sénéchaussée* : voir ASPET. Sénéchal : voir MAULÉON (François DE).

COMINGES (Bertrand et Roger DE), gardes de la forêt de la Garrigue, V, 38, 14856.

COMITIBUS (Léonard DE), natif de Florence, fixé à Bordeaux. Lettres de naturalité, IV, 123, 11560.

COMMACRE (Gilles DE), secrétaire et maître d'hôtel du dauphin, I, 389, 2077; III, 762, 10989; V, 811, 18894; — auditeur et secrétaire à la Chambre des comptes de Bretagne, I, 264, 1435; I, 446, 2359; — second président à ladite Cour, I, 473; 2500; I, 635, 3325; V, 809, 18879, VII, 772, 28957; — secrétaire de la reine Claude, VI, 105, 19431; du roi, V; 704, 18322; cf. le suivant.

COMMACRE (Guillaume DE), secrétaire du roi, V, 652, 18014.

COMMACRE (Jean DE), V, 719, 18407.

COMMACRE (Maurice DE), coadjuteur de l'abbé de Landevennec, VI, 626, 22161.

COMMAILLÉ (Toussaint DE), contrôleur général des traites en Bretagne, Normandie et Picardie, IV, 620, 13896.

Commanderies : voir AMBOISE, ARNHEM, AVIGNON, COULOURS, ILE BOUCHARD (L'), LANTEUIL, LARDIERS, SAINT-GILLES, TEMPLE (LE), TRINQUETAILLE, TROYES.

Commandeur de Châtillon ou Castillon : voir SPIFAME (Pierre).

COMMANVILLE, seigneurie sise à Barville, c^ne de Cany (Seine-Inférieure), VI, 315, 20507. La carte de Cassini indique deux écarts ainsi nommés : Haut-Commanville et Bas-Commanville; le premier paraît être celui que les cartes modernes appellent le Hoc-Monteville.

COMMARIN (Côte-d'Or). Fourches patibulaires, VII, 458, 25698. Seigneurs : voir DINTEVILLE (Jacques DE), VIENNE (François DE). Séjours du roi, VIII, 553.

COMMARQUES, homme d'armes de la compagnie de M. de la Trémoille, V, 687, 18215.

Commelle-Vernay (Loire) : voir VERNAY.

COMMENCHON (Aisne). Seigneurie, V, 733, 18490.

COMMER (Mayenne), VII, 600, 27462.

COMMERCE. Dettes des marchands, IV, 742, 14454; VI, 789, 22999. Exercice entraînant déchéance d'exemptions, V, 77, 15062. Juridiction des maîtres des ports; III, 495, 9790; VII, 402, 25262. Marchands étrangers, I, 429, 2270; I, 506, 2669. Port d'armes permis aux marchands allant par pays, VI, 780, 22951. Suppression des impôts établis depuis cent ans par les seigneurs sur les marchands, II, 187, 4767. Relations avec l'étranger, I, 506, 2669; I, 517, 2729; III, 257, 8707; IV, 128, 11584 : voir BOURSE COMMUNE, LICENCES, LOIRE (LA), SEINE (LA), TRAITE FORAINE, TRAITES, ainsi qu'aux noms des pays, provinces, villes, produits et métiers.

COMMERCY (Meuse). Seigneurie, V, 220, 15804-15805; VI, 546, 21739; dame : voir SARREBRUCK (Philippe DE).

COMMESTE (Galsain), consul de Béziers pour 1526, VI, 170, 19758.

Commines : voir COMINES.

Comminges : voir COMINGES.

COMMITTIMUS (LETTRES DE) en faveur : de l'abbaye de Sainte-Geneviève de Paris, VI, 453, 21234; VI, 683, 22474; de l'abbaye de Saint-Germain-des-Prés, I, 235, 1290; de l'abbaye de la Trinité de Poitiers, III, 211, 8484; — des chapitres cathédraux : de Châlons, VIII, 642, 32606; de Chartres, V, 233, 15878; V, 609, 17792; de Paris, IV, 621, 13900; de Reims, IV, 404, 12891; — des Chartreux de Vauvert, I, 195, 1085; — des lecteurs royaux, V, 48, 14913; — d'officiers de justice, IV, 8, 11045; IV, 24, 11113; IV, 361, 12696; IV, 621, 13901; — du prévôt des marchands et échevins de Paris, IV, 505, 13370; — de René de Batarnay, VII, 69, 23559; — de René Tizard, IV, 279, 12296.

COMMUNAUTÉS. Recherche de leurs biens nobles, VII, 505, 26167-26183, 26188, 26190, 26192-26193.

COMMUNAUTÉS d'habitants, VII, 130, 23861; voir aux noms des localités.

Communautés marchandes : voir BOURSE COMMUNE, LOIRE (LA).

COMMUN DE PAIX, impôt en Rouergue, V, 430, 16875; VIII, 587, 32321.

COMMUTATIONS DE PEINES en faveur : de Gaspard de Belle, V, 711, 18361; de M. de Saint-Vallier, I, 371, 1980.

Commynes : voir COMINES.

COMPAGNIES, IV, 248, 12155; VIII, 10, 29338; voir aux noms des commandants. Création d'une troisième compagnie d'archers français de la garde, I, 27, 155.

COMPAGNON (Jean), viguier d'Aups, VIII, 713, 33014.

COMPAIGNE (François), VII, 621, 27705.

COMPAIN (Jean), élu d'Orléans, IV, 498, 13343; VI, 720, 22666; cf. COMPAING (Jean).

Compaing : voir GUILLOT (Henri).

COMPAING (François), III, 610, 10303.

COMPAING (Guillaume), V, 640, 17950.

COMPAING (Jean), VII, 599, 27440; cf. COMPAIN (Jean).

COMPAING (Radegonde), V, 323, 16349.

COMPANS (Le s^r DE), homme d'armes de la compagnie de M. de la Roche-sur-Yon, III, 548, 10032.

COMPANS (Eustache DE), VII, 729, 28659.

COMPEN (Mathurin), II, 661, 6979.

Compensations : voir dans l'article CAMBRAI (TRAITÉ DE) ce qui concerne les échanges de terres.

COMPEYRE (Aveyron). Jugerie, V, 641, 17954.

COMPIANS (Jeanne DE), VI, 281, 20332.

COMPIÈGNE (Oise), V, 408, 16766; voir FIEF DE JEAN PRÉVOST (LE). Arrivée et départ de missions pour le service du roi, III, 758, 10973; VI, 32, 19571; VI, 640, 27905; VII, 724, 28630; VIII, 144, 30590; VIII, 215, 31251; VIII, 260, 31698; VIII, 266, 31777; VIII, 269, 31803. Envoi de vivres à Amiens pour le camp du roi, VIII, 4, 29284; VIII,

13, 29371. Séjours du roi, I, 665, 3484; II, 91, 4298; VIII, 272, 31831-31832; VIII, 302, 32144; VIII, 553; de Madeleine de France, VIII, 6, 29306; VIII, 184, 30960; de la reine de Hongrie, VII, 733, 28690; VIII, 257, 31674.
—— *Clergé.* Abbaye de Saint-Corneille, II, 105, 4370; III, 291, 8859. Union de la chapelle Notre-Dame-de-Bonne-Nouvelle à la collégiale Saint-Clément, I, 525, 2767.
—— *Châtellenie,* V, 231, 25866; V, 734, 18496; VI, 91, 19360; voir Choisy-au-Bac, Coudun, Lorinière (La), Méru, Offémont, Thourotte. Concession à Claude d'Annebaut, V, 164, 15509; VI, 824, 23179; à Jacques de Chabannes, V, 300, 16224; à Anne de Montmorency, I, 463, 2453. Offices royaux, VI, 90, 19356.
—— *Eaux et forêts,* III, 16, 7525; IV, 177, 11813; voir Cuise (Forêt de).
—— *Élection.* Greffe, V, 193, 15661.
—— *Magasin à sel.* Grellier : voir Vaulx (Raoul de).
—— *Prévôté,* V, 786, 14658.
—— *Siège de justice (bailliage de Senlis),* III, 617, 10336. Enquêteur : voir Le Féron (Antoine). Lieutenants, V, 102, 15201; VI, 41, 19117. Procureurs du roi : voir Le Féron (Antoine et Louis).
—— *Ville :* voir Le Féron (Raoullequin). Deniers communs : contrôleur, VII, 432, 25471; receveur : voir Langlois (Raoul). Foire, II, 105, 4370. Fortifications, V, 726, 18448. Impôts, IV, 350, 12643; V, 324, 16354; VII, 63, 23525. Mesure, VI, 523, 21610. Notaires, V, 141, 15405; VII, 432, 25471. Privilèges, I, 101, 590. Ravitaillement, VIII, 18, 29402.

Complot contre le roi à la Rochelle, IV, 359, 12687.

Componey (Claude), sergent royal au bailliage de Chalon, V, 106, 15225.

Compositions : de fiefs nobles tenus par des roturiers en Bretagne, VIII, 22, 29430; du Briançonnais, du Rethelois : voir ces mots; ordinaire d'Artois, VII, 483, 25919; VIII, 626, 32523; pour crimes en Savoie, abolies, VI, 687, 22497.

Compostelle : voir Saint-Jacques-de-Compostelle.

Comprégnac (Aveyron). Seigneurie, VII, 254, 24459.

Comps-Chalo (Charles de) : corr. Coucy (Charles de).

Comps-la-Grandville (Aveyron) : voir Bonnecombe.

Comptabilité, I, 58, 342; I, 209, 1158; I, 368, 1963; II, 87, 4278; IV, 494, 13325; V, 736, 18506; VII, 306, 24746; VII, 460, 25717; des deniers destinés à la réparation des chemins et à l'entretien des villes, IV, 197, 11907; de l'expédition de Canada, IV, 591, 13759; des hôpitaux, I, 583, 3063; III, 154, 8197; V, 4, 14685; des procureurs chargés de lever les vivres et munitions en Lyonnais, IV, 541, 13530; des terres de l'ancienne maison d'Armagnac, I, 191, 1063; des trésoriers de Provence, VIII, 730, 33113; des villes, IV, 436, 13048; VIII, 643, 32612; VIII, 735, 33137; voir aux noms des villes. Attributions respectives de la Chambre des comptes de Paris et de la Cour des Monnaies, I, 333, 1790. Compétence de la Chambre des comptes d'Aix, I, 547, 2878. Incompétence des juges autres que les gens des comptes, IV, 23, 11110. Règlements, I, 187, 1045; I, 325, 1750; II, 134, 4516; II, 140, 4549; III, 452, 9593; IV, 361, 11283; IV, 74, 11337; IV, 486, 13286; V, 28 (VIII, 387), 14806, VII, 464, 25748. Reliefs d'appel relatifs aux comptes en Bourgogne, VIII, 588, 32326. Saisie pour défaut de reddition de comptes, IV, 475, 13230. Vérification, I, 320, 1730; I, 376, 1999-2000; VIII, 278, 31890.

«Comptablerie» de Bordeaux, II, 685, 7090.

Compte (Pierre de), bourgeois de Marseille. Légitimation de son fils Geoffroy, VII, 183, 24115.

Comptes : voir Comptabilité.

Comptes (Maître des) en Bresse : voir Buatier (Jean).

Compulsoire (Lettres de) pour Pierre Potier, III, 660, 10535.

Comtat-Venaissin. Blé : importation autorisée en Dauphiné, VIII, 739, 33157. Fonctions exercées par un conseiller au Parlement d'Aix, VIII, 662, 32721. Juifs, III, 449, 9577, IV, 332, 12560; VIII, 712, 33007. Limites vers la Durance, VIII, 571, 32240. Originaires naturalisés français : voir Alberet (Charles, François et Rostaing), Alonzier (Claude et Guillaume d'), Angézune (Aymar d'), Astier (Christophe), Aumanel (Simon), Bédarrides (Jean de), Bourdoun (Antoine), Brancas (Gaspar, Gaucher, Jean et Marguerite de), Cambis (Pierre de), Cenepolle (Anne de), Corvisier (Jean), Damane (Simon), Deschamps (Jean), Fabresse (Catherine), Faulcon (Honorée), Giraud (Jeannette), Lanfrin (Balthazar), Lauffrin (Pierre), Rivière (François, Laurent et Thomas de), Robert (Jean), Rocquart (Rostaing de), Rousset (Pierre); dispensés de lettres de naturalité : voir Rocquart (Jacques de); voir en outre aux noms de diverses localités du Comtat : Avignon, Bollène, Carpentras, Cavaillon, Entrechaux, Sainte-Cécile, Valréas. Tirage du sel, III, 530, 9956; III, 585, 10197; VI, 274, 20294; VII, 561, 26923.

Compte (Le) : voir Mesnart (Mathieu).

Comté (La) [Pas-de-Calais]. Camp du roi VIII, 16, 29391; VIII, 553.

Comtés (Érection en) des seigneuries : du Bouchage, IV, 110, 11502; de Buzançais, II, 570, 6535; de Civray, I, 457, 2419; IV, 218, 12002; de Conches et Breteuil, I, 542, 2851; de Maulévrier et de Passavant, IV, 365, 12714; de Nanteuil-le-Haudouin, IV, 452, 13126; de la Rochefoucauld, I, 562, 2953; de Saint-Aignan, III, 529, 9950; de Saint-Fargeau, IV, 292, 12360; de Soncino, V, 273, 16081; de la Valteline, I, 64, 380.

Comtesse (Hôpital), à Lille, VIII, 580, 32286.

Comtesse (La), galère, III, 16, 7524.

Comtois (Le) : corr. Courtois (Le).

Comunat (Jeanne), veuve d'Antoine Delamer, native d'Avignon, demeurant à Saint-Rémy-en-Provence. Lettres de naturalité, VI, 678, 22446.

Conac, c^ne de Saint-Thomas-de-Conac (Charente-Inférieure) : voir Marin (Jean). Baronnie, VII, 264, 24510. Châtellenie : notaires, V, 188, 15633.

Conan (François de) ou Connan, maître clerc des comptes à Paris, IV, 42 (VIII, 371*), 11195; IV, 624, 13919; maître des requêtes, IV, 617, 13882; IV, 630, 13944; IV, 648, 14026; VI, 789, 22998; V, 69, 15022.

Conas, c^ne de Pézenas (Hérault), VII, 0, 23241.

Concarneau (Finistère). Château : approvisionnement, III, 505, 9839; VII, 744, 28770; VII, 782, 29029; capitaines : voir Chabot (Philippe), La Trémoïlle (Louis II, s^r de); lieutenant : voir Mourant (Pierre). Sénéchaussée, III, 117 (VIII, 780), 8028.

Conches (Eure). Capitaine : voir Annebaut (Jean d'). Chambre à sel, I, 542, 2851; VII, 216, 24279; contrôleur : voir Bourdineau (Jean); grènetiers : voir Hamel (Jean); Rougeulle (Thomas). Comté, précédemment seigneurie, I, 542, 2851; I, 563, 2959; III, 471, 9678; VI, 237, 20103; comte : voir Pio (Albert). Forêt, II, 671, 7022; droits de Jean de Pommereul, II, 692, 7122; IV, 265, 12236; gages des gardes, III, 66, 7779; IV, 206, 11952; VIII, 158, 30720; réformation, VIII, 636, 32574; VIII, 637, 32583; sergents : voir Deschamps (Jacques), Legrand (Toussaint), Mullet (Henri); surintendant : voir Annebaut (Claude d'); verdier : voir Gaillard (Jean). Mouvance, V, 461, 17043; V, 501, 17252; voir Couillerville, Fossés (Les), Fresne (Le), Mesnil-Hardray (Le). Receveur des deniers communs : voir Corneille (Robert). Séjour du roi, VIII, 553. Sergenterie de la ville et des faubourgs, VI, 550, 21759. Siège du bailliage d'Évreux, VI, 581, 20328. Vicomté : voir Conches et Breteuil.

Conches (François et Jean de), VII, 782, 29024.

Conches et Breteuil, vicomté, II, 260, 5125; II, 689, 7108; V, 185, 15615; VI, 94, 19372; VI, 689, 22509; VII, 464, 25745; VIII, 387, 14791. Contrôleur du domaine : voir Maillard (Jean). Enquêteurs : voir Le Master (Eustache), Le Paige (Michel). Receveurs : voir Maseline (Jean et Louis). Ressort : voir Auvergny, Bois-Nouvel, Bordigny, Boucheménil, Corneuil, Damville, Ferrière-sur-Risle (La), Fief-Léger (Le), Fossés (Les), Giard, Haye-Saint-Sylvestre (La), Limeux, Minières (Les), Pommereuil, Romilly-la-Puthenaye, Sotteville, Tillières, Tralles, Vatot.

Conciergeries : de l'hôtel du roi, VII, 518, 26340; du palais d'Aix, VIII, 60, 29780; du palais de Grenoble, IV, 85, 11389; du palais de Paris, II, 44, 4060; II, 54, 4111; II, 395, 5730; II, 645, 6909; IV, 708, 14291; IV, 767, 14567; V, 153, 15459; V, 559, 17541; VI, 683, 22475; VII, 118, 23802; VII, 120, 23808; VII, 655, 28041; médecin : voir Tagault (Jean).

CONCILES, VII, 672, 28184; VIII, 614, 32462; de Constance, IV, 482, 13262; de Latran, V, 294, 16189; voir RÉGIS (Thomas); de Trente, V, 41, 14867; IX, 53.

CONCILES PROVINCIAUX, II, 696, 7143; VIII, 603, 32410; de Sens, VII, 147, 23939; de Tours, I, 545, 2866.

CONCORDAT de 1516, entre François Ier et Léon X, I, 86, 505; I, 113, 659. Exécution, I, 155-156, 889-890; I, 441, 2331; I, 661, 3461; V, 291, 16190; V, 580, 17645; VII, 156, 23984; VII, 420, 25378; VII, 421, 25380-25381; VII, 437, 25516; VII, 438, 25523; VII, 443, 25578; VII, 460, 25714-25716; VIII, 584, 32304. Infractions au Concordat, VII, 416-417, 25346-25347; VII, 417, 25353; VII, 418, 25357; VII, 420, 25376-25377; VII, 475, 25840. Interprétation, I, 156, 891; I, 371 (VIII, 331), 1979; I, 206, 1145; I, 556, 2924; I, 693, 3626. Oppositions à la publication du Concordat, I, 140, 805; V, 390 (VIII, 798), 16683; V, 411, 16782; VIII, 583, 32302.

CONCORDAT entre le cardinal de Tournon, abbé de Saint-Germain-des-Prés, et le chapitre général de Chézal-Benoît, IV, 641, 13997.

CONCORDIA NELLA SECCHIA (Italie, province de Modène). Place, VIII, 197, 31079; VIII, 283, 31925.

CONCORDIA SAGITTARIA (Italie, province de Venise). Diocèse, III, 193, 8392.

Concq : voir CONCARNEAU.

CONCRESSAULT (Cher). Foires, V, 82, 15091. Seigneurie, V, 343, 16453; seigneur : voir MENIPENY (Guillaume et Louis DE).

« CONCUNCOURT », au bailliage de Vermandois, IV, 770, 14584. Il est possible que ce mot soit une altération semi-phonétique et semi-graphique du nom de Pontséricourt, c[ne] de Tavaux-et-Pontséricourt (Aisne) : le nom de « Taneau » qui figure dans le même acte paraissant devoir être lu « Taveau », ce qui désignerait Tavaux.

CONCUSSIONS, V, 498, 17238; VII, 757, 28856.

CONDAILLE (Amédée, fils de Jean DE), du Forez. Légitimation, VI, 410, 21008.

CONDAMINE (LA), c[ne] de Sommières (Gard), VII, 247, 24426.

CONDAMNATION de deux ouvrages de Ramus, IV, 577, 13701.

CONDAMNATIONS : voir PROCÈS CRIMINELS; en Besse et Bugey, IV, 257, 12201.

CONDAT (Corrèze). Seigneurie, V, 332, 16398.

« CONDÉ », seigneurie incorporée au duché de Guise, VIII, 338, 2857. Sur les registres du Parlement et de la Chancellerie de France, ce nom est écrit CONDRY ou COUDRY.

Condé (S[r] de) : voir VAUDÉTAR (Guillaume DE).

CONDÉ (Le s[r] DE), acquéreur du fief dit le Bois-Grenier, III, 724, 10822.

CONDÉ (Pierre DE), V, 417, 16812.

Condeau (Orne) : voir VILLERAY.

CONDEBOUT (Jean), alloué de Rennes, VI, 54, 19180.

CONDÉ-SUR-ITON (Eure). Séjour du roi, VIII, 553.

CONDÉ-SUR-L'ESCAUT (Nord), VII, 714, 28564.

CONDÉ-SUR-NOIREAU (Calvados). Seigneurie, V, 409, 16774; VI, 299, 20425. Vicomté et élection : voir VIRE ET CONDÉ.

CONDÉ-SUR-RISLE (Eure) : voir BUISSON (LE). Séjour du roi, VIII, 553.

Condé-sur-Vègre (Seine-et-Oise) : voir BREUIL (LE).

CONDETTE (Pas-de-Calais) : voir HARDELOT. Seigneurie, VI, 541, 21709.

Condolle (Jean) : voir CODOLLE (Jean).

CONDOM (Gers). Chapitre cathédral, remboursé d'un prêt fait au roi, II, 703, 7170. Décimes du diocèse, VI, 421, 21066. Évêché, IV, 615, 13868; V, 665, 18089; V, 670, 18111; VII, 115, 23782; VII, 126, 23840; VII, 251, 24446. Évêques : voir GROSSOLLES (Érard DE), LA MARE (Jean DE). Sénéchaussée : voir CONDOMOIS. Siège de justice (sénéchaussée d'Agenais), VIII, 757, 33272; enquêteur : voir GAVYOT (Pierre); procureur du roi : voir CHAPPON Jacques).

—— *Ville*. Deniers communs; contrôleur : voir BARRÉ (Guillaume); receveur : voir BARADAT (Jean). Impôt, III, 362, 9182. Octrois pour les fortifications, I, 686, 3590; III, 204, 8448; IV, 467, 13195. Privilèges, I, 82, 488. Procès contre Jean Chopin, IV, 23, 11112.

CONDOMOIS : voir CAUMONT. Contrôleur des aides et tailles de Condomois, Estrac et Bazadais : voir DELNE (Jean). Domaine d'Albret, IV, 571, 13674. Élus, I, 196, 1089; supprimés, IV, 746, 14469. Greffe, II, 738, 7330. Impôts, I, 419, 2221; IV, 212, 11974; V, 729, 18466. Lieutenant du juge : voir GAMOT (Guillaume). Recherche des amortissements, francs-fiefs et nouveaux acquêts, VII, 511, 26262. Taille de 1533, VIII, 635, 32571.

CONDOR (Philippe), aumônier de Louise de Savoie, V, 704, 18320; V, 783, 18749.

CONDREN (Aisne). Seigneurie, III, 415, 9428.

CONDRIEU (Rhône). Commerce du sel, I, 481, 2542; V, 676, 18147. Gardes du sceau : voir GEUFFROY (Fleury, Jean et Odinet). Sergent royal : voir CHAMBAUD (Étienne). Séjour du roi, VIII, 553.

«*Condry*» : voir «CONDÉ».

Conducteurs : des bouteilles : voir GAUDRY (Claude), MARTINET (Pierre); des harnais : voir ROBERT (François); du sommier des broches : voir BOUTE (Nicolas), ROYER (Jacques).

CONEGRAN (Georges), capitaine, VII, 735, 28707.

Confesseurs : de François Ier : voir CHANTEREAU (Louis), PETIT (Guillaume); des officiers de sa maison : voir FOUESSE (Girard), ROY (Alphonse).

CONFIRMATION. Annulation d'un office non soumis à cette formalité, VII, 456, 25683.

CONFIRMATION du titulaire d'un office en reconnaissance d'un don, IV, 688, 14199.

CONFISCATION. Crimes et délits passibles de cette peine : assemblées illicites, I, 141, 814; duel, II, 280, 5208; VII, 430, 25451; faux au fait du sceau, IV, 367, 12723; félonie et crime de lèse-majesté, IV, 30, 11143; IV, 69, 11314; IV, 156, 11717; fraude et contrebande, III, 145, 8153; III, 465, 9648; IV, 147, 11677; IV, 687, 14197; hérésie, VIII, 745, 33187; lèse-majesté, VIII, 686, 32855; luxe prohibé, IV, 528, 13478; malversations, II, 159, 4635; péculat, V, 27, 14805; V, 444, 15420; VIII, 720, 33054.

CONFISCATIONS : antérieures au traité de Madrid, V, 753, 18582; de draps de soie, III, 377, 9245; de marais salants, IV, 393, 12841; IV, 455, 13135; en Bourgogne, III, 145, 8151; en Bresse et Bugey, IV, 257, 12201; IV, 479, 13248; en Luxembourg, IV, 406, 12899; VII, 590, 27325; en Provence, I, 190, 1062; III, 198, 8414; IV, 216, 11991; VII, 387, 25185; VIII, 705, 32965; dans le ressort du Parlement de Toulouse, III, 663, 10545; levées au profit de ceux qui en avaient été frappés ou de leurs proches, III, 528, 9916; III, 627, 10382; IV, 97, 11448; V, 91, 15186; V, 722, 18427; VI, 11, 18963; VI, 123, 19527; VI, 223, 20023; VI, 275, 20301; VI, 301, 20438; VI, 387, 20881; VI, 691, 22516; VI, 719, 22661; VII, 55, 23488; VII, 75, 23584; VII, 556, 26858; VII, 563, 26947; VII, 576, 27114; sous Charles VII, VI, 9, 18957; sous Louis XII, V, 270, 16065; V, 275, 16089; sous Philippe de Valois, III, 415, 9428; sur les Génois, II, 96, 4324; II, 261, 5128; sur les Milanais, V, 293, 16182. Voir AUBAINE, BÂTARDISE, GUERRES CONTRE CHARLES-QUINT, PROCÈS CRIMINELS, aux noms des complices du connétable de BOURBON et des autres personnes dont les biens ont été confisqués : ALAD (Jean), ALOIÈRE (Jean D'), AULON (Jean D'), BARILLY (Girard), BILLEBEUF (Jean), BONNEFONT (François), BONNEVAL (Ambroise DE), BUNOT (François), CAILLET (Jean), CERESTORIS (Jacques), DESTRAUX (Nicolas), DU PUY (Louis), FAUGÈRE (Simon), GEOFFROY (Aymar), GOURNAY (Simon DE), ISALGUIER (Jean), LASNIER (Nicolas), LE FÈVRE (Jean), LEPAIGE (Jean), LO (Bernard DE), MARION (Claude), MAUPIN (Jean), PRIVAT (Odet), ROUSSEL (Jean), RUET (Thomas), STAINVILLE (Imbert DE), VAGON (André-Théodore).

—— *Dons de confiscations* [1] : à François de Bourbon, III, 373, 9232; à ses serviteurs, III, 474, 9695; VII, 743, 28768; à Jean Breton, I, 710, 3711; à Varin Briel, VII, 589, 27309; à François Burgensis, VI, 111, 19464; au marquis

[1] On n'a compris, dans l'énumération qui suit, que les dons de confiscations attribués à des personnages plus ou moins marquants; aussi convient-il de faire remarquer que les articles auxquels on a renvoyé dans les lignes précédentes ont trait également, pour la plupart, à des dons de confiscations, mais attribués à des personnages sans notoriété.

de Ceva, VI, 13, 18977; à Philippe Chabot, I, 470, 2484; VI, 56, 19189; VII, 561, 26927; à Jacques de Chérigné, VII, 534, 26566; à la reine Claude, V, 91, 15138; à Antoine de Clermont, I, 689, 3603; à Claude de Clermont, VI, 253, 20187; à Louis de Clèves, III, 48, 7688; VI, 402, 20962; à Thomas de Costigliole, III, 357, 9159; à François de Crussol, V, 479, 17142; à Antoine des Prez, IV, 59, 11269; à Étienne des Réaux, III, 167, 8264; V, 534, 17423; à Charles du Solier, I, 570, 2999; au comte d'Entremont, IV, 366, 12718; à Jean d'Escoubleau, III, 436, 9520; à Jean, bâtard du Fay, VII, 516, 26317; à César Frégoso, III, 625, 10371; à Charles de Fresnel, IV, 504, 13366; à Jacques de Genouilhac, I, 478, 2524; I, 487, 2568; VII, 518, 26350; à Claude Genton, IV, 563, 13639; à Artus Gouffier, V, 304, 16241; à Claude Gouffier, VII, 572, 27053; à Guignes Guiffrey, I, 417, 2215; V, 623, 17861; à Henri II, roi de Navarre, III, 380, 9260; III, 748, 10930; VII, 576, 27115; à son maître d'hôtel, VII, 558, 26884; à Raoul de Juch, VI, 220, 20010; à Nicolas de La Personne, VII, 518, 26347; à Pierre Le Vasseur, III, 303, 8915; à Jean de Lévis, s^r de Châteaumorant, VIII, 639, 32594; à des serviteurs de Louise de Savoie, VI, 142, 19625; VI, 149, 19657; VI, 179, 19809; VI, 212, 19968; à François de Marconnay, V, 72, 15040; à Jacques de Matignon, I, 379, 2017; à M. de Maugiron, II, 664, 6990; à Jacques de Montgomery, I, 401, 2136; VI, 169, 19755; à Anne de Montmorency, I, 310, 1674; à ses serviteurs, III, 343, 9099; III, 358, 9120; VI, 334, 20607; à Anne de Pisseleu, III, 274, 8782; III, 499, 9807; IV, 360, 12609; à Robert de Pommereu, VI, 280, 20328; à M. de Rabodanges, III, 294, 8876; à Antoine Raffin, I, 578, 3037; VII, 521, 26389; à Geoffroy Raffin, VII, 572, 27058; à Louis de Rouville, I, 373, 2008; à Jean Stuart, I, 533, 2806; VII, 683, 28289; à Robert Stuart, II, 42, 4048; à René, bâtard de Savoie, VII, 515, 26306; à Jean de Taix, II, 471, 6080; à M. de Taurines, III, 550, 10040; à Benoît Théocrène, V, 358, 20734; à don Henri de Tolède, III, 588, 10210; à Robert de Villiers, VII, 521, 26380; à Pierre de Warty, II, 716, 7235. Suspension des dons de cette nature, IV, 26, 11123; révocation de cette suspension, IV, 254, 12186.

Conflans, c^ne de Charenton-le-Pont (Seine). Séjour du roi, VIII, 553.

Conflans, c^ne de Sainte-Maurice-d'Eschaseaux (Ain). Seigneurie, III, 313, 8959.

Conflans (Marne) : voir **Caves (Les)**. Fortifications, IV, 28, 11131.

Conflans (Le capitaine), VII, 108, 23747.

Conflans (Antoine **de**), concessionnaire de la châtellenie de Clérieux, V, 675, 18140.

Conflans (Antoine **de**), écuyer, I, 220, 1214.

Conflans (Antoine **de**), premier huissier de salle du roi, V, 632, 17904.

Conflans (Antoine **de**), vicomte d'Oulchy-le-Château, II, 354, 5546; VII, 736, 28714; VIII, 270, 31812.

Conflans (Gilles **de**), VI, 364, 20763.

Conflans (Jean **de**), lieutenant du s^r de Brosse, VII, 395, 25229.

Conflans-en-Bassigny ou **Conflans-sur-Lanterne** (Haute-Saône). Châtellenie, V, 507, 17282.

Conflans-sur-Seine : voir **Conflans** (Marne).

Confolens (Charente), III, 029, 10388.

Confolens (Claude **de**), VI, 75, 19281.

Confolens (Guillaume **de**), archer de la garde, II, 75, 4216.

Conforgien (Barthélemy **de**), page de l'écurie, VIII, 302, 32147.

Confrères de la Passion, I, 166, 941.

Confrérie (Grande) aux bourgeois de Paris, I, 358, 1911.

Confréries des «battus et disciplinés» en Provence. Abolition, VIII, 692, 32887.

Confréries d'artisans. Statuts de celle des libraires, écrivains, enlumineurs, parcheminiers et relieurs de l'Université de Paris, établie en l'église Saint-André-des-Arts, VIII, 619, 32486. Suppression, VI, 713 (VIII, 801*), 22628; exception en faveur de celle des drapiers de Paris, IV, 198 (VIII, 788), 11915; IV, 311, 12455.

Confréries religieuses. Ancenis : confrérie du Saint-Esprit, VII, 382, 25163. Le Mans : confrérie de Saint-Michel en la cathédrale, III, 402, 9640. Noyon : confrérie des Joies, V, 514, 17321. Paris : confrérie de Notre-Dame et Saint-Louis à Saint-Eustache, I, 219, 1207.

IMPRIMERIE NATIONALE.

Congnart (François), secrétaire du roi à gages, V, 691, 18240.

Congrégation de Chézal-Benoît : voir Chézal-Benoît.

Congrégation de France de l'ordre des Frères prêcheurs, IV, 676, 14153.

Coni ou Cuneo (Italie, cap. de prov.), III, 500, 9812. Diocèse, VIII, 676, 32805. Séjour du roi, VIII, 553.

Conigham (Pierre de), s^r de Cangé, l'un des 100 gentilshommes de l'hôtel, V, 446, 16968.

Connan (François de) : voir Conan (François de).

Connart (Léonard), receveur du magasin à sel de Falaise, VI, 776, 22933.

Connault (Jean). Sa veuve : voir Lange (Michelle).

Connée : voir Saint-Martin-de-Connée.

Conngran (Georges), italien, VIII, 305, 32172.

Connet (Jean) : voir Gonnet (Jean).

Connétables : de Castille : voir Velasco (Pedro Fernandez de); de Flandre : voir Mélun (François de); de France : voir Albret (Charles, s^r d'); Bourbon (Charles, duc de); Montmorency (Anne de); de la porte orientale de Milan : voir Lingem (Jean); de Nantes : voir Le Porc (François); de Normandie : voir Orléans (François et Louis II d'), ducs de Longueville.

Connétablie de Bordeaux, I, 628, 3288.

Connétablie et maréchaussée de France.
—— *Juridiction*, ayant son siège central à Paris, à la Table de marbre du Palais, III, 269, 8758; IV, 642, 14004; IV, 710, 14300; VIII, 396*, 21566 *bis*; VIII, 402, 23934[6-7]; VIII, 652, 32669; VIII, 742, 33175; en matière d'abus des prévôts des maréchaux, IV, 711, 14300; d'administration militaire, III, 188, 8366; IV, 401, 12880; VII, 445, 25595; de chasse, II, 5, 3856; III, 659, 10528; IV, 19, 11095; IV, 642, 14005; VI, 575, 21396; de gabelles, IV, 723, 14362; V, 658, 18051; V, 660, 18057; d'honneur, V, 511, 17301; de pillage, IV, 642, 14005; IV, 678, 14161; VII, 480, 25891; sur les gens de guerre, III, 109, 7989; IV, 678, 14161; VI, 804, 23074. Affaires diverses, I, 372, 1983; I, 729, 3809; IV, 714, 14320. Entérinement de lettres de rémission, III, 318 8987; IV, 716, 14326; VI, 628, 22170 Incompétence en Dauphiné, I, 523, 7552
—— *Organisation provinciale* : voir aux noms des provinces et des élections.
—— *Personnel* : liste, IX, 214-216. Attributions des huissiers, III, 731, 10855; IV, 391, 12834. Création d'un nouvel office d'huissier au siège de la Table de marbre, IV, 79, 11364. Gages, II, 39, 4032; II, 226, 4956, 4958; II, 251, 5082; II, 252, 5084; II, 449, 5976; II, 573, 6555; VII, 615, 27633. Nomination d'un prévôt des maréchaux, VII, 442, 25568.

Connillière (La), havre dans la principauté de Châtelaillon, V, 535, 17426.

Connon (Jacques), fermier du greffe des assises d'Angers, III, 689, 10662.

Conon, Cosnon ou Cousnon, c^ne de Cellettes (Loir-et-Cher). Seigneurie et justice, V, 320 (VIII, 390), 16334; VI, 808, 23096; VI, 369, 20793; VII, 45, 23434.

Conq : voir Concarneau.

Conquerets (Les) : voir Saint-Denis-des-Conquerets.

Conques (Aude) : voir Saptes (Les). Foire, V, 49, 14918.

Conques (Aveyron). Collégiale Sainte-Foi, III, 596, 10246; III, 656, 10517.

Conquet (Le) [Finistère]. Privilèges du roi des arbalétriers, I, 191, 1068.

Conquête du comté de Nice, VII, 378, 12132; du duché de Luxembourg, IV, 406, 12899.

Conrad, capitaine, III, 178, 8316.

Conrard (Hans), VIII, 61, 29787.

Conseil (Franc) ou Franconseil, s^r de la Garde et de Saint-Roman-de-Codières, IV, 384, 12804; adjudicataire des travaux du port d'Aigues-Mortes, II, 276, 5192-5195; II, 281, 5215; VI, 316, 20514; greffier des États de Languedoc, VII, 247, 24426. Faucons offerts par lui au roi, VII, 735, 28709; VIII, 212, 31224.

Conseil (Jean), abbé de Fontenay-le-Marmion, V, 265, 16037.

Conseil de Chambéry : voir Parlement de Chambéry.

Conseil de Dombes, séant à Lyon, appelé aussi Cour ou Chambre souveraine de

DOMBES, PARLEMENT DE DOMBES, I, 362 (VIII, 770), 1934; II, 604, 6712-6713; II, 611, 6747; III, 317, 8981; V, 638, 17940; VI, 116, 19488; VI, 325, 20556; VI, 688, 22500; VIII, 686, 32856; voir, pour le personnel, t. IX, p. 176. La mention du «Parlement de Lyon» qu'on rencontre, III, 463, note, paraît concerner en réalité le Parlement de Rouen, où l'acte dont il s'agit fut enregistré précisément à la date indiquée.

CONSEIL DE LOUISE DE SAVOIE, VII, 637, 27876, 27878. Président : voir BRINON (Jean).

Conseil de Turin : voir PARLEMENT DE TURIN.

CONSEIL DU ROI, appelé CONSEIL ÉTROIT, CONSEIL PRIVÉ, CONSEIL SECRET, V, 360, 16539; VI, 246, 20150; VIII, 9, 29329; VIII, 147, 30616; VIII, 307, 32187. Arrêts, I, 616, 3230; II, 314 (VIII, 350), 5366; II, 437, 5927; III, 157, 8216; III, 661, 10536; VI, 705, 22588; VI, 791, 23007; VII, 633, 27826; VIII, 372, 11281 *bis*. Assignations devant cette juridiction, VI, 589, 21970; VIII, 167, 30806. Avis en matière fiscale, II, 277, 5196-5198; II, 298, 5288; II, 301, 5302; II, 395, 5730; VII, 646, 27963. Commission en matière judiciaire, IV, 616, 13877. Décisions exécutoires sans lettres de *pareatis*, IV, 600, 13800. Direction générale des affaires de l'État, VI, 79, 19299; VI, 405, 20975; VIII, 236, 31461; VIII, 613, 32455; en l'absence du roi (séances à Amiens), III, 302, 8914; III, 303, 8917; VIII, 148, 30625; (séances à Lyon), III, 234, 8598; III, 408, 9392-9394; III, 421, 9455; III, 422, 9458-9459, 9461; III, 423, 9465; III, 429-430, 9491-9493, 9495; III, 431, 9499; III, 434, 9510; IV, 362, 12700; VI, 476, note; VII, 577, 27128-27129; VIII, 65, 29830; VIII, 75, 29916; VIII, 85, 30015; VIII, 91, 30069-30071, 30074; VIII, 92, 30080, 30082; VIII, 94, 30095-30096; VIII, 203, 31133; (séances à Paris), VI, 715, note. Enregistrement d'édit, VI, 79, note. Évocations à cette juridiction, I, 167, 950; II, 96, 4324; II, 618, 6780; IV, 25, 11112; IV, 73, 11332; IV, 732, 14408; IV, 108, 11493; IV, 119, 11541; IV, 280, 12301; IV, 600, 13800; IV, 608, 13837; IV, 732, 14408; VI, 491, 21435; VI, 496, 21460; VI, 574, 21890; VI, 620, 22128; VI, 381, 22467; VI, 690, 22511; VI, 788, 22995; VIII, 307, 32186; VIII, 594, 32364; VIII, 669, 32764; VIII, 687, 32863; VIII, 759, 33289; demandées, IV, 278, 11291; VI, 814, 23114; suivies de renvois, IV, 152, 11699; VI, 605, 22050. Huissiers : voir CHARRUAU (Alexandre), DARESSE (Christophe), LALOUETTE (Pierre), POUSSIN (Jean), VALLET (François). Jetons des membres, II, 673, 7030; VIII, 116, 30326; VIII, 129, 30444. Matières déférées à cette juridiction : abus de pouvoir, IV, 104, 11476; IV, 499, 13347; IV, 711, 14303; conflit de juridiction, VII, 657, 28054. Mobilier, II, 425, 5869; III, 475, 9699 : voir CHARRUAU (Alexandre), VALLET (François). Procès criminels, V, 641, 17954; VII, 422, 25396; VII, 655, 28041. Surveillance des monnaies, III, 631, 10854; V, 617, 17826. Taxation de vacations, chevauchées, etc., II, 22, 3947; III, 230, 8578; III, 306, 8930; III, 343, 9098; III, 450, 9581; III, 665, 10555; VII, 693, 28380; VII, 775, 28979; VII, 785, 29047; VIII, 167, 30807; VIII, 197, 31079; VIII, 210, 31207. Travaux : association des députés de Bourges, I, 429, 2274; V, 311, 16287. Vérification de comptes, IV, 309, 12732; VI, 128, 19552; de privilèges, IV, 312, 12457; VI, 711, 22619; VIII, 387[a], 15132 *bis*; de procédures, IV, 434, 13042; VI, 576, 21899.

CONSEIL ET CHANCELLERIE DE BRETAGNE, VIII, 621, 32498.

—— *Attributions* : domaniales, III, 287, 8844; IV, 130 (VIII, 373[a]), 11591; V, 536, 17430; financières, I, 353, 1888; VI, 692, 22522; VI, 759, 22854; VII, 426, 25422; judiciaires, IV, 24, 14114; VI, 165, 19536. Conservation du trésor des chartes de Bretagne, I, 207, 1148. Garde du sceau, II, 53, 4104; III, 626, 10377.

—— *Organisation*. Droit de séance du sénéchal de Nantes, VII, 415, 25331. Siège fixé à Rennes et à Nantes alternativement, II, 78, 4231.

—— *Personnel* : liste, IX, 211. Receveurs et payeurs : voir BRETIN (Antoine), CARRÉ (Gilles). Ventes d'offices, II, 72, 4206; III, 762, 10989.

Conseil (*Chambre du*) : voir CHAMBRE DU CONSEIL.

Conseil (*Échiquier et*) *d'Alençon* : voir QUIERLAVOINE (Charles).

CONSEIL (GRAND) de l'empereur, I, 691, 3616; VI, 203, 19926.

Conseil judiciaire, voir CURATEUR.

CONSEILLER. Maintenue en possession de ce titre, II, 259, 5121.

CONSEILLER AU PARLEMENT DE PARIS. Dispenses de cette qualité pour exercer l'état de conseiller aux requêtes du Palais, IV, 455, 13137; IV, 463, 13173; IV, 572, 13677.

Conseillers : voir aux noms des diverses juridictions.

CONSEIL PRIVÉ de Charles-Quint, IX, 110.

CONSEILS du roi, IX, 145.

CONSERANS ou COUSERANS, pays compris dans le département de l'Ariège. Diocèse ecclésiastique dont le siège était à Saint-Lizier, VI, 421, 21066; évêque : voir MARTHORY (Menault DE). Diocèse financier, IV, 212, 11974; V, 473, 17112. Réparations de l'église cathédrale, VIII, 759, 33288. Vicomté, VII, 19, 23303; VII, 254, 24458; vicomte : voir FOIX (Jean DE).

CONSIGNATIONS mises à la disposition du receveur des finances extraordinaires et parties casuelles, IV, 518, 13433; IV, 609, 13846; VIII, 728, 33094.

CONSPIRATEURS arrêtés en Provence, VII, 772, 28953.

CONSPIRATION de François de Fontenay avec l'Angleterre, V, 73, 15041.

CONSTANCE (Grand-Duché de Bade). Concile, IV, 482, 13262.

CONSTANS (Arnaud), contrôleur des réparations des places de Guyenne, VII, 463, 25736.

CONSTANTIN (François DE), patron de *La Perle*, natif de Corse, demeurant à Marseille. Lettres de naturalité, IV, 244 (VIII, 407*), 12134.

CONSTANTIN (Jean DE), élu de Coutances et de Carentan, VIII, 275, 31867.

CONSTANTIN (Jean DE), homme d'armes de la compagnie du s[r] de Boisy, natif de Mantoue, III, 389, 9300; III, 692, 10678-10679. Lettres de naturalité, III, 692 (VIII, 369), 10677.

CONSTANTIN (Michel DE), élu de Coutances, III, 572, 10137.

CONSTANTIN (Nicole ou Nicolas DE) ou DE COTENTIN, élu de Coutances et Carentan, III, 509, 9857; VI, 196, 19888; VI, 528, 21640.

CONSTANTINOPLE (Turquie), III, 574, 10148; IV, 267, 12246; VI, 594, 21996; IX, 86; voir PÉRA. Missions : d'Octavien Grimaldi, VIII, 187, 30993, 30995; de Charles de Marillac, VIII, 84, 29820; d'Antoine de Raincon, VIII, 167, 30810. Traité entre François Ier et Soliman II, III, 178, 8319.

Constaure (*Antoine*) : corr. COSTAIRE (Antoine).

CONSTITUTIONS de l'Église, IV, 615, 13868.

Construction : voir BÂTIMENTS.

Consul en Égypte : voir LABIA (Raphaël).

CONSULS, titre que sont autorisés à prendre les syndics : de Draguignan, I, 108 (VIII, 404), 630; d'Hyères, VII, 174, 24075; de Saint-Maximin, I, 125, 726; de Salon, VIII, 656, 32689; de Sisteron, I, 118, 684; du Vigan, I, 433, 2293. Voir aux noms des diverses villes du Midi.

CONSULTATIONS. Défense à un procureur général d'en donner contre les droits du roi, VII, 787, 29070.

CONTADIS (Arnaud), juge ordinaire de la vicomté de Narbonne, VI, 385, 20870.

CONTAULT (Claude) ou COUTAUT, greffier des États de Bourgogne, VII, 255, 24462; maître ordinaire des comptes de Dijon, IV, 435, 13046.

CONTAULT (Mongin), conseiller au Parlement de Dijon, IX, 171.

CONTE (Antoine), garde du droit de foraine à Trinquetaille, VII, 349, 24993; VII, 347, 24982.

CONTE (Antoine), natif du comté de Genève, demeurant à Arles. Lettres de naturalité, VI, 660 (VIII, 399*), 22381.

CONTE (Bernardin), dit ZUPLE, V, 378, 16623.

CONTE (Jacques), VII, 244, 24411; VII, 233, 24356.

CONTE (Jeanne), maîtresse de Charles d'Orléans, père du roi, V, 525, 17374.

CONTE (Joachim), s[r] de Sivergues et de Pierrevert, VIII, 671, 32775.

Contes (Pas-de-Calais) : voir COMTÉ (LA).

CONTESSE (Jean), sergent de la ville de Crépy-en-Valois, V, 12, 14719.

CONTEST (Mayenne), VII, 600, 27462.

CONTEVILLE (Oise). Seigneurie, VI, 532, 21666.

CONTEVILLE (Somme). Seigneurie, V, 294, 16188; V, 607, 18094; V, 669, 18104.

Conteville (de) : voir COUTANCES (Gilles DE).

CONTEVILLE (Claude DE), sommelier de paneterie des fils du roi, VIII, 182, 30944.

CONTEVILLE (Jean DE), VI, 532, 21667. Ses filles, Jeanne et Marguerite, VI, 532, 21666.

CONTEVILLE (Oudin DE), dit TAILLEVANT, maître-queux du Dauphin en Espagne, I, 595, 3124.

Conti : voir CONTY.

CONTOUR (Antoine), huissier sergent ordinaire des requêtes du Palais, III, 251, 8676.

CONTRATS : voir NOTAIRES et TABELLIONS. Annulation d'une ordonnance du Parlement de Provence relative aux contrats, VIII, 634, 32563. Faux contrats punis de mort, II, 130, 4494; II, 138, 4534. Sceaux aux contrats : de Limours, I, 163, 925; de Marines, VII, 516, 20315; de Veuil, VII, 446, 25600.

CONTREBANDE, III, 232, 8589; III, 495, 9790; IV, 169, 11775.

CONTREFAÇONS : de sceaux, VI, 731, 22715; de la signature d'un secrétaire du roi, VI, 420, 21058.

CONTRELETTRES. Usage interdit en matière de finances, II, 140, 1548.

CONTREMOULINS (Seine-Inférieure). Seigneurie, V, 570, 17594.

CONTRES (Loir-et-Cher). Séjours d'Anne de Montmorency, VIII, 275, 31862; de François Ier, VIII, 290, 32010; VIII, 553.

CONTREVILLE (Artus DE), receveur des tailles à Bayeux, VII, 788, 29078; VII, 789, 29082.

Contributions : voir IMPÔTS.

Contrôleurs : voir ARTILLERIE, BOURSE COMMUNE, DENIERS COMMUNS, DOMAINE, ÉLECTIONS, ÉPARGNE, GRENIERS À SEL, GUERRES, MAISON DE LOUISE DE SAVOIE, MAISON DU ROI, MARINE, MONTRES, TRAITÉS, TRÉSOR. Pour les contrôleurs des finances : voir aux noms des diverses charges ou recettes générales.

CONTRÔLEURS GÉNÉRAUX des finances. Pensions accordées par Louis XII, VIII, 756, 33257. Personnel : voir t. IX, p. 250-251.

CONTY (Somme). Baronnie, II, 271, 5174; VI, 491, 21433; VII, 542, 26677; VII, 564, 26956; VII, 783, 29036; VIII, 239, 31491. Barons : voir MAILLY (Jean DE), ROYE (Charles, sr DE).

CONVENIS (Jean DE), juge de Castellane, III, 157, 8214; III, 223, 8547; III, 244, 8646.

CONVERS (Jacques), homme de guerre, IV, 580, 13716.

CONVERS (Marie de), VIII, 393*, 17668.

COPENHAGUE (Danemark), IX, 83.

COPIES recueillies à Rome pour le prieur de Saint-Martin-des-Champs, V, 178, 15582.

COPINET (Nicolas), sergent des Eaux et forêts en la prévôté de Sainte-Menehould, IV, 504, 13365.

COPISTES travaillant pour le roi, IV, 180, 11854.

COPPEBERT, maison à Ham, VIII, 571, 32238.

COPPEL (Pierre). Légitimation de son fils Charles, VI, 156, 19692.

COPPELLAN (Gilbert), marchand de Dieppe, VII, 425, 25420.

COPPENS (Gabriel DE). Légitimation de ses fils Raymond, porte-enseigne de la compagnie de M. de la Mailleraye, et Arnaud, III, 342 (VIII, 364*), 9094-9095.

Coq (HÔTEL DU) *et du Cygne*, à Corbeil, VII, 67, 23549.

Coq (MAISON DU), à Paris, rue d'Autriche, ou rue d'Artois, V, 497, 17234; VII, 83, 23625.

COQS et poules du roi à Fontainebleau, VIII, 109, 30242.

Coqua (Della) : voir DELLA COQUA.

COQUAINVILLIERS (Calvados) : voir LYSEMBARDIÈRE, Seigneurie, VI, 500, 21481.

Coqueborne : voir COCKBORN.

COQUELET (Bertrand). Biens confisqués, VII, 546, 26720; VII, 755, 28844.

COQUEREAU (Jacques), maître-maçon, VI, 744 (VIII, 400*), 22778.

Coqueron : voir Sermissas (Louis de).

Coquet, mesure pour la cervoise, à Doullens, II, 102, 4352.

Coquet (Jean), candidat à l'office de châtelain et receveur de Pontailler, III, 349, 9125.

Coquet (Jean), canonnier établi à la garde de Thérouanne, VI, 498, 21472; VIII, 288, 31794.

Coquiau, c^ne de Dierre (Indre-et-Loire). Seigneurie, V, 400, 16733.

Coquigny (Jacques), père et fils, contrôleurs du grenier à sel de Fécamp, VI, 597, 22011.

Coquille (Denis), boucher de la reine, II, 502, 6220.

Coquivillier (Nicolas de), V, 635, 18034.

Coral (Rose), V, 129, 16358.

Corallin (Antoine), notaire au bailliage de Dombes, V, 116, 15282.

Coran (David de), ambassadeur de Danemark, V, 389, 16677-16678.

Corant (Jean), maître des œuvres de maçonnerie en Bourgogne, III, 16, 7521.

Corase (Bonnette de), VI, 127, 19546.

Corase (Jean de) ou du Corrast, baron de Bérat, I, 381, 2032; I, 385, 2051; VI, 127, 19546.

Corato (Marquis de) ou *de Quarata* : voir Acquino (Antoine d').

Corbas (Isère). Mandement : voir Velein (Forêt de).

Corbat (Bâtard du) : voir Augustin (Antoine).

Corbe (Thomas), Anglais, établi à Rouen. Lettres de naturalité, IV, 143, 11657.

Corbeil (Seine-et-Oise), I, 190, 3097; II, 25, 3964; VIII, 321*, 987. Capitaine : voir Aymar (Pierre d'). Châtellenie, VI, 654, 22314; VII, 67, 23549; voir Brunoy, Crosnes, Cossigny, Coudray-sur-Seine, Yerres. Église collégiale Saint-Spire, II, 2, 3839; V, 719, 18410. Hôtel du *Coq et du Cygne*, VII, 67, 23589. Prévôté, III, 374, 9232; VIII, 359, 7546; VIII, 360*, 10779 : voir Maçon (Charles). Seigneurie, I, 702, 3670. Séjours du roi, VIII, 553.

«Corbelon», en Savoie, I, 255, 1389.

Corbeny (Aisne). Marché rétabli en faveur de Robert de Lenoncourt, prieur de Saint-Marcoul, III, 11, 7497. Séjours du roi, VIII, 553.

Corberon, c^ne des Marets (Seine-et-Marne). Seigneurie, V, 510, 17298; V, 602, 17753.

Corberon (S^r de) : voir Bouton (Claude de).

Corbery, c^nes d'Antran et de Vaux (Vienne), Bois, III, 746, 10922.

Corbette (Jean-Francisque), gentilhomme napolitain. Pension, II, 323, 5405; II, 389, 5707; II, 430, 5893; VII, 605, 27518; VII, 754, 28837; VIII, 158, 30699.

Corbiano (Christophe de) : corr. Lubiano (Christophe de).

Corbie (Somme), IV, 144, 11658; VIII, 7, 29316; VIII, 19, 29411; VIII, 129, 30451.
—— *Abbaye de Saint-Pierre*, I, 119, 689; I, 354, 1893; III, 387, 9293; VI, 82, 19313; VII, 53, 23478 : voir Dampierre. Abbé : voir La Chambre (Philippe de).
—— *Ville*. Exemptions, II, 632, 6843. Fortifications, IV, 130, 11592 : voir Gencien (Jacques). Garnison, II, 672, 7028; VIII, 144, 30596. Octrois, II, 356-357, 5558-5560; VII, 557, 26866. Privilèges, II, 632, 6843; VII, 10, 23249.

Corbie (Antoine de), élu de Coutances, valet de chambre du duc d'Angoulême, VI, 196, 19888; VI, 206, 19940; VII, 114, 23779.

Corbie (François de), conseiller clerc au Parlement de Paris, puis à celui de Rouen, VI, 63, 19222-19224.

Corbie (Jeanne de), VI, 621, 22133.

Corbière (Géraud), mesureur du grenier à sel de Lunel, III, 442, 9545; III, 530, 9978.

Corbière (La), seigneurie sise à la Trinité (Manche), V, 395, 16706.

Corbières, pays compris dans le département de l'Aude, VI, 238, 20110; VIII, 731, 33117.

Corbieto (Sanson de), espagnol. Lettres de naturalité, V, 100, 15486.

Corbigny (Nièvre), bourg désigné aussi sous le nom de Saint-Léonard-de-Corbigny,

II, 154, 4613; III, 22, 753 : voir Chandiou (Mathieu et Pierre). Comptabilité communale, VIII, 643, 32612.

Corbillons (Maison des *Trois*), à Paris, III, 679, 10618.

Corbin (Denis), portier du château de Blois, VI, 76, 19282.

Corbin (Jean), conseiller au Parlement de Paris, IV, 462, 13167; IV, 495, 13329; VIII, 685, 32850.

Corbin (Nicolas ou Nicole), conseiller au Grand Conseil, III, 451, 9587; IV, 88, 11405; VI, 597, 22010; VIII, 57, 29754.

Corbineau (Louis), receveur des aides à Montfort-l'Amaury, II, 713, 7222.

Corbinelli (Maraboutin), natif de Florence, banquier, établi à Nantes. Lettres de naturalité, III, 221, 8535.

Corbonnière (Séraphin) ou Arbonière, natif de la Rivière de Gênes, demeurant à Cannes. Lettres de naturalité, VI, 666, 22382; VII, 321, 24839.

Corcelles (Rhône). Seigneurie, II, 246, 5059.

C rçon (*Aymon-Pierre de*) : voir Pierre (Yvon).

Cordages, III, 27, 7574; VII, 449, 25624.

Cordane (Agnès), VI, 481, 21375.

Corday (Jeanne de), VI, 520, 21597.

Cordeau (Alise). Légitimation de son fils Jean Gauderé, I, 198, 1103.

« Cordeboeuf », seigneurie en Bourbonnais, VIII, 604, 32415.

Cordelière (*La*), I, 52, 307; I, 103, 604.

Cordelières : de Saint-Marcel-lès-Paris, IV, 644, 14014; Cf. Clarisses.

Cordeliers, Frères mineurs ou religieux de Saint-François, I, 341, 1829; IV, 344, 12621 : voir Thomas (Geoffroy); d'Abbeville, VII, 523, 26409; d'Aix, VII, 32, 23368; d'Amiens, VII, 527, 26468; d'Ancenis, I, 469, 2481; II, 662, 6983; VIII, 81, 29976; d'Angoulême, V, 62, 14982; VII, 691, 28358; de la paroisse de Saint-Loup à Bayeux, I, 109, 636; de Bodélio, VII, 685, 28312; de Bourgneuf-en-Retz, VII, 684, 28299; VIII, 89, 30059-30060; de Champaigre, II, 331, 5448; V, 620, 17843; de Clisson, I, 469, 2481; VII, 684, 28297; de Cognac, V, 62, 14982; VII, 691, 28358; de Dijon, VII, 810, 29226; de Dinan, VII, 641, 27917; VII, 685, 28312; de Fougères, VII, 685, 28312; de La Garde en la forêt de Hez, VII, 527, 26467; de Grenoble, IV, 678, 14160; de Loches, VIII, 99, 30151; VIII, 277, 31885; de Mâcon, VI, 241, 20125; de Meung-sur-Loire, II, 341, 5490; III, 665, 10556; de Nantes, I, 469, 2481; II, 662 6982; III, 532, 9964; VII, 648, 27981; VII, 684, 28298; d'Orléans, II, 757, 7417; de Paris, III, 213, 8495; IV, 534 (VIII, 793), 13501; de Pontoise, VI, 716, 22647; VII, 88, 23651; VII, 119, 23804; de Quimper, VII, 686, 28312; de Rennes, VII, 685, 28312; de Romans, II, 106 4374; VI, 233, 20082; de Rouen, II, 126, 4476; de Saint-Brieuc, V, 415, 11268; de Savenay, I, 469, 2481; de Sézanne, VII, 504, 26150; de Souvigny, VIII, 47, 29673; de Teillé, III, 765, 11001; VII, 695, 28400; de Toulouse, I, 193, 1075; de Vannes, VII, 685, 28312; de Vic en Auvergne, VIII, 40, 29604. Biens en Provence, VII, 372, 25112. Privilèges, I, 229, 1259. Procès soutenus aux Parlements de Bordeaux et de Toulouse, VIII, 599, 32389. Réforme, I, 310, 1675; I, 336, 1801; IV, 534 (VIII, 381* et 793), 13501.

Cordes (Tarn), II, 138, 4536; VI, 257, 20207. Baronnie, V, 397, 16715. Lieutenant particulier du juge d'Albigeois : voir Favrel (Raymond).

Cordes-Tolosannes (Tarn-et-Garonne) : voir Belleperche.

Cordier, surnom : voir Vachier (Pierre et Jean).

Cordier (Bernard), notaire à Marseille, VIII, 651, 32604.

Cordier (Jacques), huissier de la Tour carrée au Palais, puis huissier sergent des Eaux et forêts au siège de la Table de marbre, IV, 545, 13547; IV, 762, 14545.

Cordier (Jean) ou Le Cordier, garde des forêts d'Évreux, Breteuil, Conches et Beaumont-le-Roger, IV, 206, 11942; VIII, 158, 30720.

Cordier (Jean), sergent au bailliage de la Ferté-Bernard VI, 232, 20078.

CORDIER (Michel), châtelain de Moulins, VII, 707, 28508.

CORDIER (Nicolas), demeurant à Abbeville, IV, 787, 14668.

CORDIER (Nicolas ou Nicole) ou LE CORDIER, vicomte d'Évreux, VI, 676, 22438; VII, 580, 27168.

CORDIER (Pierre), conseiller au Grand Conseil, I, 424, 2248; II, 558, 6478; II, 659, 6971; III, 625, 10373; VII, 645, 27953; VIII, 151, 30653. Missions diplomatiques, IX, 7, 35, 38.

CORDIERS : voir MARQUIN (Eusèbe); de Blois, I, 385, 2050; de Paris, I, 191, 1066; de Tours, I, 382, 2034.

Cordon (Haute-Savoie) : voir BILLON (André).

CORDON (François) ou CARDON, commis au paiement des Cent Suisses, II, 538, 6381; II, 586, 6617; II, 648, 6924; III, 60, 7749; III, 87, 7885; III, 148, 8169; VIII, 42, 29627.

CORDON (François), contrôleur de la maison de Messeigneurs et élu d'Orléans, V, 117, 15290; VII, 788, 29077.

CORDON (François), receveur de Blois, IV, 543, 13539.

CORDON (Jean), IV, 216, 11994.

CORDONNIER (Charles), chanoine de Saint-Laud d'Angers, V, 68, 15015.

CORDONNIERS : voir BOURDOUR (Antoine), DELACROIX (Pierre), GIRARD (Jacques), MUS (Nicolosin), PRUDHOMME (Jean); du roi : voir THÉVENARD (Antoine); de Meulan, III, 615, 10323; VII, 74, 23574; de Toulouse, III, 579, 10168.

Cordoue (Espagne) : voir CUILLON (Allouet), SUARÈS (Ferrando).

COREAU (Humbert), prévôt et capitaine du guet de Lyon, VI, 785, 22978.

CORÉE (Alexis DE), V, 402, 16740.

Coreno (Isère) : voir MONTFLEURY.

CORGNON (Nicolas). Légitimation de son fils François, VI, 482, 21384.

Coria (Espagne, prov. de Caceres). Évêque : voir QUIGNONES (François).

CORIEU (André), grènetier de Romorantin, V, 413, 16791.

CORIO (Daniel, Thomas et Paul DE), natifs de Piémont, demeurant à Saint-Maximin en Provence. Lettres de naturalité, IV, 317, 12482; VII, 310, 24802-24803.

CORIOLIS (Jean), CORRIOLIS ou CARIOLIS, prévôt de l'église d'Aix, protonotaire du Saint-Siège. Légitimation de son fils Claude, VI, 325, 20558; VI, 517, 21575; VII, 189, 24144; du même et de son autre fils Christophe, VI, 367, 20779.

CORIOLIS (Léger) ou CARIOLIS, juge de la vallée de Barcelonnette, VI, 577 (VIII, 397), 21905; VIII, 686, 32859.

CORIOLIS (Toussaint DE), conseiller au Parlement de Provence, VII, 68, 23553.

CORISAT (Louis), VI, 36, 19088.

CORIVALDO (Alexandre), archer, III, 445, 9560.

CORLIER (Antoine), conseiller au Parlement de Turin, VIII, 179, 30916.

Cormaillon (*S*r *de*) : voir BOUVET (Jean).

CORMEILLES (Eure). Abbaye de Notre-Dame, VI, 128, 19553; VI, 423, 21078.

CORMEILLES, fief sis à Romilly-sur-Andelle (Eure), VI, 503, 21499.

CORMEILLES (Jacques DE), second avocat général et fiscal au Parlement de Rouen, VII, 567, 26992.

CORMEILLES (Jean DE), V, 445, 16961.

CORMEILLES (Jean DE), conseiller au Parlement de Rouen, VI, 161, 19713.

CORMEILLES (Jean DE), conseiller lai au Parlement de Paris, VII, 500, 26105.

CORME-ROYAL (Charente-Inférieure), VII, 341, 24948.

Cormery (Indre-et-Loire). Abbé : voir DU BELLAY (Jean).

CORMETTES (Le s[r] DE), père d'Odet d'Avroul, II, 41, 4047; V, 101, 15192; VIII, 177, 30902.

CORMICÉ (Blaise DE), intendant des bâtiments de Villers-Cotterets, IV, 87, 11402; payeur de la compagnie du comte de Brienne, III, 484, 9739; VIII, 234, 31433.

CORMICY (Marne). Exemptions accordées aux habitants, II, 377, 5655; VII, 550, 26785; à la suite d'un incendie, VII, 659, 28070. Grenier à sel, V, 285, 16146; VII, 523, 26413. Séjour du roi, VIII, 553.

Cormier (Le), c^ne de Limours (Seine-et-Oise), IV, 81, 11372.

Cormolain (Calvados) : voir Dingry.

Cormontreuil (Marne). Terre, I, 104, 608.

Cornaro (Giorgio), ambassadeur vénitien, IX, 132.

Cornat (*Laurent de*) : voir Corval (Laurent de).

Cornay (*Baron de*) : voir Robertet (Claude).

Cornay (Ardennes). Seigneurie, VI, 547, 21744.

Corne (Jean), messager de la Chambre des comptes de Paris et du Trésor, VII, 511, 26253.

Corne (Pierre de), procureur du roi au siège de Draguignan, III, 156, 8208; VII, 275, 24569.

Corne de Puisieux (Bois de la), mouvant de Montdidier, III, 743, 10908.

Corneille (Robert), receveur des deniers communs de Conches, IV, 410, 12922.

Corneille (Robert), revendeur et priseur de biens à Évreux, V, 115, 15277.

Corneille (*Le seigneur*) : voir Scepperus (Cornelius).

Cornélis (Libertas), espagnol, V, 365, 16563.

Cornély (*Le docteur*) : voir Scepperus (Cornelius).

Cornet (Jean) ou du Cornet, huissier-sergent de la Connétablie, III, 364, 9192; III, 731, 10855.

Cornet (Jean et Nicolas), père et fils, VI, 315, 20508.

Cornet (*Joueurs de*) : de la reine de Hongrie : voir Moussegadel (Jean); du roi : voir Champagne (Augustin), Poinsson (Antoine), Vérone (Marc de).

Corneuil (Eure). Seigneurie, V, 542, 17458.

Corneville-sur-Risle : voir Gros-Pommier (Le), Vacquerie (La), Vigne (La). Abbaye de Notre-Dame, VI, 584, 21942.

Cornjardi (Jean), conseiller lai au Parlement de Toulouse, IV, 425, 12996.

Cornier (François), procureur au Parlement de Bordeaux, VII, 398, 25243.

Cornille (Edme), greffier du temporel de l'abbaye de Flavigny, VI, 304, 20452.

Cornillère (La), quart de fief sis à Vieux-Pont (Calvados), VI, 391, 20906.

Cornillier (Jacques), auditeur des comptes à Moulins, VII, 529, 26497; lieutenant général de la sénéchaussée de Bourbonnais, IV, 442, 13076.

Cornillon (Isère). Seigneurie, I, 399, 2128; I, 502, 2646; II, 436, 5922.

Cornillon, seigneurie dans la vicomté d'Arques, VI, 457, 21253.

Cornillon (Drôme). Prieur : voir Verrier (Jean).

Cornillon (*Suzanne de*) : voir Laire (Suzanne de).

Cornouailles : voir Quimper.

Cornu (Antoine), receveur de Poitou, IV, 15, 11074.

Cornu (Thibaut), de la maison de la reine. Lettres de naturalité, VII, 614, 27631.

Cornus (Aveyron). Foires, I, 499, 2629.

Coron (Pierre), marchand, V, 128, 15341.

Corporations : voir Maîtrises, ainsi qu'aux noms des métiers et des villes.

Corps (Isère). Séjour du roi, VIII, 31, 29506.

Corps (Antoine de), maître-queux de la cuisine de bouche, VII, 627, 27760.

Corrard (Loup), marchand de Strasbourg, inculpé d'hérésie, IV, 767, 14567.

Corrato (*Le marquis de*) : voir Acquino (Antoine d').

Correa (Pedro) da Atonguia, ambassadeur portugais, IX, 134.

Correcteurs des comptes, au nombre de quatre, II, 747, 7371.

Corrège (Jean-Jacques de), natif de Correggio (Italie, prov. de Reggio Emilia), demeurant à Bordeaux. Lettres de naturalité, I, 450, 2378.

Correggio (Hieroniner da), envoyé du Pape IX, 130.

Corregon (Jean de), natif de Grèce, au service du roi sous le Grand écuyer. Lettres de naturalité, VI, 124, 19531.

Corressy : voir Calluo Corressy.

IMPRIMERIE NATIONALE.

CORRÈZE (Corrèze). Foires, I, 462 (VIII, 335*), 2445; I, 477, 2520. Vicairie perpétuelle de Sainte-Catherine, VII, 277, 25859.

CORRIGI (Joseph), dominicain, inquisiteur général de la foi dans le royaume, IV, 100, 11460; IV, 121, 11550.

Corriolis (Jean) : voir CORIOLIS (Jean).

CORROY (Marne). Seigneurie, VI, 546, 21738.

CORROYEURS : de Blois, VI, 105, 19433; de Rouen, IV, 315, 12473.

CORS (Le feu s^r DE). Sa fille ne peut être mariée qu'avec le consentement du roi, VII, 452, 25652.

CORSAIRES levés en Normandie et en Champagne, V, 751, 18574. Masques en déguisement de corsaires. III, 38, 7633. Ordonnance contre les corsaires barbaresques, I, 716, 3742. Prise de corps de deux corsaires du Croisic, VIII, 690, 32876.

« CORSANDON », seigneurie mouvant de Saint-Pierre-le-Moutier, V, 430, 16876.

CORSANEGO (Nicolas DE), gênois, II, 596, 6673.

CORSE, île, VII, 617, 27649; VIII, 316*, 442 *bis*. Droits du roi, VIII, 628, 32534. Originaires naturalisés français : voir BOCHERINI (Nicolin DE), CONSTANTIN (François DE), LIBERTA (Barthélemy DE).

CORSE (Francisque DE), VIII, 161, 30749.

CORSELET (Pierre), archer des toiles du roi, III, 704, 10996.

CORSICO (Italie, prov. de Milan). Séjour du roi, VIII, 553.

CORSINI (André), envoyé hongrois, IX, 118.

CORSIO (André DE), dominicain. Mission en Picardie et en Champagne, II, 369, 5620.

CORSO (Pierre), marchand florentin, V, 748, 18559.

Corso : voir SAN PIETRO CORSO.

CORTE (Matteo DE), médecin ordinaire du pape, II, 532, 6352.

CORTELLE (Martial), lieutenant particulier du sénéchal d'Agenais, VII, 456, 25681.

CORTEZI (Jean), bâtard non légitimé, III, 616, 10332.

CORTIA (Renard DE), valet de chiens de la vénerie, III, 46, 7676.

CORTIN (Macé), V, 294, 16191.

CORVAL (Laurent DE) ou DE CORNAT, marchand à Lyon, IV, 384, 12804; IV, 574, 13686; VIII, 42, 29623.

CORVÉE (Jean), barbier et valet de chambre du comte de Saint-Pol, II, 487, 6152.

CORVÉES pour les fortifications de Roye, IV, 669, 14123.

CORVILLE (Jean), garde du sceau aux contrats du siège royal de la baronnie de Coucy, VI, 396, 20930.

CORVISIER (Jean), originaire du Comtat-Venaissin, habitant Fréjus. Lettres de naturalité, VII, 293-294, 24670.

CORVOL-D'EMBERNARD (Nièvre). Seigneurie, VI, 155, 19687.

Corzameau dans la Marche, sans doute CROZANT (Creuse), VII, 527, 26465.

Cosant (Gabriel de) : voir LÉVIS (Gabriel DE).

Coscil, Cosil : voir COCIL.

Cosmier (Thomas) : voir COUSINIER (Thomas).

Cosmographe : voir BENÉDICT (JEAN-MARIE, *dit*).

COSMOLET (Jean DE), archer de la compagnie du s^r de Chavigny, III, 313, 8963.

COSNAC (Charles DE), conseiller clerc au Parlement de Bordeaux, VIII, 776*, 3761.

COSNE, c^ne de Quemigny-sur-Seine (Côte d'Or). Abonnement de tailles, I, 271, 1471.

Cosne : corr. TANNAY.

COSNE (Nièvre). Grenier à sel, II, 286, 5235; V, 269, 16059; V, 337, 16422; V, 450, 16990; V, 496, 17226; V, 516, 17830. Notaire : voir PELIGOT (Étienne); suppression d'un office de notaire nouvellement créé, V, 127, 15339. Octrois sur le sel, VII, 543, 26682-26683; VII, 550, 26861-26862. Séjours du roi, VIII, 553.

COSNE-SUR-L'ŒIL (Allier). Séjours du roi, VIII, 553.

Cosnier (Thomas) : voir COUSINIER (Thomas).

Cosnoal (Pierre), auditeur des comptes en Bretagne, maître des monnaies et commis à la recette des amendes dudit pays, I, 586, 3079; II, 126, 4473; II, 209, 4880; VII, 700, 28454; sénéchal d'Auray et d'Hennebont, VI, 48 (VIII, 394), 19151-19152; VII, 688, 28338.

Cosnon : voir Conon.

Cossard (Hugues), lieutenant du bailliage d'Auxois à Arnay-le-Duc, VI, 706, 22598.

Cossé, famille, VII, 61, 23518; VII, 72, 23593.

Cossé (Arthuse de), demoiselle de la maison de Mesdames, II, 591, 6644.

Cossé (Artus de), VIII, 196, 31070.

Cossé (Charles de), s[r] de Brissac, gentilhomme de la chambre, II, 51, 4094; IV, 681, 14173; VI, 792, 23012; bailli de Caux, commis au payement des fortifications de Rouen, VI, 758, 22852. Missions : en Flandre, IX, 17; en Piémont, VIII, 16, 29391; VIII, 148, 30624; en Espagne, VIII, 268, 31779; IX, 43, 44, 45; premier panetier du roi, II, 569, 6532; VIII, 301, 32132.

Cossé (Hardouin de), capitaine de cent arbalétriers à cheval de la garde du corps, V, 264, 16034.

Cossé (Jean), VII, 17, 23290.

Cossé (Louise), femme de Charles Alexandre, I, 580, 3047.

Cossé (Mathurin), tailleur de la Monnaie de Tours, VI, 173, 19776.

Cossé (Philippe de), évêque de Coutances. Serment de fidélité, VI, 222, 20020.

Cossé (Philippe-Michel), de la Côte-Saint-André, VIII, 230, 31396.

Cossé (René de), panetier des fils du roi, VIII, 182, 30944.

Cossé (René de), s[r] de Brissac, grand fauconnier et premier panetier de France, II, 296, 5282; II, 324, 5411; II, 489, 6162; VII, 690, 28353, 28356; III, 560, 10088; V, 399, 16723; V, 551 (VIII, 391[a]), 17502; VIII, 403, 24071 *bis;* capitaine de chevau-légers, VIII, 236, 31461; VIII, 286, 31973; VIII, 298, 32098; VIII, 299, 32115; VIII, 301, 32141; capitaine d'Angers, II, 317, 5378; II, 751, 7387; de Falaise, VII, 631, 27810; VII, 675, 28205; de Narbonne, VIII, 41, 29613, colonel général de l'infanterie, VII, 345, 24972; gouverneur d'Anjou, II, 751, 7387. Mariage de sa fille, II, 211, 4889. Ses fils : voir Cossé (Artus et Charles de).

Cosset (Raoul), greffier des élus de Meaux, VII, 858, 28065.

Cossigny, c[ne] de Chevry-Cossigny (Seine-et-Marne). Foires, I, 374, 1990. Seigneurie, VI, 459, 21266.

Cossil : voir Cocil.

Cosson (Le), rivière. Inondations à Saint-Aubin et à La Ferté-Nabert, VII, 415, 25333.

Cosson (Jacquet), VI, 581, 21928.

Cosson (Michel), commis au payement de la compagnie de M. de Châteaubriant, III, 90, 7900; VII, 752, 28826; de la compagnie du maréchal de Montejean, III, 90, 7900; III, 139, 8131; III, 318, 8984; III, 482, 9727; VIII, 151, 30655; VIII, 194, 31056; VIII, 233, 31424; à la trésorerie et recette générale de Bretagne, III, 353, 9141; VI, 346, 20674; VII, 700, 28458; VII, 741, 28746; VIII, 77, 29935; VIII, 93, 30094; VIII, 145, 30606; VIII, 257, 31666; VIII, 273, 31848; VIII, 302, 32146.

Cossu (Jean), nattier à Paris, II, 273, 5181.

Cossy (Louis de) : voir Coussy (Louis de).

Costa (Antoinette de), originaire de Portugal, veuve de Jean de Pailleron. Lettres de naturalité, IV, 304, 12422.

Costa (Jean de), natif d'Avignon. Déclaration de naturalité, IV, 185, 11851.

Costa (Louis de), natif d'Avignon et y marié. Lettres de naturalité, IV, 281, 12304.

Costa (Pierre de), lieutenant du gouverneur de Montpellier, I, 536, 2824.

Costaing (François) ou Coutaing, de Vienne, associé à la ferme du tirage du sel qui se fait en remontant le Rhône et l'Isère, VI, 367, 20782.

Costaing (François) ou Coutaing, gardier de Vienne en remplacement de son père, VI, 606, 22057; avec dispense d'âge, VI, 607, 22058.

Costaing (Hector) ou Coutaing, VI, 367, 20782; gardier de Vienne, VI, 606, 22057.

Costaire (Antoine), procureur du roi au siège d'Annot, VII, 212 (VIII, 803[a]), 24260.

Costart (Guillaume et Pierre), père et fils, VI, 506, 21516.

Coste (La) : voir Lacoste.

Coste (Claude), sergent en la prévôté de Cusset, V, 171, 15547.

Coste (Gaspard), ouvrier en la Monnaie de Romans, IV, 633, 13959.

Coste (Jean), laboureur, natif de Saint-Martin en Terre-Neuve, habitant Aubagne. Lettres de naturalité, VII, 399, 24940.

Coste (Jean). Voyage sur mer le long des côtes d'Espagne, V, 743, 18535.

Coste (Lazare), notaire au bailliage de Chalon, V, 21, 14770.

Coste (Pierre), fermier du comté de Lauraguais, III, 649, 10482.

Costigliole (Pierre et Thomas de), III, 357, 9159.

Costigliole Saluzzo (Italie, prov. de Coni), III, 357, 9159. Fief, III, 357, 9159.

Cot (Pierre). Légitimation de son fils Raymond, prêtre, de la sénéchaussée de Toulouse, VI, 336, 20615.

Cotard (Étienne), VI, 508, 21531.

Cotardaye (Le s[r] de la) : voir Glé (Pierre).

Côte (La), c[ne] de Saint-Martin-le-Beau (Indre-et-Loire). Seigneurie, V, 249, 15955.

Coteblanche (Guy de), s[r] de la Guétrie, avocat au Parlement de Paris, V, 232, 15869.

Cotel (Jean), Cothel, Cottel ou Coutel, VIII, 170, 30833; VIII, 304, 32160-32161; conseiller au Grand Conseil, III, 625, 10373; IV, 91, 11416; conseiller ordinaire au Grand Conseil, VI, 378, 20887; et au Parlement de Bretagne, VIII, 277, 31882; maître des requêtes de l'hôtel, IV, 70, 11320; IV, 307, 12435; IV, 501, 13356; IV, 664, 14098; VI, 631, 22187. Mission à Rome, VII, 610, 27576.

Cotel (Jean), serviteur du s[r] de Boisrigault, IV, 240, 12111.

Cotentin ou Bailliage de Coutances, voir : Lenfant (Gilles). Avocat : voir Guillotte (Robert). Avocat du roi : voir Greslart (Jean). Baillis : liste IX, 233; déclaration touchant cet office, VII, 566, 26985. Biens de Jean de Quélenec, V, 229, 15851; de Georges Tournemine, V, 304, 16244. Contestations entre les habitants de Caen et ceux de Bayeux et de Vire, VII, 380, 25153. Convocation des députés aux États de Normandie, VI, 109, 19455. Garde des prisons : voir Bouchet (Robert). Impôts sur le clergé, VII, 103, 23721; VII, 419, 25370. Levée de 1,000 hommes de pied pour former la sixième partie de la légion de Normandie, VII, 196, 24175. Procureur du roi : voir Admée (Michel). Recette du domaine, III, 503, 9829. Recouvrement des droits d'amortissement, V, 518, 17342. Ressort : voir Bricquebec, Couraye, Ducey, Gavray, Nehou, Saint-Sauveur-le-Vicomte; et ce qui concerne les élections et vicomtés de Coutances et de Valognes.

Cotentin (Nicole de) : voir Constantin (Nicole de).

Coterrau (Jean), greffier criminel au Parlement d'Aix, III, 156, 8206; VII, 121, 23818; VII, 247, 24430; VIII, 660, 32711.

Coterrau (Jean), Cothereau ou Cottereau, seigneur de Maintenon et de Vauperreux, I, 76, 450; concierge du château de Blois, V, 206, 15728; remboursé d'un prêt fait au roi, V, 706, 18331; trésorier de France, I, 536, 2824; I, 560, 2945; V, 197, 15678; V, 251, 15968; V, 396, 16715; V, 414, 16794; V, 537, 17436; V, 615, 17818. Hommages, VII, 9, 23240; VII, 15, 23277; VII, 120, 23841. Sa femme : voir Thurin (Marie).

Côte-Saint-André (La) [Isère], voir Tabernier (Philibert). Bois, I, 523 (VIII, 773), 2757; V, 783, 18745. Château : réparations, VIII, 230, 31396. Montre des lansquenets du comte de Furstenberg, III, 452, 9592. Privilèges, franchises et coutumes, III, 558, 10076. Séjours de la cour, II, 565, 6514; II, 582, 6598; III, 551, 10044-10045; III, 552, 10051; VIII, 42, 29623; VIII, 94, 30096; VIII, 229, 31388-31389, 31391-31392; VIII, 230, 31404; VIII,

244, 31532; VIII, 250, 31595; VIII, 291, 32016; VIII, 296, 32072-32073, 32077, 32079; VIII, 295, 32071; VIII, 296, 32076 VIII, 297, 32094; VIII, 555. Cf. Saint-André.

Cothel (Jean) : voir Cotel (Jean).

Cothereau (Bonne) ou Cottereau, dame de Peray, demoiselle de la reine, VI, 264, 20245; VI, 490, 21429; VI, 619, 22122; VI, 600, 22024; VII, 570, 27028; VII, 695, 28395; VIII, 199, 31101.

Cothereau (Jean), prêtre. Légitimation de sa fille Guillemette, VI, 538, 21696. Cf. Cottereau (Jean).

Cothereau (Salomon) ou Cottereau, sommelier d'échansonnerie et de paneterie de bouche, II, 28, 3981; II, 29, 3985; II, 53, 4103; II, 72, 4206; II, 94, 4315; III, 563, 10010; III, 684, 10641; IV, 541, 13529; IV, 702, 14266; V, 95, 15157; VII, 695, 28395; VIII, 187, 30991.

Cothin (Mathieu), V, 248, 15955.

Cotières (Simon), joaillier, VI, 639, 22231.

Cotignac (Var). Prieuré, VIII, 664, 32736. Seigneur : voir Pontevès (Jean de).

Cotin (Guillemin), laboureur à Vallières-les-Grandes, V, 598, 17735. Cf. Cottin (Jean).

Cotinelle (Jeanne), VIII, 640, 32596.

Cotisation : voir Impôts.

Coton (Nicole), conseiller lai au Parlement de Paris, IV, 146, 11669; VII, 492, 26027; cf. Cotton (Nicolas).

Cottard : voir Coctard.

Cottel : voir Cotel (Jean).

Cottereau (Bonne) : voir Cothereau (Bonne).

Cottereau (Étienne), fermier des brayes Saint-Victor, près Blois, II, 270, 5169.

Cottereau (Guillaume), receveur des tailles au Bas-Limousin, I, 121, 706; III, 570, 10127; III, 733, 10860; V, 285, 16143; V, 407, 16765; V, 507, 17286; VII, 80, 26310.

Cottereau (Jean) : voir Cotereau (Jean).

Cottereau (Jean), prieur de Cunault, III, 456, 9611. Cf. Cothereau (Jean).

Cottereau (S^r de) : voir La Forestière (Jean de).

Cottereau (Michel), natif de Brabant. Aubaine, I, 487, 2568; I, 515, 2718.

Cottereau (Michel), receveur des tailles du Bas-Limousin, III, 733, 10860.

Cottereau (Salomon) : voir Cothereau (Salomon).

Cottes d'armes, VII, 798, 29141.

Cottévrard (Seine Inférieure) : voir Gros mesnil.

Cottin (Jean), demeurant à Vallières-les-Grandes, VI, 510, 21537. Cf. Cotin (Guillemin).

Cotton (Nicolas ou Nicole) ou Coëton, clerc auditeur ordinaire des comptes à Paris, I, 373, 1985; VII, 510, 26247; greffier du Grand Conseil, V, 173, 15555; VII, 602, 27491.

Cotton (Nicole) : voir Coton (Nicole).

Coty (Bernard, fils de Renier). Légitimation, V, 119, 15299.

Coublanc (Haute-Marne). Foires, I, 684, 3578.

Couches[-les-Mines] (Saône-et-Loire). Châtellenie, III, 163, 8246. Seigneur : voir Aumont (Jean d').

Couchier (Louis), commis à l'office de capitaine et châtelain des place et château de Limoise en Bourbonnais, VII, 526, 26456.

Coucils : voir Cocils.

Coucy (Charles de) : voir Coucys (Charles de).

Coucy (Jacques de), seigneur de Vervins, lieutenant dans la compagnie d'Oudart Du Biez, IV, 93, 11430; VIII, 13, 29369; VIII, 221, 31311; VIII, 752, 33228. Mission en Flandre, IX, 50.

Coucy (Jean de), VI, 572, 21876.

Coucy (Raoul de) ou de Coussy, gentilhomme de la fauconnerie, II, 420, 5846; III, 344, 9104; III, 553, 10056; VII, 812, 29245; VIII, 46, 29663; VIII, 149, 30633; VIII, 150, 30640; VIII, 308, 32180.

Coucy (Raoul de), s^r de Vervins et du Dognon, III, 117, 8025; III, 569, 10125; VI, 566, 21847.

COUCY-LE-CHÂTEAU (Aisne). Séjours du roi, VII, 793, 29108; VIII, 24, 29456; VIII, 267, 31781; approvisionnement de la cour, IV, 185, 11852; chasse, VIII, 16, 29390; VIII, 21, 29423; VIII, 24, 29439; réception des ambassadeurs d'Angleterre, VII, 792, 29106.
—— *Château royal.* Bâtiments, VIII, 305, 32171 : voir aux noms des comptables DONNAY (Jean DE) et POITEVIN (Pierre). Capitaines : voir CHABOT (Guy et Philippe), CHISSÉ (Le s^r DE).
—— *Domaine.* Contrôleur : voir MÉGRET (Étienne). Forêt : concessions de bois, II, 94, 4311; II, 725, 7270; conservation, III, 743, 10910; gages des gardes, II, 342, 5496; II, 626, 6819; III, 65, 7774; VII, 628, 27782; greffier de la gruerie : voir GEYSSIN (Antoine). Grains du roi, II, 593, 6655. Grenier, puis magasin à sel, VII, 523, 26412; VII, 543, 26687; contrôleur : voir LA BICHE (Jean); grènetier : voir POITEVIN (Pierre); receveur : voir CANCHE (Georges). Recette, I, 447, 2365; III, 374, 9234; III, 525, 9935; III, 526, 9940; VI, 273, 20291; VI, 812, 23120; VII, 776, 28785; VII, 789, 29085; VI, 798, 23044; VII, 609, 27569; cf. VIART (François). Seigneurie : administration de la reine Claude, V, 312, 16291; juridiction de la Chambre des comptes de Blois, I, 556, 2923; union au domaine, II, 706, 7184; VII, 692, 28371; voir JUMENCOURT. Séjours du roi, VIII, 553.
—— *Prévôté.* Établissement d'un sceau aux contrats, VI, 396, 20930. Personnel : voir CANCHE (Georges), RONDEL (Robert), SAINT-QUENTIN (Jacques DE).
—— *Ville.* Contrôleur des deniers communs : voir POITEVIN (Pierre). Foire, VII, 454, 25666. Fortifications, III, 374, 9234; III, 526, 9940. Maire : voir JOURDIEU (Pierre).

COUCYS (Charles DE), seigneur de Burie, écuyer d'écurie, gentilhomme de la chambre, II, 687, 7101; III, 302, 8912; III, 391, 9313; V, 780, 18732; — concessionnaire des seigneuries de Bouteville, III, 302, 8913; de Saint-Macaire et de Puymirol, I, 634, 3322; I, 640, 3353; I, 695, 3638; VII, 690, 28351; nonobstant la réunion du domaine aliéné, II, 291, 5260; — lieutenant général en Guyenne, IV, 295 (VIII, 376^a), 12377; IV, 458, 13151; IV, 496, 13333; IV, 722, 14358; en Languedoc, pendant la minorité de François, fils du dauphin, V, 152, 15455; en Piémont, III, 431, 9500; VIII, 102, 30176; VIII, 649, 32651; VIII, 755, 33249. Compagnie : voir BEAUMONT (Antoine DE), et aux noms des payeurs BEHEU (Mathurin), PRUNIER (Artus), SERVANT (Jacques). Mission en Suisse, IX, 79. Pension, VII, 560, 26916; VIII, 95, 30117; VIII, 262, 31728. Procès contre Jean du Tillet, VI, 224, 20030. Rançon, III, 602, 10272.

COUDONT (Étienne), prêtre, V, 712, 18368.

COUDRAY (LE), c^ne de la Croisille (Eure). Seigneurie, V, 227, 15844.

COUDRAY (Loiret). Seigneurie, V, 259, 16008; VII, 62, 23524.

COUDRAY (LE) ou LE COUDRAY-SALBART, c^ne de Chanteloup (Deux-Sèvres). Seigneurie, III, 241, 8628; V, 249, 15957; V, 293, 16188; VI, 162, 19720; VII, 504, 26152; VII, 507, 26202.

Coudray (S^r du) : voir DU PUY (Georges).

Coudray-Montceaux (Le) : voir COUDRAY-SUR-SEINE (LE).

COUDRAY-MONTPENSIER (LE), c^ne de Suilly (Indre-et-Loire). Seigneurie, IV, 765 (VIII, 795^a), 14560. Séjour du roi, VIII, 553.

COUDRAY-RABUT (Calvados), VI, 194, 19881; VI, 259, 20221.

COUDRAY-SUR-SEINE (LE) ou LE COUDRAY-MONTCEAUX (Seine-et-Oise). Justice et tonlieu, V, 313, 16294. Séjour du roi, VIII, 553.

Coudre (La) : voir SAINT-CYR-D'ESTRANCOURT.

Coudre (S^r de La) : voir BRESSEY (Briant DE).

« COUDRE (LA) ». Seigneurie, II, 459, 6021.

COUDRE (LA), c^ne d'Auxon (Aube). Seigneurie, V, 796, 18818.

COUDRÉ (Grégoire DE), III, 742, 10901.

« *Coudry* » : voir « CONDÉ ».

COUDUN (Oise). Seigneurie, V, 801, 18839; VII, 515, 26308.

COUÉ (Claude DE), écuyer, seigneur de Chamouillac, VII, 81, 23615; VII, 257, 24471.

COUÉ (Marguerite DE), IV, 87, 11398.

Couerbanne (Bernard de), lieutenant général en la sénéchaussée d'Agenais, au siège de Condom, VIII, 757, 33272.

Couesmes (Mayenne). Foires, IV, 137, 11627.

Couesmes (Charles de), vicomte de Saint-Nazaire, s[r] de Lucé, gentilhomme de la chambre, I, 378, 2008; IV, 39, 11178; IV, 137, 11627-11628; IV, 171, 11787; IV, 235, 12087; V, 258, 16001. Sa veuve : voir Harcourt (Gabrielle d'). Cf. Lucé (Le s[r] de).

Couesnon (Le), rivière : voir Arguenon (L').

Couessé (Le s[r] de), gentilhomme de la vénerie, frère de Catherine du Bosc, V, 162, 15497.

Couetnevenoy (Pierre), VI, 791, 23010; VI, 793, 23016.

Couets (Les) ou Notre-Dame-du-Couets, c[ne] de Bouguenais (Loire-Inférieure). Carmélites, I, 50, 294; I, 487, 4109; I, 490, 2582; VI, 36, 19089; VII, 685, 28314. Prieuré dépendant de l'abbaye de Saint-Sulpice-des-Bois, VI, 319, 20526.

Couffouleux : voir Peux-et-Couffouleux.

Cougnat : voir Bohier (Jean).

Cougnin (François), général des monnaies. Sa veuve : voir Fontaines (Jeanne de).

Couhé (Vienne). Baron : voir Saint-Georges (Gabriel de).

Couignière (S[r] de la) : voir Deffats (Pierre).

Couillaud (Cybard), juge des exempts du duché d'Angoulême, I, 207, 1146; I, 215, 1186; VII, 501, 26122.

Couillaud (Geoffroy) ou Coillaud, conseiller au Parlement de Bordeaux, II, 135, 4519; III, 594, 10236; VIII, 785[a], 11284.

Couillaud (Jean), autorisé à échanger son nom contre celui de Baudron, I, 570, 3000.

Couillerville, c[ne] d'Émanville (Eure). Fief, VI, 791, 23009.

Couilly (Seine-et-Marne) : voir Pont-aux-Dames. Pont de Couilly à Villeneuve-le-Comte, IV, 111, 11508.

Couladère (Haute-Garonne) : voir Tersac.

Coulaines (Les), fief à Saint-Martin-le-Beau (Indre-et-Loire), V, 294, 16192; V, 610, 17797. Cf. Ervau.

Coulanges-la-Vineuse (Yonne). Baronnie, V, 504, 17272; baron : voir Marbury (Jean de).

Coulanges, c[ne] de Lury-sur-Arnon (Cher). Seigneurie, VI, 560, 21845.

Coulanges (Loir-et-Cher), VII, 113, note.

Coulanges (Jeanne de) ou de Coulonges, V, 470, 17095; V, 481, 17149.

Coulange-sur-Yonne (Yonne), V, 565, 17572.

Coulbeuf (Frales de), abbé de Saint-André-en-Gouffern, V, 462, 17055.

Couldray (Julien), horloger à Blois, V, 429, 11874.

Couleurs à « frès » achetées pour le Rosso, VIII, 650, 29997.

Couleurs du roi, VII, 751, 28822.

Couleuvre figurant sur les armes de Nîmes, III, 101, 7951.

Couleuvre (Allier). Foires, VII, 297, 24694; VII, 317, 24814.

Couleuvrines, IV, 139, 11639; VIII, 146, 30614; VIII, 169, 30823. Rois de la coulevrine à Paris, I, 38, 220; à Saint-Brieuc, IV, 58, 11268; à Vannes, III, 599, 10261.

Couleuvriniers : d'Abbeville, I, 119, 693; d'Amiens, I, 518, 2732; VII, 504, 26149; VII, 591, 27329; VIII, 730, 33112; de Montreuil-sur-Mer, VII, 551, 26793.

Coulibœuf, c[ne] de Morteaux-Coulibœuf (Calvados). Seigneurie, V, 459, 17036.

Coullange (Jean), VIII, 285, 31951.

Coullebault (Philippe), bâtard, III, 435, 9516.

Coulloingne (Guillaume). Mission en Angleterre, I, 571, 3006. Cf. Cologne (Guillaume).

Coullon (François et Jean) ou Coulon, partisans de l'empereur. Biens confisqués, III, 303, 8915; III, 305, 8925.

Coullon (Jean), sergent royal en la prévôté de Noyon, V, 36, 14842.

Coullon (Pasquier), receveur des deniers communs de Decize, VII, 581, 27184.

COULLYON (Yvon), lutteur du duc de Vendôme, II, 491, 6167.

COULMIER-LE-SEC (Côte-d'Or). Foires, I, 690, 3609.

Coulmiers : corr. COULOMMIERS.

COULMIERS, c^ne de la Chaussée (Marne). Seigneurie, III, 557, 10071.

COULOISY (Oise), V, 141, 15407.

COULOMBE (Jacques DE), receveur des deniers communs de Bray-sur-Seine, VII, VII, 583, 27219.

« COULOMBE » ou « COULOMBRES ». Terre, VII, 512, 26269.

COULOMBEAU (Jacques), chantre de la chambre du roi, II, 506, 6241.

COULOMBIER (Pierre, fils naturel de Pierre). Légitimation, IV, 393, 12843.

Coulombiers : voir COLOMBIERS.

COULOMBIERS (Vienne) : voir TOMBERRARD (LA). Forêt, III, 459, 9628.

« *Coulombres* » : voir « COULOMBE ».

Coulombs (*Calvados*) : voir CARDONVILLE.

Coulombs (*Eure-et-Loir*). Abbaye; abbé : voir PIO (Rodolphe).

COULOMMIERS (Seine-et-Marne). Prévôté, VII, 411, 25300. Procès des habitants contre le roi, touchant le village de Chevru, VII, 673, 28195. Seigneurie, V, 345, 16463; VII, 411, 25302; VII, 548, 26755.

COULOMMIERS (Les), c^ne de Francueil (Indre-et-Loire). Seigneurie, VI, 176, 19791.

Coulon (*François et Jean*) : voir COULLON (François et Jean).

COULON (Jean), IV, 216, 11994.

COULON (Pierre), maître de la Monnaie de Villefranche-de-Rouergue, VII, 244, 24415.

COULONCES (Calvados). Baronnie, I, 40, 239; V, 476, 17125.

Coulonges (*Jeanne de*) : voir COULANGES (Jeanne DE).

Coulonges-en-Tardenois (Aisne) : voir RO-GNAC-EN-TARDENOIS.

COULONGES-LES-ROYAUX ou COULONGES-SUR-L'AUTIZE (Deux-Sèvres), VII, 351, 25001.

Coulongne (*Guillaume de*) : voir COLOIGNE (Guillaume).

Coulongne (*Stéphane*) voir COLONNA (Stefano).

COULOURS (Yonne), siège d'une commanderie. Foires, I, 395, 2104. Fortifications, III, 273, 8775-8776. Séjour du roi, VIII, 553.

Coulouvray-Bois-Benâtre (*Manche*). Fief dit de Pont-Bellenger, VI, 324, 20553.

Coumaville : corr. COMMANVILLE.

COUPEROSE. Usage interdit aux teinturiers de Bourges, IV, 137, 11626.

COUPES : achetée par le roi, VII, 757, 28854; offertes par le roi, I, 481, 2539; I, 665, 3484; II, 117, 4426; VII, 811, 29234; VIII, 99, 30155; prêtée au roi, VII, 521, 26382.

Coupes de bois : voir BOIS.

COUPPÉ (Crépin). Procès criminel, IV, 733, 14413.

COUR du roi, III, 318, 8983; IV, 580, 13714; VI, 749, 22802; VII, 760, 28872; VII, 792, 29101; VIII, 125, 30403; voir FILLES DE JOIE suivant la cour. Défense de communiquer les nouvelles de la cour, V, 139, 15398; VII, 484, 25926. Cf. MAISON DU ROI.

COUR (LA) : lieu sis à Chambon (Loir-et-Cher), VII, 135, 23886.

Cour (*La*) . voir SAINT-PIERRE-DE-LA-COUR.

Courade (*Sieur de la*) : voir HORRY (Philippe).

COURANCES (Seine-et-Oise). Séjour du roi, VIII, 553.

COURAULT (Gabriel), page de l'écurie, VIII, 23, 29437.

COURAULT (Jean), V, 471, 17101.

COURAULT (Jean), receveur du Parlement de Rouen, VII, 509, 26231.

COURAYE ou COUROUYE, sergenterie du bailliage de Cotentin, V, 321, 16335; V, 461, 17046.

Courbe (*La*) (Orne) : voir CHÂTEAU-GONTIER-SUR-ORNE.

Courbe (*Le*) : voir PELLIER (Aimé).

COURBENTON (Servais), serviteur du jardinier de Blois, VIII, 129, 30445.

COURBÉPINE (Eure). Seigneurie, V, 500, 17250.

COURBESERRE (Agnès DE), V, 778, 18722.

« Courbolant » ou « Courboulain ». Seigneurie, II, 727, 7277; VII, 546, 26731.

Courcal : voir Du Plessis (Jean).

Courceaux (Yonne). Fortifications, V, 49, 14919. Seigneurie appartenant au chapitre de Troyes, I, 41, 236; I, 122, 711.

Courcel (Pierre), receveur du comté de Gisors, V, 172, 15553.

Courcelles : voir Courseulles.

Courcelles, c^ne d'Angluzelles (Marne). Seigneurie, VI, 540, 21738.

Courcelles, près Abbecourt (Oise). Fief, VI, 529, 21648.

Courcelles, c^ne de Mézerolles (Somme). Seigneurie, III, 304, 8924.

Courcelles (Aimé de), s^r de Saint-Liébaut. Succession, VI, 815, 23134.

Courcelles (Alain de), de Courseille ou de Courseulle, seigneur de l'Isle, l'un des cent gentilshommes ordinaires de l'hôtel, I, 153, 875; I, 563, 2957; III, 70, 7801.

Courcelles (Catherine de), II, 727, 7278; V, 573, 17609.

Courcelles (Charles de), s^r d'Auvillars, chevalier d'honneur du Parlement de Dijon, VI, 305, 20457; VII, 90, 23658.

Courcelles (Émond de), s^r de Saint-Liébaut, II, 727, 7278; II, 732, 7299.

Courcelles (Huguette, fille de Philippe de), veuve de Robert de Montgommery, VII, 446, 25607.

Courcelles (Jean de) dit de Cluny. Aubaine, VII, 59, 23510.

Courcelles (Jean de). Biens confisqués, II, 723, 7260.

Courcelles (Jean de), chevalier d'honneur au parlement de Dijon, I, 23, 134.

Courcelles-Fremoy (Côte-d'Or) : voir Guenyot (Jean).

Courcelles-lès-Semur (Côte-d'Or). Seigneurie, IV, 510, 13392; VII, 187, 24134.

Courcelot (Jean) : voir Bourcelot (Jean).

Courchamp (Seine-et-Marne) : voir Aulnay.

Cour-Cheverny (Loir-et-Cher) : voir Borde (La), Gombalain, Lavau, Muzebelin, Servans (Les), Vaux (Les), Serigny.

Courcillon, c^ne de Dissay-sous-Courcillon (Sarthe). Seigneur : voir Bueil (Louis de).

Courcoul (Antoine), VI, 496, 21460.

Courcy (Calvados). Baronnie, V, 207, 15735; VI, 751, 22814.

Courcy (Alexandre de), prêtre, VI, 515, 21569.

Courcy (Amadour de). Mission à Linchamp et à Jametz, VIII, 161, 30744.

Cour-de-Bourneville (La), c^ne d'Étreville (Eure). Fief, V, 433, 16897.

« Cour d'Elbeuf (La) », huitième de fief mouvant du comté de Montfort, VI, 521, 21601.

Courdemanche (Charles de), élu des duché d'Alençon et comté du Perche, VI, 448, 21209.

Cour-de-Mesnes (S^r de la) : voir Louan (Jean).

Cour des Aides de Montpellier ou de Languedoc.
—— *Juridiction.* Commissions décernées à cette cour, IV, 722, 14355; IV, 732, 14407; V, 654, 18029. Greffe, VI, 742, 22768. Procès, V, 659, 18053-18054; VI, 126, 19543; VI, 170, 19758; VI, 180, 19817. Règlements, I, 484, 2553; I, 489, 2576; IV, 380, 12786; IV, 667, 14116; IV, 732, 14408; VI, 255, 20194; VI, 320, 20530; VI, 322, 20539; VI, 669, 22398.
—— *Personnel :* voir IX, 206. Création de deux offices de conseillers, III, 447, 9571. Franc-salé, III, 425, 9475; IV, 47, 11215; VIII, 73, 29901. Gages, II, 55, 4115 : voir aux noms des payeurs Dumas (Étienne) et Perié (Antoine). Greffe, III, 448, 9574. Privilèges, V, 100, 15188; V, 196, 15671. Procès soutenus par les généraux au Parlement de Toulouse, VI, 225, 20038.

Cour des aides de Paris, VII, 860, 29159.
—— *Juridiction.* Arrêts, I, 593, 3110; III, 341-342, 9090; III, 509, 9858; VII, 645, 27954. Commissions décernées à cette cour, III, 375, 9238; III, 623, 10360; VI, 300, 20434; VI, 447, 21202; VI, 593, 21991; VI, 775, 22927; VII, 471, 25809; VIII, 727, 33094; VIII, 758, 33283. Compétence : en appel des juges des traites et imposition foraine d'Anjou, I, 187, 1044; I, 368, 1960; en appel du prévôt des mar-

IMPRIMERIE NATIONALE.

chands de Paris, I, 309, 1671; sur le fait de l'artillerie, III, 108, 7984; IV, 461, 13165. Conflit avec la Cour des aides de Rouen, I, 223, 1229. Entérinement d'actes royaux, I, 158, 902; I, 178, 1004; I, 612, 3209; I, 675 (VIII, 775), 3538; II, 253, 5089; III, 123, 8055; IV, 215, 11986; IV, 546, 13555; IV, 576, 13696; IV, 323, 12520; V, 415, 16799; VI, 488, 21416; VI, 759, 22856; VI, 793, 23018; VI, 813, 23125; VII, 204, 24218; VII, 340, 24946; VII, 411, 25301; VIII, 616, 32472; VIII, 626, 32523; VIII, 781[a], 8812. Liquidations de comptabilités, II, 115, 4417; II, 167, 4672; II, 199, 4828; II, 634, 6853; II, 637, 6867; III, 77, 7827; III, 79, 7841; III, 117, 8026; III, 184, 8345; III, 204, 8452; III, 221, 8537; III, 284, 8827; III, 556, 10069; III, 583, 10187; III, 687, 10651; IV, 15, 11074; IV, 31, 11146; IV, 278, 11291; IV, 326, 12531; IV, 337, 12584; V, 122, 15313; VI, 393, 20914; IV, 602, 13809; VIII, 348, 4720 *bis*. Matières interdites à cette Cour, V, 9, 14704. Procès, V, 154, 15463; VII, 472, 25816; VIII, 307, 32186. Réception des procès-verbaux des controleurs des gabelles, IV, 94, 11431. Revision des titres des soi-disant privilégiés en matière de gabelle, IV, 700, 14254.

—— *Personnel*, voir IX, 205. Confirmation des officiers, I, 1, 4. Création d'offices, V, 134, 15371; d'avocat du roi, IV, 567, 13657; VII, 597, 27416; de conseillers, IV, 478, 13242; IV, 524, 13459; de généraux, IV, 478, 13242; IV, 539, 13519; d'huissier, III, 234, 3596. Droits semblables à ceux des officiers de la Chambre des comptes, I, 176, 993; I, 191, 1064. Érection en office de général d'un office de conseiller, IV, 550, 13572. Franc-salé, I, 267, 1447. Gages, IV, 437, 13055; VII, 636, 27860; payeurs : voir PERDRIEL (Nicolas), QUINETTE (Guillaume). Greffiers : voir BIDAUT (Charles DE), PÉTREMOL (Antoine), PEYRAC (Martial DE). Huissier : voir COCHON (Gilles). Substitution au titre de général de la justice des aides de celui de conseiller à la Cour des aides, I, 325, 1749. Vacance de l'office de boute-feu et buvetier, III, 741, 10899.

—— *Service intérieur*. Comptabilité, I, 350, 1873; II, 62, 4152; II, 71, 4199; II, 282, 5217; IV, 518, 13433; VII, 746, 28788. Correspondance, V, 361, 16546; VII, 740, 28745.

COUR DES AIDES DE ROUEN :

—— *Juridiction*. Arrêts, III, 659, 10527; VII, 55, 23488. Commissions décernées à cette Cour, I, 321, 1731; VI, 425, 21084; VI, 625, 22154; VII, 71, 23566; VII, 77, 23596; VII, 81, 23614. Conflit avec la Cour des Aides de Paris, I, 223, 1229. Entérinement d'actes royaux, V, 469, 17089; VI, 607, 22059; VI, 706, 22595; VI, 749, 22803; VI, 775, 22930; VI, 802, 23064; VII, 15, 23279; VIII, 583, 32299. Procès, III, 559, 10085; VI, 202, 19916; VI, 234, 20086; VI, 313, 20495; VI, 671, 22409; VII, 92, 23670. Réception de serment, VII, 62, 23520. Règlements, I, 299, 1360; V, 78, 15067; V, 399, 16726; V, 453, 17007; VI, 585, 21946; VII, 48, 23455; VII, 54, 23483; VII, 55, 23487. Ressort, I, 266, 1441; III, 102, 8240.

—— *Personnel* : confirmation des officiers, VII, 1, 23199; création d'offices, I, 180, 1012; gages, IV, 580, 13713; V, 145, 15424; VI, 469, 21313; VII, 602, 27482; VIII, 721, 33059; voir aux noms des payeurs et receveurs BARATTE (Robert), DOUREUX (Jacques), LESUEUR (Guillaume) et MAILLARD (Olivier); privilèges, IV, 475, 13228; IV, 655, 14056. Concierges des prisons, VI, 632, 22192; VI, 712, 22624; VI, 717, 22653. Greffiers, IV, 2, 11024; VI, 819, 23154; VII, 82, 23619-23620; VII, 118, 23796-23797. Huissiers, VII, 44, 23431; VII, 45, 23435; VII, 65, 23537; VII, 84, 23628; VII, 85, 23634. Pour le personnel de juridiction, voir t. IX, p. 206-207.

—— *Service intérieur*. Bâtiments, II, 294, 5271; VII, 706, 28497. Comptabilité, I, 360, 1952; I, 451, 2385; III, 375, 9238; IV, 136, 11622; VI, 200, 19909; VI, 607, 22062; VI, 647, 22276; VII, 628, 27784; VII, 628-629, 27786; VII, 638, 27885.

Cour-des-Bois (*S[r] de la*) : voir LA CHASSERIE (François DE).

COUR DES MONNAIES :

—— *Juridiction*. Commissions décernées à cette Cour, I, 144, 827; IV, 423, 12987; IV, 477, 21353; IV, 617, 13880; VII, 468, 24532. Conflit avec la Chambre des comptes de Paris, I, 333, 1790. Entérinement d'acte royal, III, 524, 9928. Sentence contre Jean de Raigny, II, 619, 6788. Vérification des monnaies, IV, 328, 12539; VI, 478, 21357.

—— *Personnel* : voir l'énumération des

officiers de juridiction, t. IX, p. 208-209; attributions, I, 333, 1790; confirmation des officiers, I, 1, 5; création d'offices, I, 330, 1775; franc-salé, I, 238, 1303; VII, 516, 26321; gages, I, 103, 599; VII, 636, 27860; voyages et chevauchées, IV, 408, 13201; VII, 600, 27452. Généraux : procès à la Chambre des comptes, I, 209, 1157. Greffiers, III, 739, 10889; voir Lepère (Jean). Huissiers : voir Meigret (Oudin). Receveurs et payeurs : voir Guérard (Yves), Le Bossu (Pierre), Martin (Claude), Rat (François), Savignac (Jean de).

—— *Service intérieur*. Comptabilité, VII, VII, 594, 73168; VIII, 128, 30441.

Cour des premières appellations de Provence : voir Provence.

Cour-de-Vouvray (La), c^ne^ de Vouvray (Indre-et-Loire). Seigneurie, V, 222, 15817.

Cour-Dieu (La), c^ne^ d'Ingrannes (Loiret). Séjour du roi, VIII, 553.

Cour-du-Bois (La), seigneurie sise à Muids (Eure), VI, 523, 21613.

Courenet (Mainfroy), V, 276, 16041.

Coureuilles (S^r^ de) : voir Nicolas (Vincent).

Courgenay (Yonne) : voir Vauluisant. Foires, I, 651, 3415.

Courgeon (Orne). Cure de Notre-Dame, V, 696, 18267.

Courgis (Yonne). Fortifications, IV, 18, 11090.

Couriel (Jacques de), natif d'Aranda de Duero, demeurant à Rouen. Lettres de naturalité, VI, 276, 20304.

Couriet (René), VI, 528, 21637.

Courjac (Jacques de), VII, 549, 26764.

Courlandon (Marne). Curé : voir Archambault (Jean).

Cour-la-Reine (Maison de la) ou de Saint-Paul, à Paris, IV, 501, 13355; V, 412, 16788; VII, 692, 28370.

Cour-le-Roi (La), maison à Orléans, II, 733, 7305.

Courmes (Alpes-Maritimes) : voir Moniers (Pierre et Jacques).

Courneuve (La) [Seine]. Séjour du roi, VIII, 553.

Cournon (Puy-de-Dôme). Fortifications, VII, 128, 23848.

« Courois », terre saisie sur Claude de Villiers, III, 735, 10870.

Couronne : voir Maison du Roi. Réunions à la couronne : du comté de Saint-Pol, III, 303, 8918; de Turin, III, 284, 8829.

Couronne (La) [Charente]. Abbaye de Notre-Dame, VII, 416-417, 25345-25347.

Couronne, nom actuellement porté par les communes de Grand-Couronne et de Petit-Couronne (Seine-Inférieure), III, 611, 10311. Seigneurie, VI, 799, 23050; seigneur : voir Bouzons (Jean). Sergenterie héréditale, VI, 506, 21519.

Couronnement de la reine Éléonore à Saint-Denis, VII, 730, 28667.

Couronnes : engagée par François II, duc de Bretagne, I, 524, 2761; fournies au dauphin François, II, 184, 4757; à Henri, duc d'Orléans, II, 536, 6373.

Courouye : voir Couraye.

Couroyeu, fief à la Neuville-en-Hez (Oise), VI, 465, 21295.

Courpalay, auj. Courpalette, c^ne^ de Montereau (Loiret). Seigneurie, V, 476, 17123.

Courpalay (Seine-et-Marne) : voir Grange Bléneau (La).

Courpignac (Charente-Inférieure), VII, 81, 23615. Foires, III, 707, 10743.

Courquetaine (Seine-et-Marne) : voir Longperrier. Seigneurie, V, 447, 16972; VI, 757, 22844.

Courriers, I, 292, 1578; V, 394, 10700; VII, 763, 28898; VIII, 30, 29504; VIII, 222, 31312; VIII, 296, 32074; voir Bapendier, Dupuy (Étienne), Du Rivau (Louis), Fère (Jean), Jean-Baptiste, Marmoulin (Bastien), Milanin (Jean-Antonin), Millet (Jean), Pietre (Jean), Pouchin (Denis), Sentinelle (Martin), Vérone (Jean de).

Cour-Saint-Brisson (La), seigneurie sise à Mer (Loir-et-Cher), VI, 662, 22356; VI, 663, 22365.

Cour-Saint-Louis (La), seigneurie au comté de Blois, VI, 104 (VIII, 779), 19430.

Coursalleur (Roland de), s^r^ de Saint-Martin-de-Bonfossé, VI, 190, 19857.

Coursan (Aude). Privilèges, II, 427, 5876.

Coursan (S^r de) : voir Broullart (François de).

Coursaud (Benoît), IV, 783, 14647.

Cours d'appeaux des causes civiles en la sénéchaussée de Toulouse, IV, 466, 13188.

Cours des soumissions de Provence à Aix, IV, 144, 11660.

Courseille (Alain de) : voir Courcelles (Alain de).

Courses : des Portugais, IV, 554, 13592. Permissions d'armer en course, VII, 422, 25391; VII, 470, 25805.

Courseulle (Alain de) : voir Courcelles (Alain de).

Courseulles (Calvados). Baronnie, II, 569, 6532; V, 404, 16750.

Coursiers offerts au roi, II, 19, 3937; V, 367, 16572; cf. Chevaux.

Courson : Voir Saint-Pierre-de-Courson.

Courson (Yonne) : voir Champ-de-Vaux, Tour-Laurent (La). Baronnie, V, 504, 17272. Foires, I, 511, 2693.

Cours royales, IV, 21, 11099; IV, 661, 14085.

Cours souveraines, IV, 14, 11072; IV, 612, 13858; VIII, 788, 11901. Exemption du ban et de l'arrière-ban, II, 635, 6856. Gages, I, 324, 1748; I, 397, 2115; II, 57, 4127; III, 358, 9163; III, 504, 9835; IV, 10, 11054; IV, 288, 12344; VIII, 630, 32543; VIII, 662, 32722. Qualité attribuée à la Chambre des comptes de Dijon, IV, 593, 13769. Voir les articles relatifs aux juridictions de cet ordre.

Cour-sur-Loire (Loir-et-Cher), VI, 573, 21883; VII, 9, 23240. Dîme, VI, 173, 19778. Seigneurie, VI, 619, 22123; VI, 715, 22643.

Court (Alexandre de) ou de Côme, gentilhomme milanais, III, 422, 9460; III, 9874; III, 573, 10142; IV, 249, 12160; VIII, 274, 31852; VIII, 8, 29324; VIII, 105, 30206; VIII, 171, 30837; VIII, 185, 30972; VIII, 305, 32169.

Court (Jérôme de), V, 270, 16065.

Court (S^rs de la) : voir Lenfernat (Jean), Le Voyer (Bernard).

Courtabœuf, c^ne d'Orsay et de Villejust (Seine-et-Oise). Seigneurie, VI, 458, 21257.

Courtage (Droit de) des draps à Montivilliers, VII, 653, 28023.

Courtagier : voir Courtois (Claude).

Courtagnon (Marne). Seigneurie, V, 212, 15760. Séjour du roi, VIII, 553.

Courtalain (Eure-et-Loir). Foires, V, 158, 15477. Seigneur : voir Avaugour (Jacques d').

Courtanvaux, c^ne de Bessé-sur-Braye (Sarthe). Seigneur : voir Souvré (Antoine de).

« Court-à-Regnort », seigneurie mouvant de Torcy (Seine-et-Marne), VII, 816, 29265.

Courtauds (Chevaux) du roi, II, 597, 6675; V, 380, 16634; VIII, 51, 29705.

Courtaux (Jean de), Courtaulx, Courteau, Courteaux ou Cousteaulx, valet de pied et huissier du roi, III, 525, 9936; III, 614 (VIII, 367*), 10320; IV, 254, 12185; IV, 280, 12302; V, 106, 15223; cessionnaire d'un terrain vague sis à Blois, VI, 568, 21855; concierge de la maison royale de la Gabillière, VI, 672, 22416.

Courtebonne : corr. Courtebourne.

Courtebourne, c^ne de Licques (Pas-de-Calais). Seigneurie, III, 629, 10391; VI, 328, 20572; VI, 498, 21473.

Courteilles (Orne) : voir Tremblay (Le).

Courtel (Mathurin) : voir Courtet (Mathurin).

Courtemont (Isabeau de), abbesse de La Barre, V, 122, 15312.

Courtenay (Loiret). Seigneurie, II, 334, 5459; II, 657, 6962; V, 289, 16164; V, 317, 16315; VIII, 382, 13562.

Courtenay, c^ne de Vermenton (Yonne). Seigneurie, II, 408, 5790.

Courtenay (Antoinette de), VI, 757, 22844.

Courtenay (Edme de), s^r de Bléneau, gentilhomme de la maison du roi, II, 175, 4711; II, 178, 4723; II, 408, 5790; II, 473, 6090; III, 540 (VIII, 367), 9998; VII, 762, 28893; VIII, 97, 30139; VIII, 270, 31813; écuyer d'écurie d'Anne de Montmorency, III,

376, 9242; VI, 491, 21432; du roi, VII, 621, 27703; remboursé d'un prêt fait au roi, VIII, 34, 29546.

COURTENAY (François DE), s^r de Bléneau, écuyer d'écurie, V, 300, 16254; bailli et gouverneur d'Auxerre, I, 569, 2991; I, 584, 3069.

COURTENAY (Guillaume DE), garde de la forêt de Coucy, II, 626, 6819; III, 65, 7774.

COURTENAY (Jean DE), garde de la forêt de Coucy, II, 626, 6819; III, 65, 7774.

Court-en-Courtier (La) : voir LACOURT.

COURTEPINTE (DROIT DE), à Saulieu, I, 133, 768; I, 509, 2686; III, 152, 2680.

COURTERANGES (Aube). Pont, VII, 218, 24288.

COURTET (Mathurin) ou COURTEL, porteur en la cuisine de bouche, IV, 484, 13274; IV, 514, 13410; IV, 610, 13848; IV, 626, 13930; V, 96, 15165.

COURTEVILLE (François DE), capitaine d'Hardelot et garde des eaux et forêts du comté de Boulonnais, I, 502, 2649.

COURTEZ (Alban), prêtre à Claviers. Légitimation de son fils Antoine, VII, 364, 25069.

COURTFAUDERT, capitaine de lansquenets, VI, 191, 19863.

COURTHARDY (Guillaume DE), conseiller clerc au Parlement de Paris, VII, 486, 25936.

COURTIERS-AUNEURS de la Ferté-Milon, VI, 435, 21140; de Rouen, IV, 558, 13609.

COURTIERS DE CHEVAUX de Lyon, IV, 17, 11084; de Paris, I, 120, 696; I, 228, 1253.

COURTIERS DE SEL de Paris, V, 54, 14937.

COURTIERS DE VIN de Rouen, V, 82, 15088, V, 163, 15504; voir TAVERY (Bardin DE).

Courtigny : voir CROCHART (Julien).

COURTIN (Guillaume), secrétaire du roi, V, 223, 15821; V, 505, 17273.

COURTIN (Guillaume), conseiller lai en la chambre du domaine, VII, 499, 26093.

COURTIN (Jacques) ou COUTIN, de Porto Maurizio, demeurant à Solliès. Lettres de naturalité, IV, 210, 12008; VII, 300, 24713.

COURTIN (Jean), receveur de l'élection de Beauvais, puis successivement auditeur, correcteur et maître des comptes à Paris, I, 514 (VIII, 337), 2713; I, 607 (VIII, 340), 3181; I, 608 (VIII, 340), 3189; II, 632 (VIII, 355), 6846; II, 633, 6847; III, 137, 8120; VI, 539, 21700; commis à la recherche des biens de mainmorte dans le Soissonnais et le pays de Beaumont, VII, 505, 26174.

COURTIN (Louis), concessionnaire des châtellenies de Remy, Gournay et Moyenneville, V, 653, 18019.

COURTIN (Louis), conseiller clerc au Parlement de Paris, VI, 236, 20100; VII, 485, 25928.

COURTIN (Martin), V, 333, 16401.

COURTIN (Michel), commis à la recherche des biens de mainmorte dans le Perche et la châtellenie de Châteauneuf-en-Thimerais, VII, 505, 26173; VII, 506, 26188.

COURTIN (Nicolas), notaire au Châtelet de Paris, VI, 261, 20228.

COURTIN (Philippe), huissier au Parlement de Provence, III, 161, 8239.

COURTISAN (LE), ouvrage italien traduit en français par Jacques Colin, d'Auxerre, III, 299, 8897.

COURTOIS (Abel), fermier des ports de Vannes, Cornouailles, Léon, Tréguier et Saint-Brieuc, II, 59, 4136; VI, 173, 19775.

COURTOIS (Autier), III, 767, 11009.

COURTOIS (Claude), dit COURTAGIER, châtelain et garde de la maison du roi dans la châtellenie de Charlieu, IV, 307, 12433; VII, 516, 26323; usufruitier de ladite maison, VII, 518, 26346.

COURTOIS (Guillaume), III, 391, 9311.

COURTOIS (Jeanne), de Paris, IV, 173, 11794.

COURTOIS (Nicolas), sergent à verge au Châtelet de Paris, VI, 369, 20792.

COURTOIS (LE) ou MONCOURTOIS, c^ne de Ménars (Loir-et-Cher). Fief, VI, 264, 20245, 20246; VI, 490, 21429; VII, 126, 23841; VII, 695, 28395.

Courtonne (Baron de) : voir LE BEAUVOISIN (François).

COURTONNE, fief sis à Saint-Paul-de-Courtonne (Calvados), V, 349, 16482.

Courtonne (Dominique de), architecte, II, 24, 3959; VII, 675, 28216.

Courtonne-la-Meurdrac (Calvados) : voir Des Persons (Jean).

Courtot (Jean), notaire royal au tabellionnage de Beaune, VII, 414, 25327.

Courtrai (Belgique, Flandre occidentale) : voir Abbé (Pierre).

Courts (Bernard de), VII, 260, 24489.

Courts (Bertrand de), s^r^ de la Maurelle, VII, 258, 24482.

Courts (Léonard de), s^r^ de la maison noble de la « Salle des Prats », VII, 259, 24484.

Courville, surnom : voir Billy (Louis de).

Courville (Eure-et-Loir). Seigneurie, II, 289, 5248; seigneurs : voir Billy (François de).

Courville (Marne). Foires, III, 11, 7498. Séjour du roi, VIII, 553.

Couryet (Louis), natif de la paroisse Saint-Nicolas d'Aoste, établi à Châtillon-sur-Seine. Lettres de naturalité, VI, 203, 19921.

Cousan (*S^r^ de*) ou *Cousant* : voir Lévis (Gabriel de).

Couserans : voir Conserans.

Cousin (Étienne), maître des eaux et forêts de la seigneurie d'Épernay, IV, 565, 13648.

Cousin (Jean), orfèvre de Paris, IV, 202, 11932.

Cousin (Jean). Légitimation de son fils Marin, V, 814, 18909.

Cousinat (Antoine), sergent en la châtellenie de Villeneuve en Dombes, V, 80, 15075.

Cousinet (Pierre), vigneron du Languedoc, II, 268, 5159.

Cousinier (Thomas), Cosmier ou Cosnier, avocat du roi au Parlement de Bordeaux, VIII, 776, 3763; chargé de la revision et publication des coutumes de Saintonge et Bazadais, I, 237, 1300; président au Parlement d'Aix, II, 258, 5114; VII, 170, 24057; VII, 184, 24119.

Cousnon : voir Conon.

Coussac (Pierre de), s^r^ de Saint-Brice, V, 418, 16813. Cf. le suivant.

Coussart (Jean de), s^r^ de Saint-Brice, VI, 117, 19493. Cf. le précédent.

Coussay-les-Bois (Vienne) : voir Trompaudière (La).

Coussegrey (Jean de), V, 657, 18041.

« Coussieux ». Haute justice, VII, 513, 26282.

Coussigny (Catherine de), II, 727, 7278.

Coussin (Pierre), conseiller au Parlement de Dijon, III, 419, 9444.

Coussy (Guy, s^r^ de), écuyer, VII, 642, 27920.

Coussy (Louis de) ou de Cossy, maître de la Monnaie de Tours, III, 689, 10659; IV, 56, 11258; VI, 178, 19802.

Coussy (*Raoul de*), fauconnier du roi : voir Coucy (Raoul de).

Coustant (Jean). Légitimation de son fils Jean, IV, 162, 11741.

Coustard, seigneurie sise à Montlouis (Indre-et-Loire), V, 588, 17684.

Coustardaye (*Sieur de la*) : voir Glé (Pierre).

Coustau (Pierre), examinateur au Châtelet de Paris, V, 202, 15701.

Coustault (Arnaud), habitant de Bordeaux, V, 79, 15073.

Couste (Antoine), natif de Sainte-Cécile au Comtat-Venaissin, établi à Aix. Lettres de naturalité, VI, 660, 22349.

Couste (Jean), receveur ordinaire de Sens, VII, 521, 26383.

Couste (Jean), sergent du bailliage d'Auxerre, II, 35, 4011.

Cousteaulx (*Jean de*) : voir Courtaux (Jean de).

Coustel (André) ou Crestel, sergent royal d'Argences, Troarn et Varaville, V, 112, 15253; V, 189, 15637.

Coustes (Gaucher de), s^r^ de Pavant. Légitimation de son fils Robert, V, 16, 14742.

Coustouges (Aude). Demande d'exemption de tailles, VI, 238, 20110.

Coutaing : voir Costaing.

Coutainville, c^ne^ d'Agon (Manche). Seigneurie, V, 369, 16580; VI, 292, 20393.

COUTAN (Martin DE), valet de pied des enfants de France, VII, 652, 28013.

COUTANCE, c^ne de Neuilly-sous-Clermont (Oise). Seigneurie, VI, 541, 21712.

COUTANCES (Manche), II, 328, 5428; siège, pendant la peste, du marché et des juridictions de Vire, I, 133, 765; siège, primitivement fixé, d'une session de Grands jours, qui, à cause de la peste, eut lieu à Bayeux, VI, 140, 11641; VI, 601, 22029; VI, 604, 22047; séjour du roi, VIII, 553.
—— *Bailliage* : voir COTENTIN.
—— *Chapitre cathédral*. Amortissement de deux fiefs, VII, 444, 25586; VII, 474, 25836. Chanoines : voir LE MARGUETEL (Jean), MARMEGINS (Jean). Écolâtrie, V, 710, 18356. Prébende de Saint Sauveur-Lendelin, V, 683, 18192.
—— *Diocèse*. Cures, IV, 462, 13170. Dons du clergé, I, 625, 3272; IV, 364, 12707. Évêques : voir BIBIENA (Bernard DOVIZI), ESTOUTEVILLE (Louis D'), GOUFFIER (Adrien, cardinal), HERBERT (Geoffroy). Voir MONTEBOURG, RONCEY, SAINT-CHRISTOPHE, SAINT-SAUVEUR-LE-VICOMTE, SAINT-SEVER.
—— *Élection de Coutances et Carentan*. Élus : voir ARCHIER (Guillaume), CONSTANTIN (Jean, Michel et Nicole DE), CORBIE (Antoine DE), DAVY (Jacques), LE COMTE (Laurent), LE MAISTRE (Nicole), JUGE (Antoine). Greffiers : voir DURAND (Guillaume), GUILLOTTE (Thomas). Procureurs du roi : voir DESLANDES (Robert), DIEU (Gilles), LE VAVASSEUR (Jean), LÉVÊQUE (Richard), MEAUX (Nicolas DE). Receveurs : voir BÉRARD (Martin DE), HENRY (Jean), ROUSSELIN (Julien). Ressort : voir SAINTE-MÈRE-ÉGLISE. Siège particulier : voir SAINT-LÔ.
—— *Évêché*. Régales, I, 235, 1288; VI, 42, 19121. Temporel, V, 282, 16131; VI, 222, 20020.
—— *Vicomté*. Avocats du roi : voir GRESLARD (Jean et Nicole). Enquêteur : voir LE GASCOING (Jean). Vicomtes : voir ANGERVILLE (Jean D'), LOUVEL (Jean). Recette, V, 606, 18090; VI, 48, 19148-19149. Ressort, VI, 734, 22730; VI, 750, 22808; voir ANNEVILLE-SUR-MER, BAVENT, BONFOSSÉ, BRICQUEVILLE-LA-BLOUETTE, CARANTILLY, CHAMPREPUS, GRIMOUVILLE, MESNIL-AUBERT, MONTCHATON, MONTFORT, MONTPINCHON, MONTSURVENT, NICORPS, ORVAL, PIROU, RENNEVILLE, REUVILLE, ROCHETESSON (LA), ROYAUTÉ (PETITE SERGENTERIE DE LA), SAINT-DENIS-DE-GAST, SAINT-MARTIN-DE-BONFOSSÉ, SAINT-PAIR, SAVIGNY, SOULLES, VAL-LE-SEC (LE), VER; biens de Louis de Rohan, VI, 409, 16774.

COUTANCES (Gilles DE) ou DE CONTEVILLE. Émancipation, IV, 130 (VIII, 373*), 11621.

COUTANT (Claudin), orfèvre à Tours, V, 389, 16677; V, 398, 16719.

COUTANT (Grégoire), sellier de l'écurie, VII, 774, 28970.

Coutardaye (*s^r de la*) : voir GLÉ (Pierre).

COUTARDIÈRE (LA), métairie, VII, 588, 27295. Il s'agit peut-être d'un écart ainsi nommé dans la c^ne de Brissarthe (Maine-et-Loire).

Coutaut (*Claude*) : voir CONTAULT (Claude).

COUTEAUX, III, 30, 7596; IV, 204, 11948.

COUTEAUX, coquillages destinés à la table du roi, VIII, 196, 31069.

Coutel (*Jean*) : voir COTEL (Jean).

Coutin (*Jacques*) : voir COURTIN (Jacques).

COUTRES de l'église de Poitiers, IV, 721, 14353.

COUTUMES : de la mine et péage sur la Loire au duché d'Orléans, I, 230, 1263; des blés et avoines de Paris : fermiers : voir DELACOSTE (Marceau).

COUTUMES : du Bazadais, I, 237, 1300; du Berry, II, 637, 6865; III, 29, 7588; III, 756, 10965; IV, 68, 11311; du comté de Blois, I, 328, 1765; VII, 123, 23824; des lieux de droit coutumier compris dans le ressort du Parlement de Bordeaux, I, 237, 1298; du Bourbonnais, I, 220, 1211; I, 281, 1520; de Bourgogne, I, 471, 2487; de Bresse, Bugey et Valromey, III, 194, 8396; de Bretagne, IV, 63, 11292; IV, 32, 11149; de la baronnie de Châteauneuf-en-Thimerais, VII, 423, 25404; du bailliage de Clermont-en-Beauvaisis, VI, 573, 21886; VI, 574, 21889; de la châtellenie de Crépy-en-Valois, IV, 33 (VIII, 785), 11152; de France, I, 105, 613; de Gien, I, 720, 3760; de Langres, VIII, 756, 33256; de Lorris, I, 720, 3760; II, 4, 3853; V, 83, 15094; du Loudunais, I, 135, 776; de la Marche, I, 244, 1234; I, 281, 1520; du bailliage de Montargis, I, 720, 3760; II, 4, 3853; II, 512, 4098; du comté de Montsaugeon, V, 5, 1, 17353; VIII, 756, 33256; du Nivernais, II, 741, 7340, 7343; II, 753, 7400; de Normandie, V, 694, 18257; d'Orléans, II, 80, 4244; du Perche, VII, 423, 25404; de la Saintonge, I, 237, 1300; de Sancerre, I, 720, 3760; du bailliage de Senlis, IV, 22, 11105; VI, 574, 21889; du bailliage de Sens, VIII, 756, 33256; du Valois, IV, 33 (VIII, 785), 11152.

Coutumes ou privilèges de villes : voir ANNONAY, BOUC, CÔTE-SAINT-ANDRÉ (LA), FLEURANCE, LECTOURE, LOMBEZ, MARANO LACUNARE, RÉJAUMONT, SAINT-FLOUR.

Coutumes (Grandes) : voir BAYONNE, BORDEAUX.

Couture (La) : voir MANS (LE).

Couture (S^r de la) : voir BUSSIÈRE (François).

Couture-d'Argenson (Deux-Sèvres) : voir FAYE.

COUTURIERS : voir BOUET (Jean), CHALVET (Louis); de Chalon-sur-Saône, I, 611, 3202; de Montpellier, III, 435, 9515.

Couvecloy : corr. COUVERLAY.

Couvent (Le), c^ne de Bouvantes (Drôme) : voir VAL-SAINTE-MARIE (LE).

COUVERLAY, maladrerie sise à Cuise-la-Motte (Oise), VII, 417, 25348.

COUVERTOIRADE (LA) [Aveyron], V, 129, 15347.

Couvel (Jean) : voir GONNET (Jean).

COUVIGNON (Aube). Seigneurie, V, 439, 16928; V, 456, 17073.

Couvonges (Meuse). Seigneur : voir STAINVILLE (Antoine DE).

Couvrigny, c^ne de Saint-Pierre-du-Brie (Calvados). Seigneur : voir DU MERLE (François).

Couyn (Pierre) : voir COING (Pierre).

COYE (Oise). Seigneurie, V, 386, 16662; VI, 356, 20723; VI, 601, 22030; seigneur : voir SUZE (Philippe DE).

Cozes (Charente-Inférieure) : voir SORLUT.

Cozural (Pierre) : corr. COSNOAL (Pierre).

CRABBE (Laurent) ou DE MABBE, médecin de la reine, natif de Bouchaute, demeurant à Orléans, III, 391, 9311. Exemption de lettres de naturalité, III, 260, 8718.

CRACOVIE (Autriche-Hongrie), IX, 72.

CRAFFORT (Marguerite), VII, 469, 25790.

CRAINS (Georges DE), capitaine de Saint-Dizier, II, 13, 3903; VI, 274, 20296.

Cramail (Antoine de) : voir CARAMAN (Antoine DE).

CRAMAILLE (Aisne). Baronnie, la première du Valois, V, 211, 1575. Seigneur : voir HARLUS (Jean DE).

Cramaux : voir CARMAUX.

CRAMÉNIL (Orne). Membre de fief, VI, 791, 23005.

CRAMOISY (Oise). Seigneurie, V, 242, 15921; V, 752, 18578.

Cran, c^ne de Gévrier (Haute-Savoie) : voir PASQUET (Noël et Guillaume).

Cran : voir CRAON.

CRANTELLE (Antoine et Giraud DE), père et fils, VII, 252, 23450.

CRANTELLE (Raymond DE), fils et frère des précédents, curé de Saint-Nazaire, VII, 252, 24450-24451.

CRAON (Mayenne). Bailliage, IV, 709, 14294; IV, 750, 14485.

CRAON (Jacques DE) ou de CRAN, lieutenant de M. de Nançay, II, 485, 6141; III, 132, 8097; V, 322, 16345; V, 381, 16641; VII, 611, 27593; VII, 795, 29120.

CRAON (Philippe DE), V, 319, 16327.

Craonne (Aisne) : voir DUPARCQ (Bertrand).

CRAVANT (Yonne). Receveur des deniers communs : voir DARIN (Pierre), GERBAULT (Jean). Séjour du roi, VIII, 553.

Cravent (Seine-et-Oise) : voir HURTELOU.

CRAZAT (Michel), VI, 36, 19088.

Créances (Manche). Comte : voir ESTOUTEVILLE (Antoine D').

CRÉANCES possédées en Provence par les juifs du Comtat-Venaissin, IV, 332, 12560; VIII, 712, 33007.

CRÉANCIERS DU ROI, I, 340, 1822; I, 358, 1910; I, 365, 1950; II, 703, 7170; IV, 462, 13167; IV, 495, 13326, 13329; IV, 635, 13969; IV, 663, 14094; IV, 599, 13797; IV, 600, 13798; VI, 809, 23103; VII, 338, 24932; VII, 459, 25705; VIII, 2,

29276-29277; VIII, 54, 29730; voir Albisse (Robert), Albret (Alain, sire d'), Alès (François d'), Amboise (Georges II d'), Amelin (Jacques), Angliers (Jean d'), Anjorrant (Claude), Apestigny (Pierre d'), Aries (Odart d'), Arupel (Gaspard d'), Auber (Guillaume), Aunoy (Artus d'), Babou (Philibert), Badonviller (Jean de), Balbani (Jean et Philippe), Barjot (Jean), Batarnay (René de), Bayard (Gilbert), Beaquis (Jérôme), Beaune (Guillaume et Jacques de), Berruyer (Nicole), Berthe (Aimond), Besnier (Étienne), Billard (Louis), Bohier (Antoine, Henri, Pierre et Thomas), Bonguillaume (Jean), Bonnal (Jean), Bonneval (Poucaud de), Boucher (Charles), Bourbon (Louis, cardinal de), Bourgoing (Guillaume), Boutet (Étienne), Brachet (Nicole), Breton (Jean), Briçonnet (Guillaume, Jean et Michel), Budé (Dreux et Jean), Burgensis (Louis), Caluau (Jean), Capponi (Neri), Carvoisin (Vespasien), Chabot (Philippe), Chandieu (Louis, s^r de), Charmolue (Jacques), Chiron (Bertrand de), Chomedey (Jean), Ciret (Pierre de), Cleberg (Jean), Coligny (Gaspard et Odet de), Cotereau (Jean), Courtenay (Edme de), Crèvecœur (Jean de), Cubillette (Jean), Daillon (Jacques de), Daniel (Julienne), Dauvet (Pierre et Robert), Dinteville (Jacques de), Dodieu (Claude), Dormans (Charles de), Du Bellay (Guillaume, Jean et Louis), Du Bourg (Antoine), Du Conte (Bernard), Du Fou (Jacques), Du Prat (Antoine), Du Tillet (Séraphin), Emery (Jean), Elbene (Richard d'), Este (Alphonse d'), Fabri (Nicolas), Ferrier (Jean IX), Ferron (Jean), Flisco (Sinibaldo de), Foix (Maguerite de), Fontville (André de), Fournier (Nicolas), Gadagne (Olivier et Thomas), Gay (Léonard), Gayant (Louis), Génas (François de), Godet (Jean), Godran (Jacques), Gontier (Palamèdes), Green (François), Grolier (Jean), Gros (Berton), Harlay (Christophe de), Hennequin (Jean, Nicolas et Oudart), Hérouard (Christophe), Hurault (Jacques et Raoul), Jarente (Balthazar de), Joubert (Pantaléon), La Chesnaye (Jean et Nicolas de), La Faye (Raoul de), Lagarde (Pierre de), Lajard (Hélie de), Lallemand (Jean), Larcher (Gervais), Larmandie (Jean de), La Silve (Paul de), La Tennerie (Claude de), La Trémoille (Georges de), Le Blanc (Laurent), Le Charron (François et Jean), Legendre (Pierre), Le Haune (Guillaume), Le Lieur (Germain, Jean et Robert), Lenoncourt (Robert de), Le Roullié (Richard), Le Roy (Raoul), Lestoile (Louis de), Lesueur (Claude et Nicole), Le Veneur (Jean, cardinal), Le Viste (Antoine), Loges (Hugues de), Longuejoue (Mathieu de), Longwy (Claude de), Louise de Savoie, Luxembourg (Gilles de), Malet (Louis), Malon (Nicole), Malras (Antoine), Marcillac (François de), Marlanes (Raymond de), Marle (Germain de), Mesnager (Jacques), Michon (Charles), Moges (Jean), Molé (Nicole), Montfault (Pierre de), Montmirail (Étienne de), Montmorency (Anne et François de), Morelet du Museau (Jean), Moussy (Jean de), Neufville (Nicolas de), Olivier (François), Orléans (Jean d'), Orsini (Camille Pardo de'), Oudin (Girard), Pascal (Thomas), Passano (Jean-Joahim de), Paulmier (Pierre), Perrot (Nicolas), Pierrevive (Charles de), Pincé (Christophe de), Pio (Albert), Plais (Gacien de), Poignant (Jean-Baptiste), Poillot (Denis), Poupet (Jean de), Prévost (Jean), Prudhomme (Guillaume et Louis), Quélain (Nicolas), Rapouel (Thomas), Reignier (Simon), Régis (Thomas), Robertet (Florimond), Rohan (François de), Roma (Alexandre, Jean, Jean-Paul et Philippe de), Rouillart (Antoine), Rouvet (Jean), Ruthie (Bernard de), Ruzé (Jean), Saint-Romain (Jean de), Saminiato (François), San Severino (Jules de), Saves (Girard), Secondat (Pierre), Selve (Georges de), Serre (Bénigne), Silly (Jacques de), Spifame (Gaillard), Spina (Léonard), Strozzi (Léon et Pierre), Sureau (Robert), Tavel (Geoffroy), Terreny (Jean), Thibaut (Nicole), Thiboust (Robert), Tournon (François, cardinal de), Trivulce (Théodore), Troyes (Nicolas de), Vaudétar (Guillaume de), Vendômois (Jean de), Villiers (Charles de), de L'Isle-Adam, Viole (Pierre), Visconti (Pallavicino).

Créchy (Allier). Seigneurie, VIII, 604, 32415.

Crécy (Jean de), s^r de Bléry. Lettres de naturalité accordées à son fils Henri et à son petit-fils Nicolas, nés en Hainaut, V, 805, 18863.

Crécy-en-Brie (Seine-et-Marne), II, 315, 5368; VIII, 139, 30546. Assiette de la taille, VII, 447, 25611. Châtellenie, I,

IMPRIMERIE NATIONALE.

589, 3095; VI, 571, 21873; voir Égreffins (Les), Tigeaux, Trois-Maisons (Les). Forêt, II, 62, 4151; III, 386, 9287; gages des capitaines et gardes, II, 329, 5438; II, 640, 6884; III, 66, 7781; VIII, 209, 31193; ventes de bois, VII, 669, 28161; VIII, 160, 30733. Procureur du roi : voir Gérard (Robert). Recette ordinaire, II, 394, 5727; commis du receveur ordinaire de Meaux : voir Cretot (Pierre). Séjour du roi, VIII, 553. Sergent royal : voir Michelet (Jean).

Crécy-en-Ponthieu (Somme) : voir Caumartin. Châtellenie : voir Conteville, Hiermont. Forêt, III, 158, 8219; VII, 523, 26409; VII, 633, 27825. Privilèges, V, 234, 15879.

Crécy-sur-Serre (Aisne). Doyenné : remise de tailles accordée aux habitants, III, 366, 8931. Séjour du roi, VIII, 553.

Crédit : voir Royer (Jacques).

Creil (Oise), II, 52, 4101. Châtellenie, V, 509, 17295; VI, 244, 20138; VI, 253, 20188 : voir Cramoisy, Lamorlaye, Laversine, Montataire, Pommeroye, Villers-Saint-Paul. Grenier à sel, V, 269, 16059; V, 337, 16422; V, 450, 16990; V, 516, 17330; grènetier : voir Poulen (Guillaume). Maître du pont : voir Anguellin (Pierre). Prévôt : voir Lebel (Pierre). Recette ordinaire, II, 689, 7111; III, 144, 8145; III, 698, 10706; receveur ordinaire : voir Prud-homme (Jean). Seigneurie, I, 314, 1694; II, 668, 7012; IV, 520, 13442; offices royaux, V, 226, 15835. Séjour du roi, VIII, 556. Ville, V, 324, 16354.

Creil (Nicolas de), receveur des deniers communs et patrimoniaux de Beauvais, VII, 589, 27307.

« Cremault ». Seigneurie, VII, 791, 29097.

Créments du Rhône, IV, 25, 11119.

Crémieu (Isère), III, 452, 9593; VIII, 229, 31384. Monnaie : voir Monnaie de Crémieu. Privilèges, III, 182, 8333. Séjour du roi, VIII, 556.

Crémille, c^{ne} de Saint-Loup-sur-Thouet (Deux-Sèvres). Seigneurie, VI, 299, 20425.

Crémone (Italie, cap. de prov.), I, 292, 1578; V, 262, 16023; VI, 132, 19571; VII, 437, 25514 : voir Luffatati (Jean-Francisque de), Maynard (Belin de), Petronio (Nicolas). Capitaine : voir Arbouville (Jeannet d'). Diocèse : voir Pizzighettone.

Crémone (Belin de) : voir Maynard (Belin de).

Crémone (Francisque de), joueur de hautbois, II, 580, 6591.

Crenay (S^r de) : voir Du Parc (Nicolas).

Creney (Aube). Seigneurie, VI, 776, 22931.

Crennes, c^{ne} de Saint-Pierre-Tarentaine (Calvados). Seigneurie, II, 589, 6636.

Crennes (Lyon de), page de l'écurie, I, 611, 3204.

Crépon (Calvados). Baronnie, V, 318, 16320; VI, 610, 22074.

Crépy (Traité de) conclu le 18 septembre 1544 entre François Ier et Charles-Quint à Crépy-en-Laonnois, IV, 673, 14141; IV, 674, 14146; IV, 675, 14148; VI, 767, 22890; VIII, 740, 33162; IX, 83, 114, 130. Enregistrement aux cours souveraines, IV, 703, 14267-14270; IV, 712, 14306; VI, 777, 22939; VII, 382, 25162; VII, 596, 27403. Exécution des clauses relatives aux matières suivantes : exportation des vins français en Flandre, IV, 749, 14483; limites du royaume vers la Franche-Comté et les Pays-Bas, IV, 713, 14312; restitutions aux sujets des deux princes, IV, 725, 14371; VI, 776, 22932; VII, 405, 25278; rétrocession de Stenay au duc de Lorraine, IV, 718, 14334; IV, 724, 14365; VI, 783, 22966; titres du comté de Bourgogne, IV, 719, 14342. Ratification par les États de Bourgogne, IV, 706, 14283; par les États de Languedoc, IV, 706, 14284; par François Ier, IV, 675, 14148; IV, 708, 14292.

Crépy-en-Laonnais (Aisne), II, 471, 6081. Seigneurie, VII, 534, 26525.

Crépy-en-Valois (Oise), II, 355, 5550-5552; VIII, 215, 31251. Chambre à sel; contrôleurs : voir Lepère (Jacques), Spifame (Jérôme). Châtellenie; coutumes, IV, 33 (VIII, 785), 11152; voir Chenoy (Le), Ivors, Nanteuil-le-Haudouin, Passy-en-Valois. Église Saint-Albin; prévôté, V, 691, 18239. Recette ordinaire, III, 649, 10483; VI, 753, 22822. Séjour du roi, VIII, 553. Session des États de Valois, VI, 574, 21889. Siège particulier de l'élection de Senlis; élus : voir HENNEQUIN (Athiot), VIGNERON (Guillaume). Ville : auneur de draps : voir PICHET (Regnaut); receveur des deniers communs : voir DEPORT (Thomas); sergent : voir CONTESSE (Jean).

CRÉQUIER (Jean), chevaucheur d'écurie, VII, 711, 28541.

CRÉQUY (Antoine DE), s^r de Pont-Remy, bailli d'Amiens, V, 755, 18596. Compagnie, V, 489, 17193; V, 688, 18219-18220. Sa veuve : voir SAVEUSE (Jeanne DE).

CRÉQUY (François DE), évêque de Thérouanne, V, 178, 15581; VI, 406, 20979.

CRÉQUY (Georges DE), VI, 632, 22190.

CRÉQUY (Henri DE), s^r de Canaples. Mission en Angleterre, IX, 33.

CRÉQUY (Jean DE), seigneur de Canaples et de Poix, chevalier de l'ordre, gentilhomme de la chambre, I, 576, 3027; II, 27, 3976; II, 31, 3992; II, 694, 7134; III, 309, 8941; III, 355, 9150; IV, 76, 11347; IV, 274, 12277; VII, 549, 26773; VIII, 17, 29399; VIII, 43, 29633; VIII, 238, 31477; bailli d'Amiens, I, 441, 2333; V, 755, 18596; V, 770, 18682; VI, 137, 19598; chevalier de l'ordre, II, 605, 6719; concessionnaire du grenier à sel de Mantes, I, 490, 2580; VI, 110, 19458; engagiste des comtés de Mantes et de Meulan, I, 443, 2345; I, 497, 2617; I, 539, 2840; II, 614, 6763; IV, 257, 12200; IV, 690, 14211; VII, 575, 27095; VII, 589, 27301. Compagnie de 100 gentilshommes de l'hôtel, VII, 754, 28834; VII, 813, 29247; voir BON (Pierre), BUSSY (Antoine DE), CANTELME (César), GRELLET (Merry), FONTAINES (Jacques DE), LAMETH (Annet DE); fourrier : voir BOURRETTE (Roustan); lieutenant : voir VILLEQUIER (Baptiste, s^r DE); payeur : voir BONACORSI (Julien); porte-enseigne : voir DU MONCEAU (François). Maison : voir FRANSURES (Jean DE). Mariage, V, 744, 18541. Pension, II, 412, 5808; III, 33, 7609; III, 307, 8935; VII, 766, 28910; VIII, 3, 29281; VIII, 30, 29498; VIII, 212, 31227; VIII, 226, 31356.

CRÉQUY (Jean, s^r DE), gouverneur de Montreuil-sur-Mer, II, 22, 3948; II, 687, 7100. Compagnie, V, 688, 18219; VII, 721, 28608; voir RUBERQUES (Blanchet DE) et au nom du payeur FRANÇOIS (Pierre). Pension, III, 307, 8935; VIII, 5, 29296; VIII, 230, 31394.

CRÉQUY (Madeleine DE), veuve de Clérambault du Fay, V, 733, 18490.

CRÉQUY (Philippe DE), s^r de Bernieulles, gouverneur et capitaine de Thérouanne, II, 687, 7100; III, 309, 8944; VI, 442, 21174; VIII, 212, 31228. Compagnie, VII, 721, 28608; payeurs : voir FRANÇOIS (Pierre), LEGIER (Pierre); porte-enseigne : voir HALLWYN (Valentin, bâtard D'). Pension, III, 32, 7608; III, 307, 8935; VIII, 5, 29297; VIII, 230, 31395.

CRESNAY, page de l'écurie des fils de France, VIII, 7, 29314.

CRESPIN (François), s^r de Baracé, conseiller au Parlement de Paris, président au Parlement de Bretagne, I, 227, 1250; II, 645, 6909; III, 674, 10598; IV, 31, 11149; IV, 88, 11405; VII, 500, 26105; VII, 488, 25962-25963; VII, 489, 25974.

CRESPIN (Jean), joaillier à Paris, II, 535, 6365; II, 594, 6662; II, 669, 7013; VII, 766, 28914; VII, 774, 28975; VIII, 180, 30922.

CRESSANVILLE, maître d'hôtel de M. de Clermont, III, 532, 9965.

CRESSART (Robert) ou CROISSART, valet de pied de l'écurie du roi, VIII, 201, 31717; VIII, 303, 32250.

CRESSONNIÈRE (La) [Calvados]. Fief, VI, 515, 21568.

CREST (Drôme), VI, 494, 21450; VI, 499, 21478.

Crest (Imbert de) : voir DUCREST (Imbert).

CRESTE (René), enquêteur à Saumur, III, 394, 9325; V, 182, 15603.

CRESTE (Simon), censier du domaine du comté de Blois, VI, 623, 22145; VI, 793, 23017.

Crestel (André) : voir COUSTEL (André).

CRESTINE (Vincent DE), s^r de Singlé, commissaire ordinaire et général de la mer du Levant, VII, 386, 25180.

CRETAULT (Pierre), garde des forêts de Bourbon-Lancy, VIII, 204, 31138.

Creté (Perrin), originaire du diocèse de Genève, demeurant à Saint-Cannat. Lettres de naturalité, VI, 678 (VIII, 400), 22447.

Créteil (Seine), VIII, 321*, 987. Privilèges, I, 43, 252; I, 217, 1195.

Créteville (Pierre de), receveur de l'élection d'Harfleur, III, 599, 10256; de l'élection de Montivilliers, III, 603, 10276; III, 622, 10355.

Crétey (Jean), sergent royal à Lyon, V, 151, 15450.

Crétin (Guillaume), chantre de la Sainte-Chapelle à Paris, aumônier du roi, VII, 113, 23775; VII, 130, 23860.

Cretot, c^ne de Goderville (Seine-Inférieure). Seigneurie, V, 215, 15775; VI, 505, 21511.

Cretot (Pierre), commis du receveur ordinaire de Meaux à Crécy-en-Brie, VII, 673, 28195.

Creuilly : corr. Creully.

Creully (Calvados). Baronnie, VI, 280, 20327; VI, 389, 20895; baron : voir Sillans (Antoine de). Sergenterie, VI, 544, 21729.

Creuzeau (François), né en Espagne de père français, établi à Bordeaux. Lettres de naturalité, V, 769, 18675.

Creuzeau (Pierre), de la Rochelle, V, 769, 18675.

Creuzy : corr. Cruzy-le-Châtel.

Crevant (Puy-de-Dôme) : voir Laveine.

Crevant (Antoine de), abbé de Ferrières, I, 79, 466.

Crevant (Louis de), abbé de la Trinité de Vendôme, de Thiron et de Massay, IV, 759, 14529.

« Crèvecoeur ». Gouvernement, bailliage et capitainerie, III, 637, 10428.

Crèvecœur (*S^rs de*) : voir Gouffier (François), Le Verrier (Jean).

Crèvecoeur, quart de fief sis à Blonville (Calvados), V, 447, 16974.

Crèvecoeur, c^ne de la Croix-Saint-Leufroy (Eure). Seigneurie, V, 473, 17109; VI, 643, 22257; VI, 644, 22259.

Crèvecoeur (Nord), VII, 611, 27583; VIII, 215, 31251. Séjour du roi, VIII, 553.

Crèvecoeur (Jean de), orfèvre à Paris, II, 272, 5177; remboursé d'un prêt fait au roi, VIII, 226, 31348.

Creville (Louis de), VIII, 212, 31222.

Crevon, c^ne de Blainville-Crevon (Seine-Inférieure) : voir Maudétour.

Cricqueville, VII, 92, 23670.

Cricqueville (Calvados, canton de Dozulé) : voir Angoville, Royal-Pré; voir aussi Le Large (Richard).

Cricqueville (*S^r de*) : voir Launay (Benoît de).

Criées et décrets attribués à la chambre des requêtes du Parlement de Rouen, IV, 732, 14405.

Crimes (Composition pour) en Savoie. Abolition, VI, 687, 22497.

Criminels de lèse-majesté et de félonie. Leurs biens acquis au roi, IV, 30, 11143; IV, 60, 11314; IV, 156, 11747.

Crique (Charlotte de), VI, 505, 21513.

Criquebeuf (Étienne-Michel), III, 96, 7924.

Criquetot (*S^r de*) : voir Novion (Adrien de).

Crisenoy (Seine-et-Marne). Seigneurie, III, 735, 10870.

Crissay (Indre-et-Loire). Baron : voir Turpin (Jacques). Fortifications, V, 13, 14726.

Crissé : corr. Crissay.

Cristal. Chapelet, VII, 812, 29242. Miroirs, VIII, 165, 30785. Vaisselle de Venise, VII, 759, 28868.

Cristiollet (Jean de), dit Trippet, VII, 515, 26314.

Croc (*Forêt du*), dépendant de la forêt d'Eawy. Sergent : voir Danet (Michel).

Crochart (Julien) dit Courtigny, valet de garde-robe du dauphin, II, 684, 7087; III, 056, 10515.

Crochet (Pierre), receveur des tailles à Senlis, VI, 5, 18935.

Crochets. Vérification en Anjou, VIII, 703, 32953.

Croisades projetées, I, 87, 512; I, 96, 566; I, 119, 687; I, 142, 816; I, 147, 843; I, 159, 909; I, 480 (VIII, 336), 2534; I, 482, 2544; II, 411, 5801; II, 519, 6295; II, 645, 6908; IV, 13, 11067; V, 308-309, 16270-16272; V,

310, 16281; V, 350, 16529; V, 371, 16593; V, 449, 16984; V, 487, 17183; VI, 6, 18939; VI, 43, 19127; VI, 283, 20340; VI, 293, 20394; VIII, 163, 30768.

CROISAT (Jean), natif de Pampelune, établi à la Rochelle. Lettres de naturalité, IV, 367, 12724.

CROISEAU (Jean DE), huissier au Parlement de Bordeaux, V, 365, 16564.

CROISETTE (LA), fief sis dans l'une des châtellenies de Cognac et de Merpins, VII, 255, 24464.

CROISIC (LE) [Loire-Inférieure], VIII, 601, 32875. Capitaine : voir ROBIEN (Jean DE). Communauté d'habitants, II, 196, 4813; II, 197, 4819; V, 56, 14949; exemption d'emprunts, VIII, 601, 32401; octroi du droit de billot et apetissement du vin pour l'entretien des quais et du château, II, 197, 4819; VIII, 573, 32248. Marais salants, VII, 584, 23939. Port, II, 197, 4819; VII, 425, 25417; VII, 445, 25593.

Croisille (La) [Eure] : voir COUDRAY (LE).

Croisillière (La) : voir CROUZILLIÈRE (LA).

Croissart (Robert) : voir CRESSART (Robert).

CROISSET, c^ne de Canteleu (Seine-Inférieure) : voir SAINT-THOMAS-LA-CHAUSSÉE. Couvent de Sainte-Barbe; amortissement, VII, 454, 25664. Séjours du roi, VIII, 553.

CROISSY (Seine-et-Marne). Seigneurie, V, 212, 15762; V, 467, 17078. Séjour du roi, VIII, 553.

CROIX (Jean). Aubaine, I, 402, 2138.

Croix (S^r de) : voir ANGLARS (Jacques D').

Croix (S^rs de la) : voir BOUJU (Nicolas), LAMBERT (Pierre).

CROIX (LA), vraisemblablement LA CROIX-DE-L'AUMAY, c^ne de Pêchereau (Indre). Seigneurie, VI, 711, 22623.

Croix (La) (Indre-et-Loire) : voir BRAY, CHEVALERIE (LA), GUÉRINIÈRE (LA), MÉE (LE), MILLERIEUX, PLESSIS-LIMOUSINE (LE), POMMERAYE (LA). Seigneur : voir BÉRARD (Pierre).

CROIX-BLANCHE (LA), seigneurie sise à Châteauneuf-sur-Loire (Loiret), V, 399, 16725.

Croix-Chapeau (Charente-Inférieure) : voir GARDE-AUX-VALETS (LA).

Croixdalle (Forêt de) : voir ALIERMONT (FORÊT D').

Croix de Bléré (La) : voir CROIX (LA) (Indre-et-Loire).

CROIX DE FER (MAISON DE LA), à Rouen, VI, 437, 21149.

Croix-de-l'Aumay (La), c^ne du Pêchereau (Indre) : voir CROIX (LA).

CROIX-DU-TRAHOIR (FONTAINE DE LA), à Paris, III, 232, 8588.

CROIX-EN-BRIE (LA) [Seine-et-Marne] : voir VIENNE. Foires, I, 520, 2742.

CROIX-EN-CHAMPAGNE (LA) [Marne], V, 615, 17820.

Croixmare : voir DELAHAYE (Jacques).

CROIXMARE (Jacques DE), avocat au Parlement de Rouen, puis général des Aides à Rouen, VI, 444, 21185.

CROIXMARE (Jean DE), général des aides à Rouen, III, 283, 8825; III, 332, 9048; VIII, 100, 30164; VIII, 125, 30412.

CROIXMARE (Nicolas DE). Mission en Écosse, I, 248, 1355.

CROIXMARE (Pierre DE), III, 452, 9592.

CROIXMARE (Robert DE), conseiller au Parlement de Rouen, VI, 604, 22048; VI, 676, 22439.

CROIX-SAINT-LEUFROY (LA) [Eure] : voir CRÈVECOEUR. Abbaye, V, 812, 18896; VI, 243, 20137. Seigneurie, VI, 584, 21945.

Crolles (Isère) : voir HAYES (LES).

CROQUET (Jean), VII, 588, 27291.

CROMO (RECUEIL), I, 10, note.

CROMWELL, IX, 101, note.

Cropière : voir GROSPIERRES.

Cros (S^r des) : voir GRIMAULT (Jean-Baptiste DE).

Crosel : voir CROZET.

CROSET (Noël), trésorier de Forez, V, 718, 18405.

CROSNES (Seine-et-Oise), VI, 400, 20950; VIII, 321^n, 987.

CROSNIER (Jean), trésorier de la marine du Levant, II, 114, 4411; II, 127-128, 4483-4485; II, 136, 4528; II, 274, 5186; II, 386, 5693; II, 428, 5882-

5883; II, 432, 5903; II, 481, 6124; II, 484, 6136; II, 496, 6190; II, 508, 6246; II, 516, 6285; II, 527, 6333; II, 530, 6344; II, 537, 6374; II, 550, 6440; II, 552, 6448; II, 641, 6891; III, 16, 7524; III, 74, 7821; III, 555, 10064; III, 750, 10938; IV, 101, 11463; VII, 179, 24098; VII, 233, 24359; VII, 350, 24996; VII, 720, 28599; VII, 725, 28638; VII, 745, 28783; VII, 766, 28917; VIII, 78, 29944; VIII, 87, 30033; VIII, 132-133, 30477; VIII, 223, 31321-31322; VIII, 231, 31412; VIII, 269, 31806; VIII, 280, 31903; VIII, 301, 32138.

Croso (Antoine de), notaire et praticien à Lyon, natif de Pont-de-Veyle. Lettres de naturalité, VI, 407, 20987.

Crosse (Simon), orfèvre de Paris, VIII, 13, 29373.

Crost : voir Fosse (Octavien).

Crotis (François de), chanoine de Notre-Dame de Rodez, natif de Pignerol. Lettres de naturalité, IV, 342, 12610.

Crotoy (Le) [Somme], VII, 575, 27099. Capitaine : voir Hecquelbec (M. de). Garnison, VIII, 102, 30182. Privilèges, I, 11, 64; I, 36, 207. Séjour du roi, 553. Vicomté, V, 293, 16188; V, 666, 18094; V, 669, 18104; VI, 163, 19723.

Crotte (S[r] *de la)* : voir Daillon (François de).

Crottes (Les) [Hautes-Alpes] : voir Boscodon. Foires, V, 47, 14906.

Crotto (Livio), s[r] de Saint-André, maître d'hôtel ordinaire du roi, gouverneur et capitaine de Melun, commissaire ordinaire des guerres, VI, 381, 20850; VI, 814, 23129; VIII, 39, 29596; VIII, 218, 31275. Lettres de naturalité, IV, 59, 11271. Missions diplomatiques, VIII, 54, 29732; VIII, 135, 30501; VIII, 260, 31702, IX, 51. Cf. Trotti (Livio).

Crousillon (François de), de Sermur, succession en déshérence, III, 514, 9882.

Crouy (Aisne). Forêt, II, 689, 7112.

Crouy (Loir-et-Cher) voir : Bréviande.

Crouy (Somme), II, 563, 6503; voir Gard (Le). Seigneurie, I, 465, 2459; VII, 523, 26413; VIII, 394, 18829.

Crouyn (François), II, 702, 7167.

Crouzillière (La), c[ne] de Joué (Indre-et-Loire). Seigneurie, I, 204, 1132; VI, 694, 22530.

Croville (Le sieur de), VII, 722, 28612.

Croy (Adrien de), s[r] du Rœulx, VII, 333, 24905; VIII, 7, 29316. Missions diplomatiques, IX, 109, 115.

Croy (Antoine de), comte de Porcien, I, 233, 1281.

Croy (Antoine de), s[r] de Sempy, VII, 333, 24905.

Croy (Catherine de), veuve de Robert II de la Marck, s[r] de Sedan, VII, 534, 26555; VIII, 111, 30279; concessionnaire de la terre de la Ferté-Milon, III, 334, 9056; VII, 555, 26849; VII, 589, 27308. Lettres de naturalité, IV, 329, 12546.

Croy (Charles de), prince de Chimai, marquis d'Aerschot, comte de Sainghin et de Porcien, seigneur de Chievres, gentilhomme de la chambre, I, 465, 2459; II, 443, 5952; III, 220, 8532; III, 724, 10821; IV, 365, 12712; IV, 381, 12789; V, 798 (VIII, 394), 18829; VI, 447, 21205; VI, 736, note; VI, 814, 23131; VI, 819, 23156; VII, 128, 23849; VII, 523, 26413; VII, 524, 26420; VIII, 145, 30603; VIII, 310, 32218. Compagnie de chevau-légers, VIII, 109, 30248.

Croy (Ferry de), sieur du Rœulx, V, 536, 17433.

Croy (Guillaume de), prince de Chimai, marquis d'Aerschot, sieur de Chièvres, premier chambellan et ambassadeur du roi catholique, II, 721, 7254; V, 492, 17210; V, 684, 18197; VI, 197, 19895; VII, 435, 25489; VIII, 580, 32332; VIII, 593, 32354; IX, 108, 114, 115, 134.

Croy (Hélène de), III, 304, 8923.

Croy (Henri de), comte de Porcien, II, 443, 5952.

Croy (Michel de), s[r] de Sempy. Mission diplomatique, I, 26, 152; IX, 116.

Croy (Philippe de), marquis d'Aerschot, comte de Porcien, I, 465, 2459; IV, 380, 12789; V, 208, 15737; V, 215, 15777; V, 244, 15931; V, 285 (VIII, 797[a]), 16146; V, 798 (VIII, 309); 18829; VI, 197, 19895; VII, 536, 26590, VIII, 585, 32312; partisan de l'empereur : biens confisqués, IV, 365, 12712; VII, 128, 23849. Permission à ses enfants Charles, Louise et Phillippe d'acquérir et de posséder en France, I, 516, 2720.

Croy : voir Crouy.

Crozant (Creuse). Capitainerie, V, 705, 18325; cf. VII, 527, 26465.

« Crozefonte », place et maison noble en la juridiction de Montflanquin, VII, 264, 24511.

Crozet, c^ne de la Pacaudière (Loire). Seigneurie, VII, 596, 27405.

Crozet (Antoine de), V, 663, 18077.

Cruciade : voir Croisades.

Crucifix : accompagné d'une Madeleine, VIII, 248, 31576; mutilé au cimetière des Saints-Innocents à Paris, V, 162, 15498.

Crucifix (Cure du), dépendant de l'abbaye de Saint-Corneille de Compiègne, VI, 89, 19350.

Crue de la Seine à Paris en 1519, II, 89, 2486.

Crusar (Hans ou Hermann), Cruser, Kruser ou de la Croix, ambassadeur du duc de Gueldres, VIII, 105, 30205; VIII, 147, 30622; IX, 90, 91, 92. Mission à la diète de Spire, IX, 14, 15.

Crussol, c^ne de Guilherand (Ardèche), VII, 148, 23941. Dame : voir Genouilhac (Jeanne de).

Crussol (Antoine de), VI, 820, 23158; sénéchal de Quercy, IV, 092, 14218.

Crussol (Charles, s^r de) et de Lévis, grand panetier de France, I, 523 (VIII, 773), 2757; II, 502, 6219; IV, 208, 11959; V, 783, 18745; VI, 44, 19128; VI, 820, 23158; lieutenant du roi en Languedoc, IV, 702, 14263; IV, 706, 14284; sénéchal de Beaucaire et Nîmes, I, 346, 1852; V, 32, 14820. Compagnie, VIII, 82, 29989; VIII, 236, 21458; VIII, 275, 31864; voir aux noms des payeurs Delacroix (Vincent) et Lamothe (Bertrand de). Hommages, VI, 125, 19536-19538; VII, 148, 23941-23944.

Crussol (François de), Sr de Beaudisner, I, 161, 916; III, 719, 10799; V, 479, 17142; V, 495, 17222.

Crussol (Jacques, s^r de), VII, 133, 23877; sénéchal de Beaucaire et Nîmes, I, 346, 1852. Compagnie d'archers de la garde, I, 27, 155; II, 702, 7168; III, 686, 10648 : voir Lignières (Charles de), Saint-Vidal (Étienne, bâtard de); payeurs : voir Babou (Philibert), Chartier (Nicolas), Fournier (Jean); porte-étendard : voir Le Boucher (Raoul).

Crux (François et Jean de), frères, V, 565, 17572.

Crux (Jacqueline de), VI, 553, 21779.

Crux (*S^r de*) : voir Damas (Jeannet de).

Cruye (Forêt de), aujourd'hui de Marly-le-Roi, VI, 362, 20755; VI, 441, 21172; VI, 605, note; VIII, 159, 30729. Gruyers et concierges des loges : voir Du Buschet (Jean et René). Sergents, VI, 822, 23168.

Cruz (François, s^r de), écuyer, VI, 295, 20409.

Cruzy-le-Châtel (Yonne). Baronnie. V, 694, 18254; VI, 56, 19187.

Cryptographie : voir Chiffres.

Cubzac (Gironde). Châtellenie, VII, 284, 24615.

Cucuret (*Mathieu*) : voir Curet (Mathieu).

Cucuron (Vaucluse) : voir Fulconis (Antoine et Jean-Louis), Juge (Laurent et Louis). Amortissement de moulins à blé et à huile appartenant à la communauté, VII, 363, 25066.

Cudot (Yonne). Seigneurie; réformation des forêts, IV, 755, 14508.

Cuebris (Alpes-Maritimes). Prieur : voir Pol (Monet).

Cueille (Pierre de), trésorier de Périgord, VII, 441, 25559.

Cueille (*Dame de la*) : voir Luyrieux (Françoise de).

Cueillette (Jean), secrétaire du roi, contrôleur général des finances en Languedoc, V, 201, 15697; V, 327, 16371; V, 517, 17336; remboursé d'un prêt fait au roi, I, 46, 268.

Cueillette (Marie), V, 296, 16203.

Cuers (Var). Église Saint-Pierre, IV, 320, 12504. Privilèges, IV, 331, 12558. Seigneur : voir Glandèves (Guillaume de).

Cuers (Jacques de), greffier ordinaire de la ville de Toulon, VIII, 728, 33093.

Cueurs (Honorat de), II, 497, 6192.

Cugnac : voir COIGNAC.

CUGNAC (Antoine DE), baron de Dampierre, V, 377, 16619.

CUGNAC (Antoine DE), fils du précédent, baron d'Ymonville, V, 377, 16619; V, 598, 17733.

CUGY (Jean DE), procureur du roi au bailliage de Touraine, VII, 639, 27894.

CUI, c^ne d'Occagnes (Orne). Foires, IV, 235, 12087.

CUILLER (Guillaume), s^r de Saint-Wulfran, VI, 502, 21496.

CUILLERS de nacre garnies d'argent doré, VII, 751, 28817.

CUIR damasquiné, VII, 642, 27922.

CUIRS. Commerce : à Chaumont-en-Bassigny, VII, 585, 27249; à Paris, I, 323, 1741.

CUISE (Catherine DE), veuve de Pierre Fretel, VI, 249, 20162.

CUISE (FORÊT DE), ancien nom donné à la forêt de Compiègne, de celui du village de Cuise-la-Motte (Oise), I, 109, 639; IV, 695, 14234; IV, 701, 14260; V, 231, 15866; VII, 605, 27513; VII, 646, 27963. Concessions de bois, V, 170, 15538; VI, 764, 22879; VII, 542, 26665; VII, 603, 27493. Gages des gardes, II, 389, 5705; II, 654, 6951; II, 718, 7239; III, 112, 8000; IV, 206, 11951; VII, 632, 22815; VIII, 220, 31301. Gardes : voir DUMONT (Antoine), DUSABLE (Antoine), LA HAYE (Simon de). Gardes du marteau : voir BOURNEL (Lancelot DE), BUSSY (Henri DE), DROUART (Jacques). Percement de quatre routes, VII, 535, 26580; VII, 445, 25591. Usages : des habitants de Breuil, Trosly et Couloisy, V, 141, 15407; de l'abbaye de Royaumont, VI, 823, note. Visite, IV, 177, 11813.

CUISEAUX (Saône-et-Loire). Terre, VIII, 596, 32373.

Cuise-la-Motte (Oise) : voir MOTTE (LA).

CUISERY (Saône-et-Loire). Seigneurie, IV, 509, 13388; VII, 74, 23581; receveur : voir GIRAUDIN (Nicolas). Séjour du roi, VIII, 553.

Cuisine du roi : AIDES, ÉCUYERS, ENFANTS, GARDE-MANGER, GARDES-VAISSELLE, HÂTEURS, HUISSIERS, MAÎTRES-QUEUX, PORTEURS, POTAGERS, SAUCIERS, SERT-DE-L'EAU; cf. voir HÔTEL.

Cuissy (Aisne). Abbé : voir WAÏN (Gervais).

CUIVRE. Achats, VII, 442, 25570; VII, 727, 28645. Mines, I, 202, 1125; IV, 35, 11162; IV, 181, 11832; VII, 312, 24779.

CULAN (Cher). Foires, I, 578, 3040.

CULANT (Bertrand DE), s^r de Châteauneuf-sur-Cher et de Franconville, VI, 76, 19284. Sa veuve : voir AUBERT (Louise).

CULANT (Charles DE), VI, 557, 21797.

CULANT (François DE), baron de Châteauneuf, V, 13, 14725.

CULANT (Gabriel DE), chambellan du roi, I, 578, 3040.

CULANT (Philippe DE), s^r de Saint-Cyr, III, 395, 9332.

CUMOND (Dordogne). Seigneurie, VII, 77, 23594.

CUMONT (Christophe DE), lieutenant particulier de la sénéchaussée de Saintonge, VII, 337, 24926.

CUMUL : de l'amirauté de France et des offices de bailli et gouverneur de Valois, I, 472, 2494; — de fonctions financières, V, 223, 15825; V, 726, 18451; VII, 585, 27251; — de fonctions financières et judiciaires, III, 721, 10813; VII, 432, 25471; VIII, 759, 33286; — de fonctions judiciaires, I, 66, 393; I, 361, 1925; I, 468, 2475; I, 592-593, 3110; I, 685, 3583; II, 762, 7442; III, 6, 7476; III, 8, 7483; III, 340, 9084; IV, 544, 13546; IV, 586, 13736; IV, 669, 14122; IV, 741, 14446; IV, 750, 18569; V, 806, 18867; VI, 103, 19421; VI, 578, 21914; VII, 132, 23870; VII, 355, 25023; VII, 359, 25043; VII, 361, 25057; VII, 432, 25469, 25471; VII, 440, 25548; VII, 456, 25681; VII, 477, 25864; VIII, 662, 32721; — de fonctions militaires, VII, 284, 24619; — de fonctions publiques : avec les charges consulaires, IV, 722, 14356; avec le commerce, V, 537, 17437; VII, 464, 25744; avec la dignité épiscopale, I, 712, 3720; III, 264, 8736; III, 494, 9789; III, 608, 10296; IV, 358, 12686; IV, 363, 12705; avec l'état d'avocat, II, 91, 4294; VII, 429, 25450.

CUNAULT, c^ne de Trèves-Cunault (Maine-et-Loire). Île, VI, 319, 20526. Prieuré de Notre-Dame, III, 456, 9611; III, 515,

9886; VI, 482, 21382 [1]; VI, 484, 21395; VII, 563, 26944.

Cuneo : voir Coni.

Cuniq (*Steph*) : voir Koenig (Stephan).

Cunradt (Nicolas), envoyé de Soleure, IX, 138.

Cupidon représenté sur un camée, II, 595, 6666.

Cuppi (Jean-Dominique), cardinal de Trani, VIII, 250, 31665.

Cuq [-Toulza ?] (Tarn). Seigneurie, VII, 354, 25017.

Curages de rivières : voir Canalisation.

Curateur imposé à Jean Paquelon, VII, 434, 25483.

Curcy (Calvados), V, 468, 17082; VI, 547, 21745; voir Martinbosc, Méhédiot.

Curé, c^ne^ de Saint-Georges-du-Bois (Charente-Inférieure) : voir Aguré.

Curel (*S^r^ de*) : voir Clefmont (Claude de), La Haye (Charles de).

Cures du diocèse de Coutances, IV, 462, 13170.

Curet (Jacques) ou Coeuret, archer de la garde, IV, 216, 11994; IV, 280, 12301.

Curet (Mathieu Mathurin), ou Coeuret ou Cucuret, écuyer de cuisine du commun, II, 183, 4747; II, 553, 5953; III, 438, 9528; IV, 216, 11994; IV, 280, 12301; IV, 770, 14612.

Curlu (Somme). Foires et marché, II, 104, 4364.

Curon (Jean), natif d'Espagne, marié et fixé à Rouen. Lettres de naturalité, VI, 619, 22119.

Curtil (Antoine de), procureur du roi en l'élection de Lyonnais, II, 563, 6500.

Curton, auj. *Saint-Martin-Curton* (Lot-et-Garonne). Barons : voir Chabannes (Jean et Joachim de).

Curzay (Jeanne de), III, 643, 10455.

Curzay (Vienne). Création d'un office de notaire, III, 439, 9534.

Curzon (Vendée). Châtellenie, VII, 133, 23876.

Cusan (Marc-Antoine de), écuyer d'écurie du roi, capitaine de 100 chevau-légers, II, 723, 7260; V, 689, 18225; VI, 516, 21573; VII, 772, 28958; VII, 798, 29144. Pension, II, 413, 5811; II, 751, 7389; VII, 620, 27684.

Cusance (Claude de). Aubaine, I, 478, 2526.

Cusance (Claude de), s^r^ de Virey, II, 246, 5059.

Cusance (Claudine de), II, 246, 5059.

Cusance (Jean de), écuyer, s^r^ de Darcey, bailli de la Montagne, I, 478, 2526; V, 577, 17634; V, 796, 18818.

Cusance (Marc de), VII, 652, 28014. Aubaine, I, 478, 2526.

Cusenac (Antoinette de), VIII, 720, 33052.

Cusin (André), prêtre. Légitimation de son fils Mathieu, VI, 220, 20011.

Cussac : voir Cuxac-d'Aude.

Cussac (Gironde). Seigneurie, VII, 51, 23467.

Cusset (Allier), VIII, 274, 31860 : voir Aubert (Oudin). Bailliage; notaire : voir Bardet (Claude). Capitaine : voir Clèves (Le bâtard de). Châtelain : voir Gaye (Pierre). Octroi pour les fortifications, I, 73, 430.

Cussey-les-Forges (Côte-d'Or). Fortifications et foires, VI, 745, 22783.

Cussol (Côme), V, 547, 17483.

Cusson (Robert), joueur de farces, dialogues et moralités, IV, 205, 11938.

Cussy : voir Cuissy.

Cussy (Calvados) : voir Semilly.

Cussy-les-Forges : corr. Cussey-les-Forges.

Custans (Arnaud), fermier de la grande coutume de Bordeaux, III, 341, 9089.

Cusy (Jean de), s^r^ des Garennes, commis à l'exercice de capitaine et châtelain de Verneuil en Bourbonnais, VII, 526, 26452.

[1] Le nom de Cunault ne figure pas dans cet acte; mais le prieur y est appelé Antoine de Veyre : or, dans le n° 21395 du *Catalogue*, relatif à l'hommage de Charles de Tournon pour le temporel du prieuré de Cunault, il est dit que ce prieuré a été résigné en faveur dudit Charles par Antoine de Veyre. L'identité du prieuré mentionné dans le n° 21382 n'est donc pas douteuse.

IMPRIMERIE NATIONALE.

CUTIN (Jéronime), native de Pise, établie à Marseille. Lettres de naturalité, IV, 235, 10292.

CUVELIER (Guillaume), V, 316, 16313.

CUVELIER (Jean) ou LE CAVELIER, receveur ordinaire de Clermont-en-Beauvaisis, III, 455, 9606; III, 537, 9985.

Cuvergnon (Oise) : voir TOURNELLES (LES).

CUXAC-D'AUDE (Aude). Privilèges, II, 542 (VIII, 778[a]), 6401.

CUYCAZURU (Jean DE), s[r] de «Lesireur». Autorisation de justice patibulaire, III, 292, 8865.

Cuys (Marne) : voir CHAMPOLAIN.

Cygne (HÔTEL DU COQ ET DU), à Corbeil, VII, 67, 23549.

CYRET (Jacques). Anoblissement, VI, 379, note.

CYRET (Jean), procureur du couvent des Minimes du Plessis-lès-Tours, IV, 98, 11451.

Cyret (Pierre) : voir CIRET (Pierre DE).

CYROT (Guillaume), concierge et geôlier des prisons de Moulins, III, 651, 10493.

Cyrot (Jean) : voir SIROT (Jean).

CYSE (Jacques DE), archer de la garde, VII, 674, 28202.

D

DAAST (Stevenin) ou D'ASTI, palefrenier ordinaire de l'écurie du roi, natif du duché de Milan. Lettres de naturalité, VI, 206, 19938.

Da Atonguia : voir TORREA (Pedro).

DABAY (Madeleine), native d'Avignon, établie à Marseille. Lettres de naturalité, VI, 640, 22239.

Dabeine (Richard) : voir ELBENE (Richard D').

DACE (DROIT DE) ou de péage, à Asti, V, 305, 16248; V, 490, 19198; VI, 54, 19178.

Dacement, Dacerie : voir DACE.

DACHEU (Jacques), avocat en la sénéchaussée de Ponthieu, prévôt de Saint-Riquier, VII, 404, 25276.

Dachsfelden : voir TAVANNES.

DACIER (Jean), porteur des coffres de la chambre du roi, IV, 585, 13732; IV, 685, 14189; V, 41, 14869.

DACON (Guy), II, 356, 5557.

DACQS (Jean DE), DAX ou DASTZ, garde de la forêt de Sénart, II, 626, 6821; III, 65, 7778.

DAFFIS (Jean) ou DAPHIS, docteur régent en l'Université de Toulouse, conseiller lai au Parlement de Toulouse, III, 229, 8574; IV, 349, 12640.

DAGUENET (Isabelle), V, 581, 17651.

DAGUERO (Gaspard), de la maison de la reine Éléonore. Lettres de naturalité, VII, 614, 27631.

DAGUERRE (Antoine), VI, 36, 19088.

DAGUERRE (Barthélemy), VI, 60, 19208.

DAGUERRE (Gratien), gouverneur de Mouzon, V, 218, 15792.

DAGUERRE (Guillenton), homme d'armes de la compagnie de M. de Guise, VII, 606, 27521.

DAGUERRE (Jean), VII, 36, 19088.

DAGUERRE (Jean), s[r] de Vienne-le-Château, I, 507, 2982; V, 218, 15792; V, 449, 16985; VI, 170, 19761.

DAGUERRE (Louis), archer de la garde, VIII, 197, 31084. Cf. DES GUERRES (Louis).

DAGUERRE (Marie), III, 342, 9095.

DAGUERRE (Menaut), III, 316, 8976.

DAGUERRE (Pierre), marchand, natif de Bayonne, VII, 426, 25423.

DAGUERRE (Salvador), s[r] d'Holette, capitaine du pays de Gascogne, VIII, 115, 30315; VIII, 140, 30555.

DAGUES «garnies dedans les pommeaux» d'horloges, V, 429, 16874.

DAIGNE (Pierre), apothicaire du roi, IV, 278, 12292.

DAILLON (Antoinette DE), comtesse douairière de Laval, II, 194, 4801; III, 550, 10039.

Daillon (François de), sr de la Crotte, V, 372, 16595.

Daillon (Jacques de), sr du Lude, sénéchal d'Anjou, II, 466, 6059; II, 606, 6722; V, 372, 16595; VI, 193, 19874; remboursé d'un prêt fait au roi, V, 703, 18316.

Daillon (Jean de), baron du Lude, seigneur d'Illiers, de Rillé et de Champchevrier, gentilhomme de la chambre, I, 258, 1406; III, 591, 10223; IV, 444, 13086; IV, 747, 14471; VI, 229, 20059; VIII, 373a, 11630 *bis*; lieutenant du roi en Poitou; IV, 511, 13397; V, 57, 14958; sénéchal d'Anjou, II, 466, 6059; II, 606, 6722. Compagnie: voir Lacombe (Jean de).

Daillon (Philippe de), II, 205, 4857.

Daims élevés au château de l'Hermine, à Vannes, II, 191, 4786; II, 193, 4799.

Dainval (Pierre), conseiller ordinaire au bailliage d'Amiens, VII, 338, 24931.

Dais de broderie d'or de Chypre acheté par le roi, II, 704, 7154.

Dalaines (Léonard), ou d'Alaines, secrétaire du roi, III, 692, 10675.

Dalbade (La), à Toulouse, I, 195, 1088.

Dalces (Jacques), valet de fourrière de Marguerite de France, V, 137, 15390.

Dalerant (Gilles) ou De Levant. Biens confisqués en Luxembourg, IV, 406, 12899; IV, 564, 13640; VII, 590, 27326.

Dales : voir Alès.

Dalesme : voir Alesme.

Dalesme (Jean), conseiller lai au Parlement de Bordeaux, II, 641, 6890.

Dalesso (Jean) : corr. Alesso (Jean d').

Dallais (François) : voir Alès (François d').

Dalle : corr. Delle.

Dallebranque (Galliot) : voir Alebranc (Galiot d').

Dallemes (Guillaume) : voir Allemetz (Guillaume d').

Dallès (Philippe) ou Dalys, maître d'hôtel de l'archiduc Charles. Mission en France, IX, 116.

Dallez (François) : voir Alès (François d').

Dallier (Jean), dit Paradix, sergent des aides et tailles en l'élection de Lyonnais, II, 573, 6553.

Dallière (Eustache), VIII, 174, 30863.

Dally (Antonie de), VI, 168, 19750.

Dalmas (Claude), de Carpentras. Lettres de naturalité, VIII, 695, 32909.

Dalmes (Guillaume) : voir Allemetz (Guillaume d').

Dalmes (Louis), notaire en Forez, V, 44, 14888.

Dal Nassaro (Jean-Francisque), VII, 702, 28471.

Dal Nassaro (Mateo), del Nassaro ou d'Alnassar, de Vérone, peintre, graveur et valet de chambre du roi, II, 19, 3933; II, 619, 6788; II, 735, 7315; VII, 726, 28642; II, 306, 5328; VII, 747, 28795; VII, 748-749, 28804-28805; VIII, 199, 31104.

Dalphin (Jean), sergent de l'élection du Lyonnais, IV, 305, 12710.

Daltuc (Raymond) ou Dattu, IV, 410, 12923.

Dalvergne (Baptiste) : voir Alvergne (Baptiste d').

Dalys (Philippe) : voir Dallis (Philippe).

Dam (Le) : voir Damme.

Damane (Simon), natif du Comtat Venaissin, établi à Arles. Lettres de naturalité, VI, 674, 22425.

Damars (Étienne), né à Tolède, fils de Jacques Damars, — cf. Dumas (Jacques), — natif de Dijon, sommelier de paneterie de bouche de la reine. Lettres de naturalité, VI, 470, 21321.

Damas, étoffe, III, 252, 8683.

Damas (Étienne) : voir Du Mas (Étienne).

Damas (François de), sr de Brèves et de Tannay, III, 517 (VIII, 783), 9897; VI, 550, 21765.

Damas (Gautier de), receveur de l'extraordinaire en Bourgogne, VII, 446, 25607.

Damas (Georges de), sr de Marcilly, capitaine de Chalon, VII, 261, 24494.

Damas (Jacques), de la maison de la reine. Lettres de naturalité, VII, 614, 27631.

Damas (Jean) : voir Du Mas (Jacques).

Damas (Jeannet de), sr de Ragny et de Crux, capitaine-châtelain de Montréal-en-Auxois, V, 555, 17522.

Damasquiné (Cuir), VII, 642, 27922.

Damazan (Lot-et-Garonne). Curé : voir Terreny (Jean).

Damblainville (Calvados). Seigneurie, V, 510, 17296. Seigneur : voir Regnault (Jacques).

« Dambourt » en Flandre. Foire, VII, 453, 25657.

Damblin (Léonard), conseiller au Parlement de Bordeaux, VI, 52, 19168.

Dame-Marie (Indre-et-Loire) : voir Blémars. Seigneurie, V, 468, 17086; V, 571, 17600.

Damesvies (Émond), lieutenant particulier du bailli de Vitry à Château-Thierry, VI, 69, 19249.

Damian (Jean), prieur du couvent de Saint-Dominique à Saint-Maximin, III, 567, 10116.

Damiane (Barthélemy de), VII, 425, 25414.

Damiens (François), receveur du domaine de Hesdin et du comté de Saint-Pol, III, 310, 8949.

Damiens (Pierre), VII, 640, 27906.

Damiens (Pierre), receveur général des comtés de Montpensier, Clermont, baronnie de Mercœur, etc., II, 113, 4408.

Damigny, c^ne^ de Saint-Martin-des-Entrées (Calvados). Quart de fief noble, VI, 544, 21730.

Dammarie (S^r^ de) : voir Du Refuge (Guyot).

Dammarie-les-Lys (Seine-et-Marne) : voir Lys (Le).

Dammartin (S^r^ de) : voir Dinteville (Jacques de).

Dammartin (Seine-et-Oise), I, 114, 664.

Dammartin-en-Goële (Seine-et-Marne), II, 78, 4235. Comté, V, 289, 16164; V, 317, 16315; comte : voir Boulainvilliers (Philippe de); comtesses : voir Anjou (Françoise d'), Chabannes (Avoye de).

Damme (Belgique, Flandre occidentale). Église paroissiale : chapelle Sainte-Croix, V, 630, 17895.

Damme (Gilles van den) : voir Den Damme (Gilles Van).

Damont (François) ou Damon, payeur de la Chambre des comptes de Paris, II, 137, 4529; II, 263, 5137-5138; II, 376, 5652; II, 380, 5665-5666; II, 648, 6923; III, 94, 7918; III, 163, 8245; IV, 254, 12184; VII, 608, 27558; VII, 634, 27842.

Damour (Jean), bailli de Labour, III, 196, 8404; III, 414, 9420.

Damours (Guillaume), originaire de Lombardie. Aubaine, VI, 360, 20747; VII, 545, 26718.

Damours (Jean), allemand, marchand d'oiseaux, VIII, 213, 31239.

Damp, fief sis à Putot-en-Auge (Calvados), VI, 388, 20891.

Damphal, c^ne^ de Provenchères-sur-Meuse (Haute-Marne). Seigneurie, V, 221, 15810; VI, 528, 21641.

Dampierre : voir Dompierre-sur-Nièvre.

Dampierre (Seine-Inférieure, c^on^ d'Envermeu) : voir Marle. Prévôté dépendant de l'abbaye de Corbie, VI, 82, 19313; VI, 521, 21600; prévôt : voir Aux (Antoine d').

Dampierre (Haute-Marne) : voir Provenchères (Fief de).

Dampierre (Seine-et-Oise). Séjour du roi, VIII, 554.

Dampierre (L'écuyer) : voir Clermont (Antoine de).

Dampierre (S^r^ de) : voir Clermont (Claude et Jacques de), Cugnac (Antoine de).

Dampierre (Le s^r^ de). Compagnie, V, 161, 15493.

Dampierre (Le s^r^ de), lieutenant en la compagnie de M. de Nevers, VIII, 111, 30272; VIII, 158, 30721.

Dampierre (Le s^r^ de), maître des eaux et forêts du duché d'Orléans, III, 423, 9466; VIII, 221, 31306.

Dampierre (François de), s^r^ de « Lyramont », échanson de la reine, VIII, 55, 29740; cf. Lyoremont (Le s^r^ de) et Lyremont (Le s^r^ de).

Dampierre (Jacques de), VI, 501, 21490.

Dampierre (Jean de), protonotaire du Saint-Siège, aumônier du roi, commis à la recherche des biens de mainmorte en Normandie, V, 245, 15940; VII, 506, 26179.

Dampierre-en-Astenois, auj. Dampierre-le-Château (Marne). Comté, V, 500, 17251; V, 537, 17434; V, 615, 17820; VII, 522, 26398.

Dampierre-sur-Salon (Haute-Saône) : voir Laugier (Jacques).

Dampmart (Seine-et-Marne). Seigneur : voir Villiers (Florimond de).

Dampmartin (Antoine de), coseigneur de Saint-Jory, maître des ports de la sénéchaussée de Toulouse, IV, 284, 12326.

Dampont (André de), VIII, 9, 29337; VIII, 43, 29631.

Dampont (Jean de), VIII, 184, 30963.

Dampont (Thomas de), capitaine de gens de pied, VIII, 83, 29993; VIII, 101, 30175.

Dampont (Thomas de), l'un des cent gentilshommes de la maison du roi, sous le commandement de Louis de Clèves, capitaine du Château-Gaillard des Andelys, III, 683, 10634; IV, 126, 11578.

Damville (Eure). Seigneurie, VI, 258, 20214.

Damy (Le s^r^), III, 650, 10487.

« Dan », seigneurie mouvant de Mehun-sur-Yèvre, VI, 501, 21845.

Dangaut (Pierre), fauconnier du duc de Prusse, VIII, 166, 30799.

Dandini (Jérôme) ou Dandino, secrétaire du pape, évêque de Caserta, puis d'Imola; autorisé à posséder des bénéfices en France, V, 158, 15480. Missions diplomatiques, VIII, 707, 32978; IX, 86, 129, 130.

Dandolo (Marco), ambassadeur vénitien, IX, 132.

Dandolo (Matteo), ambassadeur vénitien, IX, 134.

Dane (Milon) : voir Dasse (Malon).

Daneau (Hervé) ou Daveau, vicomte de Bayeux, I, 239, 1310; I, 367, 1954; IV, 148, 11678; V, 518, 17341; de Mortain, V, 236, 15893.

Daneau (Jean) ou Daveau, religieux de l'ordre de Cluny, natif de Valenciennes, I, 568, 2986; I, 591, 3102. Lettres de naturalité, V, 688, 18221.

Danemark, royaume, VI, 612, 22080; VII, 443, 25580; VIII, 285, 31958; voir Lech (Georges), Ligne (Jean de). Héraut : voir Zelon (Frédéric). Maison du roi : voir Frize (Nicolas), Vylde (Esche). Relations avec la France : voir t. IX, p. 33-35 et 104-105. Rois : voir Christian II, Christian III, Frédéric Ier.

Danemark (Chrétienne de) : voir Chrétienne de Danemark.

Danès : voir Danetz, Dauvet.

Danès (Guillaume), huissier et messager de la Chambre des comptes de Paris et du Trésor, V, 67, 15006; VII, 542, 26671.

Danès (Pierre), lecteur en grec à l'Université de Paris, II, 21, 3944; II, 240, 5030; II, 676, 7046; III, 15, 7517; III, 18, 7532; VII, 785, 29050.

Danès (Pierre), prévôt de Sézanne, représentant du roi au concile de Trente, V, 41, 14867; IX, 53.

Danet (Claude), II, 311, 5351.

Danet (Gillet), II, 73, 4211.

Danet (Michel), sergent de la forêt du Croc, dépendant de la forêt d'Eawy, III, 350, 9154.

Danet (Regnaut), orfèvre et joaillier à Paris, désigné parfois par son simple prénom, II, 279, 5205; II, 399, 5752; II, 596, 6670; III, 6, 7472; III, 81, 7854-7855; III, 265, 8745; VII, 605, 28125; VII, 757, 28855; VII, 767, 28922; VII, 778, 28994; VII, 812, 29242; VIII, 114, 30297.

Danet (Robert), sergent en la forêt d'Eawy, garde de Muscdain, III, 372, 9227; III, 715, 10782.

Danetz (Gaspard) ou Danès, VII, 514, 26296.

Dangé (Vienne) : voir Mouillères, Puymilleroux. Bailliage, V, 69, 15019. Fief, VII, 560, 26908.

Dangeoir (Jean), VI, 259, 20219.

Danger : voir Tiers et danger.

Dangereux (Sergent). Explication de cette expression, VI, 784, note.

Danglein (Adam de), sujet allemand, II, 322, 5401.

Dangleterre (Jérôme), tapissier du roi, IV, 788, 14670.

Dangu (Eure). Seigneurie, V, 387, 16669.

DANGU (Nicolas), évêque de Séez, puis de Mende, maître des requêtes ordinaire, IV, 616, 13878; IV, 630, 13945; IV, 648, 14027; IV, 782, 14639; VI, 573, 21884; VII, 396, 25233.

DANIEL (Claude et Jean), père et fils, auditeurs au siège d'en haut du Châtelet de Paris, VI, 757, 22841.

DANIEL (Étienne), bailli de Tremblevif, V, 205, 15719.

DANIEL (Jacques), avocat au Parlement de Paris, fils de Jacques DANIEL, conseiller au même Parlement, V, 581, 17651.

DANIEL (Jacques), conseiller clerc au Parlement de Rouen, VI, 151, 19670; VI, 604, 22048; VI, 676, 22439; président aux requêtes à Rouen, VII, 593, 27363.

DANIEL (Julienne), veuve de Jean Viart, créancière du roi, VII, 459, 25705.

DANIEL (Michel), V, 581, 17651.

DANIEL (Toussaint), maître-queux de la cuisine du commun, III, 599, 10256; III, 603, 10276.

DANIQUO (Marchione), gentilhomme, ingénieur du royaume de Naples, VIII, 39, 29595; VIII, 168, 30819.

Dannemarie : corr. DAME-MARIE, DANNEMOINE, DONNEMARIE.

Dannemarie (La demoiselle de) : voir LE MAYE (Anne).

DANNEMOINE (Yonne). Fortifications, I, 709, 3704. Seigneurie, V, 345, 16463; VI, 197, 19895; VI, 612, 22082; VII, 548, 26755.

DANNEMOIS (Seine-et-Oise) : voir PAILLER (André). Pont, V, 483, 17163. Seigneurie, V, 399, 16725; VI, 202, 19919; VI, 710, 22613.

DANNES (Jean et Martin), marchands navarrais, VI, 36, 19088.

DANNES (Michel), marchand navarrais, V, 656, 18038; VI, 36, 19088.

Dannet : corr. DAUVET.

DANNEVOUX (Meuse). Seigneurie, V, 221, 15811.

Danois (Jean) : voir LE DANOIS (Jean).

DANQUELEU (Michel), manchot de Bretagne, habile à l'usage des pieds, III, 30, 7592.

Dansaldo (Luca) : voir ANSALDO (Luca D').

DANSES : exécutées devant le roi, III, 41, 7649; VIII, 184, 30964; prohibées, I, 228, 1254; I, 237, 1296; VIII, 593, 32355.

DANTART (Jean), dit CHARNY, barbier du commun, VIII, 66, 29837.

DANTON (François), sommelier de paneterie, III, 439, 9536. Cf. OSTON (François D').

DANYAU (Jacques), procureur du roi à Fontenay-le-Comte, V, 311, 16282.

DANYON (Perceval), VI, 165, 19736. Procès criminel, VI, 7, 18945; VI, 82, 19315.

DAOURS (Somme). Séjour du roi, VIII, 556.

Daphis : voir DAFFIS.

DARBOUET (Jean), premier huissier du Parlement de Toulouse, IV, 605, 13825.

DARC (Jacob), receveur du magasin à sel de Châtillon-sur-Seine, IV, 593, 13768.

Darcgny : voir DERCHIGNY.

Darcey (Côte-d'Or). Seigneur : voir CUSANCE (Jean DE).

DARE (Antoine), dit TRIOLLE, natif de Bresse, habitant Aix. Lettres de naturalité, VII, 339, 24937.

DARESSE (Christophe) ou DAREST, huissier de salle et du Conseil privé, I, 575, 3022; II, 496, 6189; II, 510, 6257; II, 531, 6349; II, 562, 6495; II, 637, 6868; II, 677, 7049; II, 706, 7185; III, 421, 9454; III, 401, 9637; III, 97, 7929; V, 378, 16623; V, 710, 18358; VII, 455, 25673; VII, 616, 27646; VII, 648, 27979; VII, 704, 28493; VIII, 63, 29814; VIII, 174, 30867; capitaine de la forêt de Loches, II, 673, 7033; III, 65, 7776; VIII, 193, 31051; cessionnaire d'un étang, VII, 512, 26274 (sous ce n° il est dit trompette ordinaire du roi; cf. le n° 16623 indiqué ci-dessus).

Darges (Jean) : voir GARGES (Jean DE).

DARGIES (Oise). Seigneurie, VIII, 403*, 24623 *bis*.

DARGILLIÈRE (Claude), sergent à cheval au Châtelet de Paris, IV, 328, 12540.

DARGIS (Simon DE), VII, 553, 26828.

Daries (Odet) : voir ARIES (Odard D').

DARIMIGNY (Sigismond) ou DE RIMINI, II, 706, 7187.

Darin (Pierre), receveur des deniers communs de Cravant, VII, 586, 27271.

Dario (Cosme ou Thomas) ou d'Arry, capitaine albanais, II, 243, 5044; II, 401, 5756; VII, 793, 29107. Mission secrète en Piémont, VIII, 153, 30676; VIII, 264, 31745.

Darle, Darlé : voir Darnley.

Darlet, c^ne de Gissac (Aveyron). Juridiction, VII, 248, 24432.

Darnetal (Seine-Inférieure). Inspection des manufactures de draps, IV, 328, 12543; voir Carville, Longpaon.

Darnier (François-Mathieu) : corr. Mathieu (François).

Darnley (S^r de) : voir Stuart (Jean).

Darraing (Menault), conseiller lai au Parlement de Bordeaux, V, 725, 18440.

Darriagne (Jean), originaire de Bilbao, établi à Nantes. Lettres de naturalité, I, 636 (VIII, 341), 3333.

Darsuquin (Jean) : voir Arsuquin (Jean d').

Darteret (Pierre), receveur général des gabelles de Poitou et de la Rochelle, IV, 439, 13065.

Darvilliers (Guillaume), receveur des deniers communs de Reims, VII, 583, 27217.

Da Silveira (João), envoyé portugais, IX, 135.

Dasse (Malon ou Milon), ou Dane, charpentier, VI, 495, 21458; VIII, 305, 32163.

Dasso (Baptiste-Marie), partisan de l'empereur. Aubaine, VII, 431, 25467.

Dassy (Jacques), sergent à verge au Châtelet de Paris, VII, 664, 28116. Cf. Assy (Jacques d').

Dastoullet (Guillaume), sergent royal au bailliage d'Amboise, V, 114, 15267.

Dastz (Jean de) : voir Dacqs (Jean de).

Dataire du Saint-Siège, II, 555, 6459; voir Recenas (Jérôme).

Dati (Bertin), natif de Lucques, habitant Marseille. Lettres de naturalité, VII, 288, 24642.

Dato (Jean-Jacques de), natif de Calabre, canonnier ordinaire du roi. Lettres de naturalité, II, 198, 4821.

Da'tu : voir Daltuc (Raymond).

Datz (Antoine) : voir Aux (Antoine d').

Daubant : voir Roux (Antoine).

Daubein (Louis), notaire aux bailliage de Mâcon et sénéchaussée de Lyon, VI, 486, 21404.

Daubei (Bernard) : voir Dautrec (Bernard).

Daubeuf-le-Sec, c^ne d'Angerville-la-Martel (Seine-Inférieure) : voir Auber (Guillaume).

Daubière (Michel), prêtre. Légitimation de son fils Michel, prêtre, licencié en droit canon, VI, 332, 20596.

Daubray (Jean), VII, 502, 26931.

Daucoich (Jacques), V, 301, 16227.

Daugeroux (Arnaud-Guillaume). Condamnation à mort et confiscation de ses biens, I, 710, 3711.

Daugier (Michel), natif du Piémont, archer des ordonnances sous M. de Saint-André, marié à Aigueperse. Lettres de naturalité, VI, 450, 21216.

Daugreca (Dimitre), natif de Grèce, archer des ordonnances sous M. le Grand-Maître, résidant à Solignat. Lettres de naturalité, VI, 361, 20751.

Daujan (Thomas), receveur des deniers communs de Montereau-faut-Yonne, VII, 584, 27231.

Daulard (Guillaume), VI, 171, 19765.

Daulhon (Philippe), receveur de l'élection de Lyonnais, V, 124, 15324.

Daulhon (Armand) de la Roquette, receveur ordinaire de la sénéchaussée de Toulouse et du comté de Comminges, IV, 632, 13954; IV, 633, 13964.

Daulphigmées (Le s^r des), II, 15, 3913.

Daulphini (Claude), receveur des deniers communs de Sens, VII, 580, 27171.

Dauphin : voir François, Henri, Maison de Messeigneurs.

Dauphin, surnom : voir Gros (Jean), Leblond (Jean).

Dauphin (Hôtel du), au faubourg Saint-Honoré, près Paris, VIII, 115, 30314.

Dauphine (Mme la) : voir Catherine de Médicis.

Dauphiné, V, 030, 17898; VI, 343, 20654; VII, 397, 25241; VIII, 3, 29278; VIII, 166, 30800; voir Des Clafanatis (Sixte), Glennes (Jean de), Grillet (Claude-Philippe), Gumyn (Claude et Sébastien), Jehan (Bastien et Étienne), Pascal (Ponce), Petrollier (Imbert), Villon (Jean et Perrette). Privilèges des secrétaires du roi, IV, 269, 12252. Voyages de la cour, II, 596, 6672; V, 407, 16764; VII, 757, 28857; VII, 786, 29060; VII, 804, 29188, 29191; VIII, 106, 30212; VIII, 151, 30650.

—— *Administration.* Attributions du gouverneur, I, 446, 2358; II, 3, 3847; III, 182, 8335; IV, 737, 14430; VI, 420, 21109; VII, 232, 24351. Postes, III, 731, 7817; III, 185, 8349; VI, 363, 20761; VI, 053, 22310. Publication des des indulgences, I, 118, 687. Travaux au passage du Mont Viso, II, 137, 4531.

—— *Affaires militaires.* Accès du pays interdit aux gens de guerre, I, 134, 774; III, 539, 9992; V, 711, 18361. Ban et arrière-ban: convocation, I, 357, 1906; III, 203, 8445; IV, 225 (VIII, 375), 12034; IV, 547 (VIII, 382), 13557; VII, 740, 28744; exemption en faveur des officiers du Parlement d'Aix possesseurs de terres dans le pays, IV, 482, 13263. Gouverneurs : liste, IX, 224-225. Légion, III, 69, 7797; III, 232, 8586; commis au payement : voir Brisset (Charles). Levée de gens de pied, III, 31, 7602. Montres des compagnies d'archers et de gens d'armes, V, 40, 14866; VII, 722, 28615. Ravitaillement des troupes, III, 402, 9365; III, 407, 9390; étapes établies à cet effet, III, 178, 8318; III, 208, 8468; III, 2[illegible], 8870; III, 398 (VIII, 365*), [illegible]; III, 410, 9401; IV, 432 (VIII, 378*), 13032; VI, 129, 19556; VIII, 76, 29925; VIII, 661, 32719. Réparation des places fortes, II, 634, 6852; III, 370, 9216; III, 713, 10776; III, 751, 10943; IV, 284, 12324. Salpêtres, I, 383, 2042; trésoriers : voir Saillans (Gaspard et Jean de). Séjours de troupes, VIII, 27, 29480. Suspension d'armes ordonnée par la trêve de Monçon, III, 414, 9422. Cf. Armée de Piémont et de Dauphiné.

—— *Charge ou généralité.* Cautionnement du receveur général, I, 326, 1758. Dîmes, IV, 777, 14619. Droits féodaux, II, 29, 3983; II, 737, 7324; III, 195, 8401; III, 237, 8614; III, 713, 10776; IV, 284, 12325; VI, 328, 20574; VII, 609, 27570; VII, 716, 28576. Foraine, VII, 322, 24842. Gabelles, I, 326, 1757; III, 476, 9700; III, 632, 10405; VI, 298, 20421. Gages des officiers, I, 481 (VIII, 336), 2541 : I; 496, 2614; I, 502 (VIII, 336*), 2645; II, 452 (VIII, 351), 5991; II, 633, 6848. Impôts, I, 87, 512; I, 327, 1762; I, 352, 1883; III, 508, 9851. Mandements adressés, en vertu de ses attributions aux généraux des finances, II, 408, 6064; III, 628, 10384; VI, 237, 20104; VI, 603, 22044; VI, 792, 23013; VIII, 385*, 14302 *bis*; voir Bohier (Henri), Du Plessis (Charles), Poncher (Jean de). Recette des amendes, forfaitures et confiscations adjugées au roi, VII, 568, 27003. Recette et trésorerie générale, I, 415, 2207; I, 481, 2540; II, 482, 6129; assignation de paiements, I, 60, 353; I, 66, 390; II, 49, 4085; II, 190, 4782; II, 251, 5081; II, 311, 5348; II, 336, 5468; II, 308, 5616; II, 427, 5879; II, 436, 5922; II, 445, 5958; II, 520, 6301; II, 638, 6875; II, 692, 7127; III, 465, 9651; III, 501, 9822; V, 362, 16549; VI, 32, 19070; VII, 20, 23351; VII, 188, 24141; VII, 546, 26733; VII, 547, 26740; VII, 548, 26754; VII, 549, 26772; VII, 551, 26799; VII, 554, 26836; VII, 573, 27075; VII, 690, 28349; VII, 696, 28409-28410; VII, 707, 28514; VIII, 155, 30695; VIII, 188, 31006; recouvrement des deniers, II, 300, 5300; II, 390, 5750; II, 409, 5793; III, 6, 7474; III, 7, 7481; III, 195, 8400; III, 311, 8952-8953; VI, 333, 20602; VI, 347, 20675; VII, 565, 26968; VIII, 171, 30839; sommes consignées, IV, 377-378, 12773, 12774. Receveurs généraux : liste, IX, 248. Suppression des offices de receveurs et contrôleurs des deniers communs, IV, 563, 13635. Tirage du sel, I, 327, 1759; I, 330, 1773; III, 530, 9956; VII, 501, 26923; fermiers : voir Joubert (Ponçon), Sormano (André).

—— *Commerce.* Cherté des vivres en 1533, VII, 786, 29060. Défense d'exporter les blés, III, 145 (VIII, 360*), 8153; IV, 62, 11285; IV, 67, 11303; le fer, l'acier, les cordages et la poix, III, 27, 7574. Importations de blé autorisées, I, 501, 2642; VIII, 739, 33117. Marchandises livrées à Avignon, VII, 155, 23979. Mines IV, 516, 13422; II, 124, 4465; VII, 226, 24324; VII, 227, 24328; gouverneur : voir Ramard (Noel). Sauf-conduit accordé aux marchands allant aux marchés de Valence, VI, 490, 21425. Traites de blé : pour M. de Grignan, III, 653, 10502; VIII, 308, 32190; pour les Lyonnais, I, 645, 3378; I, 647, 3392; I, 663, 3472; I, 674, 3531; I, 680, 3558; II, 3, 3846; IV, 777, 14617; pour la marine, VI, 718, 22658; pour Turin et Moncalieri, VIII, 224, 31331. Traites de bois et autres matériaux : pour des communautés religieuses, V, 673, 18127; VII, 691, 28366; pour la marine, I, 424, 2246; I, 425, 2252; I, 427, 2264; I, 503, 2655; II, 9, 3881; II, 63, 4154; II, 209, 4878; II, 301, 5303; II, 313, 5363; II, 350, 5529; II, 478, 6110; II, 611, 6750; II, 615, 6766; II, 615, 6768; III, 643, 10458; IV, 299, 12395; VII, 381, 25154; VII, 449, 25624; VII, 692, 28367; VIII, 309, 32205; pour des particuliers, VII, 470, 25806; VII, 699, 28447; pour la réfection du port d'Aiguesmortes, II, 270, 5193, 5195; de la tour d'If, II, 452, 5993.

—— *Domaine.* Aliénations, I, 179, 1006; I, 247-248, 1354; I, 253 (VIII, 748), 1379; I, 256 (VIII, 768), 1394; I, 261, 1420; I, 286 (VIII, 768^{a}), 1544; I, 307 (VIII, 769), 1662; I, 485, 2557; III, 292, 8867; III, 399 (VIII, 365), 9349; IV, 481, 13257; IV, 508, 13381; IV, 512, 13400; IV, 520, 13440; V, 8, 14699; V, 334, 16409; V, 540, 17448; VI, 464 (VIII, 800^{a}), 21290; VI, 802, 23066; révoquées, I, 101, 588; I, 131 (VIII, 320), 757; I, 319 (VIII, 329), 1724; I, 460, 2536; I, 732, 3825; I, 733, 2832; II, 87, 4277; II, 584, 6607; II, 722, 7258; II, 344, 5503; V, 162, 15500; VII, 707, 28514. Baux à ferme, I, 77, 458. Biens : du chapitre d'Avignon, VII, 336, 24923; des habitants d'Avignon, III, 180, 8322; IV, 473, 13219; de l'amirale de Bourbon, VII, 679, 28260; de M. de Grignan, III, 15, 7519; des Lyonnais, IV, 563, 13637; d'Étienne Quentin et consorts, V, 182, 15600; de l'ordre de Saint-Jean-de-Jérusalem, V 628, 17884; de M. de Saint-Vallier, V, 592, 17703. Fiefs, IV, 85, 11391; IV, 97, 33024. Forêts : coupes des bois nécessaires à la marine, VIII, 715, 11449. Hommages, IV, 159, 11730; IV, 187 (VIII, 374^{a}), 11860; IV, 434, 13041. Limites, II, 748, 7374; III, 435, 9518; IV, 46, 11210; VI, 455, 21245; VII, 418, 25360; vers la Savoie, VI, 611, 22079. Permissions aux communautés aliénées de se racheter, I, 322, 1735; I, 485, 2559. Premier baron, qualité attribuée à Antoine de Clermont, I, 689, 3603. Union au domaine des offices du greffe du bailliage de Viennois, I, 428, 2265.

—— *Eaux et forêts.* Personnel, IX, 220; création d'offices, III, 313, 8962; IV, 449, 13113; gages, II, 629, 6830-6832; II, 749, 7378; III, 311, 8951. Règlements, I, 166, 940; IV, 742, 14452.

—— *États* : voir ÉTATS DU DAUPHINÉ.

—— *Gouvernement.* Maintien de l'office de lieutenant général, IV, 738, 14435. Voir ci-dessus les paragraphes *Administration* et *Affaires militaires.*

—— *Justice.* Chancellerie, VI, 794, 23022. Châtelains : inamovibilité, VI, 10, 18961; juridiction, IV, 159 (VIII, 374), 11729. Débiteurs par obligation, I, 335, 1800. Demandes des États, VIII, 707, 32979. Droits à percevoir par les officiers de justice, IV, 209, 11961. Forçats, VIII, 671, 32777. Greffier : exercice de cette fonction, IV, 85, 11390. Juges ecclésiastiques, III, 194 (VIII, 361^{a}), 8393; seigneuriaux, IV, 572, 13679; VIII, 711, 33001. Juridiction interdite au prévôt des maréchaux, I, 523, 2755. Notaires, IV, 145, 11667; IV, 571, 13689. Officiers, III, 114 (VIII, 360), 8011. Parlement : voir PARLEMENT DE GRENOBLE. Poursuites : contre Pierre Caresme, VII, 428, 25441; contre les vagabonds, III, 203, 8442. Tabellions, IV, 387, 12816; IV, 562, 13633. Règlements généraux, III, 194, 8393; IV, 83 (VIII, 372^{a}), 11380; VIII, 689, 32873.

—— *Monnaies*, I, 269, 1458; I, 485, 2560; I, 491, 2584; I, 679, 3555; I, 707, 3694; I, 725, 3790; IV, 306, 12430; V, 3, 14681; VI, 478, 21358 : voir MONNAIE DE CRÉMIEU, MONNAIE DE GRENOBLE, MONNAIE DE MONTÉLIMAR, MONNAIE DE ROMANS.

—— *Sceau*, à la chancellerie de France, IV, 202, 11932; V, 373, 16602.

Dauphiné (*Héraut d'armes du titre de*) : voir SIGNAC (François DE).

Dauphiné d'Auvergne : voir AUVERGNE.

DAURADE (LA). Prieuré, à Toulouse, VIII, 387^{a}, 15132 *bis*; VIII, 693, 32897.

Dausse (Lot-et-Garonne) : voir PUYCALVARY.

IMPRIMERIE NATIONALE.

DAUSSERT (Étienne). Aubaine, VII, 514, 26290.

Dauton (François) : voir DANTON (François) et OSTON (François D').

DAUTREC (Bernard) ou DAUBET, dit LE CHEVALIER DE LÉZIGNAN. Procès criminel, V, 614, 17815; VII, 521, 26389.

DAUTREC (Jean), dit DE LÉZIGNAN, V, 614, 17815.

DAUVERGNE (François), maître particulier des monnaies, VII, 329, 24884.

DAUVERGNE (Jean), II, 312, 5356; III, 678, 10616.

DAUVET (Guillaume), maître des requêtes de l'hôtel, VII, 485, 25932.

DAUVET (Pierre), s^r des Marets, maître des requêtes, I, 165, 935; II, 298, 5292; II, 602, 6700; II, 656, 6958; III, 50, 7696; III, 606, 10287; V, 467, 17077-17078; V, 510, 17298; V, 602, 17753; VII, 485, 25932; VII, 543, 26689; créancier du roi, VII, 726, 28640; VIII, 136, 30512.

DAUVET (Robert), général des aides, puis conseiller lai au Parlement de Paris, I, 720, 3760; III, 168, 8272; VII, 493, 26029; second président des comptes à Paris, II, 617, 6779; IV, 288, 12343; IV, 501, 13355; IV, 594, 13774; IV, 699, 14251; VII, 753, 28832. Créance sur le roi, II, 704, 7177; VII, 675, 28209.

DAUX (Haute-Garonne), V, 119, 15299.

Daveau : voir DANEAU.

DAVÈRE (Pascaut), lieutenant de la capitainerie du château de Blaye, VII, 583, 27227; VII, 585, 27245.

DAVEU (François), contrôleur du magasin à sel de Lussac-le-Château, V, 183, 15610.

David (Balthazar) : voir DAVID (Jean).

DAVID (Geniès), patron de la galéasse *La Royale*, VII, 329, 24883.

DAVID (Guillaume), IV, 208, 11959.

DAVID (Jacob), natif de Bâle, orfèvre à Paris. Lettres de naturalité, VI, 600, 22026.

DAVID (Jacques), patron de la grande nef *la Françoise*, VIII, 40, 29603.

DAVID (Jean), s^r du Perron et du Mesnil-Saint-Jean. Légitimation de son fils Balthazar, IV, 273, 12272. Cf. DAVY (Jacques).

DAVID (Jean), serviteur du landgrave de Hesse, II, 447, 5970.

DAVID (Laurent), receveur ordinaire du domaine de Bar-sur-Aube et de la prévôté d'Essoyes, VII, 515, 26301.

DAVID (Olivier), s^r du Donjon, VI, 534, 21677.

DAVID (Pierre), huissier à la Connétablie, VI, 696, 22537.

DAVID (Thomas), chevaucheur d'écurie, II, 612, 6752; VII, 753, 28832; VIII, 171, 30839.

DAVID (Thomas). Lettres d'abolition, IV, 490, 13303.

DAVIDSON (Madeleine), V, 777, 18715.

DAVIGNON (François), contrôleur du domaine au comté de Blois, IV, 442, 13075; IV, 515, 13417.

DAVREY (Aube). Seigneurie, V, 796, 18818.

DAVY (François), secrétaire auditeur des comptes de Bretagne, II, 186, 4766.

DAVY (Françoise), VI, 480, 21372.

DAVY (Guillaume), s^r de Kerscomarch, secrétaire auditeur des comptes de Bretagne, II, 186, 4766.

DAVY (Jacques), écuyer, s^r du Perron et de la Champagne, VI, 521, 21603. Cf. DAVID (Jean).

DAVY (Jacques), élu de Coutances et Carentan, VI, 541, 21710; VII, 116, 23788.

DAVY (Jeanne), IV, 143, 11657.

DAVY (Sébastien), notaire et tabellion à Tourettes en Provence, VII, 406, 25283.

DAVYE (Jean), capitaine de Bruyères-sous-Laon, V, 700, 18295.

DAVYNI (Georges), prêtre, VII, 124, 23831.

DAX (Landes).

—— *Diocèse*, VI, 421, 21066; VII, 113, 23774. Projet de voyage du roi, VIII, 580, 32333. Séjour du roi, VIII, 556.

—— *Siège de justice (sénéchaussée des Lannes)*. Notaire : voir GAMARDES (Pierre-Martin DE). Sergent : voir TERREHOUZE (Bernard). Suppression du lieutenant criminel, III, 556, 10068.

—— *Ville*. Capitaines : voir Ricquault (François de), Hautbourdin (François de). Église cathédrale, III, 382, 9269; chanoine : voir Rouza (Pierre de); chapelle Notre-Dame-de-Consolation, III, 382, 9269. Église collégiale Notre-Dame, VII, 420, 25374. Exemption du droit de lods et ventes, VIII, 636, 32576; de tailles, VIII, 636, 32575. Fortifications, II, 259 (VIII, 778), 5120; III, 327, 9025; III, 735, 10871; VI, 592, 21985; VIII, 402ᵃ, 23934⁸. Garnison, II, 414, 5817; III, 39, 7640; VII, 439, 25536; VII, 663, 28103; VI, 745, 28779; VIII, 150, 30643; VIII, 359ʳ, 7603; VIII, 402ᵃ, 23934⁸; mortes-payes, IV, 147, 11673; VIII, 568, 32220. Moulin à blé, II, 79, 4240. Octroi, VI, 79, 19301; VII, 504, 26156. Pont sur l'Adour, VIII, 726, 33085. Privilèges, V, 234, 15880; V, 245 (VIII, 797), 15937. Ravitaillement, VIII, 402, 23934⁴; VIII, 617, 32475.

Dax (*Antoine*) : voir Aux (Antoine d').

Dax (*Jean de*) : voir Dacqs (Jean de).

Dayenne (Gillette), native d'Avignon, femme de Paul Dony. Lettres de naturalité, IV, 252, 12176.

Dealuis (Pellegrin), secrétaire de la chancellerie de Provence, VIII, 660, 32711.

Deauville : voir Doudeauville.

Debante (Denise), VI, 229, 20113.

Debeaux (Jacquelle), VII, 589, 27309.

Debetur (Cédules de), VII, 648, 27977.

Debitis (Lettres de), III, 150, 8178.

Debonjan (Martine), femme de chambre de Mesdames, II, 437, 5928.

Débonnaire (*Denis*) : voir Bonnaire (Denis de).

Debourg (*Jean*) : voir Le Bourg (Jean).

Debray (Pierre), pelletier et valet de chambre de la reine Éléonore, VII, 553, 26824.

Debrey (Pierre), receveur et garde du magasin à sel de Caen, VI, 794, 23024.

Debroz (Michel), marchand natif de Pampelune, établi à Toulouse, puis à Bordeaux. Lettres de naturalité, VI, 100, 19404.

Debrue (Laurent), receveur ordinaire de Valois, III, 427, 9479.

Decaisne (Jean), élu à Noyon, III, 369, 9213.

Décanat du chapitre de Saint-Martin de Tours, VIII, 602, 32408.

Decani (Dominique), palefrenier du pape, VIII, 251, 31606.

Décapitation, peine prononcée : contre François de Beaumont, II, 592, 6649; VII, 810, 29228; contre Valentin de la Roque, III, 374, 9232; contre Regnaud de la Villeneuve, III, 474-475, 9695; contre Florimond Le Bel, V, 376, 16616-16617; contre Honorat Puget, V, 623, 17861; contre Jean de Sully, IV, 560, 13623; contre Nicolas de Vercle, VI, 57, 19193; contre Melchior de Villefallet, IV, 96, 11442.

Decaze (Jean), chevaucheur d'écurie, VIII, 215, 31251; VIII, 267, 31781.

Déchargeurs de vins de Paris, I, 560, 2946; III, 639, 10433.

Dechaumes (Jean), prêtre. Légitimation de son fils Jean Deglane, VI, 437, 21150.

Déchéance résultant de l'exercice du commerce, V, 77, 15062.

Décimes payées par le clergé : en 1516, I 87, 512; I, 159, 909; IV, 503, 13364; V, 299, 16215; V, 308-309, 16270-16272; V, 328, 16372-16373; VII, 462, 25733; — en 1518, III, 49, 7692; III, 223, 8546; — en 1522, VII, 103, 23721; en 1523, I, 342, 1832; I, 343, 1836; I, 347, 1859; I, 350, 1870; I, 509, 2685; I, 625, 3272; I, 642, 3363; II, 28, 3977; V, 566, 17575; V, 580, 17648; V, 581, 17652; V, 636, 17928; V, 646, 17983; V, 648, 17992; V, 660, 18061; VI, 152, 19671; VII, 109, 23754; VII, 113, 23774; VII, 419, 25370; VII, 659, 28072; — en 1527, I, 480 (VIII, 336), 2534; I, 482, 2544; I, 618, 3241; I, 625, 3272; III, 49, 7692; III, 223, 8546; VI, 43, 19127; — en 1529, I, 667, 3496; I, 678, 3548; VII, 147, 23939; VII, 168, 24046; VII, 415, 25335-25336; VII, 718, 28591; VII, 696, 28396; VIII, 620, 32495; — en 1533, II, 294, 5274; II, 411, 5801; II, 470, 6077; II, 503 (VIII, 778ᵃ), 6224; II, 519, 6295; II, 643, 6898; II, 645, 6908; II, 686, 7093; III, 88, 7890; III, 92, 7911; VI, 283, 20340; VI, 293, 28394; VI, 338, 20629; VI, 339, 20633; VII, 710-711, 28532-28533; VII, 712, 28550;

— en 1534, VIII, 637, 32582; — en 1535, VIII, 644, 32619; — en 1536, III, 164, 8254; III, 211, 8480; VI, 421, 21066; VIII, 5, 29301; VIII, 81, 29979; — en 1537, III, 345, 9109; III, 451, 9587; III, 514, 9879; III, 516, 9892; IV, 144, 11662; IV, 127, 11580; VII, 225, 24318; VIII, 16, 29397; VIII, 39, 29597; VIII, 57, 29754, VIII, 69, 29867; VIII, 71, 29885; VIII, 77, 29936; VIII, 119, 30347; VIII, 146, 30613; VIII, 180, 30919; VIII, 202, 31132; VIII, 203, 31133; — en 1537 et 1538, VIII, 699, 32933; — en 1542, IV, 327, 12536; IV, 364, 12707; IV, 364, 12708; IV, 460-461, 13161-13163; VIII, 710, 32994; — en 1544, IV, 595, 13778-13780; IV, 628-629, 13939-13941, 13943; IV, 630, 13945; IV, 645, 14015-14016; IV, 646, 14022; IV, 647, 14025; IV, 574, 13688; IV, 630, 13944; IV, 647, 14023; IV, 648, 14026; IV, 720-721, 14348-14350; VI, 754, 22830; VI, 780, 22948; VI, 787, 22985; — en 1546, V, 19, 14757-14761; V, 168, 15530-15531; VI, 811, 23113. Expéditions de la chancellerie touchant les décimes, II, 631, 6842; VII, 625, 27739. Juridiction de la Chambre des comptes de Paris, IV, 569, 13665. Privilèges de l'ordre de Saint-Jean-de-Jérusalem, III, 288, 8846; IV, 314, 12466; IV, 405, 12895; IV, 408, 12912; IV, 637, 13978; VIII, 714, 33018; VIII, 719, 33043. Voir les articles concernant les divers diocèses, villes et provinces, les États de celles-ci; voir aussi CROISADES.

—— *Comptabilité.* Dépenses, I, 367, 1957; II, 696, 7143; III, 645, 10463; VI, 407, 20989; VII, 663, 28103; VII, 697, 28420; VII, 735, 28704; VIII, 39, 29599; VIII, 43, 24629; VIII, 54, 29729-29730; VIII, 117, 30328; VIII, 121, 30370-30371; VIII, 133, 30478; VIII, 213, 31240; VIII, 224, 31332; VIII, 225, 31340-31342; VIII, 227, 31364; VIII, 240, 31494; VIII, 297, 32091-32092; VIII, 303, 32156; voir PIERREFITTE (Jean DE), RAGUENEAU (Jean). Vérification, III, 49, 7692; III, 113, 8006; III, 203, 8446; III, 223, 8446; III, 250, 8674; V, 528, 17391; VI, 152, 15671; VIII, 163, 30768.

—— *Exemptions.* Bénéficiés des doyennés de Braisne, Guise et Aubenton, III, 367, 9205; des pays de Foix, Bigorre, Tursan, Gabardan et Nébouzan, V, 597, 17728. Clergé régulier : abbayes; de Coulombs, III, 386-387, 9289; des Hayes, IV, 565, 13645; de Prémontré, III, 191, 8378; III, 365, 9193; de Soissons, III, 403, 9367; chartreux de Nantes, II, 198, 4822; clarisses d'Argentan (réduction), VIII, 721, 33056; frères prêcheurs et mineurs de Grenoble, VIII, 385, 14160; religieuses de Montfleury, I, 106, 619; I, 174, 982; de Poissy, II, 716, 7234; II, 720, 7247. Dignitaires ecclésiastiques : Georges d'Armagnac, III, 398, 9348; cardinal de Bourbon, V, 661, 18067; cardinal du Bellay, III, 326, 9021; III, 370, 9217; Philippe de la Chambre, III, 387, 9293; cardinal Le Veneur, III, 454, 9601. Établissements hospitaliers, IV, 634, 13966; IV, 739, 14438; VIII, 644, 32620. Officiers clercs de l'ordre judiciaire; Grand conseil, V, 593, 17711. Parlements : de Bordeaux, III, 425, 9474; de Paris, I, 163, 927; I, 356, 1901; III, 114, 8013; III, 119, 8038; III, 324, 9017; de Rouen, VI, 441, 21170; VI, 471, 21324. Université de Paris, I, 350, 1871; III, 346, 9110; I, 376, 1998; V, 594, 17714.

DECRUS (Philippe), conseiller au Parlement de Grenoble, IX, 175.

DECIZE (Nièvre). Grenier à sel, I, 7, 40; I, 245, 1343; I, 696, 3642; II, 220, 4926; II, 441, 5945; II, 557, 6474; III, 472, 9684; III, 720, 10805; IV, 285, 12328; V, 285, 16145; V, 313, 16293; V, 522, 17361; V, 714, 18378; V, 724, 18437; V, 809, 18882; VI, 115, 19483; VI, 119, 19504; VI, 414, 21028; VI, 590, 21976; VI, 592, 21982; VI, 654, 22313; VII, 728, 28651. Séjour du roi, VIII, 556. Ville : affranchissement d'impôts, III, 580, 10212; comptabilité, VIII, 643, 32612; octrois sur le sel, VII, 547, 26739; VII, 571, 27048; receveur des deniers communs : voir COULLON (Pasquier).

DECLAUX (Jean), contrôleur de l'élection de Meaux, VII, 578, 27138.

DECLOIX (François), receveur des deniers communs de Chablis, VII, 582, 27198.

DÉCRÉTALES. Lectures de Johannes de Anima sur le cinquième livre, V, 92, 15139.

DÉCRETS (CRIÉES DE) attribués à la Chambre des requêtes du Parlement de Rouen, IV, 732, 14405.

Décri : voir MONNAIES.

DÉDERA (Jean), notaire à Marseille, VIII, 651, 32665.

Dedevant (*Gabriel*) : voir DEVANT (Gabriel DE).

DEFAUCON, DEFAULCON : voir FAUCON (DE), FAULCON (DE).

DEFAUCON (Constant et Jean) ou DEFAULCON, natifs de Jausiers, demeurant à Apt (ou à Viens). Lettres de naturalité, IV, 330, 12552; VI, 666, 22383.

DEFER (Raoul), notaire à Amiens, VII, 391, 25206.

DEFER (Guy), notaire au bailliage d'Amiens, VII, 655, 28039.

DEFFAIS (Pierre), s[r] de la Couignière. Anoblissement, VIII, 742, 33171.

Deffend (*S[r] du*) : voir TORCY (Jean DE).

DEFFENDS (Les), maison noble acquise par l'amiral Bonnivet, II, 13, 3899; VII, 555, 26843.

DEFFENDS (Les), c[ne] de Saint-Cyr-des-Gats (Vendée), VI, 56, 19189.

DEFIAU (Guillaume), VII, 506, 26181-26182.

Défi : voir CARTEL.

DEFONCQ (Jean), mesureur de sel à Falaise, V, 186, 15619.

Deforges (*Fernand*) : voir FORGES (Fernand DE).

DEFRAUX (Bertrand), palefrenier de l'écurie des fils du roi, VII, 747, 28797.

DÉFRICHEMENTS autorisés au terroir de Sainte-Menehould, VII, 585, 27256.

DEFRUIES (Jean), sergent royal du duché de Bourbonnais, VIII, 274, 31860.

Defterego : voir DEUFTERENO.

DEGLANE (Jean), fils naturel de feu Jean Dechaumes, prêtre. Légitimation, VI, 437, 21150.

DEGLI ALBIZZI (Antonio Francisco), envoyé florentin auprès de Lautrec, IX, 120.

DEGOUY (Gilles), VII, 594, 27368.

DÉGRADATION des clercs coupables de fausse monnaie, IV, 313, 12461; VI, 669, 22399.

Degrain (*Jean*) : voir GRAIN (Jean DE).

DÉGRÈVEMENT accordé à la suite de la guerre, VIII, 657, 32695.

DÉGUISEMENTS prohibés, IV, 2, 11025.

Dehac (*Martial*) : voir DUHAC (Martial).

Dehez (*Robinet*) : voir LUC (Robinet DE).

DEIDIER (Madeleine), VI, 481, 21373-21374.

Deigua (*Bertrand*) : voir DEYGUA (Bertrand).

DEJEAN (Bertrande), VI, 370, 20798.

DELAAGE (François) ou DELAGE, conseiller clerc et président des enquêtes au Parlement de Paris, I, 364, 1941; IV, 276, 12284; premier président du Parlement de Bordeaux, IV, 747, 14772, 14774; VII, 501, 26118-26119.

Delaage : voir LAAGE (DE).

DELABORDE (Charles), dénonciateur de faux monnayeurs, III, 757 (VIII, 370[a]), 10968.

DELABORNE (Jean), archer du prévôt de l'hôtel, VIII, 269, 31805.

Delabrosse : voir LA BROSSE (Jean DE).

DELABROSSE (Jean), commis à l'office de prévôt de la terre de Renaison, VII, 530, 26504.

DELABROSSE (Marc), garde de forêt, VIII, 161, 30750.

DELABROY (Urbain), natif de Neuville en Artois, résidant à Rouen, autorisé à acquérir et à posséder des biens en France, IV, 293, 12363.

DELACHAULX (Jean), natif de Chambéry, marchand à Lyon. Lettres de naturalité, VI, 415, 21034.

Delacoste : voir LA COSTE (DE).

DELACOSTE (Marceau), fermier de la coutume des blés et avoines de Paris, VII, 597, 27423.

DELACOUR (Pierre), tailleur et valet de chambre de Louise de Savoie, I, 563, 2959.

DELACOUR (Robert), sergent royal à Rouen, III, 673, 10592.

DELACOURT (Agnès), femme de Lucas des Oches, originaire d'Artres. Lettres de naturalité, VII, 60, 23516.

DELACOURT (François), ouvrier en la monnaie de Romans, IV, 633, 13960.

DELACQUE (Jean) ou DELL' ACQUA, dit LENFANT, armurier du roi. Aubaine, VII, 595, 26576. Cf. LACQUE (Louis DE).

3/

Delacroix : voir La Croix (De).

Delacroix (Bernardin), chambrier du pape, VIII, 251, 31606.

Delacroix (Denise), veuve de Martin Baudichon, V, 692, 18243.

Delacroix (Étienne), ouvrier à la Monnaie de Marseille, VII, 276, 24576.

Delacroix (Guillaume), fourrier du roi, II, 41, 4046.

Delacroix (Jean), VII, 767, 28922.

Delacroix (Jeanne), III, 62, 7757.

Delacroix (Michel), substitut du procureur de Forez dans les châtellenies de Feurs et Cleppé, V, 638, 17938.

Delacroix (Perrine), VII, 459, 25704.

Delacroix (Pierre), cordonnier, originaire de Savoie, habitant Aix. Lettres de naturalité, VII, 289, 24650.

Delacroix (Pierre), valet de chambre du comte de Saint-Pol, II, 726, 7276.

Delacroix (Thomas), gentilhomme de la maison du comte de Saint-Pol, II, 764, 7450.

Delacroix (Vincent), payeur des compagnies des s[rs] d'Assier et de Crussol, IV, 101, 11464.

Deladoy (Louis), marchand et bourgeois de Lyon, VI, 173, 19777; VI, 195, 19887; VI, 227, 20049; VI, 254, 20191.

Delafaye : voir La Faye (De).

Delafa (Pierre), V, 34, 14834.

Delafaye (Raoul), greffier des requêtes du Palais à Paris, VII, 513, 26285.

Delafitte : voir La Fite (De).

Delafitte (Antonie), VI, 88, 19344.

Delaflache (Mathurin), sergent de la douzaine à Paris, II, 100, 4342.

Delafond (Gabriel). Aubaine, VII, 589, 27304.

Delafons (Armand ou Arnaud) ou Delafont, garde des tourterelles blanches du Plessis-lès-Tours, II, 438, 5930; II, 702, 7166; VIII, 10, 29339.

Delafont : voir Lafons (De).

Delaforêt (Marion), IV, 389, 12823.

Delaforge (Étienne), luthérien, condamné à mort, VI, 453, 21231.

Delaforge (Jean) : voir Laforge (Jean de).

Delafosse (Antoine), IV, 787, 14668.

Delafosse (Jacques) : voir La Fosse (Jacques de).

Delagarde (Jean), dénonciateur de faux-monnayeurs, III, 757 (VIII, 370), 10968.

Delagarde : voir La Garde (De).

Delage (François) : voir Delaage (François).

Delage (Pierre) : voir Ages (Pierre d').

Delagerbe (Pierre), archer de la garde, II, 449, 5980.

Delagrange : voir La Grange (De).

Delagut : voir Lagut (De).

Delahaye : voir La Haye (de).

Delahaye (Antoine), chantre, organiste et joueur d'épinette du roi, IV, 238, 12105; VIII, 24, 29447; VIII, 107, 30226; VIII, 166, 30804; VIII, 187, 30999; VIII, 264, 31743; VIII, 289, 32000.

Delahaye (Antoine) : voir Delahaye (Pierre).

Delahaye (Claire), VI, 499, 21476.

Delahaye (Girard), natif du duché de Juliers, établi à Paris. Lettres de naturalité, V, 806, 18864.

Delahaye (Jacques), dit Croixmare, maréchal des logis du roi, III, 163, 10994; IV, 758, 14527; VIII, 38, 29590; VIII, 45, 29656; VIII, 230, 31393; VIII, 298, 32103.

Delahaye (Michel) : voir Delahaye (Pierre).

Delahaye (Nicolas), V, 133, 15367.

Delahaye (Pierre), fermier du minage d'Andely, VII, 460, 25710.

Delahaye (Pierre), prêtre. Légitimation de ses fils Antoine et Michel, V, 159, 15484.

Delahaye (Pierre), sergent royal au bailliage de Blois, V, 42, 14876.

Delainville (Étienne) ou de Lieveville, palefrenier du roi, II, 464, 6042; VII, 774, 28972.

Delaistre (Gabriel) ou Delaître, chantre de la chambre du roi, VIII, 109, 30243; VIII, 289, 31999.

Delajus (Jacques), notaire à Saint-André, V, 186, 15621.

Delalain (Guillaume), receveur général des finances à Caen, IV, 480, 13251.

Delalin (Hercule) : voir Lalain (Hercule de).

Delalain (Noël), archer de la garde, fils naturel de Pontus Delalain, natif de Hainaut. Lettres de naturalité et de légitimation, VII, 459, 25704.

Delalande : voir La Lande (De).

Delalande (Antoine) : voir La Londe (Antoine de).

Delalande (Antoine), notaire à Saint-Just, V, 42, 14874.

Delalande (Guillaume), commis du contrôleur général des guerres, VII, 781, 29021.

Delalande (Guillaume), garde des menus engins de la ville de Paris, VIII, 212, 31231.

Delalande (Josse), contrôleur de l'élection de Caen, IV, 771, 14587; VI, 795, 23029.

Delalande (Perrette), VI, 795, 22008.

Delalonde : voir La Londe (De).

Delalonde (Cardin), huissier et messager de la Chambre des comptes de Paris, VII, 548, 26748.

Delamaison : voir La Maison (De).

Delamaison (Pierre), chirurgien et valet de chambre du roi, I, 556, 2926.

Delamare : voir La Mare (De).

Delamare (Antoine), garde des forêts de Rouvray, Roumare, Brotonne, La Londe et Mauny, II, 690, 7115.

Delamare (François), chevaucheur d'écurie, III, 78, 7836; VII, 710, 28535; VII, 753, 28832, 28836; VII, 805, 29194. Mission en Angleterre, II, 752, 7394.

Delamare (Noël), garde de forêt, III, 64, 7773; VIII, 204, 31139.

Delamare (René), VII, 423, 25400.

Delamer (Antoine). Sa veuve : voir Comunat (Jeanne). Cf. Lamet (Antoine de).

Delan (Jean), sergent au bailliage d'Orléans, VII, 784, 29042.

Delange (Étienne), créancier du roi, VII, 459, 25705.

Delange (Pernelle), V, 758, 18610.

Delangle (Alexandre), prieur du Pontneuf, VIII, 594, 32360.

Delanoue (Jacques), contrôleur des deniers communs de Dun-le-Roi, VII, 591, 27336.

Delanoue (Jean) : voir La Noe (Jean de).

Delaperque (Jean) : voir Laperque (Jean de).

Delapierre : voir La Pierre (De).

Delapierre (Antoine), chantre de la chambre du duc d'Orléans, sergent au bailliage d'Amiens, sur les limites du Beauvaisis, III, 306, 8932; III, 353, 9143.

Delaplace : La Place (De).

Delaplace (Pierre), receveur de la vicomté d'Aulnay, III, 685, 10645.

Delaplace (Pierre), l'aîné, argentier du roi avant son avènement à la couronne et de Louise de Savoie, VII, 523, 26416.

Delaplancque : voir La Plancque (De).

Delaplume (Jean) : voir Laplume (De), Verdet (Jean).

Delaporte : voir La Porte (De).

Delaporte (Bastien), marchand de Bruxelles, VII, 732, 28677.

Delaporte (Eustache), avocat, puis conseiller lai au Parlement de Paris, VII, 499, 26097.

Delaporte (Guillaume), receveur des deniers communs du Havre, à la charge que son frère Jean exercera cet office, VI, 745, 22782; VII, 585, 27248.

Delaporte (Jean), prêtre. Légitimation de son fils Jean, VI, 462, 21277.

Delaporte (Julien), commis à l'état de prévôt des maréchaux du Nivernais, Donziais et Gien, VII, 645, 27956.

Delaporte (Marion), V, 142, 15409.

Delaporte (Pierre), avocat au Parlement de Paris, puis bailli de Montfort-l'Amaury, IV, 684, 14186.

Delaporte (Pierre), conseiller lai au Parlement de Paris, II, 753, 7400; VII, 487, 25959; VII, 499, 26097.

Delaporte (Robine), pauvre femme vieille et impotente, VIII, 260, 31705.

Delaporte (Thibaut), prévôt de Coulommiers, VII, 411, 25302.

Delard (Louis), I, 527, 2779.

Delarea (Bernard) fils d'un prêtre, de la sénéchaussée d'Armagnac. Légitimation, VI, 501, 21817.

Delaruelle : voir La Ruelle (De).

Delaruelle (Guillaume), II, 726, 7276.

Delas (Léonarde), V, 778, 18719.

Delas (Marc), sergent en la sénéchaussée de Saintonge, V, 39, 14860.

Delasne (Jeannot), lieutenant du château de Cherbourg, originaire de la Navarre. Lettres de naturalité, IV, 381, 12791.

Delatable (Jean), VII, 767, 28922.

Delaterie (Jeanne) : voir La Terie (Jeanne de).

Delatour (Michel), V, 110, 15244.

Delatour : voir La Tour (De).

Delaube (Léonat) : voir Laube (Léonat de).

Delaulne (Léonard) ou Deleaune, tailleur du roi, III, 357, 9160; III, 469, 9671; VIII, 114, 30298.

Delaunay (Jacques), notaire au Châtelet de Paris, puis huissier au Parlement de Paris, VII, 486, 25942.

Delaunay (Pierre) : voir Launay (Pierre de).

Delavau (Guillaume), conseiller lai au Parlement de Bordeaux, V, 725, 18440.

Delavigne : voir La Vigne (De), Rongnard (Millet).

Delavigne (Grégoire), VIII, 271, 31820.

Delavigne (Jean), fermier dans la sénéchaussée des Lannes, VII, 441, 25556.

Delavigne (Marguerite), VI, 14, 18980.

Delavoye (Noël), garde de la forêt de Rets, VIII, 164, 30773.

Delaye (Gilles), V, 660, 18058.

Delaz (Robert), lieutenant général et civil à la sénéchaussée de Guyenne, VI, 243, 20132.

Delbene : voir Elbene (D').

Delbezet (André et Jacques), habitants de Lagraulet, fils naturels de Jean Delbezet, prêtre. Lettres de légitimation, V, 697, 18276.

Del Bigna (Laurent), marchand florentin, III, 263, 8733.

Deleau (Émery), vicomte de Bayeux, I, 215, 1188.

Deleau (Jean) : voir Laulne (Jean de).

Deleau (Jean), ou de Aqua, chanoine de la Sainte-Chapelle de Paris, V, 766 (VIII, 394e), 18658; VII, 177, 24089.

Deleaulne (Charles) ou Deleaune, potager de la cuisine de bouche, III, 427, 9479; III, 462, 9638; III, 641, 10446; VII, 648, 27972.

Deleaulne (François) ou Deleaune, enfant, puis potager de la cuisine de bouche, IV, 654, 14053; IV, 786, 14660.

Deleaulne (Jean) : voir Laulne (Jean de).

Deleaune (Léonard) : voir Delaulne (Léonard).

Delebron (Jean), sous-viguier de Toulouse. Forfaiture, III, 229, 8576.

Delesbat (Étienne) : voir Lesbat (Étienne de).

Delespine (René), charretier de l'écurie, III, 503, 9827.

Delessart (Jean) : voir Essart (Jean d').

Delestre : voir Lestre (De).

Delestre (Bernard), prêtre, chanoine de Saint-Pierre de la Romieu, V, 758, 18612.

Delestre (G.), chirurgien, fils du précédent. Légitimation, V, 758, 18612.

Delestre (Michel), fermier du partage des vins déchargés à Troyes, V, 655, 18033.

Delfino (César), de Parme, auteur d'un petit poème sur la Vierge Marie, III, 451, 9589.

Del Goso (Serafino) : voir Gose (Séraphin de).

Del Guasto (Marquis) : voir Avalos (Alphonse d').

Délimitation : voir Frontières.

Delis (Guillaume), commis à l'office de capitaine de Niort pendant la minorité du titulaire, VII, 413, 25319.

Delisle (Bertrand), serviteur du sr de Montfalconet, IV, 132, 11605.

Delisle (Gabriel, fils de Jean). Légitimation, VI, 418, 21049.

Delisle (Jeannot), fourrier ordinaire, III, 699, 10711.

Delivetz (Jean) : voir Linetz (Jean de).

Délivrée (Pierre), I, 539, 2838.

Della Coqua (Joseph), natif de Lucques, demeurant à Marseille. Lettres de naturalité, VII, 341, 24950.

Dell'Acqua (Jean): voir Delaque (Jean).

Dell'Acqua (Thimodio), joueur de violon de l'ambassadeur de Venise, VIII, 244, 31542.

Della Luna (Pandolphe), de Florence. Lettres de naturalité, VIII, 729, 33100.

Dell'Anguillara (Comte) : voir Orsini (Virginio).

Della Robbia (Jérôme), sculpteur et émailleur du roi, maître maçon du château de Boulogne, II, 99, 4335; II, 582, 6600; V, 177, 15573; VIII, 165, 30784.

Della Robbia (Luc), maître émailleur et sculpteur du roi. Affranchissement d'impôts, V, 177, 15573.

Della Sede (Joseph), natif de Pise, établi à Marseille. Lettres de naturalité, IV, 235, 12091.

Delle (Haut-Rhin) : voir Tavanes (Marguerite de). Seigneur : voir Tavanes (Jean de).

Del Nassaro : voir Dal Nassaro.

Delne (Jean), contrôleur des aides et traités de Condomois, Estrac et Bazadois, VII, 587, 27282.

Del Nero (Francesco), camérier du Pape, envoyé en France, IX, 126.

Delœil (Nicolas) : voir Coeil (Nicolas de).

Deloges (Richard), VIII, 619, 32488.

Delomast (Laurent), serviteur du duc de Ferrare, IV, 239, 12107.

Delôme (Jeanne), IV, 162, 11741.

Delon (Pierre), père et fils, lieutenants généraux au bailliage de Nemours, IV, 713, 14314.

Delongières (Antoine), valet de limiers de la vénerie, III, 38, 7637.

Delorme (Faron), sergent en l'élection de Meaux, IV, 334, 12567.

Delorme (Guy), II, 15, 3914.

Delort (Jean), conseiller clerc au Parlement de Bordeaux, VIII, 779, 6731.

Delort (Pierre et Martin), père et fils, juges en la viguerie de Narbonne, VI, 391, 20903.

Deloyon : voir Loyon (De).

Deloys (Jean), d'Avignon. Lettres de naturalité, V, 17, 14747.

Delphin (César) : voir Delfino (César).

Delpuech (Douce), veuve de Ferrand Dies, native d'Avignon, habitant Arles. Lettres de naturalité, IV, 389, 12825; VII, 335, 24918.

Delpuech (Guirentine), VI, 336, 20617.

Delriu (Jeanne), V, 770, 18676.

Delsol (Bernard) ou de Sole, chanoine de Saint-Caprais d'Agen. Légitimation de son fils Hugues, VI, 88, 19344.

Delsolliers (A.), VI, 15, 18984.

Deluc (Jean), procureur au Parlement de Paris, chargé des affaires du dauphin et de la dauphine, VII, 569, 27024.

Del Vasto (Marquis) : voir Avalos (Alphonse d').

Delyon (Antoine) : voir Lyon (Antoine de).

Delys (Jean), VIII, 263, 31741.

Demal (Arnaud). Biens confisqués, II, 613, 6755.

Demay (Antoine), commis du trésorier et receveur ordinaire de Toulouse, I, 209, 1158.

Demay (Antoine), contrôleur des deniers communs d'Abbeville, I, 269, 1458.

Demay (Antoine), sergent à verge au Châtelet de Paris, IV, 324, 12521.

Demay (Antoine), dit Billet ou Bilhet, voiturier du tirage du sel, II, 59, 4138; payeur de la Chambre des comptes de Montpellier, II, 68, 4182; II, 173, 4700; II, 264, 5140; II, 387, 5698.

Demay (Bernard), substitut du greffier des eaux et forêts du Languedoc, III, 350, 9131; VI, 461, 21274.

Demay (Geoffroy), demeurant à Tournon, III, 453, 9598.

Demériau (Simonne), V, 159, 15484.

Demier (François) : voir Desmier (François).

Demitri, fauconnier grec, II, 328, 5431.

Demolle (Pierre), contrôleur du grenier à sel de Grandvilliers, II, 504, 6230.

Demonnet (François), natif d'Avignon. Lettres de naturalité, VI, 660, 22345.

IMPRIMERIE NATIONALE.

Demont : voir Demonte.

Demont (Odet), *alias* Maulmus, prêtre. Légitimation de ses fils Jean et Simon, VI, 281, 20330.

Demonte (Italie, province de Coni). Exemption du logement des gens de guerre, II, 12, 3896; II, 588, 6630. Seigneurie, VII, 124, 23830; seigneurs : voir Boulliers (Louis de). Séjour du roi, VIII, 556.

Demuin (Somme). Foires, I, 443, 2342.

Denazes (Jérôme), chevaucheur d'écurie, VII, 711, 28542.

Den Damme (Gilles Van), secrétaire de l'archiduc Charles d'Autriche, I, 26, 152.

Deniault (Guillaume) : voir Denyau (Guillaume).

Denier (Quart) : voir Quart (Droit de).

Deniers pour livre, à Nantes, III, 93, 7913.

Deniers à Dieu de tout le royaume donnés aux religieux de Sainte-Catherine du Val-des-Écoliers, VII, 570, 27040.

Deniers communs. Contentieux de ceux de Dieppe, VII, 54, 23487. Contrôleurs, I, 29, 163; I, 77, 458; I, 172, 975; I, 199, 1105; supprimés : en Dauphiné, IV, 563, 13635; en Languedoc, IV, 655, 14059; en Provence, VIII, 713, 33009; en Quercy, I, 415, 2206; I, 713, 3724; dans les jugeries de Rivière et de Verdun, VII, 450, 25629. Enquêtes sur les deniers communs, I, 52, 310; IV, 97, 11449. Prélèvements sur les deniers communs : en Provence, IV, 324, 12523; IV, 343, 12618; VII, 399, 25252; au bailliage de Senlis, V, 324, 16354. Receveurs royaux substitués aux receveurs municipaux, IV, 356, 12671. Versement pour moitié aux coffres du Louvre, II, 497, 6191; III, 75, 7826; III, 88 (VIII, 780), 7888; VI, 316 (VIII, 800), 20515; VII, 416, 25337; VIII, 641, 32604; VIII, 642, 32610. Voir aux noms des villes.

Deniers royaux. Privilèges étendus aux deniers des droits appartenant au roi et à la reine de Navarre, II, 1, 7452.

Denis (Jean), natif de Zélande, établi à Paris. Lettres de naturalité, VI, 130, 19561.

Denis (Robert), lieutenant général des eaux et forêts en Normandie, VI, 715, 22642.

Denis (Salomon), huissier de salle des chambellans, III, 441, 9545 (à cet endroit il est dit huissier du bureau); III, 511, 9864; III, 604, 10281; III, 642, 10488, III, 651, 10492; III, 758, 10974; IV, 687, 14195.

Denis (Thierry), VII, 617, 27653.

Denise (Denis), VII, 253, 24454.

Dennebroeucq (Pas-de-Calais). Seigneurie, III, 309, 8944.

Dénombrements : — des fiefs et arrière-fiefs jusets au ban et à l'arrière-ban, IV, 276, 11283; — des terres nobles de la sénéchaussée de Provence, VII, 294, 24677; — reçus par le juge-mage de la sénéchaussée de Beaucaire et Carcassonne, IV, 510, 13394; par le sénéchal de Provence, IV, 259, 12212.

Dénonciateurs encouragés, III, 757, 10958; IV, 687, 14197; V, 162, 15498.

Denonville (Eure-et-Loir) : voir Adonville.

Denonville (De) : voir Hémard (Charles).

Denrées. Interprétation de ce mot, VI, 664, 22367. Tarif réglementaire dans les tavernes et hôtelleries, V, 148, 15437.

Denyau (Guillaume), Deniault ou Denyot, s[r] de la Perrière. Anoblissement, III, 752, 10947; VI, 553, 21776.

Denyon (Jean), fermier de la traite de Nantes, VII, 630, 27799.

Denzein (Louis), d'Arzen ou Denzen, orfèvre, V, 380, 16637; V, 403, 16743 16744; V, 543 (VIII, 801), 17465.

Déols (Indre) ou Bourg-Dieu. Abbaye : amortissement, II, 69, 4186.

Département de Jean Robertet, secrétaire des finances : dépêches, I, 601, 3150.

Depech (Jeanne), V, 16, 14741.

Déplacement (Frais de) de Jean de Mansencal, premier président au Parlement de Toulouse : 350 l. t. pour 56 jours, IV, 437, 13056.

Deplais (Gatien) : voir Plais (Gatien de).

Deplanis (Jean), ambassadeur en Écosse, I, 248, 1355.

Depoix (Jacques). Légitimation de son fils Jacques, VI, 653, 22306.

Deport (Thomas), receveur des deniers communs de Crépy-en-Valois, VII, 590, 27324.

Déport (Droits de) ou de deffort, I, 457, 2416; IV, 462, 13170.

Dépôt légal, III, 426, 9476; III, 508, 9854; VIII, 650, 32656.

Deprat (Roger), natif de Laffite, près Toulouse, naturalisé Anglais. Réintégration en la qualité de Français, V, 160, 15487.

De profundis pour le repos de l'âme des comtes de Blois, VI, 263, 20238.

Dequers (Jeanne), VI, 286, 20358.

Derchigny (Seine-Inférieure) : voir Graincourt. Seigneurie, VI, 457, 21253.

Dercy (Aisne). Seigneurie acquise au roi par droit d'aubaine, VII, 199-200, 24194-24195.

Der Feltz (Werric von), capitaine de lansquenets, VIII, 287, 31980.

Derien (Pierre), garde de la Monnaie de Nantes, VII, 656, 28050.

Der Impel (Guillaume van), Vandrimpel, Vandrinpel ou Vandrinpell, capitaine du pays de Gueldres, gentilhomme de la maison de Sedan. Missions pour le service du roi, II, 245, 5052; II, 393, 5723; IX, 90. Pensions, II, 381; 5672; II, 656, 6933; VII, 623, 27719; VII, 797, 29138; VIII, 183, 30953; VIII, 295, 32058.

Derné (Claude) : voir Rue (Claude de).

«Dernicourt». Séjour du roi, VIII, 554.

Derris (Mathieu), serviteur du s[r] de Morette, II, 330, 5482.

Dervio (Italie, province de Côme). Seigneurie, V, 328, 16377.

Des Aages (Jean), homme d'armes des ordonnances, capitaine de Billy et de Vichy, VI, 17, 18997. Cf. Des Ages (Jean).

Des Acres (Gauvain), des Aires ou des Asires, garde de la forêt de Bière, II, 628, 6826; III, 102, 7954; VIII, 199, 30726.

Des Adrets (Le baron) : corr. sans doute Genderest (le baron de).

Des Ages (Jean), dit Laleu, commis à l'administration des seigneuries de la Bussière et de Bellegarde, VII, 525, 26440. Cf. Des Aages (Jean).

Des Aires (Gauvain) : voir Des Acres (Gauvain).

Desaix (Jean), s[r] de Paulignan, maître des ports et passages dans la sénéchaussée de Carcassonne et Béziers, III, 504, 9831.

Des Appentis : voir Du Bois (Louis).

Des Armoises, VIII, 218, 31278.

Des Arpentis : voir Du Bois (Louis).

Des Asires (Gauvain) : voir Des Acres (Gauvain).

Desasses (André) ou Dezasses, conseiller lai au Parlement de Paris, VII, 490, 25996.

Desasses (Claude) ou Dezasses, conseiller lai au Parlement de Paris, IV, 751, 14493; IV, 759, 14531; VII, 490, 25996; VII, 719, 28594.

Des Audiez (Antoine), vicomte de Bayeux. Sa veuve : voir Fresneau (Françoise).

Des Aulnoys (Michel), gruyer de la forêt de Chauny, III, 361, 9177.

Des Autels (Pierre) ou des Hostels, des Hôtels, valet de chambre du roi, contrôleur des bâtiments de Fontainebleau, du Louvre, de Boulogne, de Saint-Germain-en-Laye et de Villers-Cotterets, II, 85, 4270; IV, 64, 11295; VII, 710, 28531; VII, 694, 28392; VIII, 165, 30790; VIII, 169, 30824.

Des Avoirs (Dominique), natif de «Nybron» en Savoie, établi en Berry. Lettres de naturalité, V, 686, 18211.

Des Aymars : voir Escalin (Antoine).

Des Bancs (Christophe), VII, 109, 23752.

Desbans (Jean), chauffecire de la chancellerie, VII, 714, 28570.

Des Barres (Antoine), dit le Barrois, panetier ordinaire du roi, II, 564, 6506; II, 585, 6616; VII, 768, 28932.

Desbarres (Bénigne), élu du roi aux États de Bourgogne, III, 153, 8196.

Des Barres (Guillaume), secrétaire de l'empereur. Mission diplomatique, I, 696, 3643; IX, 110, 117.

Des Barres (Jacques). Sa veuve : voir Estouteville (Jeanne d').

Des Barres (Jean), VI, 297, 20415.

Desbarres (Jean). Aubaine, VII, 575, 27091.

Des Barres (Louis), dit le Barrois, maître d'hôtel du roi, I, 245, 1342; II, 292, 5265; III, 582, 10186; VI, 91-92, 19362-19363; — ambassadeur auprès du duc de Savoie, I, 651, 3411; — capitaine de Crozant, V, 705, 18325; VII, 527, 26465; de Gien, II, 285, 5233; II, 561, 6494; de Pontorson, II, 444, 5956; VII, 618, 27672; VII, 771, 28949. Hommages, V, 309, 16274-16275; V, 545, 17476-17477. Mission auprès de Charles-Quint, IX, 39. Cf. Barrois (J.).

Desbarres (Louis), s^r de Neuvy, VII, 575, 27091.

Desbarres (Louis), valet de fourrière, VII, 644, 27949; VII, 650, 28001.

Des Barres (Mathurin), gouverneur des lévriers de la chambre, III, 45, 7672. Cf. Barres (Mathurin).

Desbarres (Philippe), élu du roi aux États de Bourgogne, III, 153, 8196.

Des Baux (Bernardin), chevalier de l'ordre de Saint-Jean-de-Jérusalem, maître d'hôtel ordinaire du roi, capitaine de galères, I, 423, 2243; V, 285, 16144; V, 791, 18793; VII, 146, 23933; VII, 148, 23940; VII, 444, 25581; VII, 455, 25671. Aubaine, VI, 116, 19487; VII, 148, 23940; cessionnaire du jardin du roi à Marseille, VII, 29, 23355.

Des Baux (Colette). Lettres de naturalité, VIII, 694, 32902.

Des Bordes (Dominique), V, 538, 17438.

Desbordes (Gilles), VII, 601, 27472.

Des Bordes (Imbert), dit Bourdillon, page de l'écurie, mis hors de page, VII, 647, 27975.

Desbordes (Jean), VII, 423, 25400.

Desbordes (Jean), receveur des tailles en Périgord, III, 433, 9508.

Des Bordes (Philippe), gentilhomme de la vénérie, II, 416, 5827; III, 38, 7637; III, 699, 10707.

Desboves (Jean), concierge du château de Villers-Cotterets, V, 182, 15599.

Desbraz (Léonard), V, 462, 17049.

Desbreulhe (*Jean*) ou *Des Breules* : voir Esbreulle (Jean d').

Des Bruyères (Jean), lieutenant du bailli de Dijon, IV, 469, 13208; du gruyer, verdier et garde des eaux et forêts des châtellenies d'Argilly et du Verger, IV, 575, 13693.

Des Cardes (*Thomas*) : voir Cardi (Thomas de').

Des Cars : voir Escars (d').

Des Cars (Le S^r), VIII, 631, 32550.

Des Cars (François) ou Desquartes, s^r de la Vauguyon, gentilhomme de la chambre, IV, 432, 13034; IV, 675, 14147; VII, 774, 28969; cessionnaire de diverses seigneuries, en compensation de celles qu'il a abandonnées à l'Empereur, I, 701, 3668; I, 703, 3676; I, 708, 3701; IV, 457, 13148; VII, 537, 26598; maintenu en la possession de la seigneurie de Rochefort, nonobstant la réunion du domaine aliéné, II, 352, 5539; maréchal et sénéchal de Bourbonnais, II, 223, 4942; IV, 676, 14151; VII, 540, 26645. Compagnie : voir Brillac (Jacques de). Pension, II, 44, 4059; II, 106, 4373; VIII, 244, 31543.

Des Cars (Jacques), gentilhomme de la chambre du Dauphin, sénéchal de Périgord, IV, 494, 13322; VII, 586, 27267; VIII, 403*, 25129 *bis*. Compagnie, VIII, 403*, 25088 *bis*. Sa femme : voir Longwy (Françoise de).

Des Cars (Martial), VI, 89, 19348.

Descartes (Antoine), VII, 96, 23689.

Descartes (Jean), s^r de la Haute-Métairie. Légitimation de son fils François, du bailliage de Blois, V, 758, 18613.

Des Cazes : voir Huet des Cazes.

Des Celliers (Jean), VI, 248, 20161.

Des Champs (André), avocat au Parlement de Paris, VI, 558, 21803.

Deschamps (Colas), enfant de cuisine des enfants de France, VII, 652, 28013.

Deschamps (Étienne), sommelier de paneterie du commun, II, 48, 4082; II, 630, 6836; III, 599, 10257; III, 668, 10567; VII, 508, 26213; VII, 554, 26831; VII, 606, 27523; VII, 753, 28832-28833; VII, 781, 29024; concierge des maisons du roi à Sens, II, 292, 5261; VI, 315, 20506.

Deschamps (Gilles), un des fermiers de la vicomté de l'eau de Rouen, VII, 437, 25512.

DESCHAMPS (Henri), s[r] de Mont-Marin, VI, 537, 21692.

DESCHAMPS (Jacques), s[r] de Fontaine, VI, 537, 21691.

DESCHAMPS (Jacques), s[r] de Vaulx, commissaire des guerres, V, 683, 18190; VII, 756, 28847; VIII, 218, 31278.

DESCHAMPS (Jacques), sergent en la forêt de Conches, V, 183, 15604.

DESCHAMPS (Jean), VI, 817, 23144.

DESCHAMPS (Jean), menuisier du roi, V, 134, 15373.

DESCHAMPS (Jean), natif du Comtat-Venaissin, habitant Aix. Lettres de naturalité, VII, 334, 24909.

DESCHAMPS (Jean), payeur de la compagnie de M. de Nevers, IV, 242, 12124.

DESCHAMPS (Jean), s[r] de Saint-Victor, VI, 510, 21539.

Deschamps (Michel) : voir CHAMPROND (Michel DE).

DESCHAMPS (Michel), greffier de l'élection de Rouen, VI, 414, 21027.

DESCHAMPS (Pierre), écuyer, VI, 554, 21784.

DESCHAMPS (Robert), greffier de l'élection de Montivilliers, V, 716, 18388.

DES CHESNES (Guillaume), II, 634, 6855.

DES CLAPANATIS (Sixte, fils d'Antoine), natif de Milan, retiré en Dauphiné, puis en Provence. Lettres de légitimation et de naturalité, VI, 341, 20647.

DES CLÉMENS (Odin), archer de la garde, III, 136, 8115.

DESCOMBES (Arnaud), prêtre. Légitimation de son fils Jean, VI, 228, 20053.

DESCOMBES, fermier du tirage du sel, VI, 128, 19551.

DESCOT (Françoise), veuve de Charles de Louvencourt, VII, 595, 27387.

DESCOUPPES (Jean), sergent des ports de Lyon, V, 6, 14689.

DESCOURTILZ (François), lieutenant du maître particulier des eaux et forêts de Bourbonnais, IV, 780, 14628; V, 87, 15121.

Des Cros (S[r]) : voir GRIMAULT (Jean-Baptiste DE).

Des Daulphigmées : voir DAULPHIGMÉES (Le s[r] DES).

DES DÉSERS (Louis), commis à la garde du sceau de Bretagne, II, 53, 4104.

DES DÉSERS (Louis), président de Bretagne, III, 557, 10072; VII, 700, 28458.

DESDIER (Bertrand) ou DESIDERII, lieutenant particulier au siège d'Aix, VIII, 750, 33217.

DESDUCS (Philippe ou Philippote), VII, 575, 27092.

Deseigne (Guillaume) : voir DUSEIGNE (Guillaume).

DÉSERTION, I, 369, 1969; III, 429, 9489; III, 547, 10025; IV, 777, 14616; VI, 725, 22689.

DES ESCURES (Philippe), complice du connétable de Bourbon. Lettres d'abolition, V, 781, 18734.

DES ESSARTS (Antoine), bailli de Chaumont, VI, 557, 21799.

DES ESSARTS (Guillaume). Légitimation de ses enfants Didière, Gaspard et Jean, V, 143, 15417.

DES ESSARTS (Jean), VII, 524, 26428.

DES ESSARTS (Jean), baron d'Aulnay, VIII, 125, 30405.

DES ESSARTS (Louise), dame de Vauchamps, veuve de Jacques Piédefer, VI, 651, 22297.

DES ESSARTS (Robert), greffier des eaux et forêts à Rouen, VIII, 581, 32289.

DES ÉTANGS (Claude), gentilhomme de la vénerie, VII, 653, 28024.

DES FORÊTS (Jean), lieutenant des maréchaux de France, II, 698, 7148.

Des Forges (Fernand) : voir FORGES (Fernand DE).

DES FOSSÉS (Isabeau), veuve de Denis de la Bosse, VII, 565, 26974.

DES FOSSÉS (Jean), lieutenant du bailli de Berry, à Issoudun, VI, 576, 21899; lieutenant général du duché d'Alençon, IV, 392, 12840.

DES GRANGES (Jean), archer de la porte du roi, II, 47, 4077; V, 96, 15161; VI, 9, 18955.

Des Granges : voir TAVEL (Geoffroy).

Des Grecs (Jean) : voir Desgretz (Jean).

Desgrès (Philippe), V, 619, 17840.

Desgretz (Jean) ou Des Grecs, valet de chambre du roi, II, 7, 3869; II, 43, 4055; maintenu, nonobstant la réunion du domaine aliéné, en possession d'une place vague sise à Paris, II, 324, 5412.

Desgros (Antoine), dit le Mineur, VIII, 287, 31979.

Des Grozes (Tanneguy), II, 293, 5268.

Des Guerres (Barthélemy), complice du connétable de Bourbon. Lettres d'abolition, I, 463, 2450.

Des Guerres (Louis), archer exempt de la garde, originaire de Navarre. Lettres de naturalité, IV, 394, 12846 Cf. Daguerre (Louis).

Desguerres (Salvador), capitaine de gens de pied, VI, 628, 22172.

Desquetz (Charles), s^r de Pierrefitte, capitaine du château de Lassay, VIII, 736, 33141.

Des Hayes : voir Baillet (Charles).

Deshayes (Adam), s^r de Grosbois, premier barbier et valet de chambre du roi, désigné parfois simplement par son prénom, II, 76, 4224; II, 208, 4872; III, 31, 7598; III, 437, 9524; III, 599, 10258; IV, 134, 11615; IV, 694, 14227; VII, 661, 28092; VII, 692, 28369; VIII, 200, 31121.

Des Hayes (Charles), gentilhomme de la vénerie, IV, 212, 11975; V, 62, 14983; VIII, 176, 30895.

Des Hayes (Geoffroy), s^r de la Cauvinière-Launay et de la Chapelle. Anoblissement, VI, 707, 22602.

Des Hayes (Louis), VI, 246, 20151.

Des Hayes (Olivier), dit Tournebut, page de l'écurie des fils du roi, VIII, 7, 29314.

Des Herbes (Honorat), conseiller au Parlement de Grenoble, VII, 193, 24162.

Déshérences, II, 357, 5561; II, 539, 6383; III, 514, 9882; II, 714, 7223; IV, 28, 11133; V, 120, 15305; VII, 17, 23290.

Deshois : voir Xans Deshois (Arnaud).

Des Hostels : voir Des Autels.

Desiderii : voir Desdier.

Des Isnards (Jacques-André) : voir André (Jacques).

Desjardins (Guillaume), huissier de chambre des fils du roi, VIII, 182, 30944.

Desjardins (Jean) ou Dujardin, bâtard, II, 590, 6637; VI, 361, 20748.

Desjardins (Philippe), VII, 572, 27057.

Des Landes (François), VII, 105, 23732.

Deslandes (François), secrétaire du roi, I, 542, 2853; II, 446, 5965.

Des Landes (François), s^r de Moulins, VI, 258, 20215; VI, 275, 20299.

Deslandes (Guillaume), contrôleur de la recette ordinaire et du domaine d'Anjou, VII, 588, 27296.

Deslandes (Guillaume), receveur ordinaire du domaine d'Arques, IV, 680, 14168.

Deslandes (Jean), notaire au tabellionnage de Beaune, VII, 414, 25327.

Deslandes (Robert), procureur du roi en l'élection de Coutances et Carentan, VI, 407, 21306.

Des Ligneris (Jacques) ou De Ligneris, conseiller clerc au Parlement de Paris, VII, 496, 26072; VII, 595, 27383; président en la troisième chambre des enquêtes, IV, 639, 13988; IV, 682, 14176; lieutenant général au bailliage d'Amiens, VI, 400, 20950. Mission au concile de Trente, V, 41, 14867; IX, 53.

Des Loges (Le s^r) : voir Loges (Hugues de).

Des Loges (Jacques), VI, 599, 22018.

Desloges (Jacques), conseiller lai au Parlement de Paris, III, 721, 10809.

Desloges (Jacques), huissier de la Cour des Aides de Rouen, VII, 84, 23628; VII, 85, 23634.

Desmarais (Charles), verdier d'Arques, III, 315, 8968.

Desmares (Adam et Guillaume), père et fils, procureurs près du roi l'élection et le grenier à sel de Caudebec, VII, 139, 23902.

Desmarets (Jacques), garde de la forêt de Cuise, III, 112, 8000.

Desmarets (Nicolas, fils de Thomas), demeurant à Sommery. Anoblissement, VI, 379, note; VII, 110, 23758.

DESMARQUETS (Jean), fermier de la « ceinture de la reine», VII, 596, 27399.

DES MARQUIS (Jean), écolâtre du chapitre d'Amiens, VI, 757, 22842.

DESMÉNILS (Antoinette). Confiscation, IV, 281, 12305.

DES MERLIERS (Antoine), VI, 565, 21841; VI, 589, 21970.

DES MEYDES (Jeanne), VI, 587, 21960.

DESMIER (François) ou DEMIER, conseiller au Parlement de Paris, I, 320, 1729; III, 639, 10435; IV, 492, 13315; VII, 576, 27112; VIII, 685, 32850.

DESMIREN (Hugues DE), s[r] d'Asnières et de Broons, I, 265, 1440. Sa femme : voir VERNON (Anne).

DES MOLINS (Geoffroy), archer, V, 704, 18317.

Des Molins (Jacques) : voir MOLINS (Jacques DE).

DESMOLINS (Pernelle) native de Gray. Lettres de naturalité, I, 251, 1372; V, 527, 17384.

DESMONS (Jean), prêtre. Légitimation de son fils Jean, VI, 229, 20113.

DES MONSTIERS (Jean), s[r] du Fraisse. Missions diplomatiques, IX, 15, 16, 34.

DES MONTILS (Antoine), VII, 84, 23626.

DES MONTS (Guillaume), VI, 496, 21460.

DES MONTS (Mathieu), VII, 516, 26327.

DES MONTS (Pierre), sommelier de paneterie de Louise de Savoie, II, 10, 3885.

DESMOULINS (André), V, 493, 17212.

DESMOULINS (Jean) ou DUMOULIN, capitaine des arquebusiers de Dijon, II, 650-651, 6934-6935; III, 34, 7617; VII, 613, 27621; VII, 677, 28230; VII, 698, 28429; VIII, 141, 30560.

DESMOULINS (Jean), greffier au grand Conseil, V, 427, 16862.

DESMOULINS (Pierre), notaire au Châtelet de Paris, V, 258, 16004.

Des Noes : voir SCOT (Auguste et Claude).

DES OCHES (Lucas), marchand sellier et bourgeois de Paris, originaire d'Artres. Lettres de naturalité, VII, 60, 23516.

De Sole : voir DELSOL.

DÉSORDRES commis par les compagnons imprimeurs à Paris, IV, 52, 11239.

DES ORMES (Gilles), premier maître d'hôtel de roi, châtelain de Janville, VII, 458, 25697.

DESORTIES (Jacques), dit LE PICARD, secrétaire du cardinal du Prat, II, 582, 6598; VII, 807, 29207.

DES ORTYES (Jacques), capitaine de Laon, VI, 737, 22746.

DES OUCHES (François), lieutenant du maître des Eaux et forêts du comté de Blois, IV, 558, 13612.

DESPALT (Hubert) ou SPALTET, valet de chambre ordinaire du roi, natif de Suisse, II, 334, 5460; II, 434, 5909; III, 347, 9116. Lettres de naturalité, VI, 142, 19622.

DES PERSONS (Jean) ou DU PAROIS, s[r] de la Fosse, avocat à la vicomté d'Orbec, demeurant à Courtonne-la-Meurdrac. Anoblissement, VI, 768, 22894.

DESPIE (Jeanne), IV, 50, 11232.

DESPLANCHES (Marguerite), V, 461, 17047.

DES PLANTES (Jean), conseiller clerc au Parlement de Paris, VII, 485, 25928.

DESPLANTS (Simon), roi d'armes du titre de Champagne, VII, 798, 29141.

DES POESSONS (Michel), VII, 754, 28838.

DESPONS (Olivier). Légitimation de ses fils Antoine et Raymond, VI, 479, 21363.

DESPORTES (Christophe), élu à Bernay, VI, 101, 19413.

DES POTOTS (Charles), maître des requêtes, VII, 490, 25997.

Despretz (Guillaume) : voir DU PERRAY (Guillaume).

DES PREZ (Antoine) DE LETTES, s[r] du Fou et de Montpezat, gentilhomme de la chambre, chevalier de l'ordre, capitaine du château de Poitiers, III, 330, 9040; III, 459, 9626; III, 645, 10467; III, 758, 10972; IV, 59, 11269; IV, 151, 11692; IV, 547, 13560; IV, 605, 13826; VI, 215, 19982; VI, 307, 20468; VII, 184, 24122; VII, 141, 23913; VII, 151, 23955; VII, 532, 26541-26542; — capitaine et châtelain de Montluçon, VII, 525, 26436; — chevalier de l'ordre, III, 616 (VIII, 368), 10330; — concession naire de la châtellenie de Janville, I,

453, 2395; I, 483, 2550; V, 697, 18273-18274; VII, 522, 26401; VII, 687, 28326; — gouverneur du duché de Châtellerault, III, 201, 8435; III, 593, 10230; — lieutenant général de la ville de Fossano, III, 340, 9113; — lieutenant général en Languedoc, IV, 170, 11779; IV, 175, 11806; IV, 230, 12062; IV, 239, 12108; IV, 314, 12468; IV, 326, 12529; IV, 380, 12784; IV, 384, 12804; IV, 533, 13498; IV, 542, 13535; IV, 593, 13771; IV, 732, 14407; — maître particulier des eaux et forêts de Poitou, III, 201, 8435; III, 325, 9014; III, 332, 9049; III, 593, 10230; IV, 698, 14245; VI, 4, 18931; — maréchal de France, IV, 578, 13706; IV, 700, 14256; — sénéchal de la Haute-Marche, II, 360, 5576; II, 375, 5646; III, 21, 7544; VII, 525, 26437; VII, 543, 26691; de Périgord, I, 459, 2429; I, 479, 2530; VI, 13, 18975; de Poitou, II, 179, 4732; III, 331, 9043; IV, 698, 14246; maintenu à ce titre en jouissance de la forêt de Gâtine et de l'étang de la Tomberrard, nonobstant la réunion du domaine aliéné, II, 313, 5362. Compagnie, II, 9, 3877; III, 119, 8037; III, 338, 9075; III, 607, 10294; IV, 784, 14649; V, 682, 18184; VII, 615, 27636; VII, 722, 28614; VIII, 82, 29989; payeur : voir Moraines (Guillaume de); porte-enseigne : voir Cajare (Paul de); porte-guidon : voir Bardat (Claude de). Hommage, VIII, 610, 32444. Maison, VI, 568, 21856; voir La Porte (Antoine de). Mission en Angleterre, II, 245, 5050, 5053; II, 252, 5085; II, 273, 5179; VII, 807, 29209; IX, 19, 20. Pension, II, 50, 4090; II, 234, 4996; II, 252, 5086; III, 20, 7543; III, 660, 10533; VIII, 81, 29975; VIII, 119, 30349; VIII, 240, 31494.

Des Prez (Guillaume) : voir Du Perray (Guillaume).

Des Prez (Jean), évêque de Montauban, IV, 547, 13560; VI, 334, 20605.

Des Prez (Melchior), s^r de Montpezat, sénéchal et gouverneur de Châtellerault, sénéchal et maître particulier des eaux et forêts de Poitou en survivance d'Antoine, son père, III, 201, 8435; III, 324, 9014; III, 393, 9319; III, 592, 10230; III, 637, 10425; mis en possession de ces offices, IV, 697, 14245; IV, 698, 14246; IV, 707, 14285.

Des Prez (Pontus), de la maison de la reine. Lettres de naturalité, VII, 614, 27631.

Desquartes : voir Des Cars.

Des Radrets (Mme), dame d'honneur de la duchesse de Vendôme, III, 703, 10730.

Des Réaux (Étienne ou Antoine), Des Ruaux ou des Ruyaux, maître d'hôtel du roi, I, 462, 2447-2448; II, 299, 5295; III, 167, 8264; III, 145, 8151; III, 669, 10573; IV, 432, 13035; V, 534, 17423; capitaine de Montargis, II, 182, 4744; prévôt de l'hôtel, II, 548, 6431; III, 653, 10503; VI, 347, 20676. Mission en Suisse, IX, 77.

Des Réaux (Le commandeur), VIII, 40, 29603; VIII, 41, 29617; cf. le suivant.

Des Riaulx (Émery), chevalier de Saint-Jean-de-Jérusalem. Légitimation de son fils Jean, IV, 130, 11594; cf. le précédent et Des Ruyaulx (Emery).

Des Rivières (Jean), contrôleur de la garenne de Châtellerault, VII, 530, 26499.

Des Roches (Catherine), veuve d'Adam de Rillé, V, 601, 17750.

Des Roches (Jean), VI, 102, 19418; VI, 190, 19856.

Desroches (Jean), garde des forêts d'Évreux, Breteuil, Conches et Beaumont, IV, 206, 11952. Cf. La Roche (Jean de).

Des Roches (Jean), greffier du magasin à sel de Loches, V, 180, 15589.

Des Roches (Louis) : voir Des Roches (Nicolas).

Des Roches (Nicolas), garde de la forêt de Brioudan, V, 103, 15206.

Des Roches (Nicolas), gentilhomme de la vénerie, II, 285, 5232.

Des Roches (Nicolas), sommelier ordinaire du roi, fils naturel de Louis Des Roches, s^r de la Moulinière. Légitimation, VI, 14, 18979.

Des Roches (Pierre), VI, 190, 19856.

Des Roches (Simon), abbé du Louroux, prieur de la Ferté-Macé, V, 493, 17212.

Des Roches d'Étampes : voir Étampes (Claude d').

Des Romeaux (Gervais), ou Rouveaux. Aubaine, VII, 519, 26361.

Des Roys (Le s^r), lieutenant de la compagnie du s^r de Barbezieux, VIII, 295, 32065.

Des Ruaux (*Étienne*) : voir Des Réaux (Étienne).

Desrues (Jeanne), V, 544, 17472.

Des Ruyaulx (Émery), s[r] de Noyen-sur-Seine, V, 74, 15044; cf. Des Riaulx (Emery).

Des Rayaulx (*Étienne*) : voir Des Réaux (Étienne).

Dessèchement. Travaux en Poitou, VIII, 608, 32434.

Dessefort (*Antoine*) : voir Essefort (Antoine d').

Des Serpens (Jean), protonotaire du Saint-Siège, abbé commendataire de Notre-Dame-de-Cormeilles, VI, 423, 21078.

Dessols (Pierre), II, 503, 6227; II, 684, 7086.

Dessouslefour (Jean), commis à la trésorerie de la reine Éléonore, VIII, 175, 30883-30884; VIII, 181, 30939-30940; VIII, 185, 30981; VIII, 199, 31101; VIII, 200, 31113; VIII, 205, 31150-31151; VIII, 206, 31167; VIII, 208, 31182, 31184; VIII, 241, 31510; VIII, 249, 31583-31584; VIII, 265, 31756-31757; VIII, 267, 31789; VIII, 269, 31800; VIII, 272, 31835-31836; VIII, 292, 32036.

Dessousmons (Jeanne), veuve de Jean de Sens, III, 642, 10449.

Dessus-la-Mare (Guyon), contrôleur du grenier à sel de Vierzon, II, 446, 5965.

Dessuslamare (Jacques), premier huissier des aides à Rouen, VII, 65, 23537.

Des Timbres (Jean), V, 489, 17193.

Destizon (Jacques) ou d'Estisaux, valet de pied du roi, III, 525, 9936; III, 618, 10342.

Des Tombes (Marie), de la maison de la reine. Lettres de naturalité, VIII, 614, 27629. Cf. Dombes (Marie de).

Destra (*Johannet*) : voir Estra (Jeannot d').

Destraux (Nicolas). Confiscation de ses biens, VIII, 603, 27494.

Des Treilles (Martin), dit le Rousseau, porteur en la cuisine de bouche de Louise de Savoie, II, 424, 5863.

Destrets (Simon), sommelier de la paneterie de bouche, VII, 804, 29190.

Destrumel (Jean), sergent au Châtelet de Paris, II, 290, 5255.

Desucques (Gilbert), procureur du roi au bailliage de Berry, siège de Dun-le-Roi, et garde du sceau aux contrats de la seigneurie de Dun, VI, 10, 18962.

Des Ulmes (*Perrot*). Sa veuve : voir Blosset (Christine).

Desurie (Jean). Mission secrète en Allemagne, V, 396, 167; IX, 7.

Des Ursins : voir Jouvenel des Ursins (Jean et Louis), Orsini (Jean-Francisque de).

Des Ursins (Charles), aumônier du roi, abbé de Saint-Nicaise de Reims, VI, 264, 20247.

Des Ursins (Jacques), abbé du Thoronet, VIII, 748, 33204.

Des Ursins (J.-B.), abbé du Thoronet, VIII, 666, 32750.

Des Ursins (Jeanne), femme de Frédéric de Gonzague, marquis de Bagé, VI, 273, 20290; VII, 543, 26687; VII, 789, 29084.

Des Ursins (Léon), évêque de Fréjus, VII, 343, 24958; VII, 360, 25049. Séjour à Rome, VII, 371, 25102; VII, 389, 25198.

Des Vefves (Jeanne), veuve de Nicolas de la Rue, exemptée, par suite de son mariage avec un homme de qualité noble, de la taille que devait son premier mari, VII, 447, 25611.

Des Vertus (*La comtesse*) : voir Pisseleu (Charlotte de).

Desvres (Pas-de-Calais). Châtellenie : voir Colembert. Forêt, V, 497, 17230; VI, 236, 20096; VI, 442, 21174. Séjour du roi, VIII, 554.

Dettes d'Antoine Patoillet. Délai pour les payer, VII, 433, 25475.

Dettey (Saône-et-Loire) : voir Saulzes.

Deu (Gaspard), du canton d'Unterwalden, écolier de l'Université de Paris, V, 787, 18769.

Deufftereno (Jean), grec, marchand d'oiseaux, VIII, 223, 31326. Cf. Grec (Jean).

Deufftereno (Marin), Defterego ou d'Eustereno, parfois aussi appelé simplement par son prénom, grec, marchand d'oiseaux de leurre, VI, 642, 22248; VIII, 44, 29645; VIII, 161, 30743; VIII, 223, 31323-31324.

Deuil : de l'impératrice, IV, 30, 11142; de Jeanne Seymour, III, 581, 10180; VIII, 284, 31943; de Maximilien Sforza; VIII, 167, 30811.

Deuilly, c^ne de Sérécourt (Vosges). Maison forte, V, 521, 17356.

Deux-Eaux, maladrerie à Bréviandes (Aube), VI, 816, 23137.

Deux-Écus (Rue des), à Paris, II, 83-84, 4262.

Deux-Jumeaux, c^ne d'Isigny (Calvados). Marché, II, 139, 4539.

Deux-Lions (Les), c^ne de Saint-Martin-des-Champs (Cher) : voir La Porte (Jean de).

Devant (Gabriel de), dit le Goujat, chevaucheur d'écurie, VII, 635, 27849; VII, 638, 27884; VII, 799, 29148. Mission en Flandre; II, 63, 4156; VI, 73, 19269.

Devaulx (Jean), chantre de la chambre. Études à Paris, VIII, 291, 32014; VIII, 295, 32069.

Devere (Barnabé) : corr. Voré (Barnabé de).

Deverot (Jean), dit de Lyon, III, 733, 10859.

Devès, sergent de bande de Piémont, VIII, 304, 32133.

Devis (Jean) : voir Vichy (Jean de).

Devise accordée aux habitants de Péronne : un P couronné, III, 284, 8828.

De Walle (Pierre van), VII, 731, 28671.

Dey (François), élu à Laon, V, 716, 10389.

Dey (Michel), lieutenant particulier, puis général du bailli de Vermandois, IV, 392, 12837.

Dey (Robert), receveur de l'élection de Saint-Quentin, III, 498, 9802.

Deygua (Bertrand) ou Deigua, VII, 271, 24550; premier avocat général au Parlement de Toulouse, III, 623, 10361.

Deygua (Jean), Deigua ou d'Eygua, premier avocat général au Parlement de Toulouse, I, 364, 1942; II, 490, 6164; III, 623, 10361; V, 480, 17147; VI, 98, 19396; VIII, 684, 32848.

Deymier (Jean), conseiller clerc au Parlement de Toulouse. Dispense de célibat, V, 662, 18069.

Dezasses : voir Desasses.

Dèze (Guillaume), sommelier de la duchesse d'Étampes, V, 112, 15256.

Dezest (Jeanne de), III, 738, 10883; V, 583, 17660.

Dezest (Raymond de), bailli d'Amboise, I, 207, 15733.

Dherly (Le Bois) ou d'Herli, c^ne de Vaudesson (Aisne), anc. Forêt de Reilly, II, 715, 7229.

Dholan (Jean), sergent de la prévôté de Beauvaisis, V, 4, 14684.

Dhuis (Le), métairie, dans la châtellenie de Vitry-aux-Loges, IV, 217, 12000.

D'Huison (Seine-et-Oise). Châtellenie, I, 260 (VIII, 326), 1416; V, 345, 16463; V, 684, 18197; VI, 169, 19757; VII, 548, 26755.

Diables, monnaie du duché de Clèves. Prohibition, II, 58, 4134.

Dialecticæ institutiones, par Ramus, IV, 447, 13103; IV, 577, 13701; cf. VIII, 621, 33055.

Dialogues (Joueur de) : voir Cusson (Robert).

Diamant. Polissage, VII, 749, 28805.

Diane, femme grecque, VI, 92, 19364.

Diane de Poitiers : voir Poitiers (Diane de).

Dianne (Jean, s^r de), II, 587, 6622.

Diano Marina (Italie, prov. de Porto Maurizio) : voir Forest (Augustin de).

Dicard (Thomas), chevaucheur, III, 45, 7671.

Dicy (Jacques de), s^r de Montgermont, V, 483, 17163.

Didam (Pays-Bas, Gueldre) : voir Hees.

Die (Drôme) : voir Diois.
— *Diocèse* : voir Val-Sainte-Marie. Décimes, IV, 654, 14055; V, 19, 14758. Évêque : voir Clermont (François-Guillaume, cardinal de). Privilèges des évêques, VIII, 729, 33105.

Diefstotter (Christophe), marchand d'Augsbourg, VIII, 206, 31159.

Diénay (Côte-d'Or). Séjour du roi, VIII, 554.

Dienne (Anne de) VIII, 727, 33093.

DIENVILLE (Aube). Foires, VI, 249, 20165. Réduction de tailles, à la suite de la peste, II, 271, 5172; VI, 292, 20390.

DIEPPE (Seine-Inférieure), I, 304, 1650; VI, 673, 22423; VII, 441, 25551; VII, 562, 26931; voir BAUDAIRE (Nicolas), BEAUCOUSIN (Lucas), COPPELLAN (Gilbert), DOUBLET (Jacques), DU PERRON (Nicolas), DUPUY (François), GUILLAS (Guillaume), LEMAISTRE (Paul), MIFFAUT (Jean), POULLAIN (Jean), RAOULT (Pierre); approvisionnement de salpêtre, III, 444, note. Capitaines : voir AMBOISE (Georges D'), ANGO (Jean), CHABOT (Philippe), GOUFFIER (Guillaume). Deniers communs, I, 509, 2681; VII, 53, 23483; VII, 54, 23487; contrôleur : voir LE NOBLE (Jean); receveur : voir MIFFAULT (Thomas). Don demandé pour la guerre, VIII, 572, 32243. Droit de pêcherie, VI, 655, 22320. Emprunt royal, III, 235, 8604; III, 243, 8640. Grenier à sel; contrôleurs : voir AOUSTIN (Jean et Nicolas). Imposition de 12 deniers pour livre sur la marchandise foraine, VII, 65, 23540; VII, 70, 23561; VII, 444, 25585. Mesures en usage pour le bois, VI, 397, 20936. Privilèges, I, 11, 65; I, 315 (VIII, 329), 705; I, 614, 3217; II, 683, 7082; VI, 363, 20760. Rente sur le grenier à sel vendue aux habitants, III, 243, 8640. Séjours du roi, VIII, 556; IX, 105.

Dieppe, surnom : voir FALAISE (Jean).

DIEPPOISE (LA), nef, V, 212, 15758.

Dierre (Indre-et-Loire) : voir COQUIAU.

Dies (*Ferrand*). Sa veuve : voir DELPUECH (Douce).

DIESBACH (Jean DE), maître d'hôtel ordinaire du roi, capitaine des Ligues suisses, I, 529, 2786; V, 570, 17599; VIII, 410*, 23838 *bis*. Lettres de naturalité, VIII, 410*, 23748 *bis*. Sa veuve : voir DU REFUGE (Jeanne).

DIESBACH (Jost VON), envoyé de Strasbourg, Bâle et Zurich, IX, 139.

DIESBACH (Ludwig, Sébastian et Wilhelm VON), envoyés suisses, IX, 139.

DIÈTES de l'Empire, tenues : à Augsbourg, IX, 6; à Haguenau, IX, 13; à Ratisbonne, IV, 210, 11968; IX, 14; à Spire, en 1542, IV, 267, 12247-12248; IV, 270, 12255; IX, 14, 15; en 1544, IV, 542, 13537; VII, 360, 25052; à Worms, IX, 16.

Dietrich von Traanner : voir TRAANNER (Melchior Dietrich VON).

DIEU. Drouin Chaulieu, maître, après Dieu, de la galéasse *la Réale*, III, 54, 7715.

DIEU (Gilles), procureur du roi près l'élection de Coutances, VI, 234, 20088.

DIEU (Gilles), receveur des deniers communs de Saint-Lô, VII, 582, 27211.

DIEU AIGUEMARINE, VIII, 272, 31840.

DIEUDY (Guillaume DE). Légitimation, V, 127, 15336.

DIEULOUARD (Meurthe-et-Moselle). Châtellenie, VI, 424, 21083.

DIEUPENTALE (Tarn-et-Garonne). Seigneurie, VII, 266, 24523.

DIÉVAL (Le s^r^ DE). Confiscation, III, 305, 8924.

DIEY (Vincent), natif de Piémont, habitant en Provence. Lettres de naturalité, VII, 319, 24824.

DIFFAMATOIRES (LIBELLES), IV, 422, 12981; VII, 406, 25282.

DIFFÉREND entre maîtres et ouvriers imprimeurs à Lyon, IV, 33, 11155.

DIFFÉRENTS des monnaies représentés par des lettres de l'alphabet, IV, 71 (VIII, 406*), 17323.

DIGNE (Basses-Alpes) : voir ESPITALLIER (Jean), MARCHIER (Pierre).
— *Clergé*. Église cathédrale, V, 183, 15608; chanoine : voir BONACORSY (Laurent). Évêques : voir GUIRAMAND (François), ORCIÈRE (Chérubin D'). Temporel de l'évêché, VII, 223, 24310; VII, 402, 25265.
— *Domaine*. Droits du roi, I, 491, 2587. Recette, VIII, 90, 30065; receveurs : voir AGUILLENC (Thomas), BERNART (Robert), BORDON (Jacques).
— *Siège de justice* (*sénéchaussée de Provence*), VIII, 736, 33145. Frais de justice, III, 415, 9429. Personnel, III, 155, 8201; avocat du roi : voir ISOARD (Antoine); création d'offices, VIII, 723, 33071; avocat du roi : voir FABRI (Jean); concierge, geôlier et garde des prisons : voir MARCHIER (Pierre); juge : voir AGUILLENT (Jean); lieutenant : voir CLERIANI (Blaise); procureurs du roi : voir RIQUETTI (Bernardin), VERDILLON (Rapheau). Ressort : greffes, VIII, 781, 8738; enquêteurs-examinateurs, VIII, 706, 32970.

—— *Viguerie*, VIII, 710, 32996.
—— *Ville*. Amortissement de la terre du Chaffaut, IV, 466, 13190. Foire, II, 742, 7344.

DIGNE (Gabriel), clerc. Légitimation de son fils Jean, VI, 592, 21987.

DIGNE (Honorat), secrétaire rational et archivaire en la Chambre des comptes d'Aix, VII, 196, 24179.

DIGNE (Jean), marchand d'Aix. Légitimation, IV, 261, 12221.

DIGOIN (Saône-et-Loire), V, 385, 16658.

Digues : voir CHAUSSÉES.

DIGUET (Claude), avocat du trésor à Paris, II, 686, 7095; VII, 776, 28983.

DIGUET (Jean), commis à la recherche des biens de mainmorte en Touraine, VII, 505, 26171.

DIJON (Côte-d'Or), I, 611, 3202; II, 239, 5023; II, 409, 5793; III, 422, 9458; V, 789, 18779; VI, 213, 19972; VII, 66, 23543; VII, 406, 25282; VII, 701, 28466; VIII, 30, 29504; VIII, 205, 31147; IX, 20, 139; voir CHAMBRE NEUTRE; voir aussi BOURSAULT (Jean), BRYOIS (Pierre), CASTELLAN (Damien), DAMARS (Jacques), GODRAN (Philibert), NOÉ (Jeannin), SERRE (Bénigne). Grenier à sel, III, 30, 7594; III, 611, 10307; V, 525, 17372; VII, 645, 27954. Hôtel du roi, II, 428, 5884; VII, 302, 24727. Palais de justice, III, 531, 9957. Péage, VIII, 370", 10976 *bis*. Recette générale, VIII, 378, 12847. Recette ordinaire, IV, 627, 13933. Séjour du roi, VIII, 554. Sergents royaux, III, 215, 8502-8507; III, 218, 8524.
—— *Affaires militaires*. Approvisionnement de salpêtre, III, 443, 9551. Charges militaires de la ville, VIII, 569, 32228; VIII, 748, 33208. Fortifications, I, 22 (VIII, 763), 130; I, 475, 2511; IV, 354, 12661; V, 221, 15812; VII, 139, 23905; VIII, 569, 32228; VIII, 570, 32232; cf. ci-après *Ville*, Octrois. Garnison : arquebusiers, VII, 157, 23986; voir DESMOULINS (Jean); capitaines de la ville : voir CHABOT (Philippe), LA TRÉMOÏLLE (Georges et Louis II DE); du guet des portes, VIII, 141, 30560; voir PLUVOT (Nicolas DE). Mortes-payes, II, 164, 4658; IV, 101, 11462; IV, 147, 11674; VII, 176, 24085. Montre de 2000 légionnaires de Bourgogne, VII, 205, 24224. Siège par les Suisses en 1513, I, 14, 81; VI, 157, 19697; VI, 397, 20935; VII, 6, 23229; VII, 50, 23466; incendie des faubourgs, VII, 38, 23401; VII, 645, 27955; VII, 790, 29092.
—— *Bailliage*. Affaires militaires, IV, 231, 12066; IV, 443, 13080; ban et arrière-ban, III, 213, 8490; IV, 323, 12516. Baillis : liste, IX, 233. Enquêteur, voir BOUDIER (J.). Contribution à la solde des gens de pied, VIII, 720, 33050; VIII, 738, 33155; exemption en faveur des gens d'église, VIII, 719, 33049; VIII, 731, 33115; VIII, 732, 33122. Contribution de blé pour la marine du Levant, VI, 724, 22684. Eaux et forêts, IV, 365, 12713; voir CIVRY (Antoine DE). États, VI, 192, 19868. Fiefs, IV, 53, 11242; IV, 101, 11462; VI, 473, 21333; VI, 557, 21795. Forçats, IV, 527, 13473. Juridiction, II, 408, 5787; III, 726, 10833; IV, 564, 13642; IV, 596, 13781; VI, 360, 20744. Lieutenants généraux : voir BOHIER (Jacques), MOREAU (Jean DE), MOUREAUL (Guy DE), PRÉVÔT (Jean DE). Mandements adressés au bailli, VIII, 570, 32232; VIII, 609, 32437. Personnel, IV, 449, 13112. Publication des ordonnances relatives à l'importation des étoffes d'or et d'argent, III, 597, 10250. Recette, III, 259, 8713; V, 567, 17582. Ressort, III, 158, 8222; voir ARGILLY, BEAUNE, FLEUREY-SUR-OUCHE, LANTENAY, SAINT-SEINE-SUR-VINGEANNE, SAULX-LE-DUC, VERGY; voir aussi MARTIGNY (Georges DE), MONNOT (Jean). Saisies ordonnées pour presser la levée des décimes, VIII, 637, 32582. Sergent : voir RENOULLET (Pheliset). Siège particulier : voir NUITS-SAINT-GEORGES.
—— *Chambre des comptes* : voir CHAMBRE DES COMPTES DE DIJON.
—— *Château*. Capitaines, VII, 142, 23916; VII, 146, 23934; voir GUINEUL (Louis DE), PIGNAN (Guillaume DE), POMPAS (Bernard DE). Prisonniers, IV, 499, 13347; VII, 759, 28864; VII, 815, 29272. Réparations : voir SAUMAIRE (Jean).
—— *Clergé*. Abbaye de Saint-Bénigne : voir SAINT-VIGOR-LE-GRAND. Frères mineurs, VII, 810, 29226. Hôpital du Saint-Esprit, VI, 61, 11280. Sainte-Chapelle; doyen : voir LAVAL (André DE); droits sur les émoluments des grâces et chartes de la chancellerie de Bourgogne, III, 19, 7536; VII, 743, 28769; VIII, 354, 6734 *bis;* VIII, 361", 8314 *bis;* exemptions, VIII, 370", 10976 *bis;* VIII, 371", 11234 *bis;* franc-salé, VIII, 325", 1363 *bis;* massiers, VIII, 325, 1318 *bis;*

prébendes, V, 691, 18237; V, 749, 18561 (chapellenie des saints Sébastien et Thibaut); privilèges généraux, I, 246, 1346.

—— *Monnaie* : voir Monnaie de Dijon.

—— *Parlement* : voir Parlement de Dijon.

—— *Ville*, VI, 164, 19730; VII, 181, 24107. Approvisionnement en vivres, II, 12, 3893. Bornage du territoire, VIII, 609, 32437. Deniers communs : comptabilité, IV, 764, 14557; contrôleurs : voir Du Soillat (J.), Fèvre (J.), Serre (Bénigne). Droit d'entrée des vins, VIII, 582, 32293. Droit de franc-fief, I, 249, 1361. Emprunts, III, 243, 8639; III, 253, 8689; III, 397, 9340; IV, 353, 12658. Levée de «péages et ventes», VIII, 580, 32282. Maires pensionnés par le roi, VII, 142, 23916; VII, 146, 23934; VIII, 141, 30560; voir Morin (Jean), Noël (Jean), Seyne (Pierre), Tabouret (Pierre). Marcs abandonnés aux habitants, VIII, 569, 32228. Octrois, II, 595, 6668; II, 597-598, 6678-6679; III, 107, 7976; IV, 356, 12672; V, 8, 14696; cf., ci-dessus *Affaires militaires*, Fortifications. Opposition de la mairie aux dons, exemptions et privilèges accordés au Parlement et à la Chambre des comptes, IV, 785, 14656. Prestation des marcs, IV, 114, 11522; V, 18, 14755. Prisons, III, 140, 8157. Privilèges, I, 107, 627; I, 245, 1344. Privilégiés, V, 546 (VIII, 765e), 17479; obligations demeurant à leur charge, I, 22 (VIII, 763), 130; II, 106, 6723; IV, 214, 11982; IV, 258, 12205; IV, 436, 13052; VIII, 570, 32232. Rois de tir, VII, 458, 25695. Surintendance de l'hôpital du Saint-Esprit, I, 287 (VIII, 327e), 1552. Vente des offices de receveur et de greffier ordinaire, VIII, 718, 33042.

Diligent (Vincent), potager de la cuisine du commun, III, 498, 9802; III, 630, 10394; V, 114, 15271; VIII, 213, 31232.

Dîmes : de la pêche de l'écluse établie dans la Loire au mandement de Saint-Victor en Forez, IV, 450, 13118; du blé et du vin à Gleizé, VII, 528, 26475.

Dîmes ecclésiastiques, III, 56, 7725; VIII, 750, 33219; dans les diocèses : d'Auch, IV, 734, 14415; d'Agen, V, 79, 15072; V, 181, 15595; de Bazas, V, 149, 15439; de Chalon, V, 56, 14952; de Chartres, V, 29, 14807; de Limoges, V, 91, 15083; de Lyon, IV, 760-761, 14537-14538; IV, 771, 14588; de Périgueux, V, 34, 14828; de Sarlat, V, 69, 15021; de Sens, V, 31, 14814; en Dauphiné, IV, 777, 14619. Cf. Décimes.

Dimitre : voir Paléologue (Démétrius).

Dimières (Claude de), prieur de la Laupie, VI, 65, 19234; VI, 321, 20535.

Dinan (Côtes-du-Nord). Capitaines : voir La Martonnye (Robert de), Saint-Gelais (Jean de). Clarisses, VII, 685, 28312. Cordeliers, VII, 641, 27917; VII, 685, 28312. Exemptions, II, 196, 4814-4815. Foires du Liège et de Saint-Gilles, VIII, 340e, 3245 *bis*. Octrois, II, 197, 4816. Papegaut, VIII, 627, 32526. Privilèges du roi de l'arquebuse, VII, 687, 28328. Recette, I, 52, 309; I, 108, 633. Seigneurie, I, 144 (VIII, 320e), I, 147, 842; I, 266, 1443; I, 279, 1509; III, 264, 8737.

«Dinan», II, 292, 5265; corr. Ivoy-le-Pré.

Dindelle (Nicole), VIII, 757, 33271.

Dinasse (François), forestier du bois de Saint-Victor-sur-Loire en Forez, V, 24, note.

Dine (Adrien), curé de Saint-Éloy d'Ognolles, III, 382, 9270.

Dinet : voir Duret.

Dinet (Claude), commis à l'office de substitut du procureur général de Bourbonnais à Bessay et Pougny, VII, 529, 26486.

Dingry, quart de fief de chevalier, sis à Cormolain (Calvados), V, 478, 17138.

Dinoceau (Étienne), Dinosseau ou Dynoceau, fourrier du roi, IV, 205, 12237; VII, 598, 27434; huissier-sergent des eaux et forêts au siège de la Table de marbre, IV, 470, 13250; IV, 619, 13891.

Dinteville (Charlotte de), VI, 248, 20158.

Dinteville (Claude de), I, 102, 597; V, 260, 16015.

Dinteville (Érard de). Légitimation de son fils naturel François, V, 571, 17602.

Dinteville (François Ier de), évêque d'Amiens, V, 522, 17357.

Dinteville (François II de), évêque d'Auxerre, abbé de Montiérender, II, 555, 6464; IV, 338, 12589; V, 127, 15339;

V, 148, 19652; VI, 248, 20158; VI, 556, 21790-21791. Ambassade à Rome, II, 63, 4158; II, 68, 4180; II, 92, 4301; II, 222, 4946; II, 240, 5027; II, 260, 5124; II, 454, 6002; VI, 293, 20394; VII, 655, 28040; VII, 657, 28055.

DINTEVILLE (Françoise DE), VI, 248, 20158.

DINTEVILLE (Gaucher DE), seigneur de Polisy et Polisot, maître d'hôtel du roi, I, 67 (VIII, 316 et 764), 398; I, 146, 835; bailli de Troyes, I, 232, 1276; V, 486, 17179; V, 743, 18537; capitaine et gouverneur de Bar-sur-Seine, VI, 17, 18998. Sa veuve : voir DU PLESSIS (Anne).

DINTEVILLE (Gaucher DE), fils du précédent, seigneur d'Échenay et de Vanlay, écuyer d'écurie du Dauphin, II, 486, 6146; VI, 248, 20158; VII, 808, 29215. Procès en lèse-majesté : biens confisqués, VII, 576, 27114; exécution en effigie, III, 727, 10833; VI, 535, 21680.

DINTEVILLE (Guillaume DE), s^r d'Échenay, écuyer d'écurie des fils du roi, VI, 248, 20158; VII, 576, 27114; VII, 673, 28191; bailli de Bar-sur-Seine, IV, 389, 12828; concessionnaire du revenu du tabellionnage de Troyes, VII, 560, 26917; VII, 589, 27303. Missions : à Bourges et à Amiens, VIII, 75, 29918; à Rome et à Venise, III, 177, 8313; III, 267, 8751; VIII, 250, 31604; VIII, 283, 31925.

DINTEVILLE (Jacques DE), seigneur d'Échenay et de Commarin, chambellan du roi, VII, 91, 23666; VII, 458, 25698; concessionnaire du domaine de Bar-sur-Seine, VII, 27, 23341; créancier du roi, V, 271, 16074; gouverneur de Chauny, V, 482, 17156; lieutenant du roi à Paris, I, 95, 561; I, 209, 1159; négociateur du mariage de Renée de France avec Charles d'Autriche, I, 40, 232. Commissions financières, V, 409, 17088; V, 522, 17357.

DINTEVILLE (Jacques DE), seigneur d'Échenay et de Commarin, grand veneur de France, V, 260, 16015.

DINTEVILLE (Jean DE), seigneur de Polisy et d'Échenay, maître d'hôtel du roi, I, 644, 3371; III, 255, 8698; VI, 248, 20158; VII, 576, 27114; bailli, capitaine et gouverneur de Chauny, V, 341, 16441; bailli de Troyes, I, 232, 1276; V, 486, 17179; V, 743, 18537; capitaine de Bar-sur-Seine, VI, 17, 18998; concessionnaire du logis appelé la Salle du roi à Troyes, II, 183, 4749; VI, 282, 20335; VII, 590, 27320; premier échanson du dauphin, V, 743, 18537. Ambassade en Angleterre, II, 294, 5273; II, 305, 5322; II, 357, 5562; II, 301, 5580; II, 413, 5812; II, 426, 5872; II, 489, 6158; II, 506, 6240; II, 507, 6243; II, 590, 6639; II, 625, 6816; II, 626, 6817; III, 124, 8060; III, 199, 8420; III, 211, 8482; III, 287, 8842; VII, 715, 28575.

DINTEVILLE (Thomas DE), trésorier de Saint-Hilaire-le-Grand de Poitiers, IV, 217, 11995.

DINTEVILLE (Pierre DE), chevalier de l'ordre de Saint-Jean-de-Jérusalem. Légitimation de son fils Louis, né à Rhodes, VIII, 643, 32613.

DIOCÈSES : de Languedoc, IV, 498, 13340; de Languedoïl, IV, 628, 13939. Voir aux noms des diocèses.

DIOIS ou pays de Die. Accès interdit aux gens de guerre, I, 134, 774. Biens de l'ordre de Saint-Jean-de-Jérusalem, V, 628, 17884. Comté, érigé en duché par Louis XII, VIII, 401*, 23894. Sénéchaussée : création d'un office d'avocat du roi, IV, 540, 13524. Cf. les articles relatifs au DAUPHINÉ et au VALENTINOIS.

DIOMBES (Catherine DE), IV, 282, 12313.

DIONS (Gard). Seigneurie, VII, 148, 23942.

DIOT (Angelin), serviteur du s^r de Morette, II, 339, 5482.

Diou (Allier) : voir CHEZELLES ou RESSYE.

DIOUX, commune de Montaigut (Puy-de-Dôme). Seigneurie, V, 720, 18414

DIRY (Rasquin), laquais du maréchal de La Marck, VIII, 2, 29272; cf. VIRON (Tasquin).

« DISCIPLINÉS » en Provence, VIII, 692, 32887.

DISCONTINUATION (RELIEF DE), VIII, 758, 33280.

DISETTE en Anjou, VII, 456, 25680; VII, 470, 25803; à Bordeaux, II, 94, 4314; à Bourges, II, 35, 4012; à Dol, I, 201, 1119; à la Rochelle, II, 94, 4314. Mesures pour y remédier, VII, 467, 25775; VII, 475, 25841.

DISIMIEU (Antoine DE), II, 629, 6831.

DISPENSES : annulatives d'empêchements : voir PARENTÉ, VÉNALITÉ; autorisant l'usage de secrétaires : voir SECRÉTAIRES; d'ÂGE, de CÉLIBAT, de CLÉRICATURE : voir ces mots; de l'obligation de se marier dans les deux mois imposée, sous peine d'expulsion, aux sujets de l'Empereur, IV, 519, 13435; de PRÉSENCE : voir ce mot; de qualités : voir CONSEILLER AU PARLEMENT DE PARIS, LAI, SECRÉTAIRE DU ROI; de RÉSIDENCE, de SERMENTS : voir ces mots; pour l'exercice d'un office de nouvelle création, IV, 368, 12726.

DISQUE (Jean), VI, 483, 21385.

DISQUE (Louis), I, 102, 597.

DISQUE (Pierre), abbé de Saint-Jean-au-Mont, VI, 691, 22516.

« DISSAY », corr. DISSÉ-SOUS-LE-LUDE (Sarthe). Seigneurie unie à la baronnie du Lude, IV, 746, 14471.

DISSAY (Vienne). Séjour du roi, VIII, 554.

Dissay-sous-Courcillon (Sarthe) : voir COURCILLON.

DISSOT (Pierre), accusé de fausse monnaie, III, 491, 9775.

Divitius (Bernard) : voir BIBIENA.

DIXIÈME (DROIT DE), II, 124, 4465.

DIXMES (François), conseiller clerc au Parlement de Paris, I, 192, 1070.

DIXMONT (Yonne). Bois, V, 345, 16463. Fortifications, III, 539, 9995. Prévôté, II, 66, 4172. Privilèges, I, 632, 3308. Seigneurie, VII, 548, 26755.

DIZAINS de Mathieu Guynel, VIII, 160, 30827.

DIZIMIEU (Charles DE), lieutenant général du s^r^ de Chandio, grand prévôt des maréchaux de France, VII, 130, 23861.

DOARCY (Perrin), capitaine de Bayeux, I, 351, (VIII, 330^a^), 1876. Cf. LA BRETHONNIÈRE (Pierre de), WARTY (Perrot DE).

DOAZIT (Landes) : voir CANDALLE. Foires et marché, I, 726, 3794.

DOGARIS (Jean), natif de Castille, établi à Rouen. Lettres de naturalité, V, 137, 15386.

DOCTARIE (Philippe DE), viguier de Périgueux, V, 681, 18178.

DOCTORAT. Limitation du nombre des religieux mendiants à admettre à ce grade, III, 757, 10967.

DODDE (Perceval), capitaine italien. Mission en Piémont, VIII, 196, 31068.

DODE (Jean), homme d'armes de la compagnie du duc d'Albany, III, 749, 10333.

DODIEU (Claude), s^r^ d'Espercieu ou de Bressieu. Missions : à Naples, III, 164, 8250; à Rome, III, 691, 10670; VIII, 204, 31146; auprès du roi de Hongrie, IV, 61, 11280; en Allemagne et en Italie, IV, 220, 12015; en Écosse, IV, 104, 11475; en Espagne, II, 532, 6353; III, 44, 7664; VIII, 32, 29516; VIII, 41, 29618; VIII, 87, 30038; VIII, 98, 30127.

DODIEU (Claude), s^r^ de Vély, abbé de Saint-Riquier, maître d'hôtel du roi, oncle du précédent, III, 665, 10555; VII, 560, 26910; VIII, 296, 32072; — commissaire des vivres pour le camp du roi, III, 392, 9317; VIII, 2, 29277; VIII, 13, 29371; VIII, 18, 29403; VIII, 190, 31024; — conseiller au Parlement de Bretagne, III, 745, 10917; — VII, 708, 28517; conseiller clerc au Parlement de Paris, VII, 492, 26028; créancier du roi, III, 685, 10644; — évêque de Rennes, VII, 453, 25658; — maître des requêtes, VII, 495, 26053; autorisé à cumuler cet office avec ses fonctions épiscopales, IV, 358, 12686; chevauchées, III, 50, 7696; II, 602, 6700; VIII, 108, 30233; VIII, 168, 30814. Ambassades : à Florence, I, 634, 3320; I, 695, 3639; II, 39, 4037; II, 40, 4038; II, 42, 4051-4052; VI, 70, 19255; VI, 175, 19785; auprès de Charles-Quint, II, 40, 4038; II, 63, 4156; II, 101, 4350; II, 153, 4610; II, 224, 4947; II, 346, 5514; II, 400, 5753-5755; II, 434, 5913; II, 463, 6039; II, 532, 6353; II, 624, 6810; II, 672, 7027; III, 4, 7464; III, 20, 7542; III, 44, 7664; III, 94, 7916; III, 142, 8140; III, 196, 8405; III, 202, 8441; III, 230, 8578; III, 401; 9361; III, 405, 9380; III, 411, 9405; III, 446, 9565; III, 470, 9676; III, 559, 10081; III, 624, 10368; IV, 143, 11655; IV, 157, 11723; IV, 173, 11797; IV, 220, 12015; IV, 224, 12030; VI, 259, 20217; VII, 653, 28021; VII, 655, 28042; VII, 708, 28517; VII, 750, 28814; VII, 777, 28991; VIII, 32, 29516; VIII, 32,

29518; VIII, 49, 29690; VIII, 63, 29809; VIII, 86, 30025; VIII, 96, 30127; VIII, 229, 31388, VIII, 245, 31546; VIII, 271, 31827; en Angleterre, I, 506, 2667-2668; I, 510, 2688. Lettres de légitimation et de naturalité pour ses enfants, III, 436, 9521.

Dodieu (Guillaume), VI, 169, 19753.

Dodieu (Louis), fournisseur de l'argenterie du roi, VIII, 183, 30959.

Dodinet (Pierre), receveur des deniers communs et patrimoniaux d'Angers, VII, 596, 27406.

Doelan (Philippe de), viguier de Périgueux, V, 681, 18178.

Doeuil (Charente-Inférieure). Seigneurie, VII, 14, 23275.

Doger (Jean), sergent de la Ferté-Macé, III, 425, 9472.

Dogliani (Italie, province de Coni). Fief, juridiction et château, III, 356, 9157.

Dognon (*S^r du*) : voir Coucy (Raoul de).

Dohin (Jean), second avocat du roi au Parlement de Toulouse, II, 490, 6164.

Dohips : voir Xans Deshois (Arnaud).

Doineau (François) ou Doyneau, conseiller lai au Parlement de Paris, VII, 489, 25978; lieutenant général en la sénéchaussée de Poitou, IV, 345, 12624; VI, 248, 20168; VII, 173, 24070; VII, 493, 26035.

Doingt (Somme). Seigneurie, III, 335, 9060.

Doisy (Guillaume). Anoblissement, VI, 379, note.

Doisy (Catherine), VIII, 699, 32934.

Doizieu (Loire). Commis aux offices de châtelain et capitaine : voir Saint-Symphorien (Zacharie de).

Dokwra (Thomas), grand prieur de l'ordre de Saint-Jean-de-Jérusalem, plénipotentiaire aux conférences de Calais, IX, 94-95.

Dol (Ille-et-Vilaine). Diocèse : voir Trébédan; receveurs des fouages et impôts : voir Bonnet (François), Callat (Pierre de), Du Fresne (Jean). Église : dépôt de la ceinture de sainte Marguerite, V, 402, 16740. Évêché : temporel, IV, 88, 11407; VI, 125, 19540. Évêque : voir Laval (François de). Ville : exemptions d'aides, I, 201, 1119; II, 196, 4812.

Dole (Marc ou Macé) ou Dolle, originaire de Briga Marittima, greffier à Fréjus, VII, 233, 24357. Lettres de naturalité, VI, 623, 22145; VII, 287, 24635.

Dôle (Jura) : voir Parlement de Dôle.

Dolent (Jean), orfèvre à Blois, I, 481, 2539.

Dolet (Étienne), imprimeur et libraire à Lyon, hérétique. Lettres de rémission, IV, 466, 13186; IV, 478, 13246; IV, 503, 13361.

Dolle : voir Dole.

Dollé (Catherine), veuve de Hans de Pontgrah, III, 510, 9861; VI, 475, 21344.

Dolleanne : voir Dogliani.

Dollot (Yonne). Seigneurie, V, 208, 15736; V, 302, 16233.

Dolmayrac (Lot-et-Garonne). Châtellenie, VII, 77, 23593.

Dolomieu (Isère) : voir Berré. Terre, VIII, 602, 32402.

Dolu (Jean), marchand de Paris, VIII, 116, 30319.

Domaine.

—— *Aliénations*, I, 643, 3366; II, 705, 7180; III, 207, 8465; III, 300, 8904; III, 361, 9178; III, 363, 9184; III, 530, 9956; III, 578, 10166; VII, 460, 25712; VIII, 626, 32522; — en 1514, VI, 445, 21188; — en 1519, I, 178, 1005; V, 469, 17088-17089; — en 1521, I, 247, 1353; I, 265, 1439; VII, 98, 23699; VII, 516, 26328; — en 1522, I, 271-272, 1472-1473; I, 281, 1517; V, 548, 17489; V, 552, 17507; — en 1536, III, 247, 8661; III, 254, 8694; VI, 430, 21111; — en 1537, III, 280-281, 8812-8816; III, 283, 8824-8826; III, 287, 8841; III, 705, 10734; VII, 557, 26873; VII, 562, 26933; VIII, 17, 29398; VIII, 143, 30583; — en 1543, IV, 446, 13098; IV, 489, 13297; — en 1544, IV, 588, 13746; IV, 704, 14273. Acquisition de portions aliénées permise aux officiers royaux, I, 256, 1395. Cessionnaires de portions du domaine : voir Acigné (Jean VII et VIII, s^rs d'), Acquaviva (André d'), Anglure (René d'), Annebaut (Claude d'), Anselme (François), Antoine, duc de Lorraine, Ars (Louis d'), Astarac (Madeleine d'),

Augerant (Louis d'), Auxy (Antoine d'), Baissey (Jean de), Barjot (Guillaume), Barnon (Pierre), Batarnay (René de), Bayencourt (Antoine de), Beaujeu (Philibert de) Beaune (Jacques de), Berthelot (Gilles), Billot (Jacques), Bologne (Anchise de), Bon (Pierre), Bouliers (Antoine de), Bourgoing (Guillaume), Boynier (Jean), Braillon (Louis), Brandès (Louis de), Brétagne (François II de), Breton (Jean), Brigneulx (Antoine de), Brosse (Jean III de), Burgensis (François et Roland), Byais (Jean), Campbell (Philippe de), Canossa (Louis de), Cardi (Thomas de'), Carluget (Antoine de), Carné (Tristan de), Casault (Jeanne de), Cellini (Benvenuto), Chabannes (Jacques de), Chandieu (Louis, s^r de), Charles, duc d'Orléans, Civry (Antoine de), Claveson (Louise de), Cleberg (Jean), Courtaux (Jean de), Courtois (Claude), Créquy (Jean de), Croy (Catherine de), Daresse (Christophe), Des Baux (Bernardin), Dupuis (Geoffroy, Hugues et Jean), Escoffier (Antoine), Este (Hercule d'), Feruffino (Antoine), Foix (Françoise de), Forest (Christophe de), Furstenberg (Guillaume de), Gadagne (Thomas), Gand (Jean de), Glieux (Roustan de), Gonzague (Frédéric de), Gouffier (Artus et Guillaume), Grolier (Georges), Hallwin (Louis de), Hardouyn (Jean), Hénard (Anne), Jean-Philippe, Joncker (Hans), Jussac (Jean de), La Barre (Jean de), La Chasserie (François de), La Cuesnaye (Jean de), La Fayette (Aimée de), La Guiche (Gabriel de), La Roche (Jean de), Laval (Guy XVI et XVII, comtes de), Laval (Jean de), La Vessée-Bramelon (Véran de), Le Blanc (Laurent), Le Cirier (Jean), Le Voyer (Bernard), L'Hôpital (Alof de), Lorraine (Louis de), Luppen (Eberhard de), Luxembourg (Marie de), Manne (Les s^r et dame de), Marconnay (Le s^r de), Marone (Jérôme), Maynier (Jean), Mendoça (Diego de), Miron (François), Montbourcher (Antoine de), Montejean (René de), Montepoy (Jacques de), Montgommery (Jacques de), Montmorency (François de), Montmorillon (Saladin de), Navarro (Le comte Pedro), Noceto (Francisque de), Ornesan (Bertrand et Magdelon d'), Paulmier (Jean), Petitbon (Étienne), Pio (Albert), Pisseleu (Anne de); Pobla (Arnoult de), Poncher (Louis de), Pontbriant (François de), Rabodanges (Louis, s^r de), Rambures (Jean, s^r de), Rangone (Guido), Rieux (Claude Ier, s^r et Jean, bâtard de), Robertet (Claude et Florimond), Rocco (Jean), Rohan (Anne, Charles et Jacqueline de), Roma (Alexandre, Jean et Philippe de), Rostaing (François et Tristan de), Ruffey (Le s^r de), Rustici (Nicolas de), Saluces (François-Marie de), San Severino (Alphonse, Charles et Galéas de), Sapata (Léonor), Sarcus (Jean, s^r de), Saruq (Charles), Saumaire (Simon de), Savoie (René, bâtard de), Sforza (Maximilien), Sormano (Gaspard), Strozzi (Pierre), Stuart (Jean et Robert), Suze (Philippe de), Tavel (Geoffroy), Thomassin (Jacques de), Thumery (Jean de), Tiercelin (Adrien), Trivulce (Jean-Jacques, Paul-Camille et Urbain), Troyes (Nicolas de), Turpin (Antoine), Vaque (Pierre), Velasco (Agnès de), Vergennes (Ozéas de), Vernon (Anne de), Vinols (Claude et Pierre de), Visconti (Galéas); maintenus en jouissance nonobstant la réunion du domaine aliéné : voir Acigné (Robert d'), Acquaviva (Jean-François d'), Alamanni (Louis), Argouges (Jacques d'), Batarnay (Imbert de), Bourbon (François et Louise de), Brezé (Françoise et Louise de), Bussy (Philibert de), Campo Fregoso (Catherine et Gentille de), Caraccioli (Jean), Cère (Renzo de), Chabot (Philippe), Clermont (Antoine de), Clèves (Louis de), Coucys (Charles de), Des Cars (François), Des Gretz (Jean), Des Prez (Antoine), Du Bellay (Martin), Du Biez (Oudart), Duquesnel (Jean), Du Solier (Jean), Estouteville (Jean d'), Foix (Marguerite de), Forlano (Emilio), Genouilhac (Jacques de), Gouffier (Claude), Guelff (René de), Guiny (Gillette de), Haraucourt (Pierre d'), Henri II, roi de Navarre, Jacques V, roi d'Écosse, Jouie (Jean), La Marck (Robert III de), La Marthonie (Robert de), Larca (Baptime de), La Trémoille (François de), Lévis (Jean de), Longwy (Françoise de), Lorraine (Claude de), Louise de Savoie, Luppé (Michel de), Marconnay (Hélène de), Marguerite de Valois, Marguerites (François de); Maugiron (Guy de), Montmorency (Anne de), Oignies (Madeleine d'), Orléans (Charlotte, Jeanne et Louis d'), Orsini (Camille Pardo de'), Pisseleu (Adrien de), Polignac (Louise de), Pontevès (Jean de), Porcelet (Honorat), Rincon (Antoine de), Rochechouart (Antoine de), Savoie (Claude, Honorat, Philiberte, Philippe, et Renée de), Spinola

(Ottobone), STAINVILLE (Jean DE), TARDES (Jean DE), TOURNON (Just DE), VIGHY (Philibert DE), VILLEQUIER (Baptiste, s^r DE); voir en outre aux articles AUXONNE, BARBENTANE, BARGEMON, DIEPPE, LYON, PARIS, TOULOUSE, les cessions et concessions faites à ces villes et communautés. Devoirs des tenanciers, IV, 168, 11774. Situation des officiers royaux dans les territoires aliénés, I, 485, 2558; I, 643, 3366; II, 22 (VIII, 344*), 3949.

—— *Conservation*, II, 749, 7379; III, 681, 10626; IV, 583, 13727; V, 145, 15422. Contentieux, II, 62, 4152; II, 76, 4221; II, 81, 4248; II, 339, 4085; II, 380, 5669; V, 81, 15085; VII, 429, 25450; VII, 476, 25847; VIII, 749, 33214; chambre du domaine : voir PARLEMENT DE PARIS; commission jugeant les appels relatifs aux fiefs, arrière-fiefs et redevances, IV, 25, 11120; juridiction de la Chambre du Trésor, IV, 570, 13669; de la grand'chambre des enquêtes du Parlement de Paris, VI, 318, 20521; VI, 324, 20552. Création d'un contrôleur dans chaque recette du royaume, I, 320, 1728; I, 322-323, 1736-1740; attributions de ce fonctionnaire, IV, 445, 13094; IV, 578, 13703; VI, 749, 22804; dérogation à l'édit portant ladite création, VII, 587 (VIII, 807*), 27279; gages de ce fonctionnaire, III, 263, 8731. Évaluation du comté de Chaumont-en-Vexin, VI, 646, 22273. Réunion : de la baronnie des Baux, VIII, 654, 32677; des biens de la maison de Bourbon, II, 109, 4390; des comtés : d'Auxerre, I, 19, 111; de Cominges, II, 253, 5091; de Provence et Forcalquier, I, 43, 246; de Saint-Pol, III, 303, 8918; VII, 307, 24755; du douaire de la reine Marie, II, 470, 6074; du patrimoine de la reine Claude, II, 706, 7184; des pays de Bresse, Bugey et Valromey, III, 175, 8302; des seigneuries de Beaugency, IV, 583, 13726; de Coucy, VII, 692, 28371; de Chalieau, VII, 798, 29145; de Villaines-en-Duesmois, VII, 784, 29044; de la ville de Turin, III, 284, 8829. Révocation des aliénations: en 1517, I, 106, 620; I, 111, 648; I, 131, 757; VIII, 581, 32291; — en 1521, I, 254, 1384; — en 1531, II, 87, 4277; II, 101, 4349; II, 104, 4363; — en 1532, VI, 297, 20418; VII, 798, 29139; — en 1536, III, 198, 8415; III, 202, 8437; — en 1543, IV, 406, 13331; — en 1545, IV, 774, 14605. Saisie des biens du clergé faisant partie de l'ancien domaine de la couronne, III, 19, 7537; III, 21, 7546-7548; III, 46, 7678.

—— *Mutations*. Acquisition de la seigneurie de Challeau, VII, 798, 29145; de la seigneurie de Chenonceau, III, 79, 7842; III, 141, 8137; de terrains pour le parc de Chambord, VII, 240, 24392; pour le parc d'Yerres, VI, 772, 22913. Échanges conclus par le roi avec Bertrand de Boisse, V, 235, 15887; François de Bourbon, comte de Saint-Pol, III, 148, 9707; IV, 511, 13399; IV, 520, 13443; VI, 775, 22928; VII, 307, 24754; VII, 352, 25004; VIII, 104, 30196; VIII, 148, 30626; François Dallez, VII, 517, 26335; Gaucher de Dinteville, I, 146, 835; François du Monceau, III, 289, 8851; III, 367, 9202; III, 479, 9715; VII, 561, 26928; François Green de Saint-Marsault, I, 367, 1958; V, 598, 17738; Jean Le Cirier, VII, 432, 25473; François de Montmorency, VI, 430, 21113; Nicolas de Neufville, I, 167, 949; I, 174, 985; les Célestins d'Offémont, II, 98, 4332; Jean Robin, VII, 595, 27389; Allerain de Valperghe, IV, 18, 11089; VI, 570, 21869; en vertu du traité de Cambrai : voir CAMBRAI (TRAITÉ DE); pour l'agrandissement du parc de Chambord, IV, 149, 11685; IV, 611, 13851.

—— *Régime*. Droits du roi : sur les biens des criminels de lèse-majesté et de félonie, IV, 30 (VIII, 371), 11143; IV, 69, 11314; VI, 418, 21051; sur les fiefs n'ayant pas acquitté les droits prescrits, III, 195 (VIII, 362), 8401; IV, 35, 11164; sur les îles des rivières, I, 384, 2044; I, 472, 2496; IV, 25, 11119; VI, 570, 21870; VII, 18, 23294; sur les minutes et registres des notaires décédés, VII, 412, 25306. Inaliénabilité, IV, 15, 11077; VI, 195, 19885; VIII, 623, 32511. Indivision de la seigneurie de Brieulles-sur-Meuse entre le roi et le duc de Lorraine, II, 712, 7127. Retour au domaine des dons faits par le roi, après décès des titulaires, IV, 6, 11037. Revenus casuels affectés aux ponts et chaussées, VIII, 643, 32616.

—— Voir AUBAINE, BÂTARDISE, CONFISCATIONS, EAUX ET FORÊTS, FIEFS, FINANCES, GREFFES, HOMMAGES, LEUDE, PÉAGES, ainsi qu'aux noms des pays, provinces, circonscriptions diverses, villes et autres localités.

Domaine d'Olifve : voir OLIFVE (Domaine D').

Domaines de l'Empereur, VIII, 584, 32306.

Domart-sur-la-Luce (Somme). Foires, VII, 270, 24542.

Domazin (Bertrand de), gentilhomme de la maison du roi, VI, 68, 19247.

Dombasle (Meuse). Châtellenie, VI, 424, 21083.

Dombes, pays actuellement compris dans le département de l'Ain, III, 477, 9706; VI, 276, 20306. Gouvernement : voir Lyonnais. Originaires : voir Sournay (Jacques de); naturalisée française : voir Saint-Trivier (Catherine de). Privilèges, IV, 594, 13773; V, 596, 17726; VII, 366, 25082; VII, 525, 26440.
—— *Affaires militaires*. Levée de chevaux, III, 187, 8360. Réparation des places, I, 260, 1924.
—— *Bailliage*, V, 130, 15353; voir Chalamont, Châtelard (Le), Lent, Montmerle, Villeneuve; voir aussi Saint-Trivier (Catherine de), Sournay (Jacques de). Bailli : voir Albon (Jean d'). Notaires : voir Corallin (Antoine), Legendre (Jean). Sergent : voir Royer (Claude). Cf. l'article Beaujolais.
—— *Commerce*. Exportation de blé à destination de Lyon, IV, 55, 11253; IV, 636, 13975; du Piémont, IV, 55, 11252.
—— *Conseil* : voir Conseil de Dombes.
—— *Domaine*. Biens des Lyonnais, IV, 563, 13637; V, 182, 15600. Recette, VII, 528, 26472; trésorier : voir Chareton (Hugues).
—— *Seigneurie* : confisquée sur le connétable de Bourbon, II, 717, 7236; V, 592, 17705; VII, 479, 25882; donnée à Louise de Bourbon et à son fils, I, 706, 3689. Privilèges, VIII, 734, 33132.

Dombes (Marie de), demoiselle de la maison de la reine Éléonore. Lettres de naturalité, VI, 459, 21264. Cf. Des Tombes (Marie).

Domelin (Jacques) ou Ermelin, originaire du comté de Nice, demeurant à Vallauris. Lettres de naturalité, IV, 237, 12096; VII, 301, 24720.

Domène (Isère). Seigneurie donnée à Charlotte d'Orléans, VIII, 381, 13455 *bis*; réunie au domaine, II, 344, 5503.

Domessargues (Gard). Seigneurie, VII, 102, 23716.

Domfront (Orne). Domaine et grenier à sel concédés au roi et à la reine de Navarre, I, 405, 2153; I, 408, 2169; II, 393, 5724; IV, 321, 12509; VII, 728, 28656; VIII, 190, 31022. Siège particulier de l'élection d'Alençon; élu de nouvelle création : voir Gouhier (Étienne). Vicomté, comprise dans la recette générale de Rouen, VI, 690, 22509.

Domiluce (Marien), docteur ès-droits, natif de Camerano, vicaire-général du cardinal Cibo, à Rouen. Lettres de naturalité, VI, 142, 19623.

Dominé (Claude), sergent royal au bailliage de Chalon, V, 106, 15224.

Dominicaines de Notre-Dame-de-Nazareth, au diocèse d'Aix, VII, 377, 25134.

Dominicains : voir Frères prêcheurs.

Dominique (Jean) ou Dumaine, trompette ordinaire du roi, natif de Casal, II, 620, 6790; VIII, 151, 30661. Lettres de naturalité, II, 408, 5789; II, 425 (VIII, 350^n^), 5867.

Domjulien (Vosges). Seigneurie, VI, 643, 22252.

Dommages causés par les guerres, V, 537, 17433; VIII, 756, 33260. Commissions : franco-impériale à Cambrai, I, 662, 3466; I, 686, 2587; VI, 188, 19848; VI, 201, 19910; VI, 238, 20107; franco-espagnole à Fontarabie, I, 97, 569; I, 217, 1197; franco-portugaise entre Bayonne et Fontarabie, III, 189, 8371. Cf. Prises maritimes.

Dommages-intérêts accordés à M. de Bellièvre, premier président du Parlement de Grenoble, IV, 702, 14264.

Dommartin-la-Planchette (Marne). Seigneurie, V, 216, 15783.

Domme (Dordogne). Siège, substitué à Sarlat, des assises du sénéchal de Périgord, VII, 143, 23920.

Domont (Jeanne), IV, 616, 13877.

Dompierre-en-Aunis : voir Dompierre-sur-Mer.

Dompierre-en-Santerre (Somme). Remise de tailles, III, 348, 9123.

Dompierre-sur-Besbre (Allier). Séjour du roi, VIII, 554.

Dompierre-sur-Mer (Charente-Inférieure) : voir Fronsac, Saint-Léonard. Seigneurie,

VI, 224, 20031; VII, 11, 23257; VII, 238, 24382.

Dompierre-sur-Nièvre (Nièvre). Seigneurie, III, 654, 10506.

Don (Honorat de) ou d'Édon, greffier à la lieutenance du maître des ports d'Arles, VII, 346, 24980.

Donat (Antoine). Corr. Donati (Antoine).

Donati (Antoine), procureur général du roi au Parlement d'Aix, natif de Puget-Théniers, VII, 49, 23461; VII, 150, 23953; VIII, 657, 32698; VIII, 690, 32879 Lettres de naturalité, VIII, 692, 32892; VIII, 704, 32960. Mise en accusation, III, 151 (VIII, 360), 8184; VII, 204, 24220.

Donations. Déclaration explicative de l'article 133 de l'ordonnance de Villers-Cotterets, VII, 453, 25653. Donation sortant effet, bien que l'acte n'en ait pas été dressé, VIII, 654, 32680. Donations faites en l'absence des donataires, IV, 89, 11410.

Donchery (Ardennes). Affranchissements, VII, 557, 26870; VII, 591, 27328.

Doncourt (Humbert), V, 799, 18833.

Dondas : corr. Drudas.

Dondet (Jacques), joaillier, VII, 804, 29193.

Donesy (Guillaume) : voir Oisy (Guillaume d').

Donges (Loire-Inférieure) : voir Pierre-Auge.

Donjat : corr. Doujat.

Donjeux (Haute-Marne). Seigneurie, V, 393, 16696.

Donjon (Le), seigneurie mouvant de Montivilliers, VI, 534, 23677.

Donnault (Jean), conseiller au Parlement d'Aix, III, 160, 8232.

Donnay (Jean de), payeur des édifices et réparations de Coucy, III, 241, 8630.

Donnemarie (Haute-Marne). Seigneurie, VI, 244, 20141.

Donnemarie-en-Montois (Seine-et-Marne). Fortifications, I, 404, 2148. Séjour du roi, VIII, 554.

Donnereaux (Bertrand de), archer de la garde, VII, 80, 23610.

Donnes (Catherine de), veuve de Seguin Gentils, dame d'Esnandes, de Lafond et de la moitié de Fronsac, VII, 238, 24383.

Donos, c^ne de Thézan (Aude). Demande en exemption de tailles, VI, 238, 20110.

Dons : faits au roi pour confirmations d'offices : voir Vénalité; faits par le roi, révoqués, I, 118, 683; III, 141, 8138; IV, 26, 11123; IV, 409, 12913; VII, 506, 26191; VIII, 581, 32291.

Dons gratuits : en Dauphiné, I, 446, 2358; III, 474, 9692; IV, 574, 13687; IV, 577, 13699; en Dombes, pour la confirmation des privilèges du pays, IV, 594, 13773; en Normandie, VIII, 572, 32243; VIII, 582, 32297; en Provence, I, 447, 2364; VII, 126, 23839; VII, 385, 25074. Voir aux noms des divers États provinciaux et des villes; et, pour les dons gratuits ecclésiastiques, l'article Décimes.

Dons secrets faits par le roi, II, 179, 4729; VIII, 178, 30906; VIII, 212, 31223.

Dony (Paul), marchand de Lyon. Sa femme : voir Dayenne (Gillette).

Donzenac (Corrèze). Foires, IV, 303, 12416.

Donzère (Drôme), VIII, 58, 29766. Séjour du roi, VIII, 554.

Donziais ou pays de Donzy. Prévôts des maréchaux, VII, 645, 27956. Recherche des biens de mainmorte, VII, 506, 26178.

Donzy, c^ne de Salt-en-Donzy (Loire). Seigneurie, IV, 553, 13585.

Donzy (Nièvre). Garnison, II, 153, 4613. Magasin à sel, VIII, 748, 33209. Siège de justice; sergent à cheval : voir Marion (Pierre). Séjour du roi, VIII, 554.

Dorat (Le) [Haute-Vienne]. Châtellenie, I, 18, 106. Église, I, 224, 1235. Magasin à sel, V, 187, 15623, 15625.

Dorbé (Michel), greffier de l'élection de Loudun, V, 190, 15647.

Dordogne (La), rivière, VII, 253, 24455; VIII, 572, 32241; VIII, 576, 32261; VIII, 631, 32552. Navigation, IV, 729, 14393; droits exigibles à Libourne, VII, 285, 24624. Péage du sel, VI, 520, 21595; VII, 230, 24388.

Dordogne (Sainte-Foy de) : voir Sainte-Foy-de-Dordogne.

Dordono (Stefano), gentilhomme italien, VIII, 46, 29659.

Dordrecht (Pays-Bas, Hollande méridionale). Conclusion d'un traité de neutralité entre les deux Bourgognes, I, 300 (VIII, 327), 1625; V, 552, 17506.

Dorée (La), c^ne^ d'Esvres (Indre-et-Loire). Seigneur : voir Forget (Pierre).

Doreille : voir Oreille (D').

Doreille (Louis), conseiller clerc au Parlement de Paris, I, 364, 1941.

Doria (André), capitaine général de l'armée de mer du Levant, V, 720, 18412; V, 723, 18429; V, 738, 18515; V, 751, 18574; V, 752, 18575; V, 756, 18600; VI, 78, 19295; VII, 428, 25437; VIII, 615, 32465; abandonne le service du roi, I, 563, 2961; III, 340, 9083; VI, 173, 19777; VII, 674, 28200.

Doria (Barthélemy), assassin de Lucien de Grimaldi, V, 594, 17713.

Doribon (Thibaut), prêtre, V, 322, 16342.

Dorigny : voir Origny (D').

Dorigny (Jean) : sa femme : voir Pochet (Isabelle).

Dorigny (Nicolas ou Nicole), conseiller clerc au Parlement de Paris, président en la grand'chambre des enquêtes, III, 746, 7363; III, 161, 8235; VII, 424, 25406; VII, 493, 26033.

Dorin (Étienne) : voir Drouyn (Étienne).

Dorin (Gabriel) : corr. Drouin (Gabriel).

Doriot (Nicolas), II, 333, 5455.

Dorléans : voir Orléans (D').

Dorléans (Claude), natif de Ridoin, autorisé à tenir bénéfices en France, VIII, 691, 32885.

Dorléans (Jean), chevaucheur d'écurie, VII, 711, 28539.

Dormans (Marne). Seigneurie, II, 41, 4045.

Dormans (Charles de), conseiller au Parlement de Paris, créancier du roi, III, 289, 8850; III, 352, 9138; VII, 559, 26899.

Dormans (Jean de), conseiller lai au Parlement de Rouen, V, 699, 18285.

Dormelles (Seine-et-Marne) : voir Challeau.

Dormezan (Guy), sommelier de chapelle, II, 560, 6484.

Dornay (Simon de), VIII, 302, 32143.

Dorne (Claude), prieur commendataire de Saint-Laurent-en-Lyons, VI, 565, 21838.

Dorne (Florimond), secrétaire du roi, VIII, 16, 29393; VIII, 278, 31889.

Dorne (Thierry) : voir Fouet (Thierry).

Dornes (Nièvre) : voir Voumeaux (Les).

Dornich (Jean de), serviteur du duc de Gueldres, envoyé au roi, III, 53, 7710.

« Dornon » ou « Ornon », V, 366, 16365.

Dorset (Le marquis de), V, 527, 17382.

Dortel (Julien), greffier de la prévôté de Saumur, V, 191, 15653.

Dortis (François de), médecin du cardinal d'York, I, 522, 2753.

Dorure de livres de la bibliothèque du roi, VIII, 104, 30199.

Dosseran (Jean), contre-garde de la monnaie de Tours, V, 202, 15702; cf. Duserant (Nicolas).

Dosterel (Pierre), s^r^ de Folinghen, haut bailli d'Ardres, V, 8, 14697.

Dots des filles des gens de finances limitées au dixième de leurs revenus, II, 156, 4625.

Douai (Nord). Châtellenie : voir Tilloy.

Douains (Eure). Seigneurie, VI, 583, 21939.

Douaires : voir Gruffy (Jeanne de), Madeleine de France, Marie d'Angleterre.

Douane. Visite des lettres et paquets envoyés à l'étranger, I, 342, 1831. Droit de douane sur le pastel, IV, 584, 13729.

Douare (Jean), nattier à Paris, II, 273, 5181.

Douathine (Noël), garde des pages de l'écurie de Messeigneurs. Procès criminel, VII, 747, 28797.

Douaud (Jean), conseiller lai au Parlement de Provence, VII, 371, 25103.

Douault (François de), s^r^ du Boys, valet de chambre du roi. Missions : au Havre, VIII, 6, 29305; à Rouen, VIII, 15, 29385; à Suse, VIII, 56, 29748.

Double (Vital), secrétaire du roi, VII, 665, 28140.

Doublendon : corr. Olendon.

Doublet (Aymon), enquêteur au siège de Beaurepaire, V, 116, 15281.

Doublet (Jacques), bourgeois de Dieppe, VII, 563, 26941.

Doublet (Nicolas), changeur à Paris, I, 732, 3828.

« Doublisses », II, 276, 5193.

Doucet (François), III, 722, 10816.

Doucet (Gobert), élu à Laon, V, 716, 18389.

Doucet (Jean), conseiller clerc au Parlement de Paris, V, 752, 18577.

Doucet (René) ou Doulcet, dit Soudain ou Soudan, gentilhomme de la vénerie, fils naturel de Jean Doucet, III, 57, 7731; VII, 603, 27498; VIII, 137, 30522. Légitimation, V, 158 (VIII, 796ⁿ), 15476.

Doucete (Jean), chirurgien, natif de Biscaye, établi à Montpezat. Lettres de naturalité, V, 158, 15475.

Douchet (Pierre) ou Doulcet, élu à Caudebec, VII, 617, 28110; VII, 28, 23349.

Doudeauville (Eure). Seigneurie, V, 293, 16183.

Doudeauville (Pas-de-Calais). Baronnie, II, 631, 6840; II, 666, 7002.

Doudelan (François), VII, 477, 25860.

Doudeville (Seine-Inférieure), V, 294, 16191.

Doudet (Jacques), prieur de Saint-Martin-de-Miséré, VI, 772, 22912.

Douend (Julien), médecin, originaire de la Terre-Neuve, habitant Apt. Lettres de naturalité, VII, 293, 24673.

Douès (Jean de), II, 43, 4054.

Douesy (*Guillaume*) : voir Oisy (Guillaume d').

Douet (Évrard), VI, 541, 21713.

Douet (Georges), grènetier de Mèze, V, 675, 18139.

Douet (Le), fief dans la vicomté d'Orbec, VI, 550, 21761.

Douglas (Gauvin), évêque de Dunkel, ambassadeur écossais, IX, 105.

Douise (La), bras de la Saône, V, 711, 18360.

Doujat (Guillaume), conseiller lai au Parlement de Toulouse, IV, 419, 12967.

Doujat (Louis), avocat du roi au Grand Conseil, V, 751, 18570; V, 802, 18844.

Doulce (Gauside), dame de Pibrac, femme de Pierre du Faur, VI, 304, 20453.

Doulcet (*Jean*) : voir Doucet (René).

Doulcet (Jeanne), lavandière du corps du Dauphin, II, 511, 5260.

Doulcet (Marguerite), V, 686, 18210.

Doulcet (*Pierre*) : voir Douchet (Pierre).

Doulcet (*René*) : voir Doucet (René).

Doulhac (Jean de), ex-prévôt de l'hôtel, prisonnier, V, 381, 16640. Cf. Fontaine (Jean de).

Doullens (Somme), VIII, 142, 30571-30572; VIII, 151, 30662. Séjours du roi, VIII, 554.

—— *Affaires militaires.* Canonnier : voir Duchemin (Honoré). Capitaines : voir Bayencourt (Antoine de), Mailly (Robert de). Envoi de pionniers, VIII, 144, 30596. Fortifications, II, 677, 7048; IV, 129 (VIII, 406ⁿ), 11589; IV, 131, 11599; IV, 157, 11722; VIII, 191, 31028; voir Fournel (Hugues). Garnison, VII, 650, 27994-27995; VIII, 133, 30483. Mortes-payes, VII, 607, 27532; VIII, 5, 29295; VIII, 102, 30182.

—— *Clergé.* Prieuré de Saint-Sulpice, V, 181, 15594. Sœurs grises du couvent de Saint-François, II, 102, 4352; II, 247, 5061; II, 667, 7007.

—— *Domaine* : voir Beauvoir-Rivière, Heuzecourt, Wavans. Concessions faites à Antoine de Bayencourt, III, 305, 8924; III, 339, 9079; VII, 476, 25853; VII, 552, 26813; VII, 558, 26887; VII, 596, 27401.

—— *Élection.* Recette, II, 357, 5560; VII, 557, 26866. Remises de tailles aux habitants du plat pays, VI, 330, 20584; VII, 546, 26730; VII, 558, 26889; VII, 581, 27191.

—— *Prévôté,* III, 321, 8999. Fermiers : voir Petit (Louis), Roussel (Jean). Greffier : voir Fournel (François). Notaires, V, 183, 15607. Sergent : voir Cogneu (Hubert).

—— *Ville.* Décharges accordées aux habitants, VII, 538, 26614; VII, 541,

26651; VII, 550, 26778-26779; VII, 603, 27502. Ferme des menus breuvages, II, 102, 4352.

DOULT, huitième de fief sis à Montivilliers (Seine-Inférieure), V, 460, 17039.

DOURDAN (Seine-et-Oise).
—— *Bailliage*, III, 368, 9209. Biens des abbayes : de Longchamp, VI, 418, 21053; de Saint-Germain-des-Prés, V, 9, 25147. Police, VII, 423, 25402. Ressort : voir SAINT-MESMES. Séjour du roi, VIII, 554. Sergent : voir BOUDET (Pierre).
—— *Domaine*. Bâtiments royaux, IV, 222, 12024; IV, 335, 12572. Forêt, VIII, 159, 30729. Francs-fiefs, I, 145, 833. Recette; contrôleur : voir MEULLES (Nicolas DE); receveur : voir JAMET (Pierre). Seigneurie : don à Marie de Luxembourg, I, 698, 3651; VI, 237, 20103; à Jacques de Montgomery, I, 314, 1699. Évaluation, VI, 761, 22865; VIII, 131, 30462. Union au duché d'Étampes, III, 271, 8768.
—— *Élection* : voir l'article suivant.

DOURDAN, ROCHEFORT et AUTHON. Élection, II, 282, 5219; ferme du huitième, VII, 801, 29170.

DOURE (Jeanne), religieuse de Saint-Georges de Rennes, V, 677, 18150.

DOUREUX (Jacques), receveur des amendes de la Cour des Aides de Normandie, VII, 53, 23481. Peut-être faut-il lire D'ÉVREUX.

Doussard (Haute-Savoie) : voir ARNAND.

DOUSSIGNY (Catherine DE), II, 732, 7299.

DOUST (François), III, 679, 10620.

Douville : voir SURVIE (Guillaume).

DOUVILLE (Calvados). Fief de haubert, VI, 509, 21532.

DOUVILLE (Eure). Seigneurie, V, 512, 17305.

Douville (Pierre) : corr. URVILLE.

DOUVILLE-L'ABBAYE (Seine-Inférieure). Marché, I, 532, 2803.

DOUVRES, en anglais DOVER (Grande-Bretagne, comté de Kent), VIII, 178, 30910; IX, 22, 24, 27.

Douzaine (Sergent de la), à Paris : voir DELAFLACHE (Mathurin).

DOUZAINS frappés en place de testons, IV, 84 (VIII, 406*), 11382.

DOUZEAU (Antoine), sergent royal de la sénéchaussée de Guyenne, à Bordeaux, VI, 670, 22407.

Douzillac : corr. OZILLAC.

Dover : voir DOUVRES.

Dovizi (Bernard) : voir BIBIENA.

DOXIO (Nicolas DE), de Gênes, chanoine d'Embrun, autorisé à tenir bénéfice en France, I, 186, 1040.

DOXIO (Nicolas DE). Lettres de naturalité, VIII, 670, 32771.

DOYAT (Gilbert DE), archer de la garde sous le sénéchal d'Agenais, III, 571, 10133; VII, 549, 26764.

Doyneau (François) : voir DOINEAU (François).

Dozulé (Calvados) : voir PLESSIS-ERMANGART (LE).

DRAC (LE), torrent, VI, 622, 22141.

DRACÉ (Rhône). Prévôté : voir BELLEVILLE-EN-BEAUJOLAIS. Seigneurie, VI, 571, 21871.

Draché (Indre-et-Loire) : voir TANTAN.

DRACY-SAINT-LOUP (Saône-et-Loire). Seigneurie IV, 510, 13392.

DRAGEONNIÈRE (LA), seigneurie, sise à Saint-Denis-Hors (Indre-et-Loire), V, 590, 17697.

DRAGNI (Honoré) ou DRAGNY, registrateur des lettres et receveur des profits du sceau de la chancellerie de Provence, III, 515 (VIII, 406 et 783), 9885; VII, 208, 24241.

DRAGUIGNAN (Var). Juge ordinaire : voir BARBOSSE (Guillaume).
—— *Clergé*. Augustins, VII, 383, 25165. Vicairie, V, 701, 18302.
—— *Domaine*. Biens de l'abbaye de Lérins, IV, 60, 11279. Recette, VII, 202, 24209; VIII, 90, 30065.
—— *Siège de justice (sénéchaussée de Provence)*, III, 282, 8818; III, 286, 8836; VIII, 652, 32670; VIII, 736, 33145. Bâtiments, VIII, 14, 29377. Frais de justice, III, 416, 9429. Personnel, III, 155, 8201; avocats du roi : voir VINS (Gaspard DE), PORTANIER (Joachim); conseillers : voir AUGERY (Étienne), NIELLY (Hélion); création de six offices de conseillers, VIII, 723, 33071; enquêteurs-examinateurs, VIII, 706, 32970;

voir Du Port (Claude); greffiers, VII, 380, 25150; lieutenant particulier : voir Embrun (Pierre), Languet (Jean); procureurs du roi : voir Corne (Pierre de), Firmini (Jacques); receveur des deniers royaux : voir Bonin (Jean). Ressort : voir Mougins.
—— *Viguerie*, VIII, 710, 32996. Viguier : voir : La Graverie (Philippe de).
—— *Ville*. Affranchissement de tailles, III, 282, 8822. Contrôleur des deniers communs : voir Thule (Jacques). Foires, II, 542, 6402. Habitants : voir Serre (Honoré); d'origine étrangère, naturalisés français : voir Airagarry (Melchior), Beyne (Alphonse), Galli (Michel), Guini (André), Guiramand (Antoine), Martin (Guillaume), Martini (Laurent), Mays (Pierre), Olivier (Bernard), Scavarde (Antoine). Procès contre Anne de Villeneuve, III, 286, 8836. Syndics autorisés à substituer à leur titre celui de consuls, I, 108 (VIII, 404), 630.

Draize (Ardennes). Foires, I, 626, 3276.

Drancy (Seine) : voir Noues (Les).

Drapiers : d'Avignon : voir Juvenel (Thomas); de Bourges, IV, 137, 11626; de Lyon, IV, 472, 13218; de Montpellier, I, 454, 2399; de Paris, III, 380, 9257; IV, 198 (VII, 788), 11915; IV, 311, 12455 : voir Rueil (Thibaut de); de Pontoise, I, 323, 1742; de Provins, VII, 516, 26320; de Tours, I, 468, 2477; de Troyes, III, 765, 11002.

Draps. Commerce : voir Aunage, Drapiers; à Paris, III, 438, 9529; VII, 98, 23695; à Troyes, III, 765, 11002; III, 767, 11010. Droits sur les draps : en Lauraguais, V, 64, 14993; à Montivilliers, VII, 653, 28023; à Paris, IV, 596, 13784; IV, 581, 13719; exemption de pareils droits pour les draps fabriqués à Tours, I, 117, 677. Industrie : à Darnetal, IV, 328, 12543; à Tours, VII, 515, 26310. Prohibition des draps étrangers, I, 142, 815; III, 687, 10653. Tondeurs de draps : voir Bauçon (Edme); à Bordeaux, III, 615-616, 10328; à Paris, II, 83, 4261; à Troyes, III, 737, 10879. Visite des draps étrangers à Bordeaux, VII, 641, 27916.

Draps de luxe : voir Argent, Or, Soie.

Draveil (Seine-et-Oise), VIII, 321ᵃ, 987.

Dreat (Jean), dit Gamache, sergent royal à Nemours, IV, 781, 14634.

Dreuille, c^ne de Cressanges (Allier). Forêt, 236, 12092; VII, 230, 24341.

Dreuillé (Jacques de), Procès à la sénéchaussée de Bourbonnais, III, 622, 9922.

Dreullon (Jaques), avocat à Blois, meurtrier de Jean de Marnac, II, 255, 5098.

Dreux (Eure-et-Loir) : voir Muzy. Comté, I, 219 (VIII, 323ᵃ), 1206; I, 410, 2180; V, 251, 15964; V, 506, 17280; V, 724, 18438; V, 795, 18812; voir Bô; comte : voir Albret (Jean d'); comtesse : voir Albret (Marie d'); offices royaux, V, 724, 18436. Fortifications, II, 697, 7144. Grenier, puis magasin à sel, I, 696, 3642; II, 220, 4926; II, 441, 5945; III, 472, 9684; III, 720, 10805; IV, 285, 12328; V, 714, 18378; V, 724, 18437; V, 809, 18882; VI, 115, 19483; V, 119, 19504; VI, 414, 21028; VI, 592, 21984; VI, 654, 22313; VII, 50, 23462; VII, 728, 28651; contrôleur : voir Boucheron (Nicole). Séjour du roi, VIII, 554.

Dreux (Anne de), VI, 614, 22093.

Dreux (Nicolas de), baron et vidame d'Esneval, I, 511, 2696; I, 527, 2777; I, 528, 2780; VI, 93, 19372; VI, 99, 19400.

Dreux (René), VII, 442, 25567; VII, 508, 26215.

Drevon (Antoine), joaillier, III, 5, 7469.

Driart (Guillaume), arbalétrier, VIII, 139, 30550.

Drieu (Toussaint), avocat du roi près l'élection de Lisieux, VII, 84, 23631.

Driville (Jacques), contrôleur des deniers communs d'Ardres, V, 101, 15195.

« Drogane ». Séjour du roi, VIII, 554.

Drogueries, I, 711, 3717; IV, 582, 13722; VII, 306, 25080; VIII, 383, 13787.

Drogues : visite en Provence, I, 68, 403.

Droguet : voir Olart (Robert).

Droillard (Guillaume), archidiacre de Nantes, III, 247, 8660.

Droin (Nicolas), bénédictin. Légitimation de sa fille Hilaire, V, 814, 18910.

Droiselles, c^ne de Versigny (Oise). Terre, V, 578, 17636.

Droit, Écoles et facultés : voir aux noms des Universités. Étudiant en droit : voir Regnard (François de). Privilèges de la Provence en ce qui concerne le droit, I, 115, 667.

Droit canon. Publication des frères Senneton, V, 64, 14992. Voir aux divers termes de droit canon.

Droit civil : n'est pas enseigné à Paris, III, 181, 8325. Voir aux divers termes juridiques.

Droits du roi sur la Corse, VII, 617, 27649.

Droits royaux : voir aux noms de ces droits.

Droits seigneuriaux, I, 668, 3498-3499 ; II, 314, note; III, 558, 10080; III, 713, 10776; VI, 193, 19871-19873.

Dromont, c^ne de Saint-Geniez (Basses-Alpes). Seigneurie : justice et droits de régale, VII, 17, 23291.

Drouart (Jacques), argentier du comte de Saint-Pol, élu à Sens, II, 725, 7271.

Drouart (Jacques), garde du marteau de la forêt de Cuise, V, 736, 18503.

Drouart (Jacques), commis au compte des munitions et fortifications de Péronne, VII, 519, 26360.

Drouart (*Oudart*) : voir Drouot (Oudart).

Drouet : voir Drouot.

Drouet (Agathe), lavandière du roi, I, 642, 3365. Cf. Féau (Agathe).

Drouet (Jean), VI, 319, 20526.

Drouet (Louis), VI, 599, 22021.

Drouet (Robert), commissaire au Châtelet de Paris. Forfaiture, II, 210, 4882-4883.

Drouillart (Jean), auditeur et maître des comptes en Bretagne, V, 645, 17980.

Drouin (Gabriel), natif d'Avignon, y habitant. Lettres de naturalité, V, 27 (VIII, 795^a), 14803.

Drouinot (Bénigne), payeur des édifices et fortifications de Bourgogne, VII, 211, 24255.

Drouot (Guillaume) ou Drouet, sommelier d'échansonnerie des fils du roi, VIII, 11, 29347; VIII, 182, 30944.

Drouot (Jean), closier du roi à Beaune, VII, 404, 25275.

Drouot (Jean) ou Drouet, dit le Bourguignon, sommelier d'échansonnerie des fils du roi, VIII, 10-11, 29346-29347; VIII, 182, 30944.

Drouot (Jean), ou Druot, sommelier d'échansonnerie de bouche, III, 719, 10800; IV, 466, 13192; V, 44, 14889; V, 106, 15225.

Drouot (Oudart), Drouart, Drouet ou Druot, sommelier d'échansonnerie du commun, II, 26, 3969; III, 672, 10590; IV, 782, 14640; VII, 233, 24360; VII, 243, 24409; VIII, 51, 29704; VIII, 183, 30958.

Drouyn (Antoine), garde de la forêt de Retz, II, 627, 6823; III, 112, 8003.

Drouyn (Charles), garde de la forêt de Retz, VIII, 164, 30773.

Drouyn (Étienne) ou Dorin, garde de la forêt de Bière, II, 628, 6826; III, 102, 7954; VIII, 159, 30726.

Drouyn (Étienne), grènetier du grenier à sel de Chinon, II, 732, 7300.

Drouyn (Jean), s^r de Maucouvent, archer de la garde, VIII, 11, 29369; sous M. de Nançay, IV, 254, 12184; garde de la forêt de Crécy-en-Brie, II, 61, 4147; II, 62, 4153; II, 394, 5727; II, 640, 6884; III, 66, 7781; VIII, 209, 31193.

Drouyn (Jean), marchand de soie, IV, 202, 11932.

Drouyn (Jean), marchand de Tours, VIII, 163, 30769.

Drouyn (Protais), sergent au magasin à sel de Bellême, V, 178, 15577.

Drouynot (Antoine), capitaine de Rouvres, V, 68, 15013.

Droyn (Marguerite), damoiselle, originaire d'Avignon, femme de Pierre Bon. Lettres de naturalité, VII, 280, 24596.

Droynot (J.). Biens confisqués après son exécution, III, 44, 7665.

Drucourt (Eure), VI, 535, 21679.

Drudas (Haute-Garonne). Justice, VII, 100, 23707.

Druet (Étienne), clerc et greffier des comptes à Moulins en remplacement de Pierre, son père, VII, 529, 26487.

IMPRIMERIE NATIONALE.

Drugeac (Cantal). Seigneur : voir Saint-Martial (Antoine de).

Drugeat (Antoine de), gentilhomme de l'hôtel. Lettres d'abolition pour lui et son frère Gabriel, V, 618, 17834.

Drujon (Jacques), VII, 679, 28257.

Drulhe (Aveyron) : voir Malaval.

Druot : voir Drouot.

Druyes-le-Châtel : corr. Envy.

Dry (Loiret) : voir Bouchet (Le).

Du Badet (Bernard), pourvu du premier office de conseiller lai à vaquer au Parlement d'Aix, VIII, 708, 32984.

Dubail (Antoine), contrôleur des officiers de l'hôtel, VIII, 576, 32266.

Du Ballot (Pierre), ou Duvalet, fermier de la vicomté de l'eau de Rouen, II, 31, 3992; II, 27, 3976.

Dubar (*Louis*) : voir Bar (Louis de).

Du Barry (Geoffroy), IV, 498, 13342; IV, 756, 14516; VI, 809, 23099.

Du Barry (Jean), s^r de la Renaudie, IV, 498, 13342; IV, 756, 14516; VI, 809, 23099.

Du Bastier (Jean), homme d'armes de la compagnie du s^r de Theis, III, 497, 9801.

Du Bec (Amaury ou Maury), s^r du Bois-d'Illiers, gentilhomme de la fauconnerie, II, 617, 6775; II, 636, 6861; III, 522, 9921; VIII, 115, 30313; VIII, 285, 31959.

Du Bec (Charles), s^r de Bourris, vice-amiral de France, VI, 139, 19607.

Du Bellay (Eustache), conseiller au Parlement de Paris, IV, 713, 14315.

Du Bellay (François), VI, 599, 22018; VI, 644, 22261; VI, 677, 22445; VIII, 188, 31004.

Du Bellay (Guillaume), s^r de Langey et de Pont-Remy, II, 48, 4083; II, 179, 4729; II, 312, 5253; II, 319, 5388; II, 473, 6088; VI, 390, 20900; VII, 542, 26667; VII, 544, 26700; VII, 559, 26903; VII, 690, 28350; bailli d'Amiens, II, 745, 7360; III, 28, 7582; III, 57, 7734; III, 371, 9220; VII, 548, 26752; VIII, 677, 32807; créancier du roi, II, 561, 6489; III, 240, 8624; VIII, 27, 29477; gentilhomme de la chambre, II, 434, 5910; gouverneur de Turin, VII, 737 (VIII, 807^a), 28727; VIII, 206, 31162; VIII, 271, 31816; VIII, 294, 32050; VIII, 305, 32172; lieutenant du roi en Piémont, IV, 55, 11252; IV, 68, 11309; IV, 165, 11754; IV, 253, 12183; VI, 650, 22291; VIII, 27, 29478; VIII, 136, 30516; VIII, 255, 31649; VIII, 260, 31700; VIII, 31748; VIII, 709, 32991; VIII, 719, 33047. Compagnie : voir au nom du payeur, Raymond (Pierre). Création en sa faveur de foires, II, 111, 4396; II, 119, 4439; d'un péage, II, 118, 4430. Missions : en Allemagne, II, 123, 4460; II, 145, 4572; II, 562, 6497, 6498; II, 573, 6551; II, 633, 6850; II, 639, 6878; II, 729 (VIII, 358), 7287; III, 8, 7384; III, 115, 8016; III, 209, 8474-8475; III, 211, 8481; VIII, 631, 32549; VIII, 632, 32556; VIII, 636, 32577; IX, 12; en Angleterre, I, 659, 3447; I, 675, 3535; I, 687-688, 3595-3598; I, 697, 3648; II, 17, 3922; II, 184, 4756; II, 318, 5384; V, 743, 18535; IX, 24, 99; à Ferrare, IX, 53; à Florence, IX, 55; à Rome, V, 780, 18732; V, 800, 18835; IX, 60; cf. 124, 125; en Suisse, VII, 778, 28993, 28995; IX, 79, 81; à Venise, IX, 69.

Du Bellay (Jean), III, 459, 9627; III, 461, 9636; IV, 66, 11301; IV, 152, 11699; VIII, 42, 29621; abbé de Lérins, II, 435, 5916; III, 320, 9021; IV, 336, 12579; V, 35, 14840; de Longpont, III, 523, 9925; de Montolieu, V, 178, 15581; de Saint-Maur-les-Fossés, II, 247, 5061; VI, 308, 20471; archevêque de Bordeaux, VII, 404, 25273; cardinal, VI, 425, 21088; créancier du roi, VIII, 45, 29651; VIII, 104, 30197; VIII, 111, 30261; évêque de Paris, II, 247, 5060; II, 424, 5865; IV, 225, 12036; VI, 433, 21127. Indults pontificaux en sa faveur, II, 746, 7365; III, 241, 8631; III, 253, 8688; IV, 298, 12389; lieutenant général à Paris, III, 229, 8577; III, 362, 9180; VIII, 139, 30550. Missions : en Allemagne, IX, 13; cf. IX, 14; en Angleterre (à propos desquelles il est parfois désigné par son titre d'évêque de Bayonne), I, 523 (VIII, 773), 2758-2759; I, 552, 2900-2901; I, 567, 2981; I, 575, 3023; I, 582, 3059; I, 589, 3092; I, 623, 3267; I, 630, 3300; I, 645, 3377; I, 650, 3408; I, 659, 3448; I, 705, 3686; I, 719, 3754-3755; II, 84, 4266; II, 601, 6696; IV,

678, 14157; VI, 159, 19704; VII, 693, 28380; VII, 747 (VIII, 808), 28793; VII, 797 (VIII, 808), 29132; IX, 23, 31, 32; à Ferrare, IX, 54; à Rome, II, 601, 6696; III, 99-100, 7943-7945; III, 183, 8338; VII, 724, 28626; VII, 747, 28793; cf. IX, 124; à Spire, IV, 542, 13537; VII, 360, 25052.

Du Bellay (Jean), s^r de la Flotte, VII, 767, 28919.

Du Bellay (Louis), archidiacre de Paris, créancier du roi, VII, 635, 27853.

Du Bellay (Louis), conseiller au Parlement de Paris, IX, 153.

Du Bellay (Louis), s^r de la Géfardière, V, 120, 15303.

Du Bellay (Madeleine), abbesse de Nidoiseau, V, 110, 15241.

Du Bellay (Martin), s^r de Langey et de l'Herbaudière, gentilhomme de la chambre, échanson du roi, capitaine de chevau-légers, VIII, 361, 32141; — concessionnaire des bourses de la chancellerie d'Aix, III, 560, 10090; VII, 232, 24354; nonobstant la réunion du domaine, VII, 360, 25050; VII, 396, 25236; — prince d'Yvetot, VI, 762, 22871. Captivité, III, 686, 10649; III, 374, 9235; III, 703, 10729. Services en Picardie, VIII, 3, 29284; en Piémont, III, 408, 9391; III, 644, 10460; VIII, 46, 29664; VIII, 90, 30063; VIII, 195, 31062.

Du Bellay (René), évêque du Mans, VII, 200-201, 24200; conseiller clerc au Parlement de Paris, V, 752, 18576; VII, 496, 26072.

Du Bellet (Guillaume), V, 446, 16970.

Duberne (Jean), portier de la maison du roi, II, 47, 4077.

Du Beux (Guillaume), V, 705, 18327.

Du Biez (Jacques), III, 309, 8943.

Du Biez (Jean). Légitimation de sa fille Marguerite, VI, 88, 19343.

Du Biez (Madeleine), V, 61, 14980; VI, 478, 21358.

Du Biez (Oudart, s^r), chevalier de l'ordre, III, 304, 8921; — acquéreur de la seigneurie de «Saint-Wetz», VIII, 67, 29849; — capitaine de Boulogne, I, 731, 3823; IV, 62, 11288; VI, 132, 19573; VII, 480, 25887; VIII, 222, 31317; de Hesdin, V, 575, 17622; — engagiste des seigneuries d'Airaines, Arguel et Rouvroy, VI, 478, 21358; nonobstant la réunion du domaine, II, 394, 5728; — gentilhomme de la chambre, VIII, 169, 30829; — lieutenant général en Picardie, IV, 559, 13615; IV, 738, 14432; IV, 750, 14487; V, 60, 14970; VII, 337, 24927; VII, 389, 25197; VII, 399, 25249; — maréchal de France, IV, 347, 12632; — sénéchal et gouverneur du Boulonnais, II, 241, 5032; II, 248, 5068; III, 244, 8643; IV, 685, 14188; V, 571, 17601; VIII, 253, 31635. Compagnie, II, 687, 7100; VII, 721, 28608; VII, 752, 28827; voir Bournonville (Jean de), Canlers (Lancelot de), Coucy (Jacques de), Sèvemont (Jean de); et au nom du payeur Godefroy (Pierre). Maison : voir Saint-Pol (Antoine de). Missions diplomatiques, IX, 21, 31, 34. Services : en Italie, VI, 133, 19578; en Picardie, I, 552, 2904; VI, 279, 20320; VIII, 138, 30543; VIII, 139, 30548; VIII, 212, 31229; VIII, 216, 31253. Son neveu : voir Du Biez (Jacques).

Du Boille (Jean), juge et garde de la prévôté de Saint-Riquier, VII, 147, 23937.

Du Bois : voir Douault (François de).

Du Bois : voir Du Boys.

Du Bois, gentilhomme de la vénerie, VII, 71, 23567; voir Du Bois (Jean et Louis).

Dubois, porte-manteau du roi, III, 499, 9809.

Dubois (Alexandre) ou du Boys, contrôleur des fortifications et places fortes de Provence, VII, 336, 24922. Mission en Allemagne, VII, 387, 25189.

Dubois (André), valet de pied du roi, IV, 758 14528.

Du Bois (Anne), religieuse de Saint-Georges de Rennes, V, 677, 18150.

Dubois (Antoine), s^r d'Esquerdes, évêque de Béziers, abbé de Saint-Lucien de Beauvais, II, 358, 5563. Biens engagés à Charles-Quint pour la rançon du roi et de ses fils, I, 702, 3670; II, 54, 1110; II, 517, 6290; II, 518, 6292; II, 525, 6322; III, 3, 7460; III, 86, 7878; III, 314, 8964; VII, 807, 29208. Succession, donnée à la duchesse d'Étampes, III, 562, 10097; IV, 360, 12690; IV, 441, 13073.

Dubois (Antoine, fils de Jean), du bailliage de Vivarais. Légitimation, V, 603, 17760.

Du Bois (Antoine), notaire à Amiens, VII, 377, 25137.

Dubois (Charles), VI, 625, 22154.

Dubois (Charles, dit Bernard), seigneur d'Esquerdes, capitaine de quarante lances, VI, 31, 19063. Biens confisqués pour abandon du service du roi, III, 314, 8964; IV, 360, 12690.

Dubois (Denis), prêtre, poursuivi pour fausse monnaie, III, 758, 10972.

Dubois (Étienne) ou Duboys, valet de fourrière, V, 2, 14674; V, 44, 14891; V, 114, 15269 (il est, en cet endroit, dit aide de la fourrière).

Du Bois (Françoise), dame de Talaru. Pension, VII, 527, 26464.

Dubois (Guillemette), V, 160, 15485.

Du Bois (Hugues), receveur des mainmortes et formariages en Vermandois, VII, 507, 26203.

Dubois (Jacques), gruyer de la forêt de Chauny, III, 361, 9177.

Du Bois (Jacques), homme d'armes, I, 650, 3406.

Dubois (Jean) : voir Dubois (Antoine).

Dubois (Jean), chapelain de Saint-Thomas de Cantorbéry, en l'autel de la Trinité de l'église Saint-Sauveur de Blois, V, 619, 17839.

Du Bois (Jean), enquêteur-examinateur au bailliage d'Amiens, VII, 381, 25159.

Dubois (Jean), garde de la forêt de Coucy, II, 626, 6819; III, 65, 7774.

Dubois (Jean), gentilhomme de la vénerie, III, 656, 10514; maître particulier des Eaux et forêts de Bourbonnais, capitaine de la Bruyère-Laubespin, IV, 127, 11582. Cf. Du Bois, sans prénom.

Du Bois (Jean), huissier à la Connétablie, VI, 124, 19535.

Dubois (Jean), huissier des eaux et forêts, VI, 195, 19883; VI, 300, 20432.

Dubois (Jean), maître particulier de la Monnaie de Limoges, VII, 387, 25187.

Du Bois (Jean), s^r de Filay, VI, 563, 21827-21828.

Dubois (Jean), sommelier de paneterie de la reine Éléonore, VI, 808, 23096.

Dubois (Jeanne), VI, 504, 21505.

Dubois (Louis), VII, 560, 26914.

Dubois (Louis) ou Duboys, gentilhomme de la vénerie, III, 656, 10514; V, 111, 15250; VI, 449, 21212; VII, 689, 28345; maître particulier des Eaux et forêts de Bourbonnais, capitaine de la Bruyère-Laubespin, IV, 127, 11582; maître particulier des eaux et forêts de la sénéchaussée du Maine, III, 592, 10229; IV, 103, 11473. Cf. Du Bois, sans prénom.

Du Bois (Louis), originaire de Savoie, habitant Apt. Lettres de naturalité, VII, 282, 24605.

Dubois (Louis), s^r des Arpentis ou des Appentis, VI, 375, 20825; VII, 647, 27970; lieutenant du château de Nantes, I, 439, 2324; VII, 612, 27605.

Dubois (Louis), s^r de Montclair, puis des Arpentis, panetier du dauphin, VI, 375, 20825; VI, 686, 22491.

Dubois (Marie), VI, 278, 20316.

Dubois (Martin), garde des ports de la ville de Lyon, V, 105, 15217.

Du Bois (Merry), général des monnaies en Bourgogne, V, 381, 16639.

Du Bois (Michel), originaire de Savoie, habitant Apt. Lettres de naturalité, VII, 282, 24605.

Dubois (Nicolas), sergent du guet à pied de Paris, V, 113, 15263; V, 188, 15634.

Du Bois (Richard), s^r de Morigny, VI, 468, 21312. Cf. Du Boys (Richard).

Dubois (Robert). Anoblissement, VI, 379, note.

Du Bois (Robert), s^r du Mesnil-Rabel, V, 420, 16825.

Dubois (Simon). Anoblissement, VI, 356, 20726.

Du Boisbellanger (Marc), sergent royal au comté du Maine, V, 139, 15397.

Du Bois-des-Moulins (Le s^r) : voir Glenesses (Charles de).

Du Bois d'Illiers (Le s^r) : voir Du Bec (Amaury).

Du Bois-Pouvreau, II, 530, 6343.

Du Bort (Antoine), archer de la garde, III, 58, 7739.

Du Bosc (Catherine), sœur du s^r de Couessé, abbesse de Brienne, V, 162, 15497.

Dubosc (Gauvain). Légitimation de son fils Nicolas, VI, 264, 20241.

Dubosc (Jean), orfèvre à Rouen, IV, 140, 11641.

Du Bosc (Jean), procureur général près la Chambre des comptes de Rouen, VIII, 758, 33277.

Dubosc (Jean, fils de Thomas), demeurant à Cherbourg. Anoblissement, VI, 767, 22893.

Du Bosc (Louis), V, 433-434, 16897-16898.

Du Bosc (Louis), VI, 529, 21645.

Dubosc (Louis), père et fils, contrôleurs du grenier à sel de Rouen, VI, 444, 21182; VI, 596, 22004.

Dubosc (Mathurin), contrôleur du grenier, puis magasin à sel de Rouen, VI, 596, 22004; VI, 820, 23161.

Dabosc (Nicolas) : voir Dubosc (Gauvain).

Du Bosc (Robert), VI, 603, 22042.

Dubosc (Thomas) : voir Dubosc (Jean).

Dubot (Thibaut), archer de la garde, II, 741, 10901; III, 752, 10945.

Du Bouchage : voir Batarnay (Imbert et René de).

Du Bouchet (Tanneguy), s^r de Puy-Griffier, gentilhomme de la maison du Grand-Maître, II, 503, 6227; II, 684, 7086. Cf. Puygriffier (L'Écuyer).

Du Boulay : voir La Loge (Thibaut de).

Du Boullay (Émond), héraut d'armes de France et de Lorraine. Anoblissement, V, 17, 14749.

Du Boullay (Françoise), V, 58, 14964.

Du Bourg (Antoine), maître d'hôtel du roi; II, 713, 7221; III, 725, 10824; IV, 12, 11063; — chancelier de France, III, 10, 7991; III, 637, 10427; VII, 732, 28681; VIII, 755, 32249; assignations de dons royaux à faire par lui, III, 515, 9887; secrétaires : voir Gauvain (Martin), Gouet (Jean); — conseiller au Grand Conseil, V, 750, 18569; au Parlement de Bretagne, VII, 714, 28569; — créancier du roi, VIII, 110, 30257; — lieutenant civil au Châtelet de Paris, V, 750, 18567; — maître des requêtes, II, 137, 4530; II, 145, 7359; VII, 700, 28456; chevauchées, II, 602, 6700; III, 49, 7694; — président au Parlement de Paris, II, 745, 7358; III, 111, 7997; — président du conseil de Dombes, II, 466, 6056; — rapporteur et correcteur des lettres de la chancellerie, II, 189, 4779; — commissions : administrative, VI, 262, 20231; diplomatique, III, 183, 8339; domaniales, III, 102, 7956; VI, 300, 20431; VII, 424, 25406; financière, III, 382, 9180; judiciaires, I, 532, 2801; I, 550, 2895; I, 553, 2908; II, 129, 4490; II, 729, 7290; II, 741, 7340; II, 754, 7400; V, 802, 18845; pour tenir le conseil du roi, III, 234, 8598; — correspondance, III, 432, 9502; III, 553, 10053; VIII, 9, 29329; VIII, 12, 29362; VIII, 31, 29506; VIII, 32, 29519; VIII, 74, 29911; VIII, 88, 30050; VIII, 93, 30089, 30091; VIII, 99, 30148; VIII, 147, 30616-30617, 30622; VIII, 155, 30693; VIII, 254, 31641; VIII, 275, 31862. Inventaire de ses papiers, IV, 724, 14367. Obsèques, VII, 738, 28732. Pension, II, 297, 5284. Sa veuve : voir Hénard (Anne). Taxations par lui faites, II, 270, 5168; II, 362, 5585; VII, 775, 28979; VII, 785, 29047; VII, 793, 29114; VII, 794, 29115, 29117; VII, 798, 29142. Usufruitier de la terre de Saint-Sulpice, III, 214, 8498; VII, 554, 26832.

Du Bourg (Antoine), fils du précédent. Usufruitier de la baronnie de Saint-Sulpice, III, 648, 10478; III, 720, 10807.

Du Bourg (Antoine), procureur du roi en la sénéchaussée d'Auvergne et élu en Forez, III, 730, 10848.

Du Bourg (Étienne), avocat du roi en la juridiction ordinaire de Lyon, VII, 567, 26991.

Du Bourg (Étienne) ou de Bourg, châtelain du comté d'Auvergne, VII, 562, 26934; VIII, 31, 29505; commissaire du roi aux États de Quercy, II, 241, 5031; élu en Forez, III, 730, 10848; lieutenant de la châtellenie d'Usson, VI, 305, 20458; VI, 309, 20476; VI, 338, 20630; VI, 374, 20820. Procureur général de la sénéchaussée d'Auvergne, III, 724, 10824; III, 730, 10848; VI, 401, 20958; VI, 474, 21338; VI, 494, 21449. Cf. Bourg (Étienne de).

Du Bourg (François), fils du chancelier, VII, 738, 28732; évêque de Rieux, VII, 229, 24337; son vicaire général : voir

745

SAINT-MARTIN (Pierre DE), maître des requêtes, III, 606, 10287; VIII, 157, 30715; nonobstant l'incompatibilité de cet office et de ses fonctions épiscopales, III, 608, 10296; IV, 363, 12705.

DU BOURG (Jean), hérétique. Biens confisqués, IV, 182, 11838.

DUBOURG (Pierre), sergent royal au bailliage d'Auxois, IV, 521, 13444.

Du Bourg-Chemin : voir LE VASSEUR (Léger).

Du Bousquet : voir BOSQUET (Mathieu).

DU BOUX (Philippe), V, 814, 18910.

DU BOUZET (Jean), chevalier de l'ordre de Saint-Jean-de-Jérusalem, III, 52, 7708; III, 119, 8037.

DU BOUZET (Jean) DE CASTERAS, homme d'armes de la compagnie du s^r de Montpezat, III, 119, 8037.

Du Boys : voir DOUAULT (François).

Du Boys : voir DU BOIS.

Duboys (Claude) : voir DUBOYS (Jean).

DUBOYS (Claude), de la Motte-Chalançon. Anoblissement, II, 551, 6445.

DUBOYS (Claude), huissier au Châtelet de Paris, V, 190, 15646.

DU BOYS (Eustache), clerc, V, 37, 14846.

DUBOYS (Françoise, née du mariage déclaré nul de Jean). Légitimation, VI, 80, 19304.

DU BOYS (Guy), huissier au Parlement de Dijon, V, 503, 17265.

DU BOYS (Jacques), s^r de Pirou, VI, 205, 20405.

Duboys (Jean) : voir DUBOYS (Françoise).

DUBOYS (Jean), VII, 763, 28484.

DU BOYS (Jean), châtelain de Pirou, V, 451, 16994.

DUBOYS (Jean), d'Orléans, VII, 798, 29146.

DUBOYS (Jean), homme d'armes des ordonnances de la compagnie de M. de Bonneval, fils naturel de Claude DUBOYS. Légitimation, VI, 220, 20039.

DU BOYS (Jean), marchand d'Asti, II, 740, 7336.

DU BOYS (Jean), s^r de Fontaines, VII, 413, 25320.

DU BOYS (Jean-André), maître des comptes de Piémont, VI, 564, 21833.

DUBOYS (Louise), III, 762, 10988.

DU BOYS (Marguerite), suivante de la reine, IV, 174, 11799; IV, 291, 12353.

DU BOYS (Marie), veuve de Jean de Valans, VI, 501, 21489.

DUBOYS (Philippe), notaire au bailliage d'Amiens, III, 466, 9653.

DUBOYS (Philippot), gentilhomme de la fauconnerie, VII, 799, 29151.

DU BOYS (Raoul), gentilhomme de la maison du roi, II, 415, 5824.

DU BOYS (Richard), s^r de Vérigné, V, 451, 16994. Cf. DU BOIS (Richard).

Du Brazai : voir FRANCHET (Jean).

DU BRECH (Guillaume), archer de la garde, III, 136, 8115.

DU BRENA (Johannot), marchand de Bordeaux, VIII, 617, 32475.

DUBREUIL, II, 37, 4022.

DUBREUIL (Arnaud). Anoblissement, VI, 379, note.

DU BREUIL (Arthur ou Artus) ou DE BREUIL, s^r de Gicourt, II, 320, 5392; VI, 541, 21712.

Du Breuil (Bernard). Sa veuve : voir PÉRON (Marie).

Du Breuil (Charles) : voir DU BREUIL (Guillaume).

DU BREUIL (Charles), s^r de Villiers, II, 401, 5759.

DUBREUIL (Christophe), VI, 95, 19379.

DUBREUIL (Claude), II, 210, 4884.

DU BREUIL (Enguerrand), commis à la recherche des amortissements, francs-fiefs et nouveaux acquêts dans le bailliage de Senlis, VII, 512, 26275.

DUBREUIL (Étienne), II, 10, 3885.

DUBREUIL (François), hérétique. Procès, VI, 212, 19968.

DU BREUIL (Guillaume ou Guillot, fils de Charles). Légitimation, VI, 587, 21960.

DU BREUIL (Jacques), de la paneterie du roi, VII, 644, 27945.

Dubreuil (Jean) : voir BUEIL (Jean DE).

Du Breuil (Jean), V, 468, 17082.

Du Breuil (Robert), s^r de Beauvoir, I, 337, 1807; VII, 414, 25321.

Du Breuil (Robert), chevalier, V, 468, 17082.

Du Broc (ou Aubert), chevalier de Saint-Jean de Jérusalem, commandeur de Renneville, VII, 449, 25627.

Du Brou (Laurent) : voir Brou (Laurent de).

Du Broullart (Jean), I, 157, 896.

Du Buchet : voir Du Buschet.

Du Buchet (Louis), gruyer de Saint-Germain-en-Laye, III, 692, 10675.

Du Buisson : voir Audibert (Jean).

Du Buisson (Antoine), V, 313, 16296-16297.

Du Buisson (Claude), garde-marteau des forêts du bailliage de Châlon et concierge de la Loge, IV, 734, 14417.

Du Buisson (Guillaume), s^r d'Iquelon, V, 428, 16870; VI, 93, 19372.

Du Buisson (Jacqueline), V, 454, 17009; VI, 516, 21570.

Du Buisson (Jean), V, 467, 17079.

Du Buisson (Jean), élu de Bayeux, VI, 810, 23104.

Du Buisson (Jean). Mission en Suisse, IX, 83.

Du Buisson (Louis). Mission secrète en Allemagne, V, 396, 16711.

Du Buisson (Nicole), prêtre, V, 428, 16870.

Du Bulioud (Bernardin), du Piémont, IV, 167, 11769.

Du Bus (Antoine) : voir Buz (Antoine de).

Du Buschet : voir Du Buchet.

Du Buschet (Jean), gentilhomme de la vénerie, résigne l'office de gruyer et concierge des loges des forêts de Saint-Germain-en-Laye, Cruye et Fresnes, au profit de René, son fils, VI, 448, 21207.

Du But (David), VI, 514, 21564.

Du Buz, partisan de Charles-Quint, VII, 470, 25855.

Du Buz (Antoine) : voir Buz (Antoine de).

Duc (Grand-), offert au roi, VIII, 75, 29919. Cf. Ducs.

Duc (Le), surnom : voir Aguenin (Jean), Soudain (Jean).

Duc (Le) d'Urbin, surnom : voir Guyot (Jacques et Pierre).

Ducamp (Claude) : voir Duchamp (Claude).

Du Campguillebert (Pierre), musicien du roi, II, 730, 7295.

Du Canjon (Guy). Légitimation de son fils Jean, VII, 572, 32244.

Ducan (Nicolas), s^r de la Roche de Sommières, valet de chambre du dauphin, V, 107, 15229.

Du Cartier (Antoine), garde et concierge de l'hôtel appelé la Cour-la-Reine, V, 412, 16788.

Ducasse (Bertrande), V, 759, 18616.

Du Casse (Jean), huissier au Parlement de Bordeaux, IV, 404, 12890.

Du Castaigner (Aymeri et Jean), VII, 251, 24448.

Du Castel (Antoine) : voir Castello (Antoine de).

Du Castel (Pierre) : voir Du Châtel (Pierre).

Ducats à la Mirandole et de Saint-François. Cours interdit, II, 58, 4134.

Duc d'Urbin (Le), surnom : voir Guyot (Jacques et Pierre).

Du Cerceau : voir Androuet (Jacques).

Du Cerisier : voir Quatrebarbe du Cerisier (Charles).

Ducey (Manche). Fief, V, 219, 15801. Seigneurie, VI, 101, 19411; VI, 382, 20855.

Duchamp (Claude) ou Ducamp, payeur du Parlement de Dijon, II, 166, 4667; II, 262, 5133; II, 387, 5696; II, 679, 7064; III, 115, 8018; III, 216, 8508; III, 262, 8726; VII, 76, 23588; VII, 157, 23988; VII, 172, 24067; VII, 177, 24088; VII, 180, 24103; VII, 170, 24058; VII, 175, 24078; VII, 608, 27557; VII, 634, 27840; VIII, 227, 31362.

Du Chapt (Claude), III, 655, 10512.

Du Chapt (Pierre), VI, 634, 22203.

Du Chastel : voir Du Châtel.

Du Chastel (François), vicomte de Pommerit, baron de Marcé, V, 605, 17771.

Du Chastel (Gautier), valet de chambre ordinaire de la reine de Navarre, receveur et clavaire de Marseille, VI, 138, 19603; VII, 152, ~~29361~~; VIII, 647, 32639; exclu de cet office, auquel il avait été nommé par surprise, VII, 158, 23990.

Du Chastel (Jean), s^r de Mesle et de Châteaugal, III, 619, 10343.

Du Chastelet : voir Du Châtelet.

Du Chastellier : voir Du Châtelier.

Du Chastellier (Claude), V, 605, 17771.

Du Chastenet (Abel), doyen de Saintes, VI, 312, 20494. Légitimation de sa fille Charlotte, VI, 459, 21263.

Duchat (Nicole), contrôleur du domaine et de la recette ordinaire de Troyes, VII, 582, 27209.

Du Château (Guillaume), commis à la recherche des biens nobles des gens d'église, communautés et mainmortables de Nivernais et Donziais, VII, 506, 26178.

Du Châtel : voir Du Chastel.

Duchâtel, chanoine de la Sainte-Chapelle, VII, 403, 25270.

Du Châtel (Claude), III, 444, 9559.

Du Châtel (François, III, 444, 9559.

Du Châtel (François), V, 708, 18343.

Du Châtel (Gillette), V, 318, 16320.

Du Châtel (Pierre), Du Castel ou Castellanus, valet de chambre et lecteur ordinaire du roi, prévôt de l'église d'Esnon, III, 375, 9239; III, 435, 9516; VIII, 58, 29765; VIII, 124, 30395; VIII, 210, 31208; VIII, 281, 31911; élu à Noyon, III, 369, 9213; évêque de Tulle, VII, 591, 27332.

Du Châtel (Tanneguy), VI, 742, 22769.

Du Châtelet (Antoine), s^r de Châteauneuf et de l'Albenc, III, 761, 10984.

Du Châtelet (Antoine et Claude), natifs de Lorraine. Lettres de naturalité, III, 428, 9487.

Du Châtelet (Claude, s^r), l'un des cent gentilshommes de l'hôtel, III, 428, 9487.

Du Châtelet (Grégoire), V, 521, 17356.

Du Châtelet (Jean), V, 521, 17356.

Du Châtelet (Jean), s^r de Saint-Amand, III, 575, 10151; VI, 381, 20852.

Du Châtelet (Philibert), V, 213, 15768.

Du Châtelet (Philibert), s^r de Saint-Amand, V, 295, 16198.

Du Châtelet (Philippe), natif de Lorraine. Lettres de naturalité, III, 428, 9487.

Du Châtelet (Pierre), V, 521, 17356.

Du Châtelet (Valentin), V, 521, 17356.

Du Châtelier : voir Du Chastellier.

Du Châtelier (Anne), II, 751, 7388.

Duchemin (Antoine), III, 710, 10760.

Duchemin (Gilles), VII, 257, 24472.

Duchemin (Honoré), canonnier à Doullens, VIII, 14, 29376.

Duchemin (Jacques), II, 518, 6292.

Duchemin (Jacques), s^r du Quesnel, III, 86, 7878.

Duchemin (Michel), hâteur de cuisine des fils du roi, VII, 652, 28013.

Duchemin (Richard), aventurier. Biens confisqués, I, 729, 3809.

Duchemin (Sébastien), payeur du Parlement de Bourgogne, III, 262, 8726; VII, 227, 24331.

Ducher (Jean), écuyer et canonnier ordinaire du roi, IV, 319, 12499.

Duchés. Érections : Beaumont au Maine, IV, 505, 13369; Chartres, I, 578 (VIII, 773^a), 3038; Chevreuse, V, 10, 14708; Estouteville, II, 743, 7347; Étampes, III, 271, 8768; Lavaur, V, 456, 17020; Valentinois et Diois (sous Louis XII), VIII, 401*, 23894; voir Duchés-pairies.

Du Chesnay (Edme), V, 99, 15183.

Du Chesnay (Georges), V, 331, 16391.

Du Chesne (Guillaume), curé de Saint-Jean-en-Grève, commissaire pour la recherche de l'hérésie luthérienne, I, 405, 2154.

Duchesne (Jacques), s^r de la Ragotière, IV, 46, 11212; VI, 585, 21948.

Du Chesne (Philippe), fauconnier de la reine de Hongrie, VII, 732, 28684; VIII, 215, 31249.

Du Chesne (Pierre), originaire de Savoie. Lettres de naturalité, III, 275, 8785.

Duchesne (*Pierre*) : voir Du Quesne (Pierre).

Duchés-pairies. Érections : Angoulême, I, 17, 100; Châtellerault, I, 18, 106; Dunois, I, 412 (VIII, 333[a]), 2191; Guise, I, 543, 2857; Montpensier, III, 736, 10875; Nevers, III, 706, 10741; Roannais, I, 175, 988; Vendôme, I, 18, 108.

Duchier (Jean), VI, 534, 21673.

Duchèvre (Olivier), prêtre, bénédictin. Légitimation de ses fils : Guillaume, VI, 29, 19054; Pierre, V, 778, 18717; tous deux du duché d'Angoumois.

Du Chillou : voir Le Roy (Guyon).

Du Chollet (Nicolas), procureur du roi sur le fait des aides en Bourbonnais, VII, 796, 29128.

Duclaux (Alix), VI, 342, 20648.

Ducléseau (Valérie), V, 779, 18723.

Du Cloistre (Louis), enquêteur en la prévôté de Laon, IV, 772, 14596.

Du Cloux (Claude), V, 713, 18373.

Ducloy (Nicolas), ou de Clouy, receveur ordinaire d'Amiens, V, 160, 15516; VII, 523, 26410; VII, 536, 26595.

Du Cluzeau (Catherine), VI, 449, 21213.

Ducoert (Antoine), natif du comté de Genève, demeurant à Arles. Lettres de naturalité, VI, 667, 22384.

Duconte (Bernard), fermier du tabellionnage de Caen, VI, 100, 19439.

Du Conte (Bernard), gentilhomme, II, 584, 6607; II, 638, 6875; VIII, 84-85, 30011-30012; concessionnaire de la terre de Bardonnèche, II, 25, 3968; II, 584, 6608; VII, 561, 26918; créancier du roi, VIII, 105, 30202.

Duconte (Bernard), secrétaire du roi au duché de Milan, VII, 420, 25445.

Du Coquiel (Hubert), natif de Tilloy en la châtellenie de Douai, exempt de lettres de naturalité, VII, 602, 27489.

Du Corbat : voir Augustin (Antoine).

Du Cornet (*Jean*) : voir Cornet (Jean).

Du Cornet (René), mis hors de page, II, 391, 5715.

Du Corrast (*Jean*) : voir Corase (Jean de).

Du Coudray (Antoine), concierge du jeu de paume de la porte du donjon du château d'Amboise, III, 638, 10431; VII, 574, 27089.

Du Coudray (Louis), mis hors de page, V, 421, 16832.

Du Couldray (Pierre), secrétaire du roi, VI, 224, 20032; contrôleur du domaine à Rouen, II, 1, 3835.

Du Courty (Adam), page de l'écurie, VIII, 302, 32147.

Ducrest (Imbert) ou de Crest, natif de Savoie, fixé à Arles. Lettres de naturalité, VI, 600, 22027; VII, 279, 24591.

Ducreux (Pierre), VI, 708, 22605.

Du Crocq (Guillemette), VI, 549, 21757.

Du Croq (Raulin), V, 438, 16923.

Du Croset (Philippe), receveur des deniers communs et d'octroi de Lyon, VII, 579, 27149. Cf. Du Crozet (Philippe).

Ducrot (Charles), sergent royal au bailliage d'Amiens, V, 107, 15227.

Du Crozet (Philippe), échevin de Villefranche, VII, 443, 25579. Cf. Du Croset (Philippe).

Ducs : collation de ce rang en France à Julien de Médicis et à sa femme, I, 64, 379.

Ducs, oiseaux, II, 422, 5852. Cf. Duc (Grand-).

Dudan (Jean), fermier de la prévôté de Fouilloy, III, 321, 8999.

Du Deffend (*S*[r]) : voir Torcy (Jean de).

Duderé (Jean), secrétaire du roi, VII, 716, 28577; VIII, 118, 30341; VIII, 125, 30412.

Dudley (John), vicomte Lisle, puis comte de Warwick, plénipotentiaire anglais, IX, 103, 104.

Du Désert (*Jeanne*) : corr. Dezest (Jeanne de).

Dudoit (Jean), V, 247, 15946.

Du Doubt (Pierre), VI, 376, 20827. Cf. Du Druet (Pierre).

Du Drac (Adrien), conseiller au Parlement de Paris, I, 641, 3360; I, 720, 3760; II, 4, 3853; III, 10, 7493; VII, 496, 26066.

Du Drac (Jean), doyen de Notre-Dame de Paris, puis trésorier de la Sainte-Chapelle, VII, 363, 25064.

Du Druet (Pierre), VI, 64, 19228. Cf. Du Douet (Pierre).

Duel. Prohibition, II, 279, 5208; VII, 430, 25451.

Duesme (Côte-d'Or). Châtellenie, I, 271, 1471. Seigneurie, II, 278, 5200; IV, 354, 12660; VIII, 100, 30166.

Du Fardeau (Bastien), s[r] de Savigny, huissier de la chambre de Louise de Savoie, I, 537, 2831.

Dufau (Guillaume) ou Dufaulx, fauconnier de Franc Conseil, demeurant à Aigues-Mortes, VII, 735, 28709; VIII, 249, 31595.

Dufau (Jean), serviteur de Franc Conseil, VIII, 212, 31224.

Du Fau (Ladislas), évêque de Luçon, admis au conseil du Parlement de Bordeaux avec voix délibérative, I, 92, 548.

Du Faultray (*Auger* ou *Ogier*) : voir Faultray (Auger de).

Dufaulx (*Guillaume*) : voir Dufau (Guillaume).

Du Faur (Jacques), conseiller clerc au Parlement de Paris, et président en la grand'chambre des enquêtes, VII, 501, 26118.

Du Faur (Jacques) ou Fabri, vicaire général de l'archevêque de Toulouse, conseiller clerc au Parlement de Toulouse, III, 236, 8609; III, 264, 8736; III, 362, 9181; III, 378, 9249; III, 757, 10966; VII, 246, 24421.

Du Faur (Michel) ou Fabri, juge-mage de Toulouse, III, 418, 9439; VII, 246, 24421.

Du Faur (Pierre), président aux enquêtes du Parlement de Paris, VII, 601, 27473.

Du Faur (Pierre), Dufour, Fabri ou Fabry, s[r] de Pibrac, maître des requêtes, II, 26, 3972; II, 602, 6700; III, 50, 7696; VI, 299, 20428; VIII, 108, 3233; VIII, 168, 30814; quatrième président au Parlement de Toulouse, III, 757, 10966, 10969; IV, 91, 11456; IV, 437, 13057. Sa femme : voir Doulce (Gauside).

Dufaux (Isabelle), VI, 337, 20622.

Du Fay (Antoine), s[r] de Bazoges, l'un des cent gentilshommes de l'hôtel, III, 315, 8970; VI, 459, 21262.

Du Fay (*Clérambault*). Sa veuve : voir Créquy (Madeleine de).

Du Fay (Edme), VI, 550, 21764.

Du Fay (Guillaume), capitaine des châteaux de Dinan et de Léhon, I, 108, 633.

Du Fay (Jacques), lieutenant particulier à Vernon, VI, 121, 19518.

Du Fay (Jacques), l'un des cent gentilshommes de l'hôtel, II, 548, 6434.

Du Fay (Jean), abbé de Notre-Dame de Corneville, VI, 584, 21942.

Du Fay (Jean), archer de la garde, III, 58, 7739.

Du Fay (Jean ou Jacques, bâtard), I, 402, 2138; IV, 50, 11231; VII, 516, 26317; VII, 645, 27959; — commissaire de l'artillerie, II, 49, 4087; — créancier du roi, VIII, 307, 32182; — garde de Verdun, I, 728, 3806; II, 243, 5041; III, 376, 9241; VII, 790, 29091; VIII, 303, 32154; — gouverneur de Rethelois, VIII, 72, 29892; — lieutenant de M. de Lautrec, VI, 186, 19838; de la compagnie du duc de Lorraine, II, 383, 5684; — maître d'hôtel ordinaire du roi, III, 266, 8748. Pension, I, 267, 1445; II, 607, 6729; VII, 638, 27886.

Du Fay (Mérault), seigneur de Saint-Jean en Dauphiné, VI, 557, 21796.

Du Fay (*Noël*) : voir Fay (Noël de).

Du Fay (Pierre), natif de Lorraine. Lettres de naturalité, III, 315, 8970; VI, 459, 21262.

Du Fay (Pierre), écuyer, VI, 550, 21764.

Du Fay (Pierre), vicomte de Pont-Authou et Pont-Audemer, VI, 817, 23143.

Du Fay (Richard), écuyer, VI, 521, 21601.

Du Fay : voir Bouton (Charles).

Du Fayel (Noël), garde de forêt, IV, 206, 11952.

Du Fayet (Antoine), conseiller clerc au Parlement de Toulouse, VI, 227, 20047.

Du Ferrier (Arnaud), docteur régent de l'Université de Toulouse, conseiller clerc au Parlement de Toulouse, IV, 549, 13568.

Du Fieux (Béraud), homme d'armes, III, 607, 10294.

Du Follet (Alain et Pierre) : voir Frollet (Alain et Pierre, dits).

Dufort (Claude), chapelain du château royal d'Argilly, II, 593, 6653.

Du Fou (Berthault), garde-vaisselle du roi, IV, 264, 12235.

Du Fou (François), échanson du roi, II, 574, 6558; VII, 789, 29086.

Du Fou (François, s^r^), VI, 205, 19934.

Du Fou (François), s^r^ du Vigean, chambellan et panetier ordinaire du roi, capitaine de Lusignan, I, 393, 2095; II, 51, 4095; II, 55, 4116; II, 660, 6976; II, 718, 7242; III, 332, 9049; III, 685, 10646; V, 790, 18786; VI, 456, 21250; VI, 457, 21254. Sa veuve : voir Polignac (Louise de).

Du Fou (François), s^r^ du Vigean, sénéchal de la Haute-Marche, V, 145, 15427.

Du Fou (Jacques), I, 131 (VIII, 766), 758; VII, 531, 26513.

Du Fou (Jacques), maître d'hôtel du roi, V, 684, 18196; créancier du roi, V, 762, 18635.

Dufour (Jean), bourgeois de Rouen, VI, 293, 20397.

Du Fou (Liette, dame), femme de M. de Montpezat, dame d'honneur de la reine, III, 500, 9813; VIII, 610, 32444.

Dufour (Jean), greffier de la Cour des aides de Rouen, IV, 2, 11024; VI, 819, 23154; VII, 117-118, 23796-23797.

Dufour (Jean), prêtre, V, 61, 14974.

Dufour (Jean), procureur du roi près l'élection et le magasin à sel de Rouen, VI, 785, 22976.

Dufour (Jean), sergent royal à Chinon, V, 95, 15160.

Du Four (Jeanne), V, 58, 14964.

Du Four (Nicole), dame de Chapton, V, 569, 17590.

Dufour (Pierre) : voir Du Faur (Pierre).

Dufour (Thomas), natif de Bonvillard, demeurant à Arles. Lettres de naturalité, VI, 667, 22385.

Du Francastel (Jean) : voir Francastel (Jean de).

Du Fren (Jeanne), *alias* Lionne, d'Avignon. Lettres de naturalité, VIII, 699, 32930.

Dufresne (Guillaume), chantre de la Chambre du roi. Études à Paris, VIII, 291, 32014; VIII, 295, 32069.

Du Fresne (Guillaume), sergent de la forêt de Brioudan, II, 654, 6949; III, 85, 7874.

Du Fresne (Jean), receveur des fouages et impôts au diocèse de Dol, V, 713, 18375.

Du Fresne (René), sommelier de l'échansonnerie du commun, V, 41, 14871.

Du Fresnoy : voir Moreuil (Artus de).

Du Fresnoy (Claude) : voir Fresneau (Claude de).

Du Fresne (Toussaint), arquebusier à Paris, VIII, 139, 30550.

Du Fresnoy (Jacqueline), veuve du s^r^ de Morsan, I, 729, 3810.

Du Fresnoy (Pierre), sergent royal à Clermont en Beauvaisis, V, 43, 14886.

Du Fresnoy (Robert), gruyer de la forêt de Halatte, III, 577, 10160.

Du Fresnoy (Robert), receveur et payeur du Grand Conseil, VIII, 19, 29407; VIII, 43, 29635; VIII, 48, 29676; VIII, 50, 29700; VIII, 83, 29996; VIII, 108, 30232; VIII, 223, 31327.

Du Gabre (Dominique), VII, 593, 27357.

Du Gabre (Georges) ou Gabrilhargues, official de Toulouse, puis conseiller clerc au Parlement de Toulouse, IV, 420, 12973; créancier du roi, IV, 526, 13468.

Du Galais (Robert), s^r^ du Tertre ou du Tartre, gentilhomme de la vénerie, II, 661, 6978; VII, 680, 28344. Cf. Du Gallet (Robert).

Du Gallet (Évrart), sergent au Châtelet de Paris, V, 182, 15600.

Du Gallet (Robert), ou de Gallais, veneur de M. de Chateaubriant, VII, 768, 28930. Cf. Du Galais (Robert).

Dugard (Florentin), ou Dugart, VI, 350, 20691.

Du Gard (François), ou d'Agard, abbé de Saint-Benoît de Quinçay, VII, 420, 25375.

Dugard (Jean), enquêteur-examinateur au bailliage d'Amiens, III, 438, 9528; IV, 557, 13607; VII, 381, 25159.

Du Gard (Jean). Légitimation de ses fils Jean et Pierre, IV, 282, 12315.

Du Gard (Pierre), avocat du roi au bailliage d'Amiens, VII, 125, 23835; VII, 271, 24545.

Du Gard (Pierre), prévôt du Beauvaisis, VII, 405, 25279.

Dugard (Pierre) ou Dugart, tapissier ordinaire du roi, III, 604, 10279; V, 63, 14986; VI, 350, 20691; VIII, 104, 31060.

Dugay (Jean), organiste du roi, V, 2, 14674.

Du Goust (Antoine), s^r de Saint-Germain, VI, 271, 20280.

Du Goust (Guyon), s^r de Saint-Germain, écuyer d'écurie du duc d'Estouteville, III, 722, 10816.

Du Gout (Giraud), homme d'armes des ordonnances, III, 52, 7708.

Du Gout (Marguerite), femme de Louis de la Ruelle, VII, 255, 24461.

Du Grex (Jacques), VI, 53, 19173.

Du Grin (François), s^r de Launay, l'un des cent gentilshommes de la maison du roi. Mission à Venise, VI, 68, 19244.

Du Grippel (Louise), veuve de Richard de Pellevé, VII, 408, 25295.

Du Gua (François), avocat au Parlement de Bordeaux, IV, 508, 13384.

Du Gua (Jean), abbé de Notre-Dame de Sablonceaux, VII, 198, 24186.

Du Gua (Loubat), s^r de Mons, VII, 198, 24187.

Du Gué (Claude), VII, 707, 28515.

Duguet (Jean), père et fils, grènetiers de Joigny, VII, 469, 25797.

Duguetry (André) ou de Guthy, natif d'Écosse, archer de la garde sous M. d'Aubigny, VI, 199, 19901. Lettres de naturalité, V, 618, 17833.

Duguetry (Étiennette), native d'Écosse, veuve de Jean Cockborn. Lettres de naturalité, V, 618, 17832.

Du Guiny (Gillette) : voir Guiny (Gillette de).

Du Ha (Antoine) : voir Heu (Antoine de).

Duhac (Martial) ou Dehac, d'Orléans. Aubaine, III, 505, 9837; VII, 563, 26943.

Du Halde (Roland), contrôleur des deniers communs de Bayonne, VIII, 595, 32367.

Du Halde (Roland), receveur ordinaire en la sénéchaussée des Lannes, VIII, 589, 32333.

Du Halloir (Guillaume). Anoblissement, VI, 379, note.

Du Hamel (Bernardin), VII, 142, 23916.

Du Hamel (Denis), VI, 504, 21507.

Duhamel (Guillaume), élu à Bayeux, VI, 101, 19414.

Duhamel (Guillaume), greffier de l'élection de Valognes, VI, 102, 19415.

Duhamel (Louis), auditeur des comptes à Paris, II, 144 (VIII, 347^a), 4566; VI, 44, 19129.

Du Hamel (Olivier), normand. Anoblissement, VI, 368, 20789.

Du Hamel (Olivier), avocat du roi à Mortain, s^r de Boisferrand et de Villechien. Anoblissement, VI, 733, 22728.

Duhamel (Pierre), clerc auditeur des comptes à Paris, II, 144 (VIII, 347^a), 4566.

Du Harden (Guillaume), archer du prévôt des maréchaux de Normandie, III, 323, 9006.

Du Haslay (Anne), V, 248, 15951.

Du Hastat (Christophe), capitaine de lansquenets, IV, 392, 12838.

Du Hautbois (Jacques), gentilhomme de la vénerie, IV, 508, 11383; V, 55, 14947.

Du Havre (Jean), IV, 611, 13851.

Du Hayer (Adam), VIII, 630, 32542.

Du Hayet (Regnaut), enfant de la cuisine du commun, IV, 761, 14540.

Duhetz (Jean), s^r de Saint-Hilaire, II, 102, 4353.

Du Heu (Antoine) : voir Heu (Antoine de).

Du Hocquet (Guillaume), bailli de Saint-Sauveur-le-Vicomte, II, 716, 7231.

Du Hommet (Guillaume), VII, 514, 26290.

Du Hu (Antoine) : voir Heu (Antoine de).

Duison : corr. D'Huison.

Duisseau (Michel), V, 808, 18875.

Dujardin (François), facteur de Pierre Mangot, VIII, 270, 31814-31815.

Dujardin (Jean) : voir Desjardins (Jean).

Du Juglart (Adam, Jacques et Pierre), IV, 249, 12159. Voir ci-dessus l'observation formulée dans l'article Adam (Jacques).

Du Lac (Étienne), écuyer de Mesdames de Navarre, V, 651, 18011.

Du Lac (Lancelot), s[r] de Chamerolles, chambellan du roi, gouverneur d'Orléans; — bailli d'Orléans, V, 251, 15965; V, 526, 17380; — capitaine et châtelain de Montréal-en-Auxois, V, 555, 17522; — concessionnaire du château dudit lieu, VII, 454, 25661; — gouverneur de Mouzon, concessionnaire de la seigneurie dudit lieu, VII, 552, 26807; — lieutenant général de M. de La Trémoïlle, gouverneur de Bourgogne, VII, 442, 25566. Compagnie, II, 317, 5377; VI, 386, 20880; VII, 722, 28609; voir Bongars (Hilaire), Fernandez (Jean) de Tilledieu, Utrecht (Nicolas d'); payeur: voir Saimbault (Nicolas). Pension, II, 712, 7215; III, 31, 7600.

Dulant (Jean et Louis), VI, 580, 21925.

Du Liège (Henri), serviteur du duc Frédéric, comte palatin, II, 447, 5969.

Du Lin (Héluin ou Hélouin), II, 587, 6623; II, 461, 6030; commis au paiement des pensions de Suisse, II, 397-398, 5743-5744; II, 444, 5954; II, 461, 6031; II, 597, 6676; II, 624, 6809; VII, 770, 28944; VII, 774, 28974; VII, 778, 28998; receveur et payeur du Parlement de Rouen, II, 139, 4543; II, 231, 4985; II, 262-263, 5134-5135; II, 388, 5700; II, 680, 7068; III, 103, 7968; VII, 608, 27554; VII, 634, 27837; VII, 750, 28816; VII, 778, 28995, 28996, 28998; VIII, 196, 31075. Mission en Suisse, II, 461, 6031; II, 519, 6294.

Du Livet (Jacques), V, 429, 16871.

Du Lo (François), protonotaire du Saint-Siège. Mission en Angleterre, III, 206, 8459.

Du Luat (Le s[r]), II, 275, 5190.

Du Luc: cf. Deluc, Luc (De).

Duluc (Louis), orfèvre à Blois, II, 702, 7168; III, 686, 10648.

Duluc (Robinet): voir Luc (Robinet de).

Du Lude: voir Daillon (Jean de).

Du Lude, marchand, V, 627, 17881.

Du Lude (Jean), chevaucheur d'écurie, VII, 85, 29194.

Duluz (Robert), brodeur, VIII, 168, 30813.

Du Lyon (Antoine), auditeur des comptes à Paris, II, 573 (VIII, 352), 6552. Cf. Lyon (Antoine).

Du Lyon (Claude) ou de Lyon, payeur des compagnies de MM. de Saint-André et de Beaumont-Brisay, III, 485, 9742; III, 693, 10680; IV, I, 11021; VII, 220, 24297; VIII, 82, 29981; VIII, 94, 30097; VIII, 141, 30562; VIII, 217, 31267; VIII, 234, 31437, 31443; cf. Lyon (Claude de).

Du Lyon (François), V, 492, 17206.

Du Lyon (Jacques), échevin de la Rochelle, VII, 149, 23949.

Du Lys (Guillaume), capitaine de Champvoux chargé de fournir les engins destinés aux armées, V, 739, 18516.

Du Maine (Guillaume), clerc, V, 643, 17964.

Du Maine (Guillaume), conseiller et aumônier du duc d'Orléans, administrateur de la trésorerie de Saint-Hilaire-le-Grand de Poitiers, IV, 216, 11995.

Dumaine (*Jean*): voir Dominique (Jean).

Du Maine (Nicolas), homme d'armes de la compagnie du duc d'Estouteville, III, 314, 8968.

Du Mans (Jacques), hâteur à la cuisine de bouche, IV, 781, 14638; V, 88, 15125; V, 96, 15166.

Du Mans (Jean), hâteur de cuisine, II, 711, 7209; III, 427, 9480; III, 630, 10394.

Du Mans (Philippe ou Philippot), enfant, puis hâteur de la cuisine de bouche, III, 427, 9480; IV, 166, 11760; VII, 656, 28050.

Du Mans (Philippe), huissier, IV, 610, 13848.

Du Marbrier (Antoine), VII, 55, 23488; VII, 75, 23584.

Du Marbrier (Pierre), grènetier de Neufchâtel-en-Bray. Procès criminel, VII, 55, 23488; VII, 75, 23584.

Du Marel: voir Letort (Henri).

Du Marhault (Simon), examinateur au Châtelet de Paris, V, 206, 15729.

Du Marquay (*Pierre*) : voir Marcay (Pierre de).

Du Martray (Raoul ou Raoulin) ou de Marteau, seigneur de La Villette, I, 337, 1807 ; VII, 540, 26638 ; VIII, 189, 31018.

Dumas, lieutenant de l'amiral de Provence, VIII, 192, 30472.

Dumas (Jeanne), VI, 491, 21431.

Dumas (Barthélemy) dit le More, III, 408, 9393.

Dumas (Claude), III, 420, 9452.

Du Mas (Étienne), ou Damas. Aubaine, IV, 143, 11656 ; VII, 574, 27077.

Dumas (Étienne), payeur des officiers de la Cour des aides de Montpellier, VIII, 73, 29900.

Du Mas (Françoise), femme d'Adrien de Genlis, II, 333, 5456.

Dumas (Gabriel), III, 552, 10052 ; III, 555, 10062 ; VIII, 26, 29469 ; VIII, 250, 31596.

Dumas (Gabriel), huissier de chambre de Louise de Savoie, VI, 212, 19968.

Dumas (Georges), II, 351, 5535.

Dumas (Jacques), receveur des rentes des officiers comptables de Bourgogne, V, 635, 17924.

Du Mas (Jacques ou Jean) ou Damas, sommelier de panneterie de bouche de la reine Éléonore, IV, 143, 11656 ; VII, 574, 27077. Cf. Damars (Étienne) en ce qui concerne son père.

Dumas (Jean), chevaucheur d'écurie tenant la poste ordinaire à la suite de la cour, VII, 805, 29194 ; VIII, 2, 29275 ; VIII, 66, 29841 ; VIII, 160, 30800 ; VIII, 269, 31804 ; VIII, 279, 31898.

Dumas (Jean), contrôleur du magasin à sel de Sens, V, 67, 15009.

Dumas (Jean) ou de Solmignac, fils naturel d'Antoine de Solmignac, de Périgord. Lettres de légitimation, VI, 462, 21278.

Dumas (Jean), grènetier du grenier à sel de Marseillan, IV, 740, 14442.

Dumas (Jean), notaire à Sérignan, V, 115, 15278.

Dumas (Louis), contrôleur du magasin à sel de Sens, V, 67, 15009.

Dumas (Perrette), VI, 462, 21278.

Dumas (Philibert), notaire en Beaujolais, VII, 683, 28292.

Du Mas (Pierre), coseigneur de Pignan, II, 492, 6174.

Du Mas (Robert), s[r] de l'Isle, capitaine de Crozant, V, 705, 18325.

Du Mas (Verdon), dit de Genouilhac, abbé de Mont-Saint-Quentin, VI, 772, 22915. Cf. Genouilhac (Verdun de).

Dumay (Guichard), contrôleur des deniers communs de Beauce, VI, 645, 22263.

Dumay (Jean), lieutenant général de la sénéchaussée d'Anjou, IV, 404, 12892 ; conseiller au Grand Conseil, IV, 423, 12988-12989.

Du Merle (François), s[r] de Couvrigny, VI, 544, 21729.

Du Merlier (Charles), échanson de Madeleine de France, VIII, 12, 29365.

Du Mesniel (Adrien), V, 453, 17006.

Du Mesnil (David), VI, 194, 19881-19882 ; VI, 198, 19898.

Du Mesnil (Élisabeth), résidant en la prévôté de Montigny-le-Roi, IV, 123, 11563.

Du Mesnil (François). Anoblissement, VI, 380, note.

Dumesnil (Gilles), commis à la recherche des biens de mainmorte au duché d'Alençon, VII, 507, 26193.

Du Mesnil (Guillaume), écuyer, VI, 282, 20339.

Du Mesnil (Jacques), VI, 791, 23007.

Du Mesnil (Jacques), s[r] de l'Épinay, V, 460, 17038.

Du Mesnil (Jacques), s[r] de la Rivière. Sa veuve : voir Normanville (Marguerite de).

Du Mesnil (Jean), VI, 194, 19882 ; VI, 198, 19898.

Du Mesnil (Laurent), s[r] de la Mothe et de Baccon, commissaire ordinaire des guerres, V, 225, 17031 ; V, 458, 17031.

Du Mesnil (Louis), s[r] de Maupas, V, 257, 15996.

Dumesnil (Robert), arbalétrier du roi, II, 18, 3929 ; VIII, 196, 31072.

Du Mestayer (Joachim), s^r de Vilennes, VII, 83, 23621.

Du Metz (Guyot), portier de la maison du roi, VI, 9, 18955.

Du Mex (Jean), de Maiz, de Mer ou de Metz, s^r d'Aubigny, bourguignon, l'un des cent gentilhommes de l'hôtel du roi, II, 603, 6704; II, 651, 6934-6935; III, 35, 7616; VII, 69, 23557; VII, 630, 27795; VII, 676, 28247; VII, 699, 28444; VIII, 609, 32438.

Du Mez (Jean), prévôt de Barisis, natif de Tournai. Lettres de naturalité, V, 17, 14748.

Du Micault (Jean), VI, 529, 21647.

Dumois (Étienne) ou Dumoys, commis au paiement des réparations des places frontières de Languedoc, IV, 763, 14550; VIII, 19, 29409; VIII, 307, 32184. Cf. Du Moys (Étienne).

Du Molinet (Gervais) ou du Moulinet, procureur général à la Chambre des comptes de Paris, I, 172, 973; III, 514 (VIII, 367), 9880; III, 718, 10796; IV, 409, 12914; VI, 248, 20161; VI, 457, 21255; VII, 596, 27403; VIII, 23, 29440; VIII, 105, 30209; VIII, 108, 30241; VIII, 169, 30828.

Du Molinet (Guillaume), procureur général en la Chambre des comptes de Paris, I, 172, 973.

Du Monceau (Claude), archer et garde des eaux et forêts d'Amboise, II, 31, 3993; VII, 692, 28375.

Dumonceau (Élie ou Hélie), sergent et garde des Eaux et forêts du bailliage d'Amboise, II, 645, 6907; III, 67, 7784; III, 427, 9481.

Du Monceau (François), VII, 782, 29024.

Du Monceau (François), s^r de Saint-Cyr, porte-enseigne de la compagnie de M. de Canaples, III, 408, 9395. Échange avec le roi, III, 289, 8851; III, 367, 9202; III, 479, 9715; VII, 561, 26928. Hommages, V, 482, 17154-17155; VI, 467, 21307.

Du Monceau (Hélie) : voir Du Monceau (Élie).

Du Monceau (Jacques), garde de forêt, II, 645, 6907; VIII, 203, 31137.

Du Monceau (Jean), seigneur de Tignonville, prévôt des maréchaux, II, 226, 4956; V, 329, 16383; V, 792, 18795; VI, 311, 20485.

Dumonceau (Louis), archer et garde des eaux et forêts d'Amboise, II, 212, 4894.

Du Monceau (Nicolas), ou du Mousseau, archer des toiles et garde des forêts d'Amboise et de Montrichard, II, 31, 3993; II, 645, 6907; III, 67, 7784; VII, 609, 27565; VII, 692, 28375.

Du Monceau (Nicolas), portier du château d'Amboise, VIII, 201, 31711.

Du Monceau (Pierre), V, 252, 15971.

Du Moncel (Claude) ou de Monseil, garde des forêts d'Évreux, Breteuil, Conches et Beaumont-le-Roger, III, 66, 7779; VIII, 158, 30720.

Du Moncel (Jean) le jeune, greffier de la Cour des aides de Rouen, VI, 819, 23154.

Du Monchel (Jean), monnayeur à la monnaie de Rouen. Anoblissement, VI, 752, 22819.

Du Monchel (Pierre), ouvrier à la monnaie de Rouen. Anoblissement, VI, 752, 22819.

Du Monchel (Robert), VII, 752, 22819.

Du Mont : voir Monta (De).

Dumont (Antoine), garde des forêts de Retz et de Cuise, I, 109, 639.

Dumont (Élie), chevalier, seigneur de Surville, V, 470, 17093; VI, 522, 21606.

Dumont (Jacques), I, 89, 524.

Dumont (René), chapelain des Quinze-Vingts, I, 338, 1814.

Dumont (Thierry), s^r d'Acy-en-Multien, conseiller au Parlement de Paris, V, 117, 15287; VII, 376, 25130; VIII, 718, 33040.

Dumont (Thierry), général des aides à Paris, IV, 439, 13065.

Du Montcée (Jean), capitaine de la tour et du port de Toulon, VII, 127, 23843.

Du Monteil : voir Charmargnes (Le bâtard de).

Du Monteil (Louis), VII, 12, 23261.

Du Montier (Jean) ou Dumoutier, chevalier, s^r de Saragosse, maître d'hôtel de la reine Éléonore, III, 351, 9135; VI, 815, 23134; VII, 560, 26912.

Du Mortier : voir Guillart (André).

Du Mortier (Bernard ou Léonard) ou Mortery, jacobin. Arrestation, V, 772, 18687; VI, 54, 19181.

Dumoulin (Alix), chevaucheur, III, 45, 7671.

Dumoulin (Angrant ou le Grand), valet de limiers, III, 57, 7731; VIII, 137, 30522.

Du Moulin (Antoine), VII, 508, 26210.

Du Moulin (Charlotte), dite Bry, II, 613, 6757. Cf. Brye (Charlotte de).

Dumoulin (Jacques), curé de Combs-la-Ville, puis chanoine et chantre à la Sainte-Chapelle de Paris, VII, 130, 23860; VII, 286, 24631.

Dumoulin (Jean) : voir Desmoulins (Jean).

Dumoulin (Jean), dit Boileau, VI, 314, 20500.

Dumoulin (Jean), s[r] de Maisonneuve, valet de chambre du roi, II, 46, 4068.

Dumoulin (Louis), fourrier ordinaire du roi, IV, 265, 12237; V, 43, 14880; VII, 649, 27991; VII, 592, 27350.

Dumoulin (Louis), chevaucheur d'écurie, III, 58, 7738; VII, 740, 28744; VII, 754, 28834; VII, 813, 29247; VIII, 215, 31251; VIII, 244, 31532.

Du Moulin (Philippe). Sa veuve : voir Argouges (Charlotte d').

Dumoulin (Pierre) : voir Martinet (Pierre).

Du Moulin (Roland), V, 699, 18287.

Du Moulinet (Gervais) : voir Du Molinet (Gervais).

Du Mourel (Jean et Pierre). Anoblissement, VI, 380, note.

Du Mousseau (Nicolas) : voir Du Moncrau (Nicolas).

Du Moustier (Jacques), garde de la forêt de Saint-Germain-en-Laye, II, 329, 5436; II, 528, 6825; III, 67, 7783.

Du Moustier (Jean), V, 431, 16885.

Du Moustier (Jean), administrateur de la maladrerie de la Madeleine de Vassens, V, 661, 18063.

Du Moustier (Jean), père et fils, greffiers des élus de Saintonge et de la Rochelle, VII, 473, 25824.

Du Moustier (Jean), prêtre, curé de Gatteville et de Montreuil, V, 426, 16861.

Du Moustier (Michau), garde de forêt, III, 67, 7783.

Dumoutier (Jean) : voir Dumontier (Jean).

Du Moys (Étienne), garde des archives du palais de Montpellier, II, 321, 5395. Cf. Dumois (Étienne).

Du Museau : voir Morelet du Museau.

Dun : voir Franchetable-de-Dun (La).

Dunbar (Écosse, comté de Waddington). Château : garnison, III, 749, 10333; voir Nogent (Maurice de).

Dungin (Henri) de Wittlich, plénipotentiaire de l'archevêque de Trèves, IX, 88.

Dunkeld (Écosse, Pertshire). Évêque : voir Douglas (Gawin).

Dunières : voir Dimières.

Dun-le-Roi, actuellement Dun-sur-Auron (Cher). Capitaine et concierge de la ville et du château : voir La Loue (Étienne de). Chambre à sel, I, 40, 231; I, 476, 2514. Contrôleur des deniers communs : voir Delanoue (Jacques). Moulins du Pont, V, 252, 15972. Mouvance : voir Châtelier (Le), Étrechy, Malçay, Périne (La), Pré-le-Roi (Le), Trousseaux (Chevance des). Royauté des jeux, V, 229, 14850. Séjour du roi, VIII, 554. Sceau aux contrats et siège du bailliage de Berry, VI, 10-11, 18962.

Dunoir (Jeanne), VI, 621, 22133.

Dunois, pays compris dans le département d'Eure-et-Loir. Bailliage : voir Courtalain; baillis; liste, IX, 234. Comté, V, 289 (VIII, 410[a]), 16166; V, 664, 18080; VI, 161, 19715; VI, 432, 21126; comtes : voir Orléans (François et Louis II d'); eaux et forêts, IV, 402, 12881; V, 6, 14691; V, 22, 14772; érection en duché, I, 412 (VIII, 333e), 2191. Sainte-Chapelle : voir Châteaudun.

Dunoyer (Gencien), chevaucheur d'écurie servant à la cour, VII, 724, 28631; VII, 813, 29246.

Dunoyer (Guillemin), palefrenier de l'écurie, III, 466, 9654.

Du Noyer (Pierre), VI, 420, 21062.

Dunoyer (Pierre), palefrenier de l'écurie du roi, III, 466, 9654.

Dun-sur-Auron : voir Dun-le-Roi.

Dupain (Anne, fille de Martin), née en Angleterre. Lettres de naturalité, V, 692, 18244.

Du Pallais (Françoise), dame de Montesquieu-Lauraguais, VI, 300, 20433.

Du Parc (Nicolas), s^r^ de Crenay, VI, 553, 21779.

Du Parc d'Esneval, II, 733, 7303.

Duparcq (Barbe), femme de Nicolas Faultre. Lettres de naturalité, VI, 91, 19360.

Duparcq (Bertrand), natif de Hainaut, établi à Craonne. Lettres de naturalité pour son petit-fils Bertrand établi à Laon, VI, 91, 19361.

Du Parois : voir Des Persons.

Du Pérat (Guicharde), VI, 89, 19348.

Du Pérat (Jean), présenté à l'office de procureur du roi au siège d'Arles, VII, 481, 25902.

Du Périer (Armand), batteur en la Monnaie de Bordeaux, IV, 96, 1141.

Du Périer (François), VI, 331 (VIII, 396e), 20590.

Du Périer (François), fermier du tirage du sel qui se fait en remontant le Rhône et la Saône, II, 683, 7080; VI, 7, 18945.

Du Périer (Gaspard), conseiller au Parlement de Provence, VII, 173, 24069.

Du Péron : voir Du Perron.

Du Perray (Guillaume), Des Prez, Despretz ou Du Perrot, gentilhomme de la vénerie, chargé du vautrait, II, 332, 5450; II, 351, 5533; II, 690, 7116; III, 740, 10895; VII, 572, 27061; VIII, 260, 31710.

Du Perreau (Louis) : voir Perreau (Louis de).

Du Perron (Mme), femme d'Antoine de Gondi, III, 316, 8974; III, 424, 9469.

Du Perron (Nicolas), de Dieppe. Anoblissement, VI, 740, 22757.

Du Perrot (Guillaume) : voir Du Perray (Guillaume).

Du Peschin (François), s^r^ de Bort, un des cent gentilhommes de la maison du roi, II, 686, 7097; VII, 761, 28882.

Du Peyrat (Jean), huissier au Parlement de Bordeaux, III, 22, 7550.

Du Peyrat (Jean), lieutenant général du sénéchal de Lyon, III, 151, 8184; III, 338, 9076; III, 353, 9142; III, 594, 10237; IV, 222, 12022; IV, 483, 13268; IV, 722, 14357; IV, 756, 14518; V, 4, 14682; V, 40, 14901; V, 155, 15466; V, 157, 15470; V, 157, 15470; VI, 331 (VII, 396e), 20590; VIII, 72, 29891.

Du Pille (Nicolas), notaire au bailliage d'Amiens, III, 466, 9653.

Dupin (Guillaume, fils de Vincent). Légitimation, VI, 14, 18980.

Dupin (Martin), chargé de missions secrètes, V, 407, 16761.

Dupin (Martin), natif de Bayonne, VIII, 572, 32241; VIII, 581, 32291.

Dupin (Pierre), maître calfat de navires, demeurant à Marseille, natif de San Remo. Lettres de naturalité, VI, 656, 22323; VII, 313, 24788.

Du Plessis, VII, 438, 25522; cf. Pommereu (Jean de).

Du Plessis (Anne), veuve de Gaucher de Dinteville, VI, 248, 20158.

Du Plessis (Charles), s^r^ de Savonnières, de Liancourt et de Rouvray, premier maître d'hôtel de Louise de Savoie, V, 684, 18198; VI, 208, 19952; — créancier du roi, III, 747, 10926; — général des finances en Languedoc, III, 495, 9791; IV, 44, 11202; VIII, 183, 30957; VIII, 674, 32793; en Provence, VII, 365, 25073; VII, 392, 25214; dans lesdites provinces et en Dauphiné, VIII, 62, 29797; — maître d'hôtel du roi, II, 195, 4810. Commissions financières, II, 209, 5296; II, 758, 7424; III, 258, 8708; III, 281, 8816; III, 299, 8900; III, 530, 9956; IV, 630, 13944; IV, 648, 14026; VI, 789, 22998; VII, 322, 24842; VII, 377, 25135; VIII, 242, 31515. Foires établies à Ouchamps en sa faveur, II, 544, 6413. Missions diplomatiques, IX, 76, 78, 80, 84. Cf. Savennières (Le s^r^ de).

Du Plessis (François) de Richelieu, I, 597, 3134.

Du Plessis (Guillaume), maître d'hôtel du Dauphin, VI, 566, 21842.

Du Plessis (Guillaume), s^r^ de Liancourt, écuyer tranchant du roi, maître des eaux et forêts de Beauvaisis et du comté de Clermont, II, 298, 5292; VI, 650, 22051; VII, 531, 26527; VII, 543, 26685; VII, 801, 29171; VIII, 159, 30729.

IMPRIMERIE NATIONALE.

Du Plessis (Jean), archer de la garde sous M. de Chavigny, VII, 697, 28416.

Du Plessis (Jean), capitaine de Saint-Jean-d'Angely, I, 137, 792; V, 726, 18449.

Du Plessis (Jean), dit Courcal ou Torcou, maître d'hôtel du roi, V, 425, 16855; V, 762, 18631.

Du Plessis (Jean), s^r de la Bourgonnière, II, 340, 5487; VI, 354, 5544; VI, 347, 20678.

Du Plessis (Louis), VI, 211, 19966.

Du Plessis (Louise), abbesse de Nyoiseau, V, 110, 15241.

Du Plessis (Louise), demoiselle de Mlle de Roye, III, 666, 10559.

Du Plessis (René), V, 393, 16696.

Du Plessis (René), maréchal des logis de Louise de Savoie, VII, 641, 27913.

Du Plessis-Bordage : voir Montbourcher (Antoine de).

Du Plessis-Guerry (Le s^r), III, 519, 9906; III, 590, 10218.

Du Plessis-Liancourt (*Guillaume*) : voir Du Plessis (Guillaume).

Du Poirier (Mathurin), aumônier ordinaire de la reine Claude, VII, 410, 25368.

Du Pois (Pierre), dit de Nevers, officier de la fourrière du roi, V, 645, 17978.

Dupont (Aimé), archer de la garde, VIII, 115, 30309.

Dupont (Benoît), VI, 276, 20306.

Dupont (Claude), sergent en Bourgogne, IV, 585, 13732.

Dupont (Élie), commis à la recherche des amortissements, francs-fiefs et nouveaux acquêts en Bazadais, Bordelais, Condomois, Quercy et sénéchaussée de Libourne, VII, 511, 26262.

Dupont (Fiacre), sergent au Châtelet de Paris, II, 46, 4067.

Du Pont (François), procureur du roi au siège de Fontenay-le-Comte, V, 582, 17658.

Dupont (Guillaume) ou de Pons, arquebusier et arbalétrier du roi, IV, 432, 13035; VIII, 229, 31387; VIII, 260, 31706.

Dupont (Guillaume), marchand à Paris, VI, 405, 20976.

Dupont (Jacques), dit Machault ou Mathault, fauconnier du roi, garde des hérons du Plessis-les-Tours, II, 438, 5930; II, 702, 7166; VIII, 2, 29270.

Dupont (Jean), conseiller lai au Parlement de Bordeaux, IV, 489, 13296; IV, 615, 13868; IV, 615, 13870.

Du Pont (Jean), grènetier de Fécamp, VI, 299, 20429; VI, 671, 22409; VI, 673, 22418.

Du Pont (Mathurin), commis au paiement des mortes-payes de Normandie, V, 394, 16701; V, 629, 17892.

Dupont (Mathurin), vicomte de Pont-authou et Pont-Audemer, V, 267, 16050.

Du Pont (Thomas), marchand à Rouen, V, 387, 16666.

Du Pontot (Léonard), s^r dudit lieu, bailli du comté de Nivernais, V, 795, 18812-18814.

Du Pontreau, II, 612, 6755.

Du Port (Barthélemy), viguier de Saint-Paul, VII, 365, 25076.

Du Port (Claude), enquêteur au siège de Draguignan, VII, 293, 24672.

Duport (François), morte-paye au château de Beaucaire, V, 192, 15659.

Duport (Jean), receveur ordinaire de Vermandois, V, 404, 16749.

Duport (Jeanne), VIII, 720, 33053.

Du Posteau (Pierre), homme d'armes des ordonnances, IV, 283, 12321.

Du Posteau (Jean), natif de Liège, marié à Brandonvillers. Lettres de naturalité, IV, 283, 12321.

Dupotet (Pierre), natif de la Barme en Savoie, demeurant à Apt. Lettres de naturalité, IV, 355, 12666.

Du Prat, VI, 797, 23042.

Du Prat (Anne), s^r de Verrières, receveur des aides et tailles en Auvergne, gouverneur de Clermont, garde des sceaux des comté de Montpensier, dauphiné d'Auvergne et Clermont, I, 530, 2791; II, 241, 5031; III, 566, 1011; V, 581, 17653; V, 596, 17725; V, 733, 18489; V, 773, 18692; V, 784, 18750; VI, 77, 19293; VI, 189, 19853; VI, 235, 20091; VI, 262, 20234; VI, 305, 20458; VI, 309, 20476; VI, 338, 20630; VI, 374, 20820; VIII, 600, 32391.

Du Prat (Antoine), s[r] de Nantouillet et de Précy, gentilhomme de la chambre, IV, 755, 14508; VII, 476, 25857; VIII, 73, 29899; VIII, 205, 31156; créancier du roi, IV, 212, 11977; IV, 322, 12513; IV, 575, 13690; prévôt de Paris, IV, 295, 12376; VIII, 711, 33000; VIII, 727, 33094. Hommages, VI, 528-529, 21642-21644; VII, 241, 24396.

Du Prat (Antoine), cardinal, père du précédent, I, 616, 3229; I, 618, 3241; I, 680, 3561; II, 60, 4139; II, 161, 4649; III, 696, 10697; IV, 24, 11118; VII, 430, 25456; VII, 477, 25857; VII, 540, 26729; VII, 758, 28860; VIII, 73, 29899; VIII, 307-308, 32187-32188; — abbé de Saint-Benoît-sur-Loire, I, 474, 2504; V, 749, 18563; — archevêque de Sens, I, 432, 2286; I, 441, 2331; III, 178, 8317; V, 715, 18387; VI, 210, 19957; VI, 409, 20997; — autorisé à ériger des fourches patibulaires dans ses seigneuries de Nantouillet et de Marchemoret, I, 578, 3039; I, 700, 3661; à exercer la charge de chef de la justice et du conseil de Louise de Savoie, V, 253, 15975; à prendre 300 marcs d'argent sur les cendrées des mines de Nivernais, I, 106, 618; — capitaine du château de Madrid, près Paris, I, 704, 3682; — chancelier de Bretagne, I, 39, 221; I, 163, 929; V, 336, 16420; — chancelier de France, nommé à cet office après avoir exercé celui de premier président du Parlement de Paris, I, 3, 12; III, 110, 7991; VII, 485, 25929; avis pour l'assignation des dons royaux, II, 102, 4354; II, 714, 7225, et *passim* entre ces deux cotes; VII, 790, 29087; expédition des rémissions du vendredi-saint, I, 560, 2943; VI, 355, 20722; gages, V, 226 (VIII, 389), 15836; réception d'hommages, VII, 430, 25458; scellement d'actes royaux, V, 375, 16612; vérification des états de divers comptables, III, 107, 7979; voir aussi au nom de ses clercs, La Forêt (Jean de), Babillon (Jean), et Desorties (Jacques); — chancelier de Milan, V, 336, 16420; — créancier du roi, I, 629, 3291; II, 152, 4604; V, 284, 16142; V, 665, 18088; VII, 459, 25705; — dépositaire d'une des trois clefs du trésor du Louvre, III, 76, 7830; — donataire de l'hôtel de Piennes, I, 37, 211; de la maison dite la Chancellerie, près du château de Fontainebleau, IV, 138, 11630; VI, 140, 19611; de la seigneurie de Thiers, VII, 461, 25719-25720; VII, 525, 26444; — évêque d'Albi, I, 629-630, 3296-3297; VI, 395, 20927; de Meaux, III, 178, 8315; — légat du Saint-Siège en France, I, 677, 3547; I, 682, 3570; commission à lui décernée pour procéder contre les Luthériens, VI, 240, 20120; VII, 431, 25459; levées de décimes faites par ses soins, I, 678, 3548; II, 643, 6898; II, 645, 6908; VI, 43, 19127; correspondance, II, 238, 5017; II, 273, 5180; II, 390, 5708; VII, 672, 28183; VII, 675, 28215; VII, 730, 28664; VII, 792, 29105; VII, 800, 29159; VII, 813, 29246; VII, 816, 29267. Érection en sa faveur de la Valteline en comté, I, 64 (VIII, 764), 380. Hommages VI, 35, 19085; VI, 369, 20790. Inventaire de ses papiers, III, 111, 7996; IV, 724, 14367; VI, 602, 22034. Maison : laquais, voir Jenny; maître d'hôtel : voir Lecce (Gabriel, baron de). Missions diplomatiques, I, 26, 152; I, 519, 2739; I, 542 (VIII, 337[a]), 2852; I, 657, 3438; II, 641, 6888; V, 264, 16033; V, 336, 16420; V, 530, 17399; V, 773, 18697; VI, 30, 19061; VI, 42, 19118; VI, 152, 19672; VI, 153, 19676; VI, 170, 19762; VII, 28, 23350; VIII, 577, 32271; VIII, 607, 32432; VIII, 616, 32469; IX, 20. Pension, II, 297, 5284. Traites en sa faveur : de blé, II, 505, 6235; de vin, VII, 665, 28129. Vaisselle d'or et d'argent, III, 238, 8617.

Du Prat (Arnaud), notaire à Saint-André, V, 186, 15621.

Du Prat (Arnaud), s[r] d'Esperce, VII, 274, 24562.

Du Prat (Claude), évêque de Mende, comte de Gévaudan, I, 680, 3557; VI, 142, 23917.

Du Prat (Giraude), VI, 253, 20188.

Du Prat (Guillaume), évêque de Clermont, III, 408, 9392; VI, 178, 19801; VI, 572, 21880; VII, 156, 23985; VII, 476, 25857; VIII, 633, 32560.

Du Prat (Thomas), évêque de Clermont, V, 362, 16548; VII, 52, 23472; VII, 721, 28606.

Du Pré (Étienne), VIII, 271, 31820.

Dupré (François), conseiller au Grand Conseil, s[r] de Cossigny, IV, 88, 11405; IV, 486, 13283; VI, 459, 21266; VII, 468, 25787.

Dupré (François), maître des requêtes, IV, 646, 14022.

Dupré (François), secrétaire du roi, VI, 85, 19329; VI, 331 (VIII, 396*), 20590.

Dupré (François), s[r] de Chamagnieu, I, 261, 1420; V, 532, 17410.

Dupré (François), valet de chambre du roi, I, 168, 955.

Dupré (François), vicomte de Bayeux, V, 198, 15682; V, 269, 16060.

Du Pré (Galiot), libraire juré de l'Université, VI, 574, 21891; VIII, 640, 32598; VIII, 689, 32873.

Du Pré (Jean), procureur général au comté de Saint-Pol, VIII, 115, 30312.

Dupré (Jean), mesureur du grenier à sel de Montereau-faut-Yonne, VII, 695, 28399.

Dupré (Jean), receveur de Louise de Savoie à Chizé, IV, 177, 11814.

Dupré (Jean), secrétaire du roi, I, 127, 731; V, 333, 16402; V, 620, 17844; notaire au Parlement de Paris, I, 396, 2110; V, 621, 17846; VII, 480, 25960.

Dupré (Nicolas ou Nicole), s[r] de Passy, commis à l'instruction des procès Gentils et Ravier, VIII, 191, 31031; — maître des comptes à Paris, I, 527, 2778; IV, 348, 12638; — maître des requêtes, IV, 368, 12725-12726; IV, 399, 12869; IV, 643, 14007; nominations faites par lui, VII, 597, 21410-27411; taxations faites par lui, V, 69, 15022. Hommage, V, 333, 16402. Missions : à Étampes, Dourdan et la Ferté-Alais, VIII, 131, 30462; en Angleterre, IX, 33; en Champagne, V, 9, 14704; en Guyenne, V, 397, 16715; en Outre-Seine et Picardie, IV, 629, 13941; en Provence, III, 122, 8051, 8053; III, 129, 8085; VII, 757, 28856; VII, 813, 29248.

Dupré (Olivier), VII, 645, 27954.

Dupré (Perrette), I, 396, 2110.

Du Pré (Philippe), s[r] de Baubigny, V, 470, 17097-17098.

Dupré (Pierre), de la maison de la reine. Lettres de naturalité, VII, 614, 27631.

Dupré (Pierre), mercier à Paris, natif de Gournay-sur-Aronde, IV, 305, 12426.

Du Pré (Pierre), prévôt de Melun, V, 492, 17209.

Dupré (Pierre), serviteur du connétable, III, 650, 10487.

Du Puget (Alban et Raymond), VIII, 657, 32698.

Du Puget (François), juge d'appeaux des pays de Bresse, Bugey et Gex, III, 456, 9609.

Dupuis : voir Dupuy.

Dupuis (Adrien), VI, 524, 21615.

Dupuis (Barthélemy) ou Dupuy, dit Servain ou Servien, capitaine de la marine de Provence, I, 134, 773; VII, 770, 28943.

Dupuis (*Claude*) : voir Dupuis (Michel).

Dupuis (Geoffroy), acquéreur de l'étang de Meylieu, VII, 561, 26922.

Dupuis (Hugues), acquéreur de portions du domaine, VII, 561, 26924-26925.

Dupuis (Huguet), capitaine du château de Beaune, VII, 78, 23602.

Dupuis (Jacques), IV, 143, 11658.

Dupuis (Jacques), maître des eaux et forêts au bailliage de Touraine, V, 663, 18074.

Dupuis (*Jean*) : voir Dupuis (Michel).

Dupuis (Jean), acquéreur de l'étang de Meylieu, VII, 561, 26922.

Dupuis (Jean), prêtre à Corbie, natif de Chieri. Lettres de naturalité, IV, 143, 11658.

Dupuis (Louis), juge du duché de Châtellerault. Anoblissement, VII, 50, 23463.

Dupuis (Michel), prêtre. Légitimation de ses fils Claude et Jean, demeurant à Saintes, V, 76, 15056.

Du Puits (Barthélemy, Étienne et Lazare), VI, 804, 23076.

Dupuy : voir Dupuis.

Dupuy, VIII, 573, 32246.

Du Puy (Albin), s[r] de Villelouet, conseiller et premier médecin du roi, V, 533, 17418.

Dupuy (Bastien), garde des civettes d'Amboise, II, 331, 5445-5446.

Dupuy (Étienne), courrier, III, 408, 9394; VIII, 92, 30080.

Dupuy (Étienne), sergent au bailliage de Blois, V, 130, 15351.

DUPUY (Étienne), sergent au bailliage de Sens, IV, 297, 12385.

DUPUY (François), greffier criminel d'Agénais, II, 738, 7330.

DUPUY (François), orfèvre de Dieppe, VIII, 202, 31130.

DUPUY (François) ou DUPUIS, sommelier d'échansonnerie, II, 88, 4282; III, 427, 9479; III, 462, 9638; IV, 733, 14412.

DU PUY (Geoffroy) ou DUPUIS, conseiller clerc, puis lai, au Parlement de Rouen, V, 657 (VIII, 394), 18043; V, 658 (VIII, 394), 18046; VI, 319, 20528.

DU PUY (Georges), s^r du Coudray, panetier ordinaire du roi, VI, 561, 21815.

DUPUY (Godefroy), notaire à Grospierres, IV, 782, 14641.

Du Puy (Granthome) : voir DUPUY (Jean).

DUPUY (Guillaume), archevêque de Thessalonique, prieur commendataire de l'Hôtel-Dieu de la Madeleine de Rouen, VI, 191, 19862.

Dupuy (Héliot) : voir DUPUY (Jean).

DUPUY (Honorine), VI, 561, 21816.

DUPUY (Jacques), V, 224, 15829.

DU PUY (Jean), VII, 77, 23594.

DUPUY (Jean), fermier du greffe du bailliage d'Amboise, VII, 714, 28565.

DUPUY (Jean), fermier de la prévôté de Châtillon-sur-Seine, VIII, 57, 29755.

DUPUY (Jean), huissier au Parlement de Paris, IV, 507, 13376; VIII, 302, 32148.

DUPUY (Jean), s^r de la Jarte, maire de Périgueux, V, 209, 15744.

DUPUY (Jean), notaire au bailliage d'Amboise, III, 522, 9921.

DUPUY (Jean), prêtre. Légitimation de ses fils Granthome et Héliot, VI, 88, 19345.

DU PUY (Jean), receveur ordinaire de Vermandois, V, 404, 16749.

DU PUY (Louis), de Nice. Biens confisqués, VIII, 663, 32732.

DU PUY (Pierre), s^r de Vatan, gouverneur et bailli de Berry, V, 494, 17218; V, 609, 17790.

DU PUY (Pierre), servant et garde de la garnison d'Aigues-Mortes, V, 700, 18293.

DU PUY (Regnaut), V, 643, 17967.

DU PUY (Vidal), trésorier du comté de Foix, VI, 820, 23159.

DU PUY (Vincent), s^r de Vatan, maître d'hôtel du roi, gouverneur de Romorantin, II, 373, 5635; VI, 711, 22623; VII, 122, 23821; VII, 561, 26919; VIII, 147, 30619.

DU PUY-DE BERMONT (Jean), bailli de Melun, VII, 501, 26121.

DU PUY-DU-FOU (François), écuyer tranchant du roi, lieutenant du connétable au château de Nantes, III, 308, 8939; III, 331, 9043; V, 714, 18381; VII, 606, 27522; VIII, 186, 30984; VIII, 273, 31850.

DU PUY-DU-FOU (Jacquette), VII, 782, 29024.

DU PUY-DU-FOU (Jean). Lettres de naturalité, V, 119, 15302.

DU PUY-DU-FOU (Pierre), prieur de Saint-Pierre de Mortagne, VII, 472, 25820.

DUPUYS (Louis), procureur du roi au magasin à sel de Châtellerault, V, 192, 15654.

Du Puy-Saint-Martin : voir URRE (Claude D').

Dupuy-Servain : voir DUPUIS (Barthélemy).

Du Quelenec : voir QUELENEC (DE).

Duquemin : voir PARC (LE).

DU QUESNAY (Robert), VI, 351, 20697.

DU QUESNE (Guillaume), s^r de Bautot, huissier ordinaire au Parlement de Rouen, V, 344, 16461.

DUQUESNE (Guillemette), abbesse des Préaux, V, 435, 16904.

DUQUESNE (Louis), s^r de Brotonne, V, 435, 16905.

DU QUESNE (Pierre), s^r de Caillouet, VI, 514, 21560.

DU QUESNE (Pierre) ou DUCHESNE, garde de forêts, II, 690, 7115; III, 64, 7773; VIII, 204, 31139.

DUQUESNE (FIEF), sis à Clermont-en-Beauvaisis, VI, 458, 21259.

DUQUESNEL (Jean), l'un des cent gentilshommes de l'hôtel, sergent fieffé de la Bonneville, VII, 512, 26267; VII, 573, 27072; maintenu en possession dudit office, nonobstant la réunion du domaine, II, 316, 5373.

Duquesnel (Regnault), conseiller au Parlement de Rouen, I, 275, 1491.

Du Quesnoy (Richard), V, 347, 16470.

Du Quilly (Jean), clerc, VIII, 717, 33034.

Durance (La), rivière, VIII, 571, 32240. Flottage, III, 549, 10037; V, 673, 18127; VII, 449, 25624. Inondations à Orgon, VI, 289, 20379. Passage de la poste de Lyon à Marseille, VIII, 256, 31659. Ponts de bateaux établis lors des voyages du roi, II, 496, 6189; II, 510, 6257; II, 531, 6349; II, 562, 6495; III, 554, 10058; VIII, 279, 31897. Travaux de captation autorisés à Cavaillon, III, 420 (VIII, 496), 9449; VIII, 665, 32745.

Durand : voir Durant.

Durand (La veuve) : voir Saulsaye (Jeanne).

Durand (Antoine), conseiller au Parlement de Bordeaux, IX, 166.

Durand (Antoine), conseiller au Parlement de Toulouse, I, 270, 1493; V, 622, 17854.

Durand (Antoine), natif du marquisat de Saluces, habitant la Provence. Lettres de naturalité, VII, 289, 24645.

Durand (Antoine), tendeur aux milans, VIII, 178, 30907.

Durand (Bertrand) ou Durant, conseiller au Parlement de Provence, VII, 88, 23649; VII, 117, 23793.

Durand (Georges) ou Durant conseiller au Parlement de Provence, VII, 88, 23649; VII, 117, 23793.

Durand (Grégoire), VII, 520, 26379.

Durand (Guillaume), VII, 587, 27283.

Durand (Guillaume), évêque de Mende, I, 47, 272.

Durand (Guillaume) ou Durant, commis au payement des mortes-payes de Picardie, II, 135, 4522; II, 170, 4687; II, 216, 4911; II, 455, 6007; II, 682, 7078; III, 118, 8033; III, 458, 9625; VII, 663, 28111; VIII, 5, 29295; VIII, 51, 29702; VIII, 102, 30182.

Durand (Jacques), de Marseille, VIII, 658, 32699.

Durand (Jean), abbé de Jumièges, I, 136, 783.

Durand (Jean), chevaucheur d'écurie. Mission en Piémont, VIII, 259, 31696; et à Rome, VII, 736, 28712.

Durand (Jean) ou Durant, commis au payement des mortes-payes du duché de Bourgogne, IV, 100, 11462; IV, 147, 11674; VIII, 209, 31201.

Durand (Jean), premier huissier au Parlement de Dijon, II, 667, 7006; VI, 285, 20351.

Durand (Jean), prêtre. Légitimation de son fils Pierre, demeurant à Dijon, V, 789, 18779.

Durand (Jean), procureur de Provence, VII, 24, 23324; VII, 41, 23414.

Durand (Jeanne), VI, 142, 19621.

Durand (Josse), V, 161, 15495.

Durand (Michel), chapelain perpétuel de la Sainte-Chapelle, chantre en ladite église, VII, 350, 24997.

Durand (Nicolas), gruyer des eaux et forêts du comté d'Auxerre, IV, 196, 11900.

Durant (Odet), procureur du roi sur le fait des aides et tailles aux bailliage et élection de Périgord, VIII, 166, 30806.

Durand (Philippe), bailli de Provins, IV, 602, 13810.

Durand (Philippe), veuve, V, 759, 18615.

Durand (Pierre) : voir Durand (Jean).

Durand (Pierre), arbalétrier à Paris, VIII, 139, 30550.

Durand (Pierre), cordonnier du roi, IV, 164, 11753.

Durant (Pierre) ou Durand, marchand à Marseille, III, 544, 10015; VIII, 137, 30527.

Durand (Pierre), viguier de Tarascon, VII, 302, 24725.

Durant (Tristan) ou Durand, avocat au Parlement de Paris, puis conseiller en la Chambre des Eaux et forêts, IV, 542, 13534; IV, 549, 13567; VII, 595, 27382.

Durande (La) : voir Brunet (Charlotte).

Du Ranier (Lancelot) : voir Du Regnier (Lancelot).

Durant : voir Durand.

Durant (*François*). Sa veuve : voir SAULSAYE (Jeanne).

DURANT (Guy), II, 41, 4046.

DURANT (Henri), praticien en cour laie, procureur du roi en la vicomté de Falaise, VII, 102, 23718.

DURANT (Jacques), VI, 298, 20423.

DURANT (Jean), II, 41, 4046.

DURANT (Jean), demeurant à Loches, III, 491, 9775.

DURANT (Louis). Garde noble, III, 689, 10663.

DURANT (Michel). Anoblissement, VI, 379, note.

DURANT (Philippe), VI, 370, 20798.

DURANT (René), IV, 287, 12338.

DURANT (Robert), s[r] de la Rivière, III, 689, 10663.

DURANTIBUS (Durand DE), premier chambrier du pape, VIII, 251, 31606.

DU RACULLET (Claude), lieutenant particulier du bailliage de Vermandois, IV, 527, 13574.

DURAS (Mlle DE), demoiselle de la maison de la reine Éléonore, IV, 255, 12190.

Duras (Lot-et-Garonne). Seigneur : voir DURFORT (Symphorien DE).

DURAT (François DE), s[r] de Chazeaux, prévôt des maréchaux dans la Marche, le pays de Combrailles, etc., V, 643, 17968.

DURAT (Jean DE), s[r] des Portes, prévôt des maréchaux dans la Marche, le pays de Combrailles, etc., V, 643, 17968.

DURAT (Jeanne), VI, 226, 20041.

DURATEAU (Guillaume), notaire aux châtellenies de Cognac et Merpins, V, 165, 15514.

Du Ravier, Du Raynier, Du Rayvier : voir DU REGNIER (Lancelot).

DURBERT (Nicolas), natif du pays de Gênes, demeurant à Antibes. Lettres de naturalité, VI, 636, 22213.

DURDANT, seigneurie sise à Saint-Denis-Hors (Indre-et-Loire), IV, 686, 14194; V, 952, 17706.

Du Réal : voir CABASSOLLE (Jean).

DU RÉEL (Pierre), homme d'armes de la compagnie du s[r] de Lauzun, devenu aveugle, est pourvu d'une place de religieux lai, VII, 430, 25453.

Du Refuge : cf. REFUGE (DE).

DU REFUGE (Charles), premier écuyer d'écurie du roi, VII, 442, 25564.

DU REFUGE (Christophe), correcteur extraordinaire des comptes à Paris, I, 69, 405; I, 114, 662; I, 143, 824; I, 165, 937; I, 181, 1017; I, 348, 1861.

DU REFUGE (Christophe) ou DU REFFUGE, écuyer d'écurie de François de Bourbon, II, 254, 5095; II, 448, 5973; II, 449, 5977; II, 558, 6476; III, 474, 9695.

DU REFUGE (Christophe) ou de REFUGE, l'un des cent gentilshommes de l'hôtel du roi, IV, 606, 13828; VII, 592, 27353.

DU REFUGE (Guillemette), veuve de Jean Potart. Procès qu'elle a avec Antoine Robert, greffier criminel au Parlement, I, 199, 1107.

DU REFUGE (Guyot), valet tranchant ordinaire du roi, grènetier de Caudebec, VII, 36, 28391.

DU REFUGE (Guyot), seigneur de Dammarie et de Gallardon, V, 744, 18540.

DU REFUGE (Jean), s[r] de Charbonneau, VI, 370, note.

DU REFUGE (Jean) ou DE REFUGE, s[r] de Conon, VII, 45, 23434. Sa veuve : voir BARBANÇOIS (Isabelle DE).

DU REFUGE (Jean), page de l'écurie des fils du roi, VIII, 7, 29314.

DU REFUGE (Jeanne), femme POTIN, VII, 45, 23434.

DU REFUGE (Jeanne), veuve de Jean de Diesbach, remariée à Jean d'Estouteville, I, I, 529, 2786; V, 703, 18314; V, 704, 18321; VI, 95, 19381.

DU REFUGE (Marguerite), veuve d'Abel de Mailly, VII, 44, 23434.

DU REFUGE (Regnault), premier écuyer d'écurie du roi, VII, 442, 25564.

Du Règne (*René*) : voir RÈGNE (Anne ou RENÉ DE).

DU REGNIER (Lancelot), DU RAVIER ou DU RAYVIER, s[r] de la Tour-Regnier, gentilhomme de la fauconnerie, I, 620, 3294; II, 651, 6934-6935; III, 35, 7617; V,

365, 16564; VII, 633, 27827; VII, 678, 28246; VII, 699, 28445; VIII, 141, 30560.

Du Renyé (Guillaume). Anoblissement, VI, 380, note.

Durescu, fief sis à Picauville (Manche), V, 443, 16956.

Duret (Jean) ou Dinet, avocat fiscal en Bourbonnais, VI, 591, 21978; VII, 568, 27005; VIII, 221, 31304.

Duret (Jean), conseiller au Parlement de Paris, IX, 153.

Du Retour (Louis), sommelier de paneterie, III, 492, 9781.

Du Retour (Louis) ou Du Rutour, valet de chambre d'Anne de Montmorency, II, 100, 4343; II, 468, 6068; II, 612, 6755; III, 343, 9099; III, 690, 10664; III, 561, 10091; VI, 333, 20600; VI, 334, 20607.

Durevie (Guillaume). Anoblissement, VIII, 393, 17668.

Durevie (Roger), demeurant à la paroisse Saint-Lo-d'Urville, VIII, 393*, 17668.

Durfort (Alain de), écuyer, s^r de Bajamont, VII, 245, 24417; VII, 692, 28374.

Durfort (Armand de), s^r de Born, VII, 24481.

Durfort (Arnaud de), baron de Bajamont, II, 222, 4396; VII, 703, 28482.

Durfort (Bernard de), II, 407, 5785.

Durfort (Étienne de), VII, 244, 24417.

Durfort (François de), II, 407, 5785.

Durfort (Guillaume de), VI, 291, 20387.

Durfort (Guillaume de), conseiller au Parlement de Toulouse, délégué aux Grands jours de Nîmes, IV, 225, 12033.

Durfort (Isabelle de), VI, 291, 20387.

Durfort (Jacques de), conseiller au Parlement de Toulouse, IX, 186.

Durfort (Jean-Jacques de), VII, 576, 27115.

Durfort (Jeanne de), VI, 291, 20387.

Durfort (Symphorien de), s^r de Duras, VIII, 195, 31064.

Durfort (*S^r de*) : voir Espagne (Hugues d').

Durham (Grande-Bretagne, ch.-l. de comté). Évêques : voir Ruthale (Thomas) et Tunstal (Cuthbert).

Durier (Hugues), huissier au Parlement de Dijon, III, 200, 8425; V, 165, 15512.

Durier (Pierre), fabricant d'arquebuses à Saint-Étienne, VIII, 210, 31207.

Du Rieu (Jean). Légitimation de son fils Élie, VI, 336, 20616.

Duriez (Jean), natif de Lestrem, dispensé de lettres de naturalité, VII, 594, 27375.

Duriez (Richard), V, 691, 18238.

Du Rivau (François), capitaine de Loudun, VII, 794, 29118.

Du Rivau (Louis), courrier envoyé à Venise et à Rome, VIII, 91, 30071.

Du Rivau (René), Du Rivol, Du Ruyau ou de Rivol, s^r de Villiers-au-Bouin, porte-enseigne de la compagnie de M. de Chavigny, II, 694, 7136; II, 485, 6141; III, 132, 8097; III, 402, 9363; VII, 101, 30168; VII, 611, 27596; VII, 647, 27969; VII, 794, 29118; VII, 795, 29120; VIII, 72, 29887; VIII, 123, 30387; VIII, 184, 30967; capitaine de Loudun, VII, 794, 29118. Légitimation de son fils René, IV, 173, 11795.

Du Rocher (Gilles), serviteur de M. de Boisy, VII, 741, 28747.

Du Rogier (Jean), écuyer, natif de Rhodes, retiré à Montluçon. Lettres de naturalité, VI, 93, 19369.

Duron (Étienne), V, 619, 17839.

Du Rouil (Eustache) ou du Ruil, s^r dudit lieu, V, 433, 10893; V, 485, 17171; VI, 550, 21761.

Du Rouil (Guillaume), V, 514, 17319.

Du Rousseau (Jean), garde des forêts de Châteauneuf et Senonches, V, 103, 15205.

Du Rousset (Antoine), gentilhomme de la maison de l'amiral Chabot, II, 520, 6302.

Du Rouvre (Antoine), valet de pied du roi, IV, 781, 14636. Cf. Roveyre (Antoine).

Du Rozelet (François), canonnier, VIII, 287, 31979.

Durtal (Maine-et-Loire) : voir Chemans.

Du Ru (Mme), III, 562, 10097.

Du Ruil (Eustache) : voir Du Rouil (Eustache).

Du Ruisseau (Jean), sergent en la sénéchaussée de Guyenne, V, 2, 14675.

Du Ratour (Louis) : voir Du Retour (Louis).

Du Ruyau (René) : voir Du Rivau (René).

Durvie (Jean), s^r^ de Sotteville. Anoblissement, VII, 67, 23545.

Duryant (Jean), avocat en Parlement, nommé conseiller aux requêtes du Palais, avec dispense de la qualité de conseiller au Parlement, IV, 572, 13677.

Dusable (Antoine), garde des forêts de Retz et de Cuise, I, 109, 639.

Du Sable (Gabriel), garde de la forêt de Retz, II, 627, 6823; III, 112, 8003; VIII, 164, 30773.

Du Saix (Antoine), protonotaire, envoyé du duc de Savoie, IX, 131.

Dussac, paroisse de Saint-Avit (Lot-et-Garonne), VII, 252, 24451.

Du Saffray (Robert), receveur de l'élection d'Évreux, VI, 768, 22898.

Du Saulcé (Jean), écuyer, VI, 295, 20410.

Du Saulsoy (Pierre), homme d'armes de la compagnie du duc d'Orléans, III, 610, 10304.

Du Sault (Charles), page de l'écurie, VIII, 292, 32025.

Du Sault (Ozias), dit La Vernade, guidon de M. de Saint-Pol, VII, 615, 27638.

Du Saussay (Jean), VI, 294, 20402.

Du Saussey (Antoine), VI, 390, 20899.

Du Saussey (Jean). Sa veuve : voir Saint-Martin (Anne de).

Du Seigne (Guillaume), Deseigne, Le Sayne ou de Seigne, trésorier et receveur ordinaire de l'artillerie, I, 205, 1140; I, 367, 1957; IV, 185, 11850; V, 375, 16610; V, 720, 18417; V, 760, 18621.

Dusel (Antoine), commissaire des guerres, V, 683, 18190.

Duserant (Nicolas), contre-garde de la monnaie de Tours, IV, 482, 13264; VI, 247, 20155. Cf. Dosseran (Jean).

Duserant (Nicolas), contrôleur du domaine et de la recette ordinaire d'Amboise, VII, 585, 27252.

Du Soillat (Jean), contrôleur des deniers communs de Dijon, V, 125, 15326.

Dusoir (De) : voir «Avant de Dusoir» (Michel).

Dusolier (Antoine) ou du Sollier, conseiller au Parlement de Toulouse, III, 648, 10481; V, 84, 15100.

Du Solier (Charles), s^r^ de Morette, gentilhomme de la chambre, I, 570, 2999; I, 591 (VIII, 339^a^), 3105; I, 573, 3013; II, 339, 5482; VII, 803, 29186; VIII, 41, 29620; — ambassadeur auprès de Charles-Quint, II, 39, 4034; II, 40, 4038; II, 259, 5117; IV, 680, 14169; VI, 259, 20217; VII, 635, 27849; VII, 795 (VIII, 808), 29136-29137; IX, 45, en Angleterre, I, 551-552, 2898-2902; II, 639, 6881; II, 687, 7098; II, 724, 7267; III, 4, 7466; III, 38, 7636; III, 53, 7713; III, 77, 7834; III, 99, 7938; III, 176, 8309; V, 771, 18684; V, 780, 18731; V, 800, 18835; IX, 18, 33; en Suisse, IX, 78, 79; — capitaine des vaisseaux envoyés à Naples, I, 594, 3116; II, 621, 6795-6797; VII, 716, 28578; VIII, 612, 32451; — châtelain, viguier, capitaine, juge et conservateur d'Aigues-Mortes et de la tour Carbonnière, V, 722, 18425; — concessionnaire de la seigneurie de Châtillon-sur-Indre, I, 401, 2134; III, 335, 9061; V, 605, 17772; nonobstant la réunion du domaine, II, 373-374, 5636-5637; — troisième président à la Chambre des comptes de Paris, I, 566, 2974; I, 574, 3016; I, 576 (VIII, 339), 3031; I, 590, 3098; I, 660, 3453; II, 89, 4290; VI, 131, 19569. Légitimation de sa fille Marie, VIII, 740, 33163. Mission à Exilles, III, 499, 9810. Pension, II, 259, 5118; II, 564, 6509; VIII, 96, 30122; VIII, 183, 30953.

Du Solier (Jacques), originaire de Piémont, autorisé à tenir bénéfices en France, V, 784, 18755.

Du Solier (Jeannette), I, 511 (VIII, 774), 2695.

Du Sollier (Antoine) : voir Dusolier (Antoine).

Du Sollier (Richard), s^r^ d'Estramont, VI, 505, 21514.

Du Sollier (Simon), VI, 505, 21514.

IMPRIMERIE NATIONALE.

Du Sollier (Philibert). Lettres de naturalité, V, 617, 17827. Le prénom de ce personnage est ici rétabli d'après une ancienne table des registres de la Chancellerie de France.

Du Souchay (Jean) ou *du Souchey* : voir Souchey (Jean de).

Du Souillac (Jean), VII, 205, 24224.

Du Soultre (Tristan), docteur ès-droits, conseiller clerc au Parlement de Toulouse, V, 479, 17144; V, 626, 17877.

Dussault (Élie), VII, 257, 24474.

Du Tartas (Bertrand) : voir Tartas (Bertrand de).

Du Tartre : voir Du Galais (Robert).

Dutartre (Antoine), valet de garde-robe, VII, 652, 28012.

Dutartre (Pierre), garde de la garenne de Châtellerault, VII, 530, 26499.

Duteil (Jean) ou Dutheil, sommelier d'échansonnerie de bouche, II, 72, 4203; II, 88, 4285; II, 211, 4890 (il semble résulter de ce dernier numéro qu'il était sommelier de paneterie); II, 612, 6753; III, 599, 10260; VII, 548, 26757; VII, 633, 27830.

Du Teil (Martin) ou du Theil, gentilhomme de la vénerie, II, 65, 4168; VII, 101, 30167.

Duteil (Martin), maître sergent en la forêt de Sourdun, III, 752, 10944.

Duteil (René), sommelier du roi, II, 72, 4206.

Du Terrail : voir Bayard.

Du Terrail (Jacques), évêque de Glandèves, prieur de Saint-Martin-de-Miseré, VI, 772, 22912.

Du Terrail (Philippe) de Bayard, évêque de Glandèves, VII, 103, 23719.

Dutertre (Jean), de Grosville, faux-monnayeur, IV, 59, 11269.

Dutertre (Thomas), huissier sergent en la chambre des eaux et forêts à Paris, IV, 469, 13203.

Dutheil : voir Duteil.

Du Theil (François), sommelier de l'échansonnerie de bouche, IV, 785, 14657; V, 20, 14763; V, 42, 14879; V, 114, 15268; V, 134, 15372.

Dutheil (Jean), receveur des deniers communs de Blois, VII, 582, 27205.

Duthier (Jean) ou Dutier, secrétaire du roi et d'Anne de Montmorency, clerc de Jean Breton, I, 592, 3107; II, 228, 4969; II, 410, 5800; III, 721, 10814; VI, 420, 21060; VII, 792, 29105; VIII, 72, 29895-29896; VIII, 126, 30417, 30420; VIII, 278, 31889; mission à Avignon, VIII, 237, 31466.

Duthierr (Jean), receveur des aides à Sens, II, 328, 5432.

Duthiers (Marguerite), VI, 424, 21080.

Du Thilly (Bertrand), VII, 674, 28198.

Du Thouin (Claude) ou *Du Thouyn* : voir Du Tonnin (Claude).

Dutier (Jean) : voir Duthier (Jean).

Du Tiercent (Gilles), IV, 314, 12467.

Du Tillet (Anne), VI, 224, 20030; VIII, 201, 31123.

Du Tillet (Antoine), II, 691, 7119.

Du Tillet (Françoise), VIII, 201, 31123.

Du Tillet (Hélie), receveur général des finances de Louise de Savoie et de François Ier avant son avènement, VIII, 201, 31124; vice-président de la Chambre des comptes de Paris, I, 6, 32; I, 453, 2396; I, 28, 158; I, 107, 625; I, 515, 2714; V, 784, 18752; VI, 135, 19588.

Du Tillet (Jean), secrétaire du roi, greffier civil du Parlement de Paris, I, 250, 1363; I, 494, 2603; I, 584, 3067; IV, 81, 11373; IV, 498, 13342; IV, 649, 14030; IV, 756, 14516; V, 144, 15421; VI, 170, 19760; VI, 224, 20030; VI, 809, 23099; VII, 453, 25659 (il est, à cet endroit, dit protonotaire); VII, 495, 26055; VIII, 201, 31123; VIII, 685, 32850; VIII, 751, 33223.

Du Tillet (Louis), IV, 498, 13342; V, 144, 15421.

Du Tillet (Louis), prieur de Notre-Dame près Pons, VI, 257, 20206.

Du Tillet (Marie), VIII, 201, 31123.

Du Tillet (Séraphin), secrétaire du roi, commis au paiement de la compagnie de M. de Chavigny, V, 384, 16655; V, 388, 16671; des officiers de la maison du roi, I, 22, 129; I, 66, 394; V, 237, 15896; V, 263, 16028; V, 272, 16078; VIII, 201, 31123; — créancier du roi,

V, 384, 16655; — greffier civil du Parlement de Paris, I, 250, 1363; I, 404, 2603; VII, 495, 26055; — receveur général des finances de Louise de Savoie, VIII, 201, 31124, 31126.

Du Tillet (Séraphin, s^r), VI, 439, 21159.

Du Tisseau (Philippe), de Thésac ou de Thizac, garde de la forêt de Retz, II, 627, 6823; III, 112, 8003; VIII, 164, 30773; cf. Thésat (Philippe de).

Du Tonnin (Claude), du Thouyn, de Thouyn, de Thoumyn, de Thouyn ou Thomin, gentilhomme de la vénerie, II, 715, 7230; III, 57, 7731; III, 503, 9830; VII, 742, 28755; gruyer des eaux et forêts de Bourbon-Lancy, IV, 698, 14247; lieutenant des gardes des forêts entre Allier et Loire, VIII, 161, 30750; VIII, 262, 31730; valet de limiers du cardinal de Lorraine, II, 45, 4067; VII, 709, 28529.

Du Torchon (Léon), valet de chambre du roi, I, 544, 2865; VII, 510, 26248; contrôleur du domaine de la prévôté de Paris, II, 8, 3874; V, 587, 17680; VI, 245, 20144.

Du Tot (Henri), seigneur de la Mothe, capitaine de Suse, III, 537, 9984.

Du Tournois (Jean), conseiller au Parlement de Toulouse. Dispense pour raison d'alliance, IV, 488, 13295.

Du Toux (Guillaume), canonnier, VIII, 287, 31979.

Du Trait (Sauvage) ou du Tret, archer de la garde, III, 58, 7739; V, 601, 17748.

Du Treillis (Claude), dit Rocher, écuyer, archer de la garde, V, 508, 17291.

Du Tret (Sauvage) : voir Du Trait (Sauvage).

Du Troncy (Henri), serf, I, 386, 2057; I, 388, 2070.

Duvache (Guy), conseiller au Parlement de Grenoble, VI, 706, 22596.

Duval : voir Robert (Jean).

Duval (Almin), élu de Rouen, VI, 98, 19398; VI, 631, 22188.

Du Val (Antoine), VI, 505, 21513.

Duval (Antoine). Biens confisqués, VIII, 639, 32594.

Du Val (Bernard), écuyer, homme d'armes de la compagnie du s^r d'Ars, V, 418, 16814.

Du Val (Charles), VI, 652, 22303.

Duval (Denis), III, 117, 8027.

Duval (Denis), chanoine de Sainte-Marthe de Tarascon, III, 450, 9585.

Duval (Denis), receveur de l'élection de Gisors, I, 145, 831.

Du Val (Denis), secrétaire du roi, V, 238, 15900.

Duval (Étienne), grènetier de Caen. Procès criminel, IV, 88, 11405; IV, 95, 11440; VII, 263, 24505; rappel de ban, VII, 582, 27195.

Duval (François), sergent des bois de Longuenée, arpenteur ordinaire en la sénéchaussée du Maine, IV, 654, 14052.

Duval (Geoffroy), marchand de Rouen, I, 218, 1202.

Duval (Gilbert). Biens confisqués, VIII, 639, 32594.

Duval (Guidon), maître de l'hôpital des Quinze-Vingts, I, 731, 3820.

Duval (Guillaume), V, 38, 14853.

Duval (Guillaume), procureur du roi près l'élection et le grenier à sel de Rouen, VI, 247, 20152; VII, 97, 23694.

Duval (Guillaume), secrétaire du roi, V, V, 179, 15585; autorisé à relever les fourches patibulaires de Fontenay-lès-Louvres, VII, 439, 25531.

Du Val (Henri), curé de Normanville, V, 435, 16904-16905.

Duval (Jacques). Procès criminel, IV, 88, 11405; VII, 263, 24505.

Duval (Jean), II, 341, 5491.

Duval (Jean), archer de la garde, V, 103, 15206.

Duval (Jean), changeur du trésor, II, 308, 5336; II, 557, 6473; II, 747, 7369; III, 117, 8026; III, 661, 10539; III, 628, 10387; IV, 321, 12508; VI, 607, 22059; VI, 615, 22097; VII, 541, 26052; VIII, 224, 31335.

Duval (Jean), commis au compte des obsèques de la reine Claude, VI, 82, 19312.

Duval (Jean), commis à l'inspection des bâtiments du château de Boulogne-lès-Paris, VII, 581, 27190.

DUVAL (Jean), commis au payement des Cent-Suisses de la garde, II, 121, 4451; II, 145, 4570; II, 200, 4832; II, 359, 5572; II, 385, 5691.

DUVAL (Jean), commissaire chargé d'emprunts, IV, 722, 14357; V, 4, 14682; V, 46, 14901; V, 155, 15466.

DU VAL (Jean). Hommage pour Saint-Aubin-le-Guichard et Bordigny, VI, 117, 19498; cf. DU VAL D'ANY (Claude).

DUVAL (Jean), élu d'Arques, VI, 618, 22112.

DUVAL (Jean), greffier des États de Normandie, I, 275, 1491; II, 206, 4864; III, 460, 9433; III, 702, 10726.

DUVAL (Jean), huissier et messager de la Chambre des comptes, VII, 536, 26588.

DUVAL (Jean), payeur du Parlement de Paris, II, 132, 4507; II, 253, 5090; II, 379, 5663; II, 492, 6176; II, 679, 7060; II, 740, 7338; III, 83, 7863; III, 92, 7907; III, 157, 8215; III, 730, 10851; IV, 90, 11415; V, 3541, 16509; V, 355, 16513; V, 784, 18754; VI, 74, 19272; VII, 608, 27553; VII, 634, 27836; VIII, 112, 30288-30289; VIII, 113, 30292; VIII, 120, 30356; VIII, 128, 30436-30438; VIII, 139, 30537; VIII, 144, 30595; VIII, 263, 31740.

DUVAL (Jean), receveur du magasin à sel de Saint-Maixent, V, 187, 15627.

DUVAL (Jean), secrétaire du roi, I, 546, 2875; II, 578, 6577; II, 760, 7432; V, 579, 17643; V, 702, 18306; V, 715, 18384; VIII, 278, 31889; commis au compte de l'entrevue de Boulogne, II, 206, 4866; II, 231, 4982; VII, 681, 28272; trésorier de la maison des fils du roi, III, 126, 8071; III, 127, 8073-8076; III, 632, 10406; VIII, 4, 29287; VIII, 299, 32117, et *passim* entre ces deux endroits du tome VIII.

DUVAL (Jean), sommelier du gobelet, III, 426, 9478.

DUVAL (Jean), trésorier de l'épargne, IV, 70, 11318; IV, 90, 11416; IV, 91, 11421; IV, 155, 11711; IV, 180, 11828; IV, 531, 13491; IV, 601, 13805; IV, 665, 14103; VI, 586, 21956; VI, 593, 21990; VI, 613, 22089; VI, 616, 22103, 22105; VI, 630, 22181; VI, 635, 22207; VI, 639, 22030-22031; VI, 641, 22245; VI, 677, 22442; VI, 690, 22513; VI, 701, 22570; VII, 281, 24601; VIII, 403, 24535 *bis*; VIII, 696, 32916; VIII, 697, 32920; VIII, 701, 32945; VIII, 734, 33135; VIII, 740, 33162; VIII, 758, 33277.

DUVAL (Jérôme), conseiller lai en la chambre du domaine au Parlement de Paris, VII, 499, 26092.

DUVAL (Joachim), III, 227, 8566.

DU VAL (Louis), VI, 548, 21749.

DU VAL (Marin), II, 477, 6107.

DUVAL (Marion). Procès criminel, IV, 88, 11405; IV, 95, 11440; VII, 263, 24505. Rappel de ban, VII, 582, 27195.

DUVAL (Michel), V, 218, 15793.

DUVAL (Nicolas), conseiller clerc au Parlement de Paris, VII, 498, 26087; autorisé à se marier, nonobstant cette qualité, IV, 362, 12698; nommé conseiller lai, VII, 499, 26096.

DUVAL (Nicolas), secrétaire du roi, V, 742, 18529.

DU VAL (Pierre), V, 218, 15793.

DUVAL (Pierre), chanoine de l'église de Paris, I, 208, 1150.

DUVAL (Pierre), chanoine de Sainte-Marthe de Tarascon, III, 450, 9585.

DU VAL (Pierre), grènetier du grenier à sel de Caen, V, 674, 18135.

DUVAL (Pierre), marchand à Rouen, I, 251, 1370.

DUVAL (Pierre). Mission en Piémont, VIII, 15, 29388; VIII, 115, 30308.

DUVAL (Pierre), trésorier des menus plaisirs du roi, II, 290, 5254; II, 315, 5369; II, 336, 5466; II, 381, 5670-5671; II, 393, 5721; II, 399, 5752; II, 482, 6126; II, 519, 6296; II, 600, 6693; II, 609, 6741; VII, 756, 28849.

DU VAL (Robert), VI, 509, 21535.

DU VAL (Roger), s[r] de Vertot, demeurant au Bec-de-Mortagne. Anoblissement, VII, 99, 23703.

DUVAL (Salmon), receveur des aides de l'élection d'Arques, VI, 768, 22897.

DU VAL (Thomas), pauvre homme de guerre, pourvu d'une place de religieux lai, V, 685, 18200; V, 699, 18290.

DUVAL (Tristan), secrétaire du roi; maître lai des comptes à Paris, IV, 348, 12638.

DU VAL-D'ANY (Claude). Hommage de sa veuve pour le fief de Saint-Aubin, V, 469, 17092; cf. DU VAL (Jean), écuyer.

Duvalet : voir DU BALLOT (Pierre),

DU VALPONTREL (Denis, fils de François) ou VALPONTEL, s[r] du fief du Vivier, autrement dit Vaunoise, demeurant à Saint-Pierre-de-Gassay. Anoblissement, VI, 755, 22834.

Du Vercle : voir VERCLE (DE).

DU VERGER (Catherine). Banissement, VII, 451, 25643. Mainlevée de ses biens accordée à son fils Gilles de La Pommeraye, VII, 480, 25889.

DU VERGER (Gabriel), lieutenant général et garde du sceau du comté de Clermont en Beauvaisis, IV, 696, 14239.

DU VERGIER (Claude), homme d'armes, II, 635, 6859.

DU VERGIER (Pierre), VIII, 54, 29734.

DUVERNOY (Jean), grènetier du grenier à sel de Montdidier, autorisé à se faire suppléer, VII, 415, 25329.

Du Vernoy (Jean). Sa veuve : voir JUZEL (Guillemine).

DU VIEU (Hector), lieutenant général à Vernon, VI, 121, 19518.

DUVIEU (Robert), élu à Gisors, VI, 577, 21908.

Du Vigean (Mme) : voir POLIGNAC (Louise DE).

Du Vigean (M.) : voir DU FOU (François).

DU VIGNIER (Baugeois), homme d'armes, II, 37, 4023.

DU VIGNON (Jacques), orfèvre à Paris, et Jacques, son fils naturel. Aubaine de ce dernier, II, 630, 6836.

DU VILLIER (Jacques), dit LA FUYE, page des fils du roi, VIII, 97, 30138.

DUVIVIER (Jean), priseur de biens en la prévôté de Gonesse, V, 2, 14674.

DU VIVIER (Olivier), VI, 757, 22843.

DUVIVIER (Pierre), curé de Troismonts, V, 719, 18409; V, 727, 18454.

DU WAULT (Nicolas), dit LE CAPITAINE VERTGALANT, s[r] de Monceau, capitaine du château d'Auxonne, V, 91, 15137.

DUX (Guillaume), médecin, natif de Villanuova d'Asti, VI, 80, 19306. Lettres de naturalité, I, 443, 2346.

DUX (Nicolas), maître des comptes à Blois, IV, 614, 13866.

DUX (Thomas), natif de Piémont. Lettres de naturalité, VI, 80, 19306.

DY (Simon), juge du pays de Terreneuve et Barcelonnette, VI, 492, 21440.

DYAÇ (Grégoire) ou DYAS, médecin, natif de Molina en Castille, demeurant à Castelnaudary. Lettres de naturalité, IV, 247, 12151.

Dyé (Yonne) : voir BONNET (Claude et Robert).

Dymagy (Vincent) : voir IMAGY (Vincent D').

Dynoceau (Étienne) : voir DINOCEAU (Étienne).

DYOMEDES, grec, homme d'armes de la compagnie du comte de Tende, II, 637, 6870.

BIBLIOTHÈQUE NATIONALE R.F. IMPRIMÉS

www.ingramcontent.com/pod-product-compliance
Lightning Source LLC
Chambersburg PA
CBHW030008220326
41599CB00014B/1740

* 9 7 8 2 0 1 4 4 9 1 2 3 4 *